WISSEN FÜR DIE PRAXIS

Ihr Online-Aktivierungscode
für den Online-Dienst
unter www.WALHALLA.de

Näheres dazu im Vorwort

WALHALLA

Walhalla Fachredaktion

Deutsches Beamten-Jahrbuch Rheinland-Pfalz

Vorschriftensammlung zum Beamtenrecht

Bibliografische Information der Deutschen Nationalbibliothek
Die Deutsche Nationalbibliothek verzeichnet diese Publikation in der Deutschen Nationalbibliografie; detaillierte bibliografische Daten sind im Internet über www.dnb.de abrufbar.

Zitiervorschlag:
Deutsches Beamten-Jahrbuch Rheinland-Pfalz
in der Reihe WALHALLA – Textausgabe
Walhalla Fachverlag, Regensburg 2026

Walhalla
Mediengruppe

WALHALLA – eine Marke der Walhalla Mediengruppe

Rechtsstand: 1. Juli 2026 (soweit die Verkündung bis zum 1. Mai 2026 erfolgt ist)

Kontakt bei Fragen zur Produktsicherheit:
Walhalla u. Praetoria Verlag GmbH & Co. KG, Haus an der Eisernen Brücke, 93042 Regensburg, E-Mail: produktsicherheit@walhalla.de, Telefon: 0941 5684-0

Produktion: Walhalla Mediengruppe, Regensburg
Umschlaggestaltung: grubergrafik, Augsburg
Printed in Germany
ISBN 978-3-8029-1216-0

Zur Walhalla Mediengruppe gehören die Marken WALHALLA, Deichmann+Fuchs, metropolitan und Annual Multimedia Award.

3WP-CPI-0726-10025-Q

Das aktuelle Beamtenrecht 2026

Landesbildungszeitgesetz (LBZG)

Das neue Landesbildungszeitgesetz vom 11. Februar 2026 (GVBl. S. 29) bringt im Verhältnis zum bisherigen Bildungsfreistellungsgesetz mehr Anwendungsbreite und die Berücksichtigung zeitgemäßerer Formate; auch für den öffentlichen Dienst bleibt der Freistellungsanspruch gleich erhalten.

Das Gesetz erweitert den Zweck der Freistellung auf Qualifizierungen für ehrenamtliche Tätigkeiten und berücksichtigt ausdrücklich digitale und hybride Lernformate, also nicht nur Präsenzveranstaltungen. Es soll Fristen sowie Verfahren klarer fassen.

Weiterbildung wird nicht nur als Instrument der Fachkräftesicherung, sondern auch als Voraussetzung für demokratische Teilhabe, gesellschaftliche Orientierung und sozialen Zusammenhalt verstanden.

Weiterhin gilt: Nur anerkannte Veranstaltungen zählen, und der Arbeitgeber kann bei zwingenden dienstlichen Belangen ablehnen.

Zweite Landesverordnung zur Änderung der Laufbahnverordnung für den Polizeidienst

Mit der Zweiten Landesverordnung zur Änderung der Laufbahnverordnung für den Polizeidienst vom 28. Januar 2026 (GVBl. S. 88) werden die Grundsätze der dienstlichen Beurteilung geregelt. Polizeibeamtinnen und Polizeibeamte in den dem Ministerium des Innern und für Sport nachgeordneten Polizeibehörden sollen wie bisher weiterhin anlassbeurteilt werden (neuer Teil 2 zur dienstlichen Beurteilung). Neben die Beurteilung aus abschließend genannten Beurteilungsanlässen tritt die Probezeitbeurteilung.

Der Inhalt der dienstlichen Beurteilung ist nun per Rechtsverordnung festgelegt und ebenso, wer beurteilt und wie das Verfahren aussieht – jeweils orientiert am bereits praktizierten und bewährten System.

Normenhierarchisch ebenfalls höher angesiedelt wird außerdem die Nachzeichnung dienstlicher Beurteilungen etwa im Falle einer Freistellung oder einer dienstlichen Abwesenheit.

Die Änderungsverordnung ist rückwirkend zum 1. Juli 2025 in Kraft getreten.

JETZT MIT TESTZUGANG ZUM ONLINE-DIENST

Erstmals erhalten Sie parallel zum Druckwerk auch einen digitalen Zugriff auf die Inhalte. Der Online-Dienst ist orts- und zeitunabhängig über die Homepage des Verlags aufrufbar.

Ihr Zugangscode ist ab Einlösedatum drei Monate gültig. Die Laufzeit endet automatisch. Sie gehen keine weiteren Verpflichtungen ein.

Aktivierungscode: FLM-IGI-RQR

So lösen Sie den Code ein:
Melden Sie sich auf www.walhalla.de an. Sollten Sie noch kein Kundenkonto besitzen, können Sie sich einmalig unter „Mein Konto" registrieren.

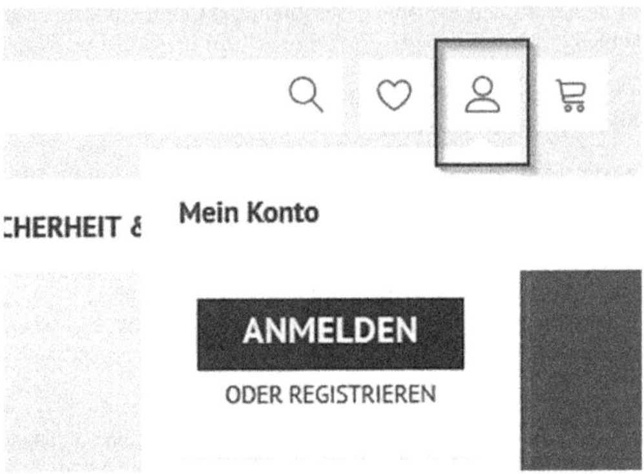

Lösen Sie anschließend Ihren Code in der oberen Navigationsleiste unter „Aktivierungscodes" ein.
Der Online-Dienst steht Ihnen nun in der Online-Bibliothek Ihres Accounts (oben rechts unter „Mein Konto → Online-Bibliothek") zur Verfügung.

Schnellübersicht

I Statusrecht

Allgemeines Beamtenrecht

Arbeitszeit

Mutterschutz/Elternzeit/Urlaub

Disziplinarrecht

II Laufbahn/Ausbildung

III Besoldung

IV Versorgung

V Personalvertretung

V

VI Reise- und Umzugskosten/Trennungsgeld

VII Beihilfe/Fürsorge

Beihilfe

Fürsorge

VII

VIII Soziale Schutzvorschriften/ Familienförderung/Vermögensbildung

Gleichberechtigung/Gleichstellung

Familienförderung

Vermögensbildung

IX Verfassung/Verwaltung

Verfassung

Verwaltung

X Allgemeine Schutzvorschriften

I Statusrecht

Allgemeines Beamtenrecht

Arbeitszeit

Mutterschutz/Elternzeit/Urlaub

Disziplinarrecht

Gesetz zur Regelung des Statusrechts der Beamtinnen und Beamten in den Ländern (Beamtenstatusgesetz – BeamtStG)

Vom 17. Juni 2008 (BGBl. I S. 1010)

Zuletzt geändert durch
Gesetz zur Beschleunigung von Disziplinarverfahren in der Bundesverwaltung und zur Änderung weiterer dienstrechtlicher Vorschriften
vom 20. Dezember 2023 (BGBl. I Nr. 389)

Inhaltsübersicht

Der Bundestag hat mit Zustimmung des Bundesrates das folgende Gesetz beschlossen:

Abschnitt 1
Allgemeine Vorschriften

§ 1 Geltungsbereich

Dieses Gesetz regelt das Statusrecht der Beamtinnen und Beamten der Länder, Gemeinden und Gemeindeverbände sowie der sonstigen der Aufsicht eines Landes unterstehenden Körperschaften, Anstalten und Stiftungen des öffentlichen Rechts.

§ 2 Dienstherrnfähigkeit

Das Recht, Beamtinnen und Beamte zu haben, besitzen

1. Länder, Gemeinden und Gemeindeverbände,
2. sonstige Körperschaften, Anstalten und Stiftungen des öffentlichen Rechts, die dieses Recht im Zeitpunkt des Inkrafttretens dieses Gesetzes besitzen oder denen es durch ein Landesgesetz oder aufgrund eines Landesgesetzes verliehen wird.

Abschnitt 2
Beamtenverhältnis

§ 3 Beamtenverhältnis

(1) Beamtinnen und Beamte stehen zu ihrem Dienstherrn in einem öffentlich-rechtlichen Dienst- und Treueverhältnis (Beamtenverhältnis).

(2) Die Berufung in das Beamtenverhältnis ist nur zulässig zur Wahrnehmung

1. hoheitsrechtlicher Aufgaben oder
2. solcher Aufgaben, die aus Gründen der Sicherung des Staates oder des öffentlichen Lebens nicht ausschließlich Personen übertragen werden dürfen, die in einem privatrechtlichen Arbeitsverhältnis stehen.

§ 4 Arten des Beamtenverhältnisses

(1) Das Beamtenverhältnis auf Lebenszeit dient der dauernden Wahrnehmung von Aufgaben nach § 3 Abs. 2. Es bildet die Regel.

(2) Das Beamtenverhältnis auf Zeit dient

a) der befristeten Wahrnehmung von Aufgaben nach § 3 Abs. 2 oder
b) der zunächst befristeten Übertragung eines Amtes mit leitender Funktion.

(3) Das Beamtenverhältnis auf Probe dient der Ableistung einer Probezeit

a) zur späteren Verwendung auf Lebenszeit oder
b) zur Übertragung eines Amtes mit leitender Funktion.

(4) Das Beamtenverhältnis auf Widerruf dient

a) der Ableistung eines Vorbereitungsdienstes oder
b) der nur vorübergehenden Wahrnehmung von Aufgaben nach § 3 Abs. 2.

§ 5 Ehrenbeamtinnen und Ehrenbeamte

(1) Als Ehrenbeamtin oder Ehrenbeamter kann berufen werden, wer Aufgaben im Sinne des § 3 Abs. 2 unentgeltlich wahrnehmen soll.

(2) Die Rechtsverhältnisse der Ehrenbeamtinnen und Ehrenbeamten können durch Landesrecht abweichend von den für Beamtinnen und Beamte allgemein geltenden Vorschriften geregelt werden, soweit es deren besondere Rechtsstellung erfordert.

(3) Ein Ehrenbeamtenverhältnis kann nicht in ein Beamtenverhältnis anderer Art, ein solches Beamtenverhältnis nicht in ein Ehrenbeamtenverhältnis umgewandelt werden.

§ 6 Beamtenverhältnis auf Zeit

Für die Rechtsverhältnisse der Beamtinnen auf Zeit und Beamten auf Zeit gelten die Vorschriften für Beamtinnen auf Lebenszeit und Beamte auf Lebenszeit entsprechend, soweit durch Landesrecht nichts anderes bestimmt ist.

§ 7 Voraussetzungen des Beamtenverhältnisses

(1) In das Beamtenverhältnis darf nur berufen werden, wer

1. Deutsche oder Deutscher im Sinne des Artikels 116 Absatz 1 des Grundgesetzes ist oder die Staatsangehörigkeit
   a) eines anderen Mitgliedstaates der Europäischen Union oder

b) eines anderen Vertragsstaates des Abkommens über den Europäischen Wirtschaftsraum oder

c) eines Drittstaates, dem die Bundesrepublik Deutschland und die Europäische Union vertraglich einen entsprechenden Anspruch auf Anerkennung von Berufsqualifikationen eingeräumt haben,

besitzt,

2. die Gewähr dafür bietet, jederzeit für die freiheitliche demokratische Grundordnung im Sinne des Grundgesetzes einzutreten, und
3. die nach Landesrecht vorgeschriebene Befähigung besitzt.

In das Beamtenverhältnis darf nicht berufen werden, wer unveränderliche Merkmale des Erscheinungsbilds aufweist, die mit der Erfüllung der Pflichten nach § 34 Absatz 2 nicht vereinbar sind.

(2) Wenn die Aufgaben es erfordern, darf nur eine Deutsche oder ein Deutscher im Sinne des Artikels 116 Absatz 1 des Grundgesetzes in ein Beamtenverhältnis berufen werden.

(3) Ausnahmen von Absatz 1 Nr. 1 und Absatz 2 können nur zugelassen werden, wenn

1. für die Gewinnung der Beamtin oder des Beamten ein dringendes dienstliches Interesse besteht oder
2. bei der Berufung von Hochschullehrerinnen und Hochschullehrern und anderen Mitarbeiterinnen und Mitarbeitern des wissenschaftlichen und künstlerischen Personals in das Beamtenverhältnis andere wichtige Gründe vorliegen.

§ 8 Ernennung

(1) Einer Ernennung bedarf es zur

1. Begründung des Beamtenverhältnisses,
2. Umwandlung des Beamtenverhältnisses in ein solches anderer Art (§ 4),
3. Verleihung eines anderen Amtes mit anderem Grundgehalt oder
4. Verleihung eines anderen Amtes mit anderer Amtsbezeichnung, soweit das Landesrecht dies bestimmt.

(2) Die Ernennung erfolgt durch Aushändigung einer Ernennungsurkunde. In der Urkunde müssen enthalten sein

1. bei der Begründung des Beamtenverhältnisses die Worte „unter Berufung in das Beamtenverhältnis" mit dem die Art des Beamtenverhältnisses bestimmenden Zusatz „auf Lebenszeit", „auf Probe", „auf Widerruf", „als Ehrenbeamtin" oder „als Ehrenbeamter" oder „auf Zeit" mit der Angabe der Zeitdauer der Berufung,
2. bei der Umwandlung des Beamtenverhältnisses in ein solches anderer Art die diese Art bestimmenden Worte nach Nummer 1 und
3. bei der Verleihung eines Amts die Amtsbezeichnung.

(3) Mit der Begründung eines Beamtenverhältnisses auf Probe, auf Lebenszeit und auf Zeit wird gleichzeitig ein Amt verliehen.

(4) Eine Ernennung auf einen zurückliegenden Zeitpunkt ist unzulässig und insoweit unwirksam.

§ 9 Kriterien der Ernennung

Ernennungen sind nach Eignung, Befähigung und fachlicher Leistung ohne Rücksicht auf Geschlecht, Abstammung, Rasse oder ethnische Herkunft, Behinderung, Religion oder Weltanschauung, politische Anschauungen, Herkunft, Beziehungen oder sexuelle Identität vorzunehmen.

§ 10 Voraussetzung der Ernennung auf Lebenszeit

Die Ernennung zur Beamtin auf Lebenszeit oder zum Beamten auf Lebenszeit ist nur zulässig, wenn die Beamtin oder der Beamte sich in einer Probezeit von mindestens sechs Monaten und höchstens fünf Jahren bewährt hat. Von der Mindestprobezeit können durch Landesrecht Ausnahmen bestimmt werden.

§ 11 Nichtigkeit der Ernennung

(1) Die Ernennung ist nichtig, wenn

1. sie nicht der in § 8 Abs. 2 vorgeschriebenen Form entspricht,
2. sie von einer sachlich unzuständigen Behörde ausgesprochen wurde oder

3. zum Zeitpunkt der Ernennung
   a) nach § 7 Absatz 1 Satz 1 Nummer 1 keine Ernennung erfolgen durfte und keine Ausnahme nach § 7 Abs. 3 zugelassen war,
   b) nicht die Fähigkeit zur Bekleidung öffentlicher Ämter vorlag oder
   c) eine ihr zu Grunde liegende Wahl unwirksam ist.

(2) Die Ernennung ist von Anfang an als wirksam anzusehen, wenn

1. im Fall des Absatzes 1 Nr. 1 aus der Urkunde oder aus dem Akteninhalt eindeutig hervorgeht, dass die für die Ernennung zuständige Stelle ein bestimmtes Beamtenverhältnis begründen oder ein bestehendes Beamtenverhältnis in ein solches anderer Art umwandeln wollte, für das die sonstigen Voraussetzungen vorliegen, und die für die Ernennung zuständige Stelle die Wirksamkeit schriftlich bestätigt; das Gleiche gilt, wenn die Angabe der Zeitdauer fehlt, durch Landesrecht aber die Zeitdauer bestimmt ist,
2. im Fall des Absatzes 1 Nr. 2 die sachlich zuständige Behörde die Ernennung bestätigt oder
3. im Fall des Absatzes 1 Nr. 3 Buchstabe a eine Ausnahme nach § 7 Abs. 3 nachträglich zugelassen wird.

§ 12 Rücknahme der Ernennung

(1) Die Ernennung ist mit Wirkung für die Vergangenheit zurückzunehmen, wenn

1. sie durch Zwang, arglistige Täuschung oder Bestechung herbeigeführt wurde,
2. dem Dienstherrn zum Zeitpunkt der Ernennung nicht bekannt war, dass die ernannte Person vor ihrer Ernennung ein Verbrechen oder Vergehen begangen hat, aufgrund dessen sie vor oder nach ihrer Ernennung rechtskräftig zu einer Strafe verurteilt worden ist und das sie für die Berufung in das Beamtenverhältnis als unwürdig erscheinen lässt,
3. die Ernennung nach § 7 Abs. 2 nicht erfolgen durfte und eine Ausnahme nach § 7 Abs. 3 nicht zugelassen war und die Ausnahme nicht nachträglich erteilt wird oder
4. eine durch Landesrecht vorgeschriebene Mitwirkung einer unabhängigen Stelle oder einer Aufsichtsbehörde unterblieben ist und nicht nachgeholt wurde.

(2) Die Ernennung soll zurückgenommen werden, wenn nicht bekannt war, dass gegen die ernannte Person in einem Disziplinarverfahren auf Entfernung aus dem Beamtenverhältnis oder auf Aberkennung des Ruhegehalts erkannt worden war. Dies gilt auch, wenn die Entscheidung gegen eine Beamtin oder einen Beamten der Europäischen Union oder eines Staates nach § 7 Absatz 1 Satz 1 Nummer 1 ergangen ist.

Abschnitt 3
Länderübergreifender Wechsel und Wechsel in die Bundesverwaltung

§ 13 Grundsatz

Die Vorschriften dieses Abschnitts gelten nur bei landesübergreifender Abordnung, Versetzung und Umbildung von Körperschaften sowie bei einer Abordnung oder Versetzung aus einem Land in die Bundesverwaltung.

§ 14 Abordnung

(1) Beamtinnen und Beamte können aus dienstlichen Gründen vorübergehend ganz oder teilweise zu einer dem übertragenen Amt entsprechenden Tätigkeit in den Bereich eines Dienstherrn eines anderen Landes oder des Bundes abgeordnet werden.

(2) Aus dienstlichen Gründen ist eine Abordnung vorübergehend ganz oder teilweise auch zu einer nicht dem Amt entsprechenden Tätigkeit zulässig, wenn der Beamtin oder dem Beamten die Wahrnehmung der neuen Tätigkeit aufgrund der Vorbildung oder Berufsausbildung zuzumuten ist. Dabei ist auch die Abordnung zu einer Tätigkeit, die nicht einem Amt mit demselben Grundgehalt entspricht, zulässig.

(3) Die Abordnung bedarf der Zustimmung der Beamtin oder des Beamten. Abweichend von Satz 1 ist die Abordnung auch ohne Zustimmung zulässig, wenn die neue Tätigkeit

zuzumuten ist und einem Amt mit demselben Grundgehalt entspricht und die Abordnung die Dauer von fünf Jahren nicht übersteigt.

(4) Die Abordnung wird von dem abgebenden im Einverständnis mit dem aufnehmenden Dienstherrn verfügt. Soweit zwischen den Dienstherren nichts anderes vereinbart ist, sind die für den Bereich des aufnehmenden Dienstherrn geltenden Vorschriften über die Pflichten und Rechte der Beamtinnen und Beamten mit Ausnahme der Regelungen über Diensteid, Amtsbezeichnung, Zahlung von Bezügen, Krankenfürsorgeleistungen und Versorgung entsprechend anzuwenden. Die Verpflichtung zur Bezahlung hat auch der Dienstherr, zu dem die Abordnung erfolgt ist.

§ 15 Versetzung

(1) Beamtinnen und Beamte können auf Antrag oder aus dienstlichen Gründen in den Bereich eines Dienstherrn eines anderen Landes oder des Bundes in ein Amt einer Laufbahn versetzt werden, für die sie die Befähigung besitzen.

(2) Eine Versetzung bedarf der Zustimmung der Beamtin oder des Beamten. Abweichend von Satz 1 ist die Versetzung auch ohne Zustimmung zulässig, wenn das neue Amt mit mindestens demselben Grundgehalt verbunden ist wie das bisherige Amt. Stellenzulagen gelten hierbei nicht als Bestandteile des Grundgehalts.

(3) Die Versetzung wird von dem abgebenden im Einverständnis mit dem aufnehmenden Dienstherrn verfügt. Das Beamtenverhältnis wird mit dem neuen Dienstherrn fortgesetzt.

§ 16 Umbildung einer Körperschaft

(1) Beamtinnen und Beamte einer juristischen Person des öffentlichen Rechts mit Dienstherrnfähigkeit (Körperschaft), die vollständig in eine andere Körperschaft eingegliedert wird, treten mit der Umbildung kraft Gesetzes in den Dienst der aufnehmenden Körperschaft über.

(2) Die Beamtinnen und Beamten einer Körperschaft, die vollständig in mehrere andere Körperschaften eingegliedert wird, sind anteilig in den Dienst der aufnehmenden Körperschaften zu übernehmen. Die beteiligten Körperschaften haben innerhalb einer Frist von sechs Monaten nach der Umbildung im Einvernehmen miteinander zu bestimmen, von welchen Körperschaften die einzelnen Beamtinnen und Beamten zu übernehmen sind. Solange eine Beamtin oder ein Beamter nicht übernommen ist, haften alle aufnehmenden Körperschaften für die ihr oder ihm zustehenden Bezüge als Gesamtschuldner.

(3) Die Beamtinnen und Beamten einer Körperschaft, die teilweise in eine oder mehrere andere Körperschaften eingegliedert wird, sind zu einem verhältnismäßigen Teil, bei mehreren Körperschaften anteilig, in den Dienst der aufnehmenden Körperschaften zu übernehmen. Absatz 2 Satz 2 ist entsprechend anzuwenden.

(4) Die Absätze 1 bis 3 gelten entsprechend, wenn eine Körperschaft mit einer oder mehreren anderen Körperschaften zu einer neuen Körperschaft zusammengeschlossen wird, wenn ein oder mehrere Teile verschiedener Körperschaften zu einem oder mehreren neuen Teilen einer Körperschaft zusammengeschlossen werden, wenn aus einer Körperschaft oder aus Teilen einer Körperschaft eine oder mehrere neue Körperschaften gebildet werden, oder wenn Aufgaben einer Körperschaft vollständig oder teilweise auf eine oder mehrere andere Körperschaften übergehen.

§ 17 Rechtsfolgen der Umbildung

(1) Tritt eine Beamtin oder ein Beamter aufgrund des § 16 Abs. 1 kraft Gesetzes in den Dienst einer anderen Körperschaft über oder wird sie oder er aufgrund des § 16 Abs. 2 oder 3 von einer anderen Körperschaft übernommen, wird das Beamtenverhältnis mit dem neuen Dienstherrn fortgesetzt.

(2) Im Fall des § 16 Abs. 1 ist der Beamtin oder dem Beamten von der aufnehmenden oder neuen Körperschaft die Fortsetzung des Beamtenverhältnisses schriftlich zu bestätigen.

(3) In den Fällen des § 16 Abs. 2 und 3 wird die Übernahme von der Körperschaft verfügt, in deren Dienst die Beamtin oder der Beamte treten soll. Die Verfügung wird mit der Zustellung an die Beamtin oder den Beamten wirksam. Die Beamtin oder der Beamte ist verpflichtet, der Übernahmeverfügung Folge

zu leisten. Kommt die Beamtin oder der Beamte der Verpflichtung nicht nach, ist sie oder er zu entlassen.

(4) Die Absätze 1 bis 3 gelten entsprechend in den Fällen des § 16 Abs. 4.

§ 18 Rechtsstellung der Beamtinnen und Beamten

(1) Beamtinnen und Beamten, die nach § 16 in den Dienst einer anderen Körperschaft kraft Gesetzes übertreten oder übernommen werden, soll ein gleich zu bewertendes Amt übertragen werden, das ihrem bisherigen Amt nach Bedeutung und Inhalt ohne Rücksicht auf Dienststellung und Dienstalter entspricht. Wenn eine dem bisherigen Amt entsprechende Verwendung nicht möglich ist, kann ihnen auch ein anderes Amt mit geringerem Grundgehalt übertragen werden. Das Grundgehalt muss mindestens dem des Amtes entsprechen, das die Beamtinnen und Beamten vor dem bisherigen Amt innehatten. In diesem Fall dürfen sie neben der neuen Amtsbezeichnung die des früheren Amtes mit dem Zusatz „außer Dienst" („a. D.") führen.

(2) Die aufnehmende oder neue Körperschaft kann, wenn die Zahl der bei ihr nach der Umbildung vorhandenen Beamtinnen und Beamten den tatsächlichen Bedarf übersteigt, innerhalb einer Frist, deren Bestimmung dem Landesrecht vorbehalten bleibt, Beamtinnen und Beamte im Beamtenverhältnis auf Lebenszeit oder auf Zeit in den einstweiligen Ruhestand versetzen, wenn deren Aufgabengebiet von der Umbildung berührt wurde. Bei Beamtinnen auf Zeit und Beamten auf Zeit, die nach Satz 1 in den einstweiligen Ruhestand versetzt sind, endet der einstweilige Ruhestand mit Ablauf der Amtszeit; sie gelten in diesem Zeitpunkt als dauernd in den Ruhestand versetzt, wenn sie bei Verbleiben im Amt mit Ablauf der Amtszeit in den Ruhestand getreten wären.

§ 19 Rechtsstellung der Versorgungsempfängerinnen und Versorgungsempfänger

(1) Die Vorschriften des § 16 Abs. 1 und 2 und des § 17 gelten entsprechend für die im Zeitpunkt der Umbildung bei der abgebenden Körperschaft vorhandenen Versorgungsempfängerinnen und Versorgungsempfänger.

(2) In den Fällen des § 16 Abs. 3 bleiben die Ansprüche der im Zeitpunkt der Umbildung vorhandenen Versorgungsempfängerinnen und Versorgungsempfänger gegenüber der abgebenden Körperschaft bestehen.

(3) Die Absätze 1 und 2 gelten entsprechend in den Fällen des § 16 Abs. 4.

Abschnitt 4
Zuweisung einer Tätigkeit bei anderen Einrichtungen

§ 20 Zuweisung

(1) Beamtinnen und Beamten kann mit ihrer Zustimmung vorübergehend ganz oder teilweise eine ihrem Amt entsprechende Tätigkeit zugewiesen werden

1. bei einer öffentlichen Einrichtung ohne Dienstherrneigenschaft oder bei einer öffentlich-rechtlichen Religionsgemeinschaft im dienstlichen oder öffentlichen Interesse oder
2. bei einer anderen Einrichtung, wenn öffentliche Interessen es erfordern.

(2) Beamtinnen und Beamten einer Dienststelle, die ganz oder teilweise in eine öffentlich-rechtlich organisierte Einrichtung ohne Dienstherrneigenschaft oder eine privatrechtlich organisierte Einrichtung der öffentlichen Hand umgewandelt wird, kann auch ohne ihre Zustimmung ganz oder teilweise eine ihrem Amt entsprechende Tätigkeit bei dieser Einrichtung zugewiesen werden, wenn öffentliche Interessen es erfordern.

(3) Die Rechtsstellung der Beamtinnen und Beamten bleibt unberührt.

Abschnitt 5
Beendigung des Beamtenverhältnisses

§ 21 Beendigungsgründe

Das Beamtenverhältnis endet durch

1. Entlassung,
2. Verlust der Beamtenrechte,

3. Entfernung aus dem Beamtenverhältnis nach den Disziplinargesetzen oder
4. Eintritt oder Versetzung in den Ruhestand.

§ 22 Entlassung kraft Gesetzes

(1) Beamtinnen und Beamte sind entlassen, wenn

1. die Voraussetzungen des § 7 Absatz 1 Satz 1 Nummer 1 nicht mehr vorliegen und eine Ausnahme nach § 7 Absatz 3 auch nachträglich nicht zugelassen wird oder
2. sie die Altersgrenze erreichen und das Beamtenverhältnis nicht durch Eintritt in den Ruhestand endet.

(2) Die Beamtin oder der Beamte ist entlassen, wenn ein öffentlich-rechtliches Dienst- oder Amtsverhältnis zu einem anderen Dienstherrn oder zu einer Einrichtung ohne Dienstherrneigenschaft begründet wird, sofern nicht im Einvernehmen mit dem neuen Dienstherrn oder der Einrichtung die Fortdauer des Beamtenverhältnisses neben dem neuen Dienst- oder Amtsverhältnis angeordnet oder durch Landesrecht etwas anderes bestimmt wird. Dies gilt nicht für den Eintritt in ein Beamtenverhältnis auf Widerruf oder als Ehrenbeamtin oder Ehrenbeamter.

(3) Die Beamtin oder der Beamte ist mit der Berufung in ein Beamtenverhältnis auf Zeit aus einem anderen Beamtenverhältnis bei demselben Dienstherrn entlassen, soweit das Landesrecht keine abweichenden Regelungen trifft.

(4) Das Beamtenverhältnis auf Widerruf endet mit Ablauf des Tages der Ablegung oder dem endgültigen Nichtbestehen der für die Laufbahn vorgeschriebenen Prüfung, sofern durch Landesrecht nichts anderes bestimmt ist.

(5) Das Beamtenverhältnis auf Probe in einem Amt mit leitender Funktion endet mit Ablauf der Probezeit oder mit Versetzung zu einem anderen Dienstherrn.

§ 23 Entlassung durch Verwaltungsakt

(1) Beamtinnen und Beamte sind zu entlassen, wenn sie

1. den Diensteid oder ein an dessen Stelle vorgeschriebenes Gelöbnis verweigern,
2. nicht in den Ruhestand oder einstweiligen Ruhestand versetzt werden können, weil eine versorgungsrechtliche Wartezeit nicht erfüllt ist,
3. dauernd dienstunfähig sind und das Beamtenverhältnis nicht durch Versetzung in den Ruhestand endet,
4. die Entlassung in schriftlicher Form verlangen oder
5. nach Erreichen der Altersgrenze berufen worden sind.

Im Fall des Satzes 1 Nr. 3 ist § 26 Abs. 2 entsprechend anzuwenden.

(2) Beamtinnen und Beamte können entlassen werden, wenn sie in Fällen des § 7 Abs. 2 die Eigenschaft als Deutsche oder Deutscher im Sinne des Artikels 116 Absatz 1 des Grundgesetzes verlieren.

(3) Beamtinnen auf Probe und Beamte auf Probe können entlassen werden,

1. wenn sie eine Handlung begehen, die im Beamtenverhältnis auf Lebenszeit mindestens eine Kürzung der Dienstbezüge zur Folge hätte,
2. wenn sie sich in der Probezeit nicht bewährt haben oder
3. wenn ihr Aufgabengebiet bei einer Behörde von der Auflösung dieser Behörde oder einer auf landesrechtlicher Vorschrift beruhenden wesentlichen Änderung des Aufbaus oder Verschmelzung dieser Behörde mit einer anderen oder von der Umbildung einer Körperschaft berührt wird und eine andere Verwendung nicht möglich ist.

Im Fall des Satzes 1 Nr. 2 ist § 26 Abs. 2 bei allein mangelnder gesundheitlicher Eignung entsprechend anzuwenden.

(4) Beamtinnen auf Widerruf und Beamte auf Widerruf können jederzeit entlassen werden. Die Gelegenheit zur Beendigung des Vorbereitungsdienstes und zur Ablegung der Prüfung soll gegeben werden.

§ 24 Verlust der Beamtenrechte

(1) Wenn eine Beamtin oder ein Beamter im ordentlichen Strafverfahren durch das Urteil eines deutschen Gerichts

1. wegen einer vorsätzlichen Tat zu einer Freiheitsstrafe von mindestens einem Jahr oder
2. wegen einer vorsätzlichen Tat, die nach den Vorschriften über Friedensverrat, Hochverrat und Gefährdung des demokratischen Rechtsstaates, Landesverrat und Gefährdung der äußeren Sicherheit, Volksverhetzung oder, soweit sich die Tat auf eine Diensthandlung im Hauptamt bezieht, Bestechlichkeit, strafbar ist, zu einer Freiheitsstrafe von mindestens sechs Monaten

verurteilt wird, endet das Beamtenverhältnis mit der Rechtskraft des Urteils. Entsprechendes gilt, wenn die Fähigkeit zur Bekleidung öffentlicher Ämter aberkannt wird oder wenn die Beamtin oder der Beamte aufgrund einer Entscheidung des Bundesverfassungsgerichts nach Artikel 18 des Grundgesetzes ein Grundrecht verwirkt hat.

(2) Wird eine Entscheidung, die den Verlust der Beamtenrechte zur Folge hat, in einem Wiederaufnahmeverfahren aufgehoben, gilt das Beamtenverhältnis als nicht unterbrochen.

§ 25 Ruhestand wegen Erreichens der Altersgrenze

Beamtinnen auf Lebenszeit und Beamte auf Lebenszeit treten nach Erreichen der Altersgrenze in den Ruhestand.

§ 26 Dienstunfähigkeit

(1) Beamtinnen auf Lebenszeit und Beamte auf Lebenszeit sind in den Ruhestand zu versetzen, wenn sie wegen ihres körperlichen Zustandes oder aus gesundheitlichen Gründen zur Erfüllung ihrer Dienstpflichten dauernd unfähig (dienstunfähig) sind. Als dienstunfähig kann auch angesehen werden, wer infolge Erkrankung innerhalb eines Zeitraums von sechs Monaten mehr als drei Monate keinen Dienst getan hat und keine Aussicht besteht, dass innerhalb einer Frist, deren Bestimmung dem Landesrecht vorbehalten bleibt, die Dienstfähigkeit wieder voll hergestellt ist. In den Ruhestand wird nicht versetzt, wer anderweitig verwendbar ist. Für Gruppen von Beamtinnen und Beamten können besondere Voraussetzungen für die Dienstunfähigkeit durch Landesrecht geregelt werden.

(2) Eine anderweitige Verwendung ist möglich, wenn der Beamtin oder dem Beamten ein anderes Amt derselben oder einer anderen Laufbahn übertragen werden kann. In den Fällen des Satzes 1 ist die Übertragung eines anderen Amtes ohne Zustimmung zulässig, wenn das neue Amt zum Bereich desselben Dienstherrn gehört, es mit mindestens demselben Grundgehalt verbunden ist wie das bisherige Amt und wenn zu erwarten ist, dass die gesundheitlichen Anforderungen des neuen Amtes erfüllt werden. Beamtinnen und Beamte, die nicht die Befähigung für die andere Laufbahn besitzen, haben an Qualifizierungsmaßnahmen für den Erwerb der neuen Befähigung teilzunehmen.

(3) Zur Vermeidung der Versetzung in den Ruhestand kann der Beamtin oder dem Beamten unter Beibehaltung des übertragenen Amtes ohne Zustimmung auch eine geringerwertige Tätigkeit im Bereich desselben Dienstherrn übertragen werden, wenn eine anderweitige Verwendung nicht möglich ist und die Wahrnehmung der neuen Aufgabe unter Berücksichtigung der bisherigen Tätigkeit zumutbar ist.

§ 27 Begrenzte Dienstfähigkeit

(1) Von der Versetzung in den Ruhestand wegen Dienstunfähigkeit ist abzusehen, wenn die Beamtin oder der Beamte unter Beibehaltung des übertragenen Amtes die Dienstpflichten noch während mindestens der Hälfte der regelmäßigen Arbeitszeit erfüllen kann (begrenzte Dienstfähigkeit).

(2) Die Arbeitszeit ist entsprechend der begrenzten Dienstfähigkeit herabzusetzen. Mit Zustimmung der Beamtin oder des Beamten ist auch eine Verwendung in einer nicht dem Amt entsprechenden Tätigkeit möglich.

§ 28 Ruhestand bei Beamtenverhältnis auf Probe

(1) Beamtinnen auf Probe und Beamte auf Probe sind in den Ruhestand zu versetzen, wenn sie infolge Krankheit, Verwundung

oder sonstiger Beschädigung, die sie sich ohne grobes Verschulden bei Ausübung oder aus Veranlassung des Dienstes zugezogen haben, dienstunfähig geworden sind.

(2) Beamtinnen auf Probe und Beamte auf Probe können in den Ruhestand versetzt werden, wenn sie aus anderen Gründen dienstunfähig geworden sind.

(3) § 26 Abs. 1 Satz 3, Abs. 2 und 3 sowie § 27 sind entsprechend anzuwenden.

§ 29 Wiederherstellung der Dienstfähigkeit

(1) Wird nach der Versetzung in den Ruhestand wegen Dienstunfähigkeit die Dienstfähigkeit wiederhergestellt und beantragt die Ruhestandsbeamtin oder der Ruhestandsbeamte vor Ablauf einer Frist, deren Bestimmung dem Landesrecht vorbehalten bleibt, spätestens zehn Jahre nach der Versetzung in den Ruhestand, eine erneute Berufung in das Beamtenverhältnis, ist diesem Antrag zu entsprechen, falls nicht zwingende dienstliche Gründe entgegenstehen.

(2) Beamtinnen und Beamte, die wegen Dienstunfähigkeit in den Ruhestand versetzt worden sind, können erneut in das Beamtenverhältnis berufen werden, wenn im Dienstbereich des früheren Dienstherrn ein Amt mit mindestens demselben Grundgehalt übertragen werden soll und wenn zu erwarten ist, dass die gesundheitlichen Anforderungen des neuen Amtes erfüllt werden. Beamtinnen und Beamte, die nicht die Befähigung für die andere Laufbahn besitzen, haben an Qualifizierungsmaßnahmen für den Erwerb der neuen Befähigung teilzunehmen. Den wegen Dienstunfähigkeit in den Ruhestand versetzten Beamtinnen und Beamten kann unter Übertragung eines Amtes ihrer früheren Laufbahn nach Satz 1 auch eine geringerwertige Tätigkeit im Bereich desselben Dienstherrn übertragen werden, wenn eine anderweitige Verwendung nicht möglich ist und die Wahrnehmung der neuen Aufgabe unter Berücksichtigung ihrer früheren Tätigkeit zumutbar ist.

(3) Die erneute Berufung in ein Beamtenverhältnis ist auch in den Fällen der begrenzten Dienstfähigkeit möglich.

(4) Beamtinnen und Beamte, die wegen Dienstunfähigkeit in den Ruhestand versetzt worden sind, sind verpflichtet, sich geeigneten und zumutbaren Maßnahmen zur Wiederherstellung ihrer Dienstfähigkeit zu unterziehen; die zuständige Behörde kann ihnen entsprechende Weisungen erteilen.

(5) Die Dienstfähigkeit der Ruhestandsbeamtin oder des Ruhestandsbeamten kann nach Maßgabe des Landesrechts untersucht werden; sie oder er ist verpflichtet, sich nach Weisung der zuständigen Behörde ärztlich untersuchen zu lassen. Die Ruhestandsbeamtin oder der Ruhestandsbeamte kann eine solche Untersuchung verlangen, wenn sie oder er einen Antrag nach Absatz 1 zu stellen beabsichtigt.

(6) Bei einer erneuten Berufung gilt das frühere Beamtenverhältnis als fortgesetzt.

§ 30 Einstweiliger Ruhestand

(1) Beamtinnen auf Lebenszeit und Beamte auf Lebenszeit können jederzeit in den einstweiligen Ruhestand versetzt werden, wenn sie ein Amt bekleiden, bei dessen Ausübung sie in fortdauernder Übereinstimmung mit den grundsätzlichen politischen Ansichten und Zielen der Regierung stehen müssen. Die Bestimmung der Ämter nach Satz 1 ist dem Landesrecht vorbehalten.

(2) Beamtinnen und Beamte, die auf Probe ernannt sind und ein Amt im Sinne des Absatzes 1 bekleiden, können jederzeit entlassen werden.

(3) Für den einstweiligen Ruhestand gelten die Vorschriften über den Ruhestand. § 29 Abs. 2 und 6 gilt entsprechend. Der einstweilige Ruhestand endet bei erneuter Berufung in das Beamtenverhältnis auf Lebenszeit auch bei einem anderen Dienstherrn, wenn den Beamtinnen oder Beamten ein Amt verliehen wird, das derselben oder einer gleichwertigen Laufbahn angehört wie das frühere Amt und mit mindestens demselben Grundgehalt verbunden ist.

(4) Erreichen Beamtinnen und Beamte, die in den einstweiligen Ruhestand versetzt sind, die gesetzliche Altersgrenze, gelten sie mit diesem Zeitpunkt als dauernd in den Ruhestand versetzt.

§ 31 Einstweiliger Ruhestand bei Umbildung und Auflösung von Behörden

(1) Bei der Auflösung einer Behörde oder bei einer auf landesrechtlicher Vorschrift beruhenden wesentlichen Änderung des Aufbaus oder bei Verschmelzung einer Behörde mit einer oder mehreren anderen kann eine Beamtin auf Lebenszeit oder ein Beamter auf Lebenszeit in den einstweiligen Ruhestand versetzt werden, wenn das übertragene Aufgabengebiet von der Auflösung oder Umbildung berührt wird und eine Versetzung nach Landesrecht nicht möglich ist. Zusätzliche Voraussetzungen können geregelt werden.

(2) Die erneute Berufung der in den einstweiligen Ruhestand versetzten Beamtin oder des in den einstweiligen Ruhestand versetzten Beamten in ein Beamtenverhältnis ist vorzusehen, wenn ein der bisherigen Tätigkeit entsprechendes Amt zu besetzen ist, für das sie oder er geeignet ist. Für erneute Berufungen nach Satz 1, die weniger als fünf Jahre vor Erreichen der Altersgrenze (§ 25) wirksam werden, können durch Landesrecht abweichende Regelungen getroffen werden.

(3) § 29 Abs. 6 gilt entsprechend.

§ 32 Wartezeit

Die Versetzung in den Ruhestand setzt die Erfüllung einer versorgungsrechtlichen Wartezeit voraus.

Abschnitt 6
Rechtliche Stellung im Beamtenverhältnis

§ 33 Grundpflichten

(1) Beamtinnen und Beamte dienen dem ganzen Volk, nicht einer Partei. Sie haben ihre Aufgaben unparteiisch und gerecht zu erfüllen und ihr Amt zum Wohl der Allgemeinheit zu führen. Beamtinnen und Beamte müssen sich durch ihr gesamtes Verhalten zu der freiheitlichen demokratischen Grundordnung im Sinne des Grundgesetzes bekennen und für deren Erhaltung eintreten.

(2) Beamtinnen und Beamte haben bei politischer Betätigung diejenige Mäßigung und Zurückhaltung zu wahren, die sich aus ihrer Stellung gegenüber der Allgemeinheit und aus der Rücksicht auf die Pflichten ihres Amtes ergibt.

§ 34 Wahrnehmung der Aufgaben, Verhalten und Erscheinungsbild

(1) Beamtinnen und Beamte haben sich mit vollem persönlichem Einsatz ihrem Beruf zu widmen. Sie haben die übertragenen Aufgaben uneigennützig nach bestem Gewissen wahrzunehmen. Ihr Verhalten innerhalb und außerhalb des Dienstes muss der Achtung und dem Vertrauen gerecht werden, die ihr Beruf erfordern.

(2) Beamtinnen und Beamte haben bei der Ausübung des Dienstes oder bei einer Tätigkeit mit unmittelbarem Dienstbezug auch hinsichtlich ihres Erscheinungsbilds Rücksicht auf das ihrem Amt entgegengebrachte Vertrauen zu nehmen. Insbesondere das Tragen von bestimmten Kleidungsstücken, Schmuck, Symbolen und Tätowierungen im sichtbaren Bereich sowie die Art der Haar- und Barttracht können eingeschränkt oder untersagt werden, soweit die Funktionsfähigkeit der Verwaltung oder die Pflicht zum achtungs- und vertrauenswürdigen Verhalten dies erfordert. Das ist insbesondere dann der Fall, wenn Merkmale des Erscheinungsbilds nach Satz 2 durch ihre über das übliche Maß hinausgehende besonders individualisierende Art geeignet sind, die amtliche Funktion der Beamtin oder des Beamten in den Hintergrund zu drängen. Religiös oder weltanschaulich konnotierte Merkmale des Erscheinungsbilds nach Satz 2 können nur dann eingeschränkt oder untersagt werden, wenn sie objektiv geeignet sind, das Vertrauen in die neutrale Amtsführung der Beamtin oder des Beamten zu beeinträchtigen. Die Einzelheiten nach den Sätzen 2 bis 4 können durch Landesrecht bestimmt werden. Die Verhüllung des Gesichts bei der Ausübung des Dienstes oder bei einer Tätigkeit mit unmittelbarem Dienstbezug ist stets unzulässig, es sei denn, dienstliche oder gesundheitliche Gründe erfordern dies.

§ 35 Folgepflicht

(1) Beamtinnen und Beamte haben ihre Vorgesetzten zu beraten und zu unterstützen. Sie sind verpflichtet, deren dienstliche Anordnungen auszuführen und deren allgemeine Richtlinien zu befolgen. Dies gilt nicht, soweit die Beamtinnen und Beamten nach besonderen gesetzlichen Vorschriften an Weisungen nicht gebunden und nur dem Gesetz unterworfen sind.

(2) Beamtinnen und Beamte haben bei organisatorischen Veränderungen dem Dienstherrn Folge zu leisten.

§ 36 Verantwortung für die Rechtmäßigkeit

(1) Beamtinnen und Beamte tragen für die Rechtmäßigkeit ihrer dienstlichen Handlungen die volle persönliche Verantwortung.

(2) Bedenken gegen die Rechtmäßigkeit dienstlicher Anordnungen haben Beamtinnen und Beamte unverzüglich auf dem Dienstweg geltend zu machen. Wird die Anordnung aufrechterhalten, haben sie sich, wenn die Bedenken fortbestehen, an die nächst höhere Vorgesetzte oder den nächst höheren Vorgesetzten zu wenden. Wird die Anordnung bestätigt, müssen die Beamtinnen und Beamten sie ausführen und sind von der eigenen Verantwortung befreit. Dies gilt nicht, wenn das aufgetragene Verhalten die Würde des Menschen verletzt oder strafbar oder ordnungswidrig ist und die Strafbarkeit oder Ordnungswidrigkeit für die Beamtinnen oder Beamten erkennbar ist. Die Bestätigung hat auf Verlangen schriftlich zu erfolgen.

(3) Wird von den Beamtinnen oder Beamten die sofortige Ausführung der Anordnung verlangt, weil Gefahr im Verzug besteht und die Entscheidung der oder des höheren Vorgesetzten nicht rechtzeitig herbeigeführt werden kann, gilt Absatz 2 Satz 3 und 4 entsprechend. Die Anordnung ist durch die anordnende oder den anordnenden Vorgesetzten schriftlich zu bestätigen, wenn die Beamtin oder der Beamte dies unverzüglich nach Ausführung der Anordnung verlangt.

§ 37 Verschwiegenheitspflicht

(1) Beamtinnen und Beamte haben über die ihnen bei oder bei Gelegenheit ihrer amtlichen Tätigkeit bekannt gewordenen dienstlichen Angelegenheiten Verschwiegenheit zu bewahren. Dies gilt auch über den Bereich eines Dienstherrn hinaus sowie nach Beendigung des Beamtenverhältnisses.

(2) Absatz 1 gilt nicht, soweit

1. Mitteilungen im dienstlichen Verkehr geboten sind,
2. Tatsachen mitgeteilt werden, die offenkundig sind oder ihrer Bedeutung nach keiner Geheimhaltung bedürfen,
3. gegenüber der zuständigen obersten Dienstbehörde, einer Strafverfolgungsbehörde oder einer durch Landesrecht bestimmten weiteren Behörde oder außerdienstlichen Stelle ein durch Tatsachen begründeter Verdacht einer Korruptionsstraftat nach den §§ 331 bis 337 des Strafgesetzbuches angezeigt wird oder
4. Informationen unter den Voraussetzungen des Hinweisgeberschutzgesetzes an eine zuständige Meldestelle weitergegeben oder offengelegt werden.

Im Übrigen bleiben die gesetzlich begründeten Pflichten, geplante Straftaten anzuzeigen und für die Erhaltung der freiheitlichen demokratischen Grundordnung einzutreten, von Absatz 1 unberührt.

(3) Beamtinnen und Beamte dürfen ohne Genehmigung über Angelegenheiten, für die Absatz 1 gilt, weder vor Gericht noch außergerichtlich aussagen oder Erklärungen abgeben. Die Genehmigung erteilt der Dienstherr oder, wenn das Beamtenverhältnis beendet ist, der letzte Dienstherr. Hat sich der Vorgang, der den Gegenstand der Äußerung bildet, bei einem früheren Dienstherrn ereignet, darf die Genehmigung nur mit dessen Zustimmung erteilt werden. Durch Landesrecht kann bestimmt werden, dass an die Stelle des in den Sätzen 2 und 3 genannten jeweiligen Dienstherrn eine andere Stelle tritt.

(4) Die Genehmigung, als Zeugin oder Zeuge auszusagen, darf nur versagt werden, wenn die Aussage dem Wohl des Bundes oder eines deutschen Landes erhebliche Nachteile bereiten oder die Erfüllung öffentlicher Aufgaben ernstlich gefährden oder erheblich erschweren

würde. Durch Landesrecht kann bestimmt werden, dass die Verweigerung der Genehmigung zur Aussage vor Untersuchungsausschüssen des Deutschen Bundestages oder der Volksvertretung eines Landes einer Nachprüfung unterzogen werden kann. Die Genehmigung, ein Gutachten zu erstatten, kann versagt werden, wenn die Erstattung den dienstlichen Interessen Nachteile bereiten würde.

(5) Sind Beamtinnen oder Beamte Partei oder Beschuldigte in einem gerichtlichen Verfahren oder soll ihr Vorbringen der Wahrnehmung ihrer berechtigten Interessen dienen, darf die Genehmigung auch dann, wenn die Voraussetzungen des Absatzes 4 Satz 1 erfüllt sind, nur versagt werden, wenn die dienstlichen Rücksichten dies unabweisbar erfordern. Wird sie versagt, ist Beamtinnen oder Beamten der Schutz zu gewähren, den die dienstlichen Rücksichten zulassen.

(6) Beamtinnen und Beamte haben, auch nach Beendigung des Beamtenverhältnisses, auf Verlangen des Dienstherrn oder des letzten Dienstherrn amtliche Schriftstücke, Zeichnungen, bildliche Darstellungen sowie Aufzeichnungen jeder Art über dienstliche Vorgänge, auch soweit es sich um Wiedergaben handelt, herauszugeben. Die gleiche Verpflichtung trifft ihre Hinterbliebenen und Erben.

§ 38 Diensteid

(1) Beamtinnen und Beamte haben einen Diensteid zu leisten. Der Diensteid hat eine Verpflichtung auf das Grundgesetz zu enthalten.

(2) In den Fällen, in denen Beamtinnen und Beamte erklären, dass sie aus Glaubens- oder Gewissensgründen den Eid nicht leisten wollen, kann für diese an Stelle des Eides ein Gelöbnis zugelassen werden.

(3) In den Fällen, in denen nach § 7 Abs. 3 eine Ausnahme von § 7 Absatz 1 Satz 1 Nummer 1 zugelassen worden ist, kann an Stelle des Eides ein Gelöbnis vorgeschrieben werden.

§ 39 Verbot der Führung der Dienstgeschäfte

Beamtinnen und Beamten kann aus zwingenden dienstlichen Gründen die Führung der Dienstgeschäfte verboten werden. Das Verbot erlischt, wenn nicht bis zum Ablauf von drei Monaten gegen die Beamtin oder den Beamten ein Disziplinarverfahren oder ein sonstiges auf Rücknahme der Ernennung oder auf Beendigung des Beamtenverhältnisses gerichtetes Verfahren eingeleitet worden ist.

§ 40 Nebentätigkeit

Eine Nebentätigkeit ist grundsätzlich anzeigepflichtig. Sie ist unter Erlaubnis- oder Verbotsvorbehalt zu stellen, soweit sie geeignet ist, dienstliche Interessen zu beeinträchtigen.

§ 41 Tätigkeit nach Beendigung des Beamtenverhältnisses

(1) Ruhestandsbeamtinnen und Ruhestandsbeamte sowie frühere Beamtinnen mit Versorgungsbezügen und frühere Beamte mit Versorgungsbezügen haben die Ausübung einer Erwerbstätigkeit oder sonstigen Beschäftigung außerhalb des öffentlichen Dienstes, die mit der dienstlichen Tätigkeit innerhalb eines Zeitraums, dessen Bestimmung dem Landesrecht vorbehalten bleibt, im Zusammenhang steht und durch die dienstliche Interessen beeinträchtigt werden können, anzuzeigen. Die Erwerbstätigkeit oder sonstige Beschäftigung ist zu untersagen, wenn zu besorgen ist, dass durch sie dienstliche Interessen beeinträchtigt werden. Das Verbot endet spätestens mit Ablauf von sieben Jahren nach Beendigung des Beamtenverhältnisses.

(2) Durch Landesrecht können für bestimmte Gruppen der in Absatz 1 Satz 1 genannten Beamtinnen und Beamten abweichende Voraussetzungen für eine Anzeige oder Regelungen für eine Genehmigung von Tätigkeiten nach Beendigung des Beamtenverhältnisses bestimmt werden.

§ 42 Verbot der Annahme von Belohnungen, Geschenken und sonstigen Vorteilen

(1) Beamtinnen und Beamte dürfen, auch nach Beendigung des Beamtenverhältnisses, keine Belohnungen, Geschenke oder sonstigen Vorteile für sich oder eine dritte Person in

Bezug auf ihr Amt fordern, sich versprechen lassen oder annehmen. Ausnahmen bedürfen der Zustimmung ihres gegenwärtigen oder letzten Dienstherrn.

(2) Wer gegen das in Absatz 1 genannte Verbot verstößt, hat das aufgrund des pflichtwidrigen Verhaltens Erlangte auf Verlangen dem Dienstherrn herauszugeben, soweit nicht die Einziehung von Taterträgen angeordnet worden oder es auf andere Weise auf den Staat übergegangen ist.

§ 43 Teilzeitbeschäftigung

Teilzeitbeschäftigung ist zu ermöglichen.

§ 44 Erholungsurlaub

Beamtinnen und Beamten steht jährlicher Erholungsurlaub unter Fortgewährung der Bezüge zu.

§ 45 Fürsorge

Der Dienstherr hat im Rahmen des Dienst- und Treueverhältnisses für das Wohl der Beamtinnen und Beamten und ihrer Familien, auch für die Zeit nach Beendigung des Beamtenverhältnisses, zu sorgen. Er schützt die Beamtinnen und Beamten bei ihrer amtlichen Tätigkeit und in ihrer Stellung.

§ 46 Mutterschutz und Elternzeit

Effektiver Mutterschutz und Elternzeit sind zu gewährleisten.

§ 47 Nichterfüllung von Pflichten

(1) Beamtinnen und Beamte begehen ein Dienstvergehen, wenn sie schuldhaft die ihnen obliegenden Pflichten verletzen. Ein Verhalten außerhalb des Dienstes ist nur dann ein Dienstvergehen, wenn es nach den Umständen des Einzelfalls in besonderem Maße geeignet ist, das Vertrauen in einer für ihr Amt bedeutsamen Weise zu beeinträchtigen.

(2) Bei Ruhestandsbeamtinnen und Ruhestandsbeamten oder früheren Beamtinnen mit Versorgungsbezügen und früheren Beamten mit Versorgungsbezügen gilt als Dienstvergehen, wenn sie sich gegen die freiheitliche demokratische Grundordnung im Sinne des Grundgesetzes betätigen oder an Bestrebungen teilnehmen, die darauf abzielen, den Bestand oder die Sicherheit der Bundesrepublik Deutschland zu beeinträchtigen, oder wenn sie schuldhaft gegen die in den §§ 37, 41 und 42 bestimmten Pflichten verstoßen. Bei sonstigen früheren Beamtinnen und früheren Beamten gilt es als Dienstvergehen, wenn sie schuldhaft gegen die in den §§ 37, 41 und 42 bestimmten Pflichten verstoßen. Für Beamtinnen und Beamte nach den Sätzen 1 und 2 können durch Landesrecht weitere Handlungen festgelegt werden, die als Dienstvergehen gelten.

(3) Das Nähere über die Verfolgung von Dienstvergehen regeln die Disziplinargesetze.

§ 48 Pflicht zum Schadensersatz

Beamtinnen und Beamte, die vorsätzlich oder grob fahrlässig die ihnen obliegenden Pflichten verletzen, haben dem Dienstherrn, dessen Aufgaben sie wahrgenommen haben, den daraus entstehenden Schaden zu ersetzen. Haben mehrere Beamtinnen oder Beamte gemeinsam den Schaden verursacht, haften sie als Gesamtschuldner.

§ 49 Übermittlungen bei Strafverfahren

(1) Das Gericht, die Strafverfolgungs- oder die Strafvollstreckungsbehörde hat in Strafverfahren gegen Beamtinnen und Beamte zur Sicherstellung der erforderlichen dienstrechtlichen Maßnahmen im Fall der Erhebung der öffentlichen Klage

1. die Anklageschrift oder eine an ihre Stelle tretende Antragsschrift,
2. den Antrag auf Erlass eines Strafbefehls und
3. die einen Rechtszug abschließende Entscheidung mit Begründung

zu übermitteln. Ist gegen die Entscheidung ein Rechtsmittel eingelegt worden, ist die Entscheidung unter Hinweis auf das eingelegte Rechtsmittel zu übermitteln. Der Erlass und der Vollzug eines Haftbefehls oder eines Unterbringungsbefehls sind mitzuteilen.

(2) In Verfahren wegen fahrlässig begangener Straftaten werden die in Absatz 1 Satz 1 bestimmten Übermittlungen nur vorgenommen, wenn

1. es sich um schwere Verstöße handelt, namentlich Vergehen der Trunkenheit im Straßenverkehr oder der fahrlässigen Tötung, oder
2. in sonstigen Fällen die Kenntnis der Daten aufgrund der Umstände des Einzelfalls erforderlich ist, um zu prüfen, ob dienstrechtliche Maßnahmen zu ergreifen sind.

(3) Entscheidungen über Verfahrenseinstellungen, die nicht bereits nach Absatz 1 oder 2 zu übermitteln sind, sollen übermittelt werden, wenn die in Absatz 2 Nr. 2 genannten Voraussetzungen erfüllt sind. Dabei ist zu berücksichtigen, wie gesichert die zu übermittelnden Erkenntnisse sind.

(4) Sonstige Tatsachen, die in einem Strafverfahren bekannt werden, dürfen mitgeteilt werden, wenn ihre Kenntnis aufgrund besonderer Umstände des Einzelfalls für dienstrechtliche Maßnahmen gegen eine Beamtin oder einen Beamten erforderlich ist und soweit nicht für die übermittelnde Stelle erkennbar ist, dass schutzwürdige Interessen der Beamtin oder des Beamten an dem Ausschluss der Übermittlung überwiegen. Erforderlich ist die Kenntnis der Daten auch dann, wenn diese Anlass zur Prüfung bieten, ob dienstrechtliche Maßnahmen zu ergreifen sind. Absatz 3 Satz 2 ist entsprechend anzuwenden.

(5) Nach den Absätzen 1 bis 4 übermittelte Daten dürfen auch für die Wahrnehmung der Aufgaben nach dem Sicherheitsüberprüfungsgesetz oder einem entsprechenden Landesgesetz verwendet werden.

(6) Übermittlungen nach den Absätzen 1 bis 3 sind auch zulässig, soweit sie Daten betreffen, die dem Steuergeheimnis (§ 30 der Abgabenordnung) unterliegen. Übermittlungen nach Absatz 4 sind unter den Voraussetzungen des § 30 Abs. 4 Nr. 5 der Abgabenordnung zulässig.

§ 50 Personalakte

Für jede Beamtin und jeden Beamten ist eine Personalakte zu führen. Zur Personalakte gehören alle Unterlagen, die die Beamtin oder den Beamten betreffen, soweit sie mit dem Dienstverhältnis in einem unmittelbaren inneren Zusammenhang stehen (Personalaktendaten). Die Personalakte ist vertraulich zu behandeln. Personalaktendaten dürfen ohne Einwilligung der Beamtin oder des Beamten nur für Zwecke der Personalverwaltung oder Personalwirtschaft verarbeitet werden. Für Ausnahmefälle kann landesrechtlich eine von Satz 4 abweichende Verarbeitung vorgesehen werden.

§ 51 Personalvertretung

Die Bildung von Personalvertretungen zum Zweck der vertrauensvollen Zusammenarbeit zwischen der Behördenleitung und dem Personal ist unter Einbeziehung der Beamtinnen und Beamten zu gewährleisten.

§ 52 Mitgliedschaft in Gewerkschaften und Berufsverbänden

Beamtinnen und Beamte haben das Recht, sich in Gewerkschaften oder Berufsverbänden zusammenzuschließen. Sie dürfen wegen Betätigung für ihre Gewerkschaft oder ihren Berufsverband nicht dienstlich gemaßregelt oder benachteiligt werden.

§ 53 Beteiligung der Spitzenorganisationen

Bei der Vorbereitung gesetzlicher Regelungen der beamtenrechtlichen Verhältnisse durch die obersten Landesbehörden sind die Spitzenorganisationen der zuständigen Gewerkschaften und Berufsverbände zu beteiligen. Das Beteiligungsverfahren kann auch durch Vereinbarung ausgestaltet werden.

Abschnitt 7
Rechtsweg

§ 54 Verwaltungsrechtsweg

(1) Für alle Klagen der Beamtinnen, Beamten, Ruhestandsbeamtinnen, Ruhestandsbeamten, früheren Beamtinnen, früheren Beamten und der Hinterbliebenen aus dem Beamtenverhältnis sowie für Klagen des Dienstherrn ist der Verwaltungsrechtsweg gegeben.

(2) Vor allen Klagen ist ein Vorverfahren nach den Vorschriften des 8. Abschnitts der Verwaltungsgerichtsordnung durchzuführen. Dies gilt auch dann, wenn die Maßnahme von der

obersten Dienstbehörde getroffen worden ist. Ein Vorverfahren ist nicht erforderlich, wenn ein Landesgesetz dieses ausdrücklich bestimmt.

(3) Den Widerspruchsbescheid erlässt die oberste Dienstbehörde. Sie kann die Entscheidung für Fälle, in denen sie die Maßnahme nicht selbst getroffen hat, durch allgemeine Anordnung auf andere Behörden übertragen. Die Anordnung ist zu veröffentlichen.

(4) Widerspruch und Anfechtungsklage gegen Abordnung oder Versetzung haben keine aufschiebende Wirkung.

Abschnitt 8
Spannungs- und Verteidigungsfall

§ 55 Anwendungsbereich

Beschränkungen, Anordnungen und Verpflichtungen nach den §§ 56 bis 59 sind nur nach Maßgabe des Artikels 80a des Grundgesetzes zulässig. Sie sind auf Personen im Sinne des § 5 Abs. 1 des Arbeitssicherstellungsgesetzes nicht anzuwenden.

§ 56 Dienstleistung im Verteidigungsfall

(1) Beamtinnen und Beamte können für Zwecke der Verteidigung auch ohne ihre Zustimmung zu einem anderen Dienstherrn abgeordnet oder zur Dienstleistung bei über- oder zwischenstaatlichen zivilen Dienststellen verpflichtet werden.

(2) Beamtinnen und Beamten können für Zwecke der Verteidigung auch Aufgaben übertragen werden, die nicht ihrem Amt oder ihrer Laufbahnbefähigung entsprechen, sofern ihnen die Übernahme nach ihrer Vor- und Ausbildung und im Hinblick auf die Ausnahmesituation zumutbar ist. Aufgaben einer Laufbahn mit geringeren Zugangsvoraussetzungen dürfen ihnen nur übertragen werden, wenn dies aus dienstlichen Gründen unabweisbar ist.

(3) Beamtinnen und Beamte haben bei der Erfüllung der ihnen für Zwecke der Verteidigung übertragenen Aufgaben Gefahren und Erschwernisse auf sich zu nehmen, soweit diese ihnen nach den Umständen und den persönlichen Verhältnissen zugemutet werden können.

(4) Beamtinnen und Beamte sind bei einer Verlegung der Behörde oder Dienststelle auch in das Ausland zur Dienstleistung am neuen Dienstort verpflichtet.

§ 57 Aufschub der Entlassung und des Ruhestands

Die Entlassung der Beamtinnen und Beamten auf ihren Antrag kann für Zwecke der Verteidigung hinausgeschoben werden, wenn dies im öffentlichen Interesse erforderlich ist und der Personalbedarf der öffentlichen Verwaltung im Bereich ihres Dienstherrn auf freiwilliger Grundlage nicht gedeckt werden kann. Satz 1 gilt entsprechend für den Ablauf der Amtszeit bei Beamtenverhältnissen auf Zeit. Der Eintritt der Beamtinnen und Beamten in den Ruhestand nach Erreichen der Altersgrenze und die vorzeitige Versetzung in den Ruhestand auf Antrag ohne Nachweis der Dienstunfähigkeit können unter den Voraussetzungen des Satzes 1 bis zum Ende des Monats hinausgeschoben werden, in dem die für Bundesbeamtinnen und Bundesbeamte geltende Regelaltersgrenze erreicht wird.

§ 58 Erneute Berufung von Ruhestandsbeamtinnen und Ruhestandsbeamten

Ruhestandsbeamtinnen und Ruhestandsbeamte, die die für Bundesbeamtinnen und Bundesbeamte geltende Regelaltersgrenze noch nicht erreicht haben, können für Zwecke der Verteidigung erneut in ein Beamtenverhältnis berufen werden, wenn dies im öffentlichen Interesse erforderlich ist und der Personalbedarf der öffentlichen Verwaltung im Bereich ihres bisherigen Dienstherrn auf freiwilliger Grundlage nicht gedeckt werden kann. Das Beamtenverhältnis endet, wenn es nicht vorher beendet wird, mit dem Ende des Monats, in dem die für Bundesbeamtinnen und Bundesbeamte geltende Regelaltersgrenze erreicht wird.

§ 59 Verpflichtung zur Gemeinschaftsunterkunft und Mehrarbeit

(1) Wenn dienstliche Gründe es erfordern, können Beamtinnen und Beamte für Zwecke der Verteidigung verpflichtet werden, vorübergehend in einer Gemeinschaftsunter-

I

kunft zu wohnen und an einer Gemeinschaftsverpflegung teilzunehmen.

(2) Beamtinnen und Beamte sind verpflichtet, für Zwecke der Verteidigung über die regelmäßige Arbeitszeit hinaus ohne besondere Vergütung Dienst zu tun. Für die Mehrbeanspruchung wird ein Freizeitausgleich nur gewährt, soweit es die dienstlichen Erfordernisse gestatten.

Abschnitt 9 Sonderregelungen für Verwendungen im Ausland

§ 60 Verwendungen im Ausland

(1) Beamtinnen und Beamte, die zur Wahrnehmung des ihnen übertragenen Amtes im Ausland oder außerhalb des Deutschen Hoheitsgebiets auf Schiffen oder in Luftfahrzeugen verwendet werden und dabei wegen vom Inland wesentlich abweichender Verhältnisse erhöhten Gefahren ausgesetzt sind, können aus dienstlichen Gründen verpflichtet werden,

1. vorübergehend in einer Gemeinschaftsunterkunft zu wohnen und an einer Gemeinschaftsverpflegung teilzunehmen,
2. Schutzkleidung zu tragen,
3. Dienstkleidung zu tragen und
4. über die regelmäßige Arbeitszeit hinaus ohne besondere Vergütung Dienst zu tun.

In den Fällen des Satzes 1 Nr. 4 wird für die Mehrbeanspruchung ein Freizeitausgleich nur gewährt, soweit es die dienstlichen Erfordernisse gestatten.

(2) Sind nach Absatz 1 verwendete Beamtinnen und Beamte zum Zeitpunkt des vorgesehenen Eintritts in den Ruhestand nach den §§ 25 und 26 oder des vorgesehenen Ablaufs ihrer Amtszeit wegen Verschleppung, Gefangenschaft oder aus sonstigen mit dem Dienst zusammenhängenden Gründen, die sie nicht zu vertreten haben, dem Einflussbereich des Dienstherrn entzogen, verlängert sich das Dienstverhältnis bis zum Ablauf des auf die Beendigung dieses Zustands folgenden Monats.

Abschnitt 10 Sonderregelungen für wissenschaftliches Hochschulpersonal

§ 61 Hochschullehrerinnen und Hochschullehrer

Abweichend von den §§ 14 und 15 können Hochschullehrerinnen und Hochschullehrer nur mit ihrer Zustimmung in den Bereich eines Dienstherrn eines anderen Landes oder des Bundes abgeordnet oder versetzt werden. Abordnung oder Versetzung im Sinne von Satz 1 sind auch ohne Zustimmung der Hochschullehrerinnen oder Hochschullehrer zulässig, wenn die Hochschule oder die Hochschuleinrichtung, an der sie tätig sind, aufgelöst oder mit einer anderen Hochschule zusammengeschlossen wird oder wenn die Studien- oder Fachrichtung, in der sie tätig sind, ganz oder teilweise aufgehoben oder an eine andere Hochschule verlegt wird. In diesen Fällen beschränkt sich eine Mitwirkung der aufnehmenden Hochschule oder Hochschuleinrichtung bei der Einstellung auf eine Anhörung. Die Vorschriften über den einstweiligen Ruhestand sind auf Hochschullehrerinnen und Hochschullehrer nicht anzuwenden.

Abschnitt 11 Schlussvorschriften

§ 62 Folgeänderungen

(hier nicht aufgenommen)

§ 63 Inkrafttreten, Außerkrafttreten

(1) Die §§ 25 und 50 treten am Tag nach der Verkündung in Kraft. Gleichzeitig treten die §§ 25 und 26 Abs. 3 sowie die §§ 56 bis 56f des Beamtenrechtsrahmengesetzes in der Fassung der Bekanntmachung vom 31. März 1999 (BGBl. I S. 654), das zuletzt durch Artikel 2 Abs. 1 des Gesetzes vom 5. Dezember 2006 (BGBl. I S. 2748), geändert worden ist, außer Kraft.

(2) § 62 Abs. 13 und 14 tritt für Bundesbeamtinnen und Bundesbeamte am 12. Februar 2009 in Kraft.

(3) Im Übrigen tritt das Gesetz am 1. April 2009 in Kraft. Gleichzeitig tritt das Beamtenrechtsrahmengesetz mit Ausnahme von Kapitel II und § 135 außer Kraft.

(4) Die Länder können für die Zeit bis zum Inkrafttreten des § 11 Landesregelungen im Sinne dieser Vorschrift in Kraft setzen. In den Ländern, die davon Gebrauch machen, ist § 8 des Beamtenrechtsrahmengesetzes nicht anzuwenden.

I

Landesbeamtengesetz (LBG)

Vom 20. Oktober 2010 (GVBl. S. 319)

Zuletzt geändert durch
Landesgesetz zur Änderung des Landesbeamtenversorgungsgesetzes und weiterer dienstrechtlicher Vorschriften
vom 19. November 2025 (GVBl. S. 693)

Inhaltsübersicht

I

Teil 1
Allgemeine Bestimmungen

§ 1 Geltungsbereich

(1) Dieses Gesetz gilt neben dem Gesetz zur Regelung des Statusrechts der Beamtinnen und Beamten in den Ländern (Beamtenstatusgesetz – BeamtStG –) vom 17. Juni 2008 (BGBl. I S. 1010) in der jeweils geltenden Fassung für die Beamtinnen und Beamten

1. des Landes,
2. der Gemeinden und Gemeindeverbände sowie
3. der sonstigen der Aufsicht des Landes unterstehenden Körperschaften, Anstalten und Stiftungen des öffentlichen Rechts.

(2) Dieses Gesetz gilt nicht für die öffentlich-rechtlichen Religionsgesellschaften und ihre Verbände. Diesen bleibt es überlassen, die Rechtsverhältnisse ihrer Beamtinnen und Beamten sowie Seelsorgerinnen und Seelsorger entsprechend zu regeln oder Bestimmungen dieses Gesetzes für anwendbar zu erklären.

§ 2 Verleihung der Dienstherrnfähigkeit durch Satzung (zu § 2 BeamtStG)

Soweit die Dienstherrnfähigkeit durch Satzung verliehen wird, bedarf diese der Genehmigung der Landesregierung oder der durch Gesetz hierzu ermächtigten Stelle.

§ 3 Unmittelbares und mittelbares Beamtenverhältnis

(1) Das Beamtenverhältnis zum Land ist entweder unmittelbar oder mittelbar.

(2) Unmittelbare Landesbeamtinnen und Landesbeamte haben das Land zum Dienstherrn, mittelbare Landesbeamtinnen und Landesbeamte eine Gemeinde, einen Gemeindeverband oder eine sonstige der Aufsicht des Landes unterstehende Körperschaft, Anstalt oder Stiftung des öffentlichen Rechts.

§ 4 Begriffsbestimmungen

(1) Oberste Dienstbehörde ist die oberste Behörde des Dienstherrn, in deren Dienstbereich die Beamtin oder der Beamte ein Amt bekleidet.

(2) Dienstvorgesetzte oder Dienstvorgesetzter ist, wer für beamtenrechtliche Entscheidungen über die persönlichen Angelegenheiten der ihr oder ihm nachgeordneten Beamtinnen und Beamten zuständig ist.

(3) Vorgesetzte oder Vorgesetzter ist, wer einer Beamtin oder einem Beamten für ihre oder seine dienstliche Tätigkeit Weisungen erteilen kann.

(4) Wer Dienstvorgesetzte oder Dienstvorgesetzter und wer Vorgesetzte oder Vorgesetzter ist, richtet sich nach dem Aufbau der öffentlichen Verwaltung.

(5) Kinder und Angehörige im Sinne dieses Gesetzes und im Sinne von Rechtsverordnungen, zu denen dieses Gesetz ermächtigt, sind die in § 20 Abs. 5 des Verwaltungsverfahrensgesetzes (VwVfG) sowie die darüber hinaus in § 7 Abs. 3 des Pflegezeitgesetzes (PflegeZG) genannten Personen, soweit nicht ausdrücklich etwas anderes bestimmt ist.

Teil 2
Beamtenverhältnis

§ 5 Hoheitsrechtliche Tätigkeit (zu § 3 BeamtStG)

(1) Die Ausübung hoheitsrechtlicher Befugnisse ist als ständige Aufgabe in der Regel Beamtinnen und Beamten zu übertragen.

(2) Die Lehrtätigkeit an öffentlichen Schulen und Hochschulen gilt als hoheitsrechtliche Aufgabe.

§ 6 Vorbereitungsdienst (zu § 4 BeamtStG)

(1) Der Vorbereitungsdienst wird im Beamtenverhältnis auf Widerruf abgeleistet.

(2) Die für die Gestaltung der Laufbahn zuständige oberste Landesbehörde wird ermächtigt, durch Rechtsverordnung abweichend von Absatz 1 zu bestimmen, dass der Vorbereitungsdienst in einem öffentlich-rechtlichen Ausbildungsverhältnis außerhalb des Beamtenverhältnisses abgeleistet werden kann. Auf die Auszubildenden sind die für Beamtinnen und Beamte im Vorbereitungsdienst geltenden Vorschriften des Beamtenstatusge-

setzes mit Ausnahme seines § 38, des Landesdisziplinargesetzes (LDG), des Landespersonalvertretungsgesetzes und dieses Gesetzes mit Ausnahme seiner §§ 51 und 66 entsprechend anzuwenden, soweit nicht durch Gesetz oder aufgrund eines Gesetzes etwas anderes bestimmt ist. Anstelle des Diensteides ist eine Verpflichtungserklärung nach dem Verpflichtungsgesetz vom 2. März 1974 (BGBl. I S. 469–547 –) in der jeweils geltenden Fassung abzugeben.

(3) Ist der Vorbereitungsdienst auch Voraussetzung für die Ausübung eines Berufes außerhalb des öffentlichen Dienstes, so kann er auf Antrag der oder des Auszubildenden in einem öffentlich-rechtlichen Ausbildungsverhältnis abgeleistet werden. Absatz 2 Satz 2 gilt in diesen Fällen mit der Maßgabe, dass neben § 38 auch § 7 Abs. 1 Nr. 2 und § 33 Abs. 1 Satz 3 BeamtStG keine Anwendung finden. In ein öffentlich-rechtliches Ausbildungsverhältnis nach Satz 1 darf nicht aufgenommen werden, wer die freiheitlich-demokratische Grundordnung im Sinne des Grundgesetzes in strafbarer Weise bekämpft. Absatz 2 Satz 3 gilt entsprechend.

§ 7 Ehrenbeamtinnen und Ehrenbeamte (zu § 5 BeamtStG)

(1) Für Ehrenbeamtinnen und Ehrenbeamte gelten die Bestimmungen des Beamtenstatusgesetzes und dieses Gesetzes mit folgenden Maßgaben:

1. Das Ehrenbeamtenverhältnis kann aufgrund einer Rechtsvorschrift auch anders als durch Ernennung begründet werden.
2. Ehrenbeamtinnen und Ehrenbeamte können jederzeit verabschiedet werden, soweit durch Rechtsvorschrift nichts anderes bestimmt ist; § 32 Abs. 2 findet entsprechende Anwendung. Das Ehrenbeamtenverhältnis endet auch ohne Verabschiedung durch Zeitablauf, wenn es für eine bestimmte Amtszeit begründet worden ist. Es endet ferner durch Abwahl, wenn diese durch Rechtsvorschrift zugelassen ist.
3. Nicht anzuwenden sind die Bestimmungen über Beamtinnen und Beamte auf Zeit (§ 6 BeamtStG sowie § 8), das Erlöschen privatrechtlicher Arbeitsverhältnisse (§ 10 Abs. 3), die Laufbahnen (§§ 14 bis 26), die Abordnung, Versetzung und Körperschaftsumbildung (§§ 13 bis 16 BeamtStG sowie §§ 27 bis 29), den Eintritt oder die Versetzung in den Ruhestand (§ 21 Nr. 4, § 22 Abs. 1 Nr. 2, § 23 Abs. 1 Satz 1 Nr. 2 und 3, §§ 25 bis 32 BeamtStG sowie §§ 37 bis 48), die Entlassung von Beamtinnen und Beamten auf Probe und auf Widerruf (§ 22 Abs. 4 und 5, § 23 Abs. 3 und 4 BeamtStG), die Entlassung wegen Ernennung nach Erreichen der Altersgrenze (§ 23 Abs. 1 Satz 1 Nr. 5 BeamtStG), die Wohnung (§ 57), die Aufenthaltspflicht (§ 58), Dienstvergehen von Ruhestandsbeamtinnen und Ruhestandsbeamten (§ 47 Abs. 2 BeamtStG sowie (§ 61), den Arbeitsschutz (§ 62), die Arbeitszeit (§ 73), die Nebentätigkeit (§§ 82 bis 84), den Landespersonalausschuss (§§ 99 bis 105), die besonderen Beamtengruppen (§§ 106 bis 118), Kommunalbeamtinnen und Kommunalbeamte auf Zeit (§ 119 Abs. 3, soweit die erzielten Vergütungen aufgrund der Ausübung der dort erwähnten Ehrenämter den Betrag von 4000,00 Euro in einem Jahr nicht übersteigen, und Abs. 4).

(2) Die Ernennung von Ehrenbeamtinnen und Ehrenbeamten ist nichtig, wenn die Ernannten im Zeitpunkt der Ernennung nach einer gesetzlichen Bestimmung über die Unvereinbarkeit des Ehrenamtes mit einer anderen Tätigkeit nicht ernannt werden durften. Die oder der Dienstvorgesetzte hat nach Kenntnis des Nichtigkeitsgrundes den Ernannten jede weitere Fortführung der Dienstgeschäfte zu verbieten.

(3) Die Ehrenbeamtinnen und Ehrenbeamten sind entlassen, wenn sie nach der Begründung des Ehrenbeamtenverhältnisses eine Tätigkeit aufnehmen, die nach einer gesetzlichen Bestimmung mit dem Ehrenamt unvereinbar ist. Durch Wahl berufene Ehrenbeamtinnen und Ehrenbeamte sind auch entlassen, wenn nach der Ernennung eine Voraussetzung der Wählbarkeit entfällt. § 30 Abs. 1 gilt entsprechend.

(4) Im Übrigen regeln sich die Rechtsverhältnisse nach den besonderen für die einzelnen Gruppen der Ehrenbeamtinnen und Ehrenbeamten geltenden Vorschriften.

I

§ 8 Beamtinnen und Beamte auf Zeit (zu § 6 BeamtStG)

(1) Die Fälle und die Voraussetzungen der Ernennung von Beamtinnen und Beamten auf Zeit sind gesetzlich zu bestimmen. Für Beamtinnen und Beamte auf Zeit finden die Bestimmungen über Laufbahnen (§§ 14 bis 26) keine Anwendung.

(2) Soweit durch Gesetz nichts anderes bestimmt ist, ist die Beamtin oder der Beamte auf Zeit verpflichtet, nach Ablauf der Amtszeit das Amt weiterzuführen, wenn sie oder er unter mindestens gleichwertigen Bedingungen für wenigstens die gleiche Zeit wieder in dasselbe Amt berufen werden soll und der Zeitraum zwischen dem Ende der bisherigen Amtszeit und dem Erreichen der Regelaltersgrenze (§ 37) mindestens fünf Jahre beträgt. Wer dieser Verpflichtung nicht nachkommt, ist aus dem Beamtenverhältnis zu entlassen. Wird die Beamtin oder der Beamte auf Zeit im Anschluss an ihre oder seine Amtszeit erneut in dasselbe Amt für eine weitere Amtszeit berufen, so gilt das Beamtenverhältnis als nicht unterbrochen.

(3) Soweit durch Gesetz nichts anderes bestimmt ist, tritt die Beamtin oder der Beamte auf Zeit vor Erreichen der Altersgrenze mit Ablauf der Amtszeit in den Ruhestand, wenn sie oder er nicht entlassen oder im Anschluss an ihre oder seine Amtszeit erneut in dasselbe Amt für eine weitere Amtszeit berufen wird. Eine Beamtin oder ein Beamter auf Zeit im einstweiligen Ruhestand befindet sich mit Ablauf der Amtszeit dauernd im Ruhestand. § 119 Abs. 4 bleibt unberührt.

(4) Das Beamtenverhältnis der Beamtinnen und Beamten auf Zeit, bei denen die Begründung eines Beamtenverhältnisses auf einer Wahl beruht (Wahlbeamtinnen und Wahlbeamten), endet auch durch Abwahl, wenn diese gesetzlich vorgesehen ist.

§ 9 Zulassung von Ausnahmen für die Berufung in das Beamtenverhältnis (zu § 7 BeamtStG)

Ausnahmen nach § 7 Abs. 3 BeamtStG lässt die Ministerpräsidentin oder der Ministerpräsident zu. Sie oder er kann diese Befugnis durch Rechtsverordnung ganz oder teilweise auf die obersten Dienstbehörden übertragen.

§ 10 Zuständigkeit für die Ernennung, Wirkung der Ernennung (zu § 8 BeamtStG)

(1) Die unmittelbaren Landesbeamtinnen und Landesbeamten werden von der Ministerpräsidentin oder dem Ministerpräsidenten ernannt. Sie oder er kann diese Befugnis durch Rechtsverordnung ganz oder teilweise auf andere Stellen übertragen.

(2) Die Ernennung wird mit dem Tag der Aushändigung der Ernennungsurkunde wirksam, wenn nicht in der Urkunde ausdrücklich ein späterer Tag bestimmt ist.

(3) Mit der Begründung eines Beamtenverhältnisses auf Lebenszeit oder auf Zeit erlischt ein privatrechtliches Arbeitsverhältnis zum Dienstherrn. Während der Dauer eines Beamtenverhältnisses auf Probe oder auf Widerruf ruhen die beiderseitigen Rechte und Pflichten aus einem privatrechtlichen Arbeitsverhältnis zum Dienstherrn.

§ 11 Stellenausschreibung, Feststellung der gesundheitlichen Eignung (zu § 9 BeamtStG)

(1) Freie oder frei werdende Planstellen sind auszuschreiben; soweit zwingende dienstliche Belange nicht entgegenstehen, sind freie oder frei werdende Planstellen, einschließlich solcher mit Vorgesetzten- oder Leitungsaufgaben, auch in Teilzeitform auszuschreiben. Bei den Stellenausschreibungen ist in der Regel die weibliche und männliche Funktions- oder Amtsbezeichnung zu verwenden. Satz 1 gilt nicht für die Stellen der in § 41 Abs. 1 bezeichneten Beamtinnen und Beamten sowie der Präsidentin oder des Präsidenten und der Vizepräsidentin oder des Vizepräsidenten des Rechnungshofs Rheinland-Pfalz. Muss eine Stelle unvorhergesehen neu besetzt werden, kann von der Ausschreibung abgesehen werden. Über weitere Ausnahmen von der Pflicht zur Stellenausschreibung entscheidet der Landespersonalausschuss. Die besonderen Vorschriften über die Auswahl von Beamtinnen und Beamten auf Zeit bleiben unberührt.

(2) Bei der Berufung in das Beamtenverhältnis auf Lebenszeit hat die Feststellung der gesundheitlichen Eignung aufgrund eines amtsärztlichen Gutachtens, das nicht älter als drei Jahre sein darf, zu erfolgen.

(3) Die §§ 19 bis 22 des Gendiagnostikgesetzes (GenDG) vom 31. Juli 2009 (BGBl. I S. 2529, 3672) und die aufgrund des § 20 Abs. 3 GenDG erlassene Rechtsverordnung sind in ihrer jeweils geltenden Fassung anzuwenden.

---

§ 11 Abs. 3 ist bereits am 5. November 2010 in Kraft getreten.

§ 12 Feststellung der Nichtigkeit der Ernennung, Verbot der Führung der Dienstgeschäfte (zu § 11 BeamtStG)

(1) Die Feststellung der Nichtigkeit der Ernennung ist der Beamtin oder dem Beamten und im Falle ihres oder seines Todes den versorgungs- oder altersgeldberechtigten Hinterbliebenen schriftlich bekannt zu geben.

(2) Sobald der Grund für die Nichtigkeit bekannt wird, kann der oder dem Ernannten jede weitere Führung der Dienstgeschäfte verboten werden; im Falle des § 8 Abs. 1 Nr. 1 BeamtStG ist sie zu verbieten. Das Verbot der Führung der Dienstgeschäfte kann erst ausgesprochen werden, wenn im Fall

1. des § 11 Abs. 1 Nr. 1 BeamtStG die schriftliche Bestätigung der Wirksamkeit der Ernennung,
2. des § 11 Abs. 1 Nr. 2 BeamtStG die Bestätigung der Ernennung oder
3. des § 11 Abs. 1 Nr. 3 Buchst. a BeamtStG die Zulassung einer Ausnahme

abgelehnt worden ist.

(3) Die bis zu dem Verbot der Führung der Dienstgeschäfte vorgenommenen Amtshandlungen der oder des Ernannten sind in gleicher Weise gültig, wie wenn die Ernennung wirksam gewesen wäre. Die der oder dem Ernannten gewährten Leistungen können belassen werden.

§ 13 Rücknahme der Ernennung (zu § 12 BeamtStG)

(1) Die Rücknahme der Ernennung ist der Beamtin oder dem Beamten und im Falle ihres oder seines Todes den versorgungs- oder altersgeldberechtigten Hinterbliebenen schriftlich bekannt zu geben. In den Fällen des § 12 Abs. 1 Nr. 3 und 4 BeamtStG muss die Rücknahme innerhalb einer Frist von sechs Monaten erfolgen; die Frist beginnt, sobald die für die Ernennung zuständige Behörde Kenntnis von der Ablehnung der nachträglichen Erteilung einer Ausnahme durch die nach § 9 zuständige Stelle oder der Ablehnung der Nachholung der Mitwirkung durch den Landespersonalausschuss oder die Aufsichtsbehörde hat. Die Rücknahme der Ernennung ist auch nach Beendigung des Beamtenverhältnisses zulässig.

(2) Im Fall des § 12 Abs. 1 Nr. 4 BeamtStG gilt der Mangel der Ernennung als geheilt, wenn seit der Ernennung ein Jahr und sechs Monate verstrichen sind.

(3) § 12 Abs. 3 gilt entsprechend.

Teil 3 Laufbahnen

§ 14 Laufbahn

(1) Eine Laufbahn umfasst alle Ämter, die derselben Fachrichtung angehören. Zur Laufbahn gehören auch Vorbereitungsdienst und Probezeit.

(2) Es gibt folgende Fachrichtungen:

1. Verwaltung und Finanzen,
2. Bildung und Wissenschaft,
3. Justiz und Justizvollzug,
4. Polizei und Feuerwehr,
5. Gesundheit und Soziales,
6. Naturwissenschaft und Technik.

(3) Soweit zwingend erforderlich, können durch Laufbahnvorschriften (§§ 25 und 26) innerhalb einer Laufbahn fachspezifisch ausgerichtete Laufbahnzweige gebildet werden. Laufbahnzweige sind Ämter einer Laufbahn, die aufgrund einer gleichen Qualifikation zusammengefasst werden.

(4) Innerhalb der Laufbahn wird abhängig von der Vor- und Ausbildung nach Einstiegsämtern unterschieden. Unter Berücksichtigung des besoldungsrechtlichen Grundsatzes der funk-

tionsbezogenen Bewertung der Ämter sind die Einstiegsämter durch Gesetz festzulegen.

§ 15 Zugangsvoraussetzungen zu den Laufbahnen

(1) Für den Zugang zu den Laufbahnen werden die Bildungsgänge und ihre Abschlüsse den Einstiegsämtern in Übereinstimmung mit dem Grundsatz der funktionsbezogenen Bewertung zugeordnet.

(2) Für den Zugang zum ersten Einstiegsamt sind mindestens zu fordern

1. als Bildungsvoraussetzung die Qualifikation der Berufsreife und
2. als sonstige Voraussetzung
   a) eine abgeschlossene Berufsausbildung oder
   b) ein abgeschlossener Vorbereitungsdienst oder
   c) bei Laufbahnen mit besonderen Anforderungen eine abgeschlossene Berufsausbildung und ein abgeschlossener Vorbereitungsdienst.

(3) Für den Zugang zum zweiten Einstiegsamt sind mindestens zu fordern

1. als Bildungsvoraussetzung
   a) der qualifizierte Sekundarabschluss I oder
   b) die Qualifikation der Berufsreife und eine abgeschlossene Berufsausbildung oder
   c) die Qualifikation der Berufsreife und eine abgeschlossene Ausbildung in einem öffentlich-rechtlichen Ausbildungsverhältnis und
2. als sonstige Voraussetzung
   a) eine abgeschlossene Berufsausbildung und eine hauptberufliche Tätigkeit oder
   b) ein mit einer Prüfung abgeschlossener Vorbereitungsdienst oder eine inhaltlich dessen Anforderungen entsprechende abgeschlossene Berufsausbildung oder Fortbildung oder
   c) bei Laufbahnen mit besonderen Anforderungen eine abgeschlossene Berufsausbildung und ein abgeschlossener Vorbereitungsdienst.

(4) Für den Zugang zum dritten Einstiegsamt sind mindestens zu fordern

1. als Bildungsvoraussetzung ein mit einem Bachelorgrad oder einem gleichwertigen Abschluss abgeschlossenes Hochschulstudium und
2. als sonstige Voraussetzung
   a) eine hauptberufliche Tätigkeit oder
   b) ein mit einer Prüfung abgeschlossener Vorbereitungsdienst.

Die Voraussetzungen nach Satz 1 Nr. 2 entfallen, wenn das Hochschulstudium die wissenschaftlichen Kenntnisse und Methoden sowie die berufspraktischen Fähigkeiten und Kenntnisse vermittelt, die zur Erfüllung der zu übertragenden Laufbahnaufgaben erforderlich sind; dies gilt auch, wenn berufspraktische Defizite durch eine auf bis zu sechs Monate zu bemessende Einführung in die Laufbahnaufgaben ausgeglichen werden können.

(5) Für den Zugang zum vierten Einstiegsamt sind mindestens zu fordern

1. als Bildungsvoraussetzung ein mit einem Mastergrad oder einem gleichwertigen Abschluss abgeschlossenes Hochschulstudium und
2. als sonstige Voraussetzung
   a) eine hauptberufliche Tätigkeit oder
   b) ein mit einer Prüfung abgeschlossener Vorbereitungsdienst.

Absatz 4 Satz 2 gilt entsprechend.

(6) Vor- und Ausbildung, Prüfung sowie sonstige Voraussetzungen müssen geeignet sein, die Befähigung für den Zugang zum Einstiegsamt zu vermitteln.

§ 16 Bei einem anderen Dienstherrn erworbene Vorbildung und Laufbahnbefähigung

(1) Die Zulassung zu einem Vorbereitungsdienst darf nicht deshalb abgelehnt werden, weil die Bewerberin oder der Bewerber die für das betreffende Einstiegsamt vorgeschriebene Vorbildung im Bereich eines anderen Dienstherrn außerhalb des Geltungsbereichs dieses Gesetzes erworben hat.

(2) Wer die Laufbahnbefähigung bei einem anderen Dienstherrn außerhalb des Geltungsbereichs dieses Gesetzes erworben hat, besitzt, soweit erforderlich nach erfolgreicher Einführung, die Laufbahnbefähigung nach § 15.

§ 17 Anerkennung von im Ausland erworbenen Berufsqualifikationen als Laufbahnbefähigung

(1) Die Laufbahnbefähigung kann auch aufgrund der Richtlinie 2005/36/EG des Europäischen Parlaments und des Rates vom 7. September 2005 über die Anerkennung von Berufsqualifikationen (ABl. EU Nr. L 255 S. 22; 2007 Nr. L 271 S. 18; 2008 Nr. L 93 S. 28; 2009 Nr. L 33 S. 49; 2014 Nr. L 305 S. 115) in der jeweils geltenden Fassung erworben werden. Das Nähere, insbesondere das Anerkennungsverfahren sowie die Ausgleichsmaßnahmen, regelt die Landesregierung durch Rechtsverordnung. Abweichend von Satz 2 regelt das für das Schulwesen zuständige Ministerium im Einvernehmen mit dem für das allgemeine öffentliche Dienstrecht zuständigen Ministerium das Nähere für eine Verwendung im Schuldienst durch Rechtsverordnung. In den Rechtsverordnungen nach den Sätzen 2 und 3 kann die Zulassung für Anpassungslehrgänge in entsprechender Anwendung des § 127 beschränkt werden.

(2) Das Berufsqualifikationsfeststellungsgesetz Rheinland-Pfalz (BQFGRP) vom 8. Oktober 2013 (GVBl. S. 359, BS 806-4) in der jeweils geltenden Fassung findet mit Ausnahme seiner §§ 13b und 17 keine Anwendung. Im Bereich des Schuldienstes gilt Satz 1 mit der Maßgabe, dass neben der in § 13b Abs. 5 Nr. 1 BQFGRP bestimmten Behörde auch die für die Einstellung in den Schuldienst zuständige Dienstbehörde für die Entgegennahme einer Warnung durch das Binnenmarkt-Informationssystem IMI zuständig ist.

§ 18 Andere Bewerberinnen und andere Bewerber

(1) In das Beamtenverhältnis kann auch berufen werden, wer, ohne die vorgeschriebenen Zugangsvoraussetzungen zu erfüllen, die erforderliche Befähigung durch Lebens- und Berufserfahrung innerhalb oder außerhalb des öffentlichen Dienstes erworben hat (andere Bewerberin, anderer Bewerber). Dies gilt nicht, wenn eine bestimmte Vorbildung oder Ausbildung durch fachgesetzliche Regelung vorgeschrieben oder eine besondere Vorbildung oder Fachausbildung nach der Eigenart der Laufbahnaufgaben zwingend erforderlich ist.

(2) Die Befähigung von anderen Bewerberinnen und anderen Bewerbern ist durch den Landespersonalausschuss oder durch einen von ihm zu bestimmenden Unterausschuss festzustellen.

§ 19 Einstellung

(1) In das Beamtenverhältnis auf Probe oder auf Lebenszeit darf grundsätzlich nur berufen werden, wer das 45. Lebensjahr noch nicht vollendet hat. In ein Beamtenverhältnis auf Widerruf zur Ableistung eines Vorbereitungsdienstes darf grundsätzlich nur berufen werden, wer das 40. Lebensjahr noch nicht vollendet hat. Das Nähere regeln die Laufbahnvorschriften (§§ 25 und 26).

(2) Eine Ernennung unter Begründung eines Beamtenverhältnisses (Einstellung) auf Probe oder auf Lebenszeit ist nur in einem Einstiegsamt zulässig. Abweichend von Satz 1 kann

1. bei entsprechenden beruflichen Erfahrungen oder sonstigen Qualifikationen, die zusätzlich zu den in § 15 geregelten Zugangsvoraussetzungen erworben wurden, wenn die Laufbahnverordnung (§ 25) dies bestimmt,
2. bei Beamtinnen und Beamten im Sinne des § 41,
3. bei den Mitgliedern des Rechnungshofs Rheinland-Pfalz oder
4. bei Zulassung einer Ausnahme durch den Landespersonalausschuss

auch eine Einstellung in einem höheren Amt vorgenommen werden.

§ 19a Dienstliche Beurteilung

(1) Eignung, Befähigung und fachliche Leistung der Beamtinnen und Beamten sind regelmäßig zu beurteilen, soweit durch Rechtsverordnung nach § 25 nichts anderes bestimmt ist. Sie sind zusätzlich zu beurteilen,

I

wenn es die dienstlichen oder persönlichen Verhältnisse erfordern.

(2) Die dienstliche Beurteilung schließt mit einem unter Würdigung aller Einzelmerkmale von Eignung, Befähigung und fachlicher Leistung gebildeten Gesamturteil ab.

(3) Die dienstliche Beurteilung ist der Beamtin oder dem Beamten in vollem Wortlaut zu eröffnen und mit ihr oder mit ihm in der Regel zu besprechen. Vor der Eröffnung ist der Beamtin oder dem Beamten ein Entwurf der Beurteilung in Textform zur Kenntnis zu bringen. Die dienstliche Beurteilung, deren Eröffnung und das Ergebnis ihrer Besprechung sind zu den Personalakten zu nehmen.

§ 20 Probezeit (zu § 10 BeamtStG)

(1) Probezeit ist die Zeit im Beamtenverhältnis auf Probe, während der sich die Beamtinnen und Beamten bewähren sollen.

(2) Die regelmäßige Probezeit dauert drei Jahre. Die Anrechnung einer gleichwertigen Tätigkeit innerhalb oder außerhalb des öffentlichen Dienstes kann bis zu einer Mindestprobezeit von einem Jahr vorgesehen werden. Auf die Mindestprobezeit kann verzichtet werden, wenn mindestens ein Jahr der nach Satz 2 anrechenbaren Zeiten im Bereich der Behörde zurückgelegt worden ist, die die Feststellung trifft, ob die Beamtin oder der Beamte sich in der Probezeit bewährt hat. Auf die Probezeit einschließlich der Mindestprobezeit ist die Zeit einer Tätigkeit bei einer Fraktion des Europäischen Parlaments, des Deutschen Bundestages, des Landtags oder einer gesetzgebenden Körperschaft eines anderen Landes oder bei einem kommunalen Spitzenverband anzurechnen.

(3) Eignung, Befähigung und fachliche Leistung der Beamtin oder des Beamten sind unter Anlegung eines strengen Maßstabes zu bewerten.

(4) Die Probezeit kann bis zu der Höchstdauer von fünf Jahren verlängert werden. Die Frist verlängert sich um die Zeit einer Beurlaubung ohne Dienstbezüge.

(5) Beamtinnen und Beamte im Sinne des § 41 leisten keine Probezeit.

§ 21 Beförderung

(1) Beförderung ist eine Ernennung, durch die der Beamtin oder dem Beamten ein anderes Amt mit höherem Grundgehalt verliehen wird.

(2) Eine Beförderung ist nicht zulässig

1. während der Probezeit, es sei denn, dass nach Maßgabe des § 19 Abs. 2 Satz 2 Nr. 1 die Einstellung in einem Beförderungsamt möglich gewesen wäre,
2. vor Ablauf eines Jahres seit Beendigung der Probezeit, es sei denn, die Beamtin oder der Beamte hat während der Probezeit hervorragende Leistungen gezeigt,
3. vor Feststellung der Eignung für einen höher bewerteten Dienstposten in einer Erprobungszeit von mindestens sechs Monaten Dauer; dies gilt nicht für die Beamtinnen und Beamten auf Zeit, die Beamtinnen und Beamten im Sinne des § 41 sowie für die Mitglieder des Rechnungshofs Rheinland-Pfalz,
4. vor Ablauf eines Jahres seit der letzten Beförderung, es sei denn, dass das derzeitige Amt nicht durchlaufen zu werden braucht.

Ämter, die regelmäßig zu durchlaufen sind, dürfen nicht übersprungen werden. Der Landespersonalausschuss kann Ausnahmen von den Sätzen 1 und 2 zulassen.

(3) Die Beförderung in ein Amt der Besoldungsgruppe A 7, A 10 oder A 14 von Beamtinnen und Beamten, die nicht die Zugangsvoraussetzungen für eine Einstellung im jeweiligen Einstiegsamt erfüllen, setzt den Erwerb

1. der erforderlichen Qualifikation im Rahmen einer durch Ausbildungs- und Prüfungsordnung nach § 26 eingerichteten Ausbildung (Ausbildungsqualifizierung) oder
2. der erforderlichen Kenntnisse im Rahmen einer schrittweisen Qualifizierung (Fortbildungsqualifizierung)

voraus. Die Fortbildungsqualifizierung vermittelt unter Berücksichtigung der Vor- und Ausbildung sowie der vorhandenen förderlichen Berufserfahrung eine entsprechende Qualifikation für die dem nächsthöheren Einstiegsamt folgenden Beförderungsämter. Die Maßnahmen der Fortbildungsqualifizierung sollen aus fachrichtungsspezifischen und überfachlichen Inhalten bestehen und mit Prüfungen oder anderen Erfolgsnachweisen abschließen. Der Landespersonalausschuss oder ein von ihm zu bestimmender Unterausschuss zertifiziert die einzelnen Systeme der Fortbildungsqualifizierung. Der Landespersonalausschuss oder ein von ihm zu bestimmender Unterausschuss achtet unter Berücksichtigung der jeweiligen Aufgabenbereiche auf die inhaltlichen und zeitlichen Anforderungen sowie auf die Vergleichbarkeit der einzelnen Systeme.

---

§ 21 Abs. 3 Satz 4 und 5 sind bereits am 5. November 2010 in Kraft getreten.

§ 22 Fortbildung

Die berufliche Entwicklung in der Laufbahn setzt eine entsprechende Qualifizierung, insbesondere die erforderliche Fortbildung, voraus. Die Beamtinnen und Beamten sind verpflichtet, an der dienstlichen Fortbildung teilzunehmen und sich darüber hinaus selbst fortzubilden. Der Dienstherr hat durch geeignete Maßnahmen für die Fortbildung der Beamtinnen und Beamten zu sorgen sowie deren Eignung, Befähigung und fachliche Leistungsfähigkeit auf konzeptioneller Grundlage durch geeignete Personalentwicklungs- und -führungsmaßnahmen zu fördern.

§ 23 Benachteiligungsverbot, Nachteilsausgleich

(1) Schwangerschaft, Mutterschutz, Elternzeit, die Betreuung eines Kindes unter 18 Jahren, die Pflege eines im Sinne des § 75 Abs. 6 pflegebedürftigen Kindes über 18 Jahren oder die Pflege einer oder eines im Sinne des § 75 Abs. 6 pflegebedürftigen sonstigen Angehörigen dürfen sich bei der Einstellung und der beruflichen Entwicklung nach Maßgabe der Absätze 2 und 3 nicht nachteilig auswirken.

(2) Haben sich die Anforderungen an die fachliche Eignung einer Bewerberin oder eines Bewerbers für die Einstellung in den öffentlichen Dienst in der Zeit erhöht, in der sich ihre oder seine Bewerbung um Einstellung infolge der Geburt oder Betreuung eines Kindes verzögert hat, und hat sie oder er sich innerhalb von drei Jahren nach der Geburt dieses Kindes beworben, ist der Grad ihrer oder seiner fachlichen Eignung nach den Anforderungen zu prüfen, die zu dem Zeitpunkt bestanden haben, zu dem sie oder er sich ohne die Geburt des Kindes hätte bewerben können. Für die Berechnung des Zeitraums der Verzögerung sind die Fristen nach § 15 Abs. 1 Satz 1 und Abs. 2 des Bundeselterngeld- und Elternzeitgesetzes sowie die Zeiten nach § 3 des Mutterschutzgesetzes zugrunde zu legen. Satz 1 gilt entsprechend für die Verzögerung der Bewerbung um Einstellung wegen der Pflege eines im Sinne des § 75 Abs. 6 pflegebedürftigen Kindes über 18 Jahren oder der Pflege einer oder eines nach ärztlichem im Sinne des § 75 Abs. 6 pflegebedürftigen sonstigen Angehörigen; der berücksichtigungsfähige Zeitraum beträgt längstens drei Jahre.

(3) Zum Ausgleich beruflicher Verzögerungen infolge

1. der Geburt,
2. der Betreuung eines Kindes unter 18 Jahren,
3. der Pflege eines im Sinne des § 75 Abs. 6 pflegebedürftigen Kindes über 18 Jahren oder
4. der Pflege einer oder eines im Sinne des § 75 Abs. 6 pflegebedürftigen sonstigen Angehörigen

kann die Beamtin oder der Beamte ohne Mitwirkung des Landespersonalausschusses abweichend von § 21 Abs. 2 Satz 1 Nr. 1 und 2 während der Probezeit und vor Ablauf eines Jahres seit Beendigung der Probezeit befördert werden. Das Ableisten der vorgeschriebenen Probezeit bleibt unberührt.

(4) Die Absätze 2 und 3 sind in den Fällen des Nachteilsausgleichs für ehemalige Soldatinnen und Soldaten nach dem Arbeitsplatzschutzgesetz und dem Soldatenversorgungsgesetz, für ehemalige Zivildienstleistende nach dem Zivildienstgesetz sowie für ehemalige Entwicklungshelferinnen und Entwicklungshelfer nach dem Entwicklungshelfer-Gesetz entsprechend anzuwenden.

§ 24 Wechsel der Laufbahn oder des Laufbahnzweigs

(1) Ein Wechsel von einer Laufbahn in eine andere Laufbahn ist zulässig, wenn die Be-

I

amtin oder der Beamte die Befähigung für die neue Laufbahn besitzt. Besitzt die Beamtin oder der Beamte nicht die Befähigung für die neue Laufbahn, ist ein Laufbahnwechsel durch Entscheidung der für die Gestaltung der Laufbahn zuständigen obersten Landesbehörde zulässig. Dabei kann eine Einführung vorgesehen werden, deren Umfang allgemein oder einzelfallbezogen zu bestimmen ist. Ist eine bestimmte Vorbildung oder Ausbildung durch fachgesetzliche Regelung vorgeschrieben oder eine besondere Vorbildung oder Fachausbildung nach der Eigenart der neuen Aufgaben zwingend erforderlich, ist ein Laufbahnwechsel nur durch entsprechende Maßnahmen zum Erwerb der Befähigung für die neue Laufbahn zulässig.

(2) Die Laufbahnvorschriften (§§ 25 und 26) können bestimmen, dass ein Wechsel von einem Laufbahnzweig in einen anderen Laufbahnzweig einer Laufbahn von Qualifizierungsmaßnahmen abhängig gemacht wird.

§ 25 Laufbahnverordnungen

(1) Unter Berücksichtigung der §§ 14 bis 24 ist die nähere Ausgestaltung der Laufbahnen durch Rechtsverordnung (Laufbahnverordnung) zu bestimmen. In der Laufbahnverordnung sind insbesondere zu regeln:

1. die Gestaltung der Laufbahnen, insbesondere die regelmäßig zu durchlaufenden Ämter (§ 14),
2. der Zugang zu den Laufbahnen (§§ 15 bis 18); dabei sind auch die Mindestdauer einer hauptberuflichen Tätigkeit und eines Vorbereitungsdienstes sowie das Absehen von einer hauptberuflichen Tätigkeit und von einem Vorbereitungsdienst zu regeln,
3. die Durchführung von Prüfungen einschließlich der Prüfungsnote,
4. Voraussetzungen für die Einstellung in einem höheren Amt als einem Einstiegsamt (§ 19 Abs. 2 Satz 2 Nr. 1),
5. die Probezeit, insbesondere ihre Verlängerung und Anrechnung von Zeiten gleichwertiger Tätigkeit auf die Probezeit (§ 20),
6. die Voraussetzungen und das Verfahren für Beförderungen (§ 21),
7. die Einzelheiten des Nachteilsausgleichs (§ 23),
8. die Grundsätze für dienstliche Beurteilungen (§ 19a), insbesondere über
   a) die Art der Beurteilung,
   b) die Zeitabstände zwischen den Regelbeurteilungen,
   c) die Zuständigkeit für die Beurteilung,
   d) den Inhalt der Beurteilung,
   e) das Beurteilungsverfahren,
   f) die Ausnahmen von der Beurteilungspflicht,
   g) die fiktive Fortschreibung dienstlicher Beurteilungen (Nachzeichnung) und
   h) die Ausnahmen von der Beurteilung in regelmäßigen Zeitabständen und weitere Besonderheiten bei bestimmten Gruppen von Beamtinnen und Beamten,
9. die Voraussetzungen für den Laufbahnwechsel (§ 24 Abs. 1),
10. die Ausgleichsmaßnahmen zugunsten schwerbehinderter Menschen,
11. die Besonderheiten für mittelbare Landesbeamtinnen und Landesbeamte.

(2) Die Landesregierung erlässt die Laufbahnverordnung. Abweichend von Satz 1 erlässt die Laufbahnverordnung für

1. den Schuldienst, den Schulaufsichtsdienst, den schulpsychologischen Dienst sowie die Lehrkräfte an Justizvollzugsanstalten das für das Schulwesen zuständige Ministerium,
2. den Polizeidienst das für die Polizei zuständige Ministerium im Einvernehmen mit dem für das allgemeine öffentliche Dienstrecht zuständigen Ministerium und dem für das finanzielle öffentliche Dienstrecht zuständigen Ministerium.

(3) Das für die Angelegenheiten der Rechtspflege zuständige Ministerium wird ermächtigt, die Ausgestaltung des Beurteilungswesens für die Beamtinnen und Beamten des Justiz- und Justizvollzugsdienstes im Einvernehmen mit dem für das allgemeine öffentliche Dienstrecht zuständigen Ministerium durch Rechtsverordnung zu regeln.

§ 26 Ausbildungs- und Prüfungsordnungen

Die für die Gestaltung der Laufbahn zuständige oberste Landesbehörde wird ermächtigt, im Benehmen mit dem für Grundsatzfragen der Beamtenausbildung zuständigen Ministerium durch Rechtsverordnung Vorschriften über die Ausbildung und Prüfung zu erlassen (Ausbildungs- und Prüfungsordnung). In der Ausbildungs- und Prüfungsordnung sind unter Berücksichtigung der Laufbahnverordnung insbesondere zu regeln:

1. die Voraussetzungen für die Zulassung zur Ausbildung,
2. der Umfang und die Ausgestaltung der Ausbildung,
3. die Anrechnung von Zeiten einer für die Ausbildung förderlichen berufspraktischen Tätigkeit sowie sonstiger Zeiten auf die Dauer der Ausbildung,
4. Vorschriften über Zwischenprüfungen, soweit erforderlich,
5. die Durchführung von Prüfungen,
6. die Wiederholung von Prüfungen und Prüfungsteilen sowie die Rechtsfolgen bei endgültigem Nichtbestehen der Prüfung,
7. die Folgen von Versäumnissen und Unregelmäßigkeiten,
8. das Rechtsverhältnis der oder des Auszubildenden,
9. die Ausgleichsmaßnahmen zugunsten schwerbehinderter Menschen.

---

§ 26 ist bereits am 5. November 2010 in Kraft getreten.

Teil 4
Landesinterne Abordnung, Versetzung und Körperschaftsumbildung

§ 27 Grundsatz

(1) Die Bestimmungen dieses Teils gelten für Abordnungen und Versetzungen zwischen den und innerhalb der in § 1 Abs. 1 genannten Dienstherren.

(2) Die Abordnung und die Versetzung werden von der abgebenden Stelle verfügt. Ist mit der Abordnung oder der Versetzung ein Wechsel des Dienstherrn verbunden, darf sie nur im schriftlichen Einverständnis mit der aufnehmenden Stelle verfügt werden.

(3) Für landesinterne Körperschaftsumbildungen gelten die §§ 16 bis 19 BeamtStG und § 40 entsprechend, soweit gesetzlich nichts anderes bestimmt ist.

(4) Ist innerhalb absehbarer Zeit mit einer Umbildung im Sinne des § 16 BeamtStG zu rechnen, so können die obersten Aufsichtsbehörden der beteiligten Körperschaften anordnen, dass Beamtinnen und Beamte, deren Aufgabengebiet von der Umbildung voraussichtlich berührt wird, nur mit ihrer Genehmigung ernannt werden dürfen. Die Anordnung darf höchstens für die Dauer eines Jahres ergehen. Sie ist den beteiligten Körperschaften zuzustellen. Die Genehmigung soll nur versagt werden, wenn durch derartige Ernennungen die Durchführung der nach den §§ 16 bis 18 BeamtStG erforderlichen Maßnahmen wesentlich erschwert würde.

§ 28 Abordnung

(1) Beamtinnen und Beamte können aus dienstlichen Gründen vorübergehend ganz oder teilweise zu einer ihrem Amt entsprechenden Tätigkeit an eine andere Dienststelle desselben oder eines anderen Dienstherrn abgeordnet werden.

(2) Aus dienstlichen Gründen ist eine Abordnung vorübergehend ganz oder teilweise auch zu einer nicht dem Amt entsprechenden Tätigkeit zulässig, wenn der Beamtin oder dem Beamten die Wahrnehmung der neuen Tätigkeit aufgrund der Vorbildung oder Berufsausbildung zuzumuten ist. Dabei ist auch die Abordnung zu einer Tätigkeit, die nicht einem Amt mit demselben Grundgehalt entspricht, zulässig. Die Abordnung nach den Sätzen 1 und 2 bedarf der Zustimmung der Beamtin oder des Beamten, wenn sie die Dauer von zwei Jahren übersteigt.

(3) Die Abordnung zu einem anderen Dienstherrn bedarf der Zustimmung der Beamtin oder des Beamten. Abweichend von Satz 1 ist

die Abordnung auch ohne diese Zustimmung zulässig, wenn die neue Tätigkeit einem Amt mit demselben Grundgehalt entspricht und die Abordnung die Dauer von fünf Jahren nicht übersteigt.

(4) Werden Beamtinnen oder Beamte zu einem anderen Dienstherrn abgeordnet, finden auf sie, soweit zwischen den Dienstherren nichts anderes vereinbart ist, die für den Bereich des aufnehmenden Dienstherrn geltenden Bestimmungen über die Pflichten und Rechte der Beamtinnen und Beamten mit Ausnahme der Regelungen über Amtsbezeichnung, Besoldung, Krankenfürsorge und Versorgung entsprechende Anwendung. Zur Zahlung der ihnen zustehenden Leistungen ist auch der Dienstherr verpflichtet, zu dem sie abgeordnet sind.

§ 29 Versetzung

(1) Beamtinnen und Beamte können auf ihren Antrag oder aus dienstlichen Gründen in ein Amt einer Laufbahn versetzt werden, für die sie die Befähigung besitzen.

(2) Aus dienstlichen Gründen können Beamtinnen und Beamte auch ohne ihre Zustimmung in ein Amt mit mindestens demselben Grundgehalt der bisherigen Laufbahn oder einer anderen Laufbahn, auch im Bereich eines anderen Dienstherrn, versetzt werden. Stellenzulagen gelten hierbei nicht als Bestandteile des Grundgehalts. Besitzen die Beamtinnen und Beamten nicht die Befähigung für die andere Laufbahn, sind sie verpflichtet, an Maßnahmen für den Erwerb der neuen Befähigung teilzunehmen. Beim Wechsel des Dienstherrn sollen die Beamtinnen und Beamten gehört werden.

(3) Bei der Auflösung oder einer wesentlichen Änderung des Aufbaus oder der Aufgaben einer Behörde oder der Verschmelzung von Behörden können Beamtinnen und Beamte, deren Aufgabengebiete davon berührt sind, auch ohne ihre Zustimmung in ein anderes Amt derselben oder einer anderen Laufbahn mit geringerem Grundgehalt im Bereich desselben Dienstherrn versetzt werden, wenn eine dem bisherigen Amt entsprechende Verwendung nicht möglich ist. Das Grundgehalt muss mindestens dem des Amtes entsprechen, das die Beamtin oder der Beamte vor dem bisherigen Amt innehatte; Absatz 2 Satz 2 und 3 ist anzuwenden.

(4) Wird die Beamtin oder der Beamte in ein Amt eines anderen Dienstherrn versetzt, wird das Beamtenverhältnis mit dem neuen Dienstherrn fortgesetzt.

Teil 5
Beendigung des Beamtenverhältnisses

Abschnitt 1
Entlassung und Verlust der Beamtenrechte

§ 30 Entlassung kraft Gesetzes (zu § 22 BeamtStG)

(1) In den Fällen des § 22 Abs. 1 bis 3 BeamtStG ist der Tag der Beendigung des Beamtenverhältnisses festzustellen.

(2) Für die Anordnung der Fortdauer des Beamtenverhältnisses nach § 22 Abs. 2 BeamtStG ist die oberste Dienstbehörde zuständig.

(3) Im Falle des § 22 Abs. 3 BeamtStG kann die oberste Dienstbehörde die Fortdauer des Beamtenverhältnisses neben dem Beamtenverhältnis auf Zeit anordnen.

(4) Beamtinnen und Beamte auf Widerruf im Vorbereitungsdienst sind aus dem Beamtenverhältnis entlassen

1. spätestens mit Ablauf des Monats, in dem die Prüfung bestanden ist,
2. mit Ablauf des Tages, an dem eine vorgeschriebene Zwischenprüfung oder die Prüfung endgültig nicht bestanden ist.

Im Fall von Satz 1 Nr. 1 endet das Beamtenverhältnis jedoch frühestens nach Ablauf der für den Vorbereitungsdienst im Allgemeinen oder im Einzelfall festgesetzten Zeit.

§ 31 Entlassung durch Verwaltungsakt (zu § 23 BeamtStG)

(1) Das Verlangen nach § 23 Abs. 1 Satz 1 Nr. 4 BeamtStG muss der oder dem Dienstvorgesetzten gegenüber erklärt werden. Die Erklärung kann, solange die Entlassungsverfügung der Beamtin oder dem Beamten noch nicht zugegangen ist, ohne Genehmigung der für die Entlassung zuständigen Behörde nur

innerhalb zweier Wochen nach Zugang bei der oder dem Dienstvorgesetzten zurückgenommen werden. Die Entlassung ist für den beantragten Zeitpunkt auszusprechen. Sie kann jedoch so lange hinausgeschoben werden, bis die Beamtin oder der Beamte die Amtsgeschäfte ordnungsgemäß erledigt hat, längstens für drei Monate. Bei Lehrkräften kann die Entlassung bis zum Ende des laufenden Schulhalbjahres, bei dem hauptberuflichen wissenschaftlichen und künstlerischen Personal der Hochschulen bis zum Ablauf des Semesters hinausgeschoben werden.

(2) Im Fall des § 23 Abs. 3 Satz 1 Nr. 1 BeamtStG kann die Entlassung ohne Einhaltung einer Frist erfolgen; vor der Entlassung ist in entsprechender Anwendung der §§ 16 und 27 bis 35 LDG der Sachverhalt aufzuklären. In den übrigen Fällen des § 23 Abs. 3 Satz 1 BeamtStG und in den Fällen des § 23 Abs. 1 Satz 1 Nr. 3 BeamtStG beträgt die Frist für die Entlassung bei einer Beschäftigungszeit

1. bis zu drei Monaten zwei Wochen zum Monatsschluss,
2. von mehr als drei Monaten sechs Wochen zum Schluss eines Kalendervierteljahres.

Als Beschäftigungszeit gilt die Zeit ununterbrochener Tätigkeit im Beamtenverhältnis im Bereich derselben obersten Dienstbehörde.

(3) Nach § 23 Abs. 3 Satz 1 Nr. 3 BeamtStG entlassene Beamtinnen und Beamte sind auf ihre Bewerbung bei gleichwertiger Eignung, Befähigung und fachlicher Leistung vorrangig zu berücksichtigen.

(4) Für Beamtinnen und Beamte auf Widerruf gilt Absatz 2 entsprechend.

§ 32 Zuständigkeit, Verfahren und Wirkung der Entlassung

(1) Die Entlassung nach § 23 BeamtStG wird von der Stelle schriftlich verfügt, die für die Ernennung zuständig wäre. Soweit durch Gesetz, Verordnung oder Satzung nichts anderes bestimmt ist, tritt die Entlassung im Falle des § 23 Abs. 1 Satz 1 Nr. 1 BeamtStG mit der Zustellung der Entlassungsverfügung, im Übrigen mit Ablauf des auf die Zustellung der Entlassungsverfügung folgenden Monats ein.

(2) Nach ihrer Entlassung haben die früheren Beamtinnen und Beamten keinen Anspruch auf Leistungen ihres früheren Dienstherrn, soweit gesetzlich nichts anderes bestimmt ist. Ihnen kann die Erlaubnis erteilt werden, die Amtsbezeichnung mit dem Zusatz „außer Dienst" oder „a. D." sowie die im Zusammenhang mit dem Amt verliehenen Titel zu führen. Die Erlaubnis kann zurückgenommen werden, wenn die früheren Beamtinnen und Beamten sich ihrer als nicht würdig erweisen.

§ 33 Wahl in eine gesetzgebende Körperschaft

Für Beamtinnen und Beamte, die in die gesetzgebende Körperschaft eines anderen Landes gewählt worden sind und deren Ämter kraft Gesetzes mit dem Mandat unvereinbar sind, gelten § 15 Abs. 3, die §§ 30 bis 33 und 34 Abs. 1 und 2 und § 37 Abs. 1 des Abgeordnetengesetzes Rheinland-Pfalz (AbgGRhPf) entsprechend.

§ 34 Ausbildungskosten

(1) Das jeweils zuständige Ministerium kann für seinen Geschäftsbereich durch Rechtsverordnung bestimmen, dass die dem Dienstherrn über die Anwärterbezüge hinaus entstandenen Ausbildungskosten zurückgefordert werden, wenn die Beamtin oder der Beamte im Rahmen des Vorbereitungsdienstes ein Studium an einer landeseigenen Fachhochschule abgeschlossen hat und das Beamtenverhältnis durch Entlassung nach § 23 Abs. 1 Satz 1 Nr. 4 BeamtStG vor Ablauf von fünf Jahren nach der Ernennung zur Beamtin oder zum Beamten auf Probe endet.

(2) In den Rechtsverordnungen nach Absatz 1 sind die näheren Voraussetzungen und das Verfahren für die Rückforderung von Ausbildungskosten zu regeln sowie die Art und Höhe der für eine Rückforderung in Betracht kommenden Ausbildungskosten festzulegen.

§ 35 Wirkung des Verlustes der Beamtenrechte und eines Wiederaufnahmeverfahrens (zu § 24 BeamtStG)

(1) Endet ihr Beamtenverhältnis nach § 24 Abs. 1 BeamtStG, haben die früheren Beam-

tinnen und Beamten keinen Anspruch auf Leistungen ihres früheren Dienstherrn, soweit gesetzlich nichts anderes bestimmt ist. Sie dürfen die Amtsbezeichnung und die im Zusammenhang mit dem Amt verliehenen Titel nicht führen.

(2) Wird eine Entscheidung, die den Verlust der Beamtenrechte zur Folge hat, in einem Wiederaufnahmeverfahren aufgehoben, hat die Beamtin oder der Beamte, sofern sie oder er die Altersgrenze noch nicht erreicht hat und noch dienstfähig ist, Anspruch auf Übertragung eines Amtes derselben oder einer vergleichbaren Laufbahn wie das bisherige Amt und mit mindestens demselben Grundgehalt. Bis zur Übertragung des neuen Amtes erhält sie oder er, auch für die zurückliegende Zeit, die Leistungen des Dienstherrn, die ihr oder ihm aus dem bisherigen Amt zugestanden hätten. Die Sätze 1 und 2 gelten entsprechend für Beamtinnen und Beamte auf Zeit, auf Probe und auf Widerruf; für Beamtinnen und Beamte auf Zeit jedoch nur insoweit, als ihre Amtszeit noch nicht abgelaufen ist. Ist das frühere Amt einer Beamtin oder eines Beamten auf Zeit inzwischen neu besetzt, hat sie oder er für die restliche Dauer der Amtszeit Anspruch auf rechtsgleiche Verwendung in einem anderen Amt; steht ein solches Amt nicht zur Verfügung, stehen ihr oder ihm nur die in Satz 2 geregelten Ansprüche zu.

(3) Ist aufgrund des im Wiederaufnahmeverfahren festgestellten Sachverhalts oder aufgrund eines rechtskräftigen Strafurteils, das nach der früheren Entscheidung ergangen ist, ein Disziplinarverfahren mit dem Ziel der Entfernung aus dem Beamtenverhältnis eingeleitet worden, verlieren Beamtinnen und Beamte die ihnen zustehenden Ansprüche, wenn auf Entfernung aus dem Beamtenverhältnis erkannt wird; bis zur rechtskräftigen Entscheidung können die Ansprüche nicht geltend gemacht werden. Satz 1 gilt entsprechend in Fällen der Entlassung von Beamtinnen und Beamten auf Probe oder auf Widerruf wegen eines Verhaltens der in § 23 Abs. 3 Satz 1 Nr. 1 BeamtStG bezeichneten Art.

(4) Beamtinnen und Beamte müssen sich auf die ihnen für eine Zeit, in der das Beamtenverhältnis nach § 24 Abs. 2 BeamtStG als nicht unterbrochen galt, zustehenden Dienstbezüge ein infolge der unterbliebenen Dienstleistung erzieltes Arbeitseinkommen oder einen Unterhaltsbeitrag anrechnen lassen. Sie sind zur Auskunft über anrechenbares Einkommen verpflichtet.

§ 36 Gnadenrecht

(1) Das Recht, die beamtenrechtlichen Folgen eines strafgerichtlichen Urteils im Gnadenwege zu mildern oder zu beseitigen, übt die Ministerpräsidentin oder der Ministerpräsident aus.

(2) Wird im Gnadenwege der Verlust der Beamtenrechte in vollem Umfang beseitigt, gilt von diesem Zeitpunkt ab § 24 Abs. 2 BeamtStG entsprechend. Die Zeit von der rechtskräftigen Verurteilung bis zum Erlass des Gnadenakts gilt nicht als Dienstzeit.

(3) Auf Unterhaltsbeiträge, die im Gnadenwege bewilligt werden, findet § 106 Abs. 2 und 3 LDG entsprechende Anwendung, soweit die Gnadenentscheidung nichts anderes bestimmt.

Abschnitt 2
Ruhestand und einstweiliger Ruhestand

§ 37 Ruhestand wegen Erreichens der Altersgrenze (zu § 25 BeamtStG)

(1) Für Beamtinnen und Beamte bildet die Vollendung des 67. Lebensjahres die Altersgrenze (Regelaltersgrenze). Für einzelne Beamtengruppen kann gesetzlich eine andere Altersgrenze bestimmt werden. Beamtinnen und Beamte auf Lebenszeit treten mit dem Ende des Monats in den Ruhestand, in dem sie die Altersgrenze erreichen. Für Lehrkräfte gilt als Altersgrenze das Ende des Schuljahres, in dem sie das 65. Lebensjahr vollenden.

(2) Die in den einstweiligen Ruhestand versetzten Beamtinnen und Beamten gelten mit dem Ende des Monats, in dem sie die Regelaltersgrenze erreichen, als dauernd in den Ruhestand versetzt.

(3) Beamtinnen und Beamte, die vor dem 1. Januar 1951 geboren sind, erreichen abweichend von Absatz 1 Satz 1 die Regelaltersgrenze mit Vollendung des 65. Lebensjah-

res. Für Beamtinnen und Beamte, die nach dem 31. Dezember 1950 geboren sind, gilt abweichend von Absatz 1 Satz 1 folgende Regelaltersgrenze:

Geburtsjahr	Anhebung um Monate	Altersgrenze	
		Jahr	Monat
1951	1	65	1
1952	2	65	2
1953	3	65	3
1954	4	65	4
1955	6	65	6
1956	8	65	8
1957	10	65	10
1958	12	66	0
1959	14	66	2
1960	16	66	4
1961	18	66	6
1962	20	66	8
1963	22	66	10

Lehrkräfte, die

1. vor dem 1. April 1952 geboren wurden, erreichen abweichend von Absatz 1 Satz 4 die Altersgrenze zum Ende des Schuljahres, das dem Schuljahr vorangeht, in dem sie das 65. Lebensjahr vollenden,
2. nach dem 31. März 1952 und vor dem 1. Dezember 1952 geboren wurden, erreichen abweichend von Absatz 1 Satz 4 die Altersgrenze mit Ablauf des 31. Juli 2017.

(4) Für Beamtinnen und Beamte,

1. die sich am 24. Juni 2015 in Altersteilzeit, in Teilzeitbeschäftigung im Blockmodell nach § 5 Abs. 3 Nr. 2 der Arbeitszeitverordnung oder in einem Urlaub ohne Dienstbezüge nach § 77 Satz 1 Nr. 2 befinden,
2. für die aufgrund einer vor dem 25. Juni 2015 erteilten Bewilligung eines der in Nummer 1 genannten Arbeitszeitmodelle innerhalb von sechs Monaten nach der Bewilligung beginnt,

findet § 37 Abs. 1 Satz 1 und 4 in der bis zum Ablauf des 24. Juni 2015 geltenden Fassung Anwendung.

§ 38 Hinausschieben des Ruhestandsbeginns

(1) Wenn es im dienstlichen Interesse liegt, kann mit Zustimmung der Beamtin oder des Beamten oder auf ihren oder seinen Antrag der Eintritt in den Ruhestand um eine bestimmte Frist, die jeweils ein Jahr und insgesamt drei Jahre nicht überschreiten darf, hinausgeschoben werden. Der Antrag ist spätestens sechs Monate vor dem Eintritt in den Ruhestand zu stellen. Abweichend von Satz 2 kann das für das Schulwesen zuständige Ministerium für die Inhaberinnen und Inhaber von Funktionsstellen eine längere Frist bestimmen.

(2) Dem Antrag nach Absatz 1 ist zu entsprechen, wenn

1. die Beamtin oder der Beamte vor oder nach Begründung des Beamtenverhältnisses aus den in § 23 Abs. 1 genannten Gründen teilzeitbeschäftigt oder freigestellt gewesen ist,
2. das bis zur Altersgrenze erzielbare Ruhegehalt nicht die Höchstgrenze erreicht und
3. zwingende dienstliche Belange nicht entgegenstehen.

Soweit der Antrag über den für den Nachteilsausgleich nach Satz 1 erforderlichen Zeitraum hinausreicht, ist nach Absatz 1 zu entscheiden.

(3) Zwingende dienstliche Belange nach Absatz 2 Satz 1 Nr. 3 stehen einem Hinausschieben des Eintritts in den Ruhestand insbesondere dann entgegen, wenn

1. die bisher wahrgenommenen Aufgaben wegfallen,
2. Planstellen eingespart werden sollen,
3. die Beamtin oder der Beamte in einem Stellenabbaubereich nach § 75a beschäftigt ist oder
4. zu erwarten ist, dass die Beamtin oder der Beamte den Anforderungen des Dienstes nicht mehr gewachsen sein wird.

(4) Auf Antrag der Beamtin oder des Beamten kann der Eintritt in den Ruhestand bei Vorliegen eines dienstlichen Interesses um höchstens zwei Jahre hinausgeschoben werden. Dies gilt nur, wenn für einen Zeitraum von höchstens zwei Jahren vor Beginn des Monats, in dem die jeweils geltende Regelaltersgrenze oder die besondere Altersgrenze erreicht wird, und höchstens zwei Jahre danach Teilzeitbeschäftigung mit der Hälfte der regelmäßigen Arbeitszeit bewilligt wird. Die Zeiträume vor und nach der jeweils geltenden Regelaltersgrenze oder der besonderen Altersgrenze müssen gleich lang sein. Die Teilzeitbeschäftigung muss vor dem 1. Januar 2027 beginnen. Das Erbringen der Arbeitszeit im Blockmodell im Sinne des § 75a Abs. 1 Satz 3 ist nicht zulässig. Absatz 1 Satz 2 und 3 sowie § 75 Abs. 2 gelten entsprechend.

(5) Die Bewilligung nach Absatz 4 darf mit Wirkung für die Zukunft nur widerrufen werden, wenn der Beamtin oder dem Beamten die Teilzeitbeschäftigung nicht mehr zugemutet werden kann. Wird die Bewilligung widerrufen, nachdem die jeweils geltende Regelaltersgrenze oder die besondere Altersgrenze erreicht worden ist, tritt die Beamtin oder der Beamte mit dem Ende des Monats in den Ruhestand, in dem der Widerruf bekannt gegeben worden ist.

(6) Die Wirkungen der Bestimmungen der Absätze 4 und 5 sind unter Berücksichtigung der mit ihnen verfolgten Regelungsziele vor Ablauf des 31. März 2026 zu prüfen.

§ 39 Ruhestand auf Antrag

(1) Beamtinnen und Beamte auf Lebenszeit können auf ihren Antrag in den Ruhestand versetzt werden, wenn sie das 63. Lebensjahr vollendet haben.

(2) Beamtinnen und Beamte auf Lebenszeit, die schwerbehindert im Sinne des § 2 Abs. 2 des Neunten Buches Sozialgesetzbuch (SGB IX) sind, können auf ihren Antrag in den Ruhestand versetzt werden, wenn sie das 61. Lebensjahr vollendet haben. Schwerbehinderte Lehrkräfte können unter den Voraussetzungen des Satzes 1 abweichend von § 37 Abs. 1 Satz 4 während des Schuljahres in den Ruhestand versetzt werden, sofern hiergegen nicht unabweisbare dienstliche Gründe bestehen.

(3) Beamtinnen und Beamte auf Lebenszeit, die schwerbehindert im Sinne des § 2 Abs. 2 SGB IX sind und vor dem 1. Januar 1956 geboren sind, können abweichend von Absatz 2 auf ihren Antrag in den Ruhestand versetzt werden, wenn sie das 60. Lebensjahr vollendet haben. Für Beamtinnen und Beamte auf Lebenszeit, die schwerbehindert im Sinne des § 2 Abs. 2 SGB IX sind und nach dem 31. Dezember 1955 geboren sind, gilt abweichend von Absatz 2 folgende Altersgrenze:

Geburtsjahr	Anhebung um Monate	Altersgrenze	
		Jahr	Monat
1956	2	60	2
1957	4	60	4
1958	6	60	6
1959	8	60	8
1960	10	60	10

§ 40 Einstweiliger Ruhestand bei Umbildung von Körperschaften (zu § 18 BeamtStG)

Die Frist, innerhalb derer Beamtinnen und Beamte nach § 18 Abs. 2 BeamtStG in den einstweiligen Ruhestand versetzt werden können, beträgt ein Jahr ab der Umbildung der Körperschaft.

§ 41 Einstweiliger Ruhestand von politischen Beamtinnen und Beamten (zu § 30 BeamtStG)

(1) Die Ministerpräsidentin oder der Ministerpräsident kann mit Zustimmung der Landesregierung jederzeit ohne Angabe von Gründen in den einstweiligen Ruhestand versetzen:

1. Staatssekretärinnen und Staatssekretäre,
2. Ministerialdirektorinnen und Ministerialdirektoren,
3. die Sprecherin oder den Sprecher der Landesregierung sowie Beamtinnen und Beamte, die mit ihrer Zustimmung schriftlich zu Referentinnen und Referenten für Presse oder Öffentlichkeitsarbeit bei einer obersten Landesbehörde bestellt worden sind,

4. die Ständige Vertreterin oder den Ständigen Vertreter der oder des Bevollmächtigten des Landes beim Bund und für Europa,
5. die Präsidentin oder den Präsidenten und die Vizepräsidentin oder den Vizepräsidenten der Aufsichts- und Dienstleistungsdirektion,
6. Präsidentinnen und Präsidenten sowie Vizepräsidentinnen und Vizepräsidenten der Struktur- und Genehmigungsdirektionen,
7. die Leiterin oder den Leiter der Abteilung für Verfassungsschutz bei dem für den Verfassungsschutz zuständigen Ministerium sowie
8. die Beauftragte oder den Beauftragten der Landesregierung für Migration und Integration,

soweit sie Beamtinnen oder Beamte auf Lebenszeit sind.

(2) Wer bereits vor Übertragung eines Amtes nach Absatz 1 Beamtin oder Beamter auf Lebenszeit war, ist auf seinen Antrag, der binnen drei Monaten nach Beginn des einstweiligen Ruhestands zu stellen ist, spätestens drei Monate nach Antragstellung erneut in das Beamtenverhältnis auf Lebenszeit zu berufen. Das zu übertragende Amt muss derselben oder einer gleichwertigen Laufbahn angehören wie das vor der Übertragung des Amtes nach Absatz 1 zuletzt bekleidete Amt und mindestens mit demselben Grundgehalt verbunden sein.

§ 42 Einstweiliger Ruhestand bei Umbildung und Auflösung von Behörden (zu § 31 BeamtStG)

Die Versetzung in den einstweiligen Ruhestand ist nur zulässig, soweit aus Anlass der Umbildung oder Auflösung Planstellen eingespart werden. Freie Planstellen im Bereich desselben Dienstherrn sollen diesen in den einstweiligen Ruhestand versetzten Beamtinnen und Beamten vorbehalten werden, wenn sie für diese Stellen geeignet sind. Die Versetzung in den einstweiligen Ruhestand kann nur innerhalb einer Frist von drei Monaten ab der Umbildung oder Auflösung der Behörde erfolgen.

§ 43 Beginn des einstweiligen Ruhestands

Der einstweilige Ruhestand beginnt grundsätzlich mit dem Zeitpunkt, in dem die Versetzung in den Ruhestand der Beamtin oder dem Beamten bekannt gegeben wird. Ein späterer Zeitpunkt kann festgesetzt werden, der jedoch vor dem Beginn des auf die Bekanntgabe folgenden vierten Kalendermonats liegen muss.

Abschnitt 3
Dienstunfähigkeit

§ 44 Verfahren bei Dienstunfähigkeit und begrenzter Dienstfähigkeit (zu den §§ 26 und 27 BeamtStG)

(1) Bestehen Zweifel an der Dienstfähigkeit der Beamtin oder des Beamten, ist sie oder er verpflichtet, sich nach Weisung der oder des Dienstvorgesetzten ärztlich untersuchen und, falls die Ärztin oder der Arzt es für erforderlich hält, auch beobachten zu lassen.

(2) Beantragt die Beamtin oder der Beamte unter Vorlage ärztlicher Bescheinigungen die Versetzung in den Ruhestand wegen Dienstunfähigkeit, hat die oder der Dienstvorgesetzte zur Überprüfung des Gesundheitszustands der Beamtin oder des Beamten eine ärztliche Untersuchung zu veranlassen.

(3) Die Frist nach § 26 Abs. 1 Satz 2 BeamtStG beträgt sechs Monate.

(4) Stellt die oder der Dienstvorgesetzte aufgrund des ärztlichen Gutachtens die Dienstunfähigkeit der Beamtin oder des Beamten fest, ist ohne Bindung an diese Feststellung über die Versetzung in den Ruhestand zu entscheiden; zuvor können weitere Beweise erhoben werden.

(5) Werden Rechtsbehelfe gegen die Verfügung über die Versetzung in den Ruhestand eingelegt, werden mit Beginn des auf die Zustellung der Verfügung folgenden Monats die Dienstbezüge einbehalten, die das Ruhegehalt übersteigen.

(6) Die Absätze 1, 4 und 5 gelten für die begrenzte Dienstfähigkeit entsprechend.

I

§ 45 Ruhestand bei Beamtenverhältnis auf Probe (zu § 28 BeamtStG)

Die Entscheidung nach § 28 Abs. 2 BeamtStG über die Versetzung in den Ruhestand von unmittelbaren Landesbeamtinnen und Landesbeamten, die sich im Beamtenverhältnis auf Probe befinden, trifft die oberste Dienstbehörde im Einvernehmen mit dem für das finanzielle öffentliche Dienstrecht zuständigen Ministerium.

§ 46 Wiederherstellung der Dienstfähigkeit (zu § 29 BeamtStG)

Die Frist, innerhalb derer Ruhestandsbeamtinnen und Ruhestandsbeamte bei wiederhergestellter Dienstfähigkeit die erneute Berufung in das Beamtenverhältnis verlangen können (§ 29 Abs. 1 BeamtStG), beträgt zehn Jahre nach der Versetzung in den Ruhestand.

§ 47 Ärztliche Untersuchung

(1) In den Fällen des § 44 dieses Gesetzes und des § 29 Abs. 5 BeamtStG wird die ärztliche Untersuchung der unmittelbaren Landesbeamtinnen und Landesbeamten auf Veranlassung der oder des Dienstvorgesetzten durch die zentrale medizinische Untersuchungsstelle des Landesamtes für Soziales, Jugend und Versorgung vorgenommen; die ärztliche Untersuchung der mittelbaren Landesbeamtinnen und Landesbeamten kann nur einer Amtsärztin oder einem Amtsarzt oder einer als Gutachterin beauftragten Ärztin oder einem als Gutachter beauftragten Arzt übertragen werden.

(2) Der Behörde werden die tragenden Feststellungen und Gründe des Ergebnisses einer ärztlichen Untersuchung nach Absatz 1 mitgeteilt, soweit deren Kenntnis unter Beachtung des Grundsatzes der Verhältnismäßigkeit für die von der Behörde zu treffende Entscheidung erforderlich ist. Die Mitteilung nach Satz 1 ist in einem gesonderten und versiegelten Umschlag zu übersenden. Sie ist versiegelt zu der Personalakte zu nehmen. Die an die Behörde übermittelten Daten dürfen nur für Zwecke der §§ 44 bis 46 und 81 verarbeitet oder genutzt werden.

(3) Zu Beginn der Untersuchung ist die Beamtin oder der Beamte auf deren Zweck und die Übermittlungsbefugnis an die Behörde hinzuweisen. Die Ärztin oder der Arzt übermittelt der Beamtin oder dem Beamten oder, soweit dem ärztliche Gründe entgegenstehen, einer zu ihrer oder seiner Vertretung befugten Person eine Kopie der aufgrund dieser Vorschrift an die Behörde erteilten Auskünfte sowie auf Verlangen eine Kopie des ärztlichen Gutachtens.

Abschnitt 4
Gemeinsame Bestimmungen

§ 48 Beginn des Ruhestands, Zuständigkeiten

(1) Der Eintritt oder die Versetzung in den Ruhestand setzt, soweit nichts anderes bestimmt ist, eine Wartezeit von fünf Jahren nach Maßgabe der geltenden Bestimmungen des Beamtenversorgungsrechts voraus.

(2) Die Versetzung in den Ruhestand wird, soweit gesetzlich nichts anderes bestimmt ist, von der Stelle verfügt, die für die Ernennung der Beamtin oder des Beamten zuständig wäre. Die Verfügung ist der Beamtin oder dem Beamten schriftlich zuzustellen. Sie kann bis zum Beginn des Ruhestands zurückgenommen werden.

(3) Der Ruhestand beginnt, soweit gesetzlich nichts anderes bestimmt ist, mit dem Ende des Monats, in dem die Verfügung über die Versetzung in den Ruhestand der Beamtin oder dem Beamten zugestellt worden ist. Auf Antrag oder mit ausdrücklicher Zustimmung der Beamtin oder des Beamten kann ein anderer Zeitpunkt festgesetzt werden.

Teil 6
Rechtliche Stellung im Beamtenverhältnis

Abschnitt 1
Allgemeine Pflichten und Rechte

§ 49 Verfassungstreue (zu § 33 BeamtStG)

Beamtinnen und Beamte müssen sich durch ihr gesamtes Verhalten zu der freiheitlichen demokratischen Grundordnung im Sinne der

Verfassung für Rheinland-Pfalz bekennen und für deren Erhaltung eintreten.

§ 50 Streikverbot

Dienstverweigerung oder Arbeitsniederlegung zur Wahrung oder Förderung der Arbeitsbedingungen sind mit dem Beamtenverhältnis nicht zu vereinbaren.

§ 51 Diensteid (zu § 38 BeamtStG)

(1) Beamtinnen und Beamte haben folgenden Diensteid zu leisten:

„Ich schwöre Treue dem Grundgesetz für die Bundesrepublik Deutschland und der Verfassung für Rheinland-Pfalz, Gehorsam den Gesetzen und gewissenhafte Erfüllung meiner Amtspflichten, so wahr mir Gott helfe."

(2) Der Eid kann auch ohne die Worte „so wahr mir Gott helfe" geleistet werden.

(3) Beamtinnen und Beamte, die erklären, aus Glaubens- oder Gewissensgründen keinen Eid leisten zu wollen, können anstelle der Worte „Ich schwöre" die Worte „Ich gelobe" oder eine andere Beteuerungsformel sprechen.

(4) In den Fällen, in denen nach § 7 Abs. 3 BeamtStG eine Ausnahme von § 7 Abs. 1 Nr. 1 BeamtStG zugelassen worden ist, kann von einer Eidesleistung abgesehen werden. Stattdessen ist eine gewissenhafte Erfüllung der Amtspflichten zu geloben.

§ 52 Ausschluss von dienstlichen Handlungen

Für dienstliche Handlungen außerhalb eines Verwaltungsverfahrens gilt § 20 VwVfG entsprechend.

§ 53 Verbot der Führung der Dienstgeschäfte (zu § 39 BeamtStG)

Beamtinnen und Beamte, denen die Führung der Dienstgeschäfte verboten ist, haben dienstlich empfangene Sachen auf Verlangen herauszugeben. Ihnen kann untersagt werden, Dienstkleidung und Dienstausrüstung zu tragen und sich in Diensträumen oder dienstlichen Unterkunftsräumen aufzuhalten.

§ 54 Anzeige- und Genehmigungspflicht nach Beendigung des Beamtenverhältnisses (zu § 41 BeamtStG)

(1) Die Anzeigepflicht nach § 41 Abs. 1 Satz 1 BeamtStG besteht in den Fällen des § 25 BeamtStG innerhalb eines Zeitraums von drei Jahren und im Übrigen von fünf Jahren nach Beendigung des Beamtenverhältnisses. Maßgebend für die Anzeigepflicht nach § 41 Abs. 1 Satz 1 BeamtStG ist ein Zusammenhang der Erwerbstätigkeit oder sonstigen Beschäftigung mit der dienstlichen Tätigkeit innerhalb der letzten fünf Jahre vor Beendigung des Beamtenverhältnisses.

(2) Zur Anzeige jeder Erwerbstätigkeit oder sonstigen Beschäftigung außerhalb des öffentlichen Dienstes verpflichtet ist, wer

1. vor Eintritt in den Ruhestand politische Beamtin oder politischer Beamter im Sinne des § 41 Abs. 1 war oder
2. in den letzten fünf Jahren vor Beendigung des Beamtenverhältnisses mit mindestens einer sicherheitsempfindlichen Tätigkeit im Sinne des § 2 des Landessicherheitsüberprüfungsgesetzes (LSÜG) vom 8. März 2000 (GVBl. S. 70, BS 12-3) in der jeweils geltenden Fassung betraut gewesen ist.

Die Anzeigepflicht besteht in den Fällen des § 25 BeamtStG innerhalb eines Zeitraums von fünf Jahren und im Übrigen von sieben Jahren nach Beendigung des Beamtenverhältnisses.

(3) Die Anzeige nach den Absätzen 1 und 2 soll mindestens einen Monat vor Aufnahme der Tätigkeit oder Beschäftigung erfolgen. Wird die Frist nicht eingehalten, so kann die zuständige Behörde die Aufnahme der Tätigkeit oder Beschäftigung bis zur Dauer von höchstens einem Monat vorläufig untersagen.

(4) Der vorherigen Genehmigung bedarf es in den Fällen, in denen in den letzten fünf Jahren vor Beendigung des Beamtenverhältnisses eine erweiterte Sicherheitsüberprüfung mit Sicherheitsermittlungen nach § 12 LSÜG durchgeführt wurde, eine Erwerbstätigkeit oder sonstige Beschäftigung für eine fremde Macht oder einen ihrer Mittelsmänner aufgenommen wird und die beabsichtigte Erwerbstätigkeit oder sonstige Beschäftigung einen Bezug zu sicher-

I

heitsempfindlichen Belangen aufweist. Die Pflicht zur Einholung einer Genehmigung besteht in den Fällen des § 25 BeamtStG innerhalb eines Zeitraums von fünf Jahren und im Übrigen von sieben Jahren nach Beendigung des Beamtenverhältnisses.

§ 55 Annahme- und Ablieferungspflicht

Die Beamtin oder der Beamte hat Aufwandsentschädigungen und Sitzungsgelder, die für dem Hauptamt zuzurechnende Tätigkeiten in einem Organ eines Unternehmens gezahlt werden, entgegenzunehmen und unverzüglich an den Dienstherrn abzuliefern.

§ 56 Annahme von Titeln, Orden und Ehrenzeichen

Beamtinnen und Beamte dürfen Titel, Orden und Ehrenzeichen von einem ausländischen Staatsoberhaupt oder einer ausländischen Regierung nur mit Genehmigung der Ministerpräsidentin oder des Ministerpräsidenten annehmen. Dies gilt nicht, soweit eine Genehmigung der Bundespräsidentin oder des Bundespräsidenten erforderlich ist.

§ 57 Wahl der Wohnung

(1) Beamtinnen und Beamte haben ihre Wohnung so zu nehmen, dass die ordnungsmäßige Wahrnehmung ihrer Dienstgeschäfte nicht beeinträchtigt wird.

(2) Die zuständige Dienstbehörde kann, wenn die dienstlichen Verhältnisse es erfordern, die Weisung erteilen, dass die Wohnung innerhalb einer bestimmten Entfernung von der Dienststelle zu nehmen oder eine Dienstwohnung zu beziehen ist.

§ 58 Aufenthaltspflicht

Wenn besondere dienstliche Verhältnisse es dringend erfordern, kann die Beamtin oder der Beamte angewiesen werden, den Aufenthaltsort so zu wählen, dass die Dienststelle innerhalb der gebotenen Zeit erreicht werden kann.

§ 59 Dienstkleidung, äußeres Erscheinungsbild, Erscheinungsmerkmale (zu § 34 BeamtStG)

(1) Beamtinnen und Beamte sind verpflichtet, Dienstkleidung zu tragen, wenn es bei der Wahrnehmung des Amtes üblich oder erforderlich ist. Die näheren Vorschriften über das Tragen von Dienstkleidung der Beamtinnen und Beamten erlässt, soweit gesetzlich nichts anderes bestimmt ist, die oberste Dienstbehörde.

(2) Die für die Gestaltung der Laufbahn zuständige oberste Landesbehörde wird ermächtigt, durch Rechtsverordnung Vorschriften über die Einzelheiten nach § 34 Abs. 2 Satz 2 bis 4 BeamtStG zu erlassen.

§ 60 Schadensersatz (zu § 48 BeamtStG)

(1) Hat der Dienstherr Dritten Schadensersatz geleistet, gilt als Zeitpunkt, in dem der Dienstherr Kenntnis im Sinne der Verjährungsregelungen des Bürgerlichen Gesetzbuchs erlangt, der Zeitpunkt, in dem der Ersatzanspruch gegenüber Dritten vom Dienstherrn anerkannt oder dem Dienstherrn gegenüber rechtskräftig festgestellt wird.

(2) Leistet die Beamtin oder der Beamte dem Dienstherrn Ersatz und hat dieser einen Ersatzanspruch gegen Dritte, geht der Ersatzanspruch auf die Beamtin oder den Beamten über.

§ 61 Dienstvergehen von Ruhestandsbeamtinnen und Ruhestandsbeamten (zu § 47 Abs. 2 BeamtStG)

Bei Ruhestandsbeamtinnen und Ruhestandsbeamten sowie bei früheren Beamtinnen und Beamten mit Versorgungsbezügen gilt es auch als Dienstvergehen, wenn sie

1. entgegen § 29 Abs. 2 oder Abs. 3 BeamtStG oder entgegen § 30 Abs. 3 Satz 2 in Verbindung mit § 29 Abs. 2 BeamtStG einer erneuten Berufung in das Beamtenverhältnis schuldhaft nicht nachkommen oder
2. ihre Verpflichtung nach § 29 Abs. 4 oder Abs. 5 Satz 1 BeamtStG verletzen.

§ 62 Arbeitsschutz

(1) Die aufgrund der §§ 18 und 19 des Arbeitsschutzgesetzes vom 7. August 1996 (BGBl. I S. 1246) in der jeweils geltenden Fassung erlassenen Rechtsverordnungen finden Anwendung.

(2) Soweit öffentliche Belange dies zwingend erfordern, insbesondere zur Aufrechterhaltung oder Wiederherstellung der öffentlichen Sicherheit, kann das jeweils zuständige Ministerium für bestimmte Tätigkeiten in seinem Geschäftsbereich durch Rechtsverordnung im Einvernehmen mit dem für den sozialen, technischen und medizinischen Arbeitsschutz zuständigen Ministerium regeln, dass Bestimmungen des Arbeitsschutzgesetzes und der nach Absatz 1 geltenden Rechtsverordnungen ganz oder zum Teil nicht anzuwenden sind. Hierbei ist festzulegen, wie die Sicherheit und der Gesundheitsschutz unter Berücksichtigung der Ziele des Arbeitsschutzgesetzes auf andere Weise gewährleistet werden.

§ 63 Jugendarbeitsschutz

(1) Der erste und dritte Abschnitt des Jugendarbeitsschutzgesetzes (JArbSchG) vom 12. April 1976 (BGBl. I S. 965) in der jeweils geltenden Fassung sind auf Beamtinnen und Beamte unter 18 Jahren (jugendliche Beamtinnen und Beamte) anzuwenden. Die darin der Aufsichtsbehörde zugeordneten Aufgaben und Befugnisse entfallen.

(2) Die zur gesundheitlichen Betreuung durchzuführenden Untersuchungen erfolgen durch die Amtsärztin oder den Amtsarzt oder durch eine beamtete Ärztin oder einen beamteten Arzt. Die Kosten trägt, soweit gesetzlich nichts anderes bestimmt ist, der Dienstherr.

(3) Für Dienststellen, die regelmäßig jugendliche Beamtinnen und Beamte beschäftigen, gelten die §§ 47 und 48 JArbSchG entsprechend.

(4) Soweit die Eigenart des Polizeidienstes oder die Belange der inneren Sicherheit es erfordern, kann das für die Polizei zuständige Ministerium durch Rechtsverordnung im Einvernehmen mit dem für den sozialen, technischen und medizinischen Arbeitsschutz zuständigen Ministerium Ausnahmen von den nach Absatz 1 geltenden Bestimmungen des Jugendarbeitsschutzgesetzes für jugendliche Beamtinnen und Beamte des Polizeidienstes bestimmen.

§ 64 Mutterschutz und Elternzeit (zu § 46 BeamtStG)

Die Landesregierung regelt durch Rechtsverordnung die der Eigenart des öffentlichen Dienstes entsprechende Anwendung der Vorschriften

1. des Mutterschutzgesetzes und
2. des Bundeselterngeld- und Elternzeitgesetzes über die Elternzeit.

Für die Dauer der Elternzeit werden Beihilfen (§ 66) gewährt. Für die Kontrolle und Überwachung der Einhaltung der dem Gesundheitsschutz dienenden mutterschutzrechtlichen Vorschriften gilt § 29 des Mutterschutzgesetzes entsprechend.

§ 65 Jubiläumszuwendung

Den Beamtinnen und Beamten kann bei Dienstjubiläen eine Jubiläumszuwendung gewährt werden. Das Nähere regelt das für das allgemeine öffentliche Dienstrecht zuständige Ministerium im Einvernehmen mit dem für den Landeshaushalt zuständigen Ministerium durch Rechtsverordnung.

§ 66 Beihilfen

(1) Anspruch auf Beihilfen haben

1. Beamtinnen und Beamte,
2. Ruhestandsbeamtinnen und Ruhestandsbeamte,
3. frühere Beamtinnen und frühere Beamte, die wegen Dienstunfähigkeit oder Erreichens der Altersgrenze entlassen oder wegen Ablaufs der Dienstzeit ausgeschieden sind,
4. Witwen und Witwer sowie hinterbliebene Lebenspartnerinnen und Lebenspartner und
5. Waisen (§ 35 des Landesbeamtenversorgungsgesetzes – LBeamtVG –),

solange sie laufende Bezüge erhalten oder nur deshalb nicht erhalten, weil diese wegen der Anwendung von Ruhens- oder Anrechnungsbestimmungen nicht gezahlt werden. Abweichend von Satz 1 kann durch Rechtsverordnung nach Absatz 6 die Gewährung von Beihilfen auch für solche Zeiträume zugelassen werden, in denen keine laufenden Bezüge gezahlt werden.

(2) Die in Absatz 1 Satz 1 Nr. 1 bis 4 genannten Personen erhalten Beihilfen auch für Aufwendungen ihrer berücksichtigungsfähigen Angehörigen. Berücksichtigungsfähig sind

1. die Ehegattin oder der Ehegatte sowie die Lebenspartnerin oder der Lebenspartner im Sinne des §1 des Lebenspartnerschaftsgesetzes vom 16. Februar 2001 (BGBl. I S. 266) in der jeweils geltenden Fassung; ein Anspruch auf Beihilfen für Aufwendungen dieser Personen – ausgenommen Geburtsfälle – besteht nur, wenn deren Einkünfte (§2 Abs. 2 und 5a des Einkommensteuergesetzes in der Fassung vom 8. Oktober 2009 – BGBl. I S. 3366, 3862 – in der jeweils geltenden Fassung) oder vergleichbare ausländische Einkünfte im zweiten Kalenderjahr vor Beantragung der Beihilfe 22 000,00 EUR nicht übersteigen,
2. Kinder, die im Familienzuschlag nach dem Landesbesoldungsgesetz (LBesG) vom 18. Juni 2013 (GVBl. S. 157, BS 2032-1), in der jeweils geltenden Fassung berücksichtigungsfähig sind.

(3) Beihilfefähig sind die notwendigen und angemessenen Aufwendungen in Krankheits- und Geburtsfällen, für Maßnahmen zur Gesundheitsvorsorge und zur Früherkennung von Krankheiten, bei dauernder Pflegebedürftigkeit sowie in Fällen einer Empfängnisregelung, einer künstlichen Befruchtung, eines nicht rechtswidrigen Schwangerschaftsabbruchs und einer nicht rechtswidrigen Sterilisation. In Todesfällen sind nur dienstlich verursachte Aufwendungen sowie Aufwendungen für Familien- und Haushaltshilfen beihilfefähig; das Nähere zu den Voraussetzungen und zum Umfang der beihilfefähigen Aufwendungen regelt die Rechtsverordnung nach Absatz 6.

(4) Beihilfen werden als Vomhundertsatz der beihilfefähigen Aufwendungen (Bemessungssatz) oder als Pauschalen gewährt. Der Bemessungssatz muss mindestens 50 v. H. betragen. Leistungen, die aufgrund Rechtsvorschrift oder arbeitsvertraglicher Vereinbarung zustehen, sind zu berücksichtigen; Ausnahmen können durch Rechtsverordnung nach Absatz 6 zugelassen werden. Leistungen von Versicherungen können berücksichtigt werden. Die Beihilfen dürfen zusammen mit den aus demselben Anlass zustehenden Leistungen Dritter die dem Grunde nach beihilfefähigen Aufwendungen nicht übersteigen.

(5) Die auszuzahlenden Beihilfen werden je Kalenderjahr, in dem Aufwendungen in Rechnung gestellt worden sind, um folgende Kostendämpfungspauschale gekürzt:

Stufe	Besoldungsgruppen	Betrag
1	Besoldungsgruppen A 7 und A 8	100,00 EUR
2	Besoldungsgruppen A 9 bis A 11	150,00 EUR
3	Besoldungsgruppen A 12 bis A 15, B 1, C 1 und C 2, H 1 bis H 3, R 1, W 1	300,00 EUR
4	Besoldungsgruppen A 16, B 2 und B 3, C 3, H 4 und H 5, R 2 und R 3, W 2	450,00 EUR
5	Besoldungsgruppen B 4 bis B 7, C 4, R 4 bis R 7, W 3	600,00 EUR
6	Höhere Besoldungsgruppen	750,00 EUR.

Die Beträge nach Satz 1 bemessen sich

1. bei Ruhestandsbeamtinnen und Ruhestandsbeamten sowie früheren Beamtinnen und Beamten nach dem Ruhegehaltssatz,
2. bei Witwen und Witwern sowie hinterbliebenen Lebenspartnerinnen und Lebenspartnern nach 55 v. H. des Ruhegehaltssatzes;

dabei darf die Kostendämpfungspauschale in den Fällen der Nummer 1 70 v. H. und in den Fällen der Nummer 2 40 v. H. der Beträge nach Satz 1 nicht übersteigen.

(6) Das Nähere hinsichtlich des Inhalts und Umfangs der Beihilfen sowie des Verfahrens der Beihilfengewährung regelt das für das finanzielle öffentliche Dienstrecht zuständige Ministerium im Einvernehmen mit dem für das allgemeine öffentliche Dienstrecht zuständigen Ministerium durch Rechtsverordnung. Darin können unter Beachtung der Grundsätze beamtenrechtlicher Fürsorge insbesondere Bestimmungen getroffen werden

1. hinsichtlich des Kreises der beihilfeberechtigten Personen und der berücksichtigungsfähigen Angehörigen über
   a) Konkurrenzregelungen für den Fall des Zusammentreffens mehrerer inhalts-

gleicher Ansprüche auf Beihilfeleistungen in einer Person,

b) die Gewährung von Beihilfeleistungen für Ehegattinnen und Ehegatten oder Lebenspartnerinnen und Lebenspartner bei wechselnder Einkommenshöhe,

c) die Beschränkung oder den Ausschluss der Beihilfen für Ehrenbeamtinnen und Ehrenbeamte sowie für Beamtinnen und Beamte, deren Dienstverhältnis auf weniger als ein Jahr befristet ist,

2. hinsichtlich des Inhalts und Umfangs der Beihilfen über

a) die Einführung von Höchstgrenzen und Höchstbeträgen,

b) die Beschränkung auf bestimmte Indikationen,

c) die Anknüpfung an gesellschaftspolitische oder familienrechtliche Umstände,

d) die Beschränkung auf bestimmte Qualifikationen der Leistungserbringerinnen und Leistungserbringer,

e) die Beschränkung oder den Ausschluss von Aufwendungen für Untersuchungen, Behandlungen, Arznei-, Heil- und Hilfsmittel, deren diagnostischer oder therapeutischer Nutzen nicht nach dem allgemeinen Stand der medizinischen Erkenntnisse nachgewiesen ist,

f) die Beschränkung oder den Ausschluss von Aufwendungen, insbesondere für Arzneimittel, Medizinprodukte und Hilfsmittel, bei deren Anwendung eine Erhöhung der Lebensqualität im Vordergrund steht, oder Mittel, die der allgemeinen Lebenshaltung zuzurechnen sind,

g) die Gewährung von Beihilfen für Wahlleistungen bei stationärer Krankenhausbehandlung gegen Zahlung eines monatlichen Betrags und einer zusätzlichen Eigenbeteiligung bei der Wahlleistung Zweibettzimmer,

h) die Beschränkung oder den Ausschluss von Beihilfen zu Aufwendungen, die in Ländern außerhalb der Mitgliedstaaten der Europäischen Union erbracht werden,

i) die Übernahme von Regelungen aus Verträgen, die zwischen privaten Krankenversicherungsunternehmen oder den gesetzlichen Krankenkassen oder deren Verbänden und Leistungserbringern abgeschlossen worden sind,

j) die Anhebung des Bemessungssatzes in besonderen Fällen,

k) Ausnahmen von der Kostendämpfungspauschale und Minderungsbeträge zur Kostendämpfungspauschale für Kinder,

3. hinsichtlich des Verfahrens der Beihilfengewährung

a) über eine Ausschlussfrist für die Beantragung der Beihilfen und deren Beginn,

b) über die Notwendigkeit eines Voranerkennungsverfahrens,

c) über Beteiligung von Gutachterinnen und Gutachtern und sonstigen Stellen zur Überprüfung der Notwendigkeit und Angemessenheit beantragter Maßnahmen oder einzelner Aufwendungen einschließlich der Übermittlung erforderlicher Daten, wobei personenbezogene Daten nur mit Einwilligung der beihilfeberechtigten Person übermittelt werden dürfen,

d) zur Übertragung der Prüfung der Notwendigkeit und Angemessenheit stationärer Krankenhausleistungen auf Dritte; dabei sind die zur Gewährung des Datenschutzes zu treffenden technischen und organisatorischen Maßnahmen zu berücksichtigen,

e) über die Antragstellung mittels technischer Verfahren und die elektronische Erfassung, Bearbeitung und Speicherung von Anträgen und Belegen.

werden.

(7) In Beihilfeangelegenheiten dürfen Verwaltungsakte vollständig durch automatische Einrichtungen erlassen werden, wenn weder ein Ermessen noch ein Beurteilungsspielraum besteht. Die für die Festsetzung der Beihilfen zuständige Stelle kann zur Erfüllung ihrer Aufgaben automationsgestützte Systeme (Ri-

sikomanagementsysteme) einsetzen. Dabei soll auch der Grundsatz der Wirtschaftlichkeit und Zweckmäßigkeit der Verwaltung berücksichtigt werden. Das Risikomanagementsystem muss mindestens folgende Anforderungen erfüllen:

1. die Gewährleistung, dass durch Zufallsauswahl eine hinreichende Anzahl von Fällen zur umfassenden Prüfung durch Amtsträgerinnen und Amtsträger ausgewählt wird,
2. die Prüfung der als prüfungsbedürftig ausgesteuerten Fälle durch Amtsträgerinnen und Amtsträger,
3. die Gewährleistung, dass Amtsträgerinnen und Amtsträger Fälle für eine umfassende Prüfung auswählen können,
4. die regelmäßige Überprüfung des Risikomanagementsystems auf seine Zielerfüllung.

Einzelheiten des Risikomanagementsystems legt die für die Festsetzung der Beihilfen zuständige Stelle im Einvernehmen mit dem für das finanzielle öffentliche Dienstrecht zuständigen Ministerium fest, soweit sich der Anspruch auf Beihilfen gegen das Land richtet; diese dürfen nicht veröffentlicht werden. Wird ein Risikomanagementsystem in Beihilfeangelegenheiten eingesetzt, können abweichend von Satz 1 auch beamtenrechtliche Entscheidungen mit Ermessens- oder Beurteilungsspielraum vollständig durch automatische Einrichtungen erlassen werden, sofern dem Antrag der beihilfeberechtigten Person vollständig entsprochen wird.

§ 67 Beleihung

(1) Dienstherren nach § 1 Abs. 1 Nr. 2 und 3 können einem privaten Unternehmen die Befugnis zur Festsetzung der Beihilfen nach der gemäß § 66 Abs. 6 erlassenen Rechtsverordnung verleihen. Das beliehene Unternehmen tritt insoweit unbeschadet des Weisungsrechts des Dienstherrn an dessen Stelle. § 120 dieses Gesetzes und § 54 Abs. 1 bis 3 Satz 1 BeamtStG bleiben unberührt. § 54 Abs. 3 Satz 2 BeamtStG findet keine Anwendung. Klagen sind gegen das beliehene Unternehmen zu richten. Das beliehene Unternehmen untersteht der Rechtsaufsicht der Aufsichts- und Dienstleistungsdirektion, der die Beleihung durch den Dienstherrn anzuzeigen ist; für die Ausübung der Aufsicht gilt § 95 Abs. 1 Satz 3 entsprechend. Die Beihilfeberechtigten sind auf die Beleihung hinzuweisen.

(2) Das zu beleihende Unternehmen ist unter besonderer Berücksichtigung der fachlichen Eignung und der Tauglichkeit der von ihm getroffenen technischen und organisatorischen Maßnahmen zur Gewährleistung des Datenschutzes sorgfältig auszuwählen.

§ 68 Amtsbezeichnung

(1) Die Ministerpräsidentin oder der Ministerpräsident setzt die Amtsbezeichnungen durch Rechtsverordnung fest, soweit gesetzlich nichts anderes bestimmt ist.

(2) Beamtinnen und Beamte führen im Dienst die Bezeichnung des ihnen übertragenen Amtes; sie dürfen sie auch außerhalb des Dienstes führen. Nach dem Wechsel in ein anderes Amt darf die bisherige Amtsbezeichnung nicht mehr geführt werden; bei der Versetzung in ein Amt mit geringerem Grundgehalt darf neben der neuen Amtsbezeichnung die des früheren Amtes mit dem Zusatz „außer Dienst" oder „a. D." geführt werden.

(3) Ruhestandsbeamtinnen und Ruhestandsbeamte dürfen die ihnen bei der Versetzung in den Ruhestand zustehende Amtsbezeichnung mit dem Zusatz „außer Dienst" oder „a. D." und die im Zusammenhang mit dem Amt verliehenen Titel weiterführen. Wird ihnen ein neues Amt übertragen, gilt Absatz 2 Satz 2 entsprechend.

§ 69 Dienstzeugnis

Beamtinnen und Beamten wird auf Antrag ein Dienstzeugnis über Art und Dauer der von ihnen bekleideten Ämter erteilt, wenn sie daran ein berechtigtes Interesse haben oder das Beamtenverhältnis beendet ist. Das Dienstzeugnis muss auf Verlangen auch über die ausgeübte Tätigkeit und die erbrachten Leistungen Auskunft geben.

§ 70 Ersatz von Sachschäden

(1) Werden einer Beamtin oder einem Beamten bei Ausübung des Dienstes durch ein auf

äußerer Einwirkung beruhendes, plötzliches, örtlich und zeitlich bestimmbares Ereignis Kleidungsstücke oder sonstige Gegenstände, die bei Wahrnehmung des Dienstes üblicherweise getragen oder mitgeführt werden, beschädigt oder zerstört oder kommen sie abhanden, so kann dafür Ersatz geleistet werden. Der Weg von und nach der Dienststelle gehört nicht zum Dienst im Sinne des Satzes 1.

(2) Ersatz kann auch geleistet werden, wenn ein während einer Dienstreise abgestelltes, nach vorheriger Genehmigung benutztes privateigenes Kraftfahrzeug durch ein auf äußerer Einwirkung beruhendes, plötzliches, örtlich und zeitlich bestimmbares Ereignis beschädigt oder zerstört wird oder abhanden kommt und sich der Grund zum Verlassen des Kraftfahrzeuges aus der Ausübung des Dienstes ergeben hat.

(3) Ersatz nach Absatz 1 oder Absatz 2 wird nicht gewährt, wenn die Beamtin oder der Beamte den Schaden vorsätzlich oder grob fahrlässig herbeigeführt hat.

§ 71 Ersatz von Schäden bei Gewaltakten

Werden durch einen Gewaltakt, der sich gegen staatliche Amtsträger, Einrichtungen oder Maßnahmen richtet, Sachen von Beamtinnen und Beamten, ihrer Angehörigen oder der mit ihnen in häuslicher Gemeinschaft lebenden Personen beschädigt oder zerstört oder kommen sie abhanden, ist hierfür Ersatz zu leisten, wenn die Beamtinnen und Beamten von dem Gewaltakt in pflichtgemäßer Ausübung des Dienstes oder im Zusammenhang mit ihrer dienstlichen Stellung betroffen sind.

§ 71a Erfüllungsübernahme bei Schmerzensgeldansprüchen

(1) Haben Beamtinnen und Beamte wegen eines rechtswidrigen Angriffs, den sie in pflichtgemäßer Ausübung des Dienstes oder im Zusammenhang mit ihrer dienstlichen Stellung erleiden, einen durch rechtskräftiges Urteil festgestellten Anspruch auf Schmerzensgeld von mindestens 250 EUR gegen einen Dritten, kann der Dienstherr auf Antrag die Erfüllung dieses Anspruchs bis zur Höhe des festgestellten Schmerzensgeldes übernehmen, soweit die Vollstreckung erfolglos geblieben ist. Die Vollstreckungstitel nach § 794 Abs. 1 Nr. 1, 4, 4 a und 5 der Zivilprozessordnung stehen einem rechtskräftigen Urteil gleich, wenn sie ebenfalls Rechtskraft erlangt haben oder unwiderruflich sind und das dem Anspruch auf Schmerzensgeld zugrunde liegende Ereignis als Dienstunfall anerkannt ist. Die Zahlung des Dienstherrn darf den Betrag, der mit Rücksicht auf die erlittenen immateriellen Schäden angemessen ist, nicht übersteigen.

(2) Die Übernahme der Erfüllung ist innerhalb einer Ausschlussfrist von zwei Jahren nach Eintritt der Rechtskraft des Urteils oder der Unwiderruflichkeit des Titels unter Nachweis des Vollstreckungsversuchs zu beantragen.

(3) Für einen Vollstreckungstitel, der vor dem 15. Februar 2018 erlangt wurde und bei dem der Eintritt der Rechtskraft oder der Unwiderruflichkeit nicht länger als zwei Jahre zurückliegt, kann der Antrag innerhalb einer Ausschlussfrist von sechs Monaten ab dem 15. Februar 2018 gestellt werden.

§ 72 Übergang von Ersatzansprüchen auf den Dienstherrn

(1) Werden Beamtinnen, Beamte, Versorgungs- oder Altersgeldberechtigte oder deren Angehörige körperlich verletzt, gesundheitlich geschädigt oder getötet, so geht ein sich hieraus gegen einen Dritten ergebender gesetzlicher Schadensersatzanspruch dieser Personen insoweit auf den Dienstherrn über, als dieser während einer auf der gesundheitlichen Schädigung beruhenden Dienstunfähigkeit oder infolge der gesundheitlichen Schädigung oder der Tötung zu Leistungen verpflichtet ist. Ist eine Versorgungskasse zu Leistungen verpflichtet, so geht der Anspruch auf sie über.

(2) Steht einer beihilfeberechtigten Person oder deren Angehörigen wegen unrichtiger Abrechnung von Leistungen in den Fällen des § 66 Abs. 2 ein Ersatzanspruch gegen einen Dritten zu, kann der Dienstherr diesen Anspruch durch schriftliche Anzeige gegenüber der oder dem Berechtigten insoweit auf sich überleiten, als er aufgrund der unrichtigen Abrechnung zu hohe Beihilfen gewährt hat.

(3) Soweit der Dienstherr in den Fällen der §§ 70, 71 und 71a Ersatz geleistet hat, gehen Ansprüche gegen Dritte auf ihn über.

(4) Der Übergang der Ansprüche kann nicht zum Nachteil der Geschädigten oder Hinterbliebenen geltend gemacht werden.

Abschnitt 2
Arbeitszeit

§ 73 Arbeitszeit

(1) Die Vorschriften zur Arbeitszeit der Beamtinnen und Beamten erlässt die Landesregierung durch Rechtsverordnung. In ihr sind insbesondere zu bestimmen

1. der Umfang der Arbeitszeit der vollbeschäftigten Beamtinnen und Beamten (regelmäßige Arbeitszeit),
2. deren Einteilung unter Berücksichtigung der dienstlichen Bedürfnisse und der familiären Verpflichtungen der Beamtinnen und Beamten sowie
3. die Kontrolle ihrer Einhaltung.

Die nach Satz 2 Nr. 3 erhobenen Daten dürfen nur für die Überprüfung der Einhaltung der Arbeitszeit sowie für besoldungsrechtliche und für Zwecke der Personaleinsatzplanung verarbeitet werden, soweit dies zur Erfüllung der Aufgaben der verarbeitenden Stelle erforderlich ist. Für die Daten sind Löschungsfristen vorzusehen. In der Rechtsverordnung nach Satz 1 können auch Regelungen zu den Möglichkeiten einer flexiblen Ausgestaltung der Arbeitszeit, einschließlich Langzeitkonten, getroffen werden.

(2) Die Beamtin oder der Beamte ist verpflichtet, ohne Vergütung über die durchschnittliche Wochenarbeitszeit hinaus Dienst zu tun, wenn zwingende dienstliche Verhältnisse dies erfordern. Die Mehrarbeit muss angeordnet oder genehmigt werden und auf Ausnahmefälle beschränkt bleiben. Überschreitet die Mehrarbeit im Monat fünf Stunden oder bei Teilzeitbeschäftigung ein Achtel der durchschnittlichen Wochenarbeitszeit, ist innerhalb eines Jahres für die gesamte in demselben Monat geleistete Mehrarbeit Dienstbefreiung zu gewähren; soweit dies aus zwingenden Gründen nicht möglich ist, kann stattdessen nach Maßgabe der besoldungsrechtlichen Vorschriften eine Vergütung gezahlt werden.

§ 74 Arbeitszeit der Lehrkräfte

(1) Auf der Grundlage der gemäß § 73 Abs. 1 Satz 2 Nr. 1 festgelegten Arbeitszeit regelt das für das Schulwesen zuständige Ministerium im Einvernehmen mit dem für das allgemeine öffentliche Dienstrecht zuständigen Ministerium die Arbeitszeit der Lehrkräfte durch Rechtsverordnung. § 73 Abs. 2 gilt entsprechend.

(2) Zur Sicherung der Unterrichtsversorgung kann das für das Schulwesen zuständige Ministerium im Einvernehmen mit dem für das allgemeine öffentliche Dienstrecht zuständigen Ministerium durch Rechtsverordnung eine ungleichmäßige Verteilung der Arbeitszeit der Lehrkräfte in der Weise festlegen, dass für die Dauer von einem Jahr bis zu höchstens zehn Jahren die wöchentliche Unterrichtsverpflichtung um eine Wochenstunde erhöht und ab einem in der Rechtsverordnung festzulegenden Zeitpunkt durch Senkung der wöchentlichen Unterrichtsverpflichtung um eine Wochenstunde ausgeglichen wird. Soweit dienstliche Belange nicht entgegenstehen, kann auf Antrag der Lehrkraft ein Zeitausgleich auch in einem größeren Stundenumfang zugelassen werden. Ist ein Zeitausgleich aus in der Person der Lehrkraft liegenden Gründen nicht oder nicht vollständig möglich, ist eine Ausgleichszahlung nach Maßgabe der besoldungsrechtlichen Vorschriften zu gewähren.

§ 75 Teilzeitbeschäftigung (zu § 43 BeamtStG)

(1) Beamtinnen und Beamten mit Dienstbezügen kann auf Antrag Teilzeitbeschäftigung mit mindestens der Hälfte der regelmäßigen Arbeitszeit und bis zur jeweils beantragten Dauer bewilligt werden, wenn dienstliche Belange nicht entgegenstehen.

(2) Die Bewilligung setzt voraus, dass die Beamtin oder der Beamte sich verpflichtet, während der Teilzeitbeschäftigung entgeltliche Nebentätigkeiten nur in dem Umfang auszuüben, der bei Vollzeitbeschäftigung statthaft

ist. Ausnahmen hiervon sind zulässig, soweit dies mit dem Beamtenverhältnis vereinbar ist.

(3) Soweit zwingende dienstliche Belange es nachträglich erfordern, kann die Dauer der Teilzeitbeschäftigung beschränkt oder der Umfang der Arbeitszeit erhöht werden. Kann der Beamtin oder dem Beamten die Teilzeitbeschäftigung im bisherigen Umfang nicht mehr zugemutet werden, soll die Änderung des Umfangs der Teilzeitbeschäftigung oder der Übergang zur Vollzeitbeschäftigung zugelassen werden, wenn dienstliche Belange nicht entgegenstehen.

(4) Beamtinnen und Beamte mit Dienstbezügen, die

1. ein Kind unter 18 Jahren betreuen,
2. ein pflegebedürftiges Kind über 18 Jahren, eine pflegebedürftige sonstige Angehörige oder einen pflegebedürftigen sonstigen Angehörigen pflegen oder
3. ein schwerstkrankes Kind über 18 Jahren, eine schwerstkranke sonstige Angehörige oder einen schwerstkranken sonstigen Angehörigen begleiten, soweit nach ärztlichem Gutachten eine Erkrankung vorliegt,
   a) die progredient verläuft und bereits ein weit fortgeschrittenes Stadium erreicht hat,
   b) bei der eine Heilung ausgeschlossen und eine palliativmedizinische Behandlung notwendig ist und
   c) die lediglich eine begrenzte Lebenserwartung von Wochen oder wenigen Monaten erwarten lässt,

haben, auch wenn sie Vorgesetzten- oder Leitungsaufgaben wahrnehmen, einen Anspruch auf Bewilligung der Teilzeitbeschäftigung, wenn zwingende dienstliche Belange nicht entgegenstehen; Absatz 3 Satz 1 findet keine Anwendung. Auf Antrag kann unter den Voraussetzungen des Satzes 1 eine Teilzeitbeschäftigung auch mit weniger als der Hälfte der regelmäßigen Arbeitszeit bewilligt werden, wenn dienstliche Belange nicht entgegenstehen.

(5) Beamtinnen und Beamten im Vorbereitungsdienst kann aus den in Absatz 4 Satz 1 Halbsatz 1 genannten Gründen Teilzeitbeschäftigung mit mindestens der Hälfte der regelmäßigen Arbeitszeit bewilligt werden, wenn dienstliche Belange nicht entgegenstehen.

(6) Pflegebedürftig im Sinne des Absatzes 4 sind Personen, die die Voraussetzungen nach den §§ 14 und 15 des Elften Buches Sozialgesetzbuch erfüllen; die Pflegebedürftigkeit ist durch ärztliches Gutachten, durch Vorlage einer Bescheinigung der Pflegekasse oder des Medizinischen Dienstes der Krankenversicherung oder einer entsprechenden Bescheinigung einer privaten Pflegeversicherung nachzuweisen.

§ 75a Altersteilzeit bis zur gesetzlichen Altersgrenze

(1) Lehrkräften mit Dienstbezügen kann im Rahmen der für Altersteilzeit zur Verfügung stehenden Haushaltsmittel auf Antrag, der sich auf die Zeit bis zum Erreichen der gesetzlichen Altersgrenze (§ 37) erstrecken muss, Teilzeitbeschäftigung als Altersteilzeit mit der Hälfte der bisherigen Arbeitszeit, höchstens der Hälfte der in den letzten zwei Jahren vor Beginn der Altersteilzeit durchschnittlich zu leistenden Arbeitszeit, bewilligt werden, wenn

1. sie das 56. Lebensjahr vollendet haben,
2. sie in den letzten fünf Jahren vor Beginn der Altersteilzeit drei Jahre mindestens teilzeitbeschäftigt waren,
3. die Altersteilzeit vor dem 1. Januar 2027 beginnt und
4. dienstliche Belange nicht entgegenstehen.

Abweichend von Satz 1 kann sich bei schwerbehinderten Beamtinnen und Beamten im Sinne des § 2 Abs. 2 des Neunten Buches Sozialgesetzbuch der Antrag auch auf die Zeit bis zum Beginn des Ruhestandes nach Vollendung des 63. Lebensjahres erstrecken. Altersteilzeit kann auch in der Weise bewilligt werden, dass die Beamtin oder der Beamte die für den Gesamtzeitraum der Altersteilzeit zu erbringende Arbeitszeit vollständig vorab erbringt und anschließend bis zum Beginn des Ruhestandes vom Dienst freigestellt wird (Blockmodell).

(2) Altersteilzeit mit weniger als der Hälfte der regelmäßigen Arbeitszeit kann nur bewilligt werden, wenn die Zeiten der Freistellung von

der Arbeit in der Weise zusammengefasst werden, dass die Beamtin oder der Beamte zuvor mit mindestens der Hälfte der regelmäßigen Arbeitszeit, bei einer Teilzeitbeschäftigung mit weniger als der Hälfte der regelmäßigen Arbeitszeit mindestens im Umfang der bisherigen Teilzeitbeschäftigung, Dienst leistet; dabei bleiben geringfügige Unterschreitungen des notwendigen Umfangs der Arbeitszeit außer Betracht.

(3) Änderungen der regelmäßigen Wochenarbeitszeit durch Gesetz oder aufgrund eines Gesetzes gelten für die zu leistende Arbeitszeit entsprechend.

(4) Der Zeitraum, für den Altersteilzeit bewilligt wird, muss bei Teilzeitbeschäftigung nach Absatz 1 Satz 1 mindestens ein Schuljahr, bei Teilzeitbeschäftigung nach Absatz 1 Satz 3 mindestens zwei Schuljahre umfassen. Aus dienstlichen Gründen kann Altersteilzeit auch in der Weise bewilligt werden, dass im Blockmodell vor Beginn der Freistellungsphase eine höchstens ein Schuljahr dauernde Teilzeitbeschäftigung in einem vorgegebenen Umfang abzuleisten ist.

(5) § 75 Abs. 2 gilt entsprechend.

(6) Die Wirkungen der Bestimmungen der Absätze 1 bis 5 sind unter Berücksichtigung der mit ihnen verfolgten Regelungsziele vor Ablauf des 31. Mai 2026 zu prüfen.

---

§ 75a ist bereits am 1. Januar 2012 in Kraft getreten.

§ 75b Altersteilzeit über die gesetzliche Altersgrenze hinaus

Lehrkräften mit Dienstbezügen kann im Rahmen der für Altersteilzeit zur Verfügung stehenden Haushaltsmittel auf Antrag, der sich auf die Zeit bis zum Ablauf von drei Jahren nach Erreichen der gesetzlichen Altersgrenze (§ 37) erstrecken muss, Teilzeitbeschäftigung als Altersteilzeit mit der Hälfte der bisherigen Arbeitszeit, höchstens der Hälfte der in den letzten zwei Jahren vor Beginn der Altersteilzeit durchschnittlich zu leistenden Arbeitszeit, bewilligt werden, wenn die sonstigen Voraussetzungen des § 75a Abs. 1 Satz 1 erfüllt sind. § 75a Abs. 1 Satz 3 und Abs. 2 bis 6 gilt entsprechend. Mit der Bewilligung wird der Eintritt in den Ruhestand um drei Jahre hinausgeschoben.

---

§ 75b ist bereits am 1. Januar 2012 in Kraft getreten.

§ 76 Urlaub aus familiären Gründen

(1) In den Fällen des § 75 Abs. 4 Satz 1 ist auf Antrag Urlaub ohne Dienstbezüge zu gewähren, wenn zwingende dienstliche Belange nicht entgegenstehen. § 75 Abs. 2 und 3 Satz 2 gilt entsprechend. Der Antrag auf Verlängerung eines Urlaubs ist spätestens sechs Monate vor Ablauf des genehmigten Urlaubs zu stellen.

(2) Während des Urlaubs besteht ein Anspruch auf Leistungen der Krankheitsfürsorge in entsprechender Anwendung der Beihilferegelungen für Beamtinnen und Beamte mit Dienstbezügen. Dies gilt nicht für die Beamtinnen und Beamten, die berücksichtigungsfähige Angehörige von Beihilfeberechtigten werden oder nach § 10 des Fünften Buches Sozialgesetzbuch versichert sind.

§ 76a Pflegezeiten mit Vorschuss

(1) Beamtinnen und Beamten mit Dienstbezügen, die

1. eine pflegebedürftige nahe Angehörige oder einen pflegebedürftigen nahen Angehörigen pflegen oder
2. eine minderjährige pflegebedürftige nahe Angehörige oder einen minderjährigen pflegebedürftigen nahen Angehörigen betreuen,

ist auf Antrag für längstens sechs Monate je pflegebedürftiger naher Angehöriger oder je pflegebedürftigem nahen Angehörigen Urlaub ohne Dienstbezüge oder Teilzeitbeschäftigung, auch mit weniger als der Hälfte der regelmäßigen Arbeitszeit, als Pflegezeit zu bewilligen, wenn zwingende dienstliche Belange nicht entgegenstehen. Unter den Voraussetzungen des Satzes 1 ist auf Antrag eine Teilzeitbeschäftigung mit einer regelmäßigen wöchentlichen Arbeitszeit von mindestens 15 Stunden für längstens 24 Monate je pflegebedürftiger naher Angehöriger oder je pflegebedürftigem nahen Angehörigen als Familienpflegezeit zu bewilligen, wenn zwingende dienstliche Belange nicht entgegenstehen.

(2) Beamtinnen und Beamten mit Dienstbezügen ist auf Antrag zur Begleitung einer oder eines nahen Angehörigen, die oder der nach ärztlichem Gutachten an einer Erkrankung im Sinne des § 75 Abs. 4 Satz 1 Halbsatz 1 Nr. 3 leidet, für längstens drei Monate je naher Angehöriger oder je nahem Angehörigen Urlaub ohne Dienstbezüge oder Teilzeitbeschäftigung, auch mit weniger als der Hälfte der regelmäßigen Arbeitszeit, als Pflegezeit zu bewilligen, wenn zwingende dienstliche Belange nicht entgegenstehen. Urlaub unter Fortzahlung der Dienst- oder Anwärterbezüge soll Beamtinnen und Beamten auf Antrag zur Betreuung ihres Kindes bewilligt werden, das das zwölfte Lebensjahr noch nicht vollendet hat oder behindert und auf Hilfe angewiesen ist und nach ärztlichem Gutachten an einer Erkrankung im Sinne des § 75 Abs. 4 Satz 1 Halbsatz 1 Nr. 3 leidet. Der Urlaub nach Satz 2 wird nur für ein Elternteil gewährt; § 10 Abs. 4 des Fünften Buches Sozialgesetzbuch gilt entsprechend.

(3) Beamtinnen und Beamten im Vorbereitungsdienst kann unter den Voraussetzungen des Absatzes 1 oder Absatzes 2 Satz 1 Urlaub ohne Anwärterbezüge oder Teilzeitbeschäftigung mit mindestens der Hälfte der regelmäßigen Arbeitszeit bewilligt werden, wenn dienstliche Belange nicht entgegenstehen.

(4) Nahe Angehörige im Sinne dieser Bestimmung sind die in § 7 Abs. 3 PflegeZG genannten Personen. § 75 Abs. 6 gilt entsprechend.

(5) Urlaub und Teilzeitbeschäftigung nach den Absätzen 1 und 2 Satz 1 dürfen zusammen die Dauer von insgesamt 24 Monaten je naher Angehöriger oder je nahem Angehörigen nicht überschreiten. Bis zum Erreichen der Höchstdauer nach Satz 1 kann der beantragte Urlaub oder die beantragte Teilzeitbeschäftigung verlängert werden, wenn die oder der Dienstvorgesetzte zustimmt; die Verlängerung ist zuzulassen, wenn ein vorgesehener Wechsel in der Person der oder des Pflegenden aus einem wichtigen Grund nicht erfolgen kann. § 75 Abs. 2 und 3 Satz 2 sowie § 76 Abs. 2 gelten entsprechend.

(6) Die Beamtin oder der Beamte hat jede Änderung der Tatsachen mitzuteilen, die für die Bewilligung maßgeblich sind. Liegen die Voraussetzungen für die Bewilligung eines Urlaubs oder einer Teilzeitbeschäftigung nach Absatz 1 oder Absatz 2 nicht mehr vor, ist die Bewilligung zu widerrufen, und zwar mit Ablauf des zweiten Kalendermonats, der auf den Wegfall der Voraussetzungen folgt.

(7) Die Landesregierung wird ermächtigt, Näheres zu den Pflegezeiten durch Rechtsverordnung zu regeln.

§ 77 Urlaub bei Bewerberüberhang

Beamtinnen und Beamten mit Dienstbezügen kann in Bereichen, in denen wegen der Arbeitsmarktsituation ein außergewöhnlicher Bewerberüberhang besteht und deshalb ein dringendes öffentliches Interesse daran gegeben ist, verstärkt Bewerberinnen und Bewerber im öffentlichen Dienst zu beschäftigen,

1. auf Antrag Urlaub ohne Dienstbezüge bis zur Dauer von insgesamt sechs Jahren,
2. auf Antrag, der sich auf die Zeit bis zum Beginn des Ruhestands erstrecken muss, Urlaub ohne Dienstbezüge

bewilligt werden, wenn dienstliche Belange nicht entgegenstehen. § 75 Abs. 2 Satz 1 gilt entsprechend; Ausnahmen hiervon sind zulässig, soweit dies mit dem Beamtenverhältnis vereinbar ist und dem Zweck der Beurlaubung nicht zuwiderläuft. § 75 Abs. 3 Satz 2 gilt entsprechend.

§ 78 Höchstdauer von Urlaub und unterhälftiger Teilzeitbeschäftigung

Urlaub nach den §§ 76 und 77, Teilzeitbeschäftigung nach § 75 Abs. 4 Satz 2 sowie Urlaub und Teilzeitbeschäftigung mit weniger als der Hälfte der regelmäßigen Arbeitszeit im Rahmen einer Pflegezeit oder Familienpflegezeit nach § 76a Abs. 1 und 2 Satz 1 dürfen, auch in Verbindung miteinander, die Dauer von insgesamt 15 Jahren nicht überschreiten. Bei Beamtinnen und Beamten im Schul- und Hochschuldienst kann der Bewilligungszeitraum bis zum Ende des Schulhalbjahres oder Semesters ausgedehnt werden; dies gilt entsprechend beim Wegfall der Voraussetzungen des § 75 Abs. 4

I

Satz 1 oder des § 76a Abs. 1 oder Abs. 2. In den Fällen des § 77 findet Satz 1 keine Anwendung, wenn der Beamtin oder dem Beamten eine Rückkehr zur Voll- oder Teilzeitbeschäftigung nicht mehr zuzumuten ist.

§ 79 Erholungsurlaub, Urlaub aus anderen Anlässen (zu § 44 BeamtStG)

Die Landesregierung regelt

1. die Dauer, die Erteilung und den Verfall des Erholungsurlaubs,
2. die Abgeltung von Erholungsurlaub, der vor Beendigung des Beamtenverhältnisses nicht genommen werden konnte, sowie
3. den Urlaub aus anderen Anlässen unter Fortgewährung, Minderung oder Wegfall der Besoldung

durch Rechtsverordnung. In der Rechtsverordnung nach Satz 1 können auch Regelungen zum Ansparen des Anteils des Erholungsurlaubs vorgesehen werden, der die Höhe des unionsrechtlich gewährleisteten Mindesturlaubsanspruchs nach Artikel 7 Abs. 1 der Richtlinie 2003/88/EG des Europäischen Parlaments und des Rates vom 4. November 2003 über bestimmte Aspekte der Arbeitszeitgestaltung (ABl. EU Nr. L 299 S. 9) übersteigt.

§ 80 Wahl in eine gesetzgebende Körperschaft

(1) Beamtinnen und Beamten, die in die gesetzgebende Körperschaft eines anderen Landes gewählt worden sind und deren Rechte und Pflichten aus dem Dienstverhältnis nicht nach § 33 ruhen, ist zur Ausübung des Mandats auf Antrag

1. die Arbeitszeit bis auf 30 v. H. der regelmäßigen Arbeitszeit zu ermäßigen oder
2. Urlaub ohne Dienstbezüge zu gewähren.

(2) Der Antrag soll jeweils für einen Zeitraum von mindestens sechs Monaten gestellt werden. §§ 15 Abs. 3 und § 32 Abs. 2 AbgGRhPf ist sinngemäß anzuwenden. Auf Beamtinnen und Beamte, denen nach Absatz 1 Nr. 2 Urlaub gewährt wird, ist § 32 Abs. 1, 3 und 4 AbgGRhPf sinngemäß anzuwenden.

§ 81 Fernbleiben vom Dienst

(1) Beamtinnen und Beamte dürfen dem Dienst nicht ohne Genehmigung fernbleiben.

(2) Eine auf Krankheit beruhende Dienstunfähigkeit ist unverzüglich anzuzeigen. Bei einer Dienstunfähigkeit von mehr als drei Arbeitstagen oder auf Verlangen der zuständigen Dienstbehörde ist eine ärztliche Bescheinigung vorzulegen. Die Beamtin oder der Beamte ist verpflichtet, sich auf Weisung der zuständigen Dienstbehörde amtsärztlich untersuchen zu lassen. Die Amtsärztin oder der Amtsarzt teilt dieser die zur Feststellung der Dienstunfähigkeit erforderlichen Untersuchungsergebnisse mit; § 47 Abs. 2 Satz 2 bis 4 und Abs. 3 gilt entsprechend.

(3) Der Verlust der Bezüge wegen schuldhaften Fernbleibens vom Dienst wird von der oder dem Dienstvorgesetzten festgestellt und der Beamtin oder dem Beamten mitgeteilt. Eine disziplinarrechtliche Verfolgung wird dadurch nicht ausgeschlossen.

Abschnitt 3 Nebentätigkeit (zu § 40)

§ 82 Grundsätze der Nebentätigkeit

(1) Beamtinnen und Beamte sind verpflichtet, auf Verlangen ihres Dienstherrn eine Nebentätigkeit (Nebenamt, Nebenbeschäftigung) im öffentlichen oder in einem gleichgestellten Dienst wahrzunehmen, sofern diese ihrer Vorbildung oder Berufsausbildung entspricht und sie nicht über Gebühr in Anspruch nimmt.

(2) Als Nebentätigkeit gilt nicht die Wahrnehmung öffentlicher Ehrenämter sowie einer unentgeltlichen Vormundschaft, Betreuung oder Pflegschaft für Angehörige.

(3) Kann eine Aufgabe im Hauptamt erledigt werden, darf sie, soweit nicht dringende dienstliche Gründe es erfordern, nicht als Nebentätigkeit übertragen werden.

(4) Nebentätigkeiten dürfen nur außerhalb der Arbeitszeit ausgeübt werden. Ausnahmen können zugelassen werden

1. im dienstlichen Interesse unter Anrechnung auf die Arbeitszeit und

2. im öffentlichen Interesse, wenn dienstliche Gründe nicht entgegenstehen und die versäumte Arbeitszeit nachgeleistet wird.

(5) Bei der Ausübung von Nebentätigkeiten dürfen Einrichtungen, Personal oder Material des Dienstherrn nur bei Vorliegen eines öffentlichen oder wissenschaftlichen Interesses mit dessen Genehmigung und gegen Entrichtung eines angemessenen Entgelts in Anspruch genommen werden. Das Entgelt hat sich nach den dem Dienstherrn entstehenden Kosten zu richten und muss den besonderen Vorteil berücksichtigen, der der Beamtin oder dem Beamten durch die Inanspruchnahme entsteht.

(6) Beamtinnen und Beamte, die aus einer auf Verlangen oder Veranlassung des Dienstherrn übernommenen Tätigkeit in einem Organ eines Unternehmens haftbar gemacht werden, haben gegen den Dienstherrn Anspruch auf Ersatz des ihnen daraus entstandenen Schadens. Ist der Schaden vorsätzlich oder grob fahrlässig herbeigeführt, ist der Dienstherr nur dann ersatzpflichtig, wenn die Beamtin oder der Beamte auf Verlangen einer oder eines Vorgesetzten gehandelt hat.

§ 83 Genehmigungspflichtige Nebentätigkeiten

(1) Beamtinnen und Beamte bedürfen zur Ausübung jeder entgeltlichen Nebentätigkeit, mit Ausnahme der in § 84 Abs. 1 abschließend aufgeführten, der vorherigen Genehmigung, soweit sie nicht nach § 82 Abs. 1 zu ihrer Ausübung verpflichtet sind. Gleiches gilt für folgende unentgeltliche Nebentätigkeiten:

1. gewerbliche oder freiberufliche Tätigkeiten oder die Mitarbeit hierbei und
2. die Tätigkeit in einem Organ eines Unternehmens mit Ausnahme einer Genossenschaft.

(2) Die Genehmigung ist zu versagen, wenn zu besorgen ist, dass durch die Nebentätigkeit dienstliche Interessen beeinträchtigt werden. Ein solcher Versagungsgrund liegt insbesondere vor, wenn die Nebentätigkeit

1. nach Art und Umfang die Arbeitskraft so stark in Anspruch nimmt, dass die ordnungsgemäße Erfüllung der dienstlichen Pflichten behindert werden kann,
2. die Beamtin oder den Beamten in einen Widerstreit mit den dienstlichen Pflichten bringen kann,
3. die Unparteilichkeit oder Unbefangenheit der Beamtin oder des Beamten beeinflussen kann,
4. zu einer wesentlichen Einschränkung der künftigen dienstlichen Verwendbarkeit der Beamtin oder des Beamten führen kann oder
5. dem Ansehen der öffentlichen Verwaltung abträglich sein kann.

Die Voraussetzung des Satzes 2 Nr. 1 gilt in der Regel als erfüllt, wenn die zeitliche Beanspruchung durch genehmigungs- und anzeigepflichtige Nebentätigkeiten acht Stunden in der Woche überschreitet. Soweit der Gesamtbetrag der Vergütung für eine oder mehrere ausgeübte Nebentätigkeiten im Kalenderjahr 40 v. H. des jährlichen Endgrundgehalts der Beamtin oder des Beamten übersteigt, liegt ein Versagungsgrund vor. Die für die Genehmigung der Nebentätigkeit zuständige Behörde kann Ausnahmen zulassen, wenn die Versagung unter Berücksichtigung des Einzelfalles nicht angemessen wäre.

(3) Ergibt sich eine Beeinträchtigung dienstlicher Interessen nach Erteilung der Genehmigung, so ist diese zu widerrufen.

§ 84 Genehmigungsfreie Nebentätigkeiten, Anzeigepflicht

(1) Ausgenommen von der Genehmigungspflicht nach § 83 Abs. 1 Satz 1 sind

1. die Verwaltung eigenen Vermögens,
2. schriftstellerische, wissenschaftliche, künstlerische oder Vortragstätigkeiten,
3. mit Lehr- oder Forschungsaufgaben zusammenhängende selbstständige Gutachtertätigkeiten von Lehrkräften an öffentlichen Hochschulen sowie von Beamtinnen und Beamten an wissenschaftlichen Instituten und Anstalten,
4. Tätigkeiten zur Wahrung von Berufsinteressen in Gewerkschaften oder Berufsverbänden und
5. Tätigkeiten in Selbsthilfeeinrichtungen von Beamtinnen und Beamten.

(2) Tätigkeiten nach Absatz 1 Nr. 2, 3 und 5 sind dem Dienstherrn vor ihrer Aufnahme anzuzeigen. Hierbei sind insbesondere Art und Umfang der Nebentätigkeit sowie die voraussichtliche Höhe der Entgelte und geldwerten Vorteile anzugeben; jede Änderung ist unverzüglich mitzuteilen. Der Dienstherr kann im Übrigen aus begründetem Anlass verlangen, dass über eine ausgeübte genehmigungsfreie Nebentätigkeit, insbesondere über deren Art und Umfang, Auskunft erteilt wird.

(3) Eine genehmigungsfreie Nebentätigkeit ist ganz oder teilweise zu untersagen, wenn die Beamtin oder der Beamte bei ihrer Ausübung dienstliche Pflichten verletzt.

§ 85 Verfahren bei nebentätigkeitsrechtlichen Entscheidungen

(1) Die Genehmigung zur Übernahme einer Nebentätigkeit ist auf längstens drei Jahre zu befristen; sie kann mit Auflagen und Bedingungen versehen werden. Die Genehmigung erlischt bei einem Wechsel der Dienststelle. Bei besonderem öffentlichen oder wissenschaftlichen Interesse an der fortlaufenden Wahrnehmung einer Nebentätigkeit können durch Rechtsverordnung nach § 86 Ausnahmen von der Dreijahresfrist vorgesehen werden.

(2) Die Anträge auf Erteilung einer Genehmigung nach § 82 Abs. 5 oder § 83 Abs. 1 oder auf Zulassung einer Ausnahme nach § 82 Abs. 4 Satz 2 und die Entscheidungen über diese Anträge, das Verlangen auf Übernahme einer Nebentätigkeit nach § 82 Abs. 1 sowie die Anzeigen, Mitteilungen und Auskünfte nach § 84 Abs. 2 können schriftlich oder elektronisch erfolgen. Die Beamtin oder der Beamte hat dabei die für die Entscheidung erforderlichen Nachweise, insbesondere über Art und Umfang der Nebentätigkeit sowie die Entgelte und geldwerten Vorteile hieraus, zu führen und jede Änderung unverzüglich schriftlich oder elektronisch anzuzeigen. Das dienstliche Interesse nach § 82 Abs. 4 Satz 2 Nr. 1 ist aktenkundig zu machen.

§ 86 Nähere Regelung der Nebentätigkeit

Die zur Ausführung der §§ 82 bis 85 notwendigen Vorschriften über die Nebentätigkeiten der Beamtinnen und Beamten erlässt die Landesregierung durch Rechtsverordnung. In ihr kann insbesondere bestimmt werden,

1. welche Tätigkeiten als öffentliche Ehrenämter im Sinne des § 82 Abs. 2 gelten,
2. welche Tätigkeiten als öffentlicher Dienst im Sinne des Nebentätigkeitsrechts anzusehen sind oder ihm gleichgestellt werden,
3. welche Nebentätigkeiten als allgemein genehmigt gelten und welche von ihnen dem Dienstherrn nach Art und Umfang mitzuteilen sind,
4. ob und inwieweit die Beamtin oder der Beamte für eine im öffentlichen oder in einem gleichgestellten Dienst ausgeübte Nebentätigkeit eine Vergütung erhält oder eine erhaltene Vergütung abzuführen hat,
5. unter welchen Bedingungen die Beamtin oder der Beamte zur Ausübung von Nebentätigkeiten Einrichtungen, Personal oder Material des Dienstherrn in Anspruch nehmen darf sowie in welcher Höhe hierfür ein Entgelt zu entrichten ist und rückständige Beträge hieraus zu verzinsen sind; das Entgelt kann pauschaliert und nach einem Vomhundertsatz der für die Nebentätigkeit bezogenen Bruttovergütung bemessen werden,
6. ob und inwieweit die Beamtin oder der Beamte dem Dienstherrn die im Kalenderjahr zugeflossenen Entgelte und geldwerten Vorteile anzugeben hat.

Abschnitt 4
Personalaktenrecht
(zu § 50 BeamtStG)

§ 87 Grundsatz

Die Bestimmungen dieses Abschnitts regeln die Verarbeitung von Personalaktendaten im Sinne des § 50 Satz 2 BeamtStG. Für sonstige personenbezogene Daten, die im Hinblick auf das Dienstverhältnis verarbeitet werden, gilt § 20 des Landesdatenschutzgesetzes (LDSG).

§ 88 Personalakte

(1) Unterlagen, die die Voraussetzungen des § 50 Satz 2 BeamtStG nicht erfüllen, dürfen nicht in die Personalakte aufgenommen wer-

den. Nicht Bestandteil der Personalakte sind Unterlagen, die besonderen, von der Person und dem Dienstverhältnis sachlich zu trennenden Zwecken dienen; dies betrifft insbesondere die Prüfungs-, die Sicherheits- und die Kindergeldakte. Die Kindergeldakte kann mit der Besoldungs-, Versorgungs- oder Altersgeldakte verbunden geführt werden, wenn diese von der übrigen Personalakte getrennt ist und von einer von der Personalverwaltung getrennten Organisationseinheit bearbeitet wird.

(2) Die Personalakte kann nach sachlichen Gesichtspunkten in Grundakte und Teilakten gegliedert werden. Teilakten können bei der für den betreffenden Aufgabenbereich zuständigen Behörde geführt werden. Nebenakten dürfen nur geführt werden, wenn die personalverwaltende Behörde nicht zugleich Beschäftigungsbehörde ist oder wenn mehrere personalverwaltende Behörden für die Beamtin oder den Beamten zuständig sind; sie dürfen nur solche Unterlagen enthalten, deren Kenntnis zur rechtmäßigen Aufgabenerledigung der betreffenden Behörde erforderlich ist und die sich auch in der Grundakte oder in Teilakten befinden. In die Grundakte ist ein vollständiges Verzeichnis aller Teil- und Nebenakten aufzunehmen.

§ 89 Automatisierte Verarbeitung von Personalaktendaten

(1) Die Personalakte kann in Teilen oder vollständig automatisiert geführt werden. Gehen elektronische Unterlagen auf die Erfassung papiergebundener Unterlagen zurück, darf auch die ursprüngliche Papierfassung gesondert zu Beweiszwecken aufbewahrt werden; für sie gelten die personalaktenrechtlichen Vorschriften entsprechend. Daneben dürfen Personalaktendaten in Dateien verarbeitet werden, soweit dies für Zwecke der Personalverwaltung oder der Personalwirtschaft erforderlich ist. Wird die Personalakte nicht vollständig in Schriftform oder nicht vollständig automatisiert geführt, ist in dem Verzeichnis nach § 88 Abs. 2 Satz 4 festzuhalten, welche Teile in Schriftform und welche Teile automatisiert geführt werden.

(2) Die §§ 90 bis 96 gelten für elektronisch gespeicherte Personalaktendaten entsprechend. Ein automatisierter Datenabruf durch andere Behörden ist unzulässig, soweit durch besondere Rechtsvorschrift nichts anderes bestimmt ist.

(3) Von den Unterlagen über medizinische oder psychologische Untersuchungen und Tests dürfen im Rahmen der Personalverwaltung nur die Ergebnisse automatisiert verarbeitet werden, soweit sie die Eignung betreffen und ihre Nutzung dem Schutz der Beamtin oder des Beamten dient.

(4) Bei erstmaliger Speicherung ist den Beamtinnen und Beamten die Art der nach Absatz 1 Satz 2 gespeicherten Daten mitzuteilen, bei wesentlichen Änderungen sind sie zu benachrichtigen. Ferner sind die Verarbeitungsformen automatisierter Personalverwaltungsverfahren zu dokumentieren und einschließlich des jeweiligen Verarbeitungszweckes sowie der regelmäßigen Empfänger und des Inhalts automatisierter Datenübermittlung allgemein bekannt zu geben.

§ 90 Anhörungspflicht

Beamtinnen und Beamte sind zu Beschwerden, Behauptungen und Bewertungen, die für sie ungünstig sind oder ihnen nachteilig werden können, vor deren Aufnahme in die Personalakte zu hören, soweit die Anhörung nicht nach anderen Rechtsvorschriften erfolgt. Ihre Äußerungen sind zur Personalakte zu nehmen.

§ 91 Zugang der Personalakte

(1) Die Personalakte ist durch technische und organisatorische Maßnahmen vor unbefugter Einsichtnahme zu schützen.

(2) Zugang zur Personalakte dürfen nur Beschäftigte haben, die im Rahmen der Personalverwaltung mit der Bearbeitung von Personalangelegenheiten beauftragt sind, und nur soweit dies zu Zwecken der Personalverwaltung oder der Personalwirtschaft erforderlich ist.

§ 92 Auskunft an Beamtinnen und Beamte, Informationspflichten des Dienstherrn

(1) Während und nach Beendigung des Beamtenverhältnisses haben Beamtinnen und Beamte ein Recht auf Auskunft, auch in Form der Einsicht, aus ihrer Personalakte oder, soweit gesetzlich nichts anderes bestimmt ist,

aus anderen Akten, die personenbezogene Daten über sie enthalten und für das Dienstverhältnis verarbeitet werden. Die personalaktenführende Behörde bestimmt, wo die Einsicht gewährt wird.

(2) Nicht der Auskunft unterliegen:

1. Feststellungen über den Gesundheitszustand, wenn nach ärztlichem Urteil zu befürchten ist, dass bei einer Auskunft für die betroffene Person eine Lebensgefahr oder eine Gefahr schwerwiegender gesundheitlicher Nachteile entsteht beziehungsweise ihr erhebliche therapeutische Gründe oder überwiegende Geheimhaltungsinteressen Dritter entgegenstehen,
2. Sicherheitsakten,
3. Daten einer betroffenen Person, die mit Daten Dritter oder geheimhaltungsbedürftigen nicht personenbezogenen Daten derart verbunden sind, dass ihre Trennung nicht oder nur mit unverhältnismäßig großem Aufwand möglich ist.

(3) Soweit wichtige dienstliche Gründe nicht entgegenstehen, wird auf Verlangen eine vollständige oder teilweise Kopie der Personalakte zur Verfügung gestellt. Für weitere Kopien werden Auslagen erhoben. Soweit die Personalaktendaten automatisiert verarbeitet sind, ist auf Verlangen ein Ausdruck der zu ihrer oder seiner Person gespeicherten Personalakten zu überlassen.

(4) Bevollmächtigten der Beamtin oder des Beamten ist Auskunft, auch in Form der Einsicht, zu gewähren. Das gilt auch für Hinterbliebene und deren Bevollmächtigte, wenn ein berechtigtes Interesse besteht. In den Fällen des Absatzes 2 Nr. 2 und 3 unterbleibt eine Auskunftserteilung.

(5) Die Informationspflichten nach Artikel 13 und 14 der Verordnung (EU) 2016/679 des Europäischen Parlaments und des Rates vom 27. April 2016 zum Schutz natürlicher Personen bei der Verarbeitung personenbezogener Daten, zum freien Datenverkehr und zur Aufhebung der Richtlinie 95/46/EG (Datenschutz-Grundverordnung) (ABl. EU Nr. L 119 S. 1) in der jeweils geltenden Fassung beziehen sich nur auf solche Daten, die ab dem Zeitpunkt der Gültigkeit der Verordnung (EU) 2016/679 verarbeitet werden.

§ 93 Übermittlung und Auskunft

(1) Ohne Einwilligung der Beamtin oder des Beamten ist es zulässig, die Personalakte für Zwecke des § 50 Satz 4 BeamtStG der obersten Dienstbehörde, dem Richterwahlausschuss oder dem Landespersonalausschuss für seine Entscheidungen über beamtenrechtliche Ausnahmen oder einer im Rahmen der Dienstaufsicht weisungsbefugten Behörde zu übermitteln. Das Gleiche gilt für Organisationseinheiten derselben Behörde, soweit die Übermittlung zur Vorbereitung oder Durchführung einer Personalentscheidung notwendig ist, sowie für Organisationseinheiten anderer Behörden desselben oder eines anderen Dienstherrn, soweit diese an einer Personalentscheidung mitwirken. Ärztinnen und Ärzten sowie Psychologinnen und Psychologen, die über eine Beamtin oder einen Beamten ein Gutachten zu erstellen haben, darf die Personalakte ebenfalls vorgelegt werden. Gleiches gilt für Personen, die an einem Disziplinarverfahren gegen die Beamtin oder den Beamten mitwirken. Für Auskünfte aus der Personalakte gelten die Sätze 1 bis 4 entsprechend. Soweit eine Auskunft ausreicht, ist von einer Übermittlung abzusehen.

(2) Personenbezogene Daten aus der Personalakte dürfen auch ohne Einwilligung der Beamtin oder des Beamten auch an Stellen außerhalb des öffentlichen Dienstes übermittelt und von diesen im Auftrag des weiterhin verantwortlichen Dienstherrn weiter verarbeitet werden, soweit sie

1. für die Festsetzung, Berechnung und Rückforderung der Besoldung, der Versorgung, des Altersgeldes, der Beihilfe, der Heilfürsorge oder für die Prüfung der Kindergeldberechtigung,
2. für die Prüfung und Durchführung der Buchung von Einzahlungen von Beamtinnen und Beamten oder von Auszahlungen an diese,
3. für die überwiegend automatisierte Erledigung sonstiger Aufgaben oder die Verrichtung technischer Hilfstätigkeiten durch

überwiegend automatisierte Einrichtungen zur Vermeidung von Störungen im Geschäftsablauf des Dienstherrn oder zur Realisierung erheblich wirtschaftlicherer Arbeitsabläufe

erforderlich sind.

(3) Auskünfte an Dritte dürfen nur mit Einwilligung der Beamtin oder des Beamten erteilt werden, es sei denn, die Empfänger machen ein rechtliches Interesse an der Kenntnis der zu übermittelnden Daten glaubhaft und es besteht kein Grund zu der Annahme, dass das schutzwürdige Interesse der Beamtin oder des Beamten an der Geheimhaltung überwiegt. Zur Erfüllung von Mitteilungs- und Auskunftspflichten im Rahmen der europäischen Verwaltungszusammenarbeit (§ 1 Abs. 1 des Landesverwaltungsverfahrensgesetzes in Verbindung mit den §§ 8a bis 8e des Verwaltungsverfahrensgesetzes) dürfen den zuständigen Behörden der Mitgliedstaaten der Europäischen Union nach Maßgabe der Artikel 50, 56 und 56a der Richtlinie 2005/36/EG auch die dafür erforderlichen Personalaktendaten ohne Einwilligung der Beamtin oder des Beamten übermittelt werden. Die Beamtin oder der Beamte ist über Auskünfte und Übermittlungen nach Satz 1 und 2, soweit dadurch der Zweck der Auskunft oder Übermittlung nicht gefährdet wird, schriftlich zu unterrichten.

(4) Übermittlung und Auskunft sind auf den jeweils erforderlichen Umfang zu beschränken.

(5) Auf Verlangen ist der oder dem Landesbeauftragten für den Datenschutz und die Informationsfreiheit Zugang zur Personalakte zu gewähren.

§ 94 Entfernung von Personalaktendaten

(1) Unterlagen über Beschwerden, Behauptungen und Bewertungen, auf die § 112 Abs. 3 und 4 Satz 1 LDG keine Anwendung findet, sind

1. falls sie sich als unbegründet oder falsch erwiesen haben, mit Zustimmung der Beamtin oder des Beamten unverzüglich aus der Personalakte zu entfernen und zu vernichten oder
2. falls sie für die Beamtin oder den Beamten ungünstig sind oder ihr oder ihm nachteilig werden können, auf Antrag nach zwei Jahren zu entfernen und zu vernichten; dies gilt nicht für dienstliche Beurteilungen.

Die Frist nach Satz 1 Nr. 2 wird durch erneute Sachverhalte im Sinne dieser Bestimmung oder durch die Einleitung eines Straf- oder Disziplinarverfahrens unterbrochen. Stellt sich der erneute Vorwurf als unbegründet oder falsch heraus, gilt die Frist als nicht unterbrochen.

(2) Mitteilungen in Strafsachen, soweit sie nicht Bestandteil einer Disziplinarakte sind, sowie Auskünfte aus dem Bundeszentralregister sind mit Zustimmung der Beamtin oder des Beamten nach zwei Jahren zu entfernen und zu vernichten. Absatz 1 Satz 2 und 3 gilt entsprechend.

§ 95 Beihilfeakte

(1) Unterlagen über Beihilfen sind stets als Teilakte zu führen. Diese ist von der übrigen Personalakte getrennt aufzubewahren. Sie soll in einer von der übrigen Personalverwaltung getrennten Organisationseinheit bearbeitet werden; Zugang sollen nur Beschäftigte dieser Organisationseinheit haben. Die Beihilfeakte darf für andere als für Beihilfezwecke nur genutzt oder weitergegeben werden, wenn die oder der Beihilfeberechtigte und bei der Beihilfegewährung berücksichtigte Angehörige im Einzelfall einwilligen, die Einleitung oder Durchführung eines im Zusammenhang mit einem Beihilfeantrag stehenden behördlichen oder gerichtlichen Verfahrens dies erfordert oder soweit es aus Gründen eines erheblichen öffentlichen Interesses erforderlich ist. Die Sätze 1 bis 4 gelten entsprechend für Unterlagen über Heilfürsorge und Heilverfahren.

(2) Hat der Dienstherr zur Rückdeckung seiner sich aus § 66 Abs. 1 Satz 1 ergebenden Verpflichtungen eine Versicherung abgeschlossen, dürfen personenbezogene Beihilfedaten an das Versicherungsunternehmen nur übermittelt werden, soweit dies zur Abwicklung des Versicherungsverhältnisses erforderlich ist. § 4 Abs. 1 Satz 3 LDSG gilt entsprechend.

(3) In den Fällen des § 67 Abs. 1 und des § 126 Satz 1 Nr. 1 Alternative 3 dieses Gesetzes sowie des § 63 Abs. 2 Satz 3 der Gemeindeordnung ist Absatz 1 Satz 3 sinngemäß anzu-

wenden. Die Entscheidungen nach Absatz 1 Satz 4 trifft, soweit die Nutzung oder Weitergabe der Beihilfeakte zur Abwehr erheblicher Nachteile für das Gemeinwohl, einer sonst unmittelbar drohenden Gefahr für die öffentliche Sicherheit oder einer schwerwiegenden Beeinträchtigung der Rechte einer anderen Person erforderlich ist und die Einwilligungen der oder des Beihilfeberechtigten sowie der betroffenen Angehörigen nicht vorliegen, der Dienstherr.

(4) Sofern die Prüfung der geltend gemachten Aufwendungen gemäß § 66 Abs. 6 Satz 2 Nr. 3 Buchst. d auf Dritte übertragen wird, dürfen diesen personenbezogene Daten, einschließlich Gesundheitsdaten, übermittelt werden, soweit deren Kenntnis für die Prüfung erforderlich ist.

§ 96 Aufbewahrungsfristen

(1) Personalakten sind, soweit in den Absätzen 2 und 3 nichts anderes bestimmt ist, nach ihrem Abschluss von der personalaktenführenden Behörde fünf Jahre aufzubewahren. Personalakten sind abgeschlossen,

1. wenn die Beamtin oder der Beamte ohne Versorgungs- oder Altersgeldansprüche aus dem öffentlichen Dienst ausgeschieden ist, mit Ablauf des Jahres, in dem die für Beamtinnen und Beamte geltende Regelaltersgrenze erreicht wird, in den Fällen des § 24 BeamtStG oder des § 8 LDG jedoch erst, wenn mögliche Versorgungsempfängerinnen und Versorgungsempfänger sowie mögliche Altersgeldempfängerinnen und Altersgeldempfänger nicht mehr vorhanden sind,
2. wenn die Beamtin oder der Beamte ohne versorgungs- oder altersgeldberechtigte Hinterbliebene verstorben ist, mit Ablauf des Todesjahres oder
3. wenn nach dem Tod der Beamtin oder des Beamten versorgungs- oder altersgeldberechtigte Hinterbliebene vorhanden sind, mit Ablauf des Jahres, in dem die letzte Versorgungs- oder Altersgeldverpflichtung entfallen ist.

(2) Unterlagen über Beihilfen, Heilfürsorge und Heilverfahren sind zehn Jahre, Unterlagen über Unterstützungen, Erkrankungen, Umzugs- und Reisekosten sind fünf Jahre und Unterlagen über Erholungsurlaub sind drei Jahre nach Ablauf des Jahres, in dem die Bearbeitung des einzelnen Vorgangs abgeschlossen wurde, aufzubewahren. Unterlagen, aus denen die Art einer Erkrankung ersichtlich ist, sind unverzüglich zurückzugeben oder im Falle einer elektronischen Speicherung unverzüglich zu vernichten, wenn sie für den Zweck, zu dem sie vorgelegt worden sind, nicht mehr benötigt werden.

(3) Elektronisch gespeicherte Daten, die die Art einer Erkrankung erkennen lassen, sind ab dem in Absatz 2 Satz 2 genannten Zeitpunkt zu sperren und nach Ablauf der in Absatz 2 Satz 1 genannten Fristen zu löschen.

(4) Versorgungs- und Altersgeldakten sind zehn Jahre nach Ablauf des Jahres, in dem die letzte Versorgungs- oder Altersgeldzahlung geleistet worden ist, aufzubewahren; besteht die Möglichkeit eines Wiederauflebens des Anspruchs, sind die Akten 30 Jahre aufzubewahren.

(5) Die Personalakten sind nach Ablauf der Aufbewahrungsfrist zu vernichten, sofern sie nicht von einem öffentlichen Archiv übernommen werden.

Teil 7
Vereinigungsfreiheit und Beteiligung

§ 97 Mitgliedschaft in Gewerkschaften und Berufsverbänden (zu § 52 BeamtStG)

Beamtinnen und Beamte können ihre Gewerkschaft oder ihren Berufsverband mit ihrer Vertretung beauftragen, soweit gesetzlich nichts anderes bestimmt ist.

§ 98 Mitwirkung der Spitzenorganisationen der Gewerkschaften und der kommunalen Spitzenverbände (zu § 53 BeamtStG)

(1) Die obersten Landesbehörden und die Spitzenorganisationen der zuständigen Gewerkschaften sowie die kommunalen Spitzenverbände wirken bei der Gestaltung des öf-

fentlichen Dienstrechts nach Maßgabe der folgenden Absätze vertrauensvoll zusammen.

(2) Das für das allgemeine öffentliche Dienstrecht zuständige Ministerium und das für das finanzielle öffentliche Dienstrecht zuständige Ministerium sowie die Spitzenorganisationen der Gewerkschaften und die kommunalen Spitzenverbände kommen regelmäßig zu Gesprächen über allgemeine Regelungen der dienstrechtlichen Verhältnisse und grundsätzliche Fragen der Dienstrechtspolitik zusammen (Grundsatzgespräche). Gegenstand der Grundsatzgespräche können auch aktuelle Tagesfragen oder vorläufige Hinweise auf Gegenstände späterer konkreter Beteiligungsgespräche sein. Darüber hinaus können die obersten Landesbehörden sowie die Spitzenorganisationen der Gewerkschaften und die kommunalen Spitzenverbände aus besonderem Anlass innerhalb eines Monats eine Erörterung verlangen.

(3) Neben den in § 53 BeamtStG genannten Rechtsvorschriften sind die Spitzenorganisationen der Gewerkschaften auch bei der Vorbereitung von Entwürfen sonstiger allgemeiner Regelungen dienstrechtlicher Verhältnisse zu beteiligen. Sofern allgemeine Regelungen dienstrechtlicher Verhältnisse die Belange der Kommunalbeamtinnen und der Kommunalbeamten berühren, sind auch die kommunalen Spitzenverbände zu beteiligen. Für die Stellungnahmen ist eine angemessene Frist zu gewähren. Schriftliche oder elektronische Stellungnahmen sind auf Verlangen zu erörtern. Die Spitzenorganisationen der Gewerkschaften und die kommunalen Spitzenverbände sind erneut mit einer angemessenen Frist zu beteiligen, wenn die Entwürfe nach der ersten Beteiligung wesentlich verändert oder auf weitere Gegenstände erstreckt worden sind. Bei Gesetzentwürfen sind nicht berücksichtigte Vorschläge der Spitzenorganisationen der Gewerkschaften und der kommunalen Spitzenverbände auf Antrag dem Landtag bekannt zu geben. Bei Verordnungen und Verwaltungsvorschriften der Landesregierung teilt das federführende Ministerium dem Ministerrat auf Verlangen der Spitzenorganisationen der Gewerkschaften und der kommunalen Spitzenverbände Vorschläge mit, die keine Berücksichtigung gefunden haben.

Teil 8
Landespersonalausschuss

§ 99 Aufgaben

(1) Der Landespersonalausschuss wirkt an Personalentscheidungen mit dem Ziel mit, die einheitliche Durchführung der beamtenrechtlichen Vorschriften sicherzustellen. Er übt seine Tätigkeit innerhalb der gesetzlichen Schranken unabhängig und in eigener Verantwortung aus.

(2) Der Landespersonalausschuss entscheidet, ob

1. in den in diesem Gesetz vorgesehenen Fällen Ausnahmen zugelassen werden (§ 11 Abs. 1 Satz 5, § 19 Abs. 2 Satz 2 Nr. 4 und § 21 Abs. 2 Satz 3),
2. andere Bewerberinnen und andere Bewerber die erforderliche Befähigung besitzen (§ 18 Abs. 2),
3. die einzelnen Systeme der Fortbildungsqualifizierung zertifiziert werden (§ 21 Abs. 3 Satz 4).

Er kann für die Entscheidungen nach Satz 1 Nr. 2 und 3 einen Unterausschuss bestimmen.

(3) Er kann Vorschläge unterbreiten, um Mängel in der Handhabung beamtenrechtlicher Vorschriften zu beseitigen.

(4) Durch Rechtsverordnung der Landesregierung können ihm weitere Aufgaben zugewiesen werden.

---

§ 99 Abs. 2 Satz 1 Nr. 3 und Satz 2 in Verbindung mit Satz 1 Nr. 3 ist bereits am 5. November 2010 in Kraft getreten.

§ 100 Mitglieder

(1) Der Landespersonalausschuss besteht aus sieben ordentlichen und sieben stellvertretenden Mitgliedern. Sämtliche Mitglieder müssen Landesbeamtinnen oder Landesbeamte sein und sich in einem nicht ruhenden Beamtenverhältnis zu einem der in § 1 Abs. 1 genannten Dienstherren befinden.

(2) Ständige ordentliche Mitglieder sind:

1. als Vorsitzende oder Vorsitzender die ständige Vertreterin oder der ständige Vertreter der für das allgemeine öffentliche Dienstrecht zuständigen Ministerin oder des für

I

das allgemeine öffentliche Dienstrecht zuständigen Ministers,

2. als stellvertretende Vorsitzende oder stellvertretender Vorsitzender die ständige Vertreterin oder der ständige Vertreter der für das finanzielle öffentliche Dienstrecht zuständigen Ministerin oder des für das finanzielle öffentliche Dienstrecht zuständigen Ministers und
3. die Präsidentin oder der Präsident des Rechnungshofs Rheinland-Pfalz.

Im Verhinderungsfalle tritt an deren Stelle die jeweilige Vertreterin oder der jeweilige Vertreter im Amt.

(3) Die übrigen vier ordentlichen Mitglieder und deren stellvertretende Mitglieder werden von der Ministerpräsidentin oder dem Ministerpräsidenten auf die Dauer von vier Jahren je zur Hälfte aus dem Kreis der unmittelbaren Landesbeamtinnen oder Landesbeamten sowie der mittelbaren Landesbeamtinnen oder Landesbeamten berufen. Hierbei werden

1. zwei ordentliche Mitglieder und deren stellvertretende Mitglieder nach Anhörung der Spitzenorganisationen der zuständigen Gewerkschaften und
2. ein ordentliches Mitglied und dessen stellvertretendes Mitglied im mittelbaren Beamtenverhältnis nach Anhörung der kommunalen Spitzenverbände aus dem Kreis der Bürgermeisterinnen, Bürgermeister, Landrätinnen und Landräte

berufen.

§ 101 Rechtsstellung der Mitglieder

(1) Die Mitglieder des Landespersonalausschusses sind unabhängig und nur dem Gesetz unterworfen. Sie dürfen wegen ihrer Tätigkeit weder dienstlich gemaßregelt noch benachteiligt werden.

(2) Die Mitgliedschaft im Landespersonalausschuss endet

1. durch Zeitablauf,
2. durch Beendigung des Beamtenverhältnisses,
3. durch Ausscheiden aus einem in § 100 Abs. 2 genannten Amt oder
4. unter den gleichen Voraussetzungen, unter denen das Amt der Beamtenbeisitzerin oder des Beamtenbeisitzers einer Kammer für Disziplinarsachen nach § 59 LDG erlischt.

§ 39 BeamtStG findet keine Anwendung.

(3) Die Dienstaufsicht über die Mitglieder des Landespersonalausschusses führt im Auftrag der Landesregierung mit den sich aus Absatz 1 ergebenden Einschränkungen die für das allgemeine öffentliche Dienstrecht zuständige Ministerin oder der für das allgemeine öffentliche Dienstrecht zuständige Minister.

§ 102 Geschäftsordnung und Verfahren

(1) Der Landespersonalausschuss gibt sich eine Geschäftsordnung.

(2) Die Sitzungen des Landespersonalausschusses sind nicht öffentlich. Beauftragten beteiligter Verwaltungen und anderen Personen kann die Anwesenheit bei der Verhandlung gestattet werden.

(3) Die Beauftragten der beteiligten Verwaltungen sind auf Verlangen zu hören.

(4) Die oder der Vorsitzende oder die oder der stellvertretende Vorsitzende des Landespersonalausschusses leitet die Verhandlungen. Sind beide verhindert, tritt an ihre Stelle das dienstälteste Mitglied. Beschlüsse werden mit Stimmenmehrheit gefasst; zur Beschlussfähigkeit ist die Anwesenheit von mindestens fünf Mitgliedern erforderlich. Bei Stimmengleichheit entscheidet die Stimme der oder des Vorsitzenden.

(5) Beschlüsse des Landespersonalausschusses sind, soweit sie allgemeine Bedeutung haben, bekannt zu machen. Art und Umfang regelt die Geschäftsordnung.

(6) Soweit dem Landespersonalausschuss eine Entscheidungsbefugnis eingeräumt ist, binden seine Beschlüsse die beteiligten Verwaltungen.

§ 103 Beweiserhebungen, Amtshilfe

(1) Der Landespersonalausschuss kann zur Durchführung seiner Aufgaben in entsprechender Anwendung der für die Verwaltungsgerichte geltenden Vorschriften Beweise erheben.

(2) Alle Dienststellen haben dem Landespersonalausschuss unentgeltlich Amtshilfe zu leisten, auf Verlangen Auskünfte zu erteilen und Akten vorzulegen, soweit dies zur Durchführung seiner Aufgaben erforderlich ist.

§ 104 Geschäftsstelle

Die Geschäftsstelle des Landespersonalausschusses bei dem für das allgemeine öffentliche Dienstrecht zuständigen Ministerium bereitet die Verhandlungen des Landespersonalausschusses vor und führt seine Beschlüsse aus.

§ 105 Sonderregelungen

Anstelle des Landespersonalausschusses entscheidet die Ministerpräsidentin oder der Ministerpräsident nach Erörterung mit der Landesregierung für die in § 41 Abs. 1 bezeichneten Beamtinnen und Beamten in den Fällen des § 18 Abs. 2 und des § 21 Abs. 2 Satz 1 Nr. 4 und Satz 2. Darüber hinaus kann die Ministerpräsidentin oder der Ministerpräsident nach Erörterung mit der Landesregierung für die in § 41 Abs. 1 bezeichneten Beamtinnen und Beamten Ausnahmen von der Höchstaltersgrenze (§ 19 Abs. 1 Satz 1) und den Bestimmungen der Laufbahnverordnungen (§ 25) über das Zurücklegen von Dienstzeiten zulassen.

Teil 9
Besondere Beamtengruppen

Abschnitt 1
Landtag

§ 106 Beamtinnen und Beamte des Landtags

(1) Die Beamtinnen und Beamten des Landtags sind Landesbeamtinnen und Landesbeamte. Sie werden von der Präsidentin oder dem Präsidenten des Landtags im Benehmen mit dem Vorstand des Landtags ernannt, entlassen und in den Ruhestand versetzt (Artikel 85 Abs. 3 Satz 2 der Verfassung für Rheinland-Pfalz). Dies gilt auch für sonstige beamtenrechtliche Entscheidungen, für die bei den übrigen Landesbeamtinnen und Landesbeamten die Landesregierung oder das fachlich zuständige Ministerium als oberste Dienstbehörde zuständig ist. Soweit für Entscheidungen nach den Sätzen 2 und 3 bei den übrigen Landesbeamtinnen und Landesbeamten das Einvernehmen der Landesregierung oder des fachlich zuständigen Ministeriums erforderlich ist, tritt für die Beamtinnen und Beamten des Landtags anstelle des Einvernehmens das Benehmen.

(2) Oberste Dienstbehörde der Beamtinnen und der Beamten des Landtags ist die Präsidentin oder der Präsident des Landtags.

(3) Die Aufgaben des Landespersonalausschusses werden für die Beamtinnen und Beamten des Landtags vom Ältestenrat des Landtags wahrgenommen. Vor einer abschließenden Entscheidung holt der Ältestenrat eine Stellungnahme des Landespersonalausschusses ein. Die Stellungnahme erstreckt sich darauf, ob nach den Personalakten und den tatsächlichen Feststellungen des Ältestenrates Gründe der einheitlichen Durchführung beamtenrechtlicher Vorschriften der beabsichtigten Entscheidung entgegenstehen; die Stellungnahme ist unverzüglich abzugeben.

Abschnitt 2
Hochschulen

§ 107 Wissenschaftliches und künstlerisches Personal an Hochschulen

Für beamtete Hochschullehrerinnen und Hochschullehrer sowie für das beamtete sonstige wissenschaftliche und künstlerische Personal an Hochschulen gelten die Bestimmungen dieses Gesetzes, soweit nicht das Hochschulgesetz, das Landesgesetz über die Deutsche Universität für Verwaltungswissenschaften Speyer oder das Universitätsmedizingesetz etwas anderes bestimmen.

Abschnitt 3
Schulen

§ 108 Lehrkräfte für Fachpraxis

Soweit Regelungen zu Befähigungsvoraussetzungen nach den geltenden Vorschriften über die lehrberuflichen Laufbahnen und Lehrämter von den Voraussetzungen nach § 15 Abs. 3 und 4 abweichen, bleiben diese unberührt.

Abschnitt 4
Polizei

§ 109 Polizeibeamtinnen und Polizeibeamte

(1) Polizeibeamtinnen und Polizeibeamte sind die mit polizeilichen Aufgaben betrauten und zur Anwendung unmittelbaren Zwanges befugten Beamtinnen und Beamten der Polizei.

(2) Welche Beamtinnen und Beamten im Einzelnen zum Polizeidienst gehören, bestimmt das für die Polizei zuständige Ministerium durch Rechtsverordnung.

§ 110 Laufbahn

(1) Die Laufbahn der Polizeibeamtinnen und der Polizeibeamten umfasst alle Ämter ab dem dritten Einstiegsamt und, soweit sich Polizeibeamtinnen und Polizeibeamte in anderen Ämtern befinden, auch diese.

(2) Für die im dritten Einstiegsamt beginnende Laufbahn ist mindestens die Fachhochschulreife oder eine andere zu einem Hochschulstudium berechtigende Schulbildung zu fordern; für Absolventinnen und Absolventen einer höheren Berufsfachschule der Fachrichtung Polizeidienst und Verwaltung ist das erfolgreiche Ablegen der Abschlussprüfung zu fordern.

(3) In der Laufbahnverordnung (§ 25 Abs. 2 Satz 2 Nr. 2) können von § 21 Abs. 3 abweichende Regelungen getroffen werden.

§ 111 Besondere Altersgrenzen

(1) Für Polizeibeamtinnen und Polizeibeamte bildet bei einer Mindestzeit in Funktionen des Wechselschichtdienstes, in der Abteilung Spezialeinheiten oder in der Polizeihubschrauberstaffel von

1. 25 Jahren das vollendete 60. Lebensjahr,
2. 24 Jahren das vollendete 60. Lebensjahr und vier Monate,
3. 23 Jahren das vollendete 60. Lebensjahr und acht Monate,
4. 22 Jahren das vollendete 61. Lebensjahr,
5. 21 Jahren das vollendete 61. Lebensjahr und vier Monate,
6. 20 Jahren das vollendete 61. Lebensjahr und acht Monate

die Altersgrenze. Die Teilnahme an mandatierten polizeilichen Auslandseinsätzen steht den in Satz 1 genannten Tätigkeiten gleich. Auf die Mindestzeit nach Satz 1 werden bis zu drei Jahre für jedes Kind angerechnet, wenn die Tätigkeit im Wechselschichtdienst, in der Abteilung Spezialeinheiten oder in der Polizeihubschrauberstaffel durch Zeiten einer Beurlaubung oder Teilzeitbeschäftigung zum Zwecke der Kinderbetreuung unterbrochen oder aus diesem Grund nicht mehr aufgenommen wird. Darüber hinaus kann das für die Polizei zuständige Ministerium im Einvernehmen mit dem für das finanzielle öffentliche Dienstrecht zuständigen Ministerium weitere Zeiten bis zu insgesamt einem Jahr auf die Mindestzeit nach Satz 1 anrechnen, wenn deren Nichtanrechnung für die Betroffenen eine unbillige Härte darstellen würde. Im Übrigen bildet abweichend von § 37 Abs. 1 Satz 1 für Polizeibeamtinnen und Polizeibeamte, die die Zugangsvoraussetzungen für das vierte Einstiegsamt erfüllen oder ein Amt mindestens der Besoldungsgruppe A 14 innehaben, das vollendete 64. Lebensjahr und für die sonstigen Polizeibeamtinnen und Polizeibeamten das vollendete 62. Lebensjahr die Altersgrenze.

(2) In den Fällen des Absatzes 1 Satz 5 ist § 39 Abs. 1 mit der Maßgabe anzuwenden, dass Polizeibeamtinnen und Polizeibeamte, die die Zugangsvoraussetzungen für das vierte Einstiegsamt erfüllen oder ein Amt mindestens der Besoldungsgruppe A 14 innehaben, mit Vollendung des 63. Lebensjahres und die sonstigen Polizeibeamtinnen und Polizeibeamten mit Vollendung des 61. Lebensjahres in den Ruhestand versetzt werden können.

(3) Für Polizeibeamtinnen und Polizeibeamte, denen ein anderes Amt gemäß § 26 Abs. 1 Satz 3 und Abs. 2 BeamtStG übertragen wird, gelten weiterhin die Altersgrenzen

1. nach Absatz 1 Satz 1 bis 4, wenn sie die dort geregelten Mindestzeiten erfüllt haben und im Übrigen
2. nach Absatz 1 Satz 5 und Absatz 2, wenn sie mindestens 25 Jahre im Polizeidienst tätig waren.

§ 112 Polizeidienstunfähigkeit

(1) Polizeibeamtinnen und Polizeibeamte sind dienstunfähig (§ 26 Abs. 1 BeamtStG), wenn sie den besonderen gesundheitlichen Anforderungen für den Polizeidienst nicht mehr genügen und nicht zu erwarten ist, dass sie ihre volle Verwendungsfähigkeit innerhalb zweier Jahre wiedererlangen (Polizeidienstunfähigkeit), es sei denn, die auszuübende Funktion erfordert bei Beamtinnen und Beamten auf Lebenszeit diese gesundheitlichen Anforderungen auf Dauer nicht mehr uneingeschränkt.

(2) Bei Polizeidienstunfähigkeit nach Absatz 1 findet § 26 Abs. 1 Satz 3 und Abs. 2 und 3 BeamtStG Anwendung. Für die Feststellung, ob zu erwarten ist, dass die Polizeibeamtin oder der Polizeibeamte den gesundheitlichen Anforderungen des neuen Amtes genügt, gilt § 113 Abs. 2 entsprechend.

§ 113 Polizeiärztliche Untersuchung

(1) Abweichend von § 11 Abs. 2, § 47 Abs. 1 und § 81 Abs. 2 Satz 3 kann die oder der Dienstvorgesetzte die ärztliche Untersuchung dem polizeiärztlichen Dienst übertragen.

(2) Die Polizeidienstunfähigkeit wird aufgrund eines Gutachtens des polizeiärztlichen Dienstes oder der zentralen medizinischen Untersuchungsstelle festgestellt. § 47 Abs. 2 und 3 ist entsprechend anzuwenden.

(3) Die Feststellung nach § 112 Abs. 1, dass die auszuübende Funktion bei Beamtinnen und Beamten auf Lebenszeit die gesundheitlichen Anforderungen für den Polizeidienst auf Dauer nicht mehr uneingeschränkt erfordert, kann abweichend von Absatz 2 auch aufgrund eines amtsärztlichen Gutachtens erfolgen.

§ 113a Heilfürsorge

(1) Den Polizeibeamtinnen und Polizeibeamten, welche am 30. September 2017 heilfürsorgeberechtigt waren, wird weiterhin Heilfürsorge gewährt, solange sie Dienstbezüge erhalten. Das Gleiche gilt

1. während der Elternzeit von Heilfürsorgeberechtigten und
2. bei der Erteilung von Urlaub aus familiären Gründen (§ 76 Abs. 1) oder eines Urlaubs unter Wegfall der Dienstbezüge als Pflegezeit (§ 76a); § 76 Abs. 2 Satz 2 gilt entsprechend.

(2) Die Heilfürsorge umfasst die

1. Leistungen in Krankheits-, Geburts- und Todesfällen,
2. Maßnahmen zur Gesundheitsvorsorge und zur Früherkennung von Krankheiten und
3. Leistungen in Fällen einer Empfängnisregelung, eines nicht rechtswidrigen Schwangerschaftsabbruchs und einer nicht rechtswidrigen Sterilisation.

(3) Ein Anspruch auf Heilfürsorge besteht nicht

1. bei Behandlungen, für die nach dem Sozialgesetzbuch ein anderer Kostenträger leistungspflichtig ist, und
2. bei Behandlungen als Folge medizinisch nicht indizierter Maßnahmen, insbesondere einer ästhetischen Operation, einer Tätowierung oder eines Piercings.

(4) Die Leistungen der Heilfürsorge sind grundsätzlich als Sach- und Dienstleistung im notwendigen und angemessenen Umfang zu gewähren. Sie dürfen zusammen mit anderen aufgrund des gleichen Sachverhalts erfolgenden Leistungen den erforderlichen Gesamtumfang nicht übersteigen; unberücksichtigt bleiben dabei Krankentagegeld- und Krankenhaustagegeldzahlungen.

(5) Bei einem Dienstunfall finden die Bestimmungen des Landesbeamtenversorgungsgesetzes zur Unfallfürsorge Anwendung.

(6) Wenn eine sich auf die Behandlung beziehende Anordnung durch die Heilfürsorgeberechtigte oder den Heilfürsorgeberechtigten nicht befolgt und dadurch der Behandlungserfolg beeinträchtigt wird, kann Heilfürsorge ganz oder teilweise versagt werden. Das Gleiche gilt, wenn nach näherer Maßgabe der nach Absatz 7 erlassenen Rechtsverordnung frei praktizierende Ärztinnen und Ärzte ohne Überweisung in Anspruch genommen werden dürfen und die Beamtin oder der Beamte es unterlassen hat, sich als heilfürsorgeberechtigt auszuweisen oder die Dienststelle unverzüglich zu unterrichten.

(7) Das für das allgemeine öffentliche Dienstrecht zuständige Ministerium wird ermächtigt, nähere Bestimmungen zur Heilfürsorge im Einvernehmen mit dem für das finanzielle öffentliche Dienstrecht zuständigen Ministerium durch Rechtsverordnung zu regeln. Darin sind Art und Umfang der ambulanten ärztlichen, zahnärztlichen sowie psychotherapeutischen Behandlung, der Krankenhausbehandlung, der Krankenpflege und Betreuung, der Versorgung mit Arznei-, Verband- und Hilfsmitteln sowie Körperersatzstücken und Heilmitteln, der Leistungen bei Schwangerschaft und Entbindung, der Heilverfahren, der Leistungen bei einem nicht rechtswidrigen Schwangerschaftsabbruch und einer nicht rechtswidrigen Sterilisation, der Fahr- und Transportkosten, der medizinischen Leistungen außerhalb des Landes sowie der Leistungen zur medizinischen Rehabilitation zu bestimmen. Durch Rechtsverordnung können Leistungen ausgeschlossen oder begrenzt und die landesrechtlichen Regelungen zur Beihilfe für entsprechend anwendbar erklärt werden.

§ 114 Gemeinschaftsunterkunft und Verpflegung

Polizeibeamtinnen und Polizeibeamte können während ihrer Ausbildung sowie bei einer Verwendung in einer Einsatzhundertschaft oder für besondere polizeiliche Einsätze, Lehrgänge oder Übungen zum Wohnen in einer Gemeinschaftsunterkunft und zur Teilnahme an einer Gemeinschaftsverpflegung durch Anordnung verpflichtet werden.

---

§ 114 ist bereits am 1. Januar 2012 in Kraft getreten.

§ 115 Besondere Pflichten im Polizeidienst

Neben den allgemeinen sich aus diesem Gesetz ergebenden Pflichten haben die Polizeibeamtinnen und Polizeibeamten die im Wesen des Polizeidienstes begründeten besonderen Pflichten. Sie haben das Ansehen der Polizei zu wahren und sich rückhaltlos für den Schutz der öffentlichen Sicherheit einzusetzen.

§ 116 Politische Betätigung in Dienstkleidung

Den Polizeibeamtinnen und Polizeibeamten ist die parteipolitische Betätigung während des Dienstes, in Dienst- und Unterkunftsräumen sowie in Dienstkleidung untersagt. Gleiches gilt für den nicht dienstlichen Besuch politischer Versammlungen in Dienstkleidung und das Tragen politischer Abzeichen zur Dienstkleidung.

Abschnitt 5
Feuerwehr

§ 117 Beamtinnen und Beamte des feuerwehrtechnischen Dienstes

(1) Für Beamtinnen und Beamte des feuerwehrtechnischen Dienstes in der Feuerwehr und in Leitstellen bildet das vollendete 60. Lebensjahr die Altersgrenze. Im Übrigen gelten für Beamtinnen und Beamte des feuerwehrtechnischen Dienstes folgende Altersgrenzen:

1. das vollendete 62. Lebensjahr, wenn sie mindestens 25 Jahre in der Feuerwehr oder in Leitstellen tätig waren,
2. für die übrigen Beamtinnen und Beamten das vollendete 63. Lebensjahr.

(2) Die §§ 112 und 116 gelten entsprechend.

(3) Wird den Beamtinnen und Beamten des feuerwehrtechnischen Dienstes ein anderes Amt gemäß § 26 Abs. 1 Satz 3 und Abs. 2 BeamtStG übertragen, gelten weiterhin die Altersgrenzen

1. nach Absatz 1 Satz 1 und Satz 2 Nr. 1, wenn sie mindestens 25 Jahre in der Feuerwehr oder in Leitstellen tätig waren,
2. nach Absatz 1 Satz 2 Nr. 2, wenn sie mindestens 25 Jahre im feuerwehrtechnischen Dienst tätig waren.

(4) Werden in den Fällen des Absatzes 1 Satz 2 Altersteilzeitverhältnisse, die am 28. Dezember 2023 bestehen, mit ungleichmäßiger Verteilung der Arbeitszeit (Blockmodell) abgewickelt, sind die Zeiträume der zu erbringenden Arbeitszeit und der anschließenden Freistellung neu zu bestimmen. Die Gewährung einer Ausgleichszahlung richtet sich nach § 10 Abs. 1 Nr. 2 LBesG.

(5) In den Fällen des Absatzes 1 Satz 2 treten Beamtinnen und Beamte frühestens mit dem Ende des Monats März 2024 wegen Erreichens der Regelaltersgrenze in den Ruhestand, es sei denn, sie erreichen vorher die

Regelaltersgrenze nach § 37 Abs. 1 Satz 1 oder Abs. 3 Satz 2. Bei Beamtinnen und Beamten, die am 28. Dezember 2023 im feuerwehrtechnischen Dienst eingesetzt sind, gilt abweichend von Absatz 1 Satz 2 die Altersgrenze des § 37 Abs. 1 Satz 1 oder Abs. 3 Satz 2, wenn sie dies bis zum 9. Februar 2024 beantragt haben.

Abschnitt 6
Justizvollzug und Abschiebungshaftvollzug

§ 118 Beamtinnen und Beamte des Justizvollzugs und des Abschiebungshaftvollzugs

(1) Für Beamtinnen und Beamte des allgemeinen Vollzugsdienstes und des Werkdienstes bei Justizvollzugsanstalten sowie für Beamtinnen und Beamte des Vollzugsdienstes einer Abschiebungshafteinrichtung bildet das vollendete 60. Lebensjahr die Altersgrenze. Die §§ 112 und 116 gelten entsprechend. Für vollzugsdienstunfähige Beamtinnen und Beamte, denen ein anderes Amt gemäß § 26 Abs. 1 Satz 3 und Abs. 2 BeamtStG übertragen wird, gilt weiterhin die Altersgrenze nach Satz 1, wenn sie mindestens 25 Jahre im Vollzugsdienst tätig waren.

(2) Beamtinnen und Beamte des Vollzugsdienstes einer Abschiebungshafteinrichtung treten nach Absatz 1 frühestens mit dem Ende des Monats März 2024 wegen Erreichens der Regelaltersgrenze in den Ruhestand, es sei denn, sie erreichen vorher die Regelaltersgrenze nach § 37 Abs. 1 Satz 1 oder Abs. 3 Satz 2. Bei Beamtinnen und Beamten, die am 28. Dezember 2023 im Vollzugsdienst einer Abschiebungshafteinrichtung eingesetzt sind, gilt abweichend von Absatz 1 die Altersgrenze des § 37 Abs. 1 Satz 1 oder Abs. 3 Satz 2, wenn sie dies bis zum 9. Februar 2024 beantragt haben.

Abschnitt 7
Kommunale Gebietskörperschaften

§ 119 Kommunalbeamtinnen und Kommunalbeamte auf Zeit

(1) Zur Kommunalbeamtin und zum Kommunalbeamten auf Zeit darf nur ernannt werden, wer das 18. Lebensjahr vollendet hat.

(2) Abweichend von § 85 Abs. 1 Satz 1 ist die Genehmigung zur Übernahme einer Nebentätigkeit auf ein Jahr zu befristen.

(3) Kommunalbeamtinnen und Kommunalbeamte auf Zeit unterrichten bis zum 1. April eines jeden Kalenderjahres in einer öffentlichen Sitzung der Vertretungskörperschaft über Art und Umfang ihrer innerhalb und außerhalb des öffentlichen Dienstes ausgeübten Nebentätigkeiten und Ehrenämter sowie über die Höhe der dadurch erzielten Vergütungen im vergangenen Kalenderjahr. Dies gilt bei außerhalb des öffentlichen Dienstes ausgeübten Nebentätigkeiten und Ehrenämtern nur dann, wenn ein Bezug zum Hauptamt besteht. Die Ausführungen nach Satz 1 sind in der Niederschrift über diese Sitzung aufzunehmen. Dieser Teil der Niederschrift ist unverzüglich auf der Internetseite der kommunalen Körperschaft zu veröffentlichen. Soweit eine solche nicht besteht, erfolgt die Veröffentlichung unverzüglich in dem für die jeweilige kommunale Gebietskörperschaft festgelegten öffentlichen Bekanntmachungsorgan.

(4) Die Kommunalbeamtinnen und Kommunalbeamten auf Zeit, deren letzte Amtszeit über die Regelaltersgrenze (§ 37) hinausgeht, treten mit Ablauf ihrer Amtszeit in den Ruhestand. Sie sind auf Antrag jederzeit nach Vollendung des 65. Lebensjahres in den Ruhestand zu versetzen; § 48 Abs. 3 Satz 2 ist entsprechend anzuwenden. § 48 Abs. 1 bleibt unberührt.

Teil 10
Beschwerdeweg und Rechtsschutz

§ 120 Anträge und Beschwerden

(1) Beamtinnen und Beamte können Anträge stellen und Beschwerden vorbringen; hierbei haben sie den Dienstweg einzuhalten. Der Beschwerdeweg steht ihnen bis zur obersten Dienstbehörde offen.

(2) Richtet sich die Beschwerde gegen die unmittelbare Vorgesetzte oder den unmittelbaren Vorgesetzten, kann sie bei der oder dem nächsthöheren Vorgesetzten unmittelbar eingereicht werden.

(3) Beamtinnen und Beamte, die eine Meldung oder Offenlegung nach dem Hinweisgeberschutzgesetz vom 31. Mai 2023 (BGBl. 2023 I Nr. 140) in der jeweils geltenden Fassung vornehmen, sind von der Einhaltung des Dienstweges befreit.

§ 121 Verwaltungsrechtsweg, Revision (§ 54 BeamtStG)

(1) Widerspruch und Anfechtungsklage gegen die Abordnung (§ 28) oder die Versetzung (§ 29) haben keine aufschiebende Wirkung.

(2) Die Revision kann außer auf die Verletzung von Bundesrecht darauf gestützt werden, dass das angefochtene Urteil auf der Verletzung von Landesrecht beruht.

§ 122 Vertretung des Dienstherrn

(1) Bei Klagen aus dem Beamtenverhältnis wird der Dienstherr durch die oberste Dienstbehörde vertreten, welcher die Beamtin oder der Beamte untersteht oder bei der Beendigung des Beamtenverhältnisses unterstanden hat; bei Ansprüchen nach den §§ 70 bis 82 LBeamtVG wird der Dienstherr durch die oberste Dienstbehörde vertreten, der die Regelungsbehörde untersteht.

(2) Besteht die oberste Dienstbehörde nicht mehr und ist eine andere Dienstbehörde nicht bestimmt, tritt bei Klagen unmittelbarer Landesbeamtinnen oder Landesbeamter an ihre Stelle das für das finanzielle öffentliche Dienstrecht zuständige Ministerium, bei Klagen mittelbarer Landesbeamtinnen oder Landesbeamter die oberste Dienstbehörde des Rechtsnachfolgers des Dienstherrn.

(3) Die oberste Dienstbehörde kann die Vertretung durch Rechtsverordnung anderen Behörden übertragen.

§ 123 Zustellung

Jede Verfügung und Entscheidung, die einer Beamtin oder einem Beamten oder einer oder einem Versorgungs- oder Altersgeldberechtigten nach diesem Gesetz mitzuteilen ist, ist zuzustellen, wenn durch sie eine Frist in Lauf gesetzt oder ein Recht der Beamtin oder des Beamten oder der oder des Versorgungs- oder Altersgeldberechtigten berührt wird. Soweit gesetzlich nichts anderes bestimmt ist, richtet sich die Zustellung nach dem Landesverwaltungszustellungsgesetz vom 2. März 2006 (GVBl. S. 56, BS 2010-1) in der jeweils geltenden Fassung.

Teil 11
Zuständigkeit

§ 124 Zuständigkeit bei unmittelbaren Landesbeamtinnen und Landesbeamten

(1) Das jeweils zuständige Ministerium regelt durch Rechtsverordnung die Zuständigkeiten zur Ausführung der Vorschriften des öffentlichen Dienstrechts für seinen Geschäftsbereich, soweit gesetzlich nichts anderes bestimmt ist. Satz 1 gilt für den Rechnungshof Rheinland-Pfalz entsprechend.

(2) Abweichend von Absatz 1 regelt das für das finanzielle öffentliche Dienstrecht zuständige Ministerium im Einvernehmen mit dem für das allgemeine öffentliche Dienstrecht zuständigen Ministerium durch Rechtsverordnung die Zuständigkeiten im Zusammenhang mit der Festsetzung der Beihilfen nach § 66, soweit sich der Anspruch auf Beihilfen gegen das Land richtet.

---

§ 124 Abs. 2 Satz 1 ist bereits am 5. November 2010 in Kraft getreten.

§ 125 Zuständigkeit bei mittelbaren Landesbeamtinnen und Landesbeamten

(1) Die Kommunalbeamtinnen und Kommunalbeamten werden von den nach den Kommunalverfassungsgesetzen hierfür zuständigen Organen ernannt. Als oberste Dienstbehörde entscheidet bei ihnen die oder der Dienstvorgesetzte. Soweit bei einer Entscheidung die Mitwirkung des für das allgemeine oder das finanzielle öffentliche Dienstrecht zuständigen Ministeriums erforderlich ist, tritt an deren Stelle die Aufsichts- und Dienstleistungsdirektion; dies gilt auch für Entscheidungen nach § 24 Abs. 1.

(2) Bei Kommunalbeamtinnen und Kommunalbeamten ohne Dienstvorgesetzte entscheidet in den Fällen des

1. § 7 Abs. 2 Satz 2 und des § 12 Abs. 2 (Verbot der Fortführung der Dienstgeschäfte),
2. § 44 dieses Gesetzes in Verbindung mit § 26 BeamtStG (Dienstunfähigkeit),
3. § 52 (Ausschluss von dienstlichen Handlungen),
4. § 53 (Verbot der Führung der Dienstgeschäfte),
5. § 81 Abs. 3 (Fernbleiben vom Dienst),
6. § 83 und des § 84 Abs. 2 und 3 (Nebentätigkeit),
7. § 42 BeamtStG (Annahme von Belohnungen, Geschenken und sonstigen Vorteilen),
8. § 71 LBeamtVG (Verlust der Versorgungsbezüge bei Ablehnung einer erneuten Berufung) sowie
9. § 10 Abs. 3 und § 72 Abs. 1 LBeamtVG (Entzug von Versorgungsbezügen und Altersgeld)

die Aufsichtsbehörde und in den übrigen Fällen die allgemeine Vertreterin oder der allgemeine Vertreter. Bei Kommunalbeamtinnen und Kommunalbeamten, deren Beamtenverhältnis beendet ist, nimmt die Zuständigkeiten der allgemeinen Vertreterin oder des allgemeinen Vertreters die Nachfolgerin oder der Nachfolger im Amt wahr.

(3) Für die anderen mittelbaren Landesbeamtinnen und Landesbeamten gilt Absatz 1 sinngemäß, soweit gesetzlich nichts anderes bestimmt ist oder das jeweils zuständige Ministerium für seinen Geschäftsbereich im Einvernehmen mit dem für das allgemeine öffentliche Dienstrecht zuständigen Ministerium durch Rechtsverordnung keine abweichende Regelung getroffen hat. Die Mitwirkung nach Absatz 1 Satz 3 Halbsatz 1 und die Entscheidung nach Absatz 1 Satz 3 Halbsatz 2 erfolgt durch die obere Aufsichtsbehörde.

§ 126 Übertragung von Befugnissen

Dienstherren nach § 1 Abs. 1 Nr. 2 und 3 können

1. die Befugnis zur Festsetzung der Besoldung, der Versorgung, des Altersgeldes oder der Beihilfen,
2. die Entscheidung über die Widersprüche gegen die nach Nummer 1 erlassenen Verwaltungsakte sowie
3. die Vertretung in allen Rechtsstreitigkeiten, die sich aus den Aufgaben nach den Nummern 1 und 2 ergeben,

durch Vereinbarung auf das Landesamt für Finanzen übertragen. Die Beamtinnen und Beamten sowie die Versorgungs- und Altersgeldempfängerinnen und Versorgungs- und Altersgeldempfänger sind auf die Übertragung der Befugnisse hinzuweisen.

Teil 12
Übergangs- und Schlussbestimmungen

§ 127 Zulassungsbeschränkungen

(1) Bis zum 31. Dezember 2027 kann in einzelnen Laufbahnen oder Fächern die Zulassung zum Vorbereitungsdienst, der auch für Berufe außerhalb des öffentlichen Dienstes abgeleistet werden muss, auf Zeit beschränkt werden, soweit die Möglichkeiten zu einer geordneten Ausbildung erschöpft sind oder die im Haushaltsplan des Landes zur Verfügung stehenden Mittel nicht ausreichen. Bei der Ermittlung der Möglichkeiten einer geordneten Ausbildung ist die personelle, räumliche, sächliche und fachspezifische Ausstattung der Einrichtung zu berücksichtigen; die von der Einrichtung wahrzunehmenden öffentlichen Aufgaben dürfen durch die Zahl der auszubildenden Personen nicht wesentlich beeinträchtigt werden.

(2) Übersteigt die Zahl der Bewerberinnen und Bewerber die Zahl der vorhandenen Ausbildungsplätze, so werden die Plätze überwiegend nach der Qualifikation, im Übrigen nach der Dauer der seit der ersten Bewerbung verflossenen Zeit (Wartezeit) vergeben. Bei einem Teil der nach der Wartezeit zu vergebenden Ausbildungsplätze kann neben dieser Zeit auch der Grad der Qualifikation berücksichtigt werden.

(3) Insgesamt bis zu 20 v. H. der Ausbildungsplätze sind vorzuhalten

1. für Bewerberinnen und Bewerber, die eine Ausbildung für Bereiche besonderen öffentlichen Bedarfs durchlaufen,

2. für Bewerberinnen und Bewerber, für die die Versagung der Zulassung eine außergewöhnliche, insbesondere soziale Härte bedeuten würde.

Innerhalb der Bewerbergruppe nach Satz 1 Nr. 1 erfolgt die Auswahl nach Absatz 2, innerhalb der Bewerbergruppe nach Satz 1 Nr. 2 nach dem Grad der Härte.

(4) Den Bewerberinnen und Bewerbern darf kein Nachteil entstehen aus:

1. der Erfüllung einer Dienstpflicht nach Artikel 12a des Grundgesetzes bis zur Dauer von zwei Jahren,
2. der Erfüllung einer der Nummer 1 entsprechenden Dienstleistung auf Zeit bis zur Dauer von zwei Jahren,
3. der Leistung eines freiwilligen Wehrdienstes nach dem Soldatengesetz,
4. der Leistung eines Bundesfreiwilligendienstes nach dem Bundesfreiwilligendienstgesetz,
5. einer mindestens zweijährigen Tätigkeit als Entwicklungshelferin oder Entwicklungshelfer nach dem Entwicklungshelfer-Gesetz,
6. der Leistung eines freiwilligen sozialen Jahres oder eines freiwilligen ökologischen Jahres nach dem Jugendfreiwilligendienstegesetz,
7. der Betreuung eines Kindes unter 18 Jahren, der Pflege eines im Sinne des § 75 Abs. 6 pflegebedürftigen Kindes über 18 Jahren oder einer oder eines nach ärztlichem im Sinne des § 75 Abs. 6 pflegebedürftigen sonstigen Angehörigen, wenn sich die Betreuung oder Pflege über einen Zeitraum von mindestens einem Jahr erstreckt hat.

Die Zahl der nach Satz 1 zuzulassenden Bewerberinnen und Bewerber darf jedoch 40 v. H. der vorhandenen Ausbildungsplätze nicht übersteigen. Die Auswahl erfolgt nach Absatz 2.

(5) Das Nähere regelt das jeweils zuständige Ministerium für seinen Geschäftsbereich durch Rechtsverordnung. Es erlässt dabei Vorschriften insbesondere über die Einzelheiten der Auswahl, das Zulassungsverfahren und die Zahl der vorhandenen Ausbildungsplätze.

§ 128 Verwaltungsvorschriften

Die zur Durchführung dieses Gesetzes und des Beamtenstatusgesetzes erforderlichen Verwaltungsvorschriften erlässt, soweit aufgrund dieses Gesetzes nichts anderes bestimmt ist, das für das allgemeine öffentliche Dienstrecht zuständige Ministerium. Verwaltungsvorschriften, die nur den Geschäftsbereich eines Ministeriums betreffen, erlässt dieses Ministerium.

§ 129 Übergangsbestimmung für Beamtinnen und Beamte auf Probe

Für Beamtinnen und Beamte auf Probe, die vor dem 1. Juli 2012 in ein Beamtenverhältnis auf Probe berufen worden sind, sind anstelle des § 20 die §§ 28, 30 und 31 des Landesbeamtengesetzes in der bis zum Ablauf des 30. Juni 2012 geltenden Fassung weiterhin anzuwenden.

§ 130 Übergangsbestimmung für am 30. Juni 2012 vorhandene Laufbahnbefähigungen

(1) Wer vor dem 1. Juli 2012 eine Laufbahnbefähigung nach Maßgabe des Landesbeamtengesetzes in der bis zum Ablauf des 30. Juni 2012 geltenden Fassung erworben hat, erfüllt wie folgt die Zugangsvoraussetzungen nach § 15:

1. die Laufbahngruppe des einfachen Dienstes die Zugangsvoraussetzungen zum ersten Einstiegsamt,
2. die Laufbahngruppe des mittleren Dienstes die Zugangsvoraussetzungen zum zweiten Einstiegsamt,
3. die Laufbahngruppe des gehobenen Dienstes die Zugangsvoraussetzungen zum dritten Einstiegsamt und
4. die Laufbahngruppe des höheren Dienstes die Zugangsvoraussetzungen zum vierten Einstiegsamt.

(2) Beamtinnen und Beamte, die vor dem 1. Juli 2012 zum Laufbahnaufstieg nach § 23 der Laufbahnverordnung vom 20. Februar 2006 (GVBl. S. 102, BS 2030-5) zugelassen worden sind, steigen nach den bis zu diesem Zeitpunkt geltenden Voraussetzungen auf.

(3) Auf Beamtinnen und Beamte, die vor dem 1. Juli 2012 im Wege des Verwendungsaufstiegs eine auf einen bestimmten Verwen-

dungsbereich beschränkte Befähigung für eine Laufbahn erworben haben, finden § 24 Abs. 3 und § 25 der Laufbahnverordnung vom 20. Februar 2006 (GVBl. S. 102, BS 2030-5) weiterhin Anwendung. Daneben bleiben die Beförderungsmöglichkeiten nach § 21 Abs. 3 unberührt.

§ 131 Übergangsbestimmung für am 30. Juni 2012 geltende Bestimmungen über Laufbahngruppen und Laufbahnbefähigungen

(1) Soweit in landesrechtlichen Vorschriften auf eine Laufbahngruppe nach § 19 Abs. 2 des Landesbeamtengesetzes in der bis zum Ablauf des 30. Juni 2012 geltenden Fassung oder eine Befähigung hierzu Bezug genommen wird, gilt die Zuordnung nach § 130 entsprechend.

(2) Bei der Anwendung von Bundesrecht gilt Absatz 1 entsprechend.

§ 132 Übergangsbestimmung für Beamtinnen und Beamte auf Zeit

(1) Für Beamtinnen und Beamte auf Zeit, die am 25. Juni 2015 im Amt sind und während ihrer laufenden Amtszeit das 60. Lebensjahr vollenden, findet § 8 Abs. 2 Satz 1 in der bis zum Ablauf des 24. Juni 2015 geltenden Fassung Anwendung. Für Bewerberinnen und Bewerber, die am 25. Juni 2015 gewählt sind, gilt Satz 1 entsprechend.

(2) Auf die nicht von den Bürgerinnen und Bürgern gewählten Kommunalbeamtinnen und Kommunalbeamten auf Zeit sowie Bewerberinnen und Bewerber für diese Ämter, die am 1. Juli 2012 gewählt sind, findet § 183 Abs. 2 Satz 1 des Landesbeamtengesetzes in der bis zum Ablauf des 30. Juni 2012 geltenden Fassung Anwendung.

§§ 133 bis 143 Änderung von Vorschriften (hier nicht aufgenommen)

§ 144 Übergangsbestimmungen zur Altersteilzeit

(1) Die §§ 75a bis 75c sowie die Landesverordnung zur Festlegung von Stellenabbaubereichen vom 12. November 2012 (GVBl. S. 361, BS 2030-1-6) in der am 31. Dezember 2016 geltenden Fassung sind auf hiernach bewilligte Altersteilzeitverhältnisse weiterhin anzuwenden.

(2) Die §§ 80e und 80f des Landesbeamtengesetzes in der bis zum Ablauf des 30. Juni 2012 geltenden Fassung sind auf hiernach bewilligte Altersteilzeitverhältnisse weiterhin anzuwenden.

(3) Auf Antrag einer Polizeibeamtin oder eines Polizeibeamten, die oder der sich am 30. Juni 2011 in Altersteilzeit befindet, ist § 208 in der bis zum Ablauf des 30. Juni 2011 geltenden Fassung weiterhin anzuwenden. Der Antrag muss binnen drei Monaten gestellt werden; die Frist beginnt am 1. Juli 2011.

(4) Werden Altersteilzeitverhältnisse von Polizeibeamtinnen und Polizeibeamten, die am 30. Juni 2011 bestehen und auf die § 208 in der ab 1. Juli 2011 geltenden Fassung Anwendung findet, im Blockmodell abgewickelt, sind die Zeiträume der zu erbringenden Arbeitszeit und der anschließenden Freistellung neu zu bestimmen. Für die Gewährung einer Ausgleichszahlung gilt Absatz 4.

(5) In den Fällen des Absatzes 3 ist, wenn die insgesamt gezahlten Dienstbezüge geringer sind als die Besoldung, die nach dem Anteil der tatsächlichen Beschäftigung innerhalb des Zeitraums der vorzeitig beendeten Altersteilzeitbeschäftigung zugestanden hätte, ein Ausgleich in Höhe des Unterschiedsbetrages zu gewähren. Dabei bleiben Zeiten einer unterbliebenen Dienstleistung, soweit sie insgesamt sechs Monate überschreiten, unberücksichtigt.

---

§ 144 Abs. 2 bis 4 treten am 1. Juli 2011 in Kraft.

§ 145 Inkrafttreten

(1) § 11 Abs. 3, die §§ 17 und 19 Abs. 1, § 21 Abs. 3 Satz 4 und 5, die §§ 25, 26, 66, 95 und 96 Abs. 2 Satz 2 und Abs. 3, § 99 Abs. 2 Satz 1 Nr. 3 und Satz 2 in Verbindung mit Satz 1 Nr. 3 sowie § 124 Abs. 2 Satz 1 treten am Tage nach der Verkündung in Kraft. Gleichzeitig treten § 90 Abs. 1, § 102a und § 102f Abs. 2 Satz 2 des Landesbeamtengesetzes in der Fassung vom 14. Juli 1970 (GVBl. S. 241), zuletzt geändert durch Artikel 4 des Gesetzes vom 9. Juli 2010 (GVBl. S. 167), BS 2030-1, sowie Artikel 13 des Landesbesol-

dungs- und -versorgungsanpassungsgesetzes 2007/2008 vom 21. Dezember 2007 (GVBl. S. 283, BS 2032-1a) außer Kraft.

(2) § 135 Nr. 2 Buchst. a Doppelbuchst. aa und Buchst. b sowie Nr. 11 und 13 treten am 1. Juli 2010 in Kraft.

(3) § 135 Nr. 5 tritt am ersten Tage des auf die Verkündung folgenden Kalendermonats in Kraft.

(4) § 142 Abs. 6 und § 144 Abs. 2 bis 4 treten am 1. Juli 2011 in Kraft.

(5) Im Übrigen tritt dieses Gesetz am 1. Juli 2012 in Kraft. Gleichzeitig treten außer Kraft:

1. das Landesbeamtengesetz in der Fassung vom 14. Juli 1970 (GVBl. S. 241), zuletzt geändert durch § 145 Abs. 4 dieses Gesetzes, BS 2030-1,
2. die Jugendarbeitsschutzverordnung vom 6. November 1978 (GVBl. S. 690), geändert durch Verordnung vom 23. März 1993 (GVBl. S. 152), BS 2030-1-25, und
3. die Landesverordnung über die Übertragung der Befugnis zur Bestimmung der Zuständigkeit nach dem Landesbeamtengesetz, der Landesdisziplinarordnung, dem Bundesbesoldungsgesetz, dem Landesbesoldungsgesetz, dem Landesreisekostengesetz und dem Landesumzugskostengesetz vom 9. Mai 1974 (GVBl. S. 224, BS 2030-1-34).

(6) Rechtsverordnungen, die zur Durchführung des in Absatz 5 Satz 2 Nr. 1 genannten Gesetzes ergangen sind und nicht nach Absatz 5 Satz 2 Nr. 2 und 3 aufgehoben werden, bleiben in Kraft. Das für das allgemeine öffentliche Dienstrecht zuständige Ministerium wird ermächtigt, die nach Satz 1 fortgeltenden Vorschriften durch Rechtsverordnung aufzuheben, soweit sie nicht durch Neuregelung aufgrund dieses Gesetzes ersetzt werden; abweichend hiervon werden solche Vorschriften, die nur den Geschäftsbereich eines Ministeriums betreffen, von diesem im Einvernehmen mit dem für das allgemeine öffentliche Dienstrecht zuständigen Ministerium durch Rechtsverordnung aufgehoben.

Landesverordnung über die Ernennung und Entlassung der Landesbeamtinnen und Landesbeamten sowie der Richterinnen und Richter im Landesdienst

Vom 4. September 2012 (GVBl. S. 337)

§ 1

(1) Die Ausübung des mir zustehenden Rechts der Ernennung, Versetzung, Abordnung, Ruhestandsversetzung und Entlassung

1. der Beamtinnen und Beamten des ersten, des zweiten und des dritten Einstiegsamtes unabhängig von ihrer besoldungsrechtlichen Einstufung,
2. der Beamtinnen und Beamten des vierten Einstiegsamtes bis einschließlich der Besoldungsgruppe A 15 sowie der Beamtinnen und Beamten in den Besoldungsgruppen C 1, C 2, W 1 und W 2,
3. der Richterinnen und Richter sowie der Staatsanwältinnen und Staatsanwälte in der Besoldungsgruppe R 1

übertrage ich den Ministerinnen und Ministern für ihren Geschäftsbereich.

(2) Für besondere Fälle behalte ich mir die Ausübung dieser Befugnisse vor.

§ 2

Die Ministerinnen und Minister können ihre Befugnisse nach § 1 Abs. 1 auf die nachgeordneten Behörden weiterübertragen.

§ 3

Meine Mitwirkung bei der Einstellung, Eingruppierung, Versetzung, Abordnung und Beendigung der Arbeitsverhältnisse ist erforderlich bei Beschäftigten, die nach dem Tarifvertrag zur Überleitung der Beschäftigten der Länder in den TV-L und zur Regelung des Übergangsrechts (TVÜ-Länder) vom 12. Oktober 2006 (MinBl. 2007 S. 252) in der jeweils geltenden Fassung nach Entgeltgruppe 15Ü TV-L übergeleitet oder eingruppiert sind oder ein über das Tabellenentgelt der Entgeltgruppe 15 des Tarifvertrages für den öffentlichen Dienst der Länder (TV-L) vom 12. Oktober 2006 (MinBl. 2007 S. 272) in der jeweils geltenden Fassung hinausgehendes, regelmäßiges Entgelt außertariflich erhalten oder erhalten sollen.

§ 4

(1) Diese Verordnung tritt am Tage nach der Verkündung in Kraft.

(2) Gleichzeitig tritt die Landesverordnung über die Ernennung und Entlassung der Landesbeamten und Richter im Landesdienst vom 19. Mai 1980 (GVBl. S. 110), zuletzt geändert durch Verordnung vom 19. November 2004 (GVBl. S. 513), BS 2030-1-10, außer Kraft.

I

Nebentätigkeitsverordnung (NebVO)

Vom 2. Februar 1987 (GVBl. S. 31)

Zuletzt geändert durch
Landesverordnung zur Änderung der Urlaubsverordnung, der Arbeitszeitverordnung und der Nebentätigkeitsverordnung
vom 18. Februar 2025 (GVBl. S. 65)

Auf Grund des § 77 des Landesbeamtengesetzes Rheinland-Pfalz (LBG) in der Fassung vom 14. Juli 1970 (GVBl. S. 241), zuletzt geändert durch Gesetz vom 27. Oktober 1986 (GVBl. S. 286), BS 2030-1, verordnet die Landesregierung:

Erster Abschnitt Allgemeines

§ 1 Geltungsbereich

Diese Verordnung gilt für die unmittelbaren und mittelbaren Landesbeamten. Sie gilt auch für Ruhestandsbeamte und frühere Beamte hinsichtlich der Nebentätigkeiten, die sie vor der Beendigung des Beamtenverhältnisses ausgeübt haben. Sie gilt jedoch nicht für den von § 1 der Hochschulnebentätigkeitsverordnung und § 20 Abs. 3 Satz 1 des Universitätsmedizingesetzes erfassten Personenkreis sowie für Ehrenbeamte.

§ 2 Öffentliche Ehrenämter

Öffentliche Ehrenämter im Sinne von § 82 Abs. 2 des Landesbeamtengesetzes (LBG), deren Wahrnehmung nicht als Nebentätigkeit gilt, sind:

1. die Mitgliedschaft
   a) in Vertretungsorganen und deren Ausschüssen,
   b) in sonstigen Ausschüssen

   der Gebietskörperschaften und Zweckverbände sowie
   c) in Ortsbeiräten,
2. die ehrenamtliche Mitgliedschaft in Organen der Sozialversicherungsträger und ihrer Verbände sowie der Bundesanstalt für Arbeit,
3. die Tätigkeit als ehrenamtlicher Richter,
4. die Tätigkeit als ehrenamtlicher Bürgermeister, Beigeordneter, Ortsvorsteher, Kreisbeigeordneter, Vorsitzender oder Stellvertretender Vorsitzender des Bezirkstags oder in vergleichbarer Rechtsstellung bei Gebietskörperschaften und Zweckverbänden,
5. die ehrenamtliche Tätigkeit in den kommunalen Spitzenverbänden sowie in der Verbandsversammlung und dem Verwaltungsrat – einschließlich der Vorsitzfunktionen in diesen Organen – des Sparkassen- und Giroverbandes Rheinland-Pfalz,
6. die ehrenamtliche Tätigkeit in den anerkannten Sanitätsorganisationen,
7. Tätigkeiten, die überwiegend der Erfüllung öffentlicher Aufgaben dienen, wenn sie
   a) in Gesetzen oder Rechtsverordnungen als Ehrenämter bezeichnet sind oder
   b) auf behördlicher Bestellung oder Wahl beruhen und die hierfür jeweils gewährte Vergütung voraussichtlich 1900,– EUR im Kalenderjahr nicht übersteigt.

Die Wahrnehmung eines öffentlichen Ehrenamtes liegt nur vor, wenn die Tätigkeit zum unmittelbaren Aufgabenkreis des Ehrenamtes gehört.

Zweiter Abschnitt Ausübung von Nebentätigkeiten

§ 3 Begriff

(1) Nebentätigkeit eines Beamten ist die Ausübung eines Nebenamts oder einer Nebenbeschäftigung.

(2) Nebenamt ist ein nicht zu einem Hauptamt gehörender Kreis von Aufgaben, der aufgrund eines öffentlich-rechtlichen Dienst- oder Amtsverhältnisses wahrgenommen wird.

(3) Nebenbeschäftigung ist jede nicht zu einem Haupt- oder Nebenamt gehörende Tätigkeit innerhalb oder außerhalb des öffentlichen Dienstes.

§ 4 Nebentätigkeit im öffentlichen Dienst

(1) Nebentätigkeit im öffentlichen Dienst ist jede für den Bund, ein Land oder andere Körperschaften, Anstalten oder Stiftungen des öffentlichen Rechts in der Bundesrepublik Deutschland oder für Verbände von solchen ausgeübte Nebentätigkeit; dies gilt auch, wenn die Tätigkeit aufgrund eines Vertragsverhältnisses wahrgenommen wird, unabhängig davon, ob der Beamte selbst Vertragspartner ist oder eine natürliche oder juristische Person des Privatrechts oder eine Gesellschaft, für die der Beamte tätig oder an der er beteiligt ist. Ausgenommen ist eine Nebentätigkeit für öffentlich-rechtliche Religionsgemeinschaften oder deren Verbände.

(2) Einer Nebentätigkeit im öffentlichen Dienst steht gleich eine Nebentätigkeit für

1. Vereinigungen, Einrichtungen oder Unternehmungen, deren Kapital (Grund- oder Stammkapital) sich unmittelbar oder mittelbar ganz oder überwiegend in öffentlicher Hand befindet oder die fortlaufend ganz oder überwiegend aus öffentlichen Mitteln unterhalten werden,
2. zwischenstaatliche oder überstaatliche Einrichtungen, an denen eine juristische Person oder ein Verband im Sinne des Absatzes 1 Satz 1 Halbsatz 1 durch Zahlung von Beiträgen oder Zuschüssen oder in anderer Weise beteiligt ist,
3. natürliche oder juristische Personen, die der Wahrung von Belangen einer juristischen Person oder eines Verbandes im Sinne von Absatz 1 Halbsatz 1 dient.

§ 5 Genehmigung, Widerruf und Untersagung

(1) Tätigkeiten nach § 3 Nr. 26 des Einkommensteuergesetzes gelten als allgemein genehmigt, wenn die dort genannte Freigrenze im Kalenderjahr nicht überschritten wird, die Tätigkeiten außerhalb der Dienstzeit ausgeübt werden und kein gesetzlicher Versagungsgrund vorliegt; sie sind vor Aufnahme schriftlich oder elektronisch anzuzeigen.

(2) Die Tätigkeit als Prüfer in einer Staatsprüfung oder in der Prüfung eines Dienstherrn gemäß § 1 Abs. 1 Nr. 1 bis 3 LBG gilt für die Dauer der Berufung als allgemein genehmigt. Die Berufung erfolgt im Einvernehmen mit der für die nebentätigkeitsrechtlichen Entscheidungen zuständigen Behörde. § 85 Abs. 1 Satz 2 LBG gilt für die Berufung entsprechend.

(3) Wird eine Genehmigung widerrufen oder eine genehmigungsfreie Nebentätigkeit untersagt, so soll dem Beamten eine angemessene Frist zur Abwicklung der Nebentätigkeit eingeräumt werden, soweit die dienstlichen Interessen dies zulassen.

Dritter Abschnitt
Vergütung

§ 6 Begriff

(1) Vergütung für eine Nebentätigkeit ist jede Gegenleistung in Geld oder geldwerten Vorteilen, auch wenn kein Rechtsanspruch auf sie besteht.

(2) Als Vergütung im Sinne des Absatzes 1 gelten nicht

1. der Ersatz von Fahr- und Übernachtungskosten,
2. Tagegelder bis zur Höhe des Betrages, den das Landesreisekostengesetz für den vollen Kalendertag vorsieht,
3. der Ersatz sonstiger barer Auslagen, wenn keine Pauschalierung vorgenommen wird.

(3) Pauschalierte Aufwandsentschädigungen sind in vollem Umfang, Tagegelder insoweit, als sie den Betrag nach Absatz 2 Nr. 2 übersteigen, als Vergütung anzusehen.

§ 7 Vergütungsverbot

(1) Eine Nebentätigkeit für den Dienstherrn darf nicht vergütet werden. Ausnahmen können zugelassen werden bei

1. Lehr-, Unterrichts-, Vortrags- oder Prüfungstätigkeiten,
2. Tätigkeiten auf dem Gebiet der wissenschaftlichen Forschung und Entwicklung,
3. künstlerischen oder schriftstellerischen Tätigkeiten,
4. Gutachtertätigkeiten,
5. nach gerichtlichen Verfahrensvorschriften zulässigen Tätigkeiten als Verteidiger oder Prozessvertreter vor Gerichten und als Schiedsrichter sowie
6. Tätigkeiten, deren unentgeltliche Ausübung dem Beamten nicht zugemutet werden kann; die unentgeltliche Ausübung ist in der Regel zumutbar, wenn der Beamte durch die Tätigkeit nicht mehr als fünf Stunden im Monat über die regelmäßige Arbeitszeit hinaus in Anspruch genommen wird, Mehrarbeit nach § 73 Abs. 2 LBG soll angerechnet werden.

(2) Werden unter Zulassung einer oder mehrerer Ausnahmen nach Absatz 1 Satz 2 Vergütungen gewährt, dürfen sie für die im Kalenderjahr ausgeübten Nebentätigkeiten die Höchstgrenze (Bruttobetrag) von 9600,– EUR nicht übersteigen.

(3) Der Dienstherr darf eine Vergütung nicht gewähren, soweit der Beamte für die Wahrnehmung der Nebentätigkeit im Hauptamt entlastet wird.

§ 8 Ablieferungspflicht

(1) Erhält ein Beamter Vergütungen für eine oder mehrere Nebentätigkeiten im öffentlichen oder ihm gleichstehenden Dienst, so hat er sie insoweit an seinen Dienstherrn im Hauptamt abzuliefern, als sie für die im Kalenderjahr ausgeübten Nebentätigkeiten insgesamt die in § 7 Abs. 2 genannte Höchstgrenze übersteigt. Sitzungsgelder sind anzurechnen, soweit sie im Einzelfall den Betrag von 160,– EUR oder im Kalenderjahr insgesamt den Betrag von 1900,– EUR übersteigen. Die Ablieferungsfreibeträge nach Satz 1 entfallen, soweit der Beamte für die Wahrnehmung der Nebentätigkeit im Hauptamt entlastet wird.

(2) Sind dem Beamten seine Aufwendungen im Zusammenhang mit der Nebentätigkeit nicht besonders ersetzt worden, so sind bei der Ermittlung des nach Absatz 1 abzuliefernden Betrages von den Vergütungen die Aufwendungen abzusetzen, die dem Beamten nachweislich

1. bei Reisen für Fahr- und Unterkunftskosten sowie bis zur Höhe des in § 6 Abs. 2 Nr. 2 genannten Betrages für Verpflegung,
2. für die Inanspruchnahme von Einrichtungen, Personal oder Material des Dienstherrn sowie
3. für sonstige Hilfeleistungen und selbst beschafftes Material

entstanden sind.

(3) Die gemäß den Absätzen 1 und 2 abzuliefernden Vergütungen eines Kalenderjahres sind jeweils bis zum 31. März des Folgejahres an den Dienstherrn abzuführen.

(4) Der Beamte legt zum 1. April eines jeden Kalenderjahres eine Aufstellung über die Vergütungen vor, die er im vergangenen Kalenderjahr für Nebentätigkeiten im öffentlichen oder ihm gleichstehenden Dienst erhalten hat, wenn diese insgesamt 1100,– EUR übersteigen.

§ 9 Ausnahmen von Vergütungsverbot und Ablieferungspflicht

§ 7 Abs. 1 und 2 und § 8 Abs. 1 Satz 1 und 2 und Abs. 2 bis 4 sind nicht anzuwenden auf Vergütungen für

1. Tätigkeiten als Sachverständiger in gerichtlichen oder staatsanwaltschaftlichen Verfahren,
2. die Ausbildung des Nachwuchses für Dienstherrn gemäß § 1 Abs. 1 Nr. 1 bis 3 LBG sowie die Fortbildung der Beschäftigten dieser Dienstherrn,
3. Gutachtertätigkeiten von Ärzten, Zahnärzten oder Tierärzten für Versicherungsträger oder für andere juristische Personen des öffentlichen Rechts sowie die Erstattung von pathologischen Befundberichten,
4. Tätigkeiten, die während eines unter Fortfall der Dienstbezüge gewährten Urlaubs ausgeübt werden,

5. Tätigkeiten, die in den Jahren 2015 bis 2018 im Rahmen der Mithilfe bei der Betreuung von Flüchtlingen ausgeübt werden,
6. Tätigkeiten, die in den Jahren 2021 bis 2026 im Rahmen der Mithilfe bei der Beseitigung der Folgen der Flutkatastrophe 2021 ausgeübt werden.

Vierter Abschnitt Inanspruchnahme von Einrichtungen, Personal oder Material des Dienstherrn

§ 10 Einrichtungen, Material

Als Einrichtungen gelten mit Ausnahme des Fachschrifttums alle sächlichen Mittel, insbesondere die Diensträume und deren Ausstattung auch mit Apparaten und Instrumenten. Zum Material gehören alle verbrauchbaren Sachen und die Energie.

§ 11 Genehmigung

(1) In der Genehmigung, bei der Ausübung einer Nebentätigkeit Einrichtungen, Personal oder Material des Dienstherrn in Anspruch zu nehmen, ist der Umfang der zugelassenen Inanspruchnahme festzulegen. Die Genehmigung kann jederzeit allgemein oder im Einzelfall widerrufen werden.

(2) Aus Anlaß der Inanspruchnahme von Personal des Dienstherrn darf Mehrarbeit, Bereitschaftsdienst oder Rufbereitschaft nicht angeordnet oder genehmigt werden. Vereinbarungen über eine private Mitarbeit außerhalb der Dienstzeit bleiben unberührt.

§ 12 Nutzungsentgelt

(1) Das Nutzungsentgelt wird pauschaliert nach einem Vomhundertsatz der für die Nebentätigkeit bezogenen Bruttovergütung bemessen. Bruttovergütung ist die Gesamtheit aller durch die Nebentätigkeit erzielten Einnahmen, abzüglich nachgewiesener Aufwendungen für Fahr- und Unterkunftskosten und bis zur Höhe des in § 6 Abs. 2 Nr. 2 genannten Betrages für Verpflegung sowie sonstiger barer Auslagen für die Ausübung der Nebentätigkeit. Aufwendungen für Wirtschaftsgüter und Personal, soweit sie einer über die Nebentätigkeit hinausgehenden Nutzung dienen, können nicht abgezogen werden. Das Nutzungsentgelt beträgt im Regelfall 10 v. H. für die Inanspruchnahme von Personal, je 5 v. H. für die Inanspruchnahme von Einrichtungen und von Material sowie 10 v. H. als Ausgleich für den Vorteil, den der Beamte wirtschaftlich durch die Bereitstellung von Personal, Einrichtungen und Material des Dienstherrn hat.

(2) Wird nachgewiesen, daß das nach den Vomhundertsätzen des Absatzes 1 Satz 4 berechnete Nutzungsentgelt für eine Leistungsgruppe (Einrichtungen, Personal oder Material) um mehr als 25 v. H. niedriger oder höher ist, als es dem Wert der Inanspruchnahme entspricht, so ist es von Amts wegen oder auf Antrag des Beamten entsprechend dem tatsächlichen Wert der Inanspruchnahme unter Berücksichtigung der Kosten des Dienstherrn und des Nutzungsvorteils des Beamten höher oder niedriger festzusetzen; es kann auch pauschaliert werden. Die Bemessung nach Satz 1 für eine der Leistungsgruppen schließt die Pauschalierung nach Absatz 1 für die anderen Leistungsgruppen nicht aus. Der Beamte muß den Nachweis innerhalb einer Ausschlußfrist von drei Monaten nach Festsetzung des Nutzungsentgelts erbringen.

(3) Bei einer gemeinschaftlichen Inanspruchnahme durch mehrere Beamte sind sie als Gesamtschuldner zur Entrichtung des Nutzungsentgelts verpflichtet.

(4) Bei unentgeltlicher Nebentätigkeit im öffentlichen Dienst hat der Beamte nur die unmittelbar durch seine Tätigkeit ausgelösten oder erhöhten Kosten (zum Beispiel Material, Energieverbrauch) zu erstatten. Die Ersatzpflicht entfällt, wenn der Beamte die Nebentätigkeit auf Verlangen des Dienstherrn übernommen hat oder dieser ein dienstliches Interesse an der Nebentätigkeit vorher anerkannt hat. Auf die Entrichtung eines Nutzungsentgelts kann verzichtet werden, wenn der abzuliefernde Betrag 102,26 EUR im Kalenderjahr nicht übersteigt.

(5) Das Nutzungsentgelt darf die dem Dienstherrn entstehenden Aufwendungen nicht unterschreiten.

I

§ 13 Verfahren

(1) Der Beamte ist verpflichtet, bei fortlaufender Inanspruchnahme von Einrichtungen, Personal oder Material des Dienstherrn halbjährlich, im übrigen bei Ende der Inanspruchnahme, dem Dienstherrn die für die Festsetzung des Nutzungsentgelts erforderlichen Angaben unverzüglich und vollständig zu machen. Er hat Beginn, Umfang, Änderung des Umfangs und Ende der Inanspruchnahme mitzuteilen und über den Umfang der Inanspruchnahme die für die Festsetzung des Nutzungsentgelts erforderlichen Aufzeichnungen zu führen und halbjährlich vorzulegen. Auf Verlangen sind die für die Entgeltberechnung erforderlichen Nachweise vorzulegen; durch Verwaltungsvorschrift kann die Führung eines Leistungsbuchs vorgeschrieben werden. Die Unterlagen sind fünf Jahre, gerechnet vom Tage der Festsetzung an, von dem Beamten aufzubewahren.

(2) Das Nutzungsentgelt ist unverzüglich festzusetzen. Werden die Angaben nach Absatz 1 trotz Mahnung nicht fristgerecht gemacht, ist das Nutzungsentgelt auf der Grundlage der letzten Entgeltsberechnung durch Schätzung festzusetzen; sobald die erforderlichen Angaben vorliegen, ist die Festsetzung zu berichtigen. Durch die Berichtigung wird die Fälligkeit des Nutzungsentgelts nicht berührt. Satz 2 Halbsatz 2 und Satz 3 gelten für einen Antrag nach § 12 Abs. 2 Satz 1, der nach der Festsetzung des Nutzungsentgelts gestellt wird, entsprechend. Der Beamte hat vierteljährlich angemessene Abschlagszahlungen zu leisten, wenn das Nutzungsentgelt in einem Kalenderjahr den Betrag von 10 225,84 EUR voraussichtlich übersteigen wird. Die Abschlagszahlungen sind von Amts wegen anzufordern und einzuziehen.

(3) Das Nutzungsentgelt ist innerhalb eines Monats nach Festsetzung fällig.

(4) Wird das Nutzungsentgelt oder die Abschlagszahlung darauf innerhalb eines Monats nach Fälligkeit nicht entrichtet, so ist unbeschadet der Einlegung von Rechtsbehelfen von dem rückständigen Betrag ein jährlicher Zuschlag in entsprechender Anwendung des § 288 des Bürgerlichen Gesetzbuchs zu erheben, wenn der rückständige Betrag 102,26 EUR überschreitet. Für die Berechnung des Zuschlags wird der rückständige Betrag auf volle 50,– EUR abgerundet.

Fünfter Abschnitt
(weggefallen)

§§ 14 bis 16 (weggefallen)

Sechster Abschnitt
Sonderregelungen bei Nebentätigkeit in der Krankenversorgung

§ 17 Genehmigung der Privatbehandlung

(1) Den leitenden Ärzten (Chefärzten, Abteilungsärzten) von Krankenhäusern und Kurkliniken sowie dem Leiter der Genetischen Beratungsstelle kann unter Ausnahme von der Dreijahresfrist des § 85 Abs. 1 Satz 1 Halbsatz 1 LBG genehmigt werden,

1. Patienten auf deren Wunsch in dem Krankenhaus oder der Kurklinik während der Sprechstunden ambulant oder
2. stationär, teilstationär, vorstationär oder nachstationär in dem Krankenhaus oder der Kurklinik aufgenommene Patienten, die gesondert abrechenbare ärztliche Leistungen in Anspruch nehmen,

persönlich zu beraten, zu untersuchen und zu behandeln (Privatbehandlung).

(2) Der Wunsch nach Privatbehandlung muß schriftlich erklärt werden; soweit der Patient dazu außerstande ist, genügt die schriftliche Erklärung eines nahen Angehörigen. Durch die Nebentätigkeit darf insbesondere die Erfüllung der ärztlichen Pflichten gegenüber den anderen Patienten nicht beeinträchtigt werden. Die Sprechstunden zur ambulanten Privatbehandlung sind anzuzeigen.

(3) Die persönlichen ärztlichen Leistungen müssen in allen wesentlichen Teilen von dem leitenden Arzt selbst erbracht werden. Soweit er dabei von ärztlichen Mitarbeitern unterstützt wird, trägt er uneingeschränkt die Verantwortung. Vorbehaltlich des Einverständ-

nisses des Patienten ist eine Vertretung durch Ärzte, die zum Personal der medizinischen Einrichtung gehören, nur bei Verhinderung aus zwingendem Grund zulässig. Den Ärzten, die zum Personal der medizinischen Einrichtung gehören, wird diese Vertretung sowie die sonstige außerdienstliche Mitarbeit an der Privatbehandlung allgemein genehmigt.

(4) Den in Absatz 1 genannten leitenden Ärzten kann unter Ausnahme von der Dreijahresfrist des § 85 Abs. 1 Satz 1 Halbsatz 1 LBG genehmigt werden, auch außerhalb des Krankenhauses oder der Kurklinik

1. Patienten, die sie dort als Privatpatienten behandelt haben, nachzubehandeln,
2. gelegentliche Konsiliartätigkeit auszuüben.

Die Ausübung einer Privatpraxis sowie das Betreiben eines Labors, eines Instituts oder einer ähnlichen Einrichtung außerhalb des Krankenhauses oder der Kurklinik ist nicht zulässig.

§ 18 (weggefallen)

§ 19 Nutzungsentgelt

(1) Ärzte, denen im Zusammenhang mit der Nebentätigkeit nach § 17 die erforderliche Inanspruchnahme von Einrichtungen, Personal oder Material des Dienstherrn vor dem 1. Januar 1993 genehmigt worden ist, entrichten hierfür von der für die Nebentätigkeit jährlich bezogenen Bruttovergütung

1. als Entgelt für die Inanspruchnahme (Kostenerstattung) einen Betrag in Höhe von 11 v. H.,
2. als Ausgleich für den Vorteil, der dem Arzt dadurch entsteht, daß er entsprechende eigene Einrichtungen, eigenes Personal oder eigenes Material nicht bereitzustellen braucht, (Vorteilsausgleich)

bis 76 693,78 EUR	20 v. H.
von dem 76 693,78 EUR übersteigenden Betrag bis 178 952,16 EUR	25 v. H.
von dem 178 952,16 EUR übersteigenden Betrag	30 v. H.

(2) Ärzte, denen im Zusammenhang mit der Nebentätigkeit nach § 17 die erforderliche Inanspruchnahme von Einrichtungen, Personal oder Material des Dienstherrn nach dem 31. Dezember 1992 genehmigt worden ist, entrichten hierfür den Vorteilsausgleich nach Absatz 1 Nr. 2. Hinsichtlich der Kostenerstattung dieser Ärzte findet die Bundespflegesatzverordnung Anwendung.

(3) Sonstige bundes- und landesrechtlichen Bestimmungen, welche die leitenden Ärzte zu weitergehenden Abgaben von ihren Einnahmen aus Nebentätigkeit verpflichten, bleiben unberührt.

(4) Bei einer Nebentätigkeit im ambulanten Bereich bemißt sich das Nutzungsentgelt nach § 12, wobei ein Vorteilsausgleich entsprechend Absatz 1 Nr. 2 oder Absatz 2 Satz 1 zu entrichten ist. Bei einer Erstattung der Sachkosten können Gebührenordnungen oder Kostentarife zugrunde gelegt werden, sofern sie zu mindestens kostendeckenden Einnahmen führen.

(5) § 12 Abs. 1 Satz 2 findet hinsichtlich des Abzugs der nachgewiesenen Aufwendungen keine Anwendung.

(6) Sofern die Bestimmungen der Bundespflegesatzverordnung bei der stationären Behandlung keine Anwendung finden, erfolgt die Abrechnung des Nutzungsentgelts entsprechend der Regelung im ambulanten Bereich.

(7) Wird die Nebentätigkeit unentgeltlich ausgeübt, so ist für die Berechnung des Nutzungsentgelts die für die Leistungen üblicherweise zu fordernde Vergütung maßgebend.

§ 20 Nutzungsentgelt bei Beteiligung ärztlicher Mitarbeiter nach dem Landeskrankenhausgesetz

Abweichend von § 19 Abs. 1 Nr. 2 und Abs. 2 Satz 1 entrichten Ärzte, die nach § 27 des Landeskrankenhausgesetzes von ihren Einnahmen aus Nebentätigkeit Beträge an das Krankenhaus zur Weiterleitung an die ärztlichen Mitarbeiter abführen, als Vorteilsausgleich einen Betrag in Höhe von 10 v. H. der für die Nebentätigkeit jährlich bezogenen Bruttovergütung. Im übrigen findet § 19 Anwendung.

Siebenter Abschnitt Übergangs- und Schlußbestimmungen

§ 21 Übergangsbestimmung

Soweit bestehende öffentlich-rechtliche Vereinbarungen oder Zusicherungen, die Nebentätigkeiten oder die Inanspruchnahme von Einrichtungen, Personal oder Material des Dienstherrn betreffen, dieser Verordnung entgegenstehen, sind sie den Bestimmungen dieser Verordnung anzupassen.

§ 22 Inkrafttreten

(1) Diese Verordnung tritt mit Wirkung vom 1. Februar 1987 in Kraft.

(2) Gleichzeitig treten

1. die Nebentätigkeitsverordnung vom 21. Dezember 1964 (GVBl. S. 241), zuletzt geändert durch Verordnung vom 14. Februar 1986 (GVBl. S. 57), BS 2030-1-1, und
2. die Hochschullehrer-Nebentätigkeitsverordnung vom 20. Dezember 1968 (GVBl. S. 277), geändert durch Artikel 2 der Verordnung vom 9. Mai 1975 (GVBl. S. 179), BS 2030-1-28,

außer Kraft.

Merkblatt zur Altersteilzeit

Landesamt für Finanzen

Stand: September 2014

Mit dem Ersten Dienstrechtsänderungsgesetz vom 20. 12. 2011 (GVBl. Nr. 21 vom 30. 12. 2011, S. 430) hat der rheinland-pfälzische Gesetzgeber mit Wirkung ab dem 01. 01. 2012 die Regelung der Altersteilzeit wie folgt beschlossen:

Voraussetzungen

- Lehrkraft oder Beamter in festgelegten Stellenabbaubereichen des Landes Rheinland-Pfalz
- Vollendung des 55. Lebensjahres
- zur Verfügung stehende Haushaltsmittel
- Beginn der ATZ vor dem 01. 01. 2017
- dringende dienstliche Belange stehen nicht entgegen
- in den letzten fünf Jahren vor Beginn der Altersteilzeit lag drei Jahre mindestens Teilzeitbeschäftigung vor
- Beantragung entweder
  - bis zur Vollendung der gesetzlichen Altersgrenze oder
  - bis zum Ablauf von drei Jahren nach Erreichen der Altersgrenze

  Ausnahme: es liegt eine Schwerbehinderung vor

Verteilung der Arbeitszeit

Es besteht die Wahl zwischen einem Blockmodell und einem Teilzeitmodell. Das Blockmodell gliedert sich in eine Arbeitsphase mit voller bisheriger Stundenzahl und in eine gleich lange Freistellungsphase, in der der Beamte nicht mehr arbeitet. Beim Teilzeitmodell reduziert sich die Arbeitszeit während des gesamten Zeitraums der Altersteilzeit auf die Hälfte der Stundenzahl. Die Regelung gilt auch für Teilzeitbeschäftigte.

Besoldung bei Altersteilzeit

Während der Altersteilzeit erhält der Beamte neben seinen **zeitanteiligen** Dienstbezügen einen **Altersteilzeitzuschlag** der auf die Verminderung der Arbeitszeit entfallenden Bezüge in Höhe von:

- 20 % (bei Altersteilzeit bis zur gesetzlichen Altersgrenze – § 75a LBG –)
- 40 % (bei Altersteilzeit über die gesetzliche Altersgrenze hinaus – § 75b LBG –)

Alterszuschlag

Zusätzlich erhalten Beamte (auch in Altersteilzeit) nach Vollendung der gesetzlichen Altersgrenze ab dem auf den Zeitpunkt des Erreichens der Altersgrenze folgenden Kalendermonat einen nicht ruhegehaltfähigen Zuschlag von 8 v. H. des Grundgehaltes. Dieser Zuschlag wird bei (Alters-)Teilzeit entsprechend gekürzt.

Steuerliche Behandlung

Die Altersteilzeitzuschläge werden steuerfrei ausgezahlt; sie unterliegen jedoch dem Progressionsvorbehalt. Die Steuerfreiheit endet nach den Regelungen des Einkommensteuergesetzes jedoch mit Erreichen der gesetzlichen Altersgrenze. Unter Progressionsvorbehalt gezahlter Altersteilzeitzuschlag kann regelmäßig zu Steuernacherhebungen beim Finanzamt führen.

Auswirkung auf die Versorgungsbezüge

Die in der Altersteilzeit zurückgelegte Dienstzeit ist entsprechend dem tatsächlichen Beschäftigungsumfang ruhegehaltfähig. Die in Altersteilzeit zurückgelegten Dienstzeiten werden entsprechend den Bestimmungen einer Teilzeitbeschäftigung berücksichtigt.

Altfallregelung

Altersteilzeitfälle, die nach dem bis 31. 07. 2007 gültigen § 80b LBG bzw. nach den bis 31. 12. 2011 gültigen §§ 80e oder 80f LBG bewilligt wurden, bleiben von der ab 01. 01. 2012 geltenden Neuregelung unberührt.

I

Arbeitszeitverordnung (ArbZVO)

Vom 9. Mai 2006 (GVBl. S. 200)

Zuletzt geändert durch
Landesverordnung zur Änderung der Urlaubsverordnung, der Arbeitszeitverordnung und der Nebentätigkeitsverordnung
vom 18. Februar 2025 (GVBl. S. 65)

Aufgrund des § 80 Abs. 1 Satz 1 des Landesbeamtengesetzes in der Fassung vom 14. Juli 1970 (GVBl. S. 241), zuletzt geändert durch § 4 des Gesetzes vom 2. März 2006 (GVBl. S. 56), BS 2030-1, verordnet die Landesregierung:

§ 1 Geltungsbereich

(1) Diese Verordnung gilt für die hauptamtlich tätigen unmittelbaren und mittelbaren Landesbeamtinnen und Landesbeamten (§ 3 Abs. 2 des Landesbeamtengesetzes – LBG –) mit Ausnahme der hauptamtlichen oder hauptberuflichen Lehrkräfte der Verwaltungsfachhochschulen und der in § 1 Satz 1 der Lehrkräfte-Arbeitszeitverordnung genannten Lehrkräfte.

(2) Die Arbeitszeit der Beamtinnen und Beamten auf Widerruf (§ 4 Abs. 4 des Beamtenstatusgesetzes) ist entsprechend den dienstlichen Bedürfnissen festzulegen.

§ 2 Umfang der Arbeitszeit

(1) Die regelmäßige Arbeitszeit beträgt durchschnittlich 40 Stunden in der Woche.

(2) Die durchschnittliche Wochenarbeitszeit der Teilzeitbeschäftigten wird im Einzelfall festgelegt. Bei Lehrkräften an öffentlichen Hochschulen darf die Arbeitszeit nur auf volle Unterrichtsstunden ermäßigt werden.

(3) Die Arbeitszeit vermindert sich für jeden nach § 4 Abs. 2 Satz 1 dienstfreien Arbeitstag um die auf ihn entfallende Arbeitszeit. Für Beamtinnen und Beamte, die planmäßig zum Dienst an allgemein dienstfreien Tagen herangezogen werden, vermindert sich die Arbeitszeit ohne Rücksicht auf den Dienstplan in demselben Umfang wie für die Beamtinnen und Beamten desselben Verwaltungszweiges, auf die Satz 1 Anwendung findet; dies gilt entsprechend in den Fällen des § 4 Abs. 3 Satz 2 zweite Alternative.

§ 3 Arbeitszeitverkürzung

(1) Die Beamtinnen und Beamten werden in jedem Kalenderjahr an einem Arbeitstag oder für eine Dienstschicht unter Weitergewährung der Besoldung vom Dienst freigestellt; hiervon ausgenommen sind die Lehrkräfte an öffentlichen Hochschulen. Der Anspruch wird erstmals erworben, wenn das Beamtenverhältnis fünf Monate ununterbrochen bestanden hat; die unmittelbar zuvor beim selben Dienstherrn verbrachte Zeit einer Beschäftigung als Arbeitnehmerin oder Arbeitnehmer ist anzurechnen. Die mit der Freistellung verbundene Arbeitszeitverkürzung beträgt höchstens ein Fünftel der für die Beamtin oder den Beamten geltenden durchschnittlichen Wochenarbeitszeit.

(2) Hat die Beamtin oder der Beamte an dem für die Freistellung vorgesehenen Tag Dienst zu leisten, ist die Freistellung innerhalb desselben Kalenderjahres oder, wenn dies aus dienstlichen Gründen nicht möglich ist, innerhalb der ersten zwei Monate des Folgejahres nachzuholen. Eine Nachholung in anderen Fällen ist nicht zulässig.

§ 4 Arbeitstage

(1) Arbeitstage sind die Werktage mit Ausnahme des Samstags. Soweit es die dienstlichen Bedürfnisse erfordern, kann für einzelne Verwaltungszweige, Dienststellen oder Tätigkeiten etwas anderes bestimmt werden.

(2) Gesetzliche Feiertage sowie Heiligabend und Silvester sind dienstfrei. Absatz 1 Satz 2 gilt entsprechend.

(3) Bei besonderen Anlässen kann die Landesregierung und bei örtlich bedingten Ausnahmefällen die oberste Dienstbehörde anordnen, dass der Dienst an einzelnen Arbeitstagen ganz oder teilweise ausfällt. Hierbei ist festzulegen,

ob die ausfallende Arbeitszeit innerhalb einer zu bestimmenden Frist einzuarbeiten oder ausnahmsweise auf die durchschnittliche Wochenarbeitszeit anzurechnen ist. Für die Landtagsverwaltung entscheidet die Präsidentin oder der Präsident des Landtags.

(4) Die Dienststellenleitung kann bestimmen, dass an Rosenmontag oder Fastnachtsdienstag oder an beiden Tagen dienstfrei ist, soweit es die dienstlichen Verhältnisse gestatten. Die ausfallende Arbeitszeit ist innerhalb einer zu bestimmenden Frist einzuarbeiten.

(5) Der Wechselschichtdienst (§ 18 Abs. 1 Satz 1 der Urlaubsverordnung – UrlVO –) umfasst auch die dienstfreien Tage.

§ 5 Verteilung der Arbeitszeit

(1) Soweit es die dienstlichen Bedürfnisse erfordern, kann die oder der Vorgesetzte die regelmäßige Arbeitszeit (§ 2 Abs. 1) ungleichmäßig auf die einzelnen Abschnitte (Arbeitstage, Wochen, Monate) des der Berechnung des Durchschnitts nach § 2 Abs. 1 zugrunde gelegten Zeitraums (Bezugszeitraum) verteilen. Der Bezugszeitraum darf höchstens ein Jahr umfassen.

(2) Auf Antrag der Beamtin oder des Beamten kann die ermäßigte Arbeitszeit (§ 2 Abs. 2 Satz 1) ungleichmäßig auf die Arbeitstage einer oder mehrerer Wochen verteilt werden, wenn dienstliche Gründe nicht entgegenstehen; dabei muss innerhalb von vier Wochen die auf diesen Zeitraum entfallende Arbeitszeit erbracht werden. Abweichend von Satz 1 Halbsatz 2 kann ein längerer Zeitraum zugrunde gelegt werden, wenn hierfür auch ein dienstliches Interesse gegeben ist oder die Voraussetzungen des § 12 Abs. 6 Satz 2 Halbsatz 2 erfüllt sind; die Zeit einer zusammenhängenden Freistellung darf dabei höchstens sechs Wochen betragen.

(3) Abweichend von Absatz 2 darf die Freistellung

1. bis zu einem Jahr umfassen, wenn sie an das Ende einer mindestens zwei Jahre dauernden Teilzeitbeschäftigung nach § 75 Abs. 1 LBG gelegt wird, die spätestens zwei Jahre vor der gesetzlichen Altersgrenze (§ 37 LBG) endet,
2. bis zu siebeneinhalb Jahre umfassen, wenn sie an das Ende einer Teilzeitbeschäftigung nach § 75 Abs. 1 LBG gelegt wird, die sich bis zum Beginn des Ruhestands erstreckt,

soweit dienstliche Gründe nicht entgegenstehen.

§ 6 Höchstarbeitszeiten, Ruhezeiten, Pausen

(1) Die Arbeitszeit darf

1. zehn Stunden am Tag,
2. 60 Stunden in der Woche,
3. bei Nachtdienst im Sinne des § 8 Abs. 2 innerhalb eines Zeitraums von zwei Monaten durchschnittlich acht Stunden pro 24-Stunden-Zeitraum und
4. innerhalb eines Zeitraums von vier Monaten einschließlich Mehrarbeit durchschnittlich 48 Stunden in der Woche

nicht überschreiten. Abweichend von Satz 1 Nr. 1 kann die oberste Dienstbehörde bei dringenden dienstlichen Anlässen eine Arbeitszeit von bis zu zwölf Stunden zulassen.

(2) Die Arbeit ist spätestens nach sechs Stunden durch eine Pause von mindestens 30 Minuten zu unterbrechen. Bei festen Arbeitszeiten von mehr als neun Stunden muss die Pause mindestens 45 Minuten umfassen; sie kann in zwei Abschnitte von mindestens 15 Minuten aufgeteilt werden. Pausen werden nicht auf die Arbeitszeit angerechnet.

(3) Innerhalb eines Zeitraums von 24 Stunden ist eine Mindestruhezeit von elf zusammenhängenden Stunden zu gewähren. Innerhalb einer Woche ist eine zusammenhängende Ruhezeit von mindestens 36 Stunden zu gewähren.

§ 7 Dienst in Bereitschaft und Rufbereitschaft

(1) Soweit der Dienst in Bereitschaft besteht, kann die oder der Dienstvorgesetzte abweichend von § 2 Abs. 1 die regelmäßige Arbeitszeit entsprechend den dienstlichen Bedürfnissen in angemessenem Verhältnis verlängern. § 6 Abs. 1 Satz 1 Nr. 4 bleibt unberührt.

(2) Für die Zeit einer Rufbereitschaft ist zu einem Achtel Zeitausgleich zu gewähren. Bei der

Berechnung sind die Zeiten der Rufbereitschaft und des Zeitausgleichs auf volle Stunden auf- oder abzurunden. Die oberste Dienstbehörde kann einen von Satz 1 abweichenden Umfang des Zeitausgleichs vorsehen.

§ 8 Nachtdienst, Schichtdienst

(1) Der besonderen Beanspruchung der Arbeitskraft durch Nacht- und Schichtdienst ist bei der Dienstgestaltung Rechnung zu tragen.

(2) Nachtdienst liegt vor, wenn in der Zeit zwischen 23.00 Uhr und 6.00 Uhr mehr als zwei Stunden

1. nach einem Dienstplan, der Wechselschichten vorsieht, oder
2. an mindestens 48 Tagen im Kalenderjahr

Dienst geleistet wird.

(3) Für den Nachtdienst vorgesehene Beamtinnen und Beamte sind berechtigt, sich vor dessen Aufnahme und danach in angemessenen Abständen ärztlich untersuchen zu lassen. Die Ärztin oder den Arzt bestimmt die oder der Dienstvorgesetzte.

(4) Beamtinnen und Beamte sind auf Antrag auf einen Dienstposten im Tagdienst umzusetzen, solange

1. die weitere Verrichtung von Nachtdienst nach dem Gutachten der zentralen medizinischen Untersuchungsstelle (§ 47 Abs. 1 Halbsatz 1 LBG), einer Amtsärztin oder eines Amtsarztes, des polizeiärztlichen Dienstes oder einer als Gutachterin beauftragten Ärztin oder eines als Gutachter beauftragten Arztes ihre Gesundheit gefährden würde,
2. in ihrem Haushalt ein Kind unter zwölf Jahren lebt, das nicht von einer anderen im Haushalt lebenden Person betreut werden kann, oder
3. sie in ihrem Haushalt eine Angehörige oder einen Angehörigen zu versorgen haben, die oder der nach ärztlichem Gutachten schwerstpflegebedürftig ist und nicht von einer anderen im Haushalt lebenden Person versorgt werden kann,

in den Fällen der Nummern 2 und 3 jedoch nur, sofern zwingende dienstliche Belange nicht entgegenstehen.

§ 9 Besondere Dienstbereiche

(1) Im Polizeidienst, beim Verfassungsschutz und im Justizvollzugsdienst sind abweichend von § 6 Abs. 1 Satz 1 Nr. 1 Arbeitszeiten von bis zu zwölf Stunden am Tag zulässig. Im Justizvollzugsdienst kann die oberste Dienstbehörde außerdem abweichend von § 6 Abs. 1 Satz 1 Nr. 2 Arbeitszeiten von bis zu 68 Stunden in der Woche sowie Ausnahmen von § 6 Abs. 3 Satz 2 zulassen. In den Fällen des Satzes 2 ist in der Folgewoche eine zusammenhängende Ruhezeit von mindestens 56 Stunden zu gewähren. Im Polizeidienst, beim Verfassungsschutz und im Justizvollzugsdienst kann im Schicht- und Wechselschichtdienst sowie bei der Teilnahme an Einsätzen aus besonderem Anlass und an Übungen zur Sicherstellung der Kontinuität des Dienstes von § 6 Abs. 2 abgewichen werden, wenn die dienstlichen Belange dies erfordern. In diesen Fällen ist den Beamtinnen und Beamten während des Dienstes ein angemessener Gesundheitsschutz, insbesondere Zeit zur Verpflegung, zu gewähren.

(2) Im Einsatzdienst der Feuerwehr findet § 6 Abs. 1 Satz 1 Nr. 1 und 3 und Abs. 3 Satz 1 keine Anwendung. Wird die Arbeitszeit über zwölf Stunden hinaus verlängert, muss nach spätestens 24 Stunden eine anschließende Ruhezeit von mindestens 24 Stunden gewährt werden. Absatz 1 Satz 4 und 5 gilt entsprechend.

(3) Auf Dienstbereiche, deren Aufgabe darin besteht, die Sicherheit oder Gesundheit der Bevölkerung zu schützen, finden die Bestimmungen dieser Verordnung keine Anwendung, soweit eine in Schwere oder Ausmaß über die gewöhnlichen Umstände des jeweiligen Dienstes hinausgehende Sachlage oder unabwendbare innerbetriebliche Umstände es erfordern. In diesen Ausnahmefällen ist dafür Sorge zu tragen, dass unter Berücksichtigung der Ziele der Richtlinie 89/391/EWG des Rates vom 12. Juni 1989 über die Durchführung von Maßnahmen zur Verbesserung der Sicherheit und des Gesundheitsschutzes der Arbeitnehmer bei der Arbeit (ABl. EG Nr. L 183 S. 1) eine größtmögliche Sicherheit und ein größtmöglicher Gesundheitsschutz der Beamtinnen und Beamten gewährleistet ist.

§ 10 Dienstreisen

(1) Bei Dienstreisen gilt nur die Zeit der dienstlichen Inanspruchnahme am Geschäftsort als Arbeitszeit, es sei denn, dass während der Reise- oder Wartezeiten Dienst verrichtet wird; Zeiten, in denen ein Kraftfahrzeug gelenkt wird, gelten als Arbeitszeit. Jeder Tag der Dienstreise wird jedoch mit der auf ihn entfallenden Arbeitszeit bewertet, wenn diese infolge der Nichtberücksichtigung von Reise- und Wartezeiten nicht erreicht würde; bei gleitender Arbeitszeit ist ein Fünftel der durchschnittlichen Wochenarbeitszeit zugrunde zu legen.

(2) Bei Teilzeitbeschäftigung sind auch die Reise- und Wartezeiten, die im Falle einer Vollzeitbeschäftigung nach Absatz 1 Satz 2 als Arbeitszeit zu bewerten wären, auf die Arbeitszeit anzurechnen.

(3) Überschreiten die nicht anrechenbaren Reise- und Wartezeiten im Monat ein Viertel der durchschnittlichen Wochenarbeitszeit, wird für die Hälfte dieser Zeiten Zeitausgleich gewährt. Wenn die Voraussetzungen des § 12 Abs. 6 Satz 2 Halbsatz 2 erfüllt sind, gilt Satz 1 auch in den Fällen, in denen ein Viertel der durchschnittlichen Wochenarbeitszeit nicht überschritten wird.

§ 11 Freistellungen nach § 20 der Urlaubsverordnung

(1) Bei Freistellungen nach § 20 UrlVO wird bei gleitender Arbeitszeit die in Anspruch genommene Kernzeit auf die Arbeitszeit angerechnet. Abweichend von Satz 1 ist bei ganztägiger Abwesenheit ein Fünftel der durchschnittlichen Wochenarbeitszeit als tägliche Arbeitszeit anzurechnen, wenn die Zeit der Ausübung der die Freistellung erfordernden Tätigkeit nicht selbst bestimmt werden kann und eine gesetzliche Verpflichtung zur Ausübung dieser Tätigkeit im Einzelfall besteht.

(2) Ist eine Dienstaufnahme vor dem Beginn oder nach dem Ende der notwendigen Abwesenheit vom Dienst nicht zumutbar, kann die Freistellung entsprechend ausgedehnt werden. Die zusätzlich ausfallende Arbeitszeit ist an einem anderen Arbeitstag einzuarbeiten.

§ 12 Gleitende Arbeitszeit

(1) Die Beamtinnen und Beamten können die tägliche Arbeitszeit in bestimmten Grenzen selbst gestalten (gleitende Arbeitszeit). Auf die zu erbringende Arbeitszeit dürfen nur bis zu zehn Stunden am Tag angerechnet werden. Das Nähere regelt die Dienststellenleitung nach Maßgabe der Absätze 2 bis 6; dabei ist den dienstlichen Bedürfnissen Vorrang einzuräumen.

(2) Die Zeiten, in denen alle Beamtinnen und Beamten anwesend sein müssen (Kernzeiten), umfassen ausschließlich des Zeitrahmens nach Absatz 4 montags bis donnerstags fünf und freitags vier Stunden. Beginn und Ende der Kernzeiten sind so festzulegen, dass sie die Zeit des stärksten Arbeitsanfalls einschließen. Wenn die Dienststellenleitung keine anderen Zeiten festgelegt hat, dauern die Kernzeiten für die unmittelbaren Landesbeamtinnen und Landesbeamten montags bis donnerstags von 9.00 bis 12.00 und 14.00 bis 16.00 Uhr sowie freitags von 9.00 bis 13.00 Uhr. Auch außerhalb der Kernzeiten muss die Funktionsfähigkeit der Dienststelle in dem gebotenen Umfang gewährleistet sein.

(3) Die Zeit vom frühesten Antritt bis zur spätesten Beendigung des Dienstes (Gleitzeitrahmen) darf höchstens zwölfeinhalb Stunden umfassen.

(4) Kernzeiten von fünf Stunden sind durch den Zeitrahmen für die Mittagspause in zwei Abschnitte zu teilen, die jeweils mindestens zwei Stunden umfassen müssen. Der Zeitrahmen für die Mittagspause beträgt höchstens zwei Stunden.

(5) Es können am Ende jedes Monats nicht zu überschreitende Minderzeiten von bis zu drei Zehnteln der durchschnittlichen Wochenarbeitszeit zugelassen werden. Die Höchstgrenze für in den nächsten Abrechnungszeitraum übertragbare Zeitguthaben bildet die durchschnittliche Wochenarbeitszeit; Zeitguthaben, die zum Ende des Abrechnungszeitraums über die festgelegte Höchstgrenze hinausgehen, verfallen. Der Abrechnungszeitraum darf höchstens zwei Jahre umfassen.

(6) Die Dienststellenleitung kann bis zu 36 Eingriffe in die Kernzeit im Kalenderjahr zum Ausgleich von Zeitguthaben zulassen. Der Umfang der Freistellung darf insgesamt 18 und im Einzelfall drei Arbeitstage nicht überschreiten; die letztgenannte Einschränkung gilt nicht für Beamtinnen und Beamte, die Kinder unter 18 Jahren oder nach ärztlichem Gutachten pflegebedürftige sonstige Angehörige tatsächlich betreuen oder pflegen. Freitage gelten unabhängig vom Dienstende als ganze Tage. Der Zeitausgleich darf nur erfolgen, wenn dienstliche Gründe nicht entgegenstehen; er ist rechtzeitig mit der oder dem Vorgesetzten abzustimmen.

(7) Die Arbeitszeit ist durch Geräte zu erfassen. Die Daten sind spätestens nach Ablauf von zwei Jahren zu löschen.

(8) Für Teilzeitbeschäftigte gelten Absatz 2 Satz 1 und Absatz 4 nur, soweit sie ganztägig Dienst leisten; im Übrigen sind die Kernzeiten für jeden Arbeitstag im Einzelfall festzulegen. Der Gesamtumfang der Freistellung nach Absatz 6 Satz 2 vermindert sich entsprechend dem jeweiligen Umfang der Teilzeitbeschäftigung.

§ 13 Feste Arbeitszeiten

Soweit es die dienstlichen Bedürfnisse erfordern, sind feste Arbeitszeiten anzuordnen. § 12 Abs. 1 Satz 3 und Abs. 5 bis 8 gilt entsprechend; wenn die Summe der festen Arbeitszeiten der nach § 2 Abs. 1 und 2 zu erbringenden Arbeitszeit entspricht, sind nur die in Absprache mit der oder dem Vorgesetzten darüber hinaus geleisteten Arbeitszeiten zu erfassen.

§ 14 Ausnahmen

(1) Soweit es die dienstlichen Bedürfnisse erfordern oder dienstliche Gründe nicht entgegenstehen, kann die oberste Dienstbehörde Ausnahmen zulassen von den Bestimmungen über

1. den Umfang von Kernzeiten (§ 12 Abs. 2 Satz 1 und Abs. 4 Satz 1),
2. den Gleitzeitrahmen (§ 12 Abs. 3),
3. die am Ende jedes Monats nicht zu überschreitenden Minderzeiten bis zur durchschnittlichen Wochenarbeitszeit (§ 12 Abs. 5 Satz 1),
4. die Höchstgrenze für in den nächsten Abrechnungszeitraum übertragbare Zeitguthaben (§ 12 Abs. 5 Satz 2),

4a. die Höchstdauer des Abrechnungszeitraums für übertragbare Zeitguthaben im Umfang von bis zu einem Jahr, soweit die Höchstdauer von zwei Jahren (§ 12 Abs. 5 Satz 3) im Kalenderjahr 2020, 2021 oder 2022 erreicht wird oder ein bereits verlängerter Abrechnungszeitraum im Kalenderjahr 2022 endet,

5. die Möglichkeiten des Zeitausgleichs (§ 12 Abs. 6),
6. die Erfassung der Arbeitszeit durch Geräte (§ 12 Abs. 7 Satz 1); hierauf darf jedoch nur in begründeten Fällen, insbesondere wenn die Beschaffung eines Zeiterfassungsgeräts unwirtschaftlich wäre, verzichtet werden, wobei ersatzweise Zeiterfassungsnachweise zu führen sind,
7. die gleitende Arbeitszeit für Teilzeitbeschäftigte (§ 12 Abs. 8)

   und
8. die Gestaltung fester Arbeitszeiten (§ 13 Satz 2 Halbsatz 1).

(2) Wenn dienstliche Gründe nicht entgegenstehen, können mit Genehmigung der obersten Dienstbehörde Arbeitszeitmodelle angewendet werden, die abweichend von Absatz 1 Nr. 1 und 4 sowie § 12 Abs. 2 , 4 und 6 ganz auf die Festlegung von Kernzeiten verzichten. In diesen Fällen sind für alle Arbeitstage der Woche ausreichend lange Zeiträume festzulegen, in denen eine den dienstlichen Bedürfnissen gerecht werdende Erledigung der Aufgaben durch Absprache gewährleistet wird (Funktionszeiten). Die Anwendung der Arbeitszeitmodelle soll insbesondere mit dem Ziel erfolgen, die Vereinbarkeit von Beruf und Familie zu erhöhen.

(3) Wenn dienstliche Gründe nicht entgegenstehen, können im Geschäftsbereich des für die Rechtspflege zuständigen Ministeriums mit dessen Genehmigung als oberste Dienstbehörde bei den in sachlicher Unabhängigkeit tätigen Rechtspflegerinnen und Rechtspflegern (§ 9 des Rechtspflegergesetzes) Arbeitszeitmodelle eingeführt werden, in denen auf die Anwendung des § 12 verzichtet wird.

§ 14a Erprobung von Langzeitkonten

(1) Mit Genehmigung der obersten Dienstbehörde kann die Dienststelle bis zum 31. Dezember 2033 Langzeitkonten nach Maßgabe der folgenden Bestimmungen erproben, soweit dienstliche Gründe nicht entgegenstehen. Langzeitkonten sind personenbezogene Arbeitszeitkonten. Sie dienen dem langfristigen Ansparen von Zeitguthaben (Ansparphase), die für zusammengefasste Freistellungszeiten (Entnahmephase) verwendet werden können. Sie werden unabhängig von sonstigen Zeitkonten und vom jeweils zur Anwendung kommenden Arbeitszeitmodell geführt. Die Führung eines Langzeitkontos ist nicht zulässig für

1. Beamtinnen und Beamte auf Widerruf, auf Probe oder auf Zeit,
2. Beamtinnen und Beamte, die jederzeit in den einstweiligen Ruhestand versetzt werden können und
3. Beamtinnen und Beamte, solange sie eine Teilzeitbeschäftigung nach § 5 Abs. 3 ausüben.

(2) Auf Antrag der Beamtin oder des Beamten können

1. pro Kalenderwoche bis zu zwei Stunden des Zeitguthabens, das nach Errichtung des Langzeitkontos auf einem nach § 12 eingerichteten Gleitzeitkonto entstanden ist, und
2. einmalig bis zu insgesamt 200 Stunden des Zeitguthabens, das bei Errichtung des Langzeitkontos auf einem nach § 12 eingerichteten Gleitzeitkonto oder auf einem Mehrarbeitskonto (§ 73 Abs. 2 LBG) besteht,

auf das Langzeitkonto übertragen werden. Mit Errichtung der Langzeitkonten sind Einzelheiten zum Verfahren, insbesondere zu Form und Fristen der Antragstellung, zu bestimmen. Abweichend von § 12 Abs. 5 Satz 3 kann der Abrechnungszeitraum einmalig verlängert werden, längstens jedoch um ein Jahr.

(3) Das angesparte Zeitguthaben darf bei vollzeitbeschäftigten Beamtinnen und Beamten 1040 Stunden nicht überschreiten. Bei teilzeitbeschäftigten Beamtinnen und Beamten verringert sich das maximal zulässige Zeitguthaben des Langzeitkontos entsprechend dem Umfang der zum jeweiligen Zeitpunkt bewilligten Teilzeitbeschäftigung. Entstehen durch eine Verringerung der durchschnittlichen Wochenarbeitszeit Überschreitungen des maximal zulässigen Zeitguthabens des Langzeitkontos, sind diese innerhalb einer angemessenen Frist durch Entnahmen nach Absatz 5 auszugleichen.

(4) Die Beamtinnen und Beamten sind über den Stand des Zeitguthabens des Langzeitkontos regelmäßig und auf Antrag jederzeit zu unterrichten.

(5) Der Ausgleich des angesparten Zeitguthabens wird auf Antrag der Beamtin oder des Beamten unter Berücksichtigung dienstlicher Belange ausschließlich durch vollständige oder teilweise Freistellung vom Dienst unter Fortzahlung der Dienstbezüge gewährt. Während der Entnahmephase ruht die Ansparphase. Innerhalb eines Zeitraums von zwölf Monaten darf die Dauer der Entnahmen insgesamt einen Zeitraum von drei Monaten nicht überschreiten. Eine zusammenhängende Entnahme von mehr als vier Wochen soll mindestens drei Monate vorher beantragt werden. Mehrarbeit nach § 73 Abs. 2 LBG ist vorrangig auszugleichen. In dem Zeitraum von einem Jahr vor Erreichen der gesetzlichen Altersgrenze (§ 37 LBG) soll eine Entnahme nicht kumulativ mit weiteren Dienstbefreiungen gewährt werden. Die Kombination mit einem Hinausschieben des Ruhestandsbeginns nach § 38 LBG ist ausgeschlossen.

(6) Der Antrag auf Entnahme kann aus dienstlichen Gründen abgelehnt werden. In diesem Fall ist in Abstimmung mit der Beamtin oder dem Beamten ein Zeitraum festzulegen, in dem eine Entnahme im beantragten Umfang möglich ist.

(7) Die Bewilligung der Entnahme kann ausnahmsweise widerrufen werden, wenn bei Abwesenheit der Beamtin oder des Beamten die ordnungsgemäße Erledigung der Dienstgeschäfte nicht gewährleistet wäre. Mehraufwendungen, die durch einen Widerruf der Bewilligung entstehen, werden nach den Bestimmungen des Reisekostenrechts ersetzt; erreicht der Widerruf die Beamtin oder den Beamten

I

vor dem Antritt einer Urlaubsreise, werden die Mehraufwendungen in angemessenem Umfang ersetzt. Wünscht die Beamtin oder der Beamte aus wichtigen Gründen eine bewilligte Entnahme hinauszuschieben oder abzubrechen, soll dem Wunsch entsprochen werden, wenn dienstliche Gründe nicht entgegenstehen. Die Entnahmephase wird unterbrochen durch mutterschutzrechtliche Beschäftigungsverbote und Schutzfristen, die Inanspruchnahme einer Elternzeit, die Inanspruchnahme von Pflegezeiten mit Vorschuss (§ 76a LBG) und die Dauer einer durch ärztliches Attest nachgewiesenen Dienstunfähigkeit.

(8) Vor einer Versetzung oder Beendigung des Beamtenverhältnisses kann der rechtzeitige Ausgleich angeordnet werden. Im Falle einer Versetzung kann im Einvernehmen mit der Dienststelle, zu der die Beamtin oder der Beamte versetzt wird, ein Zeitguthaben übertragen werden, sofern diese Dienststelle ebenfalls Langzeitkonten führt. Ein Anspruch auf Übertragung des Zeitguthabens besteht nicht. In den Fällen der Abordnung, Zuweisung oder einer anderen vorübergehenden Abwesenheit ruht das Langzeitkonto; in begründeten Einzelfällen können hiervon abweichende Regelungen getroffen werden.

(9) Abweichend von Absatz 5 ist ausnahmsweise eine Ausgleichszahlung zu gewähren, wenn das Zeitguthaben

1. im Falle einer Beendigung des Beamtenverhältnisses durch Dienstunfähigkeit oder durch Tod der Beamtin oder des Beamten oder
2. wegen eines dienstlich veranlassten, kurzfristigen Wechsels zu einer Dienststelle, in der das Langzeitkonto nicht fortgeführt werden kann,

nicht durch Entnahmen ausgeglichen werden konnte. Bei Beendigung des Beamtenverhältnisses durch Tod der Beamtin oder des Beamten geht der Ausgleichsanspruch auf die Erben über. Für die Berechnung der Ausgleichszahlung gilt § 10 des Landesbesoldungsgesetzes entsprechend.

(10) Die Wirkungen der Bestimmungen der Absätze 1 bis 9 sind vor Ablauf des 31. März 2033 zu prüfen. Für den Fall, dass die Bestimmungen nach Ablauf der in Absatz 1 Satz 1 geregelten Erprobungszeit nicht fortgeführt werden, kann eine Entnahme aus dem Langzeitkonto noch bis zum 31. Dezember 2037 erfolgen.

§ 15 In-Kraft-Treten

(1) Diese Verordnung tritt am Tage nach der Verkündung in Kraft.

(2) Gleichzeitig tritt die Arbeitszeitverordnung vom 23. März 1993 (GVBl. S. 152), zuletzt geändert durch Verordnung vom 14. Juni 2005 (GVBl. S. 243), BS 2030-1-3, außer Kraft.

I

Lehrkräfte-Arbeitszeitverordnung (LehrArbZVO)

Vom 30. Juni 1999 (GVBl. S. 148)

Zuletzt geändert durch
Vierzehntes Rechtsbereinigungsgesetz
vom 22. Dezember 2025 (GVBl. S. 738)

Inhaltsübersicht

Aufgrund des § 80 Abs. 1 und 3 des Landesbeamtengesetzes Rheinland-Pfalz (LBG) in der Fassung vom 14. Juli 1970 (GVBl. S. 241), zuletzt geändert durch Artikel 1 des Gesetzes vom 20. Juli 1998 (GVBl. S. 205), BS 2030-1, wird im Einvernehmen mit dem Ministerium des Innern und für Sport verordnet:

§ 1 Geltungsbereich

(1) Es gelten:

1. die §§ 2 bis 13 und 15 für die an öffentlichen Schulen oder an anerkannten Ersatzschulen in freier Trägerschaft oder im Krankenhaus- und Hausunterricht tätigen Lehrkräfte und
2. die §§ 6a, 14 und 15 für die an staatlichen Studienseminaren für die Lehrämter an Schulen tätigen Seminarleiterinnen und Seminarleiter, stellvertretenden Seminarleiterinnen und Seminarleiter und Fachleiterinnen und Fachleiter

im unmittelbaren und mittelbaren Beamtenverhältnis des Landes Rheinland-Pfalz auf Probe oder auf Lebenszeit.

(2) Diese Verordnung gilt im Rahmen der Beitragsgewährung für Personalkosten gemäß § 29 Abs. 2 und 4 des Privatschulgesetzes vom 4. September 1970 (GVBl. S. 372, BS 223-7) in der jeweils geltenden Fassung in Verbindung mit § 28 Abs. 1 der Landesverordnung zur Durchführung des Privatschulgesetzes vom 21. Juli 2011 (GVBl. S. 291, BS 223-7-1) in der jeweils geltenden Fassung auch für anerkannte Ersatzschulen in freier Trägerschaft.

§ 2 Begriffsbestimmungen

(1) Die Unterrichtsverpflichtung einer Lehrkraft ergibt sich aus dem Regelstundenmaß zuzüglich der Zurechnungen nach den §§ 4 bis 6 sowie abzüglich zu gewährender Stundenanrechnungen (§ 8) und Stundenermäßigungen (§§ 9 bis 11).

(2) Das Regelstundenmaß ist die Zahl der Unterrichtsstunden, die vollbeschäftigte Lehrkräfte gemäß § 3 wöchentlich zu erteilen haben. Die Wochenstunde ist die Einheit für die Berechnung des Regelstundenmaßes.

(3) Wochenstunden, Anrechnungsstunden und Ermäßigungsstunden werden für Lehrkräfte an Grundschulen mit 50 Minuten, für Lehrkräfte an den übrigen Schularten mit 45 Minuten berechnet.

§ 3 Regelstundenmaße

(1) Die Regelstundenmaße betragen vorbehaltlich der Bestimmungen in den Absätzen 2 und 3 für Lehrkräfte an

1. Grundschulen	25 Wochenstunden zu 50 Minuten,
2. Realschulen plus und Förderschulen	27 Wochenstunden zu 45 Minuten,
3. Gymnasien, berufsbildenden Schulen, Abendgymnasien und Kollegs	24 Wochenstunden zu 45 Minuten,
4. Integrierten Gesamtschulen	
a) mit der Lehrbefähigung für das Lehramt an Grund- und Hauptschulen oder an Realschulen oder an Realschulen plus bei einem Einsatz in den Klassenstufen 5 bis 10	27 Wochenstunden zu 45 Minuten,
bei einem Einsatz in den Klassenstufen 11 bis 13 mit 1 Wochenstunde	27 Wochenstunden zu 45 Minuten,
bei einem Einsatz in den Klassenstufen 11 bis 13 mit 2 bis 4 Wochenstunden	26 Wochenstunden zu 45 Minuten,
bei einem Einsatz in den Klassenstufen 11 bis 13 ab 5 Wochenstunden	24 Wochenstunden zu 45 Minuten,
b) mit der Lehrbefähigung für das Lehramt an Gymnasien oder an berufsbildenden Schulen	24 Wochenstunden zu 45 Minuten.

(2) Für Lehrkräfte, die

1. an organisatorisch verbundenen Grund- und Realschulen plus
   a) mit ihrer Unterrichtsverpflichtung an Realschulen plus eingesetzt sind, gilt das Regelstundenmaß für Lehrkräfte an Realschulen plus;
   b) mit mehr als der Hälfte der Unterrichtsverpflichtung an Grundschulen eingesetzt sind, gilt das Regelstundenmaß für Lehrkräfte an Grundschulen;
   c) an beiden Schularten eingesetzt werden, ohne dass ein Fall nach Buchstabe b vorliegt, teilt die Schulleiterin oder der Schulleiter die Gesamtunterrichtsverpflichtung im Einzelnen auf; der Personalrat ist in der gesetzlich vorgeschriebenen Weise zu beteiligen;
2. an organisatorisch verbundenen Realschulen plus und Fachoberschulen
   a) mit ihrer Unterrichtsverpflichtung an Realschulen plus eingesetzt sind, gilt das Regelstundenmaß für Lehrkräfte an Realschulen plus;
   b) mit ihrer Unterrichtsverpflichtung an Fachoberschulen eingesetzt sind, gilt das Regelstundenmaß für Lehrkräfte an berufsbildenden Schulen;
   c) an beiden Schularten eingesetzt werden, gilt bei einem Einsatz in den Klassenstufen 5 bis 12 die Regelung in Absatz 1 Nr. 4 entsprechend;
3. muttersprachlichen Unterricht erteilen, gilt das Regelstundenmaß für Lehrkräfte an Realschulen plus;
4. an Förderschulen 14 Wochenstunden und mehr im berufsbildenden Zweig eingesetzt sind, gilt die Regelung für Lehrkräfte an berufsbildenden Schulen;
5. an Förderschulen unterrichten und die Lehrbefähigung für das Lehramt an Grund- und Hauptschulen haben, gilt das Regelstundenmaß für Lehrkräfte an Sonderschulen.

(3) Unterrichtet eine Lehrkraft an einer anderen Schulart als derjenigen, für die sie die Lehramtsprüfungen abgelegt hat, so gilt für sie bei einem Einsatz in den Klassenstufen 5 bis 13 die Regelung wie für Lehrkräfte an den Integrierten Gesamtschulen. Bei einem Einsatz in einem Gymnasium, an dem die allgemeine Hochschulreife nach zwölf Jahren erworben wird, gilt dies mit der Maßgabe, dass anstelle der Klassenstufen 5 bis 10 die Klassenstufen 5 bis 9 und anstelle der Klassenstufen 11 bis 13 die Klassenstufen 10 bis 12 zugrunde zu legen sind.

(4) Für Lehrkräfte im Krankenhaus- und Hausunterricht beträgt das Regelstundenmaß 27 Wochenstunden zu 45 Minuten. Für Lehrkräfte an Schulen nach Absatz 1 oder Absatz 2 Nr. 1 und 2, die mit mehr als der Hälfte der sich aus dieser Tätigkeit ergebenden Unterrichtsverpflichtung im Krankenhaus- und Hausunterricht eingesetzt sind, gilt Satz 1 entsprechend.

§ 4 Unterrichtsstundenausgleich

(1) Für Lehrkräfte, die an einem Gymnasium oder an einer Integrierten Gesamtschule in der Jahrgangsstufe 13 Grundkurse oder Leistungskurse unterrichten, erhöht sich ab Beginn des Schuljahres 2001/2002 die Unterrichtsverpflichtung für jeden

1. zweistündigen Kurs um 0,5 Wochenstunden,
2. drei- oder vierstündigen Kurs um 1,0 Wochenstunden,
3. fünf- oder mehrstündigen Kurs um 1,5 Wochenstunden.

Die sich hieraus ergebende Erhöhung wird der Unterrichtsverpflichtung im laufenden Schuljahr bis zu 1,5 Wochenstunden zugerechnet. Wochenstundenanteile, die das Maß von 1,5 Wochenstunden überschreiten oder zu einer Gesamtunterrichtsverpflichtung von mehr als 26 Wochenstunden führen, werden der Unterrichtsverpflichtung der Lehrkraft im jeweils nächsten Schuljahr hinzugerechnet. Hierbei gilt auch der Zeitaufwand für die besonderen Aufgaben gemäß § 5 Abs. 2 als Unterrichtsverpflichtung.

(2) Die Schulleiterin oder der Schulleiter kann zum Ausgleich unterschiedlicher Belastungen der in Jahrgangsstufe 13 eingesetzten Lehrkräfte die Zurechnungen nach Absatz 1

Satz 1 um bis zu 1,0 Wochenstunden ermäßigen oder erhöhen, jedoch nicht über eine Unterrichtsverpflichtung von 26 Wochenstunden hinaus. Die Gesamtsumme der zur Verrechnung anstehenden Wochenstunden muss unverändert bleiben.

(3) Stundenanteile, die bei einer Lehrkraft zur Verrechnung nach Absatz 1 angefallen sind, werden ab dem vierten darauf folgenden Schuljahr nicht mehr der Unterrichtsverpflichtung hinzugerechnet.

§ 5 Besondere schulische Aufgaben

(1) Lehrkräfte, die an Grundschulen unterrichten, sind verpflichtet, zusätzlich zu ihrer Unterrichtsverpflichtung das tägliche Frühstück (§ 20 Abs. 3 Satz 2 der Schulordnung für die öffentlichen Grundschulen) zu betreuen. Für die Frühstücksbetreuung wird je Klasse bis zu einer halben Wochenstunde (25 Minuten) aus der Lehrerstundenzuweisung eingesetzt. Das Nähere regelt nach Anhörung der Gesamtkonferenz die Schulleiterin oder der Schulleiter; die besondere Situation der Teilzeitlehrkräfte ist zu berücksichtigen.

(2) Grundschulen, die das Angebot eines Offenen Anfangs eingerichtet haben, können je Klasse bis zu einer halben Wochenstunde (25 Minuten) aus der Lehrerstundenzuweisung einsetzen. Absatz 1 Satz 3 gilt entsprechend.

(3) Lehrkräfte an Gymnasien und Integrierten Gesamtschulen mit der Lehrbefähigung für Gymnasien sind verpflichtet, über das Regelstundenmaß hinaus Arbeitsgemeinschaften zu leiten. Die Schulleiterin oder der Schulleiter trägt dafür Sorge, dass die Verpflichtung der Schule, Arbeitsgemeinschaften in der Regel mindestens im Umfang von 0,5 Wochenstunden je Vollzeitlehrerfall, bezogen auf die in Satz 1 genannten voll- oder teilzeitbeschäftigten Lehrkräfte, anzubieten, erfüllt wird. Die Schulleiterin oder der Schulleiter regelt den Einsatz der Lehrkräfte unter Berücksichtigung ihrer sonstigen schulischen Belastungen. Anlage 1 Nr. 1.2.3 Abs. 1 bis 3 gilt entsprechend.

§ 6 Verpflichtendes Ansparen

(1) Die vollbeschäftigten und teilzeitbeschäftigten Lehrkräfte sind verpflichtet, bis zum Ende des Schuljahres, in dem sie das 50. Lebensjahr vollenden, über die Unterrichtsverpflichtung nach § 3 hinaus wöchentlich jeweils eine zusätzliche Unterrichtsstunde zu erteilen. Diese Verpflichtung besteht für die Lehrkräfte

1. an den berufsbildenden Schulen ab Beginn des Schuljahres 2003/2004 bis zum Ende des Schuljahres 2010/2011,
2. an den Förderschulen ab Beginn des Schuljahres 2000/2001 bis zum Ende des Schuljahres 2007/2008,
3. an den übrigen Schulen ab Beginn des Schuljahres 1999/2000 bis zum Ende des Schuljahres 2006/2007.

(2) Die Bestimmungen des Absatzes 1 gelten nicht für

1. Lehrkräfte an Grundschulen,
2. Lehrkräfte, die an organisatorisch verbundenen Grund- und Hauptschulen überwiegend im Grundschulbereich eingesetzt sind,
3. schwerbehinderte Lehrkräfte bei einem Grad der Behinderung ab 50,
4. Lehrkräfte, deren Unterrichtsverpflichtung nach § 4 Abs. 1 Satz 2 oder 3 erhöht ist während des Zeitraumes der Erhöhung.

(3) Die Unterrichtsstunden, die von einer Lehrkraft in dem maßgeblichen Zeitraum nach Absatz 1 Satz 2 Nr. 1 bis 3 (Ansparphase) zusätzlich erteilt worden sind, werden einem Ansparkonto gutgeschrieben und in einem nachfolgenden Zeitraum von entsprechender Dauer durch Herabsetzung der wöchentlichen Unterrichtsverpflichtung um eine Wochenstunde ausgeglichen (Ausgleichsphase); dabei werden jeweils die im Verlauf eines Schuljahres angesparten Unterrichtsstunden ab Beginn des achten darauf folgenden Schuljahres ausgeglichen. Die Ausgleichsphase beginnt

1. an berufsbildenden Schulen mit dem Schuljahr 2011/2012,
2. an Förderschulen mit dem Schuljahr 2008/2009,

3. an den übrigen Schulen mit dem Schuljahr 2007/2008.

(4) Die Erfüllung der Ansparverpflichtung einer Lehrkraft wird jeweils auf der Basis voller Schulhalbjahre pauschal erfasst. Als Zeiträume, in denen die Ansparverpflichtung erfüllt wurde, gelten dabei auch Zeiten

1. einer Elternzeit ohne Teilzeitbeschäftigung oder einer sonstigen Beurlaubung,
2. einer Dienstunfähigkeit,
3. einer Herabsetzung des Regelstundenmaßes wegen vorübergehend verminderter Dienstfähigkeit,
4. einer vollständigen Abordnung an eine außerschulische Dienststelle,
5. einer vorübergehenden vollen Freistellung von der Unterrichtsverpflichtung,

soweit diese Umstände nicht während der gesamten Unterrichtszeit des Schulhalbjahres bestanden und die Lehrkraft während der verbleibenden Zeit Unterricht mit einer nach Absatz 1 erhöhten Unterrichtsverpflichtung erteilt hat.

(5) Als Schulhalbjahr gilt der Zeitraum vom 1. August bis zum 31. Januar und vom 1. Februar bis zum 31. Juli, unabhängig von der Zahl der Schulwochen.

(6) Abweichend von Absatz 3 kann auf Antrag der Lehrkraft der Ausgleich der nach Absatz 1 Satz 2 Nr. 1 bis 3 zusätzlich erteilten Unterrichtsstunden auch in der Weise erfolgen, dass der jeweils fällige Ausgleichsanspruch angesammelt und in einem oder mehreren folgenden Schuljahren in Anspruch genommen wird. Noch nicht in Anspruch genommene Ausgleichsansprüche können ab dem Schuljahr 2012/2013 auf Antrag der Lehrkraft auch zeitlich nach dem in Absatz 3 bestimmten Ausgleichszeitraum gewährt werden. Der Ausgleich muss spätestens in dem Schuljahr abgeschlossen sein, in dem die Lehrkraft die Altersgrenze erreicht. Anträgen nach Satz 1 und 2 darf nur stattgegeben werden, wenn dienstliche Gründe nicht entgegenstehen. Die Frist für die Antragstellung legt das fachlich zuständige Ministerium fest.

(7) Ist ein Zeitausgleich aus in der Person der Lehrkraft liegenden Gründen nicht oder nicht vollständig möglich, ist eine Ausgleichszahlung nach Maßgabe der besoldungsrechtlichen Vorschriften zu gewähren.

§ 6a Besondere Form der Arbeitszeitverteilung bei Teilzeitbeschäftigung

(1) Auf Antrag der Lehrkraft und soweit dienstliche Gründe, insbesondere bei Schulleitungen im Sinne einer adäquaten, funktionsausfüllenden Vertretung, nicht entgegenstehen, kann eine Teilzeitbeschäftigung nach § 75 Abs. 1 des Landesbeamtengesetzes in der Weise bewilligt werden, dass die Lehrkraft am Ende eines mindestens zwei Jahre und höchstens sieben Jahre umfassenden Zeitraums der Teilzeitbeschäftigung für ein Jahr vom Dienst freigestellt wird, wenn sie bis zum Beginn der Freistellung die Arbeitszeit für den Gesamtzeitraum der Teilzeitbeschäftigung erbracht hat. Dem Antrag darf nur stattgegeben werden, wenn der Zeitraum der Freistellung vom Dienst spätestens mit Ablauf des Schuljahres endet, das dem Erreichen der gesetzlichen Altersgrenze zwei Jahre vorangeht.

(2) Das fachlich zuständige Ministerium kann abweichend von Absatz 1 Satz 1 eine längere Höchstdauer der Teilzeitbeschäftigung festlegen oder auf eine Höchstdauer verzichten.

§ 7 Unterrichtseinsatz

Aus Gründen der Schul- oder Unterrichtsorganisation kann längstens für ein Schuljahr die Schulleiterin oder der Schulleiter die Unterrichtsverpflichtung einer Lehrkraft mit deren Einverständnis um bis zu 2 Wochenstunden, in Einzelfällen darüber hinaus, erhöhen oder verringern; in diesem Fall erhöht oder verringert sich die nach § 2 Abs. 1 in Verbindung mit den §§ 3 bis 6 maßgebliche Unterrichtsverpflichtung der Lehrkraft. Diese Abweichung ist möglichst im nächsten Schulhalbjahr, spätestens im nächsten Schuljahr auszugleichen. Entscheidungen der Schulleitung nach Satz 1 sind schriftlich festzuhalten. Der Ausgleichsanspruch bleibt bei einem Wechsel der Lehrkraft an eine andere Schule erhalten. Die Vorschriften über die Vergütung von Mehrarbeit bleiben unberührt.

§ 8 Stundenanrechnungen

(1) Stundenanrechnungen werden für die Wahrnehmung von Funktionen und Sonderaufgaben und für besondere unterrichtliche Belastungen gewährt. Sie ergeben sich aus Anlage 1.

(2) Anrechnungsstunden für Schulversuche bleiben besonderen Regelungen vorbehalten.

§ 9 Altersermäßigung

(1) Lehrkräften, die, berechnet ohne Altersermäßigung, mindestens die Hälfte des Regelstundenmaßes Unterricht erteilen, ohne in Altersteilzeit zu sein, wird mit Beginn des Schuljahres, in dem sie das 64. Lebensjahr vollenden, 3 Wochenstunden Altersermäßigung gewährt.

(2) Der Zeitausgleich aufgrund der flexiblen Arbeitszeit für Lehrkräfte (freiwilliges Ansparen) führt nicht zu einer Kürzung der Altersermäßigung.

§ 10 Schwerbehindertenermäßigung

(1) Für vollbeschäftigte schwerbehinderte Lehrkräfte, die, berechnet ohne Schwerbehindertenermäßigung, mindestens die Hälfte des Regelstundenmaßes Unterricht erteilen, wird die Unterrichtsverpflichtung bei einem Grad der Behinderung

1. ab 50 um 2 Wochenstunden,
2. ab 70 um 3 Wochenstunden,
3. ab 90 um 4 Wochenstunden

ermäßigt. Die gleiche Ermäßigung erhalten Lehrkräfte, die Altersteilzeit nach dem Blockmodell oder eine Teilzeitbeschäftigung nach § 6a in Anspruch nehmen, während einer Vollbeschäftigung in der Ansparphase sowie vollbeschäftigte schwerbehinderte Schulleiterinnen oder Schulleiter und deren ständige Vertreterinnen oder Vertreter sowie Fachleiterinnen oder Fachleiter, wenn ihr Unterrichtseinsatz dauerhaft allein wegen ihrer funktionsbezogenen Tätigkeit weniger als die Hälfte des Regelstundenmaßes beträgt. In besonderen Fällen kann auf Antrag der schwerbehinderten Lehrkraft die Schulbehörde eine zusätzliche Ermäßigung bei einem Grad der Behinderung

1. ab 50 um 1 Wochenstunde,
2. ab 70 um bis zu 2 Wochenstunden,
3. ab 90 um bis zu 3 Wochenstunden

gewähren. Vor der Entscheidung über eine notwendige zusätzliche Ermäßigung ist ein amtsärztliches Zeugnis einzuholen.

(2) Für teilzeitbeschäftigte schwerbehinderte Lehrkräfte, die, berechnet ohne Schwerbehindertenermäßigung, mindestens die Hälfte des Regelstundenmaßes Unterricht erteilen, wird die Unterrichtsverpflichtung bei einem Grad der Behinderung

1. ab 50 um 1 Wochenstunde,
2. ab 90 um 2 Wochenstunden

ermäßigt. Ist das Regelstundenmaß durch die Teilzeitbeschäftigung nicht um mehr Unterrichtsstunden herabgesetzt als in Absatz 1 Satz 1 vorgesehen, richtet sich die Ermäßigung nach Absatz 1 Satz 1. In besonderen Fällen kann auf Antrag der schwerbehinderten Lehrkraft die Schulbehörde eine zusätzliche Ermäßigung bei einem Grad der Behinderung

1. ab 50 um 1 Wochenstunde,
2. ab 90 um bis zu 2 Wochenstunden

gewähren. Vor der Entscheidung über eine notwendige zusätzliche Ermäßigung ist ein amtsärztliches Zeugnis einzuholen.

(3) Der Grad der Behinderung ist durch einen Schwerbehindertenausweis nachzuweisen. Die Schwerbehindertenermäßigung wird ab dem Zeitpunkt des Nachweises gewährt.

§ 11 Vorübergehend verminderte Dienstfähigkeit

(1) Eine Herabsetzung des Regelstundenmaßes wegen verminderter Dienstfähigkeit kann auf Antrag gewährt werden, wenn die Wiederherstellung der vollen Dienstfähigkeit in absehbarer Zeit wahrscheinlich ist. Das Regelstundenmaß kann in der Regel nicht länger als für die Dauer eines halben Jahres vermindert werden. In medizinisch begründeten Ausnahmefällen kann die Dauer der Herabsetzung des Regelstundenmaßes einmal bis zu einer Höchstdauer von einem Jahr verlängert werden. Vor einer Entscheidung über die Herab-

setzung oder die Verlängerung der Dauer der Herabsetzung des Regelstundenmaßes ist ein amtsärztliches Zeugnis einzuholen.

(2) Über die Herabsetzung des Regelstundenmaßes entscheidet die Schulbehörde.

(3) Für die Dauer der Herabsetzung des Regelstundenmaßes nach Absatz 1 darf die Unterrichtsverpflichtung der Lehrkraft nicht durch andere neu hinzutretende Anrechnungs- und Ermäßigungstatbestände verkürzt werden.

§ 12 Mindestunterrichtsverpflichtung

(1) Die Summe der Anrechnungs- und Ermäßigungsstunden darf insgesamt die Hälfte des Regelstundenmaßes nicht überschreiten. Dies gilt nicht, sofern im Rahmen einer Wiedereingliederungsmaßnahme das Regelstundenmaß nach § 11 vorübergehend herabgesetzt wird.

(2) Stundenermäßigungen nach den §§ 9 bis 11 dürfen neben Stundenanrechnungen in Anspruch genommen werden.

(3) Die Zahl der wöchentlichen Unterrichtsstunden der Schulleiterin oder des Schulleiters darf 4, die der ständigen Vertreterin oder des ständigen Vertreters und der Studiendirektorin oder des Studiendirektors zur Koordinierung schulfachlicher Aufgaben bei der Schulleitung je 10 Unterrichtsstunden nicht unterschreiten. Dies gilt auch für das Zusammentreffen von Anrechnungen für Schulleitungsaufgaben mit anderen Stundenanrechnungen und -ermäßigungen. Durch die Schulbehörde kann bei Teilzeitbeschäftigung die Zahl der wöchentlichen Unterrichtsstunden für die Schulleiterin oder den Schulleiter bis auf 2, für die ständige Vertreterin oder den ständigen Vertreter und für die Studiendirektorin oder den Studiendirektor zur Koordinierung schulfachlicher Aufgaben bei der Schulleitung bis auf 5 Unterrichtsstunden gesenkt werden. Für die ständigen Vertreterinnen oder Vertreter und die Studiendirektorinnen oder Studiendirektoren zur Koordinierung schulfachlicher Aufgaben bei der Schulleitung an Schulen mit mehr als 70 Klassen oder Klasseneinheiten kann die Zahl der wöchentlichen Unterrichtsstunden von der Schulbehörde bis auf 6, bei Teilzeitbeschäftigung bis auf 3 Unterrichtsstunden gesenkt werden.

§ 13 Sonderregelung

Für die nach dem 31. Juli 2009 an Hauptschulen, Grund- und Hauptschulen und Realschulen oder an entsprechenden anerkannten Ersatzschulen in freier Trägerschaft tätigen Lehrkräfte im unmittelbaren und mittelbaren Beamtenverhältnis des Landes Rheinland-Pfalz auf Probe oder auf Lebenszeit sind die §§ 2 bis 12 weiterhin in ihrer bis zum Ablauf des 31. Juli 2009 geltenden Fassung anzuwenden. Anlage 1 Nr. 1.3.4 gilt auch für diese Lehrkräfte.

§ 14 Staatliche Studienseminare

(1) Für die an staatlichen Studienseminaren für die Lehrämter an Schulen tätigen Seminarleiterinnen und Seminarleiter, stellvertretenden Seminarleiterinnen und Seminarleiter und Fachleiterinnen und Fachleiter besteht:

1. eine Ausbildungsverpflichtung,
2. eine Unterrichtsverpflichtung und
3. gegebenenfalls eine Verpflichtung zur Erfüllung anderer Aufgaben der staatlichen Studienseminare.

(2) Für die Berechnung der Ausbildungsverpflichtung werden folgende Ausbildungstätigkeiten zugrunde gelegt:

1. im Vorbereitungsdienst nach § 6 der Schullaufbahnverordnung (SchulLbVO) vom 15. August 2012 (GVBl. S. 291, BS 2030-45) in der jeweils geltenden Fassung,
2. in den Praktika nach der Landesverordnung über die Anerkennung von Hochschulprüfungen lehramtsbezogener Bachelor- und Masterstudiengänge als Erste Staatsprüfung für Lehrämter vom 12. September 2007 (GVBl. S. 152, BS 223-1-53) in der jeweils geltenden Fassung,
3. in der pädagogischen Zusatzausbildung nach § 9 SchulLbVO,
4. im Anpassungslehrgang nach der EU-Lehrämter-Anerkennungsverordnung vom 6. April 2016 (GVBl. S. 211, BS 2030-58) in der jeweils geltenden Fassung und

5. in der pädagogischen Ausbildung nach den §§ 11 und 14 Abs. 1 SchulLbVO.

(3) Die Unterrichtsverpflichtung ist abhängig

1. vom Umfang der Ausbildungsverpflichtung,
2. vom Umfang der Verpflichtung zur Erfüllung anderer Aufgaben der staatlichen Studienseminare,
3. von nach Maßgabe des Absatzes 4 zu gewährenden Stundenanrechnungen und
4. von nach Maßgabe des Absatzes 5 zu gewährenden Stundenermäßigungen

und wird auf der Grundlage der §§ 3 und 4 sowie der Anlage 2 errechnet. Erfolgt danach die Berechnung der Unterrichtsverpflichtung in Abhängigkeit von der Zahl der Seminarteilnehmerinnen und Seminarteilnehmer, so wird diese für jedes Schulhalbjahr zu den Stichtagen 15. August und 1. Februar, bei dem Lehramt an berufsbildenden Schulen zu den Stichtagen 15. Mai und 15. November festgestellt. Zu- und Abgänge von Seminarteilnehmerinnen und Seminarteilnehmern während der ersten Hälfte des Schulhalbjahres und beim Lehramt an berufsbildenden Schulen während der zweiten Hälfte des Schulhalbjahres werden hälftig angerechnet. Zu- und Abgänge während der zweiten Hälfte des Schulhalbjahres und beim Lehramt an berufsbildenden Schulen während der ersten Hälfte des Schulhalbjahres bleiben unberücksichtigt. Die Mindestunterrichtsverpflichtung beträgt in der Regel 8 Wochenstunden; für die stellvertretenden Seminarleiterinnen und Seminarleiter sowie für die Fachleiterinnen und Fachleiter für Berufspraxis beträgt sie in der Regel 4 Wochenstunden. Die Mindestunterrichtsverpflichtung kann in besonderen Fällen unterschritten werden. Die Entscheidung trifft die Seminarleiterin oder der Seminarleiter mit Zustimmung des Landesprüfungsamtes für die Lehrämter an Schulen.

(4) Stundenanrechnungen werden für die Wahrnehmung von Funktionen und Sonderaufgaben und für besondere Belastungen bei der Ausbildung gewährt; sie ergeben sich aus Anlage 2. Bei Vorliegen der Voraussetzungen können daneben auch Stundenanrechnungen nach § 8 gewährt werden.

(5) Stundenermäßigungen werden entsprechend den §§ 9 bis 11 gewährt. Soweit nach § 9 Abs. 1 mindestens die Hälfte des Regelstundenmaßes Unterricht zu erteilen ist, wird nur der Unterricht an Schulen berücksichtigt. Abweichend von § 9 Abs. 1 beträgt die Altersermäßigung 2 Wochenstunden, wenn wegen der Zuweisung einer weiteren Person zur Ausbildung 1 Wochenstunde weniger als die Hälfte des Regelstundenmaßes Unterricht erteilt wird.

(6) Die Absätze 1 bis 5 gelten entsprechend für Lehrkräfte an Schulen, die Aufgaben der Fachleiterinnen und Fachleiter an den staatlichen Studienseminaren für die Lehrämter an Schulen wahrnehmen.

§ 15 Schlussbestimmungen

(1) Über zeitlich begrenzte Erweiterungen von Stundenanrechnungen oder -ermäßigungen oder die Gewährung von Stundenanrechnungen oder -ermäßigungen in Fällen, die in dieser Verordnung nicht geregelt sind, entscheidet das fachlich zuständige Ministerium.

(2) Die Freistellung von Mitgliedern der Personalvertretungen richtet sich nach den Bestimmungen des Landespersonalvertretungsgesetzes in der Fassung vom 24. November 2000 (GVBl. S. 529, BS 2035-1) in der jeweils geltenden Fassung.

§ 16 In-Kraft-Treten

Diese Verordnung tritt am 1. August 1999 in Kraft.

Anlage 1
(zu § 8)

I

Stundenanrechnungen für die Wahrnehmung von Funktionen und Sonderaufgaben und für besondere unterrichtliche Belastungen

1 Schulbezogene Anrechnungen

1.1 Anrechnungen für Schulleitungsaufgaben

Für die nicht unterrichtlichen Tätigkeiten der Schulleitung (Schulleiterin oder Schulleiter, Vertreterinnen oder Vertreter, didaktische Koordinatorin oder didaktischer Koordinator) sowie für weitere Leitungsaufgaben wird jeder Schule eine Gesamtzahl von Anrechnungsstunden zur Verfügung gestellt. Die Anrechnungsstunden sind von der Schulleiterin oder dem Schulleiter im Benehmen mit den anderen Mitgliedern der Schulleitung entsprechend dem Umfang der Aufgaben aufzuteilen. Anrechnungen für Schulleitungsaufgaben werden im Rahmen der Gesamtanrechnung auch bei kommissarischer Wahrnehmung der entsprechenden Aufgaben gewährt.

Lehrkräften, die weitere Leitungsaufgaben im Sinne der Nummern 1.1.2 Buchst. b, c und d, 1.1.5 Buchst. b, 1.1.6 und 1.1.7 wahrnehmen, sind Anrechnungsstunden zu gewähren, und zwar in der Regel in der in den genannten Nummern für die jeweilige Aufgabe vorgesehenen Höhe.

Lehrkräften, die nicht der Schulleitung angehören und denen einzelne Schulleitungsaufgaben übertragen werden, können Anrechnungsstunden aus der Schulleitungspauschale gewährt werden.

Im Einzelnen entfallen auf Schulen mit zu bildenden Klassen bzw. Klasseneinheiten	Anrechnungsstunden für Schulleitungsaufgaben

1.1.1 bei Grundschulen

bis	6	Klassen	8
bei	7	Klassen	10
	8	Klassen	10,5
	9	Klassen	12
	10	Klassen	13
	11	Klassen	14
	12	Klassen	15
	13	Klassen	16
	14	Klassen	18
	15	Klassen	19
	16	Klassen	20
	17	Klassen	22,5
	18	Klassen	23
	19	Klassen	24
	20	Klassen	25
	21 und mehr	Klassen	26;

Wird die Leitung mehrerer Grundschulen durch eine Schulleitung wahrgenommen, so wird für die Dauer von einem Jahr die Schulleitungsanrechnung für jede Grundschule gesondert berechnet. Danach erhält die Schulleitung eine Schulleitungspauschale unter Berücksichtigung der Gesamtzahl der Klassen der von ihr geführten Grundschulen.

1.1.2 bei Realschulen plus

a)

	bis 6	Klassen	10
7	bis 9	Klassen	14
10	bis 12	Klassen	18
13	bis 14	Klassen	20
15	bis 18	Klassen	24
19	bis 21	Klassen	28
	22	Klassen	29
23	bis 24	Klassen	32
	25	Klassen	33
26	bis 28	Klassen	34
	29	Klassen	35
	30	Klassen	36
31	bis 34	Klassen	37
35	bis 46	Klassen	41
	47 und mehr	Klassen	42;

b) Die Schulleitungsanrechnung wird für die Aufgaben der pädagogischen Koordination bei einer durchschnittlichen Zahl der Parallelklassen in den Jahrgangsstufen 5 bis 10

– von bis zu 3,49 um 2 Anrechnungsstunden,
– von 3,5 und höher um 3 Anrechnungsstunden

erhöht.

c) Die Schulleitungsanrechnung wird für die Aufgaben der didaktischen Koordination bei einer durchschnittlichen Zahl der Parallelklassen in den Jahrgangsstufen 7 bis 9

– von bis zu 3,49 um 2 Anrechnungsstunden,
– von 3,5 und höher um 3 Anrechnungsstunden

erhöht.

d) Die Schulleitungsanrechnung wird für die Aufgaben der Koordination an einer Realschule plus mit organisatorisch verbundener Fachoberschule um 3 Anrechnungsstunden erhöht.

1.1.3

a) bei organisatorisch verbundenen Grund- und Realschulen plus werden Anrechnungsstunden zu 45 Minuten wie bei Realschulen plus gewährt;

b) bei organisatorisch verbundenen Realschulen plus und Fachoberschulen werden Anrechnungsstunden wie bei Realschulen plus gewährt;

1.1.4 bei Förderschulen

a)

bis 4 Klassen	8	
5 bis 6 Klassen	11	
ab 7 Klassen	11	zuzüglich der Anzahl der Klasseneinheiten vermindert um 6.

b) Die Schulen des Landes und des Bezirksverbandes Pfalz für Gehörlose und Schwerhörige sowie die Schulen des Landes für Blinde und Sehbehinderte erhalten zusätzlich für die Wahrnehmung der sozialen Aufgaben im Heim und in der Frühförderung 13 Anrechnungsstunden. Soweit an den genannten Schulen Bildungsgänge im Bereich der Berufsbildenden Schulen eingerichtet sind, ist bei der Ermittlung der Klassenzahl für je drei Teilzeitklassen eine Vollzeitklasse zu rechnen.

c) Förderschulen, die als Stammschulen integrierte Fördermaßnahmen für Schülerinnen und Schüler mit sonderpädagogischem Förderbedarf an anderen Schulen durchführen, erhalten folgende zusätzliche Anrechnungsstunden für Schulleitungsaufgaben:

ab 15	bis	45 Förderstunden	1
46	bis	75 Förderstunden	2
76	bis	105 Förderstunden	3
106	bis	135 Förderstunden	4
136	bis	165 Förderstunden	5
166	bis	195 Förderstunden	6
		ab 196 Förderstunden	7;

1.1.5 bei Gymnasien und Integrierten Gesamtschulen

a)

bis 4		Klassen	8
5	bis	6 Klassen	12
7	bis	9 Klassen	16
10	bis	12 Klassen	20
13	bis	14 Klassen	23
15	bis	17 Klassen	26
18	bis	22 Klassen	32
23	bis	29 Klassen	35
30	bis	31 Klassen	37
		32 Klassen	38
33	bis	34 Klassen	41
35	bis	42 Klassen	42
43	bis	46 Klassen	43
47	bis	52 Klassen	45
53	und mehr	Klassen	46;

Zur Ermittlung von fiktiven Klassenzahlen für die Sekundarstufe II ist die Zahl der Schülerinnen und Schüler in der Sekundarstufe II durch 25 zu teilen.
Bei Integrierten Gesamtschulen erhöhen sich die Anrechnungsstunden für Schulleitungsaufgaben für jedes Mitglied der Schulleitung mit dem Regelstundenmaß 27 um 1,5 Wochenstunden.

b) Die Schulleitungsanrechnung wird für die Leitung der gymnasialen Oberstufe in Abhängigkeit von der Zahl der Schülerinnen und Schüler in der gymnasialen Oberstufe bei

bis zu 299 Schülerinnen und Schülern um 4 Wochenstunden,

300 bis 399 Schülerinnen und Schülern	um 5 Wochenstunden,
400 und mehr Schülerinnen und Schülern	um 6 Wochenstunden erhöht.

Bei Integrierten Gesamtschulen wird die Schulleitungsanrechnung

- für die pädagogische Koordination für zwei Klassenstufen je Klasse in diesen beiden Klassenstufen um 0,5 Anrechnungsstunden,
- für die didaktische Koordination um eine der durchschnittlichen Zahl der Parallelklassen in der Sekundarstufe I entsprechende Zahl von Anrechnungsstunden

erhöht. Bei einem Wert von 0,5 und mehr wird aufgerundet, unter 0,5 abgerundet.

c) Bei Gymnasien in Landesträgerschaft mit Wohnheim wird die Schulleitungsanrechnung um bis zu 10 Stunden erhöht;

1.1.6 Bei organisatorisch verbundenen Kollegs und Abendgymnasien wird die Anrechnungspauschale für Schulleitungs- und weitere Leitungsaufgaben nach der folgenden Formel berechnet: [15 als Sockel] + [Gesamtstudierendenzahl · 0,07] + [Zahl der Bildungsgänge · 4,5] + [4 für die Einrichtung eines Vorkurses].

Bei organisatorisch verbundenen Gymnasien und Kollegs entfällt der Sockel.

1.1.7 Bei berufsbildenden Schulen ergibt sich die Anzahl der Anrechnungsstunden für die Wahrnehmung von Schulleitungsaufgaben aus

1. einer einheitlichen Sockelpauschale,
2. einer klassenbezogenen Pauschale,
3. einer schülerbezogenen Pauschale,
4. einer Pauschale für die Anzahl der Bildungsgänge und
5. einer Pauschale für die Anzahl der Berufsgruppen.

1.1.7.1 Jede Schule erhält für die Wahrnehmung von Schulleitungsaufgaben eine einheitliche Sockelpauschale von 7 Wochenstunden.

1.1.7.2 Die klassenbezogene Pauschale beträgt

für die 1. bis 40. fiktive Klasse je 0,5 Wochenstunden,

für die 41. bis 80. fiktive Klasse je 0,38 Wochenstunden,

ab der 81. fiktiven Klasse je 0,15 Wochenstunden.

Die fiktive Klassenzahl entspricht der Summe der gewichteten Vollzeit- und Teilzeitklassen.

Die gewichtete Vollzeitklassenzahl ergibt sich aus der Formel

$$\sqrt{\frac{\text{Vollzeitklassen * Schülerzahl Vollzeit}}{\text{durchschnittliche Klassenfrequenz Vollzeit des Vorjahres}}}$$

Die gewichtete Teilzeitklassenzahl ergibt sich aus der Formel

$$\sqrt{\frac{\text{Teilzeitklassen * Schülerzahl Teilzeit}}{\text{durchschnittliche Klassenfrequenz Teilzeit des Vorjahres}}}$$

1 bis 500 Schülerinnen und Schüler 0,011 Wochenstunden je Schülerin oder Schüler,

501 bis 800 Schülerinnen und Schüler 0,008 Wochenstunden je Schülerin oder Schüler,

ab 801 Schülerinnen und Schüler 0,005 Wochenstunden je Schülerin oder Schüler.

1.1.7.4 Für jeden Bildungsgang werden 0,5 Wochenstunden gewährt.

1.1.7.5 Für jede Berufsgruppe werden 0,3 Wochenstunden gewährt.

1.1.8 Die Zahl der Klassen in der Sekundarstufe I wird aufgrund der Klassenmesszahl gemäß den jeweils geltenden Verwaltungsvorschriften über die Klassenbildung berechnet.

1.1.9 Bei Ganztagsschulen in verpflichtender Form wird die Zahl der Klassen in Ganztagsform mit 1,5, bei Ganztagsschulen im Förderschulbereich die Zahl der Klassen mit 1,2 multipliziert und in die jeweilige Tabelle einbezogen. Bei Integrierten Gesamt-

I

schulen als Ganztagsschulen in verpflichtender Form gilt Satz 1 mit der Maßgabe, dass bei einem Ergebnis von mehr als 47 Klassen nach Anwendung des Faktors 1,5 6 Anrechnungsstunden zusätzlich gewährt werden.

Bei Ganztagsschulen in offener Form wird die Zahl der Ganztagsklassen durch Teilung der Zahl der teilnehmenden Schülerinnen und Schüler durch 30 errechnet und dann in die jeweilige Tabelle einbezogen.

1.1.10 Bei der Berechnung von fiktiven Klassen oder Klasseneinheiten werden Bruchteile abgerundet.

1.1.11 Ganztagsschulen in Angebotsform erhalten für die Durchführung und Organisation ihres pädagogischen Konzepts Anrechnungsstunden. Die Anrechnungsstunden der Schulen staffeln sich in Abhängigkeit der im Schuljahr angemeldeten Ganztagsschülerinnen und -schüler wie folgt:

a) Ganztagsschülerinnen und -schüler in Förderschulen

Ganztagsschülerinnen und -schüler in Förderschulen			Anrechnungsstunden
26	bis	51	3
52	bis	77	4
78	bis	103	5
104	bis	129	6
130	bis	155	7
156	bis	181	8
182	bis	207	9
208	bis	233	10
234	bis	259	11
260	bis	285	12
286	bis	311	13
312	bis	337	14
338	bis	363	15
364	bis	389	16
390	bis	415	17
416	bis	441	18;

b) Ganztagsschülerinnen und -schüler in sonstigen Schulen

Ganztagsschülerinnen und -schüler in sonstigen Schulen			Anrechnungsstunden
54 (in Grundschulen 36)	bis	71	3
72	bis	107	4
108	bis	143	5
144	bis	179	6
180	bis	215	7
216	bis	251	8
252	bis	287	9
288	bis	341	10
342	bis	395	11
396	bis	449	12
450	bis	503	13
504	bis	557	14
558	bis	611	15
612	bis	683	16
684	bis	755	17
756	bis	827	18.

Schulen, denen eine Option zur Einrichtung eines Ganztagsangebots in Angebotsform erteilt wurde, erhalten zur Vorbereitung dieses Angebots im Schulhalbjahr vor dem Errichtungszeitpunkt 3 Anrechnungsstunden.

1.2 Anrechnungspauschale für besondere unterrichtliche Belastungen und Sonderaufgaben

1.2.1 Den Schulen wird zum Ausgleich besonderer unterrichtlicher Belastungen und für schulbezogene Sonderaufgaben nach Maßgabe der folgenden Bestimmungen eine Anrechnungspauschale zur Verfügung gestellt.

Die Zahl der Anrechnungsstunden, die einer Schule als Pauschale zur Verfügung gestellt werden (Anrechnungspauschale), errechnet sich aus der Zahl der Vollzeitlehrkräfte. Diese ergibt sich aus

- der Zahl der vollbeschäftigten Lehrkräfte,
- der Zahl der in Vollzeitlehrerfälle umgerechneten Stellenteile der teilzeitbeschäftigten Lehrkräfte,
- der Zahl der in Vollzeitlehrerfälle umgerechneten tatsächlich erteilten Unterrichtsstunden der Fachleiterinnen und Fachleiter, der Lehramtsanwärterinnen und Lehramtsanwärter und der Referendarinnen und Referendare, sofern es sich um selbständig erteilten Unterricht handelt, der regelmäßigen Mehrarbeit und des nebenberuflichen und nebenamtlich erteilten Unterrichts.

Die Summe wird mit Hilfe des für die jeweilige Schulart geltenden Regelstundenmaßes auf Vollzeitlehrerfälle umgerechnet. Bei Integrierten Gesamtschulen wird der Wert 25 zugrunde gelegt.

Die Unterrichtsstunden der so genannten Feuerwehrlehrkräfte dürfen nicht eingerechnet werden. Bei teilabgeordneten Lehrkräften sind die Stunden gemäß dem Einsatz der jeweiligen Schule zuzurechnen.

An Förderschulen mit dem Förderschwerpunkt ganzheitliche Entwicklung wird für jede Klasse, an der eine pädagogische Fachkraft mit der Klassenleitung beauftragt ist, ein Vollzeitlehrerfall gezählt.

1.2.2 Im Einzelnen werden folgende Anrechnungspauschalen festgesetzt:

Bei den Realschulen plus und Förderschulen entspricht die Anrechnungspauschale einem Drittel, bei berufsbildenden Schulen, Abendgymnasien und Kollegs der Hälfte der Zahl der Vollzeitlehrerfälle.

Bei organisatorisch verbundenen Realschulen plus und Fachoberschulen, Gymnasien und Integrierten Gesamtschulen entspricht die Anrechnungspauschale in der Sekundarstufe I einem Drittel und in der Sekundarstufe II der Hälfte der Zahl der Vollzeitlehrerfälle. Die Vollzeitlehrerfälle werden in dem Verhältnis auf die Sekundarstufen I und II aufgeteilt, das dem Verhältnis des Stundensolls der Sekundarstufe I zu dem der Sekundarstufe II entspricht.

Die Anrechnungspauschale entspricht in der Aufbauphase

- für das 1. und 2. Schuljahr bei Gymnasien und
- für die ersten 6 Schuljahre bei Integrierten Gesamtschulen

der Hälfte der Zahl der Vollzeitlehrerfälle.

Bei Realschulen plus, organisatorisch verbundenen Grund- und Realschulen plus, organisatorisch verbundenen Realschulen plus und Fachoberschulen, Gymnasien und Integrierten Gesamtschulen als Ganztagsschulen in verpflichtender Form entspricht die Anrechnungspauschale der Hälfte der Zahl der Vollzeitlehrerfälle.

An den Schulen, an denen eine technische Schulassistentin oder ein technischer Schulassistent oder eine Bibliothekarin oder ein Bibliothekar beschäftigt sind, vermindert sich die errechnete Pauschale für jeden dieser Beschäftigten um 4 Stunden. Bei Schulen der Sekundarstufe I, die mit der Durchführung des integrativen Unterrichts gemäß § 10 Abs. 3 der Übergreifenden Schulordnung vom 12. Juni 2009 (GVBl. S. 224, BS 223-1-35) beauftragt sind, erhöht sich diese Anrechnungspauschale um ein Sechstel der Zahl der Vollzeitlehrerfälle.

1.2.3 Verteilung der Anrechnungsstunden

Die Gesamtkonferenz beschließt über die Grundsätze für die Verteilung der Anrechnungspauschale.

Die Schulleiterin oder der Schulleiter entscheidet über die Verteilung der Anrechnungsstunden im Einzelnen. Die Verteilung ist schriftlich festzuhalten. Die Gesamtkonferenz ist über die Verteilung zu unterrichten.

Der Personalrat ist in der gesetzlich vorgesehenen Weise zu beteiligen.

Anrechnungsstunden können halbiert werden. Sie können auch für einen geringeren Zeitraum als ein Schuljahr gewährt werden. Bei der Bemessung einer Anrechnung für die besondere unterrichtliche Belastung in Abschlussklassen sind Entlastungen durch vorzeitige Entlassungen der Schülerinnen und Schüler zu berücksichtigen.

Eine gleichmäßige Verteilung der Anrechnungspauschale ist mit ihrer Zweckbestimmung nicht zu vereinbaren und unzulässig.

1.2.4 Anrechnungen an Grundschulen und Realschulen plus, organisatorisch verbundenen Grund- und Realschulen plus sowie organisatorisch verbundenen Realschulen plus und Fachoberschulen in sozialen Brennpunkten

Die Schulbehörde kann Grundschulen in sozialen Brennpunkten eine Anrechnungspauschale bis zu drei Zehnteln der Zahl der Vollzeitlehrerfälle gewähren und die Anrechnungspauschale für Realschulen plus in sozialen Brennpunkten um bis zu einem Drittel der Zahl der Vollzeitlehrerfälle erhöhen. Satz 1 gilt auch für organisatorisch verbundene Grund- und Realschulen plus mit der Maßgabe, dass die Vollzeitlehrerfälle in dem Verhältnis auf die Grund- und Realschule plus aufgeteilt werden, das dem Verhältnis des Stundensolls der Grundschule zu dem der Realschule plus entspricht. Die Anrechnungspauschale für organisatorisch verbundene Realschulen plus und Fachoberschulen kann bis zu zwei Drittel der Zahl der Vollzeitlehrerfälle erhöht werden, die dem Stundensoll der Realschule plus entspricht.

1.2.5 Anrechnungen für Förderschulen mit der Funktion einer Stammschule für integrierte Fördermaßnahmen

Den Stammschulen werden für besondere Belastungen, die aus den Aufgaben der Förderschullehrkräfte in den integrierten Fördermaßnahmen für Schülerinnen und Schüler mit sonderpädagogischem Förderbedarf entstehen, folgende Anrechnungsstunden zusätzlich gewährt:

ab 15	bis	45 Förderstunden	1 Wochenstunde,
46	bis	75 Förderstunden	2 Wochenstunden,
76	bis	105 Förderstunden	3 Wochenstunden,
106	bis	135 Förderstunden	4 Wochenstunden,
136	bis	165 Förderstunden	5 Wochenstunden,
166	bis	195 Förderstunden	6 Wochenstunden,
		ab 196 Förderstunden	7 Wochenstunden.

Die Schulleiterin oder der Schulleiter entscheidet unter Berücksichtigung der besonderen örtlichen Gegebenheiten und nach Beteiligung des Personalrates über die Verteilung.

1.2.6 Grundschulen, die mit der Durchführung des integrativen Unterrichts gemäß § 29 der Schulordnung für die öffentlichen Grundschulen vom 10. Oktober 2008 (GVBl. S. 219, BS 223-1-37) beauftragt sind, erhalten für die erforderlichen Kooperations- und Koordinierungsaufgaben Anrechnungsstunden in Höhe von 0,0175 je Schülerin und Schüler der Grundschule. Bei der Berechnung werden Bruchteile auf halbe Anrechnungsstunden aufgerundet. Für die Verteilung der Anrechnungsstunden gilt Nummer 1.2.3 entsprechend.

1.3 Weitere Anrechnungen

1.3.1 In schulartübergreifenden Orientierungsstufen der Realschule plus und des Gymnasiums erhält die pädagogische Leiterin oder der pädagogische Leiter 4 bis 6 Anrechnungsstunden. Die Entscheidung trifft die Schulbehörde.

1.3.2 Die Koordinatorin oder der Koordinator für den Freizeitbereich der Ganztagsschulen in verpflichtender Form erhält

bis 8 Ganztagsklassen	4 Anrechnungsstunden,
von 9 bis 19 Ganztagsklassen	6 Anrechnungsstunden,
ab 20 Ganztagsklassen	8 Anrechnungsstunden.

Dies gilt im Förderschulbereich nur für die Förderschulen mit dem Schwerpunkt Lernen als Ganztagsschule in verpflichtender Form.

Die Koordination kann auf zwei Lehrkräfte aufgeteilt werden, ohne dass sich dadurch die Zahl der Anrechnungsstunden erhöht.

1.3.3 Lehrkräfte an berufsbildenden Schulen, die im Rahmen der fachpraktischen Betreuung von Schülerinnen und Schülern an Fachschulen für Sozialwesen in den Fachrichtungen Sozialpädagogik oder Heilerziehungspflege tätig sind, erhalten 1 Anrechnungsstunde für jeweils drei zu betreuende Schülerinnen und Schüler. Lehrkräfte an berufsbildenden Schulen, die an Fachschulen für Altenpflege und Altenpflegehilfe oder an staatlichen Pflegeschulen im Rahmen der Praxisbegleitung tätig sind, erhalten Anrechnungsstunden aus einem Stundenpool, deren Verteilung der Schulbehörde obliegt. Insgesamt kann jede Lehrkraft bis zu 4 Anrechnungsstunden erhalten. Die Entscheidung trifft die Schulbehörde.

1.3.4 Führt eine Schule mit dem Bildungsgang Berufsreife einen Praxistag durch, so erhält die mit der Koordinierung der Maßnahmen für die berufliche Orientierung beauftragte Lehrkraft eine Anrechnungsstunde; über die Beauftragung entscheidet die Schulleiterin oder der Schulleiter.

1.3.5 Lehrkräfte, die von der Schulleiterin oder dem Schulleiter nach Nummer 3 der Richtlinie zur Schullaufbahnberatung sowie Berufswahlvorbereitung und Studienorientierung vom 10. Dezember 2015 (Amtsbl. 2016 S. 4) in der jeweils geltenden Fassung als verantwortliche Lehrkraft für die Koordinierung der Arbeit der Netzwerkbeteiligten an der Schullaufbahnberatung, Berufswahlvorbereitung und Studienorientierung ernannt worden sind, erhalten 1 Anrechnungsstunde.

1.3.6 Lehrkräfte an Realschulen plus, die mit einer Fachoberschule verbunden sind, erhalten für die Praktikumsbetreuung der Schülerinnen und Schüler der Klassenstufe 11 je Klasse für

bis zu 16 Schülerinnen und Schüler	2 Anrechnungsstunden,
bis zu 24 Schülerinnen und Schüler	3 Anrechnungsstunden,
für mehr als 24 Schülerinnen und Schüler	4 Anrechnungsstunden.

1.3.7 Die am „Personalmanagement im Rahmen Erweiterter Selbstständigkeit von Schulen (PES)" teilnehmenden Schulen erhalten zwischen 1 und 4 Anrechnungsstunden. Die Zahl der Anrechnungsstunden richtet sich nach den Budgeteinheiten, die für die Schule zur Ermittlung des PES-Budgets in dem Schuljahr festgestellt wurden, welches dem laufenden Schuljahr vorausgeht. Die Anzahl der Anrechnungsstunden beträgt an Schulen:

bis zu 20 Budgeteinheiten	1 Anrechnungsstunde,
ab 21 Budgeteinheiten	2 Anrechnungsstunden,
ab 41 Budgeteinheiten	3 Anrechnungsstunden,
ab 61 Budgeteinheiten	4 Anrechnungsstunden.

Die Schulleiterin oder der Schulleiter gewährt den Lehrkräften, die mit der PES-Koordinierung beauftragt sind, aufgrund dieser Möglichkeiten Anrechnungsstunden.

2 Schulübergreifende Anrechnungen

Die zum Pädagogischen Beratungssystem gehörenden Beraterinnen und Berater erhalten, soweit mit der Tätigkeit keine Beförderung verbunden ist, bis zu 4 Anrechnungsstunden. Die Entscheidung über die Höhe der Anrechnungsstunden trifft das fachlich zuständige Ministerium unter Berücksichtigung von Art und Umfang der Tätigkeit.

Die Leiterin oder der Leiter und die stellvertretende Leiterin oder der stellvertretende Leiter eines Medienzentrums oder Zusammenschlusses von Medienzentren erhalten jeweils 6 bis 13 Anrechnungsstunden. Die Entscheidung über die Höhe der Anrechnung im Einzelfall trifft das fachlich zuständige Ministerium unter Berücksichtigung der Gegebenheiten vor Ort.

3 Anrechnungen für die Wahrnehmung überregionaler Aufgaben

Es werden durch das fachlich zuständige Ministerium gewährt

- für die Tätigkeit als Leiterin oder Leiter von fachdidaktischen Kommissionen (Lehrplankommissionen) 4 Anrechnungsstunden, für die Tätigkeit als Mitglied 2 Anrechnungsstunden,
- Anrechnungen für Schulversuche.

Die Befugnis zur Gewährung von Anrechnungen kann für bestimmte Fallgruppen auf die Schulbehörde übertragen werden.

I

Anlage 2
(zu § 14)

Unterrichtsverpflichtung und Stundenanrechnung für die an staatlichen Studienseminaren für die Lehrämter an Schulen tätigen Seminarleiterinnen und Seminarleiter, stellvertretenden Seminarleiterinnen und Seminarleiter und Fachleiterinnen und Fachleiter

1 Unterrichtsverpflichtung

1.1 Unterrichtsverpflichtung der Seminarleitung

1.1.1 Die Tätigkeit der Seminarleiterinnen und Seminarleiter bestimmt sich ausschließlich nach der Verwaltungsvorschrift „Dienst- und Konferenzordnung der Staatlichen Studienseminare" vom 18. Februar 2013 (Amtsbl. 2013 S. 90) in der jeweils geltenden Fassung.

1.1.2 Die Unterrichtsverpflichtung der stellvertretenden Seminarleiterinnen und stellvertretenden Seminarleiter beträgt in der Regel 4 Wochenstunden.

1.2 Unterrichtsverpflichtung der Fachleiterinnen und Fachleiter für Berufspraxis

Jeder Dienststelle eines staatlichen Studienseminars steht für die Fachleiterinnen und Fachleiter für Berufspraxis eine Anrechnungspauschale zur Verfügung, die sich nach der in der nachfolgenden Tabelle ersichtlichen Staffelung nach der Zahl der Anwärterinnen und Anwärter, der Lehrkräfte im Seiteneinstieg, der an einem Anpassungslehrgang teilnehmenden Personen und der Personen, die sich in der pädagogischen Ausbildung zur Lehrerin oder zum Lehrer für Fachpraxis oder zur Fachlehrerin oder zum Fachlehrer an berufsbildenden Schulen befinden, (Seminarteilnehmerinnen und Seminarteilnehmer) richtet. Die Seminarleiterin oder der Seminarleiter legt die Unterrichtsverpflichtung der Fachleiterinnen und Fachleiter für Berufspraxis durch die Verteilung der Anrechnungsstunden fest, wobei die Unterrichtsverpflichtung mindestens 4 Wochenstunden beträgt. Die §§ 4 und 5 Abs. 1 Satz 2 und 3 sind entsprechend anzuwenden.

Der Personalrat ist in der gesetzlich vorgesehenen Weise zu beteiligen.

Seminarteilnehmerinnen und -teilnehmer	Anrechnungsstunden bei einem Regelstundenmaß nach § 3 von		
	27[1]) Wochenstunden	25[2]) Wochenstunden	24[1]) Wochenstunden
23 bis 27	16	14	13
28 bis 32	22	20	18
33 bis 37	27	25	23
38 bis 42	33	30	28
43 bis 47	39	35	33
48 bis 52	45	41	38
53 bis 57	50	46	43
58 bis 62	56	51	48
63 bis 67	62	56	53
68 bis 72	68	62	58
73 bis 77	73	67	63

[1]) Regelstundenmaß bezogen auf Wochenstunden zu 45 Minuten

[2]) Regelstundenmaß bezogen auf Wochenstunden zu 50 Minuten

Seminarteilnehmerinnen und -teilnehmer	Anrechnungsstunden bei einem Regelstundenmaß nach § 3 von		
	27[1]) Wochenstunden	25[2]) Wochenstunden	24[1]) Wochenstunden
78 bis 82	79	72	68
83 bis 87	85	77	73
88 bis 92	91	83	78
93 bis 97	96	88	83
98 bis 102	102	93	88
103 bis 107	108	98	93
108 bis 112	114	104	98
113 bis 117	119	109	103
118 bis 122	125	114	108

Wenn in Ausnahmefällen die Zahl der Seminarteilnehmerinnen und Seminarteilnehmer in einer Hauptdienststelle höher ist als 122, so kann das Landesprüfungsamt für die Lehrämter an Schulen die Zahl der Anrechnungsstunden entsprechend anpassen.

Bei Teildienststellen wird die Anrechnungspauschale nach Satz 1 um 8 Anrechnungsstunden erhöht.

1.3 Unterrichtsverpflichtung der Fachleiterinnen und Fachleiter

1.3.1 Die Ausbildungsverpflichtung richtet sich nach der Zahl der Seminarteilnehmerinnen und Seminarteilnehmer. Wird einer Fachleiterin oder einem Fachleiter keine Seminarteilnehmerin oder kein Seminarteilnehmer zur Ausbildung zugewiesen, so verringert sich die Unterrichtsverpflichtung um 1 Wochenstunde. In den Fällen des § 14 Abs. 3 Satz 6 legt das Landesprüfungsamt für die Lehrämter an Schulen die Unterrichtsverpflichtung fest. Sofern Fachleiterinnen und Fachleiter Aufgaben der Fachleiterinnen und Fachleiter für Berufspraxis wahrnehmen, kann ihnen die Seminarleiterin oder der Seminarleiter Anrechnungsstunden nach Nummer 1.2 zuteilen. Die §§ 4 und 5 Abs. 1 Satz 2 und 3 sind entsprechend anzuwenden.

1.3.2 Die Unterrichtsverpflichtung der Fachleiterinnen und Fachleiter für Grundschulbildung staffelt sich wie folgt:

Seminarteilnehmerinnen und -teilnehmer	Unterrichtsverpflichtung bei einem Regelstundenmaß nach § 3 von 25 Wochenstunden zu 50 Minuten
1	18
2	17
3	16
4	15
5	14
6	13
7	12
8	11
9	10
10	9
11	8

1.3.3 Die Unterrichtsverpflichtung der Fachleiterinnen und Fachleiter für das Lehramt an Förderschulen staffelt sich wie folgt:

Seminarteilnehmerinnen und -teilnehmer	Unterrichtsverpflichtung bei einem Regelstundenmaß nach § 3 von 27 Wochenstunden zu 45 Minuten
1	22
2	20
3	18
4	17

[1]) Regelstundenmaß bezogen auf Wochenstunden zu 45 Minuten

[2]) Regelstundenmaß bezogen auf Wochenstunden zu 50 Minuten

I

Seminarteilnehmerinnen und -teilnehmer	Unterrichtsverpflichtung bei einem Regelstundenmaß nach § 3 von 27 Wochenstunden zu 45 Minuten
5	16
6	15
7	14
8	13
9	12
10	10
11	9
12	8

Zur Durchführung von Ausbildungsveranstaltungen in den Fachdidaktischen Ergänzungen wird für jede Haupt- oder Teildienststelle eines Studienseminars eine Pauschale von 0,5 Anrechnungsstunden je Seminarteilnehmerin und Seminarteilnehmer zur Verfügung gestellt, die von der Seminarleiterin oder dem Seminarleiter verteilt wird.

1.3.4 Die Unterrichtsverpflichtung der übrigen Fachleiterinnen und Fachleiter staffelt sich wie folgt:

Seminarteilnehmerinnen und -teilnehmer	Unterrichtsverpflichtung bei einem Regelstundenmaß nach § 3 von		
	27[1]) Wochenstunden	25[2]) Wochenstunden	24[1]) Wochenstunden
1	22	20	20
2	21	19	19
3	20	18	18
4	19	17	17
5	18	16	16
6	17	15	15
7	16	14	14
8	15	13	13
9	14	12	12
10	13	11	11
11	12	10	10
12	11	9	9
13	10	8	8
14	9		
15	8		

Für jede Seminarteilnehmerin und jeden Seminarteilnehmer für das Lehramt an Realschulen plus und für das Lehramt an Gymnasien, die oder der nur in dem Fach Bildende Kunst oder Musik ausgebildet wird, verringert sich die Unterrichtsverpflichtung um weitere 0,5 Wochenstunden.

1.3.5 Für die Ausbildung in den Vertiefenden Praktika wird die Unterrichtsverpflichtung je Praktikantengruppe um 0,5 Wochenstunden verringert.

1.3.6 Bei der Übernahme von mehreren Fachseminaren und bei sich überschneidenden Ausbildungsgängen erfolgt eine Stundenanrechnung nach besonderer Regelung des Landesprüfungsamtes für die Lehrämter an Schulen.

1.3.7 Aus Gründen der Ausbildungssituation und der Unterrichtsorganisation kann die Seminarleiterin oder der Seminarleiter mit dem Einverständnis der Fachleiterin oder des Fachleiters eine abweichende Unterrichtsverpflichtung festsetzen, die ausgeglichen werden muss. Die Entscheidungen nach Satz 1 sind schriftlich festzuhalten. Die Vorschriften über die Vergütung von Mehrarbeit bleiben unberührt.

1.3.8 Nehmen Fachleiterinnen und Fachleiter als Beauftragte des Landesprüfungsamtes für die Lehrämter an Schulen Aufgaben in den Geschäftsstellen des Landesprüfungsamtes wahr, so bleibt die hierfür aufgewandte Arbeitszeit bei der Berechnung der Ausbildungsverpflichtung und Unterrichtsverpflichtung außer Betracht. Bei Übertragung anderer Aufgaben der staatlichen Studienseminare nach § 14 Abs. 1 Nr. 3 erfolgt eine Stundenanrechnung nach besonderer Regelung des Landesprüfungsamtes für die Lehrämter an Schulen.

2 Seminarbezogene Anrechnungen

2.1 Jedem staatlichen Studienseminar wird zum Ausgleich besonderer Belastungen bei der Ausbildung in den Praktika eine Anrechnungspauschale von 0,25 Anrechnungsstunden je Praktikantengruppe im Vertiefenden Praktikum zur Verfügung gestellt. Wird die Aufgabe von einer Lehrkraft an einer Schule wahrgenommen, so erhält die Lehrkraft unmittelbar 0,25 Anrechnungsstunden je Praktikantengruppe.

2.2 Für die Wahrnehmung besonderer Aufgaben und zum Ausgleich besonderer Belastungen, die nicht in Nummer 2.1 geregelt sind, steht jeder Hauptdienststelle und jeder Teildienststelle eines staatlichen Studienseminars eine Anrechnungspauschale zur Verfügung. Die Anrechnungspauschale staffelt sich wie folgt:

Seminarteilnehmerinnen und -teilnehmer	Anrechnungsstunden
bis 39	11
40 bis 49	12
50 bis 59	13
60 bis 69	14
70 bis 79	15
80 bis 89	16
90 bis 99	17
100 bis 109	18

Wenn in Ausnahmefällen die Zahl der Seminarteilnehmerinnen und Seminarteilnehmer in einer Hauptdienststelle höher ist als 109, so kann das Landesprüfungsamt für die Lehrämter an Schulen die Zahl der Anrechnungsstunden entsprechend anpassen.

Das Landesprüfungsamt für die Lehrämter an Schulen kann diese Anrechnungspauschale für Aufgaben, wie z. B. der Wahrnehmung konzeptioneller Aufgaben, der Prüfung von Lehrkräften zum Wechsel der Lehramtslaufbahn, und für andere besondere Ausbildungsgänge und Prüfungen entsprechend erhöhen.

2.3 Über die Grundsätze der Verteilung der Anrechnungspauschalen entscheidet die Seminarkonferenz. Die Seminarleiterin oder der Seminarleiter entscheidet über die Verteilung der Anrechnungsstunden im Einzelnen. Die Verteilung ist schriftlich festzuhalten. Der Personalrat ist in der gesetzlich vorgesehenen Weise zu beteiligen. Die Seminarkonferenz und das Landesprüfungsamt für die Lehrämter an Schulen sind über die Verteilung der Anrechnungsstunden zu unterrichten.

I

Mutterschutzverordnung Rheinland-Pfalz (Mutterschutzverordnung – MuSchVO)

Vom 10. Oktober 2018 (GVBl. S. 369)

Zuletzt geändert durch
Elftes Landesgesetz zur Änderung dienstrechtlicher Vorschriften
vom 19. Juni 2024 (GVBl. S. 254)

Aufgrund
des § 64 Satz 1 Nr. 1 des Landesbeamtengesetzes vom 20. Oktober 2010 (GVBl. S. 319), zuletzt geändert durch Artikel 1 des Gesetzes vom 7. Februar 2018 (GVBl. S. 9), BS 2030-1,
wird von der Landesregierung und

aufgrund
des § 12 Abs. 4 Satz 1 des Landesumzugskostengesetzes vom 22. Dezember 1992 (GVBl. S. 377), geändert durch Artikel 11 des Gesetzes vom 18. Juni 2013 (GVBl. S. 157), BS 2032-42,
wird im Einvernehmen mit dem Ministerium des Innern und für Sport von dem Ministerium der Finanzen verordnet:

Teil 1 Allgemeine Bestimmungen, Anwendung des Mutterschutzgesetzes

§ 1 Geltungsbereich

Diese Verordnung findet auf die unmittelbaren und mittelbaren Landesbeamtinnen (§ 3 Abs. 2 des Landesbeamtengesetzes – LBG –) Anwendung.

§ 2 Anwendung des Mutterschutzgesetzes

(1) Auf die Beschäftigung von Beamtinnen, die schwanger sind, ein Kind geboren haben oder stillen, sind die Bestimmungen des Mutterschutzgesetzes (MuSchG) vom 23. Mai 2017 (BGBl. I S. 1228) in der jeweils geltenden Fassung

1. zu Begriffsbestimmungen (§ 2 Abs. 1 Satz 1, Abs. 3 Satz 1 und Abs. 4 MuSchG),
2. zu Beschäftigungsverboten (§§ 3 bis 6, § 10 Abs. 3, § 13 Abs. 1 Nr. 3 und § 16 MuSchG),
3. zur Freistellung für Untersuchungen und zum Stillen (§ 7 MuSchG),
4. zur Gestaltung der Arbeitsbedingungen (§§ 9 und 10 Abs. 1 und 2, §§ 11, 12 und 13 Abs. 1 Nr. 1 und 2 MuSchG),
5. zur Dokumentation und Information durch den Arbeitgeber (§ 14 MuSchG),
6. zu Mitteilungen und Nachweisen über die Schwangerschaft und das Stillen (§ 15 MuSchG),
7. zu den Mitteilungs- und Aufbewahrungspflichten (§ 27 Abs. 1 bis 5 MuSchG) und
8. zum behördlichen Genehmigungsverfahren für eine Beschäftigung zwischen 20 Uhr und 22 Uhr (§ 28 MuSchG)

entsprechend anzuwenden.

(2) Für die Kontrolle und Überwachung der Einhaltung der dem Gesundheitsschutz dienenden mutterschutzrechtlichen Bestimmungen gilt § 29 MuSchG entsprechend.

(3) Die aufgrund des § 31 Nr. 1 bis 5 und 7 MuSchG erlassenen Rechtsverordnungen finden entsprechende Anwendung.

Teil 2 Besondere Bestimmungen

§ 3 Tätigkeit im Außendienst

Eine Polizeibeamtin darf während ihrer Schwangerschaft oder Stillzeit nicht zum Außendienst herangezogen werden. Im Übrigen dürfen Beamtinnen nur zum Außendienst herangezogen werden, soweit dies nach den Bestimmungen zum betrieblichen Mutterschutz in Abschnitt 2 Unterabschnitt 2 des Mutterschutzgesetzes unbedenklich ist.

§ 4 Entlassungsschutz

(1) Eine im Ermessen des Dienstherrn stehende Entlassung einer Beamtin auf Probe oder auf Widerruf darf gegen ihren Willen nicht ausgesprochen werden

1. während ihrer Schwangerschaft,
2. bis zum Ablauf von vier Monaten nach einer Fehlgeburt nach der zwölften Schwangerschaftswoche und
3. bis zum Ende ihrer Schutzfrist nach der Entbindung, mindestens jedoch bis zum Ablauf von vier Monaten nach der Entbindung,

wenn der oder dem Dienstvorgesetzten die Schwangerschaft, die Fehlgeburt nach der zwölften Schwangerschaftswoche oder die Entbindung bekannt war. Eine ohne diese Kenntnis ergangene Entlassungsverfügung ist zurückzunehmen, wenn der oder dem Dienstvorgesetzten die Schwangerschaft, die Fehlgeburt nach der zwölften Schwangerschaftswoche oder die Entbindung innerhalb von zwei Wochen nach der Zustellung mitgeteilt wird. Das Überschreiten dieser Frist ist unschädlich, wenn die Überschreitung auf einem von der Beamtin nicht zu vertretenden Grund beruht und die Mitteilung unverzüglich nachgeholt wird. Die Sätze 1 bis 3 gelten entsprechend für Vorbereitungsmaßnahmen, die die oder der Dienstvorgesetzte im Hinblick auf eine Entlassung der Beamtin trifft.

(2) Die oberste Dienstbehörde kann abweichend von Absatz 1 eine Beamtin auf Probe oder auf Widerruf entlassen, wenn diese eine Handlung begeht, die bei einer Beamtin auf Lebenszeit die Entfernung aus dem Dienst zur Folge hätte.

§ 5 Besoldung bei Beschäftigungsverboten, Untersuchungen und Stillzeiten

(1) Ein Beschäftigungsverbot während der Schutzfristen vor und nach der Entbindung lässt die Zahlung der Dienst- und Anwärterbezüge unberührt. Das Gleiche gilt für ein teilweises oder vollständiges Beschäftigungsverbot außerhalb der Schutzfristen vor und nach der Entbindung sowie das Dienstversäumnis bei Freistellungen für Untersuchungen und zum Stillen (§ 2 Abs. 1 Nr. 3 in Verbindung mit § 7 MuSchG). Freistellungen für Untersuchungen und zum Stillen sind weder vor- noch nachzuarbeiten und werden nicht auf die in Rechts- oder Verwaltungsvorschriften festgesetzten Ruhepausen angerechnet.

(2) Bemessungsgrundlage für die Zahlung der Zulagen für den Dienst zu ungünstigen Zeiten und für den Wechselschicht- oder Schichtdienst (§§ 3, 4 und 13 der Landeserschwerniszulagenverordnung vom 14. Juli 2015 – GVBl. S. 181, BS 2032-1-5 –) sowie für die Zulage nach Nummer 11 der Vorbemerkungen zu den Landesbesoldungsordnungen A und B des Landesbesoldungsgesetzes ist der Durchschnitt der Zulagen der letzten drei Monate vor Beginn des Monats, in dem die Schwangerschaft eingetreten ist. Lineare Anpassungen der Zulagen im Rahmen von Besoldungserhöhungen sind bei der Bemessung zu berücksichtigen

1. für den gesamten Berechnungszeitraum nach Satz 1, wenn die Änderung während des Berechnungszeitraums wirksam wird,
2. ab Wirksamwerden der Anpassung, wenn diese nach dem Berechnungszeitraum wirksam wird.

§ 6 Zuschuss bei Beschäftigungsverbot während einer Elternzeit

Soweit die Zeiten der Schutzfristen vor und nach der Entbindung (§ 2 Abs. 1 Nr. 2 in Verbindung mit § 3 Abs. 1 und 2 MuSchG) sowie der Entbindungstag in eine Elternzeit fallen, erhält die Beamtin einen Zuschuss von 12,78 EUR je Kalendertag, wenn sie während der Elternzeit nicht teilzeitbeschäftigt ist. Bei einer Beamtin, deren Dienst- und Anwärterbezüge (ohne die mit Rücksicht auf den Familienstand gewährten Zuschläge und ohne Dienstaufwandsentschädigung sowie ohne Auslandsdienstbezüge nach § 56 Satz 1 des Landesbesoldungsgesetzes in Verbindung mit § 52 Abs. 1 des Bundesbesoldungsgesetzes) vor Beginn der Elternzeit die Versicherungspflichtgrenze in der gesetzlichen Krankenversicherung überschreiten oder überschreiten würden, ist der Zuschuss auf insgesamt 204,52 EUR begrenzt.

§ 7 Mutterschaftsgeld bei Beendigung des Beamtenverhältnisses

(1) Endet ein Beamtenverhältnis auf Widerruf oder auf Zeit, das zu Beginn der Schutzfrist vor dem Entbindungstag (§ 2 Abs. 1 Nr. 2 in Verbindung mit § 3 Abs. 1 MuSchG) bestanden hat, wegen Ablegung der Prüfung kraft Rechtsvorschrift oder wegen Zeitablaufs während dieser Schutzfrist, so erhält die frühere Beamtin auf Antrag Mutterschaftsgeld für den Zeitraum, für den ihr bei Fortbestehen des Beamtenverhältnisses Dienst- und Anwärterbezüge nach § 5 während dieser Schutzfrist zugestanden hätten. Stirbt das Kind bei der Geburt, so erhält sie auf Antrag Mutterschaftsgeld auch für den Zeitraum der Schutzfrist nach dem Entbindungstag (§ 2 Abs. 1 Nr. 2 in Verbindung mit § 3 Abs. 2 MuSchG). Das Mutterschaftsgeld beträgt monatlich 260,76 EUR, jedoch nicht mehr als die vor Beendigung des Beamtenverhältnisses zustehenden Dienst- und Anwärterbezüge.

(2) Der früheren Beamtin werden für die Dauer des Bezugs von Mutterschaftsgeld nach Absatz 1 auf Antrag die Beiträge für ihre Kranken- und Pflegeversicherung bis zu monatlich 42,18 EUR erstattet, wenn ihre Dienst- oder Anwärterbezüge (ohne die mit Rücksicht auf den Familienstand gewährten Zuschläge und ohne Dienstaufwandsentschädigung sowie ohne Auslandsdienstbezüge nach § 56 Satz 1 des Landesbesoldungsgesetzes in Verbindung mit § 52 Abs. 1 des Bundesbesoldungsgesetzes) vor Beendigung des Beamtenverhältnisses die Versicherungspflichtgrenze in der gesetzlichen Krankenversicherung nicht überschritten haben. Dies gilt nicht, wenn die Beamtin oder ein anderer Beihilfeberechtigter für sie einen Anspruch auf Beihilfe hat.

(3) Mutterschaftsgeld nach Absatz 1 und Erstattung der Beiträge für die Kranken- und Pflegeversicherung nach Absatz 2 stehen nicht zu, wenn und soweit für denselben Zeitraum Dienstbezüge, Anwärterbezüge, Arbeitseinkommen, Elterngeld oder Mutterschaftsgeld nach anderen Vorschriften gezahlt werden.

§ 8 Veröffentlichungspflicht

In jeder Dienststelle, bei der regelmäßig mehr als drei Beamtinnen tätig sind, ist ein Abdruck dieser Verordnung sowie des Mutterschutzgesetzes an geeigneter Stelle zur Einsicht auszulegen oder auszuhängen. Dies gilt nicht, wenn diese Verordnung und das Mutterschutzgesetz in einem elektronischen Verzeichnis jederzeit zugänglich sind.

Teil 3
Übergangs- und Schlussbestimmungen

§ 9 Änderung der Urlaubsverordnung

(hier nicht aufgenommen)

§ 10 Änderung der Mutterschutzverordnung

(hier nicht aufgenommen; betrifft die alte Fassung)

§ 11 Änderung der Landestrennungsgeldverordnung

(hier nicht aufgenommen)

§ 12 Inkrafttreten

(1) Diese Verordnung tritt mit Ausnahme des § 10 am ersten Tage des auf die Verkündung folgenden zweiten Kalendermonats in Kraft. § 10 tritt mit Wirkung vom 29. Juni 2017 in Kraft.

(2) Die Mutterschutzverordnung vom 16. Februar 1967 (GVBl. S. 55), zuletzt geändert durch § 10 dieser Verordnung, BS 2030-1-23, tritt zu dem in Absatz 1 Satz 1 genannten Zeitpunkt außer Kraft.

Urlaubsverordnung (UrlVO)

in der Fassung der Bekanntmachung vom 17. März 1971 (GVBl. S. 125)

Zuletzt geändert durch
Achtzehnte Landesverordnung zur Änderung der Urlaubsverordnung
vom 22. April 2026 (GVBl. S. 122)

I. Abschnitt Gemeinsame Vorschriften

§ 1 Geltungsbereich

Diese Verordnung findet auf die unmittelbaren und mittelbaren Landesbeamten (§ 3 Abs. 2 des Landesbeamtengesetzes – LBG –) Anwendung.

§ 2 Urlaubsjahr

Urlaubsjahr ist das Kalenderjahr.

§ 3 Arbeitstage

Arbeitstage im Sinne dieser Verordnung sind alle Kalendertage, an denen der Beamte Dienst zu leisten hat. Endet eine Dienstschicht nicht an dem Kalendertage, an dem sie begonnen hat, gilt als Arbeitstag im Sinne des Satzes 1 nur der Kalendertag, an dem sie begonnen hat. Auf einen Werktag fallende gesetzliche Feiertage, für die kein Freizeitausgleich gewährt wird, gelten nicht als Arbeitstage.

§ 4 Verfahren

Urlaub wird auf Antrag gewährt; er ist rechtzeitig, im Falle des § 20 unverzüglich nach Bekanntwerden des Urlaubsanlasses zu beantragen.

II. Abschnitt Erholungsurlaub

§ 5 Gewährleistung des Dienstbetriebes

(1) Bei Einteilung des Erholungsurlaubs sollen die Wünsche der Beamten berücksichtigt werden, soweit dienstliche Belange nicht entgegenstehen. Stellvertretungskosten sind möglichst zu vermeiden.

(2) Dem Wunsch auf Teilung des Erholungsurlaubs soll entsprochen werden, wenn die Erholungsfunktion des Urlaubs gewahrt bleibt.

§ 6 Wartezeit

Erholungsurlaub kann erst sechs Monate nach der Einstellung in den öffentlichen Dienst (Wartezeit) genommen werden. Er kann vor Ablauf der Wartezeit gewährt werden, wenn besondere Gründe dies erfordern; auch ohne solche Gründe ist für jeden angefangenen Monat je ein Urlaubstag zu gewähren. Scheiden Beamte vor Ablauf der Wartezeit aus dem öffentlichen Dienst aus, ist ihnen der nach § 9 Satz 1 zustehende Erholungsurlaub zu gewähren.

§ 7 (weggefallen)

§ 8 Dauer des Erholungsurlaubs

(1) Der jährliche Erholungsurlaub beträgt für Beamte, deren durchschnittliche Wochenarbeitszeit auf fünf Tage in der Kalenderwoche verteilt ist, 30 Arbeitstage.

(2) Die Dauer eines etwa zu gewährenden Zusatzurlaubs richtet sich nach den §§ 16 bis 18.

(3) Ist die durchschnittliche Wochenarbeitszeit auf mehr oder weniger als fünf Tage in der Kalenderwoche verteilt, erhöht oder erniedrigt sich der Urlaubsanspruch für jeden zusätzlichen Arbeitstag oder arbeitsfreien Tag im Urlaubsjahr um ein Zweihundertsechzigstel des Urlaubs nach Absatz 1 zuzüglich eines etwaigen Zusatzurlaubs. Ändert sich die Verteilung der durchschnittlichen Wochenarbeitszeit während des Urlaubsjahres, ist die Zahl der Arbeitstage zugrunde zu legen, die sich ergeben würde, wenn die für die Zeit des Erholungsurlaubs maßgebende Verteilung für das ganze Urlaubsjahr gelten würde.

(4) Bei häufig wechselnder oder ungleichmäßiger Verteilung der durchschnittlichen Wochenarbeitszeit auf die Arbeitstage oder Dienstschichten wird der Erholungsurlaub einschließlich eines etwaigen Zusatzurlaubs nach Stunden berechnet. Hierbei ist jeder Urlaubstag mit einem Fünftel der durchschnittlichen Wochenarbeitszeit zu bewerten; ändert sich der Umfang der Beschäftigung, ist der noch offene Urlaubsanspruch entsprechend der für die Zeit des Urlaubs maßgebenden durchschnittlichen Wochenarbeitszeit zu gewichten.

(5) Bestehende Urlaubsansprüche aus Vorjahren und anteilige Urlaubsansprüche des laufenden Urlaubsjahres, die vor einer Verringerung der durchschnittlichen Wochenarbeitszeit tatsächlich nicht in Anspruch genommen werden konnten und nicht nach § 11a angespart wurden, bleiben unberührt. Der Urlaub ist nach Stunden zu berechnen; hierbei ist jeder Urlaubstag mit der vor der Verringerung des Beschäftigungsumfangs auf ihn entfallenden durchschnittlichen Wochenarbeitszeit zu bewerten. Soweit Urlaubsansprüche nach Satz 1 unberührt blieben, finden Absatz 3 und 4 Satz 2 Halbsatz 2 bei einer späteren Erhöhung der durchschnittlichen Wochenarbeitszeit keine Anwendung.

(6) Der Erholungsurlaub vermindert sich für jeden vollen Kalendermonat

1. eines Urlaubs ohne Dienstbezüge oder
2. einer Freistellung vom Dienst in den Fällen des § 5 Abs. 3 der Arbeitszeitverordnung (ArbZVO) und § 6a der Lehrkräfte-Arbeitszeitverordnung und im Blockmodell der Altersteilzeit

um ein Zwölftel.

(7) Ein bei der Berechnung des Erholungs- und Zusatzurlaubs verbleibender Bruchteil eines Tages wird als Guthaben auf die Arbeitszeit angerechnet.

§ 9 Teilanspruch

Beginnt oder endet das Beamtenverhältnis im Laufe des Urlaubsjahres, steht dem Beamten für jeden vollen Kalendermonat der Dienstzugehörigkeit ein Zwölftel des Jahresurlaubs zu. Die im laufenden Urlaubsjahr vor Beginn des Beamtenverhältnisses verbrachte Zeit in einem anderen öffentlichen Dienstverhältnis wird bei der Bemessung des Urlaubsanspruchs berücksichtigt, sofern die Unterbrechung nicht länger als drei Kalendermonate gedauert hat.

§ 10 Anrechnung früheren Urlaubs

Erholungsurlaub, den der Beamte in einem anderen Beschäftigungsverhältnis für Zeiten erhalten hat, für die ihm Urlaub nach dieser Vorschrift zusteht, ist auf den zu gewährenden Erholungsurlaub anzurechnen.

§ 11 Abwicklung des Urlaubs

(1) Der Urlaub soll im Urlaubsjahr verbraucht werden. Urlaub, der nicht bis zum 31. Oktober des Folgejahres abgewickelt wurde, verfällt; Urlaub, der wegen Dienstunfähigkeit nicht bis zu diesem Zeitpunkt abgewickelt werden konnte, verfällt mit Ablauf des 31. März des darauffolgenden Jahres.

(1a) Urlaub aus dem Urlaubsjahr 2019 verfällt abweichend von Absatz 1 Satz 2 Halbsatz 1 erst am 31. Dezember 2020; Absatz 1 Satz 2 Halbsatz 2 bleibt unberührt.

(1b) Urlaub aus dem Urlaubsjahr 2020 verfällt abweichend von Absatz 1 Satz 2 Halbsatz 1 erst am 31. Dezember 2021; Absatz 1 Satz 2 Halbsatz 2 bleibt unberührt.

(1c) Urlaub aus dem Urlaubsjahr 2021 verfällt abweichend von Absatz 1 Satz 2 Halbsatz 1 erst am 31. Dezember 2022; Absatz 1 Satz 2 Halbsatz 2 bleibt unberührt.

(2) Der bei Beginn eines Urlaubs ohne Dienstbezüge oder bei Beginn der mutterschutzrechtlichen Beschäftigungsverbote verbliebene Resturlaub ist dem Urlaubsanspruch für das bei Beendigung dieses Urlaubs ohne Dienstbezüge oder dieser Schutzfristen laufende Urlaubsjahr hinzuzufügen. Hat der Beamte vor dem Beginn eines Urlaubs ohne Dienstbezüge oder vor Beginn der mutterschutzrechtlichen Beschäftigungsverbote mehr Erholungsurlaub erhalten, als ihm nach § 8 Abs. 6 zusteht, so ist der nach dem Ende dieses Urlaubs ohne Dienstbezüge oder dieser Schutzfristen zustehende Erholungsurlaub entsprechend zu kürzen.

§ 11a Kinderbetreuung

(1) Der Beamte kann auf Antrag den Erholungsurlaub nach § 8 Abs. 1, der den für einen Zeitraum von vier Wochen benötigten Erholungsurlaub übersteigt, ansparen, solange ihm für mindestens ein Kind unter zwölf Jahren die Personensorge zusteht.

(2) Der angesparte Urlaub verfällt mit Ablauf des zwölften Urlaubsjahres nach der Geburt des letzten Kindes. Eine zusammenhängende Inanspruchnahme des angesparten Urlaubs von mehr als 30 Arbeitstagen soll mindestens drei Monate vorher beantragt werden. Bei der Urlaubsgewährung sind dienstliche Belange zu berücksichtigen.

(3) Der angesparte Urlaub ist nach Stunden zu berechnen; hierbei ist jeder nach § 8 Abs. 1 zustehende Urlaubstag mit einem Fünftel der für die Zeit des Ansparens maßgebenden durchschnittlichen Wochenarbeitszeit zu bewerten. Bei der Berechnung ist das Urlaubsjahr maßgeblich, aus dem Urlaub angespart werden soll.

§ 11b Finanzielle Abgeltung von Erholungsurlaub

(1) Vor Beendigung des Beamtenverhältnisses (§ 21 BeamtStG) wegen vorübergehender oder dauerhafter Dienstunfähigkeit nicht abgewickelter Erholungsurlaub ist im Rahmen des nach Artikel 7 Abs. 1 der Richtlinie 2003/88/EG des Europäischen Parlaments und des Rates vom 4. November 2003 über bestimmte Aspekte der Arbeitszeitgestaltung (ABl. EU Nr. L 299 S. 9) zu gewährleistenden Mindestjahresurlaubs von vier Wochen finanziell abzugelten, soweit er nicht nach § 11 Abs. 1 Satz 2 Halbsatz 2 verfallen ist. Bei Beendigung des Beamtenverhältnisses durch Tod ist Satz 1 mit der Maßgabe anzuwenden, dass es keiner vorherigen Dienstunfähigkeit bedarf; der Anspruch geht auf den oder die Erben über.

(2) Für das Urlaubsjahr, in dem das Beamtenverhältnis endet, ist der zustehende Mindestjahresurlaub anteilig für die Zeit bis zur Beendigung des Beamtenverhältnisses zu ermitteln. Bruchteile eines Tages sind in die Berechnung der finanziellen Abgeltung mit einzubeziehen.

(3) In dem betreffenden Urlaubsjahr bereits abgewickelter Erholungs- oder Zusatzurlaub, einschließlich eines Zusatzurlaubs nach § 125 des Neunten Buches Sozialgesetzbuch und eines nach § 11a angesparten Urlaubs, ist auf den Mindestjahresurlaub anzurechnen, unabhängig davon, zu welchem Zeitpunkt der Anspruch entstanden ist. Satz 1 gilt entsprechend für einen nach § 3 ArbZVO in Anspruch genommenen dienstfreien Arbeitstag.

(4) Die Höhe einer nach Absatz 1 zustehenden Abgeltung bemisst sich nach der Summe der in den letzten drei Monaten vor der Beendigung des Beamtenverhältnisses zustehenden Besoldung. Für die Berechnung wird dabei ein Dreizehntel dieser Summe durch die Anzahl der individuellen wöchentlichen Arbeitstage geteilt und mit der Zahl der abzugeltenden Urlaubstage vervielfacht.

§ 12 Widerruf auf Verlegung

(1) Die Bewilligung des Erholungsurlaubs kann ausnahmsweise widerrufen werden, wenn bei Abwesenheit des Beamten die ordnungsmäßige Erledigung der Dienstgeschäfte nicht gewährleistet wäre. Mehraufwendungen, die durch einen Widerruf der Urlaubsbewilligung entstehen, werden nach den Bestimmungen des Reisekostenrechts ersetzt; erreicht der Widerruf den Beamten vor dem Antritt einer Urlaubsreise, werden die Mehraufwendungen in angemessenem Umfang ersetzt.

(2) Wünscht der Beamte aus begründetem Anlaß seinen Urlaub hinauszuschieben oder abzubrechen, so ist dem Wunsche zu entsprechen, wenn dies mit den Erfordernissen des Dienstes vereinbar ist und die Arbeitskraft des Beamten dadurch nicht gefährdet wird.

§ 13 Erkrankung und Absonderung

(1) Wird ein Beamter während seines Urlaubs durch Krankheit dienstunfähig und zeigt er dies unverzüglich an, so wird ihm die Zeit der Dienstunfähigkeit nicht auf den Erholungsurlaub angerechnet. Der Beamte hat die Dienstunfähigkeit nachzuweisen; dafür ist grundsätzlich ein ärztliches, auf Verlangen ein amtsärztliches Zeugnis beizubringen.

(2) Will der Beamte wegen der Erkrankung Urlaub über die bewilligte Zeit hinaus nehmen, bedarf er dazu einer neuen Bewilligung.

(3) Die Absätze 1 und 2 gelten entsprechend, wenn der Beamte nach § 30 des Infektionsschutzgesetzes (IfSG) vom 20. Juli 2000 (BGBl. I S. 1045) in der jeweils geltenden Fassung, auch in Verbindung mit § 32 IfSG, abgesondert wird oder er sich aufgrund einer nach § 36 Abs. 8 Satz 1 Nr. 1 IfSG erlassenen Rechtsverordnung abzusondern hat.

§ 14 Sanatoriumsaufenthalt, Heil- und Badekur

(1) Die Zeit, in der sich ein Beamter einem Sanatoriumsaufenthalt oder einer Heilkur unterzieht, ist auf den Erholungsurlaub nicht anzurechnen, sofern die Notwendigkeit durch ein amtsärztliches Gutachten nachgewiesen ist oder ein Sozialversicherungsträger die Durchführung der Maßnahme auf Grund einer ärztlichen Untersuchung des Medizinischen Dienstes angeordnet hat. Das gleiche gilt für eine auf Grund der Vorschriften des Bundesversorgungsgesetzes bewilligte Badekur und für eine Maßnahme der medizinischen Vorsorge oder Rehabilitation für Mütter und Väter, auch in Form von Mutter-Kind- oder Vater-Kind-Maßnahmen, in Einrichtungen des Müttergenesungswerkes oder gleichartigen Einrichtungen.

(2) Dem Beamten ist auf Antrag für eine Nachkur oder Schonzeit im unmittelbaren Anschluß an den Sanatoriumsaufenthalt oder die Heil- oder Badekur Erholungsurlaub zu gewähren. Diese Zeit wird in vollem Umfang auf den bestehenden Erholungsurlaubsanspruch angerechnet. Soweit der Beamte keinen ausreichenden Anspruch auf Erholungsurlaub hat, ist für den fehlenden Zeitraum auf Antrag Urlaub unter Wegfall der Dienstbezüge zu gewähren.

§ 15 (weggefallen)

§ 16 Zusatzurlaub bei Gesundheitsgefährdung

Beamte, die

1. überwiegend
   a) in der Tuberkulosenfürsorge tätig sind oder
   b) mit infektiösem Material arbeiten oder
   c) ansteckend Kranke ärztlich oder pflegerisch betreuen oder
   d) dem Einfluß ionisierender Strahlen oder von Neutronen ausgesetzt sind oder
2. in Maßregelvollzugseinrichtungen der Psychiatrie tätig sind und überwiegend in unmittelbarem Kontakt mit psychisch kranken Personen stehen,

erhalten einen Zusatzurlaub von vier Arbeitstagen. Der Zusatzurlaub wird, auch wenn mehrere der in Satz 1 genannten Gründe zusammentreffen, nur einmal gewährt. Als überwiegend ist eine Beschäftigung anzusehen, die in den letzten sechs Monaten vor dem Urlaubsantritt mehr als die Hälfte der regelmäßigen Arbeitszeit ausmacht.

§ 17 Zusatzurlaub bei besonderen Belastungen

Soweit Beamte während eines Urlaubsjahres ständig über einen Zeitraum von mehr als sechs Kalendermonaten überwiegend mit der Inaugenscheinnahme, Auswertung und Bewertung kinder- oder jugendpornografischer Inhalte (§ 11 Abs. 3 des Strafgesetzbuches) beschäftigt sind, erhalten sie zwei Arbeitstage Zusatzurlaub. Für jeden weiteren Zeitraum von drei Kalendermonaten Dienstleistung nach Satz 1 erhöht sich der Anspruch um einen weiteren Arbeitstag Zusatzurlaub. Als überwiegend ist eine Beschäftigung anzusehen, die durchschnittlich mindestens die Hälfte der regelmäßigen Arbeitszeit ausmacht.

§ 18 Zusatzurlaub für Schichtdienst

(1) Soweit ein Beamter zwei Kalendermonate ständig nach einem Schichtplan (Dienstplan) eingesetzt ist, der einen regelmäßigen Wechsel der täglichen Arbeitszeit in Wechselschichten (wechselnde Arbeitsschichten, in denen ununterbrochen bei Tag und Nacht, werktags, sonntags und feiertags gearbeitet wird) vorsieht, und er dabei in je fünf Wochen durchschnittlich mindestens 40 Dienststunden in der dienstplanmäßigen oder betriebsüblichen Nachtschicht leistet, erhält er zwei Arbeitstage zusätzlichen Erholungsurlaub (Zusatzurlaub). Für jeden weiteren Kalendermonat Dienstleistung nach Satz 1 erhöht sich

der Anspruch um einen weiteren halben Arbeitstag Zusatzurlaub. Es werden nur ganze Arbeitstage Zusatzurlaub gewährt. § 8 Abs. 7 findet nur Anwendung, soweit am Ende des Urlaubsjahres auf dem Urlaubskonto ein halber Arbeitstag Zusatzurlaub verbleibt. Die Sätze 1 und 2 gelten auch dann, wenn Wechselschichten nur deshalb nicht vorliegen, weil der Dienstplan eine Unterbrechung der Arbeit am Wochenende von höchstens 48 Stunden vorsieht.

(2) Soweit ein Beamter die Voraussetzungen des Absatzes 1 nicht erfüllt, erhält er für 100 geleistete Nachtdienststunden zwei Arbeitstage Zusatzurlaub und für jeweils weitere 100 geleistete Nachtdienststunden einen weiteren Arbeitstag Zusatzurlaub. Im Urlaubsjahr werden bis zu sieben Arbeitstage Zusatzurlaub gewährt.

(3) Auf teilzeitbeschäftigte Beamte sind die Absätze 1 und 2 mit der Maßgabe anzuwenden, dass die Zahl der geforderten Arbeitsstunden in der Nachtschicht oder der geforderten Nachtdienststunden im Verhältnis der ermäßigten Arbeitszeit zur regelmäßigen Arbeitszeit gekürzt wird; dies gilt nicht während einer Vollzeitbeschäftigung in den Fällen des § 5 Abs. 3 ArbZVO und im Blockmodell der Altersteilzeit.

(4) Der Bemessung des Zusatzurlaubs für ein Urlaubsjahr werden die in diesem Urlaubsjahr erbrachten Dienstleistungen nach den Absätzen 1 bis 3 zugrunde gelegt. Der Zusatzurlaub nach den Absätzen 1 bis 3 darf insgesamt sieben Arbeitstage für das Urlaubsjahr nicht überschreiten. § 8 Abs. 3 ist nicht anzuwenden.

(5) Nachtdienst ist der dienstplanmäßige Dienst zwischen 20.00 Uhr und 6.00 Uhr.

(6) Die Absätze 1 bis 5 gelten nicht für Beamte der Feuerwehr und des Wachdienstes, wenn sie nach einem Dienstplan eingesetzt sind, der für den Regelfall Schichten von 24 Stunden Dauer vorsieht. Ist mindestens ein Viertel der Schichten kürzer als 24, aber länger als 11 Stunden, so erhalten die Beamten für je fünf Monate Schichtdienst im Urlaubsjahr einen Arbeitstag Zusatzurlaub.

§ 19 Sonderregelungen

(1) Für Lehrer und Hochschullehrer wird der Erholungsurlaub (einschließlich eines etwa zu gewährenden Zusatzurlaubs nach § 16 dieser Verordnung oder § 208 des Neunten Buches Sozialgesetzbuch) durch die Ferien oder die vorlesungsfreie Zeit abgegolten. Dies gilt nicht, soweit infolge einer dienstlichen Inanspruchnahme während der Ferien oder der vorlesungsfreien Zeit die dem Beamten verbleibenden dienstfreien Arbeitstage hinter der Zahl der ihm nach diesem Abschnitt oder nach § 208 des Neunten Buches Sozialgesetzbuch zustehenden Urlaubstage zurückbleiben.

(2) Für Beamte, die im Rahmen des Vorbereitungsdienstes oder der Einführungszeit einen Studiengang an einer Fachhochschule ableisten, kann das für das Ausbildungs- und Prüfungsrecht zuständige Ministerium bestimmen, daß der Erholungsurlaub teilweise durch die lehrveranstaltungsfreie Zeit abgegolten wird.

III. Abschnitt
Elternzeit und Pflegezeiten

§ 19a Anspruch auf Elternzeit

(1) Beamte haben unter den Voraussetzungen des § 15 Abs. 1 und 1a des Bundeselterngeld- und Elternzeitgesetzes (BEEG) in der Fassung vom 27. Januar 2015 (BGBl. I S. 33) Anspruch auf Elternzeit ohne Dienst- oder Anwärterbezüge.

(2) Der Anspruch auf Elternzeit besteht bis zur Vollendung des dritten Lebensjahres des Kindes. Ein Anteil von bis zu 24 Monaten kann zwischen dem dritten Geburtstag und dem vollendeten achten Lebensjahr des Kindes in Anspruch genommen werden. Die Zeit der Mutterschutzfrist nach § 2 Abs. 1 Nr. 2 der Mutterschutzverordnung Rheinland-Pfalz (MuSchVO) vom 10. Oktober 2018 (GVBl. S. 369, BS 2030-1-23) in der jeweils geltenden Fassung in Verbindung mit § 3 Abs. 2 und 3 des Mutterschutzgesetzes (MuSchG) wird für die Elternzeit der Mutter auf die Begrenzung nach den Sätzen 1 und 2 angerechnet. Bei mehreren Kindern besteht der Anspruch auf Elternzeit für jedes Kind, auch wenn sich die Zeiträume im

I

Sinne der Sätze 1 und 2 überschneiden. Bei einem angenommenen Kind oder einem Kind in Vollzeit- oder Adoptionspflege kann Elternzeit von insgesamt bis zu drei Jahren ab der Aufnahme bei der berechtigten Person, längstens bis zur Vollendung des achten Lebensjahres des Kindes genommen werden; die Sätze 2 und 4 sind entsprechend anwendbar, soweit sie die zeitliche Aufteilung regeln.

(2a) Die Elternzeit kann, auch anteilig, von jedem Elternteil allein oder von beiden Elternteilen gemeinsam genommen werden. Jeder Elternteil kann seine Elternzeit auf drei Zeitabschnitte verteilen; eine Verteilung auf weitere Zeitabschnitte ist nur mit Zustimmung des Dienstvorgesetzten möglich. Die Sätze 1 und 2 gelten entsprechend für Adoptiveltern, Adoptivpflegeeltern und Vollzeitpflegeeltern.

(3) Auf Antrag ist den Beamten eine Teilzeitbeschäftigung während der Elternzeit bis zu 32 Wochenstunden im Durchschnitt des Monats zu bewilligen, soweit zwingende dienstliche Belange nicht entgegenstehen. Eine nicht für den Dienstherrn erfolgende Teilzeitbeschäftigung bis zu dem in Satz 1 genannten Umfang lässt den Anspruch auf Elternzeit unberührt.

§ 19b Antrag auf Elternzeit

(1) Die Elternzeit soll

1. für den Zeitraum bis zum vollendeten dritten Lebensjahr des Kindes spätestens sieben Wochen und
2. für den Zeitraum zwischen dem dritten Geburtstag und dem vollendeten achten Lebensjahr des Kindes spätestens 13 Wochen

vor Beginn schriftlich beantragt werden. Wird Elternzeit nach Satz 1 Nr. 1 beantragt, ist anzugeben, für welche Zeiträume innerhalb von zwei Jahren Elternzeit in Anspruch genommen werden soll. Die Sätze 1 und 2 gelten entsprechend für die Zeiten und den Umfang einer Teilzeitbeschäftigung nach § 19a Abs. 3 Satz 1. Nimmt die Mutter die Elternzeit im Anschluss an die Mutterschutzfrist, wird die Zeit der Mutterschutzfrist nach § 2 Abs. 1 Nr. 2 MuSchVO in Verbindung mit § 3 Abs. 2 und 3 MuSchG auf den Zeitraum nach Satz 2 angerechnet. Nimmt die Mutter die Elternzeit im Anschluss an einen auf die Mutterschutzfrist folgenden Erholungsurlaub, werden die Zeit der Mutterschutzfrist nach § 2 Abs. 1 Nr. 2 MuSchVO in Verbindung mit § 3 Abs. 2 und 3 MuSchG und die Zeit des Erholungsurlaubs auf den Zweijahreszeitraum nach Satz 2 angerechnet.

(2) Die Elternzeit kann im Rahmen des § 19a Abs. 2 verlängert werden, wenn der Dienstvorgesetzte zustimmt. Sie ist auf Wunsch zu verlängern, wenn ein vorgesehener Wechsel in der Inanspruchnahme aus einem wichtigen Grund nicht erfolgen kann.

§ 19c Beendigung der Elternzeit

(1) Die Elternzeit kann vorzeitig beendet werden, wenn der Dienstvorgesetzte zustimmt. Die vorzeitige Beendigung wegen der Geburt eines weiteren Kindes oder wegen eines besonderen Härtefalls (§ 1 Abs. 4 BEEG) kann nur innerhalb von vier Wochen nach Antragstellung aus dringenden dienstlichen Gründen abgelehnt werden. Die Elternzeit kann zur Inanspruchnahme der Mutterschutzfristen nach § 2 Abs. 1 Nr. 2 MuSchVO in Verbindung mit § 3 MuSchG auch ohne Zustimmung des Dienstvorgesetzten vorzeitig beendet werden; in diesen Fällen soll die Beamtin dem Dienstvorgesetzten die Beendigung der Elternzeit rechtzeitig mitteilen.

(2) Stirbt das Kind während der Elternzeit, endet diese spätestens drei Wochen nach dem Tod des Kindes.

(3) Eine Änderung in der Anspruchsberechtigung hat der Beamte dem Dienstvorgesetzten unverzüglich mitzuteilen.

§ 19d Entlassungsschutz

(1) Während der Elternzeit darf eine im Ermessen des Dienstherrn stehende Entlassung eines Beamten auf Probe oder auf Widerruf ohne seine Zustimmung nicht ausgesprochen werden.

(2) Die oberste Dienstbehörde kann abweichend von Absatz 1 einen Beamten auf Widerruf oder auf Probe entlassen, wenn er eine Handlung begeht, die bei einem Beamten auf Lebenszeit die Entfernung aus dem Dienst zur Folge hätte.

§ 19e Schutz bei Krankheit

(1) Während der Elternzeit hat der Beamte Anspruch auf Beihilfe in entsprechender Anwendung der Beihilfenverordnung Rheinland-Pfalz vom 22. Juni 2011 (GVBl. S. 199, BS 2030-1-50) in der jeweils geltenden Fassung.

(2) Dem Beamten werden für die Zeit der Elternzeit die Beiträge für seine Kranken- und Pflegeversicherung bis zu monatlich 30,68 EUR erstattet, wenn seine Dienstbezüge (ohne die mit Rücksicht auf den Familienstand gewährten Zuschläge und ohne Dienstaufwandsentschädigung sowie ohne Auslandsdienstbezüge nach § 56 des Landesbesoldungsgesetzes in Verbindung mit den Bestimmungen des 5. Abschnitts des Bundesbesoldungsgesetzes) vor Beginn der Elternzeit die Versicherungspflichtgrenze in der gesetzlichen Krankenversicherung nicht überschritten haben oder überschritten hätten. Auf Antrag werden Beamten bis einschließlich der Besoldungsgruppe A 8 sowie Beamten auf Widerruf im Vorbereitungsdienst die Beiträge für ihre Kranken- und Pflegeversicherung, soweit sie auf einen auf den Beihilfebemessungssatz abgestimmten Prozenttarif entfallen, in voller Höhe erstattet; die Beitragserstattung entfällt bei einer Teilzeitbeschäftigung mit mindestens der Hälfte der regelmäßigen Arbeitszeit.

(3) Endet ein Beamtenverhältnis auf Widerruf oder auf Zeit, das zu Beginn der Mutterschutzfrist nach § 2 Abs. 1 Nr. 2 MuSchVO in Verbindung mit § 3 Abs. 1 MuSchG oder der Elternzeit bestanden hat, wegen Ablegung der Prüfung kraft Rechtsvorschrift oder wegen Zeitablaufs während der Schutzfristen nach § 2 Abs. 1 Nr. 2 MuSchVO in Verbindung mit § 3 Abs. 1 MuSchG oder § 2 Abs. 1 Nr. 2 MuSchVO in Verbindung mit § 3 Abs. 2 und 3 MuSchG oder während der Zeit, für die der frühere Beamte bei Fortbestehen des Beamtenverhältnisses hätte Elternzeit beanspruchen können, so erhält der frühere Beamte auf Antrag die Beiträge für seine Kranken- und Pflegeversicherung bis zu monatlich 42,18 EUR für den Zeitraum, für den er bei Fortbestehen des Beamtenverhältnisses Elternzeit hätte beanspruchen können, erstattet, wenn seine Dienstbezüge (ohne die mit Rücksicht auf den Familienstand gewährten Zuschläge und ohne Dienstaufwandsentschädigung sowie ohne Auslandsdienstbezüge nach § 56 des Landesbesoldungsgesetzes in Verbindung mit den Bestimmungen des 5. Abschnitts des Bundesbesoldungsgesetzes) vor Beginn der Elternzeit die Versicherungspflichtgrenze in der gesetzlichen Krankenversicherung nicht überschritten haben oder überschritten hätten. Dies gilt nicht, wenn der frühere Beamte oder ein anderer Beihilfeberechtigter für ihn einen Anspruch auf Beihilfe hat.

§ 19f Übergangsbestimmung

Für die vor dem 1. Juli 2016 geborenen oder mit dem Ziel der Adoption aufgenommenen Kinder sind die §§ 19a bis 19f der Urlaubsverordnung in der Fassung vom 17. März 1971 (GVBl. S. 125), zuletzt geändert durch Artikel 1 der Verordnung vom 4. Juli 2013 (GVBl. S. 271), weiterhin anzuwenden. Für die vor dem 1. September 2021 geborenen oder mit dem Ziel der Adoption aufgenommenen Kinder ist § 19a Abs. 3 der Urlaubsverordnung in der Fassung vom 17. März 1971 (GVBl. S. 125), zuletzt geändert durch Verordnung vom 20. April 2021 (GVBl. S. 237), weiter anzuwenden.

§ 19g Pflegezeiten

Während einer Pflegezeit, einer Familienpflegezeit oder einem Urlaub unter Fortzahlung der Dienstbezüge nach § 76a Abs. 1 oder Abs. 2 LBG gilt Entlassungsschutz in entsprechender Anwendung des § 19d.

IV. Abschnitt
Urlaub aus anderen Anlässen

§ 20 Urlaub zur Ausübung staatsbürgerlicher Rechte und zur Erfüllung staatsbürgerlicher Pflichten

(1) Für die Dauer der notwendigen Abwesenheit vom Dienst ist Urlaub unter Fortzahlung der Dienstbezüge zu gewähren

1. für die Teilnahme an öffentlichen Wahlen und Abstimmungen,
2. zur Wahrnehmung amtlicher, insbesondere gerichtlicher oder polizeilicher Termine,

soweit sie nicht durch private Angelegenheiten des Beamten veranlaßt sind,

3. zur Ausübung einer ehrenamtlichen Tätigkeit oder eines öffentlichen Ehrenamtes, wenn hierzu eine gesetzliche Verpflichtung besteht,
4. zur Ausübung eines Amtes als Mitglied einer kommunalen Vertretung oder als ehrenamtliches Mitglied von Organen der Sozialversicherungsträger und ihrer Verbände sowie der Bundesagentur für Arbeit.

(2) Beruht eine ehrenamtliche Tätigkeit oder ein öffentliches Ehrenamt auf gesetzlicher Vorschrift, besteht aber zur Ausübung keine Verpflichtung, können während des notwendigen Urlaubs die Dienstbezüge fortgezahlt werden; Absatz 1 Nr. 4 bleibt unberührt.

§ 21 (weggefallen)

§ 22 Urlaub zur Ableistung eines freiwilligen sozialen oder ökologischen Jahres oder eines Bundesfreiwilligendienstes

Zur Ableistung eines freiwilligen sozialen Jahres oder eines freiwilligen ökologischen Jahres nach dem Jugendfreiwilligendienstegesetz vom 16. Mai 2008 (BGBl. I S. 842) in der jeweils geltenden Fassung oder eines Bundesfreiwilligendienstes nach dem Bundesfreiwilligendienstgesetz vom 28. April 2011 (BGBl. I S. 687) in der jeweils geltenden Fassung ist Beamten Urlaub unter Wegfall der Dienstbezüge bis zur Dauer von 24 Monaten zu gewähren, wenn dienstliche Gründe nicht entgegenstehen.

§ 23 Urlaub für eine Ausbildung als Schwesternhelferin oder Pflegediensthelfer

Für eine Ausbildung als Schwesternhelferin oder Pflegediensthelfer soll Urlaub unter Fortzahlung der Dienstbezüge für die Dauer eines geschlossenen Lehrganges, höchstens jedoch für 20 Arbeitstage im Urlaubsjahr, gewährt werden, wenn dienstliche Gründe nicht entgegenstehen. Urlaub nach § 24 darf daneben vor Ablauf eines Jahres nach Urlaubsende nicht gewährt werden.

§ 24 Urlaub für Zwecke der militärischen und zivilen Verteidigung und entsprechender Einrichtungen

Für die Teilnahme an dienstlichen Veranstaltungen im Sinne des § 81 des Soldatengesetzes in der Fassung vom 30. Mai 2005 (BGBl. I S. 1482) in der jeweils geltenden Fassung und die Teilnahme an Ausbildungsveranstaltungen von Organisationen der zivilen Verteidigung sowie im Falle des Einsatzes durch eine dieser Organisationen soll Urlaub unter Fortzahlung der Dienstbezüge gewährt werden, wenn dienstliche Gründe nicht entgegenstehen. Das gleiche gilt für die Teilnahme an Ausbildungsveranstaltungen und Einsätzen der Feuerwehr sowie der anderen in der Allgemeinen Hilfe und im Katastrophenschutz mitwirkenden Hilfsorganisationen. Die Dauer des Urlaubs richtet sich nach § 27.

§ 25 Urlaub für gewerkschaftliche Zwecke

Für die Teilnahme an Sitzungen eines überörtlichen Gewerkschafts- oder Berufsverbandsvorstandes, dem der Beamte angehört, und an Tagungen von Gewerkschaften und Berufsverbänden auf internationaler, Bundes- oder Landesebene (beim Fehlen einer Landesebene auf Bezirksebene), wenn der Beamte als Mitglied eines Gewerkschafts- oder Berufsverbandsvorstandes oder als Delegierter teilnimmt, soll Urlaub unter Fortzahlung der Dienstbezüge bis zu fünf Arbeitstagen im Urlaubsjahr gewährt werden, wenn dienstliche Gründe nicht entgegenstehen. Die oberste Dienstbehörde kann in besonders begründeten Fällen Urlaub bis zu zehn Arbeitstagen im Urlaubsjahr bewilligen; sie kann diese Befugnis auf nachgeordnete Behörden übertragen. Der Urlaub kann auch für halbe Arbeitstage gewährt werden; ein halber Arbeitstag entspricht der Hälfte der für den jeweiligen Arbeitstag festgesetzten regelmäßigen Arbeitszeit. Urlaub in den Fällen der §§ 24 und 26 ist anzurechnen, soweit er fünf Arbeitstage im Urlaubsjahr überschreitet.

§ 26 Urlaub für fachliche, staatspolitische, kirchliche und sportliche Zwecke

(1) In folgenden Fällen kann Urlaub unter Fortzahlung der Dienstbezüge gewährt wer-

den, wenn dienstliche Gründe nicht entgegenstehen

1. für die Teilnahme an wissenschaftlichen Tagungen und an beruflichen Aus- und Fortbildungsveranstaltungen, die von staatlichen oder kommunalen Stellen durchgeführt oder gefördert werden, wenn die Teilnahme für die dienstliche Tätigkeit von Nutzen ist;
2. zur Ablegung von Prüfungen (Klausurarbeiten und mündliche Prüfung) nach einer Aus- oder Fortbildung im Sinne von Nummer 1;
3. für die Teilnahme an förderungswürdigen staatspolitischen Bildungsveranstaltungen;
4. für die Teilnahme an Aus- und Fortbildungsveranstaltungen der Weiterbildung sowie der Jugendarbeit, die von staatlichen Stellen, dem Verband der Volkshochschulen von Rheinland-Pfalz e. V., anerkannten Volkshochschulen oder anerkannten Landesorganisationen der Weiterbildung in freier Trägerschaft oder von einem Träger der Jugendarbeit im Sinne des § 11 Abs. 2 des Achten Buches Sozialgesetzbuch in der Fassung vom 11. September 2012 (BGBl. I S. 2022) in der jeweils geltenden Fassung durchgeführt oder gefördert werden, wenn der Beamte nebenamtlich oder nebenberuflich als ständiger Mitarbeiter bei dem Verband der Volkshochschulen von Rheinland-Pfalz e. V., einer anerkannten Volkshochschule oder einer anerkannten Landesorganisation der Weiterbildung in freier Trägerschaft oder bei einem Träger der Jugendarbeit im Sinne des § 11 Abs. 2 des Achten Buches Sozialgesetzbuch tätig ist;
5. für die Teilnahme an Sitzungen eines überörtlichen Parteivorstandes, dem der Beamte angehört, und an Bundes-, Landes- oder Bezirksparteitagen, wenn der Beamte als Mitglied eines Parteivorstandes oder als Delegierter teilnimmt;
6. für die Teilnahme an Sitzungen der satzungsmäßigen Organe von Einrichtungen, die Veranstaltungen nach Nummer 1 oder 3 durchführen;
7. a) für die Teilnahme an Sitzungen eines überörtlichen Vorstandes
   der Organisation der Kriegsbeschädigten, Vertriebenen und Flüchtlinge oder der Träger der freien Wohlfahrtspflege und freien Jugendhilfe sowie ihrer Zusammenschlüsse und ihrer Mitgliedsorganisationen oder der im Sanitäts- und Betreuungsdienst tätigen anerkannten zentralen freiwilligen Hilfsorganisationen sowie der überörtlichen Vereine und Verbände zur Förderung des Feuerwehrgedankens,
   wenn der Beamte dem Vorstand angehört;
   b) für die Teilnahme an Arbeitstagungen der in Buchstabe a bezeichneten Organisationen auf Bundes- oder Landesebene, wenn der Beamte als Mitglied eines Vorstandes der Organisation oder als Delegierter teilnimmt;
8. für die Teilnahme an Sitzungen der Verfassungsorgane oder überörtlicher Verwaltungsgremien der Kirchen oder sonstigen öffentlich-rechtlichen Religionsgesellschaften, wenn der Beamte dem Verfassungsorgan oder Gremium angehört, und für die Teilnahme an Tagungen der Kirchen oder öffentlich-rechtlichen Religionsgesellschaften, wenn der Beamte auf Anforderung der Kirchenleitung oder obersten Leitung der Religionsgesellschaft als Delegierter oder als Mitglied eines Verwaltungsgremiums der Kirche oder der Religionsgesellschaft teilnimmt, sowie an Veranstaltungen des Deutschen Evangelischen Kirchentages und des Deutschen Katholikentages;
9. für die aktive Teilnahme an
   a) den Olympischen Spielen, sportlichen Welt- und Europameisterschaften, internationalen sportlichen Länderwettkämpfen und den dazugehörigen Vorbereitungskämpfen auf Bundesebene, wenn der Beamte von einem dem Deutschen Sportbund angeschlossenen Verband als Teilnehmer benannt worden ist,

b) Europapokal-Wettbewerben sowie den Endkämpfen um Deutsche sportliche Meisterschaften, wenn der Beamte von einem dem Deutschen Sportbund angeschlossenen Verband oder Verein als Teilnehmer benannt worden ist,

c) den Wettkämpfen beim Deutschen Turnfest;

10. für die Teilnahme an
Kongressen und Vorstandssitzungen internationaler Sportverbände, denen der Deutsche Sportbund oder ein ihm angeschlossener Sportverband angehören, Mitgliederversammlungen und Vorstandssitzungen des Nationalen Olympischen Komitees, des Deutschen Sportbundes und ihm angeschlossener Sportverbände auf Bundesebene sowie Vorstandssitzungen solcher Verbände auf Landesebene,
wenn der Beamte dem Gremium angehört;

11. für die Teilnahme an sonstigen Veranstaltungen von Organisationen, deren Tätigkeit im öffentlichen Interesse liegt.

Die Dauer des Urlaubs richtet sich nach § 27.

(2) Freistellung, die ehrenamtlich und leitend in der Jugendarbeit tätigen Beamten auf Grund des Landesgesetzes zur Stärkung des Ehrenamtes in der Jugendarbeit vom 5. Oktober 2001 (GVBl. S. 209, BS 8002-2) in der jeweils geltenden Fassung zusteht, kann unter Fortzahlung der Dienstbezüge gewährt werden.

§ 27 Dauer des Urlaubs in den Fällen der §§ 24 und 26 Abs. 1

(1) Urlaub nach § 24 und Urlaub nach § 26 Abs. 1 darf im Einzelfall drei Arbeitstage, in besonders begründeten Fällen oder bei mehreren Veranstaltungen fünf Arbeitstage im Urlaubsjahr nicht überschreiten. Die oberste Dienstbehörde kann Urlaub bis zu zehn Arbeitstagen im Urlaubsjahr bewilligen. Der Urlaub kann auch für halbe Arbeitstage gewährt werden; ein halber Arbeitstag entspricht der Hälfte der für den jeweiligen Arbeitstag festgesetzten regelmäßigen Arbeitszeit. Sonderurlaub zur Teilnahme an Fortbildungsveranstaltungen im Zusammenhang mit einem Ehrenamt nach § 18a Abs. 6 der Gemeindeordnung oder § 12a Abs. 6 der Landkreisordnung sowie beanspruchte Bildungszeit nach dem Landesbildungszeitgesetz vom 11. Februar 2026 (GVBl. S. 29, BS 223-70) in der jeweils geltenden Fassung sind anzurechnen. Urlaub nach § 25 ist anzurechnen, soweit er fünf Arbeitstage im Urlaubsjahr überschreitet. Für die aktive Teilnahme an den Olympischen Spielen, sportlichen Welt- und Europameisterschaften, internationalen sportlichen Länderwettkämpfen und den dazugehörigen Vorbereitungskämpfen auf Bundesebene sowie an Europapokal-Wettbewerben kann die oberste Dienstbehörde Urlaub auch über zehn Arbeitstage hinaus bewilligen.

(2) Die oberste Dienstbehörde kann die ihr nach Absatz 1 zustehenden Befugnisse auf nachgeordnete Behörden übertragen.

§ 28 Urlaub zur Ausübung einer Tätigkeit in öffentlichen zwischenstaatlichen oder überstaatlichen Einrichtungen oder zur Wahrnehmung von Aufgaben der Entwicklungshilfe

(1) Wird ein Beamter zur Wahrnehmung einer hauptberuflichen Tätigkeit in öffentliche zwischenstaatliche oder überstaatliche Einrichtungen entsandt, ist ihm für die Dauer dieser Tätigkeit Urlaub unter Wegfall der Dienstbezüge zu gewähren; die Entscheidung trifft die oberste Dienstbehörde.

(2) Einem nicht entsandten Beamten kann zur Wahrnehmung einer hauptberuflichen Tätigkeit in einer öffentlichen zwischenstaatlichen oder überstaatlichen Einrichtung Urlaub unter Wegfall der Dienstbezüge bewilligt werden, wenn dienstliche Gründe nicht entgegenstehen.

(3) Zur Übernahme von Aufgaben der Entwicklungshilfe kann die oberste Dienstbehörde Urlaub unter Wegfall der Dienstbezüge gewähren, wenn dienstliche Gründe nicht entgegenstehen.

(4) Der Urlaub kann in den in Absatz 1 bis 3 bezeichneten Fällen auch unter Fortzahlung der Dienstbezüge gewährt werden.

§ 29 Urlaub für eine fremdsprachliche Aus- oder Fortbildung oder zum Erwerb der Zugangsvoraussetzungen für ein höheres Einstiegsamt

(1) Für eine fremdsprachliche Aus- oder Fortbildung im Ausland kann die oberste Dienstbehörde Urlaub unter Fortzahlung der Dienstbezüge bis zur Dauer von drei Monaten bewilligen, wenn die Ausbildung im dienstlichen Interesse liegt und zu erwarten steht, daß ausreichende Fortschritte im Erlernen der Fremdsprache gemacht werden. Ein weiterer Urlaub zu einem solchen Zweck darf frühestens zwei Jahre nach Beendigung des letzten Urlaubs aus diesem Anlaß gewährt werden.

(2) Für die Dauer eines unmittelbar für das dritte oder vierte Einstiegsamt einer Laufbahn qualifizierenden Hochschulstudiums (§ 15 Abs. 4 Satz 2 und Abs. 5 Satz 2 LBG) einschließlich einer geforderten Einführung in die Laufbahnaufgaben (§ 25 der Laufbahnverordnung) kann die oberste Dienstbehörde Urlaub unter Wegfall der Dienstbezüge gewähren, wenn

1. dienstliche Gründe nicht entgegenstehen und
2. ein dienstliches Interesse von der für die Wahrnehmung der dienstrechtlichen Befugnisse zuständigen Behörde, in deren Bereich der Beamte nach Erwerb der Zugangsvoraussetzungen eine Verwendung anstrebt, festgestellt wird.

§ 30 Urlaub für Heimfahrten

(1) Für Heimfahrten im Sinne des § 5 Abs. 1 Satz 1 der Landestrennungsgeldverordnung (LTGV) vom 15. Januar 1993 (GVBl. S. 111, BS 2032-42-1) in der jeweils geltenden Fassung wird Urlaub unter Fortzahlung der Dienstbezüge bis zu acht Arbeitstagen im Urlaubsjahr gewährt. Besteht ein Anspruch nach § 5 Abs. 1 Satz 1 der LTGV nur für einen Teil des Urlaubsjahres, verringert sich der Urlaubsanspruch entsprechend. Der Zeitpunkt des Urlaubsantritts ist mit den dienstlichen Bedürfnissen abzustimmen. Bei einer Entfernung von weniger als 150 km zwischen dem Wohnort der Familie und dem Dienstort wird Urlaub für Heimfahrten nicht gewährt, es sei denn, daß die Verkehrsverbindungen besonders ungünstig sind.

(2) Absatz 1 gilt nicht für Beamte, deren durchschnittliche Wochenarbeitszeit auf bis zu vier Tage in der Kalenderwoche verteilt ist, und für die Zeit der Ausbildung an einer Hochschule oder lehrgangsmäßigen Ausbildung an einer besonderen Schule.

§ 31 Urlaub aus persönlichen Anlässen

(1) Für die Dauer der notwendigen Abwesenheit vom Dienst bei von einem Amts- oder Versorgungsarzt oder einem Arzt des Medizinischen Dienstes angeordneter Untersuchung oder kurzfristiger Behandlung einschließlich der Anpassung, Wiederherstellung oder Erneuerung von Körperersatzstücken ist Urlaub unter Fortzahlung der Dienstbezüge zu gewähren, wenn dringende dienstliche Gründe nicht entgegenstehen. Für die Dauer der notwendigen Abwesenheit vom Dienst für alle medizinisch erforderlichen Maßnahmen im Zusammenhang mit einer Spende von Organen oder Geweben nach § 8 oder § 8a des Transplantationsgesetzes in der Fassung vom 4. September 2007 (BGBl. I S. 2206), zuletzt geändert durch Artikel 5d des Gesetzes vom 15. Juli 2013 (BGBl. I S. 2423), oder einer Blutspende zur Separation von Blutstammzellen oder anderen Blutbestandteilen im Sinne von § 9 des Transfusionsgesetzes in der Fassung vom 28. August 2007 (BGBl. I S. 2169), zuletzt geändert durch Artikel 12 des Gesetzes vom 17. Juli 2009 (BGBl. I S. 1990), ist Urlaub unter Fortzahlung der Dienstbezüge zu gewähren.

(2) Für die von der Beihilfestelle anerkannte oder von einem Sozialversicherungsträger bewilligte notwendige Teilnahme als Begleitperson an einem stationären Sanatoriumsaufenthalt eines Kindes im Sinne des Absatzes 3 Satz 2 wird Urlaub unter Fortzahlung der Dienstbezüge gewährt.

(3) Aus anderen wichtigen persönlichen Gründen kann, wenn dienstliche Gründe nicht entgegenstehen, Urlaub unter Fortzahlung der Dienstbezüge im notwendigen Umfang gewährt werden; in den nachstehenden Fällen wird Urlaub in dem angegebenen Umfang gewährt:

I

1. Niederkunft der Ehefrau oder der Lebenspartnerin ein Arbeitstag,
2. Tod des Ehegatten oder des Lebenspartners, eines Kindes oder eines Elternteils zwei Arbeitstage,
3. Umzug an einen anderen Ort aus dienstlichem Anlass ein Arbeitstag,
4. schwere Erkrankung eines im Haushalt des Beamten lebenden Angehörigen ein Arbeitstag im Urlaubsjahr,
5. schwere Erkrankung eines Kindes unter zwölf Jahren oder eines behinderten und auf Hilfe angewiesenen Kindes für jedes Kind bis zu sieben Arbeitstage im Urlaubsjahr, jedoch nicht mehr als 18 Arbeitstage im Urlaubsjahr; bei Alleinerziehenden für jedes Kind bis zu 14 Arbeitstage im Urlaubsjahr, jedoch nicht mehr als 36 Arbeitstage im Urlaubsjahr,
6. schwere Erkrankung der Betreuungsperson eines Kindes, das das achte Lebensjahr noch nicht vollendet hat oder wegen körperlicher, geistiger oder seelischer Behinderung dauernd pflegebedürftig ist, bis zu vier Arbeitstage im Urlaubsjahr,
7. Organisation einer bedarfsgerechten Pflege oder Sicherstellung einer pflegerischen Versorgung für einen nach § 7 Abs. 4 des Pflegezeitgesetzes (PflegeZG) vom 28. Mai 2008 (BGBl. I S. 874, 896), zuletzt geändert durch Artikel 7 des Gesetzes vom 21. Dezember 2015 (BGBl. I S. 2424), pflegebedürftigen nahen Angehörigen im Sinne des § 7 Abs. 3 PflegeZG in einer akut aufgetretenen Pflegesituation, bis zu neun Arbeitstage.

Kinder im Sinne des Satzes 1 Halbsatz 2 Nr. 2, 5 und 6 sind leibliche und angenommene Kinder, Kinder in Vollzeit- und Adoptionspflege sowie im Haushalt des Beamten lebende Enkel- und Stiefkinder; als Stiefkinder gelten auch die Kinder eines Lebenspartners. In den Fällen des Satzes 1 Halbsatz 2 Nr. 4 bis 6 wird Urlaub nur gewährt, soweit keine andere Person zur Pflege oder Betreuung zur Verfügung steht; in den Fällen des Satzes 1 Halbsatz 2 Nr. 4 und 5 muss die Notwendigkeit der Anwesenheit des Beamten zur Beaufsichtigung, Betreuung oder Pflege der erkrankten Person ärztlich bescheinigt werden. In den Fällen des Satzes 1 Halbsatz 2 Nr. 7 muss die Pflegebedürftigkeit des nahen Angehörigen und die Erforderlichkeit der Maßnahmen ärztlich oder durch eine Pflegefachperson bescheinigt werden. § 8 Abs. 3 und 4 findet in den Fällen des Satzes 1 Halbsatz 2 Nr. 5 und 7 entsprechende Anwendung.

(4) In den Fällen des Absatzes 3 Satz 1 Nr. 4 bis 6 kann Urlaub auch für halbe Arbeitstage gewährt werden; ein halber Arbeitstag entspricht der Hälfte der für den jeweiligen Arbeitstag festgesetzten regelmäßigen Arbeitszeit.

§ 31a Sonderregelung zum Urlaub zur Betreuung eines erkrankten Kindes für die Kalenderjahre 2024 bis 2026

§ 31 Abs. 3 Satz 1 Halbsatz 2 Nr. 5 findet für die Kalenderjahre 2024 bis 2026 jeweils mit der Maßgabe Anwendung, dass der Umfang des Urlaubs für jedes Kind bis zu 13 Arbeitstage, jedoch nicht mehr als 30 Arbeitstage und bei Alleinerziehenden für jedes Kind bis zu 26 Arbeitstage, jedoch nicht mehr als 60 Arbeitstage beträgt.

§ 32 Urlaub in anderen Fällen

(1) In anderen als den in den §§ 20 bis 31 genannten Fällen kann Urlaub unter Wegfall der Dienstbezüge gewährt werden, wenn ein wichtiger Grund vorliegt und dienstliche Gründe nicht entgegenstehen. Der vorgesehene Einsatz eines Beamten in einem Unternehmen oder einer sonstigen wirtschaftlichen Einrichtung, der für den Dienstherrn von Vorteil ist, kann einen wichtigen Grund im Sinne des Satzes 1 darstellen. Urlaub für mehr als drei Monate kann nur in besonders begründeten Fällen durch die oberste Dienstbehörde bewilligt werden; sie kann die Befugnis auf unmittelbar nachgeordnete Behörden übertragen.

(2) Dient der Urlaub auch dienstlichen Zwecken, können die Dienstbezüge bis zur Dauer von sechs Wochen belassen werden. Die oberste Dienstbehörde kann Ausnahmen bewilligen; dabei sollen für die sechs Wochen

überschreitende Zeit die Dienstbezüge nur bis zur halben Höhe belassen werden.

§ 33 Lehrer und Hochschullehrer

Lehrern und Hochschullehrern wird Urlaub in den Fällen der §§ 24, 25, 26 Abs. 1, §§ 29 und 32 während der Unterrichtszeit oder der Vorlesungszeit nur in Ausnahmefällen gewährt; gleiches gilt für die Fortzahlung der Dienstbezüge nach § 20 Abs. 2 erster Halbsatz und § 26 Abs. 2.

§ 34 Widerruf

(1) Die Urlaubsbewilligung kann widerrufen werden, bei einem befristeten Urlaub jedoch nur aus zwingenden dienstlichen Gründen.

(2) Die Urlaubsbewilligung ist zu widerrufen, wenn der Urlaub zu einem anderen als dem bewilligten Zweck verwendet wird oder wenn andere Gründe, die der Beamte zu vertreten hat, den Widerruf erfordern.

§ 35 Ersatz von Aufwendungen

(1) Mehraufwendungen, die durch einen Widerruf der Urlaubsbewilligung entstehen, werden nach den Bestimmungen des Reisekosten- und Umzugskostenrechts ersetzt; § 12 Abs. 1 Satz 2 zweiter Halbsatz ist entsprechend anzuwenden. Satz 1 gilt nicht, wenn der Widerruf nach § 34 Abs. 2 ausgesprochen wird. Zuwendungen, die von anderer Seite zur Deckung der Aufwendungen geleistet werden, sind anzurechnen.

(2) Absatz 1 gilt auch für Mehraufwendungen, die anläßlich der Wiederaufnahme des Dienstes in den Fällen des § 28 Abs. 1 und 3 entstehen, wenn die oberste Dienstbehörde vor Antritt des Urlaubs ein dienstliches Interesse an der Beurlaubung schriftlich anerkannt hat.

§ 36 Dienstbezüge

(1) Dienstbezüge im Sinne dieser Verordnung sind die in § 3 des Landesbesoldungsgesetzes genannten Bezüge.

(2) Erhält der Beamte in den Fällen des § 28 Abs. 4, der §§ 29 oder 32 Abs. 2 Zuwendungen von anderer Seite, so sind die Dienstbezüge entsprechend zu kürzen, es sei denn, daß der Wert der Zuwendungen gering ist.

V. Abschnitt
Schlußvorschriften

§ 37*) Inkrafttreten

(1) Diese Verordnung tritt mit Ausnahme des III. Abschnitts mit Wirkung vom 1. Januar 1966 in Kraft; die Vorschriften des III. Abschnitts treten am Tage nach der Verkündung in Kraft.

(2) Zu den genannten Zeitpunkten werden die jeweils entgegenstehenden oder inhaltsgleichen Rechts- und Verwaltungsvorschriften aufgehoben. Insbesondere wird die Landesverordnung über den Erholungsurlaub der Beamten des Landes Rheinland-Pfalz (Urlaubsverordnung) vom 14. April 1956 (GVBl. S. 45), zuletzt geändert durch Landesverordnung vom 6. November 1963 (GVBl. S. 213), BS 2030-1-2, mit Wirkung vom 1. Januar 1966 aufgehoben.

---

*) § 37 Abs. 1: Die Vorschrift betrifft das Inkrafttreten der Urlaubsverordnung in der ursprünglichen Fassung vom 16. Mai 1966. Der Zeitpunkt des Inkrafttretens der späteren Änderungen ergibt sich aus den in der vorangestellten Bekanntmachung näher bezeichneten Vorschriften.

I

Landesdisziplinargesetz (LDG)

Vom 2. März 1998 (GVBl. S. 29)

Zuletzt geändert durch
Zweites Landesgesetz zur Änderung disziplinarrechtlicher Vorschriften
vom 19. November 2025 (GVBl. S. 670)

Inhaltsübersicht

I

I

Teil 1
Geltungsbereich

§ 1 Persönlicher Geltungsbereich

(1) Dieses Gesetz gilt für die Beamten und Ruhestandsbeamten, auf die das Landesbeamtengesetz (LBG) Anwendung findet. Frühere Beamte, die einen unwiderruflich bewilligten Unterhaltsbeitrag nach den Bestimmungen des Landesbeamtenversorgungsgesetzes beziehen, gelten bis zum Ende dieses Bezuges als Ruhestandsbeamte, ihre Bezüge als Ruhegehalt. Die Bestimmungen dieses Gesetzes über Beamte gelten auch für Ruhestandsbeamte, soweit sie nicht ihrer Natur nach nur auf Beamte anwendbar sind.

(2) Altersgeldberechtigte nach dem Landesbeamtenversorgungsgesetz gelten für die Verfolgung von Dienstvergehen, die sie vor der Beendigung ihres Beamtenverhältnisses begangen haben, sowie für die Verfolgung von Handlungen nach der Beendigung ihres Beamtenverhältnisses, die bei Ruhestandsbeamten als Dienstvergehen gelten (§ 47 Abs. 2 Satz 1 des Beamtenstatusgesetzes – BeamtStG –), als Ruhestandsbeamte. Altersgeld gilt insoweit als Ruhegehalt.

(3) Die besonderen Bestimmungen des Landesrichtergesetzes für Disziplinarsachen der Staatsanwälte und des Landesgesetzes über den Rechnungshof Rheinland-Pfalz für Disziplinarsachen der Mitglieder des Rechnungshofes sowie der aus diesen Ämtern in den Ruhestand getretenen Beamten bleiben unberührt.

(4) Die in diesem Gesetz verwendeten Amts- und Funktionsbezeichnungen sowie die sonstigen personenbezogenen Bezeichnungen gelten für Frauen und Männer in gleicher Weise.

§ 2 Sachlicher Geltungsbereich

(1) Dieses Gesetz findet Anwendung auf die

1. von Beamten während ihres Beamtenverhältnisses begangenen Dienstvergehen (§ 47 Abs. 1 BeamtStG) und
2. von Ruhestandsbeamten
   a) während ihres Beamtenverhältnisses begangenen Dienstvergehen (§ 47 Abs. 1 BeamtStG) und
   b) nach Eintritt in den Ruhestand begangenen als Dienstvergehen geltenden Handlungen (§ 47 Abs. 2 Satz 1 BeamtStG und § 61 LBG).

Die Bestimmungen dieses Gesetzes über Dienstvergehen gelten auch für als Dienstvergehen geltende Handlungen (§ 47 Abs. 2 Satz 1 BeamtStG und § 61 LBG), soweit sie nicht ihrer Natur nach nur auf Dienstvergehen anwendbar sind.

(2) Bei Beamten und Ruhestandsbeamten, die früher in einem anderen Dienstverhältnis als Beamte, Richter, Berufssoldaten oder Soldaten auf Zeit gestanden haben, findet dieses Gesetz auch wegen solcher Dienstvergehen Anwendung, die sie in dem früheren Dienstverhältnis oder als Versorgungsberechtigte aus einem solchen Dienstverhältnis begangen haben; auch bei den aus einem solchen Dienstverhältnis Ausgeschiedenen und Entlassenen gelten die in § 47 Abs. 2 Satz 1 BeamtStG und § 61 LBG bezeichneten Handlungen als Dienstvergehen.

(3) Ein Wechsel des Dienstherrn steht der Anwendung dieses Gesetzes nicht entgegen.

Teil 2
Disziplinarmaßnahmen

§ 3 Arten der Disziplinarmaßnahmen

(1) Disziplinarmaßnahmen bei Beamten sind:

1. Verweis,
2. Geldbuße,
3. Kürzung der Dienstbezüge,
4. Zurückstufung und
5. Entfernung aus dem Dienst.

(2) Disziplinarmaßnahmen bei Ruhestandsbeamten sind:

1. Kürzung des Ruhegehalts und
2. Aberkennung des Ruhegehalts.

(3) Bei Ehrenbeamten sind nur Verweis, Geldbuße und Entfernung aus dem Dienst zulässig. Für Beamte auf Probe und Beamte auf Widerruf gelten die besonderen Bestimmungen der §§ 114 und 115.

(4) Mißbilligende Äußerungen (Zurechtweisungen, Ermahnungen, Rügen und dergleichen), die nicht ausdrücklich als Verweis bezeichnet werden, sind keine Disziplinarmaßnahmen.

§ 4 Verweis

Verweis ist der schriftliche Tadel eines bestimmten Verhaltens des Beamten.

§ 5 Geldbuße

(1) Die Geldbuße kann bis zur Höhe der monatlichen Dienstbezüge des Beamten verhängt werden. Bei der Bestimmung der Höhe der monatlichen Dienstbezüge bleibt der Familienzuschlag unberücksichtigt.

(2) Hat der Beamte keine Dienstbezüge, darf die Geldbuße bis zu dem Betrag von 500 EUR (bis 31. 12. 2001: 1000 DM) verhängt werden.

§ 6 Kürzung der Dienstbezüge

(1) Die Kürzung der Dienstbezüge besteht in der bruchteilmäßigen Verminderung der monatlichen Dienstbezüge des Beamten um höchstens ein Fünftel und auf längstens drei Jahre. § 5 Abs. 1 Satz 2 gilt entsprechend. Sie erstreckt sich auf alle Ämter, die der Beamte bei Eintritt der Unanfechtbarkeit der Entscheidung bei einem rheinland-pfälzischen Dienstherrn (§ 1 Abs. 1 Nr. 1 bis 3 LBG) bekleidet. Hat der Beamte aus einem früheren öffentlich-rechtlichen Dienstverhältnis einen Versorgungsanspruch erworben, bleibt bei dessen Regelung die Kürzung der Dienstbezüge unberücksichtigt.

(2) Während der Dauer der Kürzung der Dienstbezüge darf der Beamte nicht befördert werden. Der Zeitraum kann in der Entscheidung abgekürzt werden, sofern dies im Hinblick auf die Dauer des Disziplinarverfahrens angezeigt ist.

(3) Die Rechtsfolgen der Kürzung der Dienstbezüge erstrecken sich auch auf ein neues Beamtenverhältnis zu demselben oder zu einem anderen rheinland-pfälzischen Dienstherrn (§ 1 Abs. 1 Nr. 1 bis 3 LBG). Hierbei steht bei Anwendung des Absatzes 2 die Einstellung oder Anstellung in einem höheren als dem bisherigen Amt der Beförderung gleich; dies gilt nicht bei der Ernennung zum Wahlbeamten auf Zeit.

§ 7 Zurückstufung

(1) Durch die Zurückstufung wird der Beamte in ein Amt mit geringerem Grundgehalt versetzt; die Versetzung darf höchstens bis in das dem bisherigen Amt zugeordnete Einstiegsamt erfolgen. Der Beamte verliert alle Rechte aus seinem bisherigen Amt einschließlich der damit verbundenen Dienstbezüge und der Befugnis, die bisherige Amtsbezeichnung zu führen.

(2) Mit dem Verlust der Rechte aus dem bisherigen Amt enden, soweit in der Entscheidung nichts anderes bestimmt ist, auch die Ehrenämter und die Nebentätigkeiten, die der Beamte im Zusammenhang mit dem bisherigen Amt oder auf Verlangen, Vorschlag oder Veranlassung seines Dienstvorgesetzten übernommen hatte.

(3) Der Beamte darf frühestens fünf Jahre nach Eintritt der Unanfechtbarkeit der Entscheidung wieder befördert werden. Der Zeitraum kann in der Entscheidung abgekürzt werden, sofern dies im Hinblick auf die Dauer des Disziplinarverfahrens angezeigt ist.

(4) Die Rechtsfolgen der Zurückstufung erstrecken sich auch auf ein neues Beamtenverhältnis zu demselben oder zu einem anderen rheinland-pfälzischen Dienstherrn (§ 1 Abs. 1 Nr. 1 bis 3 LBG). Hierbei steht bei Anwendung des Absatzes 3 die Einstellung oder Anstellung in einem höheren Amt als dem, in welches der Beamte zurückgestuft wurde, der Beförderung gleich; dies gilt nicht bei der Ernennung zum Wahlbeamten auf Zeit.

§ 8 Entfernung aus dem Dienst

(1) Mit der Entfernung aus dem Dienst wird das Beamtenverhältnis beendet. Der Beamte verliert auch den Anspruch auf Dienstbezüge und Versorgung sowie die Befugnis, die Amtsbezeichnung und die im Zusammenhang mit dem Amt verliehenen Titel zu führen und die Dienstkleidung zu tragen.

(2) Der aus dem Dienst entfernte Beamte erhält für die Dauer von sechs Monaten einen Unterhaltsbeitrag in Höhe von 50 v. H. der

ihm bei Eintritt der Unanfechtbarkeit der Entscheidung zustehenden Dienstbezüge, soweit nicht in der Entscheidung auf Grund des § 70 etwas anderes bestimmt ist.

(3) Die Entfernung aus dem Dienst und ihre Rechtsfolgen erstrecken sich auf alle Ämter, die der Beamte bei Eintritt der Unanfechtbarkeit der Entscheidung bei einem rheinland-pfälzischen Dienstherrn (§ 1 Abs. 1 Nr. 1 bis 3 LBG) bekleidet. Ist eines von mehreren Ämtern ein Ehrenamt, und wird diese Disziplinarmaßnahme nur wegen eines in dem Ehrenamt oder im Zusammenhang mit diesem begangenen Dienstvergehens verhängt, kann die Entfernung aus dem Dienst auf das Ehrenamt und die in Verbindung mit ihm übernommenen Nebentätigkeiten beschränkt werden. Im Hinblick auf die dem Beamten verbleibenden Ämter kann eine weitere Disziplinarmaßnahme verhängt werden.

(4) Wird gegen einen Beamten, der früher bei einem rheinland-pfälzischen Dienstherrn (§ 1 Abs. 1 Nr. 1 bis 3 LBG) in einem anderen Dienstverhältnis als Beamter oder Richter gestanden hat, auf Entfernung aus dem Dienst erkannt, verliert er auch die Ansprüche aus dem früheren Dienstverhältnis, wenn diese Disziplinarmaßnahme wegen eines in dem früheren Dienstverhältnis begangenen Dienstvergehens verhängt wird.

(5) Ist gegen einen Beamten auf Entfernung aus dem Dienst erkannt worden, soll er bei einem rheinland-pfälzischen Dienstherrn (§ 1 Abs. 1 Nr. 1 bis 3 LBG) nicht wieder zum Beamten ernannt werden; es soll auch kein anderes Beschäftigungsverhältnis begründet werden.

§ 9 Kürzung des Ruhegehalts

Die Kürzung des Ruhegehalts besteht in der bruchteilmäßigen Verminderung des monatlichen Ruhegehalts des Ruhestandsbeamten um höchstens ein Fünftel und auf längstens drei Jahre. § 6 Abs. 1 Satz 3 und 4 gilt entsprechend.

§ 10 Aberkennung des Ruhegehalts

(1) Mit der Aberkennung des Ruhegehalts tritt der Verlust der Rechte als Ruhestandsbeamter ein. Der Beamte verliert auch den Anspruch auf Versorgung einschließlich der Hinterbliebenenversorgung und die Befugnis, die Amtsbezeichnung und die im Zusammenhang mit dem früheren Amt verliehenen Titel zu führen.

(2) Der Ruhestandsbeamte, dessen Ruhegehalt aberkannt wird, erhält für die Dauer von sechs Monaten einen Unterhaltsbeitrag in Höhe von 70 v. H. des ihm bei Eintritt der Unanfechtbarkeit der Entscheidung zustehenden Ruhegehalts, soweit nicht in der Entscheidung auf Grund des § 70 etwas anderes bestimmt ist.

(3) Die Aberkennung des Ruhegehalts und ihre Rechtsfolgen erstrecken sich auf alle Ämter, die der Ruhestandsbeamte bei Eintritt in den Ruhestand bei einem rheinland-pfälzischen Dienstherrn (§ 1 Abs. 1 Nr. 1 bis 3 LBG) bekleidet hat.

(4) § 8 Abs. 4 und 5 gilt entsprechend.

§ 11 Bestimmung der Disziplinarmaßnahme

(1) Die zuständigen Disziplinarorgane (§ 14) entscheiden über die Verhängung einer Disziplinarmaßnahme nach pflichtgemäßem Ermessen; Absatz 2 bleibt unberührt. Die Disziplinarmaßnahme soll vorrangig danach bemessen werden, in welchem Umfang der Beamte seine Pflichten verletzt und das Vertrauen des Dienstherrn oder der Allgemeinheit beeinträchtigt hat; das Persönlichkeitsbild des Beamten ist angemessen zu berücksichtigen.

(2) Ein Beamter, der durch ein Dienstvergehen das Vertrauen des Dienstherrn oder der Allgemeinheit endgültig verloren hat, ist aus dem Dienst zu entfernen. Dem Ruhestandsbeamten wird das Ruhegehalt aberkannt, wenn er als noch im Dienst befindlicher Beamter aus dem Dienst entfernt werden müßte.

(3) Mehrere Disziplinarmaßnahmen können nicht nebeneinander verhängt werden.

§ 12 Disziplinarmaßnahmeverbot wegen Zeitablaufs

(1) Sind seit einem Dienstvergehen mehr als zwei Jahre verstrichen, darf ein Verweis nicht mehr verhängt werden.

(2) Sind seit einem Dienstvergehen mehr als drei Jahre verstrichen, darf eine Geldbuße, eine Kürzung der Dienstbezüge oder eine Kürzung des Ruhegehalts nicht mehr verhängt werden.

(3) Sind seit einem Dienstvergehen mehr als sieben Jahre verstrichen, darf eine Zurückstufung nicht mehr verhängt werden.

(4) Bei Dienstvergehen gegen die Pflicht, sich durch das gesamte Verhalten zu der freiheitlichen demokratischen Grundordnung zu bekennen und für deren Erhaltung einzutreten, beträgt die Frist nach Absatz 1 vier, nach Absatz 2 sechs und nach Absatz 3 acht Jahre.

(5) Die Fristen der Absätze 1 bis 4 werden durch die Einleitung des Disziplinarverfahrens, die Erhebung der Disziplinarklage, die Erhebung der Nachtragsklage oder die Anordnung oder Ausdehnung von Ermittlungen nach § 115 unterbrochen.

(6) Die Fristen der Absätze 1 bis 4 sind für die Dauer des Widerspruchsverfahrens, des gerichtlichen Disziplinarverfahrens, einer Aussetzung des Disziplinarverfahrens nach § 15 oder der Mitbestimmung des Personalrats gehemmt. Ist vor Ablauf der Frist wegen desselben Sachverhalts ein Straf- oder Bußgeldverfahren eingeleitet oder eine Klage aus dem Beamtenverhältnis erhoben worden, ist die Frist für die Dauer dieses Verfahrens gehemmt.

§ 13 Zulässigkeit von Disziplinarmaßnahmen nach Strafverfahren oder Bußgeldverfahren

(1) Ist gegen einen Beamten im Strafverfahren oder im Bußgeldverfahren unanfechtbar eine Strafe, Geldbuße oder Ordnungsmaßnahme verhängt worden oder kann eine Tat nach § 153a Abs. 1 Satz 5 oder Abs. 2 Satz 2 der Strafprozeßordnung (StPO) nach der Erfüllung von Auflagen und Weisungen nicht mehr als Vergehen verfolgt werden, darf wegen desselben Sachverhalts

1. ein Verweis, eine Geldbuße oder eine Kürzung des Ruhegehalts nicht verhängt werden,
2. eine Kürzung der Dienstbezüge nur verhängt werden, wenn dies zusätzlich erforderlich ist, um den Beamten zur Erfüllung seiner Pflichten anzuhalten.

(2) Ist der Beamte im Strafverfahren oder im Bußgeldverfahren durch ein Gericht rechtskräftig freigesprochen worden, darf wegen des Sachverhalts, der Gegenstand der gerichtlichen Entscheidung gewesen ist, eine Disziplinarmaßnahme nur verhängt werden, wenn dieser, ohne den Tatbestand einer Strafvorschrift oder einer Bußgeldvorschrift zu erfüllen, ein Dienstvergehen darstellt.

Teil 3
Allgemeine Bestimmungen für das behördliche und gerichtliche Disziplinarverfahren

§ 14 Disziplinarorgane

(1) Die Disziplinarbefugnisse werden im Rahmen des behördlichen und des gerichtlichen Disziplinarverfahrens von den zuständigen Behörden, Dienstvorgesetzten und Gerichten ausgeübt.

(2) Als Dienstvorgesetzter gilt bei Ruhestandsbeamten die zum Zeitpunkt des Eintritts in den Ruhestand zuständige oberste Dienstbehörde. Diese kann ihre Befugnisse durch Rechtsverordnung ganz oder teilweise auf nachgeordnete Behörden und Einrichtungen übertragen. Besteht die zuständige oberste Dienstbehörde nicht mehr, bestimmt das für das Beamtenrecht zuständige Ministerium, welche Behörde zuständig ist.

§ 15 Zusammentreffen von Disziplinarverfahren mit Strafverfahren oder Bußgeldverfahren, Aussetzung

(1) Ist gegen den Beamten die öffentliche Klage im strafgerichtlichen Verfahren erhoben oder ein gerichtliches Bußgeldverfahren anhängig, kann wegen desselben Sachverhalts ein Disziplinarverfahren eingeleitet werden.

(2) Das unter den Voraussetzungen des Absatzes 1 eingeleitete Disziplinarverfahren sowie ein Disziplinarverfahren, in dessen Lauf die öffentliche Klage erhoben oder ein gerichtliches Bußgeldverfahren anhängig wird,

sind auszusetzen. Dies gilt nicht, wenn keine begründeten Zweifel am Sachverhalt bestehen oder wenn im strafgerichtlichen Verfahren oder im gerichtlichen Bußgeldverfahren aus Gründen nicht verhandelt werden kann, die in der Person oder in dem Verhalten des Beamten liegen.

(3) Das ausgesetzte Disziplinarverfahren soll fortgesetzt werden, wenn die Voraussetzungen des Absatzes 2 Satz 2 nachträglich eintreten. Es ist spätestens nach Abschluß des Verfahrens, das zur Aussetzung geführt hat, fortzusetzen.

(4) Das Disziplinarverfahren kann auch ausgesetzt werden, wenn in einem anderen gesetzlich geordneten Verfahren über eine Frage zu entscheiden ist, deren Beurteilung für die Entscheidung im Disziplinarverfahren von wesentlicher Bedeutung ist. Das ausgesetzte Disziplinarverfahren kann jederzeit fortgesetzt werden. Absatz 3 Satz 2 gilt entsprechend.

(5) Gegen eine Aussetzung im Rahmen des behördlichen Disziplinarverfahrens kann der Beamte Antrag auf Entscheidung des Verwaltungsgerichts stellen. Die Aussetzung im Rahmen des gerichtlichen Disziplinarverfahrens ist unanfechtbar.

§ 16 Bindung an tatsächliche Feststellungen in anderen Verfahren

(1) Die tatsächlichen Feststellungen eines rechtskräftigen Urteils im Strafverfahren oder im Bußgeldverfahren oder eines rechtskräftigen Urteils im verwaltungsgerichtlichen Verfahren, durch das nach § 15 des Landesbesoldungsgesetzes (LBesG) über den Verlust der Besoldung bei schuldhaftem Fernbleiben vom Dienst entschieden worden ist, sind im Disziplinarverfahren, das denselben Sachverhalt zum Gegenstand hat, bindend. Das Gericht hat jedoch die nochmalige Prüfung solcher Feststellungen zu beschließen, deren Richtigkeit seine Mitglieder mit Stimmenmehrheit bezweifeln.

(2) Die in einem anderen gesetzlich geordneten Verfahren getroffenen tatsächlichen Feststellungen sind nicht bindend, können aber der Entscheidung im Disziplinarverfahren ohne nochmalige Prüfung zugrunde gelegt werden.

§ 17 Verhandlungsunfähigkeit und Abwesenheit des Beamten

(1) Ein Disziplinarverfahren kann auch dann eingeleitet oder fortgesetzt werden, wenn der Beamte verhandlungsunfähig oder durch Abwesenheit an der Wahrnehmung seiner Rechte gehindert ist.

(2) Auf Antrag des jeweils zuständigen Disziplinarorgans (§ 14) bestellt das Vormundschaftsgericht im Falle des Absatzes 1 einen gesetzlichen Vertreter zur Wahrnehmung der Rechte des Beamten in dem Disziplinarverfahren. Der Vertreter muß Beamter, Richter, Ruhestandsbeamter oder Richter im Ruhestand sein. § 16 Abs. 2 und 4 des Verwaltungsverfahrensgesetzes (VwVfG) gilt entsprechend.

§ 18 Bevollmächtigte und Beistände

(1) Der Beamte kann sich in jeder Lage des Disziplinarverfahrens eines Bevollmächtigten oder Beistands bedienen.

(2) Dem Bevollmächtigten oder Beistand ist bei jeder Anhörung und jeder Beweiserhebung die Anwesenheit zu gestatten. Das Recht, Einsicht in die Akten zu nehmen, steht dem Bevollmächtigten in gleichem Umfang zu wie dem Beamten.

§ 19 Zustellung

(1) Anordnungen und Entscheidungen, durch die eine Frist in Lauf gesetzt wird, sowie Terminbestimmungen und Ladungen sind zuzustellen, bei Verkündung durch die Gerichte jedoch nur, wenn es ausdrücklich vorgeschrieben ist. Andere Anordnungen und Entscheidungen werden formlos bekanntgegeben, soweit in diesem Gesetz nichts anderes bestimmt ist.

(2) Der Beamte muß Zustellungen und Mitteilungen unter der Anschrift, die er seinem Dienstvorgesetzten angezeigt hat, gegen sich gelten lassen.

§ 20 Innerdienstliche Mitteilungen

(1) Die Vorlage von Personalakten und anderen Behördenunterlagen mit personenbezogenen Daten sowie die Erteilung von Auskünften aus diesen Akten und Unterlagen an die zuständigen Disziplinarorgane (§ 14) und

die Verwendung der so erhobenen personenbezogenen Daten im Disziplinarverfahren sind, soweit nicht andere Rechtsvorschriften dem entgegenstehen, auch gegen den Willen des Beamten oder anderer Betroffener zulässig, wenn und soweit die Durchführung des Disziplinarverfahrens dies erfordert und überwiegende Belange des Beamten, anderer Betroffener oder der ersuchten Stellen nicht entgegenstehen.

(2) Zwischen den Dienststellen eines oder verschiedener Dienstherrn sowie zwischen den Teilen einer Dienststelle sind Mitteilungen über Disziplinarverfahren, über Tatsachen aus Disziplinarverfahren und über Entscheidungen der Disziplinarorgane sowie die Vorlage hierüber geführter Akten zulässig, wenn und soweit dies zur Durchführung des Disziplinarverfahrens, im Hinblick auf die künftige Übertragung von Aufgaben oder Ämtern an den Beamten oder im Einzelfall aus besonderen dienstlichen Gründen unter Berücksichtigung der Belange des Beamten oder anderer Betroffener erforderlich ist.

§ 21 Ergänzende Anwendung anderer Gesetze

Zur Ergänzung dieses Gesetzes sind die Bestimmungen des Landesverwaltungsverfahrensgesetzes, des Landesverwaltungszustellungsgesetzes, des Landesverwaltungsvollstreckungsgesetzes, des Landesdatenschutzgesetzes und der Verwaltungsgerichtsordnung (VwGO) entsprechend anzuwenden, soweit sie nicht zu den Bestimmungen dieses Gesetzes in Widerspruch stehen oder in diesem Gesetz etwas anderes bestimmt ist.

Teil 4
Behördliches Disziplinarverfahren

Abschnitt 1
Einleitung, Ausdehnung, Beschränkung, Beschleunigung

§ 22 Einleitung von Amts wegen

(1) Liegen konkrete Anhaltspunkte vor, die den Verdacht eines Dienstvergehens rechtfertigen, hat der Dienstvorgesetzte ein Disziplinarverfahren einzuleiten. Der höhere Dienstvorgesetzte und die oberste Dienstbehörde können jederzeit das Disziplinarverfahren an sich ziehen und zurückgeben sowie die Vorlage der Disziplinarakte verlangen. Die Einleitung ist aktenkundig zu machen.

(2) Der höhere Dienstvorgesetzte und die oberste Dienstbehörde sind in Kenntnis zu setzen, soweit die Pflicht, sich durch das gesamte Verhalten zu der freiheitlichen demokratischen Grundordnung zu bekennen und für deren Erhaltung einzutreten, verletzt sein könnte.

(3) Von der Einleitung eines Disziplinarverfahrens wird abgesehen, wenn feststeht, daß nach § 12 oder § 13 eine Disziplinarmaßnahme nicht verhängt werden darf. Die Gründe sind aktenkundig zu machen.

(4) Bekleidet ein Beamter mehrere Ämter, die nicht im Verhältnis von Haupt- zu Nebenamt stehen und beabsichtigt der Dienstvorgesetzte, zu dessen Geschäftsbereich eines dieser Ämter gehört, ein Disziplinarverfahren gegen ihn einzuleiten, teilt er dies den für die anderen Ämter zuständigen Dienstvorgesetzten mit. Ein weiteres Disziplinarverfahren kann gegen den Beamten wegen desselben Sachverhalts nicht eingeleitet werden. Bekleidet ein Beamter mehrere Ämter, die im Verhältnis von Haupt- zu Nebenamt stehen, kann nur der für das Hauptamt zuständige Dienstvorgesetzte ein Disziplinarverfahren gegen ihn einleiten.

(5) Die Zuständigkeiten nach den Absätzen 1 bis 4 werden durch eine Beurlaubung oder Abordnung des Beamten nicht berührt; eine Versetzung soll bis zum Abschluss des Verfahrens unterbleiben.

§ 23 Einleitung auf Antrag des Beamten

(1) Der Beamte kann bei dem Dienstvorgesetzten oder dem höheren Dienstvorgesetzten die Einleitung eines Disziplinarverfahrens gegen sich selbst beantragen, um sich von dem Verdacht eines Dienstvergehens zu entlasten.

(2) Der Antrag darf nur abgelehnt werden, wenn konkrete Anhaltspunkte, die den Verdacht eines Dienstvergehens rechtfertigen, nicht vorliegen. Die Entscheidung ist dem Beamten mitzuteilen.

(3) § 22 Abs. 1, 2, 4 und 5 gilt entsprechend.

I

§ 24 Ausdehnung und Beschränkung

(1) Das Disziplinarverfahren kann bis zum Erlaß einer Abschlußentscheidung (§§ 38 bis 40) auf neue Handlungen ausgedehnt werden, die den Verdacht eines Dienstvergehens rechtfertigen. Die Ausdehnung ist aktenkundig zu machen.

(2) Aus dem Disziplinarverfahren können bis zum Erlaß einer Abschlußentscheidung (§§ 38 bis 40) oder eines Widerspruchsbescheids (§ 49) solche Handlungen ausgeschieden werden, die für die Art und Höhe der zu erwartenden Disziplinarmaßnahme voraussichtlich nicht ins Gewicht fallen. Die Beschränkung ist aktenkundig zu machen. Die ausgeschiedenen Handlungen können nicht wieder in das Disziplinarverfahren einbezogen werden, es sei denn, die Beschränkungsvoraussetzungen entfallen nachträglich. Werden die ausgeschiedenen Handlungen nicht wieder einbezogen, ist ihre Verfolgung nach dem unanfechtbaren Abschluß des Disziplinarverfahrens nicht mehr zulässig.

§ 25 Beschleunigung, Antrag auf gerichtliche Fristsetzung

(1) Das Disziplinarverfahren ist beschleunigt durchzuführen.

(2) Ist das Disziplinarverfahren innerhalb einer Frist von sechs Monaten seit der Einleitung nicht durch Einstellung (§ 38), durch Erlaß einer Disziplinarverfügung (§ 39) oder durch Erhebung der Disziplinarklage (§ 40) abgeschlossen worden, kann der Beamte bei dem Verwaltungsgericht die gerichtliche Bestimmung einer Frist zum Abschluß des Disziplinarverfahrens (§ 79) beantragen. Der Lauf der Frist des Satzes 1 ist gehemmt, solange das Disziplinarverfahren nach § 15 ausgesetzt ist.

Abschnitt 2
Anhörung des Beamten, Ermittlungen

§ 26 Unterrichtung, Belehrung und Anhörung des Beamten

(1) Der Beamte ist über die Durchführung des Disziplinarverfahrens zu unterrichten, sobald dies ohne Gefährdung der Sachverhaltsaufklärung möglich ist. Hierbei ist ihm zu eröffnen, welches Dienstvergehen ihm zur Last gelegt wird. Er ist gleichzeitig darauf hinzuweisen, daß es ihm freistehe, sich mündlich oder schriftlich zu äußern oder nicht zur Sache auszusagen und er sich jederzeit eines Bevollmächtigten oder Beistands bedienen könne.

(2) Für die Abgabe einer schriftlichen Äußerung ist dem Beamten eine im Einzelfall angemessene Frist von höchstens einem Monat und für die Abgabe der Erklärung, sich mündlich äußern zu wollen, eine im Einzelfall angemessene Frist von höchstens zwei Wochen zu setzen. Hat der Beamte rechtzeitig erklärt, sich mündlich äußern zu wollen, ist die Anhörung innerhalb von drei Wochen nach Eingang der Erklärung durchzuführen. Ist der Beamte aus zwingenden Gründen gehindert, eine Frist nach Satz 1 einzuhalten oder einer Ladung zur mündlichen Verhandlung Folge zu leisten, und hat er dies unverzüglich mitgeteilt, ist die maßgebliche Frist zu verlängern oder er erneut zu laden.

(3) Ist die nach Absatz 1 vorgeschriebene Unterrichtung und Belehrung unterblieben oder unrichtig erfolgt, darf die Aussage des Beamten nicht zu seinem Nachteil verwertet werden.

§ 27 Pflicht zur Durchführung von Ermittlungen, Ausnahmen

(1) Nach der Einleitung des Disziplinarverfahrens sind die zur Aufklärung des Sachverhalts erforderlichen Ermittlungen durchzuführen; § 22 Abs. 1 Satz 2 gilt entsprechend. Dabei sind die belastenden, die entlastenden und die für die Bemessung einer Disziplinarmaßnahme bedeutsamen Umstände zu ermitteln.

(2) Von der Durchführung der Ermittlungen soll abgesehen werden, soweit der Sachverhalt auf Grund der tatsächlichen Feststellungen eines rechtskräftigen Urteils im Strafverfahren oder im Bußgeldverfahren oder eines rechtskräftigen Urteils im verwaltungsgerichtlichen Verfahren, durch das nach § 15 LBesG über den Verlust der Besoldung bei schuldhaftem Fernbleiben vom Dienst entschieden worden ist, feststeht. Von ihrer Durchführung kann auch abgesehen werden, soweit der Sachverhalt auf sonstige Weise,

insbesondere nach der Durchführung eines anderen gesetzlich geordneten Verfahrens, aufgeklärt ist.

§ 28 Bestellung eines Ermittlungsführers

(1) Der Dienstvorgesetzte kann zur Durchführung der Ermittlungen im Einzelfall oder auf Dauer geeignete Bedienstete sowie andere geeignete Personen als Ermittlungsführer bestellen. Der Ermittlungsführer ist an die Weisungen des Dienstvorgesetzten gebunden.

(2) Der Ermittlungsführer soll für die Dauer seiner Tätigkeit in dem Hauptamt so weit entlastet werden, daß der beschleunigte Abschluß der Ermittlungen durch seine hauptamtliche Tätigkeit nicht verzögert wird.

§ 29 Beweiserhebung

(1) Der Dienstvorgesetzte oder der Ermittlungsführer bedient sich der Beweismittel, die er nach pflichtgemäßem Ermessen für erforderlich hält. Er kann insbesondere

1. schriftliche dienstliche Auskünfte einholen,
2. Zeugen und Sachverständige vernehmen oder die schriftliche Äußerung von Zeugen und Sachverständigen einholen,
3. Urkunden und Akten beiziehen sowie
4. den Augenschein einnehmen.

(2) Niederschriften über Aussagen von Personen, die schon in einem anderen gesetzlich geordneten Verfahren vernommen worden sind, sowie Niederschriften über die Einnahme eines richterlichen Augenscheins können ohne nochmalige Beweiserhebung verwertet werden.

(3) Über Beweisanträge des Beamten entscheidet der Dienstvorgesetzte oder der Ermittlungsführer nach pflichtgemäßem Ermessen. Den Beweisanträgen ist stattzugeben, soweit sie für die Tat- oder Schuldfrage oder für die Bemessung einer Disziplinarmaßnahme von Bedeutung sein können.

(4) Dem Beamten ist Gelegenheit zu geben, an der Vernehmung von Zeugen und Sachverständigen sowie an der Einnahme des Augenscheins teilzunehmen und hierbei sachdienliche Fragen zu stellen. Er kann von der Teilnahme ausgeschlossen werden, soweit dies aus wichtigen Gründen, insbesondere mit Rücksicht auf den Zweck der Ermittlungen oder zum Schutz der Rechte Dritter, erforderlich ist. Ein schriftliches Gutachten ist ihm zugänglich zu machen, soweit nicht zwingende Gründe dem entgegenstehen.

§ 30 Zeugen und Sachverständige

(1) Zeugen sind zur Aussage und Sachverständige zur Erstattung von Gutachten verpflichtet. Die Bestimmungen der Strafprozeßordnung über die Pflicht, als Zeuge auszusagen oder als Sachverständiger ein Gutachten zu erstatten, über die Ablehnung von Sachverständigen sowie über die Vernehmung von Angehörigen des öffentlichen Dienstes als Zeugen oder Sachverständige gelten entsprechend.

(2) Verweigern Zeugen oder Sachverständige ohne Vorliegen eines der in den §§ 52 bis 55 und § 76 StPO bezeichneten Gründe die Aussage oder die Erstattung des Gutachtens, kann das Verwaltungsgericht um die Vernehmung ersucht werden. In dem Ersuchen sind der Gegenstand der Vernehmung darzulegen sowie die Namen und Anschriften der Beteiligten anzugeben. Das Verwaltungsgericht entscheidet über die Rechtmäßigkeit der Verweigerung der Aussage oder der Erstattung des Gutachtens.

(3) Wird mit Rücksicht auf die Bedeutung der Aussage eines Zeugen oder des Gutachtens eines Sachverständigen oder zur Herbeiführung einer wahrheitsgemäßen Aussage die Beeidigung für geboten gehalten, kann das Verwaltungsgericht um die eidliche Vernehmung ersucht werden. Das Verwaltungsgericht entscheidet über die Rechtmäßigkeit der Eidesleistung.

(4) Ein Ersuchen nach Absatz 2 oder Absatz 3 darf nur von dem Dienstvorgesetzten, seinem allgemeinen Vertreter oder einem Angehörigen des öffentlichen Dienstes gestellt werden, der die Befähigung zum Richteramt hat.

§ 31 Herausgabe von Schriftgut

(1) Der Beamte hat dienstliche Schriftstücke, Aufzeichnungen und sonstige amtliche Unterlagen, die als Beweismittel von Bedeutung

I

sein können, auf Verlangen für das Disziplinarverfahren zur Verfügung zu stellen. Das Verwaltungsgericht kann die Herausgabe auf Antrag durch Beschluß anordnen und sie durch die Festsetzung von Zwangsgeld erzwingen; § 30 Abs. 4 gilt entsprechend. Der Beschluß ist unanfechtbar.

(2) § 32 bleibt unberührt.

§ 32 Beschlagnahmen und Durchsuchungen

(1) Das Verwaltungsgericht kann auf Antrag durch Beschluß Beschlagnahmen und Durchsuchungen anordnen; § 30 Abs. 4 gilt entsprechend. Die Anordnung darf nur getroffen werden, wenn der Beamte des ihm zur Last gelegten Dienstvergehens dringend verdächtig ist und die Maßnahme zu der Bedeutung der Sache und der zu erwartenden Disziplinarmaßnahme nicht außer Verhältnis steht. Die Bestimmungen der Strafprozeßordnung über Beschlagnahmen und Durchsuchungen gelten entsprechend, soweit nicht in diesem Gesetz etwas anderes bestimmt ist.

(2) Gegen den Beschluß kann Beschwerde an das Oberverwaltungsgericht (§ 90) eingelegt werden.

(3) Die Maßnahmen nach Absatz 1 dürfen nur durch die nach der Strafprozeßordnung dazu berufenen Behörden durchgeführt werden.

(4) Durch Absatz 1 werden das Grundrecht der Unverletzlichkeit der Wohnung (Artikel 13 Abs. 1 des Grundgesetzes) und das Fernmeldegeheimnis (Artikel 10 Abs. 1 des Grundgesetzes) eingeschränkt.

§ 33 Untersuchung des Beamten in einem Krankenhaus

(1) Zur Vorbereitung eines Gutachtens über den psychischen Zustand des Beamten kann das Verwaltungsgericht auf Antrag und nach Anhörung eines Sachverständigen durch Beschluß anordnen, daß der Beamte in einem öffentlichen psychiatrischen Krankenhaus oder einer sonstigen geeigneten Krankenanstalt untergebracht und untersucht wird; § 30 Abs. 4 gilt entsprechend. Die Anordnung darf nur getroffen werden, wenn der Beamte des ihm zur Last gelegten Dienstvergehens dringend verdächtig ist und die Unterbringung zu der Bedeutung der Sache und der zu erwartenden Disziplinarmaßnahme nicht außer Verhältnis steht.

(2) Das Verwaltungsgericht hat den Beamten von dem Antrag nach Absatz 1 Satz 1 in Kenntnis zu setzen. Hat der Beamte nicht selbst einen Bevollmächtigten beigezogen, bestellt das Verwaltungsgericht von Amts wegen für das Unterbringungsverfahren einen Bevollmächtigten, der die Befähigung zum Richteramt haben muß. Von dem Beschluß, durch den die Unterbringung angeordnet wird, ist zusätzlich ein Angehöriger des Beamten oder eine Person seines Vertrauens zu benachrichtigen.

(3) Gegen den Beschluß kann Beschwerde an das Oberverwaltungsgericht (§ 90) eingelegt werden.

(4) Die Unterbringung darf nur durch die nach der Strafprozeßordnung dazu berufenen Behörden durchgesetzt werden. Sie darf nicht länger als sechs Wochen dauern.

(5) Durch Absatz 1 wird das Grundrecht der Freiheit der Person (Artikel 2 Abs. 2 Satz 2 des Grundgesetzes) eingeschränkt.

§ 34 Protokoll

Über jede Anhörung des Beamten sowie über jede Beweiserhebung ist ein Protokoll aufzunehmen. § 168a StPO gilt entsprechend.

§ 35 Akteneinsicht

Dem Beamten ist zu gestatten, die Akten und beigezogenen Schriftstücke einzusehen, sobald und soweit dies ohne Gefährdung der Sachverhaltsaufklärung möglich ist.

§ 36 Mitteilung des wesentlichen Ergebnisses der Ermittlungen, abschließende Anhörung

(1) Sofern das Disziplinarverfahren nicht eingestellt werden soll, ist dem Beamten das wesentliche Ergebnis der Ermittlungen bekanntzugeben und ihm Gelegenheit zu geben, innerhalb der Frist von einer Woche weitere Ermittlungen zu beantragen. Ist der Beamte aus zwingenden Gründen gehindert, die Frist einzuhalten, und hat er dies unver-

züglich mitgeteilt, ist die Frist zu verlängern. Über den Antrag entscheidet der Dienstvorgesetzte nach pflichtgemäßem Ermessen.

(2) Sofern das Disziplinarverfahren nicht eingestellt werden soll, ist dem Beamten außerdem Gelegenheit zu geben, sich abschließend zu äußern; § 26 Abs. 2 gilt entsprechend.

§ 37 Abgabe des Disziplinarverfahrens

Hält der Dienstvorgesetzte nach dem Ergebnis der Ermittlungen seine Befugnisse nach den §§ 38 bis 40 nicht für ausreichend, führt er die Entscheidung des höheren Dienstvorgesetzten oder der obersten Dienstbehörde herbei. Der höhere Dienstvorgesetzte oder die oberste Dienstbehörde können das Disziplinarverfahren an den Dienstvorgesetzten zurückgeben, wenn sie weitere Ermittlungen für geboten oder dessen Befugnisse für ausreichend halten.

Abschnitt 3
Abschlußentscheidung

§ 38 Einstellungsverfügung

(1) Das Disziplinarverfahren ist durch schriftliche Verfügung, die zu begründen ist, einzustellen, wenn

1. ein Dienstvergehen nicht erwiesen ist,
2. ein Dienstvergehen zwar erwiesen ist, nach dem gesamten Verhalten des Beamten die Verhängung einer Disziplinarmaßnahme jedoch nicht angezeigt erscheint,
3. bei einem Ruhestandsbeamten die Verhängung einer Disziplinarmaßnahme nicht gerechtfertigt erscheint,
4. nach den §§ 12 oder 13 eine Disziplinarmaßnahme nicht verhängt werden darf oder
5. das Disziplinarverfahren oder die Verhängung einer Disziplinarmaßnahme aus sonstigen Gründen unzulässig ist.

(2) Das Disziplinarverfahren ist ferner durch schriftliche Verfügung einzustellen, wenn

1. der Beamte stirbt,
2. das Beamtenverhältnis durch Entlassung, Verlust der Beamtenrechte oder Entfernung aus dem Dienst endet oder
3. bei einem Ruhestandsbeamten die Folgen einer gerichtlichen Verurteilung nach § 70 Abs. 1 des Landesbeamtenversorgungsgesetzes (LBeamtVG) eintreten.

§ 39 Disziplinarverfügung

(1) Wird das Disziplinarverfahren nicht eingestellt und ist ein Verweis, eine Geldbuße, eine Kürzung der Dienstbezüge oder eine Kürzung des Ruhegehalts angezeigt, ist durch schriftliche Verfügung, die zu begründen ist, eine Disziplinarmaßnahme zu verhängen.

(2) Jeder Dienstvorgesetzte ist zu Verweisen gegen die ihm nachgeordneten Beamten befugt.

(3) Geldbußen können verhängen:

1. die oberste Dienstbehörde oder die ihr unmittelbar nachgeordneten Dienstvorgesetzten bis zum zulässigen Höchstbetrag und
2. die übrigen Dienstvorgesetzten bis zur Hälfte des zulässigen Höchstbetrages.

(4) Kürzungen der Dienstbezüge können verhängen:

1. die oberste Dienstbehörde bis zum zulässigen Höchstmaß und
2. die der obersten Dienstbehörde unmittelbar nachgeordneten Dienstvorgesetzten bis zu einer Kürzung der Dienstbezüge um ein Fünftel auf zwei Jahre.

(5) Kürzungen des Ruhegehalts bis zum zulässigen Höchstmaß kann der nach § 14 Abs. 2 Satz 1 zuständige Dienstvorgesetzte verhängen.

(6) Die oberste Dienstbehörde kann ihre Befugnisse nach Absatz 3 Nr. 1 und Absatz 4 Nr. 1 durch Rechtsverordnung ganz oder teilweise auf nachgeordnete Behörden und Einrichtungen übertragen.

§ 40 Erhebung der Disziplinarklage

(1) Wird das Disziplinarverfahren nicht durch Einstellung oder durch Erlaß einer Disziplinarverfügung abgeschlossen, ist vor dem Verwaltungsgericht Disziplinarklage (§ 61) mit dem Ziel der Zurückstufung, der Entfernung aus dem Dienst oder der Aberkennung des Ruhegehalts zu erheben.

(2) Die Disziplinarklage wird bei Beamten durch die oberste Dienstbehörde, bei Ruhestandsbeamten durch den nach § 14 Abs. 2 Satz 1 zuständigen Dienstvorgesetzten erhoben. Die oberste Dienstbehörde kann ihre Befugnis nach Satz 1 durch Rechtsverordnung auf nachgeordnete Behörden und Einrichtungen übertragen. § 22 Abs. 1 Satz 2 sowie Abs. 4 und 5 gilt entsprechend.

§ 41 Kostentragung

(1) Der Beamte, gegen den durch Disziplinarverfügung eine Disziplinarmaßnahme verhängt wird, trägt die Kosten des Disziplinarverfahrens. Bildet das dem Beamten zur Last gelegte Dienstvergehen nur zum Teil die Grundlage für die Disziplinarverfügung oder sind durch zugunsten des Beamten ausgegangene Ermittlungen besondere Kosten entstanden, sind die Kosten des Disziplinarverfahrens verhältnismäßig zu teilen, soweit es der Billigkeit entspricht.

(2) Wird das Disziplinarverfahren eingestellt, trägt der Dienstherr die Kosten des Disziplinarverfahrens. Erfolgt die Einstellung trotz Vorliegens eines Dienstvergehens, können die Kosten des Disziplinarverfahrens dem Beamten auferlegt oder verhältnismäßig geteilt werden, soweit es der Billigkeit entspricht.

(3) Im übrigen können dem Beamten nur solche Kosten auferlegt werden, die durch sein Verschulden entstanden sind.

§ 42 Rechtsbehelf

(1) Der Beamte kann gegen die Disziplinarverfügung vor dem Verwaltungsgericht Klage (§ 72) erheben. Vor der Erhebung der Klage ist ein Widerspruchsverfahren (§ 48) durchzuführen; dies gilt nicht, wenn die Disziplinarverfügung von der obersten Dienstbehörde erlassen worden ist.

(2) Für die Einstellungsverfügung, in der ein Dienstvergehen festgestellt oder offengelassen wird, ob ein Dienstvergehen vorliegt, sowie für die selbständige Kostenentscheidung gilt Absatz 1 entsprechend.

§ 43 Grenzen der erneuten Ausübung der Disziplinarbefugnisse

(1) Die Einstellungsverfügung und die Disziplinarverfügung sind dem höheren Dienstvorgesetzten unverzüglich bekanntzugeben. Hält dieser seine Befugnisse nach den Absätzen 2 und 3 nicht für ausreichend, hat er die Einstellungsverfügung oder die Disziplinarverfügung unverzüglich der obersten Dienstbehörde bekanntzugeben. Die oberste Dienstbehörde kann das Disziplinarverfahren an den höheren Dienstvorgesetzten zurückgeben, wenn sie weitere Ermittlungen für geboten oder dessen Befugnisse für ausreichend hält.

(2) Der höhere Dienstvorgesetzte oder die oberste Dienstbehörde können ungeachtet einer Einstellung des Disziplinarverfahrens nach § 38 Abs. 1 im Rahmen ihrer Zuständigkeiten wegen desselben Sachverhalts eine Disziplinarverfügung erlassen oder Disziplinarklage erheben. Eine Entscheidung nach Satz 1 kann nur innerhalb von drei Monaten nach der Einstellung des Disziplinarverfahrens erfolgen, es sei denn, daß nach der Einstellung wegen desselben Sachverhalts ein rechtskräftiges Urteil auf Grund von tatsächlichen Feststellungen ergeht, die von den der Einstellung zugrundeliegenden tatsächlichen Feststellungen abweichen. Vor einer Entscheidung nach Satz 1 ist der Beamte anzuhören.

(3) Der höhere Dienstvorgesetzte oder die oberste Dienstbehörde können eine Disziplinarverfügung eines nachgeordneten Dienstvorgesetzten, die oberste Dienstbehörde auch eine von ihr selbst erlassene Disziplinarverfügung jederzeit aufheben. Sie können im Rahmen ihrer Zuständigkeiten in der Sache neu entscheiden oder Disziplinarklage erheben. Für eine Verschärfung der Disziplinarmaßnahme nach Art oder Höhe oder die Erhebung der Disziplinarklage gilt Absatz 2 Satz 2 und 3 entsprechend.

§ 44 Verfahren bei nachträglicher Entscheidung im Strafverfahren oder Bußgeldverfahren

(1) Ergeht nach dem Eintritt der Unanfechtbarkeit der Disziplinarverfügung in einem wegen desselben Sachverhalts eingeleiteten Strafverfahren oder Bußgeldverfahren unanfechtbar eine Entscheidung, wonach die verhängte Disziplinarmaßnahme gemäß § 13 unzulässig wird, ist die Disziplinarverfügung

von der sie erlassenden Behörde auf Antrag aufzuheben.

(2) Der Beamte kann gegen die Entscheidung über den Antrag nach Absatz 1 vor dem Verwaltungsgericht Klage (§ 72) erheben. Vor der Erhebung der Klage ist ein Widerspruchsverfahren (§ 48) durchzuführen; dies gilt nicht, wenn die Entscheidung von der obersten Dienstbehörde erlassen worden ist.

Abschnitt 4
Vorläufige Dienstenthebung und Einbehaltung von Bezügen

§ 45 Zulässigkeit

(1) Die für die Erhebung der Disziplinarklage zuständige Behörde (§ 40 Abs. 2) kann einen Beamten gleichzeitig mit oder nach der Einleitung des Disziplinarverfahrens vorläufig des Dienstes entheben,

1. im Disziplinarverfahren voraussichtlich die Entfernung aus dem Dienst oder die Aberkennung des Ruhegehalts erfolgen wird, wenn
2. in einem wegen desselben Sachverhalts eingeleiteten Strafverfahren voraussichtlich eine Strafe verhängt wird, die den Verlust der Rechte als Beamter nach § 24 Abs. 1 Satz 1 Nr. 1 BeamtStG zur Folge hat,
3. bei einem Beamten auf Probe oder einem Beamten auf Widerruf voraussichtlich eine Entlassung nach § 23 Abs. 3 Satz 1 Nr. 1 und Abs. 4 BeamtStG erfolgen wird oder
4. durch sein Verbleiben im Dienst der Dienstbetrieb oder die Ermittlungen wesentlich beeinträchtigt würden und die vorläufige Dienstenthebung zu der Bedeutung der Sache und der zu erwartenden Disziplinarmaßnahme nicht außer Verhältnis steht.

Sie hat den Beamten außerdem vorläufig des Dienstes zu entheben, wenn in einem wegen desselben Sachverhalts eingeleiteten Strafverfahren voraussichtlich eine Strafe verhängt wird, die den Verlust der Rechte als Beamter nach § 24 Abs. 1 Satz 1 Nr. 2 BeamtStG zur Folge hat.

(2) Die für die Erhebung der Disziplinarklage zuständige Behörde kann gleichzeitig mit oder nach der vorläufigen Dienstenthebung anordnen, daß dem Beamten ein Teil, höchstens die Hälfte, der monatlichen Dienstbezüge einbehalten wird, wenn im Disziplinarverfahren voraussichtlich auf Entfernung aus dem Dienst oder auf Aberkennung des Ruhegehalts erkannt werden wird. § 5 Abs. 1 Satz 2 gilt entsprechend. Die Einbehaltung ist anzuordnen, wenn die vorläufige Dienstenthebung nach Absatz 1 Satz 2 erfolgt; über die Höhe entscheidet sie entsprechend Satz 1 nach pflichtgemäßem Ermessen.

(3) Die für die Erhebung der Disziplinarklage zuständige Behörde kann gleichzeitig mit oder nach der Einleitung des Disziplinarverfahrens anordnen, daß dem Ruhestandsbeamten ein Teil, höchstens ein Drittel, des Ruhegehalts einbehalten wird, wenn im Disziplinarverfahren voraussichtlich auf Aberkennung des Ruhegehalts erkannt werden wird. Die Einbehaltung ist anzuordnen, wenn in einem wegen desselben Sachverhalts eingeleiteten Strafverfahren voraussichtlich eine Strafe verhängt wird, die den Verlust der Rechte als Ruhestandsbeamter nach § 24 Abs. 1 Satz 1 Nr. 2 BeamtStG zur Folge hat; über die Höhe entscheidet sie entsprechend Satz 1 nach pflichtgemäßem Ermessen.

(4) Der Beamte oder Ruhestandsbeamte ist vor den Anordnungen nach den Absätzen 1 bis 3 anzuhören.

§ 46 Rechtswirkungen

(1) Die Anordnung der vorläufigen Dienstenthebung wird mit der Zustellung, die Anordnung der Einbehaltung von Bezügen mit dem auf die Zustellung folgenden Fälligkeitstag wirksam.

(2) Die vorläufige Dienstenthebung und die Einbehaltung von Bezügen enden mit dem rechtskräftigen Abschluß des Disziplinarverfahrens.

(3) Die vorläufige Dienstenthebung und die Einbehaltung von Dienstbezügen erstrecken sich auf alle Ämter, die der Beamte bei einem rheinland-pfälzischen Dienstherrn (§ 1 Abs. 1 Nr. 1 bis 3 LBG) bekleidet. Ist eines der Ämter ein Ehrenamt und ist das Disziplinarverfahren nur wegen eines in dem Ehrenamt oder im

Zusammenhang mit diesem begangenen Dienstvergehens eingeleitet worden, kann die vorläufige Dienstenthebung auf das Ehrenamt und die in Verbindung mit ihm übernommenen Nebentätigkeiten beschränkt werden.

(4) Für die Dauer der vorläufigen Dienstenthebung erlöschen die im Zusammenhang mit dem Amt entstandenen Ansprüche auf Aufwandsentschädigung.

(5) Wird der Beamte vorläufig des Dienstes enthoben, während er schuldhaft dem Dienst fernbleibt, dauert der nach § 15 LBesG begründete Verlust der Bezüge fort. Er endet mit dem Zeitpunkt, in dem der Beamte seinen Dienst aufgenommen hätte, wenn er hieran nicht durch die vorläufige Dienstenthebung gehindert worden wäre. Der Zeitpunkt ist von der für die Erhebung der Disziplinarklage zuständigen Behörde festzustellen und dem Beamten mitzuteilen.

§ 47 Rechtsbehelf

Der Beamte kann die Aussetzung der vorläufigen Dienstenthebung und der Einbehaltung von Dienstbezügen, der Ruhestandsbeamte die Aussetzung der Einbehaltung von Ruhegehalt, beim Verwaltungsgericht beantragen (§ 80). Anstelle des Verwaltungsgerichts ist das Oberverwaltungsgericht zuständig, wenn bei diesem ein sachgleiches Disziplinarverfahren anhängig ist.

Abschnitt 5
Widerspruchsverfahren

§ 48 Statthaftigkeit, Frist, Form

(1) Das Widerspruchsverfahren ist ein Vorverfahren. Es ist in den in diesem Gesetz vorgesehenen Fällen vor der Erhebung der Klage des Beamten durchzuführen. Ein Widerspruchsverfahren findet nicht statt, wenn die angefochtene Entscheidung durch die oberste Dienstbehörde erlassen worden ist.

(2) Für die Frist und die Form des Widerspruchs gilt § 70 VwGO entsprechend.

§ 49 Widerspruchsbescheid

(1) Den Widerspruchsbescheid erlässt die nach § 54 Abs. 3 BeamtStG zuständige Behörde, bei Ruhestandsbeamten der nach § 14 Abs. 2 zuständige Dienstvorgesetzte. In dem Widerspruchsbescheid darf die angefochtene Entscheidung nicht zum Nachteil des Beamten abgeändert werden. Die Befugnis, eine abweichende Entscheidung nach § 43 Abs. 3 zu treffen, bleibt unberührt.

(2) In der Entscheidung über den Widerspruch gegen eine Disziplinarverfügung (§ 39 Abs. 1) kann die Widerspruchsbehörde

1. den Widerspruch zurückweisen,
2. die Disziplinarverfügung aufheben,
3. die Disziplinarverfügung zugunsten des Beamten abändern oder
4. das Disziplinarverfahren einstellen, wenn ein Dienstvergehen zwar erwiesen ist, die Verhängung einer Disziplinarmaßnahme jedoch nicht angezeigt erscheint.

§ 50 Kostentragung

(1) Im Widerspruchsverfahren trägt der unterliegende Teil die Kosten des Verfahrens. Hat der Widerspruch teilweise Erfolg, sind die Kosten verhältnismäßig zu teilen; dies gilt auch im Falle der Einstellung des Disziplinarverfahrens nach § 49 Abs. 2 Nr. 4.

(2) Nimmt der Beamte den Widerspruch zurück, trägt er die Kosten des Widerspruchsverfahrens.

(3) Erledigt sich ein Widerspruchsverfahren in der Hauptsache auf andere Weise, ist über die Kosten des Widerspruchsverfahrens nach billigem Ermessen zu entscheiden.

(4) Kosten, die durch einen Antrag des Beamten auf Wiedereinsetzung in den vorigen Stand entstanden sind, fallen diesem zur Last.

(5) Im übrigen können dem Beamten nur solche Kosten auferlegt werden, die durch sein Verschulden entstanden sind.

§ 51 Rechtsbehelf

Der Beamte kann gegen die ursprüngliche Entscheidung in der Gestalt, die sie durch den Widerspruchsbescheid gefunden hat, vor dem Verwaltungsgericht Klage (§ 72) erheben. § 79 Abs. 2 Satz 1 und 2 VwGO gilt entsprechend.

§ 52 Grenzen der erneuten Ausübung der Disziplinarbefugnisse

(1) Der Widerspruchsbescheid ist der obersten Dienstbehörde unverzüglich bekanntzugeben.

(2) Die oberste Dienstbehörde kann den Widerspruchsbescheid, durch den über eine Disziplinarverfügung entschieden worden ist, jederzeit aufheben. Sie kann in der Sache neu entscheiden oder Disziplinarklage erheben. Für eine Verschärfung der Disziplinarmaßnahme nach Art oder Höhe oder die Erhebung der Disziplinarklage gilt § 43 Abs. 2 Satz 2 und 3 entsprechend.

Teil 5
Gerichtliches Disziplinarverfahren

Abschnitt 1
Disziplinargerichtsbarkeit

§ 53 Zuständigkeit

Die Disziplinargerichtsbarkeit wird für alle Beamte, für die dieses Gesetz gilt, von dem Verwaltungsgericht Trier und dem Oberverwaltungsgericht Rheinland-Pfalz ausgeübt. Hierzu wird bei dem Verwaltungsgericht Trier eine Kammer für Disziplinarsachen und bei dem Oberverwaltungsgericht Rheinland-Pfalz ein Senat für Disziplinarsachen gebildet. Diese entscheiden in allen gerichtlichen Verfahren nach diesem Gesetz. Eine weitere Instanz ist nicht gegeben.

§ 54 Kammer für Disziplinarsachen

(1) Die Kammer für Disziplinarsachen entscheidet in der Besetzung von drei Richtern und zwei Beamtenbeisitzern als ehrenamtlichen Richtern, soweit nicht ein Einzelrichter entscheidet. Bei Beschlüssen außerhalb der mündlichen Verhandlung und bei Gerichtsbescheiden wirken die Beamtenbeisitzer nicht mit. Einer der Beamtenbeisitzer soll dem Verwaltungszweig und möglichst auch der Laufbahngruppe des Beamten angehören, gegen den sich das Disziplinarverfahren richtet.

(2) Für die Übertragung des Disziplinarverfahrens auf den Einzelrichter gilt § 6 VwGO entsprechend. In dem Verfahren der Disziplinarklage ist eine Übertragung auf den Einzelrichter ausgeschlossen.

(3) Der Vorsitzende der Kammer für Disziplinarsachen entscheidet, wenn die Entscheidung im vorbereitenden Verfahren ergeht,

1. bei Einstellung des Disziplinarverfahrens aus den Gründen des § 38 Abs. 2,
2. bei Zurücknahme der Klage, des Antrags oder eines Rechtsmittels,
3. bei Erledigung des gerichtlichen Disziplinarverfahrens in der Hauptsache und
4. über die Kosten.

Ist ein Berichterstatter bestellt, entscheidet er anstelle des Vorsitzenden.

§ 55 Beamtenbeisitzer

(1) Die Beamtenbeisitzer müssen auf Lebenszeit oder auf Zeit ernannte Beamte sein und bei ihrer Wahl (§ 56 Abs. 1) bei einem rheinland-pfälzischen Dienstherrn (§ 1 Abs. 1 Nr. 1 bis 3 LBG) beschäftigt sein.

(2) Die §§ 20 bis 25, 27, 28 und 30 Abs. 1 Satz 2 und § 34 VwGO finden auf die Beamtenbeisitzer keine Anwendung.

§ 56 Wahl der Beamtenbeisitzer

(1) Die Beamtenbeisitzer werden von dem zur Wahl der ehrenamtlichen Richter bestellten Ausschuß (§ 26 VwGO) auf vier Jahre gewählt. Wird eine Nachwahl erforderlich, ist sie nur für den Rest der Amtszeit vorzunehmen.

(2) Das für die Verwaltungsgerichtsbarkeit zuständige Ministerium stellt in jedem vierten Jahr eine Vorschlagsliste von Beamtenbeisitzern auf. Hierbei ist die doppelte Anzahl der durch den Präsidenten des Verwaltungsgerichts als erforderlich bezeichneten Beamtenbeisitzer zugrunde zu legen. Die obersten Landesbehörden, die im Land bestehenden Spitzenorganisationen der Gewerkschaften der Beamten und die kommunalen Spitzenverbände können für die Aufnahme von Beamten in die Listen Vorschläge machen. In den Listen sind die Beamten gegliedert nach Laufbahngruppen und Verwaltungszweigen aufzuführen. Die Liste ist dem Präsidenten des Verwaltungsgerichts zuzusenden.

§ 57 Ausschluß von der Ausübung des Richteramts

(1) Ein Richter oder Beamtenbeisitzer ist von der Ausübung des Richteramts kraft Gesetzes ausgeschlossen, wenn er

1. durch das Dienstvergehen verletzt ist,
2. Ehegatte, Lebenspartner oder gesetzlicher Vertreter des Beamten oder des Verletzten ist oder war,
3. mit dem Beamten oder dem Verletzten in gerader Linie verwandt oder verschwägert oder in der Seitenlinie bis zum dritten Grad verwandt oder bis zum zweiten Grad verschwägert ist oder war,
4. in dem Disziplinarverfahren gegen den Beamten tätig war oder als Zeuge oder Sachverständiger gehört wurde,
5. in einem wegen desselben Sachverhalts eingeleiteten Strafverfahren oder Bußgeldverfahren gegen den Beamten beteiligt war,
6. Dienstvorgesetzter des Beamten ist oder war oder bei einem Dienstvorgesetzten des Beamten mit der Bearbeitung von Personalangelegenheiten des Beamten befaßt ist oder
7. nach den Bestimmungen des Personalvertretungsgesetzes als Mitglied einer Personalvertretung in dem Disziplinarverfahren gegen den Beamten mitgewirkt hat.

(2) Ein Beamtenbeisitzer ist auch ausgeschlossen, wenn er der Dienststelle des Beamten angehört.

§ 58 Nichtheranziehung eines Beamtenbeisitzers

Ein Beamtenbeisitzer, gegen den Disziplinarklage oder wegen einer vorsätzlich begangenen Straftat die öffentliche Klage erhoben oder der Erlaß eines Strafbefehls beantragt oder dem nach § 39 BeamtStG die Führung seiner Dienstgeschäfte verboten worden ist, ist während dieser Verfahren oder der Dauer des Verbots zur Ausübung seines Amts nicht heranzuziehen.

§ 59 Erlöschen des Amts des Beamtenbeisitzers

Das Amt des Beamtenbeisitzers erlischt, wenn

1. er im Strafverfahren rechtskräftig zu einer Freiheitsstrafe verurteilt worden ist,
2. im Disziplinarverfahren gegen ihn unanfechtbar eine Disziplinarmaßnahme, mit Ausnahme eines Verweises, verhängt worden ist,
3. er zu einem nicht rheinland-pfälzischen Dienstherrn versetzt wird oder
4. das Beamtenverhältnis endet.

Im Falle des Satzes 1 Nr. 3 tritt das Erlöschen des Amts des Beamtenbeisitzers mit Ablauf eines Monats nach Zustellung der Versetzungsverfügung ein, es sei denn, der Beamte ist gegen seinen Willen versetzt worden und hat dem Erlöschen widersprochen.

§ 60 Senat für Disziplinarsachen

Für den Senat für Disziplinarsachen gelten § 54 Abs. 1 und 3 und die §§ 55 bis 59 entsprechend.

Abschnitt 2
Disziplinarverfahren vor dem Verwaltungsgericht

Unterabschnitt 1
Disziplinarklage

§ 61 Klageerhebung

(1) Die Disziplinarklage (§ 40) ist bei dem Verwaltungsgericht schriftlich zu erheben. § 81 Abs. 1 Satz 2 VwGO findet keine Anwendung.

(2) Die Klageschrift muß den persönlichen und beruflichen Werdegang des Beamten, den bisherigen Gang des Disziplinarverfahrens, die Tatsachen, in denen ein Dienstvergehen gesehen wird und die anderen für die Entscheidung, insbesondere für die Bemessung der Disziplinarmaßnahme, bedeutsamen Tatsachen und Beweismittel geordnet darstellen.

(3) Mit der Klageschrift sind die Akten und beigezogenen Schriftstücke vorzulegen.

§ 62 Nachtragsklage

(1) Neue Handlungen, die nicht Gegenstand einer beim Verwaltungsgericht anhängigen Disziplinarklage sind, können nur durch Erhebung einer Nachtragsklage in das Verfahren einbezogen werden.

(2) Hält der Dienstherr die Einbeziehung neuer Handlungen für angezeigt, teilt er dies dem Verwaltungsgericht unter Angabe der konkreten Anhaltspunkte, die den Verdacht eines Dienstvergehens rechtfertigen, mit. Das Verwaltungsgericht setzt das Disziplinarverfahren vorbehaltlich des Absatzes 3 aus und bestimmt eine Frist, bis zu der die Nachtragsklage erhoben werden kann. Die Frist kann verlängert werden, wenn ihre fehlende Einhaltung auf Umständen beruht, die der Dienstherr nicht zu vertreten hat. Die Fristsetzung und ihre Verlängerung erfolgen durch Beschluß. Der Beschluß ist unanfechtbar.

(3) Das Verwaltungsgericht kann von einer Aussetzung des Disziplinarverfahrens nach Absatz 2 absehen, wenn die neuen Handlungen für die Art und Höhe der zu erwartenden Disziplinarmaßnahme voraussichtlich nicht ins Gewicht fallen oder ihre Einbeziehung den Abschluß des Disziplinarverfahrens erheblich verzögern würde; Absatz 2 Satz 4 und 5 gilt entsprechend. Ungeachtet einer Fortsetzung des Disziplinarverfahrens nach Satz 1 kann wegen der neuen Handlungen bis zur Zustellung der Ladung zur mündlichen Verhandlung oder eines Beschlusses nach § 68 Nachtragsklage erhoben werden. Die neuen Handlungen können auch in einem neuen eigenständigen Disziplinarverfahren verfolgt werden.

(4) Wird innerhalb der nach Absatz 2 bestimmten Frist nicht Nachtragsklage erhoben und darüber hinaus auch nicht die Fortsetzung des Disziplinarverfahrens beantragt, entscheidet das Verwaltungsgericht über die Fortsetzung des Disziplinarverfahrens. Absatz 2 Satz 4 und 5 gilt entsprechend. Wird das Disziplinarverfahren fortgesetzt, gilt Absatz 3 Satz 2 und 3 entsprechend.

§ 63 Klagezustellung

Der Vorsitzende verfügt die Zustellung der Disziplinarklage oder der Nachtragsklage an den Beamten und bestimmt eine Frist, in der er sich schriftlich äußern kann. Zugleich weist er ihn auf die Fristen des § 64 Abs. 1 und des § 67 Abs. 2 sowie auf die Folgen der Fristversäumung hin.

§ 64 Mängel des behördlichen Disziplinarverfahrens oder der Klageschrift

(1) Wesentliche Mängel des behördlichen Disziplinarverfahrens oder der Klageschrift hat der Beamte innerhalb von zwei Monaten nach Zustellung der Disziplinarklage oder der Nachtragsklage geltend zu machen.

(2) Wesentliche Mängel im Sinne des Absatzes 1, die nicht oder nicht innerhalb der Frist des Absatzes 1 geltend gemacht werden, kann das Verwaltungsgericht unberücksichtigt lassen, wenn ihre Berücksichtigung nach seiner freien Überzeugung die Erledigung des Disziplinarverfahrens verzögern würde und der Beamte über die Folgen der Fristversäumung belehrt worden ist; dies gilt nicht, wenn der Beamte zwingende Gründe für die Verspätung glaubhaft macht.

(3) Das Verwaltungsgericht kann dem Dienstherrn zur Beseitigung eines wesentlichen Mangels im Sinne des Absatzes 1 eine Frist setzen. Die Frist kann verlängert werden, wenn ihre fehlende Einhaltung auf Umständen beruht, die der Dienstherr nicht zu vertreten hat. Die Fristsetzung und ihre Verlängerung erfolgen durch Beschluß. Der Beschluß ist unanfechtbar. Wird der Mangel innerhalb der Frist nicht beseitigt, ist das Disziplinarverfahren durch Beschluß des Verwaltungsgerichts einzustellen. Gegen den Beschluß kann Beschwerde an das Oberverwaltungsgericht (§ 90) eingelegt werden.

(4) Die rechtskräftige Einstellung nach Absatz 3 steht einem rechtskräftigen Urteil gleich.

§ 65 Klagerücknahme

(1) Die Disziplinarklage kann bis zur Rechtskraft der Entscheidung des Verwaltungsgerichts zurückgenommen werden. Die Zurücknahme nach der Stellung der Anträge in der mündlichen Verhandlung setzt die Einwilligung des Beamten und, wenn ein Vertreter

des öffentlichen Interesses an der mündlichen Verhandlung teilgenommen hat, auch dessen Einwilligung voraus.

(2) Ist die Disziplinarklage zurückgenommen, stellt das Verwaltungsgericht das Disziplinarverfahren durch Beschluß ein und spricht die sich nach diesem Gesetz ergebenden Rechtsfolgen der Zurücknahme aus. Der Beschluß ist unanfechtbar.

(3) Nach der Zurücknahme der Disziplinarklage können die ihr zugrundeliegenden Handlungen nicht mehr verfolgt werden.

§ 66 Beschränkung des Disziplinarverfahrens

Das Verwaltungsgericht kann aus dem Disziplinarverfahren solche Handlungen ausscheiden, die für die Art und Höhe der zu erwartenden Disziplinarmaßnahme nicht oder voraussichtlich nicht ins Gewicht fallen. § 24 Abs. 2 Satz 3 und 4 gilt entsprechend.

§ 67 Beweisaufnahme

(1) Das Verwaltungsgericht erhebt die erforderlichen Beweise.

(2) Beweisanträge hat der Dienstherr in der Klageschrift und der Beamte innerhalb von zwei Monaten nach Zustellung der Disziplinarklage oder der Nachtragsklage zu stellen. Ein verspäteter Antrag kann abgelehnt werden, wenn seine Berücksichtigung nach der freien Überzeugung des Verwaltungsgerichts die Erledigung des Disziplinarverfahrens verzögern würde und der Beamte über die Folgen der Fristversäumung belehrt worden ist; dies gilt nicht, wenn zwingende Gründe für die Verspätung glaubhaft gemacht werden.

(3) Die Bestimmungen der Strafprozeßordnung über die Pflicht, als Zeuge auszusagen oder als Sachverständiger ein Gutachten zu erstatten, über die Ablehnung von Sachverständigen sowie über die Vernehmung von Angehörigen des öffentlichen Dienstes als Zeugen und Sachverständige gelten entsprechend.

(4) § 33 gilt entsprechend; eines Antrags bedarf es nicht.

§ 68 Entscheidung durch Beschluß

(1) Das Verwaltungsgericht stellt das Disziplinarverfahren, auch nach der Eröffnung der mündlichen Verhandlung, durch Beschluß ein, wenn ein Einstellungsgrund nach § 38 Abs. 2 vorliegt.

(2) Das Verwaltungsgericht kann, auch nach der Eröffnung der mündlichen Verhandlung, durch Beschluß

1. die erforderliche Disziplinarmaßnahme (§ 3) verhängen, wenn keine höhere Disziplinarmaßnahme als eine Kürzung der Dienstbezüge oder eine Kürzung des Ruhegehalts verwirkt ist,
2. die Klage abweisen, wenn ein Dienstvergehen nicht erwiesen ist, oder
3. das Disziplinarverfahren einstellen, wenn ein Einstellungsgrund nach § 38 Abs. 1 Nr. 2, 3, 4 oder 5 vorliegt.

Der Beschluß nach Satz 1 darf nur ergehen, wenn die Beteiligten der Verhängung einer bestimmten Disziplinarmaßnahme, der Klageabweisung oder der Einstellung des Disziplinarverfahrens zustimmen. Zur Erklärung der Zustimmung kann den Beteiligten von dem Verwaltungsgericht, dem Vorsitzenden oder dem Berichterstatter eine Frist gesetzt werden, nach deren Ablauf die Zustimmung als erteilt gilt, wenn nicht ein Beteiligter widersprochen hat.

(3) Der Beschluß nach Absatz 1 ist unanfechtbar. Gegen den Beschluß nach Absatz 2 kann Beschwerde an das Oberverwaltungsgericht (§ 90) eingelegt werden. Die Beschwerde kann nur auf das Fehlen der Voraussetzungen des Absatzes 2 Satz 2 gestützt werden.

(4) Der rechtskräftige Beschluß nach Absatz 2 steht einem rechtskräftigen Urteil gleich.

§ 69 Mündliche Verhandlung, Entscheidung durch Urteil

(1) Das Verwaltungsgericht entscheidet über die Disziplinarklage, wenn das Disziplinarverfahren nicht auf andere Weise abgeschlossen wird, auf Grund mündlicher Verhandlung durch Urteil. § 84, § 101 Abs. 2 und § 106 VwGO finden keine Anwendung.

(2) Zum Gegenstand der Urteilsfindung dürfen nur die Handlungen gemacht werden, die dem Beamten in der Disziplinarklage oder der Nachtragsklage als Dienstvergehen zur Last gelegt werden. Das Verwaltungsgericht darf über die gestellten Anträge hinausgehen.

(3) Das Verwaltungsgericht kann in dem Urteil

1. die erforderliche Disziplinarmaßnahme (§ 3) verhängen,
2. die Klage abweisen, wenn ein Dienstvergehen nicht erwiesen ist, oder
3. das Disziplinarverfahren einstellen, wenn ein Einstellungsgrund nach § 38 Abs. 1 Nr. 2, 3, 4 oder 5 vorliegt.

§ 70 Abweichende Entscheidungen zum Unterhaltsbeitrag

(1) Das Verwaltungsgericht kann in dem auf Entfernung aus dem Dienst oder auf Aberkennung des Ruhegehalts lautenden Urteil die Gewährung eines Unterhaltsbeitrags nach § 8 Abs. 2 oder § 10 Abs. 2 ganz oder teilweise ausschließen, soweit der Beamte oder Ruhestandsbeamte der Gewährung nicht würdig oder den erkennbaren Umständen nach nicht bedürftig ist. Die Gewährung des Unterhaltsbeitrags ist auszuschließen, wenn die Entfernung aus dem Beamtenverhältnis zumindest auch auf der Verletzung der Pflicht beruht, sich durch das gesamte Verhalten zu der freiheitlichen demokratischen Grundordnung zu bekennen und für deren Erhaltung einzutreten.

(2) Das Verwaltungsgericht kann in dem auf Entfernung aus dem Dienst oder auf Aberkennung des Ruhegehalts lautenden Urteil die Gewährung des Unterhaltsbeitrags über den in § 8 Abs. 2 oder § 10 Abs. 2 bestimmten Zeitraum hinaus verlängern, soweit dies zur Vermeidung einer unbilligen Härte notwendig ist. Der Beamte oder Ruhestandsbeamte hat die Umstände glaubhaft zu machen.

(3) Das Verwaltungsgericht kann in dem auf Entfernung aus dem Dienst oder auf Aberkennung des Ruhegehalts lautenden Urteil bestimmen, daß der Unterhaltsbeitrag nach § 8 Abs. 2 oder § 10 Abs. 2 ganz oder teilweise an Personen gezahlt wird, zu deren Unterhalt der Beamte oder Ruhestandsbeamte gesetzlich verpflichtet ist.

§ 71 Rechtsmittel

Gegen das Urteil des Verwaltungsgerichts kann Berufung an das Oberverwaltungsgericht (§ 81) eingelegt werden.

Unterabschnitt 2
Klage des Beamten

§ 72 Statthaftigkeit, Frist, Form

(1) Der Beamte kann vor dem Verwaltungsgericht in den in diesem Gesetz vorgesehenen Fällen Klage erheben. § 42 Abs. 1 und § 43 Abs. 1 VwGO finden Anwendung.

(2) Für die Frist und die Form der Klage gelten die §§ 74 und 81 VwGO entsprechend.

(3) Ist über einen Antrag auf Vornahme einer Entscheidung oder über einen Widerspruch ohne zureichenden Grund innerhalb von drei Monaten sachlich nicht entschieden worden, gilt § 75 VwGO entsprechend. Der Lauf der Frist des Satzes 1 ist gehemmt, solange das Disziplinarverfahren nach § 15 ausgesetzt ist.

§ 73 Klagezustellung

Der Vorsitzende verfügt die Zustellung der Klage an den Dienstherrn und bestimmt eine Frist, in der er die Akten und beigezogenen Schriftstücke vorzulegen hat und sich zu der Klage schriftlich äußern kann.

§ 74 Klagerücknahme

(1) Die Klage kann bis zur Rechtskraft der Entscheidung des Verwaltungsgerichts zurückgenommen werden. Die Zurücknahme nach Stellung der Anträge in der mündlichen Verhandlung setzt die Einwilligung des Dienstherrn und, wenn ein Vertreter des öffentlichen Interesses an der mündlichen Verhandlung teilgenommen hat, auch dessen Einwilligung voraus.

(2) Die Klage gilt als zurückgenommen, wenn der Beamte das Disziplinarverfahren trotz Aufforderung des Verwaltungsgerichts länger als einen Monat nicht betreibt. Absatz 1 Satz 2 gilt entsprechend. Der Beamte ist in der Aufforderung auf die sich aus Satz 1 und

§ 102 Abs. 1 ergebenden Rechtsfolgen hinzuweisen. Das Verwaltungsgericht stellt durch Beschluß fest, daß die Klage als zurückgenommen gilt.

(3) Ist die Klage zurückgenommen oder gilt sie als zurückgenommen, stellt das Verwaltungsgericht das gerichtliche Disziplinarverfahren durch Beschluß ein und spricht die sich nach diesem Gesetz ergebenden Rechtsfolgen der Zurücknahme aus. Der Beschluß ist unanfechtbar.

§ 75 Beschränkung des Disziplinarverfahrens, Beweisaufnahme

(1) Für die Beschränkung des Disziplinarverfahrens gilt § 66 entsprechend.

(2) Für die Beweisaufnahme gilt § 67 Abs. 1, 3 und 4 entsprechend.

§ 76 Mündliche Verhandlung, Entscheidung

(1) Das Verwaltungsgericht entscheidet über die Klage, wenn das Disziplinarverfahren nicht auf andere Weise abgeschlossen wird, auf Grund mündlicher Verhandlung durch Urteil. Die §§ 84 und 101 Abs. 2 VwGO gelten entsprechend. § 106 VwGO findet keine Anwendung.

(2) In seiner Entscheidung darf das Verwaltungsgericht über das Klagebegehren nicht hinausgehen und die angefochtene Entscheidung nicht zum Nachteil des Beamten abändern; es ist aber an die Fassung der Anträge nicht gebunden.

(3) In seiner Entscheidung über die Klage gegen eine Disziplinarverfügung (§ 42 Abs. 1 Satz 1) kann das Verwaltungsgericht

1. die Klage abweisen,
2. die Disziplinarverfügung aufheben,
3. die Disziplinarverfügung zugunsten des Beamten abändern oder
4. das Disziplinarverfahren einstellen, wenn ein Dienstvergehen zwar erwiesen ist, die Verhängung einer Disziplinarmaßnahme jedoch nicht angezeigt erscheint.

§ 77 Rechtsmittel

Gegen das Urteil des Verwaltungsgerichts kann die Zulassung der Berufung an das Oberverwaltungsgericht (§ 86) beantragt werden. Ist über die Klage durch Gerichtsbescheid entschieden worden, gilt § 84 Abs. 2 Nr. 1 VwGO entsprechend.

§ 78 Grenzen der erneuten Ausübung der Disziplinarbefugnisse

Hat das Verwaltungsgericht gemäß § 76 Abs. 3 unanfechtbar über die Klage gegen eine Disziplinarverfügung entschieden, ist hinsichtlich der dieser Entscheidung zugrundeliegenden Handlungen eine erneute Ausübung der Disziplinarbefugnis zugunsten oder zuungunsten des Beamten nur wegen solcher erheblicher Tatsachen und Beweismittel zulässig, die keinen Eingang in das gerichtliche Disziplinarverfahren gefunden haben. Für eine Verschärfung der Disziplinarmaßnahme nach Art oder Höhe oder die Erhebung der Disziplinarklage gilt § 43 Abs. 2 Satz 2 und 3 entsprechend.

Unterabschnitt 3
Anträge in besonderen Fällen

§ 79 Antrag auf gerichtliche Fristsetzung

(1) Bei einem Antrag auf gerichtliche Fristsetzung (§ 25 Abs. 2) bestimmt das Verwaltungsgericht, wenn ein zureichender Grund für den fehlenden Abschluß des Disziplinarverfahrens nach diesem Gesetz nicht vorliegt, eine Frist, in der es abzuschließen ist. Andernfalls lehnt es den Antrag ab. Die Frist kann verlängert werden, wenn ihre fehlende Einhaltung auf Umständen beruht, die der Dienstherr nicht zu vertreten hat. Die Fristsetzung und ihre Verlängerung erfolgen durch Beschluß. Der Beschluß ist unanfechtbar.

(2) Wird das Disziplinarverfahren innerhalb der nach Absatz 1 bestimmten Frist nicht abgeschlossen, ist es durch Beschluß des Verwaltungsgerichts einzustellen. Gegen den Beschluß kann Beschwerde an das Oberverwaltungsgericht (§ 90) eingelegt werden.

(3) Der rechtskräftige Beschluß nach Absatz 2 steht einem rechtskräftigen Urteil gleich.

§ 80 Antrag auf Aussetzung der vorläufigen Dienstenthebung und der Einbehaltung von Bezügen

(1) Die Anordnung der vorläufigen Dienstenthebung und die Anordnung der Einbehaltung von Bezügen sind auf Antrag des Beamten oder Ruhestandsbeamten (§ 47) auszusetzen, wenn ernstliche Zweifel an der Rechtmäßigkeit dieser Anordnungen bestehen.

(2) Die Entscheidung über den Antrag ergeht durch Beschluß. Gegen den Beschluß des Verwaltungsgerichts kann Beschwerde an das Oberverwaltungsgericht (§ 90) eingelegt werden.

(3) Für die Abänderung oder Aufhebung von Beschlüssen nach Absatz 2 gilt § 80 Abs. 7 VwGO entsprechend.

Abschnitt 3
Disziplinarverfahren vor dem Oberverwaltungsgericht

Unterabschnitt 1
Berufung gegen das Urteil über eine Disziplinarklage

§ 81 Frist, Form

(1) Die Berufung gegen das Urteil des Verwaltungsgerichts über eine Disziplinarklage (§ 71) ist bei dem Verwaltungsgericht innerhalb eines Monats nach Zustellung des vollständigen Urteils schriftlich einzulegen und zu begründen; § 318 StPO gilt entsprechend. Die Berufungsfrist nach Satz 1 ist auch gewahrt, wenn die Berufung innerhalb dieser Frist bei dem Oberverwaltungsgericht eingeht. Die Begründungsfrist kann auf einen vor ihrem Ablauf gestellten Antrag von dem Vorsitzenden verlängert werden.

(2) Die Berufungsbegründung muss einen Antrag enthalten, aus dem sich ergibt, inwieweit das Urteil angefochten wird und welche Änderungen bezweckt werden; die Gründe der Anfechtung (Berufungsgründe) sind im Einzelnen anzuführen.

§ 82 Zurücknahme der Berufung

(1) Die Berufung kann bis zur Rechtskraft der Entscheidung des Oberverwaltungsgerichts zurückgenommen werden. Die Zurücknahme nach Stellung der Anträge in der mündlichen Verhandlung setzt die Einwilligung des Beklagten und, wenn ein Vertreter des öffentlichen Interesses an der mündlichen Verhandlung teilgenommen hat, auch dessen Einwilligung voraus.

(2) Die Berufung gilt als zurückgenommen, wenn der Berufungskläger das Berufungsverfahren trotz Aufforderung des Oberverwaltungsgerichts länger als einen Monat nicht betreibt. Absatz 1 Satz 2 gilt entsprechend. Der Berufungskläger ist in der Aufforderung auf die sich aus Satz 1 und § 102 Abs. 1 ergebenden Rechtsfolgen hinzuweisen. Das Oberverwaltungsgericht stellt durch Beschluß fest, daß die Berufung als zurückgenommen gilt.

(3) Die Zurücknahme bewirkt den Verlust des eingelegten Rechtsmittels. Das Oberverwaltungsgericht entscheidet durch Beschluß über die Kostenfolge.

§ 83 Berufungsverfahren

(1) Für das Berufungsverfahren gelten die Bestimmungen über das Disziplinarverfahren vor dem Verwaltungsgericht entsprechend, soweit sich aus diesem Gesetz nichts anderes ergibt. §§ 62 und 63 Satz 2 finden keine Anwendung.

(2) Wesentliche Mängel des behördlichen Disziplinarverfahrens, die nach § 64 Abs. 2 unberücksichtigt bleiben durften, bleiben auch im Berufungsverfahren unberücksichtigt.

(3) Beweisanträge, die im ersten Rechtszug entgegen der Frist des § 67 Abs. 2 nicht gestellt worden sind, können abgelehnt werden, wenn nach der freien Überzeugung des Oberverwaltungsgerichts ihre Zulassung die Erledigung des Disziplinarverfahrens verzögern würde und der Beamte im ersten Rechtszug über die Folgen einer Fristversäumung belehrt worden ist; dies gilt nicht, wenn zwingende Gründe für die Verspätung glaubhaft gemacht werden. Beweisanträge, die das Verwaltungsgericht zu Recht abge-

I

lehnt hat, bleiben auch im Berufungsverfahren ausgeschlossen.

(4) Die durch das Verwaltungsgericht erhobenen Beweise können der Entscheidung ohne nochmalige Beweisaufnahme zugrunde gelegt werden.

§ 84 Entscheidung durch Beschluß

(1) Das Oberverwaltungsgericht kann die Berufung, auch nach der Eröffnung der mündlichen Verhandlung, durch Beschluß verwerfen, wenn sie unzulässig ist.

(2) Das Oberverwaltungsgericht stellt das Disziplinarverfahren, auch nach der Eröffnung der mündlichen Verhandlung, durch Beschluß ein, wenn ein Einstellungsgrund nach § 38 Abs. 2 vorliegt.

(3) Der Beschluß nach Absatz 1 steht einem Urteil gleich.

(4) § 130a VwGO findet keine Anwendung.

§ 85 Mündliche Verhandlung, Entscheidung durch Urteil

(1) Das Oberverwaltungsgericht entscheidet über die Berufung, wenn das Disziplinarverfahren nicht auf andere Weise abgeschlossen wird, auf Grund mündlicher Verhandlung durch Urteil. § 84, § 101 Abs. 2 und § 106 VwGO finden keine Anwendung.

(2) Hat nur der Beamte Berufung eingelegt, darf das angefochtene Urteil des Verwaltungsgerichts nicht zum Nachteil des Beamten abgeändert werden.

(3) Eine Zurückverweisung der Sache an das Verwaltungsgericht ist ausgeschlossen.

Unterabschnitt 2
Berufung gegen das Urteil über eine Klage des Beamten

§ 86 Frist, Form und Zulassung der Berufung

Für die Frist und die Form des Antrags auf Zulassung der Berufung gegen das Urteil des Verwaltungsgerichts über eine Klage des Beamten sowie für die Entscheidung über die Zulassung der Berufung gelten die §§ 124 und 124a VwGO entsprechend.

§ 87 Zurücknahme der Berufung, Berufungsverfahren

Für die Zurücknahme der Berufung und das Berufungsverfahren gelten die §§ 82 und 83 Abs. 4 entsprechend. Im übrigen gelten für das Berufungsverfahren die Bestimmungen über das Disziplinarverfahren vor dem Verwaltungsgericht zur Klage des Beamten entsprechend, soweit sich aus diesem Gesetz nichts anderes ergibt.

§ 88 Entscheidung durch Beschluß

(1) Das Oberverwaltungsgericht kann die Berufung, auch nach der Eröffnung der mündlichen Verhandlung, durch Beschluß verwerfen, wenn sie unzulässig ist.

(2) Das Oberverwaltungsgericht kann vor der Eröffnung der mündlichen Verhandlung durch Beschluß entscheiden, wenn die Voraussetzungen des § 130a Satz 1 VwGO vorliegen.

(3) Die Beschlüsse nach den Absätzen 1 und 2 stehen einem Urteil gleich.

§ 89 Mündliche Verhandlung, Entscheidung durch Urteil

(1) Das Oberverwaltungsgericht entscheidet über die Berufung, wenn das Disziplinarverfahren nicht auf andere Weise abgeschlossen wird, auf Grund mündlicher Verhandlung durch Urteil. § 101 Abs. 2 VwGO gilt entsprechend. Die §§ 84 und 106 VwGO finden keine Anwendung.

(2) § 85 Abs. 2 und 3 gilt entsprechend.

Unterabschnitt 3
Beschwerde

§ 90 Frist, Form, aufschiebende Wirkung

(1) Gegen die Entscheidungen des Verwaltungsgerichts, des Vorsitzenden oder des Berichterstatters, die nicht Urteile oder Gerichtsbescheide sind, kann, sofern nichts anderes bestimmt ist, Beschwerde an das Oberverwaltungsgericht eingelegt werden. § 146 Abs. 2 und 3 VwGO gilt entsprechend.

(2) Für die Frist und die Form der Beschwerde gilt § 147 VwGO entsprechend. Für das Beschwerdeverfahren gegen Beschlüsse des Verwaltungsgerichts über eine Aussetzung nach § 80 gilt § 146 Abs. 4 VwGO entsprechend.

(3) Die Beschwerde nach § 33 Abs. 3 hat aufschiebende Wirkung. Im übrigen gilt für die aufschiebende Wirkung der Beschwerde § 149 VwGO entsprechend.

§ 91 Entscheidung durch Beschluß

(1) Das Oberverwaltungsgericht entscheidet über die Beschwerde durch Beschluß.

(2) Wird ein Beschluß des Verwaltungsgerichts nach § 68 Abs. 2 aufgehoben, ist die Sache an das Verwaltungsgericht zurückzuverweisen.

Abschnitt 4
Wiederaufnahme des Disziplinarverfahrens

§ 92 Wiederaufnahme zugunsten des Betroffenen

(1) Die Wiederaufnahme des durch rechtskräftiges Urteil abgeschlossenen Disziplinarverfahrens zugunsten des Betroffenen ist zulässig, wenn in dem Urteil eine Disziplinarmaßnahme verhängt worden ist, die nach Art oder Höhe im Gesetz nicht vorgesehen gewesen ist.

(2) Die Wiederaufnahme des durch rechtskräftiges Urteil abgeschlossenen Disziplinarverfahrens zugunsten des Betroffenen ist auch zulässig, wenn

1. Tatsachen oder Beweismittel beigebracht werden, die erheblich und neu sind,
2. das Urteil auf dem Inhalt einer unechten oder verfälschten Urkunde oder auf einem vorsätzlich oder fahrlässig falsch abgegebenen Zeugnis oder Gutachten beruht,
3. ein Urteil, auf dessen tatsächlichen Feststellungen das im Disziplinarverfahren ergangene Urteil beruht, durch ein anderes rechtskräftiges Urteil aufgehoben worden ist,
4. bei dem Urteil ein Richter oder Beamtenbeisitzer mitgewirkt hat, der sich in dieser Sache der strafbaren Verletzung einer Amtspflicht schuldig gemacht hat, oder
5. bei dem Urteil ein Richter oder Beamtenbeisitzer mitgewirkt hat, der von der Ausübung des Richteramts kraft Gesetzes ausgeschlossen war, es sei denn, daß die Gründe für den gesetzlichen Ausschluß bereits erfolglos geltend gemacht worden waren.

(3) Die Wiederaufnahme des durch rechtskräftiges Urteil abgeschlossenen Disziplinarverfahrens nach einer Disziplinarklage ist zugunsten des Betroffenen auch zulässig, wenn in einem wegen desselben Sachverhalts eingeleiteten Strafverfahren oder Bußgeldverfahren unanfechtbar eine Entscheidung ergeht, wonach die verhängte Disziplinarmaßnahme gemäß § 13 unzulässig wird.

(4) Als erheblich im Sinne des Absatzes 2 Nr. 1 sind Tatsachen und Beweismittel anzusehen, wenn sie allein oder in Verbindung mit den früher getroffenen Feststellungen geeignet sind, eine andere Entscheidung zu begründen, die Ziel der Wiederaufnahme des Disziplinarverfahrens sein kann. Als neu im Sinne des Absatzes 2 Nr. 1 sind Tatsachen und Beweismittel anzusehen, die dem Gericht bei seiner Entscheidung nicht bekannt gewesen sind. Ergeht nach Eintritt der Rechtskraft des Urteils im Disziplinarverfahren in einem wegen desselben Sachverhalts eingeleiteten Strafverfahren oder Bußgeldverfahren ein rechtskräftiges Urteil auf Grund von tatsächlichen Feststellungen, die von denen des Urteils im Disziplinarverfahren abweichen, gelten die abweichenden Feststellungen des Urteils im Strafverfahren oder Bußgeldverfahren als neue Tatsachen im Sinne des Absatzes 2 Nr. 1.

(5) In den Fällen des Absatzes 2 Nr. 2 und 4 ist die Wiederaufnahme des Disziplinarverfahrens nur zulässig, wenn wegen der behaupteten Handlung eine rechtskräftige Verurteilung erfolgt ist oder ein strafgerichtliches Verfahren aus anderen Gründen als wegen Mangels an Beweisen nicht eingeleitet oder nicht durchgeführt werden kann.

§ 93 Wiederaufnahme zuungunsten des Betroffenen

Die Wiederaufnahme des durch rechtskräftiges Urteil abgeschlossenen Disziplinarverfahrens zuungunsten des Betroffenen ist zulässig, wenn

1. eine der Voraussetzungen des § 92 Abs. 2 vorliegt, oder

2. der Betroffene nachträglich glaubhaft ein Dienstvergehen eingestanden hat, das in dem durch das rechtskräftige Urteil abgeschlossenen Disziplinarverfahren nicht festgestellt werden konnte.

§ 94 Unzulässigkeit der Wiederaufnahme

(1) Die Wiederaufnahme des Disziplinarverfahrens ist unzulässig, wenn nach dem im Disziplinarverfahren ergangenen Urteil

1. ein Urteil im Strafverfahren oder Bußgeldverfahren ergangen ist, das sich auf denselben Sachverhalt gründet und diesen ebenso würdigt, solange dieses Urteil nicht rechtskräftig aufgehoben worden ist, oder
2. ein Urteil im Strafverfahren ergangen ist, durch das der Verurteilte sein Amt oder sein Ruhegehalt verloren hat oder es verloren hätte, wenn er noch im Dienst gewesen wäre oder Ruhegehalt bezogen hätte.

(2) Die Wiederaufnahme des Disziplinarverfahrens zuungunsten des Betroffenen ist außerdem unzulässig, wenn seit dem Eintritt der Rechtskraft des Urteils drei Jahre vergangen sind.

§ 95 Antrag, Verfahren

(1) Zur Wiederaufnahme des Disziplinarverfahrens bedarf es eines Antrags. Antragsberechtigt sind

1. der von dem Urteil Betroffene und sein gesetzlicher Vertreter, nach seinem Tod sein Ehegatte oder Lebenspartner, seine Verwandten auf- und absteigender Linie und seine Geschwister,
2. der Dienstherr.

Die in Satz 2 Nr. 1 genannten Personen können sich eines Bevollmächtigten bedienen.

(2) Der Antrag ist bei dem Gericht, dessen Entscheidung angefochten wird, schriftlich oder zur Niederschrift des Urkundsbeamten der Geschäftsstelle einzureichen. In dem Antrag ist das angefochtene Urteil zu bezeichnen und anzugeben, inwieweit es angefochten wird und welche Änderungen beantragt werden; die Anträge sind unter Bezeichnung der Beweismittel zu begründen.

(3) Für das weitere Verfahren gelten die Bestimmungen über das Disziplinarverfahren vor dem Verwaltungsgericht und vor dem Oberverwaltungsgericht entsprechend, soweit sich aus diesem Gesetz nichts anderes ergibt.

(4) Im Wiederaufnahmeverfahren darf nicht tätig werden, wer an der den ersten oder zweiten Rechtszug abschließenden Entscheidung als Richter oder Beamtenbeisitzer mitgewirkt hat.

§ 96 Entscheidung durch Beschluß

(1) Das zuständige Gericht kann den Antrag, auch nach der Eröffnung der mündlichen Verhandlung, durch Beschluß verwerfen, wenn es die gesetzlichen Voraussetzungen für seine Zulassung nicht für gegeben oder ihn für offensichtlich unbegründet hält. Gegen den Beschluß des Verwaltungsgerichts kann Beschwerde an das Oberverwaltungsgericht (§ 90) eingelegt werden.

(2) Das zuständige Gericht kann vor der Eröffnung der mündlichen Verhandlung mit Zustimmung des Dienstherrn durch Beschluß das angefochtene Urteil aufheben und die Disziplinarklage abweisen oder die Disziplinarverfügung aufheben oder das Disziplinarverfahren einstellen. Der Beschluß ist unanfechtbar.

(3) Der rechtskräftige Beschluß nach Absatz 1 sowie der Beschluß nach Absatz 2 stehen einem rechtskräftigen Urteil gleich.

§ 97 Mündliche Verhandlung, Entscheidung durch Urteil

(1) Das zuständige Gericht entscheidet, wenn das Wiederaufnahmeverfahren nicht auf andere Weise abgeschlossen wird, auf Grund mündlicher Verhandlung durch Urteil.

(2) Das zuständige Gericht kann in dem Urteil das angefochtene Urteil aufrechterhalten oder aufheben und anders entscheiden; diese Entscheidung kann auch ergehen, wenn das Beamtenverhältnis oder die Rechte als Ruhestandsbeamter nicht mehr bestehen.

(3) Gegen das Urteil des Verwaltungsgerichts kann, falls dem Disziplinarverfahren eine Disziplinarklage (§ 61) zugrunde liegt, Berufung an das Oberverwaltungsgericht (§ 81) einge-

legt und, falls dem Disziplinarverfahren eine Klage des Beamten (§ 72) zugrunde liegt, die Zulassung der Berufung an das Oberverwaltungsgericht (§ 86) beantragt werden.

§ 98 Rechtswirkungen, Entschädigung

(1) Wird in einem zugunsten des Betroffenen mit Erfolg betriebenen Wiederaufnahmeverfahren das angefochtene Urteil aufgehoben, erhält der Betroffene von dem Eintritt der Rechtskraft des aufgehobenen Urteils an die Rechtsstellung, die er erhalten hätte, wenn das aufgehobene Urteil der im Wiederaufnahmeverfahren ergangenen Entscheidung entsprochen hätte. Wurde in dem aufgehobenen Urteil die Entfernung aus dem Dienst oder die Aberkennung des Ruhegehalts verhängt, gelten § 24 Abs. 2 BeamtStG und § 35 Abs. 2 und 4 LBG entsprechend.

(2) Der Betroffene und die Personen, denen er kraft Gesetzes unterhaltspflichtig ist, können im Falle des Absatzes 1 neben den hiernach nachträglich zu gewährenden Bezügen in entsprechender Anwendung des Gesetzes über die Entschädigung für Strafverfolgungsmaßnahmen vom 8. März 1971 (BGBl. I S. 157) in der jeweils geltenden Fassung Ersatz des sonstigen Schadens vom Land verlangen. Der Anspruch ist zur Vermeidung seines Verlustes innerhalb von drei Monaten nach dem rechtskräftigen Abschluß des Wiederaufnahmeverfahrens bei der für die Erhebung der Disziplinarklage zuständigen Behörde (§ 40 Abs. 2) geltend zu machen. Ihre Entscheidung ist dem Antragsteller zuzustellen. Lehnt sie den Anspruch ab, gelten für seine Weiterverfolgung die Vorschriften über den Rechtsweg für Klagen aus dem Beamtenverhältnis.

Abschnitt 5
Kostenentscheidung im gerichtlichen Disziplinarverfahren

§ 99 Kostenentscheidung nach einer Disziplinarklage

(1) Dem Beamten sind in der Entscheidung, durch die gegen ihn eine Disziplinarmaßnahme verhängt wird, die Kosten des Disziplinarverfahrens einschließlich derjenigen des behördlichen Verfahrens aufzuerlegen. Bildet das dem Beamten zur Last gelegte Dienstvergehen nur zum Teil die Grundlage für die Entscheidung oder sind durch zugunsten des Beamten ausgegangene Ermittlungen oder gerichtliche Beweiserhebungen besondere Kosten entstanden, sind die Kosten des Disziplinarverfahrens verhältnismäßig zu teilen, soweit es der Billigkeit entspricht.

(2) Wird die Disziplinarklage abgewiesen oder das Disziplinarverfahren eingestellt, trägt der Dienstherr die Kosten des Disziplinarverfahrens. Erfolgt die Einstellung trotz Vorliegens eines Dienstvergehens, können die Kosten des Disziplinarverfahrens dem Beamten auferlegt oder verhältnismäßig geteilt werden, soweit es der Billigkeit entspricht.

§ 100 Kostenentscheidung nach einer Klage oder einem Antrag des Beamten

(1) In der Entscheidung über eine Klage oder einen Antrag des Beamten trägt der unterliegende Teil die Kosten dieses Verfahrens. Hat die Klage oder der Antrag teilweise Erfolg, sind die Kosten gegeneinander aufzuheben oder verhältnismäßig zu teilen; dies gilt auch im Falle der Einstellung des Disziplinarverfahrens nach § 76 Abs. 3 Nr. 4.

(2) Wird das Disziplinarverfahren nach § 79 Abs. 2 eingestellt, trägt der Dienstherr die Kosten des Disziplinarverfahrens.

§ 101 Kostenentscheidung bei erfolglosem Rechtsmittel und bei erfolglosem Antrag auf Wiederaufnahme des Disziplinarverfahrens

(1) Die Kosten eines ohne Erfolg eingelegten Rechtsmittels fallen demjenigen zur Last, der das Rechtsmittel eingelegt hat.

(2) Für den Antrag auf Wiederaufnahme des Disziplinarverfahrens gilt Absatz 1 entsprechend.

§ 102 Kostentragung bei Zurücknahme, Erledigung in der Hauptsache, Wiedereinsetzung und Verschulden

(1) Wer eine Klage, einen Antrag, ein Rechtsmittel oder einen anderen Rechtsbehelf zurücknimmt, hat die Kosten zu tragen.

(2) Erledigt sich ein gerichtliches Disziplinarverfahren in der Hauptsache auf andere Weise, ist über die Kosten dieses Verfahrens nach billigem Ermessen zu entscheiden.

(3) Kosten, die durch einen Antrag auf Wiedereinsetzung in den vorigen Stand entstehen, fallen dem Antragsteller zur Last.

(4) Kosten, die durch Verschulden eines Beteiligten entstanden sind, können diesem auferlegt werden.

Teil 6 Folgen und Vollziehung der Entscheidungen der Disziplinarorgane

Abschnitt 1 Disziplinarmaßnahmen, Zwangsgeld und Unterhaltsbeitrag

§ 103 Vollstreckung der Disziplinarmaßnahmen

(1) Die Disziplinarmaßnahmen vollstreckt der zuständige Dienstvorgesetzte, soweit sie einer Vollstreckung bedürfen.

(2) Der Verweis gilt mit dem Eintritt der Unanfechtbarkeit der Entscheidung als vollstreckt.

(3) Die Geldbuße kann nach Eintritt der Unanfechtbarkeit der Entscheidung von den Dienst- oder Versorgungsbezügen oder von den nach § 108 Abs. 1 nachzuzahlenden Bezügen abgezogen werden. Sie fließt dem Dienstherrn zu.

(4) Die Kürzung der Dienstbezüge sowie die Kürzung des Ruhegehalts beginnen mit dem auf den Eintritt der Unanfechtbarkeit der Entscheidung folgenden Kalendermonat. Tritt der Beamte vor Eintritt der Unanfechtbarkeit der die Kürzung der Dienstbezüge verhängenden Entscheidung in den Ruhestand, gilt eine entsprechende Kürzung des Ruhegehalts als verhängt. Tritt der Beamte während der Dauer der Kürzung der Dienstbezüge in den Ruhestand, wird das aus den ungekürzten Dienstbezügen berechnete Ruhegehalt in demselben Verhältnis wie die Dienstbezüge und für denselben Zeitraum gekürzt. Sterbegeld sowie Witwen- und Waisengeld werden nicht gekürzt.

(5) Bei der Zurückstufung werden die Dienstbezüge nach der in der Entscheidung bestimmten Besoldungsgruppe von dem Kalendermonat an gezahlt, der dem Eintritt der Unanfechtbarkeit der Entscheidung folgt. Tritt der Beamte vor Eintritt der Unanfechtbarkeit der Entscheidung in den Ruhestand, erhält er Versorgungsbezüge nach der in der Entscheidung bestimmten Besoldungsgruppe.

(6) Bei der Entfernung aus dem Dienst sowie bei der Aberkennung des Ruhegehalts wird die Zahlung der Dienst- oder Versorgungsbezüge mit dem Ende des Kalendermonats eingestellt, in dem die Entscheidung unanfechtbar wird. Tritt der Beamte vor Eintritt der Unanfechtbarkeit der die Entfernung aus dem Dienst verhängenden Entscheidung in den Ruhestand, gilt die Aberkennung des Ruhegehalts als verhängt.

§ 104 Kürzung der Ausgleichszahlung

Wird gegen einen Beamten auf Lebenszeit, für den eine besondere Altersgrenze gilt, die Kürzung der Dienstbezüge verhängt und tritt er während der Dauer der Kürzung der Dienstbezüge wegen Erreichens der Altersgrenze in den Ruhestand, ist ein Ausgleich nach § 63 LBeamtVG entsprechend zu kürzen. Im Falle der Kürzung des Ruhegehalts ist ein noch nicht gezahlter Ausgleich nach § 63 LBeamtVG entsprechend zu kürzen.

§ 105 Vollstreckung des Zwangsgeldes

Das Zwangsgeld (§ 31 Abs. 1) kann von den Dienst- oder Versorgungsbezügen, vom Unterhaltsbeitrag oder von den nach § 108 Abs. 1 nachzuzahlenden Bezügen abgezogen werden.

§ 106 Zahlung des Unterhaltsbeitrags

(1) Die Zahlung des Unterhaltsbeitrags nach § 8 Abs. 2 oder § 10 Abs. 2 beginnt, soweit in der Entscheidung nichts anderes bestimmt ist, im Zeitpunkt des Verlusts der Dienstbezüge oder des Ruhegehalts.

(2) Auf den Unterhaltsbeitrag sind Renten aus den gesetzlichen Rentenversicherungen, die

für den gleichen Zeitraum gezahlt werden, ohne Kinderzuschuß anzurechnen. Die Leistung des Unterhaltsbeitrags kann davon abhängig gemacht werden, daß der Betroffene im Umfang des gezahlten Unterhaltsbeitrags für denselben Zeitraum bestehende Rentenansprüche an den früheren Dienstherrn abtritt und diesem, soweit Renten bereits gezahlt worden sind, entsprechende Beträge erstattet.

(3) Der Anspruch auf den Unterhaltsbeitrag erlischt, wenn der Betroffene wieder zum Beamten ernannt oder sonst in ein öffentlich-rechtliches Dienstverhältnis berufen wird. Im übrigen gelten die §§ 10, 70 und 73 bis 82 LBeamtVG sinngemäß; der Betroffene gilt insoweit als Ruhestandsbeamter, der Unterhaltsbeitrag als Ruhegehalt. Bei Anwendung des § 73 LBeamtVG ist die Höchstgrenze nach § 73 Abs. 2 LBeamtVG um den Betrag zu kürzen, um den der Unterhaltsbeitrag hinter den Dienstbezügen oder dem Ruhegehalt, aus denen er errechnet ist, zurückbleibt. Bei Anwendung der §§ 74 und 75 LBeamtVG sind der unter Zugrundelegung der gesamten ruhegehaltfähigen Dienstzeit sich ergebende Betrag nach § 74 LBeamtVG und der unter Zugrundelegung einer Dienstzeit bis zum Eintritt des Versorgungsfalls sich ergebende Betrag nach § 75 LBeamtVG in dem Verhältnis des Unterhaltsbeitrags zu den Dienstbezügen oder zum Ruhegehalt zu kürzen.

Abschnitt 2
Einbehaltene Bezüge

§ 107 Verfall

(1) Die nach § 45 Abs. 2 und 3 einbehaltenen Bezüge verfallen, wenn

1. im Disziplinarverfahren die Entfernung aus dem Dienst oder die Aberkennung des Ruhegehalts verhängt worden ist,
2. in einem wegen desselben Sachverhalts eingeleiteten Strafverfahren eine Strafe verhängt worden ist, die den Verlust der Rechte als Beamter oder Ruhestandsbeamter zur Folge hat,
3. das Disziplinarverfahren auf Grund des § 38 Abs. 1 Nr. 5 eingestellt worden ist und ein innerhalb von drei Monaten nach der Einstellung wegen desselben Sachverhalts eingeleitetes neues Disziplinarverfahren zur Entfernung aus dem Dienst oder zur Aberkennung des Ruhegehalts geführt hat oder
4. das Disziplinarverfahren aus den Gründen des § 38 Abs. 2 Nr. 2 oder 3 eingestellt worden ist und die für die Erhebung der Disziplinarklage zuständige Behörde (§ 40 Abs. 2) festgestellt hat, daß die Entfernung aus dem Dienst oder die Aberkennung des Ruhegehalts gerechtfertigt gewesen wäre.

(2) Gegen die Entscheidung nach Absatz 1 Nr. 4 kann innerhalb eines Monats nach Zustellung Antrag auf Entscheidung des Verwaltungsgerichts gestellt werden.

§ 108 Nachzahlung

(1) Wird das Disziplinarverfahren auf andere Weise als in den Fällen des § 107 unanfechtbar abgeschlossen, sind die nach § 45 Abs. 2 und 3 einbehaltenen Bezüge nachzuzahlen.

(2) Auf die nach Absatz 1 nachzuzahlenden Dienstbezüge können Einkünfte aus Nebentätigkeiten angerechnet werden, die der Beamte aus Anlaß der vorläufigen Dienstenthebung ausgeübt hat, wenn eine Disziplinarmaßnahme verhängt worden ist oder die für die Erhebung der Disziplinarklage zuständige Behörde (§ 40 Abs. 2) feststellt, daß ein Dienstvergehen erwiesen ist. Der Beamte ist verpflichtet, über die Höhe solcher Einkünfte Auskunft zu geben.

(3) Gegen die Entscheidung nach Absatz 2 Satz 1 kann innerhalb eines Monats nach Zustellung Antrag auf Entscheidung des Verwaltungsgerichts gestellt werden.

Abschnitt 3
Kosten und Aufwendungen

§ 109 Kosten

(1) Verfahren nach diesem Gesetz sind gebührenfrei.

(2) Als Auslagen werden erhoben:

1. Auslagen, die nach den Bestimmungen des Gerichtskostengesetzes erhoben werden,

2. die Kosten für die Unterbringung und Untersuchung des Beamten (§ 33),
3. die Auslagen des nach § 33 Abs. 2 Satz 2 bestellten Bevollmächtigten und
4. die Auslagen des nach § 17 Abs. 2 bestellten Vertreters.

§ 110 Erstattung von Aufwendungen

(1) Soweit der Dienstherr die Kosten des Verfahrens zu tragen hat, hat er dem Beamten auch die zur zweckentsprechenden Rechtsverfolgung oder Rechtsverteidigung notwendigen Aufwendungen zu erstatten. Hat sich der Beamte eines Bevollmächtigten oder Beistands bedient, sind dessen gesetzliche Gebühren und Auslagen im Falle des Satzes 1 stets erstattungsfähig; darüber hinausgehende Auslagen eines Bevollmächtigten oder Beistands sind nur dann erstattungsfähig, wenn das jeweils zuständige Disziplinarorgan (§ 14) sie wegen des außergewöhnlichen Umfangs oder der außergewöhnlichen Schwierigkeit der Sache für notwendig erklärt.

(2) Soweit der Beamte die Kosten des Verfahrens zu tragen hat, hat er dem Dienstherrn die zur zweckentsprechenden Rechtsverfolgung oder Rechtsverteidigung notwendigen Aufwendungen des gerichtlichen Disziplinarverfahrens zu erstatten.

§ 111 Vollstreckung und Zufluß

(1) Die dem Beamten auferlegten Kosten und die von ihm zu erstattenden Aufwendungen können von den Dienst- oder Versorgungsbezügen, vom Unterhaltsbeitrag oder von den nach § 108 Abs. 1 nachzuzahlenden Bezügen abgezogen werden.

(2) Die Kosten fließen der Stelle zu, bei der sie entstanden sind.

Teil 7
Verwertungsverbot und Begnadigung

§ 112 Verwertungsverbot, Entfernung aus der Personalakte

(1) Ein Verweis darf nach zwei Jahren, eine Geldbuße und eine Kürzung der Dienstbezüge dürfen nach drei Jahren und eine Zurückstufung darf nach sieben Jahren bei weiteren Disziplinarmaßnahmen und bei sonstigen Personalmaßnahmen nicht mehr berücksichtigt werden (Verwertungsverbot). Bei Dienstvergehen gegen die Pflicht, sich durch das gesamte Verhalten zu der freiheitlichen demokratischen Grundordnung zu bekennen und für deren Erhaltung einzutreten, gilt für die Fristen § 12 Abs. 4 entsprechend. Der Beamte gilt nach dem Eintritt des Verwertungsverbots als von der Disziplinarmaßnahme nicht betroffen.

(2) Die Frist für das Verwertungsverbot beginnt mit dem Eintritt der Unanfechtbarkeit der die Disziplinarmaßnahme verhängenden Entscheidung. Sie endet nicht, solange ein gegen den Beamten eingeleitetes Straf- oder Disziplinarverfahren nicht unanfechtbar abgeschlossen ist, eine andere Disziplinarmaßnahme berücksichtigt werden darf, eine die Kürzung der Dienstbezüge verhängende Entscheidung noch nicht vollstreckt ist oder ein gerichtliches Verfahren zur Beendigung des Beamtenverhältnisses oder nach § 48 BeamtStG anhängig ist.

(3) Die in der Personalakte enthaltenen Vorgänge und Eintragungen über die Disziplinarmaßnahme sind nach Eintritt des Verwertungsverbots von Amts wegen zu entfernen und zu vernichten. Der Beamte kann beantragen, daß die Entfernung unterbleibt oder die Vorgänge und Eintragungen gesondert aufbewahrt werden. Der Antrag ist innerhalb eines Monats zu stellen, nachdem dem Beamten die bevorstehende Entfernung mitgeteilt und er auf sein Antragsrecht und die Antragsfrist hingewiesen worden ist. Wird der Antrag gestellt, ist bei den Vorgängen und Eintragungen über die Disziplinarmaßnahme zu vermerken, daß diese nicht mehr berücksichtigt werden darf.

(4) Die Absätze 1 bis 3 gelten entsprechend für Disziplinarvorgänge, die nicht zu einer Disziplinarmaßnahme geführt haben. Die Frist für das Verwertungsverbot beträgt zwei Jahre. Sie beginnt mit dem Eintritt der Unanfechtbarkeit der das Disziplinarverfahren abschließenden Entscheidung, im übrigen mit

dem Tag, an dem der für die Einleitung des Disziplinarverfahrens zuständige Dienstvorgesetzte Kenntnis von den wesentlichen Verdachtstatsachen erhält.

(5) Auf die Entfernung und Vernichtung von Disziplinarvorgängen, die zu einer missbilligenden Äußerung geführt haben, findet § 94 Abs. 1 Satz 1 Nr. 2 und Satz 2 und 3 LBG Anwendung. Nach Fristablauf ist der Beamte auf das Antragsrecht nach § 94 Abs. 1 Satz 1 Nr. 2 LBG hinzuweisen.

§ 113 Begnadigung

(1) Für die Ausübung des Gnadenrechts bei Disziplinarmaßnahmen gelten die Bestimmungen des Landesgesetzes über die Ausübung des Gnadenrechts vom 2. März 1998 (GVBl. S. 29 – 53 –, BS 3215-1) in der jeweils geltenden Fassung.

(2) Wird die Entfernung aus dem Dienst oder die Aberkennung des Ruhegehalts im Gnadenweg aufgehoben, gilt § 36 Abs. 2 LBG entsprechend.

Teil 8 Besondere Bestimmungen für einzelne Beamtengruppen

Abschnitt 1 Beamte auf Probe und Beamte auf Widerruf

§ 114 Zulässige Disziplinarmaßnahmen

Zulässige Disziplinarmaßnahmen bei Beamten auf Probe und Beamten auf Widerruf sind Verweis und Geldbuße.

§ 115 Ermittlungen

(1) Ein Beamter auf Probe kann nach § 23 Abs. 3 Satz 1 Nr. 1 BeamtStG nur entlassen werden, nachdem die für die Erhebung der Disziplinarklage zuständige Behörde (§ 40 Abs. 2) nach den Bestimmungen dieses Gesetzes Ermittlungen durchgeführt hat.

(2) Ein Beamter auf Probe kann die Durchführung von Ermittlungen nach Absatz 1 beantragen, um sich von dem Verdacht eines Dienstvergehens zu entlasten; § 23 gilt entsprechend.

(3) Bei einem Beamten auf Widerruf, der wegen eines Dienstvergehens entlassen werden soll oder sich vom Verdacht eines Dienstvergehens entlasten will, gelten die Absätze 1 und 2 entsprechend.

Abschnitt 2 Kommunalbeamte und sonstige mittelbare Landesbeamte

§ 116 Dienstvorgesetzter, höherer Dienstvorgesetzter, oberste Dienstbehörde

(1) Wer Dienstvorgesetzter, höherer Dienstvorgesetzter und oberste Dienstbehörde der Kommunalbeamten ist, bestimmen die Gemeindeordnung, die Landkreisordnung, die Bezirksordnung für den Bezirksverband Pfalz und das Landesbeamtengesetz.

(2) Bei Kommunalbeamten, die keinen Dienstvorgesetzten haben, tritt an die Stelle des Dienstvorgesetzten und der obersten Dienstbehörde die Aufsichtsbehörde und an die Stelle des höheren Dienstvorgesetzten die obere Aufsichtsbehörde der kommunalen Gebietskörperschaft; dies gilt in den Fällen des § 40 Abs. 2 Satz 1 auch bei Beigeordneten und Kreisbeigeordneten sowie bei Beamten, deren Dienstvorgesetzter ehrenamtlich tätig ist.

§ 117 Verhängung von Geldbußen

Der Dienstvorgesetzte des Kommunalbeamten kann abweichend von § 39 Abs. 3 Nr. 2 Geldbußen bis zum zulässigen Höchstbetrag verhängen.

§ 118 Widerspruchsverfahren

(1) Vor der Erhebung der Klage des Kommunalbeamten (§ 72) ist ein Widerspruchsverfahren durchzuführen. § 48 Abs. 1 Satz 3 findet keine Anwendung.

(2) Den Widerspruchsbescheid erläßt die Aufsichtsbehörde. Hat sie die angefochtene Entscheidung erlassen, erläßt den Widerspruchsbescheid die obere Aufsichtsbehörde und, wenn diese die angefochtene Entscheidung erlassen hat, die oberste Aufsichtsbehörde.

§ 119 Weisungsbefugnis der Aufsichtsbehörde, Selbsteintrittsbefugnis

(1) Die Aufsichtsbehörde kann den zuständigen Dienstvorgesetzten im Einzelfall anweisen, ein Disziplinarverfahren einzuleiten. Kommt dieser der Anweisung nicht nach, kann sie das Disziplinarverfahren selbst einleiten.

(2) Soweit konkrete Anhaltspunkte vorliegen, die den Verdacht eines Dienstvergehens zumindest auch gegen die Pflicht begründen, sich durch das gesamte Verhalten zu der freiheitlichen demokratischen Grundordnung zu bekennen und für deren Erhaltung einzutreten, ist die Aufsichtsbehörde in Kenntnis zu setzen. In diesen Fällen kann sie das Disziplinarverfahren jederzeit an sich ziehen und zurückgeben sowie die Vorlage der Disziplinarakte verlangen.

§ 120 Sonstige mittelbare Landesbeamte

Für die sonstigen mittelbaren Landesbeamten gelten die §§ 116 bis 119 entsprechend, sofern nicht das jeweils zuständige Ministerium im Einvernehmen mit dem für das Beamtenrecht zuständigen Ministerium durch Rechtsverordnung etwas Abweichendes bestimmt.

Teil 9
Übergangs- und Schlußbestimmungen

§ 121 Übergangsbestimmungen

(1) Nach bisherigem Recht eingeleitete Dienstordnungsverfahren werden in der Lage, in der sie sich am 1. Mai 1998 befinden, nach diesem Gesetz fortgeführt, soweit in den Absätzen 2 bis 10 nichts Abweichendes bestimmt ist. Maßnahmen, die nach bisherigem Recht getroffen worden sind, bleiben rechtswirksam.

(2) Die Dienstordnungsmaßnahmen nach bisherigem Recht entsprechen den gleichlautenden Disziplinarmaßnahmen nach neuem Recht. Die folgenden Dienstordnungsmaßnahmen nach bisherigem Recht stehen folgenden Disziplinarmaßnahmen nach diesem Gesetz gleich:

1. die Gehaltskürzung der Kürzung der Dienstbezüge und
2. die Versetzung in ein Amt derselben Laufbahn mit geringerem Endgrundgehalt der Zurückstufung.

(3) Wegen der vor dem 1. Mai 1998 begangenen Dienstvergehen und als Dienstvergehen geltenden Handlungen darf eine Kürzung des Ruhegehalts nicht verhängt werden.

(4) Wegen der vor dem 1. Mai 1998 begangenen Dienstvergehen, für die nach bisherigem Recht eine Dienstordnungsmaßnahme wegen Zeitablaufs nicht mehr verhängt werden konnte, darf auch nach diesem Gesetz eine Disziplinarmaßnahme nicht verhängt werden. Im übrigen richtet sich das Disziplinarmaßnahmeverbot wegen Zeitablaufs nach diesem Gesetz.

(5) Ist wegen eines vor dem 1. Mai 1998 begangenen Dienstvergehens gegen einen Beamten im Strafverfahren oder im Bußgeldverfahren unanfechtbar eine Strafe, Geldbuße oder Ordnungsmaßnahme verhängt worden, darf wegen desselben Sachverhalts eine Disziplinarmaßnahme nach diesem Gesetz nicht verhängt werden, wenn die Verhängung einer entsprechenden Dienstordnungsmaßnahme nach bisherigem Recht nicht zulässig war. Dies gilt auch dann, wenn die Strafe, Geldbuße oder Ordnungsmaßnahme nach dem 1. Mai 1998 verhängt wird.

(6) Ist vor dem 1. Mai 1998 ein förmliches Dienstordnungsverfahren eingeleitet worden, sind ungeachtet der durchgeführten Vorermittlungen nach bisherigem Recht die nach diesem Gesetz vorgeschriebenen Ermittlungen durchzuführen. Die nach diesem Gesetz für die Erhebung der Disziplinarklage zuständige Behörde kann die nach bisherigem Recht zuständige Einleitungsbehörde mit der Fortführung des Disziplinarverfahrens beauftragen und einen nach bisherigem Recht bestellten Untersuchungsführer zum Ermittlungsführer nach diesem Gesetz bestellen.

(7) Statthaftigkeit, Frist und Form eines Rechtsmittels oder eines Rechtsbehelfs gegen eine vor dem 1. Mai 1998 in einem

Dienstordnungsverfahren ergangene Entscheidung bestimmen sich nach bisherigem Recht. Für das weitere Verfahren gelten die Bestimmungen dieses Gesetzes.

(8) Hat das Verwaltungsgericht vor dem 1. Mai 1998 über die Bewilligung eines Unterhaltsbeitrags entschieden, bleiben im Berufungsverfahren nach diesem Gesetz die für die Bewilligung des Unterhaltsbeitrags geltenden Bestimmungen des bisherigen Rechts anwendbar.

(9) Die nach bisherigem Recht in einem Dienstordnungsverfahren ergangenen Entscheidungen sind nach Eintritt der Unanfechtbarkeit der Entscheidung nach bisherigem Recht zu vollstrecken.

(10) Die Frist für das Verwertungsverbot und deren Berechnung für die vor dem 1. Mai 1998 verhängten Dienstordnungsmaßnahmen bestimmen sich nach diesem Gesetz. Dies gilt nicht, wenn die Frist und deren Berechnung nach bisherigem Recht für den Beamten günstiger sind.

§ 122 Verwaltungsvorschriften

Die zur Durchführung dieses Gesetzes erforderlichen Verwaltungsvorschriften erlässt, soweit aufgrund dieses Gesetzes nichts anderes bestimmt ist, das für das allgemeine öffentliche Dienstrecht zuständige Ministerium. Verwaltungsvorschriften, die nur den Geschäftsbereich eines Ministeriums betreffen, erlässt dieses Ministerium.

§ 123 Inkrafttreten

(1) Dieses Gesetz tritt am 1. Mai 1998 in Kraft.

(2) Gleichzeitig tritt, vorbehaltlich der Regelungen in § 121, das Dienstordnungsgesetz Rheinland-Pfalz (DOG) vom 20. Juni 1974 (GVBl. S. 233), zuletzt geändert durch Artikel 3 des Gesetzes vom 21. Dezember 1993 (GVBl. S. 647), BS 2031-1, außer Kraft.

I

Landestransparenzgesetz (LTranspG)*)

Vom 27. November 2015 (GVBl. S. 383)

Zuletzt geändert durch
Hochschulgesetz
vom 23. September 2020 (GVBl. S. 461)

Inhaltsübersicht

*) Dieses Gesetz dient der Umsetzung der Richtlinie 2003/4/EG des Europäischen Parlaments und des Rates vom 28. Januar 2003 über den Zugang der Öffentlichkeit zu Umweltinformationen und zur Aufhebung der Richtlinie 90/313/EWG des Rates (ABl. EU Nr. L 41 S. 26).

Teil 1
Allgemeine Bestimmungen

§ 1 Zweck des Gesetzes

(1) Zweck dieses Gesetzes ist es, den Zugang zu amtlichen Informationen und zu Umweltinformationen zu gewähren, um damit die Transparenz und Offenheit der Verwaltung zu vergrößern.

(2) Auf diese Weise sollen die demokratische Meinungs- und Willensbildung in der Gesellschaft gefördert, die Möglichkeit der Kontrolle staatlichen Handelns durch die Bürgerinnen und Bürger verbessert, die Nachvollziehbarkeit von politischen Entscheidungen erhöht, Möglichkeiten der demokratischen Teilhabe gefördert sowie die Möglichkeiten des Internets für einen digitalen Dialog zwischen Staat und Gesellschaft genutzt werden.

(3) Transparenz und Offenheit sind Leitlinien für das Handeln der Verwaltung. Sie finden ihre Grenzen in entgegenstehenden schutzwürdigen Belangen.

§ 2 Anspruch auf Zugang zu Informationen

(1) Das Land errichtet und betreibt eine elektronische Plattform (Transparenz-Plattform), auf der die Verwaltung Informationen von Amts wegen bereitstellt. Natürliche Personen sowie juristische Personen des Privatrechts und nicht rechtsfähige Vereinigungen von Bürgerinnen und Bürgern haben jederzeit Anspruch auf

1. Bereitstellung und Veröffentlichung der Informationen, für die eine Veröffentlichungspflicht gesetzlich vorgeschrieben ist, auf der Transparenz-Plattform,
2. Zugang zu den auf der Transparenz-Plattform gemäß den Bestimmungen des Teils 2 veröffentlichten Informationen.

Satz 2 gilt auch für juristische Personen des öffentlichen Rechts, soweit sie Grundrechtsträger sind.

(2) Die in Absatz 1 Satz 2 und 3 genannten Personen und nicht rechtsfähigen Vereinigungen haben darüber hinaus einen Anspruch auf Zugang zu Informationen, der durch Antrag geltend zu machen ist. Ein rechtliches oder berechtigtes Interesse muss nicht dargelegt werden.

(3) Soweit besondere Rechtsvorschriften den Zugang zu Informationen, die Auskunftserteilung, die Übermittlung oder die Gewährung von Akteneinsicht regeln, gehen diese Rechtsvorschriften mit Ausnahme des § 29 des Verwaltungsverfahrensgesetzes den Bestimmungen dieses Gesetzes vor.

§ 3 Anwendungsbereich, transparenzpflichtige Stellen

(1) Dieses Gesetz gilt für die Behörden des Landes, der Gemeinden und der Gemeindeverbände sowie der sonstigen der Aufsicht des Landes unterstehenden juristischen Personen des öffentlichen Rechts, soweit sie in öffentlich-rechtlicher oder privatrechtlicher Form Verwaltungstätigkeit ausüben; § 7 Abs. 5 bleibt unberührt.

(2) Behörde ist jede Stelle im Sinne des § 2 des Landesverwaltungsverfahrensgesetzes. Für den Zugang zu amtlichen Informationen ist Behörde im Sinne dieses Gesetzes auch eine natürliche oder juristische Person des Privatrechts, soweit eine Behörde sich dieser Person zur Erfüllung ihrer öffentlichen Aufgaben bedient oder dieser Person die Erfüllung öffentlicher Aufgaben übertragen wurde. Für den Zugang zu Umweltinformationen ist Behörde im Sinne dieses Gesetzes auch eine natürliche oder juristische Person des Privatrechts,

1. die aufgrund von Bundes- oder Landesrecht Aufgaben der öffentlichen Verwaltung wahrnimmt oder Dienstleistungen erbringt, die im Zusammenhang mit der Umwelt stehen oder
2. die öffentliche Aufgaben wahrnimmt oder öffentliche Dienstleistungen erbringt, die im Zusammenhang mit der Umwelt stehen, insbesondere solche der umweltbezogenen Daseinsvorsorge, und dabei der Kontrolle des Landes, einer Gemeinde oder eines Gemeindeverbandes oder einer sonstigen der Aufsicht des Landes unter-

I

stehenden juristischen Person des öffentlichen Rechts unterliegt.

Öffentliche Gremien, die diese Stellen beraten, gelten als Teil der Stelle, die deren Mitglieder beruft.

(3) Eine Kontrolle nach Absatz 2 Satz 3 Nr. 2 liegt vor, wenn

1. die Person des Privatrechts bei der Wahrnehmung der öffentlichen Aufgabe oder bei der Erbringung der öffentlichen Dienstleistung gegenüber Dritten besonderen Pflichten unterliegt oder über besondere Rechte verfügt, insbesondere ein Kontrahierungszwang oder ein Anschluss- und Benutzungszwang besteht, oder
2. ein oder mehrere Träger der öffentlichen Verwaltung alleine oder zusammen, unmittelbar oder mittelbar
   a) die Mehrheit des gezeichneten Kapitals des Unternehmens besitzen,
   b) über die Mehrheit der mit den Anteilen des Unternehmens verbundenen Stimmrechte verfügen oder
   c) mehr als die Hälfte der Mitglieder des Verwaltungs-, Leitungs- oder Aufsichtsorgans des Unternehmens bestellen können oder
3. mehrere juristische Personen des öffentlichen Rechts zusammen mittelbar oder unmittelbar über eine Mehrheit nach Nummer 2 verfügen und der überwiegende Anteil an dieser Mehrheit den in Absatz 2 Satz 3 Nr. 2 genannten juristischen Personen des öffentlichen Rechts zuzuordnen ist.

(4) Dieses Gesetz gilt für den Landtag, die Gerichte sowie die Strafverfolgungs- und Strafvollstreckungsbehörden nur, soweit sie Aufgaben der öffentlichen Verwaltung wahrnehmen.

(5) Dieses Gesetz gilt für den Landesrechnungshof nur, soweit antragstellenden Personen durch Auskunft, Akteneinsicht oder in sonstiger Weise Zugang zu dem Prüfungsergebnis gewährt wird, wenn dieses abschließend festgestellt wurde. Zum Schutz des Prüfungs- und Beratungsverfahrens wird Zugang zu den zur Prüfungs- und Beratungstätigkeit geführten Akten nicht gewährt. Dies gilt auch für die entsprechenden Akten bei den geprüften Stellen. Satz 1 findet entsprechende Anwendung auf die Tätigkeit der Präsidentin oder des Präsidenten des Landesrechnungshofs als die oder der Beauftragte für die Wirtschaftlichkeit der Verwaltung.

(6) Für den Zugang zu amtlichen Informationen gilt dieses Gesetz nicht für Sparkassen und deren Verbände und für andere öffentlich-rechtliche Kreditinstitute gemäß § 1 Abs. 1 des Kreditwesengesetzes sowie die Selbstverwaltungsorganisationen, insbesondere der Wirtschaft und der Freien Berufe. Diese sorgen in eigener Verantwortung für Transparenz und Offenheit gegenüber den Bürgerinnen und Bürgern. Für den Zugang zu Umweltinformationen gilt dieses Gesetz abweichend von Satz 1 auch für Sparkassen und deren Verbände und für andere öffentlich-rechtliche Kreditinstitute gemäß § 1 Abs. 1 des Kreditwesengesetzes sowie die Selbstverwaltungsorganisationen, insbesondere der Wirtschaft und der Freien Berufe.

(7) Dieses Gesetz gilt für die öffentlich-rechtlichen Rundfunkanstalten nur, soweit sie Aufgaben der öffentlichen Verwaltung wahrnehmen und dies staatsvertraglich geregelt ist.

(8) Dieses Gesetz gilt nicht für steuerrechtliche Verfahren nach der Abgabenordnung.

§ 4 Umfang der Transparenzpflicht

(1) Nach diesem Gesetz besteht die Pflicht, Informationen gemäß den Bestimmungen des Teils 2 auf der Transparenz-Plattform zu veröffentlichen sowie den Zugang zu Informationen gemäß den Bestimmungen des Teils 3 auf Antrag zu gewähren (Transparenzpflicht).

(2) Der Transparenzpflicht unterliegen Informationen, über die die transparenzpflichtigen Stellen verfügen oder die für sie bereitgehalten werden. Ein Bereithalten liegt vor, wenn eine natürliche oder juristische Person, die selbst nicht transparenzpflichtige Stelle ist, Informationen für eine transparenzpflichtige

Stelle aufbewahrt, auf die diese Stelle einen Übermittlungsanspruch hat.

(3) Die transparenzpflichtigen Stellen gewährleisten, soweit möglich, dass alle von ihnen oder für sie zusammengestellten Informationen auf dem gegenwärtigen Stand, exakt und vergleichbar sind.

(4) Das Bereitstellen von Informationen auf der Transparenz-Plattform nach § 6 entbindet nicht von anderweitigen Verpflichtungen, für eine Verbreitung der Informationen zu sorgen.

(5) Veröffentlichungspflichtige amtliche Informationen sind zehn Jahre, Umweltinformationen dauerhaft elektronisch zugänglich zu halten. Dies gilt nicht für Umweltinformationen, die vor dem 28. Januar 2003 erhoben wurden, es sei denn, diese Daten sind bereits in elektronischer Form vorhanden. § 7 Abs. 3 des Landesarchivgesetzes vom 5. Oktober 1990 (GVBl. S. 277, BS 224-10) in der jeweils geltenden Fassung bleibt unberührt.

§ 5 Begriffsbestimmungen

(1) Informationen im Sinne dieses Gesetzes sind amtliche Informationen und Umweltinformationen, unabhängig von der Art ihrer Speicherung.

(2) Amtliche Informationen sind alle dienstlichen Zwecken dienenden Aufzeichnungen; dies gilt für Entwürfe und Notizen nur, wenn sie Bestandteil eines Vorgangs werden sollen.

(3) Umweltinformationen sind alle Daten über

1. den Zustand von Umweltbestandteilen wie Luft und Atmosphäre, Wasser, Boden, Landschaft und natürliche Lebensräume einschließlich Feuchtgebiete, Küsten- und Meeresgebiete, die Artenvielfalt und ihre Bestandteile, einschließlich gentechnisch veränderter Organismen, sowie die Wechselwirkungen zwischen diesen Bestandteilen,
2. Faktoren wie Stoffe, Energie, Lärm und Strahlung, Abfälle aller Art sowie Emissionen, Ableitungen und sonstige Freisetzungen von Stoffen in die Umwelt, die sich auf die Umweltbestandteile im Sinne von Nummer 1 auswirken oder wahrscheinlich auswirken,
3. Maßnahmen oder Tätigkeiten, die
   a) sich auf die Umweltbestandteile im Sinne der Nummer 1 oder auf Faktoren im Sinne der Nummer 2 auswirken oder wahrscheinlich auswirken oder
   b) den Schutz von Umweltbestandteilen im Sinne der Nummer 1 bezwecken; zu diesen Maßnahmen gehören auch politische Konzepte, Rechts- und Verwaltungsvorschriften, Abkommen, Umweltvereinbarungen, Pläne und Programme,
4. Berichte über die Umsetzung des Umweltrechts,
5. Kosten-Nutzen-Analysen oder sonstige wirtschaftliche Analysen und Annahmen, die zur Vorbereitung oder Durchführung von Maßnahmen oder Tätigkeiten im Sinne der Nummer 3 verwendet werden, und
6. den Zustand der menschlichen Gesundheit und Sicherheit, die Lebensbedingungen des Menschen sowie Kulturstätten und Bauwerke, soweit sie jeweils vom Zustand der Umweltbestandteile im Sinne der Nummer 1, von Faktoren im Sinne der Nummer 2 oder von Maßnahmen oder Tätigkeiten im Sinne der Nummer 3 betroffen sind oder sein können; hierzu gehört auch die Kontamination der Lebensmittelkette.

(4) Im Sinne dieses Gesetzes ist

1. ein maschinenlesbares Format ein Dateiformat, das so strukturiert ist, dass Softwareanwendungen bestimmte Daten, einschließlich einzelner Sachverhaltsdarstellungen und deren interner Struktur, leicht identifizieren, erkennen und extrahieren können,
2. ein offenes Format ein Dateiformat, das plattformunabhängig ist und der Öffentlichkeit ohne Einschränkungen, die der Weiterverwendung von Informationen hinderlich wären, zugänglich gemacht wird,

3. ein anerkannter, offener Standard ein schriftlich niedergelegter Standard, in dem die Anforderungen für die Sicherstellung der Interoperabilität der Software niedergelegt sind.

(5) Weiterverwendung ist jede Nutzung von Informationen für kommerzielle oder nichtkommerzielle Zwecke, die über die Erfüllung einer öffentlichen Aufgabe hinausgeht; die intellektuelle Wahrnehmung einer Information und die Verwertung des dadurch erlangten Wissens stellen regelmäßig keine Weiterverwendung dar.

(6) Betriebs- und Geschäftsgeheimnisse im Sinne dieses Gesetzes sind alle auf ein Unternehmen bezogene Tatsachen, Umstände und Vorgänge, die nicht offenkundig, sondern nur einem begrenzten Personenkreis zugänglich sind und an deren Nichtverbreitung der Rechtsträger ein berechtigtes Interesse hat. Ein berechtigtes Interesse liegt vor, wenn das Bekanntwerden einer Tatsache geeignet ist, die Wettbewerbsposition eines Konkurrenten zu fördern oder die Stellung des eigenen Betriebs im Wettbewerb zu schmälern oder wenn es geeignet ist, dem Geheimnisträger Schaden zuzufügen.

Teil 2
Transparenz-Plattform

§ 6 Allgemeine Bestimmungen

(1) Auf der Transparenz-Plattform des Landes werden vorbehaltlich der §§ 14 bis 17 die in § 7 genannten Informationen in elektronischer Form zugänglich gemacht.

(2) Bereits vorhandene Informationsangebote können vorbehaltlich der §§ 14 bis 17 in die Transparenz-Plattform integriert werden.

(3) Die Transparenz-Plattform enthält eine Suchfunktion sowie eine nicht anonyme Rückmeldefunktion. Die Rückmeldefunktion soll es den Nutzerinnen und Nutzern ermöglichen, vorhandene Informationen zu bewerten und auf Informationsdefizite und Informationswünsche aufmerksam zu machen.

§ 7 Veröffentlichungspflichtige Informationen

(1) Der Veröffentlichungspflicht auf der Transparenz-Plattform im Sinne des § 6 unterliegen vorbehaltlich der §§ 14 bis 17

1. Ministerratsbeschlüsse; diese sind zu erläutern, soweit dies für das Verständnis erforderlich ist; Beschlüsse zum Abstimmungsverhalten im Bundesrat sind nur im Ergebnis zu veröffentlichen,
2. Berichte und Mitteilungen der Landesregierung an den Landtag,
3. in öffentlicher Sitzung gefasste Beschlüsse nebst den zugehörigen Protokollen und Anlagen,
4. die wesentlichen Inhalte von Verträgen von allgemeinem öffentlichen Interesse mit einem Auftragswert von mehr als 20 000,00 EUR, soweit es sich nicht um Beschaffungsverträge oder Verträge über Kredite und Finanztermingeschäfte handelt,
5. Haushalts-, Stellen-, Organisations-, Geschäftsverteilungs- und Aktenpläne,
6. Verwaltungsvorschriften und allgemeine Veröffentlichungen,
7. amtliche Statistiken und Tätigkeitsberichte,
8. Gutachten und Studien, soweit sie von Behörden in Auftrag gegeben wurden, in Entscheidungen der Behörden einflossen oder ihrer Vorbereitung dienten,
9. Geodaten nach Maßgabe des Landesgeodateninfrastrukturgesetzes vom 23. Dezember 2010 (GVBl. S. 548, BS 219-2) in der jeweils geltenden Fassung,
10. die von den transparenzpflichtigen Stellen erstellten öffentlichen Pläne, insbesondere der Landeskrankenhausplan, und andere landesweite Planungen,
11. Zuwendungen, soweit es sich um Fördersummen ab einem Betrag von 1000,00 EUR handelt,
12. Zuwendungen an die öffentliche Hand ab einem Betrag von 1000,00 EUR,
13. die wesentlichen Unternehmensdaten von Beteiligungen des Landes an privat-

rechtlichen Unternehmen, soweit sie der Kontrolle des Landes im Sinne des § 3 Abs. 3 Nr. 2 und 3 unterliegen, und Daten über die wirtschaftliche Situation der durch das Land errichteten rechtlich selbstständigen Anstalten, rechtsfähigen Körperschaften des öffentlichen Rechts mit wirtschaftlichem Geschäftsbetrieb und Stiftungen einschließlich einer Darstellung der jährlichen Vergütungen und Nebenleistungen für die Leitungsebene,

14. im Rahmen des Antragsverfahrens gemäß den Bestimmungen des Teils 3 elektronisch zugänglich gemachte Informationen.

(2) Darüber hinaus unterliegen vorbehaltlich der §§ 14 bis 17 die nachstehenden Umweltinformationen der Veröffentlichungspflicht:

1. der Wortlaut von völkerrechtlichen Verträgen, das von den Organen der Europäischen Union erlassene Unionsrecht sowie Rechtsvorschriften von Bund, Land, Gemeinden und Gemeindeverbänden über die Umwelt oder mit Bezug zur Umwelt,
2. politische Konzepte sowie Pläne und Programme mit Bezug zur Umwelt,
3. Berichte über den Stand der Umsetzung von Rechtsvorschriften sowie Konzepten, Plänen und Programmen nach den Nummern 1 und 2, sofern solche Berichte von den jeweiligen transparenzpflichtigen Stellen in elektronischer Form ausgearbeitet worden sind oder bereitgehalten werden,
4. Daten oder Zusammenfassungen von Daten aus der Überwachung von Tätigkeiten, die sich auf die Umwelt auswirken oder wahrscheinlich auswirken,
5. Zulassungsentscheidungen, die erhebliche Auswirkungen auf die Umwelt haben, und Umweltvereinbarungen sowie
6. zusammenfassende Darstellungen und Bewertungen der Umweltauswirkungen nach den §§ 11 und 12 des Gesetzes über die Umweltverträglichkeitsprüfung in der Fassung vom 24. Februar 2010 (BGBl. I S. 94) in der jeweils geltenden Fassung und Risikobewertungen im Hinblick auf Umweltbestandteile nach § 5 Abs. 3 Nr. 1.

In den Fällen des Satzes 1 Nr. 5 und 6 genügt zur Verbreitung die Angabe, wo solche Informationen zugänglich sind oder gefunden werden können. Im Fall einer unmittelbaren Bedrohung der menschlichen Gesundheit oder der Umwelt haben die transparenzpflichtigen Stellen sämtliche Umweltinformationen, über die sie verfügen und die es der eventuell betroffenen Öffentlichkeit ermöglichen könnten, Maßnahmen zur Abwendung oder Begrenzung von Schäden infolge dieser Bedrohung zu ergreifen, unmittelbar und unverzüglich zu verbreiten; dies gilt unabhängig davon, ob diese Folge menschlicher Tätigkeit oder einer natürlichen Ursache ist. Verfügen mehrere transparenzpflichtige Stellen über solche Informationen, sollen sie sich bei deren Verbreitung abstimmen. Die Anforderungen an die Verbreitung von Umweltinformationen können auch dadurch erfüllt werden, dass Verknüpfungen zu Internet-Seiten eingerichtet werden, auf denen die zu verbreitenden Umweltinformationen zu finden sind. Die Wahrnehmung der Aufgaben nach den Sätzen 1 bis 5 kann auf bestimmte Stellen der öffentlichen Verwaltung oder private Stellen übertragen werden.

(3) Informationen, bei denen aufgrund anderer Rechtsvorschriften eine Veröffentlichungspflicht besteht, sollen auch auf der Transparenz-Plattform veröffentlicht werden.

(4) Die Absätze 1 bis 3 gelten mit Ausnahme der in Absatz 1 Nr. 5 genannten Organisationspläne und des Absatzes 2 nicht für die Gemeinden und Gemeindeverbände, die sonstigen der Rechtsaufsicht des Landes unterstehenden juristischen Personen des öffentlichen Rechts sowie für die von diesen mit öffentlichen Aufgaben betrauten transparenzpflichtigen Stellen nach § 3 Abs. 2 Satz 2. Diese können die bei ihnen im Übrigen vorhandenen Informationen gemäß Absatz 1 zur Veröffentlichung auf der Transparenz-Plattform bereitstellen.

(5) Transparenzpflichtige Stellen, die nach diesem Gesetz nicht zur Veröffentlichung von Informationen nach Absatz 1 verpflichtet sind, können die bei ihnen vorhandenen Informationen auf der Transparenz-Plattform bereitstellen.

I

§ 8 Anforderungen an die Veröffentlichung

(1) Die transparenzpflichtigen Stellen sind verpflichtet, Informationen auf der Transparenz-Plattform in geeigneter Weise bereitzustellen. Dabei sollen Informationen im Volltext als elektronische Dokumente bereitgestellt und Daten so vollständig wie möglich dokumentiert werden.

(2) Soweit Rückmeldungen nach § 6 Abs. 3 den Schluss zulassen, dass bestimmte Informationen der Erläuterung bedürfen, sind diese in verständlicher Weise abzufassen und auf der Transparenz-Plattform bereitzustellen.

(3) Informationen sind in allen angefragten Formaten und Sprachen, in denen sie bei der transparenzpflichtigen Stelle vorliegen, zur Weiterverwendung zur Verfügung zu stellen; soweit möglich und wenn damit für die transparenzpflichtige Stelle kein unverhältnismäßiger Aufwand verbunden ist, sind sie in einem offenen und maschinenlesbaren Format zusammen mit den zugehörigen Metadaten bereitzustellen. Sowohl die Formate als auch die Metadaten sollen so weit wie möglich anerkannten, offenen Standards entsprechen.

(4) Die bereitgestellten Informationen sind in angemessenen Abständen zu aktualisieren.

(5) Soweit die transparenzpflichtigen Stellen über einen eigenen Internetauftritt verfügen, haben sie auf der Einstiegswebsite ausdrücklich auf dieses Gesetz, auf den danach bestehenden Anspruch auf Informationszugang und auf die Befugnisse der oder des Landesbeauftragten für die Informationsfreiheit (§§ 19 bis 19b) hinzuweisen. Satz 1 gilt nicht für die in § 7 Abs. 4 Satz 1 und Abs. 5 genannten transparenzpflichtigen Stellen.

§ 9 Führen von Verzeichnissen, Unterstützung beim Informationszugang

(1) Die transparenzpflichtigen Stellen treffen praktische Vorkehrungen zur Erleichterung des Informationszugangs, beispielsweise durch

1. die Benennung von Auskunftspersonen oder Informationsstellen und,
2. soweit sich diese Angaben nicht bereits aus der Transparenz-Plattform ergeben, durch das Führen und Veröffentlichen von
   a) Verzeichnissen, aus denen sich die vorhandenen Informationssammlungen und -zwecke erkennen lassen und
   b) Verzeichnissen über verfügbare Umweltinformationen.

Soweit möglich hat die Veröffentlichung der Verzeichnisse in elektronischer Form zu erfolgen.

(2) Die transparenzpflichtigen Stellen sollen den Zugang zu Informationen durch Bestellung einer oder eines Beauftragten fördern; soweit möglich, soll diese Aufgabe den Datenschutzbeauftragten im Sinne des Teils 3 des Abschnitts 3 des Landesdatenschutzgesetzes und im Sinne der Artikel 37 bis 39 der Verordnung (EU) 2016/679 des Europäischen Parlaments und des Rates vom 27. April 2016 zum Schutz natürlicher Personen bei der Verarbeitung personenbezogener Daten, zum freien Datenverkehr und zur Aufhebung der Richtlinie 95/46/EG (Datenschutz-Grundverordnung) (ABl. EU Nr. L 119 S. 1) in der jeweils geltenden Fassung übertragen werden. Die transparenzpflichtigen Stellen haben die oder den Beauftragten bei der Aufgabenerfüllung zu unterstützen. Zur Erhaltung der zur Aufgabenerfüllung erforderlichen Fachkunde haben die transparenzpflichtigen Stellen ihr oder ihm die Teilnahme an Fort- und Weiterbildungsveranstaltungen zu ermöglichen und deren Kosten zu übernehmen. Die Sätze 1 bis 3 gelten nicht für die in § 7 Abs. 4 Satz 1 und Abs. 5 genannten transparenzpflichtigen Stellen; diese können geeignete Unterstützungsmaßnahmen vorsehen.

(3) Der Zugang zu Informationen soll soweit möglich barrierefrei erfolgen.

§ 10 Nutzung

(1) Der Zugang zur Transparenz-Plattform ist kostenlos und in anonymer Form zu ermöglichen. Er soll auch in Dienstgebäuden der Landesverwaltung gewährleistet werden.

(2) Die Nutzung, Weiterverwendung und Verbreitung von Informationen ist frei, soweit

nicht Rechte Dritter dem entgegenstehen. Die transparenzpflichtigen Stellen sollen sich Nutzungsrechte bei der Beschaffung von Informationen einräumen lassen, soweit dies für eine freie Nutzung, Weiterverwendung und Verbreitung erforderlich und angemessen ist.

(3) Schränkt eine transparenzpflichtige Stelle die Nutzung von Informationen ein, soll sie dies vor der Veröffentlichung der Informationen gegenüber der oder dem Landesbeauftragten für die Informationsfreiheit anzeigen.

Teil 3 Informationszugang auf Antrag

§ 11 Antrag

(1) Der Zugang zu den bei den transparenzpflichtigen Stellen vorhandenen Informationen wird auf Antrag gewährt. Der Antrag kann schriftlich, mündlich, zur Niederschrift oder elektronisch bei der transparenzpflichtigen Stelle, die über die begehrten Informationen verfügt, gestellt werden. In den Fällen des § 3 Abs. 2 Satz 2 ist der Antrag an die transparenzpflichtige Stelle zu richten, die sich der natürlichen oder juristischen Person des Privatrechts zur Erfüllung ihrer öffentlichen Aufgaben bedient; im Fall der Beleihung besteht der Anspruch gegenüber der oder dem Beliehenen. Bei Umweltinformationen sind in den Fällen des § 3 Abs. 2 Satz 3 die dort genannten transparenzpflichtigen Stellen unmittelbar auskunftspflichtig.

(2) Der Antrag muss die Identität der Antragstellerin oder des Antragstellers und zudem erkennen lassen, zu welchen Informationen Zugang gewünscht wird. Ist der Antrag zu unbestimmt, so ist dies der Antragstellerin oder dem Antragsteller unverzüglich mitzuteilen und Gelegenheit zur Präzisierung des Antrags zu geben. Kommt die Antragstellerin oder der Antragsteller der Aufforderung zur Präzisierung nach, beginnt der Lauf der Frist zur Beantwortung von Anträgen nach § 12 Abs. 3 erneut.

(3) Wird der Antrag bei einer transparenzpflichtigen Stelle gestellt, die nicht über die Informationen verfügt, leitet sie den Antrag an die über die begehrten Informationen verfügende transparenzpflichtige Stelle weiter, wenn ihr diese bekannt ist, und unterrichtet die Antragstellerin oder den Antragsteller hierüber. Anstelle der Weiterleitung des Antrags kann sie die Antragstellerin oder den Antragsteller auch auf andere ihr bekannte transparenzpflichtige Stellen hinweisen, die über die Informationen verfügen.

§ 12 Verfahren

(1) Die transparenzpflichtige Stelle kann die Information durch Auskunftserteilung, Gewährung von Akteneinsicht oder in sonstiger Weise zugänglich machen. Kann die Information in zumutbarer Weise aus allgemein zugänglichen Quellen, insbesondere der Transparenz-Plattform, beschafft werden, kann sich die transparenzpflichtige Stelle auf deren Angabe beschränken. Wird eine bestimmte Art des Informationszugangs begehrt, darf nur dann eine andere Art bestimmt werden, wenn hierfür ein wichtiger Grund vorliegt; als wichtiger Grund gilt insbesondere ein deutlich höherer Verwaltungsaufwand. Die transparenzpflichtige Stelle ist nicht verpflichtet, die inhaltliche Richtigkeit der Information zu überprüfen.

(2) Besteht ein Anspruch auf Informationszugang zum Teil, ist dem Antrag in dem Umfang stattzugeben, in dem der Informationszugang ohne Preisgabe der geheimhaltungsbedürftigen Informationen oder ohne unverhältnismäßigen Verwaltungsaufwand möglich ist.

(3) Die Information soll unverzüglich, spätestens jedoch innerhalb eines Monats nach Eingang des Antrags, zugänglich gemacht werden. Eine Verlängerung dieser Frist ist zulässig

1. bei amtlichen Informationen, soweit eine Antragsbearbeitung innerhalb der in Satz 1 genannten Frist insbesondere wegen Umfang oder Komplexität der begehrten Information oder der Beteiligung Dritter nach § 13 Abs. 1 nicht möglich ist,
2. bei Umweltinformationen bis zum Ablauf von zwei Monaten nach Eingang des An-

trags bei der transparenzpflichtigen Stelle, soweit eine Antragsbearbeitung innerhalb der in Satz 1 genannten Frist insbesondere wegen Umfang oder Komplexität der begehrten Information nicht möglich ist.

Die Antragstellerin oder der Antragsteller ist über die Fristverlängerung und die Gründe hierfür spätestens bis zum Ablauf der in Satz 1 genannten Frist schriftlich oder elektronisch zu informieren. Absatz 4 Satz 2 gilt entsprechend.

(4) Die vollständige oder teilweise Ablehnung eines Antrags hat innerhalb der in Absatz 3 genannten Fristen zu erfolgen und ist schriftlich oder elektronisch zu begründen. Wurde der Antrag mündlich gestellt, ist eine schriftliche oder elektronische Begründung nur erforderlich, wenn die Antragstellerin oder der Antragsteller dies ausdrücklich verlangt. Wird der Antrag ganz oder teilweise abgelehnt, ist der Antragstellerin oder dem Antragsteller auch mitzuteilen, ob die Information zu einem späteren Zeitpunkt ganz oder teilweise zugänglich gemacht werden kann. In den Fällen des § 14 Abs. 1 Satz 2 Nr. 11 ist darüber hinaus die Stelle, die das Material vorbereitet, sowie der voraussichtliche Zeitpunkt der Fertigstellung mitzuteilen. Die Antragstellerin oder der Antragsteller ist über die Rechtsschutzmöglichkeiten gegen die Entscheidung sowie darüber zu belehren, bei welcher Stelle und innerhalb welcher Frist um Rechtsschutz nachgesucht werden kann. Unabhängig davon ist auf die Möglichkeit, die Landesbeauftragte oder den Landesbeauftragten für die Informationsfreiheit anzurufen, hinzuweisen.

(5) Wird bei Umweltinformationen eine andere als die beantragte Art des Informationszugangs im Sinne von Absatz 1 Satz 3 eröffnet, ist dies innerhalb der Frist nach Absatz 3 Satz 1 unter Angabe der Gründe mitzuteilen.

§ 13 Verfahren bei Beteiligung Dritter

(1) Die transparenzpflichtige Stelle gibt Dritten, deren Belange durch den Antrag auf Informationszugang berührt sind, schriftlich Gelegenheit zur Stellungnahme innerhalb eines Monats, sofern Anhaltspunkte dafür vorliegen, dass sie ein schutzwürdiges Interesse am Ausschluss des Informationszugangs haben können. Satz 1 gilt nicht in den Fällen des § 16 Abs. 1 Satz 2 und Abs. 4. Auf eine Veröffentlichungspflicht gemäß § 7 Abs. 1 Nr. 14 ist hinzuweisen.

(2) Ist die Gewährung des Informationszugangs von der Einwilligung einer oder eines Dritten abhängig, gilt diese als verweigert, wenn sie nicht innerhalb eines Monats nach Anfrage durch die transparenzpflichtige Stelle vorliegt.

(3) Die Entscheidung über den Antrag nach § 11 Abs. 1 ergeht schriftlich und ist auch der oder dem Dritten bekannt zu geben; § 12 Abs. 4 Satz 5 und 6 gilt entsprechend. Der Informationszugang darf erst erfolgen, wenn die Entscheidung der oder dem Dritten gegenüber bestandskräftig ist oder die sofortige Vollziehung angeordnet wurde und seit der Bekanntgabe der Anordnung an die Dritte oder den Dritten zwei Wochen verstrichen sind.

Teil 4 Entgegenstehende Belange

§ 14 Entgegenstehende öffentliche Belange

(1) Der Antrag auf Informationszugang ist abzulehnen und die Veröffentlichung auf der Transparenz-Plattform hat zu unterbleiben, soweit und solange der Kernbereich exekutiver Eigenverantwortung betroffen ist. Der Antrag auf Informationszugang soll abgelehnt werden und die Veröffentlichung auf der Transparenz-Plattform soll unterbleiben, soweit und solange

1. das Bekanntwerden der Information nachteilige Auswirkungen auf die inter- und supranationalen Beziehungen, die Beziehungen zum Bund oder zu einem Land, die Landesverteidigung oder die innere Sicherheit hätte,
2. die Bekanntgabe der Information nachteilige Auswirkungen auf den Erfolg eines strafrechtlichen Ermittlungs- oder Strafvollstreckungsverfahrens oder den

Verfahrensablauf eines anhängigen Gerichts-, Ordnungswidrigkeiten- oder Disziplinarverfahrens hätte,

3. das Bekanntwerden der Information die öffentliche Sicherheit, insbesondere die Tätigkeit der Polizei, der sonstigen für die Gefahrenabwehr zuständigen Stellen, der Staatsanwaltschaften oder der Behörden des Straf- und Maßregelvollzugs einschließlich ihrer Aufsichtsbehörden, beeinträchtigen würde,
4. das Bekanntwerden der Information die Aufgabenerfüllung des Verfassungsschutzes betrifft,
5. die Information einer durch Rechtsvorschrift oder durch die Anweisung zum materiellen und organisatorischen Schutz von Verschlusssachen (VS-Anweisung/VSA) Rheinland-Pfalz geregelten Geheimhaltungs- oder Vertraulichkeitspflicht oder einem Berufs- oder besonderen Amtsgeheimnis unterliegt,
6. das Bekanntwerden der Information nachteilige Auswirkungen auf die Tätigkeit der Vergabe- und Regulierungskammern sowie auf die Kontroll- und Aufsichtsaufgaben der Finanz-, Wettbewerbs- und Sparkassenaufsichtsbehörden haben könnte,
7. das Bekanntwerden der Information der IT-Sicherheit, der IT-Infrastruktur oder den wirtschaftlichen Interessen des Landes oder der der Aufsicht des Landes unterstehenden juristischen Personen des öffentlichen Rechts nach § 3 Abs. 1 oder der natürlichen oder juristischen Personen des Privatrechts nach § 3 Abs. 2 Satz 2 schaden könnte,
8. bei vertraulich erhobener oder übermittelter Information das Interesse der oder des Dritten an einer vertraulichen Behandlung zum Zeitpunkt des Antrags auf Informationszugang noch fortbesteht,
9. durch die Bekanntgabe von Informationen ein Verfahren zur Leistungsbeurteilung und Prüfung beeinträchtigt würde,
10. die Bekanntgabe der Informationen nachteilige Auswirkungen auf den Zustand der Umwelt und ihrer Bestandteile im Sinne des § 5 Abs. 3 Nr. 1 und 6 hätte,
11. der Antrag sich auf die Zugänglichmachung von Material, das gerade vervollständigt wird, noch nicht abgeschlossene Schriftstücke oder noch nicht aufbereitete Daten bezieht,
12. der Antrag offensichtlich missbräuchlich gestellt wurde.

(2) Der Zugang zu Umweltinformationen kann nicht unter Berufung auf die in Absatz 1 Satz 1 oder Satz 2 Nr. 1, soweit die Veröffentlichung nachteilige Auswirkungen auf die Beziehungen zum Bund oder zu einem Land hätte, oder Nr. 3, Nr. 6 oder Nr. 7 genannten Gründe abgelehnt werden. Im Übrigen kann der Zugang zu Umweltinformationen über Emissionen nicht unter Berufung auf nachteilige Auswirkungen für den Zustand der Umwelt und ihrer Bestandteile im Sinne des § 5 Abs. 3 Nr. 1 oder Nr. 6 abgelehnt werden.

§ 15 Belange des behördlichen Entscheidungsprozesses

(1) Der Antrag auf Informationszugang soll abgelehnt werden und die Veröffentlichung auf der Transparenz-Plattform soll unterbleiben, wenn

1. es sich um interne Mitteilungen, Entwürfe zu Entscheidungen sowie Arbeiten und Beschlüsse zu ihrer unmittelbaren Vorbereitung und entsprechende Sitzungsprotokolle handelt, soweit und solange durch die vorzeitige Bekanntgabe der Information der Erfolg der Entscheidung oder bevorstehender behördlicher Maßnahmen vereitelt würde, es sei denn, das öffentliche Interesse an der Bekanntgabe überwiegt; vereitelt würde der Erfolg einer Maßnahme, wenn sie nicht, anders oder wesentlich später zustande käme;
2. die Veröffentlichung nachteilige Auswirkungen auf die Vertraulichkeit der Beratungen von transparenzpflichtigen Stellen im Sinne des § 3 Abs. 1 und Abs. 2 hätte.

(2) Der Zugang zu Umweltinformationen über Emissionen kann nicht unter Berufung auf die Vertraulichkeit der Beratungen von transparenzpflichtigen Stellen abgelehnt werden.

§ 16 Entgegenstehende andere Belange

(1) Der Antrag auf Informationszugang ist abzulehnen und die Veröffentlichung auf der Transparenz-Plattform hat zu unterbleiben, soweit

1. Rechte am geistigen Eigentum oder an Betriebs- oder Geschäftsgeheimnissen verletzt würden,
2. durch das Bekanntwerden der Information personenbezogene Daten Dritter offenbart würden,
3. Informationen dem Statistikgeheimnis unterliegen,

es sei denn, die Betroffenen haben eingewilligt, die Offenbarung ist durch Rechtsvorschrift erlaubt oder das öffentliche Interesse an der Bekanntgabe überwiegt. Satz 1 Nr. 2 gilt nicht, wenn die transparenzpflichtige Stelle durch Unkenntlichmachung oder auf andere Weise den Schutz der personenbezogenen Daten wahrt.

(2) Vor der Entscheidung über die Offenbarung der durch Absatz 1 Satz 1 Nr. 1 bis 3 geschützten Informationen ist den Betroffenen Gelegenheit zur Stellungnahme zu geben. Die transparenzpflichtige Stelle hat in der Regel von einer Betroffenheit nach Absatz 1 Satz 1 Nr. 1 auszugehen, soweit übermittelte Informationen als geistiges Eigentum, Betriebs- oder Geschäftsgeheimnisse gekennzeichnet sind. Soweit die transparenzpflichtige Stelle es verlangt, haben mögliche Betroffene im Einzelnen darzulegen, dass eine Verletzung geistigen Eigentums oder ein Betriebs- oder Geschäftsgeheimnis vorliegt.

(3) Die Freiheit von Wissenschaft, Forschung und Lehre ist zu gewährleisten; der Anspruch auf Informationszugang und die Transparenzpflichten im Bereich von Wissenschaft, Forschung und Lehre beziehen sich ausschließlich auf Informationen über den Namen von Drittmittelgebern, die Höhe der Drittmittel und die Laufzeit der mit Drittmitteln finanzierten abgeschlossenen Forschungsvorhaben, wobei die Schutzinteressen gemäß den §§ 14 bis 16 zu beachten sind.

(4) Abweichend von Absatz 1 Satz 1 Nr. 2 und Absatz 2 Satz 1 dürfen in den Fällen des § 7 Abs. 1 Nr. 1 bis 13 personenbezogene Daten Dritter offenbart werden, wenn sich die Angabe auf Name, Titel, akademischen Grad, Berufs- und Funktionsbezeichnung, betriebsbezogene Anschriften und Telekommunikationsdaten beschränkt und der Übermittlung nicht im Einzelfall besondere Gründe entgegenstehen. Das Gleiche gilt für personenbezogene Daten von Beschäftigten der Behörde, die in amtlicher Funktion an dem jeweiligen Vorgang mitgewirkt haben, sowie für Zuwendungen nach § 7 Abs. 1 Nr. 11, insbesondere differenziert nach den Angaben Kapitel, Titel, Datum der Bewilligung, Zuwendungsempfänger, Zuwendungsart, Höhe der Zuwendung, Zweck der Zuwendung und der zur Zahlung angewiesenen Beträge.

(5) Umweltinformationen, die private Dritte einer transparenzpflichtigen Stelle übermittelt haben, ohne rechtlich dazu verpflichtet zu sein oder rechtlich verpflichtet werden zu können, und deren Offenbarung nachteilige Auswirkungen auf die Interessen der Dritten hätte, dürfen ohne deren Einwilligung anderen nicht zugänglich gemacht werden, es sei denn, das öffentliche Interesse an der Bekanntgabe überwiegt.

(6) Der Zugang zu Umweltinformationen über Emissionen kann nicht unter Berufung auf nachteilige Auswirkungen aus den in Absatz 1 Satz 1 genannten Gründen abgelehnt werden.

(7) § 13 Abs. 2 gilt entsprechend.

§ 17 Abwägung

Im Rahmen der nach § 14 Abs. 1 Satz 2 und Abs. 2 sowie nach den §§ 15 und 16 vorzunehmenden Abwägung sind das Informationsinteresse der Öffentlichkeit und der Anspruch auf Informationszugang nach Maßgabe der in § 1 genannten Zwecke zu berücksichtigen.

Teil 5
Gewährleistung von Transparenz und Offenheit

§ 18 Förderung durch die Landesregierung

Die Landesregierung wirkt darauf hin, dass die transparenzpflichtigen Stellen die Transparenzpflicht in einer dem Gesetzeszweck Rechnung tragenden Weise erfüllen.

§ 19 Landesbeauftragte oder Landesbeauftragter für die Informationsfreiheit

(1) Aufgabe der oder des Landesbeauftragten für die Informationsfreiheit ist es, für die Einhaltung der Bestimmungen dieses Gesetzes Sorge zu tragen und die Einhaltung der Bestimmungen dieses Gesetzes zu kontrollieren. Diese Aufgaben werden von der oder dem Landesbeauftragten für den Datenschutz wahrgenommen. Ihre oder seine Amtsbezeichnung lautet Landesbeauftragte oder Landesbeauftragter für den Datenschutz und die Informationsfreiheit.

(2) Die oder der Landesbeauftragte für den Datenschutz und die Informationsfreiheit teilt das Ergebnis ihrer oder seiner Kontrolle der transparenzpflichtigen Stelle mit. Damit können Vorschläge zur Verbesserung bei der Verwirklichung der sich aus diesem Gesetz ergebenden Ansprüche auf Informationszugang verbunden werden. § 19a bleibt unberührt.

(3) Zu den Aufgaben der oder des Landesbeauftragten für den Datenschutz und die Informationsfreiheit gehört auch, den Landtag, die Landesregierung und ihre Mitglieder sowie die übrigen öffentlichen Stellen zu beraten.

(4) Der Landtag und seine Ausschüsse sowie die Landesregierung können die Landesbeauftragte oder den Landesbeauftragten für den Datenschutz und die Informationsfreiheit mit der Erstattung von Gutachten und Berichten zu Fragen der Informationsfreiheit und der Transparenz betrauen. Auf Ersuchen der in Satz 1 genannten Stellen geht die oder der Landesbeauftragte für den Datenschutz und die Informationsfreiheit Hinweisen auf Angelegenheiten und Vorgänge, die die Anwendung und Auslegung dieses Gesetzes betreffen, nach.

(5) Die oder der Landesbeauftragte für den Datenschutz und die Informationsfreiheit hält mit den für die Einhaltung der Vorschriften über die Informationsfreiheit zuständigen Behörden und Stellen des Landes, der übrigen Länder und des Bundes Verbindung und wirkt darauf hin, dass ein Vollzug nach einheitlichen Grundsätzen erfolgt. Dies gilt auch hinsichtlich der Beauftragten im Sinne des § 9 Abs. 2 Satz 1.

(6) Die oder der Landesbeauftragte für den Datenschutz und die Informationsfreiheit berät und informiert die Bürgerinnen und Bürger in Fragen der Anwendung und Auslegung dieses Gesetzes.

(7) Jede natürliche sowie jede juristische Person des Privatrechts, jede nicht rechtsfähige Vereinigung von Bürgerinnen und Bürgern und jede juristische Person des öffentlichen Rechts, soweit sie Grundrechtsträger ist, kann die Landesbeauftragte oder den Landesbeauftragten für den Datenschutz und die Informationsfreiheit anrufen, wenn sie ihr Recht auf Informationszugang nach diesem Gesetz oder durch einen Informationszugang ihre Rechte als verletzt ansieht.

(8) Bei der oder dem Landesbeauftragten für den Datenschutz und die Informationsfreiheit wird ein Beirat aus Vertreterinnen und Vertretern verschiedener gesellschaftlicher Gruppen, der Wissenschaft, des Landtags und der Landesregierung eingerichtet; er unterstützt die Landesbeauftragte oder den Landesbeauftragten für den Datenschutz und die Informationsfreiheit bei der Wahrnehmung ihrer oder seiner Aufgaben nach diesem Gesetz. Über Aufgabenwahrnehmung, Verfahren und Zusammensetzung des Beirats entscheiden Landtag, Landesregierung und die oder der Landesbeauftragte für den Datenschutz und die Informationsfreiheit auf deren oder dessen Vorschlag im Einvernehmen.

(9) Die oder der Landesbeauftragte für den Datenschutz und die Informationsfreiheit erstattet dem Landtag alle zwei Jahre jeweils zum 31. Dezember einen Tätigkeitsbericht zum Vollzug dieses Gesetzes.

§ 19a Beanstandungen durch die Landesbeauftragte oder den Landesbeauftragten für den Datenschutz und die Informationsfreiheit

(1) Stellt die oder der Landesbeauftragte für den Datenschutz und die Informationsfreiheit Verstöße gegen die Bestimmungen dieses Gesetzes fest, so beanstandet sie oder er dies

1. bei Stellen der Landesverwaltung gegenüber der zuständigen obersten Landesbehörde,
2. bei den kommunalen Gebietskörperschaften gegenüber den verantwortlichen Organen der Gemeinde oder des Gemeindeverbandes,
3. bei den Universitäten und Hochschulen für angewandte Wissenschaften gegenüber dem Präsidium oder der Rektorin oder dem Rektor sowie
4. bei den sonstigen öffentlichen Stellen gegenüber dem Vorstand oder dem sonst vertretungsberechtigten Organ

und fordert zur Stellungnahme innerhalb einer angemessenen Frist auf. In den Fällen des Satzes 1 Nr. 2 bis 4 unterrichtet die oder der Landesbeauftragte für den Datenschutz und die Informationsfreiheit gleichzeitig die zuständige Aufsichtsbehörde.

(2) Die oder der Landesbeauftragte für den Datenschutz und die Informationsfreiheit kann von einer Beanstandung absehen oder auf eine Stellungnahme der betroffenen Stelle verzichten, wenn es sich um unerhebliche oder inzwischen beseitigte Mängel handelt.

(3) Die nach Absatz 1 Satz 1 abzugebende Stellungnahme soll auch eine Darstellung der Maßnahmen enthalten, die aufgrund der Beanstandung getroffen worden sind. Die in Absatz 1 Satz 1 Nr. 2 bis 4 genannten Stellen leiten eine Abschrift ihrer Stellungnahme gegenüber der oder dem Landesbeauftragten für den Datenschutz und die Infonnationsfreiheit gleichzeitig der zuständigen Aufsichtsbehörde zu.

(4) Bleiben die Vorschläge der oder des Landesbeauftragten für den Datenschutz und die Informationsfreiheit unbeachtet, kann sie oder er die Landesregierung und den Landtag verständigen.

§ 19b Verpflichtungen der transparenzpflichtigen Stellen

Die transparenzpflichtigen Stellen haben die Landesbeauftragte oder den Landesbeauftragten für den Datenschutz und die Informationsfreiheit und ihre oder seine Beauftragten bei der Erfüllung ihrer Aufgaben zu unterstützen. Sie sind insbesondere verpflichtet,

1. Auskunft zu ihren Fragen sowie Einsicht in alle Unterlagen und Akten zu gewähren, die im Zusammenhang mit der Anwendung und Auslegung dieses Gesetzes stehen, sowie
2. jederzeit Zutritt zu allen Diensträumen zu gewähren.

§ 20 Überwachung

(1) Die zuständige Stelle der öffentlichen Verwaltung, die für das Land, eine unter der Aufsicht des Landes stehende juristischen Person des öffentlichen Rechts sowie die Gemeinden und Gemeindeverbände die Kontrolle nach § 3 Abs. 3 ausübt, überwacht die Einhaltung dieses Gesetzes durch private transparenzpflichtige Stellen im Sinne des § 3 Abs. 2 Satz 3 Nr. 2. Wird die Kontrolle durch mehrere transparenzpflichtige Stellen ausgeübt, sollen diese einvernehmlich eine Entscheidung darüber treffen, welche von ihnen diese Aufgaben wahrnehmen soll.

(2) Die transparenzpflichtigen Stellen nach § 3 Abs. 2 Satz 3 Nr. 2 haben der zuständigen Stelle auf Verlangen alle Informationen herauszugeben, die diese zur Wahrnehmung ihrer Aufgaben nach Absatz 1 benötigt.

(3) Die nach Absatz 1 zuständige Stelle kann gegenüber den transparenzpflichtigen Stellen nach § 3 Abs. 2 Satz 3 Nr. 2 die zur Einhaltung und Durchführung dieses Gesetzes erforderlichen Maßnahmen ergreifen oder Anordnungen treffen.

§ 21 Ordnungswidrigkeiten

(1) Ordnungswidrig handelt, wer vorsätzlich oder fahrlässig einer vollziehbaren Anordnung nach § 20 Abs. 3 zuwiderhandelt.

(2) Die Ordnungswidrigkeit nach Absatz 1 kann mit einer Geldbuße bis zu zehntausend Euro geahndet werden.

§ 22 Rechtsweg

Für Streitigkeiten nach diesem Gesetz ist der Verwaltungsrechtsweg gegeben. Gegen die

Entscheidung sind Widerspruch und Klage zulässig. Ein Widerspruchsverfahren nach den Bestimmungen des 8. Abschnitts der Verwaltungsgerichtsordnung ist auch dann durchzuführen, wenn die Entscheidung von einer obersten Landesbehörde getroffen wurde.

§ 23 Evaluierung und Bericht

Die Landesregierung überprüft die Auswirkungen dieses Gesetzes mit wissenschaftlicher Unterstützung und berichtet vier Jahre nach seinem Inkrafttreten dem Landtag. Die oder der Landesbeauftragte für den Datenschutz und die Informationsfreiheit ist vor der Zuleitung des Berichts an den Landtag zu unterrichten; sie oder er gibt dazu eine Stellungnahme ab.

Teil 6 Übergangs- und Schlussbestimmungen

§ 24 Kosten

(1) Für Amtshandlungen nach diesem Gesetz werden Kosten (Gebühren und Auslagen) erhoben. Dies gilt nicht für die Erteilung mündlicher und einfacher schriftlicher Auskünfte und die entsprechende Einsichtnahme in amtliche Informationen und Umweltinformationen vor Ort sowie Maßnahmen und Vorkehrungen nach § 9 Abs. 1. Eine Gebührenpflicht entfällt auch, soweit ein Antrag auf Informationszugang abgelehnt wird. Die Gebühren sind so zu bemessen, dass der Anspruch auf Informationszugang wirksam geltend gemacht werden kann.

(2) Private transparenzpflichtige Stellen nach § 3 Abs. 2 Satz 3 können für die Übermittlung von Informationen nach diesem Gesetz von der antragstellenden Person Kostenerstattung entsprechend den Grundsätzen nach Absatz 1 verlangen.

(3) Die §§ 9 und 15 Abs. 2 des Landesgebührengesetzes vom 3. Dezember 1974 (GVBl. S. 578), BS 2013-1, in der jeweils geltenden Fassung finden auf die Übermittlung von Umweltinformationen nach Maßgabe dieses Gesetzes keine Anwendung.

§ 25 Ermächtigung zum Erlass von Rechts- und Verwaltungsvorschriften

(1) Zur Regelung der Überwachungsaufgaben wird die Landesregierung ermächtigt, im Einvernehmen mit den Ministerien, deren Geschäftsbereich berührt wird, Aufgaben nach § 20 Abs. 1 bis 3 abweichend von § 20 Abs. 1 auf andere Stellen der öffentlichen Verwaltung durch Rechtsverordnung zu übertragen.

(2) Das für das Informationsfreiheitsrecht zuständige Ministerium erlässt unter Einbeziehung des Landesbeauftragten für den Datenschutz und die Informationsfreiheit und im Benehmen mit den Ministerien, deren Geschäftsbereich berührt wird, Auslegungs- und Anwendungshinweise als Verwaltungsvorschriften für die transparenzpflichtigen Stellen.

§ 26 Übergangsbestimmungen

(1) Die Veröffentlichungspflicht der transparenzpflichtigen Stellen gilt nach Maßgabe von Absatz 2 für Informationen, die ab Inkrafttreten dieses Gesetzes erstmalig vorliegen. Informationen, die bereits bei Inkrafttreten dieses Gesetzes in veröffentlichungsfähiger elektronischer Form vorliegen, sollen soweit möglich auf der Transparenz-Plattform bereitgestellt werden.

(2) Die Landesregierung stellt die vollständige Funktionsfähigkeit der Transparenz-Plattform für die obersten Landesbehörden innerhalb von zwei Jahren nach Inkrafttreten dieses Gesetzes, bezüglich der Veröffentlichungspflichten gemäß § 7 Abs. 1 Nr. 4, 8 und 11 und Abs. 2 Satz 1 Nr. 4, 5 und 6 innerhalb von drei Jahren nach Inkrafttreten dieses Gesetzes sicher. Für die oberen und unteren Landesbehörden sowie für die übrigen transparenzpflichtigen Stellen soll die vollständige Funktionsfähigkeit innerhalb von fünf Jahren nach Inkrafttreten dieses Gesetzes gewährleistet werden. Die Landesregierung unterrichtet den Landtag nach Inkrafttreten dieses Gesetzes jährlich über den Fortschritt der Umsetzung der Bestimmungen des Satzes 1.

(3) Über Anträge auf Zugang zu Informationen, die vor Inkrafttreten dieses Gesetzes nach den Bestimmungen des Landesinformationsfreiheitsgesetzes vom 26. November 2008 (GVBl. S. 296), geändert durch Artikel 1 des Gesetzes vom 20. Dezember 2011 (GVBl. S. 427), BS 2010-10, oder des Landesumweltinformationsgesetzes vom 19. Oktober 2005 (GVBl. S. 484, BS 2129-7), gestellt worden sind, ist nach den Bestimmungen dieses Gesetzes zu entscheiden.

(4) Bis zum Inkrafttreten eines Besonderen Gebührenverzeichnisses zur Bemessung und Erhebung der erstattungsfähigen Kosten (§ 24) richtet sich die Bemessung und Erhebung der erstattungsfähigen Kosten nach dem Allgemeinen Gebührenverzeichnis vom 8. November 2007 (GVBl. S. 277, BS 2013-1-1) in der jeweils geltenden Fassung.

(5) Für die Veröffentlichung von Umweltinformationen ist § 10 des Landesumweltinformationsgesetzes vom 19. Oktober 2005 (GVBl. S. 484, BS 2129-7) bis zur vollständigen Funktionsfähigkeit der Transparenz-Plattform weiter anzuwenden.

§§ 27 bis 29 (Änderung anderer Gesetze)

§ 30 Inkrafttreten

(1) Dieses Gesetz tritt am 1. Januar 2016 in Kraft.

(2) Gleichzeitig treten, vorbehaltlich der Regelung in § 26 Abs. 5, außer Kraft:

1. das Landesinformationsfreiheitsgesetz vom 26. November 2008 (GVBl. S. 296), geändert durch Artikel 1 des Gesetzes vom 20. Dezember 2011 (GVBl. S. 427), BS 2010-10,
2. das Landesumweltinformationsgesetz vom 19. Oktober 2005 (GVBl. S. 484, BS 2129-7).

II Laufbahn/Ausbildung

Laufbahn

Ausbildung

II

Laufbahnverordnung (LbVO)

Vom 19. November 2010 (GVBl. S. 444)

Zuletzt geändert durch
Erste Landesverordnung zur Änderung der Laufbahnverordnung
vom 4. Dezember 2024 (GVBl. S. 401)

Inhaltsübersicht

II

Aufgrund des § 17 Satz 2 und des § 25 Abs. 1 und 2 Satz 1 des Landesbeamtengesetzes vom 20. Oktober 2010 (GVBl. S. 319, BS 2030-1) verordnet die Landesregierung:

Teil 1
Allgemeine Bestimmungen

§ 1 Geltungsbereich

Diese Verordnung findet auf die unmittelbaren und mittelbaren Landesbeamtinnen und Landesbeamten (§ 3 Abs. 2 des Landesbeamtengesetzes – LBG – vom 20. Oktober 2010 – GVBl. S. 319, BS 2030-1 –) Anwendung, Sie gilt jedoch nicht für

1. Hochschullehrerinnen und Hochschullehrer,
2. Beamtinnen und Beamte des Schuldienstes, des Schulaufsichtsdienstes und des schulpsychologischen Dienstes sowie Beamtinnen und Beamte als Lehrkräfte an Justizvollzugsanstalten,
3. Polizeibeamtinnen und Polizeibeamte (§ 109 LBG) mit Ausnahme des Teils 6,
4. Beamtinnen und Beamte auf Zeit sowie
5. Ehrenbeamtinnen und Ehrenbeamte.

§ 2 Leistungsgrundsatz

(1) Entscheidungen über Einstellung, Übertragung von Beförderungsdienstposten, Beförderung und Zulassung zur Ausbildungs- oder Fortbildungsqualifizierung sind nur nach Eignung, Befähigung und fachlicher Leistung zu treffen. Bei der Bewertung von Eignung und Befähigung sind insbesondere die fachlichen, methodischen und sozialen Kompetenzen sowie zusätzliche Qualifikationen, die für die wahrzunehmenden Tätigkeiten von Bedeutung sind, zu berücksichtigen.

(2) Auswahlentscheidungen dürfen nicht ausschließlich auf die Ergebnisse einer automatisierten Verarbeitung von Personalaktendaten gestützt werden.

§ 3 Förderung der Leistungsfähigkeit

Eignung, Befähigung und fachliche Leistung sind im Rahmen von Personalentwicklungskonzepten durch geeignete Personalentwicklungs- und -führungsmaßnahmen zu fördern. Dazu gehören unter anderem

1. die Fortbildung,
2. die Vermittlung von Kompetenzen zur Verwirklichung der Gleichstellung von Frauen und Männern,
3. die Beurteilung,
4. Mitarbeitergespräche und Zielvereinbarungen,
5. die Möglichkeit der Einschätzung der Vorgesetzten durch ihre Mitarbeiterinnen und Mitarbeiter,
6. ein die Fähigkeiten und Kenntnisse erweiternder Wechsel der Verwendung (Rotation) und
7. die Führungskräftequalifizierung.

§ 4 Fortbildung

(1) Die oberste Dienstbehörde ist verpflichtet, die Fortbildung zu fördern und zu regeln. Beamtinnen und Beamten mit Teilzeitbeschäftigung ist der gleichberechtigte Zugang zu den Fortbildungsmaßnahmen wie vollzeitbeschäftigten Beamtinnen und Beamten zu ermöglichen.

(2) Als Fortbildungsmaßnahmen kommen insbesondere in Betracht:

1. Einführungsfortbildung, welche die für die Übernahme neuer Aufgaben erforderlichen fachlichen Kenntnisse, Fähigkeiten und Fertigkeiten vermittelt,
2. Anpassungsfortbildung, welche die für die übertragenen Tätigkeiten benötigten fachlichen, methodischen und sozialen Kompetenzen fortlaufend an veränderte Rahmenbedingungen anpasst,
3. Förderungsfortbildung, welche dem Erwerb zusätzlicher Qualifikationen dient.

(3) Beamtinnen und Beamte, die durch Fortbildung nachweislich ihre fachlichen Kenntnisse wesentlich erweitert und ihre Fähigkeiten wesentlich gesteigert haben, sind zu fördern. Ihnen ist nach Möglichkeit Gelegenheit zu geben, ihre fachlichen Kenntnisse und ihre Fähigkeiten in höher bewerteten Aufgabenbereichen oder auf höher bewerteten Dienstposten anzuwenden und hierbei ihre besondere fachliche Eignung nachzuweisen.

§ 5 Regelmäßig zu durchlaufende Ämter

(1) Die in einer Besoldungsordnung aufgeführten Ämter einer Laufbahn sind regelmäßig zu durchlaufen, soweit sich nicht aus § 27 Abs. 1 und Anlage 1 etwas anderes ergibt.

(2) Abweichend von Absatz 1 kann in den Fällen der §§ 28 und 29 nach erfolgreichem Abschluss der Qualifizierung das nächsthöhere Einstiegsamt verliehen werden.

§ 6 Grenzen der Laufbahnbefähigung

Die Laufbahnbefähigung gilt nicht für solche Ämter, für die eine bestimmte Vorbildung oder Ausbildung durch fachgesetzliche Regelung vorgeschrieben oder eine besondere Vorbildung oder Fachausbildung nach der Eigenart der wahrzunehmenden Aufgaben zwingend erforderlich ist.

§ 7 Laufbahnwechsel

(1) Die Entscheidung für den Laufbahnwechsel (§ 24 Abs. 1 Satz 2 LBG) setzt voraus, dass die für die Wahrnehmung der Aufgaben in der neuen Laufbahn erforderlichen Kenntnisse und Fähigkeiten vorhanden sind. Soweit diese noch nicht durch die Wahrnehmung von Tätigkeiten, die mit den Anforderungen der neuen Laufbahn vergleichbar sind, oder durch Qualifizierungsmaßnahmen erworben worden sind, sind sie im Rahmen einer Einführung durch Fortbildung, Unterweisung oder andere geeignete Maßnahmen zu vermitteln.

(2) Die Übertragung von Ämtern, für die eine bestimmte Vorbildung oder Ausbildung durch fachgesetzliche Regelung vorgeschrieben oder eine besondere Vorbildung oder Fachausbildung nach der Eigenart der wahrzunehmenden Aufgaben zwingend erforderlich ist, ist nur zulässig, wenn die Vorbildung oder Ausbildung nachgewiesen oder nachgeholt worden ist.

§ 8 Höchstalter für die Einstellung in ein Beamtenverhältnis

(1) Das Nähere zu den in § 19 Abs. 1 Satz 1 und 2 LBG für die Berufung in ein Beamtenverhältnis festgelegten Altersgrenzen (Höchstaltersgrenzen) regeln die Absätze 2 bis 5.

(2) Die Höchstaltersgrenzen gelten nicht

1. bei der Berufung in ein Beamtenverhältnis auf Widerruf zur Ableistung eines Vorbereitungsdienstes, dessen Abschluss gesetzliche Voraussetzung für die Ausübung eines Berufes außerhalb des öffentlichen Dienstes ist,
2. bei der Übernahme aus einem Richterverhältnis zum Land in ein Beamtenverhältnis zum Land und
3. bei Soldatinnen und Soldaten auf Zeit unter den Voraussetzungen des § 7 Abs. 8 des Soldatenversorgungsgesetzes (SVG).

(3) Die Höchstaltersgrenzen erhöhen sich bei früheren Beamtinnen und Beamten eines rheinland-pfälzischen Dienstherrn, die nicht nach § 8 Abs. 2 des Sechsten Buches Sozialgesetzbuch nachversichert worden sind, um die bisher bei demselben Dienstherrn zurückgelegten ruhegehaltfähigen Dienstzeiten.

(4) Die Höchstaltersgrenzen erhöhen sich für Schwerbehinderte Menschen um drei Jahre. Hat die Bewerberin oder der Bewerber mindestens

1. ein Kind unter 18 Jahren betreut,
2. ein im Sinne des § 75 Abs. 6 LBG pflegebedürftiges Kind über 18 Jahren gepflegt oder
3. eine im Sinne des § 75 Abs. 6 LBG pflegebedürftige sonstige Angehörige oder einen nach ärztlichem Gutachten pflegebedürftigen sonstigen Angehörigen gepflegt,

erhöhen sich die Höchstaltersgrenzen um die Zeit der Ausübung dieser Tätigkeiten, insgesamt jedoch höchstens um drei Jahre; die Berufung in das Beamtenverhältnis darf sich ausschließlich durch die Betreuung oder Pflege verzögert haben. Die Sätze 1 und 2 finden nebeneinander Anwendung; hierbei können insgesamt jedoch höchstens vier Jahre berücksichtigt werden.

(5) Das für das finanzielle öffentliche Dienstrecht zuständige Ministerium kann auf Vorschlag der obersten Dienstbehörde weitere Ausnahmen von den Höchstaltersgrenzen zulassen, und zwar

1. für einzelne Fälle oder für Gruppen von Fällen, wenn ein erhebliches dienstliches Interesse besteht; dies ist insbesondere dann anzunehmen, wenn beabsichtigt ist, Bewerberinnen oder Bewerber als Fachkräfte zu

gewinnen oder zu behalten, und ein außerordentlicher Mangel an geeigneten jüngeren Bewerberinnen und Bewerbern besteht, der sich auch nicht im Wege der Aus- und Weiterbildung beheben lässt, oder

2. für einzelne Fälle, wenn die Anwendung der Höchstaltersgrenze eine unbillige Härte darstellt; dies ist insbesondere dann anzunehmen, wenn sich der berufliche Werdegang nachweislich aus nicht zu vertretenden Gründen verzögert hat und sich die Qualifikation der Bewerberin oder des Bewerbers gerade im Beamtenverhältnis verwirklichen lässt.

Bei Ausnahmen für mittelbare Landesbeamtinnen und Landesbeamte findet § 125 Abs. 1 Satz 3 und Abs. 3 Satz 2 LBG entsprechende Anwendung.

---

§ 8 ist bereits am 14. Dezember 2010 in Kraft getreten.

§ 9 Einstellung im Beförderungsamt

(1) Eine Einstellung im ersten und zweiten Beförderungsamt ist gemäß § 19 Abs. 2 Satz 2 Nr. 1 LBG im Einzelfall zulässig, wenn die Bewerberin oder der Bewerber

1. eine den höheren Anforderungen des Beförderungsamtes gerecht werdende Berufserfahrung besitzt und das Beförderungsamt bei einer entsprechend früheren Einstellung aufgrund ihrer oder seiner Qualifikation hätte erreichen können oder
2. eine für die Laufbahn förderliche, über die Zugangsvoraussetzungen erheblich hinausgehende berufliche Qualifikation, insbesondere zusätzliche Bildungs- oder Ausbildungsabschlüsse, vorweisen kann.

(2) Eine Absatz 1 Nr. 1 genügende Berufserfahrung liegt vor, wenn bei den zugrunde liegenden beruflichen Tätigkeiten Anforderungen zu erfüllen waren, die nach Art, Schwierigkeit und Dauer den von Beamtinnen und Beamten der Laufbahn zu fordernden Eignungsvoraussetzungen für das Beförderungsamt mindestens gleichwertig sind. Hierbei können Tätigkeiten innerhalb und außerhalb des öffentlichen Dienstes einbezogen werden. Berufliche Bildungsgänge oder Zeiten, die nach den Laufbahnvorschriften (§§ 25 und 26 LBG) auf eine Ausbildungszeit angerechnet worden sind oder Voraussetzung für den Erwerb der Befähigung sind, dürfen nicht berücksichtigt werden.

§ 10 Berücksichtigung von Teilzeitbeschäftigung

Bei der Anwendung dieser Verordnung sind ermäßigte und regelmäßige Arbeitszeiten in der Regel gleich zu behandeln.

§ 11 Probezeit

(1) Die Probezeit dient der Bewährung für die Laufbahn. Sie soll insbesondere erweisen, dass die Beamtin oder der Beamte nach Einarbeitung die übertragenen Aufgaben erfüllt, und zugleich erste Erkenntnisse vermitteln, für welche Verwendungen die Beamtin oder der Beamte besonders geeignet erscheint. Die Beamtin oder der Beamte soll während der Probezeit auf verschiedenen Dienstposten eingesetzt werden, soweit es die dienstlichen Verhältnisse zulassen.

(2) Innerhalb des öffentlichen Dienstes verbrachte Zeiten, die nicht bereits als hauptberufliche Tätigkeit nach § 18 berücksichtigt oder nach § 23 Abs. 4 auf den Vorbereitungsdienst angerechnet worden sind, sollen bis zur Mindestprobezeit (§ 20 Abs. 2 Satz 2 LBG) angerechnet werden, wenn die während dieser Zeiten ausgeübte Tätigkeit nach Art und Schwierigkeit mindestens der Tätigkeit im jeweiligen Einstiegsamt der betreffenden Laufbahn entsprochen hat. Das Gleiche gilt für außerhalb des öffentlichen Dienstes verbrachte Zeiten.

(3) Die Zeit eines Urlaubs

1. ohne Dienstbezüge, der überwiegend dienstlichen Interessen oder öffentlichen Belangen dient,
2. für die Tätigkeit in öffentlichen zwischenstaatlichen oder überstaatlichen Organisationen oder
3. zur Übernahme von Aufgaben der Entwicklungshilfe

ist bis zur Mindestprobezeit anzurechnen, wenn eine den Laufbahnaufgaben gleichwertige Tätigkeit ausgeübt wird und das Vorliegen der Voraussetzungen bei Gewährung des Urlaubs festgestellt worden ist.

(4) Kann die Bewährung bis zum Ablauf der regelmäßigen Probezeit noch nicht festgestellt werden, kann die Probezeit bis zur Höchstdauer von fünf Jahren verlängert werden.

§ 12 Erprobungszeit

(1) Beamtinnen und Beamte haben ihre Eignung für einen höher bewerteten Dienstposten in einer Erprobungszeit nachzuweisen. Die Erprobungszeit dauert mindestens sechs Monate; sie soll ein Jahr nicht überschreiten. Wenn die Eignung nicht festgestellt werden kann, ist die probeweise Übertragung des Dienstpostens rückgängig zu machen.

(2) Die Erprobungszeit gilt als geleistet, soweit sich die Beamtin oder der Beamte in den Tätigkeiten des übertragenen Dienstpostens oder eines Dienstpostens gleicher Bewertung bewährt hat. Sie gilt auch als geleistet, soweit sich die Beamtin oder der Beamte während eines Urlaubs nach § 11 Abs. 3 Nr. 1 bei einer Fraktion des Europäischen Parlaments, des Deutschen Bundestages, des Landtages oder einer gesetzgebenden Körperschaft eines anderen Landes oder bei einem kommunalen Spitzenverband oder während eines Urlaubs nach § 11 Abs. 3 Nr. 2 in Tätigkeiten bewährt hat, die nach Art und Schwierigkeit mindestens den Anforderungen des höher bewerteten Dienstpostens entsprochen haben.

§ 13 Nachteilsausgleich

(1) Eine Beförderung nach § 23 Abs. 3 Satz 1 LBG zum Ausgleich von Verzögerungen des beruflichen Werdegangs durch die Geburt eines Kindes setzt voraus, dass

1. die Beamtin sich
   a) innerhalb von sechs Monaten oder
   b) im Falle fester Einstellungstermine zum nächsten Einstellungstermin

   nach der Geburt oder dem Abschluss einer innerhalb von sechs Monaten nach der Geburt begonnenen oder fortgesetzten Ausbildung, die für die Erfüllung der Zugangsvoraussetzungen erforderlich ist, beworben hat und
2. diese Bewerbung zur Einstellung geführt hat oder, wenn die Beamtin trotz einer fristgerechten Bewerbung nicht eingestellt worden ist, die Bewerbung aufrechterhalten oder zu jedem festen Einstellungstermin erneuert worden ist.

Satz 1 ist zum Ausgleich von Verzögerungen des beruflichen Werdegangs

1. durch die Betreuung eines Kindes unter 18 Jahren,
2. durch die Pflege eines im Sinne des § 75 Abs. 6 LBG pflegebedürftigen Kindes über 18 Jahren oder
3. durch die Pflege einer oder eines im Sinne des § 75 Abs. 6 LBG pflegebedürftigen sonstigen Angehörigen

auf Beamtinnen und Beamte mit der Maßgabe entsprechend anzuwenden, dass an die Stelle der Geburt die Beendigung der Betreuung oder Pflege tritt.

(2) In den Fällen des Absatzes 1 verkürzt sich die Dauer der Beförderungsverbote nach § 21 Abs. 2 Satz 1 Nr. 1 und 2 LBG jeweils um den Zeitraum der tatsächlichen Verzögerung; insgesamt können höchstens drei Jahre berücksichtigt werden. Werden in einem Haushalt mehrere Kinder gleichzeitig betreut, kann für denselben Zeitraum der Ausgleich nur einmal gewährt werden. Für die Pflege eines Kindes über 18 Jahren oder einer oder eines sonstigen Angehörigen gelten die Sätze 1 und 2 entsprechend.

(3) Wenn die Probezeit durch eine Elternzeit oder einen Urlaub nach § 76 Abs. 1 oder § 76a LBG unterbrochen worden ist, gilt Absatz 2 entsprechend.

(4) Eine Beförderung nach § 23 Abs. 4 LBG setzt voraus, dass

1. Verzögerungen nach § 9 Abs. 8 Satz 4 des Arbeitsplatzschutzgesetzes (ArbPlSchG), auch jeweils in Verbindung mit § 9 Abs. 10 Satz 2, § 12 Abs. 3 oder Abs. 4 oder § 13 Abs. 2 oder Abs. 3 ArbPlSchG, mit § 8a SVG oder mit § 78 Abs. 1 Nr. 1 des Zivildienstgesetzes (ZDG), angemessen sind oder
2. ein Fall des § 17 des Entwicklungshelfer-Gesetzes vorliegt.

(5) Die Dauer des Beförderungsverbotes nach § 21 Abs. 2 Satz 1 Nr. 1 und 2 LBG verkürzt sich jeweils

1. beim Vorliegen der Voraussetzungen nach Absatz 4 Nr. 1 um die Zeiten des geleisteten Grundwehr- oder Zivildienstes, um Zeiten für geleistete Dienste, aufgrund derer der Beamte wegen § 14b oder § 14c ZDG nicht zum Zivildienst herangezogen wurde, sowie um weitere Zeiten, die aufgrund der geleisteten Dienste zu einer späteren Einstellung geführt haben, für diese jedoch höchstens um ein Jahr, und
2. beim Vorliegen der Voraussetzungen nach Absatz 4 Nr. 2 um die Zeiten als Entwicklungshelfer bis zur Dauer des Grundwehrdienstes.

§ 14 Schwerbehinderte Menschen

(1) Bei Entscheidungen über Besetzung von Dienstposten und Zulassung zur Ausbildungs- oder Fortbildungsqualifizierung ist § 9 des Beamtenstatusgesetzes entsprechend anzuwenden. Von schwerbehinderten Menschen darf nur das Mindestmaß körperlicher Eignung für die Wahrnehmung von Laufbahnaufgaben verlangt werden.

(2) Im Prüfungsverfahren sind dem schwerbehinderten Menschen die seiner Behinderung angemessenen Erleichterungen zu gewähren.

(3) Der Dienstposten des schwerbehinderten Menschen hat der Eigenart der Behinderung Rechnung zu tragen.

(4) Bei der Beurteilung der Leistung eines schwerbehinderten Menschen ist eine etwaige Minderung der Arbeits- und Verwendungsfähigkeit durch die Behinderung zu berücksichtigen.

Teil 2
Dienstliche Beurteilung

§ 15 Arten der Beurteilung

(1) Beamtinnen und Beamte sind regelmäßig alle drei Jahre zu beurteilen (Regelbeurteilung). Weitere dienstliche Beurteilungen sind die Beurteilung aus besonderem Anlass (Anlassbeurteilung) sowie die Probezeitbeurteilung.

(2) Eine Anlassbeurteilung ist insbesondere dann zu erstellen, wenn

1. vor einer Auswahlentscheidung
   a) über einen erheblichen Zeitraum wesentlich andere Aufgaben wahrgenommen wurden,
   b) keine nach den Grundsätzen der §§ 15 bis 15d erstellte aktuelle Regelbeurteilung vorliegt und eine ausreichende Beurteilungsgrundlage besteht oder
   c) eine Beförderung nach der letzten Regelbeurteilung bereits erfolgte und eine erneute Beförderung angestrebt wird.
2. eine Aus- oder Fortbildungsqualifizierung angestrebt wird (§§ 28 und 29).

(3) Probezeitbeurteilungen bestehen grundsätzlich aus einer Beurteilung während der Probezeit zur Hälfte sowie einer abschließenden Probezeitbeurteilung zum Ende der regelmäßigen Probezeit.

(4) Beamtinnen und Beamte, die zur Ausübung einer gleichwertigen Tätigkeit bei einer Fraktion des Europäischen Parlaments, des Deutschen Bundestages, des Landtages oder einer gesetzgebenden Körperschaft eines anderen Landes beurlaubt sind, werden nach Beendigung der Beurlaubung durch die Dienststelle, in der die künftige Verwendung vorgesehen ist, beurteilt. Beurteilungen der Fraktionen, die für die Fraktionstätigkeit erstellt werden, sind dabei aufgrund der Gleichwertigkeit der Tätigkeit maßgeblich zu berücksichtigen.

§ 15a Inhalt der dienstlichen Beurteilung

(1) Die dienstliche Beurteilung erfolgt anhand eines objektiven Maßstabs und setzt die im konkret wahrgenommenen Dienstposten gezeigten Leistungen mit den Anforderungen des der Beamtin oder dem Beamten übertragenen Statusamtes in Beziehung zu den Leistungen anderer Beamtinnen und Beamten desselben Statusamtes. Sie besteht aus einer nachvollziehbaren Bewertung von Eignung, Befähigung und fachlicher Leistung und schließt mit einem begründeten Gesamturteil sowie einem Vorschlag für die weitere dienstliche Verwendung ab.

(2) Die Bewertung der Leistungs-, Befähigungs- und Eignungsmerkmale erfolgt für alle Merkmale einheitlich sowie durch volle Punktwerte.

(3) Das abschließende Gesamturteil ist durch eine Würdigung, Gewichtung und Abwägung der Leistungs-, Befähigungs- und Eignungsmerkmale zu bilden. Bestandteil ist der Vomhundertsatz, mit dem das Verhältnis der erreichten Bewertungspunkte zu den insgesamt zu erreichenden Bewertungspunkten angegeben wird.

(4) Der Anteil der beurteilten Beamtinnen und Beamten derselben Laufbahn und Besoldungsgruppe mit mindestens 90 v. H. der zu erreichenden Gesamtpunkte soll höchstens 10 v. H. und mit mindestens 80 v. H. der zu erreichenden Gesamtpunkte soll höchstens weitere 30 v. H. betragen. Im Interesse der Einzelfallgerechtigkeit ist eine Überschreitung im geringen Umfang möglich. Ist die Bildung von Richtwerten wegen zu geringer Fallzahlen nicht möglich, sind die dienstlichen Beurteilungen in geeigneter Weise entsprechend zu differenzieren. Über das Verhältnis der Bewertungsstufen zu den in den Ministerien beurteilten Beamtinnen und Beamten informieren sich die jeweiligen personalverwaltenden Stellen regelmäßig in geeigneter Weise.

(5) Eine vereinfachte Beurteilung durch konkrete Bezugnahme auf die letzte vorausgegangene reguläre Beurteilung nach § 15 Abs. 1 kann dann erstellt werden, wenn die Beamtin oder der Beamte sich in der gleichen Besoldungsgruppe und auf dem gleichen Dienstposten befindet und die Einzelmerkmale, die Verwendungseignung nach Absatz 1 und das Gesamturteil gleichgeblieben sind.

(6) Beurteilungen während der Probezeit enthalten eine Einschätzung der Eignung, Befähigung und fachlichen Leistung in den folgenden Stufen:

1. Voraussichtliche Bewährung oder
2. Bewährung bei deutlicher Steigerung.

Bestehende Zweifel am erfolgreichen Abschluss der Probezeit mit deren Ursachen und die Möglichkeiten der Abhilfe sind schriftlich darzulegen. Beurteilungen zum Ende der Probezeit enthalten eine Einschätzung der Eignung, Befähigung und fachlichen Leistung in den folgenden Stufen:

1. Bewährt oder
2. Nicht bewährt.

Auf Probezeitbeurteilungen finden die Absätze 1 bis 5 keine Anwendung.

§ 15b Beurteilungsverfahren

(1) Die Beurteilerinnen und Beurteiler beurteilen unter Beachtung allgemeiner Beurteilungsvorgaben unabhängig; sie sind an Weisungen im individuellen Beurteilungsverfahren nicht gebunden.

(2) Die Beurteilungszuständigkeit wird durch die zuständige oberste Dienstbehörde festgelegt. Sie kann diese Befugnis auf andere Behörden übertragen. Zur Wahrung einer ausreichenden Erkenntnismöglichkeit von Person und Leistung der zu beurteilenden Beamtin oder des zu beurteilenden Beamten und eines einheitlichen Beurteilungsmaßstabs wirken an der Beurteilung in der Regel zwei Personen mit.

(3) Vor der dienstlichen Beurteilung soll der Beamtin oder dem Beamten die Gelegenheit gegeben werden, der Beurteilerin oder dem Beurteiler gegenüber eine Stellungnahme über den wahrgenommenen Aufgabenbereich abzugeben. Die dienstliche Beurteilung ist ihr oder ihm in ihrem vollen Wortlaut durch Aushändigung einer Abschrift zu eröffnen und in der Regel zu besprechen. Zwischen Eröffnung und Besprechung sollen mindestens zwei Arbeitstage, in der Regel jedoch nicht mehr als zwei Wochen liegen.

(4) Die Eröffnung ist aktenkundig zu machen und mit der dienstlichen Beurteilung zur Personalakte zu nehmen.

(5) Beurteilungsstichtag ist für Beamtinnen und Beamte

1. des ersten, zweiten und vierten Einstiegsamtes erstmalig der 1. Juli 2025,
2. des dritten Einstiegsamtes erstmalig der 1. Juli 2026.

II

§ 15c Ausnahmen von der Regelbeurteilungspflicht

Von der Regelbeurteilungspflicht ausgenommen sind Beamtinnen und Beamte,

1. auf Widerruf und auf Probe,
2. die sich im höchsten Beförderungsamt ihres jeweiligen Einstiegsamtes oder der Besoldungsordnung B befinden,
3. die am Beurteilungsstichtag das 57. Lebensjahr vollendet haben und schriftlich auf die nächste Beurteilung verzichten, sofern die oberste Dienstbehörde von dieser Möglichkeit für ihren Geschäftsbereich Gebrauch gemacht hat,
4. bei denen am Beurteilungsstichtag feststeht, dass sie innerhalb des darauffolgenden Regelbeurteilungszeitraums endgültig aus dem aktiven Dienst ausscheiden werden oder
5. die am Beurteilungsstichtag während des gesamten Beurteilungszeitraums weniger als sechs Monate Dienst verrichtet haben.

§ 15d Nachzeichnung dienstlicher Beurteilungen

(1) Die dienstliche Beurteilung ist in den Fällen des § 15c Nr. 5 ausgehend von der letzten dienstlichen Regelbeurteilung der Beamtin oder des Beamten unter Berücksichtigung des seinerzeit angelegten Maßstabs und der durchschnittlichen Entwicklung vergleichbarer Beamtinnen und Beamter fiktiv fortzuschreiben (Nachzeichnung), wenn die Ausnahme von der Regelbeurteilungspflicht ausschließlich nach § 15c Nr. 5 durch die Abwesenheit aufgrund der in § 23 LBG genannten Fälle oder einer ganz freigestellten Tätigkeit wegen einer Mitgliedschaft im Personalrat, als Vertrauensperson der schwerbehinderten Menschen oder als Gleichstellungsbeauftragte begründet wird.

(2) Das Verfahren der Nachzeichnung setzt eine hinreichend belastbare Tatsachengrundlage voraus und ist nachvollziehbar zu dokumentieren.

Teil 3
Laufbahnbeamtinnen und Laufbahnbeamte

Abschnitt 1
Berufsbefähigende Ausbildung und hauptberufliche Tätigkeit

§ 16 Grundsatz

Die Bestimmungen dieses Abschnitts regeln den Zugang zum zweiten, dritten oder vierten Einstiegsamt einer Laufbahn, soweit die Befähigung hierzu durch die zu einem Beruf befähigende Ausbildung und eine hauptberufliche Tätigkeit erworben wird und in Teil 4 oder Anlage 2 nichts anderes bestimmt ist.

§ 17 Ausbildung

(1) Die zu einem Beruf befähigende Ausbildung muss in Verbindung mit der hauptberuflichen Tätigkeit geeignet sein, die Laufbahnbefähigung zu vermitteln.

(2) Für eine Einstellung im zweiten Einstiegsamt ist von den Bewerberinnen und Bewerbern mindestens die Gesellenprüfung in einem Handwerk (§ 31 der Handwerksordnung) oder eine entsprechende Abschlussprüfung im Sinne des § 37 Abs. 1 des Berufsbildungsgesetzes zu fordern.

§ 18 Hauptberufliche Tätigkeit

(1) Die Dauer der hauptberuflichen Tätigkeit beträgt für eine Einstellung

1. im zweiten Einstiegsamt mindestens ein Jahr und sechs Monate,
2. im dritten Einstiegsamt mindestens zwei Jahre und
3. im vierten Einstiegsamt mindestens zwei Jahre und sechs Monate.

Bei Promotion kann die Dauer der hauptberuflichen Tätigkeit bis auf zwei Jahre gekürzt werden; dies gilt nicht, wenn das Hochschulstudium durch Promotion abgeschlossen wird.

(2) Die hauptberufliche Tätigkeit muss

1. nach Abschluss der zu dem Beruf befähigenden Ausbildung geleistet worden sein,

2. fachlich an die erworbene Ausbildung anknüpfen und den fachlichen Anforderungen der Laufbahn entsprechen,
3. nach Art und Schwierigkeit mindestens der Tätigkeit im betreffenden Einstiegsamt der Laufbahn entsprechen und
4. im Hinblick auf die Laufbahnaufgaben zu fachlich selbstständiger Berufsausübung befähigen.

Sie kann innerhalb oder außerhalb des öffentlichen Dienstes ausgeübt worden sein.

§ 19 Feststellung der Befähigung

Die für die Ernennung zuständige Behörde stellt aufgrund der zu führenden Nachweise über Vorbildung und hauptberufliche Tätigkeit schriftlich fest, dass die Zugangsvoraussetzungen für ein Einstiegsamt der Laufbahn erfüllt sind. In der Feststellung ist auch die Fachrichtung (§ 14 Abs. 2 LBG) zu bezeichnen.

Abschnitt 2 Vorbereitungsdienst und Laufbahnprüfung

§ 20 Grundsatz

Die Bestimmungen dieses Abschnitts regeln den Zugang zu den Einstiegsämtern einer Laufbahn, soweit die Befähigung hierzu durch

1. einen Vorbereitungsdienst oder
2. einen Vorbereitungsdienst und eine Laufbahnprüfung

erworben wird.

§ 21 Dienstbezeichnung

Die Beamtinnen und Beamten auf Widerruf (§ 6 Abs. 1 LBG) führen während des Vorbereitungsdienstes für den Zugang

1. zum ersten bis dritten Einstiegsamt einer Laufbahn die Dienstbezeichnung „Anwärterin" oder „Anwärter",
2. zum vierten Einstiegsamt einer Laufbahn die Dienstbezeichnung „Referendarin" oder „Referendar",

je mit einem die Fachrichtung bezeichnenden Zusatz.

§ 22 Einstellungsvoraussetzungen

In den Vorbereitungsdienst kann eingestellt werden, wer die für die Laufbahn und das Einstiegsamt vorgeschriebenen Bildungsvoraussetzungen erfüllt. Die für das dritte und vierte Einstiegsamt geforderten Hochschulabschlüsse müssen geeignet sein, in Verbindung mit dem Vorbereitungsdienst die Laufbahnbefähigung zu vermitteln; das Nähere regeln die Ausbildungs- und Prüfungsordnungen (§ 26 LBG).

§ 23 Vorbereitungsdienst

(1) Der Vorbereitungsdienst dauert für den Zugang zum

1. ersten Einstiegsamt einer Laufbahn sechs Monate,
2. zweiten Einstiegsamt einer Laufbahn mindestens ein Jahr und sechs Monate,
3. dritten Einstiegsamt einer Laufbahn mindestens drei Jahre und
4. zum vierten Einstiegsamt mindestens zwei Jahre.

(2) Der für den Zugang zum dritten Einstiegsamt vorgeschriebene Vorbereitungsdienst wird in einem Studiengang einer Fachhochschule geleistet, der aus Fachstudien und berufspraktischen Studienzeiten besteht. Die Fachstudien dauern mindestens ein Jahr und sechs Monate. Die berufspraktischen Studienzeiten umfassen eine praktische Ausbildung in fachbezogenen Schwerpunktbereichen der Laufbahnaufgaben von mindestens einjähriger Dauer.

(3) Der Vorbereitungsdienst für den Zugang zum dritten Einstiegsamt kann abweichend von Absatz 2 auf eine praktische Ausbildung in fachbezogenen Schwerpunktbereichen der Laufbahnaufgaben beschränkt werden, wenn der Erwerb der wissenschaftlichen Kenntnisse und Methoden, die zur Erfüllung der Aufgaben in der Laufbahn erforderlich sind, durch eine insoweit geeignete Prüfung als Abschluss eines Hochschulstudiums nachgewiesen worden ist. Die praktische Ausbildung soll ein Jahr nicht unterschreiten.

(4) Auf den Vorbereitungsdienst können förderliche Zeiten eines mit einer Prüfung abgeschlossenen Hochschulstudiums, einer abgeschlossenen beruflichen Ausbildung oder einer

beruflichen Tätigkeit angerechnet werden. Zeiten nach Satz 1 sind förderlich, wenn sie geeignet sind, die Ausbildung in einzelnen Abschnitten ganz oder teilweise zu ersetzen. Zeiten eines bereits für die Einstellung in den Vorbereitungsdienst nachzuweisenden Bildungsabschlusses dürfen nicht angerechnet werden. Durch die Anrechnung darf das Ziel des Vorbereitungsdienstes nicht gefährdet werden.

(5) Das Nähere regeln die Ausbildungs- und Prüfungsordnungen (§ 26 LBG).

§ 24 Laufbahnprüfung

(1) Der Vorbereitungsdienst schließt mit der Laufbahnprüfung ab. Der Vorbereitungsdienst für den Zugang zum ersten Einstiegsamt kann auch mit der Feststellung abschließen, ob die Beamtin oder der Beamte das Ziel des Vorbereitungsdienstes erreicht hat.

(2) In den Ausbildungs- und Prüfungsordnungen (§ 26 LBG) sind, soweit nicht länderübergreifende Regelungen oder Vereinbarungen entgegenstehen, folgende Prüfungsnoten vorzusehen:

sehr gut	(1) =	eine Leistung, die den Anforderungen in besonderem Maße entspricht;
gut	(2) =	eine Leistung, die den Anforderungen voll entspricht;
befriedigend	(3) =	eine Leistung, die im Allgemeinen den Anforderungen entspricht;
ausreichend	(4) =	eine Leistung, die zwar Mängel aufweist, aber im Ganzen den Anforderungen noch entspricht;
mangelhaft	(5) =	eine Leistung, die den Anforderungen nicht entspricht, jedoch erkennen lässt, dass die notwendigen Grundkenntnisse vorhanden sind und die Mängel in absehbarer Zeit behoben werden können;
ungenügend	(6) =	eine Leistung, die den Anforderungen nicht entspricht und bei der selbst die Grundkenntnisse so lückenhaft sind, dass die Mängel in absehbarer Zeit nicht behoben werden können.

Die Prüfungsnoten „mangelhaft“ und „ungenügend“ können zu der folgenden Prüfungsnote zusammengefasst werden:

nicht ausreichend	(5) =	eine Leistung, die wegen erheblicher Mängel nicht mehr den Anforderungen entspricht.

(3) Zur Bildung der Prüfungsnoten können die Einzelleistungen und die Gesamtleistung der Laufbahnprüfung nach einem System von Punktzahlen bewertet werden. Dabei sind den Prüfungsnoten nach Absatz 2 Satz 1, soweit nicht länderübergreifende Regelungen oder Vereinbarungen entgegenstehen, folgende Punktzahlen zuzuordnen:

sehr gut	(1) =	15, 14 Punkte,
gut	(2) =	13, 12, 11 Punkte,
befriedigend	(3) =	10, 9, 8 Punkte,
ausreichend	(4) =	7, 6, 5 Punkte,
mangelhaft	(5) =	4, 3, 2 Punkte,
ungenügend	(6) =	1, 0 Punkte.

der Prüfungsnote nach Absatz 2 Satz 2 sind, soweit nicht länderübergreifende Regelungen oder Vereinbarungen entgegenstehen, folgende Punktzahlen zuzuordnen:

nicht ausreichend (5) = 4, 3, 2, 1, 0 Punkte.

(4) In den Ausbildungs- und Prüfungsordnungen (§ 26 LBG) kann neben der Abschlussnote für den Vorbereitungsdienst zusätzlich auch eine relative Note ausgewiesen werden:

A =	die besten	10 v. H.,
B =	die nächsten	25 v. H.,
C =	die nächsten	30 v. H.,
D =	die nächsten	25 v. H.,
E =	die nächsten	10 v. H.

Als Grundlage für die Berechnung der relativen Note sind je nach Größe des Abschlussjahrgangs außer dem Abschlussjahrgang mindestens die beiden diesem unmittelbar vorangegangenen Abschlusslehrgänge zu erfassen. Die Anzahl der Personen, deren Prüfungsleistung einbezogen wurde, ist anzugeben.

(5) In den Ausbildungs- und Prüfungsordnungen (§ 26 LBG) kann bestimmt werden, dass Beamtinnen und Beamten, die die Laufbahnprüfung nicht bestehen, die Befähigung für das nächstniedrigere Einstiegsamt derselben Fachrichtung zuerkannt werden kann.

Abschnitt 3
Hochschulstudium mit Zugangsqualifikation

§ 25 Anerkennung, Einführung

(1) Ein unmittelbar für das dritte oder vierte Einstiegsamt einer Laufbahn qualifizierendes Hochschulstudium bedarf der Anerkennung durch die für die Gestaltung der Laufbahn zuständige oberste Landesbehörde, um die Zugangsvoraussetzungen nach § 15 Abs. 4 Satz 2 und Abs. 5 Satz 2 LBG ohne eine hauptberufliche Tätigkeit oder einen Vorbereitungsdienst zu erfüllen.

(2) Wird zum Ausgleich berufspraktischer Defizite eine Einführung in die Laufbahnaufgaben gefordert, erfolgt diese in einem öffentlich-rechtlichen Ausbildungsverhältnis, auf das die für Beamtinnen und Beamte auf Widerruf im Vorbereitungsdienst geltenden Vorschriften einschließlich der Vorschriften über Unfallfürsorge entsprechend anzuwenden sind; an die Stelle der Anwärterbezüge tritt eine Unterhaltsbeihilfe in der Höhe des Anwärtergrundbetrages, den Beamtinnen und Beamte im Vorbereitungsdienst für das jeweilige Einstiegsamt der Laufbahn erhalten.

Teil 4
Beförderung

§ 26 Beförderung

(1) Bei Zugang zum dritten Einstiegsamt darf ein Amt der Besoldungsgruppe 12 der Besoldungsordnung A oder ein Amt mit höherem Grundgehalt frühestens nach einer Dienstzeit von sechs Jahren verliehen werden; bei Fachrichtungen, in denen das Eingangsamt der Besoldungsgruppe 10 der Besoldungsordnung A zugewiesen ist, ist eine Dienstzeit von mindestens fünf Jahren zurückzulegen. Bei Zugang zum vierten Einstiegsamt gilt für die Verleihung eines Amtes der Besoldungsgruppe 16 der Besoldungsordnung A oder eines Amtes mit höherem Grundgehalt Satz 1 Halbsatz 1 entsprechend.

(2) Über Ausnahmen von den Dienstzeiten für Beförderungen nach Absatz 1 entscheidet

1. bei unmittelbaren Landesbeamtinnen und Landesbeamten die oberste Dienstbehörde im Einvernehmen mit dem für das finanzielle öffentliche Dienstrecht zuständigen Ministerium,
2. bei mittelbaren Landesbeamtinnen und Landesbeamten die oder der Dienstvorgesetzte mit Zustimmung der Aufsichtsbehörde oder, falls diese keine oberste Landesbehörde ist, der ihr übergeordneten obersten Landesbehörde.

§ 27 Höhere Qualifikation

(1) Beamtinnen und Beamten, die die für das dritte oder vierte Einstiegsamt erforderliche Hochschulbildung erworben haben, kann das jeweilige Einstiegsamt verliehen werden, wenn sie an einem auf einer Stellenausschreibung beruhenden Auswahlverfahren erfolgreich teilgenommen haben und

1. die vorgeschriebene hauptberufliche Tätigkeit abgeleistet haben oder
2. an einem für das jeweilige Einstiegsamt eingerichteten Vorbereitungsdienst teilgenommen und die vorgeschriebene Laufbahnprüfung bestanden haben.

Die Beamtinnen und Beamten verbleiben bis zur Verleihung des neuen Einstiegsamtes in ihrer bisherigen Rechtsstellung. § 21 Abs. 2 Satz 1 Nr. 3 Halbsatz 1 LBG bleibt unberührt.

(2) Absatz 1 gilt entsprechend für die Verleihung des auf das jeweilige Einstiegsamt folgenden Beförderungsamtes der Besoldungsgruppe 10 oder 14 der Besoldungsordnung A, wenn die Beamtin oder der Beamte das jeweilige Einstiegsamt bereits im Rahmen des § 5 erreicht hat.

(3) Auf Beamtinnen und Beamte, die eine rechtswissenschaftliche Hochschulausbildung besitzen, findet Absatz 1 Satz 1 Nr. 1 keine Anwendung.

§ 28 Ausbildungsqualifizierung

(1) Beamtinnen und Beamte, die nicht die Zugangsvoraussetzungen für eine Einstellung im zweiten oder dritten Einstiegsamt erfüllen, können in die dem nächsthöheren Einstiegsamt folgenden Beförderungsämter befördert werden, wenn sie die für das betreffende

Einstiegsamt eingerichtete Ausbildung nach Maßgabe der jeweiligen Ausbildungs- und Prüfungsordnung (§ 26 LBG) erfolgreich abgeschlossen haben.

(2) Zur Ausbildungsqualifizierung nach Absatz 1 kann zugelassen werden, wer sich in einer Dienstzeit entsprechend bewährt hat. Die Dienstzeit beträgt für Beamtinnen und Beamte,

1. die im ersten Einstiegsamt eingestellt wurden, mindestens zwei Jahre,
2. die im zweiten Einstiegsamt eingestellt wurden oder die erforderliche Qualifikation für die dem zweiten Einstiegsamt folgenden Beförderungsämter im Wege der Ausbildungs- oder Fortbildungsqualifizierung erworben haben, mindestens drei Jahre.

(3) Kommen mehrere Bewerberinnen und Bewerber für die Ausbildungsqualifizierung in Betracht, ist eine behördeninterne Ausschreibung vorzunehmen.

(4) Die Ausbildungsqualifizierung ist ausgeschlossen, wenn für das höhere Einstiegsamt eine bestimmte Vorbildung oder Ausbildung durch fachgesetzliche Regelung vorgeschrieben oder eine besondere Vorbildung oder Fachausbildung nach der Eigenart der wahrzunehmenden Aufgaben zwingend erforderlich ist.

(5) Soweit Beamtinnen und Beamte während ihrer bisherigen Tätigkeit schon hinreichende Kenntnisse, wie sie für die dem nächsthöheren Einstiegsamt folgenden Beförderungsämter gefordert werden, erworben haben, kann die Ausbildung nach Absatz 1 nach näherer Bestimmung der Ausbildungs- und Prüfungsordnungen (§ 26 LBG) gekürzt werden; durch die Kürzung darf das Ziel der Ausbildungsqualifizierung nicht gefährdet werden.

§ 29 Fortbildungsqualifizierung

(1) Beamtinnen und Beamte können zur Fortbildungsqualifizierung für das dem nächsthöheren Einstiegsamt folgende Beförderungsamt derselben Fachrichtung zugelassen werden, wenn sie sich entsprechend bewährt haben. § 28 Abs. 3 und 4 gilt entsprechend.

(2) Die Qualifizierungsmaßnahmen haben unter Berücksichtigung der Vor- und Ausbildung an die typischerweise vorhandene förderliche Berufserfahrung anzuknüpfen, die in der Laufbahn ab dem jeweiligen Einstiegsamt erworben worden ist. Sie bereiten zeitlich und inhaltlich gezielt auf die steigenden Anforderungen ab dem nächsthöheren Einstiegsamt der jeweiligen Fachrichtung vor und können sich über mehrere Ämter erstrecken. Die Ausgestaltung der Systeme der Fortbildungsqualifizierung erfolgt durch die oberste Dienstbehörde, die dabei im angemessenen Umfang die teilweise Anrechnung von Fortbildungen nach § 4 als Maßnahmen der Fortbildungsqualifizierung vorsehen kann.

(3) Nach Beendigung der Maßnahmen sind der erfolgreiche Abschluss der Fortbildungsqualifizierung und das auf dieser Grundlage erreichbare Beförderungsamt festzustellen.

§ 30 Dienstzeit

(1) Dienstzeiten im Sinne dieser Verordnung rechnen von der Beendigung der Probezeit.

(2) Zeiten ohne Dienstbezüge gelten nicht als Dienstzeiten. Als Dienstzeiten anzurechnen sind die Zeiten

1. eines Urlaubs nach § 11 Abs. 3 Nr. 1 bis zur Dauer von insgesamt zwei Jahren,
2. eines Urlaubs nach § 11 Abs. 3 Nr. 1, wenn dieser zur Ausübung einer Tätigkeit bei einer Fraktion des Europäischen Parlaments, des Deutschen Bundestages, des Landtages oder einer gesetzgebenden Körperschaft eines anderen Landes oder bei einem kommunalen Spitzenverband gewährt wurde,
3. eines Urlaubs nach § 11 Abs. 3 Nr. 2 und 3,
4. eines Urlaubs nach § 76 oder § 76a LBG,
5. einer Elternzeit nach den §§ 19a bis 19f der Urlaubsverordnung,
6. eines Beschäftigungsverbots nach Mutterschutzvorschriften, soweit dieses zu einer Verlängerung des Vorbereitungsdienstes geführt hat,
7. eines Wehr- oder Zivildienstes oder eines Entwicklungshelferdienstes, soweit das Arbeitsplatzschutzgesetz, das Zivildienstgesetz, das Entwicklungshelfer-Gesetz oder das Soldatenversorgungsgesetz die Vornah-

me eines Nachteilsausgleichs zum Ausgleich beruflicher Verzögerungen, die durch die im jeweiligen Dienstverhältnis verbrachten Zeiten eintreten würden, anordnen.

In den Fällen des Satzes 2 Nr. 4 und 5 wird jeweils der Zeitraum der tatsächlichen Verzögerung zugrunde gelegt; insgesamt können höchstens drei Jahre berücksichtigt werden.

Teil 5 Besondere Beamtengruppen

§ 31 Gerichtsvollzieherdienst

(1) Zur Ausbildung für den Gerichtsvollzieherdienst kann zugelassen werden, wer die Laufbahnprüfung für den Zugang zum zweiten Einstiegsamt der Laufbahn Justiz und Justizvollzug bestanden hat.

(2) Die Ausbildung dauert ein Jahr und acht Monate. Vor Beginn der Ausbildung liegende Zeiten einer erfolgreichen Verwendung im Gerichtsvollzieherdienst können angerechnet werden.

(3) Nach erfolgreicher Ausbildung ist die Prüfung für den Gerichtsvollzieherdienst abzulegen.

(4) Abweichend von den Absätzen 1 bis 3 kann bei Vorliegen eines besonderen Bedarfs Beamtinnen und Beamten, die die Rechtspflegerprüfung bestanden haben und nach dem erfolgreichen Ableisten der Probezeit mindestens sechs Monate mit Erfolg im Gerichtsvollzieherdienst mit Dienstleistungsauftrag verwendet worden sind, die Befähigung für den Gerichtsvollzieherdienst zuerkannt werden.

§ 32 Amtsanwaltsdienst

(1) Zur Ausbildung für den Amtsanwaltsdienst kann zugelassen werden, wer die Rechtspflegerprüfung bestanden hat.

(2) Die Ausbildung dauert ein Jahr und drei Monate. § 31 Abs. 2 Satz 2 gilt entsprechend.

(3) Nach erfolgreicher Ausbildung ist die Amtsanwaltsprüfung abzulegen.

§ 33 Feuerwehrtechnischer Dienst

(1) Beamtinnen und Beamte, die die Ausbildungsvoraussetzungen für das zweite Einstiegsamt (§ 17 Abs. 2) erfüllen, werden während der Probezeit 18 Monate in die Aufgaben des feuerwehrtechnischen Dienstes eingeführt und legen am Ende der Einführungszeit eine fachbezogene Prüfung ab; § 18 findet keine Anwendung. In den übrigen Fällen erfolgt der Zugang zum zweiten Einstiegsamt über einen mit einer Prüfung abgeschlossenen Vorbereitungsdienst.

(2) Bewerberinnen und Bewerber, die die Bildungsvoraussetzungen für das dritte Einstiegsamt (§ 15 Abs. 4 Satz 1 Nr. 1 LBG) erfüllen, werden während einer hauptberuflichen Tätigkeit von zwei Jahren in die Aufgaben des feuerwehrtechnischen Dienstes eingeführt und legen am Ende der Einführungszeit eine fachbezogene Prüfung ab. In den übrigen Fällen gilt Absatz 1 Satz 2 entsprechend.

(3) Für den Zugang zum vierten Einstiegsamt gilt Absatz 2 entsprechend.

Teil 6 Übernahme in das Landesbeamtenverhältnis

§ 34 Übernahme von Beamtinnen und Beamten

(1) Bei der Übernahme von Beamtinnen und Beamten sowie früheren Beamtinnen und Beamten anderer Dienstherren ist diese Verordnung anzuwenden; dies gilt nicht, wenn Beamtinnen und Beamte kraft Gesetzes oder aufgrund eines Rechtsanspruchs in ihrer bisherigen Rechtsstellung übernommen werden.

(2) Die Entscheidung, ob und inwieweit eine Einführung nach § 16 Abs. 2 LBG erforderlich ist, hat neben den Voraussetzungen, die für den Erwerb der bisherigen Laufbahnbefähigung zu erfüllen waren, auch die sonstigen Qualifizierungen und die bisherigen beruflichen Tätigkeiten zu berücksichtigen.

(3) Die vorgeschriebene Probezeit gilt insoweit als geleistet, als sich die Beamtin oder der Beamte bei anderen Dienstherren nach Erwerb der Befähigung in der entsprechenden Laufbahn bewährt hat

(4) Bei der Wiedereinstellung früherer Landesbeamtinnen und Landesbeamter gelten die Absätze 1 und 3 entsprechend.

§ 35 Übernahme von Richterinnen und Richtern

Wechseln Richterinnen oder Richter der Besoldungsgruppe 1 der Besoldungsordnung R in die Laufbahn Verwaltung und Finanzen, kann ihnen ein Amt der Besoldungsgruppe 14 der Besoldungsordnung A frühestens ein Jahr, ein Amt der Besoldungsgruppe 15 der Besoldungsordnung A frühestens zwei Jahre nach der Ernennung zur Richterin oder zum Richter auf Lebenszeit übertragen werden. Richterinnen und Richtern der Besoldungsgruppe 2 der Besoldungsordnung R kann ein Amt der Besoldungsgruppe 16 der Besoldungsordnung A übertragen werden. Die Sätze 1 und 2 gelten für Staatsanwältinnen und Staatsanwälte entsprechend.

Teil 7
Anerkennung europäischer Berufsqualifikationen als Laufbahnbefähigung

§ 36 Anwendungsbereich

(1) Die §§ 37 bis 44 gelten für die von Antragstellerinnen und Antragstellern aus Mitgliedstaaten angestrebte Anerkennung ihrer Berufsqualifikationen als Laufbahnbefähigung entsprechend der Richtlinie 2005/36/EG des Europäischen Parlaments und des Rates vom 7. September 2005 über die Anerkennung von Berufsqualifikationen (ABl. EU Nr. L 255 S. 22; 2007 Nr. L 271 S. 18; 2008 Nr. L 93 S. 28; 2009 Nr. L 33 S. 49; 2014 Nr. L 305 S. 115) in der jeweils geltenden Fassung. Unberührt bleiben der Grundsatz der automatischen Anerkennung aufgrund der Regelungen in den Artikeln 21 bis 49 der Richtlinie 2005/36/EG und der Grundsatz der Anerkennung von Berufserfahrung aufgrund der Regelungen in den Artikeln 16 bis 20 der Richtlinie 2005/36/EG.

(2) Mitgliedstaat im Sinne dieser Verordnung ist

1. jeder Mitgliedstaat der Europäischen Union,
2. jeder andere Vertragsstaat des Abkommens über den Europäischen Wirtschaftsraum und
3. jeder andere Vertragsstaat, dem die Bundesrepublik Deutschland und die Europäische Gemeinschaft oder die Europäische Union vertraglich einen Rechtsanspruch auf Anerkennung von Berufsqualifikationen eingeräumt haben.

§ 37 Anerkennung

(1) Berufsqualifikationsnachweise nach Artikel 11 der Richtlinie 2005/36/EG oder diesen gleichgestellte Ausbildungsnachweise nach Artikel 12 Abs. 1 der Richtlinie 2005/36/EG (Qualifikationsnachweise), die in einem anderen Mitgliedstaat erforderlich sind, um den unmittelbaren Zugang zum öffentlichen Dienst dieses Staates zu eröffnen, oder die gemäß Artikel 12 Abs. 2 der Richtlinie 2005/36/EG diesbezüglich erworbene Rechte verleihen, sind auf Antrag als Laufbahnbefähigung für die Fachrichtung, die der erworbenen Qualifikation entspricht, anzuerkennen, wenn sie

1. in einem Mitgliedstaat von einer entsprechend dessen Rechts- und Verwaltungsvorschriften benannten zuständigen Behörde ausgestellt worden sind und
2. im Vergleich zu der in Rheinland-Pfalz als Zugangsvoraussetzung für das jeweilige Einstiegsamt der Laufbahn erforderlichen Vor- und Ausbildung kein Defizit nach § 38 aufweisen.

(2) Hat die Antragstellerin oder der Antragsteller in einem Mitgliedstaat, der die Berufsausübung nicht reglementiert hat, mindestens ein Jahr innerhalb der letzten zehn Jahre den Beruf vollzeitlich oder während einer entsprechenden Gesamtdauer in Teilzeit ausgeübt, gilt Absatz 1 entsprechend, wenn die Qualifikationsnachweise

1. in einem Mitgliedstaat von einer entsprechend dessen Rechts- und Verwaltungsvorschriften benannten zuständigen Behörde ausgestellt worden sind und
2. bescheinigen, dass die Antragstellerin oder der Antragsteller auf die Ausübung des betreffenden Berufs vorbereitet wurde.

Die einjährige Berufserfahrung nach Satz 1 darf nicht gefordert werden, wenn die vorgelegten Qualifikationsnachweise den Abschluss eines reglementierten Ausbildungsgangs bestätigen.

(3) Die zuständige Behörde (§ 42 Abs. 1) gewährt im Einzelfall auf entsprechenden Antrag einen partiellen Zugang zu einer Laufbahn, wenn

1. die Antragstellerin oder der Antragsteller ohne Einschränkung qualifiziert ist, im Herkunftsmitgliedstaat die berufliche Tätigkeit auszuüben, für die in Rheinland-Pfalz ein partieller Zugang begehrt wird,
2. die Defizite so groß sind, dass die Anwendung von Ausgleichsmaßnahmen der Anforderung an die Antragstellerin oder den Antragsteller gleichkäme, die vollständige Ausbildung für den Erwerb der Zugangsvoraussetzungen für das jeweilige Einstiegsamt einer Laufbahn in Rheinland-Pfalz zu durchlaufen, und
3. die Berufstätigkeit sich objektiv von anderen in Rheinland-Pfalz von der Laufbahnbefähigung erfassten Tätigkeiten trennen lässt; dafür ist zu berücksichtigen, ob die berufliche Tätigkeit im Herkunftsmitgliedstaat eigenständig ausgeübt werden kann.

Der partielle Zugang kann verweigert werden, wenn zwingende Gründe des Allgemeininteresses dies rechtfertigen.

§ 38 Bewertung der Qualifikationen

(1) Die zuständige Behörde (§ 42 Abs. 1) prüft, ob die Qualifikationsnachweise mit einer Befähigung für eine angestrebte Laufbahn vergleichbar sind. Sie ordnet sie einer Fachrichtung sowie einem Einstiegsamt zu und stellt fest, ob sie ein Defizit aufweisen. Dabei ist auch zu prüfen, inwieweit ein Defizit durch die während einer Berufstätigkeit, die im Anschluss an den Erwerb der Qualifikationsnachweise ausgeübt wurde, oder die durch lebenslanges Lernen erworbenen Kenntnisse, Fähigkeiten und Kompetenzen, die hierfür von einer einschlägigen Stelle formell als gültig anerkannt wurden, ausgeglichen wird.

(2) Ein inhaltliches Defizit liegt vor, wenn

1. die bisherige Ausbildung und der dazu gehörige Ausbildungsnachweis sich auf Fächer bezieht, die sich wesentlich von denen unterscheiden, die in Rheinland-Pfalz vorgeschrieben sind, oder
2. die Laufbahnbefähigung, bezogen auf das jeweilige Einstiegsamt, die Wahrnehmung eines umfangreicheren Aufgabenfeldes ermöglicht als der reglementierte Beruf im Herkunftsmitgliedstaat der Antragstellerin oder des Antragstellers und wenn sich die in Rheinland-Pfalz für den Erwerb der Laufbahnbefähigung vorgeschriebene Ausbildung auf Fächer bezieht, die sich wesentlich von denen unterscheiden, die von den vorgelegten Qualifikationsnachweisen abgedeckt werden.

Fächer unterscheiden sich wesentlich, wenn die durch sie vermittelten Kenntnisse, Fähigkeiten und Kompetenzen eine wesentliche Voraussetzung für die Ausübung des Berufs sind und die bisherige Ausbildung der Antragstellerin oder des Antragstellers diesbezüglich bedeutende Abweichungen hinsichtlich des Inhalts gegenüber der für den Erwerb der Laufbahnbefähigung geforderten fachtheoretischen Ausbildung aufweist.

(3) Abweichend von Absatz 1 kann die zuständige Behörde (§ 42 Abs. 1) die Anerkennung eines Qualifikationsnachweises, der nicht mindestens Artikel 11 Buchst. b der Richtlinie 2005/36/EG entspricht, als Zugangsvoraussetzung für das vierte Einstiegsamt einer Laufbahn ablehnen.

§ 39 Ausgleichsmaßnahmen

(1) Wird ein Defizit festgestellt, ist die Anerkennung nach Wahl der Antragstellerin oder des Antragstellers von einer bestandenen Eignungsprüfung oder der erfolgreichen Teilnahme an einem Anpassungslehrgang abhängig zu machen.

(2) Abweichend von Absatz 1 sind

1. Qualifikationsnachweise als Zugangsvoraussetzung für das dritte oder vierte Einstiegsamt einer Laufbahn, deren Ausübung eine genaue Kenntnis des deutschen Rechts erfordert und bei der Beratung oder Beistand in Bezug auf das deutsche Recht ein wesentlicher und beständiger Teil der Berufsausübung ist, nur anzu-

erkennen, wenn die Antragstellerin oder der Antragsteller mit Erfolg eine Eignungsprüfung abgelegt hat,

2. Qualifikationsnachweise nach Artikel 11 Buchst. b der Richtlinie 2005/36/EG als Zugangsvoraussetzung für das dritte oder vierte Einstiegsamt einer Laufbahn nur anzuerkennen, wenn die Antragstellerin oder der Antragsteller nach Festlegung durch die zuständige Behörde (§ 42 Abs. 1) mit Erfolg eine Eignungsprüfung abgelegt oder erfolgreich an einem Anpassungslehrgang teilgenommen hat,
3. Qualifikationsnachweise nach Artikel 11 Buchst. a der Richtlinie 2005/36/EG als Zugangsvoraussetzung für das dritte Einstiegsamt einer Laufbahn nur anzuerkennen, wenn die Antragstellerin oder der Antragsteller mit Erfolg eine Eignungsprüfung abgelegt und erfolgreich an einem Anpassungslehrgang teilgenommen hat.

§ 40 Eignungsprüfung

(1) Die Eignungsprüfung ist eine die beruflichen Kenntnisse, Fähigkeiten und Kompetenzen betreffende staatliche Prüfung, mit der die Fähigkeiten, die Aufgaben der angestrebten Laufbahn auszuüben, beurteilt werden. Sie muss dem Umstand Rechnung tragen, dass die Antragstellerin oder der Antragsteller im Heimat- oder Herkunftsstaat bereits über eine entsprechende berufliche Qualifikation verfügt.

(2) Zur Durchführung der Eignungsprüfung ist ein Verzeichnis der Sachgebiete zu erstellen, die aufgrund eines Vergleichs zwischen der für die Laufbahnbefähigung verlangten Ausbildung und der bisherigen Ausbildung der Antragstellerin oder des Antragstellers nicht abgedeckt werden. Die Eignungsprüfung erstreckt sich auf die Sachgebiete, die aus dem Verzeichnis ausgewählt werden und deren Kenntnisse eine wesentliche Voraussetzung für die Erlangung der Laufbahnbefähigung sind.

(3) Die Eignungsprüfung besteht aus einer schriftlichen und einer mündlichen Prüfung. Sie wird in deutscher Sprache abgelegt. Die Prüfungsleistungen werden nach der in § 24 Abs. 2 festgelegten Notenskala bewertet. Ist das Gesamtergebnis schlechter als „ausreichend“, ist die Eignungsprüfung nicht bestanden. Im Falle des Nichtbestehens kann die Eignungsprüfung einmal wiederholt werden.

(4) Zuständig für die Durchführung der Eignungsprüfung ist ein Prüfungsausschuss, der bei der für die Gestaltung der Laufbahn zuständigen obersten Landesbehörde oder einer von dieser bestimmten Stelle eingerichtet wird; sie kann auch von einer Stelle abgenommen werden, die durch eine Verwaltungsvereinbarung mit dem Bund oder einem anderen Land bestimmt wird.

(5) Der Antragstellerin oder dem Antragsteller ist die Möglichkeit zu geben, die Eignungsprüfung spätestens sechs Monate nach Ausübung des Wahlrechts nach § 39 Abs. 1 oder dem Zugang der Entscheidung der zuständigen Behörde (§ 42 Abs. 1) über die Auferlegung einer Eignungsprüfung abzulegen.

§ 41 Anpassungslehrgang

(1) Der Anpassungslehrgang besteht aus einer berufspraktischen Ausbildung in den Laufbahnaufgaben unter Anleitung und Verantwortung einer oder eines qualifizierten Berufsangehörigen (Ausbildungsleiterin oder Ausbildungsleiter); er kann eine theoretische Zusatzausbildung umfassen.

(2) Die Einzelheiten des Anpassungslehrgangs werden unter Berücksichtigung des festgestellten inhaltlichen Defizits von der zuständigen Behörde (§ 42 Abs. 1) festgelegt. Der Anpassungslehrgang wird von der zuständigen Behörde (§ 42 Abs. 1) durchgeführt. Diese kann, soweit ein Vorbereitungsdienst eingerichtet ist, die in der Ausbildungs- und Prüfungsordnung (§ 26 LBG) bestimmte zuständige Ausbildungsbehörde mit der Durchführung des Anpassungslehrgangs beauftragen. Der Anpassungslehrgang darf höchstens drei Jahre dauern und soll, soweit ein Vorbereitungsdienst eingerichtet ist, dessen Dauer nicht überschreiten.

(3) Der Status der Antragstellerin oder des Antragstellers bestimmt sich nach dem in Anlage 3 vorgesehenen Vertrag.

(4) Der Anpassungslehrgang endet außer mit Ablauf der festgesetzten Zeit vorzeitig auf

Antrag. Er kann außerdem vorzeitig von Amts wegen beendet werden, wenn schwerwiegende Pflichtverletzungen der Antragstellerin oder des Antragstellers der Fortführung entgegenstehen.

(5) Die Leistungen während des Anpassungslehrgangs werden nach der in § 24 Abs. 2 und 3 festgelegten Notenskala bewertet. Bei mehreren Lehrgangsabschnitten wird am Ende des Anpassungslehrgangs eine Gesamtnote in Form des rechnerischen Mittels gebildet; dabei zählt die Teilnote für eine theoretische Zusatzausbildung doppelt. Eine abschließende Prüfung findet nicht statt.

(6) Werden die Leistungen nicht mindestens mit der Gesamtnote „ausreichend" bewertet, ist der Anpassungslehrgang nicht bestanden. In diesem Fall kann der Anpassungslehrgang bis zu einem Jahr verlängert werden.

---

§ 41 ist bereits am 14. Dezember 2010 in Kraft getreten.

§ 42 Antrag und Verfahren

(1) Der Antrag auf Anerkennung ist unter Angabe der angestrebten Tätigkeit oder Laufbahn schriftlich oder elektronisch an die nach § 26 LBG für die Gestaltung der angestrebten Laufbahn zuständige oberste Landesbehörde zu richten; diese kann ihre Befugnis auf andere Behörden übertragen.

(2) Das Verfahren kann auch über einen einheitlichen Ansprechpartner im Sinne des Landesgesetzes über die einheitlichen Ansprechpartner in Verwaltungsangelegenheiten vom 27. Oktober 2009 (GVBl. S. 355, BS 2010-6) in der jeweils geltenden Fassung abgewickelt werden.

(3) Dem Antrag sind beizufügen:

1. eine tabellarische Darstellung des beruflichen Werdegangs,
2. ein Nachweis der Staatsangehörigkeit eines Mitgliedstaates,
3. Qualifikationsnachweise,
4. Bescheinigungen oder Urkunden des Heimat- oder Herkunftsstaates darüber, dass keine Straftaten, schwerwiegenden beruflichen Verfehlungen oder sonstige, die Eignung der Antragstellerin oder des Antragstellers infrage stellenden Umstände bekannt sind; die Bescheinigungen oder Urkunden dürfen bei ihrer Vorlage nicht älter als drei Monate sein,
5. eine Bescheinigung des Heimat- oder Herkunftsstaates, aus der hervorgeht, zu welcher Berufsausübung dort im öffentlichen Dienst die Qualifikationsnachweise berechtigen,
6. Nachweise über Inhalte und Dauer der Studien und Ausbildungen; aus den Nachweisen müssen die Anforderungen hervorgehen, die zur Erlangung des Abschlusses geführt haben,
7. Bescheinigungen über die Art und Dauer der nach Erwerb des Ausbildungsnachweises in einem Mitgliedstaat ausgeübten Tätigkeiten in Fachgebieten des Ausbildungsnachweises,
8. eine Erklärung, ob die Anerkennung bei einer anderen Behörde beantragt oder zu einem früheren Zeitpunkt abgelehnt worden ist.

(4) Der Antrag und die beizufügenden Unterlagen sind, soweit sie von der Antragstellerin oder dem Antragsteller stammen, in deutscher Sprache, sonstige Unterlagen mit einer Übersetzung in deutscher Sprache zu übermitteln. Bei begründeten Zweifeln an der Echtheit von in Kopie vorgelegten Unterlagen, an der Richtigkeit von Angaben oder an der zutreffenden Übersetzung kann die Vorlage einer beglaubigten Kopie oder einer beglaubigten Übersetzung verlangt werden. Bestehen berechtigte Zweifel, kann die zuständige Behörde (Absatz 1) von den zuständigen Behörden eines Mitgliedstaats eine Bestätigung der Tatsache verlangen, dass die Ausübung dieses Berufes durch die Antragstellerin oder den Antragsteller nicht aufgrund eines disziplinarischen Verhaltens oder einer Verurteilung wegen strafbarer Handlungen ausgesetzt oder untersagt wurde. Der Informationsaustausch nach Satz 3 erfolgt über das Binnenmarkt-Informationssystem IMI.

(5) Der Empfang des Antrages ist der Antragstellerin oder dem Antragsteller binnen eines Monats zu bestätigen; ihr oder ihm ist gege-

benenfalls gleichzeitig mitzuteilen, welche Unterlagen fehlen.

(6) Über den Antrag ist innerhalb von vier Monaten nach Vorlage der vollständigen Unterlagen zu entscheiden. In den Fällen der automatischen Anerkennung nach den Artikeln 21 bis 49 der Richtlinie 2005/36/EG beträgt die Frist drei Monate. Der Bescheid ist, außer bei sofortiger Anerkennung, zu begründen; er muss bei einem Defizit auch konkrete Angaben zu den möglichen Ausgleichsmaßnahmen und dem nach § 39 Abs. 1 bestehenden Wahlrecht enthalten. Wird eine Ausgleichsmaßnahme auferlegt, muss der Bescheid folgende weitere Informationen enthalten:

1. das Niveau der in Rheinland-Pfalz als Zugangsvoraussetzung für das jeweilige Einstiegsamt der Laufbahn verlangten und das Niveau der von der Antragstellerin oder dem Antragsteller vorgelegten Berufsqualifikation gemäß der Klassifizierung in Artikel 11 der Richtlinie 2005/36/EG und
2. die wesentlichen Unterschiede nach § 38 Abs. 2 und die Gründe, aus denen diese Unterschiede nicht durch Kenntnisse, Fähigkeiten und Kompetenzen, die durch lebenslanges Lernen erworben und hierfür von einer einschlägigen Stelle formell als gültig anerkannt wurden, ausgeglichen werden können.

Im Anerkennungsbescheid ist darauf hinzuweisen, dass die Anerkennung keinen Anspruch auf Einstellung begründet.

(7) Die Verfahrensfristen nach den Absätzen 5 und 6 laufen ab dem Zeitpunkt, in dem die Antragstellerin oder der Antragsteller den Antrag oder ein fehlendes Dokument bei der zuständigen Behörde (Absatz 1) oder bei einem einheitlichen Ansprechpartner (Absatz 2) einreicht. Eine Aufforderung zur Vorlage beglaubigter Kopien im Sinne des Absatzes 4 hemmt nicht den Fristlauf nach Absatz 6.

(8) Der Antrag ist abzulehnen, wenn

1. die für die Anerkennung erforderlichen Unterlagen trotz Aufforderung nicht in angemessener Frist vollständig vorgelegt werden,
2. die Voraussetzungen der §§ 37 und 39 nicht erfüllt sind,
3. ein entsprechender Antrag bereits von derselben oder einer anderen Behörde bestands- oder rechtskräftig abgelehnt worden ist, ohne dass sich die Sach- oder Rechtslage inzwischen geändert hat, oder
4. die Antragstellerin oder der Antragsteller wegen schwerwiegender beruflicher Verfehlungen, Straftaten oder sonstiger Gründe für den Zugang zum Beamtenverhältnis nicht geeignet ist.

§ 43 Berufsbezeichnung

Sofern mit der Anerkennung der Laufbahnbefähigung die Befugnis verbunden ist, eine Bezeichnung zu führen, kann diese als Berufsbezeichnung geführt werden. Bei Gewährung eines partiellen Zugangs wird die für die berufliche Tätigkeit nach § 37 Abs. 3 Satz 1 Nr. 1 im Herkunftsmitgliedstaat bestehende Berufsbezeichnung mit deutscher Übersetzung geführt.

§ 44 Verwaltungszusammenarbeit

(1) Die nach § 42 Abs. 1 zuständigen Behörden arbeiten mit den zuständigen Behörden der Mitgliedstaaten eng zusammen und leisten diesen Amtshilfe. Insbesondere sind bei Staatsangehörigen eines Mitgliedstaates, die ihren Wohnsitz in Rheinland-Pfalz haben oder ihren Wohnsitz unmittelbar vor der Verlegung in einen anderen Mitgliedstaat in Rheinland-Pfalz hatten, die nach der Richtlinie 2005/36/EG erforderlichen Auskünfte zu erteilen und die für die Berufsausübung in den anderen Mitgliedstaaten notwendigen Bescheinigungen auszustellen.

(2) In Bezug auf Antragstellerinnen und Antragsteller sind der zuständigen Behörde eines Mitgliedstaates Auskünfte über berufsbezogene disziplinarische oder strafrechtliche Sanktionen zu geben. Die zuständige Behörde des Mitgliedstaates ist über Sachverhalte, die sich auf die Ausübung des Berufes auswirken können, insbesondere über berufsbezogene disziplinarische und strafrechtliche Sanktionen, zu unterrichten.

(3) Für Zwecke der Absätze 1 und 2 nutzen die zuständigen Behörden das Binnenmarkt-Informationssystem IMI.

(4) Absatz 1 Satz 1 gilt entsprechend im Hinblick auf die nach Artikel 57b der Richtlinie 2005/36/EG eingerichteten Beratungszentren. Auf Antrag und unter Einhaltung der Datenschutzvorschriften entsprechend der Verordnung (EU) 2016/679 des Europäischen Parlaments und des Rates vom 27. April 2016 zum Schutz natürlicher Personen bei der Verarbeitung personenbezogener Daten, zum freien Datenverkehr und zur Aufhebung der Richtlinie 95/46/EG (Datenschutz-Grundverordnung) (ABl. EU Nr. L 119 S. 1) in der jeweils geltenden Fassung und der Richtlinie 2002/58/EG des Europäischen Parlaments und des Rates vom 12. Juli 2002 über die Verarbeitung personenbezogener Daten und dem Schutz der Privatsphäre in der elektronischen Kommunikation (Datenschutzrichtlinie für elektronische Kommunikation) (ABl. EG Nr. L 201 S. 37) in ihrer jeweils geltenden Fassung sind diesen alle relevanten Informationen über Einzelfälle bereitzustellen.

Teil 8 Landespersonalausschuss, Zuständigkeiten

§ 45 Landespersonalausschuss

Der Landespersonalausschuss regelt das Verfahren

1. zu der Feststellung der Befähigung anderer Bewerberinnen und anderer Bewerber (§ 18 Abs. 2 LBG) und
2. zu der Zertifizierung der einzelnen Systeme der Fortbildungsqualifizierung (§ 21 Abs. 3 Satz 4 LBG).

---

§ 45 Nr. 2 ist bereits am 14. Dezember 2010 in Kraft getreten.

§ 46 Fortbildungsqualifizierung

(1) Die Feststellung nach § 29 Abs. 3 trifft

1. bei unmittelbaren Landesbeamtinnen und Landesbeamten die oberste Dienstbehörde,
2. bei den Beamtinnen und Beamten der Gemeinden und Gemeindeverbände sowie der sonstigen der Aufsicht des für das Kommunalrecht zuständigen Ministeriums unterstehenden Körperschaften, Anstalten und Stiftungen des öffentlichen Rechts die Hochschule für öffentliche Verwaltung Rheinland-Pfalz und
3. bei den Beamtinnen und Beamten der anderen der Aufsicht des Landes unterstehenden Körperschaften, Anstalten und Stiftungen des öffentlichen Rechts die Aufsichtsbehörde.

(2) Die Zulassung einer Bewerberin oder eines Bewerbers zur Fortbildungsqualifizierung (§ 29 Abs. 1) ist der nach Absatz 1 zuständigen Behörde vorab anzuzeigen. Hierbei ist mitzuteilen, welches System der Fortbildungsqualifizierung zur Anwendung kommen soll.

Teil 9 Übergangs- und Schlussbestimmungen

§ 47 Überleitung

Die am 30. Juni 2012 bestehenden Laufbahnen werden nach Maßgabe der Anlage 4 in die Laufbahnen nach § 14 Abs. 2 LBG übergeleitet.

§ 48 Inkrafttreten

(1) Die §§ 8, 36 bis 44 und 45 Nr. 2 treten am Tage nach der Verkündung in Kraft. Gleichzeitig tritt die EU-Laufbahnbefähigung-Anerkennungsverordnung vom 14. Dezember 1999 (GVBl. S. 451, BS 2030-9) außer Kraft.

(2) Im Übrigen tritt diese Verordnung am 1. Juli 2012 in Kraft. Gleichzeitig tritt die Laufbahnverordnung vom 20. Februar 2006 (GVBl. S. 102), zuletzt geändert durch Artikel 5 des Gesetzes vom 9. Juli 2010 (GVBl. S. 167), BS 2030-5, außer Kraft.

Anlage 1
(zu § 5 Abs. 1)

Folgende Ämter brauchen nicht regelmäßig durchlaufen zu werden:

1. ein Amt in der Besoldungsgruppe 16 der Besoldungsordnung A oder ein Amt in der Besoldungsgruppe 2 der Besoldungsordnung R im Falle der Ernennung
   zur Direktorin oder zum Direktor des Landesamtes für Geologie und Bergbau,
   zur Direktorin oder zum Direktor bei einem Regionalträger der gesetzlichen Rentenversicherung,
   zur Direktorin oder zum Direktor einer Verwaltungsfachhochschule,
   zur Ersten Direktorin oder zum Ersten Direktor eines Regionalträgers der gesetzlichen Rentenversicherung,
   zur Finanzpräsidentin oder zum Finanzpräsidenten,
   zur Präsidentin oder zum Präsidenten des Landeskriminalamtes oder
   zur Präsidentin oder zum Präsidenten des Statistischen Landesamtes,
2. die Ämter, die durch eine Fußnote in der Landesbesoldungsordnung A mit einer Amtszulage ausgestattet sind, und
3. die Ämter der Besoldungsordnung B.

Bei der entsprechenden Anwendung des § 5 Abs. 1 auf Richterinnen und Richter nach § 5 Abs. 1 des Landesrichtergesetzes brauchen die Ämter, die durch eine Fußnote in der Bundesbesoldungsordnung R mit einer Amtszulage ausgestattet sind, die Ämter ab Besoldungsgruppe 3 der Besoldungsordnung R sowie im Falle einer Ernennung zur Präsidentin oder zum Präsidenten des Sozialgerichts oder zur Vorsitzenden Richterin oder zum Vorsitzenden Richter am Landesarbeitsgericht ein Amt in der Besoldungsgruppe 2 der Besoldungsordnung R nicht regelmäßig durchlaufen zu werden.

Anlage 2
(zu § 16)

Besondere Einstellungsvoraussetzungen

Einstiegsamt 2

Fachrichtung 5: **Gesundheitsaufsichtsdienst**

Befähigungsnachweis als Desinfektorin oder Desinfektor und Abschlussprüfung für Gesundheitsaufseherinnen und Gesundheitsaufseher an einer Akademie für das öffentliche Gesundheitswesen sowie hauptberufliche Tätigkeit als Gesundheitsaufseherin oder Gesundheitsaufseher von mindestens sechs Monaten.

Fachrichtung 5: **Lebensmittelüberwachungsdienst**

Hauptberufliche Tätigkeit als Lebensmittelkontrolleurin oder Lebensmittelkontrolleur von mindestens sechs Monaten.

Einstiegsamt 3

Fachrichtung 1: **Stenografischer Dienst**

Kurzschriftprüfung und hauptberufliche Tätigkeit von mindestens zwei Jahren, davon mindestens ein Jahr nach der Kurzschriftprüfung.

Fachrichtung 5: **Sozialdienst**

Staatliche Anerkennung als Sozialarbeiterin oder Sozialarbeiter oder als Sozialpädagogin oder Sozialpädagoge und hauptberufliche Tätigkeit von mindestens zwei Jahren.

Einstiegsamt 4

Fachrichtung 1: **Stenografischer Dienst**

Kurzschriftprüfung und hauptberufliche Tätigkeit von mindestens zwei Jahren, davon mindestens ein Jahr nach der Kurzschriftprüfung.

Fachrichtung 2: **Dienst in der Denkmalpflege, Dienst in Museen**

Nachweis einer hauptberuflichen Tätigkeit entfällt für Bewerberinnen und Bewerber in der Denkmalpflege oder in Museen, die die Zugangsvoraussetzungen für das vierte Einstiegsamt der Laufbahn Naturwissenschaft und Technik oder für das Lehramt an Gymnasien oder an berufsbildenden Schulen erfüllen.

Fachrichtung 5: **Ärztlicher Dienst**

Hauptberufliche Tätigkeit von mindestens einem Jahr.

Fachrichtung 5: **Lebensmittelchemischer Dienst**

Befähigungsnachweis als Staatlich geprüfte Lebensmittelchemikerin oder Staatlich geprüfter Lebensmittelchemiker und hauptberufliche Tätigkeit von mindestens zwei Jahren, bei einem mit einer Prüfung abgeschlossenen förderlichen Zusatzstudium von mindestens einem Jahr.

Fachrichtung 5: **Pharmazeutischer Dienst**

Hauptberufliche Tätigkeit von mindestens drei Jahren, bei einem mit einer Prüfung abgeschlossenen Zusatzstudium der Fachrichtung Lebensmittelchemie von mindestens einem Jahr.

Fachrichtung 5: **Theologischer Dienst**

Zweites theologisches Examen und hauptberufliche Tätigkeit von mindestens drei Jahren.

Fachrichtung 5: **Tierärztlicher Dienst**

Prüfung für die Einstellung als beamtete Tierärztin oder beamteter Tierarzt; Nachweis einer hauptberuflichen Tätigkeit entfällt.

Für die Einstellung in den tierärztlichen Dienst bei dem Landesuntersuchungsamt kann an die Stelle der Prüfung für die Einstellung als beamtete Tierärztin oder beamteter Tierarzt eine hauptberufliche Tätigkeit von mindestens zwei Jahren an einer tierärztlichen oder ärztlichen Lehr-, Forschungs- oder Versuchsanstalt treten.

Fachrichtung 5: **Zahnärztlicher Dienst**

Hauptberufliche Tätigkeit von mindestens einem Jahr.

Fachrichtung 6: **Naturwissenschaftlicher Dienst**

Hauptberufliche Tätigkeit von mindestens zwei Jahren für Chemikerinnen und Chemiker mit dem Befähigungsnachweis als Staatlich geprüfte Lebensmittelchemikerin oder Staatlich geprüfter Lebensmittelchemiker.

Anlage 3
(zu § 41 Abs. 3)

Vertrag

Zwischen

____

– vertreten durch ______________________________

und

Frau/Herrn ______________________________

geboren am ______________________________

in ______________________________

wohnhaft ______________________________

wird folgender Vertrag geschlossen:

§ 1

Frau/Herrn .... wird für die Zeit vom .... bis .... Gelegenheit gegeben, in einem Anpassungslehrgang im Sinne des § 41 der Laufbahnverordnung die Kenntnisse und Fähigkeiten für das .... Einstiegsamt der Laufbahn .... zu erwerben, die nicht in der vorliegenden Qualifikation enthalten sind.

§ 2

Der Anpassungslehrgang besteht aus einer berufspraktischen Ausbildung in den auf das .... Einstiegsamt bezogenen Aufgaben der in § 1 bezeichneten Laufbahn unter Anleitung und Verantwortung einer oder eines qualifizierten Berufsangehörigen (Ausbildungsleiterin oder Ausbildungsleiter); er kann eine theoretische Zusatzausbildung umfassen.

§ 3

Dienstobliegenheiten werden nicht übertragen.

§ 4

Der Anpassungslehrgang endet außer mit Ablauf der festgesetzten Zeit vorzeitig auf Antrag. Er kann außerdem vorzeitig von Amts wegen beendet werden, wenn schwerwiegende Pflichtverletzungen der Teilnehmerin oder des Teilnehmers der Fortführung entgegenstehen.

§ 5

(1) Die Teilnehmerin oder der Teilnehmer am Anpassungslehrgang hat den Anweisungen der Ausbildungsleiterin oder des Ausbildungsleiters zu folgen.

(2) Die Teilnehmerin oder der Teilnehmer unterliegt der Pflicht zur Dienstverschwiegenheit.

§ 6

Die Teilnehmerin oder der Teilnehmer am Anpassungslehrgang kann sich in allen Fragen der Durchführung des Anpassungslehrgangs an die Ausbildungsleiterin oder den Ausbildungsleiter wenden. Die Ausbildungsleiterin oder der Ausbildungsleiter stellt durch geeignete Maßnahmen sicher, dass sich die Teilnehmerin oder der Teilnehmer die in § 1 genannten Kenntnisse und Fähigkeiten in sachgerechter Form aneignen kann.

§ 7

Eine Vergütung wird nicht gewährt.

Anlage 4
(zu § 47)

Überleitung der Laufbahnen

Laufbahn (bis 30. Juni 2012)	Laufbahngruppe (bis 30. Juni 2012)	Laufbahn (ab 1. Juli 2012)*)
Agrarverwaltungsdienst	höherer Dienst	6
Akademische Rätin oder Akademischer Rat	höherer Dienst	2
Amtsanwaltsdienst	gehobener Dienst	3
Archäologischer Dienst	höherer Dienst	2
Archivdienst	gehobener Dienst	2
Archivdienst	höherer Dienst	2
Ärztlicher Dienst	höherer Dienst	5
Aus- und Weiterbildungsdienst	gehobener Dienst	1
Aus- und Weiterbildungsdienst	höherer Dienst	1
Bautechnischer Dienst	mittlerer Dienst	6
Bergtechnischer Dienst	gehobener Dienst	6
Bergtechnischer Dienst	höherer Dienst	6
Bergvermessungstechnischer Dienst	gehobener Dienst	6
Bergvermessungstechnischer Dienst	höherer Dienst	6
Betriebstechnischer Dienst	mittlerer Dienst	6
Bibliotheksdienst an wissenschaftlichen Bibliotheken	höherer Dienst	2
Datenverarbeitungsdienst	gehobener Dienst	1
Datenverarbeitungsdienst	höherer Dienst	1
Dienst bei Justizvollzugsanstalten	mittlerer Dienst	3
Dienst der Steuerverwaltung der Länder	einfacher Dienst	1
Dienst der Steuerverwaltung der Länder	mittlerer Dienst	1
Dienst der Steuerverwaltung der Länder	gehobener Dienst	1
Dienst der Steuerverwaltung der Länder	höherer Dienst	1
Dienst in der Denkmalpflege	höherer Dienst	2
Dienst in Museen	höherer Dienst	2
eichtechnischer Dienst	mittlerer Dienst	6
eichtechnischer Dienst	gehobener Dienst	6
eichtechnischer Dienst	höherer Dienst	6
feuerwehrtechnischer Dienst	mittlerer Dienst	4
feuerwehrtechnischer Dienst	gehobener Dienst	4
feuerwehrtechnischer Dienst	höherer Dienst	4
Forstdienst	gehobener Dienst	6
Forstdienst	höherer Dienst	6

*) Die Zahlen entsprechen den Nummern in § 14 Abs. 2 LBG.

II

Laufbahn (bis 30. Juni 2012)	Laufbahngruppe (bis 30. Juni 2012)	Laufbahn (ab 1. Juli 2012)*)
Gartenbautechnischer Dienst	gehobener Dienst	6
Gerichtsvollzieherdienst	mittlerer Dienst	3
Gesundheitsaufsichtsdienst	mittlerer Dienst	5
Getränketechnologischer Dienst	gehobener Dienst	6
Getränketechnologischer Dienst	höherer Dienst	6
Historischer Dienst	höherer Dienst	2
höherer Verwaltungsdienst	höherer Dienst	1
Justizdienst	einfacher Dienst	3
Justizdienst	mittlerer Dienst	3
Justizdienst	gehobener Dienst	3
Kartografischer Dienst	mittlerer Dienst	6
Kartografischer Dienst	gehobener Dienst	6
Kerntechnischer Sicherheits- und Strahlenschutzdienst	gehobener Dienst	6
Kerntechnischer Sicherheits- und Strahlenschutzdienst	höherer Dienst	6
Kommunaler Vollzugsdienst	mittlerer Dienst	1
Kunsthistorischer Dienst	höherer Dienst	2
Ländlich-hauswirtschaftlicher Dienst	gehobener Dienst	6
Landesplanungsdienst	gehobener Dienst	1
Landesplanungsdienst	höherer Dienst	1
Landwirtschaftstechnischer Dienst	gehobener Dienst	6
Lebensmittelchemischer Dienst	höherer Dienst	5
Lebensmittelüberwachungsdienst	mittlerer Dienst	5
Lehramt an landwirtschaftlichen berufsbildenden Schulen	höherer Dienst	6
Naturwissenschaftlicher Dienst	gehobener Dienst	6
Naturwissenschaftlicher Dienst	höherer Dienst	6
Nicht technischer Dienst in der gesetzlichen Rentenversicherung	gehobener Dienst	1
Nicht technischer Dienst in der Kommunalverwaltung und der staatlichen allgemeinen und inneren Verwaltung	mittlerer Dienst	1
Nicht technischer Dienst in der Kommunalverwaltung und der staatlichen allgemeinen und inneren Verwaltung	gehobener Dienst	1
Pharmazeutischer Dienst	höherer Dienst	5
Präparationsdienst	mittlerer Dienst	2

*) Die Zahlen entsprechen den Nummern in § 14 Abs. 2 LBG.

Laufbahn (bis 30. Juni 2012)	Laufbahngruppe (bis 30. Juni 2012)	Laufbahn (ab 1. Juli 2012)*)
Prüfdienst in der gesetzlichen Krankenversicherung	gehobener Dienst	5
Prüfdienst in der gesetzlichen Krankenversicherung	höherer Dienst	5
Psychologischer Dienst	höherer Dienst	5
Restaurationsdienst	mittlerer Dienst	2
Sozialdienst	gehobener Dienst	5
Sozialdienst	höherer Dienst	5
Statistischer Dienst	höherer Dienst	1
Stenografischer Dienst	gehobener Dienst	1
Stenografischer Dienst	höherer Dienst	1
Technischer Aufsichtsdienst	gehobener Dienst	6
Technischer Aufsichtsdienst	höherer Dienst	6
Technischer Gewerbeaufsichtsdienst	mittlerer Dienst	6
Technischer Verwaltungsdienst in der staatlichen Verwaltung: a) Hochbau b) Straßenwesen c) Wasserwesen d) Maschinen- und Elektrotechnik e) Landespflege in der Kommunalverwaltung: a) Hochbau b) Straßenwesen c) Wasserwesen d) Maschinen- und Elektrotechnik e) Landespflege	gehobener Dienst	6
Technischer Verwaltungsdienst a) Hochbau b) Städtebau c) Bauingenieurwesen d) Maschinen- und Elektrotechnik e) Vermessungs- und Liegenschaftswesen f) Landespflege	höherer Dienst	6
Theologischer Dienst	höherer Dienst	5
Tierärztlicher Dienst	höherer Dienst	5

*) Die Zahlen entsprechen den Nummern in § 14 Abs. 2 LBG.

II

Laufbahn (bis 30. Juni 2012)	Laufbahngruppe (bis 30. Juni 2012)	Laufbahn (ab 1. Juli 2012)*)
Vermessungstechnischer Dienst a) Liegenschaftskataster, Geotopografie und Raumbezug b) Landentwicklung und ländliche Bodenordnung c) Kommunaler Vermessungsdienst	mittlerer Dienst	6
Vermessungstechnischer Dienst a) Liegenschaftskataster, Geotopografie und Raumbezug b) Landentwicklung und ländliche Bodenordnung c) Kommunaler Vermessungsdienst	gehobener Dienst	6
Vollzugs- und Verwaltungsdienst bei Justizvollzugseinrichtungen	gehobener Dienst	3
Weinbautechnischer Dienst	gehobener Dienst	6
Werkleiterdienst	gehobener Dienst	6
Werkleiterdienst	höherer Dienst	6
Wirtschaftsverwaltungsdienst	gehobener Dienst	1
Wirtschaftsverwaltungsdienst	höherer Dienst	1
Zahnärztlicher Dienst	höherer Dienst	5

*) Die Zahlen entsprechen den Nummern in § 14 Abs. 2 LBG.

Laufbahnverordnung für den Polizeidienst (LbVOPol)

Vom 10. Mai 2016 (GVBl. S. 251)

Zuletzt geändert durch
Zweite Landesverordnung zur Änderung der Laufbahnverordnung für den Polizeidienst
vom 28. Januar 2026 (GVBl. S. 88)

Inhaltsübersicht

Aufgrund des § 25 Abs. 2 Satz 2 Nr. 2 und des § 110 Abs. 3 des Landesbeamtengesetzes vom 20. Oktober 2010 (GVBl. S. 319), zuletzt geändert durch Artikel 2 des Gesetzes vom 16. Februar 2016 (GVBl. S. 37), BS 2030-1, wird im Einvernehmen mit dem Ministerium des Innern, für Sport und Infrastruktur und dem Ministerium für Finanzen verordnet:

Teil 1
Allgemeine Bestimmungen

§ 1 Geltungsbereich

(1) Diese Verordnung gilt für alle Polizeibeamtinnen und Polizeibeamte des Landes (§ 109 Abs. 1 des Landesbeamtengesetzes – LBG – vom 20. Oktober 2010 – GVBl. S. 319, BS 2030-1 – in der jeweils geltenden Fassung).

(2) Zum Polizeidienst gehören die Polizeibeamtinnen und Polizeibeamten, die sich in den in § 2 Abs. 2 genannten Ämtern befinden sowie die Polizeikommissar-Anwärterinnen und Polizeikommissar-Anwärter.

§ 2 Laufbahn, Ämter des Polizeidienstes

(1) Die Laufbahn der Polizeibeamtinnen und Polizeibeamten umfasst alle Ämter ab dem dritten Einstiegsamt und, soweit sich Polizeibeamtinnen und Polizeibeamte in anderen Ämtern befinden, auch diese.

(2) Die Ämter des Polizeidienstes werden ab dem dritten Einstiegsamt sowie ab dem vierten Einstiegsamt und, soweit sich Polizeibeamtinnen und Polizeibeamte in Ämtern ab dem zweiten Einstiegsamt befinden, auch diesen wie folgt zugeordnet:

1. ab dem dritten Einstiegsamt die Ämter
   a) der Polizeikommissarin und des Polizeikommissars sowie der Kriminalkommissarin und des Kriminalkommissars,
   b) der Polizeioberkommissarin und des Polizeioberkommissars sowie der Kriminaloberkommissarin und des Kriminaloberkommissars,
   c) der Polizeihauptkommissarin und des Polizeihauptkommissars sowie der Kriminalhauptkommissarin und des Kriminalhauptkommissars,
   d) der Ersten Polizeihauptkommissarin und des Ersten Polizeihauptkommissars sowie der Ersten Kriminalhauptkommissarin und des Ersten Kriminalhauptkommissars,
2. ab dem vierten Einstiegsamt die Ämter
   a) der Polizeirätin und des Polizeirates sowie der Kriminalrätin und des Kriminalrates,
   b) der Polizeioberrätin und des Polizeioberrates sowie der Kriminaloberrätin und des Kriminaloberrates,
   c) der Polizeidirektorin und des Polizeidirektors sowie der Kriminaldirektorin und des Kriminaldirektors,
   d) der Leitenden Polizeidirektorin und des Leitenden Polizeidirektors sowie der Leitenden Kriminaldirektorin und des Leitenden Kriminaldirektors,
   e) der Polizeivizepräsidentin oder des Polizeivizepräsidenten,
   f) der Polizeivizepräsidentin des Polizeipräsidiums Einsatz, Logistik und Technik oder des Polizeivizepräsidenten des Polizeipräsidiums Einsatz, Logistik und Technik, soweit nicht der Fachrichtung Verwaltung und Finanzen zugehörig,
   g) der Vizepräsidentin des Landeskriminalamtes oder des Vizepräsidenten des Landeskriminalamtes,
   h) der Stellvertretenden Direktorin der Hochschule der Polizei Rheinland-Pfalz oder des Stellvertretenden Direktors der Hochschule der Polizei Rheinland-Pfalz, soweit nicht der Fachrichtung Verwaltung und Finanzen zugehörig,
   i) der Inspekteurin der Polizei oder des Inspekteurs der Polizei,
3. ab dem zweiten Einstiegsamt die Ämter
   a) der Polizeimeisterin und des Polizeimeisters,
   b) der Polizeiobermeisterin und des Polizeiobermeisters sowie der Kriminalobermeisterin und des Kriminalobermeisters,

c) der Polizeihauptmeisterin und des Polizeihauptmeisters sowie der Kriminalhauptmeisterin und des Kriminalhauptmeisters.

(3) Als Ämter, die regelmäßig zu durchlaufen sind (§ 21 Abs. 2 Satz 2 LBG), werden bestimmt:

1. für die Polizeibeamtinnen und Polizeibeamten, die die Laufbahnprüfung für den Zugang zum dritten Einstiegsamt bestanden haben, die Ämter nach Absatz 2 Nr. 1,
2. für die Polizeibeamtinnen und Polizeibeamten, die nach § 18 eingestellt worden sind, die Ämter nach Absatz 2 Nr. 1,
3. für die Polizeibeamtinnen und Polizeibeamten, die die Ausbildungsqualifizierung nach § 21 oder die Qualifizierung zur speziellen Verwendung nach § 22 für die Ämter ab dem vierten Einstiegsamt abgeleistet und die Masterprüfung bestanden haben, die Ämter nach Absatz 2 Nr. 1 Buchst. a sowie die Ämter nach Absatz 2 Nr. 2,
4. für die Polizeibeamtinnen und Polizeibeamten, die nach § 23 eingestellt worden sind, die Ämter nach Absatz 2 Nr. 2.

§ 3 Verwendungsgrundsatz

Die Polizeibeamtinnen und Polizeibeamten können in allen Bereichen des Polizeidienstes bei den Polizeibehörden und Polizeieinrichtungen verwendet werden. Bei der Bestimmung über ihre Verwendung können deren besondere Fachkenntnisse und Neigungen berücksichtigt werden.

§ 4 Leistungsgrundsatz

(1) Entscheidungen über Einstellung, Übertragung von Beförderungsdienstposten, Beförderung und Zulassung zur Qualifizierung sind nur nach Eignung, Befähigung und fachlicher Leistung zu treffen. Bei der Bewertung der Eignung und Befähigung sind insbesondere die fachlichen, methodischen und sozialen Kompetenzen sowie zusätzliche Qualifikationen, die für die wahrzunehmenden Tätigkeiten von Bedeutung sind, zu berücksichtigen.

(2) Auswahlentscheidungen dürfen nicht ausschließlich auf die Ergebnisse einer automatisierten Verarbeitung von Personalaktendaten gestützt werden.

§ 5 Förderung der Leistungsfähigkeit

Eignung, Befähigung und fachliche Leistung sind im Rahmen von Personalentwicklungskonzepten durch geeignete Personalentwicklungs- und -förderungsmaßnahmen zu fördern. Dazu gehören unter anderem

1. die Fortbildung,
2. die Vermittlung von Kompetenzen zur Verwirklichung der Gleichstellung von Frauen und Männern,
3. die Beurteilung,
4. Mitarbeitergespräche und Zielvereinbarungen,
5. die Möglichkeit der Einschätzung der Vorgesetzten durch ihre Mitarbeiterinnen und Mitarbeiter (Mitarbeiterrückmeldung),
6. ein die Fähigkeiten und Kenntnisse erweiternder Wechsel der Verwendung (Rotation) und
7. die Führungskräftequalifizierung.

§ 6 Fortbildung

(1) Das für die Polizei zuständige Ministerium fördert und regelt die Fortbildung, damit die Polizeibeamtinnen und Polizeibeamten über die Anforderungen ihrer Laufbahn unterrichtet bleiben und auch steigenden Anforderungen ihres Amtes gewachsen sind. Polizeibeamtinnen und Polizeibeamten mit Teilzeitbeschäftigung ist der gleichberechtigte Zugang zu den Fortbildungsmaßnahmen wie vollzeitbeschäftigten Polizeibeamtinnen und Polizeibeamten zu ermöglichen.

(2) Die Polizeibeamtinnen und Polizeibeamten sind verpflichtet, an den vom Dienstherrn angeordneten Fortbildungsveranstaltungen teilzunehmen, sich außerdem selbst fortzubilden und ihre körperliche Leistungsfähigkeit zu erhalten.

(3) Polizeibeamtinnen und Polizeibeamte, die durch Fortbildung ihre fachlichen Kenntnisse und Fähigkeiten nachweislich wesentlich gesteigert haben, sind zu fördern. Ihnen ist nach Möglichkeit Gelegenheit zu geben, ihre Fachkenntnisse in höher bewerteten Aufga-

benbereichen oder auf höher bewerteten Dienstposten anzuwenden und hierbei ihre besondere fachliche Eignung nachzuweisen.

§ 7 Laufbahnwechsel

(1) Die Entscheidung für den Laufbahnwechsel (§ 24 Abs. 1 Satz 2 LBG) setzt voraus, dass die für die Wahrnehmung der Aufgaben in der Laufbahn des Polizeidienstes erforderlichen Kenntnisse und Fähigkeiten vorhanden sind. Soweit diese noch nicht durch die Wahrnehmung von Tätigkeiten, die mit den Anforderungen der Laufbahn des Polizeidienstes vergleichbar sind, erworben worden sind, sind diese durch Qualifizierungsmaßnahmen oder im Rahmen einer Einführung durch Fortbildung, Unterweisung oder andere geeignete Maßnahmen zu vermitteln.

(2) Art und Dauer der Qualifizierungsmaßnahmen oder der Umfang der Einführung ist durch das für die Polizei zuständige Ministerium allgemein oder einzelfallbezogen zu bestimmen.

§ 8 Einstellung im Beförderungsamt

(1) Eine Einstellung im ersten und zweiten Beförderungsamt ist gemäß § 19 Abs. 2 Satz 2 Nr. 1 LBG im Einzelfall zulässig, wenn die Bewerberin oder der Bewerber

1. eine den höheren Anforderungen des Beförderungsamtes gerecht werdende Berufserfahrung besitzt und das Beförderungsamt bei einer entsprechend früheren Einstellung aufgrund ihrer oder seiner Qualifikation hätte erreichen können oder
2. eine für die Laufbahn förderliche, über die Zugangsvoraussetzungen erheblich hinausgehende berufliche Qualifikation, insbesondere zusätzliche Bildungs- oder Ausbildungsabschlüsse, vorweisen kann.

(2) Eine dem Absatz 1 Nr. 1 genügende Berufserfahrung liegt vor, wenn bei den zugrunde liegenden beruflichen Tätigkeiten Anforderungen zu erfüllen waren, die nach Art und Schwierigkeit und Dauer den von Polizeibeamtinnen und Polizeibeamten zu fordernden Eignungsvoraussetzungen für das Beförderungsamt mindestens gleichwertig sind. Hierbei können Tätigkeiten innerhalb und außerhalb des öffentlichen Dienstes einbezogen werden. Berufliche Bildungsgänge oder Zeiten, die nach den Laufbahnvorschriften (§§ 25 und 26 LBG) auf eine Ausbildungszeit angerechnet worden sind oder Voraussetzung für den Erwerb der Befähigung sind, dürfen nicht berücksichtigt werden.

§ 9 Probezeit

(1) Die regelmäßige Probezeit dauert drei Jahre. Sie dient der Bewährung in der Laufbahn. Innerhalb des öffentlichen Dienstes verbrachte Zeiten, die nicht bereits als hauptberufliche Tätigkeit berücksichtigt oder auf den Vorbereitungsdienst angerechnet wurden, sollen bis zur Mindestprobezeit (§ 20 Abs. 2 Satz 2 LBG) angerechnet werden, wenn die während dieser Zeiten ausgeübte Tätigkeit nach Art und Schwierigkeit mindestens der Tätigkeit im jeweiligen Einstiegsamt der Laufbahn des Polizeidienstes entsprochen hat. Das Gleiche gilt für außerhalb des öffentlichen Dienstes verbrachte Zeiten.

(2) Die Zeit eines Urlaubs

1. ohne Dienstbezüge, der überwiegend dienstlichen Interessen oder öffentlichen Belangen dient,
2. für die Tätigkeit in öffentlichen zwischenstaatlichen oder überstaatlichen Organisationen oder
3. zur Übernahme von Aufgaben der Entwicklungshilfe

ist bis zur Mindestprobezeit anzurechnen, wenn eine den Laufbahnaufgaben gleichwertige Tätigkeit ausgeübt wird und das Vorliegen der Voraussetzungen bei Gewährung des Urlaubs festgestellt worden ist.

(3) Kann die Bewährung bis zum Ablauf der Probezeit noch nicht festgestellt werden, kann die Probezeit bis zur Höchstdauer von fünf Jahren verlängert werden. Die Frist verlängert sich um Zeiten einer Elternzeit oder Zeiten einer Beurlaubung ohne Dienstbezüge.

§ 10 Erprobungszeit

(1) Polizeibeamtinnen und Polizeibeamte haben ihre Eignung für einen höher bewerteten Dienstposten in einer Erprobungszeit nachzuweisen. Die Erprobungszeit dauert mindes-

tens sechs Monate; sie soll ein Jahr nicht überschreiten. Wenn die Eignung nicht festgestellt werden kann, ist die probeweise Übertragung des Dienstpostens rückgängig zu machen.

(2) Die Erprobungszeit gilt als geleistet, soweit sich die Polizeibeamtin oder der Polizeibeamte in den Tätigkeiten des übertragenen Dienstpostens oder eines Dienstpostens gleicher Bewertung bewährt hat. Sie gilt auch als geleistet, soweit sich die Polizeibeamtin oder der Polizeibeamte während eines Urlaubs nach § 9 Abs. 2 Nr. 1 bei einer Fraktion des Europäischen Parlaments, des Deutschen Bundestags, des Landtags oder einer gesetzgebenden Körperschaft eines anderen Landes oder bei einem kommunalen Spitzenverband oder während eines Urlaubs nach § 9 Abs. 2 Nr. 2 in Tätigkeiten bewährt hat, die nach Art und Schwierigkeit mindestens den Anforderungen des höher bewerteten Dienstpostens entsprochen haben.

(3) Vor der Feststellung der Eignung für einen höher bewerteten Dienstposten in einer Erprobungszeit ist eine Beförderung nicht zulässig.

§ 11 Nachteilsausgleich

(1) Eine Beförderung nach § 23 Abs. 3 Satz 1 LBG zum Ausgleich von Verzögerungen des beruflichen Werdegangs durch die Geburt eines Kindes setzt voraus, dass

1. die Polizeibeamtin sich
   a) innerhalb von sechs Monaten oder
   b) im Falle fester Einstellungstermine zum nächsten Einstellungstermin

   nach der Geburt oder dem Abschluss einer innerhalb von sechs Monaten nach der Geburt begonnenen oder fortgesetzten Ausbildung, die für die Erfüllung der Zugangsvoraussetzungen erforderlich ist, beworben hat und
2. diese Bewerbung zur Einstellung geführt hat oder, wenn die Polizeibeamtin trotz einer fristgerechten Bewerbung nicht eingestellt worden ist, die Bewerbung aufrechterhalten oder zu jedem festen Einstellungstermin erneuert worden ist.

Satz 1 ist zum Ausgleich von Verzögerungen des beruflichen Werdegangs

1. durch die Betreuung eines Kindes unter 18 Jahren,
2. durch die Pflege eines im Sinne des § 75 Abs. 6 LBG pflegebedürftigen Kindes über 18 Jahren oder
3. durch die Pflege einer oder eines im Sinne des § 75 Abs. 6 LBG pflegebedürftigen sonstigen Angehörigen,

auf Polizeibeamtinnen und Polizeibeamte mit der Maßgabe entsprechend anzuwenden, dass an die Stelle der Geburt die Beendigung der Betreuung oder Pflege tritt.

(2) In den Fällen des Absatzes 1 verkürzt sich die Dauer der Beförderungsverbote nach § 21 Abs. 2 Satz 1 Nr. 1 und 2 LBG jeweils um den Zeitraum der tatsächlichen Verzögerung; insgesamt können höchstens drei Jahre berücksichtigt werden. Werden in einem Haushalt mehrere Kinder gleichzeitig betreut, kann für denselben Zeitraum der Ausgleich nur einmal gewährt werden. Für die Pflege eines Kindes über 18 Jahren oder einer oder eines sonstigen Angehörigen gelten die Sätze 1 und 2 entsprechend.

(3) Wenn die Probezeit durch eine Elternzeit oder einen Urlaub nach § 76 Abs. 1 oder § 76a LBG unterbrochen worden ist, gilt Absatz 2 entsprechend.

(4) Eine Beförderung nach § 23 Abs. 4 LBG setzt voraus, dass

1. Verzögerungen nach § 9 Abs. 8 Satz 4 des Arbeitsplatzschutzgesetzes (ArbPlSchG), auch jeweils in Verbindung mit § 9 Abs. 10 Satz 2, § 12 Abs. 3 oder Abs. 4 oder § 13 Abs. 2 oder Abs. 3 ArbPlSchG, mit § 8a des Soldatenversorgungsgesetzes (SVG) oder mit § 78 Abs. 1 Nr. 1 des Zivildienstgesetzes (ZDG), angemessen sind, oder
2. ein Fall des § 17 des Entwicklungshelfer-Gesetzes vorliegt.

(5) Die Dauer des Beförderungsverbotes nach § 21 Abs. 2 Satz 1 Nr. 1 und 2 LBG verkürzt sich jeweils

1. beim Vorliegen der Voraussetzungen nach Absatz 4 Nr. 1 um die Zeiten des geleiste-

ten Grundwehr- oder Zivildienstes, um Zeiten für geleistete Dienste, aufgrund derer der Polizeibeamte nach § 14b oder § 14c ZDG nicht zum Zivildienst herangezogen wurde, sowie um weitere Zeiten, die aufgrund der geleisteten Dienste zu einer späteren Einstellung geführt haben, für diese jedoch höchstens um ein Jahr, und

2. beim Vorliegen der Voraussetzungen nach Absatz 4 Nr. 2 um die Zeiten als Entwicklungshelfer bis zur Dauer des Grundwehrdienstes.

§ 12 Schwerbehinderte Menschen

§ 14 Abs. 1 bis 3 der Laufbahnverordnung (LbVO) findet mit der Maßgabe entsprechende Anwendung, dass die besonderen gesundheitlichen Anforderungen, die der Polizeidienst an Polizeibeamtinnen und Polizeibeamte stellt, berücksichtigt werden.

Teil 2
Dienstliche Beurteilung

§ 13 Arten der Beurteilung

(1) Eignung, Befähigung und fachliche Leistung der Polizeibeamtinnen und Polizeibeamten in den dem für die Polizei zuständigen Ministerium nachgeordneten Polizeibehörden sind aus besonderem Anlass zu beurteilen (Anlassbeurteilung). Eine Anlassbeurteilung für Polizeibeamtinnen und Polizeibeamte ist zu erstellen, wenn

1. sie für ein Beförderungsamt in Betracht kommen und sich beworben haben,
2. sie für die Qualifizierung nach § 21, § 22 oder § 24 für Ämter ab dem vierten Einstiegsamt in Betracht kommen und sich beworben haben oder
3. sie sich um eine andere, nicht nur vorübergehend zu übertragende, dienstliche Tätigkeit beworben haben.

Für Polizeibeamtinnen und Polizeibeamte, die nicht in den in Satz 1 genannten Polizeibehörden Dienst verrichten, gelten hinsichtlich der dienstlichen Beurteilung die §§ 15 bis 15d der Laufbahnverordnung vom 19. November 2010 (GVBl. S. 444, BS 2030-5) in der jeweils geltenden Fassung.

(2) Eine weitere dienstliche Beurteilung ist die Probezeitbeurteilung. Probezeitbeurteilungen sind für Polizeibeamtinnen und Polizeibeamte spätestens drei Monate vor Ablauf der Probezeit zu erstellen.

(3) Die oder der Dienstvorgesetzte legt für die Erstellung der Beurteilungen jeweils Stichtage fest.

(4) Polizeibeamtinnen und Polizeibeamte nach Absatz 1 Satz 1, die sich aus dem in Absatz 1 Satz 2 Nr. 3 genannten Anlass innerhalb eines Zeitraums von sechs Monaten mehrfach um eine dienstliche Tätigkeit bewerben, für die dieselbe Aufgabenbeschreibung gilt, werden nur einmal beurteilt.

(5) Der Beurteilung der Polizeibeamtin oder des Polizeibeamten nach Absatz 1 Satz 1 aus Anlass des Absatzes 1 Satz 2 Nr. 1 und 2 ist ein Beurteilungszeitraum von drei Jahren zugrunde zu legen. Bei Bewerbungen um eine andere dienstliche Tätigkeit nach Absatz 1 Satz 2 Nr. 3 ergibt sich der Beurteilungszeitraum aus dem Anforderungsprofil der ausgeschriebenen Stelle und wird im Rahmen der Ausschreibung entsprechend festgelegt; er beträgt jedoch höchstens vier Jahre.

§ 13a Inhalt der dienstlichen Beurteilung

(1) Die dienstliche Beurteilung erfolgt anhand eines objektiven Maßstabs und setzt die im konkret wahrgenommenen Dienstposten gezeigten Leistungen mit den Anforderungen des der Polizeibeamtin oder dem Polizeibeamten übertragenen Statusamtes in Beziehung zu den Leistungen anderer Polizeibeamtinnen und Polizeibeamten desselben Statusamtes. Sie besteht aus einer nachvollziehbaren Bewertung von Eignung, Befähigung und fachlicher Leistung und schließt mit einem begründeten Gesamturteil sowie einem Vorschlag für die weitere dienstliche Verwendung ab. Sofern eine Verwendung in Führungsfunktionen stattfindet oder in Betracht kommt, ist eine differenzierte Aussage zur Führungsqualifikation zu treffen.

(2) Die Bewertung der Leistungsmerkmale erfolgt in Bezug auf die Anforderungen des Statusamtes durch Einstufung in die Bewertungsstufen A bis E, die der Befähigungs- und Eignungsmerkmale entsprechend durch Einstufung in die Bewertungsstufen I bis V.

(3) Das abschließende Gesamturteil ist durch eine Würdigung, Gewichtung und Abwägung der Leistungs-, Befähigungs-, und Eignungsmerkmale zu bilden und erfolgt in den Gesamtbewertungsstufen A bis E.

(4) Der Anteil der zu beurteilenden Polizeibeamtinnen und Polizeibeamten derselben Laufbahn und Besoldungsgruppe mit dem Gesamturteil A soll höchstens 10 v. H. und mit dem Gesamturteil B soll höchstens 30 v. H. betragen. Im Interesse der Einzelfallgerechtigkeit ist eine Überschreitung im geringen Umfang möglich. Die Summe von „A" und „B" darf jedoch den Wert von 40 v. H. nicht überschreiten. Ist die Bildung von Richtwerten wegen zu geringer Fallzahlen nicht möglich, sind die dienstlichen Beurteilungen in geeigneter Weise entsprechend zu differenzieren.

(5) Probezeitbeurteilungen enthalten eine Einschätzung der Eignung, Befähigung und fachlichen Leistung in den folgenden Stufen:

1. bewährt,
2. noch nicht bewährt oder
3. nicht bewährt.

Wurden Eignung, Befähigung und fachliche Leistung während der Probezeit nachgewiesen, enthält die Probezeitbeurteilung eine positive Feststellung über diesen Nachweis. Gründe für die Nichtbewährung sind schriftlich darzulegen. Kann die Bewährung noch nicht festgestellt werden, sind die Ursachen hierfür mit den Möglichkeiten zur Abhilfe schriftlich darzulegen. Auf Probezeitbeurteilungen finden die Absätze 1 bis 4 keine Anwendung.

§ 13b Beurteilungszuständigkeit, Beratungsteam

(1) Die Erstbeurteilungen werden von den Leitungen der der Zweitbeurteilerin oder dem Zweitbeurteiler zum Beurteilungsstichtag unmittelbar nachgeordneten Organisationseinheiten erstellt. In den Fällen des § 13 Abs. 1 Satz 2 Nr. 1 und 2 wird die Erstbeurteilerin oder der Erstbeurteiler durch ein von ihr oder ihm einzuberufendes Beratungsteam unterstützt.

(2) Die Leitungen der der Erstbeurteilerin oder dem Erstbeurteiler zum Beurteilungsstichtag unmittelbar nachgeordneten Organisationseinheiten als unmittelbare Vorgesetzte der zu beurteilenden Polizeibeamtinnen und Polizeibeamten bilden das Beratungsteam. Der Bildung eines Beratungsteams bedarf es nicht, wenn die Erstbeurteilerin oder der Erstbeurteiler unmittelbare Vorgesetzte oder unmittelbarer Vorgesetzter der Polizeibeamtin oder des Polizeibeamten ist.

(3) Die Zweitbeurteilungszuständigkeit beginnt auf der Ebene der Direktionsleitung oder einer vergleichbaren Ebene.

(4) Das für die Polizei zuständige Ministerium kann in begründeten Ausnahmefällen abweichende Regelungen treffen.

§ 13c Beurteilungsverfahren

(1) Die Beurteilerinnen und Beurteiler beurteilen unter Beachtung allgemeiner Beurteilungsvorgaben unabhängig; sie sind an Weisungen im individuellen Beurteilungsverfahren nicht gebunden. Die Einsichtnahme in frühere Beurteilungen ist zulässig.

(2) Vor einer Beratung des Beratungsteams soll der Polizeibeamtin oder dem Polizeibeamten die Gelegenheit gegeben werden, ein vorbereitendes Gespräch mit der oder dem im Beratungsteam vertretenen unmittelbaren Vorgesetzten zu führen. Der Polizeibeamtin oder dem Polizeibeamten ist vor Erörterung der Beurteilung eine Abschrift der Beurteilung durch den Erstbeurteilenden in ihrem vollen Wortlaut auszuhändigen. Zwischen Aushändigung und Erörterung soll mindestens eine Frist von zwei Arbeitstagen, in der Regel jedoch nicht mehr als zwei Wochen liegen. Auf diese Frist kann die Polizeibeamtin oder der Polizeibeamte verzichten. Der Verzicht ist auf dem Beurteilungsvordruck zu vermerken. Die Sätze 1 bis 5 gelten entsprechend in den Fällen, in denen ein Beratungsteam nicht zu bilden ist. Im Rahmen der Erörterung ist der oder dem Beurteilten Gelegenheit zu geben, sich zur Beurteilung zu äußern.

(3) Das Beratungsteam hat nach gemeinsamer Beratung mit der Erstbeurteilerin oder dem Erstbeurteiler eine eineinheitliche Empfehlung zu treffen und eine Übersicht zu erstellen, in der alle zu beurteilenden Polizeibeamtinnen und Polizeibeamten statusamtsbezogen in einer der Empfehlung entsprechenden Reihenfolge aufzuführen sind.

(4) Die Aushändigung und die Erörterung sind aktenkundig zu machen und mit der dienstlichen Beurteilung zur Personalakte zu nehmen. Die Polizeibeamtin oder der Polizeibeamte kann gegen die dienstliche Beurteilung Widerspruch erheben.

§ 13d Nachzeichnung dienstlicher Beurteilungen

(1) Die dienstliche Beurteilung ist in den folgenden Fällen ausgehend von der letzten dienstlichen Beurteilung der Polizeibeamtin oder des Polizeibeamten unter Berücksichtigung des seinerzeit angelegten Maßstabs und der durchschnittlichen Entwicklung vergleichbarer Polizeibeamtinnen und Polizeibeamter fiktiv fortzuschreiben (Nachzeichnung), wenn eine Anlassbeurteilung durch die Abwesenheit

1. aufgrund der in § 23 Abs. 1 LBG genannten Fälle oder
2. aufgrund einer anteiligen oder vollständigen Freistellung für eine Tätigkeit im Personalrat, als Vertrauensperson der schwerbehinderten Menschen oder als Gleichstellungsbeauftragte

mangels einer beurteilungsfähigen Leistung nicht erstellt werden kann. Bei nach Nummer 1 oder Nummer 2 teilweise freigestellten Polizeibeamtinnen und Polizeibeamten ist die letzte dienstliche Beurteilung nach Satz 1 nur dann fiktiv fortzuschreiben, wenn die dienstliche Tätigkeit im gesamten Beurteilungszeitraum im Durchschnitt weniger als 20 v. H. der regelmäßigen Arbeitszeit beträgt. Bei der Nachzeichnung ist die tatsächlich ausgeübte Tätigkeit zu berücksichtigen.

(2) Das Verfahren der Nachzeichnung setzt eine hinreichend belastbare Tatsachengrundlage voraus und ist nachvollziehbar zu dokumentieren.

Teil 3
Laufbahnbeamtinnen und Laufbahnbeamte

Abschnitt 1
Ämter ab dem dritten Einstiegsamt

§ 14 Einstellung, Beamtenverhältnis

Die Bewerberinnen und Bewerber werden unter Berufung in das Beamtenverhältnis auf Widerruf als Polizeikommissar-Anwärterinnen und Polizeikommissar-Anwärter bei der Hochschule der Polizei Rheinland-Pfalz in den Vorbereitungsdienst für den Zugang zum dritten Einstiegsamt (§ 2 Abs. 2 Nr. 1) eingestellt.

§ 15 Einstellungsvoraussetzungen, Auswahlverfahren

(1) In den Vorbereitungsdienst können Bewerberinnen und Bewerber eingestellt werden, die

1. die allgemeinen Voraussetzungen für die Berufung in das Beamtenverhältnis (§ 7 des Beamtenstatusgesetzes, § 9 Satz 1 LBG) erfüllen,
2. hinsichtlich ihrer Vorbildung
   a) die Fachhochschulreife oder eine andere zu einem Hochschulstudium berechtigende Schulbildung besitzen oder
   b) die Voraussetzungen für die Zulassung zum Studium nach der Landesverordnung über die unmittelbare Zugangsberechtigung beruflich qualifizierter Personen zu den Verwaltungsfachhochschulen vom 8. November 2012 (GVBl. S. 359, BS 223-11-3) in der jeweils geltenden Fassung erfüllen,
3. am Tag des Dienstantritts das 34. Lebensjahr noch nicht vollendet haben,
4. mindestens 162 cm groß sind,
5. den besonderen gesundheitlichen Anforderungen für den Polizeidienst genügen,
6. eine Erklärung vorlegen, ob gegen sie ein Ermittlungsverfahren der Staatsanwaltschaft, ein gerichtliches Strafverfahren oder ein Disziplinarverfahren anhängig ist oder war und ob sie in geordneten wirtschaftlichen Verhältnissen leben und
7. nicht vorbestraft sind.

(2) Hat sich die Bewerbung um Einstellung wegen der Geburt oder der Betreuung mindestens eines mit der Bewerberin oder dem Bewerber in häuslicher Gemeinschaft lebenden Kindes unter 18 Jahren oder der tatsächlichen Pflege mindestens eines im Sinne des § 75 Abs. 6 LBG pflegebedürftigen Kindes über 18 Jahren oder mindestens einer oder eines im Sinne des § 75 Abs. 6 LBG pflegebedürftigen sonstigen Angehörigen derart verzögert, dass das Höchstalter nach Absatz 1 Nr. 3 überschritten wird, so ist der auf der Betreuung oder der Pflege beruhende Zeitraum der tatsächlichen Verzögerung dem Höchstalter nach Absatz 1 Nr. 3 hinzuzurechnen; insgesamt können höchstens drei Jahre berücksichtigt werden.

(3) Die Bewerberinnen und Bewerber nehmen vor ihrer Einstellung an einem Auswahlverfahren teil, das insbesondere aus allgemeinen Leistungstests und einem Sporttest besteht. Das Auswahlverfahren dient der Feststellung der Eignung der Bewerberinnen und Bewerber für den Polizeidienst. Die Einzelheiten des Auswahlverfahrens regelt das für die Polizei zuständige Ministerium.

§ 16 Fachhochschulausbildung

(1) Die Polizeikommissar-Anwärterinnen und Polizeikommissar-Anwärter erhalten die für ihren Beruf notwendige Ausbildung in einem Vorbereitungsdienst, in dessen Rahmen sie an einer Fachhochschulausbildung teilnehmen. Diese findet an der Hochschule der Polizei Rheinland-Pfalz statt und dauert drei Jahre; sie vermittelt die wissenschaftlichen Erkenntnisse und Methoden sowie die berufspraktischen Fähigkeiten und Kenntnisse, die zur Erfüllung der Aufgaben der Ämter ab dem dritten Einstiegsamt (§ 2 Abs. 2 Nr. 1) erforderlich sind und schließt mit der Laufbahnprüfung für den Zugang zum dritten Einstiegsamt ab. Das Nähere regelt die Ausbildungs- und Prüfungsordnung.

(2) In der Ausbildungs- und Prüfungsordnung (§ 26 LBG) sind für die Bewertung der Prüfungsleistungen folgende Prüfungsnoten vorzusehen:

sehr gut	(1) =	eine Leistung, die den Anforderungen in besonderem Maße entspricht;
gut	(2) =	eine Leistung, die den Anforderungen voll entspricht;
befriedigend	(3) =	eine Leistung, die im Allgemeinen den Anforderungen entspricht;
ausreichend	(4) =	eine Leistung, die zwar Mängel aufweist, aber im Ganzen den Anforderungen noch entspricht;
mangelhaft	(5) =	eine Leistung, die den Anforderungen nicht entspricht, jedoch erkennen lässt, dass die notwendigen Grundkenntnisse vorhanden sind und die Mängel in absehbarer Zeit behoben werden können;
ungenügend	(6) =	eine Leistung, die den Anforderungen nicht entspricht und bei der selbst die Grundkenntnisse so lückenhaft sind, dass die Mängel in absehbarer Zeit nicht behoben werden können.

Die Prüfungsnoten „mangelhaft" und „ungenügend" können zu der folgenden Prüfungsnote zusammengefasst werden:

nicht ausreichend	(5) =	eine Leistung, die wegen erheblicher Mängel den Anforderungen nicht mehr genügt.

(3) Zur Bildung der Prüfungsnoten können die Einzelleistungen und die Gesamtleistung der Laufbahnprüfung nach einem System von Punktzahlen bewertet werden. Dabei sind den Prüfungsnoten nach Absatz 2 Satz 1 die folgenden Punktzahlen zuzuordnen:

sehr gut	(1) = 15, 14 Punkte,
gut	(2) = 13, 12, 11 Punkte,
befriedigend	(3) = 10, 9, 8 Punkte,
ausreichend	(4) = 7, 6, 5 Punkte,
mangelhaft	(5) = 4, 3, 2 Punkte,
ungenügend	(6) = 1, 0 Punkte;

der Prüfungsnote nach Absatz 2 Satz 2 sind folgende Punktzahlen zuzuordnen:
nicht ausreichend (5) = 4, 3, 2, 1, 0 Punkte.

(4) In der Ausbildungs- und Prüfungsordnung (§ 26 LBG) kann neben der Gesamtnote der Laufbahnprüfung zusätzlich eine relative Note vorgesehen werden:

A = für die besten	10 v. H.
B = für die nächsten	25 v. H.
C = für die nächsten	30 v. H.
D = für die nächsten	25 v. H.
E = für die nächsten	10 v. H.

Als Grundlage für die Berechnung der relativen Note sind der abgeschlossene sowie die sechs unmittelbar vorangegangenen Studiengänge zu erfassen. Die Anzahl der Personen, deren Prüfungsleistung einbezogen wurde, ist anzugeben.

(5) Die Polizeibeamtinnen und Polizeibeamten, die die Fachhochschulausbildung nach Absatz 1 mit Bestehen der Laufbahnprüfung abgeschlossen haben, werden, sofern die sonstigen beamtenrechtlichen Voraussetzungen vorliegen, in das Beamtenverhältnis auf Probe berufen. Sie werden in der Regel bei dem Einstellungspräsidium verwendet; Verwendungen bei anderen Polizeibehörden sind aus dienstlichen Gründen möglich.

§ 17 Entlassung während der Ausbildung, Wiederholung von Prüfungen

(1) Wer sich während der Fachhochschulausbildung aufgrund der dienstlichen Leistungen, der Fähigkeiten oder der Persönlichkeit als für den Polizeidienst nicht geeignet erweist, wird, soweit sich aus den Absätzen 2 und 3 nichts anderes ergibt, entlassen.

(2) Wer die Fachhochschulausbildung abbrechen musste, wird entlassen.

(3) Während der Fachhochschulausbildung kann eine nicht bestandene Prüfung höchstens zweimal, ein nicht erbrachter Leistungsnachweis mindestens zweimal wiederholt werden; das Nähere regelt die Ausbildungs- und Prüfungsordnung. Das Beamtenverhältnis endet mit Ablauf des Tages, an dem eine abzulegende Prüfung endgültig nicht bestanden oder ein Leistungsnachweis endgültig nicht erbracht ist.

(4) Über die Maßnahmen nach den Absätzen 1 bis 3 entscheidet das für die Polizei zuständige Ministerium. Es kann diese Befugnis auf nachgeordnete Polizeibehörden und Polizeieinrichtungen übertragen.

§ 18 Unmittelbare Einstellung in das dritte Einstiegsamt

(1) Unmittelbar in das dritte Einstiegsamt des Polizeidienstes (§ 2 Abs. 2 Nr. 1) kann unter Berufung in das Beamtenverhältnis auf Probe für spezielle Verwendungen eingestellt werden, wer

1. ein geeignetes, mit einem Bachelorgrad oder gleichwertigem Abschluss abgeschlossenes Hochschulstudium besitzt und dadurch über Kenntnisse und Fähigkeiten verfügt, die für eine spezielle Verwendung im Polizeidienst förderlich sind,
2. eine hauptberufliche Tätigkeit von mindestens zwei Jahren und sechs Monaten, die den Anforderungen des entsprechend anzuwendenden § 18 Abs. 2 LbVO genügt, ausgeübt hat,
3. die Voraussetzungen des § 15 Abs. 1 Nr. 1, 4, 5, 6 und 7 erfüllt und
4. das 34. Lebensjahr noch nicht vollendet hat; § 15 Abs. 2 gilt entsprechend.

Die Feststellung der Förderlichkeit des Studiums für eine spezielle Verwendung im Polizeidienst trifft das für die Polizei zuständige Ministerium.

(2) Während der Probezeit erhalten die Polizeibeamtinnen und Polizeibeamten eine polizeifachliche Weiterbildung, die mit einer Prüfung abschließen kann. Die Einzelheiten werden durch das für die Polizei zuständige Ministerium festgelegt.

(3) Die Polizeibeamtinnen und Polizeibeamten können in anderen Bereichen des Polizeidienstes verwendet werden, wenn

1. sie mindestens fünf Jahre nach Ablauf der Probezeit in der speziellen Verwendung eingesetzt waren,
2. ein dienstliches Bedürfnis besteht und

3. das für die Polizei zuständige Ministerium feststellt, dass sie über die dafür erforderlichen Kenntnisse verfügen.

Die Feststellung kann vom Nachweis einer erfolgreichen Unterweisung oder erfolgreichen Fortbildungsmaßnahme abhängig gemacht werden. Das Nähere regelt das für die Polizei zuständige Ministerium.

§ 19 Ausbildungs- und prüfungsfreier Aufstieg

Polizeibeamtinnen und Polizeibeamten, die die Zugangsvoraussetzungen für das dritte Einstiegsamt (§ 2 Abs. 2 Nr. 1) nicht erfüllen, kann ausbildungs- und prüfungsfrei höchstens ein Amt bis zur Besoldungsgruppe A 11 der Landesbesoldungsordnung A verliehen werden. Die Beförderung in Ämter ab der Besoldungsgruppe A 12 der Landesbesoldungsordnung A setzt die Fachhochschulausbildung gemäß § 16 voraus. Die Einzelheiten regelt das für die Polizei zuständige Ministerium.

Abschnitt 2
Ämter ab dem vierten Einstiegsamt

§ 20 Qualifizierung

Die Qualifikation für die Ämter ab dem vierten Einstiegsamt (§ 2 Abs. 2 Nr. 2) wird grundsätzlich durch eine Ausbildungsqualifizierung nach § 21 erworben.

§ 21 Ausbildungsqualifizierung

(1) Zur Ausbildungsqualifizierung für die Ämter ab dem vierten Einstiegsamt können Polizeibeamtinnen und Polizeibeamte zugelassen werden, die

1. nach ihrer Persönlichkeit, ihren Kenntnissen und ihrer Leistung geeignet erscheinen,
2. hinsichtlich ihrer Vorbildung zu den besten 40 v. H. der erfolgreichen Absolventinnen und Absolventen der Laufbahnprüfung für den Zugang zum dritten Einstiegsamt im Polizeidienst des jeweiligen Prüfungsjahrgangs oder Prüfungsdurchgangs gehören,
3. nach der Ausbildung für den Zugang zum dritten Einstiegsamt im Polizeidienst an einer zusätzlichen Führungsausbildung teilgenommen haben, soweit die Führungsausbildung nicht bereits Bestandteil der Ausbildung war,
4. nach Ablauf der Probezeit mindestens vier Jahre bei unterschiedlichen Dienststellen in mehreren Funktionen verwendet worden sind,
5. im Rahmen ihrer Bewerbung für die Zulassung anlassbezogen überdurchschnittlich beurteilt worden sind,
6. im Anschluss an die Dienstzeit nach Nummer 4 innerhalb von einem weiteren Jahr in Führungspositionen, in denen sie bisher nicht verwendet worden sind, erkennen ließen, dass sie den Anforderungen der Ämter ab dem vierten Einstiegsamt gewachsen sein werden (Praxisbewährung), und
7. zum Zeitpunkt der Zulassung nicht älter als 45 Jahre sind.

Die Voraussetzung nach Satz 1 Nr. 2 entfällt für Polizeibeamtinnen und Polizeibeamte, die bereits über ein mit einem Mastergrad oder einem gleichwertigen Abschluss abgeschlossenes Hochschulstudium verfügen.

(2) Das für die Polizei zuständige Ministerium entscheidet im Rahmen eines Auswahlverfahrens über die Zulassung. Es bestimmt die Verwendungen der Bewerberinnen und Bewerber nach Absatz 1 Satz 1 Nr. 6. Die Zulassung kann widerrufen werden, wenn die Polizeibeamtin oder der Polizeibeamte für Ämter ab dem vierten Einstiegsamt nicht mehr geeignet erscheint.

(3) Die zur Ausbildungsqualifizierung zugelassenen Polizeibeamtinnen und Polizeibeamten werden gemäß dem Landesgesetz zu dem Abkommen über die Deutsche Hochschule der Polizei vom 13. Februar 1973 (GVBl. S. 25), geändert durch § 2 des Gesetzes vom 2. März 2006 (GVBl. S. 73), BS Anhang I 49, im Rahmen eines zweijährigen Masterstudiengangs der Deutschen Hochschule der Polizei in die Aufgaben der Ämter ab dem vierten Einstiegsamt eingeführt. Das Studium, einschließlich der Masterprüfung, regelt sich nach den Bestimmungen des nordrhein-westfälischen Polizeihochschulgesetzes vom 15. Februar 2005 (GV. NRW. S. 88) und der nordrhein-westfälischen Prüfungsordnung für den Mas-

terstudiengang „Öffentliche Verwaltung – Polizeimanagement" (Public Administration – Police Management) an der Deutschen Hochschule der Polizei vom 24. September 2009 (Amtliche Bekanntmachung der Deutschen Hochschule der Polizei, Jahrgang 2009, Nr. 3, S. 38) in ihrer jeweils geltenden Fassung.

§ 22 Qualifizierung zur speziellen Verwendung

(1) Abweichend von § 21 kann bei dienstlichem Bedarf zur speziellen Verwendung die Qualifikation für die Ämter ab dem vierten Einstiegsamt durch ein mit einem Mastergrad oder einem gleichwertigen Abschluss abgeschlossenes Hochschulstudium, das die Kenntnisse und Fähigkeiten vermittelt, die für eine spezielle Verwendung im Polizeidienst förderlich sind, unter den Voraussetzungen der Absätze 2 bis 4 erworben werden.

(2) Das für das vierte Einstiegsamt qualifizierende Studium nach Absatz 1 wird unter Berücksichtigung des dienstlichen Bedarfs durch das für die Polizei zuständige Ministerium festgelegt.

(3) Zur Qualifizierung nach Absatz 1 können Polizeibeamtinnen und Polizeibeamte zugelassen werden, die

1. nach ihrer Persönlichkeit, ihren Kenntnissen und ihrer Leistung geeignet erscheinen,
2. nach der Ausbildung für den Zugang zum dritten Einstiegsamt im Polizeidienst an einer zusätzlichen Führungsausbildung teilgenommen haben, soweit die Führungsausbildung nicht bereits Bestandteil der Ausbildung war,
3. nach Ablauf der Probezeit mindestens vier Jahre verwendet worden sind,
4. aus Anlass ihrer Bewerbung für die Zulassung zur Qualifizierung nach Absatz 1 überdurchschnittlich beurteilt worden sind,
5. im Anschluss an die Dienstzeit nach Nummer 3 innerhalb von einem weiteren Jahr in Führungsfunktionen, in denen sie bisher nicht verwendet worden sind, erkennen ließen, dass sie den Anforderungen der Ämter ab dem vierten Einstiegsamt gewachsen sein werden (Praxisbewährung), und
6. zum Zeitpunkt der Zulassung nicht älter als 45 Jahre sind.

(4) Das für die Polizei zuständige Ministerium entscheidet im Rahmen eines Auswahlverfahrens über die Zulassung. Es bestimmt die Verwendungen der Bewerberinnen und Bewerber nach Absatz 3 Nr. 5. Die Zulassung kann widerrufen werden, wenn die Polizeibeamtin oder der Polizeibeamte für Ämter ab dem vierten Einstiegsamt nicht mehr geeignet erscheint.

§ 23 Unmittelbare Einstellung in das vierte Einstiegsamt

(1) Unmittelbar in das vierte Einstiegsamt des Polizeidienstes kann unter Berufung in das Beamtenverhältnis auf Probe eingestellt werden, wer

1. die Befähigung zum Richteramt besitzt oder
2. sonst einen für eine Tätigkeit im Polizeibereich förderlichen Studiengang an einer Universität, einer Technischen Hochschule oder einer anderen gleichgestellten Hochschule erfolgreich mit einem Mastergrad oder einem gleichwertigen Hochschulabschluss abgeschlossen hat und im Anschluss eine den Anforderungen des § 18 Abs. 2 LbVO entsprechende hauptberufliche Tätigkeit von mindestens drei Jahren und sechs Monaten ausgeübt hat,
3. die Voraussetzungen des § 15 Abs. 1 Nr. 1, 4, 5, 6 und 7 erfüllt und
4. das 37. Lebensjahr noch nicht vollendet hat; § 15 Abs. 2 gilt entsprechend.

Die Feststellung förderlicher Studiengänge nach Satz 1 Nr. 2 trifft das für die Polizei zuständige Ministerium.

(2) Ein unmittelbar für das vierte Einstiegsamt des Polizeidienstes qualifizierendes Hochschulstudium nach Absatz 1 Satz 1 Nr. 2 bedarf der Anerkennung durch das für die Polizei zuständige Ministerium, um die Zugangsvoraussetzungen nach § 15 Abs. 5 Satz 2 LBG ohne eine hauptberufliche Tätigkeit oder einen Vorbereitungsdienst zu erfüllen.

(3) Während der Probezeit erhalten die Polizeibeamtinnen und Polizeibeamten eine polizeifachliche Weiterbildung, die mit einer Prü-

fung abschließen kann. Die Einzelheiten werden durch das für die Polizei zuständige Ministerium festgelegt.

§ 24 Prüfungserleichterte Qualifizierung

(1) Polizeibeamtinnen und Polizeibeamten, die nicht die Zugangsvoraussetzungen für das vierte Einstiegsamt erfüllen, kann ein Amt bis zur Besoldungsgruppe A 14 der Landesbesoldungsordnung A verliehen werden, wenn sie im Anschluss an ein Auswahlverfahren an einer Qualifizierung teilgenommen haben. Die Qualifizierung findet an der Hochschule der Polizei Rheinland-Pfalz statt; sie dauert mindestens drei Monate und soll sechs Monate nicht überschreiten. Die Einzelheiten werden durch das für die Polizei zuständige Ministerium festgelegt.

(2) Zum Auswahlverfahren nach Absatz 1 können Polizeibeamtinnen und Polizeibeamte zugelassen werden, die

1. nach ihren fachlichen Leistungen, Fähigkeiten und ihrer Persönlichkeit hierfür in besonderem Maße geeignet erscheinen sowie anlassbezogen überdurchschnittlich beurteilt worden sind und
2. sich seit mindestens vier Jahren in einem Amt der Besoldungsgruppe A 12 der Landesbesoldungsordnung A bewährt haben.

Über die Zulassung entscheidet das für die Polizei zuständige Ministerium. Die Zulassung kann widerrufen werden, wenn die Polizeibeamtin oder der Polizeibeamte für Ämter ab dem vierten Einstiegsamt nicht mehr geeignet erscheint.

Abschnitt 3
Wasserschutzpolizei

§ 25 Verwendung bei der Wasserschutzpolizei

(1) Zur Wasserschutzpolizei können Polizeibeamtinnen und Polizeibeamte übernommen werden, die zum Zeitpunkt ihrer Übernahme

1. über das für die Rheinschifffahrt erforderliche Hör-, Seh- und Farbunterscheidungsvermögen verfügen und
2. nicht älter als 40 Jahre sind.

(2) Wer bei der Wasserschutzpolizei verwendet wird, erhält eine zusätzliche fachtheoretische und fachpraktische Ausbildung. Während dieser Zeit nehmen die Polizeibeamtinnen und Polizeibeamten an dem Fachlehrgang „Binnen" an der Wasserschutzpolizeischule in Hamburg teil. Die Ausbildung dauert in der Regel zwei Jahre und schließt mit dem Erwerb des Bootsführerzeugnisses nach der Landesverordnung über die Bootsführerprüfung für Polizeibeamtinnen und Polizeibeamte der Wasserschutzpolizei vom 23. Januar 2002 (GVBl. S. 70, BS 2030-18) in der jeweils geltenden Fassung ab. Der erfolgreiche Abschluss der Ausbildung ist Voraussetzung für eine weitere Verwendung bei der Wasserschutzpolizei. Das Nähere regelt der Lehr- und Ausbildungsplan für die Polizeibeamtinnen und Polizeibeamten der Wasserschutzpolizei.

(3) Das für die Polizei zuständige Ministerium kann Ausnahmen von den Absätzen 1 und 2 zulassen. Eine Ausnahme von der Höchstaltersgrenze in Absatz 1 Nr. 2 ist bei Vorliegen eines besonderen dienstlichen Interesses möglich. Ein solches ist insbesondere dann gegeben, wenn besondere Vorerfahrungen oder Qualifikationen vorliegen, die für die Tätigkeit bei der Wasserschutzpolizei förderlich sind.

Teil 4
Übergangs- und Schlussbestimmungen

§ 26 Gleichstellung von Ausbildung, Prüfungen und Schulbesuch

(1) Die Aufstiegsausbildung nach § 8 in der bis zum 30. April 2011 geltenden Fassung steht in ihren beamtenrechtlichen Wirkungen der Fachhochschulausbildung (§ 16) gleich.

(2) Die nach den zum jeweiligen Prüfungszeitpunkt geltenden laufbahnrechtlichen Vorschriften für den Polizeidienst abgelegten Prüfungen werden hinsichtlich ihrer beamtenrechtlichen Wirkung jeweils den entsprechenden Prüfungen nach dieser Verordnung gleichgestellt. In Zweifelsfällen entscheidet das für die Polizei zuständige Ministerium.

(3) In dieser Verordnung nicht genannte Lehrgänge und Prüfungen können, soweit sie gleichwertig sind, den Lehrgängen und Prüfungen nach dieser Verordnung gleichgestellt werden, wenn besondere dienstliche Gründe dies erfordern. Die Entscheidung trifft das für die Polizei zuständige Ministerium.

§ 27 Ausnahmen

(1) Das für die Polizei zuständige Ministerium oder die von diesem bestimmte Stelle kann Ausnahmen zulassen von

1. den Bestimmungen des § 11,
2. § 15 Abs. 1 Nr. 4 unter Berücksichtigung der körperlichen Gesamtkonstitution der Bewerberin oder des Bewerbers,
3. § 15 Abs. 1 Nr. 7, wenn die Bewerberin oder der Bewerber aufgrund einer Gesamtwürdigung ihrer oder seiner Persönlichkeit, sowie der Tat und ihrer Umstände für den Polizeidienst geeignet erscheint,

soweit hiervon nicht nachteilig abgewichen wird.

(2) Das für die Polizei zuständige Ministerium kann abweichend von § 21 Abs. 1 Satz 1 Nr. 4 und § 22 Abs. 3 Nr. 3 auch Bewerberinnen und Bewerber nach einer Mindestverwendungszeit von drei Jahren nach Ablauf der Probezeit zum Auswahlverfahren zulassen, wenn sie die Laufbahnprüfung für den Zugang zum dritten Einstiegsamt mit mindestens dem Gesamtergebnis 2,3 oder, soweit Punkte vergeben wurden, mit mindestens 11,0 Punkten bestanden haben.

(3) Für Bewerberinnen und Bewerber mit einer vierjährigen oder längeren Wehrdienstzeit als Soldatinnen oder Soldaten auf Zeit gelten, unbeschadet der Bestimmungen des Soldatenversorgungsgesetzes, folgende Ausnahmen:

1. abweichend von § 15 Abs. 1 Nr. 3 ist das Höchstalter das vollendete 37. Lebensjahr und
2. abweichend von § 21 Abs. 1 Satz 1 Nr. 4 und § 22 Abs. 3 Nr. 3 dauert die Mindestverwendungszeit drei Jahre.

(4) Das für die Polizei zuständige Ministerium kann Ausnahmen von den Bestimmungen des § 15 Abs. 1 Nr. 3, des § 18 Abs. 1 Satz 1 Nr. 4 und des § 23 Abs. 1 Satz 1 Nr. 4 bis zu den Höchstaltersgrenzen des § 19 Abs. 1 Satz 1 und 2 LBG zulassen, und zwar

1. für einzelne Fälle oder für Gruppen von Fällen, wenn ein erhebliches dienstliches Interesse besteht; dies ist insbesondere dann anzunehmen, wenn beabsichtigt ist, Bewerberinnen oder Bewerber als Fachkräfte zu gewinnen oder zu behalten und ein außerordentlicher Mangel an geeigneten jüngeren Bewerberinnen und Bewerbern besteht, der sich auch nicht im Wege der Aus- und Weiterbildung beheben lässt, oder
2. für einzelne Fälle, wenn die Anwendung der Höchstaltersgrenze eine unbillige Härte darstellt; dies ist insbesondere dann anzunehmen, wenn sich der berufliche Werdegang nachweislich aus nicht zu vertretenden Gründen verzögert hat und sich die Qualifikation der Bewerberin oder des Bewerbers gerade im Beamtenverhältnis im Polizeidienst verwirklichen lässt.

Das für das finanzielle öffentliche Dienstrecht zuständige Ministerium kann auf Vorschlag des für die Polizei zuständigen Ministeriums unter den Voraussetzungen nach Satz 1 Nr. 1 und 2 Ausnahmen von den Höchstaltersgrenzen nach § 19 Abs. 1 Satz 1 und 2 LBG zulassen.

(5) Das für die Polizei zuständige Ministerium kann zur Förderung des Spitzensports die Ausbildung und die Laufbahnprüfung abweichend von den §§ 14 und 16 regeln und den Vorbereitungsdienst verlängern.

§ 28 Inkrafttreten

(1) Diese Verordnung tritt mit Wirkung vom 2. Mai 2016 in Kraft.

(2) Gleichzeitig tritt die Laufbahnverordnung für den Polizeidienst vom 26. Mai 1997 (GVBl. S. 157), zuletzt geändert durch Artikel 1 der Verordnung vom 28. November 2011 (GVBl. S. 412), BS 2030-12, außer Kraft.

Laufbahnverordnung für den Schuldienst, den Schulaufsichtsdienst und den schulpsychologischen Dienst (Schullaufbahnverordnung – SchulLbVO)

Vom 15. August 2012 (GVBl. S. 291)

Zuletzt geändert durch
Vierzehntes Rechtsbereinigungsgesetz
vom 22. Dezember 2025 (GVBl. S. 738)

Inhaltsübersicht

Aufgrund des § 25 Abs. 1 und 2 Satz 2 Nr. 1 des Landesbeamtengesetzes vom 20. Oktober 2010 (GVBl. S. 319), geändert durch Artikel 10 des Gesetzes vom 20. Dezember 2011 (GVBl. S. 430), BS 2030-1, wird im Einvernehmen mit dem Ministerium des Innern, für Sport und Infrastruktur und dem Ministerium der Finanzen verordnet:

Teil 1
Allgemeine Bestimmungen

§ 1 Geltungsbereich

(1) Diese Verordnung findet auf Beamtinnen und Beamte des Schuldienstes, des Schulaufsichtsdienstes, des schulpsychologischen Dienstes sowie auf Beamtinnen und Beamte als Lehrkräfte im Dienst der Fort- und Weiterbildung am Pädagogischen Landesinstitut und an Justizvollzugsanstalten Anwendung.

(2) Die §§ 2 bis 4 und 6, die §§ 8 bis 14 und 26 Abs. 1 Satz 2 und Abs. 2 sowie die §§ 30 und 34 der Laufbahnverordnung (LbVO) vom 19. November 2010 (GVBl. S. 444, BS 2030-5) in der jeweils geltenden Fassung sind entsprechend anzuwenden.

§ 2 Regelmäßig zu durchlaufende Ämter

(1) Die in einer Besoldungsordnung aufgeführten Ämter im Geltungsbereich dieser Verordnung sind regelmäßig zu durchlaufen, soweit sich nicht aus der Anlage zu dieser Verordnung etwas anderes ergibt.

(2) Abweichend von Absatz 1 kann in den Fällen der §§ 23 und 24 nach erfolgreichem Abschluss einer Qualifizierung das vierte Einstiegsamt verliehen werden.

§ 3 Einrichtung von Laufbahnzweigen

(1) In der Laufbahn der Fachrichtung Bildung und Wissenschaft (§ 14 Abs. 2 Nr. 2 des Landesbeamtengesetzes – LBG – vom 20. Oktober 2010 – GVBl. S. 314, BS 2030-1 – in der jeweils geltenden Fassung) werden folgende Laufbahnzweige (§ 14 Abs. 3 Satz 1 LBG) eingerichtet:

1. der Laufbahnzweig für das Lehramt an Grundschulen,
2. der Laufbahnzweig für das Lehramt an Grund- und Hauptschulen,
3. der Laufbahnzweig für das Lehramt an Förderschulen,
4. der Laufbahnzweig für das Lehramt an Realschulen,
5. der Laufbahnzweig für das Lehramt an Realschulen plus,
6. der Laufbahnzweig für das Lehramt der Lehrerin und des Lehrers für Fachpraxis,
7. der Laufbahnzweig für das Lehramt der Fachlehrerin und des Fachlehrers an berufsbildenden Schulen,
8. der Laufbahnzweig für das Lehramt an Gymnasien und
9. der Laufbahnzweig für das Lehramt an berufsbildenden Schulen.

(2) Ein Wechsel von einem Laufbahnzweig in einen anderen Laufbahnzweig (§ 24 Abs. 2 LBG) der Laufbahn der Fachrichtung Bildung und Wissenschaft bestimmt sich nach Teil 3 und nach näherer Maßgabe der Prüfungsordnungen.

§ 3a Art der dienstlichen Beurteilung

(1) Für die dienstliche Beurteilung von Beamtinnen und Beamten des Schulaufsichtsdienstes und des schulpsychologischen Dienstes sowie von Beamtinnen und Beamten als Lehrkräfte im Dienst der Fort- und Weiterbildung am Pädagogischen Landesinstitut und an Justizvollzugsanstalten sind die §§ 15 bis 15d LbVO entsprechend anzuwenden.

(2) Für die Beamtinnen und Beamten des Schuldienstes erfolgen ausschließlich anlassbezogene dienstliche Beurteilungen nach Maßgabe der §§ 3b bis 3e.

§ 3b Anlassbezogene dienstliche Beurteilung

(1) Die anlassbezogene dienstliche Beurteilung ist insbesondere aus den folgenden Anlässen zu erstellen:

1. Berufung in das Beamtenverhältnis auf Lebenszeit,
2. Teilnahme an einem Auswahlverfahren um ein Beförderungsamt,

3. wesentliche Veränderung der Beurteilungsgrundlagen,
4. Anforderung der Schulbehörde oder der obersten Schulbehörde,
5. begründeter Antrag der Beamtin oder des Beamten.

(2) Von einer Beurteilung kann abgesehen werden, wenn eine für den Anlass hinreichend aussagefähige Beurteilung vorliegt, die im Vergleich mit anderen Beurteilungen einen aktuellen Leistungs-, Befähigungs- und Eignungsvergleich ermöglicht.

§ 3c Inhalt der anlassbezogenen dienstlichen Beurteilung

(1) Die anlassbezogene dienstliche Beurteilung besteht aus einer nachvollziehbaren Bewertung von Eignung, Befähigung und fachlichen Leistung und schließt mit einem Gesamturteil sowie einem Vorschlag für die weitere dienstliche Verwendung ab.

(2) Die Beurteilung erfolgt verbal. Die oberste Dienstbehörde bestimmt, in welchen Tätigkeitsbereichen und mit welchen Einzelmerkmalen Eignung, Befähigung und fachliche Leistung ihre Ausprägung finden. Die Bewertung erfolgt durch die folgenden vollen Punktwerte von 15 bis 0 in fünf Bewertungsstufen von A bis E:

Bewertung	(Stufe)	Punktwerte
Eignung, Befähigung und fachliche Leistung		
übertreffen die Anforderungen erheblich	(A)	15/14/13
übertreffen die Anforderungen	(B)	12/11/10
entsprechen den Anforderungen	(C)	9/8/7
entsprechen teilweise den Anforderungen	(D)	6/5/4
entsprechen nicht den Anforderungen	(E)	3/2/1/0.

Die Tätigkeitsbereiche sind zu gewichten. Das abschließende Gesamturteil ist zu bilden und mit einer nachvollziehbaren Gesamtbewertung zu versehen.

§ 3d Beurteilungsverfahren

(1) Die anlassbezogene dienstliche Beurteilung erfordert von der Beurteilerin oder dem Beurteiler Verantwortungsbewusstsein, Einfühlungsvermögen, Unparteilichkeit und Objektivität. Sie muss sachlich, frei von Vorurteilen und Rücksichtnahmen sein. Sie muss sich aus dem Gesamteindruck ergeben, den die Beurteilerin oder der Beurteiler durch eingehende Kenntnis von der zu beurteilenden Beamtin oder dem zu beurteilenden Beamten erworben hat.

(2) Die anlassbezogene dienstliche Beurteilung erfolgt in der Regel durch die unmittelbare Vorgesetzte oder den unmittelbaren Vorgesetzten.

(3) Vor der anlassbezogenen dienstlichen Beurteilung soll ein vorbereitendes Gespräch mit der Beamtin oder dem Beamten geführt werden. Die Beurteilung ist der Beamtin oder dem Beamten durch die Beurteilerin oder den Beurteiler in ihrem vollen Wortlaut zu eröffnen und mit ihr oder ihm zu besprechen. Die Eröffnung und das Ergebnis der Besprechung sind aktenkundig zu machen und mit der Beurteilung zu den Personalakten zu nehmen. Der Beamtin oder dem Beamten ist ein Abdruck der Beurteilung zu überlassen.

(4) Im Falle einer Bewerbung um eine Funktionsstelle tritt zu der anlassbezogenen dienstlichen Beurteilung ein funktionsbezogenes Überprüfungsverfahren hinzu.

§ 3e Weitergehende Regelungen

Näheres zu den §§ 3b bis 3d regelt die oberste Dienstbehörde.

Teil 2
Zugang zur Laufbahn

Abschnitt 1
Zugang durch Hochschulstudium und Vorbereitungsdienst

§ 4 Grundsatz

Der Zugang zur Laufbahn der Fachrichtung Bildung und Wissenschaft wird grundsätzlich durch Hochschulstudium, Vorbereitungsdienst und eine Zweite Staatsprüfung für das entsprechende Lehramt eröffnet, soweit die Abschnitte 2 und 3 nichts anderes bestimmen.

§ 5 Zugang durch Hochschulstudium und Vorbereitungsdienst

(1) Für das Lehramt an Grundschulen, das Lehramt an Realschulen plus, das Lehramt an Förderschulen, das Lehramt an Gymnasien oder das Lehramt an berufsbildenden Schulen kann in das Beamtenverhältnis berufen werden, wer

1. für das betreffende Lehramt nach Maßgabe der Ausbildungs- und Prüfungsordnung eine Anerkennung der Hochschulprüfungen in den lehramtsbezogenen Bachelor- und Masterstudiengängen als Erste Staatsprüfung für das jeweilige Lehramt nachweist, die durch die Landesverordnung über die Anerkennung von Hochschulprüfungen lehramtsbezogener Bachelor- und Masterstudiengänge als Erste Staatsprüfung für Lehrämter vom 12. September 2007 (GVBl. S. 152, BS 223-1-53) in der jeweils geltenden Fassung näher bestimmt ist, oder
2. für das betreffende Lehramt nach Maßgabe der Ausbildungs- und Prüfungsordnung ein lehramtsbezogenes Studium mit einer dem Abschluss nach Nummer 1 gleichwertigen Prüfung abgeschlossen hat oder
3. im Quereinstieg für das betreffende Lehramt nach Maßgabe der Ausbildungs- und Prüfungsordnung in einem Bachelor- und einem Masterstudiengang an einer Hochschule ein sonstiges geeignetes Fachstudium, das im Gesamtumfang den jeweiligen Anforderungen für das betreffende Lehramt in Nummer 1 entspricht, mit Hochschulprüfungen oder mit einem gleichwertigen Abschluss abgeschlossen hat

und den durch die Ausbildungs- und Prüfungsordnungen näher bestimmten Vorbereitungsdienst nach § 6 mit einer Zweiten Staatsprüfung erfolgreich beendet hat.

(2) Über die Gleichwertigkeit eines Abschlusses nach Absatz 1 entscheidet das fachlich zuständige Ministerium. Es kann diese Befugnis auf andere Behörden übertragen.

§ 6 Vorbereitungsdienst

(1) In den Vorbereitungsdienst für das betreffende Lehramt kann eingestellt werden, wer über die für das jeweilige Lehramt erforderlichen Bildungsvoraussetzungen (§ 5 Abs. 1 Nr. 1, Nr. 2 oder Nr. 3) verfügt.

(2) Die Dauer des Vorbereitungsdienstes beträgt 18 Monate. Abweichend von Satz 1 beträgt die Dauer des Vorbereitungsdienstes 24 Monate für Lehramtsanwärterinnen und Lehramtsanwärter sowie Studienreferendarinnen und Studienreferendare mit einem Abschluss nach § 5 Abs. 1 Nr. 3.

(3) Der Vorbereitungsdienst kann um höchstens sechs Monate gekürzt werden, soweit nachgewiesen wird, dass die für das jeweilige Lehramt erforderlichen Kenntnisse und Fähigkeiten durch gleichwertige, nach Erwerb der Ersten Staatsprüfung oder der Hochschulprüfung zurückgelegte Zeiten beruflicher Tätigkeit innerhalb oder außerhalb des öffentlichen Dienstes erworben worden und diese Zeiten für den Vorbereitungsdienst förderlich sind. Zeiten nach Satz 1 sind förderlich, wenn sie geeignet sind, die Ausbildung in einzelnen Abschnitten ganz oder teilweise zu ersetzen.

(4) Der Vorbereitungsdienst in Teilzeit dauert abweichend von Absatz 2 Satz 1 24 oder 30 Monate. Für Lehramtsanwärterinnen und Lehramtsanwärter sowie Studienreferendarinnen und Studienreferendare mit einem Abschluss nach § 5 Abs. 1 Nr. 3 beträgt die Dauer des Vorbereitungsdienstes in Teilzeit abweichend von Absatz 2 Satz 2 30 oder 36 Monate. Bei nachträglicher Beantragung der Teilzeit verlängert sich die Dauer des Vorbereitungsdienstes nach Absatz 2 nach Maßgabe der Ausbildungs- und Prüfungsordnung.

(5) Der Vorbereitungsdienst schließt mit der Zweiten Staatsprüfung ab.

(6) Das Nähere regeln die Ausbildungs- und Prüfungsordnungen (§ 26 LBG).

§ 7 Dienstbezeichnung

Die Beamtinnen und Beamten auf Widerruf (§ 6 Abs. 1 LBG) führen während des Vorbereitungsdienstes für die Lehrämter nach § 3 Abs. 1 Nr. 1 bis 5 die Dienstbezeichnung „Lehramtsanwärterin" oder „Lehramtsanwärter", während des Vorbereitungsdienstes für die Lehrämter nach § 3 Abs. 1 Nr. 8 und 9 die Dienstbezeichnung „Studienreferendarin“ oder „Studienreferendar“.

§ 8 Prüfungsnoten

(1) In den Ausbildungs- und Prüfungsordnungen sind folgende Prüfungsnoten vorzusehen:

sehr gut 1,0 bis 1,49	= eine Leistung, die den Anforderungen in besonderem Maße entspricht;
gut 1,50 bis 2,49	= eine Leistung, die den Anforderungen voll entspricht;
befriedigend 2,50 bis 3,49	= eine Leistung, die im Allgemeinen den Anforderungen entspricht;
ausreichend 3,50 bis 4,49	= eine Leistung, die zwar Mängel aufweist, aber im Ganzen den Anforderungen noch entspricht;
mangelhaft 4,50 bis 5,49	= eine Leistung, die den Anforderungen nicht entspricht, jedoch erkennen lässt, dass die notwendigen Grundkenntnisse vorhanden sind und die Mängel in absehbarer Zeit behoben werden könnten;
ungenügend ab 5,50	= eine Leistung, die den Anforderungen nicht entspricht und bei der die notwendigen Grundkenntnisse fehlen.

(2) Zur Bildung der Prüfungsnoten können die Einzelleistungen und die Gesamtleistung der Zweiten Staatsprüfung nach einem System von Punktzahlen bewertet werden. Dabei sind den Prüfungsnoten nach Absatz 1, soweit nicht länderübergreifende Regelungen oder Vereinbarungen entgegenstehen, folgende Punktzahlen zuzuordnen:

sehr gut (1)	= 15, 14, 13 Punkte,
gut (2)	= 12, 11, 10 Punkte,
befriedigend (3)	= 9, 8, 7 Punkte,
ausreichend (4)	= 6, 5, 4 Punkte,
mangehaft (5)	= 3, 2, 1 Punkte,
ungenügend (6)	= 0 Punkte.

(3) Das Nähere regeln die Ausbildungs- und Prüfungsordnungen (§ 26 LBG).

Abschnitt 2
Zugang durch Hochschulstudium und hauptberufliche Tätigkeit mit pädagogischer Zusatzausbildung

§ 9

(1) In das Beamtenverhältnis für das Lehramt an Grundschulen, an Realschulen plus, an Gymnasien oder an berufsbildenden Schulen kann ohne Ableistung eines Vorbereitungsdienstes nach § 6 auch berufen werden, wer bei festgestelltem Bedarf für ein Lehramt oder ein Unterrichtsfach

1. für das betreffende Lehramt ein Studium mit einem Abschluss nach § 5 Abs. 1 Nr. 1 oder ein entsprechendes lehramtsbezogenes Studium mit einer gleichwertigen Prüfung abgeschlossen hat oder
2. für das betreffende Lehramt nach Maßgabe der Lehrkräfte-Seiteneinstiegsverordnung in einem Bachelor- und einem Masterstudiengang an einer Hochschule ein sonstiges geeignetes Studium, das im Gesamtumfang den jeweiligen Anforderungen für das betreffende Lehramt in § 5 Abs. 1 Nr. 1 entspricht, mit Hochschulprüfungen oder mit einem gleichwertigen Abschluss abgeschlossen hat

und während einer hauptberuflichen Tätigkeit als Lehrkraft eine pädagogische Zusatzausbildung mit einer Prüfung nach Maßgabe der Lehrkräfte-Seiteneinstiegsverordnung erfolgreich abgeschlossen hat.

(2) Die Dauer der pädagogischen Zusatzausbildung beträgt in der Regel 24 Monate. Die pädagogische Zusatzausbildung kann um höchstens sechs Monate gekürzt werden, soweit nachgewiesen wird, dass die für das jeweilige Lehramt erforderlichen Kenntnisse und Fähigkeiten durch Zeiten einer unterrichtspraktischen Tätigkeit erworben worden und diese Zeiten für die pädagogische Zusatzausbildung förderlich sind.

(3) Wird die pädagogische Zusatzausbildung in Teilzeit abgeleistet, beträgt ihre Dauer abweichend von Absatz 2 Satz 1 in der Regel 30 oder 36 Monate. Bei nachträglicher Beantragung der Teilzeit verlängert sich die Dauer der pädagogischen Zusatzausbildung nach

Absatz 2 Satz 1 nach Maßgabe der Lehrkräfte-Seiteneinstiegsverordnung.

Abschnitt 3 Zugang durch sonstige Qualifikationen

§ 10 Lehramt an Realschulen oder an Realschulen plus in dem Fach Religion

Für das Lehramt an Realschulen oder an Realschulen plus in dem Fach Religion können Geistliche in das Beamtenverhältnis berufen werden, die

1. das erste theologische Examen bestanden haben und
2. danach mindestens fünf Jahre im Dienst an einer Realschule plus oder in einer entsprechenden Tätigkeit an einer Integrierten Gesamtschule tätig gewesen sind.

§ 11 Lehramt der Lehrerin und des Lehrers für Fachpraxis

(1) Für das Lehramt der Lehrerin oder des Lehrers für Fachpraxis kann in das Beamtenverhältnis berufen werden, wer

1. a) eine Berufsausbildung sowie eine für die als Lehrerin oder Lehrer für Fachpraxis angestrebte berufliche Fachrichtung geeignete und der zweiten beruflichen Fortbildungsstufe gemäß § 53c Abs. 4 Satz 3 Nr. 2 des Berufsbildungsgesetzes unterfallende Fachschulausbildung abgeschlossen hat oder
   b) eine Berufsausbildung sowie eine für die als Lehrerin oder Lehrer für Fachpraxis angestrebte berufliche Fachrichtung geeignete und der zweiten beruflichen Fortbildungsstufe gemäß § 53c Abs. 4 Satz 3 Nr. 1 des Berufsbildungsgesetzes unterfallende Prüfung bestanden hat oder
   c) eine gleichwertige Ausbildung mit einer Prüfung abgeschlossen hat und
2. eine pädagogische Ausbildung von mindestens 18 Monaten mit einer Prüfung nach näherer Maßgabe der Ausbildungs- und Prüfungsordnung erfolgreich abgeschlossen hat.

Personen, die die Qualifizierung zur staatlich anerkannten Erzieherin oder zum staatlich anerkannten Erzieher oder zur staatlich anerkannten Heilerziehungspflegerin oder zum staatlich anerkannten Heilerziehungspfleger abgeschlossen haben, müssen zusätzlich eine mindestens zweijährige einschlägige berufliche Tätigkeit nachweisen.

(2) Über die Gleichwertigkeit eines Bildungstandes und die Gleichwertigkeit einer Ausbildung mit den Vorgaben des Absatzes 1 entscheidet das fachlich zuständige Ministerium.

(3) In Fachgebieten, in denen es eine Prüfung der zweiten beruflichen Fortbildungsstufe gemäß § 53c Abs. 4 Satz 3 Nr. 1 oder Nr. 2 des Berufsbildungsgesetzes nicht gibt, erwirbt die Befähigung für das Lehramt der Lehrerin oder des Lehrers für Fachpraxis, wer

1. in diesem Fachgebiet eine Berufsausbildung abgeschlossen hat,
2. eine mindestens sechsjährige einschlägige hauptberufliche Tätigkeit ausgeübt hat und
3. eine pädagogische Ausbildung von mindestens 18 Monaten mit einer Prüfung nach näherer Maßgabe der Ausbildungs- und Prüfungsordnung erfolgreich abgeschlossen hat.

§ 12 Lehramt der Lehrerin und des Lehrers für Fachpraxis mit sonderpädagogischer Qualifikation

Zur Lehrerin oder zum Lehrer für Fachpraxis mit sonderpädagogischer Qualifikation kann ernannt werden, wer

1. die Befähigung für das Lehramt der Lehrerin und des Lehrers für Fachpraxis erworben hat,
2. eine sonderpädagogische Ausbildung von mindestens 200 Stunden nachweist,
3. danach mindestens ein Jahr an berufsbildenden Schulen Schülerinnen und Schüler mit festgestelltem sonderpädagogischem Förderbedarf unterrichtet hat, und
4. danach aufgrund eines Unterrichtsbesuchs und eines Prüfungsgesprächs von der Schulbehörde die Befähigung für das Lehramt der Lehrerin oder des Lehrers für Fachpraxis mit sonderpädagogischer Qualifikation zuerkannt bekommen hat.

§ 13 Lehramt der Fachlehrerin und des Fachlehrers mit beratenden Aufgaben für den praktischen Unterricht an berufsbildenden Schulen

Zur Fachlehrerin oder zum Fachlehrer mit beratenden Aufgaben für den praktischen Unterricht an berufsbildenden Schulen kann ernannt werden, wer als Lehrerin oder Lehrer für Fachpraxis oder als Lehrerin oder Lehrer für Fachpraxis mit sonderpädagogischer Qualifikation

1. eine Dienstzeit (§ 30 LbVO) von mindestens zehn Jahren, davon mindestens fünf Jahre in einem Amt der Besoldungsgruppe 11 der Besoldungsordnung A, zurückgelegt hat,
2. nach den bisherigen Leistungen für dieses Amt geeignet erscheint,
3. mindestens ein Jahr erfolgreich in die Aufgaben dieses Amtes eingeführt worden ist und
4. die nach der Ausbildungs- und Prüfungsordnung vorgesehene Prüfung bestanden hat.

§ 14 Lehramt der Fachlehrerin und des Fachlehrers an berufsbildenden Schulen

(1) Für das Lehramt der Fachlehrerin und des Fachlehrers an berufsbildenden Schulen kann in das Beamtenverhältnis berufen werden, wer

1. ein Hochschulstudium mit einem Bachelorgrad oder einem gleichwertigen Abschluss (§ 15 Abs. 4 Satz 1 Nr. 1 LBG) erfolgreich abgeschlossen hat,
2. eine mindestens einjährige auf das Ausbildungsfach bezogene fachpraktische Tätigkeit außerhalb des Schuldienstes ausgeübt hat und
3. danach eine pädagogische Ausbildung von mindestens zwei Jahren nach näherer Maßgabe des fachlich zuständigen Ministeriums mit einer Prüfung erfolgreich abgeschlossen hat.

(2) Zur Fachlehrerin oder zum Fachlehrer an berufsbildenden Schulen kann ernannt werden, wer als Lehrerin oder Lehrer für Fachpraxis

1. eine Dienstzeit (§ 30 LbVO) von mindestens vier Jahren in einem Amt der Besoldungsgruppe 10 der Besoldungsordnung A zurückgelegt,
2. ein Hochschulstudium (§ 15 Abs. 4 Satz 1 Nr. 1 LBG) in dem betreffenden Berufsfeld der Lehrerin oder des Lehrers für Fachpraxis erfolgreich abgeschlossen hat oder eine vergleichbare Qualifikation nachweisen kann und
3. aufgrund eines Unterrichtsbesuchs und eines Prüfungsgesprächs von der Schulbehörde die Befähigung für das Lehramt der Fachlehrerin und des Fachlehrers an berufsbildenden Schulen zuerkannt bekommen hat.

§ 15 Lehramt der Förderschullehrerin und des Förderschullehrers an berufsbildenden Schulen

Zur Förderschullehrerin oder zum Förderschullehrer an berufsbildenden Schulen kann ernannt werden, wer

1. die Befähigung für das Lehramt an Förderschulen erworben hat,
2. eine für die Unterrichtstätigkeit geeignete praktische Ausbildung von mindestens sechs Monaten nachweist und
3. mindestens ein Jahr an berufsbildenden Schulen Schülerinnen und Schüler mit festgestelltem sonderpädagogischem Förderbedarf unterrichtet hat.

§ 16 Lehramt an Gymnasien und Lehramt an berufsbildenden Schulen

(1) Für das Lehramt an Gymnasien kann ohne Ableistung des entsprechenden Vorbereitungsdienstes nach § 6 in das Beamtenverhältnis berufen werden, wer

1. die Zweite Staatsprüfung für das Lehramt an berufsbildenden Schulen bestanden hat oder
2. ohne Geistliche oder Geistlicher zu sein, die Voraussetzungen des § 17 erfüllt und die wissenschaftliche Befähigung in einem weiteren Fach für das Lehramt an Gymnasien besitzt.

(2) Für das Lehramt an berufsbildenden Schulen kann ohne Ableistung des entspre-

chenden Vorbereitungsdienstes nach § 6 in das Beamtenverhältnis berufen werden, wer

1. die Zweite Staatsprüfung für das Lehramt an Gymnasien bestanden hat oder
2. ohne Geistliche oder Geistlicher zu sein, die Voraussetzungen des § 17 erfüllt und die Lehrbefähigung in einem weiteren Fach für das Lehramt an berufsbildenden Schulen besitzt oder
3. die Befähigung für das Lehramt an landwirtschaftlichen berufsbildenden Schulen erworben hat.

§ 17 Lehramt an Gymnasien oder an berufsbildenden Schulen in dem Fach Religion

Für das Lehramt an Gymnasien oder an berufsbildenden Schulen in dem Fach Religion können Geistliche in das Beamtenverhältnis berufen werden, die

1. das erste und zweite theologische Examen bestanden und
2. eine hauptberufliche Tätigkeit von mindestens fünf Jahren nach bestandenem ersten theologischen Examen ausgeübt haben.

§ 18 Lehramt der Studienrätin und des Studienrats mit sonderpädagogischer Qualifikation an berufsbildenden Schulen

Zur Studienrätin oder zum Studienrat mit sonderpädagogischer Qualifikation an berufsbildenden Schulen kann ernannt werden, wer

1. die Befähigung für das Lehramt an berufsbildenden Schulen oder für das Lehramt an berufsbildenden Schulen in dem Fach Religion erworben und
2. die Befähigung für das Lehramt an Förderschulen oder für das Lehramt der Förderschullehrerin und des Förderschullehrers an berufsbildenden Schulen erworben oder eine mindestens einjährige sonderpädagogische Ausbildung mit einer Prüfung erfolgreich abgeschlossen

hat.

Teil 3
Wechsel des Laufbahnzweigs

§ 19 Grundsatz

Die Voraussetzungen für einen Wechsel von einem der in § 3 Abs. 1 bestimmten Laufbahnzweige in einen anderen Laufbahnzweig erfüllt, wer als zusätzliche Qualifikation die Befähigung für das angestrebte Lehramt durch eine Prüfung nach Maßgabe einer entsprechenden Prüfungsverordnung des fachlich zuständigen Ministeriums (Wechselprüfung) erworben hat, soweit die §§ 20 bis 24 sowie Teil 2 Abschnitt 3 und Teil 4 bis 6 nichts anderes bestimmen.

§ 20 Lehramt an Grundschulen

(1) Die Befähigung für das Lehramt an Grundschulen kann ohne Ableistung des entsprechenden Vorbereitungsdienstes nach § 6 auch erwerben, wer

1. die Befähigung für das Lehramt an Realschulen, an Realschulen plus, an Förderschulen, an Gymnasien oder an berufsbildenden Schulen erworben hat,
2. danach mindestens zwei Jahre im Grundschuldienst tätig gewesen ist und
3. eine Wechselprüfung (§ 19) bestanden hat.

(2) Die Befähigung für das Lehramt an Grundschulen kann ohne Ableistung des entsprechenden Vorbereitungsdienstes nach § 6 auch erwerben, wer

1. die Befähigung für das Lehramt der Fachlehrerin und des Fachlehrers an Grund- und Hauptschulen (§ 46 der Laufbahnverordnung in der bis zum 30. Juni 1988 geltenden Fassung) erworben hat,
2. danach mindestens drei Jahre im Schuldienst tätig gewesen ist und
3. eine Wechselprüfung (§ 19) bestanden hat oder einen Abschluss nach § 5 Abs. 1 Nr. 1 oder Nr. 2 für das Lehramt an Grundschulen oder ein entsprechendes Lehramt nachweist.

§ 21 Lehramt an Realschulen plus

(1) Die Befähigung für das Lehramt an Realschulen plus kann ohne Ableistung des entsprechenden Vorbereitungsdienstes nach § 6 auch erwerben, wer

1. die Befähigung für das Lehramt an Förderschulen, an Gymnasien oder an berufsbildenden Schulen erworben hat,
2. danach mindestens zwei Jahre im Dienst an einer Realschule plus oder in einer entsprechenden Tätigkeit an einer Integrierten Gesamtschule tätig gewesen ist und
3. eine Wechselprüfung (§ 19) bestanden hat.

(2) Die Befähigung für das Lehramt an Realschulen plus kann ohne Ableistung des entsprechenden Vorbereitungsdienstes nach § 6 auch erwerben, wer

1. die Befähigung für das Lehramt an Grundschulen, an Grund- und Hauptschulen oder an Förderschulen erworben hat,
2. danach mindestens drei Jahre im Schuldienst tätig gewesen ist und
3. eine Wechselprüfung (§ 19) bestanden hat oder einen Abschluss nach § 5 Abs. 1 Nr. 1 oder Nr. 2 für das Lehramt an Realschulen plus oder ein entsprechendes Lehramt nachweist.

(3) Die Befähigung für das Lehramt an Realschulen plus kann ohne Ableistung des entsprechenden Vorbereitungsdienstes nach § 6 auch erwerben, wer

1. die Befähigung für das Lehramt der Fachlehrerin und des Fachlehrers an Grund- und Hauptschulen (§ 46 der Laufbahnverordnung in der bis zum 30. Juni 1988 geltenden Fassung) erworben hat,
2. danach mindestens
   a) drei Jahre im Schuldienst oder
   b) fünf Jahre im Dienst an einer Realschule plus oder in einer entsprechenden Tätigkeit an einer Integrierten Gesamtschule

   tätig gewesen ist und
3. eine Wechselprüfung (§ 19) bestanden hat oder einen Abschluss nach § 5 Abs. 1 Nr. 1 oder Nr. 2 für das Lehramt an Realschulen plus nachweist.

§ 22 Lehramt an Förderschulen

(1) Die Befähigung für das Lehramt an Förderschulen kann ohne Ableistung des entsprechenden Vorbereitungsdienstes nach § 6 auch erwerben, wer

1. die Befähigung für das Lehramt an Grundschulen, an Grund- und Hauptschulen, an Realschulen, an Realschulen plus, an Gymnasien oder an berufsbildenden Schulen erworben hat und danach
2. a) ein sonderpädagogisches Aufbaustudium von vier Semestern an einer Universität oder einer vergleichbaren Hochschule mit der Staatsprüfung für das Lehramt an Förderschulen nach der Landesverordnung über die Staatsprüfung für das Lehramt an Förderschulen, aufgehoben durch Artikel 20 des Gesetzes vom 22. Dezember 2025 (GVBl. S. 738), erfolgreich abgeschlossen hat oder
   b) mindestens zwei Jahre im Förderschuldienst oder in einer entsprechenden Tätigkeit an einer anderen allgemeinbildenden Schule tätig gewesen ist und eine Wechselprüfung (§ 19) bestanden hat.

(2) Die Befähigung für das Lehramt an Förderschulen kann ohne Ableistung des entsprechenden Vorbereitungsdienstes nach § 6 auch erwerben, wer

1. die Befähigung für das Lehramt an Grundschulen, an Grund- und Hauptschulen, an Realschulen oder an Realschulen plus erworben hat,
2. danach mindestens drei Jahre im Schuldienst tätig gewesen ist und
3. eine Wechselprüfung (§ 19) bestanden hat oder einen Abschluss nach § 5 Abs. 1 Nr. 1 oder Nr. 2 für das Lehramt an Förderschulen nachweist.

§ 23 Lehramt an Gymnasien

Die Befähigung für das Lehramt an Gymnasien kann ohne Ableistung des entsprechenden Vorbereitungsdienstes nach § 6 auch erwerben, wer

1. die Befähigung für das Lehramt an Grundschulen, an Grund- und Hauptschulen, an Förderschulen, an Realschulen oder an Realschulen plus erworben hat,

2. danach mindestens drei Jahre im Schuldienst tätig gewesen ist und
3. eine Wechselprüfung (§ 19) bestanden hat oder einen Abschluss nach § 5 Abs. 1 Nr. 1 oder Nr. 2 für das Lehramt an Gymnasien nachweist.

§ 24 Lehramt an berufsbildenden Schulen

(1) Die Befähigung für das Lehramt an berufsbildenden Schulen kann ohne Ableistung des entsprechenden Vorbereitungsdienstes nach § 6 auch erwerben, wer

1. die Befähigung für das Lehramt an Grundschulen, an Grund- und Hauptschulen, an Förderschulen, an Realschulen, an Realschulen plus oder der Fachlehrerin und des Fachlehrers an berufsbildenden Schulen erworben hat,
2. danach mindestens drei Jahre im Schuldienst tätig gewesen ist und
3. a) eine Wechselprüfung (§ 19) für das Lehramt an Gymnasien bestanden hat oder einen Abschluss nach § 5 Abs. 1 Nr. 1 oder Nr. 2 für das Lehramt an Gymnasien nachweist oder
   b) eine Wechselprüfung (§ 19) für das Lehramt an berufsbildenden Schulen bestanden oder ein für dieses Lehramt geeignetes Studium (§ 5 Abs. 1 Nr. 1 oder Nr. 2) erfolgreich abgeschlossen hat.

(2) Die Befähigung für das Lehramt an berufsbildenden Schulen kann ohne Ableistung des entsprechenden Vorbereitungsdienstes nach § 6 erwerben, wer als Lehrerin oder Lehrer für Fachpraxis

1. eine Dienstzeit (§ 30 LbVO) von mindestens acht Jahren, davon mindestens vier Jahre in einem Amt der Besoldungsgruppe 11 der Besoldungsordnung A zurückgelegt,
2. ein Hochschulstudium (§ 15 Abs. 5 Satz 1 Nr. 1 LBG) in dem betreffenden Berufsfeld der Lehrerin oder des Lehrers für Fachpraxis erfolgreich abgeschlossen und
3. aufgrund eines Unterrichtsbesuchs und eines Prüfungsgesprächs von der Schulbehörde die Befähigung für das Lehramt an berufsbildenden Schulen zuerkannt bekommen

hat.

Teil 4 Schulpsychologischer Dienst und Dienst in der Fort- und Weiterbildung

§ 25 Schulpsychologischer Dienst

Für eine Verwendung als Psychologin oder Psychologe im schulpsychologischen Dienst kann in das Beamtenverhältnis berufen werden, wer nach einem mit einer Prüfung abgeschlossenen Hochschulstudium (§ 15 Abs. 5 Satz 1 Nr. 1 LBG)

1. mindestens drei Jahre und sechs Monate hauptberuflich als Psychologin oder Psychologe tätig gewesen ist oder
2. mindestens fünf Jahre im Schuldienst als Lehrkraft mit der Befähigung für das Lehramt an Grundschulen, an Grund- und Hauptschulen, an Realschulen, an Realschulen plus oder an Förderschulen und mindestens ein Jahr hauptberuflich als Psychologin oder Psychologe tätig gewesen ist.

§ 26 Dienst in der Fort- und Weiterbildung

Für ein Amt in der Lehrkräftefort- und -weiterbildung ist befähigt, wer

1. die Befähigung für das Lehramt an Grundschulen, an Grund- und Hauptschulen, an Realschulen plus, an Realschulen, an Förderschulen, an Gymnasien oder an berufsbildenden Schulen erworben und
2. sich im Schuldienst drei Jahre bewährt hat.

Teil 5 Schulaufsichtsdienst

§ 27 Befähigungsvoraussetzungen

In ein Amt im Schulaufsichtsdienst für die jeweilige Schulart kann berufen werden, wer

1. eine dem Amt entsprechende Lehramtsbefähigung erworben hat,

2. eine Dienstzeit (§ 30 LbVO) von mindestens fünf Jahren zurückgelegt und sich im Schuldienst bewährt hat und
3. sich in einer Einführungszeit im Schulaufsichtsdienst von 24 Monaten bewährt hat. Die Einführungszeit kann nach näherer Maßgabe des fachlich zuständigen Ministeriums verkürzt werden, soweit im bisherigen Amt bereits Tätigkeiten ausgeübt wurden, die für ein Amt im Schulaufsichtsdienst förderlich sind. Die Mindesteinführungszeit beträgt sechs Monate.

Abweichend von Satz 1 Nr. 1 kann aus besonderen sachlichen Gründen auch berufen werden, wer eine Lehramtsbefähigung für eine andere Schulart erworben hat.

Teil 6 Lehrkräfte an Justizvollzugsanstalten

§ 28 Oberlehrerin und Oberlehrer

Im Wege der Beförderung kann ernannt werden

1. zur Oberlehrerin oder zum Oberlehrer an einer Justizvollzugsanstalt, wer die Befähigung für ein Lehramt, das den Zugang zum dritten Einstiegsamt eröffnet (§ 34 Abs. 1), erworben hat,
2. zur Oberlehrerin oder zum Oberlehrer für Fachpraxis an einer Justizvollzugsanstalt, wer die Befähigung für das Lehramt der Lehrerin und des Lehrers für Fachpraxis erworben hat

und für die Aufgaben im Strafvollzug besonders geeignet erscheint.

Teil 7 Beförderungen

§ 29 Erforderliche Dienstzeiten vor Übertragung eines Funktionsamtes

Die erstmalige Übertragung eines Amtes als

1. Rektorin oder Rektor,
2. Rektorin oder Rektor an einer Realschule plus oder
3. Förderschulrektorin oder Förderschulrektors

setzt eine Dienstzeit (§ 30 LbVO) von mindestens fünf Jahren in dem entsprechenden Lehramt voraus. Bei Übertragung eines Amtes nach Satz 1 Nr. 2 nach Erwerb der Befähigung gemäß § 21 Abs. 2 beträgt die Dienstzeit abweichend von Satz 1 mindestens drei Jahre. Bei Übertragung eines Amtes nach Satz 1 Nr. 3 können zwei Jahre der Dienstzeit im Grundschul- oder Grund- und Hauptschuldienst abgeleistet sein.

§ 30 Ausnahmen

(1) Über das Zurücklegen von Dienstzeiten für Beförderungen nach §§ 27 und 29 können Ausnahmen zugelassen werden.

(2) Über Ausnahmen nach Absatz 1 entscheidet

1. bei unmittelbaren Landesbeamtinnen und Landesbeamten das fachlich zuständige Ministerium im Einvernehmen mit dem für das finanzielle öffentliche Dienstrecht zuständigen Ministerium,
2. bei mittelbaren Landesbeamtinnen und Landesbeamten die oder der Dienstvorgesetzte mit Zustimmung der Aufsichtsbehörde oder, falls diese keine oberste Landesbehörde ist, der ihr übergeordneten obersten Landesbehörde.

Teil 8 Übergangs- und Schlussbestimmungen

§ 31 Übergangsregelung infolge der Schulstrukturreform

(1) Soweit nach dieser Verordnung das Zurücklegen bestimmter Dienstzeiten vorausgesetzt wird, werden Dienstzeiten an Hauptschulen, an Grund- und Hauptschulen, an Regionalen Schulen, an Grund- und Regionalen Schulen oder an Realschulen entsprechend angerechnet.

(2) Für beamtete Lehrkräfte, die Dienst an Hauptschulen, an Grund- und Hauptschulen oder an Realschulen leisten, gelten insoweit die Bestimmungen der Schullaufbahnverord-

nung vom 20. Februar 2006 (GVBl. S. 116), geändert durch Artikel 1 der Verordnung vom 17. April 2007 (GVBl. S. 76).

§ 32 Übergangsregelung für die Lehrämter an Grund- und Hauptschulen und an Realschulen

(1) Für das Lehramt an Grund- und Hauptschulen kann in das Beamtenverhältnis berufen werden, wer

1. ein Studium nach der Landesverordnung über die Erste Staatsprüfung für das Lehramt an Grund- und Hauptschulen vom 16. Juni 1982 (GVBl. S. 227), zuletzt geändert durch § 7 Abs. 2 Nr. 1 der Verordnung vom 8. Juli 2011 (GVBl. S. 252) und aufgehoben durch Artikel 1 Nr. 1 und Artikel 2 der Verordnung vom 28. März 2017 (GVBl. S. 82, BS 223-1-53a), mit der Ersten Staatsprüfung abgeschlossen hat und
2. den Vorbereitungsdienst nach Maßgabe der Landesverordnung über die Ausbildung und Zweite Staatsprüfung für das Lehramt an Grund- und Hauptschulen vom 27. August 1997 (GVBl. S. 335, BS 2030-50) in der jeweils geltenden Fassung, mit einer Zweiten Staatsprüfung erfolgreich abgeschlossen hat.

(2) Für das Lehramt an Realschulen kann in das Beamtenverhältnis berufen werden, wer

1. ein Studium nach der Landesverordnung über die Erste Staatsprüfung für das Lehramt an Realschulen vom 31. März 1982 (GVBl. S. 133), zuletzt geändert durch Artikel 2 der Verordnung vom 29. August 2011 (GVBl. S. 339) und aufgehoben durch Artikel 1 Nr. 2 und Artikel 2 der Verordnung vom 28. März 2017 (GVBl. S. 82, BS 223-1-53a), mit der Ersten Staatsprüfung abgeschlossen hat und
2. den Vorbereitungsdienst nach Maßgabe der Landesverordnung über die Ausbildung und Zweite Staatsprüfung für das Lehramt an Realschulen vom 27. August 1997 (GVBl. S. 343, BS 2030-51) in der jeweils geltenden Fassung, mit einer Zweiten Staatsprüfung erfolgreich abgeschlossen hat.

(3) In den Vorbereitungsdienst kann abweichend von § 6 Abs. 1 eingestellt werden,

1. für das Lehramt an Grund- und Hauptschulen, wer über die erforderlichen Bildungsvoraussetzungen nach Absatz 1 Nr. 1,
2. für das Lehramt an Realschulen, wer über die erforderlichen Bildungsvoraussetzungen nach Absatz 2 Nr. 1

verfügt.

§ 33 Übergangsregelung für Beamtinnen und Beamte im Vorbereitungsdienst

(1) Für Beamtinnen und Beamte auf Widerruf, die vor dem 1. Februar 2013 in den Vorbereitungsdienst für das Lehramt an Gymnasien sowie für Beamtinnen oder Beamte auf Widerruf, die vor dem 1. Mai 2013 in den Vorbereitungsdienst für das Lehramt an berufsbildenden Schulen eingestellt sind, richtet sich die Dauer des Vorbereitungsdienstes nach den bisherigen Bestimmungen.

(2) Für Beamtinnen und Beamte auf Widerruf für das Lehramt an Grund- und Hauptschulen oder für das Lehramt an Realschulen, die vor dem 1. Februar 2012 in den Vorbereitungsdienst eingestellt worden sind, richten sich die Ausbildungs- und Prüfungsnoten nach den bisherigen Bestimmungen.

(3) Für Beamtinnen und Beamte auf Widerruf für das Lehramt an Förderschulen, die vor dem 1. August 2012 in den Vorbereitungsdienst eingestellt worden sind, richten sich die Ausbildungs- und Prüfungsnoten nach den bisherigen Bestimmungen.

(4) Für Beamtinnen und Beamte auf Widerruf für das Lehramt an Gymnasien, die vor dem 1. Februar 2013 in den Vorbereitungsdienst eingestellt worden sind, richten sich die Ausbildungs- und Prüfungsnoten nach den bisherigen Bestimmungen.

(5) Für Beamtinnen und Beamte auf Widerruf für das Lehramt an berufsbildenden Schulen, die vor dem 1. Mai 2013 in den Vorbereitungsdienst eingestellt worden sind, richten sich die Ausbildungs- und Prüfungsnoten nach den bisherigen Bestimmungen.

§ 33a Sondermaßnahme für das Lehramt an Grundschulen

(1) Abweichend von § 5 Abs. 1 kann, soweit von dem fachlich zuständigen Ministerium

ein längerfristiger Bedarf an Lehrkräften mit der Befähigung für das Lehramt an Grundschulen festgestellt wurde, in das Beamtenverhältnis berufen werden, wer nach Maßgabe der Ausbildungs- und Prüfungsordnung

1. in mindestens einem für das Lehramt an Grundschulen geeigneten Fach eine Anerkennung der Hochschulprüfungen in den lehramtsbezogenen Bachelor- und Masterstudiengängen als Erste Staatsprüfung für das Lehramt an Gymnasien nach Maßgabe der Landesverordnung über die Anerkennung von Hochschulprüfungen lehramtsbezogener Bachelor- und Masterstudiengänge als Erste Staatsprüfung für Lehrämter oder ein entsprechendes lehramtsbezogenes Studium mit einem gleichwertigen Abschluss nachgewiesen und
2. den näher bestimmten Vorbereitungsdienst für Anwärterinnen und Anwärter im Umstieg mit einer Zweiten Staatsprüfung erfolgreich beendet hat.

(2) Abweichend von § 6 Abs. 1 kann in den Vorbereitungsdienst für das Lehramt an Grundschulen eingestellt werden, wer über die erforderlichen Bildungsvoraussetzungen nach Absatz 1 Nr. 1 verfügt. Die Entscheidung über die Gleichwertigkeit eines Abschlusses nach Absatz 1 Nr. 1 trifft das fachlich zuständige Ministerium. Es kann diese Befugnis auf andere Behörden übertragen. Abweichend von § 6 Abs. 2 Satz 1 beträgt die Dauer des Vorbereitungsdienstes 24 Monate. Wird der Vorbereitungsdienst in Teilzeit abgeleistet, beträgt seine Dauer abweichend von § 6 Abs. 4 Satz 1 30 oder 36 Monate.

§ 33b Sondermaßnahme für das Lehramt an Realschulen plus

(1) Abweichend von § 5 Abs. 1 kann, soweit von dem fachlich zuständigen Ministerium ein längerfristiger Bedarf an Lehrkräften mit der Befähigung für das Lehramt an Realschulen plus festgestellt wurde, in das Beamtenverhältnis berufen werden, wer nach Maßgabe der Ausbildungs- und Prüfungsordnung

1. in mindestens einem für das Lehramt an Realschulen plus geeigneten Fach eine Anerkennung der Hochschulprüfungen in den lehramtsbezogenen Bachelor- und Masterstudiengängen als Erste Staatsprüfung für das Lehramt an Gymnasien nach Maßgabe der Landesverordnung über die Anerkennung von Hochschulprüfungen lehramtsbezogener Bachelor- und Masterstudiengänge als Erste Staatsprüfung für Lehrämter oder ein entsprechendes lehramtsbezogenes Studium mit einem gleichwertigen Abschluss nachgewiesen und
2. den näher bestimmten Vorbereitungsdienst für Anwärterinnen und Anwärter im Umstieg mit einer Zweiten Staatsprüfung erfolgreich beendet hat.

(2) Abweichend von § 6 Abs. 1 kann in den Vorbereitungsdienst für das Lehramt an Realschulen plus eingestellt werden, wer über die erforderlichen Bildungsvoraussetzungen nach Absatz 1 Nr. 1 verfügt. Die Entscheidung über die Gleichwertigkeit eines Abschlusses nach Absatz 1 Nr. 1 trifft das fachlich zuständige Ministerium. Es kann diese Befugnis auf andere Behörden übertragen. Abweichend von § 6 Abs. 2 Satz 1 beträgt für Lehramtsanwärterinnen und Lehramtsanwärter mit lediglich einem Fach die Dauer des Vorbereitungsdienstes 24 Monate. Wird der Vorbereitungsdienst in Teilzeit abgeleistet, beträgt seine Dauer abweichend von § 6 Abs. 4 Satz 1 für Lehramtsanwärterinnen und Lehramtsanwärter mit lediglich einem Fach 30 oder 36 Monate.

§ 33c Sondermaßnahme für das Lehramt an Förderschulen

(1) Abweichend von § 5 Abs. 1 kann, soweit von dem fachlich zuständigen Ministerium ein längerfristiger Bedarf in dem sonderpädagogischen Schwerpunkt Lernen oder dem sonderpädagogischen Schwerpunkt sozial-emotionale Entwicklung festgestellt wurde, als Lehrkraft für das Lehramt an Förderschulen in das Beamtenverhältnis berufen werden, wer nach Maßgabe der Ausbildungs- und Prüfungsordnung

1. an einer Hochschule ein für das Lehramt an Förderschulen geeignetes und diesem im Gesamtumfang entsprechendes Fachstudium erfolgreich abgeschlossen hat,

2. eine berufliche Tätigkeit im Förderschuldienst in dem sonderpädagogischen Schwerpunkt Lernen oder sozial-emotionale Entwicklung von mindestens einem Jahr ausgeübt hat,
3. die Teilnahme an mindestens fünf Fort- und Weiterbildungsveranstaltungen mit sonderpädagogischer Ausrichtung vorweisen kann und
4. den näher bestimmten Vorbereitungsdienst für Anwärterinnen und Anwärter mit einer Zweiten Staatsprüfung erfolgreich beendet hat.

(2) Abweichend von § 6 Abs. 1 kann in den Vorbereitungsdienst für das Lehramt an Förderschulen eingestellt werden, wer über die erforderlichen Bildungsvoraussetzungen nach Absatz 1 Nr. 1 bis 3 verfügt. Die Entscheidung nach Absatz 1 Nr. 1 trifft das fachlich zuständige Ministerium. Es kann diese Befugnis auf andere Behörden übertragen. Abweichend von § 6 Abs. 2 Satz 1 beträgt die Dauer des Vorbereitungsdienstes 24 Monate. Wird der Vorbereitungsdienst in Teilzeit abgeleistet, beträgt seine Dauer abweichend von § 6 Abs. 4 Satz 1 30 oder 36 Monate.

§ 34 Zugang zu den Einstiegsämtern

(1) Die Befähigung

1. für das Lehramt an Grundschulen,
2. für das Lehramt an Grund- und Hauptschulen,
3. für das Lehramt an Realschulen,
4. für das Lehramt an Realschulen plus,
5. für das Lehramt an Förderschulen,
6. für das Lehramt an Realschulen oder an Realschulen plus in dem Fach Religion,
7. für das Lehramt der Lehrerin und des Lehrers für Fachpraxis,
8. für das Lehramt der Lehrerin und des Lehrers für Fachpraxis mit sonderpädagogischer Qualifikation,
9. für das Lehramt der Fachlehrerin und des Fachlehrers mit beratenden Aufgaben für den praktischen Unterricht an berufsbildenden Schulen,
10. für das Lehramt der Fachlehrerin und des Fachlehrers an berufsbildenden Schulen,
11. für das Lehramt der Förderschullehrerin und des Förderschullehrers an berufsbildenden Schulen oder
12. als Oberlehrerin oder Oberlehrer an einer Justizvollzugsanstalt

eröffnet den Zugang zum dritten Einstiegsamt der Laufbahn der Fachrichtung Bildung und Wissenschaft (§ 14 Abs. 2 Nr. 2 LBG).

(2) Die Befähigung

1. für das Lehramt an Gymnasien,
2. für das Lehramt an berufsbildenden Schulen,
3. für das Lehramt an Gymnasien oder an berufsbildenden Schulen in dem Fach Religion,
4. für das Lehramt der Studienrätin und des Studienrats mit sonderpädagogischer Qualifikation,
5. für ein Amt im schulpsychologischen Dienst,
6. für ein Amt in der Lehrkräftefort- und -weiterbildung oder
7. für ein Amt im Schulaufsichtsdienst

eröffnet den Zugang zum vierten Einstiegsamt der Laufbahn der Fachrichtung Bildung und Wissenschaft (§ 14 Abs. 2 Nr. 2 LBG).

§ 35 Überleitung

Die am 30. Juni 2012 bestehenden Laufbahnen werden in die Laufbahn der Fachrichtung Bildung und Wissenschaft nach § 14 Abs. 2 Nr. 2 LBG übergeleitet.

§ 36 Inkrafttreten

(1) Diese Verordnung tritt mit Wirkung vom 1. Juli 2012 in Kraft.

(2) Gleichzeitig tritt die Schullaufbahnverordnung vom 20. Februar 2006 (GVBl. S. 116), zuletzt geändert durch Verordnung vom 16. Januar 2012 (GVBl. S. 38), BS 2030-45, vorbehaltlich der Regelung des § 33, außer Kraft.

Anlage
(zu § 2)

Folgende Ämter brauchen nicht regelmäßig durchlaufen zu werden:

1. die nachstehenden Ämter der Besoldungsgruppe 13 der Besoldungsordnung A:
   Konrektorin oder Konrektor
   - als die ständige Vertreterin oder der ständige Vertreter der Leiterin oder des Leiters einer Grundschule mit mehr als 180 bis zu 360 Schülerinnen und Schülern –
   - als Primarstufenleiterin oder Primarstufenleiter an einer organisatorisch verbundenen Grund- und Realschule plus bis zu 80 Schülerinnen und Schülern in der Grundschule –

   Rektorin oder Rektor
   - als Leiterin oder Leiter einer Grundschule mit bis zu 80 Schülerinnen und Schülern –

   Zweite Konrektorin oder Zweiter Konrektor
   - einer Grundschule mit mehr als 540 Schülerinnen und Schülern –,
2. die nachstehenden Ämter der Besoldungsgruppe 14 der Besoldungsordnung A, soweit nicht bereits ein Amt der Besoldungsgruppe 13 der Besoldungsordnung A übersprungen wurde:
   Förderschulkonrektorin oder Förderschulkonrektor
   - als die ständige Vertreterin oder der ständige Vertreter der Leiterin oder des Leiters einer Schule mit dem Förderschwerpunkt Lernen mit mehr als 90 bis zu 180 Schülerinnen und Schülern –
   - als die ständige Vertreterin oder der ständige Vertreter der Leiterin oder des Leiters einer Schule mit einem anderen Förderschwerpunkt als dem Förderschwerpunkt Lernen mit mehr als 45 bis zu 90 Schülerinnen und Schülern –

   Förderschulrektorin oder Förderschulrektor
   - einer Schule mit dem Förderschwerpunkt Lernen mit bis zu 90 Schülerinnen und Schülern –
   - einer Schule mit einem anderen Förderschwerpunkt als dem Förderschwerpunkt Lernen mit bis zu 45 Schülerinnen und Schülern –

   Konrektorin oder Konrektor an einer Realschule plus
   - mit mehr als 180 bis zu 360 Schülerinnen und Schülern oder an einer organisatorisch verbundenen Grund- und Realschule plus mit mehr als 180 bis zu 360 Schülerinnen und Schülern in der Realschule plus –
   - mit mehr als 540 Schülerinnen und Schülern oder an einer organisatorisch verbundenen Grund- und Realschule plus mit mehr als 540 Schülerinnen und Schülern in der Realschule plus als pädagogische Koordinatorin oder pädagogischer Koordinator –

   Rektorin oder Rektor
   - als Leiterin oder Leiter einer Grundschule mit mehr als 180 bis zu 360 Schülerinnen und Schülern –

   Zweite Förderschulkonrektorin oder Zweiter Förderschulkonrektor
   - einer Schule mit dem Förderschwerpunkt Lernen mit mehr als 270 Schülerinnen und Schülern –
   - einer Schule mit einem anderen Förderschwerpunkt als dem Förderschwerpunkt Lernen mit mehr als 135 Schülerinnen und Schülern –

   Zweite Konrektorin oder Zweiter Konrektor an einer Realschule plus
   - mit mehr als 540 Schülerinnen und Schülern oder an einer organisatorisch verbundenen Grund- und Realschule plus mit mehr als 540 Schülerinnen und Schülern in der Realschule plus –,

3. die Ämter des bisherigen Laufbahnzweigs beim Wechsel in ein Amt in der Lehrkräftefort- und -weiterbildung (§ 26),
4. die Ämter des bisherigen Laufbahnzweigs beim Wechsel in den Schulaufsichtsdienst (§ 27) und
5. die Ämter, die durch eine Fußnote in der Besoldungsordnung A mit einer Amtszulage ausgestattet sind.

II

Ausbildungs- und Prüfungsordnung für den Zugang zum zweiten und dritten Einstiegsamt im Verwaltungsdienst (APOVwD-E2/3)

Vom 20. August 2012 (GVBl. S. 323)

Zuletzt geändert durch
Dritte Landesverordnung zur Änderung der Ausbildungs- und Prüfungsordnung für den Zugang zum zweiten und dritten Einstiegsamt im Verwaltungsdienst
vom 15. Februar 2022 (GVBl. S. 139)

Inhaltsübersicht

II

Aufgrund des § 26 des Landesbeamtengesetzes vom 20. Oktober 2010 (GVBl. S. 319), geändert durch Artikel 10 des Gesetzes vom 20. Dezember 2011 (GVBl. S. 430), BS 2030-1, wird im Benehmen mit dem Ministerium des Innern, für Sport und Infrastruktur verordnet:

Teil 1 Allgemeine Bestimmungen

§ 1 Geltungsbereich, Ausbildungsstätten

(1) Diese Verordnung regelt die Ausbildung und Prüfung im Vorbereitungsdienst für den Zugang zum zweiten und dritten Einstiegsamt im Verwaltungsdienst der Laufbahn Verwaltung und Finanzen.

(2) Die theoretische Ausbildung und die Laufbahnprüfung erfolgen für den Zugang zum zweiten Einstiegsamt an der Zentralen Verwaltungsschule Rheinland-Pfalz (Zentrale Verwaltungsschule) und für den Zugang zum dritten Einstiegsamt an der Hochschule für öffentliche Verwaltung Rheinland-Pfalz (Hochschule). Die praktische Ausbildung erfolgt in den Ausbildungsbehörden.

§ 2 Ausbildungsziel

(1) Die Ausbildung vermittelt den Anwärterinnen und Anwärtern die Befähigung für den Zugang zum zweiten (Abschluss „Verwaltungswirt, Verwaltungswirtin") oder dritten (Abschluss „Bachelor of Arts (B. A.)") Einstiegsamt im Verwaltungsdienst der Laufbahn Verwaltung und Finanzen.

(2) Die Anwärterinnen und Anwärter werden zu verantwortungsbewussten und vielseitig einsetzbaren Mitarbeiterinnen und Mitarbeitern der öffentlichen Verwaltung ausgebildet, die sich der freiheitlich demokratischen Grundordnung verpflichtet fühlen und ihren Beruf als Dienst für das allgemeine Wohl auffassen. Die Kompetenz zum lebenslangen Lernen durch Fort- und Weiterbildung sowie das Verständnis für die politischen, wirtschaftlichen und gesellschaftlichen Zusammenhänge im nationalen, europäischen und internationalen Bereich sind besonders zu fördern.

§ 3 Einstellungsvoraussetzungen

(1) In den Vorbereitungsdienst für den Zugang zum zweiten Einstiegsamt kann eingestellt werden, wer

1. die gesetzlichen Voraussetzungen für die Berufung in das Beamtenverhältnis erfüllt und
2. als Bildungsvoraussetzung
   a) den qualifizierten Sekundarabschluss I oder
   b) die Qualifikation der Berufsreife und eine abgeschlossene Berufsausbildung oder
   c) die Qualifikation der Berufsreife und eine abgeschlossene Ausbildung in einem öffentlich-rechtlichen Ausbildungsverhältnis

   nachweist.

(2) In den Vorbereitungsdienst für den Zugang zum dritten Einstiegsamt kann eingestellt werden, wer

1. die gesetzlichen Voraussetzungen für die Berufung in das Beamtenverhältnis erfüllt und
2. als Bildungsvoraussetzung
   a) die Hochschulreife oder Fachhochschulreife oder
   b) als beruflich qualifizierte Person das Vorliegen der Voraussetzungen nach § 13 Abs. 3 des Verwaltungsfachhochschulgesetzes in Verbindung mit der hierzu erlassenen Rechtsverordnung

   nachweist.

§ 4 Einstellungsverfahren

(1) Der Antrag auf Einstellung in den Vorbereitungsdienst ist an die Behörde zu richten, bei der die Bewerberin oder der Bewerber ausgebildet zu werden wünscht (Ausbildungsbehörde).

(2) Dem Antrag sind folgende Unterlagen beizufügen:

1. ein Lebenslauf,
2. die Nachweise über die Bildungsvoraussetzungen nach § 3 Abs. 1 Nr. 2 oder § 3 Abs. 2 Nr. 2.

(3) Vor der Einstellung sind

1. die Geburtsurkunde, gegebenenfalls auch die Eheurkunde oder die Lebenspartnerschaftsurkunde,
2. ein Lichtbild aus neuester Zeit,
3. ein amtsärztliches Gesundheitszeugnis, das nicht älter als drei Monate sein darf, und
4. eine Erklärung,
   a) ob ein Ermittlungsverfahren der Staatsanwaltschaft, ein gerichtliches Strafverfahren oder ein Disziplinarverfahren anhängig ist,
   b) ob ein Leben in geordneten wirtschaftlichen Verhältnissen vorliegt und
   c) ob die deutsche Staatsangehörigkeit im Sinne des Artikels 116 des Grundgesetzes oder eine Staatsangehörigkeit gemäß § 7 Abs. 1 Nr. 1 Buchst. a bis c des Beamtenstatusgesetzes besessen wird,

vorzulegen sowie

5. ein Führungszeugnis zur Vorlage bei einer Behörde nach § 30 Abs. 5 des Bundeszentralregistergesetzes bei der zuständigen Meldebehörde zu beantragen.

(4) Minderjährige haben zusätzlich

1. die Einwilligung des gesetzlichen Vertreters und
2. die Bescheinigung über die ärztliche Erstuntersuchung nach § 63 Abs. 1 Satz 1 des Landesbeamtengesetzes in Verbindung mit § 32 Abs. 1 des Jugendarbeitsschutzgesetzes vom 12. April 1976 (BGBl. I S. 965) in der jeweils geltenden Fassung

vorzulegen.

(5) Die Ausbildungsbehörde leitet die Antragsunterlagen der Bewerberin oder des Bewerbers, die oder der in den Vorbereitungsdienst für den Zugang zum dritten Einstiegsamt eingestellt werden soll, der Hochschule zur Feststellung der Zulassungsvoraussetzungen zum Bachelorstudium zu.

§ 5 Beamtenverhältnis

Die Einstellung in den Vorbereitungsdienst erfolgt unter Berufung in das Beamtenverhältnis auf Widerruf.

§ 6 Ausbildungsbeauftragte, Ausbildende

(1) Für die praktische Ausbildung im Vorbereitungsdienst für den Zugang zum zweiten Einstiegsamt bestellt die Ausbildungsbehörde eine Ausbildungsbeauftragte oder einen Ausbildungsbeauftragten und zeigt die Bestellung der Zentralen Verwaltungsschule an. Für die berufspraktischen Studienzeiten im Vorbereitungsdienst für den Zugang zum dritten Einstiegsamt bestellt die Hochschule auf Vorschlag der Ausbildungsbehörde eine Ausbildungsbeauftragte oder einen Ausbildungsbeauftragten. Voraussetzung für die Bestellung sind eine ausreichende Berufserfahrung sowie mindestens die Befähigung für den Zugang zum dritten Einstiegsamt im Verwaltungsdienst der Laufbahn Verwaltung und Finanzen oder eine gleichwertige Qualifikation.

(2) Die oder der Ausbildungsbeauftragte stellt für jede Anwärterin und jeden Anwärter in Zusammenarbeit mit den Ausbildungsstellen einen Ausbildungsplan auf, der eine möglichst enge Verzahnung von Theorie und Praxis gewährleisten soll. Die Anwärterin oder der Anwärter kann Vorschläge unterbreiten. Die Zentrale Verwaltungsschule oder die Hochschule und die Anwärterin oder der Anwärter erhalten eine Ausfertigung des Ausbildungsplans.

(3) Die oder der Ausbildungsbeauftragte koordiniert die Ausbildung, ist für die Einhaltung des Ausbildungsplans verantwortlich und hat sich regelmäßig über den Ausbildungsstand der Anwärterin oder des Anwärters zu informieren.

(4) Bei Bedarf werden in den einzelnen Ausbildungsstellen Mitarbeiterinnen und Mitarbeiter als Ausbildende eingesetzt. Absatz 1 Satz 3 gilt entsprechend. Ausbilden darf nur, wer über die erforderlichen Kenntnisse und Fähigkeiten verfügt und nach seiner Persönlichkeit dafür geeignet ist. Den Ausbildenden sollen nicht mehr Anwärterinnen und Anwärter zugewiesen werden als sie mit Sorgfalt ausbilden können.

(5) Ausbildungsbeauftragte und Ausbildende sind, soweit dies für die ordnungsgemäße Wahrnehmung ihrer Aufgaben erforderlich ist, von anderen Dienstgeschäften zu entlasten.

§ 7 Berücksichtigung der Belange behinderter Anwärterinnen und Anwärter

(1) In der Ausbildung und der Laufbahnprüfung sind die besonderen Belange behinderter Anwärterinnen und Anwärter zu berücksichtigen. Schwerbehinderten Anwärterinnen und Anwärtern sind die in den Vorschriften zugunsten der schwerbehinderten Menschen vorgesehenen Erleichterungen zu gewähren. Anderen behinderten Anwärterinnen und Anwärtern kann eine angemessene Erleichterung gewährt werden, wenn die Behinderung durch ein ärztliches oder auf Verlangen durch ein amtsärztliches Zeugnis nachgewiesen wird. Über Erleichterungen in der Laufbahnprüfung entscheidet das Prüfungsamt; in den Fällen des § 16 Abs. 2 und 3 entscheidet die Direktorin oder der Direktor der Zentralen Verwaltungsschule.

(2) Für behinderte Anwärterinnen und Anwärter, die in ihren kommunikativen Fähigkeiten eingeschränkt sind, wird die barrierefreie Gestaltung der Ausbildung und der Laufbahnprüfung sichergestellt. Soweit erforderlich, werden geeignete Kommunikationshilfen zugelassen oder weitere Nachteilsausgleiche gewährt.

Teil 2 Ausbildung

Abschnitt 1 Ausbildung für den Zugang zum zweiten Einstiegsamt

§ 8 Dauer

(1) Die zweijährige Ausbildung beginnt am 1. Juli und endet spätestens mit Ablauf des Monats, in dem die Laufbahnprüfung bestanden ist, oder mit Ablauf des Tages, an dem die Laufbahnprüfung endgültig nicht bestanden ist. Sie umfasst Lehrgänge an der Zentralen Verwaltungsschule von insgesamt 11 Monaten Dauer (theoretische Ausbildung) und Praktika in den Ausbildungsbehörden von insgesamt 13 Monaten Dauer (praktische Ausbildung).

(2) In begründeten Fällen, wie Krankheit oder Schwangerschaft, kann die Ausbildung unterbrochen, modifiziert oder verlängert werden. Bei Nichterreichen des Ausbildungsziels aufgrund nicht ausreichender Leistung kann die Ausbildung verlängert werden; eine Verlängerung ist jedoch ausgeschlossen, wenn alle Möglichkeiten zur Wiederholung der Laufbahnprüfung ausgeschöpft wurden. Die Entscheidung trifft die Zentrale Verwaltungsschule im Einvernehmen mit der Ausbildungsbehörde.

§ 9 Gliederung

(1) Die Ausbildung gliedert sich in folgende Abschnitte:

1. Praxiseinführung	1 Monat,
2. Einführungslehrgang	3 Monate,
3. Einführungspraktikum	4 Monate,
4. Hauptlehrgang	4 Monate,
5. Hauptpraktikum einschließlich Gastpraktikum	6 Monate,
6. Abschlusslehrgang mit schriftlicher Prüfung	4 Monate sowie
7. Abschlusspraktikum und mündliche Prüfung	2 Monate.

(2) Die Ausbildungsbehörde weist die Anwärterin oder den Anwärter den einzelnen Ausbildungsstellen sowie der Zentralen Verwaltungsschule nach Maßgabe eines Ausbildungsplans zu. In begründeten Fällen kann die Zentrale Verwaltungsschule mit Zustimmung der Ausbildungsbehörde eine von Absatz 1 abweichende Gestaltung des Ausbildungsplans sowie einen von § 8 Abs. 1 Satz 1 abweichenden Beginn der Ausbildung zulassen.

(3) Der Erholungsurlaub soll während der praktischen Ausbildung genommen werden.

§ 10 Überwachung und Koordinierung

Die Zentrale Verwaltungsschule koordiniert und überwacht die Ausbildung. Sie arbeitet mit den Ausbildungsbehörden eng zusammen und unterstützt die mit der Ausbildung beauftragten Mitarbeiterinnen und Mitarbeiter sowie die Arbeitsgemeinschaftsleiterinnen und Arbeitsgemeinschaftsleiter in Fragen der Ausbildung. Sie kann von den Ausbildungsbehörden die hierfür erforderlichen Auskünfte verlangen. Sie berät die zuständigen Ministerien bei der Erarbeitung der Richtlinien und Rahmenausbildungspläne für die praktische Ausbildung.

§ 11 Ausbildungsbehörden

(1) Ausbildungsbehörden für die praktische Ausbildung sind:

1. für die Anwärterinnen und Anwärter aus der staatlichen Verwaltung die Aufsichts- und Dienstleistungsdirektion, die Struktur- und Genehmigungsdirektionen sowie das Landesamt für Soziales, Jugend und Versorgung,
2. für die Anwärterinnen und Anwärter aus der Kommunalverwaltung die Verwaltungen der Landkreise, der kreisfreien und großen kreisangehörigen Städte, der Verbandsgemeinden und der verbandsfreien Gemeinden und
3. der Landesbetrieb Mobilität für seine Anwärterinnen und Anwärter.

(2) Die Zentrale Verwaltungsschule kann andere Verwaltungen oder privatrechtlich organisierte Einrichtungen, deren Gesellschafter oder Mitglieder ganz oder teilweise öffentlich-rechtlich organisiert sind, als Ausbildungsbehörden anerkennen, wenn eine ordnungsgemäße Ausbildung gewährleistet ist.

§ 12 Berichtsbuch, Beschäftigungsnachweis, Ausbildungsakte

(1) Die Anwärterin oder der Anwärter hat während der praktischen Ausbildung ein Berichtsbuch zu führen, in dem die Tätigkeiten regelmäßig stichwortartig aufzuzeichnen sind. Die Aufzeichnungen sind von der oder dem Ausbildenden zu bestätigen und der oder dem Ausbildungsbeauftragten jeweils zur Einsicht vorzulegen.

(2) Die Ausbildungsbehörden führen für jede Anwärterin und jeden Anwärter einen Beschäftigungsnachweis, in dem die Dauer und die Aufgabengebiete der einzelnen Ausbildungsabschnitte sowie die Ausbildenden zu vermerken sind.

(3) Die Ausbildungsbehörden legen für jede Anwärterin und jeden Anwärter eine Ausbildungsakte an, in die der Ausbildungsplan, der Beschäftigungsnachweis, die praktischen Arbeiten gemäß § 19 sowie die Zeugnisse aufzunehmen sind.

§ 13 Kenntnisse in der Textverarbeitung

Die Ausbildungsbehörde kann von der Anwärterin oder dem Anwärter bei der Einstellung verlangen, dass sie oder er bis zum Ende des Hauptpraktikums Kenntnisse im Zehn-Finger-Tastschreiben bei einer Mindestgeschwindigkeit von 1200 Anschlägen in zehn Minuten nachweist und die Grundlagen der Textverarbeitung beherrscht.

§ 14 Gestaltung der theoretischen Ausbildung

(1) Die theoretische Ausbildung wird in Vollzeitlehrgängen an der Zentralen Verwaltungsschule durchgeführt. Inhalt, Umfang und Gestaltung des Unterrichts richten sich nach dem Stoffplan, auf dessen Grundlage die Lehrveranstaltungspläne erstellt werden.

(2) Die theoretische Ausbildung soll die fachlichen und methodischen Kenntnisse und Fähigkeiten vermitteln, die zur sachgemäßen Beurteilung und Bearbeitung der Aufgaben im zweiten Einstiegsamt im Verwaltungsdienst der Laufbahn Verwaltung und Finanzen notwendig sind. Neben den rechtlichen Kenntnissen sind auch verwaltungsbetriebswirtschaftliche Kenntnisse sowie die erforderlichen sozialen und kommunikativen Schlüsselqualifikationen zu vermitteln. Dabei ist auch das Verständnis für die rechtlichen, politischen, wirtschaftlichen und gesellschaftlichen Bedingungen und Wirkungen des Verwaltungshandelns zu fördern.

(3) In den Lehrveranstaltungen sollen mitarbeitsintensive Lehrmethoden eingesetzt werden. Die Anwärterinnen und Anwärter sollen lernen, ihre Kenntnisse unter Berücksichtigung der in der Praxis erworbenen Erfahrungen auf praktische Fälle anzuwenden und sich auch in neue Aufgabenstellungen einzuarbeiten. Den Anwärterinnen und Anwärtern ist Gelegenheit zu geben, sich in freier Rede zu üben.

(4) Die Anwärterinnen und Anwärter unterstehen während der Lehrgänge, unbeschadet der Zuständigkeit ihrer Dienstvorgesetzten, der Aufsicht der Zentralen Verwaltungsschule. Sie haben während dieser Zeit den ihre Ausbildung betreffenden Anordnungen der Lehrkräfte zu folgen.

II

§ 15 Gliederung der theoretischen Ausbildung

(1) Im Einführungslehrgang ist den Anwärterinnen und Anwärtern ein Überblick über Aufbau und Organisation sowie über die Aufgaben der Verwaltung zu vermitteln. Die Anwärterinnen und Anwärter sollen die für die anschließende praktische Ausbildung erforderlichen Grundkenntnisse erwerben.

(2) Im Hauptlehrgang werden die in den vorausgegangenen Ausbildungsabschnitten erworbenen Kenntnisse und Fähigkeiten systematisch erweitert und vertieft. Die Anwärterinnen und Anwärter sollen gründliche Fachkenntnisse und die Fähigkeit erwerben, methodisch zu arbeiten und Aufgaben einfachen und mittleren Schwierigkeitsgrades selbstständig zu erledigen.

(3) Der Abschlusslehrgang dient der anwendungsbezogenen Vertiefung der Kenntnisse und Fähigkeiten sowie der Wiederholung im Hinblick auf die Laufbahnprüfung. Er schließt mit dem schriftlichen Teil der Laufbahnprüfung ab.

§ 16 Leistungsnachweise, Lehrgangsnote

(1) Die Anwärterinnen und Anwärter sollen durch ihre Mitarbeit in den einzelnen Lehrveranstaltungen, insbesondere auch in Aufsichtsarbeiten und Referaten zeigen, dass sie in der Lage sind, das erworbene Wissen selbstständig zu verarbeiten und im Rahmen des geltenden Rechts auch unter Berücksichtigung der Grundsätze der Wirtschaftlichkeit auf praktische Fälle anzuwenden.

(2) Während des Einführungslehrgangs sind mindestens drei Aufsichtsarbeiten anzufertigen. Die Aufsichtsarbeiten sind entsprechend § 32 zu bewerten. Die Anwärterinnen und Anwärter erhalten hierüber ein Zeugnis, das in Abschrift auch der Ausbildungsbehörde zu übersenden ist.

(3) Am Ende des Hauptlehrgangs ist je eine Aufsichtsarbeit aus den Stoffgebieten nach Nummer 1 der Anlage unter prüfungsähnlichen Bedingungen anzufertigen. Die Aufsichtsarbeit aus dem Stoffgebiet „Verwaltungsbetriebslehre“ kann auch Fragen aus dem Stoffgebiet „Interaktion und Kommunikation“ enthalten, soweit ein unmittelbarer sachlicher Zusammenhang besteht. Die Aufsichtsarbeiten sind entsprechend § 32 zu bewerten. Der Durchschnitt der Bewertungen ergibt die Lehrgangsnote; § 32 Abs. 4 ist anzuwenden. Die Bewertungen aller Aufsichtsarbeiten und die Lehrgangsnote werden den Anwärterinnen und Anwärtern sowie ihren Ausbildungsbehörden in einem Zeugnis mitgeteilt.

(4) Die Schulleiterin oder der Schulleiter der Zentralen Verwaltungsschule kann anstelle der in Absatz 3 genannten Aufsichtsarbeiten andere gleichwertige Leistungsnachweise, beispielsweise ein Referat oder ein prüfungsähnliches Gespräch, zur Aufnahme in die Lehrgangsnote anerkennen.

§ 17 Allgemeine Grundsätze für die praktische Ausbildung

(1) Während der praktischen Ausbildung sollen die Anwärterinnen und Anwärter Aufgaben, Organisation und Arbeitsweise der Verwaltung kennenlernen. Zu diesem Zweck sind sie in die laufenden Arbeiten ihrer jeweiligen Ausbildungsstelle einzubinden sowie mit den einschlägigen Rechts- und Verwaltungsvorschriften vertraut zu machen. Sie sollen zu gewandtem mündlichen und schriftlichen Ausdruck angeleitet werden und sich auch im Umgang mit den Bürgerinnen und Bürgern üben. Ferner ist durch die Vermittlung von Fähigkeiten der Kommunikation und Kooperation die soziale Kompetenz der Anwärterinnen und Anwärter zu fördern, um Eigenschaften wie Entscheidungs- und Verantwortungsfreude, Kreativität und Innovationsbereitschaft zu entwickeln und zu festigen.

(2) Tätigkeiten, die nicht dem Ziel der Ausbildung dienen, dürfen den Anwärterinnen und Anwärtern nicht übertragen werden.

§ 18 Gestaltung der praktischen Ausbildung

(1) Die Praxiseinführung soll den Anwärterinnen und Anwärtern nach dem Stand ihrer Vorbildung einen Einblick in Aufgaben und Arbeitsabläufe einer Behörde ihres Dienstherrn vermitteln. Dabei sollen auch das Berufsbild und das Ausbildungsziel erläutert werden.

(2) Während des Einführungspraktikums sollen die Anwärterinnen und Anwärter einen erweiterten Überblick über die Aufgaben der Verwaltung ihres Dienstherrn und die Formen des Verwaltungshandelns erhalten. Sie sollen anhand praktischer Fälle angeleitet werden, typische Verwaltungsvorgänge unter Anwendung der erworbenen Kenntnisse und Fähigkeiten zu bearbeiten und zu entscheiden. Zu diesem Zweck werden sie in der Regel bei zwei Ausbildungsstellen ihres Dienstherrn ausgebildet.

(3) Während des Hauptpraktikums soll den Anwärterinnen und Anwärtern bei mindestens zwei Ausbildungsstellen ihres Dienstherrn Gelegenheit gegeben werden, ihre Kenntnisse und Fähigkeiten in der Verwaltungspraxis in selbstständiger Tätigkeit anzuwenden. Für die Dauer von sechs Wochen sollen sie außerdem bei einer anderen geeigneten Stelle, auch im Ausland, in der Privatwirtschaft oder bei Verbänden, ein Gastpraktikum absolvieren.

(4) Im Rahmen des Abschlusspraktikums sollen die Anwärterinnen und Anwärter ihre praktischen Kenntnisse und Fähigkeiten auch im Hinblick auf den mündlichen Teil der Laufbahnprüfung weiter vertiefen.

§ 19 Arbeiten in der praktischen Ausbildung

Während des Einführungspraktikums sind mindestens zwei Arbeiten und während des Hauptpraktikums mindestens drei größere Arbeiten anzufertigen. Die Anwärterinnen und Anwärter sollen darin zeigen, dass sie mit der Organisation, Bedeutung und Aufgabenstellung ihrer Ausbildungsstelle vertraut und dem Stand ihrer Ausbildung entsprechend fähig sind, praktische Verwaltungsfälle einfachen oder mittleren Schwierigkeitsgrades sachgemäß zu bearbeiten. Die Arbeiten sind entsprechend § 32 Abs. 1 zu bewerten. Die oder der Ausbildungsbeauftragte bestimmt, wer die Aufgaben stellt und die Arbeiten bewertet. Die Arbeiten sind mit der Anwärterin oder dem Anwärter zu besprechen und der oder dem Ausbildungsbeauftragten zur Kenntnis zu geben.

§ 20 Arbeitsgemeinschaften

Während des Einführungspraktikums und des Hauptpraktikums finden in der Regel wöchentlich Arbeitsgemeinschaften statt. Sie sollen die praktische Ausbildung ergänzen und die Anwärterinnen und Anwärter befähigen, Verwaltungsvorgänge unter Anwendung der geltenden Rechts- und Verwaltungsvorschriften und unter Berücksichtigung betriebswirtschaftlicher Gesichtspunkte sachgemäß zu bearbeiten. Sie dienen außerdem der Übung von Aufsichtsarbeiten und Sachvorträgen sowie dem Erfahrungsaustausch. Sie sind praxisbezogen durchzuführen. Im Abschlusspraktikum wird eine zweitägige Arbeitsgemeinschaft zur Vorbereitung auf den mündlichen Teil der Laufbahnprüfung angeboten.

§ 21 Beurteilung

Die Ausbildenden haben die Kenntnisse, Fähigkeiten, Leistungen sowie das allgemeine dienstliche Verhalten der Anwärterinnen und Anwärter in einem Zeugnis zu beurteilen und ihre Leistungen entsprechend § 32 Abs. 1 zu bewerten. Die oder der Ausbildungsbeauftragte fasst die Bewertungen der Arbeiten (§ 19) und die Zeugnisse der Ausbildenden zu einer abschließenden Beurteilung zusammen. Die Zeugnisse und Bewertungen sowie die abschließende Beurteilung sind mit der Anwärterin oder dem Anwärter zu besprechen.

Abschnitt 2
Ausbildung für den Zugang zum dritten Einstiegsamt

§ 22 Bachelorstudium

(1) Die Ausbildung wird als modulares Bachelorstudium in dem Studiengang Verwaltung, Verwaltungsbetriebswirtschaft oder Verwaltungsinformatik abgeleistet. Das Bachelorstudium beginnt am 1. Juli und endet spätestens mit Ablauf des Monats, in dem die Laufbahnprüfung bestanden ist, oder mit Ablauf des Tages, an dem die Laufbahnprüfung endgültig nicht bestanden ist.

(2) Die Gliederung des Bachelorstudiums mit Inhalten, Dauer und Abfolge der einzelnen Module sowie sonstige Detailfragen regelt die Hochschule in einer Studienordnung.

(3) Über die Zulassung zum Bachelorstudium entscheidet die Hochschule auf Vorschlag der Ausbildungsbehörde.

§ 23 Dauer

(1) Das Bachelorstudium dauert drei Jahre. Es umfasst Fachstudien an der Hochschule von insgesamt 21 Monaten Dauer (Theorie) sowie berufspraktische Studienzeiten in den Ausbildungsbehörden von insgesamt 15 Monaten Dauer (Praxis).

(2) An einer Hochschule erbrachte Leistungen sind auf Antrag anzuerkennen, sofern hinsichtlich der erworbenen Kompetenzen keine wesentlichen Unterschiede bestehen. Die Beweislast dafür, dass ein Antrag die Voraussetzungen für die Anerkennung nicht erfüllt, liegt bei der Hochschule für öffentliche Verwaltung Rheinland-Pfalz. Diese führt das Anerkennungsverfahren durch.

(3) In begründeten Fällen, wie Krankheit oder Schwangerschaft, kann das Bachelorstudium unterbrochen, modifiziert oder verlängert werden. Bei Nichterreichen des Ausbildungsziels aufgrund nicht ausreichender Leistung kann das Bachelorstudium verlängert werden; eine Verlängerung ist jedoch ausgeschlossen, wenn alle Möglichkeiten zur Wiederholung der Laufbahnprüfung ausgeschöpft wurden. Die Entscheidung trifft die Hochschule im Einvernehmen mit der Ausbildungsbehörde.

(4) Der Erholungsurlaub soll während der berufspraktischen Studienzeiten genommen werden. Das Bachelorstudium wird über Weihnachten und Neujahr jeweils durch eine von der Hochschule festgesetzte lehrveranstaltungsfreie Zeit unterbrochen, von der insgesamt 20 Arbeitstage auf den Erholungsurlaub anzurechnen sind. Die übrige lehrveranstaltungsfreie Zeit soll dem verstärkten Selbststudium dienen.

§ 24 Pflichtinhalte

Das Bachelorstudium umfasst mindestens die folgenden Inhalte:

1. Rechtswissenschaften mit den Schwerpunkten allgemeines und besonderes Verwaltungsrecht, Verfassungsrecht, Recht der Europäischen Union und Grundlagen des Privatrechts,
2. Verwaltungswissenschaften mit den Schwerpunkten Verwaltungslehre, Informations- und Kommunikationstechnologie,
3. Wirtschaftswissenschaften mit den Schwerpunkten Verwaltungsbetriebswirtschaft und öffentliche Finanzwirtschaft sowie
4. Sozialwissenschaften mit den Schwerpunkten Soziologie, Politologie und Sozialpsychologie.

§ 25 Module

(1) Module sind abgeschlossene, thematisch umschriebene Lerneinheiten, die zu einem definierten Kompetenzzuwachs führen sollen. Sie können als Theoriemodule, Praxismodule oder Theorie und Praxis kombinierende Module (Kombinationsmodule) gestaltet werden.

(2) Die Hochschule legt in Modulbeschreibungen Ziele und Inhalte der Lerneinheiten fest. In den Modulbeschreibungen sind die auf die Pflichtinhalte (§ 24) entfallenden Anteile auszuweisen.

§ 26 Leistungspunkte

(1) Für bestandene Module werden Leistungspunkte (Credits) nach dem European Credit Transfer System (ECTS) vergeben.

(2) In den theoretischen Fachstudien sind insgesamt 105 Leistungspunkte, in den berufspraktischen Studienzeiten 75 Leistungspunkte zu erzielen. Ein Leistungspunkt entspricht einem studentischen Aufwand von 30 Stunden.

(3) Im Studiengang Verwaltung sind mindestens 90, im Studiengang Verwaltungsbetriebswirtschaft und im Studiengang Verwaltungsinformatik mindestens 60 Leistungspunkte in rechtswissenschaftlichen Studieninhalten zu erwerben.

§ 27 Berufspraktische Studienzeiten

(1) Die berufspraktischen Studienzeiten in den Ausbildungsbehörden dienen dem exemplarischen Lernen. Die Anwärterinnen und Anwärter sollen ihre fachtheoretischen Kenntnisse anwenden und berufspraktische Erfahrungen sammeln. Tätigkeiten, die nicht dem Ziel der Ausbildung dienen, dürfen den Anwärterinnen und Anwärtern nicht übertragen werden.

(2) Die berufspraktischen Studienzeiten finden grundsätzlich bei der Ausbildungsbehörde statt. Für die Dauer von zwei bis drei Monaten sollen die Anwärterinnen und Anwärter bei einer anderen geeigneten Stelle, auch im Ausland, in der Privatwirtschaft oder bei Verbänden, ein Gastpraktikum absolvieren.

(3) Während der berufspraktischen Studienzeiten finden themenspezifische Workshops mit Praxisbezug oder Arbeitsgemeinschaften statt.

(4) Für die Organisation und Durchführung der berufspraktischen Studienzeiten sind die Ausbildungsbehörden unter der Gesamtverantwortung der Hochschule zuständig. Hochschule und Ausbildungsbehörden arbeiten zur Erreichung des Ausbildungsziels eng zusammen.

§ 28 Ausbildungsbehörden

(1) Ausbildungsbehörden für die berufspraktischen Studienzeiten sind:

1. für die Anwärterinnen und Anwärter aus der staatlichen Verwaltung die Aufsichts- und Dienstleistungsdirektion, die Struktur- und Genehmigungsdirektionen, die Polizeipräsidien, die Hochschulen sowie das Landesamt für Soziales, Jugend und Versorgung,
2. für die Anwärterinnen und Anwärter aus der Kommunalverwaltung die Verwaltungen der Landkreise, der kreisfreien und großen kreisangehörigen Städte, der Verbandsgemeinden und der verbandsfreien Gemeinden,
3. der Landesbetrieb Mobilität für seine Anwärterinnen und Anwärter und
4. die Deutsche Rentenversicherung Rheinland-Pfalz für ihre Anwärterinnen und Anwärter.

(2) Die Hochschule kann andere Verwaltungen oder privatrechtlich organisierte Einrichtungen, deren Gesellschafter oder Mitglieder ganz oder teilweise öffentlich-rechtlich organisiert sind, als Ausbildungsbehörden anerkennen, wenn eine ordnungsgemäße Ausbildung gewährleistet ist.

Teil 3
Laufbahnprüfung

Abschnitt 1
Allgemeine Bestimmungen

§ 29 Zweck

Die Laufbahnprüfung dient der Feststellung der Eignung und Befähigung für den Zugang zum zweiten oder dritten Einstiegsamt im Verwaltungsdienst der Laufbahn Verwaltung und Finanzen.

§ 30 Prüfungsamt

(1) Die Zentrale Verwaltungsschule und die Hochschule treffen alle Entscheidungen in Prüfungsangelegenheiten, einschließlich der Entscheidungen über Rechtsbehelfe. Sie richten hierzu jeweils ein weisungsunabhängiges Prüfungsamt ein.

(2) Dem jeweiligen Prüfungsamt obliegen insbesondere die Organisation und Durchführung der Prüfungen.

(3) Die Leiterin oder der Leiter der Zentralen Verwaltungsschule sowie die Direktorin oder der Direktor der Hochschule bestellen im Einvernehmen mit dem für die Ausbildung im öffentlichen Dienst zuständigen Ministerium jeweils die Leiterin oder den Leiter und die stellvertretende Leiterin oder den stellvertretenden Leiter des jeweiligen Prüfungsamtes.

§ 31 Prüferinnen und Prüfer

(1) Als Prüferinnen und Prüfer können vom jeweiligen Prüfungsamt bestellt werden:

1. hauptamtliche Lehrkräfte der Zentralen Verwaltungsschule und der Hochschule,
2. Lehrbeauftragte innerhalb ihres Lehrauftrags,
3. Ausbildungsbeauftragte und Ausbildende,
4. fachlich entsprechend qualifizierte Beamtinnen und Beamte oder vergleichbare Beschäftigte.

(2) Die Prüferinnen und Prüfer werden in der Regel für fünf Jahre bestellt; die Bestellung endet vorzeitig mit dem Ausscheiden aus dem bei der Bestellung bekleideten Hauptamt. Die Wiederbestellung ist zulässig.

(3) Die Prüferinnen und Prüfer müssen mindestens einen Bachelorabschluss oder einen diesem entsprechenden akademischen Abschluss oder eine vergleichbare Qualifikation besitzen und entsprechend ihrer fachlichen Qualifikation eingesetzt werden.

(4) Die Prüferinnen und Prüfer sind in ihren Prüfungsentscheidungen unabhängig und an Weisungen nicht gebunden.

§ 32 Bewertung der Prüfungsleistungen

(1) Für die Bewertung der Prüfungsleistungen sind folgende Noten und Notenwerte zu verwenden:

sehr gut	(1,0) =	eine Leistung, die den Anforderungen in besonderem Maße entspricht;
gut	(2,0) =	eine Leistung, die den Anforderungen voll entspricht;
befriedigend	(3,0) =	eine Leistung, die im Allgemeinen den Anforderungen entspricht;
ausreichend	(4,0) =	eine Leistung, die zwar Mängel aufweist, aber im Ganzen den Anforderungen noch entspricht;
nicht ausreichend	(5,0) =	eine Leistung, die wegen erheblicher Mängel nicht mehr den Anforderungen entspricht.

Zur differenzierten Bewertung einer Prüfungsleistung kann die Note um einen Wert von 0,3 erhöht oder erniedrigt werden. Die Notenwerte 0,7, 4,3, 4,7 und 5,3 sind dabei ausgeschlossen.

(2) Eine Prüfungsleistung ist bestanden, wenn sie mit mindestens der Note „ausreichend" (4,0) bewertet wurde.

(3) Zur differenzierten Bewertung von Aufsichtsarbeiten wird das folgende Punktesystem angewendet:

Punkte	Notenwert	Note
95,00 bis 100,00	1,0	sehr gut
90,00 bis 94,99	1,3	
85,00 bis 89,99	1,7	gut
80,00 bis 84,99	2,0	
75,00 bis 79,99	2,3	
70,00 bis 74,99	2,7	befriedigend
65,00 bis 69,99	3,0	
60,00 bis 64,99	3,3	
55,00 bis 59,99	3,7	ausreichend
50,00 bis 54,99	4,0	
0,00 bis 49,99	5,0	nicht ausreichend

(4) Bei der Bildung von Durchschnitts- und Gesamtnoten wird nur die erste Dezimalstelle berücksichtigt. Alle weiteren Dezimalstellen werden ohne Rundung gestrichen. Dabei können sich folgende Notenwerte und Noten ergeben:

1,0–1,5 = sehr gut
1,6–2,5 = gut
2,6–3,5 = befriedigend
3,6–4,0 = ausreichend
4,1–5,0 = nicht ausreichend.

Der Notenwert wird der Note in einem Klammerzusatz angefügt.

§ 33 Fernbleiben oder Rücktritt von einer Prüfungsleistung

(1) Bei Fernbleiben oder Rücktritt von einer Prüfungsleistung ohne Genehmigung gilt diese als nicht bestanden.

(2) Wird das Fernbleiben oder der Rücktritt genehmigt, so gilt die Prüfungsleistung als nicht unternommen. Die Genehmigung darf nur erteilt werden, wenn wichtige Gründe vorliegen. Bei Erkrankung kann die Genehmigung grundsätzlich nur erteilt werden, wenn unverzüglich eine ärztliche Untersuchung herbeigeführt und das ärztliche Zeugnis vorgelegt wird; auf Verlangen ist ein amtsärztliches Zeugnis vorzulegen.

(3) Die Entscheidungen und Maßnahmen nach den Absätzen 1 und 2 trifft das Prüfungsamt.

§ 34 Täuschung, Verstoß gegen die Ordnung

(1) Versucht eine Anwärterin oder ein Anwärter, das Ergebnis der Prüfungsleistung durch Täuschung oder Benutzung nicht zugelassener Hilfsmittel zu beeinflussen oder führt

sie oder er nicht zugelassene Hilfsmittel mit, kann die betreffende Prüfungsleistung mit „nicht ausreichend" bewertet werden. In schweren Fällen kann der Ausschluss von der Laufbahnprüfung angeordnet werden.

(2) Bei einem sonstigen Ordnungsverstoß während einer Prüfungsleistung spricht die für den Ablauf verantwortliche Person eine Verwarnung aus. In schweren Fällen kann der Ausschluss von der Prüfungsleistung erfolgen; diese wird mit „nicht ausreichend" bewertet.

(3) Wird ein Verhalten nach Absatz 1 erst innerhalb einer Frist von fünf Jahren nach Aushändigung des Abschlusszeugnisses bekannt, kann das Prüfungsamt die Bewertung der betreffenden Prüfungsleistung sowie die Gesamtnote entsprechend ändern und, soweit erforderlich, die Laufbahnprüfung für nicht bestanden erklären. Das unrichtige Abschlusszeugnis ist einzuziehen.

§ 35 Prüfungsakten

Das Prüfungsamt führt die Prüfungsakten. Die Anwärterinnen und Anwärter können ihre vollständige Prüfungsakte innerhalb eines Jahres nach dem Bestehen oder dem endgültigen Nichtbestehen der Laufbahnprüfung einsehen. Die Einsichtnahme ist in der Akte zu vermerken.

Abschnitt 2
Laufbahnprüfung für den Zugang zum zweiten Einstiegsamt

§ 36 Durchführung

(1) Die Laufbahnprüfung besteht aus einem schriftlichen und einem mündlichen Teil. Der schriftliche Teil wird während des Abschlusslehrgangs, der mündliche Teil während des Abschlusspraktikums durchgeführt.

(2) Das Prüfungsamt setzt Zeitpunkt und Ort der schriftlichen und mündlichen Prüfung fest und teilt dies jeweils spätestens zwei Wochen vorher den Anwärterinnen und Anwärtern sowie ihren Ausbildungsbehörden mit. In den Einladungen werden die zugelassenen Hilfsmittel, in der Einladung zur mündlichen Prüfung auch die Prüfungsfächer angegeben.

§ 37 Schriftliche Prüfung

(1) In der schriftlichen Prüfung, die auch in elektronischer Form durchgeführt werden kann, sind fünf dreistündige Aufsichtsarbeiten aus den Stoffgebieten nach Nummer 2 der Anlage zu fertigen.

(2) Die Prüfungsaufgaben werden vom Prüfungsamt ausgewählt. Sie sollen der Verwaltungspraxis entnommen werden und können auch in Form von Aktenauszügen gestellt werden.

(3) Soweit sich die Aufgaben auf Stoffgebiete des besonderen Verwaltungsrechts beziehen, ist auch das allgemeine Verwaltungsrecht Prüfungsgegenstand. Die Prüfungsaufgaben aus dem jeweiligen Stoffgebiet können auch Teilaspekte aus anderen Stoffgebieten enthalten, soweit ein sachlicher Zusammenhang besteht und sie mit Grundlagenkenntnissen gelöst werden können.

§ 38 Bewertung der Aufsichtsarbeiten

(1) Die Aufsichtsarbeiten werden von zwei Prüferinnen oder Prüfern unabhängig voneinander und ohne Kenntnis der Bewertung der anderen Prüferin oder des anderen Prüfers bewertet. Sind beide Noten mindestens „ausreichend" (4,0) und liegen sie nicht mehr als eine Differenz von 1,0 auseinander, errechnet sich die Endnote als das arithmetische Mittel beider Noten. Ist eine der beiden Noten „nicht ausreichend" (5,0) und die andere mindestens „ausreichend" (4,0) oder beträgt die Differenz mehr als 1,0, wird eine dritte Prüferin oder ein dritter Prüfer bestellt, die oder der im Rahmen der abgegebenen Bewertungen entscheidet (Stichentscheid).

(2) Das Prüfungsamt gibt den Anwärterinnen und Anwärtern spätestens mit dem Termin der mündlichen Prüfung die Bewertung der Aufsichtsarbeiten bekannt.

§ 39 Zulassung zur mündlichen Prüfung

(1) Das Prüfungsamt entscheidet über die Zulassung zur mündlichen Prüfung.

(2) Die Anwärterin oder der Anwärter ist zur mündlichen Prüfung zuzulassen, wenn drei oder mehr Aufsichtsarbeiten mit mindestens der Note „ausreichend" (4,0) bewertet wor-

den sind und die aus allen Aufsichtsarbeiten gebildete Durchschnittsnote ebenfalls mindestens „ausreichend" (4,0) lautet.

(3) Wer zur mündlichen Prüfung nicht zugelassen wird, hat die Laufbahnprüfung nicht bestanden. Die Entscheidung über die Nichtzulassung zur mündlichen Prüfung ist der Anwärterin oder dem Anwärter sowie der Ausbildungsbehörde schriftlich bekannt zu geben; der Anwärterin oder dem Anwärter unter Beifügung einer Rechtsbehelfsbelehrung.

§ 40 Prüfungsausschüsse

(1) Zur Abnahme der mündlichen Prüfung bildet das Prüfungsamt aus dem Kreis der Prüferinnen und Prüfer Prüfungsausschüsse, jeweils bestehend aus einem vorsitzenden Mitglied und drei weiteren Mitgliedern.

(2) Dem Prüfungsausschuss sollen angehören:

1. eine hauptamtliche Lehrkraft der Zentralen Verwaltungsschule,
2. eine Prüferin oder ein Prüfer aus der staatlichen Verwaltung,
3. bei Anwärterinnen und Anwärtern
   a) aus der staatlichen Verwaltung und der Kommunalverwaltung

      zwei Prüferinnen oder Prüfer aus der Kommunalverwaltung,
   b) des Landesbetriebs Mobilität

      zwei Prüferinnen oder Prüfer aus dem Bereich dieser Verwaltung,

      eine dieser Personen als vorsitzendes Mitglied.

§ 41 Mündliche Prüfung

(1) Das vorsitzende Mitglied des Prüfungsausschusses leitet die mündliche Prüfung und prüft im selben Umfang wie die übrigen Mitglieder. Es kann Personen, die ein dienstliches Interesse haben, die Anwesenheit gestatten. An einem Prüfungstermin sollen nicht mehr als fünf Anwärterinnen und Anwärter teilnehmen. Die Prüfungszeit beträgt für jede Anwärterin und jeden Anwärter etwa 30 Minuten.

(2) Die mündliche Prüfung erstreckt sich

1. auf drei der in Nummer 3 der Anlage genannten Pflichtfächer, die vom Prüfungsamt ausgewählt werden, sowie
2. auf eines der in Nummer 4 der Anlage genannten Wahlpflichtfächer.

(3) Fragen aus Stoffgebieten, die nicht Gegenstand der mündlichen Prüfung sind, können gestellt werden, soweit sie mit dem Prüfungsgegenstand sachlich zusammenhängen und mit Grundlagenkenntnissen beantwortet werden können. Fragen aus den Stoffgebieten, die die Anwärterinnen und Anwärter im Hauptlehrgang abgeschlossen haben, sind in der mündlichen Prüfung zulässig, soweit sie wesentliche Bezüge des Prüfungsgegenstandes zu diesen Stoffgebieten betreffen oder in der Praxis in Bezug auf den Prüfungsgegenstand von Bedeutung sind.

(4) Über die Leistungen in der mündlichen Prüfung entscheidet auf Vorschlag der Fachprüferin oder des Fachprüfers der Prüfungsausschuss mit Stimmenmehrheit. Bei Stimmengleichheit gibt die Stimme des vorsitzenden Mitglieds den Ausschlag.

(5) Die Laufbahnprüfung ist nicht bestanden, wenn die Leistungen in der mündlichen Prüfung in mehr als zwei Prüfungsfächern nicht mit mindestens der Note „ausreichend" (4,0) bewertet wurden oder die Durchschnittsnote aus mündlicher und schriftlicher Prüfung nicht mindestens „ausreichend" (4,0) lautet.

§ 42 Wiederholung der Laufbahnprüfung

(1) Wer die Laufbahnprüfung nicht bestanden hat oder für wen sie als nicht bestanden gilt, darf sie einmal vollständig wiederholen. Die Ausbildungsbehörde bestimmt auf Vorschlag des Prüfungsausschusses und im Benehmen mit der Zentralen Verwaltungsschule den weiteren Ausbildungsgang. Hat die Anwärterin oder der Anwärter nicht an der mündlichen Prüfung teilgenommen, schlägt das Prüfungsamt den weiteren Ausbildungsgang vor.

(2) Die Wiederholung der bestandenen Laufbahnprüfung zur Notenverbesserung ist ausgeschlossen.

§ 43 Gesamtnote, Bestehen der Laufbahnprüfung

(1) Aus dem Durchschnitt der Noten der schriftlichen Prüfung und der mündlichen Prü-

fung errechnet der Prüfungsausschuss die Prüfungsnote. Dabei werden die Leistungen der Anwärterin oder des Anwärters in der schriftlichen Prüfung mit 60 v. H. und in der mündlichen Prüfung mit 40 v. H. berücksichtigt.

(2) Aus der Prüfungsnote und der Lehrgangsnote (§ 16 Abs. 3 Satz 4) errechnet der Prüfungsausschuss die Gesamtnote gemäß § 32. Dabei sind die Prüfungsnote mit 70 v. H. und die Lehrgangsnote mit 30 v. H. zu berücksichtigen.

(3) Die Laufbahnprüfung ist bestanden, wenn die Gesamtnote „ausreichend" (4,0) oder besser ist. Sie ist endgültig nicht bestanden, wenn die Wiederholungsprüfung nach § 42 Abs. 1 nicht bestanden wurde oder als nicht bestanden gilt.

(4) Das vorsitzende Mitglied des Prüfungsausschusses gibt der Anwärterin oder dem Anwärter nach bestandener Laufbahnprüfung die Bewertung der einzelnen Prüfungsleistungen und das Ergebnis der mündlichen Prüfung, die Prüfungsnote sowie die Gesamtnote bekannt. Nach Abschluss des Prüfungsverfahrens stellt das Prüfungsamt die Platzziffer fest, die die Anwärterin oder der Anwärter nach der Gesamtnote erreicht hat. Die Platzziffer ist der Anwärterin oder dem Anwärter sowie der Ausbildungsbehörde schriftlich mitzuteilen.

(5) Im Fall des Nichtbestehens der Laufbahnprüfung gibt das vorsitzende Mitglied des Prüfungsausschusses der Anwärterin oder dem Anwärter die Bewertung der einzelnen Prüfungsleistungen bekannt. Die Anwärterin oder der Anwärter sowie die Ausbildungsbehörde erhalten hierüber eine schriftliche Mitteilung; die Anwärterin oder der Anwärter unter Beifügung einer Rechtsbehelfsbelehrung.

§ 44 Abschlusszeugnis, Berufsbezeichnung

(1) Mit dem Bestehen der Laufbahnprüfung erhält die Anwärterin oder der Anwärter ein von der Leiterin oder dem Leiter des Prüfungsamtes unterzeichnetes Abschlusszeugnis, das die Gesamtnote und die Feststellung der Befähigung für den Zugang zum zweiten Einstiegsamt im Verwaltungsdienst der Laufbahn Verwaltung und Finanzen enthält. Eine Abschrift ist der Ausbildungsbehörde zu übersenden.

(2) Die bestandene Laufbahnprüfung berechtigt zur Führung der Berufsbezeichnung „Verwaltungswirtin" oder „Verwaltungswirt".

§ 45 Prüfungsniederschrift

(1) Über die mündliche Prüfung ist eine Niederschrift mit folgenden Angaben anzufertigen:

1. Zeit und Ort der mündlichen Prüfung,
2. die Namen der Mitglieder des Prüfungsausschusses,
3. die Namen der Anwärterinnen und Anwärter,
4. die Namen der nach § 41 Abs. 1 Satz 2 anwesenden Personen,
5. die Noten der Aufsichtsarbeiten,
6. die Stoffgebiete und Gegenstände der mündlichen Prüfung sowie die Noten der Einzelleistungen,
7. die Lehrgangsnote, die Noten der schriftlichen und mündlichen Prüfung, die Prüfungsnote sowie die Gesamtnote,
8. der Vorschlag des Prüfungsausschusses bei nicht bestandener Laufbahnprüfung (§ 42 Abs. 1 Satz 2) sowie
9. besondere Vorkommnisse.

(2) Die Niederschrift ist von dem vorsitzenden Mitglied des Prüfungsausschusses zu unterschreiben. Ein Auszug der Niederschrift mit den Angaben, die die einzelne Anwärterin oder den einzelnen Anwärter betreffen, ist mit den Aufsichtsarbeiten zu der Prüfungsakte zu nehmen.

Abschnitt 3
Laufbahnprüfung für den Zugang zum dritten Einstiegsamt

§ 46 Bachelorprüfung

(1) Die Laufbahnprüfung für den Zugang zum dritten Einstiegsamt im Verwaltungsdienst der Laufbahn Verwaltung und Finanzen wird als modulare Bachelorprüfung durchgeführt.

II

(2) Die erfolgreiche Teilnahme an einem Modul wird durch eine bestandene Modulprüfung nachgewiesen und ist Voraussetzung für die Vergabe von Leistungspunkten. Modulprüfungen können modulbegleitend oder modulabschließend sein. Die in den Modulen zu erreichenden Leistungspunkte ergeben sich aus der Studienordnung.

(3) Sind im Rahmen einer Modulprüfung mehrere studienbegleitende Prüfungsleistungen zu erbringen, so ist das Modul bestanden, wenn die zu erbringenden Prüfungsleistungen im arithmetischen Mittel mit mindestens der Note „ausreichend" (4,0) bewertet wurden.

(4) Prüfungsleistungen können auch als Gruppenarbeit erbracht werden, soweit die Einzelleistungen ausreichend erkennbar sind und entsprechend eigenständig bewertet werden können.

§ 47 Beurteilungen in den Praxismodulen

(1) Über jedes Praxismodul erstellt die oder der Ausbildungsbeauftragte eine Beurteilung der Anwärterin oder des Anwärters. Diese muss Aussagen enthalten über:

1. die Dauer und die Unterbrechungen des Praxismoduls,
2. die konkreten Ausbildungsinhalte,
3. die angefertigten praktischen Arbeiten,
4. das dienstliche Verhalten der Anwärterin oder des Anwärters sowie
5. das Bestehen oder das Nichtbestehen des Praxismoduls.

Die Beurteilung ist der Anwärterin oder dem Anwärter bekannt zu geben, mit ihr oder ihm zu besprechen und unmittelbar nach Abschluss der Praxismodule I und II sowie zwei Wochen vor Abschluss des Praxismoduls III der Hochschule zuzuleiten.

(2) Die Praxismodule werden nicht nach § 32 Abs. 1 benotet, sondern nur mit „bestanden" oder „nicht bestanden" bewertet.

§ 48 Prüfungsleistungen in den Theoriemodulen

In jedem Theoriemodul wird mindestens eine Prüfungsleistung erbracht, die nach § 32 Abs. 1 bewertet wird. Zulässige Prüfungsarten sind Aufsichtsarbeit (auch in elektronischer Form), mündliche Prüfung, Hausarbeit, Referat, Präsentation und Projektarbeit. Das Nähere regelt die Studienordnung.

§ 49 Aufsichtsarbeiten

(1) Mindestens drei Aufsichtsarbeiten mit einer Bearbeitungszeit von jeweils vier Stunden befassen sich mit den Pflichtinhalten nach § 24. Eine dieser Aufsichtsarbeiten muss einen rechtswissenschaftlichen Schwerpunkt und die Form der juristischen Fallbearbeitung aufweisen. Die Prüfungsaufgaben sollen der Verwaltungspraxis entnommen werden; sie können auch in Form von Aktenauszügen gestellt werden.

(2) Die Aufsichtsarbeiten werden in der Regel nur von einer Prüferin oder einem Prüfer bewertet. Bestehen Aufsichtsarbeiten aus mehreren thematischen selbstständigen Teilen (Teilaufsichtsarbeiten), können die Teile auch gesondert von jeweils einer Prüferin oder einem Prüfer bewertet werden. Die Note der Teilaufsichtsarbeiten wird aus den jeweiligen Teilbewertungen durch Addition der Punkte gebildet.

(3) Werden wiederholte Aufsichtsarbeiten, für die nach § 56 Abs. 3 Satz 2 und 3 nicht mehr die Möglichkeit einer zweiten Wiederholung als mündliche Prüfung besteht, mit der Note „nicht ausreichend" (5,0) bewertet, sind sie von einer zweiten Prüferin oder einem zweiten Prüfer unabhängig von der dieser Note zugrundeliegenden Punktebewertung und ohne deren Kenntnis erneut zu bewerten. Lautet die zweite Note mindestens „ausreichend" (4,0), entscheidet eine dritte Prüferin oder ein dritter Prüfer im Rahmen der abgegebenen Bewertungen (Stichentscheid).

(4) Bei Teilaufsichtsarbeiten gilt Absatz 3 entsprechend. Wird ein Stichentscheid notwendig, ergeht er für jeden Teil, der abweichend bewertet wurde.

§ 50 Mündliche Prüfungen

(1) Mindestens ein Modul ist mit einer mündlichen Prüfung in einem der Pflichtinhalte nach § 24 abzuschließen.

(2) Mündliche Prüfungen werden von einem aus zwei Mitgliedern bestehenden Prüfungsausschuss abgenommen. Mindestens ein Mitglied muss an der Hochschule unterrichten; das andere Mitglied kann aus der Verwaltungspraxis kommen.

(3) Bei unterschiedlichen Bewertungen des Prüfungsausschusses gilt die Durchschnittsnote.

(4) Mündliche Prüfungen sind hochschulöffentlich, wenn eine Einwilligung der Prüfungskandidatinnen und Prüfungskandidaten vorliegt. Ausgeschlossen sind Studierende, die im jeweiligen Studienjahr im betreffenden Modul geprüft werden. Die Zuhörerzahl soll zehn nicht überschreiten. Das Prüfungsamt entscheidet über die Zulassung der Zuhörerinnen und Zuhörer.

(5) Über mündliche Prüfungen ist eine Niederschrift mit folgenden Angaben anzufertigen:

1. die Namen der Mitglieder des Prüfungsausschusses,
2. die Namen der Anwärterinnen und Anwärter,
3. die Namen der nach Absatz 4 Satz 4 anwesenden Personen,
4. das geprüfte Modul,
5. die wesentlichen Prüfungsinhalte mit skizzenhaftem Protokoll über den Prüfungsverlauf,
6. die Bewertung der Einzelleistungen sowie
7. besondere Vorkommnisse.

Die Niederschrift ist von beiden Mitgliedern des Prüfungsausschusses zu unterschreiben.

§ 51 Bachelorarbeit

Die Anwärterin oder der Anwärter erstellt eine Bachelorarbeit (Thesis), mit der die Befähigung zur selbstständigen Bearbeitung eines Problems aus der Praxis unter Anwendung wissenschaftlicher Methoden nachgewiesen werden soll. Die Bachelorarbeit besteht aus einer schriftlichen Arbeit und deren mündlicher Verteidigung (Kolloquium), die jeweils mit einer Note nach § 32 Abs. 1 zu bewerten sind.

§ 52 Thema der Bachelorarbeit

(1) Die Anwärterin oder der Anwärter soll das Thema sowie die betreuende Person (§ 53 Abs. 1) für die Bachelorarbeit vorschlagen. Daneben können hauptamtliche Lehrkräfte sowie Verwaltungspraktikerinnen und Verwaltungspraktiker dem Prüfungsamt Themenvorschläge unterbreiten. Die Themen sollen sich auf Problemstellungen aus der Verwaltungspraxis beziehen. Das Verfahren der Themenvergabe im Einzelnen regelt das Prüfungsamt. Schlägt die Anwärterin oder der Anwärter kein Thema vor, vergibt das Prüfungsamt ein Thema und bestimmt die betreuende Person.

(2) Das Prüfungsamt entscheidet in begründeten Fällen über ein Rückgaberecht. Dieses kann innerhalb von 14 Tagen nach Beginn der Bearbeitungszeit beantragt werden und führt zu einer entsprechenden Verlängerung der Bearbeitungszeit um bis zu 14 Tage. Über den Zeitraum der Verlängerung und das neue Thema der Bachelorarbeit einschließlich Betreuung entscheidet das Prüfungsamt.

§ 53 Erstellung der schriftlichen Arbeit

(1) Während der Erstellung der schriftlichen Arbeit wird die Anwärterin oder der Anwärter in der Regel von einer hauptamtlichen Lehrkraft oder von einer oder einem Lehrbeauftragten der Hochschule betreut.

(2) Die Bearbeitungszeit beträgt sechs Wochen. Kann die Anwärterin oder der Anwärter aus von ihr oder ihm nicht zu vertretenden Gründen die schriftliche Arbeit nicht in der vorgegebenen Frist erstellen, so kann sie oder er beim Prüfungsamt eine Verlängerung der Bearbeitungszeit beantragen. Das Prüfungsamt kann die Bearbeitungsfrist um höchstens zwei Wochen verlängern. Bei einer Verhinderung von mehr als zwei Wochen ist das Thema zurückzugeben; das Prüfungsamt bestimmt ein neues Thema und die betreuende Person; § 54 Abs. 1 Satz 2 gilt entsprechend.

(3) Die schriftliche Arbeit soll in der Regel 25 bis 35 DIN-A4-Seiten (reiner Text ohne Inhaltsverzeichnis, Literaturverzeichnis etc.) betragen. Das Prüfungsamt regelt die näheren Einzelheiten zur formalen Gestaltung.

(4) Die schriftliche Arbeit kann in besonderen Fällen auch von mehreren Anwärterinnen oder Anwärtern bearbeitet werden, soweit die Einzelleistungen ausreichend erkennbar sind und entsprechend eigenständig bewertet werden können. Die Entscheidung hierüber und über eine angemessene Erhöhung der zulässigen Seitenzahl trifft das Prüfungsamt.

(5) Während der Bearbeitungszeit besteht für die Anwärterin oder den Anwärter keine Anwesenheitspflicht bei der Hochschule oder der Ausbildungsbehörde.

§ 54 Bewertung der schriftlichen Arbeit

(1) Die schriftliche Arbeit wird von der betreuenden Person als Erstgutachterin oder Erstgutachter und von einer Zweitgutachterin oder einem Zweitgutachter in offener Korrektur bewertet. Die Zweitgutachterin oder der Zweitgutachter soll aus der Verwaltungspraxis kommen und wird dem Prüfungsamt von der jeweiligen Ausbildungsbehörde spätestens drei Monate vor Beginn der sechswöchigen Bearbeitungszeit vorgeschlagen.

(2) Sind beide Noten mindestens „ausreichend" (4,0) und liegen sie nicht mehr als eine Differenz von 1,0 auseinander, errechnet sich die Endnote als das arithmetische Mittel beider Noten. Ist eine der beiden Noten „nicht ausreichend" (5,0) und die andere mindestens „ausreichend" (4,0) oder beträgt die Differenz mehr als 1,0, wird eine Drittgutachterin oder ein Drittgutachter bestellt, die oder der im Rahmen der abgegebenen Bewertungen entscheidet (Stichentscheid).

§ 55 Kolloquium

(1) Die Anwärterin oder der Anwärter ist zum Kolloquium zuzulassen, wenn die schriftliche Arbeit mit mindestens der Note „ausreichend" (4,0) bewertet wurde.

(2) Die Anwärterin oder der Anwärter soll nachweisen, dass sie oder er über gesichertes Wissen auf dem in der schriftlichen Arbeit vertieften Gebiet verfügt und fähig ist, die Ergebnisse der schriftlichen Arbeit selbstständig zu begründen und gegen Einwände zu verteidigen. Das Kolloquium beginnt mit einem 10- bis 15-minütigen Kurzvortrag der wesentlichen Ergebnisse und Überlegungen; es dauert insgesamt mindestens 30 und höchstens 40 Minuten.

(3) Der Prüfungsausschuss zur Abnahme des Kolloquiums besteht aus zwei Mitgliedern; dies sind in der Regel die Gutachterinnen und Gutachter (§ 54 Abs. 1). Das Prüfungsamt bestimmt, wer den Vorsitz führt. Bei Verhinderung der Gutachterinnen oder Gutachter bestellt das Prüfungsamt fachkundige Ersatzmitglieder.

(4) Bei unterschiedlichen Bewertungen des Prüfungsausschusses gilt die Durchschnittsnote. Der Prüfungsausschuss teilt der Anwärterin oder dem Anwärter die Note des Kolloquiums sowie die Note der Bachelorarbeit (§ 57 Abs. 3) mit.

(5) § 50 Abs. 4 und 5 gelten entsprechend.

§ 56 Wiederholungsmöglichkeiten

(1) Praxismodule und der Praxis- und Theorieteil von Kombinationsmodulen können bei Nichtbestehen jeweils einmal wiederholt werden.

(2) Die schriftliche Arbeit und das Kolloquium der Bachelorarbeit können bei Nichtbestehen jeweils einmal wiederholt werden. Die Entscheidung über das neue Thema der schriftlichen Arbeit, die betreuende Person, die Zweitgutachterin oder den Zweitgutachter und den Zeitpunkt der Wiederholung trifft die Leiterin oder der Leiter des Prüfungsamtes.

(3) In jedem Theoriemodul kann die nicht bestandene Prüfungsleistung grundsätzlich nur einmal wiederholt werden. In bis zu insgesamt vier Theoriemodulen kann bei nicht bestandener erster Wiederholungsprüfung die Prüfungsleistung ein zweites Mal wiederholt werden. Die zweite Wiederholungsprüfung ist mündlich und dauert 20 Minuten. Mit ihr wird entschieden, ob die Anwärterin oder der Anwärter die Note „ausreichend" (4,0) erhält; hierzu reicht das entsprechende Votum einer Prüferin oder eines Prüfers aus. § 50 Abs. 2 bis 5 gelten entsprechend.

§ 57 Bestehen der Laufbahnprüfung, Gesamtnote

(1) Die Laufbahnprüfung ist bestanden, wenn mindestens 180 Leistungspunkte erzielt, die

Praxismodule bestanden sowie die Prüfungen in den Theoriemodulen und die Bachelorarbeit mit jeweils mindestens der Note „ausreichend" (4,0) bestanden wurden.

(2) Das Prüfungsamt ermittelt die Gesamtnote nach § 32, die sich wie folgt zusammensetzt:

1. Note der Bachelorarbeit 15 v. H. und
2. Durchschnittsnote der Theoriemodule 85 v. H.

(3) Bei der Ermittlung der Note der Bachelorarbeit wird die schriftliche Arbeit mit 75 v. H. und das Kolloquium mit 25 v. H. gewertet.

(4) Für die Bildung der Durchschnittsnote der Theoriemodule werden die erzielten Einzelnoten mit den Leistungspunkten gewichtet, die den Modulen zugewiesen sind.

§ 58 Abschlusszeugnis

(1) Wer die Laufbahnprüfung bestanden hat, erhält ein Abschlusszeugnis mit folgenden Angaben:

1. die Gesamtnote und die insgesamt erworbenen Leistungspunkte,
2. die relative Note entsprechend der ECTS Bewertungsskala (European Credit Transfer System – ECTS):

„A"	für die besten	10 v. H.,
„B"	für die nächsten	25 v. H.,
„C"	für die nächsten	30 v. H.,
„D"	für die nächsten	25 v. H.,
„E"	für die nächsten	10 v. H.,

   bezogen auf den Studienjahrgang sowie die drei vorangegangenen Studienjahrgänge, wobei auch die Anzahl der Personen, deren Prüfungsleistung einbezogen wurde, anzugeben ist,
3. den Anteil der Leistungspunkte mit rechtswissenschaftlichen Studieninhalten,
4. die Bezeichnung und Benotung der absolvierten Module sowie die hierauf entfallenden Leistungspunkte,
5. das Thema und die Note der Bachelorarbeit sowie
6. die Feststellung, dass die Laufbahnprüfung bestanden und damit die Befähigung für den Zugang zum dritten Einstiegsamt im Verwaltungsdienst der Laufbahn Verwaltung und Finanzen erworben wurde.

(2) Die bestandene Laufbahnprüfung berechtigt zum Führen des akademischen Grads „Bachelor of Arts" (B. A.)."

(3) Zusätzlich zum Abschlusszeugnis wird auf Antrag ein Zusatzdokument in deutscher und englischer Sprache ausgestellt, in dem neben ergänzenden Informationen zur Person und zum Zeugnis auch Angaben über den Status der Hochschule sowie Informationen zum Studium entsprechend den Empfehlungen der Europäischen Union, des Europarates und der UNESCO/CEPES enthalten sind (Diploma Supplement).

§ 59 Endgültiges Nichtbestehen der Laufbahnprüfung

Die Laufbahnprüfung ist endgültig nicht bestanden, wenn

1. bei nur einer zulässigen Wiederholungsprüfung nach § 56 Abs. 1 und 2 diese nicht bestanden wurde oder als nicht bestanden gilt oder
2. eine nach § 56 Abs. 3 Satz 2 zulässige zweite Wiederholungsprüfung nicht bestanden wurde oder als nicht bestanden gilt oder
3. die maximal vier nach § 56 Abs. 3 Satz 2 zulässigen zweiten Wiederholungsprüfungen bestanden wurden und danach mindestens eine weitere nach § 56 Abs. 3 Satz 1 zulässige Wiederholungsprüfung nicht bestanden wurde oder als nicht bestanden gilt.

§ 60 Zuerkennung der Befähigung für den Zugang zum zweiten Einstiegsamt

(1) Hat die Anwärterin oder der Anwärter die Laufbahnprüfung endgültig nicht bestanden, jedoch mindestens 120 Leistungspunkte erreicht, so kann auf Antrag eine mündliche Nachprüfung erfolgen. Bei Bestehen dieser Nachprüfung wird die Befähigung für den Zugang zum zweiten Einstiegsamt im Ver-

waltungsdienst der Laufbahn Verwaltung und Finanzen zuerkannt.

(2) Die Zuerkennung der Befähigung für den Zugang zum zweiten Einstiegsamt im Verwaltungsdienst der Laufbahn Verwaltung und Finanzen berechtigt zur Führung der Berufsbezeichnung „Verwaltungswirtin" oder „Verwaltungswirt".

II

Teil 4
Besondere Bestimmungen

§ 61 Ausbildungsqualifizierung

Für Beamtinnen und Beamte, die nicht die Zugangsvoraussetzungen für eine Einstellung im zweiten oder dritten Einstiegsamt im Verwaltungsdienst der Laufbahn Verwaltung und Finanzen erfüllen und die nach § 28 der Laufbahnverordnung zur Ausbildungsqualifizierung zugelassen sind, gelten die Bestimmungen dieser Verordnung über die Ausbildung und Prüfung für den Zugang zum zweiten oder dritten Einstiegsamt entsprechend.

§ 62 Ausbildung und Prüfung nicht beamteter Personen

(1) Nicht beamtete Personen, die nach Maßgabe des § 13 Abs. 2 oder Abs. 3 des Verwaltungsfachhochschulgesetzes zum Studium zugelassen werden, absolvieren das Bachelorstudium und die Bachelorprüfung nach den Bestimmungen dieser Verordnung.

(2) Die Bachelorprüfung gilt als der Laufbahnprüfung für den Zugang zum dritten Einstiegsamt im Verwaltungsdienst der Laufbahn Verwaltung und Finanzen gleichwertig.

(3) § 60 Abs. 1 und 2 gelten entsprechend.

Teil 5
Übergangs- und Schlussbestimmungen

§ 63 Übergangsbestimmung

Wer vor dem 1. Juli 2012 die Ausbildung oder die Einführungszeit nach der Landesverordnung über die Ausbildung und Prüfung für die Laufbahn des mittleren nicht technischen Dienstes in der Kommunalverwaltung und der staatlichen allgemeinen und inneren Verwaltung vom 1. Februar 1985 (GVBl. S. 61, BS 2030-10) in der jeweils geltenden Fassung begonnen hat, wird nach dem bisher geltenden Recht ausgebildet und geprüft.

§ 64 Inkrafttreten

(1) Diese Verordnung tritt am 1. Juli 2012 in Kraft.

(2) Gleichzeitig treten außer Kraft:

1. vorbehaltlich der Regelung in § 63 die Landesverordnung über die Ausbildung und Prüfung für die Laufbahn des mittleren nicht technischen Dienstes in der Kommunalverwaltung und der staatlichen allgemeinen und inneren Verwaltung vom 1. Februar 1985 (GVBl. S. 61), zuletzt geändert durch Artikel 4 des Gesetzes vom 15. September 2009 (GVBl. S. 333), BS 2030-10,
2. die Landesverordnung über die Ausbildung und Prüfung für Laufbahnen des gehobenen nicht technischen Dienstes vom 12. Juni 2009 (GVBl. S. 217, BS 2030-11).

Anlage
(zu § 16 Abs. 3, § 37 Abs. 1 und § 41 Abs. 2)

Stoffgebiete mit Leistungsnachweisen, aus denen die Gesamtnote gebildet wird

Nr.	Leistungsnachweise	Anwärterinnen und Anwärter aus der Kommunalverwaltung und der staatlichen Verwaltung	Anwärterinnen und Anwärter des Landesbetriebs Mobilität
1	die über die Lehrgangsnote in die Gesamtnote einfließen (§ 16 Abs. 3)	Allgemeines Verwaltungsrecht, Recht des öffentlichen Dienstes, Öffentliche Finanzwirtschaft, Baurecht, Privatrecht, Verwaltungsbetriebslehre	Allgemeines Verwaltungsrecht, Recht des öffentlichen Dienstes, Straßenrecht, Baurecht, Privatrecht, Verwaltungsbetriebslehre
2	in der schriftlichen Prüfung (§ 37 Abs. 1)	Staats- und Verfassungsrecht, Kommunalrecht, Recht der Gefahrenabwehr, Recht der sozialen Sicherung, Öffentliche Finanzwirtschaft	Staats- und Verfassungsrecht, Kommunalrecht, Recht der Gefahrenabwehr, Straßenrecht, Öffentliche Finanzwirtschaft
3	Pflichtfächer in der mündlichen Prüfung (§ 41 Abs. 2 Nr. 1)	Staats- und Verfassungsrecht, Allgemeines Verwaltungsrecht, Kommunalrecht, Recht der Gefahrenabwehr, Recht des öffentlichen Dienstes, Recht der sozialen Sicherung, Öffentliche Finanzwirtschaft	Staats- und Verfassungsrecht, Allgemeines Verwaltungsrecht, Kommunalrecht, Recht der Gefahrenabwehr, Recht des öffentlichen Dienstes, Straßenrecht, Öffentliche Finanzwirtschaft
4	Wahlpflichtfächer in der mündlichen Prüfung (§ 41 Abs. 2 Nr. 2)	Sitzungsmanagement, Kassenwesen, Sozialhilferechtliche Handlungsformen und Rückforderung von Leistungen, Personal- und Organisationsmanagement, Öffentliche Sicherheit/Vollstreckung	Sitzungsmanagement, Kassenwesen, Straßenrechtliche Handlungsformen in der Praxis, Personal- und Organisationsmanagement, Öffentliche Sicherheit/Vollstreckung

Ausbildungs- und Prüfungsordnung für den Zugang zum dritten Einstiegsamt im technischen Verwaltungsdienst (APOtVwD-E3)

Vom 28. Juni 2018 (GVBl. S. 279)

II

Inhaltsübersicht

II

Aufgrund des § 26 des Landesbeamtengesetzes vom 20. Oktober 2010 (GVBl. S. 319), zuletzt geändert durch Artikel 1 des Gesetzes vom 7. Februar 2018 (GVBl. S. 9), BS 2030-1, wird im Benehmen mit dem Ministerium des Innern und für Sport verordnet:

Teil 1
Vorbereitungsdienst

§ 1 Zweck, Ziel und Fachgebiete

(1) Zweck und Ziel des Vorbereitungsdienstes ist es, die Anwärterinnen und Anwärter zu verantwortungsbewussten, vielseitig verwendbaren Beamtinnen und Beamten heranzubilden, die nach dem Gesamtbild ihrer Persönlichkeit und nach ihren Kenntnissen und Fähigkeiten zur selbstständigen Wahrnehmung der Aufgaben des dritten Einstiegsamtes im technischen Verwaltungsdienst geeignet sind.

(2) Die Ausbildung soll sich darauf erstrecken, das an einer Hochschule erworbene technische Fachwissen in der Praxis anzuwenden und zu ergänzen. Sie soll umfassende Kenntnisse vor allem zu Aufbau und Abläufen in der technischen Verwaltung sowie im öffentlichen und privaten Recht vermitteln. Methodische und soziale Kompetenzen, insbesondere zur interdisziplinären Zusammenarbeit, sollen herausgebildet und gestärkt werden. Das Verständnis für politische, wirtschaftliche, ökologische, soziale und kulturelle Belange ist zu fördern.

(3) Für den Vorbereitungsdienst in der Fachrichtung Naturwissenschaft und Technik werden folgende Fachgebiete gebildet:

1. Architektur,
2. Bauingenieurwesen,
3. Landespflege,
4. Maschinen- und Elektrotechnik sowie
5. Straßenwesen.

(4) Der Vorbereitungsdienst schließt mit der Laufbahnprüfung in dem jeweiligen Fachgebiet ab. Damit wird der Zugang zum dritten Einstiegsamt im technischen Verwaltungsdienst der Fachrichtung Naturwissenschaft und Technik eröffnet.

§ 2 Einstellungsvoraussetzungen

In den Vorbereitungsdienst können Bewerberinnen und Bewerber eingestellt werden, die

1. die gesetzlichen Voraussetzungen für die Berufung in das Beamtenverhältnis erfüllen,
2. als Bildungsvoraussetzung den Abschluss
   a) eines Bachelorstudiengangs an einer Hochschule mit einer Regelstudienzeit von mindestens sechs Semestern,
   b) eines Diplom-Studiengangs an einer staatlichen oder staatlich anerkannten Fachhochschule oder anderen Hochschule mit einer Regelstudienzeit von mindestens sechs Semestern oder
   c) eines gleichwertigen technischen Studiengangs

   nachweisen,
3. die weiteren in den Sondervorschriften der Fachgebiete (Teil 3) genannten Voraussetzungen für das jeweilige Fachgebiet nachweisen.

Die Fähigkeit, Fachwissen zu beherrschen und selbstständig methodisch anzuwenden, ist durch eine das Studium abschließende Arbeit zu belegen. Die in Satz 1 Nr. 2 genannten Bildungsvoraussetzungen können auch an einer ausländischen Hochschule erworben sein.

§ 3 Verfahren der Einstellung

(1) Die Bewerbung um Einstellung in den Vorbereitungsdienst ist bei der Einstellungsbehörde einzureichen. Einstellungsbehörden sind die in den Sondervorschriften der Fachgebiete (Teil 3) genannten Stellen.

(2) Der Bewerbung sind beizufügen:

1. ein Lebenslauf,
2. Kopie des Zeugnisses über den Nachweis der Hochschul- oder Fachhochschulreife oder eines gleichwertigen Bildungsstandes sowie sonstige Schulabschlusszeugnisse,
3. Kopien von Zeugnissen über Hochschulprüfungen und -abschlüsse, gegebenenfalls Kopien von Zeugnissen entsprechender ausländischer Hochschulen oder Universitäten sowie über Zusatzprüfungen oder andere Prüfungen,

4. Kopien der Urkunden über die Verleihung akademischer Grade,
5. Nachweise über etwaige berufliche Tätigkeiten nach Ablegung der Hochschulprüfung.

Die Einstellungsbehörde kann von Satz 1 abweichende Festlegungen treffen. Die Vorlage eines Lichtbildes und gegebenenfalls einer Kopie des Schwerbehindertenausweises oder des Bescheides über die Gleichstellung mit schwerbehinderten Menschen ist freiwillig.

(3) Vor der Einstellung sind auf Anforderung der Einstellungsbehörde vorzulegen:

1. Geburtsurkunde, gegebenenfalls Eheurkunde, Lebenspartnerschaftsurkunde und Geburtsurkunden von Kindern,
2. Nachweis der deutschen Staatsangehörigkeit im Sinne des Artikels 116 des Grundgesetzes oder Nachweis der Staatsangehörigkeit eines anderen Mitgliedstaates der Europäischen Union oder eines Vertragsstaates des Abkommens über den Europäischen Wirtschaftsraum oder eines Drittstaates, dem Deutschland oder die Europäische Union vertraglich einen entsprechenden Anspruch auf Anerkennung von Berufsqualifikation eingeräumt haben,
3. ein amtsärztliches Gesundheitszeugnis, das nicht älter als drei Monate sein darf und das auch Auskunft über das Seh-, Farbunterscheidungs- und Hörvermögen gibt,
4. eine Erklärung, ob
   a) ein Ermittlungsverfahren der Staatsanwaltschaft, ein gerichtliches Strafverfahren oder ein Disziplinarverfahren anhängig ist,
   b) ein Leben in geordneten wirtschaftlichen Verhältnissen vorliegt

sowie

5. ein Führungszeugnis aus den letzten sechs Monaten zur Vorlage bei der Einstellungsbehörde, das bei der zuständigen Meldebehörde zu beantragen ist.

(4) Über die Einstellung in den Vorbereitungsdienst entscheidet die Einstellungsbehörde.

(5) Mit der Zusage der Einstellung in den Vorbereitungsdienst ist der Bewerberin oder dem Bewerber der Einstellungstermin mitzuteilen. Kommt die Bewerberin oder der Bewerber diesem Termin ohne triftigen Grund nicht nach, verliert die Zusage der Einstellung ihre Gültigkeit.

(6) Aus der Einstellung in den Vorbereitungsdienst kann die Bewerberin oder der Bewerber keinen Anspruch auf eine spätere Verwendung im öffentlichen Dienst herleiten.

II

§ 4 Beamtenverhältnis

(1) In den Vorbereitungsdienst einzustellende Bewerberinnen und Bewerber werden unter Berufung in das Beamtenverhältnis auf Widerruf zu Anwärterinnen und Anwärtern ernannt. Sie führen die Amtsbezeichnung „Anwärterin" oder „Anwärter" mit einem Zusatz entsprechend dem Eingangsamt ihres Fachgebiets.

(2) Das Beamtenverhältnis endet spätestens mit Ablauf des Monats, in dem die Laufbahnprüfung bestanden ist, oder mit Ablauf des Tages, an dem die Laufbahnprüfung endgültig nicht bestanden ist, oder durch Entlassung (§ 13).

§ 5 Ausbildungsbehörde und Ausbildungsstellen

(1) Die Anwärterinnen und Anwärter werden von der Einstellungsbehörde, sofern sie die Ausbildung nicht selbst übernimmt, einer Ausbildungsbehörde zugewiesen. Wünsche nach Zuweisung an eine bestimmte Ausbildungsbehörde werden nach Möglichkeit berücksichtigt.

(2) Ausbildungsbehörden sind die in den Sondervorschriften der Fachgebiete (Teil 3) genannten Stellen.

(3) Die Ausbildungsbehörde weist die Anwärterinnen und Anwärter den Ausbildungsstellen und der Hochschule für öffentliche Verwaltung Rheinland-Pfalz zu.

(4) Die Anwärterinnen und Anwärter können auch bei geeigneten Stellen außerhalb der Landesverwaltung ausgebildet werden.

§ 6 Dauer, Verkürzung und Verlängerung

(1) Der Vorbereitungsdienst umfasst die Ausbildung und die Laufbahnprüfung und dauert 18 Monate.

(2) Für die Ausbildung förderliche Tätigkeiten können nach den Bestimmungen der Laufbahnverordnung auf den Vorbereitungsdienst angerechnet werden. Förderlich sind nur solche Tätigkeiten, die geeignet sind, die Ausbildung in einzelnen Abschnitten ganz oder teilweise zu ersetzen. Die Anrechnung soll sechs Monate nicht überschreiten. Abweichend von Satz 3 können förderliche Zeiten, in denen die Anwärterin oder der Anwärter nach Abschluss des Studiums als Beschäftigte oder als Beschäftigter im öffentlichen Dienst mit Aufgaben betraut gewesen ist, die denjenigen von Beamtinnen und Beamten des dritten Einstiegsamtes gleichwertig sind, auch im Umfang von mehr als sechs Monaten angerechnet werden. Der Vorbereitungsdienst muss in diesem Fall mindestens sechs Monate dauern. Die Entscheidung über eine Verkürzung trifft die Ausbildungsbehörde im Benehmen mit der Einstellungsbehörde. Ein entsprechender Antrag der Anwärterin oder des Anwärters ist spätestens einen Monat nach Beginn des Vorbereitungsdienstes vorzulegen.

(3) Der Vorbereitungsdienst kann um bis zu sechs Monate verlängert werden, wenn das Ziel der Ausbildung in einzelnen Ausbildungsabschnitten oder insgesamt nicht erreicht wird oder wenn Sonderurlaub gewährt wird und der Sonderurlaub die Dauer von einem Monat innerhalb eines Jahres überschreitet. Der Vorbereitungsdienst soll bei einem Beschäftigungsverbot nach dem Mutterschutzgesetz, bei Elternzeit oder bei Dienstunfähigkeit in entsprechendem Umfang verlängert werden, wenn die Unterbrechung einen Monat innerhalb eines Jahres überschreitet. Bei einem Beschäftigungsverbot nach dem Mutterschutzgesetz und bei Elternzeit ist die Verlängerung zu gewähren, wenn die Anwärterin oder der Anwärter dies beantragt. Bei einer Unterbrechung von mehr als einem Jahr kann der Vorbereitungsdienst bis zu seiner Gesamtdauer verlängert werden. Über eine Verlängerung des Vorbereitungsdienstes entscheidet die Ausbildungsbehörde im Benehmen mit der Einstellungsbehörde.

§ 7 Gliederung

(1) Der Vorbereitungsdienst gliedert sich in Ausbildungsabschnitte, deren Anzahl, Dauer und Inhalt in den Sondervorschriften der Fachgebiete (Teil 3) geregelt sind. Der Vorbereitungsdienst umfasst eine berufspraktische Einführung in das Aufgabengebiet und die Arbeitsweise des jeweiligen Fachgebiets sowie ein drei Monate dauerndes Verwaltungsgrundstudium an der Hochschule für öffentliche Verwaltung Rheinland-Pfalz. Das Verwaltungsgrundstudium kann durch gleichwertige Lehrgänge ersetzt werden.

(2) Für längere Ausbildungsabschnitte wird der Anwärterin oder dem Anwärter eine persönliche Ausbildungsbetreuerin oder ein persönlicher Ausbildungsbetreuer zugeteilt.

(3) Nach Möglichkeit soll den Anwärterinnen und Anwärtern die Gelegenheit gegeben werden, eine Wahlstation (Hospitation) auf anderen staatlichen Ebenen, in anderen Institutionen, im kommunalen Bereich oder in der Privatwirtschaft zu durchlaufen.

§ 8 Inhalt und Gestaltung der Ausbildung

(1) Die Anwärterinnen und Anwärter werden nach den Sondervorschriften ihres Fachgebiets (Teil 3) ausgebildet. Über Abweichungen von diesen Vorschriften im Einzelfall entscheidet die Ausbildungsbehörde im Benehmen mit der Einstellungsbehörde. Bei einer Ausbildung in der Kommunalverwaltung können deren Besonderheiten Berücksichtigung finden.

(2) Als Einführung soll den Anwärterinnen und Anwärtern ein Überblick über das Verwaltungshandeln sowie über den öffentlichen Dienst und die besonderen Aufgaben ihrer Fachverwaltung vermittelt werden. Dabei sollen ihnen die Ziele der Ausbildung erläutert und Hinweise zur Gliederung der Ausbildung, zu den Ausbildungsinhalten in den einzelnen Ausbildungsabschnitten sowie zur Laufbahnprüfung gegeben werden.

(3) Im Verwaltungsgrundstudium an der Hochschule für öffentliche Verwaltung Rheinland-Pfalz sollen den Anwärterinnen und Anwärtern nach einem besonderen

Stoffgliederungsplan Grundkenntnisse des allgemeinen und besonderen Verwaltungsrechts, des Staatsrechts, des Privatrechts, des Haushalts- und Finanzwesens sowie in den Bereichen Personal und Organisation vermittelt werden.

(4) Die Anwärterinnen und Anwärter sind so frühzeitig wie möglich in die praktischen Arbeitsabläufe der Ausbildungsstellen mit einzubeziehen. Nach Möglichkeit sollen sie auch umfassendere Aufgabenstellungen selbstständig bearbeiten. Die Ausbildung soll durch Lehrgänge, Seminare, Planspiele, computergestütztes Lernen (e-Learning), integriertes Lernen (Blended Learning), Arbeitsgemeinschaften und Übungen in freier Rede sowie durch Exkursionen vertieft und ergänzt werden. Die Ausbildung kann fachgebietsübergreifend erfolgen, insbesondere in den Bereichen Betriebswirtschaft, Organisation und Recht sowie in den Bereichen Umweltverträglichkeit, Flächenbeanspruchung und Sozialverträglichkeit.

(5) In der Ausbildung sind Management- und Kommunikationsqualifikationen sowie soziale Kompetenz in Theorie und Praxis zu vermitteln. Die Kompetenz im Umgang mit den Regelungen und Abläufen der Europäischen Union ist zu stärken.

(6) Die Anwärterinnen und Anwärter haben bei den Ausbildungsstellen vierteljährlich mindestens einen Leistungsnachweis, im Verlauf des Vorbereitungsdienstes insgesamt mindestens drei Leistungsnachweise zu erbringen. Diese sind spätestens eine Woche vorher anzukündigen. Ein Leistungsnachweis kann insbesondere folgende Form haben:

1. Klausur,
2. Hausarbeit,
3. Fachvortrag,
4. Projektarbeit oder
5. Fachgespräch in Form einer mündlichen Prüfung.

Die Leistungsnachweise sind mit einer der in § 22 Abs. 3 vorgesehenen Note zu bewerten, mit den Anwärterinnen und Anwärtern zu besprechen und zu den Ausbildungsakten zu nehmen. Die Ausbildungsleiterin oder der Ausbildungsleiter sorgt für die einheitliche Durchführung und Bewertung der Leistungsnachweise.

§ 9 Berücksichtigung der Belange behinderter Anwärterinnen und Anwärter

(1) In der Ausbildung und der Laufbahnprüfung sind die besonderen Belange behinderter Anwärterinnen und Anwärter zu berücksichtigen. Schwerbehinderten und den ihnen gleichgestellten Menschen im Sinne des § 2 Abs. 2 und 3 des Neunten Buches Sozialgesetzbuch (SGB IX) sind die ihrer Beeinträchtigung angemessenen Hilfen zu gewähren (Nachteilsausgleich). Dabei ist die barrierefreie Gestaltung der Ausbildung und der Laufbahnprüfung sicherzustellen. Soweit erforderlich, werden geeignete Kommunikationshilfen gewährt. Der Nachteilsausgleich muss sicherstellen, dass die Leistungen von den schwerbehinderten und den ihnen gleichgestellten Anwärterinnen und Anwärtern so erbracht und nachgewiesen werden können, dass ihre Leistungen mit den Leistungen ihrer Mitbewerberinnen und Mitbewerber verglichen werden können. Der Nachteilsausgleich darf nicht dazu führen, dass die fachlichen Anforderungen herabgesetzt werden. Art und Umfang des zu gewährenden Nachteilsausgleichs sind rechtzeitig gemeinsam mit den schwerbehinderten und den ihnen gleichgestellten Anwärterinnen und Anwärtern und der Schwerbehindertenvertretung zu erörtern.

(2) Behinderten Anwärterinnen und Anwärtern im Sinne des § 2 Abs. 1 SGB IX und sonst beeinträchtigten Anwärterinnen und Anwärtern kann der vorgenannte Nachteilsausgleich auf Antrag gewährt werden, wenn die Beeinträchtigung durch ein ärztliches Zeugnis oder auf Verlangen durch ein amtsärztliches Zeugnis nachgewiesen wird.

§ 10 Begleitung und Überwachung der Ausbildung

(1) Dienstvorgesetzte oder Dienstvorgesetzter ist die Leiterin oder der Leiter der Ausbildungsbehörde. Diese oder dieser bestellt eine Ausbildungsleiterin oder einen Ausbildungs-

leiter, die oder der die Befähigung für das dritte oder vierte Einstiegsamt im technischen Verwaltungsdienst oder eine vergleichbare Qualifikation hat und persönlich und fachlich besonders geeignet ist. Die Ausbildungsleiterin oder der Ausbildungsleiter lenkt und überwacht die gesamte Ausbildung. Die Ausbildung im Einzelnen obliegt jeweils der Leiterin oder dem Leiter der Ausbildungsstelle oder der von ihr oder ihm beauftragten Person.

(2) Ausgehend vom Rahmenausbildungsplan des jeweiligen Fachgebiets (Teil 3) stellt die Ausbildungsbehörde für jede Anwärterin und jeden Anwärter in Zusammenarbeit mit den Ausbildungsstellen einen individuellen Ausbildungsplan auf, der die Ausbildungsabschnitte, -zeiten und -stellen sowie den Ausbildungsinhalt im Einzelfall festlegt. Vorbildung und Interessen der Anwärterinnen und Anwärter sollen im Rahmen der vorhandenen Möglichkeiten berücksichtigt werden. Die Reihenfolge der Ausbildungsabschnitte, deren Dauer und inhaltliche Gliederung können im Einzelfall angepasst werden.

(3) Die Ausbildungsbehörde ist dafür verantwortlich, dass der Ausbildungsplan eingehalten wird. Abweichungen sind in begründeten Fällen zulässig.

(4) Anwärterinnen und Anwärter haben einen Ausbildungsnachweis zu führen und darin eine Übersicht über ihre wesentlichen Tätigkeiten zu geben. Der Nachweis ist monatlich der Leiterin oder dem Leiter der jeweiligen Ausbildungsstelle und vierteljährlich der Ausbildungsbehörde zur Prüfung und Bescheinigung vorzulegen.

(5) Die Ausbildungsbehörde legt für jede Anwärterin und jeden Anwärter eine Ausbildungsakte an, in die der Ausbildungsplan, die Beurteilungen der Ausbildungsabschnitte (§ 11), die Leistungsnachweise einschließlich der Themen der Fachvorträge und Fachgespräche (§ 8 Abs. 6) sowie die Abschlussbeurteilung der Ausbildungsbehörde aufzunehmen sind. Die Ausbildungsbehörde fertigt eine Übersicht zu den erbrachten Leistungen und nimmt diese zur Ausbildungsakte. Für die Ausbildungsakte gilt § 26 entsprechend mit der Maßgabe, dass der Antrag an die Ausbildungsleiterin oder den Ausbildungsleiter zu richten ist und die Einsichtnahme bei der Ausbildungsbehörde erfolgt.

(6) Zur Begleitung der Anwärterinnen und Anwärter in den Ausbildungsstellen sollen in allen längeren Ausbildungsabschnitten Gespräche zur Vermittlung von Feedback mit den Ausbildungsbetreuerinnen oder Ausbildungsbetreuern (§ 7 Abs. 2) stattfinden.

§ 11 Beurteilung während der Ausbildung

(1) Jede Ausbildungsstelle beurteilt die Anwärterinnen und Anwärter nach Abschluss des bei ihr abgeleisteten Ausbildungsabschnittes oder -teilabschnittes unter Angabe der Art und Dauer der Beschäftigung nach ihren Leistungen (unter anderem Arbeitsgüte, Arbeitsmenge, Arbeitsweise, Fachkompetenz), ihren Befähigungen (unter anderem Lernfähigkeit, Belastbarkeit, Denk- und Urteilsvermögen, Organisationsvermögen, Befähigung zur Kommunikation und Zusammenarbeit, Initiative, Selbstständigkeit) sowie ihrem allgemeinen dienstlichen Verhalten. Die Beurteilung muss erkennen lassen, ob das Ziel des Ausbildungsabschnittes oder -teilabschnittes erreicht ist. Besondere Fähigkeiten und Mängel sind zu vermerken.

(2) Erreicht die Ausbildungszeit bei einer Ausbildungsstelle nicht die volle Dauer von sechs Wochen, bestätigt die Ausbildungsstelle nur die Art und Dauer der Beschäftigung sowie die Erreichung des Zieles des Ausbildungsabschnittes oder -teilabschnittes, sofern dies der Fall ist. Die in Absatz 1 geforderte Beurteilung entfällt.

(3) Die Ausbildungsbehörde fertigt am Ende der Ausbildung unter Berücksichtigung der Leistungsnachweise, der Beurteilungen der einzelnen Ausbildungsstellen sowie der Entwicklung während der gesamten Ausbildungsdauer eine abschließende Beurteilung über die gesamte Dauer des Vorbereitungsdienstes. Absatz 1 gilt entsprechend.

(4) Die Beurteilungen nach Absatz 1 und 3 sind den Anwärterinnen und Anwärtern zu eröffnen und mit ihnen zu besprechen. Dies ist bei den Beurteilungen in den Ausbildungsakten zu vermerken.

§ 12 Urlaub

Erholungsurlaub ist in den Ausbildungsplan nach § 10 Abs. 2 im gegenseitigen Benehmen einzuarbeiten. Er soll nur während der berufspraktischen Ausbildungsabschnitte genommen und so gelegt werden, dass die Erreichung des Ausbildungszieles nicht beeinträchtigt wird.

§ 13 Entlassung

Aus dem Vorbereitungsdienst ist zu entlassen,

1. wessen Leistungen erkennen lassen, dass das Ziel der Ausbildung nicht erreicht wird,
2. wer sich durch Verletzung der beamtenrechtlichen Pflichten oder durch sonstige tadelhafte Führung unwürdig erweist, im Dienst belassen zu werden, oder
3. bei wem dies aus einem anderen in der Person liegenden wichtigen Grund geboten ist.

Die Gelegenheit zur Beendigung des Vorbereitungsdienstes und zur Ablegung der Prüfung soll gegeben werden.

Teil 2 Laufbahnprüfung

§ 14 Zweck der Laufbahnprüfung

In der Laufbahnprüfung haben die Anwärterinnen und Anwärter ihre fachliche und allgemeine Qualifikation und die Befähigung für das dritte Einstiegsamt im technischen Verwaltungsdienst der Fachrichtung Naturwissenschaft und Technik im jeweiligen Fachgebiet nachzuweisen. Im Einzelnen sollen sie zeigen, dass sie ihre an einer Hochschule erworbenen Kenntnisse in der Praxis anwenden können, sie mit den Aufgaben der Verwaltungen ihres Fachgebiets und mit den einschlägigen Rechts-, Verwaltungs- und technischen Vorschriften vertraut sind und sie ein Grundverständnis für wirtschaftliche Zusammenhänge besitzen.

§ 15 Abnahme der Laufbahnprüfung, Prüfungsausschüsse

(1) Die Laufbahnprüfung wird vor dem Prüfungsausschuss abgelegt, der für die in § 1 Abs. 3 genannten Fachgebiete bei der zuständigen obersten Landesbehörde oder den von dieser bestimmten Stellen gebildet wird. Für die schriftliche und die mündliche Prüfung können getrennte Prüfungsausschüsse eingerichtet werden. Diese werden von dem gleichen vorsitzenden Mitglied geleitet, um einheitliche Bewertungsmaßstäbe zu gewährleisten.

(2) Dem Prüfungsausschuss sollen angehören

1. eine Beamtin oder ein Beamter mit der Befähigung für das vierte Einstiegsamt des technischen Verwaltungsdienstes oder eine vergleichbare Beschäftigte oder ein vergleichbarer Beschäftigter als vorsitzendes Mitglied,
2. mindestens zwei und höchstens vier Beamtinnen oder Beamte mit der Befähigung für das dritte oder vierte Einstiegsamt des technischen oder nichttechnischen Verwaltungsdienstes oder vergleichbare Beschäftigte als weitere Mitglieder.

Für das vorsitzende Mitglied ist eine Vertretung zu bestellen. Für die weiteren Mitglieder des Prüfungsausschusses sollen Vertretungen in gleicher Zahl bestellt werden. Die Vertretungen sollen die entsprechenden Voraussetzungen des Satzes 1 erfüllen. Ein Vertretungsfall liegt auch vor, wenn die Anzahl an Prüfungen und die weiteren dienstlichen Aufgaben der Mitglieder den Einsatz von zusätzlichen Prüferinnen oder Prüfern erfordern. Das vorsitzende Mitglied entscheidet vorab über die Zusammensetzung des Prüfungsausschusses bei der einzelnen Prüfung. Für die Prüfung der Anwärterinnen und Anwärter aus der Kommunalverwaltung kann für jedes Fachgebiet ein eigener Prüfungsausschuss gebildet werden. Diesem sollen fachlich entsprechend Satz 1 qualifizierte Kommunalbeamtinnen und Kommunalbeamte oder vergleichbare Beschäftigte angehören.

(3) Das vorsitzende Mitglied und dessen Vertretung sowie die weiteren Mitglieder und deren Vertretungen werden von dem für das zu prüfende Fachgebiet zuständigen Ministerium oder einer von diesem bestimmten Stelle für die Dauer von bis zu vier Jahren wider-

ruflich bestellt. Die Wiederbestellung von Mitgliedern des Prüfungsausschusses ist zulässig. Die Bestellung endet vorzeitig mit dem Ausscheiden aus dem bei der Bestellung bekleideten Hauptamt. Ist bei vorzeitigem Ausscheiden eines Mitglieds oder des stellvertretenden vorsitzenden Mitglieds eine Neubestellung erforderlich, so erfolgt diese für den Rest der Amtszeit des Prüfungsausschusses. Die Bestellung von Kommunalbeamtinnen und Kommunalbeamten sowie vergleichbaren kommunalen Beschäftigten als Mitglied eines Prüfungsausschusses erfolgt auf Vorschlag der kommunalen Spitzenverbände im Einvernehmen mit dem für das Kommunalrecht zuständigen Ministerium.

(4) Bei der Besetzung des Prüfungsausschusses sollen Frauen zur Hälfte berücksichtigt werden. Scheidet eine Person aus einem bestehenden Prüfungsausschuss aus, deren Geschlecht in der Minderheit ist, muss eine Person des gleichen Geschlechts nachfolgen. Scheidet eine Person aus, deren Geschlecht in der Mehrheit ist, muss eine Person des anderen Geschlechts nachfolgen (Reißverschlussverfahren). Satz 1 findet keine Anwendung, soweit aus rechtlichen oder tatsächlichen Gründen die Einhaltung der Vorgaben nicht möglich ist. Die Gründe sind dem für die Bestellung zuständigen Ministerium oder der von diesem bestimmten Stelle darzulegen.

(5) Die Mitglieder des Prüfungsausschusses sind in ihren Prüfungsentscheidungen unabhängig und nicht an Weisungen gebunden. Im Übrigen unterstehen sie als solche der Dienstaufsicht des für die Bestellung zuständigen Ministeriums oder der von diesem bestimmten Stelle. Alle mit der Behandlung von Prüfungsangelegenheiten befassten Personen sind hierüber zur Verschwiegenheit verpflichtet. Die Mitglieder des Prüfungsausschusses sind, soweit dies für die ordnungsgemäße Erfüllung ihrer Aufgaben erforderlich ist, von anderen Dienstgeschäften zu entlasten.

(6) Das vorsitzende Mitglied des Prüfungsausschusses oder dessen Vertretung leitet die Laufbahnprüfung und sorgt für den ordnungsgemäßen Prüfungsablauf. Der Prüfungsausschuss ist bei seinen Entscheidungen beschlussfähig, wenn das vorsitzende Mitglied und mindestens die Hälfte der weiteren Prüferinnen oder Prüfer anwesend sind. Soweit über die Leistungen in der mündlichen Prüfung entschieden wird, müssen die beschließenden Prüferinnen oder Prüfer an der Prüfung teilgenommen haben. Der Prüfungsausschuss entscheidet mit Stimmenmehrheit. Bei Stimmengleichheit gibt die Stimme des vorsitzenden Mitglieds den Ausschlag. Stimmenthaltung ist nicht zulässig. Entscheidungen außerhalb der mündlichen Prüfung trifft das vorsitzende Mitglied, soweit nichts anderes bestimmt ist.

(7) Die Prüfungsausschüsse können sich eine Geschäftsordnung geben. Sie entscheiden hierzu mit Stimmenmehrheit. Eine Geschäftsordnung soll insbesondere folgende Gegenstände regeln:

1. Termine und Fristen,
2. Festlegung der Prüfungsinhalte,
3. Notenkonferenz,
4. Niederschriften.

§ 16 Zulassung zur schriftlichen Prüfung

(1) Zur schriftlichen Prüfung können nur Anwärterinnen und Anwärter zugelassen werden, die die Ausbildung ordnungsgemäß abgeleistet haben.

(2) Die Ausbildungsbehörde meldet die Anwärterin oder den Anwärter spätestens sechs Wochen vor einem Prüfungstermin bei dem vorsitzenden Mitglied des zuständigen Prüfungsausschusses zur schriftlichen Prüfung an und fügt der Meldung die Ausbildungsakte und die Personalakte bei.

(3) Das vorsitzende Mitglied des Prüfungsausschusses entscheidet aufgrund der vorgelegten Unterlagen über die Zulassung zur Laufbahnprüfung. Das vorsitzende Mitglied des Prüfungsausschusses leitet den Zulassungsbescheid der Anwärterin oder dem Anwärter und der Ausbildungsbehörde zu.

(4) Wird die Anwärterin oder der Anwärter nicht zur schriftlichen Prüfung zugelassen, bestimmt die Ausbildungsbehörde auf Vorschlag des Prüfungsausschusses über den

weiteren Ausbildungsgang. § 6 Abs. 3 gilt entsprechend.

§ 17 Gliederung der Laufbahnprüfung

Die Laufbahnprüfung besteht aus einem schriftlichen und einem mündlichen Teil. Die Leistungsnachweise sind ebenfalls Teil der Laufbahnprüfung, soweit dies in den Sondervorschriften des jeweiligen Fachgebiets (Teil 3) vorgesehen ist.

§ 18 Schriftliche Prüfung

(1) Die Anwärterin oder der Anwärter soll in der schriftlichen Prüfung nachweisen, dass sie oder er Aufgabenstellungen des dritten Einstiegsamtes rasch und sicher erfassen, in kurzer Frist mit den zugelassenen Hilfsmitteln lösen und das Ergebnis knapp und übersichtlich darstellen kann.

(2) Ist die Anwärterin oder der Anwärter zur schriftlichen Prüfung zugelassen worden, so wird sie oder er von dem vorsitzenden Mitglied des Prüfungsausschusses zur schriftlichen Prüfung spätestens zwei Wochen vor Beginn der ersten schriftlichen Arbeit unter Aufsicht unter Angabe von Zeit und Ort der schriftlichen Prüfung geladen.

(3) Die schriftliche Prüfung ist innerhalb von zehn aufeinander folgenden Werktagen abzulegen. Bei einer Gesamtdauer von 18 Stunden darf die Dauer einer einzelnen schriftlichen Arbeit unter Aufsicht sechs Stunden nicht überschreiten.

(4) Die schriftliche Prüfung umfasst mindestens vier und höchstens fünf schriftliche Arbeiten unter Aufsicht. Die Prüfungsfächer ergeben sich aus den Vorschriften der einzelnen Fachgebiete (Teil 3). Das vorsitzende Mitglied oder die von ihm bestimmten Mitglieder des Prüfungsausschusses entwerfen die Aufgaben. Das vorsitzende Mitglied des Prüfungsausschusses legt im Einvernehmen mit der zuständigen Einstellungsbehörde die Aufgaben fest und bestimmt dabei die Anzahl der schriftlichen Arbeiten unter Aufsicht. In einer schriftlichen Arbeit dürfen mehrere Prüfungsfächer miteinander kombiniert werden. Der Prüfungsausschuss hat für eine ausgewogene Gewichtung der Prüfungsfächer in den schriftlichen Arbeiten zu sorgen. Er kann inhaltliche Schwerpunkte und Bewertungsmaßstäbe festlegen.

(5) Der Prüfungsausschuss leitet die Aufgaben in verschlossenen Umschlägen der Ausbildungsbehörde zu. Die verschlossenen Umschläge mit den einzelnen Prüfungsaufgaben sind am Prüfungstag zu Beginn der jeweiligen schriftlichen Arbeit durch die Aufsicht führende Person in Gegenwart der Anwärterinnen und Anwärter zu öffnen und diesen auszuhändigen.

(6) Die Ausbildungsbehörde stellt grundsätzlich die zugelassenen Hilfsmittel zur Verfügung. Wenn die Anwärterin oder der Anwärter selbst Hilfsmittel mitbringen soll, werden diese in der Ladung zur Prüfung ausdrücklich benannt. Andere mitgeführte Hilfsmittel sind vor Aushändigung der Aufgabe bei der Aufsicht führenden Person zu hinterlegen. Die schriftlichen Arbeiten unter Aufsicht sollen mit informationstechnischen Systemen und Hilfsmitteln (Personal Computer, Verarbeitungsprogramme) bearbeitet werden, sofern die Ausbildungsbehörde allen zu prüfenden Personen eine anforderungsgerechte und gleiche Ausstattung gewährleistet. Die Anwärterin oder der Anwärter kann im Einzelfall beim Prüfungsausschuss beantragen, die Aufgabe handschriftlich zu bearbeiten, wenn dies mit der Aufgabenstellung vereinbar ist. Der Antrag muss spätestens eine Woche nach Zugang der Zulassung zur schriftlichen Prüfung gestellt werden.

(7) Die Aufsicht führende Person hat in einer Niederschrift Beginn und Ende der Bearbeitungszeit, jede Unregelmäßigkeit sowie besondere Vorkommnisse zu vermerken. Die Anwärterin oder der Anwärter hat spätestens mit Ablauf der Bearbeitungszeit die Arbeit unterschrieben und mit allen Zwischenrechnungen und Konzepten und dem Aufgabentext der Aufsicht führenden Person auszuhändigen. Die Niederschrift ist zusammen mit den gefertigten Arbeiten und den Aufgabentexten am Tag der schriftlichen Prüfung dem vorsitzenden Mitglied des Prüfungsausschusses zu übersenden.

(8) Ist die schriftliche Prüfung als nicht bestanden zu bewerten (§ 23 Abs. 4 und 5), so wird die Anwärterin oder der Anwärter nicht zur mündlichen Prüfung zugelassen und die Laufbahnprüfung ist nicht bestanden. Die Entscheidung trifft das vorsitzende Mitglied des Prüfungsausschusses aufgrund der Bewertungen durch die Prüferinnen oder Prüfer.

§ 19 Mündliche Prüfung

(1) In der mündlichen Prüfung soll die Anwärterin oder der Anwärter neben dem Wissen und Können in dem jeweiligen Fachgebiet vor allem Verständnis für Aufbau und Abläufe in der technischen Verwaltung sowie für technische, wirtschaftliche und rechtliche Zusammenhänge erkennen lassen. Dabei sollen auch Urteilsvermögen, Sicherheit im Auftreten und Ausdrucksfähigkeit bewiesen werden.

(2) Ist die Anwärterin oder der Anwärter zur mündlichen Prüfung zugelassen, wird sie oder er von dem vorsitzenden Mitglied des Prüfungsausschusses schriftlich zur mündlichen Prüfung geladen. Dabei werden ihr oder ihm die Ergebnisse der schriftlichen Prüfung mitgeteilt. Bis zu fünf Anwärterinnen oder Anwärter können in einer Gruppe gemeinsam geprüft werden.

(3) Die Prüfungsdauer soll für jede zu prüfende Person mindestens 45 und höchstens 75 Minuten betragen. Der zuständige Prüfungsausschuss kann die Prüfungszeit verlängern, wenn dies zur Beurteilung der Leistungen einer Anwärterin oder eines Anwärters notwendig ist. Die Verlängerung soll 15 Minuten je Prüfungsfach nicht überschreiten.

(4) Die Prüfungsgebiete ergeben sich aus den Vorschriften der einzelnen Fachgebiete (Teil 3).

(5) Im Rahmen der mündlichen Prüfung hat die Anwärterin oder der Anwärter neben dem Prüfungsgespräch einen Vortrag von mindestens fünf und längstens zehn Minuten zu halten. Das Thema wird von dem vorsitzenden Mitglied des Prüfungsausschusses bestimmt und ist etwa zwanzig Minuten vor Beginn der Prüfung bekannt zu geben.

(6) Die mündliche Prüfung und die Beratung sind nicht öffentlich. Während der mündlichen Prüfung, nicht dagegen bei der Festsetzung der Prüfungsnoten, können die Ausbildungsleiterin oder der Ausbildungsleiter, in begründeten Fällen auch eine Vertreterin oder ein Vertreter der Einstellungsbehörde sowie Anwärterinnen und Anwärter, die zur mündlichen Prüfung anstehen, zugegen sein.

§ 20 Unterbrechung, Rücktritt

(1) Bei Fernbleiben oder Rücktritt von der Laufbahnprüfung oder einem Prüfungsteil wegen Krankheit oder sonstiger nicht zu vertretender Umstände sind die Gründe hierfür durch die Anwärterin oder den Anwärter in geeigneter Weise unverzüglich nachzuweisen. Bei Erkrankung ist ein ärztliches, auf Verlangen des vorsitzenden Mitgliedes des Prüfungsausschusses ein amtsärztliches Zeugnis vorzulegen. Wird das Fernbleiben oder der Rücktritt genehmigt, so gilt die Prüfungsleistung als nicht unternommen. Die Entscheidung über den weiteren Verlauf der Laufbahnprüfung trifft das vorsitzende Mitglied des Prüfungsausschusses. Bereits abgelieferte Arbeiten unter Aufsicht werden auf die weitere schriftliche Prüfung angerechnet. Die Laufbahnprüfung ist zum nächstmöglichen Termin fortzusetzen.

(2) Sind die Gründe für das Fernbleiben oder den Rücktritt nicht anzuerkennen, so werden die betreffenden Prüfungsteile mit null Punkten bewertet. Wird die Prüfungsleistung verweigert, so gilt die Laufbahnprüfung als nicht bestanden.

§ 21 Täuschung, Verstoß gegen die Ordnung

(1) Wird versucht, das Ergebnis der Laufbahnprüfung durch Täuschung oder Benutzung nicht zugelassener Hilfsmittel zu beeinflussen oder werden nicht zugelassene Hilfsmittel mitgeführt oder wird sonst während der Laufbahnprüfung gegen die Ordnung verstoßen, so ist die Fortsetzung der Laufbahnprüfung unter Vorbehalt zu gestatten; der Vorbehalt ist aktenkundig zu machen. In schweren Fällen kann die weitere Teilnahme an dem betreffenden Prüfungsteil versagt

werden. Über die Maßnahme nach den Sätzen 1 und 2 entscheidet in der schriftlichen Prüfung die Aufsicht führende Person, in der mündlichen Prüfung der Prüfungsausschuss.

(2) Über die weiteren Folgen eines Verhaltens nach Absatz 1 entscheidet der Prüfungsausschuss. Je nach Schwere der Verfehlung kann die Wiederholung des betreffenden Prüfungsteils mit neuer Aufgabenstellung angeordnet oder die Laufbahnprüfung für nicht bestanden erklärt werden.

(3) Wird ein Verhalten nach Absatz 1 erst nach Aushändigung des Prüfungszeugnisses bekannt, so entscheidet die Einstellungsbehörde nachträglich über die Folgen. Sie kann das Prüfungsergebnis sowie die Gesamtnote der Laufbahnprüfung ändern und, soweit erforderlich, die Laufbahnprüfung für nicht bestanden erklären, jedoch nur innerhalb einer Frist von fünf Jahren nach dem letzten Tag der mündlichen Prüfung. Das unrichtige Abschlusszeugnis ist einzuziehen und gegebenenfalls durch ein neues Abschlusszeugnis zu ersetzen.

(4) Die Anwärterin oder der Anwärter ist vor einer Entscheidung nach Absatz 2 oder Absatz 3 zu hören. Sie oder er erhält über die Entscheidung einen schriftlichen Bescheid mit einer Rechtsbehelfsbelehrung.

§ 22 Bewertung der Prüfungsleistungen im Einzelnen

(1) Die schriftlichen Arbeiten unter Aufsicht werden von jeweils zwei Mitgliedern des zuständigen Prüfungsausschusses als Erstprüferin oder Erstprüfer und als Zweitprüferin oder Zweitprüfer bewertet (Erst- und Zweitbewertung). Die Erstbewertung darf der Zweitprüferin oder dem Zweitprüfer nicht bekannt sein. Die Leistungen in den Prüfungsfächern der mündlichen Prüfung werden von den jeweiligen Prüferinnen oder Prüfern des zuständigen Prüfungsausschusses für das betreffende Prüfungsfach bewertet.

(2) Die schriftlichen Arbeiten unter Aufsicht sind mit schriftlicher Begründung zu bewerten.

(3) Die einzelnen Prüfungsleistungen, einschließlich des Vortrags nach § 19 Abs. 5, sind mit folgenden Noten und Punktzahlen zu bewerten:

sehr gut 15, 14 Punkte	(1) =	eine Leistung, die den Anforderungen in besonderem Maße entspricht;
gut 13, 12, 11 Punkte	(2) =	eine Leistung, die den Anforderungen voll entspricht;
befriedigend 10, 9, 8 Punkte	(3) =	eine Leistung, die im Allgemeinen den Anforderungen entspricht;
ausreichend 7, 6, 5 Punkte	(4) =	eine Leistung, die zwar Mängel aufweist, aber im Ganzen den Anforderungen noch entspricht;
nicht ausreichend 4, 3, 2, 1, 0 Punkte	(5) =	eine Leistung, die wegen erheblicher Mängel nicht mehr den Anforderungen entspricht.

Andere Punktzahlen oder Zwischennoten dürfen nicht verwendet werden.

§ 23 Abschließende Bewertung, Gesamtnote, Bestehen der Laufbahnprüfung

(1) Die Punktzahlen und Noten der schriftlichen Arbeiten unter Aufsicht sowie die der Leistungen in jedem Prüfungsfach der mündlichen Prüfung werden unabhängig voneinander vom zuständigen Prüfungsausschuss als Einzelnoten festgesetzt. Der Prüfungsausschuss entscheidet mit Stimmenmehrheit (§ 15 Abs. 6).

(2) Für die Bildung des für die Gesamtnote maßgebenden Mittelwertes wird

1. die Durchschnittspunktzahl (= 60 v. H.) aller schriftlichen Arbeiten unter Aufsicht mit sechs
2. die Durchschnittspunktzahl (= 40 v. H.) der Leistungen in der mündlichen Prüfung mit vier

multipliziert und die hieraus gebildete Summe durch zehn dividiert, soweit in den Sondervorschriften des jeweiligen Fachgebiets (Teil 3) nichts anderes festgelegt ist. Eine dritte Stelle hinter dem Komma wird bei allen Rechenvorgängen nicht berücksichtigt. Für die Gesamtnote gelten die in § 22 Abs. 3 genannten Noten.

(3) Die Laufbahnprüfung ist bestanden mit einer Gesamtnote von

1. „sehr gut" bei einem Mittelwert von 13,50 bis 15 Punkten,
2. „gut" bei einem Mittelwert von 10,50 bis 13,49 Punkten,
3. „befriedigend" bei einem Mittelwert von 7,50 bis 10,49 Punkten,
4. „ausreichend" bei einem Mittelwert von 5,00 bis 7,49 Punkten.

(4) Die Laufbahnprüfung ist nicht bestanden, wenn

1. der nach Absatz 2 errechnete Mittelwert bei weniger als fünf Punkten liegt,
2. die Noten in zwei Prüfungsfächern der schriftlichen Arbeiten unter Aufsicht „nicht ausreichend" sind,
3. die Note in einem Prüfungsfach der schriftlichen Arbeiten unter Aufsicht „nicht ausreichend" ist und dabei die Durchschnittspunktzahl aller schriftlichen Arbeiten unter Aufsicht bei weniger als fünf Punkten liegt,
4. die Noten der Leistungen bei mindestens der Hälfte der Prüfungsfächer der mündlichen Prüfung „nicht ausreichend" sind oder
5. die Note der Leistungen in mindestens einem Prüfungsfach der mündlichen Prüfung „nicht ausreichend" ist und nicht durch die Noten der Leistungen in anderen Prüfungsfächern der mündlichen Prüfung ausgeglichen wird; ein Ausgleich ist je Prüfungsfach durch zwei Noten „befriedigend" oder eine Note „gut" oder „sehr gut" gegeben.

(5) Die Laufbahnprüfung gilt als nicht bestanden, wenn

1. die Prüfungsleistung verweigert wird (§ 20 Abs. 2 Satz 2) oder
2. der Prüfungsausschuss dies wegen der Schwere einer Verfehlung beschließt (§ 21 Abs. 2).

(6) Über den Prüfungshergang ist eine Niederschrift anzufertigen, in der die Besetzung des zuständigen Prüfungsausschusses, der Name der Anwärterin oder des Anwärters, die Einzelnoten der schriftlichen und mündlichen Prüfung, die Gesamtnote und die Beurteilung des Vortrags festgehalten werden. Die Niederschrift ist von dem vorsitzenden Mitglied des Prüfungsausschusses und den an der mündlichen Prüfung beteiligten Prüferinnen oder Prüfern zu unterzeichnen. Sie ist wie die Begründungen zur Bewertung der schriftlichen Arbeiten unter Aufsicht Bestandteil der Prüfungsakten.

(7) Im Anschluss an die mündliche Prüfung gibt das vorsitzende Mitglied des Prüfungsausschusses der Anwärterin oder dem Anwärter die Einzelnoten und die Gesamtnote der Laufbahnprüfung mündlich bekannt.

(8) Bei Nichtbestehen der Laufbahnprüfung gibt das vorsitzende Mitglied des Prüfungsausschusses dies der Anwärterin oder dem Anwärter unter Angabe der Prüfungsergebnisse mit Rechtsbehelfsbelehrung schriftlich bekannt. Die Einstellungs- und die Ausbildungsbehörde erhalten hierüber eine schriftliche Benachrichtigung.

§ 24 Laufbahnbefähigung, Prüfungszeugnis

Mit Bestehen der Laufbahnprüfung erwirbt die Anwärterin oder der Anwärter die Befähigung für das dritte Einstiegsamt im technischen Verwaltungsdienst der Fachrichtung Naturwissenschaft und Technik. Hierüber erteilt das vorsitzende Mitglied des Prüfungsausschusses ein Prüfungszeugnis, das die Einzelnoten und die Gesamtnote enthält. Soweit die Leistungsnachweise Teil der Laufbahnprüfung sind (§ 17 Satz 2), sind auch deren Bewertungen in das Zeugnis aufzunehmen. Das Prüfungszeugnis wird von dem vorsitzenden Mitglied des Prüfungsausschusses unterzeichnet und der Anwärterin oder dem Anwärter ausgehändigt oder übersandt. Der Einstellungs- und der Ausbildungsbehörde ist eine Abschrift zu übersenden.

§ 25 Wiederholung der Laufbahnprüfung

(1) Bei Nichtbestehen kann die Anwärterin oder der Anwärter die Laufbahnprüfung einmal wiederholen. Die Ausbildungsbehörde bestimmt auf Vorschlag des Prüfungsausschusses über den weiteren Ausbildungsgang. § 6 Abs. 3 gilt entsprechend.

(2) Die nicht bestandenen Teile der Laufbahnprüfung (§ 17) sind vollständig zu wiederholen.

§ 26 Prüfungsakte

(1) Wer an der Laufbahnprüfung teilgenommen hat, kann auf Antrag innerhalb der Rechtsbehelfsfrist seine Prüfungsakte bei der Einstellungsbehörde einsehen. Der Antrag nach Satz 1 ist schriftlich an das vorsitzende Mitglied des Prüfungsausschusses zu stellen. Die Einsichtnahme ist in der Prüfungsakte zu vermerken.

(2) Nach fünf Jahren wird die Prüfungsakte vernichtet.

Teil 3
Sondervorschriften der Fachgebiete

Abschnitt 1
Architektur

§ 27 Einstellungsvoraussetzungen für den Vorbereitungsdienst

Bildungsvoraussetzung nach § 2 Satz 1 Nr. 2 zur Einstellung in den Vorbereitungsdienst für den Zugang zum dritten Einstiegsamt im Fachgebiet Architektur ist der Nachweis eines abgeschlossenen Studiums der Architektur.

§ 28 Einstellungsbehörde und Ausbildungsbehörde

Einstellungsbehörde (§ 3 Abs. 1) und Ausbildungsbehörde (§ 5 Abs. 2) ist

1. der Landesbetrieb Liegenschafts- und Baubetreuung (Landesbetrieb LBB),
2. das Amt für Bundesbau oder
3. eine Kommunalverwaltung in Rheinland-Pfalz.

§ 29 Gliederung und Gestaltung des Vorbereitungsdienstes

Der Vorbereitungsdienst gliedert sich in folgende Abschnitte:

Ausbildungsabschnitt I:	Verwaltungspraxis Öffentlicher Hochbau
Ausbildungsabschnitt II:	Stadtplanung und Bauordnungswesen
Ausbildungsabschnitt III:	Seminare und Lehrgänge, Prüfungen
Ausbildungsabschnitte I bis III:	Allgemeine Rechts- und Verwaltungsgrundlagen, Organisation und Wirtschaftlichkeit

§ 30 Rahmenausbildungsplan

Ausbildungsabschnitte und empfohlene Dauer	Ausbildungsstellen	Ausbildungsinhalte
I bis III kontinuierlich in allen Ausbildungsabschnitten	Allgemein für alle Ausbildungsstellen	Alle Aufgaben der fachtechnischen Organisationseinheiten, die der Organisation zugrunde liegenden Rechts- und Verwaltungsvorschriften, soziale und fachliche Kompetenz, wirtschaftliches, nachhaltiges und rechtskonformes Entscheiden und Handeln, Rhetorik und Präsentation. Alle Aufgaben sind der Anwärterin oder dem Anwärter in allen Ausbildungsabschnitten zu vermitteln, auch in Form von Hospitanz, Mitarbeit und Übertragung von geeigneten, konkreten Aufgaben.
I 35 Wochen	Ausbildungsbehörde	Einführung in Aufgaben, Ziele und Organisation Baumanagement, Planung und Baudurchführung Gebäude- und Immobilienmanagement Haushalts-, Kassen- und Rechnungswesen – Haushaltsplan – Mittelbewirtschaftung – Rechnungslegung – Rechnungsprüfung Vergabewesen – Grundzüge der Vergabeverordnung (VgV) – Ausschreibung und Vergabe nach Vergabe- und Vertragsordnung für Bauleistungen (VOB) – Vergabeverhandlungen – Prüfen der Angebote – Grundlagen der Preis- und Kostenkalkulation Vertragswesen – Teilnahme bei Auswahlverfahren – Verträge mit freiberuflich Tätigen – Verträge mit Fachfirmen – Instandhaltungs- und Wartungsverträge Mitarbeit bei – Gesamtplanungen, Konzeptionen für die Behördenunterbringung – Planung von Gebäuden – der Aufstellung von Bauunterlagen: Haushaltsunterlage -Bau- (HU-Bau-) Ausführungsunterlage -Bau- (AFU-Bau-)

Ausbildungsabschnitte und empfohlene Dauer	Ausbildungsstellen	Ausbildungsinhalte
		Entscheidungsunterlage-Bau (ES-Bau) Entwurfsunterlage-Bau (EW-Bau) Vergabe von Bauleistungen – Projektbegleitende Überwachung von freiberuflich Tätigen – Bauausführung und Bauüberwachung – Projektmanagement/Controlling Weitere mögliche Themen beim Landesbetrieb LBB: – Organisationshandbuch (OHB) – Unterschiedliche Verfahren der Kostenermittlungen, Kostenkontrolle – Terminplanung – Projektorganisation und -struktur – Qualitäten/Quantitäten der Steuerung und Kontrolle – Dokumentation: gemäß Honorarordnung für Architekten und Ingenieure Leistungsphase 9 (HOAI LP 9), gemäß Richtlinie für die Durchführung von Bauaufgaben des Bundes (RBBau) oder Richtlinie für die Durchführung von Bauaufgaben des Landes Rheinland-Pfalz (RLBau Abschnitt K), gemäß Baufachliche Richtlinien Gebäudebestandsdokumentation (BFR GBestand). – Schadstoffe und Abfallentsorgung, Regelungen – Sicherheits- und Gesundheitsschutzkoordinator (SiGeKo) Einführung in folgende Aufgabengebiete: – Rechtliche Grundlagen – Organisation, Personalwesen – Zuwendungsbaumaßnahmen (ZBau-Maßnahmen) – Grundlagen für wirtschaftliches Bauen – Technische Gebäudeausrüstung und Versorgungstechnik einschließlich Informations- und Kommunikationstechnik – Burgen, Schlösser, Altertümer – Praktische Anwendung von Wirtschaftlichkeits- und Lebenszyklusbetrachtungen – Aspekte wirtschaftlicher Planung und Bauausführung auch unter Berücksichtigung von Folgekosten sowie Kenntnis der Instrumente zu deren Überprüfung

II

Ausbildungsabschnitte und empfohlene Dauer	Ausbildungsstellen	Ausbildungsinhalte
		– Energieeffizienz und Nachhaltigkeit – Grundlagen von Verkehrswertermittlungen Hospitation (§ 7 Abs. 3) zum Beispiel bei – dem Amt für Bundesbau, – dem Landesbetrieb LBB (einschließlich Kompetenzzentren), – dem Ministerium der Finanzen, – einer Struktur- und Genehmigungsdirektion, – der Aufsichts- und Dienstleistungsdirektion, – der Generaldirektion kulturelles Erbe, – der Bundesanstalt für Immobilienaufgaben (BImA), – dem Bundesamt für Infrastruktur, Umweltschutz und Dienstleistungen der Bundeswehr (BAIUDBw).
II 8 Wochen	Kommunalebene in einer Unteren Bauaufsichtsbehörde, in Behörden des Baunebenrechts, in einer Planungsbehörde	Einführung in die Aufgaben und Organisation der kommunalen Bauaufsicht, des Baunebenrechts und/oder der Stadtplanung: – bei einer Bauaufsichtsbehörde (Struktur des Bauordnungsrechts, Baugenehmigungen, Behandlung von Rechtsbehelfen und Rechtsmitteln), – bei Behörden des Baunebenrechts und/oder – in der Stadtplanung (Struktur des Städtebaurechts, Stadtentwicklungsplanung, Bauleitplanung, städtebauliche Instrumente, Katasteramt, Gutachterausschuss Wertermittlung).
III 26 Wochen	Ausbildungsbehörde	Über mehrere Ausbildungsstellen verteilte Anwärterinnen und Anwärter sollen in den für einen Ausbildungsabschnitt erforderlichen fachlichen Grundlagen gemeinsam unterrichtet werden. Die Bildung von Arbeitsgemeinschaften von Anwärterinnen und Anwärtern soll unterstützt werden, auch länderübergreifend. Seminare können länderübergreifend zentral durchgeführt werden. Einführung, die insbesondere vermitteln soll: Struktur, Inhalt und Ziel des Vorbereitungsdienstes, organisatorische Grundlagen der öffentlichen Verwaltung, Grundlagen der Aufbau- und Ablauforganisation, Aufgaben und Rechtsgrundlagen für das Fachgebiet Architektur (ca. 1 Woche). Verwaltungsgrundstudium (drei Monate) an der Hochschule für öffentliche Verwaltung Rheinland-

Ausbildungsabschnitte und empfohlene Dauer	Ausbildungsstellen	Ausbildungsinhalte
		Pfalz oder gleichwertige Lehrgänge (§ 7 Abs. 1 und § 8 Abs. 3).
		Fachbezogene Seminare (ca. 2 Wochen), die als Vertiefungsseminare möglichst in Zusammenhang mit dem jeweiligen Ausbildungsabschnitt durchgeführt werden sollen.
		Fachbezogenes Seminar zu Projektmanagement und Wirtschaftlichkeit (ca. 2 Wochen), das über den gesamten Ausbildungszeitraum auch in zeitlich getrennten Abschnitten durchgeführt werden kann.
		Vortragsveranstaltung beim Rechnungshof Rheinland-Pfalz.
	Ausbildungsbehörde	Projektarbeit (2 Wochen).
		Schriftliche Prüfungen und mündliche Prüfungen einschließlich Prüfungsvorbereitungen (6 Wochen).
ca. 9 Wochen		Erholungsurlaub
78 Wochen		Insgesamt (18 Monate)

§ 31 Prüfungsfächer

Folgende Fächer sollen nach § 18 Abs. 4 und § 19 Abs. 4 in dem Fachgebiet Architektur geprüft werden:

1. Allgemeine Rechts- und Verwaltungsgrundlagen,
2. Organisationsaufgaben und Wirtschaftlichkeit,
3. Öffentliches Baurecht,
4. Fachbezogene Verwaltung und Rechtsvorschriften,
5. Grundzüge des öffentlichen Hochbaus und des Städtebaus,
6. Bautechnik.

Abschnitt 2
Bauingenieurwesen

§ 32 Einstellungsvoraussetzungen für den Vorbereitungsdienst

Bildungsvoraussetzung nach § 2 Satz 1 Nr. 2 zur Einstellung in den Vorbereitungsdienst für den Zugang zum dritten Einstiegsamt im Fachgebiet Bauingenieurwesen ist der Nachweis eines abgeschlossenen Studiums des Studiengangs Bauingenieurwesen. Bei der Einstellung sind Studiengänge mit dem Studienschwerpunkt in den Bereichen Konstruktiver Ingenieurbau oder Baubetrieb zu bevorzugen.

§ 33 Einstellungsbehörde und Ausbildungsbehörde

Einstellungsbehörde (§ 3 Abs. 1) und Ausbildungsbehörde (§ 5 Abs. 2) ist

1. der Landesbetrieb LBB,
2. das Amt für Bundesbau oder
3. eine Kommunalverwaltung in Rheinland-Pfalz.

§ 34 Gliederung und Gestaltung des Vorbereitungsdienstes

Der Vorbereitungsdienst gliedert sich in folgende Abschnitte:

Ausbildungsabschnitt I:	Verwaltungspraxis Öffentlicher Hochbau
Ausbildungsabschnitt II:	Bauordnungswesen
Ausbildungsabschnitt III:	Seminare und Lehrgänge, Prüfungen
Ausbildungsabschnitte I bis III:	Allgemeine Rechts- und Verwaltungsgrundlagen, Organisation und Wirtschaftlichkeit

§ 35 Rahmenausbildungsplan

Ausbildungsabschnitte und empfohlene Dauer	Ausbildungsstellen	Ausbildungsinhalte
I bis III kontinuierlich in allen Ausbildungsabschnitten	Allgemein für alle Ausbildungsstellen	Alle Aufgaben der fachtechnischen Organisationseinheiten, die der Organisation zugrunde liegenden Rechts- und Verwaltungsvorschriften, soziale und fachliche Kompetenz, wirtschaftliches, nachhaltiges und rechtskonformes Entscheiden und Handeln, Rhetorik und Präsentation. Alle Aufgaben sind der Anwärterin oder dem Anwärter in allen Ausbildungsabschnitten zu vermitteln, auch in Form von Hospitanz, Mitarbeit und Übertragung von geeigneten, konkreten Aufgaben.
I 35 Wochen	Ausbildungsbehörde	Einführung in Aufgaben, Ziele und Organisation Baumanagement, Planung und Baudurchführung Gebäude- und Immobilienmanagement Haushalts-, Kassen- und Rechnungswesen – Haushaltsplan – Mittelbewirtschaftung – Rechnungslegung – Rechnungsprüfung – Landeshaushaltsordnung (LHO), Bundeshaushaltsordnung (BHO) Vergabewesen – Grundzüge des Vergaberechts (Aufbau, Anwendungsbereich, Auftragsarten, Grundprinzipien) – Ausschreibung und Vergabe von Bauleistungen (VOB/A) – Prüfen und Werten der Angebote – Grundlagen der Preis- und Kostenkalkulation – Vergabe- und Vertragshandbuch für die Baumaßnahmen des Bundes (VHB) Vertragswesen – Verträge nach der Honorarordnung für Architekten und Ingenieure (HOAI) mit freiberuflich Tätigen – Vergabe- und Vertragsordnung für Bauleistungen Teil B (VOB/B) – Instandhaltungs- und Wartungsverträge – Verwaltungsvorschriften, insbesondere: Vergabe- und Vertragshandbuch für die Bauleistungen des Bundes (VHB)

Ausbildungsabschnitte und empfohlene Dauer	Ausbildungsstellen	Ausbildungsinhalte
		Öffentliches Auftrags- und Beschaffungswesen in Rheinland-Pfalz Richtlinie für die Durchführung von Bauaufgaben des Landes (RLBau) und Richtlinie für die Durchführung von Bauaufgaben des Bundes (RBBau) Auftragsbautengrundsätze (ABG 1975) Mitarbeit bei – Wirtschaftlichkeitsprüfungen – Gesamtplanungen – Planung von Hochbauten/Gebäudetechnik/Infrastrukturmaßnahmen – der Aufstellung von Bauunterlagen: Haushaltsunterlage -Bau- (HU-Bau-) Ausführungsunterlage -Bau- (AFU-Bau-) Entscheidungsunterlage-Bau (ES-Bau) Entwurfsunterlage-Bau (EW-Bau) – Vergabe von Bauleistungen – projektbegleitender Überwachung von freiberuflich Tätigen – Bauausführung und Bauüberwachung – Projektmanagement/Controlling – Durchführung öffentlich-rechtlicher Verfahren Weitere mögliche Themen beim Landesbetrieb LBB: – Unterschiedliche Verfahren der Kostenermittlungen, Kostenkontrolle – Terminplanung – Projektorganisation und -struktur – Qualitäten/Quantitäten der Steuerung und Kontrolle – Schadstoffe und Abfallentsorgung, Regelungen – Bewertungssystem Nachhaltiges Bauen (BNB) – Sicherheits- und Gesundheitsschutzkoordinator (SiGeKo) Einführung in folgende Aufgabengebiete: – Rechtliche Grundlagen – Organisation, Personalwesen – Zuwendungsbaumaßnahmen (ZBau-Maßnahmen) – Grundlagen für wirtschaftliches Bauen – Technische Gebäudeausrüstung und Versorgungstechnik einschließlich Informations- und Kommunikationstechnik

Ausbildungsabschnitte und empfohlene Dauer	Ausbildungsstellen	Ausbildungsinhalte
		– Burgen, Schlösser, Altertümer – Praktische Anwendung von Wirtschaftlichkeits- und Lebenszyklusbetrachtungen – Aspekte wirtschaftlicher Planung und Bauausführung auch unter Berücksichtigung von Folgekosten sowie Kenntnis der Instrumente zu deren Überprüfung – Energieeffizienz und Nachhaltigkeit – Grundlagen von Verkehrswertermittlungen Hospitation (§ 7 Abs. 3) zum Beispiel bei – dem Amt für Bundesbau, – dem Landesbetrieb LBB (einschließlich Kompetenzzentren), – dem Ministerium der Finanzen, – einer Struktur- und Genehmigungsdirektion, – der Aufsichts- und Dienstleistungsdirektion, – der Generaldirektion kulturelles Erbe, – der Bundesanstalt für Immobilienaufgaben (BImA), – dem Bundesamt für Infrastruktur, Umweltschutz und Dienstleistungen der Bundeswehr (BAIUDBw).
II 8 Wochen	Kommunalebene in einer Unteren Bauaufsichtsbehörde und in Behörden des Baunebenrechts	Einführung in Aufgaben, Ziele und Organisation
III 26 Wochen	Ausbildungsbehörde	Über mehrere Ausbildungsstellen verteilte Anwärterinnen und Anwärter sollen in den für einen Ausbildungsabschnitt erforderlichen fachlichen Grundlagen gemeinsam unterrichtet werden. Die Bildung von Arbeitsgemeinschaften von Anwärterinnen und Anwärtern soll unterstützt werden, auch länderübergreifend. Seminare können länderübergreifend zentral durchgeführt werden. Einführung, die insbesondere vermitteln soll: Struktur, Inhalt und Ziel des Vorbereitungsdienstes, organisatorische Grundlagen der öffentlichen Verwaltung, Grundlagen der Aufbau- und Ablauforganisation, Aufgaben und Rechtsgrundlagen für das Fachgebiet Bauingenieurwesen (ca. 1 Woche).

Ausbildungsabschnitte und empfohlene Dauer	Ausbildungsstellen	Ausbildungsinhalte
		Verwaltungsgrundstudium (drei Monate) an der Hochschule für öffentliche Verwaltung Rheinland-Pfalz oder gleichwertige Lehrgänge (§ 7 Abs. 1 und § 8 Abs. 3).
		Fachbezogene Seminare (ca. 2 Wochen), die als Vertiefungsseminare möglichst in Zusammenhang mit dem jeweiligen Ausbildungsabschnitt durchgeführt werden sollen.
		Fachbezogenes Seminar zu Projektmanagement und Wirtschaftlichkeit (ca. 2 Wochen), das über den gesamten Ausbildungszeitraum auch in zeitlich getrennten Abschnitten durchgeführt werden kann.
		Vortragsveranstaltung beim Rechnungshof Rheinland-Pfalz.
	Ausbildungsbehörde	Projektarbeit (2 Wochen).
		Schriftliche Prüfungen und mündliche Prüfungen einschließlich Prüfungsvorbereitungen (6 Wochen).
ca. 9 Wochen		Erholungsurlaub
78 Wochen		Insgesamt (18 Monate)

§ 36 Prüfungsfächer

Folgende Fächer sollen nach § 18 Abs. 4 und § 19 Abs. 4 in dem Fachgebiet Bauingenieurwesen geprüft werden:

1. Allgemeine Rechts- und Verwaltungsgrundlagen,
2. Organisationsaufgaben und Wirtschaftlichkeit,
3. Öffentliches Baurecht,
4. Fachbezogene Verwaltung und Rechtsvorschriften,
5. Integrierte Hochbautechnik,
6. Ingenieurbau und Baubetrieb.

Abschnitt 3
Landespflege

§ 37 Einstellungsvoraussetzungen für den Vorbereitungsdienst

(1) Bildungsvoraussetzung nach § 2 Satz 1 Nr. 2 zur Einstellung in den Vorbereitungsdienst für den Zugang zum dritten Einstiegsamt im Fachgebiet Landespflege ist der Nachweis eines abgeschlossenen Studiums im Studiengang Landespflege/Naturschutz oder in einem vergleichbaren Studiengang wie zum Beispiel Landschaftsplanung, Landschafts- und Freiraumentwicklung, Landschaftsarchitektur oder Umweltplanung mit ökologisch-naturschutzfachlicher Vertiefung.

(2) Dabei ist das im Rahmen des Studiums zu erwerbende Wissensspektrum im Wesentlichen in folgenden Studieninhalten nachzuweisen:

1. wissenschaftliche Grundlagen und deren methodische Anwendung in folgenden Teilbereichen der Landespflege:
   a) Naturschutz,
   b) Landschaftspflege,
   c) Grünordnung,
   d) Landschaftsökologie (einschließlich der Grundlagenfächer Botanik/Vegetationskunde, Zoologie und Geologie/Bodenkunde);
2. grundlegendes Fachwissen (berufsfeldbezogene Studieninhalte) und dessen methodische Anwendung mindestens in folgenden Fächern:

a) Rechtsgrundlagen des Naturschutzes und der Landschaftspflege,
b) Landschaftsplanung,
c) Erfassung von Fauna und Flora,
d) Landschafts- und Grünflächenbau,
e) Ingenieurbiologie und Pflanzenverwendung,
f) Geoinformation und Darstellungsmethodik,
g) Landschaftsarchitektur/Freiraum- und Erholungsplanung,
h) Planungstheorie und -methodik;

daneben sind planerische Fähigkeiten auf dem Gebiet der Landschafts-, Grünordnungs- und Objektplanung oder der Garten- und Landschaftsarchitektur nachzuweisen,

3. neben dem grundlegenden Fachwissen soll das Studium durch Grundkenntnisse in mindestens drei der folgenden Fächer abgerundet worden sein:
   a) Raumordnung, Landes- und Regionalplanung,
   b) Bauplanungs- und Bauordnungsrecht, Städtebau und Siedlungswesen,
   c) Verkehrsplanung/Verkehrsanlagen,
   d) Wasserwirtschaft und Wasserbau,
   e) Bergbau, Bodenabbau,
   f) Waldökologie/Forstplanung, Forstrecht,
   g) Landwirtschaft/Agrarplanung,
   h) Umweltschutz, Immissionsschutz, Abfallwirtschaft,
   i) Kommunikation und Organisation.

§ 38 Einstellungsbehörde und Ausbildungsbehörde

Einstellungsbehörde (§ 3 Abs. 1) und Ausbildungsbehörde (§ 5 Abs. 2) ist für den jeweiligen Geschäftsbereich

1. die Struktur- und Genehmigungsdirektion Nord (SGD Nord) oder die Struktur- und Genehmigungsdirektion Süd (SGD Süd),
2. das Landesamt für Umwelt (LfU),
3. der Landesbetrieb Mobilität Rheinland-Pfalz (LBM),
4. die Aufsichts- und Dienstleistungsdirektion (ADD) oder
5. eine Kommunalverwaltung in Rheinland-Pfalz.

§ 39 Gliederung und Gestaltung des Vorbereitungsdienstes

Der Vorbereitungsdienst gliedert sich in folgende Abschnitte:

Ausbildungsabschnitt I:	Zwei Monate Einführung in den Vorbereitungsdienst bei einer Ausbildungsbehörde (eine Woche) und Ausbildung bei einer unteren Naturschutzbehörde, einem Dienstleistungszentrum Ländlicher Raum, dem Landesbetrieb Mobilität oder dem Landesamt für Umwelt entsprechend dem vorgesehenen Diensteinsatz nach Abschluss des Vorbereitungsdienstes sowie drei Monate Verwaltungsgrundstudium an der Hochschule für öffentliche Verwaltung Rheinland-Pfalz
Ausbildungsabschnitt II:	Zwei Monate Ausbildung bei einer oberen Naturschutzbehörde, vier Monate, soweit nicht im Ausbildungsabschnitt I durchlaufen, Ausbildung bei Fachbehörden der Bereiche Naturschutz (einschließlich National- und Naturpark), Forstwirtschaft, Wasserwirtschaft, ländliche Bodenordnung, Straßenbau; gegebenenfalls vertiefende Ausbildung in Spezialbereichen (zum Beispiel Bergbehörde). Zwei Monate bei dem für Naturschutz zuständigen Ministerium
Ausbildungsabschnitt III: (Vertiefung)	Fünf Monate vertiefende Ausbildung bei einer Kreisverwaltung, einem Dienstleistungszentrum Ländlicher Raum, dem Landesbetrieb Mobilität oder dem Landesamt für Umwelt entsprechend dem vorgesehenen Diensteinsatz nach Abschluss des Vorbereitungsdienstes sowie zur Vorbereitung auf die Laufbahnprüfung bei einer oberen Naturschutzbehörde

§ 40 Rahmenausbildungsplan

Ausbildungsabschnitte und empfohlene Dauer	Ausbildungsstellen	Ausbildungsinhalte
I 21 Wochen		Im Ausbildungsabschnitt I erstreckt sich die Ausbildung auf folgende Gebiete: Aufbau und Gestaltung des Ausbildungsplans – Ausbildungsfragen; Einführung in Aufgaben und Organisation des Naturschutzes; nationales und internationales Naturschutzrecht, insbesondere EU-Naturschutzrecht; Ziele des Naturschutzes; Landschaftsplanung in Beziehung zur Landes- und Regionalplanung, in Verbindung mit Fachplanungen sowie in der Bauleitplanung; Eingriffsregelung; Schutzgebiete und -objekte; besonderer Artenschutz; Umweltverträglichkeitsprüfung, Umweltschadensrecht, Umweltinformationsrecht, Verbandsbeteiligung; Betreten der Landschaft; allgemeine Vorschriften; allgemeiner Umweltschutz – Aufgaben, Organisation, Zuständigkeiten – unter anderem Organisation und Aufgaben der Flurbereinigungs-Agrarverwaltung, Forst-, Straßen-, Wasserwirtschafts- sowie Vermessungs- und Katasterverwaltung; Verwaltung in Bund und Ländern; kommunale Körperschaften; Beamten- und Besoldungsrecht; Reisekosten; Personalvertretungsrecht; Aufgaben und Organisation einer Kreisverwaltung, eines Naturparks, des Nationalparks, eines Dienstleistungszentrums Ländlicher Raum, des Landesbetriebs Mobilität und des Landesamtes für Umwelt, Einführung in deren Aufgaben; einschlägige Rechts- und Verwaltungsvorschriften des Naturschutzes und seiner Nachbarbereiche; Aufbau und Gliederung der Verwaltung; Grundzüge des staatlichen Haushalts-, Kassen-, Rechnungs- und Prüfungswesens; technischer und nichttechnischer Bürodienst; landespflegerische Planung; Maßnahmen zum Schutz, zur Pflege und zur Entwicklung der freien und besiedelten Landschaft; Schutz, Pflege und Unterhaltung von Flächen und natürlichen Bestandteilen; Biotopvernetzung (Planungen und praktische Umsetzung); ökologischer Landbau und Naturschutz; Vertragsnaturschutz und Biotopbetreuung (Rechtsgrundlagen, praktische Umsetzung); Biotop- und Artenschutz; Biotopkartierung; Biodiversitätsstrategien des Landes und des Bundes; Auswirkungen des Klimawandels auf Landnutzungen, Biodiversität und Artenschutz, Klimaschutz und Klimawandelanpassung, insbesondere Anpassungsstrategien des Naturschutzes sowie der Land-, Forst- und Wasserwirtschaft; nachwachsende Rohstoffe und erneuerbare Energien; Ausschreibung und Vergabe von Leistungen; Normen und technische Vorschriften; Finanzierung und Abrechnung; Honorarordnung. In diesen Ausbildungsabschnitt fällt auch das Verwaltungsgrundstudium an der Hochschule für öffentliche Verwaltung Rheinland-Pfalz

Ausbildungsabschnitte und empfohlene Dauer	Ausbildungsstellen	Ausbildungsinhalte
II 30 Wochen		Im Ausbildungsabschnitt II erstreckt sich die Ausbildung auf folgende Gebiete: Einführung in die Aufgaben der Naturschutzbehörden; einschlägige Rechts- und Verwaltungsvorschriften im Naturschutz; Aufbau und Gliederung der Verwaltung (Organisation und Zuständigkeiten); allgemeines und besonderes Verwaltungsrecht; staatliches Haushalts-, Kassen-, Rechnungs- und Prüfungswesen; Finanzhilfen des Landes im Naturschutz; fachliche Grundlagen, unter anderem Biotopkataster, Artenerfassung, Landschaftsinformationssystem, elektronische Datenverarbeitung im Naturschutz; Landespflegerische Planung (Methodik, Verfahren); Schutz von Flächen und natürlichen Bestandteilen; Biotop- und Artenschutz; Maßnahmen zum Schutz, zur Pflege und Entwicklung der freien und besiedelten Landschaft (Entwurf, Technik und Durchführung); Schutz von Grünbeständen auf Baustellen; Kompensation bei Eingriffen einschließlich Ökokonto und produktionsintegrierter Maßnahmen; Aufgaben und Organisation übergemeindlicher Behörden (Raumordnung, Landesplanung, Regionalplanung); Koordinierung mit Nachbargebieten (Wasserwirtschaft, Forstwirtschaft, Agrarverwaltung und ländliche Bodenordnung); Rechtsgrundlagen und Verwaltungsvorschriften; Genehmigung und Fachplanungen; Planfeststellungsverfahren; Förderungsprogramme; Städtebau; städtebauliche Ordnung, Bauleitplanung; städtebauliche Sanierung und Entwicklung; Bauaufsicht; Objektplanung (Methoden, Verfahren, Kosten, Finanzierung); Normen und technische Vorschriften; Inhalt und Abschluss von Bau- und Pflegeverträgen; Finanzierung und Abrechnung; Wettbewerbswesen; Honorarordnung; Naturschutz im besiedelten Bereich; Artenschutzmaßnahmen an Gebäuden; Liegenschaftswesen; Vermessungs- und Katasterverwaltung; Aufgaben und Organisation der Forst-, Wasserwirtschafts-, Flurbereinigungs- und Straßenverwaltung sowie der Naturparke und des Nationalparks; Grundzüge des Wasserrechts, des Wasserwesens und der Wasserwirtschaft einschließlich Wasserversorgung und Abwasserbeseitigung; Gewässerschutz; allgemeiner Wasserbau; Hochwasserschutz; Gewässerökologie; wasserwirtschaftliche Planung; Abfallbeseitigung; Abfallwirtschaft; rechtliche, wirtschaftliche und technische Grundlagen der Agrarverwaltung und Flurbereinigung; Neuordnungsmaßnahmen im ländlichen Raum; Dorferneuerung; Flurbereinigungsverfahren aus

Ausbildungsabschnitte und empfohlene Dauer	Ausbildungsstellen	Ausbildungsinhalte
		besonderen Anlässen; Wege- und Gewässerplan; Plan über die gemeinschaftlichen und öffentlichen Anlagen; Grundsätze für die Neuzuteilung; Flurbereinigungsplan; Rechtsmittelverfahren; Ausbau in der Flurbereinigung; Kosten und Finanzierung der Verfahren; rechtliche Grundlagen der Forstwirtschaft; forstliche Planung, Landeswaldprogramm; forstliche Rahmenpläne; Waldfunktionspläne; Forsteinrichtungswerke; Waldbau und Forstbetriebsarbeiten; Forsttechnik; Forstschutz; Holzverwertung; naturnahe Waldwirtschaft; Mitwirkung bei Aufgaben des Naturschutzes und der Landschaftspflege nach den Bestimmungen der Wald- und Forstgesetze; Naturschutz im Wald einschließlich Prozessschutz und natürliche Waldentwicklung; Verwaltung von Liegenschaften des Naturschutzes; Straßenplanung und Straßenentwurf; Linienbestimmung; Flächensicherung; Planfeststellung; Grunderwerb; Enteignung; Baudurchführung; bauliche Lärmschutzmaßnahmen; Straßenunterhaltung; Bodenentnahme zum Zwecke des Straßenbaus; besondere Artenschutzmaßnahmen und Kompensation im Straßenbau.
III 18 Wochen		Im Ausbildungsabschnitt III erstreckt sich die Ausbildung auf folgende Gebiete: Vertiefende Ausbildung gemäß Ausbildungsabschnitt I; Aufgaben und Organisation der oberen und obersten Landesbehörden; fachbezogene Seminare (Landschaftsprogramm, Landschaftsrahmenplanung, Entwicklungsplanung für Schutzgebiete); Umweltschutz – Aufgaben, Organisation, Zuständigkeiten auf Landesebene –; Aufgaben und Organisation des Landesamtes für Umwelt, des Landesamtes für Geologie und Bergbau; Aufgaben der Abteilung Technische Zentralstelle des Dienstleistungszentrums Ländlicher Raum Rheinhessen-Nahe-Hunsrück; wasserwirtschaftliche Rahmenplanung, gewässerbiologisches Kolloquium; landwirtschaftliche Entwicklungsprogramme in Rheinland-Pfalz; Vorbereitung auf die Laufbahnprüfung
ca. 9 Wochen		Erholungsurlaub
78 Wochen		Insgesamt (18 Monate)

§ 41 Prüfungsfächer

Folgende Fächer sollen nach § 18 Abs. 4 und § 19 Abs. 4 in dem Fachgebiet Landespflege geprüft werden:

1. Allgemeine Rechts- und Verwaltungsgrundlagen,
2. Organisation und Finanzwesen,
3. Fachbezogene Verwaltungs- und Rechtsvorschriften,
4. Angrenzende Rechtsgebiete.

II

Abschnitt 4
Maschinen- und Elektrotechnik

§ 42 Einstellungsvoraussetzungen für den Vorbereitungsdienst

Bildungsvoraussetzung nach § 2 Satz 1 Nr. 2 zur Einstellung in den Vorbereitungsdienst für den Zugang zum dritten Einstiegsamt im Fachgebiet Maschinen- und Elektrotechnik ist der Nachweis eines abgeschlossenen Studiums der Fachrichtung Maschinenbau, Elektrotechnik, Versorgungstechnik, Wirtschaftsingenieurwesen mit technischen Vertiefungen in den vorgenannten Fachrichtungen oder in einem vergleichbaren Studiengang.

§ 43 Einstellungsbehörde und Ausbildungsbehörde

Einstellungsbehörde (§ 3 Abs. 1) und Ausbildungsbehörde (§ 5 Abs. 2) ist

1. der Landesbetrieb LBB,
2. das Amt für Bundesbau oder
3. eine Kommunalverwaltung in Rheinland-Pfalz.

§ 44 Gliederung und Gestaltung des Vorbereitungsdienstes

Der Vorbereitungsdienst gliedert sich in folgende Abschnitte:

Ausbildungsabschnitt I:	Verwaltungspraxis Staatlicher Hochbau
Ausbildungsabschnitt II:	Bauordnungswesen
Ausbildungsabschnitt III:	Seminare und Lehrgänge, Prüfungen
Ausbildungsabschnitte I bis III:	Allgemeine Rechts- und Verwaltungsgrundlagen Organisation und Wirtschaftlichkeit

§ 45 Rahmenausbildungsplan

Ausbildungsabschnitte und empfohlene Dauer	Ausbildungsstellen	Ausbildungsinhalte
I bis III kontinuierlich in allen Ausbildungsabschnitten	Allgemein für alle Ausbildungsstellen	Alle Aufgaben der fachtechnischen Organisationseinheiten, die der Organisation zugrunde liegenden Rechts- und Verwaltungsvorschriften, soziale und fachliche Kompetenz, wirtschaftliches, nachhaltiges und rechtskonformes Entscheiden und Handeln, Rhetorik und Präsentation. Alle Aufgaben sind der Anwärterin oder dem Anwärter in allen Ausbildungsabschnitten zu vermitteln, auch in Form von Hospitanz, Mitarbeit und Übertragung von geeigneten, konkreten Aufgaben.
I 39 Wochen	Ausbildungsbehörde	Einführung in Aufgaben, Ziele und Organisation Baumanagement, Planung und Baudurchführung Gebäude- und Immobilienmanagement Haushalts-, Kassen- und Rechnungswesen – Haushaltsplan – Mittelbewirtschaftung – Rechnungslegung – Rechnungsprüfung

Ausbildungsabschnitte und empfohlene Dauer	Ausbildungsstellen	Ausbildungsinhalte
		Vergabewesen – Grundzüge der Vergabeverordnung (VgV) – Ausschreibung und Vergabe nach Vergabe- und Vertragsordnung für Bauleistungen (VOB) – Vergabeverhandlungen – Prüfen der Angebote – Grundlagen der Preis- und Kostenkalkulation Vertragswesen – Teilnahme bei Auswahlverfahren – Verträge mit freiberuflich Tätigen – Verträge mit Fachfirmen – Instandhaltungs- und Wartungsverträge – Energie- und Medienlieferverträge – Tarifgestaltung Mitarbeit bei – Gesamtplanungen, Konzeption von technischen Versorgungssystemen – Planung der technischen Gebäudeausrüstung und betriebstechnischer Anlagen – integrierter Planung gemäß Energieeinsparverordnung (EnEV) – der Aufstellung von Bauunterlagen: Haushaltsunterlage -Bau- (HU-Bau-) Ausführungsunterlage -Bau- (AFU-Bau-) Entscheidungsunterlage-Bau (ES-Bau) Entwurfsunterlage-Bau (EW-Bau) – Vergabe von Bauleistungen – projektbegleitender Überwachung von freiberuflich Tätigen – Bauausführung und Bauüberwachung – Projektmanagement/Controlling Einführung in folgende Aufgabengebiete: – Rechtliche Grundlagen – Organisation, Personalwesen – Zuwendungsbau-Maßnahmen (ZBau-Maßnahmen) – Grundlagen für wirtschaftliches Bauen

Ausbildungsabschnitte und empfohlene Dauer	Ausbildungsstellen	Ausbildungsinhalte
		– Technische Gebäudeausrüstung und Versorgungstechnik einschließlich Informations- und Kommunikationstechnik – Burgen, Schlösser, Altertümer – Praktische Anwendung von Wirtschaftlichkeits- und Lebenszyklusbetrachtungen – Aspekte wirtschaftlicher Planung und Bauausführung auch unter Berücksichtigung von Folgekosten sowie Kenntnis der Instrumente zu deren Überprüfung – Energieeffizienz und Nachhaltigkeit – Grundlagen von Verkehrswertermittlungen Hospitation (§ 7 Abs. 3) zum Beispiel bei – dem Amt für Bundesbau, – dem Landesbetrieb LBB (einschließlich Kompetenzzentren), – dem Ministerium der Finanzen, – einer Struktur- und Genehmigungsdirektion, – dem Bundeswehrzentralkrankenhaus, – dem Technischen Überwachungsverein (TÜV).
II 4 Wochen	Kommunalebene in einer Unteren Bauaufsichtsbehörde und in Behörden des Baunebenrechts	Einführung in Aufgaben, Ziele und Organisation; Baurecht, Bauordnungswesen
III 26 Wochen	Ausbildungsbehörde	Über mehrere Ausbildungsstellen verteilte Anwärterinnen und Anwärter sollen in den für einen Ausbildungsabschnitt erforderlichen fachlichen Grundlagen gemeinsam unterrichtet werden. Die Bildung von Arbeitsgemeinschaften von Anwärterinnen und Anwärtern soll unterstützt werden, auch länderübergreifend. Seminare können länderübergreifend zentral durchgeführt werden. Die Einführung soll insbesondere vermitteln: Struktur, Inhalt und Ziel des Vorbereitungsdienstes, organisatorische Grundlagen der öffentlichen Verwaltung, Grundlagen der Aufbau- und Ablauforganisation, Aufgaben und Rechtsgrundlagen für das Fachgebiet Maschinen- und Elektrotechnik (ca. 1 Woche).

Ausbildungsabschnitte und empfohlene Dauer	Ausbildungsstellen	Ausbildungsinhalte
		Verwaltungsgrundstudium (drei Monate) an der Hochschule für öffentliche Verwaltung Rheinland-Pfalz oder gleichwertige Lehrgänge (§ 7 Abs. 1 und § 8 Abs. 3).
		Fachbezogene Seminare (ca. 2 Wochen), die als Vertiefungsseminare möglichst in Zusammenhang mit dem jeweiligen Ausbildungsabschnitt durchgeführt werden sollen.
		Fachbezogenes Seminar zu Projektmanagement und Wirtschaftlichkeit (ca. 2 Wochen), das über den gesamten Ausbildungszeitraum auch in zeitlich getrennten Abschnitten durchgeführt werden kann.
		Vortragsveranstaltung beim Rechnungshof Rheinland-Pfalz.
	Ausbildungsbehörde	Projektarbeit (2 Wochen).
		Schriftliche Prüfungen und mündliche Prüfungen einschließlich Prüfungsvorbereitungen (6 Wochen).
ca. 9 Wochen		Erholungsurlaub
78 Wochen		Insgesamt (18 Monate)

§ 46 Prüfungsfächer

Folgende Fächer sollen nach § 18 Abs. 4 und § 19 Abs. 4 in dem Fachgebiet Maschinen- und Elektrotechnik in der Verwaltung geprüft werden:

1. Allgemeine Rechts- und Verwaltungsgrundlagen,
2. Organisation und Wirtschaftlichkeit,
3. Fachbezogene Verwaltung und Rechtsvorschriften,
4. Elektrotechnische Anlagen,
5. Maschinen- und verfahrenstechnische Anlagen,
6. Sondergebiete der Maschinen- und Elektrotechnik.

Abschnitt 5
Straßenwesen

§ 47 Einstellungsvoraussetzungen für den Vorbereitungsdienst

Bildungsvoraussetzung nach § 2 Satz 1 Nr. 2 zur Einstellung in den Vorbereitungsdienst für den Zugang zum dritten Einstiegsamt im Fachgebiet Straßenwesen ist der Nachweis eines abgeschlossenen Studiums des Studiengangs Bauingenieurwesen oder eines inhaltlich vergleichbaren Studiengangs. Dabei ist das im Rahmen des Studiums zu erwerbende Wissensspektrum im Wesentlichen in folgenden Studieninhalten nachzuweisen:

1. Grundlagenwissen (mathematisch-naturwissenschaftliche Studieninhalte)
   a) Höhere Mathematik,
   b) Mechanik,
   c) Physik einschließlich der fachbezogenen Bereiche,
   d) Informatik,
   e) Geometrie,
   f) Chemie,
   g) Geologie,
2. Fachwissen (berufsfeldbezogene Studieninhalte)
   a) Grundbau und Bodenmechanik,
   b) Baustatik,
   c) Vermessungskunde,

d) Baustoffkunde,
e) Baukonstruktionslehre,
f) Konstruktiver Ingenieurbau,
g) Verkehrswesen,
h) Straßenbau,
i) Straßenplanung,
j) Baubetrieb.

Bei der Einstellung sind Studiengänge mit dem Studienschwerpunkt in den Bereichen Konstruktiver Ingenieurbau, Straßenbau und -planung oder Baubetrieb zu bevorzugen.

§ 48 Einstellungsbehörde und Ausbildungsbehörde

Einstellungsbehörde (§ 3 Abs. 1) und Ausbildungsbehörde (§ 5 Abs. 2) ist

1. der Landesbetrieb Mobilität (LBM) oder
2. eine Kommunalverwaltung in Rheinland-Pfalz.

§ 49 Gliederung und Gestaltung des Vorbereitungsdienstes

Der Vorbereitungsdienst gliedert sich in folgende Abschnitte:

Ausbildungsabschnitt I:	Einführungslehrgang
Ausbildungsabschnitt II:	Recht und Verwaltung
Ausbildungsabschnitt III:	Vorbereitung und Durchführung von Straßenbauvorhaben
Ausbildungsabschnitte IV:	Betrieb der Straßeninfrastruktur
Ausbildungsabschnitt V:	Infrastrukturmanagement, Rechnungswesen, Controlling
Ausbildungsabschnitt VI:	Seminare, Lehrgänge, Hospitationen
Ausbildungsabschnitte VII:	Laufbahnprüfung, Schlusslehrgang

Einführungs- und Schlusslehrgang können durch ein Verwaltungsgrundstudium an der Hochschule für öffentliche Verwaltung Rheinland-Pfalz ersetzt werden (§ 7 Abs. 1 und § 8 Abs. 3).

§ 50 Rahmenausbildungsplan

Ausbildungsabschnitte und empfohlene Dauer	Ausbildungsstellen	Ausbildungsinhalte
I 4 Wochen	LBM Zentrale	**Einführungslehrgang (EL):** Ablauf der Ausbildung. Überblick und Einführung in alle Ausbildungsabschnitte, -inhalte und Prüfungsfächer. Einführungs- und Schlusslehrgang sollen in Unterrichtsform für eine Gruppe von Anwärterinnen und Anwärtern organisiert werden. Auf einen Einführungs- und Schlusslehrgang kann verzichtet werden, wenn ein Verwaltungsgrundstudium an der Hochschule für öffentliche Verwaltung Rheinland-Pfalz besucht wird. Dann sind Inhalte des Rahmenausbildungsplans, die nicht vom Verwaltungsgrundstudium umfasst sind, in anderer Form zu vermitteln.
II 2 Wochen	regionaler Landesbetrieb (rLBM)	**Recht und Verwaltung:** 1. Allgemeine Staats- und Verwaltungsgrundlagen (EL/SL) – Allgemeines Staatsrecht – Grundgesetz, Landesverfassung

Ausbildungsabschnitte und empfohlene Dauer	Ausbildungsstellen	Ausbildungsinhalte
		– Die Europäische Union – Gemeindeverfassungen, kommunale Selbstverwaltung – Verwaltungsaufbau und Behördenorganisation bei Bund und Ländern, einschließlich externer Finanzkontrolle – Allgemeines und formelles Verwaltungsrecht, Verwaltungshandeln, Verwaltungsprozessrecht – Besonderes Verwaltungsrecht – Privatrecht – Zivilprozessverfahren (in den Grundzügen) 2. Fachbezogene Verwaltung und Rechtsvorschriften (EL/SL) – Rechtsgrundlagen des Straßenrechts – Straßenlasten – Die Straße als öffentliche Sache – Straßengebrauch – Anbau- und Nachbarrecht – Kreuzungsrecht – Recht der Planung, Grunderwerb – Rechtsgrundlagen der Ingenieur- und Bauverträge – Straßenverkehrsrecht – Grundzüge benachbarter Rechtsgebiete – Raumordnung, Landes- und Stadtplanung (der Schwerpunkt der Vermittlung der Ausbildungsinhalte liegt im Einführungs- und Schlusslehrgang)
III 20 Wochen	rLBM Fachgruppe Planung 4 Wochen rLBM Fachgruppe Straßenbau 4 Wochen rLBM Fachgruppe Konstruktiver Ingenieurbau 4 Wochen Bauüberwachung 8 Wochen	**Vorbereitung und Durchführung von Straßenbauvorhaben** 1. Straße und Verkehr – Grundlagen des Straßenentwurfs – Straßenplanung – Straßenbautechnik – Straßenverkehrstechnik 2. Ingenieurbauwerke – Entwurf von Ingenieurbauwerken – Bauverfahren und Bauweisen – Bauwerkserhaltung

Ausbildungsabschnitte und empfohlene Dauer	Ausbildungsstellen	Ausbildungsinhalte
		– Güteüberwachung, Zulassungswesen, Normen und technische Regelwerke
IV 16 Wochen	rLBM Fachgruppe Betrieb 4 Wochen Straßenmeisterei/Autobahnmeisterei 12 Wochen	**Betrieb der Straßeninfrastruktur** Straßenerhaltung und Betriebsmanagement – Erhaltungsstrategien – Steuerung der Betriebsdienste – Winterdienstorganisation – Fahrzeug- und Gerätetechnik – Betriebskostenberechnung und Mittelbewirtschaftung – Einkauf/Materialwirtschaft – Arbeits- und Gesundheitsschutz
V 3 Wochen	rLBM Fachgruppe Straßenbau 1 Woche rLBM Stabsstelle Controlling/zentrale Dienste 2 Wochen LBM Geschäftsbereich Rechnungswesen und Controlling nach Bedarf LBM Geschäftsbereich Finanzwesen und Infrastrukturmanagement nach Bedarf	**Infrastrukturmanagement, Rechnungswesen, Controlling** – Ermittlung des Straßenbedarfs – Bedarfspläne, Ausbaupläne, Bauprogramme – Straßenfinanzierung – Wirtschaftlichkeitsuntersuchungen, Kosten-Nutzen-Analysen, Priorisierung – Haushalts- und Kassenrechnungswesen – Kaufmännisches Rechnungswesen Grundlagen der Buchführung Kosten und Leistungsrechnung Wirtschaftsplanung – Controlling Zielsysteme strategisches und operatives Controlling (der Schwerpunkt der Vermittlung der Ausbildungsinhalte liegt im Einführungs- und Schlusslehrgang)
VI 10 Wochen	nach Bedarf	**Seminare, Lehrgänge, Hospitationen** zum Beispiel: – Ausschreibung und Abrechnung: iTWO – Straßenplanung: VESTRA – digitales Zeichnen: AutoCad – SAP Grundlagen – Grundlagen der Kommunikation und der Vortragstechnik

Ausbildungsabschnitte und empfohlene Dauer	Ausbildungsstellen	Ausbildungsinhalte
		– Führung und Motivation – Vortragsveranstaltung beim Rechnungshof Rheinland-Pfalz Hospitation (§ 7 Abs. 3) zum Beispiel bei – einer Struktur- und Genehmigungsdirektion in den Bereichen Wasserwirtschaft, Abfall, Boden, Raumordnung und Naturschutz – dem für Verkehr zuständigen Ministerium – einer kommunalen Straßenbaubehörde
VII 14 Wochen	LBM: 10 Wochen vor schriftlicher Prüfung 1 Woche mündliche Prüfung 2 Wochen vor mündlicher Prüfung 1 Woche schriftliche Prüfung	**Laufbahnprüfung, Schlusslehrgang (SL)** Alle Ausbildungsinhalte der Ausbildungsabschnitte I bis VI
ca. 9 Wochen		Erholungsurlaub
78 Wochen		Insgesamt (18 Monate)

§ 51 Prüfungsfächer

(1) Folgende Fächer sollen nach § 18 Abs. 4 und § 19 Abs. 4 in dem Fachgebiet Straßenwesen geprüft werden:

1. Allgemeine Rechts- und Verwaltungsgrundlagen,
2. Fachbezogene Verwaltung und Rechtsvorschriften,
3. Infrastrukturmanagement, Rechnungswesen, Controlling,
4. Straßenplanung und Verkehrstechnik,
5. Straßenbautechnik und Straßenerhaltung,
6. Ingenieurbau,
7. Straßenerhaltung und Betriebsmanagement.

(2) In einer schriftlichen Arbeit dürfen nicht mehr als zwei Prüfungsfächer miteinander kombiniert werden.

§ 52 Leistungsnachweise in der Laufbahnprüfung

Die Leistungsnachweise (§ 8 Abs. 6) sind Teil der Laufbahnprüfung (§ 17 Satz 2). Im Fachgebiet Straßenwesen gehen in die Gesamtnote (§ 23 Abs. 2) die Durchschnittspunktzahl aller schriftlichen Arbeiten unter Aufsicht mit 56 v. H., die Durchschnittspunktzahl aller Fächer der mündlichen Prüfung mit 24 v. H. und die Durchschnittspunktzahl aller Leistungsnachweise mit 20 v. H. ein.

Teil 4
Übergangs- und Schlussbestimmungen

§ 53 Ausführungsbestimmungen

Die Einstellungsbehörde kann Einzelheiten zur Durchführung des Vorbereitungsdienstes und der Laufbahnprüfung regeln.

§ 54 Übergangsbestimmung

Wer vor Inkrafttreten dieser Verordnung die Ausbildung nach der Landesverordnung über die Ausbildung und Prüfung für den gehobenen technischen Verwaltungsdienst vom 20. September 1986 (GVBl. S. 251), zuletzt geändert durch Artikel 12 des Gesetzes vom 19. Dezember 2014 (GVBl. S. 332), BS 2030-14, begonnen hat, wird nach dem bisher geltenden Recht ausgebildet und geprüft.

§ 55 Inkrafttreten

(1) Diese Verordnung tritt am Tage nach der Verkündung in Kraft.

(2) Gleichzeitig tritt, vorbehaltlich der Regelung in § 54, die Landesverordnung über die Ausbildung und Prüfung für den gehobenen technischen Verwaltungsdienst vom 20. September 1986 (GVBl. S. 251), zuletzt geändert durch Artikel 12 des Gesetzes vom 19. Dezember 2014 (GVBl. S. 332), BS 2030-14, außer Kraft.

III Besoldung

Landesbesoldungsgesetz (LBesG)

Vom 18. Juni 2013 (GVBl. S. 157)

Zuletzt geändert durch
Landesgesetz zur Änderung des Landesbeamtenversorgungsgesetzes
und weiterer dienstrechtlicher Vorschriften
vom 19. November 2025 (GVBl. S. 693)

III

Inhaltsübersicht

III

Teil 1
Allgemeine Bestimmungen

Abschnitt 1
Grundsätze

§ 1 Geltungsbereich

(1) Dieses Gesetz regelt die Besoldung der Beamtinnen und Beamten sowie der Richterinnen und Richter des Landes, der Beamtinnen und Beamten der Gemeinden, der Gemeindeverbände und der sonstigen der Aufsicht des Landes unterstehenden Körperschaften, Anstalten und Stiftungen des öffentlichen Rechts. Ausgenommen sind die Ehrenbeamtinnen und Ehrenbeamten sowie die ehrenamtlichen Richterinnen und Richter.

(2) Dieses Gesetz gilt nicht für die öffentlich-rechtlichen Religionsgesellschaften und ihre Verbände.

§ 2 Regelung durch Gesetz

(1) Die Besoldung wird durch Gesetz geregelt.

(2) Zusicherungen, Vereinbarungen und Vergleiche, die eine höhere als die gesetzlich zustehende Besoldung verschaffen sollen, sind unwirksam. Das Gleiche gilt für Versicherungsverträge, die zu diesem Zweck abgeschlossen werden.

(3) Auf die gesetzlich zustehende Besoldung kann weder ganz noch teilweise verzichtet werden. Ausgenommen hiervon sind Leistungen im Rahmen einer Entgeltumwandlung für vom Dienstherrn geleaste Dienstfahrräder, die den Beamtinnen und Beamten sowie Richterinnen und Richtern auch zur privaten Nutzung überlassen werden, wenn es sich um Fahrräder im verkehrsrechtlichen Sinne handelt. Eine Entgeltumwandlung nach Satz 2 setzt ferner voraus, dass sie für eine Maßnahme erfolgt, die vom Dienstherrn den Beamtinnen und Beamten sowie Richterinnen und Richtern angeboten wird und es diesen freigestellt ist, ob sie das Angebot annehmen.

§ 3 Bestandteile der Besoldung

(1) Zur Besoldung gehören folgende Dienstbezüge:

1. Grundgehalt (§§ 22 und 23 Abs. 2 Satz 3, §§ 29 und 34 Satz 2, §§ 35 und 36 Satz 2),
2. Leistungsbezüge für die Beamtinnen und Beamten der Besoldungsordnungen A und B (§ 33),
3. Leistungsbezüge für die Beamtinnen und Beamten der Besoldungsordnung W (§§ 37, 38),
4. Zuschläge, Zulagen und Vergütungen (§§ 41 bis 55),
5. Auslandsbesoldung (§ 56).

(2) Zur Besoldung gehören ferner die Anwärterbezüge (§§ 57 bis 62) als sonstige Bezüge.

§ 4 Anspruch auf Besoldung

(1) Auf die Besoldung besteht ein Anspruch.

(2) Der Anspruch entsteht mit dem Tag, an dem die Ernennung, Versetzung, Übernahme oder der Übertritt in den Dienst eines der in § 1 Abs. 1 Satz 1 genannten Dienstherren wirksam wird. Bedarf es zur Verleihung eines Amtes mit anderem Endgrundgehalt (Grundgehalt) keiner Ernennung oder erfolgt eine rückwirkende Einweisung in eine Planstelle, so entsteht der Anspruch mit dem Tag, der in der Einweisungsverfügung bestimmt ist. Wird ein Amt aufgrund einer Regelung nach § 24 eingestuft, so entsteht der Anspruch mit der Maßnahme, die der Einweisungsverfügung entspricht.

(3) Besteht der Anspruch auf Besoldung nicht für einen vollen Kalendermonat, so wird nur der Teil der Bezüge gezahlt, der auf den Anspruchszeitraum entfällt, soweit gesetzlich nichts anderes bestimmt ist.

(4) Der Anspruch auf Besoldung endet mit Ablauf des Tages, an dem die Beamtin oder der Beamte, die Richterin oder der Richter aus dem Dienstverhältnis ausscheidet, soweit gesetzlich nichts anderes bestimmt ist.

(5) Abweichend von Absatz 4 werden bei Versetzung in den einstweiligen Ruhestand für den Monat, in dem die Versetzung in den einstweiligen Ruhestand mitgeteilt worden ist, und für die folgenden drei Monate die Bezüge weitergezahlt, die am Tag vor der Versetzung zustanden; Änderungen beim Familienzuschlag sind zu berücksichtigen. Aufwandsent-

III

schädigungen werden nur bis zum Beginn des einstweiligen Ruhestandes gezahlt.

(6) Wird eine Wahlbeamtin oder ein Wahlbeamter auf Zeit abgewählt, so gilt Absatz 5 entsprechend; an die Stelle der Mitteilung über die Versetzung in den einstweiligen Ruhestand tritt die Mitteilung über die Abwahl oder der sonst bestimmte Beendigungszeitpunkt für das Beamtenverhältnis auf Zeit. Satz 1 gilt entsprechend für die Fälle des Eintritts in den einstweiligen Ruhestand kraft Gesetzes.

§ 5 Anpassung der Besoldung

Die Besoldung wird entsprechend der Entwicklung der allgemeinen wirtschaftlichen und finanziellen Verhältnisse und unter Berücksichtigung der mit den Dienstaufgaben verbundenen Verantwortung durch Gesetz regelmäßig angepasst.

§ 6 Aufwandsentschädigungen

(1) Aufwandsentschädigungen dürfen nur gewährt werden, wenn und soweit aus dienstlicher Veranlassung finanzielle Aufwendungen entstehen, deren Übernahme der Beamtin oder dem Beamten, der Richterin oder dem Richter nicht zugemutet werden kann, und der Haushaltsplan Mittel dafür zur Verfügung stellt. Aufwandsentschädigungen in festen Beträgen sind nur zulässig, wenn aufgrund tatsächlicher Anhaltspunkte oder tatsächlicher Erhebungen nachvollziehbar ist, dass und in welcher Höhe dienstbezogene finanzielle Aufwendungen typischerweise entstehen; sie werden im Einvernehmen mit dem für das finanzielle öffentliche Dienstrecht zuständigen Ministerium festgesetzt.

(2) Jedes als oberste Aufsichtsbehörde zuständige Ministerium wird für seinen Geschäftsbereich ermächtigt, im Einvernehmen mit dem für das finanzielle öffentliche Dienstrecht zuständigen Ministerium durch Rechtsverordnung Grundsätze für die Gewährung von Aufwandsentschädigungen nach Absatz 1 an Beamtinnen und Beamte der Gemeinden, der Gemeindeverbände und der sonstigen der Aufsicht des Landes unterstehenden Körperschaften, Anstalten und Stiftungen des öffentlichen Rechts zu erlassen und dabei Höchstgrenzen festzulegen.

(3) Solange Grundsätze nach Absatz 2 nicht erlassen sind, bedarf die Ausbringung von Mitteln für Aufwandsentschädigungen im Haushaltsplan oder einem entsprechenden Plan der Gemeinden, Gemeindeverbände und der sonstigen der Aufsicht des Landes unterstehenden Körperschaften, Anstalten und Stiftungen des öffentlichen Rechts der Zustimmung der obersten Aufsichtsbehörde und des für das finanzielle öffentliche Dienstrecht zuständigen Ministeriums.

(4) Das für die Rechtspflege zuständige Ministerium wird ermächtigt, im Einvernehmen mit dem für das finanzielle öffentliche Dienstrecht zuständigen Ministerium, durch Rechtsverordnung die Abgeltung der den Gerichtsvollzieherinnen und Gerichtsvollziehern für die Verpflichtung zur Einrichtung und Unterhaltung eines Büros entstehenden Kosten zu regeln.

§ 7 Sonstige Zuwendungen

Neben den besoldungsrechtlichen Bezügen und neben Aufwandsentschädigungen dürfen die Gemeinden und die Gemeindeverbände sowie die sonstigen der Aufsicht des Landes unterstehenden Körperschaften, Anstalten und Stiftungen des öffentlichen Rechts ihren Beamtinnen und Beamten sonstige Zuwendungen nur nach den für die Beamtinnen und Beamten des Landes geltenden Vorschriften gewähren. Sonstige Zuwendungen sind Geldleistungen und geldwerte Leistungen, die die Beamtinnen und Beamten unmittelbar oder mittelbar von ihrem Dienstherrn erhalten, auch wenn sie über Einrichtungen geleistet werden, zu denen die Beamtinnen und Beamten einen eigenen Beitrag leisten.

Abschnitt 2
Zahlung der Bezüge

§ 8 Zahlungsweise

(1) Die Dienstbezüge nach § 3 Abs. 1 Nr. 1 bis 3, von den Zuschlägen nach § 3 Abs. 1 Nr. 4 der Familienzuschlag sowie sonstige

Bezüge nach § 3 Abs. 2 werden monatlich im Voraus gezahlt; die übrigen nur, soweit nichts anderes bestimmt ist. Werden Bezüge nach dem Tag der Fälligkeit gezahlt, so besteht kein Anspruch auf Verzugszinsen.

(2) Bei der Berechnung von Bezügen sind die sich ergebenden Bruchteile eines Cents unter 0,5 abzurunden und solche von 0,5 und mehr aufzurunden. Zwischenrechnungen werden jeweils auf zwei Dezimalstellen durchgeführt. Jeder Bezügebestandteil ist einzeln zu runden.

(3) Für die Zahlung der Besoldung nach § 3 und von Aufwandsentschädigungen nach § 6 hat die Empfängerin oder der Empfänger auf Verlangen der zuständigen Behörde ein Konto anzugeben oder einzurichten, auf das die Überweisung erfolgen kann. Die Übermittlungskosten mit Ausnahme der Kosten für die Gutschrift auf dem Konto der Empfängerin oder des Empfängers trägt der Dienstherr; bei einer Überweisung auf ein außerhalb der Europäischen Union geführtes Konto trägt die Empfängerin oder der Empfänger die Kosten und die Gebühr der Übermittlung sowie die Kosten einer Meldung nach § 59 der Außenwirtschaftsverordnung in der Fassung vom 22. November 1993 (BGBl. I S. 1934, 2493) in der jeweils geltenden Fassung. Die Kontoeinrichtungs-, Kontoführungs- oder Buchungsgebühren trägt die Empfängerin oder der Empfänger. Eine Auszahlung auf andere Weise kann nur zugestanden werden, wenn der Empfängerin oder dem Empfänger die Einrichtung oder Benutzung eines Kontos aus wichtigem Grund nicht zugemutet werden kann.

(4) Soweit Beamtinnen und Beamte, Richterinnen und Richter, Anwärterinnen und Anwärter Bezüge erhalten, steht ihnen die vermögenswirksame Anlage von Teilen dieser Bezüge nach den Voraussetzungen des Fünften Vermögensbildungsgesetzes in der Fassung vom 4. März 1994 (BGBl. I S. 406) in der jeweils geltenden Fassung offen. Der zuständigen Stelle ist schriftlich oder elektronisch die Art der gewählten Anlage mitzuteilen und, soweit dies nach der Art der Anlage erforderlich ist, das Unternehmen oder Institut mit der Bankleitzahl und der Nummer des Kontos, auf das die vermögenswirksam anzulegenden Teile der Bezüge überwiesen werden sollen.

§ 9 Besoldung bei Teilzeitbeschäftigung

(1) Bei Teilzeitbeschäftigung werden die Dienst- und Anwärterbezüge im gleichen Verhältnis wie die Arbeitszeit gekürzt, soweit gesetzlich nichts anderes bestimmt ist.

(2) Bei einer Teilzeitbeschäftigung mit ungleichmäßig verteilter Arbeitszeit, die sich in eine Beschäftigungs- und eine Freistellungsphase aufteilt, gilt Absatz 1 für das Grundgehalt, den Familienzuschlag, die Amtszulagen und die Allgemeine Zulage. Stellenzulagen werden abweichend von Absatz 1 entsprechend dem Umfang der tatsächlich geleisteten Arbeitszeit während der Beschäftigungsphase gewährt. Andere Besoldungsbestandteile werden entsprechend dem Umfang der tatsächlich geleisteten Tätigkeit gewährt.

(3) Bei begrenzter Dienstfähigkeit (§ 27 des Beamtenstatusgesetzes – BeamtStG –, § 44 Abs. 6 des Landesbeamtengesetzes – LBG –) erhalten Beamtinnen und Beamte sowie Richterinnen und Richter Dienstbezüge entsprechend Absatz 1. Die Dienstbezüge werden um einen Zuschlag nach § 44 ergänzt.

§ 9a Vorschuss während der Pflegezeit oder Familienpflegezeit

(1) Während einer Pflegezeit nach § 76a Abs. 1 Satz 1 oder Abs. 2 Satz 1 LBG sowie § 8a Abs. 1 Satz 1 und 2 oder Abs. 2 Satz 1 und 2 des Landesrichtergesetzes oder einer Familienpflegezeit nach § 76a Abs. 1 Satz 2 LBG oder § 8a Abs. 1 Satz 3 des Landesrichtergesetzes wird auf Antrag zusätzlich zu den Dienst- oder Anwärterbezügen nach § 9 Abs. 1 ein Vorschuss gewährt. Der Vorschuss ist nach Ablauf der Pflegezeit oder Familienpflegezeit mit den laufenden Dienst-, Anwärter- oder Versorgungsbezügen zu verrechnen oder in einer Summe zurückzuzahlen.

(2) Ein Vorschuss wird nicht gewährt, wenn für eine frühere Pflegezeit oder Familienpflegezeit zusammen die Höchstdauer von 24 Monaten ausgeschöpft und der gezahlte Vorschuss noch nicht vollständig zurückgezahlt worden ist.

III

(3) Das für das finanzielle öffentliche Dienstrecht zuständige Ministerium wird ermächtigt, durch Rechtsverordnung die Einzelheiten der Gewährung, Verrechnung und Rückzahlung des Vorschusses zu regeln.

§ 10 Ausgleichszahlung

(1) Wenn bei einer langfristigen ungleichmäßigen Verteilung der Arbeitszeit ein Ereignis eintritt, durch das der vorgesehene Zeitausgleich nicht oder nur teilweise möglich ist, ist eine Ausgleichszahlung zu gewähren:

1. Bei Vollzeitbeschäftigung, bei der über die regelmäßige Arbeitszeit hinaus Dienst geleistet wurde, der für Beamtinnen und Beamte geltende Mehrarbeitsvergütungssatz. Bei Beamtinnen und Beamten in den Besoldungsgruppen der Besoldungsordnungen B und R gilt der für die Besoldungsgruppen A 13 bis A 16 festgelegte Vergütungssatz. Maßgebend sind die beim Eintritt des Ereignisses geltenden Vergütungssätze.
2. Bei Teilzeitbeschäftigung und bei Altersteilzeit im Blockmodell, die Bezüge in Höhe des Unterschiedsbetrages zwischen den gezahlten Bezügen und der Besoldung, die nach dem Anteil der tatsächlichen Beschäftigung zugestanden hätte.

(2) In der Arbeitsphase bleiben Zeiten ohne Dienstleistung, soweit sie insgesamt sechs Monate überschreiten, unberücksichtigt.

(3) Der Anspruch richtet sich gegen den Dienstherrn, bei dem die auszugleichende Arbeitszeit erbracht wurde.

§ 11 Kürzung der Besoldung bei Gewährung einer Versorgung durch eine zwischen- oder überstaatliche Einrichtung

(1) Erhält eine Beamtin oder ein Beamter, eine Richterin oder ein Richter aus der Verwendung im öffentlichen Dienst einer zwischenstaatlichen oder überstaatlichen Einrichtung eine Versorgung, werden ihre oder seine Bezüge gekürzt. Die Kürzung beträgt 1,79375 v. H. für jedes im zwischenstaatlichen oder überstaatlichen Dienst vollendete Jahr; es verbleiben jedoch mindestens 40 v. H. der Bezüge. Erhält sie oder er als Invaliditätspension die Höchstversorgung aus dem Amt bei der zwischenstaatlichen oder überstaatlichen Einrichtung, werden die Bezüge um 60 v. H. gekürzt. Der Kürzungsbetrag darf die von der zwischenstaatlichen oder überstaatlichen Einrichtung gewährte Versorgung nicht übersteigen.

(2) Als Zeit im zwischenstaatlichen oder überstaatlichen Dienst wird auch die Zeit gerechnet, in welcher die Beamtin oder der Beamte, die Richterin oder der Richter ohne Ausübung eines Amtes bei einer zwischenstaatlichen oder überstaatlichen Einrichtung einen Anspruch auf Vergütung oder sonstige Entschädigung hat und Ruhegehaltsansprüche erwirbt. Entsprechendes gilt für Zeiten nach dem Ausscheiden aus dem Dienst einer zwischenstaatlichen oder überstaatlichen Einrichtung, die dort bei der Berechnung des Ruhegehalts wie Dienstzeiten berücksichtigt werden.

(3) Bezüge im Sinne des Absatzes 1 sind Grundgehalt, Familienzuschlag, Amtszulagen, die Allgemeine Zulage, ruhegehaltfähige Stellenzulagen, ruhegehaltfähige Leistungsbezüge für Professorinnen und Professoren an Hochschulen, hauptberufliche Leiterinnen und Leiter sowie Mitglieder von Leitungsgremien an Hochschulen, Überleitungszulagen und ruhegehaltfähige Ausgleichszulagen.

(4) Wird ehemaligen Abgeordneten Versorgung nach Artikel 14 bis 17 Abgeordnetenstatut des Europäischen Parlaments (Beschluss 2005/684/EG, Euratom des Europäischen Parlaments vom 28. September 2005 zur Annahme des Abgeordnetenstatuts des Europäischen Parlaments – ABl. EU Nr. L 262 S. 1) gewährt, so wird die Besoldung um 50 v. H. der Versorgungsbezüge gekürzt, höchstens jedoch um 50 v. H. der Besoldung.

§ 12 Anrechnung anderer Einkünfte

(1) Besteht ein Anspruch auf Besoldung für eine Zeit, in der eine Pflicht zur Dienstleistung nicht besteht, kann ein infolge der unterbliebenen Dienstleistung für diesen Zeitraum erzieltes anderes Einkommen auf die Besoldung angerechnet werden; die oder der Anspruchsberechtigte ist zur Auskunft verpflich-

tet. In den Fällen einer vorläufigen Dienstenthebung aufgrund eines Disziplinarverfahrens gelten die besonderen Vorschriften des Disziplinarrechts.

(2) Soweit aus einer Verwendung nach § 20 BeamtStG anderweitig Bezüge gezahlt werden, sind diese auf die Besoldung anzurechnen. In besonderen Fällen kann die oberste Dienstbehörde im Einvernehmen mit dem für das finanzielle öffentliche Dienstrecht zuständigen Ministerium, soweit gesetzlich nicht das Einvernehmen einer anderen Stelle bestimmt ist, von der Anrechnung ganz oder teilweise absehen.

(3) Beziehen in den einstweiligen Ruhestand versetzte Beamtinnen oder Beamte, Richterinnen oder Richter Einkünfte aus einer Verwendung im Dienst eines öffentlich-rechtlichen Dienstherrn (§ 20) oder eines Verbandes, dessen Mitglieder öffentlich-rechtliche Dienstherren sind, so werden die Bezüge um den Betrag dieser Einkünfte verringert. Dem Dienst bei einem öffentlich-rechtlichen Dienstherrn steht gleich die Tätigkeit im Dienst einer zwischenstaatlichen oder überstaatlichen Einrichtung, an der ein öffentlich-rechtlicher Dienstherr oder ein Verband, dessen Mitglieder öffentlich-rechtliche Dienstherren sind, durch Zahlung von Beiträgen oder Zuschüssen oder in anderer Weise beteiligt ist. Die Entscheidung, ob die Voraussetzungen erfüllt sind, trifft das für das finanzielle öffentliche Dienstrecht zuständige Ministerium oder die von ihm bestimmte Stelle.

(4) Wird eine Wahlbeamtin oder ein Wahlbeamter auf Zeit abgewählt oder tritt eine Beamtin oder ein Beamter kraft Gesetzes in den einstweiligen Ruhestand, so gilt Absatz 3 entsprechend.

§ 13 Anrechnung von Sachbezügen

(1) Sachbezüge werden unter Berücksichtigung ihres wirtschaftlichen Wertes mit einem angemessenen Betrag auf die Besoldung angerechnet, soweit nichts anderes bestimmt ist. Die Verwaltungsvorschriften über die Anrechnung erlässt:

1. für die Beamtinnen und Beamten sowie Richterinnen und Richter des Landes das für das finanzielle öffentliche Dienstrecht zuständige Ministerium im Einvernehmen mit dem für das allgemeine öffentliche Dienstrecht zuständigen Ministerium und
2. für die Beamtinnen und Beamten der Gemeinden, der Gemeindeverbände und der sonstigen der Aufsicht des Landes unterstehenden Körperschaften, Anstalten und Stiftungen des öffentlichen Rechts jedes als oberste Aufsichtsbehörde zuständige Ministerium für seinen Geschäftsbereich im Einvernehmen mit dem für das finanzielle öffentliche Dienstrecht zuständigen Ministerium, soweit nichts anderes bestimmt ist.

(2) Bei Einräumung einer Dienstwohnung wird eine Dienstwohnungsvergütung auf die Bezüge angerechnet. Das für das finanzielle öffentliche Dienstrecht zuständige Ministerium wird ermächtigt, im Einvernehmen mit dem für das allgemeine öffentliche Dienstrecht zuständigen Ministerium durch Rechtsverordnung Dienstwohnungsvorschriften zu erlassen. In diesen sind insbesondere Bestimmungen über die Zuweisung, Nutzung, Verwaltung und Festsetzung des Nutzungswertes einer Dienstwohnung, über die Anrechnung der Dienstwohnungsvergütung auf die Besoldung sowie über den höchstens anzurechnenden Betrag (höchste Dienstwohnungsvergütung) zu treffen.

(3) Eine Anrechnung unterbleibt in den Fällen des § 63; dies gilt auch für Polizeibeamtinnen und Polizeibeamte, denen Heilfürsorge gewährt wird.

§ 14 Besoldung bei mehreren Hauptämtern

Hat die Beamtin oder der Beamte, die Richterin oder der Richter mit Genehmigung der obersten Dienstbehörde gleichzeitig mehrere besoldete Hauptämter inne, so wird die Besoldung aus dem Amt mit den höheren Bezügen gewährt, soweit gesetzlich nichts anderes bestimmt ist. Sind für die Ämter Bezüge in gleicher Höhe vorgesehen, so werden die Bezüge aus dem ihr oder ihm zuerst übertragenen Amt gezahlt, soweit gesetzlich nichts anderes bestimmt ist.

III

§ 15 Schuldhaftes Fernbleiben vom Dienst

(1) Wer ohne Genehmigung schuldhaft dem Dienst fernbleibt, verliert für die Zeit des Fernbleibens die Bezüge. Dies gilt auch bei einem Fernbleiben vom Dienst für Teile eines Tages. Der Verlust der Bezüge ist festzustellen.

(2) Der Vollzug einer Freiheitsstrafe, die rechtskräftig von einem deutschen Gericht verhängt wurde, gilt als schuldhaftes Fernbleiben vom Dienst. Für die Zeit einer Untersuchungshaft wird die Besoldung unter dem Vorbehalt der Rückforderung gezahlt. Die Besoldung ist zurückzuerstatten, wenn die oder der Betroffene wegen des dem Haftbefehl zugrunde liegenden Sachverhalts rechtskräftig zu einer Freiheitsstrafe verurteilt wird.

§ 16 Rückforderung von Bezügen

(1) Wer durch eine gesetzliche Änderung der Bezüge einschließlich der Einreihung des Amtes in die Besoldungsgruppen der Besoldungsordnungen mit rückwirkender Kraft schlechter gestellt wird, hat die Unterschiedsbeträge nicht zu erstatten.

(2) Im Übrigen regelt sich die Rückforderung zu viel gezahlter Bezüge nach den Vorschriften des Bürgerlichen Gesetzbuchs über die Herausgabe einer ungerechtfertigten Bereicherung, soweit gesetzlich nichts anderes bestimmt ist. Der Kenntnis des Mangels des rechtlichen Grundes der Zahlung steht es gleich, wenn der Mangel so offensichtlich war, dass die Empfängerin oder der Empfänger ihn hätte erkennen müssen. Von der Rückforderung kann aus Billigkeitsgründen mit Zustimmung der obersten Dienstbehörde oder der von ihr bestimmten Stelle ganz oder teilweise abgesehen werden.

(3) Geldleistungen, die für die Zeit nach dem Tode einer Beamtin oder eines Beamten, einer Richterin oder eines Richters auf ein Konto bei einem Geldinstitut überwiesen wurden, gelten als unter Vorbehalt erbracht. Das Geldinstitut hat sie der überweisenden Stelle zurückzuüberweisen, wenn diese sie als zu Unrecht erbracht zurückfordert. Eine Verpflichtung zur Rücküberweisung besteht nicht, soweit über den entsprechenden Betrag bei Eingang der Rückforderung bereits anderweitig verfügt wurde, es sei denn, dass die Rücküberweisung aus einem Guthaben erfolgen kann. Das Geldinstitut darf den überwiesenen Betrag nicht zur Befriedigung eigener Forderungen verwenden.

(4) Soweit Geldleistungen für die Zeit nach dem Tode einer Beamtin oder eines Beamten, einer Richterin oder eines Richters zu Unrecht erbracht worden sind, haben die Personen, die die Geldleistung in Empfang genommen oder über den entsprechenden Betrag verfügt haben, diesen Betrag der überweisenden Stelle zu erstatten, sofern er nicht nach Absatz 3 von dem Geldinstitut zurücküberwiesen wird. Ein Geldinstitut, das eine Rücküberweisung mit dem Hinweis abgelehnt hat, dass über den entsprechenden Betrag bereits anderweitig verfügt wurde, hat der überweisenden Stelle auf Verlangen Namen und Anschrift der Personen, die über den Betrag verfügt haben, und etwaiger neuer Kontoinhaberinnen oder Kontoinhaber zu benennen. Ein Anspruch gegen die Erben bleibt unberührt.

§ 17 Abtretung von Bezügen, Verpfändung, Aufrechnungs- und Zurückbehaltungsrecht

(1) Ansprüche auf Bezüge können nur abgetreten oder verpfändet werden, soweit sie der Pfändung unterliegen und gesetzlich nichts anderes bestimmt ist.

(2) Gegenüber Ansprüchen auf Bezüge kann der Dienstherr ein Aufrechnungs- oder Zurückbehaltungsrecht nur in Höhe des pfändbaren Teils der Bezüge geltend machen. Dies gilt nicht, soweit gegen die Beamtin oder den Beamten, die Richterin oder den Richter ein Anspruch auf Schadenersatz wegen vorsätzlicher unerlaubter Handlung besteht.

§ 18 Verjährung

Ansprüche auf Besoldung und auf Rückforderung zu viel gezahlter Bezüge verjähren in drei Jahren; Ansprüche auf Rückforderung von Bezügen verjähren in zehn Jahren, wenn durch vorsätzlich oder grob fahrlässig unrichtige oder unvollständige Angaben oder das vorsätzliche oder grob fahrlässige pflichtwidrige Unterlassen von Angaben die Gewährung oder Belassung von Bezügen bewirkt wurde. Die Verjährung beginnt mit dem Schluss des Jahres, in dem der Anspruch entstanden ist. Im Übrigen sind die §§ 194 bis 218 des Bürgerlichen Gesetzbuchs entsprechend anzuwenden.

Abschnitt 3
Begriffsbestimmungen

§ 19 Dienstlicher Wohnsitz

(1) Dienstlicher Wohnsitz der Beamtin oder des Beamten, der Richterin oder des Richters ist der Ort, an dem die Behörde oder ständige Dienststelle ihren Sitz hat.

(2) Die oberste Dienstbehörde kann als dienstlichen Wohnsitz anweisen:

1. den Ort, der Mittelpunkt der dienstlichen Tätigkeit ist,
2. den Ort, in dem die Beamtin oder der Beamte, die Richterin oder der Richter mit Zustimmung der vorgesetzten Dienststelle wohnt,
3. einen Ort im Inland, wenn die Beamtin oder der Beamte im Ausland an der deutschen Grenze beschäftigt ist.

Sie kann diese Befugnis auf nachgeordnete Stellen übertragen.

§ 20 Öffentlich-rechtliche Dienstherren

(1) Öffentlich-rechtliche Dienstherren im Sinne dieses Gesetzes sind der Bund, die Länder, die Gemeinden (Gemeindeverbände) und andere Körperschaften, Anstalten und Stiftungen des öffentlichen Rechts mit Ausnahme der öffentlich-rechtlichen Religionsgesellschaften und ihrer Verbände.

(2) Der Tätigkeit im Dienst eines öffentlich-rechtlichen Dienstherrn stehen gleich:

1. für Staatsangehörige eines Mitgliedstaates der Europäischen Union die ausgeübte gleichartige Tätigkeit im öffentlichen Dienst einer Einrichtung der Europäischen Union oder im öffentlichen Dienst eines Mitgliedstaates der Europäischen Union und
2. die von Spätaussiedlerinnen und Spätaussiedlern ausgeübte gleichartige Tätigkeit im Dienst eines öffentlich-rechtlichen Dienstherrn ihres Herkunftslandes.

Teil 2
Grundgehalt und Leistungsbezüge

Abschnitt 1
Allgemeine Bestimmungen

§ 21 Grundsatz der funktionsgerechten Besoldung

Die Funktionen der Beamtinnen und Beamten sowie Richterinnen und Richter sind nach den mit ihnen verbundenen Anforderungen sachgerecht zu bewerten und Ämtern zuzuordnen. Eine Zuordnung von Funktionen zu mehreren Ämtern ist zulässig, wenn für sie ein sachlicher Grund besteht. Die Ämter sind nach ihrer Wertigkeit unter Berücksichtigung der gemeinsamen Belange aller Dienstherren den Besoldungsgruppen zuzuordnen.

§ 22 Bestimmung des Grundgehalts nach dem Amt

(1) Das Grundgehalt der Beamtin oder des Beamten, der Richterin oder des Richters bestimmt sich nach der Besoldungsgruppe des verliehenen Amtes. Ist ein Amt noch nicht in einer Besoldungsordnung enthalten oder ist es mehreren Besoldungsgruppen zugeordnet, bestimmt sich das Grundgehalt nach der Besoldungsgruppe, die in der Einweisungsverfügung bestimmt ist; die Einweisung bedarf bei Körperschaften, Anstalten und Stiftungen des öffentlichen Rechts in den Fällen, in denen das Amt in einer Besoldungsordnung noch nicht enthalten ist, der Zustimmung der obersten Rechtsaufsichtsbehörde im Einvernehmen mit dem für das finanzielle öffentliche Dienstrecht zuständigen Ministerium.

(2) Ist einem Amt gesetzlich eine Funktion zugeordnet oder richtet sich die Zuordnung eines Amtes zu einer Besoldungsgruppe einschließlich der Gewährung von Amtszulagen nach einem gesetzlich festgelegten Bewertungsmaßstab, insbesondere nach der Zahl der Planstellen, nach der Zahl der Einwohnerinnen und Einwohner einer Gemeinde oder eines Gemeindeverbandes oder nach der Zahl der Schülerinnen und Schüler einer Schule, so gibt die Erfüllung dieser Voraussetzungen allein keinen Anspruch auf die Besoldung aus diesem Amt.

III

Abschnitt 2
Vorschriften für Beamtinnen und Beamte

§ 23 Landesbesoldungsordnungen A und B

(1) Die Ämter der Beamtinnen und Beamten und ihre Besoldungsgruppen werden in den Landesbesoldungsordnungen A und B geregelt (Anlage 1); § 24 sowie die Bestimmungen der Abschnitte 3 und 4 bleiben unberührt.

(2) Die Landesbesoldungsordnung A – aufsteigende Gehälter – und die Landesbesoldungsordnung B – feste Gehälter – sind in der Anlage 1 ausgewiesen. Den Grundamtsbezeichnungen werden nach Maßgabe der Anlage 2 Zusätze, die auf den Dienstherrn oder den Verwaltungsbereich, auf die Laufbahn oder auf die Fachrichtung hinweisen, beigefügt. Die Grundgehaltssätze der Besoldungsgruppen sind in der Anlage 6 ausgewiesen.

(3) Die Ämter der Leiterinnen und Leiter von unteren Verwaltungsbehörden mit örtlich begrenztem Zuständigkeitsbereich sowie die Ämter der Leiterinnen und Leiter von allgemein bildenden oder beruflichen Schulen sind nur in Besoldungsgruppen der Besoldungsordnung A einzustufen.

§ 24 Hauptamtliche kommunale Wahlbeamtinnen und Wahlbeamte auf Zeit

(1) Die Landesregierung wird ermächtigt, durch Rechtsverordnung die Ämter der hauptamtlichen kommunalen Wahlbeamtinnen und Wahlbeamten auf Zeit zu regeln. Die Ermächtigung zum Erlass der Rechtsverordnung kann auf das für das Kommunalrecht zuständige Ministerium übertragen werden; sofern von der Übertragung Gebrauch gemacht wird, ist die Rechtsverordnung im Einvernehmen mit dem für das finanzielle öffentliche Dienstrecht zuständigen Ministerium zu erlassen.

(2) Die Zuordnung der Ämter der hauptamtlichen kommunalen Wahlbeamtinnen und Wahlbeamten auf Zeit zu den Besoldungsgruppen der Landesbesoldungsordnungen A und B richtet sich insbesondere nach der Zahl der Einwohnerinnen und Einwohner. Sie richtet sich auch nach Umfang und Schwierigkeitsgrad der Verwaltungsaufgaben, wenn Aufgaben im Rahmen einer Zweckvereinbarung nach dem Landesgesetz über die kommunale Zusammenarbeit vom 22. Dezember 1982 (GVBl. S. 476, BS 2020-20) in der jeweils geltenden Fassung gemeinsam wahrgenommen werden. Bei der Zuordnung dürfen höchstens zwei Besoldungsgruppen für ein Amt vorgesehen werden. Dabei kann der Beginn und das Aufsteigen in den Stufen abweichend von den §§ 29 bis 31 geregelt werden.

§ 25 Einstiegsämter

(1) Die Einstiegsämter für die Beamtinnen und Beamten sind den folgenden Besoldungsgruppen zuzuordnen:

1. das erste Einstiegsamt gemäß § 15 Abs. 2 LBG der Besoldungsgruppe A 5,
2. das zweite Einstiegsamt gemäß § 15 Abs. 3 LBG der Besoldungsgruppe A 6, soweit der Schwerpunkt der Qualifikation im technischen Bereich liegt, der Besoldungsgruppe A 7,
3. das dritte Einstiegsamt gemäß § 15 Abs. 4 LBG der Besoldungsgruppe A 9, soweit der Schwerpunkt der Qualifikation im technischen Bereich liegt, der Besoldungsgruppe A 10; für Lehrerinnen und Lehrer ist abweichend hiervon das jeweilige Einstiegsamt in der Besoldungsordnung gekennzeichnet,
4. das vierte Einstiegsamt gemäß § 15 Abs. 5 LBG der Besoldungsgruppe A 13.

(2) Abweichend von Absatz 1 können die Einstiegsämter höheren Besoldungsgruppen zugeordnet werden, wenn

1. die Ausbildung mit einer besonders gestalteten Prüfung abgeschlossen wird oder die Ablegung einer zusätzlichen Prüfung vorgeschrieben ist und
2. im Aufgabenbereich Anforderungen gestellt werden, die bei sachgerechter Bewertung zwingend die Zuordnung zu einer anderen Besoldungsgruppe erfordern.

Die Festlegung als Einstiegsamt ist in den Besoldungsordnungen zu kennzeichnen.

§ 26 Beförderungsämter

Beförderungsämter dürfen, soweit gesetzlich nichts anderes bestimmt ist, nur eingerichtet werden, wenn sie sich von den Ämtern der niedrigeren Besoldungsgruppe nach der Wertigkeit der zugeordneten Funktionen wesentlich abheben.

§ 27 Obergrenzen für Beförderungsämter und höchstzulässige Ämter

(1) Die Anteile der Beförderungsämter dürfen nach Maßgabe sachgerechter Bewertung folgende Obergrenzen nicht überschreiten:

1. – in der Besoldungsgruppe A 8 30 v. H.,
   – in der Besoldungsgruppe A 9 8 v. H.,
   jeweils bezogen auf die Gesamtzahl aller Planstellen der Besoldungsgruppen A 6 (Einstiegsamt) bis A 9 (soweit nicht Einstiegsamt),
2. – in der Besoldungsgruppe A 11 30 v. H.,
   – in der Besoldungsgruppe A 12 16 v. H.,
   – in der Besoldungsgruppe A 13 6 v. H.,
   jeweils bezogen auf die Gesamtzahl aller Planstellen der Besoldungsgruppen A 9 (Einstiegsamt) bis A 13 (soweit nicht Einstiegsamt),
3. – in den Besoldungsgruppen A 15, A 16 und B 2 nach Einzelbewertung zusammen 40 v. H.,
   – in den Besoldungsgruppen A 16 und B 2 zusammen 10 v. H.,
   jeweils bezogen auf die Gesamtzahl aller Planstellen der Besoldungsgruppen A 13 (Einstiegsamt) bis A 16 und B 2.

Die Vomhundertsätze beziehen sich auf die Gesamtzahl der jeweiligen Planstellen bei einem Dienstherrn.

(2) Absatz 1 gilt nicht

1. für die obersten Landesbehörden,
2. für Lehrerinnen und Lehrer und pädagogisches Hilfspersonal an öffentlichen Schulen und Hochschulen,
3. für Lehrkräfte an verwaltungsinternen Fachhochschulen,
4. für Bereiche eines Dienstherrn, in denen durch Haushaltsbestimmung die Besoldungsaufwendungen höchstens auf den Betrag festgelegt sind, der sich bei Anwendung des Absatzes 1 und der Rechtsverordnung zu Absatz 3 ergeben würde.

(3) Die Landesregierung wird ermächtigt, durch Rechtsverordnung zur sachgerechten Bewertung der Funktionen für die Zahl der Beförderungsämter

1. ganz oder teilweise von Absatz 1 abweichende,
2. für Fachrichtungen einer Laufbahn, in denen aufgrund des § 25 Abs. 2 das Einstiegsamt einer höheren Besoldungsgruppe zugewiesen worden ist,

Obergrenzen festzulegen.

(4) Werden in Verwaltungsbereichen bei einer Verminderung oder Verlagerung von Planstellen infolge von Rationalisierungsmaßnahmen nach sachgerechter Bewertung der Beförderungsämter die Obergrenzen gemäß den vorstehenden Absätzen und den dazu erlassenen Rechtsverordnungen überschritten, kann aus personalwirtschaftlichen Gründen die Umwandlung der die Obergrenzen überschreitenden Planstellen für einen Zeitraum von längstens fünf Jahren ausgesetzt und danach auf jede dritte frei werdende Planstelle beschränkt werden. Dies gilt entsprechend für die Umwandlung von Planstellen, wenn die Obergrenzen nach einer Fußnote zur Landesbesoldungsordnung A aus gleichen Gründen überschritten werden.

(5) Der Anteil des auf das zweite, dritte und vierte Einstiegsamt (Besoldungsgruppen A 6, A 9 und A 13) jeweils folgenden ersten Beförderungsamtes darf nach Maßgabe sachgerechter Bewertung 65 v. H. der Gesamtzahl aller Planstellen bei einem Dienstherrn in den Besoldungsgruppen A 6 (Einstiegsamt) und A 7 (Beförderungsamt), den Besoldungsgruppen A 9 (Einstiegsamt) und A 10 (Beförderungsamt) sowie den Besoldungsgruppen A 13 (Einstiegsamt) und A 14 (Beförderungsamt) nicht überschreiten. Zugrunde zu legen ist jeweils die Gesamtzahl der Planstellen, die nach Anwendung der Obergrenzen des Ab-

satzes 1, der Rechtsverordnungen nach Absatz 3 sowie der Fußnote 6 zur Besoldungsgruppe A 15 für das jeweilige Einstiegsamt und das dazugehörige erste Beförderungsamt verbleibt.

§ 28 Obergrenzen und höchstzulässige Ämter im kommunalen Bereich

III

(1) Abweichend von § 27 können für Beamtinnen und Beamten der Gemeinden, der Gemeindeverbände und der sonstigen Körperschaften, Anstalten und Stiftungen des öffentlichen Rechts, die der Aufsicht des für das Kommunalrecht zuständigen Ministeriums unterstehen, Beförderungsämter nach sachgerechter Bewertung ausgewiesen werden; hierbei dürfen bei den kommunalen Gebietskörperschaften die Festsetzungen nach den Absätzen 2 und 3 nicht überschritten werden. Für den Bezirksverband Pfalz gilt § 27 Abs. 2 Nr. 2 entsprechend.

(2) Es sind folgende Ämter ab Besoldungsgruppe A 13 (Einstiegsamt) zugelassen:

1. in Gemeinden und Verbandsgemeinden
   a) ab 15 001 bis zu 30 000 Einwohnerinnen und Einwohnern
      bis Besoldungsgruppe A 14,
      – in großen kreisangehörigen Städten bis Besoldungsgruppe A 15 –,
   b) ab 30 001 bis zu 40 000 Einwohnerinnen und Einwohnern
      bis Besoldungsgruppe A 15,
   c) ab 40 001 Einwohnerinnen und Einwohnern
      bis Besoldungsgruppe A 16,
2. in Landkreisen und im Bezirksverband Pfalz
   bis Besoldungsgruppe A 16.

(3) Nach Maßgabe der Absätze 1 und 2 dürfen ausgewiesen werden:

1. Stellen der Besoldungsgruppe A 15
   a) in Gemeinden und Verbandsgemeinden
      bis zu drei Stellen oder bis zu 40 v. H. der Stellen der Besoldungsgruppen A 13 (Einstiegsamt) und höher,
   b) in Landkreisen
      bis zu sechs Stellen sowie für den ärztlichen Dienst zusätzlich bis zu drei Stellen,
   c) im Bezirksverband Pfalz
      eine Stelle,
2. Stellen der Besoldungsgruppe A 16
   a) in Gemeinden und Verbandsgemeinden
      bis zu zwei Stellen oder bis zu 30 v. H. der Stellen der Besoldungsgruppen A 13 (Einstiegsamt) und höher,
   b) in Landkreisen
      aa) bis zu 150 000 Einwohnerinnen und Einwohnern eine Stelle sowie für den ärztlichen Dienst zusätzlich eine Stelle bei Erstreckung der Zuständigkeit der Kreisverwaltung als untere Gesundheitsbehörde auf das Gebiet mindestens einer kreisfreien Stadt und einer Zahl der Einwohnerinnen und Einwohner über 150 000 im Zuständigkeitsbereich,
      bb) ab 150 001 Einwohnerinnen und Einwohnern
          bis zu zwei Stellen sowie für den ärztlichen Dienst zusätzlich eine Stelle,
   c) im Bezirksverband Pfalz
      eine Stelle.

(4) Bei der Anwendung der Absätze 1 bis 3 bleiben Stellen für Beamtinnen und Beamte außer Betracht, die ausschließlich in Eigenbetrieben und in Betrieben tätig sind, die nach der Eigenbetriebs- und Anstaltsverordnung verwaltet werden.

(5) Abweichend von den Obergrenzen in Fußnote 1 zur Besoldungsgruppe A 9 und in Fußnote 4 zur Besoldungsgruppe A 13 der Landesbesoldungsordnung A können unter den übrigen Voraussetzungen eine Stelle der Besoldungsgruppe A 9 und eine Stelle der Besoldungsgruppe A 13 mit der Amtszulage nach der entsprechenden Fußnote ausgestattet werden.

§ 29 Bemessung des Grundgehalts

(1) Das Grundgehalt wird, soweit gesetzlich nicht etwas anderes bestimmt ist, nach Stufen bemessen. Das Aufsteigen in den Stufen bestimmt sich nach Zeiten mit dienstlicher Erfahrung (Erfahrungszeiten). Erfahrungszeiten sind Zeiten im Dienst eines öffentlich-rechtlichen Dienstherrn in einem Beamten- oder Richterverhältnis mit Anspruch auf Dienstbezüge.

(2) Das Aufsteigen in den Stufen beginnt mit dem Anfangsgrundgehalt der jeweiligen Besoldungsgruppe mit Wirkung vom Ersten des Monats, in dem die erste Ernennung mit Anspruch auf Dienstbezüge bei einem öffentlich-rechtlichen Dienstherrn wirksam wird. Der Zeitpunkt des Beginns wird um die zu diesem Zeitpunkt vorliegenden, nach § 30 Abs. 1 berücksichtigungsfähigen Zeiten vorverlegt. Ausgehend von dem Zeitpunkt des Beginns bestimmen sich die Stufenlaufzeiten nach Absatz 3. Die Entscheidung zur Stufenfestsetzung ist der Beamtin oder dem Beamten schriftlich oder elektronisch mitzuteilen.

(3) Das Grundgehalt steigt in den Stufen eins bis vier im Abstand von zwei Jahren, in den Stufen fünf bis acht im Abstand von drei Jahren, in den Stufen neun und zehn im Abstand von vier Jahren und ab der Stufe elf im Abstand von fünf Jahren bis zum Erreichen des Endgrundgehalts. Zeiten ohne Anspruch auf Grundgehalt verzögern den Stufenaufstieg um diese Zeiten, soweit in § 30 Abs. 2 nichts anderes bestimmt ist. Die sich nach Satz 2 ergebenden Verzögerungszeiten werden auf volle Monate abgerundet.

(4) Eine Änderung der Besoldungsgruppe wirkt sich auf die erreichte Stufe grundsätzlich nicht aus. Weist die neue höhere Besoldungsgruppe für diese Stufe kein Grundgehalt aus, wird die Beamtin oder der Beamte der Stufe des Anfangsgrundgehalts der neuen Besoldungsgruppe zugeordnet. Ab diesem Zeitpunkt beginnt das Aufsteigen in der Stufe des Anfangsgrundgehalts der neuen Besoldungsgruppe. Wechselt die Beamtin oder der Beamte aus der Endstufe ihrer oder seiner Besoldungsgruppe in eine Besoldungsgruppe, die eine weitere Stufe ausweist, wird für die Festlegung der Stufe in der neuen Besoldungsgruppe die gesamte bisherige Erfahrungszeit berücksichtigt; weist eine neue niedrigere Besoldungsgruppe für diese Stufe kein Grundgehalt aus, wird das Endgrundgehalt der neuen Besoldungsgruppe gezahlt.

(5) Bei dauerhaft herausragenden Leistungen kann für den Zeitraum bis zum Erreichen der nächsten Stufe das Grundgehalt der nächsthöheren Stufe gezahlt werden (Leistungsstufe). Die Zahl der in einem Kalenderjahr bei einem Dienstherrn vergebenen Leistungsstufen darf 10 v. H. der Zahl der bei dem Dienstherrn vorhandenen Beamtinnen und Beamten der Besoldungsordnung A, die das Endgrundgehalt noch nicht erreicht haben, nicht übersteigen. Die Leistungsstufe entfällt mit der Verleihung eines Amtes mit höherem Endgrundgehalt.

(6) Wird festgestellt, dass die Leistungen der Beamtin oder des Beamten nicht den mit ihrem oder seinem Amt verbundenen Mindestanforderungen entsprechen, ist die Beamtin oder der Beamte darauf hinzuweisen, anforderungsgerechte Leistungen zu erbringen. Ergibt eine weitere Leistungsfeststellung, dass die mit dem Amt verbundenen Mindestanforderungen nach wie vor nicht erbracht werden, gelten die Dienstzeiten ab dem Ersten des Monats, in welchem die Leistungsfeststellung erfolgt, nicht als Erfahrungszeiten und die Beamtin oder der Beamte verbleibt in der bisherigen Stufe. Ergibt eine spätere Leistungsfeststellung, die frühestens zwölf Monate nach der Leistungsfeststellung nach Satz 2 vorgenommen werden darf, dass die Leistungen wieder den mit dem Amt verbundenen Mindestanforderungen entsprechen, gelten ab dem Ersten des Monats, in welchem die spätere Leistungsfeststellung erfolgt, die Dienstzeiten wieder als Erfahrungszeiten. Den Leistungsfeststellungen sind jeweils geeignete Leistungseinschätzungen zugrunde zu legen.

(7) Die jeweilige Entscheidung nach den Absätzen 5 und 6 trifft die zuständige oberste Dienstbehörde oder die von ihr bestimmte Stelle. Sie ist der Beamtin oder dem Beamten schriftlich oder elektronisch mitzuteilen. Widerspruch und Anfechtungsklage haben kei-

III

ne aufschiebende Wirkung. Das Nähere regelt die Landesregierung durch Rechtsverordnung; dabei kann zugelassen werden, dass bei Dienstherren mit weniger als zehn Beamtinnen und Beamten im Sinne des Absatzes 5 Satz 2 in jedem Kalenderjahr einer Beamtin oder einem Beamten die Leistungsstufe gewährt wird.

(8) Die Beamtin oder der Beamte verbleibt in der bisherigen Stufe, solange sie oder er vorläufig des Dienstes enthoben ist. Führt ein Disziplinarverfahren nicht zur Entfernung aus dem Beamtenverhältnis oder endet das Beamtenverhältnis nicht durch Entlassung auf Antrag der Beamtin oder des Beamten oder infolge strafgerichtlicher Verurteilung, regelt sich das Aufsteigen im Zeitraum seiner vorläufigen Dienstenthebung nach Absatz 3.

§ 30 Berücksichtigungsfähige Zeiten

(1) Berücksichtigungsfähige Zeiten nach § 29 Abs. 2 Satz 2 sind:

1. Zeiten einer hauptberuflichen Tätigkeit als Beamtin oder Beamter, Pfarrerin oder Pfarrer im Dienst von öffentlich-rechtlichen Religionsgesellschaften und ihren Verbänden,
2. Zeiten einer gleichwertigen hauptberuflichen Tätigkeit in einem privatrechtlichen Arbeitsverhältnis bei einem öffentlich-rechtlichen Dienstherrn (§ 20) oder einer öffentlich-rechtlichen Religionsgesellschaft oder ihrer Verbände, die nicht Voraussetzung für die Zulassung zu der Laufbahn sind,
3. Zeiten als Soldatin oder Soldat auf Zeit sowie als Berufssoldatin oder Berufssoldat,
4. Zeiten von mindestens sechs Monaten bis zu insgesamt zwei Jahren, in denen Wehrdienst, Zivildienst, Bundesfreiwilligendienst, Entwicklungsdienst oder ein freiwilliges soziales oder ökologisches Jahr geleistet wurde,
5. Zeiten einer Kinderbetreuung bis zu einem Jahr für jedes Kind,
6. Zeiten der tatsächlichen Pflege von nach ärztlichem Gutachten pflegebedürftigen nahen Angehörigen (Eltern, Schwiegereltern, Ehegattinnen oder Ehegatten, Lebenspartnerinnen oder Lebenspartnern, Geschwistern oder Kindern) bis zu einem Jahr für jede nahe Angehörige oder jeden nahen Angehörigen,
7. Zeiten einer Eignungsübung nach dem Eignungsübungsgesetz vom 20. Januar 1956 (BGBl. I S. 13) in der jeweils geltenden Fassung,
8. Verfolgungszeiten nach dem Beruflichen Rehabilitierungsgesetz in der Fassung vom 1. Juli 1997 (BGBl. I S. 1625) in der jeweils geltenden Fassung, soweit eine Erwerbstätigkeit, die einem Dienst bei einem öffentlich-rechtlichen Dienstherrn (§ 20) entspricht, nicht ausgeübt werden konnte.

Weitere hauptberufliche Zeiten, die nicht Voraussetzung für den Erwerb der Laufbahnbefähigung sind, können auf Antrag ganz oder teilweise anerkannt werden, soweit diese für die Verwendung förderlich sind und die hauptberufliche Tätigkeit auf der Qualifikationsebene eines Ausbildungsberufs über einen Zeitraum von mindestens sechs Monaten ohne Unterbrechung ausgeübt wurde. Zeiten nach den Sätzen 1 und 2 werden nicht berücksichtigt, soweit sie nach § 19 Abs. 2 LBG bereits zu einer Einstellung in einem Beförderungsamt geführt haben. Die Entscheidung nach Satz 2 trifft die oberste Dienstbehörde oder die von ihr bestimmte Stelle. Die Zeiten nach den Sätzen 1 und 2 werden auf volle Monate aufgerundet und durch Unterbrechungszeiten nach Absatz 2 nicht vermindert.

(2) Abweichend von § 29 Abs. 3 Satz 2 wird der Aufstieg in den Stufen durch folgende Zeiten nicht verzögert:

1. Berücksichtigungsfähige Zeiten nach Absatz 1 nach der ersten Ernennung mit Anspruch auf Dienstbezüge bei einem öffentlich-rechtlichen Dienstherrn, mit Ausnahme der Zeiten nach Absatz 1 Satz 1 Nr. 5 und 6,
2. Zeiten einer Kinderbetreuung bis zu drei Jahren für jedes Kind,
3. Zeiten der tatsächlichen Pflege von nach ärztlichem Gutachten pflegebedürftigen nahen Angehörigen (Eltern, Schwiegereltern, Ehegattinnen oder Ehegatten, Le-

benspartnerinnen oder Lebenspartnern, Geschwistern oder Kindern) bis zu drei Jahren für jede nahe Angehörige oder jeden nahen Angehörigen,

4. Zeiten einer Beurlaubung ohne Dienstbezüge, die nach gesetzlichen Bestimmungen dienstlichen Interessen dienen; dies gilt auch, wenn durch die oberste Dienstbehörde oder die von ihr bestimmte Stelle schriftlich oder elektronisch anerkannt ist, dass der Urlaub dienstlichen Interessen oder öffentlichen Belangen dient.

(3) Zeiten, die nach Maßgabe des § 28 Abs. 3 Nr. 1 oder Nr. 2 des Bundesbesoldungsgesetzes in der bis zum 31. August 2006 geltenden Fassung bis zum 30. Juni 2013 berücksichtigt wurden, werden auf die Zeiten nach Absatz 2 Nr. 2 oder Nr. 3 angerechnet.

(4) Für Zeiten, in denen eine Beamtin oder ein Beamter als Mitglied des Europäischen Parlaments, des Deutschen Bundestages oder einer gesetzgebenden Körperschaft eines anderen Landes tätig war, ist § 32 Abs. 1 Satz 1 Abgeordnetengesetz Rheinland-Pfalz (AbgGRhPf) entsprechend anzuwenden.

§ 31 Nicht zu berücksichtigende Zeiten

(1) § 29 Abs. 1 Satz 3 und Abs. 2 Satz 1 sowie § 30 Abs. 1 gelten nicht für Zeiten einer Tätigkeit für das Ministerium für Staatssicherheit oder das Amt für Nationale Sicherheit. Dies gilt auch für Zeiten, die vor einer solchen Tätigkeit zurückgelegt worden sind. Satz 1 gilt auch für Zeiten einer Tätigkeit als Angehörige oder Angehöriger der Grenztruppen der ehemaligen Deutschen Demokratischen Republik.

(2) Absatz 1 Satz 1 und 2 gilt auch für Zeiten einer Tätigkeit, die aufgrund einer besonderen persönlichen Nähe zum System der ehemaligen Deutschen Demokratischen Republik übertragen war. Das Vorliegen dieser Voraussetzung wird insbesondere widerlegbar vermutet, wenn die Beamtin oder der Beamte

1. vor oder bei Übertragung der Tätigkeit eine hauptamtliche oder hervorgehobene ehrenamtliche Funktion in der Sozialistischen Einheitspartei Deutschlands, dem Freien Deutschen Gewerkschaftsbund, der Freien Deutschen Jugend oder einer vergleichbaren systemunterstützenden Partei oder Organisation innehatte oder
2. als mittlere oder obere Führungskraft in zentralen Staatsorganen, als obere Führungskraft beim Rat eines Bezirkes, als Vorsitzende oder Vorsitzender des Rates eines Kreises oder einer kreisfreien Stadt oder in einer vergleichbaren Funktion tätig war oder
3. hauptamtlich Lehrende oder Lehrender an den Bildungseinrichtungen der staatstragenden Parteien oder einer Massen- oder gesellschaftlichen Organisation war oder
4. Absolventin oder Absolvent der Akademie für Staat und Recht oder einer vergleichbaren Bildungseinrichtung war.

§ 32 (weggefallen)

Hinweis der Redaktion:

§ 32 war Bestandteil des am 1. Juli 2013 in Kraft getretenen Landesbesoldungsgesetzes. Dieser Paragraf wurde durch das Landesgesetz zur Anpassung der Besoldung und Versorgung 2017/2018 vom 30. Juni 2017 (GVBl. S. 137) unter Berücksichtigung der Entscheidung des Bundesverfassungsgerichts vom 17. Januar 2017 – 2 BvL 1/10 – rückwirkend zum 1. Juli 2013 aufgehoben. Der Text lautete:

[§ 32 Abweichende Bestimmung von Grundgehaltssätzen

(1) Beamtinnen und Beamte, denen ein Amt ab Besoldungsgruppe B 2 der Besoldungsordnung B verliehen wird, erhalten für die Dauer von zwei Jahren nach Verleihung dieses Amtes das Grundgehalt der nächstniedrigeren Besoldungsgruppe; dabei wird bei der Verleihung eines Amtes der Besoldungsgruppe B 2 als Grundgehalt ein Betrag in Höhe des Endgrundgehalts der Besoldungsgruppe A 16 gewährt. Bei der Ermittlung des Grundgehalts der nächstniedrigeren Besoldungsgruppe sind in der Besoldungsordnung B in Ämtern dieser Besoldungsgruppe allgemein gewährte Amtszulagen hinzuzurechnen. Die Sätze 1 und 2 finden keine Anwendung, wenn mit dem neuen Amt kein höheres Grundgehalt verbunden ist sowie bei Ämtern der Besoldungsordnung B, die in der Kommunal-Besoldungsverordnung vom 15. November 1978 (GVBl. S. 710, BS 2032-9) in der jeweils geltenden Fassung geregelt sind.

(2) Zeiten, in denen die mit dem neuen Amt verbundene Funktion bereits wahrgenommen worden ist, sind auf die Zweijahresfrist des Absat-

zes 1 Satz 1 Halbsatz 1 anzurechnen. Die Anrechnung unterbleibt für solche Zeiten, in denen die Funktion nur vertretungsweise wahrgenommen oder in denen ein nach den Bestimmungen des Absatzes 1 abgesenktes Grundgehalt gewährt worden ist; sie unterbleibt ferner, wenn das Amt „Ministerialrätin, Ministerialrat" in der Besoldungsgruppe B 3 verliehen wird. Die Feststellungen nach den Sätzen 1 und 2 trifft die oberste Dienstbehörde.]

§ 33 Prämien und Zulagen für besondere Leistungen, Jahresprämie

(1) Die Landesregierung wird ermächtigt, zur Honorierung von herausragenden besonderen Leistungen durch Rechtsverordnung die Gewährung von Leistungsprämien (Einmalzahlungen) und Leistungszulagen an Beamtinnen und Beamte der Besoldungsordnung A gemäß den nachfolgenden Absätzen 2 und 3 zu regeln.

(2) Die Gesamtzahl der in einem Kalenderjahr bei einem Dienstherrn vergebenen Leistungsprämien und Leistungszulagen darf 10 v. H. der Zahl der bei dem Dienstherrn vorhandenen Beamtinnen und Beamten der Besoldungsordnung A nicht übersteigen. Die Überschreitung des Vomhundertsatzes nach Satz 1 ist in dem Umfang zulässig, in dem von der Möglichkeit der Vergabe von Leistungsstufen nach § 29 Abs. 5 Satz 2 kein Gebrauch gemacht wird. In der Verordnung kann zugelassen werden, dass bei Dienstherren mit weniger als zehn Beamtinnen und Beamten in jedem Kalenderjahr einer Beamtin oder einem Beamten eine Leistungsprämie oder eine Leistungszulage gewährt werden kann. Erneute Bewilligungen sind möglich. Die Zahlung von Leistungszulagen ist zu befristen; bei Leistungsabfall sind sie zu widerrufen. Leistungsprämien dürfen das Anfangsgrundgehalt der Besoldungsgruppe der Beamtin und des Beamten, Leistungszulagen dürfen monatlich 7 v. H. des Anfangsgrundgehaltes nicht übersteigen. Die Entscheidung über die Bewilligung trifft die oberste Dienstbehörde oder die von ihr bestimmte Stelle.

(3) Leistungsprämien und Leistungszulagen können nur im Rahmen besonderer haushaltsrechtlicher Regelungen gewährt werden. In der Rechtsverordnung sind Anrechnungs- oder Ausschlussvorschriften zu Zahlungen, die aus demselben Anlass geleistet werden, vorzusehen. In der Rechtsverordnung kann vorgesehen werden, dass Leistungsprämien und Leistungszulagen, die an mehrere Beamtinnen und Beamte wegen ihrer wesentlichen Beteiligung an einer durch enges arbeitsteiliges Zusammenwirken erbrachten Leistung vergeben werden, zusammen nur als eine Leistungsprämie oder Leistungszulage im Sinne des Absatzes 2 Satz 1 gelten. Leistungsprämien und Leistungszulagen nach Satz 3 dürfen zusammen 150 v. H. des in Absatz 2 Satz 6 geregelten Umfangs nicht übersteigen; maßgeblich ist die höchste Besoldungsgruppe der an der Leistung wesentlich beteiligten Beamtinnen und Beamten. Bei Übertragung eines anderen Amtes mit höherem Endgrundgehalt (Grundgehalt) oder bei Gewährung einer Amtszulage können in der Rechtsverordnung Anrechnungs- oder Ausschlussvorschriften zu Leistungszulagen vorgesehen werden.

(4) Geschäftsführerinnen und Geschäftsführern sowie stellvertretenden Geschäftsführerinnen und Geschäftsführern der Landesbetriebe Daten und Information, Liegenschafts- und Baubetreuung sowie Mobilität kann eine leistungs- und erfolgsabhängige Jahresprämie bis zu 25 v. H. des Jahresgrundgehalts gewährt werden. Ist in einem Landesbetrieb mehr als eine Geschäftsführerin oder ein Geschäftsführer bestellt, darf die Jahresprämie der stellvertretenden Geschäftsführerin oder des stellvertretenden Geschäftsführers 15 v. H. des Jahresgrundgehalts nicht übersteigen.

Abschnitt 3
Vorschriften für Richterinnen und Richter sowie Staatsanwältinnen und Staatsanwälte

§ 34 Landesbesoldungsordnung R

Die Ämter der Richterinnen und Richter sowie der Staatsanwältinnen und Staatsanwälte, mit Ausnahme der Ämter der Vertreterinnen und Vertreter des öffentlichen Interesses bei den Gerichten der Verwaltungsgerichtsbarkeit, und ihre Besoldungsgruppen sind in der Landesbesoldungsordnung R (Anlage 3) geregelt. Die Grundgehaltssätze der Besoldungsgruppen sind in der Anlage 6 ausgewiesen.

§ 35 Bemessung des Grundgehalts

Das Grundgehalt wird, soweit die Besoldungsordnung nicht feste Gehälter vorsieht, nach Stufen bemessen. Die §§ 29 bis 31 gelten entsprechend mit den folgenden Maßgaben:

1. Das Aufsteigen in den Stufen beginnt mit dem Anfangsgrundgehalt der jeweiligen Besoldungsgruppe mit Wirkung vom Ersten des Monats, in dem die erste Ernennung zur Richterin oder zum Richter, zur Staatsanwältin oder zum Staatsanwalt mit Anspruch auf Dienstbezüge wirksam wird. Bestand vor diesem Zeitpunkt ein Beamtenverhältnis mit Anspruch auf Dienstbezüge, tritt der Zeitpunkt der Ernennung in dieses Beamtenverhältnis an die Stelle der ersten Ernennung zur Richterin oder zum Richter, zur Staatsanwältin oder zum Staatsanwalt.
2. Das Grundgehalt steigt im Abstand von zwei Jahren bis zum Erreichen des Endgrundgehalts.
3. § 29 Abs. 5 bis 7 findet keine Anwendung.

Abschnitt 4
Vorschriften für Professorinnen und Professoren, hauptberufliche Leiterinnen und Leiter sowie Mitglieder von Leitungsgremien an Hochschulen

§ 36 Landesbesoldungsordnung W

Die Ämter der Professorinnen und Professoren, Präsidentinnen und Präsidenten, Vizepräsidentinnen und Vizepräsidenten, Rektorinnen und Rektoren, Prorektorinnen und Prorektoren sowie Kanzlerinnen und Kanzler und ihre Besoldungsgruppen sind in der Landesbesoldungsordnung W (Anlage 4) geregelt. Die Grundgehaltssätze der Besoldungsgruppen sind in der Anlage 6 ausgewiesen.

§ 37 Leistungsbezüge

(1) In den Besoldungsgruppen W 2 und W 3 können nach Maßgabe der nachfolgenden Vorschriften neben dem gewährten Grundgehalt variable Leistungsbezüge vergeben werden:

1. aus Anlass von Berufungs- und Bleibeverhandlungen,
2. für besondere Leistungen in Forschung, Lehre, Kunst, Weiterbildung und Nachwuchsförderung sowie
3. für die Wahrnehmung von Funktionen oder besonderen Aufgaben im Rahmen der Hochschulselbstverwaltung oder der Hochschulleitung.

Leistungsbezüge nach Satz 1 Nr. 1 bis 3 können nebeneinander vergeben werden. Nach zehn Jahren hauptberuflicher professoraler Tätigkeit an einer Hochschule, die nicht Zeiten der beruflichen Qualifizierung sind, werden Leistungsbezüge gemäß Satz 1 als Mindestbetrag in einer Gesamthöhe nach Anlage 6 durch die Hochschule garantiert; dabei gelten als professorale Tätigkeiten auch Zeiten einer hauptberuflichen Wahrnehmung von Funktionen der Hochschulselbstverwaltung oder der Hochschulleitung.

(2) Zeiten nach Absatz 1 Satz 3 werden durch folgende Unterbrechungszeiten nicht gemindert:

1. Zeiten einer Kinderbetreuung bis zu drei Jahren für jedes Kind,
2. Zeiten der tatsächlichen Pflege von nach ärztlichem Gutachten pflegebedürftigen nahen Angehörigen (Eltern, Schwiegereltern, Ehegattinnen oder Ehegatten, Lebenspartnerinnen oder Lebenspartnern, Geschwistern oder Kindern) bis zu drei Jahren für jede nahe Angehörige oder jeden nahen Angehörigen,
3. Zeiten einer Beurlaubung ohne Dienstbezüge, die nach gesetzlichen Bestimmungen dienstlichen Interessen dienen; dies gilt auch, wenn durch die oberste Dienstbehörde oder die von ihr bestimmte Stelle schriftlich oder elektronisch anerkannt ist, dass der Urlaub dienstlichen Interessen oder öffentlichen Belangen dient.

(3) Die Feststellung über die Berücksichtigung von Zeiten nach Absatz 1 Satz 3 und Absatz 2 trifft die Präsidentin oder der Präsident der Hochschule sowie die Rektorin oder

der Rektor der Deutschen Universität für Verwaltungswissenschaften Speyer.

(4) Leistungsbezüge dürfen den Unterschiedsbetrag zwischen den Grundgehältern der Besoldungsgruppe W 3 und der Besoldungsgruppe B 10 übersteigen, wenn dies erforderlich ist, um die Professorin oder den Professor aus dem Bereich außerhalb der deutschen Hochschulen zu gewinnen oder um die Abwanderung der Professorin oder des Professors in den Bereich außerhalb der deutschen Hochschulen abzuwenden. Leistungsbezüge dürfen den Unterschiedsbetrag zwischen den Grundgehältern der Besoldungsgruppe W 3 und der Besoldungsgruppe B 10 ferner übersteigen, wenn die Professorin oder der Professor bereits an ihrer oder seiner bisherigen Hochschule Leistungsbezüge erhält, die den Unterschiedsbetrag zwischen den Grundgehältern der Besoldungsgruppe W 3 und der Besoldungsgruppe B 10 übersteigen und dies erforderlich ist, um die Professorin oder den Professor für eine andere deutsche Hochschule zu gewinnen oder ihre oder seine Abwanderung an eine andere deutsche Hochschule zu verhindern. Die Sätze 1 und 2 gelten entsprechend für hauptberufliche Leiterinnen und Leiter und Mitglieder von Leitungsgremien an Hochschulen, die nicht Professorinnen oder Professoren sind. In den Fällen der Sätze 2 und 3 kann bei der Verleihung des Amtes der Präsidentin oder des Präsidenten einer Universität auch Einkommen berücksichtigt werden, das neben der bisherigen Besoldung erzielt wurde.

---

§ 37 ist bereits am 1. Januar 2013 in Kraft getreten.

§ 38 Grundsätze zur Gewährung von Leistungsbezügen

(1) Bei der Entscheidung über Leistungsbezüge nach § 37 Abs. 1 Satz 1 Nr. 1 (Berufungs- oder Bleibe-Leistungsbezüge) sind insbesondere die individuelle Qualifikation, die besondere Bedeutung der Professur, die Bewerberlage und die Arbeitsmarktsituation in dem jeweiligen Fach zu berücksichtigen. Diese Leistungsbezüge werden in der Regel unbefristet vergeben. Seit der letzten Gewährung sollen mindestens drei Jahre vergangen sein. Es kann bestimmt werden, dass unbefristet gewährte Berufungs- oder Bleibe-Leistungsbezüge an den regelmäßigen Besoldungsanpassungen teilnehmen.

(2) Für besondere Leistungen, die erheblich über dem Durchschnitt liegen und in der Regel über mehrere Jahre in den Bereichen Forschung, Lehre, Kunst, Weiterbildung oder Nachwuchsförderung erbracht werden müssen, können besondere Leistungsbezüge nach § 37 Abs. 1 Satz 1 Nr. 2 gewährt werden. Sie können als Einmalzahlung oder als monatliche Zahlungen für einen Zeitraum von bis zu fünf Jahren befristet vergeben werden. Im Falle einer wiederholten Vergabe können besondere Leistungsbezüge unbefristet mit einem Widerrufsvorbehalt für den Fall des erheblichen Leistungsabfalls gewährt werden. Es kann bestimmt werden, dass unbefristet gewährte besondere Leistungsbezüge an den regelmäßigen Besoldungsanpassungen teilnehmen.

(3) Hauptberuflichen Leiterinnen und Leitern und sonstigen Mitgliedern von Leitungsgremien an Hochschulen wird für die Dauer der Wahrnehmung dieser Aufgaben ein Funktions-Leistungsbezug nach § 37 Abs. 1 Satz 1 Nr. 3 gewährt. Für die Wahrnehmung besonderer Aufgaben im Rahmen der Hochschulselbstverwaltung oder Hochschulleitung können Funktions-Leistungsbezüge gewährt werden. Die Bemessung der Funktions-Leistungsbezüge richtet sich nach § 21, insbesondere sind die im Einzelfall mit der Aufgabe verbundene Verantwortung und Belastung sowie die Größe und Bedeutung der Hochschule zu berücksichtigen. Die Funktions-Leistungsbezüge können ganz oder teilweise erfolgsabhängig vereinbart werden. Funktions-Leistungsbezüge nach Satz 1 nehmen an den regelmäßigen Besoldungsanpassungen teil.

---

§ 38 ist bereits am 1. Januar 2013 in Kraft getreten.

§ 39 Forschungs- und Lehrzulage

Professorinnen und Professoren, die Mittel privater Dritter für Forschungs- oder Lehrvorhaben der Hochschule einwerben und diese Vorhaben durchführen, kann für die Dauer des Drittmittelflusses aus diesen Mitteln eine Zulage gewährt werden, soweit der Drittmittelgeber bestimmte Mittel ausdrücklich zu diesem Zweck vorgesehen hat. Eine Zulage darf nur gewährt werden, soweit neben den Einzel- und Gemeinkosten des Forschungs- oder Lehrvorhabens auch die Zulagenbeträge durch die Drittmittel gedeckt sind. Die im Rahmen des Lehrvorhabens anfallende Lehrtätigkeit ist auf die Lehrverpflichtung nicht anzurechnen. Forschungs- und Lehrzulagen dürfen jährlich 100 v. H. des Jahresgrundgehalts nicht überschreiten; sie nehmen nicht an regelmäßigen Besoldungsanpassungen teil.

---

§ 39 ist bereits am 1. Januar 2013 in Kraft getreten.

§ 40 Verordnungsermächtigung

(1) Das für das Hochschulwesen zuständige Ministerium wird ermächtigt, im Einvernehmen mit dem für das finanzielle öffentliche Dienstrecht zuständigen Ministerium durch Rechtsverordnung Grundsätze, Zuständigkeiten und Verfahren für die Ausgestaltung der Hochschullehrerbesoldung nach Maßgabe der §§ 37 bis 39 zu regeln; dabei sind auch Grundsätze und Maßstäbe für die Vergabe von Funktions-Leistungsbezügen nach § 37 Abs. 1 Satz 1 Nr. 3 für Funktionen unterhalb der Leiterin oder des Leiters, der stellvertretenden Leiterin oder des stellvertretenden Leiters und der Kanzlerin oder des Kanzlers einer Hochschule festzulegen.

(2) Die Ermächtigung nach Absatz 1 umfasst auch die Befugnis, ein geeignetes Steuerungs- und Informationsinstrument zur Regelung der Besoldungsausgaben für die in die Besoldungsgruppen W 2 und W 3 sowie C 2 bis C 4 eingestuften Professorinnen und Professoren, Präsidentinnen und Präsidenten, Vizepräsidentinnen und Vizepräsidenten, Rektorinnen und Rektoren, Prorektorinnen und Prorektoren sowie Kanzlerinnen und Kanzler festzulegen. Hierzu kann jeder Hochschule ein bestimmtes, an regelmäßigen Besoldungsanpassungen teilnehmendes Professorenbesoldungsvolumen zugewiesen werden, in dessen Rahmen sich die Besoldungsausgaben der Hochschule zu halten haben. Das Professorenbesoldungsvolumen kann, vorbehaltlich der Mittelbereitstellung durch den Haushaltsgesetzgeber, erhöht und zur Sicherung der Wettbewerbsfähigkeit vorübergehend überschritten werden. Veränderungen in der Stellenstruktur sowie Planstellenzu- und -abgänge sind zu berücksichtigen.

---

§ 40 ist bereits am 1. Januar 2013 in Kraft getreten.

Teil 3
Zuschläge, Zulagen und Vergütungen

Abschnitt 1
Zuschläge

§ 41 Familienzuschlag

(1) Als Familienzuschlag wird gewährt:

1. ein vom Personenstand abhängiger Zuschlag,
2. ein kinderbezogener Zuschlag.

Die Höhe der Beträge richtet sich nach Anlage 7.

(2) Anspruch auf den Zuschlag nach Absatz 1 Satz 1 Nr. 1 haben Beamtinnen und Beamte sowie Richterinnen und Richter, die

1. verheiratet oder eine Lebenspartnerschaft im Sinne des Lebenspartnerschaftsgesetzes eingegangen sind,
2. verwitwet oder hinterbliebene Lebenspartnerinnen oder Lebenspartner sind,
3. geschieden oder deren Ehe oder Lebenspartnerschaft aufgehoben oder für nichtig erklärt ist, wenn sie der früheren Ehe- oder Lebenspartnerin beziehungsweise dem früheren Ehe- oder Lebenspartner aus der letzten Ehe oder Lebenspartnerschaft zum Unterhalt verpflichtet sind und diese Unterhaltsverpflichtung mindestens die Höhe des Betrages nach Absatz 1 Satz 1 Nr. 1 erreicht.

Steht die Ehe- oder Lebenspartnerin oder der Ehe- oder Lebenspartner als Beamtin oder Beamter, Richterin oder Richter, Soldatin oder Soldat, Arbeitnehmerin oder Arbeitnehmer im öffentlichen Dienst oder ist sie oder er aufgrund einer Tätigkeit im öffentlichen Dienst nach beamtenrechtlichen Grundsät-

III

zen versorgungsberechtigt und stünde ihr oder ihm ebenfalls ein Zuschlag nach Absatz 1 Satz 1 Nr. 1 oder eine entsprechende Leistung in Höhe von mindestens der Hälfte des Zuschlages nach Absatz 1 Satz 1 Nr. 1 zu, so ist der Zuschlag nach Absatz 1 Satz 1 Nr. 1 nur zur Hälfte zu gewähren; dies gilt auch für die Zeit, in der Mutterschaftsgeld bezogen wird. § 9 Abs. 1 findet auf den Betrag keine Anwendung, wenn einer der Ehe- oder Lebenspartner nach Satz 2 vollbeschäftigt oder nach beamtenrechtlichen Grundsätzen versorgungsberechtigt ist oder beide Ehe- oder Lebenspartner in Teilzeit beschäftigt sind und dabei zusammen mindestens die regelmäßige Arbeitszeit bei Vollzeitbeschäftigung erreichen. Satz 2 ist nicht anzuwenden, wenn die Ehe- oder Lebenspartner in Teilzeit beschäftigt sind und zusammen nicht die regelmäßige Arbeitszeit einer Vollbeschäftigung erreichen.

(3) Sofern kein Anspruch nach Absatz 2 besteht, haben auch Beamtinnen und Beamte sowie Richterinnen und Richter Anspruch auf den Zuschlag nach Absatz 1 Satz 1 Nr. 1, wenn sie

1. ein Kind, für das ihnen Kindergeld nach dem Einkommensteuergesetz oder nach dem Bundeskindergeldgesetz zusteht oder ohne Berücksichtigung des § 64 oder § 65 des Einkommensteuergesetzes (EStG) oder des § 3 oder § 4 des Bundeskindergeldgesetzes (BKGG) zustehen würde, oder
2. eine andere Person, deren Hilfe sie aus beruflichen oder gesundheitlichen Gründen benötigen,

nicht nur vorübergehend in ihre Wohnung aufgenommen haben. Als in die Wohnung aufgenommen gilt ein Kind auch, wenn die Beamtin oder der Beamte, die Richterin oder der Richter es auf ihre oder seine Kosten anderweitig untergebracht hat, ohne dass dadurch die häusliche Verbindung mit ihm aufgehoben werden soll. Beanspruchen mehrere nach dieser oder einer vergleichbaren Vorschrift Anspruchsberechtigte im öffentlichen Dienst oder aufgrund einer Tätigkeit im öffentlichen Dienst Versorgungsberechtigte wegen der Aufnahme einer anderen Person oder mehrerer Personen im Sinne der Nummern 1 und 2 in die gemeinsam bewohnte Wohnung den Zuschlag nach Absatz 1 Satz 1 Nr. 1 oder eine entsprechende Leistung, wird der Betrag nach Absatz 1 Satz 1 Nr. 1 nach der Zahl der Berechtigten anteilig gewährt.

(4) Anspruch auf den Zuschlag nach Absatz 1 Satz 1 Nr. 2 haben Beamtinnen und Beamte sowie Richterinnen und Richter, denen Kindergeld nach dem Einkommensteuergesetz oder nach dem Bundeskindergeldgesetz zusteht oder ohne Berücksichtigung des § 64 oder § 65 EStG oder des § 3 oder § 4 BKGG zustehen würde. Die Höhe richtet sich nach der Anzahl der berücksichtigungsfähigen Kinder. Stünde neben der Beamtin oder dem Beamten, der Richterin oder dem Richter einer anderen Person, die im öffentlichen Dienst steht oder aufgrund einer Tätigkeit im öffentlichen Dienst nach beamtenrechtlichen Grundsätzen oder nach einer Ruhelohnordnung versorgungsberechtigt ist, für das gleiche Kind ein Zuschlag nach Absatz 1 Satz 1 Nr. 2 oder ein diesem Zuschlag vergleichbarer Zuschlag zu, so wird der auf das jeweilige Kind entfallende Betrag des Zuschlages nach Absatz 1 Satz 1 Nr. 2 der Beamtin oder dem Beamten, der Richterin oder dem Richter gewährt, wenn und soweit ihr oder ihm das Kindergeld nach dem Einkommensteuergesetz oder nach dem Bundeskindergeldgesetz gewährt wird oder ohne Berücksichtigung des § 65 EStG oder des § 4 BKGG vorrangig zu gewähren wäre; dem Zuschlag nach Absatz 1 Satz 1 Nr. 2 stehen sonstige entsprechende Leistungen oder das Mutterschaftsgeld gleich. Auf das Kind entfällt derjenige Betrag, der sich aus der für die Anwendung des Einkommensteuergesetzes oder des Bundeskindergeldgesetzes maßgebenden Reihenfolge der Kinder ergibt. § 9 Abs. 1 findet auf den Betrag keine Anwendung, wenn eine oder einer der Anspruchsberechtigten im Sinne dieses Absatzes vollbeschäftigt oder nach beamtenrechtlichen Grundsätzen versorgungsberechtigt ist oder mehrere Anspruchsberechtigte in Teilzeit beschäftigt sind und dabei zusammen mindestens die regelmäßige Arbeitszeit bei Vollzeitbeschäftigung erreichen. Anspruchsberechtigte in Teilzeit, die zu-

sammen nicht die regelmäßige Arbeitszeit einer Vollzeitbeschäftigung erreichen, erhalten den Zuschlag nach Absatz 1 Satz 1 Nr. 2 anteilig entsprechend der Summe der individuell vereinbarten Arbeitszeiten.

(5) Bei ledigen Beamtinnen und Beamten, die aufgrund dienstlicher Verpflichtung in einer Gemeinschaftsunterkunft wohnen, wird der in Anlage 7 ausgebrachte Betrag auf das Grundgehalt angerechnet. Steht ihnen Kindergeld nach dem Einkommensteuergesetz oder nach dem Bundeskindergeldgesetz zu oder würde es ihnen ohne Berücksichtigung des § 64 oder § 65 EStG oder des § 3 oder § 4 BKGG zustehen, so erhalten sie zusätzlich den Unterschiedsbetrag zwischen dem Zuschlag nach Absatz 1 Satz 1 Nr. 1 und dem Zuschlag nach Absatz 1 Satz 1 Nr. 2, der der Anzahl der Kinder entspricht. Absatz 4 Satz 3 bis 6 gilt entsprechend.

(6) Öffentlicher Dienst im Sinne der Absätze 2 bis 5 ist die Tätigkeit im Dienste des Bundes, eines Landes, einer Gemeinde oder anderer Körperschaften, Anstalten und Stiftungen des öffentlichen Rechts oder der Verbände von solchen; ausgenommen ist die Tätigkeit bei öffentlich-rechtlichen Religionsgesellschaften oder ihren Verbänden, sofern nicht bei organisatorisch selbstständigen Einrichtungen, insbesondere bei Schulen, Hochschulen, Krankenhäusern, Kindergärten, Altersheimen, die Voraussetzungen des Satzes 3 erfüllt sind. Dem öffentlichen Dienst steht die Tätigkeit im Dienst einer zwischenstaatlichen oder überstaatlichen Einrichtung gleich, an der das Land oder eine der in Satz 1 bezeichneten Körperschaften oder einer der dort bezeichneten Verbände durch Zahlung von Beiträgen oder Zuschüssen oder in anderer Weise beteiligt ist. Dem öffentlichen Dienst steht ferner gleich die Tätigkeit im Dienst eines sonstigen Arbeitgebers, der die für den öffentlichen Dienst geltenden Tarifverträge oder Tarifverträge wesentlich gleichen Inhaltes oder die darin oder in Besoldungsgesetzen über Familienzuschläge oder Sozialzuschläge getroffenen Regelungen oder vergleichbare Regelungen anwendet, wenn das Land oder eine der in Satz 1 bezeichneten Körperschaften oder Verbände durch Zahlung von Beiträgen oder Zuschüssen oder in anderer Weise beteiligt ist.

(7) Die Bezügestellen des öffentlichen Dienstes (Absatz 6) dürfen die zur Durchführung dieser Vorschrift erforderlichen personenbezogenen Daten erheben und untereinander austauschen.

(8) Der Familienzuschlag wird vom Ersten des Monats an gezahlt, in den das hierfür maßgebende Ereignis fällt. Er wird nicht mehr gezahlt für den Monat, in dem die Anspruchsvoraussetzungen an keinem Tage vorgelegen haben. Die Sätze 1 und 2 gelten entsprechend für die Zahlung von Teilbeträgen des Familienzuschlages.

§ 41a Sonderzuschlag zum Familienzuschlag

(1) Bei Vorliegen der Voraussetzungen des Absatzes 2 wird ein Sonderzuschlag zum Familienzuschlag gemäß Anlage 7 gewährt. Der Betrag vermindert sich um die zustehende Allgemeine Zulage, um die zustehenden Amts- und Stellenzulagen sowie um Ausgleichs- und Überleitungszulagen, die wegen des Wegfalls oder einer Verminderung solcher Bezüge zustehen.

(2) Anspruch auf den Sonderzuschlag gemäß Absatz 1 Satz 1 haben nach Maßgabe der Anlage 7 Beamtinnen und Beamte mit Anspruch auf den Familienzuschlag nach § 41 Abs. 1 Satz 1 Nr. 1 sowie gleichzeitigem Anspruch auf den Familienzuschlag nach § 41 Abs. 1 Satz 1 Nr. 2 für mindestens zwei Kinder, deren Ehe- oder Lebenspartnerin oder Ehe- oder Lebenspartner über kein monatliches Arbeitsentgelt in Höhe mindestens des Höchstbetrags einer geringfügigen Beschäftigung gemäß § 8 Abs. 1 Nr. 1 des Vierten Buchs Sozialgesetzbuch oder über kein aufaddiertes Arbeitsentgelt im Kalenderjahr in Höhe mindestens des Zwölffachen des Höchstbetrags einer geringfügigen Beschäftigung gemäß § 8 Abs. 1 Nr. 1 des Vierten Buchs Sozialgesetzbuch verfügt. Zum Arbeitsentgelt zählen auch Leistungen im Sinne des § 32b Abs. 1 Satz 1 Nr. 1 EStG.

III

III

§ 42 Altersteilzeitzuschlag

In den Fällen des § 75a LBG und des § 10 des Landesrichtergesetzes wird ein Altersteilzeitzuschlag in Höhe von 20 v. H. und in den Fällen des § 75b LBG ein Altersteilzeitzuschlag in Höhe von 40 v. H. der auf die Verminderung der Arbeitszeit entfallenden Dienstbezüge gewährt. Bei der Ermittlung der Dienstbezüge bleibt der Zuschlag nach Erreichen der gesetzlichen Altersgrenze nach § 43 unberücksichtigt.

§ 43 Zuschlag nach Erreichen der gesetzlichen Altersgrenze

Wird über die gesetzliche Altersgrenze hinaus Dienst geleistet und werden aus diesem Rechtsverhältnis keine Versorgungsbezüge gezahlt, wird ab dem Beginn des auf den Zeitpunkt des Erreichens der gesetzlichen Altersgrenze folgenden Kalendermonats ein Zuschlag in Höhe von 8 v. H. des Grundgehalts gewährt; dies gilt nicht für Beamtinnen und Beamte auf Zeit und emeritierte Hochschullehrerinnen und Hochschullehrer. Der Zuschlag wird längstens für die Dauer von drei Jahren gewährt.

§ 43a Zuschlag bei Teilzeitbeschäftigung nach § 38 Abs. 4 LBG

Im Fall des § 38 Abs. 4 LBG wird zusätzlich zu der Besoldung nach § 9 Abs. 1 ein nicht ruhegehaltfähiger Zuschlag in Höhe von 50 v. H. desjenigen nicht um einen Versorgungsabschlag geminderten Ruhegehaltes gewährt, das bei einer Versetzung in den Ruhestand am Tag vor dem Beginn der Teilzeitbeschäftigung zustünde. Die §§ 42 und 43 finden keine Anwendung.

§ 44 Zuschlag bei begrenzter Dienstfähigkeit

(1) Begrenzt dienstfähige Personen erhalten zusätzlich zu der Besoldung nach § 9 Abs. 3 einen Zuschlag. Der Zuschlag beträgt 50 v. H. des Unterschiedsbetrags zwischen den nach § 9 Abs. 3 gekürzten Dienstbezügen und den Dienstbezügen, die die begrenzt dienstfähige Person bei Vollzeitbeschäftigung erhielte.

(2) Ist die Arbeitszeit über die begrenzte Dienstfähigkeit hinaus aufgrund einer Teilzeitbeschäftigung reduziert, verringert sich der Zuschlag nach Absatz 1 entsprechend dem Verhältnis zwischen

1. der aufgrund der begrenzten Dienstfähigkeit verkürzten Arbeitszeit und
2. der sowohl aufgrund der begrenzten Dienstfähigkeit als auch aufgrund der Teilzeitbeschäftigung verkürzten Arbeitszeit.

(3) Dienstbezüge im Sinne von Absatz 1 sind die Dienstbezüge nach § 3 Abs. 1 Nr. 1 bis 3 mit Ausnahme von Leistungsbezügen als Einmalzahlung, daneben der Familienzuschlag, die Allgemeine Zulage, Amts- und Stellenzulagen sowie Ausgleichs- und Überleitungszulagen, die wegen des Wegfalls oder einer Verminderung solcher Bezüge zustehen.

(4) Der Zuschlag wird nicht gewährt, wenn ein Zuschlag nach § 42, § 43 oder § 43a zusteht.

§ 45 Sonderzuschlag zur Sicherung der Funktions- und Wettbewerbsfähigkeit

(1) Zur Sicherung der Funktions- und Wettbewerbsfähigkeit des öffentlichen Dienstes dürfen Sonderzuschläge gewährt werden, wenn ein bestimmter Dienstposten andernfalls insbesondere im Hinblick auf die fachliche Qualifikation sowie die Bedarfs- und Bewerberlage nicht anforderungsgerecht besetzt werden kann und die Deckung des Personalbedarfs dies im konkreten Fall erfordert.

(2) Der Sonderzuschlag darf monatlich höchstens 10 v. H. des Anfangsgrundgehalts der entsprechenden Besoldungsgruppe der Besoldungsordnung A betragen; zugleich dürfen Grundgehalt und Sonderzuschlag zusammen das Endgrundgehalt nicht übersteigen. Bei Beamtinnen und Beamten der Besoldungsgruppe W 1 darf der Sonderzuschlag monatlich 10 v. H. des Grundgehalts der Besoldungsgruppe nicht übersteigen. Der Sonderzuschlag wird gleichmäßig um mindestens jeweils 20 v. H. seines Ausgangsbetrags jährlich verringert, erstmals ein Jahr nach dem Entstehen des Anspruchs. Abweichend von Satz 3 kann der Sonderzuschlag auch befristet bis zu drei Jahren gewährt werden. Ergänzend kann festgelegt werden, dass er aufgrund einer Beförderung ganz oder teilweise wegfällt.

Der Sonderzuschlag kann rückwirkend höchstens für drei Monate gewährt werden. Er kann nach vollständigem Wegfall erneut gewährt werden, wenn die Voraussetzungen des Absatzes 1 wieder oder noch vorliegen.

(3) Die Ausgaben für die Sonderzuschläge eines Dienstherrn dürfen 0,1 v. H. der im jeweiligen Haushaltsplan des Dienstherrn veranschlagten jährlichen Besoldungsausgaben, zuzüglich der im Rahmen einer flexibilisierten Haushaltsführung für diesen Zweck erwirtschafteten Mittel, nicht überschreiten. Abweichend von Satz 1 kann bei Dienstherren mit kleinem Personalkörper der Vomhundertsatz für die Ausgaben für Sonderzuschläge auf bis zu 0,2 v. H. erhöht werden.

(4) Die Entscheidung über die Gewährung von Sonderzuschlägen trifft die oberste Dienstbehörde im Einvernehmen mit dem für das finanzielle öffentliche Dienstrecht zuständigen Ministerium oder der von ihr bestimmten Stelle.

Abschnitt 2
Zulagen

§ 46 Amtszulagen

(1) Für herausgehobene Funktionen können Amtszulagen vorgesehen werden. Sie dürfen 75 v. H. des Unterschiedsbetrags zwischen dem Endgrundgehalt der Besoldungsgruppe der Beamtin oder des Beamten, der Richterin oder des Richters und dem Endgrundgehalt der nächsthöheren Besoldungsgruppe nicht übersteigen, soweit gesetzlich nichts anderes bestimmt ist.

(2) Die Amtszulagen sind unwiderruflich und gelten als Bestandteil des Grundgehalts. Sie sind in den Fußnoten der Besoldungsordnungen (Anlagen 1, 3 und 4) dem Grunde nach geregelt und der Höhe nach in Anlage 8 ausgewiesen. Die Sätze sind Monatsbeträge.

§ 47 Stellenzulagen

(1) Für herausgehobene Funktionen, die bei der Ämterbewertung nicht berücksichtigt werden, können Stellenzulagen vorgesehen werden. Sie dürfen 75 v. H. des Unterschiedsbetrags zwischen dem Endgrundgehalt der Besoldungsgruppe der Beamtin oder des Beamten, der Richterin oder des Richters und dem Endgrundgehalt der nächsthöheren Besoldungsgruppe nicht übersteigen, soweit gesetzlich nichts anderes bestimmt ist.

(2) Die Stellenzulagen dürfen grundsätzlich nur für die Dauer der Wahrnehmung der herausgehobenen Funktion gewährt werden. Wird der Beamtin oder dem Beamten, der Richterin oder dem Richter vorübergehend eine andere Funktion übertragen, die zur Herbeiführung eines im besonderen öffentlichen Interesse liegenden unaufschiebbaren und zeitgebundenen Ergebnisses im Inland wahrgenommen werden muss, wird für die Dauer ihrer Wahrnehmung die Stellenzulage weiter gewährt; sie wird für höchstens drei Monate auch weiter gewährt, wenn die vorübergehende Übertragung einer anderen Funktion zur Sicherung der Funktionsfähigkeit des Behördenbereichs, in dem die Beamtin oder der Beamte, die Richterin oder der Richter eingesetzt wird, dringend erforderlich ist. Daneben wird eine Stellenzulage für diese andere Funktion nur in der Höhe des Mehrbetrags gewährt. Die Entscheidung, ob die Voraussetzungen des Satzes 2 vorliegen, trifft die oberste Dienstbehörde im Einvernehmen mit dem für das finanzielle öffentliche Dienstrecht zuständigen Ministerium.

(3) Die Stellenzulagen sind widerruflich. Sie sind in den Vorbemerkungen der Besoldungsordnungen (Anlagen 1, 3 und 4) und in den §§ 48 und 49 geregelt. Sie werden neben anderen Zulagen gewährt, soweit nicht etwas anderes bestimmt ist. Die Sätze sind Monatsbeträge.

§ 48 Stellenzulage für hauptamtliche Lehrkräfte

Die Landesregierung wird ermächtigt, durch Rechtsverordnung die Gewährung einer Stellenzulage für Beamtinnen und Beamte des Verwaltungs- und Vollzugsdienstes sowie für Richterinnen und Richter sowie Staatsanwältinnen und Staatsanwälte, die in ihrem Hauptamt mindestens zur Hälfte im Rahmen der Ausbildung von Nachwuchskräften oder in der dienstlichen Fortbildung als Lehrkräfte tätig sind, zu regeln. Die Stellenzulage darf nur vorgesehen werden, soweit die Wahrnehmung dieser Funktion nicht bei der Einstufung berücksichtigt ist. Mit der Stellenzulage sind die mit der Tätigkeit verbundenen Erschwernisse und ein Aufwand mit abgegolten.

§ 49 Zulage für Lehrkräfte mit besonderen Funktionen

Die Landesregierung wird ermächtigt, durch Rechtsverordnung zu regeln, dass Lehrkräfte, deren Tätigkeit sich aus den ihrer Ausbildung entsprechenden Aufgaben durch eine der folgenden ständigen Funktionen heraushebt, eine Stellenzulage erhalten:

1. Ausschließlicher Unterricht an Förderschulen, soweit es sich um Lehrkräfte der Besoldungsgruppe A 12 oder niedriger handelt,
2. Verwendung im sonderpädagogischen Bereich,
3. Fachliche Koordinierung bei Schul- oder Modellversuchen oder neuen Schulformen,
4. Aufgaben im Rahmen der Lehrerausbildung oder -fortbildung.

Eine Stellenzulage darf nur vorgesehen werden, wenn die Wahrnehmung der ständigen Funktionen nicht schon durch die Einstufung berücksichtigt ist.

§ 50 Zulagen für besondere Erschwernisse

Die Landesregierung wird ermächtigt, durch Rechtsverordnung die Gewährung von Zulagen zur Abgeltung besonderer, bei der Bewertung des Amtes oder bei der Regelung der Anwärterbezüge nicht berücksichtigter Erschwernisse (Erschwerniszulagen) zu regeln. Die Zulagen sind widerruflich. Es kann bestimmt werden, inwieweit mit der Gewährung von Erschwerniszulagen ein besonderer Aufwand mit abgegolten ist.

§ 51 Ausgleichszulage

(1) Verringert sich außer in den Fällen des § 52 die Summe der Dienstbezüge aus Grundgehalt, Amtszulage und Allgemeiner Zulage durch Verleihung eines anderen Amtes aus dienstlichen Gründen, erhält die Beamtin oder der Beamte eine Ausgleichszulage. Zu den Dienstbezügen rechnen auch Überleitungszulagen und Ausgleichszulagen, soweit sie wegen des Wegfalls oder der Verminderung von Dienstbezügen nach Satz 1 gewährt werden. Die Ausgleichszulage wird Beamtinnen und Beamten auf Zeit nur für die restliche Amtszeit gewährt.

(2) Die Ausgleichszulage wird in Höhe des Unterschiedsbetrags zwischen den jeweiligen Dienstbezügen im Sinne des Absatzes 1 und den entsprechenden Dienstbezügen gewährt, die nach der bisherigen Verwendung zugestanden hätten. Veränderungen in der besoldungsrechtlichen Bewertung bleiben unberücksichtigt.

(3) Der Wegfall einer Stellenzulage aus dienstlichen Gründen wird ebenfalls durch eine Ausgleichszulage ausgeglichen. Dies gilt nur dann, wenn diese zuvor in einem Zeitraum von sieben Jahren insgesamt mindestens fünf Jahre zugestanden hat. Beim Ausgleich einer Stellenzulage wird die Ausgleichszulage auf den Betrag festgesetzt, der am Tag vor dem Wegfall zugestanden hat. Die Ausgleichszulage vermindert sich ab Beginn des Folgemonats jeweils nach Ablauf eines Jahres um 20 v. H. des nach Satz 3 maßgebenden Betrags. Entsteht in einer neuen Verwendung ein Anspruch auf eine Stellenzulage, ist diese zusätzlich auf den Ausgleichsbetrag nach Satz 3 anzurechnen.

(4) Die Absätze 1 bis 3 gelten entsprechend für

1. Richterinnen und Richter und
2. Ruhegehaltempfängerinnen und Ruhegehaltempfänger, die erneut in ein Beamten- oder Richterverhältnis berufen werden und die neuen, im Sinne dieser Vorschrift ausgleichsfähigen Dienstbezüge geringer sind, als die entsprechenden Dienstbezüge, die bis zum Zeitpunkt des Ruhestandsbeginns bezogen wurden.

Die Absätze 1 bis 3 gelten nicht, wenn

1. die Verringerung der Dienstbezüge auf einer Disziplinarmaßnahme beruht,
2. in der neuen Verwendung Auslandsbesoldung gezahlt wird oder
3. ein Amt mit leitender Funktion im Beamtenverhältnis auf Probe nicht auf Dauer übertragen wird.

§ 52 Ausgleichszulage bei Dienstherrenwechsel

(1) Wird eine Beamtin oder ein Beamter, eine Richterin oder ein Richter auf eigenen Antrag oder aufgrund einer erfolgreichen Bewerbung in den Geltungsbereich dieses Gesetzes versetzt oder im Geltungsbereich dieses Gesetzes ernannt und verringern sich aus diesem Grund die Dienstbezüge, kann eine Ausgleichszulage gewährt werden, wenn für die Gewinnung ein dienstliches Bedürfnis besteht. Sie wird in Höhe des Unterschiedsbetrags zwischen den Dienstbezügen nach diesem Gesetz am Tag der Versetzung und den Dienstbezügen gewährt, die ihr oder ihm in der bisherigen Verwendung zuletzt zugestanden haben. Jeweils nach Ablauf eines Jahres vermindert sich die Ausgleichszulage ab Beginn des Folgemonats um 25 v. H. des nach Satz 2 maßgebenden Betrags.

(2) Dienstbezüge im Sinne dieser Bestimmung sind das Grundgehalt, der Familienzuschlag, Amtszulagen, Stellenzulagen, die Allgemeine Zulage, Ausgleichs- und Überleitungszulagen sowie etwaige auf einen Monat umgerechnete Sonderzahlungen. Die Verringerung einer Stellenzulage wird jedoch nur ausgeglichen, wenn sie auch in der bisherigen Verwendung zugestanden hat.

(3) Die Entscheidung über die Gewährung der Ausgleichszulage bei Dienstherrenwechsel trifft die oberste Dienstbehörde oder die von ihr bestimmte Stelle.

(4) Bei einer Versetzung aus dienstlichen Gründen, einer Übernahme oder einem Übertritt jeweils in den Geltungsbereich dieses Gesetzes gelten die Absätze 1 bis 3 entsprechend mit der Maßgabe, dass eine Ausgleichszulage kein dienstliches Bedürfnis für den Dienstherrenwechsel voraussetzt und zu gewähren ist.

Abschnitt 3
Vergütungen

§ 53 Mehrarbeitsvergütung

Die Landesregierung wird ermächtigt, durch Rechtsverordnung die Gewährung einer Mehrarbeitsvergütung (§ 73 Abs. 2 LBG) für Beamtinnen und Beamte zu regeln, soweit die Mehrarbeit nicht durch Dienstbefreiung ausgeglichen wird. Die Vergütung darf nur für Beamtinnen und Beamte mit Dienstbezügen in Besoldungsgruppen mit aufsteigenden Grundgehältern sowie in Bereichen vorgesehen werden, in denen nach Art der Dienstverrichtung eine Mehrarbeit messbar ist. Die Höhe der Vergütung ist nach dem Umfang der tatsächlich geleisteten Mehrarbeit festzusetzen und unter Zusammenfassung von Besoldungsgruppen zu staffeln; für Teilzeitbeschäftigte können abweichende Regelungen getroffen werden. Die Vergütung kann höchstens für bis zu 480 Mehrarbeitsstunden im Kalenderjahr gewährt werden.

§ 54 Vergütung für die Teilnahme an Sitzungen kommunaler Vertretungskörperschaften und ihrer Ausschüsse

Das für das Kommunalrecht zuständige Ministerium wird ermächtigt, im Einvernehmen mit dem für das finanzielle öffentliche Dienstrecht zuständigen Ministerium durch Rechtsverordnung die Gewährung einer Vergütung für Beamtinnen und Beamte der Gemeinden und Gemeindeverbände mit weniger als 40 000 Einwohnerinnen und Einwohnern, soweit diesen Beamtinnen und Beamten Dienstbezüge nach der Besoldungsordnung A zustehen, zu regeln, wenn sie als Protokollführerin oder Protokollführer regelmäßig an Sitzungen kommunaler Vertretungskörperschaften oder ihrer Ausschüsse außerhalb der regelmäßigen Arbeitszeit teilnehmen. Die Sitzungsvergütung darf einen Betrag von 102,26 Euro im Monat nicht übersteigen. Sie darf nicht neben einer Aufwandsentschädigung gewährt werden; ein allgemein mit der Sitzungstätigkeit verbundener Aufwand wird mit abgegolten. Die Vergütung entfällt, wenn die Arbeitsleistung durch Dienstbefreiung ausgeglichen werden kann.

§ 55 Vergütung für Beamtinnen und Beamte im Vollstreckungsdienst

(1) Die Landesregierung wird ermächtigt, durch Rechtsverordnung die Gewährung einer Vergütung für Gerichtsvollzieherinnen

und Gerichtsvollzieher und andere im Vollstreckungsdienst tätige Beamtinnen und Beamte zu regeln. Maßstab für die Festsetzung der Vergütung sind insbesondere die vereinnahmten Gebühren oder Beträge.

(2) Für die Vergütung können Höchstsätze für die einzelnen Vollstreckungsaufträge sowie für das Kalenderjahr festgesetzt werden. Es kann bestimmt werden, inwieweit mit der Vergütung ein besonderer Aufwand der Beamtin oder des Beamten mit abgegolten ist.

Teil 4 Auslandsbesoldung

§ 56 Auslandsbesoldung

Für die Auslandsbesoldung finden die Bestimmungen des 5. Abschnitts des Bundesbesoldungsgesetzes Anwendung. Bei Anwendung der Anlage VI des Bundesbesoldungsgesetzes sind anstelle der dort ausgewiesenen Grundgehaltsspannen die Beträge der Anlage 11 maßgebend.

Teil 5 Anwärterbezüge

§ 57 Anwärterbezüge

(1) Beamtinnen und Beamte auf Widerruf im Vorbereitungsdienst (Anwärterinnen und Anwärter) erhalten Anwärterbezüge.

(2) Zu den Anwärterbezügen gehören der Anwärtergrundbetrag nach Anlage 9 und die Anwärtersonderzuschläge. Daneben wird nach Maßgabe dieses Gesetzes der Familienzuschlag gewährt. Zulagen und Vergütungen werden nur gewährt, wenn dies gesetzlich besonders bestimmt ist.

(3) Anwärterinnen und Anwärter mit dienstlichem Wohnsitz im Ausland erhalten zusätzlich Bezüge entsprechend der Auslandsbesoldung. Der Berechnung des Mietzuschusses sind der Anwärtergrundbetrag, der Familienzuschlag nach § 41 Abs. 1 Satz 1 Nr. 1 und der Anwärtersonderzuschlag zugrunde zu legen.

(4) Absatz 3 gilt nicht für Anwärterinnen und Anwärter, die bei einer von ihnen selbst gewählten Stelle im Ausland ausgebildet werden. Die Regelungen zum Kaufkraftausgleich im 5. Abschnitt des Bundesbesoldungsgesetzes finden in der jeweils geltenden Fassung mit der Maßgabe Anwendung, dass mindestens die Bezüge nach Absatz 2 verbleiben.

(5) Für Anwärterinnen und Anwärter, die im Rahmen ihres Vorbereitungsdienstes ein Studium ableisten, kann die Gewährung der Anwärterbezüge von der Erfüllung von Auflagen abhängig gemacht werden.

§ 58 Anwärterbezüge nach Ablegung der Laufbahnprüfung

Endet das Beamtenverhältnis einer Anwärterin oder eines Anwärters kraft Rechtsvorschrift oder allgemeiner Verwaltungsvorschrift mit dem Bestehen oder endgültigen Nichtbestehen der Laufbahnprüfung, werden die Anwärterbezüge und der Familienzuschlag für die Zeit nach Ablegung der Prüfung bis zum Ende des laufenden Monats weitergewährt. Wird bereits vor diesem Zeitpunkt ein Anspruch auf Bezüge aus einer hauptberuflichen Tätigkeit bei einem öffentlich-rechtlichen Dienstherrn (§ 20) oder bei einer Ersatzschule erworben, so werden die Anwärterbezüge und der Familienzuschlag nur bis zum Tage vor Beginn dieses Anspruchs belassen.

§ 59 Anwärtersonderzuschläge

(1) Besteht ein erheblicher Mangel an qualifizierten Bewerberinnen und Bewerbern, kann das für das finanzielle öffentliche Dienstrecht zuständige Ministerium Anwärtersonderzuschläge gewähren. Sie dürfen 70 v. H. des Anwärtergrundbetrags nicht übersteigen.

(2) Anspruch auf Anwärtersonderzuschläge besteht nur, wenn die Anwärterin oder der Anwärter

1. nicht vor dem Abschluss des Vorbereitungsdienstes oder wegen schuldhaften Nichtbestehens der Laufbahnprüfung ausscheidet und
2. nach Bestehen der Laufbahnprüfung mindestens fünf Jahre als Beamtin oder als Beamter im öffentlichen Dienst (§ 20) in der Fachrichtung verbleibt, für die sie oder er die Befähigung erworben hat, oder,

wenn das Beamtenverhältnis nach Bestehen der Laufbahnprüfung endet, in derselben Fachrichtung in ein neues Beamtenverhältnis im öffentlichen Dienst (§ 20) für mindestens die gleiche Zeit eintritt.

(3) Werden die in Absatz 2 genannten Voraussetzungen aus Gründen, die die Beamtin oder der Beamte oder die frühere Beamtin oder der frühere Beamte zu vertreten hat, nicht erfüllt, ist der Anwärtersonderzuschlag in voller Höhe zurückzuzahlen. Der Rückzahlungsbetrag vermindert sich für jedes nach Bestehen der Laufbahnprüfung abgeleistete Dienstjahr um jeweils ein Fünftel. § 16 bleibt unberührt.

§ 60 Unterrichtsvergütung für Lehramtsanwärterinnen und Lehramtsanwärter

(1) Anwärterinnen und Anwärtern für ein Lehramt an öffentlichen Schulen kann, soweit die zweite Staatsprüfung bestanden ist, für selbstständig erteilten Unterricht eine Unterrichtsvergütung gewährt werden.

(2) Eine Unterrichtsvergütung darf nur für tatsächlich geleistete Unterrichtsstunden gewährt werden, die über die im Rahmen der Ausbildung festgesetzten Unterrichtsstunden hinaus zusätzlich selbstständig erteilt werden. Zu den im Rahmen der Ausbildung zu erteilenden Unterrichtsstunden, für die eine Unterrichtsvergütung nicht gewährt wird, zählen auch Hospitationen, Unterricht unter Anleitung und, soweit dies gefordert wird, Unterricht in eigener Verantwortung der Anwärterin oder des Anwärters.

(3) Die Unterrichtsvergütung wird in Höhe der für das angestrebte Lehramt festgesetzten Beträge der Mehrarbeitsvergütung gezahlt. Eine Unterrichtsvergütung wird für höchstens 24 im Kalendermonat tatsächlich geleistete Unterrichtsstunden gewährt.

§ 61 Anrechnung anderer Einkünfte

(1) Erhalten Anwärterinnen und Anwärter ein Entgelt für eine Nebentätigkeit innerhalb oder für eine genehmigungspflichtige Nebentätigkeit außerhalb des öffentlichen Dienstes, so wird das Entgelt auf die Anwärterbezüge angerechnet, soweit es diese übersteigt. Dies gilt auch, wenn die Anwärterin oder der Anwärter einen arbeitsrechtlichen Anspruch auf ein Entgelt für eine in den Ausbildungsrichtlinien vorgeschriebene Tätigkeit außerhalb des öffentlichen Dienstes hat. In beiden Fällen wird als Anwärtergrundbetrag mindestens 30 v. H. des Anfangsgrundgehalts des jeweiligen Einstiegsamtes gewährt.

(2) Übt eine Anwärterin oder ein Anwärter gleichzeitig eine Tätigkeit im öffentlichen Dienst mit mindestens der Hälfte der dafür geltenden regelmäßigen Arbeitszeit aus, gilt § 14 entsprechend.

§ 62 Kürzung der Anwärterbezüge

(1) Die oberste Dienstbehörde oder die von ihr bestimmte Stelle kann den Anwärtergrundbetrag bis auf 30 v. H. des Grundgehalts, das einer Beamtin oder einem Beamten im entsprechenden Einstiegsamt in der ersten Stufe zusteht, herabsetzen, wenn die Anwärterin oder der Anwärter die vorgeschriebene Laufbahnprüfung nicht bestanden hat oder sich die Ausbildung aus einem von der Anwärterin oder von dem Anwärter zu vertretenden Grunde verzögert.

(2) Von der Kürzung ist abzusehen

1. bei Verlängerung des Vorbereitungsdienstes infolge genehmigten Fernbleibens oder Rücktritts von der Prüfung,
2. in besonderen Härtefällen.

(3) Wird eine Zwischenprüfung nicht bestanden oder ein sonstiger Leistungsnachweis nicht erbracht, so ist die Kürzung auf den sich daraus ergebenden Zeitraum der Verlängerung des Vorbereitungsdienstes zu beschränken.

Teil 6
Dienstkleidung und Unterkunft

§ 63 Dienstkleidung und Unterkunft

(1) Beamtinnen und Beamte, die zum Tragen von Dienstkleidung verpflichtet sind, erhalten diese unentgeltlich bereitgestellt oder einen Dienstkleidungszuschuss.

III

(2) Polizeibeamtinnen und Polizeibeamten, die aufgrund dienstlicher Verpflichtung in Gemeinschaftsunterkunft wohnen, wird die Unterkunft unentgeltlich bereitgestellt.

Teil 7 Besondere Bestimmungen für die dienstordnungsmäßig Angestellten bei den sonstigen der Aufsicht des Landes unterstehenden Körperschaften, Anstalten und Stiftungen des öffentlichen Rechts

§ 64 Besondere Bestimmungen für den Bereich der Sozialversicherung

Die der Aufsicht des Landes unterstehenden Körperschaften des öffentlichen Rechts im Bereich der Sozialversicherung haben bei der Aufstellung ihrer Dienstordnungen nach den §§ 351 bis 357 und § 414b der Reichsversicherungsordnung und den §§ 144 bis 147 des Siebten Buches Sozialgesetzbuch für die dienstordnungsmäßig Angestellten

1. den Rahmen dieses Gesetzes, insbesondere das für die Beamtinnen und Beamten des Landes geltende Besoldungs- und Stellengefüge, einzuhalten und
2. alle weiteren Geldleistungen und geldwerten Leistungen sowie die Versorgung im Rahmen und nach den Grundsätzen der für die Beamtinnen und Beamten des Landes geltenden Vorschriften zu regeln.

Teil 8 Übergangs- und Schlussbestimmungen

§ 65 Überführung oder Überleitung in die Landesbesoldungsordnungen A, B, W und R

(1) Bei Beamtinnen und Beamten sowie Richterinnen und Richtern, deren Ämter am 30. Juni 2013 in den Bundesbesoldungsordnungen A, B, W oder R des Bundesbesoldungsgesetzes in der am 31. August 2006 geltenden Fassung oder in den Besoldungsordnungen A oder B des Landesbesoldungsgesetzes in der am 30. Juni 2013 geltenden Fassung ausgebracht waren, werden die bisherigen Ämter in die entsprechenden Ämter und Besoldungsgruppen der Anlagen 1, 3 und 4 überführt, soweit sich in der Amtsbezeichnung und der Besoldungsgruppe keine Änderung ergibt.

(2) Beamtinnen und Beamte sowie Richterinnen und Richter, deren Ämter am 30. Juni 2013 in den Bundesbesoldungsordnungen A, B, W oder R des Bundesbesoldungsgesetzes in der am 31. August 2006 geltenden Fassung oder in den Besoldungsordnungen A oder B des Landesbesoldungsgesetzes in der am 30. Juni 2013 geltenden Fassung ausgebracht waren, sind nach Maßgabe der Anlage 13 in der Fassung vom 1. Juli 2013 in die entsprechenden Ämter und Besoldungsgruppen der Anlagen 1, 3 und 4 übergeleitet, soweit sich durch dieses Gesetz unmittelbar die Einstufung, Amtsbezeichnungen, Amtszulagen oder Funktionszusätze ändern; als bisherige Besoldungsgruppe gilt die Besoldungsgruppe, der die Beamtinnen und Beamten sowie Richterinnen und Richter am 30. Juni 2013 angehörten. Die Beamtinnen und Beamten sowie Richterinnen und Richter führen die neue Amtsbezeichnung. Soweit den bisherigen Amtsbezeichnungen ein Zusatz im Sinne des § 23 Abs. 2 Satz 2 beigefügt war, wird dieser Zusatz der Amtsbezeichnung nach diesem Gesetz so lange beigefügt, bis die zuständige Stelle einen neuen Zusatz zur Amtsbezeichnung bestimmt.

§ 66 Einordnung der vorhandenen Besoldungsempfängerinnen und Besoldungsempfänger der Besoldungsordnungen A und R in die neuen Grundgehaltstabellen

(1) Beamtinnen und Beamte der Besoldungsordnung A werden den Stufen des Grundgehalts der Anlage 6 zugeordnet. Die Zuordnung erfolgt entsprechend der Besoldungsgruppe der Beamtin oder des Beamten zu der Stufe, die dem Betrag des am 30. Juni 2013 zustehenden Grundgehalts entspricht. Die Fälle des § 65 Abs. 2 Satz 1 gelten für die Zuordnung nach Satz 2 als zum 30. Juni 2013

übergeleitet. Bei Beurlaubten ohne Anspruch auf Dienstbezüge ist das Grundgehalt maßgeblich, das bei einer Beendigung der Beurlaubung am 30. Juni 2013 maßgebend wäre.

(2) Mit der Zuordnung zu einer Stufe des Grundgehalts der Anlage 6 beginnen die für die Regelstufe maßgebenden Zeitabstände des § 29 Abs. 3 Satz 1. Bereits in einer Stufe mit dem entsprechenden Grundgehaltsbetrag verbrachte Zeiten mit Anspruch auf Grundgehalt werden angerechnet; § 30 Abs. 2 und 3 gilt entsprechend. Leistungsstufen bleiben bei der Zuordnung nach Absatz 1 Satz 2 und 3 unberücksichtigt.

(3) Richterinnen und Richter sowie Staatsanwältinnen und Staatsanwälte der Besoldungsgruppen R 1 und R 2 werden den Stufen des Grundgehalts der Anlage 6 zugeordnet. Absatz 1 Satz 2 bis 4 gilt entsprechend. Absatz 2 Satz 1 und 2 gilt mit der Maßgabe entsprechend, dass § 35 Abs. 1 Satz 2 Nr. 2 an die Stelle des § 29 Abs. 3 Satz 1 tritt.

§ 67 Übergangsvorschrift für vorhandene Ämter der Besoldungsordnung C

(1) Die Ämter der Professorinnen und Professoren, Hochschuldozentinnen und Hochschuldozenten, Oberassistentinnen und Oberassistenten, Oberingenieurinnen und Oberingenieure sowie der wissenschaftlichen und künstlerischen Assistentinnen und Assistenten der Besoldungsordnung C werden für vorhandene Amtsinhaberinnen und Amtsinhaber als künftig wegfallende Ämter in der Landesbesoldungsordnung C (kw) (Anlage 5) fortgeführt. Bei Beamtinnen und Beamten, deren Ämter am 30. Juni 2013 in der Bundesbesoldungsordnung C des Bundesbesoldungsgesetzes in der bis zum 22. Februar 2002 geltenden Fassung ausgebracht waren, werden die bisherigen Ämter in die entsprechenden Ämter und Besoldungsgruppen der Anlage 5 überführt. Für diese Beamtinnen und Beamten gelten die Vorschriften dieses Gesetzes nach Maßgabe der Absätze 2 bis 5.

(2) Das Grundgehalt nach § 3 Abs. 1 Nr. 1 für die in Absatz 1 genannten Beamtinnen und Beamte ergibt sich aus Anlage 10. Das Grundgehalt wird, soweit gesetzlich nicht etwas anderes bestimmt ist, nach Stufen bemessen. Das Aufsteigen in den Stufen bestimmt sich nach Zeiten mit dienstlicher Erfahrung (Erfahrungszeiten), welche in jeder Stufe zwei Jahre betragen. § 29 Abs. 1 Satz 3, Abs. 3 Satz 2 und 3 und Abs. 8 sowie § 30 Abs. 2 und 3 gelten entsprechend.

(3) Beamtinnen und Beamte der Besoldungsordnung C (kw) werden den Stufen des Grundgehalts der Anlage 10 zugeordnet. Die Zuordnung erfolgt betragsmäßig entsprechend dem am 30. Juni 2013 zustehenden Grundgehalt, wobei ausschließlich für den Zweck der Überleitung das in der Besoldungsgruppe C 4 zu diesem Zeitpunkt zustehende Grundgehalt um 1,0 v. H. fiktiv erhöht wird; § 66 Abs. 1 Satz 4 gilt entsprechend. Mit der Zuordnung zu einer Stufe des Grundgehalts der Anlage 10 beginnen die für die Stufen maßgebenden Zeitabstände. Bereits in einer Stufe mit dem entsprechenden Grundgehaltsbetrag verbrachte Zeiten mit Anspruch auf Grundgehalt werden angerechnet; § 30 Abs. 2 und 3 gilt entsprechend.

(4) Ein nach bisherigem Recht zustehender Zuschuss zum Grundgehalt in Höhe des am 30. Juni 2013 zustehenden Betrags wird unverändert weitergewährt. Ist der Zuschuss zum Grundgehalt unter der Voraussetzung gewährt worden, dass er beim Aufsteigen in den Stufen um den Steigerungsbetrag des Grundgehalts zu vermindern ist, ist diese Maßgabe auch im Fall des Stufenanstiegs nach Absatz 2 Satz 3 zu beachten. Im Fall eines befristeten Zuschusses gelten die Sätze 1 und 2 nur für die Zeit der Befristung. Die Gewährung neuer oder die Erhöhung bestehender Zuschüsse ist ausgeschlossen. Die Zuschüsse gelten für Zwecke dieses Gesetzes als Leistungsbezug nach § 3 Abs. 1 Nr. 3.

(5) Eine Zulage nach § 39 wird nicht gewährt. Professorinnen und Professoren, die zusätzlich zu Aufgaben des ihnen verliehenen Amtes Leitungsaufgaben an einer Hochschule wahrnehmen, erhalten eine Stellenzulage nach Maßgabe der Hochschulleitungs-Stellenzulagenverordnung vom 3. August 1977 (BGBl. I S. 1527) in der bis zum 22. Februar

2002 geltenden Fassung; die Beträge ergeben sich aus Anlage 10.

(6) Auf Antrag wird Professorinnen und Professoren der Besoldungsgruppe C 4 (kw) ein Amt der Besoldungsgruppe W 3 und Professorinnen und Professoren der Besoldungsgruppen C 2 (kw) und C 3 (kw) ein Amt der Besoldungsgruppe W 2 oder W 3 übertragen. Der Antrag ist unwiderruflich. In diesen Fällen findet § 51 keine Anwendung.

§ 68 Übergangsregelung bei Gewährung einer Versorgung durch eine zwischenstaatliche oder überstaatliche Einrichtung

Bei Zeiten im Sinne des § 11 Abs. 1 Satz 1, die bis zum 31. Dezember 1991 zurückgelegt worden sind, ist § 8 des Bundesbesoldungsgesetzes in der bis zu diesem Zeitpunkt geltenden Fassung anzuwenden. Für Zeiten ab dem 1. Januar 1992 bis zum 31. Dezember 2002 beträgt die Kürzung nach § 11 Abs. 1 Satz 2 1,875 v. H. Für Zeiten ab dem 1. Januar 2003 ist der Vomhundertsatz des Satzes 2 vervielfältigt mit dem jeweiligen in § 69e Abs. 3 und 4 des Beamtenversorgungsgesetzes in der bis zum 31. August 2006 geltenden Fassung genannten Faktor anzuwenden.

§ 69 Sonstige Übergangsvorschriften

(1) Ruhegehaltfähige, während eines Dienstverhältnisses entsprechend § 1 Abs. 1 entstandene Ausgleichs- oder Überleitungszulagen, die der Beamtin oder dem Beamten, der Richterin oder dem Richter am Tag vor dem Inkrafttreten dieses Gesetzes nach bisherigem Recht gewährt oder wegen Beurlaubung nicht gewährt wurden, werden nach Maßgabe der bei erstmaliger Gewährung geltenden Bestimmungen weitergewährt. Dies gilt nicht für diejenigen Ausgleichszulagen, die nach bisherigem Recht im Fall eines Dienstherrenwechsels im Sinne des § 52 gewährt wurden; diese werden auf den am Tag vor dem Inkrafttreten dieses Gesetzes maßgebenden Betrag festgesetzt und gemäß § 52 Abs. 1 Satz 3 vermindert.

(2) Nicht ruhegehaltfähige, während eines Dienstverhältnisses entsprechend § 1 Abs. 1 entstandene Ausgleichs- oder Überleitungszulagen, die der Beamtin oder dem Beamten, der Richterin oder dem Richter am Tag vor dem Inkrafttreten dieses Gesetzes nach bisherigem Recht gewährt oder wegen Beurlaubung nicht gewährt wurden, werden auf den an diesem Tag maßgebenden Betrag festgesetzt und, solange die bisherigen Anspruchsvoraussetzungen erfüllt sind, weitergezahlt, jedoch nach § 51 Abs. 3 Satz 4 vermindert.

(3) Beamtinnen, die bis zum 30. Juni 2013 eine männliche Amtsbezeichnung geführt haben, sind berechtigt, die Amtsbezeichnung auch künftig in der männlichen Form zu führen.

(4) Hat die regelmäßige Verjährungsfrist von Ansprüchen auf Besoldung und auf Rückforderung von zu viel gezahlten Bezügen, die vor dem 1. Juli 2013 entstanden sind, am 1. Juli 2013 noch nicht begonnen, wird die Frist nach § 18 von diesem Zeitpunkt an berechnet; die Verjährung tritt spätestens mit Ablauf der bisherigen Höchstfrist, die ohne Rücksicht auf Kenntnis oder grob fahrlässige Unkenntnis begonnen hat, ein. Hat die Verjährungsfrist für Ansprüche im Sinne des Satzes 1 vor dem 1. Juli 2013 bereits begonnen, ist für den Fristablauf das zum 30. Juni 2013 geltende Recht maßgebend.

(5) Beamtinnen und Beamte, denen für den Monat Juni 2013 auf der Grundlage der Landesverordnung zur Durchführung der §§ 27 und 42a des Bundesbesoldungsgesetzes vom 14. April 1999 (GVBl. S. 104), geändert durch § 143 Abs. 6 des Gesetzes vom 20. Oktober 2010 (GVBl. S. 319), BS 2032-3, die nächsthöhere Stufe des Grundgehalts tatsächlich gezahlt wird, erhalten diese, soweit die Beamtinnen und Beamten nicht bereits nach § 65 Abs. 2 Satz 1 in ein Amt mit höherem Endgrundgehalt übergeleitet werden, weiterhin in der bisherigen Höhe, bis sie regulär die nächste Stufe des Grundgehalts erreichen. § 29 Abs. 5 Satz 3 gilt entsprechend.

(6) Wurde eine Altersteilzeit gemäß § 80b des Landesbeamtengesetzes in der bis zum Ablauf des 31. Juli 2007 geltenden Fassung angetreten, wird ein Zuschlag gemäß § 6 Abs. 2 des Bundesbesoldungsgesetzes sowie der hierzu erlassenen Rechtsverordnung in der

jeweils bis zum Ablauf des 31. August 2006 geltenden Fassung gewährt. In den Fällen des § 80e und des § 80f des Landesbeamtengesetzes in der bis zum Ablauf des 30. Juni 2012 geltenden Fassung, sowie in den Fällen des § 10 des Landesrichtergesetzes in der bis zum Ablauf des 31. Dezember 2011 geltenden Fassung, ist § 6a des Landesbesoldungsgesetzes in der bis zum Ablauf des 31. Dezember 2011 geltenden Fassung weiter anzuwenden. In den Fällen des § 75a und des § 75b des Landesbeamtengesetzes in der bis zum Ablauf des 30. Juni 2013 geltenden Fassung, sowie in den Fällen des § 10 des Landesrichtergesetzes in der bis zum Ablauf des 30. Juni 2013 geltenden Fassung, ist § 6a des Landesbesoldungsgesetzes in der bis zum Ablauf des 30. Juni 2013 geltenden Fassung weiter anzuwenden. Hat eine Beamtin oder ein Beamter Teilzeitbeschäftigung mit ungleichmäßig verteilter Arbeitszeit, die sich in eine Beschäftigungs- und eine Freistellungsphase aufteilt, nach sonstigen Vorschriften des LBG vor dem 1. Juli 2013 angetreten, so erhält sie oder er abweichend von § 9 Abs. 2 Satz 2 und 3 bereits gewährte Besoldungsbestandteile entsprechend § 9 Abs. 1.

(7) Der zum 1. Januar 2013 in Kraft tretende Erhöhungsbetrag des Grundgehalts der Besoldungsgruppe W 2 (240 Euro) wird auf Berufungs- und Bleibeleistungsbezüge sowie besondere Leistungsbezüge nach § 33 Abs. 1 Satz 1 Nr. 1 und 2 des Bundesbesoldungsgesetzes in der bis zum 31. August 2006 geltenden Fassung, die an Beamtinnen und Beamte der Besoldungsgruppe W 2 laufend monatlich gezahlt werden, über deren Gewährung bis zum 31. Dezember 2012 entschieden worden ist und deren Zahlung bis zu diesem Zeitpunkt begonnen hat, angerechnet. Leistungsbezüge nach Satz 1 sind bis zu insgesamt 150 Euro von dieser Anrechnung ausgeschlossen. Übersteigt die Summe der Leistungsbezüge nach Satz 1 den Betrag von 150 Euro, verbleibt ein anrechnungsfreier Sockelbetrag von insgesamt 150 Euro. Bei der Anrechnung sind zunächst alle ruhegehaltfähigen Leistungsbezüge, dann alle unbefristeten Leistungsbezüge und schließlich alle befristeten Leistungsbezüge zu berücksichtigen; in allen Fällen sind ältere Leistungsbezüge vor jüngeren anzurechnen, bei gleich alten erfolgt die Anrechnung anteilig.

(8) Ist einer Beamtin oder einem Beamten für den Zeitraum vor dem 1. Januar 2012 eine Zulage nach § 45 oder § 46 des Bundesbesoldungsgesetzes in der bis zum 31. August 2006 geltenden Fassung zuerkannt worden oder wird ein entsprechender Anspruch nachträglich zuerkannt, so erhält die Beamtin oder der Beamte die Zulage in der bis zum 31. Dezember 2011 geltenden Höhe so lange fort, wie die Voraussetzungen des § 45 oder des § 46 des Bundesbesoldungsgesetzes in der bis zum 31. August 2006 geltenden Fassung fortbestehen.

(9) Verringern sich die Bezüge von vorhandenen Beamtinnen und Beamten, Richterinnen und Richtern durch die Anwendung der Vorschriften dieses Gesetzes, wird eine Überleitungszulage in Höhe des Unterschiedsbetrags zwischen den am 30. Juni 2013 zugestandenen Bezügen und den ab 1. Juli 2013 zustehenden Bezügen gewährt. Eine Verringerung der Bezüge nach Satz 1 setzt voraus, dass sich am 1. Juli 2013 bei unveränderten Verhältnissen eine niedrigere Besoldung im Vergleich zum 30. Juni 2013 ergibt. Die Überleitungszulage nach Satz 1 verringert sich bei jeder Erhöhung der Dienstbezüge um den Erhöhungsbetrag.

(10) Soweit nach diesem Gesetz die Landesregierung oder eine andere Stelle ermächtigt ist, durch Rechtsverordnung bestimmte Bereiche zu regeln, bleiben die bisherigen Vorschriften für diese Bereiche bis zum Inkrafttreten der jeweiligen Rechtsverordnung in Kraft; dies gilt auch für die Verordnung zu § 26 Abs. 4 Nr. 1 des Bundesbesoldungsgesetzes in der Fassung vom 21. August 1992 (BGBl. I S. 1595), zuletzt geändert durch Artikel 1 der Verordnung vom 3. Juni 1998 (BGBl. I S. 1232), die Verordnung zu § 26 Abs. 4 Nr. 2 des Bundesbesoldungsgesetzes in der Fassung vom 21. August 1992 (BGBl. I S. 1597), zuletzt geändert durch Artikel 306 der Verordnung vom 29. Oktober 2001 (BGBl. I S. 2785) und die Zweite Verordnung

III

zu § 26 Abs. 4 Nr. 2 des Bundesbesoldungsgesetzes vom 10. Juli 1981 (BGBl. I S. 650), geändert durch die Verordnung vom 20. Dezember 1984 (BGBl. I S. 1678).

(11) Beamtinnen und Beamte des ersten und zweiten Einstiegsamtes bis Besoldungsgruppe A 9, denen am 31. Dezember 2016 eine Stellenzulage nach Nummer 5 der Allgemeinen Vorbemerkungen zu den Landesbesoldungsordnungen in der jeweils durch Artikel 3 Abs. 2 des Zweiten Haushaltsfinanzierungsgesetzes vom 8. Februar 1982 (GVBl. S. 65) und Artikel 2 des Siebzehnten Landesgesetzes zur Änderung des Landesbesoldungsgesetzes vom 17. Dezember 1996 (GVBl. S. 465) fortgeltenden Fassung zugestanden hat, erhalten diese ab dem 1. Januar 2017 nur noch in Höhe von 75 v. H., ab dem 1. Januar 2018 in Höhe von 50 v. H. und ab dem 1. Januar 2019 in Höhe von 25 v. H.; ab dem 1. Januar 2020 entfällt die Zulage ganz. Alle anderen Beamtinnen und Beamte und Richterinnen und Richter, denen am 31. Dezember 2016 gemäß den in Satz 1 genannten Bestimmungen eine entsprechende Stellenzulage zugestanden hat, erhalten diese ab dem 1. Januar 2017 nur noch in Höhe von 50 v. H.; ab dem 1. Januar 2018 entfällt die Zulage ganz. Ausgleichszulagen für die Reduzierungen nach Satz 1 oder Satz 2 und den späteren Wegfall werden nicht gewährt. Sind die Anspruchsvoraussetzungen der Nummer 5 der Allgemeinen Vorbemerkungen zu den Landesbesoldungsordnungen in der jeweils durch Artikel 3 Abs. 2 des Zweiten Haushaltsfinanzierungsgesetzes vom 8. Februar 1982 und Artikel 2 des Siebzehnten Landesgesetzes zur Änderung des Landesbesoldungsgesetzes vom 17. Dezember 1996 fortgeltenden Fassung vor dem 31. Dezember 2016 entfallen und wird insofern bereits eine Ausgleichszulage gezahlt, gelten für diese die Sätze 1 bis 3 entsprechend.

(12) Abweichend von § 45 Abs. 3 dürfen die Vomhundertsätze für die Ausgaben für Sonderzuschläge bei den Gemeinden und Gemeindeverbänden im Gebiet des Landkreises Ahrweiler befristet bis zum 31. Dezember 2025 im Einvernehmen mit dem für das Kommunalrecht zuständigen Ministerium in sachgerechtem und zu den jährlichen Besoldungsausgaben in einem angemessenen Verhältnis stehenden Umfang überschritten werden.

§ 70 Allgemeine Verwaltungsvorschriften

Soweit gesetzlich nichts anderes bestimmt ist, erlässt die zur Durchführung dieses Gesetzes erforderlichen allgemeinen Verwaltungsvorschriften das für das finanzielle öffentliche Dienstrecht zuständige Ministerium.

Anlage 1

Landesbesoldungsordnungen A und B

Vorbemerkungen

Vorbemerkungen

1. Die Amtsbezeichnungen sind in jeder Besoldungsgruppe nach der Buchstabenfolge geordnet. Die Beamtinnen führen die Amtsbezeichnung soweit möglich in der weiblichen Form.

1a. Die in der Landesbesoldungsordnung A gesperrt gedruckten Amtsbezeichnungen sind Grundamtsbezeichnungen. Den Grundamtsbezeichnungen können Zusätze, die auf den Dienstherrn oder den Verwaltungsbereich, auf die Laufbahn oder auf die Fachrichtung hinweisen, beigefügt werden. Diese Zusätze bezeichnen die Funktionen, die diesen Ämtern zugeordnet werden können, nicht abschließend. Die Grundamtsbezeichnung „Rat“ darf nur in Verbindung mit einem Zusatz nach Satz 2 verliehen werden.

2. Die ausgebrachten Amts- und Stellenzulagen werden neben anderen Zulagen gewährt, soweit nicht etwas anderes bestimmt ist. Die Sätze der Amts- und Stellenzulagen sind Monatsbeträge.

3. (1) Künftig wegfallende Ämter sind in dem Anhang zu der jeweiligen Landesbesoldungsordnung aufgeführt.

   (2) Die als künftig wegfallend bezeichneten Ämter dürfen nicht mehr verliehen werden. Einem Beamten, der ein künftig wegfallendes Amt innehat, kann jedoch im Wege der Beförderung ein ebenfalls als künftig wegfallend bezeichnetes Amt verliehen werden, soweit dies laufbahnrechtlich zulässig ist und sofern nicht eine Beförderung in ein in den Landesbesoldungsordnungen A oder B ausgebrachtes Amt möglich ist.

4. (1) Ist für die Einstufung eines Amtes in die Besoldungsgruppen die Einwohnerzahl maßgebend, so ist diese nach § 130 Abs. 1 der Gemeindeordnung oder nach § 73 der Landkreisordnung zu ermitteln. Der Einwohnerzahl sind Familienangehörige der nicht meldepflichtigen Angehörigen der Stationierungsstreitkräfte und nicht kasernierte Mitglieder der Stationierungsstreitkräfte mit einem Anteil von 50 v. H. hinzuzurechnen.

   (2) Bestimmt sich die Einreihung der Ämter in die Besoldungsgruppen nach der Zahl der Schüler einer Schule, ist die Schülerzahl nach der amtlichen Schulstatistik vom Beginn des folgenden Haushaltsjahres an maßgebend.

   (3) Die Absätze 1 und 2 gelten auch für die Ämter, deren Einreihung in den Bundesbesoldungsordnungen geregelt ist.

   (4) § 19 Abs. 2 des Bundesbesoldungsgesetzes bleibt unberührt.

5. Beamte in Ämtern der Landesbesoldungsordnung A bei Justizvollzugsanstalten erhalten eine Stellenzulage nach Maßgabe der Nummer 12 der Vorbemerkungen zu den Bundesbesoldungsordnungen A und B.

6. (1) Richtet sich die Zuordnung des einem Beamten übertragenen Amtes zu einer Besoldungsgruppe einschließlich der Gewährung von Amtszulagen nach der Schülerzahl einer Schule, so begründet ein Absinken der Zahl der Schüler unter die für das Amt in den Bewertungsmerkmalen festgelegte Untergrenze allein kein dienstliches Bedürfnis, den Beamten in ein anderes Amt seiner Laufbahn zu versetzen.

   (2) Beamte, die wegen Rückgangs der Schülerzahlen in ein Amt mit niedrigerem Endgrundgehalt übertreten oder übergetreten sind, dürfen auf Antrag anstelle der Amtsbezeichnung des ihnen übertragenen Amtes die Amtsbezeichnung des bisherigen Amtes ohne Zusatz „außer Dienst“ führen.

7. Die Ämter des Leiters und des ständigen Vertreters des Leiters einer Integrierten

III

Gesamtschule sowie des gemeinsamen Leiters einer Kooperativen Gesamtschule dürfen auch Beamten in einer Laufbahn des gehobenen Dienstes übertragen werden, die eine Lehramtsbefähigung für eine der Schularten besitzen, deren Bildungsgänge an der integrierten Gesamtschule oder der kooperativen Gesamtschule angeboten werden.

III

I. Allgemeine Vorbemerkungen

1. Amtsbezeichnungen

(1) Die Amtsbezeichnungen sind in jeder Besoldungsgruppe nach der Buchstabenfolge geordnet. Die Beamtinnen führen die Amtsbezeichnung in der weiblichen Form; die Beamten führen die Amtsbezeichnung in der männlichen Form. Personen, für die im Personenstandsregister weder die Geschlechtsangabe „weiblich" noch „männlich" eingetragen ist, können wählen, ob sie eine Amtsbezeichnung in männlicher oder weiblicher Form oder als Doppelbezeichnung führen. Jeder Amtsbezeichnung kann auf Wunsch der Klammerzusatz „(divers)" oder „(ohne Geschlechtsangabe)" hinzugefügt werden.

(2) Die in der Landesbesoldungsordnung A gesperrt gedruckten Amtsbezeichnungen sind Grundamtsbezeichnungen. Die Zusätze zu den Grundamtsbezeichnungen ergeben sich aus Anlage 2.

2. Künftig wegfallende Ämter

(1) Künftig wegfallende Ämter sind in dem Anhang zu der jeweiligen Landesbesoldungsordnung aufgeführt.

(2) Die als künftig wegfallend bezeichneten Ämter dürfen nicht mehr verliehen werden, soweit gesetzlich nichts anderes bestimmt ist. Einer Beamtin oder einem Beamten, die oder der ein künftig wegfallendes Amt innehat, kann jedoch im Wege der Beförderung ein ebenfalls als künftig wegfallend bezeichnetes Amt verliehen werden, soweit dies laufbahnrechtlich zulässig ist und sofern nicht eine Beförderung in ein in den Landesbesoldungsordnungen A oder B ausgebrachtes Amt möglich ist.

3. Zuordnung von Ämtern

(1) Ist für die Einstufung eines Amtes in die Besoldungsgruppen die Anzahl der Einwohnerinnen und Einwohner maßgebend, so ist diese nach § 130 Abs. 1 der Gemeindeordnung oder nach § 73 der Landkreisordnung zu ermitteln. Der Anzahl der Einwohnerinnen und Einwohner sind Familienangehörige der nicht meldepflichtigen Angehörigen der Stationierungsstreitkräfte und nicht kasernierte Mitglieder der Stationierungsstreitkräfte mit einem Anteil von 50 v. H. hinzuzurechnen.

(2) Bestimmt sich die Einreihung der Ämter in die Besoldungsgruppen nach der Anzahl der Schülerinnen und Schüler einer Schule, ist die Anzahl der Schülerinnen und Schüler nach der amtlichen Schulstatistik vom Beginn des folgenden Haushaltsjahres an maßgebend.

(3) § 22 Abs. 2 bleibt unberührt.

(4) Richtet sich die Zuordnung des übertragenen Amtes zu einer Besoldungsgruppe einschließlich der Gewährung von Amtszulagen nach der Anzahl der Schülerinnen und Schüler einer Schule, so begründet ein Absinken dieser Zahl unter die für das Amt in den Bewertungsmerkmalen festgelegte Untergrenze allein kein dienstliches Bedürfnis, die Beamtin oder den Beamten in ein anderes Amt ihrer oder seiner Laufbahn zu versetzen.

(5) Beamtinnen und Beamte, die wegen Rückgangs der Anzahl der Schülerinnen und Schüler in ein Amt mit niedrigerem Endgrundgehalt übertreten oder übergetreten sind, dürfen auf Antrag anstelle der Amtsbezeichnung des ihnen übertragenen Amtes die Amtsbezeichnung des bisherigen Amtes ohne den Zusatz „außer Dienst" führen.

(6) Die Ämter der Leiterin oder des Leiters und der ständigen Vertreterin oder des ständigen Vertreters der Leiterin oder des Leiters einer Integrierten Gesamtschule sowie der gemeinsamen Leiterin oder des gemeinsamen Leiters einer Kooperativen Gesamtschule dürfen Beamtinnen und Beamten übertragen werden, die eine Befähigung für das Lehramt an Grund- und Hauptschulen, für das Lehramt an Realschulen, für das Lehramt an Realschulen plus oder für das Lehramt an Gym-

nasien besitzen. Das Amt der ständigen Vertreterin oder des ständigen Vertreters der Leiterin oder des Leiters einer Integrierten Gesamtschule, die Schwerpunktschule gemäß § 14a Abs. 1 Satz 3 des Schulgesetzes ist, kann auch einer Beamtin oder einem Beamten mit der Befähigung für das Lehramt an Förderschulen übertragen werden.

(7) Soweit nach der Landesbesoldungsordnung A Ämter an Grundschulen, Grund- und Realschulen plus, Realschulen plus und Integrierten Gesamtschulen an Beamtinnen und Beamte mit der Befähigung für das Lehramt an Förderschulen übertragen werden können, gilt dies nur, wenn die Schulen Schwerpunktschulen gemäß § 14a Abs. 1 Satz 3 des Schulgesetzes sind.

II. Stellenzulagen

4. Zulage für Beamtinnen und Beamte als fliegendes Personal und Nachprüfer von Luftfahrtgerät

(1) Beamtinnen und Beamte der Landesbesoldungsordnung A erhalten eine Stellenzulage

a) als Luftfahrzeugführerin oder Luftfahrzeugführer mit der Erlaubnis zum Führen von Luftfahrzeugen in Höhe von 521 Euro,

b) als sonstige ständige Luftfahrzeugbesatzungsangehörige in Höhe von 417 Euro,

c) als Nachprüferin oder Nachprüfer von Luftfahrtgerät, wenn sie die Nachprüferlaubnis besitzen und diese nicht bereits durch eine andere Prüferlaubnis eingeschlossen ist, in Höhe von 145 Euro,

wenn sie entsprechend verwendet werden.

(2) Die zuletzt gewährte Stellenzulage nach Absatz 1 Buchst. a oder Buchst. b wird nach Beendigung der Verwendung, auch über die Besoldungsgruppe A 16 hinaus, für fünf Jahre weitergewährt, wenn die Beamtin oder der Beamte

a) mindestens fünf Jahre in einer Tätigkeit nach Absatz 1 Buchst. a oder Buchst. b verwendet worden ist oder

b) bei der Verwendung nach Absatz 1 Buchst. a oder Buchst. b einen Dienstunfall im Flugdienst oder eine durch die Besonderheiten dieser Verwendung bedingte gesundheitliche Schädigung erlitten hat, die die weitere Verwendung nach Absatz 1 Buchst. a oder Buchst. b ausschließen.

Danach verringert sich die Stellenzulage auf 50 v. H.

(3) Hat die Beamtin oder der Beamte einen Anspruch auf eine Stellenzulage nach Absatz 2 und wechselt sie oder er in eine weitere Verwendung über, mit der ein Anspruch auf eine geringere Stellenzulage nach Absatz 1 Buchst. b verbunden ist, so wird zusätzlich zu der geringeren Stellenzulage der Unterschiedsbetrag zu der Stellenzulage nach Absatz 2 gewährt. Nach Beendigung der weiteren Verwendung wird die Stellenzulage nach Absatz 2 Satz 1 nur weitergewährt, soweit sie noch nicht vor der weiteren Verwendung bezogen und auch nicht während der weiteren Verwendung durch den Unterschiedsbetrag zwischen der geringeren Stellenzulage und der Stellenzulage nach Absatz 2 abgegolten worden ist. Der Berechnung der Stellenzulage nach Absatz 2 Satz 2 wird die höhere Stellenzulage zugrunde gelegt.

(4) Die Stellenzulage wird, mit Ausnahme der Stellenzulage nach Absatz 1 Buchst. c, neben einer Stellenzulage nach Nummer 5 nur gewährt, soweit sie diese übersteigt. Abweichend von Satz 1 wird die Stellenzulage nach Absatz 1 Buchst. a oder Buchst. b neben einer Stellenzulage nach Nummer 5 gewährt, soweit sie deren Hälfte übersteigt.

5. Zulage für Beamtinnen und Beamte beim Verfassungsschutz

Beamtinnen und Beamte erhalten, wenn sie beim Verfassungsschutz verwendet werden, eine Stellenzulage (Sicherheitszulage)

a) in der Besoldungsgruppe A 5 in Höhe von 163 Euro,

b) in den Besoldungsgruppen A 6 bis A 9 in Höhe von 217 Euro,

c) in den Besoldungsgruppen ab A 10 in Höhe von 271 Euro.

III

6. Zulage für Beamtinnen und Beamte des Polizeidienstes und des Steuerfahndungsdienstes

(1) Polizeibeamtinnen und Polizeibeamte sowie Beamtinnen und Beamte des Steuerfahndungsdienstes erhalten

a) nach einer Dienstzeit von einem Jahr eine Stellenzulage in Höhe von 90 Euro,

b) nach einer Dienstzeit von zwei Jahren eine Stellenzulage in Höhe von 180 Euro,

soweit ihnen Dienstbezüge nach der Landesbesoldungsordnung A zustehen. Die Zulage erhalten unter den gleichen Voraussetzungen auch Beamtinnen und Beamte auf Widerruf, die Vorbereitungsdienst leisten.

(2) Die Stellenzulage wird nicht neben einer Stellenzulage nach Nummer 5 gewährt.

(3) Durch die Stellenzulage werden die Besonderheiten des jeweiligen Dienstes, insbesondere der mit dem Posten- und Streifendienst sowie dem Nachtdienst verbundene Aufwand sowie der Aufwand für Verzehr mit abgegolten.

7. Zulage für Beamtinnen und Beamte der Feuerwehr

(1) Beamtinnen und Beamte im Einsatzdienst der Feuerwehr sowie Beamtinnen und Beamte, die entsprechend verwendet werden, erhalten

a) nach einer Dienstzeit von einem Jahr eine Stellenzulage in Höhe von 90 Euro,

b) nach einer Dienstzeit von zwei Jahren eine Stellenzulage in Höhe von 180 Euro,

soweit ihnen Dienstbezüge nach der Landesbesoldungsordnung A zustehen. Die Zulage erhalten unter den gleichen Voraussetzungen auch Vollzugsbeamtinnen und Vollzugsbeamte im Beamtenverhältnis auf Widerruf, die Vorbereitungsdienst leisten.

(2) Durch die Stellenzulage werden die Besonderheiten des Einsatzdienstes der Feuerwehr, insbesondere der mit dem Nachtdienst verbundene Aufwand sowie der Aufwand für Verzehr mit abgegolten.

8. Zulage für Beamtinnen und Beamte bei Justizvollzugseinrichtungen und Psychiatrischen Krankenanstalten

(1) Beamtinnen und Beamte in Ämtern der Landesbesoldungsordnung A bei Justizvollzugseinrichtungen, in abgeschlossenen Vorführbereichen der Gerichte sowie in geschlossenen Abteilungen oder Stationen bei Psychiatrischen Krankenanstalten, die ausschließlich dem Vollzug von Maßregeln der Besserung und Sicherung dienen, und in Abschiebehafteinrichtungen erhalten eine Stellenzulage in Höhe von 135 Euro. Nach einer Dienstzeit von drei Jahren erhöht sich der Betrag nach Satz 1 auf 180 Euro. Als Dienstzeit gelten auch solche Zeiten bei den in Satz 1 genannten Stellen, die in einem privatrechtlichen Arbeitsverhältnis erbracht worden sind. Die Zulage erhalten unter den gleichen Voraussetzungen auch Beamtinnen und Beamte auf Widerruf, die Vorbereitungsdienst leisten.

(2) Die Stellenzulage wird für Beamtinnen und Beamte in Abschiebehafteinrichtungen nicht neben einer Stellenzulage nach Nummer 6 gewährt.

9. Zulage für Beamtinnen und Beamte im Außendienst der Steuerprüfung

(1) Beamtinnen und Beamte der Steuerverwaltung erhalten für die Zeit ihrer überwiegenden Verwendung im Außendienst der Steuerprüfung eine Stellenzulage

a) in den Besoldungsgruppen A 6 (Einstiegsamt) bis A 9 (soweit nicht Einstiegsamt) in Höhe von 25 Euro,

b) in den Besoldungsgruppen A 9 (Einstiegsamt) bis A 13 (soweit nicht Einstiegsamt) in Höhe von 55 Euro.

Satz 1 gilt auch für die Prüfungsbeamtinnen und Prüfungsbeamten der Finanzgerichte, die überwiegend im Außendienst tätig sind.

(2) Die Stellenzulage wird nicht neben einer Stellenzulage nach Nummer 6 gewährt.

10. Zulage für die Verwendung bei obersten Gerichtshöfen oder bei obersten Behörden des Bundes oder eines anderen Landes

(1) Beamtinnen und Beamte erhalten während der Verwendung bei obersten Gerichtshöfen oder bei obersten Behörden des Bundes oder eines Landes, der oder das für seine Beamtinnen und Beamten bei seinen obersten Gerichtshöfen oder obersten Behörden eine Zulagenregelung getroffen hat, die Stellenzulage in der nach dem Besoldungsrecht des Bundes oder dieses Landes bestimmten Höhe, wenn der Dienstherr, bei dem die Beamtin oder der Beamte verwendet wird, diese Stellenzulage erstattet.

(2) Die Konkurrenz- und Anrechnungsregelungen des Bundes oder des Landes, bei dem die Verwendung erfolgt, sind anzuwenden.

(3) § 51 findet bei Beendigung der Verwendung keine Anwendung.

11. Zulage für Beamtinnen und Beamte im Vollstreckungsdienst der Finanzverwaltung sowie der Gemeinden und der Gemeindeverbände

(1) Die im Vollstreckungsdienst der Finanzverwaltung planmäßig beschäftigten Beamtinnen und Beamten der Besoldungsgruppen A 6 (Einstiegsamt) bis A 9 (soweit nicht Einstiegsamt) erhalten bei einer Verwendung von mehr als 40 v. H. im Außendienst, gemessen am zeitlichen Umfang ihrer regelmäßigen Arbeitszeit, eine Stellenzulage. Die Höhe der Stellenzulage richtet sich nach dem jeweiligen Verhältnis des zeitlichen Umfangs der im Kalendermonat erfolgten Verwendung im Außendienst zur regelmäßigen Arbeitszeit einer Vollzeitkraft basierend auf einem Höchstbetrag von 140 Euro.

(2) Absatz I gilt entsprechend für Beamtinnen und Beamte im Vollstreckungsdienst der Gemeinden und der Gemeindeverbände mit einem Höchstbetrag von 110 Euro.

III. Sonstige Zulagen

12. Allgemeine Zulage

(1) Beamtinnen und Beamte der Besoldungsgruppen A 6 (Einstiegsamt) bis A 13 erhalten eine das Grundgehalt ergänzende allgemeine Zulage nach Anlage 8. Satz 1 gilt nicht für Beamtinnen und Beamte des Schuldienstes, Beamtinnen und Beamte als Lehrkräfte an Justizvollzugsanstalten sowie für Beamtinnen und Beamte des Amtsanwaltsdienstes. Satz 2 gilt nicht für Studienrätinnen und Studienräte.

(2) Die allgemeine Zulage nimmt an den regelmäßigen Besoldungsanpassungen nach § 5 teil.

13. Zulage für Beamtinnen und Beamte mit Meisterprüfung oder Abschlussprüfung als staatlich geprüfter Techniker

Beamtinnen und Beamte der Besoldungsgruppen A 6 (Einstiegsamt) bis A 9 (soweit nicht Einstiegsamt), bei denen die Meisterprüfung oder die Abschlussprüfung als staatlich geprüfte Technikerin oder staatlich geprüfter Techniker zum Zugang zur Laufbahn vorgeschrieben ist, erhalten, wenn sie die Prüfung bestanden haben, eine Zulage in Höhe von 55 Euro.

Landesbesoldungsordnung A

Besoldungsgruppe A 1

–.–

Besoldungsgruppe A 2

–.–

Besoldungsgruppe A 3

(weggefallen)

Besoldungsgruppe A 4

(weggefallen)

Besoldungsgruppe A 5

Erste Hauptwachtmeisterin, Erster Hauptwachtmeister[1])

Oberamtsmeisterin, Oberamtsmeister[2])

[1]) Erhält eine Amtszulage nach Anlage 8.

[2]) Erhält eine Amtszulage nach Anlage 8, wenn sie oder er im Sitzungsdienst der Gerichte eingesetzt ist.

Besoldungsgruppe A 6

Restauratorin, Restaurator

Sekretärin, Sekretär[1])

Werkmeisterin, Werkmeister[2])

[1]) Beamtinnen und Beamte im Justizwachtmeisterdienst erhalten eine Amtszulage nach Anlage 8.

[2]) Als Einstiegsamt.

Besoldungsgruppe A 7

Brandmeisterin, Brandmeister[2])

Kriminalmeisterin, Kriminalmeister[2])

Oberrestauratorin, Oberrestaurator

Obersekretärin, Obersekretär[3])[4])

Oberwerkmeisterin, Oberwerkmeister[1])[5])

Polizeimeisterin, Polizeimeister[2])

[1]) Auch als Einstiegsamt.

[2]) Als Einstiegsamt.

[3]) Als Einstiegsamt für Beamtinnen und Beamte im zweiten Einstiegsamt, soweit der Schwerpunkt der Qualifikation im technischen Bereich liegt.

[4]) Als Einstiegsamt für Beamtinnen und Beamte im zweiten Einstiegsamt der Fachrichtung Justiz im allgemeinen Vollzugsdienst bei den Justizvollzugsanstalten.

[5]) Als Einstiegsamt für Beamtinnen und Beamte des Werkdienstes bei den Justizvollzugsanstalten.

Besoldungsgruppe A 8

Gerichtsvollzieherin, Gerichtsvollzieher[1])

Hauptrestauratorin, Hauptrestaurator

Hauptsekretärin, Hauptsekretär

Hauptwerkmeisterin, Hauptwerkmeister

Kriminalobermeisterin, Kriminalobermeister

Oberbrandmeisterin, Oberbrandmeister

Polizeiobermeisterin, Polizeiobermeister

[1]) Als Einstiegsamt.

Besoldungsgruppe A 9

Inspektorin, Inspektor[1])

Kriminalhauptmeisterin, Kriminalhauptmeister[1])

Kriminalkommissarin, Kriminalkommissar

Obergerichtsvollzieherin, Obergerichtsvollzieher[1])

Polizeihauptmeisterin, Polizeihauptmeister[1])

Polizeikommissarin, Polizeikommissar

[1]) Für Beamtinnen und Beamte des Besoldungsgruppe A 9 (soweit nicht Einstiegsamt), die Funktionen innehaben, welche sich von denen der Besoldungsgruppe A 9 (soweit nicht Einstiegsamt) abheben, können nach Maßgabe sachgerechter Bewertung bis zu 30 v. H. dieser Stellen mit einer Amtszulage nach Anlage 8 ausgestattet werden.

Besoldungsgruppe A 10[1])

Kriminaloberkommissarin, Kriminaloberkommissar

Lehrerin, Lehrer für Fachpraxis
– mit der Befähigung für dieses Lehramt[2]) –

Lehrerin, Lehrer für Fachpraxis mit sonderpädagogischer Qualifikation
– mit der Befähigung für dieses Lehramt[2]) –

Oberinspektorin, Oberinspektor

Polizeioberkommissarin, Polizeioberkommissar

[1]) Als Einstiegsamt für Beamtinnen und Beamte im dritten Einstiegsamt, soweit der Schwerpunkt der Qualifikation im technischen Bereich liegt.

[2]) Als Einstiegsamt.

Besoldungsgruppe A 11

Amtfrau, Amtmann

Fachlehrerin, Fachlehrer an berufsbildenden Schulen
– mit der Befähigung für dieses Lehramt[5])[6]) –

Kriminalhauptkommissarin, Kriminalhauptkommissar[1])

Lehrerin, Lehrer für Fachpraxis
– mit der Befähigung für dieses Lehramt[2])[3])[4]) –

Lehrerin, Lehrer für Fachpraxis mit sonderpädagogischer Qualifikation
– mit der Befähigung für dieses Lehramt[2])[3])[4]) –

Polizeihauptkommissarin, Polizeihauptkommissar[1])

[1]) Soweit nicht in der Besoldungsgruppe A 12.

[2]) In diese Besoldungsgruppe können nur Beamtinnen und Beamte eingestuft werden, die nach Abschluss der vorgeschriebenen Ausbildung eine achtjährige Lehrtätigkeit oder eine vierjährige Dienstzeit nach Ablauf der Probezeit als Lehrerin oder Lehrer für

Fachpraxis in der Besoldungsgruppe A 10 verbracht haben.

[3]) Als erstes Beförderungsamt.

[4]) Als zweites Beförderungsamt. Erhält eine Amtszulage nach Anlage 8.

[5]) Als Einstiegsamt.

[6]) Als erstes Beförderungsamt. Erhält eine Amtszulage nach Anlage 8.

Besoldungsgruppe A 12

Amtsanwältin, Amtsanwalt[2])

Amtsrätin, Amtsrat

Fachlehrerin, Fachlehrer

– mit beratenden Aufgaben für den praktischen Unterricht an berufsbildenden Schulen[1]) –

Fachlehrerin, Fachlehrer an berufsbildenden Schulen

– mit der Befähigung für dieses Lehramt[4]) –

Kriminalhauptkommissarin, Kriminalhauptkommissar[5])

Lehrerin, Lehrer

– mit der Befähigung für das Lehramt an Grund- und Hauptschulen oder an Grundschulen[2])[3]) –

Oberlehrerin, Oberlehrer für Fachpraxis an einer Justizvollzugsanstalt

Polizeihauptkommissarin, Polizeihauptkommissar[5])

Rechnungsrätin, Rechnungsrat

– als Prüfungsbeamtin oder Prüfungsbeamter beim Rechnungshof –

---

[1]) In diese Besoldungsgruppe können nur Beamtinnen und Beamte eingestuft werden, die die Prüfung von Lehrerinnen und Lehrern für das Lehramt der Fachlehrerin oder des Fachlehrers mit beratenden Aufgaben für den praktischen Unterricht an berufsbildenden Schulen bestanden haben, höchstens jedoch 20 v. H. der Gesamtzahl der planmäßigen Beamtinnen und Beamten, die den Laufbahnvorschriften der Lehrerin oder des Lehrers für Fachpraxis und der Fachlehrerin oder des Fachlehrers an berufsbildenden Schulen in dem Fach Religion unterliegen.

[2]) Als Einstiegsamt.

[3]) Als Beförderungsamt. Erhält eine Amtszulage nach Anlage 8.

[4]) In diese Besoldungsgruppe können nur Beamtinnen und Beamte eingestuft werden, die nach Abschluss der vorgeschriebenen Hochschulausbildung eine achtjährige Lehrtätigkeit oder eine dreijährige Dienstzeit nach Ablauf der Probezeit als Fachlehrerin oder Fachlehrer an berufsbildenden Schulen in der Besoldungsgruppe A 11 verbracht haben.

[5]) Soweit nicht in der Besoldungsgruppe A 11.

Besoldungsgruppe A 13

Akademische Rätin, Akademischer Rat

– als Lehrkraft für besondere Aufgaben an einer Hochschule –

– als wissenschaftliche oder künstlerische Mitarbeiterin oder wissenschaftlicher oder künstlerischer Mitarbeiter an einer Hochschule –

Ärztin, Arzt[7])

Erste Kriminalhauptkommissarin, Erster Kriminalhauptkommissar

Erste Polizeihauptkommissarin, Erster Polizeihauptkommissar

Fachleiterin, Fachleiter

– mit der Befähigung für das Lehramt an Grundschulen oder für das Lehramt an Grund- und Hauptschulen als Ausbilderin oder Ausbilder an einem Studienseminar für das Lehramt an Grundschulen –

Förderschullehrerin, Förderschullehrer

– mit der Befähigung für das Lehramt an Förderschulen oder an berufsbildenden Schulen[2])[3]) –

Geschäftsführerin, Geschäftsführer bei einer Handwerkskammer[8])

Konrektorin, Konrektor

– mit der Befähigung für das Lehramt an Grundschulen, für das Lehramt an Grund- und Hauptschulen oder für das Lehramt an Förderschulen

als ständige Vertreterin oder ständiger Vertreter der Leiterin oder des Leiters einer Grundschule mit mehr als 180 bis zu 360 Schülerinnen und Schülern,

als ständige Vertreterin oder ständiger Vertreter der Leiterin oder des Leiters einer Grundschule mit mehr als 360 Schülerinnen und Schülern[1]),

als Primarstufenleiterin oder Primarstufenleiter an einer organisatorisch verbundenen Grund- und Realschule plus mit bis zu

80 Schülerinnen und Schülern in der Grundschule,

als Primarstufenleiterin oder Primarstufenleiter an einer organisatorisch verbundenen Grund- und Realschule plus mit mehr als 80 Schülerinnen und Schülern in der Grundschule[1]) –

– mit der Befähigung für das Lehramt an Grundschulen oder an Grund- und Hauptschulen

als ständige Vertreterin oder ständiger Vertreter der Leiterin oder des Leiters eines Studienseminars für das Lehramt an Grundschulen[1]),

bei Verwendung am Pädagogischen Landesinstitut Rheinland-Pfalz –

Konrektorin, Konrektor an einer Integrierten Gesamtschule

– mit der Befähigung für das Lehramt an Grund- und Hauptschulen

als pädagogische Koordinatorin oder pädagogischer Koordinator

– für die Klassenstufen 5 und 6[1])
– für die Klassenstufen 7 und 8[1])
– für die Klassenstufen 9 und 10[1])–

Konrektorin, Konrektor an einer Kooperativen Gesamtschule

– mit der Befähigung für das Lehramt an Grund- und Hauptschulen

als pädagogische Koordinatorin oder pädagogischer Koordinator für die Klassenstufen 5 und 6, sofern diese Klassenstufen bei jeder Schulart der Gesamtschule vorhanden sind[1]),

als Koordinatorin oder Koordinator der schulartübergreifenden Aufgaben für die Sekundarstufe I[1]) –

Konrektorin, Konrektor an einer Realschule plus

– mit der Befähigung für das Lehramt an Grund- und Hauptschulen, für das Lehramt an Realschulen, für das Lehramt an Realschulen plus oder für das Lehramt an Förderschulen als pädagogische Koordinatorin oder pädagogischer Koordinator an einer Realschule plus mit mehr als 180 bis zu 540 Schülerinnen und Schülern oder an einer organisatorisch verbundenen Grund- und Realschule plus mit mehr als 180 bis zu 540 Schülerinnen und Schülern in der Realschule plus[1]) –

Konservatorin, Konservator

Kustodin, Kustos

Lehrerin, Lehrer

– mit der Befähigung für das Lehramt an Realschulen plus[2])[3]) –

Oberamtsanwältin, Oberamtsanwalt[6])

Oberlehrerin, Oberlehrer an einer Justizvollzugsanstalt

Oberrechnungsrätin, Oberrechnungsrat

– als Prüfungsbeamtin oder Prüfungsbeamter beim Rechnungshof[4]) –

Pfarrerin, Pfarrer

Rätin, Rat[4])[5])

Realschullehrerin, Realschullehrer

– mit der Befähigung für das Lehramt an Realschulen[2])[3]) –

Rektorin, Rektor

– als Leiterin oder Leiter des Berufsausbildungszentrums der Justizvollzugsanstalt Zweibrücken[1]) –

– als Leiterin oder Leiter einer Musikschule[7]) –

– mit der Befähigung für das Lehramt an Grundschulen oder für das Lehramt an Grund- und Hauptschulen als Leiterin oder Leiter einer Grundschule mit bis zu 80 Schülerinnen und Schülern,

als Leiterin oder Leiter einer Grundschule mit mehr als 80 bis zu 180 Schülerinnen und Schülern[1]) –

Studienrätin, Studienrat

– als pädagogische Leiterin oder pädagogischer Leiter einer Weiterbildungseinrichtung –

– mit der Befähigung für das Lehramt an Gymnasien oder für das Lehramt an berufsbildenden Schulen –

Studienrätin, Studienrat mit sonderpädagogischer Qualifikation

– mit der Befähigung für das Lehramt an berufsbildenden Schulen –

Zweite Konrektorin, Zweiter Konrektor

– mit der Befähigung für das Lehramt an Grundschulen, für das Lehramt an Grund- und Hauptschulen oder für das Lehramt an Förderschulen an einer Grundschule mit mehr als 540 Schülerinnen und Schülern –

[1]) Erhält eine Amtszulage nach Anlage 8.

[2]) Als Einstiegsamt.

[3]) Als Beförderungsamt. Erhält eine Amtszulage nach Anlage 8.

[4]) Für Beamtinnen und Beamte der Besoldungsgruppe A 13 (soweit nicht Einstiegsamt), soweit der Schwerpunkt der Qualifikation im technischen Bereich liegt und die Funktionen innehaben, welche sich von entsprechend technisch geprägten Funktionen der Besoldungsgruppe A 13 (soweit nicht Einstiegsamt) abheben, können nach Maßgabe sachgerechter Bewertung bis zu 20 v. H. dieser Stellen mit einer Amtszulage nach Anlage 8 ausgestattet werden.

[5]) Für Funktionen der Rechtspflegerinnen und Rechtspfleger bei Gerichten und Staatsanwaltschaften, die sich von denen der Besoldungsgruppe A 13 abheben, können nach Maßgabe sachgerechter Bewertung jeweils bis zu 20 v. H. der für Rechtspflegerinnen und Rechtspfleger ausgebrachten Stellen der Besoldungsgruppe A 13 mit einer Amtszulage nach Anlage 8 ausgestattet werden.

[6]) Für Funktionen der Amtsanwältinnen und Amtsanwälte bei einer Staatsanwaltschaft, die sich von denen der Besoldungsgruppe A 13 abheben, können nach Maßgabe sachgerechter Bewertung bis zu 20 v. H. der Stellen für Oberamtsanwältinnen und Oberamtsanwälte mit einer Amtszulage nach Anlage 8 ausgestattet werden.

[7]) Soweit nicht in der Besoldungsgruppe A 14.

[8]) Soweit nicht in Besoldungsgruppe A 14, A 15.

Besoldungsgruppe A 14

Akademische Oberrätin, Akademischer Oberrat

– als Lehrkraft für besondere Aufgaben an einer Hochschule –

– als wissenschaftliche oder künstlerische Mitarbeiterin oder wissenschaftlicher oder künstlerischer Mitarbeiter an einer Hochschule –

Ärztin, Arzt[3])

Chefärztin, Chefarzt[4])

Fachleiterin, Fachleiter

– mit der Befähigung für das Lehramt an Grund- und Hauptschulen, für das Lehramt an Realschulen oder für das Lehramt an Realschulen plus als Ausbilderin oder Ausbilder an einem Studienseminar für das Lehramt an Realschulen plus –

Förderschulfachleiterin, Förderschulfachleiter

– mit der Befähigung für das Lehramt an Förderschulen als Ausbilderin oder Ausbilder an einem Studienseminar für dieses Lehramt –

Förderschulkonrektorin, Förderschulkonrektor

– als Abteilungsleiterin oder Abteilungsleiter eines Bildungsgangs, der an einer Förderschule mit mehr als 135 Schülerinnen und Schülern neben einem Bildungsgang zur Erlangung der Berufsreife geführt wird –

– als ständige Vertreterin oder ständiger Vertreter der Leiterin oder des Leiters

einer Schule mit dem Förderschwerpunkt Lernen mit mehr als 90 bis zu 180 Schülerinnen und Schülern,

einer Schule mit einem anderen Förderschwerpunkt als dem Förderschwerpunkt Lernen mit mehr als 45 bis zu 90 Schülerinnen und Schülern,

einer Schule mit dem Förderschwerpunkt Lernen mit mehr als 180 Schülerinnen und Schülern[1]),

einer Schule mit einem anderen Förderschwerpunkt als dem Förderschwerpunkt Lernen mit mehr als 90 Schülerinnen und Schülern[1]),

einer Schule mit einem anderen Förderschwerpunkt als dem Förderschwerpunkt Lernen mit mehr als 135 bis zu 270 Schülerinnen und Schülern, die mit einem Schülerheim verbunden ist und mindestens einen über den Abschluss der Berufsreife hinausgehenden allgemein bildenden oder berufsbildenden Zug führt[2]),

eines Studienseminars für das Lehramt an Förderschulen[1]) –

Förderschulrektorin, Förderschulrektor

– einer Schule mit dem Förderschwerpunkt Lernen mit bis zu 90 Schülerinnen und Schülern –

- einer Schule mit dem Förderschwerpunkt Lernen mit mehr als 90 bis zu 180 Schülerinnen und Schülern[1]) –
- einer Schule mit einem anderen Förderschwerpunkt als dem Förderschwerpunkt Lernen mit bis zu 45 Schülerinnen und Schülern –
- einer Schule mit einem anderen Förderschwerpunkt als dem Förderschwerpunkt Lernen mit mehr als 45 bis zu 90 Schülerinnen und Schülern[1]) –

III

Geschäftsführerin, Geschäftsführer bei einer Handwerkskammer[6])

Konrektorin, Konrektor an einer Integrierten Gesamtschule

- mit der Befähigung für das Lehramt an Realschulen, für das Lehramt an Realschulen plus oder für das Lehramt an Förderschulen

  als pädagogische Koordinatorin oder pädagogischer Koordinator
  - für die Klassenstufen 5 und 6
  - für die Klassenstufen 7 und 8
  - für die Klassenstufen 9 und 10 –

Konrektorin, Konrektor an einer Kooperativen Gesamtschule

- mit der Befähigung für das Lehramt an Realschulen oder für das Lehramt an Realschulen plus

  als pädagogische Koordinatorin oder pädagogischer Koordinator für die Klassenstufen 5 und 6, sofern diese Klassenstufen bei jeder Schulart der Gesamtschule vorhanden sind,

  als Koordinatorin oder Koordinator der schulartübergreifenden Aufgaben für die Sekundarstufe I –

Konrektorin, Konrektor an einer Realschule plus

- mit der Befähigung für das Lehramt an Grund- und Hauptschulen, für das Lehramt an Realschulen oder für das Lehramt an Realschulen plus

  als ständige Vertreterin oder ständiger Vertreter der Leiterin oder des Leiters eines Studienseminars für das Lehramt an Realschulen plus[1]),

  als Leiterin oder Leiter einer Teildienststelle eines Studienseminars für das Lehramt an Realschulen plus[1]) –

- mit der Befähigung für das Lehramt an Grund- und Hauptschulen, für das Lehramt an Realschulen, für das Lehramt an Realschulen plus oder für das Lehramt an Förderschulen

  als ständige Vertreterin oder ständiger Vertreter der Leiterin oder des Leiters einer Realschule plus mit mehr als 180 bis zu 360 Schülerinnen und Schülern,

  als ständige Vertreterin oder ständiger Vertreter der Leiterin oder des Leiters einer Realschule plus mit mehr als 360 Schülerinnen und Schülern[1]),

  als pädagogische Koordinatorin oder pädagogischer Koordinator an einer Realschule plus mit mehr als 540 Schülerinnen und Schülern oder an einer organisatorisch verbundenen Grund- und Realschule plus mit mehr als 540 Schülerinnen und Schülern in der Realschule plus,

  als didaktische Koordinatorin oder didaktischer Koordinator an einer Realschule plus oder an einer organisatorisch verbundenen Grund- und Realschule plus –

- mit der Befähigung für das Lehramt an Grundschulen, für das Lehramt an Grund- und Hauptschulen, für das Lehramt an Realschulen, für das Lehramt an Realschulen plus oder für das Lehramt an Förderschulen

  als ständige Vertreterin oder ständiger Vertreter der Leiterin oder des Leiters einer organisatorisch verbundenen Grund- und Realschule plus mit mehr als 180 bis zu 360 Schülerinnen und Schülern in der Realschule plus,

  als ständige Vertreterin oder ständiger Vertreter der Leiterin oder des Leiters einer organisatorisch verbundenen Grund- und Realschule plus mit mehr als 360 Schülerinnen und Schülern in der Realschule plus[1]) –

Oberärztin, Oberarzt[5])

Oberkonservatorin, Oberkonservator

Oberkustodin, Oberkustos

Oberrätin, Oberrat

Oberstudienrätin, Oberstudienrat

- als pädagogische Leiterin oder pädagogischer Leiter einer Weiterbildungseinrichtung –
- mit der Befähigung für das Lehramt an berufsbildenden Schulen als Koordinatorin oder Koordinator an einer Realschule plus mit organisatorisch verbundener Fachoberschule[1]) –
- mit der Befähigung für das Lehramt an Gymnasien oder für das Lehramt an berufsbildenden Schulen –

Oberstudienrätin, Oberstudienrat mit sonderpädagogischer Qualifikation

- mit der Befähigung für das Lehramt an berufsbildenden Schulen –

Regierungsschulrätin, Regierungsschulrat

- als Referentin oder Referent bei einer obersten Landesbehörde –
- im Schulaufsichtsdienst –
- mit der Befähigung für ein Lehramt an Schulen, dessen Einstiegsamt mindestens der Besoldungsgruppe A 12 zugeordnet ist, bei der Verwendung am Pädagogischen Landesinstitut Rheinland-Pfalz –

Rektorin, Rektor

- als Leiterin oder Leiter einer Musikschule[3]) –
- mit der Befähigung für das Lehramt an Grundschulen oder für das Lehramt an Grund- und Hauptschulen

  als Leiterin oder Leiter einer Grundschule mit mehr als 180 bis zu 360 Schülerinnen und Schülern,

  als Leiterin oder Leiter einer Grundschule mit mehr als 360 Schülerinnen und Schülern[1]),

  als Leiterin oder Leiter eines Studienseminars für das Lehramt an Grundschulen[1]) –

Rektorin, Rektor an einer Integrierten Gesamtschule

- mit der Befähigung für das Lehramt an Grund- und Hauptschulen

  als didaktische Koordinatorin oder didaktischer Koordinator der Sekundarstufe I, als Organisationsleiterin oder Organisationsleiter –

Rektorin, Rektor an einer Realschule plus

- mit der Befähigung für das Lehramt an Grund- und Hauptschulen, für das Lehramt an Realschulen oder für das Lehramt an Realschulen plus als Leiterin oder Leiter einer Realschule plus mit mehr als 180 bis zu 360 Schülerinnen und Schülern[1]) –
- mit der Befähigung für das Lehramt an Grundschulen, für das Lehramt an Grund- und Hauptschulen, für das Lehramt an Realschulen oder für das Lehramt an Realschulen plus als Leiterin oder Leiter einer organisatorisch verbundenen Grund- und Realschule plus mit mehr als 180 bis zu 360 Schülerinnen und Schülern in der Realschule plus[1]) –

Zweite Förderschulkonrektorin, Zweiter Förderschulkonrektor

- einer Schule mit dem Förderschwerpunkt Lernen mit mehr als 270 Schülerinnen und Schülern –
- einer Schule mit einem anderen Förderschwerpunkt als dem Förderschwerpunkt Lernen mit mehr als 135 Schülerinnen und Schülern –

Zweite Konrektorin, Zweiter Konrektor an einer Realschule plus

- mit der Befähigung für das Lehramt an Grund- und Hauptschulen, für das Lehramt an Realschulen, für das Lehramt an Realschulen plus oder für das Lehramt an Förderschulen an einer Realschule plus mit mehr als 540 Schülerinnen und Schülern –
- mit der Befähigung für das Lehramt an Grundschulen, für das Lehramt an Grund- und Hauptschulen, für das Lehramt an Realschulen, für das Lehramt an Realschulen plus oder für das Lehramt an Förderschulen an einer organisatorisch verbundenen Grund- und Realschule plus mit mehr als 540 Schülerinnen und Schülern in der Realschule plus –

[1]) Erhält eine Amtszulage nach Anlage 8.

[2]) Erhält eine Amtszulage nach Anlage 8.

[3]) Soweit nicht in der Besoldungsgruppe A 13.

[4]) Soweit nicht in den Besoldungsgruppen A 15, A 16.

[5]) Soweit nicht in der Besoldungsgruppe A 15.

[6]) Soweit nicht in Besoldungsgruppe A 13, A 15.

Besoldungsgruppe A 15

Akademische Direktorin, Akademischer Direktor

- als Lehrkraft für besondere Aufgaben an einer Hochschule –
- als wissenschaftliche oder künstlerische Mitarbeiterin oder wissenschaftlicher oder künstlerischer Mitarbeiter an einer Hochschule –

Chefärztin, Chefarzt[2])

Direktorin, Direktor

Direktorin, Direktor

- als gemeinsame Leiterin oder gemeinsamer Leiter einer Kooperativen Gesamtschule ohne Oberstufe mit bis zu 1000 Schülerinnen und Schülern[1]) –

Direktorin, Direktor beim Landeskrankenhaus

- als therapeutische Leiterin oder therapeutischer Leiter des Sprachheilzentrums Meisenheim –

Direktorin, Direktor einer Integrierten Gesamtschule

- ohne Oberstufe mit bis zu 1000 Schülerinnen und Schülern[1]) –

Direktorstellvertreterin, Direktorstellvertreter an einer Integrierten Gesamtschule

- als ständige Vertreterin oder ständiger Vertreter der Leiterin oder des Leiters

  einer Gesamtschule mit Oberstufe[1]),

  einer Gesamtschule ohne Oberstufe mit mehr als 1000 Schülerinnen und Schülern[1]),

  einer Gesamtschule ohne Oberstufe mit bis zu 1000 Schülerinnen und Schülern –

Förderschulkonrektorin, Förderschulkonrektor

- als ständige Vertreterin oder ständiger Vertreter der Leiterin oder des Leiters einer Schule mit einem anderen Förderschwerpunkt als dem Förderschwerpunkt Lernen mit mehr als 270 Schülerinnen und Schülern, die mit einem Schülerheim verbunden ist und mindestens einen über den Abschluss der Berufsreife hinausgehenden allgemein bildenden oder berufsbildenden Zug führt –

Förderschulrektorin, Förderschulrektor

- einer Schule mit dem Förderschwerpunkt Lernen mit mehr als 180 Schülerinnen und Schülern –
- einer Schule mit einem anderen Förderschwerpunkt als dem Förderschwerpunkt Lernen mit mehr als 90 Schülerinnen und Schülern –
- einer Schule mit einem anderen Förderschwerpunkt als dem Förderschwerpunkt Lernen mit mehr als 135 bis zu 270 Schülerinnen und Schülern, die mit einem Schülerheim verbunden ist und mindestens einen über den Abschluss der Berufsreife hinausgehenden allgemein bildenden oder berufsbildenden Zug führt[1]) –
- als Leiterin oder Leiter eines Studienseminars für das Lehramt an Förderschulen –

Geschäftsführerin, Geschäftsführer bei einer Handwerkskammer[5])

Hauptkonservatorin, Hauptkonservator

Hauptkustodin, Hauptkustos

Museumsdirektorin und Professorin, Museumsdirektor und Professor

Oberärztin, Oberarzt[3])

Regierungsschuldirektorin, Regierungsschuldirektor

- als Referentin oder Referent bei einer obersten Landesbehörde –
- im Schulaufsichtsdienst –
- mit der Befähigung für ein Lehramt an Schulen, dessen Einstiegsamt mindestens der Besoldungsgruppe A 12 zugeordnet ist,

  bei Verwendung am Pädagogischen Landesinstitut Rheinland-Pfalz –

Rektorin, Rektor an einer Integrierten Gesamtschule

- mit der Befähigung für das Lehramt an Realschulen, für das Lehramt an Realschulen plus oder für das Lehramt an Förderschulen als didaktische Koordinatorin oder didaktischer Koordinator der Sekundarstufe I,

als Organisationsleiterin oder Organisationsleiter –

Rektorin, Rektor an einer Realschule plus

– mit der Befähigung für das Lehramt an Grund- und Hauptschulen, für das Lehramt an Realschulen oder für das Lehramt an Realschulen plus

  als Leiterin oder Leiter einer Realschule plus mit mehr als 360 Schülerinnen und Schülern,

  als Leiterin oder Leiter eines Studienseminars für das Lehramt an Realschulen plus –

– mit der Befähigung für das Lehramt an Grundschulen, für das Lehramt an Grund- und Hauptschulen, für das Lehramt an Realschulen oder für das Lehramt an Realschulen plus

  als Leiterin oder Leiter einer organisatorisch verbundenen Grund- und Realschule plus mit mehr als 360 Schülerinnen und Schülern in der Realschule plus –

Studiendirektorin, Studiendirektor

– als ständige Vertreterin oder ständiger Vertreter der Leiterin oder des Leiters

  einer beruflichen Schule mit mehr als 80 bis zu 360 Schülerinnen und Schülern[4]),

  einer beruflichen Schule mit mehr als 360 Schülerinnen und Schülern[1])[4]),

  eines Abendgymnasiums mit bis zu 130 Studierenden,

  eines Abendgymnasiums mit mehr als 130 Studierenden[1]),

  eines Aufbaugymnasiums mit bis zu 130 Schülerinnen und Schülern,

  eines Aufbaugymnasiums mit mehr als 130 Schülerinnen und Schülern[1]),

  eines Gymnasiums im Aufbau mit

  – mehr als 540 Schülerinnen und Schülern, wenn die oberste Jahrgangsstufe fehlt[1]),

  – mehr als 670 Schülerinnen und Schülern, wenn die zwei oberen Jahrgangsstufen fehlen[1]),

  – mehr als 800 Schülerinnen und Schülern, wenn die drei oberen Jahrgangsstufen fehlen[1]),

  eines Instituts zur Erlangung der Hochschulreife (Kolleg) mit bis zu 130 Kollegiaten,

  eines Instituts zur Erlangung der Hochschulreife (Kolleg) mit mehr als 130 Kollegiaten[1]),

  eines nicht voll ausgebauten Gymnasiums,

  eines Studienkollegs mit bis zu 130 Kollegiaten,

  eines Studienkollegs mit mehr als 130 Kollegiaten[1]),

  eines Studienseminars für das Lehramt an Gymnasien oder für das Lehramt an berufsbildenden Schulen[1]),

  eines voll ausgebauten Gymnasiums mit bis zu 360 Schülerinnen und Schülern,

  eines voll ausgebauten Gymnasiums mit mehr als 360 Schülerinnen und Schülern[1]),

  eines voll ausgebauten Oberstufengymnasiums,

  eines zweizügig voll ausgebauten Oberstufengymnasiums oder eines Oberstufengymnasiums mit mindestens zwei Schultypen[1]) –

– als Fachberaterin oder Fachberater in der Schulaufsicht, als Fachleiterin oder Fachleiter oder Seminarlehrerin oder Seminarlehrer an Studienseminaren oder Seminarschulen[6]) –

– als Leiterin oder Leiter

  einer beruflichen Schule mit bis zu 80 Schülerinnen und Schülern[4]),

  einer beruflichen Schule mit mehr als 80 bis zu 360 Schülerinnen und Schülern[1])[4]),

  eines Abendgymnasiums mit bis zu 130 Studierenden[1]),

  eines Aufbaugymnasiums mit bis zu 130 Schülerinnen und Schülern[1]),

  eines Instituts zur Erlangung der Hochschulreife (Kolleg) mit bis zu 130 Kollegiaten[1]),

  eines nicht voll ausgebauten Gymnasiums[1]),

eines Studienkollegs mit bis zu 130 Kollegiaten[1]),

eines voll ausgebauten Gymnasiums mit bis zu 360 Schülerinnen und Schülern[1]),

eines voll ausgebauten Oberstufengymnasiums[1]) –

– als pädagogische Leiterin oder pädagogischer Leiter einer Weiterbildungseinrichtung –

– mit der Befähigung für das Lehramt an Gymnasien oder für das Lehramt an berufsbildenden Schulen zur Koordinierung schulfachlicher Aufgaben an einer Integrierten Gesamtschule

als didaktische Koordinatorin oder didaktischer Koordinator der Sekundarstufe I,

als Organisationsleiterin oder Organisationsleiter –

– mit der Befähigung für das Lehramt an Gymnasien oder für das Lehramt an berufsbildenden Schulen zur Koordinierung schulfachlicher Aufgaben an Gymnasien, berufsbildenden Schulen oder Integrierten Gesamtschulen[6]) –

[1]) Erhält eine Amtszulage nach Anlage 8.

[2]) Soweit nicht in den Besoldungsgruppen A 14, A 16.

[3]) Soweit nicht in der Besoldungsgruppe A 14.

[4]) Bei Schulen mit Teilzeitunterricht rechnen 2,5 Unterrichtsteilnehmende mit Teilzeitunterricht als eine oder einer.

[5]) Soweit nicht in Besoldungsgruppe A 13, A 14.

[6]) Höchstens 30 v. H. der Gesamtzahl der planmäßigen Beamtinnen und Beamten, die den Laufbahnvorschriften für Studienrätinnen und Studienräte unterfallen.

Besoldungsgruppe A 16

Abteilungsdirektorin, Abteilungsdirektor

Abteilungsdirektorin, Abteilungsdirektor

– als die ständige Vertreterin oder der ständige Vertreter des Direktors des Pädagogischen Landesinstituts Rheinland-Pfalz –

Chefärztin, Chefarzt[1])

Direktorin, Direktor

– als gemeinsame Leiterin oder gemeinsamer Leiter einer Kooperativen Gesamtschule[2]) –

– als Leiterin oder Leiter einer großen und bedeutenden Organisationseinheit der Verwaltung einer Stadt mit mehr als 150 000 Einwohnerinnen und Einwohnern –

Direktorin, Direktor der Wiederaufbaukasse der Rheinland-Pfälzischen Weinbaugebiete

Direktorin, Direktor einer Integrierten Gesamtschule

– mit Oberstufe –

– ohne Oberstufe mit mehr als 1000 Schülerinnen und Schülern –

Fachbereichsleiterin, Fachbereichsleiter beim Institut für medizinische und pharmazeutische Prüfungsfragen[7])

Förderschulrektorin, Förderschulrektor

– einer Schule mit einem anderen Förderschwerpunkt als dem Förderschwerpunkt Lernen mit mehr als 270 Schülerinnen und Schülern, die mit einem Schülerheim verbunden ist und mindestens einen über den Abschluss der Berufsreife hinausgehenden allgemein bildenden oder berufsbildenden Zug führt –

Landeskonservatorin, Landeskonservator

Leitende Akademische Direktorin, Leitender Akademischer Direktor

– als wissenschaftliche oder künstlerische Mitarbeiterin oder als wissenschaftlicher oder künstlerischer Mitarbeiter an einer Hochschule[3]) –

Leitende Direktorin, Leitender Direktor[8])

Leitende Regierungsschuldirektorin, Leitender Regierungsschuldirektor

– im Schulaufsichtsdienst –

Ministerialrätin, Ministerialrat

– bei einer obersten Landesbehörde[4]) –

Museumsdirektorin und Professorin, Museumsdirektor und Professor

Oberstudiendirektorin, Oberstudiendirektor

– als Leiterin oder Leiter

einer beruflichen Schule mit mehr als 360 Schülerinnen und Schülern[5]), eines Abendgymnasiums mit mehr als 130 Studierenden,

eines Aufbaugymnasiums mit mehr als 130 Schülerinnen und Schülern,

eines Gymnasiums im Aufbau mit

- mehr als 540 Schülerinnen und Schülern, wenn die oberste Jahrgangsstufe fehlt,
- mehr als 670 Schülerinnen und Schülern, wenn die zwei oberen Jahrgangsstufen fehlen,
- mehr als 800 Schülerinnen und Schülern, wenn die drei oberen Jahrgangsstufen fehlen,

eines Instituts zur Erlangung der Hochschulreife (Kolleg) mit mehr als 130 Kollegiaten,

eines Studienkollegs mit mehr als 130 Kollegiaten,

eines Studienseminars für das Lehramt an Gymnasien oder für das Lehramt an berufsbildenden Schulen,

eines voll ausgebauten Gymnasiums mit mehr als 360 Schülerinnen und Schülern,

eines zweizügig voll ausgebauten Oberstufengymnasiums oder eines Oberstufengymnasiums mit mindestens zwei Schultypen –

Polizeivizepräsidentin, Polizeivizepräsident

Stellvertretende Direktorin, Stellvertretender Direktor einer Verwaltungsfachhochschule

Vizepräsidentin, Vizepräsident des Landesamtes für Brand- und Katastrophenschutz

Vizepräsidentin, Vizepräsident des Landeskriminalamtes

---

[1]) Soweit nicht in den Besoldungsgruppen A 14, A 15.

[2]) Soweit nicht in der Besoldungsgruppe A 15.

[3]) Nur in Stellen von besonderer Bedeutung.

[4]) Soweit nicht in den Besoldungsgruppen B 2, B 3.

[5]) Bei Schulen mit Teilzeitunterricht rechnen 2,5 Unterrichtsteilnehmende mit Teilzeitunterricht als eine oder einer.

[7]) Soweit nicht in Besoldungsgruppe B 2.

[8]) Für die Leiterinnen und Leiter von besonders großen und besonders bedeutenden unteren Verwaltungsbehörden sowie die Leiterinnen und Leiter von Mittelbehörden oder Oberbehörden können nach Maßgabe des Haushalts Planstellen der Besoldungsgruppe A 16 mit einer Amtszulage nach Anlage 8 ausgestattet werden. Bei der Anwendung der Obergrenzen des § 27 Abs. 1 auf die übrigen Leiterinnen und Leiter unterer Verwaltungsbehörden, Mittelbehörden oder Oberbehörden bleiben die mit einer Amtszulage ausgestatteten Planstellen der Besoldungsgruppe A 16 unberücksichtigt. Die Zahl der mit einer Amtszulage ausgestatteten Planstellen der Besoldungsgruppe A 16 darf 30 v. H. der Zahl der Planstellen der Besoldungsgruppe A 16 für Leiterinnen und Leiter unterer Verwaltungsbehörden, Mittelbehörden oder Oberbehörden nicht überschreiten.

Anhang zur Landesbesoldungsordnung A Künftig wegfallende (kw) Ämter und Amtsbezeichnungen

Besoldungsgruppe A 10 (kw)

Fachlehrerin, Fachlehrer an Grund- und Hauptschulen

– soweit nicht in Besoldungsgruppe A 11[1])

---

[1]) Nur für Beamtinnen und Beamte ohne abgeschlossene Fachhochschulausbildung.

Besoldungsgruppe A 11 (kw)

Amtmännin

Fachlehrerin, Fachlehrer an Grund- und Hauptschulen[1])[2])

Fachlehrerin, Fachlehrer an Realschulen

---

[1]) Nur für Beamtinnen und Beamte ohne abgeschlossene Fachhochschulausbildung.

[2]) In diese Besoldungsgruppe können nur Beamtinnen und Beamte eingestuft werden, die nach Abschluss der vorgeschriebenen Ausbildung eine achtjährige Lehrtätigkeit oder eine vierjährige Dienstzeit seit Anstellung als Fachlehrerin oder Fachlehrer oder Lehrerin oder Lehrer für Fachpraxis in der Besoldungsgruppe A 10 verbracht haben.

Besoldungsgruppe A 12 (kw)

Konrektorin, Konrektor

– als die ständige Vertreterin oder der ständige Vertreter der Leiterin oder des Leiters einer Grundschule, Hauptschule oder Grund- und Hauptschule mit mehr als 180 bis zu 360 Schülerinnen und Schülern[3]) –

Lehrerin, Lehrer

– als Leiterin oder Leiter einer Grundschule, Hauptschule oder Grund- und Hauptschule mit bis zu 80 Schülerinnen und Schülern[4]) –

[3]) Erhält eine Amtszulage nach Anlage 8.

[4]) Erhält eine Amtszulage nach Anlage 8; diese wird nach zehnjährigem Bezug bei Verbleiben in dieser Besoldungsgruppe auch nach Beendigung der zulageberechtigenden Verwendung gewährt.

Besoldungsgruppe A 13 (kw)

Konrektorin, Konrektor

- als die ständige Vertreterin oder der ständige Vertreter der Leiterin oder des Leiters einer Grundschule, Hauptschule oder Grund- und Hauptschule mit mehr als 360 Schülerinnen und Schülern –
- als die ständige Vertreterin oder der ständige Vertreter der Leiterin oder des Leiters einer Hauptschule mit Realschul- oder Aufbauzug oder mit einer schulformunabhängigen Orientierungsstufe mit mehr als 180 Schülerinnen und Schülern[1]) –
- mit der Befähigung für das Lehramt an Grund- und Hauptschulen
- als Primarstufenleiterin oder Primarstufenleiter an einer organisatorisch verbundenen Grund- und Regionalen Schule mit mehr als 80 Schülerinnen und Schülern in der Grundschule,
- an einer Integrierten Gesamtschule als die pädagogische Koordinatorin oder der pädagogische Koordinator
- für die Klassenstufen 5 und 6,
- für die Klassenstufen 7 und 8,
- für die Klassenstufen 9 und 10,
- an einer Kooperativen Gesamtschule als die pädagogische Koordinatorin oder der pädagogische Koordinator für die Klassenstufen 5 und 6, sofern diese Klassenstufen bei jeder Schulart der Gesamtschule vorhanden sind,
- an einer Kooperativen Gesamtschule als die Koordinatorin oder der Koordinator der schulartübergreifenden Aufgaben für die Sekundarstufe I,
- als die ständige Vertreterin oder der ständige Vertreter der Leiterin oder des Leiters eines Studienseminars für das Lehramt an Grund- und Hauptschulen[1]),
- als Leiterin oder Leiter einer Stadt- oder Kreisbildstelle,
- bei Verwendung am Landesmedienzentrum,
- bei Verwendung am Pädagogischen Zentrum,
- bei Verwendung am Institut für schulische Fortbildung und schulpsychologische Beratung –

Rektorin, Rektor

- einer Grundschule, Hauptschule oder Grund- und Hauptschule mit mehr als 180 bis zu 360 Schülerinnen und Schülern[1]) –

[1]) Erhält eine Amtszulage nach Anlage 8.

Besoldungsgruppe A 14 (kw)

Realschulkonrektorin, Realschulkonrektor

- als die ständige Vertreterin oder der ständige Vertreter der Leiterin oder des Leiters einer Realschule mit mehr als 180 bis zu 360 Schülerinnen und Schülern –
- als die ständige Vertreterin oder der ständige Vertreter der Leiterin oder des Leiters einer Realschule mit mehr als 360 Schülerinnen und Schülern[1]) –

Realschulrektorin, Realschulrektor

- einer Realschule mit bis zu 180 Schülerinnen und Schülern –
- einer Realschule mit mehr als 180 bis zu 360 Schülerinnen und Schülern[1]) –

Regierungsschulrätin, Regierungsschulrat

- mit der Befähigung für ein Lehramt an Schulen, deren oder dessen Eingangsamt mindestens der Besoldungsgruppe A 12 zugeordnet ist,

  bei Verwendung am Landesmedienzentrum,

  bei Verwendung am Pädagogischen Zentrum,

  bei Verwendung am Institut für schulische Fortbildung und schulpsychologische Beratung –

Rektorin, Rektor

- einer Grundschule, Hauptschule oder Grund- und Hauptschule mit mehr als 360 Schülerinnen und Schülern –

Zweite Realschulkonrektorin, Zweiter Realschulkonrektor

– einer Realschule mit mehr als 540 Schülerinnen und Schülern –

[1]) Erhält eine Amtszulage nach Anlage 8.

Besoldungsgruppe A 15 (kw)

Realschulrektorin, Realschulrektor

– einer Realschule mit mehr als 360 Schülerinnen und Schülern –

Regierungsschuldirektorin, Regierungsschuldirektor

– mit der Befähigung für das Lehramt an Förderschulen, Realschulen, Gymnasien oder berufsbildenden Schulen bei Verwendung am Pädagogischen Zentrum,

bei Verwendung am Institut für schulische Fortbildung und schulpsychologische Beratung –

– als die ständige Vertreterin oder der ständige Vertreter der Direktorin oder des Direktors des Pädagogischen Zentrums –

– als die ständige Vertreterin oder der ständige Vertreter der Direktorin oder des Direktors des Instituts für schulische Fortbildung und schulpsychologische Beratung –

Landesbesoldungsordnung B

Besoldungsgruppe B 1

–.–

Besoldungsgruppe B 2

Abteilungsdirektorin, Abteilungsdirektor

– als Leiterin oder Leiter einer großen und bedeutenden Abteilung bei einer Mittel- oder Oberbehörde,

bei einer sonstigen Dienststelle oder Einrichtung, wenn deren Leiterin oder Leiter mindestens in Besoldungsgruppe B 5 eingestuft ist –

– als Leiterin oder Leiter einer großen und bedeutsamen Gruppe beim Landesamt für Steuern[4]) –

Direktorin, Direktor der Zentralstelle der Forstverwaltung

Direktorin, Direktor des Landeshauptarchivs Koblenz

Direktorin, Direktor des Pädagogischen Landesinstituts Rheinland-Pfalz

Fachbereichsleiterin, Fachbereichsleiter beim Institut für medizinische und pharmazeutische Prüfungsfragen[3])

Leitende Medizinaldirektorin, Leitender Medizinaldirektor

– bei der Deutschen Rentenversicherung Rheinland-Pfalz als Leiterin oder Leiter des ärztlichen Dienstes –

Ministerialrätin, Ministerialrat[1])[2])

– bei einer obersten Landesbehörde –

Vizepräsidentin, Vizepräsident des Landesamts für Vermessung und Geobasisinformation Rheinland-Pfalz

[1]) Soweit nicht in den Besoldungsgruppen A 16, B 3.

[2]) Die Zahl der Planstellen für Leitende Ministerialrätinnen und Leitende Ministerialräte in der Besoldungsgruppe B 3 und für Ministerialrätinnen und Ministerialräte in den Besoldungsgruppen B 2 und B 3 dürfen zusammen 60 v. H. der Gesamtzahl der für Leitende Ministerialrätinnen und Leitende Ministerialräte in der Besoldungsgruppe B 3 und für Ministerialrätinnen und Ministerialräte ausgebrachten Planstellen nicht überschreiten.

[3]) Soweit nicht in Besoldungsgruppe A 16.

[4]) Erhält als die ständige Vertreterin oder der ständige Vertreter der Präsidentin oder des Präsidenten des Landesamtes für Steuern eine Amtszulage nach Anlage 8.

Besoldungsgruppe B 3

Direktorin, Direktor der Deutschen Rentenversicherung Rheinland-Pfalz

– als Mitglied der Geschäftsführung –

– als stellvertretende Geschäftsführerin oder stellvertretender Geschäftsführer[7]) –

Direktorin, Direktor der Landwirtschaftskammer Rheinland-Pfalz[6])

Direktorin, Direktor der Pfälzischen Pensionsanstalt

Direktorin, Direktor des Amtes für Bundesbau

Direktorin, Direktor des Landesamtes für Geologie und Bergbau

Direktorin, Direktor einer Verwaltungsfachhochschule

III

Fachbereichsleiterin, Fachbereichsleiter beim Institut für medizinische und pharmazeutische Prüfungsfragen

– die zur ständigen Vertreterin oder der zum ständigen Vertreter der Direktorin oder des Direktors des Instituts bestellt ist –

Generalsekretärin, Generalsekretär der Akademie der Wissenschaften und der Literatur

Geschäftsführerin, Geschäftsführer der Unfallkasse Rheinland-Pfalz

Leitende Ministerialrätin, Leitender Ministerialrat[2])

– bei einer obersten Landesbehörde

als Leiterin oder Leiter einer Abteilung[3]),

als Leiterin oder Leiter einer Unterabteilung oder als Leiterin oder Leiter einer auf Dauer eingerichteten Gruppe von Referaten[3]),

als ständige Vertreterin oder ständiger Vertreter einer Abteilungsleiterin oder eines Abteilungsleiters, soweit keine Unterabteilungsleiterin oder kein Unterabteilungsleiter oder Gruppenleiterin oder Gruppenleiter vorhanden ist[3])[4]) –

Ministerialrätin, Ministerialrat

– bei einer obersten Landesbehörde, soweit nicht einer oder einem in Besoldungsgruppe B 3 oder B 4 eingestuften Gruppenleiterin oder Gruppenleiter unterstellt[1])[2]) –

Polizeipräsidentin, Polizeipräsident

Präsidentin, Präsident des Landesamtes für Brand- und Katastrophenschutz

Präsidentin, Präsident des Landeskriminalamtes

Präsidentin, Präsident des Landesprüfungsamtes für die Lehrämter an Schulen

Präsidentin, Präsident des Landesprüfungsamtes für Juristen

Präsidentin, Präsident des Statistischen Landesamtes

Stellvertretende Geschäftsführerin, Stellvertretender Geschäftsführer des Landesbetriebs Liegenschafts- und Baubetreuung

Stellvertretende Geschäftsführerin, Stellvertretender Geschäftsführer des Landesbetriebs Mobilität

Vizepräsidentin, Vizepräsident der Aufsichts- und Dienstleistungsdirektion

Vizepräsidentin, Vizepräsident des Landesamtes für Soziales, Jugend und Versorgung

Vizepräsidentin, Vizepräsident der Struktur- und Genehmigungsdirektion Nord

Vizepräsidentin, Vizepräsident der Struktur- und Genehmigungsdirektion Süd

---

[1]) Soweit nicht in den Besoldungsgruppen A 16, B 2.

[2]) Die Zahl der Planstellen für Leitende Ministerialrätinnen und Leitende Ministerialräte in der Besoldungsgruppe B 3 und für Ministerialrätinnen und Ministerialräte in den Besoldungsgruppen B 2 und B 3 dürfen zusammen 60 v. H. der Gesamtzahl der für Leitende Ministerialrätinnen und Leitende Ministerialräte in der Besoldungsgruppe B 3 und für Ministerialrätinnen und Ministerialräte ausgebrachten Planstellen nicht überschreiten.

[3]) Soweit die Funktion nicht einem in eine höhere oder niedrigere Besoldungsgruppe eingestuften Amt zugeordnet ist.

[4]) Dieses Amt kann auch mehreren Beamtinnen und Beamten übertragen werden, soweit es in großen und bedeutenden Abteilungen erforderlich ist, die Stellvertreterfunktion aufzuteilen.

[6]) Soweit nicht in Besoldungsgruppe B 5.

[7]) Soweit die Funktion nicht einem in eine höhere Besoldungsgruppe eingestuften Amt zugeordnet ist.

Besoldungsgruppe B 4

Direktorin, Direktor der Deutschen Rentenversicherung Rheinland-Pfalz

– als stellvertretende Geschäftsführerin oder stellvertretender Geschäftsführer, sofern die Einrichtung einer Geschäftsführung mit drei Personen aufgrund der Größe des Versicherungsträgers gesetzlich zulässig ist, der Versicherungsträger hiervon aber absieht –

Direktorin, Direktor der Generaldirektion Kulturelles Erbe

Erste Direktorin, Erster Direktor bei der Deutschen Rentenversicherung Rheinland-Pfalz

– als Geschäftsführerin oder Geschäftsführer[3]) –

Inspekteurin, Inspekteur der Polizei

Leitende Ministerialrätin, Leitender Ministerialrat

– bei einer obersten Landesbehörde

als Leiterin oder Leiter einer Abteilung[1]),

als Leiterin oder Leiter einer Unterabteilung oder als Leiterin oder Leiter einer auf Dauer eingerichteten Gruppe von Referaten unter einer in Besoldungsgruppe B 7 eingestuften Beamtin oder einem in Besoldungsgruppe B 7 eingestuften Beamten[2]),

als die ständige Vertreterin oder der ständige Vertreter einer in Besoldungsgruppe B 7 eingestuften Beamtin oder eines in Besoldungsgruppe B 7 eingestuften Beamten, soweit keine Unterabteilungsleiterin oder kein Unterabteilungsleiter oder Gruppenleiterin oder Gruppenleiter vorhanden ist[2]) –

Präsidentin, Präsident des Landesamtes für Finanzen

Präsidentin, Präsident des Landesamtes für Umwelt

Präsidentin, Präsident des Landesamtes für Vermessung und Geobasisinformation Rheinland-Pfalz

Präsidentin, Präsident des Landesuntersuchungsamtes

[1]) Soweit die Funktion nicht einem in eine höhere oder niedrigere Besoldungsgruppe eingestuften Amt zugeordnet ist.

[2]) Soweit die Funktion nicht einem in eine niedrigere Besoldungsgruppe eingestuften Amt zugeordnet ist.

[3]) Soweit die Funktion nicht einem in eine höhere Besoldungsgruppe eingestuften Amt zugeordnet ist.

Besoldungsgruppe B 5

Direktorin, Direktor beim Rechnungshof
– als Prüfungsgebietsleiterin oder Prüfungsgebietsleiter beim Rechnungshof –

Direktorin, Direktor der Landwirtschaftskammer Rheinland-Pfalz[2])

Direktorin, Direktor des Instituts für medizinische und pharmazeutische Prüfungsfragen

Erste Direktorin, Erster Direktor der Deutschen Rentenversicherung Rheinland-Pfalz
– als Geschäftsführerin oder Geschäftsführer, sofern die Einrichtung einer Geschäftsführung mit drei Personen aufgrund der Größe des Versicherungsträgers gesetzlich zulässig ist, der Versicherungsträger hiervon aber absieht –

Geschäftsführerin, Geschäftsführer des Landesbetriebs Daten und Information

Geschäftsführerin, Geschäftsführer des Landesbetriebs Liegenschafts- und Baubetreuung

Geschäftsführerin, Geschäftsführer des Landesbetriebs Mobilität

Ministerialdirigentin, Ministerialdirigent
– bei einer obersten Landesbehörde als Leiterin oder Leiter einer Abteilung[1]) –

Präsidentin, Präsident des Landesamtes für Steuern

[1]) Soweit die Funktion nicht einem in eine niedrigere Besoldungsgruppe eingestuften Amt zugeordnet ist.

[2]) Soweit nicht in Besoldungsgruppe B 3.

Besoldungsgruppe B 6

Ministerialdirigentin, Ministerialdirigent
– bei einer obersten Landesbehörde

als Leiterin oder Leiter einer großen oder bedeutenden Abteilung[1]),

als Leiterin oder Leiter einer Hauptabteilung[2]) –

Präsidentin, Präsident der Struktur- und Genehmigungsdirektion Nord

Präsidentin, Präsident der Struktur- und Genehmigungsdirektion Süd

Präsidentin, Präsident des Landesamtes für Soziales, Jugend und Versorgung

Vizepräsidentin, Vizepräsident des Rechnungshofs

[1]) Soweit nicht einer Hauptabteilungsleiterin oder einem Hauptabteilungsleiter unterstellt, auch in Besoldungsgruppe B 7.

[2]) Soweit die Funktion nicht einem in Besoldungsgruppe B 7 eingestuften Amt zugeordnet ist.

Besoldungsgruppe B 7

Ministerialdirigentin, Ministerialdirigent
– bei einer obersten Landesbehörde

als Leiterin oder Leiter einer großen oder bedeutenden Abteilung, soweit nicht einer Hauptabteilungsleiterin oder einem Hauptabteilungsleiter unterstellt[1]), als Leiterin oder Leiter einer Hauptabteilung[1]) –

Präsidentin, Präsident der Aufsichts- und Dienstleistungsdirektion

[1]) Soweit die Funktion nicht einem in Besoldungsgruppe B 6 eingestuften Amt zugeordnet ist.

Besoldungsgruppe B 8

Direktorin, Direktor beim Landtag

Ministerialdirektorin, Ministerialdirektor

- als die ständige Vertreterin oder der ständige Vertreter der Chefin oder des Chefs der Staatskanzlei oder der Staatssekretärin als Amtschefin oder des Staatssekretärs als Amtschef im Ministerium der Finanzen[1]) –
- mit besonderem Aufgabenbereich, soweit unmittelbar der Ministerin oder dem Minister unterstellt –

[1]) Erhält eine Amtszulage nach Anlage 8.

Besoldungsgruppe B 9[1])

Präsidentin, Präsident des Rechnungshofs

Staatssekretärin, Staatssekretär

[1]) Erhält eine Amtszulage nach Anlage 8.

Besoldungsgruppe B 10

Staatssekretärin, Staatssekretär als Bevollmächtigte oder Bevollmächtigter des Landes beim Bund und für Europa

Staatssekretärin, Staatssekretär als Chefin oder Chef der Staatskanzlei

Anlage 2

Zusätze zu den Grundamtsbezeichnungen der Landesbesoldungsordnung A

1. Zu den Grundamtsbezeichnungen der Landesbesoldungsordnung A werden die nachstehenden Zusätze festgesetzt:

Grundamtsbezeichnung	Zusatz
Besoldungsgruppe A 5	
Erste Hauptwachtmeisterin, Erster Hauptwachtmeister	Justiz-
Besoldungsgruppe A 6	
Sekretärin, Sekretär	– als Präparatorin, als Präparator Bibliotheks- Eich- Forst- Gemeinde- Gewerbe- Justiz- Kartographen- Kreis- Polizei- Regierungs- Stadt- Steuer- Technische, Technischer Verbandsgemeinde- Vermessungs- Verwaltungs- Vollstreckungs- Vollzugs-
Besoldungsgruppe A 7	
Obersekretärin, Obersekretär	– als Präparatorin, als Präparator Bibliotheks- Eich- Forst- Gemeinde- Gewerbe- Justiz- Justizvollzugs- Kartographen- Kreis- Polizei- Regierungs- Stadt- Steuer- Technische, Technischer Verbandsgemeinde- Vermessungs- Verwaltungs- Vollstreckungs- Vollzugs-
Besoldungsgruppe A 8	
Hauptsekretärin, Hauptsekretär	– als Präparatorin, als Präparator Bibliotheks- Eich-

III

Grundamtsbezeichnung	Zusatz
	Forst- Gemeinde- Gewerbe- Justiz- Justizvollzugs- Kartographen- Kreis- Polizei- Regierungs- Stadt- Steuer- Technische, Technischer Verbandsgemeinde- Vermessungs- Verwaltungs- Vollstreckungs- Vollzugs-
Besoldungsgruppe A 9	
Inspektorin, Inspektor	Archiv- Bau- Berg- Bibliotheks- Brand- Chemie- Eich- Forst- Gartenbau- Gemeinde- Gewerbe- – im stenographischen Dienst des Landtags Justiz- Justizvollzugs- Justizvollzugs- im Werkdienst Kartographen- Kreis- Landwirtschafts- Museums- Polizei- Regierungs- Sozial- Sparkassen- Stadt- Steuer- Verbandsgemeinde- Vermessungs- Verwaltungs- Weinbau-
Besoldungsgruppe A 10	
Oberinspektorin, Oberinspektor	Archiv- Bau- Berg- Bibliotheks- Brand- Chemie- Eich- Forst-

Grundamtsbezeichnung	Zusatz
	Gartenbau- Gemeinde- Gewerbe- – im stenographischen Dienst des Landtags Justiz- Justizvollzugs- Justizvollzugs- im Werkdienst Kartographen- Kreis- Landwirtschafts- Museums- Polizei- Regierungs- Sozial- Sparkassen- Stadt- Steuer- Verbandsgemeinde- Vermessungs- Verwaltungs- Weinbau-
Besoldungsgruppe A 11	
Amtfrau, Amtmann	Archiv- Bau- Berg- Bibliotheks- Brand- Chemie- Eich- Forst- Gartenbau- Gemeinde- Gewerbe- – im stenographischen Dienst des Landtags Justiz- Justizvollzugs- Justizvollzugs- im Werkdienst Kartographen- Kreis- Landwirtschafts- Museums- Polizei- Regierungs- Sozial- Sparkassen- Stadt- Steuer- Verbandsgemeinde- Vermessungs- Verwaltungs- Weinbau-
Besoldungsgruppe A 12	
Amtsrätin, Amtsrat	Archiv- Bau- Berg- Bibliotheks-

Grundamtsbezeichnung	Zusatz
	Brand- Chemie- Eich- Forst- Gartenbau- Gewerbe- – im stenographischen Dienst des Landtags Justiz- Kartographen- Landwirtschafts- Museums- Polizei- Sozial- Sparkassen- Steuer- Vermessungs- Weinbau-
Besoldungsgruppe A 13	
Ärztin, Arzt	Assistenz-
Besoldungsgruppe A 13	
Pfarrerin, Pfarrer	– an einer Justizvollzugsanstalt
Besoldungsgruppe A 13	
Rätin, Rat	Archiv- Bau- Berg- Bibliotheks- Biologie- Brand- Chemie- Eich- Fischerei- Forst- Gartenbau- Gemeindeverwaltungs- Geologie- Gewerbe- Justizrechts- Kreisverwaltungs- Kriminal- Landwirtschafts- Mathematik- Medizinal- Museums- Pharmazie- Physik- Polizei- Psychologie- Regierungs- Regierungs- im stenographischen Dienst des Landtags Sozial- Sparkassen- Stadtverwaltungs- Verbandsgemeindeverwaltungs- Vermessungs- Verwaltungs- Veterinär-

Grundamtsbezeichnung	Zusatz
Besoldungsgruppe A 14	
Ärztin, Arzt	Assistenz-
Besoldungsgruppe A 14	
Oberrätin, Oberrat	Archiv- Bau- Berg- Bibliotheks- Biologie- Brand- Chemie- Eich- Fischerei- Forst- Gartenbau- Gemeindeverwaltungs- Geologie- Gewerbe- Kreisverwaltungs- Kriminal- Landwirtschafts- Mathematik- Medizinal- Museums- Pharmazie- Physik- Polizei- Psychologie- Regierungs- Regierungs- im stenographischen Dienst des Landtags Sozial- Sparkassen- Stadtverwaltungs- Verbandsgemeindeverwaltungs- Vermessungs- Verwaltungs- Veterinär-
Besoldungsgruppe A 15	
Direktorin, Direktor	Archiv- Bau- Berg- Bibliotheks- Biologie- Brand- Chemie- Eich- Fischerei- Forst- Gartenbau- Gemeindeverwaltungs- Geologie- Gewerbe- Hafen- – im Sparkassendienst Kreisverwaltungs- Kriminal- Landwirtschafts-

Grundamtsbezeichnung	Zusatz
	Mathematik- Medizinal- Museums- Pharmazie- Physik- Polizei- Psychologie- Regierungs- Regierungs- im stenographischen Dienst des Landtags Sozial- Stadtverwaltungs- Verbandsgemeindeverwaltungs- Vermessungs- Verwaltungs- Veterinär-
Besoldungsgruppe A 16	
Leitende Direktorin, Leitender Direktor	Archiv- Bau- Bibliotheks- Biologie- Brand- Chemie- Eich- Forst- Gartenbau- Gemeindeverwaltungs- Geologie- Gewerbe- Hafen- Kreisverwaltungs- Kriminal- Landwirtschafts- Mathematik- Medizinal- Museums- Pharmazie- Physik- Polizei- Regierungs- Sozial- Stadtverwaltungs- Verbandsgemeindeverwaltungs- Vermessungs- Verwaltungs- Veterinär-

2. Die Zusätze zu den Grundamtsbezeichnungen sind in der vorliegenden Anlage abschließend geregelt. Sie bezeichnen die Funktionen, die diesen Ämtern zugeordnet werden können, jedoch nicht abschließend. Kombinationen aus mehreren Zusätzen (z. B. Stadtbauinspektorin, Stadtbauinspektor) sind unzulässig.
3. Der Zusatz „Regierungs-" darf nur für unmittelbare Landesbeamtinnen und Landesbeamte, der Zusatz „Verwaltungs-" nur für Beamtinnen und Beamte der Nichtgebietskörperschaften und des Bezirksverbandes Pfalz sowie der Anstalten und Stiftungen verwendet werden.
4. Bei den Amtsbezeichnungen mit der Grundamtsbezeichnung „Oberrätin, Oberrat" wird, außer bei der Verwendung der Zusätze „Kriminal-" und „Polizei-", der Wortteil „Ober"

vorangestellt; bei den Amtsbezeichnungen für die Beamtinnen und Beamten der kommunalen Gebietskörperschaften mit dem Zusatzteil „verwaltungs" wird der Wortteil „Ober" nach dem auf den Dienstherrn hinweisenden Teil des Zusatzes eingefügt (z. B. Stadtoberverwaltungsrätin, Stadtoberverwaltungsrat). Bei den Amtsbezeichnungen mit der Grundamtsbezeichnung „Leitende Direktorin, Leitender Direktor" wird der jeweilige Zusatz dem Wort „Direktorin" oder „Direktor" unmittelbar vorangestellt.

5. Die Grundamtsbezeichnungen werden, vorbehaltlich des Satzes 2, nicht ohne Zusatz verwendet. Ohne Zusatz werden folgende Grundamtsbezeichnungen verwendet:
   a) Oberamtsmeisterin, Oberamtsmeister
   b) Werkmeisterin, Werkmeister, Oberwerkmeisterin, Oberwerkmeister, Hauptwerkmeisterin, Hauptwerkmeister
   c) Amtsrätin, Amtsrat, wenn die Zusätze „Gemeinde-", „Kreis-", „Regierungs-", „Stadt-", „Verbandsgemeinde-" oder „Verwaltungs-" in Betracht kämen.
6. Das für das finanzielle öffentliche Dienstrecht zuständige Ministerium wird ermächtigt, die sich aus den vorstehenden Bestimmungen ergebenden Amtsbezeichnungen in einer Zusammenstellung bekannt zu machen.

III

III

Anlage 3

Landesbesoldungsordnung R

Vorbemerkungen

I. Allgemeine Vorbemerkungen

1. Amtsbezeichnungen

Die Amtsbezeichnungen sind in jeder Besoldungsgruppe nach der Buchstabenfolge geordnet. Die Richterinnen und Staatsanwältinnen führen die Amtsbezeichnung in der weiblichen Form; die Richter und Staatsanwälte führen die Amtsbezeichnung in der männlichen Form. Personen, für die im Personenstandsregister weder die Geschlechtsangabe „weiblich" noch „männlich" eingetragen ist, können wählen, ob sie eine Amtsbezeichnung in männlicher oder weiblicher Form oder als Doppelbezeichnung führen. Jeder Amtsbezeichnung kann auf Wunsch der Klammerzusatz „(divers)" oder „(ohne Geschlechtsangabe)" hinzugefügt werden.

II. Stellenzulagen

2. Zulage für die Verwendung bei obersten Gerichtshöfen oder bei obersten Behörden des Bundes oder eines anderen Landes

(1) Richterinnen und Richter, Staatsanwältinnen und Staatsanwälte erhalten während der Verwendung bei obersten Gerichtshöfen oder bei obersten Behörden des Bundes oder eines Landes, der oder das für seine Richterinnen und Richter, Staatsanwältinnen und Staatsanwälte bei seinen obersten Gerichtshöfen oder obersten Behörden eine Zulagenregelung getroffen hat, die Stellenzulage in der nach dem Besoldungsrecht des Bundes oder dieses Landes bestimmten Höhe, wenn der Dienstherr, bei dem die Richterin oder der Richter, die Staatsanwältin oder der Staatsanwalt verwendet wird, diese Stellenzulage erstattet.

(2) Die Konkurrenz- und Anrechnungsregelungen des Bundes oder des Landes, bei dem die Verwendung erfolgt, sind anzuwenden.

(3) § 51 findet bei Beendigung der Verwendung keine Anwendung.

Landesbesoldungsordnung R

Besoldungsgruppe R 1

Direktorin, Direktor des Amtsgerichts[1])
Direktorin, Direktor am Arbeitsgericht[1])
Richterin, Richter am Amtsgericht
Richterin, Richter am Arbeitsgericht
Richterin, Richter am Landgericht
Richterin, Richter am Sozialgericht
Richterin, Richter am Verwaltungsgericht
Staatsanwältin, Staatsanwalt

[1]) An einem Gericht mit bis zu drei Planstellen für Richterinnen und Richter; erhält eine Amtszulage nach Anlage 8.

Besoldungsgruppe R 2

Direktorin, Direktor des Amtsgerichts[3])

Direktorin, Direktor des Arbeitsgerichts[3])

Leitende Oberstaatsanwältin, Leitender Oberstaatsanwalt

- als Leiterin oder Leiter einer Staatsanwaltschaft bei einem Landgericht[7]) –

Oberstaatsanwältin, Oberstaatsanwalt

- als Abteilungsleiterin oder Abteilungsleiter bei einer Staatsanwaltschaft bei einem Landgericht[6]) –
- als die ständige Vertreterin oder der ständige Vertreter einer Leitenden Oberstaatsanwältin oder eines Leitenden Oberstaatsanwalts[6])[8]) –
- als Dezernentin oder Dezernent bei einer Staatsanwaltschaft bei einem Oberlandesgericht –

Richterin, Richter am Amtsgericht

- als weitere aufsichtführende Richterin oder weiterer aufsichtführender Richter[1]) –
- als die ständige Vertreterin oder der ständige Vertreter einer Direktorin oder eines Direktors[2]) –

Richterin, Richter am Arbeitsgericht

- als weitere aufsichtführende Richterin oder weiterer aufsichtführender Richter[1]) –

– als die ständige Vertreterin oder der ständige Vertreter einer Direktorin oder eines Direktors[2]) –

Richterin, Richter am Finanzgericht

Richterin, Richter am Landessozialgericht

Richterin, Richter am Oberlandesgericht

Richterin, Richter am Oberverwaltungsgericht

Richterin, Richter am Sozialgericht

– als weitere aufsichtführende Richterin oder weiterer aufsichtführender Richter[1]) –

Vizepräsidentin, Vizepräsident des Landgerichts[5])

Vizepräsidentin, Vizepräsident des Sozialgerichts[4])

Vizepräsidentin, Vizepräsident des Verwaltungsgerichts[5])

Vorsitzende Richterin, Vorsitzender Richter am Landgericht

Vorsitzende Richterin, Vorsitzender Richter am Verwaltungsgericht

[1]) An einem Gericht mit 15 und mehr Planstellen für Richterinnen und Richter. Bei 22 Planstellen für Richterinnen und Richter und auf je sieben weitere Planstellen für Richterinnen und Richter kann für weitere aufsichtführende Richterinnen und Richter je eine Planstelle für Richterinnen und Richter der Besoldungsgruppe R 2 ausgebracht werden.

[2]) An einem Gericht mit acht oder mehr Planstellen für Richterinnen und Richter.

[3]) An einem Gericht mit vier und mehr Planstellen für Richterinnen und Richter; erhält an einem Gericht mit acht und mehr Planstellen für Richterinnen und Richter eine Amtszulage nach Anlage 8.

[4]) Als die ständige Vertreterin oder der ständige Vertreter einer Präsidentin oder eines Präsidenten der Besoldungsgruppe R 3 oder R 4; erhält an einem Gericht mit 16 und mehr Planstellen für Richterinnen und Richter eine Amtszulage nach Anlage 8.

[5]) Erhält als die ständige Vertreterin oder der ständige Vertreter einer Präsidentin oder eines Präsidenten der Besoldungsgruppe R 3 oder R 4 eine Amtszulage nach Anlage 8.

[6]) Auf je vier Planstellen für Staatsanwältinnen und Staatsanwälte kann eine Planstelle entweder für eine Oberstaatsanwältin oder einen Oberstaatsanwalt als Abteilungsleiterin oder Abteilungsleiter oder als die ständige Vertreterin oder der ständige Vertreter einer Leitenden Oberstaatsanwältin oder eines Leitenden Oberstaatsanwalts ausgebracht werden.

[7]) Mit bis zu zehn Planstellen für Staatsanwältinnen und Staatsanwälte; erhält eine Amtszulage nach Anlage 8.

[8]) Erhält als die ständige Vertreterin oder der ständige Vertreter einer Leitenden Oberstaatsanwältin oder eines Leitenden Oberstaatsanwalts der Besoldungsgruppe R 3 oder R 4 eine Amtszulage nach Anlage 8.

Besoldungsgruppe R 3

Leitende Oberstaatsanwältin, Leitender Oberstaatsanwalt

– als Leiterin oder Leiter einer Staatsanwaltschaft bei einem Landgericht[4]) –

– als Abteilungsleiterin oder Abteilungsleiter bei einer Staatsanwaltschaft bei einem Oberlandesgericht –

Präsidentin, Präsident des Landgerichts[1])

Präsidentin, Präsident des Sozialgerichts[1])

Präsidentin, Präsident des Verwaltungsgerichts[1])

Vizepräsidentin, Vizepräsident des Finanzgerichts[3])

Vizepräsidentin, Vizepräsident des Landesarbeitsgerichts[3])

Vizepräsidentin, Vizepräsident des Landessozialgerichts[3])

Vizepräsidentin, Vizepräsident des Landgerichts[2])

Vizepräsidentin, Vizepräsident des Oberlandesgerichts[3])

Vizepräsidentin, Vizepräsident des Verwaltungsgerichts[2])

Vorsitzende Richterin, Vorsitzender Richter am Finanzgericht

Vorsitzende Richterin, Vorsitzender Richter am Landesarbeitsgericht

Vorsitzende Richterin, Vorsitzender Richter am Landessozialgericht

Vorsitzende Richterin, Vorsitzender Richter am Oberlandesgericht

Vorsitzende Richterin, Vorsitzender Richter am Oberverwaltungsgericht

[1]) An einem Gericht mit bis zu 40 Planstellen für Richterinnen und Richter einschließlich der Planstellen für Richterinnen und Richter der Gerichte, über die die Präsidentin oder der Präsident die Dienstaufsicht führt.

[2]) Als die ständige Vertreterin oder der ständige Vertreter der Präsidentin oder des Präsidenten eines Gerichts mit 81 und mehr Planstellen für Richterin-

nen und Richter, einschließlich der Planstellen für Richterinnen und Richter der Gerichte, über die die Präsidentin oder der Präsident die Dienstaufsicht führt.

[3]) Erhält als die ständige Vertreterin oder der ständige Vertreter einer Präsidentin oder eines Präsidenten der Besoldungsgruppe R 6 eine Amtszulage nach Anlage 8.

[4]) Mit elf bis 40 Planstellen für Staatsanwältinnen und Staatsanwälte.

III

Besoldungsgruppe R 4

Leitende Oberstaatsanwältin, Leitender Oberstaatsanwalt

– als Leiterin oder Leiter einer Staatsanwaltschaft bei einem Landgericht[4]) –

Präsidentin, Präsident des Landgerichts[1])

Präsidentin, Präsident des Sozialgerichts[2])

Präsidentin, Präsident des Verwaltungsgerichts[1])

Vizepräsidentin, Vizepräsident des Landesarbeitsgerichts[3])

Vizepräsidentin, Vizepräsident des Landessozialgerichts[3])

Vizepräsidentin, Vizepräsident des Oberlandesgerichts[3])

---

[1]) An einem Gericht mit mehr als 40 bis 80 Planstellen für Richterinnen und Richter einschließlich der Planstellen für Richterinnen und Richter der Gerichte, über die die Präsidentin oder der Präsident die Dienstaufsicht führt.

[2]) An einem Gericht mit mehr als 40 Planstellen für Richterinnen und Richter einschließlich der Planstellen für Richterinnen und Richter der Gerichte, über die die Präsidentin oder der Präsident die Dienstaufsicht führt.

[3]) Als die ständige Vertreterin oder der ständige Vertreter einer Präsidentin oder eines Präsidenten der Besoldungsgruppe R 8.

[4]) Mit mehr als 40 Planstellen für Staatsanwältinnen und Staatsanwälte.

Besoldungsgruppe R 5

Generalstaatsanwältin, Generalstaatsanwalt

– als Leiterin oder Leiter einer Staatsanwaltschaft bei einem Oberlandesgericht[3]) –

Präsidentin, Präsident des Finanzgerichts[2])

Präsidentin, Präsident des Landesarbeitsgerichts[2])

Präsidentin, Präsident des Landessozialgerichts[2])

Präsidentin, Präsident des Landgerichts[1])

Präsidentin, Präsident des Oberlandesgerichts[2])

Präsidentin, Präsident des Verwaltungsgerichts[1])

---

[1]) An einem Gericht mit mehr als 150 Planstellen für Richterinnen und Richter einschließlich der Planstellen für Richterinnen und Richter der Gerichte, über die die Präsidentin oder der Präsident die Dienstaufsicht führt.

[2]) An einem Gericht mit mehr als 25 Planstellen für Richterinnen und Richter im Bezirk.

[3]) Mit bis zu 100 Planstellen für Staatsanwältinnen und Staatsanwälte im Bezirk.

Besoldungsgruppe R 6

Generalstaatsanwältin, Generalstaatsanwalt

– als Leiterin oder Leiter einer Staatsanwaltschaft bei einem Oberlandesgericht[4]) –

Präsidentin, Präsident des Finanzgerichts[2])

Präsidentin, Präsident des Landesarbeitsgerichts[3])

Präsidentin, Präsident des Landessozialgerichts[3])

Präsidentin, Präsident des Landgerichts[1])

Präsidentin, Präsident des Oberlandesgerichts[3])

Vizepräsidentin, Vizepräsident des Oberverwaltungsgerichts und ständige Vertreterin oder ständiger Vertreter der Präsidentin oder des Präsidenten des Verfassungsgerichtshofs

---

[1]) An einem Gericht mit mehr als 150 Planstellen für Richterinnen und Richter einschließlich der Planstellen für Richterinnen und Richter der Gerichte, über die die Präsidentin oder der Präsident die Dienstaufsicht führt.

[2]) An einem Gericht mit mehr als 25 Planstellen für Richterinnen und Richter im Bezirk.

[3]) An einem Gericht mit mehr als 25 bis 100 Planstellen für Richterinnen und Richter im Bezirk.

[4]) Mit mehr als 100 Planstellen für Staatsanwältinnen und Staatsanwälte im Bezirk.

Besoldungsgruppe R 7

– –

Besoldungsgruppe R 8

Präsidentin, Präsident des Landesarbeitsgerichts[1])

Präsidentin, Präsident des Landessozialgerichts[1])

Präsidentin, Präsident des Oberlandesgerichts[1])

---

[1]) An einem Gericht mit mehr als 100 Planstellen für Richterinnen und Richter im Bezirk.

Besoldungsgruppe R 9[1])

Präsidentin, Präsident des Oberverwaltungsgerichts und Präsidentin, Präsident des Verfassungsgerichtshofs

---

[1]) Erhält eine Amtszulage nach Anlage 8.

III

III

Anlage 4

Landesbesoldungsordnung W

Vorbemerkungen

I. Allgemeine Vorbemerkungen

1. Amtsbezeichnungen

Die Amtsbezeichnungen sind in jeder Besoldungsgruppe nach der Buchstabenfolge geordnet. Die Beamtinnen führen die Amtsbezeichnung in der weiblichen Form; die Beamten führen die Amtsbezeichnung in der männlichen Form. Personen, für die im Personenstandsregister weder die Geschlechtsangabe „weiblich" noch „männlich" eingetragen ist, können wählen, ob sie eine Amtsbezeichnung in männlicher oder weiblicher Form oder als Doppelbezeichnung führen. Jeder Amtsbezeichnung kann auf Wunsch der Klammerzusatz „(divers)" oder „(ohne Geschlechtsangabe)" hinzugefügt werden.

2. Zuordnung von Ämtern

(1) Die Ämter der Professorinnen und Professoren an Hochschulen für angewandte Wissenschaften und an Universitäten werden unter Berücksichtigung des § 21 den Besoldungsgruppen W 2 und W 3 zugeordnet. Der Anteil der Ämter, die den Besoldungsgruppen W 2 und W 3 zugeordnet sind, ergibt sich aus den Stellenplänen der Hochschulen. Veränderungen der Anteile der Planstellen an diesen Besoldungsgruppen bedürfen der Anpassung der hierfür zur Verfügung stehenden Haushaltsmittel durch Haushaltsgesetz.

(2) An der Deutschen Universität für Verwaltungswissenschaften Speyer werden die Ämter der Professorinnen und Professoren der Besoldungsgruppe W 3 zugeordnet.

II. Stellenzulagen

3. Zulage für Professorinnen und Professoren bei obersten Gerichtshöfen oder bei obersten Behörden des Bundes oder eines anderen Landes

(1) Professorinnen und Professoren erhalten während der Verwendung bei obersten Gerichtshöfen oder bei obersten Behörden des Bundes oder eines Landes, der oder das für seine Professorinnen und Professoren bei seinen obersten Gerichtshöfen oder obersten Behörden eine Zulagenregelung getroffen hat, die Stellenzulage in der nach dem Besoldungsrecht des Bundes oder dieses Landes bestimmten Höhe, wenn der Dienstherr, bei dem die Professorin oder der Professor verwendet wird, diese Stellenzulage erstattet.

(2) Die Konkurrenz- und Anrechnungsregelungen des Bundes oder des Landes, bei dem die Verwendung erfolgt, sind anzuwenden.

(3) § 51 findet bei Beendigung der Verwendung keine Anwendung.

III. Sonstige Zulagen

4. Bewährungszulage

Professorinnen und Professoren der Besoldungsgruppe W 1 erhalten, wenn die Evaluierung mit orientierendem Charakter (§ 54 Abs. 2 Satz 2 des Hochschulgesetzes) positiv ausfällt, eine Zulage in Höhe von monatlich 270,84 Euro.

5. Zulage zu den Dienstbezügen für Professorinnen und Professoren als Richterinnen und Richter

Professorinnen und Professoren an einer Hochschule, die zugleich das Amt einer Richterin oder eines Richters der Besoldungsgruppen R 1 oder R 2 ausüben, erhalten, solange sie beide Ämter bekleiden, die Dienstbezüge aus ihrem Amt als Professorin oder Professor und eine Zulage. Die Zulage beträgt, wenn die Professorin oder der Professor ein Amt der Besoldungsgruppe R 1 ausübt, monatlich 214,11 Euro, wenn sie oder er ein Amt der Besoldungsgruppe R 2 ausübt, monatlich 239,67 Euro.

Landesbesoldungsordnung W

Besoldungsgruppe W 1

Professorin als Juniorprofessorin, Professor als Juniorprofessor

Besoldungsgruppe W 2

Kanzlerin, Kanzler der . . .[2])

Professorin, Professor[1])

– an einer Hochschule für angewandte Wissenschaften –

Universitätsprofessorin, Universitätsprofessor[1])

[1]) Soweit nicht in der Besoldungsgruppe W 3.

[2]) Der Amtsbezeichnung ist ein Zusatz beizufügen, der auf die Hochschule für angewandte Wissenschaften hinweist, der die Amtsinhaberin oder der Amtsinhaber angehört.

Besoldungsgruppe W 3

Kanzlerin, Kanzler der . . .[3])

Kanzlerin, Kanzler der Deutschen Universität für Verwaltungswissenschaften Speyer

Präsidentin, Präsident der . . .[2])

Professorin, Professor[1])

– an einer Hochschule für angewandte Wissenschaften –

Prorektorin, Prorektor der . . .[2])

Rektorin, Rektor der . . .[2])

Universitätsprofessorin, Universitätsprofessor[1])

Vizepräsidentin, Vizepräsident der . . .[2])

[1]) Soweit nicht in der Besoldungsgruppe W 2.

[2]) Der Amtsbezeichnung ist ein Zusatz beizufügen, der auf die Hochschule hinweist, der die Amtsinhaberin oder der Amtsinhaber angehört.

[3]) Der Amtsbezeichnung ist ein Zusatz beizufügen, der auf die Universität hinweist, der die Amtsinhaberin oder der Amtsinhaber angehört. Im Falle der Hochschule für Musik Mainz und der Kunsthochschule Mainz lautet der Zusatz „Hochschule für Musik Mainz an der Johannes Gutenberg-Universität Mainz" oder „Kunsthochschule Mainz an der Johannes Gutenberg-Universität Mainz".

Anlage 5

Landesbesoldungsordnung C (kw)

Vorbemerkungen

I. Allgemeine Vorbemerkungen

1. Amtsbezeichnungen

Die Amtsbezeichnungen sind in jeder Besoldungsgruppe nach der Buchstabenfolge geordnet. Die Beamtinnen führen die Amtsbezeichnung in der weiblichen Form; die Beamten führen die Amtsbezeichnung in der männlichen Form. Personen, für die im Personenstandsregister weder die Geschlechtsangabe „weiblich" noch „männlich" eingetragen ist, können wählen, ob sie eine Amtsbezeichnung in männlicher oder weiblicher Form oder als Doppelbezeichnung führen. Jeder Amtsbezeichnung kann auf Wunsch der Klammerzusatz „(divers)" oder „(ohne Geschlechtsangabe)" hinzugefügt werden.

II. Sonstige Zulagen

2. Allgemeine Zulage

Beamtinnen und Beamte der Besoldungsgruppe C 1 (kw) erhalten eine das Grundgehalt ergänzende allgemeine Zulage nach Anlage 10.

3. Zulage für die Verwendung bei obersten Gerichtshöfen oder bei obersten Behörden des Bundes oder eines anderen Landes

(1) Professorinnen und Professoren, Hochschuldozentinnen und Hochschuldozenten, Oberassistentinnen und Oberassistenten, Oberingenieurinnen und Oberingenieure, Künstlerische Assistentinnen und Künstlerische Assistenten sowie Wissenschaftliche Assistentinnen und Wissenschaftliche Assistenten erhalten während der Verwendung bei obersten Gerichtshöfen oder bei obersten Behörden des Bundes oder eines Landes, der oder das für seine vorgenannten Beamtinnen und Beamten bei seinen obersten Gerichtshöfen oder obersten Behörden eine Zulagenregelung getroffen hat, die Stellenzulage in der nach dem Besoldungsrecht des Bundes oder dieses Landes bestimmten Höhe, wenn der Dienstherr, bei dem der oder die Betroffene verwendet wird, diese Stellenzulage erstattet.

(2) Die Konkurrenz- und Anrechnungsregelungen des Bundes oder des Landes, bei dem die Verwendung erfolgt, sind anzuwenden.

(3) § 51 findet bei Beendigung der Verwendung keine Anwendung.

4. Zulage zu den Dienstbezügen für Professorinnen und Professoren als Richterinnen und Richter

Professorinnen und Professoren an einer Hochschule, die zugleich das Amt einer Richterin oder eines Richters der Besoldungsgruppen R 1 oder R 2 ausüben, erhalten, solange sie beide Ämter bekleiden, die Dienstbezüge aus ihrem Amt als Professorin oder Professor und eine Zulage. Die Zulage beträgt, wenn die Professorin oder der Professor ein Amt der Besoldungsgruppe R 1 ausübt, monatlich 214,11 Euro, wenn sie oder er ein Amt der Besoldungsgruppe R 2 ausübt, monatlich 239,67 Euro.

Landesbesoldungsordnung C (kw)

Besoldungsgruppe C 1 (kw)

Künstlerische Assistentin, Künstlerischer Assistent

Wissenschaftliche Assistentin, Wissenschaftlicher Assistent

Besoldungsgruppe C 2 (kw)

Hochschuldozentin, Hochschuldozent[1])

Oberassistentin, Oberassistent[1])

Oberingenieurin, Oberingenieur

Professorin, Professor[2])

- an einer Hochschule für angewandte Wissenschaften
- an einer wissenschaftlichen Hochschule mit Studiengängen einer Hochschule für

angewandte Wissenschaften, soweit überwiegend in diesen tätig –

Professorin, Professor an einer Kunsthochschule[3])

Professorin, Professor an einer wissenschaftlichen Hochschule[3])

- an einer künstlerisch-wissenschaftlichen Hochschule
- soweit überwiegend in Studiengängen tätig, in denen Aufgaben der wissenschaftlichen Hochschulen und der Hochschulen für angewandte Wissenschaften miteinander verbunden werden[4])

Universitätsprofessorin, Universitätsprofessor[3])

- an einer künstlerisch-wissenschaftlichen Hochschule[5])

---

[1]) Erhält eine Stellenzulage nach Anlage 10, soweit als Oberärztin oder Oberarzt einer Hochschulklinik tätig.

[2]) Soweit nicht in der Besoldungsgruppe C 3 (kw).

[3]) Soweit nicht in der Besoldungsgruppe C 3 (kw) oder C 4 (kw).

[4]) Nur an einer wissenschaftlichen Hochschule, die nach Landesrecht weder Universität ist, noch einer Universität gleichgestellt ist.

[5]) Soweit die Hochschule das Recht zur Promotion und Habilitation besitzt.

Besoldungsgruppe C 3 (kw)

Professorin, Professor[1])

- an einer Hochschule für angewandte Wissenschaften –
- an einer wissenschaftlichen Hochschule mit Studiengängen einer Hochschule für angewandte Wissenschaften, soweit überwiegend in diesen tätig –

Professorin, Professor an einer Kunsthochschule[2])

Professorin, Professor an einer wissenschaftlichen Hochschule[2])[3])

Universitätsprofessorin, Universitätsprofessor[2])[4])

---

[1]) Soweit nicht in der Besoldungsgruppe C 2 (kw).

[2]) Soweit nicht in der Besoldungsgruppe C 2 (kw) oder C 4 (kw).

[3]) Nur an einer wissenschaftlichen Hochschule, die nach Landesrecht weder Universität ist, noch einer Universität gleichgestellt ist.

[4]) Auch an einer künstlerisch-wissenschaftlichen Hochschule, soweit die Hochschule das Recht zur Promotion und Habilitation besitzt.

Besoldungsgruppe C 4 (kw)

Professorin, Professor an einer Kunsthochschule[1])

Professorin, Professor an einer wissenschaftlichen Hochschule[1])[2])

Universitätsprofessorin, Universitätsprofessor[1])[3])

---

[1]) Soweit nicht in den Besoldungsgruppen C 2 (kw), C 3 (kw).

[2]) Nur an einer wissenschaftlichen Hochschule, die nach Landesrecht weder Universität ist, noch einer Universität gleichgestellt ist.

[3]) Auch an einer künstlerisch-wissenschaftlichen Hochschule, soweit die Hochschule das Recht zur Promotion und Habilitation besitzt.

Anlage 6

Gültig ab 1. Februar 2025

1. Landesbesoldungsordnung A
Grundgehaltssätze
(Monatsbeträge in Euro)

Besoldungsgruppe	2-Jahres-Rhythmus				3-Jahres-Rhythmus				4-Jahres-Rhythmus		5-Jahres-Rhythmus	
	Stufe											
	1	2	3	4	5	6	7	8	9	10	11	12
A 5		2964,74	3031,44	3098,12	3164,84	3231,52	3298,25	3364,98	3432,15	3499,30		
A 6		3008,47	3081,72	3154,98	3228,17	3301,43	3374,70	3447,94	3521,16	3619,66		
A 7		3071,17	3162,05	3252,87	3343,73	3434,59	3525,47	3590,33	3655,24	3720,14		
A 8		3163,34	3240,96	3357,40	3473,88	3590,25	3706,72	3784,36	3861,95	3939,63	4017,21	
A 9		3292,40	3368,80	3493,06	3617,31	3741,59	3865,88	3951,28	4036,75	4122,20	4207,61	
A 10		3468,80	3573,43	3730,33	3887,30	4044,23	4201,22	4305,83	4410,46	4516,20	4623,23	
A 11			3929,36	4090,14	4250,94	4411,75	4575,05	4684,74	4794,39	4904,11	5014,42	5126,29
A 12				4462,46	4577,58	4773,73	4969,85	5103,00	5236,37	5369,70	5503,10	5636,51
A 13				4956,45	5091,32	5307,34	5523,37	5667,38	5811,43	5955,41	6099,49	6243,50
A 14				5197,52	5398,50	5678,63	5958,80	6145,51	6332,30	6519,12	6705,88	6892,63
A 15						6217,90	6525,88	6772,29	7018,74	7265,10	7511,52	7757,92
A 16						6839,35	7195,57	7480,54	7765,57	8050,54	8335,52	8620,45

2. Landesbesoldungsordnung B
Grundgehaltssätze
(Monatsbeträge in Euro)

Besoldungsgruppe	Betrag
B 1	7 757,92
B 2	8 981,04
B 3	9 498,81
B 4	10 041,14
B 5	10 663,37
B 6	11 250,90
B 7	11 822,49
B 8	12 418,16
B 9	13 157,80
B 10	15 454,70

3. Landesbesoldungsordnung W
Grundgehaltssätze
(Monatsbeträge in Euro)

Besoldungsgruppe	W 1	W 2	W 3
Betrag	5603,15	6777,04	7661,69

Leistungsbezüge als Mindestbetrag nach § 37 Abs. 1 Satz 3
(Monatsbeträge in Euro)

Besoldungsgruppe	W 2	W 3
Betrag	421,78	421,78

4. Landesbesoldungsordnung R
Grundgehaltssätze
(Monatsbeträge in Euro)

Besoldungsgruppe	Stufe											
	1	2	3	4	5	6	7	8	9	10	11	12
R 1		5 278,94	5 313,55	5 606,92	5 900,32	6 193,67	6 487,07	6 780,43	7 073,84	7 367,20	7 660,57	7 954,00
R 2			6 015,85	6 309,21	6 602,59	6 895,97	7 189,34	7 482,76	7 776,12	8 069,44	8 362,87	8 656,21
R 3	9 498,81											
R 4	10 041,14											
R 5	10 663,37											
R 6	11 250,90											
R 7	11 822,49											
R 8	12 418,16											
R 9	13 157,80											

III

Anlage 7

Gültig ab 1. Februar 2025

1. Familienzuschlag

(Monatsbeträge in Euro)

1	**Zuschlag nach § 41 Abs. 1 Satz 1 Nr. 1**	85,22
2	**Zuschlag nach § 41 Abs. 1 Satz 1 Nr. 2**	
	a) für das erste und zweite zu berücksichtigende Kind je	239,08*)
	b) für jedes weitere zu berücksichtigende Kind je	726,00
3	**Erhöhungsbeträge für die Besoldungsgruppe A 5**	
	Der Zuschlag nach § 41 Abs. 1 Satz 1 Nr. 2 erhöht sich	
	a) für das erste zu berücksichtigende Kind um	5,32
	b) für das zweite zu berücksichtigende Kind um	15,98
4	**Mietenstufenabhängige Aufstockungsbeträge**	
	Der Zuschlag nach § 41 Abs. 1 Satz 1 Nr. 2 erhöht sich für das dritte und jedes weitere zu berücksichtigende Kind	
	a) in der Mietenstufe V um je	19,00
	b) in der Mietenstufe VI um je	43,00
	c) in der Mietenstufe VII um je	68,00
	Maßgeblich für die Zuordnung sind die für die Wohngemeinde der Bezügeempfängerin oder des Bezügeempfängers gemäß § 12 Abs. 1 des Wohngeldgesetzes in Verbindung mit § 1 Abs. 3 der Wohngeldverordnung geltenden Mietenstufen. Als Wohngemeinde gilt der Ort der Hauptwohnung im Sinne von § 21 Abs. 2 und 4 und § 22 Abs. 1 des Bundesmeldegesetzes, was auf Anforderung durch eine amtliche Meldebestätigung nach § 24 Abs. 2 des Bundesmeldegesetzes nachzuweisen ist. Ändert sich die Hauptwohnung, gilt die der bisherigen Wohngemeinde zugeordnete Mietenstufe bis zum letzten Tag des Monats, welcher in der amtlichen Meldebestätigung als Auszugsmonat benannt ist, und die der neuen Wohngemeinde zugeordnete Mietenstufe ab dem ersten Tag des Monats, der dem in der amtlichen Meldebestätigung genannten Einzugsmonat folgt.	
5	**Anrechnungsbetrag nach § 41 Abs. 5**	
	– in den Besoldungsgruppen A 5 bis A 8	142,82
	– in den Besoldungsgruppen A 9 bis A 12	151,61

2. Sonderzuschlag zum Familienzuschlag

(Monatsbeträge in Euro)

Besoldungsgruppe	Stufe						
	2	3	4	5	6	7	8
A 5	389,00	328,00	267,00	206,00	145,00	84,00	23,00
A 6	370,00	303,00	236,00	169,00	102,00	35,00	
A 7	314,00	231,00	148,00	65,00			
A 8	229,00	158,00	51,00				
A 9	110,00						

---

*) Ein Betrag von 5,46 EUR ist für jedes Kind, für das der oder dem Berechtigten in dem jeweiligen Monat ein Zuschlag nach § 41 Abs. 1 Satz 1 Nr. 2 zusteht und gewährt wird, von einer Kürzung nach § 9 Abs. 1 auszunehmen.

Anlage 8

Gültig ab 1. Februar 2025

Zulagen

(Monatsbeträge in Euro)
– in der Reihenfolge der Gesetzesstellen –

Dem Grunde nach geregelt in		
Landesbesoldungsordnungen A und B		
Vorbemerkung Nummer 12		
A 6 (Einstiegsamt) bis A 8		26,13
A 9 (soweit nicht Einstiegsamt)		102,27
A 9 (Einstiegsamt) bis A 13		113,73
Landesbesoldungsordnungen A		
Besoldungsgruppe	Fußnote	
A 5	1, 2	92,70
A 6	1	92,70
A 9	1	368,85
A 11	4, 6	211,17
A 12	3	253,32
A 13	1, 3	253,32
A 13	4, 5, 6	369,51
A 14	1	253,32
A 14	2	379,95
A 15	1	253,32
A 16	8	283,34
A 12 (kw)	3, 4	211,17
A 13 (kw)	1	253,32
A 14 (kw)	1	253,32
Landesbesoldungsordnungen B		
Besoldungsgruppe	Fußnote	
B 2	4	280,09
B 8	1	581,16
B 9	1	1261,50
Landesbesoldungsordnung R		
Besoldungsgruppe	Fußnote	
R 1	1	280,09
R 2	3, 4, 5, 7, 8	280,09
R 3	3	280,09
R 9	1	1261,50

Anlage 9

Gültig ab 1. Februar 2025

Anwärtergrundbetrag
(Monatsbeträge in Euro)

Einstiegsamt, in das die Anwärterin oder der Anwärter nach Abschluss des Vorbereitungsdienstes unmittelbar eintritt	
A 5 bis A 8	1511,65
A 9 bis A 11	1567,85
A 12	1713,55
A 13	1746,71
A 13 + Allgemeine Zulage	1783,13

Anlage 10

Gültig ab 1. Februar 2025

Landesbesoldungsordnung C (kw)

Grundgehaltssätze
(Monatsbeträge in Euro)

Besoldungs-gruppe	Stufe														
	1	2	3	4	5	6	7	8	9	10	11	12	13	14	15
C 1	4384,98	4524,34	4665,54	4806,74	4947,98	5091,32	5235,33	5379,30	5523,37	5667,38	5811,43	5955,41	6099,49	6243,50	
C 2	4393,61	4616,95	4842,04	5068,75	5298,27	5527,83	5757,34	5986,84	6216,40	6445,90	6675,43	6904,95	7134,47	7364,02	7593,54
C 3	4799,72	5055,98	5315,87	5575,76	5835,66	6095,55	6355,41	6615,30	6875,22	7135,11	7394,98	7654,87	7914,78	8174,63	8434,52
C 4	6019,60	6280,84	6542,13	6803,38	7064,65	7325,89	7587,14	7848,38	8109,62	8370,86	8632,16	8893,41	9154,63	9415,89	9677,16

Zulagen

(Monatsbeträge in Euro)
– in der Reihenfolge der Gesetzesstellen –

Dem Grunde nach geregelt in		
Landesbesoldungsordnung C (kw)		
Vorbemerkung Nummer 2		113,73
Landesbesoldungsordnung C (kw)		
Besoldungsgruppe	Fußnote	
C 2 (kw)	1	148,00
Hochschulleitungs-Stellenzulagenverordnung		
§ 1 Abs. 1		
Nummer 1 Sp. 2, Nummer 4 Sp. 2		163,00
Nummer 1 Sp. 3, Nummer 4 Sp. 3		326,00
Nummer 2 Sp. 2, Nummer 5 Sp. 2, Nummer 7 und 8 Alt. 1		91,00
Nummer 2 Sp. 3, Nummer 5 Sp. 3		217,00
Nummer 3 Sp. 2, Nummer 6 Sp. 2, Nummer 9 und 10		bis zu 91,00
Nummer 3 Sp. 3, Nummer 6 Sp. 3		bis zu 181,00
Nummer 8 Alt. 2		bis zu 253,00

Anlage 11

Gültig ab 1. Februar 2025

Auslandsbesoldung
(Monatsbeträge in Euro)

	1	2	3	4	5	6	7	8	9	10	11	12	13	14	15
Grund-gehalts-spanne	bis 2 793,43	2 793,44 bis 3 112,17	3 112,18 bis 3 474,32	3 474,33 bis 3 885,79	3 885,80 bis 4 353,33	4 353,34 bis 4 894,22	4 894,23 bis 5 522,29	5 522,30 bis 6 237,85	6 237,86 bis 7 050,99	7 051,00 bis 7 974,80	7 974,81 bis 9 024,47	9 024,48 bis 10 217,16	10 217,17 bis 11 572,32	11 572,33 bis 13 112,09	ab 13 112,10

Bundesbesoldungsgesetz

in der Fassung der Bekanntmachung vom 6. August 2002 (BGBl. I S. 3020)

– Auszug –

Rechtsstand: Zum 31. August 2006 geltende Fassung

III

Im Zuge des Wegfalls der Rahmengesetzgebung und der Neuordnung der konkurrierenden Gesetzgebung wurden die Besoldung, die Versorgung und das Laufbahnrecht der Landesbeamten und -richter sowie die Regelung der Rechtsverhältnisse der im öffentlichen Dienst der Länder, Gemeinden und anderer Körperschaften des öffentlichen Rechts stehenden Personen durch das Gesetz zur Änderung des Grundgesetzes vom 28. August 2006 (BGBl. I S. 2034) auf die Länder verlagert, soweit diese Bereiche nicht durch den neuen Kompetenztitel zur Regelung der Statusrechte (Artikel 74 Abs. 1 Nr. 27 GG) erfasst werden. Dem Bund steht seit dieser Föderalismusneuordnung nicht mehr das Recht zu, die Besoldung bundeseinheitlich (auch für die Länder und Gemeinden) zu regeln. Das aufgrund der früheren Verfassungsrechtslage erlassene Bundesrecht gilt als Bundesrecht fort; es kann durch Landesrecht ersetzt werden (Artikel 125a Abs. 1 GG).

Der rheinland-pfälzische Gesetzgeber hat von dieser neuen Kompetenz inzwischen sowohl im Laufbahnrecht als auch im Besoldungs- und Versorgungsrecht Gebrauch gemacht. Dabei wird noch mehrfach auf das Bundesbesoldungsgesetz in der zum 31. August 2006 geltenden Fassung verwiesen; die relevanten Auszüge des Bundesbesoldungsgesetzes sind hier abgedruckt.

Inhaltsübersicht

1. Abschnitt
Allgemeine Vorschriften

§ 6 Besoldung bei Teilzeitbeschäftigung

(1) Bei Teilzeitbeschäftigung werden die Dienstbezüge im gleichen Verhältnis wie die Arbeitszeit gekürzt.

(2) Die Bundesregierung wird ermächtigt, durch Rechtsverordnung mit Zustimmung des Bundesrates bei Altersteilzeit nach § 72b des Bundesbeamtengesetzes oder nach Maßgabe landesrechtlicher Vorschriften sowie nach entsprechenden Bestimmungen für Richter die Gewährung eines nichtruhegehaltfähigen Zuschlags zur Besoldung zu regeln. Zuschlag und Besoldung dürfen zusammen 83 vom Hundert der Nettobesoldung nicht überschreiten, die nach der bisherigen Arbeitszeit, die für die Bemessung der ermäßigten Arbeitszeit während der Altersteilzeit zugrunde gelegt worden ist, zustehen würde; § 72a ist zu berücksichtigen. Abweichend von Satz 2 dürfen Zuschlag und Besoldung im Geschäftsbereich des Bundesministeriums der Verteidigung zusammen 88 vom Hundert betragen, wenn Dienstposten in Folge von Strukturmaßnahmen auf Grund der Neuausrichtung der Bundeswehr wegfallen. Für den Fall der vorzeitigen Beendigung der Altersteilzeit ist ein Ausgleich zu regeln, soweit ein solcher nicht landesrechtlich geregelt ist.

2. Abschnitt
Grundgehalt, Leistungsbezüge an Hochschulen

2. Unterabschnitt
Vorschriften für Beamte und Soldaten

§ 27 Bemessung des Grundgehalts

(1) Das Grundgehalt wird, soweit die Besoldungsordnungen nichts anderes vorsehen, nach Stufen bemessen. Das Aufsteigen in den Stufen bestimmt sich nach dem Besoldungsdienstalter und der Leistung. Es wird mindestens das Anfangsgrundgehalt der jeweiligen Besoldungsgruppe gezahlt.

(2) Das Grundgehalt steigt bis zur fünften Stufe im Abstand von zwei Jahren, bis zur neunten Stufe im Abstand von drei Jahren und darüber hinaus im Abstand von vier Jahren.

(3) Bei dauerhaft herausragenden Leistungen kann für Beamte und Soldaten der Besoldungsordnung A die nächsthöhere Stufe als Grundgehalt vorweg festgesetzt werden (Leistungsstufe). Die Zahl der in einem Kalenderjahr bei einem Dienstherrn vergebenen Leistungsstufen darf 15 vom Hundert der Zahl der bei dem Dienstherrn vorhandenen Beamten und Soldaten der Besoldungsordnung A, die das Endgrundgehalt noch nicht erreicht haben, nicht übersteigen. Wird festgestellt, dass die Leistung des Beamten oder Soldaten nicht den mit dem Amt verbundenen durchschnittlichen Anforderungen entspricht, verbleibt er in seiner bisherigen Stufe, bis seine Leistung ein Aufsteigen in die nächsthöhere Stufe rechtfertigt. Eine darüber liegende Stufe, in der er sich ohne die Hemmung des Aufstiegs inzwischen befinden würde, darf frühestens nach Ablauf eines Jahres als Grundgehalt festgesetzt werden, wenn in diesem Zeitraum anforderungsgerechte Leistungen erbracht worden sind. Die Bundesregierung und die Landesregierungen werden ermächtigt, jeweils für ihren Bereich zur Gewährung von Leistungsstufen und zur Hemmung des Aufstiegs in den Stufen nähere Regelungen durch Rechtsverordnung zu treffen. In der Rechtsverordnung kann zugelassen werden, dass bei Dienstherren mit weniger als sieben Beamten im Sinne des Satzes 2 in jedem Kalenderjahr einem Beamten die Leistungsstufe gewährt wird. Die Rechtsverordnung der Bundesregierung bedarf nicht der Zustimmung des Bundesrates.

(4) Absatz 3 gilt nicht für Beamte im Beamtenverhältnis auf Probe nach § 12a des Beamtenrechtsrahmengesetzes. Die Entscheidung über die Gewährung einer Leistungsstufe oder über die Hemmung des Aufstiegs trifft die zuständige oberste Dienstbehörde oder die von ihr bestimmte Stelle. Die Entscheidung ist dem Beamten oder Soldaten schriftlich mitzuteilen. Widerspruch und Anfechtungsklage haben keine aufschiebende Wirkung.

(5) Der Beamte oder Soldat verbleibt in seiner bisherigen Stufe, solange er vorläufig des Dienstes enthoben ist. Führt ein Disziplinarverfahren nicht zur Entfernung aus dem Dienst oder endet das Dienstverhältnis nicht durch Entlassung auf Antrag des Beamten oder Soldaten oder infolge strafgerichtlicher Verurteilung, so regelt sich das Aufsteigen im Zeitraum seiner vorläufigen Dienstenthebung nach Absatz 2.

§ 28 Besoldungsdienstalter

(1) Das Besoldungsdienstalter beginnt am Ersten des Monats, in dem der Beamte oder Soldat das 21. Lebensjahr vollendet hat.

(2) Der Beginn des Besoldungsdienstalters nach Absatz 1 wird um Zeiten nach Vollendung des 31. Lebensjahres, in denen kein Anspruch auf Besoldung bestand, hinausgeschoben, und zwar um ein Viertel der Zeit bis zum vollendeten 35. Lebensjahr und um die Hälfte der weiteren Zeit. Bei Beamten und Soldaten in Laufbahnen mit einem Eingangsamt der Besoldungsgruppe A 13 oder A 14 tritt an die Stelle des 31. das 35. Lebensjahr. Die Zeiten werden auf volle Monate abgerundet. Der Besoldung im Sinne des Satzes 1 stehen Bezüge aus einer hauptberuflichen Tätigkeit im Dienst eines öffentlich-rechtlichen Dienstherrn (§ 29), im Dienst von öffentlich-rechtlichen Religionsgesellschaften und ihren Verbänden sowie im Dienst eines sonstigen Arbeitgebers, der die im öffentlichen Dienst geltenden Tarifverträge oder Tarifverträge wesentlich gleichen Inhalts anwendet und an dem die öffentliche Hand durch Zahlung von Beiträgen oder Zuschüssen oder in anderer Weise wesentlich beteiligt ist, gleich.

(3) Absatz 2 gilt nicht für

1. Zeiten einer Kinderbetreuung bis zu drei Jahren für jedes Kind,
2. Zeiten der tatsächlichen Pflege von nach ärztlichem Gutachten pflegebedürftigen nahen Angehörigen (Eltern, Schwiegereltern, Ehegatten, Geschwistern oder Kindern) bis zu drei Jahren für jeden nahen Angehörigen,
3. Zeiten einer Beurlaubung ohne Dienstbezüge, wenn die oberste Dienstbehörde oder die von ihr bestimmte Stelle schriftlich anerkannt hat, dass der Urlaub dienstlichen Interessen oder öffentlichen Belangen dient und
4. Verfolgungszeiten nach dem Beruflichen Rehabilitierungsgesetz, soweit eine Erwerbstätigkeit, die einem Dienst bei einem öffentlich-rechtlichen Dienstherrn (§ 29) entspricht, nicht ausgeübt werden konnte.

(4) Die Berechnung und die Festsetzung des Besoldungsdienstalters sind dem Beamten oder Soldaten schriftlich mitzuteilen.

4. Abschnitt
Zulagen, Vergütungen

§ 42a Prämien und Zulagen für besondere Leistungen

(1) Die Bundesregierung und die Landesregierungen werden ermächtigt, jeweils für ihren Bereich zur Abgeltung von herausragenden besonderen Leistungen durch Rechtsverordnung die Gewährung von Leistungsprämien (Einmalzahlungen) und Leistungszulagen an Beamte und Soldaten in Besoldungsgruppen der Besoldungsordnung A zu regeln. Die Rechtsverordnung der Bundesregierung bedarf nicht der Zustimmung des Bundesrates.

(2) Die Gesamtzahl der in einem Kalenderjahr bei einem Dienstherrn vergebenen Leistungsprämien und Leistungszulagen darf 15 vom Hundert der Zahl der bei dem Dienstherrn vorhandenen Beamten und Soldaten der Besoldungsordnung A nicht übersteigen. Die Überschreitung des Vomhundertsatzes nach Satz 1 ist in dem Umfang zulässig, in dem von der Möglichkeit der Vergabe von Leistungsstufen nach § 27 Abs. 3 Satz 2 kein Gebrauch gemacht wird. In der Verordnung kann zugelassen werden, dass bei Dienstherren mit weniger als sieben Beamten in jedem Kalenderjahr einem Beamten eine Leistungsprämie oder eine Leistungszulage gewährt werden kann. Leistungsprämien und Leistungszulagen sind nicht ruhegehaltfähig; erneute Bewilligungen sind möglich. Die Zahlung von Leistungszulagen ist zu befristen; bei Leistungs-

abfall sind sie zu widerrufen. Leistungsprämien dürfen das Anfangsgrundgehalt der Besoldungsgruppe des Beamten oder Soldaten, Leistungszulagen dürfen monatlich 7 vom Hundert des Anfangsgrundgehaltes nicht übersteigen. Die Entscheidung über die Bewilligung trifft die zuständige oberste Dienstbehörde oder die von ihr bestimmte Stelle.

(3) Leistungsprämien und Leistungszulagen können nur im Rahmen besonderer haushaltsrechtlicher Regelungen gewährt werden. In der Verordnung sind Anrechnungs- oder Ausschlussvorschriften zu Zahlungen, die aus demselben Anlass geleistet werden, vorzusehen. In der Verordnung kann vorgesehen werden, dass Leistungsprämien und Leistungszulagen, die an mehrere Beamte oder Soldaten wegen ihrer wesentlichen Beteiligung an einer durch enges arbeitsteiliges Zusammenwirken erbrachten Leistung vergeben werden, zusammen nur als eine Leistungsprämie oder Leistungszulage im Sinne des Absatzes 2 Satz 1 gelten. Leistungsprämien und Leistungszulagen nach Satz 3 dürfen zusammen 150 vom Hundert des in Absatz 2 Satz 6 geregelten Umfangs nicht übersteigen; maßgeblich ist die höchste Besoldungsgruppe der an der Leistung wesentlich beteiligten Beamten oder Soldaten. Bei Übertragung eines anderen Amtes mit höherem Endgrundgehalt (Grundgehalt) oder bei Gewährung einer Amtszulage können in der Verordnung Anrechnungs- oder Ausschlussvorschriften zu Leistungszulagen vorgesehen werden.

§ 45 Zulage für die Wahrnehmung befristeter Funktionen

(1) Wird einem Beamten oder Soldaten außer in den Fällen des § 46 eine herausgehobene Funktion befristet übertragen, kann er eine Zulage zu seinen Dienstbezügen erhalten. Satz 1 gilt entsprechend für die Übertragung einer herausgehobenen Funktion, die üblicherweise nur befristet wahrgenommen wird. Die Zulage kann ab dem siebten Monat der ununterbrochenen Wahrnehmung bis zu einer Dauer von höchstens fünf Jahren gezahlt werden.

(2) Die Zulage wird bis zur Höhe des Unterschiedsbetrages zwischen dem Grundgehalt seiner Besoldungsgruppe und dem Grundgehalt der Besoldungsgruppe, die der Wertigkeit der wahrgenommenen Funktion entspricht, höchstens jedoch der dritten folgenden Besoldungsgruppe, gewährt. Die Zulage vermindert sich bei jeder Beförderung um den jeweiligen Erhöhungsbetrag. § 13 findet keine Anwendung.

(3) Die Entscheidung über die Zahlung der Zulage trifft im Rahmen haushaltsrechtlicher Bestimmungen die oberste Dienstbehörde.

(4) Durch Landesrecht kann bestimmt werden, dass für die Gewährung der Zulage das Einvernehmen des für das Besoldungsrecht zuständigen Ministeriums erforderlich ist.

§ 46 Zulage für die Wahrnehmung eines höherwertigen Amtes

(1) Werden einem Beamten oder Soldaten die Aufgaben eines höherwertigen Amtes vorübergehend vertretungsweise übertragen, erhält er nach 18 Monaten der ununterbrochenen Wahrnehmung dieser Aufgaben eine Zulage, wenn in diesem Zeitpunkt die haushaltsrechtlichen und laufbahnrechtlichen Voraussetzungen für die Übertragung dieses Amtes vorliegen. Ein Beamter, dem auf Grund besonderer landesrechtlicher Rechtsvorschrift ein höherwertiges Amt mit zeitlicher Begrenzung übertragen worden ist, erhält für die Dauer der Wahrnehmung eine Zulage, wenn er das höherwertige Amt auf dem übertragenen Dienstposten wegen der besonderen Rechtsvorschrift nicht durch Beförderung erreichen kann.

(2) Die Zulage wird in Höhe des Unterschiedsbetrages zwischen dem Grundgehalt seiner Besoldungsgruppe und dem Grundgehalt gewährt, der das höherwertige Amt zugeordnet ist. Auf die Zulage ist eine nach Nummer 27 der Vorbemerkungen zu den Bundesbesoldungsordnungen A und B zustehende Stellenzulage anzurechnen, wenn sie in dem höherwertigen Amt nicht zustünde.

III

Auslandsbesoldung

Mit der landesrechtlichen Vollkodifizierung des finanziellen öffentlichen Dienstrechts durch Landesgesetz vom 18. Juni 2013 (GVBl. S. 157) wurden Landes- und Bundesbesoldungsrecht größtenteils entkoppelt. Der rheinland-pfälzische Besoldungsgeber sah jedoch keine landesrechtliche Vollregelung zur Auslandsbesoldung vor. In § 56 des Landesbesoldungsgesetzes (LBesG)[1]) ist eine dynamische Verweisung auf Abschnitt 5 des Bundesbesoldungsgesetzes in der jeweils gültigen Fassung enthalten. Sie finden die geltenden bundesrechtlichen Bestimmungen auf den Folgeseiten samt zugehöriger Anlage VI, bei deren entsprechender landesrechtlicher Anwendung allerdings Anlage 11 des LBesG mit den dort niedergelegten Gehaltsspannen zu berücksichtigen ist.

[1]) Landesbesoldungsgesetz -> III.1.

Bundesbesoldungsgesetz

in der Fassung der Bekanntmachung vom 19. Juni 2009 (BGBl. I S. 1434)

Zuletzt geändert durch
Gesetz zur weiteren Stärkung der personellen Einsatzbereitschaft und zur Änderung von Vorschriften für die Bundeswehr
vom 27. Februar 2025 (BGBl. I Nr. 72)

– Auszug –

Inhaltsübersicht

III

Abschnitt 5 Auslandsbesoldung

§ 52 Auslandsdienstbezüge

(1) Auslandsdienstbezüge werden gezahlt bei dienstlichem und tatsächlichem Wohnsitz im Ausland (ausländischer Dienstort), der nicht einer Tätigkeit im Grenzverkehr und nicht einer besonderen Verwendung im Ausland dient (allgemeine Verwendung im Ausland). Sie setzen sich zusammen aus Auslandszuschlag und Mietzuschuss.

(2) Die Auslandsdienstbezüge werden bei Umsetzung oder Versetzung zwischen dem Inland und dem Ausland vom Tag nach dem Eintreffen am ausländischen Dienstort bis zum Tag vor der Abreise aus diesem Ort gezahlt. Bei Umsetzung oder Versetzung im Ausland werden sie bis zum Tag des Eintreffens am neuen Dienstort nach den für den bisherigen Dienstort maßgebenden Sätzen gezahlt.

(3) Die Absätze 1 und 2 gelten entsprechend, wenn der Beamte, Richter oder Soldat für einen Zeitraum von mehr als drei Monaten vom Inland ins Ausland oder im Ausland abgeordnet oder kommandiert ist. Der Abordnung kann eine Verwendung im Ausland nach § 29 des Bundesbeamtengesetzes gleichgestellt werden. Absatz 1 Satz 1 gilt nicht

1. bei einer Umsetzung, Abordnung oder Kommandierung vom Ausland in das Inland für mehr als drei Monate,
2. bei einer Umsetzung, Abordnung oder Kommandierung vom Ausland in das Inland für bis zu drei Monate, wenn die Voraussetzungen des Satzes 1 nicht erfüllt sind,
3. wenn der Besoldungsempfänger nach der Umsetzung, Abordnung oder Kommandierung vom Ausland in das Inland nicht mehr in das Ausland zurückkehrt.

Die oberste Dienstbehörde kann im Einvernehmen mit dem Bundesministerium des Innern, für Bau und Heimat Ausnahmen von den Sätzen 1 und 2 zulassen.

(4) Beamte, Richter und Soldaten, denen für ihre Person das Grundgehalt einer höheren Besoldungsgruppe als der für ihr Amt im Ausland vorgesehenen zusteht, erhalten die Auslandsdienstbezüge nur nach der niedrigeren Besoldungsgruppe. Das Grundgehalt der niedrigeren Besoldungsgruppe und der entsprechende Familienzuschlag werden auch dem Kaufkraftausgleich zugrunde gelegt.

§ 53 Auslandszuschlag

(1) Der Auslandszuschlag gilt materiellen Mehraufwand sowie allgemeine und dienstortbezogene immaterielle Belastungen der allgemeinen Verwendung im Ausland ab. Er bemisst sich nach der Höhe des Mehraufwands und der Belastungen, zusammengefasst in Dienstortstufen, sowie des zustehenden Grundgehalts, darüber hinaus nach der Anzahl der berücksichtigungsfähigen Personen sowie der Bereitstellung von Gemeinschaftsunterkunft oder -verpflegung oder entsprechenden Geldleistungen. Der Ermittlung des materiellen Mehraufwands und der dienstortbezogenen immateriellen Belastungen werden standardisierte Dienstortbewertungen im Verhältnis zum Sitz der Bundesregierung zugrunde gelegt. Die allgemeinen immateriellen Belastungen des Auslandsdienstes werden dienstortunabhängig abgegolten. Bei außergewöhnlichen materiellen Mehraufwendungen oder immateriellen Belastungen kann die oberste Dienstbehörde zur Abgeltung dieser Mehraufwendungen oder Belastungen oder zur Sicherung einer anforderungsgerechten Besetzung von Dienstposten im Ausland im Einvernehmen mit dem Auswärtigen Amt, dem Bundesministerium des Innern, für Bau und Heimat und dem Bundesministerium der Finanzen befristet einen Zuschlag in Höhe von bis zu 1000 Euro monatlich im Verwaltungswege festsetzen.

(2) Der Auslandszuschlag für den Beamten, Richter oder Soldaten wird nach der Tabelle in Anlage VI.1 gezahlt. Bei der ersten neben dem Beamten, Richter oder Soldaten berücksichtigungsfähigen Person nach Absatz 4 Nummer 1 oder 3 erhöht sich der Betrag um 40 Prozent. Für alle anderen berücksichtigungsfähigen Personen wird jeweils ein Zuschlag nach der Tabelle in Anlage VI.2 gezahlt. Wird dem Beamten, Richter oder Sol-

daten Gemeinschaftsunterkunft oder Gemeinschaftsverpflegung bereitgestellt, so verringert sich der Betrag nach den Sätzen 1 und 2 auf 85 Prozent. Werden sowohl Gemeinschaftsunterkunft als auch Gemeinschaftsverpflegung bereitgestellt, so verringert sich der Betrag nach den Sätzen 1 und 2 auf 70 Prozent. Die Sätze 4 und 5 gelten auch, wenn entsprechende Geldleistungen gezahlt werden.

(3) Hat eine berücksichtigungsfähige Person ebenfalls Anspruch auf Auslandsdienstbezüge gegen einen öffentlich-rechtlichen Dienstherrn (§ 29 Absatz 1) oder einen Verband, dessen Mitglieder öffentlich-rechtliche Dienstherren sind, wird der Auslandszuschlag für jeden Berechtigten nach der Tabelle in Anlage VI.1 gezahlt. § 4 Absatz 2 Satz 2 und 3 ist anzuwenden. Bei ermäßigter regelmäßiger Arbeitszeit erhalten beide Berechtigte zusammen mindestens den Auslandszuschlag eines Berechtigten mit einer berücksichtigungsfähigen Person, der zustünde, wenn die von beiden geleistete Arbeitszeit von einem der Berechtigten allein geleistet würde. Für jede weitere berücksichtigungsfähige Person wird einem der Berechtigten ein Zuschlag nach Tabelle VI.2 gewährt. Die Zahlung wird an denjenigen geleistet, den die beiden bestimmen oder dem die weitere berücksichtigungsfähige Person zuzuordnen ist; ist der Empfänger danach nicht bestimmbar, erhält jeder Berechtigte die Hälfte des Zuschlags.

(4) Im Auslandszuschlag berücksichtigungsfähige Personen sind:

1. Ehegatten, die mit dem Beamten, Richter oder Soldaten am ausländischen Dienstort eine gemeinsame Wohnung haben und sich überwiegend dort aufhalten,
2. Kinder, für die dem Beamten, Richter oder Soldaten Kindergeld nach den Vorschriften des Einkommensteuergesetzes zusteht oder ohne Berücksichtigung des § 63 Absatz 1 Satz 6, des § 64 oder des § 65 des Einkommensteuergesetzes zustehen würde und
   a) die sich nicht nur vorübergehend im Ausland aufhalten,
   b) die sich nicht nur vorübergehend im Inland aufhalten, wenn dort kein Haushalt eines Elternteils besteht, der für das Kind bis zum Erreichen der Volljährigkeit sorgeberechtigt ist oder war, oder
   c) die sich in der Übergangszeit zwischen zwei Ausbildungsabschnitten befinden, wenn und soweit sich der Beginn des nächsten Ausbildungsabschnitts durch die Auslandsverwendung des Beamten, Richters oder Soldaten verzögert hat, ungeachtet der zeitlichen Beschränkung nach § 63 Absatz 1 Satz 2 in Verbindung mit § 32 Absatz 4 Satz 1 Nummer 2 Buchstabe b des Einkommensteuergesetzes, höchstens jedoch für ein Jahr; diese Kinder sind auch beim Familienzuschlag zu berücksichtigen,
3. Personen, denen der Beamte, Richter oder Soldat in seiner Wohnung am ausländischen Dienstort nicht nur vorübergehend Unterkunft und Unterhalt gewährt, weil er gesetzlich oder sittlich dazu verpflichtet ist oder aus beruflichen oder gesundheitlichen Gründen ihrer Hilfe bedarf; dies gilt bei gesetzlicher oder sittlicher Verpflichtung zur Unterhaltsgewährung nicht, wenn für den Unterhalt der aufgenommenen Person Mittel zur Verfügung stehen, die den in § 8 Absatz 1 Nummer 1 des Vierten Buches Sozialgesetzbuch genannten Monatsbetrag übersteigen.

(5) Begründet eine berücksichtigungsfähige Person im Sinne des Absatzes 4 Nummer 1 oder 3 erst später einen Wohnsitz am ausländischen Dienstort oder gibt sie ihn vorzeitig auf, werden ab dem Eintreffen rückwirkend bis zum Beginn der Verwendung des Beamten, Richters oder Soldaten oder ab dem Auszug aus der gemeinsamen Wohnung bis zum Ende der Verwendung 70 Prozent des für diese Person geltenden Satzes gewährt, längstens jedoch für sechs Monate. Stirbt eine im ausländischen Haushalt lebende berücksichtigungsfähige Person, wird sie beim Auslandszuschlag bis zum Ende der Verwendung weiter berücksichtigt, längstens jedoch für zwölf Monate.

(6) Empfängern von Auslandsdienstbezügen, für die das Gesetz über den Auswärtigen Dienst gilt, wird unter Berücksichtigung des §29 jenes Gesetzes ein um 4 Prozent ihrer Dienstbezüge im Ausland erhöhter Auslandszuschlag gezahlt. Dies gilt bei nur befristeter Verwendung im Auswärtigen Dienst nach Ablauf des sechsten Jahres der Verwendung im Ausland; Unterbrechungen von weniger als fünf Jahren sind unschädlich. Verheirateten Empfängern von Auslandsdienstbezügen, für die das Gesetz über den Auswärtigen Dienst gilt, kann unter Berücksichtigung des §29 des genannten Gesetzes ein um bis zu 18,6 Prozent ihres Grundgehalts zuzüglich Amtszulagen, höchstens jedoch um 18,6 Prozent des Grundgehalts aus der Endstufe der Besoldungsgruppe A 14 erhöhter Auslandszuschlag gezahlt werden, der zum Aufbau einer eigenständigen Altersvorsorge des Ehegatten zu verwenden ist; Erwerbseinkommen des Ehegatten wird berücksichtigt. Voraussetzung der Gewährung ist, dass der Nachweis der Verwendung im Sinne des Satzes 3 nach Maßgabe der Auslandszuschlagsverordnung erbracht wird. Abweichend von den Sätzen 3 und 4 kann Empfängern von Auslandsdienstbezügen mit Ehegatten mit ausschließlich ausländischer Staatsangehörigkeit, die keinen Verwendungsnachweis erbringen, ein um bis zu 6 Prozent ihrer Dienstbezüge im Ausland erhöhter Auslandszuschlag gezahlt werden. Für Personen im Sinne des Absatzes 4 Nummer 3 kann dem Besoldungsempfänger unter entsprechender Berücksichtigung des §29 des Gesetzes über den Auswärtigen Dienst ein um bis zu 6 Prozent seiner Dienstbezüge im Ausland erhöhter Auslandszuschlag gezahlt werden, soweit der Besoldungsempfänger nicht bereits einen Zuschlag nach Satz 3 erhält; Erwerbseinkommen dieser Personen wird berücksichtigt. Die Sätze 3 bis 5 gelten entsprechend für Angehörige des Geschäftsbereichs des Bundesministeriums der Verteidigung, für die das Gesetz über den Auswärtigen Dienst nicht gilt, wenn sie zur Sicherstellung der Einsatzbereitschaft im Rahmen der Landes- und Bündnisverteidigung im Ausland soldatische Tätigkeiten wahrnehmen oder unmittelbar unterstützen.

(7) Das Auswärtige Amt regelt die Einzelheiten des Auslandszuschlags einschließlich dessen Erhöhung nach Absatz 6 Satz 3 sowie die Zuteilung der Dienstorte zu den Stufen des Auslandszuschlags durch Rechtsverordnung im Einvernehmen mit dem Bundesministerium des Innern, für Bau und Heimat, dem Bundesministerium der Finanzen und dem Bundesministerium der Verteidigung.

§54 Mietzuschuss

(1) Der Mietzuschuss wird gewährt, wenn die Miete für den als notwendig anerkannten leeren Wohnraum (zuschussfähige Miete) 18 Prozent der Summe aus Grundgehalt, Familienzuschlag der Stufe 1, Amts-, Stellen-, Ausgleichs- und Überleitungszulagen mit Ausnahme des Kaufkraftausgleichs übersteigt. Der Mietzuschuss beträgt 90 Prozent des Mehrbetrages.

Beträgt die Mieteigenbelastung

1. bei Beamten und Soldaten in den Besoldungsgruppen A 3 bis A 8 mehr als 20 Prozent,
2. bei Beamten und Soldaten in den Besoldungsgruppen A 9 und höher sowie bei Richtern mehr als 22 Prozent

der Bezüge nach Satz 1, so wird der volle Mehrbetrag als Mietzuschuss erstattet. Der Mietzuschuss wird nicht gewährt, solange ein Anspruch auf Kostenerstattung nach der Auslandsumzugskostenverordnung besteht.

(2) Bei einem Empfänger von Auslandsdienstbezügen, für den das Gesetz über den Auswärtigen Dienst nicht gilt, wird bei der Ermittlung der zuschussfähigen Miete im Sinne von Absatz 1 Satz 1 die vom Auswärtigen Amt festgelegte Mietobergrenze oder, wenn keine Mietobergrenze festgelegt wurde, die im Einzelfall anerkannte Miete zugrunde gelegt. Die nach Satz 1 festgelegte Mietobergrenze oder die im Einzelfall anerkannte Miete wird um 20 Prozent vermindert.

(3) Erwirbt oder errichtet der Beamte, Richter oder Soldat oder eine beim Auslandszuschlag berücksichtigte Person ein Eigenheim oder eine Eigentumswohnung, so kann, wenn dienstliche Interessen nicht entgegenstehen, ein Zu-

schuss in sinngemäßer Anwendung des Absatzes 1 gewährt werden. Anstelle der Miete treten 0,65 Prozent des Kaufpreises, der auf den als notwendig anerkannten leeren Wohnraum entfällt. Der Zuschuss beträgt höchstens 0,3 Prozent des anerkannten Kaufpreises; er darf jedoch den Betrag des Mietzuschusses nach Absatz 1 bei Zugrundelegung einer Miete nach den ortsüblichen Sätzen für vergleichbare Objekte nicht übersteigen. Nebenkosten bleiben unberücksichtigt.

(4) Hat der Beamte, Richter oder Soldat mit seinem Ehegatten am ausländischen Dienstort eine gemeinsame Wohnung inne und erhält der Ehegatte ebenfalls Auslandsdienstbezüge nach § 52 Absatz 1 oder 3 oder Arbeitsentgelt in entsprechender Anwendung des § 52 Absatz 1 oder 3, so wird nur ein Mietzuschuss gewährt. Der Berechnung des Prozentsatzes nach Absatz 1 Satz 1 sind die Dienstbezüge und das entsprechende Arbeitsentgelt beider Ehegatten zugrunde zu legen. Der Mietzuschuss wird dem Ehegatten gezahlt, den die Ehegatten bestimmen. Treffen sie keine Bestimmung, erhält jeder Ehegatte die Hälfte des Mietzuschusses; § 6 ist nicht anzuwenden.

(5) Inhaber von Dienstwohnungen im Ausland erhalten keinen Mietzuschuss.

§ 55 Kaufkraftausgleich

(1) Entspricht bei einer allgemeinen Verwendung im Ausland die Kaufkraft der Besoldung am ausländischen Dienstort nicht der Kaufkraft der Besoldung am Sitz der Bundesregierung, ist der Unterschied durch Zu- oder Abschläge auszugleichen (Kaufkraftausgleich). Beim Mietzuschuss sowie beim Auslandszuschlag für im Inland lebende Kinder wird ein Kaufkraftausgleich nicht vorgenommen.

(2) Das Statistische Bundesamt ermittelt für den einzelnen Dienstort nach einer wissenschaftlichen Berechnungsmethode auf Grund eines Preisvergleichs und des Wechselkurses zwischen den Währungen den Prozentsatz, um den die Lebenshaltungskosten am ausländischen Dienstort höher oder niedriger sind als am Sitz der Bundesregierung (Teuerungsziffer). Die Teuerungsziffern sind vom Statistischen Bundesamt bekannt zu machen.

(3) Der Kaufkraftausgleich wird anhand der Teuerungsziffer festgesetzt. Die Berechnungsgrundlage beträgt 60 Prozent des Grundgehaltes, der Anwärterbezüge, des Familienzuschlags, des Auslandszuschlags sowie der Zulagen und Vergütungen, deren jeweilige besondere Voraussetzungen auch bei Verwendung im Ausland vorliegen. Abweichend hiervon beträgt die Berechnungsgrundlage 100 Prozent bei Anwärtern, die bei einer von ihnen selbst ausgewählten Stelle im Ausland ausgebildet werden.

(4) Die Einzelheiten zur Festsetzung des Kaufkraftausgleichs regelt das Auswärtige Amt im Einvernehmen mit dem Bundesministerium des Innern, für Bau und Heimat und dem Bundesministerium der Finanzen, hinsichtlich der Bundeswehrstandorte im Ausland auch im Einvernehmen mit dem Bundesministerium der Verteidigung, durch allgemeine Verwaltungsvorschrift.

§ 56 Auslandsverwendungszuschlag

(1) Auslandsverwendungszuschlag wird gezahlt bei einer Verwendung im Rahmen einer humanitären oder unterstützenden Maßnahme, die auf Grund eines Übereinkommens, eines Vertrages oder einer Vereinbarung mit einer zwischenstaatlichen oder überstaatlichen Einrichtung oder mit einem auswärtigen Staat im Ausland oder außerhalb des deutschen Hoheitsgebietes auf Schiffen oder in Luftfahrzeugen stattfindet (besondere Verwendung im Ausland). Dies gilt für

1. Verwendungen auf Beschluss der Bundesregierung,
2. Einsätze des Technischen Hilfswerks im Ausland nach § 1 Absatz 2 Nummer 2 des THW-Gesetzes, wenn zwischen dem Bundesministerium des Innern, für Bau und Heimat und dem Auswärtigen Amt Einvernehmen über das Vorliegen einer Verwendung nach Satz 1 besteht,
3. humanitäre Hilfsdienste und Hilfsleistungen der Streitkräfte nach § 2 Absatz 2 Satz 3 des Parlamentsbeteiligungsgesetzes, wenn zwischen dem Bundesministeri-

III

um der Verteidigung und dem Auswärtigen Amt Einvernehmen über das Vorliegen einer Verwendung nach Satz 1 besteht,

4. Maßnahmen der Streitkräfte, die keine humanitären Hilfsdienste oder Hilfsleistungen nach §2 Absatz 2 Satz 3 des Parlamentsbeteiligungsgesetzes sind, wenn zwischen dem Bundesministerium der Verteidigung und dem Auswärtigen Amt Einvernehmen über das Vorliegen einer Verwendung nach Satz 1 besteht, oder
5. Einsätze der Bundespolizei nach den §§8 und 65 des Bundespolizeigesetzes, einschließlich der in diesem Rahmen und zu diesem Zweck abgeordneten oder zugewiesenen Beamten anderer Verwaltungen, des Bundesamtes für Migration und Flüchtlinge, des Bundeskriminalamtes und des Bundesamtes für Verfassungsschutz, wenn zwischen dem Bundesministerium des Innern, für Bau und Heimat und dem Auswärtigen Amt Einvernehmen über das Vorliegen einer Verwendung nach Satz 1 besteht.

Satz 1 gilt entsprechend für eine Verwendung im Ausland oder außerhalb des deutschen Hoheitsgebietes auf Schiffen oder in Luftfahrzeugen, die ausschließlich dazu dient, eine besondere Verwendung im Ausland

1. unmittelbar vorzubereiten oder
2. unmittelbar im Anschluss endgültig abzuschließen, soweit dies wegen unvorhersehbarer Umstände nicht innerhalb der geplanten Dauer der besonderen Verwendung im Ausland möglich ist.

(2) Auslandsverwendungszuschlag wird auch gezahlt für eine besondere Verwendung im Ausland, die mit außergewöhnlichen Risiken und Gefährdungen verbunden ist. Dies gilt für

1. Angehörige der Spezialkräfte der Bundeswehr sowie Soldaten, die zur unmittelbaren Unterstützung der Spezialkräfte der Bundeswehr in dieser besonderen Verwendung im Ausland unter entsprechenden Belastungen eingesetzt werden, wenn das Bundesministerium der Verteidigung eine Maßnahme als entsprechende Verwendung festgelegt hat,
2. Angehörige der GSG 9 der Bundespolizei sowie Beamte, die zur unmittelbaren Unterstützung der GSG 9 der Bundespolizei in dieser besonderen Verwendung im Ausland unter entsprechenden Belastungen eingesetzt werden, wenn das Bundesministerium des Innern, für Bau und Heimat eine Maßnahme als entsprechende Verwendung festgelegt hat.

(3) Der Auslandsverwendungszuschlag gilt alle materiellen Mehraufwendungen und immateriellen Belastungen der besonderen Verwendung im Ausland mit Ausnahme der nach deutschem Reisekostenrecht zustehenden Reisekostenvergütung ab. Dazu gehören insbesondere Mehraufwendungen auf Grund besonders schwieriger Bedingungen im Rahmen der Verwendung oder Belastungen durch Unterbringung in provisorischen Unterkünften sowie Belastungen durch eine spezifische Bedrohung der Mission oder deren Durchführung in einem Konfliktgebiet. Er wird für jeden Tag der Verwendung gewährt und bei einer Verwendung nach Absatz 1 als einheitlicher Tagessatz abgestuft nach dem Umfang der Mehraufwendungen und Belastungen für jede Verwendung festgesetzt. Der Tagessatz der höchsten Stufe beträgt 153 Euro. Dauert die Verwendung im Einzelfall weniger als 15 Tage, kann der Satz der nächstniedrigeren Stufe ausgezahlt werden. In den Fällen des Absatzes 2 wird der Tagessatz der höchsten Stufe gewährt. Die endgültige Abrechnung erfolgt nach Abschluss der Verwendung. Abschlagszahlungen können monatlich im Voraus geleistet werden. Ein Anspruch auf Auslandsdienstbezüge an einem anderen ausländischen Dienstort bleibt unberührt; auf den Auslandsverwendungszuschlag wird jedoch auf Grund der geringeren Aufwendungen und Belastungen am bisherigen ausländischen Dienstort pauschaliert ein Anteil des Auslandszuschlags nach §53 angerechnet.

(4) Steht Beamten, Richtern oder Soldaten ein Auslandsverwendungszuschlag aus einer Verwendung nach Absatz 1 an einem ausländischen Dienstort zu und befindet sich ein anderer Beamter, Richter oder Soldat an die-

sem Ort auf Dienstreise, gelten für Letzteren ab dem 15. Tag der Dienstreise rückwirkend ab dem Tag der Ankunft am ausländischen Dienstort die Vorschriften über den Auslandsverwendungszuschlag entsprechend. Das gilt nur, wenn die Dienstreise hinsichtlich der Mehraufwendungen und Belastungen einer Verwendung nach Absatz 1 entspricht. Ist der Beamte, Richter oder Soldat wegen Verschleppung, Gefangenschaft oder aus sonstigen mit dem Dienst zusammenhängenden Gründen, die er nicht zu vertreten hat, dem Einflussbereich des Dienstherrn entzogen, werden für diesen Zeitraum Aufwandsentschädigungen und Zulagen, die zum Zeitpunkt des Eintritts des Ereignisses zustanden, weiter gewährt; daneben steht ihm Auslandsverwendungszuschlag nach dem Tagessatz der höchsten Stufe zu.

(5) Werden von einem auswärtigen Staat oder einer über- oder zwischenstaatlichen Einrichtung Leistungen für eine besondere Verwendung gewährt, sind diese, soweit damit nicht Reisekosten abgegolten werden, in vollem Umfang auf den Auslandsverwendungszuschlag anzurechnen. Die Anrechnung erfolgt jeweils bezogen auf einen Kalendermonat. § 9a Absatz 2 ist nicht anzuwenden.

(6) Das Bundesministerium des Innern, für Bau und Heimat regelt die Einzelheiten des Auslandsverwendungszuschlags im Einvernehmen mit dem Auswärtigen Amt, dem Bundesministerium der Finanzen und dem Bundesministerium der Verteidigung durch Rechtsverordnung.

§ 57 Auslandsverpflichtungsprämie

(1) Einem Beamten, der sich verpflichtet hat, im Rahmen einer besonderen Verwendung im Ausland mindestens zwei Wochen Dienst zu leisten, kann eine Auslandsverpflichtungsprämie gewährt werden, wenn

1. es sich um eine Verwendung nach § 56 Absatz 1 Satz 2 Nummer 5 handelt und
2. die Verwendung im Rahmen einer über- oder zwischenstaatlichen Zusammenarbeit oder im Rahmen einer Mission der Europäischen Union oder einer internationalen Organisation erfolgt und
3. die Europäische Union oder eine internationale Organisation Mitgliedern einer von ihr in denselben Staat entsandten Mission für materielle Mehraufwendungen und immaterielle Belastungen sowie für Reisekosten höhere auslandsbezogene Gesamtleistungen gewährt.

Der Höchstbetrag der Prämie entspricht dem Unterschiedsbetrag zur höheren auslandsbezogenen Gesamtleistung im auf die Verpflichtung folgenden Verwendungszeitraum.

(2) Für die Zahlung der Prämie gilt § 56 Absatz 2 Satz 6 und 7 entsprechend. Die Prämie darf nur gezahlt werden, wenn während der Mindestverpflichtungszeit ununterbrochen Anspruch auf Auslandsverwendungszuschlag bestand. Wird dieser Zeitraum aus Gründen nicht erreicht, die vom Beamten nicht zu vertreten sind, gilt § 3 Absatz 3 entsprechend.

§ 58 Zulage für Kanzler an großen Botschaften

(1) Einem Beamten des Auswärtigen Dienstes der Besoldungsgruppe A 13 wird während der Dauer seiner Verwendung als Kanzler an einer Auslandsvertretung eine Zulage gewährt, wenn

1. der Leiter der Auslandsvertretung in die Besoldungsgruppe B 9 eingestuft ist oder
2. er die Geschäfte des Inneren Dienstes mehrerer Vertretungen leitet und der Leiter mindestens einer dieser Auslandsvertretungen in die Besoldungsgruppe B 6 eingestuft ist.

(2) Die Zulage beträgt

1. für Kanzler an den Botschaften in London, Moskau, Paris, Peking und Washington sowie an den Ständigen Vertretungen bei der Europäischen Union in Brüssel und bei den Vereinten Nationen in New York 35 Prozent des Auslandszuschlags nach Anlage VI.1 Grundgehaltsspanne 9 Zonenstufe 13,
2. für Kanzler an den übrigen Auslandsvertretungen 15 Prozent des Auslandszuschlags nach Anlage VI.1 Grundgehaltsspanne 9 Zonenstufe 13.

Sie wird nicht neben einer Zulage nach § 45 gewährt.

Anlage VI
(zu § 53 Absatz 2 Satz 1 und 3 sowie Absatz 3 Satz 1 und 4)

Gültig ab 1. März 2024

Auslandszuschlag

VI.1 (Monatsbetrag in Euro)

Grundgehaltsspanne	1	2	3	4	5	6	7	8	9	10	11	12	13	14	15
	bis 2787,42	2787,43 bis 3113,27	3113,28 bis 3483,48	3483,49 bis 3904,11	3904,12 bis 4392,15	4392,16 bis 4951,51	4951,52 bis 5587,11	5587,12 bis 6309,25	6309,26 bis 7129,78	7129,79 bis 8062,10	8062,11 bis 9121,42	9121,43 bis 10 324,99	10 325,00 bis 11 692,56	11 692,57 bis 13 246,45	ab 13 246,46
Zonenstufe															
1	1019,70	1090,98	1167,46	1253,00	1345,05	1447,42	1558,88	1682,05	1818,15	1969,79	2135,71	2205,71	2279,57	2358,66	2442,93
2	1115,58	1192,06	1275,04	1365,77	1465,59	1575,78	1695,02	1827,23	1972,42	2133,09	2309,40	2389,75	2475,32	2566,04	2663,26
3	1210,23	1293,19	1382,61	1479,83	1587,44	1704,08	1832,41	1972,42	2126,64	2296,43	2481,83	2573,84	2671,05	2774,74	2883,61
4	1304,83	1394,29	1490,22	1593,91	1707,95	1832,41	1968,50	2117,55	2280,89	2459,76	2655,47	2757,90	2866,79	2982,14	3103,95
5	1400,78	1495,41	1597,81	1707,95	1828,52	1960,72	2104,61	2261,46	2433,84	2623,08	2829,18	2941,97	3062,50	3189,53	3325,61
6	1495,41	1596,53	1704,08	1822,04	1950,36	2089,06	2240,70	2406,61	2588,09	2786,39	3002,86	3126,00	3258,25	3396,94	3546,01
7	1591,32	1697,61	1811,67	1936,07	2070,92	2217,38	2378,10	2551,80	2742,33	2949,72	3176,57	3311,37	3453,95	3605,61	3766,34
8	1685,93	1798,71	1919,28	2050,20	2191,44	2345,68	2514,24	2696,98	2895,29	3113,03	3350,25	3495,43	3649,67	3813,01	3986,68
9	1781,82	1899,82	2026,82	2164,22	2313,30	2475,32	2650,30	2842,15	3049,51	3276,38	3523,93	3679,48	3845,40	4020,37	4207,04
10	1876,46	2000,91	2134,41	2278,28	2433,84	2603,65	2786,39	2986,03	3203,76	3439,71	3696,35	3863,55	4039,83	4227,78	4427,40
11	1971,13	2102,00	2240,70	2392,36	2555,67	2731,95	2923,82	3131,21	3356,75	3602,99	3870,05	4047,63	4235,54	4436,49	4649,06
12	2067,02	2203,09	2348,32	2506,42	2676,21	2860,29	3059,90	3276,38	3510,97	3766,34	4043,73	4231,66	4431,26	4643,87	4869,40
13	2161,66	2304,20	2455,84	2619,21	2796,78	2988,62	3196,03	3421,55	3665,23	3929,66	4217,39	4415,74	4627,02	4851,23	5089,78
14	2257,56	2405,31	2563,46	2733,26	2918,62	3116,93	3332,10	3565,40	3818,21	4092,99	4391,11	4599,79	4822,75	5058,65	5310,10
15	2352,18	2506,42	2669,77	2847,31	3039,17	3245,26	3469,50	3710,61	3972,45	4256,33	4564,79	4785,15	5018,44	5267,36	5530,45
16	2446,79	2607,54	2777,32	2961,40	3159,71	3374,90	3605,61	3855,75	4126,66	4419,62	4737,20	4969,19	5214,20	5474,72	5750,83
17	2542,73	2708,63	2884,91	3075,44	3281,56	3503,20	3741,71	4000,93	4280,94	4582,94	4910,88	5153,28	5409,90	5682,12	5972,47
18	2637,36	2808,42	2992,49	3189,53	3402,09	3631,52	3879,09	4146,11	4433,88	4746,25	5084,58	5337,33	5605,65	5890,81	6192,84
19	2733,26	2909,55	3100,08	3303,61	3522,62	3759,85	4015,20	4290,01	4588,15	4909,60	5258,29	5521,37	5801,37	6098,23	6413,18
20	2827,87	3010,63	3206,35	3417,66	3644,49	3888,17	4151,30	4435,17	4742,39	5072,90	5431,96	5705,46	5997,09	6305,58	6633,53

VI.2

Zonenstufe	Monatsbetrag in Euro
1	172,20
2	189,82
3	207,46
4	225,06
5	244,06
6	261,67
7	279,31
8	296,95
9	314,54
10	332,20
11	349,84
12	367,44
13	385,07
14	402,71
15	420,32
16	437,97
17	455,61
18	473,21
19	492,17
20	509,81

Landesverordnung über die Gewährung von Erschwerniszulagen (Landeserschwerniszulagenverordnung – LEZulVO)

Vom 14. Juli 2015 (GVBl. S. 181)

Zuletzt geändert durch
Landesgesetz zur Anpassung der Besoldung und Versorgung 2024/2025
vom 30. April 2024 (GVBl. S. 89)

III

Inhaltsübersicht

Aufgrund des § 50 Satz 1 des Landesbesoldungsgesetzes vom 18. Juni 2013 (GVBl. S. 157 -158-), zuletzt geändert durch Artikel 11 des Gesetzes vom 15. Juni 2015 (GVBl. S. 90), BS 2032-1, verordnet die Landesregierung:

Teil 1
Allgemeine Bestimmungen

III

§ 1 Anwendungsbereich

Diese Verordnung regelt die Gewährung von Zulagen zur Abgeltung besonderer, bei der Bewertung des Amtes oder bei der Regelung der Anwärterbezüge nicht berücksichtigter Erschwernisse (Erschwerniszulagen) für Empfängerinnen und Empfänger von Dienst- und Anwärterbezügen. Durch eine Erschwerniszulage wird ein mit der Erschwernis verbundener Aufwand mit abgegolten.

§ 2 Ausschluss einer Erschwerniszulage neben einer Ausgleichszulage

Ist die Gewährung einer Erschwerniszulage neben einer anderen Zulage ganz oder teilweise ausgeschlossen, gilt dies auch für eine nach Wegfall der anderen Zulage gewährte Ausgleichszulage, solange diese noch nicht bis zur Hälfte aufgezehrt ist.

Teil 2
Einzeln abzugeltende Erschwernisse

Abschnitt 1
Zulage für Dienst zu ungünstigen Zeiten

§ 3 Allgemeine Voraussetzungen

(1) Beamtinnen und Beamte in Besoldungsgruppen mit aufsteigenden Gehältern sowie Anwärterinnen und Anwärter erhalten eine Zulage für Dienst zu ungünstigen Zeiten, wenn sie mit mehr als fünf Stunden im Kalendermonat zum Dienst zu ungünstigen Zeiten herangezogen werden; bei Teilzeitbeschäftigung wird diese Mindeststundenzahl im gleichen Verhältnis wie die Arbeitszeit reduziert.

(2) Dienst zu ungünstigen Zeiten ist der Dienst

1. an Sonntagen und gesetzlichen Wochenfeiertagen, an den Samstagen vor Ostern und Pfingsten nach 12.00 Uhr; dies gilt auch für den 24. und 31. Dezember jeden Jahres nach 12.00 Uhr, wenn diese Tage nicht auf einen Sonntag fallen,
2. an den übrigen Samstagen von 13.00 Uhr bis 20.00 Uhr sowie
3. im Übrigen in der Zeit zwischen 20.00 Uhr und 6.00 Uhr.

(3) Zulagefähig sind nur Zeiten einer tatsächlichen Dienstausübung; Bereitschaftsdienst, der zu ungünstigen Zeiten geleistet wird, ist voll zu berücksichtigen. Wachdienst ist nur zulagefähig, wenn er mit mehr als 24 Stunden im Kalendermonat zu ungünstigen Zeiten geleistet wird; bei Teilzeitbeschäftigung wird diese Mindeststundenzahl im gleichen Verhältnis wie die Arbeitszeit reduziert.

(4) Zum Dienst zu ungünstigen Zeiten gehören nicht der Dienst während Übungen, Reisezeiten bei Dienstreisen und die Rufbereitschaft.

(5) Rufbereitschaft im Sinne von Absatz 4 ist das Bereithalten der oder des hierzu Verpflichteten in ihrer oder seiner Häuslichkeit (Hausrufbereitschaft) oder das Bereithalten an einem von ihr oder ihm anzuzeigenden und dienstlich genehmigten Ort ihrer oder seiner Wahl (Wahlrufbereitschaft), um bei Bedarf zu Dienstleistungen sofort abgerufen werden zu können. Beim Wohnen in einer Gemeinschaftsunterkunft gilt als Häuslichkeit die Gemeinschaftsunterkunft.

§ 4 Höhe und Berechnung

(1) Die Zulage beträgt für Dienst

1. nach § 3 Abs. 2 Nr. 1 4,10 Euro je Stunde,
2. nach § 3 Abs. 2 Nr. 2 1,15 Euro je Stunde,
3. nach § 3 Abs. 2 Nr. 3 2,11 Euro je Stunde.

(2) Für Dienst über volle Stunden hinaus wird die Zulage anteilig gewährt.

§ 5 Fortzahlung bei vorübergehender Dienstunfähigkeit

Bei einer vorübergehenden Dienstunfähigkeit infolge eines Unfalls im Sinne des § 46 des Landesbeamtenversorgungsgesetzes (LBeamtVG) wird Polizeibeamtinnen und Polizeibeamten, Beamtinnen und Beamten des Vollzugsdienstes sowie des Einsatzdienstes der Feuerwehr die Zulage für Dienst zu ungünstigen Zeiten weitergewährt. Ferner wird die Zulage weitergewährt, wenn Beamtinnen und Beamte bei einem besonderen Einsatz im Ausland oder im dienstlichen Zusammenhang damit einen Unfall erleiden, der auf vom Inland wesentlich abweichende Verhältnisse mit gesteigerter Gefährdungslage zurückzuführen ist, ohne dass die sonstigen Voraussetzungen des § 55 LBeamtVG vorliegen. Bemessungsgrundlage für die Zahlung der Erschwerniszulage ist der Durchschnitt der Zulage der letzten drei Monate vor Beginn des Monats, in dem die vorübergehende Dienstunfähigkeit eingetreten ist.

§ 6 Ausschluss der Zulage

(1) Die Zulage wird nicht gewährt neben

1. einer Vergütung für Beamtinnen und Beamte im Vollstreckungsdienst (§ 55 des Landesbesoldungsgesetzes – LBesG),
2. einer Auslandsbesoldung (§ 56 LBesG),
3. einer Zulage nach Nummer 5, Nummer 10 oder Nummer 11 der Vorbemerkungen zu den Landesbesoldungsordnungen A und B des Landesbesoldungsgesetzes,
4. Zulagen, die gemäß Artikel 3 Abs. 2 des Zweiten Haushaltsfinanzierungsgesetzes vom 8. Februar 1982 (GVBl. S. 65) oder gemäß Artikel 2 des Siebzehnten Landesgesetzes zur Änderung des Landesbesoldungsgesetzes vom 17. Dezember 1996 (GVBl. S. 465) gezahlt werden.

(2) Die Zulage entfällt oder sie verringert sich, soweit der Dienst zu ungünstigen Zeiten auf andere Weise als mit abgegolten oder ausgeglichen gilt.

Abschnitt 2
Zulage für Tauchtätigkeit

§ 7 Allgemeine Voraussetzungen

(1) Beamtinnen und Beamte erhalten eine Zulage für Tauchtätigkeiten.

(2) Tauchtätigkeiten sind Übungen oder Arbeiten im Wasser

1. im Tauchanzug ohne Helm oder ohne Tauchgerät,
2. mit Helm oder Tauchgerät.

Zu den Tauchtätigkeiten gehören auch Übungen oder Arbeiten in Pressluft (Druckkammern).

§ 8 Höhe

(1) Die Zulage nach § 7 Abs. 2 Satz 1 Nr. 1 beträgt je Stunde 2,76 Euro.

(2) Die Zulage nach § 7 Abs. 2 Satz 1 Nr. 2 beträgt je Stunde Tauchzeit bei einer Tauchtiefe

1.	bis zu 5 Metern	11,45 Euro,
2.	von mehr als 5 Metern	13,89 Euro,
3.	von mehr als 10 Metern	17,26 Euro,
4.	von mehr als 15 Metern	22,23 Euro.

Bei Tauchtiefen von mehr als zwanzig Metern erhöht sich die Zulage für je fünf Meter weiterer Tauchtiefe um 4,44 Euro je Stunde Tauchzeit.

(3) Die Zulage nach Absatz 2 erhöht sich für Tauchtätigkeit

1. in Strömung mit Stromschutz gleich welcher Art um 15 v. H.,
2. in Strömung ohne Stromschutz um 30 v. H.,
3. in Binnenwasserstraßen bei Lufttemperaturen von weniger als 3 Grad Celsius Wärme um 25 v. H.

(4) Die Zulage für Tauchtätigkeit nach § 7 Abs. 2 Satz 2 beträgt je Stunde ein Drittel der Sätze nach Absatz 2.

§ 9 Berechnung

(1) Die Zulage wird nach Stunden berechnet. Die Zeiten sind für jeden Kalendertag zu ermitteln und das Ergebnis ist zu runden. Dabei bleiben Zeiten von weniger als zehn Minuten unberücksichtigt; Zeiten von zehn bis dreißig Minuten werden auf eine halbe Stunde, von mehr als dreißig Minuten auf eine volle Stunde aufgerundet.

(2) Als Tauchzeit gilt

1. für Helmtaucherinnen und Helmtaucher die Zeit unter dem geschlossenen Tauchhelm,
2. für Schwimmtaucherinnen und Schwimmtaucher die Zeit unter der Atemmaske,
3. bei Arbeiten in Druckkammern die Zeit von Beginn des Einschleusens bis zum Ende des Ausschleusens.

III

Abschnitt 3
Zulage für den Umgang mit Explosivstoffen

§ 10 Zulage für Tätigkeiten der Sprengstoffentschärfung und Sprengstoffermittlung

(1) Beamtinnen und Beamte mit gültigem Nachweis über eine erfolgreich abgeschlossene Ausbildung zur Sprengstoffentschärferin oder zum Sprengstoffentschärfer, deren ständige Aufgabe das Prüfen, Entschärfen und Beseitigen unkonventioneller Spreng- und Brandvorrichtungen ist, erhalten eine Zulage. Die Zulage beträgt 25,56 Euro für jeden Einsatz im unmittelbaren Gefahrenbereich, der erforderlich wird, um verdächtige Gegenstände einer näheren Behandlung zu unterziehen. Unmittelbarer Gefahrenbereich ist der Wirkungsbereich einer möglichen Explosion oder eines Brandes. Die Behandlung umfasst insbesondere

1. optische, akustische, elektronische und mechanische Prüfung auf Spreng-, Zünd- und Brandvorrichtungen,
2. Überwinden von Sprengfallen, Öffnen von unkonventionellen Spreng- und Brandvorrichtungen, Trennen der Zündkette, Unterbrechen der Zündauslösevorrichtung, Neutralisieren, Phlegmatisieren,
3. Vernichten, Transportvorbehandlung, Verladen, Transportieren der unkonventionellen Spreng- und Brandvorrichtungen oder ihrer Teile.

Die Zulage darf den Betrag von 383,40 Euro im Monat nicht übersteigen.

(2) Besondere Schwierigkeiten bei dem Unschädlichmachen oder Delaborieren von Spreng- und Brandvorrichtungen oder ähnlichen Gegenständen, die explosionsgefährliche Stoffe enthalten, können mir einer Erhöhung der Zulage auf bis zu 255,65 Euro für jeden Einsatz abgegolten werden.

(3) Beamtinnen und Beamte mit gültigem Nachweis über eine erfolgreich abgeschlossene Ausbildung zur Sprengstoffermittlerin oder zum Sprengstoffermittler, die im Rahmen ihrer Tätigkeit als Sprengstoffermittlerin oder Sprengstoffermittler mit explosionsgefährlichen Stoffen umgehen, erhalten eine Zulage von 15,34 Euro je Einsatz. Der Umgang umfasst insbesondere Sicherstellung, Asservierung und Transport. Die Zulage darf den Betrag von 230,10 Euro im Monat nicht übersteigen.

(4) Die Zulagen nach den Absätzen 1 und 2 dürfen den Gesamtbetrag von 818,07 Euro im Monat nicht übersteigen.

Teil 3
Zulagen in festen Monatsbeträgen

§ 11 Entstehung des Anspruchs

(1) Der Anspruch auf eine Zulage in festen Monatsbeträgen entsteht mit der tatsächlichen Aufnahme der zulageberechtigenden Tätigkeit und erlischt mit deren Beendigung, soweit in den §§ 12 bis 15 nichts anderes bestimmt ist.

(2) Besteht der Anspruch auf die Zulage nicht für einen vollen Kalendermonat und sieht die Zulageregelung eine tageweise Abgeltung nicht vor, wird nur der Teil der Zulage gezahlt, der auf den Anspruchszeitraum entfällt.

(3) Bei einer Teilzeitbeschäftigung wird die Zulage im gleichen Verhältnis wie die Arbeitszeit gekürzt. Bei einer Teilzeitbeschäftigung mit ungleichmäßig verteilter Arbeitszeit, die sich in eine Beschäftigungs- und eine Freistellungsphase aufteilt, wird die Zulage entsprechend dem Umfang der tatsächlich geleisteten Tätigkeit gewährt (§ 9 Abs. 2 Satz 3 LBesG).

§ 12 Unterbrechung der zulageberechtigenden Tätigkeit

(1) Bei einer Unterbrechung der zulageberechtigenden Tätigkeit wird die Zulage nur weitergewährt im Falle

1. eines Erholungsurlaubs,
2. eines Sonderurlaubs unter Fortzahlung der Dienstbezüge,
3. einer Erkrankung einschließlich Heilkur,
4. einer Dienstbefreiung unter Fortzahlung der Dienstbezüge,
5. einer Teilnahme an Fortbildungsveranstaltungen,
6. einer Dienstreise,

soweit in den §§ 13 bis 15 nichts anderes bestimmt ist. In den Fällen des Satzes 1 Nr. 2 bis 6 wird die Zulage nur weitergewährt bis zum Ende des Monats, der auf den Eintritt der Unterbrechung folgt. Bei einer Unterbrechung der zulageberechtigenden Verwendung durch Erkrankung einschließlich Heilkur, die auf einem Dienstunfall beruht, wird die Zulage weitergewährt bis zum Ende des sechsten Monats, der auf den Eintritt der Unterbrechung folgt.

(2) Die Befristungen nach Absatz 1 Satz 2 und 3 gelten nicht, wenn bei Beamtinnen oder Beamten die Voraussetzungen des § 46 LBeamtVG erfüllt sind.

§ 13 Zulage für Wechselschichtdienst und für Schichtdienst

(1) Beamtinnen und Beamte erhalten eine Wechselschichtzulage von 102,26 Euro monatlich, wenn sie ständig nach einem Schichtplan (Dienstplan) eingesetzt sind, der einen regelmäßigen Wechsel der täglichen Arbeitszeit in Wechselschichten (wechselnde Arbeitsschichten, in denen ununterbrochen bei Tag und Nacht, werktags, sonntags und feiertags gearbeitet wird) vorsieht, und sie dabei in je fünf Wochen durchschnittlich mindestens 40 Dienststunden in der dienstplanmäßigen oder betriebsüblichen Nachtschicht leisten. Bei Teilzeitbeschäftigung wird die in Satz 1 genannte Mindeststundenzahl im gleichen Verhältnis wie die Arbeitszeit reduziert. Zeiten eines Bereitschaftsdienstes gelten nicht als Arbeitszeit im Sinne dieser Vorschrift.

(2) Beamtinnen und Beamte erhalten, wenn sie ständig Schichtdienst zu leisten haben (Dienst nach einem Schichtplan, der einen regelmäßigen Wechsel der täglichen Arbeitszeit in Zeitabschnitten von längstens einem Monat vorsieht),

1. eine Schichtzulage von 61,36 Euro monatlich, wenn sie die Voraussetzungen für eine Wechselschichtzulage nach Absatz 1 nur deshalb nicht erfüllen, weil nach dem Schichtplan eine zeitlich zusammenhängende Unterbrechung des Dienstes von höchstens 48 Stunden vorgesehen ist oder sie durchschnittlich mindestens 40 Dienststunden in der dienstplanmäßigen oder betriebsüblichen Nachtschicht nur in je sieben Wochen leisten,
2. eine Schichtzulage von 46,02 Euro monatlich, wenn der Schichtdienst innerhalb einer Zeitspanne von mindestens 18 Stunden geleistet wird,
3. eine Schichtzulage von 35,79 Euro monatlich, wenn der Schichtdienst innerhalb einer Zeitspanne von mindestens 13 Stunden geleistet wird.

Zeitspanne ist die Zeit zwischen dem Beginn der frühesten und dem Ende der spätesten Schicht innerhalb von 24 Stunden. Die geforderte Stundenzahl muss im Durchschnitt an den im Schichtplan vorgesehenen Arbeitstagen erreicht werden. Sieht der Schichtplan mehr als fünf Arbeitstage wöchentlich vor, können, falls dies günstiger ist, der Berechnung des Durchschnitts fünf Arbeitstage wöchentlich zugrunde gelegt werden. Bei Teilzeitbeschäftigung wird die in Satz 1 Nr. 1 genannte Mindeststundenzahl im gleichen Verhältnis wie die Arbeitszeit reduziert. Absatz 1 Satz 3 gilt entsprechend.

(3) Die Absätze 1 und 2 finden auf die Dienstpläne der Beamtinnen und Beamten des allgemeinen Vollzugsdienstes und des Werkdienstes bei Justizvollzugseinrichtungen sowie der Vollzugsbeamtinnen und Vollzugsbeamten im Abschiebungshaftvollzug entsprechende Anwendung. Dabei ist das Merkmal „regelmäßig" im Sinne des

1. Absatzes 1 Satz 1 erfüllt, wenn in je fünf Wochen in jeder Schichtart (Frühschicht, Spätschicht, Nachtschicht) mindestens 40 Dienststunden geleistet werden, mindestens ein Schichtwechsel im Monat stattfindet und die Dienstverrichtung innerhalb einer Zeitspanne (Absatz 2 Satz 2) von mindestens 18 Stunden erfolgt,
2. Absatzes 2 Satz 1 Nr. 1 erfüllt, wenn in je sieben Wochen in jeder Schichtart (Frühschicht, Spätschicht, Nachtschicht) mindestens 40 Dienststunden geleistet werden, mindestens ein Schichtwechsel im Monat stattfindet und die Dienstverrichtung innerhalb einer Zeitspanne (Absatz 2

Satz 2) von mindestens 18 Stunden erfolgt,

3. Absatzes 2 Satz 1 Nr. 2 erfüllt, wenn die Dienststunden zu verschiedenen Dienstzeiten innerhalb einer Zeitspanne (Absatz 2 Satz 2) von mindestens 18 Stunden geleistet werden und mindestens ein Schichtwechsel im Monat stattfindet,
4. Absatzes 2 Satz 1 Nr. 3 erfüllt, wenn die Dienststunden zu verschiedenen Dienstzeiten innerhalb einer Zeitspanne (Absatz 2 Satz 2) von mindestens 13 Stunden geleistet werden und mindestens ein Schichtwechsel im Monat stattfindet.

Zur weiteren Feststellung, ob der Einsatz „ständig" erfolgt und die geforderten Dienststunden in den jeweiligen Schichtarten „durchschnittlich" geleistet werden, ist im Falle des Absatzes 1 ein Zeitraum von zehn Wochen und in den Fällen des Absatzes 2 Satz 1 ein Zeitraum von 14 Wochen zugrunde zu legen; ein gelegentlicher Einsatz, insbesondere Urlaubs- oder Krankheitsvertretung, bleibt unberücksichtigt. Die für die Zulage geforderten Dienststunden in den jeweiligen Schichtarten müssen tatsächlich geleistet worden sein.

(4) Die Absätze 1 und 2 gelten nicht, soweit der Schichtplan (Dienstplan) eine Unterscheidung zwischen Volldienst und Bereitschaftsdienst nicht vorsieht. Sie finden keine Anwendung auf Beamtinnen und Beamte auf Widerruf im Vorbereitungsdienst. Sie finden ferner keine Anwendung auf Beamtinnen und Beamte, die als Pförtnerin oder Pförtner, als Wächterin oder Wächter tätig sind oder Auslandsbesoldung nach § 56 LBesG erhalten.

(5) Die Erschwerniszulagen nach den Absätzen 1 und 2 werden nur zur Hälfte gewährt, wenn für denselben Zeitraum Anspruch auf eine Stellenzulage nach den Nummern 5 bis 8 der Vorbemerkungen zu den Landesbesoldungsordnungen A und B des Landesbesoldungsgesetzes besteht.

§ 14 Zulage für besondere Einsätze

(1) Eine Zulage in Höhe von 225 Euro monatlich erhält, wer als

1. Polizeibeamtin oder Polizeibeamter in einem Mobilen Einsatzkommando oder in einem Spezialeinsatzkommando für besondere polizeiliche Einsätze,
2. als Beamtin oder Beamter unter einer ihr oder ihm verliehenen, auf Dauer angelegten veränderten Identität (Legende) als Verdeckte Ermittlerin oder Verdeckter Ermittler

verwendet wird.

(2) Eine Zulage in Höhe von 150 Euro monatlich erhält, wer als Beamtin oder Beamter der Operativen Aufklärungseinheit des Verfassungsschutzes überwiegend im Außendienst als Observationskraft verwendet wird.

(3) Die Zulage wird nicht neben einer Stellenzulage nach Nummer 4 der Vorbemerkungen zu den Landesbesoldungsordnungen A und B des Landesbesoldungsgesetzes oder einer Zulage nach § 15 gewährt.

§ 15 Zulage für Polizeibeamtinnen und Polizeibeamte als fliegendes Personal

(1) Polizeibeamtinnen und Polizeibeamte, die als Luftfahrzeugführerin oder Luftfahrzeugführer, als Flugtechnikerin oder Flugtechniker in fliegenden Verbänden, fliegerischen Ausbildungseinrichtungen oder den fliegenden Verbänden gleichgestellten Einrichtungen, Einheiten und Dienststellen verwendet werden, erhalten eine Zulage.

(2) Die Zulage erhalten auch Polizeibeamtinnen und Polizeibeamte, die

1. aufgrund von Dienstvorschriften oder Dienstanweisungen als nichtständige Luftfahrzeugbesatzungsangehörige zum Mitfliegen in Luftfahrzeugen dienstlich verpflichtet sind und mindestens zehn Flüge im laufenden Kalendermonat nachweisen,
2. in Erfüllung ihrer Aufgaben als Prüferin oder Prüfer von Luftfahrtgerät zum Mitfliegen verpflichtet sind.

Eine Anrechnung von Flügen aus anderen Kalendermonaten und von Reiseflügen ist nicht zulässig.

(3) Die Zulage beträgt monatlich für Polizeibeamtinnen und Polizeibeamte in der Verwendung

1. als Luftfahrzeugführerin oder Luftfahrzeugführer, Flugtechnikerin oder Flugtechniker jeweils mit Zusatzqualifikation 176,40 Euro,
2. als Luftfahrzeugführerin oder Luftfahrzeugführer, Flugtechnikerin oder Flugtechniker jeweils ohne Zusatzqualifikation 132,94 Euro,
3. nach Absatz 2 bei zehn oder mehr Flügen im laufenden Kalendermonat 46,02 Euro.

Werden im Falle des Satzes 1 Nr. 3 im laufenden Kalendermonat weniger als zehn, jedoch mindestens fünf Flüge nachgewiesen, vermindert sich die Zulage für jeden fehlenden Flug um 4,60 Euro; § 12 findet keine Anwendung. Zusatzqualifikation im Sinne des Satzes 1 Nr. 1 sind insbesondere Instrumentenflugberechtigung sowie die erworbene Ausbildung im Umgang mit Bildverstärkerbrille oder Wärmebildkamera.

Teil 4
Schlussbestimmungen

§ 16 Inkrafttreten

Diese Verordnung tritt am 1. Januar 2016 in Kraft.

Landesmehrarbeitsvergütungsverordnung (LMVergVO)

Vom 3. Juli 2012 (GVBl. S. 221)

Zuletzt geändert durch
Landesgesetz zum Abbau verzichtbarer Anordnungen der Schriftform im Verwaltungsrecht des Landes
vom 20. Dezember 2024 (GVBl. S. 473)

Aufgrund des § 6h Satz 1 des Landesbesoldungsgesetzes in der Fassung vom 12. April 2005 (GVBl. S. 119), zuletzt geändert durch die Artikel 1 bis 6 des Gesetzes vom 20. Dezember 2011 (GVBl. S. 430; 2012 S. 92), BS 2032-1, verordnet die Landesregierung:

§ 1 Grundsatz

Vergütungen für Mehrarbeit (§ 73 Abs. 2 des Landesbeamtengesetzes) dürfen nur nach Maßgabe dieser Verordnung gezahlt werden.

§ 2 Anwendungsbereich, Konkurrenzen

(1) Beamtinnen und Beamten mit Dienstbezügen in Besoldungsgruppen mit aufsteigenden Gehältern kann in folgenden Bereichen für Mehrarbeit eine Vergütung gewährt werden:

1. im Arzt- und Pflegedienst der Krankenhäuser, Kliniken und Sanatorien,
2. im polizeilichen Vollzugsdienst,
3. im Einsatzdienst der Berufsfeuerwehr und
4. im Schuldienst als Lehrerin oder Lehrer.

(2) Absatz 1 gilt entsprechend auch in anderen Bereichen, soweit Mehrarbeit geleistet wird im Rahmen eines

1. Dienstes in Bereitschaft,
2. Schichtdienstes,
3. allgemein geltenden besonderen Dienstplanes, wenn ihn die Eigenart des Dienstes erfordert,
4. Dienstes, der ausschließlich aus gleichartigen, im Wesentlichen die gleiche Arbeitszeit erfordernden Arbeitsvorgängen besteht, für die der Dienstherr Richtwerte eingeführt hat, oder
5. Dienstes zur Herbeiführung eines im öffentlichen Interesse liegenden unaufschiebbaren und termingebundenen Ergebnisses.

(3) Eine Mehrarbeitsvergütung wird nicht gewährt neben

1. der Auslandsbesoldung nach § 56 des Landesbesoldungsgesetzes (LBesG),
2. einer Zulage nach Nummer 5 der Vorbemerkungen zu den Landesbesoldungsordnungen A und B des Landesbesoldungsgesetzes,
3. einer Zulage nach Nummer 10 der Vorbemerkungen zu den Landesbesoldungsordnungen A und B des Landesbesoldungsgesetzes,
4. Zulagen, die gemäß Artikel 2 des Siebzehnten Landesgesetzes zur Änderung des Landesbesoldungsgesetzes vom 17. Dezember 1996 (GVBl. S. 465) gezahlt werden.

Beamtinnen und Beamte des Observations- und Ermittlungsdienstes, die überwiegend im Außendienst eingesetzt sind, erhalten eine Mehrarbeitsvergütung neben der in Satz 1 Nr. 2, Nr. 3 oder Nr. 4 genannten Zulage. Im Übrigen erhalten Beamtinnen und Beamte der Besoldungsgruppen A 5 bis A 8 neben der in Satz 1 Nr. 2, Nr. 3 oder Nr. 4 genannten Zulage eine Mehrarbeitsvergütung in Höhe des die Zulage übersteigenden Betrages.

(4) Ist die Gewährung einer Mehrarbeitsvergütung neben einer Zulage ganz oder teilweise ausgeschlossen, gilt dies auch für eine nach Wegfall der Zulage gewährte Ausgleichszulage, solange diese noch nicht bis zur Hälfte aufgezehrt ist.

§ 3 Voraussetzungen

(1) Die Vergütung wird nur gewährt, wenn die Mehrarbeit

1. von einer Beamtin oder einem Beamten geleistet wurde, welche oder welcher den Arbeitszeitregelungen für Beamtinnen und Beamte unterliegt,

2. schriftlich oder elektronisch angeordnet oder genehmigt wurde,
3. die sich aus der regelmäßigen Arbeitszeit ergebende jeweilige monatliche Arbeitszeit oder, soweit die Beamtin oder der Beamte nur während eines Teils eines Kalendermonats Dienst leistet, die anteilige monatliche Arbeitszeit fünf Stunden im Kalendermonat oder bei Teilzeitbeschäftigung ein Achtel der durchschnittlichen Wochenarbeitszeit übersteigt und
4. aus zwingenden Gründen nicht durch Dienstbefreiung innerhalb eines Jahres ausgeglichen werden kann.

(2) Die Vergütung wird höchstens für bis zu 480 Mehrarbeitsstunden im Kalenderjahr gewährt.

(3) Besteht keine feste tägliche Arbeitszeit, sodass eine Mehrarbeit nicht für den einzelnen Arbeitstag, sondern nur aufgrund der regelmäßigen wöchentlichen Arbeitszeit für eine volle Woche ermittelt werden kann, so ist Mehrarbeit innerhalb einer Kalenderwoche, wenn diese zum Teil auf den laufenden, zum Teil auf den folgenden Kalendermonat fällt, Letzterem zuzurechnen.

§ 4 Höhe der Vergütung

(1) Die Vergütung beträgt je Stunde bei Beamtinnen und Beamten in den Besoldungsgruppen

A 5 bis A 8	18,05 EUR,
A 9 bis A 12	24,75 EUR,
A 13 bis A 16	34,11 EUR.

(2) Der Betrag der Besoldungsgruppen A 13 bis A 16 gilt auch für Beamtinnen und Beamte, die der Landesbesoldungsordnung C (kw) angehören.

(3) Bei Mehrarbeit im Schuldienst beträgt die Vergütung abweichend von Absatz 1 je Unterrichtsstunde für Lehramtsinhaberinnen und Lehramtsinhaber,

1. deren Einstiegsamt einer Besoldungsgruppe bis A 11 zugeordnet ist — 23,05 EUR,
2. deren Einstiegsamt der Besoldungsgruppe A 12 zugeordnet ist — 28,51 EUR,
3. deren Einstiegsamt der Besoldungsgruppe A 13 zugeordnet ist, soweit sie nicht unter Nummer 4 fallen, — 33,90 EUR,
4. deren Einstiegsamt der Besoldungsgruppe A 13 zugeordnet ist und die im Einstiegamt einen Anspruch auf die Allgemeine Zulage nach Nummer 12 der Vorbemerkungen zu den Landesbesoldungsordnungen A und B des Landesbesoldungsgesetzes haben — 39,57 EUR.

(4) Die in den Absätzen 1 und 3 enthaltenen Vergütungssätze gelten nur für Mehrarbeit, die nach dem Inkrafttreten dieser Sätze geleistet wird.

§ 5 Höhe der Vergütung bei Teilzeitbeschäftigung

(1) Teilzeitbeschäftigte erhalten abweichend von § 4 bis zum Erreichen der regelmäßigen Arbeitszeit von Vollzeitbeschäftigten für jede Stunde Mehrarbeit eine Vergütung in Höhe des auf eine Stunde entfallenden Anteils der Besoldung entsprechender Vollzeitbeschäftigter. Mehrarbeit, die über die Arbeitszeit von Vollzeitbeschäftigten hinausgeht, wird nach § 4 vergütet.

(2) Zur Ermittlung des auf eine Stunde entfallenden Anteils der Besoldung sind die monatlichen Bezüge entsprechender Vollzeitbeschäftigter durch das 4,348-Fache der regelmäßigen wöchentlichen Arbeitszeit zu teilen.

(3) Dienstbezüge und sonstige Bezüge, die nicht der anteiligen Kürzung nach § 9 Abs. 1 LBesG unterliegen, bleiben bei der Ermittlung des Mehrarbeitsvergütungssatzes nach Absatz 2 unberücksichtigt. Gleiches gilt für Bezüge, die nicht in Monatsbeträgen ausgezahlt werden.

(4) § 4 Abs. 4 gilt entsprechend.

(5) Die Bestimmungen der Absätze 1 bis 4 finden bei Inanspruchnahme von Altersteilzeit nach beamtenrechtlichen Vorschriften keine Anwendung.

§ 6 Ermittlung der Mehrarbeitsstunden

(1) Als Mehrarbeitsstunde gilt die volle Zeitstunde. Hiervon abweichend wird eine Stun-

de Dienst in Bereitschaft nur entsprechend dem Umfang der erfahrungsgemäß bei der betreffenden Tätigkeit durchschnittlich anfallenden Inanspruchnahme berücksichtigt; dabei ist schon die Ableistung eines Dienstes in Bereitschaft als solche in jeweils angemessenem Umfang anzurechnen.

(2) Bei Mehrarbeit im Schuldienst gelten bei Anwendung

1. des §3 Abs. 1 Nr. 3 drei Unterrichtsstunden als fünf Stunden,
2. des §3 Abs. 2 288 Unterrichtsstunden als 480 Mehrarbeitsstunden.

(3) Ergibt sich bei der monatlichen Mehrarbeitsstundenberechnung ein Bruchteil einer Stunde, so werden 30 Minuten und mehr auf eine volle Stunde aufgerundet, weniger als 30 Minuten bleiben unberücksichtigt.

§7 Inkrafttreten

Diese Verordnung tritt mit Wirkung vom 1. Juli 2012 in Kraft. Sie ersetzt die Verordnung über die Gewährung von Mehrarbeitsvergütung in der Fassung vom 3. Dezember 1998 (BGBl. I S. 3494) in der bis zum 31. August 2006 geltenden Fassung in Verbindung mit §2a Abs. 1 Satz 5 des Landesbesoldungsgesetzes in der Fassung vom 12. April 2005 (GVBl. S. 119) in der bis zum 30. Juni 2012 geltenden Fassung.

Lehrzulagenverordnung

Vom 17. März 1990 (GVBl. S. 61)

Zuletzt geändert durch
Landesgesetz zur Anpassung der Besoldung und Versorgung 2024/2025
vom 30. April 2024 (GVBl. S. 89)

Auf Grund des § 44 Abs. 3 des Bundesbesoldungsgesetzes in der Fassung vom 21. Februar 1989 (BGBl. I S. 261), zuletzt geändert durch Artikel 2 des Gesetzes vom 28. Februar 1990 (BGBl. I S. 294), verordnet die Landesregierung:

§ 1

(1) Beamte des Verwaltungs- und Vollzugsdienstes sowie Richter und Staatsanwälte, die in ihrem Hauptamt in der Ausbildung von Nachwuchskräften oder in der dienstlichen Fortbildung tätig sind, erhalten nach Maßgabe dieser Verordnung eine Stellenzulage (Lehrzulage), wenn sie zu einer Lehrtätigkeit von wöchentlich mehr als zehn Unterrichtsstunden verpflichtet sind oder ihre auf Grund einer Lehrverpflichtung tatsächlich ausgeübte Lehrtätigkeit einen entsprechenden zeitlichen Umfang hat. Für Beamte und Richter, die nach § 9 des Landesbesoldungsgesetzes verringerte Dienstbezüge erhalten, gilt eine im gleichen Verhältnis verringerte Lehrverpflichtung oder Lehrtätigkeit. Als Unterrichtsstunde gilt ein Zeitraum von mindestens 45 Minuten Dauer.

(2) Keine Lehrzulage erhalten

1. an den Verwaltungsfachhochschulen Beamte in der Besoldungsgruppe A 16 oder einer höheren Besoldungsgruppe, Richter und Staatsanwälte in der Besoldungsgruppe R 2 oder einer höheren Besoldungsgruppe,
2. an sonstigen Ausbildungseinrichtungen Beamte in der Besoldungsgruppe A 15 oder einer höheren Besoldungsgruppe sowie Richter und Staatsanwälte.

Werden Beamte in der Besoldungsgruppe A 15 oder Richter und Staatsanwälte in der Besoldungsgruppe R 1 sowohl an einer Verwaltungsfachhochschule als auch an einer sonstigen Ausbildungseinrichtung eingesetzt, richtet sich die Zuordnung nach der überwiegenden Verwendung.

§ 2

(1) Lehrtätigkeit im Sinne dieser Verordnung ist die methodische Vermittlung vorwiegend theoretischen Wissens an den Verwaltungsfachhochschulen, an verwaltungseigenen anderen Schulen sowie im Rahmen von geschlossenen Lehrgängen. Als geschlossene Lehrgänge gelten solche mit vorgeschriebenem Lehrplan und Lehrgangsziel.

(2) Als Lehrtätigkeit gelten nicht eine vorwiegend praktische Ausbildungstätigkeit, eine Ausbildung am Arbeitsplatz sowie die Unterweisung und Anleitung an Einrichtungen, Maschinen, Geräten, Waffen und sonstigen Ausbildungsgegenständen.

§ 3

Die Lehrzulage beträgt monatlich 91,00 EUR.

§ 4

Die Lehrzulage wird nicht gewährt neben

1. einer anderen Stellenzulage, die für die Dauer einer bestimmten Verwendung gezahlt wird,
2. einer Erschwerniszulage mit festem Monatsbetrag; ist die Erschwerniszulage niedriger als die Lehrzulage, so wird diese in Höhe des Unterschiedsbetrages gewährt.

§ 5

(1) Im Rahmen der Tätigkeit, für die eine Lehrzulage gewährt wird, wird eine zusätzliche Lehr- und Prüfungsvergütung oder ein zusätzliches Vortragshonorar nicht gewährt.

(2) Durch die Lehrzulage werden alle mit der zulageberechtigenden Tätigkeit verbundenen Erschwernisse und Aufwendungen mit abgegolten. Reisekostenrechtliche Abfindungen bleiben unberührt.

§ 6 (weggefallen)

§ 7

Diese Verordnung tritt mit Wirkung vom 1. Januar 1990 in Kraft.

Lehrkräfte-Stellenzulagenverordnung (LehrStZulVO)

Vom 6. Juli 1979 (GVBl. S. 235)

Zuletzt geändert durch
Landesgesetz zur Anpassung der Besoldung und Versorgung 2024/2025
vom 30. April 2024 (GVBl. S. 89)

Auf Grund des § 78 des Bundesbesoldungsgesetzes in der Fassung vom 23. Mai 1975 (BGBl. I S. 1173, 1174), zuletzt geändert durch Artikel I und IV des Siebenten Bundesbesoldungserhöhungsgesetzes vom 20. März 1979 (BGBl. I S. 357) verordnet die Landesregierung:

§ 1

(1) Für die Wahrnehmung der in der Anlage zu dieser Verordnung aufgeführten besonderen Funktionen im Sinne des § 49 Satz 1 des Landesbesoldungsgesetzes erhalten nach Maßgabe der Anlage Lehrkräfte eine Stellenzulage.

(2) Die Stellenzulage wird nur gewährt, wenn die Funktion ständig ausgeübt wird; sie wird nur für die Dauer der Wahrnehmung der Funktion gewährt.

(3) Werden mehrere Funktionen ausgeübt, wird nur eine Stellenzulage, bei Stellenzulagen unterschiedlicher Höhe nur die höhere Stellenzulage gewährt.

§ 2

(1) Eine in der Anlage zu dieser Verordnung aufgeführte Funktion darf einer Lehrkraft nur übertragen werden, wenn der Haushaltsplan die Mittel für die entsprechende Stellenzulage zur Verfügung stellt.

(2) Bei der Aufstellung des Haushaltsplans sind die Mittel für die Stellenzulagen nach dieser Verordnung kenntlich zu machen.

§ 3

(1) Diese Verordnung tritt vorbehaltlich des Absatzes 2 mit Wirkung vom 1. Januar 1979 in Kraft.

(2) Abweichend von Absatz 1 tritt diese Verordnung hinsichtlich der Stellenzulagen für die Tätigkeit

1. nach Nummer 3.2 der Anlage am 1. August 1980,
2. nach Nummer 3.3 der Anlage am 1. August 1982

in Kraft.

Anlage

Vorbemerkung

Folgende Abkürzungen werden verwendet:

BesGr = Besoldungsgruppe

Nummer	Funktion und wahrnehmende Lehrkraft	Stellenzulage monatl. in EUR
1	**Ausschließlicher Unterricht an Förderschulen (§ 49 Satz 1 Nr. 1 des Landesbesoldungsgesetzes)**	
1.1	**Tätigkeit an allgemein bildenden Förderschulen**	
1.1.1	Fachlehrerin, Fachlehrer an Grund- und Hauptschulen (BesGr A 10 -kw- und A 11 -kw-)	37,00
1.1.2	Fachlehrerin, Fachlehrer an berufsbildenden Schulen (BesGr A 11 und A 12)	74,00
1.1.3	Lehrerin, Lehrer – mit der Befähigung für das Lehramt an Grund- und Hauptschulen oder an Grundschulen – (BesGr A 12)	74,00
1.2	**Tätigkeit an berufsbildenden Förderschulen**	
1.2.1	Fachlehrerin, Fachlehrer an berufsbildenden Schulen (BesGr A 10 -kw- und A 11 -kw-)	37,00
1.2.2	Lehrerin, Lehrer für Fachpraxis (BesGr A 10 und A 11)	37,00
1.2.3	Fachlehrerin, Fachlehrer – mit beratenden Aufgaben für den praktischen Unterricht– (BesGr A 12)	37,00
1.2.4	Fachlehrerin, Fachlehrer an berufsbildenden Schulen (BesGr A 11 und A 12)	74,00
1.2.5	Fachschullehrerin, Fachschullehrer (BesGr A 12 -kw-)	74,00
1.2.6	Lehrerin, Lehrer –mit der Befähigung für das Lehramt an Grund- und Hauptschulen oder an Grundschulen– (BesGr A 12)	74,00
2	**Verwendung im sonderpädagogischen Bereich (§ 49 Satz 1 Nr. 2 des Landesbesoldungsgesetzes)**	
2.1	Lehrerin, Lehrer für Fachpraxis mit sonderpädagogischer Qualifikation (BesGr A 10 und A 11)	74,00
2.2	Studienrätin, Studienrat mit sonderpädagogischer Qualifikation (BesGr A 13)	37,00
2.3	Oberstudienrätin, Oberstudienrat mit sonderpädagogischer Qualifikation (BesGr A 14)	74,00
3	**Fachliche Koordinierung bei Schul- oder Modellversuchen oder neuen Schulformen (§ 49 Satz 1 Nr. 3 des Landesbesoldungsgesetzes)**	
3.1	**Tätigkeit als die pädagogische Leiterin oder der pädagogische Leiter einer schulartübergreifenden Orientierungsstufe, die nicht Teil einer Gesamtschule ist**	
3.1.1	Lehrerin, Lehrer – mit der Befähigung für das Lehramt an Grund- und Hauptschulen oder an Grundschulen – (BesGr A 12)	74,00
3.1.2	Lehrerin, Lehrer – mit der Befähigung für das Lehramt an Realschulen plus– (BesGr A 13)	74,00
3.1.3	Realschullehrerin, Realschullehrer (BesGr A 13)	74,00

Nummer	Funktion und wahrnehmende Lehrkraft	Stellenzulage monatl. in EUR
4	**Aufgaben im Rahmen der Lehrerausbildung oder -fortbildung (§ 49 Satz 1 Nr. 4 des Landesbesoldungsgesetzes)**	
4.1	**Tätigkeit als Lehrbeauftragte oder Lehrbeauftragter am Pädagogischen Landesinstitut**	
4.1.1	Fachlehrerin, Fachlehrer an Grund- und Hauptschulen (BesGr A 11 -kw-)	74,00
4.1.2	Fachlehrerin, Fachlehrer an berufsbildenden Schulen (BesGr A 11 und A 12)	74,00
4.1.3	Konrektorin, Konrektor – als die ständige Vertreterin oder der ständige Vertreter der Leiterin oder des Leiters einer Grundschule mit mehr als 180 bis zu 360 Schülerinnen und Schülern (BesGr A 13)	74,00
4.1.4	Konrektorin, Konrektor – als die ständige Vertreterin oder der ständige Vertreter der Leiterin oder des Leiters einer Grundschule, Hauptschule oder Grund- und Hauptschule mit mehr als 180 bis zu 360 Schülerinnen und Schülern – (BesGr A 12 -kw-)	74,00
4.1.5	Rektorin, Rektor – als Leiterin oder Leiter einer Grundschule mit bis zu 80 Schülerinnen und Schülern – (BesGr A 13)	74,00
4.1.6	Lehrerin, Lehrer – als Leiterin oder Leiter einer Grundschule, Hauptschule oder Grund- und Hauptschule mit bis zu 80 Schülerinnen und Schülern – (BesGr A 12 -kw-)	74,00
4.1.7	Konrektorin, Konrektor – mit der Befähigung für das Lehramt an Grund- und Hauptschulen als Primarstufenleiterin oder Primarstufenleiter an einer organisatorisch verbundenen Grund- und Realschule plus mit bis zu 80 Schülerinnen und Schülern in der Grundschule – (BesGr A 13)	74,00
4.1.8	Lehrerin, Lehrer – mit der Befähigung für das Lehramt an Grund- und Hauptschulen oder an Grundschulen (BesGr A 12)	74,00
4.1.9	Zweite Konrektorin, Zweiter Konrektor – einer Grundschule mit mehr als 540 Schülerinnen und Schülern – (BesGr A 13)	74,00
4.1.10	Zweite Konrektorin, Zweiter Konrektor – einer Grundschule, Hauptschule oder Grund- und Hauptschule mit mehr als 540 Schülerinnen und Schülern – (BesGr A 12 -kw-)	74,00
4.1.11	Lehrerin, Lehrer – mit der Befähigung für das Lehramt an Realschulen plus – (BesGr A 13)	74,00
4.1.12	Realschullehrerin, Realschullehrer (BesGr A 13)	74,00
4.1.13	Förderschullehrerin, Förderschullehrer (BesGr A 13)	74,00
4.1.14	Studienrätin, Studienrat (BesGr A 13)	74,00
4.2	**Tätigkeit als lehrbeauftragte Fachleiterin oder lehrbeauftragter Fachleiter an einem Studienseminar für das Lehramt an Grundschulen**	
4.2.1	Fachlehrerin, Fachlehrer an Grund- und Hauptschulen (BesGr A 11 -kw-)	111,00

Nummer	Funktion und wahrnehmende Lehrkraft	Stellenzulage monatl. in EUR
4.2.2	Fachlehrerin, Fachlehrer an berufsbildenden Schulen (BesGr A 11 und A 12)	111,00
4.2.3	Konrektorin, Konrektor – als die ständige Vertreterin oder der ständige Vertreter der Leiterin oder des Leiters einer Grundschule mit mehr als 180 bis zu 360 Schülerinnen und Schülern – (BesGr A 13)	74,00
4.2.4	Konrektorin, Konrektor – als die ständige Vertreterin oder der ständige Vertreter der Leiterin oder des Leiters einer Grundschule, Hauptschule oder Grund- und Hauptschule mit mehr als 180 bis zu 360 Schülerinnen und Schülern – (BesGr A 12 -kw-)	74,00
4.2.5	Rektorin, Rektor – als Leiterin oder Leiter einer Grundschule mit bis zu 80 Schülerinnen und Schülern – (BesGr A 13)	74,00
4.2.6	Lehrerin, Lehrer – als Leiterin oder Leiter einer Grundschule, Hauptschule oder Grund- und Hauptschule mit bis zu 80 Schülerinnen und Schülern – (BesGr A 12 -kw-)	74,00
4.2.7	Konrektorin, Konrektor – mit der Befähigung für das Lehramt an Grund- und Hauptschulen als Primarstufenleiterin oder Primarstufenleiter an einer organisatorisch verbundenen Grund- und Realschule plus mit bis zu 80 Schülerinnen und Schülern in der Grundschule – (BesGr A 13)	74,00
4.2.8	Lehrerin, Lehrer – mit der Befähigung für das Lehramt an Grund- und Hauptschulen oder an Grundschulen – (BesGr A 12)	111,00
4.2.9	Zweite Konrektorin, Zweiter Konrektor – einer Grundschule mit mehr als 540 Schülerinnen und Schülern – (BesGr A 13)	74,00
4.2.10	Zweite Konrektorin, Zweiter Konrektor – einer Grundschule, Hauptschule oder Grund- und Hauptschule mit mehr als 540 Schülerinnen und Schülern – (BesGr A 12 -kw-)	74,00
4.3	**Tätigkeit als lehrbeauftragte Fachleiterin oder lehrbeauftragter Fachleiter an einem Studienseminar für das Lehramt an Förderschulen**	
4.3.1	Förderschullehrerin, Förderschullehrer (BesGr A 13)	111,00
4.4	**Tätigkeit als lehrbeauftragte Fachleiterin oder lehrbeauftragter Fachleiter an einem Studienseminar für das Lehramt an Realschulen plus**	
4.4.1	Lehrerin, Lehrer – mit der Befähigung für das Lehramt an Grund- und Hauptschulen oder an Grundschulen – (BesGr A 12)	111,00
4.4.2	Lehrerin, Lehrer – mit der Befähigung für das Lehramt an Realschulen plus – (BesGr A 13)	111,00
4.4.3	Realschullehrerin, Realschullehrer (BesGr A 13)	111,00
4.5	**Tätigkeit als lehrbeauftragte Fachleiterin oder lehrbeauftragter Fachleiter an einem Studienseminar für das Lehramt an Gymnasien**	
4.5.1	Studienrätin, Studienrat (BesGr A 13)	111,00
4.5.2	Oberstudienrätin, Oberstudienrat (BesGr A 14)	74,00

Nummer	Funktion und wahrnehmende Lehrkraft	Stellenzulage monatl. in EUR
4.6	**Tätigkeit als lehrbeauftragte Fachleiterin oder lehrbeauftragter Fachleiter an einem Studienseminar für das Lehramt an berufsbildenden Schulen**	
4.6.1	Studienrätin, Studienrat (BesGr A 13)	111,00
4.6.2	Oberstudienrätin, Oberstudienrat (BesGr A 14)	74,00

Landesverordnung über die Gewährung von Unterhaltsbeihilfen an Rechtsreferendarinnen und Rechtsreferendare

Vom 3. Februar 2000 (GVBl. S. 99)

Zuletzt geändert durch
Landesgesetz zur Anpassung der Besoldung und Versorgung 2024/2025
vom 30. April 2024 (GVBl. S. 89)

Aufgrund des § 4 Abs. 5 Satz 2 des Landesgesetzes über die juristische Ausbildung vom 30. November 1993 (GVBl. S. 550), geändert durch Gesetz vom 22. Dezember 1999 (GVBl. 2000 S. 1), BS 315-1, wird im Einvernehmen mit dem Ministerium der Justiz und dem Ministerium für Arbeit, Soziales und Gesundheit verordnet:

§ 1

(1) Rechtsreferendarinnen und Rechtsreferendare in einem öffentlich-rechtlichen Ausbildungsverhältnis erhalten während ihres juristischen Vorbereitungsdienstes eine Unterhaltsbeihilfe. Die Unterhaltsbeihilfe besteht aus

1. einem Grundbetrag

ab 1. Juli 2024 von monatlich	1464,86 EUR,
ab 1. November 2024 von monatlich	1564,86 EUR,
ab 1. Februar 2025 von monatlich	1614,86 EUR, und

2. einem Familienzuschlag in entsprechender Anwendung der Regelungen des Besoldungsrechts.

Die Unterhaltsbeihilfe wird am letzten Tag eines jeden Kalendermonats für den laufenden Kalendermonat gezahlt.

(2) Weiter gehende Leistungen, insbesondere vermögenswirksame Leistungen und Kaufkraftausgleich, werden nicht gewährt.

§ 2

Der Anspruch auf Unterhaltsbeihilfe entsteht mit dem Tag des Dienstantritts. Beginnt oder endet der juristische Vorbereitungsdienst im Laufe eines Kalendermonats, so wird nur der auf die Zeit des Vorbereitungsdienstes entfallende Teil der Unterhaltsbeihilfe gezahlt.

§ 3

Die aus Nebentätigkeiten erzielten Entgelte werden auf die Unterhaltsbeihilfe angerechnet, soweit sie das Eineinhalbfache der Unterhaltsbeihilfe übersteigen.

§ 4

(1) Rechtsreferendarinnen und Rechtsreferendare, die ohne Genehmigung schuldhaft dem Dienst fernbleiben, verlieren für die Zeit des Fernbleibens ihre Unterhaltsbeihilfe. Dies gilt auch bei einem Fernbleiben vom Dienst für Teile eines Tages.

(2) Die Rückforderung zu viel gezahlter Unterhaltsbeihilfe regelt sich nach den Vorschriften des Bürgerlichen Gesetzbuchs über die Herausgabe einer ungerechtfertigten Bereicherung. Der Kenntnis des Mangels des rechtlichen Grundes der Zahlung steht es gleich, wenn der Mangel so offensichtlich war, dass die Empfängerin oder der Empfänger ihn hätte erkennen müssen. Von der Rückforderung kann aus Billigkeitsgründen ganz oder teilweise abgesehen werden.

§ 5

Diese Verordnung tritt am 1. Mai 2000 in Kraft.

Landesverordnung über die Besoldung und Dienstaufwandsentschädigung der hauptamtlichen kommunalen Wahlbeamten auf Zeit (Kommunal-Besoldungsverordnung – LKomBesVO)

Vom 15. November 1978 (GVBl. S. 710)

Zuletzt geändert durch
Landesgesetz zur Reform des finanziellen öffentlichen Dienstrechts
vom 18. Juni 2013 (GVBl. S. 157)

III

Erster Abschnitt
Besoldung

§ 1 Grundsatz

Die Ämter der hauptamtlichen kommunalen Wahlbeamten auf Zeit sind unter Berücksichtigung der Einwohnerzahl sowie des Umfangs und des Schwierigkeitsgrads der Verwaltungsaufgaben in eine der in den §§ 2 bis 5 vorgesehenen Besoldungsgruppen einzustufen.

§ 2 Einstufung des Bürgermeisters

(1) Das Amt des Bürgermeisters wird folgenden Besoldungsgruppen der Landesbesoldungsordnungen A und B zugeordnet:

Bei einer Einwohnerzahl			in Besoldungsgruppe
bis zu		10 000	A 15 oder A 16
von	10 001 bis	15 000	A 16 oder B 2
von	15 001 bis	20 000	B 2 oder B 3
von	20 001 bis	30 000	B 3 oder B 4
von	30 001 bis	40 000	B 4 oder B 5
von	40 001 bis	60 000	B 5 oder B 6
von	60 001 bis	100 000	B 6 oder B 7
von	100 001 bis	150 000	B 7 oder B 8
von mehr als		150 000	B 8 oder B 9.

(2) In der ersten Amtszeit wird das Amt des Bürgermeisters zunächst in die untere der nach Absatz 1 zugelassenen Besoldungsgruppen eingestuft. Eine Höherstufung ist frühestens nach Ablauf der ersten zwei Jahre der Amtszeit zulässig; dies gilt auch, wenn auf Grund einer Erhöhung der maßgeblichen Einwohnerzahl das Amt in eine höhere Besoldungsgruppe einzustufen war. Über die Höherstufung ist neu zu beschließen, wenn die Gemeinde in eine höhere Größenklasse kommt. Bei unmittelbarer Wiederwahl nach Ablauf der Amtszeit richtet sich die Besoldung nach der höheren Besoldungsgruppe.

(3) Bei der Übernahme von Aufgaben für eine andere kommunale Gebietskörperschaft im Rahmen einer Zweckvereinbarung nach dem Landesgesetz über die kommunale Zusammenarbeit kann das Amt des Bürgermeisters des beauftragten Beteiligten in Abhängigkeit vom Umfang und von der Schwierigkeit der übernommenen Aufgaben um bis zu zwei Besoldungsgruppen höhergestuft werden. Das Amt des Bürgermeisters der Gemeinde, für die der beauftragte Beteiligte Aufgaben übernimmt, ist in diesem Fall um bis zu zwei Besoldungsgruppen herabzustufen. Die Höherstufung nach Satz 1 und die Herabstufung nach Satz 2 sind in der Zweckvereinbarung festzulegen.

§ 3 Einstufung der Beigeordneten

(1) Das Amt des ersten Beigeordneten wird folgenden Besoldungsgruppen der Landesbesoldungsordnungen A und B zugeordnet:

Bei einer Einwohnerzahl			in Besoldungsgruppe
von	15 001 bis	20 000	A 15 oder A 16
von	20 001 bis	30 000	A 16 oder B 2
von	30 001 bis	40 000	B 2 oder B 3
von	40 001 bis	60 000	B 3 oder B 4
von	60 001 bis	100 000	B 4 oder B 5
von	100 001 bis	150 000	B 5 oder B 6
von mehr als		150 000	B 6 oder B 7.

(2) Die Ämter der weiteren Beigeordneten werden folgenden Besoldungsgruppen der Landesbesoldungsordnungen A und B zugeordnet:

Bei einer Einwohnerzahl			in Besoldungsgruppe
von	25 001 bis	30 000	A 14 oder A 15
von	30 001 bis	40 000	A 15 oder A 16
von	40 001 bis	60 000	A 16 oder B 2
von	60 001 bis	100 000	B 2 oder B 3
von	100 001 bis	150 000	B 3 oder B 4
von mehr als		150 000	B 4 oder B 5.

(3) Das Amt des ersten Beigeordneten ist um mindestens eine Besoldungsgruppe niedriger als das Amt des Bürgermeisters, die Ämter der weiteren Beigeordneten sind um mindestens eine Besoldungsgruppe niedriger als das Amt des ersten Beigeordneten einzustufen.

(4) § 2 Abs. 2 und 3 gilt entsprechend.

§ 4 Einstufung des Landrats

(1) Das Amt des Landrats wird folgenden Besoldungsgruppen der Landesbesoldungsordnungen A und B zugeordnet:

Bei einer Einwohnerzahl		in Besoldungsgruppe
bis zu	100 000	B 4 oder B 5
von mehr als	100 000	B 5 oder B 6.

(2) § 2 Abs. 2 und 3 gilt entsprechend.

§ 5 Einstufung der Kreisbeigeordneten

(1) Das Amt des ersten Kreisbeigeordneten wird folgenden Besoldungsgruppen der Landesbesoldungsordnungen A und B zugeordnet:

Bei einer Einwohnerzahl		in Besoldungsgruppe
bis zu	100 000	B 2 oder B 3
von mehr als	100 000	B 3 oder B 4.

(2) Das Amt des weiteren Kreisbeigeordneten wird folgenden Besoldungsgruppen der Landesbesoldungsordnungen A und B zugeordnet:

Bei einer Einwohnerzahl		in Besoldungsgruppe
bis zu	100 000	A 16 oder B 2
von mehr als	100 000	B 2 oder B 3.

(3) § 2 Abs. 2 und 3 und § 3 Abs. 3 gelten entsprechend.

§ 6 Bemessung des Grundgehalts

Für hauptamtliche kommunale Wahlbeamte auf Zeit ist der Zeitpunkt des Beginns der Stufenberechnung gemäß § 29 Abs. 2 Satz 1 des Landesbesoldungsgesetzes (LBesG) auf den Ersten des Monats festzusetzen, in dem der Beamte das 21. Lebensjahr vollendet hat. Die Zeit bis zur Berufung in das Beamtenverhältnis auf Zeit gilt als Erfahrungszeit. Das Aufsteigen in den Stufen beginnt in Stufe 1 der jeweiligen Besoldungsgruppe. Abweichend von § 29 Abs. 3 Satz 1 LBesG steigt das Grundgehalt nach Erreichen der achten Stufe jährlich bis zum Endgrundgehalt.

III

Zweiter Abschnitt
Dienstaufwandsentschädigung

§ 7 Allgemeines

Die hauptamtlichen kommunalen Wahlbeamten auf Zeit erhalten zur Abgeltung des mit ihrem Amt verbundenen besonderen persönlichen Aufwands eine Dienstaufwandsentschädigung. Die Höhe der Dienstaufwandsentschädigung wird jeweils durch Beschluß des Gemeinderats, des Verbandsgemeinderats und des Kreistags im Rahmen der folgenden Bestimmungen sowie unter Berücksichtigung der Einwohnerzahl und der voraussichtlichen Höhe des Aufwands festgesetzt.

§ 8 Dienstaufwandsentschädigung des Bürgermeisters

(1) Die Dienstaufwandsentschädigung des Bürgermeisters darf die folgenden monatlichen Höchstbeträge nicht übersteigen:

Bei einer Einwohnerzahl			Höchstbetrag
bis zu		10 000	163,61 EUR
von	10 001 bis	20 000	196,85 EUR
von	20 001 bis	30 000	230,08 EUR
von	30 001 bis	40 000	263,32 EUR
von	40 001 bis	60 000	306,78 EUR
von	60 001 bis	100 000	350,23 EUR
von	100 001 bis	150 000	393,69 EUR
von mehr als		150 000	437,15 EUR.

(2) Die in Absatz 1 festgesetzten Höchstbeträge können in

1. großen kreisangehörigen Städten,
2. Verbandsgemeinden mit 20 und mehr Ortsgemeinden,
3. anerkannten Kur- und Badeorten und
4. verbandsfreien Gemeinden, Verbandsgemeinden und kreisfreien Städten, die Aufgaben für andere kommunale Gebietskörperschaften im Rahmen einer Zweckvereinbarung nach dem Landesgesetz über die kommunale Zusammenarbeit wahrnehmen,

bis zu 25 v. H. überschritten werden. Dies gilt nicht, wenn die in Satz 1 Nr. 1 bis 3 genannten Gebietskörperschaften und die in Satz 1 Nr. 4 genannten Gebietskörperschaften, die Aufgaben für andere kommunale Gebietskörperschaften wahrnehmen, mindestens einen hauptamtlichen Beigeordneten haben.

(3) Besteht der Anspruch auf die Dienstaufwandsentschädigung nicht für einen vollen Kalendermonat, so wird nur der Teil der Dienstaufwandsentschädigung gezahlt, der auf den Anspruchszeitraum entfällt.

(4) Die Dienstaufwandsentschädigung ruht,

1. wenn der Beamte ununterbrochen länger als drei Monate seine Dienstaufgaben nicht wahrnimmt, für die über drei Monate hinausgehende Zeit;
2. solange der Beamte seines Dienstes enthoben oder ihm die Führung seiner Dienstgeschäfte verboten ist.

§ 9 Dienstaufwandsentschädigung des Landrats

(1) Die Dienstaufwandsentschädigung des Landrats darf den monatlichen Höchstbetrag von 327,23 EUR nicht übersteigen.

(2) § 8 Abs. 3 und 4 gilt entsprechend.

§ 10 Dienstaufwandsentschädigung der Beigeordneten und Kreisbeigeordneten

(1) Die Dienstaufwandsentschädigung des ersten Beigeordneten darf bis zu 60 v. H., die der weiteren Beigeordneten bis zu 40 v. H. der Dienstaufwandsentschädigung des Bürgermeisters betragen.

(2) Vertritt der erste Beigeordnete den Bürgermeister länger als einen Monat, so erhält er für die Zeit der Vertretung eine Dienstaufwandsentschädigung in gleicher Höhe wie der Bürgermeister; dies gilt nicht für die Vertretung des Bürgermeisters während seines jährlichen Erholungsurlaubs. Entsprechendes gilt, wenn ein weiterer Beigeordneter den ersten Beigeordneten länger als einen Monat vertritt.

(3) Die Absätze 1 und 2 gelten für Kreisbeigeordnete entsprechend. An die Stelle der Dienstaufwandsentschädigung des Bürgermeisters tritt die Dienstaufwandsentschädigung des Landrats.

(4) § 8 Abs. 3 und 4 gilt entsprechend.

Dritter Abschnitt
Überleitungsbestimmungen

§ 11 Überleitungszulage

(1) Verringern sich durch diese Verordnung die Dienstbezüge eines Beamten, weil das Amt anders eingestuft wird, so erhält er eine ruhegehaltfähige Überleitungszulage nach Artikel IX § 11 Abs. 1 bis 3 des Zweiten Gesetzes zur Vereinheitlichung und Neuregelung des Besoldungsrechts in Bund und Ländern.

(2) Die Überleitungszulage nach Absatz 1 wird weitergewährt, wenn der Beamte für eine unmittelbar folgende Amtszeit wiedergewählt wird.

§ 12 Dienstaufwandsentschädigung

Soweit die Dienstaufwandsentschädigung, die einem hauptamtlichen Bürgermeister oder Beigeordneten nach den bisher geltenden Vorschriften bei Inkrafttreten dieser Verordnung gewährt wurde, den nach dieser Verordnung zulässigen Höchstbetrag übersteigt, erhält der Beamte die Dienstaufwandsentschädigung in der bisherigen Höhe weiter. Dies gilt auch für eine unmittelbar folgende Amtszeit, wenn der Beamte wiedergewählt wird.

Vierter Abschnitt
Schlußbestimmungen

§ 13 Maßgebliche Einwohnerzahl

(1) Die Einwohnerzahl im Sinne dieser Verordnung ist nach § 130 Abs. 1 der Gemeindeordnung oder nach § 73 der Landkreisordnung zu ermitteln. Der Einwohnerzahl sind Familienangehörige der nicht meldepflichtigen Angehörigen der Stationierungsstreitkräfte und nicht kasernierte Mitglieder der Stationierungsstreitkräfte mit einem Anteil von 50 v. H. hinzuzurechnen. Kann die Zahl der nach Satz 2 berücksichtigungsfähigen Personen nicht nachgewiesen werden, wird sie jeweils vom Gemeinderat, vom Verbandsgemeinderat und vom Kreistag geschätzt.

(2) Maßgebliche Einwohnerzahl einer Verbandsgemeinde ist die Summe der Einwohnerzahlen der Ortsgemeinden nach Absatz 1.

(3) Werden Körperschaften um- oder neugebildet, ist vom Inkrafttreten dieser Maßnahme an die Einwohnerzahl der um- oder neugebildeten Körperschaft nach den Absätzen 1 und 2 zu errechnen.

§ 14 Rechtsstandwahrung

(1) Verringert sich die jeweils maßgebliche Einwohnerzahl und kommt die Körperschaft dadurch in eine niedrigere Größenklasse, behalten die im Amt befindlichen Beamten für ihre Person und für die Dauer ihrer Amtszeit die Bezüge der bisherigen Besoldungsgruppe. Satz 1 gilt für die im Amt befindlichen Beamten einer kommunalen Gebietskörperschaft, deren Aufgaben von einem beauftragten Beteiligten im Rahmen einer Zweckvereinbarung nach dem Landesgesetz über die kommunale Zusammenarbeit wahrgenommen werden, für ihre Person und für die Dauer ihrer Amtszeit entsprechend. Die Sätze 1 und 2 gelten auch für unmittelbar folgende Amtszeiten, wenn der Beamte wiedergewählt wird.

(2) Absatz 1 gilt für die Dienstaufwandsentschädigung entsprechend, und zwar im Falle des § 8 Abs. 2 Satz 1 Nr. 2 auch dann, wenn die Zahl der Ortsgemeinden sich auf weniger als 20 verringert.

§ 15 Inkrafttreten

Diese Verordnung tritt am 1. Januar 1979 in Kraft.

III

Kommunal-Sitzungsvergütungsverordnung

Vom 28. Juni 1999 (GVBl. S. 141)

Zuletzt geändert durch
Euro-Anpassungsverordnung Rheinland-Pfalz
vom 28. August 2001 (GVBl. S. 210)

§ 1 Anspruchsvoraussetzungen

(1) Beamtinnen und Beamte einer Gemeinde mit einer Einwohnerzahl unter 40 000, denen Dienstbezüge nach der Besoldungsordnung A zustehen, erhalten eine monatliche Sitzungsvergütung, wenn sie

1. zur Protokollführung regelmäßig an Sitzungen des Gemeinderats oder seiner Ausschüsse oder der Ortsbeiräte überwiegend außerhalb der feststehenden Arbeitszeit, bei gleitender Arbeitszeit überwiegend außerhalb des Gleitzeitrahmens, teilnehmen und
2. für diese Arbeitsleistung keine Dienstbefreiung innerhalb des Kalendermonats erhalten konnten, in dem die Sitzungen stattgefunden haben.

Satz 1 gilt entsprechend für die Teilnahme von Beamtinnen und Beamten einer Verbandsgemeinde an Sitzungen des Verbandsgemeinderats oder seiner Ausschüsse, der Ortsgemeinderäte oder ihrer Ausschüsse oder der Ortsbeiräte in Ortsgemeinden.

(2) Eine Sitzungsvergütung wird nur gewährt, wenn die Beamtin oder der Beamte bei mindestens zwei Sitzungen im Kalendermonat das Protokoll geführt hat. Die Protokollführung kann je Sitzung nur einer Beamtin oder einem Beamten zugerechnet werden.

(3) Die Sitzungsvergütung wird nicht neben einer Aufwandsentschädigung gewährt. Ein allgemein mit der Sitzungstätigkeit verbundener Aufwand ist mit der Sitzungsvergütung abgegolten. Reisekostenrechtliche Ansprüche bleiben unberührt.

(4) Diese Verordnung gilt nicht für kommunale Wahlbeamtinnen und Wahlbeamte auf Zeit.

§ 2 Höhe und Zahlungsweise

(1) Die Sitzungsvergütung beträgt 20,45 EUR je Sitzungstag und darf im Kalendermonat 102,26 EUR nicht übersteigen.

(2) Die Sitzungsvergütung ist für den jeweiligen Kalendermonat nachträglich zu zahlen.

§ 3 Einwohnerzahl

Die Einwohnerzahl (§ 1 Abs. 1) ist nach § 13 der Kommunal-Besoldungsverordnung vom 15. November 1978 (GVBl. S. 710, BS 2032-9) in der jeweils geltenden Fassung zu ermitteln.

§ 4 In-Kraft-Treten

(1) Diese Verordnung tritt am ersten Tage des auf die Verkündung folgenden Kalendermonats in Kraft.

(2) Gleichzeitig tritt die Sitzungsvergütungsverordnung vom 31. Mai 1979 (GVBl. S. 141, BS 2032-8) außer Kraft.

Der Tag der Verkündung war der 13. Juli 1999.

Landesverordnung über die Aufwandsentschädigung für kommunale Ehrenämter (KomAEVO)

Vom 27. November 1997 (GVBl. S. 435)

Zuletzt geändert durch
Siebte Landesverordnung zur Änderung der Landesverordnung über die Aufwandsentschädigung für kommunale Ehrenämter
vom 29. August 2023 (GVBl. S. 241)

Inhaltsübersicht

Auf Grund des

§ 18 Abs. 4 Satz 4 und des § 46a Abs. 2 Satz 5 in Verbindung mit § 18 Abs. 4 Satz 4 der Gemeindeordnung (GemO) in der Fassung vom 31. Januar 1994 (GVBl. S. 153), zuletzt geändert durch Artikel 1 des Gesetzes vom 12. März 1996 (GVBl. S. 152), BS 2020-1,

des § 12 Abs. 4 Satz 4 und des § 40a Abs. 2 Satz 5 in Verbindung mit § 12 Abs. 4 Satz 4 der Landkreisordnung (LKO) in der Fassung vom 31. Januar 1994 (GVBl. S. 188), zuletzt geändert durch Artikel 2 des Gesetzes vom 12. März 1996 (GVBl. S. 152), BS 2020-2,

des § 14 Satz 1 und des § 16 der Bezirksordnung für den Bezirksverband Pfalz (BezO) in der Fassung vom 13. Oktober 1994 (GVBl. S. 416; 1995 S. 12, BS 2020-3) in Verbindung mit § 12 Abs. 4 Satz 4 der Landkreisordnung,

des § 7 Abs. 1 Satz 1 Nr. 3 und Abs. 3 des Zweckverbandsgesetzes (ZwVG) vom 22. Dezember 1982 (GVBl. S. 476), geändert durch § 2 des Gesetzes vom 17. Dezember 1996 (GVBl. 1997 S. 1), BS 2020-20, in Verbindung mit § 18 Abs. 4 Satz 4 der Gemeindeordnung und

des § 28 Abs. 2 des Landesreisekostengesetzes (LRKG) vom 23. Dezember 1966 (GVBl. S. 369), zuletzt geändert durch § 16 des Gesetzes vom 22. Dezember 1992 (GVBl. S. 377), BS 2032-30,

wird, hinsichtlich des § 10 Abs. 2 und 3 und des § 20 im Einvernehmen mit dem Ministerium der Finanzen, verordnet:

Teil 1
Allgemeine Bestimmungen

§ 1 Geltungsbereich

(1) Diese Verordnung gilt für die Aufwandsentschädigung

1. der Mitglieder der Gemeinderäte, der Verbandsgemeinderäte, der Kreistage und des Bezirkstags (kommunale Vertretungskörperschaften),
2. der Mitglieder der Ortsbeiräte, der Ausschüsse der kommunalen Vertretungskörperschaften, der Beiräte für Migration und Integration, der Beiräte für ältere Menschen, der Beiräte für behinderte Menschen und der sonstigen Beiräte sowie der Jugendvertretungen,
3. der Ortsbürgermeister und der Ortsvorsteher,
4. der ehrenamtlichen Beigeordneten der Gemeinden und der Verbandsgemeinden und der ehrenamtlichen Kreisbeigeordneten,
5. des Vorsitzenden und der zwei stellvertretenden Vorsitzenden des Bezirkstags und
6. der ehrenamtlichen Gleichstellungsbeauftragten der Gemeinden und der Verbandsgemeinden.

(2) Bei der sinngemäßen Anwendung dieser Verordnung auf Zweckverbände (§ 7 des Landesgesetzes über die kommunale Zusammenarbeit – KomZG –) gelten die besonderen Bestimmungen des § 17.

(3) Die Vorschriften des § 18 Abs. 4 Satz 4 der Gemeindeordnung (GemO) und des § 12 Abs. 4 Satz 4 der Landkreisordnung (LKO) über die gesonderte Erstattung notwendiger Betreuungskosten bleiben unberührt.

§ 2 Form der Regelung

Die Aufwandsentschädigung für die in § 1 bezeichneten Ehrenämter ist von den Gemeinden, den Verbandsgemeinden, den Landkreisen und dem Bezirksverband Pfalz (kommunale Gebietskörperschaften) im Rahmen der Bestimmungen dieser Verordnung durch die Hauptsatzung zu regeln.

Teil 2
Ehrenämter

§ 3 Grundsatz

(1) Die Aufwandsentschädigung für die in § 1 Abs. 1 Nr. 1 und 2 bezeichneten Ehrenämter soll so bemessen werden, daß dadurch die mit der Wahrnehmung des Ehrenamtes verbundenen notwendigen baren Auslagen und sonstigen persönlichen Aufwendungen abgegolten sind. Soweit eine Aufwandsentschädigung nicht gewährt werden kann oder nicht gewährt wird, sind die mit der Wahrnehmung des Ehrenamtes verbundenen notwendigen baren Auslagen zu ersetzen.

(2) Ehrenamtlichen Gleichstellungsbeauftragten der Gemeinden und Verbandsgemeinden ist für die Abgeltung der mit der Wahrnehmung des Ehrenamtes verbundenen notwendigen baren Auslagen und sonstigen persönlichen Aufwendungen eine monatliche Aufwandsentschädigung zu gewähren.

(3) Neben der gemäß § 2 Abs. 1 Nr. 10 des Siebten Buches Sozialgesetzbuch bestehenden gesetzlichen Unfallversicherung kann zusätzlich eine angemessene Unfallversicherung abgeschlossen werden.

(4) Neben der Aufwandsentschädigung nach den Absätzen 1 und 2 kann für Dienstreisen Reisekostenvergütung in sinngemäßer Anwendung der Bestimmungen des Landesreisekostengesetzes (LRKG) gezahlt werden.

(5) Auf die Aufwandsentschädigung nach den Absätzen 1 und 2 kann weder ganz noch teilweise verzichtet werden.

§ 4 Form der Aufwandsentschädigung

(1) Die Entschädigung zur Abgeltung der notwendigen baren Auslagen und sonstigen persönlichen Aufwendungen kann in Form

1. von monatlichen Durchschnittssätzen oder
2. von Sitzungsgeldern oder
3. eines monatlichen Grundbetrages und von Sitzungsgeldern

gewährt werden. Daneben können die notwendigen Fahrkosten für Fahrten zwischen Hauptwohnung und Ort der Sitzung erstattet werden.

(2) Dem Mitglied einer kommunalen Vertretungskörperschaft kann auch für die Teilnahme an Sitzungen seiner Fraktion, die der Vorbereitung von Sitzungen der kommunalen Vertretungskörperschaft oder ihrer Ausschüsse dienen, eine Entschädigung nach Absatz 1 gewährt werden; dies gilt auch für die zur Erörterung bestimmter Gegenstände zu solchen Fraktionssitzungen zugezogenen Mitglieder der Ortsbeiräte und der Ausschüsse der kommunalen Vertretungskörperschaft. Die Zahl der Fraktionssitzungen, für die eine Entschädigung gewährt werden kann, darf jährlich das Zweifache der Zahl der Sitzungen der kommunalen Vertretungskörperschaft nicht übersteigen; in Landkreisen darf die Zahl der Fraktionssitzungen jedoch mindestens 14, im Bezirksverband Pfalz höchstens 15 betragen. Absatz 3 findet keine Anwendung.

(3) In einem Dienst- oder Arbeitsverhältnis stehenden Personen ist der nachgewiesene Lohnausfall in voller Höhe zu ersetzen; er umfaßt auch die entgangenen tarifvertraglichen und freiwilligen Arbeitgeberleistungen sowie den Arbeitgeberanteil zu den gesetzlichen Sozialversicherungsbeiträgen. Anderen Personen ist auf Antrag der glaubhaft gemachte Verdienstausfall bis zu einem in der Hauptsatzung zu regelnden Durchschnittssatz zu ersetzen. Personen, die weder einen Lohn- noch einen Verdienstausfall geltend machen können, denen aber im beruflichen oder häuslichen Bereich ein Nachteil entsteht, der in der Regel nur durch das Nachholen versäumter Arbeit oder die Inanspruchnahme einer Hilfskraft ausgeglichen werden kann, können einen Ausgleich bis zur Höhe eines Verdienstausfalles nach Satz 2 erhalten.

(4) Die Hauptsatzung kann bestimmen, daß der nach Absatz 1 Satz 1 gewährte monatliche Durchschnittssatz oder Grundbetrag entsprechend zu kürzen ist, wenn ein Mitglied der kommunalen Vertretungskörperschaft von der Teilnahme an weiteren Sitzungen der kommunalen Vertretungskörperschaft und ihrer Ausschüsse ausgeschlossen wird (§ 38 der Gemeindeordnung – GemO –, § 31 der Landkreisordnung – LKO –, § 14 der Bezirksordnung für den Bezirksverband Pfalz – BezO –) oder ohne triftigen Grund an einer solchen Sitzung nicht teilnimmt. Entsprechendes gilt für die sonstigen Mitglieder von Ausschüssen der kommunalen Vertretungskörperschaft (§ 46 Abs. 5 GemO, § 40 Abs. 5 LKO, § 14 BezO).

§ 5 Fraktionsvorsitz

Die Hauptsatzung kann bestimmen, daß für den Vorsitz einer in der kommunalen Vertretungskörperschaft gebildeten Fraktion zusätzlich eine den Aufgaben entsprechende

III

besondere Aufwandsentschädigung gewährt wird. Die besondere Aufwandsentschädigung richtet sich nach der auf Grund des § 4 Abs. 1 Satz 1 bestimmten Form und darf die nach dieser Bestimmung festgesetzten Beträge nicht übersteigen. Soweit auch für den stellvertretenden Fraktionsvorsitz eine besondere Aufwandsentschädigung gewährt wird, darf diese insgesamt die Hälfte der besonderen Aufwandsentschädigung für den Fraktionsvorsitz nicht übersteigen.

§ 6 Ausschüsse des Bezirkstags

Für den Vorsitz und den stellvertretenden Vorsitz in einem Ausschuß des Bezirkstags gilt § 5 entsprechend.

§ 7 Beirat für Migration und Integration

Für den Vorsitz und den stellvertretenden Vorsitz in einem Beirat für Migration und Integration gilt § 5 entsprechend.

Teil 3 Ehrenämter im Beamtenverhältnis

Abschnitt 1 Allgemeines

§ 8 Grundsatz

(1) Durch die Aufwandsentschädigung sind dem Ehrenbeamten die mit der Wahrnehmung des Ehrenamtes verbundenen notwendigen baren Auslagen und sonstigen persönlichen Aufwendungen abgegolten. Auf die Aufwandsentschädigung kann weder ganz noch teilweise verzichtet werden.

(2) Soweit nach den Bestimmungen dieser Verordnung eine Aufwandsentschädigung nicht gewährt werden kann, sind dem Ehrenbeamten die mit der Wahrnehmung des Ehrenamtes verbundenen notwendigen baren Auslagen zu ersetzen.

(3) § 3 Abs. 3 und § 4 Abs. 3 gelten entsprechend.

§ 9 Form, Zahlung und Ruhen der Aufwandsentschädigung

(1) Soweit nichts anderes bestimmt ist, wird die Aufwandsentschädigung in Form eines monatlichen Pauschbetrags nach den folgenden Bestimmungen festgesetzt.

(2) Der Pauschbetrag wird monatlich im voraus gezahlt. Entsteht der Anspruch auf die Aufwandsentschädigung nach dem 15. Tag eines Monats, wird für diesen Monat nur der halbe Betrag gezahlt. Scheidet der Ehrenbeamte im Laufe eines Monats aus, ist ihm die Aufwandsentschädigung für diesen Monat zu belassen. Wird der Ehrenbeamte im Laufe eines Monats in ein anderes Ehrenbeamtenverhältnis bei demselben Dienstherrn berufen, erhält er abweichend von den Sätzen 2 und 3 in diesem Monat die höhere der beiden Aufwandsentschädigungen.

(3) Eine höhere Festsetzung des monatlichen Pauschbetrags gilt ab dem ersten Tag des Monats, in dem die Änderung der Hauptsatzung in Kraft tritt. Eine niedrigere Festsetzung des monatlichen Pauschbetrags ist nur zulässig, wenn diese frühestens am ersten Tag des auf die Beschlußfassung zur Änderung der Hauptsatzung folgenden Monats wirksam wird. Die Aufwandsentschädigung ist auf volle Euro aufzurunden.

(4) Die Aufwandsentschädigung ruht,

1. wenn der Ehrenbeamte ununterbrochen länger als drei Monate das Ehrenamt nicht wahrnimmt, für die über drei Monate hinausgehende Zeit, sofern nicht ein Beschäftigungsverbot nach den Bestimmungen der Mutterschutzverordnung Rheinland-Pfalz vom 10. Oktober 2018 (GVBl. S. 369, BS 2030-1-23) in der jeweils geltenden Fassung bestanden hat,
2. solange der Ehrenbeamte vorläufig seines Dienstes enthoben (§ 45 Abs. 1 des Landesdisziplinargesetzes) oder ihm die Führung seiner Dienstgeschäfte verboten (§ 39 des Beamtenstatusgesetzes) ist.

§ 10 Erstattung besonderer Aufwendungen

(1) Neben der Aufwandsentschädigung sind bei dienstlich veranlaßter Benutzung einer privaten Telekommunikationsanlage (Fernsprecher und Telefax) die zu zahlenden Gebühreneinheiten auf Antrag besonders zu erstatten. Bei stärkerer Benutzung eines

Wohnraums für dienstliche Zwecke sind die zusätzlichen Aufwendungen für dessen Heizung, Beleuchtung und Reinigung auf Antrag besonders zu erstatten.

(2) Die Fahrkosten für Fahrten zwischen Wohnort und Dienstort sind den ehrenamtlichen Beigeordneten der Verbandsgemeinden und den ehrenamtlichen Kreisbeigeordneten nach Maßgabe des § 5 Abs. 1 bis 3 und des § 6 LRKG zu erstatten.

§ 11 Maßgebliche Einwohnerzahl

(1) Soweit die Aufwandsentschädigung nach der Einwohnerzahl bemessen wird, ist diese nach § 13 der Kommunal-Besoldungsverordnung (LKomBesVO) vom 15. November 1978 (GVBl. S. 710, BS 2032-9) in der jeweils geltenden Fassung zu ermitteln.

(2) § 14 Abs. 1 LKomBesVO gilt entsprechend.

Abschnitt 2 Aufwandsentschädigung in Gemeinden und Verbandsgemeinden

§ 12 Aufwandsentschädigung der Ortsbürgermeister

(1) Für die Aufwandsentschädigung der Ortsbürgermeister gelten die folgenden Sätze:

in Ortsgemeinden mit einer Einwohnerzahl			Monatsbetrag EUR
bis zu		150	350,00
von	151 bis	300	515,00
von	301 bis	500	678,00
von	501 bis	750	836,00
von	751 bis	1 000	1000,00
von	1 001 bis	1 250	1159,00
von	1 251 bis	1 500	1320,00
von	1 501 bis	2 000	1486,00
von	2 001 bis	2 500	1643,00
von	2 501 bis	3 000	1807,00
von	3 001 bis	4 000	1967,00
von	4 001 bis	5 000	2129,00
von	5 001 bis	6 000	2294,00
von	6 001 bis	7 500	2452,00
von	7 501 bis	10 000	2776,00
von mehr als		10 000	2937,00.

Die Aufwandsentschädigung nach Satz 1 kann um bis zu 10 v. H. erhöht werden; bei der Festsetzung sind die Einwohnerzahl, der Umfang der Beanspruchung des Ortsbürgermeisters und die Schwierigkeit der Verwaltungsverhältnisse zu berücksichtigen. Bei Naturkatastrophen oder in anderen außergewöhnlichen Notsituationen, die zu einer erheblichen Mehrbeanspruchung des Ortsbürgermeisters führen, kann die Aufwandsentschädigung nach den Sätzen 1 und 2 für den Zeitraum der gesteigerten Inanspruchnahme um bis zu 50 v. H. erhöht werden; die erhöhte Aufwandsentschädigung kann rückwirkend höchstens für drei Monate gewährt werden.

(2) Die Aufwandsentschädigung des Ortsbürgermeisters nach Absatz 1 kann in Ortsgemeinden mit einer Einwohnerzahl

von 3001 bis 5000 um bis zu 20 v. H.,

von 5001 bis 7500 um bis zu 30 v. H. und

von mehr als 7500 um bis zu 40 v. H.

erhöht werden. Bei der Festsetzung sind die Einwohnerzahl, der Umfang der Beanspruchung des Ortsbürgermeisters und die Schwierigkeit der Verwaltungsverhältnisse zu berücksichtigen.

(3) Der Bürgermeister einer Verbandsgemeinde, der gleichzeitig Ortsbürgermeister ist, erhält von der Ortsgemeinde eine besondere Aufwandsentschädigung. Diese beträgt mindestens 40 v. H. der Aufwandsentschädigung nach Absatz 1 Satz 1. Die Aufwandsentschädigung kann auf bis zu 75 v. H. des Betrags nach Absatz 1 erhöht werden, höchstens jedoch auf 1637,00 EUR monatlich. Absatz 2 Satz 2 gilt entsprechend.

§ 13 Aufwandsentschädigung der ehrenamtlichen Beigeordneten

(1) Ehrenamtlichen Beigeordneten kann für die Zeit der Vertretung nach § 50 Abs. 2 GemO eine Aufwandsentschädigung gewährt werden. Die Aufwandsentschädigung darf den nach § 12 Abs. 1 zulässigen Höchstbetrag nicht übersteigen. In Verbandsgemeinden und verbandsfreien Gemeinden kann die Aufwandsentschädigung nach Satz 2 um bis zu einem Drittel erhöht werden. Die Aufwandsentschädigung wird für jeden

III

Tag der Vertretung in Form eines Dreißigstels des Monatsbetrags berechnet. Eine nach Absatz 2 gewährte Aufwandsentschädigung ist anzurechnen.

(2) Ehrenamtliche Beigeordnete, denen ein bestimmter Geschäftsbereich übertragen ist (§ 50 Abs. 3 Satz 1 und Abs. 4 Satz 2 GemO), dessen Verwaltung ihre Arbeitskraft und ihre Zeit täglich nicht unerheblich beansprucht, können eine Aufwandsentschädigung erhalten. Diese beträgt in Gemeinden und Verbandsgemeinden mit einer Einwohnerzahl

bis zu 5000 höchstens 30 v. H. und
von 5001 bis 20 000 höchstens 50 v. H.

der Aufwandsentschädigung nach § 12 Abs. 1 Satz 1; Absatz 1 Satz 3 gilt entsprechend. Im übrigen gelten die folgenden Sätze:

In Gemeinden und Verbandsgemeinden mit einer Einwohnerzahl	Monatlicher Höchstsatz EUR
von 20 001 bis 40 000	2289,00
von 40 001 bis 80 000	2947,00
von mehr als 80 000	3608,00.

§ 12 Abs. 2 Satz 2 gilt entsprechend.

(3) Ein ehrenamtlicher Beigeordneter, dem eine Aufwandsentschädigung nach den Absätzen 1 oder 2 nicht gewährt wird, erhält für die Teilnahme an Sitzungen der kommunalen Vertretungskörperschaft und ihrer Ausschüsse (§ 50 Abs. 5 GemO) sowie an Sitzungen der Ortsbeiräte (§ 75 Abs. 6 GemO) die den Mitgliedern der kommunalen Vertretungskörperschaft, der Ausschüsse oder der Ortsbeiräte jeweils zustehende Aufwandsentschädigung. Eine Aufwandsentschädigung in gleicher Höhe wie für die Teilnahme an Sitzungen der kommunalen Vertretungskörperschaft erhält ein ehrenamtlicher Beigeordneter, dem eine Aufwandsentschädigung nach den Absätzen 1 oder 2 nicht gewährt wird, wenn er an Besprechungen nach § 50 Abs. 7 GemO, an Sitzungen nach § 59 Abs. 1 GemO oder an Fraktionssitzungen teilnimmt.

(4) Einem Beigeordneten einer Ortsgemeinde, der nicht Mitglied des Verbandsgemeinderats ist, jedoch in Vertretung des Ortsbürgermeisters an Sitzungen des Verbandsgemeinderats teilnimmt und dem eine Aufwandsentschädigung nach den Absätzen 1 oder 2 nicht gewährt wird, kann für die Teilnahme an diesen Sitzungen von der Ortsgemeinde eine Aufwandsentschädigung gewährt werden. Wird eine Aufwandsentschädigung gewährt, darf sie je Sitzung ein Dreißigstel der für den Ortsbürgermeister festgesetzten Aufwandsentschädigung nicht übersteigen; sie beträgt jedoch mindestens 15,70 EUR. Die Sätze 1 und 2 gelten entsprechend für Besprechungen nach § 69 Abs. 4 GemO.

(5) Ehrenamtlichen Beigeordneten kann in den Fällen des § 50 Abs. 2 Satz 7 und Abs. 3 Satz 2 GemO, wenn die Vertretung keinen vollen Tag umfaßt, eine angemessene Aufwandsentschädigung gewährt werden. Absatz 4 Satz 2 gilt entsprechend.

(6) Die einem ehrenamtlichen Beigeordneten in seiner Eigenschaft als Mitglied der kommunalen Vertretungskörperschaft gewährte Aufwandsentschädigung ist auf die Aufwandsentschädigung nach den Absätzen 1 bis 5 anzurechnen.

§ 14 Aufwandsentschädigung der Ortsvorsteher

(1) Ortsvorsteher (§ 76 GemO) erhalten eine Aufwandsentschädigung. Sie kann in Ortsbezirken von Ortsgemeinden bis zu 60 v. H., in Ortsbezirken verbandsfreier Gemeinden bis zu 80 v. H. der Aufwandsentschädigung festgesetzt werden, die ein Ortsbürgermeister nach der Einwohnerzahl des Ortsbezirks gemäß § 12 Abs. 1 Satz 1 erhalten würde. Bei Naturkatastrophen oder in anderen außergewöhnlichen Notsituationen, die zu einer erheblichen Mehrbeanspruchung des Ortsvorstehers führen, kann die Aufwandsentschädigung für den Zeitraum der gesteigerten Inanspruchnahme um bis zu 50 v. H. erhöht werden; die erhöhte Aufwandsentschädigung kann rückwirkend höchstens für drei Monate gewährt werden.

(2) Wird der Ortsvorsteher innerhalb eines Monats insgesamt länger als drei Tage vertreten, kann für die Zeit der Vertretung eine

Aufwandsentschädigung bis zu der nach Absatz 1 zulässigen Höhe gewährt werden. § 13 Abs. 1 Satz 4 und Abs. 3 gilt entsprechend.

Abschnitt 3
Aufwandsentschädigung in Landkreisen

§ 15 Aufwandsentschädigung der ehrenamtlichen Kreisbeigeordneten

(1) Ehrenamtliche Kreisbeigeordnete, die den Landrat vertreten (§ 44 Abs. 2 LKO), erhalten für die Zeit der Vertretung eine Aufwandsentschädigung. Die Aufwandsentschädigung wird für jeden Tag der Vertretung in Form eines Dreißigstels des Monatsbetrags berechnet. Eine nach Absatz 3 und als Mitglied des Kreistags gewährte Aufwandsentschädigung ist anzurechnen.

(2) Für die Aufwandsentschädigung gelten die folgenden Sätze:

in Landkreisen mit einer Einwohnerzahl	monatlicher Höchstsatz EUR
bis zu 100 000	2494,00
von mehr als 100 000	2788,00.

Die Aufwandsentschädigung nach Satz 1 kann um bis zu 20 v. H. erhöht werden; bei der Festsetzung sind die Einwohnerzahl, der Umfang der Beanspruchung und die Schwierigkeit der Verwaltungsverhältnisse zu berücksichtigen. Bei Naturkatastrophen oder in anderen außergewöhnlichen Notsituationen, die zu einer erheblichen Mehrbeanspruchung führen, kann die Aufwandsentschädigung nach den Sätzen 1 und 2 für den Zeitraum der gesteigerten Inanspruchnahme um bis zu 50 v. H. erhöht werden; die erhöhte Aufwandsentschädigung kann rückwirkend höchstens für drei Monate gewährt werden.

(3) Ehrenamtliche Kreisbeigeordnete, denen ein bestimmter Geschäftsbereich übertragen ist (§ 44 Abs. 3 Satz 1 und Abs. 4 Satz 2 LKO), dessen Verwaltung ihre Arbeitskraft und ihre Zeit täglich nicht unerheblich beansprucht, können eine Aufwandsentschädigung erhalten. Für diese gelten die folgenden Sätze:

in Landkreisen mit einer Einwohnerzahl	monatlicher Höchstsatz EUR
bis zu 100 000	2115,00
von mehr als 100 000	2366,00.

(4) Ehrenamtliche Kreisbeigeordnete, denen eine Aufwandsentschädigung nach den Absätzen 1 bis 3 nicht gewährt wird, erhalten für die Teilnahme an Sitzungen des Kreistags und seiner Ausschüsse (§ 44 Abs. 5 LKO) die den Mitgliedern des Kreistags und der Ausschüsse jeweils zustehende Aufwandsentschädigung. Eine Aufwandsentschädigung in gleicher Höhe wie für die Teilnahme an Sitzungen des Kreistags erhalten ehrenamtliche Kreisbeigeordnete, denen eine Aufwandsentschädigung nach den Absätzen 1 bis 3 nicht gewährt wird, wenn sie an Besprechungen mit dem Landrat (§ 41 Abs. 3 LKO), an Sitzungen des Kreisvorstands (§ 52 Abs. 1 LKO) oder an Fraktionssitzungen teilnehmen oder wenn sie den Vorsitz in einem Ausschuß führen (§ 40 Abs. 1 Satz 2 LKO).

(5) Ehrenamtlichen Kreisbeigeordneten kann in den Fällen des § 44 Abs. 2 Satz 6 und Abs. 3 Satz 2 LKO, wenn die Vertretung keinen vollen Tag umfasst, eine angemessene Aufwandsentschädigung gewährt werden. Sie darf täglich ein Dreißigstel der nach Absatz 2 festgesetzten Aufwandsentschädigung nicht übersteigen.

Abschnitt 4
Aufwandsentschädigung beim Bezirksverband Pfalz

§ 16 Aufwandsentschädigung des Vorsitzenden und der zwei stellvertretenden Vorsitzenden des Bezirkstags

(1) Der Vorsitzende des Bezirkstags kann eine monatliche Aufwandsentschädigung bis zu 2788,00 EUR erhalten. Bei Naturkatastrophen oder in anderen außergewöhnlichen Notsituationen, die zu einer erheblichen Mehrbeanspruchung des Vorsitzenden des Bezirkstags führen, kann die Aufwandsent-

III

schädigung für den Zeitraum der gesteigerten Inanspruchnahme um bis zu 50 v. H. erhöht werden; die erhöhte Aufwandsentschädigung kann rückwirkend höchstens für drei Monate gewährt werden.

(2) Die Aufwandsentschädigung des ersten stellvertretenden Vorsitzenden des Bezirkstags darf bis zu 50 v. H. und die des zweiten stellvertretenden Vorsitzenden des Bezirkstags bis zu 35 v. H. der nach Absatz 1 Satz 1 festgesetzten Aufwandsentschädigung betragen.

(3) Einem stellvertretenden Vorsitzenden des Bezirkstags, der den Vorsitzenden des Bezirkstags länger als einen Monat ununterbrochen vertritt, kann für die über einen Monat hinausgehende Zeit der Vertretung eine Aufwandsentschädigung bis zu der nach Absatz 1 festgesetzten Höhe gewährt werden. Die nach Absatz 2 gewährte Aufwandsentschädigung ist anzurechnen.

(4) Die dem Vorsitzenden und den zwei stellvertretenden Vorsitzenden des Bezirkstags auf Grund anderer für den Bezirksverband geltender Bestimmungen dieser Verordnung gewährten Aufwandsentschädigungen, ausgenommen Sitzungsgelder, sind auf die Aufwandsentschädigung nach den Absätzen 1 bis 3 anzurechnen.

Abschnitt 5
Aufwandsentschädigung bei Zweckverbänden

§ 17 Aufwandsentschädigung der Verbandsvorsteher und der stellvertretenden Verbandsvorsteher von Zweckverbänden

(1) Die Bestimmungen dieser Verordnung sind für die Aufwandsentschädigung der Verbandsvorsteher und der stellvertretenden Verbandsvorsteher von Zweckverbänden mit der Maßgabe anzuwenden, daß

1. die Aufwandsentschädigung des Verbandsvorstehers höchstens 25 v. H. des Satzes nach § 12 Abs. 1 Satz 1 betragen darf,
2. die Aufwandsentschädigung bei hauptamtlichen kommunalen Wahlbeamten höchstens 50 v. H. des nach Nummer 1 zulässigen Höchstsatzes betragen darf,
3. die Aufwandsentschädigung für den stellvertretenden Verbandsvorsteher höchstens 50 v. H. des nach Nummer 1 zulässigen Höchstsatzes betragen darf; Nummer 2 gilt entsprechend.

(2) Für Zweckverbände, bei denen die nach § 7 Abs. 2 KomZG geltende Einwohnerzahl mehr als 40 000 beträgt, kann die Aufwandsentschädigung des Verbandsvorstehers bis zu 815,00 EUR monatlich betragen. Für je weitere angefangene 20 000 Einwohner kann die Aufwandsentschädigung bis zu einer Gesamteinwohnerzahl von 200 000 jeweils bis zu 83,00 EUR erhöht werden. Absatz 1 Nr. 2 und 3 gilt entsprechend.

(3) Dem Verbandsvorsteher und den stellvertretenden Verbandsvorstehern eines Sparkassenzweckverbandes, die als Verwaltungsratsmitglieder der Sparkasse eine pauschale Aufwandsentschädigung beziehen, darf abweichend von den Absätzen 1 und 2 nur eine Aufwandsentschädigung in Form von Sitzungsgeldern für die Teilnahme an Sitzungen der Verbandsversammlung gewährt werden.

(4) Für Zweckverbände, bei denen sich die Aufgaben auf das Gebiet des Landes erstrecken, kann die Aufwandsentschädigung des Verbandsvorstehers bis zu 1627,00 EUR monatlich betragen. Absatz 1 Nr. 2 und 3 gilt entsprechend.

Teil 4
Übergangs- und Schlußbestimmungen

§ 18 Angleichung

Sofern die Hauptsatzung die Aufwandsentschädigung in den Fällen der §§ 12 bis 17 in Form eines festen Pauschbetrags bestimmt hat, verändert sich dieser künftig um den gleichen Hundertsatz wie die in § 12 Abs. 1 Satz 1 bezeichneten Sätze. Die neuen Pauschbeträge sind auf volle Euro, der Mindestsatz nach § 13 Abs. 4 Satz 2 Halbsatz 2 auf volle zehn Cent aufzurunden.

§ 19 Inkrafttreten

Diese Verordnung tritt mit Ausnahme des § 10 Abs. 1 Satz 1, des § 15 Abs. 1 Satz 3 und des § 16 Abs. 3 Satz 2 und Abs. 4 mit Wirkung vom 1. März 1997 in Kraft. § 10 Abs. 1 Satz 1, § 15 Abs. 1 Satz 3 und § 16 Abs. 3 Satz 2 und Abs. 4 treten am ersten Tage des auf die Verkündung folgenden Kalendermonats in Kraft.

III

IV Versorgung

Landesbeamtenversorgungsgesetz (LBeamtVG)

Vom 18. Juni 2013 (GVBl. S. 157)

Zuletzt geändert durch
Landesgesetz zur Änderung des Landesbeamtenversorgungsgesetzes und weiterer dienstrechtlicher Vorschriften
vom 19. November 2025 (GVBl. S. 693, S. 788)

Inhaltsübersicht

Teil 1
Allgemeine Bestimmungen

§ 1 Geltungsbereich

(1) Dieses Gesetz regelt die Versorgung der Beamtinnen und Beamten, Richterinnen und Richter des Landes sowie der Beamtinnen und Beamten der Gemeinden, der Gemeindeverbände und der sonstigen der Aufsicht des Landes unterstehenden Körperschaften, Anstalten und Stiftungen des öffentlichen Rechts sowie ihrer Hinterbliebenen. Ferner regelt es den Anspruch der ehemaligen hauptamtlichen Wahlbeamtinnnen und Wahlbeamten auf Zeit auf Altersgeld sowie ihrer Hinterbliebenen auf Hinterbliebenenaltersgeld.

(2) Dieses Gesetz gilt nicht für Ehrenbeamtinnen, Ehrenbeamte, ehrenamtliche Richterinnen und ehrenamtliche Richter, soweit gesetzlich nicht ausdrücklich etwas anderes bestimmt ist.

(3) Dieses Gesetz gilt nicht für die öffentlich-rechtlichen Religionsgesellschaften und ihre Verbände.

§ 2 Regelung durch Gesetz

(1) Die Versorgung wird durch Gesetz geregelt.

(2) Zusicherungen, Vereinbarungen und Vergleiche, die eine höhere als die gesetzlich zustehende Versorgung verschaffen sollen, sind unwirksam. Das Gleiche gilt für Versicherungsverträge, die zu diesem Zweck abgeschlossen werden.

(3) Auf die gesetzlich zustehende Versorgung kann weder ganz noch teilweise verzichtet werden. Eine Ausnahme gilt für das Ruhegehalt der Ruhestandsbeamtinnen und Ruhestandsbeamten, sofern Leistungen im Rahmen einer Entgeltumwandlung für vom Dienstherrn geleaste Dienstfahrräder, die der Beamtin oder dem Beamten während ihrer oder seiner aktiven Dienstzeit auch zur privaten Nutzung überlassen wurden, betroffen sind, wenn es sich um Fahrräder im verkehrsrechtlichen Sinne handelt und es den Beamtinnen und Beamten freigestellt war, dieses Angebot anzunehmen.

§ 3 Arten der Versorgung, Begriffsbestimmungen

(1) Versorgungsbezüge sind

1. Ruhegehalt oder Unterhaltsbeitrag (§§ 11 bis 26),
2. Hinterbliebenenversorgung (§§ 27 bis 40),
3. Unfallfürsorge (§§ 41 bis 59),
4. Übergangsgeld (§§ 60 und 61),
5. Bezüge bei Verschollenheit (§ 62),
6. Ausgleich bei besonderen Altersgrenzen (§ 63),
7. Erhöhungsbetrag nach § 24 Abs. 3 Satz 3,
8. familienbezogene Leistungen (§§ 64 bis 69).

(2) Soweit Vorschriften dieses Gesetzes auf Beamtinnen und Beamte, Ruhestandsbeamtinnen und Ruhestandsbeamte sowie entlassene Beamtinnen und entlassene Beamte Bezug nehmen, gilt dies entsprechend für Richterinnen und Richter, in Ruhestand getretene oder versetzte Richterinnen und Richter sowie entlassene Richterinnen und Richter, soweit nicht ausdrücklich etwas anderes bestimmt ist. Das Richterverhältnis steht dem Beamtenverhältnis im Sinne dieses Gesetzes gleich, soweit nicht ausdrücklich etwas anderes bestimmt ist.

(3) Lebenspartnerschaften nach dem Lebenspartnerschaftsgesetz vom 16. Februar 2001 (BGBl. I S. 266) in der jeweils geltenden Fassung, sind der gesetzlichen Ehe gleichgestellt. Insofern stehen nach Maßgabe dieses Gesetzes

1. die Lebenspartnerschaft der Ehe,
2. die Lebenspartnerin der Ehefrau,
3. der Lebenspartner dem Ehemann,
4. die Begründung einer Lebenspartnerschaft der Eheschließung,
5. die Aufhebung einer Lebenspartnerschaft der Ehescheidung,
6. die hinterbliebene Lebenspartnerin der Witwe,
7. der hinterbliebene Lebenspartner dem Witwer

gleich. Hinterbliebene Lebenspartnerinnen und Lebenspartner haben nach Maßgabe dieses Gesetzes Anspruch auf Witwen- oder Witwergeld und sind insoweit witwengeldberechtig-

IV

ten Witwen und witwergeldberechtigten Witwern gleichgestellt. Der Anspruch einer Witwe oder eines Witwers aus einer zum Zeitpunkt des Todes bestehenden Ehe schließt den Anspruch einer hinterbliebenen Lebenspartnerin oder eines hinterbliebenen Lebenspartners aus einer zum Zeitpunkt des Todes bestehenden Lebenspartnerschaft aus.

§ 4 Anpassung der Versorgungsbezüge

(1) Wird die Besoldung nach § 5 des Landesbesoldungsgesetzes (LBesG) angepasst, sind von demselben Zeitpunkt an die Versorgungsbezüge durch Gesetz entsprechend zu regeln.

(2) Als Anpassung gilt auch die Neufassung der Grundgehaltstabelle mit unterschiedlicher Änderung der Grundgehaltssätze und die allgemeine Erhöhung oder Verminderung der Besoldung um feste Beträge.

§ 5 Zahlungsweise

(1) Die Versorgungsbezüge werden, soweit nichts anderes bestimmt ist, monatlich im Voraus gezahlt. Besteht der Anspruch auf Versorgung nicht für einen vollen Kalendermonat, so wird nur der Teil der Bezüge gezahlt, der auf den Anspruchszeitraum entfällt, soweit gesetzlich nichts anderes bestimmt ist. Werden Versorgungsbezüge nach dem Tag der Fälligkeit gezahlt, so besteht kein Anspruch auf Verzugszinsen.

(2) Bei der Berechnung von Versorgungsbezügen sind die sich ergebenden Bruchteile eines Cents unter 0,5 abzurunden und ab 0,5 aufzurunden. Zwischenrechnungen werden jeweils auf zwei Dezimalstellen durchgeführt. Jeder Versorgungsbestandteil ist einzeln zu runden.

(3) Haben Versorgungsberechtigte ihren Wohnsitz oder dauernden Aufenthalt außerhalb der Europäischen Union, so kann die Zahlung der Versorgungsbezüge von der Bestellung einer oder eines Empfangsbevollmächtigten im Geltungsbereich des Grundgesetzes abhängig gemacht werden.

(4) Für die Zahlung der Versorgungsbezüge haben Versorgungsberechtigte auf Verlangen ein Konto anzugeben oder einzurichten, auf das die Überweisung erfolgen kann. Die Kontoeinrichtungs-, Kontoführungs- oder Buchungsgebühren tragen die Versorgungsberechtigten. Die Übermittlungskosten, mit Ausnahme der Kosten für die Gutschrift auf dem Konto der Versorgungsberechtigten, trägt der Dienstherr; bei einer Überweisung der Versorgungsbezüge auf ein außerhalb der Europäischen Union geführtes Konto tragen die Versorgungsberechtigten die Kosten und die Gefahr der Übermittlung der Versorgungsbezüge sowie die Kosten einer Meldung nach § 59 der Außenwirtschaftsverordnung in der Fassung vom 22. November 1993 (BGBl. I S. 1934, 2493) in der jeweils geltenden Fassung. Eine Auszahlung auf andere Weise kann nur zugestanden werden, wenn der Empfängerin oder dem Empfänger die Einrichtung oder Benutzung eines Kontos aus wichtigem Grund nicht zugemutet werden kann.

§ 6 Abtretung, Verpfändung, Aufrechnung, Zurückbehaltungsrecht

(1) Ansprüche auf Versorgungsbezüge können nur abgetreten oder verpfändet werden, soweit sie der Pfändung unterliegen und gesetzlich nichts anderes bestimmt ist.

(2) Gegenüber Ansprüchen auf Versorgungsbezüge kann der Dienstherr ein Aufrechnungs- oder Zurückbehaltungsrecht nur in Höhe des pfändbaren Teils der Versorgungsbezüge geltend machen. Dies gilt nicht, soweit gegen die Versorgungsberechtigten ein Anspruch auf Schadensersatz wegen vorsätzlicher unerlaubter Handlung besteht oder der Dienstherr mit Ansprüchen auf Rückzahlung überzahlter Besoldung oder Versorgungsbezüge für denselben Zeitraum aufrechnet.

(3) Ansprüche auf Sterbegeld (§ 29), auf Erstattung der Kosten des Heilverfahrens und der Pflege (§ 43), auf Unfallausgleich (§ 44), auf einmalige Unfallentschädigung (§ 53) und auf Schadensausgleich (§ 56), können weder gepfändet noch abgetreten noch verpfändet werden. Forderungen des Dienstherrn gegen Verstorbene aus Vorschuss- oder Darlehensgewährungen sowie aus Überzahlungen von Besoldung oder Versorgungsbezügen können auf das Sterbegeld angerechnet werden.

§ 7 Rückforderung von Versorgungsbezügen

(1) Werden Versorgungsberechtigte durch eine gesetzliche Änderung ihrer Versorgungsbezüge mit rückwirkender Kraft schlechter gestellt, so sind die Unterschiedsbeträge nicht zu erstatten.

(2) Im Übrigen regelt sich die Rückforderung zu viel gezahlter Versorgungsbezüge nach den Vorschriften des Bürgerlichen Gesetzbuchs über die Herausgabe einer ungerechtfertigten Bereicherung, soweit gesetzlich nichts anderes bestimmt ist. Der Kenntnis des Mangels des rechtlichen Grundes der Zahlung steht es gleich, wenn der Mangel so offensichtlich war, dass die Empfängerin oder der Empfänger ihn hätte erkennen müssen. Von der Rückforderung kann aus Billigkeitsgründen mit Zustimmung der obersten Dienstbehörde oder der von ihr bestimmten Stelle ganz oder teilweise abgesehen werden.

(3) Die Rückforderung von Beträgen von weniger als fünf Euro unterbleibt. Treffen mehrere Einzelbeträge zusammen, gilt die Grenze für die Gesamtrückforderung.

(4) § 118 Abs. 3 bis 5 des Sechsten Buches Sozialgesetzbuch (SGB VI) gilt entsprechend.

§ 8 Verjährung

Ansprüche auf Versorgungsbezüge und auf Rückzahlung von Versorgungsbezügen verjähren in drei Jahren; Ansprüche auf Rückzahlung von Versorgungsbezügen verjähren in zehn Jahren, wenn durch vorsätzlich oder grob fahrlässig unrichtige oder unvollständige Angaben oder das vorsätzliche oder grob fahrlässige pflichtwidrige Unterlassen von Angaben die Gewährung oder Belassung von Versorgungsbezügen bewirkt wurde. Die Verjährung beginnt mit dem Schluss des Jahres, in dem der Anspruch entstanden ist. Im Übrigen sind die §§ 194 bis 218 des Bürgerlichen Gesetzbuchs entsprechend anzuwenden.

§ 9 Festsetzung, Zuständigkeit, Versorgungsauskunft

(1) Die Festsetzung und Abrechnung der Versorgungsbezüge, die Bestimmung der Zahlungsempfängerinnen und Zahlungsempfänger, die Entscheidung über die Berücksichtigung von Zeiten als ruhegehaltfähige Dienstzeit sowie die Bewilligung von Versorgungsbezügen aufgrund von Kannvorschriften obliegt der obersten Dienstbehörde. Sie kann diese Befugnisse, für unmittelbare Landesbeamtinnen und Landesbeamte im Einvernehmen mit dem für das finanzielle öffentliche Dienstrecht zuständigen Ministerium, auf andere Stellen übertragen.

(2) Entscheidungen über die Bewilligung von Versorgungsbezügen aufgrund von Kannvorschriften dürfen erst beim Eintritt des Versorgungsfalls getroffen werden; vorherige Zusicherungen sind unwirksam.

(3) Ob Zeiten aufgrund der §§ 16 bis 18 und 20 als ruhegehaltfähige Dienstzeit zu berücksichtigen sind, soll bei der Berufung in das Beamtenverhältnis entschieden werden; diese Entscheidungen stehen unter dem Vorbehalt eines Gleichbleibens der Rechtslage, die ihnen zugrunde liegt.

(4) Entscheidungen in versorgungsrechtlichen Angelegenheiten, die eine grundsätzliche, über den Einzelfall hinausgehende Bedeutung haben, sind von dem für das finanzielle öffentliche Dienstrecht zuständigen Ministerium zu treffen.

(5) Die zuständige Dienstbehörde hat bei berechtigtem Interesse auf schriftlichen oder elektronischen Antrag einer Beamtin oder eines Beamten eine Auskunft über die Höhe des Versorgungsanspruchs auf der Grundlage der jeweils zum Zeitpunkt der Versorgungsauskunft aktuellen Rechtslage zu erteilen. Der schriftliche oder elektronische Antrag der Beamtin oder des Beamten soll über die zuständige personalverwaltende Dienststelle an die für die Versorgungsauskunft zuständige Dienstbehörde gerichtet werden. Diesem Antrag auf Versorgungsauskunft fügt die zuständige personalverwaltende Dienststelle eine Zusammenstellung der für die Versorgungsauskunft notwendigen Informationen als Übersicht bei und leitet diese Übersicht zusammen mit dem Antrag an die für die Versorgungsauskunft zuständige Dienstbehörde weiter. Die Auskunft nach Satz 1 stellt unter Beachtung des § 2 keine verbindliche Zusage über die Höhe der späteren Versor-

gungsansprüche dar; sie steht unter dem Vorbehalt künftiger Sach- und Rechtsänderungen sowie der Richtigkeit und Vollständigkeit der zugrunde liegenden Daten.

§ 10 Anzeige- und Mitwirkungspflichten

(1) Die Beschäftigungsstelle hat der die Versorgungsbezüge anweisenden Stelle (Regelungsbehörde) oder der die Versorgungsbezüge zahlenden Kasse jede Verwendung einer oder eines Versorgungsberechtigten unter Angabe der gewährten Bezüge, ebenso jede spätere Änderung der Bezüge oder die Zahlungseinstellung sowie die Gewährung einer Versorgung unverzüglich anzuzeigen.

(2) Die Versorgungsberechtigten sind verpflichtet, der Regelungsbehörde oder der die Versorgungsbezüge zahlenden Kasse

1. die Verlegung des Wohnsitzes,
2. den Bezug und jede Änderung von Einkünften nach den §§ 16 und 24 Abs. 4, den §§ 25, 34 und 40 Abs. 2, den §§ 60, 61 sowie den §§ 73 bis 77a,
3. Witwen und Witwer auch die Eheschließung (§ 40 Abs. 1 Satz 1 Nr. 2) sowie im Falle der Auflösung der Ehe den Erwerb und jede Änderung eines neuen Versorgungs-, Unterhalts- oder Rentenanspruchs (§ 40 Abs. 3 Satz 2),
4. die Begründung eines neuen öffentlich-rechtlichen Dienstverhältnisses oder eines privatrechtlichen Arbeitsverhältnisses im öffentlichen Dienst in den Fällen des § 60 Abs. 5 und des § 61 Abs. 4,
5. die Erfüllung der allgemeinen Wartezeit nach dem Sechsten Buch Sozialgesetzbuch in den Fällen des § 19 sowie im Rahmen der §§ 66 bis 69

unverzüglich anzuzeigen. Auf Verlangen der Regelungsbehörde sind die Versorgungsberechtigten verpflichtet, Nachweise vorzulegen oder der Erteilung erforderlicher Nachweise oder Auskünfte, die für die Versorgungsbezüge erheblich sind, durch Dritte zuzustimmen. Auf Verlangen der Regelungsbehörde sind die Versorgungsberechtigten zudem verpflichtet, eine Lebensbescheinigung vorzulegen.

(3) In Fällen, in denen Versorgungsberechtigte der Verpflichtung nach Absatz 2 Satz 1 Nr. 1 oder Absatz 2 Satz 3 schuldhaft nicht nachkommen, kann die Auszahlung der Versorgungsbezüge vorübergehend ausgesetzt werden.

(4) Kommen Versorgungsberechtigte der ihnen nach Absatz 2 Satz 1 Nr. 2 und 3 auferlegten Verpflichtung schuldhaft nicht nach, so kann ihnen die Versorgung ganz oder teilweise auf Zeit oder auf Dauer entzogen werden. Beim Vorliegen besonderer Verhältnisse kann die Versorgung ganz oder teilweise wieder zuerkannt werden. Die Entscheidung trifft die oberste Dienstbehörde oder die von ihr bestimmte Stelle.

§ 10a Fortführung der Versorgungsrücklage des Landes

(1) Die Versorgungsrücklage des Landes nach § 3a des Landesgesetzes über den Finanzierungsfonds für die Beamtenversorgung Rheinland-Pfalz in der bis zum Ablauf des 14. Dezember 2017 geltenden Fassung wird mit ihrem am 14. Dezember 2017 vorhandenen Bestand als nicht rechtsfähiges Sondervermögen fortgeführt. Ansprüche Dritter gegen das Sondervermögen werden nicht begründet.

(2) Das Sondervermögen wird vom Landesamt für Finanzen verwaltet. Die Anlage der Mittel kann auf Dritte übertragen werden.

(3) Die Anlage der Mittel des Sondervermögens wird in Anlagerichtlinien geregelt, zu deren Erlass und Änderung das für das finanzielle öffentliche Dienstrecht zuständige Ministerium mit Zustimmung des Haushalts- und Finanzausschusses des Landtags ermächtigt wird.

(4) Das Land kann nach Maßgabe des Haushalts weitere Zuführungen an das Sondervermögen leisten.

(5) Das Sondervermögen dient zur Entlastung von Versorgungsaufwendungen des Landes und ist nach Maßgabe des Haushalts ausschließlich zu diesem Zweck einzusetzen.

(6) Bei dem Sondervermögen wird ein Beirat gebildet. Er wirkt bei allen wichtigen Fragen mit, insbesondere bei den Anlagerichtlinien. Der Beirat besteht aus

1. der Präsidentin oder dem Präsidenten des Landesamtes für Finanzen als vorsitzendes Mitglied,
2. einem von dem für das finanzielle öffentliche Dienstrecht zuständigen Ministerium zu benennenden Mitglied und
3. zwei von den Spitzenorganisationen der zuständigen Gewerkschaften zu benennenden Mitgliedern.

Für jedes Mitglied nach Satz 3 Nr. 2 und 3 ist ein stellvertretendes Mitglied zu benennen; die Vertretung des vorsitzenden Mitglieds übernimmt im Verhinderungsfalle die Vertreterin oder der Vertreter der Präsidentin oder des Präsidenten des Landesamtes für Finanzen. Das vorsitzende Mitglied beruft die übrigen Mitglieder und deren stellvertretende Mitglieder auf die Dauer von fünf Jahren; scheidet ein berufenes Mitglied vorzeitig aus dem Amt aus, wird unter Beachtung des Benennungsrechts für den Rest der Amtszeit ein Ersatzmitglied berufen. Die Mitglieder des Beirates erhalten keine Vergütung und keinen Auslagenersatz. Der Beirat gibt sich eine Geschäftsordnung.

Teil 2
Versorgungsbezüge

Abschnitt 1
Ruhegehalt, Unterhaltsbeitrag

§ 11 Entstehung und Berechnung des Ruhegehalts

(1) Ein Ruhegehalt wird nur gewährt, wenn die Beamtin oder der Beamte

1. eine Dienstzeit von mindestens fünf Jahren abgeleistet hat oder
2. infolge Krankheit, Verwundung oder sonstiger Beschädigung, die sie oder er sich ohne grobes Verschulden bei Ausübung oder aus Veranlassung des Dienstes zugezogen hat, dienstunfähig geworden ist (Dienstbeschädigung).

Die Dienstzeit wird vom Zeitpunkt der ersten Berufung in das Beamtenverhältnis ab gerechnet und nur berücksichtigt, sofern sie ruhegehaltfähig ist. Zeiten, die kraft gesetzlicher Vorschrift als ruhegehaltfähig gelten oder nach § 16 als ruhegehaltfähige Dienstzeit berücksichtigt werden, sind einzurechnen. Satz 3 gilt nicht für Zeiten, die die Beamtin oder der Beamte vor dem 3. Oktober 1990 in dem in Artikel 3 des Einigungsvertrages genannten Gebiet zurückgelegt hat.

(2) Der Anspruch auf Ruhegehalt entsteht mit dem Beginn des Ruhestandes. In den Fällen des § 4 Abs. 5 und 6 LBesG nach Ablauf der Zeit, für die Dienstbezüge gewährt werden.

(3) Das Ruhegehalt wird auf der Grundlage der ruhegehaltfähigen Dienstbezüge und der ruhegehaltfähigen Dienstzeit berechnet.

§ 12 Ruhegehaltfähige Dienstbezüge

(1) Ruhegehaltfähige Dienstbezüge sind

1. das Grundgehalt,
2. die Allgemeine Zulage,
3. Amtszulagen,
4. Ausgleichszulagen (Absatz 6),
5. der Familienzuschlag nach § 41 Abs. 1 Satz 1 Nr. 1 LBesG,
6. Hochschulleistungsbezüge (§ 84),
7. die Vollstreckungsvergütung (§ 85),

die der Beamtin oder dem Beamten in den Fällen der Nummern 1 bis 3 zuletzt zugestanden haben oder in den Fällen der Nummer 4 zustehen würden. Bei Teilzeitbeschäftigung und Beurlaubung ohne Dienstbezüge (Freistellung) sowie bei begrenzter Dienstfähigkeit (§ 27 des Beamtenstatusgesetzes – BeamtStG –) sind jeweils die dem letzten Amt entsprechenden vollen ruhegehaltfähigen Dienstbezüge anzusetzen.

(2) Ist eine Beamtin oder ein Beamter aus einem Amt in den Ruhestand getreten oder versetzt worden, das kein Einstiegsamt ihrer oder seiner Zugangsvoraussetzung gemäß § 25 Abs. 1 LBesG oder ein laufbahnfreies Amt ist, und standen die Dienstbezüge dieses oder eines mindestens gleichwertigen Amtes vor Eintritt oder Versetzung in den Ruhestand nicht mindestens zwei Jahre zu, so sind ruhegehaltfähig nur die Dienstbezüge des vorher bekleideten Amtes. Hat die Beamtin oder der Beamte vorher kein Amt bekleidet, so setzt das für das finanzielle öffentliche Dienstrecht zuständige Ministerium die ruhe-

IV

gehaltfähigen Dienstbezüge bis zur Höhe der ruhegehaltfähigen Dienstbezüge der nächst niedrigeren Besoldungsgruppe fest.

(3) Das Ruhegehalt einer Beamtin oder eines Beamten, die oder der früher ein höher besoldetes Amt bekleidet hat und der oder dem diese Dienstbezüge mindestens zwei Jahre zustanden, wird nach den höheren ruhegehaltfähigen Dienstbezügen des früheren Amtes berechnet, wenn der Übertritt nicht lediglich auf einen im eigenen Interesse gestellten Antrag erfolgte.

(4) In die Zweijahresfrist nach den Absätzen 2 und 3 ist die innerhalb dieser Frist liegende Zeit einer Beurlaubung ohne Dienstbezüge einzurechnen, soweit sie als ruhegehaltfähig berücksichtigt worden ist. Die Zweijahresfrist kommt nicht zur Anwendung, wenn die Beamtin oder der Beamte vor Ablauf der Frist infolge Dienstbeschädigung in den Ruhestand versetzt worden ist.

(5) Das Ruhegehalt nach einem früheren Amt darf die ruhegehaltfähigen Dienstbezüge des letzten Amtes nicht übersteigen.

(6) Ausgleichszulagen sind nur ruhegehaltfähig, soweit sie ruhegehaltfähige Dienstbezüge ausgleichen.

§ 13 Regelmäßige ruhegehaltfähige Dienstzeit

(1) Ruhegehaltfähig ist die Dienstzeit, die die Beamtin oder der Beamte ab der ersten Berufung in ein Beamtenverhältnis im Dienst eines inländischen öffentlich-rechtlichen Dienstherrn im Beamtenverhältnis zurückgelegt hat. Dies gilt nicht für die Zeit

1. im Beamtenverhältnis auf Widerruf gemäß § 4 Abs. 4 Buchst. b BeamtStG,
2. einer ehrenamtlichen Tätigkeit,
3. einer Beurlaubung ohne Dienstbezüge; die Zeit einer Beurlaubung ohne Dienstbezüge kann berücksichtigt werden, wenn spätestens bei Beendigung des Urlaubs schriftlich oder elektronisch zugestanden worden ist, dass dieser öffentlichen Belangen oder dienstlichen Interessen dient,
4. eines schuldhaften Fernbleibens vom Dienst unter Verlust der Dienstbezüge,
5. für die eine Abfindung aus öffentlichen Mitteln gewährt wurde.

Zeiten der eingeschränkten Verwendung einer Beamtin oder eines Beamten wegen begrenzter Dienstfähigkeit nach § 27 BeamtStG sind mindestens im Umfang der Zurechnungszeit nach § 21 Abs. 1 Satz 1 ruhegehaltfähig.

(2) Die Berücksichtigung der Zeit einer Beurlaubung ohne Dienstbezüge als ruhegehaltfähige Dienstzeit setzt die Zahlung eines Versorgungszuschlages für die Dauer der Beurlaubung voraus. Der Versorgungszuschlag beträgt 30 v. H. der ohne Beurlaubung zustehenden ruhegehaltfähigen Dienstbezüge (§ 12). Unbefristete und befristete Hochschulleistungsbezüge (§ 84) sind von Anfang an zu berücksichtigen. Das für das finanzielle öffentliche Dienstrecht zuständige Ministerium kann Ausnahmen zulassen und nähere Bestimmungen zum Verfahren treffen.

(3) Nicht ruhegehaltfähig sind Dienstzeiten

1. in einem Beamtenverhältnis, das durch Verlust der Beamtenrechte (§ 24 Abs. 1 BeamtStG) oder durch Disziplinarurteil beendet worden ist,
2. in einem Beamtenverhältnis auf Probe oder Widerruf, das durch Entlassung wegen einer Handlung beendet worden ist, die im Beamtenverhältnis auf Lebenszeit mindestens eine Kürzung der Dienstbezüge zur Folge hätte,
3. in einem Beamtenverhältnis, das durch Entlassung auf Antrag der Beamtin oder des Beamten beendet worden ist,
   a) wenn ein Verfahren mit der Folge des Verlustes der Beamtenrechte oder der Entfernung aus dem Beamtenverhältnis drohte oder
   b) wenn der Antrag gestellt wurde, um einer drohenden Entlassung nach Nummer 2 zuvorzukommen.

Das für das finanzielle öffentliche Dienstrecht zuständige Ministerium kann Ausnahmen zulassen.

(4) Der im Beamtenverhältnis zurückgelegten Dienstzeit stehen gleich

1. die Zeit als Mitglied der Bundesregierung oder einer Landesregierung,

2. die Zeit als Parlamentarische Staatssekretärin oder Parlamentarischer Staatssekretär bei einem Mitglied der Bundesregierung oder einer Landesregierung, soweit entsprechende Voraussetzungen vorliegen,
3. auf Antrag die Zeit als Mitglied des Bundestages oder eines Landtages, wenn das jeweilige Abgeordnetenrecht das vorsieht,
4. die Zeit des juristischen Vorbereitungsdienstes im öffentlich-rechtlichen Ausbildungsverhältnis,
5. die im öffentlichen Dienst einer zwischen- oder überstaatlichen Einrichtung zurückgelegte Dienstzeit; Absatz 1 Satz 2 Nr. 5 findet keine Anwendung.

§ 14 Berufsmäßiger Wehrdienst und vergleichbare Zeiten

(1) Als ruhegehaltfähig gilt die Dienstzeit, in der eine Beamtin oder ein Beamter berufsmäßig im Dienst der Bundeswehr, der Nationalen Volksarmee der ehemaligen Deutschen Demokratischen Republik oder im Vollzugsdienst der Polizei gestanden hat.

(2) § 13 Abs. 1 Satz 2 Nr. 3 bis 5, Abs. 2 und 3 gilt entsprechend.

§ 15 Nichtberufsmäßiger Wehrdienst und vergleichbare Zeiten

(1) Als ruhegehaltfähig gilt die Zeit, während der eine Beamtin oder ein Beamter

1. nichtberufsmäßigen Wehrdienst in der Bundeswehr oder der Nationalen Volksarmee der ehemaligen Deutschen Demokratischen Republik oder einen vergleichbaren zivilen Ersatzdienst oder Polizeivollzugsdienst geleistet hat oder
2. sich aufgrund einer Krankheit oder Verwundung als Folge eines Dienstes nach Nummer 1 oder nach § 14 Abs. 1 im Anschluss an die Entlassung arbeitsunfähig in einer Heilbehandlung befunden hat.

(2) § 13 Abs. 1 Satz 2 Nr. 3 bis 5, Abs. 2 und 3 gilt entsprechend.

§ 16 Zeiten im privatrechtlichen Arbeitsverhältnis im öffentlichen Dienst

Als ruhegehaltfähig sollen auch folgende Zeiten berücksichtigt werden, in denen eine Beamtin oder ein Beamter im privatrechtlichen Arbeitsverhältnis im Dienst eines öffentlich-rechtlichen Dienstherrn ohne von der Beamtin oder dem Beamten zu vertretende Unterbrechung tätig war, sofern diese Tätigkeit zur Ernennung geführt hat:

1. Zeiten einer hauptberuflichen in der Regel einer Beamtin oder einem Beamten obliegenden oder später einer Beamtin oder einem Beamten übertragenen entgeltlichen Beschäftigung oder
2. Zeiten einer für die Laufbahn der Beamtin oder des Beamten förderlichen hauptberuflichen Tätigkeit.

Das gilt auch für eine hauptberufliche Tätigkeit im Dienst von Einrichtungen, die von mehreren öffentlich-rechtlichen Dienstherren durch Staatsvertrag oder Verwaltungsabkommen zur Erfüllung oder Koordinierung ihnen obliegender hoheitsrechtlicher Aufgaben geschaffen worden sind.

§ 17 Sonstige Zeiten

Die Zeit, während der eine Beamtin oder ein Beamter

1. a) als Rechtsanwältin oder Rechtsanwalt, Beamtin oder Beamter, Notarin oder Notar, die oder der ohne Ruhegehaltsberechtigung nur Gebühren bezogen hat, oder
   b) hauptberuflich im Dienst öffentlich-rechtlicher Religionsgesellschaften oder ihrer Verbände (Artikel 140 des Grundgesetzes) oder im öffentlichen oder nichtöffentlichen Schuldienst im Rahmen einer Unterrichtserteilung mit Lehrbefähigung oder
   c) hauptberuflich im Dienst der Fraktionen des Bundestages oder der Landtage oder kommunaler Vertretungskörperschaften oder
   d) hauptberuflich im Dienst von kommunalen Spitzenverbänden oder ihren Landesverbänden sowie von Spitzenverbänden der Sozialversicherung oder ihren Landesverbänden

   tätig gewesen ist oder

IV

2. hauptberuflich im ausländischen öffentlichen Dienst gestanden hat oder
3. a) auf wissenschaftlichem, künstlerischem, technischem oder wirtschaftlichem Gebiet besondere Fachkenntnisse erworben hat, die die notwendige Voraussetzung für die Wahrnehmung des Amtes bilden, oder
   b) als Entwicklungshelferin oder Entwicklungshelfer im Sinne des Entwicklungshelfer-Gesetzes vom 18. Juni 1969 (BGBl. I S. 549) in der jeweils geltenden Fassung tätig gewesen ist,

kann als ruhegehaltfähige Dienstzeit berücksichtigt werden, die Zeit nach Nummer 1 Buchst. a und Nummer 3 jedoch höchstens bis zur Hälfte und in der Regel nicht über zehn Jahre hinaus.

§ 18 Ausbildungszeiten

(1) Die Mindestzeit

1. der vorgeschriebenen Ausbildung (insbesondere Fachschul-, Hochschul- und praktische Ausbildung, Vorbereitungsdienst, übliche Prüfungszeit),
2. einer praktischen hauptberuflichen Tätigkeit, die für die Übernahme in das Beamtenverhältnis vorgeschrieben ist,

kann als ruhegehaltfähige Dienstzeit berücksichtigt werden, die Zeit einer Fachschulausbildung einschließlich der Prüfungszeit bis zu 1095 Tagen und die Zeit einer Hochschulausbildung einschließlich der Prüfungszeit bis zu 855 Tagen, insgesamt höchstens bis zu 1095 Tagen.

(2) Für Beamtinnen und Beamte des Vollzugsdienstes und des Einsatzdienstes der Feuerwehr können Zeiten einer praktischen Ausbildung und einer praktischen hauptberuflichen Tätigkeit anstelle einer Berücksichtigung nach Absatz 1 bis zu einer Gesamtzeit von fünf Jahren als ruhegehaltfähige Dienstzeit berücksichtigt werden, wenn sie für die Wahrnehmung des Amtes förderlich sind.

(3) Die allgemeine Schulbildung zählt nicht zur vorgeschriebenen Ausbildung, auch dann nicht, wenn sie durch eine andere Art der Ausbildung ersetzt wurde.

(4) Bei anderen als Laufbahnbewerberinnen und Laufbahnbewerbern können Zeiten nach Absatz 1 als ruhegehaltfähig berücksichtigt werden, soweit sie für Laufbahnbewerberinnen und Laufbahnbewerber vorgeschrieben sind. Ist innerhalb einer Fachrichtung ein fachspezifisch ausgerichteter Laufbahnzweig bei einem Dienstherrn noch nicht gestaltet, so gilt das Gleiche für solche Zeiten, die bei Gestaltung des Laufbahnzweiges mindestens vorgeschrieben werden müssen.

§ 19 Zeiten in dem in Artikel 3 des Einigungsvertrages genannten Gebiet

(1) Wehrdienstzeiten und vergleichbare Zeiten nach den §§ 14 und 15, Beschäftigungszeiten nach § 16 und sonstige Zeiten nach den §§ 17 und 20, die die Beamtin oder der Beamte vor dem 3. Oktober 1990 in dem in Artikel 3 des Einigungsvertrages genannten Gebiet zurückgelegt hat, werden nicht als ruhegehaltfähige Dienstzeit berücksichtigt, sofern die allgemeine Wartezeit für die gesetzliche Rentenversicherung erfüllt ist und diese Zeiten als rentenrechtliche Zeiten berücksichtigungsfähig sind. Ausbildungszeiten im Sinne des § 18 sind nicht ruhegehaltfähig, soweit die allgemeine Wartezeit für die gesetzliche Rentenversicherung erfüllt ist. Rentenrechtliche Zeiten sind auch solche im Sinne des Artikels 2 des Renten-Überleitungsgesetzes vom 25. Juli 1991 (BGBl. I S. 1606) in der jeweils geltenden Fassung.

(2) Sofern die allgemeine Wartezeit für die gesetzliche Rentenversicherung nicht erfüllt ist, können die in Absatz 1 genannten Zeiten im Rahmen der dort genannten Vorschriften insgesamt höchstens bis zu fünf Jahren als ruhegehaltfähig berücksichtigt werden.

§ 20 Wissenschaftliche Qualifikationszeiten

Für Professorinnen und Professoren ist die Zeit der hauptberuflichen Angehörigkeit zum Lehrkörper einer Hochschule nach der Habilitation, der Erbringung gleichwertiger wissenschaftlicher Leistungen oder einer Juniorprofessur ruhegehaltfähig. Als ruhegehaltfähig gilt auch die zur Vorbereitung für die Promotion benötigte Zeit bis zu zwei Jahren. Zeiten für die Erbringung der Habilitationsleistungen, sonstiger gleichwertiger wissenschaftlicher Leistungen oder einer Juniorprofessur, die in einem privatrechtlichen Dienstverhältnis verbracht wird, können bis zu drei Jahre berücksichtigt werden, es sei denn, die Habilitationsordnung schreibt eine andere Mindestzeit vor. Die nach erfolgreichem Abschluss eines Hochschulstudiums vor der Ernennung zur Professorin oder zum Professor liegende Zeit einer hauptberuflichen Tätigkeit nach § 49 Abs. 1 Nr. 4 Buchst. b des Hochschulgesetzes (HochSchG) kann als ruhegehaltfähig berücksichtigt werden, soweit sie als Mindestvoraussetzung für die Einstellung gefordert wird; im Übrigen kann eine nach erfolgreichem Abschluss eines Hochschulstudiums vor der Ernennung liegende Zeit einer hauptberuflichen Tätigkeit, in der besondere Fachkenntnisse erworben wurden, die für die Wahrnehmung des Amtes förderlich sind, bis zu fünf Jahren in vollem Umfang, darüber hinaus bis zur Hälfte als ruhegehaltfähig berücksichtigt werden. Zeiten nach Satz 4 dürfen in der Regel insgesamt nicht über zehn Jahre hinaus als ruhegehaltfähig berücksichtigt werden.

§ 21 Zurechnungszeit

(1) Ist die Beamtin oder der Beamte vor Vollendung des 60. Lebensjahres wegen Dienstunfähigkeit in den Ruhestand versetzt worden, wird die Zeit von der Versetzung in den Ruhestand bis zum Ablauf des Monats der Vollendung des 60. Lebensjahres für die Berechnung des Ruhegehalts der ruhegehaltfähigen Dienstzeit zu zwei Dritteln hinzugerechnet, soweit sie nicht nach anderen Vorschriften als ruhegehaltfähig berücksichtigt wird (Zurechnungszeit). Ist die Beamtin oder der Beamte nach § 29 BeamtStG erneut in das Beamtenverhältnis berufen worden, so wird eine der Berechnung des früheren Ruhegehalts zugrunde gelegene Zurechnungszeit insoweit berücksichtigt, als die Zahl der dem neuen Ruhegehalt zugrunde liegenden Dienstjahre hinter der Zahl der dem früheren Ruhegehalt zugrunde gelegenen Dienstjahre zurückbleibt.

(2) Die Zeit der Verwendung einer Beamtin oder eines Beamten in Ländern, in denen sie oder er gesundheitsschädigenden klimatischen Einflüssen ausgesetzt war, kann bis zum Doppelten als ruhegehaltfähige Dienstzeit berücksichtigt werden, wenn sie ununterbrochen mindestens ein Jahr gedauert hat. Entsprechendes gilt für Beurlaubungen, wenn die Tätigkeit in den in Satz 1 genannten Gebieten öffentlichen Belangen oder dienstlichen Interessen diente und dies spätestens bei Beendigung des Urlaubs anerkannt worden ist.

(3) Sind sowohl die Voraussetzungen des Absatzes 1 als auch die des Absatzes 2 erfüllt, findet nur die günstigere Vorschrift Anwendung.

IV

§ 22 Allgemeine Bestimmungen zur Berücksichtigung von Dienstzeiten

(1) Zeiten einer Teilzeitbeschäftigung und einer eingeschränkten Verwendung wegen begrenzter Dienstfähigkeit sind nur zu dem Teil ruhegehaltfähig, der dem Verhältnis der ermäßigten zur regelmäßigen Arbeitszeit entspricht.

(2) Zeiten im Sinne der §§ 14 bis 17 und 19 werden nur berücksichtigt, wenn sie vor der Berufung in das Beamtenverhältnis zurückgelegt wurden.

(3) Hauptberuflich ist eine Tätigkeit, wenn sie gegen Entgelt erbracht wird, den Schwerpunkt der beruflichen Tätigkeit darstellt, dem durch Ausbildung und Berufswahl geprägten Berufsbild entspricht und deren Beschäftigungsumfang im gleichen Zeitraum im Beamtenverhältnis zulässig gewesen wäre.

(4) Im Rahmen der Ermessensausübung nach den §§ 17, 18 und 20 Satz 3 bis 5 ist zu berücksichtigen, dass die Gesamtversorgung aus den dort genannten Tätigkeiten hervorgehenden Versorgungsleistungen und den nach diesem Gesetz zu leistenden Versorgungsbezügen die Höchstgrenze nach § 75 Abs. 2 nicht übersteigen soll.

§ 23 Nicht zu berücksichtigende Zeiten

Zeiten, die nach § 31 LBesG nicht berücksichtigt werden, sind nicht ruhegehaltfähig.

§ 24 Höhe des Ruhegehalts

(1) Das Ruhegehalt beträgt für jedes Jahr ruhegehaltfähiger Dienstzeit 1,79375 v. H. der

ruhegehaltfähigen Dienstbezüge (§ 12), insgesamt jedoch höchstens 71,75 v. H. Der Ruhegehaltssatz ist auf zwei Dezimalstellen auszurechnen. Dabei ist die zweite Dezimalstelle um eins zu erhöhen, wenn in der dritten Stelle eine der Ziffern fünf bis neun verbleiben würde. Zur Ermittlung der gesamten ruhegehaltfähigen Dienstjahre sind etwa anfallende Tage unter Benutzung des Nenners 365 umzurechnen; die Sätze 2 und 3 gelten entsprechend.

(2) Das Ruhegehalt vermindert sich um 3,6 v. H. für jedes Jahr, um das die Beamtin oder der Beamte

1. vor Ablauf des Monats, in dem die jeweils geltende gesetzliche Altersgrenze erreicht wird, nach § 39 Abs. 1 des Landesbeamtengesetzes (LBG) in den Ruhestand versetzt wird,
2. vor Ablauf des Monats, in dem das 65. Lebensjahr vollendet wird, nach § 39 Abs. 2 und 3 LBG in den Ruhestand versetzt wird,
3. vor Ablauf des Monats, in dem das 65. Lebensjahr vollendet wird, wegen Dienstunfähigkeit, die nicht auf einem Dienstunfall beruht, in den Ruhestand versetzt wird;

die Minderung des Ruhegehalts darf 10,8 v. H. in den Fällen des Halbsatzes 1 Nr. 3 und 14,4 v. H. in den Fällen des Halbsatzes 1 Nr. 1 und 2 nicht übersteigen. Absatz 1 Satz 2 bis 4 gilt entsprechend. Gilt für die Beamtin oder den Beamten eine vor der Vollendung des 65. Lebensjahres liegende Altersgrenze, tritt sie in den Fällen des Satzes 1 Halbsatz 1 Nr. 2 und 3 an die Stelle des 65. Lebensjahres. Gilt für die Beamtin oder den Beamten eine nach Vollendung des 67. Lebensjahres liegende Altersgrenze, wird in den Fällen des Satzes 1 Halbsatz 1 Nr. 1 nur die Zeit bis zum Ablauf des Monats berücksichtigt, in dem die Beamtin oder der Beamte das 67. Lebensjahr vollendet. In den Fällen des Satzes 1 Halbsatz 1 Nr. 1 ist das Ruhegehalt nicht zu vermindern, wenn die Beamtin oder der Beamte zum Zeitpunkt der Versetzung in den Ruhestand das 65. Lebensjahr vollendet und mindestens 45 Jahre mit ruhegehaltfähigen Dienstzeiten nach den §§ 13 bis 16 und nach § 25 Abs. 2 Satz 1 berücksichtigungsfähigen Pflichtbeitragszeiten, soweit sie nicht im Zusammenhang mit Arbeitslosigkeit stehen, und Zeiten nach § 68 sowie Zeiten einer der Beamtin oder dem Beamten zuzuordnenden Erziehung eines Kindes bis zu dessen vollendetem zehnten Lebensjahr zurückgelegt hat; Zeiten einer Teilzeitbeschäftigung werden in vollem Umfang berücksichtigt. In den Fällen des Satzes 1 Halbsatz 1 Nr. 3 ist das Ruhegehalt nicht zu vermindern, wenn die Beamtin oder der Beamte zum Zeitpunkt der Versetzung in den Ruhestand das 63. Lebensjahr vollendet und mindestens 40 Jahre mit ruhegehaltfähigen Dienstzeiten nach den §§ 13 bis 16 und nach § 25 Abs. 2 Satz 1 berücksichtigungsfähigen Pflichtbeitragszeiten, soweit sie nicht im Zusammenhang mit Arbeitslosigkeit stehen, und Zeiten nach § 68 sowie Zeiten einer der Beamtin oder dem Beamten zuzuordnenden Erziehung eines Kindes bis zu dessen vollendeten zehnten Lebensjahr zurückgelegt hat; Zeiten einer Teilzeitbeschäftigung werden in vollem Umfang berücksichtigt. Soweit sich bei der Berechnung nach den Sätzen 5 und 6 Zeiten überschneiden, sind diese nur einmal zu berücksichtigen.

(3) Das Ruhegehalt beträgt mindestens 35 v. H. der ruhegehaltfähigen Dienstbezüge (§ 12). An die Stelle des Ruhegehalts nach Satz 1 treten, wenn dies günstiger ist, 60,6 v. H. aus der Endstufe der Besoldungsgruppe A 5. Die Mindestversorgung nach Satz 2 erhöht sich um 31,96 Euro für die Ruhestandsbeamtin oder den Ruhestandsbeamten und die Witwe oder den Witwer; der Erhöhungsbetrag bleibt bei einer Kürzung nach § 37 außer Betracht. Die Sätze 1 bis 3 sind nicht anzuwenden, wenn die Beamtin oder der Beamte eine ruhegehaltfähige Dienstzeit nach den §§ 13 bis 16 und 20 Satz 1 und 2 von weniger als fünf Jahren zurückgelegt hat. Satz 4 gilt nicht bei Versetzung in den Ruhestand wegen Dienstbeschädigung.

(4) Übersteigt beim Zusammentreffen von Mindestversorgung nach Absatz 3 mit einer

Rente nach Anwendung des § 75 die Versorgung das nach den Absätzen 1 und 2 erdiente Ruhegehalt, so ruht die Versorgung bis zur Höhe des Unterschieds zwischen dem erdienten Ruhegehalt und der Mindestversorgung; in den von § 90 erfassten Fällen gilt das nach dieser Vorschrift maßgebliche Ruhegehalt als erdient. Der Unterschiedsbetrag nach § 64 Abs. 2 bleibt bei der Berechnung außer Betracht. Die Summe aus Versorgung und Rente darf nicht hinter dem Betrag der Mindestversorgung zuzüglich des Unterschiedsbetrags nach § 64 Abs. 2 zurückbleiben. Zahlbar bleibt mindestens das erdiente Ruhegehalt zuzüglich des Unterschiedsbetrags nach § 64 Abs. 2. Die Sätze 1 bis 4 gelten entsprechend für Witwen, Witwer und Waisen.

(5) Bei in den einstweiligen Ruhestand versetzten Beamtinnen und Beamten beträgt das Ruhegehalt für die Dauer der Zeit, die die Beamtin oder der Beamte das Amt, aus dem sie oder er in den einstweiligen Ruhestand versetzt worden ist, innehatte, mindestens für die Dauer von sechs Monaten, längstens für die Dauer von drei Jahren, 71,75 v. H. der ruhegehaltfähigen Dienstbezüge aus der Endstufe der Besoldungsgruppe, in der sich die Beamtin oder der Beamte zur Zeit der Versetzung in den einstweiligen Ruhestand befunden hat. Das erhöhte Ruhegehalt nach Satz 1 darf die Dienstbezüge, die der Beamtin oder dem Beamten in diesem Zeitpunkt zustanden, nicht übersteigen; das nach sonstigen Vorschriften ermittelte Ruhegehalt darf nicht unterschritten werden.

§ 25 Vorübergehende Erhöhung des Ruhegehaltssatzes

(1) Der nach § 24 Abs. 1, § 45 Abs. 3, § 83 oder § 90 Abs. 3 bis 5 berechnete Ruhegehaltssatz erhöht sich vorübergehend, wenn die Beamtin oder der Beamte vor Erreichen der Regelaltersgrenze nach § 37 Abs. 1 Satz 1 und Abs. 3 LBG in den Ruhestand getreten oder versetzt worden ist und

1. bis zum Beginn des Ruhestandes die Wartezeit von 60 Kalendermonaten für eine Rente der gesetzlichen Rentenversicherung erfüllt war,
2. die Beamtin oder der Beamte
   a) wegen Dienstunfähigkeit im Sinne des § 26 BeamtStG in den Ruhestand versetzt wurde oder
   b) wegen Erreichens einer besonderen Altersgrenze in den Ruhestand getreten ist und
3. ein Ruhegehaltssatz von 66,97 v. H. noch nicht erreicht war.

(2) Die Erhöhung des Ruhegehalts beträgt 0,95667 v. H. der ruhegehaltfähigen Dienstbezüge für je zwölf Kalendermonate der für die Erfüllung der Wartezeit (Absatz 1 Nr. 1) anrechnungsfähigen Pflichtbeitragszeiten, soweit sie nicht von § 69 Abs. 1 erfasst werden und nicht als ruhegehaltfähig berücksichtigt sind; § 22 Abs. 2 gilt entsprechend. Der hiernach berechnete Ruhegehaltssatz darf 66,97 v. H. nicht überschreiten. In den Fällen des § 24 Abs. 2 ist das Ruhegehalt, das sich nach Anwendung der Sätze 1 und 2 ergibt, entsprechend zu vermindern. Für die Berechnung nach Satz 1 sind verbleibende Kalendermonate unter Benutzung des Nenners zwölf umzurechnen; § 24 Abs. 1 Satz 2 und 3 gilt entsprechend.

(3) Die Erhöhung fällt spätestens mit Ablauf des Monats weg, in dem die Ruhestandsbeamtin oder der Ruhestandsbeamte die Regelaltersgrenze nach § 37 Abs. 1 Satz 1 und Abs. 3 LBG erreicht. Sie endet vorher, wenn

1. eine Versichertenrente der gesetzlichen Rentenversicherung bezogen wird, mit Ablauf des Tages vor dem Beginn der Rente, oder
2. in den Fällen des Absatzes 1 Nr. 2 Buchst. a keine Dienstunfähigkeit mehr vorliegt, mit Ablauf des Monats, in dem ihr oder ihm der Wegfall der Erhöhung mitgeteilt wird.

§ 41 Abs. 3 gilt entsprechend.

(4) Die Erhöhung des Ruhegehaltssatzes wird auf Antrag vorgenommen. Anträge, die innerhalb von drei Monaten nach Eintritt oder Versetzung in den Ruhestand gestellt werden, gelten als zum Zeitpunkt des Ruhestandseintritts oder der Ruhestandsversetzung gestellt. Wird der Antrag zu einem spä-

IV

teren Zeitpunkt gestellt, so tritt die Erhöhung vom Beginn des Antragsmonats an ein.

§ 26 Unterhaltsbeitrag für entlassene Beamtinnen und Beamte

Einer Beamtin oder einem Beamten auf Lebenszeit oder einer Beamtin oder einem Beamten auf Probe, die oder der vor Ableistung einer Dienstzeit von fünf Jahren wegen Erreichens der Altersgrenze nach § 22 Abs. 1 Nr. 2 BeamtStG entlassen ist oder wegen Dienstunfähigkeit nach § 23 Abs. 1 Satz 1 Nr. 3 BeamtStG zu entlassen ist, kann ein Unterhaltsbeitrag bis zur Höhe des Ruhegehalts bewilligt werden.

IV

Abschnitt 2
Hinterbliebenenversorgung

§ 27 Allgemeines

Die Hinterbliebenenversorgung umfasst

1. Bezüge für den Sterbemonat (§ 28),
2. Sterbegeld (§ 29),
3. Witwen- oder Witwergeld (§ 31),
4. Witwen- oder Witwerabfindung (§ 33),
5. Waisengeld (§ 35),
6. Unterhaltsbeiträge (§§ 34, 35 Abs. 2 Satz 2 und § 38).

§ 28 Bezüge für den Sterbemonat

(1) Die Bezüge einschließlich Aufwandsentschädigungen für den Sterbemonat werden nicht zurückgefordert.

(2) Die noch nicht gezahlten Teile der Bezüge für den Sterbemonat können statt an die Erben auch an die überlebende Ehegattin oder den überlebenden Ehegatten und die Abkömmlinge gezahlt werden.

§ 29 Sterbegeld

(1) Sterbegeld wird bezahlt beim Tod einer Beamtin oder eines Beamten, einer Ruhestandsbeamtin oder eines Ruhestandsbeamten sowie einer entlassenen Beamtin oder eines entlassenen Beamten, die oder der im Sterbemonat einen Unterhaltsbeitrag erhalten hat. Anspruch auf Sterbegeld haben

1. die überlebende Ehegattin oder der überlebende Ehegatte,
2. die Abkömmlinge der oder des Verstorbenen,
3. auf Antrag
   a) die Verwandten der aufsteigenden Linie,
   b) Geschwister,
   c) Geschwisterkinder oder
   d) Stiefkinder,

   wenn sie zur Zeit des Todes mit der oder dem Verstorbenen in häuslicher Gemeinschaft gelebt haben.

Bei Vorliegen eines wichtigen Grundes kann von dieser Rangfolge abgewichen oder das Sterbegeld aufgeteilt werden.

(2) Das Sterbegeld ist in Höhe des Zweifachen der Dienstbezüge oder der Anwärterbezüge der oder des Verstorbenen im Sterbemonat, ausschließlich der Auslandskinderzuschläge, des Auslandsverwendungszuschlags und der Vergütungen im Sinne des Landesbesoldungsgesetzes, in einer Summe zu zahlen; § 12 Abs. 1 Satz 2 gilt entsprechend. Satz 1 gilt entsprechend beim Tode einer Ruhestandsbeamtin oder eines Ruhestandsbeamten sowie einer entlassenen Beamtin oder eines entlassenen Beamten, die oder der im Sterbemonat einen Unterhaltsbeitrag erhalten hat; an die Stelle der Dienstbezüge tritt das Ruhegehalt oder der Unterhaltsbeitrag zuzüglich dem Unterschiedsbetrag nach § 64 Abs. 2. Sterbegeld aus anderen Beschäftigungsverhältnissen kann angerechnet werden.

(3) Sind Anspruchsberechtigte nach Absatz 1 Satz 2 nicht vorhanden, ist sonstigen Personen, die die Kosten der letzten Krankheit oder der Bestattung getragen haben, auf Antrag Kostensterbegeld zu gewähren. Es wird bis zur Höhe ihrer Aufwendungen, höchstens jedoch in Höhe des Sterbegeldes nach Absatz 2 gewährt.

(4) Stirbt eine Empfängerin oder ein Empfänger von Witwen- oder Witwergeld, so erhalten die Kinder der in Absatz 1 Satz 1 genannten Personen Sterbegeld, wenn sie berechtigt sind, Waisengeld oder einen Unter-

haltsbeitrag zu beziehen und zur Zeit des Todes zur häuslichen Gemeinschaft der oder des Verstorbenen gehört haben. Das Sterbegeld beträgt das Zweifache des Witwen- oder Witwergeldes. Dies gilt entsprechend, wenn an Stelle des Witwen- oder Witwergeldes Unterhaltsbeitrag bezogen wird. Absatz 2 Satz 3 gilt entsprechend.

§ 30 Versorgungsurheber

Versorgungsurheber für die in den §§ 31 bis 35 und 38 geregelten Ansprüche sind, soweit nichts anderes bestimmt ist, verstorbene

1. Beamtinnen und Beamte auf Lebenszeit, die die Voraussetzungen des § 11 Abs. 1 erfüllt haben,
2. Ruhestandsbeamtinnen und Ruhestandsbeamte sowie
3. Beamtinnen und Beamte auf Probe, die an den Folgen einer Dienstbeschädigung (§ 28 Abs. 1 BeamtStG) verstorben sind oder denen die Entscheidung über die Versetzung in den Ruhestand wegen Dienstunfähigkeit (§ 28 Abs. 2 BeamtStG) zugestellt war.

§ 31 Witwen- oder Witwergeld

(1) Witwen und Witwer eines Versorgungsurhebers erhalten Witwen- oder Witwergeld.

(2) Kein Anspruch besteht, wenn

1. die Ehe weniger als ein Jahr gedauert hat, es sei denn, nach den besonderen Umständen des Falles ist die Annahme nicht gerechtfertigt, dass es der alleinige oder überwiegende Zweck der Eheschließung war, der Witwe oder dem Witwer eine Versorgung zu verschaffen oder
2. der Versorgungsurheber sich zum Zeitpunkt der Eheschließung bereits im Ruhestand befand und die Regelaltersgrenze nach § 37 Abs. 1 Satz 1 und Abs. 3 LBG erreicht hatte.

§ 32 Höhe des Witwen- oder Witwergeldes

(1) Das Witwen- oder Witwergeld beträgt 55 v. H. des Ruhegehalts, das der Versorgungsurheber erhalten hat oder hätte erhalten können, wenn er am Todestag in den Ruhestand getreten wäre. Das Witwen- oder Witwergeld beträgt nach Anwendung des § 67 mindestens 60 v. H. des Ruhegehalts nach 24 Abs. 3 Satz 2; § 24 Abs. 3 Satz 3 ist anzuwenden. § 24 Abs. 5 sowie die §§ 25 und 69 finden keine Anwendung. Änderungen des Mindestruhegehalts (§ 24 Abs. 3) sind zu berücksichtigen.

(2) War die Witwe oder der Witwer mehr als zwanzig Jahre jünger als der Versorgungsurheber und ist aus der Ehe ein Kind nicht hervorgegangen, so wird das Witwen- oder Witwergeld (Absatz 1) für jedes angefangene Jahr des Altersunterschiedes über zwanzig Jahre um 5 v. H. gekürzt, jedoch höchstens um 50 v. H. Nach fünfjähriger Dauer der Ehe werden für jedes angefangene Jahr ihrer weiteren Dauer dem gekürzten Betrag 5 v. H. des Witwen- oder Witwergeldes hinzugesetzt, bis der volle Betrag wieder erreicht ist. Das nach Satz 1 errechnete Witwen- oder Witwergeld darf nicht hinter dem Mindestwitwen- oder Mindestwitwergeld (Absatz 1 in Verbindung mit § 24 Abs. 3) zurückbleiben.

(3) Von dem nach Absatz 2 gekürzten Witwen- oder Witwergeld ist auch bei der Anwendung des § 37 auszugehen.

§ 33 Witwen- oder Witwerabfindung

(1) Eine Witwe oder ein Witwer mit Anspruch auf Witwen- oder Witwergeld oder auf einen Unterhaltsbeitrag erhält im Falle einer erneuten Eheschließung eine Witwen- oder Witwerabfindung.

(2) Die Witwen- oder Witwerabfindung beträgt das Vierundzwanzigfache des für den Monat, in dem die Witwe oder der Witwer wieder heiratet, nach Anwendung der Ruhens-, Kürzungs- und Anrechnungsvorschriften zu zahlenden Betrags des Witwen- oder Witwergeldes oder des Unterhaltsbeitrages; eine Kürzung nach § 37 und die Anwendung von den §§ 73 und 74 Abs. 1 Satz 1 Nr. 3 bleiben jedoch außer Betracht. Die Abfindung ist in einer Summe zu zahlen.

(3) Lebt der Anspruch auf Witwen- oder Witwergeld oder auf Unterhaltsbeitrag nach § 40 Abs. 3 wieder auf, so ist die Witwen- oder Witwerabfindung, soweit sie für eine Zeit

berechnet ist, die nach dem Wiederaufleben des Anspruchs auf Witwen- oder Witwergeld oder Unterhaltsbeitrag liegt, in angemessenen monatlichen Teilbeträgen einzubehalten.

§ 34 Unterhaltsbeitrag für nicht witwen- oder witwergeldberechtigte Witwen oder Witwer

In den Fällen des § 31 Abs. 2 Nr. 2 ist ein angemessener Unterhaltsbeitrag bis zur Höhe des Witwen- oder Witwergeldes zu gewähren. Erwerbseinkommen und Erwerbsersatzeinkommen sind in angemessenem Umfang anzurechnen. Wird ein Erwerbsersatzeinkommen nicht beantragt oder wird auf ein Erwerbs- oder Erwerbsersatzeinkommen verzichtet oder wird an deren Stelle eine Kapitalleistung, Abfindung oder Beitragserstattung gezahlt, ist der Betrag zu berücksichtigen, der ansonsten zu zahlen wäre.

IV

§ 35 Waisengeld

(1) Die Kinder eines Versorgungsurhebers erhalten Waisengeld.

(2) Kein Waisengeld erhalten die Kinder eines Versorgungsurhebers, wenn das Kindschaftsverhältnis durch Annahme als Kind begründet wurde und der Versorgungsurheber in diesem Zeitpunkt bereits im Ruhestand war und die Regelaltersgrenze nach § 37 Abs. 1 Satz 1 und Abs. 3 LBG erreicht hatte. Es kann ihnen jedoch ein Unterhaltsbeitrag bis zur Höhe des Waisengeldes bewilligt werden.

§ 36 Höhe des Waisengeldes

(1) Das Waisengeld beträgt für die Halbwaise 12 v. H. und für die Vollwaise 20 v. H. des Ruhegehalts, das der Versorgungsurheber erhalten hat oder hätte erhalten können, wenn er am Todestag in den Ruhestand getreten wäre. § 24 Abs. 5 sowie die §§ 25 und 69 finden keine Anwendung. Änderungen des Mindestruhegehalts (§ 24 Abs. 3) sind zu berücksichtigen.

(2) Wenn der überlebende Elternteil nicht zum Bezug von Witwen- oder Witwergeld berechtigt ist und auch keinen Unterhaltsbeitrag in Höhe des Witwen- oder Witwergeldes erhält, wird das Waisengeld nach dem Satz für Vollwaisen gezahlt; es darf zuzüglich des Unterhaltsbeitrags den Betrag des Witwen- oder Witwergeldes und des Waisengeldes nach dem Satz für Halbwaisen nicht übersteigen.

(3) Ergeben sich für eine Waise Waisengeldansprüche aus Beamtenverhältnissen mehrerer Personen, wird nur das höchste Waisengeld gezahlt.

§ 37 Zusammentreffen von Witwen- oder Witwergeld, Waisengeld und Unterhaltsbeiträgen

(1) Witwen- oder Witwergeld, Waisengeld und Unterhaltsbeiträge nach § 34 oder § 93 dürfen weder einzeln noch zusammen den Betrag des ihrer Berechnung zugrunde zu legenden Ruhegehalts übersteigen. Ergibt sich zusammen ein höherer Betrag, so werden die einzelnen Bezüge im gleichen Verhältnis gekürzt.

(2) Nach dem Ausscheiden einer oder eines Witwengeld- oder Witwergeld-, Waisengeld- oder Unterhaltsbeitragsberechtigten erhöht sich das Witwen- oder Witwergeld, Waisengeld oder der Unterhaltsbeitrag der oder des verbleibenden Berechtigten vom Beginn des folgenden Monats an insoweit, als sie oder er nach Absatz 1 noch nicht den vollen Betrag nach § 32, § 34 oder § 36 erhalten.

(3) Unterhaltsbeiträge nach § 35 Abs. 2 Satz 2 dürfen nur insoweit bewilligt werden, als sie allein oder zusammen mit gesetzlichen Hinterbliebenenbezügen die in Absatz 1 Satz 1 bezeichnete Höchstgrenze nicht übersteigen.

§ 38 Unterhaltsbeitrag für Hinterbliebene von Beamtinnen und Beamten auf Lebenszeit und auf Probe

Der Witwe oder dem Witwer und den Kindern einer Beamtin oder eines Beamten, der oder dem nach § 26 ein Unterhaltsbeitrag bewilligt worden war oder hätte bewilligt werden können, kann die in den §§ 31, 32 und 34 bis 37 vorgesehene Versorgung bis zu der dort bezeichneten Höhe als Unterhaltsbeitrag bewilligt werden. § 33 gilt entsprechend.

§ 39 Beginn der Zahlungen

Zahlungen aufgrund von Ansprüchen nach diesem Abschnitt (Hinterbliebenenversorgung) beginnen mit dem Ersten des Monats, in dem die gesetzlichen Voraussetzungen erfüllt sind, frühestens jedoch mit dem Ablauf des Sterbemonats. Kinder, die nach diesem Zeitpunkt geboren werden, erhalten Waisengeld oder einen Unterhaltsbeitrag nach § 38 vom Beginn des Geburtsmonats an.

§ 40 Erlöschen der Hinterbliebenenversorgung

(1) Der Anspruch auf Hinterbliebenenversorgung erlischt

1. für jede Berechtigte und jeden Berechtigten mit dem Ende des Monats, in dem sie oder er stirbt,
2. für jede Witwe und jeden Witwer außerdem mit dem Ende des Monats, in dem sie oder er heiratet,
3. für jede Waise außerdem mit dem Ende des Monats, in dem sie das 18. Lebensjahr vollendet,
4. für jede Berechtigte und jeden Berechtigten, die oder der durch ein deutsches Gericht im Geltungsbereich des Grundgesetzes im ordentlichen Strafverfahren wegen eines Verbrechens zu einer Freiheitsstrafe von mindestens zwei Jahren oder wegen einer vorsätzlichen Tat, die nach den Vorschriften über Friedensverrat, Hochverrat, Gefährdung des demokratischen Rechtsstaates oder Landesverrat und Gefährdung der äußeren Sicherheit strafbar ist, zu einer Freiheitsstrafe von mindestens sechs Monaten verurteilt worden ist, mit der Rechtskraft des Urteils.

Entsprechendes gilt, wenn die oder der Berechtigte aufgrund einer Entscheidung des Bundesverfassungsgerichts gemäß Artikel 18 des Grundgesetzes ein Grundrecht verwirkt hat. In den Fällen des Satzes 1 Nr. 4 und des Satzes 2 gilt § 51 sinngemäß. Die §§ 35 und 36 LBG finden entsprechende Anwendung.

(2) Das Waisengeld wird nach Vollendung des 18. Lebensjahres auf Antrag gewährt, solange die in § 32 Abs. 4 Satz 1 Nr. 2 Buchst. a, b und d, Nr. 3 und Abs. 5 Satz 1 und 2 des Einkommensteuergesetzes (EStG) in der bis zum 31. Dezember 2006 geltenden Fassung genannten Voraussetzungen gegeben sind. Im Falle einer körperlichen, geistigen oder seelischen Behinderung im Sinne des § 32 Abs. 4 Satz 1 Nr. 3 EStG in der bis zum 31. Dezember 2006 geltenden Fassung wird das Waisengeld ungeachtet der Höhe eines eigenen Einkommens dem Grunde nach gewährt; soweit ein eigenes Einkommen der Waise das Zweifache des Mindestvollwaisengeldes (§ 24 Abs. 3 Satz 2 in Verbindung mit § 36 Abs. 1) übersteigt, wird es zur Hälfte auf das Waisengeld zuzüglich des Unterschiedsbetrags (§ 64 Abs. 2) angerechnet. Das Waisengeld nach Satz 2 wird über das 27. Lebensjahr hinaus nur gewährt, wenn

1. die Behinderung bei Vollendung des 27. Lebensjahres bestanden hat oder bis zu dem sich nach § 32 Abs. 5 EStG in der bis zum 31. Dezember 2006 geltenden Fassung ergebenden Zeitpunkt eingetreten ist, wenn die Waise sich in verzögerter Schul- oder Berufsausbildung befunden hat, und
2. die Waise ledig oder verwitwet ist oder ihre Ehegattin oder ihr Ehegatte oder frühere Ehegattin oder früherer Ehegatte ihr keinen ausreichenden Unterhalt leisten kann oder dem Grunde nach nicht unterhaltspflichtig ist und sie nicht unterhält.

Das Waisengeld wird nach Vollendung des 18. Lebensjahres auf Antrag auch dann gewährt, wenn die Waise vor Ablauf des Monats, in dem sie das 27. Lebensjahr vollendet, entweder den Bundesfreiwilligendienst nach dem Bundesfreiwilligendienstgesetz leistet oder sich in einer Übergangszeit von höchstens vier Monaten zwischen einem Ausbildungsabschnitt und der Ableistung des Bundesfreiwilligendienstes nach dem Bundesfreiwilligendienstgesetz befindet.

(3) Hat eine Witwe oder ein Witwer wieder geheiratet und wird die Ehe aufgelöst, so lebt der Anspruch auf Witwen- oder Witwergeld und Unterhaltsbeitrag wieder auf. Ein von der Witwe oder dem Witwer infolge Auflösung der Ehe erworbener neuer Versorgungs-, Unterhalts- oder Rentenanspruch ist auf das Witwen- oder Witwergeld und den Unterschiedsbetrag nach § 64 Abs. 2 anzurechnen; wird eine derartige Leistung nicht beantragt

IV

oder wird auf sie verzichtet oder wird an ihrer Stelle eine Abfindung, Kapitalleistung oder Beitragserstattung gezahlt, ist der Betrag anzurechnen, der ansonsten zu zahlen wäre. Der Auflösung der Ehe steht die Nichtigerklärung gleich.

Abschnitt 3
Unfallfürsorge

§ 41 Allgemeines

(1) Wird eine Beamtin oder ein Beamter durch einen Dienstunfall verletzt, wird ihr, ihm, ihren oder seinen Hinterbliebenen Unfallfürsorge gewährt. Unfallfürsorge wird auch dem Kind einer Beamtin gewährt, das durch deren Dienstunfall während der Schwangerschaft unmittelbar geschädigt wurde. Satz 2 gilt auch, wenn die Schädigung durch besondere Einwirkungen verursacht worden ist, die generell geeignet sind, bei der Mutter einen Dienstunfall im Sinne des § 42 Abs. 3 zu verursachen.

(2) Die Unfallfürsorge umfasst

1. Heilverfahren (§ 43),
2. Unfallausgleich (§ 44),
3. Unfallruhegehalt oder Unterhaltsbeitrag (§§ 45 bis 47),
4. Unfall-Hinterbliebenenversorgung (§§ 49 bis 52),
5. einmalige Unfallentschädigung (§ 53),
6. Erstattung von Sachschäden und besonderen Aufwendungen (§ 54),
7. Leistungen bei Einsatzunfall (§§ 55 und 56).

Im Falle von Absatz 1 Satz 2 und 3 erhält das Kind der Beamtin als Unfallfürsorge Heilverfahren (§ 43), Unfallausgleich (§ 44) und Unterhaltsbeitrag (§ 48).

(3) Auf Verlangen der obersten Dienstbehörde oder der von ihr bestimmten Stelle haben sich die Beteiligten von einer von diesen benannten Person ärztlich oder psychologisch untersuchen oder beobachten zu lassen und die erforderlichen Auskünfte zu erteilen, soweit dies zur Entscheidung über die Gewährung von Unfallfürsorge erforderlich ist. Die oberste Dienstbehörde oder die von ihr bestimmte Stelle ist zur Weitergabe von Erkenntnissen und Beweismitteln an die mit der Begutachtung beauftragte Person berechtigt.

(4) Im Übrigen gelten die allgemeinen Regelungen dieses Gesetzes

§ 42 Dienstunfall

(1) Ein Dienstunfall ist ein auf äußerer Einwirkung beruhendes, plötzliches, örtlich und zeitlich bestimmbares, einen Körperschaden verursachendes Ereignis, das in Ausübung oder infolge des Dienstes eingetreten ist. Zum Dienst gehören auch

1. Dienstreisen und die dienstliche Tätigkeit am Bestimmungsort,
2. die Teilnahme an dienstlichen Veranstaltungen und
3. Nebentätigkeiten im öffentlichen Dienst oder ihm gleichstehenden Dienst, zu deren Übernahme die Beamtin oder der Beamte gemäß § 82 Abs. 1 LBG verpflichtet ist oder die auf Vorschlag oder Veranlassung des Dienstherrn übernommen werden.

(2) Als Dienst gilt auch das Zurücklegen des mit dem Dienst zusammenhängenden Weges zu und von der Dienststelle; hat die Beamtin oder der Beamte wegen der Entfernung der ständigen Familienwohnung vom Dienstort an diesem oder in dessen Nähe eine Unterkunft, so gilt Halbsatz 1 auch für den Weg zwischen der Familienwohnung und der Dienststelle. Der Zusammenhang mit dem Dienst gilt als nicht unterbrochen, wenn die Beamtin oder der Beamte

1. von dem unmittelbaren Weg zwischen der Wohnung und der Dienststelle in vertretbarem Umfang abweicht,
   a) um ihr oder sein dem Grunde nach kindergeldberechtigendes Kind, das mit ihr oder ihm in einem Haushalt lebt, wegen ihrer oder seiner beruflichen Tätigkeit oder der beruflichen Tätigkeit der Ehegattin oder des Ehegatten in fremde Obhut zu geben oder aus fremder Obhut abzuholen, oder
   b) weil sie oder er mit anderen berufstätigen oder in der gesetzlichen Unfallversicherung versicherten Personen ge-

meinsam ein Fahrzeug für den Weg zu und von der Dienststelle benutzt, oder
2. in ihrer oder seiner Wohnung Dienst leistet und Wege zurücklegt, um ein Kind im Sinne der Nummer 1 Buchst. a in fremde Obhut zu geben oder aus fremder Obhut abzuholen.

Ein Unfall, den die oder der Verletzte bei Durchführung des Heilverfahrens (§ 43) oder auf einem hierzu notwendigen Wege erleidet, gilt als Folge eines Dienstunfalles.

(3) Als Dienstunfall gilt auch die Erkrankung an einer der in den Anlagen zur Berufskrankheiten-Verordnung vom 31. Oktober 1997 (BGBl. I S. 2623) in der jeweils geltenden Fassung genannten Krankheiten, wenn die Beamtin oder der Beamte nach der Art ihrer oder seiner dienstlichen Verrichtung der Gefahr der Erkrankung besonders ausgesetzt war, es sei denn, dass die Beamtin oder der Beamte sich die Krankheit außerhalb des Dienstes zugezogen hat. Die Erkrankung an einer solchen Krankheit gilt jedoch stets als Dienstunfall, wenn sie durch gesundheitsschädigende Verhältnisse verursacht worden ist, denen die Beamtin oder der Beamte am Ort des dienstlich angeordneten Aufenthalts im Ausland besonders ausgesetzt war.

(4) Dem durch Dienstunfall verursachten Körperschaden ist ein Körperschaden gleichzusetzen, den eine Beamtin oder ein Beamter

1. außerhalb des Dienstes erleidet, wenn sie oder er im Hinblick auf pflichtgemäßes dienstliches Verhalten oder wegen ihrer oder seiner Eigenschaft als Beamtin oder Beamter angegriffen wird oder
2. im Ausland erleidet, wenn sie oder er bei Kriegshandlungen, Aufruhr oder Unruhen, denen sie oder er am Ort ihres oder seines dienstlich angeordneten Aufenthaltes im Ausland besonders ausgesetzt war, angegriffen wird.

(5) Unfallfürsorge wie bei einem Dienstunfall kann auch gewährt werden, wenn eine Beamtin oder ein Beamter, die oder der zur Wahrnehmung einer Tätigkeit, die öffentlichen Belangen oder dienstlichen Interessen dient, beurlaubt worden ist und in Ausübung oder infolge dieser Tätigkeit einen Körperschaden erleidet.

§ 43 Heilverfahren

(1) Der Anspruch einer oder eines durch Dienstunfall Verletzten auf ein Heilverfahren wird dadurch erfüllt, dass ihr oder ihm die angemessenen Kosten erstattet werden.

(2) Das Heilverfahren umfasst die notwendige

1. ärztliche Behandlung,
2. Versorgung mit Arznei-, Verband-, Heil- und Hilfsmitteln sowie ergänzende Leistungen,
3. Leistung bei Pflegebedürftigkeit,
4. Behandlung in Krankenhäusern und Rehabilitationseinrichtungen.

(3) Die oder der Verletzte ist verpflichtet, sich Maßnahmen des Heilverfahrens zu unterziehen, wenn sie nach einer von der obersten Dienstbehörde oder einer von ihr bestimmten Stelle eingeholten ärztlichen Stellungnahme zur Sicherung des Heilerfolgs notwendig sind. Dies gilt nicht, wenn die Maßnahmen mit erheblichen Gefahren für Leben und Gesundheit verbunden sind oder einen erheblichen Eingriff in die körperliche Unversehrtheit bedeuten.

(4) Verursachen die Folgen des Dienstunfalls außergewöhnliche Kosten für Kleider- und Wäscheverschleiß, so sind diese in angemessenem Umfang zu ersetzen.

(5) Ist die oder der Verletzte an den Folgen des Dienstunfalls verstorben, so können auch die Kosten für die Überführung und die Bestattung in angemessener Höhe erstattet werden. Auf den Erstattungsbetrag nach Satz 1 ist Sterbegeld nach § 29 Abs. 1 und 2 zu 40 v. H. seines Bruttobetrags und Kostensterbegeld nach § 29 Abs. 3 in voller Höhe anzurechnen. Satz 2 gilt nicht, wenn die Kosten der Überführung und Bestattung von einer Erbin oder einem Erben zu tragen sind, die oder der keinen Anspruch auf Sterbegeld hat.

(6) Das Nähere zu Umfang und Durchführung regelt das für das finanzielle öffentliche Dienstrecht zuständige Ministerium durch Rechtsverordnung.

IV

IV

§ 44 Unfallausgleich

(1) Ist die oder der Verletzte infolge des Dienstunfalls in der Erwerbsfähigkeit länger als sechs Monate um mindestens 25 v. H. beschränkt, so wird, solange dieser Zustand andauert, neben den Dienstbezügen, den Anwärterbezügen oder dem Ruhegehalt ein Unfallausgleich gewährt. Die Höhe des Unfallausgleichs ergibt sich aus Anlage 1. Ein Anspruch auf Unfallausgleich besteht auch während einer Beurlaubung ohne Dienstbezüge. Wird die Minderung der Erwerbsfähigkeit bei der Feststellung gestaffelt eingeschätzt, ist der Unfallausgleich in Höhe desjenigen Grades der Minderung der Erwerbsfähigkeit zu zahlen, der wenigstens sechs Monate Bestand hat.

(2) Die Minderung der Erwerbsfähigkeit ist nach der körperlichen Beeinträchtigung im allgemeinen Erwerbsleben zu beurteilen. Eine unfallunabhängige Minderung der Erwerbsfähigkeit bleibt außer Betracht. Beruht die frühere Erwerbsminderung auf einem Dienstunfall, kann ein einheitlicher Unfallausgleich festgesetzt werden. Für äußere Körperschäden können Mindestvomhundertsätze festgesetzt werden.

(3) Der Unfallausgleich wird neu festgestellt, wenn in den Verhältnissen, die für die Feststellung maßgebend gewesen sind, eine wesentliche Änderung eingetreten ist.

§ 45 Unfallruhegehalt

(1) Eine Beamtin oder ein Beamter, die oder der wegen dauernder Dienstunfähigkeit infolge eines Dienstunfalls in den Ruhestand versetzt wird, erhält Unfallruhegehalt. Abweichend von § 12 ist den ruhegehaltfähigen Dienstbezügen das Grundgehalt der Stufe zugrunde zu legen, das bei anforderungsgerechten Leistungen bis zum Eintritt in den Ruhestand wegen Erreichens der gesetzlichen Altersgrenze hätte erreicht werde können.

(2) Für die Berechnung des Unfallruhegehalts einer Beamtin oder eines Beamten, die oder der vor Vollendung des 60. Lebensjahres in den Ruhestand versetzt worden ist, wird der ruhegehaltfähigen Dienstzeit nur die Hälfte der Zurechnungszeit nach § 21 Abs. 1 Satz 1 hinzugerechnet; § 21 Abs. 3 gilt entsprechend.

(3) Der Ruhegehaltssatz nach § 24 Abs. 1 erhöht sich um 20 v. H. Er darf 66 2/3 v. H. nicht unterschreiten und den Höchstruhegehaltssatz nach § 24 Abs. 1 nicht überschreiten. Das Unfallruhegehalt beträgt mindestens 66,7 v. H. aus der Endstufe der Besoldungsgruppe A 5; § 24 Abs. 3 Satz 3 gilt entsprechend.

§ 46 Erhöhtes Unfallruhegehalt

(1) Erleidet eine Beamtin oder ein Beamter bei Ausübung einer Diensthandlung, mit der eine besondere Lebensgefahr verbunden ist, infolge dieser Gefährdung einen Dienstunfall, so sind bei der Bemessung des Unfallruhegehalts 80 v. H. der ruhegehaltfähigen Dienstbezüge aus der Endstufe der übernächsten Besoldungsgruppe zugrunde zu legen, wenn sie oder er infolge dieses Dienstunfalls dauernd dienstunfähig ist und bei Versetzung in den Ruhestand infolge des Dienstunfalls in der Erwerbsfähigkeit um mindestens 50 v. H. beschränkt ist. Satz 1 gilt mit der Maßgabe, dass sich für eine Beamtin oder einen Beamten mit der Zugangsvoraussetzung zum ersten Einstiegsamt nach § 15 Abs. 2 LBG die ruhegehaltfähigen Bezüge mindestens nach der Besoldungsgruppe A 6, für eine Beamtin oder einen Beamten mit der Zugangsvoraussetzung zum zweiten Einstiegsamt nach § 15 Abs. 3 LBG mindestens nach der Besoldungsgruppe A 9, für eine Beamtin oder einen Beamten mit der Zugangsvoraussetzung zum dritten Einstiegsamt nach § 15 Abs. 4 LBG mindestens nach der Besoldungsgruppe A 12 und für eine Beamtin oder einen Beamten mit der Zugangsvoraussetzung zum vierten Einstiegsamt nach § 15 Abs. 5 LBG mindestens nach der Besoldungsgruppe A 16 bemessen.

(2) Erhöhtes Unfallruhegehalt wird auch gewährt, wenn die Beamtin oder der Beamte

1. in Ausübung des Dienstes durch einen rechtswidrigen Angriff oder
2. außerhalb des Dienstes durch einen Angriff im Sinne des § 42 Abs. 4 einen Dienstunfall mit den in Absatz 1 genannten Folgen erleidet.

(3) Unfallruhegehalt nach Absatz 1 wird auch gewährt, wenn eine Beamtin oder ein Beamter einen Einsatzunfall oder ein diesem

gleichstehendes Ereignis im Sinne des § 55 erleidet und infolge des Einsatzunfalls oder des diesem gleichstehenden Ereignisses dienstunfähig geworden und in den Ruhestand getreten ist und im Zeitpunkt des diesem gleichstehenden Ereignisses in ihrer oder seiner Erwerbsfähigkeit um mindestens 50 v. H. beschränkt ist.

§ 47 Unterhaltsbeitrag für frühere Beamtinnen und Beamte sowie frühere Ruhestandsbeamtinnen und Ruhestandsbeamte

(1) Eine frühere Beamtin oder ein früherer Beamter, die oder der durch einen Dienstunfall verletzt wurde und deren oder dessen Beamtenverhältnis nicht durch Eintritt oder Versetzung in den Ruhestand geendet hat, erhält neben dem Heilverfahren (§ 43) für die Dauer einer durch den Dienstunfall verursachten Erwerbsbeschränkung einen Unterhaltsbeitrag.

(2) Der Unterhaltsbeitrag beträgt

1. bei völliger Erwerbsunfähigkeit 66 2/3 v. H. der ruhegehaltfähigen Dienstbezüge nach Absatz 4,
2. bei Minderung der Erwerbsfähigkeit um mindestens 25 v. H. den der Minderung entsprechenden Teil des Unterhaltsbeitrags nach Nummer 1.

Die Minderung der Erwerbsfähigkeit ist nach der körperlichen Beeinträchtigung im allgemeinen Erwerbsleben zu beurteilen.

(3) Im Falle des Absatzes 2 Satz 1 Nr. 2 kann der Unterhaltsbeitrag, solange die oder der Verletzte aus Anlass des Unfalls unverschuldet arbeitslos ist, bis auf den Betrag nach Absatz 2 Satz 1 Nr. 1 erhöht werden.

(4) Die ruhegehaltfähigen Dienstbezüge bestimmen sich nach § 12 Abs. 1. Bei einer früheren Beamtin oder einem früheren Beamten auf Widerruf im Vorbereitungsdienst sind die Dienstbezüge zugrunde zu legen, die sie oder er bei der Ernennung zur Beamtin oder zum Beamten auf Probe zuerst erhalten hätte; das Gleiche gilt bei einer früheren Polizeivollzugsbeamtin oder einem früheren Polizeivollzugsbeamten auf Widerruf mit Bezügen. Ist die Beamtin oder der Beamte wegen Dienstunfähigkeit infolge des Dienstunfalls entlassen worden, gilt § 45 Abs. 1 Satz 2 entsprechend.

(5) Ist die Beamtin oder der Beamte wegen Dienstunfähigkeit infolge des Dienstunfalls entlassen worden, darf der Unterhaltsbeitrag nach Absatz 2 Satz 1 Nr. 1 nicht hinter dem Mindestruhegehalt (§ 45 Abs. 3 Satz 3) zurückbleiben. Ist die Beamtin oder der Beamte wegen Dienstunfähigkeit infolge eines Dienstunfalls der in § 46 bezeichneten Art entlassen worden und war sie oder er im Zeitpunkt der Entlassung infolge des Dienstunfalls in ihrer oder seiner Erwerbsfähigkeit um mindestens 50 v. H. beschränkt, so treten an die Stelle des Mindestunfallruhegehalts 80 v. H. der ruhegehaltfähigen Dienstbezüge aus der Endstufe der Besoldungsgruppe, die sich bei sinngemäßer Anwendung des § 46 ergibt.

(6) § 44 Abs. 3 gilt entsprechend

(7) Die Absätze 1 bis 6 gelten entsprechend für durch Dienstunfall verletzte frühere Ruhestandsbeamtinnen und Ruhestandsbeamte, wenn diese die Rechte als Ruhestandsbeamtinnen oder Ruhestandsbeamte verloren haben oder das Ruhegehalt aberkannt worden ist.

§ 48 Unterhaltsbeitrag bei Schädigung eines ungeborenen Kindes

(1) Der Unterhaltsbeitrag wird im Falle des § 41 Abs. 1 Satz 2 und 3 für die Dauer der durch einen Dienstunfall der Mutter verursachten Minderung der Erwerbsfähigkeit gewährt

1. bei Verlust der Erwerbsfähigkeit in Höhe des Mindestunfallwaisengeldes nach § 49 Abs. 1 Satz 2 Nr. 2 in Verbindung mit § 45 Abs. 3 Satz 3,
2. bei Minderung der Erwerbsfähigkeit um mindestens 25 v. H. in Höhe eines der Minderung der Erwerbsfähigkeit entsprechenden Teils des Unterhaltsbeitrags nach Nummer 1.

(2) § 44 Abs. 2 Satz 1 und Abs. 3 gilt entsprechend. Bei Minderjährigen wird die Minderung der Erwerbsfähigkeit nach den Auswirkungen bemessen, die sich bei Erwachsenen mit gleichem Gesundheitsschaden erge-

IV

ben würden. Die Sorgeberechtigten sind verpflichtet, Untersuchungen zu ermöglichen.

(3) Der Unterhaltsbeitrag beträgt vor Vollendung des 14. Lebensjahres 30 v. H., vor Vollendung des 18. Lebensjahres 50 v. H. der Sätze nach Absatz 1.

(4) Der Anspruch auf Unterhaltsbeitrag ruht insoweit, als während einer Heimpflege von mehr als einem Kalendermonat Pflegekosten gemäß § 43 Abs. 2 Nr. 3 erstattet werden.

(5) Hat eine unterhaltsbeitragsberechtigte Person Anspruch auf Waisengeld nach beamtenrechtlichen Grundsätzen, wird nur der höhere Versorgungsbezug gezahlt.

§ 49 Unfallhinterbliebenenversorgung

(1) Ist eine Beamtin oder ein Beamter, die oder der Unfallruhegehalt erhalten hätte, oder eine Ruhestandsbeamtin oder ein Ruhestandsbeamter, die oder der Unfallruhegehalt bezog, an den Folgen des Dienstunfalls verstorben, so erhalten die Hinterbliebenen Unfallhinterbliebenenversorgung. Für diese gelten folgende besondere Vorschriften:

1. Das Witwen- oder Witwergeld beträgt 60 v. H. des Unfallruhegehalts (§§ 45 und 46).
2. Das Waisengeld beträgt für jedes waisengeldberechtigte Kind (§ 35) 30 v. H. des Unfallruhegehalts; es wird auch elternlosen Enkeln gewährt, deren Unterhalt zur Zeit des Dienstunfalls ganz oder überwiegend durch die Verstorbene oder den Verstorbenen bestritten wurde.

(2) Ist eine Ruhestandsbeamtin oder ein Ruhestandsbeamter, die oder der Unfallruhegehalt bezog, nicht an den Folgen des Dienstunfalls verstorben, so steht den Hinterbliebenen nur Versorgung nach Abschnitt 2 (§§ 27 bis 40) zu; diese Bezüge sind unter Zugrundelegung des Unfallruhegehalts zu berechnen.

§ 50 Unterhaltsbeitrag für Verwandte der aufsteigenden Linie

Verwandten der aufsteigenden Linie, deren Unterhalt zur Zeit des Dienstunfalls ganz oder überwiegend durch die Verstorbene oder den Verstorbenen (§ 49 Abs. 1) bestritten wurde, ist für die Dauer der Bedürftigkeit ein Unterhaltsbeitrag von zusammen 30 v. H. des Unfallruhegehalts zu gewähren, mindestens jedoch 40 v. H. des nach § 45 Abs. 3 Satz 3 errechneten Betrags. Sind mehrere Anspruchsberechtigte vorhanden, so wird der Unterhaltsbeitrag den Eltern vor den Großeltern gewährt; an die Stelle eines verstorbenen Elternteils treten dessen Eltern.

§ 51 Unterhaltsbeitrag für Hinterbliebene

(1) Ist in den Fällen des § 47 die frühere Beamtin oder der frühere Beamte oder die frühere Ruhestandsbeamtin oder der frühere Ruhestandsbeamte an den Folgen des Dienstunfalls verstorben, so erhalten ihre oder seine Hinterbliebenen einen Unterhaltsbeitrag in Höhe des Witwen- oder Witwergeldes und Waisengeldes, das sich nach den allgemeinen Vorschriften unter Zugrundelegung des Unterhaltsbeitrags nach § 47 Abs. 2 Satz 1 Nr. 1 ergibt.

(2) Ist die frühere Beamtin oder der frühere Beamte oder die frühere Ruhestandsbeamtin oder der frühere Ruhestandsbeamte nicht an den Folgen des Dienstunfalls verstorben, so kann ihren oder seinen Hinterbliebenen ein Unterhaltsbeitrag bis zur Höhe des Witwen- oder Witwergeldes und Waisengeldes bewilligt werden, das sich nach den allgemeinen Vorschriften unter Zugrundelegung des Unterhaltsbeitrags ergibt, den die oder der Verstorbene im Zeitpunkt ihres oder seines Todes bezogen hat.

(3) Für die Hinterbliebenen einer Beamtin oder eines Beamten, die oder der an den Unfallfolgen verstorben ist, gilt Absatz 1 entsprechend, wenn ihnen nicht Unfallhinterbliebenenversorgung nach § 49 zusteht.

(4) § 33 gilt entsprechend.

§ 52 Höchstgrenzen der Hinterbliebenenversorgung

Die Unfallversorgung der Hinterbliebenen (§§ 49 bis 51) darf insgesamt die Bezüge (Unfallruhegehalt oder Unterhaltsbeitrag) nicht übersteigen, die die oder der Verstorbene erhalten hat oder hätte erhalten können. Abweichend von Satz 1 sind in den Fällen des § 46 als Höchstgrenze mindestens die ruhegehaltfähigen Dienstbezüge aus der Endstufe der übernächsten anstelle der von der oder dem Verstorbenen tatsächlich erreichten Besoldungsgruppe zugrunde zu legen. § 37 ist entsprechend anzuwenden. Der Unfallausgleich (§ 44) sowie der Zuschlag bei Arbeitslosigkeit (§ 47 Abs. 3) bleiben sowohl bei der Berechnung des Unterhaltsbeitrags nach § 51 als auch bei der vergleichenden Berechnung nach § 37 außer Betracht.

§ 53 Einmalige Unfallentschädigung

(1) Eine Beamtin oder ein Beamter, die oder der einen Dienstunfall der in § 46 bezeichneten Art erleidet, erhält neben einer beamtenrechtlichen Versorgung bei Beendigung des Dienstverhältnisses eine einmalige Unfallentschädigung von 160 000 Euro, wenn die Erwerbsfähigkeit infolge des Dienstunfalls zu diesem Zeitpunkt um wenigstens 50 v. H. beeinträchtigt ist.

(2) Ist eine Beamtin oder ein Beamter an den Folgen eines Dienstunfalls der in § 46 bezeichneten Art verstorben, ohne eine einmalige Unfallentschädigung nach Absatz 1 erhalten zu haben, wird den Hinterbliebenen eine einmalige Unfallentschädigung nach Maßgabe der folgenden Bestimmungen gewährt:

1. Die Witwe oder der Witwer sowie die versorgungsberechtigten Kinder erhalten eine Entschädigung in Höhe von insgesamt 100 000 Euro.
2. Sind Anspruchsberechtigte im Sinne der Nummer 1 nicht vorhanden, so erhalten die Eltern und die nicht versorgungsberechtigten Kinder eine Entschädigung in Höhe von insgesamt 40 000 Euro.
3. Sind Anspruchsberechtigte im Sinne der Nummern 1 und 2 nicht vorhanden, so erhalten die Großeltern und Enkel eine Entschädigung in Höhe von insgesamt 20 000 Euro.

(3) Einmalige Unfallentschädigung nach Maßgabe der Absätze 1 und 2 wird auch gewährt, wenn Beamtinnen und Beamte im Sinne der Verordnung über die einmalige Unfallentschädigung nach § 43 Abs. 3 des Beamtenversorgungsgesetzes vom 24. Juni 1977 (BGBl. I S. 1011) in der jeweils geltenden Fassung einen Dienstunfall erleiden, der nur auf die eigentümlichen Verhältnisse des Dienstes zurückzuführen ist, und die in Absatz 1 genannten Folgen vorliegen.

§ 54 Erstattung von Sachschäden und besonderen Aufwendungen

Sind bei einem Dienstunfall Kleidungsstücke oder sonstige Gegenstände, die die Beamtin oder der Beamte mit sich geführt hat, beschädigt oder zerstört worden oder abhanden gekommen, so kann dafür Ersatz geleistet werden. Anträge auf Gewährung von Sachschadenersatz nach Satz 1 sind innerhalb einer Ausschlussfrist von drei Monaten zu stellen. Sind durch die erste Hilfeleistung nach dem Unfall besondere Kosten entstanden, so ist der Beamtin oder dem Beamten der nachweisbar notwendige Aufwand zu ersetzen.

§ 55 Einsatzversorgung

(1) Unfallfürsorge wie bei einem Dienstunfall wird auch dann gewährt, wenn eine Beamtin oder ein Beamter aufgrund eines in Ausübung oder infolge des Dienstes eingetretenen Unfalls oder einer derart eingetretenen Erkrankung im Sinne des § 42 bei einer besonderen Verwendung im Ausland eine gesundheitliche Schädigung erleidet (Einsatzunfall). Eine besondere Verwendung im Ausland ist eine Verwendung, die aufgrund eines Übereinkommens oder einer Vereinbarung mit einer über- oder zwischenstaatlichen Einrichtung oder mit einem auswärtigen Staat auf Beschluss der Bundesregierung im Ausland oder außerhalb des deutschen Hoheitsgebietes auf Schiffen oder in Luftfahrzeugen stattfindet, oder eine Verwendung im Ausland oder außerhalb des deutschen Hoheitsgebietes auf Schiffen oder in Luftfahrzeugen mit vergleichbar gesteigerter Gefährdungslage. Die besondere Verwendung im Ausland beginnt mit dem Eintreffen im Einsatzgebiet und endet mit dem Verlassen des Einsatzgebietes.

(2) Gleiches gilt, wenn bei einer Beamtin oder einem Beamten eine Erkrankung oder ihre Folgen oder ein Unfall auf gesundheitsschädigende oder sonst vom Inland wesentlich abweichende Verhältnisse bei einer Verwendung im Sinne des Absatzes 1 zurückzuführen sind

oder wenn eine gesundheitliche Schädigung bei dienstlicher Verwendung im Ausland auf einen Unfall oder eine Erkrankung im Zusammenhang mit einer Verschleppung oder einer Gefangenschaft zurückzuführen ist oder darauf beruht, dass die Beamtin oder der Beamte aus sonstigen mit dem Dienst zusammenhängenden Gründen dem Einflussbereich des Dienstherrn entzogen ist.

(3) § 42 Abs. 5 gilt entsprechend.

(4) Die Unfallfürsorge ist ausgeschlossen, wenn sich die Beamtin oder der Beamte vorsätzlich oder grob fahrlässig der Gefährdung ausgesetzt oder Gründe für eine Verschleppung, Gefangenschaft oder sonstige Einflussbereichsentziehung herbeigeführt hat, es sei denn, dass der Ausschluss für sie oder für ihn eine unbillige Härte wäre.

§ 56 Schadensausgleich

(1) Schäden, die Beamtinnen oder Beamten während einer Verwendung im Sinne des § 55 Abs. 1 infolge von besonderen, vom Inland wesentlich abweichenden Verhältnissen, insbesondere infolge von Kriegshandlungen, kriegerischen Ereignissen, Aufruhr, Unruhen oder Naturkatastrophen oder als Folge der Ereignisse nach § 55 Abs. 2 entstehen, werden ihnen in angemessenem Umfang ersetzt. Gleiches gilt für Schäden der Beamtinnen oder Beamten durch einen Gewaltakt gegen staatliche Amtsträger, Einrichtungen oder Maßnahmen, wenn die Beamtinnen oder Beamten von dem Gewaltakt in Ausübung des Dienstes oder wegen ihrer Eigenschaft als Beamtinnen oder Beamte betroffen sind.

(2) Im Falle einer Verwendung im Sinne des § 55 Abs. 1 wird Beamtinnen oder Beamten ein angemessener Ausgleich auch für Schäden infolge von Maßnahmen einer ausländischen Regierung, die sich gegen die Bundesrepublik Deutschland richten, gewährt.

(3) Sind Beamtinnen oder Beamte an den Folgen des schädigenden Ereignisses der in Absatz 1 oder Absatz 2 bezeichneten Art verstorben, wird ein angemessener Ausgleich gewährt

1. der Witwe oder dem Witwer sowie den versorgungsberechtigten Kindern,
2. den Eltern sowie den nicht versorgungsberechtigten Kindern, wenn Hinterbliebene nach Nummer 1 nicht vorhanden sind.

Der Ausgleich für ausgefallene Versicherungen wird der natürlichen Person gewährt, die die Beamtin oder der Beamte im Versicherungsvertrag begünstigt hat.

(4) Der Schadensausgleich nach den Absätzen 1 bis 3 wird nur einmal gewährt. Wird er aufgrund derselben Ursache nach § 63b des Soldatenversorgungsgesetzes in der Fassung vom 16. September 2009 (BGBl. I S. 3054) in der jeweils geltenden Fassung vorgenommen, sind die Absätze 1 bis 3 nicht anzuwenden

(5) Die Absätze 1 bis 4 sind auch auf Schäden bei dienstlicher Verwendung im Ausland anzuwenden, die im Zusammenhang mit einer Verschleppung oder einer Gefangenschaft entstanden sind oder darauf beruhen, dass die oder der Geschädigte aus sonstigen mit dem Dienst zusammenhängenden Gründen dem Einflussbereich des Dienstherrn entzogen ist.

(6) Für den Schadensausgleich gelten § 42 Abs. 5 und § 55 Abs. 4 entsprechend.

§ 57 Meldung und Untersuchungsverfahren

(1) Unfälle, aus denen Unfallfürsorgeansprüche nach diesem Gesetz entstehen können, sind der oder dem Dienstvorgesetzten innerhalb einer Ausschlussfrist von zwei Jahren nach dem Eintritt des Unfalls zu melden. Die Frist nach Satz 1 gilt auch dann als gewahrt, wenn der Unfall bei der für die Festsetzung der Versorgungsbezüge zuständigen Behörde gemeldet worden ist.

(2) Nach Ablauf der Ausschlussfrist wird Unfallfürsorge nur gewährt, wenn seit dem Unfall noch nicht zehn Jahre vergangen sind und glaubhaft gemacht wird, dass mit der Möglichkeit eines Körperschadens oder einer Erkrankung aufgrund des Unfallereignisses nicht habe gerechnet werden können oder dass die oder der Berechtigte durch außerhalb ihres oder seines Willens liegende Umstände gehindert war, den Unfall zu melden. Die Meldung muss, nachdem mit der Möglichkeit eines Körperschadens oder einer Erkrankung gerechnet werden konnte oder das

Hindernis für die Meldung weggefallen ist, innerhalb von drei Monaten erfolgen. Die Unfallfürsorge wird in diesen Fällen vom Tage der Meldung an gewährt; zur Vermeidung von Härten kann sie auch von einem früheren Zeitpunkt an gewährt werden.

(3) Die oder der Dienstvorgesetzte hat jeden Unfall, der ihr oder ihm gemeldet oder von Amts wegen bekannt wird, sofort zu untersuchen. Über das Ergebnis ist ein Protokoll schriftlich oder elektronisch anzufertigen und an die oberste Dienstbehörde oder die von ihr bestimmte Stelle weiterzuleiten. Die oberste Dienstbehörde oder die von ihr bestimmte Stelle entscheidet über die Anerkennung als Dienstunfall und die Gewährung der Unfallfürsorge.

(4) Unfallfürsorge nach § 41 Abs. 1 Satz 2 wird nur gewährt, wenn der Unfall der Beamtin innerhalb der Fristen nach den Absätzen 1 und 2 gemeldet und als Dienstunfall anerkannt worden ist. Der Anspruch auf Unfallfürsorge nach § 41 Abs. 2 Satz 2 ist innerhalb von zwei Jahren vom Tag der Geburt an von den Sorgeberechtigten geltend zu machen. Absatz 2 gilt mit der Maßgabe, dass die Zehnjahresfrist am Tag der Geburt zu laufen beginnt. Der Antrag muss, nachdem mit der Möglichkeit einer Schädigung durch einen Dienstunfall der Mutter während der Schwangerschaft gerechnet werden konnte oder das Hindernis für den Antrag weggefallen ist, innerhalb von drei Monaten gestellt werden.

§ 58 Nichtgewährung von Unfallfürsorge

(1) Unfallfürsorge wird nicht gewährt, wenn die oder der Verletzte den Dienstunfall vorsätzlich herbeigeführt hat.

(2) Hat die oder der Verletzte eine die Heilbehandlung betreffende Anordnung ohne gesetzlichen oder sonstigen wichtigen Grund nicht befolgt und wird dadurch die Dienst- oder Erwerbsfähigkeit ungünstig beeinflusst, so kann die oberste Dienstbehörde oder die von ihr bestimmte Stelle die Unfallfürsorge insoweit versagen. Die oder der Verletzte ist auf diese Folgen schriftlich hinzuweisen.

(3) Hinterbliebenenversorgung nach den Unfallfürsorgevorschriften wird im Falle des § 34 nicht gewährt.

§ 59 Begrenzung der Unfallfürsorgeansprüche

(1) Verletzte Beamtinnen oder Beamte und ihre Hinterbliebenen haben aus Anlass eines Dienstunfalls gegen den Dienstherrn nur die in diesem Abschnitt geregelten Ansprüche. Ist die Beamtin oder der Beamte nach dem Dienstunfall in den Dienstbereich eines anderen öffentlich-rechtlichen Dienstherrn versetzt worden, so richten sich die Ansprüche gegen diesen nach dem für sie oder ihn maßgeblichen Recht; das Gleiche gilt in den Fällen des gesetzlichen Übertritts oder der Übernahme bei der Umbildung von Körperschaften. Satz 2 gilt in den Fällen, in denen Beamtinnen und Beamte aus dem Dienstbereich eines öffentlich-rechtlichen Dienstherrn außerhalb des Geltungsbereichs dieses Gesetzes zu einem Dienstherrn im Geltungsbereich dieses Gesetzes versetzt werden mit der Maßgabe, dass die Vorschriften dieses Gesetzes Anwendung finden.

(2) Weitergehende Ansprüche aufgrund allgemeiner gesetzlicher Vorschriften können gegen einen öffentlich-rechtlichen Dienstherrn im Bundesgebiet oder gegen die in seinem Dienst stehenden Personen nur dann geltend gemacht werden, wenn der Dienstunfall

1. durch eine vorsätzliche unerlaubte Handlung einer solchen Person verursacht worden ist oder
2. bei der Teilnahme am allgemeinen Verkehr eingetreten ist.

Im Falle des Satzes 1 Nr. 2 sind Leistungen, die der Beamtin oder dem Beamten und ihren oder seinen Hinterbliebenen nach diesem Gesetz gewährt werden, auf diese weitergehenden Ansprüche anzurechnen; der Dienstherr, der Leistungen nach diesem Gesetz gewährt, hat keinen Anspruch auf Ersatz dieser Leistungen gegen einen anderen öffentlichrechtlichen Dienstherrn im Bundesgebiet.

(3) Ersatzansprüche gegen andere Personen bleiben unberührt.

IV

(4) Auf laufende und einmalige Geldleistungen, die nach diesem Gesetz wegen eines Körper-, Sach- oder Vermögensschadens gewährt werden, sind Geldleistungen anzurechnen, die wegen desselben Schadens von anderer Seite erbracht werden. Hierzu gehören insbesondere Geldleistungen, die von Drittstaaten oder zwischenstaatlichen oder überstaatlichen Einrichtungen gewährt oder veranlasst werden. Nicht anzurechnen sind Leistungen privater Schadensversicherungen, die auf Beiträgen der Beamtinnen und Beamten beruhen; dies gilt nicht in den Fällen des § 54.

§ 59a Meldung von Dienstunfalldaten an Eurostat

(1) Die meldepflichtigen Daten über Dienstunfälle von Beamtinnen und Beamten im Sinne der Verordnung (EU) Nr. 349/2011 der Kommission vom 11. April 2011 zur Durchführung der Verordnung (EG) Nr. 1338/2008 des Europäischen Parlaments und des Rates zu Gemeinschaftsstatistiken über öffentliche Gesundheit und über Gesundheitsschutz und Sicherheit am Arbeitsplatz betreffend Statistiken über Arbeitsunfälle (ABl. EU Nr. L 97 S. 3) können über die Unfallkasse Rheinland-Pfalz weitergemeldet werden.

(2) Einzelheiten zum Verfahren und zur Kostenerstattung können in einer Verwaltungsvereinbarung geregelt werden.

Abschnitt 4 Übergangsgeld, Bezüge bei Verschollenheit

§ 60 Übergangsgeld

(1) Eine Beamtin oder ein Beamter mit Dienstbezügen, die oder der nicht auf eigenen Antrag entlassen wird, erhält als Übergangsgeld nach vollendeter einjähriger Beschäftigungszeit das Einfache und bei längerer Beschäftigungszeit für jedes weitere volle Jahr ihrer Dauer die Hälfte, insgesamt höchstens das Sechsfache der Dienstbezüge des letzten Monats nach § 3 LBesG. § 12 Abs. 1 Satz 2 gilt entsprechend. Das Übergangsgeld wird auch dann gewährt, wenn die Beamtin oder der Beamte im Zeitpunkt der Entlassung ohne Dienstbezüge beurlaubt war. Maßgebend sind die Dienstbezüge, die die Beamtin oder der Beamte im Zeitpunkt der Entlassung erhalten hätte.

(2) Als Beschäftigungszeit gilt die Zeit ununterbrochener hauptberuflicher entgeltlicher Tätigkeit im Dienste desselben Dienstherrn oder der Verwaltung, deren Aufgaben der Dienstherr übernommen hat, sowie im Falle der Versetzung die entsprechende Zeit im Dienste des früheren Dienstherrn; die vor einer Beurlaubung ohne Dienstbezüge liegende Beschäftigungszeit wird mit berücksichtigt. Zeiten einer Ermäßigung der regelmäßigen Arbeitszeit sind nur zu dem Teil anzurechnen, der dem Verhältnis der ermäßigten zur regelmäßigen Arbeitszeit entspricht.

(3) Das Übergangsgeld wird nicht gewährt, wenn

1. die Beamtin oder der Beamte wegen eines Verhaltens im Sinne des § 22 Abs. 1 Nr. 1 und Abs. 2 BeamtStG und des § 23 Abs. 1 Satz 1 Nr. 1, Abs. 2 und Abs. 3 Nr. 1 BeamtStG entlassen wird oder
2. ein Unterhaltsbeitrag nach § 26 bewilligt wird oder
3. die Beschäftigungszeit als ruhegehaltfähige Dienstzeit angerechnet wird oder
4. die Beamtin oder der Beamte mit der Berufung in ein Richterverhältnis oder mit der Ernennung zur Beamtin auf Zeit oder zum Beamten auf Zeit entlassen wird.

(4) Das Übergangsgeld wird in Monatsbeträgen für die der Entlassung folgende Zeit wie die Dienstbezüge gezahlt. Es ist längstens bis zum Ende des Monats zu zahlen, in dem dis Beamtin oder der Beamte die für ihr oder sein Beamtenverhältnis bestimmte gesetzliche Altersgrenze erreicht hat. Beim Tode der Empfängerin oder des Empfängers ist der noch nicht ausgezahlte Betrag den Hinterbliebenen in einer Summe zu zahlen.

(5) Bezieht die entlassene Beamtin oder der entlassene Beamte Erwerbs- oder Erwerbsersatzeinkommen im Sinne des § 73 Abs. 4, verringert sich das Übergangsgeld um den Betrag dieser Einkünfte.

§ 61 Übergangsgeld für entlassene politische Beamtinnen und Beamte

(1) Eine Beamtin oder ein Beamter, die oder der aus einem Amt im Sinne des § 30 BeamtStG nicht auf eigenen Antrag entlassen wird, erhält ein Übergangsgeld in Höhe von 71,75 v. H. der ruhegehaltfähigen Dienstbezüge aus der Endstufe der Besoldungsgruppe, in der sie oder er sich zur Zeit der Entlassung befunden hat. § 4 Abs. 5 LBesG gilt entsprechend.

(2) Das Übergangsgeld wird für die Dauer der Zeit, die das Amt, aus dem die Beamtin oder der Beamte entlassen worden ist, übertragen war, mindestens für die Dauer von sechs Monaten, längstens für die Dauer von drei Jahren, gewährt.

(3) § 60 Abs. 3 und 4 gilt entsprechend.

(4) Bezieht die entlassene Beamtin oder der entlassene Beamte Erwerbs- oder Erwerbsersatzeinkommen im Sinne des § 73 Abs. 4, so verringern sich die in entsprechender Anwendung des § 4 Abs. 5 LBesG fortgezahlten Bezüge und das Übergangsgeld um den Betrag dieser Einkünfte.

§ 62 Bezüge bei Verschollenheit

(1) Verschollene erhalten die ihnen zustehenden Bezüge bis zum Ablauf des Monats, in dem die oberste Dienstbehörde oder die von ihr bestimmte Stelle feststellt, dass ihr Ableben mit Wahrscheinlichkeit anzunehmen ist.

(2) Mit Beginn des Folgemonats erhalten die Personen, die im Falle des Todes der Verschollenen Witwen- oder Witwergeld oder Waisengeld erhalten würden oder einen Unterhaltsbeitrag erhalten könnten, diese Bezüge. Die §§ 28 und 29 gelten nicht.

(3) Kehren Verschollene zurück, so lebt der Anspruch auf Bezüge, soweit nicht besondere gesetzliche Gründe entgegenstehen, wieder auf. Nachzahlungen sind längstens für die Dauer eines Jahres zu leisten; die nach Absatz 2 für den gleichen Zeitraum gewährten Bezüge sind anzurechnen.

(4) Ergibt sich, dass bei einer Beamtin oder einem Beamten die Voraussetzungen des § 15 LBesG vorliegen, so können die nach Absatz 2 gezahlten Bezüge von ihr oder ihm zurückgefordert werden.

(5) Wird die oder der Verschollene für tot erklärt oder die Todeszeit gerichtlich festgestellt oder eine Sterbeurkunde über den Tod der oder des Verschollenen ausgestellt, so ist die Hinterbliebenenversorgung mit Beginn des Folgemonats unter Berücksichtigung des festgestellten Todeszeitpunktes neu festzusetzen.

Abschnitt 5
Familienbezogene Leistungen

§ 63 (weggefallen)

§ 64 Familienzuschlag

(1) Auf den Familienzuschlag finden die für Beamtinnen und Beamte geltenden Vorschriften des Landesbesoldungsgesetzes Anwendung.

(2) Der Unterschiedsbetrag zwischen dem nach den Vorschriften des Landesbesoldungsgesetzes vom Personenstand abhängigen Zuschlag und dem in Betracht kommenden Familienzuschlag wird neben dem Ruhegehalt gezahlt. Er wird unter Berücksichtigung der nach den Verhältnissen der Beamtin oder des Beamten, der Ruhestandsbeamtin oder des Ruhestandsbeamten für die für den kinderbezogenen Zuschlag des Familienzuschlages in Betracht kommenden Kinder neben dem Witwen- oder Witwergeld gezahlt, soweit die Witwe oder der Witwer Anspruch auf Kindergeld hat oder ohne Berücksichtigung der §§ 64 und 65 EStG oder der §§ 3 und 4 des Bundeskindergeldgesetzes (BKGG) haben würde. Soweit kein Anspruch nach Satz 2 besteht, wird der Unterschiedsbetrag neben dem Waisengeld gezahlt, wenn die Waise bei dem kinderbezogenen Zuschlag des Familienzuschlages zu berücksichtigen ist oder zu berücksichtigen wäre, wenn die Beamtin oder der Beamte, die Ruhestandsbeamtin oder der Ruhestandsbeamte noch lebte. Sind mehrere Anspruchsberechtigte vorhanden, wird der Unterschiedsbetrag auf die Anspruchsberechtigten nach der Zahl der auf sie entfallenden Kinder zu gleichen Teilen aufgeteilt.

§ 65 Ausgleichsbetrag

Neben dem Waisengeld wird ein Ausgleichsbetrag gezahlt, der dem Betrag für das erste

Kind nach § 66 Abs. 1 EStG entspricht, wenn in der Person der Waise die Voraussetzungen des § 32 Abs. 1 bis 5 EStG erfüllt sind, Ausschlussgründe nach § 65 EStG nicht vorliegen, keine Person vorhanden ist, die nach § 62 EStG oder nach § 1 BKGG anspruchsberechtigt ist, und die Waise keinen Anspruch auf Kindergeld nach § 1 Abs. 2 BKGG hat. Der Ausgleichsbetrag gilt für die Anwendung der §§ 73 und 74 nicht als Versorgungsbezug. Besteht Anspruch auf mehrere Waisengelder, wird der Ausgleichsbetrag nur neben den neuen Versorgungsbezügen gezahlt.

IV

§ 66 Kindererziehungs- und Kindererziehungsergänzungszuschlag

(1) Hat eine Beamtin oder ein Beamter ein nach dem 31. Dezember 1991 geborenes Kind erzogen, erhöht sich das Ruhegehalt für jeden Monat einer ihr oder ihm zuzuordnenden Kindererziehungszeit um einen Kindererziehungszuschlag. Dies gilt nicht, wenn die Beamtin oder der Beamte wegen der Erziehung des Kindes in der gesetzlichen Rentenversicherung versicherungspflichtig (§ 3 Satz 1 Nr. 1 SGB VI) war und die allgemeine Wartezeit für eine Rente der gesetzlichen Rentenversicherung erfüllt ist.

(2) Die Kindererziehungszeit beginnt nach Ablauf des Monats der Geburt und endet nach 36 Kalendermonaten, spätestens jedoch mit dem Ablauf des Monats, in dem die Erziehung endet. Wird während dieses Zeitraums vom erziehenden Elternteil ein weiteres Kind erzogen, für das ihm eine Kindererziehungszeit zuzuordnen ist, wird die Kindererziehungszeit für dieses und jedes weitere Kind um die Anzahl der Kalendermonate der gleichzeitigen Erziehung verlängert.

(3) Für die Zuordnung der Kindererziehungszeit zu einem Elternteil (§ 56 Abs. 1 Satz 1 Nr. 3 und Abs. 3 Nr. 2 und 3 des Ersten Buches Sozialgesetzbuch) gilt § 56 Abs. 2 SGB VI entsprechend.

(4) Der Kindererziehungszuschlag darf zusammen mit dem auf die Kindererziehung entfallenden Anteil des Ruhegehalts das Ruhegehalt nicht übersteigen, das sich bei Berücksichtigung des Zeitraums der Kindererziehung als ruhegehaltfähige Dienstzeit ergeben würde.

(5) Die Höhe des Kindererziehungszuschlages ergibt sich aus der Anlage 2.

(6) Für Zeiten, für die kein Kindererziehungszuschlag zusteht, erhöht sich das Ruhegehalt um einen Kindererziehungsergänzungszuschlag, wenn

1. nach dem 31. Dezember 1991 liegende Zeiten der Erziehung eines Kindes bis zur Vollendung des zehnten Lebensjahres oder Zeiten der nichterwerbsmäßigen Pflege eines pflegebedürftigen Kindes (§ 3 SGB VI) bis zur Vollendung des 18. Lebensjahres
   a) mit entsprechenden Zeiten für ein anderes Kind zusammentreffen oder
   b) mit Zeiten im Beamtenverhältnis, die als ruhegehaltfähig berücksichtigt werden, oder Zeiten nach § 68 Abs. 1 Satz 1 zusammentreffen,
2. für diese Zeiten kein Anspruch nach § 70 Abs. 3a Satz 2 SGB VI besteht und
3. der Beamtin oder dem Beamten die Zeiten nach Absatz 3 zuzuordnen sind.

Absatz 4 gilt entsprechend.

(7) Die Höhe des Kindererziehungsergänzungszuschlages ergibt sich aus der Anlage 2.

(8) Das um den Kindererziehungszuschlag oder Kindererziehungsergänzungszuschlag erhöhte Ruhegehalt darf nicht höher sein als das Ruhegehalt, das sich unter Berücksichtigung des Höchstruhegehaltssatzes und der ruhegehaltfähigen Dienstbezüge aus der Endstufe der Besoldungsgruppe, aus der sich das Ruhegehalt berechnet, ergeben würde. Errechnet sich das Ruhegehalt nach § 24 Abs. 3, wird der Kindererziehungszuschlag oder der Kindererziehungsergänzungszuschlag in Höhe des Betrages gezahlt, um den das erdiente Ruhegehalt und der Kindererziehungszuschlag oder Kindererziehungsergänzungszuschlag das Ruhegehalt nach § 24 Abs. 3 übersteigen.

(9) Für die Anwendung des § 24 Abs. 2 sowie von Ruhens-, Kürzungs- und Anrechnungsvorschriften gelten der Kindererziehungszuschlag und der Kindererziehungsergänzungszuschlag als Teil des Ruhegehalts.

(10) Hat eine Beamtin oder ein Beamter vor der Berufung in ein Beamtenverhältnis ein vor dem 1. Januar 1992 geborenes Kind erzogen, gelten die Absätze 1 bis 5, 8 und 9 entsprechend mit der Maßgabe, dass die Kindererziehungszeit zwölf Kalendermonate nach Ablauf des Monats der Geburt endet. Die §§ 249 und 249a SGB VI im Übrigen gelten entsprechend.

§ 67 Kinderzuschlag zum Witwen- oder Witwergeld

(1) Das Witwen- oder Witwergeld nach § 32 erhöht sich für jeden Monat einer nach § 66 Abs. 3 der Witwe oder dem Witwer zuzuordnenden Kindererziehungszeit bis zum Ablauf des Monats, in dem das Kind das dritte Lebensjahr vollendet hat, um einen Kinderzuschlag. Satz 1 gilt nicht bei Bezügen nach § 32 Abs. 1 in Verbindung mit § 24 Abs. 3 Satz 2.

(2) War die Kindererziehungszeit der oder dem vor Vollendung des dritten Lebensjahres des Kindes Verstorbenen zugeordnet, erhalten Witwen und Witwer den Kinderzuschlag anteilig mindestens für die Zeit, die bis zum Ablauf des Monats, in dem das Kind das dritte Lebensjahr vollendet hat, fehlt. Stirbt eine Beamtin oder ein Beamter vor der Geburt des Kindes, sind der Berechnung des Kinderzuschlages 36 Kalendermonate zugrunde zu legen, wenn das Kind innerhalb von 300 Tagen nach dem Tod geboren wird. Ist das Kind später geboren, wird der Zuschlag erst nach Ablauf des in § 66 Abs. 2 Satz 1 genannten Zeitraumes gewährt. Verstirbt das Kind vor Vollendung des dritten Lebensjahres, ist der Kinderzuschlag anteilig zu gewähren.

(3) Die Höhe des Kinderzuschlages ergibt sich aus der Anlage 2.

(4) Der Kinderzuschlag gilt für die Anwendung von Ruhens-, Kürzungs- und Anrechnungsvorschriften als Teil des Witwen- oder Witwergeldes.

§ 68 Pflege- und Kinderpflegeergänzungszuschlag

(1) War eine Beamtin oder ein Beamter nach § 3 Satz 1 Nr. 1a SGB VI versicherungspflichtig, weil sie oder er eine pflegebedürftige Person nicht erwerbsmäßig gepflegt hat, wird für die Zeit der Pflege ein Pflegezuschlag zum Ruhegehalt gewährt. Dies gilt nicht, wenn die allgemeine Wartezeit in der gesetzlichen Rentenversicherung erfüllt ist.

(2) Die Höhe des Pflegezuschlages ergibt sich aus der Anlage 2.

(3) Hat eine Beamtin oder ein Beamter ein ihr oder ihm nach § 66 Abs. 3 zuzuordnendes pflegebedürftiges Kind nicht erwerbsmäßig gepflegt (§ 3 SGB VI), wird neben dem Pflegezuschlag ein Kinderpflegeergänzungszuschlag gewährt. Dieser wird längstens für die Zeit bis zur Vollendung des 18. Lebensjahres des pflegebedürftigen Kindes und nicht neben einem Kindererziehungs- oder Kindererziehungsergänzungszuschlag nach § 66 oder einer Leistung nach § 70 Abs. 3a SGB VI gewährt.

(4) Die Höhe des Kinderpflegeergänzungszuschlages ergibt sich aus der Anlage 2.

(5) § 66 Abs. 4 gilt entsprechend mit der Maßgabe, dass für gleiche Zeiträume zustehende Kindererziehungs- oder Kindererziehungsergänzungszuschläge einzubeziehen sind; § 66 Abs. 8 und 9 gilt entsprechend.

§ 69 Vorübergehende Gewährung von Zuschlägen

(1) Versorgungsempfängerinnen und Versorgungsempfänger, die vor Erreichen der Regelaltersgrenze gemäß § 37 Abs. 1 Satz 1 und Abs. 3 LBG in den Ruhestand versetzt worden oder getreten sind, erhalten vorübergehend Leistungen entsprechend den §§ 66 und 68, wenn

1. bis zum Beginn des Ruhestandes die allgemeine Wartezeit für eine Rente der gesetzlichen Rentenversicherung erfüllt ist,
2. a) sie wegen Dienstunfähigkeit im Sinne des § 26 Abs. 1 BeamtStG in den Ruhestand versetzt worden sind oder
   b) sie wegen Erreichens einer besonderen Altersgrenze in den Ruhestand getreten sind und das 60. Lebensjahr vollendet haben,
3. ihnen entsprechende Leistungen nach dem Sechsten Buch Sozialgesetzbuch dem Grunde nach zustehen, jedoch vor dem

Erreichen der maßgebenden Altersgrenze noch nicht gewährt werden, und

4. sie einen Ruhegehaltssatz von 66,97 v. H. noch nicht erreicht haben.

Durch die Leistung nach Satz 1 darf der Betrag nicht überschritten werden, der sich bei Berechnung des Ruhegehalts mit einem Ruhegehaltssatz von 66,97 v. H. ergibt.

(2) Die Leistung entfällt spätestens mit Ablauf des Monats, in dem die Versorgungsempfängerin oder der Versorgungsempfänger die Regelaltersgrenze gemäß § 37 Abs. 1 Satz 1 und Abs. 3 LBG vollendet. Sie endet vorher, wenn die Versorgungsempfängerin oder der Versorgungsempfänger eine Versichertenrente der gesetzlichen Rentenversicherung bezieht, mit Ablauf des Tages vor dem Beginn der Rente.

(3) Die Leistung wird auf Antrag gewährt. Anträge, die innerhalb von drei Monaten nach Eintritt der Beamtin oder des Beamten in den Ruhestand gestellt werden, gelten als zum Zeitpunkt des Ruhestandseintritts gestellt. Wird der Antrag zu einem späteren Zeitpunkt gestellt, so wird die Leistung vom Beginn des Antragsmonats an gewährt.

Abschnitt 6
Verlust der Versorgung

§ 70 Erlöschen der Versorgungsbezüge wegen Verurteilung

(1) Ruhestandsbeamtinnen und Ruhestandsbeamte,

1. gegen die wegen einer vor Beendigung des Beamtenverhältnisses begangenen Tat eine Entscheidung ergangen ist, die nach § 24 BeamtStG zum Verlust der Beamtenrechte geführt hätte, oder
2. die wegen einer nach Beendigung des Beamtenverhältnisses begangenen Tat durch ein deutsches Gericht im Geltungsbereich des Grundgesetzes im ordentlichen Strafverfahren
   a) wegen einer vorsätzlichen Tat zu Freiheitsstrafe von mindestens zwei Jahren oder
   b) wegen einer vorsätzlichen Tat, die nach den Vorschriften über Friedensverrat, Hochverrat, Gefährdung des demokratischen Rechtsstaates oder Landesverrat und Gefährdung der äußeren Sicherheit strafbar ist, zu Freiheitsstrafe von mindestens sechs Monaten

   verurteilt worden sind,

verlieren mit der Rechtskraft der Entscheidung ihre Rechte als Ruhestandsbeamtinnen und Ruhestandsbeamte. Entsprechendes gilt, wenn Ruhestandsbeamtinnen und Ruhestandsbeamte aufgrund einer Entscheidung des Bundesverfassungsgerichts gemäß Artikel 18 des Grundgesetzes ein Grundrecht verwirkt haben.

(2) Die §§ 35 und 36 LBG finden entsprechende Anwendung.

§ 71 Verlust der Versorgungsbezüge bei Ablehnung einer erneuten Berufung

Kommt eine Ruhestandsbeamtin oder ein Ruhestandsbeamter ihren oder seinen Verpflichtungen aus § 29 Abs. 2 bis 5, § 30 Abs. 3 und § 31 Abs. 2 BeamtStG schuldhaft nicht nach, obwohl sie oder er auf die Folgen eines solchen Verhaltens schriftlich hingewiesen worden ist, so verliert sie oder er für diese Zeit diese Versorgungsbezüge. Die oberste Dienstbehörde stellt den Verlust der Versorgungsbezüge fest. Eine disziplinarrechtliche Verfolgung wird dadurch nicht ausgeschlossen.

§ 72 Entzug von Hinterbliebenenversorgung

(1) Die oberste Dienstbehörde kann Empfängerinnen und Empfängern von Hinterbliebenenversorgung die Versorgungsbezüge auf Zeit teilweise oder ganz entziehen, wenn sie sich gegen die freiheitliche demokratische Grundordnung im Sinne des Grundgesetzes betätigt haben; § 38 gilt sinngemäß. Die diese Maßnahme rechtfertigenden Tatsachen sind in einem Untersuchungsverfahren festzustellen, in dem die eidliche Vernehmung von Zeugen und Sachverständigen zulässig und die oder der Versorgungsberechtigte zu hören ist.

(2) § 40 Abs. 1 Satz 1 Nr. 4 und Satz 2 bleibt unberührt.

Teil 3
Ruhens-, Kürzungs- und Anrechnungsvorschriften

Abschnitt 1
Zusammentreffen mit anderen Bezügen und Einkünften

§ 73 Zusammentreffen von Versorgungsbezügen mit Erwerbs- und Erwerbsersatzeinkommen

(1) Beziehen Versorgungsberechtigte Erwerbs- oder Erwerbsersatzeinkommen (Absatz 4), werden daneben Versorgungsbezüge nur bis zum Erreichen der in Absatz 2 bezeichneten Höchstgrenze gezahlt. Die Anrechnung entfällt nach Ablauf des Monats, in dem die Ruhestandsbeamtinnen und Ruhestandsbeamten die jeweils geltende gesetzliche Altersgrenze erreichen. Für Ruhestandsbeamtinnen und Ruhestandsbeamte, für die keine gesetzliche Altersgrenze gilt, sowie für Empfängerinnen und Empfänger von Hinterbliebenenversorgung, entfällt die Anrechnung nach Ablauf des Monats, in dem sie die Regelaltersgrenze nach § 37 Abs. 1 Satz 1 und Abs. 3 LBG erreichen würden.

(2) Als Höchstgrenze gelten

1. für Ruhestandsbeamtinnen und Ruhestandsbeamte sowie Witwen und Witwer die ruhegehaltfähigen Dienstbezüge aus der Endstufe der Besoldungsgruppe, aus der sich das Ruhegehalt berechnet, mindestens ein Betrag in Höhe des 1,4-Fachen der jeweils ruhegehaltfähigen Dienstbezüge aus der Endstufe der Besoldungsgruppe A 5, zuzüglich des jeweils zustehenden Unterschiedsbetrags nach § 64 Abs. 2,
2. für Waisen 40 v. H. des Betrages, der sich nach Nummer 1 unter Berücksichtigung des ihnen zustehenden Unterschiedsbetrags nach § 64 Abs. 2 ergibt,
3. für Ruhestandsbeamtinnen und Ruhestandsbeamte, die wegen Dienstunfähigkeit, die nicht auf einem Dienstunfall beruht, in den Ruhestand versetzt worden sind, bis zum Ablauf des Monats, in dem sie die Regelaltersgrenze nach § 37 Abs. 1 Satz 1 und Abs. 3 LBG erreichen, 71,75 v. H. der ruhegehaltfähigen Dienstbezüge aus der Endstufe der Besoldungsgruppe, aus der sich das Ruhegehalt berechnet, mindestens aus einem Betrag in Höhe des 1,4-Fachen der jeweils ruhegehaltfähigen Dienstbezüge aus der Endstufe der Besoldungsgruppe A 5, zuzüglich des jeweils zustehenden Unterschiedsbetrags nach § 64 Abs. 2 sowie eines Betrags von 14 Zwölfteln der Geringfügigkeitsgrenze im Sinne des § 8 Abs. 1a des Vierten Buches Sozialgesetzbuch.

(3) Den Versorgungsberechtigten ist mindestens ein Betrag in Höhe von 20 v. H. des Versorgungsbezugs (§ 3 Abs. 1) zu belassen. Dies gilt nicht bei Bezug von Verwendungseinkommen aus einer den ruhegehaltfähigen Dienstbezügen mindestens vergleichbaren Besoldungs- oder Entgeltgruppe oder sonstigem, in der Höhe vergleichbaren Verwendungseinkommen.

(4) Erwerbseinkommen sind Einkünfte aus nichtselbstständiger Arbeit einschließlich Abfindungen, aus selbstständiger Arbeit, aus Gewerbebetrieb sowie aus Land- und Forstwirtschaft. Als Erwerbseinkommen gelten auch Gewinne aus Kapitalgesellschaften, in denen Versorgungsberechtigte ohne angemessene Vergütung tätig sind, soweit die Gewinne auf die Tätigkeit entfallen; im Übrigen bleiben Einkünfte aus Kapitalvermögen unberücksichtigt. Nicht als Erwerbseinkommen gelten Aufwandsentschädigungen, im Rahmen der Einkunftsarten nach Satz 1 anerkannte Betriebsausgaben und Werbungskosten nach dem Einkommensteuergesetz, Unfallausgleich (§ 44), steuerfreie Leistungen zur Grundpflege oder hauswirtschaftlichen Versorgung sowie Einkünfte aus Tätigkeiten im Sinne des § 84 Abs. 1 Nr. 2 LBG. Erwerbsersatzeinkommen sind Leistungen, die aufgrund oder in entsprechender Anwendung öffentlich-rechtlicher Vorschriften kurzfristig erbracht werden, um Erwerbseinkommen zu ersetzen. Die Berücksichtigung von Erwerbs- und Erwerbsersatzeinkommen erfolgt monatsbezogen. Wird Einkommen nicht in Monatsbeträgen erzielt, ist das Einkommen des Kalenderjahres, geteilt durch zwölf Kalendermonate, anzusetzen.

(5) Verwendungseinkommen ist das Erwerbseinkommen aus einer Verwendung im öffentlichen Dienst. Dies ist jede Beschäftigung im Dienst von Körperschaften, Anstalten und Stiftungen des deutschen öffentlichen Rechts oder ihrer Verbände; ausgenommen ist die Beschäftigung bei öffentlich-rechtlichen Religionsgesellschaften oder ihren Verbänden. Der Verwendung im öffentlichen Dienst steht gleich die Verwendung im öffentlichen Dienst einer zwischen- oder überstaatlichen Einrichtung, an der eine Körperschaft oder ein Verband im Sinne des Satzes 2 durch Zahlung von Beiträgen oder Zuschüssen oder in anderer Weise beteiligt ist.

(6) Beziehen Wahlbeamtinnen oder Wahlbeamte auf Zeit im Ruhestand neben ihren Versorgungsbezügen Verwendungseinkommen nach Absatz 5, findet § 53 des Beamtenversorgungsgesetzes in der bis zum 31. Dezember 1998 geltenden Fassung anstelle der Absätze 1 bis 5 Anwendung. Satz 1 gilt entsprechend für Hinterbliebene.

(7) Bezieht eine Beamtin oder ein Beamter im einstweiligen Ruhestand Erwerbs- oder Erwerbsersatzeinkommen, das nicht Verwendungseinkommen ist, ruhen die Versorgungsbezüge in Höhe von 50 v. H. des Betrags, um den sie und das Einkommen die Höchstgrenze übersteigen.

§ 74 Zusammentreffen mehrerer Versorgungsbezüge

(1) Erhalten aus einer Verwendung im öffentlichen Dienst (§ 73 Abs. 5) an neuen Versorgungsbezügen

1. eine Ruhestandsbeamtin oder ein Ruhestandsbeamter Ruhegehalt oder eine ähnliche Versorgung,
2. eine Witwe, ein Witwer oder eine Waise Witwen- oder Witwergeld oder Waisengeld oder eine ähnliche Versorgung,
3. eine Witwe oder ein Witwer Ruhegehalt oder eine ähnliche Versorgung,

so sind neben den neuen Versorgungsbezügen die früheren Versorgungsbezüge nur bis zum Erreichen der in Absatz 2 bezeichneten Höchstgrenze zu zahlen. Dabei darf die Gesamtversorgung nicht hinter der früheren Versorgung zurückbleiben.

(2) Als Höchstgrenze gelten in den Fällen des

1. Absatzes 1 Nr. 1 das Ruhegehalt, das sich unter Zugrundelegung der gesamten ruhegehaltfähigen Dienstzeit und der ruhegehaltfähigen Dienstbezüge aus der Endstufe der Besoldungsgruppe, aus der sich das frühere Ruhegehalt berechnet,
2. Absatzes 1 Nr. 2 das Witwen- oder Witwergeld oder Waisengeld, das sich aus dem Ruhegehalt nach Nummer 1 ergibt,
3. Absatzes 1 Nr. 3 71,75 v. H., in den Fällen des § 46 80 v. H. der ruhegehaltfähigen Dienstbezüge aus der Endstufe der Besoldungsgruppe, aus der sich das dem Witwen- oder Witwergeld zugrunde liegende Ruhegehalt bemisst.

Die Höchstgrenze erhöht sich um den Unterschiedsbetrag nach § 64 Abs. 2; dabei sind auch die Kinder einzubeziehen, die nur beim Unterschiedsbetrag neben den neuen Versorgungsbezügen berücksichtigt werden. Ist bei einem an der Ruhensregelung nach Satz 1 Nr. 1 oder Nr. 2 beteiligten Versorgungsbezug das Ruhegehalt um einen Versorgungsabschlag gemindert, ist das für die Höchstgrenze maßgebende Ruhegehalt entsprechend festzusetzen. In den Fällen des Satzes 1 Nr. 3 ist Satz 3 entsprechend anzuwenden, wenn das dem Witwen- oder Witwergeld zugrunde liegende Ruhegehalt einem Versorgungsabschlag unterliegt.

(3) Im Falle des Absatzes 1 Satz 1 Nr. 3 ist neben dem neuen Versorgungsbezug mindestens ein Betrag in Höhe von 20 v. H. des früheren Versorgungsbezugs zu belassen.

(4) Erwirbt eine Ruhestandsbeamtin oder ein Ruhestandsbeamter einen Anspruch auf Witwen- oder Witwergeld oder eine ähnliche Versorgung, so wird daneben das Ruhegehalt zuzüglich des Unterschiedsbetrags nach § 64 Abs. 2 nur bis zum Erreichen der in Absatz 2 Satz 1 Nr. 3 und Satz 4 bezeichneten Höchstgrenze gezahlt. Die Gesamtbezüge dürfen nicht hinter dem Ruhegehalt zuzüglich des Unterschiedsbetrags nach § 64 Abs. 2 sowie

eines Betrags in Höhe von 20 v. H. des neuen Versorgungsbezugs zurückbleiben.

§ 75 Zusammentreffen von Versorgungsbezügen mit Renten

(1) Versorgungsbezüge werden neben Renten nur bis zum Erreichen der in Absatz 2 bezeichneten Höchstgrenze gezahlt. Als Renten gelten

1. Renten aus den gesetzlichen Rentenversicherungen,
2. Renten aus einer zusätzlichen Alters- oder Hinterbliebenenversorgung für Angehörige des öffentlichen Dienstes,
3. Renten nach dem Gesetz über die Alterssicherung der Landwirte,
4. Renten aus der gesetzlichen Unfallversicherung, wobei ein dem Unfallausgleich (§ 44 Abs. 1) entsprechender Betrag unberücksichtigt bleibt; bei einer Minderung der Erwerbsfähigkeit um 20 v. H. bleiben zwei Drittel des Mindestunfallausgleichs nach § 44 Abs. 1, bei einer Minderung der Erwerbsfähigkeit um 10 v. H. ein Drittel des Mindestunfallausgleichs nach § 44 Abs. 1 unberücksichtigt,
5. Leistungen aus einer berufsständischen Versorgungseinrichtung oder aus einer befreienden Lebensversicherung, zu denen der Arbeitgeber aufgrund eines Beschäftigungsverhältnisses im öffentlichen Dienst mindestens die Hälfte der Beiträge oder Zuschüsse in dieser Höhe geleistet hat,
6. sonstige Leistungen, die aufgrund einer Berufstätigkeit oder sonstigen Tätigkeit zur Versorgung wegen Alters oder Erwerbsminderung oder den Hinterbliebenen aus inländischen öffentlichen Kassen gewährt werden; § 73 Abs. 5 Satz 2 Halbsatz 2 gilt sinngemäß.

Zu den Renten und Leistungen rechnen nicht der Kinderzuschuss und der Zuschlag zur Waisenrente. Renten, Rentenerhöhungen und Rentenminderungen, die auf § 1587b des Bürgerlichen Gesetzbuchs oder § 1 des Gesetzes zur Regelung von Härten im Versorgungsausgleich in der jeweils bis zum bis 31. August 2009 geltenden Fassung oder auf den Vorschriften des Versorgungsausgleichgesetzes (VersAusglG) vom 3. April 2009 (BGBl. I S. 700) in der jeweils geltenden Fassung beruhen einschließlich auf der internen Teilung beamten- oder soldatenversorgungsrechtlicher Anwartschaften nach Bundesrecht oder entsprechendem Landesrecht beruhender Leistungen sowie Zuschläge oder Abschläge nach § 76c SGB VI, bleiben unberücksichtigt.

(2) Als Höchstgrenze gelten

1. für Ruhestandsbeamtinnen und Ruhestandsbeamte der Betrag, der sich als Ruhegehalt ergeben würde, wenn der Berechnung zugrunde gelegt werden
   a) bei den ruhegehaltfähigen Dienstbezügen die Endstufe der Besoldungsgruppe, aus der sich das Ruhegehalt berechnet,
   b) als ruhegehaltfähige Dienstzeit die Zeit vom vollendeten 17. Lebensjahr bis zum Eintritt des Versorgungsfalles abzüglich von Zeiten nach § 23, zuzüglich ruhegehaltfähiger Dienstzeiten vor Vollendung des 17. Lebensjahres sowie der Zeiten, um die sich die ruhegehaltfähige Dienstzeit erhöht, und der bei der Rente berücksichtigten Zeiten einer rentenversicherungspflichtigen Beschäftigung oder Tätigkeit nach Eintritt des Versorgungsfalles,
2. für Witwen, Witwer und Waisen der Betrag, der sich als Witwen- oder Witwergeld oder Waisengeld aus dem Ruhegehalt nach Nummer 1 ergeben würde.

Die Höchstgrenze erhöht sich um den zustehenden Unterschiedsbetrag nach § 64 Abs. 2. Ist bei einem an der Ruhensregelung beteiligten Versorgungsbezug das Ruhegehalt um einen Versorgungsabschlag gemindert, ist das für die Höchstgrenze maßgebende Ruhegehalt entsprechend festzusetzen.

(3) Als Renten im Sinne des Absatzes 1 gelten nicht

1. bei Ruhestandsbeamtinnen und Ruhestandsbeamten Hinterbliebenenrenten aus einer Beschäftigung oder Tätigkeit der Ehegattin oder des Ehegatten,
2. bei Witwen, Witwern und Waisen Renten aufgrund einer eigenen Beschäftigung oder Tätigkeit.

IV

(4) Wird eine Rente im Sinne des Absatzes 1 Satz 2 nicht beantragt oder auf sie verzichtet oder wird an deren Stelle ein Kapitalbetrag gezahlt, so tritt an die Stelle der Rente der Betrag, der vom Leistungsträger ansonsten zu zahlen wäre. Erfolgt die Zahlung eines Kapitalbetrags, weil kein Anspruch auf eine laufende Rente besteht, so ist der Betrag zugrunde zu legen, der sich bei einer Verrentung der einmaligen Zahlung ergibt. Die Sätze 1 und 2 gelten nicht, wenn die Ruhestandsbeamtin oder der Ruhestandsbeamte innerhalb von drei Monaten nach Zufluss den Kapitalbetrag zuzüglich der hierauf gewährten Zinsen an den Dienstherrn abführt. Der Verrentungsbetrag nach Satz 2 berechnet sich nach der folgenden Formel:

EP × aRW = VrB.

In dieser Formel bedeutet:

EP: Entgeltpunkte, die sich ergeben durch Multiplikation des Kapitalbetrags in Euro mit dem für dessen Auszahlungsjahr maßgeblichen Faktor zur Umrechnung von Kapitalwerten in Entgeltpunkte nach § 187 Abs. 3 SGB VI und anschließende Division durch Euro; die Entgeltpunkte werden kaufmännisch auf vier Dezimalstellen gerundet;
aRW: aktueller Rentenwert in Euro;
VrB: Verrentungsbetrag in Euro.

(5) Bei der Ermittlung der nach Absatz 1 anzusetzenden Rente bleibt der Teil der Rente außer Ansatz, der auf freiwilligen Beitragsleistungen oder auf einer Höherversicherung beruht. Dies gilt nicht, soweit der Arbeitgeber mindestens die Hälfte der Beiträge oder Zuschüsse in dieser Höhe geleistet hat.

(6) Den in Absatz 1 Satz 2 bezeichneten Renten stehen entsprechende wiederkehrende Geldleistungen gleich, die aufgrund der Zugehörigkeit zu Zusatz- oder Sonderversorgungssystemen der ehemaligen Deutschen Demokratischen Republik geleistet werden oder die von einem ausländischen Versicherungsträger nach einem für die Bundesrepublik Deutschland wirksamen zwischen- oder überstaatlichen Abkommen gewährt werden.

§ 76 Zusammentreffen von Versorgungsbezügen mit Versorgung aus zwischenstaatlicher und überstaatlicher Verwendung

(1) Erhält eine Ruhestandsbeamtin oder ein Ruhestandsbeamter aus der Verwendung im öffentlichen Dienst einer zwischenstaatlichen oder überstaatlichen Einrichtung eine Versorgung, so ruht das Ruhegehalt nach diesem Gesetz in Höhe des Betrags, um den die Summe aus beiden Versorgungsbezügen die in Absatz 2 genannte Höchstgrenze übersteigt. Es ruht mindestens in Höhe des Betrags, der einer Minderung des Vomhundertsatzes von 1,79375 für jedes Jahr im zwischenstaatlichen oder überstaatlichen Dienst entspricht. Der Unterschiedsbetrag nach § 64 Abs. 2 ruht in Höhe von 2,5 v. H. für jedes Jahr im zwischenstaatlichen oder überstaatlichen Dienst. § 24 Abs. 1 Satz 2 bis 4 ist jeweils entsprechend anzuwenden. Die Versorgungsbezüge ruhen in voller Höhe, wenn die Ruhestandsbeamtin oder der Ruhestandsbeamte als Invaliditätspension die Höchstversorgung aus dem Amt bei der zwischenstaatlichen oder überstaatlichen Einrichtung erhält. Bei Anwendung von Satz 1 wird die Zeit, in welcher die Beamtin oder der Beamte, ohne ein Amt bei einer zwischenstaatlichen oder überstaatlichen Einrichtung auszuüben, dort einen Anspruch auf Vergütung oder sonstige Entschädigung hat und Versorgungsansprüche erwirbt, als Zeit im zwischenstaatlichen oder überstaatlichen Dienst gerechnet; Entsprechendes gilt für Zeiten nach dem Ausscheiden aus dem Dienst einer zwischenstaatlichen oder überstaatlichen Einrichtung, die dort bei der Berechnung des Ruhegehalts wie Dienstzeiten berücksichtigt werden.

(2) Als Höchstgrenze gelten die in § 74 Abs. 2 bezeichneten Höchstgrenzen sinngemäß; dabei ist als Ruhegehalt das Ruhegehalt nach diesem Gesetz zugrunde zu legen, das sich unter Einbeziehung der Zeiten einer Verwendung im öffentlichen Dienst einer zwischenstaatlichen oder überstaatlichen Einrichtung als ruhegehaltfähige Dienstzeit und auf der Grundlage der ruhegehaltfähigen Dienstbe-

züge aus der Endstufe der nächsthöheren Besoldungsgruppe ergibt.

(3) Verzichtet die Beamtin oder der Beamte, die Ruhestandsbeamtin oder der Ruhestandsbeamte beim Ausscheiden aus dem öffentlichen Dienst einer zwischenstaatlichen oder überstaatlichen Einrichtung auf eine Versorgung oder wird an deren Stelle eine Abfindung, Beitragserstattung oder ein sonstiger Kapitalbetrag gezahlt, ist Absatz 1 mit der Maßgabe anzuwenden, dass an die Stelle der Versorgung der Betrag tritt, der vom Leistungsträger ansonsten zu zahlen wäre; erfolgt die Zahlung eines Kapitalbetrages, weil kein Anspruch auf laufende Versorgung besteht, so ist der sich bei einer Verrentung des Kapitalbetrags ergebende Betrag zugrunde zu legen. § 75 Abs. 4 Satz 4 und 5 gilt entsprechend. Dies gilt nicht, wenn die Beamtin oder der Beamte, die Ruhestandsbeamtin oder der Ruhestandsbeamte innerhalb eines Jahres nach Beendigung der Verwendung oder der Berufung in das Beamtenverhältnis den Kapitalbetrag zuzüglich der hierauf gewährten Zinsen an den Dienstherrn abführt.

(4) Hat die Beamtin oder der Beamte, die Ruhestandsbeamtin oder der Ruhestandsbeamte schon vor dem Ausscheiden aus dem zwischenstaatlichen oder überstaatlichen öffentlichen Dienst unmittelbar oder mittelbar Zahlungen aus dem Kapitalbetrag erhalten oder hat die zwischenstaatliche oder überstaatliche Einrichtung diesen durch Aufrechnung oder in anderer Form verringert, ist die Zahlung nach Absatz 3 in Höhe des ungekürzten Kapitalbetrags zu leisten.

(5) Erhalten Witwen, Witwer oder die Waisen einer Beamtin oder eines Beamten, einer Ruhestandsbeamtin oder eines Ruhestandsbeamten Hinterbliebenenbezüge von der zwischenstaatlichen oder überstaatlichen Einrichtung, ruht das Witwen- oder Witwergeld oder Waisengeld nach diesem Gesetz in Höhe des Betrags, der sich unter Anwendung der Absätze 1 und 2 nach dem entsprechenden Anteilssatz ergibt. Absatz 1 Satz 3 und Absätze 3, 4 und 6 finden entsprechende Anwendung.

(6) Der Ruhensbetrag darf die von der zwischenstaatlichen oder überstaatlichen Einrichtung gewährte Versorgung nicht übersteigen. Der Ruhestandsbeamtin oder dem Ruhestandsbeamten ist mindestens ein Betrag in Höhe von 20 v. H. des Ruhegehalts nach diesem Gesetz zu belassen. Satz 2 gilt nicht, wenn die Unterschreitung der Mindestbelassung darauf beruht, dass

1. das Ruhegehalt nach diesem Gesetz in Höhe des Betrags ruht, der einer Minderung des Vomhundertsatzes um 1,79375 für jedes Jahr im zwischenstaatlichen oder überstaatlichen Dienst entspricht, oder
2. Absatz 1 Satz 5 anzuwenden ist.

IV

§ 77 Zusammentreffen von Versorgungsbezügen mit Entschädigung oder Versorgungsbezügen nach dem Abgeordnetenstatut des Europäischen Parlaments

(1) Beziehen Versorgungsberechtigte eine Entschädigung nach Artikel 10 Abgeordnetenstatut des Europäischen Parlaments (Beschluss 2005/684 EG, Euratom des Europäischen Parlaments vom 28. September 2005 zur Annahme des Abgeordnetenstatuts des Europäischen Parlaments – ABl. EU Nr. L 262 S. 1), ruhen die Versorgungsbezüge nach diesem Gesetz in Höhe von 80 v. H. des Betrags, höchstens jedoch in Höhe der Entschädigung.

(2) Beziehen Versorgungsberechtigte Versorgungsbezüge nach Artikel 14, 15 und 17 Abgeordnetenstatut des Europäischen Parlaments, ruhen die Versorgungsbezüge um 50 v. H. des Betrags, um den sie und die Versorgungsbezüge nach dem Abgeordnetenstatut des Europäischen Parlaments die Höchstgrenze übersteigen; dabei verbleiben mindestens 20 v. H. der Versorgungsbezüge nach diesem Gesetz. Höchstgrenze für Ruhestandsbeamtinnen und Ruhestandsbeamte sind 71,75 v. H. der ruhegehaltfähigen Dienstbezüge aus der Endstufe der Besoldungsgruppe, aus der sich das Ruhegehalt berechnet, zuzüglich des jeweils zustehenden Familienzuschlages nach § 64 Abs. 1. Höchstgrenze für Witwen, Witwer und Waisen ist das Witwen- oder Witwergeld und Waisengeld, das sich aus dem Ruhegehalt nach Satz 2 ergibt, zuzüglich des jeweils zustehenden Familienzuschlages

nach § 64 Abs. 1. Das Übergangsgeld nach Artikel 13 Abgeordnetenstatut des Europäischen Parlaments zählt zu den Versorgungsbezügen.

§ 77a Zusammentreffen von Versorgungsbezügen mit Altersgeld und Abfindungen aus einem früheren Beamtenverhältnis

(1) Besteht aus einem früheren Beamtenverhältnis ein Anspruch auf ein Altersgeld oder eine dem Altersgeld entsprechende Leistung, ruht das nach Anwendung der §§ 73 bis 77 sowie § 24 Abs. 4 verbleibende Ruhegehalt in Höhe des Altersgeldes oder der entsprechenden Leistung. Satz 1 ist auch auf ein Mindestruhegehalt nach § 24 Abs. 3 und Mindestunfallruhegehalt nach § 45 Abs. 3 Satz 3 anzuwenden. Die Sätze 1 und 2 gelten entsprechend für Witwen-, Witwer- und Waisengeld, wenn aus einem früheren Beamtenverhältnis der oder des Verstorbenen ein Anspruch auf Hinterbliebenenaltersgeld oder eine entsprechende Leistung besteht.

(2) Wird eine Beamtin oder ein Beamter, die oder der von einem Dienstherrn zur Aufnahme einer Beschäftigung im öffentlichen Dienst eines Mitgliedstaates der Europäischen Union entlassen wurde und zur Ergänzung der Nachversicherung in der gesetzlichen Rentenversicherung eine Versorgungsabfindung erhalten hat, in ein Beamtenverhältnis im Geltungsbereich dieses Gesetzes berufen, wird das Ruhegehalt neben einer ergänzenden Versorgungsabfindung nur bis zum Erreichen einer Höchstgrenze gewährt. Als Höchstgrenzen gelten die in § 75 Abs. 2 Satz 1 Nr. 1 bezeichneten Höchstgrenzen sinngemäß, wobei auf die ergänzende Versorgungsabfindung die Vorgaben des § 75 Abs. 4 Satz 2, 4 und 5 anzuwenden sind. Die Anrechnung unterbleibt, wenn die Beamtin oder der Beamte den Betrag der ergänzenden Versorgungsabfindung innerhalb eines Jahres nach Berufung an den Dienstherrn im Geltungsbereich dieses Gesetzes abführt.

§ 78 Mindestbelassung bei Unterhaltsbeitrag nach § 47

Bei Bezug eines Unterhaltsbeitrags nach § 47 ist mindestens ein Betrag zu belassen, der unter Berücksichtigung der Minderung der Erwerbsfähigkeit infolge des Dienstunfalles dem Unfallausgleich entspricht.

§ 79 Reihenfolge der Anwendung der Ruhens-, Kürzungs- und Anrechnungsvorschriften

(1) Der Anwendung der Ruhensvorschriften nach den §§ 73 bis 77 gehen sonstige Anrechnungs- und Kürzungsvorschriften vor, soweit nicht etwas anderes bestimmt ist.

(2) Bei einem Zusammentreffen von zwei Versorgungsbezügen mit Erwerbs- oder Erwerbsersatzeinkommen ist zunächst der neuere und dann der frühere Versorgungsbezug nach § 73 zu regeln. Bei der Regelung des früheren Versorgungsbezuges ist dem Einkommen der nicht ruhende Teil des neueren Versorgungsbezuges hinzuzurechnen. Die Berechnungsreihenfolge ist umzukehren, soweit dies für die Versorgungsberechtigten günstiger ist. Die Versorgungsberechtigten dürfen nicht besser gestellt werden, als wenn kein Erwerbs- oder Erwerbsersatzeinkommen bezogen würde.

(3) Bei einem Zusammentreffen von Versorgungsbezügen mit Erwerbs- oder Erwerbsersatzeinkommen und Renten ist § 73 mit der nach § 75 verbleibenden Gesamtversorgung anzuwenden.

(4) Bei einem Zusammentreffen von zwei Versorgungsbezügen mit einer Rente ist zunächst der neuere Versorgungsbezug nach § 75 Abs. 1 bis 5 und danach der frühere Versorgungsbezug unter Berücksichtigung des gekürzten neueren Versorgungsbezuges nach § 74 zu regeln. Der hiernach gekürzte frühere Versorgungsbezug ist unter Berücksichtigung des gekürzten neueren Versorgungsbezuges nach § 75 Abs. 1 bis 5 zu regeln; für die Berechnung der Höchstgrenze nach § 75 Abs. 2 ist die Zeit bis zum Eintritt des neueren Versorgungsfalles zu berücksichtigen.

(5) Der nach § 76 berechnete Ruhensbetrag ist von den nach Anwendung der §§ 73 bis 75 und 77 verbleibenden Versorgungsbezügen abzuziehen.

§ 80 Nichtberücksichtigung der Versorgungsbezüge

Werden Versorgungsberechtigte im öffentlichen Dienst (§ 73 Abs. 5) verwendet, so sind ihre Bezüge aus dieser Beschäftigung ohne Rücksicht auf die Versorgungsbezüge zu bemessen. Das Gleiche gilt für eine aufgrund der Beschäftigung zu gewährende Versorgung.

Abschnitt 2
Versorgungsausgleich

§ 81 Kürzung der Versorgungsbezüge wegen Versorgungsausgleichs

(1) Sind bei der Durchführung eines Versorgungsausgleichs Anwartschaften in einer gesetzlichen Rentenversicherung nach § 1587b Abs. 2 des Bürgerlichen Gesetzbuchs in der bis zum 31. August 2009 geltenden Fassung oder Anrechte nach den §§ 14 und 16 VersAusglG rechtskräftig begründet worden oder Anrechte nach dem Bundesversorgungsteilungsgesetz vom 3. April 2009 (BGBl. I S. 700 – 716 –) in der jeweils geltenden Fassung oder entsprechendem Landesrecht rechtskräftig übertragen worden, werden die Versorgungsbezüge der oder des Ausgleichsverpflichteten und ihrer oder seiner Hinterbliebenen nach Anwendung von Ruhens-, Kürzungs- und Anrechnungsvorschriften um den nach Absatz 2 oder Absatz 3 berechneten Betrag gekürzt. Das einer Vollwaise zu gewährende Waisengeld wird nicht gekürzt, wenn nach dem Recht der gesetzlichen Rentenversicherungen die Voraussetzungen für die Gewährung einer Waisenrente aus der Versicherung der oder des Ausgleichsberechtigten nicht erfüllt sind.

(2) Der Kürzungsbetrag für das Ruhegehalt berechnet sich aus dem Monatsbetrag der durch die Entscheidung des Familiengerichts begründeten Anwartschaften und Anrechte oder übertragenen Anrechte. Dieser Monatsbetrag erhöht oder vermindert sich um die Vomhundertsätze der nach dem Ende der Ehezeit bis zum Zeitpunkt des Eintritts oder der Versetzung in den Ruhestand eingetretenen Erhöhungen oder Verminderungen der beamtenrechtlichen Versorgungsbezüge, die in festen Beträgen festgesetzt sind. Vom Zeitpunkt des Eintritts oder der Versetzung in den Ruhestand an, bei einer Ruhestandsbeamtin oder einem Ruhestandsbeamten vom Tag nach dem Ende der Ehezeit an, erhöht oder vermindert sich der Kürzungsbetrag in dem Verhältnis, in dem sich das Ruhegehalt vor Anwendung von Ruhens-, Kürzungs- und Anrechnungsvorschriften durch Anpassung der Versorgungsbezüge erhöht oder vermindert.

(3) Der Kürzungsbetrag für das Witwen- oder Witwergeld und für das Waisengeld berechnet sich aus dem Kürzungsbetrag nach Absatz 2 für das Ruhegehalt, das die Beamtin oder der Beamte erhalten hat oder hätte erhalten können, wenn sie oder er am Todestag in den Ruhestand getreten wäre, nach den Anteilssätzen des Witwen- oder Witwergeldes oder des Waisengeldes.

(4) Ein Unterhaltsbeitrag nach § 93 Abs. 3 wird nicht gekürzt.

(5) In den Fällen des § 5 des Gesetzes zur Regelung von Härten im Versorgungsausgleich in der bis zum 31. August 2009 geltenden Fassung oder der §§ 33 und 34 VersAusglG steht die Zahlung des Ruhegehalts der oder des Verpflichteten für den Fall rückwirkender oder erst nachträglich bekanntwerdender Rentengewährung an die Ausgleichsberechtigte oder den Ausgleichsberechtigten unter dem Vorbehalt der Rückforderung.

§ 82 Abwendung der Kürzung der Versorgungsbezüge

(1) Die Kürzung der Versorgungsbezüge nach § 81 kann von der Beamtin oder dem Beamten, der Ruhestandsbeamtin oder dem Ruhestandsbeamten ganz oder teilweise durch Zahlung eines Kapitalbetrags an den Dienstherrn abgewendet werden.

(2) Als voller Kapitalbetrag wird der Betrag angesetzt, der aufgrund der Entscheidung des Familiengerichts zu leisten gewesen wäre, erhöht oder vermindert um die Vomhundertsätze der nach dem Tag, an dem die Entscheidung des Familiengerichts ergangen ist, bis zum Tag der Zahlung des Kapitalbetrags eingetretenen Erhöhungen oder Verminderungen der beamtenrechtlichen Versor-

IV

gungsbezüge, die in festen Beträgen festgesetzt sind. Vom Zeitpunkt des Eintritts in den Ruhestand an, bei einer Ruhestandsbeamtin oder einem Ruhestandsbeamten von dem Tag, an dem die Entscheidung des Familiengerichts ergangen ist, erhöht oder vermindert sich der Kapitalbetrag in dem Verhältnis, in dem sich das Ruhegehalt vor Anwendung von Ruhens-, Kürzungs- und Anrechnungsvorschriften durch Anpassung der Versorgungsbezüge erhöht oder vermindert.

(3) Bei teilweiser Zahlung vermindert sich die Kürzung der Versorgungsbezüge in dem entsprechenden Verhältnis; der Betrag der teilweisen Zahlung soll den Monatsbetrag der Dienstbezüge der Beamtin oder des Beamten oder des Ruhegehaltes der Ruhestandsbeamtin oder des Ruhestandsbeamten nicht unterschreiten.

(4) Ergeht nach der Scheidung eine Entscheidung zur Abänderung des Wertausgleichs und sind Zahlungen nach Absatz 1 erfolgt, sind im Umfang der Abänderung zu viel gezahlte Beträge unter Anrechnung der nach § 81 anteilig errechneten Kürzungsbeträge zurückzuzahlen.

Teil 4 Besondere Beamtengruppen

§ 83 Beamtinnen und Beamte auf Zeit

(1) Für die Versorgung der Beamtinnen und Beamten auf Zeit und ihrer Hinterbliebenen gelten die Vorschriften für die Versorgung der Beamtinnen und Beamten auf Lebenszeit und ihrer Hinterbliebenen entsprechend, soweit in diesem Gesetz nichts anderes bestimmt ist.

(2) Für Beamtinnen und Beamte auf Zeit, die eine ruhegehaltfähige Dienstzeit von zehn Jahren zurückgelegt haben, beträgt das Ruhegehalt, wenn es für sie günstiger ist, nach einer Amtszeit von acht Jahren als Beamtin oder Beamter auf Zeit 33,48345 v. H. der ruhegehaltfähigen Dienstbezüge und steigt mit jedem weiteren vollen Amtsjahr als Beamtin oder Beamter auf Zeit um 1,91333 v. H. der ruhegehaltfähigen Dienstbezüge bis zum Höchstruhegehaltssatz von 71,75 v. H. Als Amtszeit rechnet hierbei auch die Zeit bis zur Dauer von fünf Jahren, die eine Beamtin oder ein Beamter auf Zeit im einstweiligen Ruhestand zurückgelegt hat. § 24 Abs. 2 findet Anwendung.

(3) Ein Übergangsgeld nach § 60 wird nicht gewährt, wenn Beamtinnen und Beamte auf Zeit einer gesetzlichen Verpflichtung, ihr Amt nach Ablauf der Amtszeit unter erneuter Berufung in das Beamtenverhältnis weiterzuführen, nicht nachkommen.

(4) Führen Beamtinnen und Beamte auf Zeit nach Ablauf ihrer Amtszeit das bisherige Amt unter erneuter Berufung in das Beamtenverhältnis auf Zeit für die folgende Amtszeit weiter, gilt für die Anwendung dieses Gesetzes das Beamtenverhältnis als nicht unterbrochen. Satz 1 gilt entsprechend für Beamtinnen und Beamte auf Zeit, die aus ihrem bisherigen Amt ohne Unterbrechung in ein vergleichbares oder höherwertiges Amt unter erneuter Berufung in das Beamtenverhältnis auf Zeit gewählt werden.

(5) Werden Beamtinnen und Beamte auf Zeit wegen Dienstunfähigkeit entlassen, gelten die §§ 26 und 38 entsprechend.

(6) Bei einer oder einem wegen Dienstunfähigkeit in den Ruhestand versetzten Wahlbeamtin oder Wahlbeamten auf Zeit ist § 24 Abs. 2 Satz 1 Nr. 3 nicht anzuwenden, wenn sie oder er nach Ablauf ihrer oder seiner Amtszeit ihr oder sein Amt weitergeführt hatte, obwohl sie oder er nicht gesetzlich dazu verpflichtet war und mit Ablauf ihrer oder seiner Amtszeit bereits eine Versorgungsanwartschaft erworben hatte. § 21 findet mit der Maßgabe Anwendung, dass die Zeit vom Eintritt in den Ruhestand bis zum Ablauf des Monats der Vollendung des 60. Lebensjahres zu einem Drittel als ruhegehaltfähige Dienstzeit berücksichtigt wird.

(7) § 73 Abs. 7 gilt entsprechend für Wahlbeamtinnen und Wahlbeamte auf Zeit im Ruhestand.

(8) Wird eine Wahlbeamtin oder ein Wahlbeamter auf Zeit abgewählt, erhält sie oder er bis zum Ablauf der Amtszeit, bei einem vorherigen Eintritt in den Ruhestand oder der Entlas-

sung längstens bis zu diesem Zeitpunkt, Versorgung mit der Maßgabe, dass das Ruhegehalt während der ersten fünf Jahre 71,75 v. H. der ruhegehaltfähigen Dienstbezüge aus der Endstufe der Besoldungsgruppe, in der sich die Beamtin oder der Beamte zur Zeit ihrer oder seiner Abwahl befunden hat, beträgt. Die ruhegehaltfähige Dienstzeit nach § 13 erhöht sich um die Zeit, in der eine Wahlbeamtin oder ein Wahlbeamter auf Zeit Versorgung nach Satz 1 erhält, bis zu fünf Jahren; das Höchstruhegehalt nach Absatz 2 darf nicht überschritten werden.

(9) Zeiten, während der eine Wahlbeamtin oder ein Wahlbeamter auf Zeit durch eine hauptberufliche Tätigkeit oder eine Ausbildung außerhalb der allgemeinen Schulbildung Fachkenntnisse erworben hat, die für die Wahrnehmung des Amtes förderlich sind, können bis zu einer Gesamtzeit von vier Jahren als ruhegehaltfähig berücksichtigt werden, die Zeit einer Hochschulausbildung einschließlich der Prüfungszeit bis zu 855 Tagen. § 9 Abs. 3 und § 22 Abs. 3 gelten entsprechend.

§ 83a Hauptamtliche kommunale Wahlbeamtinnen und Wahlbeamte auf Zeit

(1) Hauptamtliche kommunale Wahlbeamtinnen und Wahlbeamte auf Zeit, die nach § 8 Abs. 2 Satz 2 LBG aus dem Beamtenverhältnis entlassen werden, haben Anspruch auf Altersgeld, wenn sie der Verpflichtung nach § 8 Abs. 2 Satz 1 LBG nach Ableistung von mindestens zwei Amtszeiten nicht mehr nachkommen und keine Gründe für einen Aufschub der Beitragszahlung (§ 184 Abs. 2 SGB VI) gegeben sind. Liegen die Voraussetzungen nach Satz 1 vor, entsteht der Anspruch auf Altersgeld mit Ablauf des Tages, an dem das Beamtenverhältnis durch Entlassung endet. Soweit Gründe für einen Aufschub der Beitragszahlung (§ 184 Abs. 2 SGB VI) gegeben sind, entsteht der Anspruch auf Altersgeld mit dem Wegfall des Aufschubgrundes. Hinterbliebene der in Satz 1 genannten Altersgeldberechtigten haben Anspruch auf Hinterbliebenenaltersgeld. Altersgeld- und Hinterbliebenenaltersgeldberechtigte sind keine Versorgungsempfängerinnen und Versorgungsempfänger im Sinne dieses Gesetzes.

(2) Ein Verzicht auf den Anspruch auf Altersgeld ist möglich und innerhalb eines Monats nach Beendigung des Beamtenverhältnisses oder Wegfall des Aufschubgrundes schriftlich zu erklären. Der Verzicht nach Satz 1 ist nicht widerruflich. Ist die Nachversicherung durchgeführt, entfällt der Anspruch auf Altersgeld.

(3) Der Anspruch auf Altersgeld ruht bis zum Ablauf des Monats, in dem die oder der Altersgeldberechtigte die Regelaltersgrenze in der gesetzlichen Rentenversicherung (§ 35 Satz 2 und § 235 Abs. 2 SGB VI) erreicht hat. Abweichend von Satz 1 endet das Ruhen des Anspruchs mit dem Ablauf des Monats, der dem Monat vorausgeht, in dem die oder der Altersgeldberechtigte

1. schwerbehindert im Sinne des § 2 Abs. 2 des Neunten Buches Sozialgesetzbuch ist, und entweder
   a) das 62. Lebensjahr vollendet hat oder
   b) vor dem 1. Januar 1964 geboren ist und die nach § 236a Abs. 2 SGB VI jeweils geltende Altersgrenze für die vorzeitige Inanspruchnahme der Altersrente für schwerbehinderte Menschen erreicht hat,
2. voll erwerbsgemindert nach § 43 Abs. 2 Satz 2 und 3 SGB VI ist,
3. teilweise erwerbsgemindert nach § 43 Abs. 1 Satz 2 SGB VI ist oder
4. vor dem 2. Januar 1961 geboren und berufsunfähig nach § 240 Abs. 2 SGB VI ist.

Die §§ 103 und 104 Abs. 1 Satz 1 und 2 SGB VI gelten entsprechend.

Wenn die Feststellung, ob eine Minderung der Erwerbsfähigkeit nach Satz 2 Nr. 2 oder Nr. 3 oder eine Berufsunfähigkeit nach Satz 2 Nr. 4 vorliegt, nicht durch den Träger der gesetzlichen Rentenversicherung getroffen wird, entscheidet hierüber eine Amtsärztin oder ein Amtsarzt. § 102 Abs. 2 SGB VI gilt entsprechend.

(4) Das Altersgeld wird auf schriftlichen Antrag gewährt. Es ist innerhalb von drei Mo-

naten nach Ende des Ruhens des Altersgeldanspruchs zu beantragen. Bei späterer Antragstellung wird das Altersgeld ab dem Antragsmonat gewährt.

(5) Das Altersgeld wird auf der Grundlage der altersgeldfähigen Dienstbezüge und der altersgeldfähigen Dienstzeit berechnet. Altersgeldfähige Dienstbezüge sind die in § 12 Abs. 1 Satz 1 Nr. 1 bis 4 bezeichneten Bezüge, die der oder dem Altersgeldberechtigten zuletzt zugestanden haben; § 12 Abs. 1 Satz 2 und Abs. 2 und 6 gilt entsprechend. Zur Ermittlung der altersgeldfähigen Dienstzeit und der Höhe des Altersgeldes ist § 83 Abs. 1 und 2 entsprechend mit der Maßgabe anzuwenden, dass im Rahmen des § 83 Abs. 1 nur die Zeiten nach den §§ 13 bis 15 als altersgeldfähig zu berücksichtigen sind; dabei finden die §§ 19 und 23 entsprechende Anwendung. Zeiten, die bereits zu einem Anspruch auf Altersgeld oder altersgeldähnlichen Ansprüchen geführt haben oder für die eine Nachversicherung in der gesetzlichen Rentenversicherung oder in einer berufsständischen Versorgungseinrichtung durchgeführt worden ist, sind nicht altersgeldfähig. Die altersgeldfähigen Dienstbezüge und die altersgeldfähige Dienstzeit sind innerhalb von sechs Monaten nach der Entlassung aus dem Beamtenverhältnis festzusetzen. Die Festsetzung erfolgt unter dem Vorbehalt künftiger Rechtsänderungen.

(6) In den Fällen des Absatzes 3 Satz 2 wird die Höhe des Altersgeldes nach Absatz 5 um 3,6 v. H. für jedes Jahr vermindert, für das Altersgeld vor Ablauf des Monats gezahlt wird, in dem die oder der Altersgeldberechtigte die Regelaltersgrenze nach § 35 Satz 2 oder § 235 Abs. 2 SGB VI erreicht; die Minderung darf 10,8 v. H. nicht übersteigen. § 24 Abs. 1 Satz 2 bis 4 gilt entsprechend.

(7) Endet das Ruhen des Anspruchs auf Altersgeld nach Absatz 3 Satz 2 Nr. 3 oder Nr. 4, wird die Höhe des Altersgeldes bis zum Erreichen der maßgeblichen Regelaltersgrenze mit 0,5 multipliziert.

(8) In den Fällen des Absatzes 3 Satz 2 Nr. 2 bis 4 wird das Altersgeld auf Antrag um den Betrag erhöht, um den die Summe aus Altersgeld und Leistungen aus anderen Alterssicherungssystemen, die aufgrund einer Berufstätigkeit zur Versorgung der oder des Altersgeldberechtigten für den Fall der Erwerbsminderung bestimmt sind, der Höhe nach hinter dem Rentenanspruch, der sich im Fall der Nachversicherung der versicherungsfreien und altersgeldfähigen Zeiten ergeben hätte, zurückbleibt.

(9) Werden die Versorgungsbezüge nach § 4 allgemein erhöht oder vermindert, erhöhen oder vermindern sich die der Berechnung des Altersgelds zugrunde liegenden altersgeldfähigen Dienstbezüge nach Absatz 5 Satz 2 entsprechend. Einmalzahlungen bleiben unberücksichtigt.

(10) Das Altersgeld wird um den Kindererziehungs- und Kindererziehungsergänzungszuschlag sowie um den Pflege- und Kinderpflegeergänzungszuschlag erhöht; die §§ 66 und 68 gelten entsprechend.

(11) Hinterbliebenenaltersgeld wird in den Fällen, in denen Altersgeld an die Altersgeldberechtigte oder den Altersgeldberechtigten noch nicht ausgezahlt wurde, nur auf Antrag gewährt; Absatz 4 Satz 2 und 3 gilt entsprechend. Das Hinterbliebenenaltersgeld umfasst Altersgeld für den Sterbemonat, Witwen- und Witweraltersgeld, Witwen- und Witwerabfindung und Waisenaltersgeld. Das Witwen- und Witweraltersgeld beträgt 55 v. H., das Waisenaltersgeld für Vollwaisen 20 v. H. und für Halbwaisen 12 v. H. des Altersgeldes, das der oder dem Altersgeldberechtigten gezahlt worden ist, oder das ihr oder ihm nach Erreichen der Regelaltersgrenze gezahlt worden wäre. Absatz 8 findet auf das Hinterbliebenenaltersgeld entsprechende Anwendung.

(12) Auf das Altersgeld, die Altersgeldberechtigten und ihre Hinterbliebenen finden

1. § 2 Abs. 1 und 2;
2. § 5 Abs. 2, für Empfängerinnen und Empfänger von Altersgeld oder Hinterbliebenenaltersgeld auch § 5 Abs. 1, 3 und 4;
3. § 6 Abs. 1, für Empfängerinnen und Empfänger von Altersgeld oder Hinterbliebenenaltersgeld auch § 6 Abs. 2;

4. § 7, jedoch nur für Empfängerinnen und Empfänger von Altersgeld oder Hinterbliebenenaltersgeld;
5. § 9 Abs. 1, 4 und 5;
6. § 10 Abs. 2 Satz 1 Nr. 1 und 3, für Empfängerinnen und Empfänger von Altersgeld, das nach Absatz 3 Satz 2 vorzeitig gezahlt wird oder von Hinterbliebenenaltersgeld, auch § 10 Abs. 2 Satz 1 Nr. 2 und Satz 2, für Empfängerinnen und Empfänger von Altersgeld oder Hinterbliebenenaltersgeld auch § 10 Abs. 3 und 4;
7. § 62 Abs. 2 und 3 Satz 1 sowie Abs. 5, für Empfängerinnen und Empfänger von Altersgeld oder Hinterbliebenenaltersgeld auch § 62 Abs. 1 und 3 Satz 2;
8. § 70, nicht jedoch für Hinterbliebene;
9. § 73 Abs. 1, 2 und 3 Satz 1 und Abs. 4, jedoch nur bis zu dem Ablauf des Monats, in dem die oder der Altersgeldberechtigte die Regelaltersgrenze nach § 35 Satz 2 SGB VI oder § 235 Abs. 2 SGB VI erreicht, sowie § 76,
10. § 80, jedoch nur für Empfängerinnen und Empfänger von Altersgeld oder Hinterbliebenenaltersgeld;
11. die §§ 81 und 82

entsprechende Anwendung.

Für Altersgeldberechtigte sind § 41 BeamtStG und § 54 LBG entsprechend anzuwenden.

Für das Hinterbliebenenaltersgeld gelten auch § 3 Abs. 3 Satz 3, die §§ 28 und 31 Abs. 2, die §§ 33 und 35 Abs. 2, § 36 Abs. 3, die §§ 37, 39 und 40 sowie § 72 entsprechend.

§ 84 Beamtinnen und Beamte an Hochschulen

(1) Unbefristete Hochschulleistungsbezüge sind vorbehaltlich der Absätze 4 und 5 ruhegehaltfähig, soweit sie jeweils zuletzt und mindestens für die Dauer von zwei Jahren zugestanden haben; § 12 Abs. 1 Satz 2 und Abs. 4 Satz 2 gilt entsprechend. In die Zweijahresfrist nach Satz 1 sind Zeiten eines unmittelbar vorhergehenden, unbefristeten Hochschulleistungsbezugs einzurechnen; dies gilt auch, wenn vergleichbare Leistungsbezüge von einem anderen inländischen Dienstherrn in einem Beamtenverhältnis gewährt wurden. Wurden die Hochschulleistungsbezüge nach Satz 1 von der Hochschule gewährt und während einer Beurlaubung ohne Dienstbezüge von einer außeruniversitären Forschungseinrichtung bezahlt, sind sie unter den Voraussetzungen des § 13 Abs. 1 Satz 2 Nr. 3 Halbsatz 2 und Abs. 2 für die Zweijahresfrist zu berücksichtigen. Werden sie ganz oder teilweise für die Zukunft widerrufen, gelten sie insoweit als befristet.

(2) Befristete Hochschulleistungsbezüge nach § 37 Abs. 1 Nr. 1 und 2 LBesG sind vorbehaltlich der Absätze 4 und 5 bei wiederholter Vergabe ruhegehaltfähig, soweit sie insgesamt mindestens für die Dauer von zehn Jahren zugestanden haben. Vergleichbare befristete Leistungsbezüge in einem Beamtenverhältnis bei einem anderen inländischen Dienstherrn sind höchstens für die Dauer von fünf Jahren zu berücksichtigen. Hochschulleistungsbezüge, die zunächst befristet und dann unbefristet vergeben wurden, werden spätestens ruhegehaltfähig, wenn sie zehn Jahre zugestanden haben. Absatz 1 Satz 3 gilt entsprechend.

(3) Funktions-Leistungsbezüge nach § 37 Abs. 1 Satz 1 Nr. 3 LBesG sind vorbehaltlich der Absätze 5 und 6 ruhegehaltfähig in Höhe eines Viertels, soweit sie für die übertragene Funktion mindestens vier Jahre, in Höhe der Hälfte, soweit sie für die übertragene Funktion mindestens acht Jahre zugestanden haben; Absatz 2 Satz 2 gilt entsprechend. Wird unmittelbar im Anschluss an die Wahrnehmung einer Funktion der Hochschulselbstverwaltung eine Hochschulleitungsfunktion übertragen, wird für die Anwendung des Satzes 1 die Bezugszeit der zuletzt übertragenen Funktion auf die Bezugszeit der zuvor übertragenen Funktion angerechnet, wenn die Funktions-Leistungsbezüge aus der zuletzt übertragenen Funktion nicht ruhegehaltfähig werden.

(4) Wurden mehrere ruhegehaltfähige Hochschulleistungsbezüge nach § 37 Abs. 1 Nr. 1 und 2 LBesG gewährt, ist der höchste Betrag, der sich jeweils nach den Absätzen 1 und 2 ergibt, anzusetzen. Nach Absatz 1 ruhegehaltfähige Hochschulleistungsbezüge sind zusammenzurechnen. Soweit der Gesamtbe-

IV

IV

trag, der über einen Zeitraum von zehn Jahren gleichzeitig bezogenen ruhegehaltfähigen Hochschulleistungsbezüge nach den Absätzen 1 und 2 höher ist als der sich nach Satz 1 ergebende Betrag, ist der höhere Betrag anzusetzen.

(5) Hochschulleistungsbezüge nach den Absätzen 1 und 2 sowie Funktions-Leistungsbezüge nach Absatz 3, soweit diese gleichzeitig mit Hochschulleistungsbezügen nach den Absätzen 1 und 2 bezogen wurden, sind insgesamt bis höchstens 40 v. H. des zuletzt zustehenden Grundgehalts ruhegehaltfähig; dynamisierte Hochschulleistungsbezüge sind dabei vorrangig anzusetzen. Diese Grenze kann durch Erklärung der Hochschule wie folgt überschritten werden:

1. für 2 v. H. der im Haushaltsplan ausgewiesenen W 2- oder W 3-Stellen bis zur Höhe von insgesamt 50 v. H. des Grundgehalts,
2. für 4 v. H. der im Haushaltsplan ausgewiesenen W 3-Stellen bis zur Höhe von insgesamt 60 v. H. des Grundgehalts und
3. für 2 v. H. der im Haushaltsplan ausgewiesenen W 3-Stellen bis zur Höhe von insgesamt 80 v. H. des Grundgehalts.

Die Erklärung muss spätestens abgegeben werden, wenn mit der Vergabe des Hochschulleistungsbezugs die Höchstgrenzen der Sätze 1 und 2 erstmalig überschritten werden; hat die Professorin oder der Professor mehreren Hochschulen angehört, ist maßgeblich, ob die letzte Hochschule diese Erklärung abgegeben hat. Das für das Hochschulwesen zuständige Ministerium wird ermächtigt, die Zuständigkeit zur Abgabe der Erklärung nach Satz 2 innerhalb der Hochschule durch Rechtsverordnung zu regeln.

(6) Funktions-Leistungsbezüge an hauptberufliche Mitglieder von Hochschulleitungen sind ruhegehaltfähig, wenn die Beamtin oder der Beamte aus dem Beamtenverhältnis auf Zeit in den Ruhestand tritt und soweit ihr oder ihm aus dem bekleideten Hochschulleitungsamt die Funktions-Leistungsbezüge zuletzt und mindestens für die Dauer von fünf Jahren, im Fall von Funktions-Leistungsbezügen nach § 5 Abs. 2 der Landesverordnung über Leistungsbezüge sowie Forschungs- und Lehrzulagen im Hochschulbereich vom 16. Juni 2004 (GVBl. S. 364, BS 2032-1-3) in der jeweils geltenden Fassung mindestens für die Dauer von zwei Jahren, zugestanden haben. Tritt die Beamtin oder der Beamte aus dem Beamtenverhältnis auf Zeit nicht in den Ruhestand, gilt hinsichtlich des zugrunde liegenden Beamtenverhältnisses auf Lebenszeit Absatz 3 entsprechend.

(7) Hochschulleistungsbezüge, die als Einmalzahlung vergeben werden, sind nicht ruhegehaltfähig.

(8) Bei Beamtinnen und Beamten, die die Voraussetzungen des § 37 Abs. 1 Satz 3 LBesG erfüllen und deren ruhegehaltfähige Leistungsbezüge nach den Absätzen 1 bis 7 niedriger sind als der in § 37 Abs. 1 Satz 3 LBesG genannte Mindestbetrag, werden Leistungsbezüge in der dort genannten Höhe berücksichtigt.

(9) Verringern sich bei einem Wechsel in ein Amt der Besoldungsordnung W die ruhegehaltfähigen Dienstbezüge, so berechnet sich das Ruhegehalt aus den ruhegehaltfähigen Dienstbezügen des früheren Amtes und der gesamten ruhegehaltfähigen Dienstzeit, sofern die Dienstbezüge des früheren Amtes mindestens zwei Jahre bezogen wurden. Ruhegehaltfähig ist die zum Zeitpunkt des Wechsels erreichte Stufe des Grundgehalts. Auf die Zweijahresfrist wird der Zeitraum, in dem Dienstbezüge aus einem Amt der Besoldungsordnung W bezogen wurden, angerechnet.

§ 85 Gerichtsvollzieherinnen und Gerichtsvollzieher

(1) Die Vergütung der Gerichtsvollzieherin oder des Gerichtsvollziehers gehört in Höhe von 8 v. H. des Endgrundgehalts der Besoldungsgruppe, die der Bemessung der Versorgungsbezüge der Beamtin oder des Beamten zugrunde liegt, zu den ruhegehaltfähigen Dienstbezügen, wenn die Beamtin oder der Beamte mindestens zehn Jahre ausschließlich im Vollstreckungsaußendienst tätig gewesen ist und beim Eintritt des Versorgungsfalls eine Vergütung bezieht oder ohne Berücksichti-

gung einer vorangegangenen Dienstunfähigkeit bezogen hätte. Die Frist gilt bei einer Beamtin oder einem Beamten, deren oder dessen Beamtenverhältnis durch Eintritt in den Ruhestand wegen Dienstunfähigkeit oder durch Tod geendet hat, als erfüllt, wenn sie oder er bis zum Eintritt in den Ruhestand wegen Erreichens der Regelaltersgrenze nach § 37 Abs. 1 Satz 1 und Abs. 3 LBG zehn Jahre ausschließlich im Vollstreckungsaußendienst hätte tätig sein können.

(2) Die Vergütung gehört in dem in Absatz 1 Satz 1 bestimmten Umfang auch dann zu den ruhegehaltfähigen Dienstbezügen, wenn die Beamtin oder der Beamte mindestens zehn Jahre im Vollstreckungsaußendienst tätig gewesen ist und vor Eintritt in den Ruhestand wegen Dienstunfähigkeit für den Vollstreckungsaußendienst in eine andere Verwendung übernommen worden ist. Die Frist gilt als erfüllt, wenn die andere Verwendung infolge Dienstbeschädigung, die sich die Beamtin oder der Beamte ohne grobes Verschulden bei Ausübung oder aus Veranlassung seines Dienstes als Gerichtsvollzieherin oder Gerichtsvollzieher zugezogen hat, notwendig wird und die Frist ohne diese Dienstbeschädigung hätte erfüllt werden können. In den Fällen der Sätze 1 und 2 ist bei der Bemessung des ruhegehaltfähigen Teils der Vollstreckungsvergütung höchstens das Endgrundgehalt des Spitzenamtes des Gerichtsvollzieherdienstes zugrunde zu legen.

(3) In den Fällen einer Altersteilzeit im Blockmodell gilt Absatz 1 Satz 1 entsprechend, wenn die Beamtin oder der Beamte unmittelbar vor Beginn der Freistellungsphase mindestens zehn Jahre ausschließlich im Vollstreckungsaußendienst tätig gewesen ist.

§ 86 Ehrenbeamtinnen und Ehrenbeamte

Erleidet eine Ehrenbeamtin oder ein Ehrenbeamter einen Dienstunfall (§ 42), so besteht Anspruch auf ein Heilverfahren (§ 43). Außerdem kann Ersatz von Sachschäden (§ 54) und, für Ehrenbeamtinnen und Ehrenbeamte des Landes Rheinland-Pfalz im Einvernehmen mit dem für das finanzielle öffentliche Dienstrecht zuständigen Ministerium oder der von ihm bestimmten Stelle, ein nach billigem Ermessen festzusetzender Unterhaltsbeitrag bewilligt werden. Das Gleiche gilt für die Hinterbliebenen.

Teil 5
Überleitungs- und Übergangsbestimmungen

Abschnitt 1
Überleitung vorhandener Versorgungsempfängerinnen und Versorgungsempfänger

§ 87 Bestandskraft bisheriger Festsetzungen

(1) Der Versorgung der am 1. Juli 2013 vorhandenen Ruhestandsbeamtinnen und Ruhestandsbeamten sind der Ruhegehaltssatz, die ruhegehaltfähige Dienstzeit, die ruhegehaltfähigen Dienstbezüge, die prozentuale Verminderung des Ruhegehalts aufgrund vorzeitiger Ruhestandsversetzung und die Besoldungsgruppe, aus der sich das Ruhegehalt berechnet, wie sie sich aus der letzten bestandskräftigen Festsetzung vor dem 1. Juli 2013 unter Berücksichtigung der seither vorgenommenen Anpassungen der Versorgungsbezüge ergeben, zugrunde zu legen. Werden nach diesem Zeitpunkt neue Tatsachen oder Beweismittel bekannt, die einen dieser Werte betreffen, gelten § 1 Abs. 1 des Landesverwaltungsverfahrensgesetzes in Verbindung mit den §§ 48, 49 und 51 des Verwaltungsverfahrensgesetzes entsprechend; die Neufestsetzung erfolgt nur in Bezug auf den betroffenen Wert, dabei ist der Ruhegehaltssatz für am 31. Dezember 1991 vorhandene Beamtinnen und Beamte sowie Ruhestandsbeamtinnen und Ruhestandsbeamte nach § 88 Abs. 3 bis 5 zu ermitteln. Soweit noch keine Festsetzung erfolgt oder die letzte Festsetzung vor dem 1. Juli 2013 noch nicht bestandskräftig ist, ist bis zur Bestandskraft der Festsetzung oder bis zur rechtskräftigen Entscheidung über die Festsetzung das am 30. Juni 2013 geltende Recht anzuwenden; nach Eintritt der Bestandskraft oder Rechtskraft gilt Satz 1 entsprechend. § 12 Abs. 1

Satz 1 Nr. 5 und § 24 Abs. 3 bleiben unberührt. Für frühere Beamtinnen und Beamte, die am 1. Juli 2013 einen Unterhaltsbeitrag erhalten, der nicht auf einem Dienstunfall beruht, gelten die Sätze 1 bis 3 entsprechend für die festgesetzten Unterhaltsbeiträge.

(2) Beruht die Versorgung auf einem Beamtenverhältnis, das vor dem 1. Januar 1966 begründet wurde, ist § 75 mit der Maßgabe anzuwenden, dass der zu berücksichtigende Rentenbetrag um 40 v. H. gemindert und neben den Renten mindestens ein Betrag von 40 v. H. der Versorgungsbezüge belassen wird. Die §§ 19, 24 Abs. 4 und § 75 Abs. 4 gelten nicht für am 1. Oktober 1994 vorhandene Ruhestandsbeamtinnen und Ruhestandsbeamte. Bei am 1. Januar 2002 vorhandenen Ruhestandsbeamtinnen und Ruhestandsbeamten bleiben bei der Anwendung des § 75 Renten nach § 75 Abs. 1 Satz 2 Nr. 4 außer Ansatz. Bei am 1. Juli 2013 vorhandenen Ruhestandsbeamtinnen und Ruhestandsbeamten bleiben bei der Anwendung des § 75 Renten nach § 75 Abs. 1 Satz 2 Nr. 3 und 6 außer Ansatz.

(3) Für die am 1. Juli 2013 vorhandenen Hinterbliebenen, die Witwen- oder Witwergeld oder Waisengeld erhalten, gelten Absatz 1 Satz 1 bis 4 und Absatz 2 entsprechend, auch für den für die Höhe des Witwen- oder Witwergeldes maßgeblichen Vomhundertsatz. § 32 Abs. 1 Satz 2 bis 4, § 36 Abs. 1 Satz 3 und die §§ 40 und 93 Abs. 2 Satz 2 bleiben unberührt. Für die am 1. Juli 2013 vorhandenen Hinterbliebenen, die einen Unterhaltsbeitrag erhalten, der nicht auf einem Dienstunfall beruht, gelten die Sätze 1 und 2 entsprechend für die festgesetzten Unterhaltsbeiträge.

(4) Für die am 30. Juni 2013 vorhandenen Unfallfürsorgeberechtigten steht ein vor dem 1. Juli 2013 erlittener Dienstunfall oder Einsatzunfall im Sinne des Beamtenversorgungsgesetzes in der bis zum 31. August 2006 geltenden Fassung dem Dienstunfall oder Einsatzunfall im Sinne dieses Gesetzes gleich. Auf die am 31. Dezember 1991 vorhandenen Beamtinnen und Beamten, denen aufgrund eines bis zu diesem Zeitpunkt erlittenen Dienstunfalls ein Unfallausgleich gewährt wird, findet § 35 des Beamtenversorgungsgesetzes in der am 31. Dezember 1991 geltenden Fassung Anwendung. Für das Unfallruhegehalt gilt Absatz 1 entsprechend, für die Unfallhinterbliebenenversorgung und die Höchstgrenze der Hinterbliebenenversorgung gilt Absatz 3; bei Neufestsetzungen ist in den Fällen, in denen § 36 des Beamtenversorgungsgesetzes in der bis zum 31. August 2006 geltenden Fassung Anwendung gefunden hat, § 45 Abs. 3 anzuwenden. Für Unterhaltsbeiträge für frühere Beamtinnen und Beamte, frühere Ruhestandsbeamtinnen und Ruhestandsbeamte sowie bei Schädigung eines ungeborenen Kindes gelten die §§ 47 und 48 mit der Maßgabe, dass in § 47 Abs. 2 Satz 1 Nr. 2 und in § 48 Abs. 1 Nr. 2 anstelle der Zahl „25" die Zahl „20" tritt. Ein am 30. Juni 2013 zustehender Unterhaltsbeitrag für Hinterbliebene nach § 41 des Beamtenversorgungsgesetzes in der bis zum 31. August 2006 geltenden Fassung oder Hilflosigkeitszuschlag nach § 34 Abs. 2 des Beamtenversorgungsgesetzes in der bis zum 31. August 2006 geltenden Fassung wird weiterhin gewährt und ist bei allgemeinen Anpassungen entsprechend anzupassen; für den Unterhaltsbeitrag nach § 41 des Beamtenversorgungsgesetzes in der bis zum 31. August 2006 geltenden Fassung gelten die §§ 33 und 40, für den Hilflosigkeitszuschlag gilt § 13 der Heilverfahrensverordnung in der am 31. August 2006 geltenden Fassung sinngemäß.

(5) Für die Berechnung der Höchstgrenzen nach § 74 Abs. 2 Satz 1 Nr. 1 sowie § 75 Abs. 2 gilt § 90 Abs. 3 bis 7 entsprechend. Es ist mindestens der Ruhegehaltssatz nach Absatz 1 zugrunde zu legen, oder soweit am 30. Juni 2013 bereits eine entsprechende Ruhensregelung anzuwenden war, mindestens der damals zugrunde liegende Ruhegehaltssatz der Höchstgrenze.

(6) Ist die Entscheidung des Familiengerichts vor dem 1. Januar 2012 wirksam geworden, wird die Kürzung des Ruhegehalts nach § 81 bei den am 1. Januar 2012 vorhandenen Ruhestandsbeamtinnen und Ruhestandsbeamten erst dann vorgenommen, wenn aus der Versicherung der berechtigten Ehegattin oder des berechtigten Ehegatten eine Rente zu

gewähren oder eine Zahlung nach § 5 des Bundesversorgungsteilungsgesetzes vom 3. April 2009 (BGBl. I S. 700 – 716 –) in der jeweils geltenden Fassung oder entsprechendem Landesrecht zu leisten ist. § 81 Abs. 5 findet entsprechende Anwendung.

§ 88 Bezügebestandteile

(1) Versorgungsempfängerinnen und Versorgungsempfänger mit ruhegehaltfähigen Dienstbezügen der Besoldungsordnungen A und C sowie der Besoldungsgruppen R 1 und R 2 werden den betragsmäßig entsprechenden Stufen des Grundgehalts der Anlagen 6 und 10 des Landesbesoldungsgesetzes zugeordnet. Weist die Grundgehaltstabelle den bisherigen Betrag nicht aus, erfolgt die Zuordnung zu der Stufe der Besoldungsgruppe mit dem nächsthöheren Betrag. Die so ermittelte Stufe des Grundgehalts und der zugehörige Betrag treten ab 1. Juli 2013 an die Stelle der nach § 87 Abs. 1 Satz 1 und Abs. 2 Satz 1 geltenden Werte. Versorgungsempfängerinnen und Versorgungsempfänger mit ruhegehaltfähigen Bezügen der Besoldungsordnungen B und W sowie der Besoldungsgruppen R 3 bis R 8 werden den Grundgehältern der Anlage 6 des Landesbesoldungsgesetzes zugeordnet. Die Grundgehälter nach der Besoldungsordnung H bestimmen sich nach fortgeltenden Besoldungsordnungen für Hochschullehrer.

(2) Absatz 1 gilt nicht für Versorgungsempfängerinnen und Versorgungsempfänger, deren ruhegehaltfähige Dienstbezüge sich am 30. Juni 2013 nach der Besoldungsgruppe A 1 oder A 2 bestimmen. Die zu diesem Zeitpunkt geltenden Grundgehaltsbeträge gelten für die Berechnung der Versorgungsbezüge fort und nehmen an allgemeinen Anpassungen teil.

(3) Die der Berechnung der Versorgungsbezüge am 30. Juni 2013 zugrunde liegenden Zuschläge nach den §§ 50a und 50b des Beamtenversorgungsgesetzes in der am 31. August 2006 geltenden Fassung werden zum 1. Juli 2013 als Zuschlag im Sinne des § 66, die Zuschläge nach § 50d des Beamtenversorgungsgesetzes in der am 31. August 2006 geltenden Fassung als Zuschlag im Sinne des § 68, die Zuschläge nach § 50e des Beamtenversorgungsgesetzes in der am 31. August 2006 geltenden Fassung als Zuschläge im Sinne des § 69 und der Zuschlag nach § 50c des Beamtenversorgungsgesetzes in der am 31. August 2006 geltenden Fassung als Zuschlag im Sinne des § 67 übergeleitet. Die übergeleiteten Zuschläge nehmen ab diesem Zeitpunkt an der Anpassung der Versorgungsbezüge nach § 4 teil. § 66 Abs. 8 und 9, § 67 Abs. 4, § 68 Abs. 5 Halbsatz 2 und § 69 Abs. 2 gelten entsprechend.

(4) Zu den ruhegehaltfähigen Dienstbezügen im Sinne des § 87 Abs. 1 zählen und nehmen an den Anpassungen der Versorgungsbezüge nach § 4 teil:

1. die Amtszulagen in den Besoldungsordnungen des Bundesbesoldungsgesetzes in der am 31. August 2006 geltenden Fassung,
2. die Zulage nach der Nummer 27 der Vorbemerkungen zu den Bundesbesoldungsordnungen A und B zum Bundesbesoldungsgesetz in der am 31. August 2006 geltenden Fassung,
3. die Zulage nach der Nummer 2b der Vorbemerkungen zu Bundesbesoldungsordnung C zum Bundesbesoldungsgesetz in der am 31. August 2006 geltenden Fassung,
4. die Ausgleichs- und Überleitungszulagen nach Maßgabe des § 69 Abs. 1 und 9 LBesG,
5. die Überleitungszulage nach Artikel IX § 11 des Zweiten Gesetzes zur Vereinheitlichung und Neuregelung des Besoldungsrechts in Bund und Ländern (2. BesVNG) vom 23. Mai 1975 (BGBl. I S. 1173), soweit sie für den Wegfall von ruhegehaltfähigen Bezügen gewährt wird, die bisher an den Anpassungen der Versorgungsbezüge teilgenommen haben,
6. die Überleitungszulage nach Artikel 14 § 1 Abs. 1 des Reformgesetzes vom 24. Februar 1997 (BGBl. I S. 322),
7. die Zulagen nach § 5 Abs. 3 Satz 1 Buchst. a und b der Zweiten Besoldungs-

IV

Übergangsverordnung in der Fassung vom 27. November 1997 (BGBl. I S. 2764) in der am 31. August 2006 geltenden Fassung,
8. die Zulage für Gerichtsvollzieher nach § 12 der Vollstreckungsvergütungsverordnung in der Fassung vom 6. Januar 2003 (BGBl. I S. 8) in der am 31. August 2006 geltenden Fassung,
9. die Amtszulagen zu den Besoldungsgruppen der Besoldungsordnungen des Landesbesoldungsgesetzes in der am 30. Juni 2013 geltenden Fassung,
10. der Zuschuss zum Grundgehalt und Zuschüsse in den Besoldungsgruppen H 3 und H 4 nach fortgeltenden Besoldungsordnungen für Hochschullehrer, die bisher an den Anpassungen der Versorgungsbezüge teilgenommen haben.

(5) Zu den ruhegehaltfähigen Dienstbezügen im Sinne des § 87 Abs. 1 zählen und nehmen nicht an den Anpassungen der Versorgungsbezüge nach § 4 teil:

1. der Anpassungszuschlag nach § 71 des Beamtenversorgungsgesetzes in der am 31. Dezember 1983 geltenden Fassung nach Maßgabe des Artikels 32 des Haushaltsbegleitgesetzes 1984 vom 22. Dezember 1983 (BGBl. I S. 1532; 1984 I S.107, 261) in der am 31. August 2006 geltenden Fassung,
2. der Strukturausgleich nach Artikel 1 § 6 des Bundesbesoldungs- und -versorgungsanpassungsgesetzes 1991 vom 21. Februar 1992 (BGBl. I S. 266) nach Maßgabe des Artikels 2 Abs. 4 des Bundesbesoldungs- und -versorgungsanpassungsgesetzes 1998 (BBVAnpG 98) vom 6. August 1998 (BGBl. I S. 2026),
3. der Anpassungszuschlag nach § 71 des Beamtenversorgungsgesetzes in der am 30. Juni 1997 geltenden Fassung nach Maßgabe des Artikels 4 Nr. 12 und 13 des Reformgesetzes,
4. der Zuschlag zum Grundgehalt (Erhöhungszuschlag) nach Artikel 5 § 1 Abs. 1 oder Artikel 6 § 1 Abs. 1 des Siebenten Gesetzes zur Änderung des Bundesbesoldungsgesetzes vom 15. April 1970 (BGBl. I S. 339) nach Maßgabe des Artikels 2 Abs. 4 BBVAnpG 98,
5. die Ausgleichszulage nach § 81 Abs. 1 des Bundesbesoldungsgesetzes in der am 31. August 2006 geltenden Fassung,
6. die Überleitungszulage nach Artikel IX § 11 2. BesVNG, soweit sie für den Wegfall von ruhegehaltfähigen Bezügen gewährt wird, die bisher nicht an den Anpassungen der Versorgungsbezüge teilgenommen haben,
7. die Ausgleichszulage nach Artikel IX § 13 2. BesVNG,
8. der Zuschuss zur Ergänzung des Grundgehalts und Zuschüsse in den Besoldungsgruppen H 3 und H 4 nach fortgeltenden Besoldungsordnungen für Hochschullehrer, die bisher nicht an den Anpassungen der Versorgungsbezüge teilgenommen haben,
9. die Zulage nach der Nummer 6 der Vorbemerkungen zu den Bundesbesoldungsordnungen A und B zum Bundesbesoldungsgesetz in der am 31. August 2006 geltenden Fassung,
10. die Zulagen nach den Nummern 8, 9, 10, 12, 13a und Stellenzulagen nach den Nummern 23, 25 und 26 der Vorbemerkungen zu den Bundesbesoldungsordnungen A und B zum Bundesbesoldungsgesetz in der am 31. Dezember 1998 geltenden Fassung,
11. die Zulagen nach den Nummern 8, 9, 10, 12, 13a und Stellenzulagen nach den Nummern 23, 25 und 26 der Vorbemerkungen zu den Bundesbesoldungsordnungen A und B zum Bundesbesoldungsgesetz in der am 31. August 2006 geltenden Fassung nach Maßgabe des § 81 Abs. 2 des Bundesbesoldungsgesetzes in der am 31. August 2006 geltenden Fassung und des § 6f des Landesbesoldungsgesetzes in der am 1. Januar 2011 geltenden Fassung,
12. das Kolleggeld nach fortgeltenden Besoldungsordnungen für Hochschullehrer.

(6) Für die im Zeitpunkt der besoldungsrechtlichen Anhebung der Besoldung von A 4

auf A 5 zum 1. Januar 2022 vorhandenen Versorgungsempfängerinnen und Versorgungsempfänger, deren erdiente Ruhegehälter auf der Grundlage der ruhegehaltfähigen Dienstbezüge aus der Besoldungsgruppe A 4 ermittelt wurden, werden die erdienten Ruhegehälter weiterhin auf der Grundlage dieser Besoldungsgruppe ermittelt und entsprechend § 4 angepasst.

§ 89 Versorgung künftiger Hinterbliebener

(1) Der Hinterbliebenenversorgung der am 1. Juli 2013 vorhandenen Ruhestandsbeamtinnen oder Ruhestandsbeamten ist das von den Verstorbenen bezogene jeweilige Ruhegehalt zugrunde zu legen; § 87 Abs. 2 Satz 2 und 3 und Abs. 5 und 6 gelten entsprechend. Für die Hinterbliebenenversorgung aus einer vor dem 1. Januar 2002 geschlossenen Ehe, bei der mindestens ein Ehegatte vor dem 2. Januar 1962 geboren ist, beträgt das Witwen- oder Witwergeld (§ 31) 60 v. H. des Ruhegehalts, das die oder der Verstorbene erhalten hat oder hätte erhalten können, wenn sie oder er am Todestag in den Ruhestand getreten wäre; § 67 ist in diesen Fällen nicht anzuwenden.

(2) § 87 Abs. 3 Satz 1 und 2 gilt entsprechend im Falle des § 40 Abs. 3 Satz 1, soweit der frühere Anspruch vor dem 1. Juli 2013 entfallen ist.

Abschnitt 2 Übergangsbestimmungen für vorhandene Beamtinnen und Beamte

§ 90 Besondere Bestimmungen zu den ruhegehaltfähigen Dienstbezügen, zur ruhegehaltfähigen Dienstzeit und zum Ruhegehalt

(1) Für ein vor dem 1. Januar 1992 geborenes Kind ist die Zeit eines Erziehungsurlaubs bis zu dem Tag ruhegehaltfähig, an dem das Kind sechs Monate alt wird. Dies gilt entsprechend für die Zeit einer Kindererziehung von der Geburt des Kindes bis zu dem Tag, an dem das Kind sechs Monate alt wird, die in eine Freistellung vom Dienst nach § 80a oder § 87a des Landesbeamtengesetzes in der am 31. Dezember 1991 geltenden Fassung fällt.

(2) Der Zeitraum der Verwendung einer Beamtin oder eines Beamten zum Zweck der Aufbauhilfe im Beitrittsgebiet wird bis zum 31. Dezember 1995 doppelt als ruhegehaltfähige Dienstzeit berücksichtigt, wenn die Verwendung ununterbrochen mindestens ein Jahr gedauert hat.

(3) Hat das Beamtenverhältnis oder ein unmittelbar vorangehendes anderes öffentlich-rechtliches Dienstverhältnis, aus dem die Beamtin oder der Beamte in den Ruhestand tritt, bereits am 31. Dezember 1991 bestanden, tritt an die Stelle des Ruhegehaltssatzes nach § 24 Abs. 1 der nach den Absätzen 4 und 5 berechnete Ruhegehaltssatz, soweit dies für die Beamtin oder den Beamten günstiger ist. Den Berechnungen wird die nach diesem Gesetz ermittelte ruhegehaltfähige Dienstzeit mit der Maßgabe zugrunde gelegt, dass Zeiten einer Fachschul- oder Hochschulausbildung nach § 18 Abs. 1 im Umfang der tatsächlichen Studiendauer, höchstens jedoch bis zur Mindest- oder Regelstudienzeit einschließlich Prüfungszeit zu berücksichtigen sind und § 18 Abs. 2 keine Anwendung findet sowie die Zurechnungszeit nach § 21 Abs. 1 nur in Höhe von einem Drittel bis zum Ende des Monats der Vollendung des 55. Lebensjahres zur ruhegehaltfähigen Dienstzeit hinzugerechnet wird. Für die Beamtinnen und Beamten auf Zeit, deren Beamtenverhältnis über den 31. Dezember 1991 hinaus fortbesteht, beträgt das Ruhegehalt, wenn es für sie günstiger ist, nach einer Amtszeit von acht Jahren als Beamtin oder Beamter auf Zeit 40,18014 v. H. der ruhegehaltfähigen Dienstbezüge und steigt mit jedem weiteren vollen Amtsjahr als Beamtin oder Beamter auf Zeit um 1,91333 v. H. der ruhegehaltfähigen Dienstbezüge; nach einer Amtszeit von 24 Jahren beträgt das Ruhegehalt 71,75 v. H. der ruhegehaltfähigen Dienstbezüge.

(4) Für die vor dem 1. Januar 1992 zurückgelegte ruhegehaltfähige Dienstzeit beträgt der Ruhegehaltssatz bis zu einer zehnjährigen Dienstzeit 33,48345 v. H.; er steigt je weiterem vollen Jahr ruhegehaltfähiger Dienstzeit

IV

um 1,91333 Prozentpunkte bis zu einer 25-jährigen Dienstzeit und um 0,95667 Prozentpunkte bis zu einer 35-jährigen Dienstzeit, wobei ein Rest der ruhegehaltfähigen Dienstzeit von mehr als 182 Tagen als vollendetes Dienstjahr gilt.

(5) Der Ruhegehaltssatz nach Absatz 4 erhöht sich um 0,95667 Prozentpunkte je vollem Jahr ruhegehaltfähiger Dienstzeit, die nach dem 31. Dezember 1991 zurückgelegt wurde bis zum Höchstsatz von 71,75 v. H. Beträgt die ruhegehaltfähige Dienstzeit nach Absatz 4 keine zehn Jahre, bleibt die Zeit bis zum vollen zehnten Jahr bei der ruhegehaltfähigen Dienstzeit nach Satz 1 außer Ansatz. § 24 Abs. 1 Satz 2 bis 4 ist entsprechend anzuwenden.

(6) Errechnet sich der maßgebende Ruhegehaltssatz nach den Absätzen 3 bis 5, ist entsprechend diesen Vorschriften auch der Ruhegehaltssatz für die Höchstgrenze nach § 74 Abs. 2 und § 75 Abs. 2 zu berechnen.

(7) Die Voraussetzungen des Absatzes 3 sind auch dann erfüllt, wenn dem Beamtenverhältnis, aus dem der Ruhestandseintritt erfolgt, mehrere öffentlich-rechtliche Dienstverhältnisse in unmittelbarem zeitlichen Zusammenhang mit dem am 31. Dezember 1991 bestehenden öffentlich-rechtlichen Dienstverhältnis vorangegangen sind. Einem öffentlich-rechtlichen Dienstverhältnis steht ein Beschäftigungsverhältnis im Sinne des § 5 Abs. 1 Nr. 2 und des § 6 Abs. 1 Nr. 2 SGB VI gleich.

(8) § 88 Abs. 5 Satz 1 Nr. 4 gilt entsprechend.

(9) § 24 Abs. 2 ist auf am 1. Januar 2001 vorhandene Beamtinnen und Beamte, die bis zum 16. November 1950 geboren sind und am 16. November 2000 schwerbehindert im Sinne des § 2 Abs. 2 des Neunten Buches Sozialgesetzbuch sind sowie nach § 39 Abs. 2 LBG in den Ruhestand versetzt werden, nicht anzuwenden.

(10) § 87 Abs. 2 Satz 1 gilt entsprechend. § 75 Abs. 4 Satz 1 findet bei am 1. Oktober 1994 vorhandenen Beamtinnen und Beamten keine Anwendung, wenn die Rente zu diesem Zeitpunkt bereits abgegolten war.

(11) Zeiten einer Altersteilzeit nach § 80b des Landesbeamtengesetzes oder § 10 des Landesrichtergesetzes in der bis zum 31. Juli 2007 geltenden Fassung sind zu neun Zehnteln der Arbeitszeit ruhegehaltfähig, die der Bemessung der ermäßigten Arbeitszeit während der Altersteilzeit zugrunde gelegt worden ist. § 10 Abs. 2 LBesG gilt entsprechend.

(12) Für Beamtinnen und Beamte, denen am 30. Juni 2013 eine Zulage nach Nummer 6 der Vorbemerkungen zu den Bundesbesoldungsordnungen A und B des Bundesbesoldungsgesetzes in der bis zum 31. August 2006 geltenden Fassung zugestanden hat, sind diese Vorschriften abweichend von Nummer 4 der Vorbemerkungen zu den Landesbesoldungsordnungen A und B hinsichtlich der Ruhegehaltfähigkeit mit der Maßgabe weiter anzuwenden, dass Nummer 5 der Vorbemerkungen zu den Landesbesoldungsordnungen A und B an die Stelle der Nummer 8 der Vorbemerkungen zu den Bundesbesoldungsordnungen A und B des Bundesbesoldungsgesetzes in der bis zum 31. August 2006 geltenden Fassung tritt.

§ 91 Beamtinnen und Beamte an Hochschulen

(1) Ruhegehaltfähige Dienstbezüge im Sinne des § 12 Abs. 1 sind Zuschüsse zum Grundgehalt von Professorinnen und Professoren der Besoldungsordnung C (kw) nach § 67 Abs. 4 LBesG, soweit sie für ruhegehaltfähig erklärt wurden.

(2) § 20 gilt entsprechend für Hochschuldozentinnen, Hochschuldozenten, Oberassistentinnen, Oberassistenten, Oberingenieurinnen, Oberingenieure sowie wissenschaftliche und künstlerische Assistentinnen und Assistenten (§ 67 Abs. 1 LBesG).

(3) Für die in Absatz 2 genannten Personen beträgt das Übergangsgeld abweichend von § 60 für ein Jahr Dienstzeit das Einfache, insgesamt höchstens das Sechsfache der Besoldung des letzten Monats.

(4) Vor dem 1. Juli 2013 nach § 33 Abs. 3 Satz 1 des Bundesbesoldungsgesetzes in der bis zum 31. August 2006 geltenden Fassung in Verbindung mit § 6 der Landesverordnung

über Leistungsbezüge sowie Forschungs- und Lehrzulagen im Hochschulbereich vom 16. Juni 2004 (GVBl. S. 364, BS 2032-1-3) in der jeweils geltenden Fassung oder mit § 5 der Landesverordnung über Leistungsbezüge sowie Forschungs- und Lehrzulagen für Hochschullehrerinnen und Hochschullehrer der Deutschen Hochschule für Verwaltungswissenschaften Speyer vom 22. Juni 2004 (GVBl. S. 370, BS 2032-1-4) in der jeweils geltenden Fassung abgegebene Erklärungen bleiben unbeachtet des § 84 Abs. 5 Satz 3 Halbsatz 1 wirksam. Wurden die Grenzen des § 84 Abs. 5 Satz 1 oder Satz 2 vor dem 1. Juli 2013 überschritten, kann die Erklärung bis zum 31. Dezember 2014 nachgeholt werden.

(5) Für Versorgungsempfängerinnen und Versorgungsempfänger, die vor dem 1. Juli 2013 in den Ruhestand getreten sind, ist in Ämtern der Besoldungsgruppe W 2 § 69 Abs. 7 LBesG und in Ämtern der Besoldungsgruppen W 2 und W 3 § 84 Abs. 8 dieses Gesetzes mit Wirkung vom 1. Januar 2013 sinngemäß anzuwenden.

(6) Funktions-Leistungsbezüge an Kanzlerinnen und Kanzler im Beamtenverhältnis auf Lebenszeit sind ruhegehaltfähig, wenn die Beamtin oder der Beamte aus dem aufgrund des § 83 Abs. 3 Satz 4 des Hochschulgesetzes in der Fassung vom 19. November 2010 (GVBl. S. 463), zuletzt geändert durch Artikel 4 des Gesetzes vom 18. Juni 2019 (GVBl. S. 101), oder aus dem aufgrund des § 83 Abs. 5 Satz 1 des Hochschulgesetzes in der Fassung vom 19. November 2010 (GVBl. S. 463), zuletzt geändert durch Artikel 4 des Gesetzes vom 18. Juni 2019 (GVBl. S. 101), oder aus einem unter den Voraussetzungen des § 132 Abs. 4 Satz 1 des Hochschulgesetzes vom 23. September 2020 (GVBl. S. 461) begründeten Beamtenverhältnis auf Lebenszeit in den Ruhestand tritt.

§ 92 Verminderung der Berücksichtigung von Hochschulausbildungszeiten

Für Versorgungsfälle, die nach dem 30. Juni 2013 und bis zum 30. November 2017 eintreten, sind abweichend von § 18 Abs. 1 und § 83 Abs. 9 die Bestimmungen des § 12 Abs. 1 Satz 1 und des § 66 Abs. 9 des Beamtenversorgungsgesetzes in der bis zum 31. August 2006 geltenden Fassung mit der Maßgabe anzuwenden, dass sich die danach höchstens anrechenbare Zeit einer Hochschulausbildung für jeden nach dem 31. Dezember 2013 beginnenden Kalendermonat bis einschließlich des Kalendermonats, in dem der Versorgungsfall eintritt, um jeweils fünf Tage vermindert. § 90 Abs. 3 bleibt unberührt.

§ 93 Hinterbliebenenversorgung

(1) Für die Hinterbliebenenversorgung aus einer vor dem 1. Januar 2002 geschlossenen Ehe, bei der mindestens ein Ehegatte vor dem 2. Januar 1962 geboren ist, beträgt das Witwen- oder Witwergeld (§ 31) 60 v. H. des Ruhegehalts, das die oder der Verstorbene erhalten hat oder hätte erhalten können, wenn sie oder er am Todestag in den Ruhestand getreten wäre; § 67 ist in diesen Fällen nicht anzuwenden.

(2) Wenn die Ehe vor dem 1. Juli 1977 geschieden worden ist, ist dem schuldlos oder aus überwiegendem Verschulden des anderen Ehegatten geschiedenen Ehegatten einer verstorbenen Beamtin oder Ruhestandsbeamtin oder eines verstorbenen Beamten oder Ruhestandsbeamten, die oder der im Falle des Fortbestehens der Ehe Witwen- oder Witwergeld erhalten hätte, ein Unterhaltsbeitrag bis zur Höhe des Witwen- oder Witwergeldes insoweit zu gewähren, als die oder der Verstorbene zu Lebzeiten noch Unterhalt zu leisten hatte. Eine später eingetretene oder eintretende Änderung der Verhältnisse kann berücksichtigt werden. Dies gilt entsprechend für den früheren Ehegatten einer verstorbenen Beamtin oder eines verstorbenen Beamten, die oder der einem schuldlos oder aus überwiegendem Verschulden des anderen Ehegatten geschiedenen Ehegatten gleichgestellt ist, deren oder dessen Ehe aufgehoben oder für nichtig erklärt war.

(3) Einer geschiedenen Ehegattin oder einem geschiedenen Ehegatten, die oder der im Falle des Fortbestehens der Ehe Witwen- oder Witwergeld erhalten hätte, ist auf Antrag ein Unterhaltsbeitrag insoweit zu gewähren, als

IV

die geschiedene Ehegattin oder der geschiedene Ehegatte im Zeitpunkt des Todes gegen den Versorgungsurheber einen Anspruch auf schuldrechtlichen Versorgungsausgleich nach § 1587f Nr. 2 des Bürgerlichen Gesetzbuchs in der am 31. August 2009 geltenden Fassung wegen einer Anwartschaft oder eines Anspruchs nach § 1587a Abs. 2 Nr. 1 des Bürgerlichen Gesetzbuchs in der am 31. August 2009 geltenden Fassung hatte. Der Unterhaltsbeitrag wird jedoch nur gewährt,

1. solange die geschiedene Ehegattin oder der geschiedene Ehegatte erwerbsgemindert im Sinne des Sechsten Buches Sozialgesetzbuch ist oder
2. solange sie oder er mindestens ein waisengeldberechtigtes Kind erzieht oder die Sorge für ein waisengeldberechtigtes Kind mit körperlichen oder geistigen Gebrechen hat oder
3. wenn sie oder er die Regelaltersgrenze nach den §§ 35, 235 SGB VI erreicht hat.

Der nach Satz 1 festgestellte Betrag ist in einem Vomhundertsatz des Witwen- oder Witwergeldes festzusetzen; der Unterhaltsbeitrag darf fünf Sechstel des entsprechend § 81 gekürzten Witwen- oder Witwergeldes nicht übersteigen. Der geschiedenen Ehegattin oder dem geschiedenen Ehegatten werden frühere Ehegattinnen oder frühere Ehegatten einer aufgehobenen oder für nichtig erklärten Ehe gleichgestellt. Die §§ 33, 38 und 39 gelten entsprechend.

(4) Wenn das Scheidungsverfahren bis zum 31. Juli 1989 rechtshängig geworden ist oder die Parteien bis zum 31. Juli 1989 eine Vereinbarung nach § 1587o des Bürgerlichen Gesetzbuchs in der bis zum 31. August 2009 geltenden Fassung getroffen haben, ist ein Unterhaltsbeitrag nach Absatz 3 auch insoweit zu gewähren, als ein Anspruch auf schuldrechtlichen Versorgungsausgleich besteht, weil

1. die Begründung von Rentenanwartschaften in einer gesetzlichen Rentenversicherung mit Rücksicht auf die Vorschrift des § 1587b Abs. 3 Satz 1 Halbsatz 2 des Bürgerlichen Gesetzbuchs in der bis zum 31. August 2009 geltenden Fassung nicht möglich war,
2. die ausgleichspflichtige Ehegattin oder der ausgleichspflichtige Ehegatte die ihr oder ihm nach § 1587b Abs. 3 Satz 1 Halbsatz 1 des Bürgerlichen Gesetzbuchs in der bis zum 31. August 2009 geltenden Fassung auferlegten Zahlungen zur Begründung von Rentenanwartschaften in einer gesetzlichen Rentenversicherung nicht erbracht hat,
3. in den Ausgleich Leistungen der betrieblichen Altersversorgung aufgrund solcher Anwartschaften oder Aussichten einzubeziehen sind, die im Zeitpunkt des Erlasses der Entscheidung noch nicht unverfallbar waren, oder
4. das Familiengericht nach § 1587b Abs. 4 des Bürgerlichen Gesetzbuchs in der bis zum 31. August 2009 geltenden Fassung eine Regelung in der Form des schuldrechtlichen Versorgungsausgleichs getroffen hat oder die Ehegattin und der Ehegatte nach § 1587o des Bürgerlichen Gesetzbuchs in der bis zum 31. August 2009 geltenden Fassung den schuldrechtlichen Versorgungsausgleich vereinbart haben.

Abschnitt 3
Sonstige Übergangsbestimmungen

§ 94 Entpflichtete Professorinnen und Professoren

(1) Für entpflichtete Professorinnen und Professoren finden § 10 sowie die §§ 73 bis 82 Anwendung. Ihre Bezüge gelten für diese Zwecke als Ruhegehalt, die Empfängerinnen und Empfänger als Ruhestandsbeamtinnen und Ruhestandsbeamte. Die Bezüge gelten unter Hinzurechnung des zustehenden, mindestens des zuletzt bis zum 30. September 1978 zugesicherten Vorlesungsgeldes (Kolleggeldpauschale) als Höchstgrenze im Sinne des § 73 Abs. 2 Nr. 1 und 3. § 80 gilt nicht für entpflichtete Professorinnen und Professoren, die die Aufgaben der von ihnen bis zur Entpflichtung innegehabten Stelle vertretungsweise wahrnehmen.

(2) Entpflichtete Professorinnen und Professoren gelten als Ruhestandsbeamtinnen und Ruhestandsbeamte im Sinne des § 30 mit der Maßgabe, dass sich die Bemessung des den Hinterbliebenenbezügen zugrunde zu legenden Ruhegehalts sowie des Sterbegeldes, Witwen- oder Witwergeldes und Waisengeldes nach dem vor dem 1. Januar 1977 geltenden Recht bestimmt.

(3) Die Versorgung der Hinterbliebenen einer emeritierungsberechtigten Professorin oder eines emeritierungsberechtigten Professors bestimmt sich nach allgemeinen Regeln, wenn die Professorin oder der Professor vor der Entpflichtung stirbt.

§ 95 Unfallruhegehalt

Der aufgrund § 87 maßgebliche Ruhegehaltssatz nach § 36 Abs. 3 des Beamtenversorgungsgesetzes in der bis 31. August 2006 geltenden Fassung ist auf 71,75 v. H. zu begrenzen. Verringert sich hierdurch die Versorgung vor der Anwendung von Ruhens-, Kürzungs- und Anrechnungsvorschriften, wird in Höhe des Betrags, um den sich die Versorgung durch die Anwendung des Satzes 1 verringert, ein Ausgleichsbetrag zu den Versorgungsbezügen gewährt. Dieser verringert sich bei den auf die erste Anpassung nach § 4 nach dem 30. Juni 2013 folgenden Anpassungen jeweils um die Hälfte der sich aus diesen Anpassungen ergebenden Erhöhungsgewinne der Versorgungsbezüge vor der Anwendung von Ruhens-, Kürzungs- und Anrechnungsvorschriften. Die Sätze 1 und 2 gelten auch für Versorgungsempfängerinnen und Versorgungsempfänger nach § 82 des Beamtenversorgungsgesetzes in der am 31. Dezember 1991 geltenden Fassung.

§ 96 Erneute Berufung in das Beamtenverhältnis und Erlöschen der Versorgungsbezüge bei Ablehnung einer erneuten Berufung

Bei erneuter Berufung in das Beamtenverhältnis nach § 29, § 30 Abs. 3 oder § 31 Abs. 2 BeamtStG bleibt der am Tag vor der erneuten Berufung in das Beamtenverhältnis vor Anwendung von Ruhens-, Kürzungs- und Anrechnungsvorschriften zustehende Betrag des Ruhegehalts gewahrt. Bei erneutem Ruhestand werden die ruhegehaltfähige Dienstzeit und das Ruhegehalt nach dem zum Zeitpunkt des Ruhestandsbeginns geltenden Recht berechnet. Bei der Anwendung des § 90 Abs. 4 bis 7 gilt die Zeit des Ruhestandes nicht als Unterbrechung des Beamtenverhältnisses; die Zeit im Ruhestand ist nicht ruhegehaltfähig. Das höhere Ruhegehalt wird gezahlt.

§ 97 Übergangsvorschrift zur Verjährung

Hat die regelmäßige Verjährungsfrist von Ansprüchen auf Versorgungsbezüge und auf Rückforderung von zu viel gezahlten Versorgungsbezügen, die vor dem 1. Juli 2013 entstanden sind, am 1. Juli 2013 noch nicht begonnen, wird die Frist nach § 8 von diesem Zeitpunkt an berechnet; die Verjährung tritt spätestens mit Ablauf der bisherigen Höchstfrist, die ohne Rücksicht auf Kenntnis oder grob fahrlässige Unkenntnis begonnen hat, ein. Hat die Verjährungsfrist vor dem 1. Juli 2013 begonnen, ist für den Fristablauf das zum 30. Juni 2013 geltende Recht maßgebend.

§ 97a Übergangsvorschrift zur Anhebung des Ruhestandseintrittsalters

(1) Für Beamtinnen und Beamte, die keine Lehrkräfte sind und die nach dem 24. Juni 2015 nach § 39 Abs. 1 LBG in den Ruhestand versetzt werden, ist § 24 Abs. 2 Satz 1 Nr. 1 mit der Maßgabe anzuwenden, dass an die Stelle des Erreichens der gesetzlichen Altersgrenze das Erreichen folgenden Lebensalters tritt:

Geburtsdatum bis	Lebensalter	
	Jahr	Monat
31. Dezember 1952	65	0
31. Januar 1953	65	1
28. Februar 1953	65	2
31. Dezember 1953	65	3

(2) Für Beamtinnen und Beamte, die nach dem 24. Juni 2015 nach § 39 Abs. 2 und 3 LBG in den Ruhestand versetzt werden und vor dem 1. Januar 1964 geboren sind, ist § 24 Abs. 2 Satz 1 Nr. 2 mit der Maßgabe anzuwenden, dass an die Stelle des vollendeten

65. Lebensjahres das Erreichen folgenden Lebensalters tritt:

Geburtsdatum bis	Lebensalter	
	Jahr	Monat
31. Dezember 1955	63	0
31. Dezember 1956	63	2
31. Dezember 1957	63	4
31. Dezember 1958	63	6
31. Dezember 1959	63	8
31. Dezember 1960	63	10
31. Dezember 1961	64	3
31. Dezember 1962	64	6
31. Dezember 1963	64	9

IV

(3) Für Beamtinnen und Beamte, die nach dem 24. Juni 2015 wegen Dienstunfähigkeit, die nicht auf einem Dienstunfall beruht, in den Ruhestand versetzt werden, ist § 24 Abs. 2 Satz 1 Nr. 3 mit der Maßgabe anzuwenden, dass an die Stelle des vollendeten 65. Lebensjahres das Erreichen folgenden Lebensalters tritt:

Zeitpunkt der Versetzung in den Ruhestand vor dem	Lebensalter	
	Jahr	Monat
1. Januar 2016	63	0
1. Januar 2017	63	2
1. Januar 2018	63	4
1. Januar 2019	63	6
1. Januar 2020	63	9
1. Januar 2021	64	0
1. Januar 2022	64	3
1. Januar 2023	64	6
1. Januar 2024	64	9

Für Beamtinnen und Beamte, die vor dem 1. Januar 2024 in den Ruhestand versetzt werden, gilt § 24 Abs. 2 Satz 6 mit der Maßgabe, dass an die Stelle der Zahl „40" die Zahl „35" tritt.

(4) Für Beamtinnen und Beamte, die die Voraussetzungen des § 37 Abs. 4 LBG erfüllen, gilt § 24 Abs. 2 in der bis zum Ablauf des 24. Juni 2015 geltenden Fassung.

(5) Für am 1. Januar 2016 vorhandene Beamtinnen und Beamte gilt § 63 in der bis zum Ablauf des 31. Dezember 2015 geltenden Fassung weiter.

§ 97b Übergangsvorschrift zur Anrechnung von Einkünften in den Jahren 2015 bis 2018

Werden Versorgungsberechtigte im Rahmen der Mithilfe bei der Betreuung von Flüchtlingen im öffentlichen Dienst verwendet (§ 73 Abs. 5 Satz 2 und 3), so gelten die hieraus für die Jahre 2015 bis 2018 erzielten Einkünfte nicht als Erwerbseinkommen.

§ 97c Übergangsvorschrift zur Anrechnung von Einkünften in den Jahren 2021 bis 2026

Werden Versorgungsberechtigte im Rahmen der Mithilfe bei dem Wiederaufbau der von Hochwasser und Starkregenfällen im Juli 2021 betroffene Gebiete im öffentlichen Dienst verwendet (§ 73 Abs. 5 Satz 2 und 3), so gelten die hieraus für die Jahre 2021 bis 2026 erzielten Einkünfte nicht als Erwerbseinkommen.

§ 97d Übergangsvorschrift aus Anlass des Gesetzes zur Änderung des Landesbeamtenversorgungsgesetzes und weiterer dienstrechtlicher Vorschriften vom 19. November 2025 (GVBl. S. 693)

(1) Für am 31. Dezember 2025 vorhandene Versorgungsempfängerinnen und Versorgungsempfänger sind § 75 Abs. 4 und § 84 Abs. 3 und 6 in der bis zum Ablauf des 31. Dezember 2025 geltenden Fassung weiter anzuwenden.

(2) Für die bis zum 31. Dezember 2025 übertragenen Ämter und den hierauf beruhenden Funktions-Leistungsbezügen für die Wahrnehmung von Aufgaben der Hochschulselbstverwaltung findet § 84 Abs. 3 in der bis zum Ablauf des 31. Dezember 2025 geltenden Fassung weiter Anwendung, wenn dies für die betroffenen Beamtinnen und Beamten günstiger ist.

Teil 6
Schlussbestimmungen

§ 98 Gleichstehende Tatbestände

Für die Anwendung der §§ 5 bis 7 und 9, des Teils 2 Abschnitte 5 und 6 und des Teils 3 gelten

1. Unterhaltsbeiträge nach § 26 als Ruhegehalt,
2. Unterhaltsbeiträge nach § 47 als Ruhegehalt, außer für die Anwendung des § 70,
3. Unterhaltsbeiträge nach § 38 als Witwen- oder Witwergeld oder Waisengeld,
4. Unterhaltsbeiträge nach den §§ 51 und 40 Abs. 1 Satz 3 als Witwen- oder Witwergeld oder Waisengeld, außer für die Anwendung des § 40 Abs. 1 Satz 1 Nr. 4 und Satz 2,
5. Unterhaltsbeiträge nach den §§ 34 und 50 als Witwen- oder Witwergeld,
6. Unterhaltsbeiträge nach § 93 Abs. 2 als Witwen- oder Witwergeld, außer für die Anwendung von § 81,
7. Unterhaltsbeiträge nach § 35 Abs. 2 und § 48 als Waisengeld,
8. Unterhaltsbeiträge nach § 86 als Ruhegehalt, Witwen- oder Witwergeld oder Waisengeld,
9. die Bezüge der nach § 32 des Deutschen Richtergesetzes oder einer entsprechenden gesetzlichen Vorschrift nicht im Amt befindlichen Richterinnen oder Richter und Mitglieder des Rechnungshofs Rheinland-Pfalz als Ruhegehalt,
10. die Bezüge, die nach oder entsprechend § 4 Abs. 5 und 6 LBesG gewährt werden, als Ruhegehalt;

die Empfängerinnen und Empfänger der vorgenannten Bezüge gelten als Ruhestandsbeamtinnen oder Ruhestandsbeamte, Witwen oder Witwer oder Waisen.

§ 99 Ersetzung von Bundesrecht

Dieses Gesetz ersetzt in Rheinland-Pfalz das Beamtenversorgungsgesetz in der Fassung vom 16. März 1999 (BGBl. I S. 322, 847, 2033) in der bis zum 31. August 2006 geltenden Fassung, mit Ausnahme des § 107c Beamtenversorgungsgesetz.

§ 100 Ermächtigung zum Erlass von Verwaltungsvorschriften

Das für das finanzielle öffentliche Dienstrecht zuständige Ministerium wird ermächtigt, die zur Durchführung dieses Gesetzes erforderlichen Verwaltungsvorschriften zu erlassen.

Anlage
(zu den §§ 66 bis 69)
Gültig ab 1. Februar 2025

Zuschläge nach den §§ 66 bis 69

(1) Der Kindererziehungszuschlag nach § 66 Abs. 1 beträgt für jeden Monat der Kindererziehungszeit 3,29 Euro.

(2) Der Kindererziehungsergänzungszuschlag nach § 66 Abs. 6 beträgt für jeden angefangenen Monat, in dem die darin genannten Voraussetzungen erfüllt waren,

1. im Falle von § 66 Abs. 6 Satz 1 Nr. 1 Buchst. a 1,12 Euro,
2. im Falle von § 66 Abs. 6 Satz 1 Nr. 1 Buchst. b 0,79 Euro.

(3) Der Kinderzuschlag nach § 67 beträgt für jeden Monat der Kindererziehungszeit, in dem die Voraussetzungen des § 67 Abs. 1 erfüllt waren,

1. für die ersten 36 Monate 2,22 Euro,
2. für jeden weiteren Monat 1,12 Euro.

(4) Der Pflegezuschlag nach § 68 Abs. 1 beträgt für jeden Monat der nicht erwerbsmäßigen Pflege 2,62 Euro.

(5) Der Kinderpflegeergänzungszuschlag nach § 68 Abs. 3 beträgt für jeden Monat der nicht erwerbsmäßigen Pflege 1,12 Euro.

Anlage 1
(zu § 44 Abs. 1 Satz 2)

Höhe des Unfallausgleichs

Der Unfallausgleich beträgt

bei einer Minderung der Erwerbsfähigkeit um	vom 1. Januar 2024 bis 31. Oktober 2024	vom 1. November 2024 bis 31. Januar 2025	ab dem 1. Februar 2025
30 v. H.	171,00 EUR	179,14 EUR	188,99 EUR
40 v. H.	233,00 EUR	244,09 EUR	257,51 EUR
50 v. H.	311,00 EUR	325,80 EUR	343,72 EUR
60 v. H.	396,00 EUR	414,85 EUR	437,67 EUR
70 v. H.	549,00 EUR	575,13 EUR	606,76 EUR
80 v. H.	663,00 EUR	694,56 EUR	732,76 EUR
90 v. H.	797,00 EUR	834,94 EUR	880,86 EUR
100 v. H.	891,00 EUR	933,41 EUR	984,75 EUR

Die Beträge erhöhen sich für Schwerbeschädigte, die das 65. Lebensjahr vollendet haben,

bei einer Minderung der Erwerbsfähigkeit um	vom 1. Januar 2024 bis 31. Oktober 2024 um	vom 1. November 2024 bis 31. Januar 2025 um	ab dem 1. Februar 2025 um
50 oder 60 v. H.	35,00 EUR	36,67 EUR	38,69 EUR
70 oder 80 v. H.	43,00 EUR	45,05 EUR	47,53 EUR
mindestens 90 v. H.	53,00 EUR	55,52 EUR	58,57 EUR

Eine um 5 v. H. geringere Minderung der Erwerbsfähigkeit wird vom höheren Zehnergrad mit umfasst.

IV

Verordnung zur Durchführung des § 33 des Beamtenversorgungsgesetzes (Heilverfahrensverordnung – HeilvfV)

Vom 25. April 1979 (BGBl. I S. 502)

Zuletzt geändert durch
Verordnung zur Umstellung dienstrechtlicher Vorschriften auf Euro
vom 8. August 2002 (BGBl. I S. 3177)

Im Zuge der Verlagerung der Rahmengesetzgebung und der Neuordnung der konkurrierenden Gesetzgebung wurde die Versorgung der Landesbeamten und -richter und die Rechtsverhältnisse der im öffentlichen Dienst der Länder, Gemeinden und anderen Körperschaften des öffentlichen Rechts stehenden Personen auf die Länder verlagert, soweit diese Bereiche nicht durch den neuen Kompetenztitel zur Regelung der Statusrechte erfasst werden. Dem Bund steht somit nicht mehr das Recht zu, die Versorgung bundeseinheitlich (auch für die Länder und Gemeinden) zu regeln. Das aufgrund der bisherigen Verfassungsrechtslage erlassene Bundesrecht gilt als Bundesrecht fort; es kann durch Landesrecht ersetzt werden (Artikel 125a Abs. 1 GG).

Für die Landesbeamtinnen und -beamten gilt die Fassung der Verordnung zur Durchführung des § 33 Beamtenversorgungsgesetzes, die zum Zeitpunkt des Inkrafttretens des Gesetzes zur Änderung des Grundgesetzes vom 28. August 2006 (BGBl. I S. 2034) galt, soweit der Landesgesetzgeber nicht gesondert tätig geworden ist.

IV

Abschnitt I
Allgemeines

§ 1

(1) Der Anspruch eines durch Dienstunfall Verletzten auf ein Heilverfahren wird dadurch erfüllt, daß ihm die notwendigen und angemessenen Kosten erstattet werden, soweit die Dienstbehörde das Heilverfahren nicht selbst durchführt oder durchführen läßt.

(2) Beamtenrechtliche Vorschriften über die Gewährung von Heilfürsorge bleiben unberührt, soweit diese Verordnung nicht umfassendere Leistungen vorsieht.

§ 2

Der Verletzte ist verpflichtet, sich nach Weisung der Dienstbehörde ärztlich untersuchen und, wenn einer der in § 15 bezeichneten Ärzte dies für erforderlich hält, auch beobachten zu lassen.

Abschnitt II
Heilbehandlung

§ 3

(1) Kosten werden erstattet für

a) Untersuchung, Beratung, Verrichtung, Behandlung, Beobachtung, Begutachtung und andere Maßnahmen der Heilbehandlung, die vom Arzt oder Zahnarzt vorgenommen oder schriftlich angeordnet sind,
b) die bei den Maßnahmen nach Buchstabe a verbrauchten und die auf schriftliche ärztliche oder zahnärztliche Verordnung beschafften Arznei- und anderen Hilfsmittel, Stärkungsmittel, Verbandmittel, Artikel zur Krankenpflege und ähnliche Mittel der Heilbehandlung,
c) die vom Arzt oder Zahnarzt schriftlich verordnete besondere Kost, soweit sie die Aufwendungen für Normalkost übersteigen.

(2) Kosten nach Absatz 1 für die Inanspruchnahme von Personen, die nach § 19 des Gesetzes über die Ausübung der Zahnheilkunde in der im Bundesgesetzblatt Teil III, Gliederungsnummer 2123-1, veröffentlichten berei-

nigten Fassung, zuletzt geändert durch § 2 der Verordnung vom 27. September 1977 (BGBl. I S. 1869), zur Ausübung der Zahnheilkunde berechtigt sind, oder von Personen, die nach dem Heilpraktikergesetz in der im Bundesgesetzblatt Teil III, Gliederungsnummer 2122-2, veröffentlichten bereinigten Fassung, geändert durch Artikel 53 des Gesetzes vom 2. März 1974 (BGBl. I S. 469), zur Ausübung der Heilkunde berechtigt sind, sind zu erstatten.

(3) Die Kosten für eine Untersuchung, Beobachtung und Begutachtung im unmittelbaren Anschluß an den Dienstunfall werden auch dann erstattet, wenn diese Maßnahmen nur der Feststellung dienten, ob Unfallfolgen eingetreten sind.

(4) Die Dienstbehörde kann bei Zweifel über die Notwendigkeit einer Maßnahme im Sinne des Absatzes 1 das Gutachten eines der in § 15 bezeichneten Ärzte einholen.

§ 4

(1) Der Verletzte hat der Dienstbehörde den Beginn einer Krankenhausbehandlung unverzüglich anzuzeigen. Hat diese auf Grund eines ärztlichen Gutachtens (§ 3 Abs. 4) entschieden, daß Krankenhausbehandlung nicht notwendig ist, werden die Kosten hierfür nur bis zum Ablauf des auf den Tag der Zustellung der Entscheidung folgenden Tages erstattet.

(2) Als Krankenhausbehandlung im Sinne dieser Verordnung gilt die stationäre Behandlung oder Beobachtung in öffentlichen und freien gemeinnützigen Krankenhäusern sowie in privaten Krankenhäusern, die nach § 30 der Gewerbeordnung konzessioniert sind. Ein Aufenthalt in einem Kurkrankenhaus oder in einem Sanatorium gilt nicht als Krankenhausbehandlung im Sinne des Satzes 1.

(3) Bei Behandlung in Krankenhäusern, in denen die erbrachten Leistungen nach den Grundsätzen der Bundespflegesatzverordnung vom 25. April 1973 (BGBl. I S. 333) in der jeweils geltenden Fassung berechnet werden, sind die Kosten für die allgemeinen Krankenhausleistungen, die gesondert berechenbaren Nebenleistungen, eine gesondert berechenbare Unterkunft in einem Zweibettzimmer und für gesondert berechenbare ärztliche Leistungen angemessen. Machen besondere dienstliche Gründe im Einzelfall die Inanspruchnahme der gesondert berechenbaren Unterkunft in einem Einbettzimmer oder sonstiger gesondert berechenbarer Leistungen erforderlich, gelten auch die Kosten hierfür als angemessen; Absatz 1 Satz 1 gilt sinngemäß.

(4) Bei Behandlung in einem Krankenhaus, in dem die erbrachten Leistungen nicht nach den Grundsätzen der Bundespflegesatzverordnung berechnet werden, sind die Kosten bis zu dem Betrage zu erstatten, der nach Absatz 3 zu erstatten wäre, wenn der Verletzte in das diesem Krankenhaus nächstgelegene Krankenhaus im Sinne des Absatzes 3 aufgenommen worden wäre. Weitergehende Kosten werden erstattet, soweit sie unvermeidbar waren.

(5) Ergibt sich die Notwendigkeit einer Krankenhausbehandlung während eines dienstlich angeordneten Aufenthalts an einem Ort außerhalb des Geltungsbereichs des Beamtenversorgungsgesetzes, ist über die Erstattung der Kosten für diese Behandlung unabhängig von den Vorschriften der Absätze 2 bis 4 zu entscheiden. Im übrigen sind Kosten für eine Krankenhausbehandlung an einem Ort außerhalb des Geltungsbereichs des Beamtenversorgungsgesetzes nur bis zu dem Betrage zu erstatten, der nach Absatz 3 zu erstatten wäre, wenn der Verletzte in ein Krankenhaus im Sinne des Absatzes 3 am dienstlichen Wohnsitz aufgenommen worden wäre. Absatz 4 Satz 2 gilt entsprechend.

§ 5

Eine Krankenhausbehandlung ist zur Sicherung des Heilerfolges insbesondere dann notwendig (§ 33 Abs. 2 Satz 2 des Beamtenversorgungsgesetzes), wenn nach amtsärztlichem Gutachten

a) die Art der Verletzung eine Behandlung oder Pflege verlangt, die auf andere Weise nicht möglich ist, oder

b) der Zustand oder das Verhalten des Verletzten eine Pflege oder eine fortgesetzte Beobachtung erfordert.

IV

IV

§ 6

(1) Die Kosten für einen Aufenthalt in einem Kurkrankenhaus oder in einem Sanatorium oder für eine Heilkur werden nur erstattet, wenn die Dienstbehörde diese Maßnahme vor Beginn genehmigt hat. Sie darf erst genehmigt werden, wenn sie nach dem Gutachten eines der in § 15 bezeichneten Ärzte zur Behebung oder Minderung der durch den Dienstunfall verursachten körperlichen Beschwerden notwendig ist und der gleiche Heilerfolg durch eine andere Behandlungsweise nicht zu erwarten ist.

(2) Ort, Zeit und Dauer einer Maßnahme nach Absatz 1 bestimmt die Dienstbehörde auf Grund eines Gutachtens eines der in § 15 bezeichneten Ärzte.

(3) Bei einer Maßnahme nach Absatz 1 werden neben den Kosten nach § 3 Abs. 1 und 2 und § 8 die Kosten für die Kurtaxe und den ärztlichen Schlußbericht sowie die Kosten für die Unterkunft und Verpflegung bei

a) Durchführung einer Heilkur bis zur Höhe des Tages- und Übernachtungsgeldes (§§ 9, 10 des Bundesreisekostengesetzes oder die entsprechenden landesrechtlichen Vorschriften),

b) einem Aufenthalt in einem Kurkrankenhaus oder in einem Sanatorium bis zur Höhe des Eineinhalbfachen des Betrages nach Buchstabe a erstattet.

(4) Die Absätze 1 bis 3 gelten entsprechend für die Kosten für einen der Heilbehandlung dienenden Aufenthalt außerhalb des Dienst- oder Wohnortes.

§ 7

(1) Die Kosten für Hilfsmittel (Körperersatzstücke, orthopädische und andere Hilfsmittel) und deren Zubehör, soweit sie 600 Euro übersteigen, sowie die Kosten für eine notwendige Ausbildung in ihrem Gebrauch werden grundsätzlich nur erstattet, wenn die Dienstbehörde die Erstattung vorher zugesagt hat. Die Hilfsmittel müssen schriftlich verordnet und den persönlichen und beruflichen Bedürfnissen des Verletzten angepaßt sein.

(2) Als Kosten für Hilfsmittel nach Absatz 1 gelten auch die Kosten für ihre Wartung sowie ihre Instandsetzung und ihren Ersatz, wenn die Unbrauchbarkeit oder der Verlust nicht auf Mißbrauch, Vorsatz oder grober Fahrlässigkeit des Verletzten beruht. Bei Erstattung der Kosten für den Ersatz eines unbrauchbar gewordenen Hilfsmittels kann sein Verkaufswert angerechnet werden.

(3) Die Erstattung der Kosten für Hilfsmittel kann davon abhängig gemacht werden, daß der Verletzte sie sich anpassen läßt oder sich einer Ausbildung unterzieht, um mit ihrem Gebrauch vertraut zu werden.

(4) Blinden werden die Kosten für die Beschaffung und den Ersatz eines Führhundes erstattet; die Absätze 1 bis 3 gelten sinngemäß. Zum Unterhalt des Hundes wird der Betrag gewährt, der nach dem Bundesversorgungsgesetz jeweils für den gleichen Zweck vorgesehen ist. Wird ein Führhund nicht gehalten, weil er nicht verwendet werden kann, werden die Kosten für fremde Führung erstattet. Wird ein Führhund aus anderen Gründen nicht gehalten, werden nur die Kosten bis zur Höhe des in Satz 2 genannten Betrages erstattet.

(5) Die §§ 1 bis 11 der Verordnung zur Durchführung des § 11 Abs. 3 und des § 13 des Bundesversorgungsgesetzes in der Fassung der Bekanntmachung vom 19. Januar 1971 (BGBl. I S. 43) sind in der jeweils geltenden Fassung entsprechend anzuwenden, soweit sich aus dieser Verordnung nichts anderes ergibt.

§ 8

(1) Die Kosten für die Benutzung von Beförderungsmitteln werden erstattet, wenn die Benutzung aus Anlaß der Heilbehandlung notwendig war. Die Höhe der zu erstattenden Kosten richtet sich nach den Vorschriften über Fahrkostenerstattung des Bundesreisekostengesetzes oder den entsprechenden landesrechtlichen Vorschriften. Kosten für die Benutzung öffentlicher Verkehrsmittel und sonstige Nebenkosten werden auch dann erstattet, wenn die Heilbehandlung am Wohnort des Verletzten durchgeführt wird.

(2) In den Fällen des Absatzes 1 wird Tage- und Übernachtungsgeld nach den Vorschriften des Bundesreisekostengesetzes oder den entsprechenden landesrechtlichen Vorschriften gewährt. Während eines Krankenhausaufenthaltes (§ 4 Abs. 2), während eines Aufenthaltes in einem Kurkrankenhaus oder in einem Sanatorium oder während einer Heilkur (§ 6 Abs. 1) entfällt die Zahlung von Tage- und Übernachtungsgeld.

(3) War die Begleitung des Verletzten nach ärztlichem Gutachten erforderlich, werden die Kosten erstattet, die durch die Inanspruchnahme der Begleitperson entstanden sind. Absatz 1 Satz 2 und 3 sowie Absatz 2 Satz 1 gelten entsprechend.

(4) Die Kosten einer Besuchsfahrt von nächsten Angehörigen (Ehegatten, Kinder, Eltern) können bei Krankenhausbehandlung des Verletzten erstattet werden, wenn und soweit die Besuchsfahrt nach Befürwortung durch einen der in § 15 bezeichneten Ärzte zur Sicherung des Heilerfolges dringend erforderlich war. Absatz 1 Satz 2 und 3 sowie Absatz 2 Satz 1 gelten entsprechend.

§ 9

(1) Ist der Verletzte an den Folgen des Dienstunfalles verstorben, werden die Kosten der Überführung der Leiche zur Wohnung oder zum Wohnort, in besonderen Fällen auch nach einem anderen Ort, und die Kosten der Bestattung erstattet. Die Erstattung der Kosten der Überführung kann ganz oder teilweise versagt werden, wenn der Tod während eines nicht mit der dienstlichen Tätigkeit zusammenhängenden Aufenthaltes außerhalb des Geltungsbereiches des Beamtenversorgungsgesetzes eingetreten ist. Für den Umfang der Kosten der Bestattung und für die Empfangsberechtigung gilt § 1968 des Bürgerlichen Gesetzbuchs.

(2) Auf den Erstattungsbetrag nach Absatz 1 ist Sterbegeld nach § 18 Abs. 1 und Abs. 2 Nr. 1 des Beamtenversorgungsgesetzes zu 40 vom Hundert seines Bruttobetrages und Sterbegeld nach § 18 Abs. 2 Nr. 2 des Beamtenversorgungsgesetzes in voller Höhe anzurechnen. Satz 1 gilt nicht, wenn die Kosten der Überführung und Bestattung von einem Erben zu tragen sind, der keinen Anspruch auf Sterbegeld hat.

§ 10

Einem früheren Beamten oder früheren Ruhestandsbeamten, der Heilverfahren erhält (§ 38 des Beamtenversorgungsgesetzes), kann ein Verdienstausfall, der durch eine Heilbehandlung entstanden ist, für ihre Dauer erstattet werden. Der Erstattungsbetrag und ein Unterhaltsbeitrag (§ 38 des Beamtenversorgungsgesetzes) dürfen zusammen den Unterhaltsbeitrag nach § 38 Abs. 2 Nr. 1 des Beamtenversorgungsgesetzes nicht übersteigen. Wird einem früheren Beamten auf Widerruf, der ein Amt bekleidete, das seine Arbeitskraft nur nebenbei beanspruchte, ein Unterhaltsbeitrag nach Maßgabe der Minderung der Erwerbsfähigkeit in Höhe des jeweiligen Unfallausgleichs gewährt, dürfen der Erstattungsbetrag und der Unterhaltsbeitrag zusammen den Betrag des Unfallausgleichs bei völliger Erwerbsunfähigkeit nicht übersteigen. Ehrenbeamten (§ 68 des Beamtenversorgungsgesetzes) kann ein Verdienstausfall nach billigem Ermessen erstattet werden.

§ 11

Die Kosten für eine Heilbehandlung werden in der Regel nach ihrem Abschluß erstattet; auf Antrag können Vorschüsse oder Abschlagszahlungen gewährt werden. In geeigneten Fällen können mit Zustimmung des Verletzten die Kosten für eine Heilbehandlung durch eine jederzeit widerrufliche laufende Zahlung ganz oder teilweise abgegolten werden.

Abschnitt III
Erstattung der Pflegekosten

§ 12

(1) Die Kosten für eine notwendige Pflege (§ 34 Abs. 1 Satz 1 des Beamtenversorgungsgesetzes) werden erstattet, wenn der Verletzte nach dem Gutachten eines der in § 15 bezeichneten Ärzte infolge des Dienstunfalles zu den Verrichtungen des täglichen

Lebens aus eigener Kraft nicht imstande ist, so daß für seine Pflege die Arbeitskraft einer anderen Person oder eine für die Pflege geeignete Einrichtung in Anspruch genommen werden muß.

(2) Die Angemessenheit der Kosten ergibt sich in erster Linie aus dem der Hilflosigkeit des Verletzten entsprechenden Ausmaß der Pflege; seine persönlichen Verhältnisse sind dabei zu berücksichtigen.

(3) Wird Pflege durch eine andere geeignete Pflegekraft als eine Berufspflegekraft geleistet, werden Kosten bis zu der Höhe erstattet, die für die Inanspruchnahme einer berufsmäßigen Pflegekraft aufgewendet werden müssen.

(4) Im Rahmen des Absatzes 3 werden bei Pflege durch Familienangehörige als Kosten nach Absatz 1 erstattet

a) ein Betrag höchstens in Höhe des Ausfalls an Arbeitseinkommen zuzüglich des Arbeitgeberanteils zur Sozialversicherung, wenn die Familienangehörigen einen Beruf aufgegeben haben, um die Pflege ausüben zu können,

b) Kosten für eine Hilfe im Haushalt, wenn diese wegen der Inanspruchnahme der Angehörigen durch die Pflege des Verletzten angenommen werden muß, oder

c) in allen anderen Fällen 50 vom Hundert der sonst durch die Inanspruchnahme einer berufsmäßigen Pflegekraft entstehenden Kosten.

In den Fällen des Satzes 1 Buchstaben a und b ist mindestens ein Betrag in der in Satz 1 Buchstabe c genannten Höhe zu gewähren.

(5) Zu den Kosten einer Pflegekraft gehören auch die Fahrkosten, wenn eine geeignete Pflegekraft am Ort nicht zur Verfügung steht.

(6) Wird der Verletzte, wenn geeignete Pflege sonst nicht gewährleistet ist, in einer zur Pflege geeigneten Einrichtung untergebracht, werden die Kosten, die für eine angemessene Unterbringung in öffentlichen oder, falls solche nicht vorhanden sind, in freien gemeinnützigen Einrichtungen am Ort der Unterbringung oder in seiner nächsten Umgebung aufzuwenden wären, erstattet. Auf die Kosten der Unterbringung ist ein angemessener Betrag für Einsparungen im Haushalt anzurechnen.

(7) Die erstattungsfähigen Beträge können monatlich im voraus gezahlt werden. Mindestens alle zwei Jahre nach Beginn der Pflege ist – in der Regel auf Grund eines ärztlichen Gutachtens – zu prüfen, ob die Inanspruchnahme einer Pflegekraft oder die Unterbringung in einer Pflegeeinrichtung noch notwendig ist. Ist sie nicht mehr notwendig, ist die Erstattung mit Ablauf des Monats einzustellen, der auf den Monat folgt, in dem dem Verletzten der Bescheid zugestellt worden ist.

(8) Der Verletzte ist verpflichtet, jede wesentliche Änderung in den Verhältnissen, die für die Erstattung der Pflegekosten maßgebend sind, der Dienstbehörde unverzüglich anzuzeigen.

§ 13

(1) Der Zuschlag zum Unfallruhegehalt ist im Rahmen des Höchstbetrages (§ 34 Abs. 2 des Beamtenversorgungsgesetzes) bei Hilflosigkeit (§ 12 Abs. 1) zu gewähren. Seine Höhe ist unter Berücksichtigung des Einzelfalles, insbesondere des der Hilflosigkeit des Verletzten entsprechenden Ausmaßes der Pflege zu bemessen (§ 12 Abs. 2 bis 5). Er wird vom Ersten des Monats an gezahlt, in dem der Antrag gestellt ist; nach § 12 Abs. 7 für den gleichen Zeitraum gezahlten Beträge sind anzurechnen. § 12 Abs. 7 und 8 gilt sinngemäß.

(2) Der Zuschlag ist neu festzustellen, wenn sich die Verhältnisse, die für seine Feststellung maßgebend gewesen sind, wesentlich geändert haben. Eine Erhöhung des Zuschlages wird mit Beginn des Monats wirksam, in dem der Bescheid zugestellt worden ist, oder, wenn der Zuschlag auf Antrag erhöht wird, mit dem Ersten des Antragsmonats. Eine Minderung des Zuschlages wird mit Ablauf des Monats wirksam, der auf den Monat folgt, in dem der Bescheid zugestellt worden ist.

(3) Einem Verletzten, der einen Zuschlag erhält, können auf Antrag und frühestens vom Beginn des Antragsmonats an statt des Zuschlages die Kosten einer notwendigen Pfle-

ge erstattet werden. Ein für den gleichen Zeitraum gezahlter Zuschlag ist anzurechnen.

(4) In Fällen des § 38 Abs. 1 und 6 des Beamtenversorgungsgesetzes gelten bei einer durch Dienstunfall verursachten Hilflosigkeit des Verletzten die Absätze 1 bis 3 entsprechend.

Abschnitt IV
Kleider- und Wäscheverschleiß

§ 14

(1) Die durch die Folgen des Dienstunfalles verursachten außergewöhnlichen Kosten für Kleider- und Wäscheverschleiß (§ 33 Abs. 4 des Beamtenversorgungsgesetzes) sind unter entsprechender Anwendung des § 15 des Bundesversorgungsgesetzes in Verbindung mit den §§ 1 bis 4 der Verordnung zur Durchführung des § 15 des Bundesversorgungsgesetzes vom 31. Januar 1972 (BGBl. I S. 105) in der jeweils geltenden Fassung zu ersetzen.

(2) Der Pauschbetrag wird monatlich im voraus gezahlt. § 12 Abs. 7 Satz 2, 3 und § 13 Abs. 2 gelten sinngemäß. Die in Sonderfällen den Höchstsatz des Pauschbetrages übersteigenden Aufwendungen werden jeweils für das abgelaufene Kalenderjahr erstattet.

Abschnitt V
Schlußvorschriften

§ 15

Soweit diese Verordnung ein ärztliches Gutachten vorsieht, kann auch das Gutachten eines Amtsarztes, eines beamteten Arztes oder eines von der Dienstbehörde allgemein oder im Einzelfall bezeichneten Arztes gefordert werden. Wird Heilfürsorge gewährt (§ 1 Abs. 2), treten an die Stelle der in dieser Verordnung bezeichneten Ärzte die jeweils für die Durchführung der Heilfürsorge bestimmten Ärzte.

§ 16

Die Zuständigkeit der Dienstbehörden nach dieser Verordnung richtet sich nach § 49 des Beamtenversorgungsgesetzes, bei den der Aufsicht des Bundes oder eines Landes unterstehenden Körperschaften, Anstalten und Stiftungen des öffentlichen Rechts, die Behörden nicht besitzen, nach § 187 Abs. 2 des Bundesbeamtengesetzes oder den entsprechenden landesrechtlichen Vorschriften.

§ 17 (gegenstandslos)

§ 18

Diese Verordnung tritt am Tage nach der Verkündung in Kraft.

Berufskrankheiten-Verordnung (BKV)

Vom 31. Oktober 1997 (BGBl. I S. 2623)

Zuletzt geändert durch
Sechste Verordnung zur Änderung der Berufskrankheiten-Verordnung
vom 19. Februar 2025 (BGBl. I Nr. 50)

Auf Grund des § 9 Abs. 1 und 6 und des § 193 Abs. 8 des Siebten Buches Sozialgesetzbuch – Gesetzliche Unfallversicherung – (Artikel 1 des Gesetzes vom 7. August 1996, BGBl. I S. 1254) verordnet die Bundesregierung:

Abschnitt 1 Allgemeine Bestimmungen

§ 1 Berufskrankheiten

(1) Berufskrankheiten sind die in der Anlage 1 bezeichneten Krankheiten, die Versicherte infolge einer den Versicherungsschutz nach § 2, 3 oder 6 des Siebten Buches Sozialgesetzbuch begründenden Tätigkeit erleiden.

(2) Bei der Entscheidung über das Vorliegen einer Berufskrankheit nach § 9 Absatz 1 Satz 2 sowie nach § 9 Absatz 2 des Siebten Buches Sozialgesetzbuch sind die veröffentlichten Ergebnisse der Beratungen des Ärztlichen Sachverständigenbeirates Berufskrankheiten nach § 9 Absatz 4 dieser Verordnung auf ihrem jeweils aktuellen Stand vorrangig zu berücksichtigen. Dies gilt insbesondere in Bezug auf die Art, die Diagnostik und die Merkmale des jeweiligen Krankheitsbildes sowie hinsichtlich der Art, der Ausprägung und des Ausmaßes der ursächlichen Einwirkungen, einschließlich vorhandener Dosismaße.

§ 2 Erweiterter Versicherungsschutz in Unternehmen der Seefahrt

Für Versicherte in Unternehmen der Seefahrt erstreckt sich die Versicherung gegen Tropenkrankheiten und Fleckfieber auch auf die Zeit, in der sie an Land beurlaubt sind.

§ 3 Maßnahmen gegen Berufskrankheiten, Übergangsleistung

(1) Besteht für Versicherte die Gefahr, daß eine Berufskrankheit entsteht, wiederauflebt oder sich verschlimmert, haben die Unfallversicherungsträger dieser Gefahr mit allen geeigneten Mitteln entgegenzuwirken. Ist die Gefahr gleichwohl nicht zu beseitigen, haben die Unfallversicherungsträger darauf hinzuwirken, daß die Versicherten die gefährdende Tätigkeit unterlassen. Den für den medizinischen Arbeitsschutz zuständigen Stellen ist Gelegenheit zur Äußerung zu geben.

(2) Versicherte, die die gefährdende Tätigkeit unterlassen, weil die Gefahr fortbesteht, haben zum Ausgleich hierdurch verursachter Minderungen des Verdienstes oder sonstiger wirtschaftlicher Nachteile gegen den Unfallversicherungsträger Anspruch auf Übergangsleistungen. Als Übergangsleistung wird

1. ein einmaliger Betrag bis zur Höhe der Vollrente oder
2. eine monatlich wiederkehrende Zahlung bis zur Höhe eines Zwölftels der Vollrente längstens für die Dauer von fünf Jahren

gezahlt. Renten wegen Minderung der Erwerbsfähigkeit sind nicht zu berücksichtigen.

§ 4 Mitwirkung der für den medizinischen Arbeitsschutz zuständigen Stellen

(1) Die für den medizinischen Arbeitsschutz zuständigen Stellen wirken bei der Feststellung von Berufskrankheiten und von Krankheiten, die nach § 9 Abs. 2 des Siebten Buches Sozialgesetzbuch wie Berufskrankheiten anzuerkennen sind, nach Maßgabe der Absätze 2 bis 4 mit.

(2) Die Unfallversicherungsträger haben die für den medizinischen Arbeitsschutz zuständigen Stellen über die Einleitung eines Feststellungsverfahrens unverzüglich zu unterrichten; als Unterrichtung gilt auch die Übersendung der Anzeige nach § 193 Abs. 2 und 7

oder § 202 des Siebten Buches Sozialgesetzbuch. Die Unfallversicherungsträger beteiligen die für den medizinischen Arbeitsschutz zuständigen Stellen an dem weiteren Feststellungsverfahren; das nähere Verfahren können die Unfallversicherungsträger mit den für den medizinischen Arbeitsschutz zuständigen Stellen durch Vereinbarung regeln.

(3) In den Fällen der weiteren Beteiligung nach Absatz 2 Satz 2 haben die Unfallversicherungsträger vor der abschließenden Entscheidung die für den medizinischen Arbeitsschutz zuständigen Stellen über die Ergebnisse ihrer Ermittlungen zu unterrichten. Soweit die Ermittlungsergebnisse aus Sicht der für den medizinischen Arbeitsschutz zuständigen Stellen nicht vollständig sind, können sie den Unfallversicherungsträgern ergänzende Beweiserhebungen vorschlagen; diesen Vorschlägen haben die Unfallversicherungsträger zu folgen.

(4) Nach Vorliegen aller Ermittlungsergebnisse können die für den medizinischen Arbeitsschutz zuständigen Stellen ein Zusammenhangsgutachten erstellen. Zur Vorbereitung dieser Gutachten können sie die Versicherten untersuchen oder andere Ärzte auf Kosten der Unfallversicherungsträger mit Untersuchungen beauftragen.

§ 5 Gebühren

(1) Erstellen die für den medizinischen Arbeitsschutz zuständigen Stellen ein Zusammenhangsgutachten nach § 4 Abs. 4, erhalten sie von den Unfallversicherungsträgern jeweils eine Gebühr in Höhe von 200 Euro. Mit dieser Gebühr sind alle Personal- und Sachkosten, die bei der Erstellung des Gutachtens entstehen, einschließlich der Kosten für die ärztliche Untersuchung von Versicherten durch die für den medizinischen Arbeitsschutz zuständigen Stellen abgegolten.

(2) Ein Gutachten im Sinne des Absatzes 1 setzt voraus, daß der Gutachter unter Würdigung

1. der Arbeitsanamnese des Versicherten und der festgestellten Einwirkungen am Arbeitsplatz,
2. der Beschwerden, der vorliegenden Befunde und der Diagnose

eine eigenständig begründete schriftliche Bewertung des Ursachenzusammenhangs zwischen der Erkrankung und den tätigkeitsbezogenen Gefährdungen unter Berücksichtigung der besonderen für die gesetzliche Unfallversicherung geltenden Bestimmungen vornimmt.

§ 6 Rückwirkung

(1) Leiden Versicherte am 1. August 2017 an einer Krankheit nach den Nummern 1320, 1321, 2115, 4104 (Eierstockkrebs) oder 4113 (Kehlkopfkrebs) der Anlage 1, ist die Krankheit auf Antrag als Berufskrankheit anzuerkennen, wenn sie vor diesem Tag eingetreten ist.

(2) Leiden Versicherte am 1. Januar 2015 an einer Krankheit nach Nummer 1319, 2113, 2114 oder 5103 der Anlage 1, ist die Krankheit auf Antrag als Berufskrankheit anzuerkennen, wenn sie vor diesem Tag eingetreten ist.

(3) Leiden Versicherte am 1. Juli 2009 an einer Krankheit nach Nummer 2112, 4114 oder 4115 der Anlage 1, ist diese auf Antrag als Berufskrankheit anzuerkennen, wenn der Versicherungsfall nach dem 30. September 2002 eingetreten ist. Leiden Versicherte am 1. Juli 2009 an einer Krankheit nach Nummer 4113 der Anlage 1, ist diese auf Antrag als Berufskrankheit anzuerkennen, wenn der Versicherungsfall nach dem 30. November 1997 eingetreten ist. Leiden Versicherte am 1. Juli 2009 an einer Krankheit nach Nummer 1318 der Anlage 1, ist die Krankheit auf Antrag als Berufskrankheit anzuerkennen, wenn der Versicherungsfall vor diesem Tag eingetreten ist.

(4) Leidet ein Versicherter am 1. Oktober 2002 an einer Krankheit nach Nummer 4112 der Anlage 1, ist diese auf Antrag als Berufskrankheit anzuerkennen, wenn der Versicherungsfall nach dem 30. November 1997 eingetreten ist. Satz 1 gilt auch für eine Krankheit nach Nummer 2106 der Anlage 1, wenn diese nicht bereits nach der Nummer 2106 der Anlage 1 in der am 1. Dezember 1997 in Kraft getretenen Fassung als Berufskrankheit anerkannt werden kann.

(5) Leidet ein Versicherter am 1. Dezember 1997 an einer Krankheit nach Nummer 1316,

1317, 4104 (Kehlkopfkrebs) oder 4111 der Anlage 1, ist diese auf Antrag als Berufskrankheit anzuerkennen, wenn der Versicherungsfall nach dem 31. Dezember 1992 eingetreten ist. Abweichend von Satz 1 ist eine Erkrankung nach Nummer 4111 der Anlage 1 auch dann als Berufskrankheit anzuerkennen, wenn die Erkrankung bereits vor dem 1. Januar 1993 eingetreten und einem Unfallversicherungsträger bis zum 31. Dezember 2009 bekannt geworden ist.

(6) Hat ein Versicherter am 1. Januar 1993 an einer Krankheit gelitten, die erst auf Grund der Zweiten Verordnung zur Änderung der Berufskrankheiten-Verordnung vom 18. Dezember 1992 (BGBl. I S. 2343) als Berufskrankheit anerkannt werden kann, ist die Krankheit auf Antrag als Berufskrankheit anzuerkennen, wenn der Versicherungsfall nach dem 31. März 1988 eingetreten ist.

(7) Hat ein Versicherter am 1. April 1988 an einer Krankheit gelitten, die erst auf Grund der Verordnung zur Änderung der Berufskrankheiten-Verordnung vom 22. März 1988 (BGBl. I S. 400) als Berufskrankheit anerkannt werden kann, ist die Krankheit auf Antrag als Berufskrankheit anzuerkennen, wenn der Versicherungsfall nach dem 31. Dezember 1976 eingetreten ist.

(8) Bindende Bescheide und rechtskräftige Entscheidungen stehen der Anerkennung als Berufskrankheit nach den Absätzen 1 bis 7 nicht entgegen. Leistungen werden rückwirkend längstens für einen Zeitraum bis zu vier Jahren erbracht; der Zeitraum ist vom Beginn des Jahres an zu rechnen, in dem der Antrag gestellt worden ist.

Abschnitt 2
Ärztlicher Sachverständigenbeirat Berufskrankheiten

§ 7 Aufgaben

Der Ärztliche Sachverständigenbeirat Berufskrankheiten (Sachverständigenbeirat) ist ein wissenschaftliches Gremium, das das Bundesministerium bei der Prüfung der medizinischen Erkenntnisse zur Bezeichnung neuer und zur Erarbeitung wissenschaftlicher Stellungnahmen zu bestehenden Berufskrankheiten unterstützt.

§ 8 Mitglieder

(1) Der Sachverständigenbeirat besteht in der Regel aus zwölf Mitgliedern, die vom Bundesministerium für Arbeit und Soziales für die Dauer von fünf Jahren berufen werden. Dem Sachverständigenbeirat sollen angehören:

1. acht Hochschullehrerinnen oder Hochschullehrer, insbesondere der Fachrichtung Arbeitsmedizin oder Epidemiologie,
2. zwei Staatliche Gewerbeärztinnen oder Staatliche Gewerbeärzte und
3. zwei Ärztinnen oder Ärzte aus dem betriebs- oder werksärztlichen Bereich.

(2) Die Mitgliedschaft im Sachverständigenbeirat ist ein persönliches Ehrenamt, das keine Stellvertretung zulässt. Der Name und die hauptamtliche Funktion der Mitglieder werden vom Bundesministerium für Arbeit und Soziales veröffentlicht.

(3) Die Mitglieder sind unabhängig und nicht an Weisungen gebunden; sie sind nur ihrem Gewissen verantwortlich und zu unparteiischer Erfüllung ihrer Aufgaben sowie zur Verschwiegenheit verpflichtet. Sie sind auch nach Beendigung ihrer Mitgliedschaft verpflichtet, über die ihnen dabei bekannt gewordenen Angelegenheiten, insbesondere über den Inhalt und den Verlauf der Beratungen, Verschwiegenheit zu wahren.

(4) Das Bundesministerium für Arbeit und Soziales ist berechtigt, Mitglieder aus sachlichen Gründen oder wenn die persönlichen Voraussetzungen der Berufung entfallen sind, abzuberufen. Die Mitglieder können jederzeit aus eigenem Entschluss die Mitgliedschaft beenden.

§ 9 Durchführung der Aufgaben

(1) Zur Durchführung seiner Aufgaben tritt der Sachverständigenbeirat zu Sitzungen zusammen. Das Bundesministerium für Arbeit und Soziales nimmt an den Sitzungen teil. Die Sitzungen sind nicht öffentlich.

(2) Zu den Sitzungen können ständige Berater sowie externe Sachverständige und Gäste

hinzugezogen werden. Für ständige Berater gilt § 8 Absatz 2 und 3, für externe Sachverständige und Gäste gilt § 8 Absatz 3 entsprechend.

(3) Die Beratungsthemen, die aktuell vom Sachverständigenbeirat geprüft werden, werden vom Bundesministerium für Arbeit und Soziales veröffentlicht.

(4) Der Sachverständigenbeirat gibt als Ergebnis seiner Beratungen Empfehlungen für neue oder Stellungnahmen zu bestehenden Berufskrankheiten entsprechend dem aktuellen wissenschaftlichen Erkenntnisstand ab. Gibt der Sachverständigenbeirat keine Empfehlung oder Stellungnahme ab, wird ein Abschlussvermerk erstellt. Die Empfehlungen und Stellungnahmen enthalten eine ausführliche wissenschaftliche Begründung, die Abschlussvermerke eine Zusammenfassung der wissenschaftlichen Entscheidungsgründe.

(5) Das Bundesministerium für Arbeit und Soziales gibt die Empfehlungen und Stellungnahmen des Sachverständigenbeirats bekannt; die Abschlussvermerke werden veröffentlicht. Die vorbereitenden, intern erstellten Beratungsunterlagen des Sachverständigenbeirats sind vertraulich.

§ 10 Geschäftsstelle

(1) Die Bundesanstalt für Arbeitsschutz und Arbeitsmedizin führt die Geschäfte des Sachverständigenbeirats. Sie unterstützt die Arbeit des Sachverständigenbeirats wissenschaftlich und organisatorisch.

(2) Zur wissenschaftlichen Unterstützung kann der Sachverständigenbeirat die Geschäftsstelle insbesondere beauftragen, zu einzelnen Beratungsthemen systematische Reviews oder Literaturrecherchen durchzuführen. Außerdem unterstützt die Geschäftsstelle die Sachverständigen bei der Erstellung von wissenschaftlichen Empfehlungen und Stellungnahmen.

(3) Zur organisatorischen Unterstützung verwaltet die Geschäftsstelle insbesondere die Beratungsunterlagen und erstellt die Ergebnisniederschriften der einzelnen Sitzungen.

§ 11 Geschäftsordnung

(1) Der Sachverständigenbeirat gibt sich eine Geschäftsordnung, die der Zustimmung des Bundesministeriums für Arbeit und Soziales bedarf und veröffentlicht wird.

(2) In der Geschäftsordnung werden insbesondere die Einzelheiten über den Vorsitz und die organisatorische Durchführung der Sitzungen, die Bildung von Arbeitsgruppen sowie die Hinzuziehung externer Sachverständiger geregelt.

Abschnitt 3
Übergangsrecht

§ 12 Überprüfung früherer Bescheide

Bescheide, in denen eine Krankheit nach Nummer 1315, 2101, 2104, 2108 bis 2110, 4301, 4302 oder 5101 der Anlage 1 von einem Unfallversicherungsträger vor dem 1. Januar 2021 nur deshalb nicht als Berufskrankheit anerkannt worden ist, weil die Versicherten die verrichtete gefährdende Tätigkeit nicht unterlassen haben, werden von den Unfallversicherungsträgern von Amts wegen überprüft, wenn die Bescheide nach dem 1. Januar 1997 erlassen worden sind.

Anlage 1

Nr.	Krankheiten
1	**Durch chemische Einwirkungen verursachte Krankheiten**
11	**Metalle und Metalloide**
1101	Erkrankungen durch Blei oder seine Verbindungen
1102	Erkrankungen durch Quecksilber oder seine Verbindungen
1103	Erkrankungen durch Chrom oder seine Verbindungen
1104	Erkrankungen durch Cadmium oder seine Verbindungen
1105	Erkrankungen durch Mangan oder seine Verbindungen
1106	Erkrankungen durch Thallium oder seine Verbindungen
1107	Erkrankungen durch Vanadium oder seine Verbindungen
1108	Erkrankungen durch Arsen oder seine Verbindungen
1109	Erkrankungen durch Phosphor oder seine anorganischen Verbindungen
1110	Erkrankungen durch Beryllium oder seine Verbindungen
12	**Erstickungsgase**
1201	Erkrankungen durch Kohlenmonoxid
1202	Erkrankungen durch Schwefelwasserstoff
13	**Lösemittel, Schädlingsbekämpfungsmittel (Pestizide) und sonstige chemische Stoffe**
1301	Schleimhautveränderungen, Krebs oder andere Neubildungen der Harnwege durch aromatische Amine
1302	Erkrankungen durch Halogenkohlenwasserstoffe
1303	Erkrankungen durch Benzol, seine Homologe oder durch Styrol
1304	Erkrankungen durch Nitro- oder Aminoverbindungen des Benzols oder seiner Homologe oder ihrer Abkömmlinge
1305	Erkrankungen durch Schwefelkohlenstoff
1306	Erkrankungen durch Methylalkohol (Methanol)
1307	Erkrankungen durch organische Phosphorverbindungen
1308	Erkrankungen durch Fluor oder seine Verbindungen
1309	Erkrankungen durch Salpetersäureester
1310	Erkrankungen durch halogenierte Alkyl-, Aryl- oder Alkylaryloxide
1311	Erkrankungen durch halogenierte Alkyl-, Aryl- oder Alkylarylsulfide
1312	Erkrankungen der Zähne durch Säuren
1313	Hornhautschädigungen des Auges durch Benzochinon
1314	Erkrankungen durch para-tertiär-Butylphenol
1315	Erkrankungen durch Isocyanate
1316	Erkrankungen der Leber durch Dimethylformamid
1317	Polyneuropathie oder Enzephalopathie durch organische Lösungsmittel oder deren Gemische
1318	Erkrankungen des Blutes, des blutbildenden und des lymphatischen Systems durch Benzol
1319	Larynxkarzinom durch intensive und mehrjährige Exposition gegenüber schwefelsäurehaltigen Aerosolen
1320	Chronisch-myeloische oder chronisch-lymphatische Leukämie durch 1,3-Butadien bei Nachweis der Einwirkung einer kumulativen Dosis von mindestens 180 Butadien-Jahren (ppm × Jahre)
1321	Schleimhautveränderungen, Krebs oder andere Neubildungen der Harnwege durch polyzyklische aromatische Kohlenwasserstoffe bei Nachweis der Einwirkung einer kumulativen Dosis von mindestens 80 Benzo(a)pyren-Jahren [(µg/ m^3) × Jahre]Zu den Nummern 11 01 bis 11 10, 12 01 und 12 02, 13 03 bis 13 09 und 13 15: Ausgenommen sind Hauterkrankungen. Diese gelten als Krankheiten im Sinne dieser Anlage nur insoweit, als sie Erscheinungen einer Allgemeinerkrankung sind, die durch Aufnahme der schädigenden Stoffe in den Körper verursacht werden, oder gemäß Nummer 51 01 zu entschädigen sind.
2	**Durch physikalische Einwirkungen verursachte Krankheiten**
21	**Mechanische Einwirkungen**
2101	Schwere oder wiederholt rückfällige Erkrankungen der Sehnenscheiden oder des Sehnengleitgewebes sowie der Sehnen- oder Muskelansätze
2102	Meniskusschäden nach mehrjährigen andauernden oder häufig wiederkehrenden, die Kniegelenke überdurchschnittlich belastenden Tätigkeiten
2103	Erkrankungen durch Erschütterung bei Arbeit mit Druckluftwerkzeugen oder gleichartig wirkenden Werkzeugen oder Maschinen
2104	Vibrationsbedingte Durchblutungsstörungen an den Händen
2105	Chronische Erkrankungen der Schleimbeutel durch ständigen Druck
2106	Druckschädigung der Nerven
2107	Abrißbrüche der Wirbelfortsätze
2108	Bandscheibenbedingte Erkrankungen der Lendenwirbelsäule durch langjähriges Heben oder Tragen schwerer Lasten oder durch langjährige Tätigkeiten in extremer Rumpfbeugehaltung, die zu chronischen oder chronisch-rezidivierenden Beschwerden und Funktionseinschränkungen (der Lendenwirbelsäule) geführt haben

Nr.	Krankheiten
2109	Bandscheibenbedingte Erkrankungen der Halswirbelsäule durch langjähriges Tragen schwerer Lasten auf der Schulter, die zu chronischen oder chronisch-rezidivierenden Beschwerden und Funktionseinschränkungen (der Halswirbelsäule) geführt haben
2110	Bandscheibenbedingte Erkrankungen der Lendenwirbelsäule durch langjährige, vorwiegend vertikale Einwirkung von Ganzkörperschwingungen im Sitzen, die zu chronischen oder chronisch-rezidivierenden Beschwerden und Funktionseinschränkungen (der Lendenwirbelsäule) geführt haben
2111	Erhöhte Zahnabrasionen durch mehrjährige quarzstaubbelastende Tätigkeit
2112	Gonarthrose durch eine Tätigkeit im Knien oder vergleichbare Kniebelastung mit einer kumulativen Einwirkungsdauer während des Arbeitslebens von mindestens 13 000 Stunden und einer Mindesteinwirkungsdauer von insgesamt einer Stunde pro Schicht
2113	Druckschädigung des Nervus medianus im Carpaltunnel (Carpaltunnel-Syndrom) durch repetitive manuelle Tätigkeiten mit Beugung und Streckung der Handgelenke, durch erhöhten Kraftaufwand der Hände oder durch Hand-Arm-Schwingungen
2114	Gefäßschädigung der Hand durch stoßartige Krafteinwirkung (Hypothenar-Hammer-Syndrom und Thenar-Hammer-Syndrom)
2115	Fokale Dystonie als Erkrankung des zentralen Nervensystems bei Instrumentalmusikern durch feinmotorische Tätigkeit hoher Intensität
2116	Koxarthrose durch Lastenhandhabung mit einer kumulativen Dosis von mindestens 9500 Tonnen während des Arbeitslebens gehandhabter Lasten mit einem Lastgewicht von mindestens 20 kg, die mindestens zehnmal pro Tag gehandhabt wurden
2117	Läsion der Rotatorenmanschette der Schulter durch eine langjährige und intensive Belastung durch Überschulterarbeit, repetitive Bewegungen im Schultergelenk, Kraftanwendungen im Schulterbereich durch Heben von Lasten oder Hand-Arm-Schwingungen
2118	Gonarthrose bei professionellen Fußballspielerinnen und Fußballspielern nach mindestens 13-jähriger Expositionsdauer
22	**Druckluft**
2201	Erkrankungen durch Arbeit in Druckluft
23	**Lärm**
2301	Lärmschwerhörigkeit
24	**Strahlen**
2401	Grauer Star durch Wärmestrahlung
2402	Erkrankungen durch ionisierende Strahlen
3	**Durch Infektionserreger oder Parasiten verursachte Krankheiten sowie Tropenkrankheiten**
3101	Infektionskrankheiten, wenn der Versicherte im Gesundheitsdienst, in der Wohlfahrtspflege oder in einem Laboratorium tätig oder durch eine andere Tätigkeit der Infektionsgefahr in ähnlichem Maße besonders ausgesetzt war
3102	Von Tieren auf Menschen übertragbare Krankheiten
3103	Wurmkrankheiten der Bergleute, verursacht durch Ankylostoma duodenale oder Strongyloides stercoralis
3104	Tropenkrankheiten, Fleckfieber
4	**Erkrankungen der Atemwege und der Lungen, des Rippenfells und Bauchfells und der Eierstöcke**
41	**Erkrankungen durch anorganische Stäube**
4101	Quarzstaublungenerkrankung (Silikose)
4102	Quarzstaublungenerkrankung in Verbindung mit aktiver Lungentuberkulose (Siliko-Tuberkulose)
4103	Asbeststaublungenerkrankung (Asbestose) oder durch Asbeststaub verursachte Erkrankung der Pleura
4104	Lungenkrebs, Kehlkopfkrebs oder Eierstockkrebs – in Verbindung mit Asbeststaublungenerkrankung (Asbestose) – in Verbindung mit durch Asbeststaub verursachter Erkrankung der Pleura oder – bei Nachweis der Einwirkung einer kumulativen Asbestfaserstaub-Dosis am Arbeitsplatz von mindestens 25 Faserjahren [25 × 10^6 [(Fasern/m^3) × Jahre]
4105	Durch Asbest verursachtes Mesotheliom des Rippenfells, des Bauchfells oder des Perikards
4106	Erkrankungen der tieferen Atemwege und der Lungen durch Aluminium oder seine Verbindungen
4107	Erkrankungen an Lungenfibrose durch Metallstäube bei der Herstellung oder Verarbeitung von Hartmetallen
4108	Erkrankungen der tieferen Atemwege und der Lungen durch Thomasmehl (Thomasphosphat)
4109	Bösartige Neubildungen der Atemwege und der Lungen durch Nickel oder seine Verbindungen
4110	Bösartige Neubildungen der Atemwege und der Lungen durch Kokereirohgase
4111	Chronische obstruktive Bronchitis oder Emphysem von Bergleuten unter Tage im Steinkohlebergbau bei Nachweis der Einwirkung einer kumulativen Dosis von in der Regel 100 Feinstaubjahren [(mg/m^3) × Jahre]
4112	Lungenkrebs durch die Einwirkung von kristallinem Siliziumdioxid (SiO_2) bei nachgewiesener Quarzstaublungenerkrankung (Silikose oder Siliko-Tuberkulose)

Nr.	Krankheiten
4113	Lungenkrebs oder Kehlkopfkrebs durch polyzyklische aromatische Kohlenwasserstoffe bei Nachweis der Einwirkung einer kumulativen Dosis von mindestens 100 Benzo[a]pyren-Jahren [($\mu g/m^3$) × Jahre]
4114	Lungenkrebs durch das Zusammenwirken von Asbestfaserstaub und polyzyklischen aromatischen Kohlenwasserstoffen bei Nachweis der Einwirkung einer kumulativen Dosis, die einer Verursachungswahrscheinlichkeit von mindestens 50 Prozent nach der Anlage 2 entspricht
4115	Lungenfibrose durch extreme und langjährige Einwirkung von Schweißrauchen und Schweißgasen – (Siderofibrose)
4116	Lungenkrebs nach langjähriger und intensiver Passivrauchexposition am Arbeitsplatz bei Versicherten, die selbst nie oder maximal bis zu 400 Zigarettenäquivalente aktiv geraucht haben
4117	Chronische obstruktive Bronchitis einschließlich Emphysem durch Quarzstaubexposition bei Nachweis der Einwirkung einer kumulativen Dosis am Arbeitsplatz von mindestens zwei Quarz-Feinstaubjahren [(mg/m^3) x Jahre]] oberhalb der Konzentration von 0,1 mg/m^3
42	**Erkrankungen durch organische Stäube**
4201	Exogen-allergische Alveolitis
4202	Erkrankungen der tieferen Atemwege und der Lungen durch Rohbaumwoll-, Rohflachs- oder Rohhanfstaub (Byssinose)
4203	Adenokarzinome der Nasenhaupt- und Nasennebenhöhlen durch Stäube von Eichen- oder Buchenholz
43	**Obstruktive Atemwegserkrankungen**
4301	Durch allergisierende Stoffe verursachte obstruktive Atemwegserkrankungen (einschließlich Rhinopathie)
4302	Durch chemisch-irritativ oder toxisch wirkende Stoffe verursachte obstruktive Atemwegserkrankungen
5	**Hautkrankheiten**
5101	Schwere oder wiederholt rückfällige Hauterkrankungen
5102	Hautkrebs oder zur Krebsbildung neigende Hautveränderungen durch Ruß, Rohparaffin, Teer, Anthrazen, Pech oder ähnliche Stoffe
5103	Plattenepithelkarzinome oder multiple aktinische Keratosen der Haut durch natürliche UV-Strahlung
6	**Krankheiten sonstiger Ursache**
6101	Augenzittern der Bergleute

IV

Anlage 2

Berufskrankheit Nummer 4114 Verursachungswahrscheinlichkeit in Prozent

BaP Jahre	Asbestfaserjahre																									
	0	1	2	3	4	5	6	7	8	9	10	11	12	13	14	15	16	17	18	19	20	21	22	23	24	25
0	0	4	7	11	14	17	19	22	24	26	29	31	32	34	36	38	39	40	42	43	44	46	47	48	49	**50**
1	1	5	8	12	15	17	20	22	25	27	29	31	33	35	36	38	39	41	42	44	45	46	47	48	49	**50**
2	2	6	9	12	15	18	21	23	25	28	30	32	33	35	37	38	40	41	43	44	45	46	47	48	49	**50**
3	3	7	10	13	16	19	21	24	26	28	30	32	34	35	37	39	40	42	43	44	45	47	48	49	**50**	51
4	4	7	11	14	17	19	22	24	26	29	31	32	34	36	38	39	40	42	43	44	46	47	48	49	**50**	51
5	5	8	12	15	17	20	22	25	27	29	31	33	35	36	38	39	41	42	44	45	46	47	48	49	**50**	51
6	6	9	12	15	18	21	23	25	28	30	32	33	35	37	38	40	41	43	44	45	46	47	48	49	**50**	51
7	7	10	13	16	19	21	24	26	28	30	32	34	35	37	39	40	42	43	44	45	47	48	49	**50**	51	52
8	7	11	14	17	19	22	24	26	29	31	32	34	36	38	39	40	42	43	44	46	47	48	49	**50**	51	52
9	8	12	15	17	20	22	25	27	29	31	33	35	36	38	39	41	42	44	45	46	47	48	49	**50**	51	52
10	9	12	15	18	21	23	25	28	30	32	33	35	37	38	40	41	43	44	45	46	47	48	49	**50**	51	52
11	10	13	16	19	21	24	26	28	30	32	34	35	37	39	40	42	43	44	45	47	48	49	**50**	51	52	53
12	11	14	17	19	22	24	26	29	31	32	34	36	38	39	40	42	43	44	46	47	48	49	**50**	51	52	53
13	12	15	17	20	22	25	27	29	31	33	35	36	38	39	41	42	44	45	46	47	48	49	**50**	51	52	53
14	12	15	18	21	23	25	28	30	32	33	35	37	38	40	41	43	44	45	46	47	48	49	**50**	51	52	53
15	13	16	19	21	24	26	28	30	32	34	35	37	39	40	42	43	44	45	47	48	49	**50**	51	52	53	53
16	14	17	19	22	24	26	29	31	32	34	36	37	39	40	42	43	44	46	47	48	49	**50**	51	52	53	54
17	15	17	20	22	25	27	29	31	33	35	36	38	39	41	42	44	45	46	47	48	49	**50**	51	52	53	54
18	15	18	21	23	25	28	30	32	33	35	37	38	40	41	43	44	45	46	47	48	49	**50**	51	52	53	54
19	16	19	21	24	26	28	30	32	34	35	37	39	40	42	43	44	45	47	48	49	**50**	51	52	53	53	54
20	17	19	22	24	26	29	31	32	34	36	37	39	40	42	43	44	46	47	48	49	**50**	51	52	53	54	55
21	17	20	22	25	27	29	31	33	35	36	38	39	41	42	44	45	46	47	48	49	**50**	51	52	53	54	55
22	18	21	23	25	28	30	32	33	35	37	38	40	41	43	44	45	46	47	48	49	**50**	51	52	53	54	55
23	19	21	24	26	28	30	32	34	35	37	39	40	42	43	44	45	47	48	49	**50**	51	52	53	53	54	55
24	19	22	24	26	29	31	32	34	36	37	39	40	42	43	44	46	47	48	49	**50**	51	52	53	54	55	55
25	20	22	25	27	29	31	33	35	36	38	39	41	42	44	45	46	47	48	49	**50**	51	52	53	54	55	56
26	21	23	25	28	30	32	33	35	37	38	40	41	43	44	45	46	47	48	49	**50**	51	52	53	54	55	56
27	21	24	26	28	30	32	34	35	37	39	40	42	43	44	45	47	48	49	**50**	51	52	53	53	54	55	56
28	22	24	26	29	31	32	34	36	38	39	40	42	43	44	46	47	48	49	**50**	51	52	53	54	55	55	56
29	22	25	27	29	31	33	35	36	38	39	41	42	44	45	46	47	48	49	**50**	51	52	53	54	55	56	56
30	23	25	28	30	32	33	35	37	38	40	41	43	44	45	46	47	48	49	**50**	51	52	53	54	55	56	57
31	24	26	28	30	32	34	35	37	39	40	42	43	44	45	47	48	49	**50**	51	52	53	53	54	55	56	57
32	24	26	29	31	32	34	36	38	39	40	42	43	44	46	47	48	49	**50**	51	52	53	54	55	55	56	57
33	25	27	29	31	33	35	36	38	39	41	42	44	45	46	47	48	49	**50**	51	52	53	54	55	56	56	57
34	25	28	30	32	33	35	37	38	40	41	43	44	45	46	47	48	49	**50**	51	52	53	54	55	56	57	57
35	26	28	30	32	34	35	37	39	40	42	43	44	45	47	48	49	**50**	51	52	53	53	54	55	56	57	57
36	26	29	31	32	34	36	37	39	40	42	43	44	46	47	48	49	**50**	51	52	53	54	55	55	56	57	58
37	27	29	31	33	35	36	38	39	41	42	44	45	46	47	48	49	**50**	51	52	53	54	55	56	56	57	58
38	28	30	32	33	35	37	38	40	41	43	44	45	46	47	48	49	**50**	51	52	53	54	55	56	57	57	58
39	28	30	32	34	35	37	39	40	42	43	44	45	47	48	49	**50**	51	52	53	53	54	55	56	57	57	58
40	29	31	32	34	36	37	39	40	42	43	44	46	47	48	49	**50**	51	52	53	54	55	55	56	57	58	58

IV

BaP Jahre	Asbestfaserjahre																									
	0	1	2	3	4	5	6	7	8	9	10	11	12	13	14	15	16	17	18	19	20	21	22	23	24	25
41	29	31	33	35	36	38	39	41	42	44	45	46	47	48	49	**50**	51	52	53	54	55	56	56	57	58	59
42	30	32	33	35	37	38	40	41	43	44	45	46	47	48	49	**50**	51	52	53	54	55	56	57	57	58	59
43	30	32	34	35	37	39	40	42	43	44	45	47	48	49	**50**	51	52	53	53	54	55	56	57	57	58	59
44	31	32	34	36	37	39	40	42	43	44	46	47	48	49	**50**	51	52	53	54	55	55	56	57	58	58	59
45	31	33	35	36	38	39	41	42	44	45	46	47	48	49	**50**	51	52	53	54	55	56	56	57	58	59	59
46	32	33	35	37	38	40	41	43	44	45	46	47	48	49	**50**	51	52	53	54	55	56	57	57	58	59	59
47	32	34	35	37	39	40	42	43	44	45	47	48	49	**50**	51	52	53	53	54	55	56	57	57	58	59	60
48	32	34	36	38	39	40	42	43	44	46	47	48	49	**50**	51	52	53	54	55	55	56	57	58	58	59	60
49	33	35	36	38	39	41	42	44	45	46	47	48	49	**50**	51	52	53	54	55	56	56	57	58	59	59	60
50	33	35	37	38	40	41	43	44	45	46	47	48	49	**50**	51	52	53	54	55	56	57	57	58	59	59	60
51	34	35	37	39	40	42	43	44	45	47	48	49	**50**	51	52	53	53	54	55	56	57	57	58	59	60	60
52	34	36	38	39	40	42	43	44	46	47	48	49	**50**	51	52	53	54	55	55	56	57	58	58	59	60	60
53	35	36	38	39	41	42	44	45	46	47	48	49	**50**	51	52	53	54	55	56	56	57	58	59	59	60	60
54	35	37	38	40	41	43	44	45	46	47	48	49	**50**	51	52	53	54	55	56	57	57	58	59	59	60	61
55	35	37	39	40	42	43	44	45	47	48	49	**50**	51	52	53	53	54	55	56	57	57	58	59	60	60	61
56	36	38	39	40	42	43	44	46	47	48	49	**50**	51	52	53	54	55	55	56	57	58	58	59	60	60	61
57	36	38	39	41	42	44	45	46	47	48	49	**50**	51	52	53	54	55	56	56	57	58	59	59	60	60	61
58	37	38	40	41	43	44	45	46	47	48	49	**50**	51	52	53	54	55	56	57	57	58	59	59	60	61	61
59	37	39	40	42	43	44	45	47	48	49	**50**	51	52	53	53	54	55	56	57	57	58	59	60	60	61	61
60	38	39	40	42	43	44	46	47	48	49	**50**	51	52	53	54	55	55	56	57	58	58	59	60	60	61	62
61	38	39	41	42	44	45	46	47	48	49	**50**	51	52	53	54	55	56	56	57	58	59	59	60	60	61	62
62	38	40	41	43	44	45	46	47	48	49	**50**	51	52	53	54	55	56	57	57	58	59	59	60	61	61	62
63	39	40	42	43	44	45	47	48	49	**50**	51	52	53	53	54	55	56	57	57	58	59	60	60	61	61	62
64	39	40	42	43	44	46	47	48	49	**50**	51	52	53	54	55	55	56	57	58	58	59	60	60	61	62	62
65	39	41	42	44	45	46	47	48	49	**50**	51	52	53	54	55	56	56	57	58	59	59	60	60	61	62	62
66	40	41	43	44	45	46	47	48	49	**50**	51	52	53	54	55	56	57	57	58	59	59	60	61	61	62	62
67	40	42	43	44	45	47	48	49	**50**	51	52	53	53	54	55	56	57	57	58	59	60	60	61	61	62	63
68	40	42	43	44	46	47	48	49	**50**	51	52	53	54	55	55	56	57	58	58	59	60	60	61	62	62	63
69	41	42	44	45	46	47	48	49	**50**	51	52	53	54	55	56	56	57	58	59	59	60	60	61	62	62	63
70	41	43	44	45	46	47	48	49	**50**	51	52	53	54	55	56	57	57	58	59	59	60	61	61	62	62	63
71	42	43	44	45	47	48	49	**50**	51	52	53	53	54	55	56	57	57	58	59	60	60	61	61	62	63	63
72	42	43	44	46	47	48	49	**50**	51	52	53	54	55	55	56	57	58	58	59	60	60	61	62	62	63	63
73	42	44	45	46	47	48	49	**50**	51	52	53	54	55	56	56	57	58	59	59	60	60	61	62	62	63	63
74	43	44	45	46	47	48	49	**50**	51	52	53	54	55	56	57	57	58	59	59	60	61	61	62	62	63	64
75	43	44	45	47	48	49	**50**	51	52	53	53	54	55	56	57	57	58	59	60	60	61	61	62	63	63	64
76	43	44	46	47	48	49	**50**	51	52	53	54	55	55	56	57	58	58	59	60	60	61	62	62	63	63	64
77	44	45	46	47	48	49	**50**	51	52	53	54	55	56	56	57	58	59	59	60	60	61	62	62	63	63	64
78	44	45	46	47	48	49	**50**	51	52	53	54	55	56	57	57	58	59	59	60	61	61	62	62	63	64	64
79	44	45	47	48	49	**50**	51	52	53	53	54	55	56	57	57	58	59	60	60	61	61	62	63	63	64	64
80	44	46	47	48	49	**50**	51	52	53	54	55	55	56	57	58	58	59	60	60	61	62	62	63	63	64	64
81	45	46	47	48	49	**50**	51	52	53	54	55	56	56	57	58	59	59	60	60	61	62	62	63	63	64	64
82	45	46	47	48	49	**50**	51	52	53	54	55	56	57	57	58	59	59	60	61	61	62	62	63	64	64	65
83	45	47	48	49	**50**	51	52	53	53	54	55	56	57	57	58	59	60	60	61	61	62	63	63	64	64	65
84	46	47	48	49	**50**	51	52	53	54	55	55	56	57	58	58	59	60	60	61	62	62	63	63	64	64	65
85	46	47	48	49	**50**	51	52	53	54	55	56	56	57	58	59	59	60	60	61	62	62	63	63	64	64	65

BaP Jahre	Asbestfaserjahre																									
	0	1	2	3	4	5	6	7	8	9	10	11	12	13	14	15	16	17	18	19	20	21	22	23	24	25
86	46	47	48	49	**50**	51	52	53	54	55	56	57	57	58	59	59	60	61	61	62	62	63	64	64	65	65
87	47	48	49	**50**	51	52	53	53	54	55	56	57	57	58	59	60	60	61	61	62	63	63	64	64	65	65
88	47	48	49	**50**	51	52	53	54	55	55	56	57	58	58	59	60	60	61	62	62	63	63	64	64	65	65
89	47	48	49	**50**	51	52	53	54	55	56	56	57	58	59	59	60	60	61	62	62	63	63	64	64	65	65
90	47	48	49	**50**	51	52	53	54	55	56	57	57	58	59	59	60	61	61	62	62	63	64	64	65	65	66
91	48	49	**50**	51	52	53	53	54	55	56	57	57	58	59	60	60	61	61	62	63	63	64	64	65	65	66
92	48	49	**50**	51	52	53	54	55	55	56	57	58	58	59	60	60	61	62	62	63	63	64	64	65	65	66
93	48	49	**50**	51	52	53	54	55	56	56	57	58	59	59	60	60	61	62	62	63	63	64	64	65	65	66
94	48	49	**50**	51	52	53	54	55	56	57	57	58	59	59	60	61	61	62	62	63	64	64	65	65	66	66
95	49	**50**	51	52	53	53	54	55	56	57	57	58	59	60	60	61	61	62	63	63	64	64	65	65	66	66
96	49	**50**	51	52	53	54	55	55	56	57	58	58	59	60	60	61	62	62	63	63	64	64	65	65	66	66
97	49	**50**	51	52	53	54	55	56	56	57	58	59	59	60	60	61	62	62	63	63	64	64	65	65	66	66
98	49	**50**	51	52	53	54	55	56	57	57	58	59	59	60	61	61	62	62	63	64	64	65	65	66	66	66
99	**50**	51	52	53	53	54	55	56	57	57	58	59	60	60	61	61	62	63	63	64	64	65	65	66	66	67
100	**50**	51	52	53	54	55	55	56	57	58	58	59	60	60	61	62	62	63	63	64	64	65	65	66	66	67

Kommunal-Versorgungsrücklagegesetz

Vom 9. November 1999 (GVBl. S. 395)

Zuletzt geändert durch
Landesgesetz zur Aufhebung des Landesgesetzes über den Finanzierungsfonds für die Beamtenversorgung Rheinland-Pfalz und zur Fortführung der Versorgungsrücklage des Landes vom 22. September 2017 (GVBl. S. 235)

IV

§ 1 Geltungsbereich

Dieses Gesetz gilt für die Gemeinden, die Gemeindeverbände und die sonstigen der Aufsicht des für das Kommunalrecht zuständigen Ministeriums unterstehenden kommunalen Körperschaften, Anstalten und Stiftungen des öffentlichen Rechts, die als Dienstherren an Beamtinnen und Beamte Dienstbezüge und an Versorgungsempfängerinnen und Versorgungsempfänger Versorgungsbezüge zahlen.

§ 2 Sondervermögen Versorgungsrücklage

(1) Zur Durchführung des § 3a Abs. 1 bis 4 des Landesgesetzes über den Finanzierungsfonds für die Beamtenversorgung Rheinland-Pfalz (LFinFG) vom 12. März 1996 (GVBl. S. 152, BS 2030-7) in der bis zum Ablauf des 14. Dezember 2017 geltenden Fassung hat jeder Dienstherr ein rechtlich nicht selbständiges Sondervermögen nach § 80 Abs. 1 Nr. 5 der Gemeindeordnung zu bilden (Sondervermögen Versorgungsrücklage).

(2) Die Verpflichtung nach Absatz 1 entfällt für Dienstherren, für die bei einer öffentlich-rechtlichen Versorgungskasse (§ 63 der Gemeindeordnung) Versorgungsrücklagen zur Durchführung des § 3a Abs. 1 bis 4 LFinFG in der bis zum Ablauf des 14. Dezember 2017 geltenden Fassung gebildet werden.

§ 3 Zweck

Das aus den Zuführungen nach § 5 einschließlich der Erträge zu bildende Sondervermögen Versorgungsrücklage ist ausschließlich zur Entlastung von Versorgungsaufwendungen zu verwenden und darf ab dem 1. Januar 2012 nach Maßgabe des Haushalts für diesen Zweck eingesetzt werden. Ansprüche von Besoldungs- und Versorgungsempfängerinnen und -empfängern werden nicht begründet. Für Dienstherren, die unter § 2 Abs. 2 fallen, gelten die Sätze 1 und 2 entsprechend.

§ 4 Rechtsform

Das Sondervermögen Versorgungsrücklage ist nicht rechtsfähig; es kann unter seinem Namen im rechtsgeschäftlichen Verkehr handeln, klagen und verklagt werden.

§ 5 Zuführung der Mittel

(1) Die sich nach § 3a Abs. 1 bis 4 LFinFG in der bis zum Ablauf des 14. Dezember 2017 geltenden Fassung durch die Verminderung der Besoldungs- und Versorgungsausgaben des laufenden Jahres und der Vorjahre ergebenden Beträge sind jährlich nachträglich zum 15. Januar des Folgejahres dem Sondervermögen Versorgungsrücklage zuzuführen. Die Höhe der Beträge kann pauschal nach der von dem für das finanzielle öffentliche Dienstrecht zuständigen Ministerium nach § 3a Abs. 6 Satz 2 des LFinFG in der bis zum Ablauf des 14. Dezember 2017 geltenden Fassung festzulegenden Berechnungsformel ermittelt werden.

(2) Auf die Zuführungen ist bis zum 15. Juni des laufenden Jahres ein Abschlag in Höhe der Hälfte des zu erwartenden Jahresbetrages zu zahlen, der mit der Zuführung zum 15. Januar des Folgejahres zu verrechnen ist.

(3) Für die Haushaltsjahre ab dem Jahr 2012 müssen dem Sondervermögen Versorgungsrücklage Mittel für die auf den 31. Dezember 2011 folgenden allgemeinen Besoldungs- und Versorgungsanpassungen nicht mehr zugeführt werden. Die auf vorangegangenen Anpassungen beruhenden Zuführungen an

das Sondervermögen Versorgungsrücklage gemäß § 3a Abs. 1 bis 4 LFinFG in der bis zum Ablauf des 14. Dezember 2017 geltenden Fassung bleiben unberührt. Für Dienstherren, die unter § 2 Abs. 2 fallen, gelten die Sätze 1 und 2 entsprechend.

§ 6 Beirat

Der Dienstherr kann für das Sondervermögen Versorgungsrücklage einen Beirat unter Vorsitz der oder des Dienstvorgesetzten oder der von ihr oder ihm bestimmten Person bilden. Der Beirat wirkt bei der Anlage der dem Sondervermögen Versorgungsrücklage zugeführten Mittel und seiner Erträge beratend mit. Die Mitglieder des Beirates erhalten keine Vergütung und keinen Auslagenersatz. Der Beirat gibt sich eine Geschäftsordnung.

§ 7 In-Kraft-Treten

Dieses Gesetz tritt mit Wirkung vom 1. Januar 1999 in Kraft.

V Personalvertretung

V

Landespersonalvertretungsgesetz (LPersVG)*

in der Fassung der Bekanntmachung vom 24. November 2000 (GVBl. S. 529)

Zuletzt geändert durch
Landesgesetz für Chancengleichheit, Demokratie und Vielfalt
vom 11. Februar 2026 (GVBl. S. 40)

Inhaltsübersicht

* Dieses Gesetz dient auch der Umsetzung der Richtlinie 2002/14/EG des Europäischen Parlaments und des Rates vom 11. März 2002 zur Festlegung eines allgemeinen Rahmens für die Unterrichtung und Anhörung der Arbeitnehmer in der Europäischen Gemeinschaft (ABl. EG Nr. L 80 S. 29).

V

V

V

Erster Teil
Personalvertretungen

I. Abschnitt
Allgemeine Bestimmungen

§ 1 Geltungsbereich

In den Verwaltungen (einschließlich der Schulen) und öffentlich-rechtlichen Betrieben des Landes, der kommunalen Gebietskörperschaften und der sonstigen nicht bundesunmittelbaren Körperschaften, Anstalten und Stiftungen des öffentlichen Rechts sowie den Gerichten des Landes werden zur Vertretung der Interessen der Beschäftigten Personalvertretungen gebildet.

V

§ 2 Zusammenarbeit zwischen Dienststelle, Personalvertretungen, Gewerkschaften und Arbeitgebervereinigungen

(1) Dienststelle und Personalvertretung arbeiten unter Beachtung der Gesetze und Tarifverträge vertrauensvoll und in engem Zusammenwirken mit den in der Dienststelle vertretenen Gewerkschaften und Arbeitgebervereinigungen zum Wohl der Beschäftigten und zur Erfüllung der der Dienststelle obliegenden Aufgaben zusammen.

(2) Zur Wahrung der in diesem Gesetz genannten Aufgaben und Befugnisse der in der Dienststelle vertretenen Gewerkschaften ist deren Beauftragten nach vorheriger Unterrichtung der Leiterin oder des Leiters oder der stellvertretenden Leiterin oder des stellvertretenden Leiters der Dienststelle Zugang zu der Dienststelle zu gewähren, soweit dem nicht unumgängliche Notwendigkeiten des Dienstablaufs, zwingende Sicherheitsvorschriften oder der Schutz von Dienstgeheimnissen entgegenstehen.

(3) Die Aufgaben der Gewerkschaften und der Vereinigungen der Arbeitgeber, insbesondere die Wahrnehmung der Interessen ihrer Mitglieder, werden durch dieses Gesetz nicht berührt. Auf Verlangen einer Gewerkschaft oder einer Vereinigung der Arbeitgeber hat die Dienststelle in ihrem Intranet den Internetauftritt der Gewerkschaft oder der Vereinigung der Arbeitgeber zu verlinken.

§ 3 Verbot abweichender Regelungen

Durch Tarifvertrag oder Dienstvereinbarung kann das Personalvertretungsrecht nicht abweichend von diesem Gesetz geregelt werden.

§ 4 Beschäftigte

(1) Beschäftigte im Sinne dieses Gesetzes sind Beamtinnen und Beamte sowie Arbeitnehmerinnen und Arbeitnehmer einschließlich der zu ihrer Ausbildung in der Dienststelle Tätigen. Richterinnen und Richter sowie Staatsanwältinnen und Staatsanwälte gelten als Beschäftigte im Sinne dieses Gesetzes, wenn sie gemäß §§ 27 und 84 Abs. 4 des Landesrichtergesetzes (LRiG) nicht mehr zum Richterrat (Hauptrichterrat) oder zum Staatsanwaltsrat (Hauptstaatsanwaltsrat) wahlberechtigt sind. Beschäftigte sind auch arbeitnehmerähnliche Personen im Sinne des § 12a des Tarifvertragsgesetzes (TVG). Als Beschäftigte im Sinne dieses Gesetzes gelten ferner Personen, die für die Dienststelle in Heimarbeit oder in Fernarbeit (außerhalb der Dienststelle mit ihr durch elektronische Mittel verbunden) tätig werden.

(2) In jeder Dienststelle bilden je eine Gruppe

1. die Beamtinnen und Beamten sowie
2. die Arbeitnehmerinnen und Arbeitnehmer.

(3) Wer Beamtin oder Beamter ist, bestimmen die Beamtengesetze. Die in Absatz 1 genannten Richterinnen und Richter, Staatsanwältinnen und Staatsanwälte sowie die Beschäftigten, die sich in der Ausbildung für eine Beamtenlaufbahn befinden, gelten als Beamtinnen und Beamte im Sinne dieses Gesetzes.

(4) Arbeitnehmerinnen und Arbeitnehmer im Sinne dieses Gesetzes sind Beschäftigte, die aufgrund eines Arbeitsvertrags in einem Arbeitsverhältnis zu einem der in § 1 genannten Rechtsträger stehen oder sich in einer beruflichen Ausbildung in einem privatrechtlichen Verhältnis zu einem dieser Rechtsträger befinden. Als Arbeitnehmerinnen und Arbeitnehmer gelten auch arbeitnehmerähnliche Personen nach § 12a TVG.

(5) Als Beschäftigte im Sinne dieses Gesetzes gelten nicht

1. Ehrenbeamtinnen und Ehrenbeamte,
2. Personen, die im Rahmen einer Schul- oder Hochschulausbildung ein Praktikum ableisten,
3. Personen, deren Beschäftigung vorwiegend durch Beweggründe karitativer oder religiöser Art bestimmt ist,
4. Personen, die überwiegend zu ihrer Heilung, Wiedereingewöhnung, sittlichen Besserung oder Erziehung beschäftigt werden, und
5. Personen, die nicht länger als zwei Monate beschäftigt sind.

§ 5 Dienststellen

(1) Dienststellen im Sinne dieses Gesetzes sind die einzelnen Behörden und Verwaltungsstellen der in § 1 genannten Verwaltungen, die öffentlich-rechtlichen Betriebe und die Gerichte.

(2) Die einer Mittelbehörde unmittelbar nachgeordnete Behörde bildet mit den ihr nachgeordneten Stellen eine Dienststelle; dies gilt nicht, soweit auch die weiter nachgeordneten Stellen im Verwaltungsaufbau nach Aufgabenbereich und Organisation selbständig sind. Mittelbehörde im Sinne dieses Gesetzes ist die der obersten Dienstbehörde unmittelbar nachgeordnete Behörde, der andere Dienststellen nachgeordnet sind.

(3) Nebenstellen oder Teile einer Dienststelle, die räumlich weit von dieser entfernt liegen, gelten als selbständige Dienststellen, wenn die Mehrheit der wahlberechtigten Beschäftigten dies in geheimer Abstimmung beschließt. Der Beschluss ist erstmals für die folgende Wahl und so lange wirksam, bis er durch Beschluss der Mehrheit der wahlberechtigten Beschäftigten in geheimer Abstimmung mit Wirkung für die folgende Wahl aufgehoben wird.

(4) Bei gemeinsamen Dienststellen des Bundes und der in § 1 genannten Körperschaften, Anstalten und Stiftungen des öffentlichen Rechts gelten nur die nicht im Bundesdienst Beschäftigten als zur Dienststelle gehörig. Im Übrigen wird bei Dienststellen, denen Beschäftigte mehrerer Dienstherren angehören, nur eine gemeinsame Personalvertretung gebildet.

(5) Für die Dienststelle handelt ihre Leiterin oder ihr Leiter. Sie oder er kann sich durch die ständige Vertreterin oder den ständigen Vertreter vertreten lassen. Für den Verhinderungsfall kann sie oder er sich bei den obersten Dienstbehörden, bei den Struktur- und Genehmigungsdirektionen und bei der Aufsichts- und Dienstleistungsdirektion durch die Leiterin oder den Leiter der für Personalangelegenheiten zuständigen Abteilung vertreten lassen. Weitergehende Vertretungsregelungen können durch Dienstvereinbarungen getroffen werden. Die Verhinderungsvertretung nach Satz 3 gilt nicht für Besprechungen nach § 67 Abs. 1. § 99 Abs. 3 bleibt unberührt.

(6) Wird die Dienststelle von einem Kollegialorgan geleitet, bestimmt dieses nach seiner Geschäftsordnung, welches seiner Mitglieder gegenüber dem Personalrat für die Dienststelle handelt und durch wen es ständig vertreten wird.

(7) Vertreterinnen oder Vertreter nach Absatz 5 und 6 sind mit den sachlich notwendigen Vollmachten zu versehen.

§ 6 Schutzbestimmungen

Personen, die Aufgaben oder Befugnisse nach diesem Gesetz wahrnehmen, dürfen darin nicht behindert werden. Sie dürfen wegen ihrer Tätigkeit nicht benachteiligt oder begünstigt werden; dies gilt auch für ihre berufliche Entwicklung.

§ 7 Unfallfürsorge, Ersatz von Sachschäden

(1) Erleidet eine Beamtin oder ein Beamter anlässlich der Wahrnehmung von Rechten oder der Erfüllung von Pflichten nach diesem Gesetz einen Unfall, der im Sinne der beamtenrechtlichen Unfallfürsorgevorschriften ein Dienstunfall wäre, so sind diese Vorschriften entsprechend anzuwenden. Für die übrigen Beschäftigten sind insoweit die maßgeblichen Bestimmungen des Siebten Buches Sozialgesetzbuch entsprechend anzuwenden.

(2) Hinsichtlich des Ersatzes von Sachschäden, die anlässlich der Wahrnehmung von Rechten

V

oder der Erfüllung von Pflichten nach diesem Gesetz entstehen, sind die beamtenrechtlichen Schadenersatzvorschriften entsprechend anzuwenden.

§ 8 Schutz Auszubildender in besonderen Fällen

(1) Beabsichtigt der Arbeitgeber, in einem Berufsausbildungsverhältnis nach dem Berufsbildungsgesetz, dem Krankenpflegegesetz, dem Pflegeberufegesetz oder dem Hebammengesetz stehende Beschäftigte (Auszubildende), die Mitglieder einer Personalvertretung oder Jugend- und Auszubildendenvertretung sind, nach erfolgreicher Beendigung des Berufsausbildungsverhältnisses nicht in ein Arbeitsverhältnis auf unbestimmte Zeit zu übernehmen, so hat er ihnen dies drei Monate vor Beendigung des Berufsausbildungsverhältnisses schriftlich mitzuteilen. Gleiches gilt für Beamtinnen und Beamte im Vorbereitungsdienst, die ausschließlich für eine Tätigkeit in der öffentlichen Verwaltung ausgebildet werden, wenn sie nicht in das Beamtenverhältnis auf Probe übernommen werden.

(2) Verlangen die in Absatz 1 Satz 1 genannten Beschäftigten innerhalb der letzten drei Monate vor Beendigung des Berufsausbildungsverhältnisses schriftlich vom Arbeitgeber die Weiterbeschäftigung, so gilt zwischen beiden im Anschluss an das erfolgreiche Berufsausbildungsverhältnis ein Arbeitsverhältnis auf unbestimmte Zeit als begründet.

(3) Die Absätze 1 und 2 gelten auch, wenn das Berufsausbildungsverhältnis vor Ablauf eines Jahres nach Beendigung der Amtszeit der Personalvertretung oder der Jugend- und Auszubildendenvertretung erfolgreich endet.

(4) Der Arbeitgeber kann spätestens bis zum Ablauf von zwei Wochen nach Beendigung des Berufsausbildungsverhältnisses beim Verwaltungsgericht beantragen,

1. festzustellen, dass ein Arbeitsverhältnis nach den Absätzen 2 oder 3 nicht begründet wird, oder
2. das bereits nach den Absätzen 2 oder 3 begründete Arbeitsverhältnis aufzulösen,

wenn Tatsachen vorliegen, aufgrund derer dem Arbeitgeber unter Berücksichtigung aller Umstände die Weiterbeschäftigung nicht zugemutet werden kann. In dem Verfahren vor dem Verwaltungsgericht ist die Personalvertretung, bei einem Mitglied der Jugend- und Auszubildendenvertretung auch diese, beteiligt.

(5) Die Absätze 2 bis 4 sind unabhängig davon anzuwenden, ob der Arbeitgeber seiner Mitteilungspflicht nach Absatz 1 nachgekommen ist.

§ 9 Verletzung personalvertretungsrechtlicher Pflichten der Dienststellenleitung

Die schuldhafte Verletzung einer der Dienststellenleitung nach diesem Gesetz obliegenden Pflicht ist ein Dienstvergehen nach § 47 des Beamtenstatusgesetzes.

II. Abschnitt
Personalrat

1. Unterabschnitt
Wahl und Zusammensetzung

§ 10 Wahlberechtigung

(1) Wahlberechtigt sind alle Beschäftigten.

(2) Wer zu einer Dienststelle abgeordnet ist, wird in ihr wahlberechtigt, sobald die Abordnung länger als drei Monate gedauert hat; im gleichen Zeitpunkt verliert er das Wahlrecht bei der abgebenden Dienststelle. Auszubildende, Beamtinnen und Beamte im Vorbereitungsdienst und Beschäftigte in entsprechender Berufsausbildung sind bei Abordnung bis zu sechs Monaten nur bei ihrer Ausbildungsbehörde wahlberechtigt. Wahlberechtigt bei der abgebenden Dienststelle sind Beschäftigte, die einer gemeinsamen Einrichtung nach § 44b des Zweiten Buches Sozialgesetzbuch (SGB II) mit der Bezeichnung „Jobcenter" nach § 6d SGB II oder einem privaten Arbeitgeber zur Arbeitsleistung überlassen werden; die Bestimmungen des Betriebsverfassungsgesetzes bleiben unberührt. Beschäftigte, die als Mitglieder einer Stufenvertretung oder einer Jugend- und Auszubildendenstufenvertretung oder des Gesamtpersonalrats freigestellt sind, sowie Be-

schäftigte, die im Rahmen ihrer Aus- und Fortbildung besonderen Ausbildungs- und Schulungsstätten zugewiesen sind, sind nur bei ihrer Heimatdienststelle wahlberechtigt. Das Gleiche gilt für Beschäftigte, die bei mehreren Dienststellen verwendet werden.

(3) Beschäftigte, die zu mehreren Gruppen gehören, sind nur für die Gruppe wahlberechtigt, als deren Angehörige sie überwiegend beschäftigt sind. Bei gleichem Umfang der Beschäftigung entscheiden die Beschäftigten durch Erklärung gegenüber dem Wahlvorstand, für welche Gruppe sie das Wahlrecht ausüben.

(4) Die Leiterin oder der Leiter der Dienststelle und die stellvertretende Leiterin oder der stellvertretende Leiter nach § 5 Abs. 5 sowie die Mitglieder einer kollegialen Dienststellenleitung sind für die Personalvertretung bei ihrer Dienststelle nicht wahlberechtigt.

§ 11 Wählbarkeit

(1) Wählbar sind alle Wahlberechtigten, die am Wahltag das 18. Lebensjahr vollendet haben und die seit sechs Monaten bei Dienststellen, für die Personalvertretungen auf der Grundlage der §§ 1 und 95 des Bundespersonalvertretungsgesetzes gebildet werden, beschäftigt sind. Auf Beamtinnen und Beamte im Vorbereitungsdienst sowie Beschäftigte in entsprechender Berufsausbildung finden die Einschränkungen des Satzes 1 keine Anwendung. Wählbar sind auch Beschäftigte, die nach § 10 Abs. 2 Satz 3 wahlberechtigt sind. Nicht wählbar ist, wer infolge strafgerichtlicher Verurteilung die Fähigkeit, Rechte aus öffentlichen Wahlen zu erlangen, nicht besitzt.

(2) Wer zu einer Dienststelle abgeordnet ist, wird in ihr wählbar, sobald die Abordnung länger als drei Monate gedauert hat, und verliert im gleichen Zeitpunkt die Wählbarkeit bei der abgebenden Dienststelle. Dies gilt nicht, wenn die Rückkehr zur abgebenden Dienststelle binnen weiterer neun Monate feststeht. Bei Beschäftigten in der Berufsausbildung gilt die Zuweisung zu einer anderen Dienststelle als Abordnung.

(3) Nicht wählbar sind für die Personalvertretung bei ihrer Dienststelle Beschäftigte, die zu selbständigen Entscheidungen in mitbestimmungspflichtigen Personalangelegenheiten der Dienststelle befugt sind.

§ 12 Bildung von Personalräten und Zahl der Personalratsmitglieder

(1) In allen Dienststellen mit in der Regel mindestens fünf Wahlberechtigten, von denen drei wählbar sind, werden Personalräte gebildet.

(2) Dienststellen, bei denen die Voraussetzungen des Absatzes 1 nicht gegeben sind, werden von der übergeordneten Dienststelle im Einvernehmen mit der Stufenvertretung einer benachbarten Dienststelle zugeteilt.

(3) Der Personalrat besteht in Dienststellen mit in der Regel

5	bis	20	Beschäftigten aus einer Person,
21	bis	50	Beschäftigten aus drei Mitgliedern,
51	bis	100	Beschäftigten aus fünf Mitgliedern,
101	bis	250	Beschäftigten aus sieben Mitgliedern,
251	bis	500	Beschäftigten aus neun Mitgliedern,
501	bis	750	Beschäftigten aus elf Mitgliedern,
751	bis	1000	Beschäftigten aus 13 Mitgliedern,
1001	bis	2000	Beschäftigten aus 15 Mitgliedern,
2001	bis	3000	Beschäftigten aus 17 Mitgliedern,
3001	bis	4000	Beschäftigten aus 19 Mitgliedern,
4001	bis	5000	Beschäftigten aus 21 Mitgliedern,
5001	und mehr		Beschäftigten aus 23 Mitgliedern.

(4) Maßgebend für die Ermittlung der Zahl der Personalratsmitglieder ist der zehnte Werktag vor Erlass des Wahlausschreibens.

§ 13 Verteilung der Sitze auf die Gruppen

(1) Sind in der Dienststelle Angehörige verschiedener Gruppen beschäftigt, so muss jede Gruppe entsprechend der Zahl der in der Regel beschäftigten Gruppenangehörigen im Personalrat vertreten sein, wenn dieser aus mindestens drei Mitgliedern besteht. Absatz 4 findet entsprechende Anwendung. Kann gleich starken Gruppen nicht die gleiche Anzahl von Sitzen im Personalrat zur Verfügung gestellt werden, so entscheidet das Los darüber, welche dieser Gruppen einen Sitz mehr erhält. Macht eine Gruppe von ihrem Recht, im Personalrat vertreten zu sein, keinen

V

Gebrauch, so verliert sie ihren Anspruch auf Vertretung.

(2) Der Wahlvorstand errechnet die Verteilung der Sitze auf die Gruppen nach den Grundsätzen der Verhältniswahl.

(3) Eine Gruppe erhält bei in der Regel

weniger als 51	Gruppenangehörigen mindestens eine Vertreterin oder einen Vertreter,
51 bis 200	Gruppenangehörigen mindestens zwei Vertreterinnen und Vertreter,
201 bis 600	Gruppenangehörigen mindestens drei Vertreterinnen und Vertreter,
601 bis 1000	Gruppenangehörigen mindestens vier Vertreterinnen und Vertreter,
1001 bis 3000	Gruppenangehörigen mindestens fünf Vertreterinnen und Vertreter,
3001 und mehr	Gruppenangehörigen mindestens sechs Vertreterinnen und Vertreter

im Personalrat.

(4) Ein Personalrat, für den in § 12 Abs. 3 drei Mitglieder vorgesehen sind, besteht aus vier Mitgliedern, wenn eine Gruppe mindestens ebenso viele Beschäftigte zählt wie die beiden anderen Gruppen zusammen. Das vierte Mitglied steht der stärksten Gruppe zu.

(5) Eine Gruppe, der in der Regel nicht mehr als fünf Beschäftigte angehören, erhält nur dann eine Vertretung, wenn sie mindestens ein Zwanzigstel der Beschäftigten der Dienststelle umfasst. Erhält sie keine Vertretung und findet Gruppenwahl statt, so kann sich jede Angehörige oder jeder Angehöriger dieser Gruppe durch Erklärung gegenüber dem Wahlvorstand einer anderen Gruppe anschließen.

§ 14 Abweichende Verteilung

(1) Die Verteilung der Mitglieder des Personalrats auf die Gruppen kann abweichend von § 13 geordnet werden, wenn dies die Angehörigen jeder Gruppe vor der Neuwahl in getrennter und geheimer Abstimmung beschließen. Der Beschluss bedarf der Mehrheit der Stimmen der abstimmenden Wahlberechtigten jeder Gruppe.

(2) Für jede Gruppe können auch Angehörige anderer Gruppen vorgeschlagen werden. Die Gewählten vertreten die Gruppe, für die sie vorgeschlagen sind. Satz 2 gilt auch für Ersatzmitglieder.

§ 15 Wahlgrundsätze

(1) Der Personalrat wird in geheimer und unmittelbarer Wahl gewählt. Er soll sich aus Angehörigen der verschiedenen Beschäftigungsarten zusammensetzen. Die Geschlechter sollen in den Wahlvorschlägen entsprechend ihrem Zahlenverhältnis vertreten sein.

(2) Besteht der Personalrat aus mehr als einer Person, so wählen die Beamtinnen und Beamten sowie die Arbeitnehmerinnen und Arbeitnehmer ihre Vertreterinnen und Vertreter (§ 13) je in getrennten Wahlgängen, es sei denn, dass die wahlberechtigten Angehörigen jeder Gruppe vor der Neuwahl in getrennter und geheimer Abstimmung die gemeinsame Wahl beschließen. Der Beschluss bedarf der Mehrheit der Stimmen aller Wahlberechtigten jeder Gruppe.

(3) Die Wahl wird nach den Grundsätzen der Verhältniswahl durchgeführt. Wird nur ein Wahlvorschlag eingereicht, so findet Personenwahl statt. In Dienststellen, deren Personalrat aus einer Person besteht, wird dieser mit einfacher Stimmenmehrheit gewählt. Das Gleiche gilt für Gruppen, die nur durch ein Mitglied im Personalrat vertreten sind.

(4) Zur Wahl des Personalrats können die wahlberechtigten Beschäftigten und die in der Dienststelle vertretenen Gewerkschaften Wahlvorschläge machen. Jeder Wahlvorschlag der Beschäftigten muss von mindestens einem Zwanzigstel der wahlberechtigten Gruppenangehörigen, jedoch mindestens von drei Wahlberechtigten, unterzeichnet sein. In jedem Fall genügt die Unterzeichnung durch 50 wahlberechtigte Beschäftigte. Beschäftigte, die zu selbständigen Entscheidungen in mitbestimmungspflichtigen Personalangelegenheiten der Dienststelle befugt sind, dürfen keine Wahlvorschläge machen oder unterzeichnen.

(5) Ist gemeinsame Wahl beschlossen worden, so muss jeder Wahlvorschlag der Beschäftigten von mindestens einem Zwanzigstel der wahlberechtigten Beschäftigten unterzeichnet sein; Absatz 4 Satz 2 bis 4 gilt entsprechend.

(6) Jede Beschäftigte oder jeder Beschäftigte kann nur auf einem Wahlvorschlag benannt

werden und nur einen Wahlvorschlag unterzeichnen.

§ 16 Wahlvorstand

(1) Spätestens drei Monate vor Ablauf seiner Amtszeit bestellt der Personalrat drei Wahlberechtigte als Wahlvorstand und bestimmt, wer von ihnen den Vorsitz führt und dessen Vertretung wahrnimmt. Sind in der Dienststelle Angehörige verschiedener Gruppen beschäftigt, so muss jede Gruppe im Wahlvorstand vertreten sein; sie kann auf dieses Recht verzichten. Beide Geschlechter sollen im Wahlvorstand vertreten sein. Für jedes Mitglied des Wahlvorstands soll ein Ersatzmitglied bestellt werden; die Sätze 2 und 3 gelten entsprechend.

(2) Besteht zwei Monate vor Ablauf der Amtszeit des Personalrats kein Wahlvorstand oder besteht in einer personalratsfähigen Dienststelle (§ 12 Abs. 1) kein Personalrat, so beruft die Dienststellenleitung auf Antrag von mindestens drei Wahlberechtigten oder einer in der Dienststelle vertretenen Gewerkschaft eine Personalversammlung zur Wahl des Wahlvorstands ein. Die Zusammensetzung des Wahlvorstands richtet sich nach Absatz 1. Die Personalversammlung wählt eine Versammlungsleiterin oder einen Versammlungsleiter.

(3) Findet eine Personalversammlung nicht statt oder wählt die Personalversammlung keinen Wahlvorstand, so bestellt ihn die Dienststellenleitung auf Antrag von mindestens drei Wahlberechtigten oder einer in der Dienststelle vertretenen Gewerkschaft.

§ 17 Aufgaben des Wahlvorstands

(1) Der Wahlvorstand hat die Wahl rechtzeitig einzuleiten, sie durchzuführen und das Wahlergebnis festzustellen. Kommt der Wahlvorstand dieser Verpflichtung nicht nach, so ersetzt ihn das Verwaltungsgericht auf Antrag von mindestens drei Wahlberechtigten oder einer in der Dienststelle vertretenen Gewerkschaft. Der vom Verwaltungsgericht bestellte Wahlvorstand hat unverzüglich die Wahl einzuleiten oder fortzuführen.

(2) Die Vorsitzende oder der Vorsitzende des Wahlvorstands beruft dessen Sitzungen ein und verständigt rechtzeitig die in der Dienststelle vertretenen Gewerkschaften über Ort und Zeit der Sitzungen. Je eine Beauftragte oder je ein Beauftragter dieser Gewerkschaften ist berechtigt, an den Sitzungen des Wahlvorstands mit beratender Stimme teilzunehmen.

(3) Unverzüglich nach Abschluss der Wahl nimmt der Wahlvorstand öffentlich die Auszählung der Stimmen vor, stellt das Ergebnis in einer Niederschrift fest und gibt es den Angehörigen der Dienststelle durch Aushang bekannt. Der Dienststellenleitung und den in der Dienststelle vertretenen Gewerkschaften ist eine Abschrift der Niederschrift zu übersenden.

§ 18 Verbot der Wahlbehinderung und Kosten der Wahl

(1) Niemand darf die Wahl des Personalrats behindern oder in einer gegen die guten Sitten verstoßenden Weise, insbesondere durch Zufügen oder Androhen von Nachteilen oder Versprechen von Vorteilen, beeinflussen. Insbesondere dürfen die Wahlberechtigten in der Ausübung des aktiven und passiven Wahlrechts nicht beschränkt werden. Die Dienststellenleitung hat sich jeder Einflussnahme auf die Wahl zu enthalten.

(2) Die Bestimmungen über den Schutz der Mitglieder der Personalvertretung (§ 70) gelten für Mitglieder des Wahlvorstands sowie für Wahlbewerberinnen und Wahlbewerber entsprechend.

(3) Die Kosten der Wahl trägt die Dienststelle. Notwendige Versäumnisse von Arbeitszeit infolge der Vorbereitung der Wahl, der Ausübung des Wahlrechts, der Teilnahme an Personalversammlungen zur Bildung eines Wahlvorstands (§ 16 Abs. 2) oder der Betätigung als Wahlvorstand haben keine Minderung der Dienstbezüge oder des Arbeitsentgelts zur Folge. Für die Mitglieder des Wahlvorstands gelten die Bestimmungen über Freizeitausgleich (§ 39 Abs. 4) und Reisekostenerstattung (§ 43 Abs. 4) entsprechend.

(4) In jedem Wahlvorstand hat in der Regel je ein Wahlvorstandsmitglied Anspruch auf Freistellung bis zu fünf Werktagen für die Teilnahme an Schulungs- und Bildungsveranstaltungen unter Weiterzahlung der Dienstbezüge oder des Arbeitsentgelts, soweit die Ver-

anstaltungen Kenntnisse vermitteln, die für die Arbeit des Wahlvorstands geeignet sind. Stehen der Teilnahme an der Schulungs- und Bildungsveranstaltung nach Auffassung der Dienststellenleitung zwingende dienstliche Gründe entgegen, hat sie dem Wahlvorstandsmitglied die Teilnahme an einer sachgleichen Veranstaltung zu ermöglichen. Die Dienststelle trägt entsprechend § 41 Abs. 4 die durch die Teilnahme entstehenden Kosten.

§ 19 Anfechtung der Wahl

(1) Mindestens drei Wahlberechtigte, jede in der Dienststelle vertretene Gewerkschaft oder die Dienststellenleitung können binnen einer Frist von zwölf Werktagen, vom Tag der Bekanntgabe des Wahlergebnisses an gerechnet, die Wahl beim Verwaltungsgericht anfechten, wenn gegen wesentliche Bestimmungen über das Wahlrecht, die Wählbarkeit oder das Wahlverfahren verstoßen worden und eine Berichtigung nicht erfolgt ist, es sei denn, dass durch den Verstoß das Wahlergebnis nicht geändert oder beeinflusst werden konnte. Bis zur Rechtskraft der Entscheidung führen die gewählten Mitglieder des Personalrats ihr Amt fort.

(2) Ist die Wahl für ungültig erklärt, setzt das Verwaltungsgericht einen Wahlvorstand ein. Dieser hat unverzüglich die Neuwahl einzuleiten, durchzuführen und das Wahlergebnis festzustellen. Er nimmt bis zur Neuwahl die Aufgaben des Personalrats wahr.

(3) Wird die Wahl nur einer Gruppe für ungültig erklärt, so gilt Absatz 2 Satz 1 und 2 mit der Maßgabe entsprechend, dass der Wahlvorstand aus Angehörigen dieser Gruppe zu bilden ist. Das Verwaltungsgericht bestimmt zur Wahrnehmung der Befugnisse der Gruppe im Personalrat bis zur Neuwahl so viele wählbare Gruppenangehörige, wie der Gruppe Sitze im Personalrat zustehen.

2. Unterabschnitt
Amtszeit

§ 20 Beginn und Dauer der Amtszeit

Die regelmäßige Amtszeit des Personalrats beträgt vier Jahre; die Amtszeit des Personalrats der Studienreferendarinnen und Studienreferendare beträgt zwei Jahre, die des Personalrats der Anwärterinnen und Anwärter für die Lehrämter 18 Monate und die des Personalrats der Rechtsreferendarinnen und Rechtsreferendare ein Jahr. Die Amtszeit beginnt am Tag nach der Feststellung des Wahlergebnisses oder, wenn zu diesem Zeitpunkt noch ein Personalrat besteht, mit dem Ablauf seiner Amtszeit. Sie endet spätestens am 31. Mai des Jahres, in dem nach § 21 Abs. 1 die regelmäßigen Personalratswahlen stattfinden.

§ 21 Zeitpunkt der Personalratswahl

(1) Die regelmäßigen Personalratswahlen finden alle vier Jahre in der Zeit vom 1. März bis 31. Mai statt.

(2) Außerhalb dieser Zeit ist der Personalrat zu wählen, wenn

1. mit Ablauf von zwei Jahren, vom Tag nach der Feststellung des Wahlergebnisses gerechnet, die Zahl der regelmäßig Beschäftigten um die Hälfte, mindestens aber um 50 gestiegen oder gesunken ist, ausgenommen bei Stufenvertretungen, oder
2. die Gesamtzahl der Mitglieder des Personalrats auch nach Eintreten sämtlicher Ersatzmitglieder in der Reihenfolge nach § 25 Abs. 2 und 3 um mehr als ein Viertel der vorgeschriebenen Zahl gesunken ist oder
3. der Personalrat mit der Mehrheit seiner Mitglieder seinen Rücktritt beschlossen hat oder
4. die Personalratswahl mit Erfolg angefochten ist oder
5. der Personalrat durch rechtskräftige gerichtliche Entscheidung aufgelöst ist oder
6. in der Dienststelle kein Personalrat besteht.

(3) Soweit im Falle des Absatzes 2 Nr. 6 mehrere Dienststellen zu einer neuen Dienststelle zusammengelegt werden, führen die bisherigen Personalräte die Geschäfte gemeinsam weiter, bis der neue Personalrat gewählt ist, längstens jedoch für die Dauer eines Jahres. Die Anberaumung und Leitung der ersten Sitzung der bisherigen Personalräte obliegt der oder dem Vorsitzenden des Personalrats der aufgelösten Dienststelle mit dem größten Be-

schäftigtenstand. In dieser Sitzung sind der Vorsitz, die Stellvertretung und die Geschäftsführung festzulegen. Der gemeinsame Personalrat hat innerhalb einer Frist von drei Wochen seit Bildung der neuen Dienststelle den Wahlvorstand zu bestellen.

(4) In den Fällen des Absatzes 2 Nummer 1 bis 3 führt der Personalrat die Geschäfte weiter, bis der neue Personalrat gewählt ist. Er hat innerhalb einer Frist von drei Wochen seit Eintritt der Voraussetzungen für eine Neuwahl den Wahlvorstand zu bestellen.

(5) Ist eine in der Dienststelle vorhandene Gruppe, die bisher im Personalrat vertreten war, durch kein Mitglied des Personalrats mehr vertreten, so wählt diese Gruppe neue Mitglieder.

(6) Hat außerhalb des für die regelmäßigen Personalratswahlen festgelegten Zeitraumes eine Personalratswahl stattgefunden, so ist der Personalrat in dem auf die Wahl folgenden nächsten Zeitraum der regelmäßigen Personalratswahlen neu zu wählen. Hat die Amtszeit des Personalrats zu Beginn des für die regelmäßigen Personalratswahlen festgelegten Zeitraumes noch nicht ein Jahr betragen, so ist der Personalrat in dem übernächsten Zeitraum der regelmäßigen Personalratswahlen neu zu wählen.

§ 22 Ausschluss von Mitgliedern und Auflösung des Personalrats

(1) Auf Antrag eines Viertels der Wahlberechtigten oder einer in der Dienststelle vertretenen Gewerkschaft kann das Verwaltungsgericht nach Anhörung der in der Dienststelle vertretenen Gewerkschaften den Ausschluss eines Mitglieds aus dem Personalrat oder die Auflösung des Personalrats wegen grober Vernachlässigung seiner gesetzlichen Befugnisse oder wegen grober Vernachlässigung seiner gesetzlichen Pflichten beschließen. Der Personalrat kann aus den gleichen Gründen den Ausschluss eines Mitglieds beantragen. Die Dienststellenleitung kann den Ausschluss eines Mitglieds aus dem Personalrat oder die Auflösung des Personalrats wegen grober Verletzung seiner gesetzlichen Pflichten beantragen.

(2) Ist der Personalrat aufgelöst, so setzt das Verwaltungsgericht einen Wahlvorstand ein. Dieser hat unverzüglich die Neuwahl einzuleiten, durchzuführen und das Wahlergebnis festzustellen. Er nimmt bis zur Neuwahl die Aufgaben des Personalrats wahr.

§ 23 Erlöschen der Mitgliedschaft

(1) Die Mitgliedschaft im Personalrat erlischt durch

1. Ablauf der Amtszeit,
2. Niederlegung des Amtes,
3. Beendigung des Beschäftigungsverhältnisses,
4. Ausscheiden aus der Dienststelle,
5. Verlust der Wählbarkeit,
6. gerichtliche Entscheidung nach § 22 Abs. 1,
7. gerichtliche Entscheidung, dass das Mitglied nicht wählbar war, auch wenn sie in einem Verfahren ergeht, das nach Ablauf der in § 19 Abs. 1 Satz 1 genannten Anfechtungsfrist anhängig geworden ist.

(2) Die Mitgliedschaft im Personalrat wird durch einen Wechsel der Gruppenzugehörigkeit eines Mitglieds nicht berührt; dieses bleibt Vertreterin oder Vertreter der Gruppe, für die es gewählt ist.

§ 24 Ruhen der Mitgliedschaft

Die Mitgliedschaft von Beamtinnen und Beamten im Personalrat ruht, solange ihnen die Führung der Dienstgeschäfte verboten oder sie wegen eines gegen sie schwebenden Disziplinarverfahrens vorläufig des Dienstes enthoben sind.

§ 25 Ersatzmitglieder

(1) Scheidet ein Mitglied aus dem Personalrat aus, tritt ein Ersatzmitglied ein und wird Mitglied des Personalrats. Ist ein Mitglied des Personalrats zeitweilig verhindert, tritt ein Ersatzmitglied für die Dauer der Verhinderung ein und hat die Rechte und Pflichten eines Personalratsmitglieds.

(2) Ist das ausgeschiedene oder verhinderte Mitglied nach den Grundsätzen der Verhältniswahl gewählt worden, werden die Ersatzmitglieder der Reihe nach aus den nicht ge-

V

wählten Beschäftigten derjenigen Vorschlagslisten entnommen, denen die zu ersetzenden Mitglieder angehören.

(3) Bei Personenwahl sind Ersatzmitglieder die nicht gewählten Beschäftigten mit der nächsthöheren Stimmenzahl.

(4) Ein Ersatzmitglied bleibt Vertreterin oder Vertreter der Gruppe, für die es kandidiert hat, auch wenn es vor Eintritt in den Personalrat die Gruppenzugehörigkeit wechselt.

(5) In den Fällen der erfolgreichen Anfechtung der Personalratswahl und der Auflösung des Personalrats durch rechtskräftige gerichtliche Entscheidung treten Ersatzmitglieder nicht ein.

3. Unterabschnitt Geschäftsführung

§ 26 Bildung des Vorstands

Der Personalrat wählt aus seiner Mitte die Vorsitzende oder den Vorsitzenden und bei drei Mitgliedern eine Stellvertreterin oder einen Stellvertreter, bei mehr als drei Mitgliedern eine Stellvertreterin und einen Stellvertreter oder zwei Stellvertreterinnen oder zwei Stellvertreter. Die Reihenfolge der Stellvertretung bestimmt der Personalrat. Sofern im Personalrat Mitglieder verschiedener Gruppen vertreten sind, dürfen die Stellvertreterin oder der Stellvertreter nicht der Gruppe der Vorsitzenden oder des Vorsitzenden angehören und müssen selbst unterschiedlichen Gruppen angehören. Die Gruppe kann auf die Vertretung im Vorstand verzichten. Sind nur zwei Gruppen vertreten, darf die erste Stellvertreterin oder der erste Stellvertreter nicht derselben Gruppe angehören wie die Vorsitzende oder der Vorsitzende. Hat der Personalrat elf oder mehr Mitglieder, so wählt er aus seiner Mitte zwei weitere Mitglieder in den Vorstand. Sind Mitglieder des Personalrats aus Wahlvorschlagslisten mit verschiedenen Bezeichnungen gewählt worden und sind im Vorstand Mitglieder aus derjenigen Liste nicht vertreten, die die größte oder zweitgrößte Anzahl, mindestens jedoch ein Drittel aller von den Angehörigen der Dienststelle abgegebenen Stimmen erhalten hat, so ist eines der weiteren Vorstandsmitglieder aus dieser Liste zu wählen. Beide Geschlechter sollen im Vorstand vertreten sein.

§ 27 Aufgaben des Vorstands

(1) Der Vorstand führt die laufenden Geschäfte. Ist kein Vorstand gebildet, obliegt die Führung der laufenden Geschäfte der Vorsitzenden oder dem Vorsitzenden.

(2) Die Vorsitzende oder der Vorsitzende vertritt den Personalrat im Rahmen der von diesem gefassten Beschlüsse. Zur Entgegennahme von Erklärungen, die dem Personalrat gegenüber abzugeben sind, ist die Vorsitzende oder der Vorsitzende befugt.

(3) Der Personalrat kann für den Fall der Verhinderung der Vorsitzenden oder des Vorsitzenden und der Stellvertreterin oder des Stellvertreters Regelungen über die Vertretung treffen. Sie sind der Dienststellenleitung mitzuteilen.

§ 28 Ausschüsse

(1) Der Personalrat kann zur Vorbereitung von Entscheidungen Ausschüsse mit beratender Funktion bilden. Dabei sollen die Gruppen angemessen vertreten sein.

(2) Werden Ausschüsse gebildet, zu denen Vertreterinnen oder Vertreter der Dienststelle und der Personalräte gehören (gemeinsame Ausschüsse), hat der Personalrat das Recht, Sachverständige zu bestellen.

§ 29 Sitzungen des Personalrats

(1) Spätestens sechs Werktage nach dem Wahltag findet die konstituierende Sitzung des Personalrats statt. Die Vorsitzende oder der Vorsitzende des Wahlvorstands hat die Sitzung einzuberufen und zu leiten, bis der Personalrat eine Vorsitzende oder einen Vorsitzenden gewählt hat.

(2) Die weiteren Sitzungen beraumt die Vorsitzende oder der Vorsitzende des Personalrats an, setzt die Tagesordnung fest und leitet die Verhandlung. Die Vorsitzende oder der Vorsitzende hat die Mitglieder des Personalrats rechtzeitig unter Mitteilung der Tagesordnung zu laden. Dies gilt auch für die Ladung der Gewerkschaften, von Gleichstellungsbeauftragten, der Schwerbehinderten-

vertretung sowie des Vertrauensmannes der Zivildienstleistenden und der Mitglieder der Jugend- und Auszubildendenvertretung, soweit sie ein Recht auf Teilnahme an der Sitzung haben. Die Tagesordnung muss alle Angelegenheiten enthalten, die sich aus der Erfüllung der gesetzlichen Aufgaben des Personalrats ergeben; ihre Ergänzung bedarf einer Mehrheit von zwei Dritteln der gesetzlichen Zahl der Mitglieder des Personalrats.

(3) Auf Antrag

1. eines Viertels der Mitglieder des Personalrats,
2. der Mehrheit der Vertreterinnen und Vertreter einer Gruppe,
3. der Dienststellenleitung,
4. der Gleichstellungsbeauftragten in Angelegenheiten, die die Gleichstellung von Frau und Mann betreffen,
5. der Schwerbehindertenvertretung in Angelegenheiten, die schwerbehinderte Beschäftigte betreffen,
6. des Vertrauensmannes der Zivildienstleistenden in Angelegenheiten, die Zivildienstleistende betreffen, oder
7. der Mehrheit der Mitglieder der Jugend- und Auszubildendenvertretung in Angelegenheiten, die in § 58 genannte Beschäftigte betreffen,

hat die Vorsitzende oder der Vorsitzende eine Sitzung anzuberaumen und den Gegenstand, dessen Beratung beantragt ist, auf die Tagesordnung zu setzen. Ein Antrag, der nicht rechtzeitig gestellt wurde, kann aufgrund eines einstimmigen Beschlusses des Personalrats behandelt werden.

(4) Die Dienststellenleitung nimmt an den Sitzungen, die auf ihr Verlangen anberaumt sind, und an den Sitzungen, zu denen sie ausdrücklich eingeladen ist, teil. Sie darf während der Beratung und Beschlussfassung des Personalrats nicht anwesend sein.

(5) Der Personalrat kann beschließen, dass Beauftragte von Stufenvertretungen berechtigt sind, mit beratender Stimme an seinen Sitzungen teilzunehmen.

(6) Auf Antrag eines Viertels der Mitglieder oder der Mehrheit der Vertreterinnen und Vertreter einer Gruppe des Personalrats kann eine Beauftragte oder ein Beauftragter einer im Personalrat vertretenen Gewerkschaft an den Sitzungen beratend teilnehmen.

(7) In Angelegenheiten einzelner Beschäftigter kann der Personalrat beschließen, dass diese während der Personalratssitzungen gehört werden.

(8) In den Fällen der Absätze 5 und 7 sind den Betroffenen die notwendigen Reisekosten nach den Bestimmungen des Landesreisekostengesetzes zu erstatten.

§ 30 Nichtöffentlichkeit und Zeitpunkt der Sitzungen

(1) Die Sitzungen des Personalrats sind nicht öffentlich. Sie finden in der Regel während der Arbeitszeit statt. Der Personalrat hat bei der Anberaumung seiner Sitzungen auf die dienstlichen Erfordernisse Rücksicht zu nehmen. Die Dienststellenleitung ist vom Zeitpunkt der Sitzungen zu verständigen.

(2) Der Personalrat kann die Teilnahme des ihm zur Sachbearbeitung nach § 43 Abs. 2 zur Verfügung gestellten Personals sowie sachkundiger Personen gestatten. Sie dürfen jedoch mit Ausnahme von zur Vorbereitung der Niederschrift hinzugezogenen Beschäftigten während der Beratung und Beschlussfassung des Personalrats nicht anwesend sein.

§ 31 Beschlussfassung

(1) Die Beschlüsse des Personalrats werden in einer Personalratssitzung gefasst, die in der Regel als Präsenzsitzung in Anwesenheit seiner Mitglieder vor Ort stattfindet. Sie bedürfen der einfachen Stimmenmehrheit der anwesenden Mitglieder des Personalrats, soweit in diesem Gesetz nichts anderes bestimmt ist. Stimmenthaltung gilt als Ablehnung. Bei Stimmengleichheit ist ein Antrag abgelehnt. Die oder der Vorsitzende des Personalrats kann Beschlüsse im schriftlichen oder elektronischen Verfahren fassen lassen sowie Sitzungen und Beschlussfassungen vollständig oder unter Zuschaltung einzelner Personalratsmitglieder mittels Video- oder Telefon-

V

konferenz durchführen, wenn dem nicht mindestens ein Drittel der Mitglieder innerhalb von drei Werktagen nach Bekanntgabe widerspricht. Eine Aufzeichnung ist unzulässig. Mitglieder, die mittels Video- oder Telefonkonferenz an Sitzungen teilnehmen, gelten als anwesend. § 37 Abs. 1 Satz 5 gilt entsprechend mit der Maßgabe, dass die Vorsitzende oder der Vorsitzende vor Beginn der Beratung die zugeschalteten Mitglieder feststellt und in die Anwesenheitsliste einträgt.

(2) Der Personalrat ist nur beschlussfähig, wenn mindestens die Hälfte seiner Mitglieder anwesend ist; Stellvertretung durch Ersatzmitglieder ist zulässig. Kann ein Mitglied des Personalrats an der Sitzung nicht teilnehmen, so hat es dies unter Angabe der Gründe unverzüglich der Vorsitzenden oder dem Vorsitzenden mitzuteilen. In diesem Fall ist die Einladung des jeweiligen Ersatzmitglieds sicherzustellen.

(3) Über Angelegenheiten, die lediglich die Angehörigen einer Gruppe betreffen, wird nach gemeinsamer Beratung vom Personalrat beschlossen, sofern die Mehrheit der Vertreterinnen und Vertreter dieser Gruppe nicht widerspricht; bei Widerspruch beschließen nur die Vertreterinnen und Vertreter der Gruppe. Das gilt nicht für eine Gruppe, die im Personalrat nicht vertreten ist. Satz 1 gilt entsprechend für Angelegenheiten, die lediglich die Angehörigen von zwei Gruppen betreffen.

§ 31a Ausschluss von Beratung und Beschlussfassung

(1) Ein Mitglied des Personalrats ist ausgeschlossen von der Beratung und Beschlussfassung

1. über Angelegenheiten, die seine persönlichen Interessen oder die seiner Angehörigen unmittelbar und individuell berühren oder bei denen es aufseiten der Dienststelle mitgewirkt hat, die die Maßnahme trifft oder vorbereitet hat, oder
2. über einen Antrag auf seinen Ausschluss aus dem Personalrat.

Angehörige im Sinne des Satzes 1 Nr. 1 sind die in § 20 Abs. 5 des Verwaltungsverfahrensgesetzes in der Fassung vom 23. Januar 2003 (BGBl. I S. 122) in der jeweils geltenden Fassung aufgeführten Personen. Hat ein Mitglied des Personalrats Grund zu der Annahme, dass in seiner Person ein Ausschließungsgrund vorliegt, so hat es dies der oder dem Vorsitzenden unverzüglich, spätestens jedoch vor Beginn der Beratung über die Angelegenheit anzuzeigen. Über das Vorliegen eines Ausschließungsgrunds entscheidet der Personalrat in Zweifelsfällen in Abwesenheit der oder des Betroffenen. Das betroffene Personalratsmitglied ist vorher anzuhören. Das ausgeschlossene Mitglied hat für die Dauer der Beratung und Beschlussfassung über die Angelegenheit nach Satz 1 den Sitzungsraum zu verlassen.

(2) Absatz 1 Satz 1 Nr. 1 gilt entsprechend für weitere Personen, die zur Teilnahme an den Sitzungen des Personalrats berechtigt sind.

(3) Werden die den Ausschließungsgrund begründenden Umstände erst während der Sitzung bekannt, tritt ein Ersatzmitglied nach § 25 Abs. 1 Satz 2 nur ein, wenn es auf die Ladung durch die Vorsitzende oder den Vorsitzenden des Personalrats hin unverzüglich an der Sitzung teilnehmen kann.

(4) Ein Beschluss ist nichtig, wenn an der Beratung oder Beschlussfassung ein ausgeschlossenes Mitglied mitgewirkt hat, es sei denn, dass durch die Mitwirkung die Beschlussfassung nicht geändert oder beeinflusst werden konnte. Die Nichtigkeit des Beschlusses berührt die Wirksamkeit einer Maßnahme, die die Dienststelle im Vertrauen auf den Beschluss des Personalrats durchgeführt hat, nicht.

§ 32 Teilnahme und Stimmrecht der Jugend- und Auszubildendenvertretung

(1) Die Jugend- und Auszubildendenvertretung kann zu allen Sitzungen des Personalrats eine Vertreterin oder einen Vertreter zur beratenden Teilnahme entsenden. Werden Angelegenheiten behandelt, die besonders in § 58 genannte Beschäftigte betreffen, hat zu diesem Tagesordnungspunkt die gesamte Jugend- und Auszubildendenvertretung Teilnahme- und Stimmrecht.

(2) Stimmt die Jugend- und Auszubildendenvertretung in Angelegenheiten nach Absatz 1 Satz 2 der beabsichtigten Maßnahme nicht zu oder ist sie nicht beteiligt worden, so ist der Beschluss des Personalrats auf ihren Antrag auf die Dauer von sechs Werktagen vom Zeitpunkt der Beschlussfassung an auszusetzen; die Frist des § 74 Abs. 2 Satz 4 verlängert sich entsprechend. In dieser Zeit hat der Personalrat die beabsichtigte Maßnahme erneut mit der Jugend- und Auszubildendenvertretung mit dem Ziel der Einigung zu erörtern.

(3) Die Jugend- und Auszubildendenvertretung kann beim Personalrat beantragen, Angelegenheiten, die besonders in § 58 genannte Beschäftigte betreffen und über die sie beraten hat, auf die nächste Tagesordnung zu setzen. Der Personalrat soll Angelegenheiten, die besonders in § 58 genannte Beschäftigte betreffen, der Jugend- und Auszubildendenvertretung zur Beratung zuleiten.

§ 33 Teilnahme des Vertrauensmannes der Zivildienstleistenden

An der Behandlung von Angelegenheiten, die auch die Zivildienstleistenden betreffen (§§ 19 bis 22 des Zivildienstvertrauensmann-Gesetzes vom 16. Januar 1991 – BGBl. I S. 47, 53 – in der jeweils geltenden Fassung), kann der Vertrauensmann der Zivildienstleistenden mit beratender Stimme teilnehmen.

§ 34 Teilnahme der Gleichstellungsbeauftragten

Ist in der Dienststelle eine Gleichstellungsbeauftragte mit unmittelbarem Vortragsrecht bei der Leiterin oder dem Leiter der Dienststelle bestellt, kann der Personalrat diese zu seinen Sitzungen oder zu Sitzungen seiner Ausschüsse einladen. Die Gleichstellungsbeauftragte kann Anregungen zur Behandlung von Angelegenheiten geben, die die Gleichstellung von Frau und Mann betreffen.

§ 35 Teilnahme der Schwerbehindertenvertretung

(1) Die Schwerbehindertenvertretung hat das Recht, an allen Sitzungen des Personalrats und dessen Ausschüssen beratend teilzunehmen. Sie kann beantragen, Angelegenheiten, die einzelne schwerbehinderte Menschen oder die schwerbehinderten Menschen als Gruppe besonders betreffen, auf die Tagesordnung der nächsten Sitzung zu setzen.

(2) Erachtet sie einen Beschluss des Personalrats als eine erhebliche Beeinträchtigung wichtiger Interessen schwerbehinderter Menschen oder ist sie entgegen § 95 Abs. 2 Satz 1 des Neunten Buches Sozialgesetzbuch nicht beteiligt worden, wird auf ihren Antrag der Beschluss für die Dauer von sechs Werktagen vom Zeitpunkt der Beschlussfassung an ausgesetzt. Die Frist des § 74 Abs. 2 Satz 4 verlängert sich entsprechend. In dieser Zeit hat der Personalrat die beabsichtigte Maßnahme erneut mit der Schwerbehindertenvertretung mit dem Ziel der Einigung zu erörtern.

(3) Die Schwerbehindertenvertretung ist zu Besprechungen des Personalrats mit der Dienststellenleitung gemäß § 67 Abs. 1 beratend hinzuzuziehen.

§ 36 Gemeinsame Aufgaben von Personalrat und Richter- oder Staatsanwaltsrat

Sind an einer Angelegenheit sowohl der Personalrat als auch der Richterrat oder der Staatsanwaltsrat beteiligt, so teilt die Vorsitzende oder der Vorsitzende des Personalrats dem Richterrat oder dem Staatsanwaltsrat den entsprechenden Teil der Tagesordnung mit und gibt ihm Gelegenheit, an der Sitzung des Personalrats teilzunehmen (§§ 45 und 84 LRiG). Auf Antrag des Richterrats oder des Staatsanwaltsrats oder der Dienststellenleitung hat die Vorsitzende oder der Vorsitzende des Personalrats eine Sitzung anzuberaumen und die gemeinsame Angelegenheit, deren Beratung beantragt ist, auf die Tagesordnung zu setzen.

§ 37 Sitzungsniederschrift

(1) Über jede Sitzung des Personalrats ist eine Niederschrift aufzunehmen, die mindestens den Wortlaut der Beschlüsse und die Stimmenmehrheit, mit der sie gefasst sind, enthält. Über die Niederschrift befindet der Personalrat in der folgenden Sitzung. Bei Verhandlungen des Personalrats mit der Dienststellenleitung ist mindestens das Ergebnis der Verhandlun-

V

gen in der Niederschrift festzuhalten. Die Niederschrift ist von der Vorsitzenden oder dem Vorsitzenden und einem weiteren Mitglied des Personalrats zu unterzeichnen. Der Niederschrift ist eine Anwesenheitsliste beizufügen, in die sich jede Teilnehmerin und jeder Teilnehmer eigenhändig einzutragen hat.

(2) Die Mitglieder des Personalrats, die Mitglieder der Jugend- und Auszubildendenvertretung sowie die Schwerbehindertenvertretung haben das Recht, zur Wahrnehmung der ihnen in dieser Funktion obliegenden Aufgaben Sitzungsunterlagen und Niederschriften einzusehen. Der Gleichstellungsbeauftragten steht dieses Recht für diejenigen Sitzungsteile zu, an denen sie hätte teilnehmen dürfen.

(3) Haben die Leiterin oder der Leiter der Dienststelle, der Vertrauensmann der Zivildienstleistenden, Beauftragte von Stufenvertretungen oder Beauftragte von Gewerkschaften an der Sitzung teilgenommen, so ist ihnen der entsprechende Teil der Niederschrift abschriftlich zuzuleiten.

(4) Einwendungen gegen die Niederschrift sind unverzüglich schriftlich oder elektronisch zu erheben und der Niederschrift beizufügen.

§ 38 Geschäftsordnung

Sonstige Bestimmungen über die Geschäftsführung können in einer Geschäftsordnung getroffen werden. Sie bedarf der Annahme durch zwei Drittel der gesetzlichen Mitgliederzahl.

§ 39 Ehrenamt, Arbeitszeitversäumnis und Freizeitausgleich

(1) Die Mitglieder des Personalrats führen ihr Amt unentgeltlich als Ehrenamt. Sie sind in ihrer Tätigkeit an Weisungen der Dienststelle nicht gebunden. Die Tätigkeit im Personalrat darf nicht zur Beeinträchtigung des beruflichen Werdegangs führen.

(2) Die Mitglieder des Personalrats sind von ihrer beruflichen Tätigkeit befreit, soweit sie es für die ordnungsgemäße Durchführung ihrer Aufgaben oder die ordnungsgemäße Wahrnehmung ihrer Befugnisse als erforderlich ansehen durften. Nicht nach § 40 freigestellte Mitglieder des Personalrats haben ihre Vorgesetzte oder ihren Vorgesetzten zu unterrichten, bevor sie den Arbeitsplatz zur Ausübung der Personalratstätigkeit verlassen.

(3) Versäumnis der Arbeitszeit nach Absatz 2 hat keine Minderung der Dienstbezüge oder des Arbeitsentgelts zur Folge; den Beschäftigten dürfen keine wirtschaftlichen Nachteile entstehen. Führt das Versäumnis dazu, dass die restliche dienstplanmäßige Arbeitszeit nicht mehr erfüllt werden kann, so gilt sie als erfüllt.

(4) Werden Personalratsmitglieder durch die Erfüllung ihrer Aufgaben oder die Wahrnehmung ihrer Befugnisse außerhalb ihrer Arbeitszeit beansprucht, so ist ihnen Dienstbefreiung in entsprechendem Umfang zu gewähren. Der Ausgleich von Reisezeiten erfolgt entsprechend § 10 der Arbeitszeitverordnung vom 9. Mai 2006 (GVBl. S. 200, BS 2030-1-3) in der jeweils geltenden Fassung, soweit nicht abweichende tarifvertragliche Regelungen bestehen. Der Anspruch ist vor Ablauf eines Monats zu erfüllen, es sei denn, dass etwas anderes vereinbart wird.

(5) Die Dienstbezüge oder das Arbeitsentgelt von Mitgliedern des Personalrats dürfen bis zum Ablauf eines Jahres nach dem Erlöschen der Mitgliedschaft nicht geringer bemessen werden als die Dienstbezüge oder das Arbeitsentgelt vergleichbarer Beschäftigter. Das gilt auch für allgemeine Zuwendungen.

(6) Soweit nicht zwingende dienstliche Erfordernisse entgegenstehen, dürfen Mitglieder des Personalrats bis zum Ablauf eines Jahres nach dem Erlöschen der Mitgliedschaft nur mit Tätigkeiten beschäftigt werden, die den Tätigkeiten vergleichbarer Beschäftigter gleichwertig sind.

§ 40 Freistellungen

(1) Die Mitglieder des Personalrats sind auf Antrag von ihrer dienstlichen Tätigkeit freizustellen, wenn und soweit es zur ordnungsgemäßen Durchführung der Aufgaben und Wahrnehmung der Befugnisse des Personalrats erforderlich ist.

(2) Von ihrer dienstlichen Tätigkeit sind nach Absatz 1 mindestens ganz freizustellen in Dienststellen mit in der Regel

300 bis 600 Beschäftigten	ein Mitglied,
mehr als 600 Beschäftigten	zwei Mitglieder, bei mehr als 1000 Beschäftigten zusätzlich je angefangene weitere 1000 Beschäftigte ein weiteres Mitglied.

Auf Antrag des Personalrats sollen anstelle der ganzen Freistellung eines Mitglieds mehrere Mitglieder zum Teil freigestellt werden. In Dienststellen mit weniger als 300 Beschäftigten sind entsprechend der Staffel nach Satz 1 Teilfreistellungen vorzunehmen.

(3) Durch Dienstvereinbarung können im Rahmen der Staffel des Absatzes 2 andere Regelungen getroffen werden. Kommt eine Einigung nicht zustande, entscheidet auf Antrag des Personalrats ohne Durchführung des Stufenverfahrens gemäß § 74 Abs. 4 die Einigungsstelle verbindlich. Für die Bildung der Einigungsstelle und das Verfahren gilt § 75 Abs. 1 bis 4, 6 und 7.

(4) Bei der Auswahl der freizustellenden Mitglieder hat der Personalrat zunächst die nach § 26 gewählten Vorstandsmitglieder in der Reihenfolge ihrer Stellvertretung und sodann die weiteren Vorstandsmitglieder zu berücksichtigen. Die so ausgewählten Vorstandsmitglieder können zugunsten anderer auf eine Freistellung verzichten.

(5) Durch die Freistellung nach Absatz 1 bis 3 dürfen dem Personalratsmitglied keine wirtschaftlichen Nachteile entstehen. Für ein freigestelltes Personalratsmitglied, bei dem die Freistellung zu einem Wechsel des Beschäftigungsorts führt, ist der maßgebende Dienstort im Sinne des Reisekostenrechts der Sitz der Dienststelle, der das Personalratsmitglied angehört. § 39 Abs. 5 und 6 gilt mit der Maßgabe, dass sich der Zeitraum für die Weiterzahlung der Dienstbezüge oder des Arbeitsentgelts und für die weitere Beschäftigung für Mitglieder des Personalrats, die mindestens zwölf Jahre freigestellt waren, auf zwei Jahre erhöht.

(6) Nach Absatz 1 bis 3 freigestellte Personalratsmitglieder dürfen von inner- und außerbetrieblichen Maßnahmen der Berufsbildung nicht ausgeschlossen werden. Innerhalb eines Jahres nach Beendigung der Freistellung eines Personalratsmitglieds ist diesem Gelegenheit zu geben, eine wegen der Freistellung unterbliebene dienststellenübliche berufliche Entwicklung nachzuholen. Für Mitglieder des Personalrats, die mindestens zwölf Jahre freigestellt waren, erhöht sich der Zeitraum nach Satz 2 auf zwei Jahre.

§ 41 Schulungs- und Bildungsmaßnahmen

(1) Die Mitglieder des Personalrats sind unter Fortzahlung der Dienstbezüge oder des Arbeitsentgelts für die Teilnahme an Schulungs- und Bildungsveranstaltungen vom Dienst freizustellen, soweit diese Kenntnisse vermitteln, die sie für die Tätigkeit im Personalrat für erforderlich halten durften. Dafür stehen jedem Personalratsmitglied während der regelmäßigen Amtszeit des Personalrats 20 Kalendertage zur Verfügung. Dies erhöht sich für Beschäftigte, die erstmals das Amt eines Personalratsmitglieds übernehmen und auch nicht zuvor Mitglied der Jugend- und Auszubildendenvertretung waren, um weitere fünf Kalendertage. Stehen der Teilnahme an der Schulungs- und Bildungsveranstaltung nach Auffassung der Dienststellenleitung zwingende dienstliche Erfordernisse entgegen, kann sie innerhalb einer Frist von zwei Wochen nach Eingang des Antrags ohne Durchführung des Stufenverfahrens gemäß § 74 Abs. 4 die Einigungsstelle anrufen. Die Einigungsstelle entscheidet verbindlich. Für die Bildung der Einigungsstelle und das Verfahren gilt § 75 Abs. 1 bis 4, 6 und 7.

(2) Für Ersatzmitglieder, die nach § 25 Abs. 1 in absehbarer Zeit Mitglied des Personalrats werden oder als Verhinderungsvertreterin oder Verhinderungsvertreter eintreten, gilt Absatz 1 mit der Maßgabe entsprechend, dass ihnen fünf Kalendertage zur Verfügung stehen. Mit Erwerb der Mitgliedschaft im Personalrat wird dies auf die Zeit nach Absatz 1 angerechnet.

(3) Unbeschadet des Absatzes 1 hat jedes Mitglied des Personalrats während seiner regelmäßigen Amtszeit Anspruch auf Freistellung vom Dienst unter Fortzahlung der Dienstbezüge oder des Arbeitsentgelts für insgesamt 15 Kalendertage zur Teilnahme an Schulungs- und Bildungsveranstaltungen, die von der Lan-

des- oder Bundeszentrale für politische Bildung als geeignet anerkannt sind. Beschäftigte, die erstmals das Amt eines Personalratsmitglieds übernehmen und auch nicht zuvor Mitglied der Jugend- und Auszubildendenvertretung gewesen sind, haben einen Anspruch nach Satz 1 für insgesamt 20 Kalendertage. Freistellungen nach Rechtsvorschriften außerhalb dieses Gesetzes oder durch tarifvertragliche Regelungen werden auf die Zeiten nach den Sätzen 1 und 2 angerechnet.

(4) Auf die Schulungs- und Bildungsveranstaltungen nach den Absätzen 1 bis 3 findet § 39 Abs. 4 Anwendung. Die durch die Teilnahme an Schulungs- und Bildungsveranstaltungen nach Absatz 1 und 2 entstehenden Kosten einschließlich der Teilnehmergebühren, Unterbringungs-, Verpflegungs- und Reisekosten trägt die Dienststelle im Rahmen der zur Verfügung stehenden Haushaltsmittel. Für die durch die Teilnahme an Schulungs- und Bildungsveranstaltungen nach Absatz 3 entstehenden Reisekosten gilt Satz 2 entsprechend.

(5) Die Mitgliedschaft in mehreren Personalvertretungen führt nicht zu einer Erhöhung des Freistellungsumfangs.

§ 42 Sprechstunden

(1) Der Personalrat kann Sprechstunden während der Arbeitszeit einrichten. Zeit und Ort bestimmt er im Einvernehmen mit der Dienststellenleitung. Kommt ein Einvernehmen nicht zustande, entscheidet ohne Durchführung des Stufenverfahrens gemäß § 74 Abs. 4 die Einigungsstelle verbindlich. Für die Bildung der Einigungsstelle und das Verfahren gilt § 75 Abs. 1 bis 4, 6 und 7.

(2) Führt die Jugend- und Auszubildendenvertretung keine eigenen Sprechstunden durch, kann an gesonderten Sprechstunden des Personalrats für in § 58 genannte Beschäftigte ein Mitglied der Jugend- und Auszubildendenvertretung teilnehmen.

(3) Die Beschäftigten sind berechtigt, während der Arbeitszeit und ohne Minderung der Dienstbezüge oder des Arbeitsentgelts die Sprechstunden des Personalrats aufzusuchen oder den Personalrat in anderer Weise in Anspruch zu nehmen. Stehen dem Besuch der Sprechstunde zwingende dienstliche Gründe entgegen, können Beauftragte des Personalrats mit den Beschäftigten an deren Arbeitsplatz sprechen. Die Beschäftigten dürfen wegen der Inanspruchnahme des Personalrats nicht benachteiligt werden.

§ 43 Kosten und Sachaufwand

(1) Die durch die Tätigkeit des Personalrats entstehenden Kosten trägt die Dienststelle.

(2) Für Sitzungen, Sprechstunden und laufende Geschäftsführung hat die Dienststelle in erforderlichem Umfang Räume, den Geschäftsbedarf und Bürokräfte zur Verfügung zu stellen. Bei Bedarf sind auch Sachbearbeiterinnen oder Sachbearbeiter zeitweise zur Vorbereitung von Beschlüssen zur Verfügung zu stellen.

(3) Die Dienststellenleitung hat dem Personalrat geeignete Anschlagflächen in der Dienststelle zur Verfügung zu stellen und die Kosten für erforderliche Informationsschriften des Personalrats zu übernehmen. Für Bekanntmachungen und Informationen kann der Personalrat die in der Dienststelle üblicherweise genutzten Informations- und Kommunikationssysteme nutzen.

(4) Für Reisen von Mitgliedern des Personalrats, die zur Erfüllung ihrer Aufgaben notwendig sind, werden Reisekosten nach den Bestimmungen des Landesreisekostengesetzes erstattet.

(5) Lehnt die Dienststellenleitung einen Antrag des Personalrats auf Übernahme von Kosten ab oder stellt sie Räume, Geschäftsbedarf, Büropersonal oder Sachbearbeiterinnen oder Sachbearbeiter nach Absatz 2 oder 3 nicht im erforderlichen Umfang zur Verfügung, so entscheidet auf Antrag des Personalrats ohne Durchführung des Stufenverfahrens gemäß § 74 Abs. 4 die Einigungsstelle verbindlich. Für die Bildung der Einigungsstelle und das Verfahren gilt § 75 Abs. 1 bis 4, 6 und 7.

§ 44 Aufwandsentschädigung

Die von ihrer dienstlichen Tätigkeit ganz freigestellten Personalratsmitglieder erhalten eine monatliche Aufwandsentschädigung. Nur teilweise, aber mindestens für die Hälfte der regelmäßigen Arbeitszeit freigestellte Personalratsmitglieder erhalten die Hälfte der Aufwandsentschädigung nach Satz 1. Die Landesregierung bestimmt durch Rechtsverordnung die Höhe der Aufwandsentschädigung.

§ 45 Beitragsverbot

Der Personalrat darf für seine Zwecke von den Beschäftigten keine Beiträge erheben oder annehmen.

4. Unterabschnitt
Arbeitsgemeinschaften auf Bezirks- und Landesebene

§ 46 Beratung gemeinsamer Angelegenheiten von Personalräten auf Bezirks- und Landesebene

(1) Die Stufenvertretungen bilden bei Bedarf je eine Arbeitsgemeinschaft auf der Ebene der Hauptpersonalräte und der Ebene der Bezirkspersonalräte. Die Personalräte der obersten Landesbehörden, bei denen kein Hauptpersonalrat gebildet wird, gelten insoweit als Hauptpersonalräte. Jede Stufenvertretung entsendet je ein Mitglied in ihre Arbeitsgemeinschaft.

(2) Die Arbeitsgemeinschaften der Stufenvertretungen können Angelegenheiten auf der jeweiligen Ebene abstimmen, die von allgemeiner Bedeutung sind und über den Geschäftsbereich einer Stufenvertretung dieser Ebene hinausgehen. Die Befugnisse und Aufgaben der Personalvertretungen nach diesem Gesetz werden hierdurch nicht berührt.

(3) Die Personalräte bei der Staatskanzlei und den Ministerien können Angelegenheiten, die die Staatskanzlei und die Ministerien gleichermaßen betreffen und einheitlich geregelt werden sollten, in gemeinsamen Sitzungen erörtern. Die Besprechungsergebnisse sind den Mitgliedern der Landesregierung mitzuteilen. Die Befugnisse und Pflichten der Personalräte bei der Staatskanzlei und den Ministerien werden durch diese Regelung nicht berührt.

(4) Die Bestimmungen über Arbeitszeitversäumnis und Freizeitausgleich (§ 39 Abs. 2 bis 4) gelten entsprechend.

III. Abschnitt
Personalversammlung

§ 47 Allgemeines

(1) Die Personalversammlung besteht aus den Beschäftigten der Dienststelle. Sie wird von der Vorsitzenden oder dem Vorsitzenden des Personalrats geleitet. Sie ist nicht öffentlich. Kann nach den dienstlichen Verhältnissen, der Eigenart der Dienststelle oder anderen sachlichen Gegebenheiten eine gemeinsame Versammlung aller Beschäftigten nicht stattfinden, so sind Teilversammlungen abzuhalten.

(2) Der Personalrat kann ferner Versammlungen in bestimmten Verwaltungseinheiten der Dienststelle oder Versammlungen eines bestimmten Personenkreises (Teilversammlungen) durchführen.

(3) Auf Beschluss der zuständigen Personalräte kann zur Behandlung gemeinsamer Angelegenheiten eine gemeinsame Personalversammlung mehrerer Dienststellen oder Dienststellenteile stattfinden. Die Personalräte bestimmen zugleich, welches der vorsitzenden Mitglieder die Leitung der gemeinsamen Versammlung übernimmt.

(4) Der Personalrat kann im Einvernehmen mit der Dienststellenleitung mittels Videokonferenz die Teilnahme von Beschäftigten an einer Personalversammlung ohne Anwesenheit am Versammlungsort ermöglichen und eine Personalversammlung in Nebenstellen oder Teile der Dienststelle übertragen; § 31 Abs. 1 Satz 6 und 7 gilt entsprechend.

(5) Die jeweilige Dienststellenleitung ist vom Zeitpunkt der Versammlungen rechtzeitig zu verständigen.

§ 48 Einberufung, Tätigkeitsbericht

(1) Personalversammlungen sind mindestens einmal in jedem Kalenderjahr, erstmals in dem auf die Personalratswahl folgenden Kalenderjahr durchzuführen. Mindestens einmal in jedem Kalenderjahr hat der Personalrat in einer Personalversammlung einen Tätigkeitsbericht zu erstatten; diese Versammlung darf nicht als Teilversammlung nach § 47 Abs. 2 durchgeführt werden.

(2) Mindestens einmal in jedem Kalenderjahr hat die Dienststellenleitung über die Aufgabenentwicklung der Dienststelle, über die Personalentwicklung unter besonderer Berücksichtigung der Maßnahmen, die der Gleichstellung von Frau und Mann dienen, über die Situation der schwerbehinderten Beschäftigten sowie über die Arbeitsweise der Dienststelle unter besonderer Berücksichtigung der technologischen Entwicklung Bericht zu erstatten. Diese Berichte hat die Dienststellenleitung vorher dem Personalrat zur Kenntnis zu geben und mit ihm zu erörtern.

(3) Der Personalrat ist auf Wunsch der Dienststellenleitung oder eines Viertels der Beschäftigten verpflichtet, innerhalb von 20 Werktagen eine Personal- oder Teilversammlung durchzuführen und den beantragten Beratungsgegenstand auf die Tagesordnung zu setzen.

(4) Auf Antrag einer in der Dienststelle vertretenen Gewerkschaft muss der Personalrat innerhalb von 20 Werktagen nach Eingang des Antrags eine Personalversammlung nach Absatz 1 durchführen, wenn im vorhergegangenen Kalenderjahr keine Personalversammlung stattgefunden hat.

§ 49 Zeitpunkt, Freizeitausgleich

(1) Personalversammlungen finden während der Arbeitszeit statt, soweit nicht zwingende dienstliche Verhältnisse eine andere Regelung erfordern. Die Teilnahme an einer Personalversammlung hat keine Minderung der Dienstbezüge oder des Arbeitsentgelts sowie aller Zulagen zur Folge. Soweit die Teilnahme außerhalb der Arbeitszeit erfolgt, ist als Ausgleich Dienstbefreiung in entsprechendem Umfang zu gewähren.

(2) Den Beschäftigten werden die notwendigen Fahrtkosten für die Reise von der Beschäftigungsstelle zum Versammlungsort und zurück nach den Bestimmungen des Landesreisekostengesetzes erstattet. Dies gilt nicht für Beamtinnen und Beamte im Vorbereitungsdienst sowie für Auszubildende, die an zentralen Ausbildungslehrgängen teilnehmen.

§ 50 Aufgaben

(1) Die Personalversammlung darf alle Angelegenheiten behandeln, die die Dienststelle oder ihre Beschäftigten, im Falle des § 47 Abs. 3 die jeweiligen Dienststellen oder Dienststellenteile oder ihre Beschäftigten betreffen, insbesondere Tarif-, Besoldungs- und Sozialangelegenheiten sowie Fragen der Gleichstellung von Frau und Mann. Sie kann dem Personalrat im Rahmen seiner Aufgaben und Befugnisse Anträge unterbreiten und zu seinen Beschlüssen Stellung nehmen. Der Personalrat hat die Beschäftigten in geeigneter Weise umgehend über die Behandlung der Anträge und die Durchführung entsprechender Maßnahmen zu informieren.

(2) Das Verbot parteipolitischer Betätigung ist zu beachten.

(3) Niemand darf für Äußerungen in der Personalversammlung benachteiligt oder disziplinarischen Maßnahmen unterworfen werden, es sei denn, dass durch sie gröblich gegen dienstliche Pflichten verstoßen wird.

§ 51 Teilnahme weiterer Personen

(1) Die Dienststellenleitung ist unter Mitteilung der Tagesordnung rechtzeitig einzuladen. Ihr oder ihren Beauftragten ist in der Personalversammlung das Wort zu erteilen.

(2) Beauftragte der in der Dienststelle vertretenen Gewerkschaften und der Arbeitgebervereinigung, der die Dienststelle angehört, sind berechtigt, mit beratender Stimme an der Personalversammlung teilzunehmen. Sie können Änderungen oder Ergänzungen der Tagesordnung beantragen. Der Personalrat hat ihnen die Einberufung der Personalversammlung rechtzeitig unter Übersendung der Tagesordnung und Angabe von Versammlungsort und -zeit mitzuteilen.

(3) An der Personalversammlung können Beauftragte der Jugend- und Auszubildendenvertretung, der Schwerbehindertenvertretung, der Stufenvertretungen und des Gesamtpersonalrats mit beratender Stimme teilnehmen. Absatz 2 Satz 3 gilt entsprechend.

(4) Der Personalrat oder die Personalversammlung können zu einzelnen Tagesordnungspunkten Sachverständige oder kundige Auskunftspersonen hinzuziehen.

IV. Abschnitt
Stufenvertretungen, Gesamtpersonalrat

1. Unterabschnitt
Stufenvertretungen

§ 52 Stufenvertretungen

(1) Für den Geschäftsbereich mehrstufiger Verwaltungen und Gerichte werden bei der Mittelbehörde (§ 5 Abs. 2 Satz 2) ein Bezirkspersonalrat und bei der obersten Dienstbehörde ein Hauptpersonalrat gebildet.

(2) Bei einer der obersten Dienstbehörde nachgeordneten Behörde, deren Geschäftsbereich sich auf das ganze Land erstreckt, nimmt die Aufgaben des Hauptpersonalrats wahr

a) der Bezirkspersonalrat, wenn nachgeordnete Dienststellen vorhanden sind,

b) der Personalrat der Behörde, wenn nachgeordnete Dienststellen nicht vorhanden sind.

Die zum Geschäftsbereich dieser Behörden gehörenden Beschäftigten nehmen an der Bildung des Hauptpersonalrats und, soweit nachgeordnete Dienststellen nicht vorhanden sind, an der Bildung des Bezirkspersonalrats nicht teil. Die Sätze 1 und 2 gelten nicht für die nachgeordneten Behörden des Geschäftsbereichs „Umwelt" des hierfür fachlich zuständigen Ministeriums sowie für den nachgeordneten Schulbereich des für das Schulwesen zuständigen Ministeriums.

(3) Für die Schulen werden Stufenvertretungen nach Maßgabe des § 97 gebildet.

§ 53 Zuständigkeit

(1) In Angelegenheiten, in denen die Leitung einer übergeordneten Dienststelle, bei der eine Stufenvertretung besteht, entscheidet, ist anstelle des Personalrats die Stufenvertretung zu beteiligen.

(2) Wird die Leitung einer übergeordneten Dienststelle wie die Leitung einer nachgeordneten Dienststelle tätig, ist der bei der übergeordneten Dienststelle bestehende Personalrat zu beteiligen.

(3) In Angelegenheiten, in denen die Entscheidung von einer Stelle getroffen wird, die einem anderen Verwaltungszweig oder einer anderen Körperschaft angehört als die Dienststelle, auf die oder deren Beschäftigte sich die Maßnahme erstreckt, hat die entscheidungsbefugte Stelle den Personalrat der Dienststelle, auf die oder deren Beschäftigte sich die Maßnahme erstreckt, zu beteiligen und die Dienststelle zu unterrichten.

(4) Erstreckt sich eine Maßnahme im Sinne von Absatz 3 auf mehrere Dienststellen in dem Bereich einer Mittelbehörde, hat die entscheidungsbefugte Stelle den bei dieser Mittelbehörde gebildeten Bezirkspersonalrat zu beteiligen und die Mittelbehörde zu unterrichten. Erstreckt sie sich auf Dienststellen mehrerer Mittelbehörden, hat die entscheidungsbefugte Stelle den Hauptpersonalrat zu beteiligen, der bei der obersten Dienstbehörde besteht, die diesen Mittelbehörden übergeordnet ist, und die oberste Dienstbehörde zu unterrichten.

(5) Bei beabsichtigten Maßnahmen eines federführenden Fachministeriums mit Wirkung über den eigenen Geschäftsbereich hinaus, die Angelegenheiten nach § 78 Abs. 3, § 79 Abs. 3 und § 80 zum Gegenstand haben, hat das federführende Fachministerium den bei sich bestehenden Hauptpersonalrat zu beteiligen und gleichzeitig alle anderen Hauptpersonalräte der Dienststellen, auf die sich die Maßnahme erstreckt, zu unterrichten und darauf hinzuweisen, dass sie eine Stellungnahme gegenüber dem Hauptpersonalrat des federführenden Fachministeriums abgeben können. Ist bei dem federführenden Fachressort kein Hauptpersonalrat gebildet, nimmt diese Funktion der dort bestehende Personalrat wahr. Mit dem Beschluss über die beantragte Zustimmung hat die federführende Personalvertretung dem Fachministerium auch die Stellungnahmen der anderen Hauptpersonalräte zu übermitteln. Absatz 8 Satz 2 gilt entsprechend. Die Absätze 3 und 4 finden keine Anwendung.

(6) Ist eine Dienststelle neu errichtet und ist bei ihr ein Personalrat noch nicht gebildet worden, ist bis auf die Dauer von längstens sechs Monaten die bei der übergeordneten

V

Dienststelle gebildete Stufenvertretung zu beteiligen.

(7) Wird im Geschäftsbereich mehrstufiger Verwaltungen eine Maßnahme von einer Dienststelle getroffen, bei der keine für eine Beteiligung an dieser Maßnahme zuständige Personalvertretung vorgesehen ist, so ist die Stufenvertretung bei der nächsthöheren Dienststelle, zu deren Geschäftsbereich die entscheidende Dienststelle und die von der Entscheidung Betroffenen gehören, zu beteiligen.

(8) Ist nach Absatz 1 eine Stufenvertretung zuständig, hat sie vor einem Beschluss in Angelegenheiten, die einzelne Beschäftigte oder Dienststellen betreffen, dem Personalrat oder den Personalräten Gelegenheit zur Stellungnahme zu geben. In diesem Fall verdoppeln sich die Fristen des § 74 Abs. 2 Satz 4 und 5 und des § 82 Abs. 2 Satz 1. Entscheidet sich die Stufenvertretung entgegen dem Votum des Personalrats oder der Personalräte, hat sie diesen oder diese zu unterrichten und ihre Entscheidung umfassend zu begründen.

(9) Für die Befugnisse und Pflichten der Stufenvertretungen gelten die Bestimmungen der §§ 67 bis 86 entsprechend.

§ 54 Wahl und Zusammensetzung der Stufenvertretung

(1) Die Mitglieder des Bezirkspersonalrats werden von den zum Geschäftsbereich der Mittelbehörde, die Mitglieder des Hauptpersonalrats von den zum Geschäftsbereich der obersten Dienstbehörde gehörenden Beschäftigten gewählt.

(2) Die Stufenvertretung besteht bei in der Regel

	bis zu	3 000	Beschäftigten aus neun Mitgliedern,
3 001	bis	5 000	Beschäftigten aus 13 Mitgliedern,
5 001	bis	10 000	Beschäftigten aus 17 Mitgliedern,
10 001	und mehr		Beschäftigten aus 19 Mitgliedern.

Im Übrigen gelten für Wahl und Zusammensetzung die §§ 10, 11 und 12 Abs. 4, § 13 Abs. 1, 2 und 5 sowie die §§ 14 bis 19 entsprechend; in der Stufenvertretung erhält jede Gruppe mindestens eine Vertreterin oder einen Vertreter. Nicht wählbar sind Beschäftigte, die zu selbständigen Entscheidungen in mitbestimmungspflichtigen Personalangelegenheiten der Dienststelle, bei der die Stufenvertretung zu errichten ist, befugt sind. Eine Personalversammlung zur Bestellung des Bezirks- oder Hauptwahlvorstands findet nicht statt. An ihrer Stelle übt die Leitung der Dienststelle, bei der die Stufenvertretung zu errichten ist, die Befugnis zur Bestellung des Wahlvorstands nach § 16 Abs. 3 aus.

(3) Werden in einer Verwaltung die Personalräte und Stufenvertretungen gleichzeitig gewählt, so führen die bei den Dienststellen bestehenden Wahlvorstände die Wahlen der Stufenvertretungen im Auftrag des Bezirks- oder Hauptwahlvorstands durch; andernfalls bestellen auf sein Ersuchen die Personalräte oder, wenn solche nicht bestehen, die Dienststellenleitungen die örtlichen Wahlvorstände für die Wahl der Stufenvertretungen.

§ 55 Amtszeit, Geschäftsführung und Rechtsstellung

(1) Für die Amtszeit und Geschäftsführung der Stufenvertretungen gelten die §§ 20 bis 28, 29 Abs. 1 Satz 2, Abs. 2 bis 8, §§ 30 bis 39, § 40 Abs. 1, 4 bis 6, §§ 41 bis 45 entsprechend. Der Umfang der Freistellung kann durch Dienstvereinbarung geregelt werden. Der Schutz der Mitglieder der Stufenvertretung bestimmt sich nach § 70.

(2) Dienststellenleitung und Stufenvertretung sollen mindestens einmal im Vierteljahr zu Besprechungen im Sinne von § 67 Abs. 1 zusammentreten.

(3) Die konstituierende Sitzung der Stufenvertretung findet spätestens zwölf Werktage nach der Feststellung des Wahlergebnisses statt. Die weiteren Sitzungen werden von dem Vorstand vorbereitet. Sie finden nach Bedarf, in der Regel einmal im Monat, statt.

(4) Über Angelegenheiten, in denen die Stufenvertretung mitbestimmt, kann die Vorsitzende oder der Vorsitzende im schriftlichen Verfahren abstimmen lassen. Die Abstimmung muss in einer Personalratssitzung erfolgen, wenn im Einzelfall ein Drittel der Mitglieder dem schriftlichen Verfahren widerspricht.

2. Unterabschnitt
Gesamtpersonalrat

§ 56 Gesamtpersonalrat

(1) In den Fällen des § 5 Abs. 3 wird neben den einzelnen Personalräten ein Gesamtpersonalrat gebildet.

(2) Für die Verteilung der Zuständigkeit zwischen Personalrat und Gesamtpersonalrat gilt § 53 Abs. 1 und 8 entsprechend. Soweit die Zuständigkeit des Gesamtpersonalrats begründet ist, ist er anstelle der Personalräte der Dienststelle zu beteiligen.

§ 57 Wahl, Zusammensetzung und Tätigkeit

Die Mitglieder des Gesamtpersonalrats werden von den Beschäftigten aller Dienststellen gewählt, für die der Gesamtpersonalrat errichtet ist. Für die Größe, die Wahl und die Zusammensetzung, die Amtszeit, die Geschäftsführung, die Befugnisse und Pflichten des Gesamtpersonalrats und seiner Mitglieder gelten § 53 Abs. 9, § 54 Abs. 2 und 3 und § 55 entsprechend.

V. Abschnitt
Jugend- und Auszubildendenvertretung

§ 58 Errichtung

In Dienststellen, in denen Personalvertretungen gebildet sind und denen in der Regel mindestens fünf Beschäftigte angehören, die das 18. Lebensjahr noch nicht vollendet haben (jugendliche Beschäftigte) oder sich in einer beruflichen Ausbildung befinden (Auszubildende), werden Jugend- und Auszubildendenvertretungen gebildet.

§ 59 Wahlberechtigung, Wählbarkeit

(1) Wahlberechtigt sind alle in § 58 genannten Beschäftigten. § 10 Abs. 2 gilt entsprechend.

(2) Wählbar sind

1. alle Auszubildenden, die am Wahltag das 16. Lebensjahr vollendet haben, sowie
2. alle übrigen Beschäftigten, die am Wahltag das 16. Lebensjahr, aber noch nicht das 25. Lebensjahr vollendet haben, und im Übrigen die Wählbarkeitsvoraussetzungen des § 11 erfüllen.

Unbeschadet des Erlöschens der Mitgliedschaft in der Jugend- und Auszubildendenvertretung nach § 23 Abs. 1 Nr. 5 bleiben gewählte Beschäftigte bis zum Ende der laufenden Wahlperiode im Amt.

§ 60 Zusammensetzung

(1) Die Jugend- und Auszubildendenvertretung besteht in Dienststellen mit in der Regel

5	bis 20	in § 58 genannten Beschäftigten aus einer Person,
21	bis 50	in § 58 genannten Beschäftigten aus drei Mitgliedern,
51	bis 200	in § 58 genannten Beschäftigten aus fünf Mitgliedern,
mehr	als 200	in § 58 genannten Beschäftigten aus sieben Mitgliedern.

(2) Die Jugend- und Auszubildendenvertretung soll sich aus Angehörigen der verschiedenen Beschäftigungsarten der der Dienststelle angehörenden in § 58 genannten Beschäftigten zusammensetzen.

(3) In den Wahlvorschlägen sollen die Geschlechter entsprechend ihrem Anteil unter den in § 58 genannten Beschäftigten der Dienststelle vertreten sein.

§ 61 Wahl und Amtszeit

(1) Spätestens zwei Monate vor Ablauf ihrer Amtszeit bestimmt die Jugend- und Auszubildendenvertretung drei Beschäftigte, die in § 58 genannte Beschäftigte sein sollen, als Wahlvorstand und legt fest, wer von ihnen den Vorsitz führt und dessen Vertretung wahrnimmt. § 16 Abs. 1 Satz 2 bis 4 gilt entsprechend.

(2) Besteht sechs Wochen vor Ablauf der Amtszeit der Jugend- und Auszubildendenvertretung kein Wahlvorstand, so beruft der Personalrat aufgrund eigener Beschlussfassung, auf Antrag von mindestens drei in § 58 genannten Beschäftigten oder einer in der Dienststelle vertretenen Gewerkschaft eine Jugend- und Auszubildendenversammlung zur Wahl des Wahlvorstands ein. Findet die Versammlung nicht statt oder wählt sie keinen Wahlvorstand, so bestellt ihn die Dienst-

V

stellenleitung auf Antrag von einem der Berechtigten nach Satz 1.

(3) Die Jugend- und Auszubildendenvertretung wird in geheimer und unmittelbarer Wahl gewählt. Die Wahl wird nach den Grundsätzen der Personenwahl durchgeführt. Werden mehrere Wahlvorschläge eingereicht, so findet Verhältniswahl statt. Besteht die Jugend- und Auszubildendenvertretung aus einer Person, so wird sie mit einfacher Stimmenmehrheit gewählt. Im Übrigen gelten für die Wahl § 15 Abs. 4 und 6 sowie die §§ 17 bis 19 entsprechend.

(4) Die regelmäßige Amtszeit der Jugend- und Auszubildendenvertretung beträgt zwei Jahre. Sie beginnt am Tage nach der Feststellung des Wahlergebnisses oder, wenn zu diesem Zeitpunkt noch eine Jugend- und Auszubildendenvertretung besteht, mit dem Ablauf ihrer Amtszeit. Die Bestimmungen über den Ausschluss von Mitgliedern und die Auflösung des Personalrats (§ 22), das Erlöschen der Mitgliedschaft (§ 23), das Ruhen der Mitgliedschaft (§ 24) sowie die Ersatzmitglieder (§ 25) gelten entsprechend. Die regelmäßigen Wahlen der Jugend- und Auszubildendenvertretungen finden alle zwei Jahre in der Zeit vom 1. März bis 31. Mai statt; für Wahlen außerhalb dieser Zeit gilt § 21 Abs. 2 Nr. 2 bis 6 und Abs. 3 und 5 entsprechend.

(5) Besteht die Jugend- und Auszubildendenvertretung aus drei oder mehr Mitgliedern, so wählt sie aus ihrer Mitte eine Vorsitzende oder einen Vorsitzenden und eine Stellvertreterin oder einen Stellvertreter.

§ 62 Aufgaben

(1) Die Jugend- und Auszubildendenvertretung hat folgende allgemeine Aufgaben:

1. Maßnahmen, die den in § 58 genannten Beschäftigten dienen, insbesondere in Fragen der Berufsausbildung und der Übernahme der Auszubildenden in ein Beschäftigungsverhältnis, beim Personalrat zu beantragen,
2. darüber zu wachen, dass zugunsten der in § 58 genannten Beschäftigten geltende Gesetze, Verordnungen, Unfallverhütungsvorschriften, Tarifverträge, Dienstvereinbarungen, Verwaltungsanordnungen und sonstige Arbeitsschutzvorschriften durchgeführt werden,
3. Anregungen und Beschwerden von in § 58 genannten Beschäftigten, insbesondere in Fragen der Berufsausbildung, entgegenzunehmen und, falls sie berechtigt erscheinen, beim Personalrat auf eine Erledigung hinzuwirken; sie hat die betroffenen jugendlichen Beschäftigten über den Stand und das Ergebnis der Verhandlungen zu unterrichten,
4. Maßnahmen, die dem Abbau von Benachteiligungen von weiblichen Jugendlichen und Auszubildenden dienen, beim Personalrat, zu beantragen.

(2) Zur Durchführung ihrer Aufgaben ist die Jugend- und Auszubildendenvertretung durch den Personalrat anhand der einschlägigen Unterlagen rechtzeitig und umfassend zu unterrichten.

(3) Der Personalrat hat die Jugend- und Auszubildendenvertretung zu Besprechungen mit der Dienststellenleitung hinzuzuziehen, wenn Angelegenheiten behandelt werden, die auch in § 58 genannte Beschäftigte betreffen.

(4) Die Jugend- und Auszubildendenvertretung kann nach Unterrichtung des Personalrats Sitzungen abhalten. Die Bestimmungen über die konstituierende Sitzung und die weiteren Sitzungen (§ 29 Abs. 1 und 2) gelten entsprechend. An den Sitzungen kann ein vom Personalrat beauftragtes Mitglied mit beratender Stimme teilnehmen.

(5) Die Jugend- und Auszubildendenvertretung oder ein von ihr beauftragtes Mitglied hat das Recht, nach Unterrichtung des Personalrats Arbeits- und Ausbildungsplätze zu begehen.

§ 63 Jugend- und Auszubildendenversammlung

Die Jugend- und Auszubildendenvertretung hat einmal in jedem Kalenderhalbjahr eine Jugend- und Auszubildendenversammlung durchzuführen. Diese soll möglichst unmittelbar vor oder nach einer ordentlichen Personalversammlung stattfinden. Sie wird von der Vorsitzenden oder dem Vorsitzenden der Jugend- und Auszubildendenvertretung geleitet. Die oder der Vorsitzende des Personalrats oder ein vom Personalrat beauftragtes anderes Mitglied soll an der Versammlung teilnehmen. Die für Personalversammlungen geltenden Bestimmungen sind entsprechend anzuwenden.

§ 64 Jugend- und Auszubildendenstufenvertretung

Für den Geschäftsbereich mehrstufiger Verwaltungen werden, soweit Stufenvertretungen bestehen, bei den Behörden der Mittelstufen Bezirksjugend- und Auszubildendenvertretungen und bei den obersten Dienstbehörden Hauptjugend- und Auszubildendenvertretungen gebildet. Für diese Jugend- und Auszubildendenstufenvertretungen gelten § 54 Abs. 1 und 3 sowie die §§ 58 bis 62 entsprechend.

§ 65 Gesamtjugend- und Auszubildendenvertretung

(1) Besteht in einer Dienststelle ein Gesamtpersonalrat und gehören mehr als einer Dienststelle in der Regel mindestens fünf in § 58 genannte Beschäftigte an, ist eine Gesamtjugend- und Auszubildendenvertretung zu bilden.

(2) In die Gesamtjugend- und Auszubildendenvertretung entsendet jede Jugend- und Auszubildendenvertretung ein Mitglied.

(3) Besteht im Bereich der Gesamtdienststelle nur eine Jugend- und Auszubildendenvertretung, nimmt diese auch die Aufgaben und Befugnisse der Gesamtjugend- und Auszubildendenvertretung wahr.

(4) Für die Gesamtjugend- und Auszubildendenvertretung gelten die Bestimmungen über die Zuständigkeit des Gesamtpersonalrats (§ 56 Abs. 2) und die Amtszeit der Jugend- und Auszubildendenvertretung (§ 61 Abs. 4 Satz 1) entsprechend.

§ 66 Entsprechende Anwendung von Bestimmungen

(1) Für die Jugend- und Auszubildendenvertretung, die Jugend- und Auszubildendenstufenvertretung und die Gesamtjugend- und Auszubildendenvertretung gelten die Bestimmungen über Nichtöffentlichkeit und Zeitpunkt der Sitzungen (§ 30), Beschlussfassung (§ 31), Ausschluss von Beratung und Beschlussfassung (§ 31a), Sitzungsniederschrift (§ 37), Schulungs- und Bildungsmaßnahmen (§ 41) sowie Kosten und Sachaufwand (§ 43) entsprechend. Die Bestimmungen über Arbeitszeitversäumnis und Freizeitausgleich (§ 39 Abs. 2 bis 4) finden mit der Maßgabe Anwendung, dass hierdurch weder der berufliche Werdegang noch das Ausbildungsziel gefährdet werden dürfen; auf Antrag der jeweiligen Vertretung kann ohne Durchführung des Stufenverfahrens gemäß § 74 Abs. 4 die Einigungsstelle verbindlich entsprechende Maßnahmen der Dienststellenleitung aufheben. Für die Bildung der Einigungsstelle und das Verfahren gilt § 75 Abs. 1 bis 4, 6 und 7.

(2) Für die Mitglieder der Jugend- und Auszubildendenvertretung, Jugend- und Auszubildendenstufenvertretung und der Gesamtjugend- und Auszubildendenvertretung gelten die Bestimmungen über den Schutz der Mitglieder der Personalvertretung (§ 70) entsprechend.

V

VI. Abschnitt
Beteiligung des Personalrats

1. Unterabschnitt
Allgemeines

§ 67 Regeln der Zusammenarbeit

(1) Dienststellenleitung und Personalrat haben einmal im Vierteljahr zu Besprechungen zusammenzutreten. In ihnen soll auch die Gestaltung des Dienstbetriebes behandelt werden, insbesondere alle Vorgänge, beabsichtigte Maßnahmen und Initiativen, die die Beschäftigten wesentlich berühren. Die Dienststellenleitung hat zu Vorschlägen der Personalvertretung nach Beratung mit dieser unverzüglich Stellung zu nehmen. Dienststellenleitung und Personalrat haben über strittige Fragen mit dem ernsten Willen zur Einigung zu verhandeln und Vorschläge für die Beilegung von Meinungsverschiedenheiten zu machen.

(2) Dienststelle und Personalvertretung haben alles zu unterlassen, was geeignet ist, die Arbeit und den Frieden in der Dienststelle zu

beeinträchtigen. Ist durch eine Maßnahme der Dienststelle ein Recht der Personalvertretung verletzt worden und stimmt der Personalrat der Maßnahme nicht nachträglich zu, sind ihre Folgen, soweit nicht zwingende gesetzliche Bestimmungen entgegenstehen, zu beseitigen.

(3) Maßnahmen des Arbeitskampfes zwischen Dienststelle und Personalvertretung sind unzulässig; Arbeitskämpfe tariffähiger Parteien werden hierdurch nicht berührt. Mittelbare oder unmittelbare Auswirkungen eines Arbeitskampfes zwischen tariffähigen Parteien berühren die Rechte und Pflichten von Dienststelle und Personalvertretung nach diesem Gesetz nicht.

(4) Dienststelle und Personalrat haben jede Werbung zugunsten politischer Parteien sowie sonstige Betätigungen, die dazu bestimmt sind, die Ziele politischer Parteien unmittelbar zu fördern, in der Dienststelle zu unterlassen. Die Behandlung von Angelegenheiten tarif-, besoldungs- und sozialpolitischer Art, die die Dienststelle oder ihre Beschäftigten unmittelbar oder mittelbar betreffen, wird hierdurch nicht berührt.

(5) Beschäftigte werden durch ihre Mitgliedschaft in der Personalvertretung in ihrer Meinungsfreiheit nicht beschränkt. Beschäftigte, die im Rahmen dieses Gesetzes Aufgaben übernehmen, werden dadurch in der Betätigung für ihre Gewerkschaft auch in der Dienststelle nicht beschränkt.

(6) Außenstehende Stellen dürfen erst angerufen werden, wenn eine Einigung in der Dienststelle nicht erzielt worden ist. Die Personalvertretung ist im Rahmen ihrer Aufgaben berechtigt, mit Stellen außerhalb der Dienststelle oder der Verwaltung zusammenzuarbeiten.

§ 68 Grundsätze für die Behandlung der Dienststellenangehörigen

(1) Dienststelle und Personalvertretung haben darüber zu wachen, dass alle Angehörigen der Dienststelle nach Recht und Billigkeit behandelt werden, insbesondere dass jede Benachteiligung aus rassistischen Gründen oder wegen ihrer ethnischen Herkunft, ihrer Abstammung oder sonstigen Herkunft, ihrer Nationalität, ihrer Religion oder Weltanschauung, ihrer Behinderung, ihres Alters, ihrer politischen oder gewerkschaftlichen Betätigung oder Einstellung oder wegen ihres Geschlechts oder ihrer sexuellen oder geschlechtlichen Identität unterbleibt.

(2) Die Personalvertretung hat sich für die Wahrung der Vereinigungsfreiheit der Beschäftigten einzusetzen.

§ 69 Allgemeine Aufgaben und Informationsrecht der Personalvertretung

(1) Die Personalvertretung hat folgende allgemeine Aufgaben:

1. Maßnahmen, die der Dienststelle und ihren Angehörigen dienen, zu beantragen,
2. darüber zu wachen, dass zugunsten der Beschäftigten geltende Gesetze, Verordnungen, Unfallverhütungsvorschriften, Tarifverträge, Dienstvereinbarungen, Verwaltungsanordnungen und sonstige Arbeitsschutzvorschriften durchgeführt werden,
3. Anregungen und Beschwerden von Beschäftigten und der Jugend- und Auszubildendenvertretung entgegenzunehmen und, falls sie berechtigt erscheinen, durch Verhandlungen mit der Dienststellenleitung auf ihre Erledigung hinzuwirken; die Personalvertretung hat die betroffenen Beteiligten über das Ergebnis der Verhandlungen zu unterrichten,
4. Maßnahmen zu beantragen, die der Gleichbehandlung von Frau und Mann dienen,
5. Maßnahmen zur Förderung familienfreundlicher Arbeitsbedingungen der Beschäftigten durch die Dienststelle zu fördern,
6. die Eingliederung und berufliche Entwicklung schwerbehinderter Menschen und sonstiger schutzbedürftiger Personen, insbesondere älterer Personen, zu fördern,
7. Maßnahmen zur beruflichen Förderung schwerbehinderter Menschen zu beantragen,
8. mit der Jugend- und Auszubildendenvertretung zur Förderung der Belange der in

§ 58 genannten Beschäftigten eng zusammenzuarbeiten; die Personalvertretung kann von der Jugend- und Auszubildendenvertretung Vorschläge und Stellungnahmen anfordern,

9. die Eingliederung ausländischer Beschäftigter in die Dienststelle und das Verständnis zwischen ihnen und den deutschen Beschäftigten zu fördern,
10. die Interessen der Fernarbeitnehmerinnen und Fernarbeitnehmer zu wahren.

(2) Zur Durchführung ihrer Aufgaben ist die Personalvertretung rechtzeitig, fortlaufend, umfassend und anhand der Unterlagen von der Dienststellenleitung zu unterrichten. Die Unterrichtung hat sich auf sämtliche Auswirkungen der von der Dienststelle erwogenen Maßnahme auf die Beschäftigten zu erstrecken, insbesondere auf die Folgen für Arbeitsplätze, Arbeitsbedingungen, Arbeitsinhalte, Arbeitsorganisation und Qualifikationsanforderungen. Auf Verlangen hat die Dienststellenleitung die erwogene Maßnahme mit der Personalvertretung zu beraten.

(3) Zu allen Vorstellungs- und Auswahlgesprächen ist ein von der Personalvertretung benanntes Mitglied des Personalrats einzuladen, dessen Dienststelle die Gespräche führt; § 53 Abs. 1 findet entsprechende Anwendung. Dies gilt nicht in den Fällen des § 81 Satz 1. Finden die Vorstellungs- und Auswahlgespräche ohne Einladung nach Satz 1 statt, sind sie vor Durchführung der vorgesehenen Maßnahme unter Nachholung der Einladung erneut durchzuführen. Dem Personalratsmitglied sind die erforderlichen Unterlagen vorzulegen. Personalakten dürfen nur mit Zustimmung der Beschäftigten und nur von den von ihnen bestimmten Mitgliedern der Personalvertretung eingesehen werden. Dienstliche Beurteilungen sind auf Verlangen der Beschäftigten der Personalvertretung zur Kenntnis zu bringen. Ein Mitglied des Personalrats ist auf Verlangen der oder des zu Beurteilenden an dem Beurteilungsgespräch zu beteiligen. Die Personalvertretung kann sich zur Durchführung ihrer Aufgaben auch aller von der Dienststelle verwendeten technischen Mittel bedienen.

(4) Bei Meinungsverschiedenheiten in Angelegenheiten nach Absatz 2 und 3 entscheidet ohne Durchführung des Stufenverfahrens gemäß § 74 Abs. 4 die Einigungsstelle verbindlich. Für die Bildung der Einigungsstelle und das Verfahren gilt § 75 Abs. 1 bis 4, 6 und 7.

(5) Die Personalvertretung kann Gutachten oder Stellungnahmen von Sachverständigen oder Auskunftspersonen einholen, soweit sie dies zu einer ordnungsgemäßen Erfüllung ihrer Aufgaben für erforderlich hält. Für die Geheimhaltungspflicht der Sachverständigen und Auskunftspersonen gilt § 71 entsprechend. Bei Meinungsverschiedenheiten wegen der Kosten entscheidet ohne Durchführung des Stufenverfahrens gemäß § 74 Abs. 4 die Einigungsstelle verbindlich. Für die Bildung der Einigungsstelle und das Verfahren gilt § 75 Abs. 1 bis 4, 6 und 7.

(6) Die oder der Personalratsvorsitzende oder ein beauftragtes Personalratsmitglied hat jederzeit das Recht, die Dienststelle zu begehen und die Beschäftigten an ihrem Arbeitsplatz aufzusuchen.

(7) Bei dienstlichen Gesprächen der in § 5 Abs. 5 und 6 sowie § 11 Abs. 3 bezeichneten Beschäftigten zur Überprüfung von Pflichtverletzungen, die zu arbeits- oder disziplinarrechtlichen Maßnahmen führen können, haben die Beschäftigten das Recht, ein Mitglied des Personalrats hinzuzuziehen.

(8) In den Fällen des Absatzes 3 Satz 6 und des Absatzes 7 ist die oder der Beschäftigte über das beabsichtigte Gespräch rechtzeitig vorher zu unterrichten und auf das Recht hinzuweisen, ein Mitglied des Personalrats an dem Gespräch zu beteiligen und nach Absatz 3 Satz 5 zu verlangen, dass dienstliche Beurteilungen der Personalvertretung zur Kenntnis zu bringen sind. Wird die Unterrichtungs- oder die Hinweispflicht nach Satz 1 verletzt, ist das Gespräch unter Nachholung der Unterrichtungs- und der Hinweispflicht zu wiederholen. Maßnahmen nach Absatz 7 können erst danach getroffen werden; bereits durchgeführte Maßnahmen sind rückgängig zu machen, soweit nicht zwingende gesetzliche Bestimmungen entgegenstehen.

V

§ 69a Digitalisierungsausschuss

(1) In Dienststellen mit in der Regel mehr als einhundert Beschäftigten kann die Personalvertretung zur Vorbereitung ihrer Beschlüsse in den Angelegenheiten des § 80 Abs. 2 Nr. 1 bis 5 und 14 bis 16 und 18 jeweils die Bildung eines Digitalisierungsausschusses beantragen. Er hat die Aufgabe, die erwogene Maßnahme der Dienststelle unter Berücksichtigung der aktuellen Erkenntnisse über Digitalisierung von Verwaltungsleistungen und Daten eingehend zu beraten und der Dienststelle und dem Personalrat seine Stellungnahme zuzuleiten. Die Stellungnahme soll das Meinungsbild der Ausschussmitglieder wiedergeben. Die Personalvertretung hat den Antrag innerhalb von zwölf Werktagen nach Unterrichtung über erwogene Maßnahmen nach § 69 Abs. 2 Satz 1 bei der Dienststellenleitung zu stellen. Diese hat den Digitalisierungsausschuss rechtzeitig und umfassend über die erwogene Maßnahme unter Vorlage der erforderlichen Unterlagen zu unterrichten.

(2) Der Digitalisierungsausschuss besteht aus mindestens drei und höchstens sechs Mitgliedern, die der Dienststelle angehören müssen. Die Mitglieder der Dienststelle werden von der Dienststellenleitung und die Mitglieder der Personalvertretung von dem Personalrat entsandt. Die Dienststelle entsendet zwei oder drei Mitglieder. Die Personalvertretung kann so viele Mitglieder wie die Dienststelle entsenden. Die Mitglieder sollen je nach Art der Mitbestimmungsangelegenheit über die erforderlichen digitalen Kenntnisse verfügen.

§ 70 Schutz der Mitglieder der Personalvertretung

(1) Die außerordentliche Kündigung von Mitgliedern des Personalrats, die in einem Arbeitsverhältnis stehen, einschließlich der, sei es auch nur vorübergehend, nachgerückten Ersatzmitglieder bedarf der Zustimmung der Personalvertretung.

(2) Verweigert der Personalrat seine Zustimmung oder äußert er sich nicht innerhalb von drei Werktagen nach Eingang des Antrags, kann das Verwaltungsgericht sie auf Antrag der Dienststellenleitung ersetzen, wenn die außerordentliche Kündigung unter Berücksichtigung aller Umstände gerechtfertigt ist. Dabei hat das Verwaltungsgericht besonders die Stellung des Personalrats und seine Funktionsfähigkeit zu würdigen. In dem Verfahren vor dem Verwaltungsgericht sind die betroffenen Arbeitnehmerinnen und Arbeitnehmer Beteiligte.

(3) Hat das Verwaltungsgericht die Zustimmung zur Kündigung ersetzt und kündigt der Arbeitgeber, können die betroffenen Arbeitnehmerinnen und Arbeitnehmer Kündigungsschutzklage erheben und sind bis zur Rechtskraft der Entscheidung weiter zu beschäftigen.

(4) Mitglieder des Personalrats, einschließlich der, sei es auch nur vorübergehend, nachgerückten Ersatzmitglieder, dürfen gegen ihren Willen nur versetzt, abgeordnet, umgesetzt oder zugewiesen werden, wenn dies unter Berücksichtigung der Mitgliedschaft im Personalrat aus wichtigen dienstlichen Gründen unvermeidbar ist und wenn der Personalrat der Versetzung, Abordnung, Umsetzung oder Zuweisung zugestimmt hat.

(5) Für Beamtinnen und Beamte im Vorbereitungsdienst gilt Absatz 4 nicht. Absatz 4 gilt ferner nicht bei der Versetzung, Abordnung, Umsetzung oder Zuweisung dieser Beschäftigten zu einer anderen Dienststelle im Anschluss an den Vorbereitungsdienst. Die Mitgliedschaft der in Satz 1 bezeichneten Beschäftigten im Personalrat ruht, solange sie entsprechend den Erfordernissen des Vorbereitungsdienstes zu einer anderen Dienststelle versetzt, abgeordnet oder zugewiesen sind. Die Sätze 1 bis 3 finden in den Fällen des § 130 Abs. 2 des Landesbeamtengesetzes (LBG) entsprechende Anwendung.

§ 71 Verschwiegenheitspflicht

(1) Personen, die Aufgaben oder Befugnisse nach diesem Gesetz wahrnehmen oder wahrgenommen haben, müssen über die ihnen dabei bekannt gewordenen Angelegenheiten Stillschweigen bewahren. Die Verschwiegenheitspflicht besteht nicht gegenüber den übrigen Mitgliedern der Personalvertretung, den Beauftragten der in der Dienststelle vertretenen Gewerkschaften und den zuständigen

Arbeitgebervereinigungen, wenn und soweit sie nach den Bestimmungen dieses Gesetzes hinzugezogen werden. Sie entfällt ferner gegenüber der vorgesetzten Dienststelle und der bei ihr gebildeten Stufenvertretung sowie gegenüber dem Gesamtpersonalrat. Gleiches gilt im Verhältnis der Stufenvertretung und des Gesamtpersonalrats zum Personalrat. Die Verschwiegenheitspflicht besteht ferner nicht gegenüber den für den Arbeitsschutz zuständigen Behörden, den Trägern der gesetzlichen Unfallversicherung und den übrigen für den Arbeitsschutz tätigen Stellen im Rahmen dieser Aufgaben.

(2) Die Verschwiegenheitspflicht besteht nicht für Angelegenheiten oder Tatsachen, die offenkundig sind oder ihrer Bedeutung nach keiner Geheimhaltung bedürfen.

(3) Die datenschutzrechlichen Vorschriften dieses Gesetzes finden keine Anwendung, soweit das Recht der Europäischen Union, im Besonderen die Verordnung (EU) 2016/679 des Europäischen Parlaments und des Rates vom 27. April 2016 zum Schutz natürlicher Personen bei der Verarbeitung personenbezogener Daten, zum freien Datenverkehr und zur Aufhebung der Richtlinie 95/46/EG (Datenschutz-Grundverordnung) (ABl. EU Nr. L 119 S. 1) in der jeweils geltenden Fassung, unmittelbar gilt. Auf die ergänzenden Bestimmungen des Landesdatenschutzgesetzes wird verwiesen.

§ 72 Behandlung personenbezogener Unterlagen

(1) Personenbezogene Unterlagen, die anlässlich eines Mitbestimmungsverfahrens, Mitwirkungsverfahrens und Anhörungsverfahrens zur Verfügung gestellt wurden, sind nach dessen Abschluss zurückzugeben. Ihre Sammlung, fortlaufende aktenmäßige Auswertung sowie Speicherung in Dateien ist unzulässig.

(2) Unterlagen des Personalrats, die personenbezogene Daten enthalten (z. B. Niederschriften, Personallisten), sind vor unbefugter Einsichtnahme zu schützen. Die Dienststelle hat dem Personalrat geeignete Sicherungseinrichtungen zur Verfügung zu stellen.

(3) Personenbezogene Unterlagen des Personalrats sind für die Dauer der Amtsperiode des Personalrats aufzubewahren. Sie sind spätestens nach Ablauf einer weiteren Amtsperiode zu vernichten, soweit sie nicht von dem Archiv einer Gebietskörperschaft übernommen werden.

2. Unterabschnitt
Formen und Durchführung der Mitbestimmung und Mitwirkung

§ 73 Grundsätze der Mitbestimmung

(1) Der Personalrat bestimmt in allen personellen, sozialen und sonstigen innerdienstlichen sowie organisatorischen und wirtschaftlichen Angelegenheiten mit, soweit nicht eine abschließende gesetzliche oder tarifvertragliche Regelung besteht, die einen Beurteilungs- oder Ermessensspielraum ausschließt.

(2) Die Mitbestimmung entfällt ferner bei dem Erlass von

1. Rechtsvorschriften und
2. Organisationsentscheidungen und Verwaltungsanordnungen der Landesregierung.

§ 74 Verfahren

(1) Soweit eine Maßnahme der Mitbestimmung des Personalrats unterliegt, kann sie nur mit seiner Zustimmung getroffen werden. Ist das Mitbestimmungsverfahren nicht oder nicht ordnungsgemäß durchgeführt worden und stimmt der Personalrat bei nachgeholter Befassung nicht zu, ist die Maßnahme, soweit nicht zwingende gesetzliche Bestimmungen entgegenstehen, rückgängig zu machen.

(2) Die Dienststellenleitung unterrichtet den Personalrat schriftlich oder elektronisch von der beabsichtigten Maßnahme und beantragt mit Begründung seine Zustimmung. Die beabsichtigte Maßnahme ist im Rahmen der Sitzungsvorbereitung rechtzeitig und eingehend zu erörtern. Auf die Erörterung kann im beiderseitigen Einvernehmen verzichtet werden. Der Beschluss des Personalrats über die beantragte Zustimmung ist der Dienststellenleitung innerhalb von 18 Werktagen nach Zugang des Antrags mitzuteilen. In dringenden Fällen kann die Dienststellenleitung diese Frist auf sechs Werktage abkürzen. Im beiderseitigen Einvernehmen kann sie verlängert werden. Die Maßnahme gilt als gebilligt, wenn

V

nicht der Personalrat innerhalb der genannten Frist die Zustimmung unter Angabe der Gründe schriftlich oder elektronisch verweigert. Soweit der Personalrat dabei Beschwerden oder Behauptungen tatsächlicher Art vorträgt, die für Beschäftigte ungünstig sind oder ihnen nachteilig werden können, hat die Dienststellenleitung den Beschäftigten Gelegenheit zur Äußerung zu geben; die Äußerungen sind aktenkundig zu machen. Führt die Dienststellenleitung eine Maßnahme, der der Personalrat zugestimmt hat, nicht durch, so hat sie darüber den Personalrat unter Darlegung der Gründe schriftlich oder elektronisch zu unterrichten.

(3) Der Personalrat kann in sozialen und sonstigen innerdienstlichen Angelegenheiten, in personellen sowie in organisatorischen und wirtschaftlichen Angelegenheiten eine Maßnahme, die seiner Mitbestimmung unterliegt, schriftlich oder elektronisch bei der Dienststellenleitung beantragen. Bei einer Maßnahme, die nur einzelne Beschäftigte betrifft und keine Auswirkungen auf Belange der Gesamtheit der in der Dienststelle Beschäftigten hat, ist ein Antrag nach Satz 1 nur mit Zustimmung der oder des betroffenen Beschäftigten zulässig; Absatz 5 findet keine Anwendung. Die Dienststellenleitung hat über den Antrag innerhalb von 18 Werktagen nach Zugang des Antrags zu entscheiden und den Personalrat hiervon schriftlich oder elektronisch zu unterrichten; eine Ablehnung ist zu begründen. Ist eine Entscheidung innerhalb dieser Frist nicht möglich, ist ein Zwischenbescheid zu erteilen.

(4) Kommt eine Einigung über eine von der Dienststelle beabsichtigte oder vom Personalrat vorgeschlagene Maßnahme nicht zustande, so kann die Dienststellenleitung oder der Personalrat die Angelegenheit binnen zwölf Werktagen auf dem Dienstweg der übergeordneten Dienststelle, bei der eine Stufenvertretung besteht, vorlegen. Eine Abschrift der Vorlage ist jeweils dem Personalrat beziehungsweise der Dienststellenleitung zuzuleiten. Die übergeordnete Dienststelle hat die Angelegenheit der bei ihr gebildeten Stufenvertretung innerhalb von 24 Werktagen vorzulegen; Absatz 2 gilt entsprechend. Einigt sich die übergeordnete Dienststelle nicht mit der bei ihr bestehenden Stufenvertretung, so kann sie oder die bei ihr bestehende Stufenvertretung die Angelegenheit binnen zwölf Werktagen auf dem Dienstweg der obersten Dienstbehörde unterbreiten. Die oberste Dienstbehörde hat die Angelegenheit der bei ihr gebildeten Stufenvertretung in der Regel innerhalb von 24 Werktagen vorzulegen; Absatz 2 gilt entsprechend.

(5) Ergibt sich zwischen der obersten Dienstbehörde und der bei ihr bestehenden zuständigen Personalvertretung keine Einigung, so entscheidet die Einigungsstelle. Die Einigungsstelle soll binnen eines Monats nach der Erklärung eines Beteiligten, die Entscheidung der Einigungsstelle herbeiführen zu wollen, entscheiden.

(6) Die Dienststellenleitung kann bei Maßnahmen, die der Natur der Sache nach keinen Aufschub dulden, bis zur endgültigen Entscheidung vorläufige Regelungen treffen. Sie hat den Personalrat und die Personalvertretung, bei der sich die Angelegenheit im Verfahren der Mitbestimmung befindet, über die vorläufige Regelung unverzüglich und unter Angabe von Gründen zu unterrichten. Das Einigungsverfahren ist unverzüglich einzuleiten oder fortzusetzen.

§ 75 Einigungsstelle

(1) Zur Beseitigung von Meinungsverschiedenheiten zwischen Dienststelle und Personalvertretung wird bei der obersten Dienstbehörde eine Einigungsstelle gebildet. Die Einigungsstelle besteht aus je drei Mitgliedern, die von der obersten Dienstbehörde und der bei ihr bestehenden zuständigen Personalvertretung unverzüglich nach Eintritt des Nichteinigungsfalls bestellt werden, und einem weiteren unparteiischen Mitglied, auf dessen Person sich beide Parteien einigen müssen und das den Vorsitz führt. Kommt eine Einigung nicht zustande, so wird das unparteiische Mitglied durch die Präsidentin oder den Präsidenten des Oberverwaltungsgerichts Rheinland-Pfalz bestellt. Unter den Mitgliedern der Personalvertretung müssen sich je eine Beamtin oder ein Beamter und eine

Vertreterin oder ein Vertreter der übrigen Gruppen befinden, es sei denn, die Angelegenheit betrifft lediglich Beamtinnen und Beamte oder im Arbeitsverhältnis stehende Beschäftigte. Beide Geschlechter sollen in der Einigungsstelle vertreten sein. Das unparteiische Mitglied ist innerhalb von zehn Werktagen nach Benennung der übrigen Mitglieder zu bestellen. Durch Dienstvereinbarung können weitere Einzelheiten des Verfahrens geregelt werden.

(2) Aufgrund einer Dienstvereinbarung kann die Einigungsstelle für die Dauer der Amtszeit der bei der obersten Dienstbehörde bestehenden Personalvertretung als ständige Einrichtung gebildet werden; Absatz 1 Satz 2 findet mit der Maßgabe entsprechende Anwendung, dass zwischen den Parteien eine Einigung über die Person des unparteiischen Mitgliedes für die gesamte Amtszeit erzielt wird.

(3) Die Verhandlungen der Einigungsstelle sind nicht öffentlich. Der obersten Dienstbehörde und der zuständigen Personalvertretung ist Gelegenheit zur mündlichen Äußerung zu geben. Im Einvernehmen mit den Beteiligten kann die Äußerung schriftlich erfolgen.

(4) Die Einigungsstelle entscheidet nach mündlicher Beratung vorbehaltlich der Fälle des Absatzes 5 durch die Beteiligten bindenden Beschluss. Sie hat sich dabei an den Rahmen der geltenden Rechtsvorschriften, insbesondere des Haushaltsgesetzes und der tariflichen Regelungen, zu halten. Sie kann den Anträgen der Beteiligten teilweise entsprechen. Der Beschluss wird mit Stimmenmehrheit gefasst. Bei der Beschlussfassung hat sich das unparteiische Mitglied zunächst der Stimme zu enthalten; kommt eine Stimmenmehrheit nicht zustande, nimmt es nach weiterer Beratung an der erneuten Beschlussfassung teil. Der Beschluss ist schriftlich niederzulegen, von dem den Vorsitz führenden Mitglied zu unterschreiben und den Beteiligten schriftlich zuzustellen.

(5) Die Einigungsstelle beschließt

1. in personellen Angelegenheiten der Beamtinnen und Beamten,
2. in personellen Angelegenheiten der Arbeitnehmerinnen und Arbeitnehmer,
3. in organisatorischen und wirtschaftlichen Angelegenheiten,
4. in Fragen der Lehrveranstaltungen im Rahmen des Vorbereitungsdienstes einschließlich der Auswahl der Lehrpersonen sowie
5. in Angelegenheiten, die Forschung, künstlerische Betätigung und Lehre unmittelbar berühren,

eine Empfehlung an die oberste Dienstbehörde.

(6) Die oberste Dienstbehörde kann einen die Beteiligten bindenden Beschluss der Einigungsstelle nach Absatz 4, der im Einzelfall wegen seiner Auswirkungen auf das Gemeinwesen wesentlicher Bestandteil der Regierungsgewalt ist, innerhalb eines Monats nach Zustellung des Beschlusses ganz oder teilweise aufheben und abweichend entscheiden. Die Entscheidung ist zu begründen. Das unparteiische Mitglied der Einigungsstelle sowie die am Einigungsverfahren beteiligten Dienststellen und Personalvertretungen sind unverzüglich über die Entscheidung und deren Gründe schriftlich zu unterrichten.

(7) Das unparteiische Mitglied der Einigungsstelle erhält für die Behandlung jeden Falles eine Aufwandsentschädigung, deren Höhe die Landesregierung durch Rechtsverordnung bestimmt.

§ 76 Dienstvereinbarungen

(1) Dienstvereinbarungen sind in allen Angelegenheiten des Personalvertretungsrechts zulässig, soweit sie nicht lediglich Einzelmaßnahmen betreffen und soweit nicht Rechtsvorschriften oder tarifliche Regelungen entgegenstehen. Sie werden durch Dienststelle und Personalrat gemeinsam beschlossen, sind schriftlich niederzulegen, von beiden Seiten zu unterzeichnen und in geeigneter Weise bekannt zu machen. § 74 Abs. 3 findet keine Anwendung.

(2) Dienstvereinbarungen können, soweit nichts anderes vereinbart ist, mit einer Frist von drei Monaten gekündigt werden.

(3) Nach Ablauf einer Dienstvereinbarung gelten ihre Regelungen in Angelegenheiten, in denen ein Spruch der Einigungsstelle die Einigung zwischen Dienststelle und Personal-

V

rat ersetzen kann, weiter, bis sie durch eine andere Dienstvereinbarung ersetzt wird.

(4) Die Dienststelle kann jederzeit, auch in den Fällen der Absätze 2 und 3, die Dienstvereinbarung ganz oder teilweise aufheben, wenn ihr das in Ausübung ihrer Regierungsverantwortung für eine gemeinwohlorientierte Staatstätigkeit angezeigt erscheint. Die Aufhebung ist zu begründen.

§ 77 Durchführung von Entscheidungen

Entscheidungen, an denen der Personalrat beteiligt war, führt die Dienststelle durch, es sei denn, dass im Einzelfall etwas anderes vereinbart ist. Dies gilt ferner für Vereinbarungen zwischen Personalrat und Dienststellenleitung, auch soweit sie auf einem Spruch der Einigungsstelle beruhen.

V

§ 78 Mitbestimmung in personellen Angelegenheiten der Arbeitnehmerinnen und Arbeitnehmer

(1) Das Mitbestimmungsrecht des Personalrats in personellen Angelegenheiten der Arbeitnehmerinnen und Arbeitnehmer erstreckt sich auf personelle Einzelmaßnahmen und allgemeine personelle Angelegenheiten.

(2) Der Personalrat bestimmt insbesondere bei den nachfolgend aufgeführten personellen Einzelmaßnahmen mit:

1. Einstellung einschließlich Übertragung der auszuübenden Tätigkeiten, Eingruppierung,
2. Zeit- oder Zweckbefristung des Arbeitsverhältnisses, ausgenommen im Hochschulbereich,
3. Übertragung einer höher oder niedriger zu bewertenden Tätigkeit für eine Dauer von mehr als zwei Monaten, Höher- oder Herabgruppierung,
4. Übertragung einer anderen Tätigkeit für eine Dauer von mehr als zwei Monaten,
5. dauernde oder vorübergehende Übertragung einer Tätigkeit, die einen Anspruch auf Zahlung einer Zulage auslöst, sowie Widerruf einer solchen Übertragung,
6. Versetzung zu einer anderen Dienststelle und Umsetzung unter Wechsel des Dienstorts für eine Dauer von mehr als zwei Monaten binnen eines Jahres,
7. Abordnung und Zuweisung entsprechend § 20 des Beamtenstatusgesetzes für eine Dauer von mehr als zwei Monaten binnen eines Jahres sowie Aufhebung einer solchen Maßnahme,
8. Änderung der vertraglich vereinbarten Arbeitszeit,
9. Ablehnung eines Antrags auf Telearbeit und Untersagung der Teilnahme an einer sonstigen Arbeitsform außerhalb der Dienststelle, soweit diese Arbeitsformen in der Dienststelle bestehen,
10. Ablehnung eines Antrags auf Teilzeitbeschäftigung oder Urlaub ohne Fortzahlung des Arbeitsentgelts,
11. erneute Zuweisung eines Arbeitsplatzes nach Arbeitsplatzsicherungsvorschriften oder nach Ende eines Urlaubs ohne Fortzahlung des Arbeitsentgelts,
12. Weiterbeschäftigung über die Altersgrenze hinaus,
13. Anordnungen, welche die Freiheit der Wahl der Wohnung beschränken,
14. Untersagung einer Nebentätigkeit und Versehen einer Nebentätigkeit mit Auflagen,
15. Geltendmachung von Ersatzansprüchen, sofern die oder der Beschäftigte die Mitbestimmung beantragt,
16. Erteilung von Abmahnungen, sofern die oder der Beschäftigte die Mitbestimmung beantragt,
17. Auswahl für die Teilnahme an Maßnahmen der Berufsausbildung, der beruflichen Fortbildung und der beruflichen Umschulung, wenn mehr Bewerberinnen und Bewerber vorhanden sind, als Plätze zur Verfügung stehen,
18. Bestellung und Abberufung von Ausbildungsleiterinnen und Ausbildungsleitern sowie Ausbilderinnen und Ausbildern.

In den Fällen des Satzes 1 Nr. 15 und 16 ist die oder der Beschäftigte von der beabsichtigten Maßnahme rechtzeitig vorher in Kenntnis zu setzen und auf das Antragsrecht hinzuweisen.

(3) Der Personalrat bestimmt insbesondere bei den nachfolgend aufgeführten allgemeinen personellen Angelegenheiten mit:

1. Erstellung und Verwendung von Formulararbeitsverträgen, von Personalfragebogen, ausgenommen im Rahmen der Rechnungsprüfung, und von personenbezogenen Dateien,
2. Erstellung von Beurteilungsrichtlinien,
3. Durchführung der Berufsbildung (Berufsausbildung, berufliche Fortbildung und berufliche Umschulung) und Aufstellung von Grundsätzen über die Auswahl von Ausbildungsleiterinnen und Ausbildungsleitern sowie Ausbilderinnen und Ausbildern und über deren Abberufung,
4. Erlass von Richtlinien über die personelle Auswahl
   a) bei Einstellungen, Versetzungen und Übertragungen von anderen Tätigkeiten,
   b) bei Übertragung von Funktionen, die einen Anspruch auf Zahlung einer Zulage auslösen,
   c) bei Kündigungen,
5. Aufstellung von Grundsätzen über die Durchführung von Stellenausschreibungen einschließlich Inhalt, Ort und Dauer,
6. Erstellung von Richtlinien über die Teilnahme an der Telearbeit oder an sonstigen Arbeitsformen außerhalb der Dienststelle.

§ 79 Mitbestimmung in personellen Angelegenheiten der Beamtinnen und Beamten

(1) Das Mitbestimmungsrecht des Personalrats in personellen Angelegenheiten der Beamtinnen und Beamten erstreckt sich auf personelle Einzelmaßnahmen und allgemeine personelle Angelegenheiten.

(2) Der Personalrat bestimmt insbesondere bei den nachfolgend aufgeführten personellen Einzelmaßnahmen mit:

1. Einstellung,
2. Verlängerung der Probezeit,
3. Beförderung einschließlich der Übertragung eines Amtes, das mit einer Zulage ausgestattet ist, Laufbahnwechsel,
4. dauernde oder vorübergehende Übertragung einer höher oder niedriger zu bewertenden Tätigkeit,
5. Versetzung zu einer anderen Dienststelle und Umsetzung unter Wechsel des Dienstorts für eine Dauer von mehr als zwei Monaten binnen eines Jahres,
6. Abordnung und Zuweisung gemäß § 20 des Beamtenstatusgesetzes für eine Dauer von mehr als zwei Monaten binnen eines Jahres sowie Aufhebung einer solchen Maßnahme,
7. Ablehnung eines Antrags auf Telearbeit und Untersagung der Teilnahme an einer sonstigen Arbeitsform außerhalb der Dienststelle, soweit diese Arbeitsformen in der Dienststelle bestehen,
8. Ablehnung eines Antrags auf Teilzeitbeschäftigung, Ermäßigung der regelmäßigen Arbeitszeit oder Urlaub ohne Dienstbezüge,
9. Übertragung eines Dienstpostens nach Ende eines Urlaubs ohne Dienstbezüge,
10. Hinausschieben des Eintritts in den Ruhestand nach Erreichen der Altersgrenze,
11. Anordnungen, welche die Freiheit der Wahl der Wohnung beschränken,
12. Genehmigung, Versagung und Widerruf der Genehmigung sowie Untersagung einer Nebentätigkeit,
13. Geltendmachung von Ersatzansprüchen, sofern die Beamtin oder der Beamte die Mitbestimmung beantragt,
14. vorläufige Dienstenthebung, Einbehaltung von Dienstbezügen und Erhebung der Disziplinarklage, sofern die Beamtin oder der Beamte die Mitbestimmung beantragt,
15. Entlassung von Beamtinnen und Beamten auf Probe oder auf Widerruf oder Entlassung aus einem öffentlich-rechtlichen Ausbildungsverhältnis ohne eigenen Antrag,
16. vorzeitige Versetzung in den Ruhestand ohne eigenen Antrag, Versagung der vorzeitigen Versetzung in den Ruhestand

V

und Feststellung der begrenzten Dienstfähigkeit ohne eigenen Antrag,

17. Auswahl für die Teilnahme an Maßnahmen der Ausbildung, der beruflichen Fortbildung und der Umschulung, wenn mehr Bewerberinnen und Bewerber vorhanden sind, als Plätze zur Verfügung stehen,
18. Bestellung und Abberufung von Ausbildungsleiterinnen und Ausbildungsleitern sowie Ausbilderinnen und Ausbildern,
19. Absehen von der Ausschreibung von zu besetzenden Dienstposten.

In den Fällen des Satzes 1 Nr. 13 und 14 ist die Beamtin oder der Beamte von der beabsichtigten Maßnahme rechtzeitig vorher in Kenntnis zu setzen und auf das Antragsrecht hinzuweisen.

V

(3) Der Personalrat bestimmt insbesondere bei den nachfolgend aufgeführten allgemeinen personellen Angelegenheiten mit:

1. Erstellung von Personalfragebogen, ausgenommen im Rahmen der Rechnungsprüfung, und von personenbezogenen Dateien,
2. Erstellung von Beurteilungsrichtlinien,
3. Aufstellung von Grundsätzen über die Durchführung der Ausbildung, der beruflichen Fortbildung und der Umschulung, über die Auswahl von Ausbildungsleiterinnen und Ausbildungsleitern sowie Ausbilderinnen und Ausbildern und über deren Abberufung,
4. Erlass von Richtlinien über die personelle Auswahl
   a) bei Einstellungen, Versetzungen und Übertragungen von höher oder niedriger bewerteten Tätigkeiten,
   b) bei Beförderungen und vergleichbaren Maßnahmen nach Absatz 2 Satz 1 Nr. 3,
5. Aufstellung von Grundsätzen über die Durchführung von Stellenausschreibungen einschließlich Inhalt, Ort und Dauer,
6. Erstellung von Richtlinien über die Teilnahme an der Telearbeit oder an sonstigen Arbeitsformen außerhalb der Dienststelle.

§ 80 Mitbestimmung in sozialen und sonstigen innerdienstlichen sowie organisatorischen und wirtschaftlichen Angelegenheiten

(1) Der Personalrat bestimmt insbesondere bei den nachfolgend aufgeführten sozialen und sonstigen innerdienstlichen Angelegenheiten mit:

1. Errichtung, Verwaltung und Auflösung von Sozialeinrichtungen ohne Rücksicht auf ihre Rechtsform,
2. Aufstellung von Sozialplänen einschließlich Plänen für Umschulungen zum Ausgleich oder zur Milderung von wirtschaftlichen Nachteilen, die den Beschäftigten infolge von Rationalisierungsmaßnahmen entstehen,
3. Gewährung oder Versagung von sozialen Zuwendungen, insbesondere von Unterstützungen, Zuschüssen und Darlehen, sofern die oder der Beschäftigte die Mitbestimmung beantragt,
4. Zuweisung und Kündigung von Wohnungen und sonstigen Räumlichkeiten, über die die Dienststelle verfügt, sowie allgemeine Festsetzung der Nutzungsbedingungen,
5. Zuweisung von Dienst- und Pachtland und Festsetzung der Nutzungsbedingungen,
6. Gestaltung der Arbeitsplätze,
7. Beginn und Ende der täglichen Arbeitszeit und der Pausen sowie Verteilung der Arbeitszeit auf die einzelnen Wochentage,
8. Fragen der Gestaltung des Arbeitsentgelts in der Dienststelle einschließlich der Entgeltsysteme, Aufstellung von Entgeltgrundsätzen, Einführung und Anwendung von Entgeltmethoden sowie deren Änderung,
9. Zeit, Ort und Art der Auszahlung der Dienstbezüge und der Arbeitsentgelte,
10. Einführung, Ausgestaltung und Änderung des betrieblichen Vorschlagswesens,
11. Regelung der Ordnung in der Dienststelle und des Verhaltens der Beschäftigten.

Im Falle des Satzes 1 Nr. 3 ist die oder der Beschäftigte auf das Antragsrecht hinzuweisen.

(2) Der Personalrat bestimmt insbesondere bei den nachfolgend aufgeführten organisatorischen und wirtschaftlichen Angelegenheiten mit:

1. Einführung neuer Arbeitsmethoden sowie wesentliche Änderung oder wesentliche Ausweitung bestehender Arbeitsmethoden, insbesondere in Rationalisierungs-, Digitalisierungs- und Technologieangelegenheiten,
2. Einführung, Anwendung, Änderung oder Erweiterung technischer Einrichtungen und Verfahren, die geeignet sind, Daten von Beschäftigten zu verarbeiten oder zu nutzen,
3. Einführung, Anwendung, Änderung oder Erweiterung von Verfahren, die geeignet sind, das Verhalten oder die Leistung der Beschäftigten zu überwachen,
4. Einführung, wesentliche Änderung oder wesentliche Ausweitung betrieblicher Informations- und Kommunikationssysteme,
5. Maßnahmen zur Hebung der Arbeitsleistung und Erleichterung des Arbeitsablaufs,
6. Fragen des Arbeitszeitsystems sowie des Dienstes in Bereitschaft und auf Abruf,
7. Anordnung von vorhersehbarer Mehrarbeit oder vorhersehbaren Überstunden, Verlängerung oder Verkürzung der regelmäßigen täglichen Arbeitszeit,
8. Maßnahmen des Arbeits- und Gesundheitsschutzes einschließlich der Erstellung von Arbeitsschutzprogrammen sowie Einzelregelungen, die, sei es auch mittelbar, der Verhütung von Arbeitsunfällen und Berufskrankheiten sowie dem Gesundheitsschutz dienen,
9. Aufstellung allgemeiner Grundsätze des behördlichen oder betrieblichen Gesundheits- und Eingliederungsmanagements,
10. Bestellung und Abberufung von Datenschutzbeauftragten, von Transparenzbeauftragten, von Vertrauens- oder Betriebsärztinnen und -ärzten, von Fachkräften für Arbeitssicherheit, von Sicherheitsbeauftragten, von Beauftragten für biologische Sicherheit sowie von Fachkräften und Beauftragten für den Strahlenschutz,
11. Bestellung und Abberufung von Gleichstellungsbeauftragten und von Mitgliedern der Beschwerdestelle nach § 13 Abs. 1 des Allgemeinen Gleichbehandlungsgesetzes,
12. Aufstellung allgemeiner Urlaubsgrundsätze und des Urlaubsplans sowie Festsetzung der zeitlichen Lage des Urlaubs für einzelne Beschäftigte, wenn zwischen ihnen und der Dienststellenleitung kein Einverständnis erzielt wird,
13. Vorbereitung von Verwaltungsanordnungen einer Dienststelle für die innerdienstlichen, sozialen und persönlichen Angelegenheiten der Beschäftigten ihres Geschäftsbereichs, wenn nicht nach § 98 LBG die Spitzenorganisationen der zuständigen Gewerkschaften bei der Vorbereitung zu beteiligen sind,
14. Auflösung, Einschränkung, Verlegung oder Zusammenlegung von Dienststellen oder wesentlichen Teilen von ihnen,
15. Auslagerung von Arbeit aus der Dienststelle,
16. Festlegung von Verfahren und Methoden von Wirtschaftlichkeits- und Organisationsprüfungen, mit Ausnahme von Prüfungen durch den Rechnungshof,
17. Auswahl und Beauftragung von Gutachterinnen und Gutachtern für Prüfungen nach Nummer 14,
18. Abschluss von Arbeitnehmerüberlassungs- oder Gestellungsverträgen,
19. Grundsätze der Arbeitsplatz- oder Dienstpostenbewertung.

(3) Muss für eine Gruppe von Beschäftigten die tägliche Arbeitszeit (Absatz 1 Satz 1 Nr. 7 und Absatz 2 Nr. 7) nach Erfordernissen, die die Dienststelle nicht voraussehen kann, unregelmäßig und kurzfristig festgesetzt werden, so beschränkt sich die Mitbestimmung auf die Grundsätze der Aufstellung der Dienstpläne, insbesondere für die Anordnung von Dienst- oder Rufbereitschaft, Mehrarbeit und Überstunden.

(4) Der Plan nach Absatz 1 Satz 1 Nr. 2 hat die Wirkung einer Dienstvereinbarung; § 76 Abs. 1 Satz 1 und Abs. 3 findet keine Anwendung.

V

§ 81 Ausnahmen von der Mitbestimmung in personellen Angelegenheiten

In Personalangelegenheiten der in § 5 Abs. 5 und 6 und § 11 Abs. 3 bezeichneten Beschäftigten, der Beamtinnen und Beamten der Besoldungsordnung B, auch wenn ihnen ein dieser Besoldungsordnung zugeordneter Dienstposten übertragen werden soll, und der vergleichbaren Arbeitnehmerinnen und Arbeitnehmer, der Beamtinnen und Beamten auf Zeit, der unmittelbaren Mitarbeiterinnen und Mitarbeiter der Leiterin oder des Leiters und der stellvertretenden Leiterin oder des stellvertretenden Leiters der Dienststelle bei obersten Landesbehörden sowie der Beschäftigten mit überwiegend wissenschaftlicher oder künstlerischer Tätigkeit bestimmt der Personalrat nur mit, wenn sie es beantragen. Diese Personen sind von der beabsichtigten Maßnahme rechtzeitig vorher in Kenntnis zu setzen und auf ihr Antragsrecht hinzuweisen. In Personalangelegenheiten der in § 41 Abs. 1 LBG bezeichneten Beamtinnen und Beamten sowie Arbeitnehmerinnen und Arbeitnehmer in einer dort benannten Funktion bestimmt der Personalrat nicht mit.

§ 82 Verfahren der Mitwirkung

(1) Soweit der Personalrat an Entscheidungen mitwirkt, ist die beabsichtigte Maßnahme vor der Durchführung mit dem Ziele einer Verständigung rechtzeitig und eingehend mit ihm zu erörtern.

(2) Äußert sich der Personalrat nicht innerhalb von zehn Werktagen oder hält er bei Erörterung seine Einwendungen oder Vorschläge nicht aufrecht, so gilt die beabsichtigte Maßnahme als gebilligt. Erhebt der Personalrat Einwendungen, so hat er der Leiterin oder dem Leiter der Dienststelle die Gründe schriftlich oder elektronisch mitzuteilen. § 74 Abs. 2 Satz 8 gilt entsprechend.

(3) Entspricht die Dienststelle den Einwendungen des Personalrats nicht oder nicht in vollem Umfang, so teilt sie dem Personalrat ihre Entscheidung unter Angabe der Gründe schriftlich oder elektronisch mit.

(4) Der Personalrat einer nachgeordneten Dienststelle kann die Angelegenheit binnen vier Werktagen nach Zugang der Mitteilung auf dem Dienstweg den übergeordneten Dienststellen, bei denen Stufenvertretungen bestehen, mit dem Antrag auf Entscheidung vorlegen. Diese entscheiden nach Verhandlung mit der bei ihnen bestehenden Stufenvertretung. § 89 Abs. 1 gilt entsprechend. Eine Abschrift seines Antrags leitet der Personalrat seiner Dienststelle zu.

(5) Ist ein Antrag gemäß Absatz 4 gestellt, so ist die beabsichtigte Maßnahme bis zur Entscheidung der angerufenen Dienststelle auszusetzen.

§ 83 Mitwirkung des Personalrats bei Kündigungen

(1) Der Personalrat wirkt bei der ordentlichen Kündigung durch den Arbeitgeber mit. § 81 gilt entsprechend. Der Personalrat kann gegen die Kündigung Einwendungen erheben, wenn nach seiner Ansicht

1. bei der Auswahl der zu kündigenden Arbeitnehmerin oder des zu kündigenden Arbeitnehmers soziale Gesichtspunkte nicht oder nicht ausreichend berücksichtigt worden sind,
2. die Kündigung gegen eine Richtlinie im Sinne des § 78 Abs. 3 Nr. 4 Buchst. c verstößt,
3. die zu kündigende Arbeitnehmerin oder der zu kündigende Arbeitnehmer an einem anderen Arbeitsplatz in derselben Dienststelle oder in einer anderen Dienststelle desselben Verwaltungszweiges an demselben Dienstort einschließlich seines Einzugsgebietes weiterbeschäftigt werden kann,
4. die Weiterbeschäftigung der Arbeitnehmerin oder des Arbeitnehmers nach zumutbaren Umschulungs- oder Fortbildungsmaßnahmen möglich ist oder
5. die Weiterbeschäftigung der Arbeitnehmerin oder des Arbeitnehmers unter geänderten Vertragsbedingungen möglich ist und die Arbeitnehmerin oder der Arbeitnehmer sein Einverständnis hiermit erklärt.

Wird eine Kündigung ausgesprochen, obwohl der Personalrat nach Satz 3 Einwendungen gegen die Kündigung erhoben hat, so ist der Arbeitnehmerin oder dem Arbeitnehmer mit der Kündigung eine Abschrift der Stellungnahme des Personalrats zuzuleiten, es sei denn, dass die Stufenvertretung die Einwendungen nicht aufrechterhalten hat.

(2) Ist im Falle des Absatzes 1 Satz 4 Klage nach dem Kündigungsschutzgesetz auf Feststellung erhoben, dass das Arbeitsverhältnis durch die Kündigung nicht aufgelöst ist, so ist der Arbeitgeber auf Verlangen der Arbeitnehmerin oder des Arbeitnehmers nach Ablauf der Kündigungsfrist zur Weiterbeschäftigung bis zum rechtskräftigen Abschluss des Rechtsstreits bei unveränderten Arbeitsbedingungen verpflichtet. Auf Antrag des Arbeitgebers kann das Arbeitsgericht ihn durch einstweilige Verfügung von der Verpflichtung zur Weiterbeschäftigung nach Satz 1 entbinden, wenn

1. die Klage der Arbeitnehmerin oder des Arbeitnehmers keine hinreichende Aussicht auf Erfolg bietet oder mutwillig erscheint oder
2. die Weiterbeschäftigung der Arbeitnehmerin oder des Arbeitnehmers zu einer unzumutbaren wirtschaftlichen Belastung des Arbeitgebers führen würde oder
3. der Widerspruch des Personalrats offensichtlich unbegründet war.

(3) Vor fristlosen Entlassungen und außerordentlichen Kündigungen ist der Personalrat anzuhören. Die Leiterin oder der Leiter der Dienststelle hat die beabsichtigte Maßnahme zu begründen. Hat der Personalrat Bedenken, so hat er sie unter Angabe der Gründe der Leiterin oder dem Leiter der Dienststelle unverzüglich, spätestens innerhalb von vier Werktagen, schriftlich oder elektronisch mitzuteilen.

(4) Eine Kündigung ist unwirksam, wenn der Personalrat nicht oder nicht ordnungsgemäß beteiligt worden ist.

3. Unterabschnitt
Sonstige Beteiligung

§ 84 Beteiligung bei organisatorischen Maßnahmen

Die Dienststellenleitung hat mit dem Personalrat rechtzeitig und eingehend zu erörtern:

1. Personalplanung, Personalanforderungen einschließlich des geplanten Personalausgabenbudgets zum Haushaltsvoranschlag vor der Weiterleitung,
2. Aufteilung des Personalausgabenbudgets,
3. Erstellung und Anpassung von Gleichstellungsplänen,
4. wesentliche Änderungen der Behördenorganisation und der Geschäftsverteilung,
5. Erweiterung von Dienststellen,
6. Neu-, Aus- und Umbau von Dienstgebäuden,
7. Vergabe oder Privatisierung von Arbeiten oder Aufgaben, die bisher durch Beschäftigte der Dienststelle wahrgenommen werden.

Gibt der Personalrat einer nachgeordneten Dienststelle zu den Personalanforderungen einschließlich des geplanten Personalausgabenbudgets gemäß Satz 1 Nr. 1 eine Stellungnahme ab, so ist diese mit den Personalanforderungen der übergeordneten Stelle vorzulegen. In den Fällen des Satzes 1 Nr. 7 ist der Personalrat auf sein Verlangen rechtzeitig durch das die Entscheidung treffende Beschlussorgan anzuhören.

§ 85 Beteiligung bei Prüfungen

An Prüfungen, die eine Dienststelle von den Beschäftigten ihres Bereichs abnimmt, kann ein Mitglied des für diesen Bereich zuständigen Personalrats, das von diesem benannt ist, beratend teilnehmen. Zur Prüfung gehört auch die Beratung des Prüfungsergebnisses.

§ 86 Beteiligung beim Arbeitsschutz

(1) Der Personalrat hat bei der Vorbeugung und der Bekämpfung von Unfall- und Gesundheitsgefahren die für den Arbeitsschutz zuständigen Behörden, die Träger der gesetzlichen Unfallversicherung und die übrigen in Betracht kommenden Stellen durch Anregung, Beratung und Auskunft zu unterstützen und sich für die Durchführung der Vorschriften über den Arbeitsschutz und die Unfallverhütung einzusetzen.

(2) Die Dienststellenleitung und die in Absatz 1 genannten Stellen sind verpflichtet, bei allen im Zusammenhang mit dem Arbeitsschutz oder der Unfallverhütung stehenden Besichtigungen und Fragen und bei Unfalluntersuchungen den Personalrat oder die von ihm genannten Personalratsmitglieder derjenigen Dienststelle hinzuzuziehen, in der die Besichtigung oder Untersuchung stattfindet.

Die Dienststellenleitung hat dem Personalrat unverzüglich die den Arbeitsschutz und die Unfallverhütung betreffenden Auflagen und Anordnungen der in Absatz 1 genannten Stellen mitzuteilen.

(3) An den Besprechungen der Dienststellenleitung mit den Sicherheitsbeauftragten nach § 22 des Siebten Buches Sozialgesetzbuch nehmen vom Personalrat beauftragte Personalratsmitglieder teil.

(4) Der Personalrat erhält einen Abdruck der Niederschriften über Untersuchungen, Besichtigungen und Besprechungen, zu denen er nach den Absätzen 2 und 3 hinzuzuziehen ist.

(5) Die Dienststellenleitung hat dem Personalrat eine Durchschrift der nach § 193 Abs. 5 Satz 1 des Siebten Buches Sozialgesetzbuch vom Personalrat mit zu unterzeichnenden Unfall- oder Berufskrankheitenanzeige oder des nach beamtenrechtlichen Vorschriften zu erstattenden Berichts auszuhändigen.

Zweiter Teil
Besondere Bestimmungen für einzelne Zweige des öffentlichen Dienstes

I. Abschnitt
Grundsatz

§ 87

Für die nachstehenden Zweige des öffentlichen Dienstes gelten die Bestimmungen des Ersten Teiles insoweit, als im Folgenden nichts anderes bestimmt ist.

II. Abschnitt
Kommunale Gebietskörperschaften sowie sonstige Körperschaften, Anstalten und Stiftungen des öffentlichen Rechts mit einstufigem Verwaltungsaufbau, die der Aufsicht des Landes unterstehen

§ 88 Kommunale Dienststellen, Wählbarkeit und Teilnahme an Sitzungen der Vertretungskörperschaft

(1) Dienststelle bei kommunalen Gebietskörperschaften ist die Verwaltungsbehörde der Gebietskörperschaft (Gemeindeverwaltung, Stadtverwaltung, Verbandsgemeindeverwaltung, Kreisverwaltung, Verwaltung des Bezirksverbandes) sowie die Ortsgemeinde; dies gilt nicht für Schulen.

(2) Eigenbetriebe und kommunale nicht rechtsfähige Anstalten, bei denen nicht nur vorübergehend mehr als 30 Beschäftigte tätig sind, erhalten eine eigene Personalvertretung, wenn die Mehrheit ihrer wahlberechtigten Beschäftigten dies in geheimer Abstimmung beschließt; an der allgemeinen Personalvertretung der Dienststelle nehmen sie nicht teil. Der Beschluss ist erstmals für die folgende Wahl und so lange wirksam, bis er durch Beschluss der Mehrheit der wahlberechtigten Beschäftigten in geheimer Abstimmung mit Wirkung für die folgende Wahl aufgehoben wird. § 5 Abs. 3 findet keine Anwendung.

(3) Beschäftigte einer kommunalen Gebietskörperschaft, die stimmberechtigt deren Vertretungskörperschaft oder einem Ausschuss der Vertretungskörperschaft angehören, der mit mitbestimmungspflichtigen Personalangelegenheiten der Gebietskörperschaft befasst werden kann, sind für die Personalvertretungen ihrer Dienststelle nicht wählbar.

(4) Stehen soziale oder personelle Angelegenheiten der Beschäftigten oder organisatorische Angelegenheiten in den Sitzungen der Vertretungskörperschaft oder ihrer Ausschüsse zur Beratung an, so ist die oder der Personalratsvorsitzende zur Darlegung der Beschlüsse des Personalrats in nicht öffentlicher Sitzung zu laden; eine Teilnahme an der Beratung und Beschlussfassung erfolgt nicht.

§ 88a Arbeitsgemeinschaft der Personalräte auf der Ebene der Kreisverwaltungen

(1) Die Personalräte bei den Kreisverwaltungen bilden bei Bedarf die Arbeitsgemeinschaft der Personalräte der Kreisverwaltungen. Jeder Personalrat entsendet ein Mitglied in die Arbeitsgemeinschaft.

(2) Die Arbeitsgemeinschaft kann Angelegenheiten, die die Kreisverwaltungen gleichermaßen betreffen und einheitlich geregelt werden sollen, erörtern. Die Befugnisse und Pflichten der Personalräte bei den Kreisverwaltungen werden hierdurch nicht berührt.

(3) Die Bestimmungen über Arbeitszeitversäumnis und Freizeitausgleich (§ 39 Abs. 2 bis 4) gelten entsprechend.

§ 89 Oberste Dienstbehörde, Einigungsverfahren und Einigungsstelle

(1) Der obersten Dienstbehörde im Sinne dieses Gesetzes entspricht

1. bei kommunalen Gebietskörperschaften die Vertretungskörperschaft und
2. bei sonstigen Körperschaften, Anstalten und Stiftungen des öffentlichen Rechts mit einstufigem Verwaltungsaufbau, die der Aufsicht des Landes unterstehen, das in ihrer Satzung oder Verfassung vorgesehene Beschlussorgan.

In Zweifelsfällen bestimmt die zuständige oberste Landesbehörde die zuständige Stelle. Die Vertretungskörperschaft und das Beschlussorgan können ihre Aufgaben als oberste Dienstbehörde einem Ausschuss oder der Dienststellenleitung übertragen.

(2) Kommt eine Einigung in einer Mitbestimmungsangelegenheit nicht zustande, so kann die Angelegenheit durch die Dienststellenleitung der obersten Dienstbehörde unter Beachtung der maßgeblichen Sitzungsfristen für deren nächste Sitzung zur Behandlung im nicht öffentlichen Teil vorgelegt werden; auf Verlangen des Personalrats ist sie vorzulegen. § 88 Abs. 4 gilt auch für die dort nicht genannten Mitbestimmungsangelegenheiten entsprechend. § 74 Abs. 5 gilt entsprechend. Ein Auszug aus der Niederschrift über die Beschlussfassung ist dem Personalrat unverzüglich zuzuleiten.

(3) § 75 gilt entsprechend. Die oberste Dienstbehörde hat die Dienststellenleitung, sofern diese nicht schriftlich auf ihre Mitgliedschaft verzichtet, als Mitglied der Einigungsstelle zu bestellen. In den Fällen des § 75 Abs. 5 entscheidet die Dienststellenleitung unter Berücksichtigung der Empfehlung der Einigungsstelle endgültig. Liegen die Voraussetzungen des § 75 Abs. 6 vor, kann die oberste Dienstbehörde nach Zustellung des Beschlusses der Einigungsstelle diesen in ihrer nächsten Sitzung ganz oder teilweise aufheben und der Dienststellenleitung zur endgültigen Entscheidung zuleiten.

§ 90 Einrichtungen mit wirtschaftlicher Zweckbestimmung

(1) Besteht für wirtschaftliche Einrichtungen der öffentlichen Hand mit mehr als zehn Beschäftigten ein Verwaltungsrat, Werkausschuss oder ein vergleichbares Gremium, so müssen zu ihm mindestens in einem Drittel der Mitgliederzahl Vertreterinnen und Vertreter der Beschäftigten hinzutreten; sie haben beratende Stimme. In der Hauptsatzung kann bestimmt werden, dass der Anteil der Beschäftigten höher ist; er muss jedoch weniger als die Hälfte betragen.

(2) Das Vorschlagsrecht für die Wahl der Vertreterinnen und Vertreter der Beschäftigten sowie deren Stellvertreterinnen und Stellvertreter durch die oberste Dienstbehörde steht dem Personalrat zu. Er soll die doppelte Anzahl der zu wählenden Vertreterinnen und Vertreter der Beschäftigten vorschlagen. Die Wahl erfolgt nach § 40 Abs. 2 bis 4 der Gemeindeordnung oder § 33 Abs. 2 bis 4 der Landkreisordnung.

(3) In Einrichtungen ohne eigene Personalvertretung nach § 88 Abs. 2 müssen mindestens zwei Drittel der Vertreterinnen und Vertreter der Beschäftigten in der Einrichtung beschäftigt sein.

(4) Wirtschaftliche Einrichtungen der öffentlichen Hand im Sinne von Absatz 1 sind ihre kaufmännisch verwalteten Betriebe ohne eigene Rechtspersönlichkeit sowie Körperschaften, Anstalten und Stiftungen des öffentlichen Rechts, die überwiegend wirtschaftliche Aufgaben erfüllen.

§ 91 Zweckverbände und andere öffentlich-rechtliche Verbände

§ 88 findet auf Zweckverbände und andere öffentlich-rechtliche Verbände von kommunalen Gebietskörperschaften entsprechende Anwendung.

§ 92 Körperschaften des öffentlichen Rechts ohne Gebietshoheit, rechtsfähige Anstalten und Stiftungen des öffentlichen Rechts

(1) Die §§ 73 und 78 gelten nicht für Personalangelegenheiten der leitenden Angestellten der Körperschaften des öffentlichen Rechts ohne Gebietshoheit sowie der rechtsfähigen

V

Anstalten und Stiftungen des öffentlichen Rechts, wenn sie nach Dienststellung und Dienstvertrag

1. zur selbständigen Einstellung und Entlassung von Beschäftigten der Dienststelle berechtigt sind oder
2. Generalvollmacht oder Prokura haben oder
3. im Wesentlichen eigenverantwortlich Aufgaben wahrnehmen, die ihnen regelmäßig wegen ihrer Bedeutung für den Bestand und die Entwicklung der Dienststelle im Hinblick auf besondere Erfahrungen und Kenntnisse übertragen werden.

Eine beabsichtigte Einstellung oder personelle Veränderung einer oder eines in Satz 1 genannten leitenden Angestellten ist dem Personalrat rechtzeitig mitzuteilen.

V

(2) Stehen Körperschaften des öffentlichen Rechts ohne Gebietshoheit sowie rechtsfähige Anstalten und Stiftungen des öffentlichen Rechts im Wettbewerb mit privatwirtschaftlich organisierten Unternehmen, so tritt in den Angelegenheiten des § 80 Abs. 2 Nr. 11, 12, 14 bis 16 an die Stelle der Mitbestimmung die Mitwirkung; § 74 Abs. 6 gilt entsprechend. § 74 Abs. 2 Satz 4 findet mit der Maßgabe Anwendung, dass der Beschluss des Personalrats über die beantragte Zustimmung der Dienststellenleitung innerhalb von sechs Werktagen nach Zugang des Antrags mitzuteilen ist.

(3) Die §§ 5 und 56 gelten entsprechend für Körperschaften des öffentlichen Rechts ohne Gebietshoheit sowie für rechtsfähige Anstalten und Stiftungen des öffentlichen Rechts. Für den Verhinderungsfall ist die Vertretung auch durch die Leiterin oder den Leiter der für Personalangelegenheiten zuständigen Abteilung zulässig. Weiter gehende Vertretungsregelungen können durch Dienstvereinbarung getroffen werden. Die Verhinderungsvertretung gilt nicht für Besprechungen nach § 67 Abs. 1.

(4) Bei der Zusammenlegung von Dienststellen wählen die Beschäftigten der zusammenzulegenden Dienststellen spätestens vor dem Zeitpunkt des Zusammenlegens, frühestens drei Monate vor diesem Zeitpunkt einen neuen Personalrat nach den Bestimmungen dieses Gesetzes.

III. Abschnitt
Polizei

§ 93 Personalräte bei den Polizeibehörden

(1) Es werden Personalräte gebildet bei

1. den Polizeipräsidien und deren Polizeidirektionen,
2. dem Landeskriminalamt und
3. der Hochschule der Polizei Rheinland-Pfalz.

§ 5 Abs. 3 findet keine Anwendung.

(2) Bei dem Polizeipräsidium Einsatz, Logistik und Technik bilden die Beschäftigten der Abteilung Bereitschaftspolizei, der Abteilung Spezialeinheiten und der Abteilung Wasserschutzpolizei jeweils einen eigenen Personalrat. Ebenfalls einen eigenen gemeinsamen Personalrat bilden die Beschäftigten der Abteilung Beschaffung/Verwaltung, der Abteilung Zentrale Technik, der Abteilung Zentralstelle für Gesundheitsmanagement, des Präsidialstabs sowie des Präsidialbüros. Absatz 1 Satz 2 und Absätze 3 und 4 finden entsprechende Anwendung.

(3) Bei den Polizeipräsidien werden Gesamtpersonalräte gebildet. Sie nehmen für die in Absatz 1 Satz 1 Nr. 1 bezeichneten Personalräte gegenüber den insoweit als übergeordnete Dienststellen geltenden Polizeipräsidien die Aufgabe als Stufenvertretung nach § 74 Abs. 4 und § 82 Abs. 4 wahr.

(4) In Abweichung von § 56 Abs. 2 wird der Personalrat eines Polizeipräsidiums nur beteiligt, wenn die Leitung des Polizeipräsidiums in Angelegenheiten entscheidet, über die in einer Polizeidirektion deren Leitung zu entscheiden hätte; in den übrigen von der Leitung des Polizeipräsidiums zu entscheidenden Angelegenheiten, die sich ausschließlich auf die Beschäftigten der Hauptdienststelle erstrecken, ist der Gesamtpersonalrat zuständig.

(5) Neben den Fällen des § 79 Abs. 2 Satz 1 Nr. 5 bestimmt der Personalrat auch bei der Umsetzung unter Wechsel der Dienststelle für eine Dauer von mehr als drei Monaten mit.

(6) Eine Beteiligung der Personalvertretung findet bei Anordnungen, durch die Einsatz

oder Einsatzübungen von Polizeibeamtinnen und -beamten geregelt werden, nicht statt.

(7) Die Polizeibeamtinnen und Polizeibeamten des für die Polizei zuständigen Ministeriums nehmen an der Wahl des allgemeinen Personalrats der Dienststelle teil.

§ 94 Stufenvertretung

Die Beschäftigten der Polizeibehörden sowie die Polizeibeamtinnen und -beamten des für die Polizei zuständigen Ministeriums bilden bei dem für die Polizei zuständigen Ministerium einen eigenen Hauptpersonalrat.

IV. Abschnitt
Schulen und Studienseminare

§ 95 Gruppenbildung, Erweiterung des Personalrats

Die Lehrkräfte, die pädagogischen und technischen Fachkräfte nach § 25 Abs. 8 des Schulgesetzes (SchulG) sowie das staatliche nichtpädagogische Personal an Schulen und Studienseminaren bilden gemeinsam eine weitere Gruppe im Sinne der §§ 4 und 13; die Zugehörigkeit zu dieser Gruppe schließt die Zugehörigkeit zu einer anderen Gruppe aus. Für die Beteiligung des Personalrats bleibt die allgemeine Gruppenzugehörigkeit maßgebend.

§ 96 Studienreferendarinnen und Studienreferendare, Anwärterinnen und Anwärter für die Lehrämter, Verwaltungs- und Hilfspersonal, außerunterrichtlich eingesetzte Betreuungskräfte

(1) Die Studienreferendarinnen und Studienreferendare sowie die Anwärterinnen und Anwärter für die Lehrämter bilden bei den entsprechenden Studienseminaren jeweils eine eigene Personalvertretung; an der allgemeinen Personalvertretung der Dienststelle nehmen sie nicht teil.

(2) Für das Verwaltungs- und Hilfspersonal sowie die an Ganztagsschulen in offener Form außerunterrichtlich eingesetzten Betreuungskräfte nach § 74 Abs. 3 SchulG ist die Anstellungsbehörde Dienststelle.

§ 97 Stufenvertretungen

(1) Es werden für die staatlichen Lehrkräfte (§§ 25 und 26 SchulG) sowie für das staatliche nichtpädagogische Personal an Schulen und Studienseminaren Stufenvertretungen gebildet:

1. bei der Aufsichts- und Dienstleistungsdirektion je ein Bezirkspersonalrat für
   a) Grundschulen,
   b) Förderschulen,
   c) Realschulen plus,
   d) Gymnasien und Kollegs,
   e) Integrierte Gesamtschulen,
   f) berufsbildende Schulen,
2. bei dem für das Schulwesen zuständigen Ministerium je ein Hauptpersonalrat für
   a) Grundschulen,
   b) Förderschulen,
   c) Realschulen plus,
   d) Gymnasien und Kollegs,
   e) Integrierte Gesamtschulen,
   f) berufsbildende Schulen.

Das für das Schulwesen zuständige Ministerium legt bei besonderen Versuchsschulen fest, zu welcher Stufenvertretung sie gehören.

(2) Die Stufenvertretung besteht bei in der Regel

bis zu	1500		Beschäftigten aus fünf Mitgliedern,
	1501	bis 3 000	Beschäftigten aus sieben Mitgliedern,
	3001	bis 10 000	Beschäftigten aus neun Mitgliedern,
10 001	und mehr		Beschäftigten aus elf Mitgliedern.

§ 54 Abs. 2 Satz 1 findet keine Anwendung. Spezielle Schulformen sollen angemessen in den Stufenvertretungen vertreten sein.

(3) Die Stufenvertretungen bei dem für das Schulwesen zuständigen Ministerium und den Mittelbehörden können einen gemeinsamen schulartbezogenen Ausschuss bilden. Sie können Angelegenheiten abstimmen, die von allgemeiner Bedeutung sind und über den Geschäftsbereich einer Stufenvertretung hinausgehen. In diesen Angelegenheiten kann der gemeinsame Ausschuss auch Besprechungen

nach § 67 mit den Dienststellenleitungen führen. Die Befugnisse und Aufgaben der Stufenvertretungen im Übrigen nach diesem Gesetz werden hierdurch nicht berührt.

(4) Dienststellenleitung und Stufenvertretung müssen mindestens einmal im Halbjahr zu Besprechungen zusammentreten; die Sitzungen der Stufenvertretung finden nach Bedarf statt.

(5) Die Bestimmungen über Arbeitszeitversäumnis und Freizeitausgleich (§ 39 Abs. 2 bis 4) gelten entsprechend.

(6) Die an Privatschulen abgeordneten staatlichen Lehrkräfte, die Leiterinnen und Leiter sowie Fachleiterinnen und Fachleiter der Studienseminare, die Studienreferendarinnen und Studienreferendare, die Anwärterinnen und Anwärter für die Lehrämter sowie die pädagogischen und technischen Fachkräfte nach § 25 Abs. 8 SchulG gelten als Lehrkräfte der entsprechenden Schulart. Satz 1 gilt entsprechend für das staatliche nichtpädagogische Personal an den Studienseminaren.

(7) Gehören Beschäftigte zu mehreren Schularten, sind sie nur in der Schulart wahlberechtigt, die ihrer größeren Unterrichtsverpflichtung entspricht. § 10 Abs. 3 Satz 2 gilt entsprechend. Die Sätze 1 und 2 gelten entsprechend für das staatliche nichtpädagogische Personal an den Schulen und Studienseminaren.

(8) Beschäftigte an organisatorisch verbundenen Schulen sind ausschließlich für die Stufenvertretung gemäß Absatz 1 Satz 1 Nr. 1 Buchst. c und Nr. 2 Buchst. c wahlberechtigt. Im Falle des organisatorischen Verbundes einer Realschule plus mit einer Integrierten Gesamtschule sind alle Beschäftigten abweichend von Satz 1 ausschließlich für die Stufenvertretung gemäß Absatz 1 Satz 1 Nr. 1 Buchst. e und Nr. 2 Buchst. e wahlberechtigt.

V. Abschnitt
Hochschulen und Forschungsstätten

§ 98 Beschäftigte

Als Beschäftigte gelten nicht die Hochschullehrerinnen und Hochschullehrer, Hochschuldozentinnen und Hochschuldozenten und Lehrbeauftragten an Hochschulen sowie vergleichbare Beschäftigte an anderen Forschungsstätten. Für wissenschaftliche und künstlerische Hilfskräfte gilt § 81 Satz 1 und 2 entsprechend.

§ 99 Gruppenbildung, Erweiterung des Personalrats, Vertretung

(1) Die Beschäftigten mit überwiegend wissenschaftlicher Tätigkeit bilden gemeinsam eine weitere Gruppe im Sinne des § 4 Abs. 2; die Zugehörigkeit zu dieser Gruppe schließt die Zugehörigkeit zu einer anderen Gruppe aus. § 95 Satz 2 gilt entsprechend.

(2) Oberassistentinnen und Oberassistenten, Oberingenieurinnen und Oberingenieure, wissenschaftliche und künstlerische Assistentinnen und Assistenten, wissenschaftliche und künstlerische Beschäftigte sowie Lehrkräfte für besondere Aufgaben sind Beschäftigte mit überwiegend wissenschaftlicher Tätigkeit im Sinne dieses Gesetzes.

(3) An Hochschulen richtet sich die ständige Vertretung nach § 5 Abs. 6 dieses Gesetzes in Verbindung mit § 79 Abs. 1 des Hochschulgesetzes, an der Deutschen Universität für Verwaltungswissenschaften Speyer in Verbindung mit § 61 Abs. 1 des Landesgesetzes über die Deutsche Universität für Verwaltungswissenschaften Speyer. Im Verhinderungsfall des nach Satz 1 bestimmten Präsidiums- oder Rektoratsmitglieds kann eine Vertretung auch durch die Leiterin oder den Leiter der zuständigen Personalabteilung oder in besonderen Fällen durch die Leiterin oder den Leiter der zuständigen Fachabteilung erfolgen. Die Sätze 1 und 2 gelten auch für die Besprechungen nach § 67 Abs. 1.

§ 100 Gemeinsamer Personalrat

(1) Einen gemeinsamen Personalrat bilden die Hochschule für öffentliche Verwaltung Rheinland-Pfalz und die Zentrale Verwaltungsschule Rheinland-Pfalz.

(2) § 8 Abs. 2 findet keine Anwendung.

VI. Abschnitt
Besondere kulturelle und kulturfördernde Einrichtungen

§ 101 Theater und Orchester

Die durch Bühnennormalvertrag verpflichteten Theatermitglieder und die Orchestermitglieder bilden gemeinsam eine weitere Gruppe im Sinne der §§ 4 und 13; die Zugehörigkeit zu dieser Gruppe schließt die Zugehörigkeit zu einer anderen Gruppe aus. § 95 Satz 2 gilt entsprechend.

§ 102 (weggefallen)

VII. Abschnitt Forsten

§ 103 Staatsforstverwaltung

Dienststellen im Sinne dieses Gesetzes sind die Zentralstelle der Forstverwaltung, die staatlichen Forstämter, die sonstigen der Zentralstelle der Forstverwaltung nachgeordneten Einrichtungen sowie das Nationalparkamt. § 5 Abs. 3 findet für die staatlichen Forstämter, die sonstigen der Zentralstelle der Forstverwaltung nachgeordneten Einrichtungen sowie das Nationalparkamt keine Anwendung.

§ 104 Beschäftigte der Staatsforstverwaltung, Stufenvertretung

(1) Beschäftigte der Staatsforstverwaltung im Sinne dieses Gesetzes sind die staatlichen Beschäftigten der Dienststellen nach § 103 sowie des Bereichs Forsten bei dem für das Forstwesen zuständigen Ministerium.

(2) Die staatlichen Beschäftigten der Zentralstelle der Forstverwaltung, der staatlichen Forstämter und der sonstigen der Zentralstelle der Forstverwaltung nachgeordneten Einrichtungen bilden einen Bezirkspersonalrat, der gemäß § 52 Abs. 2 Satz 1 Buchst. a auch die Aufgaben des Hauptpersonalrats wahrnimmt; das Nationalparkamt gilt insoweit als staatliches Forstamt. Die staatlichen Beschäftigten des Bereichs Forsten bei dem für das Forstwesen zuständigen Ministerium nehmen an der Bildung des allgemeinen Hauptpersonalrats teil.

§ 105 Arbeitsverhältnis

Arbeitnehmerinnen und Arbeitnehmer in der Waldarbeit, die regelmäßig mit Unterbrechung einen befristeten Arbeitsvertrag erhalten, gelten auch während der Unterbrechung als Beschäftigte im Sinne dieses Gesetzes.

§ 106 Wählbarkeit

(1) Arbeitnehmerinnen und Arbeitnehmer in der Waldarbeit im Arbeitsverhältnis sind nur wählbar, wenn sie in den der Wahl vorausgegangenen zwölf Monaten bei der Dienststelle mindestens 150 Tage erreicht haben. § 11 Abs. 1 Satz 1 findet keine Anwendung. Hat Satz 1 zur Folge, dass nicht mindestens fünfmal so viel wählbare Beschäftigte in der Dienststelle sind, wie nach den §§ 12 und 13 zu wählen sind, genügt es, wenn sie 100 Tage erreicht haben.

(2) Mitglieder des Personalrats und die in § 58 bezeichneten Vertreterinnen und Vertreter, die während der Unterbrechung ihres Arbeitsverhältnisses bei einer privaten Arbeitgeberin oder einem privaten Arbeitgeber beschäftigt sind, können sich dieser oder diesem gegenüber nicht auf § 70 berufen.

VIII. Abschnitt Sozialversicherungsträger

§ 107 Dienstordnungsmäßige Angestellte

Bei Sozialversicherungsträgern, die außer dienstordnungsmäßigen Angestellten auch Beamtinnen und Beamte beschäftigen, zählen diese Angestellten zur Gruppe der Beamtinnen und Beamten.

§ 108 Dienststellenleiterin oder Dienststellenleiter

Leiterin oder Leiter der Dienststelle im Sinne dieses Gesetzes ist die Vorsitzende oder der Vorsitzende oder die stellvertretende Vorsitzende oder der stellvertretende Vorsitzende des Vorstandes des Sozialversicherungsträgers. Die Vertretung durch die Geschäftsführerin oder den Geschäftsführer ist zulässig.

§ 108a AOK Rheinland-Pfalz/Saarland, IKK Südwest, Deutsche Rentenversicherung Rheinland-Pfalz

In Abweichung von § 56 Abs. 2 wird der Gesamtpersonalrat in personellen Angelegenheiten der Beschäftigten einer nach § 5 Abs. 3 verselbständigten Dienststelle oder mehrerer nach § 5 Abs. 3 verselbständigten Dienststellen nur beteiligt, wenn der Vorstand die Entscheidungen trifft.

§ 109 Betriebskrankenkassen öffentlicher Verwaltungen

Bei einer Betriebskrankenkasse einer öffentlichen Verwaltung wird kein eigener Personalrat gebildet, wenn die öffentliche Verwaltung auf ihre Kosten die für die Führung der Geschäfte erforderlichen Personen bestellt (§ 154 in Verbindung mit § 149 Abs. 2 des Fünften Buches Sozialgesetzbuch); die Aufgaben des Personalrats nimmt in diesem Fall die Personalvertretung dieser öffentlichen Verwaltung wahr.

IX. Abschnitt Justizverwaltung

V

§ 110 Rechtsreferendarinnen und Rechtsreferendare

(1) Die Gesamtheit der Rechtsreferendarinnen und Rechtsreferendare eines Oberlandesgerichtsbezirks gilt als Dienststelle. Die Rechtsreferendarinnen und Rechtsreferendare nehmen an der allgemeinen Personalvertretung nicht teil. Als Leiterin oder Leiter der Dienststelle gilt die Präsidentin oder der Präsident des Oberlandesgerichts.

(2) Die Personalräte bei den beiden Oberlandesgerichten bilden einen Gesamtpersonalrat. Die Bestimmungen über den Gesamtpersonalrat gelten entsprechend.

§ 111 Stufenvertretung

Die Beschäftigten der Justizvollzugsanstalten bilden bei dem für den Strafvollzug zuständigen Ministerium eine eigene Stufenvertretung; an der allgemeinen Stufenvertretung nehmen sie nicht teil.

X. Abschnitt Zweites Deutsches Fernsehen

§ 112 Beschäftigte

(1) Beschäftigte im Sinne dieses Gesetzes sind die beim Zweiten Deutschen Fernsehen (ZDF) durch Arbeitsvertrag unbefristet oder auf Zeit angestellten Beschäftigten einschließlich der zu ihrer Berufsausbildung Beschäftigten.

(2) Als Beschäftigte im Sinne dieses Gesetzes gelten nicht arbeitnehmerähnliche Personen gemäß § 12a TVG, die wesentlich an der Programmgestaltung mitwirken.

§ 113 Dienststellen

Als Dienststellen gelten

1. das Zentralstudio,
2. die Studios und
3. sonstige organisatorisch selbständige Einrichtungen.

§ 114 Dienststellenleiterin oder Dienststellenleiter

(1) Für die Dienststellen handelt die Intendantin oder der Intendant; Vertretung ist zulässig. Der Personalrat kann im Rahmen seiner Zuständigkeiten Angelegenheiten auch der Intendantin oder dem Intendanten oder der ständigen Vertreterin oder dem ständigen Vertreter unterbreiten.

(2) In den Fällen des § 67 Abs. 1 und des § 74 kann sich die Intendantin oder der Intendant durch die ständige Vertreterin oder den ständigen Vertreter, die Verwaltungsdirektorin oder den Verwaltungsdirektor oder die Leiterin oder den Leiter der Hauptabteilung Personal vertreten lassen; sie oder er kann sich im Falle des § 67 Abs. 1 für den Bereich eines Studios durch die Leiterin oder den Leiter des Studios und für den Bereich einer Einrichtung gemäß § 113 Nr. 3 durch die Leiterin oder den Leiter dieser Einrichtung vertreten lassen.

§ 115 Wahlberechtigung

(1) Volontärinnen und Volontäre sind bei der Dienststelle wahlberechtigt, der sie im Zeitpunkt der Wahl zur Ausbildung zugewiesen sind.

(2) Nicht wahlberechtigt sind die Intendantin oder der Intendant, die Verwaltungsdirektorin oder der Verwaltungsdirektor, die Leiterin oder der Leiter der Hauptabteilung Personal, die Direktorinnen und Direktoren sowie die Justitiarin oder der Justitiar.

(3) Nicht wählbar sind die Leiterinnen und Leiter der Studios und der Einrichtungen gemäß § 113 Nr. 3 sowie die Volontärinnen und Volontäre.

§ 116 Einigungsverfahren und Einigungsstelle

(1) Verweigert der Personalrat die Zustimmung oder entspricht die Intendantin oder der Intendant seinen Anträgen nicht, so muss die Angelegenheit innerhalb zweier Wochen nach Abgabe der Erklärung des Personalrats oder der Intendantin oder des Intendanten in einer gemeinsamen Sitzung erörtert werden. Ist dabei eine Einigung nicht herbeizuführen, so können beide Seiten die Angelegenheit binnen einer weiteren Woche der Einigungsstelle zur Entscheidung vorlegen.

(2) Die Einigungsstelle für das ZDF wird bei dem Zentralstudio gebildet. § 75 gilt entsprechend; hierbei entspricht der obersten Dienstbehörde die Intendantin oder der Intendant und der Regierungsgewalt im Sinne des Absatzes 6 Satz 1 die durch Staatsvertrag zugewiesene Kompetenz der Intendantin oder des Intendanten.

§ 117 Sonderregelungen der Mitbestimmung

(1) Neben den Fällen des § 78 Abs. 2 Satz 1 Nr. 13 bestimmt der Personalrat auch bei der Genehmigung, der Versagung und dem Widerruf der Genehmigung einer Nebentätigkeit mit.

(2) § 78 gilt für Beschäftigte, die maßgeblich die Programmgestaltung beeinflussen, und für Beschäftigte mit überwiegend wissenschaftlicher oder künstlerischer Tätigkeit nur, wenn sie es beantragen.

(3) § 78 gilt nicht für die außertariflichen Beschäftigten sowie die Leiterinnen und Leiter von Geschäftsbereichen, Bereichen, Abteilungen, Redaktionen, Studios und vergleichbarer Organisationseinheiten.

§ 118 Beteiligung im Fernsehrat

Über die Entsendung von Vertreterinnen und Vertretern des Personalrats in den ZDF-Fernsehrat gemäß § 21 Abs. 2 des ZDF-Staatsvertrags beschließt der Personalrat des Zentralstudios mit einfacher Mehrheit. Er soll dabei die Personalräte der Studios angemessen berücksichtigen.

§ 119 Anhörung

Dem Personalrat ist die Ausweitung, Einschränkung oder Verlagerung von Programmen rechtzeitig mitzuteilen. Er ist zu hören. Er ist auch zu hören, soweit eine Ausweitung, Einschränkung oder Verlagerung von Programmen Auswirkungen auf bestehende Rechte oder die Arbeitsplätze der Beschäftigten des ZDF haben könnte.

§ 120 Dienstvereinbarung über besondere Regeln für die Zusammenarbeit der Beschäftigten des ZDF

Der Personalrat bestimmt im Wege der Dienstvereinbarung mit über besondere Regeln für die Zusammenarbeit der Beschäftigten des ZDF, soweit eine gesetzliche oder tarifvertragliche Regelung nicht besteht. § 76 gilt entsprechend.

Dritter Teil
Gerichtliche Entscheidungen, ergänzende Bestimmungen, Schlussbestimmungen

I. Abschnitt
Gerichtliche Entscheidungen

§ 121 Zuständigkeit der Verwaltungsgerichte

(1) Die Verwaltungsgerichte, im dritten Rechtszug das Bundesverwaltungsgericht, entscheiden außer in den Fällen der §§ 8, 19, 22 und 70 Abs. 1 bis 3 auch über

1. Wahlberechtigung und Wählbarkeit,
2. Wahl, Zusammensetzung und Amtszeit der Personalvertretungen,
3. Zuständigkeit, Geschäftsführung und Rechtsstellung der Personalvertretungen,
4. Bestehen oder Nichtbestehen von Dienstvereinbarungen,
5. Pflicht zur Rückgängigmachung von Maßnahmen nach § 67 Abs. 2 Satz 2 und § 74 Abs. 1 Satz 2, soweit nicht Rechte Dritter oder öffentliche Interessen entgegenstehen.

V

(2) Die Bestimmungen des Arbeitsgerichtsgesetzes über das Beschlussverfahren gelten mit Ausnahme des § 89 Abs. 1 und der Verpflichtung der ehrenamtlichen Richterinnen und Richter nach § 91 Abs. 2 Satz 1, den Beschluss nebst Gründen zu unterschreiben, entsprechend.

§ 122 Bildung von Fachkammern (Fachsenaten)

(1) Für die nach diesem Gesetz zu treffenden Entscheidungen sind bei den Verwaltungsgerichten des ersten und zweiten Rechtszuges Fachkammern (Fachsenate) zu bilden. Die Zuständigkeit einer Fachkammer kann auf die Bezirke anderer Gerichte oder Teile von ihnen erstreckt werden.

V

(2) Die Fachkammer bei den Verwaltungsgerichten besteht aus einer oder einem Vorsitzenden sowie ehrenamtlichen Richterinnen und ehrenamtlichen Richtern, der Fachsenat bei dem Oberverwaltungsgericht aus einer oder einem Vorsitzenden, Richterinnen und Richtern sowie ehrenamtlichen Richterinnen und ehrenamtlichen Richtern. Die ehrenamtlichen Richterinnen und ehrenamtlichen Richter müssen Beschäftigte im Sinne dieses Gesetzes sein. Sie werden durch die Landesregierung oder die von ihr bestimmte Stelle je zur Hälfte auf Vorschlag

1. der unter den Beschäftigten vertretenen Gewerkschaften und
2. der in § 1 bezeichneten Verwaltungen und Gerichte berufen. Für die Berufung und Stellung der ehrenamtlichen Richterinnen und ehrenamtlichen Richter und ihre Heranziehung zu den Sitzungen gelten die Bestimmungen des Arbeitsgerichtsgesetzes über ehrenamtliche Richterinnen und ehrenamtliche Richter entsprechend.

(3) Die Fachkammer wird tätig in der Besetzung mit einer oder einem Vorsitzenden und zwei nach Absatz 2 Satz 3 Nr. 1 und 2 berufenen ehrenamtlichen Richterinnen oder ehrenamtlichen Richtern oder einer nach Absatz 2 Satz 3 Nr. 1 und 2 berufenen ehrenamtlichen Richterin und einem nach Absatz 2 Satz 3 Nr. 1 und 2 berufenen ehrenamtlichen Richter. Der Fachsenat wird tätig in der Besetzung mit einer oder einem Vorsitzenden, zwei Richterinnen oder Richtern oder einer Richterin und einem Richter und je einer oder einem nach Absatz 2 berufenen ehrenamtlichen Richterin oder ehrenamtlichen Richter.

II. Abschnitt
Ergänzende Bestimmungen

§ 123 Bestimmungen über die Behandlung von Verschlusssachen

(1) Soweit eine Angelegenheit, an der eine Personalvertretung zu beteiligen ist, als Verschlusssache mindestens des Geheimhaltungsgrades „VS-Vertraulich" eingestuft ist, tritt an die Stelle der Personalvertretungen ein Ausschuss. Dem Ausschuss gehören höchstens drei Mitglieder an, die der Personalrat aus seiner Mitte wählt. Die Mitglieder des Ausschusses müssen nach den dafür geltenden Bestimmungen ermächtigt sein, Kenntnis von Verschlusssachen des in Betracht kommenden Geheimhaltungsgrades zu erhalten. Personalvertretungen bei Dienststellen, die Mittelbehörden nachgeordnet sind, bilden keinen Ausschuss; an ihre Stelle tritt der Ausschuss des Bezirkspersonalrats.

(2) Wird der zuständige Ausschuss nicht gebildet, ist der Ausschuss der bei der Dienststelle bestehenden Stufenvertretung oder, wenn dieser nicht gebildet wird, der Ausschuss der bei der obersten Dienstbehörde bestehenden Stufenvertretung zu beteiligen.

(3) Die Einigungsstelle besteht in den in Absatz 1 Satz 1 bezeichneten Fällen aus je einer Beisitzerin oder einem Beisitzer, die oder der von der obersten Dienstbehörde und der bei ihr bestehenden Stufenvertretung bestellt wird und einer oder einem unparteiischen Vorsitzenden, die nach den dafür geltenden Bestimmungen ermächtigt sind, von Verschlusssachen des in Betracht kommenden Geheimhaltungsgrades Kenntnis zu erhalten.

(4) Sonstige Personen, die in diesem Gesetz benannt sind, werden an diesen Angelegenheiten nicht beteiligt.

(5) Die oberste Dienstbehörde kann anordnen, dass in den Fällen des Absatzes 1 Satz 1

dem Ausschuss und der Einigungsstelle Unterlagen nicht vorgelegt und Auskünfte nicht erteilt werden dürfen, soweit dies zur Vermeidung von Nachteilen für das Wohl der Bundesrepublik Deutschland oder eines ihrer Länder oder aufgrund internationaler Verpflichtungen geboten ist. In Verfahren vor den Verwaltungsgerichten sind die gesetzlichen Voraussetzungen für die Anordnung glaubhaft zu machen.

III. Abschnitt
Schlussbestimmungen

§ 124 Verwaltungsreformmaßnahmen

Die Staatskanzlei, die Ministerien und der Rechnungshof werden ermächtigt, jeweils für ihren Geschäftsbereich im Einvernehmen mit dem für das allgemeine öffentliche Dienstrecht zuständigen Ministerium durch Rechtsverordnung Regelungen zu erlassen, die die Personalvertretung für den Fall sicherstellen oder erleichtern, dass kommunale Gebietskörperschaften, sonstige Körperschaften, Anstalten oder Stiftungen des öffentlichen Rechts oder Dienststellen umgebildet oder neu gebildet werden; dies gilt nicht, wenn die Umbildung oder Neubildung durch Gesetz geregelt wird. Dabei können insbesondere Bestimmungen getroffen werden über

1. die Voraussetzungen und den Zeitpunkt für die Neuwahlen der Personalvertretungen nach der Umbildung oder Neubildung,
2. die Änderung der Amtszeiten der bisherigen Personalvertretungen bis zu einem Jahr,
3. die vorübergehende Fortführung der Geschäfte durch die bisherigen Personalvertretungen,
4. die Bestellung von Wahlvorständen für die Neuwahlen der Personalvertretungen nach der Umbildung oder Neubildung.

§ 125 Durchführungsbestimmungen

(1) Die Landesregierung erlässt die zur Durchführung dieses Gesetzes erforderlichen Rechtsverordnungen, insbesondere eine Wahlordnung, die folgende Regelungen enthalten muss:

1. die Vorbereitung der Wahl, insbesondere die Aufstellung der Wählerlisten und die Errechnung der Vertreterzahl,
2. die Frist für die Einsichtnahme in die Wählerlisten und die Erhebung von Einsprüchen,
3. die Vorschlagslisten und die Frist für ihre Einreichung,
4. das Wahlausschreiben und die Fristen für seine Bekanntmachung,
5. die Stimmabgabe,
6. die Feststellung des Wahlergebnisses und die Fristen für seine Bekanntmachung,
7. die Aufbewahrung von Wahlakten.

(2) Das für das allgemeine öffentliche Dienstrecht zuständige Ministerium erlässt die zur Durchführung dieses Gesetzes erforderlichen Verwaltungsvorschriften.

§ 126 Religionsgemeinschaften

Dieses Gesetz findet keine Anwendung auf Religionsgemeinschaften und ihre karitativen und erzieherischen Einrichtungen, die kraft Satzung Teil einer Religionsgemeinschaft sind, ohne Rücksicht auf ihre Rechtsform; ihnen bleibt die selbständige Ordnung eines Personalvertretungsrechtes überlassen.

§ 127 In-Kraft-Treten

(1) Dieses Gesetz tritt am Tag nach der Verkündung in Kraft.

(2) Gleichzeitig tritt das Personalvertretungsgesetz für Rheinland-Pfalz (LPersVG) vom 5. Juli 1977 (GVBl. S. 213), zuletzt geändert durch Gesetz vom 21. November 1989 (GVBl. S. 242), BS 2035-1, außer Kraft.

V

Wahlordnung zum Landespersonalvertretungsgesetz (WOLPersVG)

Vom 26. Januar 1993 (GVBl. S. 89)

Zuletzt geändert durch
Landesgesetz zur Änderung personalvertretungsrechtlicher Vorschriften
und des Landesrichtergesetzes
vom 20. Dezember 2024 (GVBl. S. 469)

Inhaltsübersicht

V

Auf Grund des § 44 Satz 3 und des § 125 des Personalvertretungsgesetzes (LPersVG) vom 8. Dezember 1992 (GVBl. S. 333, BS 2035-1) verordnet die Landesregierung:

Erster Teil Wahlen

Erstes Kapitel Wahl des Personalrats

Erster Abschnitt Allgemeine Bestimmungen über Vorbereitung und Durchführung der Wahl

§ 1 Wahlvorstand, Wahlhelferinnen und Wahlhelfer, Bekanntmachungen

(1) Der Wahlvorstand führt die Wahl des Personalrats durch. Er ist beschlussfähig, wenn alle Mitglieder, im Fall des Ausscheidens oder der Verhinderung die Ersatzmitglieder, anwesend sind; die Ersatzmitglieder sollen derselben Gruppe angehören wie die ausgeschiedenen oder verhinderten Mitglieder. Der Wahlvorstand fasst seine Beschlüsse mit einfacher Stimmenmehrheit seiner Mitglieder; Stimmenthaltung gilt als Ablehnung. Die oder der Vorsitzende führt die laufenden Geschäfte und vertritt den Wahlvorstand im Rahmen der von diesem gefassten Beschlüsse.

(2) Der Wahlvorstand kann wahlberechtigte Beschäftigte als Wahlhelferinnen und Wahlhelfer zu seiner Unterstützung bei der Durchführung der Stimmabgabe und bei der Stimmenauszählung bestellen; dabei soll er die in der Dienststelle vertretenen Gruppen (§ 2 Abs. 1) und Geschlechter angemessen berücksichtigen. § 18 Abs. 3 Satz 2 und 3 des Landespersonalvertretungsgesetzes (LPersVG) gilt auch für die Tätigkeit der Wahlhelferinnen und Wahlhelfer.

(3) Die Dienststelle hat den Wahlvorstand bei der Erfüllung seiner Aufgaben zu unterstützen. Sie hat insbesondere

1. die notwendigen Unterlagen (Beschäftigtenlisten u. a.) zur Verfügung zu stellen und, wenn erforderlich, zu ändern,
2. die erforderlichen Auskünfte zu erteilen und
3. für die Vorbereitung und Durchführung der Wahl die erforderlichen Räume, den Geschäftsbedarf und Schreibkräfte zur Verfügung zu stellen.

(4) Bekanntmachungen des Wahlvorstands sind schriftlich abzufassen und von allen Mitgliedern des Wahlvorstands zu unterzeichnen. Die Bekanntgabe hat durch Aushang eines Abdrucks in gut lesbarem Zustand an geeigneter Stelle in der Dienststelle und ihren Nebenstellen oder Teilen, die nicht als selbstständige Dienststellen gelten, bis zum Abschluss der Stimmabgabe zu erfolgen. Die Bekanntgabe kann zusätzlich auch mittels der in der Dienststelle vorhandenen Informations- und Kommunikationstechnik vorgenommen werden. Eine ausschließlich elektronische Bekanntgabe ist zulässig, wenn alle Beschäftigten die Möglichkeit zur Kenntnisnahme haben.

(5) Der Wahlvorstand gibt die Namen seiner Mitglieder, deren Gruppenzugehörigkeit, dienstliche Anschrift, E-Mail-Adresse, Telefon- und Telefaxnummer sowie die Namen etwaiger Ersatzmitglieder und deren Gruppenzugehörigkeit unverzüglich nach seiner Bestellung, Wahl oder Einsetzung bekannt.

(6) Beschäftigte, die auf Grund der Besonderheit ihres Dienst- oder Arbeitsverhältnisses gehindert sind, sich über den Verlauf der Wahl des Personalrats zu unterrichten, werden durch Übersendung eines Abdrucks der Bekanntmachung nach Absatz 5 von der bevorstehenden Wahl in Kenntnis gesetzt. Sie werden ferner über ihre Aufnahme in das Verzeichnis der Wahlberechtigten, den Ablauf der Wahlvorbereitungen, den damit verbundenen Fristen und ihre Rechte im Zusammenhang mit der Durchführung der Wahl informiert. Die Unterrichtung nach den Sätzen 1 und 2 kann auch elektronisch oder durch Telefax erfolgen.

§ 2 Feststellung der Beschäftigtenzahl, Verzeichnis der Wahlberechtigten

(1) Der Wahlvorstand stellt die Zahl der in der Regel Beschäftigten und ihre Verteilung auf die Gruppen (§ 4 Abs. 2, § 95 Satz 1 Halbsatz 1, § 99 Abs. 1 Satz 1 Halbsatz 1 und § 101 Satz 1 Halbsatz 1 LPersVG) fest.

(2) Der Wahlvorstand stellt ein nach Gruppen aufgegliedertes Verzeichnis der Wahlberechtigten auf; insgesamt und getrennt nach Gruppen sind die Anteile der Geschlechter festzustellen. Das Verzeichnis der Wahlberechtigten muss zu jeder und jedem Wahlberechtigten folgende Angaben enthalten:

1. laufende Nummer,
2. Familienname,
3. Vorname,
4. Geburtsdatum,
5. Amts- oder Berufsbezeichnung,
6. Organisationseinheit,
7. Vermerk über die Stimmabgabe.

In dem nach Absatz 4 auszulegenden Verzeichnis der Wahlberechtigten darf das Geburtsdatum nicht enthalten sein.

(3) Der Wahlvorstand hat bis zum Abschluß der Stimmabgabe das Verzeichnis der Wahlberechtigten auf dem laufenden zu halten; es ist insbesondere bei Vorliegen von Schreibfehlern oder offenbaren Unrichtigkeiten, bei Eintritt, Ausscheiden oder Änderung der Gruppenzugehörigkeit von Beschäftigten und zur Erledigung von Einsprüchen (§ 3 Abs. 2 Satz 3) zu berichtigen oder zu ergänzen.

(4) Das Verzeichnis der Wahlberechtigten oder eine Abschrift ist unverzüglich nach Einleitung (§ 6 Abs. 4) der Wahl bis zum Abschluß der Stimmabgabe an geeigneter Stelle in der Dienststelle und ihren Nebenstellen oder Teilen, die nicht als selbstständige Dienststellen gelten, zur Einsicht auszulegen. § 1 Abs. 4 findet keine Anwendung.

§ 3 Einspruch gegen das Verzeichnis der Wahlberechtigten

(1) Jede Beschäftigte und jeder Beschäftigte kann beim Wahlvorstand schriftlich innerhalb von sechs Arbeitstagen nach Auslegung des Verzeichnisses der Wahlberechtigten (§ 2 Abs. 4) Einspruch gegen dessen Richtigkeit einlegen.

(2) Über einen Einspruch entscheidet der Wahlvorstand unverzüglich. Die Entscheidung ist der Einspruchsführerin oder dem Einspruchsführer unverzüglich, spätestens jedoch einen Tag vor Beginn der Stimmabgabe, schriftlich unter Angabe der Gründe mitzuteilen. Ist der Einspruch begründet, so hat der Wahlvorstand das Verzeichnis zu berichtigen; führt die Berichtigung zur Streichung von Beschäftigten, so sind sie unter Angabe der Gründe zu benachrichtigen.

§ 4 Vorabstimmungen für die Wahl

(1) Vorabstimmungen über

1. eine von § 13 LPersVG abweichende Verteilung der Mitglieder des Personalrats auf die Gruppen (§ 14 Abs. 1 Satz 1 LPersVG),
2. die Durchführung gemeinsamer Wahl (§ 15 Abs. 2 Satz 1 LPersVG) oder
3. die Geltung von Nebenstellen oder Teilen einer Dienststelle als selbstständige Dienststellen (§ 5 Abs. 3, § 88 Abs. 2 und § 91 LPersVG)

werden nur berücksichtigt, wenn ihr Ergebnis dem Wahlvorstand innerhalb von sechs Arbeitstagen nach der Bekanntgabe seiner Mitglieder (§ 1 Abs. 5) vorliegt und dem Wahlvorstand glaubhaft gemacht wird, daß das Ergebnis unter Leitung eines aus mindestens drei wahlberechtigten Beschäftigten bestehenden Abstimmungsvorstands in geheimen und in den Fällen der Nummern 1 und 2 nach Gruppen getrennten Abstimmungen zustande gekommen ist. Dem Abstimmungsvorstand muß ein Mitglied jeder in der Dienststelle vertretenen Gruppe (§ 2 Abs. 1) angehören.

(2) Der Wahlvorstand hat in der Bekanntgabe nach § 1 Abs. 5 auf die in Absatz 1 Satz 1 bezeichnete Frist hinzuweisen.

§ 5 Ermittlung der Größe des Personalrats, Verteilung der Sitze auf die Gruppen

(1) Der Wahlvorstand ermittelt die Zahl der zu wählenden Mitglieder des Personalrats (§ 12 Abs. 3 und 4 und § 13 Abs. 4 LPersVG). Ist eine von § 13 LPersVG abweichende Verteilung der Mitglieder des Personalrats auf die Gruppen (§ 14 Abs. 1 LPersVG) nicht beschlossen worden, so errechnet der Wahlvorstand die Verteilung der Sitze auf die Gruppen (§ 13 Abs. 1 und 3 bis 5 LPersVG) nach dem Höchstzahlverfahren (Absätze 2 und 3).

(2) Die Zahlen der zu den einzelnen Gruppen (§ 2 Abs. 1) gehörenden Beschäftigten der

V

Dienststelle werden nebeneinandergestellt und der Reihe nach durch 1, 2, 3 usw. geteilt. Auf die jeweils höchste Teilzahl (Höchstzahl) wird so lange ein Sitz zugeteilt, bis alle Personalratssitze (§ 12 Abs. 3 und 4 und § 13 Abs. 3 und 4 LPersVG) verteilt sind. Jede Gruppe erhält so viel Sitze, wie Höchstzahlen auf sie entfallen. Sind bei gleichen Höchstzahlen weniger Sitze zu verteilen, als Höchstzahlen vorhanden sind, so entscheidet das Los.

(3) Entfallen bei der Verteilung der Sitze nach Absatz 2 auf eine Gruppe weniger Sitze, als ihr nach § 13 Abs. 3 LPersVG mindestens zustehen, so erhält sie die in § 13 Abs. 3 LPersVG vorgeschriebene Zahl von Sitzen. Die Zahl der Sitze der übrigen Gruppen vermindert sich entsprechend. Dabei werden die jeweils zuletzt zugeteilten Sitze zuerst gekürzt. Ist bei gleichen Höchstzahlen nur noch ein Sitz zu kürzen, entscheidet das Los, welche Gruppe den Sitz abzugeben hat. Sitze, die einer Gruppe nach den Bestimmungen des Landespersonalvertretungsgesetz mindestens zustehen, können ihr nicht entzogen werden.

(4) Haben in einer Dienststelle alle Gruppen die gleiche Anzahl von Angehörigen, so erübrigt sich die Errechnung der Sitze nach dem Höchstzahlverfahren; in diesem Falle entscheidet das Los, wem die höhere Zahl von Sitzen zufällt.

§ 6 Wahlausschreiben

(1) Der Wahlvorstand erläßt nach Ablauf der in § 4 Abs. 1 Satz 1 bestimmten Frist und spätestens sechs Wochen vor dem letzten Tag der Stimmabgabe ein Wahlausschreiben. Es ist von sämtlichen Mitgliedern des Wahlvorstands zu unterzeichnen und am Tag seines Erlasses bekannt zu geben; je ein Abdruck des Landespersonalvertretungsgesetzes und dieser Wahlordnung sind beizufügen. Den in der Dienststelle vertretenen Gewerkschaften sind auf Anforderung Abdrucke des Wahlausschreibens zu übersenden.

(2) Das Wahlausschreiben muß enthalten:

1. den Ort und den Tag seines Erlasses,
2. die Zahl der zu wählenden Mitglieder des Personalrats, getrennt nach Gruppen (§ 2 Abs. 1),
3. Angaben über die Anteile der Geschlechter innerhalb der Dienststelle, insgesamt und getrennt nach Gruppen (§ 2 Abs. 1),
4. Angaben darüber, ob die Angehörigen der einzelnen Gruppen ihre Vertreterinnen und Vertreter in getrennten Wahlgängen (Gruppenwahl) oder in gemeinsamer Wahl wählen (§ 15 Abs. 2 LPersVG und § 4 Abs. 1 Satz 1 Nr. 2),
5. die Angabe, wo und wann das Verzeichnis der Wahlberechtigten, das Landespersonalvertretungsgesetz und diese Wahlordnung eingesehen werden können (§ 2 Abs. 4 und § 6 Abs. 1),
6. den Hinweis, daß nur Beschäftigte wählen können, die in das Verzeichnis der Wahlberechtigten eingetragen sind (§ 15 Abs. 1 Satz 1),
7. den Hinweis, daß sich der Personalrat aus Angehörigen der verschiedenen Beschäftigungsarten zusammensetzen soll (§ 15 Abs. 1 Satz 2 LPersVG),
8. den Hinweis, daß die Geschlechter in den Wahlvorschlägen entsprechend ihrem Zahlenverhältnis vertreten sein sollen (§ 15 Abs. 1 Satz 3 LPersVG),
9. den Hinweis, dass Beschäftigte, die zu selbstständigen Entscheidungen in mitbestimmungspflichtigen Personalangelegenheiten der Dienststelle befugt sind, keine Wahlvorschläge machen oder unterzeichnen dürfen (§ 15 Abs. 4 Satz 4 LPersVG),
10. den Hinweis, daß Einsprüche gegen das Verzeichnis der Wahlberechtigten nur innerhalb von sechs Arbeitstagen nach seiner Auslegung schriftlich beim Wahlvorstand eingelegt werden können (§ 3 Abs. 1); der letzte Tag der Einspruchsfrist ist anzugeben,
11. die Mindestzahl von wahlberechtigten Beschäftigten, von denen ein Wahlvorschlag der Beschäftigten unterzeichnet sein muss (§ 15 Abs. 4 Satz 2 und 3 LPersVG und § 8 Abs. 3 Satz 1 und 2), und den Hinweis, dass jede und jeder Beschäftigte für die Wahl des Personal-

rats nur auf einem Wahlvorschlag benannt werden und nur einen Wahlvorschlag unterzeichnen darf (§ 15 Abs. 6 LPersVG),

12. den Hinweis, dass jede in der Dienststelle vertretene Gewerkschaft bei gemeinsamer Wahl nur einen, bei Gruppenwahl für jede Gruppe nur einen Wahlvorschlag machen kann (§ 9 Abs. 2) und dass der Wahlvorschlag von einer befugten Vertreterin oder einem befugten Vertreter der Gewerkschaft unterzeichnet sein muss (§ 8 Abs. 3 Satz 3),
13. die Aufforderung, Wahlvorschläge innerhalb von 18 Kalendertagen seit Beginn der Einreichungsfrist (§ 7 Abs. 2 Satz 2) beim Wahlvorstand einzureichen; der erste und letzte Tag, im Fall des § 7 Abs. 2 Satz 2 Halbsatz 2 auch die Uhrzeit, der Einreichungsfrist sind anzugeben,
14. den Hinweis, daß nur fristgerecht eingereichte Wahlvorschläge berücksichtigt werden (§ 10 Abs. 2) und daß nur gewählt werden kann, wer in einen solchen Wahlvorschlag aufgenommen ist (§ 15 Abs. 1 Satz 2),
15. den Ort, an dem die Wahlvorschläge bekanntgegeben werden (§ 13 Abs. 1 Satz 1),
16. den Ort und die Zeit der Stimmabgabe,
17. einen Hinweis auf die Möglichkeit der schriftlichen Stimmabgabe nach § 17, gegebenenfalls auf die Anordnung der schriftlichen Stimmabgabe nach § 19,
18. den Ort und die Zeit der Stimmenauszählung und der Sitzung des Wahlvorstands, in der das Wahlergebnis abschließend festgestellt wird, und
19. den Ort, an dem Einsprüche, Wahlvorschläge und andere Erklärungen gegenüber dem Wahlvorstand abzugeben sind.

(3) Offenbare Unrichtigkeiten des Wahlausschreibens können vom Wahlvorstand jederzeit berichtigt werden.

(4) Mit Erlaß des Wahlausschreibens ist die Wahl eingeleitet.

§ 7 Wahlvorschläge, Einreichungsfrist

(1) Zur Wahl des Personalrats können die wahlberechtigten Beschäftigten und die in der Dienststelle vertretenen Gewerkschaften Wahlvorschläge machen. Eine Gewerkschaft ist in der Dienststelle vertreten, wenn eine Beschäftigte oder ein Beschäftigter der Gewerkschaft angehört.

(2) Die Wahlvorschläge sind innerhalb einer Frist von 18 Kalendertagen (Einreichungsfrist) beim Wahlvorstand einzureichen. Die Frist beginnt mit dem Tag nach dem Erlaß des Wahlausschreibens; der Wahlvorstand kann den Beginn der Einreichungsfrist bis zu drei Arbeitstagen hinausschieben und die Einreichungsfrist am letzten Tag auf das Ende der üblichen Dienstzeit begrenzen. Bei Gruppenwahl sind für die einzelnen Gruppen getrennte Wahlvorschläge einzureichen.

V

§ 8 Inhalt der Wahlvorschläge

(1) Jeder Wahlvorschlag soll mindestens doppelt soviel wählbare Bewerberinnen und Bewerber enthalten, wie

1. bei Gruppenwahl Gruppenvertreterinnen und Gruppenvertreter oder
2. bei gemeinsamer Wahl Personalratsmitglieder

zu wählen sind.

(2) Die Namen der einzelnen Bewerberinnen und Bewerber sind auf dem Wahlvorschlag untereinander aufzuführen und mit fortlaufenden Nummern zu versehen. Außer dem Familiennamen sind der Vorname, das Geburtsdatum, die Amts- oder Berufsbezeichnung und die Gruppenzugehörigkeit anzugeben. Bei gemeinsamer Wahl sind in dem Wahlvorschlag die Bewerberinnen und Bewerber jeweils nach Gruppen zusammenzufassen. Die in den Sätzen 1 bis 3 genannten Angaben dürfen keine Änderungen enthalten; § 10 Abs. 3 bleibt unberührt.

(3) Jeder Wahlvorschlag der Beschäftigten muß

1. bei Gruppenwahl von mindestens einem Zwanzigstel der wahlberechtigten Gruppenangehörigen und

2. bei gemeinsamer Wahl von mindestens einem Zwanzigstel der wahlberechtigten Beschäftigten,

jedoch mindestens von drei Wahlberechtigten, unterzeichnet sein. Bruchteile eines Zwanzigstels werden auf ein volles Zwanzigstel aufgerundet. Jeder Wahlvorschlag einer in der Dienststelle vertretenen Gewerkschaft muss von einer befugten Vertreterin oder einem befugten Vertreter der Gewerkschaft unterzeichnet sein. Nach Einreichung des Wahlvorschlags kann eine darauf geleistete Unterschrift nicht mehr zurückgenommen werden; § 10 Abs. 4 bleibt unberührt.

(4) Aus dem Wahlvorschlag soll zu ersehen sein, welche der Unterzeichnerinnen oder welcher der Unterzeichner zur Vertretung des Vorschlags gegenüber dem Wahlvorstand und zur Entgegennahme von Erklärungen und Entscheidungen des Wahlvorstands berechtigt ist (Listenvertreterin oder Listenvertreter). Fehlt eine Angabe hierüber, so gilt die an erster Stelle stehende Unterzeichnerin oder der an erster Stelle stehende Unterzeichner als berechtigt.

(5) Der Wahlvorschlag soll mit einem Kennwort versehen werden.

V

§ 9 Sonstige Erfordernisse

(1) Dem Wahlvorschlag ist die schriftliche Zustimmung der Bewerberinnen und Bewerber zur Aufnahme in den Wahlvorschlag beizufügen; die Zustimmung kann nicht widerrufen werden.

(2) Jede in der Dienststelle vertretene Gewerkschaft kann bei gemeinsamer Wahl nur einen, bei Gruppenwahl für jede Gruppe nur einen Wahlvorschlag machen.

(3) Eine Verbindung von Wahlvorschlägen ist unzulässig.

§ 10 Behandlung der Wahlvorschläge durch den Wahlvorstand, ungültige Wahlvorschläge

(1) Der Wahlvorstand vermerkt auf den Wahlvorschlägen den Tag und die Uhrzeit des Eingangs. Im Falle des Absatzes 5 ist auch der Zeitpunkt des Eingangs des berichtigten Wahlvorschlags zu vermerken.

(2) Wahlvorschläge, die ungültig sind, insbesondere weil sie bei der Einreichung nicht die erforderliche Anzahl von Unterschriften aufweisen (§ 8 Abs. 3), nicht fristgerecht eingereicht worden sind oder Änderungen enthalten (§ 8 Abs. 2 Satz 4) oder weil die Bewerberinnen und Bewerber nicht in erkennbarer Reihenfolge aufgeführt sind (§ 8 Abs. 2 Satz 1), gibt der Wahlvorstand unverzüglich nach Eingang unter Angabe der Gründe zurück.

(3) Der Wahlvorstand hat Bewerberinnen und Bewerber, die mit ihrer schriftlichen Zustimmung auf mehreren Wahlvorschlägen benannt sind, schriftlich gegen Empfangsbestätigung, erforderlichenfalls durch eingeschriebenen Brief, aufzufordern, innerhalb von drei Arbeitstagen zu erklären, auf welchem Wahlvorschlag sie benannt bleiben wollen. Geben die Bewerberinnen und Bewerber diese Erklärung nicht fristgerecht ab, so werden sie von sämtlichen Wahlvorschlägen gestrichen.

(4) Der Wahlvorstand hat vorschlagsberechtigte Beschäftigte (§ 8 Abs. 3), die mehrere Wahlvorschläge unterzeichnet haben, schriftlich gegen Empfangsbestätigung, erforderlichenfalls durch eingeschriebenen Brief, aufzufordern, innerhalb von drei Arbeitstagen nach Zugang der Aufforderung zu erklären, welche Unterschrift sie aufrechterhalten. Wird diese Erklärung nicht fristgerecht abgegeben, so zählt die Unterschrift nur auf dem zuerst eingegangenen Wahlvorschlag; auf den übrigen Wahlvorschlägen wird sie gestrichen. Bei gleichzeitigem Eingang entscheidet das Los, auf welchem Wahlvorschlag die Unterschrift zählt. Die Sätze 1 bis 3 gelten entsprechend bei Gewerkschaften, die bei gemeinsamer Wahl mehrere, bei Gruppenwahl für eine Gruppe mehrere Wahlvorschläge gemacht haben.

(5) Wahlvorschläge, die

1. Bewerberinnen oder Bewerber enthalten, die nicht wählbar sind,
2. den Erfordernissen des § 8 Abs. 2 Satz 1 bis 3 nicht entsprechen,
3. ohne die schriftliche Zustimmung der Bewerberinnen und Bewerber eingereicht sind oder
4. infolge von Streichungen gemäß Absatz 4 nicht mehr die erforderliche Anzahl von Unterschriften aufweisen,

hat der Wahlvorstand gegen schriftliche Empfangsbestätigung, erforderlichenfalls durch eingeschriebenen Brief, mit der Aufforderung zurückzugeben, die Mängel innerhalb einer Frist von drei Arbeitstagen nach Zugang der Aufforderung zu beseitigen. Werden Mängel nicht fristgerecht beseitigt, so sind diese Wahlvorschläge ungültig; betreffen die Mängel nur einzelne Bewerberinnen und Bewerber, so werden diese von den Wahlvorschlägen gestrichen.

§ 11 Nachfrist für die Einreichung von Wahlvorschlägen

(1) Liegt nach Ablauf der in § 7 Abs. 2 Satz 1 und § 10 Abs. 5 Satz 1 genannten Fristen bei Gruppenwahl nicht für jede Gruppe ein gültiger Wahlvorschlag, bei gemeinsamer Wahl überhaupt kein gültiger Wahlvorschlag vor, so gibt der Wahlvorstand dies sofort bekannt und fordert gleichzeitig zur Einreichung von Wahlvorschlägen innerhalb einer Nachfrist von sechs Arbeitstagen auf.

(2) Im Falle der Gruppenwahl weist der Wahlvorstand in der Bekanntmachung darauf hin, daß eine Gruppe keine Vertreterinnen und Vertreter in den Personalrat wählen kann, wenn auch innerhalb der Nachfrist für sie kein gültiger Wahlvorschlag eingeht. Im Falle gemeinsamer Wahl weist der Wahlvorstand darauf hin, daß der Personalrat nicht gewählt werden kann, wenn auch innerhalb der Nachfrist kein gültiger Wahlvorschlag eingeht.

(3) Gehen auch innerhalb der Nachfrist gültige Wahlvorschläge nicht ein, so gibt der Wahlvorstand sofort bekannt

1. bei Gruppenwahl, für welche Gruppe oder für welche Gruppen keine Vertreterinnen und Vertreter gewählt werden können, und
2. bei gemeinsamer Wahl, daß diese Wahl nicht stattfinden kann.

§ 12 Bezeichnung der Wahlvorschläge

(1) Der Wahlvorstand versieht die Wahlvorschläge in der Reihenfolge ihres Eingangs mit Ordnungsnummern (Wahlvorschlag 1 usw.). Wahlvorschläge, die vor Beginn der Einreichungsfrist beim Wahlvorstand eingehen, gelten als mit Beginn dieser Frist eingegangen. Ist ein Wahlvorschlag berichtigt worden, so ist der Zeitpunkt des Eingangs des berichtigten Wahlvorschlags maßgebend. Sind mehrere Wahlvorschläge gleichzeitig eingegangen, so entscheidet das Los über die Reihenfolge. Die zur Vertretung der Wahlvorschläge nach § 8 Abs. 4 Berechtigten sind zu der Losentscheidung rechtzeitig einzuladen.

(2) Der Wahlvorstand bezeichnet die Wahlvorschläge mit dem Familien- und Vornamen der in dem Wahlvorschlag an erster und zweiter Stelle benannten Bewerberinnen und Bewerber, bei gemeinsamer Wahl mit dem Familien- und Vornamen der für die Gruppen an erster Stelle benannten Bewerberinnen und Bewerber. Bei Wahlvorschlägen, die mit einem Kennwort versehen sind, ist auch das Kennwort anzugeben.

§ 13 Bekanntgabe der Wahlvorschläge

(1) Unverzüglich nach Ablauf der in § 7 Abs. 2 Satz 1, § 10 Abs. 5 Satz 1 und § 11 Abs. 1 genannten Fristen, spätestens jedoch fünf Arbeitstage vor Beginn der Stimmabgabe, gibt der Wahlvorstand die als gültig anerkannten Wahlvorschläge mit der nach § 12 zugeteilten Ordnungsnummer, der Bezeichnung und dem Kennwort bekannt. Die Stimmzettel sollen in diesem Zeitpunkt vorliegen.

(2) Die Namen der Unterzeichnerinnen und Unterzeichner der Wahlvorschläge werden nicht bekanntgemacht.

§ 14 Sitzungsniederschriften

Der Wahlvorstand fertigt über jede Sitzung, in der er einen Beschluß gefaßt hat, eine Niederschrift, die mindestens den Wortlaut des Beschlusses enthält. Sie ist von sämtlichen Mitgliedern des Wahlvorstands zu unterzeichnen. Soweit eine in der Dienststelle vertretene Gewerkschaft an der Sitzung des Wahlvorstands teilgenommen hat, ist ihr ein Abdruck der Niederschrift zu übersenden.

§ 15 Ausübung des Wahlrechts, Stimmzettel, ungültige Stimmabgabe

(1) Wählen kann nur, wer in das Verzeichnis der Wahlberechtigten eingetragen ist. Gewählt werden kann nur, wer in einen als gül-

tig anerkannten Wahlvorschlag aufgenommen ist.

(2) Das Wahlrecht wird durch Abgabe eines Stimmzettels, der so gefaltet ist, dass die Stimmabgabe nicht erkennbar ist, oder bei schriftlicher Stimmabgabe durch Übersendung des gefalteten Stimmzettels in einem Wahlumschlag ausgeübt. Bei Gruppenwahl müssen die Stimmzettel für jede Gruppe, bei gemeinsamer Wahl alle Stimmzettel dieselbe Größe, Farbe, Beschaffenheit und Beschriftung haben; dasselbe gilt bei schriftlicher Stimmabgabe für die Wahlumschläge.

(3) Ist nach den Grundsätzen der Verhältniswahl zu wählen (§ 25 Abs. 1), so kann die Stimme nur für den gesamten Wahlvorschlag (Vorschlagsliste) abgegeben werden. Ist nach den Grundsätzen der Personenwahl zu wählen (§ 28 Abs. 1, § 30 Abs. 1), so wird die Stimme für die zu wählenden einzelnen Bewerberinnen und Bewerber abgegeben.

(4) Ungültig sind Stimmzettel,

1. die so gefaltet sind, dass die Stimmabgabe erkennbar ist,
2. die bei schriftlicher Stimmabgabe nicht in einem Wahlumschlag abgegeben sind,
3. die nicht vom Wahlvorstand ausgegeben worden sind,
4. die nicht den Erfordernissen des Absatzes 2 Satz 2 entsprechen,
5. aus denen sich der Wille der Wählerin oder des Wählers nicht zweifelsfrei ergibt oder
6. die ein besonderes Merkmal, einen Zusatz oder einen Vorbehalt enthalten.

(5) Mehrere bei schriftlicher Stimmabgabe in einem Wahlumschlag für eine Wahl enthaltene Stimmzettel, die gleich lauten, werden als eine Stimme gezählt.

(6) Hat eine Wählerin oder ein Wähler einen Stimmzettel verschrieben, diesen oder bei schriftlicher Stimmabgabe den Wahlumschlag versehentlich unbrauchbar gemacht, so ist auf Verlangen gegen Rückgabe der unbrauchbaren Wahlunterlagen ein neuer Stimmzettel oder Wahlumschlag auszuhändigen. Der Wahlvorstand hat die zurückgegebenen Wahlunterlagen unverzüglich in Gegenwart der Wählerin oder des Wählers zu vernichten.

§ 16 Wahlhandlung

(1) Die Stimmabgabe erfolgt, soweit nicht der Wahlvorstand auf Grund von § 19 Abweichendes anordnet, im Falle

1. des § 5 Abs. 2 Satz 1 Halbsatz 1 LPersVG bei der der Mittelbehörde unmittelbar nachgeordneten Behörde,
2. daß Nebenstellen oder Teile einer Dienststelle nicht als selbständige Dienststellen nach § 5 Abs. 3 LPersVG gelten, bei der Dienststelle,
3. des § 10 Abs. 2 Satz 2 LPersVG bei der Ausbildungsbehörde,
4. des § 12 Abs. 2 LPersVG bei der benachbarten Dienststelle,
5. des § 88 Abs. 1 und des § 91 LPersVG bei der Hauptverwaltung der Dienststelle,
6. des § 96 Abs. 1 LPersVG bei dem jeweiligen Studienseminar,
7. des § 96 Abs. 2 LPersVG bei der Anstellungsbehörde,
8. des § 100 Abs. 1 LPersVG bei der Hochschule für öffentliche Verwaltung Rheinland-Pfalz und
9. des § 110 Abs. 1 Satz 1 LPersVG bei dem Oberlandesgericht.

(2) Die Wahlräume sollen nach den örtlichen Verhältnissen so ausgewählt und eingerichtet werden, dass allen Wahlberechtigten, insbesondere Menschen mit Behinderungen und anderen Menschen mit Mobilitätsbeeinträchtigung, die Teilnahme an der Wahl erleichtert wird. Der Wahlvorstand trifft Vorkehrungen, daß die Wählerinnen und Wähler den Stimmzettel im Wahlraum unbeobachtet kennzeichnen und in der Weise falten können, dass ihre Stimmabgabe nicht erkennbar ist. Für die Aufnahme der Stimmzettel sind Wahlurnen zu verwenden. Vor Beginn der Stimmabgabe sind die Wahlurnen vom Wahlvorstand zu verschließen. Sie müssen so eingerichtet sein, dass die eingeworfenen Stimmzettel nicht vor Öffnung der Urne entnommen werden können. Findet Gruppenwahl statt, so kann die Stimmabgabe nach Gruppen getrennt durch-

geführt werden; in jedem Falle sind jedoch getrennte Wahlurnen zu verwenden.

(3) Ist eine Wählerin oder ein Wähler wegen einer körperlichen Beeinträchtigung zur Stimmabgabe nicht in der Lage, bestimmt sie oder er eine Vertrauensperson, deren sie oder er sich bei der Stimmabgabe bedienen will, und gibt dies dem Wahlvorstand bekannt. Die Hilfeleistung hat sich auf die Erfüllung der Wünsche der Wählerin oder des Wählers zur Stimmabgabe zu beschränken. Die Vertrauensperson darf gemeinsam mit der Wählerin oder dem Wähler die Wahlstelle aufsuchen, soweit das zur Hilfeleistung erforderlich ist. Die Vertrauensperson ist zur Geheimhaltung der Kenntnisse verpflichtet, die sie bei der Hilfeleistung von der Wahl erlangt hat. Wahlbewerberinnen und Wahlbewerber, Mitglieder des Wahlvorstands sowie Wahlhelferinnen und Wahlhelfer dürfen nicht zur Hilfeleistung herangezogen werden.

(4) Solange der Wahlraum zur Stimmabgabe geöffnet ist, müssen mindestens zwei Mitglieder des Wahlvorstands im Wahlraum anwesend sein; sind Wahlhelferinnen und Wahlhelfer bestellt (§ 1 Abs. 2), so genügt die Anwesenheit eines Mitglieds des Wahlvorstands und einer Wahlhelferin oder eines Wahlhelfers.

(5) Vor Einwurf des Stimmzettels in die Urne ist festzustellen, ob die Wählerin oder der Wähler im Verzeichnis der Wahlberechtigten eingetragen ist. Ist dies der Fall, so übergibt die Wählerin oder der Wähler den gefalteten Stimmzettel dem mit der Entgegennahme der Stimmzettel betrauten Mitglied des Wahlvorstands, das ihn in Gegenwart der Wählerin oder des Wählers uneingesehen in gefaltetem Zustand in die Wahlurne legt. Die Wählerin oder der Wähler kann den gefalteten Stimmzettel auch selbst in die Urne legen, wenn das mit der Entgegennahme der Stimmzettel betraute Mitglied des Wahlvorstands es gestattet. Mit der Entgegennahme der Stimmzettel kann auch eine Wahlhelferin oder ein Wahlhelfer betraut werden. Die Stimmabgabe ist im Verzeichnis der Wahlberechtigten zu vermerken.

(6) Wird die Wahlhandlung unterbrochen oder wird das Wahlergebnis nicht unmittelbar nach Abschluß der Stimmabgabe festgestellt, so hat der Wahlvorstand für die Zwischenzeit die Wahlurne so zu verschließen und aufzubewahren, daß der Einwurf oder die Entnahme von Stimmzetteln ohne Beschädigung des Verschlusses unmöglich ist. Bei Wiedereröffnung der Wahl oder bei Entnahme der Stimmzettel zur Stimmenzählung hat sich der Wahlvorstand davon zu überzeugen, daß der Verschluß unversehrt ist.

§ 17 Schriftliche Stimmabgabe

(1) Wahlberechtigten Beschäftigten, die im Zeitpunkt der Wahl verhindert sind, ihre Stimme persönlich abzugeben, hat der Wahlvorstand auf ihr Verlangen

1. die Wahlvorschläge,
2. den Stimmzettel und den Wahlumschlag,
3. eine vorgedruckte, von der Wählerin oder dem Wähler abzugebende Erklärung, in der gegenüber dem Wahlvorstand versichert wird, daß der Stimmzettel persönlich oder, soweit unter den Voraussetzungen des § 16 Abs. 3 erforderlich, durch eine Vertrauensperson gekennzeichnet worden ist, sowie
4. einen größeren Freiumschlag, der die Anschrift des Wahlvorstands und als Absender den Namen und die Anschrift der wahlberechtigten Beschäftigten oder des wahlberechtigten Beschäftigten sowie den Vermerk „Schriftliche Stimmabgabe" trägt,

auszuhändigen oder zu übersenden. Der Wahlvorstand soll der Wählerin oder dem Wähler ferner ein Merkblatt über die Art und Weise der schriftlichen Stimmabgabe (Absatz 3) aushändigen oder übersenden. Auf Antrag ist auch ein Abdruck des Wahlausschreibens auszuhändigen oder zu übersenden. Der Wahlvorstand hat die Aushändigung oder Übersendung im Verzeichnis der Wahlberechtigten zu vermerken.

(2) Die schriftliche Stimmabgabe ist auch zulässig, wenn die Wahl nicht am Ort der

V

dienstlichen Tätigkeit der Beschäftigten oder des Beschäftigten durchgeführt wird.

(3) Die Wählerin oder der Wähler gibt die Stimme in der Weise ab, daß sie oder er

1. den Stimmzettel unbeobachtet persönlich kennzeichnet, ihn in der Weise faltet, dass die Stimmabgabe nicht erkennbar ist, und diesen in den Wahlumschlag legt,
2. die vorgedruckte Erklärung unter Angabe des Orts und des Datums unterschreibt und
3. den Wahlumschlag, in den der Stimmzettel gelegt ist, und die unterschriebene Erklärung in dem Freiumschlag verschließt und diesen so rechtzeitig an den Wahlvorstand absendet oder übergibt, daß er vor Abschluß der Stimmabgabe vorliegt.

§ 18 Behandlung der schriftlich abgegebenen Stimmen

(1) Unmittelbar vor Abschluß der Stimmabgabe öffnet der Wahlvorstand in öffentlicher Sitzung die bis zu diesem Zeitpunkt eingegangenen Freiumschläge und entnimmt ihnen die Wahlumschläge und die vorgedruckten Erklärungen (§ 17 Abs. 1 Satz 1 Nr. 3). Enthält der Freiumschlag die in § 17 Abs. 3 Nr. 3 bezeichneten Unterlagen, so entnimmt der Wahlvorstand den Stimmzettel aus dem Wahlumschlag und legt ihn nach Vermerk der Stimmabgabe im Verzeichnis der Wahlberechtigten uneingesehen in gefaltetem Zustand in die Wahlurne.

(2) Verspätet eingehende Freiumschläge hat der Wahlvorstand mit einem Vermerk über den Zeitpunkt des Eingangs ungeöffnet zu den Wahlunterlagen zu nehmen. Diese Freiumschläge sind einen Monat nach Bekanntgabe des Wahlergebnisses ungeöffnet zu vernichten, wenn die Wahl nicht angefochten worden ist.

§ 19 Stimmabgabe in besonderen Fällen

(1) Für die Beschäftigten von

1. nachgeordneten Stellen einer Dienststelle, die nicht nach § 5 Abs. 2 Satz 1 Halbsatz 2 LPersVG selbständig sind,
2. Nebenstellen oder Teilen einer Dienststelle, die räumlich weit von dieser entfernt liegen und nicht als selbständige Dienststellen nach § 5 Abs. 3 LPersVG gelten, oder
3. Dienststellen, die nach § 12 Abs. 2 LPersVG einer benachbarten Dienststelle zugeteilt sind,

kann der Wahlvorstand für diese Stellen oder auch nur einzelne von ihnen oder für die gesamte Dienststelle die schriftliche Stimmabgabe anordnen; der Wahlvorstand hat den wahlberechtigten Beschäftigten die in § 17 Abs. 1 bezeichneten Unterlagen zu übersenden. Er ist ferner berechtigt, die Stimmabgabe für eine oder mehrere dieser Stellen an einem anderen Orte durchzuführen, als es in § 16 Abs. 1 Nr. 1, 2 und 4 vorgesehen ist. Der Wahlvorstand soll bei seiner Entschließung den Wünschen der Dienststellenleitung und der Beschäftigten Rechnung tragen.

(2) Gleiche Befugnisse hat der Wahlvorstand

1. bei kommunalen Gebietskörperschaften sowie Zweckverbänden und anderen öffentlich-rechtlichen Verbänden von kommunalen Gebietskörperschaften hinsichtlich der Beschäftigten, die außerhalb der Hauptverwaltung ihrer Dienststelle tätig sind und nicht nach § 88 Abs. 2 oder § 91 LPersVG eine eigene Personalvertretung erhalten, und
2. in den Fällen des § 10 Abs. 2 Satz 2, der §§ 96 und 100 Abs. 1 und des § 110 Abs. 1 Satz 1 LPersVG.

(3) Der Wahlvorstand kann für die gesamte Dienststelle oder Teile von ihr die schriftliche Stimmabgabe anordnen, wenn zum Zeitpunkt der Wahl die Möglichkeit der persönlichen Stimmabgabe in der Dienststelle voraussichtlich nicht sichergestellt werden kann. Die Anordnung kann ausschließlich oder ergänzend zur persönlichen Stimmabgabe getroffen werden. Absatz 1 Satz 1 Halbsatz 2 gilt entsprechend.

§ 20 Feststellung des Wahlergebnisses

(1) Unverzüglich nach Abschluß der Wahl nimmt der Wahlvorstand öffentlich die Auszählung der Stimmen vor und stellt das Wahlergebnis fest.

(2) Nach Öffnung der Wahlurne vergleicht der Wahlvorstand die Zahl der in der Urne enthaltenen Stimmzettel mit der Zahl der nach dem Verzeichnis der Wahlberechtigten abgegebenen Stimmen (§ 16 Abs. 5 Satz 5 und § 18 Abs. 1 Satz 2) und prüft die Gültigkeit der Stimmzettel.

(3) Der Wahlvorstand zählt

1. im Falle der Verhältniswahl die auf jede Vorschlagsliste und
2. im Falle der Personenwahl die auf jede einzelne Bewerberin und jeden einzelnen Bewerber

entfallenen gültigen Stimmzettel zusammen.

(4) Stimmzettel, über deren Gültigkeit oder Ungültigkeit der Wahlvorstand beschließt, weil sie zu Zweifeln Anlaß geben, sind mit fortlaufenden Nummern zu versehen und von den übrigen Stimmzetteln gesondert bei den Wahlunterlagen aufzubewahren.

§ 21 Wahlniederschrift

(1) Über das Wahlergebnis fertigt der Wahlvorstand unverzüglich eine Niederschrift, die von sämtlichen Mitgliedern des Wahlvorstands zu unterzeichnen ist. Die Niederschrift muß enthalten:

1. bei Gruppenwahl die Summe der von jeder Gruppe abgegebenen Stimmen, bei gemeinsamer Wahl die Summe aller abgegebenen Stimmen,
2. bei Gruppenwahl die Summe der von jeder Gruppe abgegebenen gültigen Stimmen, bei gemeinsamer Wahl die Summe aller abgegebenen gültigen Stimmen,
3. bei Gruppenwahl die Summe der für jede Gruppe abgegebenen ungültigen Stimmen, bei gemeinsamer Wahl die Summe aller abgegebenen ungültigen Stimmen,
4. die für die Gültigkeit oder Ungültigkeit zweifelhafter Stimmen maßgebenden Gründe,
5. im Falle der Verhältniswahl die Zahl der auf jede Vorschlagsliste entfallenen gültigen Stimmen sowie die Errechnung der Höchstzahlen und ihre Verteilung auf die Vorschlagslisten, im Falle der Personenwahl die Zahl der auf jede Bewerberin und jeden Bewerber entfallenen gültigen Stimmen und
6. die Namen der gewählten Bewerberinnen und Bewerber sowie der Ersatzmitglieder.

(2) Besondere Vorkommnisse bei der Wahlhandlung oder der Feststellung des Wahlergebnisses sind in der Niederschrift zu vermerken.

(3) Der Dienststellenleitung und den in der Dienststelle vertretenen Gewerkschaften ist ein Abdruck der Niederschrift zu übersenden.

§ 22 Benachrichtigung der gewählten Bewerberinnen und Bewerber

Der Wahlvorstand benachrichtigt die als Personalratsmitglieder Gewählten unverzüglich schriftlich gegen Empfangsbestätigung, erforderlichenfalls durch eingeschriebenen Brief, von ihrer Wahl. Erklärt eine Gewählte oder ein Gewählter nicht innerhalb von drei Arbeitstagen nach Zugang der Benachrichtigung dem Wahlvorstand, daß die Wahl abgelehnt werde, so gilt die Wahl als angenommen.

V

§ 23 Bekanntmachung des Wahlergebnisses

Der Wahlvorstand gibt das Wahlergebnis unverzüglich für die Dauer von zwei Wochen bekannt. Die Bekanntmachung muss enthalten:

1. die Zahl der in das Verzeichnis der Wahlberechtigten eingetragenen Wahlberechtigten,
2. die Zahl der Wahlberechtigten, die gewählt haben,
3. die Zahl der gültigen und ungültigen Stimmzettel,
4. die Verteilung der Stimmen auf die Wahlvorschläge oder auf die Bewerberinnen und Bewerber und
5. die Namen und die Reihenfolge der gewählten Bewerberinnen und Bewerber sowie der Ersatzmitglieder.

§ 24 Aufbewahrung der Wahlunterlagen

Die Wahlunterlagen (Niederschriften, Bekanntmachungen, Stimmzettel, Freiumschläge für die schriftliche Stimmabgabe usw.) werden vom Personalrat bis zum Abschluß der nächsten Personalratswahl aufbewahrt.

Zweiter Abschnitt
Besondere Bestimmungen für die Wahl mehrerer Personalratsmitglieder oder Gruppenvertreterinnen und Gruppenvertreter

Erster Unterabschnitt
Wahlverfahren bei Vorliegen mehrerer Wahlvorschläge (Verhältniswahl)

§ 25 Voraussetzungen für die Verhältniswahl, Stimmzettel, Stimmabgabe

(1) Nach den Grundsätzen der Verhältniswahl (Listenwahl) ist zu wählen, wenn

1. bei Gruppenwahl für die betreffende Gruppe mehrere gültige Wahlvorschläge oder
2. bei gemeinsamer Wahl mehrere gültige Wahlvorschläge

vorliegen. In diesen Fällen kann die Stimme nur für einen gesamten Wahlvorschlag (Vorschlagsliste) abgegeben werden.

(2) Auf dem Stimmzettel sind die Vorschlagslisten in der Reihenfolge der Ordnungsnummern unter Angabe von Familienname, Vorname, Amts- oder Berufsbezeichnung und Gruppenzugehörigkeit der an erster und zweiter Stelle benannten Bewerberinnen und Bewerber, bei gemeinsamer Wahl der für die Gruppen an erster Stelle benannten Bewerberinnen und Bewerber untereinander aufzuführen; bei Vorschlagslisten, die mit einem Kennwort versehen sind, ist auch das Kennwort anzugeben.

(3) Die Wählerin oder der Wähler hat auf dem Stimmzettel die Vorschlagsliste anzukreuzen, für die die Stimme abgegeben wird.

§ 26 Ermittlung der gewählten Vertreterinnen und Vertreter bei Gruppenwahl

(1) Bei Gruppenwahl werden die Summen der auf die einzelnen Vorschlagslisten jeder Gruppe entfallenen Stimmen nebeneinandergestellt und der Reihe nach durch 1, 2, 3 usw. geteilt. Auf die jeweils höchste Teilzahl (Höchstzahl) wird so lange ein Sitz zugeteilt, bis alle der Gruppe zustehenden Sitze (§ 5) verteilt sind. Sind bei gleichen Höchstzahlen weniger Sitze zu verteilen, als Höchstzahlen vorhanden sind, so entscheidet das Los.

(2) Enthält eine Vorschlagsliste weniger Bewerberinnen und Bewerber, als ihr nach den Höchstzahlen Sitze zustehen würden, so fallen die überschüssigen Sitze den übrigen Vorschlagslisten in der Reihenfolge der nächsten Höchstzahlen zu.

(3) Innerhalb der Vorschlagslisten sind die Sitze auf die Bewerberinnen und Bewerber in der Reihenfolge ihrer Benennung (§ 8 Abs. 2) zu verteilen.

§ 27 Ermittlung der gewählten Gruppenvertreterinnen und Gruppenvertreter bei gemeinsamer Wahl

(1) Bei gemeinsamer Wahl werden die Summen der auf die einzelnen Vorschlagslisten entfallenen Stimmen nebeneinandergestellt und der Reihe nach durch 1, 2, 3 usw. geteilt. Die jeder Gruppe zustehenden Sitze werden getrennt, jedoch unter Verwendung derselben Teilzahlen ermittelt. § 26 Abs. 1 Satz 2 und 3 gilt entsprechend.

(2) Enthält eine Vorschlagsliste weniger Bewerberinnen und Bewerber einer Gruppe, als dieser nach den Höchstzahlen Sitze zustehen würden, so fallen die restlichen Sitze dieser Gruppe den Angehörigen derselben Gruppe auf den übrigen Vorschlagslisten in der Reihenfolge der nächsten Höchstzahlen zu.

(3) Innerhalb der Vorschlagslisten werden die den einzelnen Gruppen zustehenden Sitze auf die Angehörigen der entsprechenden Gruppe in der Reihenfolge ihrer Benennung verteilt.

Zweiter Unterabschnitt
Wahlverfahren bei Vorliegen eines Wahlvorschlags (Personenwahl)

§ 28 Voraussetzungen für die Personenwahl, Stimmzettel, Stimmabgabe

(1) Nach den Grundsätzen der Personenwahl ist zu wählen, wenn

1. bei Gruppenwahl für die betreffende Gruppe nur ein gültiger Wahlvorschlag oder

2. bei gemeinsamer Wahl nur ein gültiger Wahlvorschlag

vorliegt. In diesen Fällen können nur solche Bewerberinnen und Bewerber gewählt werden, die in dem Wahlvorschlag aufgeführt sind.

(2) In den Stimmzettel werden die Bewerberinnen und Bewerber aus dem Wahlvorschlag in unveränderter Reihenfolge unter Angabe von Familienname, Vorname, Amts- oder Berufsbezeichnung und Gruppenzugehörigkeit übernommen. Auf dem Stimmzettel sind die Namen der Bewerberinnen und Bewerber anzukreuzen, für die die Stimme abgegeben wird. Die Wählerin oder der Wähler darf

1. bei Gruppenwahl nicht mehr Namen ankreuzen, als für die betreffende Gruppe Vertreterinnen und Vertreter zu wählen sind, und
2. bei gemeinsamer Wahl nicht mehr Namen ankreuzen, als Personalratsmitglieder zu wählen sind.

§ 29 Ermittlung der gewählten Bewerberinnen und Bewerber

(1) Bei Gruppenwahl sind die Bewerberinnen und Bewerber in der Reihenfolge der jeweils höchsten auf sie entfallenen Stimmenzahlen gewählt. Bei gleicher Stimmenzahl entscheidet das Los.

(2) Bei gemeinsamer Wahl werden die den einzelnen Gruppen zustehenden Sitze mit den Bewerberinnen und Bewerbern dieser Gruppe in der Reihenfolge der jeweils höchsten auf sie entfallenen Stimmen besetzt. Absatz 1 Satz 2 findet Anwendung.

Dritter Abschnitt
Besondere Bestimmungen für die Wahl eines Personalratsmitglieds oder einer Gruppenvertreterin oder eines Gruppenvertreters (Mehrheitswahl)

§ 30 Voraussetzungen für die Personenwahl, Stimmzettel, Stimmabgabe, Wahlergebnis

(1) Nach den Grundsätzen der Personenwahl ist zu wählen, wenn

1. bei Gruppenwahl nur eine Vertreterin oder ein Vertreter oder
2. bei gemeinsamer Wahl nur ein Personalratsmitglied zu wählen ist.

(2) In den Stimmzettel werden die Bewerberinnen und Bewerber aus den Wahlvorschlägen in alphabetischer Reihenfolge unter Angabe von Familienname, Vorname, Amts- oder Berufsbezeichnung übernommen.

(3) Die Wählerin oder der Wähler hat auf dem Stimmzettel den Namen der Bewerberin oder des Bewerbers anzukreuzen, für die oder den die Stimme abgegeben wird.

(4) Gewählt ist die Bewerberin oder der Bewerber mit den meisten Stimmen. Bei gleicher Stimmenzahl entscheidet das Los.

Zweites Kapitel
Wahl der Jugend- und Auszubildendenvertretung

§ 31 Vorbereitung und Durchführung der Wahl

(1) Für die Vorbereitung und Durchführung der Wahl der Jugend- und Auszubildendenvertretung gelten die §§ 1 bis 3, 6 bis 25, 28 und 30 entsprechend mit der Abweichung, daß sich die Zahl der zu wählenden Mitglieder der Jugend- und Auszubildendenvertretung ausschließlich aus § 60 Abs. 1 LPersVG ergibt und daß die Bestimmungen über Gruppenwahl (§ 15 Abs. 2 LPersVG), über den Minderheitenschutz (§ 13 Abs. 3 und 4 LPersVG) und über die Zusammenfassung der Bewerberinnen und Bewerber in den Wahlvorschlägen nach Gruppen (§ 8 Abs. 2 Satz 3) keine Anwendung finden. Dem Wahlvorstand muß mindestens eine nach § 11 LPersVG wählbare Beschäftigte oder ein nach § 11 LPersVG wählbarer Beschäftigter angehören. Der Wahlvorstand ermittelt die Zahl der zu wählenden Mitglieder der Jugend- und Auszubildendenvertretung.

(2) Sind mehrere Mitglieder der Jugend- und Auszubildendenvertretung zu wählen und ist die Wahl auf Grund mehrerer Vorschlagslisten durchgeführt worden, so werden die Summen der auf die einzelnen Vorschlagslis-

V

ten entfallenen Stimmen nebeneinandergestellt und der Reihe nach durch 1, 2, 3 usw. geteilt. Auf die jeweils höchste Teilzahl (Höchstzahl) wird so lange ein Sitz zugeteilt, bis alle Sitze (§ 60 Abs. 1 LPersVG) verteilt sind. Sind bei gleichen Höchstzahlen weniger Sitze zu verteilen, als Höchstzahlen vorhanden sind, so entscheidet das Los. § 26 Abs. 2 und 3 findet Anwendung.

(3) Sind mehrere Mitglieder der Jugend- und Auszubildendenvertretung zu wählen und ist die Wahl auf Grund eines Wahlvorschlags durchgeführt worden, so sind die Bewerberinnen und Bewerber in der Reihenfolge der jeweils höchsten auf sie entfallenen Stimmenzahlen gewählt; bei Stimmengleichheit entscheidet das Los.

Drittes Kapitel
Wahl der Stufenvertretung

Erster Abschnitt
Wahl des Bezirkspersonalrats

§ 32 Entsprechende Anwendung der Bestimmungen über die Wahl des Personalrats

Für die Wahl des Bezirkspersonalrats gelten die §§ 1 bis 30 entsprechend, soweit sich aus den §§ 33 bis 41 nichts anderes ergibt.

§ 33 Leitung der Wahl, Bekanntmachungen des Bezirkswahlvorstands

(1) Der Bezirkswahlvorstand leitet die Wahl des Bezirkspersonalrats. Die Durchführung der Wahl in den einzelnen Dienststellen übernehmen die örtlichen Wahlvorstände im Auftrag und nach Richtlinien des Bezirkswahlvorstands.

(2) Bei Dienststellen, die nicht die Voraussetzungen des § 12 Abs. 1 LPersVG erfüllen und auch nicht nach § 12 Abs. 2 LPersVG einer anderen Dienststelle zugeteilt sind, kann der Bezirkswahlvorstand den örtlichen Wahlvorstand einer benachbarten Dienststelle mit der Durchführung der Wahl beauftragen; in diesem Falle finden auf die Stimmabgabe § 16 Abs. 1 Nr. 4 und § 19 Abs. 1 Satz 1 Nr. 3 sinngemäß Anwendung. Entsprechendes gilt für die Wahl der Stufenvertretung der in § 94 LPersVG genannten Beschäftigten, der staatlichen Lehrkräfte (§ 97 Abs. 1 LPersVG) und der Beschäftigten der Staatsforstverwaltung (§ 104 Abs. 1 LPersVG), wenn in der betreffenden Dienststelle weniger als fünf Beschäftigte zu einer solchen Stufenvertretung wahlberechtigt sind.

(3) Bekanntmachungen des Bezirkswahlvorstands sind von den örtlichen Wahlvorständen im Geschäftsbereich der Mittelbehörde bekannt zu geben.

(4) Mitteilungen der Wahlvorstände bedürfen der Schriftform. Die Übersendung von Niederschriften, Bekanntmachungen und Mitteilungen kann auch elektronisch oder durch Telefax erfolgen.

§ 34 Feststellung der Beschäftigtenzahl, Verzeichnis der Wahlberechtigten

(1) Die örtlichen Wahlvorstände stellen die Zahl der in den Dienststellen in der Regel Beschäftigten und ihre Verteilung auf die Gruppen fest und teilen diese Zahlen unverzüglich dem Bezirkswahlvorstand mit.

(2) Die Aufstellung der Verzeichnisse der Wahlberechtigten und die Behandlung von Einsprüchen ist Aufgabe der örtlichen Wahlvorstände. Sie teilen dem Bezirkswahlvorstand die Zahl der wahlberechtigten Beschäftigten, getrennt nach Gruppen (§ 2 Abs. 1), sowie insgesamt und getrennt nach Gruppen die Anteile der Geschlechter unverzüglich mit.

§ 35 Ermittlung der Größe des Bezirkspersonalrats, Verteilung der Sitze auf die Gruppen

(1) Der Bezirkswahlvorstand ermittelt die Zahl der zu wählenden Mitglieder des Bezirkspersonalrats (§ 54 Abs. 2 LPersVG) und die Verteilung der Sitze auf die Gruppen.

(2) Ist eine abweichende Verteilung der Mitglieder des Bezirkspersonalrats auf die Gruppen nicht beschlossen worden und entfallen bei der Verteilung der Sitze nach § 5 Abs. 2 auf eine Gruppe weniger Sitze als ihr nach § 54 Abs. 2 Satz 2 Halbsatz 2 LPersVG in Verbindung mit § 13 Abs. 5 LPersVG mindestens

zustehen, so erhält sie die dort vorgeschriebene Zahl von Sitzen.

§ 36 Gleichzeitige Wahl

Die Wahl des Bezirkspersonalrats soll gleichzeitig mit der Wahl der Personalräte in demselben Bezirk stattfinden.

§ 37 Wahlausschreiben

(1) Der Bezirkswahlvorstand erläßt das Wahlausschreiben.

(2) Das Wahlausschreiben muß enthalten:

1. den Ort und den Tag seines Erlasses,
2. die Zahl der zu wählenden Mitglieder des Bezirkspersonalrats, getrennt nach Gruppen (§ 32 in Verbindung mit § 2 Abs. 1),
3. Angaben über die Anteile der Geschlechter innerhalb des Geschäftsbereichs der Mittelbehörde, insgesamt und getrennt nach Gruppen (§ 32 in Verbindung mit § 2 Abs. 1),
4. Angaben darüber, ob die Angehörigen der einzelnen Gruppen ihre Vertreterinnen und Vertreter in getrennten Wahlgängen (Gruppenwahl) oder in gemeinsamer Wahl wählen (§ 54 Abs. 2 Satz 2 LPersVG in Verbindung mit § 15 Abs. 2 LPersVG und § 32 in Verbindung mit § 4 Abs. 1 Satz 1 Nr. 2),
5. den Hinweis, daß nur Beschäftigte wählen können, die in das Verzeichnis der Wahlberechtigten eingetragen sind (§ 32 in Verbindung mit § 15 Abs. 1 Satz 1),
6. den Hinweis, daß sich der Bezirkspersonalrat aus Angehörigen der verschiedenen Beschäftigungsarten zusammensetzen soll (§ 54 Abs. 2 Satz 2 LPersVG in Verbindung mit § 15 Abs. 1 Satz 2 LPersVG),
7. den Hinweis, daß die Geschlechter in den Wahlvorschlägen entsprechend ihrem Zahlenverhältnis vertreten sein sollen (§ 54 Abs. 2 Satz 2 LPersVG in Verbindung mit § 15 Abs. 1 Satz 3 LPersVG),
8. den Hinweis, dass Beschäftigte, die zu selbstständigen Entscheidungen in mitbestimmungspflichtigen Personalangelegenheiten der Mittelbehörde befugt sind, keine Wahlvorschläge machen oder unterzeichnen dürfen (§ 54 Abs. 2 Satz 2 LPersVG in Verbindung mit § 15 Abs. 4 Satz 4 LPersVG),
9. die Mindestzahl von wahlberechtigten Beschäftigten, von denen ein Wahlvorschlag der Beschäftigten unterzeichnet sein muss (§ 54 Abs. 2 Satz 2 LPersVG in Verbindung mit § 15 Abs. 4 Satz 2 und 3 LPersVG und § 32 in Verbindung mit § 8 Abs. 3 Satz 1 und 2), und den Hinweis, dass jede und jeder Beschäftigte nur auf einem Wahlvorschlag benannt werden und nur einen Wahlvorschlag unterzeichnen darf (§ 54 Abs. 2 Satz 2 LPersVG in Verbindung mit § 15 Abs. 6 LPersVG),
10. den Hinweis, dass jede im Geschäftsbereich der Mittelbehörde vertretene Gewerkschaft bei gemeinsamer Wahl nur einen, bei Gruppenwahl für jede Gruppe nur einen Wahlvorschlag machen kann (§ 32 in Verbindung mit § 9 Abs. 2) und dass der Wahlvorschlag von einer befugten Vertreterin oder einem befugten Vertreter der Gewerkschaft unterzeichnet sein muss (§ 32 in Verbindung mit § 8 Abs. 3 Satz 3),
11. die Aufforderung, Wahlvorschläge innerhalb von 18 Kalendertagen seit Beginn der Einreichungsfrist (§ 32 in Verbindung mit § 7 Abs. 2 Satz 2) beim Bezirkswahlvorstand einzureichen; der erste und letzte Tag, im Fall des § 7 Abs. 2 Satz 2 Halbsatz 2 auch die Uhrzeit, der Einreichungsfrist sind anzugeben,
12. den Hinweis, daß nur fristgerecht eingereichte Wahlvorschläge berücksichtigt werden (§ 32 in Verbindung mit § 10 Abs. 2) und daß nur gewählt werden kann, wer in einen solchen Wahlvorschlag aufgenommen ist (§ 32 in Verbindung mit § 15 Abs. 1 Satz 2),
13. den Tag oder die Tage der Stimmabgabe und
14. den Ort und die Zeit der Sitzung des Bezirkswahlvorstands, in der das Wahlergebnis abschließend festgestellt wird.

(3) Der örtliche Wahlvorstand ergänzt das Wahlausschreiben durch die folgenden Angaben:

V

1. die Angabe, wo und wann das für die örtliche Dienststelle aufgestellte Verzeichnis der Wahlberechtigten das Landespersonalvertretungsgesetz und diese Wahlordnung eingesehen werden können (§ 32 in Verbindung mit § 2 Abs. 4 und § 6 Abs. 1),
2. den Hinweis, daß Einsprüche gegen das Verzeichnis der Wahlberechtigten nur innerhalb von sechs Arbeitstagen nach seiner Auslegung schriftlich beim örtlichen Wahlvorstand eingelegt werden können (§ 32 in Verbindung mit § 3 Abs. 1); der letzte Tag der Einspruchsfrist ist anzugeben.
3. den Ort, an dem die Wahlvorschläge bekanntgegeben werden (§ 32 in Verbindung mit § 13 Abs. 1 Satz 1),
4. den Ort und die Zeit der Stimmabgabe,
5. einen Hinweis auf die Möglichkeit der schriftlichen Stimmabgabe nach § 32 in Verbindung mit § 17, gegebenenfalls auf die Anordnung der schriftlichen Stimmabgabe nach § 32 in Verbindung mit § 19,
6. den Ort und die Zeit der Stimmenauszählung und
7. den Ort, an dem Einsprüche und andere Erklärungen gegenüber dem örtlichen Wahlvorstand abzugeben sind.

(4) Der örtliche Wahlvorstand vermerkt auf dem Wahlausschreiben den ersten und letzten Tag des Aushangs.

(5) Offenbare Unrichtigkeiten des Wahlausschreibens können vom Bezirkswahlvorstand, offenbare Unrichtigkeiten der Ergänzung des Wahlausschreibens vom örtlichen Wahlvorstand jederzeit berichtigt werden.

(6) Mit Erlaß des Wahlausschreibens ist die Wahl eingeleitet.

§ 38 Sitzungsniederschriften

(1) Der Bezirkswahlvorstand fertigt über jede Sitzung, in der er einen Beschluß gefaßt hat, eine Niederschrift, die mindestens den Wortlaut des Beschlusses enthält. Sie ist von sämtlichen Mitgliedern des Bezirkswahlvorstands zu unterzeichnen. Soweit eine in der Dienststelle vertretene Gewerkschaft an der Sitzung des Bezirkswahlvorstands teilgenommen hat, ist ihr ein Abdruck der Niederschrift zu übersenden.

(2) Die Niederschrift über die Sitzungen, in denen über Einsprüche gegen das Verzeichnis der Wahlberechtigten entschieden wurde, fertigt der örtliche Wahlvorstand.

§ 39 Stimmabgabe, Stimmzettel

Findet die Wahl des Bezirkspersonalrats zugleich mit der Wahl der Personalräte statt, so sind für die Wahl des Bezirkspersonalrats Stimmzettel von anderer Farbe als für die Wahl des Personalrats zu verwenden; für die schriftliche Stimmabgabe ist zu beiden Wahlen nur ein Wahlumschlag zu verwenden.

§ 40 Feststellung und Bekanntgabe des Wahlergebnisses

(1) Die örtlichen Wahlvorstände zählen die auf die einzelnen Vorschlagslisten oder, wenn Personenwahl stattgefunden hat, die auf die einzelnen Bewerberinnen und Bewerber entfallenen Stimmen. Sie fertigen eine Wahlniederschrift gemäß § 21.

(2) Die Niederschrift ist unverzüglich nach Feststellung des Wahlergebnisses dem Bezirkswahlvorstand zu übersenden. Die bei der Dienststelle entstandenen Unterlagen für die Wahl des Bezirkspersonalrats werden zusammen mit einem Abdruck der Wahlniederschrift vom Personalrat aufbewahrt (§ 24).

(3) Der Bezirkswahlvorstand zählt unverzüglich die auf jede Vorschlagsliste oder, wenn Personenwahl stattgefunden hat, die auf jede einzelne Bewerberin und jeden einzelnen Bewerber entfallenen Stimmen zusammen und stellt das Ergebnis der Wahl fest.

(4) Der Bezirkswahlvorstand teilt das Wahlergebnis unverzüglich nach Maßgabe des § 23 Satz 2 den örtlichen Wahlvorständen mit. Diese geben es unverzüglich für die Dauer von zwei Wochen bekannt.

Zweiter Abschnitt
Wahl der Bezirksjugend- und Auszubildendenvertretung

§ 41 Vorbereitung und Durchführung der Wahl

(1) Für die Vorbereitung und Durchführung der Wahl der Bezirksjugend- und Auszubil-

dendenvertretung gelten die §§ 1 bis 3, 6 bis 25, 28, 30 und 32 bis 40 entsprechend mit der Abweichung, daß die Bestimmungen über Gruppenwahl (§ 15 Abs. 2 LPersVG), über den Minderheitenschutz (§ 13 Abs. 3 und 4 LPersVG) und über die Zusammenfassung der Bewerberinnen und Bewerber in den Wahlvorschlägen nach Gruppen (§ 8 Abs. 2 Satz 3) keine Anwendung finden. Der Bezirkswahlvorstand ermittelt die Zahl der zu wählenden Mitglieder der Bezirksjugend- und Auszubildendenvertretung.

(2) § 31 Abs. 2 und 3 gilt entsprechend.

Dritter Abschnitt
Wahl des Hauptpersonalrats

§ 42 Entsprechende Anwendung der Bestimmungen über die Wahl des Bezirkspersonalrats

Für die Wahl des Hauptpersonalrats gelten die Bestimmungen der §§ 32 bis 40 entsprechend, soweit sich aus den §§ 43 und 44 nichts anderes ergibt.

§ 43 Leitung der Wahl

Der Hauptwahlvorstand leitet die Wahl des Hauptpersonalrats.

§ 44 Durchführung der Wahl nach Bezirken

(1) Der Hauptwahlvorstand kann die bei den Mittelbehörden bestehenden oder auf sein Ersuchen bestellten örtlichen Wahlvorstände beauftragen,

1. die von den örtlichen Wahlvorständen im Bereich der Mittelbehörde festzustellenden Zahlen der in der Regel Beschäftigten und ihre Verteilung auf die Gruppen zusammenzustellen,
2. die Zahl und die Anteile der Geschlechter der im Bereich der Mittelbehörde wahlberechtigten Beschäftigten, insgesamt und getrennt nach Gruppen,
3. die bei den Dienststellen im Bereich der Mittelbehörde festgestellten Wahlergebnisse zusammenzustellen und
4. Bekanntmachungen des Hauptwahlvorstands an die übrigen örtlichen Wahlvorstände im Bereich der Mittelbehörde weiterzuleiten.

Die Wahlvorstände bei den Mittelbehörden unterrichten in diesen Fällen die übrigen örtlichen Wahlvorstände im Bereich der Mittelbehörde darüber, daß die in Satz 1 Nr. 1 bis 3 genannten Angaben an sie mitzuteilen sind.

(2) Die Wahlvorstände bei den Mittelbehörden fertigen über die Zusammenstellung der Wahlergebnisse (Absatz 1 Satz 1 Nr. 3) eine Niederschrift.

(3) Die Wahlvorstände bei den Mittelbehörden übersenden dem Hauptwahlvorstand unverzüglich die in Absatz 1 Satz 1 Nr. 1 und 2 genannten Zusammenstellungen und die Niederschrift über die Zusammenstellung der Wahlergebnisse (Absatz 2).

V

Vierter Abschnitt
Wahl der Hauptjugend- und Auszubildendenvertretung

§ 45 Vorbereitung und Durchführung der Wahl

(1) Für die Vorbereitung und Durchführung der Wahl der Hauptjugend- und Auszubildendenvertretung gelten die §§ 1 bis 3, 6 bis 25, 28, 30, 32 bis 40 und 42 bis 44 entsprechend mit der Abweichung, daß die Bestimmungen über Gruppenwahl (§ 15 Abs. 2 LPersVG), über den Minderheitenschutz (§ 13 Abs. 3 und 4 LPersVG) und über die Zusammenfassung der Bewerberinnen und Bewerber in den Wahlvorschlägen nach Gruppen (§ 8 Abs. 2 Satz 3) keine Anwendung finden. Der Hauptwahlvorstand ermittelt die Zahl der zu wählenden Mitglieder der Hauptjugend- und Auszubildendenvertretung.

(2) § 31 Abs. 2 und 3 gilt entsprechend.

Viertes Kapitel
Wahl des Gesamtpersonalrats und Bildung der Gesamtjugend- und Auszubildendenvertretung

§ 46 Wahl des Gesamtpersonalrats

Für die Wahl des Gesamtpersonalrats gelten die §§ 32 bis 40 entsprechend. An die Stelle des Bezirkswahlvorstands tritt der Gesamtwahlvorstand (§ 57 Abs. 1 Satz 2 LPersVG in Verbindung mit § 54 Abs. 2 LPersVG).

§ 47 Bildung der Gesamtjugend- und Auszubildendenvertretung

Zur Bildung der Gesamtjugend- und Auszubildendenvertretung entsendet jede Jugend- und Auszubildendenvertretung ein Mitglied (§ 65 Abs. 2 LPersVG).

Zweiter Teil
Besondere Formbestimmung

§ 48 Ausschluss der elektronischen Form

Eine in dieser Verordnung festgelegte Schriftform kann nicht durch die elektronische Form ersetzt werden, soweit nicht durch das Landespersonalvertretungsgesetz oder diese Verordnung etwas anderes bestimmt ist.

V

Dritter Teil
Sonstige Bestimmungen, Schlußbestimmung

§ 49 Privatschulen

Für die Wahl der Stufenvertretungen der staatlichen Lehrkräfte (§ 97 Abs. 1 LPersVG) gelten die Privatschulen als Dienststellen im Sinne dieser Verordnung.

§ 50 Beamtinnen und Beamte im Vorbereitungsdienst für das Lehramt an landwirtschaftlichen berufsbildenden Schulen und für den höheren landwirtschaftlichen oder haus- und ernährungswirtschaftlichen Beratungsdienst

Beamtinnen und Beamte im Vorbereitungsdienst für das Lehramt an landwirtschaftlichen berufsbildenden Schulen und für den höheren landwirtschaftlichen oder haus- und ernährungswirtschaftlichen Beratungsdienst sind bei der Behörde im Geschäftsbereich des für die Angelegenheiten der Landwirtschaft und der Ernährung zuständigen Ministeriums wahlberechtigt, der sie bei Einleitung der Wahl zur Ausbildung zugewiesen sind.

§ 51 Berechnung von Fristen

Für die Berechnung der in dieser Verordnung festgelegten Fristen finden die §§ 187, 188 und 193 des Bürgerlichen Gesetzbuches entsprechende Anwendung. Arbeitstage im Sinne dieser Verordnung sind die Wochentage Montag bis Freitag mit Ausnahme der gesetzlichen Feiertage.

§ 52 Aufwandsentschädigung

Die Aufwandsentschädigung (§ 44 LPersVG) beträgt für von ihrer dienstlichen Tätigkeit ganz freigestellte Mitglieder von Personalräten, Bezirkspersonalräten, Hauptpersonalräten und Gesamtpersonalräten 30,00 EUR monatlich. Für nur teilweise, aber mindestens für die Hälfte der regelmäßigen Arbeitszeit freigestellte Mitglieder von Personalräten, Bezirkspersonalräten, Hauptpersonalräten und Gesamtpersonalräten beträgt sie 15,00 EUR monatlich.

§ 53 Inkrafttreten, Übergangsbestimmung

(1) Diese Verordnung tritt am Tage nach der Verkündung in Kraft.

(2) Gleichzeitig tritt die Wahlordnung zum Personalvertretungsgesetz vom 5. Oktober 1979 (GVBl. S. 301), zuletzt geändert durch Verordnung vom 27. Januar 1989 (GVBl. S. 17), BS 2035-1-1, außer Kraft. Wahlvorbereitungsverhandlungen, die auf Grund dieser Wahlordnung durchgeführt worden sind, bleiben wirksam, soweit nicht das Personalvertretungsgesetz vom 8. Dezember 1992 (GVBl. S. 333, BS 2035-1) entgegensteht.

VI Reise- und Umzugskosten/Trennungsgeld

Landesreisekostengesetz (LRKG)

Vom 24. März 1999 (GVBl. S. 89)

Zuletzt geändert durch
Landesgesetz zur Änderung des Landesbeamtenversorgungsgesetzes und weiterer dienstrechtlicher Vorschriften
vom 19. November 2025 (GVBl. S. 693)

§ 1 Geltungsbereich

(1) Dieses Gesetz gilt für

1. die unmittelbaren und mittelbaren Landesbeamtinnen und Landesbeamten,
2. die Richterinnen und Richter im Landesdienst,
3. die zu einem Dienstherrn nach § 2 des Beamtenstatusgesetzes in Verbindung mit § 2 des Landesbeamtengesetzes (LBG) abgeordneten Beamtinnen und Beamten und
4. die in den Landesdienst abgeordneten Richterinnen und Richter

(Berechtigte).

(2) Das Gesetz regelt die Erstattung von

1. Auslagen für Dienstreisen und Reisen aus besonderem Anlass (Reisekostenvergütung) und
2. Auslagen aus Anlass der Abordnung (Trennungsgeld).

(3) Die Reisekostenvergütung umfasst

1. Fahr- und Flugkostenerstattung (§ 5),
2. Wegstrecken- und Mitnahmeentschädigung (§ 6),
3. Tagegeld und Aufwandsvergütung für Verpflegungsmehraufwendungen bei Dienstreisen (§ 7),
4. Übernachtungskostenerstattung und Aufwandsvergütung (§ 8),
5. Nebenkostenerstattung (§ 9 Abs. 1),
6. Auslagenerstattung für Reisevorbereitungen (§ 9 Abs. 2),
7. Vergütung bei längerem Aufenthalt am Geschäftsort (§ 13),
8. Pauschvergütung (§ 14),
9. Vergütung bei Auslandsdienstreisen (§ 15) und
10. Auslagenerstattung bei Reisen aus besonderem Anlass (§ 16).

§ 2 Begriffsbestimmungen

(1) Dienstreisende sind die in § 1 Abs. 1 genannten Berechtigten, die eine Dienstreise ausführen.

(2) Dienstreisen sind Reisen zur Erledigung von Dienstgeschäften außerhalb der Dienststätte, die von der zuständigen Behörde schriftlich oder elektronisch angeordnet oder genehmigt worden sind. Eine Anordnung oder Genehmigung ist nicht erforderlich, wenn sie nach dem Amt des Dienstreisenden oder dem Wesen des Dienstgeschäfts nicht in Betracht kommt oder die Dienstreise am Dienst- oder Wohnort stattfindet. Dienstreisen von Richterinnen und Richtern zur Wahrnehmung eines richterlichen Amtsgeschäfts, zur Wahrnehmung eines weiteren Richteramts oder zur Teilnahme an einer Sitzung des Richterwahlausschusses oder des Präsidiums sowie Dienstreisen von Rechtspflegerinnen und Rechtspflegern zur Wahrnehmung von Aufgaben der Rechtspflege bedürfen nicht der Anordnung oder Genehmigung. Als Dienstreisen gelten auch Reisen aus Anlass der Abordnung bis zur Hälfte der maßgeblichen regelmäßigen Arbeitskraft, Reisen zu Zwecken der Fortbildung, die im dienstlichen Interesse liegen, sowie Reisen aus Anlass der Einstellung, Versetzung, Abordnung oder Aufhebung einer Abordnung (§ 10) und Reisen von einem dem vorübergehenden Aufenthalt dienenden Ort zum Dienstort, wenn im Übrigen die Voraussetzungen des Satzes 1 erfüllt sind.

(3) Dienstort ist die Gemeinde, in der sich die jeweilige Dienststätte der Berechtigten befindet. Dienststätte ist die Dienststelle, der die Berechtigten dienstrechtlich zugeordnet

sind. Bei Revierleiterinnen und Revierleitern im Forstdienst gelten die Gemeinden, auf die sich das Forstrevier erstreckt, und die Gemeinde, in der die Bürotätigkeit ausgeübt wird, als ein Dienstort. Bei Tele- oder Wohnraumarbeit gilt der Sitz der zuständigen Dienststelle als Dienststätte und Dienstort. Geschäftsort ist der Ort, an dem das auswärtige Dienstgeschäft zu erledigen ist.

§ 3 Reisekostenvergütung

(1) Dienstreisende haben Anspruch auf Reisekostenvergütung zur Abgeltung der dienstlich veranlassten notwendigen Reisekosten. Art und Umfang bestimmt ausschließlich dieses Gesetz. Mit der Anordnung oder Genehmigung der Dienstreise wird zugleich über die Notwendigkeit und wirtschaftliche Durchführung entschieden; hierbei kann im Einvernehmen mit den Berechtigten eine niedrigere Reisekostenvergütung als nach diesem Gesetz vorgesehen festgelegt werden. Dienstreisen dürfen nur angeordnet oder genehmigt werden, wenn der angestrebte Zweck nicht mit geringerem Kostenaufwand ohne Dienstreise erreicht werden kann. Sie sind zeitlich auf das unbedingt notwendige Maß zu beschränken und vorrangig mit regelmäßig verkehrenden Beförderungsmitteln, unter Berücksichtigung von umwelt- und klimarelevanten Gesichtspunkten, auszuführen.

(2) Bei der Feststellung der notwendigen Dauer einer Dienstreise einer Richterin oder eines Richters für die Wahrnehmung eines richterlichen Amtsgeschäfts, für die Wahrnehmung eines weiteren Richteramts oder für die Teilnahme an einer Sitzung des Richterwahlausschusses oder des Präsidiums sowie einer Rechtspflegerin oder eines Rechtspflegers für die Wahrnehmung einer Aufgabe der Rechtspflege ist die tatsächliche Dauer der Erledigung des Dienstgeschäfts zugrunde zu legen.

(3) Leistungen, die Dienstreisende ihres Amtes wegen von dritter Seite aus Anlass einer Dienstreise erhalten, sind auf die Reisekostenvergütung anzurechnen.

(4) Für Dienstreisen im Rahmen einer auf Vorschlag, Verlangen oder Veranlassung der zuständigen Behörde wahrgenommenen Nebentätigkeit haben die Dienstreisenden nur insoweit Anspruch auf Reisekostenvergütung nach diesem Gesetz, wie nicht die Stelle, bei der die Nebentätigkeit ausgeübt wird, Auslagenerstattung für dieselbe Dienstreise zu gewähren hat; diese Regelung ist auch dann anzuwenden, wenn Dienstreisende auf ihren Anspruch gegen die Stelle verzichtet haben.

(5) Die Reisekostenvergütung ist innerhalb einer Ausschlussfrist von sechs Monaten bei der zuständigen Behörde schriftlich oder elektronisch zu beantragen. Die Frist beginnt mit dem Tage nach Beendigung der Dienstreise, in den Fällen des § 9 Abs. 2 mit Ablauf des Tages, an dem den Berechtigten bekannt wird, dass die Dienstreise nicht ausgeführt wird. Bei der Berechnung der Reisekostenvergütung ist ein sich ergebender Bruchteil eines Cents unter 0,5 abzurunden und ein Bruchteil von 0,5 und mehr aufzurunden. Die Reisekostenvergütung wird unbar gezahlt. § 8 des Landesbesoldungsgesetzes gilt entsprechend.

(6) Der Nachweis der Reisekosten kann bis zum Ablauf von sechs Monaten nach Antragstellung von den für die Abrechnung zuständigen Stellen verlangt werden. Erfolgt die Vorlage der Belege nicht innerhalb von drei Monaten nach Anforderung, kann der Antrag insoweit abgelehnt werden.

(7) Dienstreisende können auf Antrag eine Abschlagszahlung auf die voraussichtlich zustehende Reisekostenvergütung erhalten. Soweit Dienstreisende die Auslagen für ihre Amtshandlungen regelmäßig selbst einziehen, kann die oberste Dienstbehörde zur Verfahrensvereinfachung zulassen, dass der Teil der erhobenen Auslagen, welcher der Reisekostenvergütung entspricht, den Dienstreisenden vorschussweise belassen wird.

(8) Der Verwaltungsakt über die Reisekostenvergütung kann vollständig durch automatisierte Einrichtungen erlassen werden. Im Falle eines elektronischen Verwaltungsakts gilt dieser am dritten Tage nach dem Absenden der elektronischen Benachrichtigung über die Bereitstellung des Verwaltungsakts an die abrufberechtigte Person als bekannt gegeben.

VI

§ 4 Dauer der Dienstreise

Die Dauer der Dienstreise richtet sich nach der Abreise und Ankunft an der Wohnung. Wird die Dienstreise an der Dienststätte oder an einer anderen Stätte am Dienst- oder Wohnort angetreten oder beendet, tritt diese an die Stelle der Wohnung.

§ 5 Fahr- und Flugkostenerstattung

(1) Bei Dienstreisen mit regelmäßig verkehrenden Beförderungsmitteln werden die notwendigen Fahrkosten der niedrigsten Klasse erstattet. Für Bahnfahrten von mindestens dreistündiger Dauer zu einem Geschäftsort außerhalb des Landes werden die entstandenen Fahrkosten der nächsthöheren Klasse erstattet. Wird aus triftigen Gründen ein Liege- oder Schlafwagen benutzt, werden die hierfür notwendigen Kosten erstattet. Ist zur Durchführung der Dienstreise die Benutzung eines Flugzeuges notwendig, werden nur die Flugkosten der niedrigsten Klasse erstattet.

(2) Fahr- und Flugpreisermäßigungen und sonstige Vergünstigungen sind zu berücksichtigen. Fahr- und Flugkosten werden nicht erstattet, wenn das regelmäßig verkehrende Beförderungsmittel oder ein anderes Beförderungsmittel unentgeltlich benutzt werden kann. Abweichend von Absatz 1 werden die Kosten einer höheren Klasse erstattet, wenn Dienstreisende sie aus triftigen Gründen benutzen mussten.

(3) Für Strecken, die mit anderen als regelmäßig verkehrenden Beförderungsmitteln zurückgelegt werden, darf keine höhere Kostenerstattung gewährt werden als nach Absatz 1 Satz 1 vorgesehen; liegen triftige Gründe vor, werden die entstandenen notwendigen Kosten erstattet. Für die Benutzung privater Kraftfahrzeuge gilt § 6.

(4) Wird die Dienstreise an der Wohnung angetreten oder beendet, werden höchstens die Fahr- und Flugkosten erstattet, die bei der Abreise oder Ankunft an der Dienststätte entstanden wären.

§ 6 Wegstrecken- und Mitnahmeentschädigung

(1) Für Strecken, die Dienstreisende aus triftigen Gründen mit einem privaten Kraftfahrzeug zurücklegen, wird eine Wegstreckenentschädigung in Höhe von 28 Cent, bei einem zweirädrigen Kraftfahrzeug in Höhe von 15 Cent je Kilometer gewährt. Liegen keine triftigen Gründe vor, beträgt die Wegstreckenentschädigung bei Benutzung eines privaten Kraftfahrzeugs 18 Cent, bei einem zweirädrigen Kraftfahrzeug 10 Cent je Kilometer.

(2) Der Aufwand, der durch die Mitnahme umfangreichen dienstlichen Gepäcks und bei Fahrten auf besonders schwierigen Wegstrecken entsteht, kann nach Maßgabe einer Rechtsverordnung, die das für das finanzielle öffentliche Dienstrecht zuständige Ministerium im Einvernehmen mit dem für das allgemeine öffentliche Dienstrecht zuständigen Ministerium erlässt, durch Zuschläge zu der Wegstrecken- und Mitnahmeentschädigung abgegolten werden.

(3) Wird ein in Absatz 1 bezeichnetes Kraftfahrzeug benutzt, das

1. mit schriftlicher oder elektronischer Anerkennung der obersten Dienstbehörde oder der von ihr ermächtigten oberen Landesbehörde oder Landesmittelbehörde oder der von dem für das allgemeine öffentliche Dienstrecht zuständigen Ministerium ermächtigten Kreisverwaltung als untere Behörde der allgemeinen Landesverwaltung im überwiegenden dienstlichen Interesse gehalten wird oder
2. ohne Anerkennung nach Nummer 1 auf Grund ausdrücklicher Vereinbarung zu regelmäßig wiederkehrender dienstlicher Benutzung bereitgehalten wird oder
3. aus öffentlichen Mitteln beschafft und von der obersten Dienstbehörde einer oder einem bestimmten Berechtigten zur Führung und Pflege zugewiesen ist,

so wird abweichend von Absatz 1 eine Wegstreckenentschädigung gewährt, deren Höhe das für das finanzielle öffentliche Dienstrecht zuständige Ministerium im Einvernehmen mit dem für das allgemeine öffentliche Dienstrecht zuständigen Ministerium unter Berücksichtigung der von den Dienstreisenden zu tragenden Anschaffungs-, Unterhaltungs- und Betriebskosten und der Abnutzung des Kraftfahrzeuges durch Rechtsverordnung bestimmt.

(4) Dienstreisenden, die in einem privaten Kraftfahrzeug andere Dienstreisende oder aus dienstlichen Gründen andere Personen mitnehmen, wird eine Mitnahmeentschädigung in Höhe von 2 Cent je Person und Kilometer gewährt.

(5) Werden Dienstreisende von einer nach diesem Gesetz nichtberechtigten Person mitgenommen, erhalten sie eine Mitnahmeentschädigung nach Absatz 4, soweit ihnen Auslagen für die Mitnahme entstanden sind.

(6) Für Strecken, die Dienstreisende mit einem privaten Fahrrad zurücklegen, wird eine Wegstreckenentschädigung in Höhe von 5 Cent je Kilometer gewährt.

(7) § 5 Abs. 4 gilt entsprechend.

(8) Wegstrecken- und Mitnahmeentschädigung nach Absatz 1, 2 und 3 Nr. 2 und Absatz 4 werden nicht gewährt, wenn ein Dienstfahrzeug unentgeltlich genutzt werden kann und der Benutzung dienstliche oder zwingende persönliche Gründe nicht entgegengestanden haben.

Hinweis:
Hierzu ist die Landesverordnung über die Wegstrecken- und Mitnahmeentschädigung nach § 6 des Landesreisekostengesetzes (LVO zu § 6 LRKG) vom 7. Dezember 1999 (GVBl. S. 444) in der jeweils geltenden Fassung zu beachten.

§ 7 Tagegeld und Aufwandsvergütung für Verpflegungsmehraufwendungen bei Dienstreisen

(1) Für jeden vollen Kalendertag einer Dienstreise beträgt das Tagegeld 24,00 EUR. Bei einer Dienstreise, die nicht einen vollen Kalendertag dauert, für den Tag des Antritts und den Tag der Beendigung einer mehrtägigen Dienstreise beträgt das Tagegeld bei einer Dauer

1. von mehr als 8 Stunden 8,00 EUR,
2. von mindestens 14 Stunden 14,00 EUR.

(2) Werden an einem Kalendertag mehrere Dienstreisen durchgeführt, sind die Reisezeiten an diesem Kalendertag zusammenzurechnen.

(3) Eine Dienstreise, die ab 16 Uhr begonnen und bis 8 Uhr des nachfolgenden Kalendertages beendet wird, ohne dass eine Übernachtung stattfindet, ist mit der gesamten Dauer der Dienstreise dem Kalendertag der überwiegenden Abwesenheit zuzurechnen.

(4) Bei einer oder mehreren Dienstreisen am Dienstort mit einer Gesamtdauer von mehr als acht Stunden am Kalendertag wird ein gekürztes Tagegeld von 2,05 EUR gewährt. Revierleiterinnen und Revierleiter erhalten für Dienstreisen am Dienstort (§ 2 Abs. 3 Satz 3) kein Tagegeld. Satz 1 gilt sinngemäß für die an einem Kalendertag durchgeführten Dienstreisen am Dienstort und Dienstreisen, die außerhalb des Dienstortes geführt haben, deren jeweilige Gesamtdauer weder zu einem Tagegeld nach Satz 1 noch zu einem Tagegeld nach Absatz 1 berechtigt, jedoch an diesem Kalendertag zusammen die Gesamtdauer von mehr als acht Stunden erreicht. Bei einer Dienstreise am und zum Wohnort wird für die Dauer des Aufenthalts an diesem Ort kein Tagegeld gewährt.

(5) Erhalten Dienstreisende ihres Amtes wegen unentgeltliche Mahlzeiten, ist von dem Tagegeld für das unentgeltliche Frühstück 20 v. H., für das unentgeltliche Mittag- und Abendessen je 40 v. H., mindestens jedoch für jede Mahlzeit ein Betrag in Höhe des maßgebenden Sachbezugswertes nach der Sozialversicherungsentgeltverordnung vom 21. Dezember 2006 (BGBl. I S. 3385) in der jeweils geltenden Fassung einzubehalten. Dies gilt auch, wenn Dienstreisende ihres Amtes wegen unentgeltlich bereitgestellte Mahlzeiten ohne triftigen Grund nicht in Anspruch nehmen.

(6) Soweit erfahrungsgemäß geringere Aufwendungen für Verpflegung als allgemein entstehen (zum Beispiel bei Dienstreisen innerhalb eines Amts- oder Dienstbezirks, bei bestimmten Dienstzweigen oder Dienstgeschäften an demselben Ort oder in demselben Bezirk, bei der Möglichkeit der Inanspruchnahme von Kantinenverpflegung), kann nach näherer Bestimmung der obersten Dienstbehörde an Stelle des Tagegeldes nach Absatz 1 entsprechend dem notwendigen Verpflegungsmehraufwand eine Aufwandsvergütung gewährt werden.

§ 8 Übernachtungskostenerstattung und Aufwandsvergütung

(1) Die vor Antritt der Dienstreise der Höhe nach anerkannten oder die entstandenen notwendigen Übernachtungskosten werden erstattet. Übernachtungskosten, die die Kosten des Frühstücks einschließen, aber nicht gesondert ausweisen, sind um 20 v. H. des Inlandstagegeldes für einen vollen Kalendertag und bei Übernachtungen im Ausland um 20 v. H. des für den Übernachtungsort maßgebenden Auslandstagegeldes für einen vollen Kalendertag zu kürzen. Entsprechendes gilt bei Voll- und Halbpensionspreisen mit der Maßgabe, dass die Kürzungssätze für das Frühstück 20 v. H. und für das Mittag- und Abendessen je 40 v. H. betragen.

(2) Bei Dienstreisen, bei denen erfahrungsgemäß geringere Übernachtungskosten als allgemein entstehen, kann die oberste Dienstbehörde oder die von ihr ermächtigte Behörde an Stelle der Übernachtungskostenerstattung nach Absatz 1 eine Aufwandsvergütung gewähren, die nach den in der Regel anfallenden geringeren Einzelvergütungen zu bemessen ist.

§ 9 Nebenkostenerstattung, Auslagenerstattung für Reisevorbereitungen

(1) Zur Erledigung des Dienstgeschäfts entstandene notwendige Auslagen, die nicht nach den §§ 5 bis 8 zu erstatten sind, werden als Nebenkosten erstattet.

(2) Werden Dienstreisen aus Gründen, die die Berechtigten nicht zu vertreten haben, nicht ausgeführt, werden die durch die Vorbereitung entstandenen notwendigen, nach diesem Gesetz berücksichtigungsfähigen Auslagen erstattet.

§ 10 Reisekostenvergütung in besonderen Fällen

(1) Bei Reisen aus Anlass der Einstellung, Versetzung, Abordnung oder Aufhebung einer Abordnung wird das Tagegeld für die Zeit bis zur Ankunft am neuen Dienstort gewährt; im Übrigen ist § 4 anzuwenden. Das Tagegeld wird für die Zeit bis zum Ablauf des Ankunftstages gewährt, wenn die Berechtigten vom nächsten Tage an Trennungsreise- oder Trennungstagegeld erhalten; § 8 ist anzuwenden. Bei Reisen aus Anlass der Versetzung, Abordnung oder Aufhebung einer Abordnung wird das Tagegeld vom Beginn des Abfahrtstages an gewährt, wenn für den vorhergehenden Tag Trennungsreise- oder Trennungstagegeld gewährt wird; § 8 ist anzuwenden. § 7 Abs. 5 und § 13 Satz 4 bleiben unberührt.

(2) Bei einer Reise aus Anlass der Einstellung wird den Berechtigten höchstens die Reisekostenvergütung gewährt, die ihnen bei einer Dienstreise vom Wohnort zum Dienstort zustünde.

§ 11 Erkrankung während einer Dienstreise

Ist bei einer Erkrankung eine Rückkehr an den Wohnort nicht möglich, wird die Reisekostenvergütung weitergewährt. Bei Aufnahme in ein Krankenhaus beschränkt sich die Reisekostenvergütung für jeden vollen Kalendertag des Krankenhausaufenthaltes auf den Ersatz der notwendigen Auslagen für das Beibehalten der Unterkunft am Geschäftsort. Für die Besuchsreise einer oder eines Angehörigen gelten die Regelungen über die Heimfahrten nach der Landestrennungsgeldverordnung entsprechend. Krankheitsbedingte Aufwendungen gehören nicht zu den Reisekosten.

§ 12 Verbindung von Dienstreisen mit anderen Reisen

(1) Ist die Verbindung einer Dienstreise mit einer privaten Reise angeordnet oder genehmigt worden, wird die Reisekostenvergütung so bemessen, wie wenn die Dienstreisenden unmittelbar vor Erledigung des Dienstgeschäfts vom Dienstort zum Geschäftsort und unmittelbar nach Erledigung des Dienstgeschäfts vom Geschäftsort zum Dienstort gereist wären. Die Reisekostenvergütung nach Satz 1 darf die nach dem tatsächlichen Reiseverlauf bemessene Reisekostenvergütung nicht übersteigen.

(2) Ist auf besondere Anordnung oder Genehmigung der zuständigen Behörde eine Dienstreise vom Urlaubsort aus angetreten worden, wird abweichend von Absatz 1 die Reisekostenvergütung so bemessen, wie

wenn die Dienstreisenden unmittelbar vor Erledigung des Dienstgeschäfts vom Urlaubsort zum Geschäftsort und unmittelbar nach Erledigung des Dienstgeschäfts vom Geschäftsort zu demselben Urlaubsort gereist wären. Absatz 1 Satz 2 ist entsprechend anzuwenden. Ist die Dienstreise erst nach dem Ende des Urlaubs anzutreten, wird Reisekostenvergütung so bemessen, wie wenn die Dienstreisenden im Anschluss an den Urlaub vom Urlaubsort zum Geschäftsort und unmittelbar nach Erledigung des Dienstgeschäfts vom Geschäftsort zum Dienstort gereist wären. Auf die danach zustehende Fahrkostenerstattung werden die Fahrkosten für die kürzeste Reisestrecke vom letzten Urlaubsort zum Dienstort angerechnet.

(3) Wird aus dienstlichen Gründen die vorzeitige Beendigung eines Urlaubs angeordnet, werden die Fahrkosten für die kürzeste Reisestrecke vom Dienstort zum Urlaubsort (Hinreise), an dem die Anordnung die Berechtigten erreicht, im Verhältnis des nicht ausgenutzten Teils des Urlaubs zum vorgesehenen Urlaub erstattet. Für die Rückreise vom letzten Urlaubsort zum Dienstort – gegebenenfalls über den Geschäftsort – wird Reisekostenvergütung gewährt (§ 2 Abs. 2 Satz 4). Aufwendungen der Berechtigten für sich und sie begleitende Personen, die durch die Unterbrechung oder die vorzeitige Beendigung eines Urlaubs verursacht worden sind, werden in angemessenem Umfang erstattet.

§ 13 Vergütung bei längerem Aufenthalt am Geschäftsort

Dauert der Aufenthalt an demselben auswärtigen Geschäftsort länger als 14 Tage, wird vom 15. Tage an die gleiche Vergütung gewährt, die von diesem Tage an bei einer Abordnung zu gewähren wäre (Trennungsgeld); die §§ 7 und 8 werden insoweit nicht angewandt. Die Dauer des Aufenthalts wird durch Tage ohne Dienstleistung nicht unterbrochen. Zu den Aufenthaltstagen rechnen alle Tage zwischen dem Hin- und Rückreisetag. Erhalten Dienstreisende ihres Amtes wegen unentgeltliche Mahlzeiten, ist von der Vergütung nach Satz 1 für das unentgeltliche Frühstück 15 v. H., für das unentgeltliche Mittag- und Abendessen je 30 v. H., mindestens jedoch für jede Mahlzeit ein Betrag in Höhe des maßgebenden Sachbezugswertes nach der Sozialversicherungsentgeltverordnung einzubehalten; dies gilt auch, wenn Dienstreisende ihres Amtes wegen unentgeltlich bereitgestellte Mahlzeiten ohne triftigen Grund nicht in Anspruch nehmen. Die oberste Dienstbehörde oder die von ihr ermächtigte Behörde kann bei Vorliegen triftiger Gründe abweichend von Satz 1 die Reisekostenvergütung nach den §§ 7 und 8 weiterbewilligen.

§ 14 Pauschvergütung

Die oberste Dienstbehörde oder die von ihr ermächtigte Behörde kann bei regelmäßigen oder gleichartigen Dienstreisen anstelle der Reisekostenvergütung im Sinne des § 1 Abs. 3 Nr. 1 bis 7 oder Teilen davon eine Pauschvergütung gewähren, die nach dem Durchschnitt der in einem bestimmten Zeitraum sonst anfallenden Einzelvergütungen zu bemessen ist.

§ 15 Auslandsdienstreisen

(1) Auslandsdienstreisen sind Dienstreisen zwischen Inland und Ausland sowie im Ausland. Als Auslandsdienstreisen gelten nicht Dienstreisen der im Grenzverkehr tätigen Berechtigten im Bereich ausländischer Lokalgrenzbehörden, zwischen solchen Bereichen und zwischen diesen und dem Inland.

(2) Die von diesem Gesetz abweichenden nach § 14 Abs. 3 des Bundesreisekostengesetzes vom Bundesministerium des Innern für Auslandsdienstreisen erlassenen Vorschriften sind entsprechend anzuwenden.

(3) Werden an einem Kalendertag eine Auslands- und eine Inlandsdienstreise durchgeführt, bildet unter Beachtung des § 7 Abs. 2 und 3 für diesen Tag das entsprechende Auslandstagegeld die Grundlage der Kostenerstattung.

§ 16 Reisen aus besonderem Anlass

(1) Die Einstellungsreise vor dem Wirksamwerden der Ernennung

1. zur unmittelbaren oder mittelbaren Landesbeamtin oder zum unmittelbaren oder mittelbaren Landesbeamten (§ 3 LBG) oder

VI

2. zur Richterin oder zum Richter im Landesdienst

kann wie eine Dienstreise behandelt werden, wenn die Einstellung im besonderen dienstlichen Interesse liegt.

(2) Sind Bewerberinnen und Bewerber aus besonderem dienstlichen Interesse zur persönlichen Vorstellung aufgefordert worden, können ihnen für die hierzu erforderlichen Reisen im Inland Fahrkostenerstattung (§ 5 Abs. 1) bis zur Höhe der notwendigen Kosten der niedrigsten Klasse eines regelmäßig verkehrenden Beförderungsmittels und Wegstreckenentschädigung (§ 6 Abs. 1 Satz 2) gewährt werden; am Wohnort und am Vorstellungsort entstandene Kosten werden nicht erstattet. Nur in besonderen Ausnahmefällen kann Reisekostenvergütung wie bei Dienstreisen gewährt werden.

(3) Bei Reisen zum Zwecke der Ausbildung können erstattet werden:

1. notwendige Fahrkosten bis zur Höhe der notwendigen Kosten der billigsten Fahrkarte der allgemein niedrigsten Klasse eines regelmäßig verkehrenden Beförderungsmittels,
2. Wegstreckenentschädigung nach § 6 Abs. 1 Satz 2 und Mitnahmeentschädigung nach § 6 Abs. 4,
3. Tagegeld nach § 7,
4. Übernachtungskosten nach § 8,
5. die notwendigen Nebenkosten nach § 9 und
6. eine Pauschvergütung nach § 14.

Die obersten Dienstbehörden können hierzu Richtlinien erlassen. Als Reisen zum Zwecke der Ausbildung zählen auch Reisen zum Dienstantritt bei einer Ausbildungsstelle, zu den in Ausbildungsvorschriften vorgeschriebenen gemeinschaftlichen Unterrichtsveranstaltungen und zur Ablegung vorgeschriebener Laufbahnprüfungen. Notwendig sind hierbei nur solche Aufwendungen, die anlässlich der Ausbildung an der von der Ausbildungsbehörde vorgesehenen Ausbildungsstelle oder an der nächstgelegenen Wahlstelle entstehen. Liegt die Ausbildungsstelle im nicht zur Europäischen Union gehörenden Ausland, werden nur die auf die Reise im Inland, bei See- oder Flugreisen die auf die Reise zum und vom inländischen See- oder Flughafen entfallenden Kosten erstattet; Satz 4 bleibt unberührt.

(4) Für Fahrten zwischen Wohnung und regelmäßiger Dienststätte aus besonderem dienstlichen Anlass können die entstandenen notwendigen Fahrkosten erstattet werden.

§ 17 Trennungsgeld

(1) Berechtigte, die aus dienstlichen Gründen an einen Ort außerhalb des Dienst- und Wohnortes ohne Zusage der Umzugskostenvergütung abgeordnet werden, erhalten für die ihnen dadurch entstehenden notwendigen Auslagen ein Trennungsgeld nach Maßgabe einer Rechtsverordnung, die das für das finanzielle öffentliche Dienstrecht zuständige Ministerium im Einvernehmen mit dem für das allgemeine öffentliche Dienstrecht zuständigen Ministerium erlässt. Entsprechendes gilt bei einer vorübergehenden dienstlichen Tätigkeit bei einem Teil der Beschäftigungsbehörde, der an einem anderen Ort als dem bisherigen Dienstort und dem Wohnort untergebracht ist, oder bei einer anderen Stelle als einer Dienststelle. Die Beauftragung einer Richterin oder eines Richters nach § 22b des Gerichtsverfassungsgesetzes steht der Abordnung gleich; entsprechendes gilt für Richterinnen und Richter auf Probe, die aufgrund von Dienstleistungsaufträgen am jeweiligen Einsatzort verwendet werden. Die Zuweisung nach § 123a des Beamtenrechtsrahmengesetzes kann der Abordnung gleichgestellt werden.

(2) In der Rechtsverordnung nach Absatz 1 kann bestimmt werden, dass den Beamtinnen und Beamten, die zum Zwecke ihrer Ausbildung einer Ausbildungsstelle an einem anderen Ort als dem bisherigen Dienst-, Ausbildungs- und Wohnort zugewiesen werden, die ihnen dadurch entstehenden notwendigen Mehrauslagen ganz oder teilweise erstattet werden. Liegt die Ausbildungsstelle im Ausland, so darf keine höhere Erstattung der Mehrauslagen gewährt werden als bei einer Ausbildung im Inland.

(3) Bei Abordnungen zu deutschen Dienststellen im Ausland sowie bei Zuweisungen nach § 123a des Beamtenrechtsrahmengesetzes ins Ausland, die der Abordnung gleichgestellt werden, sind die nach § 15 Abs. 2 des Bundesreisekostengesetzes vom Bundesministerium des Auswärtigen erlassenen Vorschriften entsprechend anzuwenden.

(4) § 3 Abs. 3 gilt sinngemäß.

§ 18 Gerichtsvollzieher- und Justizvollziehungsdienst

Die Abfindung der Beamtinnen und Beamten im Gerichtsvollzieher- und Justizvollziehungsdienst bei Dienstreisen regelt das für die Angelegenheiten der Rechtspflege zuständige Ministerium im Einvernehmen mit dem für das finanzielle öffentliche Dienstrecht zuständigen Ministerium.

§ 19 Ermächtigungen

(1) Das für das finanzielle öffentliche Dienstrecht zuständige Ministerium wird ermächtigt, im Einvernehmen mit dem für das allgemeine öffentliche Dienstrecht zuständigen Ministerium durch Rechtsverordnung die in § 6 Abs. 1, 4 und 6 und § 7 Abs. 1 und 3 aufgeführten Beträge und Abwesenheitszeiten veränderten wirtschaftlichen Verhältnissen anzupassen.

(2) Das für das Kommunalrecht zuständige Ministerium wird ermächtigt, im Einvernehmen mit dem für das finanzielle öffentliche Dienstrecht zuständigen Ministerium durch Rechtsverordnung die Fahrkostenerstattung für kommunale Ehrenbeamtinnen und Ehrenbeamte zu regeln.

§ 20 Verweisungen

Ist in Rechts- und Verwaltungsvorschriften auf Vorschriften und Bezeichnungen Bezug genommen, die nach diesem Gesetz nicht mehr gelten, treten an ihre Stelle die entsprechenden Vorschriften und Bezeichnungen dieses Gesetzes.

§ 21 In-Kraft-Treten

Dieses Gesetz tritt am 1. Juli 1999 in Kraft.

Landesverordnung über die Wegstrecken- und Mitnahmeentschädigung nach § 6 des Landesreisekostengesetzes (LVO zu § 6 LRKG)

Vom 7. Dezember 1999 (GVBl. S. 444)

Zuletzt geändert durch
Landesgesetz über die Gewährung einer Energiepreispauschale an Versorgungsempfängerinnen und Versorgungsempfänger sowie zur Änderung reise- und umzugskostenrechtlicher Vorschriften
vom 28. Juni 2023 (GVBl. S. 166)

Aufgrund des § 6 Abs. 2 und 3 des Landesreisekostengesetzes (LRKG) vom 24. März 1999 (GVBl. S. 89, BS 2032-30) wird im Einvernehmen mit dem Ministerium des Innern und für Sport verordnet:

§ 1 Anerkannt privateigene Kraftfahrzeuge

(1) Für anerkannt privateigene Kraftfahrzeuge (§ 6 Abs. 3 Nr. 1 LRKG) beträgt abweichend von § 6 Abs. 1 Satz 1 LRKG die Wegstreckenentschädigung 38 Cent, bei zweirädrigen Kraftfahrzeugen 20 Cent je Kilometer. Diese Sätze gelten für eine dienstliche Fahrleistung bis zu 10 000 km im Kalenderjahr; für die darüber hinausgehende Jahresfahrleistung beschränkt sich die Wegstreckenentschädigung auf die in § 6 Abs. 1 Satz 1 LRKG bestimmten Beträge. § 6 Abs. 1 Satz 2 LRKG bleibt unberührt.

(2) Die Fahrleistung ergibt sich aus der mit dem anerkannt privateigenen Kraftfahrzeug dienstlich zurückgelegten Wegstrecke. Werden für eine Beamtin oder einen Beamten im Laufe eines Kalenderjahres mehrere privateigene Kraftfahrzeuge anerkannt, so gilt die Summe der dienstlich zurückgelegten Wegstrecken als Fahrleistung. Wird ein Kraftfahrzeug erstmals im Laufe eines Kalenderjahres anerkannt, so verkürzt sich die nach Absatz 1 Satz 1 und 2 Halbsatz 1 zu vergütende Kilometerzahl jeweils um ein Zwölftel für jeden wegfallenden vollen Kalendermonat.

(3) Die Anerkennung, dass ein Kraftfahrzeug im überwiegenden dienstlichen Interesse gehalten wird, kann ausgesprochen werden, wenn die Beamtin oder der Beamte Außendienst mit erheblicher und regelmäßiger Reisetätigkeit zu verrichten hat, die eine dienstlich notwendige Fahrleistung von mindestens 3000 km jährlich erwarten lässt, und wenn

1. durch die Kraftfahrzeughaltung eine organisatorische Verbesserung, eine Steigerung der Dienstleistung oder eine Einsparung personeller oder sächlicher Art erzielt wird und
2. die Benutzung regelmäßig verkehrender Beförderungsmittel und vorhandener Dienstkraftfahrzeuge oder eine Mitnahme in eigenen Kraftfahrzeugen von anderen Bediensteten aus dienstlichen Gründen nicht möglich oder unwirtschaftlich ist.

(4) In Sonderfällen kann ein überwiegendes dienstliches Interesse auch anerkannt werden, wenn zwar die in Absatz 3 genannten Voraussetzungen nicht erfüllt sind, jedoch infolge der Art der Dienstgeschäfte ein unabweisbares dienstliches Bedürfnis besteht, dass ein Kraftfahrzeug ständig bereitgehalten wird.

(5) Die Anerkennung privateigener Kraftfahrzeuge ist jederzeit widerruflich; sie kann auch befristet erteilt werden. Die Anerkennung ist zu widerrufen, wenn die Voraussetzungen des Absatzes 3 oder des Absatzes 4 nicht mehr vorliegen. Sie erlischt ohne ausdrücklichen Widerruf bei einem Wechsel der Dienststelle oder der dienstlichen Obliegenheiten der Beamtin oder des Beamten.

§ 2 Regelmäßig dienstlich mitbenutzte privateigene Kraftfahrzeuge

(1) Für regelmäßig dienstlich mitbenutzte privateigene Kraftfahrzeuge (§ 6 Abs. 3 Nr. 2 LRKG) beträgt abweichend von § 6 Abs. 1

Satz 1 LRKG die Wegstreckenentschädigung 33 Cent, bei zweirädrigen Kraftfahrzeugen 17 Cent je Kilometer. § 6 Abs. 1 Satz 2 LRKG bleibt unberührt.

(2) Zuständig für die Vereinbarung ist die oberste Dienstbehörde oder die von ihr ermächtigte obere Landesbehörde oder Landesmittelbehörde oder die von dem für das allgemeine öffentliche Dienstrecht zuständigen Ministerium ermächtigte Kreisverwaltung als untere Behörde der allgemeinen Landesverwaltung.

(3) Die Vereinbarung darf nur getroffen werden, wenn ein besonderes dienstliches Interesse an der Bereithaltung des Kraftfahrzeuges besteht und eine dienstlich notwendige Fahrleistung von mindestens 1500 km jährlich zu erwarten ist.

§ 3 Mitnahme anderer Personen und dienstlichen Gepäcks

(1) Die Anerkennung eines privateigenen Kraftfahrzeuges (§ 1) oder die Vereinbarung über die regelmäßige dienstliche Mitbenutzung eines privateigenen Kraftfahrzeuges (§ 2) begründet die Verpflichtung der Beamtin oder des Beamten, aus dienstlichen Gründen andere Personen sowie dienstliches Gepäck mitzunehmen.

(2) Für die Mitnahme anderer Personen gilt § 6 Abs. 4 LRKG sinngemäß.

(3) Für die Mitnahme dienstlichen Gepäcks von mehr als 35 kg wird eine zusätzliche Mitnahmeentschädigung gewährt; diese beträgt 2 Cent, bei zweirädrigen Kraftfahrzeugen 1 Cent je Kilometer. Die Mitnahmeentschädigung verdoppelt sich für Lasten von mehr als 100 kg.

(4) Die Entschädigung nach Absatz 3 Satz 1 kann auch für dienstliches Gepäck mit geringerem Gewicht gewährt werden, wenn es sehr unhandlich oder hinderlich ist und das Kraftfahrzeug dadurch besonders beansprucht wird.

§ 4 Besonders schwierige Wegstrecken

Sofern Dienstfahrten regelmäßig über größere Entfernungen auf unbefestigten Straßen und schwer befahrbaren Feld- oder Waldwegen auszuführen sind, kann für solche besonders nachzuweisenden Strecken ein Zuschlag zur Wegstreckenentschädigung in Höhe von 12 Cent je Kilometer gewährt werden.

§ 5 Pauschvergütungen

In geeigneten Fällen kann anstelle der zusätzlichen Entschädigungen für die Mitnahme dienstlichen Gepäcks (§ 3 Abs. 3 und 4) sowie für besonders schwierige Wegstrecken (§ 4) eine Pauschvergütung gewährt werden.

§ 6 Geltungsbereich

(1) Diese Verordnung regelt die Entschädigung für die Fälle der dienstlichen Benutzung eigener Kraftfahrzeuge abschließend mit der Maßgabe, dass der Dienstherr bei Unfällen und Sachschäden weitere Leistungen lediglich im Rahmen der Vorschriften des Landesbeamtengesetzes und des Beamtenversorgungsgesetzes sowie der hierzu erlassenen Rechts- und Verwaltungsvorschriften übernehmen kann.

(2) Ein der Beamtin oder dem Beamten unentgeltlich zur Verfügung gestelltes Kraftfahrzeug

1. der Ehegattin oder des Ehegatten,
2. der Lebenspartnerin oder des Lebenspartners,
3. einer oder eines mit der Beamtin oder dem Beamten in häuslicher Gemeinschaft lebenden Verwandten oder
4. einer oder eines mit der Beamtin oder dem Beamten in häuslicher Gemeinschaft lebenden Verschwägerten

steht dem eigenen Kraftfahrzeug gleich.

§ 7 Übergangsbestimmung

(1) Diese Verordnung gilt erstmals für Dienstreisen und Dienstgänge, die am 1. Januar 2000 angetreten werden.

(2) Für am 31. Dezember 1999 vorhandene, aus öffentlichen Mitteln beschaffte und von der obersten Dienstbehörde bestimmten Beamtinnen und Beamten zur Führung und Pflege zugewiesene Kraftfahrzeuge (beamteneigene Kraftfahrzeuge – § 6 Abs. 3 Nr. 3 LRKG –), gelten die bisherigen Bestimmungen (§ 8 Abs. 2) bis zur völligen Abschreibung des Kaufpreises oder bis zum Widerruf der Zuweisung weiter.

§ 8 In-Kraft-Treten

(1) Diese Verordnung tritt am 1. Januar 2000 in Kraft.

(2) Gleichzeitig tritt vorbehaltlich der Regelung in § 7 Abs. 2 die Landesverordnung über die Entschädigung für Wegstrecken, die mit einem eigenen Kraftfahrzeug zurückgelegt werden vom 17. Januar 1967 (GVBl. S. 17), zuletzt geändert durch Artikel 2 der Verordnung vom 7. November 1991 (GVBl. S. 367), BS 2032-30-2, außer Kraft.

Landesumzugskostengesetz (LUKG)

Vom 22. Dezember 1992 (GVBl. S. 377)

Zuletzt geändert durch
Landesgesetz zum Abbau verzichtbarer Anordnungen der Schriftform im Verwaltungsrecht des Landes
vom 20. Dezember 2024 (GVBl. S. 473)

Der Landtag Rheinland-Pfalz hat das folgende Gesetz beschlossen:

§ 1 Anwendungsbereich

(1) Dieses Gesetz regelt Art und Umfang der Erstattung von Auslagen aus Anlaß der in den §§ 3 und 4 bezeichneten Umzüge und der in § 12 genannten Maßnahmen. Berechtigte Personen sind:

1. unmittelbare und mittelbare Landesbeamte sowie zu einem Dienstherrn nach § 2 des Beamtenstatusgesetzes in Verbindung mit § 2 des Landesbeamtengesetzes abgeordnete Beamte,
2. Richter im Landesdienst sowie in den Landesdienst abgeordnete Richter,
3. Beamte und Richter (Nummern 1 und 2) im Ruhestand,
4. frühere Beamte und Richter (Nummern 1 und 2), die wegen Dienstunfähigkeit oder Erreichens der Altersgrenze entlassen worden sind,
5. Hinterbliebene der in den Nummern 1 bis 4 bezeichneten Personen.

(2) Hinterbliebene sind der Ehegatte, der Lebenspartner, Verwandte bis zum vierten Grade, Verschwägerte bis zum zweiten Grade, Pflegekinder und Pflegeeltern, wenn diese Personen zur Zeit des Todes zur häuslichen Gemeinschaft der verstorbenen Person gehört haben.

(3) Eine häusliche Gemeinschaft im Sinne dieses Gesetzes setzt ein Zusammenleben in gemeinsamer Wohnung oder in enger Betreuungsgemeinschaft in demselben Hause voraus.

§ 2 Gewährung der Umzugskostenvergütung

(1) Voraussetzung für den Anspruch auf Umzugskostenvergütung ist die schriftliche oder elektronische Zusage. Sie soll gleichzeitig mit der den Umzug veranlassenden Maßnahme erteilt werden. In den Fällen des § 4 Abs. 2 Nr. 4 und Abs. 3 muß die Umzugskostenvergütung vor dem Umzug zugesagt werden. Die oberste Dienstbehörde ist zuständig für die Entscheidung über die Zusage und deren Widerruf; sie kann ihre Zuständigkeit durch Rechtsverordnung auf andere Behörden übertragen.

(2) Die Umzugskostenvergütung wird nach Beendigung des Umzuges gewährt. Sie ist innerhalb einer Ausschlußfrist von einem Jahr bei der Beschäftigungsbehörde, in den Fällen des § 4 Abs. 3 bei der letzten Beschäftigungsbehörde, schriftlich oder elektronisch zu beantragen. Die Frist beginnt mit dem Tage nach Beendigung des Umzuges, in den Fällen des § 11 Abs. 3 Satz 1 mit der Bekanntgabe des Widerrufs. Der Verwaltungsakt über die Umzugskostenvergütung kann vollständig durch automatisierte Einrichtungen erlassen werden. Im Falle eines elektronischen Verwaltungsakts gilt dieser am dritten Tage nach dem Absenden der elektronischen Benachrichtigung über die Bereitstellung des Verwaltungsakts an die abrufberechtigte Person als bekannt gegeben.

(3) Umzugskostenvergütung wird nicht gewährt, wenn der Umzug nicht innerhalb von fünf Jahren nach Wirksamwerden der Zusage der Umzugskostenvergütung durchgeführt wird. Die oberste Dienstbehörde kann diese Frist in besonders begründeten Ausnahme-

VI

fällen um längstens zwei Jahre verlängern. § 4 Abs. 3 Satz 2 bleibt unberührt.

§ 3 Zusage der Umzugskostenvergütung

(1) Die Umzugskostenvergütung ist zuzusagen für Umzüge aus Anlaß

1. der Versetzung aus dienstlichen Gründen an einen anderen Ort als den bisherigen Dienstort, es sei denn, daß
   a) mit einer baldigen weiteren Versetzung an einen anderen Dienstort zu rechnen ist,
   b) der Umzug aus besonderen Gründen nicht durchgeführt werden soll,
   c) die Wohnung im neuen Dienstort oder in dessen Einzugsgebiet liegt, das heißt auf einer üblicherweise befahrenen Strecke weniger als 30 Kilometer von der neuen Dienststätte entfernt ist, oder
   d) die berechtigte Person (§ 1 Abs. 1 Satz 2 Nr. 1 und 2) auf die Zusage unwiderruflich verzichtet und dienstliche Gründe den Umzug nicht erfordern,
2. der dienstlichen Anweisung, die Wohnung innerhalb einer bestimmten Entfernung von der Dienststelle zu nehmen oder eine Dienstwohnung zu beziehen,
3. der Räumung einer Dienstwohnung auf dienstliche Weisung,
4. der Aufhebung einer Versetzung nach einem Umzug mit Zusage der Umzugskostenvergütung.

(2) Absatz 1 Nr. 1 gilt entsprechend für Umzüge aus Anlaß

1. der Verlegung der Beschäftigungsbehörde,
2. der nicht nur vorübergehenden Zuteilung aus dienstlichen Gründen zu einem anderen Teil der Beschäftigungsbehörde,
3. der Übertragung eines weiteren oder eines anderen Richteramtes nach § 27 Abs. 2 oder § 32 des Deutschen Richtergesetzes.

§ 4 Zusage der Umzugskostenvergütung in besonderen Fällen

(1) Die Umzugskostenvergütung kann in entsprechender Anwendung des § 3 Abs. 1 Nr. 1 zugesagt werden für Umzüge aus Anlaß

1. der Einstellung bei Vorliegen eines besonderen dienstlichen Interesses an der Einstellung,
2. der Abordnung,
3. der vorübergehenden Zuteilung aus dienstlichen Gründen zu einem anderen Teil der Beschäftigungsbehörde,
4. der vorübergehenden dienstlichen Tätigkeit bei einer anderen Stelle als einer Dienststelle.

(2) Die Umzugskostenvergütung kann ferner zugesagt werden für Umzüge aus Anlaß

1. der Aufhebung oder Beendigung einer Maßnahme nach Absatz 1 Nr. 2 bis 4 nach einem Umzug mit Zusage der Umzugskostenvergütung,
2. der Räumung einer landeseigenen oder im Besetzungsrecht des Landes stehenden Mietwohnung, wenn sie auf Veranlassung der obersten Dienstbehörde oder der von ihr ermächtigten Behörde im dienstlichen Interesse geräumt werden soll,
3. der Versetzung oder eines Wohnungswechsels wegen des Gesundheitszustandes der berechtigten Person, des mit ihr in häuslicher Gemeinschaft lebenden Ehegatten oder Lebenspartners oder der mit ihr in häuslicher Gemeinschaft lebenden, beim Familienzuschlag nach dem Landesbesoldungsgesetz berücksichtigungsfähigen Kinder, sofern die Notwendigkeit des Umzuges von dem Gesundheitsamt oder dem Medizinischen Dienst bescheinigt ist,
4. eines Wohnungswechsels, der notwendig ist, weil die Wohnung wegen der Zunahme der Zahl der zur häuslichen Gemeinschaft gehörenden, beim Familienzuschlag nach dem Landesbesoldungsgesetz berücksichtigungsfähigen Kinder unzureichend geworden ist; unzureichend ist eine Wohnung, wenn die Zimmerzahl der bisherigen Wohnung um mindestens zwei hinter der Zimmerzahl zurückbleibt, die sich ergibt,

wenn für die berechtigte Person und für jede vor und nach dem Umzug zu ihrer häuslichen Gemeinschaft gehörende Person (§ 6 Abs. 3 Satz 2 und 3) jeweils ein Zimmer zugebilligt wird.

(3) Die Umzugskostenvergütung kann ferner Berechtigten nach § 1 Abs. 1 Satz 2 Nr. 3 bis 5 für Umzüge aus Anlaß der Beendigung des Dienstverhältnisses zugesagt werden, wenn

1. ein Verbleiben an Grenzorten oder kleineren abgelegenen Plätzen nicht zumutbar ist, oder
2. in den vorausgegangenen zehn Jahren mindestens ein Umzug mit Zusage der Umzugskostenvergütung an einen anderen Ort durchgeführt wurde.

Die Umzugskostenvergütung wird nur gewährt, wenn der Umzug innerhalb von zwei Jahren nach Beendigung des Dienstverhältnisses durchgeführt wird. Sie wird nicht gewährt, wenn das Dienstverhältnis aus Disziplinargründen oder zur Aufnahme einer anderen Tätigkeit beendet wurde.

(4) Die Zuweisung nach § 123a des Beamtenrechtsrahmengesetzes kann der Abordnung nach Absatz 1 Nr. 2 gleichgestellt werden.

§ 5 Umzugskostenvergütung

(1) Die Umzugskostenvergütung umfaßt

1. Beförderungsauslagen (§ 6),
2. Reisekosten (§ 7),
3. Mietentschädigung (§ 8),
4. andere Auslagen (§ 9),
5. Pauschvergütung für sonstige Umzugsauslagen (§ 10),
6. Auslagen für Umzugsvorbereitungen (§ 11 Abs. 3).

(2) Zuwendungen, die von einer anderen Dienst- oder Beschäftigungsstelle für den Umzug gewährt werden, sind auf die Umzugskostenvergütung insoweit anzurechnen, als für denselben Zweck Umzugskostenvergütung nach diesem Gesetz gewährt wird.

(3) Die auf Grund einer Zusage nach § 4 Abs. 1 Nr. 1 oder Abs. 2 Nr. 3 oder 4 gewährte Umzugskostenvergütung ist zurückzuzahlen, wenn Bedienstete vor Ablauf von zwei Jahren nach Beendigung des Umzuges aus einem von ihnen zu vertretenden Grunde aus dem Dienstverhältnis ausscheiden. Die oberste Dienstbehörde kann hiervon Ausnahmen zulassen, wenn Bedienstete unmittelbar in ein Dienst- oder Beschäftigungsverhältnis zu einem anderen öffentlich-rechtlichen Dienstherrn in der Bundesrepublik Deutschland oder zu einer in § 41 Abs. 6 Satz 2 und 3 des Landesbesoldungsgesetzes bezeichneten Einrichtung übertreten.

§ 6 Beförderungsauslagen

(1) Die notwendigen Auslagen für das Befördern des Umzugsgutes von der bisherigen zur neuen Wohnung werden erstattet. Liegt die bisherige Wohnung im Inland und die neue Wohnung im Ausland, so werden in den Fällen des § 3 Abs. 1 Nr. 3 und des § 4 Abs. 2 Nr. 2 und Abs. 3 Satz 1 die Beförderungsauslagen bis zum inländischen Grenzort erstattet.

(2) Auslagen für das Befördern von Umzugsgut, das sich außerhalb der bisherigen Wohnung befindet, werden höchstens insoweit erstattet, als sie beim Befördern mit dem übrigen Umzugsgut erstattungsfähig wären.

(3) Umzugsgut sind die Wohnungseinrichtung und in angemessenem Umfang andere bewegliche Gegenstände und Haustiere, die sich am Tage vor dem Einladen des Umzugsgutes im Eigentum, Besitz oder Gebrauch der berechtigten Person oder anderer Personen befinden, die mit ihr in häuslicher Gemeinschaft leben. Andere Personen im Sinne des Satzes 1 sind der Ehegatte oder Lebenspartner sowie die ledigen Kinder, Stief- und Pflegekinder. Es gehören ferner dazu die nicht ledigen in Satz 2 genannten Kinder und Verwandte bis zum vierten Grade, Verschwägerte bis zum zweiten Grade und Pflegeeltern, wenn die berechtigte Person diesen Personen aus gesetzlicher oder sittlicher Verpflichtung nicht nur vorübergehend Unterkunft und Unterhalt gewährt, sowie Hausangestellte und solche Personen, deren Hilfe die berechtigte Person aus beruflichen oder gesundheitlichen Gründen nicht nur vorübergehend bedarf.

§ 7 Reisekosten

(1) Die Auslagen für die Reise der berechtigten Person und der zur häuslichen Gemeinschaft gehörenden Personen (§ 6 Abs. 3 Satz 2 und 3) von der bisherigen zur neuen Wohnung werden wie bei Dienstreisen der berechtigten Person erstattet, in den Fällen des § 4 Abs. 3 wie sie bei Dienstreisen im letzten Dienstverhältnis der berechtigten Person zu erstatten wären. Tagegeld wird vom Tage des Einladens des Umzugsgutes an bis zum Tage des Ausladens mit der Maßgabe gewährt, daß auch diese beiden Tage als volle Reisetage gelten. Übernachtungskostenerstattung wird für den Tag des Ausladens des Umzugsgutes nur gewährt, wenn eine Übernachtung außerhalb der neuen Wohnung notwendig gewesen ist.

(2) Absatz 1 Satz 1 gilt entsprechend für zwei Reisen einer Person oder für eine Reise von zwei Personen zum Suchen oder Besichtigen einer Wohnung mit der Maßgabe, daß die Fahrkosten bis zur Höhe der billigsten Fahrkarte der allgemein niedrigsten Klasse eines regelmäßig verkehrenden Beförderungsmittels erstattet werden. Tagegeld und Übernachtungskostenerstattung wird je Reise für höchstens zwei Reise- und zwei Aufenthaltstage gewährt.

(3) Für eine Reise der berechtigten Person zur bisherigen Wohnung zur Vorbereitung und Durchführung des Umzuges werden Fahrkosten gemäß Absatz 2 Satz 1 erstattet. Die Fahrkosten einer anderen Person für eine solche Reise werden im gleichen Umfang erstattet, wenn sich zur Zeit des Umzuges am bisherigen Wohnort weder die berechtigte Person noch eine andere Person (§ 6 Abs. 3 Satz 2 und 3) befunden hat, der die Vorbereitung und Durchführung des Umzuges zuzumuten war. Wird der Umzug vor dem Wirksamwerden einer Maßnahme nach den §§ 3 und 4 Abs. 1 durchgeführt, so werden Fahrkosten für die Rückreise von der neuen Wohnung zum Dienstort, in den Fällen des § 4 Abs. 1 Nr. 1 zum bisherigen Wohnort, gemäß Absatz 2 Satz 1 erstattet.

(4) § 6 Abs. 1 Satz 2 gilt entsprechend.

§ 8 Mietentschädigung

(1) Miete für die bisherige Wohnung wird bis zu dem Zeitpunkt, zu dem das Mietverhältnis frühestens gelöst werden konnte, längstens jedoch für sechs Monate, erstattet, wenn für dieselbe Zeit Miete für die neue Wohnung gezahlt werden mußte. Ferner werden die notwendigen Auslagen für das Weitervermieten der Wohnung innerhalb der Vertragsdauer bis zur Höhe der Miete für einen Monat erstattet. Die Sätze 1 und 2 gelten auch für die Miete einer Garage.

(2) Miete für die neue Wohnung, die nach Lage des Wohnungsmarktes für eine Zeit gezahlt werden mußte, während der die Wohnung noch nicht benutzt werden konnte, wird längstens für drei Monate erstattet, wenn für dieselbe Zeit Miete für die bisherige Wohnung gezahlt werden mußte. Entsprechendes gilt für die Miete einer Garage.

(3) Die bisherige Wohnung im eigenen Haus oder die bisherige Eigentumswohnung steht der Mietwohnung gleich mit der Maßgabe, daß die Mietentschädigung längstens für ein Jahr gezahlt wird. Die oberste Dienstbehörde kann diese Frist in besonders begründeten Ausnahmefällen um längstens sechs Monate verlängern. An die Stelle der Miete tritt der ortsübliche Mietwert der Wohnung. Entsprechendes gilt für die eigene Garage. Für die neue Wohnung im eigenen Haus oder die neue Eigentumswohnung wird Mietentschädigung nicht gewährt.

(4) Miete nach den Absätzen 1 bis 3 wird nicht für eine Zeit erstattet, in der die Wohnung oder die Garage ganz oder teilweise anderweitig vermietet oder benutzt worden ist.

§ 9 Andere Auslagen

(1) Die notwendigen ortsüblichen Maklergebühren für die Vermittlung einer Mietwohnung und einer Garage oder die entsprechenden Auslagen bis zu dieser Höhe für eine eigene Wohnung werden erstattet.

(2) Die Auslagen für einen durch den Umzug bedingten zusätzlichen Unterricht der Kinder der berechtigten Person (§ 6 Abs. 3 Satz 2) werden bis zu 30 v. H. des im Zeitpunkt der Beendigung des Umzuges maßgebenden

VI

Endgrundgehaltes der Besoldungsgruppe A 12 des Landesbesoldungsgesetzes für jedes Kind erstattet, und zwar bis zu 50 v. H. dieses Betrages voll und darüber hinaus zu drei Vierteln.

§ 10 Pauschvergütung für sonstige Umzugsauslagen

(1) Berechtigte, die am Tage vor dem Einladen des Umzugsgutes eine Wohnung hatten und eine solche nach dem Umzug wieder eingerichtet haben, erhalten eine Pauschvergütung für sonstige Umzugsauslagen. Sie beträgt für Verheiratete oder Lebenspartner 21 v. H. des Endgrundgehaltes der Besoldungsgruppe A 13 nach Anlage 6 des Landesbesoldungsgesetzes. Ledige erhalten 50 v. H. des Betrages nach Satz 2. Die Beträge nach den Sätzen 2 und 3 erhöhen sich für jede in § 6 Abs. 3 Satz 2 und 3 bezeichnete Person mit Ausnahme des Ehegatten oder Lebenspartners um 5 v. H. des Endgrundgehaltes der Besoldungsgruppe A 13 nach Anlage 6 des Landesbesoldungsgesetzes, wenn sie auch nach dem Umzug mit dem Umziehenden in häuslicher Gemeinschaft lebt.

(2) Den Verheirateten oder Lebenspartnern stehen gleich Verwitwete oder hinterbliebene Lebenspartner sowie diejenigen, deren Ehe geschieden, aufgehoben oder für nichtig erklärt oder deren Lebenspartnerschaft aufgehoben ist, ferner Ledige, die auch in der neuen Wohnung Verwandten bis zum vierten Grade, Verschwägerten bis zum zweiten Grade, Pflegekindern oder Pflegeeltern aus gesetzlicher oder sittlicher Verpflichtung nicht nur vorübergehend Unterkunft und Unterhalt gewähren, sowie Ledige, die auch in der neuen Wohnung eine andere Person aufgenommen haben, deren Hilfe sie aus beruflichen oder gesundheitlichen Gründen nicht nur vorübergehend bedürfen.

(3) Eine Wohnung im Sinne des Absatzes 1 besteht aus einer geschlossenen Einheit von mehreren Räumen, in der ein Haushalt geführt werden kann, darunter stets eine Küche oder ein Raum mit Kochgelegenheit. Zu einer Wohnung gehören außerdem Wasserversorgung, Ausguß und Toilette.

(4) Sind die Voraussetzungen des Absatzes 1 Satz 1 nicht gegeben, so beträgt die Pauschvergütung für Verheiratete oder Lebenspartner 30 v. H., für Ledige 20 v. H. des Betrages nach Absatz 1 Satz 2 oder 3. Die volle Pauschvergütung wird gewährt, wenn das Umzugsgut aus Anlaß einer vorangegangenen Auslandsverwendung untergestellt war.

(5) In den Fällen des § 11 Abs. 3 werden die nachgewiesenen notwendigen Auslagen bis zur Höhe der Pauschvergütung erstattet.

(6) Ist innerhalb von fünf Jahren ein Umzug mit Zusage der Umzugskostenvergütung nach § 3 oder § 4 Abs. 1 Nr. 2 bis 4 oder Abs. 2 Nr. 1 vorausgegangen, so wird ein Zuschlag in Höhe von 50 v. H. der Pauschvergütung nach Absatz 1 gewährt, wenn beim vorausgegangenen und beim abzurechnenden Umzug die Voraussetzungen des Absatzes 1 Satz 1 vorgelegen haben. Ein vorausgegangener Umzug in eine vorläufige Wohnung (§ 11 Abs. 1) bleibt unberücksichtigt.

(7) Stehen für denselben Umzug mehrere Pauschvergütungen zu, wird nur eine davon gewährt; sind die Pauschvergütungen unterschiedlich hoch, so wird die höhere gewährt.

§ 11 Umzugskostenvergütung in Sonderfällen

(1) Eine berechtigte Person mit Wohnung im Sinne des § 10 Abs. 3, der Umzugskostenvergütung für einen Umzug nach § 3 Abs. 1 Nr. 1, 3 oder 4 oder § 4 Abs. 1 Nr. 1 bis 4 oder Abs. 2 Nr. 1 zugesagt ist, kann für den Umzug in eine vorläufige Wohnung Umzugskostenvergütung erhalten, wenn die zuständige Behörde diese Wohnung vorher schriftlich oder elektronisch als vorläufige Wohnung anerkannt hat. Bis zum Umzug in die endgültige Wohnung darf nur einmal eine Wohnung als vorläufige Wohnung anerkannt werden. § 10 Abs. 6 Satz 1 findet keine Anwendung.

(2) In den Fällen des § 4 Abs. 2 Nr. 3 und 4 werden nur Beförderungsauslagen (§ 6) und Reisekosten (§ 7) erstattet, und zwar höchstens die Kosten, die bei einem Umzug über eine Entfernung von 25 Kilometern entstanden wären. Im Falle des § 4 Abs. 3 Satz 1 Nr. 2 werden nur Beförderungsauslagen (§ 6) er-

VI

stattet. Satz 2 gilt auch für das Befördern des Umzugsgutes des Ehegatten oder Lebenspartners, wenn die berechtigte Person innerhalb von sechs Monaten nach dem Tag geheiratet oder die Lebenspartnerschaft begründet hat, an dem die Umzugskostenvergütung nach § 3 Abs. 1 Nr. 1 oder 2 oder Abs. 2 oder § 4 Abs. 1 oder Abs. 2 Nr. 1 zugesagt worden ist.

(3) Wird die Zusage der Umzugskostenvergütung aus von der berechtigten Person nicht zu vertretenden Gründen widerrufen, so werden die durch die Vorbereitung des Umzuges entstandenen notwendigen, nach diesem Gesetz erstattungsfähigen Auslagen erstattet. Muß in diesem Fall ein anderer Umzug durchgeführt werden, so wird dafür Umzugskostenvergütung gewährt; Satz 1 bleibt unberührt. Die Sätze 1 und 2 gelten entsprechend, wenn die Zusage der Umzugskostenvergütung zurückgenommen oder aufgehoben wird oder sich auf andere Weise erledigt.

§ 12 Trennungsgeld

(1) Trennungsgeld wird gewährt

1. in den Fällen des § 3 Abs. 1 Nr. 1 und 4 sowie Abs. 2, ausgenommen bei Vorliegen der Voraussetzungen des § 3 Abs. 1 Nr. 1 Buchst. c und d,
2. in den Fällen des § 3 Abs. 1 Nr. 3,
3. in den Fällen des § 4 Abs. 1 Nr. 2 bis 4 und Abs. 2 Nr. 1 und 3, soweit die berechtigte Person mit Zusage der Umzugskostenvergütung an einen anderen Ort als den bisherigen Dienstort versetzt wird,
4. bei der Einstellung mit Zusage der Umzugskostenvergütung (§ 4 Abs. 1 Nr. 1)

für die der berechtigten Person durch die getrennte Haushaltsführung, das Beibehalten der Wohnung oder der Unterkunft am bisherigen Wohnort oder das Unterstellen des zur Führung eines Haushalts notwendigen Teils der Wohnungseinrichtung entstehenden notwendigen Auslagen unter Berücksichtigung der häuslichen Ersparnis.

(2) Ist der berechtigten Person die Umzugskostenvergütung zugesagt worden, so darf Trennungsgeld nur gewährt werden, wenn sie uneingeschränkt umzugswillig ist und nachweislich wegen Wohnungsmangels am neuen Dienstort einschließlich des Einzugsgebietes (§ 3 Abs. 1 Nr. 1 Buchst. c) nicht umziehen kann. Diese Voraussetzungen müssen seit dem Tage erfüllt sein, an dem die Umzugskostenvergütung zugesagt worden oder, falls für die berechtigte Person günstiger, die Maßnahme wirksam geworden oder die Dienstwohnung geräumt worden ist.

(3) Nach Wegfall des Wohnungsmangels darf Trennungsgeld nur weitergewährt werden, wenn und solange dem Umzug der umzugswilligen berechtigten Person im Zeitpunkt des Wegfalls des Wohnungsmangels einer der folgenden Hinderungsgründe entgegensteht:

1. vorübergehende schwere Erkrankung der berechtigten Person oder einer der zu häuslichen Gemeinschaft gehörenden Personen (§ 6 Abs. 3 Satz 2 und 3); die Weitergewährung des Trennungsgeldes erfolgt jedoch höchstens bis zur Dauer von einem Jahr;
2. Beschäftigungsverbot nach den Vorschriften über den Mutterschutz für die Berechtigte oder für eine zur häuslichen Gemeinschaft gehörende Person (§ 6 Abs. 3 Satz 2 und 3);
3. Schul- oder Berufsausbildung eines Kindes (§ 6 Abs. 3 Satz 2 und 3); die Weitergewährung des Trennungsgeldes erfolgt längstens bis zum Ende des Schul- oder Ausbildungsjahres; befindet sich das Kind in der vorletzten Jahrgangsstufe der Oberstufe einer Schule, so verlängert sich die Gewährung des Trennungsgeldes längstens bis zum Ende des folgenden Schuljahres; befindet sich das Kind im vorletzten Ausbildungsjahr eines Berufsausbildungsverhältnisses, so verlängert sich die Gewährung des Trennungsgeldes längstens bis zum Ende des folgenden Ausbildungsjahres;
4. Schul- oder Berufsausbildung eines schwerbehinderten Kindes (§ 6 Abs. 3 Satz 2 und 3); das Trennungsgeld wird bis zur Beendigung der Ausbildung weitergewährt, solange diese am neuen Dienst- oder Wohnort oder in erreichbarer Entfernung davon wegen der Behinderung des Kindes nicht fortgesetzt werden kann;

5. akute lebensbedrohende Erkrankung eines Elternteils der berechtigten Person oder seines Ehegatten oder Lebenspartners, wenn dieser in hohem Maße die Hilfe des Ehegatten oder Lebenspartners oder eines Familienangehörigen der berechtigten Person erhält;
6. Schul- oder erste Berufsausbildung des Ehegatten oder Lebenspartners der berechtigten Person in entsprechender Anwendung der Nummer 3.

Trennungsgeld nach Satz 1 darf auch gewährt werden, wenn im Zeitpunkt des Wirksamwerdens der dienstlichen Maßnahme kein Wohnungsmangel, aber einer der genannten Hinderungsgründe vorliegt. Nach Wegfall des Hinderungsgrundes darf Trennungsgeld nicht weitergewährt werden, auch wenn zu diesem Zeitpunkt Wohnungsmangel vorliegt. Liegt bei Wegfall des Hinderungsgrundes jedoch ein neuer Hinderungsgrund im Sinne des Satzes 1 vor, kann mit Zustimmung der obersten Dienstbehörde Trennungsgeld bis zu längstens einem Jahr weiterbewilligt werden.

(4) Das für das Umzugskostenrecht zuständige Ministerium wird ermächtigt, im Einvernehmen mit dem für das Beamtenrecht zuständigen Ministerium die Gewährung des Trennungsgeldes durch Rechtsverordnung zu regeln. Hierbei kann bestimmt werden, daß Trennungsgeld auch bei einer Einstellung ohne Zusage der Umzugskostenvergütung gewährt wird und daß in den Fällen des § 3 Abs. 1 Nr. 1 Buchst. d die berechtigte Person für längstens ein Jahr Reisebeihilfen für Heimfahrten erhält. Es kann ferner bestimmt werden, daß die Zahlung des Trennungsgeldes nach Ablauf einer angemessenen Frist einzustellen ist.

(5) An Stelle von Trennungsgeld können Mietbeiträge bis zum vierundzwanzigsten Monatsbetrag des Trennungsgeldes nach Maßgabe einer allgemeinen Verwaltungsvorschrift (§ 14) gewährt werden.

§ 13 Auslandsumzüge, Auslandsversetzungen

Für Umzüge zwischen Inland und Ausland sowie im Ausland und bei Versetzungen zu deutschen Dienststellen im Ausland gelten die §§ 13 und 14 des Bundesumzugskostengesetzes und die hiernach vom Bundesminister des Auswärtigen erlassenen Vorschriften (Auslandsumzugskostenverordnung, Auslandstrennungsgeldverordnung) entsprechend.

§ 14 Verwaltungsvorschriften

Die zur Durchführung dieses Gesetzes erforderlichen Verwaltungsvorschriften erläßt das für das Umzugskostenrecht zuständige Ministerium im Einvernehmen mit dem für das Beamtenrecht zuständigen Ministerium.

§ 15 Übergangsbestimmung

(1) Die §§ 1 bis 14 gelten erstmals für Umzüge, die am Tag des Inkrafttretens dieses Gesetzes beendet werden.

(2) Ist die Umzugskostenvergütung vor Inkrafttreten dieses Gesetzes zugesagt worden, so beginnt die Frist des § 2 Abs. 3 mit Inkrafttreten dieses Gesetzes. In diesen Fällen wird auf Antrag Umzugskostenvergütung nach dem bisherigen Recht gewährt, wenn der Umzug innerhalb eines Jahres nach Inkrafttreten dieses Gesetzes beendet ist. § 11 Abs. 3 gilt sinngemäß.

(3) Ein vor Inkrafttreten dieses Gesetzes nach dem bisherigen Recht bewilligtes Trennungsgeld wird bis zum Ablauf des Bewilligungszeitraumes weitergewährt, es sei denn, die berechtigte Person beantragt, das neue Recht anzuwenden.

§ 16 Inkrafttreten

(1) Dieses Gesetz tritt am ersten Tage des auf die Verkündung folgenden Kalendermonats in Kraft.

(2) Gleichzeitig treten außer Kraft:

1. das Landesumzugskostengesetz vom 23. November 1965 (GVBl. S. 241), zuletzt geändert durch Artikel 2 des Gesetzes vom 14. Juli 1978 (GVBl. S. 496, 600), BS 2032-42,
2. die Auslagenerstattungsverordnung vom 14. Januar 1966 (GVBl. S. 27), geändert durch Verordnung vom 1. August 1978 (GVBl. S. 609), BS 2032-42-1.

Landestrennungsgeldverordnung (LTGV)

Vom 15. Januar 1993 (GVBl. S. 111)

Zuletzt geändert durch
Landesgesetz zur Änderung des Landesbeamtenversorgungsgesetzes
und weiterer dienstrechtlicher Vorschriften
vom 19. November 2025 (GVBl. S. 693)

Auf Grund

des § 12 Abs. 4 Satz 1 des Landesumzugskostengesetzes (LUKG) vom 22. Dezember 1992 (GVBl. S. 377, BS 2032-42) und

des § 16 Abs. 5 und des § 24 Abs. 1 Satz 1 und 2 des Landesreisekostengesetzes (LRKG) vom 23. Dezember 1966 (GVBl. S. 369), zuletzt geändert durch § 16 des Gesetzes vom 22. Dezember 1992 (GVBl. S. 377), BS 2032-30,

wird im Einvernehmen mit dem Minister des Innern und für Sport verordnet:

VI

§ 1 Anwendungsbereich

(1) Berechtigte Personen nach dieser Verordnung sind

1. unmittelbare und mittelbare Landesbeamte sowie zu einem Dienstherrn nach § 2 des Beamtenstatusgesetzes in Verbindung mit § 2 des Landesbeamtengesetzes abgeordnete Beamte,
2. Richter im Landesdienst sowie in den Landesdienst abgeordnete Richter.

(2) Trennungsgeld wird gewährt aus Anlaß der

1. Versetzung aus dienstlichen Gründen (§ 3 Abs. 1 Nr. 1 LUKG),
2. Aufhebung einer Versetzung nach einem Umzug mit Zusage der Umzugskostenvergütung (§ 3 Abs. 1 Nr. 4 LUKG),
3. Verlegung der Beschäftigungsbehörde (§ 3 Abs. 2 Nr. 1 LUKG),
4. nicht nur vorübergehenden Zuteilung aus dienstlichen Gründen zu einem anderen Teil der Beschäftigungsbehörde (§ 3 Abs. 2 Nr. 2 LUKG),
5. Übertragung eines weiteren oder eines anderen Richteramtes nach § 27 Abs. 2 oder § 32 des Deutschen Richtergesetzes (§ 3 Abs. 2 Nr. 3 LUKG),
6. Einstellung mit Zusage der Umzugskostenvergütung (§ 4 Abs. 1 Nr. 1 LUKG); ist Umzugskostenvergütung nicht zugesagt, kann Trennungsgeld mit Zustimmung der obersten Dienstbehörde nur in Ausnahmefällen bei vorübergehender Dauer des Dienstverhältnisses, bei vorübergehender Verwendung am Einstellungsort oder während der Probezeit gewährt werden; § 9 Abs. 3 Satz 2 findet Anwendung,
7. Abordnung mit mehr als der Hälfte der maßgeblichen regelmäßigen Arbeitskraft (§ 4 Abs. 1 Nr. 2 LUKG, § 17 Abs. 1 Satz 1 LRKG), der Beauftragung eines Richters nach § 22b des Gerichtsverfassungsgesetzes (§ 17 Abs. 1 Satz 3 LRKG) oder der Verwendung eines Richters auf Probe aufgrund eines Dienstleistungsauftrags (§ 17 Abs. 1 Satz 3 Halbsatz 2 LRKG),
8. vorübergehenden Zuteilung aus dienstlichen Gründen zu einem anderen Teil der Beschäftigungsbehörde (§ 4 Abs. 1 Nr. 3 LUKG, § 17 Abs. 1 Satz 2 LRKG),
9. vorübergehenden dienstlichen Tätigkeit bei einer anderen Stelle als einer Dienststelle (§ 4 Abs. 1 Nr. 4 LUKG, § 17 Abs. 1 Satz 2 LRKG),
10. Aufhebung oder Beendigung einer Maßnahme nach den Nummern 7 bis 9 nach einem Umzug mit Zusage der Umzugskostenvergütung (§ 4 Abs. 2 Nr. 1 LUKG),
11. Versetzung mit Zusage der Umzugskostenvergütung nach § 4 Abs. 2 Nr. 3 LUKG,
12. Räumung einer Dienstwohnung auf dienstliche Weisung (§ 3 Abs. 1 Nr. 3 LUKG), solange der zur Führung eines Haushalts notwendige Teil der Wohnungseinrichtung untergestellt werden muß.

(3) Trennungsgeld wird nur gewährt

1. bei Maßnahmen nach Absatz 2 Nr. 1 bis 11,
   wenn der neue Dienstort ein anderer als der bisherige Dienstort ist und die Wohnung nicht im Einzugsgebiet des neuen Dienstortes (§ 3 Abs. 1 Nr. 1 Buchst. c LUKG) liegt,
2. bei Maßnahmen nach Absatz 2 Nr. 1 bis 5, wenn die berechtigte Person von dem unwiderruflichen Verzicht auf Zusage der Umzugskostenvergütung keinen Gebrauch macht oder andernfalls dienstliche Gründe den Umzug erfordern (§ 3 Abs. 1 Nr. 1 Buchst. d LUKG).

Trennungsgeld steht nur zu, solange Anspruch auf Besoldung besteht. § 3 Abs. 3 LRKG ist sinngemäß anzuwenden.

(4) Die Zuweisung nach § 123a des Beamtenrechtsrahmengesetzes kann der Abordnung (Absatz 2 Nr. 7) gleichgestellt werden. Bei Versetzungen und Abordnungen zu deutschen Dienststellen im Ausland sowie bei Zuweisungen ins Ausland, die nach Satz 1 der Abordnung gleichgestellt werden, ist für die Gewährung des Trennungsgeldes die Auslandstrennungsgeldverordnung vom 27. Juni 2018 (BGBl. I S. 891) in der jeweils geltenden Fassung entsprechend anzuwenden.

(5) Die Zuweisung eines Beamten im Rahmen der Ausbildung an eine auswärtige Ausbildungsstelle wird hinsichtlich der Gewährung von Trennungsgeld wie eine Abordnung (Absatz 2 Nr. 7) behandelt. Jedoch wird aus Anlaß der mit der Einstellung verbundenen Zuweisung an die nach den Ausbildungsvorschriften vorgesehene erste Ausbildungsstelle kein Trennungsgeld gewährt. Die Fahrkostenerstattung nach § 6 Abs. 1 Satz 1 Halbsatz 1 ist auf die Kosten der billigsten Fahrkarte der allgemein niedrigsten Klasse eines regelmäßig verkehrenden Beförderungsmittels und die Wegstreckenentschädigung nach § 6 Abs. 1 Satz 1 Halbsatz 1 auf die Sätze nach § 6 Abs. 1 Satz 2 LRKG beschränkt. Ein Trennungsübernachtungsgeld wird nach Maßgabe des § 3 Abs. 3 erstattet. Bei Beamten, auf die § 3 Abs. 2 Nr. 3 anzuwenden ist, gilt mit Zuweisung die Umzugskostenvergütung als zugesagt; die oberste Dienstbehörde kann Ausnahmen zulassen. Werden Beamte auf ihren Wunsch einer entfernteren Ausbildungsstelle statt der von der Ausbildungsbehörde vorgesehenen zugewiesen, so werden ihnen die Entschädigungen nach dieser Verordnung nur insoweit gewährt, als sie diese am Ort der für sie vorgesehenen Ausbildungsstelle oder an der nächstgelegenen entsprechenden Wahlstelle erhalten hätten. Liegt die Ausbildungsstelle im Ausland, erhalten Beamte Trennungsgeld wie bei einer Ausbildung im Inland, wobei Reisebeihilfen für Heimfahrten aus einem nicht zur Europäischen Union gehörenden Staat (§ 5) nicht gewährt werden. Die obersten Dienstbehörden können hierzu Richtlinien erlassen.

§ 2 Trennungsgeld nach Zusage der Umzugskostenvergütung

(1) Ist Umzugskostenvergütung zugesagt, steht Trennungsgeld nur zu, wenn die berechtigte Person seit dem Tag des Wirksamwerdens der Zusage oder, falls für sie günstiger, seit der Maßnahme nach § 1 Abs. 2 uneingeschränkt umzugswillig ist und wegen Wohnungsmangels am neuen Dienstort und seinem Einzugsgebiet nicht umziehen kann. Uneingeschränkt umzugswillig ist, wer sich unter Ausschöpfung aller Möglichkeiten nachweislich und fortwährend um eine angemessene Wohnung bemüht. Angemessen ist eine Wohnung, die den familiären Bedürfnissen der berechtigten Person entspricht. Dabei ist von der bisherigen Wohnungsgröße auszugehen, es sei denn, daß sie in einem erheblichen Mißverhältnis zur Zahl der zum Haushalt gehörenden Personen steht. Die Lage des Wohnungsmarktes am neuen Dienstort und seinem Einzugsgebiet ist zu berücksichtigen. Bei unverheirateten und nicht in einer Lebenspartnerschaft lebenden berechtigten Personen ohne Wohnung im Sinne des § 10 Abs. 3 LUKG gilt als Wohnung auch ein möbliertes Zimmer oder eine bereitgestellte Gemeinschaftsunterkunft.

(2) Nach Wegfall des Wohnungsmangels darf Trennungsgeld nur weitergewährt werden, wenn und solange dem Umzug der umzugs-

willigen berechtigten Person im Zeitpunkt des Wegfalls des Wohnungsmangels einer der folgenden Hinderungsgründe entgegensteht:

1. vorübergehende schwere Erkrankung der berechtigten Person oder einer der zur häuslichen Gemeinschaft gehörenden Personen (§ 6 Abs. 3 Satz 2 und 3 LUKG); die Weitergewährung des Trennungsgeldes erfolgt jedoch höchstens bis zur Dauer von einem Jahr;
2. Beschäftigungsverbote für die Berechtigte oder für eine zur häuslichen Gemeinschaft gehörende Person (§ 6 Abs. 3 Satz 2 und 3 LUKG) nach § 3 Abs. 1 und 2 des Mutterschutzgesetzes (MuSchG) vom 23. Mai 2017 (BGBl. I S. 1228) in der jeweils geltenden Fassung sowie nach § 2 Abs. 1 Nr. 2 der Mutterschutzverordnung Rheinland-Pfalz vom 10. Oktober 2018 (GVBl. S. 369, BS 2030-1-23) in der jeweils geltenden Fassung in Verbindung mit § 3 Abs. 1 und 2 MuSchG;
3. Schul- oder Berufsausbildung eines Kindes (§ 6 Abs. 3 Satz 2 und 3 LUKG); die Weitergewährung des Trennungsgeldes erfolgt längstens bis zum Ende des Schul- oder Ausbildungsjahres; befindet sich das Kind in der vorletzten Jahrgangsstufe der Oberstufe einer Schule, so verlängert sich die Gewährung des Trennungsgeldes längstens bis zum Ende des folgenden Schuljahres; befindet sich das Kind im vorletzten Ausbildungsjahr eines Berufsausbildungsverhältnisses, so verlängert sich die Gewährung des Trennungsgeldes längstens bis zum Ende des folgenden Ausbildungsjahres;
4. Schul- oder Berufsausbildung eines schwerbehinderten Kindes (§ 6 Abs. 3 Satz 2 und 3 LUKG); das Trennungsgeld wird bis zur Beendigung der Ausbildung weitergewährt, solange diese am neuen Dienst- oder Wohnort oder in erreichbarer Entfernung davon wegen der Behinderung des Kindes nicht fortgesetzt werden kann;
5. akute lebensbedrohende Erkrankung eines Elternteils der berechtigten Person oder seines Ehegatten oder Lebenspartners, wenn dieser in hohem Maße Hilfe des Ehegatten oder Lebenspartners oder eines Familienangehörigen der berechtigten Person erhält;
6. Schul- oder erste Berufsausbildung des Ehegatten oder Lebenspartners der berechtigten Person in entsprechender Anwendung der Nummer 3.

Nach Wegfall des Hinderungsgrundes darf Trennungsgeld nicht weitergewährt werden, auch wenn zu diesem Zeitpunkt Wohnungsmangel vorliegt. Liegt bei Wegfall des Hinderungsgrundes jedoch ein neuer Hinderungsgrund im Sinne des Satzes 1 vor, kann mit Zustimmung der obersten Dienstbehörde Trennungsgeld bis zu längstens einem Jahr weiterbewilligt werden. Trennungsgeld nach Satz 1 darf auch gewährt werden, wenn im Zeitpunkt des Wirksamwerdens der dienstlichen Maßnahme kein Wohnungsmangel, aber einer der genannten Hinderungsgründe vorliegt; die Sätze 2 und 3 finden Anwendung.

(3) Ist ein Umzug, für den Umzugskostenvergütung zugesagt ist, aus Anlaß einer Maßnahme nach § 1 Abs. 2 vor deren Wirksamwerden durchgeführt, kann Trennungsgeld in sinngemäßer Anwendung dieser Verordnung bis zum Tag vor der Dienstantrittsreise, längstens für drei Monate gewährt werden.

(4) Wird die Zusage der Umzugskostenvergütung außerhalb eines Rechtsbehelfsverfahrens aufgehoben, wird dadurch ein Trennungsgeldanspruch nicht begründet; ein erloschener Trennungsgeldanspruch lebt nicht wieder auf.

§ 3 Trennungsgeld beim auswärtigen Verbleiben

(1) Eine berechtigte Person, die nicht täglich zum Wohnort zurückkehrt und der die tägliche Rückkehr nicht zuzumuten oder aus dienstlichen Gründen nicht gestattet ist, erhält für die ersten 14 Tage nach beendeter Dienstantrittsreise als Trennungsgeld die gleiche Vergütung wie bei Dienstreisen (Trennungsreisegeld); § 13 Satz 5 LRKG gilt entsprechend. Die tägliche Rückkehr zum Wohnort ist in der Regel nicht zuzumuten, wenn beim Benutzen regelmäßig verkehrender Beförderungsmittel die Abwesenheit von der Wohnung mehr als zwölf Stunden oder die benötigte Zeit für das

Zurücklegen der Strecke zwischen Wohnung und Dienststätte und zurück mehr als drei Stunden beträgt.

(2) Nach Ablauf der Frist nach Absatz 1 Satz 1 wird als Trennungsgeld Trennungstagegeld wie folgt gewährt:

1. die berechtigte Person, die
   a) mit ihrem Ehegatten oder Lebenspartner in häuslicher Gemeinschaft lebt oder
   b) mit einer verwandten Person bis zum vierten Grad, einer verschwägerten Person bis zum zweiten Grad, einem Pflegekind oder mit Pflegeeltern in häuslicher Gemeinschaft lebt und ihnen aus gesetzlicher oder sittlicher Verpflichtung nicht nur vorübergehend Unterkunft und Unterhalt ganz oder überwiegend gewährt oder
   c) mit einer Person in häuslicher Gemeinschaft lebt, deren Hilfe sie aus beruflichen oder nach ärztlichem, im Zweifel nach amtsärztlichem Zeugnis aus gesundheitlichen Gründen nicht nur vorübergehend bedarf,

   die Wohnung (§ 10 Abs. 3 LUKG) beibehält und getrennten Haushalt führt, erhält 16,00 EUR,
2. die berechtigte Person, die ihre Wohnung (§ 10 Abs. 3 LUKG) beibehält, aber die sonstigen Voraussetzungen nach Nummer 1 nicht erfüllt, erhält 12,00 EUR,
3. die berechtigte Person, die die Voraussetzungen nach den Nummern 1 und 2 nicht erfüllt, erhält 8,00 EUR.

(3) Als Trennungsgeld für Unterkunft wird ein Trennungsübernachtungsgeld für die notwendigen und nachgewiesenen Unterkunftskosten bis zu einem Betrag von 300,00 EUR je Kalendermonat erstattet. Sind in den Unterkunftskosten die Kosten für ein Frühstück enthalten und ist ein getrennter Ausweis nicht möglich, so sind die vor Anwendung des Satzes 1 erstattbaren Unterkunftskosten um den maßgebenden Sachbezugswert für jedes enthaltene Frühstück zu kürzen, es sei denn, dass das Frühstück aus triftigen Gründen nicht in Anspruch genommen werden kann. Satz 1 ist nicht anzuwenden, wenn eine von Amts wegen unentgeltlich bereitgestellte Unterkunft ohne triftigen Grund nicht in Anspruch genommen wird.

§ 4 Sonderbestimmungen beim auswärtigen Verbleiben

(1) Der Verpflegungsanteil des Trennungsreisegeldes und das Trennungstagegeld werden für volle Kalendertage

1. einer Abwesenheit vom neuen Dienstort und dem Ort der aufgrund einer Maßnahme nach § 1 Abs. 2 bezogenen Unterkunft,
2. eines Urlaubs oder einer Dienstbefreiung,
3. eines Aufenthalts in einem Krankenhaus, einer Sanatoriumsbehandlung oder einer Heilkur,
4. eines Beschäftigungsverbots nach den mutterschutzrechtlichen Bestimmungen oder einer Erkrankung, bei der mit der Aufnahme des Dienstes innerhalb von drei Monaten nicht zu rechnen ist, wenn die Unterkunft beibehalten werden muss,

nicht gewährt. Ist die berechtigte Person in den Fällen der Abwesenheit vom Dienstort wegen Erkrankung auf Grund eines für die Dauer der Maßnahme nach § 1 Abs. 2 abgeschlossenen Vertrages zur Weiterzahlung der Miete verpflichtet, werden die ihr dadurch entstehenden notwendigen Auslagen für die Unterkunft erstattet. Die Frist nach § 3 Abs. 1 Satz 1 wird nicht unterbrochen.

(2) Wird der Dienstort in den Fällen des Absatzes 1 Satz 1 Nr. 4 verlassen oder muß er sonst wegen Erkrankung verlassen werden, werden die Fahrauslagen bis zu den Kosten für die Fahrt zum Wohnort und zurück wie bei einer Dienstreise erstattet. Nach Rückkehr an den Dienstort steht Trennungsreisegeld nicht zu, wenn die Unterkunft wieder in Anspruch genommen werden kann, für die das Trennungsgeld nach Absatz 1 bis zur Rückkehr gewährt wird.

(3) Ändert sich der Dienstort auf Grund einer Maßnahme nach § 1 Abs. 2 für einen Zeitraum bis zu drei Monaten, wird neben dem Trennungsgeld für den neuen Dienstort für die bisherige Unterkunft Trennungsgeld nach Absatz 1 gewährt. Bei tatsächlicher oder zu-

VI

mutbarer täglicher Rückkehr dorthin wird neben dem Trennungsgeld nach § 3 die Entschädigung nach § 6 Abs. 1, 3 und 4 gewährt. Nach Rückkehr an den bisherigen Dienstort steht Trennungsreisegeld nicht zu.

(4) Wird in den Fällen

1. einer neuen Maßnahme nach § 1 Abs. 2,
2. eines Umzuges mit Zusage der Umzugskostenvergütung,
3. des Verlassens des Dienstortes vor Ende des Dienstverhältnisses

kein Trennungsgeld für die bisherige Unterkunft mehr gewährt, werden notwendige Auslagen für diese Unterkunft längstens bis zu dem Zeitpunkt erstattet, zu dem das Mietverhältnis frühestens gelöst werden kann.

(5) Im Falle einer neuen Maßnahme nach § 1 Abs. 2 wird Trennungsgeld weitergewährt, wenn die berechtigte Person wegen Krankheit den Dienstort nicht verlassen kann.

(6) Bei Dienstreisen von Trennungsgeldberechtigten wird

1. die vor Anwendung des § 7 Abs. 5 LRKG zustehende Reisekostenvergütung für Verpflegungsmehraufwand auf das im Trennungsgeld enthaltene Tagegeld angerechnet,
2. für das Beibehalten einer entgeltlichen Unterkunft
   a) Trennungsreisegeldberechtigten Ersatz der notwendigen Auslagen und
   b) Trennungstagegeldberechtigten das Trennungsübernachtungsgeld

gewährt.

(7) Erhält der Ehegatte oder Lebenspartner einer berechtigten Person Trennungsgeld nach den §§ 3 und 4 oder eine entsprechende Entschädigung nach den Vorschriften eines anderen Dienstherrn, so erhält die berechtigte Person an Stelle des Trennungstagegeldes nach § 3 Abs. 2 Nr. 1 Trennungstagegeld nach § 3 Abs. 2 Nr. 2, wenn sie am Dienstort des Ehegatten oder Lebenspartners wohnt oder der Ehegatte oder Lebenspartner am Dienstort der berechtigten Person beschäftigt ist.

(8) Trennungsgeld kann in Fällen, in denen erfahrungsgemäß geringere Aufwendungen für Verpflegung oder Unterkunft als allgemein entstehen, nach näherer Bestimmung der obersten Dienstbehörde oder der von ihr ermächtigten Behörde entsprechend den notwendigen Mehrauslagen herabgesetzt werden oder auch entfallen.

§ 5 Reisebeihilfen für Heimfahrten

(1) Eine berechtigte Person nach § 3 erhält für Heimfahrten,

1. wenn sie die Voraussetzungen des § 3 Abs. 2 Nr. 1 Buchst. a oder b erfüllt oder das 18. Lebensjahr noch nicht vollendet hat, für jeden halben Monat,
2. im übrigen für jeden Monat

des Bezuges von Trennungsgeld eine Reisebeihilfe. Ändern sich diese Voraussetzungen, so beginnt der neue Anspruchszeitraum erst nach Ablauf des bisherigen, sofern dies für die berechtigte Person günstiger ist. Der Anspruchszeitraum wird aus Anlaß einer neuen Maßnahme nach § 1 Abs. 2 durch Sonn- und Feiertage, allgemein dienstfreie Werktage und Tage der Dienstantrittsreise nicht unterbrochen. Eine Reisebeihilfe wird nur gewährt, wenn die Reise im maßgebenden Anspruchszeitraum beginnt.

(2) An Stelle einer Reise der berechtigten Person kann auch eine Reise des Ehegatten oder Lebenspartners, eines Kindes oder einer in § 3 Abs. 2 Nr. 1 Buchst. b genannten Person berücksichtigt werden.

(3) Als Reisebeihilfe werden die entstandenen notwendigen Fahrauslagen bis zur Höhe der Kosten der für die berechtigte Person billigsten Fahrkarte der allgemein niedrigsten Klasse ohne Zuschläge eines regelmäßig verkehrenden Beförderungsmittels vom Dienstort zum bisherigen Wohnort oder, wenn dieser im Ausland liegt, bis zum inländischen Grenzort und zurück erstattet. Bei Benutzung eines privaten Kraftfahrzeugs wird eine Wegstreckenentschädigung gemäß § 6 Abs. 1 Satz 2 LRKG gewährt. Bei Mitnahme in einem privaten Kraftfahrzeug wird der Auslagenersatz auf die Sätze nach § 6 Abs. 4 LRKG begrenzt. Bei Benutzung zuschlagpflichtiger Züge werden auch die notwendigen Zuschläge wie bei Dienstreisen erstattet. In beson-

deren Fällen können nach näherer Bestimmung des für das finanzielle öffentliche Dienstrecht zuständigen Ministeriums im Einvernehmen mit dem für das allgemeine öffentliche Dienstrecht zuständigen Ministerium die Auslagen für die Benutzung eines Flugzeuges erstattet werden.

§ 6 Trennungsgeld bei täglicher Rückkehr zum Wohnort

(1) Eine berechtigte Person, die täglich an den Wohnort zurückkehrt oder der die tägliche Rückkehr zuzumuten ist (§ 3 Abs. 1 Satz 2), erhält als Trennungsgeld Fahrkostenerstattung sowie Wegstrecken- und Mitnahmeentschädigung wie bei Dienstreisen; dabei finden § 5 Abs. 4 und § 6 Abs. 7 LRKG sinngemäße Anwendung und § 6 Abs. 2 und 3 LRKG keine Anwendung. Auf die Fahrkostenerstattung und die Wegstreckenentschädigung ist der Aufwand anzurechnen, der für das Zurücklegen der Strecke zwischen Wohnung und bisheriger Dienststelle entstanden wäre, wenn die Entfernung mindestens fünf Kilometer beträgt und soweit er noch nicht durch die Erstattungsgrenze des Satzes 1 Halbsatz 2 berücksichtigt wurde. Dabei ist als Aufwand ein Betrag von 13 Cent je Entfernungskilometer und Arbeitstag zugrunde zu legen. Von der Anrechnung ist ganz oder teilweise abzusehen, wenn die berechtigte Person nachweist, daß sie bei Fahrten zwischen Wohnung und bisheriger Dienststätte üblicherweise keinen entsprechenden Aufwand hätte. Bei einer Kette von aufeinanderfolgenden Maßnahmen nach § 1 Abs. 2 ist für die jeweilige Anrechnung der Fahrauslagen der Aufwand für das Zurücklegen der Strecke von der Wohnung zur ersten Dienststätte maßgebend.

(2) Zusätzlich wird ein Verpflegungszuschuß von 2,05 EUR je Arbeitstag gewährt, wenn die notwendige Abwesenheit von der Wohnung mehr als elf Stunden beträgt, es sei denn, daß Anspruch auf Reisekostenvergütung für Verpflegungsmehraufwand besteht.

(3) Muß die berechtigte Person aus dienstlichen Gründen am Dienstort übernachten, werden die dadurch entstandenen notwendigen Mehraufwendungen erstattet.

(4) Das Trennungsgeld nach den Absätzen 1 und 2 darf das in einem Kalendermonat zustehende Trennungsgeld nach den §§ 3 und 4 sowie das Tagegeld und die Übernachtungskostenerstattung für die Hin- und Rückreise (§ 10 Abs. 1 LRKG) nicht übersteigen. Dabei sind im Rahmen der Vergleichsberechnung als Übernachtungskostenerstattung (§§ 8 und 10 Abs. 1 LRKG) 10,00 EUR zu berücksichtigen; § 3 Abs. 1 Satz 1 Halbsatz 2 ist nicht anzuwenden.

§ 7 Sonderfälle

(1) Anspruch auf Trennungsgeld besteht weiter, wenn sich aus Anlaß einer neuen Maßnahme nach § 1 Abs. 2 der neue Dienstort nicht ändert.

(2) Nach einem Umzug, für den Umzugskostenvergütung nicht zu gewähren ist, darf das Trennungsgeld nicht höher sein als das bisherige.

(3) Das Trennungsgeld kann ganz oder teilweise versagt werden, wenn die Führung der Dienstgeschäfte verboten ist oder infolge einer vorläufigen Dienstenthebung oder einer gesetzmäßig angeordneten Freiheitsentziehung der Dienst nicht ausgeübt werden kann. Das gilt nicht, wenn die berechtigte Person auf Grund einer dienstlichen Weisung am Dienstort bleibt.

§ 8 Ende des Trennungsgeldanspruchs

(1) Trennungsgeld wird bis zum Tag des Wegfalls der maßgebenden Voraussetzungen gewährt.

(2) Bei einem Umzug mit Zusage der Umzugskostenvergütung wird Trennungsgeld längstens gewährt bis zum Tag vor dem Tag, für den die berechtigte Person Reisekostenerstattung nach § 7 LUKG für ihre Reise erhält, im übrigen bis zum Tag des Ausladens des Umzugsgutes.

(3) In den Fällen des § 4 Abs. 4 Nr. 1 und 3 wird Trennungsgeld bis zu dem Tag gewährt, an dem der Dienstort verlassen wird, bei Gewährung von Reisekostenvergütung für diesen Tag bis zum vorausgehenden Tag.

§ 9 Verfahrensbestimmungen

(1) Das Trennungsgeld ist innerhalb einer Ausschlussfrist von sechs Monaten nach Beginn der Maßnahme nach § 1 Abs. 2 schriftlich oder elektronisch zu beantragen. Trennungsgeld wird monatlich nachträglich aufgrund von Forderungsnachweisen gezahlt, die die berechtigte Person innerhalb einer Ausschlussfrist von sechs Monaten nach Ablauf des maßgeblichen Kalendermonats abzugeben hat. Dabei hat die berechtigte Person nachzuweisen, dass die Voraussetzungen für die Trennungsgeldgewährung vorliegen, insbesondere hat sie im Falle des § 2 Abs. 1 das fortwährende Bemühen um eine Wohnung zu belegen.

(2) Für Bewilligung und Gewährung des Trennungsgeldes ist die oberste Dienstbehörde oder die von ihr ermächtigte nachgeordnete Behörde zuständig.

(3) Das Trennungsgeld darf jeweils nur längstens für einen Zeitraum von zwölf Monaten bewilligt werden. In Fällen, in denen die Umzugskostenvergütung zugesagt ist, ist die Zahlung des Trennungsgeldes spätestens nach zwei Jahren einzustellen. Die oberste Dienstbehörde kann in besonderen Fällen Ausnahmen von Satz 2 zulassen; jedoch darf die Bezugsdauer insgesamt fünf Jahre nicht übersteigen.

(4) Die berechtigte Person ist verpflichtet, alle Änderungen, die für die Gewährung des Trennungsgeldes von Bedeutung sein können, unverzüglich anzuzeigen.

(5) § 3 Abs. 5 Satz 3 LRKG gilt entsprechend.

(6) Die Verwaltungsakte über die Bewilligung und Gewährung von Trennungsgeld können vollständig durch automatisierte Einrichtungen erlassen werden. Im Falle eines elektronischen Verwaltungsakts gilt dieser am dritten Tage nach dem elektronischen Absenden der Benachrichtigung über die Bereitstellung des Verwaltungsakts an die abrufberechtigte Person als bekannt gegeben.

§ 10 Inkrafttreten

(1) Diese Verordnung tritt mit Wirkung vom 1. Januar 1993 in Kraft.

(2) Gleichzeitig tritt die Landestrennungsgeldverordnung vom 17. Januar 1967 (GVBl. S. 21), zuletzt geändert durch Verordnung vom 23. April 1990 (GVBl. S. 96), BS 2032-42-2, außer Kraft.

Dienstwohnungsverordnung (DWVO)

Vom 5. Dezember 2001 (GVBl. S. 291)

Zuletzt geändert durch
Landesgesetz zum Abbau verzichtbarer Anordnungen der Schriftform im Verwaltungsrecht des Landes
vom 20. Dezember 2024 (GVBl. S. 473)

Inhaltsübersicht

VI

Aufgrund des § 5 Abs. 2 des Landesbesoldungsgesetzes in der Fassung vom 14. Juli 1978 (GVBl. S. 459), zuletzt geändert durch Gesetz vom 10. Juli 2001 (GVBl. S. 142), BS 2032-1, wird im Einvernehmen mit dem Ministerium des Innern und für Sport verordnet:

Teil 1
Allgemeines

§ 1 Geltungsbereich

Diese Verordnung gilt für Dienstwohnungen der unmittelbaren und mittelbaren Landesbeamtinnen und Landesbeamten.

§ 2 Begriff der Dienstwohnungen

(1) Dienstwohnungen sind Wohnungen oder einzelne Wohnräume, die Beamtinnen und Beamten mit bestimmten Dienstposten unter ausdrücklicher Bezeichnung als Dienstwohnung ohne Abschluss eines Mietvertrages aus dienstlichen Gründen nach Maßgabe dieser Verordnung zugewiesen werden. Das Dienstwohnungsverhältnis ist öffentlich-rechtlicher Natur.

(2) Dienstwohnungen können sich nur in Gebäuden oder Gebäudeteilen befinden, die im Eigentum oder im Besitz des Dienstherrn stehen. Ist eine andere Körperschaft, Anstalt oder Stiftung als der Dienstherr verpflichtet, den Sachbedarf für eine Dienststelle bereitzustellen, gilt Satz 1 für diese Körperschaft, Anstalt oder Stiftung.

§ 3 Ausbringung im Haushaltsplan

Dienstwohnungen dürfen nur zugewiesen werden, wenn sie im Haushaltsplan oder, soweit ein solcher nicht vorgeschrieben ist, im Wirtschaftsplan ausgebracht sind. Bei besonderem Bedürfnis kann auch nach Feststellung des Haushalts- oder Wirtschaftsplans mit Wirkung bis zum Ende des laufenden Haushalts- oder Wirtschaftsjahres eine Wohnung zur Dienstwohnung erklärt werden. Diese Entscheidung nach Satz 2 obliegt,

1. soweit Dienstwohnungen im Landeshaushalt auszubringen sind, der zuständigen obersten Landesbehörde im Einvernehmen mit dem für das Haushaltsrecht zuständigen Ministerium,
2. bei allen anderen Dienstwohnungen der Aufsichtsbehörde (§ 5 Satz 1); soweit eine Genehmigung des Haushalts- oder Wirtschaftsplans vorgeschrieben ist, bedarf die Erklärung der Zustimmung der Genehmigungsbehörde.

§ 4 Voraussetzung für die Ausbringung und die Zuweisung von Dienstwohnungen

(1) Dienstwohnungen dürfen nur dann im Haushalts- oder Wirtschaftsplan ausgebracht und Beamtinnen und Beamten zugewiesen werden, wenn der Dienstposten das Beziehen einer Dienstwohnung zwingend erfordert.

(2) Ein Dienstposten erfordert das Beziehen einer Dienstwohnung nur dann, wenn

1. die ständige Dienstbereitschaft der Beamtin oder des Beamten außerhalb der Arbeitszeit auf andere Weise nicht gesichert werden kann und diese oder dieser daher im Gebäude der Dienststelle oder in dessen unmittelbarer Nähe wohnen muss und
2. die dienstlichen Gründe für die Ausbringung der Dienstwohnung so gewichtig sind, dass ohne die Möglichkeit, eine Verpflichtung zum Bezug der Dienstwohnung auszusprechen, der Dienstbetrieb gefährdet ist;

Dienstwohnungen sind insbesondere nur noch in begründeten Einzelfällen, wie bei

1. Dienststellen mit zahlreichen Abendveranstaltungen oder internatsmäßiger Unterbringung von Schulungsteilnehmerinnen und -teilnehmern,
2. Dienststellen mit besonderem Sicherheitsbedürfnis,
3. dem Straßenunterhaltungsdienst,

erforderlich.

(3) Dienstwohnungen, bei denen die Voraussetzungen des Absatzes 2 weggefallen sind, sind unverzüglich anderen dienstlichen Zwecken zuzuführen, in Mietwohnungen umzuwandeln oder aufzugeben.

(4) Auf die Zuweisung und Beibehaltung einer Dienstwohnung besteht kein Rechtsanspruch.

Teil 2
Verwaltung der Dienstwohnungen

§ 5 Aufsichtsbehörde, Hausverwaltung

Die Aufsicht über die Dienstwohnungen führt im Bereich des Landes die oberste Landesbehörde, in deren Einzelplan die Dienstwohnungen ausgebracht sind, in den anderen Bereichen die Behörde, der die Bewirtschaftung der Haushaltsmittel für die Unterhaltung der Dienstwohnungen obliegt (Aufsichtsbehörde). Die Aufsichtsbehörde nimmt auch die Aufgaben der Hausverwaltung im Sinne dieser Verordnung wahr, soweit in der Anlage zu dieser Verordnung keine abweichende Regelung getroffen ist.

§ 6 Größe und Ausstattung

(1) Ein Anspruch auf eine bestimmte Größe der Dienstwohnung besteht nicht.

(2) Die Wohnflächen neu zu errichtender Dienstwohnungen haben sich grundsätzlich im Rahmen derjenigen Wohnflächen zu halten, die vom Wohnraumförderungsgesetz vom 13. September 2001 (BGBl. I S. 2376) in der jeweils geltenden Fassung für den steuerbegünstigten Wohnungsbau zugelassen sind.

(3) Die Wohnflächen nach Absatz 2 dürfen nur bei Vorliegen unabweisbarer dienstlicher oder bautechnischer Gründe mit Zustimmung der obersten Dienstbehörde in angemessenen Grenzen überschritten werden.

(4) Zubehörräume wie Keller, Waschküchen, Dachböden und ähnliche Räume, haben sich im Rahmen der Ortsüblichkeit zu halten.

(5) Für die Ausstattung und die Bemessung der Wohnfläche neu zu errichtender Dienstwohnungen sind die Baufachlichen Bestimmungen für bundeseigene oder mit Bundesmitteln geförderte Wohnungen in der Fassung des Erlasses des Bundesministers für Raumordnung, Bauwesen und Städtebau vom 14. November 1978 (GMBl. S. 639) in der jeweils geltenden Fassung entsprechend anzuwenden.

§ 7 Hausordnung

Die Hausverwaltung hat nach Bedarf für jedes Gebäude, in dem sich Dienstwohnungen befinden, in Anlehnung an die bestehenden örtlichen Verhältnisse eine Hausordnung zu erlassen.

§ 8 Wohnungsblatt

Die Hausverwaltung hat über jede Dienstwohnung ein Wohnungsblatt zu führen. Aus dem Wohnungsblatt müssen insbesondere der Name und die Dienststellung der Person, die die Dienstwohnung innehat, die Größe, beheizbare Fläche und Ausstattung der Dienstwohnung, das Zubehör, die überlassenen Ausstattungsgegenstände und Geräte, der Mietwert, die höchste und die bei der Auszahlung der Dienstbezüge einzubehaltende Dienstwohnungsvergütung sowie die neben der Dienstwohnungsvergütung zu tragenden Betriebskosten und Entgelte ersichtlich sein.

Teil 3
Dienstwohnungsverhältnis

§ 9 Begründung des Dienstwohnungsverhältnisses, Bezugspflicht

(1) Das Dienstwohnungsverhältnis wird durch die Zuweisung der Dienstwohnung durch die dienstvorgesetzte Stelle begründet. Die Beamtin oder der Beamte ist dabei schriftlich oder elektronisch darauf hinzuweisen, dass für die Zuweisung und die Benutzung der Dienstwohnung diese Verordnung und eine etwaige Hausordnung gelten. Der Beamtin oder dem Beamten ist diese Verordnung zur Einsichtnahme vorzulegen, eine etwaige Hausordnung ist auszuhändigen.

(2) Beamtinnen und Beamte, denen eine Dienstwohnung zugewiesen ist, sind zu ihrem Beziehen verpflichtet. Die Verpflichtung entsteht mit dem Zeitpunkt, zu dem die Hausverwaltung die Beziehbarkeit der Wohnung festgestellt und die dienstvorgesetzte Stelle das Beziehen angeordnet hat. Die Dienstwohnung ist beziehbar, wenn sie sich in einem gebrauchsfähigen Zustand befindet.

(3) Die oberste Dienstbehörde kann auf Antrag der Beamtin oder dem Beamten von der Zuweisung einer für den Dienstposten vorhandenen Dienstwohnung absehen oder die Beamtin oder den Beamten von der Bezugspflicht entbinden, wenn

VI

1. die Verpflichtung zum Beziehen der Dienstwohnung für die Inhaberin oder den Inhaber des Dienstpostens eine besondere Härte bedeutet und
2. die Beeinträchtigung dienstlicher und haushaltswirtschaftlicher Belange bei Abwägung mit den besonderen persönlichen Verhältnissen der Beamtin oder des Beamten vorübergehend hingenommen werden kann.

Satz 1 gilt für die Frage der Beibehaltung einer bezogenen Dienstwohnung entsprechend.

§ 10 Übergabe

(1) Die Dienstwohnung ist der Beamtin oder dem Beamten von der Hausverwaltung zu übergeben. Hierüber ist eine Niederschrift anzufertigen, aus der insbesondere der Zeitpunkt, zu dem die Verpflichtung zum Beziehen der Dienstwohnung entsteht, das übergebene Zubehör sowie die überlassenen Ausstattungsgegenstände und Geräte ersichtlich sein müssen.

(2) Die Hausverwaltung hat dafür zu sorgen, dass sich die Dienstwohnung bei der Übergabe in einem gebrauchsfähigen Zustand befindet und dass sie während der Benutzung in diesem Zustand verbleibt. § 12 bleibt unberührt.

§ 11 Instandhaltung und Instandsetzung

(1) Die Instandhaltung und Instandsetzung der Dienstwohnungen des Landes einschließlich der Schönheitsreparaturen sind nach Maßgabe der Richtlinien für die Durchführung von Bauaufgaben des Landes im Zuständigkeitsbereich des Landesbetriebs „Liegenschafts- und Baubetreuung" (RLBau) auszuführen.

(2) Wer eine Dienstwohnung innehat und Schäden an ihr erkennt, ist verpflichtet, diese unverzüglich der Hausverwaltung anzuzeigen. Unterlässt er die Anzeige, so hat er den daraus entstehenden Schaden zu ersetzen.

(3) Die Person, die eine Dienstwohnung innehat, haftet für Schäden, die durch sie, ihre Familienmitglieder, Besucherinnen und Besucher, Hausgehilfinnen und -gehilfen, Mieterinnen und Mieter sowie die von ihr beauftragten anderen Personen schuldhaft verursacht werden. Lässt die Inhaberin oder der Inhaber einer Dienstwohnung bei drohender dringender Gefahr einen Schaden durch einen sachverständigen Dritten beseitigen, weil die beseitigungspflichtige Hausverwaltung nicht rechtzeitig verständigt werden kann, so entfällt die Haftung für ein Verschulden des Dritten.

(4) Die Person, die eine Dienstwohnung innehat, hat ohne Rücksicht auf ein Verschulden Instandsetzungen und Ersatzbeschaffungen auf eigene Kosten auszuführen oder ausführen zu lassen, wenn diese Kosten im Einzelfall 51,13 EUR nicht übersteigen und Teile oder Gegenstände der Dienstwohnung betreffen, die ihrem häufigen Zugriff ausgesetzt sind. Hierunter fallen insbesondere die Installationsgegenstände für Elektrizität, Gas, Wasser und Abwasser, die Heiz- und Kocheinrichtungen, die Fenster-, Tür-, Klapp- und Rollladenverschlüsse sowie die Rollladenzugvorrichtungen. Wer der Hausverwaltung nachweist, dass seine Kosten für Instandsetzungen und Ersatzbeschaffungen nach Satz 1 innerhalb eines Kalenderjahres 7 v. H. der für dieses Kalenderjahr einzubehaltenden Dienstwohnungsvergütung überschritten haben, erhält von ihr den übersteigenden Betrag zurückerstattet.

§ 12 Ausführung der Schönheitsreparaturen

(1) Die Hausverwaltung kann auf Antrag zulassen, dass die Inhaberin oder der Inhaber der Dienstwohnung die Ausführung der Schönheitsreparaturen nach Maßgabe der Absätze 2 bis 5 übernimmt.

(2) Wer die Übertragung der Schönheitsreparaturen beantragt, verpflichtet sich damit, während der Dauer des Nutzungsverhältnisses die Schönheitsreparaturen ohne besondere Aufforderung nach Maßgabe des in den in § 11 Abs. 1 genannten Richtlinien enthaltenen Fristenplans auf seine Kosten fachgerecht auszuführen oder ausführen zu lassen. Die Hausverwaltung ist berechtigt,

1. die Ausführung der Schönheitsreparaturen zu überwachen und
2. falls die Person, die die Dienstwohnung innehat, ihren Verpflichtungen trotz Mahnung und Fristsetzung nicht nachkommt,

a) die erforderlichen Arbeiten auf deren Kosten ausführen zu lassen und
b) die erteilte Übertragung mit rückwirkender Kraft zu widerrufen.

Bei der Übertragung ist auf die Befugnisse nach Satz 2 hinzuweisen. Ohne Zustimmung der Hausverwaltung darf nicht von der bisherigen Ausführungsart abgewichen werden. Ansprüche aus Wertverbesserungen stehen der Inhaberin oder dem Inhaber der Dienstwohnung nicht zu.

(3) Die Fristen für die Ausführung der Schönheitsreparaturen beginnen mit dem Anfang des Kalenderjahres, das auf die letztmalige Ausführung der Schönheitsreparaturen folgt. Bei Begründung des Dienstwohnungsverhältnisses beginnen die Fristen mit dem Anfang des Kalenderjahres, das auf die Zuweisung folgt. Die nächsten Arbeiten sind spätestens in dem Kalenderjahr nach Fristablauf auszuführen.

(4) Endet das Nutzungsverhältnis mit Fristablauf nach Fristenplan oder im Laufe des folgenden Kalenderjahres, sind die Schönheitsreparaturen bis zur Beendigung des Nutzungsverhältnisses auszuführen. Endet das Nutzungsverhältnis vor Ablauf der Renovierungsfristen, sind solche Schönheitsreparaturen auszuführen, die wegen Beschädigungen oder übermäßiger Abnutzungen abweichend vom Fristenplan notwendig sind. Wer eine Dienstwohnung innehat, hat im Übrigen bei Beendigung des Nutzungsverhältnisses die anteiligen Kosten für die Schönheitsreparaturen aufgrund eines Kostenvoranschlags eines von der Hausverwaltung auszuwählenden Fachbetriebs zu zahlen. Der Anteil beträgt für jedes seit Beginn der laufenden Fristen vollendete Kalenderjahr ein Siebtel der veranschlagten Kosten. Die Hausverwaltung kann auf die Geltendmachung von Leistungen nach den Sätzen 1 bis 3 verzichten, wenn im Zuge der Neuzuweisung die Wohnung unrenoviert übernommen und schriftlich in die Verpflichtungen der Vorbesitzerin oder des Vorbesitzers eingetreten wird.

(5) Der Antrag auf Übertragung der Schönheitsreparaturen soll spätestens bei der Übergabe der Dienstwohnung gestellt werden. Wird der Antrag erst nach der Übergabe der Dienstwohnung gestellt, kann ihm nur dann entsprochen werden, wenn die Person, die die Dienstwohnung innehat, schriftlich auf einen finanziellen Ausgleich für die Vergangenheit verzichtet. Die Übertragung kann nur für die ganze Dienstwohnung erfolgen und gilt vorbehaltlich des Absatzes 2 Satz 2 Nr. 2 Buchst. b für die Dauer oder restliche Dauer des Nutzungsverhältnisses.

§ 13 Veränderung der Dienstwohnungen

(1) Um-, An-, Einbauten sowie Änderungen der Ausstattung und Einrichtung sind nur mit schriftlicher oder elektronischer Einwilligung der Hausverwaltung zulässig. Die Aufsichtsbehörde kann sich die Einwilligung vorbehalten. § 6 Abs. 5 gilt entsprechend.

(2) Hat die Person, die die Dienstwohnung innehat, Maßnahmen des Absatzes 1 beantragt, so ist bei der Einwilligung zu entscheiden, ob und inwieweit sie die Kosten zu tragen hat und ob nach Räumung der Wohnung der frühere Zustand auf ihre Kosten wiederherzustellen ist.

§ 14 Duldung von Instandsetzungs- und ähnlichen Arbeiten

(1) Die Hausverwaltung ist berechtigt, Instandsetzungsarbeiten sowie bauliche Veränderungen, die zur Erhaltung des Hausgrundstücks oder der Dienstwohnräume, zur Abwendung drohender Gefahren oder zur Beseitigung von Schäden oder aus sonstigen Gründen notwendig werden, ohne Zustimmung der Person, die die Dienstwohnung innehat, ausführen zu lassen. Diese soll vor Ausführung der Arbeiten rechtzeitig verständigt werden.

(2) Um die Notwendigkeit von Instandsetzungs- und ähnlichen Arbeiten festzustellen, dürfen die Beauftragten der Hausverwaltung die Dienstwohnungen – nach vorheriger Anmeldung und Vereinbarung eines Besichtigungstermins – betreten. Die Einschränkungen in Satz 1 entfallen bei drohender Gefahr.

(3) Wer Arbeiten nach Absatz 1 dulden muss, kann weder Minderung der Dienstwohnungsvergütung (§ 22) noch Schadenersatz verlangen. Ausnahmen kann die Aufsichtsbehörde zulassen, wenn während der Arbeiten die Gebrauchsfähigkeit der Dienstwohnung we-

VI

sentlich beeinträchtigt ist. Eine wesentliche Beeinträchtigung der Gebrauchsfähigkeit ist nicht anzuerkennen, wenn lediglich Schönheitsreparaturen ausgeführt werden.

§ 15 Hausgärten

(1) Wer eine Dienstwohnung innehat, hat Hausgärten einschließlich Vorgärten und Ziergärten, die als Zubehör zur Dienstwohnung gelten, in ordnungsgemäßem Zustand zu erhalten.

(2) Die Pflege und Erhaltung eines etwa vorhandenen Bestandes an Obstbäumen und fruchtbringenden Sträuchern obliegen der Person, die die Dienstwohnung innehat. Zum Ersetzen abgestorbener Bäume oder Sträucher ist weder diese noch die Hausverwaltung verpflichtet. Die Beseitigung abgestorbener Bäume obliegt der Hausverwaltung. Wer für abgestorbene Bäume oder Sträucher Ersatz beschafft, wird für seine Auslagen nicht entschädigt.

(3) Beim Räumen der Dienstwohnung darf die Person, die die Dienstwohnung innehat, die von ihr gepflanzten Bäume und Sträucher entfernen.

§ 16 Antennenanlagen

(1) Die Anbringung von Rundfunk- und Fernsehantennen ist der Person, die die Dienstwohnung innehat, von der Hausverwaltung im Benehmen mit der Bauverwaltung auf vorherigen Antrag widerruflich zu gestatten. Dabei ist die Verpflichtung auszusprechen, dass

1. die Antenne unter Beachtung der VDE-Bestimmungen zu erstellen ist,
2. die Antenne bei Widerruf der Einwilligung zu entfernen ist,
3. bei Entfernung der Antenne oder bei Räumung der Wohnung auf Verlangen der Hausverwaltung alle Eingriffe in den Gebäudezustand zu beseitigen sind.

(2) Werden Gemeinschafts-Antennenanlagen zur Verfügung gestellt, so ist die Anbringung von Einzelantennen nicht gestattet; bestehende Einwilligungen sind zu widerrufen.

(3) Die Einrichtung von Breitbandanschlüssen kann in sinngemäßer Anwendung des Absatzes 1 gestattet werden.

§ 17 Benutzung der Dienstwohnungen, Vermieten

(1) Wer eine Dienstwohnung innehat, ist verpflichtet, die Wohnung nebst Zubehör schonend und pfleglich zu behandeln und sie nur zu Wohnzwecken zu benutzen. Das Vermieten an Dritte oder das Mitbenutzen zu anderen Zwecken bedarf der schriftlichen oder elektronischen Einwilligung der Hausverwaltung. Die Aufsichtsbehörde kann sich die Einwilligung vorbehalten.

(2) Werden Teile der Dienstwohnung an Dritte vermietet oder zu anderen Zwecken als Wohnzwecken oder dienstlichen Zwecken mitbenutzt und übersteigt der Mietwert der Dienstwohnung (§ 20) die einzubehaltende Dienstwohnungsvergütung (§§ 22 und 23), hat die Inhaberin oder der Inhaber der Dienstwohnung den Unterschiedsbetrag zwischen der Dienstwohnungsvergütung und dem Mietwert, bei Vermietung jedoch höchstens die vereinbarte Miete, als besondere Nutzungsentschädigung zu entrichten.

§ 18 Dauer und Beendigung des Dienstwohnungsverhältnisses, Räumung der Dienstwohnungen

(1) Die Dienstwohnung ist der Beamtin oder dem Beamten ausdrücklich nur für die Zeit widerruflich zuzuweisen, für die sie oder er den mit der Dienstwohnung ausgestatteten Dienstposten innehat. Die dienstvorgesetzte Stelle kann die Zuweisung aus dienstlichen Gründen vorzeitig widerrufen und das Räumen der Dienstwohnung oder einzelner Teile binnen einer angemessenen Frist anordnen.

(2) Das Dienstwohnungsverhältnis endet

1. im Falle des § 4 Abs. 3 mit Ablauf des Tages, der dem Tag der Umwandlung in eine Mietwohnung oder dem Tag der Aufgabe als Dienstwohnung vorhergeht,
2. im Falle des § 9 Abs. 3 mit Ablauf des Tages, an dem die Dienstwohnung geräumt wird,
3. im Falle des Absatzes 1 Satz 2 und des Absatzes 3 Satz 1 mit Ablauf der in der Räumungsanordnung bezeichneten Räumungsfrist und

4. im Falle des Absatzes 4 mit Ablauf des Todestages.

(3) Wird die Person, die die Dienstwohnung innehat, versetzt, tritt sie in den Ruhestand oder scheidet sie aus dem Dienst aus, ist das Räumen der Dienstwohnung zum Ablauf des Monats anzuordnen, in dem sie aus dem bisherigen Dienstposten ausscheidet; das Gleiche gilt, wenn sie ohne Versetzung den Dienstposten wechselt. Die Aufsichtsbehörde kann bei besonderem dienstlichen Interesse Ausnahmen zulassen.

(4) Stirbt die Person, die die Dienstwohnung innehat, so ist ihren Angehörigen, die die Dienstwohnung mitbewohnt haben, nach Ablauf des Sterbemonats eine dreimonatige Räumungsfrist zu gewähren. In allen anderen Fällen sind die Erben aufzufordern, die Dienstwohnung innerhalb eines Monats nach Ablauf des Sterbemonats zu räumen.

(5) Kann eine Dienstwohnung aus besonderen, von der Hausverwaltung anerkannten Gründen in den Fällen des Absatzes 1 Satz 2 und des Absatzes 3 Satz 1 bis zum Ablauf der Räumungspflicht nicht oder nur teilweise geräumt werden oder wird sie in den Fällen des Absatzes 3 Satz 2 nicht zu dem in Absatz 3 Satz 1 bestimmten Zeitpunkt geräumt, so ist für die weiterbenutzten Räume eine Nutzungsentschädigung in Höhe des Mietwerts zu erheben. Das Gleiche gilt im Falle des Absatzes 4; für den Sterbemonat und die sich anschließende Räumungsfrist ist die Nutzungsentschädigung jedoch in Höhe der von der Inhaberin oder dem Inhaber der Dienstwohnung zuletzt gezahlten Dienstwohnungsvergütung zu erheben.

§ 19 Rücknahme der Dienstwohnungen

(1) Die Dienstwohnung ist nach Beendigung des Dienstwohnungsverhältnisses (§ 18 Abs. 2) durch die Hausverwaltung zurückzunehmen. In den Fällen des § 18 Abs. 1, 3 und 4 ist die Rücknahme in der Regel bis zur Räumung der Wohnung aufzuschieben. Über die Rücknahmeverhandlung ist eine Niederschrift anzufertigen, in der die Abweichungen gegenüber der Wohnungsübergabeverhandlung anzugeben sind.

(2) Wer eine Dienstwohnung innehat, hat sie besenrein mit sämtlichen in der Niederschrift über die Wohnungsübergabe aufgeführten Gegenständen (einschließlich der selbst beschafften Schlüssel) zurückzugeben. Für Mängel oder Beschädigungen, die von ihm zu vertreten sind (§ 11 Abs. 3), hat er Ersatz zu leisten. Bestreitet die Person, die die Dienstwohnung innehat, die Ersatzpflicht, so ist die Entscheidung der Hausverwaltung herbeizuführen.

(3) Wer eine Dienstwohnung innehat, muss Einbauten und Vorrichtungen, mit denen er die Dienstwohnung versehen hat, wegnehmen und auf seine Kosten den früheren Zustand wiederherstellen, soweit dies bei der Einwilligung nach § 13 Abs. 2 bestimmt worden ist. Die Hausverwaltung kann Ausnahmen zulassen. Sie kann verlangen, dass Einbauten und Vorrichtungen gegen Ersatz des Zeitwerts in der Dienstwohnung zurückgelassen werden, es sei denn, dass die Inhaberin oder der Inhaber der Dienstwohnung an der Wegnahme ein berechtigtes Interesse hat.

Teil 4
Dienstwohnungsvergütung

§ 20 Mietwert

(1) Für jede Dienstwohnung ist der Mietwert zu ermitteln und festzusetzen; er bildet die Grundlage für die Festsetzung der Dienstwohnungsvergütung (§§ 22 und 23). Der Mietwert muss dem objektiven Wert der Wohnung unter Berücksichtigung der werterhöhenden und der wertmindernden Umstände entsprechen.

(2) Soweit die Bestimmungen dieser Verordnung nicht entgegenstehen, ist bei der Ermittlung des Mietwerts die Verwaltungsvorschrift über die Vermietung landeseigener Wohnungen (Landesmietwohnungsvorschrift) vom 2. September 1999 (MinBl. S. 342, 434), geändert durch Verwaltungsvorschrift vom 23. Oktober 2001 (MinBl. S. 439) entsprechend anzuwenden.

(3) Der Ermittlung des Mietwerts ist die vorhandene Wohnfläche, berechnet nach der Wohnflächenverordnung vom 25. November

2003 (BGBl. I S. 2346) in der jeweils geltenden Fassung, zugrunde zu legen. Wird für die Bereitstellung eines Arbeitszimmers durch Angehörige des Forstaußendienstes eine Entschädigung gezahlt, bleibt die Wohnfläche dieses Arbeitszimmers bei der Wohnflächenberechnung unberücksichtigt; § 24 bleibt unberührt.

(4) Die Kosten der Schönheitsreparaturen sind bei der Ermittlung des Mietwerts mit einem Zuschlag in Höhe der nach § 28 Abs. 4 der Zweiten Berechnungsverordnung in der Fassung vom 12. Oktober 1990 (BGBl. I S. 2178) in der jeweils geltenden Fassung zulässigen Ansätze zu berücksichtigen. Der Zuschlag entfällt, wenn die Inhaberin oder der Inhaber der Dienstwohnung die Ausführung der Schönheitsreparaturen nach § 12 übernommen hat.

(5) Zuständig für die Ermittlung des Mietwerts ist bei Dienstwohnungen, die unmittelbaren Landesbeamtinnen und -beamten zugewiesen sind, das Landesamt für Steuern, in den Fällen des § 2 Abs. 2 Satz 2 die zur Bereitstellung der Dienstwohnung verpflichtete Körperschaft, Anstalt oder Stiftung und im Übrigen die Aufsichtsbehörde.

VI

§ 21 Überprüfung des Mietwerts

(1) Die nach § 20 Abs. 5 zuständige Stelle überprüft in eigener Zuständigkeit und in Anwendung der Landesmietwohnungsvorschrift den Mietwert. Die Hausverwaltung ist bei Veränderung der Dienstwohnung verpflichtet, die Überprüfung des Mietwerts zu beantragen und der nach § 20 Abs. 5 zuständigen Stelle die erforderlichen Angaben zu übermitteln.

(2) Von einer Neufestsetzung des Mietwerts ist abzusehen, wenn der neue Mietwert um weniger als 3 EUR im Monat von dem bisherigen Mietwert abweichen würde.

§ 22 Dienstwohnungsvergütung

(1) Die Dienstwohnungsvergütung ist der Betrag, der der Beamtin oder dem Beamten bei Zuweisung einer Dienstwohnung für deren Nutzung nach § 13 des Landesbesoldungsgesetzes auf die Dienstbezüge anzurechnen ist. Sie ist in Höhe des Mietwerts (§ 20) festzusetzen, soweit § 23 nichts anderes bestimmt. Die Dienstwohnungsvergütung ist bei der Auszahlung der monatlichen Dienstbezüge einzubehalten.

(2) Die Anrechnung der Dienstwohnungsvergütung auf die Dienstbezüge beginnt mit dem Tag, an dem die Verpflichtung zum Beziehen der Dienstwohnung entstanden ist (vgl. § 9 Abs. 2 Satz 2). Die auf einem neuen Mietwert beruhende Dienstwohnungsvergütung ist vom Ersten des auf die Bekanntgabe an die Inhaberin oder den Inhaber der Dienstwohnung folgenden Kalendermonats an einzubehalten; bei rückwirkender Mietwertfestsetzung ist eine Einbehaltung höchstens für sechs Kalendermonate vor der Mietwertfestsetzung zulässig. Die Anrechnung endet mit Ablauf des Tages, an dem das Dienstwohnungsverhältnis endet (§ 18 Abs. 2).

(3) Über die Festsetzung des Mietwerts (§ 20) und der Dienstwohnungsvergütung ist ein einheitlicher, mit einer Rechtsbehelfsbelehrung versehener Bescheid zu erteilen (Festsetzungsbescheid). Zuständig für den Erlass des Festsetzungsbescheides ist bei unmittelbaren Landesbeamtinnen und beamten das Landesamt für Steuern, in den übrigen Fällen die Aufsichtsbehörde. Der Widerspruch gegen die Festsetzung der Dienstwohnungsvergütung hat keine aufschiebende Wirkung.

(4) Das unentgeltliche Überlassen einer Dienstwohnung ist unzulässig.

§ 23 Höchste Dienstwohnungsvergütung

(1) Die nach § 22 Abs. 1 Satz 1 auf die Dienstbezüge anzurechnende Dienstwohnungsvergütung darf nicht übersteigen (höchste Dienstwohnungsvergütung):

bei monatlichen Bruttodienstbezügen von EUR	bis EUR	den Betrag von EUR
	1533,87	252,07
1533,88	1585,00	260,76
1585,01	1636,13	269,45
1636,14	1687,26	278,14
1687,27	1738,39	286,83

bei monatlichen Bruttodienstbezügen von EUR	bis EUR	den Betrag von EUR
1738,40	1789,52	295,53
1789,53	1840,65	304,22
1840,66	1891,77	312,91
1891,78	1942,90	321,60
1942,91	1994,03	330,29
1994,04	2045,16	338,99
2045,17	2096,29	347,68
2096,30	2147,42	356,37
2147,43	2198,55	365,06
2198,56	2249,68	373,75
2249,69	2300,81	382,45
2300,82	2351,94	391,14
2351,95	2403,07	399,83
2403,08	2454,20	408,52
2454,21	2505,33	417,21
2505,34	2556,45	425,91
2556,46	2607,58	434,60
2607,59	2658,71	443,29

Die höchste Dienstwohnungsvergütung von 443,29 EUR erhöht sich um jeweils 6,14 EUR für jeden weiteren angefangenen Betrag von 51,13 EUR, um die die monatlichen Bruttodienstbezüge 2658,71 EUR überschreiten.

(2) Bruttodienstbezüge im Sinne des Absatzes 1 sind das Grundgehalt, die Amtszulagen, die Stellenzulagen, die Ausgleichszulagen, die Überleitungszulagen und die Zuschüsse zum Grundgehalt für Professorinnen und Professoren, jeweils in der der Beamtin oder dem Beamten bei voller Beschäftigung zustehenden Höhe sowie der Familienzuschlag, der sich aus der Summe des vom Personenstand abhängigen Zuschlags nach § 41 Abs. 1 Satz 1 Nr. 1 des Landesbesoldungsgesetzes und des kinderbezogenen Zuschlags für zwei Kinder nach § 41 Abs. 1 Satz 1 Nr. 2 des Landesbesoldungsgesetzes ergibt. Eine Kürzung oder Verringerung der Dienstbezüge bleibt unbeachtlich.

(3) Eine Änderung der höchsten Dienstwohnungsvergütung aufgrund veränderter Bruttodienstbezüge ist mit Wirkung von dem Tag an vorzunehmen, von dem an der Anspruch auf die veränderten Dienstbezüge besteht.

Teil 5
Betriebskosten und Entgelte

§ 24 Betriebskosten, andere Entgelte

(1) Wer eine Dienstwohnung innehat, hat neben der Dienstwohnungsvergütung alle Betriebskosten im Sinne der Betriebskostenverordnung vom 25. November 2003 (BGBl. I S. 2346 – 2347 –) in der jeweils geltenden Fassung zu zahlen; die grundstücksbezogenen Betriebskosten jedoch nur bis zur Höhe von 4 v. H. des Mietwerts. Soweit in den §§ 25 bis 30 nichts anderes bestimmt ist, sind die Betriebskosten im Verhältnis der Wohn- und Nutzflächen umzulegen; sind vorgeschriebene oder zulässige Messeinrichtungen vorhanden, sind die Betriebskosten nach dem gemessenen Verbrauch aufzuteilen.

(2) Für besondere Gebrauchsüberlassungen, die nicht Gegenstand des Dienstwohnungsverhältnisses sind, sind die ortsüblichen Entgelte zu entrichten. Die nach § 22 Abs. 3 Satz 2 zuständige Stelle teilt der Hausverwaltung die jeweilige Höhe des ortsüblichen Entgelts mit. Über die Gebrauchsüberlassung ist von der Hausverwaltung ein schriftlicher oder elektronischer Vertrag abzuschließen.

(3) Der Person, die die Dienstwohnung innehat, sind die Betriebskosten und Entgelte nach Absatz 2, die sie neben der Dienstwohnungsvergütung zu tragen hat, schriftlich oder elektronisch mit dem Festsetzungsbescheid nach § 22 Abs. 3 Satz 1 bekannt zu geben. Soweit diese Person, die die Dienstwohnung innehat, diese Betriebskosten und Entgelte nicht unmittelbar an die Forderungsberechtigten zu zahlen hat, sind sie von der nach § 22 Abs. 3 Satz 2 zuständigen Stelle zusammen mit der Dienstwohnungsvergütung festzusetzen und bei der Auszahlung der monatlichen Dienstbezüge einzubehalten. Die Hausverwaltung übermittelt der nach § 22 Abs. 3 Satz 2 zuständigen Stelle rechtzeitig die hierfür erforderlichen Angaben.

(4) Für Betriebskosten und Entgelte, die zusammen mit der Dienstwohnungsvergütung einzubehalten sind, sind von der Hausverwaltung monatlich gleich bleibende und auf volle Euro abgerundete Abschläge zu berechnen und von der nach § 22 Abs. 3 Satz 2 zuständigen Stelle festzusetzen. Die Ausgleichsabrechnung ist nach den tatsächlich zu zahlenden Beträgen jährlich sowie nach Beendigung des Dienstwohnungsverhältnisses von der Hausverwaltung vorzunehmen und der nach § 22 Abs. 3 Satz 2 zuständigen Stelle zu übermitteln.

§ 25 Kosten der Wasserversorgung und der Abwasserbeseitigung

(1) Liegt die Dienstwohnung in einem Gebäude, in dem in geringem Umfang auch Wasser für dienstliche Zwecke entnommen wird, und hat das Gebäude nur einen Wassermesser, so ist von dem gemessenen Wasserverbrauch auszugehen. Wegen des für dienstliche Zwecke entnommenen Wassers ist ein angemessener Abschlag vorzunehmen, es sei denn, dass der dienstliche Wasserverbrauch bereits anderweitig abgegolten wird.

(2) Liegt die Dienstwohnung nicht in einem reinen Wohngebäude, ist als Anhalt von einem jährlichen Wasserverbrauch von 30 m^3 für jede ständig zum Haushalt der Inhaberin oder des Inhabers der Dienstwohnung gehörende Person auszugehen. Für Personen, die zum Haushalt der Inhaberin oder des Inhabers einer Dienstwohnung gehören, aber nicht ständig zu Hause wohnen, ist ein jährlicher Wasserverbrauch von 15 m^3 anzusetzen. Maßgebend für die Festsetzung des Wasserverbrauchs für ein Kalenderjahr ist die Zugehörigkeit zum Dienstwohnungshaushalt am Jahresbeginn. Für Hausgärten (§ 15), die zur Dienstwohnung gehören, ist zusätzlich ein jährlicher Wasserverbrauch von 2 m^3 für je 25 m^2 Gartenfläche zugrunde zu legen.

(3) Bei Betrieb einer hauseigenen Wasserversorgungsanlage sind die Kosten der Wasserversorgung in Höhe der bei Anschluss der Dienstwohnung an das nächste öffentliche Wasserversorgungsnetz entstehenden Kosten festzusetzen. Ist die Dienstwohnung an eine nicht öffentliche Abwasserbeseitigungsanlage angeschlossen, sind die Kosten der Abwasserbeseitigung in Höhe der bei Anschluss der Dienstwohnung an die nächste öffentliche Abwasserbeseitigungsanlage entstehenden Kosten festzusetzen. Die Absätze 1 und 2 gelten entsprechend.

§ 26 Kosten der zentralen Beheizung und zentralen Warmwasserversorgung

Für die Verteilung der Kosten des Betriebs zentraler Heizungsanlagen und zentraler Warmwasserversorgungsanlagen sowie der eigenständig gewerblichen Lieferung von Wärme und Warmwasser gilt die Verordnung über Heizkostenabrechnung in der Fassung vom 20. Januar 1989 (BGBl. I S. 115) in der jeweils geltenden Fassung.

§ 27 Beheizung der Dienstwohnungen aus dienstlichen Versorgungsleitungen

(1) Ist die Dienstwohnung an eine Heizungsanlage angeschlossen, die auch zur Heizung von Diensträumen dient, sind, soweit die Voraussetzungen des § 11 der Verordnung über Heizkostenabrechnung vorliegen, die von der Inhaberin oder dem Inhaber der Dienstwohnung zu tragenden Kosten nach Maßgabe der folgenden Bestimmungen zu ermitteln.

(2) Maßgebend sind die durchschnittlichen Kosten, die im Abrechnungszeitraum (1. Juli bis 30. Juni) für die Beheizung nicht an dienstliche Versorgungsleitungen angeschlossener Bundesmiet- und Bundesdienstwohnungen aufzuwenden waren. Das für das Besoldungsrecht zuständige Ministerium gibt nach Ablauf des jeweiligen Abrechnungszeitraums den für die Berechnung nach Satz 1 maßgebenden Betrag je Quadratmeter Wohnfläche der beheizbaren Räume bekannt. Ein beheizbarer Raum liegt vor, wenn er mit mindestens einem Heizkörper ausgestattet ist.

(3) Beginnt oder endet das Dienstwohnungsverhältnis während des Abrechnungszeitraums, sind für jeden vollen Monat des angebrochenen Abrechnungszeitraums folgende Vomhundertsätze des nach Absatz 2 berechneten Jahresbetrags festzusetzen:

VI

Monat	Vomhundertsatz
Januar	18,1
Februar	15,6
März	13,7
April	9,4
Mai	2,1
Juni	1,1
Juli	0,3
August	0,3
September	0,7
Oktober	9,0
November	13,0
Dezember	16,7

Für Teile eines Monats betragen die Heizkosten täglich ein Dreißigstel des Monatsbetrags.

(4) In den Fällen der höchsten Dienstwohnungsvergütung ist die Höhe der jährlichen Heizkosten auf die Höhe des anderthalbfachen Betrags der Dienstwohnungsvergütung des letzten Monats im Abrechnungszeitraum begrenzt.

(5) Ist die Heizungsanlage an Sonn- und Feiertagen außer Betrieb oder derart eingeschränkt, dass die Dienstwohnung unzureichend beheizt wird, sind die nach den Absätzen 2 bis 4 berechneten Heizkosten um ein Siebtel zu kürzen; sie sind um ein weiteres Siebtel zu kürzen, wenn die Heizungsanlage auch an Samstagen außer Betrieb oder entsprechend eingeschränkt ist. Ist die Heizungsanlage infolge der Schulferien außer Betrieb, ermäßigen sich die Heizkosten um ein weiteres Siebtel.

(6) Die Heizkosten sind nach den Absätzen 2 bis 5 auch zu berechnen, wenn die Person, die die Dienstwohnung innehat, die Heizungsanlage aus persönlichen Gründen zeitweise nicht oder nur in geringem Umfang in Anspruch nimmt.

§ 28 Warmwasserversorgung aus dienstlichen Versorgungsleitungen

(1) Wird die Warmwasserversorgungsanlage aus einer auch zur Heizung von Diensträumen dienenden Heizungsanlage gespeist und erfolgt aufgrund des § 11 der Verordnung über Heizkostenabrechnung keine Erfassung des Verbrauchs, so ist für das entnommene Warmwasser ein Kostenbeitrag festzusetzen. Er beträgt,

1. wenn die Warmwasserversorgung nur während der Heizperiode erfolgt, ein Sechstel der nach § 27 berechneten Heizkosten,
2. wenn die Warmwasserversorgung während des ganzen Jahres erfolgt, ein Viertel der nach § 27 berechneten Heizkosten.

§ 27 Abs. 3 und 4 findet keine Anwendung.

(2) Bei Beheizung der Warmwasserversorgungsanlage durch eine besondere Heizanlage, die zugleich Warmwasser für dienstliche Zwecke bereitet, ist der Kostenbeitrag in derselben Höhe wie nach Absatz 1 festzusetzen.

(3) Beschränkt sich die Warmwasserversorgung regelmäßig auf einzelne Tage in der Woche, so ist der Kostenbeitrag entsprechend zu mindern.

§ 29 Abgabe von elektrischem Strom und Gas

Wird der Person, die die Dienstwohnung innehat, elektrischer Strom oder Gas überlassen, hat sie dafür den ortsüblichen Preis zu zahlen. § 27 bleibt unberührt.

§ 30 Kosten der Abfallbeseitigung

Werden der Person, die die Dienstwohnung innehat, nicht von einem Entsorgungsbetrieb die Kosten der Abfallbeseitigung gesondert in Rechnung gestellt, so hat sie die Gebühren zu tragen, die ihr Haushalt bei dem für ihre Gebietskörperschaft zuständigen Entsorgungsbetrieb zu übernehmen hätte.

Teil 6
Übergangs- und Schlussbestimmungen

§ 31 Übergangsbestimmung

Sofern sich aufgrund dieser Verordnung die Dienstwohnungsvergütung eines am 31. Dezember 2001 bestehenden Dienstwohnungsverhältnisses erhöht, wird die Erhöhung auf

20 v. H. des zum 1. Januar 2002 geltenden Mietwerts für die Dauer von jeweils drei Jahren begrenzt.

§ 32 In-Kraft-Treten

(1) Diese Verordnung tritt am 1. Januar 2002 in Kraft.

(2) Gleichzeitig tritt die Dienstwohnungsverordnung vom 28. April 1980 (GVBl. S. 98), zuletzt geändert durch Artikel 15 der Verordnung vom 28. August 2001 (GVBl. S. 210), BS 2032-1-4, außer Kraft.

VI

Anlage
(zu § 5 Satz 2)

Die Aufgaben der Hausverwaltung im Sinne dieser Verordnung nehmen abweichend von § 5 Satz 2 jeweils für die Dienstwohnungen in ihrem Zuständigkeitsbereich wahr:

1. das Statistische Landesamt,
2. die Polizeipräsidien,
3. das Landesamt für Brand- und Katastrophenschutz,
4. die Hochschule für öffentliche Verwaltung Rheinland-Pfalz und die Zentrale Verwaltungsschule,
5. (weggefallen)
6. die Finanzämter,
7. das Landesamt für Steuern,
8. die Oberlandesgerichte, die Landgerichte und die Amtsgerichte,
9. die Staatsanwaltschaften,
10. die Justizvollzugsanstalten,
11. die Deutsche Richterakademie,
12. das Landesamt für Soziales, Jugend und Versorgung,
13. die Landesschule für Blinde und Sehbehinderte Neuwied,
14. die Wilhelm Hubert Cüppers-Schule Trier,
15. das Landesuntersuchungsamt,
16. die Aufsichts- und Dienstleistungsdirektion,
17. der Landesbetrieb Mobilität,
18. die Zentralstelle der Forstverwaltung,
19. die Verwaltungen der Hochschulen und
20. die Generaldirektion Kulturelles Erbe.

VII Beihilfe/Fürsorge

Beihilfe

Fürsorge

Beihilfenverordnung Rheinland-Pfalz (BVO)

Vom 22. Juni 2011 (GVBl. S. 199)

Zuletzt geändert durch
Siebte Landesverordnung zur Änderung der Beihilfenverordnung Rheinland-Pfalz
vom 6. Dezember 2024 (GVBl. S. 405, 2025 S. 14)

Inhaltsübersicht

VII

VII

Aufgrund des § 66 Abs. 5 des Landesbeamtengesetzes vom 20. Oktober 2010, zuletzt geändert durch Artikel 2 des Gesetzes vom 19. Dezember 2018 (GVBl. S. 44), BS 2030-1, wird im Einvernehmen mit dem Ministerium des Innern und für Sport verordnet:

Teil 1
Allgemeine Bestimmungen

§ 1 Anwendungsbereich, Zweckbestimmung

(1) Diese Verordnung regelt die Gewährung von Beihilfen in den in § 66 des Landesbeamtengesetzes (LBG) vom 20. Oktober 2010 (GVBl. S. 319, BS 2030-1) vorgesehenen Fällen. Die Beihilfen ergänzen die Eigenvorsorge, die aus den laufenden Bezügen zu bestreiten ist.

(2) Beihilfen werden nach Maßgabe dieser Verordnung zu den beihilfefähigen Aufwendungen der beihilfeberechtigten Personen und ihrer berücksichtigungsfähigen Angehörigen als Vomhundertsatz oder als Pauschale gewährt.

§ 2 Rechtsnatur der Beihilfen

Auf die Beihilfen besteht ein Rechtsanspruch. Der Anspruch ist vererblich. Er kann nicht abgetreten, verpfändet oder gepfändet werden. Abweichend von Satz 3 ist die Pfändung durch Gläubiger bezüglich des für ihre Forderung zustehenden und noch nicht ausgezahlten Betrages einer Beihilfe zulässig.

§ 3 Beihilfeberechtigte Personen

(1) Beihilfeberechtigt sind die in § 66 Abs. 1 Satz 1 Nr. 1 bis 5 LBG genannten Personen, wenn und solange diese Dienstbezüge, Anwärterbezüge, Ruhegehalt, Witwengeld, Witwergeld, Waisengeld oder Unterhaltsbeitrag erhalten.

(2) Abweichend von Absatz 1 besteht Beihilfeberechtigung auch, wenn Bezüge

1. wegen Elternzeit,
2. wegen Anwendung von Ruhens-, Anrechnungs- oder Kürzungsvorschriften oder
3. während eines Urlaubs, der die Dauer von 30 Kalendertagen nicht überschreitet,

nicht gezahlt werden.

(3) Im Falle des Todes einer beihilfeberechtigten Person gilt § 5.

(4) Beihilfeberechtigt sind nicht:

1. Ehrenbeamtinnen und Ehrenbeamte,
2. Beamtinnen und Beamte, die auf Zeit für weniger als ein Jahr beschäftigt werden; dies gilt nicht für Bedienstete, die auch ohne eine Beschäftigung im öffentlichen Dienst beihilfeberechtigt sind oder die bereits länger als ein Jahr ununterbrochen im öffentlichen Dienst stehen,
3. Personen, denen Leistungen nach § 11 des Europaabgeordnetengesetzes, § 27 des Abgeordnetengesetzes oder entsprechenden vorrangigen landesrechtlichen Vorschriften zustehen, und
4. Personen, die Übergangsgeld nach § 60 oder § 61 des Landesbeamtenversorgungsgesetzes (LBeamtVG), einen Unterhaltsbeitrag aufgrund disziplinarrechtlicher Regelungen oder Gnadenunterhaltsbeiträge empfangen.

§ 4 Berücksichtigungsfähige Angehörige

(1) Ehegattinnen, Ehegatten, Lebenspartnerinnen und Lebenspartner von beihilfeberechtigten Personen sind nach § 66 Abs. 2 Satz 2 Nr. 1 LBG berücksichtigungsfähig. Werden die Einkommensgrenzen des § 66 Abs. 2 Satz 2 Nr. 1 LBG im laufenden Kalenderjahr nicht erreicht, sind Ehegattinnen, Ehegatten, Lebenspartnerinnen und Lebenspartner unter dem Vorbehalt des Widerrufs bereits im laufenden Jahr berücksichtigungsfähig. Die Höhe der Einkünfte nach § 66 Abs. 2 Satz 2 Nr. 1 LBG ist auf Verlangen der Festsetzungsstelle nachzuweisen.

(2) Kinder von beihilfeberechtigten Personen sind nach § 66 Abs. 2 Satz 2 Nr. 2 LBG berücksichtigungsfähig. Als berücksichtigungsfähig gelten auch Kinder, für die der Anspruch auf den kinderbezogenen Anteil im Familienzuschlag nur entfällt, weil das Kindergeld oder der Kinderfreibetrag nach Abschluss einer erstmaligen Berufsausbildung oder eines Erststudiums wegen des Umfangs der Erwerbstätigkeit in der weiteren Ausbildung (§ 32 Abs. 4 Satz 2 und 3 des Einkommensteuergesetzes – EStG) nicht gewährt wird; dies gilt bis zum Ablauf des Monats, für den ohne Beachtung des maßge-

VII

benden Umfangs der Erwerbstätigkeit der kinderbezogene Anteil im Familienzuschlag gezahlt würde, längstens bis zum Ablauf des Monats, in dem das entsprechende Kind das in § 32 Abs. 4 Satz 1 Nr. 1 und 2 EStG genannte Lebensalter vollendet hat, gegebenenfalls verlängert um Zeiträume nach § 32 Abs. 5 EStG.

(3) Angehörige beihilfeberechtigter Waisen sowie Geschwister der beihilfeberechtigten Person oder ihrer Ehegattin, ihres Ehegatten, ihrer Lebenspartnerin oder ihres Lebenspartners sind nicht berücksichtigungsfähig.

---

§ 2 Abs. 2 Satz 2 Nr. 2 der Beihilfenverordnung in der Fassung vom 1. August 2006 (GVBl. S. 303, 362), zuletzt geändert durch Artikel 3 des Gesetzes vom 15. September 2009 (GVBl. S. 333), tritt erst mit Ablauf des 31. Dezember 2016 außer Kraft. Dieser lautet:

„Als berücksichtigungsfähig gelten auch Kinder,

1. (. . .)
2. die für das Wintersemester 2006/2007 an einer Hochschule eingeschrieben sind, solange für sie die Voraussetzungen des § 32 Abs. 4 und 5 des Einkommensteuergesetzes in der bis zum 31. Dezember 2006 geltenden Fassung gegeben sind; Nummer 1 gilt entsprechend."

VII

§ 5 Beihilfen nach dem Tod der beihilfeberechtigten Person

Stirbt die beihilfeberechtigte Person, erhält die Beihilfen zu den bis zum Tod entstandenen Aufwendungen die Erbin, der Erbe oder die Erbengemeinschaft.

§ 6 Konkurrenzen

(1) Die Beihilfeberechtigung aus einem Dienstverhältnis oder ein Anspruch auf Leistungen der Krankenfürsorge in entsprechender Anwendung der Beihilferegelungen für Beamtinnen und Beamte schließt

1. eine Beihilfeberechtigung aufgrund eines Versorgungsanspruchs sowie
2. die Berücksichtigungsfähigkeit als Angehörige oder Angehöriger

aus.

(2) Die Beihilfeberechtigung aufgrund eines neuen Versorgungsanspruchs schließt die Beihilfeberechtigung aufgrund eines älteren Versorgungsanspruchs aus; bei gleichzeitigem Beginn zweier Versorgungsansprüche schließt die Beihilfeberechtigung aus dem jüngeren die aus dem älteren Dienstverhältnis aus. Die Beihilfeberechtigung aufgrund eines Versorgungsanspruchs aus einem eigenen Dienstverhältnis schließt die Beihilfeberechtigung aufgrund eines Anspruchs als Witwe oder hinterbliebene Lebenspartnerin oder Witwer oder hinterbliebener Lebenspartner aus.

(3) Die Beihilfeberechtigung aufgrund privatrechtlicher Rechtsbeziehungen nach Regelungen, die dieser Verordnung im Wesentlichen vergleichbar sind, geht

1. der Beihilfeberechtigung aufgrund eines Versorgungsanspruchs und
2. der Berücksichtigungsfähigkeit als Angehörige oder Angehöriger

vor. Keine im Wesentlichen vergleichbare Regelung ist der bei Teilzeitbeschäftigten zu quotelnde Beihilfeanspruch.

(4) Absatz 1 Nr. 2 und Absatz 3 Satz 1 Nr. 2 gelten entsprechend für berücksichtigungsfähige Angehörige, die bei Zuwendungsempfängern tätig sind, die zu mehr als 50 v. H. aus öffentlichen Mitteln unterhalten werden und das Beihilfenrecht des Bundes oder eines Landes anwenden.

(5) Ein Kind, das bei mehreren beihilfeberechtigten Personen berücksichtigungsfähig ist, ist bei der Person zu berücksichtigen, die den kinderbezogenen Anteil des Familienzuschlages nach dem Landesbesoldungsgesetz oder entsprechenden bundes- oder landesgesetzlichen Bestimmungen erhält. Erhält keine beihilfeberechtigte Person den Familienzuschlag nach Satz 1, ist das Kind bei der Person zu berücksichtigen, die dem Familienzuschlag vergleichbare Vergütungsbestandteile erhält, im Übrigen bei der Person, die das Kindergeld bezieht.

(6) Die Berücksichtigungsfähigkeit nach § 4 Abs. 1 schließt die nach § 4 Abs. 2 aus.

§ 7 Öffentlicher Dienst

Öffentlicher Dienst im Sinne dieser Verordnung ist die hauptberufliche Tätigkeit im Dienste des Bundes, eines Landes, einer Gemeinde, eines Gemeindeverbandes oder anderer Körperschaften, Anstalten und Stiftungen des öffentlichen Rechts oder der Verbände von solchen, ausgenommen die Tätigkeit bei öffentlich-rechtlichen Religionsgemeinschaften und ihren Verbänden.

§ 8 Beihilfefähigkeit der Aufwendungen

(1) Beihilfefähig sind Aufwendungen, wenn sie medizinisch notwendig und der Höhe nach angemessen sind und ihre Beihilfefähigkeit nicht ausdrücklich ausgeschlossen ist.

(2) Ob Aufwendungen aus Anlass einer Krankheit entstanden sind und medizinisch notwendig waren, ergibt sich aus der Diagnose; ohne deren Angabe in der Rechnung kann eine Beihilfe nicht gewährt werden. Abweichend von Satz 1 ist bei zahnärztlicher Behandlung die Angabe der Diagnose nur erforderlich bei

1. funktionsanalytischen und funktionstherapeutischen Leistungen (§ 13) und
2. implantologischen Leistungen in den Fällen des § 14 Abs. 1.

(3) Die Angemessenheit der Aufwendungen für ärztliche, zahnärztliche und psychotherapeutische Leistungen beurteilt sich nach dem Gebührenrahmen

1. der Gebührenordnung für Ärzte (GOÄ),
2. der Gebührenordnung für Zahnärzte (GOZ) und
3. der Gebührenordnung für Psychologische Psychotherapeuten und Kinder- und Jugendlichenpsychotherapeuten (GOP).

Soweit keine begründeten besonderen Umstände vorliegen, kann nur eine Gebühr, die den Schwellenwert des Gebührenrahmens nicht überschreitet, als angemessen angesehen werden. Leistungen, die auf der Grundlage einer Vereinbarung nach § 2 Abs. 1 GOÄ oder § 2 Abs. 1 GOZ erbracht werden, sind grundsätzlich nur nach den Vorgaben des Satzes 2 beihilfefähig.

(4) Das für das finanzielle öffentliche Dienstrecht zuständige Ministerium kann mit Personen oder Einrichtungen sowie deren Zusammenschlüsse, die beihilfefähige Leistungen im Sinne dieser Verordnung erbringen oder Rechnungen ausstellen, mit Herstellern von Arznei- und Hilfsmitteln, mit Versicherungen und anderen Kostenträgern sowie deren Zusammenschlüsse Vereinbarungen über Beihilfeangelegenheiten abschließen, wenn dies im Interesse einer wirtschaftlichen Krankenfürsorge liegt. Dabei können auch Preisnachlässe und feste Preise vereinbart werden. Vereinbarungen, die andere Beihilfeträger des Bundes und der Länder sowie gesetzliche oder private Krankenkassen oder deren Zusammenschlüsse mit Leistungserbringern im Interesse einer wirtschaftlichen Leistungserbringung geschlossen haben, kann das für das finanzielle öffentliche Dienstrecht zuständige Ministerium beitreten. Werden von solchen Vereinbarungen erfasste Leistungen für die beihilfeberechtigten Personen und ihre berücksichtigungsfähigen Angehörigen erbracht, beurteilt sich die Angemessenheit der Aufwendungen insoweit nach den Vergütungsregelungen, die mit den Vereinbarungen getroffen sind. Vereinbarungen, mit denen Rückzahlungen von Teilen der Leistungsentgelte unmittelbar an den Dienstherrn vereinbart werden, sind für die Angemessenheit der Aufwendungen unbeachtlich. Vereinbarungen im Sinne des Satzes 3, denen das für das finanzielle öffentliche Dienstrecht zuständige Ministerium nicht beigetreten ist, können der Gewährung von Beihilfen zugrunde gelegt werden, wenn dadurch Kosten eingespart werden.

(5) Voraussetzung für die Beihilfefähigkeit ist, dass im Zeitpunkt des Entstehens der Aufwendungen Beihilfeberechtigung nach § 3 Abs. 1 oder Abs. 2 besteht und Angehörige nach § 4 berücksichtigungsfähig sind. Die Aufwendungen gelten in dem Zeitpunkt als entstanden, in dem die sie begründende Leistung erbracht wird.

(6) Nicht beihilfefähig sind

1. Aufwendungen, die bereits aufgrund eines vorgehenden Beihilfeanspruchs (§ 6 Abs. 3 Satz 1) beihilfefähig sind,
2. Aufwendungen für Leistungen, die auf der Grundlage einer Vereinbarung nach § 2 Abs. 3 GOZ erbracht werden,
3. Aufwendungen für den Besuch schulischer oder vorschulischer Einrichtungen, hierzu zählen auch Werkstätten für behinderte Menschen,
4. Aufwendungen für berufsfördernde, berufsvorbereitende, berufsbildende sowie heilpädagogische Maßnahmen,

5. gesetzlich vorgesehene Zuzahlungen und Eigenanteile,
6. Aufwendungen als Folge medizinisch nicht indizierter Maßnahmen, insbesondere ästhetischer Operationen, Tätowierungen oder Piercings,
7. Aufwendungen der beihilfeberechtigten Personen und berücksichtigungsfähigen Angehörigen, für die sie einen Anspruch auf Heilfürsorge haben; § 9 Abs. 1 bleibt unberührt und
8. bei der Erbringung medizinischer Leistungen mittels Telekommunikationstechnologien Aufwendungen für die Beschaffung, den Betrieb oder die technische Anbindung der Endgeräte sowie die Aufwendungen für Telekommunikationsdienstleistungen. Dies gilt nicht für Aufwendungen für Geräte und deren Betrieb, die ausschließlich für eine medizinische Behandlung notwendig sind.

(7) Aufwendungen für Untersuchungs- und Behandlungsmethoden

1. der Anlage 1 Nr. 1 gelten als wissenschaftlich nicht allgemein anerkannt und sind nicht beihilfefähig (Ausschluss) und
2. der Anlage 1 Nr. 2 sind nur unter den jeweils dort genannten Voraussetzungen beihilfefähig (Teilausschluss).

§ 9 Nachrang des Beihilfeanspruchs

(1) In Fällen, in denen einer Person aufgrund von Rechtsvorschriften oder eines Dienst- oder Arbeitsverhältnisses Heilfürsorge, Krankenhilfe, eine Geldleistung oder Kostenerstattung zusteht, sind Aufwendungen im Rahmen dieser Verordnung nur insoweit beihilfefähig, als sie über die zustehenden Leistungen hinausgehen. Abweichend von Satz 1 gilt dies in den Fällen der Heilfürsorge nur, wenn für die beihilfefähigen Aufwendungen keine Leistungen nach bundes- oder landesrechtlichen Heilfürsorgebestimmungen zustehen.

(2) Absatz 1 gilt nicht für

1. Aufwendungen, die auf einem Ereignis beruhen, das nach § 72 Abs. 1 LBG, zum Übergang des Schadensersatzanspruchs auf den Dienstherrn führt,
2. nach den Kapiteln 5, 7 und 8 des Vierzehnten Buches Sozialgesetzbuch zustehende Leistungen und
3. Ansprüche, die der beihilfeberechtigten oder berücksichtigungsfähigen Person gegen eine in die häusliche Gemeinschaft aufgenommene Angehörige oder einen in die häusliche Gemeinschaft aufgenommenen Angehörigen zustehen.

(3) Ist die beihilfeberechtigte oder berücksichtigungsfähige Person Mitglied einer Krankenkasse im Sinne des § 4 Abs. 2 SGB V, sind die beihilfefähigen Aufwendungen um die hierauf entfallenden Leistungen der Krankenkasse zu kürzen. Abweichend von Satz 1 sind Aufwendungen für Zahnersatz, Zahnkronen und Suprakonstruktionen stets um den höchstmöglichen Festzuschuss der gesetzlichen Krankenkasse (§ 55 Abs. 1 SGB V) zu kürzen.

(4) Aufwendungen für medizinische Vorsorgeleistungen für Mütter oder Väter (§ 43 Abs. 6), Sanatoriumsbehandlungen (§ 45), Anschlussheilbehandlungen (§ 46) oder Heilkuren (§ 47) in der gesetzlichen Krankenversicherung oder Rentenversicherung versicherter Personen, an deren Beiträgen der Arbeitgeber beteiligt ist, können nur dann als beihilfefähig anerkannt werden, wenn

1. der Träger der Rentenversicherung die Durchführung eines Heil- oder Kurverfahrens zuvor abgelehnt hat und
2. die Krankenkasse eine Kostenbeteiligung abgelehnt oder einen Zuschuss schriftlich bewilligt hat.

Im Übrigen finden § 43 Abs. 6 und die §§ 45 bis 47 Anwendung.

§ 10 Sonderbestimmungen für Mitglieder von Krankenkassen im Sinne des § 4 Abs. 2 SGB V

(1) Personen, die Mitglied der gesetzlichen Krankenversicherung und aus demselben Beschäftigungsverhältnis sowohl beihilfeberechtigt als auch pflichtversichert sind, sind für sich und ihre nach § 4 berücksichtigungsfähigen Angehörigen, die nach § 10 SGB V versichert oder in der gesetzlichen Krankenversicherung pflichtversichert sind, ausschließlich auf die ih-

nen zustehenden Leistungen der Krankenkassen angewiesen. Als zustehende Leistungen gelten auch die gesetzlich vorgesehene Kostenerstattung bei kieferorthopädischer Behandlung und die Festbeträge für Arznei-, Verband- und Hilfsmittel nach dem Fünften Buch Sozialgesetzbuch. In den Fällen, in denen nach dem Fünften Buch Sozialgesetzbuch von den Krankenkassen nur ein Zuschuss geleistet wird, sind die geltend gemachten Aufwendungen im Rahmen dieser Verordnung beihilfefähig.

(2) Aufwendungen, die dadurch entstanden sind, dass Personen nach Absatz 1 Satz 1

1. die zustehenden Leistungen der Krankenkassen nicht in Anspruch nehmen,
2. eine Versorgung wählen, die über die zustehenden Leistungen hinausgeht, oder
3. anstelle der zustehenden Leistungen eine Kostenerstattung im Sinne des § 13 Abs. 1 SGB V gewährt wird,

sind nicht beihilfefähig. Dies gilt auch für den Verzicht auf kassenärztliche Versorgung bei Behandlung durch eine Heilpraktikerin oder einen Heilpraktiker.

(3) Bei einer Versorgung einer Person nach Absatz 1 Satz 1 mit Zahnersatz, Zahnkronen und Suprakonstruktionen sind die Aufwendungen bis zur Höhe des auf 100 v. H. erhöhten Festzuschusses (§ 55 Abs. 1 Satz 2 SGB V) beihilfefähig; die §§ 12 und 14 finden insoweit keine Anwendung.

Teil 2
Aufwendungen in Krankheitsfällen

§ 11 Ärztliche, zahnärztliche, psychotherapeutische und heilpraktische Leistungen

(1) Aus Anlass einer Krankheit sind beihilfefähig die Aufwendungen für

1. ärztliche Leistungen,
2. zahnärztliche und kieferorthopädische Leistungen nach den §§ 12 bis 16,
3. Leistungen von Heilpraktikerinnen und Heilpraktikern nach Maßgabe der Anlage 5 und
4. ambulante psychotherapeutische Leistungen mittels wissenschaftlich anerkannter Verfahren nach den Abschnitten B und G des Gebührenverzeichnisses für ärztliche Leistungen der Gebührenordnung für Ärzte nach den §§ 17 bis 20.

Nicht beihilfefähig sind Aufwendungen für Begutachtungen, die weder im Rahmen einer Behandlung noch bei der Durchführung dieser Verordnung erbracht werden.

(2) Aufwendungen für

1. ärztliche und zahnärztliche Bescheinigungen zum Nachweis der Dienstunfähigkeit und Dienstfähigkeit der beihilfeberechtigten Personen; dies gilt entsprechend für ärztliche und zahnärztliche Bescheinigungen nach § 31 der Urlaubsverordnung zur Vorlage beim Dienstherrn,
2. Heil- und Kostenpläne bei zahnärztlicher und kieferorthopädischer Behandlung, mit Ausnahme der nach § 2 Abs. 3 GOZ erstellten Heil- und Kostenpläne,
3. die telemedizinische Betreuung (Telemonitoring) von beihilfeberechtigten Personen oder berücksichtigungsfähigen Angehörigen mit chronischer Herzinsuffizienz

sind beihilfefähig.

(3) Legasthenie ist keine Erkrankung im Sinne dieser Verordnung.

VII

§ 12 Zahnärztliche Untersuchungen und Behandlungen sowie zahntechnische Leistungen

(1) Aufwendungen für zahnärztliche Untersuchungen und Behandlungen sind grundsätzlich beihilfefähig; die Absätze 2 und 3 sowie die §§ 13 bis 16 schränken die Beihilfefähigkeit bestimmter zahnärztlicher und zahntechnischer Leistungen ein.

(2) Die bei einer zahnärztlichen Behandlung nach Abschnitt C Nr. 2130 bis 2320 und Abschnitt F des Gebührenverzeichnisses für zahnärztliche Leistungen der Gebührenordnung für Zahnärzte entstandenen Aufwendungen für zahntechnische Leistungen (§ 9 GOZ) sind zu 60 v. H. beihilfefähig. Diese sind durch eine dem § 10 Abs. 2 Nr. 5 GOZ entsprechende Rechnung der Zahnärztin, des Zahnarztes oder des Dentallabors nachzuweisen.

(3) Zahntechnische Leistungen nach Absatz 2 sind nur handwerklich gefertigte Werkstücke

einschließlich der hierfür erforderlichen Materialien und Legierungen, der zur Erbringung der Leistung notwendigen Arbeitsgänge sowie der unumgänglichen Nebenkosten. Hierzu gehören nicht Praxiskosten, die mit den Gebührensätzen des Gebührenverzeichnisses für zahnärztliche Leistungen der Gebührenordnung für Zahnärzte abgegolten sind oder nach diesem Gebührenverzeichnis gesondert berechnet werden können (§ 4 Abs. 3 GOZ).

§ 13 Funktionsanalytische und funktionstherapeutische Leistungen

Aufwendungen für funktionsanalytische und funktionstherapeutische Leistungen (Abschnitt J des Gebührenverzeichnisses für zahnärztliche Leistungen der Gebührenordnung für Zahnärzte) sind nur beihilfefähig, wenn nachweislich mindestens eine der folgenden Indikationen vorliegt:

1. Kiefergelenk- und Muskelerkrankungen (Myoarthropathien, craniomandibuläre Dysfunktion, myofasciales Schmerzsyndrom),
2. Zahnfleischerkrankungen (Parodontopathien), im Rahmen einer systematischen Parodontalbehandlung; diese liegt vor, wenn nach der Erhebung des Paradontalstatus (Abschnitt E Nr. 4000 des Gebührenverzeichnisses für zahnärztliche Leistungen der Gebührenordnung für Zahnärzte) Behandlungen nach Abschnitt E Nr. 4070 bis 4150 des Gebührenverzeichnisses für zahnärztliche Leistungen der Gebührenordnung für Zahnärzte durchgeführt werden,
3. umfangreiche Gebisssanierung; diese liegt vor, wenn in einem Kiefer mindestens acht Seitenzähne mit Zahnersatz, Kronen oder Inlays versorgt werden müssen und die richtige Schlussbissstellung nicht mehr auf andere Weise feststellbar ist,
4. umfangreiche kieferorthopädische Maßnahmen, einschließlich kieferorthopädisch-kieferchirurgischer Operationen,
5. Behandlung mit Aufbissbehelfen mit adjustierter Oberfläche nach Abschnitt H Nr. 7010 oder Nr. 7020 des Gebührenverzeichnisses für zahnärztliche Leistungen der Gebührenordnung für Zahnärzte.

§ 14 Implantologische Leistungen

(1) Aufwendungen für implantologische Leistungen (Abschnitt K des Gebührenverzeichnisses für zahnärztliche Leistungen der Gebührenordnung für Zahnärzte), einschließlich der vorbereitenden und ergänzenden Maßnahmen, sind nur bei Vorliegen einer der nachfolgenden Indikationen beihilfefähig:

1. generalisierte genetische Nichtanlage von Zähnen (weniger als acht Zähne je Kiefer),
2. große Kieferdefekte infolge von Kieferbruch oder Kieferresektion,
3. angeborene Fehlbildungen des Kiefers (Lippen-Kiefer-Gaumenspalte),
4. dauerhaft bestehende extreme, irreversible, nicht medikamenteninduzierte Xerostomie (Mundtrockenheit), insbesondere im Rahmen einer Tumorbehandlung,
5. nicht willentlich beeinflussbare muskuläre Fehlfunktionen im Mund- und Gesichtsbereich (z. B. Spastiken), wenn nach neurologischem Attest eine absolute Kontraindikation für (auch implantatgestützten) herausnehmbaren Zahnersatz besteht,
6. implantatgetragener Zahnersatz im atrophischen zahnlosen Oberkiefer und
7. implantatgestützter Zahnersatz im atrophischen zahnlosen Unterkiefer,

wenn auf andere Weise die Kaufähigkeit nicht hergestellt werden kann. In den Fällen des Satzes 1 Nr. 6 sind Aufwendungen für mehr als sechs Implantate und in den Fällen des Satzes 1 Nr. 7 sind Aufwendungen für mehr als vier Implantate von der Beihilfefähigkeit ausgeschlossen; hierbei sind vorhandene Implantate, zu denen Beihilfen oder vergleichbare Leistungen aus öffentlichen Kassen gezahlt wurden, mitzurechnen.

(2) Liegt eine Indikation nach Absatz 1 nicht vor, sind Aufwendungen für implantologische Leistungen (Abschnitt K des Gebührenverzeichnisses für zahnärztliche Leistungen der Gebührenordnung für Zahnärzte), einschließlich der vorbereitenden und ergänzenden Maßnahmen, für mehr als zwei Implantate je Kiefer, einschließlich vorhandener Implantate, zu denen Beihilfen oder vergleichbare Leis-

VII

tungen aus öffentlichen Kassen gezahlt wurden, von der Beihilfefähigkeit ausgeschlossen.

(3) Unabhängig von den Absätzen 1 und 2 sind Suprakonstruktionen auf Implantaten im Rahmen des § 12 Abs. 2 und 3 beihilfefähig.

§ 15 Wartezeiten

(1) Aufwendungen nach § 12 Abs. 2 und 3 sowie in diesem Zusammenhang erbrachte zahnärztliche Leistungen und nach den §§ 13 und 14 sind nur beihilfefähig, wenn die beihilfeberechtigte Person bei Beginn der Behandlung mindestens ein Jahr ununterbrochen im öffentlichen Dienst beschäftigt ist. Eine Beschäftigung gilt auch dann als ununterbrochen, wenn ein Beamtenverhältnis auf Widerruf durch die Ablegung einer Prüfung geendet hat und die Antragstellerin oder der Antragsteller innerhalb eines Zeitraumes von drei Monaten nach dem Ausscheiden wieder in den öffentlichen Dienst eintritt.

(2) Die Beschränkungen des Absatzes 1 gelten nicht, wenn

1. die Leistungen auf einem Unfall beruhen,
2. die beihilfeberechtigte Person zuvor mindestens drei Jahre ununterbrochen im öffentlichen Dienst beschäftigt gewesen ist oder
3. die beihilfeberechtigte Person ohne ihre Tätigkeit im öffentlichen Dienst bei einer anderen beihilfeberechtigten Person nach § 4 oder entsprechenden bundes- oder landesrechtlichen oder sonstigen Vorschriften berücksichtigungsfähig wäre.

§ 16 Kieferorthopädische Leistungen

(1) Aufwendungen für eine kieferorthopädische Behandlung oder für die Beseitigung von Kiefermissbildungen sind beihilfefähig, wenn

1. nach einer zahnärztlichen oder kieferorthopädischen Bescheinigung die Behandlung zur Herstellung der Kaufähigkeit oder zur Verhütung einer Krankheit notwendig ist, und
2. der Festsetzungsstelle ein Heil- und Kostenplan vorgelegt wird.

(2) Aufwendungen für Materialkosten und Laborkosten, die auf der Grundlage einer Vereinbarung nach Satz 2 der Allgemeinen Bestimmung zu Abschnitt G des Gebührenverzeichnisses für zahnärztliche Leistungen der Gebührenordnung für Zahnärzte berechnet werden, sind nicht beihilfefähig.

§ 16a Neuropsychologische Therapie

(1) Aufwendungen für eine neuropsychologische Therapie sind beihilfefähig, wenn sie von

1. einer Fachärztin oder einem Facharzt für Neurologie,
2. einer Fachärztin oder einem Facharzt für Nervenheilkunde, Psychiatrie, Psychiatrie und Psychotherapie,
3. einer Fachärztin oder einem Facharzt für Kinder- und Jugendmedizin mit Schwerpunkt Neuropädiatrie oder
4. einer Fachärztin oder einem Facharzt für Neurochirurgie und Kinder- und Jugendpsychiatrie und -psychotherapie

zur Behandlung einer akut erworbenen Hirnschädigung oder Hirnerkrankung (hirnorganische Störung), insbesondere nach Schlaganfall oder Schädel-Hirn-Trauma, durchgeführt werden. Satz 1 gilt auch bei Behandlung durch

1. eine ärztliche Psychotherapeutin oder einen ärztlichen Psychotherapeuten,
2. eine Psychologische Psychotherapeutin oder einen Psychologischen Psychotherapeuten oder
3. eine Kinder- und Jugendlichenpsychotherapeutin oder einen Kinder- und Jugendlichenpsychotherapeuten,

wenn diese über eine neuropsychologische Zusatzqualifikation verfügen. Der Umfang der beihilfefähigen Aufwendungen richtet sich nach Absatz 3.

(2) Nicht beihilfefähig sind Aufwendungen anlässlich der Behandlung von

1. ausschließlich angeborenen Einschränkungen oder Behinderungen der Hirnleistungsfunktionen ohne sekundäre organische Hirnschädigung, insbesondere Aufmerksamkeitsdefizit-Syndrom mit oder ohne Hyperaktivität (ADS oder ADHS), oder Intelligenzminderung,
2. Erkrankungen des Gehirns mit progredientem Verlauf im fortgeschrittenen Sta-

VII

dium, insbesondere mittel- und hochgradige Demenz vom Alzheimertyp, oder

3. schädigenden Ereignissen oder Gehirnerkrankungen mit neuropsychologischen Defiziten bei erwachsenen Patientinnen und Patienten, die länger als fünf Jahre zurückliegen.

(3) Aufwendungen für neuropsychologische Behandlungen sind im folgenden Umfang je Krankheitsfall beihilfefähig:

1. bis zu fünf probatorischen Sitzungen,
2. Einzelbehandlung, einschließlich gegebenenfalls unter Einbeziehung von Bezugspersonen,
   a) bis zu 80 Behandlungseinheiten mit einer Dauer von mindestens 50 Minuten oder
   b) bis zu 160 Behandlungseinheiten mit einer Dauer von mindestens 25 Minuten
3. Gruppenbehandlung, bei Kindern und Jugendlichen einschließlich gegebenenfalls unter Einbeziehung von Bezugspersonen,
   a) bis zu 40 Behandlungseinheiten mit einer Dauer von mindestens 50 Minuten oder
   b) bis zu 80 Behandlungseinheiten mit einer Dauer von mindestens 25 Minuten.

Bei einer Kombination von Einzel- und Gruppentherapie ist die gesamte Behandlung nach Satz 1 Nr. 2 beihilfefähig.

§ 17 Psychotherapeutische Behandlungs- und Anwendungsformen

(1) Aufwendungen für die folgenden psychotherapeutischen Behandlungs- und Anwendungsformen sind nach Maßgabe der §§ 17a bis § 20a beihilfefähig:

1. Psychotherapeutische Sprechstunde,
2. Gruppenpsychotherapeutische Grundversorgung,
3. probatorische Sitzungen,
4. psychotherapeutische Akutbehandlung,
5. psychosomatische Grundversorgung sowie
6. Psychotherapie in den Behandlungsformen der tiefenpsychologisch fundierten und analytischen Psychotherapie, der Verhaltenstherapie und der Systemischen Therapie.

Die Beihilfefähigkeit setzt voraus, dass die Leistungen von einer Ärztin, einem Arzt, einer Therapeutin oder einem Therapeuten nach Anlage 2 Abschnitt 2 bis 5 erbracht werden.

(2) Vor einer psychotherapeutischen Behandlung muss eine somatische Abklärung spätestens nach den probatorischen Sitzungen erfolgen. Diese Abklärung muss eine Ärztin oder ein Arzt vornehmen und in einem Konsiliarbericht schriftlich bestätigen.

(3) Nicht beihilfefähig sind Aufwendungen für

1. gleichzeitige Behandlungen nach § 17d und den §§ 18 bis 20a sowie
2. Leistungen nach Anlage 2 Abschnitt 1.

§ 17a Psychotherapeutische Sprechstunde

Aufwendungen für die Psychotherapeutische Sprechstunde sind je Krankheitsfall für bis zu sechs Sitzungen in Einheiten von mindestens 25 Minuten beihilfefähig. Darüber hinaus sind bei Personen, die das 21. Lebensjahr noch nicht vollendet haben oder mit einer Diagnose nach F70-F79 (ICD-10-GM) zusätzlich vier Sitzungen in Einheiten von mindestens 25 Minuten beihilfefähig. Die Zahl der durchgeführten Sprechstunden wird nicht auf das Kontingent der Behandlungen nach den §§ 19 bis 20a angerechnet.

§ 17b Gruppenpsychotherapeutische Grundversorgung

Aufwendungen für die Gruppenpsychotherapeutische Grundversorgung sind je Krankheitsfall für bis zu vier Sitzungen in Einheiten von 100 Minuten beihilfefähig. Die Sitzungen können auch in Einheiten von 50 Minuten unter entsprechender Erhöhung der Gesamtzahl der Sitzungen durchgeführt werden. Darüber hinaus sind unter Einbeziehung von Bezugspersonen bei Personen, die das 21. Lebensjahr noch nicht vollendet haben oder mit einer Diagnose nach F70-F79 (ICD-10-GM) zusätzlich bis zu 100 Minuten je Krankheitsfall beihilfefähig. Die Zahl der durchgeführten Behandlungen wird nicht auf das Kontingent der Behandlungen nach den §§ 19 bis 20a angerechnet.

§ 17c Probatorische Sitzungen

Aufwendungen für bis zu fünf probatorische Sitzungen, bei sich anschließender analytischer Psychotherapie für bis zu acht probatorische Sitzungen, sind beihilfefähig, auch wenn Bezugspersonen einbezogen werden. Die probatorische Sitzung umfasst im Einzelsetting 50 Minuten und im Gruppensetting 100 Minuten. Probatorische Sitzungen im Gruppensetting können auch in Einheiten von 50 Minuten unter entsprechender Erhöhung der Gesamtzahl der Sitzungen durchgeführt werden. Darüber hinaus sind bei Personen, die das 21. Lebensjahr noch nicht vollendet haben oder mit einer Diagnose nach F70-F79 (ICD-10-GM) zwei zusätzliche probatorische Sitzungen beihilfefähig. Probatorische Sitzungen werden nicht auf das Kontingent der Behandlungen nach den §§ 19 bis 20a angerechnet.

§ 17d Psychotherapeutische Akutbehandlung

Aufwendungen für eine psychotherapeutische Akutbehandlung als Einzeltherapie sind je Krankheitsfall für bis zu 24 Behandlungen in Einheiten von mindestens 25 Minuten beihilfefähig. Für Personen, die das 21. Lebensjahr noch nicht vollendet haben oder mit einer Diagnose nach F70-F79 (ICD-10-GM) sind Aufwendungen bis zu 30 Behandlungen einer psychotherapeutischen Akutbehandlung je Krankheitsfall als Einzeltherapie unter Einbeziehung von Bezugspersonen beihilfefähig. Soll sich an die psychotherapeutische Akutbehandlung eine Behandlung nach den §§ 19 bis 20a anschließen, ist § 17e Abs. 2 zu beachten. Die Zahl der durchgeführten Akutbehandlungen wird auf das Kontingent der Behandlungen nach den §§ 19 bis 20a angerechnet. Ein akuter Behandlungsbedarf im Sinne des Satzes 1 liegt vor, wenn eine zeitnahe psychotherapeutische Intervention zur Bewältigung einer seelischen Krisensituation oder zur Vermeidung von Fixierungen und Chronifizierung psychischer Symptomatik erforderlich ist.

§ 17e Gemeinsame Vorschriften für psychosomatische Grundversorgung (§ 18), tiefenpsychologisch fundierten und analytischen Psychotherapien (§ 19), Verhaltenstherapie (§ 20) und Systemische Therapie (§ 20a)

(1) Aufwendungen für Leistungen der psychosomatischen Grundversorgung (§ 18), tiefenpsychologisch fundierten und analytischen Psychotherapien (§ 19), Verhaltenstherapien (§ 20) und Systemischen Therapie (§ 20a) sind nur beihilfefähig bei

1. affektiven Störungen (depressive Episoden, rezidivierende depressive Störungen, Dysthymie),
2. Angststörungen und Zwangsstörungen,
3. somatoformen Störungen und dissoziativen Störungen (Konversionsstörungen),
4. Anpassungsstörungen und Reaktionen auf schwere Belastungen,
5. Essstörungen,
6. nicht organischen Schlafstörungen,
7. sexuellen Funktionsstörungen,
8. Persönlichkeitsstörungen und Verhaltensstörungen sowie
9. verhaltens- und emotionalen Störungen mit Beginn in der Kindheit und Jugend.

Eine Psychotherapie kann neben oder nach einer somatischen ärztlichen Behandlung von Krankheiten oder deren Auswirkungen angewandt werden, wenn psychische Faktoren einen wesentlichen pathogenetischen Anteil daran haben und sich ein Ansatz für die Anwendung einer Psychotherapie bietet, Indikationen hierfür können nur sein:

1. psychische Störungen und Verhaltensstörungen,
   a) durch psychotrope Substanzen, im Fall einer Abhängigkeit nur, wenn Suchtmittelfreiheit oder Abstinenz erreicht ist oder voraussichtlich innerhalb von zehn Sitzungen erreicht werden kann,
   a) durch Opioide und gleichzeitiger stabiler substitutionsgestützter Behandlung im Zustand der Beigebrauchsfreiheit,

2. seelische Krankheit aufgrund frühkindlicher emotionaler Mangelzustände oder tiefgreifender Entwicklungsstörungen, in Ausnahmefällen auch seelische Krankheiten, die im Zusammenhang mit frühkindlichen körperlichen Schädigungen oder Missbildungen stehen,
3. seelische Krankheit als Folge schwerer chronischer Krankheitsverläufe sowie
4. schizophrene und affektive psychotische Störungen.

Eine Sitzung der tiefenpsychologisch fundierten oder analytischen Psychotherapie oder Verhaltenstherapie umfasst eine Behandlungsdauer von mindestens 50 Minuten bei einer Einzelbehandlung und mindestens 100 Minuten bei einer Gruppenbehandlung. Eine Gruppenbehandlung kann auch mit einer Behandlungsdauer von 50 Minuten unter entsprechender Erhöhung der Gesamtzahl der Sitzungen durchgeführt werden.

(2) Aufwendungen für psychotherapeutische Behandlungen, die zu den wissenschaftlich anerkannten Verfahren gehören und nach den Abschnitten B und G des Gebührenverzeichnisses für ärztliche Leistungen der Gebührenordnung für Ärzte abgerechnet werden, sind beihilfefähig, wenn

1. sie der Feststellung, Heilung oder Linderung von seelischen Krankheiten nach Absatz 1 dienen, bei denen Psychotherapie indiziert ist,
2. nach einer biografischen Analyse oder Verhaltensanalyse und nach den probatorischen Sitzungen die Voraussetzungen für einen Behandlungserfolg gegeben sind und
3. die Festsetzungsstelle vor Beginn der Behandlung die Beihilfefähigkeit der Aufwendungen aufgrund eines Gutachtens zur Notwendigkeit und zu Art und Umfang der Behandlung anerkannt hat.

Aufwendungen für Maßnahmen nach Satz 1 Nr. 2 sind auch dann beihilfefähig, wenn sich eine psychotherapeutische Behandlung später als nicht notwendig erwiesen hat.

(3) Das Gutachten nach Absatz 2 Satz 1 Nr. 3 ist bei einer Gutachterin oder einem Gutachter einzuholen, die oder der von der Kassenärztlichen Bundesvereinigung im Einvernehmen mit den Bundesverbänden der Vertragskassen bestellt worden ist.

(4) Festsetzungsstellen können auf die Einholung eines Gutachtens im Rahmen des Voranerkennungsverfahrens nach Absat 2 Satz 1 Nr. 3 verzichten,

1. wenn sichergestellt ist, dass sie selbst in der Lage sind, Notwendigkeit, Art und Umfang der Behandlung festzustellen oder
2. soweit die gesetzliche oder private Krankenversicherung bereits eine Leistungszusage erteilt hat, aus der sich Art und Umfang der Behandlung und die Qualifikation der Therapeutin oder des Therapeuten ergeben.

(5) Von dem Voranerkennungsverfahren nach Absatz 2 Satz 1 Nr. 3 ist abzusehen, wenn der Festsetzungsstelle die Feststellung der Ärztin, des Arztes, der Therapeutin oder des Therapeuten vorgelegt wird, dass die Behandlung bei Einzel- oder Gruppenbehandlung im Rahmen einer Kurzzeittherapie nicht mehr als 24 Sitzungen erfordert. Erbrachte Sitzungen im Rahmen der psychotherapeutischen Akutbehandlung werden mit der Anzahl der Sitzungen der Kurzzeittherapie verrechnet. Die bereits in Anspruch genommenen Sitzungen der Kurzzeittherapie sind auf eine genehmigungspflichtige Therapie nach den §§ 19 bis 20a anzurechnen. Für Personen, die das 21. Lebensjahr noch nicht vollendet haben oder mit einer Diagnose nach F70-F79 (ICD-10-GM) sind Aufwendungen für bis zu 30 Behandlungen einer genehmigungsfreien Kurzzeittherapie unter Einbeziehung von Bezugspersonen beihilfefähig.

(6) Für die psychosomatische Grundversorgung müssen die Voraussetzungen des Absatzes 2 Satz 1 Nr. 2 und 3 nicht erfüllt sein.

(7) Aufwendungen für Eye-Movement-Desensitization and Reprocessing (EMDR) sind nur bei Personen, die das 18. Lebensjahr vollendet haben, mit posttraumatischen Belastungsstörungen als Behandlungsmethode und nur im Rahmen eines umfassenden Behandlungskonzeptes der Verhaltenstherapie, der tiefenpsychologisch fundierten Psychotherapie, analyti-

schen Psychotherapie oder Systemischen Therapie beihilfefähig. Die Behandlung muss von einer Ärztin oder einem Arzt oder einer Therapeutin oder einem Therapeuten nach Anlage 2 Abschnitt 6 durchgeführt werden.

§ 18 Psychosomatische Grundversorgung

(1) Die psychosomatische Grundversorgung, zu der Beihilfe gewährt wird, umfasst

1. verbale Interventionen oder
2. übende und suggestive Interventionen (autogenes Training, Jacobsonsche Relaxationstherapie, Hypnose).

(2) Aufwendungen sind je Krankheitsfall beihilfefähig für

1. verbale Interventionen als Einzelbehandlung für bis zu 25 Sitzungen, sowohl über einen kürzeren Zeitraum als auch im Verlauf chronischer Erkrankungen über einen längeren Zeitraum in niederfrequenter Form,
2. autogenes Training und Jacobsonsche Relaxationstherapie als Einzel- oder Gruppenbehandlung für bis zu zwölf Sitzungen; eine Kombination von Einzel- und Gruppenbehandlung ist hierbei möglich, sowie
3. Hypnose als Einzelbehandlung für bis zu zwölf Sitzungen.

Leistungen nach Satz 1 Nr. 1 dürfen in derselben Sitzung nicht mit denen nach Satz 1 Nr. 2 und 3 kombiniert werden. Neben den Aufwendungen für eine verbale Intervention nach Nummer 849 des Gebührenverzeichnisses für ärztliche Leistungen der Gebührenordnung für Ärzte sind Aufwendungen für körperbezogene Leistungen der Ärztin oder des Arztes beihilfefähig.

§ 19 Tiefenpsychologisch fundierte und analytische Psychotherapie

(1) Aufwendungen für Behandlungen der tiefenpsychologisch fundierten und der analytischen Psychotherapie sind je Krankheitsfall nur in folgendem Umfang beihilfefähig:

1. tiefenpsychologisch fundierte Psychotherapie von Personen, die das 21. Lebensjahr vollendet haben:

Behandlungs-abschnitt	Einzelbehandlung	Gruppenbehandlung
Stufe 1	60 Sitzungen	60 Sitzungen
Stufe 2	weitere 40 Sitzungen	weitere 20 Sitzungen

2. analytische Psychotherapie von Personen, die das 21. Lebensjahr vollendet haben:

Behandlungs-abschnitt	Einzelbehandlung	Gruppenbehandlung
Stufe 1	160 Sitzungen	80 Sitzungen
Stufe 2	weitere 140 Sitzungen	weitere 70 Sitzungen

3. tiefenpsychologisch fundierte oder analytische Psychotherapie von Personen, die das 14. Lebensjahr noch nicht vollendet haben:

Behandlungs-abschnitt	Einzelbehandlung	Gruppenbehandlung
Stufe 1	70 Sitzungen	60 Sitzungen
Stufe 2	weitere 80 Sitzungen	weitere 30 Sitzungen

4. tiefenpsychologisch fundierte oder analytische Psychotherapie von Personen, die das 14. Lebensjahr, aber noch nicht das 21. Lebensjahr vollendet haben:

Behandlungs-abschnitt	Einzelbehandlung	Gruppenbehandlung
Stufe 1	90 Sitzungen	60 Sitzungen
Stufe 2	weitere 90 Sitzungen	weitere 30 Sitzungen

Voraussetzung für die Beihilfefähigkeit der Aufwendungen der einzelnen Behandlungsabschnitte ist, dass jeweils vor Beginn der Behandlung eine erneute eingehende Begründung der Therapeutin oder des Therapeuten vorgelegt und die Behandlung durch die Festsetzungsstelle im Vorfeld anerkannt wird. Bei einer Kombination von Einzel- und Gruppenbehandlung nach Satz 1 richtet sich die Beihilfefähigkeit der Aufwendungen nach der überwiegend durchgeführten Behandlung. Dabei werden zwei in einer Gruppenbehandlung erbrachte Sitzungen bei einer überwiegend erbrachten Einzelbehandlung als eine Sitzung der Einzelbehandlung gewertet. Die in einer Einzelbehandlung erbrachte Sitzung bei einer überwiegend erbrachten Gruppenbehandlung wird als zwei Sitzungen der Gruppenbehandlung gewertet.

VII

(2) In den Fällen des Absatzes 1 Satz 1 Nr. 4 sind Aufwendungen für eine Psychotherapie, die vor dem Beginn des 21. Lebensjahres begonnen wurde, zur Sicherung des Therapieerfolges auch nach Vollendung des 21. Lebensjahres beihilfefähig.

(3) In medizinisch besonders begründeten Ausnahmefällen kann die Beihilfefähigkeit von Aufwendungen für die durch Gutachten belegte notwendige Behandlung auch für eine über die in Absatz 1 Satz 1 Nr. 3 und 4 zugelassene Höchstzahl von Sitzungen hinaus anerkannt werden. Hierüber entscheidet im unmittelbaren Landesdienst die Festsetzungsstelle im Einvernehmen mit dem für das finanzielle öffentliche Dienstrecht zuständigen Ministerium, im Übrigen die oberste Dienstbehörde.

(4) Aufwendungen für Sitzungen, in die aufgrund einer medizinischen Notwendigkeit Bezugspersonen einbezogen werden, sind bei Einzelbehandlung bis zu einem Viertel der bewilligten Zahl von Sitzungen zusätzlich beihilfefähig, wenn die zu therapierende Person das 21. Lebensjahr noch nicht vollendet hat. Hat die zu therapierende Person das 21. Lebensjahr vollendet, werden die Sitzungen, in die Bezugspersonen einbezogen werden, in voller Höhe auf die bewilligte Zahl der Sitzungen angerechnet. Satz 2 gilt nicht für die Behandlung von Personen mit einer geistigen Behinderung mit einer Diagnose nach F70-F79 (ICD-10-GM). Aufwendungen für die Einbeziehung der Bezugsperson oder Bezugspersonen ohne eine in denselben Zeitabschnitt fallende, parallel laufende Behandlung der Patientin oder des Patienten sind nicht beihilfefähig.

VII

(5) Aufwendungen für katathymes Bilderleben sind nur im Rahmen eines übergeordneten tiefenpsychologischen Therapiekonzepts beihilfefähig.

§ 20 Verhaltenstherapie

(1) Aufwendungen für Verhaltenstherapie sind je Krankheitsfall nur in folgendem Umfang beihilfefähig:

Behandlungsabschnitt	Einzelbehandlung	Gruppenbehandlung
Stufe 1	60 Sitzungen	60 Sitzungen
Stufe 2	weitere 20 Sitzungen	weitere 20 Sitzungen

§ 19 Abs. 1 Satz 2 bis 5 und Absatz 4 gelten entsprechend.

(2) Aufwendungen für Rational Emotive Therapie sind nur im Rahmen eines umfassenden verhaltenstherapeutischen Behandlungskonzepts beihilfefähig.

§ 20a Systemische Therapie

Aufwendungen für eine Systemische Therapie sind je Krankheitsfall in folgendem Umfang, auch im Mehrpersonensetting, beihilfefähig:

Behandlungsabschnitt	Einzelbehandlung	Gruppenbehandlung
Stufe 1	36 Sitzungen	36 Sitzungen
Stufe 2	weitere 12 Sitzungen	weitere 12 Sitzungen

§ 19 Abs. 1 Satz 2 bis 5 gelten entsprechend.

§ 21 Arznei- und Verbandmittel sowie Medizinprodukte

(1) Beihilfefähig sind Aufwendungen für die aus Anlass einer Krankheit im Rahmen einer Behandlung nach § 11 Abs. 1 Satz 1 von einer Ärztin, einem Arzt, einer Zahnärztin, einem Zahnarzt, einer Heilpraktikerin, einem Heilpraktiker verbrauchten oder nach Art und Umfang vor der Beschaffung schriftlich oder elektronisch verordneten

1. registrierten oder zugelassenen Arzneimittel nach § 2 Abs. 1 des Arzneimittelgesetzes (AMG) in der Fassung vom 12. Dezember 2005 (BGBl. I S. 3394) in der jeweils geltenden Fassung, die im oder am menschlichen Körper angewendet oder einem Menschen verabreicht werden können,
2. Zubereitungen, die mindestens einen arzneilich wirksamen Bestandteil nach § 4 Abs. 19 AMG enthalten,
3. Medizinprodukte nach Anlage 8 und
4. Verbandmittel.

(2) Abweichend von Absatz 1 sind auch die Aufwendungen beihilfefähig für verordnete Arzneimittel zur

1. Vorbeugung gegen Rachitis und Karies für Personen bis zum vollendeten dritten Lebensjahr und

2. Präexpositionsprophylaxe bei Personen mit substantiellem HIV-Infektionsrisiko, die das 16. Lebensjahr vollendet haben.

(3) Nicht beihilfefähig sind Aufwendungen für

1. Lebensmittel im Sinne des Artikels 2 der Verordnung (EG) Nr. 178/2002 des Europäischen Parlaments und des Rates vom 28. Januar 2002 zur Festlegung der allgemeinen Grundsätze und Anforderungen des Lebensmittelrechts, zur Errichtung der Europäischen Behörde für Lebensmittelsicherheit und zur Festlegung von Verfahren zur Lebensmittelsicherheit (ABl. EU Nr. L 31 S. 1) und Lebensmittelzusatzstoffe im Sinne des Artikels 3 Abs. 2 Buchst. a der Verordnung (EG) Nr. 1333/2008 des Europäischen Parlaments und des Rates vom 16. Dezember 2008 über Lebensmittelzusatzstoffe (ABl. EU Nr. L 354 S. 16),
2. Nahrungsergänzungsmittel (§ 1 der Nahrungsergänzungsmittelverordnung in der Fassung vom 24. Mai 2004 – BGBl. I S. 1011 – in der jeweils geltenden Fassung),
3. diätetische Lebensmittel, abweichend davon sind Aufwendungen für schriftlich oder elektronisch verordnete Lebensmittel für medizinische Zwecke im Sinne des Artikels 2 Abs. 2 Buchst. g der Verordnung (EU) Nr. 609/2013 des Europäischen Parlaments und des Rates vom 12. Juni 2013 beihilfefähig,
   a) zur enteralen Ernährung sowie bei fehlender oder eingeschränkter Fähigkeit sich auf natürliche Weise ausreichend zu ernähren, wenn eine Modifizierung der natürlichen Ernährung oder sonstige ärztliche, pflegerische oder ernährungstherapeutische Maßnahmen zur Verbesserung der Ernährungssituation nicht ausreichen,
   b) als Elementardiäten für Personen bis zum vollendeten dritten Lebensjahr bei
      aa) Kuhmilcheiweißallergie oder
      bb) Neurodermitis für einen Zeitraum von einem halben Jahr, sofern Elementardiäten für diagnostische Zwecke eingesetzt werden,
4. kosmetische Mittel im Sinne des Artikels 2 Abs. 1 Buchst. a der Verordnung (EG) Nr. 1223/2009 des Europäischen Parlaments und des Rates vom 30. November 2009 über kosmetische Mittel (ABl. EU Nr. L 342 S. 59),
5. Mittel, die überwiegend der Behandlung der sexuellen Dysfunktion, der Anreizung sowie Steigerung der sexuellen Potenz, zur Abmagerung oder zur Zügelung des Appetits oder zur Regulierung des Körpergewichts oder zur Verbesserung des Haarwuchses dienen, es sei denn, dass im Einzelfall nicht die vorgenannten Zwecke, sondern die Behandlung einer anderen Körperfunktionsstörung im Vordergrund steht, die eine Krankheit ist, und
   a) es keine anderen zur Behandlung dieser Krankheit zugelassene Arzneimittel gibt oder
   b) die anderen zugelassenen Arzneimittel im Einzelfall unverträglich sind oder sich als nicht wirksam erwiesen haben,
6. Mittel zur Behandlung von Reisekrankheiten, ausgenommen zur Anwendung bei anderen Erkrankungen, sowie
7. Mittel, die ohne ausdrücklichen Wiederholungsvermerk der verordneten Person beschafft werden.

(4) Aufwendungen für gesondert berechnete Versandkosten sind nicht beihilfefähig. Dies gilt nicht für Aufwendungen für die Arzneimittelabgabe mittels Botendienst bis zu 2,50 EUR zuzüglich Umsatzsteuer je Lieferort und Tag.

§ 22 Heilbehandlungen

(1) Aufwendungen für zuvor von einer Ärztin oder einem Arzt, einer Zahnärztin oder einem Zahnarzt verordnete Heilbehandlungen und die dabei verbrauchten Stoffe sind nach Maßgabe der Anlage 3 beihilfefähig; für die Leistungen nach den Nummern 3, 46, 48, 63, 64, 73 bis 76 und 86 bis 88 der Anlage 3 ist eine Verordnung nicht erforderlich.

(2) Aufwendungen für Ergotherapie und für bei der Anwendung der Ergotherapie verbrauchte Stoffe sind nach Maßgabe der

VII

Anlage 3 auch beihilfefähig, wenn die Ergotherapie durch eine Kinder- und Jugendlichenpsychotherapeutin oder einen Kinder- und Jugendlichenpsychotherapeuten oder durch eine Psychologische Psychotherapeutin oder einen Psychologischen Psychotherapeuten verordnet wird.

(3) Die Aufwendungen für Heilbehandlungen im Rahmen einer stationären oder teilstationären Behandlung in Einrichtungen, die der Betreuung und der Behandlung von kranken oder behinderten Menschen dienen, sind nur unter folgenden Voraussetzungen beihilfefähig:

1. die Behandlung muss durch eine in Anlage 3 genannte Person durchgeführt werden,
2. Art und Umfang der durchgeführten und nachgewiesenen Heilbehandlung sind bis zu den in Anlage 3 genannten Höchstbeträgen beihilfefähig, ein darüber hinaus in Rechnung gestellter Pflegesatz für Heilbehandlung oder sonstige Betreuung ist nicht beihilfefähig, und
3. wird bei einer teilstationären oder stationären Behandlung anstelle einer Einzelabrechnung ein einheitlicher Kostensatz für Heilbehandlung, Verpflegung und sonstige Betreuung berechnet, so sind für Heilbehandlungen je Tag der Anwesenheit in der Einrichtung pauschal 10,50 EUR beihilfefähig.

Einrichtungen, die der Betreuung und der Behandlung von kranken oder behinderten Menschen dienen, sind insbesondere Frühfördereinrichtungen, Ganztagsschulen, Behindertenwerkstätten.

(4) Aufwendungen für Unterkunft und Verpflegung bei einer ärztlich verordneten teilstationären oder stationären Heilbehandlung in einer Einrichtung, die der Betreuung und der Behandlung von kranken oder behinderten Menschen dient, sind bis zur Höhe von 5,00 EUR täglich beihilfefähig, es sei denn, die §§ 39 und 41 sind anzuwenden. Satz 1 gilt auch für Platzfreihaltegebühren bei stationären Leistungen nach Absatz 2 Satz 1 Nr. 3. Absatz 2 Satz 2 gilt entsprechend.

§ 23 Komplextherapien

(1) Werden Leistungen nach den §§ 11 und 22 in Form von ambulanten Komplextherapien erbracht und pauschal berechnet, sind abweichend von § 8 Abs. 3 und § 22 Abs. 1 Satz 1 die entstandenen Aufwendungen unter den Voraussetzungen und bis zur Höhe der Vergütungen, die von gesetzlichen Krankenkassen oder Rentenversicherungsträgern aufgrund entsprechender Vereinbarungen auf Bundes- oder Landesebene für medizinische Leistungen festgelegt sind, beihilfefähig. Eine Komplextherapie setzt die berufsgruppenübergreifende Behandlung eines Krankheitsbildes durch ein Team voraus, dem auch Ärztinnen oder Ärzte, Zahnärztinnen oder Zahnärzte, Psychotherapeutinnen oder Psychotherapeuten oder Angehörige von Gesundheits- und Medizinalfachberufen der Anlage 3 angehören müssen.

(2) Aufwendungen für ambulante ärztliche und ärztlich veranlasste medizinische Leistungen in sozialpädiatrischen Zentren sind bis zur Höhe der Vergütung, die aufgrund einer Vereinbarung des Verbands der Privaten Krankenversicherung, eines entsprechenden Landesverbandes, eines privaten Krankenversicherungsunternehmens oder von Sozialversicherungsträgern mit der Einrichtung vereinbart sind, beihilfefähig.

§ 24 Stationäre Krankenhausleistungen von zugelassenen Krankenhäusern

(1) Beihilfefähig sind die Aufwendungen für Leistungen von zugelassenen Krankenhäusern (§ 108 SGB V), die nach der Bundespflegesatzverordnung (BPflV) oder dem Krankenhausentgeltgesetz (KHEntgG) vergütet werden, für

1. vor- und nachstationäre Behandlungen (§ 1 Abs. 3 BPflV, § 1 Abs. 3 Satz 1 KHEntgG) und
2. allgemeine Krankenhausleistungen (§ 2 Abs. 2 BPflV, § 2 Abs. 2 KHEntgG).

(2) Neben den Leistungen nach Absatz 1 sind Aufwendungen für gesondert berechnete

1. wahlärztliche Leistungen (§ 16 Satz 2 BPflV, § 17 KHEntgG) und

2. Unterkunft (§ 16 Satz 2 BPflV, § 17 KHEntgG)
   a) bis zur Höhe der Kosten eines Zweibettzimmers oder
   b) 50 v. H. der Kosten für ein Einbettzimmer, wenn die allgemeinen Krankenhausleistungen nur Zimmer mit drei oder mehr Betten umfassen und als gesondert berechnete Unterkunft nur Einbettzimmer angeboten werden,

   abzüglich eines Betrages von 12,00 EUR täglich,

unter den Voraussetzungen des § 25 beihilfefähig.

(3) Ist bei einer stationären Behandlung die Anwesenheit einer Begleitperson aus medizinischen Gründen notwendig, eine Mitaufnahme in das Krankenhaus jedoch nicht möglich, sind Aufwendungen für die Unterbringung und Verpflegung der Begleitperson auch außerhalb des Krankenhauses bis zur Höhe der Kosten für eine Mitaufnahme der Begleitperson in das Krankenhaus beihilfefähig.

§ 25 Wahlleistungen neben allgemeinen stationären Krankenhausleistungen

(1) Anspruch auf Beihilfen für Aufwendungen für Wahlleistungen nach § 24 Abs. 2 besteht für beihilfeberechtigte Personen, die gegenüber der Festsetzungsstelle innerhalb der Ausschlussfristen nach Satz 3 erklären, dass sie für sich und ihre berücksichtigungsfähigen Angehörigen Beihilfen für die Aufwendungen für Wahlleistungen ab Beginn der Ausschlussfrist in Anspruch nehmen wollen. Die Ausschlussfrist beginnt mit dem Tag

1. der Begründung oder Umwandlung des Beamtenverhältnisses,
2. der Entstehung des Anspruchs auf Witwengeld, Witwergeld oder Waisengeld oder
3. der Abordnung oder Versetzung zu einem rheinland-pfälzischen Dienstherrn.

Die Ausschlussfrist beträgt in den Fällen des Satzes 2 Nr. 1 und 3 drei und in den Fällen des Satzes 2 Nr. 2 sechs Monate; die beihilfeberechtigten Personen sind auf die Ausschlussfristen hinzuweisen. In den Fällen der Umwandlung des Beamtenverhältnisses nach Satz 2 Nr. 1 ohne Dienstherrenwechsel ist ein erneuter Hinweis nach Satz 3 Halbsatz 2 entbehrlich.

(2) Der Anspruch nach Absatz 1 besteht – auch bei teilzeitbeschäftigten beihilfeberechtigten Personen – nur gegen Zahlung eines Betrages von 26,00 EUR monatlich. Die Erklärung nach Absatz 1 Satz 1 beinhaltet das Einverständnis, dass der Betrag monatlich von den Bezügen einbehalten wird. Werden Bezüge nicht für einen vollen Kalendermonat gezahlt, ist der Betrag nach Satz 1 entsprechend der Kürzung der Bezüge zu mindern. Die Erklärung nach Absatz 1 Satz 1 kann jederzeit ohne Angabe von Gründen mit Wirkung für die Zukunft zum ersten eines Kalendermonats widerrufen werden. Ist eine Einbehaltung des Betrages von den Bezügen nicht möglich, wird er zum 15. eines Monats fällig. Kommt in den Fällen des Satzes 5 die beihilfeberechtigte Person der Zahlungspflicht über einen Zeitraum von drei Monaten nicht nach, gilt dies als Widerruf im Sinne des Satzes 4; der Anspruch nach Absatz 1 entfällt in diesen Fällen mit dem Beginn des Zahlungsverzuges.

(3) Die Zahlungspflicht nach Absatz 2 Satz 1 ruht

1. während der Zeit einer Beurlaubung ohne Beihilfeanspruch und
2. in den Fällen des § 6 Abs. 1 Nr. 1 für die Dauer des Ausschlusses der auf einem Versorgungsanspruch beruhenden Beihilfeberechtigung.

(4) Aufwendungen nach § 24 Abs. 2 sind ferner nur beihilfefähig, wenn die nach § 16 Satz 2 BPflV oder § 17 KHEntgG vorgeschriebene Wahlleistungsvereinbarung vor Erbringung der Wahlleistung schriftlich abgeschlossen wurde. Auf Verlangen der Festsetzungsstelle ist die Wahlleistungsvereinbarung dieser vorzulegen.

§ 26 Stationäre Krankenhausleistungen von Krankenhäusern ohne Zulassung

(1) Aufwendungen für Leistungen von Krankenhäusern, die die Voraussetzungen des § 107 Abs. 1 SGB V erfüllen, aber nicht nach

VII

§ 108 SGB V zugelassen sind, sind wie folgt beihilfefähig:

1. bei Indikationen, die mit Fallpauschalen nach dem Krankenhausentgeltgesetz abgerechnet werden, die allgemeinen Krankenhausleistungen bis zu dem Betrag, der sich aus folgenden Elementen zusammensetzt:
   a) Fallpauschalenentgelt;

      dies ist das Produkt des zuletzt vereinbarten zum Zeitpunkt der Leistungserbringung geltenden einheitlichen Bundesbasisfallwertes gemäß § 10 Abs. 9 KHEntgG multipliziert mit der maßgeblichen Bewertungsrelation gemäß
      aa) Teil a des Fallpauschalen-Kataloges nach § 9 Abs. 1 Nr. 1 KHEntgG oder
      bb) Teil b des Fallpauschalen-Kataloges nach § 9 Abs. 1 Nr. 1 KHEntgG, sofern das Krankenhaus vergleichbar einer Belegklinik geführt wird,

      unter Ansatz der tatsächlichen Verweildauer,
   b) Pflegeentgelt;

      dies ist das Produkt des in § 15 Abs. 2a Satz 1 KHEntgG festgelegten Betrages multipliziert mit der maßgeblichen Bewertungsrelation des Pflegeerlöskataloges gemäß § 9 Abs. 1 Nr. 2a KHEntgG unter Ansatz der tatsächlichen Verweildauer,
   c) Zusatzentgelt;

      für solche Leistungen, die im Katalog ergänzender Zusatzentgelte gemäß § 9 Abs. 1 Nr. 2 KHEntgG enthalten sind, bis zu der bundeseinheitlich vereinbarten Höhe und für solche, die krankenhausindividuell zu bewerten sind bis zu 600,00 EUR für jedes Zusatzentgelt, und
2. bei Indikationen, die in Krankenhäusern nach § 108 SGB V mit dem pauschalierenden Entgeltsystem Psychiatrie und Psychosomatik nach § 17d des Krankenhausfinanzierungsgesetzes (KHG) in der Fassung vom 10. April 1991 (BGBl. I S. 886) in der jeweils geltenden Fassung abgerechnet werden, bis zu dem Betrag, der sich aus folgenden Elementen zusammensetzt:
   a) tagesbezogenes Entgelt;

      dies ist das Produkt der ausgewiesenen maßgeblichen Bewertungsrelation der Vergütungsklasse nach Anlage 1a, Anlage 2a oder Anlage 5 des nach § 9 Abs. 1 Nr. 1 BPflV vereinbarten Kataloges multipliziert mit einem pauschalen Basisentgeltwert in Höhe von 300,00 EUR und der Anzahl der Berechnungstage,
   b) Zusatzentgelt;

      für solche Leistungen, die im Katalog ergänzender Zusatzentgelte gemäß § 9 Abs. 1 Nr. 2 BPflV enthalten sind, bis zu der bundeseinheitlich vereinbarten Höhe und für solche, die krankenhausindividuell zu bewerten sind bis zu 600,00 EUR für jedes Zusatzentgelt.

(2) Absatz 1 findet keine Anwendung auf Krankenhäuser, die unter § 17 Abs. 1 Satz 5 KHG fallen. In diesen Fällen richtet sich die Beihilfefähigkeit nach § 24 Abs. 1.

(3) Neben den Leistungen nach Absatz 1 sind Aufwendungen für gesondert berechnete

1. Leistungen, die denen des § 24 Abs. 2 Nr. 1 entsprechen und
2. Unterkunft bis zur Höhe von 1,5 v. H. des nach § 10 Abs. 9 KHEntgG zuletzt vereinbarten zum Zeitpunkt der Leistungserbringung geltenden einheitlichen Basisfallwertes, abzüglich eines Betrages von 12,00 EUR täglich,

unter den Voraussetzungen des § 25 beihilfefähig.

(4) Ist bei einer stationären Behandlung die Anwesenheit einer Begleitperson aus medizinischen Gründen notwendig, sind Aufwendungen für die Unterbringung und Verpflegung der Begleitperson bis zur Höhe des sich nach Absatz 3 Nr. 2 ergebenden Betrages beihilfefähig. Satz 1 findet auch für die Fälle Anwendung, in denen eine Mitaufnahme in das Krankenhaus nicht möglich ist und die Unterbringung und Verpflegung der Begleitperson außerhalb des Krankenhauses erfolgt.

(5) Aufwendungen zur Notfallbehandlung sind beihilfefähig, wenn das nächstgelegene Krankenhaus aufgesucht worden ist; die Absätze 1 und 2 finden insoweit keine Anwen-

dung. Eine Notfallversorgung im Sinne des Satzes 1 liegt vor, wenn diese unverzüglich und ohne jeglichen Aufschub erforderlich ist, da sonst das Leben der versorgten Person bedroht ist. Zur Notfallversorgung gehört nicht eine nach Wiederherstellung und Aufrechterhaltung der Vitalfunktion sich anschließende Weiterbehandlung.

(6) Vor der Aufnahme in eine Einrichtung nach Absatz 1 kann eine Übersicht über die voraussichtlich entstehenden Kosten bei der Festsetzungsstelle zur Prüfung der Beihilfefähigkeit eingereicht werden.

§ 26a Übergangspflege im Krankenhaus

Aufwendungen für Übergangspflege im Krankenhaus sind bis zu den jeweiligen auf Landesebene vereinbarten Vergütungssätzen beihilfefähig, wenn im unmittelbaren Anschluss an eine Krankenhausbehandlung erforderliche Leistungen der häuslichen Krankenpflege (§ 27), der Anschlussheilbehandlung (§ 46) oder Leistungen nach Teil 3 dieser Verordnung nicht oder nur unter erheblichem Aufwand erbracht werden können und die Übergangspflege in dem Krankenhaus erfolgt, in dem auch die Krankenhausbehandlung erfolgt ist. Der Anspruch auf Übergangspflege besteht für längstens zehn Tage je Krankenhausbehandlung und umfasst die Versorgung mit Arznei-, Heil- und Hilfsmitteln, die Aktivierung der Versicherten, die Grund- und Behandlungspflege, ein Entlassmanagement, Unterkunft und Verpflegung sowie die im Einzelfall erforderliche ärztliche Behandlung. Aufwendungen für Wahlleistungen sind nicht beihilfefähig.

§ 27 Häusliche Krankenpflege, Kurzzeitpflege bei fehlender Pflegebedürftigkeit

(1) Häusliche Krankenpflege umfasst

1. Behandlungspflege, Grundpflege und hauswirtschaftliche Versorgung,
2. verrichtungsbezogene krankheitsspezifische Pflegemaßnahmen,
3. ambulante psychiatrische Krankenpflege und
4. ambulante Palliativversorgung.

Aufwendungen für eine nach ärztlicher oder psychotherapeutischer Bescheinigung notwendigen häuslichen Krankenpflege sind beihilfefähig. Angemessen sind die Aufwendungen bis zur Höhe der von den gesetzlichen oder privaten Krankenversicherungen anerkannten Kosten. Die Aufwendungen sind auch beihilfefähig, wenn die häusliche Krankenpflege außerhalb des eigenen Haushalts erbracht wird, sowie Aufwendungen für die Versorgung chronischer und schwer heilender Wunden in spezialisierten Einrichtungen.

(2) Wird die häusliche Krankenpflege im Sinne des Absatzes 1 durch Ehegattinnen, Ehegatten, Lebenspartnerinnen, Lebenspartner, Eltern, Kinder, Großeltern, Enkelkinder, Schwiegertöchter, Schwiegersöhne, Schwägerinnen, Schwäger, Schwiegereltern und Geschwister der beihilfeberechtigten oder berücksichtigungsfähigen Person durchgeführt, sind nur beihilfefähig:

1. Aufwendungen für Fahrtkosten nach Maßgabe des § 30 Abs. 4 der die häusliche Krankenpflege durchführenden Person,
2. eine für die Pflege gewährte Vergütung bis zur Höhe des Ausfalls an Arbeitseinkommen; eine an die Ehegattin oder den Ehegatten, die Lebenspartnerin oder den Lebenspartner oder die Eltern der pflegebedürftigen Person gewährte Vergütung ist nicht beihilfefähig.

(3) Ist häusliche Krankenpflege nach den Absätzen 1 und 2

1. bei schwerer Krankheit oder
2. wegen akuter Verschlimmerung einer Krankheit

insbesondere nach einem Krankenhausaufenthalt, nach einer ambulanten Operation oder nach einer ambulanten Krankenhausbehandlung nicht ausreichend und liegt keine Pflegebedürftigkeit der Pflegegrade 2 bis 5 vor, sind Aufwendungen für eine Kurzzeitpflege in zugelassenen Pflegeeinrichtungen oder in anderen geeigneten Einrichtungen entsprechend § 38 Abs. 1 beihilfefähig, wenn die Notwendigkeit der Kurzzeitpflege ärztlich bescheinigt worden ist. Ist die Einrichtung, in der die Kurzzeitpflege durchgeführt wird, zugleich der ständige Wohnsitz der gepflegten Person, sind

VII

Aufwendungen für Unterkunft, Verpflegung und Investitionskosten nicht beihilfefähig.

§ 27a Außerklinische Intensivpflege

(1) Aufwendungen für eine außerklinische Intensivpflege sind beihilfefähig, wenn ein besonders hoher Bedarf an medizinischer Behandlungspflege besteht. Der besonders hohe Bedarf an medizinischer Behandlungspflege kann nachgewiesen werden durch

1. eine ärztliche Bescheinigung, aus deren Angaben zur Dauer oder zum notwendigen Umfang der medizinischen Behandlungspflege, der besonders hohe Bedarf an medizinischer Behandlungspflege, insbesondere der Bedarf zur Bedienung und Überwachung eines Beatmungsgerätes, hervorgeht, oder
2. die Feststellung eines besonders hohen Bedarfes an medizinischer Behandlungspflege durch die gesetzliche oder private Krankenversicherung.

Spätestens zwölf Monate nach einer Erstausstellung oder einer Folgeausstellung ist ein erneuter Nachweis nach Satz 2 zu erbringen. § 27 Abs. 1 Satz 3 gilt entsprechend.

VII

(2) Erfolgt die außerklinische Intensivpflege in einer vollstationären Pflegeeinrichtung, die Leistungen nach § 43 des Elften Buches Sozialgesetzbuch (SGB XI) erbringt, sind beihilfefähig die Aufwendungen für

1. die Pflege und die Betreuung,
2. die medizinische Behandlungspflege,
3. die betriebsnotwendigen Investitionskosten sowie
4. die Entgelte für Unterkunft und Verpflegung nach § 87 SGB XI.

Wird die Pflege in einer Einrichtung durchgeführt, die die Voraussetzungen des § 71 Abs. 2 SGB XI erfüllt, sind höchstens die vergleichbaren Kosten, die in einer zugelassenen vollstationären Pflegeeinrichtung nach § 72 Abs. 1 Satz 1 SGB XI am Ort der Unterbringung oder seiner nächsten Umgebung entstanden wären, beihilfefähig. Entfällt der Anspruch auf außerklinische Intensivpflege auf Grund einer Besserung des Gesundheitszustandes, sind die Leistungen nach den Sätzen 1 und 2 für sechs Monate weiter zu gewähren, wenn eine Pflegebedürftigkeit des Pflegegrades 2, 3, 4 oder 5 festgestellt ist; eine Leistungsgewährung über diesen Zeitraum hinaus ist möglich, solange auch die gesetzliche oder private Krankenversicherung entsprechende Leistungen erbringt.

(3) Die in den §§ 27 und 39 genannten Aufwendungen sind nicht neben den in den Absätzen 1 und 2 genannten Aufwendungen beihilfefähig.

§ 28 Palliativversorgung

(1) Aufwendungen für spezialisierte ambulante Palliativversorgung sind beihilfefähig; § 8 Abs. 4 und § 23 Abs. 1 Satz 1 gelten entsprechend.

(2) Aufwendungen für stationäre oder teilstationäre Palliativversorgung in einem Hospiz, in denen palliativ-medizinische Behandlungen erbracht werden, sind nach Maßgabe einer ärztlichen Bescheinigung unter entsprechender Anwendung des § 24 Abs. 1 beihilfefähig.

§ 29 Familien- und Haushaltshilfe

(1) Die Aufwendungen für eine Familien- und Haushaltshilfe sind pro Stunde bis zur Höhe des von der Bundesregierung nach § 11 des Mindestlohngesetzes in der Fassung vom 11. August 2014 (BGBl. I S. 1348) in der jeweils geltenden Fassung verordneten allgemeinen gesetzlichen Mindestlohns, höchstens für acht Stunden täglich, beihilfefähig. Voraussetzung ist, dass

1. die den Haushalt führende Person den Haushalt
   a) wegen ihrer notwendigen außerhäuslichen Unterbringung (§§ 24, 26 und 27 Abs. 2, §§ 28 und 43 Abs. 6, §§ 45 bis 47 und 49 Abs. 1 Satz 2 Nr. 4, § 56) oder
   b) als Begleitperson eines stationär aufgenommenen Kindes, wenn nach ärztlicher Bescheinigung die Begleitung wegen des Alters des Kindes und der einer stationären Langzeittherapie erfordernden Geschwulsterkrankung oder vergleichbaren schweren Erkrankung medizinisch notwendig ist,

   nicht weiterführen kann,

2. diese Person, ausgenommen Alleinerziehende, nicht oder nur geringfügig erwerbstätig ist; eine Erwerbstätigkeit ist geringfügig, wenn die regelmäßige Arbeitszeit durchschnittlich weniger als die Hälfte der regelmäßigen Arbeitszeit einer vollbeschäftigten Person beträgt,
3. im Haushalt mindestens eine beihilfeberechtigte oder berücksichtigungsfähige Person verbleibt, die pflegebedürftig ist oder das 15. Lebensjahr noch nicht vollendet hat, und
4. keine andere im Haushalt lebende Person den Haushalt weiterführen kann.

(2) Aufwendungen für eine Familien- und Haushaltshilfe, deren Notwendigkeit ärztlich bescheinigt worden ist, sind in der in Absatz 1 Satz 1 bestimmten Höhe bis zu 28 Tage beihilfefähig

1. im Anschluss an eine außerhäusliche Unterbringung nach Absatz 1 Satz 2 Nr. 1 Buchst. a oder
2. wenn die Weiterführung des Haushalts wegen schwerer Krankheit, akuter Verschlimmerung einer Krankheit, nach einer ambulanten Operation oder einer ambulanten Krankenhausbehandlung nicht möglich ist und keine Pflegebedürftigkeit mit Pflegegrad 2, 3, 4 oder 5 vorliegt.

Satz 1 gilt auch für Alleinstehende. Verbleiben Personen im Sinne von Absatz 1 Satz 2 Nr. 3 im Haushalt, sind die Aufwendungen nach Satz 1 für bis zu 26 Wochen beihilfefähig.

(3) Werden anstelle der Beschäftigung einer Familien- und Haushaltshilfe beihilfeberechtigte oder berücksichtigungsfähige Personen, die pflegebedürftig sind oder das 15. Lebensjahr noch nicht vollendet haben, in einem Heim, in einem fremden Haushalt oder anderweitig untergebracht, so sind die Aufwendungen hierfür bis zu den sonst notwendigen Kosten einer Familien- und Haushaltshilfe beihilfefähig. Die Aufwendungen für eine Unterbringung im Haushalt einer in § 27 Abs. 1 Satz 2 genannten Person sind mit Ausnahme der Fahrtkosten (§ 30) nicht beihilfefähig. § 27 Abs. 1 Satz 2 Nr. 2 gilt entsprechend.

§ 30 Fahrtkosten

(1) Beihilfefähig sind Aufwendungen für vor Fahrtantritt von einer Ärztin oder einem Arzt, einer Zahnärztin oder einem Zahnarzt schriftlich verordnete Fahrten

1. im Zusammenhang mit stationären Krankenbehandlungen, einschließlich einer vor- und nachstationären Behandlung; dies gilt bei einer Verlegung in ein anderes Krankenhaus nur, wenn die Verlegung aus zwingenden medizinischen Gründen erforderlich ist,
2. anlässlich einer ambulanten Operation im Krankenhaus oder in der Arztpraxis, sofern in diesem Zusammenhang Leistungen nach Abschnitt D des Gebührenverzeichnisses für ärztliche Leistungen der Gebührenordnung für Ärzte erbracht werden, einschließlich der Vor- und Nachbehandlung,
3. mit einem Krankentransportfahrzeug, wenn während der Fahrt eine fachliche Betreuung oder die Nutzung der besonderen Einrichtung des Krankentransportwagens erforderlich ist,
4. zu ambulanten Behandlungen einer Grunderkrankung, die eine hohe Behandlungsfrequenz über einen längeren Zeitraum bedarf und diese Behandlung oder der zu diesem Behandlungsverlauf führende Krankheitsverlauf die behandelte Person so beeinträchtigt, dass eine Beförderung unerlässlich ist.

Satz 1 Nr. 1 gilt entsprechend bei verordneten Fahrten durch Psychologische Psychotherapeutinnen oder Psychologische Psychotherapeuten sowie Kinder- und Jugendpsychotherapeutinnen oder Kinder- und Jugendpsychotherapeuten, wenn die Fahrten im Zusammenhang mit einer psychotherapeutischen Behandlung stehen.

(2) Ohne Verordnung sind Aufwendungen für

1. Rettungsfahrten und -flüge, auch wenn eine stationäre Behandlung nicht erforderlich ist,
2. Fahrten zur ambulanten Dialyse, onkologischen Strahlen- oder Chemotherapie,
3. regelmäßige Fahrten eines Elternteils zum Besuch seines Kindes, wenn nach ärztlicher Bescheinigung der Besuch wegen des

Alters des Kindes und der einer stationären Langzeittherapie erfordernden Geschwulsterkrankung oder vergleichbaren schweren Erkrankung medizinisch notwendig ist, und

4. Fahrten nach Absatz 1 Nr. 1 bis 3 sowie Fahrten zu ambulanten Behandlungen von beihilfeberechtigten Personen oder berücksichtigungsfähigen Angehörigen, die einen Schwerbehindertenausweis mit dem Merkzeichen „G" (erhebliche Gehbehinderung), „aG" (außergewöhnliche Gehbehinderung), „Bl" (blind) oder „H" (hilflos) vorlegen oder die Pflegegrade 3, 4 oder 5 nachweisen oder deren Mobilität vergleichbar beeinträchtigt ist; Gesundheitsvorsorge- und Krebsfrüherkennungsuntersuchungen nach § 43 Abs. 2, Schutzimpfungen nach § 44 sowie die Versorgung einschließlich Diagnostik in einer geriatrischen Institutsambulanz sind einer ambulanten Behandlung gleichzusetzen

beihilfefähig.

(3) Die Fahrtkosten sind angemessen

1. bei Rettungsfahrten und -flügen und Krankentransportfahrten bis zu den nach dem jeweiligen Landesrecht berechneten Beträgen,
2. bei Benutzung regelmäßig verkehrender Beförderungsmittel bis zur Höhe der niedrigsten Beförderungsklasse,
3. bei Benutzung eines privaten Personenkraftwagens bis zu dem in § 6 Abs. 1 Satz 1 des Landesreisekostengesetzes genannten Betrag; bei gemeinsamer Fahrt einer beihilfeberechtigten oder berücksichtigungsfähigen Person mit weiteren beihilfeberechtigten oder berücksichtigungsfähigen Personen mit einem Personenkraftwagen sind die Fahrtkosten insgesamt nur einmal beihilfefähig, und
4. bei Benutzung eines Taxis bis zur Höhe der nach der jeweiligen Taxiordnung berechneten Taxe.

(4) Nicht beihilfefähig sind

1. die Mehrkosten der Beförderung zu einem anderen als dem nächstgelegenen Ort, an dem eine geeignete Behandlung möglich ist,
2. die Kosten für die Rückbeförderung wegen Erkrankung während einer Urlaubsreise oder anderer privater Reisen,
3. die Kosten für Beförderung anderer Personen als der erkrankten Person, es sei denn, die Beförderung von Begleitpersonen ist medizinisch notwendig,
4. die Kosten für andere als in Absatz 2 Nr. 3 genannte Besuchsfahrten, und
5. die Kosten für die Gepäckbeförderung.

§ 31 Erste Hilfe und Entseuchung

Beihilfefähig sind die Aufwendungen für

1. die Erste Hilfe sowie
2. eine behördlich angeordnete Entseuchung und die dabei verbrauchten Stoffe.

§ 31a Kommunikationshilfen

Aufwendungen für geeignete Kommunikationshilfen sind beihilfefähig, wenn

1. die beihilfeberechtigte oder berücksichtigungsfähige Person gehörlos, hochgradig schwerhörig, ertaubt oder sprachbehindert ist und
2. im Einzelfall der Informationsfluss zwischen leistungserbringender Person und beihilfeberechtigter oder berücksichtigungsfähiger Person nur so gewährleistet werden kann.

Beihilfefähig sind die Aufwendungen bis zur Höhe einer Vergütung in entsprechender Anwendung des Justizvergütungs- und -entschädigungsgesetzes vom 5. Mai 2004 (BGBl. I S. 718, 776) in der jeweils geltenden Fassung.

§ 32 Unterkunftskosten bei auswärtiger Behandlung

Aufwendungen für eine Unterkunft sind bis zum Höchstbetrag von 26,00 EUR täglich beihilfefähig, wenn am Wohnort oder in dessen zumutbarer Nähe keine geeignete Behandlung erfolgen kann und ein anderer Ort für eine notwendige geeignete ambulante Behandlung, Untersuchung oder dergleichen aufgesucht werden muss. Ist die Begleitung durch eine andere Person notwendig, so sind deren Kosten für Unterkunft ebenfalls bis zum Höchstbetrag von 26,00 EUR täglich beihilfefähig.

§ 33 Organ-, Gewebe- und Blutstammzellenspende

(1) Sind beihilfeberechtigte Personen oder berücksichtigungsfähige Angehörige Empfängerinnen oder Empfänger von Organen oder Geweben oder Blut zur Separation von Blutstammzellen oder anderen Blutbestandteilen, sind beihilfefähig

1. Aufwendungen der Spenderin oder des Spenders im Rahmen des § 11 Abs. 1 Satz 1 Nr. 1 und der §§ 21, 22, 24 bis 30, 45, 46 und 48 sowie der von der Spenderin oder dem Spender nachgewiesene Ausfall an Arbeitseinkommen; darüber hinaus ist auch das von der Arbeitgeberin oder dem Arbeitgeber der Spenderin oder des Spenders fortgezahlte Entgelt beihilfefähig; abweichend von § 62 Abs. 4 Satz 1 wird die Beihilfe hierzu auf Antrag der Arbeitgeberin oder des Arbeitgebers unmittelbar an diese oder diesen gezahlt; die Halbsätze 1 und 2 gelten auch für Personen, die als Spenderin oder Spender vorgesehen waren, aber nicht in Betracht kommen; nicht beihilfefähig sind Aufwendungen für Behandlungen von Folgeerkrankungen der Spenderin oder des Spenders,
2. bei postmortaler Organ- und Gewebespende die Kosten der nach § 11 Abs. 1 des Transplantationsgesetzes (TPG) errichteten Koordinierungsstelle in Höhe der von den Vertragsparteien nach § 11 Abs. 2 TPG für gesetzlich versicherte Organempfängerinnen und Organempfänger vereinbarten Entgelte, die als Organisations- sowie Flugkostenpauschale in Rechnung gestellt werden.

(2) Aufwendungen für die Anmeldung und Registrierung von beihilfeberechtigten Personen oder berücksichtigungsfähigen Angehörigen bei Transplantationszentren oder dem Zentralen Knochenmarkspender-Register für die Suche nach geeigneten Spenderinnen und Spendern sind beihilfefähig.

§ 34 Hilfsmittel, Geräte zur Selbstbehandlung und Selbstkontrolle sowie Körperersatzstücke

(1) Die Aufwendungen für die Anschaffung oder Miete der in der Anlage 4 Abschnitt I aufgeführten vor der Beschaffung ärztlich verordneten Hilfsmittel, Geräte zur Selbstbehandlung und Selbstkontrolle sowie Körperersatzstücke, einschließlich der Unterweisung im Gebrauch dieser Gegenstände, sind beihilfefähig. Mieten für diese Hilfsmittel und Geräte zur Selbstbehandlung und Selbstkontrolle sind nur beihilfefähig, soweit sie nicht höher als die entsprechenden Anschaffungskosten sind und sich dadurch eine Anschaffung erübrigt. Die Beihilfefähigkeit der in Anlage 4 Abschnitt II aufgeführten Gegenstände ist ausgeschlossen.

(2) Brillen und Kontaktlinsen sind Hilfsmittel nach Absatz 1 Satz 1; die Beihilfefähigkeit der Aufwendungen hierfür richtet sich nach den Maßgaben der Anlage 4 Abschnitt III.

(3) Aufwendungen für den Ersatz eines unbrauchbar gewordenen Gegenstandes im Sinne des Absatzes 1 Satz 1 sind in der bisher verordneten Ausführung auch ohne erneute ärztliche Verordnung beihilfefähig, wenn die Ersatzbeschaffung innerhalb von sechs Monaten seit der Anschaffung erfolgt.

(4) Aufwendungen für Reparaturen der Gegenstände im Sinne des Absatzes 1 Satz 1 sind stets ohne ärztliche Verordnung beihilfefähig.

(5) Aufwendungen für Betrieb und Unterhaltung der Gegenstände im Sinne des Absatzes 1 Satz 1 sind nur in Höhe des 100,00 EUR je Kalenderjahr übersteigenden Betrages beihilfefähig. Absatz 3 gilt entsprechend. Nicht beihilfefähig sind Aufwendungen für Batterien für Hörgeräte von Personen, die das 18. Lebensjahr vollendet haben, sowie für Pflege- und Reinigungsmittel für Kontaktlinsen.

(6) Aufwendungen für ärztlich verordnete Voll- oder Teilperücken einschließlich Befestigungselementen wie Klebestreifen und Spangen sowie Materialien zur Befestigung sind bis zu einem Betrag von 512,00 EUR beihilfefähig, wenn ein krankhaft entstellender Haarausfall, eine erhebliche Verunstaltung oder

VII

ein totaler oder weitgehender Haarausfall vorliegt. Aufwendungen für eine zweite Voll- oder Teilperücke zum Wechseln sind nur beihilfefähig, wenn eine Voll- oder Teilperücke länger als ein Jahr getragen werden muss. Aufwendungen für die erneute Beschaffung einer Voll- oder Teilperücke sind beihilfefähig, wenn

1. seit der vorangegangenen Beschaffung einer Voll- oder Teilperücke aus Kunststoff ein Jahr vergangen ist,
2. seit der vorangegangenen Beschaffung einer Voll- oder Teilperücke aus Echthaar zwei Jahre vergangen sind oder
3. sich bei Kindern vor Ablauf der vorgenannten Zeiträume die Kopfform geändert hat.

Bei der Erstverordnung sind auch die Aufwendungen für einen Perückenkopf beihilfefähig.

(7) Über die Beihilfefähigkeit der Aufwendungen von Gegenständen im Sinne des Absatzes 1 Satz 1, die weder in der Anlage 4 aufgeführt noch den dort aufgeführten Gegenständen vergleichbar und nicht der allgemeinen Lebenshaltung zuzuordnen sind, entscheidet die oberste Dienstbehörde, im unmittelbaren Landesdienst das für das finanzielle öffentliche Dienstrecht zuständige Ministerium.

VII

§ 34a Digitale Gesundheitsanwendungen

(1) Digitale Gesundheitsanwendungen sind auf digitalen Technologien beruhende Anwendungen, die dazu bestimmt sind, Erkrankungen zu lindern, zu überwachen oder die Diagnosestellung zu unterstützen. Beihilfefähig sind Aufwendungen für zuvor von einer Ärztin oder einem Arzt, einer Zahnärztin oder einem Zahnarzt oder einer Therapeutin oder einem Therapeuten nach Anlage 2 Abschnitte 2 bis 5 nach Art und Dauer verordnete Digitale Gesundheitsanwendungen, die in das vom Bundesinstitut für Arzneimittel und Medizinprodukte geführte Verzeichnis aufgenommen wurden oder zu solchen Anwendungen, über die das für das finanzielle öffentliche Dienstrecht zuständige Ministerium eine Vereinbarung im Sinne des § 8 Abs. 4 abgeschlossen hat oder einer entsprechenden Vereinbarung beigetreten ist. Die Aufwendungen sind nur beihilfefähig bis zu den Kosten für die Standardversion der digitalen Gesundheitsanwendung, sofern nicht aus ärztlicher oder therapeutischer Sicht die Notwendigkeit einer erweiterten Version begründet wurde. Beihilfefähig sind ferner die Aufwendungen für Zubehör der digitalen Gesundheitsanwendung, wenn es ausschließlich für die Nutzung der digitalen Gesundheitsanwendung zwingend erforderlich und wirtschaftlich angemessen ist.

(2) Nicht beihilfefähig sind die Aufwendungen für

1. die Beschaffung, den Betrieb oder die technische Anbindung der zur Nutzung der digitalen Gesundheitsanwendung erforderlichen Endgeräte,
2. die zur Nutzung der digitalen Gesundheitsanwendung erforderlichen Telekommunikationsdienstleistungen,
3. Zweit- oder Mehrfachbeschaffungen der digitalen Gesundheitsanwendung zur Nutzung auf verschiedenen Endgeräten; dies gilt auch für eine teurere Version der digitalen Gesundheitsanwendung, die Lizenzen für die Nutzung auf mehreren Endgeräten beinhaltet, und
4. Zubehör, das den allgemeinen Lebenshaltungskosten zuzurechnen ist.

Teil 3
Aufwendungen in Pflegefällen

§ 35 Beihilfefähige Aufwendungen bei dauernder Pflegebedürftigkeit

(1) Die Gewährung von Beihilfen anlässlich dauernder Pflegebedürftigkeit richtet sich nach den folgenden Absätzen 2 bis 5 sowie den §§ 35a bis 42b.

(2) Beihilfeberechtigte Personen und berücksichtigungsfähige Angehörige sind pflegebedürftig, wenn sie gesundheitlich bedingte Beeinträchtigungen der Selbstständigkeit oder der Fähigkeiten aufweisen und deshalb der Hilfe durch andere bedürfen. Erforderlich ist, dass sie

die körperlichen, kognitiven oder psychischen Beeinträchtigungen oder gesundheitlich bedingte Belastungen oder Anforderungen nicht selbstständig kompensieren oder bewältigen können. Die Pflegebedürftigkeit muss auf Dauer, voraussichtlich für mindestens sechs Monate bestehen.

(3) Die Aufwendungen nach den §§ 36 bis 42b sind nur beihilfefähig, wenn die beihilfeberechtigte Person oder die oder der berücksichtigungsfähige Angehörige pflegebedürftig und einem Pflegegrad zugeordnet ist. Die Aufwendungen sind beihilfefähig bei Zuordnung in

1. den Pflegegrad 1 nach § 42b und
2. die Pflegegrade 2, 3, 4 oder 5 nach Maßgabe der §§ 36 bis 42a.

(4) Für Personen, die nach § 28 Abs. 2 des Elften Buches Sozialgesetzbuch (SGB XI) Leistungen zur Hälfte erhalten, wird zu den Pflegekosten in den Fällen der §§ 36 bis 42b eine Beihilfe in wertmäßig gleicher Höhe gewährt; die §§ 9, 57 und 58 sind hierbei nicht anzuwenden. In den Fällen des Absatzes 3 Satz 2 Nr. 2 sind über diesen Gesamtwert hinausgehende Aufwendungen im Rahmen des §§ 36, 36d, 37, 38, 39 und 41 beihilfefähig.

(5) Soweit Personen nicht gegen das Risiko der Pflegebedürftigkeit versichert sind oder der Leistungsanspruch ruht, sind als Leistung der privaten oder sozialen Pflegeversicherung 50 v. H. der jeweiligen Leistungen nach dem Elften Buch Sozialgesetzbuch fiktiv zu berücksichtigen.

§ 35a Pflegeberatung

Die Festsetzungsstelle beteiligt sich für beihilfeberechtigte Personen und berücksichtigungsfähige Angehörige an den Kosten der Träger einer Pflegeberatung nach § 7a SGB XI, wenn Leistungen der privaten oder sozialen Pflegeversicherung

1. bezogen werden oder
2. beantragt worden sind und erkennbar Hilfe- und Beratungsbedarf besteht.

Aufwendungen nach Satz 1 sind außerdem nur beihilfefähig, wenn das für das finanzielle öffentliche Dienstrecht zuständige Ministerium hierzu eine Vereinbarung im Sinne des § 8 Abs. 4 abgeschlossen hat oder einer entsprechenden Vereinbarung beigetreten ist.

§ 36 Häusliche Pflege durch geeignete Pflegekräfte

Aufwendungen der häuslichen Pflegehilfe durch geeignete Pflegekräfte (§ 36 Abs. 4 Satz 2 und 3 SGB XI), mit Ausnahme der Investitionskosten, sind entsprechend des Pflegegrades beihilfefähig bis zu monatlich

für Pflegebedürftige des Pflegegrades 2	910,00 EUR,
für Pflegebedürftige des Pflegegrades 3	1820,00 EUR,
für Pflegebedürftige des Pflegegrades 4	2730,00 EUR und
für Pflegebedürftige des Pflegegrades 5	3640,00 EUR.

§ 36a Häusliche Pflege durch selbst beschaffte Pflegehilfen

(1) Bei einer häuslichen Pflege durch andere geeignete Personen (selbst beschaffte Pflegehilfen) wird anstelle einer Beihilfe nach § 36 eine monatliche Pauschalbeihilfe bis zur Höhe der in § 37 SGB XI genannten Höchstbeträge gewährt.

(2) Wird die Pflege nach Absatz 1 nicht für einen vollen Kalendermonat erbracht, ist die Pauschale, ausgenommen in den ersten vier Wochen einer stationären Krankenhausbehandlung, einer vor- und nachstationären Krankenhausbehandlung, einer häuslichen Krankenpflege nach § 27 Abs. 1 Satz 1 Nr. 1, einer Sanatoriumsbehandlung, einer stationären Anschlussheilbehandlung oder des Monats, in dem die pflegebedürftige Person verstorben ist, entsprechend zu kürzen; dabei ist der Kalendermonat mit 30 Tagen anzusetzen. Die Hälfte der bisher bezogenen Pauschalbeihilfe wird während einer Verhinderungspflege über acht Stunden täglich oder Kurzzeitpflege bis zu acht Wochen je Kalenderjahr fortgewährt. Ein aus der privaten oder der sozialen Pflegeversicherung zustehendes Pflegegeld und entsprechende Leistungen aufgrund sonstiger Rechtsvorschriften sind anzurechnen.

VII

(3) Beihilfefähig sind auch Aufwendungen für Beratungsbesuche im Sinne des § 37 Abs. 3 bis 3b SGB XI, wenn die private oder soziale Pflegeversicherung entsprechende anteilige Leistungen erbringt. Der Umfang der beihilfefähigen Aufwendungen bestimmt sich entsprechend § 37 Abs. 3c SGB XI.

§ 36b Kombinationspflege

Wird die Pflege teilweise durch geeignete Pflegekräfte (§ 36) und durch andere geeignete Personen (§ 36a) erbracht, wird eine Beihilfe anteilig nach den §§ 36 und 36a anteilig gewährt; maßgebend ist das in der privaten oder sozialen Pflegeversicherung zugrunde gelegte Verhältnis der anteiligen Inanspruchnahme.

§ 36c Ambulant betreute Wohngruppen

(1) Neben Leistungen nach den §§ 36 bis 36b sowie den §§ 42 und 42a wird pflegebedürftigen Personen in ambulant betreuten Wohngruppen zusätzlich eine monatliche Pauschalbeihilfe in Höhe des Betrags nach § 38a Abs. 1 SGB XI gewährt, wenn die private oder soziale Pflegeversicherung entsprechende anteilige Leistungen erbringt. Neben der Pauschalbeihilfe nach Satz 1 können Aufwendungen der teilstationären Pflege nur dann als beihilfefähig anerkannt werden, wenn die private oder soziale Pflegeversicherung entsprechende anteilige Leistungen erbringt. Eine aus der privaten oder der sozialen Pflegeversicherung zustehende Leistung ist anzurechnen.

VII

(2) Zu den Aufwendungen der Anschubfinanzierung zur Gründung von ambulant betreuten Wohngruppen werden Beihilfen gewährt, wenn nachgewiesen wird, dass die private oder soziale Pflegeversicherung der pflegebedürftigen Person hierzu Zuschüsse nach § 45e SGB XI gezahlt hat. Bei privater Pflegeversicherung sind die Aufwendungen beihilfefähig, aus denen die prozentuale Leistung der Pflegeversicherung berechnet wird; bei sozialer Pflegeversicherung werden diese in wertmäßig gleicher Höhe gewährt.

§ 36d Verhinderungspflege

Ist eine andere geeignete Person nach § 36 wegen Urlaub, Krankheit oder aus anderen Gründen an der häuslichen Pflege gehindert, so sind Aufwendungen für die Ersatzpflege bis zu dem Betrag nach § 42a SGB XI im Kalenderjahr beihilfefähig. Aufwendungen für Investitionskosten sind nicht beihilfefähig.

§ 37 Teilstationäre Pflege

Aufwendungen für teilstationäre Pflege sind neben den Leistungen nach den §§ 36 bis 36b beihilfefähig. Die teilstationäre Pflege umfasst auch die Kosten der notwendigen Beförderung der pflegebedürftigen Person von der Wohnung zur Pflegeeinrichtung und zurück. Sofern Fahrtkosten nicht in der Rechnung der Einrichtung enthalten sind und gesondert geltend gemacht werden, sind diese nach Maßgabe des § 30 Abs. 3 beihilfefähig. Aufwendungen für Unterkunft, Verpflegung und Investitionskosten sind nicht beihilfefähig.

§ 38 Kurzzeitpflege

(1) Kann häusliche Pflege zeitweise nicht, noch nicht oder nicht im erforderlichen Umfang erbracht werden und reicht teilstationäre Pflege nicht aus, sind Aufwendungen für Kurzzeitpflege einschließlich der Aufwendungen für Unterkunft und Verpflegung in einer von der sozialen Pflegeversicherung zugelassenen Pflegeeinrichtung beihilfefähig.

(2) Ist bei zu Hause gepflegten pflegebedürftigen Personen die Pflege in einer von der sozialen Pflegeversicherung zur Kurzzeitpflege zugelassenen Pflegeeinrichtung nicht möglich oder zumutbar, sind die Aufwendungen für Kurzzeitpflege einschließlich der Aufwendungen für Unterkunft und Verpflegung auch in einer Einrichtung im Sinne des § 41 oder einer sonstigen geeigneten Einrichtung beihilfefähig.

(3) Aufwendungen für Investitionskosten sind nicht beihilfefähig.

§ 38a Pflegerische Versorgung bei Vorsorge- oder Rehabilitationsmaßnahmen der Pflegeperson

Aufwendungen für eine Versorgung der pflegebedürftigen beihilfeberechtigten oder berücksichtigungsfähigen Person in einer Sanatoriumseinrichtung oder einer Einrichtung für stationäre Anschlussheilbehandlungen sind beihilfefähig, wenn dort gleichzeitig stationäre Leistungen von der Pflegeperson der pflegebedürftigen beihilfeberechtigten oder berücksichtigungsfähigen Person in Anspruch genommen werden und für die pflegebedürftige Person die pflegerische Versorgung in dieser Einrichtung erbracht wird; in diesen Fällen können die Einrichtungen nach Halbsatz 1 zur Erbringung der körperbezogenen Pflegemaßnahmen und pflegerischen Betreuungsmaßnahmen sowie der Leistungen der medizinischen Behandlungspflege (§ 27) eine zugelassene ambulante Pflegeeinrichtung (§ 72 SGB XI) einsetzen. Sofern die pflegerische Versorgung durch die in Satz 1 genannten Einrichtungen nicht erbracht werden kann, sind Aufwendungen für körperbezogene Pflegemaßnahmen, pflegerische Betreuungsmaßnahmen und Leistungen der medizinischen Behandlungspflege (§ 27) in einer zugelassenen vollstationären Pflegeeinrichtung (§ 72 SGB XI) beihilfefähig. Neben den Aufwendungen für die pflegebedingten Aufwendungen einschließlich der Aufwendungen für die Betreuung sind Aufwendungen für Leistungen der medizinischen Behandlungspflege (§ 27), Unterkunft und Verpflegung, betriebsnotwendige Investitionskosten sowie im Zusammenhang mit der Versorgung in einer Sanatoriumseinrichtung oder einer Einrichtung für stationäre Anschlussheilbehandlungen oder einer vollstationären Pflegeeinrichtung entstandene Fahrtkosten nach Maßgabe des § 30 Abs. 3 und abweichend von § 30 Abs. 4 Nr. 5 Gepäckbeförderungskosten der pflegebedürftigen Person beihilfefähig. Solange sich die Pflegeperson in einer Sanatoriumseinrichtung oder Einrichtung für stationäre Anschlussheilbehandlungen befindet und die pflegebedürftige Person nach den Sätzen 1 und 2 versorgt wird, ruht der Anspruch auf Pauschalbeihilfe nach § 36a.

§ 39 Vollstationäre Pflege

(1) Aufwendungen einer vollstationären Pflege sind nach Maßgabe der folgenden Absätze beihilfefähig.

(2) Bei Pflege in einer zugelassenen Pflegeeinrichtung (§ 72 Abs. 1 Satz 1 SGB XI) ist der nach dem Grad der Pflegebedürftigkeit in Betracht kommende Pflegesatz beihilfefähig. Verbleiben unter Berücksichtigung der Beihilfe- und Pflegeversicherungsleistungen ungedeckte pflegebedingte Aufwendungen, werden diese als ergänzende Beihilfe gezahlt.

(3) Aufwendungen für Unterkunft und Verpflegung einschließlich der Investitionskosten und Zusatzleistungen nach § 88 SGB XI sind nicht beihilfefähig. Dies gilt nicht für Aufwendungen für Unterkunft und Verpflegung einschließlich der Investitionskosten, die folgende Eigenanteile übersteigen:

1. bei beihilfeberechtigten Personen mit
   a) einem Angehörigen 40 v. H. oder
   b) mehreren Angehörigen 35 v. H.

   der um 510,00 EUR, beim Bezug von Versorgungsbezügen um 360,00 EUR, verminderten Einnahmen und
2. bei alleinstehenden beihilfeberechtigten Personen oder bei gleichzeitiger vollstationärer Pflege der beihilfeberechtigten Person und aller berücksichtigungsfähigen Angehörigen 70 v. H. der Einnahmen.

Erfolgt die Pflege nicht für den gesamten Kalendermonat, ist der Eigenanteil entsprechend zu mindern; dabei ist der Kalendermonat mit 30 Tagen anzusetzen. Die den Eigenanteil übersteigenden Aufwendungen für Unterkunft und Verpflegung einschließlich der Investitionskosten werden als Beihilfe gezahlt.

(4) Angehörige im Sinne des Absatzes 3 sind

1. die in § 4 Abs. 1 genannten Personen und
2. Kinder, die nach § 4 Abs. 2 berücksichtigungsfähig oder nur deshalb nicht berücksichtigungsfähig sind, weil sie selbst beihilfeberechtigt sind.

(5) Einnahmen im Sinne des Absatzes 3 sind die Dienst- und Versorgungsbezüge nach Anwendung von Ruhens-, Kürzungs- und Anrechnungsvorschriften sowie der Zahlbetrag der Renten aus der gesetzlichen Rentenversicherung und aus einer zusätzlichen Alters- und Hinterbliebenenversorgung der beihilfeberechtigten Person. Bei der vollstationären Pflege einer in § 4 Abs. 1 genannten Person sind Einnahmen die Einnahmen nach Satz 1 zuzüglich des Zahlbetrags der Renten aus der

VII

gesetzlichen Rentenversicherung und aus einer zusätzlichen Alters- und Hinterbliebenenversorgung der zu pflegenden Person. Bei der vollstationären Pflege einer in § 4 Abs. 2 genannten Person sind Einnahmen die Einnahmen nach Satz 1 zuzüglich der Dienst- und Versorgungsbezüge nach Anwendung von Ruhens-, Kürzungs- und Anrechnungsvorschriften, des Zahlbetrags der Renten aus der gesetzlichen Rentenversicherung und aus einer zusätzlichen Alters- und Hinterbliebenenversorgung sowie des laufenden Erwerbseinkommens einer in § 4 Abs. 1 genannten Person. Dienstbezüge sind die in § 3 des Landesbesoldungsgesetzes oder entsprechenden bundes- oder landesgesetzlichen Bestimmungen genannten laufenden Bruttobezüge. Versorgungsbezüge sind die in § 3 Abs. 1 LBeamtVG oder entsprechenden bundes- oder landesgesetzlichen Bestimmungen genannten laufenden Bruttobezüge; Unfallausgleich nach § 44 LBeamtVG oder entsprechenden bundes- oder landesgesetzlichen Bestimmungen bleibt unberührt. Der Zahlbetrag der Rente aus der gesetzlichen Rentenversicherung ist der Betrag, der sich ohne Berücksichtigung des Beitragszuschusses vor Abzug der Beiträge zur Kranken- und Pflegeversicherung ergibt. Leistungen für Kindererziehung nach § 294 des Sechsten Buches Sozialgesetzbuch (SGB VI) gehören nicht zu den Einnahmen. Die im Januar bezogenen Einnahmen oder soweit die Pflege unterjährig beginnt die im Monat des Beginns der bezogenen Einnahmen sind für das laufende Kalenderjahr zu Grunde zu legen. Wurden im Januar des laufenden Kalenderjahres oder im Monat des Beginns der vollstationären Pflege keine Einnahmen im Sinne des Satzes 8 bezogen, sind die für den ersten vollen Monat erhaltenen Einnahmen für das laufende Kalenderjahr zu Grunde zu legen. Verringern sich die Einnahmen vom Januar oder des Monats des Beginns der vollstationären Pflege im Laufe des Kalenderjahres dauernd wesentlich, sind die Einnahmen ab dem Monat der dauernden Verringerung zu Grunde zu legen.

(6) Bei Pflege in Pflegeeinrichtungen, welche die Voraussetzungen des § 71 Abs. 2 SGB XI erfüllen, aber nicht nach § 72 Abs. 1 Satz 1 SGB XI zugelassen sind, sind höchstens die niedrigsten vergleichbaren Kosten einer zugelassenen Einrichtung am Ort der Unterbringung oder seiner nächsten Umgebung beihilfefähig; die Absätze 2 bis 5 gelten entsprechend.

§ 39a Durchführung aktivierender oder rehabilitativer Maßnahmen

Leistungen, die in den Fällen nach § 39 nach Durchführung aktivierender oder rehabilitativer Maßnahmen zu einer Rückstufung der pflegebedürftigen Person in einen niedrigeren Pflegegrad oder zu der Feststellung führen, dass die Person nicht mehr pflegebedürftig ist, sind in Höhe von 2952,00 EUR beihilfefähig; die Beihilfe wird unmittelbar an die Pflegeeinrichtung gezahlt. Die Beihilfe ist zurückzuzahlen, wenn die Person innerhalb von sechs Monaten nach der Rückstufung in einen höheren Pflegegrad eingestuft wird oder wieder pflegebedürftig wird.

§ 39b Vergütungszuschläge für zusätzliche Betreuung und Aktivierung in stationären Pflegeeinrichtungen

(1) Aufwendungen für Vergütungszuschläge für zusätzliche Betreuung und Aktivierung im Sinne des § 84 Abs. 8 in Verbindung mit § 43b SGB XI sind beihilfefähig.

(2) Aufwendungen für Vergütungszuschläge für zusätzliches Pflegehilfskraftpersonal in vollstationären Pflegeeinrichtungen im Sinne von § 84 Abs. 9 SGB XI sind beihilfefähig.

§ 40 Pflegehilfsmittel und wohnumfeldverbessernde Maßnahmen

(1) Aufwendungen für Pflegehilfsmittel und technische Hilfen sind beihilfefähig. Bei vollstationärer Pflege gilt Satz 1 nur für Gegenstände, die individuell angepasst sind oder überwiegend nur der pflegebedürftigen Person allein überlassen werden, sofern sie nicht üblicherweise von der Einrichtung vorzuhalten sind.

(2) Aufwendungen für zum Verbrauch bestimmte Pflegehilfsmittel sind bis zu dem in § 40 Abs. 2 Satz 1 SGB XI genannten Betrag monatlich beihilfefähig. Sofern ein monatlicher Bedarf an zum Verbrauch bestimmter Pflegehilfsmittel in Höhe des Höchstbetrages

nach Satz 1 glaubhaft gemacht wird, kann auf die monatliche Vorlage von entsprechenden Belegen verzichtet werden und die Beihilfengewährung insoweit ohne Nachweise auf Antrag erfolgen. Auf Verlangen der Festsetzungsstelle ist ein Nachweis über die Höhe der Aufwendungen vorzulegen.

(3) Aufwendungen zur Verbesserung des individuellen Wohnumfeldes der pflegebedürftigen Person sind bis zu dem in § 40 Abs. 4 Satz 2 SGB XI genannten Betrag je Maßnahme beihilfefähig. Satz 1 gilt entsprechend, wenn mehrere pflegebedürftige Personen in einer gemeinsamen Wohnung leben. In den Fällen des Satzes 2 ist der Gesamtbetrag der Förderung aus Beihilfe und Leistungen der privaten oder sozialen Pflegeversicherung auf dem in § 40 Abs. 4 Satz 4 SGB XI genannten Betrag je Maßnahme begrenzt; bei mehr als vier Pflegebedürftigen reduziert sich der beihilfefähige Betrag je Maßnahme der Anzahl entsprechend anteilig.

§ 40a Digitale Pflegeanwendungen

Beihilfefähig sind Aufwendungen für

1. digitale Pflegeanwendungen bei häuslicher Pflege entsprechend § 40a SGB XI unter der Voraussetzung, dass die Notwendigkeit der Versorgung mit digitalen Pflegeanwendungen durch die private oder soziale Pflegeversicherung anerkannt wurde, und
2. ergänzende Unterstützungsleistungen bei der Nutzung digitaler Pflegeanwendungen entsprechend § 39a SGB XI.

Die Aufwendungen nach Satz 1 sind insgesamt nur bis zur Höhe des in § 40b Abs. 1 SGB XI genannten Betrages beihilfefähig.

§ 41 Einrichtungen der Behindertenhilfe

(1) Aufwendungen für eine Betreuung in einer vollstationären Pflegeeinrichtung der Behindertenhilfe, in der die berufliche und soziale Eingliederung, die schulische Ausbildung oder die Erziehung im Vordergrund des Einrichtungszweckes stehen (§ 71 Abs. 4 SGB XI), sind bis zu dem nach § 43a SGB XI genannten Betrag monatlich beihilfefähig; eine Beihilfe nach § 39 ist daneben ausgeschlossen. Aufwendungen für Unterkunft und Verpflegung sowie Investitionskosten sind nicht beihilfefähig. Wird für die Tage, an denen die Pflegebedürftigen zu Hause gepflegt und betreut werden, anteiliges Pflegegeld beansprucht, gelten die Tage der An- und Abreise als volle Tage der häuslichen Pflege.

(2) Beschäftigung und Betreuung in einer Werkstatt für behinderte Menschen sind keine Pflegeleistungen im Sinne des § 35; Werkstattgebühren und Versicherungsbeiträge für behinderte Menschen sind nicht beihilfefähig. Aufwendungen, die zur Erfüllung der Schulpflicht – insbesondere für Fahrtkosten für den Besuch einer Förderschule – entstehen, sind nicht beihilfefähig.

§ 42 Leistungen zur Entlastung der Pflegenden sowie zur Förderung der Selbstständigkeit der pflegebedürftigen Personen

Bei pflegebedürftigen Personen in häuslicher Pflege sind Aufwendungen für Leistungen zur Entlastung der Pflegenden sowie zur Förderung der Selbstständigkeit der pflegebedürftigen Personen (§ 45b SGBXI) im Zusammenhang mit der Inanspruchnahme von Leistungen der

1. häuslichen Pflege nach § 36 Abs. 1, in den Pflegegraden 2 bis 5 jedoch keine Leistungen im Bereich der Selbstversorgung,
2. teilstationären Pflege (§ 37),
3. Kurzzeitpflege (§ 38),
4. nach Landesrecht anerkannten Angebote zur Unterstützung im Alltag (§ 45a SGB XI)

insgesamt bis zu dem in § 45b Abs. 1 Satz 1 SGB XI genannten Betrag monatlich beihilfefähig. Den Unterstützungsangeboten nach Satz 1 Nr. 4 stehen Maßnahmen gleich, zu denen die private oder soziale Pflegeversicherung entsprechende anteilige Leistungen erbringt. Wird der monatliche Höchstbetrag nicht ausgeschöpft, wird der nicht verbrauchte Anteil angespart (Ansparguthaben); maßgeblich für die Beihilfenermittlung ist das Ansparguthaben, welches zum Zeitpunkt der Antragstellung angespart wurde. Neben dem Betrag nach Satz 1 ist auch der Zuschlag nach § 141 Abs. 2 Satz 2 SGB XI monatlich beihil-

VII

fefähig, wenn die private oder soziale Pflegeversicherung entsprechende anteilige Leistungen erbringt.

§ 42a Angebote zur Unterstützung im Alltag

Aufwendungen pflegebedürftiger Personen in häuslicher Pflege für Leistungen der Angebote nach § 42 Satz 1 Nr. 4 und § 42 Satz 2 sind bis zu 40 v. H. des nach § 36 SGB XI je Kalendermonat für den jeweiligen Pflegegrad vorgesehenen Höchstbetrags beihilfefähig. Die nach Satz 1 als beihilfefähig anerkannten Beträge sind auf den jeweiligen Höchstbetrag nach § 36 anzurechnen. Die Aufwendungen nach Satz 1 gelten im Rahmen der anteiligen Beihilfengewährung nach § 36b als Leistungen im Sinne von § 36.

§ 42b Aufwendungen bei Pflegegrad 1

Für pflegebedürftige beihilfeberechtigte oder berücksichtigungsfähige Personen des Pflegegrades 1 sind Aufwendungen beihilfefähig für:

1. Pflegeberatung nach § 35a,
2. Beratungseinsätze nach § 36,
3. zusätzliche Leistungen in ambulant betreuten Wohngruppen nach § 36c Abs. 1,
4. Anschubfinanzierung zur Gründung von ambulant betreuten Wohngruppen nach § 36c Abs. 2,
5. Versorgung Pflegebedürftiger bei Inanspruchnahme von Vorsorge- oder Rehabilitationsleistungen durch die Pflegeperson nach § 38a,
6. vollstationäre Pflege nach § 39 Abs. 1 in Höhe des in § 43 Abs. 3 SGB XI genannten Betrages,
7. zusätzliche Betreuung und Aktivierung in stationären Einrichtungen nach § 39b,
8. Pflegehilfsmittel, Maßnahmen zur Verbesserung des Wohnumfeldes nach § 40,
9. Digitale Pflegeanwendungen und ergänzende Unterstützungsleistungen bei der Nutzung von digitalen Pflegeanwendungen nach § 40a und
10. den Entlastungsbetrag nach § 42.

Teil 4
Aufwendungen für Maßnahmen zur Gesundheitsvorsorge

§ 43 Früherkennung und Vorsorge

(1) Aufwendungen für Leistungen zur ärztlichen und zahnärztlichen Früherkennung und Vorsorge sind nach den folgenden Absätzen beihilfefähig.

(2) Leistungen zur ärztlichen Früherkennung und Vorsorge sind beihilfefähig bei

1. Kindern
   a) bis zur Vollendung des sechsten Lebensjahres für ärztliche Untersuchungen und
   b) zwischen dem vollendeten siebten und vor Vollendung des neunten Lebensjahres und zwischen dem vollendeten neunten und vor Vollendung des elften Lebensjahres für jeweils eine ärztliche Untersuchung

   zur Früherkennung von Krankheiten, die eine körperliche oder geistige Entwicklung des Kindes in nicht geringfügigem Maße gefährden,
2. Jugendlichen
   a) zwischen dem vollendeten 13. und vor Vollendung des 14. Lebensjahres, wobei die Untersuchung auch zwölf Monate vor oder nach diesem Zeitintervall durchgeführt werden kann (Toleranzgrenze), und
   b) zwischen dem vollendeten 16. und vor Vollendung des 18. Lebensjahres

   für jeweils eine ärztliche Jugendgesundheitsuntersuchung,
3. Personen von der Vollendung des 18. Lebensjahres an für Untersuchungen zur Früherkennung von Krebserkrankungen und
4. Personen von der Vollendung des 35. Lebensjahres an jedes zweite Jahr für eine ärztliche Gesundheitsuntersuchung, insbesondere zur Früherkennung von Herz-, Kreislauf- und Nierenerkrankungen sowie der Zuckerkrankheit.

Für Leistungen nach Satz 1 Nr. 1 Buchst. a, Nr. 2 Buchst. a und Nr. 3 und 4 sind die Richtlinien des Gemeinsamen Bundesausschusses zu den §§ 25 und 26 SGB V entsprechend anzuwenden. Aufwendungen für andere ärztliche Untersuchungen, die durchgeführt werden, ohne dass Krankheitssymptome vorliegen, sind nicht beihilfefähig. Ärztlich durchgeführte Untersuchungen zum Ausschluss einer HIV-Infektion sind beihilfefähig.

(3) Beihilfefähig sind Aufwendungen für Maßnahmen im Rahmen des Früherkennungsprogramms für erblich belastete Personen mit einem erhöhten familiären

a) Brust- oder Eierstockkrebsrisiko nach Anlage 6 und

b) Darmkrebsrisiko nach Anlage 6a.

(4) Leistungen zur zahnärztlichen Früherkennung und Vorsorge sind beihilfefähig

1. bei Kindern, die das sechste Lebensjahr noch nicht vollendet haben, die Aufwendungen für zahnärztliche Maßnahmen zur Früherkennung und Verhütung von Zahn-, Mund- und Kieferkrankheiten; Absatz 2 Satz 2 gilt entsprechend und
2. nach Abschnitt B des Gebührenverzeichnisses für zahnärztliche Leistungen der Gebührenordnung für Zahnärzte.

(5) Je Kalenderjahr sind Aufwendungen für die Teilnahme von beihilfeberechtigten Personen oder berücksichtigungsfähigen Angehörigen an bis zu zwei Gesundheits- oder Präventionskursen zu den Bereichen Bewegungsgewohnheiten, Ernährung, Stressmanagement und Suchtmittelkonsum beihilfefähig; dies gilt nicht für Personen im Sinne von § 10 Abs. 1 Satz 1. Die Aufwendungen sind nur beihilfefähig, wenn der Kurs von einer gesetzlichen Krankenkasse als förderfähig anerkannt worden ist oder wenn der Kurs von einer oder einem Angehörigen der Heilfachberufe nach Anlage 3 durchgeführt wird. Aufwendungen für Anmeldegebühren und Mitgliedsbeiträge sind nicht beihilfefähig. Die Aufwendungen werden dem Kalenderjahr zugerechnet, in dem der Kurs beendet wurde. Je Kurs beträgt die Beihilfe vor Anwendung des § 59 höchstens 75,00 EUR.

(6) Aufwendungen für medizinische Vorsorgeleistungen für Mütter oder Väter, auch in Form von Mutter-Kind- oder Vater-Kind-Maßnahmen, in Einrichtungen des Müttergenesungswerkes oder gleichartigen Einrichtungen sind nach Maßgabe des § 45 beihilfefähig, wenn

1. die Vorsorgeleistung medizinisch notwendig ist,
2. eine ärztliche Behandlung und eine Versorgung mit Arznei-, Verband-, Heil- und Hilfsmitteln nicht ausreichen, um
   a) eine Schwächung der Gesundheit, die in absehbarer Zeit zu einer Krankheit führen würde, zu beseitigen,
   b) eine Gefährdung der gesundheitlichen Entwicklung eines Kindes zu vermeiden,
   c) einer Erkrankung vorzubeugen oder die Verschlimmerung einer Erkrankung zu vermeiden oder
   d) Pflegebedürftigkeit zu vermeiden und
3. die Einrichtung, in der die Vorsorgeleistung erbracht werden soll, geeignet ist.

§ 44 Impfungen

Aufwendungen für Schutzimpfungen sind beihilfefähig, wenn sie aufgrund der Empfehlungen der Ständigen Impfkommission (STIKO) am Robert-Koch-Institut notwendig sind; dies gilt nicht für Impfungen, die aus Anlass einer privaten Reise außerhalb der Mitgliedstaaten der Europäischen Union oder die schul-, ausbildungs-, studien- oder berufsbedingt erforderlich geworden sind. Abweichend von Satz 1 Halbsatz 1 sind Aufwendungen für FSME-Schutzimpfungen und Grippeschutzimpfungen beihilfefähig.

Teil 5
Aufwendungen für Sanatoriumsbehandlungen, Anschlussheilbehandlungen und Heilkuren

§ 45 Sanatoriumsbehandlung

(1) Beihilfefähig sind die Aufwendungen

1. nach den §§ 11, 21, 22, 29, 31 und 32 Abs. 2 und § 34,
2. für Unterkunft und Verpflegung im Sanatorium für höchstens 30 Tage, es sei denn, eine Verlängerung ist aus gesundheitlichen Gründen dringend erforderlich,

3. für den ärztlichen Schlussbericht,
4. für Kurtaxe, gegebenenfalls auch für die Begleitperson, und
5. für Fahrtkosten nach § 48.

Aufwendungen nach Satz 1 Nr. 2 bis 5 sind nur dann beihilfefähig, wenn

1. eine ärztliche Bescheinigung Aussagen dazu trifft, dass die Sanatoriumsbehandlung dringend notwendig ist und nicht durch stationäre Behandlung in einer anderen Krankenanstalt oder durch eine Heilkur mit gleicher Erfolgsaussicht ersetzbar ist, und
2. die Festsetzungsstelle die Beihilfefähigkeit vorher anerkannt hat.

Die Anerkennung der Beihilfefähigkeit erlischt, wenn die Behandlung nicht innerhalb von vier Monaten nach der Bekanntgabe des Anerkennungsbescheides begonnen wird. Abweichend von Satz 2 Nr. 2 ist eine nachträgliche Anerkennung der Beihilfefähigkeit ausreichend, wenn wegen einer notwendigen sofortigen Einlieferung der oder des Kranken zur stationären Behandlung in ein Sanatorium über einen vorher gestellten Antrag noch nicht entschieden ist oder der Antrag noch nicht gestellt werden konnte und dies unverzüglich nachgeholt wird.

VII

(2) Die Kosten für Unterkunft und Verpflegung sind bis zur Höhe des niedrigsten Satzes für ein Einbettzimmer des Sanatoriums beihilfefähig. Bei gleichzeitiger Behandlung einer beihilfeberechtigten Person und von berücksichtigungsfähigen Personen in demselben Sanatorium sind bei einer gemeinsamen Unterbringung in einem Zwei- oder Mehrbettzimmer die Kosten für Unterkunft und Verpflegung bis zur Höhe des niedrigsten Satzes für ein Zwei- oder Mehrbettzimmer, höchstens jedoch bis zum entsprechenden Mehrfachen des niedrigsten Satzes für ein Einbettzimmer beihilfefähig. Für Begleitpersonen von

1. schwerbehinderten Menschen, deren Notwendigkeit behördlich festgestellt ist (Merkzeichen B), oder
2. Kindern, die aufgrund des Alters oder ihrer eine Langzeittherapie erfordernden schweren Erkrankung eine Begleitung zur stationären Nachsorge benötigen,

sind bei einer Unterbringung im Sanatorium die Aufwendungen für Unterkunft und Verpflegung bis zu 70 v. H. des niedrigsten Satzes des Sanatoriums beihilfefähig.

(3) Berechnet das Sanatorium die Leistungen nach Absatz 1 Satz 1 Nr. 1 bis 3 für voll- und teilstationäre Behandlungen mit Tagespauschalen oder einer umfassenden Behandlungspauschale, gelten § 8 Abs. 4 und § 23 Abs. 1 Satz 1 entsprechend.

(4) Sanatorium im Sinne dieser Vorschrift ist ein Krankenhaus, das unter ärztlicher Leitung besondere Therapien durchführt und in der die dafür erforderlichen Einrichtungen und das dafür erforderliche Pflegepersonal vorhanden sind.

§ 46 Anschlussheilbehandlung

(1) Aufwendungen für ärztlich verordnete Anschlussheilbehandlungen, die als medizinische Rehabilitationsmaßnahmen durchgeführt werden, sind beihilfefähig. Eine Anschlussheilbehandlung im Sinne des Satzes 1 liegt vor, wenn sich die Rehabilitationsmaßnahme an einen Krankenhausaufenthalt anschließt oder im Zusammenhang mit einer Krankenhausbehandlung steht. Satz 1 gilt auch für Anschlussheilbehandlungen, wenn diese nach einer ambulanten Operation, Strahlen- oder Chemotherapie notwendig sind.

(2) § 45 Abs. 1 Satz 1 und Abs. 2 und 3 gilt entsprechend.

§ 47 Heilkur

(1) Beihilfefähig sind die Aufwendungen

1. nach den §§ 11, 21 und 22,
2. für den Schlussbericht der Kurärztin oder des Kurarztes,
3. für die Kurtaxe, gegebenenfalls auch für die Begleitperson,
4. für Unterkunft und Verpflegung für höchstens 23 Tage in Höhe von 16,00 EUR täglich, für Begleitpersonen von schwerbehinderten Menschen, deren Notwendigkeit behördlich festgestellt ist (Merkzeichen B), in Höhe von 12,50 EUR täglich;

An- und Abreisetag gelten zusammen als ein Kurtag, sowie

5. für Fahrtkosten nach § 48.

Beihilfen für Nachkuren werden nicht gewährt. Werden die Aufwendungen nach Satz 1 Nr. 1, 2 und 4 pauschal in Rechnung gestellt, gilt § 23 Abs. 1 Satz 1 entsprechend.

(2) Aufwendungen nach Absatz 1 Satz 1 Nr. 2 bis 5 sind nur beihilfefähig für Personen nach § 66 Abs. 1 Satz 1 Nr. 1 LBG mit Bezügen und wenn

1. eine ärztliche Bescheinigung Aussagen dazu trifft, dass eine solche Heilkur als Heilmaßnahme zur Verhütung einer vorzeitigen Dienstunfähigkeit unaufschiebbar und unbedingt notwendig ist,
2. eine andere Behandlungsweise am Wohnort oder in nächster Umgebung nicht zum gleichen Erfolg führen würde und
3. die Festsetzungsstelle die Beihilfefähigkeit vorher anerkannt hat.

Abweichend von Absatz 1 Satz 1 Nr. 4 können bis zu 30 Kalendertage einschließlich der Reisetage als beihilfefähig anerkannt werden, wenn sich aus der ärztlichen Bescheinigung ergibt, dass eine längere Kurdauer aus gesundheitlichen Gründen zwingend erforderlich ist. Die Anerkennung der Beihilfefähigkeit erlischt, wenn die Behandlung nicht innerhalb von vier Monaten nach der Bekanntgabe des Anerkennungsbescheides begonnen wird.

(3) Heilkur im Sinne dieser Vorschrift ist eine Kur, die unter ärztlicher Leitung nach einem Kurplan in einem in der Anlage 7 genannten Kurorte durchgeführt wird; der in dem von dem für das finanzielle öffentliche Dienstrecht zuständigen Ministerium bekannt gemachten Heilkurorteverzeichnis aufgeführt ist; die Unterkunft muss sich im Kurort befinden und ortsgebunden sein. Die Voraussetzungen nach Satz 1 liegen nicht vor, wenn die beihilfeberechtigte Person während der Maßnahme in einem Zelt, Wohnwagen oder Wohnmobil wohnt.

(4) Die Anerkennung der Beihilfefähigkeit einer Heilkur ist nicht zulässig,

1. wenn die beihilfeberechtigte Person in den dem Antragsmonat vorausgegangenen drei Jahren nicht ununterbrochen im öffentlichen Dienst beschäftigt gewesen ist; eine Beschäftigung gilt als nicht unterbrochen während
   a) einer in § 3 Abs. 2 Nr. 3 genannten Beurlaubung,
   b) einer Elternzeit nach § 19a der Urlaubsverordnung,
   c) einer Beurlaubung nach § 76 Abs. 1 in Verbindung mit § 75 Abs. 4 Satz 1 LBG oder nach § 76a Abs. 1 bis 3 LBG sowie
   d) einer Zeit, in der die beihilfeberechtigte Person ohne Dienstbezüge beurlaubt war und die oberste Dienstbehörde oder die von ihr bestimmte Stelle anerkannt hat, dass der Urlaub dienstlichen Interessen oder öffentlichen Belangen dient;

   die Zeit der Tätigkeit bei Fraktionen des Deutschen Bundestages und der Landtage sowie im Dienst kommunaler Spitzenverbände steht der Dienstzeit im öffentlichen Dienst gleich; dies gilt auch für die Zeit der Tätigkeit bei Zuwendungsempfängern, die zu mehr als 50 v. H. aus öffentlichen Mitteln unterhalten werden und das Beihilferecht des Bundes oder eines Landes anwenden,

2. wenn im laufenden oder den drei vorangegangenen Kalenderjahren bereits
   a) eine Sanatoriumsbehandlung, Heilkur oder Maßnahme nach § 43 Abs. 6, zu deren Kosten eine Beihilfe gezahlt worden ist,
   b) ein von einem Träger der Sozialversicherung verordnetes Heilverfahren oder eine von diesem Träger bezuschusste Kur oder
   c) eine ambulante oder stationäre Rehabilitationsmaßnahme nach dem Vierzehnten Buch Sozialgesetzbuch

   durchgeführt wurde; im unmittelbaren Landesdienst kann das für das finanzielle öffentliche Dienstrecht zuständige Ministerium, im Übrigen die oberste Dienstbehörde, bei schweren chronischen Leiden oder nach einer schweren einen Kranken-

VII

hausaufenthalt erfordernden Erkrankung von der Einhaltung der Frist absehen, wenn nach dem amts- oder vertrauensärztlichen Gutachten aus zwingenden Gründen eine Heilkur in einem kürzeren Zeitabstand notwendig ist,

3. nach Kündigung des Dienstverhältnisses oder nach Stellung des Antrages auf Entlassung,
4. wenn die beihilfeberechtigte Person innerhalb der auf die Beendigung der Heilkur folgenden zwölf Kalendermonate in den Ruhestand tritt, es sei denn, dass die Heilkur wegen der Folgen einer Dienstbeschädigung durchgeführt wird,
5. wenn die beihilfeberechtigte Person innerhalb der auf die Beendigung der Heilkur folgenden zwölf Kalendermonate in die Freistellungsphase der Altersteilzeit tritt,
6. solange die beihilfeberechtigte Person aus straf- oder disziplinarrechtlichen Gründen vorläufig des Dienstes enthoben ist,
7. wenn die Versetzung in den Ruhestand oder die Entlassung unmittelbar bevorsteht oder
8. wenn der beihilfeberechtigten Person aufgrund besonderer Vorschriften wegen des Leidens, aufgrund dessen sie die Heilkur beantragt hat, ein Anspruch auf Heilfürsorge zusteht.

§ 48 Fahrtkosten aus Anlass von Sanatoriumsbehandlungen, Anschlussheilbehandlungen und Heilkuren

Aufwendungen für An- und Abreise anlässlich einer Maßnahme nach den §§ 45 bis 47 sind

1. bei einem aus medizinischen Gründen notwendigen Transport mit einem Krankentransportwagen nach § 30 Abs. 3 Nr. 1 und
2. in allen übrigen Fällen unabhängig vom tatsächlich genutzten Beförderungsmittel nach § 30 Abs. 3 Nr. 3 insgesamt bis zu einem Höchstbetrag von 200,00 Euro

beihilfefähig; § 30 Abs. 4 Nr. 2 bis 5 gilt entsprechend. Daneben sind auch Fahrten nach § 30 Abs. 2 Nr. 3 beihilfefähig.

§ 48a Ambulante Nachsorgemaßnahmen

Aufwendungen für eine aus medizinischen Gründen im unmittelbaren Anschluss an eine Krankenhausbehandlung oder stationäre Maßnahme nach § 45 erforderliche ambulante Nachsorgemaßnahme für chronisch kranke oder schwerstkranke Kinder und Jugendliche, die das 18. Lebensjahr noch nicht vollendet haben, sind bis zu der mit einem Sozialversicherungsträger vereinbarten Vergütungshöhe beihilfefähig, wenn sie wegen der Art, Schwere und Dauer der Erkrankung notwendig sind, um den stationären Aufenthalt zu verkürzen oder die anschließende ambulante ärztliche Behandlung zu sichern.

Teil 6
Aufwendungen bei Schwangerschaft, Geburt und künstlicher Befruchtung

§ 49 Schwangerschaft und Geburt

(1) Aus Anlass einer Geburt sind die in den §§ 11, 21, 22, 24, 26 und 31 genannten Aufwendungen beihilfefähig. Daneben sind beihilfefähig Aufwendungen für

1. die Schwangerschaftsüberwachung,
2. die ärztlich verordnete Schwangerschaftsgymnastik nach Anlage 3 zu § 22,
3. Leistungen der Hebammen und Entbindungspfleger im Rahmen der jeweiligen landesrechtlichen Gebührenordnung,
4. von Hebammen oder Entbindungspflegern geleiteten Einrichtungen im Sinne des § 134a SGB V,
5. häusliche Krankenpflege nach Maßgabe des § 27 Abs. 1 und Familien- und Haushaltshilfe nach Maßgabe des § 29 und entsprechend bei ärztlich verordneter Bettruhe; bei ambulanten Geburten und Geburten in der häuslichen Umgebung beginnt der Zeitraum von 28 Tagen (§ 29 Abs. 2) mit dem Tag der Geburt,

6. die durch die Niederkunft unmittelbar veranlassten Fahrten; § 30 gilt entsprechend, und
7. Unterkunft und Pflege eines Frühgeborenen in einer dafür geeigneten Einrichtung.

(2) Für die Säuglings- und Kleinkinderausstattung jedes lebend geborenen Kindes wird eine Beihilfe von 150,00 EUR gewährt. Dies gilt auch, wenn die beihilfeberechtigte Person ein Kind vor Vollendung seines zweiten Lebensjahres annimmt oder es mit dem Ziel der Annahme an Kindes statt in Pflege nimmt und für dieses Kind bisher keine Beihilfe zu den Kosten einer Säuglings- und Kleinkinderausstattung gewährt worden ist.

§ 50 Künstliche Befruchtung

(1) Aufwendungen für eine künstliche Befruchtung einschließlich der Arzneimittel, die im Zusammenhang damit verordnet werden, sind beihilfefähig, wenn

1. diese Maßnahmen nach ärztlicher Feststellung erforderlich sind,
2. nach ärztlicher Feststellung eine hinreichende Aussicht besteht, eine Schwangerschaft herbeizuführen,
3. die Personen, die die Maßnahmen in Anspruch nehmen wollen, miteinander verheiratet sind,
4. ausschließlich Ei- und Samenzellen des Ehepaares verwendet werden,
5. sich das Ehepaar vor Durchführung der Maßnahmen von einer Ärztin oder einem Arzt, die oder der die Maßnahmen nicht selbst durchführt, hat beraten und unterrichten lassen, und
6. die Ehefrau das 25. aber noch nicht das 40. Lebensjahr und der Ehemann das 25. aber noch nicht das 50. Lebensjahr vollendet haben.

(2) Im Einzelnen sind die Aufwendungen zur künstlichen Befruchtung wie folgt beihilfefähig:

Lfd. Nummer	Methode	Anzahl der beihilfefähigen Maßnahmen
1.	intrazervikale, intrauterine oder intratubare Insemination im Spontanzyklus, gegebenenfalls nach Auslösung der Ovulation durch HCG-Gabe, gegebenenfalls nach Stimulation mit Antiöstrogenen	acht
2.	intrazervikale, intrauterine oder intratubare Insemination nach hormoneller Stimulation mit Gonadotropinen	drei
3.	In-vitro-Fertilisation mit Embryo-Transfer, gegebenenfalls als Zygoten-Transfer oder als intratubarer Embryo-Transfer	drei; der dritte Versuch ist nur beihilfefähig, wenn in einem von zwei Behandlungszyklen eine Befruchtung stattgefunden hat
4.	intratubarer Gameten-Transfer	zwei
5.	Intracytoplasmatische Spermieninjektion	drei; der dritte Versuch ist nur beihilfefähig, wenn in einem von zwei Behandlungszyklen eine Befruchtung stattgefunden hat

VII

Wenn eine klinisch nachgewiesene Schwangerschaft eingetreten ist, ohne dass es nachfolgend zur Geburt eines Kindes gekommen ist, wird dieser Versuch nicht auf die vorstehende Anzahl beihilfefähiger Maßnahmen angerechnet. Nach Geburt eines Kindes besteht, sofern die Voraussetzungen des Absatzes 1 erfüllt sind, innerhalb der jeweiligen zulässigen Höchstzahl von erfolglosen Versuchen erneut ein Anspruch auf diese Maßnahmen. Dabei werden die der Geburt vorangegangenen Behandlungsversuche nicht auf die vorstehende Anzahl der Versuche angerechnet.

(3) Aufwendungen für eine künstliche Befruchtung werden der Person zugeordnet, bei der die jeweilige Einzelleistung durchgeführt wird. Die folgenden Einzelleistungen sind

1. dem Mann zuzuordnen:
   a) Maßnahmen im Zusammenhang mit der Gewinnung, Untersuchung und Aufbereitung, gegebenenfalls einschließlich der Kapazitation des männlichen Samens,
   b) notwendige Laboruntersuchungen des Ehemannes und
   c) Beratung der Ehegatten durch die behandelnde Ärztin oder den behandelnden Arzt über die speziellen Risiken der künstlichen Befruchtung und für die gegebenenfalls in diesem Zusammenhang erfolgende humangenetische Beratung,
2. der Frau zuzuordnen:
   a) extrakorporale Leistungen im Zusammenhang mit der Zusammenführung von Eizellen und Samen,
   b) notwendige Laboruntersuchungen der Ehefrau und
   c) Beratung der Ehegatten durch eine Ärztin oder einen Arzt, die oder der die Maßnahmen der künstlichen Befruchtung nicht selbst durchführt, über die individuellen medizinischen, psychischen und sozialen Aspekte der künstlichen Befruchtung.

(4) Aufwendungen für eine künstliche Befruchtung nach einer vorhergehenden Sterilisation, die nicht medizinisch notwendig war, sind nicht beihilfefähig.

(5) Aufwendungen für die Kryokonservierung von Ei- oder Samenzellen oder von Embryonen einschließlich der Vorbereitung, Entnahme, Aufbereitung, Transport, Lagerung und späteres Auftauen sind beihilfefähig, wenn diese im Zusammenhang mit Maßnahmen der künstlichen Befruchtung erfolgt und die Voraussetzungen für eine künstliche Befruchtung nach Absatz 1 vorliegen. Aufwendungen für die Lagerung von Ei- oder Samenzellen oder von Embryonen nach Satz 1 sind beihilfefähig, soweit und solange die Voraussetzungen für eine künstliche Befruchtung nach Absatz 1 vorliegen, längstens jedoch für die Dauer von drei Jahren. Die Aufwendungen der Kryokonservierung von Samenzellen werden dem Mann zugeordnet und von Eizellen und Embryonen werden der Frau zugeordnet.

(6) Aufwendungen für die Kryokonservierung von Ei- oder Samenzellen oder von Keimzellgewebe einschließlich der Vorbereitung, Entnahme, Aufbereitung, Transport, Lagerung und späteres Auftauen sind beihilfefähig, wenn die Kryokonservierung wegen einer Erkrankung und deren Behandlung mit einer keimzellschädigenden Therapie medizinisch notwendig erscheint, um spätere Maßnahmen nach Absatz 1 vornehmen zu können. Die Aufwendungen sind höchstens bis zum Erreichen der Höchstaltersgrenze für eine künstliche Befruchtung nach Absatz 1 Nr. 6 beihilfefähig. Die Zuordnung der Kosten erfolgt zu der Person, in der die krankheitsbedingte Ursache für die Kryokonservierung liegt.

Teil 7
Aufwendungen bei Empfängnisregelung, Schwangerschaftsabbrüchen und Sterilisationen

§ 51 Empfängnisregelung

(1) Beihilfefähig sind die Aufwendungen für

1. die ärztliche Beratung über Fragen der Empfängnisregelung einschließlich hierzu erforderlicher ärztlicher Untersuchungen und
2. die ärztlich verordneten empfängnisregelnden Mittel sowie deren Applikation.

(2) Beihilfefähig sind die Aufwendungen nach den §§ 11 und 21.

VII

§ 52 Schwangerschaftsabbruch

(1) Beihilfefähig sind die Aufwendungen für

1. die ärztliche Beratung für die Erhaltung der Schwangerschaft und die ärztliche Untersuchung und Begutachtung zur Feststellung der Voraussetzungen eines nicht rechtswidrigen Schwangerschaftsabbruchs, und
2. die Durchführung eines nicht rechtswidrigen Schwangerschaftsabbruchs.

(2) Beihilfefähig sind die Aufwendungen nach den §§ 11, 21, 24 bis 26, 29, 30 und 34.

§ 53 Sterilisation

(1) Beihilfefähig sind die Aufwendungen für

1. die ärztliche Untersuchung und Begutachtung zur Feststellung der Voraussetzungen einer nicht rechtswidrigen Sterilisation und
2. die Durchführung einer nicht rechtswidrigen Sterilisation.

(2) § 52 Abs. 2 gilt entsprechend.

Teil 8
Aufwendungen in Todesfällen

§ 54 Todesfälle

(1) Die Kosten der Überführung der Leiche einer beihilfeberechtigten Person vom Sterbeort an den Ort der Beisetzung sind bis zur Höhe der Kosten der Überführung an den Ort der Hauptwohnung (§ 22 des Bundesmeldegesetzes vom 3. Mai 2013 – BGBl. I S. 1084 – in der jeweils geltenden Fassung) beihilfefähig, wenn die beihilfeberechtigte Person während einer Dienstreise, einer Abordnung oder von einem dienstlich bedingten Umzug außerhalb des Ortes der Hauptwohnung verstirbt.

(2) Nach dem Tod einer den Haushalt allein führenden beihilfeberechtigten oder nach § 4 berücksichtigungsfähigen Person sind die Aufwendungen für eine Familien- und Haushaltshilfe in entsprechender Anwendung des § 29 bis zu sechs Monate beihilfefähig, wenn

1. mindestens eine pflegebedürftige berücksichtigungsfähige oder selbst beihilfeberechtigte Person oder ein berücksichtigungsfähiges Kind unter 15 Jahren im Haushalt verbleibt und
2. der Haushalt nicht durch eine in Nummer 1 genannte Person weitergeführt werden kann.

In Ausnahmefällen sind die Aufwendungen mit Zustimmung des für das finanzielle öffentliche Dienstrecht zuständigen Ministeriums bis zu einem Jahr beihilfefähig.

Teil 9
Aufwendungen im Ausland

§ 55 Behandlung im Ausland

(1) Die im Ausland entstehenden Aufwendungen nach den §§ 11 bis 42b und 49 bis 53 sind bis zur Höhe der Aufwendungen beihilfefähig, die bei einem Verbleiben am inländischen Wohnort oder am letzten früheren inländischen Dienstort der beihilfeberechtigten Person oder am diesen Orten nächstgelegenen geeigneten inländischen Behandlungsort beihilfefähig wären.

(2) Aufwendungen nach Absatz 1 sind ohne Beschränkung auf die Kosten, die im Inland entstanden wären, unter Beachtung der Höchstbeträge und Begrenzungen dieser Rechtsverordnung beihilfefähig, wenn

1. sie innerhalb der Mitgliedstaaten der Europäischen Union entstanden sind und nach den §§ 11 bis 22, 24 bis 42b und 49 bis 53 beihilfefähig sind,
2. sie 1000,00 EUR nicht übersteigen,
3. bei in der Nähe der deutschen Grenze (30 km) wohnenden oder sich aufhaltenden Personen aus akutem Anlass das nächstgelegene Krankenhaus aufgesucht werden muss,
4. zur Notfallversorgung das nächstgelegene Krankenhaus aufgesucht werden muss; § 26 Abs. 3 Satz 2 und 3 gilt entsprechend,
5. die beihilfeberechtigte Person ihren dienstlichen Wohnsitz im Ausland hat; dies gilt auch für die im Haushalt lebenden Angehörigen (§ 4 Abs. 1 und 2),
6. sie bei einer Dienstreise einer beihilfeberechtigten Person entstanden sind, es sei denn, dass die Behandlung bis zur Rückkehr in die Bundesrepublik Deutschland hätte aufgeschoben werden können, oder

7. die Festsetzungsstelle die Beihilfefähigkeit vor Antritt der Reise anerkannt hat; die Anerkennung der Beihilfefähigkeit kommt ausnahmsweise in Betracht, wenn durch ein amts- oder vertrauensärztliches Gutachten nachgewiesen ist, dass die Behandlung wegen wesentlich größerer Erfolgsaussichten außerhalb der Mitgliedstaaten der Europäischen Union zwingend notwendig ist; die Anerkennung der Beihilfefähigkeit von Aufwendungen, die im Zusammenhang mit kurähnlichen Maßnahmen entstehen, ist ausgeschlossen.

(3) Nicht beihilfefähig sind Aufwendungen für Leistungen, die nach deutschem Recht verboten sind.

§ 56 Sanatoriumsbehandlung, Anschlussheilbehandlung und Heilkur im Ausland

(1) Aufwendungen aus Anlass stationärer oder ambulanter Maßnahmen nach den §§ 45 bis 47 außerhalb der Bundesrepublik Deutschland sind beihilfefähig, wenn

1. bei Maßnahmen innerhalb der Mitgliedstaaten der Europäischen Union
   a) bei ambulanten Heilkuren der Kurort im Heilkurorteverzeichnis-Ausland, welches das für das finanzielle öffentliche Dienstrecht zuständige Ministerium bekannt macht, aufgeführt ist und die Voraussetzungen des § 47 erfüllt sind sowie
   b) bei stationärer Sanatoriumsbehandlung von der beihilfeberechtigten Person nachgewiesen wird, dass die ausländische Einrichtung die Voraussetzungen des § 45 Abs. 4 erfüllt, und
2. bei Maßnahmen außerhalb der Mitgliedstaaten der Europäischen Union
   a) die Voraussetzungen der Nummer 1 vorliegen,
   b) durch ein amts- oder vertrauensärztliches Gutachten nachgewiesen ist, dass die Maßnahme wegen wesentlich größerer Erfolgsaussichten außerhalb der Mitgliedstaaten der Europäischen Union zwingend notwendig ist, und
   c) die Festsetzungsstelle die Beihilfefähigkeit vor Antritt der Reise anerkannt hat.

Fahrtkosten im Zusammenhang mit einer Maßnahme nach Satz 1 Nr. 1 sind nach § 48 und im Zusammenhang mit einer Maßnahme nach Satz 1 Nr. 2 nach § 30 beihilfefähig.

(2) Abweichend von Absatz 1 sind Aufwendungen für eine ambulante Behandlung am Toten Meer wegen Erkrankungen an Neurodermitis oder Psoriasis für beihilfeberechtigte Personen und berücksichtigungsfähige Angehörige im Umfang des § 47 beihilfefähig, wenn

1. die inländischen Behandlungsmöglichkeiten ausgeschöpft sind,
2. durch ein amts- oder vertrauensärztliches Gutachten nachgewiesen wird, dass die Behandlung wegen der wesentlich größeren Erfolgsaussicht notwendig ist,
3. die Behandlung in einem der in der Anlage 7 Teil B Nr. 2 genannten Orte durchgeführt wird und
4. die Festsetzungsstelle die Behandlung vorher anerkannt hat.

Aufwendungen für Fahrtkosten einschließlich der Flugkosten für An- und Abreise sind nach § 30 beihilfefähig. Werden die Aufwendungen für ärztliche Behandlung, Unterkunft, Verpflegung, Flug und Transfer insgesamt pauschal in Rechnung gestellt, gilt § 23 Abs. 1 Satz 1 entsprechend.

Teil 10 Leistungsumfang und Verfahren

§ 57 Bemessung der Beihilfen

(1) Der Bemessungssatz beträgt für Aufwendungen, die entstanden sind für

1. beihilfeberechtigte Personen nach § 66 Abs. 1 Satz 1 Nr. 1 LBG	50 v. H.,
2. beihilfeberechtigte Personen nach § 66 Abs. 1 Satz 1 Nr. 2 bis 4 LBG	70 v. H.,
3. beihilfeberechtigte Personen nach § 66 Abs. 1 Satz 1 Nr. 5 LBG und berücksichtigungsfähige Angehörige nach § 4 Abs. 2	80 v. H. und
4. berücksichtigungsfähige Angehörige nach § 4 Abs. 1	70 v. H.

Sind zwei oder mehr Kinder nach § 4 Abs. 2 berücksichtigungsfähig, so beträgt der Bemessungssatz für Personen nach Nummer 1

70 v. H.; bei mehreren beihilfeberechtigten Personen gilt dies nur für diejenige, die den kinderbezogenen Anteil im Familienzuschlag bezieht. Satz 2 Halbsatz 2 ist nur anzuwenden, wenn einer beihilfeberechtigten Person nicht aus anderen Gründen bereits ein Bemessungssatz von 70 v. H. zusteht. Beihilfeberechtigte Personen, denen vor der Elternzeit der nach Satz 2 erhöhte Bemessungssatz zustand, erhalten diesen während der Elternzeit weiter; in diesen Fällen ist eine Erhöhung des Bemessungssatzes nach Satz 2 für den anderen Elternteil ausgeschlossen. Maßgebend ist der Bemessungssatz im Zeitpunkt des Entstehens der Aufwendungen.

(2) In den Fällen des § 5 sind die Bemessungssätze anzuwenden, die bei eigener Antragstellung der verstorbenen Person Anwendung gefunden hätten.

(3) Für die Anwendung des Absatzes 1 gelten die Aufwendungen

1. einer Begleitperson als Aufwendungen der begleiteten Person,
2. einer Bezugsperson als Aufwendungen der behandelten Person,
3. nach § 29 als Aufwendungen der außerhäuslich untergebrachten Person,
4. für Fahrtkosten bei gemeinsamer Fahrt mehrerer beihilfeberechtigter oder berücksichtigungsfähiger Personen mit einem Personenkraftwagen als Aufwendungen der ältesten behandlungsbedürftigen Person,
5. nach § 49 Abs. 1 Satz 2 Nr. 1 bis 6 als Aufwendungen der Mutter und
6. nach § 54 Abs. 2 als Aufwendungen der ältesten verbleibenden Person.

§ 58 Abweichender Bemessungssatz

(1) Bei Mitgliedern einer Krankenkasse im Sinne des § 4 Abs. 2 SGB V, die den Krankenkassenbeitrag in voller Höhe selbst tragen und auf die § 9 Abs. 3 Anwendung findet, erhöht sich der Bemessungssatz auf 100 v. H., wenn sie gegen ihre Krankenkasse der Höhe nach gleiche Leistungsansprüche wie Pflichtversicherte haben. Satz 1 gilt nicht für Aufwendungen nach § 49 Abs. 1 Satz 2 Nr. 5 und § 54 sowie für Aufwendungen, die nicht zum Teil von der Krankenkasse getragen worden sind. Der Krankenkassenbeitrag gilt auch dann als in voller Höhe selbst getragen, wenn ein Rentenversicherungsträger zugunsten der beihilfeberechtigten oder berücksichtigungsfähigen Person einen Zuschuss zum Krankenkassenbeitrag von insgesamt nicht mehr als 41,00 EUR monatlich zahlt.

(2) Für beihilfefähige Aufwendungen, für die trotz ausreichender und rechtzeitiger Versicherung wegen angeborener Leiden oder für bestimmte Krankheiten aufgrund eines individuellen Ausschlusses keine Versicherungsleistungen gewährt werden oder für die die Leistungen auf Dauer eingestellt worden sind (Aussteuerung), erhöht sich der Bemessungssatz um 20 v. H., jedoch höchstens auf 90 v. H. Satz 1 gilt nur, wenn das Versicherungsunternehmen die Bedingungen des § 257 Abs. 2a Satz 1 Nr. 1 bis 4 SGB V erfüllt. Satz 1 findet keine Anwendung für Aufwendungen nach den §§ 35 bis 42b.

(3) Für beihilfefähige Aufwendungen von Personen, die Mitglied in der privaten Krankenversicherung sind und nach Maßgabe des § 257 SGB V einen Zuschuss zu ihren Versicherungsbeiträgen erhalten, ermäßigt sich der Bemessungssatz um 20 v. H. Satz 1 findet entsprechende Anwendung für Personen, die freiwilliges Mitglied einer Krankenkasse im Sinne des § 4 Abs. 2 SGB V sind und einen Zuschuss nach § 257 SGB V zum Krankenkassenbeitrag erhalten und die Krankenkasse nachweislich keine Leistungen zu den Aufwendungen gewährt. Die Sätze 1 und 2 finden bei beihilfefähigen Aufwendungen nach den §§ 45 bis 47 und 54 keine Anwendung. § 9 Abs. 3 bleibt unberührt.

(4) Die Festsetzungsstelle kann, ausgenommen in den Fällen der §§ 35 bis 42b, mit Zustimmung des für das finanzielle öffentliche Dienstrecht zuständigen Ministeriums den Bemessungssatz erhöhen, wenn dies zur Beseitigung einer unverschuldeten Notlage erforderlich ist.

(5) Für beihilfeberechtigte Personen nach § 66 Abs. 1 Satz 1 Nr. 2 bis 4 LBG und ihre nach § 4 Abs. 1 berücksichtigungsfähigen Angehöri-

VII

gen beträgt der Bemessungssatz auf Antrag 80 v. H., wenn

1. das monatliche Gesamteinkommen bei Nichtverheirateten 1680,00 EUR und bei Verheirateten oder Lebenspartnerinnen oder Lebenspartnern 1940,00 EUR nicht übersteigt und
2. der monatliche Beitragsaufwand für eine beihilfekonforme private Krankenversicherung 15 v. H. des Gesamteinkommens übersteigt.

Über den Antrag entscheidet die Festsetzungsstelle mit Wirkung für die Zukunft durch Bescheid; die Erhöhung des Bemessungssatzes setzt eine Anpassung des Versicherungsschutzes voraus; diese ist nachzuweisen. Der nach Satz 1 erhöhte Bemessungssatz wird auf Dauer gewährt. Maßgebendes Gesamteinkommen ist das durchschnittliche Monatseinkommen der zurückliegenden zwölf Monate aus Bruttoversorgungsbezügen, Sonderzahlung, Renten, Kapitalerträgen und sonstigen laufenden Einnahmen der beihilfeberechtigten Personen und ihrer berücksichtigungsfähigen Angehörigen nach § 4 Abs. 1; Entschädigungszahlungen an Geschädigte nach dem Vierzehnten Buch Sozialgesetzbuch, Blindengeld, Wohngeld und Leistungen für Kindererziehung nach § 294 SGB VI bleiben unberücksichtigt.

(6) In den Fällen des § 54 Abs. 1 beträgt der Bemessungssatz 100 v. H.

§ 59 Begrenzung der Beihilfen

(1) Die Beihilfe darf zusammen mit den aus demselben Anlass gewährten Leistungen aus einer Krankenversicherung, einer Pflegeversicherung, einer Sachkostenversicherung für Hilfsmittel, aufgrund von Rechtsvorschriften oder arbeitsvertraglichen Vereinbarungen die dem Grunde nach beihilfefähigen Aufwendungen nicht übersteigen. Dem Grunde nach beihilfefähig sind die in den §§ 11 bis 56 genannten Aufwendungen in tatsächlicher Höhe, für die im Einzelfall eine Beihilfe zu gewähren ist. Die Aufwendungen werden jeweils getrennt abgerechnet. Den beantragten dem Grunde nach beihilfefähigen Aufwendungen ist die jeweilige hierauf entfallende Leistung gegenüberzustellen. Hierbei werden Beihilfen nach § 36a Abs. 1 und 2, § 36c Abs. 1 und § 49 Abs. 2 sowie Leistungen aus einer Krankentagegeld-, Pflegetagegeld- und Krankenhaustagegeldversicherung nicht berücksichtigt.

(2) Die in den Absatz 1 bezeichneten Leistungen sind durch Belege nachzuweisen. Soweit Leistungen einer Krankenversicherung oder Pflegeversicherung nachweislich nach einem Vomhundertsatz bemessen werden, ist ein Einzelnachweis nicht erforderlich. In diesem Fall wird die Leistung der Krankenversicherung oder Pflegeversicherung nach diesem Vomhundertsatz von den dem Grunde nach beihilfefähigen Aufwendungen errechnet.

§ 60 Kostendämpfungspauschale

(1) Die nach Anwendung des § 59 verbleibende Beihilfe wird um die Kostendämpfungspauschale nach § 66 Abs. 5 LBG gekürzt. Die Beihilfe ist auch dann um die Kostendämpfungspauschale in voller Höhe zu mindern, wenn das Beschäftigungsverhältnis im Laufe des Kalenderjahres begründet wird oder endet. Wurde die Beihilfe für das Kalenderjahr bereits um eine dieser Vorschrift vergleichbare Kostendämpfungspauschale vom vorigen Dienstherrn gekürzt, ist diese zu berücksichtigen.

(2) Die Höhe der Kostendämpfungspauschale richtet sich nach den bei der erstmaligen Antragstellung im Kalenderjahr maßgebenden Verhältnissen. Enthält dieser Antrag auch Aufwendungen aus den Vorjahren, in denen keine Beihilfe beantragt wurde, sind auch insoweit die Verhältnisse bei der Antragstellung maßgebend.

(3) Die Kostendämpfungspauschale nach den Absätzen 1 und 2 vermindert sich um 40,00 EUR für jedes berücksichtigungsfähige Kind oder jedes Kind, das nur deshalb nicht berücksichtigungsfähig ist, weil es selbst beihilfeberechtigt ist.

(4) Die Beträge nach Absatz 1 werden in den Fällen von

1. Teilzeitbeschäftigung im gleichen Verhältnis wie die Arbeitszeit und
2. begrenzter Dienstfähigkeit im Verhältnis der gezahlten Bezüge zu den Dienstbezügen bei Vollbeschäftigung

vermindert.

(5) Die Beträge bemessen sich für nach § 66 Abs. 1 Satz 1 Nr. 2 bis 4 LBG beihilfeberechtigte Personen nach § 66 Abs. 5 Satz 2 LBG. Für die Zuteilung zu den Stufen nach § 66 Abs. 5 Satz 1 LBG ist die Besoldungsgruppe maßgebend, nach der die Versorgungsbezüge berechnet sind. Die Sätze 1 und 2 gelten entsprechend für beihilfeberechtigte Personen nach § 66 Abs. 1 Satz 1 Nr. 2 und 3 LBG, deren Versorgungsbezüge ein Grundgehalt (Gehalt) nach einer früheren Besoldungsgruppe, eine Grundvergütung oder ein Lohn zugrunde liegt oder deren Versorgungsbezüge in festen Beträgen festgesetzt sind.

§ 61 Ausnahmen von der Kostendämpfungspauschale

(1) Die Kostendämpfungspauschale entfällt

1. bei Personen, die Anwärterbezüge erhalten,
2. bei beihilfeberechtigten Personen nach § 66 Abs. 1 Satz 1 Nr. 4 LBG in dem Kalenderjahr, in dem der Anspruch entsteht,
3. bei beihilfeberechtigten Personen nach § 66 Abs. 1 Satz 1 Nr. 5 LBG,
4. bei beihilfeberechtigten Personen, die Mitglied einer Krankenkasse im Sinne des § 4 Abs. 2 SGB V sind, und
5. bei beihilfeberechtigten Personen, die den nach § 60 Abs. 2 maßgebenden Antrag während der Elternzeit stellen und zu diesem Zeitpunkt nicht nach § 75 Abs. 1 LBG beschäftigt sind.

(2) § 60 gilt nicht für Beihilfen, die zu Aufwendungen

1. in den Fällen des § 9 Abs. 2 Nr. 1,
2. nach § 33 Abs. 1 Nr. 1 Halbsatz 2,
3. bei dauernder Pflegebedürftigkeit (§§ 35 bis 42b),
4. nach den §§ 43 und 44 und
5. für die Schwangerschaftsüberwachung und die ärztlich verordnete Schwangerschaftsgymnastik (§ 49 Abs. 1 Satz 2 Nr. 1 und 2) sowie für im Zusammenhang mit der Schwangerschaft verordnete Arzneimittel, Verbandmittel und dergleichen (§ 21)

gezahlt werden. Ausgenommen von der Kostendämpfungspauschale sind außerdem Pauschalbeihilfen nach § 36 Abs. 5 und 9 und § 49 Abs. 2.

§ 62 Verfahren

(1) Über die Notwendigkeit und die Angemessenheit von Aufwendungen nach § 8 entscheidet die Festsetzungsstelle. Sie kann sich zur Prüfung der Notwendigkeit und Angemessenheit der geltend gemachten Aufwendungen Dritter bedienen. Dafür entstehende Kosten trägt die Festsetzungsstelle. Die Festsetzungsstelle hat die mit der Prüfung beauftragten Dritten sorgfältig auszuwählen und in schriftlicher Form zur Verschwiegenheit zu verpflichten. Zudem hat sie in geeigneter Weise auf die Einhaltung der Verschwiegenheitspflicht hinzuwirken. Die Zusammenarbeit ist unverzüglich zu beenden, wenn die Einhaltung der Verschwiegenheit durch den Dritten nicht gewährleistet ist. Mit Ausnahme der Prüfung gemäß § 66 Abs. 6 Satz 2 Nr. 4 LBG ist vor der Weitergabe persönlicher Daten an Dritte das Einverständnis der beihilfeberechtigten oder berücksichtigungsfähigen Person einzuholen.

(2) In den Fällen der §§ 35 bis 42b entscheidet die Festsetzungsstelle über die Beihilfefähigkeit der Aufwendungen aufgrund eines ärztlichen Gutachtens, das zu dem Vorliegen der dauernden Pflegebedürftigkeit, der Zuordnung in einen Pflegegrad und der Art und dem notwendigen Umfang der Pflege Stellung nimmt. Bei Versicherten der privaten oder sozialen Pflegeversicherung ist aufgrund des für die Versicherung erstellten Gutachtens zu entscheiden. In anderen Fällen bedarf es eines amts- oder vertrauensärztlichen Gutachtens. Die Beihilfe wird ab Beginn des Monats der erstmaligen Antragstellung gewährt, frühestens jedoch ab dem Zeitpunkt, von dem an die Anspruchsvoraussetzungen vorliegen.

(3) In den Fällen des § 45 Abs. 1 Satz 2 Nr. 1, § 47 Abs. 2 Satz 1 Nr. 1 und Satz 2 und Abs. 4 Nr. 2, § 48 Satz 3 Nr. 2, § 55 Abs. 2 Nr. 7, § 56 Abs. 1 Satz 1 Nr. 2 Buchst. b, § 62 Abs. 2 Satz 3 und der Anlage 1 holt die Festsetzungsstelle ein amts- oder vertrauensärztliches Gutachten ein. Die Ergebnisse der Untersuchung sind der beauftragenden Festsetzungsstelle mitzuteilen.

VII

(4) Beihilfen werden auf schriftlichen oder elektronischen Antrag der beihilfeberechtigten Personen gewährt. Hierfür sind im unmittelbaren Landesdienst die von der Festsetzungsstelle, im Übrigen die von der obersten Dienstbehörde bestimmten Formblätter zu verwenden; dies gilt auch für Sozialhilfeträger bei überleitbaren Ansprüchen nach § 93 des Zwölften Buches Sozialgesetzbuch. Eine elektronische Antragstellung und elektronische Übermittlung der Belege ist nur möglich, wenn die Festsetzungsstelle dies zulässt; eine Antragstellung durch Telefax ist nicht zulässig. Die Aufwendungen sind durch Belege nachzuweisen; Kopien oder Zweitschriften sind grundsätzlich ausreichend. Auf Verlangen der Festsetzungsstelle sind Originalbelege vorzulegen. Die Festsetzungsstelle kann mit Einwilligung der beihilfeberechtigten Person oder der berücksichtigungsfähigen Person bei dem Urheber des Beleges Auskunft über die Echtheit einholen. Wird die Einwilligung verweigert, ist die Beihilfe zu den betreffenden Aufwendungen abzulehnen.

(5) Die Belege über Aufwendungen im Ausland müssen grundsätzlich den im Inland geltenden Anforderungen entsprechen. Für Belege, die nicht in einer Amtssprache eines Mitgliedsstaates der Europäischen Union abgefasst sind, ist eine Übersetzung beizufügen, die bei Aufwendungen von mehr als 500,00 EUR beglaubigt sein muss; die Kosten hierfür sind nicht beihilfefähig. Rechnungsbeträge in ausländischer Währung sind mit dem am Tage des Eingangs des Beihilfeantrags bei der Festsetzungsstelle geltenden amtlichen Devisen-Wechselkurs in Euro umzurechnen, sofern der Umrechnungskurs nicht nachgewiesen wird.

(6) Über die beantragte Beihilfe wird von der Festsetzungsstelle durch schriftlichen oder elektronischen Bescheid (Beihilfebescheid) entschieden. Der Beihilfebescheid kann vollständig durch automatisierte Einrichtungen erlassen werden, sofern kein Anlass besteht, den Einzelfall durch Amtsträger zu bearbeiten. In den Fällen einer elektronischen Antragstellung werden den unmittelbaren Landesbeamtinnen und Landesbeamten die Bescheide ausschließlich zum Datenabruf durch Datenfernübertragung bereitgestellt. Für den Abruf hat sich die abrufberechtigte Person zu authentifizieren. Im Falle einer elektronischen Bescheidung gilt der Verwaltungsakt am dritten Tag, nachdem die elektronische Benachrichtigung über die Bereitstellung des Verwaltungsakts zum Abruf an die abrufberechtigte Person abgesendet wurde, als bekannt gegeben. Bei elektronischer Antragstellung und Bescheidung ist, unter Berücksichtigung des jeweiligen Standes der Technik, sicherzustellen, dass die Vertraulichkeit und Integrität personenbezogener Daten bei der elektronischen Übertragung oder während ihres Transports oder ihrer Speicherung auf Datenträger gewahrt wird. Im Falle der elektronischen Speicherung der Belege durch die Festsetzungsstelle erfolgt keine Rücksendung der Belege. Diese sind unverzüglich, spätestens jedoch nach drei Monaten nach Eingang bei der Festsetzungsstelle, zu vernichten.

(7) Die Gewährung von einmaligen Unterstützungen zu beihilfefähigen Aufwendungen ist unzulässig.

(8) Ist eine nach diesen Bestimmungen erforderliche vorherige Anerkennung der Beihilfefähigkeit unterblieben, so kann eine Beihilfe nur gewährt werden, wenn das Versäumnis entschuldbar ist und festgestellt wird, dass die sachlichen Voraussetzungen für eine Anerkennung der Beihilfefähigkeit vorgelegen haben. Dies gilt nicht für die Fälle der §§ 45, 47 und 55 Abs. 2 Nr. 7 und des § 56.

§ 63 Auszahlung der Beihilfe, Direktabrechnung und Abschlagszahlungen

(1) Die Auszahlung der Beihilfe an unmittelbare Landesbeamtinnen und Landesbeamte erfolgt auf das Bezügekonto oder, wenn ein solches nicht vorhanden ist, auf ein von der beihilfeberechtigten Person benanntes Konto. Nach dem Tod der beihilfeberechtigten Person kann Beihilfe für Aufwendungen bis zum Tod mit befreiender Wirkung auch auf das Konto nach Satz 1 gezahlt werden.

(2) Die Festsetzungsstelle kann die Beihilfe – gegebenenfalls im Rahmen eines elektronischen Datenaustauschverfahrens – direkt an einen Leistungserbringer oder von diesem be-

auftragten Rechnungssteller zahlen (Direktabrechnung). Die Direktabrechnung

1. ohne elektronischen Datenaustausch ist nur zulässig bei stationären Krankenhausleistungen von zugelassenen Krankenhäusern, wenn das Land für die unmittelbaren Landesbeamtinnen und Landesbeamten eine Rahmenvereinbarung über die Direktabrechnung abgeschlossen hat oder einer entsprechenden Rahmenvereinbarung des Bundes beigetreten ist; dies gilt für mittelbare Landesbeamtinnen und Landesbeamte von Dienstherrn nach § 1 Abs. 1 Nr. 2 und 3 LBG und deren Festsetzungsstellen entsprechend, wenn der Dienstherr einer der vorgenannten Rahmenvereinbarungen beigetreten ist;
2. mit elektronischem Datenaustausch ist nur zulässig, wenn unter Berücksichtigung des jeweiligen Standes der Technik sichergestellt ist, dass die Vertraulichkeit und Integrität personenbezogener Daten bei der elektronischen Übertragung oder während ihres Transports oder ihrer Speicherung auf Datenträger gewahrt wird und die Authentizität der an der Übermittlung beteiligten Stellen jederzeit überprüft und festgestellt werden kann und die Festsetzungsstelle den Datenaustausch und die Direktabrechnung zulässt.

Voraussetzung für die Direktabrechnung – gegebenenfalls im Rahmen eines elektronischen Datenaustauschverfahrens – ist, dass

1. die beihilfeberechtigte Person die Direktabrechnung beantragt,
2. die beihilfeberechtigte Person in die unmittelbare Zahlung der Beihilfe von der Festsetzungsstelle an den Leistungserbringer oder dessen Rechnungssteller einwilligt,
3. die behandelte beihilfeberechtigte oder berücksichtigungsfähige Person den Leistungserbringer oder den Rechnungssteller und die Festsetzungsstelle, soweit dies zur Prüfung des Zahlungsanspruches erforderlich ist, im Einzelfall von der ärztlichen Schweigepflicht entbindet und
4. die beihilfeberechtigte Person sich bereit erklärt, dass die Festsetzungsstelle abrechnungsrelevante Fragen unmittelbar mit dem Leistungserbringer oder dessen Rechnungssteller klärt sowie
5. im Falle eines Datenaustausches die beihilfeberechtigte oder berücksichtigungsfähige Person in die Datenverarbeitung einwilligt.

Auch bei einer Direktabrechnung ist der beihilfeberechtigten Person der Beihilfebescheid bekanntzugeben. Ersatzansprüche gegen Leistungserbringer oder den Rechnungssteller infolge unrichtiger Abrechnung werden nach vorangegangener Direktabrechnung gemäß § 72 Abs. 2 LBG übergeleitet.

(3) Abweichend von den Absätzen 1 und 2 kann die Festsetzungsstelle die Beihilfe in den Fällen des § 2 Satz 4 und des § 93 des Zwölften Buches Sozialgesetzbuch oder auf Antrag der beihilfeberechtigten Personen in begründeten Ausnahmefällen auch an Dritte, die keine Leistungserbringer oder Rechnungssteller sein müssen, auszahlen.

(4) Die Festsetzungsstelle kann auf Antrag auf eine zu erwartende Beihilfe angemessene Abschlagszahlungen leisten. Sind Beihilfen nach § 36a Abs. 1, § 36c Abs. 1 oder § 39 zu gewähren, sind für die Dauer von jeweils sechs Monaten Abschläge zu zahlen, sofern dieser Handhabung nicht widersprochen wird.

§ 64 Antragsfrist

Die Beihilfefähigkeit der Aufwendungen erlischt, wenn der Anspruch nicht innerhalb von zwei Jahren nach der Entstehung der Aufwendungen bei der zuständigen Festsetzungsstelle geltend gemacht wird, jedoch nicht vor Ablauf von zwei Jahren nach der ersten Ausstellung einer Rechnung. Für den Beginn der Frist ist

1. bei Aufwendungen nach § 33 Abs. 1 Nr. 1 für das von der Spenderin oder dem Spender nachgewiesene ausgefallene Arbeitseinkommen und des von der Arbeitgeberin oder dem Arbeitgeber der Spenderin oder des Spenders fortgezahlten Entgeltes, der letzte Tag des Jahres, in dem die Transplantation oder gegebenenfalls der Versuch einer Transplantation erfolgte,

2. bei Beihilfen nach §§ 36 und 36a Abs. 1 der letzte Tag des Monats, in dem die Pflege erbracht wurde,
3. bei Aufwendungen nach § 47 Abs. 1 Satz 1 Nr. 4 der Tag nach Beendigung der Heilkur und
4. bei Beihilfen nach § 49 Abs. 2 der Tag der Geburt, der Annahme als Kind oder der Aufnahme in den Haushalt

maßgebend. Hat ein Sozialhilfeträger vorgeleistet, beginnt die Frist mit dem ersten Tag des Monats, der auf den Monat folgt, in dem der Sozialhilfeträger die Aufwendungen bezahlt.

§ 65 Verwaltungsvorschriften

Die zur Durchführung dieser Verordnung erforderlichen Verwaltungsvorschriften erlässt das für das finanzielle öffentliche Dienstrecht zuständige Ministerium im Einvernehmen mit dem für das allgemeine öffentliche Dienstrecht zuständigen Ministerium.

Teil 11 Übergangs- und Schlussbestimmungen

§ 66 Übergangsbestimmungen

(1) Artikel 2 Abs. 3 der Zwölften Landesverordnung zur Änderung der Beihilfenverordnung vom 1. März 1993 (GVBl. S. 145) und Artikel 2 Abs. 3 der Dreizehnten Landesverordnung zur Änderung der Beihilfenverordnung vom 23. Juni 1997 (GVBl. S. 190) sind weiter anzuwenden.

(2) Anspruch auf Beihilfen nach § 25 haben beihilfeberechtigte Personen, die

1. vor dem 1. August 2011 nach dem bisherigen § 5a Abs. 2 der Beihilfenverordnung (§ 67 Abs. 2 Nr. 1) wirksam erklärt haben, oder
2. bis zum Ablauf des 30. Juni 2012 gegenüber der Festsetzungsstelle erklären,

dass sie für sich und ihre berücksichtigungsfähigen Angehörigen Beihilfen für die Aufwendungen für Wahlleistungen in Anspruch nehmen wollen. § 25 Abs. 1 Satz 3 findet in den Fällen der Nummer 2 keine Anwendung.

(3) Auf beihilfeberechtigte und berücksichtigungsfähige Personen, für die ein Rentenversicherungsträger einen eigenen Beitrag zur Krankenversicherung der Rentner von insgesamt nicht mehr als 41,00 EUR monatlich zahlt und infolgedessen der Bemessungssatz nach § 58 Abs. 1 Satz 3 in der bis zum 30. September 2018 geltenden Fassung erhöht wurde, ist § 58 Abs. 1 Satz 3 in der bis zum 30. September 2018 geltenden Fassung bis zur erstmaligen Überschreitung des Grenzbetrags weiter anzuwenden.

§ 67 Inkrafttreten

(1) Diese Verordnung tritt am 1. August 2011 in Kraft.

(2) Gleichzeitig treten außer Kraft:

1. die Beihilfenverordnung in der Fassung vom 1. August 2006 (GVBl. S. 303, 362), zuletzt geändert durch Artikel 3 des Gesetzes vom 15. September 2009 (GVBl. S. 333), BS 2030-1-50, mit Ausnahme ihres § 1 Abs. 9 und ihres § 2 Abs. 2 Satz 2 Nr. 2, die mit Ablauf des 31. Dezember 2016 außer Kraft treten,
2. die Verwaltungsvorschrift „Psychotherapeutische Behandlungen und Maßnahmen der psychosomatischen Grundversorgung" vom 17. Januar 2002 (MinBl. S. 271; 2007 S. 668),
3. die Verwaltungsvorschrift „Beihilfefähigkeit und Angemessenheit der Aufwendungen für Hilfsmittel, Geräte zur Selbstbehandlung und Körperersatzstücke" vom 28. November 2006 (MinBl. S. 274),
4. die Verwaltungsvorschrift „Beihilfefähigkeit und Angemessenheit der Aufwendungen für Heilbehandlungen nach § 4 Abs. 1 Nr. 8 der Beihilfenverordnung" vom 26. September 2001 (MinBl. S. 428, 439; 2006 S. 176), geändert durch Verwaltungsvorschrift vom 31. Januar 2004 (MinBl. S. 130, 165), und
5. die Verwaltungsvorschrift „Ausschluss wissenschaftlich nicht allgemein anerkannter Behandlungsmethoden von der Beihilfefähigkeit" vom 31. Januar 2004 (MinBl. S. 130, 165; 2009 S. 290), geändert durch Verwaltungsvorschrift vom 13. Mai 2008 (MinBl. S. 184).

Anlage 1
(zu § 8 Abs. 7)

Ausgeschlossene und teilweise ausgeschlossene Untersuchungs- und Behandlungsmethoden

1. Völliger Ausschluss

Die Aufwendungen für folgende wissenschaftlich nicht allgemein anerkannte Methoden sind von der Beihilfefähigkeit ausgeschlossen:

A

- Anwendung tonmodulierter Verfahren, Audio-Psycho-Phonologische Therapie (z. B. nach Tomatis, Hörtraining nach Dr. Volf, Audiovokale Integration und Therapie, Psychophonie-Verfahren zur Behandlung einer Migräne)
- Atlastherapie nach Arlen
- Autohomologe Immuntherapien (z. B. ACTI-Cell-Therapie)
- Autologe-Target-Cytokine-Therapie (ATC) nach Dr. Klehr
- Ayurvedische Behandlungen, z. B. nach Maharishi

B

- Behandlung mit nicht beschleunigten Elektronen nach Dr. Nuhr
- Biophotonen-Therapie
- Bioresonatorentests
- Blutkristallisationstests zur Erkennung von Krebserkrankungen
- Bogomoletz-Serum
- Brechkraftverändernde Operation der Hornhaut des Auges (Keratomileusis) nach Prof. Barraquer
- Bruchbehandlung von Eingeweidebrüchen (Hernien) ohne Operation

C

- Colon-Hydro-Therapie und ihre Modifikationen
- Computergestützte mechanische Distraktionsverfahren zur nichtoperativen segmentalen Distraktion an der Wirbelsäule
- Cytotoxologische Lebensmitteltests

D

- DermoDyne-Therapie (DermoDyne-Lichtimpfung)

E

- Elektro-Neural-Behandlungen nach Dr. Croon
- Elektro-Neural-Diagnostik
- Epidurale Wirbelsäulen-Kathetertechnik nach Professor Racz

F

- Frischzellentherapie

G

- Ganzheitsbehandlungen auf bioelektrisch-heilmagnetischer Grundlage (z. B. Bioresonanztherapie, Decoderdermografie, Elektroakupunktur nach Dr. Voll, Elektronische Systemdiagnostik, Medikamententests nach der Bioelektrischen Funktionsdiagnostik – BFD –, Mora-Therapie)
- Gezielte vegetative Umstimmungsbehandlung oder gezielte vegetative Gesamtumschaltung durch negative statische Elektrizität

H

- Heileurythmie
- Höhenflüge zur Asthma- oder Keuchhustenbehandlung
- Hornhautimplantation, refraktiv zur Korrektur der Presbyopie

I

- Immuno-augmentative Therapie (IAT)
- Immunseren (Serocytol-Präparate)
- Iso- oder hyperbare Inhalationstherapien mit ionisiertem oder nicht ionisiertem Sauerstoff/Ozon einschließlich der oralen, parenteralen oder perkutanen Aufnahme (z. B. Hämatogene Oxydationstherapie, Sauerstoff-Darmsanierung, Sauerstoff-Mehrschritt-Therapie nach Prof. Dr. von Ardenne)

K

- Kinesiologische Behandlung
- Kirlian-Fotografie
- Kombinierte Serumtherapie (z. B. Wiedemann-Kur)
- Konduktive Förderung nach Petö, sofern nicht als pädagogische Maßnahme bereits von der Beihilfefähigkeit ausgeschlossen

L

- Laser-Behandlung im Bereich der physikalischen Therapie
- Laser-Behandlung von Nagelmykose

N

- Neurotopische Diagnostik und Therapie
- Niedrig dosierter, gepulster Ultraschall

O

- Osmotische Entwässerungstherapie

P

- Photodynamische Lasertherapie in der Parodontologie
- Photobiomodulation (PBM) bei trockener altersbedingter Makuladegeneration (AMD)
- Psycotron-Therapie
- Pulsierende Signaltherapie (PST)
- Pyramidenenergiebestrahlung

R

- Regeneresen-Therapie
- Reinigungsprogramm mit Megavitaminen und Ausschwitzen
- Rolfing-Behandlung

S

- Schwingfeld-Therapie
- Sipari-Therapie

T

- Thermoregulationsdiagnostik
- Transorbitale Wechselstromstimulation bei Optikusatrophie
- Trockenzellentherapie

V

- Vaduril-Injektionen gegen Parodontose
- Vibrationsmassage des Kreuzbeins
- visuelle Restitutionstherapie

Z

- Zellmilieu-Therapie

2. Teilweiser Ausschluss

Die Aufwendungen für folgende Untersuchungs- und Behandlungsmethoden sind nur unter den genannten Voraussetzungen beihilfefähig:

- **Chelat-Therapie**
  Aufwendungen sind nur beihilfefähig bei schwerwiegender Schwermetallvergiftung, Morbus Wilson (Kupferspeicherkrankheit) und Siderosen (Eisenspeicherkrankheit). Aufwendungen für alternative Schwermetallausleitungen gehören nicht zur Behandlung von Schwermetallvergiftungen.
- **Hyperbare Sauerstofftherapie (Überdruckbehandlung)**
  Aufwendungen sind nur beihilfefähig bei Behandlung von Kohlenmonoxydvergiftung, Gasgangrän, chronischen Knocheninfektionen, Septikämien, schweren Verbrennungen, Gasembolien, diabetischem Fußsyndrom (ab Wagner Stadium II), peripherer Ischämie oder bei mit Perzeptionsstörungen des Innenohres verbundenen Tinnitusleiden.
- **Hyperthermie-Behandlung**
  Aufwendungen sind nur beihilfefähig bei Geschwulstbehandlung.
- **Klimakammerbehandlungen**
  Aufwendungen sind nur beihilfefähig, soweit andere übliche Behandlungsmethoden nicht zum Erfolg geführt haben und die Festsetzungsstelle aufgrund eines amts- oder vertrauensärztlichen Gutachtens die Beihilfefähigkeit vor Beginn der Behandlung anerkannt hat.
- **Lanthasol-Aerosol-Inhalationskur**
  Aufwendungen sind nur beihilfefähig bei Aerosol-Inhalationskuren mit hochwirksamen Medikamenten, z. B. Aludrin.

- **Magnetfeldtherapie**
  Aufwendungen sind nur beihilfefähig bei Behandlung von atrophen Pseudarthrosen sowie bei Endoprothesenlockerung, idiopathischer Hüftnekrose und verzögerter Knochenbruchheilung, wenn sie in Verbindung mit einer sachgerechten chirurgischen Therapie durchgeführt wird, sowie bei psychiatrischen Erkrankungen.

- **Modifizierte Eigenblutbehandlung**
  a) Zahnheilkunde
  Aufwendungen für eine Behandlung mit autologen Thrombozytenkonzentraten wie plättchenreiches Plasma (PRP) und plättchenreiches Fibrin (PRF) sind nur beihilfefähig nach Extraktion eines Zahnes oder mehrerer Zähne
    aa) zum Volumenerhalt des Knochens beispielsweise Alveolarfortsatzes (postextraktioneller, zum Beispiel präimplantologisch indizierter Kieferkammerhalt, Socket/Ridge Preservation) oder
    bb) zur Verbesserung der Alveolenheilung und Reduktion des Alveolitis-Risikos (PRF als solide PRF-Plug-Matrix) insbesondere im Rahmen einer operativen Weisheitszahnentfernung
  b) Augenheilkunde
  Aufwendungen für eine Behandlung mit autologen Serumaugentropfen aus Eigenblut als Tränenersatzstoff sind nur beihilfefähig bei einer trockenen Glandulae tarsales (Meibom-Drüsen-Dysfunktion, Sicca-Syndrom, Keratokonjunktivitis sicca etc.).

- **Ozontherapie**
  Aufwendungen sind nur beihilfefähig bei Gasinsufflationen, wenn damit arterielle Verschlusserkrankungen behandelt werden und die Festsetzungsstelle aufgrund eines amts- oder vertrauensärztlichen Gutachtens die Beihilfefähigkeit vor Beginn der Behandlung anerkannt hat.

- **Stoßwellentherapie**
- **Fokussierte Extracorporale Stoßwellentherapie (f-ESWT)**
  Die Aufwendungen sind im orthopädischen und schmerztherapeutischen Bereich nur beihilfefähig bei Behandlung der Tendinosis calcarea, der Pseudarthrose, der therapieresistenten Achillessehnenentzündung (therapierefraktäre Achillodynie), der therapierefraktären Epicondylitis humeri radialis oder der Fasziitis plantaris. Auf der Grundlage des Beschlusses der Bundesärztekammer zur Analogbewertung der f-ESWT sind Gebühren nach der Nummer 1800 GOÄ beihilfefähig. Daneben sind keine Zuschläge beihilfefähig.
- **Radiale Stoßwellentherapie (r-ESWT)**
  Die Aufwendungen sind im orthopädischen und schmerztherapeutischen Bereich nur beihilfefähig bei Behandlung der therapierefraktären Epicondylitis humeri radialis. Auf der Grundlage des Beschlusses der Bundesärztekammer zur Analogbewertung der r-ESWT sind Gebühren nach der Nummer 302 GOÄ beihilfefähig. Daneben sind keine Zuschläge beihilfefähig.
- **Therapeutisches Reiten (Hippotherapie)**
  Aufwendungen sind nur beihilfefähig bei ausgeprägten cerebralen Bewegungsstörungen (Spastik) oder schwerer geistiger Behinderung, sofern die ärztlich verordnete und indizierte Behandlung von Physiotherapeutinnen oder Physiotherapeuten mit entsprechender Zusatzausbildung durchgeführt wird. Die Leistung wird Anlage 3 lfd. Nr. 4 bis 6 zugeordnet.
- **Thymustherapie und Behandlung mit Thymuspräparaten**
  Aufwendungen sind nur beihilfefähig bei Krebserkrankungen, wenn andere übliche Behandlungsmethoden nicht zum Erfolg geführt haben.
- **Visus verbessernde Maßnahmen**
  a) Austausch natürlicher Linsen
  Bei einem Austausch der natürlichen Augenlinse zur Behandlung einer Kataraktkrankung sind die Aufwendungen für die künstliche Linse nur bis zu 300,00 EUR pro Auge beihilfefähig. Abweichend hiervon sind bei einem Aus-

tausch der natürlichen Augenlinse zur reinen Verbesserung des Visus die Aufwendungen nur beihilfefähig, wenn eine Verbesserung des Visus durch Brillen oder Kontaktlinsen nach augenärztlicher oder sonstiger fachärztlicher Feststellung objektiv nicht möglich ist.

b) Chirurgische Hornhautkorrektur durch Laserbehandlung
Aufwendungen sind nur beihilfefähig, wenn eine Korrektur durch Brillen oder Kontaktlinsen nach augenärztlicher oder sonstiger fachärztlicher Feststellung objektiv nicht möglich ist.

c) Implantation einer additiven Linse, auch Addon-Intraokularlinse
Aufwendungen sind nur beihilfefähig, wenn die Implantation unerlässlich ist und auf keinem anderen Weg eine Verbesserung des Visus erreicht werden kann.

d) Implantation einer phaken Intraokularlinse
Aufwendungen sind nur beihilfefähig, wenn die Implantation unerlässlich ist und auf keinem anderen Weg eine Verbesserung des Visus erreicht werden kann.

Voraussetzung für die Beihilfefähigkeit der Behandlungen nach Buchstabe a Satz 2 und den Buchstaben b bis d ist die schriftliche Anerkennung der Festsetzungsstelle vor Aufnahme der Behandlung.

Anlage 2
(zu den §§ 17 bis 20a)

Ambulant durchgeführte psychotherapeutische Behandlungen und Maßnahmen der psychosomatischen Grundversorgung

Abschnitt 1 Psychotherapeutische Leistungen

1. Nicht beihilfefähig sind die Aufwendungen für:
   - Familientherapie,
   - Funktionelle Entspannung nach M. Fuchs,
   - Gesprächspsychotherapie (z. B. nach Rogers),
   - Gestalttherapie,
   - Körperbezogene Therapie,
   - Konzentrative Bewegungstherapie,
   - Logotherapie,
   - Musiktherapie,
   - Heileurhythmie,
   - Psychodrama,
   - Respiratorisches Biofeedback,
   - Transaktionsanalyse.
2. Nicht zu den psychotherapeutischen Leistungen im Sinne der §§ 17 bis 20a gehören:
   - Behandlungen, die zur schulischen, beruflichen oder sozialen Anpassung oder Förderung bestimmt sind,
   - Maßnahmen der Erziehungs-, Ehe-, Familien-, Lebens-, Paar- und Sexualberatung,
   - heilpädagogische und ähnliche Maßnahmen sowie
   - psychologische Maßnahmen, die der Aufarbeitung und Überwindung sozialer Konflikte dienen.

Abschnitt 2 Psychosomatische Grundversorgung

1. Aufwendungen für eine verbale Intervention sind nur beihilfefähig, wenn die Behandlung von einer Fachärztin oder einem Facharzt für
   - Allgemeinmedizin,
   - Augenheilkunde,
   - Frauenheilkunde und Geburtshilfe,
   - Haut- und Geschlechtskrankheiten,
   - Innere Medizin,
   - Kinder- und Jugendmedizin,
   - Kinder- und Jugendpsychiatrie und -psychotherapie,
   - Neurologie,
   - Phoniatrie und Pädaudiologie,
   - Psychiatrie und Psychotherapie,
   - Psychotherapeutische Medizin oder Psychosomatische Medizin und Psychotherapie oder
   - Urologie

   durchgeführt wird.
2. Aufwendungen für übende und suggestive Interventionen (autogenes Training, Jacobsonsche Relaxationstherapie, Hypnose) sind nur dann beihilfefähig, wenn die Behandlung von
   - einer Ärztin oder einem Arzt,
   - einer Psychotherapeutin oder einem Psychotherapeuten,
   - einer Psychologischen Psychotherapeutin oder einem Psychologischen Psychotherapeuten oder
   - einer Kinder- und Jugendlichenpsychotherapeutin oder einem Kinder- und Jugendlichenpsychotherapeuten

durchgeführt wird und diese Person über Kenntnisse und Erfahrungen in der Anwendung der entsprechenden Interventionen verfügt.

Abschnitt 3 Tiefenpsychologisch fundierte und analytische Psychotherapie

1. Wird die Behandlung von einer ärztlichen Psychotherapeutin oder einem ärztlichen Psychotherapeuten durchgeführt, muss diese Person folgende fachliche Befähigung haben:
   - Fachärztin oder Facharzt für Psychotherapeutische Medizin oder Psychosomatische Medizin und Psychotherapie,

VII

- Fachärztin oder Facharzt für Psychiatrie und Psychotherapie,
- Fachärztin oder Facharzt für Kinder- und Jugendpsychiatrie und -psychotherapie oder
- Ärztin oder Arzt mit der Zusatzbezeichnung „Psychotherapie" oder „Psychotherapie – fachgebunden –" oder „Psychoanalyse".

Personen mit folgender fachlicher Befähigung
- Fachärztin oder Facharzt für Psychotherapeutische Medizin oder Psychosomatische Medizin und Psychotherapie,
- Fachärztin oder Facharzt für Psychiatrie und Psychotherapie oder
- Fachärztin oder Facharzt für Kinder- und Jugendpsychiatrie und -psychotherapie sowie
- Ärztin oder Arzt mit der Zusatzbezeichnung „Psychotherapie" oder „Psychotherapie – fachgebunden –"

können nur tiefenpsychologisch fundierte Psychotherapie (Nummern 860 bis 862 des Gebührenverzeichnisses für ärztliche Leistungen der Gebührenordnung für Ärzte) durchführen. Eine Ärztin oder ein Arzt mit der Zusatzbezeichnung „Psychoanalyse" oder mit der vor dem 1. April 1984 verliehenen Zusatzbezeichnung „Psychotherapie" kann auch analytische Psychotherapie (Nummern 863, 864 des Gebührenverzeichnisses für ärztliche Leistungen der Gebührenordnung für Ärzte) erbringen.

2. Wird die Behandlung von einer nicht-ärztlich tätigen Therapeutin oder einem nicht-ärztlich tätigen Therapeuten durchgeführt, muss diese Person folgende Befähigung haben:
   a) bei Behandlung von Erwachsenen:
      - Psychotherapeutin oder Psychotherapeut mit einer Weiterbildung für die Behandlung von Erwachsenen in diesem Verfahren oder
      - Psychologische Psychotherapeutin oder Psychologischer Psychotherapeut mit einer vertieften Ausbildung in diesem Verfahren und
   b) bei Behandlung von Kindern und Jugendlichen:
      - Psychotherapeutin oder Psychotherapeut mit einer Weiterbildung für die Behandlung von Kindern und Jugendlichen in diesem Verfahren,
      - Psychologische Psychotherapeutin oder Psychologischer Psychotherapeut mit einer vertieften Ausbildung in diesem Verfahren und einer Zusatzqualifikation für die Behandlung von Kindern und Jugendlichen oder
      - Kinder- und Jugendlichenpsychotherapeutin oder Kinder- und Jugendlichenpsychotherapeut mit einer vertieften Ausbildung in diesem Verfahren.

   Kinder in diesem Sinne sind Personen, die das 14. Lebensjahr noch nicht vollendet haben; Jugendliche sind Personen, die das 14. Lebensjahr vollendet haben, aber noch nicht 21 Jahre alt sind. Kinder- und Jugendlichenpsychotherapie ist ausnahmsweise auch dann zulässig, wenn zur Sicherung des Therapieerfolgs bei Jugendlichen eine vorher mit Mitteln der Kinder- und Jugendlichenpsychotherapie begonnene psychotherapeutische Behandlung erst nach Vollendung des 21. Lebensjahres abgeschlossen werden kann. Grundsätzlich gelten Personen ab 18 Jahren als Erwachsene.

Abschnitt 4 Verhaltenstherapie

1. Wird die Behandlung von einer ärztlichen Psychotherapeutin oder einem ärztlichen Psychotherapeuten durchgeführt, muss diese Person folgende fachliche Befähigung haben:
   - Fachärztin oder Facharzt für Psychotherapeutische Medizin oder Psychosomatische Medizin und Psychotherapie,
   - Fachärztin oder Facharzt für Psychiatrie und Psychotherapie,
   - Fachärztin oder Facharzt für Kinder- und Jugendpsychiatrie und -psychotherapie oder
   - Ärztin oder Arzt mit der Zusatzbezeichnung „Psychotherapie" oder „Psycho-

VII

therapie – fachgebunden –" oder „Psychoanalyse".

Ärztliche Psychotherapeutinnen oder ärztliche Psychotherapeuten, die keine Fachärztinnen oder Fachärzte sind, können die Behandlung durchführen, wenn sie den Nachweis erbringen, dass sie während ihrer Weiterbildung schwerpunktmäßig Kenntnisse und Erfahrungen in Verhaltenstherapie erworben haben.

2. Wird die Behandlung von einer nicht-ärztlich tätigen Therapeutin oder einem nicht-ärztlich tätigen Therapeuten durchgeführt, muss diese Person folgende Befähigung haben:
   a) bei Behandlung von Erwachsenen:
      – Psychotherapeutin oder Psychotherapeut mit einer Weiterbildung für die Behandlung von Erwachsenen in diesem Verfahren oder
      – Psychologische Psychotherapeutin oder Psychologischer Psychotherapeut mit einer vertieften Ausbildung in diesem Verfahren und
   b) bei Behandlung von Kindern und Jugendlichen:
      – Psychotherapeutin oder Psychotherapeut mit einer Weiterbildung für die Behandlung von Kindern und Jugendlichen in diesem Verfahren,
      – Psychologische Psychotherapeutin oder Psychologischer Psychotherapeut mit einer vertieften Ausbildung in diesem Verfahren und einer Zusatzqualifikation für die Behandlung von Kindern und Jugendlichen oder
      – Kinder- und Jugendlichenpsychotherapeutin oder Kinder- und Jugendlichenpsychotherapeut mit einer vertieften Ausbildung in diesem Verfahren.

   Abschnitt 3 Nr. 2 Satz 2 bis 4 gilt entsprechend.

Abschnitt 5 Systemische Therapie

1. Wird die Behandlung von einer ärztlichen Psychotherapeutin oder einem ärztlichen Psychotherapeuten durchgeführt, muss diese Person folgende fachliche Befähigung haben:
   – Fachärztin oder Facharzt für Psychiatrie und Psychotherapie,
   – Fachärztin oder Facharzt für Psychosomatische Medizin und Psychotherapie oder
   – Ärztin oder Arzt mit der Zusatzbezeichnung Psychotherapie

   mit erfolgreicher Weiterbildung auf dem Gebiet der Systemischen Therapie.

2. Wird die Behandlung von einer nicht-ärztlich tätigen Therapeutin oder einem nicht-ärztlich tätigen Therapeuten durchgeführt, muss diese Person folgende Befähigung haben:
   – Psychotherapeutin oder Psychotherapeut mit einer Weiterbildung in diesem Verfahren,
   – Psychologische Psychotherapeutin oder Psychologischer Psychotherapeut mit einer vertieften Ausbildung in diesem Verfahren oder
   – Psychologische Psychotherapeutin oder Psychologischer Psychotherapeut mit einer vertieften Ausbildung in einem Verfahren nach Abschnitt 3 oder Abschnitt 4 und einer Zusatzqualifikation für dieses Verfahren.

Abschnitt 6 Eye-Movement-Desensitization-and-Reprocessing-Behandlung

Leistungen der Eye-Movement-Desensitization-and-Reprocessing-Behandlung sind nur dann beihilfefähig, wenn die Behandlung von einer Therapeutin oder einem Therapeuten nach Abschnitt 3 Nr. 1 und 2 Satz 1 Buchst. a, Abschnitt 4 Nr. 1 und 2 Satz 1 Buchst. a sowie Abschnitt 5 mit entsprechenden Kenntnissen und Erfahrungen in diesem Verfahren durchgeführt wird.

Abschnitt 7 Formblätter

Für die Durchführung des Voranerkennungsverfahrens nach § 17e Abs. 2 Satz 1 Nr. 3 sind die nachfolgenden Formblätter zu verwenden:

Formblatt 1

Absenderangabe der Festsetzungsstelle

(Anschrift der beihilfeberechtigten oder bevollmächtigten Person)

Beihilfenverordnung Rheinland-Pfalz (BVO);
hier: Beihilfefähigkeit von Aufwendungen für psychotherapeutische Behandlungen

Anlagen
- Antrag auf Anerkennung der Beihilfefähigkeit von Aufwendungen für ambulante Psychotherapie -Formblatt 2- (2-fach)
- Schweigepflichtentbindung -Formblatt 3- (2-fach)
- Bescheinigung der Therapeutin/des Therapeuten -Formblatt 4- (2-fach)
- Bericht an die Gutachterin/den Gutachter -Formblatt 5- (2-fach)
- Konsiliarbericht -Formblatt 6- (2-fach)

<Anrede>

als Anlage übersende ich die von Ihnen erbetenen Antragsunterlagen auf Anerkennung der Beihilfefähigkeit von Aufwendungen für eine ambulante psychotherapeutische Behandlung. Die Beihilfefähigkeit der Behandlungskosten kann ich jedoch erst anerkennen, nachdem mir ein Gutachten vorliegt, welches Notwendigkeit, Art und Umfang der beabsichtigten Therapie bestätigt.

Für die Bearbeitung Ihres Antrages und die Einleitung des Gutachterverfahrens bitte ich Folgendes zu veranlassen beziehungsweise zu beachten:

1. Das Formblatt 2 (Antrag auf Anerkennung der Beihilfefähigkeit von Aufwendungen für Psychotherapie) ist von Ihnen und das Formblatt 3 (Schweigepflichtentbindung) ist von der Patientin/dem Patienten oder der gesetzlichen Vertreterin/dem gesetzlichen Vertreter jeweils 2-fach auszufüllen.

2. Das Formblatt 4 in 2-facher Ausfertigung und das Formblatt 5 (Bericht für die Gutachterin/den Gutachter) ist von der behandelnden Ärztin/dem behandelnden Arzt oder der behandelnden Therapeutin/dem behandelnden Therapeuten (nach-

folgend Therapeutin oder Therapeut genannt) auszufüllen. Der Konsiliarbericht (Formblatt 6) ist, soweit erforderlich, auch auszufüllen. Jeweils eine Ausfertigung der Formblätter 4 und 5 und ggf. das Formblatt 6 sind von der Therapeutin/dem Therapeuten in einen verschlossenen Umschlag zu geben. Auf dem verschlossenen Umschlag ist mein o. g. Aktenzeichen aufzuführen.

Die Formblätter 4, 5 und ggf. 6 dürfen sich nur 1-fach in dem verschlossenen Umschlag befinden, da der verschlossene Umschlag ungeöffnet an die Gutachterin/den Gutachter weitergeleitet wird.

3. Jeweils eine Ausfertigung des Formblatts 2 (Antrag auf Anerkennung der Beihilfefähigkeit von Aufwendungen für Psychotherapie), des Formblatts 3 (Schweigepflichtentbindung) und des Formblatts 4 sowie der verschlossene Umschlag sind an die Beihilfefestsetzungsstelle zu übersenden.

Nach Eingang der erbetenen Unterlagen werde ich die Erstellung des Gutachtens veranlassen.

<Schlussformel>

Formblatt 2

Absenderangabe der beihilfeberechtigten Person:

Name	Vorname	Geburtsdatum
Straße, Hausnummer	Postleitzahl Wohnort	
Personalnummer	Pseudonymisierungscode (wird von der Festsetzungsstelle vergeben)	

(Anschrift der Festsetzungsstelle)

Antrag auf Anerkennung der Beihilfefähigkeit von Aufwendungen für Psychotherapie

Ich bitte um Anerkennung der Beihilfefähigkeit der Aufwendungen für Psychotherapie für folgende Person:

☐ beihilfeberechtigte Person

☐ berücksichtigungsfähige Angehörige/berücksichtigungsfähiger Angehöriger.

Name	Vorname	Geburtsdatum

Ort, Datum	Unterschrift der beihilfeberechtigten Person

Formblatt 3

Pseudonymisierungscode (wird von der Festsetzungsstelle vergeben)

Schweigepflichtentbindung

Ich ermächtige

Frau/Herrn

der Fachgutachterin/dem Fachgutachter der Festsetzungsstelle Auskunft zu geben und entbinde sie/ihn von der Schweigepflicht und bin damit einverstanden, dass die Fachgutachterin/der Fachgutachter der Festsetzungsstelle mitteilt, ob und in welchem Umfang die Behandlung medizinisch notwendig ist.

Ort, Datum	Unterschrift der Patientin/des Patienten oder der gesetzlichen Vertreterin/des gesetzlichen Vertreters

VII

Formblatt 4

Pseudonymisierungscode (wird von der Festsetzungsstelle vergeben)

I. Bescheinigung der Therapeutin oder des Therapeuten (Zutreffendes bitte ankreuzen!)

1. Welche Krankheit wird durch die Psychotherapie behandelt?
Angabe der Diagnose: ______________

2. Liegt zusätzlich eine geistige Behinderung mit einer Diagnose nach F70-F79 (ICD-10-GM) vor?
- ☐ Nein
- ☐ Ja; Angabe der Diagnose ______________

3. Welcher Art ist die Psychotherapie?
- ☐ Kurzzeittherapie
- ☐ Langzeittherapie
  - ☐ Erstantrag
  - ☐ Verlängerung oder Folgebehandlung

- ☐ Tiefenpsychologisch fundierte Psychotherapie
- ☐ Analytische Psychotherapie
- ☐ Verhaltenstherapie
- ☐ Systemische Therapie

☐ für Erwachsene ☐ für Kinder und Jugendliche

4. Wurde bereits früher eine Psychotherapie durchgeführt?
- ☐ Nein
- ☐ Ja; von_______ bis _______ mit folgender Anzahl an Sitzungen _______

5. Welche Anwendungsform ist geplant und mit wie vielen Sitzungen ist zu rechnen?
- ☐ ausschließlich Einzelbehandlung mit _________ Einzelsitzungen
- ☐ ausschließlich Gruppenbehandlung mit _________ Gruppensitzungen
- ☐ Kombinationsbehandlung mit
  - ☐ überwiegend Einzelbehandlung
    mit _________ Einzelsitzungen und _________ Gruppensitzungen
  - ☐ überwiegend Gruppenbehandlung
    mit _________ Einzelsitzungen und _________ Gruppensitzungen
  - ☐ die Kombinationsbehandlung wird durch zwei Therapeuten durchgeführt
    (In diesen Fällen muss jeweils jede Therapeutin/jeder Therapeut dieses Formblatt ausfüllen.)

6. **Werden Bezugspersonen in die Sitzungen einbezogen?**
   - □ Nein
   - □ Ja; Anzahl der Sitzungen _______

7. **Gebührenziffer(n) und Gebührenhöhe?**
   Gebührenziffer(n): _______________
   Gebührenhöhe je Sitzung: _______________

II. Fachkundenachweis für die beantragte Psychotherapie (Zutreffendes bitte ankreuzen!)

1. **Ärztinnen und Ärzte**
   - □ Fachärztin/Facharzt für Psychotherapeutische Medizin oder Psychosomatische Medizin und Psychotherapie
   - □ Fachärztin/Facharzt für Psychiatrie und Psychotherapie
   - □ Fachärztin/Facharzt für Kinder- und Jugendpsychiatrie und -psychotherapie

   - □ Ärztin/Arzt mit folgender Zusatzbezeichnung:
   - □ Psychotherapie
     verliehen: □ **vor** dem 1. April 1984
     □ **nach** dem 1. April 1984
   - □ Psychotherapie – fachgebunden –
   - □ Psychoanalyse

   - □ Schwerpunkt tiefenpsychologisch fundierte Psychotherapie
   - □ Schwerpunkt Verhaltenstherapie
   - □ Weiterbildung auf dem Gebiet der Systemischen Therapie

   Eine Berechtigung zur Behandlung
   - □ in Gruppen
   - □ von Kindern und Jugendlichen

   liegt vor.

2. **Psychotherapeutinnen und Psychotherapeuten oder Psychologische Psychotherapeutinnen und Psychologische Psychotherapeuten oder Kinder- und Jugendlichenpsychotherapeutinnen und -therapeuten**
   - □ Psychotherapeutin/Psychotherapeut
   - □ Psychologische Psychotherapeutin/Psychologischer Psychotherapeut
   - □ Kinder- und Jugendlichenpsychotherapeutin/Kinder- und Jugendlichenpsychotherapeut

   mit Weiterbildung beziehungsweise vertiefter Ausbildung für folgendes anerkanntes Behandlungsverfahren
   - □ Tiefenpsychologisch fundierte Psychotherapie
   - □ Analytische Psychotherapie
   - □ Verhaltenstherapie
   - □ Systemische Therapie

   bei □ Erwachsenen, bei □ Kindern und Jugendlichen, in □ Gruppen.

Ort, Datum	Stempel und Unterschrift der Therapeutin/des Therapeuten

VII

Formblatt 5

Der Bericht ist in einem verschlossenen, deutlich als VERTRAULICHE ARZTSACHE gekennzeichneten Umschlag der Beihilfefestsetzungsstelle zur Weiterleitung an die Gutachterin/den Gutachter zu übersenden.
Absender Name und Anschrift der Therapeutin/des Therapeuten

Bericht an die Gutachterin/den Gutachter zum Antrag auf Anerkennung der Beihilfefähigkeit für Psychotherapie

I. Angaben über die Patientin/den Patienten

Pseudonymisierungscode (wird von der Festsetzungsstelle vergeben)		Familienstand
Geburtsdatum	Geschlecht	Beruf

II. Angaben über die Behandlung

Art der vorgesehenen Therapie
Datum des Therapiebeginns
Angaben zur Behandlung (Einzel- oder Gruppentherapie oder Kombinationsbehandlung), der Sitzungszahl und Behandlungsfrequenz seit Therapiebeginn
Angaben zur voraussichtlich noch erforderlichen Behandlung (Einzel- oder Gruppentherapie oder Kombinationsbehandlung), der Sitzungszahl und Behandlungsfrequenz

VII

III. Bericht der Therapeutin/des Therapeuten zum Antrag auf tiefenpsychologisch fundierte oder analytische Psychotherapie
Ergänzende Hinweise bei Anträgen für Kinder- und Jugendlichenpsychotherapie.
Fallbezogene Auswahl zu den folgenden Gesichtspunkten:

1. **Spontanangaben** der Patientin/des Patienten zu ihrem/seinem Beschwerdebild, dem bisherigen Verlauf, ggf. bisherige Therapieversuche. Grund des Kommens zum jetzigen Zeitpunkt, ggf. von wem veranlasst? Therapieziele der Patientin/des Patienten (bei Kindern und Jugendlichen auch der Eltern). Bei stationärer psychotherapeutischer/psychosomatischer Vorbehandlung bitte Abschlussbericht beifügen.

2. **Psychischer Befund:** Emotionaler Kontakt, therapeutische Beziehung (Übertragung/Gegenübertragung), Intelligenz, Differenziertheit der Persönlichkeit, Einsichtsfähigkeit in die psychische Bedingtheit des Beschwerdebildes, Motivation zur Psychotherapie, Stimmungslage, bevorzugte Abwehrmechanismen, Art und Ausmaß infantiler Fixierungen, Strukturniveau, Persönlichkeitsstruktur. Bei Kindern und Jugendlichen auch Ergebnisse der neurosenpsychologischen Untersuchungen und Testuntersuchungen, Spielbeobachtung, Inszenierung des neurotischen Konflikts.
Psychopathologischer Befund (z. B. Motorik, Affekt, Antrieb, Bewusstsein, Wahrnehmung, Denken, Gedächtnis).

3. **Somatischer Befund:** Bei Behandlung durch Psychologische Psychotherapeutinnen/Psychologische Psychotherapeuten und Kinder- und Jugendlichenpsychotherapeutinnen/Kinder- und Jugendlichenpsychotherapeuten mit einer Approbation nach § 2 des Psychotherapeutengesetzes in der bis zum 31. August 2020 geltenden Fassung oder mit einer Approbation nach § 12 des Psychotherapeutengesetzes in der bis zum 31. August 2020 geltenden Fassung sowie Psychotherapeutinnen und Psychotherapeuten mit einer Approbation nach § 2 des Psychotherapeutengesetzes (PsychThG) vom 15. November 2019 (BGBl. I S. 1604) in der jeweils geltenden Fassung bitte „Ärztlichen Konsiliarbericht" beifügen (sonst keine Bearbeitung möglich!). Gibt es Bemerkenswertes zur Familienanamnese oder Auffälligkeiten der körperlichen Entwicklung?

4. **Biografische Anamnese** unter Berücksichtigung der Entwicklung neurotischer und persönlichkeitsstruktureller Merkmale, Angaben zur Stellung der Patientin/des Patienten in ihrer/seiner Familie, ungewöhnliche, individuelle oder familiäre Belastungen, Traumatisierungen, emotionales Klima der Primärgruppe, Beziehungsanalyse innerhalb der Familie früher und heute, schulische Entwicklung und Berufswahl, Art der Bewältigung von phasentypischen Schwellensituationen, Erfahrungen mit Partnerbeziehungen, Umgang mit Sexualität, jetzige soziale Situation, Arbeitsfähigkeit, einschneidende somatische Erkrankungen, bisherige psychische Krisen und Erkrankungen. Bei Kindern und Jugendlichen auch Geburtsanamnese, frühe Entwicklungsbedingungen, emotionale, kognitive und psychosoziale Entwicklung, Entwicklung der Familie, soweit sie die Psychodynamik plausibel macht.

5. **Psychodynamik der neurotischen Erkrankung:** Wie haben sich Biografie, Persönlichkeitsstruktur, Entwicklung intrapsychischer unbewusster Verarbeitungsweisen und spezifische Belastungscharakteristik einer auslösenden Situation so zu einer pathogenen Psychodynamik verdichtet, dass die zur Behandlung kommende psychische oder psychisch bedingte Störung hieraus resultiert? Auch wenn die zur Behandlung anstehenden Störungen chronischer Ausdruck einer neurotischen Entwicklung sind, ist darzulegen, welche Faktoren jetzt psychodynamisch relevant zur Dysfunktionalität oder Dekompensation geführt haben.
Bei Kindern und Jugendlichen: Die aktuelle, neurotische Konfliktsituation muss dargestellt werden unter psychogenetischem, intrapsychischem und interpersonellem Aspekt. Bei strukturellen Ich-Defekten auch deren aktuelle und abgrenzbare Auswirkung auf die o. g. Konflikte. Ggf. Schilderung krankheitsrelevanter, familiärer dynamischer Faktoren.

6. **Neurosenpsychologische Diagnose zum Zeitpunkt der Antragstellung:** Ableitung der Diagnose auf symptomatischer und/oder struktureller Ebene aus der Psychodynamik, inklusive differentialdiagnostischer Erwägungen.

7. **Behandlungsplan,** indikative Begründung für die beantragte Behandlungsform unter Berücksichtigung der Definitionen von tiefenpsychologisch fundierter oder analytischer Psychotherapie und der Darlegung realisierbar erscheinender Behandlungszielsetzung. Die Sonderformen tiefenpsychologisch fundierter Psychotherapie wie niederfrequente Therapie sind, bezogen auf die Therapiezielsetzungen, besonders zu begründen. Spezielle Indikation für Gruppentherapie. Es muss in jedem Fall ein Zusammenhang nachvollziehbar dargestellt werden zwischen der Art der zur Behandlung kommenden Erkrankung, der Sitzungsfrequenz, dem Therapievolumen und dem Therapieziel, das unter Berücksichtigung der jeweils begrenzten Behandlungsvolumina als erreichbar angesehen wird.

8. **Prognostische Einschätzung,** bezogen auf die Therapiezielsetzungen mit Begründung durch Beurteilung des Problembewusstseins der behandelten Person und ihrer Verlässlichkeit, ihrer partiellen Lebensbewältigung, sowie ihrer Fähigkeit oder Tendenz zur Regression, ihrer Flexibilität und ihren Entwicklungsmöglichkeiten in der Therapie. Bei Kindern und Jugendlichen auch Vorstellungen über altersentsprechende Entwicklungsmöglichkeiten der behandelten Person, Veränderungen der realen Rolle in der Familie, Umstellungsfähigkeit der Eltern.

Bericht zum Fortführungsantrag

1. Evtl. Ergänzungen zum Erstbericht, zur Diagnose und Differential-Diagnostik.

2. Darstellung des bisherigen Behandlungsverlaufs, insbesondere der Bearbeitung der individuellen, unbewussten pathogenen Psychodynamik, Entwicklung der Übertragungs- und Gegenübertragungsbeziehung und des Arbeitsbündnisses. Bei Kindern und Jugendlichen auch beispielhafte Spielsequenzen und Art der Einbeziehung der Therapeutin/des Therapeuten. Erreichte Besserungen, kritische Einschätzung der Therapiezielsetzung des Erstantrags. Angaben zur Mitarbeit der behandelten Person, ihre Regressionsfähigkeit oder -tendenz, evtl. Fixierungen versus Flexibilität. Bei Kindern und Jugendlichen Mitarbeit und Flexibilität der Eltern und Themen der Elterngespräche.

3. Bei Gruppentherapie: Entwicklung der Gruppendynamik, Teilnahme der Patientin/des Patienten am interaktionellen Prozess in der Gruppe, Möglichkeiten der behandelten Person, ihre Störungen in der Gruppe zu bearbeiten.

4. Änderungen des Therapieplans mit Begründung.

5. Prognose nach dem bisherigen Behandlungsverlauf mit Begründung des wahrscheinlich noch notwendigen Behandlungsvolumens und der Behandlungsfrequenz unter Bezug auf die weiteren Entwicklungsmöglichkeiten der Patientin/des Patienten und Berücksichtigung evtl. krankheitsfixierender Umstände.

IV. Bericht der Therapeutin/des Therapeuten zum Antrag auf Verhaltenstherapie

1. **Angaben zur spontan berichteten und erfragten Symptomatik:** Schilderung der Klagen der Patientin/des Patienten und der Symptomatik zu Beginn der Behandlung, möglichst mit wörtlichen Zitaten, ggf. auch Bericht der Angehörigen/Bezugspersonen der Patientin/des Patienten. (Warum kommt die Patientin/der Patient zu eben diesem Zeitpunkt?)

2. **Lebensgeschichtliche Entwicklung der Patientin/des Patienten und Krankheitsanamnese:**
   a) Darstellung der lerngeschichtlichen Entwicklung, die zur Symptomatik geführt hat und für die Verhaltenstherapie relevant ist.
   b) Angaben zur psychischen und körperlichen Entwicklung unter Berücksichtigung der familiären Situation, des Bildungsgangs und der beruflichen Situation.
   c) Darstellung der besonderen Belastungen und Auffälligkeiten in der individuellen Entwicklung und der familiären Situation (Schwellensituation), besondere Auslösebedingungen.
   d) Beschreibung der aktuellen sozialen Situation (familiäre, ökonomische, Arbeits- und Lebensverhältnisse), die für die Aufrechterhaltung und Veränderung des Krankheitsverhaltens bedeutsam ist. Bereits früher durchgeführte psychotherapeutische Behandlungen (ambulant/stationär) und möglichst alle wesentlichen Erkrankungen, die ärztlicher Behandlung bedürfen, sollen erwähnt werden.

   Bei Verhaltenstherapie von Kindern und Jugendlichen sind möglichst auch für die Verhaltensanalyse relevante Angaben zur lerngeschichtlichen Entwicklung der Bezugspersonen zu machen.

3. **Psychischer Befund:** (Testbefunde, sofern sie für die Entwicklung des Behandlungsplans und für die Therapieverlaufskontrolle relevant sind)
   a) Aktuelles Interaktionsverhalten in der Untersuchungssituation, emotionaler Kontakt.
   b) Intellektuelle Leistungsfähigkeit und Differenziertheit der Persönlichkeit.
   c) Psychopathologischer Befund (z. B. Bewusstseinsstörungen, Störungen der Stimmungslage, der Affektivität und der amnestischen Funktion, Wahnsymptomatik, suizidale Tendenzen).

4. **Somatischer Befund:** Bei Behandlung durch eine Psychologische Psychotherapeutin/einen Psychologischen Psychotherapeuten oder eine Kinder- und Jugendlichenpsychotherapeutin/einen Kinder- und Jugendlichenpsychotherapeuten mit einer Approbation nach § 2 des Psychotherapeutengesetzes in der bis zum 31. August 2020 geltenden Fassung oder mit einer Approbation nach § 12 des Psychotherapeutengesetzes in der bis zum 31. August 2020 geltenden Fassung sowie Psychotherapeutinnen und Psychotherapeuten mit einer Approbation nach § 2 des Psychotherapeutengesetzes (PsychThG) vom 15. November 2019 (BGBl. I S. 1604) in der jeweils geltenden Fassung bitte „Ärztlichen Konsiliarbericht" beifügen (sonst keine Bearbeitung möglich!). Gibt es Bemerkenswertes zur Familienanamnese oder Auffälligkeiten der körperlichen Entwicklung?

5. **Verhaltensanalyse:** Beschreibung der Krankheitsphänomene, möglichst in den vier Verhaltenskategorien Motorik, Kognitionen, Emotionen und Physiologie. Unterscheidung zwischen Verhaltensexzessen, Verhaltensdefiziten und qualitativ neuer spezifischer Symptomatik in der Beschreibung von Verhaltensstörungen.
   Funktions- und Bedingungsanalyse der für die geplante Verhaltenstherapie relevanten Verhaltensstörungen in Anlehnung an das S-O-R-K-C-Modell mit Berücksichtigung der zeitlichen Entwicklung der Symptomatik.
   Beschreibung von Verhaltensaktiva und bereits entwickelten Selbsthilfemöglichkeiten und Bewältigungsfähigkeiten. Wird die Symptomatik der Patientin/des Patienten durch pathogene Interaktionsprozesse aufrechterhalten, ist die Verhaltensanalyse auch der Bezugspersonen zu berücksichtigen.

6. **Diagnose:** Darstellung der Diagnose aufgrund der Symptomatik und der Verhaltensanalyse. Differentialdiagnostische Abgrenzung unter Berücksichtigung auch anderer Befunde, ggf. unter Beifügung der Befundberichte.

7. **Therapieziele und Prognose:** Darstellung der konkreten Therapieziele mit ggf. gestufter prognostischer Einschätzung (dabei ist zu begründen, warum eine gegebene Symptomatik direkt oder indirekt verändert werden soll); Motivierbarkeit, Krankheitseinsicht und Umstellungsfähigkeit; ggf. Einschätzung der Mitarbeit der Bezugspersonen, deren Umstellungsfähigkeit und Belastbarkeit.

8. **Behandlungsplan:** Darstellung der Behandlungsstrategie in der Kombination oder Reihenfolge verschiedener Interventionsverfahren, mit denen die definierten Therapieziele erreicht werden sollen. Angaben zur geplanten Behandlungsfrequenz und zur Sitzungsdauer (50 Minuten, 100 Minuten). Begründung der Kombination von Einzel- und Gruppenbehandlungen, auch ihres zahlenmäßigen Verhältnisses zueinander, mit Angabe der Gruppenzusammensetzung und Darstellung der therapeutischen Ziele, die mit der Gruppenbehandlung erreicht werden sollen. Bei Verhaltenstherapie mit Kindern und Jugendlichen: Soll bei einer begleitenden Behandlung der Bezugspersonen vom Regelverhältnis 1:4 abgewichen werden, muss dies begründet werden. Begründung der begleitenden Behandlung der Bezugspersonen in Einzel- oder Gruppensitzungen sowie zur Gruppengröße und Zusammensetzung.

Bericht zum Fortführungsantrag

1. **Wichtige Ergänzungen zu den Angaben in den Abschnitten 1, 2, 3 und 5 des Erstberichtes:** Lebensgeschichtliche Entwicklung und Krankheitsanamnese, psychischer Befund und Bericht der Angehörigen der Patientin/des Patienten, Befundberichte aus ambulanten oder stationären Behandlungen, ggf. testpsychologische Befunde. Ergänzungen zur Diagnose oder Differentialdiagnose.

2. **Zusammenfassung des bisherigen Therapieverlaufs:** Ergänzungen oder Veränderungen der Verhaltensanalyse, angewandte Methoden, Angaben über die bislang erreichte Veränderung der Symptomatik, ggf. neu hinzugetretene Symptomatik, Mitarbeit der Patientin/des Patienten und ggf. der Bezugspersonen.

3. **Beschreibung der Therapieziele für den jetzt beantragten Behandlungsabschnitt und ggf. Änderung des Therapieplans:** Prognose nach dem bisherigen Behandlungsverlauf und Begründung der noch wahrscheinlich notwendigen Therapiedauer mit Bezug auf die Veränderungsmöglichkeiten der Verhaltensstörungen der Patientin/des Patienten.

Ort, Datum	Unterschrift und Stempel der Therapeutin/des Therapeuten

Formblatt 6

Konsiliarbericht vor Aufnahme einer Psychotherapie
(Den Bericht bitte in einem als vertrauliche Arztsache gekennzeichneten Umschlag übersenden.)

auf Veranlassung von Name der Therapeutin/des Therapeuten

Patient Pseudonymisierungscode (wird von der Festsetzungsstelle vergeben)

- ☐ Aufgrund ärztlicher Befunde bestehen derzeit Kontraindikationen für eine psychotherapeutische Behandlung.
- ☐ Ärztliche Mitbehandlung ist erforderlich.

Art der Maßnahme:
Aktuelle Beschwerden, psychischer und somatischer Befund (bei Kindern und Jugendlichen insbesondere unter Berücksichtigung des Entwicklungsstandes):
Stichwortartige Zusammenfassung der im Zusammenhang mit den aktuellen Beschwerden relevanten anamnestischen Daten:
Medizinische Diagnose(n), Differential-, Verdachtsdiagnosen:
Relevante Vor- und Parallelbehandlungen stationär/ambulant (z. B. laufende Medikation):
Befunde, die eine ärztliche/ärztlich veranlasste Begleitbehandlung erforderlich machen, liegen vor:
Befunde, die eine psychiatrische oder kinder- und jugendpsychiatrische Behandlung erforderlich machen, liegen vor:

☐ Psychiatrische beziehungsweise kinder- und jugendpsychiatrische Abklärung ist
☐ erfolgt. ☐ veranlasst.

Folgende ärztliche/ärztlich veranlasste Maßnahmen oder Untersuchungen sind notwendig:
Folgende ärztliche Maßnahmen oder Untersuchungen sind veranlasst:

Ausstellungsdatum	Stempel und Unterschrift der Ärztin/des Arztes

Formblatt 7

Absenderangabe der Festsetzungsstelle

(Anschrift der Gutachterin/des Gutachters)

Beihilfenverordnung Rheinland-Pfalz (BVO);
hier: Psychotherapie-Gutachten

Anlagen:
- Formblätter 4, 5 und 6 (Bescheinigung und Bericht der Therapeutin/des Therapeuten in einem verschlossenen Umschlag)
- 1 Freiumschlag
- 3 Formulare (Formblätter 8.1, 8.2 und 8.3) zur Erstellung des Gutachtens

<Anrede>

ich bitte um gutachterliche Stellungnahme zu der psychotherapeutischen Behandlung

Pseudonymisierungscode:

Der Bericht und die Bescheinigung der behandelnden Ärztin/Therapeutin oder des behandelnden Arztes/Therapeuten sind in einem verschlossenen Umschlag beigefügt.

Bei Folge- oder Verlängerungsgutachten:

□ Es wurde bereits eine psychotherapeutische Behandlung durchgeführt	Gutachten vom:	Anzahl der Sitzungen
Name der Gutachterin/des Gutachters		

Eine Schweigepflichtentbindung, mit der die Patientin/der Patient die Ärztin/den Arzt oder die Psychotherapeutin/den Psychotherapeuten (nachfolgend Therapeutin oder Therapeut genannt) ermächtigt, der Fachgutachterin/dem Fachgutachter der Festsetzungsstelle Auskunft zu geben und sie/ihn von der Schweigepflicht der Therapeutin/des Therapeuten entbindet und sich damit einverstanden erklärt, dass die Fachgutachterin/der Fachgutachter der Festsetzungsstelle mitteilt, ob und in welchem Umfang die Behandlung medizinisch notwendig ist, liegt der Festsetzungsstelle vor.

Wenn Sie trotz des pseudonymisierten Antragsverfahrens meinen, die Patientin/den Patienten zu kennen oder sich gegenüber der Therapeutin/dem Therapeuten befangen fühlen, lehnen Sie den Auftrag bitte ab.

Bitte senden Sie mir unter Verwendung der beiliegenden Formulare

- Ihr Gutachten (Formblatt 8.1),
- die Ausfertigung Ihres Gutachtens für die Therapeutin/den Therapeuten (Formblatt 8.2) in einem als vertrauliche Gutachtersache gekennzeichneten verschlossenen Umschlag

nebst einer Rechnung über die Kosten des Gutachtens in Höhe von 50,00 EUR ggf. zuzüglich Umsatzsteuer, beziehungsweise des Zweitgutachtens in Höhe von 85,00 EUR, ggf. zuzüglich Umsatzsteuer, in dem beigefügten Freiumschlag zu.

<Schlussformel>

Formblatt 8.1

Name und Anschrift der Gutachterin/des Gutachters	Datum

Anschrift der Festsetzungsstelle

Ausfertigung für die Festsetzungsstelle

Zutreffendes bitte ankreuzen und ausfüllen

Psychotherapie-Gutachten für

Pseudonymisierungscode:

Therapieform:

□ Tiefenpsychologisch fundierte Psychotherapie	□ Analytische Psychotherapie	□ Verhaltenstherapie	□ Systemische Therapie

Wie viele Sitzungen sollen als notwendig zugesagt werden?

	bei ausschließlicher		bei Kombinationsbehandlung mit überwiegend	
	Einzelbehandlung	Gruppenbehandlung	Einzelbehandlung	Gruppenbehandlung
Für die Patientin/den Patienten				
Für die begleitende Psychotherapie der Bezugspersonen				

Begründung der Gutachterin/des Gutachters nur für die Therapeutin/den Therapeuten:

[redacted]

Kurzbegründung der Gutachterin/des Gutachters bei Fehlen der medizinischen Notwendigkeit der vorgesehenen Psychotherapie und/oder fehlender Behandlerqualifikation:

- □ Es werden Störungen beschrieben, die nicht den in § 17 e Abs. 1 BVO genannten Indikationen zuzuordnen sind.
- □ Das Störungsmodell beziehungsweise die aktuell wirksame Psychodynamik der psychischen Erkrankung gemäß eines der in den §§ 19 bis 20 a BVO genannten Psychotherapieverfahren ist nicht hinreichend erkennbar.
- □ Das vorgesehene Psychotherapieverfahren beziehungsweise der methodische Ansatz lässt einen Behandlungserfolg nicht oder nicht in ausreichendem Maß erwarten oder gehört zu den Verfahren, deren Aufwendungen nach Abschnitt 1 der Anlage 2 zu den §§ 17 bis 20 a BVO nicht beihilfefähig sind.
- □ Die Voraussetzungen bei der Patientin/dem Patienten oder ihre/seine Lebensumstände lassen für das beantragte Psychotherapieverfahren einen Behandlungserfolg nicht oder nicht ausreichend erwarten.
- □ Die in der Anlage 2 zu den §§ 17 bis 20 a BVO genannten Anforderungen für die Durchführung der jeweiligen Behandlung werden von der Therapeutin/dem Therapeuten nicht erfüllt.

ggf. Erläuterung

Ort, Datum, Stempel und Unterschrift der Gutachterin/des Gutachters

Formblatt 8.2

Name und Anschrift der Gutachterin/des Gutachters	Datum

Anschrift Festsetzungsstelle

Ausfertigung für die Therapeutin/den Therapeuten
Diese Ausfertigung ist im verschlossenen Umschlag, deutlich als vertrauliche Gutachtersache gekennzeichnet, an die Festsetzungsstelle zur Weiterleitung an die Therapeutin/den Therapeuten zu übersenden.

Zutreffendes bitte ankreuzen und ausfüllen

Psychotherapie-Gutachten für

Pseudonymisierungscode:

Therapieform:			
□ Tiefenpsychologisch fundierte Psychotherapie	□ Analytische Psychotherapie	□ Verhaltenstherapie	□ Systemische Therapie

Wie viele Sitzungen sollen als notwendig zugesagt werden?				
	bei ausschließlicher		bei Kombinationsbehandlung mit überwiegend	
	Einzelbehandlung	Gruppenbehandlung	Einzelbehandlung	Gruppenbehandlung
Für die Patientin/den Patienten				
Für die begleitende Psychotherapie der Bezugspersonen				
Begründung der Gutachterin/des Gutachters nur für die Therapeutin/den Therapeuten:				

Kurzbegründung der Gutachterin/des Gutachters bei Fehlen der medizinischen Notwendigkeit der vorgesehenen Psychotherapie und/oder fehlender Behandlerqualifikation:

- □ Es werden Störungen beschrieben, die nicht den in § 17 e Abs. 1 BVO genannten Indikationen zuzuordnen sind.
- □ Das Störungsmodell beziehungsweise die aktuell wirksame Psychodynamik der psychischen Erkrankung gemäß eines der in den §§ 19 bis 20 a BVO genannten Psychotherapieverfahren ist nicht hinreichend erkennbar.
- □ Das vorgesehene Psychotherapieverfahren beziehungsweise der methodische Ansatz lässt einen Behandlungserfolg nicht oder nicht in ausreichendem Maß erwarten oder gehört zu den Verfahren, deren Aufwendungen nach Abschnitt 1 der Anlage 2 zu den §§ 17 bis 20 a BVO nicht beihilfefähig sind.
- □ Die Voraussetzungen bei der Patientin/dem Patienten oder ihre/seine Lebensumstände lassen für das beantragte Psychotherapieverfahren einen Behandlungserfolg nicht oder nicht ausreichend erwarten.
- □ Die in der Anlage 2 zu den §§ 17 bis 20 a BVO genannten Anforderungen für die Durchführung der jeweiligen Behandlung werden von der Therapeutin/dem Therapeuten nicht erfüllt.

ggf. Erläuterung

Ort, Datum, Stempel und Unterschrift der Gutachterin/des Gutachters

VII

Formblatt 8.3

Name und Anschrift der Gutachterin/des Gutachters	Datum

Anschrift Festsetzungsstelle

Ausfertigung für die Gutachterin/den Gutachter

Zutreffendes bitte ankreuzen und ausfüllen

Psychotherapie-Gutachten für

Pseudonymisierungscode:

Therapieform:			
□ Tiefenpsychologisch fundierte Psychotherapie	□ Analytische Psychotherapie	□ Verhaltenstherapie	□ Systemische Therapie

Wie viele Sitzungen sollen als notwendig zugesagt werden?				
	bei ausschließlicher		bei Kombinationsbehandlung mit überwiegend	
	Einzelbehandlung	Gruppenbehandlung	Einzelbehandlung	Gruppenbehandlung
Für die Patientin/den Patienten				
Für die begleitende Psychotherapie der Bezugspersonen				

Begründung der Gutachterin/des Gutachters nur für die Therapeutin/den Therapeuten:

Kurzbegründung der Gutachterin/des Gutachters bei Fehlen der medizinischen Notwendigkeit der vorgesehenen Psychotherapie und/oder fehlender Behandlerqualifikation:

- □ Es werden Störungen beschrieben, die nicht den in § 17 e Abs. 1 BVO genannten Indikationen zuzuordnen sind.
- □ Das Störungsmodell beziehungsweise die aktuell wirksame Psychodynamik der psychischen Erkrankung gemäß eines der in den §§ 19 bis 20 a BVO genannten Psychotherapieverfahren ist nicht hinreichend erkennbar.
- □ Das vorgesehene Psychotherapieverfahren beziehungsweise der methodische Ansatz lässt einen Behandlungserfolg nicht oder nicht in ausreichendem Maß erwarten oder gehört zu den Verfahren, deren Aufwendungen nach Abschnitt 1 der Anlage 2 zu den §§ 17 bis 20 a BVO nicht beihilfefähig sind.
- □ Die Voraussetzungen bei der Patientin/dem Patienten oder ihre/seine Lebensumstände lassen für das beantragte Psychotherapieverfahren einen Behandlungserfolg nicht oder nicht ausreichend erwarten.
- □ Die in der Anlage 2 zu den §§ 17 bis 20 a BVO genannten Anforderungen für die Durchführung der jeweiligen Behandlung werden von der Therapeutin/dem Therapeuten nicht erfüllt.

ggf. Erläuterung

Ort, Datum, Stempel und Unterschrift der Gutachterin/des Gutachters

VII

Formblatt 9

Absenderangabe der Festsetzungsstelle

(Anschrift der beihilfeberechtigten oder bevollmächtigten Person)

Beihilfenverordnung Rheinland-Pfalz (BVO);
hier: Anerkennung der Beihilfefähigkeit der Aufwendungen für Psychotherapie
Ihr Antrag vom

<Anrede>

aufgrund des Psychotherapie-Gutachtens werden die Kosten einer

□ Tiefenpsychologisch fundierten Psychotherapie
□ Analytischen Psychotherapie
□ Verhaltenstherapie
□ Systemischen Therapie

für ______________________ durch ______________________
(Name der Patientin/des Patienten) (Name der Therapeutin/des Therapeuten)

für eine

□ ausschließlich Einzelbehandlung bis zu – weiteren – _______ Sitzungen
□ ausschließlich Gruppenbehandlung bis zu – weiteren – _______ Sitzungen
□ Kombinationsbehandlung mit bis zu – weiteren – _______ Sitzungen mit
  □ überwiegend Einzelbehandlung
  □ überwiegend Gruppenbehandlung
□ begleitende Behandlung der Bezugsperson bis zu – weiteren – _______ Sitzungen

nach Maßgabe der Beihilfevorschriften als beihilfefähig anerkannt.

<Rechtsbehelfsbelehrung und Schlussformel>

VII

Anlage 3
(zu § 22)

Beihilfefähigkeit und Angemessenheit von Heilbehandlungen

Lfd. Nr.	Leistungsbeschreibung	beihilfefähiger Höchstbetrag (in EUR)
	Die Behandlungen nach den Nummern 1 bis 45 müssen von einer der folgenden Personen durchgeführt werden: **– einer Physiotherapeutin oder einem Physiotherapeuten,** **– einer Krankengymnastin oder einem Krankengymnasten,** **– einer Masseurin oder einem Masseur oder** **– einer Masseurin und medizinischen Bademeisterin oder einem Masseur und medizinischen Bademeister.**	
	Inhalation	
1	Inhalationstherapie, auch mittels Ultraschallvernebelung	
	a) als Einzelinhalation	11,60
	b) als Rauminhalation in einer Gruppe, je Teilnehmerin oder Teilnehmer	4,80
	c) als Rauminhalation in einer Gruppe bei Anwendung ortsgebundener natürlicher Heilwässer, je Teilnehmerin oder Teilnehmer	7,50
	Aufwendungen für die für Inhalationen erforderlichen Zusätze sind daneben gesondert beihilfefähig.	
2	Radon-Inhalation	
	a) im Stollen	14,90
	b) mittels Hauben	18,20
	Krankengymnastik, Bewegungsübungen	
3	Physiotherapeutische Befundung, Berichte und Diagnostik	
	a) Physiotherapeutische Erstbefundung zur Erstellung eines Behandlungsplans, einmal je Behandlungsfall	16,50
	b) Physiotherapeutischer Bericht auf schriftliche Anforderung der verordnenden Person	63,50
	c) Physiotherapeutische Diagnostik, einmal je Blankoverordnung	34,40
	d) Bedarfsdiagnostik, einmal je Blankoverordnung	25,80
4	Krankengymnastik (auch auf neurophysiologischer Grundlage, Atemtherapie) einschließlich der zur Leistungserbringung erforderlichen Massage, als Einzelbehandlung, Richtwert 20 Minuten	27,80
5	Krankengymnastik auf neurophysiologischer Grundlage (Bobath, Vojta, Propriozeptive Neuromuskuläre Fazilitation [PNF]) bei zentralen Bewegungsstörungen nach Vollendung des 18. Lebensjahres, als Einzelbehandlung, Richtwert 30 Minuten	44,20
6	Krankengymnastik auf neurophysiologischer Grundlage (Bobath, Vojta) bei zentralen Bewegungsstörungen für Kinder längstens bis zur Vollendung des 18. Lebensjahres als Einzelbehandlung, Richtwert 45 Minuten	55,20

VII

Lfd. Nr.	Leistungsbeschreibung	beihilfefähiger Höchstbetrag (in EUR)
7	Krankengymnastik in einer Gruppe (2 bis 5 Personen), Richtwert 20 bis 30 Minuten, je Teilnehmerin oder Teilnehmer	12,50
8	Krankengymnastik bei zerebralen Dysfunktionen in einer Gruppe (2 bis 4 Personen), Richtwert 30 Minuten, je Teilnehmerin oder Teilnehmer	15,60
9	Krankengymnastik (Atemtherapie) bei Mukoviszidose und schweren Bronchialerkrankungen als Einzelbehandlung, Richtwert 60 Minuten	83,50
10	Krankengymnastik im Bewegungsbad	
	a) als Einzelbehandlung – einschließlich der erforderlichen Nachruhe, Richtwert 30 Minuten	31,80
	b) in einer Gruppe (2 bis 3 Personen), je Teilnehmerin oder Teilnehmer – einschließlich der erforderlichen Nachruhe, Richtwert 30 Minuten	22,70
	c) in einer Gruppe (4 bis 5 Personen), je Teilnehmerin oder Teilnehmer – einschließlich der erforderlichen Nachruhe, Richtwert 30 Minuten	15,60
11	Manuelle Therapie, Richtwert 25 Minuten	33,40
12	Chirogymnastik (Funktionelle Wirbelsäulengymnastik), Richtwert 20 Minuten	19,20
13	Bewegungsübungen	
	a) als Einzelbehandlung, Richtwert 20 Minuten	12,90
	b) in einer Gruppe (2 bis 5 Personen), Richtwert 20 Minuten	8,00
14	Bewegungsübungen im Bewegungsbad	
	a) als Einzelbehandlung – einschließlich der erforderlichen Nachruhe, Richtwert 30 Minuten	31,20
	b) in einer Gruppe (2 bis 3 Personen), je Teilnehmerin oder Teilnehmer – einschließlich der erforderlichen Nachruhe, Richtwert 30 Minuten	22,60
	c) in einer Gruppe (4 bis 5 Personen), je Teilnehmerin oder Teilnehmer – einschließlich der erforderlichen Nachruhe, Richtwert 30 Minuten	15,60
15	Erweiterte ambulante Physiotherapie (EAP), Richtwert 120 Minuten, je Behandlungstag Aufwendungen der EAP sind nur bei folgenden Indikationen beihilfefähig:	115,30
	a) Wirbelsäulensyndrome mit erheblicher Symptomatik bei	
	aa) frischem, nachgewiesenem Bandscheibenvorfall (auch postoperativ) oder Protrusionen mit radikulärer, muskulärer und statischer Symptomatik,	
	bb) nachgewiesenen Spondylolysen und Spondylolisthesen mit radikulärer, muskulärer und statischer Symptomatik,	
	cc) instabilen Wirbelsäulenverletzungen im Rahmen der konservativen oder postoperativen Behandlung mit muskulärem Defizit und Fehlstatik oder	

VII

Lfd. Nr.	Leistungsbeschreibung	beihilfefähiger Höchstbetrag (in EUR)
	dd) lockerer korrigierbarer thorakaler Scheuermann-Kyphose $> 50^\circ$ nach Cobb, b) Operation am Skelettsystem aa) posttraumatische Osteosynthesen oder bb) Osteotomien der großen Röhrenknochen, c) prothetischer Gelenkersatz bei Bewegungseinschränkungen oder muskulärem Defizit aa) Schulterprothesen, bb) Knieendoprothesen oder cc) Hüftendoprothesen, d) operativ oder konservativ behandelte Gelenkerkrankungen (einschließlich Instabilitäten) aa) Kniebandrupturen (Ausnahme isoliertes Innenband), bb) Schultergelenkläsionen, insbesondere nach aaa) operativ versorgter Bankard-Läsion, bbb) Rotatorenmanschettenruptur, ccc) schwerer Schultersteife (frozen shoulder), ddd) Impingement-Syndrom, eee) Schultergelenkluxation, fff) tendinosis calcarea oder ggg) periathritis humero-scapularis (PHS) oder cc) Achillessehnenrupturen und Achillessehnenabriss, dd) Behandlung von Knorpelschaden am Kniegelenk nach Durchführung einer Knorpelzelltransplantation oder nach Anwendung von Knorpelchips (sogenannte minced cartilage) und e) Amputationen. Erforderlich für die Anerkennung als beihilfefähige Aufwendungen ist zudem eine Verordnung von a) einer Krankenhausärztin oder einem Krankenhausarzt b) einer Fachärztin oder einem Facharzt für Orthopädie, Neurologie oder Chirurgie, c) einer Ärztin oder einem Arzt für Physikalische und Rehabilitative Medizin oder d) einer Allgemeinärztin oder einem Allgemeinarzt mit der Zusatzbezeichnung „Physikalische und Rehabilitative Medizin".	
16	Gerätegestützte Krankengymnastik (KG-Gerät) einschließlich Medizinischen Aufbautrainings (MAT) und Medizinischer Trainingstherapie (MTT), je Sitzung für eine parallele Einzelbehandlung (bis zu 3 Personen); Richtwert 60 Minuten, begrenzt auf maximal 25 Behandlungen je Krankheitsfall	52,40

VII

Lfd. Nr.	Leistungsbeschreibung	beihilfefähiger Höchstbetrag (in EUR)
	Fitness- und Kräftigungsmethoden, die nicht den vorgenannten Therapieformen entsprechen, sind nicht beihilfefähig, auch wenn sie an identischen Trainingsgeräten mit gesundheitsfördernder Zielsetzung durchgeführt werden.	
17	Traktionsbehandlung mit Gerät (z. B. Schrägbrett, Extensionstisch, Perl'sches Gerät, Schlingentisch) als Einzelbehandlung, Richtwert 20 Minuten	8,80
	Massagen	
18	Massage einzelner oder mehrerer Körperteile	
	a) Klassische Massagetherapie (KMT), Segment-, Periost-, Reflexzonen-, Bürsten- und Colonmassage, Richtwert 20 Minuten	20,30
	b) Bindegewebsmassage (BGM), Richtwert 30 Minuten	24,40
19	Manuelle Lymphdrainage (MLD)	
	a) Teilbehandlung, Richtwert 30 Minuten	33,80
	b) Großbehandlung, Richtwert 45 Minuten	50,60
	c) Ganzbehandlung, Richtwert 60 Minuten	67,50
	d) Kompressionsbandagierung einer Extremität, Aufwendungen für das notwendige Polster- und Bindenmaterial (z. B. Mullbinden, Kurzzugbinden, Fließpolsterbinden) sind daneben beihilfefähig	21,50
20	Unterwasserdruckstrahlmassage einschließlich der erforderlichen Nachruhe, Richtwert 15 bis 20 Minuten	31,70
	Palliative Care	
21	Physiotherapeutische Komplexbehandlung in der Palliativversorgung, Richtwert 60 Minuten	66,00
	Packungen, Hydrotherapie, Bäder	
22	Heiße Rolle – einschließlich der erforderlichen Nachruhe	13,60
23	Warmpackung eines oder mehrerer Körperteile – einschließlich der erforderlichen Nachruhe	
	a) bei Anwendung wiederverwendbarer Packungsmaterialien (z. B. Paraffin, Fango-Paraffin, Moor-Paraffin, Pelose, Turbatherm)	15,60
	b) bei Anwendung einmal verwendbarer natürlicher Peloide (Heilerde, Moor, Naturfango, Pelose, Schlamm, Schlick) ohne Verwendung von Folie oder Vlies zwischen Haut und Peloid	
	aa) Teilpackung	36,20
	bb) Großpackung	47,80
24	Schwitzpackung (z. B. spanischer Mantel, Salzhemd, Dreiviertel-Packung nach Kneipp) – einschließlich der erforderlichen Nachruhe	19,70
25	Kaltpackung (Teilpackung)	
	a) Anwendung von Lehm, Quark oder Ähnlichem	10,20

VII

Lfd. Nr.	Leistungsbeschreibung	beihilfefähiger Höchstbetrag (in EUR)
	b) Anwendung einmal verwendbarer Peloide (Heilerde, Moor, Naturfango, Pelose, Schlamm, Schlick) ohne Verwendung von Folie oder Vlies zwischen Haut und Peloid	20,30
26	Heublumensack, Peloidkompresse	12,10
27	Wickel, Auflagen, Kompressen und andere, auch mit Zusatz	6,10
28	Trockenpackung	4,10
29	a) Teilguss, Teilblitzguss, Wechselteilguss	4,10
	b) Vollguss, Vollblitzguss, Wechselvollguss	6,10
	c) Abklatschung, Abreibung, Abwaschung	5,40
30	a) an- oder absteigendes Teilbad (z. B. nach Hauffe) – einschließlich der erforderlichen Nachruhe	16,20
	b) an- oder absteigendes Vollbad (Überwärmungsbad) – einschließlich der erforderlichen Nachruhe	26,40
31	Wechselbad – einschließlich der erforderlichen Nachruhe	
	a) Teilbad	12,10
	b) Vollbad	17,60
32	Bürstenmassagebad – einschließlich der erforderlichen Nachruhe	25,10
33	Naturmoorbad – einschließlich der erforderlichen Nachruhe	
	a) Teilbad	43,30
	b) Vollbad	52,70
34	Sandbad – einschließlich der erforderlichen Nachruhe	
	a) Teilbad	37,90
	b) Vollbad	43,30
35	Balneo-Phototherapie (Sole-Photo-Therapie) und Licht-Öl-Bad – einschließlich Nachfetten und der erforderlichen Nachruhe	43,30
36	Medizinische Bäder mit Zusatz	
	a) Hand- oder Fußbad	8,80
	b) Teilbad – einschließlich der erforderlichen Nachruhe	17,60
	c) Vollbad – einschließlich der erforderlichen Nachruhe	24,40
	d) bei mehreren Zusätzen je weiterer Zusatz	4,10
37	Gashaltige Bäder	
	a) gashaltiges Bad (zum Beispiel Kohlensäurebad, Sauerstoffbad) – einschließlich der erforderlichen Nachruhe	26,10
	b) gashaltiges Bad mit Zusatz – einschließlich der erforderlichen Nachruhe	29,70
	c) Kohlendioxidgasbad (Kohlensäuregasbad) – einschließlich der erforderlichen Nachruhe	27,70
	d) Radon-Bad – einschließlich der erforderlichen Nachruhe	24,40
	e) Radon-Zusatz, je 500 000 Millistat	4,10
	Aufwendungen für andere als die in diesem Abschnitt bezeichneten Bäder sind nicht beihilfefähig. Bei Hand- oder Fußbad, Teil- oder	

Lfd. Nr.	Leistungsbeschreibung	beihilfefähiger Höchstbetrag (in EUR)
	Vollbädern mit ortsgebundenen natürlichen Heilwässern erhöhen sich die unter Nummer 36 Buchst. a bis c und Nummer 37 Buchst. b jeweils angegebenen beihilfefähigen Höchstbeträge um bis zu 4,10 EUR. Weitere Zusätze hierzu sind nach Maßgabe der Nummer 36 Buchst. d beihilfefähig.	
	Kälte- und Wärmebehandlung	
38	Kältetherapie bei einem oder mehreren Körperteilen mit lokaler Applikation intensiver Kälte in Form von Eiskompressen, tiefgekühlten Eis- oder Gelbeuteln, direkter Abreibung, Kaltgas und Kaltluft mit entsprechenden Apparaturen sowie Eisteilbädern in Fuß- oder Armbadewannen	12,90
39	Wärmetherapie mittels Heißluft bei einem oder mehreren Körperteilen, Richtwert 20 Minuten	7,50
40	Ultraschall-Wärmetherapie	13,80
	Elektrotherapie	
41	Elektrotherapie einzelner oder mehrerer Körperteile mit individuell eingestellten Stromstärken und Frequenzen	8,20
42	Elektrostimulation bei Lähmungen	17,60
43	Iontophorese	8,20
44	Hydroelektrisches Teilbad (Zwei- oder Vierzellenbad)	14,90
45	Hydroelektrisches Vollbad (z. B. Stangerbad), auch mit Zusatz – einschließlich der erforderlichen Nachruhe	29,00

Die Behandlungen nach den Nummern 46 bis 51 müssen von einer der folgenden Personen durchgeführt werden:

- einer Atem-, Sprech- und Stimmlehrerin oder einem Atem-, Sprech- und Stimmlehrer,
- einer Logopädin oder einem Logopäden,
- einer medizinischen Sprachheilpädagogin oder einem medizinischen Sprachheilpädagogen,
- einer Sprachheilpädagogin oder einem Sprachheilpädagogen (Sprachbehindertenpädagogik),
- einer staatlich anerkannten Sprachtherapeutin oder einem staatlich anerkannten Sprachtherapeuten,
- einer klinischen Sprechwissenschaftlerin oder einem klinischem Sprechwissenschaftler,
- einer klinischen Linguistin oder einem klinischen Linguisten,
- einer Diplom-Patholinguistin oder einem Diplom-Patholinguisten,
- einer Diplom-Sprechwissenschaftlerin oder einem Diplom-Sprechwissenschaftler,
- einer Diplomlehrerin für Sprachgeschädigte/Sprachgestörte oder einem Diplomlehrer für Sprachgeschädigte/Sprachgestörte,

Lfd. Nr.	Leistungsbeschreibung	beihilfefähiger Höchstbetrag (in EUR)
	– einer Diplomvorschulerzieherin für Sprachgeschädigte/Sprachgestörte oder einem Diplomvorschulerzieher für Sprachgeschädigte/Sprachgestörte oder – einer Diplomerzieherin für Sprachgeschädigte/Sprachgestörte oder einem Diplomerzieher für Sprachgeschädigte/Sprachgestörte.	
	Stimm-, Sprech-, Sprach- und Schlucktherapie	
46	Stimm-, sprech-, sprach- und schlucktherapeutische Erstdiagnostik zur Erstellung eines Behandlungsplans, Richtwert 60 Minuten, einmal je Behandlungsfall, bei Wechsel der Leistungserbringerin oder des Leistungserbringers innerhalb des Behandlungsfalls sind die Aufwendungen für eine erneute Erstdiagnostik beihilfefähig	111,20
47	Stimm-, sprech-, sprach- und schlucktherapeutische Bedarfsdiagnostik, Richtwert 30 Minuten, je Kalenderhalbjahr sind Aufwendungen für bis zu zwei Einheiten Diagnostik (entweder eine Einheit Erstdiagnostik und eine Einheit Bedarfsdiagnostik oder zwei Einheiten Bedarfsdiagnostik) innerhalb eines Behandlungsfalls beihilfefähig	55,60
48	Bericht an die verordnende Person	6,20
49	Bericht auf besondere Anforderung der verordnenden Person	111,20
50	Einzelbehandlung bei Atem-, Stimm-, Sprech-, Sprach-, Hör- und Schluckstörungen, Aufwendungen für die Verlaufsdokumentation sowie für die Beratung der Patientin oder des Patienten und ihrer oder seiner Bezugspersonen sind daneben nicht beihilfefähig	
	a) Richtwert 30 Minuten	49,40
	b) Richtwert 45 Minuten	68,00
	c) Richtwert 60 Minuten	86,50
51	Gruppenbehandlung bei Atem-, Stimm-, Sprech-, Sprach-, Hör- und Schluckstörungen, Aufwendungen für die Verlaufsdokumentation sowie für die Beratung der Patientin oder des Patienten und ihrer oder seiner Bezugspersonen sind daneben nicht beihilfefähig, je Teilnehmerin oder Teilnehmer	
	a) Gruppe (2 Personen), Richtwert 45 Minuten	61,20
	b) Gruppe (3 bis 5 Personen), Richtwert 45 Minuten	34,60
	c) Gruppe (2 Personen), Richtwert 90 Minuten	111,20
	d) Gruppe (3 bis 5 Personen), Richtwert 90 Minuten	56,10
	Die Behandlungen nach den Nummern 52 bis 59 und gegebenenfalls zusätzlich erforderliche Behandlungen nach den Nummern 38 bis 40 müssen von einer der folgenden Personen durchgeführt werden: – einer Ergotherapeutin oder einem Ergotherapeuten oder – einer Beschäftigungs- und Arbeitstherapeutin oder einem Beschäftigungs- und Arbeitstherapeuten.	

VII

Lfd. Nr.	Leistungsbeschreibung	beihilfefähiger Höchstbetrag (in EUR)
	Ergotherapie (Beschäftigungstherapie)	
52	Funktionsanalyse und Erstgespräch einschließlich Beratung und Behandlungsplanung, einmal je Behandlungsfall	44,20
53	Einzelbehandlung	
	a) bei motorisch-funktionellen Störungen, Richtwert 45 Minuten	52,80
	b) bei sensomotorischen oder perzeptiven Störungen, Richtwert 60 Minuten	70,40
	c) bei psychisch-funktionellen Störungen, Richtwert 75 Minuten	88,00
	d) als Beratung zur Integration in das häusliche und soziale Umfeld im Rahmen eines Besuchs im häuslichen oder sozialen Umfeld, einmal pro Behandlungsfall	
	aa) bei motorisch-funktionellen Störungen, Richtwert 120 Minuten	140,80
	bb) bei sensomotorischen oder perzeptiven Störungen, Richtwert 120 Minuten	182,60
	cc) bei psychisch-funktionellen Störungen, Richtwert 120 Minuten	152,40
54	Parallelbehandlung (bei Anwesenheit von zwei zu behandelnden Personen)	
	a) bei motorisch-funktionellen Störungen, Richtwert 45 Minuten, je Teilnehmerin oder Teilnehmer	42,30
	b) bei sensomotorischen oder perzeptiven Störungen, Richtwert 60 Minuten, je Teilnehmerin oder Teilnehmer	56,30
	c) bei psychisch-funktionellen Störungen, Richtwert 75 Minuten, je Teilnehmerin oder Teilnehmer	70,40
55	Gruppenbehandlung (3 bis 6 Personen)	
	a) bei motorisch-funktionellen Störungen, Richtwert 45 Minuten, je Teilnehmerin oder Teilnehmer	18,50
	b) bei sensomotorischen oder perzeptiven Störungen, Richtwert 60 Minuten, je Teilnehmerin oder Teilnehmer	24,70
	c) bei psychisch-funktionellen Störungen, Richtwert 105 Minuten, je Teilnehmerin oder Teilnehmer	43,10
56	Hirnleistungstraining/Neuropsychologisch orientierte Einzelbehandlung, Richtwert 45 Minuten	52,80
57	Hirnleistungstraining, Einzelbehandlung als Beratung zur Integration in das häusliche und soziale Umfeld im Rahmen eines Besuchs im häuslichen oder sozialen Umfeld, Richtwert 120 Minuten, einmal pro Behandlungsfall	152,40
58	Hirnleistungstraining als Parallelbehandlung bei Anwesenheit von zwei zu behandelnden Personen, Richtwert 45 Minuten, je Teilnehmerin oder Teilnehmer	42,30

Lfd. Nr.	Leistungsbeschreibung	beihilfefähiger Höchstbetrag (in EUR)
59	Hirnleistungstraining als Gruppenbehandlung (3 bis 6 Personen), Richtwert 60 Minuten, je Teilnehmerin oder Teilnehmer	24,70
60	Thermische Anwendung (Wärme oder Kälte)	7,90
	Die Behandlungen nach den Nummern 60 bis 71 müssen von einer der folgenden Personen durchgeführt werden: – einer Podologin oder einem Podologen oder – einer medizinischen Fußpflegerin oder einem medizinischen Fußpfleger.	
	Podologie	
61	Podologische Behandlung (klein), Richtwert 35 Minuten	34,20
62	Podologische Behandlung (groß), Richtwert 50 Minuten	49,20
63	Podologische Befundung, je Behandlung	3,40
64	Erst- und Eingangsbefundung	
	a) Erstbefundung klein, Richtwert 20 Minuten	27,20
	b) Erstbefundung groß, Richtwert 45 Minuten	54,50
	c) Eingangsbefundung, einmal je Leistungserbringer, Richtwert 20 Minuten	21,90
65	Therapiebericht auf Anforderung für die verordnende Person	16,40
66	Anpassung einer einteiligen unilateralen und bilateralen Nagelkorrekturspange, z. B. nach Ross Fraser	96,40
67	Fertigung einer einteiligen unilateralen und bilateralen Nagelkorrekturspange, z. B. nach Ross Fraser	52,80
68	Nachregulierung der einteiligen unilateralen und bilateralen Nagelkorrekturspange, z. B. nach Ross Fraser	48,30
69	Vorbereitung des Nagels, Anpassung und Aufsetzen einer mehrteiligen bilateralen Nagelkorrekturspange	92,00
70	Vorbereitung des Nagels, Anpassung und Aufsetzen einer einteiligen Kunststoff- oder Metall-Nagelkorrekturspange	52,60
71	Indikationsspezifische Kontrolle auf Sitz- und Passgenauigkeit	16,80
72	Behandlungsabschluss/Entfernung der Nagelkorrekturspange	25,20
	Die Behandlungen nach den Nummern 72 bis 79 müssen von einer der folgenden Personen durchgeführt werden: – einer Diätassistentin oder einem Diätassistenten, – einer Oecotrophologin oder einem Oecotrophologen mit dem Abschluss a) Diplom (ernährungswissenschaftliche Ausrichtung) oder b) Bachelor oder Master of Science oder	

VII

Lfd. Nr.	Leistungsbeschreibung	beihilfefähiger Höchstbetrag (in EUR)
	– einer Ernährungswissenschaftlerin oder einem Ernährungswissenschaftler mit dem Abschluss a) Diplom oder b) Bachelor oder Master of Science.	
	Ernährungstherapie	
73	Erstgespräch mit Behandlungsplanung, Richtwert 30 Minuten, einmal je Behandlungsfall	38,70
74	Erstgespräch mit Behandlungsplanung, Richtwert 60 Minuten, einmal je Behandlungsfall	77,40
75	Berechnung und Auswertung von Ernährungsprotokollen und Entwicklung entsprechender individueller Empfehlungen, Richtwert 60 Minuten	63,40
76	Notwendige Abstimmung der Therapie mit einer dritten Partei	63,40
77	Einzelbehandlung, Richtwert 30 Minuten je Einheit	38,70
78	Einzelbehandlung, Richtwert 60 Minuten je Einheit	77,40
79	Einzelbehandlung, im häuslichen oder sozialen Umfeld, Richtwert 60 Minuten	77,40
80	Gruppenbehandlung, Richtwert 30 Minuten je Einheit	27,10
81	Gruppenbehandlung, Richtwert 60 Minuten je Einheit	54,20
	Sonstiges	
82	Ärztlich verordneter Hausbesuch	12,10
83	Ärztlich verordneter Hausbesuch einschließlich der Fahrtkosten, pauschal	25,60
84	Besuch eines oder mehrerer Patienten in einer sozialen Einrichtung/Gemeinschaft, inklusive Wegegeld, je Patient	16,70
85	Fahrtkosten für Fahrten der behandelnden Person (nur bei ärztlich verordnetem Hausbesuch) bei Benutzung eines Kraftfahrzeuges in Höhe von 0,30 EUR je Kilometer bis einschließlich 40 km und 0,85 EUR je Kilometer ab dem 41. km oder die niedrigsten Kosten eines regelmäßig verkehrenden Beförderungsmittels. Werden auf demselben Weg mehrere Patientinnen und Patienten besucht, sind die Aufwendungen nach den Nummern 80, 82 und 69 nur anteilig je Patientin oder Patient beihilfefähig.	
86	Hausbesuch bei der Beratung im häuslichen und sozialen Umfeld (Mehraufwand) Der Hausbesuch ist nur beihilfefähig, wenn Leistungen nach Nummer 53 Buchst. d Doppelbuchst. aa bis cc, Nummer 57 oder Nummer 79 ohne ärztlich verordneten Hausbesuch erbracht wurden. Aufwendungen für Leistungen der Nummern 82 bis 85 sind daneben nicht beihilfefähig.	25,60

Lfd. Nr.	Leistungsbeschreibung	beihilfefähiger Höchstbetrag (in EUR)
87	Übermittlungsgebühr für Mitteilung oder Bericht an die verordnende Person	1,40
88	Versorgungsbezogene Pauschale je Blankoverordnung	91,40

Richtwert im Sinne des Leistungsverzeichnisses ist die Zeitangabe zur regelmäßigen Dauer der jeweiligen Therapiemaßnahme. Er beinhaltet die Durchführung der Therapiemaßnahme einschließlich der Vor- und Nachbereitung sowie deren Dokumentation. Der Richtwert darf nur aus medizinischen Gründen unterschritten werden. Einige Therapiemaßnahmen sehen nach deren Durchführung eine Nachruhe vor. Der Zeitrahmen für die Nachruhe beträgt 20 bis 25 Minuten.

Anlage 4
(zu § 34)

Beihilfefähigkeit und Angemessenheit der Aufwendungen für Hilfsmittel, Geräte zur Selbstbehandlung und Selbstkontrolle sowie Körperersatzstücke

Abschnitt I

1 Beihilfefähig nach § 34 Abs. 1 Satz 1 sind die Aufwendungen für

Abduktionslagerungskeil,

Absauggerät (z. B. bei Kehlkopferkrankung),

Adaptionshilfen,

Alarmgerät für Epileptikerinnen und Epileptiker,

Anatomische Brillenfassung,

Anus-praeter-Versorgungsartikel,

Anzieh-/Ausziehhilfen,

Aquamat,

Armmanschette,

Armtragegurt/-tuch,

Arthrodesensitzkissen, -sitzkoffer, -stuhl,

Atemtherapiegerät,

Atomiseur (zur Medikamenten-Aufsprühung),

Auffahrrampe für Krankenfahrstuhl,

Aufrichteschlaufe,

Aufrichtstuhl (für eine im Stuhl integrierte Aufrichtfunktion bis zu 150,00 EUR),

Aufstehgestell,

Auftriebshilfe (bei Schwerstbehinderten),

Augenbadewanne/-dusche/-spülglas/-flasche/-pinsel/-pipette/-stäbchen,

Augenschielklappe, auch als Folie,

Badestrumpf,

Badewannensitz (nur bei Schwerstbehinderung, Totalendoprothese, Hüftgelenk-Luxations-Gefahr, Polyarthritis),

Badewannenverkürzer,

Ballspritze,

Behinderten-Dreirad,

Bestrahlungsmaske für ambulante Strahlentherapie,

Bettnässer-Weckgerät,

Beugebandage,

Billroth-Batist-Lätzchen,

Blasenfistelbandage,

Blindenführhund (einschließlich Geschirr, Hundeleine, Halsband und Maulkorb),

Blindenleitgerät (Ultraschallbrille, Ultraschall-Leitgerät),

Blindenstock/-langstock/-taststock,

Blutlanzette,

Blutzuckermessgerät,

Bracelet,

Bruchband,

Clavicula-Bandage,

Communicator (bei dysarthrischen Sprachstörungen),

Computerspezialausstattung für Behinderte

- Spezialhard- und -software bis zu 3500,00 EUR,
- ggf. zuzüglich für eine Braillezeile mit 40 Modulen bis zu 5400,00 EUR,

Decubitus-Schutzmittel (z. B. Auf-/Unterlagen für das Bett, Spezialmatratzen, Keile, Kissen, Auf-/Unterlagen für den Rollstuhl, Schützer für Ellenbogen, Unterschenkel und Füße),

Defibrillatorweste,

Delta-Gehrad,

Drehscheibe, Umsetzhilfen,

Duschsitz/-stuhl,

Einlagen, individuell gefertigte

Einmal-Schutzhose bei Querschnittsgelähmten,

Ekzem-Manschette,

Elektromobil bis zu 2500,00 EUR,

Elektro-Stimulationsgerät,

Epicondylitisbandage/-spange mit Pelotten,

Epitrain-Bandage,

Ernährungssonde,

Fepo-Gerät (funktionelle elektronische Peronaeus-Prothese),

Fersenschutz (Kissen, Polster, Schale, Schoner),

Fingerling,

Fingerschiene,

Fixationshilfen,

(Mini) Fonator,

Fußteil-Entlastungsschuh,

Gehgipsgalosche,

Gehhilfen und -übungsgeräte,

Gehörschutz,

Genutrain-Aktiv-Kniebandage,

Gerät zur Behandlung mit elektromagnetischen Wechselfeldern bei atropher Pseudoarthrose, Endoprothesenlockerung, idiopatische Hüftnekrose und verzögerter Knochenbruchheilung (in Verbindung mit einer sachgerechten chirurgischen Therapie),

Geräte zur kontinuierlichen Gewebezuckermessung bei Personen mit einem insulinpflichtigen Diabetes mellitus, die einer intensiven Insulintherapie bedürfen,

Gesichtsteilersatzstücke (Ektoprothese, Epithese, Vorlege-Prothese),

Gilchrist-Bandage,

Gipsbett, Liegeschale,

Glasstäbchen,

Gummihose bei Blasen- oder/und Darminkontinenz,

Gummistrümpfe,

Halskrawatte, Hals-, Kopf-, Kinnstütze,

Handgelenkriemen,

Hebekissen,

Heimdialysegerät,

Helfende Hand, Scherenzange,

Herz-Atmungs-Überwachungsgerät (-monitor),

Hörgeräte (HdO, Taschengeräte, Hörbrillen, C.R.O.S.-Geräte, drahtlose Hörhilfe, Otoplastik; IdO-Geräte) einschließlich der Nebenkosten bis zu 1500,00 EUR je Ohr ggf. zuzüglich der Aufwendungen einer medizinisch notwendigen Fernbedienung,

Impulsvibrator,

Infusionsbesteck bzw. -gerät und Zubehör,

Inhalationsgerät (auch Sauerstoff) und Zubehör, jedoch nicht Luftbefeuchter, -filter, -wäscher,

Innenschuh, orthopädischer,

Insulinapplikationshilfen und Zubehör (Insulindosiergerät, -pumpe, -injektor),

Kanülen und Zubehör,

Katapultsitz,

Katheter und Zubehör, auch Ballonkatheter,

Kieferspreizgerät,

Klosett-Matratze (im häuslichen Bereich bei dauernder Bettlägerigkeit und bestehender Inkontinenz),

Klumpfußschiene,

Klumphandschiene,

Klyso,

Knetmaterial für Übungszwecke bei cerebralparetischen Kindern,

Kniekappe/-bandage, Kreuzgelenkbandage,

Kniepolster/-rutscher bei Unterschenkelamputation,

Knöchel- und Gelenkstützen,

Körperersatzstücke einschließlich Zubehör

(Aufwendungen für BH's bzw. Badeanzüge für Brustprothesen sind beihilfefähig, soweit sie 15,00 EUR bzw. 40,00 EUR übersteigen),

Kompressionsstrümpfe/-strumpfhose,

Koordinator nach Schielbehandlung,

Kopfring mit Stab, Kopfschreiber,

Kopfschützer,

Korrektursicherungsschuh,

Krabbler für Spastikerinnen und Spastiker,

Krampfaderbinde,

Krankenfahrstuhl mit Zubehör,

Krankenpflegebett,

Krankenstock,

Kreuzstützbandage,

Krücke,

Latextrichter bei Querschnittslähmung,

Leibbinde, jedoch nicht: Nieren-, Flanell- und Wärmeleibbinden,

Lesehilfen (Leseständer, Blattwendestab, Blattwendegerät, Blattlesegerät, Auflagegestell),

Lichtsignalanlagen für Gehörlose und hochgradig Schwerhörige,

Lifter (Krankenlifter, Multilift, Bad-Helfer, Krankenheber, Badewannenlifter),

Lispelsonde,

Lumbalbandage,

Malleotrain-Bandage,

Mangoldsche Schnürbandage,

Manutrain-Bandage,

Maßschuhe, orthopädisch, die nicht serienmäßig herstellbar sind, soweit die Aufwendungen 64,00 EUR übersteigen,

- Straßenschuhe
  Erstausstattung 2 Paar – Ersatzbeschaffung regelmäßig frühestens nach zwei Jahren,
- Hausschuhe
  Erstausstattung 1 Paar – Ersatzbeschaffung regelmäßig frühestens nach zwei Jahren,
- Sportschuhe
  Erstausstattung 1 Paar – Ersatzbeschaffung regelmäßig frühestens nach zwei Jahren,
- Badeschuhe
  Erstausstattung 1 Paar – Ersatzbeschaffung regelmäßig frühestens nach vier Jahren,
- Interimsschuhe (wegen vorübergehender Versorgung entfällt der Eigenanteil von 64,00 EUR),

Milchpumpe,

Mundsperrer,

Mundstab/-greifstab,

Narbenschützer,

Neurodermitis-Anzüge für an Neurodermitis erkrankte Kinder bis zum vollendeten 12. Lebensjahr für bis zu zwei Anzüge je Kalenderjahr bis zu einem Höchstbetrag von 80,00 EUR je Anzug,

Orthese, Orthoprothese, Korrekturschienen, Korsetts u. Ä., auch Haltemanschetten usw.,

Orthesenschuhe, soweit die Aufwendungen 64,00 EUR übersteigen,

Orthonyxie-Nagelkorrekturspange,

Orthopädische Zurichtungen an Konfektionsschuhen

(beihilfefähig sind die Aufwendungen für höchstens 6 Paar Schuhe im Kalenderjahr),

Pavlikbandage,

Peak-Flow-Meter,

Penisklemme,

Peronaeusschiene, Heidelberger Winkel,

Polarimeter,

Psoriasiskamm,

Quengelschiene,

Rauchwarnmelder für Gehörlose und hochgradig Schwerhörige,

Reflektometer,

Rektophor,

Rollbrett,

Rutschbrett,

Schede-Rad,

Schrägliegebrett,

Schutzbrille für Blinde,

Schutzhelm für Behinderte,

Schwellstromapparat,

Segofix-Bandagensystem,

Sitzkissen für Oberschenkelamputierte,

Sitzschale, wenn Sitzkorsett nicht ausreicht,

Skolioseumkrümmungsbandage,

Spastikerhilfen (Gymnastik-/Übungsgeräte),

Spezialschuhe für Diabetiker, soweit die Aufwendungen 64,00 EUR übersteigen,

Sphinkter-Stimulator,

Sprachverstärker nach Kehlkopfresektion,

Spreizfußbandage,

Spreizhose/-schale/-wagenaufsatz,

Spritzen,

Stabilisationsschuhe (neben dieser Versorgung ist eine gleichzeitige Versorgung mit Orthesen und Orthesenschuhen ausgeschlossen),

Stehübungsgerät,

Stomaversorgungsartikel, Sphinkter-Plastik,

Strickleiter,

Stubbies,

Stumpfschutzhülle,

Stumpfstrumpf,

Suspensorium,

Symphysen-Gürtel,

(Talocrur)Sprunggelenkmanschette nach Dr. Grisar,

Therapeutisches Bewegungsgerät (nur mit Spasmenschaltung),

Tinnitus-Gerät,

Toilettenhilfen bei Schwerbehinderten,

Tracheostomaversorgungsartikel, auch Wasserschutzgerät (Larchel),

Tragegurtsitz,

Übungsschiene,

Urinale,

Urostomie-Beutel,

Verbandschuhe,

Vibrationstrainer bei Taubheit,

Wasserfeste Gehhilfe,

Wechseldruckgerät,

Zyklomat-Hormon-Pumpe und Set.

2 Die Aufwendungen für Blindenhilfsmittel sowie die erforderliche Unterweisung im Gebrauch sind im folgenden Umfang beihilfefähig:

2.1 Anschaffungen zweier Langstöcke sowie ggf. elektronischer Blindenleitgeräte nach ärztlicher Verordnung.

2.2 Aufwendungen für eine Ausbildung im Gebrauch des Langstocks sowie für eine Schulung in Orientierung und Mobilität bis zu folgenden Höchstbeträgen:

- Unterrichtsstunden je 60 Minuten, einschließlich 15 Minuten Vor- und Nachbereitung sowie der Erstellung von Unterrichtsmaterial bis zu 100 Stunden 86,00 EUR,
- Fahrzeitentschädigung je Zeitstunde, wobei jede angefangene Stunde im 5-Minutentakt anteilig berechnet wird 70,00 EUR,
- Fahrtkosten der Trainerin oder des Trainers je gefahrenen Kilometer 0,30 EUR oder die niedrigsten Kosten eines regelmäßig verkehrenden Beförderungsmittels.

Das Mobilitätstraining erfolgt grundsätzlich als Einzeltraining und kann sowohl ambulant als auch in einer Spezialeinrichtung (stationär) durchgeführt werden. Werden an einem Tag mehrere blinde Personen unterrichtet, können die genannten Aufwendungen der Trainerin oder des Trainers nur anteilig berücksichtigt werden.

2.3 Aufwendungen für ein erforderliches Nachtraining (z. B. bei Wegfall eines noch vorhandenen Sehrestes, Wechsel des Wohnortes) entsprechend Nummer 2.2.

2.4 Die Aufwendungen eines ergänzenden Trainings an Blindenleitgeräten können in der Regel bis zu 30 Stunden ggf. einschließlich der Kosten für Unterkunft und Verpflegung sowie notwendiger Fahrtkosten der Trainerin oder des Trainers in entsprechendem Umfang anerkannt werden. Die Anerkennung weiterer Stunden ist bei entsprechender Bescheinigung der Notwendigkeit möglich.

2.5 Die entstandenen Aufwendungen sind durch eine Rechnung einer Blindenorganisation nachzuweisen. Ersatzweise kann auch eine unmittelbare Abrechnung durch die Mobilitätstrainerin oder den Mobilitätstrainer akzeptiert werden, falls sie oder er zur Rechnungsstellung gegenüber den gesetzlichen Krankenkassen berechtigt ist.

2.6 Aufwendungen für elektronische Systeme zur Informationsverarbeitung und Informationsausgaben für Blinde nach ärztlicher Verordnung.

Abschnitt II

Von der Beihilfefähigkeit ausgeschlossen (§ 34 Abs. 1 Satz 3) sind die Aufwendungen für

Adju-Set/-Sano,

Angorawäsche,

Antiallergene Matratzen-/Bettbezüge,

Aqua-Therapie-Hose,

Arbeitsplatte zum Krankenfahrstuhl,

Augenheizkissen,

Autofahrerrückenstütze,

Autokindersitz,

Autokofferraumlifter,

Autolifter,

Badewannengleitschutz, -kopfstütze, -matte,

Bandagen (soweit nicht in Abschnitt I aufgeführt),

Basalthermometer,

Bauchgurt,

Bestrahlungsgerät/-lampe zur Selbstbehandlung,

Bett (soweit nicht in Abschnitt I aufgeführt),

Bettbrett/-füllung/-lagerungskissen/-platte/-rost/-stütze,

Bett-Tisch,

Bidet,

Bill-Wanne,

Blinden-Uhr,

Blutdruckmessgerät,

Brückentisch,

Dusche,

Einkaufsnetz,

Einmal-Handschuhe,

Eisbeutel und -kompressen,

Elektrische Schreibmaschine,

Elektrische Zahnbürste,

Elektro-Luftfilter,

Elektronic-Muscle-Control (EMC 1000),

Erektionshilfen,

Ergometer,

Ess- und Trinkhilfen,

Expander,

Fieberthermometer,

Fußgymnastik-Rolle, Fußwippe (WIP-Venentrainer),

(Mini)Garage für Krankenfahrzeuge,

Handschuhe (soweit nicht in Abschnitt I aufgeführt),

Handtrainer,

Hängeliege,

Hantel (Federhantel),

Hausnotrufsystem,

Hautschutzmittel,

Heimtrainer,

Heizdecken/-kissen,

Hilfsgeräte für die Hausarbeit,

Höhensonne,

Hörkissen,

Hörkragen Akusta-Coletta,

Intraschallgerät,

Inuma-Gerät (alpha, beta, gamma),

Ionisierungsgeräte,

Ionopront, Permox-Sauerstofferzeuger,

Katzenfell,

Klingelleuchte (soweit nicht unter Abschnitt I aufgeführt),

Knickfußstrumpf,

Knoche Natur-Bruch-Slip,

Kolorimeter,

Kommunikationssystem,

Kraftfahrzeug einschließlich behindertengerechter Umrüstung,

Krankenunterlagen,

Kreislaufgerät,

Lagerungskissen/-stütze, außer Abduktionslagerungskeil,

Language-Master,

Laufreinigungsgeräte,

Magnetfolie,

Monophonator,

Munddusche,

Nackenheizkissen,

Öldispersionsapparat,

Pulsfrequenzmesser,

Rotlichtlampe,

Rückentrainer,

Salbenpinsel,

Schlaftherapiegerät,

Schuhe (soweit nicht in Abschnitt I aufgeführt),

Spezialsitze,

Spirometer,

Spranzbruchband,

Sprossenwand,

Sterilisator,

Stimmübungssystem für Kehlkopflose,

Stockroller,

Stockständer,

Stufenbett,

Suntronic-System (AS 43),

Taktellgerät,

Tamponapplikator,

Tandem für Behinderte,

Telefonhalter,

Telefonverstärker,

Therapeutisches Wärme-/Kältesegment,

Treppenlift, Monolift, Plattformlift,

Tünkers-Butler,

Übungsmatte,

Ultraschalltherapiegerät,

Urin-Prüfgerät,

Venenkissen,

Waage,

Wandstandgerät,

WC-Sitz,

Zahnpflegemittel,

Zweirad für Behinderte.

Abschnitt III

Angemessenheit und Beihilfefähigkeit von Sehhilfen

1 Voraussetzungen für die Beschaffung von Sehhilfen

1.1 Voraussetzung für die erstmalige Beschaffung einer Sehhilfe ist die schriftliche augenärztliche Verordnung.

1.2 Für die erneute Beschaffung einer Sehhilfe genügt die Refraktionsbestimmung einer Optikerin oder eines Optikers; die Aufwendungen hierfür sind bis zu 13,00 EUR je Sehhilfe beihilfefähig. Die Refraktionsbestimmung durch eine in Satz 1 genannte Person genügt auch, wenn bei der erneuten Beschaffung eine Sehhilfe z. B. andere Gläser notwendig werden oder statt einer Brille Kontaktlinsen notwendig sind.

2 Brillen

Für die Beihilfefähigkeit der Aufwendungen für Brillen gelten – einschließlich Brillengestell und Handwerksleistung – folgende Höchstbeträge:

– bei vergüteten Gläsern mit Gläserstärken bis +/– 6 Dioptrien (dpt):

– Einstärkengläser:	für das sph. Glas	31,00 EUR
	für das cyl. Glas	41,00 EUR
– Mehrstärkengläser:	für das sph. Glas	72,00 EUR
	für das cyl. Glas	92,50 EUR
– bei Gläserstärken über +/– 6 dpt: zuzüglich je Glas		21,00 EUR
– Dreistufen- oder Multifokalgläser: zuzüglich je Glas		21,00 EUR
– Gläser mit prismatischer Wirkung: zuzüglich je Glas		21,00 EUR.

3 Brillen mit besonderen Gläsern

Die Mehraufwendungen für Brillen mit Kunststoff-, Leicht- und Lichtschutzgläsern sind bei folgenden Indikationen neben den Höchstbeträgen der Nummer 2 im jeweils genannten Umfang beihilfefähig:

3.1 Kunststoffgläser, Leichtgläser (hochbrechende mineralische Gläser)

zuzüglich je Glas 21,00 EUR

- bei Gläserstärken ab +/– 6,0 dpt,
- bei Anisometropien ab 2,0 dpt,
- unabhängig von der Gläserstärke
  a) bei Kindern bis zum 14. Lebensjahr,
  b) bei Personen mit chronischem Druckekzem der Nase, mit Fehlbildungen oder Missbildungen des Gesichts, insbesondere im Nasen- und Ohrenbereich, wenn trotz optimaler Anpassung unter Anwendung von Silikatgläsern ein befriedigender Sitz der Brille nicht gewährleistet ist,
  c) bei spastisch oder epileptisch kranken Personen sowie Einäugigen.

3.2 Getönte Gläser (Lichtschutzgläser), phototrope Gläser

zuzüglich je Glas 11,00 EUR

- bei umschriebenen Transparenzverlusten (Trübungen) im Bereich der brechenden Medien, die zu Lichtstreuungen führen (z. B. Hornhautnarben, Linsentrübungen, Glaskörpertrübungen),
- bei krankhaften, andauernden Pupillenerweiterungen sowie den Blendschutz herabsetzenden Substanzverlusten der Iris (z. B. Iriskolobom, Aniridie, traumatische Mydriasis, Iridodialyse),
- bei chronisch-rezidivierenden Reizzuständen der vorderen und mittleren Augenabschnitte, die medikamentös nicht behebbar sind (z. B. Keratokonjunktivitis, Iritis, Zyklitis),
- bei entstellenden Veränderungen im Bereich der Lider und ihrer Umgebung (z. B. Lidkolobom, Lagophthalmus, Narbenzug) und Behinderung der Tränenabfuhr,
- bei Ziliarneuralgie,
- bei blendungsbedingenden entzündlichen oder degenerativen Erkrankungen der Netzhaut/Aderhaut oder der Sehnerven,
- bei totaler Farbenblindheit,
- bei Albinismus,
- bei unerträglichen Blendungserscheinungen bei praktischer Blindheit,
- bei intrakraniellen Erkrankungen, bei denen nach ärztlicher Erfahrung eine pathologische Blendungsempfindlichkeit besteht (z. B. Hirnverletzungen, Hirntumoren),
- bei Gläsern ab + 10,0 dpt,
- im Rahmen einer Fotochemotherapie,
- bei Aphakie als UV-Schutz der Netzhaut.

4 Kontaktlinsen

4.1 Die Aufwendungen für Kontaktlinsen sind bei Vorliegen folgender Indikationen beihilfefähig:

- Myopie ab 8 dpt,
- progressive Myopie bei Kindern, wenn der progressive Verlauf in einem Zeitraum von drei Jahren nachweisbar ist,
- Hyperopie ab 8 dpt,
- irregulärer Astigmatismus,
- Astigmatismus rectus und inversus ab 3 dpt,
- Astigmatismus obliquus ab 2 dpt,
- Keratokonus,
- Aphakie,
- Aniseikonie,
- Anisometropie ab 2 dpt,
- als Verbandlinse bei schwerer Erkrankung der Hornhaut, bei durchbohrender Hornhautverletzung oder bei Einsatz als Medikamententräger,
- als Okklusionslinse bei der Schielbehandlung, sofern andere Maßnahmen nicht durchführbar sind,
- als Irislinse bei Substanzverlust der Regenbogenhaut,
- druckempfindliche Operationsnarbe am Ohransatz oder an der Nasenwurzel.

4.2 Liegen die Voraussetzungen nach Nummer 4.1 vor, sind Aufwendungen für Kurzzeitlinsen (z. B. Wegwerflinsen, Austauschsysteme, Einmallinsen) beihilfefähig, wenn zusätzlich eine der folgenden Indikationen vorliegt:

- progressive Myopie bei Kindern, wenn der progressive Verlauf (Änderung der Brechwerte um mindestens 2 dpt jährlich) nachweisbar ist,
- Unverträglichkeit jeglicher Linsenpflegesysteme,
- Einsatz als Verbandlinse bei schweren Erkrankungen von Hornhaut, Lidern oder Bindehaut oder bei Einsatz als Medikamententräger,
- Ektropium,
- Entropium,
- Symblepharon,
- Lidschlussinsuffizienz.

4.3 Sofern eine Indikation nach Nummer 4.1, nicht jedoch eine Indikation nach Nummer 4.2 vorliegt, sind Aufwendungen für Kurzzeitlinsen bis zu 154,00 EUR (sphärisch) und 230,00 EUR (torisch) im Kalenderjahr beihilfefähig.

4.4 Liegt keine Indikation nach Nummer 4.1 vor, sind Aufwendungen für Kontaktlinsen nicht – auch nicht fiktiv nach den Nummern 2 und 3 – beihilfefähig.

4.5 Neben den Aufwendungen für Kontaktlinsen nach den Nummern 4.1 bis 4.3 sind die folgenden Aufwendungen – im Rahmen der Nummern 2 und 3 – beihilfefähig für

- eine Reservebrille oder
- eine Nahbrille (bei eingesetzten Kontaktlinsen) sowie eine Reservebrille zum Ersatz der Kontaktlinse und eine Reservebrille zum Ausgleich des Sehfehlers im Nahbereich bei Aphakie und bei über Vierzigjährigen.

5 Andere Sehhilfen

5.1 Müssen Schulkinder während des Schulsports eine Sportbrille tragen, werden die Aufwendungen im Rahmen der Höchstbeträge nach den Nummern 2 und 3 als beihilfefähig anerkannt.

5.2 Lässt sich durch Verordnung einer Brille oder von Kontaktlinsen das Lesen normaler Zeitungsschrift nicht erreichen, können die Aufwendungen für eine vergrößernde Sehhilfe (Lupe, Leselupe, Leselineale, Fernrohrbrille, Fernrohrlupenbrille, elektronisches Lesegerät, Prismenlupenbrille u. Ä.) als beihilfefähig anerkannt werden.

6 Erneute Beschaffung von Sehhilfen

Die Aufwendungen für die erneute Beschaffung von Sehhilfen sind nur beihilfefähig, wenn bei gleichbleibender Sehschärfe seit dem Kauf der bisherigen Sehhilfe drei Jahre – bei weichen Kontaktlinsen zwei Jahre – vergangen sind oder vor Ablauf dieses Zeitraums die erneute Beschaffung der Sehhilfe – ggf. nur der Gläser – notwendig ist, weil

- sich die Refraktion (Brechkraft) geändert hat,
- die bisherige Sehhilfe verloren gegangen oder unbrauchbar geworden ist oder
- bei Kindern sich die Kopfform geändert hat.

7 Nicht beihilfefähig sind Aufwendungen für

- Sehhilfen, die nur durch eine berufliche Tätigkeit erforderlich werden,
- Bildschirmbrillen,
- Brillenversicherungen,
- Reparatur eines Brillengestells,
- Etui.

Anlage 5
(zu § 11 Abs. 1 Satz 1 Nr. 3)

Höchstbeträge für die Angemessenheit der Aufwendungen für heilpraktische Leistungen

Nummer	Leistungsbeschreibung	beihilfefähiger Höchstbetrag in EUR
1–10	**Allgemeine Leistungen**	
1	Für die eingehende, das gewöhnliche Maß übersteigende Untersuchung	12,50
2a	Erhebung der homöopathischen Erstanamnese mit einer Mindestdauer von einer Stunde je Behandlungsfall	80,00
2b	Durchführung des vollständigen Krankenexamens mit Repertorisation nach den Regeln der klassischen Homöopathie *Anmerkung: Die Leistung nach Ziffer 2b ist in einer Sitzung nur einmal und innerhalb von sechs Monaten höchstens dreimal berechnungsfähig.*	35,00
3	Kurze Information, auch mittels Fernsprecher, oder Ausstellung einer Wiederholungsverordnung, als einzige Leistung pro Inanspruchnahme der Heilpraktikerin/des Heilpraktikers	3,00
4	Eingehende Beratung, die das gewöhnliche Maß übersteigt, von mindestens 15 Minuten Dauer, gegebenenfalls einschließlich einer Untersuchung *Anmerkung: Eine Leistung nach Ziffer 4 ist nur als alleinige Leistung oder in Zusammenhang mit einer Leistung nach Ziffer 1 oder 17.1 beihilfefähig.*	18,50
5	Beratung, auch mittels Fernsprecher, gegebenenfalls, einschließlich einer kurzen Untersuchung *Anmerkung: Eine Leistung nach Ziffer 5 ist nur einmal pro Behandlungsfall neben einer anderen Leistung beihilfefähig.*	9,00
6	Für die gleichen Leistungen wie unter 5, jedoch außerhalb der normalen Sprechstundenzeit	13,00
7	Für die gleichen Leistungen wie unter 5, jedoch bei Nacht, zwischen 20 und 7 Uhr	18,00
8	Für die gleichen Leistungen wie unter 5, jedoch sonn- und feiertags *Anmerkung: Als allgemeine Sprechstunde gilt die durch Aushang festgesetzte Zeit, selbst wenn sie nach 20 Uhr festgesetzt ist. Eine Berechnung des Honorars nach Ziffern 6 bis 8 kann also nur dann erfolgen, wenn die Beratung außerhalb der festgesetzten Zeiten stattfand und der Patient nicht schon vor Ablauf derselben im Wartezimmer anwesend war. Ebenso können für Sonn- und Feiertage nicht die dafür vorgesehenen erhöhten Honorare zur Berechnung kommen, wenn der Heilpraktiker gewohnheitsmäßig an Sonn- und Feiertagen Sprechstunden hält.*	20,00

VII

Nummer	Leistungsbeschreibung	beihilfefähiger Höchstbetrag in EUR
9	**Hausbesuch einschließlich Beratung**	
9.1	bei Tag	24,00
9.2	In dringenden Fällen (Eilbesuch, sofort ausgeführt)	26,00
9.3	bei Nacht und an Sonn- und Feiertagen	29,00
10	**Nebengebühren für Hausbesuche**	
10.1	für jede angefangene Stunde bei Tag – bis zu 2 km Entfernung zwischen Praxis- und Besuchsort	4,00
10.2	für jede angefangene Stunde bei Nacht – bis zu 2 km Entfernung zwischen Praxis- und Besuchsort	8,00
10.5	für jeden zurückgelegten km bei Tag von 2 bis 25 km Entfernung zwischen Praxis- und Besuchsort	1,00
10.6	für jeden zurückgelegten km bei Nacht von 2 bis 25 km Entfernung zwischen Praxis- und Besuchsort	2,00
10.7	Handelt es sich um einen Fernbesuch von über 25 km Entfernung zwischen Praxis- und Besuchsort, so können pro Kilometer an Reisekosten in Anrechnung gebracht werden. *Anmerkung: Die Wegkilometer werden nach dem jeweils günstigsten benutzbaren Fahrtweg berechnet. Besucht der Heilpraktiker mehrere Patienten bei einer Besuchsfahrt, werden die Fahrtkosten entsprechend aufgeteilt.*	0,20
10.8	Handelt es sich bei einem Krankenbesuch um eine Reise, welche länger als 6 Stunden dauert, so kann die Heilpraktikerin/der Heilpraktiker anstelle des Wegegeldes die tatsächlich entstandenen Reisekosten in Abrechnung bringen und außerdem für den Zeitaufwand pro Stunde Reisezeit berechnen. Die Patientin bzw. der Patient ist hiervon vorher in Kenntnis zu setzen.	16,00
11	**Schriftliche Auslassungen und Krankheitsbescheinigungen**	
11.1	Kurze Krankheitsbescheinigung oder Brief im Interesse der Patientin/des Patienten	5,00
11.2	Ausführlicher Krankheitsbericht oder Gutachten (DIN A4 engzeilig maschinengeschrieben): Ausführlicher schriftlicher Krankheits- und Befundbericht (einschließlich Angaben zur Anamnese, zu dem(n) Befund(en), zur epikritischen Bewertung und gegebenenfalls zur Therapie)	15,00
	Schriftliche gutachtliche Äußerung	16,00
11.3	Individuell angefertigter schriftlicher Diätplan bei Ernährungs- und Stoffwechselstörungen	8,00

<table>
<tr><th>Nummer</th><th colspan="2">Leistungsbeschreibung</th><th>beihilfefähiger Höchstbetrag in EUR</th></tr>
<tr><td>12</td><td colspan="2">Chemisch-physikalische Untersuchungen</td><td></td></tr>
<tr><td>12.1</td><td colspan="2">Harnuntersuchungen qualitativ mittels Verwendung eines Mehrfachreagenzträgers (Teststreifen) durch visuellen Farbvergleich
Anmerkung: Die einfache qualitative Untersuchung auf Zucker und Eiweiß sowie die Bestimmung des ph-Wertes und des spezifischen Gewichtes sind nicht berechnungsfähig.</td><td>3,00</td></tr>
<tr><td>12.2</td><td colspan="2">Harnuntersuchung quantitativ (es ist anzugeben, auf welchen Stoff untersucht wurde, z. B. Zucker usw.)</td><td>4,00</td></tr>
<tr><td>12.4</td><td colspan="2">Harnuntersuchung, nur Sediment</td><td>4,00</td></tr>
<tr><td>12.7</td><td colspan="2">Blutstatus (nicht neben Nummer 12.9, 12.10, 12.11)</td><td>10,00</td></tr>
<tr><td>12.8</td><td colspan="2">Blutzuckerbestimmung</td><td>2,00</td></tr>
<tr><td>12.9</td><td colspan="2">Hämoglobinbestimmung</td><td>3,00</td></tr>
<tr><td>12.10</td><td colspan="2">Differenzierung des gefärbten Blutausstriches</td><td>6,00</td></tr>
<tr><td rowspan="2">12.11</td><td rowspan="2">Zählung der Leuko- und Erythrozyten</td><td>Erythrozytenzahl und/oder Hämatokrit und/oder Hämoglobin und/oder mittleres Zellvolumen (MCV) und die errechneten Kenngrößen (z. B. MCH, MCHC) und die Erythrozytenverteilungskurve und/oder Leukozytenzahl und/oder Thrombozytenzahl.</td><td>3,00</td></tr>
<tr><td>Differenzierung der Leukozyten, elektronisch-zytometrisch, zytochemisch-zytometrisch oder mittels mechanisierter Mustererkennung (Bildanalyse)</td><td>1,00</td></tr>
<tr><td>12.12</td><td colspan="2">Blutkörperchen-Senkungsgeschwindigkeit (BKS) einschl. Blutentnahme</td><td>3,00</td></tr>
<tr><td>12.13</td><td colspan="2">Einfache mikroskopische und/oder chemische Untersuchungen von Körperflüssigkeiten und Ausscheidungen auch mit einfachen oder schwierigen Färbeverfahren sowie Dunkelfeld, pro Untersuchung
Anmerkung: Die Art der Untersuchung ist anzugeben.</td><td>6,00</td></tr>
<tr><td>12.14</td><td colspan="2">Aufwendige Chemogramme von Körperflüssigkeiten und Ausscheidungen je nach Umfang pro Einzeluntersuchung
Anmerkung: Die Art der Untersuchung ist anzugeben.</td><td>7,00</td></tr>
<tr><td>13</td><td colspan="2">Sonstige Untersuchungen</td><td></td></tr>
<tr><td>13.1</td><td colspan="2">Sonstige Untersuchungen unter Zuhilfenahme spezieller Apparaturen oder Färbeverfahren besonders schwieriger Art, z. B. ph-Messungen im strömenden Blut oder Untersuchungen nach v. Bremer, Enderlein usw.
Anmerkung: Die Art der Untersuchung ist anzugeben.</td><td>6,00</td></tr>
</table>

VII

Nummer	Leistungsbeschreibung	beihilfefähiger Höchstbetrag in EUR
14	**Spezielle Untersuchungen**	
14.1	Binokulare mikroskopische Untersuchung des Augenvordergrundes *Anmerkung: Eine Leistung nach Ziffer 14.1 kann nicht neben einer Leistung nach Ziffer 1 oder Ziffer 4 berechnet werden. Leistungen nach Ziffer 14.1 und Ziffer 14.2 können nicht nebeneinander berechnet werden.*	8,00
14.2	Binokulare Spiegelung des Augenhintergrundes *Anmerkung: Eine Leistung nach Ziffer 14.1 kann nicht neben einer Leistung nach Ziffer 1 oder Ziffer 4 berechnet werden. Leistungen nach Ziffer 14.1 und Ziffer 14.2 können nicht nebeneinander berechnet werden.*	8,00
14.3	Grundumsatzbestimmung nach Read	5,00
14.4	Grundumsatzbestimmung mit Hilfe der Atemgasuntersuchung	20,00
14.5	Prüfung der Lungenkapazität (Spirometrische Untersuchung)	7,00
14.6	Elektrokardiogramm mit Phonokardiogramm und Ergometrie, vollständiges Programm	41,00
14.7	Elektrokardiogramm mit Standardableitungen, Goldbergerableitungen, Nehbsche Ableitungen, Brustwandableitungen	14,00
14.8	Oszillogramm-Methoden	11,00
14.9	Spezielle Herz-Kreislauf-Untersuchungen *Anmerkung: Nicht neben Ziffer 1 oder Ziffer 4 berechenbar.*	8,00
14.10	Ultraschall-Gefäßdoppler-Untersuchung zu peripheren Venendruck- und/oder Strömungsmessungen	9,00
17	**Neurologische Untersuchungen**	
17.1	Neurologische Untersuchung	21,00
18–23	**Spezielle Behandlungen**	
20	**Atemtherapie, Massagen**	
20.1	Atemtherapeutische Behandlungsverfahren	8,00
20.2	Nervenpunktmassage nach Cornelius, Aurelius u. a., Spezialnervenmassage	6,00
20.3	Bindegewebsmassage	6,00
20.4	Teilmassage (Massage einzelner Körperteile)	4,00
20.5	Großmassage	6,00
20.6	Sondermassagen	
	Unterwasserdruckstrahlmassage (Wanneninhalt mindestens 400 Liter, Leistung der Apparatur mindestens 4 bar)	8,00
	Massage im extramuskulären Bereich (z. B. Bindegewebsmassage, Periostmassage, manuelle Lymphdrainage)	6,00
	Extensionsbehandlung mit Schrägbett, Extensionstisch, Perlgerät	6,00

Nummer	Leistungsbeschreibung	beihilfefähiger Höchstbetrag in EUR
20.7	Behandlung mit physikalischen oder medicomechanischen Apparaten	6,00
20.8	Einreibungen zu therapeutischen Zwecken in die Haut	4,00
21	**Akupunktur**	
21.1	Akupunktur einschließlich Pulsdiagnose	23,00
21.2	Moxibustionen, Injektionen und Quaddelungen in Akupunkturpunkte	7,00
22	**Inhalationen**	
22.1	Inhalationen, soweit sie von der Heilpraktikerin/dem Heilpraktiker mit den verschiedenen Apparaten in der Sprechstunde ausgeführt werden	3,00
24–30	**Blutentnahmen – Injektionen – Infusionen – Hautableitungsverfahren**	
24	**Eigenblut, Eigenharn**	
24.1	Eigenblutinjektion	11,00
25	**Injektionen, Infusionen**	
25.1	Injektion, subkutan	5,00
25.2	Injektion, intramuskulär	5,00
25.3	Injektion, intravenös, intraarteriell	7,00
25.4	Intrakutane Reiztherapie (Quaddelbehandlung), pro Sitzung	7,00
25.5	Injektion, intraartikulär	11,50
25.6	Neural- oder segmentgezielte Injektionen nach Hunecke	11,50
25.7	Infusion	8,00
25.8	Dauertropfeninfusion *Anmerkung: Die Beihilfefähigkeit der mit der Infusion eingebrachten Medikamente richtet sich nach dem Beihilferecht des jeweiligen Beihilfeträgers.*	12,50
26	**Blutentnahmen**	
26.1	Blutentnahme	3,00
26.2	Aderlass	12,00
27	**Hautableitungsverfahren, Hautreizverfahren**	
27.1	Setzen von Blutegeln, ggf. einschl. Verband	5,00
27.2	Skarifikation der Haut	4,00
27.3	Setzen von Schröpfköpfen, unblutig	5,00
27.4	Setzen von Schröpfköpfen, blutig	5,00
27.5	Schröpfkopfmassage einschl. Gleitmittel	5,00
27.6	Anwendung großer Saugapparate für ganze Extremitäten	5,00
27.7	Setzen von Fontanellen	5,00
27.8	Setzen von Cantharidenblasen	5,00
27.9	Reinjektion des Blaseninhaltes (aus Nummer 27.8)	5,00

VII

Nummer	Leistungsbeschreibung	beihilfefähiger Höchstbetrag in EUR
27.10	Anwendung von Pustulantien	5,00
27.12	Biersche Stauung	5,00
28	**Infiltrationen**	
28.1	Behandlung mittels paravertebraler Infiltration, einmalig	9,00
28.2	Behandlung mittels paravertebraler Infiltration, mehrmalig	15,00
29	**Roedersches Verfahren**	
29.1	Roedersches Behandlungs- und Mandelabsaugverfahren	5,00
30	**Sonstiges**	
30.1	Spülung des Ohres	5,00
31	**Wundversorgung, Verbände und Verwandtes**	
31.1	Eröffnung eines oberflächlichen Abszesses	9,00
31.2	Entfernung von Aknepusteln pro Sitzung	8,00
32	**Versorgung einer frischen Wunde**	
32.1	bei einer kleinen Wunde	8,00
32.2	bei einer größeren und verunreinigten Wunde	13,00
33	**Verbände (außer zur Wundbehandlung)**	
33.1	Verbände, jedes Mal	5,00
33.2	Elastische Stütz- und Pflasterverbände	7,00
33.3	Kompressions- oder Zinkleimverband *Anmerkung: Die Beihilfefähigkeit des für den Verband verbrauchten Materials richtet sich nach dem Beihilferecht des jeweiligen Beihilfeträgers.*	10,00
34	**Gelenk- und Wirbelsäulenbehandlung**	
34.1	Chiropraktische Behandlung	4,00
34.2	Gezielter chiropraktischer Eingriff an der Wirbelsäule *Anmerkung: Die Leistung nach Ziffer 34.2 ist nur einmal je Sitzung berechnungsfähig.*	17,00
35	**Osteopathische Behandlung**	
35.1	des Unterkiefers	11,00
35.2	des Schultergelenkes und der Wirbelsäule	21,00
35.3	der Handgelenke, des Oberschenkels, des Unterschenkels, des Vorderarmes und der Fußgelenke	21,00
35.4	des Schlüsselbeins und der Kniegelenke	12,00
35.5	des Daumens	10,00
35.6	einzelner Finger und Zehen	10,00
36	**Hydro- und Elektrotherapie, Medizinische Bäder und sonstige hydrotherapeutische Anwendungen** *Anmerkung: Alle nicht aufgeführten Bäder sind nicht beihilfefähig.*	
36.1	Leitung eines ansteigenden Vollbades	7,00
36.2	Leitung eines ansteigenden Teilbades	4,00

Nummer	Leistungsbeschreibung	beihilfefähiger Höchstbetrag in EUR
36.3	Spezialdarmbad (subaquales Darmbad)	13,00
36.4	Kneippsche Güsse	4,00
37	**Elektrische Bäder und Heißluftbäder** *Anmerkung: Alle nicht aufgeführten Bäder sind nicht beihilfefähig.*	
37.1	Teilheißluftbad, z. B. Kopf oder Arm	3,00
37.2	Ganzheißluftbad, z. B. Rumpf oder Beine	5,00
37.3	Heißluftbad im geschlossenen Kasten	5,00
37.4	Elektrisches Vierzellenbad	4,00
37.5	Elektrisches Vollbad (Stangerbad)	8,00
38	**Spezialpackungen** *Anmerkung: Alle nicht aufgeführten Packungen sind nicht beihilfefähig.*	
38.1	Fangopackungen	3,00
38.2	Paraffinpackungen, örtliche	3,00
38.3	Paraffinganzpackungen	3,00
38.4	Kneippsche Wickel- und Ganzpackungen, Prießnitz- und Schlenzpackungen	3,00
39	**Elektro-physikalische Heilmethoden**	
39.1	Einfache oder örtliche Lichtbestrahlungen	3,00
39.2	Ganzbestrahlungen	8,00
39.4	Faradisation, Galvanisation und verwandte Verfahren (Schwellstromgeräte)	4,00
39.5	Anwendung der Influenzmaschine	4,00
39.6	Anwendung von Heizsonnen (Infrarot)	4,00
39.7	Verschorfung mit heißer Luft und heißen Dämpfen	8,00
39.8	Behandlung mit hochgespannten Strömen, Hochfrequenzströmen in Verbindung mit verschiedenen Apparaten	3,00
39.9	Langwellenbehandlung (Diathermie), Kurzwellen- und Mikrowellenbehandlung	3,00
39.10	Magnetfeldtherapie mit besonderen Spezialapparaten	4,00
39.11	Elektromechanische und elektrothermische Behandlung (je nach Aufwand und Dauer)	4,00
39.12	Niederfrequente Reizstromtherapie, z. B. Jono-Modulator	4,00
39.13	Ultraschall-Behandlung	4,00

Anlage 6
(zu § 43 Abs. 3 Nr. 1)

Beihilfefähigkeit der Aufwendungen für die Teilnahme am Früherkennungsprogramm für erblich belastete Personen mit einem erhöhten familiären Brust- und Eierstockkrebsrisiko

Abschnitt 1 Maßnahmen im Rahmen des Früherkennungsprogramms

Aufwendungen für die Teilnahme am Früherkennungsprogramm für erblich belastete Personen mit einem erhöhten familiären Brust- oder Eierstockkrebsrisiko sind bei Leistungsabrechnung durch die in Abschnitt 2 aufgeführten Kliniken in Höhe der nachstehenden Pauschalen beihilfefähig:

1. Risikofeststellung, Aufklärung und interdisziplinäre Beratung
   a) 900,00 EUR pro Familie für eine einmalige Risikofeststellung mit einer Aufklärung und interdisziplinärer Erstberatung, einer Stammbaumerfassung und der Mitteilung des Genbefundes; die Pauschale beinhaltet auch die Beratung weiterer Familienmitglieder,
   b) bei Aufklärung zur diagnostischen genetischen Untersuchung durch einen Kooperationspartner der in Abschnitt 2 genannten Zentren
      aa) 400,00 EUR, sofern keine Anschlussbetreuung im Zentrum nach Abschnitt 2 mehr erfolgt oder
      bb) 600,00 EUR, sofern noch eine Anschlussbetreuung im Zentrum nach Abschnitt 2 erfolgt,
   c) 113,00 EUR einmalig für ein Entscheidungscoaching für BRCA1/2-Mutationträgerinnen durch spezialisiert Pflegende.

   Die Kosten werden der ratsuchenden Person zugeordnet.
2. Genetische Untersuchung
   a) 3500 EUR für eine genetische Untersuchung bei einer an Brust- oder Eierstockkrebs erkrankten Person (Indexfall); die genetische Analyse wird bei den Indexfällen durchgeführt; dabei handelt es sich in der Regel um einen diagnostischen Gentest, dessen Kosten der erkrankten Person zugerechnet werden. Die Testung der Indexperson stellt einen prädiktiven Gentest der gesunden Ratsuchenden dar, wenn sich aus einem Test keine Therapieoptionen für die Indexperson mehr ableiten lassen, die Genanalyse also keinen diagnostischen Charakter hat; dies ist durch eine schriftliche ärztliche Stellungnahme nachzuweisen, oder wenn die Indexperson eine Beratung und Befundmitteilung ablehnt, jedoch einer Genanalyse ihres Blutes aufgrund des Nutzens für die ratsuchende Person zustimmt. Die Kosten einer Genanalyse einer gesunden ratsuchenden Person sind bis zu der in Satz 1 genannten Pauschale beihilfefähig, wenn ein Indexfall nicht zur Verfügung steht (Tod) und entweder ein statistisches Risiko für das Vorliegen einer Mutation von mindestens 20 v. H. oder das verbleibende Lebenszeitrisiko an Brust- oder Eierstockkrebs zu erkranken von 30 v. H. besteht.
   b) 250 EUR für eine prädiktive genetische Untersuchung; diese erfolgt, wenn die ratsuchende gesunde Person nur hinsichtlich der mutierten Gensequenz untersucht wird oder
   c) sofern ratsuchende Personen bis zum Jahr 2015 getestet wurden,
      aa) 600 EUR bei einer erneuten Genpanel-Untersuchung zur Komplettierung der Indextestung oder
      bb) 920 EUR für eine bioinformatorische Auswertung bei Vorliegen von Daten aus einer Komplementärdiagnostik.

Aufwendungen nach Nummer 2 Buchstabe a bis c sind nicht nebeneinander beihilfefähig.

3. Intensivierte Früherkennungs- und Nachsorgemaßnahmen
   a) 672,80 EUR jährlich für intensivierte Früherkennungs- und Nachsorgemaßnahmen oder
   b) einmalig 672,80 EUR, sofern wegen des Wegfalls des erhöhten Risikos bei Nichterkrankten die intensivierte Früherkennung beendet wird und im entsprechenden Kalenderjahr noch keine Pauschale nach Buchstabe a erstattet wurde.

Abschnitt 2 Universitäre Zentren

Aufwendungen für die Teilnahme am Früherkennungsprogramm nach Abschnitt 1 sind beihilfefähig, wenn die Leistungsabrechnung in einem der folgenden Zentren durchgeführt wird:

1. Dresden
   Universitätsklinikum Carl Gustav Carus an der Technischen Universität Dresden
2. Düsseldorf
   Universitätsklinikum Düsseldorf
3. Erlangen
   Universitätsklinikum Erlangen
4. Frankfurt am Main
   Universitätsklinikum Frankfurt
5. Greifswald
   Universitätsklinikum Greifswald
6. Göttingen
   Universitätsklinikum Göttingen
7. Halle
   Universitätsklinikum Halle
8. Hamburg
   Universitätsklinikum Hamburg-Eppendorf
9. Hannover
   Medizinische Hochschule Hannover
10. Heidelberg
    Universitätsklinikum Heidelberg
11. Kiel
    Universitätsklinikum Schleswig-Holstein
12. Köln
    Universitätszentrum Köln
13. Leipzig
    Universitätsklinikum Leipzig
14. München
    Klinikum rechts der Isar der Technischen Universität München Universitätsfrauenklinik der Ludwig-Maximilians-Universität
15. Münster
    Universitätsklinikum Münster
16. Regensburg
    Universitätsklinikum Regensburg
17. Tübingen
    Universitätsklinikum Tübingen
18. Ulm
    Universitätsklinikum Ulm
19. Würzburg
    Universitätsklinikum Würzburg.

Anlage 6a
(zu § 43 Abs. 3 Nr. 2)

Beihilfefähigkeit der Aufwendungen für die Teilnahme am Früherkennungsprogramm für erblich belastete Personen mit einem erhöhten Darmkrebsrisiko

Abschnitt 1 Maßnahmen im Rahmen des Früherkennungsprogrammes

Beihilfefähig sind Aufwendungen für die Maßnahmen des Früherkennungsprogrammes in Höhe der nachstehenden Pauschalen:

1. Risikofeststellung und interdisziplinäre Beratung
   a) einmalig 600,00 EUR für die erstmalige Risikofeststellung und interdisziplinäre Beratung einschließlich Erhebung des Familienbefundes und Organisation der diagnostischen Abklärung unter der Voraussetzung, dass die revidierten Bethesda-Kriterien in der Familie der ratsuchenden Person erfüllt sind,
   b) 300,00 EUR für jede weitere Beratung einer Person, in deren Familie bereits das Lynch-Syndrom oder Polyposis-Syndrom bekannt ist.
2. Tumorgewebsdiagnostik
   500,00 EUR für die immunhistochemische Untersuchung am Tumorgewebe hinsichtlich der Expression der Mismatch-Reparatur-Gene MLH1, MSH2, MSH6 und PMS sowie gegebenenfalls die Mikrosatellitenanalyse und Testung auf somatische Mutationen im Tumorgewebe; ist die Analyse des Tumorgewebes negativ und das Ergebnis eindeutig, sind Aufwendungen für weitere Untersuchungen auf eine Mutation nicht beihilfefähig.
3. Genetische Analyse (Untersuchung auf Keimbahnmutation)
   a) 3500,00 EUR für eine genetische Analyse zur Mutationssuche auf eine bis dahin in der Familie nicht identifizierte Keimbahnmutation bei einer an Darmkrebs erkrankten Person (Indexfall) oder bei Vorliegen der Voraussetzungen bei einer ratsuchenden Person (Verdachtsfall), wenn die Einschlusskriterien und möglichst eine abgeschlossene Tumorgewebsdiagnostik, die auf das Vorliegen einer MMR-Mutation hinweist, vorliegen. Steht kein Indexpatient für eine genetische Abklärung zur Verfügung, kann eine genetische Testung (Untersuchung auf eine Keimbahn-Mutation) bei dem gesunden Ratsuchenden (Verdachtsfall) als prädiktiver Gentest durchgeführt werden,
   b) 350,00 EUR für die prädiktive oder diagnostische Testung weiterer Personen auf eine in der Familie bekannte Genmutation.
4. Früherkennungsmaßnahmen
   540,00 EUR für eine jährliche endoskopische Untersuchung des Magen-Darm-Traktes einschließlich Biopsien, Polypektomien und Videoendoskopien unter den Voraussetzungen, dass ein Lynch- oder ein Polyposis-Syndrom vorliegt.

Abschnitt 2 Universitäre Zentren

Aufwendungen für die Teilnahme am Früherkennungsprogramm nach Abschnitt 1 sind beihilfefähig, wenn die Leistungsabrechnung in einem der folgenden Zentren durchgeführt wird:

1. Berlin
   Charité Universitätsmedizin
2. Bochum
   Universitätsklinikum der Ruhr-Universität Bochum
3. Bonn
   Universitätsklinikum Bonn
4. Dresden
   Universitätsklinikum Carl Gustav Carus
5. Düsseldorf
   Universitätsklinikum Düsseldorf
6. Halle
   Universitätsklinikum Halle (Saale)
7. Heidelberg
   Universitätsklinikum Heidelberg

8. München
   Ludwig-Maximilians-Universität München Medizinisch-Genetisches Zentrum

9. Tübingen
   Universität Tübingen

10. Ulm
    Universitätsklinikum Ulm

Anlage 7
(zu § 47 Abs. 3 BVO)

Heilkurorteverzeichnis

Teil A Inland

Name ohne „Bad"	PLZ	Gemeinde	Anerkennung als Kurort ist erteilt für: (Ortsteile, sofern nicht B, G, K *)	Artbezeichnung
A				
Aachen	52066	Aachen	Burtscheid	Heilbad
	52062	Aachen	Monheimsallee	Heilbad
Aalen	73433	Aalen	Röthardt	Ort mit Heilstollen-Kurbetrieb
Abbach	93077	Bad Abbach	Bad Abbach, Abbach-Schloßberg, Au, Kalkofen, Weichs	Heilbad
Ahlbeck	17419	Ahlbeck	G	Ostseeheilbad
Aibling	83043	Bad Aibling	Bad Aibling, Harthausen, Thürham, Zell	Heilbad
Alexandersbad	95680	Bad Alexanders-bad	G	Heilbad
Altenau	38707	Altenau	G	Heilklimatischer Kurort
Andernach	56626	Andernach	Bad Tönisstein	Heilbad
Arolsen	34454	Bad Arolsen	K	Heilbad
Aue-Schlema	08301	Aue-Bad Schlema	Bad Schlema, Wildbach	Heilbad
Aulendorf	88326	Aulendorf	Aulendorf	Kneippkurort
B				
Baden-Baden	76530	Baden-Baden	Baden-Baden, Balg, Lichtental, Oos	Heilbad
Badenweiler	79410	Badenweiler	Badenweiler	Heilbad
Baiersbronn	72270	Baiersbronn	Obertal Schwarzenberg-Schönmünzach	Heilklimatischer Kurort Kneippkurort
Baltrum	26579	Baltrum	G	Nordseeheilbad
Bansin	17429	Bansin	G	Ostseeheilbad
Bayersoien	82435	Bad Bayersoien	Bad Bayersoien	Heilbad
Bayreuth	95410	Bayreuth	B – Lohengrin Therme Bayreuth	Heilquellenkurbetrieb
Bayrischzell	83735	Bayrischzell	G	Heilklimatischer Kurort
Bederkesa	27624	Bederkesa	G	Moorheilbad
Bellingen	79415	Bad Bellingen	Bad Bellingen	Heilbad
Belzig	14806	Belzig	Belzig	Ort mit Heilquellen-Kurbetrieb
Bentheim	48455	Bad Bentheim	Bad Bentheim	Heilbad
Berchtesgaden	83471	Berchtesgaden	G	Heilklimatischer Kurort

VII

Name ohne „Bad“	PLZ	Gemeinde	Anerkennung als Kurort ist erteilt für: (Ortsteile, sofern nicht B, G, K *)	Artbezeichnung
Bergzabern	76887	Bad Bergzabern	Bad Bergzabern	Kneippheilbad und Heilklimatischer Kurort
Berka	99438	Bad Berka	G	Ort mit Heilquellen-Kurbetrieb
Berleburg	57319	Bad Berleburg	Bad Berleburg	Kneippheilbad
Berneck	95460	Bad Berneck i. Fichtelgebirge	Bad Berneck i. Fichtelgebirge, Frankenhammer, Kutschenrangen, Rödlasberg, Warmeleithen	Kneippheilbad
Bernkastel-Kues	54470	Bernkastel-Kues	Stadtteil Kueser Plateau	Heilklimatischer Kurort
Bertrich	56864	Bad Bertrich	Bad Bertrich	Heilbad
Beuren	72660	Beuren	G	Ort mit Heilquellen-Kurbetrieb
Bevensen	29549	Bad Bevensen	Bad Bevensen	Heilbad und Kneipp-kurort
Biberach	88400	Biberach	Jordanbad	Kneippkurort
Birnbach	84364	Bad Birnbach	Birnbach, Aunham	Heilbad
Bischofsgrün	95493	Bischofsgrün	G	Heilklimatischer Kurort
Bischofswiesen	83483	Bischofswiesen	G	Heilklimatischer Kurort
Blankenburg, Harz	38889	Blankenburg, Harz	G	Heilbad
Blieskastel	66440	Blieskastel	Blieskastel-Mitte (Alschbach, Blieskastel, Lautzkirchen)	Kneippkurort
Bocklet	97708	Bad Bocklet	Bad Bocklet – ohne den Gemeindeteil Nickersfelden	Heilbad
Bodenmais	94249	Bodenmais	G	Heilklimatischer Kurort
Bodenteich	29389	Bodenteich	G	Kneippkurort
Boll	73087	Bad Boll	Bad Boll	Ort mit Heilquellen-Kurbetrieb
Boltenhagen	23944	Ostseebad Boltenhagen	G	Ostseeheilbad
Boppard	56154	Boppard	a) Bad Salzig	Heilbad
			b) Boppard	Kneippheilbad
Borkum	26757	Borkum	G	Nordseeheilbad
Brambach	08648	Bad Brambach	Bad Brambach	(Mineral-) Heilbad
Bramstedt	24576	Bad Bramstedt	Bad Bramstedt	Heilbad
Breisig	53498	Bad Breisig	Bad Breisig	Heilbad
Brilon	59929	Brilon	Brilon	Kneippkurort
Brückenau	97769	Bad Brückenau	G – sowie Gemeindeteil Eckarts des Marktes Zeitlofs	Heilbad

VII

Name ohne „Bad“	PLZ	Gemeinde	Anerkennung als Kurort ist erteilt für: (Ortsteile, sofern nicht B, G, K *)	Artbezeichnung
Buchau	88422	Bad Buchau	Bad Buchau	(Moor-)Heilbad
Buckow	15377	Buckow	G – ausgenommen der Ortsteil „Hasenholz“	Kneippkurort
Bünde	32257	Bünde	Randringhausen	Kurmittelgebiet (Heilquelle und Moor)
Büsum	25761	Büsum	Büsum	Nordseeheilbad
Burg	03096	Burg	Burg	Ort mit Heilquellenkurbetrieb
Burg/Fehmarn	23769	Burg/Fehmarn	Burg	Ostseeheilbad
Burgbrohl	56659	Burgbrohl	Bad Tönisstein	Heilbad
C				
Camberg	65520	Bad Camberg	K	Kneippheilbad
Colberg-Heldburg	98663	Bad Colberg-Heldburg	Bad Colberg	Ort mit Heilquellen-Kurbetrieb
Cuxhaven	27478	Cuxhaven	G	Nordseeheilbad
D				
Dahme	23747	Dahme	Dahme	Ostseeheilbad
Damp	24351	Damp	Damp 2000	Ostseeheilbad
Daun	54550	Daun	Daun	Kneippkurort und Heilklimatischer Kurort
Detmold	32760	Detmold	Hiddesen	Kneippkurort
Ditzenbach	73342	Bad Ditzenbach	Bad Ditzenbach	Heilbad
Dobel	75335	Dobel	G	Heilklimatischer Kurort
Doberan	18209	Bad Doberan	a) Bad Doberan	(Moor-)Heilbad
			b) Heiligendamm	Ostseeheilbad
Driburg	33014	Bad Driburg	Bad Driburg, Hermannsborn	Heilbad
Düben	04849	Bad Düben	Bad Düben	(Moor-)Heilbad
Dürkheim	67098	Bad Dürkheim	Bad Dürkheim	Heilbad
Dürrheim	78073	Bad Dürrheim	Bad Dürrheim	(Sole-)Heilbad und Heilklimatischer Kurort
E				
Ehlscheid	56581	Ehlscheid	G	Heilklimatischer Kurort
Eilsen	31707	Bad Eilsen	G	Heilbad
Elster	08645	Bad Elster	Bad Elster, Sohl	Mineral- und Moorheilbad
Ems	56130	Bad Ems	Bad Ems	Heilbad
Emstal	34308	Bad Emstal	Sand	Heilbad
Endbach	35080	Bad Endbach	K	Kneippheilbad

VII

Name ohne „Bad"	PLZ	Gemeinde	Anerkennung als Kurort ist erteilt für: (Ortsteile, sofern nicht B, G, K *)	Artbezeichnung
Endorf	83093	Bad Endorf	Bad Endorf, Eisenbartling, Hofham, Kurf, Rachental, Ströbing	Heilbad
Erwitte	59597	Erwitte	Bad Westernkotten	Heilbad
Esens	26422	Esens	Bensersiel	Nordseeheilbad
Essen	49152	Bad Essen	Bad Essen	Heilbad
Eutin	23701	Eutin	G	Heilklimatischer Kurort
F				
Feilnbach	83075	Bad Feilnbach	G – ausgenommen die Gemeindeteile der ehemaligen Gemeinde Dettendorf	Heilbad
Feldberger Seenlandschaft	17258	Feldberger Seenlandschaft	Feldberg	Kneippkurort
Finsterbergen	99898	Finsterbergen	G	Heilklimatischer Kurort
Fischen	87538	Fischen/Allgäu	G	Heilklimatischer Kurort
Frankenhausen	06567	Bad Frankenhausen	G	Sole-Heilbad
Freiburg	79098	Freiburg	Ortsbereich „An den Heilquellen"	Ort mit Heilquellen-Kurbetrieb
Freienwalde	16259	Bad Freienwalde	Bad Freienwalde	Moorheilbad
Freudenstadt	72250	Freudenstadt	Freudenstadt	Kneippkurort und Heilklimatischer Kurort
Friedrichroda	99894	Friedrichroda	Friedrichroda, Finsterbergen	Heilklimatischer Kurort
Friedrichskoog	25718	Friedrichskoog	Friedrichskoog	Nordseeheilbad
Füssen	87629	Füssen	G	Kneippkurort
Füssing	94072	Bad Füssing	Bad Füssing, Aichmühle, Ainsen, Angering, Brandschachen, Dürnöd, Egglfing a. Inn, Eitlöd, Flickenöd, Gögging, Holzhäuser, Holzhaus, Hub, Irching, Mitterreuthen, Oberreuthen, Pichl, Pimsöd, Poinzaun, Riedenburg, Safferstetten, Schieferöd, Schöchlöd, Steinreuth, Thalau, Thalham, Thierham, Unterreuthen, Voglöd, Weidach, Wies, Würding, Zieglöd, Zwicklarn	Heilbad
G				
Gaggenau	76571	Gaggenau	Bad Rotenfels	Ort mit Heilquellen-Kurbetrieb
Gandersheim	37581	Bad Gandersheim	Bad Gandersheim	Heilbad

Name ohne „Bad“	PLZ	Gemeinde	Anerkennung als Kurort ist erteilt für: (Ortsteile, sofern nicht B, G, K *)	Artbezeichnung
Garmisch-Partenkirchen	82467	Garmisch-Partenkirchen	G – ohne das eingegliederte Gebiet der ehemaligen Gemeinde Wamberg	Heilklimatischer Kurort
Gelting	24395	Gelting	G	Kneippkurort
Gersfeld	36129	Gersfeld (Rhön)	K	Kneippheilbad
Glücksburg	24960	Glücksburg	Glücksburg	Ostseeheilbad
Göhren	18586	Ostseebad Göhren	G	Kneippkurort
Goslar	38644	Goslar	Hahnenklee, Bockswiese	Heilklimatischer Kurort
Gottleuba-Berggießhübel	01816/ 01819	Bad Gottleuba-Berggießhübel	a) Bad Gottleuba b) Berggießhübel	Moorheilbad Kneippkurort
Graal-Müritz	18181	Graal-Müritz	G	Ostseeheilbad
Grasellenbach	64689	Grasellenbach	K	Kneippkurort und Kneippheilbad
Griesbach i. Rottal	94086	Bad Griesbach i. rottal	Bad Griesbach i. Rottal, Weghof	Heilbad
Grömitz	23743	Grömitz	Grömitz	Ostseeheilbad
Grönenbach	87728	Bad Grönenbach	Grönenbach, Au, Brandholz, in der Tarrast, Egg, Gmeinschwenden, Greit, Herbisried, Hueb, Klevers, Kornhofen, Kreuzbühl, Manneberg, Niederholz, Ölmühle, Raupolz, Rechberg, Rothenstein, Schwenden, Seefeld, Waldegg b. Grönenbach, Ziegelberg, Ziegelstadel Ehwiesmühle, Falken, Ittelsburg, Schulerloch, Streifen, Thal, Vordergsäng, Hintergsäng, Grönenbach-Weiler	Kneippheilbad Kneippkurort
Großenbrode	23775	Großenbrode	G	Ostseeheilbad
Grund	37539	Bad Grund	Bad Grund	Ort mit Heilstollen-Kurbetrieb
H				
Haffkrug-Scharbeutz	23683	Haffkrug-Scharbeutz	Haffkrug	Ostseeheilbad
Harzburg	38667	Bad Harzburg	K	Heilbad und Heilklimatischer Kurort
Heilbrunn	83670	Bad Heilbrunn	Bad Heilbrunn, Achmühl, Baumberg, Bernwies, Graben, Hinterstallau, Hub, Kiensee, Langau, Linden, Mürnsee, Oberbuchen, Oberenzenau, Obermühl, Obersteinbach, Ostfeld, Ramsau,	Heilklimatischer Kurort

Name ohne „Bad"	PLZ	Gemeinde	Anerkennung als Kurort ist erteilt für: (Ortsteile, sofern nicht B, G, K *)	Artbezeichnung
			Reindlschmiede, Schönau, Unterbuchen, Unterenzenau, Untersteinbach, Vogelherd, Weiherweber, Wiesweber, Wörnern	
Heiligenhafen	23774	Heiligenhafen	Heiligenhafen	Ostseeheilbad
Heiligenstadt	37308	Heilbad Heiligenstadt	G	Heilbad
Helgoland	27498	Helgoland	G	Nordseeheilbad
Herbstein	36358	Herbstein	K	Heilbad
Heringsdorf	17442	Heringsdorf	G	Ostseeheilbad und (Sole-)Heilbad
Herrenalb	76332	Bad Herrenalb	Bad Herrenalb	Heilbad und Heilklimatischer Kurort
Hersfeld	36251	Bad Hersfeld	K	Heilbad
Hille	32479	Hille	Rothenuffeln	Kurmittelgebiet (Heilquelle und Moor)
Hindelang	87541	Bad Hindelang	G	Kneipheilbad und Heilklimatischer Kurort
Hinterzarten	79856	Hinterzarten	G	Heilklimatischer Kurort
Hitzacker (Elbe)	29456	Hitzacker (Elbe)	Hitzacker (Elbe)	Kneippkurort
Höchenschwand	79862	Höchenschwand	Höchenschwand	Heilklimatischer Kurort
Honnef	53604	Bad Honnef, Stadt		Erholungsort mit Kurmittelbetrieb
Hönningen	53557	Bad Hönningen	Bad Hönningen	Heilbad
Hohwacht	24321	Hohwacht	G	Ostseeheilbad
Homburg	61348	Bad Homburg v. d. Höhe	K	Heilbad
Horn	32805	Horn – Bad Meinberg	Bad Meinberg	Heilbad
I				
Iburg	49186	Bad Iburg	Bad Iburg	Kneippheilbad
Isny	88316	Isny	Isny, Neutrauchburg	Heilklimatischer Kurort
J				
Jonsdorf	02796	Jonsdorf	G	Kneippkurort
Juist	26571	Juist	G	Nordseeheilbad
K				
Karlshafen	34385	Bad Karlshafen	K	Heilbad
Kassel	34117	Kassel	Wilhelmshöhe	Kneippheilbad und Thermal-Sole-Heilbad
Kellenhusen	23746	Kellenhusen	Kellenhusen	Ostseeheilbad

Name ohne „Bad“	PLZ	Gemeinde	Anerkennung als Kurort ist erteilt für: (Ortsteile, sofern nicht B, G, K *)	Artbezeichnung
Kissingen	97688	Bad Kissingen	G – ohne die Gemeindeteile Albertshausen und Poppenroth	Heilbad
Klosterlausnitz	07639	Bad Kloster-lausnitz	G	Heilbad
König	64732	Bad König	K	Heilbad
Königsfeld	78126	Königsfeld	Königsfeld, Bregnitz, Grenier	Kneippkurort und Heilklimatischer Kurort
Königshofen	97631	Bad Königshofen i. Grabfeld	G – ohne d. eingegliederten Gebiete d. ehemaligen Gemeinden Aub und Merkershausen	Heilbad
Königstein	61462	Königstein im Taunus	K, Falkenstein	Heilklimatischer Kurort
Kösen	06628	Bad Kösen	G	Heilbad
Kötzting	93444	Bad Kötzting	G	Kneippheilbad und Kneippkurort
Kohlgrub	82433	Bad Kohlgrub	G	Heilbad
Kreuth	83708	Kreuth	G	Heilklimatischer Kurort
Kreuznach	55543	Bad Kreuznach	Bad Kreuznach	Heilbad
Krozingen	79189	Bad Krozingen	Bad Krozingen	Heilbad
Krumbach	86381	Krumbach (Schwaben)	B – Sanatorium Krumbad	Peloidkurbetrieb
L				
Laasphe	57334	Bad Laasphe	Bad Laasphe	Kneippheilbad
Laer	49196	Bad Laer	G	Soleheilbad
Langensalza	99947	Bad Langensalza	K	Schwefel-Sole-Heilbad
Langeoog	26465	Langeoog	G	Nordseeheilbad
Lausick	04651	Bad Lausick	G	Heilbad
Lauterberg	37431	Bad Lauterberg	Bad Lauterberg	Kneippheilbad
Lennestadt	57368	Lennestadt	Saalhausen	Kneipp-Kurort
Lenzkirch	79853	Lenzkirch	Lenzkirch, Saig	Heilklimatischer Kurort
Liebenstein	36448	Bad Liebenstein	G	Heilbad
Liebenwerda	04924	Bad Liebenwerda	Dobra, Kosilenzien, Maasdorf, Zeischa	Ort mit Peloid-kurbetrieb
Liebenzell	75378	Bad Liebenzell	Bad Liebenzell	Heilbad
Lindenfels	64678	Lindenfels	K	Heilklimatischer Kurort
Lippspringe	33175	Bad Lippspringe	Bad Lippspringe	Heilbad und Heil-klimatischer Kurort
Lippstadt	59556	Lippstadt	Bad Waldliesborn	Heilbad
Lobenstein	07356	Bad Lobenstein	G	Moor-Heilbad

VII

Name ohne „Bad"	PLZ	Gemeinde	Anerkennung als Kurort ist erteilt für: (Ortsteile, sofern nicht B, G, K *)	Artbezeichnung
Ludwigsburg	71638	Ludwigsburg	Hoheneck	Ort mit Heilquellen-Kurbetrieb
M				
Malente	23714	Malente	Malente-Gremsmühlen, Krummsee, Timmdorf	Heilklimatischer Kurort
Manderscheid	54531	Manderscheid	Manderscheid	Heilklimatischer Kurort und Kneipp-kurort
Marienberg	56470	Bad Marienberg	Bad Marienberg (nur Stadtteile Bad Marienberg, Zinhain u. d. Gebietsteil d. Gemarkung Langenbach, begrenzt durch d. Gemarkungsgrenze Hardt, Zinhain, Marienberg sowie d. Bahntrasse Erbach-Bad Marienberg)	Kneippheilbad
Marktschellen-berg	83487	Marktschellenberg	G	Heilklimatischer Kurort
Masserberg	98666	Masserberg	Masserberg	Heilklimatischer Kurort
Mergentheim	97980	Bad Mergentheim	Bad Mergentheim	Heilbad
Mettlach	66693	Mettlach	Orscholz	Heilklimatischer Kurort
Mölln	23879	Mölln	Mölln	Kneippkurort
Mössingen	72116	Mössingen	Bad Sebastiansweiler	Ort mit Heilquellen-Kurbetrieb
Münder	31848	Bad Münder	Bad Münder	Ort mit Heilquellen-Kurbetrieb
Münster/Stein	55583	Bad Münster am Stein-Ebernburg	Bad Münster am Stein	Heilbad und Heil-klimatischer Kurort
Münstereifel	53902	Bad Münstereifel	Bad Münstereifel	Kneippheilbad
Münstertal/ Schwarzwald	79244	Münstertal	G	Ort mit Heilstollen-kurbetrieb
Muskau	02953	Bad Muskau	G	Ort mit Moorkurbe-trieb
N				
Nauheim	61231	Bad Nauheim	K	Heilbad, Kneippkur-ort
Naumburg	34309	Naumburg	K	Kneippkurort
Nenndorf	31542	Bad Nenndorf	Bad Nenndorf	Heilbad
Neualbenreuth	95698	Neualbenreuth	G – Badehaus Maiersreuth/ Kurmittelhaus Sibyllenbad	Ort mit Heilquellen-Kurbetrieb
Neubulach	75386	Neubulach	Neubulach	Heilstollen-Kur-betrieb und Heil-klimatischer Kurort

VII

Name ohne „Bad"	PLZ	Gemeinde	Anerkennung als Kurort ist erteilt für: (Ortsteile, sofern nicht B, G, K *)	Artbezeichnung
Neuenahr	53474	BadNeuenahr-Ahrweiler	Bad Neuenahr	Heilbad
Neuharlingersiel	26427	Neuharlingersiel	Neuharlingersiel	Nordseeheilbad
Neukirchen	34626	Neukirchen	K	Kneippkurort
Neustadt/D	93333	Neustadt a. d. Donau	Bad Gögging	Heilbad
Neustadt/Harz	99762	Neustad/Harz	G	Heilklimatischer Kurort
Neustadt/S	97616	Bad Neustadt a. d. Saale	Bad Neustadt a. d. Saale	Heilbad
Nidda	63667	Nidda	Bad Salzhausen	Heilbad
Nieheim	33039	Niehem, Stadt		Heilklimatischer Kurort
Nonnweiler	66620	Nonnweiler	Nonnweiler	Heilklimatischer Kurort
Norden	26506	Norden	Norden	Nordseeheilbad
Norddorf	25946	Norddorf/Amrum	Norddorf	Nordseeheilbad
Norderney	26548	Norderney	G	Nordseeheilbad
Nordstrand	25845	Nordstrand	G	Nordseeheilbad
Nümbrecht	51588	Nümbrecht	G	Heilklimatischer Kurort
O				
Oberstaufen	87534	Oberstaufen	G – ausgenommen die Gemeindeteile Aach i. Allgäu, Hänse, Hagspiel, Hütten, Krebs, Nägeleshalde	Schrothheilbad und Heilklimatischer Kurort
Oberstdorf	87561	Oberstdorf	Oberstdorf, Anatswald, Birgsau, Dietersberg, Ebene, Einödsbach, Faistenoy, Gerstruben, Gottenried, Gruben, Gundsbach, Jauchen, Kornau, Reute, Ringang, Schwand, Spielmannsau	Kneippkurort und Heilklimatischer Kurort
Oeynhausen	32545	Bad Oeynhausen	Bad Oeynhausen	Heilbad
Olsberg	59939	Olsberg	Olsberg	Kneippkurort
Orb	63619	Bad Orb	G	Heilbad
Ottobeuren	87724	Ottobeuren	Ottobeuren, Eldern	Kneippkurort
Oy-Mittelberg	87466	Oy-Mittelberg	Oy	Kneippkurort
P				
Pellworm	25847	Pellworm	Pellworm	Nordseeheilbad
Petershagen	32469	Petershagen	Hopfenberg	Kurmittelgebiet
Peterstal-Griesbach	77740	Bad Peterstal-Griesbach	G	(Mineral- und Moor-)Heilbad und Kneippkurort

Name ohne „Bad"	PLZ	Gemeinde	Anerkennung als Kurort ist erteilt für: (Ortsteile, sofern nicht B, G, K *)	Artbezeichnung
Preußisch Oldendorf	32361	Preußisch Oldendorf	Bad Holzhausen	Heilbad
Prien	83209	Prien a. Chiemsee	G – ohne den eingegliederten Gemeindeteil Vachendorf – und den Gemeindeteil Wildenwart	Kneippkurort
Pyrmont	31812	Bad Pyrmont	K	Heilbad
R				
Radolfzell	78315	Radolfzell	Mettnau	Kneippkurort
Ramsau	83486	Ramsau bei Berchtesgaden	G	Heilklimatischer Kurort
Rappenau	74906	Bad Rappenau	Bad Rappenau	(Sole-)Heilbad
Reichenhall	83435	Bad Reichenhall	Bad Reichenhall, Bayerisch Gmain und Kibling der Gemeinde Schneizlreuth	Heilbad
Reichshof	51580	Reichshof	Eckenhagen	Heilklimatischer Kurort
Rippoldsau-Schapbach	77776	Bad Rippoldsau-Schapbach	Bad Rippoldsau	Heilbad
Rodach	96476	Bad Rodach b. Coburg	Bad Rodach	Heilbad
Rothenfelde	49214	Bad Rothenfelde	G	Heilbad
Rottach-Egern	83700	Rottach-Egern	G	Heilklimatischer Kurort
S				
Saalfeld/Saale	07318	Saalfeld/Saale	G, ausgenommen Ortsteil Arnsgereuth	Ort mit Heilstollenkurbetrieb
Saarow	15526	Bad Saarow	Bad Saarow	Thermalsole- und Moorheilbad
Sachsa	37441	Bad Sachsa	Bad Sachsa	Heilklimatischer Kurort
Säckingen	79713	Bad Säckingen	Bad Säckingen	Heilbad
Salzdetfurth	31162	Bad Salzdetfurth	Bad Salzdetfurth, Detfurth	Heilbad
Salzgitter	38259	Salzgitter	Salzgitter-Bad	Ort mit Sole-Kurbetrieb
Salzschlirf	36364	Bad Salzschlirf	G	Heilbad
Salzuflen	32105	Bad Salzuflen	Bad Salzuflen	Heilbad
Salzungen	36433	Bad Salzungen	K	(Sole-)Heilbad
Sasbachwalden	77887	Sasbachwalden	G	Kneippkurort
Sassendorf	59505	Bad Sassendorf	Bad Sassendorf	Heilbad
Saulgau	88348	Bad Saulgau	Bad Saulgau	Heilbad
Schandau	01814	Bad Schandau	Bad Schandau, Krippen, Ostrau; Schmilka	Kneippheilbad
Scharbeutz	23683	Scharbeutz	Scharbeutz	Ostseeheilbad

Name ohne „Bad“	PLZ	Gemeinde	Anerkennung als Kurort ist erteilt für: (Ortsteile, sofern nicht B, G, K *)	Artbezeichnung
Scheidegg	88175	Scheidegg	G	Kneippkurort und Heilklimatischer Kurort
Schlangenbad	65388	Schlangenbad	K	Heilbad
Schleiden	53937	Schleiden	Gemünd	Kneippkurort
Schluchsee	79859	Schluchsee	Schluchsee, Faulenfürst, Fischbach	Heilklimatischer Kurort
Schmallenberg	57392	Schmallenberg	a) Fredeburg b) Grafschaft c) Nordenau	Kneippkurort Heilklimatischer Kurort
Schmiedeberg	06905	Bad Schmiedeberg	G	Heilbad
Schömberg	75328	Schömberg	Schömberg	Heilklimatischer Kurort und Kneipp-kurort
Schönau	83471	Schönau a. Königs-see	G	Heilklimatischer Kurort
Schönberg	24217	Schönberg	Holm	Heilbad und Kneipp-kurort
Schönborn	76669	Bad Schönborn	a) Bad Mingolsheim b) Langenbrücken	Heilbad Ort mit Heilquellen-Kurbetrieb
Schönebeck-Salzelmen	39624	Schönebeck-Salz-elmen	G	Heilbad
Schönwald	78141	Schönwald	G	Heilklimatischer Kurort
Schwalbach	65307	Bad Schwalbach	K	Heilbad
Schwangau	87645	Schwangau	G	Heilklimatischer Kurort
Schwartau	23611	Bad Schwartau	Bad Schwartau	Heilbad
Segeberg	23795	Bad Segeberg	G	Heilbad
Siegsdorf	83313	Siegsdorf	B – Adelholzer Primusquelle	Heilquellen-Kur-betrieb
Sobernheim	55566	Bad Sobernheim	Bad Sobernheim	Felke-Heilbad
Soden am Taunus	65812	Bad Soden am Taunus	K	Heilbad
Soden-Salmünster	63628	Bad Soden-Sal-münster	Bad Soden	Heilbad
Soltau	29614	Soltau	Soltau	(Sole-)Heilbad
Sooden-Allendorf	37242	Bad Sooden-Allen-dorf	K	Heilbad
Spiekeroog	26474	Spiekeroog	G	Nordseeheilbad
St. Blasien	79837	St. Blasien	St. Blasien	Kneippkurort und Heilklimatischer Kurort
St. Peter-Ording	25826	St. Peter-Ording	St. Peter-Ording	Nordseeheilbad und Mineralheilbad

Name ohne „Bad“	PLZ	Gemeinde	Anerkennung als Kurort ist erteilt für: (Ortsteile, sofern nicht B, G, K *)	Artbezeichnung
Staffelstein	96226	Bad Staffelstein	G	Heilbad
Steben	95138	Bad Steben	a) Bad Steben b) Obersteben	Heilbad
Stuttgart	70173	Stuttgart	Berg, Bad Cannstatt	Ort mit Heilquellen-Kurbetrieb
Stützerbach	98714	Stützerbach	Stützerbach	Heilkurort
Suderode	06507	Bad Suderode	G	Heilbad
Sülze	18334	Bad Sülze	G	(Moor- und Sole-) Heilbad
Sulza	99518	Bad Sulza	G	Sole-Heilbad
T				
Tabarz	99891	Bad Tabarz	G	Kneippheilbad
Tecklenburg	49545	Tecklenburg	Tecklenburg	Kneippkurort
Tegernsee	83684	Tegernsee	G	Heilklimatischer Kurort
Teinach-Zavelstein	75385	Bad Teinach-Zavelstein	Bad Teinach	Heilbad
Templin	17268	Templin	Templin	Thermalsoleheilbad
Tennstedt	99955	Bad Tennstedt	G	Ort mit Heilquellen-Kurbetrieb
Thyrnau	94136	Thyrnau	B – Sanatorium Kellberg	Mineralquellen-Kurbetrieb
Timmendorfer Strand	23669	Timmendorfer Strand	Timmendorfer Strand, Niendorf	Ostseeheilbad
Titisee-Neustadt	79822	Titisee-Neustadt	Titisee	Heilklimatischer Kurort
Todtmoos	79682	Todtmoos	G	Heilklimatischer Kurort
Tölz	83646	Bad Tölz	a) Gebiet der ehemaligen Stadt Bad Tölz b) Gebiet der ehemaligen Gemeinde Oberfischbach	Moorheilbad und Heilklimatischer Kurort Heilklimatischer Kurort
Traben-Trarbach	56841	Traben-Trarbach	Bad Wildstein	Heilbad
Travemünde	23570	Travemünde	Travemünde	Osteeheilbad
Treuchtlingen	91757	Treuchtlingen	B – Altmühltherme/ Lambertusbad	Ort mit Heilquellen-Kurbetrieb
Triberg	78098	Triberg	Triberg	Heilklimatischer Kurort
U				
Überkingen	73337	Bad Überkingen	Bad Überkingen	Heilbad
Überlingen	88662	Überlingen	Überlingen	Kneippheilbad
Urach	72574	Bad Urach	Bad Urach	Heilbad

VII

Name ohne „Bad"	PLZ	Gemeinde	Anerkennung als Kurort ist erteilt für: (Ortsteile, sofern nicht B, G, K *)	Artbezeichnung
V				
Vallendar	56179	Vallendar	Vallendar	Kneippkurort
Vilbel	61118	Bad Vilbel	K	Ort mit Heilquellen-Kurbetrieb
Villingen-Schwenningen	78050	Villingen-Schwenningen	Villingen	Kneippkurort
Vlotho	32602	Vlotho	Seebruch, Senkelteich, Valdorf-West	Kurmittelgebiet (Heilquelle und Moor)
W				
Waldbronn	76337	Waldbronn	Gemeindeteile Busenbach, Reichenbach	Ort mit Heilquellen-Kurbetrieb
Waldsee	88399	Bad Waldsee	Bad Waldsee	(Moor-)Heilbad und Kneippkurort
Wangerland	26434	Wangerland	Horumersiel, Schillig	Nordseeheilbad
Wangerooge	26486	Wangerooge	G	Nordseeheilbad
Warburg	34414	Warburg	Germete	Kurmittelgebiet (Heilquelle)
Waren	17192	Waren / Müritz	Waren / Müritz	Heilbad
Weiskirchen	66709	Weiskirchen	Weiskirchen	Heilklimatischer Kurort Kneippkurort
Weißenstadt am See	95163	Weißenstadt am See	Kurzentrum Weißenstadt am See	Ort mit Heilquellen-Kurbetrieb
Wenningstedt	25996	Wenningstedt/Sylt	Wenningstedt	Nordseeheilbad
Westerland	25980	Westerland	Westerland	Nordseeheilbad
Wiesbaden	65189	Wiesbaden	K	Heilbad
Wiesenbad	09488	Thermalbad Wiesenbad	Thermalbad Wiesenbad	Ort mit Heilquellen-Kurbetrieb
Wiessee	83707	Bad Wiessee	G	Heilbad
Wildbad	75323	Bad Wildbad	Bad Wildbad	Heilbad
Wildungen	34537	Bad Wildungen	a) K b) Reinhardshausen	Heilbad Ort mit Heilquellen-Kurbetrieb
Willingen	34508	Willingen (Upland)	a) K b) Usseln	Heilklimatischer Kurort, Kneippkurort Heilklimatischer Kurort
Wilsnack	19336	Bad Wilsnack	K	Thermal- und Moorheilbad
Wimpfen	74206	Bad Wimpfen	Bad Wimpfen, Erbach, Fleckinger Mühle, Höhenhöfe	(Sole-)Heilbad
Windsheim	91438	Bad Windsheim	Bad Windsheim, Kleinwindsheimermühle, Walkmühle	Heilbad
Winterberg	59955	Winterberg	Winterberg, Altastenberg, Elkeringhausen	Heilklimatischer Kurort

Name ohne „Bad"	PLZ	Gemeinde	Anerkennung als Kurort ist erteilt für: (Ortsteile, sofern nicht B, G, K *)	Artbezeichnung
Wittdün/ Amrum	25946	Wittdün/Amrum	Wittdün	Nordseeheilbad
Wittmund	26409	Wittmund	Carolinensiel-Harlesiel	Nordseeheilbad
Wörishofen	86825	Bad Wörishofen	Bad Wörishofen, Hartenthal, Oberes Hart, Obergammenried, Schöneschach, Untergammenried, Unteres Hart	Kneippheilbad
Wolfegg	88364	Wolfegg	G	Heilklimatischer Kurort
Wolkenstein	09429	Wolkenstein	Warmbad	Ort mit Heilbad
Wünnenberg	33181	Wünnenberg	Wünnenberg	Kneippheilbad
Wurzach	88410	Bad Wurzach	Bad Wurzach	(Moor-)Heilbad
Wyk a. F.	25938	Wyk a. F.	Wyk	Nordseeheilbad
Z				
Zingst	18374	Ostseebad Zingst	G	Ostseeheilbad
Zwesten	34596	Zwesten	K	Ort mit Heilquellen-Kurbetrieb
Zwischenahn	26160	Bad Zwischenahn	Bad Zwischenahn	Heilbad

* B = Einzelkurbetrieb
G = gesamtes Gemeindegebiet
K = nur Kerngemeinde, Kernstadt

Teil B Ausland
1. Europäische Union

Land	Ort
Frankreich	Aix-les-Bains
	Amélie-les-Bains
	Cambo-les-Bains
	La Roche-Posay
Italien	Abano Terme
	Galzignano
	Ischia
	Meran
	Montegrotto
	Montepulciano
Kroatien	Cres
Österreich	Badgastein
	Bad Hall in Tirol
	Bad Hofgastein
	Bad Schönau
	Bad Traunstein

Land	Ort
	Oberlaa
Polen	Kolobrzeg (Kolberg)
	Swieradow-Zdroj (Bad Flinsberg)
	Swinemünde
	Ustron
Rumänien	Bad Felix (Baile Felix)
Slowakei	Dudince
	Piestany
	Turcianske Teplice
Tschechien	Bad Belohrad (Lazne Belohrad)
	Bad Joachimsthal/Jachymov
	Bad Teplitz in Nordböhmen, mit Ortsteil Dubi/Lazne
	Teplice v Cechach
	Franzensbad/Frantiskovy Lazne
	Freiwaldau/Lazne Jesenik
	Johannisbad/Janske Lazne
	Karlsbad/Karlovy Vary
	Konstantinsbad/Konstantinovy Lazne
	Luhacovice, Ortsteil Bad Luhacovice
	Marienbad/Marianske Lazne
Ungarn	Bad Heviz
	Bad Zalakaros
	Bük
	Hajduszoboszlo
	Harkány
	Komarom
	Sarvar

2. Außerhalb der Europäischen Union

Land	Region
Ort	
Israel	Totes Meer
En Bokek (Ein Boqueq)	
Sedom	
Jordanien	Totes Meer
Sweimeh	

Anlage 8
(zu § 21 Abs. 1 Nr. 3)

Beihilfefähige Medizinprodukte

Lfd.Nr.	Produktbezeichnung
0	
0.1	1xklysma salinisch
1	
1.1	AMO ENDOSOL
1.2	Ampuwa Spüllösung
1.3	Amvisc
1.4	Amvisc Plus
1.5	Aqua B. Braun
2	
2.1	Bausch & Lomb Balanced Salt Solution
2.2	BD PosiFlush SP
2.3	BD PosiFlush XS
2.4	belAir NaCl 0,9 %
2.5	BSS DISTRA-SOL
2.6	BSS PLUS (Alcon Pharma GmbH)
2.7	BSS STERILE SPÜLLÖSUNG (Alcon Pharma GmbH)
3	unbesetzt
4	
4.1	Dimet 20
4.2	Dk-line
4.3	DuoVisc
5	
5.1	EtoPril
5.2	Eye-Lotion Balanced Salt Solution
6	
6.1	Freka-Clyss
6.2	Freka Drainjet NaCl 0,9 %
6.3	Freka Drainjet Purisole SM verdünnt
7	unbesetzt
8	
8.1	Healon
8.2	HEALON5
8.3	HEALON GV
8.4	Hedrin Once Liquid Gel
8.5	HYLO-GEL
9	
9.1	InstillaGel Lubri
9.2	IsoFree

VII

Lfd.Nr.	Produktbezeichnung
9.3	ISOMOL
9.4	Isotonische Kochsalzlösung zur Inhalation (Eifelfango)
10	unbesetzt
11	
11.1	Kinderlax elektrolytfrei
11.2	Klistier Fresenius
11.3	Kochsalz 6 % Inhalat Pädia
11.4	Kochsalz 0,9 % Inhalat Pädia
12	unbesetzt
13	
13.1	MacroGo Klinge plus Elektrolyte
13.2	Macrogol AbZ
13.3	Macrogol beta Lemon
13.4	Macrogol dura
13.5	Macrogol TAD
13.6	mosquito med LäuseShampoo
13.7	mosquito med LäuseShampoo 10
13.8	MOVICOL
13.9	MOVICOL aromafrei
13.10	MOVICOL flüssig Orange
13.11	MOVICOL Junior aromafrei
13.12	MOVICOL Junior Schoko
13.13	MOVICOL Schoko
13.14	MOVICOL V
13.15	MucoClear 6 %
13.16	MUCOfree® 6 % zur Inhalation
14	
14.1	NaCl 0,9 % B. Braun
14.2	NaCl 0,9 % Fresenius Kabi
14.3	Nebusal 7 %
14.4	NutriLock
14.5	NYDA
14.6	NYDA Läusespray
15	
15.1	OcuCoat
15.2	Okta-line
15.3	Oxane 1300
15.4	Oxane 5700
16	
16.1	Paranix ohne Nissenkamm
16.2	PARI NaCl Inhalationslösung
16.3	Pe-Ha-Visco (2,0 %)

Lfd.Nr.	Produktbezeichnung
16.4	Polyvisc 2,0 %
16.5	Polysol
16.6	ProVisc
16.7	PURI CLEAR
16.8	Purisole SM verdünnt
17	unbesetzt
18	
18.1	Ringer B. Braun
18.2	Ringer Fresenius Spüllösung
18.3	roleca macrogol
19	
19.1	Saliva natura
19.2	Sentol
19.3	Serag BSS
19.4	Serumwerk-Augenspüllösung BSS
20	
20.1	TauroSept
20.2	TP SalineFlush
21	unbesetzt
22	
22.1	VISCOAT
22.2	VISMED
22.3	VISMED MULTI
23	unbesetzt
24	unbesetzt
25	unbesetzt
26	
26.1	Z-HYALIN

Merkblatt zur Beihilfenverordnung des Landes Rheinland-Pfalz

Vom 1. März 2024

Dieses Merkblatt soll Ihnen einen Überblick über die wesentlichen Inhalte der Beihilfenverordnung Rheinland-Pfalz (im folgenden BVO) geben und Ihnen helfen, Ihre Ansprüche im Krankheits-, Geburts- und Pflegefall kennen zu lernen. Es sind nur die in der Praxis am häufigsten vorkommenden Fälle behandelt; das Merkblatt erhebt daher **keinen** Anspruch auf Vollständigkeit. Rechtsansprüche können hieraus nicht abgeleitet werden. Für die Festsetzung der Beihilfe sind ausschließlich die BVO und das Landesbeamtengesetz (LBG) in der jeweils geltenden Fassung maßgebend.

Weitere Informationen zur Beihilfengewährung, Vordrucke und weiter gehende Merkblätter erhalten Sie auch auf den Internetseiten des Landesamtes für Finanzen unter https://www.lff-rlp.de/fachliche-themen/beihilfe. Falls zu einem bestimmten Thema ein ausführlicheres Merkblatt zur Verfügung steht, wird im folgenden Text darauf hingewiesen.

1. Für wen wird Beihilfe gezahlt?

1.1 Beihilfeberechtigte Personen

Beihilfeberechtigt sind Beamtinnen und Beamte, Ruhestandsbeamtinnen und Ruhestandsbeamte, Witwen und Witwer sowie hinterbliebene Lebenspartnerinnen und Lebenspartner und Waisen, **wenn** und **solange** sie Dienstbezüge, Anwärterbezüge, Ruhegehalt, Witwen-, Witwer-, Waisengeld oder einen Unterhaltsbeitrag erhalten.

Gleiches gilt auch für die Richter des Landes Rheinland-Pfalz (§ 5 Landesrichtergesetz).

Beihilfeberechtigung besteht auch, wenn keine Bezüge gezahlt werden

- während der Elternzeit,
- während einer Beurlaubung nach § 76 Landesbeamtengesetz zur Betreuung eines Kindes oder zur Pflege eines pflegebedürftigen Angehörigen, sofern
  - Sie keinen Anspruch auf Familienversicherung nach § 10 SGB V haben oder
  - Sie nicht berücksichtigungsfähige/r Angehörige/r einer beihilfeberechtigten Person werden,
- während einer sonstigen Beurlaubung von höchstens 30 Kalendertagen.

Stirbt die beihilfeberechtigte Person, erhält die Erbin, der Erbe oder die Erbengemeinschaft die Beihilfe zu den bis zum Tod entstandenen Aufwendungen.

1.2 Berücksichtigungsfähige Angehörige

a) Ehegattinnen und Ehegatten sowie Lebenspartnerinnen und Lebenspartner

Die Berücksichtigungsfähigkeit von Ehegattinnen und Ehegatten sowie Lebenspartnerinnen und Lebenspartnern von beihilfeberechtigten Personen hängt von deren Einkünften im zweiten Kalenderjahr vor der Stellung des Beihilfeantrags ab. Die Einkunftsgrenze liegt bei

- 20 450,00 EUR bei Ehen und Lebenspartnerschaften, die vor dem 1. Januar 2012 eingegangen wurden, wenn der Beihilfeanspruch bis 31. 12. 2011 begründet worden ist (i. d. R. durch Ernennung zum Beamten)
- 17 000,00 € in allen anderen Fällen.

Ausführliche Informationen finden Sie auch im Merkblatt „Berücksichtigungsfähigkeit von Ehegattinnen und Ehegatten oder Lebenspartnerinnen und Lebenspartnern".

b) Kinder

Beihilfe für Aufwendungen eines Kindes einer beihilfeberechtigten Person wird gewährt, wenn es im Familienzuschlag der beihilfeberechtigten Person berücksichtigungsfähig ist.

Ein Kind, das bei mehreren beihilfeberechtigten Personen berücksichtigungsfähig ist, wird bei der Person berücksichtigt, die den entsprechenden Anteil des Familienzuschlags tatsächlich erhält. Erhält keine beihilfeberechtigte Person den Familienzuschlag, ist das Kind bei der Person zu berücksichtigen, die dem Familienzuschlag vergleichbare Vergütungsbestandteile erhält, im Übrigen bei der Person, die das Kindergeld bezieht.

Als berücksichtigungsfähig gelten auch Kinder, für die der Anspruch auf den kinderbezogenen Anteil im Familienzuschlag entfällt, weil das Kind ein Zweitstudium oder eine Zweitausbildung mit gleichzeitigem Beschäftigungsverhältnis durchführt und das Kindergeld oder der Kinderfreibetrag wegen der schädlichen Stundenanzahl (§ 32 Abs. 4 Satz 2 und 3 Einkommensteuergesetz) nicht gewährt wird, längstens jedoch nur für den Zeitraum, für den grundsätzlich Anspruch auf den kinderbezogenen Anteil im Familienzuschlag bestehen würde.

2. Für welche Aufwendungen wird Beihilfe gezahlt?

Beihilfefähig sind nur die **notwendigen Aufwendungen** im **angemessenen Umfang**.

Aus diesem Grund ist in der Regel die Angabe der Diagnose auf Rechnungen, Verordnungen, Attesten usw. notwendig. Hat die Beihilfestelle Zweifel an der medizinischen Notwendigkeit, kann sie auch Gutachter (z. B. Amtsärzte) beteiligen.

Was „angemessen" ist, ergibt sich grundsätzlich aus dem Gebührenrahmen der Gebührenordnungen für Ärzte (GOÄ), Zahnärzte (GOZ) und Psychologische Psychotherapeuten und Kinder- und Jugendlichenpsychotherapeuten (GOP). Im Übrigen werden in den Anlagen zur BVO Höchstbeträge für verschiedene Leistungen festgelegt.

2.1 Aufwendungen in Krankheitsfällen

Ärztliche Leistungen

Beihilfefähig sind die von den Ärzten in Rechnung gestellten Kosten, soweit diese im Einklang mit der Gebührenordnung für Ärzte (GOÄ) berechnet werden. Im Regelfall sind die Gebührensätze der GOÄ für ärztliche Leistungen bis zum 2,3fachen Satz, für überwiegend medizinisch-technische Leistungen bis zum 1,8fachen Satz und für Laborleistungen bis zum 1,15fachen Satz der Gebührenordnung beihilfefähig. Liegt eine ausreichende Begründung für eine besonders schwierige oder zeitaufwändige Leistung im Einzelfall vor, können die Kosten für die ärztliche Leistung bis zum 3,5fachen Satz, für medizinisch-technische Leistungen bis zum 2,5fachen Satz und für die Laborleistungen bis zum 1,3fachen Satz berücksichtigt werden. Auch mit den Ärzten vereinbarte Honorare (Abdingungen) sind nur bis zu den vorgenannten Gebührenrahmen beihilfefähig. Nicht beihilfefähig sind Leistungen, die auf Verlangen (§ 1 Abs. 2 GOÄ) erbracht werden.

Zahnärztliche Leistungen

Honorarkosten von Zahnärztinnen und Zahnärzten sind, soweit diese im Einklang mit der Gebührenordnung für Zahnärzte (GOZ) berechnet werden, beihilfefähig. Im Regelfall sind die Gebührensätze der GOZ bis zum 2,3fachen Satz der Gebührenordnung beihilfefähig. Liegt eine ausreichende medizinische Begründung vor, können die Aufwendungen bis zum 3,5fachen Satz berücksichtigt werden. Auch mit den Zahnärzten vereinbarte Honorare (Abdingungen) sind nur bis zu dem vorgenannten Gebührenrahmen beihilfefähig. Nicht beihilfefähig sind Leistungen, die auf Verlangen (§ 1 Abs. 2 Satz 2 und § 2 Abs. 3 GOZ) erbracht werden.

Zahntechnische Leistungen (Material- und Laborkosten für Zahnkronen, Inlays usw.) sind zu 60 v. H. beihilfefähig. Auf diesen beihilfefähigen Betrag wird der personenbezogene Bemessungssatz angewendet.

Für **Zahnbehandlungen und -ersatz** benötigen Sie keine vorherige Anerkennung durch die Beihilfestelle.

Die Aufwendungen für **kieferorthopädische Maßnahmen** sind beihilfefähig, wenn

- sie zur Herstellung der Kaufähigkeit oder der Verhütung einer Krankheit notwendig sind, und

- ein Heil- oder Kostenplan bei der Festsetzungsstelle vorgelegt wird.

Eine Voranerkennung der Beihilfefähigkeit ist jedoch nicht vorgesehen. Es genügt deshalb, wenn Sie den Heil- und Kostenplan spätestens mit dem ersten Beihilfeantrag für entsprechende Aufwendungen einreichen.

Aufwendungen für **implantologische Leistungen** (Abschnitt K der GOZ), einschließlich der vorbereitenden und ergänzenden Maßnahmen, sind nur bei Vorliegen bestimmter Indikationen beihilfefähig. Die vom Zahnarzt zu bestätigenden Indikationen ergeben sich aus dem im Internet eingestellten Fragebogen. Aufwendungen für Suprakonstruktionen (der auf dem Zahnimplantat befestigte Zahnersatz, z. B. Krone, Brücke, Prothese) sind unabhängig von einer Indikation beihilfefähig. Hierfür gelten die oben dargestellten Einschränkungen hinsichtlich der Beihilfefähigkeit zahntechnischer Leistungen.

Psychotherapeutische Leistungen

Aufwendungen für **ambulante** psychotherapeutische Behandlungen sind grundsätzlich nur dann beihilfefähig, wenn die Festsetzungsstelle vor Beginn der Behandlung die Beihilfefähigkeit der Aufwendungen aufgrund eines Gutachtens zur Notwendigkeit und zu Art und Umfang der Behandlung anerkannt hat.

Im Merkblatt „Psychotherapeutische Behandlungen" erhalten Sie ausführliche Informationen hierzu. Fordern Sie bitte rechtzeitig vor Behandlungsbeginn die entsprechenden Antragsunterlagen bei der Beihilfestelle an.

Heilpraktische Leistungen

Aufwendungen für Leistungen einer Heilpraktikerin oder eines Heilpraktikers sind bis zu den in der Anlage 5 der BVO bestimmten Höchstbeträgen beihilfefähig.

Arznei- und Verbandmittel

Aufwendungen für registrierte oder zugelassene Arzneimittel und Arzneimittelzubereitungen, in Anlage 8 zu § 21 BVO gelistete Medizinprodukte sowie für Verbandmittel sind nur beihilfefähig, wenn diese von Ärzten, Zahnärzten oder Heilpraktikern nach Art und Menge **vor** der Beschaffung schriftlich verordnet werden.

Nicht beihilfefähig sind Aufwendungen für

- Nahrungsergänzungsmittel, Lebensmittel und diätetische Lebensmittel,
- kosmetische Mittel,
- Mittel zur überwiegenden Behandlung der erektilen Dysfunktion, der Anreizung sowie Steigerung der sexuellen Potenz,
- Mittel zur Abmagerung oder Zügelung des Appetits und Regulierung des Körpergewichtes,
- Mittel zur Verbesserung des Haarwuchses und
- Mittel zur Behandlung von Reisekrankheiten.

Dies gilt auch dann, wenn Ihnen diese Mittel ärztlich verordnet werden.

Heilbehandlungen

Die Aufwendungen für Heilbehandlungen (z. B. Massagen, Krankengymnastik) sind beihilfefähig, wenn sie

- zuvor schriftlich von einem Arzt/einer Ärztin nach Art und Anzahl verordnet sind (fügen Sie dem Antrag bitte die entsprechende Verordnung bei),
- von Angehörigen der Heilfachberufe (z. B. Beschäftigungs- und Arbeitstherapeuten, Ergotherapeuten, Krankengymnasten, Logopäden, Masseure, Masseure und medizinische Bademeister, Physiotherapeuten, Podologen, staatlich geprüfte Atem-, Sprech- und Stimmlehrer der Schule Schlaffhorst-Anderson, akademische Sprachtherapeuten mit Zulassung zur Leistungserbringung im Bereich der gesetzlichen Krankenkasse, klinische Linguisten) durchgeführt werden.

Die Aufwendungen sind bis zu den in Anlage 3 der BVO genannten Höchstbeträgen beihilfefähig.

Auch zu den Aufwendungen einer erweiterten ambulanten Physiotherapie können Sie unter bestimmten Voraussetzungen eine Beihilfe erhalten. Weitere Einzelheiten entnehmen Sie bitte dem Merkblatt „Erweiterte ambulante Physiotherapie".

Hilfsmittel

Zu den Hilfsmitteln gehören z. B. Brillen, Hörgeräte, orthopädische Einlagen, Blutzuckermessgeräte, Rollstühle, Kompressionsstrümpfe usw. Es sind nur die Hilfsmittel beihilfefähig, die in Anlage 4 der BVO aufgeführt sind und die **vor** der Anschaffung schriftlich verordnet wurden. Für einige Hilfsmittel (z. B. Hörgeräte, Brillen und Kontaktlinsen) gelten Höchstbeträge.

Zu Brillen und Kontaktlinsen gibt es jeweils ein gesondertes Merkblatt.

Blutdruckmessgeräte, Bestrahlungslampen, Fieberthermometer, Allergiebettbezüge, Fitnessgeräte und dergleichen sind nicht beihilfefähig, weil deren Anschaffungskosten den Aufwendungen der allgemeinen Lebenshaltung zuzurechnen sind.

Eine Beihilfe zu den Aufwendungen für Betrieb und Unterhaltung von Hilfsmitteln und Geräten (z. B. Wartungskosten) wird Ihnen nur gewährt, soweit sie innerhalb eines Kalenderjahres den Betrag von 100,00 EUR (Eigenanteil) übersteigen. Es empfiehlt sich, die Belege zu sammeln und einmal jährlich vorzulegen. Nicht beihilfefähig sind die Aufwendungen für Batterien für Hörgeräte von Personen, die das 18. Lebensjahr vollendet haben, sowie für Pflege- und Reinigungsmittel für Kontaktlinsen.

Stationäre Krankenhausbehandlung

Beihilferechtlich wird zwischen zugelassenen und nicht zugelassenen Krankenhäusern unterschieden.

Zugelassene Krankenhäuser nach § 108 SGB V sind

- Hochschulkliniken,
- Krankenhäuser, die in den Krankenhausplan eines Landes aufgenommen sind, und
- Krankenhäuser, die einen Versorgungsvertrag mit den Landesverbänden der Krankenkassen und den Verbänden der Ersatzkassen abgeschlossen haben.

Auskünfte hierzu erteilt Ihnen das jeweilige Krankenhaus.

Bei stationären Behandlungen in diesen Krankenhäusern sind die allgemeinen Krankenhausleistungen (DRG-Fallpauschalen oder Entgelte nach dem PEPP-System) beihilfefähig.

Darüber hinaus sind unter bestimmten Voraussetzungen auch die Aufwendungen für Wahlleistungen beihilfefähig. Weitere Einzelheiten finden Sie im Merkblatt „Wahlleistungen im Krankenhaus".

Bei stationären Behandlungen in **Krankenhäusern ohne Zulassung** nach § 108 SGB V, das sind die sogenannten Privatkliniken, sind die Aufwendungen nur bis zu bestimmten Höchstgrenzen beihilfefähig. Es sind hohe Eigenanteile zu erwarten. Vor der Aufnahme in ein solches Krankenhaus empfiehlt es sich deshalb, eine Übersicht über die voraussichtlich entstehenden Kosten bei der Festsetzungsstelle zur Prüfung der Höhe der Beihilfe einzureichen.

Palliativversorgung

Beihilfefähig sind die Aufwendungen für eine spezialisierte ambulante, stationäre oder teilstationäre Palliativversorgung.

Behandlungspflege und vorübergehende häusliche Krankenpflege

Zur **Behandlungspflege** gehören z. B. das Wechseln von Verbänden, das Verabreichen von Spritzen usw., die nicht von einem Arzt, sondern von einem ambulanten Pflegedienst durchgeführt werden.

Die **häusliche Krankenpflege** umfasst Tätigkeiten wie z. B. Hilfe beim An- und Ausziehen und bei der Körperpflege sowie die hauswirtschaftliche Versorgung. Eine Beihilfe für die vorübergehende häusliche Krankenpflege wird in der Regel für die Dauer von bis zu sechs Monaten gewährt.

Falls bei Ihnen oder bei berücksichtigungsfähigen Angehörigen eine Behandlungspflege oder vorübergehende häusliche Krankenpflege notwendig ist, muss der Arzt die Art und den Umfang der erforderlichen Maßnahme bescheinigen. Die Aufwendungen sind grundsätzlich beschränkt auf die durchschnittlichen monatlichen Kosten einer Berufspflegekraft.

Familien- und Haushaltshilfe

Eine Familien- und Haushaltshilfe führt den Haushalt weiter, wenn die Person, die sonst den Haushalt führt, stationär behandelt werden muss (z. B. im Krankenhaus oder im Sanatorium). Unter welchen Voraussetzungen und in welcher Höhe zu solchen Aufwendungen eine Beihilfe nach der BVO gewährt werden kann, können Sie dem Internet entnehmen. Bei Antragsstellung fügen Sie bitte den ausgefüllten Vordruck „Familien- und Haushaltshilfe" bei, den Sie ebenfalls im Internet finden.

Fahrtkosten

Beihilfefähig sind Aufwendungen

a) für **zuvor ärztlich verordnete** Fahrten
   - im Zusammenhang mit stationären Krankenbehandlungen, einschließlich einer vor- und nachstationären Behandlung; dies gilt bei einer Verlegung in ein anderes Krankenhaus nur, wenn die Verlegung aus zwingenden medizinischen Gründen erforderlich ist,
   - anlässlich einer ambulanten Operation im Krankenhaus oder in der Arztpraxis einschließlich der Vor- und Nachbehandlung,
   - mit einem Krankentransportfahrzeug, wenn während der Fahrt eine fachliche Betreuung oder die Nutzung der besonderen Einrichtung des Krankentransportwagens erforderlich ist,
   - zu ambulanten Behandlungen einer Grunderkrankung, die eine **hohe Behandlungsfrequenz über einen längeren Zeitraum bedarf** und diese Behandlung oder der zu diesem Behandlungsverlauf führende Krankheitsverlauf die behandelte Person so beeinträchtigt, dass eine Beförderung unerlässlich ist.

b) ohne ärztliche Verordnung für
   - Rettungsfahrten und -flüge, auch wenn eine stationäre Behandlung nicht erforderlich ist,
   - Fahrten zur ambulanten Dialyse, onkologischen Strahlen- oder Chemotherapie,
   - regelmäßige Fahrten eines Elternteils zum Besuch seines Kindes, wenn nach ärztlicher Bescheinigung der Besuch wegen des Alters des Kindes und der einer stationären Langzeittherapie erfordernden Geschwulsterkrankung oder vergleichbaren schweren Erkrankung medizinisch notwendig ist, und
   - unter a) genannte Fahrten sowie Fahrten zu ambulanten Behandlungen von beihilfeberechtigten Personen oder berücksichtigungsfähigen Angehörigen, die einen Schwerbehindertenausweis mit dem Merkzeichen „G" (erhebliche Gehbehinderung), „aG" (außergewöhnliche Gehbehinderung), „Bl" (blind) oder „H" (hilflos) vorlegen oder die Pflegegrade 3, 4 oder 5 nachweisen oder vergleichbar beeinträchtigt sind.

Die Fahrtkosten sind angemessen

- bei Rettungsfahrten und -flügen und Krankentransportfahrten bis zu den nach dem jeweiligen Landesrecht berechneten Beträgen,
- bei Benutzung regelmäßig verkehrender Beförderungsmittel bis zur Höhe der niedrigsten Beförderungsklasse,
- bei Benutzung eines privaten Personenkraftwagens bis zu dem in § 6 Abs. 1 Satz 1 des Landesreisekostengesetzes genannten Betrag; bei gemeinsamer Fahrt einer beihilfeberechtigten oder berücksichtigungsfähigen Person mit weiteren beihilfeberechtigten oder berücksichtigungsfähigen Personen mit einem Personenkraftwagen sind die Fahrtkosten insgesamt nur einmal beihilfefähig, und
- bei Benutzung eines Taxis bis zur Höhe der nach der jeweiligen Taxiordnung berechneten Taxe.

Nicht beihilfefähig sind

- die Mehrkosten der Beförderung zu einem anderen als dem nächstgelegenen Ort, an dem eine geeignete Behandlung möglich ist,
- die Kosten für die Rückbeförderung wegen Erkrankung während einer Urlaubsreise oder anderer privater Reisen,
- die Kosten für Beförderung anderer Personen als der erkrankten Person, es sei denn, die Beförderung von Begleitpersonen ist medizinisch notwendig,

- die Kosten für andere als unter b) genannte Besuchsfahrten, und
- die Kosten für die Gepäckbeförderung.

Bitte beachten Sie:

Nicht beihilfefähig sind

- die in der Anlage 1 Nr. 1 der BVO aufgeführten **wissenschaftlich nicht allgemein anerkannten Behandlungsmethoden** und die dabei verbrauchten Heil- und Verbandmittel,
- die in der Anlage 1 Nr. 2 der BVO aufgeführten Behandlungsmethoden, sofern die dort genannten Voraussetzungen nicht erfüllt sind.

2.2 Aufwendungen in Pflegefällen, zusätzliche Betreuungs-/ Entlastungsleistungen

Sofern Sie pflegebedürftig sind, erhalten Sie zu den Aufwendungen für eine notwendige häusliche, teilstationäre oder stationäre Pflege eine Beihilfe.

Die Entscheidung über die Pflegebedürftigkeit sowie zu Art und notwendigem Umfang der Pflege trifft der medizinische Dienst der privaten oder gesetzlichen Pflegeversicherung. Er erstellt ein ärztliches Gutachten, aufgrund dessen die Einstufung in eine Pflegestufe erfolgt. Die Beihilfestelle übernimmt diese Entscheidung.

Wegen der weiteren Einzelheiten wird auf das ausführliche „Merkblatt über die Gewährung von Beihilfen zu Pflegekosten" verwiesen.

2.3 Aufwendungen für Maßnahmen zur Gesundheitsvorsorge

Aufwendungen für **(zahn-)ärztliche Früherkennungs-** und **Vorsorgeleistungen** sind unter Beachtung bestimmter Altersgrenzen beihilfefähig:

- Vorsorgeuntersuchungen für Kinder und Jugendliche,
- Untersuchungen zur Früherkennung von Krebserkrankungen und
- Gesundheitsuntersuchungen, insbesondere zur Früherkennung von Herz-, Kreislauf- und Nierenerkrankungen.

Aufwendungen für sog. **Grunduntersuchungen** (Check up), die nicht im Krankheitsfall entstehen, sind nicht beihilfefähig.

Beihilfefähig sind Aufwendungen für die Teilnahme an bis zu zwei **Gesundheits- oder Präventionskursen** zu den Bereichen Bewegungsgewohnheiten, Ernährung, Stressmanagement und Suchtmittelkonsum im Kalenderjahr; die Beihilfe beträgt höchstens 75,00 EUR je Kurs. Voraussetzung ist, dass der Kurs von einer gesetzlichen Krankenkasse als förderfähig anerkannt worden ist oder von einer/m Angehörigen der Heilfachberufe (siehe Ziffer 2.1 / Heilbehandlungen) durchgeführt wird.

Folgende **Schutzimpfungen** sind beihilfefähig:

- von der Ständigen Impfkommission empfohlene Schutzimpfungen (auch aufgrund privater Reisen innerhalb der Mitgliedstaaten der EU)
- FSME-Schutzimpfungen (Frühsommer-Meningoenzephalitis) und
- Grippeschutzimpfungen.

Nicht beihilfefähig sind jedoch alle Impfungen, die aus Anlass einer privaten Reise außerhalb der Mitgliedstaaten der EU oder schul-, ausbildungs-, studien- oder berufsbedingt erforderlich geworden sind.

2.4 Aufwendungen für Sanatoriumsbehandlungen, Anschlussheilbehandlungen, Heilkuren und Eltern-Kind-Kuren

Zu den Aufwendungen einer (stationären) Sanatoriumsbehandlung, Anschlussheilbehandlung, (ambulanten) Heilkur sowie Eltern-Kind-Kuren können Sie unter bestimmten Voraussetzungen eine Beihilfe erhalten. Weitere Einzelheiten zu den einzelnen Behandlungsarten, den Voraussetzungen und dem Antragsverfahren entnehmen Sie bitte dem Merkblatt „Heilkur – Sanatorium – AHB".

Da bei Sanatoriumsbehandlungen, Heilkuren und Eltern-Kind-Kuren ein Amtsarzt beteiligt wird, beantragen Sie die Maßnahme bitte frühzeitig.

2.5 Aufwendungen bei Schwangerschaft, Geburt, künstlicher Befruchtung, Empfängnisregelung, Schwangerschaftsabbrüchen und Sterilisation

Im Rahmen von **Schwangerschaft** und **Geburt** sind die Aufwendungen für die Schwangerschaftsüberwachung, Schwangerschaftsgymnastik, für die Hebamme und den Entbindungspfleger, die Entbindung in einem Krankenhaus oder einem Geburtshaus, für Pflegekräfte bei ambulanter oder häuslicher Entbindung sowie gegebenenfalls Aufwendungen für häusliche Krankenpflege und eine Familien- und Haushaltshilfe beihilfefähig.

Für die Säuglings- und Kleinkinderausstattung wird eine Beihilfe von 150,00 EUR gewährt. Die Pauschale können Sie mit dem Beihilfeantrag beantragen. Sie müssen insoweit keine Rechnungsbelege einreichen.

Aufwendungen für eine **künstliche Befruchtung** sind unter bestimmten Voraussetzungen beihilfefähig. Falls Sie eine entsprechende Maßnahme planen, informieren Sie sich bitte auf unserer Internetseite.

VII

Aufwendungen für die ärztliche Beratung über Fragen der **Empfängnisregelung** einschließlich hierzu erforderlicher Untersuchungen und ärztlich verordnete empfängnisregelnde Mittel sind beihilfefähig.

Beihilfefähig sind auch die Aufwendungen für die ärztliche Beratung zur Erhaltung der Schwangerschaft sowie die ärztliche Untersuchung und Begutachtung als Voraussetzung für einen nicht rechtswidrigen **Schwangerschaftsabbruch** und eine nicht rechtswidrige **Sterilisation** sowie deren Durchführung.

2.6 Aufwendungen im Ausland

Aufwendungen, die außerhalb der Bundesrepublik Deutschland entstehen, sind im Rahmen der BVO beihilfefähig,

- wenn sie innerhalb der Europäischen Union entstehen oder
- wenn sie höchstens 1000,00 EUR betragen oder
- bei dringenden unaufschiebbaren Behandlungen auf einer Dienstreise oder
- wenn zur Notfallversorgung das nächstgelegene Krankenhaus aufgesucht werden muss oder
- wenn die Behandlung wegen wesentlich größerer Erfolgsaussichten außerhalb der Mitgliedsstaaten der Europäischen Union zwingend notwendig ist und die Festsetzungsstelle die Beihilfefähigkeit vorher anerkannt hat.

Im Übrigen sind die Aufwendungen nur bis zur Höhe der Aufwendungen beihilfefähig, die bei einer Behandlung am inländischen Wohnort der beihilfeberechtigten Person beihilfefähig wären.

Für Sanatoriumsbehandlungen, Anschlussheilbehandlungen und Heilkuren außerhalb der Bundesrepublik Deutschland gelten besondere Voraussetzungen.

Belege in ausländischer Sprache müssen grundsätzlich den im Inland gestellten Anforderungen entsprechen, d. h. es müssen die Diagnose und die erbrachten Leistungen ersichtlich sein. Fügen Sie bitte eine Übersetzung bei. Die Übersetzung muss bei Belegen, die nicht in einer Amtssprache eines Mitgliedsstaates der EU abgefasst sind, beglaubigt sein, wenn die Aufwendungen mehr als 500,00 EUR betragen. Die Kosten der Übersetzung und Beglaubigung sind nicht beihilfefähig.

Bei Rechnungsbeträgen in ausländischer Währung können Sie den tatsächlichen Devisen-Wechselkurs nachweisen. Falls er nicht nachgewiesen wird, werden die Aufwendungen mit dem Wechselkurs umgerechnet, der am Tag des Eingangs des Beihilfeantrags bei der Festsetzungsstelle gilt.

2.7 Aufwendungen bei Unfällen und Verletzungen

Wenn Sie Aufwendungen einreichen, die durch einen Unfall, eine Verletzung oder ein sonstiges schädigendes Ereignis entstanden sind (z. B. im Haushalt, in der Schule oder im Kindergarten, Dienst-, Arbeits- und Freizeitunfälle), fügen Sie Ihrem Beihilfeantrag bitte immer eine kurze Unfallschilderung bei. Außerdem benutzen Sie bitte den vierseitigen Antrag auf Beihilfe und füllen Sie Ziffer 10 des Antrages aus.

3. Wie bemisst sich die Beihilfe?

Die Beihilfe bemisst sich nach einem Vomhundertsatz der beihilfefähigen Aufwendungen (Bemessungssatz). Der Bemessungssatz ist personenbezogen und beträgt im Regelfall für Aufwendungen, die entstanden sind

- für die beihilfeberechtigte Person im aktiven Dienst **50 v. H.**,
- für die beihilfeberechtigte Person im Ruhestand (Versorgungsempfänger) **70 v. H.**,
- für berücksichtigungsfähige Ehegattinnen und Ehegatten oder Lebenspartnerinnen und Lebenspartner **70 v. H.**,
- für berücksichtigungsfähige Kinder oder beihilfeberechtigte Waisen **80 v. H.**,
- für beihilfeberechtigte Witwen, Witwer sowie hinterbliebene Lebenspartner und Lebenspartnerinnen **70 v. H.**.

Sind mindestens zwei Kinder im Familienzuschlag berücksichtigungsfähig, beträgt der Bemessungssatz für beihilfeberechtigte Personen im aktiven Dienst 70 v. H. Bei mehreren beihilfeberechtigten Personen gilt dies für diejenige, die den kinderbezogenen Anteil im Familienzuschlag tatsächlich bezieht. Beihilfeberechtigte Personen, denen vor der Elternzeit der erhöhte Bemessungssatz (bei zwei oder mehr berücksichtigungsfähigen Kindern) zustand, erhalten diesen während der Elternzeit weiter. In diesen Fällen ist eine Erhöhung des Bemessungssatzes aus demselben Grund für den anderen Elternteil ausgeschlossen.

Für beihilfefähige Aufwendungen von Personen, die einen **Arbeitgeberzuschuss** (§ 257 SGB V) zu den Beiträgen für eine **private Krankenversicherung** erhalten, ermäßigt sich der Bemessungssatz um 20 v. H..

Auf Antrag beträgt der Bemessungssatz für einen **Versorgungsempfänger** und dessen berücksichtigungsfähigen Ehegatten oder Lebenspartner **80 v. H.**, wenn

1. das monatliche Gesamteinkommen bei Nichtverheirateten geringer ist als **1680,00 EUR** und bei Verheirateten oder Lebenspartnern geringer ist als **1940,00 EUR** und
2. der monatliche **Beitragsaufwand** für eine beihilfekonforme private Krankenversicherung **15 v. H.** des Gesamteinkommens übersteigt.

Maßgebendes Gesamteinkommen ist das durchschnittliche Monatseinkommen der zurückliegenden zwölf Monate aus Bruttoversorgungsbezügen, Sonderzahlungen, Renten, Kapitalerträgen und sonstige laufende Einnahmen der beihilferechtlichen Person und ihrer berücksichtigungsfähigen Angehörigen, nicht jedoch Grundrenten nach dem Bundesversorgungsgesetz, Blindengeld, Wohngeld und Leistungen für Kindererziehung nach § 294 des Sechsten Buches Sozialgesetzbuch.

Der Antrag ist nur für die Zukunft zulässig. Ein entsprechendes Antragsformular finden Sie auf unserer Internetseite oder Sie können dies bei der Beihilfe-Informations-Stelle anfordern.

4. Welche Begrenzungen und Selbstbehalte gibt es?

4.1 Begrenzung der Beihilfe (100%-Grenze)

Die Summe aus Beihilfe und Leistungen aus einer Krankenversicherung, aufgrund von Rechtsvorschriften oder arbeitsvertraglichen Vereinbarungen, die aus demselben Anlass gewährt werden, darf nicht höher sein als die dem Grunde nach beihilfefähigen Aufwendungen (100%-Grenze). Falls eine Überversicherung besteht, z. B. weil Sie den Versicherungsschutz bei Eintritt in den Ruhestand nicht an den höheren Beihilfe-Bemessungssatz angepasst haben, wird die Beihilfe entsprechend gekürzt.

4.2 Kostendämpfungspauschale

Für jedes Jahr, in dem Aufwendungen in Rechnung gestellt worden sind, wird die Beihilfe um eine Kostendämpfungspauschale gekürzt. Diese ist nach Besoldungsgruppen gestaffelt und beinhaltet weitere soziale Komponenten, z. B. Minderungen wegen Kindern.

Die Höhe der Kostendämpfungspauschale richtet sich nach den Verhältnissen, die bei dem **ersten Antrag im Kalenderjahr** vorliegen. Treten danach Änderungen ein, die die Höhe der Kostendämpfungspauschale beeinflussen, werden diese im laufenden Kalenderjahr nicht berücksichtigt.

Wenn der erste Antrag im Kalenderjahr auch Rechnungen aus den Vorjahren enthält, in denen keine Beihilfe beantragt wurde, sind die Verhältnisse bei der Antragstellung auch für die Kostendämpfungspauschale der Vorjahre maßgebend.

Maßgeblich für die Einbehaltung der Kostendämpfungspauschalen ist das Rechnungsdatum (nicht das Behandlungsdatum), bei Rezepten das Kaufdatum.

Ausführliche Informationen finden Sie auch im Merkblatt „Kostendämpfungspauschale".

5. Was gilt für gesetzlich krankenversicherte beihilfeberechtigte Personen und deren berücksichtigungsfähige Angehörige?

Für Mitglieder gesetzlicher Krankenkassen gelten Sonderbestimmungen.

Bei beihilfeberechtigten und berücksichtigungsfähigen Personen, die in einer gesetzlichen Krankenkasse versichert sind, sind die beihilfefähigen Aufwendungen um die Leistungen der Krankenkasse zu kürzen. Die Leistungen der gesetzlichen Krankenkasse weisen Sie bitte nach.

Gesetzlich vorgesehene Zuzahlungen und Eigenanteile (z. B. zu Medikamenten und zu Heilmitteln, bei stationären Behandlungen oder Kuren) sind nicht beihilfefähig.

Bei Mitgliedern einer gesetzlichen Krankenkasse erhöht sich der Bemessungssatz auf **100 v. H.**, wenn sie den Krankenkassenbeitrag in voller Höhe selbst tragen, die Krankenkasse sich an den Aufwendungen beteiligt hat und gleiche Ansprüche wie bei Pflichtversicherten bestehen.

Der Beitrag gilt auch dann als in voller Höhe selbst getragen, wenn der Zuschuss durch den Rentenversicherungsträger 41,00 EUR monatlich nicht übersteigt.

Der Bemessungssatz ermäßigt sich um 20 v. H. bei freiwilligen Mitgliedern der gesetzlichen Krankenkasse, die einen Arbeitgeberzuschuss zu den Versicherungsbeiträgen (§ 257 SGB V) erhalten und bei denen die Krankenkasse nachweislich keine Leistungen zu den Aufwendungen gewährt.

Pflichtversicherte Beschäftigte, die aus diesem Beschäftigungsverhältnis gleichzeitig einen Beihilfeanspruch haben, sind für sich und die bei ihnen familienversicherten oder selbst pflichtversicherten berücksichtigungsfähigen Angehörigen ausschließlich auf die zustehenden Leistungen der Krankenkasse angewiesen. Als zustehende Leistungen gelten auch die gesetzlich vorgesehene Kostenerstattung bei kieferorthopädischer Behandlung und die Festbeträge für Arznei-, Verband- und Hilfsmittel nach dem Fünften Buch Sozialgesetzbuch. In den Fällen, in denen nach dem Fünften Buch Sozialgesetzbuch von den Krankenkassen nur ein Zuschuss geleistet wird, sind die geltend gemachten Aufwendungen im Rahmen der BVO beihilfefähig.

Bei einer Versorgung mit Zahnersatz, Zahnkronen und Suprakonstruktionen sind die Aufwendungen bis zur Höhe des auf 100 % erhöhten Festzuschusses (§ 55 Abs. 1 Satz 2 SGB V) beihilfefähig. Hiervon wird jeweils der höchstmögliche Festzuschuss als Kassenleistung in Abzug gebracht.

6. Wie wird die Beihilfe beantragt?

Beihilfen erhalten Sie nur auf **schriftlichen oder elektronischen Antrag**. In der Weihnachtszeit und den Sommerferien nutzen viele unserer Kunden die freien Tage zur Abrechnung ihrer Krankenbelege. Im Januar und Juli/August jeden Jahres kommt es deshalb in der Beihilfestelle zu einem stark erhöhten Eingang von Beihilfeanträgen. Die Masse der eingereichten Anträge führt dazu, dass die Bearbeitungszeiten steigen. Hierfür bitten wir um Ihr Verständnis und empfehlen, die Anträge – soweit möglich – nicht in diesen Monaten einzureichen.

Schriftlicher Antrag: Zur Antragstellung sind nur die von der Festsetzungsstelle vorgegebenen Formulare zulässig. Vergessen Sie bitte nicht, den Antrag zu unterschreiben.

Bei der erstmaligen Antragstellung verwenden Sie bitte das vierseitige Formular „Antrag auf Beihilfe".

Für alle Folgeanträge genügt das Formular „Vereinfachter Antrag auf Beihilfe", sofern sich gegenüber dem vorherigen Antrag keine

Änderungen in den persönlichen Verhältnissen oder bei den berücksichtigungsfähigen Personen (z. B. Adresse, Kinder, Versicherungsschutz usw.) ergeben haben und Sie keine weiteren Angaben machen müssen, weil einer Diagnose ein schädigendes Ereignis (Unfall, Verletzungen jeder Art) zugrunde liegen könnte.

Antragsformulare für den unmittelbaren Landesdienst, sonstige Vordrucke und die vorgenannten gesonderten Merkblätter stehen im Internet unter Außerdem erhalten Sie mit jedem Beihilfebescheid auch ein neues Antragsformular, das schon mit Ihren persönlichen Daten ausgefüllt ist.

Der Antrag ist der Festsetzungsstelle in Papierform zuzuleiten. Die Übermittlung per Fax oder per E-Mail ist nicht zulässig.

Elektronischer Antrag mittels eBeihilfe-Verfahren: Sie haben auch die Möglichkeit, Ihren Antrag auf elektronischem Wege zu stellen. Nähere Informationen hierzu finden Sie im Internet unter ebeihilfe.rlp.de.

Der Beihilfeantrag muss innerhalb von zwei Jahren nach dem Entstehen der Aufwendungen (z. B. Tag der Behandlung oder des Kaufs von Arzneimitteln) bei der Festsetzungsstelle eingegangen sein, spätestens jedoch zwei Jahre nach der ersten Ausstellung einer Rechnung. Danach erlischt die Beihilfefähigkeit der Aufwendungen.

Die Aufwendungen müssen Sie durch **Belege nachweisen**. Da – bei schriftlicher Antragstellung – keine Rücksendung der Belege erfolgt, reichen Sie bitte keine Originalbelege ein, sondern gut leserliche Duplikate, Kopien oder Zweitschriften. Bei elektronischer Antragstellung verbleiben die Belege bei Ihnen und können zusätzlich in der App bzw. dem Portal eingesehen werden.

Bitte weisen Sie zu jedem Rechnungsbeleg die Kostenerstattung Ihrer Krankenversicherung bzw. gesetzlichen Krankenkasse nach. Sofern Sie oder eine berücksichtigungsfähige Person privat krankenversichert sind und einen geeigneten Nachweis über eine bestehende Quotenversicherung vorlegen, kann im Regelfall auf Einzelnachweise verzichtet werden. Änderungen im Versicherungsschutz teilen Sie der Festsetzungsstelle bitte mit.

Falls Sie bei einer beihilfefähigen Behandlung Vorauszahlungen leisten oder generell höhere Aufwendungen vorlegen müssen, können Sie eine **Abschlagszahlung** beantragen.

Weitere Einzelheiten können Sie dem Merkblatt „Antragsverfahren" entnehmen.

7. Bescheid über die Gewährung einer Beihilfe

Über die Höhe der gewährten Beihilfe erhalten Beihilfeberechtigte, die keine Nutzer des eBeihilfe-Verfahrens sind, einen schriftlichen Beihilfebescheid auf dem Versandweg. Registrierten Nutzern des eBeihilfe-Verfahrens wird der Beihilfebescheid ausschließlich auf elektronischem Wege über die eBeihilfe zur Verfügung gestellt, auch wenn sie einen schriftlichen Beihilfeantrag gestellt haben. Nähere Informationen zum eBescheid finden Sie im Internet unter www.ebeihilfe.rlp.de.

Bitte überprüfen Sie den Beihilfebescheid nach Erhalt sorgfältig und beachten Sie die Rechtsbehelfsfrist.

8. Kontaktdaten der Beihilfestelle, Vordrucke, Merkblätter

Sofern Sie weitere Fragen haben, die durch dieses Merkblatt nicht geklärt werden können oder Sie eine Information in Ihrem konkreten Einzelfall erhalten möchten, fragen Sie bei der Beihilfestelle nach. Sie erreichen uns wie folgt:

Beihilfe-Informations-Stelle (BIS):

- Telefon: 0261/4933-81000 (Mo und Do: 8–16 Uhr sowie Di, Mi und Fr: 8–12 Uhr)
- Kontaktformular: www.lff-rlp.de/kontakt

Damit Ihre Anfrage bearbeitet werden kann, geben Sie bitte unbedingt Ihre achtstellige Personalnummer, die Ihnen vom Landesamt für Finanzen vergeben wurde, an.

Weitere Informationen zur Beihilfengewährung, Vordrucke und weiter gehende Merkblätter erhalten Sie auch auf den Internetseiten des Landesamtes für Finanzen unter: www.lff-rlp.de/fachliche-themen/beihilfe.

Landesbildungszeitgesetz (LBZG)

Vom 11. Februar 2026 (GVBl. S. 29)

Der Landtag Rheinland-Pfalz hat das folgende Gesetz beschlossen:

§ 1 Grundsätze

(1) Die Beschäftigten in Rheinland-Pfalz haben gegenüber ihrer Arbeitgeberin oder ihrem Arbeitgeber für Zwecke der Weiterbildung nach Maßgabe der nachfolgenden Bestimmungen einen Anspruch auf Freistellung von der Arbeit unter Fortzahlung ihres Arbeitsentgelts (Bildungszeit).

(2) Beschäftigte im Sinne dieses Gesetzes sind

1. Arbeitnehmerinnen und Arbeitnehmer,
2. die in Heimarbeit Beschäftigten und die ihnen Gleichgestellten,
3. andere Personen, die wegen ihrer wirtschaftlichen Unselbstständigkeit als arbeitnehmerähnliche Personen anzusehen sind, sowie
4. die zu ihrer Berufsausbildung beschäftigten Personen.

(3) Dieses Gesetz gilt für die Beamtinnen und Beamten im Sinne des § 1 Abs. 1 des Landesbeamtengesetzes und für die Richterinnen und Richter im Sinne des § 1 Abs. 1 Satz 1 des Landesrichtergesetzes.

(4) Bildungszeit kann nur für anerkannte Veranstaltungen der beruflichen oder der gesellschaftspolitischen Weiterbildung oder der Qualifizierung zur Wahrnehmung ehrenamtlicher Tätigkeiten beansprucht werden.

(5) Berufliche Weiterbildung dient der Erneuerung, Erhaltung, Erweiterung und Verbesserung von berufsbezogenen Kenntnissen, Fertigkeiten und Fähigkeiten. Sie ist nicht auf die bisher ausgeübte Tätigkeit beschränkt und schließt auch die Vermittlung von Schlüsselqualifikationen und Orientierungswissen ein.

(6) Gesellschaftspolitische Weiterbildung dient der Information über gesellschaftliche, soziale und politische Zusammenhänge sowie der Befähigung zur Beurteilung, Teilhabe und Mitwirkung am gesellschaftlichen, sozialen und politischen Leben.

(7) Die Qualifizierung zur Wahrnehmung ehrenamtlicher Tätigkeiten dient der Stärkung des ehrenamtlichen Engagements.

(8) Als ehrenamtliche Tätigkeiten im Sinne dieses Gesetzes gelten nur solche, die in Erfüllung staatsbürgerlicher Pflichten zur Stärkung des demokratischen Gemeinwesens oder in sonstigem besonderen Gemeinwohlinteresse ausgeübt werden. Die Regelungen dieses Gesetzes gelten nicht für ehrenamtliche Tätigkeiten, für die nach anderen Regelungen Vergütung, Ersatz des Verdienstausfalls oder Entschädigung für die Zeit der Teilnahme an einer Schulungsveranstaltung gewährt wird. Die Bereiche ehrenamtlicher Tätigkeiten, für deren Qualifizierung ein Anspruch auf Bildungszeit besteht, regelt die Landesregierung durch Rechtsverordnung.

(9) Die berufliche und gesellschaftspolitische Weiterbildung sowie die Qualifizierung zur Wahrnehmung ehrenamtlicher Tätigkeiten sollen auch die Gleichstellung der Geschlechter, die Inklusion von Menschen mit Behinderungen, die Integration von Menschen mit Migrationshintergrund und die Wertschätzung von Vielfalt fördern.

§ 2 Anspruch auf Bildungszeit

(1) Der Anspruch auf Bildungszeit beläuft sich auf zehn Arbeitstage für jeden Zeitraum zweier aufeinander folgender Kalenderjahre, sofern die anspruchsberechtigte Person regelmäßig an fünf Tagen in der Woche arbeitet. Dieser Zeitraum beginnt jeweils mit dem 1. Januar eines ungeraden Kalenderjahres. Wird das Arbeitsverhältnis in einem geraden Kalenderjahr begründet, beläuft sich der Anspruch auf Bildungszeit in diesem Kalenderjahr auf fünf Arbeitstage.

(2) Für Beschäftigte, die regelmäßig an mehr oder weniger als fünf Tagen in der Woche

VII

arbeiten, erhöht oder verringert sich der Anspruch entsprechend.

(3) Für die in Rheinland-Pfalz zu ihrer Berufsausbildung Beschäftigten gilt dieses Gesetz mit der Maßgabe, dass sich der Anspruch auf Bildungszeit auf fünf Arbeitstage im Ausbildungsjahr zur Teilnahme an Veranstaltungen nach § 1 Abs. 4, mit Ausnahme von Veranstaltungen der beruflichen Weiterbildung, beläuft, wenn dadurch das Ausbildungsziel nicht gefährdet wird.

(4) Der Anspruch auf Bildungszeit besteht bei Schichtarbeit auch dann, wenn die Teilnahme an der Veranstaltung nach § 1 Abs. 4 vor oder nach einer an diesem Tag zu leistenden Schicht möglich wäre.

(5) Die Inanspruchnahme der Bildungszeit durch Beschäftigte in Schule und Hochschule soll in der Regel während der unterrichts- oder vorlesungsfreien Zeit erfolgen.

(6) Bei Erkrankung der anspruchsberechtigten Person während der Inanspruchnahme der Bildungszeit werden die durch ärztliches Attest nachgewiesenen Tage der Arbeitsunfähigkeit nicht auf den Anspruch auf Bildungszeit angerechnet.

(7) Der Anspruch auf Bildungszeit wird durch einen Wechsel des Beschäftigungsverhältnisses nicht berührt. Bei einem Wechsel innerhalb des Zweijahreszeitraums wird eine bereits beanspruchte Bildungszeit auf den Anspruch gegenüber der neuen Arbeitgeberin oder dem neuen Arbeitgeber angerechnet.

(8) Der Anspruch auf Bildungszeit besteht nicht, wenn die Arbeitgeberin oder der Arbeitgeber in der Regel nicht mehr als fünf Personen ständig beschäftigt; dabei werden Teilzeitbeschäftigte entsprechend ihrem jeweiligen Anteil an der üblichen Arbeitszeit berücksichtigt. In diesen Fällen soll unter Berücksichtigung der betrieblichen oder dienstlichen Belange Bildungszeit gewährt werden.

(9) Der Anspruch auf Bildungszeit entsteht erstmalig nach sechsmonatigem Bestehen des Beschäftigungsverhältnisses.

§ 3 Verhältnis zu anderen Regelungen, Anrechnung

(1) Der nach diesem Gesetz bestehende Anspruch auf Bildungszeit ist ein Mindestanspruch. Andere Rechts- oder Verwaltungsvorschriften, tarifvertragliche Regelungen, betriebliche Vereinbarungen sowie sonstige vertragliche oder betriebliche Regelungen über Freistellungen für Zwecke der Weiterbildung bleiben davon unberührt.

(2) Freistellungen, die aufgrund der in Absatz 1 Satz 2 genannten Regelungen erfolgen, werden auf den Anspruch auf Bildungszeit angerechnet, wenn durch sie der Zweck des § 1 Abs. 1 unter Fortzahlung des Arbeitsentgelts ermöglicht wird. Eine Freistellung wird nicht angerechnet, wenn die Weiterbildung der Einarbeitung auf bestimmte betriebliche Arbeitsplätze oder überwiegend betriebsinternen Erfordernissen dient. Das Nähere regelt die Landesregierung durch Rechtsverordnung.

§ 4 Verfahren zur Inanspruchnahme der Bildungszeit

(1) Der Anspruch auf Bildungszeit ist bei der Arbeitgeberin oder dem Arbeitgeber so frühzeitig wie möglich, spätestens jedoch sechs Wochen vor Beginn der beanspruchten Bildungszeit, schriftlich oder elektronisch geltend zu machen. Hierbei ist der Nachweis über die Anerkennung der Veranstaltung, der Informationen über Inhalt, Zeitraum und durchführende Einrichtung einschließt, beizufügen.

(2) Die Arbeitgeberin oder der Arbeitgeber kann die Bildungszeit ablehnen, sobald die Gesamtzahl der Arbeitstage, die im laufenden Kalenderjahr für Bildungszeiten nach diesem Gesetz in Anspruch genommen worden sind, die Zahl der am 30. April des Jahres anspruchsberechtigten Beschäftigten erreicht hat.

(3) Die Arbeitgeberin oder der Arbeitgeber kann die Bildungszeit für den vorgesehenen Zeitraum ablehnen, wenn zwingende betriebliche oder dienstliche Belange entgegenstehen. Vor einer derartigen Ablehnung ist der Betriebs- oder Personalrat nach den jeweils dafür maßgeblichen Bestimmungen zu beteiligen. Die Ablehnung ist so früh wie möglich, in der Regel mindestens drei Wochen vor Beginn der Veranstaltung, schriftlich oder elektronisch mitzuteilen.

(4) Bei Ablehnung der Bildungszeit nach Absatz 3 im laufenden Zweijahreszeitraum (§ 2

VII

Abs. 1) gilt der Anspruch auf Bildungszeit als auf den nächsten Zweijahreszeitraum übertragen; eine nochmalige Ablehnung nach Absatz 3 ist unzulässig.

(5) Eine im laufenden Zweijahreszeitraum nicht in Anspruch genommene Bildungszeit kann durch schriftliche oder elektronische Abrede zwischen der anspruchsberechtigten Person und der Arbeitgeberin oder dem Arbeitgeber auf den nächsten Zweijahreszeitraum übertragen werden.

(6) Die ordnungsgemäße Teilnahme an der Veranstaltung ist der Arbeitgeberin oder dem Arbeitgeber nach deren Beendigung nachzuweisen.

§ 5 Fortzahlung des Arbeitsentgelts, Verbot von Erwerbstätigkeit, Benachteiligungsverbot

(1) Während der Bildungszeit und im Fall der Erkrankung während der Bildungszeit wird das Arbeitsentgelt fortgezahlt und entsprechend den §§ 9, 11 und 12 des Bundesurlaubsgesetzes berechnet.

(2) Während der Inanspruchnahme von Bildungszeit darf keine dem Zweck dieses Gesetzes zuwiderlaufende Erwerbstätigkeit ausgeübt werden.

(3) Niemand darf wegen der Inanspruchnahme von Bildungszeit benachteiligt werden.

§ 6 Anerkennung von Veranstaltungen

(1) Veranstaltungen in Präsenz, im digitalen oder im hybriden Format werden auf Antrag durch eine von dem für die Angelegenheiten der Weiterbildung zuständigen Ministerium durch Rechtsverordnung zu bestimmende Stelle anerkannt, wenn sie folgende Voraussetzungen erfüllen:

1. Sie müssen der beruflichen oder der gesellschaftspolitischen Weiterbildung oder der Qualifizierung zur Wahrnehmung ehrenamtlicher Tätigkeiten dienen.
2. Sie dürfen nicht der Erholung, Unterhaltung oder allgemeinen Freizeitgestaltung dienen.
3. Sie müssen im Einklang stehen mit der freiheitlich-demokratischen Grundordnung im Sinne des Grundgesetzes und mit der Verfassung für Rheinland-Pfalz.
4. Sie müssen in der organisatorischen und fachlich-pädagogischen Durchführung der Einrichtung liegen, die die Anerkennung beantragt. Die Einrichtung hat hinsichtlich ihrer Ausstattung, Lehrkräfte, Bildungsziele und Qualität ihrer Bildungsarbeit eine sachgemäße Weiterbildung zu gewährleisten. Bildungseinrichtungen des Landes, nach dem Weiterbildungsgesetz anerkannte Volkshochschulen, Landesorganisationen der Weiterbildung in freier Trägerschaft und Heimbildungsstätten, Einrichtungen der nach dem Berufsbildungsgesetz zuständigen Stellen und Einrichtungen von anerkannten Trägern der freien Jugendhilfe gelten als entsprechend qualifiziert.
5. Sie müssen offen zugänglich sein. Die offene Zugänglichkeit setzt eine Veröffentlichung der Veranstaltung voraus. Die Teilnahme an den Veranstaltungen darf nicht von der Zugehörigkeit zu einer Religionsgemeinschaft, Partei, Gewerkschaft oder sonstigen Vereinigung oder Institution abhängig gemacht werden. Dies schließt die Anerkennung von Veranstaltungen in der Trägerschaft derartiger Vereinigungen oder der Institutionen nicht aus. Die Teilnahme muss freiwillig erfolgen können. Sie darf von pädagogisch begründeten Voraussetzungen sowie Zielgruppenorientierungen abhängig gemacht werden.

(2) In grundsätzlichen Fragen der Anerkennung werden Vertretungen der Spitzenorganisationen der Arbeitgeberverbände und der Gewerkschaften, der Kammern sowie des Landesbeirats für Weiterbildung nach dem Weiterbildungsgesetz beteiligt.

(3) Die Landesregierung regelt das Nähere der Anerkennungsvoraussetzungen und des Anerkennungsverfahrens (Absatz 1) sowie das Verfahren der Beteiligung in grundsätzlichen Fragen (Absatz 2) durch Rechtsverordnung.

(4) Veranstaltungen, die aufgrund vergleichbarer Rechtsvorschriften anderer Länder der Bundesrepublik Deutschland anerkannt worden sind, können nach diesem Gesetz anerkannt werden, soweit sie die Anerkennungs-

voraussetzungen nach Absatz 1 Nr. 1, 2 und 5 und die Regelungen, die nach Absatz 3 durch Rechtsverordnung bestimmt worden sind, erfüllen.

§ 7 Ausgleich für Klein- und Mittelbetriebe

(1) Das Land erstattet Arbeitgeberinnen und Arbeitgebern, die in der Regel weniger als 50 Personen ständig beschäftigen, auf Antrag nach Maßgabe des Landeshaushalts einen pauschalierten Anteil des während der Bildungszeit fortzuzahlenden Arbeitsentgelts; § 2 Abs. 8 Satz 1 Halbsatz 2 gilt entsprechend.

(2) Von den Erstattungsleistungen ausgenommen sind Körperschaften, Anstalten und Stiftungen des öffentlichen Rechts sowie Vereinigungen, Einrichtungen und Unternehmungen, deren Kapital (Grund- oder Stammkapital) sich unmittelbar oder mittelbar ganz oder überwiegend in öffentlicher Hand befindet oder die fortlaufend ganz oder überwiegend aus öffentlichen Mitteln unterhalten werden.

(3) Die Pauschale nach Absatz 1 beträgt für jeden Tag der Bildungszeit die Hälfte des im Vorjahr in Rheinland-Pfalz gezahlten durchschnittlichen Arbeitsentgelts je Tag. Öffentliche Mittel, die von anderer Seite zugewendet werden, sind auf die Erstattung nach Absatz 1 anzurechnen.

(4) Die Erstattung erfolgt ausschließlich für die Teilnahme an Veranstaltungen, die nach § 6 anerkannt sind.

(5) Soweit eine Erstattung nach den Absätzen 1 und 3 nicht möglich ist, besteht kein Anspruch auf Bildungszeit nach diesem Gesetz.

(6) Der Erstattungsantrag ist vor Bewilligung der Bildungszeit zu stellen. Das Nähere über die Erstattung, insbesondere Verfahren und Zuständigkeit, regelt das für die Angelegenheiten der Weiterbildung zuständige Ministerium durch Rechtsverordnung.

§ 8 Bericht der Landesregierung

(1) Die Landesregierung legt dem Landtag alle zwei Jahre, erstmalig im ersten Halbjahr 2027, einen Bericht über Inhalte, Formen, Dauer und Teilnahmestruktur der Bildungszeit vor.

(2) Einrichtungen, die aufgrund von § 6 anerkannte Veranstaltungen durchführen, sind verpflichtet, die für den Bericht notwendigen Informationen und Unterlagen zur Verfügung zu stellen.

§§ 9 bis 13 Änderung von Rechtsvorschriften

(hier nicht aufgenommen)

§ 14 Inkrafttreten

(1) Dieses Gesetz tritt am ersten Tage des auf die Verkündung folgenden Kalendermonats in Kraft.

(2) Gleichzeitig tritt das Bildungsfreistellungsgesetz vom 30. März 1993 (GVBl. S. 157), zuletzt geändert durch Artikel 46 des Gesetzes vom 20. Dezember 2024 (GVBl. S. 473), BS 223-70, außer Kraft.

Gewährung von Vorschüssen in besonderen Fällen (Vorschussrichtlinien – VR)

Vom 15. Dezember 2000 (MinBl. 2001 S. 97)

Zuletzt geändert durch
Verlängerung der Geltungsdauer von Verwaltungsvorschriften
vom 10. November 2025 (MinBl. S. 598)

1 Personenkreis

1.1 Beamtinnen und Beamte der Besoldungsgruppen A 5 bis A 9, Beschäftigte der Entgeltgruppen E 1 bis E 9b, Pflegekräfte der Entgeltgruppen KR 5 bis KR 11 sowie Beschäftigte im Sozial- und Erziehungsdienst der Entgeltgruppen S 2 bis S 14 können auf Antrag einen unverzinslichen Vorschuss erhalten.

1.2 Beschäftigte müssen sich in einem ungekündigten Arbeitsverhältnis auf unbestimmte Zeit oder in einem auf länger als einem Jahr befristeten, ungekündigten Arbeitsverhältnis befinden und die Probezeit beendet haben.

1.3 Sind aus demselben Anlass mehrere Personen antragsberechtigt, kann der Vorschuss nur einer Person gewährt werden.

VII

2 Bewilligungsgründe, Ausschlussgründe

2.1 Ein Vorschuss darf nur bewilligt werden, wenn sich die antragsberechtigte Person in einer finanziellen Notsituation befindet und zu unabwendbaren Ausgaben aus besonderem Anlass genötigt ist, die sie weder aus eigenen Mitteln noch den Mitteln der oder des in häuslicher Gemeinschaft lebenden Ehegattin oder Ehegatten, Lebenspartnerin oder Lebenspartners sowie aus Leistungen, Zuwendungen und unverzinslichen Darlehen von dritter Seite bestreiten kann. Die finanzielle Notlage ist schriftlich zu begründen.

2.2 Bei Vorliegen der unter Nummer 2.1 genannten Voraussetzungen kann insbesondere in folgenden Fällen ein Vorschuss bewilligt werden:

2.2.1 Wohnungswechsel aus zwingenden persönlichen Gründen,

2.2.2 Ehescheidung oder Aufhebung der Lebenspartnerschaft,

2.2.3 Erstausstattung eines Säuglings oder Kleinkindes, für das der antragsberechtigten Person Kindergeld nach dem Einkommensteuergesetz oder dem Bundeskindergeldgesetz gewährt wird,

2.2.4 Beschaffung von Kraftfahrzeugen durch Behinderte, die aufgrund der Art der Behinderung für das Zurücklegen des Weges zwischen Wohnung und Arbeitsstätte auf ein eigenes Kraftfahrzeug angewiesen sind,

2.2.5 schwere Erkrankung oder Ableben eines unterstützungsbedürftigen Familienangehörigen.

2.3 Ein Vorschuss darf nicht bewilligt werden, wenn

2.3.1 der Antrag später als sechs Monate nach dem Entstehen der Ausgaben gestellt wird,

2.3.2 der Vorschuss zu einer unvertretbaren Verschuldung führen würde oder diese bereits besteht (dies ist z. B. der Fall, wenn nach Abzug aller Ratenzahlungsverpflichtungen das für den Lebensunterhalt verbleibende Einkommen die Pfändungsgrenzen für Arbeitseinkommen des § 850c ZPO unterschreitet),

2.3.3 die Ausgaben im Zusammenhang mit Grundbesitz stehen.

3 Sicherung eines Vorschusses

3.1 Ein Vorschuss darf nur bewilligt werden, wenn sich auch die oder der mit der berechtigten Person in häuslicher Gemeinschaft lebende Ehegattin oder Ehegatte, Lebenspartnerin oder Lebenspartner schriftlich zur Rückzahlung des Vorschusses verpflichtet hat.

3.2 Über die zweckentsprechende Verwendung eines Vorschusses kann ein Nachweis verlangt werden; nicht zweckentsprechend verwendete Beträge sind unverzüglich zurückzufordern.

4 Höhe eines Vorschusses

4.1 Die Höhe eines Vorschusses darf 2556,– EUR, in den Fällen der Nummer 2.2.3 (außer bei Mehrlingsgeburten) den hälftigen Betrag, nicht übersteigen.

4.2 Wird, bevor ein Vorschuss getilgt ist, ein weiterer Vorschuss aus anderem Anlass beantragt, darf dieser nur insoweit gewährt werden, als dadurch die Summe der Vorschüsse unter Berücksichtigung der inzwischen vorgenommenen Tilgung den Gesamtbetrag von 2556,– EUR nicht übersteigt.

5 Tilgung eines Vorschusses

5.1 Ein Vorschuss ist in höchstens 30 Monatsraten zu tilgen. In den Fällen der Nummer 4.2 kann der Rest des bisherigen Vorschusses mit dem neuen Vorschuss zusammengefasst und die Tilgungsrate neu festgesetzt werden.

5.2 Wird ein Vorschuss für Ausgaben verwendet, für die in der Folgezeit Ersatz geleistet wird (z. B. Schadenersatz, Versicherungsleistungen), ist die Ersatzleistung über die laufende Tilgung hinaus zur Abdeckung des Vorschusses zu verwenden.

5.3 Die Tilgung des Vorschusses beginnt mit dem nächsten, der zuständigen Stelle möglichen Einbehaltungstermin, der auf die Auszahlung des Vorschusses folgt.

5.4 Lassen besondere Umstände die laufende Tilgung des Vorschusses als besondere Härte erscheinen, können die monatlichen Tilgungsraten für die Dauer von bis zu sechs Monaten ermäßigt oder die Tilgung für die gleiche Dauer ausgesetzt und die Tilgungsdauer entsprechend verlängert werden. Unter den gleichen Voraussetzungen kann die Tilgung für die Dauer einer Elternzeit nach dem Bundeselterngeld- und Elternzeitgesetz oder nach § 19a der Urlaubsverordnung ermäßigt oder ausgesetzt werden.

5.5 Ein Vorschuss ist spätestens bis zur Beendigung des Dienst- oder Arbeitsverhältnisses zurückzuzahlen. Bei vorzeitiger Beendigung des Dienst- oder Arbeitsverhältnisses ist der Rest des Vorschusses in einer Summe zurückzuzahlen. Endet das Dienst- oder Arbeitsverhältnis vorzeitig aus Gründen, die die oder der Bedienstete nicht zu vertreten hat, kann auf Antrag die weitere Rückzahlung des Vorschusses im Rahmen der bisherigen Tilgungsraten bewilligt werden.

5.6 Wird eine Beamtin oder ein Beamter aus dem Bereich eines anderen Dienstherrn zum Land Rheinland-Pfalz versetzt, so wird ein vom bisherigen Dienstherrn bewilligter und noch nicht völlig abgewickelter Vorschuss in Höhe der bisherigen Tilgungsraten weiter einbehalten. Dem bisherigen Dienstherrn wird der im Zeitpunkt der Versetzung noch nicht getilgte Restbetrag des Vorschusses vom neuen Dienstherrn in einer Summe überwiesen. Entsprechendes gilt bei der Übernahme von Beschäftigten.

6 Zuständigkeit

Für die Bewilligung von Vorschüssen aus anderen als den in Nummer 2.2.1 bis 2.2.7 genannten Anlässen ist die oberste Dienstbehörde zuständig. Auch in diesen Fällen müssen die Voraussetzungen der Nummer 2.1 vorliegen. Im Übrigen bleiben die bestehenden Zuständigkeiten (oberste Dienstbehörde oder die von ihr ermächtigte Behörde) unberührt.

7 In-Kraft-Treten

Diese Verwaltungsvorschrift tritt am 1. Januar 2001 in Kraft.

Landesverordnung über die Gewährung eines Vorschusses bei Inanspruchnahme von Pflegezeit oder Familienpflegezeit

Vom 12. März 2018 (GVBl. S. 27)

Aufgrund des § 9a Abs. 3 des Landesbesoldungsgesetzes vom 18. Juni 2013 (GVBl. S. 157 – 158 –), zuletzt geändert durch Artikel 2 des Gesetzes vom 7. Februar 2018 (GVBl. S. 9), BS 2032-1, wird verordnet:

§ 1 Vorschuss

(1) Der Vorschuss nach § 9a Abs. 1 Satz 1 des Landesbesoldungsgesetzes (LBesG) wird monatlich gewährt.

(2) Der Vorschuss beträgt 50 v. H. der Differenz zwischen

1. den Dienst- beziehungsweise Anwärterbezügen, die der Beamtin oder dem Beamten, der Richterin oder dem Richter vor Beginn der Pflegezeit oder Familienpflegezeit zustehen, und
2. den Dienst- beziehungsweise Anwärterbezügen, die ihr oder ihm während der Pflegezeit oder Familienpflegezeit zustehen.

(3) Ist die Pflegezeit als Urlaub ohne Anspruch auf Besoldung bewilligt worden, so sind als Dienst- beziehungsweise Anwärterbezüge nach Absatz 2 Nr. 2 die Dienst- beziehungsweise Anwärterbezüge zugrunde zu legen, die bei einer Teilzeitbeschäftigung mit einer regelmäßigen wöchentlichen Arbeitszeit von 15 Stunden zustehen würden.

(4) Bei der Berechnung des Vorschusses bleiben unberücksichtigt:

1. Bezüge, die nicht der anteiligen Kürzung nach § 9 Abs. 1 LBesG unterliegen,
2. steuerfreie Bezüge sowie
3. Zuschläge, Zulagen, Vergütungen, Zuschüsse und sonstige Bezüge, die nicht regelmäßig oder nicht in festen Monatsbeträgen gewährt werden.

§ 2 Verrechnung

(1) Der Vorschuss ist mit Beginn des Monats, der auf die Beendigung der Pflegezeit oder Familienpflegezeit folgt, mit den laufenden Dienst-, Anwärter- oder Versorgungsbezügen zu verrechnen. Der Vorschuss wird in gleichen Monatsbeträgen verrechnet. Der Zeitraum der Verrechnung entspricht dem Zeitraum der Pflegezeit oder Familienpflegezeit. Der Vorschuss ist auch bei Widerruf der Bewilligung der Pflegezeit oder Familienpflegezeit sowie bei Eintritt oder Versetzung in den Ruhestand zu verrechnen.

(2) Die Verrechnung wird letztmals für den Monat vorgenommen, in dem die Beamtin oder der Beamte, die Richterin oder der Richter stirbt.

§ 3 Rückzahlung

(1) Endet das Beamtenverhältnis nach § 21 Nr. 1, Nr. 2 oder Nr. 3 des Beamtenstatusgesetzes oder das Richterverhältnis nach den §§ 21, 22, 24 oder 30 Abs. 1 Nr. 1 oder Nr. 2 des Deutschen Richtergesetzes, ist der noch ausstehende Betrag bis zum Ablauf des auf den Monat der Beendigung folgenden Monats in einer Summe zurückzuzahlen. Bei einem Wechsel des Dienstherrn gilt Satz 1 entsprechend.

(2) Abweichend von § 2 Abs. 1 wird der Beamtin oder dem Beamten, der Richterin oder dem Richter nach Beendigung der Pflegezeit oder Familienpflegezeit auf Antrag gestattet, den Vorschuss in einer Summe zurückzuzahlen.

§ 4 Härtefallregelung

(1) Zur Vermeidung einer besonderen Härte soll die Dienststelle auf Antrag der Beamtin oder des Beamten, der Richterin oder des Richters im Falle der Verrechnung niedrigere als die sich aus § 2 Abs. 1 ergebenden Monatsbeträge festsetzen oder im Falle der Rückzahlung nach § 3 Abs. 1 Monatsbeträge bewilligen. Eine besondere Härte liegt insbesondere vor, wenn der Pflegebedarf über die Pflegezeit oder Familienpflegezeit hinaus besteht, sodass es der Beamtin oder dem Be-

amten, der Richterin oder dem Richter nicht zuzumuten ist, nach Ablauf der Pflegezeit oder Familienpflegezeit den Beschäftigungsumfang einzuhalten, der den Dienst- oder Anwärterbezügen nach § 1 Abs. 2 Nr. 1 zugrunde lag. Eine besondere Härte liegt auch vor, wenn sich die Beamtin oder der Beamte, die Richterin oder der Richter wegen unverschuldeter finanzieller Belastungen vorübergehend in ernsthaften Zahlungsschwierigkeiten befindet oder zu erwarten ist, dass sie oder er durch die Verrechnung oder Rückzahlung des Vorschusses in der Form, wie sie für die Zeit nach Ablauf der Pflegezeit oder Familienpflegezeit vorgesehen ist, in ernsthafte Zahlungsschwierigkeiten gerät.

(2) Der Vorschuss ist auch in den Fällen des Absatzes 1 vollständig zu verrechnen oder zurückzuzahlen. In der Regel sind mindestens 5 v. H. der monatlichen Dienst-, Anwärter- oder Versorgungsbezüge einzubehalten.

§ 5 Inkrafttreten

Diese Verordnung tritt am Tage nach der Verkündung in Kraft.

Jubiläumszuwendungsverordnung

Vom 26. September 2002 (GVBl. S. 374)

Zuletzt geändert durch
Landesgesetz zum Abbau verzichtbarer Anordnungen der Schriftform
im Verwaltungsrecht des Landes
vom 20. Dezember 2024 (GVBl. S. 473)

Aufgrund des § 89 des Landesbeamtengesetzes in der Fassung vom 14. Juli 1970 (GVBl. S. 241), zuletzt geändert durch Artikel 1 des Gesetzes vom 27. Juni 2002 (GVBl. S. 301), BS 2030-1, verordnet die Landesregierung:

§ 1 Dienstjubiläen

(1) Die unmittelbaren und mittelbaren Landesbeamtinnen und Landesbeamten (§ 3 Abs. 2 des Landesbeamtengesetzes – LBG –) werden bei Vollendung einer Jubiläumsdienstzeit von 25, 40, 50 und 60 Jahren durch die Aushändigung einer Dankurkunde geehrt.

(2) Aus Anlass des Dienstjubiläums ist die Beamtin oder der Beamte an zwei Arbeitstagen oder für zwei Dienstschichten unter Weitergewährung der Besoldung vom Dienst freizustellen. Die Freistellung erfolgt auf Antrag und ohne zeitliche Bindung an das Dienstjubiläum; die hiermit verbundene Arbeitszeitverkürzung beträgt für jeden Tag höchstens ein Fünftel der für die Beamtin oder den Beamten geltenden durchschnittlichen Wochenarbeitszeit. Der Anspruch auf Freistellung besteht bis zum Ablauf des Kalenderjahres, das auf das Jahr des Dienstjubiläums folgt.

§ 2 Jubiläumsdienstzeit

(1) Zur Jubiläumsdienstzeit zählen die Zeiten

1. einer hauptberuflichen Tätigkeit
   a) in einem Dienst- oder Arbeitsverhältnis zu einem öffentlich-rechtlichen Dienstherrn im Sinne des § 20 Abs. 1 des Landesbesoldungsgesetzes (LBesG),
   b) im Dienst von öffentlich-rechtlichen Religionsgesellschaften und ihren Verbänden,
2. eines öffentlich-rechtlichen Amtsverhältnisses und einer Tätigkeit als Ehrenbeamtin oder Ehrenbeamter,
3. einer Ausbildung bei einem öffentlich-rechtlichen Dienstherrn im Sinne des § 20 Abs. 1 des LBesG,
4. eines nicht berufsmäßigen Wehrdienstes, eines dem nicht berufsmäßigen Wehrdienst gleichstehenden Grenzschutz- oder Zivildienstes sowie einer Tätigkeit als Entwicklungshelfer, soweit diese vom Wehr- oder Zivildienst befreit,
5. einer Kinderbetreuung bis zu drei Jahren für jedes Kind, soweit sie nach Eintritt in den Dienst eines öffentlich-rechtlichen Dienstherrn im Sinne des § 20 Abs. 1 des LBesG verbracht worden sind,
6. einer Pflege bis zu drei Jahren für
   a) jedes im Sinne des § 75 Abs. 6 LBG pflegebedürftige Kind unter 18 Jahren,
   b) jedes im Sinne des § 75 Abs. 6 LBG pflegebedürftige Kind über 18 Jahren,
   c) für jede im Sinne des § 75 Abs. 6 LBG pflegebedürftige sonstige Angehörige oder für jeden im Sinne des § 75 Abs. 6 LBG pflegebedürftigen sonstigen Angehörigen,

   soweit sie nach Eintritt in den Dienst eines öffentlich-rechtlichen Dienstherrn im Sinne des § 20 Abs. 1 LBesG verbracht worden sind, sowie
7. eines Urlaubs ohne Dienstbezüge, wenn spätestens bei Beendigung des Urlaubs schriftlich oder elektronisch anerkannt worden ist, dass dieser dienstlichen Interessen oder öffentlichen Belangen dient.

Zeiten einer Teilzeitbeschäftigung sind voll zu berücksichtigen. Die Jubiläumsdienstzeit muss nicht zusammenhängend abgeleistet worden sein. Derselbe Zeitraum darf nur einmal angerechnet werden.

(2) Zur Jubiläumsdienstzeit zählen nicht die Zeiten
1. eines schuldhaften Fernbleibens vom Dienst unter Verlust der Bezüge,
2. im Sinne des § 31 des LBesG.

§ 3 Wegfall und Zurückstellung

(1) Die Ehrung entfällt bei Beamtinnen und Beamten, gegen die die Disziplinarmaßnahme einer Kürzung der Dienstbezüge oder einer Zurückstufung verhängt worden ist oder nur im Hinblick auf § 13 Abs. 1 Nr. 2 des Landesdisziplinargesetzes (LDG) nicht verhängt worden ist, wenn am Tag des Dienstjubiläums das Verwertungsverbot nach § 112 LDG noch nicht eingetreten ist.

(2) Die Entscheidung über die Ehrung ist zurückzustellen, solange gegen die Beamtin oder den Beamten strafrechtlich ermittelt wird, Anklage erhoben ist oder ein Disziplinarverfahren schwebt. Tritt die Beamtin oder der Beamte in den Ruhestand, ist die Ehrung nachzuholen, wenn feststeht, dass eine Kürzung des Ruhegehalts ohne Rücksicht auf § 13 Abs. 1 Nr. 1 LDG nicht verhängt werden wird.

(3) Wird ein Dienstjubiläum während eines Urlaubs ohne Dienstbezüge oder während des Ruhens der Rechte und Pflichten aus einem Dienstverhältnis erreicht, erfolgt die Ehrung bei Wiederaufnahme des Dienstes.

§ 4 Verfahren

Die Dankurkunde fertigt aus:
1. bei 40-, 50- und 60-jährigen Dienstjubiläen der unmittelbaren und mittelbaren Landesbeamtinnen und Landesbeamten die Ministerpräsidentin oder der Ministerpräsident und
2. bei 25-jährigen Dienstjubiläen
   a) der Präsidentin oder des Präsidenten des Rechnungshofs Rheinland-Pfalz die Ministerpräsidentin oder der Ministerpräsident,
   b) der hauptamtlichen Kommunalbeamtinnen und Kommunalbeamten, die keine Dienstvorgesetzten haben, die für das Kommunalrecht zuständige Ministerin oder der für das Kommunalrecht zuständige Minister und
   c) der übrigen unmittelbaren und mittelbaren Landesbeamtinnen und Landesbeamten
      aa) in den Fällen des § 2 der Landesverordnung über die Ernennung und Entlassung der Landesbeamtinnen und Landesbeamten sowie der Richterinnen und Richter im Landesdienst vom 4. September 2012 (GVBl. S. 337, BS 2030-1-10) in der jeweils geltenden Fassung die Leiterin oder der Leiter der Behörde, die das Ernennungsrecht ausübt, und
      bb) in den übrigen Fällen
      die Leiterin oder der Leiter der zuständigen obersten Dienstbehörde der Beamtin oder des Beamten.

§ 5 Verwaltungsvorschriften

Die zur Durchführung dieser Verordnung erforderlichen Verwaltungsvorschriften erlässt das für das allgemeine öffentliche Dienstrecht zuständige Ministerium.

§ 6 Schlussbestimmungen

(1) Diese Verordnung tritt am ersten Tage des auf die Verkündung folgenden Kalendermonats in Kraft.

(2) Die Jubiläumszuwendungsverordnung in der Fassung vom 19. Dezember 1967 (GVBl. S. 336), zuletzt geändert durch Artikel 10 der Verordnung vom 28. August 2001 (GVBl. S. 210), BS 2030-1-7, tritt mit Ablauf des letzten Tages des Kalendermonats der Verkündung dieser Verordnung außer Kraft.

(3) Für die zu dem in Absatz 2 genannten Zeitpunkt vorhandenen Beamtinnen und Beamten wird die Jubiläumsdienstzeit bis zu diesem Zeitpunkt nach dem bis dahin geltenden Recht berechnet. Eine Neuberechnung der Jubiläumsdienstzeit nach Maßgabe dieser Verordnung erfolgt nur auf Antrag.

(4) Für die am 1. April 2016 vorhandenen Beamtinnen und Beamten gilt Absatz 3 entsprechend.

VIII Soziale Schutzvorschriften/ Familienförderung/Vermögensbildung

Gleichberechtigung/Gleichstellung

Familienförderung

Vermögensbildung

Landesgleichstellungsgesetz (LGG)

Vom 22. Dezember 2015 (GVBl. S. 505)

Zuletzt geändert durch
Vierzehntes Rechtsbereinigungsgesetz
vom 22. Dezember 2025 (GVBl. S. 738)

Teil 1 Allgemeine Bestimmungen

§ 1 Ziele

Ziele des Gesetzes sind,

1. die tatsächliche Durchsetzung der Gleichberechtigung von Frauen und Männern im öffentlichen Dienst zu fördern und bestehende Ungleichheiten aufgrund des Geschlechts auszugleichen, insbesondere unmittelbare und mittelbare Benachteiligungen von Frauen aufgrund des Geschlechts zu beseitigen und zu verhindern, und
2. die Vereinbarkeit von Beruf und Familie für Frauen und Männer im öffentlichen Dienst zu fördern.

§ 2 Geltungsbereich

(1) Dieses Gesetz gilt für das Land, die Gemeinden, die Gemeindeverbände, die öffentlich-rechtlichen Betriebe des Landes und der kommunalen Gebietskörperschaften und für alle sonstigen der alleinigen Aufsicht des Landes unterstehenden juristischen Personen des öffentlichen Rechts.

(2) Für die Hochschulen gelten die besonderen Bestimmungen der Hochschulgesetze. Im Anwendungsbereich des Universitätsmedizingesetzes vom 10. September 2008 (GVBl. S. 205, BS 223-42) in der jeweils geltenden Fassung gilt dieses Gesetz ausschließlich für das nicht wissenschaftliche Personal.

(3) Dieses Gesetz gilt nicht für die Selbstverwaltungskörperschaften der Wirtschaft und der freien Berufe. Diese fördern die berufliche Gleichstellung von Frauen und Männern eigenverantwortlich.

§ 3 Begriffsbestimmungen

(1) Dienststellen im Sinne dieses Gesetzes sind die einzelnen Behörden, Verwaltungsstellen und Einrichtungen sowie die einzelnen öffentlich-rechtlichen Betriebe und die Gerichte.

(2) Nächsthöhere Dienststelle im Sinne dieses Gesetzes ist diejenige Behörde, die die Dienstaufsicht ausübt. Wird keine Dienstaufsicht ausgeübt, ist nächsthöhere Dienststelle diejenige Behörde, die die Rechtsaufsicht ausübt. Im Übrigen ist nächsthöhere Dienststelle im Sinne dieses Gesetzes die Dienststellenleitung.

(3) Eine Umbildung oder Neubildung einer Dienststelle im Sinne dieses Gesetzes liegt vor, wenn

1. Dienststellen ganz oder teilweise in andere Dienststellen eingegliedert werden,
2. Dienststellen zu einer neuen Dienststelle zusammengeschlossen werden oder
3. durch Ausgliederung eine neue Dienststelle entsteht.

(4) Beschäftigte im Sinne dieses Gesetzes sind hauptamtliche Beamtinnen und Beamte, Richterinnen und Richter, Arbeitnehmerinnen und Arbeitnehmer einschließlich der Auszubildenden. Keine Beschäftigten im Sinne dieses Gesetzes sind die kommunalen Wahlbeamtinnen und Wahlbeamten sowie Beamtinnen und Beamte, welche nach § 41 Abs. 1 des Landesbeamtengesetzes in den einstweiligen Ruhestand versetzt werden können.

(5) Positionen im Sinne dieses Gesetzes sind Stellen, Planstellen und Funktionsstellen.

(6) Führungspositionen im Sinne dieses Gesetzes sind Positionen mit Vorgesetzten-, Führungs- oder Leitungsaufgaben.

(7) Bereiche im Sinne dieses Gesetzes sind die einzelnen Besoldungs- oder Entgeltgruppen sowie zusätzlich die Führungspositionen jeweils innerhalb einer Dienststelle. Satz 1 gilt auch für die Berufsausbildung.

(8) Unterrepräsentiert im Sinne dieses Gesetzes sind Frauen, wenn ihr Anteil an der Beschäftigung in einem Bereich unter 50 vom Hundert liegt und dies nicht durch aufgabenspezifische Abweichungen begründet ist. Bei diesem Vergleich werden Teilzeitbeschäftigte anteilig nach ihrer individuellen Arbeitszeit gezählt.

(9) Familienarbeit im Sinne dieses Gesetzes ist die tatsächliche Betreuung oder Pflege eines Kindes unter 18 Jahren, eines nach ärztlichem Gutachten pflegebedürftigen Kindes über 18 Jahren oder einer oder eines Angehörigen, die oder der nach ärztlichem Gutachten pflegebedürftig ist.

(10) Für den Begriff der unmittelbaren Benachteiligung, der mittelbaren Benachteiligung, der Belästigung und der sexuellen Belästigung gelten die Begriffsbestimmungen des § 3 des Allgemeinen Gleichbehandlungsgesetzes vom 14. August 2006 (BGBl. I S. 1897) in der jeweils geltenden Fassung.

(11) Arbeitszeit im Sinne dieses Gesetzes sind bei Richterinnen und Richtern die entsprechenden Arbeitskraftanteile.

§ 4 Berichtspflichten

(1) Die Landesregierung berichtet dem Landtag einmal in der Legislaturperiode über die Durchführung dieses Gesetzes und veröffentlicht den Bericht im Internet. Zur Vorbereitung des Berichts geben die einzelnen Dienststellen der Landesregierung Auskunft; das Nähere regelt eine Verwaltungsvorschrift.

(2) Die Leitung der Verwaltung einer Gemeinde oder eines Gemeindeverbandes berichtet ihrer Vertretungskörperschaft mindestens einmal in jeder Wahlzeit über die Umsetzung des Gleichstellungsplans sowie über sonstige Maßnahmen zur Verwirklichung der beruflichen Gleichstellung von Frauen und Männern. Die Gemeinden und Gemeindeverbände veröffentlichen die Berichte im Internet.

Teil 2
Fördermaßnahmen

§ 5 Gleichstellung von Frauen und Männern

(1) Alle Dienststellen sind verpflichtet, die Verwirklichung der Gleichstellung von Frauen und Männern zu fördern. Sie müssen Benachteiligungen aufgrund des Geschlechts vermeiden und bestehende Nachteile aufgrund des Geschlechts beseitigen. Sie stellen die Anwendung des Grundsatzes des gleichen Entgelts für Frauen und Männer bei gleicher oder gleichwertiger Arbeit sicher.

(2) Es ist insbesondere Aufgabe der Beschäftigten in Führungspositionen, im Rahmen ihrer Zuständigkeit auf die Ziele dieses Gesetzes hinzuwirken. Wie sie diese Aufgabe erfüllen, ist bei der dienstlichen Beurteilung ihrer Leistungen als Kriterium einzubeziehen.

(3) Alle Dienststellen des Landes müssen die Gleichstellung von Frauen und Männern in allen Phasen der Vorbereitung, Planung, Entscheidung und Durchführung von Maßnahmen berücksichtigen. Dazu zählt auch, in jeder Phase zu prüfen, ob und wie sich die Maßnahmen auf Frauen und Männer unterschiedlich auswirken können. Diese Pflicht besteht vor allem bei folgenden Maßnahmen:

1. Erlass von Rechtsverordnungen und Verwaltungsvorschriften,
2. Erarbeitung von Gesetzentwürfen oder
3. Formulierung von Beurteilungskriterien.

§ 6 Vereinbarkeit von Beruf und Familie

(1) Alle Dienststellen sind verpflichtet, die Vereinbarkeit von Beruf und Familie zu fördern. Sie müssen ihren Beschäftigten Arbeitsbedingungen bieten, die es Frauen und Männern ermöglichen, Beruf und Familie zu vereinbaren, soweit keine zwingenden dienstlichen Gründe entgegenstehen.

(2) Die Dienststellen müssen ihren Beschäftigten bekannt geben, welche Arbeitsbedingungen sie bieten, um die Vereinbarkeit von Beruf und Familie zu fördern.

(3) Teilzeit- und Telearbeit dürfen sich nicht nachteilig auf die Chancen zur beruflichen

Entwicklung auswirken. Dies ist auch bei der Formulierung von Beurteilungskriterien zu beachten.

§ 7 Ausschreibung von Positionen

(1) Zu besetzende Positionen sind auszuschreiben, soweit das Beamtenrecht oder das richterliche Dienstrecht nichts anderes bestimmen. Die Ausschreibung muss mit den Anforderungen der zu besetzenden Position übereinstimmen.

(2) Wenn eine Position ausgeschrieben wird, dann ist sie auch in Teilzeitform auszuschreiben, soweit keine zwingenden dienstlichen Gründe entgegenstehen. Dies gilt auch für Führungspositionen.

(3) Ausschreibungen müssen sich gleichermaßen an Frauen und an Männer richten.

(4) In Bereichen, in denen Frauen unterrepräsentiert sind, sollen zu besetzende Positionen öffentlich ausgeschrieben werden, soweit das Beamtenrecht oder das richterliche Dienstrecht nichts anderes bestimmen. Die Ausschreibung ist so zu gestalten, dass Frauen ausdrücklich angesprochen werden. Die für die Ausschreibung zuständige Dienststelle kann nur in begründeten Fällen von einer öffentlichen Ausschreibung absehen und eine interne Ausschreibung vornehmen.

VIII

(5) Die Absätze 3 und 4 sind nicht anzuwenden, wenn für die zu besetzende Position ein bestimmtes Geschlecht erforderlich ist.

§ 8 Einstellung und Beförderung

(1) Für die Beurteilung von Eignung, Befähigung und fachlicher Leistung (Qualifikation) sind ausschließlich die Anforderungen der zu besetzenden Position maßgeblich. Wenn diese Position ausgeschrieben wird, dann ergeben sich die Anforderungen in der Regel aus der Ausschreibung. Bei der Beurteilung der Qualifikation sind auch Erfahrungen, Kenntnisse und Fertigkeiten zu berücksichtigen, die durch Familienarbeit oder ehrenamtliche Tätigkeit erworben wurden. Satz 3 gilt nicht, soweit diese Erfahrungen, Kenntnisse und Fertigkeiten für die zu übertragenden Aufgaben ohne Bedeutung sind.

(2) Teilzeitarbeit, Beurlaubungen und Telearbeit dürfen bei Auswahlentscheidungen nicht zu Nachteilen führen. Dies gilt auch für Verzögerungen beim Abschluss der Ausbildung, soweit sie durch Familienarbeit bedingt sind und das Beamtenrecht, das richterliche Dienstrecht oder das Tarifrecht nichts anderes bestimmen.

(3) In Bereichen, in denen Frauen unterrepräsentiert sind, sind zu Vorstellungsgesprächen entweder alle Bewerberinnen einzuladen, die für die zu besetzende Stelle im Sinne des Absatzes 1 Satz 1 qualifiziert sind, oder mindestens ebenso viele Bewerberinnen wie Bewerber. Den Vorstellungsgesprächen stehen andere Auswahlverfahren gleich, für die ebenfalls eine Vorauswahl an Bewerberinnen und Bewerbern getroffen wird.

(4) Bei Einstellungen und Beförderungen sind Frauen bei gleichwertiger Eignung, Befähigung und fachlicher Leistung bevorzugt zu berücksichtigen, soweit und solange eine Unterrepräsentanz (§ 3 Abs. 8) vorliegt. Eine Bevorzugung ist nicht zulässig, wenn in der Person eines Mitbewerbers so schwerwiegende Gründe vorliegen, dass sie auch unter Beachtung des Gebotes zur Gleichstellung der Frauen überwiegen.

§ 9 Vergabe von Ausbildungsplätzen

Auf die Vergabe von Ausbildungsplätzen ist § 8 Abs. 4 entsprechend anzuwenden. Eine bevorzugte Vergabe von Ausbildungsplätzen erfolgt nicht bei Ausbildungsgängen für Berufe, die auch außerhalb des öffentlichen Dienstes ausgeübt werden und für die ausschließlich innerhalb des öffentlichen Dienstes ausgebildet wird.

§ 10 Besondere Auswahlverfahren

Zu Gunsten von diskriminierungsfreien Verfahren zur Personalauswahl, die Benachteiligungen oder Bevorzugungen aufgrund des Geschlechts verhindern sollen, kann von § 8 Abs. 3 und § 9 abgewichen werden.

§ 11 Teilzeitbeschäftigung

(1) Beschäftigte, die eine Ermäßigung ihrer Arbeitszeit beantragen, müssen schriftlich oder elektronisch auf die Möglichkeit hingewiesen werden, die Ermäßigung der Arbeits-

zeit zu befristen. Sie müssen außerdem in allgemeiner Form schriftlich oder elektronisch auf die dienstrechtlichen, arbeitsrechtlichen, versorgungsrechtlichen und sozialversicherungsrechtlichen Folgen einer Ermäßigung der Arbeitszeit hingewiesen werden.

(2) Wenn die Arbeitszeit von einzelnen Beschäftigten ermäßigt wird, dann sind deren Dienstaufgaben entsprechend der Ermäßigung anzupassen.

(3) Die Ablehnung eines Antrags auf Ermäßigung der Arbeitszeit muss schriftlich begründet werden.

(4) Beantragt eine Arbeitnehmerin oder ein Arbeitnehmer zur Familienarbeit Ermäßigung der Arbeitszeit, ist dem Antrag im Rahmen der tarifvertraglichen Bestimmungen zu entsprechen, wenn zwingende dienstliche Gründe nicht entgegenstehen. Über Anträge von Beamtinnen und Beamten sowie Richterinnen und Richtern auf Ermäßigung der Arbeitszeit wird nach den dienstrechtlichen Bestimmungen entschieden.

(5) Mit ihrem Einverständnis sind teilzeitbeschäftigte Arbeitnehmerinnen und Arbeitnehmer, die der Dienststelle ihren Wunsch auf Erhöhung ihrer Arbeitszeit mitgeteilt haben, bei der Besetzung entsprechender Positionen gegenüber Mitbewerberinnen und Mitbewerbern mit gleichwertiger Qualifikation zu bevorzugen. § 8 Abs. 4 Satz 2 gilt entsprechend. Über Anträge von Beamtinnen und Beamten sowie Richterinnen und Richtern auf Erhöhung der Arbeitszeit wird nach den dienstrechtlichen Bestimmungen entschieden.

§ 12 Beurlaubung

(1) Für Anträge auf Beurlaubung gilt § 11 Abs. 1 Satz 2 und Abs. 3 entsprechend.

(2) Für Anträge auf Beurlaubung zur Familienarbeit gilt § 11 Abs. 4 entsprechend. Für Anträge auf vorzeitige Rückkehr aus einer Beurlaubung zur Familienarbeit gilt § 11 Abs. 5 entsprechend.

(3) Beurlaubte werden von ihrer Dienststelle beim Wiedereinstieg in den Beruf unterstützt und haben Anspruch auf folgende Maßnahmen, die von der Dienststelle zu treffen sind:

1. rechtzeitige Beratungsgespräche über die Möglichkeiten der Beschäftigung nach der Beurlaubung,
2. Benachrichtigungen über die Ausschreibungen der Dienststelle,
3. auf Wunsch Informationen über die Fortbildungsangebote der Dienststelle,
4. auf Wunsch Angebote zur Teilnahme an Fortbildungsveranstaltungen, die geeignet sind, einen Wiedereinstieg in den Beruf zu erleichtern.

(4) Fortbildungsveranstaltungen, die geeignet sind, den Beurlaubten den Wiedereinstieg in den Beruf zu erleichtern, sind dienstliche Veranstaltungen im Hinblick auf Arbeits- oder Dienstunfälle und der Erstattung von Auslagen.

§ 13 Fortbildung

(1) Frauen und Männern sowie Teilzeitbeschäftigten und Vollzeitbeschäftigten sind die gleichen Möglichkeiten zur Fortbildung zu geben.

(2) Fortbildungsmaßnahmen sollen so gestaltet werden, dass auch Beschäftigte mit Familienarbeit daran teilnehmen können. Um die Teilnahme zu ermöglichen, sollen bei Bedarf insbesondere Kinderbetreuung oder zusätzliche Fortbildungsveranstaltungen angeboten werden.

(3) Fortbildungsprogramme müssen Gleichstellungsthemen enthalten; dies gilt insbesondere für Fortbildungsprogramme für Beschäftigte in Führungspositionen und Beschäftigte im Personalwesen. Gleichstellungsthemen umfassen Themenbereiche wie Gleichberechtigung von Frau und Mann, Vereinbarkeit von Beruf und Familie, Benachteiligung aufgrund des Geschlechts sowie Belästigungen und sexuelle Belästigungen am Arbeitsplatz.

(4) Solange Frauen in einem Bereich von Führungspositionen unterrepräsentiert sind, muss die Dienststelle alle weiblichen Beschäftigten, die geeignet sind, in diesem Bereich in die Führungspositionen aufzusteigen, auf geeignete Fortbildungs- und Qualifizierungsmaßnahmen hinweisen, zum Beispiel auf die Fortbildungsqualifizierung nach § 21 Abs. 3 Satz 1 Nr. 2 des Landesbeamtengeset-

zes. § 8 Abs. 4 gilt für die Auswahl der Teilnehmerinnen an den Fortbildungs- und Qualifizierungsmaßnahmen entsprechend.

Teil 3 Gleichstellungspläne

§ 14 Erstellung

(1) Gleichstellungspläne müssen von

1. den Obersten Landesbehörden oder den von diesen für ihren Geschäftsbereich bestimmten Dienststellen,
2. den für das Personalwesen zuständigen Stellen der Körperschaften, Anstalten und Stiftungen des öffentlichen Rechts sowie
3. den öffentlich-rechtlichen Betrieben erstellt werden.

Für Dienststellen einer Ortsgemeinde können Gleichstellungspläne erstellt werden.

(2) Gleichstellungspläne müssen alle sechs Jahre für einen Zeitraum von sechs Jahren erstellt werden.

(3) An der Erstellung des Gleichstellungsplans sind die erfassten Dienststellen frühzeitig zu beteiligen.

(4) Für neu errichtete Dienststellen sind innerhalb von 15 Monaten nach der Errichtung Gleichstellungspläne zu erstellen. Wenn Dienststellen umgebildet oder neu gebildet werden, dann sind innerhalb von 15 Monaten nach der Umbildung oder Neubildung die Gleichstellungspläne aller betroffenen Dienststellen anzupassen.

(5) Der Gleichstellungsplan ist den Beschäftigten der erfassten Dienststellen in geeigneter Weise bekannt zu machen.

§ 15 Mindestinhalt

(1) Der Gleichstellungsplan muss eine Analyse und Prognose der Beschäftigungsstruktur der erfassten Dienststellen enthalten. Hierzu hat der Gleichstellungsplan die Beschäftigungssituation der weiblichen Beschäftigten im Vergleich zur Beschäftigungssituation der männlichen Beschäftigten in jeder erfassten Dienststelle zu beschreiben und darzustellen, ob Frauen in einem Bereich unterrepräsentiert sind.

(2) Für jeden Bereich, in dem Frauen unterrepräsentiert sind, muss der Gleichstellungsplan

1. festlegen, mit welchen personellen, organisatorischen und fortbildenden Maßnahmen der Anteil der Frauen an den Beschäftigten in den genannten Bereichen erhöht werden soll;
2. als Ziel angeben, welchen Anteil an der Beschäftigung Frauen am Ende des erfassten Zeitraums in den genannten Bereichen haben sollen; der Anteil ist entsprechend § 3 Abs. 8 Satz 2 zu berechnen; danach werden Teilzeitbeschäftigte anteilig nach ihrer individuellen Arbeitszeit gezählt;
3. als Zwischenziel angeben, welchen Anteil an der Beschäftigung Frauen nach einem Zeitraum von drei Jahren in den genannten Bereichen haben sollen.

(3) Der Gleichstellungsplan muss festlegen, mit welchen personellen, organisatorischen und fortbildenden Maßnahmen die Vereinbarkeit von Beruf und Familie gefördert werden soll.

(4) Der Gleichstellungsplan darf keine personenbezogenen Daten enthalten. Bei der Verarbeitung von personenbezogenen Daten zur Erstellung des Gleichstellungsplans sind die datenschutzrechtlichen Bestimmungen zu beachten.

(5) Das Nähere über den Inhalt der Gleichstellungspläne regelt eine Verwaltungsvorschrift.

§ 16 Umsetzung

(1) Die Umsetzung des Gleichstellungsplans als wichtiges Instrument der Personalplanung und Personalentwicklung ist besondere Aufgabe der Beschäftigten im Personalwesen und der Beschäftigten in Führungspositionen.

(2) Der Gleichstellungsplan ist nach Ablauf von drei Jahren auf das Erreichen der Zwischenziele zu überprüfen. In den Gleichstellungsplan sind ergänzende Maßnahmen aufzunehmen, wenn erkennbar ist, dass die Ziele nicht rechtzeitig erreicht werden können. Die

ergänzenden Maßnahmen sind entsprechend § 14 Abs. 5 bekannt zu machen.

(3) Werden die Ziele des Gleichstellungsplans nicht erreicht, sind die Gründe dafür im nächsten Gleichstellungsplan darzustellen.

§ 17 Unterbliebene Erstellung, Mängel, Nicht-Umsetzung

(1) Solange eine Dienststelle, die einen Gleichstellungsplan erstellen muss, den Gleichstellungsplan nicht erstellt hat, darf sie Einstellungen und Beförderungen nur mit der vorherigen Zustimmung der nächsthöheren Dienststelle vornehmen. Die Zustimmung kann nur für den Einzelfall erteilt werden.

(2) Absatz 1 gilt entsprechend, wenn

1. der Gleichstellungsplan nicht den Vorgaben des § 15 entspricht,
2. die Dienststelle nicht nach § 16 Abs. 2 überprüft hat, ob die Zwischenziele des Gleichstellungsplans erreicht wurden.

(3) Die Absätze 1 und 2 gelten nicht für die Gemeinden, die Gemeindeverbände und für die sonstigen der alleinigen Aufsicht des Landes unterstehenden juristischen Personen des öffentlichen Rechts.

Teil 4 Gleichstellungsbeauftragte

§ 18 Bestellung

(1) In Dienststellen mit in der Regel mindestens 30 Beschäftigten muss die Dienststellenleitung eine Gleichstellungsbeauftragte bestellen. In Dienststellen mit in der Regel weniger als 30 Beschäftigten kann sie eine Gleichstellungsbeauftragte bestellen.

(2) Vor der Bestellung soll das Amt der Gleichstellungsbeauftragten in der Dienststelle ausgeschrieben werden.

(3) Zur Gleichstellungsbeauftragten kann nur eine Frau bestellt werden. Diese muss mit ihrer Bestellung einverstanden sein.

(4) Für Dienststellen ohne Gleichstellungsbeauftragte ist die Gleichstellungsbeauftragte der nächsthöheren Dienststelle zuständig.

(5) Die Gemeinden und Gemeindeverbände können die Aufgaben der Gleichstellungsbeauftragten nach diesem Gesetz einer weiblichen Beschäftigten der Gleichstellungsstelle nach § 2 Abs. 6 der Gemeindeordnung oder nach § 2 Abs. 9 der Landkreisordnung übertragen, sofern diese die Funktion hauptamtlich wahrnimmt.

(6) Die Dienststelle hat den Beschäftigten die für sie zuständige Gleichstellungsbeauftragte in geeigneter Weise bekannt zu machen.

§ 19 Dauer und Ende der Bestellung, Neubestellung

(1) Die Gleichstellungsbeauftragte wird für vier Jahre bestellt; Wiederbestellungen sind möglich.

(2) Die Bestellung endet mit dem Ablauf der Amtszeit, durch Widerruf, durch Niederlegung des Amtes, mit dem Ausscheiden aus der Dienststelle oder wenn die Gleichstellungsbeauftragte ihr Amt aufgrund krankheitsbedingter Arbeits- oder Dienstunfähigkeit länger als sechs Monate nicht wahrnehmen kann. Ohne die vorherige Zustimmung der Gleichstellungsbeauftragten darf die Dienststellenleitung die Bestellung nur aus wichtigem Grund widerrufen.

(3) Bei Ende der Bestellung muss unverzüglich eine neue Gleichstellungsbeauftragte bestellt werden, wenn die Voraussetzungen des § 18 Abs. 1 vorliegen.

(4) Nach Umbildung oder Neubildung von Dienststellen müssen in allen betroffenen Dienststellen innerhalb von sechs Monaten neue Gleichstellungsbeauftragte bestellt werden, soweit die Voraussetzungen des § 18 Abs. 1 vorliegen. Die bisherigen Gleichstellungsbeauftragten bleiben bis zur Neubestellung, längstens jedoch sechs Monate im Amt und führen die Geschäfte gemeinsam weiter. Sie können aus ihrer Mitte eine Gleichstellungsbeauftragte als Sprecherin benennen und diese mit der alleinigen Führung der Geschäfte beauftragen. Die übrigen Gleichstellungsbeauftragten vertreten sie.

§ 20 Rechtsstellung

(1) Die Gleichstellungsbeauftragte ist Teil der Verwaltung. Sie ist bei der Wahrnehmung ihrer Aufgaben der Dienststellenleitung unmit-

telbar unterstellt. In Obersten Landesbehörden kann sie der Vertretung der Dienststellenleitung unterstellt werden.

(2) Die Gleichstellungsbeauftragte ist in der Ausübung ihres Amtes von fachlichen Weisungen frei. Sie darf in der Ausübung ihres Amtes nicht behindert werden.

(3) Die Gleichstellungsbeauftragte darf wegen ihres Amtes weder benachteiligt noch begünstigt werden. Dies gilt insbesondere für ihre berufliche Entwicklung. Vor Kündigung, Versetzung, Abordnung, Umsetzung und Zuweisung ist sie in gleicher Weise geschützt wie ein Mitglied einer Personalvertretung nach § 70 des Landespersonalvertretungsgesetzes.

(4) In den Dienststellen, die nach § 14 Abs. 1 Gleichstellungspläne erstellen, soll die Gleichstellungsbeauftragte im erforderlichen Umfang ohne Minderung ihrer Bezüge oder ihres Entgelts von ihren sonstigen Dienstpflichten entlastet werden. Sie ist mit den zur Erfüllung ihrer Aufgaben notwendigen Mitteln auszustatten.

(5) Die Gleichstellungsbeauftragte darf nur in ihrer Eigenschaft als Gleichstellungsbeauftragte mit Personalangelegenheiten befasst sein. Sie darf nicht Mitglied einer Personalvertretung sein.

§ 21 Freistellung

(1) Zur Unterstützung der Dienststellen beschließt die Landesregierung eine Empfehlung, unter welchen Voraussetzungen und in welchem Umfang Gleichstellungsbeauftragte freigestellt werden können. Die Empfehlung wird im Staatsanzeiger für Rheinland-Pfalz veröffentlicht.

(2) Durch eine Freistellung von der dienstlichen Tätigkeit dürfen der Gleichstellungsbeauftragten keine Nachteile entstehen.

(3) Wird eine Gleichstellungsbeauftragte von ihren anderen Dienstpflichten freigestellt, muss ihr beruflicher Werdegang ungeachtet ihres Entlastungsumfanges für Entscheidungen über ihre Beförderung oder Höhergruppierung so nachgezeichnet werden, wie er ohne ihre Bestellung zur Gleichstellungsbeauftragten verlaufen wäre.

§ 22 Aufgabenbezogene Fortbildung

(1) Die Dienststelle fördert die persönliche und fachliche Qualifikation der Gleichstellungsbeauftragten.

(2) Die Gleichstellungsbeauftragte hat das Recht, an mindestens einer Fortbildungsveranstaltung pro Jahr teilzunehmen, die Kenntnisse vermittelt, die zur Erfüllung ihrer Aufgaben erforderlich sind. Für die Teilnahme ist die Gleichstellungsbeauftragte von ihren anderen Dienstpflichten freizustellen. Ihre anderen Ansprüche auf Fortbildung verringern sich dadurch nicht.

(3) Die Fortbildungsprogramme des Landes müssen Fortbildungsveranstaltungen für Gleichstellungsbeauftragte enthalten.

§ 23 Aufgaben

(1) Die Gleichstellungsbeauftragte unterstützt die Dienststellenleitung bei der Durchführung dieses Gesetzes und anderer Vorschriften zur Verwirklichung der Gleichstellung von Frauen und Männern.

(2) Weibliche Beschäftigte können sich in allen Angelegenheiten, die im Zusammenhang mit Gleichstellungsthemen stehen, ohne Einhaltung des Dienstweges an die Gleichstellungsbeauftragte ihrer Dienststelle wenden.

(3) Die Gleichstellungsbeauftragte nimmt Beschwerden von weiblichen Beschäftigten über Belästigungen und sexuelle Belästigungen am Arbeitsplatz gemäß § 3 Abs. 3 und 4 des Allgemeinen Gleichbehandlungsgesetzes entgegen. Sie informiert die Betroffenen über Beratungs- und Hilfsangebote. Mit Einverständnis der Betroffenen leitet sie die Beschwerden der Dienststellenleitung zu.

§ 24 Befugnisse und Rechte

(1) Die Gleichstellungsbeauftragte hat das Recht, an allen sozialen, organisatorischen und personellen Maßnahmen, die

1. die Gleichstellung von Frauen und Männern oder
2. die Vereinbarkeit von Beruf und Familie oder
3. den Schutz von weiblichen Beschäftigten vor Belästigungen und sexuellen Belästigungen am Arbeitsplatz

betreffen, mitzuwirken.

(2) Zu den Maßnahmen nach Absatz 1 zählen insbesondere:
1. Einstellungsverfahren,
2. Beförderungen, Höher- oder Herabgruppierungen,
3. Formulierung und Erstellung von Beurteilungskriterien,
4. Versetzungen, Umsetzungen und Abordnungen für mehr als sechs Monate,
5. vorzeitige Beendigung der Beschäftigung, insbesondere durch Kündigung,
6. vorläufige Dienstenthebung, Einbehaltung von Bezügen und Erhebung der Disziplinarklage, wenn die Beamtin oder der Beamte die Mitwirkung der Gleichstellungsbeauftragten beantragt,
7. Erteilung schriftlicher Abmahnungen, wenn die Arbeitnehmerin oder der Arbeitnehmer die Mitwirkung der Gleichstellungsbeauftragten beantragt,
8. Regelungen über die Arbeitszeit,
9. Ermäßigungen der Arbeitszeit und Beurlaubungen, einschließlich ablehnender Entscheidungen,
10. Gestaltung von Fortbildungsmaßnahmen und Auswahl über die Teilnahme daran,
11. Besetzung von Gremien,
12. Erstellung von Gleichstellungsplänen,
13. Prüfung, ob die Zwischenziele eines Gleichstellungsplans erreicht wurden,
14. Aufnahme von ergänzenden Maßnahmen in den Gleichstellungsplan,
15. Umbildung oder Neubildung von Dienststellen sowie
16. Privatisierung von Dienststellen oder von Teilen von Dienststellen.

In den Fällen des Satzes 1 Nr. 6 und 7 muss die Dienststelle die betroffenen Personen auf ihr Antragsrecht hinweisen.

(3) Die Gleichstellungsbeauftragte kann der Dienststellenleitung Maßnahmen vorschlagen, um
1. die Gleichstellung von Frauen und Männern zu fördern oder
2. die Vereinbarkeit von Beruf und Familie zu fördern oder
3. den Schutz von weiblichen Beschäftigten vor Belästigungen und sexuellen Belästigungen am Arbeitsplatz zu verbessern.

(4) Die Gleichstellungsbeauftragte kann Sprechstunden anbieten. Sie kann einmal jährlich eine Versammlung der weiblichen Beschäftigten veranstalten. Zeit und Ort der Sprechstunden und der Versammlung stimmt sie mit der Dienststellenleitung ab.

(5) Die Gleichstellungsbeauftragte kann mit anderen Gleichstellungsbeauftragten zusammenarbeiten. Sie darf sich ohne Einhaltung des Dienstweges an Gleichstellungsbeauftragte anderer Dienststellen oder an das fachlich zuständige Ministerium wenden. Gleichstellungsbeauftragte dürfen sich zu Arbeitsgemeinschaften zusammenschließen. Jede Gleichstellungsbeauftragte muss Verschwiegenheit und Datenschutz auch gegenüber anderen Gleichstellungsbeauftragten und gegenüber dem fachlich zuständigen Ministerium wahren.

(6) Befugnisse und Rechte, die die Gleichstellungsbeauftragte nach anderen Rechtsvorschriften hat, bleiben unberührt.

§ 25 Beteiligung

(1) Die Dienststelle hat die Gleichstellungsbeauftragte über alle Maßnahmen zu unterrichten, an denen die Gleichstellungsbeauftragte das Recht zur Mitwirkung hat. Sie muss die Gleichstellungsbeauftragte so rechtzeitig und umfassend unterrichten, dass diese ihre Aufgaben erfüllen und ihre Rechte ausüben kann. Dazu sind der Gleichstellungsbeauftragten alle erforderlichen Unterlagen vorzulegen. Personalakten sind der Gleichstellungsbeauftragten nur vorzulegen, wenn die jeweiligen Beschäftigten dem zuvor schriftlich zugestimmt haben.

(2) Bei Einstellungen, Beförderungen und Höhergruppierungen ist die Gleichstellungsbeauftragte vor Beteiligung der Personalvertretung oder der Schwerbehindertenvertretung zu beteiligen. Der Gleichstellungsbeauftragten sind alle Bewerbungs- und Auswahlunterlagen auf Verlangen vorzulegen. Sie kann an Bewerbungsgesprächen teilnehmen.

(3) Gibt die Dienststelle gegenüber einer anderen Dienststelle eine schriftliche oder elektronische Stellungnahme ab, deren Inhalt

die in § 24 Abs. 1 genannten Gleichstellungsthemen berührt, kann die Gleichstellungsbeauftragte eine eigene Stellungnahme hinzufügen.

(4) An der Erstellung von Gleichstellungsplänen ist die Gleichstellungsbeauftragte von Anfang an zu beteiligen.

§ 26 Verschwiegenheit und Datenschutz

(1) Die Gleichstellungsbeauftragte ist in allen Angelegenheiten, die ihrer Bedeutung oder ihrem Inhalt nach einer vertraulichen Behandlung bedürfen, zur Verschwiegenheit verpflichtet. Diese Pflicht besteht auch über das Ende ihrer Amtszeit hinaus und auch gegenüber Personen, die ebenfalls zur Verschwiegenheit verpflichtet sind. Die Gleichstellungsbeauftragte muss insbesondere Stillschweigen bewahren über diejenigen persönlichen Verhältnisse von Beschäftigten, die ihr aufgrund ihres Amtes bekannt geworden sind. Die betroffenen Beschäftigten können die Gleichstellungsbeauftragte von dieser Pflicht entbinden.

(2) Die Gleichstellungsbeauftragte ist dem Datenschutz verpflichtet. Sie muss insbesondere Unterlagen mit personenbezogenen Daten, die sie im Rahmen einer Beteiligung erhalten hat, vor unbefugter Einsichtnahme schützen. Ohne die vorherige Einwilligung der Betroffenen darf sie personenbezogene Daten nicht sammeln, kopieren, in Dateien speichern oder weitergeben.

VIII

§ 27 Stellvertreterin

(1) Für jede Gleichstellungsbeauftragte wird für den Fall ihrer Verhinderung eine Stellvertreterin bestellt. Die Stellvertreterin hat dieselben Aufgaben, Rechte und Pflichten wie die Gleichstellungsbeauftragte.

(2) Endet die Bestellung der Gleichstellungsbeauftragten, tritt die Stellvertreterin in die Position der Gleichstellungsbeauftragten bis zur Neubestellung einer Gleichstellungsbeauftragten ein und nimmt deren Aufgaben wahr. Wurde nach drei Monaten noch keine neue Gleichstellungsbeauftragte durch die Dienststelle bestellt, ist die Gleichstellungsbeauftragte der nächsthöheren Dienststelle nach § 18 Abs. 4 zuständig.

(3) Auf die Bestellung der Stellvertreterin sind § 18 Abs. 2, 3 und 6 und § 19 Abs. 1 bis 3 und Abs. 4 Satz 1 und 2 entsprechend anzuwenden. In den Fällen des § 18 Abs. 1 Satz 2 endet die Bestellung der Stellvertreterin mit dem Ende der Bestellung der Gleichstellungsbeauftragten, sofern keine Neubestellung einer Gleichstellungsbeauftragten erfolgt.

(4) Die Gleichstellungsbeauftragte kann der Stellvertreterin mit deren Einverständnis und mit Einverständnis der Dienststellenleitung Aufgaben zur eigenständigen Erledigung übertragen.

(5) Überträgt eine Gleichstellungsbeauftragte, die freigestellt ist, der Stellvertreterin Aufgaben zur eigenständigen Erledigung, wird die Stellvertreterin anteilig anstelle der Gleichstellungsbeauftragten freigestellt. Der Anteil der Freistellung bestimmt sich nach dem Anteil der Aufgaben, die übertragen wurden. Für die freigestellte Stellvertreterin gilt § 21 Abs. 2 und 3 entsprechend.

(6) Im Übrigen gelten die §§ 20, 22 und 24 Abs. 5 und § 26 für die Stellvertreterin entsprechend.

§ 28 Ansprechpartnerin

(1) In jeder Außenstelle einer Dienststelle kann eine Ansprechpartnerin bestellt werden. Anstatt sich an die Gleichstellungsbeauftragte zu wenden, können sich die weiblichen Beschäftigten der Außenstelle auch an die Ansprechpartnerin wenden. Die Ansprechpartnerin gibt das Anliegen dann an die Gleichstellungsbeauftragte weiter. Darüber hinaus kann die Gleichstellungsbeauftragte die Ansprechpartnerin beauftragen, sie in Einzelfällen in der Außenstelle zu vertreten. § 26 gilt entsprechend.

(2) Den Außenstellen stehen andere Teile der Dienststelle gleich, die räumlich weit entfernt vom Dienstsitz der Gleichstellungsbeauftragten liegen.

(3) Auf die Bestellung der Ansprechpartnerin sind § 18 Abs. 3 und 6, § 19 Abs. 1 und 2 sowie § 27 Abs. 3 Satz 2 entsprechend anzuwenden.

§ 29 Beanstandungsrecht

(1) Die Gleichstellungsbeauftragte kann eine Maßnahme der Dienststelle beanstanden,

wenn sie diese für unvereinbar mit diesem Gesetz oder mit anderen Vorschriften über die Gleichstellung von Frauen und Männern hält. Dies gilt auch, wenn die Gleichstellungsbeauftragte an einer Maßnahme nicht beteiligt oder über eine Maßnahme nicht rechtzeitig unterrichtet wird.

(2) Die Beanstandung ist der Dienststellenleitung innerhalb einer Woche schriftlich vorzulegen. Entlassungen und außerordentliche Kündigungen können nur innerhalb von drei Werktagen beanstandet werden. Die Frist nach Satz 1 und 2 beginnt jeweils mit Unterrichtung der Gleichstellungsbeauftragten über die Maßnahme.

(3) Beanstandet die Gleichstellungsbeauftragte eine Maßnahme der Dienststelle, muss die Dienststelle über die Maßnahme neu entscheiden. Die Entscheidung soll innerhalb eines Monats nach Kenntnis der Dienststelle von der Beanstandung getroffen werden. Hält die Dienststelle an der Maßnahme fest, muss sie die Beanstandung der nächsthöheren Dienststelle zur endgültigen Entscheidung vorlegen. Anstelle der nächsthöheren Dienststelle entscheiden

1. in Gemeinden und Gemeindeverbänden die Dienststellenleitung,
2. bei sonstigen der alleinigen Aufsicht des Landes unterstehenden juristischen Personen des öffentlichen Rechts der Vorstand oder einem Vorstand vergleichbare Leitungsorgane.

Die Gleichstellungsbeauftragte ist über die endgültige Entscheidung schriftlich zu unterrichten.

(4) Bis zur Entscheidung nach Absatz 3 Satz 1 oder Satz 3 darf die Maßnahme nicht umgesetzt werden. In dringenden Fällen kann die Dienststelle vorläufige Maßnahmen treffen; diese sind der Gleichstellungsbeauftragten bekannt zu geben und allen Betroffenen gegenüber als solche zu kennzeichnen.

(5) Beanstandet die Gleichstellungsbeauftragte, dass sie an einer Maßnahme nicht beteiligt oder darüber nicht rechtzeitig unterrichtet wurde, beginnt die Frist nach Absatz 2 Satz 1 mit Kenntnisnahme der Gleichstellungsbeauftragten von der Maßnahme. Die Beanstandung ist ausgeschlossen, wenn sechs Monate seit Umsetzung der Maßnahme vergangen sind. Wird die Beteiligung oder Unterrichtung der Gleichstellungsbeauftragten nachgeholt, kann die Gleichstellungsbeauftragte die Maßnahme unter den Voraussetzungen der Absätze 1 und 2 erneut beanstanden.

§ 30 Rechtsschutz

(1) Die Gleichstellungsbeauftragte kann das Verwaltungsgericht anrufen, wenn sie sich in ihren Rechten nach diesem Gesetz durch eine Maßnahme der Dienststelle verletzt sieht. Die Anrufung des Gerichts ist nur zulässig, wenn eine Beanstandung der Maßnahme nach § 29 Abs. 3 keinen Erfolg hatte. Die Gleichstellungsbeauftragte kann das Gericht nur innerhalb eines Monats anrufen, nachdem sie über die Entscheidung nach § 29 Abs. 3 Satz 1 oder Satz 3 unterrichtet wurde.

(2) Die Anrufung des Gerichts hat keine aufschiebende Wirkung.

(3) Kosten, die der Gleichstellungsbeauftragten durch das gerichtliche Verfahren entstehen, trägt die Dienststelle.

Teil 5
Gremien, Unternehmensbeteiligungen und Auftragsvergabe

§ 31 Besetzung von Gremien

(1) Gremien im Sinne dieses Gesetzes sind durch Vorschriften einzuberufende oder zu besetzende Ausschüsse, Beiräte, Kommissionen, Verwaltungs- und Aufsichtsräte, Vorstände, Arbeitsgruppen, Jurys, Kuratorien, Schiedsstellen, kollegiale Organe und vergleichbare Einheiten unabhängig von ihrer Bezeichnung, wenn

1. sie auf Dauer, mindestens aber für ein Jahr besetzt werden und
2. Dienststellen mindestens ein Mitglied berufen oder entsenden dürfen.

(2) Gremien sind zu gleichen Anteilen mit Frauen und Männern zu besetzen.

(3) Wer das Recht hat, ein Mitglied für ein Gremium zu entsenden (entsendende Stelle), muss dafür eine Frau und einen Mann vorschlagen. Wer für die Besetzung des Gremiums verantwortlich ist (berufende Stelle), wählt eine der beiden vorgeschlagenen Personen als Mitglied des Gremiums nach einem objektiven, vorab festgelegten und der entsendenden Stelle mitgeteilten Verfahren aus. Die andere vorgeschlagene Person wird zur Stellvertretung dieses Mitglieds berufen, wenn für das Gremium stellvertretende Mitglieder vorgesehen sind.

(4) Bei Gremien mit einer ungeraden Anzahl von Sitzen wird einer der Sitze abwechselnd an Frauen und an Männer vergeben. Dieser Wechsel findet bei jeder Neubesetzung des Gremiums statt.

(5) Wenn vor Ablauf der regulären Amtszeit ein Mitglied aus einem Gremium ausscheidet, dessen Geschlecht dort in der Mehrheit ist, dann muss eine Person des anderen Geschlechts nachfolgen. Wenn vor Ablauf der regulären Amtszeit ein Mitglied aus einem Gremium ausscheidet, dessen Geschlecht dort in der Minderheit ist, dann muss eine Person des gleichen Geschlechts nachfolgen.

(6) Wenn Dienststellen Personen in Gremien außerhalb des Geltungsbereichs dieses Gesetzes entsenden, sind jeweils gleich viele Frauen und Männer zu entsenden. Wenn eine ungerade Anzahl von Personen zu entsenden ist, dann ist Absatz 4 entsprechend anzuwenden.

(7) Von den Absätzen 2 bis 6 darf nur aus zwingenden Gründen abgewichen werden. Zwingende Gründe liegen insbesondere vor, soweit

1. Mitglieder aufgrund einer Wahl ernannt werden,
2. eine für das Gremium geltende Regelung die Besetzung von Mitgliedern kraft eines Amtes oder einer besonderen Funktion (geborene Mitglieder) vorsieht,
3. eine für das Gremium geltende Regelung ein bestimmtes Geschlecht für ein Mitglied oder mehrere Mitglieder vorsieht oder
4. der entsendenden Stelle die Einhaltung der Vorgaben der Absätze 2 bis 6 aus tatsächlichen Gründen nicht möglich ist.

Die Dienststellenleitung der berufenden Stelle stellt fest, ob zwingende Gründe vorliegen, um einen Sitz abweichend zu besetzen. Wenn keine zwingenden Gründe vorliegen, dann ist der Sitz freizulassen. Satz 4 gilt nicht für die Entsendung von Mitgliedern in Gremien außerhalb des Geltungsbereichs dieses Gesetzes.

(8) In anderen Rechtsvorschriften des Bundes oder des Landes enthaltene vergleichbare oder weitergehende Bestimmungen zur Besetzung von Gremien bleiben unberührt.

§ 32 Beteiligung an privatrechtlichen Unternehmen

(1) Sind die in § 2 Abs. 1 genannten Rechtsträger an einem privatrechtlichen Unternehmen beteiligt, haben sie im Rahmen des Gesellschaftsrechts auf die Verwirklichung der Gleichstellung von Frauen und Männern in diesem Unternehmen hinzuwirken. Insbesondere ist darauf hinzuwirken, dass

1. der Gesellschaftsvertrag Regelungen zur Gleichstellung von Frauen und Männern enthält,
2. die Gremien des Unternehmens zu gleichen Anteilen mit Frauen und Männern besetzt werden sowie
3. zur Unternehmenspolitik Maßnahmen und Entscheidungen zur Gleichstellung von Frauen und Männern gehören.

Außerdem sollen sie die Gleichstellung von Frauen und Männern in dem privatrechtlichen Unternehmen überwachen.

(2) Gehört den in § 2 Abs. 1 genannten Rechtsträgern die Mehrheit der Anteile an dem privatrechtlichen Unternehmen, haben sie auf eine den Bestimmungen dieses Gesetzes entsprechende Förderung der Gleichstellung von Frauen und Männern hinzuwirken. Als Mehrheit im Sinne des Satzes 1 gilt insbesondere jede Beteiligung des Landes, einer Gemeinde oder eines Gemeindeverbandes an einem privatrechtlichen Unternehmen in einem nach § 53 des Haushaltsgrundsätzegesetzes vom 19. August 1969 (BGBl. I

VIII

S. 1273) in der jeweils geltenden Fassung bezeichneten Umfang.

(3) Für die Entsendung von Mitgliedern in die Aufsichtsorgane privatrechtlicher Unternehmen gilt § 31 Abs. 6 bis 8.

§ 33 Vergabe öffentlicher Aufträge

Die Förderung der Gleichstellung von Frauen und Männern bei der Vergabe öffentlicher Aufträge regelt die Verwaltungsvorschrift Öffentliches Auftragswesen in Rheinland-Pfalz vom 18. August 2021 (MinBl. S. 91) in der jeweils geltenden Fassung.

Teil 6 Übergangs- und Schlussbestimmungen

§ 34 Übergangsbestimmungen

(1) Vor Inkrafttreten dieses Gesetzes erstellte Frauenförderpläne müssen innerhalb von zwei Jahren nach Inkrafttreten dieses Gesetzes an die Bestimmungen des § 15 angepasst werden.

(2) Die vor Inkrafttreten dieses Gesetzes bestellten Gleichstellungsbeauftragten bleiben abweichend von § 19 Abs. 1 bis zum Ende des Zeitraums im Amt, für den sie bestellt worden sind.

(3) Für die vor Inkrafttreten dieses Gesetzes bestellten Stellvertreterinnen von Gleichstellungsbeauftragten gilt Absatz 2 entsprechend. Waren die Stellvertreterinnen vor Inkrafttreten dieses Gesetzes auch Mitglied einer Personalvertretung, dürfen sie Mitglied dieser Personalvertretung bleiben, bis zum Ende ihrer Bestellung als Stellvertreterin. Eine Wiederbestellung als Stellvertreterin der Gleichstellungsbeauftragten ist jedoch ausgeschlossen, solange sie Mitglied der Personalvertretung sind.

§ 35 Verwaltungsvorschriften

Die zur Durchführung dieses Gesetzes erforderlichen Verwaltungsvorschriften erlässt das fachlich zuständige Ministerium.

Landesgesetz zur Gleichstellung, Inklusion und Teilhabe von Menschen mit Behinderungen (Landesinklusionsgesetz)

Vom 17. Dezember 2020 (GVBl. S. 719)

Inhaltsübersicht

§ 1 Ziel des Gesetzes

Ziel dieses Gesetzes ist es, auf der Grundlage des Artikels 64 der Verfassung für Rheinland-Pfalz und in Umsetzung des Übereinkommens der Vereinten Nationen vom 13. Dezember 2006 über die Rechte von Menschen mit Behinderungen (BGBl. 2008 II S. 1419 – 1420–) den vollen und gleichberechtigten Genuss aller Rechte durch alle Menschen mit Behinderungen zu fördern, zu schützen und zu gewährleisten, die Achtung der ihnen innewohnenden Würde zu fördern und dabei insbesondere die Benachteiligung von Menschen mit Behinderungen zu beseitigen und zu verhindern sowie die gleichberechtigte Teilhabe von Menschen mit Behinderungen am Leben in der Gesellschaft zu gewährleisten, ihre Inklusion zu fördern und ihnen eine selbstbestimmte Lebensführung zu ermöglichen.

§ 2 Geltungsbereich

(1) Dieses Gesetz gilt für öffentliche Stellen, soweit dieses Gesetz nichts anderes bestimmt.

(2) Öffentliche Stellen im Sinne dieses Gesetzes sind

1. die Verwaltungen des Landes und der kommunalen Gebietskörperschaften, die ihnen unterstehenden Körperschaften, Anstalten und Stiftungen des öffentlichen Rechts, die Gerichte und Staatsanwaltschaften des Landes, soweit diese in Verwaltungsangelegenheiten tätig werden, und
2. die weiteren in Artikel 3 Nr. 1 der Richtlinie (EU) 2016/2102 des Europäischen Parlaments und des Rates vom 26. Oktober 2016 über den barrierefreien Zugang zu den Websites und mobilen Anwendungen öffentlicher Stellen (ABl. EU Nr. L 327 S. 1) genannten öffentlichen Stellen.

§ 3 Begriffsbestimmungen

(1) Menschen mit Behinderungen im Sinne dieses Gesetzes sind Menschen, die körperliche, seelische, geistige oder Sinnesbeeinträchtigungen haben, die sie in Wechselwirkung mit einstellungs- und umweltbedingten Barrieren an der gleichberechtigten Teilhabe an der Gesellschaft mit hoher Wahrscheinlichkeit länger als sechs Monate hindern können.

(2) Eine Benachteiligung im Sinne dieses Gesetzes liegt vor, wenn Menschen mit Behinderungen oder Menschen, die von Behinderung bedroht sind, aufgrund ihrer Behinderung ohne zwingenden Grund unterschiedlich behandelt werden und dadurch in der gleichberechtigten Teilhabe am Leben in der Gesellschaft oder in ihrer selbstbestimmten Lebensführung unmittelbar oder mittelbar beeinträchtigt werden. Eine Benachteiligung umfasst jede Unterscheidung, jeden Ausschluss oder jede Beschränkung aufgrund von Behinderung und die Versagung angemessener Vorkehrungen zur Gleichstellung von Menschen mit Behinderungen. Auch eine Belästigung ist eine Benachteiligung, wenn unerwünschte Verhaltensweisen, die mit einer Behinderung im Zusammenhang stehen, bezwecken oder bewirken, dass die Würde der betreffenden Person verletzt und ein von Einschüchterungen, Anfeindungen, Erniedrigungen, Entwürdigungen oder Beleidigungen gekennzeichnetes Umfeld geschaffen wird.

(3) Angemessene Vorkehrungen sind Maßnahmen, die im Einzelfall geeignet und erforderlich sind, um zu gewährleisten, dass Menschen mit Behinderungen gleichberechtigt mit Anderen alle Rechte selbstbestimmt genießen und ausüben können, und sie die öffentlichen Stellen nicht unverhältnismäßig oder unbillig belasten.

(4) Barrierefrei sind bauliche und sonstige Anlagen, Verkehrsmittel, technische Gebrauchsgegenstände, Systeme der Informationsverarbeitung, akustische und visuelle Informationsquellen und Kommunikationseinrichtungen sowie andere gestaltete Lebensbereiche, wenn sie für Menschen mit Behinderungen in der allgemein üblichen Weise, ohne besondere Erschwernis und grundsätzlich ohne fremde Hilfe auffindbar, zugänglich und nutzbar sind. Zur Auffindbarkeit, Zugänglichkeit und Nutzbarkeit gehört auch die Gewährleistung der Verständlichkeit von Kommunikation. Eine besondere Erschwernis liegt auch dann vor, wenn Menschen mit Behinderungen die Mitnahme oder der Einsatz benötigter Hilfsmittel verweigert oder erschwert wird.

(5) Verbände der Selbstvertretung und der Selbsthilfe von Menschen mit Behinderungen sind Organisationen von Menschen mit Behinderungen, deren Mitglieder mindestens zur Hälfte aus Menschen mit Behinderungen bestehen, die von Menschen mit Behinderungen verwaltet, geführt und gelenkt werden sowie auf Grundlage des Übereinkommens der Vereinten Nationen über die Rechte der Menschen mit Behinderungen dem Ziel verpflichtet sind, gemeinsam für die Rechte von Menschen mit Behinderungen zu handeln, sich zu äußern, sie zu fördern und sie zu verteidigen.

(6) Ein universelles Design ist ein Design von Produkten, Umfeldern, Programmen und Dienstleistungen in der Weise, dass diese von allen Menschen möglichst weitgehend ohne Anpassung oder ein spezielles Design genutzt werden können. Das universelle Design schließt Hilfsmittel für bestimmte Gruppen von Menschen mit Behinderungen nicht aus.

§ 4 Benachteiligungsverbot

(1) Öffentliche Stellen dürfen Menschen mit Behinderungen gegenüber Menschen ohne Behinderungen nicht benachteiligen.

(2) Öffentliche Stellen haben in ihrem Verantwortungsbereich Maßnahmen zu ergreifen, die verhindern, dass es zu Benachteiligungen von Menschen mit Behinderungen kommt. Bestehende Benachteiligungen von Menschen mit Behinderungen gegenüber Menschen ohne Behinderungen sind abzubauen.

(3) Besteht Streit über das Vorliegen einer Benachteiligung und machen Menschen mit Behinderungen Tatsachen glaubhaft, die eine Benachteiligung aufgrund der Behinderung vermuten lassen, so trägt die Gegenseite die Beweislast dafür, dass keine Benachteiligung vorliegt. Satz 1 findet keine Anwendung, soweit bundesrechtliche Vorschriften abweichende Bestimmungen enthalten. Bei einem Verstoß gegen eine Verpflichtung zur Herstellung von Barrierefreiheit wird das Vorliegen einer Benachteiligung widerleglich vermutet.

(4) Besondere Benachteiligungsverbote zugunsten von Menschen mit Behinderungen in anderen Rechtsvorschriften bleiben unberührt.

§ 5 Besondere Belange von Menschen mit Behinderungen

Bei der Verwirklichung der Gleichstellung von allen Menschen mit Behinderungen, unabhängig von Geschlecht und Alter, haben öffentliche Stellen die besonderen Belange von Menschen mit Behinderungen zu berücksichtigen und bestehende Benachteiligungen zu beseitigen. Dabei sind besondere Maßnahmen zur Förderung der tatsächlichen Durchsetzung der Gleichberechtigung von Menschen mit Behinderungen und zur Beseitigung bestehender Ungleichheiten zulässig.

§ 6 Maßnahmen öffentlicher Stellen zur Verwirklichung von Gleichstellung und Barrierefreiheit

(1) Die öffentlichen Stellen haben im Rahmen ihres jeweiligen Aufgabenbereichs die in § 1 genannten Ziele zu berücksichtigen und aktiv zu fördern. Sie sollen darauf hinwirken, dass Leistungserbringer öffentlich-rechtlicher Leistungen die Ziele nach § 1 in angemessener Weise berücksichtigen.

(2) Öffentliche Stellen haben im Rahmen der verfügbaren Haushaltsmittel geeignete Maßnahmen zur Herstellung der Barrierefreiheit zu ergreifen, soweit diese in ihrem jeweiligen Aufgabenbereich noch nicht gewährleistet ist.

(3) Öffentliche Stellen, die Zuwendungen gewähren, sollen prüfen, ob und inwieweit die Grundzüge dieses Gesetzes bei der Gewährung der Zuwendung in angemessener Weise berücksichtigt werden können. Sofern Dritte für öffentliche Stellen Aufgaben wahrnehmen oder Angebote bereitstellen, die im erheblichen Interesse der öffentlichen Stellen liegen, sind letztere verpflichtet, zu prüfen und aktiv darauf hinzuwirken, dass die Ziele nach § 1 beachtet werden.

§ 7 Gebärdensprache und andere Kommunikationsformen

(1) Die Deutsche Gebärdensprache ist als eigenständige Sprache anerkannt.

(2) Lautsprachbegleitende Gebärden sind als Kommunikationsform der deutschen Sprache anerkannt.

VIII

(3) Menschen mit Hör- oder Sprachbehinderungen haben das Recht, mit öffentlichen Stellen in Deutscher Gebärdensprache, mit lautsprachbegleitenden Gebärden oder über andere geeignete Kommunikationshilfen zu kommunizieren, soweit dies zur Wahrnehmung eigener Rechte im Verwaltungsverfahren erforderlich ist. Öffentliche Stellen haben auf Verlangen der Berechtigten die geeigneten Kommunikationshilfen im erforderlichen Umfang kostenfrei zur Verfügung zu stellen oder die hierfür notwendigen Aufwendungen zu tragen. Im schulischen Bereich wird das Nähere zur Kommunikation in Deutscher Gebärdensprache, mit lautsprachbegleitenden Gebärden und durch andere geeignete Kommunikationshilfen durch Rechtsverordnung des für die Angelegenheiten des Schulwesens zuständigen Ministeriums festgelegt.

(4) Menschen mit einer Hör- oder Sprachbehinderung sowie hörsehbehinderte Menschen haben nach Maßgabe der Rechtsverordnung nach Absatz 5 das Recht, auch außerhalb eines Verwaltungsverfahrens, soweit dies zur Wahrnehmung von Aufgaben im Rahmen der elterlichen Sorge nach § 1626 des Bürgerlichen Gesetzbuches erforderlich ist,

1. in schulischen Belangen an Schulen in öffentlicher Trägerschaft und Ersatzschulen sowie staatlich anerkannten internationalen Schulen,
2. in Kindertageseinrichtungen und in der Kindertagespflege, in Deutscher Gebärdensprache, mit lautsprachbegleitenden Gebärden oder über andere geeignete Kommunikationshilfen zu kommunizieren. Die Kosten trägt das Land.

(5) Das fachlich zuständige Ministerium wird ermächtigt, nach Anhörung des Landesbeirats zur Teilhabe von Menschen mit Behinderungen durch Rechtsverordnung nähere Regelungen zur Ausführung der Bestimmungen der Absätze 3 und 4 zu treffen, insbesondere zu

1. Anlass und Umfang des Anspruchs auf Bereitstellung von geeigneten Kommunikationshilfen,
2. Art und Weise der Bereitstellung von geeigneten Kommunikationshilfen,
3. den Grundsätzen für eine angemessene Vergütung oder eine Erstattung von notwendigen Aufwendungen für den Einsatz geeigneter Kommunikationshilfen und
4. geeigneten Kommunikationshilfen im Sinne des Absatzes 3 Satz 1.

§ 8 Gestaltung von Bescheiden und Vordrucken

(1) Öffentliche Stellen nach § 2 Abs. 2 Nr. 1 haben bei der Gestaltung von schriftlichen Bescheiden, Allgemeinverfügungen, öffentlich-rechtlichen Verträgen und Vordrucken die besonderen Belange davon betroffener Menschen mit Behinderungen zu berücksichtigen. Blinden und sehbehinderten Menschen sind die in Satz 1 genannten Dokumente auf ihren Wunsch ohne zusätzliche Kosten auch in einer für sie wahrnehmbaren Form zugänglich zu machen, soweit dies zur Wahrnehmung eigener Rechte im Verwaltungsverfahren erforderlich ist.

(2) Die Landesregierung wird ermächtigt, nach Anhörung des Landesbeirats zur Teilhabe von Menschen mit Behinderungen durch Rechtsverordnung nähere Regelungen zu erlassen, zu welchen Anlässen und in welcher Art und Weise die in Absatz 1 Satz 2 geregelte Verpflichtung umzusetzen ist.

§ 9 Verständlichkeit und Leichte Sprache

(1) Öffentliche Stellen nach § 2 Abs. 2 Nr. 1 sollen mit Menschen mit geistigen oder seelischen Behinderungen, Gehörlosen und Menschen mit Hörbehinderungen in einfacher und verständlicher Sprache kommunizieren. Auf Verlangen sollen sie ihnen insbesondere die sie betreffenden Bescheide, Allgemeinverfügungen, öffentlich-rechtlichen Verträge und Vordrucke in einfacher und verständlicher Weise erläutern.

(2) Ist die Erläuterung nach Absatz 1 nicht ausreichend, sollen öffentliche Stellen auf Verlangen Menschen mit geistigen oder seelischen Behinderungen Bescheide, Allgemeinverfügungen, öffentlich-rechtliche Verträge und Vordrucke in Leichter Sprache erläutern.

(3) Kosten für Erläuterungen im notwendigen Umfang nach Absatz 1 oder Absatz 2 sind von den zuständigen öffentlichen Stellen zu tragen.

Der notwendige Umfang bestimmt sich nach dem individuellen Bedarf der Berechtigten.

(4) Die Landesregierung wirkt darauf hin, dass die Leichte Sprache vermehrt eingesetzt und angewandt wird und entsprechende Kompetenzen für das Verfassen von Texten in Leichter Sprache auf- und ausgebaut werden.

§ 10 Barrierefreie Informationstechnik

(1) Die öffentlichen Stellen gestalten ihre Auftritte und Angebote im Internet und im Intranet, Apps und sonstige Anwendungen für mobile Endgeräte sowie die von ihnen zur Verfügung gestellten grafischen Programmoberflächen, die mit Mitteln der Informationstechnik dargestellt werden, nach Artikel 1 der Richtlinie (EU) 2016/2102 technisch und inhaltlich barrierefrei im Sinne der Anforderungen nach den Artikeln 4 und 12 der Richtlinie (EU) 2016/2102 so, dass sie von Menschen mit Behinderungen grundsätzlich uneingeschränkt genutzt werden können. Sie stellen Erklärungen zur Barrierefreiheit nach Artikel 7 Abs. 1 und 2 der Richtlinie (EU) 2016/2102 bereit und aktualisieren diese regelmäßig.

(2) Die barrierefreie Gestaltung ist bereits bei der Planung, Entwicklung, Ausschreibung und Beschaffung, insbesondere bei Neuanschaffungen, Erweiterungen und Überarbeitungen, zu berücksichtigen.

VIII

(3) Absatz 1 Satz 1 und Absatz 2 gelten nur, soweit dies nicht eine unverhältnismäßige Belastung für die öffentliche Stelle bewirken würde. Ob eine unverhältnismäßige Belastung bewirkt würde, ist aktenkundig aufgrund einer abwägenden Bewertung unter Beachtung der Vorgaben in Artikel 5 Abs. 2 der Richtlinie (EU) 2016/2102 festzustellen.

(4) Die Absätze 1 bis 3 und 5 gelten nicht für Websites und mobile Anwendungen von Schulen und Tageseinrichtungen für Kinder in Trägerschaft öffentlicher Stellen, mit Ausnahme der Inhalte, die sich auf wesentliche Online-Verwaltungsfunktionen beziehen. Sie gelten auch nicht, soweit die Geltung der Richtlinie (EU) 2016/2102 für Websites und mobile Anwendungen und deren Inhalte nach Artikel 1 Abs. 3 und 4 der Richtlinie (EU) 2016/2102 ausgeschlossen ist.

(5) Das fachlich zuständige Ministerium wird ermächtigt, im Einvernehmen mit dem für die zentrale Steuerung von E-Government und der IT-Angelegenheiten der Landesverwaltung zuständigen Ministerium und nach Anhörung des Landesbeirats zur Teilhabe von Menschen mit Behinderungen durch Rechtsverordnung zur Umsetzung der Richtlinie (EU) 2016/2102 Bestimmungen zu erlassen über:

1. die spezifischen technischen Standards und die Standards zu Erläuterungen in Deutscher Gebärdensprache und Leichter Sprache, die die öffentlichen Stellen bei der barrierefreien Gestaltung der Websites und mobilen Anwendungen anzuwenden haben,
2. das Verfahren zur regelmäßigen Überprüfung und Aktualisierung der Standards der Informationstechnik bezogen auf die barrierefreie Gestaltung von Websites und mobilen Anwendungen,
3. die konkreten Anforderungen an die Erklärung zur Barrierefreiheit nach Artikel 7 Abs. 1 und 2 der Richtlinie (EU) 2016/2102 und das Verfahren zur regelmäßigen Aktualisierung,
4. die Anforderungen und das Verfahren zum Feedback-Mechanismus gemäß Artikel 7 Abs. 1 Unterabs. 4 Buchst. b der Richtlinie (EU) 2016/2102,
5. die Einrichtung eines angemessenen und wirksamen Durchsetzungsverfahrens, um die Einhaltung der Anforderungen aus den Artikeln 4, 5 und 7 der Richtlinie (EU) 2016/2102 zu gewährleisten, gemäß Artikel 9 der Richtlinie (EU) 2016/2102 sowie die dafür zuständige Stelle,
6. das Abwägungsverfahren nach Absatz 3,
7. das Verfahren der Überwachung und zur Berichterstattung nach Artikel 8 der Richtlinie (EU) 2016/2102 sowie die dafür zuständige Stelle,
8. die Durchführung von Schulungsprogrammen für öffentliche Stellen im Land.

§ 11 Herstellung von Barrierefreiheit in den Bereichen Bau und Verkehr

(1) Bauliche Anlagen, öffentliche Wege, Plätze und Straßen sowie öffentlich zugängliche

Verkehrsanlagen und Beförderungsmittel im öffentlichen Personennahverkehr sind nach Maßgabe der für den jeweiligen Bereich geltenden Rechtsvorschriften barrierefrei zu gestalten. Bereits bestehende Bauten sollen soweit wie möglich schrittweise entsprechend den allgemein anerkannten Regeln der Technik barrierefrei gestaltet werden. Von diesen Anforderungen kann abgewichen werden, wenn mit einer anderen Lösung die Anforderungen an die Barrierefreiheit in gleichem Maße erfüllt werden können.

(2) Die barrierefreie Gestaltung von Neu-, Um- und Erweiterungsbauten im Eigentum öffentlicher Stellen nach § 2 Abs. 2 Nr. 1 soll entsprechend den allgemein anerkannten Regeln der Technik erfolgen. Von diesen Anforderungen kann abgewichen werden, wenn mit einer anderen Lösung die Anforderungen an die Barrierefreiheit in gleichem Maße erfüllt werden.

(3) Abweichend von Absatz 2 gilt für öffentliche Stellen der kommunalen Gebietskörperschaften und ihrer Aufsicht unterstehenden Körperschaften, Anstalten und Stiftungen des öffentlichen Rechts, dass diese

1. bei der barrierefreien Gestaltung von Neubauten sowie bei großen Um- oder Erweiterungsbauten die allgemein anerkannten Regeln der Technik soweit wie möglich berücksichtigen und
2. die bereits bestehenden Bauten schrittweise entsprechend den allgemein anerkannten Regeln der Technik soweit wie möglich barrierefrei gestalten sollen.

Sie können hierzu Umsetzungspläne erstellen.

(4) Öffentliche Stellen nach § 2 Abs. 2 Nr. 1 mit Ausnahme der kommunalen Gebietskörperschaften und ihrer Aufsicht unterstehenden Körperschaften, Anstalten und Stiftungen des öffentlichen Rechts sollen künftig vorrangig nur solche Bauten anmieten, die barrierefrei sind soweit die Anmietung die öffentlichen Stellen nicht unverhältnismäßig oder unbillig belastet.

§ 12 Landesfachstelle für Barrierefreiheit

(1) Das fachlich zuständige Ministerium richtet im Rahmen zur Verfügung stehender Haushaltsmittel eine Landesfachstelle für Barrierefreiheit ein. Es kann hierfür auch eine nachgeordnete Behörde der Landesverwaltung oder Dritte beauftragen.

(2) Die Landesfachstelle für Barrierefreiheit ist zentrale Anlaufstelle für die Erstberatung zur Barrierefreiheit in Rheinland-Pfalz. Sie soll insbesondere

1. öffentliche Stellen, Unternehmen, Verbände und natürliche Personen auf Anfrage bei der Entwicklung von Konzepten und der Umsetzung von konkreten Maßnahmen zur Herstellung von Barrierefreiheit beraten und unterstützen,
2. den Landesbeauftragten für die Belange von Menschen mit Behinderungen sowie kommunale Beauftragte für die Belange von Menschen mit Behinderungen auf Anfrage bei der Durchsetzung von Barrierefreiheit beraten und unterstützen,
3. Informationen zur Herstellung von Barrierefreiheit bereitstellen, bündeln, weiterentwickeln und veröffentlichen und
4. die Bewusstseinsbildung der Allgemeinheit durch Öffentlichkeitsarbeit in Fragen der Barrierefreiheit fördern.

§ 13 Verbandsklagerecht

(1) Ein von dem fachlich zuständigen Ministerium anerkannter Verband kann, ohne in seinen Rechten verletzt zu sein, nach Maßgabe der Verwaltungsgerichtsordnung oder des Sozialgerichtsgesetzes Klage erheben auf Feststellung eines Verstoßes durch öffentliche Stellen nach § 2 Abs. 2 Nr. 1 gegen

1. § 4 Abs. 1, § 5 Abs. 1, § 7, § 8 Abs. 1, § 10 Abs. 1 und § 11 Abs. 2 oder gegen Bestimmungen der hierzu erlassenen Rechtsverordnungen,
2. § 51 der Landesbauordnung Rheinland-Pfalz,
3. § 38 Abs. 1 Satz 3 und 4 der Landeswahlordnung,
4. § 11 Abs. 3 Satz 1 des Landesstraßengesetzes,
5. § 3 Abs. 7 des Nahverkehrsgesetzes,
6. § 30 Abs. 3 des Landeskrankenhausgesetzes und

VIII

7. gegen sonstige Bestimmungen des Landesrechts zur Herstellung von Barrierefreiheit, soweit dort auf die Barrierefreiheit nach § 3 Abs. 4 verwiesen wird.

Ein Verbandsklagerecht nach Satz 1 Nr. 1 besteht bei einem Verstoß gegen § 10 oder gegen Bestimmungen der hierzu erlassenen Rechtsverordnungen nur, soweit es sich um einen erheblichen Verstoß handelt.

(2) Eine Klage nach Absatz 1 ist nicht zulässig, wenn die angegriffene Maßnahme

1. den Verband nicht in seinem satzungsgemäßen Aufgabenbereich berührt,
2. aufgrund einer Entscheidung in einem gerichtlichen Verfahren erfolgt oder
3. in einem gerichtlichen Verfahren als rechtmäßig bestätigt worden ist.

Soweit ein Mensch mit Behinderungen selbst seine Rechte durch eine Gestaltungs- oder Leistungsklage verfolgen kann oder hätte verfolgen können, ist eine Klage nach Absatz 1 nur zulässig, wenn der Verband geltend macht, dass es sich bei der angegriffenen Maßnahme um einen Fall von allgemeiner Bedeutung handelt; dies ist insbesondere der Fall, wenn eine Vielzahl gleichgelagerter Fälle vorliegt.

VIII

(3) Vor Erhebung einer Klage nach Absatz 1 ist ein Vorverfahren entsprechend den Bestimmungen der §§ 68 bis 73 der Verwaltungsgerichtsordnung oder der §§ 78 bis 86b des Sozialgerichtsgesetzes durchzuführen; dies gilt auch dann, wenn die angegriffene Maßnahme von einer obersten Landesbehörde getroffen worden ist.

(4) Die Anerkennung eines Verbands nach Absatz 1 soll nach Anhörung des Landesbeirats zur Teilhabe von Menschen mit Behinderungen erteilt werden, wenn der Verband

1. nach seiner Satzung ideell und nicht nur vorübergehend die Belange von Menschen mit Behinderungen fördert,
2. nach der Zusammensetzung seiner Mitglieder dazu berufen ist, Interessen von Menschen mit Behinderungen auf der Ebene des Bundes oder des Landes zu vertreten,
3. zum Zeitpunkt der Anerkennung mindestens drei Jahre besteht und in dieser Zeit im Sinne der Nummer 1 tätig gewesen ist,
4. die Gewähr für eine sachgerechte Aufgabenerfüllung bietet und
5. den Anforderungen der Gemeinnützigkeit oder Mildtätigkeit im Sinne der Abgabenordnung genügt.

Ein nach vergleichbaren Bestimmungen vom Bund anerkannter Verband gilt als anerkannt im Sinne des Absatzes 1.

§ 14 Vertretungsbefugnisse in verwaltungs- oder sozialrechtlichen Verfahren

Werden Menschen mit Behinderungen in den in § 13 Abs. 1 Satz 1 Nr. 1 aufgeführten Rechten dieses Gesetzes verletzt, können an ihrer Stelle und mit ihrem Einverständnis Verbände nach § 13 Abs. 4, die nicht selbst am Verfahren beteiligt sind, Rechtsschutz beantragen. In diesen Fällen müssen alle Verfahrensvoraussetzungen wie bei einem Rechtsschutzersuchen durch den Menschen mit Behinderungen selbst vorliegen.

§ 15 Landesbeauftragte oder Landesbeauftragter für die Belange von Menschen mit Behinderungen

(1) Die Landesregierung bestellt im Benehmen mit dem Landesbeirat zur Teilhabe von Menschen mit Behinderungen für die Dauer der Wahlperiode des Landtags eine Landesbeauftragte oder einen Landesbeauftragten für die Belange von Menschen mit Behinderungen. Sie oder er bleibt bis zur Nachfolgebestellung im Amt; Wiederbestellung ist zulässig. Die oder der Landesbeauftragte für die Belange von Menschen mit Behinderungen ist in ihrer oder seiner Tätigkeit unabhängig, weisungsungebunden und ressortübergreifend tätig.

(2) Die Landesregierung stellt der oder dem Landesbeauftragten für die Belange von Menschen mit Behinderungen die für die Erfüllung ihrer oder seiner Aufgaben notwendige Personal- und Sachausstattung im Rahmen der verfügbaren Haushaltsmittel zur Verfügung.

(3) Aufgabe der oder des Landesbeauftragten für die Belange von Menschen mit Behinderungen ist es, darauf hinzuwirken, dass die in § 1 dieses Gesetzes genannten Ziele verwirklicht, die sonstigen Bestimmungen dieses Gesetzes und der aufgrund dieses Gesetzes erlassenen Rechtsverordnungen sowie andere Vorschriften zugunsten von Menschen mit Behinderungen eingehalten werden. Sie oder er hat auch dafür Sorge zu tragen, dass die besonderen Belange von Frauen mit Behinderungen berücksichtigt und bestehende Benachteiligungen von Frauen mit Behinderungen beseitigt werden.

(4) Die oder der Landesbeauftragte für die Belange von Menschen mit Behinderungen steht im Sinne einer Ombudsfunktion als Mittler zwischen den Interessen von Menschen mit und ohne Behinderungen, Verbänden und Organisationen, die Menschen mit Behinderungen vertreten, Rehabilitationsträgern, Einrichtungen für Menschen mit Behinderungen und der öffentlichen Verwaltung zur Verfügung. Sie oder er hat Eingaben von Menschen mit Behinderungen oder zugunsten von Menschen mit Behinderungen zu prüfen und auf eine einvernehmliche, die besonderen Interessen der Menschen mit Behinderungen berücksichtigende Erledigung der Eingaben hinzuwirken. Die oder der Landesbeauftragte für die Belange von Menschen mit Behinderungen fungiert als Schlichtungsstelle zur außergerichtlichen Beilegung von Streitigkeiten zur Barrierefreiheit und zur Umsetzung dieses Gesetzes. Das fachlich zuständige Ministerium wird ermächtigt, durch Rechtsverordnungen Bestimmungen zur Ausgestaltung des Schlichtungsverfahrens, zur Organisation der Schlichtungsstelle und zu Umfang und Qualifikation des für diese Aufgabe einzusetzenden Personals zu erlassen.

(5) Jede Bürgerin und jeder Bürger kann sich an die oder den Landesbeauftragten für die Belange von Menschen mit Behinderungen wenden. Niemand darf deswegen benachteiligt werden.

(6) Die oder der Landesbeauftragte für die Belange von Menschen mit Behinderungen ist innerhalb der Landesregierung bei allen grundsätzlichen Fragen, die die Belange von Menschen mit Behinderungen betreffen, rechtzeitig zu beteiligen. Öffentliche Stellen haben die oder den Landesbeauftragten für die Belange von Menschen mit Behinderungen bei der Wahrnehmung der Aufgaben zu unterstützen. Sie haben insbesondere Auskünfte zu erteilen und Akteneinsicht zu gewähren; § 29 Abs. 2 des Verwaltungsverfahrensgesetzes gilt hinsichtlich der Erteilung von Auskünften und der Gewährung von Akteneinsicht entsprechend.

§ 16 Kommunale Beauftragte für die Belange von Menschen mit Behinderungen

Zur Verwirklichung der Gleichstellung von Menschen mit Behinderungen kann in einer kommunalen Gebietskörperschaft eine Person zur Beratung und Unterstützung in Fragen der Behindertenpolitik (kommunale Beauftragte für die Belange von Menschen mit Behinderungen) bestellt werden. Das Nähere zur Bestellung kommunaler Beauftragter für die Belange von Menschen mit Behinderungen, insbesondere deren Aufgaben und ihre Beteiligung bei behindertenspezifischen Belangen, regeln die kommunalen Gebietskörperschaften im Rahmen ihrer kommunalen Selbstverwaltungshoheit.

§ 17 Landesbeirat zur Teilhabe von Menschen mit Behinderungen

(1) Es wird ein Landesbeirat zur Teilhabe von Menschen mit Behinderungen gebildet, der die Landesregierung und die oder den Landesbeauftragten für die Belange von Menschen mit Behinderungen in allen wesentlichen Fragen, die die Belange von Menschen mit Behinderungen berühren, berät und unterstützt. Die obersten Landesbehörden haben den Landesbeirat zur Teilhabe von Menschen mit Behinderungen bei der Erstellung von Rechts- und Verwaltungsvorschriften und bei sonstigen Vorhaben, soweit diese für Menschen mit Behinderungen von besonderer Bedeutung sind, innerhalb einer angemessenen Frist anzuhören.

(2) Die oder der Landesbeauftragte für die Belange von Menschen mit Behinderungen

ist vorsitzendes Mitglied des Landesbeirats zur Teilhabe von Menschen mit Behinderungen ohne Stimmrecht. Das fachlich zuständige Ministerium legt die Anzahl der weiteren Mitglieder des Landesbeirats zur Teilhabe von Menschen mit Behinderungen fest und beruft diese auf Vorschlag insbesondere

1. von Verbänden der Selbstvertretung und der Selbsthilfe von Menschen mit Behinderungen,
2. der LIGA der Spitzenverbände der Freien Wohlfahrtspflege Rheinland-Pfalz e. V.,
3. der kommunalen Spitzenverbände,
4. der gesetzlichen Sozialversicherungen und
5. von Gewerkschaften und von Unternehmerverbänden.

Für jedes weitere Mitglied ist ein stellvertretendes Mitglied zu berufen, welches die Aufgaben des Mitglieds im Vertretungsfall wahrnimmt. Die oder der Landesbeauftragte für die Belange von Menschen mit Behinderungen kann eine Person bestimmen, die im Vertretungsfall anstelle der oder des Landesbeauftragten für die Belange von Menschen mit Behinderungen an Sitzungen des Landesbeirats zur Teilhabe von Menschen mit Behinderungen als stellvertretendes vorsitzendes Mitglied teilnimmt. Dem Landesbeirat zur Teilhabe von Menschen mit Behinderungen gehören Frauen und Männer in gleicher Zahl an. § 31 Abs. 2 des Landesgleichstellungsgesetzes gilt mit der Maßgabe, dass von einer paritätischen Besetzung des Landesbeirats insofern abgewichen werden kann, dass auch Personen zu berücksichtigen sind, deren Geschlechtsentwicklung gegenüber einer weiblichen oder männlichen Geschlechtsentwicklung Varianten aufweist und die sich deswegen dauerhaft weder dem männlichen noch dem weiblichen Geschlecht zuordnen.

(3) Die weiteren Mitglieder des Landesbeirats zur Teilhabe von Menschen mit Behinderungen werden für die Amtszeit der oder des Landesbeauftragten für die Belange von Menschen mit Behinderungen berufen; erneute Berufung ist zulässig. Sie können ihr Amt jederzeit niederlegen. Auf Antrag der vorschlagenden Stelle hat sie die oder der Landesbeauftragte für die Belange von Menschen mit Behinderungen abzuberufen.

(4) Die stimmberechtigte Mehrheit im Landesbeirat für die Belange von Menschen mit Behinderungen bilden Vertreterinnen und Vertreter der Selbstvertretung und der Selbsthilfe.

(5) Der Landesbeirat zur Teilhabe von Menschen mit Behinderungen gibt sich eine Geschäftsordnung. In der Geschäftsordnung sind insbesondere Regelungen über die Vorbereitung, Einberufung und Durchführung von Sitzungen, über die Bildung von Arbeitsgruppen, über die Beteiligung weiterer sachverständiger Personen und über die Aufwandsentschädigung der Mitglieder des Landesbeirats zur Teilhabe von Menschen mit Behinderungen zu treffen; Regelungen über die Aufwandsentschädigung bedürfen der Zustimmung des fachlich zuständigen Ministeriums.

(6) Die Geschäfte des Landesbeirats zur Teilhabe von Menschen mit Behinderungen werden von dem fachlich zuständigen Ministerium geführt. Die Landesregierung unterrichtet den Landesbeirat zur Teilhabe von Menschen mit Behinderungen frühzeitig über Gesetzesvorhaben, die die Belange von Menschen mit Behinderungen betreffen.

§ 18 Monitoringstelle

Zur Unterstützung der Umsetzung dieses Gesetzes und zur Sicherstellung einer erfolgreichen Umsetzung des Übereinkommens der Vereinten Nationen über die Rechte von Menschen mit Behinderungen beauftragt das fachlich zuständige Ministerium im Rahmen zur Verfügung stehender Haushaltsmittel eine unabhängige Monitoringstelle.

§ 19 Besuchskommission

(1) Das fachlich zuständige Ministerium beruft im Benehmen mit den kommunalen Spitzenverbänden in Rheinland-Pfalz, der Regionaldirektion Rheinland-Pfalz-Saarland der Bundesagentur für Arbeit, der Landesarbeitsgemeinschaft Selbsthilfe Behinderte Rheinland-Pfalz und der LIGA der Freien Wohlfahrtspflege e. V. in Rheinland-Pfalz eine unabhängige Besuchskommission, die Werkstätten für Menschen mit Behinderungen und diesen angegliederte

Förder- und Betreuungsbereiche, andere Leistungsanbieter nach § 60 des Neunten Buches Sozialgesetzbuch sowie Einrichtungen mit umfassendem Leistungsangebot nach § 4 des Landesgesetzes über Wohnformen und Teilhabe vom 22. Dezember 2009 (GVBl. S. 399, BS 217-1), in der jeweils geltenden Fassung und deren Außenwohngruppen besucht. Die Besuchskommission überprüft, ob den Menschen mit Behinderungen eine gleichberechtigte Teilhabe am Leben in der Gesellschaft und eine selbstbestimmte Lebensführung unter Beachtung von Gewaltprävention und Gewaltschutz möglich ist. Die von der Besuchskommission zu besuchenden Einrichtungen sind verpflichtet, die Besuchskommission zu unterstützen und Auskünfte zu erteilen. Die Interessenvertretungen von Menschen mit Behinderungen in den Einrichtungen sind bei den Besuchen in geeigneter Form zu beteiligen und vor der Durchführung des Besuchs rechtzeitig zu informieren. Die Bestimmungen zum Schutz personenbezogener Daten bleiben unberührt. Den Menschen mit Behinderungen, ihren gesetzlichen Vertretern und der Interessenvertretung der Menschen mit Behinderungen ist Gelegenheit zu geben, Wünsche oder Beschwerden gegenüber der Besuchskommission vorzutragen.

(2) Die Mitglieder der Besuchskommission dürfen an Überprüfungen nicht mitwirken, die sich auf Einrichtungen beziehen, in denen sie leben oder dort beschäftigt oder ehrenamtlich tätig sind. Sie sind zur Verschwiegenheit in persönlichen Angelegenheiten der in Einrichtungen nach Absatz 1 betreuten Personen verpflichtet.

(3) Die Besuchskommission legt spätestens zwei Monate nach dem Besuch einer Einrichtung deren Träger, der Interessenvertretung der Menschen mit Behinderungen in den besuchten Einrichtungen und dem fachlich zuständigen Ministerium einen Bericht vor. Personenbezogene Daten dürfen dabei nur in anonymisierter Form übermittelt werden.

(4) Die Aufsichtspflichten und Befugnisse der zuständigen Behörden sowie das Recht der Betroffenen, andere Instanzen anzurufen, bleiben unberührt.

§ 20 Berichtspflicht

(1) Die Landesregierung berichtet dem Landtag alle fünf Jahre über die Lage der Menschen mit Behinderungen unter besonderer Berücksichtigung der Situation von Frauen mit Behinderungen und über die Umsetzung dieses Gesetzes. Die Berichte werden mit den Aktionsplänen der Landesregierung zur Umsetzung des Übereinkommens der Vereinten Nationen über die Rechte von Menschen mit Behinderungen und zur Gleichstellung von Menschen mit Behinderungen verbunden.

(2) In den Berichten nach Absatz 1 ist auch auf die Situation am Arbeitsmarkt, gegliedert nach den einzelnen Gruppen von Menschen mit Behinderungen, einzugehen.

(3) In die Berichte nach Absatz 1 ist auch eine geschlechtsspezifisch und nach Ressortbereichen gegliederte statistische Darstellung der Entwicklung der Beschäftigung schwerbehinderter Menschen in öffentlichen Stellen nach § 2 Abs. 2 Nr. 1 aufzunehmen.

§ 21 Förderung der Partizipation

Das Land kann im Rahmen zur Verfügung stehender Haushaltsmittel Maßnahmen von Verbänden zur Stärkung der Teilhabe von Menschen mit Behinderungen an der Gestaltung öffentlicher Angelegenheiten fördern, die die Voraussetzungen nach § 3 Abs. 5 erfüllen.

§ 22 Übergangsbestimmungen

(1) Die oder der zum Zeitpunkt des Inkrafttretens dieses Gesetzes bestellte Landesbeauftragte für die Belange behinderter Menschen gilt als Landesbeauftragte oder Landesbeauftragter für die Belange von Menschen mit Behinderungen im Sinne des § 15 dieses Gesetzes als bestellt.

(2) Der zum Zeitpunkt des Inkrafttretens dieses Gesetzes gebildete Landesbeirat zur Teilhabe behinderter Menschen bleibt für den Rest der Amtszeit seiner Mitglieder als Landesbeirat zur Teilhabe von Menschen mit Behinderungen bestehen; im Übrigen finden die Bestimmungen des § 17 dieses Gesetzes Anwendung.

§§ 23 bis 36 (Änderung anderer Rechtsvorschriften)

(hier nicht aufgenommen)

§ 37 Inkrafttreten

(1) Es treten in Kraft:

1. § 36 am 1. Juli 2022,
2. das Gesetz im Übrigen am Tage nach der Verkündung.

(2) Das Landesgesetz zur Gleichstellung behinderter Menschen vom 16. Dezember 2002 (GVBl. S. 481), zuletzt geändert durch Gesetz vom 22. Mai 2019 (GVBl. S. 63), tritt am Tage vor Inkrafttreten des Landesinklusionsgesetzes vom 17. Dezember 2020 (GVBl. S. 719, BS 87-1) außer Kraft.

Bundeskindergeldgesetz (BKGG)

in der Fassung der Bekanntmachung vom 28. Januar 2009 (BGBl. I S. 142, S. 3177)

Zuletzt geändert durch
Dreizehntes Gesetz zur Änderung des Zweiten Buches Sozialgesetzbuch und anderer Gesetze
vom 16. April 2026 (BGBl. I Nr. 107)

Inhaltsübersicht

Erster Abschnitt Leistungen

§ 1 Anspruchsberechtigte

(1) Kindergeld nach diesem Gesetz für seine Kinder erhält, wer nach § 1 Absatz 1 und 2 des Einkommensteuergesetzes nicht unbeschränkt steuerpflichtig ist und auch nicht nach § 1 Abs. 3 des Einkommensteuergesetzes als unbeschränkt steuerpflichtig behandelt wird und

1. in einem Versicherungspflichtverhältnis zur Bundesagentur für Arbeit nach dem Dritten Buch Sozialgesetzbuch steht oder versicherungsfrei nach § 28 Absatz 1 Nummer 1 des Dritten Buches Sozialgesetzbuch ist oder
2. als Entwicklungshelfer Unterhaltsleistungen im Sinne des § 4 Absatz 1 Nummer 1 des Entwicklungshelfer-Gesetzes erhält oder als Missionar der Missionswerke und -gesellschaften, die Mitglieder oder Vereinbarungspartner des Evangelischen Missionswerkes Hamburg, der Arbeitsgemeinschaft Evangelikaler Missionen e. V., des Deutschen katholischen Missionsrates oder der Arbeitsgemeinschaft pfingstlich-charismatischer Missionen sind, tätig ist oder
3. eine nach § 123a des Beamtenrechtsrahmengesetzes oder § 29 des Bundesbeamtengesetzes oder § 20 des Beamtenstatusgesetzes bei einer Einrichtung außerhalb Deutschlands zugewiesene Tätigkeit ausübt oder
4. als Ehegatte oder Lebenspartner eines Mitglieds der Truppe oder des zivilen Gefolges eines NATO-Mitgliedstaates die Staatsangehörigkeit eines EU/EWR-Mitgliedstaates besitzt und in Deutschland seinen Wohnsitz oder gewöhnlichen Aufenthalt hat.

(2) ₁Kindergeld für sich selbst erhält, wer

1. in Deutschland einen Wohnsitz oder seinen gewöhnlichen Aufenthalt hat,
2. Vollwaise ist oder den Aufenthalt seiner Eltern nicht kennt und
3. nicht bei einer anderen Person als Kind zu berücksichtigen ist.

₂§ 2 Absatz 2 und 3 sowie die §§ 4 und 5 sind entsprechend anzuwenden. ₃Im Fall des § 2 Absatz 2 Satz 1 Nummer 3 wird Kindergeld längstens bis zur Vollendung des 25. Lebensjahres gewährt.

(3) ₁Ein nicht freizügigkeitsberechtigter Ausländer erhält Kindergeld nur, wenn er

1. eine Niederlassungserlaubnis oder eine Erlaubnis zum Daueraufenthalt-EU besitzt,
2. eine Blaue Karte EU, eine ICT-Karte, eine Mobiler-ICT-Karte oder eine Aufenthaltserlaubnis besitzt, die für einen Zeitraum von mindestens sechs Monaten zur Ausübung einer Erwerbstätigkeit berechtigen oder berechtigt haben oder diese erlauben, es sei denn, die Aufenthaltserlaubnis wurde
   a) nach § 16e des Aufenthaltsgesetzes zu Ausbildungszwecken, nach § 19c Absatz 1 des Aufenthaltsgesetzes zum Zweck der Beschäftigung als Au-Pair oder zum Zweck der Saisonbeschäftigung, nach § 19e des Aufenthaltsgesetzes zum Zweck der Teilnahme an einem Europäischen Freiwilligendienst oder nach § 20a Absatz 5 Satz 1 des Aufenthaltsgesetzes zur Suche nach einer Erwerbstätigkeit oder nach Maßnahmen zur Anerkennung ausländischer Berufsqualifikationen erteilt,
   b) nach § 16b des Aufenthaltsgesetzes zum Zweck eines Studiums, nach § 16d des Aufenthaltsgesetzes für Maßnahmen zur Anerkennung ausländischer Berufsqualifikationen, nach § 20 des Aufenthaltsgesetzes zur Suche nach einer Erwerbstätigkeit oder nach § 20a Absatz 5 Satz 2 des Aufenthaltsgesetzes zur Suche nach einer Erwerbstätigkeit oder nach Maßnahmen zur Anerkennung ausländischer Berufsqualifikationen erteilt und er ist weder erwerbstätig noch nimmt er Elternzeit nach § 15 des Bundeselterngeld- und Elternzeitgesetzes oder laufende Geldleistungen nach dem Dritten Buch Sozialgesetzbuch in Anspruch,
   c) nach § 23 Absatz 1 des Aufenthaltsgesetzes wegen eines Krieges in seinem Heimatland oder nach den § 23a oder § 25 Absatz 3 bis 5 des Aufenthaltsgesetzes erteilt,

VIII

3. eine in Nummer 2 Buchstabe c genannte Aufenthaltserlaubnis besitzt und im Bundesgebiet berechtigt erwerbstätig ist oder Elternzeit nach § 15 des Bundeselterngeld- und Elternzeitgesetzes oder laufende Geldleistungen nach dem Dritten Buch Sozialgesetzbuch in Anspruch nimmt,
4. eine in Nummer 2 Buchstabe c genannte Aufenthaltserlaubnis besitzt und sich seit mindestens 15 Monaten erlaubt, gestattet oder geduldet im Bundesgebiet aufhält oder
5. eine Beschäftigungsduldung gemäß § 60d in Verbindung mit § 60a Absatz 2 Satz 3 des Aufenthaltsgesetzes besitzt.

$_2$Abweichend von Satz 1 Nummer 3 erste Alternative erhält ein minderjähriger nicht freizügigkeitsberechtigter Ausländer unabhängig von einer Erwerbstätigkeit Kindergeld.

§ 2 Kinder

(1) Als Kinder werden auch berücksichtigt
1. vom Berechtigten in seinen Haushalt aufgenommene Kinder seines Ehegatten oder Lebenspartners,
2. Pflegekinder (Personen, mit denen der Berechtigte durch ein familienähnliches, auf Dauer berechnetes Band verbunden ist, sofern er sie nicht zu Erwerbszwecken in seinen Haushalt aufgenommen hat und das Obhuts- und Pflegeverhältnis zu den Eltern nicht mehr besteht),
3. vom Berechtigten in seinen Haushalt aufgenommene Enkel.

(2) $_1$Ein Kind, das das 18. Lebensjahr vollendet hat, wird berücksichtigt, wenn es
1. noch nicht das 21. Lebensjahr vollendet hat, nicht in einem Beschäftigungsverhältnis steht und bei einer Agentur für Arbeit im Inland als Arbeitsuchender gemeldet ist oder
2. noch nicht das 25. Lebensjahr vollendet hat und
   a) für einen Beruf ausgebildet wird oder
   b) sich in einer Übergangszeit von höchstens vier Monaten befindet, die zwischen zwei Ausbildungsabschnitten oder zwischen einem Ausbildungsabschnitt und der Ableistung des gesetzlichen Wehr- oder Zivildienstes, einer vom Wehr- oder Zivildienst befreienden Tätigkeit als Entwicklungshelfer oder als Dienstleistender im Ausland nach § 14b des Zivildienstgesetzes oder der Ableistung des freiwilligen Wehrdienstes nach § 58b des Soldatengesetzes oder der Ableistung eines freiwilligen Dienstes im Sinne des Buchstaben d liegt, oder
   c) eine Berufsausbildung mangels Ausbildungsplatzes nicht beginnen oder fortsetzen kann oder
   d) einen der folgenden freiwilligen Dienste leistet:
      aa) ein freiwilliges soziales Jahr im Sinne des Jugendfreiwilligendienstegesetzes,
      bb) ein freiwilliges ökologisches Jahr im Sinne des Jugendfreiwilligendienstegesetzes,
      cc) einen Bundesfreiwilligendienst im Sinne des Bundesfreiwilligendienstgesetzes,
      dd) eine Freiwilligentätigkeit im Rahmen des Europäischen Solidaritätskorps im Sinne der Verordnung (EU) 2021/888 des Europäischen Parlaments und des Rates vom 20. Mai 2021 zur Aufstellung des Programms für das Europäische Solidaritätskorps und zur Aufhebung der Verordnungen (EU) 2018/1475 und (EU) Nr. 375/2014 (ABl. L 202 vom 8. 6. 2021, S. 32),
      ee) einen anderen Dienst im Ausland im Sinne von § 5 des Bundesfreiwilligendienstgesetzes,
      ff) einen entwicklungspolitischen Freiwilligendienst „weltwärts" im Sinne der Förderleitlinie des Bundesministeriums für wirtschaftliche Zusammenarbeit und Entwicklung vom 1. Januar 2016,
      gg) einen Freiwilligendienst aller Generationen im Sinne von § 2 Absatz 1a des Siebten Buches Sozialgesetzbuch oder

VIII

hh) einen Internationalen Jugendfreiwilligendienst im Sinne der Richtlinie des Bundesministeriums für Familie, Senioren, Frauen und Jugend vom 4. Januar 2021 (GMBl. S. 77) oder

3. wegen körperlicher, geistiger oder seelischer Behinderung außerstande ist, sich selbst zu unterhalten; Voraussetzung ist, dass die Behinderung vor Vollendung des 25. Lebensjahres eingetreten ist.

$_{2}$Nach Abschluss einer erstmaligen Berufsausbildung oder eines Erststudiums wird ein Kind in den Fällen des Satzes 1 Nummer 2 nur berücksichtigt, wenn das Kind keiner Erwerbstätigkeit nachgeht. $_{3}$Eine Erwerbstätigkeit mit bis zu 20 Stunden regelmäßiger wöchentlicher Arbeitszeit, ein Ausbildungsdienstverhältnis oder ein geringfügiges Beschäftigungsverhältnis im Sinne der §§ 8 und 8a des Vierten Buches Sozialgesetzbuch sind unschädlich.

(3) $_{1}$In den Fällen des Absatzes 2 Satz 1 Nummer 1 oder Nummer 2 Buchstabe a und b wird ein Kind, das

1. den gesetzlichen Grundwehrdienst oder Zivildienst geleistet hat oder
2. sich an Stelle des gesetzlichen Grundwehrdienstes freiwillig für die Dauer von nicht mehr als drei Jahren zum Wehrdienst verpflichtet hat oder
3. eine vom gesetzlichen Grundwehrdienst oder Zivildienst befreiende Tätigkeit als Entwicklungshelfer im Sinne des § 1 Absatz 1 des Entwicklungshelfer-Gesetzes ausgeübt hat,

für einen der Dauer dieser Dienste oder der Tätigkeit entsprechenden Zeitraum, höchstens für die Dauer des inländischen gesetzlichen Grundwehrdienstes, bei anerkannten Kriegsdienstverweigerern für die Dauer des inländischen gesetzlichen Zivildienstes über das 21. oder 25. Lebensjahr hinaus berücksichtigt. $_{2}$Wird der gesetzliche Grundwehrdienst oder Zivildienst in einem Mitgliedstaat der Europäischen Union oder einem Staat, auf den das Abkommen über den Europäischen Wirtschaftsraum Anwendung findet, geleistet, so ist die Dauer dieses Dienstes maßgebend. $_{3}$Absatz 2 Satz 2 und 3 gilt entsprechend.

(4) $_{1}$Kinder, für die einer anderen Person nach dem Einkommensteuergesetz Kindergeld oder ein Kinderfreibetrag zusteht, werden nicht berücksichtigt. $_{2}$Dies gilt nicht für Kinder, die in den Haushalt des Anspruchsberechtigten nach § 1 aufgenommen worden sind oder für die dieser die höhere Unterhaltsrente zahlt, wenn sie weder in seinen Haushalt noch in den Haushalt eines nach § 62 des Einkommensteuergesetzes Anspruchsberechtigten aufgenommen sind.

(5) $_{1}$Kinder, die weder einen Wohnsitz noch ihren gewöhnlichen Aufenthalt in Deutschland haben, werden nicht berücksichtigt. $_{2}$Dies gilt nicht gegenüber Berechtigten nach § 1 Absatz 1 Nummer 2 und 3, wenn sie die Kinder in ihren Haushalt aufgenommen haben.

(6) Die Bundesregierung wird ermächtigt, durch Rechtsverordnung, die nicht der Zustimmung des Bundesrates bedarf, zu bestimmen, dass einem Berechtigten, der in Deutschland erwerbstätig ist oder sonst seine hauptsächlichen Einkünfte erzielt, für seine in Absatz 5 Satz 1 bezeichneten Kinder Kindergeld ganz oder teilweise zu leisten ist, soweit dies mit Rücksicht auf die durchschnittlichen Lebenshaltungskosten für Kinder in deren Wohnland und auf die dort gewährten dem Kindergeld vergleichbaren Leistungen geboten ist.

§ 3 Zusammentreffen mehrerer Ansprüche

(1) Für jedes Kind werden nur einer Person Kindergeld, Kinderzuschlag und Leistungen für Bildung und Teilhabe gewährt.

(2) $_{1}$Erfüllen für ein Kind mehrere Personen die Anspruchsvoraussetzungen, so werden das Kindergeld, der Kinderzuschlag und die Leistungen für Bildung und Teilhabe derjenigen Person gewährt, die das Kind in ihren Haushalt aufgenommen hat. $_{2}$Ist ein Kind in den gemeinsamen Haushalt von Eltern, von einem Elternteil und dessen Ehegatten oder Lebenspartner, von Pflegeeltern oder Großeltern aufgenommen worden, bestimmen diese untereinander den Berechtigten. $_{3}$Wird eine Bestimmung nicht getroffen, bestimmt das Fa-

miliengericht auf Antrag den Berechtigten. ₄Antragsberechtigt ist, wer ein berechtigtes Interesse an der Leistung des Kindergeldes hat. ₅Lebt ein Kind im gemeinsamen Haushalt von Eltern und Großeltern, werden das Kindergeld, der Kinderzuschlag und die Leistungen für Bildung und Teilhabe vorrangig einem Elternteil gewährt; sie werden an einen Großelternteil gewährt, wenn der Elternteil gegenüber der zuständigen Stelle auf seinen Vorrang schriftlich verzichtet hat.

(3) ₁Ist das Kind nicht in den Haushalt einer der Personen aufgenommen, die die Anspruchsvoraussetzungen erfüllen, wird das Kindergeld derjenigen Person gewährt, die dem Kind eine Unterhaltsrente zahlt. ₂Zahlen mehrere anspruchsberechtigte Personen dem Kind Unterhaltsrenten, wird das Kindergeld derjenigen Person gewährt, die dem Kind laufend die höchste Unterhaltsrente zahlt. ₃Werden gleich hohe Unterhaltsrenten gezahlt oder zahlt keiner der Berechtigten dem Kind Unterhalt, so bestimmen die Berechtigten untereinander, wer das Kindergeld erhalten soll. ₄Wird eine Bestimmung nicht getroffen, so gilt Absatz 2 Satz 3 und 4 entsprechend.

§ 4 Andere Leistungen für Kinder

₁Kindergeld wird nicht für ein Kind gezahlt, für das eine der folgenden Leistungen zu zahlen ist oder bei entsprechender Antragstellung zu zahlen wäre:

1. Leistungen für Kinder, die im Ausland gewährt werden und dem Kindergeld oder der Kinderzulage aus der gesetzlichen Unfallversicherung nach § 217 Absatz 3 des Siebten Buches Sozialgesetzbuch in der bis zum 30. Juni 2020 geltenden Fassung oder dem Kinderzuschuss aus der gesetzlichen Rentenversicherung nach § 270 des Sechsten Buches Sozialgesetzbuch in der bis zum 16. November 2016 geltenden Fassung vergleichbar sind,
2. Leistungen für Kinder, die von einer zwischen- oder überstaatlichen Einrichtung gewährt werden und dem Kindergeld vergleichbar sind.

₂Steht ein Berechtigter in einem Versicherungspflichtverhältnis zur Bundesagentur für Arbeit nach dem Dritten Buch Sozialgesetzbuch oder ist er versicherungsfrei nach § 28 Absatz 1 Nummer 1 des Dritten Buches Sozialgesetzbuch oder steht er in Deutschland in einem öffentlich-rechtlichen Dienst- oder Amtsverhältnis, so wird sein Anspruch auf Kindergeld für ein Kind nicht nach Satz 1 Nummer 2 mit Rücksicht darauf ausgeschlossen, dass sein Ehegatte oder Lebenspartner als Beamter, Ruhestandsbeamter oder sonstiger Bediensteter der Europäischen Gemeinschaften für das Kind Anspruch auf Kinderzulage hat.

§ 5 Beginn und Ende des Anspruchs

(1) Das Kindergeld, der Kinderzuschlag und die Leistungen für Bildung und Teilhabe werden vom Beginn des Monats an gewährt, in dem die Anspruchsvoraussetzungen erfüllt sind; sie werden bis zum Ende des Monats gewährt, in dem die Anspruchsvoraussetzungen wegfallen.

(2) Das Kindergeld wird rückwirkend nur für die letzten sechs Monate vor Beginn des Monats gezahlt, in dem der Antrag auf Kindergeld eingegangen ist.

(3) ₁Der Kinderzuschlag wird nicht für Zeiten vor der Antragstellung gewährt. ₂§ 28 des Zehnten Buches Sozialgesetzbuch gilt mit der Maßgabe, dass der Antrag unverzüglich nach Ablauf des Monats, in dem die Ablehnung oder Erstattung der anderen Leistungen bindend geworden ist, nachzuholen ist.

§ 6 Höhe des Kindergeldes

(1) Das Kindergeld beträgt monatlich für jedes Kind 259 Euro.

(2) ₁Werden die Freibeträge für Kinder nach § 31 Satz 1 in Verbindung mit § 32 Absatz 6 Satz 1 des Einkommensteuergesetzes angehoben, wird das Kindergeld entsprechend erhöht. ₂Das Kindergeld ist dabei auf volle Euro kaufmännisch zu runden.

(3) ₁Darüber hinaus wird für jedes Kind, für das für den Monat Juli 2022 ein Anspruch auf Kindergeld besteht, für den Monat Juli 2022 ein Einmalbetrag in Höhe von 100 Euro gezahlt. ₂Ein Anspruch in Höhe des Einmalbetrags von 100 Euro für das Kalenderjahr 2022 besteht auch für ein Kind, für das nicht für den

Monat Juli 2022, jedoch für mindestens einen anderen Kalendermonat im Kalenderjahr 2022 ein Anspruch auf Kindergeld besteht.

§ 6a Kinderzuschlag

(1) Personen erhalten für in ihrem Haushalt lebende unverheiratete oder nicht verpartnerte Kinder, die noch nicht das 25. Lebensjahr vollendet haben, einen Kinderzuschlag, wenn

1. sie für diese Kinder nach diesem Gesetz oder nach dem X. Abschnitt des Einkommensteuergesetzes Anspruch auf Kindergeld oder Anspruch auf andere Leistungen im Sinne von § 4 haben,
2. sie mit Ausnahme des Wohngeldes, des Kindergeldes und des Kinderzuschlags über Einkommen im Sinne des § 11 Absatz 1 Satz 1 und 2 des Zweiten Buches Sozialgesetzbuch in Höhe von mindestens 900 Euro oder, wenn sie alleinerziehend sind, in Höhe von mindestens 600 Euro verfügen, wobei Beträge nach § 11b des Zweiten Buches Sozialgesetzbuch nicht abzusetzen sind, und
3. bei Bezug des Kinderzuschlags keine Hilfebedürftigkeit im Sinne des § 9 des Zweiten Buches Sozialgesetzbuch besteht, wobei die Bedarfe nach § 28 des Zweiten Buches Sozialgesetzbuch außer Betracht bleiben. Bei der Prüfung der Hilfebedürftigkeit ist das für den Antragsmonat bewilligte Wohngeld zu berücksichtigen. Wird kein Wohngeld bezogen und könnte mit Wohngeld und Kinderzuschlag Hilfebedürftigkeit vermieden werden, ist bei der Prüfung Wohngeld in der Höhe anzusetzen, in der es voraussichtlich für den Antragsmonat zu bewilligen wäre.

(1a) Ein Anspruch auf Kinderzuschlag besteht abweichend von Absatz 1 Nummer 3, wenn

1. bei Bezug von Kinderzuschlag Hilfebedürftigkeit besteht, der Bedarfsgemeinschaft zur Vermeidung von Hilfebedürftigkeit aber mit ihrem Einkommen, dem Kinderzuschlag und dem Wohngeld höchstens 100 Euro fehlen,
2. sich bei der Ermittlung des Einkommens der Eltern nach § 11b Absatz 2 bis 3 des Zweiten Buches Sozialgesetzbuch wegen Einkommen aus Erwerbstätigkeit Absetzbeträge in Höhe von mindestens 100 Euro ergeben und
3. kein Mitglied der Bedarfsgemeinschaft Leistungen nach dem Zweiten oder nach dem Zwölften Buch Sozialgesetzbuch erhält oder beantragt hat.

(2) 1Der monatliche Höchstbetrag des Kinderzuschlags deckt zusammen mit dem für ein erstes Kind nach § 66 des Einkommensteuergesetzes zu zahlenden Kindergeld ein Zwölftel des steuerfrei zu stellenden sächlichen Existenzminimums eines Kindes für das jeweilige Kalenderjahr mit Ausnahme des Anteils für Bildung und Teilhabe. 2Steht dieses Existenzminimum eines Kindes zu Beginn eines Jahres nicht fest, ist insoweit der für das Jahr geltende Betrag für den Mindestunterhalt eines Kindes in der zweiten Altersstufe nach der Mindestunterhaltsverordnung maßgeblich. 3Als Höchstbetrag des Kinderzuschlags in dem jeweiligen Kalenderjahr gilt der Betrag, der sich zu Beginn des Jahres nach den Sätzen 1 und 2 ergibt, mindestens jedoch ein Betrag in Höhe des Vorjahres. 4Der Betrag nach Satz 3 erhöht sich um einen Sofortzuschlag in Höhe von 25 Euro.

(3) 1Ausgehend vom Höchstbetrag mindert sich der jeweilige Kinderzuschlag, wenn das Kind nach den §§ 11 bis 12 des Zweiten Buches Sozialgesetzbuch zu berücksichtigendes Einkommen oder Vermögen hat. 2Bei der Berücksichtigung des Einkommens bleiben das Wohngeld, das Kindergeld und der Kinderzuschlag außer Betracht. 3Der Kinderzuschlag wird um 45 Prozent des zu berücksichtigenden Einkommens des Kindes monatlich gemindert. 4Ein Anspruch auf Zahlung des Kinderzuschlags für ein Kind besteht nicht, wenn zumutbare Anstrengungen unterlassen wurden, Ansprüche auf Einkommen des Kindes geltend zu machen. 5Abweichend von § 12 Absatz 2 Satz 1 des Zweiten Buches Sozialgesetzbuch wird Vermögen nur berücksichtigt, wenn es 40 000 Euro für die berechtigte Person und 15 000 Euro für jedes weitere Mitglied der Bedarfsgemeinschaft übersteigt. 6Ist das zu berücksichtigende Vermögen höher als der

VIII

nach den Sätzen 1 bis 5 verbleibende monatliche Anspruch auf Kinderzuschlag, so dass es den Kinderzuschlag für den ersten Monat des Bewilligungszeitraums vollständig mindert, entfällt der Anspruch auf Kinderzuschlag. 7Ist das zu berücksichtigende Vermögen niedriger als der monatliche Anspruch auf Kinderzuschlag, ist der Kinderzuschlag im ersten Monat des Bewilligungszeitraums um einen Betrag in Höhe des zu berücksichtigenden Vermögens zu mindern und ab dem folgenden Monat Kinderzuschlag ohne Minderung wegen des Vermögens zu zahlen.

(4) Die Summe der einzelnen Kinderzuschläge nach den Absätzen 2 und 3 bildet den Gesamtkinderzuschlag.

(5) 1Der Gesamtkinderzuschlag wird in voller Höhe gewährt, wenn das nach den §§ 11 bis 11b des Zweiten Buches Sozialgesetzbuch mit Ausnahme des Wohngeldes und des Kinderzuschlags zu berücksichtigende Einkommen der Eltern einen Betrag in Höhe der bei der Berechnung des Grundsicherungsgeldes nach dem Zweiten Buch Sozialgesetzbuch zu berücksichtigenden Bedarfe der Eltern (Gesamtbedarf der Eltern) nicht übersteigt und kein zu berücksichtigendes Vermögen der Eltern nach § 12 des Zweiten Buches Sozialgesetzbuch vorhanden ist. 2Als Einkommen oder Vermögen der Eltern gilt dabei dasjenige der Mitglieder der Bedarfsgemeinschaft mit Ausnahme des Einkommens oder Vermögens der in dem Haushalt lebenden Kinder. 3Absatz 3 Satz 5 gilt entsprechend. 4Zur Feststellung des Gesamtbedarfs der Eltern sind die Bedarfe für Unterkunft und Heizung in dem Verhältnis aufzuteilen, das sich aus den im 12. Bericht der Bundesregierung über die Höhe des Existenzminimums von Erwachsenen und Kindern festgestellten entsprechenden Bedarfen für Alleinstehende, Ehepaare, Lebenspartnerschaften und Kinder ergibt.

(6) 1Der Gesamtkinderzuschlag wird um das zu berücksichtigende Einkommen der Eltern gemindert, soweit es deren Bedarf übersteigt. 2Wenn das zu berücksichtigende Einkommen der Eltern nicht nur aus Erwerbseinkünften besteht, ist davon auszugehen, dass die Überschreitung des Gesamtbedarfs der Eltern durch die Erwerbseinkünfte verursacht wird, wenn nicht die Summe der anderen Einkommensteile für sich genommen diesen maßgebenden Betrag übersteigt. 3Der Gesamtkinderzuschlag wird um 45 Prozent des Betrags, um den die monatlichen Erwerbseinkünfte den maßgebenden Betrag übersteigen, monatlich gemindert. 4Anderes Einkommen oder Vermögen der Eltern mindern den Gesamtkinderzuschlag in voller Höhe. 5Bei der Berücksichtigung des Vermögens gilt Absatz 3 Satz 6 und 7 entsprechend.

(7) 1Über den Gesamtkinderzuschlag ist jeweils für sechs Monate zu entscheiden (Bewilligungszeitraum). 2Der Bewilligungszeitraum beginnt mit dem Monat, in dem der Antrag gestellt wird, jedoch frühestens nach Ende eines laufenden Bewilligungszeitraums. 3Änderungen in den tatsächlichen oder rechtlichen Verhältnissen während des laufenden Bewilligungszeitraums sind abweichend von § 48 des Zehnten Buches Sozialgesetzbuch nicht zu berücksichtigen, es sei denn, die Zusammensetzung der Bedarfsgemeinschaft oder der Höchstbetrag des Kinderzuschlags ändert sich. 4Wird ein neuer Antrag gestellt, unverzüglich nachdem der Verwaltungsakt nach § 48 des Zehnten Buches Sozialgesetzbuch wegen einer Änderung der Bedarfsgemeinschaft aufgehoben worden ist, so beginnt ein neuer Bewilligungszeitraum unmittelbar nach dem Monat, in dem sich die Bedarfsgemeinschaft geändert hat.

(8) 1Für die Ermittlung des monatlich zu berücksichtigenden Einkommens ist der Durchschnitt des Einkommens aus den sechs Monaten vor Beginn des Bewilligungszeitraums maßgeblich. 2Bei Personen, die den selbst genutzten Wohnraum mieten, sind als monatliche Bedarfe für Unterkunft und Heizung die laufenden Bedarfe für den ersten Monat des Bewilligungszeitraums zugrunde zu legen. 3Bei Personen, die an dem selbst genutzten Wohnraum Eigentum haben, sind als monatliche Bedarfe für Unterkunft und Heizung die Bedarfe aus den durchschnittlichen Monatswerten des Kalenderjahres vor Beginn des Bewilligungszeitraums zugrunde zu

legen. $_{4}$Liegen die entsprechenden Monatswerte für den Wohnraum nicht vor, soll abweichend von Satz 3 ein Durchschnitt aus den letzten vorliegenden Monatswerten für den Wohnraum zugrunde gelegt werden, nicht jedoch aus mehr als zwölf Monatswerten. $_{5}$Im Übrigen sind die tatsächlichen und rechtlichen Verhältnisse zu Beginn des Bewilligungszeitraums maßgeblich.

§ 6b Leistungen für Bildung und Teilhabe

(1) $_{1}$Personen erhalten Leistungen für Bildung und Teilhabe für ein Kind, wenn sie für dieses Kind nach diesem Gesetz oder nach dem X. Abschnitt des Einkommensteuergesetzes Anspruch auf Kindergeld oder Anspruch auf andere Leistungen im Sinne von § 4 haben und wenn

1. das Kind mit ihnen in einem Haushalt lebt und sie für ein Kind Kinderzuschlag nach § 6a beziehen oder
2. im Falle der Bewilligung von Wohngeld sie und das Kind, für das sie Kindergeld beziehen, zu berücksichtigende Haushaltsmitglieder sind.

$_{2}$Satz 1 gilt entsprechend, wenn das Kind, nicht jedoch die berechtigte Person zu berücksichtigendes Haushaltsmitglied im Sinne von Satz 1 Nummer 2 ist und die berechtigte Person Leistungen nach dem Zweiten oder Zwölften Buch Sozialgesetzbuch bezieht. $_{3}$Wird das Kindergeld nach § 74 Absatz 1 des Einkommensteuergesetzes oder nach § 48 Absatz 1 des Ersten Buches Sozialgesetzbuch ausgezahlt, stehen die Leistungen für Bildung und Teilhabe dem Kind oder der Person zu, die dem Kind Unterhalt gewährt.

(2) $_{1}$Die Leistungen für Bildung und Teilhabe entsprechen den Leistungen zur Deckung der Bedarfe nach § 28 Absatz 2 bis 7 des Zweiten Buches Sozialgesetzbuch. $_{2}$§ 28 Absatz 1 Satz 2 des Zweiten Buches Sozialgesetzbuch gilt entsprechend. $_{3}$Für die Bemessung der Leistungen für die Schülerbeförderung nach § 28 Absatz 4 des Zweiten Buches Sozialgesetzbuch sind die erforderlichen tatsächlichen Aufwendungen zu berücksichtigen, soweit sie nicht von Dritten übernommen werden. $_{4}$Die Leistungen nach Satz 1 gelten nicht als Einkommen oder Vermögen im Sinne dieses Gesetzes. $_{5}$§ 19 Absatz 3 des Zweiten Buches Sozialgesetzbuch findet keine Anwendung.

(2a) Ansprüche auf Leistungen für Bildung und Teilhabe verjähren in zwölf Monaten nach Ablauf des Kalendermonats, in dem sie entstanden sind.

(3) Für die Erbringung der Leistungen für Bildung und Teilhabe gelten die §§ 29, 30 und 40 Absatz 6 des Zweiten Buches Sozialgesetzbuch entsprechend.

§ 6c Unterhaltspflichten

Unterhaltspflichten werden durch den Kinderzuschlag nicht berührt.

§ 6d Kinderfreizeitbonus aus Anlass der COVID-19-Pandemie für Familien mit Kinderzuschlag, Wohngeld oder Sozialhilfe

(1) $_{1}$Personen erhalten eine Einmalzahlung in Höhe von 100 Euro für ein Kind, welches das 18. Lebensjahr noch nicht vollendet hat und für das sie für den Monat August 2021 Kindergeld nach diesem Gesetz oder nach dem X. Abschnitt des Einkommensteuergesetzes oder andere Leistungen im Sinne von § 4 beziehen, wenn

1. sie für dieses Kind für den Monat August 2021 Kinderzuschlag nach § 6a beziehen,
2. sie und dieses Kind oder nur dieses Kind zu berücksichtigende Haushaltsmitglieder im Sinne der §§ 5 und 6 Absatz 1 des Wohngeldgesetzes sind und die Wohngeldbewilligung den Monat August 2021 umfasst oder
3. dieses Kind für den Monat August 2021 Leistungen nach dem Dritten Kapitel des Zwölften Buches Sozialgesetzbuch bezieht.

$_{2}$Eines gesonderten Antrags bedarf es in den Fällen des Satzes 1 Nummer 1 nicht. $_{3}$In den Fällen des Satzes 1 Nummer 2 und 3 bedarf es eines Antrags; § 9 Absatz 1 Satz 2 ist entsprechend anzuwenden.

(2) $_{1}$Die Einmalzahlung nach Absatz 1 Satz 1 ist bei Sozialleistungen, deren Zahlung von anderen Einkommen abhängig ist, nicht als Einkommen zu berücksichtigen. $_{2}$Der Anspruch auf die Einmalzahlung nach Absatz 1 Satz 1 ist unpfändbar. $_{3}$§ 6c gilt entsprechend.

Zweiter Abschnitt Organisation und Verfahren

§ 7 Zuständigkeit

(1) Die Bundesagentur für Arbeit (Bundesagentur) führt dieses Gesetz nach fachlichen Weisungen des Bundesministeriums für Familie, Senioren, Frauen und Jugend durch.

(2) Die Bundesagentur führt bei der Durchführung dieses Gesetzes die Bezeichnung „Familienkasse".

(3) Abweichend von Absatz 1 führen die Länder § 6b als eigene Angelegenheit aus.

§ 7a Datenübermittlung

(1) Die Träger der Leistungen nach § 6b und die Träger der Grundsicherung für Arbeitsuchende teilen sich alle Tatsachen mit, die für die Erbringung und Abrechnung der Leistungen nach § 6b dieses Gesetzes und § 28 des Zweiten Buches Sozialgesetzbuch erforderlich sind.

(2) 1Die zuständige Familienkasse übermittelt dem Bundeszentralamt für Steuern unter den Vorgaben des § 139b Absatz 10 Satz 2 und 3 der Abgabenordnung die internationale Bankkontonummer (IBAN), bei ausländischen Kreditinstituten auch den internationalen Banken-Identifizierungsschlüssel (BIC), des Kontos, auf welches das Kindergeld zuletzt ausgezahlt worden ist. 2Ist in den Fällen des Satzes 1 der Familienkasse die Identifikationsnummer nicht bekannt, darf sie diese Identifikationsnummer unter Angabe der in § 139b Absatz 3 der Abgabenordnung genannten Daten beim Bundeszentralamt für Steuern abfragen.

§ 7b Automatisiertes Abrufverfahren

Macht das Bundesministerium der Finanzen von seiner Ermächtigung nach § 68 Absatz 6 Satz 2 des Einkommensteuergesetzes Gebrauch und erlässt eine Rechtsverordnung zur Durchführung von automatisierten Abrufen nach § 68 Absatz 6 Satz 1 des Einkommensteuergesetzes, so ist die Rechtsverordnung im Geltungsbereich dieses Gesetzes entsprechend anzuwenden.

§ 8 Aufbringung der Mittel

(1) Die Aufwendungen der Bundesagentur für die Durchführung dieses Gesetzes trägt der Bund.

(2) Der Bund stellt der Bundesagentur nach Bedarf die Mittel bereit, die sie für die Zahlung des Kindergeldes und des Kinderzuschlags benötigt.

(3) 1Der Bund erstattet die Verwaltungskosten, die der Bundesagentur aus der Durchführung dieses Gesetzes entstehen. 2Näheres wird durch Verwaltungsvereinbarung geregelt.

(4) Abweichend von den Absätzen 1 bis 3 tragen die Länder die Ausgaben für die Leistungen nach § 6b und ihre Durchführung.

§ 9 Antrag

(1) 1Das Kindergeld und der Kinderzuschlag sind schriftlich zu beantragen. 2Der Antrag soll bei der nach § 13 zuständigen Familienkasse gestellt werden. 3Den Antrag kann außer dem Berechtigten auch stellen, wer ein berechtigtes Interesse an der Leistung des Kindergeldes hat.

(2) 1Vollendet ein Kind das 18. Lebensjahr, so wird es für den Anspruch auf Kindergeld nur dann weiterhin berücksichtigt, wenn der oder die Berechtigte anzeigt, dass die Voraussetzungen des § 2 Absatz 2 vorliegen. 2Absatz 1 gilt entsprechend.

(3) 1Die Leistungen für Bildung und Teilhabe sind bei der zuständigen Stelle zu beantragen. 2Absatz 1 Satz 3 gilt entsprechend.

§ 10 Auskunftspflicht

(1) 1§ 60 Absatz 1 des Ersten Buches Sozialgesetzbuch gilt auch für die bei dem Antragsteller oder Berechtigten berücksichtigten Kinder, für den nicht dauernd getrennt lebenden Ehegatten des Antragstellers oder Berechtigten und für die sonstigen Personen, bei denen die bezeichneten Kinder berücksichtigt werden. 2§ 60 Absatz 4 des Zweiten Buches Sozialgesetzbuch gilt entsprechend.

(2) Soweit es zur Durchführung der §§ 2 und 6a erforderlich ist, hat der jeweilige Arbeitgeber der in diesen Vorschriften bezeichneten Personen auf Verlangen der zuständigen Stelle eine Bescheinigung über den Arbeitslohn, die einbehaltenen Steuern und Sozialabgaben auszustellen.

VIII

(3) Die Familienkassen können den nach Absatz 2 Verpflichteten eine angemessene Frist zur Erfüllung der Pflicht setzen.

§ 11 Gewährung des Kindergeldes und des Kinderzuschlags

(1) Das Kindergeld und der Kinderzuschlag werden monatlich gewährt.

(2) Auszuzahlende Beträge sind auf Euro abzurunden, und zwar unter 50 Cent nach unten, sonst nach oben.

(3) Abweichend von § 47 Absatz 1 des Ersten Buches Sozialgesetzbuch werden das sozialrechtliche Kindergeld und der Kinderzuschlag ausschließlich auf das angegebene Konto bei einem Geldinstitut, für das die Verordnung (EU) Nr. 260/2012 gilt, überwiesen. Die Überweisung erfolgt kostenfrei.

(4) § 45 Absatz 3 des Zehnten Buches Sozialgesetzbuch findet keine Anwendung.

(5) Ein rechtswidriger nicht begünstigender Verwaltungsakt ist abweichend von § 44 Absatz 1 des Zehnten Buches Sozialgesetzbuch für die Zukunft zurückzunehmen; er kann ganz oder teilweise auch für die Vergangenheit zurückgenommen werden.

(6) Wird ein Verwaltungsakt über die Bewilligung von Kinderzuschlag aufgehoben, sind bereits erbrachte Leistungen abweichend von § 50 Absatz 1 des Zehnten Buches Sozialgesetzbuch nicht zu erstatten, soweit der Bezug von Kinderzuschlag den Anspruch auf Leistungen nach dem Zweiten Buch Sozialgesetzbuch ausschließt oder mindert.

(7) Entsprechend anwendbar sind die Vorschriften des Dritten Buches Sozialgesetzbuch über

1. die Aufhebung von Verwaltungsakten (§ 330 Absatz 2, 3 Satz 1) sowie
2. die vorläufige Zahlungseinstellung nach § 331 mit der Maßgabe, dass die Familienkasse auch zur teilweisen Zahlungseinstellung berechtigt ist, wenn sie von Tatsachen Kenntnis erhält, die zu einem geringeren Leistungsanspruch führen.

§ 12 Aufrechnung

§ 51 des Ersten Buches Sozialgesetzbuch gilt für die Aufrechnung eines Anspruchs auf Erstattung von Kindergeld und Kinderzuschlag gegen einen späteren Anspruch auf Kindergeld und Kinderzuschlag eines oder einer mit dem Erstattungspflichtigen in Haushaltsgemeinschaft lebenden Berechtigten entsprechend, soweit es sich um laufendes Kindergeld oder laufenden Kinderzuschlag für ein Kind handelt, das bei beiden berücksichtigt werden konnte.

§ 13 Zuständige Stelle

(1) 1Für die Entgegennahme des Antrages und die Entscheidungen über den Anspruch ist die Familienkasse (§ 7 Absatz 2) zuständig, in deren Bezirk der Berechtigte seinen Wohnsitz hat. 2Hat der Berechtigte keinen Wohnsitz im Geltungsbereich dieses Gesetzes, ist die Familienkasse zuständig, in deren Bezirk er seinen gewöhnlichen Aufenthalt hat. 3Hat der Berechtigte im Geltungsbereich dieses Gesetzes weder einen Wohnsitz noch einen gewöhnlichen Aufenthalt, ist die Familienkasse zuständig, in deren Bezirk er erwerbstätig ist. 4In den übrigen Fällen ist die Familienkasse Bayern Nord zuständig.

(2) Die Entscheidungen über den Anspruch trifft die Leitung der Familienkasse.

(3) Der Vorstand der Bundesagentur kann für bestimmte Bezirke oder Gruppen von Berechtigten die Entscheidungen über den Anspruch auf Kindergeld und Kinderzuschlag einheitlich einer anderen Familienkasse übertragen.

(4) Für die Leistungen nach § 6b bestimmen abweichend von den Absätzen 1 und 2 die Landesregierungen oder die von ihnen beauftragten Stellen die für die Durchführung zuständigen Behörden.

§ 14 Bescheid, Bekanntgabe von Verwaltungsakten durch Bereitstellung zum Datenabruf

(1) 1Wird der Antrag auf Kindergeld, Kinderzuschlag oder Leistungen für Bildung und Teilhabe abgelehnt, ist ein Bescheid zu erteilen. 2Das Gleiche gilt, wenn das Kindergeld,

VIII

der Kinderzuschlag oder die Leistungen für Bildung und Teilhabe entzogen werden.

(2) Abweichend von § 37 Absatz 2a des Zehnten Buches Sozialgesetzbuch gilt für die Bekanntgabe von elektronischen Verwaltungsakten zum Kindergeld und zum Kinderzuschlag § 9 Absatz 1 des Onlinezugangsgesetzes.

§ 15 Rechtsweg

Für Streitigkeiten nach diesem Gesetz sind die Gerichte der Sozialgerichtsbarkeit zuständig.

Dritter Abschnitt Bußgeldvorschriften

§ 16 Ordnungswidrigkeiten

(1) Ordnungswidrig handelt, wer vorsätzlich oder leichtfertig

1. entgegen § 60 Absatz 1 Satz 1 Nummer 1 oder Nummer 3 des Ersten Buches Sozialgesetzbuch in Verbindung mit § 10 Absatz 1 auf Verlangen nicht die leistungserheblichen Tatsachen angibt oder Beweisurkunden vorlegt,
2. entgegen § 60 Absatz 1 Satz 1 Nummer 2 des Ersten Buches Sozialgesetzbuch eine Änderung in den Verhältnissen, die für einen Anspruch auf Kindergeld, Kinderzuschlag oder Leistungen für Bildung und Teilhabe erheblich ist, nicht, nicht richtig, nicht vollständig oder nicht rechtzeitig mitteilt oder
3. entgegen § 10 Absatz 2 oder Absatz 3 auf Verlangen eine Bescheinigung nicht, nicht richtig, nicht vollständig oder nicht rechtzeitig ausstellt.

(2) Die Ordnungswidrigkeit kann mit einer Geldbuße geahndet werden.

(3) § 66 des Zehnten Buches Sozialgesetzbuch gilt entsprechend.

(4) Verwaltungsbehörden im Sinne des § 36 Absatz 1 Nummer 1 des Gesetzes über Ordnungswidrigkeiten sind die nach § 409 der Abgabenordnung bei Steuerordnungswidrigkeiten wegen des Kindergeldes nach dem X. Abschnitt des Einkommensteuergesetzes zuständigen Verwaltungsbehörden.

Vierter Abschnitt Übergangs- und Schlussvorschriften

§ 17 Recht der Europäischen Gemeinschaft

1 Soweit in diesem Gesetz Ansprüche Deutschen vorbehalten sind, haben Angehörige der anderen Mitgliedstaaten der Europäischen Union, Flüchtlinge und Staatenlose nach Maßgabe des Vertrages zur Gründung der Europäischen Gemeinschaft und der auf seiner Grundlage erlassenen Verordnungen die gleichen Rechte. 2 Auch im Übrigen bleiben die Bestimmungen der genannten Verordnungen unberührt.

§ 18 Anwendung des Sozialgesetzbuches

Soweit dieses Gesetz keine ausdrückliche Regelung trifft, ist bei der Ausführung das Sozialgesetzbuch anzuwenden.

§ 19 Übergangsvorschriften

(1) Ist für die Nachzahlung und Rückforderung von Kindergeld und Zuschlag zum Kindergeld für Berechtigte mit geringem Einkommen der Anspruch eines Jahres vor 1996 maßgeblich, finden die §§ 10, 11 und 11a in der bis zum 31. Dezember 1995 geltenden Fassung Anwendung.

(2) Verfahren, die am 1. Januar 1996 anhängig sind, werden nach den Vorschriften des Sozialgesetzbuches und des Bundeskindergeldgesetzes in der bis zum 31. Dezember 1995 geltenden Fassung zu Ende geführt, soweit in § 78 des Einkommensteuergesetzes nichts anderes bestimmt ist.

(3) Wird Kinderzuschlag vor dem 1. Juli 2019 bewilligt, finden die Regelungen des Bundeskindergeldgesetzes in der bis zum 30. Juni 2019 geltenden Fassung weiter Anwendung, mit Ausnahme der Regelung zum monatlichen Höchstbetrag des Kinderzuschlags nach § 20 Absatz 3.

(4) § 6c lässt Unterhaltsleistungen, die vor dem 30. Juni 2021 fällig geworden sind, unberührt.

§ 20 Anwendungsvorschrift

(1) 1 § 1 Absatz 3 in der am 19. Dezember 2006 geltenden Fassung ist in Fällen, in denen eine Entscheidung über den Anspruch auf Kindergeld für Monate in dem Zeitraum

zwischen dem 1. Januar 1994 und dem 18. Dezember 2006 noch nicht bestandskräftig geworden ist, anzuwenden, wenn dies für den Antragsteller günstiger ist. 2In diesem Fall werden die Aufenthaltsgenehmigungen nach dem Ausländergesetz den Aufenthaltstiteln nach dem Aufenthaltsgesetz entsprechend den Fortgeltungsregelungen in § 101 des Aufenthaltsgesetzes gleichgestellt.

(2) (weggefallen)

(3) Abweichend von § 6a Absatz 2 beträgt für die Zeit vom 1. Juli 2019 bis zum 31. Dezember 2020 der monatliche Höchstbetrag des Kinderzuschlags für jedes zu berücksichtigende Kind 185 Euro.

(3a) Abweichend von § 6a Absatz 2 beträgt der monatliche Höchstbetrag des Kinderzuschlags im Kalenderjahr 2023 für jedes zu berücksichtigende Kind 250 Euro.

(4) Wird einer Person Kinderzuschlag für einen nach dem 30. Juni 2019 und vor dem 1. Juli 2021 beginnenden Bewilligungszeitraum bewilligt und wird ihr der Verwaltungsakt erst nach Ablauf des ersten Monats des Bewilligungszeitraums bekannt gegeben, endet dieser Bewilligungszeitraum abweichend von § 6a Absatz 7 Satz 1 am Ende des fünften Monats nach dem Monat der Bekanntgabe des Verwaltungsaktes.

(5) 1Abweichend von § 6a Absatz 7 Satz 1 wird in Fällen, in denen der höchstmögliche Gesamtkinderzuschlag bezogen wird und der sechsmonatige Bewilligungszeitraum in der Zeit vom 1. April 2020 bis zum 30. September 2020 endet, der Bewilligungszeitraum von Amts wegen einmalig um weitere sechs Monate verlängert. 2Satz 1 gilt entsprechend, wenn der ursprüngliche Bewilligungszeitraum in Anwendung des § 20 Absatz 4 mehr als sechs Monate umfasst.

(6) (weggefallen)

(6a) (weggefallen)

(7) 1In Fällen, in denen der Bewilligungszeitraum vor dem 1. April 2020 begonnen hat, kann im April oder Mai 2020 einmalig während des laufenden Bewilligungszeitraums ein Antrag auf Überprüfung gestellt werden. 2Bei der Überprüfung ist abweichend von § 6a Absatz 8 Satz 1 als monatlich zu berücksichtigendes Einkommen der Eltern nur das Einkommen aus dem Monat vor dem Überprüfungsantrag zugrunde zu legen. 3Im Übrigen sind die bereits für den laufenden Bewilligungszeitraum nach Absatz 8 ermittelten tatsächlichen und rechtlichen Verhältnisse zugrunde zu legen. 4Die Voraussetzung nach § 6a Absatz 1 Nummer 3, dass bei Bezug des Kinderzuschlags keine Hilfebedürftigkeit besteht, ist nicht anzuwenden. 5Ergibt die Überprüfung einen höheren Kinderzuschlag, wird für die restlichen Monate des Bewilligungszeitraums Kinderzuschlag in der neuen Höhe bewilligt; anderenfalls ist der Antrag abzulehnen. 6Ist ein Bewilligungsbescheid für einen Bewilligungszeitraum, der vor dem 1. April 2020 beginnt, noch nicht ergangen, gelten die Sätze 1 bis 5 entsprechend. 7In den Fällen nach den Sätzen 1 bis 6 ist die Verlängerungsregelung nach Absatz 5 nicht anzuwenden.

(8) 1§ 1 Absatz 2 Satz 3 und § 2 Absatz 2 und 3 in der Fassung des Artikels 3 des Gesetzes vom 19. Juli 2006 (BGBl. I S. 1652) ist für Kinder, die im Kalenderjahr 2006 das 24. Lebensjahr vollendeten, mit der Maßgabe anzuwenden, dass jeweils an die Stelle der Angabe „25. Lebensjahres" die Angabe „26. Lebensjahres" und an die Stelle der Angabe „25. Lebensjahr" die Angabe „26. Lebensjahr" tritt; für Kinder, die im Kalenderjahr 2006 das 25. oder 26. Lebensjahr vollendeten, sind § 1 Absatz 2 Satz 3 und § 2 Absatz 2 und 3 weiterhin in der bis zum 31. Dezember 2006 geltenden Fassung anzuwenden. 2§ 1 Absatz 2 Satz 3 und § 2 Absatz 2 und 3 in der Fassung des Artikels 3 des Gesetzes vom 19. Juli 2006 (BGBl. I S. 1652) sind erstmals für Kinder anzuwenden, die im Kalenderjahr 2007 wegen einer vor Vollendung des 25. Lebensjahres eingetretenen körperlichen, geistigen oder seelischen Behinderung außerstande sind, sich selbst zu unterhalten; für Kinder, die wegen einer vor dem 1. Januar 2007 in der Zeit ab der Vollendung des 25. Lebensjahres und vor Vollendung des 27. Lebensjahres eingetretenen körperlichen, geistigen oder seelischen Behinderung außerstande sind, sich selbst zu unterhalten, ist § 2 Absatz 2 Satz 1 Nummer 3 weiterhin in der bis zum

VIII

31. Dezember 2006 geltenden Fassung anzuwenden. 3§ 2 Absatz 3 Satz 1 in der Fassung des Artikels 3 des Gesetzes vom 19. Juli 2006 (BGBl. I S. 1652) ist für Kinder, die im Kalenderjahr 2006 das 24. Lebensjahr vollendeten, mit der Maßgabe anzuwenden, dass an die Stelle der Angabe „über das 21. oder 25. Lebensjahr hinaus" die Angabe „über das 21. oder 26. Lebensjahr hinaus" tritt; für Kinder, die im Kalenderjahr 2006 das 25., 26. oder 27. Lebensjahr vollendeten, ist § 2 Absatz 3 Satz 1 weiterhin in der bis zum 31. Dezember 2006 geltenden Fassung anzuwenden.

(9) § 2 Absatz 2 Satz 1 Nummer 2 Buchstabe d in der am 31. Juli 2014 geltenden Fassung ist auf Freiwilligendienste im Sinne der Verordnung (EU) Nr. 1288/2013 des Europäischen Parlaments und des Rates vom 11. Dezember 2013 zur Einrichtung von „Erasmus+", dem Programm der Union für allgemeine und berufliche Bildung, Jugend und Sport, und zur Aufhebung der Beschlüsse Nr. 1719/2006/EG, Nr. 1720/2006/EG und Nr. 1298/2008/EG (ABl. L 347 vom 20. 12. 2013, S. 50), die ab dem 1. Januar 2014 begonnen wurden, ab dem 1. Januar 2014 anzuwenden.

(9a) § 2 Absatz 2 Satz 2 in der Fassung des Artikels 13 des Gesetzes vom 16. Juli 2009 (BGBl. I S. 1959) ist ab dem 1. Januar 2010 anzuwenden.

(10) § 2 Absatz 2 Satz 4 in der Fassung des Artikels 2 Absatz 8 des Gesetzes vom 16. Mai 2008 (BGBl. I S. 842) ist erstmals ab dem 1. Januar 2009 anzuwenden.

(11) § 2 Absatz 3 ist letztmals bis zum 31. Dezember 2018 anzuwenden; Voraussetzung ist in diesen Fällen, dass das Kind den Dienst oder die Tätigkeit vor dem 1. Juli 2011 angetreten hat.

(12) § 6 Absatz 3 in der am 1. Januar 2018 geltenden Fassung ist auf Anträge anzuwenden, die nach dem 31. Dezember 2017 eingehen.

(13) 1§ 1 Absatz 3 Satz 1 Nummer 1 bis 4 in der Fassung des Artikels 34 des Gesetzes vom 12. Dezember 2019 (BGBl. I S. 2451) ist für Entscheidungen anzuwenden, die Zeiträume betreffen, die nach dem letzten Tag des sechsten auf die Verkündung des Fachkräfteeinwanderungsgesetzes folgenden Kalendermonats beginnen. 2§ 1 Absatz 3 Satz 1 Nummer 5 in der Fassung des Artikels 34 des Gesetzes vom 12. Dezember 2019 (BGBl. I S. 2451) ist für Entscheidungen anzuwenden, die Zeiträume betreffen, die nach dem 31. Dezember 2019 beginnen. 3§ 1 Absatz 3 Nummer 2 Buchstabe c in der Fassung des Artikels 5 Nummer 1 des Gesetzes vom 23. Mai 2022 (BGBl. I S. 760) ist für Entscheidungen anzuwenden, die Zeiträume betreffen, die nach dem 31. Mai 2022 beginnen. 4§ 1 Absatz 3 Satz 1 Nummer 2 in der Fassung des Artikels 42 des Gesetzes vom 2. Dezember 2024 (BGBl. 2024 I Nr. 387) ist für Entscheidungen anzuwenden, die Zeiträume betreffen, die nach dem 31. Mai 2024 beginnen.

§ 21 Sondervorschrift zur Steuerfreistellung des Existenzminimums eines Kindes in den Veranlagungszeiträumen 1983 bis 1995 durch Kindergeld

1In Fällen, in denen die Entscheidung über die Höhe des Kindergeldanspruchs für Monate in dem Zeitraum zwischen dem 1. Januar 1983 und dem 31. Dezember 1995 noch nicht bestandskräftig geworden ist, kommt eine von den §§ 10 und 11 in der jeweils geltenden Fassung abweichende Bewilligung von Kindergeld nur in Betracht, wenn die Einkommensteuer formell bestandskräftig und hinsichtlich der Höhe der Kinderfreibeträge nicht vorläufig festgesetzt sowie das Existenzminimum des Kindes nicht unter der Maßgabe des § 53 des Einkommensteuergesetzes steuerfrei belassen worden ist. 2Dies ist vom Kindergeldberechtigten durch eine Bescheinigung des zuständigen Finanzamtes nachzuweisen. 3Nach Vorlage dieser Bescheinigung hat die Familienkasse den vom Finanzamt ermittelten Unterschiedsbetrag zwischen der festgesetzten Einkommensteuer und der Einkommensteuer, die nach § 53 Satz 6 des Einkommensteuergesetzes festzusetzen gewesen wäre, wenn die Voraussetzungen nach § 53 Satz 1 und 2 des Einkommensteuergesetzes vorgelegen hätten, als zusätzliches Kindergeld zu zahlen.

VIII

Einkommensteuergesetz (EStG)

in der Fassung der Bekanntmachung vom 8. Oktober 2009 (BGBl. I S. 3366, S. 3862)

– Auszug –[1]

Zuletzt geändert durch
Wehrdienst-Modernisierungsgesetz
vom 22. Dezember 2025 (BGBl. I Nr. 370)

Inhaltsübersicht

[1]) Aufgeführt sind nur die den Auszug betreffenden Änderungen.

I. Steuerpflicht

§ 1 Steuerpflicht

(1) 1Natürliche Personen, die im Inland einen Wohnsitz oder ihren gewöhnlichen Aufenthalt haben, sind unbeschränkt einkommensteuerpflichtig. 2Zum Inland im Sinne dieses Gesetzes gehört auch der der Bundesrepublik Deutschland zustehende Anteil

1. an der ausschließlichen Wirtschaftszone, soweit dort
   a) die lebenden und nicht lebenden natürlichen Ressourcen der Gewässer über dem Meeresboden, des Meeresbodens und seines Untergrunds erforscht, ausgebeutet, erhalten oder bewirtschaftet werden,
   b) andere Tätigkeiten zur wirtschaftlichen Erforschung oder Ausbeutung der ausschließlichen Wirtschaftszone ausgeübt werden, wie beispielsweise die Energieerzeugung aus Wasser, Strömung und Wind oder
   c) künstliche Inseln errichtet oder genutzt werden und Anlagen und Bauwerke für die in den Buchstaben a und b genannten Zwecke errichtet oder genutzt werden, und
2. am Festlandsockel, soweit dort
   a) dessen natürliche Ressourcen erforscht oder ausgebeutet werden; natürliche Ressourcen in diesem Sinne sind die mineralischen und sonstigen nicht lebenden Ressourcen des Meeresbodens und seines Untergrunds sowie die zu den sesshaften Arten gehörenden Lebewesen, die im nutzbaren Stadium entweder unbeweglich auf oder unter dem Meeresboden verbleiben oder sich nur in ständigem körperlichen Kontakt mit dem Meeresboden oder seinem Untergrund fortbewegen können; oder
   b) künstliche Inseln errichtet oder genutzt werden und Anlagen und Bauwerke für die in Buchstabe a genannten Zwecke errichtet oder genutzt werden.

(2) 1Unbeschränkt einkommensteuerpflichtig sind auch deutsche Staatsangehörige, die

1. im Inland weder einen Wohnsitz noch ihren gewöhnlichen Aufenthalt haben und
2. zu einer inländischen juristischen Person des öffentlichen Rechts in einem Dienstverhältnis stehen und dafür Arbeitslohn aus einer inländischen öffentlichen Kasse beziehen

sowie zu ihrem Haushalt gehörende Angehörige, die die deutsche Staatsangehörigkeit besitzen oder keine Einkünfte oder nur Einkünfte beziehen, die ausschließlich im Inland einkommensteuerpflichtig sind. 2Dies gilt nur für natürliche Personen, die in dem Staat, in dem sie ihren Wohnsitz oder ihren gewöhnlichen Aufenthalt haben, lediglich in einem der beschränkten Einkommensteuerpflicht ähnlichen Umfang zu einer Steuer vom Einkommen herangezogen werden.

(3) 1Auf Antrag werden auch natürliche Personen als unbeschränkt einkommensteuerpflichtig behandelt, die im Inland weder einen Wohnsitz noch ihren gewöhnlichen Aufenthalt haben, soweit sie inländische Einkünfte im Sinne des § 49 haben. 2Dies gilt nur, wenn ihre Einkünfte im Kalenderjahr mindestens zu 90 Prozent der deutschen Einkommensteuer unterliegen oder die nicht der deutschen Einkommensteuer unterliegenden Einkünfte den Grundfreibetrag nach § 32a Absatz 1 Satz 2 Nummer 1 nicht übersteigen; dieser Betrag ist zu kürzen, soweit es nach den Verhältnissen im Wohnsitzstaat des Steuerpflichtigen notwendig und angemessen ist. 3Inländische Einkünfte, die nach einem Abkommen zur Vermeidung der Doppelbesteuerung nur der Höhe nach beschränkt besteuert werden dürfen, gelten hierbei als nicht der deutschen Einkommensteuer unterliegend. 4Unberücksichtigt bleiben bei der Ermittlung der Einkünfte nach Satz 2 nicht der deutschen Einkommensteuer unterliegende Einkünfte, die im Ausland nicht besteuert werden, soweit vergleichbare Einkünfte im Inland steuerfrei sind. 5Weitere Voraussetzung ist, dass die Höhe der nicht der deutschen Einkommensteuer unterliegenden Einkünfte durch eine Bescheinigung der zuständigen ausländischen Steuerbehörde nachgewiesen wird.

6Der Steuerabzug nach § 50a ist ungeachtet der Sätze 1 bis 4 vorzunehmen.

(4) Natürliche Personen, die im Inland weder einen Wohnsitz noch ihren gewöhnlichen Aufenthalt haben, sind vorbehaltlich der Absätze 2 und 3 und des § 1a beschränkt einkommensteuerpflichtig, wenn sie inländische Einkünfte im Sinne des § 49 haben.

§ 1a (EU- und EWR-Staatsangehörige)

(1) Für Staatsangehörige eines Mitgliedstaates der Europäischen Union oder eines Staates, auf den das Abkommen über den Europäischen Wirtschaftsraum anwendbar ist, die nach § 1 Absatz 1 unbeschränkt einkommensteuerpflichtig sind oder die nach § 1 Absatz 3 als unbeschränkt einkommensteuerpflichtig zu behandeln sind, gilt bei Anwendung von § 10 Absatz 1a und § 26 Absatz 1 Satz 1 Folgendes:

1. Aufwendungen im Sinne des § 10 Absatz 1a sind auch dann als Sonderausgaben abziehbar, wenn der Empfänger der Leistung oder Zahlung nicht unbeschränkt einkommensteuerpflichtig ist. 2Voraussetzung ist, dass
   a) der Empfänger seinen Wohnsitz oder gewöhnlichen Aufenthalt im Hoheitsgebiet eines anderen Mitgliedstaates der Europäischen Union oder eines Staates hat, auf den das Abkommen über den Europäischen Wirtschaftsraum Anwendung findet und
   b) die Besteuerung der nach § 10 Absatz 1a zu berücksichtigenden Leistung oder Zahlung beim Empfänger durch eine Bescheinigung der zuständigen ausländischen Steuerbehörde nachgewiesen wird;
2. der nicht dauernd getrennt lebende Ehegatte ohne Wohnsitz oder gewöhnlichen Aufenthalt im Inland wird auf Antrag für die Anwendung des § 26 Absatz 1 Satz 1 als unbeschränkt einkommensteuerpflichtig behandelt. 2Nummer 1 Satz 2 Buchstabe a gilt entsprechend. 3Bei Anwendung des § 1 Absatz 3 Satz 2 ist auf die Einkünfte beider Ehegatten abzustellen und der Grundfreibetrag nach § 32a Absatz 1 Satz 2 Nummer 1 zu verdoppeln.

(2) Für unbeschränkt einkommensteuerpflichtige Personen im Sinne des § 1 Absatz 2, die die Voraussetzungen des § 1 Absatz 3 Satz 2 bis 5 erfüllen, und für unbeschränkt einkommensteuerpflichtige Personen im Sinne des § 1 Absatz 3, die die Voraussetzungen des § 1 Absatz 2 Satz 1 Nummer 1 und 2 erfüllen und an einem ausländischen Dienstort tätig sind, gilt die Regelung des Absatzes 1 Nummer 2 entsprechend mit der Maßgabe, dass auf Wohnsitz oder gewöhnlichen Aufenthalt im Staat des ausländischen Dienstortes abzustellen ist.

II. Einkommen

1. Sachliche Voraussetzungen für die Besteuerung

§ 2 Umfang der Besteuerung, Begriffsbestimmungen

(1) 1Der Einkommensteuer unterliegen

1. Einkünfte aus Land- und Forstwirtschaft,
2. Einkünfte aus Gewerbebetrieb,
3. Einkünfte aus selbständiger Arbeit,
4. Einkünfte aus nichtselbständiger Arbeit,
5. Einkünfte aus Kapitalvermögen,
6. Einkünfte aus Vermietung und Verpachtung,
7. sonstige Einkünfte im Sinne des § 22,

die der Steuerpflichtige während seiner unbeschränkten Einkommensteuerpflicht oder als inländische Einkünfte während seiner beschränkten Einkommensteuerpflicht erzielt. 2Zu welcher Einkunftsart die Einkünfte im einzelnen Fall gehören, bestimmt sich nach den §§ 13 bis 24.

(2) 1Einkünfte sind

1. bei Land- und Forstwirtschaft, Gewerbebetrieb und selbständiger Arbeit der Gewinn (§§ 4 bis 7k und 13a),
2. bei den anderen Einkunftsarten der Überschuss der Einnahmen über die Werbungskosten (§§ 8 bis 9a).

2Bei Einkünften aus Kapitalvermögen tritt § 20 Absatz 9 vorbehaltlich der Regelung in § 32d Absatz 2 an die Stelle der §§ 9 und 9a.

VIII

(3) Die Summe der Einkünfte, vermindert um den Altersentlastungsbetrag, den Entlastungsbetrag für Alleinerziehende und den Abzug nach § 13 Absatz 3, ist der Gesamtbetrag der Einkünfte.

(4) Der Gesamtbetrag der Einkünfte, vermindert um die Sonderausgaben und die außergewöhnlichen Belastungen, ist das Einkommen.

(5) $_1$Das Einkommen, vermindert um die Freibeträge nach § 32 Absatz 6 und um die sonstigen vom Einkommen abzuziehenden Beträge, ist das zu versteuernde Einkommen; dieses bildet die Bemessungsgrundlage für die tarifliche Einkommensteuer. $_2$Knüpfen andere Gesetze an den Begriff des zu versteuernden Einkommens an, ist für deren Zweck das Einkommen in allen Fällen des § 32 um die Freibeträge nach § 32 Absatz 6 zu vermindern.

(5a) $_1$Knüpfen außersteuerliche Rechtsnormen an die in den vorstehenden Absätzen definierten Begriffe (Einkünfte, Summe der Einkünfte, Gesamtbetrag der Einkünfte, Einkommen, zu versteuerndes Einkommen) an, erhöhen sich für deren Zwecke diese Größen um die nach § 32d Absatz 1 und nach § 43 Absatz 5 zu besteuernden Beträge sowie um die nach § 3 Nummer 40 steuerfreien Beträge und mindern sich um die nach § 3c Absatz 2 nicht abziehbaren Beträge. $_2$Knüpfen außersteuerliche Rechtsnormen an die in den Absätzen 1 bis 3 genannten Begriffe (Einkünfte, Summe der Einkünfte, Gesamtbetrag der Einkünfte) an, mindern sich für deren Zwecke diese Größen um die nach § 10 Absatz 1 Nummer 5 abziehbaren Kinderbetreuungskosten.

(5b) Soweit Rechtsnormen dieses Gesetzes an die in den vorstehenden Absätzen definierten Begriffe (Einkünfte, Summe der Einkünfte, Gesamtbetrag der Einkünfte, Einkommen, zu versteuerndes Einkommen) anknüpfen, sind Kapitalerträge nach § 32d Absatz 1 und § 43 Absatz 5 nicht einzubeziehen.

(6) $_1$Die tarifliche Einkommensteuer, vermindert um den Unterschiedsbetrag nach § 32c Absatz 1 Satz 2, die anzurechnenden ausländischen Steuern und die Steuerermäßigungen, vermehrt um die Steuer nach § 32d Absatz 3 und 4, die Steuer nach § 34c Absatz 5 und den Zuschlag nach § 3 Absatz 4 Satz 2 des Forstschäden-Ausgleichsgesetzes in der Fassung der Bekanntmachung vom 26. August 1985 (BGBl. I S. 1756), das zuletzt durch Artikel 412 der Verordnung vom 31. August 2015 (BGBl. I S. 1474) geändert worden ist, in der jeweils geltenden Fassung, ist die festzusetzende Einkommensteuer. $_2$Wurde der Gesamtbetrag der Einkünfte in den Fällen des § 10a Absatz 2 um Sonderausgaben nach § 10a Absatz 1 gemindert, ist für die Ermittlung der festzusetzenden Einkommensteuer der Anspruch auf Zulage nach Abschnitt XI der tariflichen Einkommensteuer hinzuzurechnen; bei der Ermittlung der dem Steuerpflichtigen zustehenden Zulage bleibt die Erhöhung der Grundzulage nach § 84 Satz 2 außer Betracht. $_3$Wird das Einkommen in den Fällen des § 31 um die Freibeträge nach § 32 Absatz 6 gemindert, ist der Anspruch auf Kindergeld nach Abschnitt X der tariflichen Einkommensteuer hinzuzurechnen; nicht jedoch für Kalendermonate, in denen durch Bescheid der Familienkasse ein Anspruch auf Kindergeld festgesetzt, aber wegen § 70 Absatz 1 Satz 2 nicht ausgezahlt wurde.

(7) $_1$Die Einkommensteuer ist eine Jahressteuer. $_2$Die Grundlagen für ihre Festsetzung sind jeweils für ein Kalenderjahr zu ermitteln. $_3$Besteht während eines Kalenderjahres sowohl unbeschränkte als auch beschränkte Einkommensteuerpflicht, so sind die während der beschränkten Einkommensteuerpflicht erzielten inländischen Einkünfte in eine Veranlagung zur unbeschränkten Einkommensteuerpflicht einzubeziehen.

(8) Die Regelungen dieses Gesetzes zu Ehegatten und Ehen sind auch auf Lebenspartner und Lebenspartnerschaften anzuwenden.

4. Überschuss der Einnahmen über die Werbungskosten

§ 8 Einnahmen

(1) $_1$Einnahmen sind alle Güter, die in Geld oder Geldeswert bestehen und dem Steuerpflichtigen im Rahmen einer der Einkunftsarten des § 2 Absatz 1 Satz 1 Nummer 4 bis 7 zufließen. $_2$Zu den Einnahmen in Geld gehö-

VIII

ren auch zweckgebundene Geldleistungen, nachträgliche Kostenerstattungen, Geldsurrogate und andere Vorteile, die auf einen Geldbetrag lauten. $_{3}$Satz 2 gilt nicht bei Gutscheinen und Geldkarten, die ausschließlich zum Bezug von Waren oder Dienstleistungen berechtigen und die Kriterien des §2 Absatz 1 Nummer 10 des Zahlungsdiensteaufsichtsgesetzes erfüllen.

(2) $_{1}$Einnahmen, die nicht in Geld bestehen (Wohnung, Kost, Waren, Dienstleistungen und sonstige Sachbezüge), sind mit den um übliche Preisnachlässe geminderten üblichen Endpreisen am Abgabeort anzusetzen. $_{2}$Für die private Nutzung eines betrieblichen Kraftfahrzeugs zu privaten Fahrten gilt §6 Absatz 1 Nummer 4 Satz 2 entsprechend. $_{3}$Kann das Kraftfahrzeug auch für Fahrten zwischen Wohnung und erster Tätigkeitsstätte sowie Fahrten nach §9 Absatz 1 Satz 3 Nummer 4a Satz 3 genutzt werden, erhöht sich der Wert in Satz 2 für jeden Kalendermonat um 0,03 Prozent des Listenpreises im Sinne des §6 Absatz 1 Nummer 4 Satz 2 für jeden Kilometer der Entfernung zwischen Wohnung und erster Tätigkeitsstätte sowie der Fahrten nach §9 Absatz 1 Satz 3 Nummer 4a Satz 3. $_{4}$Der Wert nach den Sätzen 2 und 3 kann mit dem auf die private Nutzung und die Nutzung zu Fahrten zwischen Wohnung und erster Tätigkeitsstätte sowie Fahrten nach §9 Absatz 1 Satz 3 Nummer 4a Satz 3 entfallenden Teil der gesamten Kraftfahrzeugaufwendungen angesetzt werden, wenn die durch das Kraftfahrzeug insgesamt entstehenden Aufwendungen durch Belege und das Verhältnis der privaten Fahrten und der Fahrten zwischen Wohnung und erster Tätigkeitsstätte sowie Fahrten nach §9 Absatz 1 Satz 3 Nummer 4a Satz 3 zu den übrigen Fahrten durch ein ordnungsgemäßes Fahrtenbuch nachgewiesen werden; §6 Absatz 1 Nummer 4 Satz 3 zweiter Halbsatz gilt entsprechend. $_{5}$Die Nutzung des Kraftfahrzeugs zu einer Familienheimfahrt im Rahmen einer doppelten Haushaltsführung ist mit 0,002 Prozent des Listenpreises im Sinne des §6 Absatz 1 Nummer 4 Satz 2 für jeden Kilometer der Entfernung zwischen dem Ort des eigenen Hausstands und dem Beschäftigungsort anzusetzen; dies gilt nicht, wenn für diese Fahrt ein Abzug von Werbungskosten nach §9 Absatz 1 Satz 3 Nummer 5 Satz 5 und 6 in Betracht käme; Satz 4 ist sinngemäß anzuwenden. $_{6}$Bei Arbeitnehmern, für deren Sachbezüge durch Rechtsverordnung nach §17 Absatz 1 Satz 1 Nummer 4 des Vierten Buches Sozialgesetzbuch Werte bestimmt worden sind, sind diese Werte maßgebend. $_{7}$Die Werte nach Satz 6 sind auch bei Steuerpflichtigen anzusetzen, die nicht der gesetzlichen Rentenversicherungspflicht unterliegen. $_{8}$Wird dem Arbeitnehmer während einer beruflichen Tätigkeit außerhalb seiner Wohnung und ersten Tätigkeitsstätte oder im Rahmen einer beruflich veranlassten doppelten Haushaltsführung vom Arbeitgeber oder auf dessen Veranlassung von einem Dritten eine Mahlzeit zur Verfügung gestellt, ist diese Mahlzeit mit dem Wert nach Satz 6 (maßgebender amtlicher Sachbezugswert nach der Sozialversicherungsentgeltverordnung) anzusetzen, wenn der Preis für die Mahlzeit 60 Euro nicht übersteigt. $_{9}$Der Ansatz einer nach Satz 8 bewerteten Mahlzeit unterbleibt, wenn beim Arbeitnehmer für ihm entstehende Mehraufwendungen für Verpflegung ein Werbungskostenabzug nach §9 Absatz 4a Satz 1 bis 7 in Betracht käme. $_{10}$Die oberste Finanzbehörde eines Landes kann mit Zustimmung des Bundesministeriums der Finanzen für weitere Sachbezüge der Arbeitnehmer Durchschnittswerte festsetzen. $_{11}$Sachbezüge, die nach Satz 1 zu bewerten sind, bleiben außer Ansatz, wenn die sich nach Anrechnung der vom Steuerpflichtigen gezahlten Entgelte ergebenden Vorteile insgesamt 50 Euro im Kalendermonat nicht übersteigen; die nach Absatz 1 Satz 3 nicht zu den Einnahmen in Geld gehörenden Gutscheine und Geldkarten bleiben nur dann außer Ansatz, wenn sie zusätzlich zum ohnehin geschuldeten Arbeitslohn gewährt werden. $_{12}$Der Ansatz eines Sachbezugs für eine dem Arbeitnehmer vom Arbeitgeber, auf dessen Veranlassung von einem verbundenen Unternehmen (§15 des Aktiengesetzes) oder bei einer juristischen Person des öffentlichen Rechts als Arbeitgeber auf dessen Veranlas-

sung von einem entsprechend verbundenen Unternehmen zu eigenen Wohnzwecken überlassene Wohnung unterbleibt, soweit das vom Arbeitnehmer gezahlte Entgelt mindestens zwei Drittel des ortsüblichen Mietwerts und dieser nicht mehr als 25 Euro je Quadratmeter ohne umlagefähige Kosten im Sinne der Verordnung über die Aufstellung von Betriebskosten beträgt.

(3) 1Erhält ein Arbeitnehmer auf Grund seines Dienstverhältnisses Waren oder Dienstleistungen, die vom Arbeitgeber nicht überwiegend für den Bedarf seiner Arbeitnehmer hergestellt, vertrieben oder erbracht werden und deren Bezug nicht nach § 40 pauschal versteuert wird, so gelten als deren Werte abweichend von Absatz 2 die um 4 Prozent geminderten Endpreise, zu denen der Arbeitgeber oder der dem Abgabeort nächstansässige Abnehmer die Waren oder Dienstleistungen fremden Letztverbrauchern im allgemeinen Geschäftsverkehr anbietet. 2Die sich nach Abzug der vom Arbeitnehmer gezahlten Entgelte ergebenden Vorteile sind steuerfrei, soweit sie aus dem Dienstverhältnis insgesamt 1080 Euro im Kalenderjahr nicht übersteigen.

(4) 1Im Sinne dieses Gesetzes werden Leistungen des Arbeitgebers oder auf seine Veranlassung eines Dritten (Sachbezüge oder Zuschüsse) für eine Beschäftigung nur dann zusätzlich zum ohnehin geschuldeten Arbeitslohn erbracht, wenn

1. die Leistung nicht auf den Anspruch auf Arbeitslohn angerechnet,
2. der Anspruch auf Arbeitslohn nicht zugunsten der Leistung herabgesetzt,
3. die verwendungs- oder zweckgebundene Leistung nicht anstelle einer bereits vereinbarten künftigen Erhöhung des Arbeitslohns gewährt und
4. bei Wegfall der Leistung der Arbeitslohn nicht erhöht

wird. 2Unter den Voraussetzungen des Satzes 1 ist von einer zusätzlich zum ohnehin geschuldeten Arbeitslohn erbrachten Leistung auch dann auszugehen, wenn der Arbeitnehmer arbeitsvertraglich oder auf Grund einer anderen arbeits- oder dienstrechtlichen Rechtsgrundlage (wie Einzelvertrag, Betriebsvereinbarung, Tarifvertrag, Gesetz) einen Anspruch auf diese hat.

§ 9 Werbungskosten

(1) 1Werbungskosten sind Aufwendungen zur Erwerbung, Sicherung und Erhaltung der Einnahmen. 2Sie sind bei der Einkunftsart abzuziehen, bei der sie erwachsen sind. 3Werbungskosten sind auch

1. Schuldzinsen und auf besonderen Verpflichtungsgründen beruhende Renten und dauernde Lasten, soweit sie mit einer Einkunftsart in wirtschaftlichem Zusammenhang stehen. 2Bei Leibrenten kann nur der Anteil abgezogen werden, der sich nach § 22 Nummer 1 Satz 3 Buchstabe a Doppelbuchstabe bb ergibt;
2. Steuern vom Grundbesitz, sonstige öffentliche Abgaben und Versicherungsbeiträge, soweit solche Ausgaben sich auf Gebäude oder auf Gegenstände beziehen, die dem Steuerpflichtigen zur Einnahmeerzielung dienen;
3. Beiträge zu Berufsständen und sonstigen Berufsverbänden, deren Zweck nicht auf einen wirtschaftlichen Geschäftsbetrieb gerichtet ist;
4. Aufwendungen des Arbeitnehmers für die Wege zwischen Wohnung und erster Tätigkeitsstätte im Sinne des Absatzes 4. 2Zur Abgeltung dieser Aufwendungen ist für jeden Arbeitstag, an dem der Arbeitnehmer die erste Tätigkeitsstätte aufsucht eine Entfernungspauschale für jeden vollen Kilometer der Entfernung zwischen Wohnung und erster Tätigkeitsstätte von 0,38 Euro anzusetzen, höchstens jedoch 4500 Euro im Kalenderjahr; ein höherer Betrag als 4500 Euro ist anzusetzen, soweit der Arbeitnehmer einen eigenen oder ihm zur Nutzung überlassenen Kraftwagen benutzt. 3Die Entfernungspauschale gilt nicht für Flugstrecken und Strecken mit steuerfreier Sammelbeförderung nach § 3 Nummer 32. 4Für die Bestimmung der Entfernung ist die kürzeste Straßenverbindung zwischen Wohnung und erster Tätigkeitsstätte

maßgebend; eine andere als die kürzeste Straßenverbindung kann zugrunde gelegt werden, wenn diese offensichtlich verkehrsgünstiger ist und vom Arbeitnehmer regelmäßig für die Wege zwischen Wohnung und erster Tätigkeitsstätte benutzt wird. 5Nach § 8 Absatz 2 Satz 11 oder Absatz 3 steuerfreie Sachbezüge für Fahrten zwischen Wohnung und erster Tätigkeitsstätte mindern den nach Satz 2 abziehbaren Betrag; ist der Arbeitgeber selbst der Verkehrsträger, ist der Preis anzusetzen, den ein dritter Arbeitgeber an den Verkehrsträger zu entrichten hätte. 6Hat ein Arbeitnehmer mehrere Wohnungen, so sind die Wege von einer Wohnung, die nicht der ersten Tätigkeitsstätte am nächsten liegt, nur zu berücksichtigen, wenn sie den Mittelpunkt der Lebensinteressen des Arbeitnehmers bildet und nicht nur gelegentlich aufgesucht wird. 7Nach § 3 Nummer 37 steuerfreie Sachbezüge mindern den nach Satz 2 abziehbaren Betrag nicht; § 3c Absatz 1 ist nicht anzuwenden.

4a. Aufwendungen des Arbeitnehmers für beruflich veranlasste Fahrten, die nicht Fahrten zwischen Wohnung und erster Tätigkeitsstätte im Sinne des Absatzes 4 sowie keine Familienheimfahrten sind. 2Anstelle der tatsächlichen Aufwendungen, die dem Arbeitnehmer durch die persönliche Benutzung eines Beförderungsmittels entstehen, können die Fahrtkosten mit den pauschalen Kilometersätzen angesetzt werden, die für das jeweils benutzte Beförderungsmittel (Fahrzeug) als höchste Wegstreckenentschädigung nach dem Bundesreisekostengesetz festgesetzt sind. 3Hat ein Arbeitnehmer keine erste Tätigkeitsstätte (§ 9 Absatz 4) und hat er nach den dienst- oder arbeitsrechtlichen Festlegungen sowie den diese ausfüllenden Absprachen und Weisungen zur Aufnahme seiner beruflichen Tätigkeit dauerhaft denselben Ort oder dasselbe weiträumige Tätigkeitsgebiet typischerweise arbeitstäglich aufzusuchen, gilt Absatz 1 Satz 3 Nummer 4 und Absatz 2 für die Fahrten von der Wohnung zu diesem Ort oder dem zur Wohnung nächstgelegenen Zugang zum Tätigkeitsgebiet entsprechend. 4Für die Fahrten innerhalb des weiträumigen Tätigkeitsgebietes gelten die Sätze 1 und 2 entsprechend.

VIII

5. notwendige Mehraufwendungen, die einem Arbeitnehmer wegen einer beruflich veranlassten doppelten Haushaltsführung entstehen. 2Eine doppelte Haushaltsführung liegt nur vor, wenn der Arbeitnehmer außerhalb des Ortes seiner ersten Tätigkeitsstätte einen eigenen Hausstand unterhält und auch am Ort der ersten Tätigkeitsstätte wohnt. 3Das Vorliegen eines eigenen Hausstandes setzt das Innehaben einer Wohnung sowie eine finanzielle Beteiligung an den Kosten der Lebensführung voraus. 4Als Unterkunftskosten für eine doppelte Haushaltsführung können die tatsächlichen Aufwendungen für die Nutzung der Unterkunft angesetzt werden, höchstens 1000 Euro im Monat bei einer Unterkunft im Inland und höchstens 2000 Euro im Monat bei einer Unterkunft im Ausland; die Grenze von 2000 Euro bei einer Unterkunft im Ausland gilt nicht, wenn eine Dienst- oder Werkswohnung verpflichtend und zweckgebunden genutzt werden muss oder deren Kosten für Zwecke des Mietzuschusses nach § 54 des Bundesbesoldungsgesetzes als notwendig anerkannt worden sind. 5Aufwendungen für die Wege vom Ort der ersten Tätigkeitsstätte zum Ort des eigenen Hausstandes und zurück (Familienheimfahrt) können jeweils nur für eine Familienheimfahrt wöchentlich abgezogen werden. 6Zur Abgeltung der Aufwendungen für eine Familienheimfahrt ist eine Entfernungspauschale von 0,38 Euro für jeden vollen Kilometer der Entfernung zwischen dem Ort des eigenen Hausstandes und dem Ort der ersten Tätigkeitsstätte anzusetzen. 7Nummer 4 Satz 3 bis 5 ist entsprechend anzuwenden. 8Aufwendungen für Familienheimfahrten mit einem dem Steuerpflichtigen im Rahmen einer Ein-

kunftsart überlassenen Kraftfahrzeug werden nicht berücksichtigt.

5a. notwendige Mehraufwendungen eines Arbeitnehmers für beruflich veranlasste Übernachtungen an einer Tätigkeitsstätte, die nicht erste Tätigkeitsstätte ist. 2Übernachtungskosten sind die tatsächlichen Aufwendungen für die persönliche Inanspruchnahme einer Unterkunft zur Übernachtung. 3Soweit höhere Übernachtungskosten anfallen, weil der Arbeitnehmer eine Unterkunft gemeinsam mit Personen nutzt, die in keinem Dienstverhältnis zum selben Arbeitgeber stehen, sind nur diejenigen Aufwendungen anzusetzen, die bei alleiniger Nutzung durch den Arbeitnehmer angefallen wären. 4Nach Ablauf von 48 Monaten einer längerfristigen beruflichen Tätigkeit an derselben Tätigkeitsstätte, die nicht erste Tätigkeitsstätte ist, können Unterkunftskosten nur noch bis zur Höhe des Betrags nach Nummer 5 angesetzt werden. 5Eine Unterbrechung dieser beruflichen Tätigkeit an derselben Tätigkeitsstätte führt zu einem Neubeginn, wenn die Unterbrechung mindestens sechs Monate dauert.

5b. notwendige Mehraufwendungen, die einem Arbeitnehmer während seiner auswärtigen beruflichen Tätigkeit auf einem Kraftfahrzeug des Arbeitgebers oder eines vom Arbeitgeber beauftragten Dritten im Zusammenhang mit einer Übernachtung in dem Kraftfahrzeug für Kalendertage entstehen, an denen der Arbeitnehmer eine Verpflegungspauschale nach Absatz 4a Satz 3 Nummer 1 und 2 sowie Satz 5 zur Nummer 1 und 2 beanspruchen könnte. 2Anstelle der tatsächlichen Aufwendungen, die dem Arbeitnehmer im Zusammenhang mit einer Übernachtung in dem Kraftfahrzeug entstehen, kann im Kalenderjahr einheitlich eine Pauschale von 9 Euro für jeden Kalendertag berücksichtigt werden, an dem der Arbeitnehmer eine Verpflegungspauschale nach Absatz 4a Satz 3 Nummer 1 und 2 sowie Satz 5 zur Nummer 1 und 2 beanspruchen könnte,

6. Aufwendungen für Arbeitsmittel, zum Beispiel für Werkzeuge und typische Berufskleidung. 2Nummer 7 bleibt unberührt;

7. Absetzungen für Abnutzung und für Substanzverringerung, Sonderabschreibungen nach § 7b und erhöhte Absetzungen. 2§ 6 Absatz 2 Satz 1 bis 3 ist in Fällen der Anschaffung oder Herstellung von Wirtschaftsgütern entsprechend anzuwenden.

(2) 1Durch die Entfernungspauschalen sind sämtliche Aufwendungen abgegolten, die durch die Wege zwischen Wohnung und erster Tätigkeitsstätte im Sinne des Absatzes 4 und durch die Familienheimfahrten veranlasst sind. 2Aufwendungen für die Benutzung öffentlicher Verkehrsmittel können angesetzt werden, soweit sie den im Kalenderjahr insgesamt als Entfernungspauschale abziehbaren Betrag übersteigen. 3Menschen mit Behinderungen,

1. deren Grad der Behinderung mindestens 70 beträgt,
2. deren Grad der Behinderung weniger als 70, aber mindestens 50 beträgt und die in ihrer Bewegungsfähigkeit im Straßenverkehr erheblich beeinträchtigt sind,

können anstelle der Entfernungspauschalen die tatsächlichen Aufwendungen für die Wege zwischen Wohnung und erster Tätigkeitsstätte und für Familienheimfahrten ansetzen. 4Die Voraussetzungen der Nummern 1 und 2 sind durch amtliche Unterlagen nachzuweisen.

(3) Absatz 1 Satz 3 Nummer 4 bis 5a sowie die Absätze 2 und 4a gelten bei den Einkunftsarten im Sinne des § 2 Absatz 1 Satz 1 Nummer 5 bis 7 entsprechend.

(4) 1Erste Tätigkeitsstätte ist die ortsfeste betriebliche Einrichtung des Arbeitgebers, eines verbundenen Unternehmens (§ 15 des Aktiengesetzes) oder eines vom Arbeitgeber bestimmten Dritten, der der Arbeitnehmer dauerhaft zugeordnet ist. 2Die Zuordnung im Sinne des Satzes 1 wird durch die dienst- oder arbeitsrechtlichen Festlegungen sowie die diese ausfüllenden Absprachen und Weisun-

gen bestimmt. $_{3}$Von einer dauerhaften Zuordnung ist insbesondere auszugehen, wenn der Arbeitnehmer unbefristet, für die Dauer des Dienstverhältnisses oder über einen Zeitraum von 48 Monaten hinaus an einer solchen Tätigkeitsstätte tätig werden soll. $_{4}$Fehlt eine solche dienst- oder arbeitsrechtliche Festlegung auf eine Tätigkeitsstätte oder ist sie nicht eindeutig, ist erste Tätigkeitsstätte die betriebliche Einrichtung, an der der Arbeitnehmer dauerhaft

1. typischerweise arbeitstäglich tätig werden soll oder
2. je Arbeitswoche zwei volle Arbeitstage oder mindestens ein Drittel seiner vereinbarten regelmäßigen Arbeitszeit tätig werden soll.

$_{5}$Je Dienstverhältnis hat der Arbeitnehmer höchstens eine erste Tätigkeitsstätte. $_{6}$Liegen die Voraussetzungen der Sätze 1 bis 4 für mehrere Tätigkeitsstätten vor, ist diejenige Tätigkeitsstätte erste Tätigkeitsstätte, die der Arbeitgeber bestimmt. $_{7}$Fehlt es an dieser Bestimmung oder ist sie nicht eindeutig, ist die der Wohnung örtlich am nächsten liegende Tätigkeitsstätte die erste Tätigkeitsstätte. $_{8}$Als erste Tätigkeitsstätte gilt auch eine Bildungseinrichtung, die außerhalb eines Dienstverhältnisses zum Zwecke eines Vollzeitstudiums oder einer vollzeitigen Bildungsmaßnahme aufgesucht wird; die Regelungen für Arbeitnehmer nach Absatz 1 Satz 3 Nummer 4 und 5 sowie Absatz 4a sind entsprechend anzuwenden.

(4a) $_{1}$Mehraufwendungen des Arbeitnehmers für die Verpflegung sind nur nach Maßgabe der folgenden Sätze als Werbungskosten abziehbar. $_{2}$Wird der Arbeitnehmer außerhalb seiner Wohnung und ersten Tätigkeitsstätte beruflich tätig (auswärtige berufliche Tätigkeit), ist zur Abgeltung der ihm tatsächlich entstandenen, beruflich veranlassten Mehraufwendungen eine Verpflegungspauschale anzusetzen. $_{3}$Diese beträgt

1. 28 Euro für jeden Kalendertag, an dem der Arbeitnehmer 24 Stunden von seiner Wohnung und ersten Tätigkeitsstätte abwesend ist,
2. jeweils 14 Euro für den An- und Abreisetag, wenn der Arbeitnehmer an diesem, einem anschließenden oder vorhergehenden Tag außerhalb seiner Wohnung übernachtet,
3. 14 Euro für den Kalendertag, an dem der Arbeitnehmer ohne Übernachtung außerhalb seiner Wohnung mehr als 8 Stunden von seiner Wohnung und der ersten Tätigkeitsstätte abwesend ist; beginnt die auswärtige berufliche Tätigkeit an einem Kalendertag und endet am nachfolgenden Kalendertag ohne Übernachtung, werden 14 Euro für den Kalendertag gewährt, an dem der Arbeitnehmer den überwiegenden Teil der insgesamt mehr als 8 Stunden von seiner Wohnung und der ersten Tätigkeitsstätte abwesend ist.

$_{4}$Hat der Arbeitnehmer keine erste Tätigkeitsstätte, gelten die Sätze 2 und 3 entsprechend; Wohnung im Sinne der Sätze 2 und 3 ist der Hausstand, der den Mittelpunkt der Lebensinteressen des Arbeitnehmers bildet sowie eine Unterkunft am Ort der ersten Tätigkeitsstätte im Rahmen der doppelten Haushaltsführung. $_{5}$Bei einer Tätigkeit im Ausland treten an die Stelle der Pauschbeträge nach Satz 3 länderweise unterschiedliche Pauschbeträge, die für die Fälle der Nummer 1 mit 120 sowie der Nummern 2 und 3 mit 80 Prozent der Auslandstagegelder nach dem Bundesreisekostengesetz vom Bundesministerium der Finanzen im Einvernehmen mit den obersten Finanzbehörden der Länder aufgerundet auf volle Euro festgesetzt werden; dabei bestimmt sich der Pauschbetrag nach dem Ort, den der Arbeitnehmer vor 24 Uhr Ortszeit zuletzt erreicht, oder, wenn dieser Ort im Inland liegt, nach dem letzten Tätigkeitsort im Ausland. $_{6}$Der Abzug der Verpflegungspauschalen ist auf die ersten drei Monate einer längerfristigen beruflichen Tätigkeit an derselben Tätigkeitsstätte beschränkt. $_{7}$Eine Unterbrechung der beruflichen Tätigkeit an derselben Tätigkeitsstätte führt zu einem Neubeginn, wenn sie mindestens vier Wochen dauert. $_{8}$Wird dem Arbeitnehmer anlässlich oder während einer Tätigkeit außerhalb seiner ersten Tätigkeitsstätte vom Arbeitgeber oder auf dessen Veranlassung von einem Dritten eine Mahlzeit zur Verfügung gestellt, sind die nach den Sätzen 3 und 5 ermittelten Verpflegungspauschalen zu kürzen:

1. für Frühstück um 20 Prozent,
2. für Mittag- und Abendessen um jeweils 40 Prozent,

der nach Satz 3 Nummer 1 gegebenenfalls in Verbindung mit Satz 5 maßgebenden Verpflegungspauschale für einen vollen Kalendertag; die Kürzung darf die ermittelte Verpflegungspauschale nicht übersteigen. $_9$Satz 8 gilt auch, wenn Reisekostenvergütungen wegen der zur Verfügung gestellten Mahlzeiten einbehalten oder gekürzt werden oder die Mahlzeiten nach § 40 Absatz 2 Satz 1 Nummer 1a pauschal besteuert werden. $_{10}$Hat der Arbeitnehmer für die Mahlzeit ein Entgelt gezahlt, mindert dieser Betrag den Kürzungsbetrag nach Satz 8. $_{11}$Erhält der Arbeitnehmer steuerfreie Erstattungen für Verpflegung, ist ein Werbungskostenabzug insoweit ausgeschlossen. $_{12}$Die Verpflegungspauschalen nach den Sätzen 3 und 5, die Dreimonatsfrist nach den Sätzen 6 und 7 sowie die Kürzungsregelungen nach den Sätzen 8 bis 10 gelten entsprechend auch für den Abzug von Mehraufwendungen für Verpflegung, die bei einer beruflich veranlassten doppelten Haushaltsführung entstehen, soweit der Arbeitnehmer vom eigenen Hausstand im Sinne des § 9 Absatz 1 Satz 3 Nummer 5 abwesend ist; dabei ist für jeden Kalendertag innerhalb der Dreimonatsfrist, an dem gleichzeitig eine Tätigkeit im Sinne des Satzes 2 oder des Satzes 4 ausgeübt wird, nur der jeweils höchste in Betracht kommende Pauschbetrag abziehbar. $_{13}$Die Dauer einer Tätigkeit im Sinne des Satzes 2 an dem Tätigkeitsort, an dem die doppelte Haushaltsführung begründet wurde, ist auf die Dreimonatsfrist anzurechnen, wenn sie ihr unmittelbar vorausgegangen ist.

(5) $_1$§ 4 Absatz 5 Satz 1 Nummer 1 bis 4, 6b bis 8a, 10, 12 und Absatz 6 gilt sinngemäß. $_2$Die §§ 4k, 6 Absatz 1 Nummer 1a und § 6e gelten entsprechend.

(6) $_1$Aufwendungen des Steuerpflichtigen für seine Berufsausbildung oder für sein Studium sind nur dann Werbungskosten, wenn der Steuerpflichtige zuvor bereits eine Erstausbildung (Berufsausbildung oder Studium) abgeschlossen hat oder wenn die Berufsausbildung oder das Studium im Rahmen eines Dienstverhältnisses stattfindet. $_2$Eine Berufsausbildung als Erstausbildung nach Satz 1 liegt vor, wenn eine geordnete Ausbildung mit einer Mindestdauer von 12 Monaten bei vollzeitiger Ausbildung und mit einer Abschlussprüfung durchgeführt wird. $_3$Eine geordnete Ausbildung liegt vor, wenn sie auf der Grundlage von Rechts- oder Verwaltungsvorschriften oder internen Vorschriften eines Bildungsträgers durchgeführt wird. $_4$Ist eine Abschlussprüfung nach dem Ausbildungsplan nicht vorgesehen, gilt die Ausbildung mit der tatsächlichen planmäßigen Beendigung als abgeschlossen. $_5$Eine Berufsausbildung als Erstausbildung hat auch abgeschlossen, wer die Abschlussprüfung einer durch Rechts- oder Verwaltungsvorschriften geregelten Berufsausbildung mit einer Mindestdauer von 12 Monaten bestanden hat, ohne dass er zuvor die entsprechende Berufsausbildung durchlaufen hat.

Entscheidung des Bundesverfassungsgerichts Vom 19. November 2019 (BGBl. 2022 I S. 413)

Aus dem Beschluss des Bundesverfassungsgerichts vom 19. November 2019 – 2 BvL 22/14 u. a. – wird folgende Entscheidungsformel veröffentlicht:

§ 9 Absatz 6 des Einkommensteuergesetzes in der Fassung des Gesetzes zur Umsetzung der Beitreibungsrichtlinie sowie zur Änderung steuerlicher Vorschriften (Beitreibungsrichtlinie-Umsetzungsgesetz – BeitrRLUmsG) vom 7. Dezember 2011 (Bundesgesetzblatt I Seite 2592) ist mit dem Grundgesetz vereinbar.

Die vorstehende Entscheidungsformel hat gemäß § 31 Absatz 2 des Bundesverfassungsgerichtsgesetzes Gesetzeskraft.

§ 9a Pauschbeträge für Werbungskosten

$_1$Für Werbungskosten sind bei der Ermittlung der Einkünfte die folgenden Pauschbeträge abzuziehen, wenn nicht höhere Werbungskosten nachgewiesen werden:

1. a) von den Einnahmen aus nichtselbständiger Arbeit vorbehaltlich Buchstabe b:
   ein Arbeitnehmer-Pauschbetrag von 1230 Euro;
   b) von den Einnahmen aus nichtselbständiger Arbeit, soweit es sich um Versorgungsbezüge im Sinne des § 19 Absatz 2 handelt:
   ein Pauschbetrag von 102 Euro;
2. (weggefallen)
3. von den Einnahmen im Sinne des § 22 Nummer 1, 1a und 5:
   ein Pauschbetrag von insgesamt 102 Euro.

2Der Pauschbetrag nach Satz 1 Nummer 1 Buchstabe b darf nur bis zur Höhe der um den Versorgungsfreibetrag einschließlich des Zuschlags zum Versorgungsfreibetrag (§ 19 Absatz 2) geminderten Einnahmen, die Pauschbeträge nach Satz 1 Nummer 1 Buchstabe a und Nummer 3 dürfen nur bis zur Höhe der Einnahmen abgezogen werden. 3Beitragszahlungen an Gewerkschaften als Werbungskosten im Sinne des § 9 Absatz 1 Satz 3 Nummer 3 werden neben den Pauschbeträgen im Sinne des Satzes 1 berücksichtigt.

5. Sonderausgaben

VIII

§ 10

(1) Sonderausgaben sind die folgenden Aufwendungen, wenn sie weder Betriebsausgaben noch Werbungskosten sind oder wie Betriebsausgaben oder Werbungskosten behandelt werden:

1. (weggefallen)
2. a) Beiträge zu den gesetzlichen Rentenversicherungen oder zur landwirtschaftlichen Alterskasse sowie zu berufsständischen Versorgungseinrichtungen, die den gesetzlichen Rentenversicherungen vergleichbare Leistungen erbringen;
   b) Beiträge des Steuerpflichtigen
      aa) zum Aufbau einer eigenen kapitalgedeckten Altersversorgung, wenn der Vertrag nur die Zahlung einer monatlichen, auf das Leben des Steuerpflichtigen bezogenen lebenslangen Leibrente nicht vor Vollendung des 62. Lebensjahres oder zusätzlich die ergänzende Absicherung des Eintritts der Berufsunfähigkeit (Berufsunfähigkeitsrente), der verminderten Erwerbsfähigkeit (Erwerbsminderungsrente) oder von Hinterbliebenen (Hinterbliebenenrente) vorsieht. 2Hinterbliebene in diesem Sinne sind der Ehegatte des Steuerpflichtigen und die Kinder, für die er Anspruch auf Kindergeld oder auf einen Freibetrag nach § 32 Absatz 6 hat. 3Der Anspruch auf Waisenrente darf längstens für den Zeitraum bestehen, in dem der Rentenberechtigte die Voraussetzungen für die Berücksichtigung als Kind im Sinne des § 32 erfüllt;
      bb) für seine Absicherung gegen den Eintritt der Berufsunfähigkeit oder der verminderten Erwerbsfähigkeit (Versicherungsfall), wenn der Vertrag nur die Zahlung einer monatlichen, auf das Leben des Steuerpflichtigen bezogenen lebenslangen Leibrente für einen Versicherungsfall vorsieht, der bis zur Vollendung des 67. Lebensjahres eingetreten ist. 2Der Vertrag kann die Beendigung der Rentenzahlung wegen eines medizinisch begründeten Wegfalls der Berufsunfähigkeit oder der verminderten Erwerbsfähigkeit vorsehen. 3Die Höhe der zugesagten Rente kann vom Alter des Steuerpflichtigen bei Eintritt des Versicherungsfalls abhängig gemacht werden, wenn der Steuerpflichtige das 55. Lebensjahr vollendet hat.

   2Die Ansprüche nach Buchstabe b dürfen nicht vererblich, nicht übertragbar, nicht beleihbar, nicht veräußerbar und nicht kapitalisierbar sein. 3Anbieter und Steuerpflichtiger können vereinbaren, dass bis zu zwölf Monatsleistungen in einer Auszahlung zusammengefasst werden oder eine Kleinbetragsrente im Sinne von § 93 Absatz 3 Satz 2 oder 4 abgefunden wird. 4Bei der Berechnung der Kleinbetragsrente sind alle bei einem Anbieter bestehenden Verträge des Steuerpflichtigen jeweils nach Buchstabe b Doppelbuchstabe aa oder Doppelbuchstabe bb zusammenzurechnen. 5Neben den genannten Auszahlungsformen darf kein weiterer Anspruch auf Auszahlungen bestehen. 6Zu den Beiträgen nach den Buchstaben a und b ist der nach § 3 Nummer 62 steuerfreie Arbeitgeberanteil zur gesetzlichen Rentenversicherung und ein diesem gleichgestellter steuerfreier Zuschuss des Arbeitgebers hinzuzurechnen. 7Beiträge nach § 168 Absatz 1 Nummer 1b oder 1c oder nach § 172 Absatz 3 oder 3a des Sechsten Buches Sozialgesetzbuch werden abweichend von Satz 6 nur auf Antrag des Steuerpflichtigen hinzugerechnet;

3. Beiträge zu
   a) Krankenversicherungen, soweit diese zur Erlangung eines durch das Zwölfte Buch Sozialgesetzbuch bestimmten sozialhilfegleichen Versorgungsniveaus erforderlich sind und sofern auf die Leistungen ein Anspruch besteht. 2Für Beiträge zur gesetzlichen Krankenversicherung sind dies die nach dem Dritten Titel des Ersten Abschnitts des Achten Kapitels des Fünften Buches Sozialgesetzbuch oder die nach dem Sechsten Abschnitt des Zweiten Gesetzes über die Krankenversicherung der Landwirte festgesetzten Beiträge; Voraussetzung für die Berücksichtigung beim Steuerpflichtigen ist die Angabe der erteilten Identifikationsnummer (§ 139b der Abgabenordnung) des Kindes in der Einkommensteuererklärung des Steuerpflichtigen. 3Für Beiträge zu einer privaten Krankenversicherung sind dies die Beitragsanteile, die auf Vertragsleistungen entfallen, die, mit Ausnahme der auf das Krankengeld entfallenden Beitragsanteile, in Art, Umfang und Höhe den Leistungen nach dem Dritten Kapitel des Fünften Buches Sozialgesetzbuch vergleichbar sind; § 158 Absatz 2 des Versicherungsaufsichtsgesetzes gilt entsprechend. 4Wenn sich aus den Krankenversicherungsbeiträgen nach Satz 2 ein Anspruch auf Krankengeld oder ein Anspruch auf eine Leistung, die anstelle von Krankengeld gewährt wird, ergeben kann, ist der jeweilige Beitrag um 4 Prozent zu vermindern;
   b) gesetzlichen Pflegeversicherungen (soziale Pflegeversicherung und private Pflege-Pflichtversicherung).

2Als eigene Beiträge des Steuerpflichtigen können auch eigene Beiträge im Sinne der Buchstaben a oder b eines Kindes behandelt werden, wenn der Steuerpflichtige die Beiträge des Kindes, für das ein Anspruch auf einen Freibetrag nach § 32 Absatz 6 oder auf Kindergeld besteht, durch Leistungen in Form von Bar- oder Sachunterhalt wirtschaftlich getragen hat, unabhängig von Einkünften oder Bezügen des Kindes. 3Satz 2 gilt entsprechend, wenn der Steuerpflichtige die Beiträge für ein unterhaltsberechtigtes Kind trägt, welches nicht selbst Versicherungsnehmer ist, sondern der andere Elternteil. 4Hat der Steuerpflichtige in den Fällen des Absatzes 1a Nummer 1 eigene Beiträge im Sinne des Buchstaben a oder des Buchstaben b zum Erwerb einer Krankenversicherung oder gesetzlichen Pflegeversicherung für einen geschiedenen oder dauernd getrennt lebenden unbeschränkt einkommensteuerpflichtigen Ehegatten geleistet, dann werden diese abweichend von Satz 1 als eigene Beiträge des geschiedenen oder dauernd getrennt lebenden unbeschränkt einkommensteuerpflichtigen Ehegatten behandelt. 5Beiträge, die für nach Ablauf des Veranlagungszeitraums beginnende Beitragsjahre geleistet werden und in der Summe das Dreifache der auf den Veranlagungszeitraum entfallenden Beiträge überschreiten, sind in dem

Veranlagungszeitraum anzusetzen, für den sie geleistet wurden;

3a. Beiträge zu Kranken- und Pflegeversicherungen, soweit diese nicht nach Nummer 3 zu berücksichtigen sind; Beiträge zu Versicherungen gegen Arbeitslosigkeit, zu Erwerbs- und Berufsunfähigkeitsversicherungen, die nicht unter Nummer 2 Satz 1 Buchstabe b fallen, zu Unfall- und Haftpflichtversicherungen sowie zu Risikoversicherungen, die nur für den Todesfall eine Leistung vorsehen; Beiträge zu Versicherungen im Sinne des § 10 Absatz 1 Nummer 2 Buchstabe b Doppelbuchstabe bb bis dd in der am 31. Dezember 2004 geltenden Fassung, wenn die Laufzeit dieser Versicherungen vor dem 1. Januar 2005 begonnen hat und ein Versicherungsbeitrag bis zum 31. Dezember 2004 entrichtet wurde; § 10 Absatz 1 Nummer 2 Satz 2 bis 6 und Absatz 2 Satz 2 in der am 31. Dezember 2004 geltenden Fassung ist in diesen Fällen weiter anzuwenden;

4. gezahlte Kirchensteuer; dies gilt nicht, soweit die Kirchensteuer als Zuschlag zur Kapitalertragsteuer oder als Zuschlag auf die nach dem gesonderten Tarif des § 32d Absatz 1 ermittelte Einkommensteuer gezahlt wurde;

5. 80 Prozent der Aufwendungen, höchstens 4800 Euro je Kind, für Dienstleistungen zur Betreuung eines zum Haushalt des Steuerpflichtigen gehörenden Kindes im Sinne des § 32 Absatz 1, welches das 14. Lebensjahr noch nicht vollendet hat oder wegen einer vor Vollendung des 25. Lebensjahres eingetretenen körperlichen, geistigen oder seelischen Behinderung außerstande ist, sich selbst zu unterhalten. $_{2}$Dies gilt nicht für Aufwendungen für Unterricht, die Vermittlung besonderer Fähigkeiten sowie für sportliche und andere Freizeitbetätigungen. $_{3}$Ist das zu betreuende Kind nicht nach § 1 Absatz 1 oder Absatz 2 unbeschränkt einkommensteuerpflichtig, ist der in Satz 1 genannte Betrag zu kürzen, soweit es nach den Verhältnissen im Wohnsitzstaat des Kindes notwendig und angemessen ist. $_{4}$Voraussetzung für den Abzug der Aufwendungen nach Satz 1 ist, dass der Steuerpflichtige für die Aufwendungen eine Rechnung erhalten hat und die Zahlung auf das Konto des Erbringers der Leistung erfolgt ist;

6. (weggefallen)

7. Aufwendungen für die eigene Berufsausbildung bis zu 6000 Euro im Kalenderjahr. $_{2}$Bei Ehegatten, die die Voraussetzungen des § 26 Absatz 1 Satz 1 erfüllen, gilt Satz 1 für jeden Ehegatten. $_{3}$Zu den Aufwendungen im Sinne des Satzes 1 gehören auch Aufwendungen für eine auswärtige Unterbringung. $_{4}$§ 4 Absatz 5 Satz 1 Nummer 6b und 6c sowie § 9 Absatz 1 Satz 3 Nummer 4 und 5, Absatz 2, 4 Satz 8 und Absatz 4a sind bei der Ermittlung der Aufwendungen anzuwenden.

8. (weggefallen)

9. 30 Prozent des Entgelts, höchstens 5000 Euro, das der Steuerpflichtige für ein Kind, für das er Anspruch auf einen Freibetrag nach § 32 Absatz 6 oder auf Kindergeld hat, für dessen Besuch einer Schule in freier Trägerschaft oder einer überwiegend privat finanzierten Schule entrichtet, mit Ausnahme des Entgelts für Beherbergung, Betreuung und Verpflegung. $_{2}$Voraussetzung ist, dass die Schule in einem Mitgliedstaat der Europäischen Union oder in einem Staat belegen ist, auf den das Abkommen über den Europäischen Wirtschaftsraum Anwendung findet, und die Schule zu einem von dem zuständigen inländischen Ministerium eines Landes, von der Kultusministerkonferenz der Länder oder von einer inländischen Zeugnisanerkennungsstelle anerkannten oder einem inländischen Abschluss an einer öffentlichen Schule als gleichwertig anerkannten allgemein bildenden oder berufsbildenden Schul-, Jahrgangs- oder Berufsabschluss führt. $_{3}$Der Besuch einer anderen Einrichtung, die auf einen Schul-, Jahrgangs- oder Berufsabschluss im Sinne des Satzes 2 ordnungsgemäß vorbe-

reitet, steht einem Schulbesuch im Sinne des Satzes 1 gleich. 4Der Besuch einer Deutschen Schule im Ausland steht dem Besuch einer solchen Schule gleich, unabhängig von ihrer Belegenheit. 5Der Höchstbetrag nach Satz 1 wird für jedes Kind, bei dem die Voraussetzungen vorliegen, je Elternpaar nur einmal gewährt.

(1a) 1Sonderausgaben sind auch die folgenden Aufwendungen:

1. Unterhaltsleistungen an den geschiedenen oder dauernd getrennt lebenden unbeschränkt einkommensteuerpflichtigen Ehegatten, wenn der Geber dies mit Zustimmung des Empfängers beantragt, bis zu 13 805 Euro im Kalenderjahr. 2Der Höchstbetrag nach Satz 1 erhöht sich um den Betrag der im jeweiligen Veranlagungszeitraum nach Absatz 1 Nummer 3 für die Absicherung des geschiedenen oder dauernd getrennt lebenden unbeschränkt einkommensteuerpflichtigen Ehegatten aufgewandten Beiträge. 3Der Antrag kann jeweils nur für ein Kalenderjahr gestellt und nicht zurückgenommen werden. 4Die Zustimmung ist mit Ausnahme der nach § 894 der Zivilprozessordnung als erteilt geltenden bis auf Widerruf wirksam. 5Der Widerruf ist vor Beginn des Kalenderjahres, für das die Zustimmung erstmals nicht gelten soll, gegenüber dem Finanzamt zu erklären. 6Die Sätze 1 bis 5 gelten für Fälle der Nichtigkeit oder der Aufhebung der Ehe entsprechend. 7Voraussetzung für den Abzug der Aufwendungen ist die Angabe der erteilten Identifikationsnummer (§ 139b der Abgabenordnung) der unterhaltenen Person in der Steuererklärung des Unterhaltsleistenden, wenn die unterhaltene Person der unbeschränkten oder beschränkten Steuerpflicht unterliegt. 8Die unterhaltene Person ist für diese Zwecke verpflichtet, dem Unterhaltsleistenden ihre erteilte Identifikationsnummer (§ 139b der Abgabenordnung) mitzuteilen. 9Kommt die unterhaltene Person dieser Verpflichtung nicht nach, ist der Unterhaltsleistende berechtigt, bei der für ihn zuständigen Finanzbehörde die Identifikationsnummer der unterhaltenen Person zu erfragen;
2. auf besonderen Verpflichtungsgründen beruhende, lebenslange und wiederkehrende Versorgungsleistungen, die nicht mit Einkünften in wirtschaftlichem Zusammenhang stehen, die bei der Veranlagung außer Betracht bleiben, wenn der Empfänger unbeschränkt einkommensteuerpflichtig ist. 2Dies gilt nur für
   a) Versorgungsleistungen im Zusammenhang mit der Übertragung eines Mitunternehmeranteils an einer Personengesellschaft, die eine Tätigkeit im Sinne der §§ 13, 15 Absatz 1 Satz 1 Nummer 1 oder des § 18 Absatz 1 ausübt,
   b) Versorgungsleistungen im Zusammenhang mit der Übertragung eines Betriebs oder Teilbetriebs, sowie
   c) Versorgungsleistungen im Zusammenhang mit der Übertragung eines mindestens 50 Prozent betragenden Anteils an einer Gesellschaft mit beschränkter Haftung, wenn der Übergeber als Geschäftsführer tätig war und der Übernehmer diese Tätigkeit nach der Übertragung übernimmt.

   3Satz 2 gilt auch für den Teil der Versorgungsleistungen, der auf den Wohnteil eines Betriebs der Land- und Forstwirtschaft entfällt. 4Voraussetzung für den Abzug der Aufwendungen ist die Angabe der erteilten Identifikationsnummer (§ 139b der Abgabenordnung) des Empfängers in der Steuererklärung des Leistenden; Nummer 1 Satz 8 und 9 gilt entsprechend;
3. Ausgleichsleistungen zur Vermeidung eines Versorgungsausgleichs nach § 6 Absatz 1 Satz 2 Nummer 2 und § 23 des Versorgungsausgleichsgesetzes sowie § 1408 Absatz 2 und § 1587 des Bürgerlichen Gesetzbuchs, soweit der Verpflichtete dies mit Zustimmung des Berechtigten beantragt und der Berechtigte unbeschränkt einkommensteuerpflichtig ist. 2Nummer 1 Satz 3 bis 5 gilt entsprechend. 3Voraussetzung für den Abzug der Aufwendungen ist die Angabe der erteilten Identifikationsnummer (§ 139b der Abgabenordnung)

des Berechtigten in der Steuererklärung des Verpflichteten; Nummer 1 Satz 8 und 9 gilt entsprechend;

4. Ausgleichszahlungen im Rahmen des Versorgungsausgleichs nach den §§ 20 bis 22 und 26 des Versorgungsausgleichsgesetzes und nach den §§ 1587f, 1587g und 1587i des Bürgerlichen Gesetzbuchs in der bis zum 31. August 2009 geltenden Fassung sowie nach § 3a des Gesetzes zur Regelung von Härten im Versorgungsausgleich, soweit die ihnen zu Grunde liegenden Einnahmen bei der ausgleichspflichtigen Person der Besteuerung unterliegen, wenn die ausgleichsberechtigte Person unbeschränkt einkommensteuerpflichtig ist. ₂Nummer 3 Satz 3 gilt entsprechend.

(2) ₁Voraussetzung für den Abzug der in Absatz 1 Nummern 2, 3 und 3a bezeichneten Beträge (Vorsorgeaufwendungen) ist, dass sie

1. nicht in unmittelbarem wirtschaftlichen Zusammenhang mit steuerfreien Einnahmen stehen; ungeachtet dessen sind Vorsorgeaufwendungen im Sinne des Absatzes 1 Nummer 2, 3 und 3a zu berücksichtigen, soweit
   a) sie in unmittelbarem wirtschaftlichen Zusammenhang mit in einem Mitgliedstaat der Europäischen Union oder einem Vertragsstaat des Abkommens über den Europäischen Wirtschaftsraum oder in der Schweizerischen Eidgenossenschaft erzielten Einnahmen stehen,
   b) diese Einnahmen nach einem Abkommen zur Vermeidung der Doppelbesteuerung im Inland steuerfrei sind und
   c) der andere Staat keinerlei steuerliche Berücksichtigung von Vorsorgeaufwendungen im Rahmen der Besteuerung dieser Einnahmen zulässt;

   steuerfreie Zuschüsse zu einer Kranken- oder Pflegeversicherung stehen insgesamt in unmittelbarem wirtschaftlichen Zusammenhang mit den Vorsorgeaufwendungen im Sinne des Absatzes 1 Nummer 3,

2. geleistet werden an
   a) Versicherungsunternehmen,
      aa) die ihren Sitz oder ihre Geschäftsleitung in einem Mitgliedstaat der Europäischen Union oder einem Vertragsstaat des Abkommens über den Europäischen Wirtschaftsraum haben und das Versicherungsgeschäft im Inland betreiben dürfen, oder
      bb) denen die Erlaubnis zum Geschäftsbetrieb im Inland erteilt ist.

      ₂Darüber hinaus werden Beiträge nur berücksichtigt, wenn es sich um Beträge im Sinne des Absatzes 1 Nummer 3 Satz 1 Buchstabe a an eine Einrichtung handelt, die eine anderweitige Absicherung im Krankheitsfall im Sinne des § 5 Absatz 1 Nummer 13 des Fünften Buches Sozialgesetzbuch oder eine der Beihilfe oder freien Heilfürsorge vergleichbare Absicherung im Sinne des § 193 Absatz 3 Satz 2 Nummer 2 des Versicherungsvertragsgesetzes gewährt. ₃Dies gilt entsprechend, wenn ein Steuerpflichtiger, der weder seinen Wohnsitz noch seinen gewöhnlichen Aufenthalt im Inland hat, mit den Beiträgen einen Versicherungsschutz im Sinne des Absatzes 1 Nummer 3 Satz 1 erwirbt,
   b) berufsständische Versorgungseinrichtungen,
   c) einen Sozialversicherungsträger oder
   d) einen Anbieter im Sinne des § 80.

₂Vorsorgeaufwendungen nach Absatz 1 Nummer 2 Buchstabe b werden nur berücksichtigt, wenn die Beiträge zugunsten eines Vertrags geleistet wurden, der nach § 5a des Altersvorsorgeverträge-Zertifizierungsgesetzes zertifiziert ist, wobei die Zertifizierung Grundlagenbescheid im Sinne des § 171 Absatz 10 der Abgabenordnung ist.

(2a) ₁Bei Vorsorgeaufwendungen nach Absatz 1 Nummer 2 Buchstabe b hat der Anbieter als mitteilungspflichtige Stelle nach Maßgabe des § 93c der Abgabenordnung und unter Angabe der Vertrags- oder der Versicherungsdaten die Höhe der im jeweiligen Beitragsjahr geleisteten Beiträge und die Zertifizierungsnummer an die zentrale Stelle (§ 81) zu übermitteln. $_{2}$§ 22a Absatz 2 gilt entsprechend. $_{3}$§ 72a Absatz 4 und § 93c Absatz 4 der Abgabenordnung finden keine Anwendung.

(2b) $_{1}$Bei Vorsorgeaufwendungen nach Absatz 1 Nummer 3 hat das Versicherungsunternehmen, der Träger der gesetzlichen Kranken- und Pflegeversicherung, die Künstlersozialkasse oder eine Einrichtung im Sinne des Absatzes 2 Satz 1 Nummer 2 Buchstabe a Satz 2 als mitteilungspflichtige Stelle nach Maßgabe des § 93c der Abgabenordnung und unter Angabe der Vertrags- oder der Versicherungsdaten die Höhe der im jeweiligen Beitragsjahr geleisteten und erstatteten Beiträge sowie die in § 93c Absatz 1 Nummer 2 Buchstabe c der Abgabenordnung genannten Daten mit der Maßgabe, dass insoweit als Steuerpflichtiger die versicherte Person gilt, an die zentrale Stelle (§ 81) zu übermitteln; sind Versicherungsnehmer und versicherte Person nicht identisch, sind zusätzlich die Identifikationsnummer und der Tag der Geburt des Versicherungsnehmers anzugeben. $_{2}$Auf der Grundlage des § 65a des Fünften Buches Sozialgesetzbuch nach den Satzungen der gesetzlichen Krankenkassen erbrachte Bonusleistungen gelten bis zu einer Höhe von 150 Euro pro versicherter Person und Beitragsjahr nicht als Beitragserstattung; diese Summe übersteigende Bonusleistungen gelten stets als Beitragserstattung. $_{3}$Der Steuerpflichtige kann nachweisen, dass Bonusleistungen in Höhe des übersteigenden Betrags nicht als Beitragserstattung zu qualifizieren sind. $_{4}$Satz 1 gilt nicht, soweit diese Daten mit der elektronischen Lohnsteuerbescheinigung (§ 41b Absatz 1 Satz 2) oder der Rentenbezugsmitteilung (§ 22a Absatz 1 Satz 1 Nummer 4) zu übermitteln sind. $_{5}$§ 22a Absatz 2 gilt entsprechend. $_{6}$Zuständige Finanzbehörde im Sinne des § 72a Absatz 4 und des § 93c Absatz 4 der Abgabenordnung ist das Bundeszentralamt für Steuern. $_{7}$Wird in den Fällen des § 72a Absatz 4 der Abgabenordnung eine unzutreffende Höhe der Beiträge übermittelt, ist die entgangene Steuer mit 30 Prozent des zu hoch ausgewiesenen Betrags anzusetzen.

(2c) $_{1}$Bei Vorsorgeaufwendungen nach Absatz 1 Nummer 2 Buchstabe a hat der Träger der gesetzlichen Rentenversicherung, die landwirtschaftliche Alterskasse oder die berufsständische Versorgungseinrichtung als mitteilungspflichtige Stelle nach Maßgabe des § 93c der Abgabenordnung unter Angabe der Versicherungsdaten die Höhe der im jeweiligen Beitragsjahr geleisteten und erstatteten Beiträge an die zentrale Stelle (§ 81) zu übermitteln. $_{2}$Satz 1 gilt nicht, soweit diese Daten mit der elektronischen Lohnsteuerbescheinigung (§ 41b Absatz 1 Satz 2) zu übermitteln sind. $_{3}$§ 22a Absatz 2 gilt entsprechend. $_{4}$§ 72a Absatz 4 und § 93c Absatz 4 der Abgabenordnung finden keine Anwendung.

(3) $_{1}$Vorsorgeaufwendungen nach Absatz 1 Nummer 2 sind bis zu dem Höchstbeitrag zur knappschaftlichen Rentenversicherung, aufgerundet auf einen vollen Betrag in Euro, zu berücksichtigen. $_{2}$Bei zusammenveranlagten Ehegatten verdoppelt sich der Höchstbetrag. $_{3}$Der Höchstbetrag nach Satz 1 oder 2 ist bei Steuerpflichtigen, die

1. Arbeitnehmer sind und die während des ganzen oder eines Teils des Kalenderjahres
   a) in der gesetzlichen Rentenversicherung versicherungsfrei oder auf Antrag des Arbeitgebers von der Versicherungspflicht befreit waren und denen für den Fall ihres Ausscheidens aus der Beschäftigung auf Grund des Beschäftigungsverhältnisses eine lebenslängliche Versorgung oder an deren Stelle eine Abfindung zusteht oder die in der gesetzlichen Rentenversicherung nachzuversichern sind oder
   b) nicht der gesetzlichen Rentenversicherungspflicht unterliegen, eine Berufstätigkeit ausgeübt und im Zusammenhang damit auf Grund vertraglicher Vereinbarungen Anwartschaftsrechte auf eine Altersversorgung erworben haben, oder
2. Einkünfte im Sinne des § 22 Nummer 4 erzielen und die ganz oder teilweise ohne eigene Beitragsleistung einen Anspruch auf Altersversorgung erwerben,

um den Betrag zu kürzen, der, bezogen auf die Einnahmen aus der Tätigkeit, die die Zugehörigkeit zum genannten Personenkreis begründen, dem Gesamtbeitrag (Arbeitgeber- und Arbeitnehmeranteil) zur allgemeinen Rentenversicherung entspricht. 4Im Kalenderjahr 2013 sind 76 Prozent der nach den Sätzen 1 bis 3 ermittelten Vorsorgeaufwendungen anzusetzen. 5Der sich danach ergebende Betrag, vermindert um den nach § 3 Nummer 62 steuerfreien Arbeitgeberanteil zur gesetzlichen Rentenversicherung und einen diesem gleichgestellten steuerfreien Zuschuss des Arbeitgebers, ist als Sonderausgabe abziehbar. 6Der Prozentsatz in Satz 4 erhöht sich in den folgenden Kalenderjahren bis zum Kalenderjahr 2022 um je 2 Prozentpunkte je Kalenderjahr; ab dem Kalenderjahr 2023 beträgt er 100 Prozent. 7Beiträge nach § 168 Absatz 1 Nummer 1b oder 1c oder nach § 172 Absatz 3 oder 3a des Sechsten Buches Sozialgesetzbuch vermindern den abziehbaren Betrag nach Satz 5 nur, wenn der Steuerpflichtige die Hinzurechnung dieser Beiträge zu den Vorsorgeaufwendungen nach Absatz 1 Nummer 2 Satz 7 beantragt hat.

(4) 1Vorsorgeaufwendungen im Sinne des Absatzes 1 Nummer 3 und 3a können je Kalenderjahr insgesamt bis 2800 Euro abgezogen werden. 2Der Höchstbetrag beträgt 1900 Euro bei Steuerpflichtigen, die ganz oder teilweise ohne eigene Aufwendungen einen Anspruch auf vollständige oder teilweise Erstattung oder Übernahme von Krankheitskosten haben oder für deren Krankenversicherung Leistungen im Sinne des § 3 Nummer 9, 14, 57 oder 62 erbracht werden. 3Bei zusammen veranlagten Ehegatten bestimmt sich der gemeinsame Höchstbetrag aus der Summe der jedem Ehegatten unter den Voraussetzungen von Satz 1 und 2 zustehenden Höchstbeträge. 4Übersteigen die Vorsorgeaufwendungen im Sinne des Absatzes 1 Nummer 3 die nach den Sätzen 1 bis 3 zu berücksichtigenden Vorsorgeaufwendungen, sind diese abzuziehen und ein Abzug von Vorsorgeaufwendungen im Sinne des Absatzes 1 Nummer 3a scheidet aus.

(4a) 1Ist in den Kalenderjahren 2013 bis 2019 der Abzug der Vorsorgeaufwendungen nach Absatz 1 Nummer 2 Buchstabe a, Absatz 1 Nummer 3 und Nummer 3a in der für das Kalenderjahr 2004 geltenden Fassung des § 10 Absatz 3 mit folgenden Höchstbeträgen für den Vorwegabzug

Kalenderjahr	Vorwegabzug für den Steuerpflichtigen	Vorwegabzug im Fall der Zusammenveranlagung von Ehegatten
2013	2100	4200
2014	1800	3600
2015	1500	3000
2016	1200	2400
2017	900	1800
2018	600	1200
2019	300	600

zuzüglich des Erhöhungsbetrags nach Satz 3 günstiger, ist der sich danach ergebende Betrag anstelle des Abzugs nach Absatz 3 und 4 anzusetzen. 2Mindestens ist bei Anwendung des Satzes 1 der Betrag anzusetzen, der sich ergeben würde, wenn zusätzlich noch die Vorsorgeaufwendungen nach Absatz 1 Nummer 2 Buchstabe b in die Günstigerprüfung einbezogen werden würden; der Erhöhungsbetrag nach Satz 3 ist nicht hinzuzurechnen. 3Erhöhungsbetrag sind die Beiträge nach Absatz 1 Nummer 2 Buchstabe b, soweit sie nicht den um die Beiträge nach Absatz 1 Nummer 2 Buchstabe a und den nach § 3 Nummer 62 steuerfreien Arbeitgeberanteil zur gesetzlichen Rentenversicherung und einen diesem gleichgestellten steuerfreien Zuschuss verminderten Höchstbetrag nach Absatz 3 Satz 1 bis 3 überschreiten; Absatz 3 Satz 4 und 6 gilt entsprechend.

(4b) 1Erhält der Steuerpflichtige für die von ihm für einen anderen Veranlagungszeitraum geleisteten Aufwendungen im Sinne des Satzes 2 einen steuerfreien Zuschuss, ist dieser den erstatteten Aufwendungen gleichzustellen. 2Übersteigen bei den Sonderausgaben nach Absatz 1 Nummer 2 bis 3a die im Veranlagungszeitraum erstatteten Aufwendungen die geleisteten Aufwendungen (Erstattungsüberhang), ist der Erstattungsüberhang mit anderen im Rahmen der jeweiligen Nummer anzusetzenden Aufwendungen zu verrechnen. 3Ein verbleibender Betrag des sich bei den Aufwendungen nach Absatz 1 Nummer 3 und 4 ergebenden Erstattungsüberhangs ist dem Gesamtbetrag der Einkünfte hinzuzurechnen. $_{4}$Nach Maßgabe des § 93c der Abgabenordnung haben Behörden im Sinne des § 6 Absatz 1 der Abgabenordnung und andere öffentliche Stellen, die einem Steuerpflichtigen für die von ihm geleisteten Beiträge im Sinne des Absatzes 1 Nummer 2, 3 und 3a steuerfreie Zuschüsse gewähren oder Vorsorgeaufwendungen im Sinne dieser Vorschrift erstatten als mitteilungspflichtige Stellen, neben den nach § 93c Absatz 1 der Abgabenordnung erforderlichen Angaben, die zur Gewährung und Prüfung des Sonderausgabenabzugs nach § 10 erforderlichen Daten an die zentrale Stelle zu übermitteln. $_{5}$§ 22a Absatz 2 gilt entsprechend. $_{6}$§ 72a Absatz 4 und § 93c Absatz 4 der Abgabenordnung finden keine Anwendung.

(5) Durch Rechtsverordnung wird bezogen auf den Versicherungstarif bestimmt, wie der nicht abziehbare Teil der Beiträge zum Erwerb eines Krankenversicherungsschutzes im Sinne des Absatzes 1 Nummer 3 Buchstabe a Satz 3 durch einheitliche prozentuale Abschläge auf die zugunsten des jeweiligen Tarifs gezahlte Prämie zu ermitteln ist, soweit der nicht abziehbare Beitragsteil nicht bereits als gesonderter Tarif oder Tarifbaustein ausgewiesen wird.

(6) Absatz 1 Nummer 2 Buchstabe b Doppelbuchstabe aa ist für Vertragsabschlüsse vor dem 1. Januar 2012 mit der Maßgabe anzuwenden, dass der Vertrag die Zahlung der Leibrente nicht vor der Vollendung des 60. Lebensjahres vorsehen darf.

§ 10a Zusätzliche Altersvorsorge

(1) $_{1}$In der inländischen gesetzlichen Rentenversicherung Pflichtversicherte können Altersvorsorgebeiträge (§ 82) zuzüglich der dafür nach Abschnitt XI zustehenden Zulage jährlich bis zu 2100 Euro als Sonderausgaben abziehen; das Gleiche gilt für

1. Empfänger von inländischer Besoldung nach dem Bundesbesoldungsgesetz oder einem Landesbesoldungsgesetz,
2. Empfänger von Amtsbezügen aus einem inländischen Amtsverhältnis, deren Versorgungsrecht die entsprechende Anwendung des § 69e Absatz 3 und 4 des Beamtenversorgungsgesetzes vorsieht,
3. die nach § 5 Absatz 1 Satz 1 Nummer 2 und 3 des Sechsten Buches Sozialgesetzbuch versicherungsfrei Beschäftigten, die nach § 6 Absatz 1 Satz 1 Nummer 2 oder nach § 230 Absatz 2 Satz 2 des Sechsten Buches Sozialgesetzbuch von der Versicherungspflicht befreiten Beschäftigten, deren Versorgungsrecht die entsprechende Anwendung des § 69e Absatz 3 und 4 des Beamtenversorgungsgesetzes vorsieht,
4. Beamte, Richter, Berufssoldaten und Soldaten auf Zeit, die ohne Besoldung beurlaubt sind, für die Zeit einer Beschäftigung, wenn während der Beurlaubung die Gewährleistung einer Versorgungsanwartschaft unter den Voraussetzungen des § 5 Absatz 1 Satz 1 des Sechsten Buches Sozialgesetzbuch auf diese Beschäftigung erstreckt wird, und
5. Steuerpflichtige im Sinne der Nummern 1 bis 4, die beurlaubt sind und deshalb keine Besoldung, Amtsbezüge oder Entgelt erhalten, sofern sie eine Anrechnung von Kindererziehungszeiten nach § 56 des Sechsten Buches Sozialgesetzbuch in Anspruch nehmen könnten, wenn die Versicherungsfreiheit in der inländischen gesetzlichen Rentenversicherung nicht bestehen würde,

wenn sie spätestens bis zum Ablauf des Beitragsjahres (§ 88) folgt, gegenüber der zuständigen Stelle (§ 81 a) schriftlich oder elektronisch eingewilligt haben, dass diese der zentralen Stelle (§ 81) jährlich unter Angabe der Identifikationsnummer mitteilt, dass der Steuerpflichtige zum begünstigten Personenkreis gehört, dass die zuständige Stelle der zentralen Stelle die für die Ermittlung des Mindesteigenbeitrags (§ 86) und die Gewährung der Kinderzulage (§ 85) erforderlichen Daten übermittelt und die zentrale Stelle diese Daten für das Zulageverfahren verarbeiten darf. $_{2}$Bei der Erteilung der Einwilligung ist der Steuerpflichtige darauf hinzuweisen, dass er die Einwilligung vor Beginn des Kalenderjahres, für das sie erstmals nicht mehr gelten soll, gegenüber der zuständigen Stelle widerrufen kann. $_{3}$Versicherungspflichtige nach dem Gesetz über die Alterssicherung der Landwirte stehen Pflichtversicherten gleich; dies gilt auch für Personen, die

1. eine Anrechnungszeit nach §58 Absatz 1 Nummer 3 oder Nummer 6 des Sechsten Buches Sozialgesetzbuch in der gesetzlichen Rentenversicherung erhalten und
2. unmittelbar vor einer Anrechnungszeit nach §58 Absatz 1 Nummer 3 oder Nummer 6 des Sechsten Buches Sozialgesetzbuch einer der im ersten Halbsatz, in Satz 1 oder in Satz 4 genannten begünstigten Personengruppen angehörten.

$_{4}$Die Sätze 1 und 2 gelten entsprechend für Steuerpflichtige, die nicht zum begünstigten Personenkreis nach Satz 1 oder 3 gehören und eine Rente wegen voller Erwerbsminderung oder Erwerbsunfähigkeit oder eine Versorgung wegen Dienstunfähigkeit aus einem der in Satz 1 oder 3 genannten Alterssicherungssysteme beziehen, wenn unmittelbar vor dem Bezug der entsprechenden Leistungen der Leistungsbezieher einer der in Satz 1 oder 3 genannten begünstigten Personengruppen angehörte; dies gilt nicht, wenn der Steuerpflichtige das 67. Lebensjahr vollendet hat. $_{5}$Bei der Ermittlung der dem Steuerpflichtigen zustehenden Zulage nach Satz 1 bleibt die Erhöhung der Grundzulage nach §84 Satz 2 außer Betracht.

(1a) $_{1}$Steuerpflichtige, die eine Kinderzulage für ein Kind beantragen oder auf den Ehegatten übertragen haben, das im Beitragsjahr sein viertes Lebensjahr noch nicht vollendet hat und für das gegenüber dem Steuerpflichtigen oder seinem Ehegatten Kindergeld festgesetzt worden ist, stehen einem in der inländischen gesetzlichen Rentenversicherung Pflichtversicherten gleich, wenn eine Anrechnung von Kindererziehungszeiten nach §56 des Sechsten Buches Sozialgesetzbuch nur auf Grund eines fehlenden oder noch nicht beschiedenen Antrags auf Berücksichtigung von Kindererziehungszeiten bislang nicht erfolgt ist. $_{2}$Voraussetzung ist, dass der Steuerpflichtige spätestens am Tag nach der Vollendung des vierten Lebensjahres des Kindes die Kindererziehungszeiten beim zuständigen Träger der gesetzlichen Rentenversicherung beantragt. $_{3}$Werden die Kindererziehungszeiten vom Träger der gesetzlichen Rentenversicherung nicht anerkannt, entfällt rückwirkend die Förderberechtigung nach Satz 1. $_{4}$Wurde das Kind am 1. Januar geboren, gilt Satz 1 mit der Maßgabe, dass das fünfte Lebensjahr noch nicht vollendet sein darf.

(1b) $_{1}$Sofern eine Zulagenummer (§90 Absatz 1 Satz 2) durch die zentrale Stelle oder eine Versicherungsnummer nach §147 des Sechsten Buches Sozialgesetzbuch noch nicht vergeben ist, haben die in Absatz 1 Satz 1 Nummer 1 bis 5 genannten Steuerpflichtigen über die zuständige Stelle eine Zulagenummer bei der zentralen Stelle zu beantragen. $_{2}$Für Empfänger einer Versorgung im Sinne des Absatzes 1 Satz 4 gilt Satz 1 entsprechend.

(2) $_{1}$Ist der Sonderausgabenabzug nach Absatz 1 für den Steuerpflichtigen günstiger als der Anspruch auf die Zulage nach Abschnitt XI, erhöht sich die unter Berücksichtigung des Sonderausgabenabzugs ermittelte tarifliche Einkommensteuer um den Anspruch auf Zulage. $_{2}$In den anderen Fällen scheidet der Sonderausgabenabzug aus. $_{3}$Die Günstigerprüfung wird von Amts wegen vorgenommen.

(3) $_{1}$Der Abzugsbetrag nach Absatz 1 steht im Fall der Veranlagung von Ehegatten nach §26 Absatz 1 jedem Ehegatten unter den Voraussetzungen des Absatzes 1 gesondert zu. $_{2}$Gehört nur ein Ehegatte zu dem nach Absatz 1 begünstigten Personenkreis und ist der andere Ehegatte nach §79 Satz 2 zulageberechtigt, sind bei dem nach Absatz 1 abzugsberechtigten Ehegatten die von beiden Ehegatten geleisteten Altersvorsorgebeiträge und die dafür zustehenden Zulagen bei der Anwendung der Absätze 1 und 2 zu berücksichtigen. $_{3}$Der Höchstbetrag nach Absatz 1 Satz 1 erhöht sich in den Fällen des Satzes 2 um 60 Euro. $_{4}$Dabei sind die von dem Ehegatten, der zu dem nach Absatz 1 begünstigten Personenkreis gehört, geleisteten Altersvorsorgebeiträge vorrangig zu berücksichtigen, jedoch mindestens 60 Euro der von dem

anderen Ehegatten geleisteten Altersvorsorgebeiträge. 5Gehören beide Ehegatten zu dem nach Absatz 1 begünstigten Personenkreis und liegt ein Fall der Veranlagung nach § 26 Absatz 1 vor, ist bei der Günstigerprüfung nach Absatz 2 der Anspruch auf Zulage beider Ehegatten anzusetzen.

(4) 1Im Fall des Absatzes 2 Satz 1 stellt das Finanzamt die über den Zulageanspruch nach Abschnitt XI hinausgehende Steuerermäßigung gesondert fest und teilt diese der zentralen Stelle (§ 81) mit; § 10d Absatz 4 Satz 3 bis 5 gilt entsprechend. 2Sind Altersvorsorgebeiträge zugunsten von mehreren Verträgen geleistet worden, erfolgt die Zurechnung im Verhältnis der nach Absatz 1 berücksichtigten Altersvorsorgebeiträge. 3Ehegatten ist der nach Satz 1 festzustellende Betrag auch im Fall der Zusammenveranlagung jeweils getrennt zuzurechnen; die Zurechnung erfolgt im Verhältnis der nach Absatz 1 berücksichtigten Altersvorsorgebeiträge. 4Werden Altersvorsorgebeiträge nach Absatz 3 Satz 2 berücksichtigt, die der nach § 79 Satz 2 zulageberechtigte Ehegatte zugunsten eines auf seinen Namen lautenden Vertrages geleistet hat, ist die hierauf entfallende Steuerermäßigung dem Vertrag zuzurechnen, zu dessen Gunsten die Altersvorsorgebeiträge geleistet wurden. 5Die Übermittlung an die zentrale Stelle erfolgt unter Angabe der Vertragsnummer und der Identifikationsnummer (§ 139b Abgabenordnung) sowie der Zulage- oder Versicherungsnummer nach § 147 des Sechsten Buches Sozialgesetzbuch.

(5) 1Nach Maßgabe des § 93c der Abgabenordnung hat der Anbieter als mitteilungspflichtige Stelle auch unter Angabe der Vertragsdaten die Höhe der im jeweiligen Beitragsjahr zu berücksichtigenden Altersvorsorgebeiträge sowie die Zulage- oder die Versicherungsnummer nach § 147 des Sechsten Buches Sozialgesetzbuch an die zentrale Stelle zu übermitteln. 2§ 22a Absatz 2 gilt entsprechend. 3§ 72a Absatz 4 der Abgabenordnung findet keine Anwendung. 4Die übrigen Voraussetzungen für den Sonderausgabenabzug nach den Absätzen 1 bis 3 werden im Wege der Datenerhebung und des automatisierten Datenabgleichs nach § 91 überprüft. 5Erfolgt eine Datenübermittlung nach Satz 1 und wurde noch keine Zulagenummer (§ 90 Absatz 1 Satz 2) durch die zentrale Stelle oder keine Versicherungsnummer nach § 147 des Sechsten Buches Sozialgesetzbuch vergeben, gilt § 90 Absatz 1 Satz 2 und 3 entsprechend.

(6) 1Für die Anwendung der Absätze 1 bis 5 stehen den in der inländischen gesetzlichen Rentenversicherung Pflichtversicherten nach Absatz 1 Satz 1 die Pflichtmitglieder in einem ausländischen gesetzlichen Alterssicherungssystem gleich, wenn diese Pflichtmitgliedschaft

1. mit einer Pflichtmitgliedschaft in einem inländischen Alterssicherungssystem nach Absatz 1 Satz 1 oder 3 vergleichbar ist und
2. vor dem 1. Januar 2010 begründet wurde.

2Für die Anwendung der Absätze 1 bis 5 stehen den Steuerpflichtigen nach Absatz 1 Satz 4 die Personen gleich,

1. die aus einem ausländischen gesetzlichen Alterssicherungssystem eine Leistung erhalten, die den in Absatz 1 Satz 4 genannten Leistungen vergleichbar ist,
2. die unmittelbar vor dem Bezug der entsprechenden Leistung nach Satz 1 oder Absatz 1 Satz 1 oder 3 begünstigt waren und
3. die noch nicht das 67. Lebensjahr vollendet haben.

3Als Altersvorsorgebeiträge (§ 82) sind bei den in Satz 1 oder 2 genannten Personen nur diejenigen Beiträge zu berücksichtigen, die vom Abzugsberechtigten zugunsten seines vor dem 1. Januar 2010 abgeschlossenen Vertrags geleistet wurden. 4Endet die unbeschränkte Steuerpflicht eines Zulageberechtigten im Sinne des Satzes 1 oder 2 durch Aufgabe des inländischen Wohnsitzes oder gewöhnlichen Aufenthalts und wird die Person nicht nach § 1 Absatz 3 als unbeschränkt einkommensteuerpflichtig behandelt, so gelten die §§ 93 und 94 entsprechend; § 99 Absatz 1 in der am 31. Dezember 2008 geltenden Fassung ist anzuwenden.

(7) Soweit nichts anderes bestimmt ist, sind die Regelungen des § 10a und des Abschnitts XI in der für das jeweilige Beitragsjahr geltenden Fassung anzuwenden.

IV. Tarif

§ 31 Familienleistungsausgleich

1Die steuerliche Freistellung eines Einkommensbetrags in Höhe des Existenzminimums eines Kindes einschließlich der Bedarfe für Betreuung und Erziehung oder Ausbildung wird im gesamten Veranlagungszeitraum entweder durch die Freibeträge nach § 32 Absatz 6 oder durch Kindergeld nach Abschnitt X bewirkt. 2Soweit das Kindergeld dafür nicht erforderlich ist, dient es der Förderung der Familie. 3Im laufenden Kalenderjahr wird Kindergeld als Steuervergütung monatlich gezahlt. 4Bewirkt der Anspruch auf Kindergeld für den gesamten Veranlagungszeitraum die nach Satz 1 gebotene steuerliche Freistellung nicht vollständig und werden deshalb bei der Veranlagung zur Einkommensteuer die Freibeträge nach § 32 Absatz 6 vom Einkommen abgezogen, erhöht sich die unter Abzug dieser Freibeträge ermittelte tarifliche Einkommensteuer um den Anspruch auf Kindergeld für den gesamten Veranlagungszeitraum; bei nicht zusammenveranlagten Eltern wird der Kindergeldanspruch im Umfang des Kinderfreibetrags angesetzt. 5Bei der Prüfung der Steuerfreistellung und der Hinzurechnung nach Satz 4 bleibt der Anspruch auf Kindergeld für Kalendermonate unberücksichtigt, in denen durch Bescheid der Familienkasse ein Anspruch auf Kindergeld festgesetzt, aber wegen § 70 Absatz 1 Satz 2 nicht ausgezahlt wurde. 6Satz 4 gilt entsprechend für mit dem Kindergeld vergleichbare Leistungen nach § 65. 7Besteht nach ausländischem Recht Anspruch auf Leistungen für Kinder, wird dieser insoweit nicht berücksichtigt, als er das inländische Kindergeld übersteigt.

§ 32 Kinder, Freibeträge für Kinder

(1) Kinder sind

1. im ersten Grad mit dem Steuerpflichtigen verwandte Kinder,
2. Pflegekinder (Personen, mit denen der Steuerpflichtige durch ein familienähnliches, auf längere Dauer berechnetes Band verbunden ist, sofern er sie nicht zu Erwerbszwecken in seinen Haushalt aufgenommen hat und das Obhuts- und Pflegeverhältnis zu den Eltern nicht mehr besteht).

(2) 1Besteht bei einem angenommenen Kind das Kindschaftsverhältnis zu den leiblichen Eltern weiter, ist es vorrangig als angenommenes Kind zu berücksichtigen. 2Ist ein im ersten Grad mit dem Steuerpflichtigen verwandtes Kind zugleich ein Pflegekind, ist es vorrangig als Pflegekind zu berücksichtigen.

(3) Ein Kind wird in dem Kalendermonat, in dem es lebend geboren wurde, und in jedem folgenden Kalendermonat, zu dessen Beginn es das 18. Lebensjahr noch nicht vollendet hat, berücksichtigt.

(4) 1Ein Kind, das das 18. Lebensjahr vollendet hat, wird berücksichtigt, wenn es

1. noch nicht das 21. Lebensjahr vollendet hat, nicht in einem Beschäftigungsverhältnis steht und bei einer Agentur für Arbeit im Inland als Arbeitsuchender gemeldet ist oder
2. noch nicht das 25. Lebensjahr vollendet hat und
   a) für einen Beruf ausgebildet wird oder
   b) sich in einer Übergangszeit von höchstens vier Monaten befindet, die zwischen zwei Ausbildungsabschnitten oder zwischen einem Ausbildungsabschnitt und der Ableistung des gesetzlichen Wehr- oder Zivildienstes, einer vom Wehr- oder Zivildienst befreienden Tätigkeit als Entwicklungshelfer oder als Dienstleistender im Ausland nach § 14b des Zivildienstgesetzes oder der Ableistung des freiwilligen Wehrdienstes nach § 58b des Soldatengesetzes oder der Ableistung eines freiwilligen Dienstes im Sinne des Buchstaben d liegt, oder
   c) eine Berufsausbildung mangels Ausbildungsplatzes nicht beginnen oder fortsetzen kann oder

VIII

d) einen der folgenden freiwilligen Dienste leistet:
   aa) ein freiwilliges soziales Jahr im Sinne des Jugendfreiwilligendienstegesetzes,
   bb) ein freiwilliges ökologisches Jahr im Sinne des Jugendfreiwilligendienstegesetzes,
   cc) einen Bundesfreiwilligendienst im Sinne des Bundesfreiwilligendienstgesetzes,
   dd) eine Freiwilligentätigkeit im Rahmen des Europäischen Solidaritätskorps im Sinne der Verordnung (EU) 2021/888 des Europäischen Parlaments und des Rates vom 20. Mai 2021 zur Aufstellung des Programms für das Europäische Solidaritätskorps und zur Aufhebung der Verordnungen (EU) 2018/1475 und (EU) Nr. 375/2014 (ABl. L 202 vom 8. 6. 2021, S. 32),
   ee) einen anderen Dienst im Ausland im Sinne von § 5 des Bundesfreiwilligendienstgesetzes,
   ff) einen entwicklungspolitischen Freiwilligendienst „weltwärts" im Sinne der Förderleitlinie des Bundesministeriums für wirtschaftliche Zusammenarbeit und Entwicklung vom 1. Januar 2016,
   gg) einen Freiwilligendienst aller Generationen im Sinne von § 2 Absatz 1a des Siebten Buches Sozialgesetzbuch oder
   hh) einen Internationalen Jugendfreiwilligendienst im Sinne der Richtlinie des Bundesministeriums für Familie, Senioren, Frauen und Jugend vom 4. Januar 2021 (GMBl S. 77) oder

3. wegen körperlicher, geistiger oder seelischer Behinderung außerstande ist, sich selbst zu unterhalten; Voraussetzung ist, dass die Behinderung vor Vollendung des 25. Lebensjahres eingetreten ist.

2Nach Abschluss einer erstmaligen Berufsausbildung oder eines Erststudiums wird ein Kind in den Fällen des Satzes 1 Nummer 2 nur berücksichtigt, wenn das Kind keiner Erwerbstätigkeit nachgeht. 3Eine Erwerbstätigkeit mit bis zu 20 Stunden regelmäßiger wöchentlicher Arbeitszeit, ein Ausbildungsdienstverhältnis oder ein geringfügiges Beschäftigungsverhältnis im Sinne der §§ 8 und 8a des Vierten Buches Sozialgesetzbuch sind unschädlich.

(5) 1In den Fällen des Absatzes 4 Satz 1 Nummer 1 oder Nummer 2 Buchstabe a und b wird ein Kind, das

1. den gesetzlichen Grundwehrdienst oder Zivildienst geleistet hat, oder
2. sich anstelle des gesetzlichen Grundwehrdienstes freiwillig für die Dauer von nicht mehr als drei Jahren zum Wehrdienst verpflichtet hat, oder
3. eine vom gesetzlichen Grundwehrdienst oder Zivildienst befreiende Tätigkeit als Entwicklungshelfer im Sinne des § 1 Absatz 1 des Entwicklungshelfer-Gesetzes ausgeübt hat,

für einen der Dauer dieser Dienste oder der Tätigkeit entsprechenden Zeitraum, höchstens für die Dauer des inländischen gesetzlichen Grundwehrdienstes oder bei anerkannten Kriegsdienstverweigerern für die Dauer des inländischen gesetzlichen Zivildienstes über das 21. oder 25. Lebensjahr hinaus berücksichtigt. 2Wird der gesetzliche Grundwehrdienst oder Zivildienst in einem Mitgliedstaat der Europäischen Union oder einem Staat, auf den das Abkommen über den Europäischen Wirtschaftsraum Anwendung findet, geleistet, so ist die Dauer dieses Dienstes maßgebend. 3Absatz 4 Satz 2 und 3 gilt entsprechend.

(6) 1Bei der Veranlagung zur Einkommensteuer wird für jedes zu berücksichtigende Kind des Steuerpflichtigen ein Freibetrag von 3414 Euro für das sächliche Existenzminimum des Kindes (Kinderfreibetrag) sowie ein Freibetrag von 1464 Euro für den Betreuungs- und Erziehungs- oder Ausbildungsbedarf des Kindes vom Einkommen abgezogen. 2Bei Ehegatten, die nach den §§ 26, 26b zusammen zur Einkommensteuer veranlagt werden, verdoppeln sich die Beträge nach

Satz 1, wenn das Kind zu beiden Ehegatten in einem Kindschaftsverhältnis steht. 3Die Beträge nach Satz 2 stehen dem Steuerpflichtigen auch dann zu, wenn

1. der andere Elternteil verstorben oder nicht unbeschränkt einkommensteuerpflichtig ist oder
2. der Steuerpflichtige allein das Kind angenommen hat oder das Kind nur zu ihm in einem Pflegekindschaftsverhältnis steht.

4Für ein nicht nach § 1 Absatz 1 oder 2 unbeschränkt einkommensteuerpflichtiges Kind können die Beträge nach den Sätzen 1 bis 3 nur abgezogen werden, soweit sie nach den Verhältnissen seines Wohnsitzstaates notwendig und angemessen sind. 5Für jeden Kalendermonat, in dem die Voraussetzungen für einen Freibetrag nach den Sätzen 1 bis 4 nicht vorliegen, ermäßigen sich die dort genannten Beträge um ein Zwölftel. 6Abweichend von Satz 1 wird bei einem unbeschränkt einkommensteuerpflichtigen Elternpaar, bei dem die Voraussetzungen des § 26 Absatz 1 Satz 1 nicht vorliegen, auf Antrag eines Elternteils der dem anderen Elternteil zustehende Kinderfreibetrag auf ihn übertragen, wenn er, nicht jedoch der andere Elternteil, seiner Unterhaltspflicht gegenüber dem Kind für das Kalenderjahr im Wesentlichen nachkommt oder der andere Elternteil mangels Leistungsfähigkeit nicht unterhaltspflichtig ist; die Übertragung des Kinderfreibetrags führt stets auch zur Übertragung des Freibetrags für den Betreuungs- und Erziehungs- oder Ausbildungsbedarf. 7Eine Übertragung nach Satz 6 scheidet für Zeiträume aus, für die Unterhaltsleistungen nach dem Unterhaltsvorschussgesetz gezahlt werden. 8Bei minderjährigen Kindern wird der dem Elternteil, in dessen Wohnung das Kind nicht gemeldet ist, zustehende Freibetrag für den Betreuungs- und Erziehungs- oder Ausbildungsbedarf auf Antrag des anderen Elternteils auf diesen übertragen, wenn bei dem Elternpaar die Voraussetzungen des § 26 Absatz 1 Satz 1 nicht vorliegen. 9Eine Übertragung nach Satz 8 scheidet aus, wenn der Übertragung widersprochen wird, weil der Elternteil, bei dem das Kind nicht gemeldet ist, Kinderbetreuungskosten trägt oder das Kind regelmäßig in einem nicht unwesentlichen Umfang betreut. 10Die den Eltern nach den Sätzen 1 bis 9 zustehenden Freibeträge können auf Antrag auch auf einen Stiefelternteil oder Großelternteil übertragen werden, wenn dieser das Kind in seinen Haushalt aufgenommen hat oder dieser einer Unterhaltspflicht gegenüber dem Kind unterliegt. 11Die Übertragung nach Satz 10 kann auch mit Zustimmung des berechtigten Elternteils erfolgen, die nur für künftige Kalenderjahre widerrufen werden kann. 12Voraussetzung für die Berücksichtigung des Kinderfreibetrags sowie des Freibetrags für den Betreuungs- und Erziehungs- oder Ausbildungsbedarf des Kindes ist die Identifizierung des Kindes durch die an dieses Kind vergebene Identifikationsnummer (§ 139b der Abgabenordnung). 13Ist das Kind nicht nach einem Steuergesetz steuerpflichtig (§ 139a Absatz 2 der Abgabenordnung), ist es in anderer geeigneter Weise zu identifizieren. 14Die nachträgliche Identifizierung oder nachträgliche Vergabe der Identifikationsnummer wirkt auf Monate zurück, in denen die übrigen Voraussetzungen für die Gewährung des Kinderfreibetrags sowie des Freibetrags für den Betreuungs- und Erziehungs- oder Ausbildungsbedarf des Kindes vorliegen.

VIII

§ 32a Einkommensteuertarif

(1) 1Die tarifliche Einkommensteuer bemisst sich nach dem auf volle Euro abgerundeten zu versteuernden Einkommen. 2Sie beträgt ab dem Veranlagungszeitraum 2026 vorbehaltlich der §§ 32b, 32d, 34, 34a, 34b und 34c jeweils in Euro für zu versteuernde Einkommen

1. bis 12 348 Euro (Grundfreibetrag):
   0;
2. von 12 349 Euro bis 17 799 Euro:
   $(914{,}51 \cdot y + 1\,400) \cdot y$;
3. von 17 800 Euro bis 69 878 Euro:
   $(173{,}10 \cdot z + 2\,397) \cdot z + 1\,034{,}87$;
4. von 69 879 Euro bis 277 825 Euro:
   $0{,}42 \cdot x - 11\,135{,}63$;
5. von 277 826 Euro an:
   $0{,}45 \cdot x - 19\,470{,}38$.

3Die Größe „y" ist ein Zehntausendstel des den Grundfreibetrag übersteigenden Teils des auf einen vollen Euro-Betrag abgerundeten zu versteuernden Einkommens. 4Die Größe „z" ist ein Zehntausendstel des 17 799 Euro übersteigenden Teils des auf einen vollen Euro-Betrag abgerundeten zu versteuernden Einkommens. 5Die Größe „x" ist das auf einen vollen Euro-Betrag abgerundete zu versteuernde Einkommen. 6Der sich ergebende Steuerbetrag ist auf den nächsten vollen Euro-Betrag abzurunden.

(2) bis (4) (weggefallen)

(5) Bei Ehegatten, die nach den §§ 26, 26b zusammen zur Einkommensteuer veranlagt werden, beträgt die tarifliche Einkommensteuer vorbehaltlich der §§ 32b, 32d, 34, 34a, 34b und 34c das Zweifache des Steuerbetrags, der sich für die Hälfte ihres gemeinsam zu versteuernden Einkommens nach Absatz 1 ergibt (Splitting-Verfahren).

(6) 1Das Verfahren nach Absatz 5 ist auch anzuwenden zur Berechnung der tariflichen Einkommensteuer für das zu versteuernde Einkommen

1. bei einem verwitweten Steuerpflichtigen für den Veranlagungszeitraum, der dem Kalenderjahr folgt, in dem der Ehegatte verstorben ist, wenn der Steuerpflichtige und sein verstorbener Ehegatte im Zeitpunkt seines Todes die Voraussetzungen des § 26 Absatz 1 Satz 1 erfüllt haben,
2. bei einem Steuerpflichtigen, dessen Ehe in dem Kalenderjahr, in dem er sein Einkommen bezogen hat, aufgelöst worden ist, wenn in diesem Kalenderjahr
   a) der Steuerpflichtige und sein bisheriger Ehegatte die Voraussetzungen des § 26 Absatz 1 Satz 1 erfüllt haben,
   b) der bisherige Ehegatte wieder geheiratet hat und
   c) der bisherige Ehegatte und dessen neuer Ehegatte ebenfalls die Voraussetzungen des § 26 Absatz 1 Satz 1 erfüllen.

2Voraussetzung für die Anwendung des Satzes 1 ist, dass der Steuerpflichtige nicht nach den §§ 26, 26a einzeln zur Einkommensteuer veranlagt wird.

X. Kindergeld

§ 62 Anspruchsberechtigte

(1) 1Für Kinder im Sinne des § 63 hat Anspruch auf Kindergeld nach diesem Gesetz, wer

1. im Inland einen Wohnsitz oder seinen gewöhnlichen Aufenthalt hat oder
2. ohne Wohnsitz oder gewöhnlichen Aufenthalt im Inland
   a) nach § 1 Absatz 2 unbeschränkt einkommensteuerpflichtig ist oder
   b) nach § 1 Absatz 3 als unbeschränkt einkommensteuerpflichtig behandelt wird.

2Voraussetzung für den Anspruch nach Satz 1 ist, dass der Berechtigte durch die an ihn vergebene Identifikationsnummer (§ 139b der Abgabenordnung) identifiziert wird. 3Die nachträgliche Vergabe der Identifikationsnummer wirkt auf Monate zurück, in denen die Voraussetzungen des Satzes 1 vorliegen.

(1a) 1Begründet ein Staatsangehöriger eines anderen Mitgliedstaates der Europäischen Union oder eines Staates, auf den das Abkommen über den Europäischen Wirtschaftsraum Anwendung findet, im Inland einen Wohnsitz oder gewöhnlichen Aufenthalt, so hat er für die ersten drei Monate ab Begründung des Wohnsitzes oder des gewöhnlichen Aufenthalts keinen Anspruch auf Kindergeld. 2Dies gilt nicht, wenn er nachweist, dass er inländische Einkünfte im Sinne des § 2 Absatz 1 Satz 1 Nummer 1 bis 4 mit Ausnahme von Einkünften nach § 19 Absatz 1 Satz 1 Nummer 2 erzielt. 3Nach Ablauf des in Satz 1 genannten Zeitraums hat er Anspruch auf Kindergeld, es sei denn, die Voraussetzungen des § 2 Absatz 2 oder Absatz 3 des Freizügigkeitsgesetzes/EU liegen nicht vor oder es sind nur die Voraussetzungen des § 2 Absatz 2 Nummer 1a des Freizügigkeitsgesetzes/EU erfüllt, ohne dass vorher eine andere der in § 2 Absatz 2 des Freizügigkeitsgesetzes/EU genannten Voraussetzungen erfüllt war. 4Die Prüfung, ob die Voraussetzungen für einen Anspruch auf Kindergeld gemäß Satz 2 vorliegen oder gemäß Satz 3 nicht gegeben sind, führt die Familienkasse in eigener

Zuständigkeit durch. 5Lehnt die Familienkasse eine Kindergeldfestsetzung in diesem Fall ab, hat sie ihre Entscheidung der zuständigen Ausländerbehörde mitzuteilen. 6Wurde das Vorliegen der Anspruchsvoraussetzungen durch die Verwendung gefälschter oder verfälschter Dokumente oder durch Vorspiegelung falscher Tatsachen vorgetäuscht, hat die Familienkasse die zuständige Ausländerbehörde unverzüglich zu unterrichten.

(2) Ein nicht freizügigkeitsberechtigter Ausländer erhält Kindergeld nur, wenn er

1. eine Niederlassungserlaubnis oder eine Erlaubnis zum Daueraufenthalt-EU besitzt,
2. eine Blaue Karte EU, eine ICT-Karte, eine Mobiler-ICT-Karte oder eine Aufenthaltserlaubnis besitzt, die für einen Zeitraum von mindestens sechs Monaten zur Ausübung einer Erwerbstätigkeit berechtigen oder berechtigt haben oder diese erlauben, es sei denn, die Aufenthaltserlaubnis wurde
   a) nach § 16e des Aufenthaltsgesetzes zu Ausbildungszwecken, nach § 19c Absatz 1 des Aufenthaltsgesetzes zum Zweck der Beschäftigung als Au-Pair oder zum Zweck der Saisonbeschäftigung, nach § 19e des Aufenthaltsgesetzes zum Zweck der Teilnahme an einem Europäischen Freiwilligendienst oder nach § 20a Absatz 5 Satz 1 des Aufenthaltsgesetzes zur Suche nach einer Erwerbstätigkeit oder nach Maßnahmen zur Anerkennung ausländischer Berufsqualifikationen erteilt,
   b) nach § 16b des Aufenthaltsgesetzes zum Zweck eines Studiums, nach § 16d des Aufenthaltsgesetzes für Maßnahmen zur Anerkennung ausländischer Berufsqualifikationen, nach § 20 des Aufenthaltsgesetzes zur Suche nach einer Erwerbstätigkeit oder nach § 20a Absatz 5 Satz 2 des Aufenthaltsgesetzes zur Suche nach einer Erwerbstätigkeit oder nach Maßnahmen zur Anerkennung ausländischer Berufsqualifikationen erteilt und er ist weder erwerbstätig noch nimmt er Elternzeit nach § 15 des Bundeselterngeld- und Elternzeitgesetzes oder laufende Geldleistungen nach dem Dritten Buch Sozialgesetzbuch in Anspruch,
   c) nach § 23 Absatz 1 des Aufenthaltsgesetzes wegen eines Krieges in seinem Heimatland oder nach den § 23a oder § 25 Absatz 3 bis 5 des Aufenthaltsgesetzes erteilt,
3. eine in Nummer 2 Buchstabe c genannte Aufenthaltserlaubnis besitzt und im Bundesgebiet berechtigt erwerbstätig ist oder Elternzeit nach § 15 des Bundeselterngeld- und Elternzeitgesetzes oder laufende Geldleistungen nach dem Dritten Buch Sozialgesetzbuch in Anspruch nimmt,
4. eine in Nummer 2 Buchstabe c genannte Aufenthaltserlaubnis besitzt und sich seit mindestens 15 Monaten erlaubt, gestattet oder geduldet im Bundesgebiet aufhält oder
5. eine Beschäftigungsduldung gemäß § 60d in Verbindung mit § 60a Absatz 2 Satz 3 des Aufenthaltsgesetzes besitzt.

§ 63 Kinder

(1) 1Als Kinder werden berücksichtigt

1. Kinder im Sinne des § 32 Absatz 1,
2. vom Berechtigten in seinen Haushalt aufgenommene Kinder seines Ehegatten,
3. vom Berechtigten in seinen Haushalt aufgenommene Enkel.

2§ 32 Absatz 3 bis 5 gilt entsprechend. 3Voraussetzung für die Berücksichtigung ist die Identifizierung des Kindes durch die an dieses Kind vergebene Identifikationsnummer (§ 139b der Abgabenordnung). 4Ist das Kind nicht nach einem Steuergesetz steuerpflichtig (§ 139a Absatz 2 der Abgabenordnung), ist es in anderer geeigneter Weise zu identifizieren. 5Die nachträgliche Identifizierung oder nachträgliche Vergabe der Identifikationsnummer wirkt auf Monate zurück, in denen die Voraussetzungen der Sätze 1 bis 4 vorliegen. 6Kinder, die weder einen Wohnsitz noch ihren gewöhnlichen Aufenthalt im Inland, in einem Mitgliedstaat der Europäischen Union oder in einem Staat, auf den das Abkommen über den Europäischen Wirtschaftsraum Anwendung findet, haben, werden nicht be-

VIII

rücksichtigt, es sei denn, sie leben im Haushalt eines Berechtigten im Sinne des § 62 Absatz 1 Satz 1 Nummer 2 Buchstabe a. 7Kinder im Sinne von § 2 Absatz 4 Satz 2 des Bundeskindergeldgesetzes werden nicht berücksichtigt.

(2) Die Bundesregierung wird ermächtigt, durch Rechtsverordnung, die nicht der Zustimmung des Bundesrates bedarf, zu bestimmen, dass einem Berechtigten, der im Inland erwerbstätig ist oder sonst seine hauptsächlichen Einkünfte erzielt, für seine in Absatz 1 Satz 3 erster Halbsatz bezeichneten Kinder Kindergeld ganz oder teilweise zu leisten ist, soweit dies mit Rücksicht auf die durchschnittlichen Lebenshaltungskosten für Kinder in deren Wohnsitzstaat und auf die dort gewährten dem Kindergeld vergleichbaren Leistungen geboten ist.

§ 64 Zusammentreffen mehrerer Ansprüche

(1) Für jedes Kind wird nur einem Berechtigten Kindergeld gezahlt.

(2) 1Bei mehreren Berechtigten wird das Kindergeld demjenigen gezahlt, der das Kind in seinen Haushalt aufgenommen hat. 2Ist ein Kind in den gemeinsamen Haushalt von Eltern, einem Elternteil und dessen Ehegatten, Pflegeeltern oder Großeltern aufgenommen worden, so bestimmen diese untereinander den Berechtigten. 3Wird eine Bestimmung nicht getroffen, so bestimmt das Familiengericht auf Antrag den Berechtigten. 4Den Antrag kann stellen, wer ein berechtigtes Interesse an der Zahlung des Kindergeldes hat. 5Lebt ein Kind im gemeinsamen Haushalt von Eltern und Großeltern, so wird das Kindergeld vorrangig einem Elternteil gezahlt; es wird an einen Großelternteil gezahlt, wenn der Elternteil gegenüber der zuständigen Stelle auf seinen Vorrang schriftlich verzichtet hat.

(3) 1Ist das Kind nicht in den Haushalt eines Berechtigten aufgenommen, so erhält das Kindergeld derjenige, der dem Kind eine Unterhaltsrente zahlt. 2Zahlen mehrere Berechtigte dem Kind Unterhaltsrenten, so erhält das Kindergeld derjenige, der dem Kind die höchste Unterhaltsrente zahlt. 3Werden gleich hohe Unterhaltsrenten gezahlt oder zahlt keiner der Berechtigten dem Kind Unterhalt, so bestimmen die Berechtigten untereinander, wer das Kindergeld erhalten soll. 4Wird eine Bestimmung nicht getroffen, so gilt Absatz 2 Satz 3 und 4 entsprechend.

§ 65 Andere Leistungen für Kinder

1Kindergeld wird nicht für ein Kind gezahlt, für das eine der folgenden Leistungen zu zahlen ist oder bei entsprechender Antragstellung zu zahlen wäre:

1. Leistungen für Kinder, die im Ausland gewährt werden und dem Kindergeld oder der Kinderzulage aus der gesetzlichen Unfallversicherung nach § 217 Absatz 3 des Siebten Buches Sozialgesetzbuch in der bis zum 30. Juni 2020 geltenden Fassung oder dem Kinderzuschuss aus der gesetzlichen Rentenversicherung nach § 270 des Sechsten Buches Sozialgesetzbuch in der bis zum 16. November 2016 geltenden Fassung vergleichbar sind,
2. Leistungen für Kinder, die von einer zwischen- oder überstaatlichen Einrichtung gewährt werden und dem Kindergeld vergleichbar sind.

2Soweit es für die Anwendung von Vorschriften dieses Gesetzes auf den Erhalt von Kindergeld ankommt, stehen die Leistungen nach Satz 1 dem Kindergeld gleich. 3Steht ein Berechtigter in einem Versicherungspflichtverhältnis zur Bundesagentur für Arbeit nach § 24 des Dritten Buches Sozialgesetzbuch oder ist er versicherungsfrei nach § 28 Absatz 1 Nummer 1 des Dritten Buches Sozialgesetzbuch oder steht er im Inland in einem öffentlich-rechtlichen Dienst- oder Amtsverhältnis, so wird sein Anspruch auf Kindergeld für ein Kind nicht nach Satz 1 Nummer 2 mit Rücksicht darauf ausgeschlossen, dass sein Ehegatte als Beamter, Ruhestandsbeamter oder sonstiger Bediensteter der Europäischen Union für das Kind Anspruch auf Kinderzulage hat.

§ 66 Höhe des Kindergeldes, Zahlungszeitraum

(1) Das Kindergeld beträgt monatlich für jedes Kind 259 Euro.

(2) Das Kindergeld wird monatlich vom Beginn des Monats an gezahlt, in dem die Anspruchsvoraussetzungen erfüllt sind, bis zum Ende des Monats, in dem die Anspruchsvoraussetzungen wegfallen.

(3) 1Werden die Freibeträge für Kinder nach § 31 Satz 1 in Verbindung mit § 32 Absatz 6 Satz 1 angehoben, wird das Kindergeld entsprechend erhöht. 2Das Kindergeld ist dabei auf volle Euro kaufmännisch zu runden.

§ 67 Antrag

1Das Kindergeld ist bei der zuständigen Familienkasse elektronisch nach amtlich vorgeschriebenem Datensatz über die amtlich vorgeschriebene Schnittstelle zu beantragen; die Familienkasse kann auf die elektronische Antragstellung verzichten, wenn das Kindergeld schriftlich beantragt und der Antrag vom Berechtigten eigenhändig unterschrieben wird. 2Den Antrag kann außer dem Berechtigten auch stellen, wer ein berechtigtes Interesse an der Leistung des Kindergeldes hat. 3In Fällen des Satzes 2 ist § 62 Absatz 1 Satz 2 bis 3 anzuwenden. 4Der Berechtigte ist zu diesem Zweck verpflichtet, demjenigen, der ein berechtigtes Interesse an der Leistung des Kindergeldes hat, seine an ihn vergebene Identifikationsnummer (§ 139b der Abgabenordnung) mitzuteilen. 5Kommt der Berechtigte dieser Verpflichtung nicht nach, teilt die zuständige Familienkasse demjenigen, der ein berechtigtes Interesse an der Leistung des Kindergeldes hat, auf seine Anfrage die Identifikationsnummer des Berechtigten mit.

§ 68 Besondere Mitwirkungspflichten und Offenbarungsbefugnis

(1) 1Wer Kindergeld beantragt oder erhält, hat Änderungen in den Verhältnissen, die für die Leistung erheblich sind oder über die im Zusammenhang mit der Leistung Erklärungen abgegeben worden sind, unverzüglich der zuständigen Familienkasse mitzuteilen. 2Ein Kind, das das 18. Lebensjahr vollendet hat, ist auf Verlangen der Familienkasse verpflichtet, an der Aufklärung des für die Kindergeldzahlung maßgebenden Sachverhalts mitzuwirken; § 101 der Abgabenordnung findet insoweit keine Anwendung.

(2) (weggefallen)

(3) Auf Antrag des Berechtigten erteilt die das Kindergeld auszahlende Stelle eine Bescheinigung über das für das Kalenderjahr ausgezahlte Kindergeld.

(4) 1Die Familienkassen dürfen den Stellen, die die Bezüge im öffentlichen Dienst anweisen, den für die jeweilige Kindergeldzahlung maßgebenden Sachverhalt durch automatisierte Abrufverfahren bereitstellen oder Auskunft über diesen Sachverhalt erteilen. 2Das Bundesministerium der Finanzen wird ermächtigt, durch Rechtsverordnung ohne Zustimmung des Bundesrates zur Durchführung von automatisierten Abrufen nach Satz 1 die Voraussetzungen, unter denen ein Datenabruf erfolgen darf, festzulegen.

(5) 1Zur Erfüllung der in § 31a Absatz 2 der Abgabenordnung genannten Mitteilungspflichten und zur Prüfung der jeweiligen Anspruchsvoraussetzungen und zur Bemessung der jeweiligen Leistung dürfen die Familienkassen den Leistungsträgern, die für Leistungen der Arbeitsförderung nach § 19 Absatz 2, für Leistungen der Grundsicherung für Arbeitsuchende nach § 19a Absatz 2, für Kindergeld, Kinderzuschlag, Leistungen für Bildung und Teilhabe und Elterngeld nach § 25 Absatz 3 oder für Leistungen der Sozialhilfe nach § 28 Absatz 2 des Ersten Buches Sozialgesetzbuch zuständig sind, und den nach § 9 Absatz 1 Satz 2 des Unterhaltsvorschussgesetzes zuständigen Stellen den für die jeweilige Kindergeldzahlung maßgebenden Sachverhalt in einem automatisierten Abrufverfahren übermitteln. 2Das Bundesministerium der Finanzen wird ermächtigt, durch Rechtsverordnung mit Zustimmung des Bundesrates zur Durchführung von automatisierten Abrufen nach Satz 1 die Voraussetzungen, unter denen ein Datenabruf erfolgen darf, festzulegen.

(6) 1Zur Prüfung und Bemessung der in Artikel 3 Absatz 1 Buchstabe j in Verbindung mit Artikel 1 Buchstabe z der Verordnung (EG) Nr. 883/2004 des Europäischen Parlaments und des Rates vom 29. April 2004 zur Koordinierung der Systeme der sozialen Sicherheit (ABl. L 166 vom 30. 4. 2004, S. 1), die zuletzt durch die Verordnung (EU) 2017/492 (ABl. L 76

vom 22. 3. 2017, S. 13) geändert worden ist, genannten Familienleistungen dürfen die Familienkassen den zuständigen öffentlichen Stellen eines Mitgliedstaates der Europäischen Union den für die jeweilige Kindergeldzahlung maßgebenden Sachverhalt durch automatisierte Abrufverfahren bereitstellen. 2Das Bundesministerium der Finanzen wird ermächtigt, durch Rechtsverordnung ohne Zustimmung des Bundesrates zur Durchführung von automatisierten Abrufen nach Satz 1 die Voraussetzungen, unter denen ein Datenabruf erfolgen darf, festzulegen.

(7) 1Die Datenstelle der Rentenversicherung darf den Familienkassen in einem automatisierten Abrufverfahren die zur Überprüfung des Anspruchs auf Kindergeld nach § 62 Absatz 1a und 2 erforderlichen Daten übermitteln; § 79 Absatz 2 bis 4 des Zehnten Buches Sozialgesetzbuch gilt entsprechend. 2Die Träger der Leistungen nach dem Zweiten und Dritten Buch Sozialgesetzbuch dürfen den Familienkassen in einem automatisierten Abrufverfahren die zur Überprüfung des Anspruchs auf Kindergeld nach § 62 erforderlichen Daten übermitteln. 3Das Bundesministerium für Arbeit und Soziales wird ermächtigt, durch Rechtsverordnung mit Zustimmung des Bundesrates die Voraussetzungen für das Abrufverfahren und Regelungen zu den Kosten des Verfahrens nach Satz 2 festzulegen.

§ 69 Datenübermittlung an die Familienkassen

1Erfährt das Bundeszentralamt für Steuern, dass ein Kind, für das Kindergeld gezahlt wird, verzogen ist oder von Amts wegen von der Meldebehörde abgemeldet wurde, hat es der zuständigen Familienkasse unverzüglich die in § 139b Absatz 3 Nummer 1, 3, 5, 8 und 14 der Abgabenordnung genannten Daten zum Zweck der Prüfung der Rechtmäßigkeit des Bezugs von Kindergeld zu übermitteln. 2Die beim Bundeszentralamt für Steuern gespeicherten Daten für ein Kind, für das Kindergeld gezahlt wird, werden auf Anfrage auch den Finanzämtern zur Prüfung der Rechtmäßigkeit der Berücksichtigung der Freibeträge nach § 32 Absatz 6 zur Verfügung gestellt. 3Erteilt das Bundeszentralamt für Steuern auf Grund der Geburt eines Kindes eine neue Identifikationsnummer nach § 139b der Abgabenordnung, übermittelt es der zuständigen Familienkasse zum Zweck der Prüfung des Bezugs von Kindergeld unverzüglich

1. die in § 139b Absatz 3 Nummer 1, 3, 5, 8 und 10 der Abgabenordnung genannten Daten des Kindes sowie
2. soweit vorhanden, die in § 139b Absatz 3 Nummer 1, 3, 5, 8 und 10 und Absatz 3a der Abgabenordnung genannten Daten der Personen, bei denen für dieses Kind nach § 39e Absatz 1 ein Kinderfreibetrag berücksichtigt wird.

§ 70 Festsetzung und Zahlung des Kindergeldes

(1) 1Das Kindergeld nach § 62 wird von den Familienkassen durch Bescheid festgesetzt und ausgezahlt. 2Die Auszahlung von festgesetztem Kindergeld erfolgt rückwirkend nur für die letzten sechs Monate vor Beginn des Monats, in dem der Antrag auf Kindergeld eingegangen ist. 3Der Anspruch auf Kindergeld nach § 62 bleibt von dieser Auszahlungsbeschränkung unberührt.

(2) 1Soweit in den Verhältnissen, die für den Anspruch auf Kindergeld erheblich sind, Änderungen eintreten, ist die Festsetzung des Kindergeldes mit Wirkung vom Zeitpunkt der Änderung der Verhältnisse aufzuheben oder zu ändern. 2Ist die Änderung einer Kindergeldfestsetzung nur wegen einer Anhebung der in § 66 Absatz 1 genannten Kindergeldbeträge erforderlich, kann von der Erteilung eines schriftlichen Änderungsbescheides abgesehen werden.

(3) 1Materielle Fehler der letzten Festsetzung können durch Aufhebung oder Änderung der Festsetzung mit Wirkung ab dem auf die Bekanntgabe der Aufhebung oder Änderung der Festsetzung folgenden Monat beseitigt werden. 2Bei der Aufhebung oder Änderung der Festsetzung nach Satz 1 ist § 176 der Abgabenordnung entsprechend anzuwenden; dies gilt nicht für Monate, die nach der Verkündung der maßgeblichen Entscheidung eines obersten Bundesgerichts beginnen.

§ 71 Vorläufige Einstellung der Zahlung des Kindergeldes

(1) Die Familienkasse kann die Zahlung des Kindergeldes ohne Erteilung eines Bescheides vorläufig einstellen, wenn

1. sie Kenntnis von Tatsachen erhält, die kraft Gesetzes zum Ruhen oder zum Wegfall des Anspruchs führen, und
2. die Festsetzung, aus der sich der Anspruch ergibt, deshalb mit Wirkung für die Vergangenheit aufzuheben ist.

(2) 1Soweit die Kenntnis der Familienkasse nicht auf Angaben des Berechtigten beruht, der das Kindergeld erhält, sind dem Berechtigten unverzüglich die vorläufige Einstellung der Zahlung des Kindergeldes sowie die dafür maßgeblichen Gründe mitzuteilen. 2Ihm ist Gelegenheit zu geben, sich zu äußern.

(3) Die Familienkasse hat die vorläufig eingestellte Zahlung des Kindergeldes unverzüglich nachzuholen, soweit die Festsetzung, aus der sich der Anspruch ergibt, zwei Monate nach der vorläufigen Einstellung der Zahlung nicht mit Wirkung für die Vergangenheit aufgehoben oder geändert wird.

§ 72 (weggefallen)

§ 73 (weggefallen)

§ 74 Zahlung des Kindergeldes in Sonderfällen

(1) 1Das für ein Kind festgesetzte Kindergeld nach § 66 Absatz 1 kann an das Kind ausgezahlt werden, wenn der Kindergeldberechtigte ihm gegenüber seiner gesetzlichen Unterhaltspflicht nicht nachkommt. 2Dies gilt auch, wenn der Kindergeldberechtigte mangels Leistungsfähigkeit nicht unterhaltspflichtig ist oder nur Unterhalt in Höhe eines Betrags zu leisten braucht, der geringer ist als das für die Auszahlung in Betracht kommende Kindergeld. 3Die Auszahlung kann auch an die Person oder Stelle erfolgen, die dem Kind Unterhalt gewährt.

(2) Für Erstattungsansprüche der Träger von Sozialleistungen gegen die Familienkasse gelten die §§ 102 bis 109 und 111 bis 113 des Zehnten Buches Sozialgesetzbuch entsprechend.

§ 75 Aufrechnung

(1) Mit Ansprüchen auf Erstattung von Kindergeld kann die Familienkasse gegen Ansprüche auf Kindergeld bis zu deren Hälfte aufrechnen, wenn der Leistungsberechtigte nicht nachweist, dass er dadurch hilfebedürftig im Sinne der Vorschriften des Zwölften Buches Sozialgesetzbuch über die Hilfe zum Lebensunterhalt oder im Sinne der Vorschriften des Zweiten Buches Sozialgesetzbuch über die Leistungen zur Sicherung des Lebensunterhalts wird.

(2) Absatz 1 gilt für die Aufrechnung eines Anspruchs auf Erstattung von Kindergeld gegen einen späteren Kindergeldanspruch eines mit dem Erstattungspflichtigen in Haushaltsgemeinschaft lebenden Berechtigten entsprechend, soweit es sich um laufendes Kindergeld für ein Kind handelt, das bei beiden berücksichtigt werden kann oder konnte.

§ 76 Pfändung

Der Anspruch auf Kindergeld kann nur wegen gesetzlicher Unterhaltsansprüche eines Kindes, für das Kindergeld festgesetzt und dem Berechtigten ausgezahlt wird, gepfändet werden.

§ 77 Erstattung von Kosten im Vorverfahren

(1) 1Soweit der Einspruch gegen die Kindergeldfestsetzung erfolgreich ist, hat die Familienkasse demjenigen, der den Einspruch erhoben hat, die zur zweckentsprechenden Rechtsverfolgung oder Rechtsverteidigung notwendigen Aufwendungen zu erstatten. 2Dies gilt auch, wenn der Einspruch nur deshalb keinen Erfolg hat, weil die Verletzung einer Verfahrens- oder Formvorschrift nach § 126 der Abgabenordnung unbeachtlich ist. 3Aufwendungen, die durch das Verschulden eines Erstattungsberechtigten entstanden sind, hat dieser selbst zu tragen; das Verschulden eines Vertreters ist dem Vertretenen zuzurechnen.

(2) Die Gebühren und Auslagen eines Bevollmächtigten oder Beistandes, der nach den Vorschriften des Steuerberatungsgesetzes zur geschäftsmäßigen Hilfeleistung in Steu-

ersachen befugt ist, sind erstattungsfähig, wenn dessen Zuziehung notwendig war.

(3) 1Die Familienkasse setzt auf Antrag den Betrag der zu erstattenden Aufwendungen fest. 2Die Kostenentscheidung bestimmt auch, ob die Zuziehung eines Bevollmächtigten oder Beistandes im Sinne des Absatzes 2 notwendig war.

§ 78 Übergangsregelungen

(1) bis (4) (weggefallen)

(5) 1Abweichend von § 64 Absatz 2 und 3 steht Berechtigten, die für Dezember 1990 für ihre Kinder Kindergeld in dem in Artikel 3 des Einigungsvertrages genannten Gebiet bezogen haben, das Kindergeld für diese Kinder auch für die folgende Zeit zu, solange sie ihren Wohnsitz oder gewöhnlichen Aufenthalt in diesem Gebiet beibehalten und die Kinder die Voraussetzungen ihrer Berücksichtigung weiterhin erfüllen. 2§ 64 Absatz 2 und 3 ist insoweit erst für die Zeit vom Beginn des Monats an anzuwenden, in dem ein hierauf gerichteter Antrag bei der zuständigen Stelle eingegangen ist; der hiernach Berechtigte muss die nach Satz 1 geleisteten Zahlungen gegen sich gelten lassen.

XI. Altersvorsorgezulage

§ 79 Zulageberechtigte

1Die in § 10a Absatz 1 genannten Personen haben Anspruch auf eine Altersvorsorgezulage (Zulage). 2Ist nur ein Ehegatte nach Satz 1 begünstigt, so ist auch der andere Ehegatte zulageberechtigt, wenn

1. beide Ehegatten nicht dauernd getrennt leben (§ 26 Absatz 1),
2. beide Ehegatten ihren Wohnsitz oder gewöhnlichen Aufenthalt in einem Mitgliedstaat der Europäischen Union oder einem Staat haben, auf den das Abkommen über den Europäischen Wirtschaftsraum anwendbar ist,
3. ein auf den Namen des anderen Ehegatten lautender Altersvorsorgevertrag besteht,
4. der andere Ehegatte zugunsten des Altersvorsorgevertrags nach Nummer 3 im jeweiligen Beitragsjahr mindestens 60 Euro geleistet hat und
5. die Auszahlungsphase des Altersvorsorgevertrags nach Nummer 3 noch nicht begonnen hat.

3Satz 1 gilt entsprechend für die in § 10a Absatz 6 Satz 1 und 2 genannten Personen, sofern sie unbeschränkt steuerpflichtig sind oder für das Beitragsjahr nach § 1 Absatz 3 als unbeschränkt steuerpflichtig behandelt werden.

§ 80 Anbieter

Anbieter im Sinne dieses Gesetzes sind Anbieter von Altersvorsorgeverträgen gemäß § 1 Absatz 2 des Altersvorsorgeverträge-Zertifizierungsgesetzes sowie die in § 82 Absatz 2 genannten Versorgungseinrichtungen.

§ 81 Zentrale Stelle

Zentrale Stelle im Sinne dieses Gesetzes ist die Deutsche Rentenversicherung Bund.

§ 81a Zuständige Stelle

1Zuständige Stelle ist bei einem

1. Empfänger von Besoldung nach dem Bundesbesoldungsgesetz oder einem Landesbesoldungsgesetz die die Besoldung anordnende Stelle,
2. Empfänger von Amtsbezügen im Sinne des § 10a Absatz 1 Satz 1 Nummer 2 die die Amtsbezüge anordnende Stelle,
3. versicherungsfrei Beschäftigten sowie bei einem von der Versicherungspflicht befreiten Beschäftigten im Sinne des § 10a Absatz 1 Satz 1 Nummer 3 der die Versorgung gewährleistende Arbeitgeber der rentenversicherungsfreien Beschäftigung,
4. Beamten, Richter, Berufssoldaten und Soldaten auf Zeit im Sinne des § 10a Absatz 1 Satz 1 Nummer 4 der zur Zahlung des Arbeitsentgelts verpflichtete Arbeitgeber und
5. Empfänger einer Versorgung im Sinne des § 10a Absatz 1 Satz 4 die die Versorgung anordnende Stelle.

2Für die in § 10a Absatz 1 Satz 1 Nummer 5 genannten Steuerpflichtigen gilt Satz 1 entsprechend.

VIII

§ 82 Altersvorsorgebeiträge

(1) $_1$Geförderte Altersvorsorgebeiträge sind im Rahmen des in § 10a Absatz 1 Satz 1 genannten Höchstbetrags

1. Beiträge,
2. Tilgungsleistungen,

die der Zulageberechtigte (§ 79) bis zum Beginn der Auszahlungsphase zugunsten eines auf seinen Namen lautenden Vertrags leistet, der nach § 5 des Altersvorsorgeverträge-Zertifizierungsgesetzes zertifiziert ist (Altersvorsorgevertrag). $_2$Die Zertifizierung ist Grundlagenbescheid im Sinne des § 171 Absatz 10 der Abgabenordnung. $_3$Als Tilgungsleistungen gelten auch Beiträge, die vom Zulageberechtigten zugunsten eines auf seinen Namen lautenden Altersvorsorgevertrags im Sinne des § 1 Absatz 1a Satz 1 Nummer 3 des Altersvorsorgeverträge-Zertifizierungsgesetzes erbracht wurden und die zur Tilgung eines im Rahmen des Altersvorsorgevertrags abgeschlossenen Darlehens abgetreten wurden. $_4$Im Fall der Übertragung von gefördertem Altersvorsorgevermögen nach § 1 Absatz 1 Satz 1 Nummer 10 Buchstabe b des Altersvorsorgeverträge-Zertifizierungsgesetzes in einen Altersvorsorgevertrag im Sinne des § 1 Absatz 1a Satz 1 Nummer 3 des Altersvorsorgeverträge-Zertifizierungsgesetzes gelten die Beiträge nach Satz 1 Nummer 1 ab dem Zeitpunkt der Übertragung als Tilgungsleistungen nach Satz 3; eine erneute Förderung nach § 10a oder Abschnitt XI erfolgt insoweit nicht. $_5$Tilgungsleistungen nach den Sätzen 1 und 3 werden nur berücksichtigt, wenn das zugrunde liegende Darlehen für eine nach dem 31. Dezember 2007 vorgenommene wohnungswirtschaftliche Verwendung im Sinne des § 92a Absatz 1 Satz 1 eingesetzt wurde. $_6$Bei einer Aufgabe der Selbstnutzung nach § 92a Absatz 3 Satz 1 gelten im Beitragsjahr der Aufgabe der Selbstnutzung auch die nach der Aufgabe der Selbstnutzung geleisteten Beiträge oder Tilgungsleistungen als Altersvorsorgebeiträge nach Satz 1. $_7$Bei einer Reinvestition nach § 92a Absatz 3 Satz 9 Nummer 1 gelten im Beitragsjahr der Reinvestition auch die davor geleisteten Beiträge oder Tilgungsleistungen als Altersvorsorgebeiträge nach Satz 1. $_8$Bei einem beruflich bedingten Umzug nach § 92a Absatz 4 gelten

1. im Beitragsjahr des Wegzugs auch die nach dem Wegzug und
2. im Beitragsjahr des Wiedereinzugs auch die vor dem Wiedereinzug

geleisteten Beiträge und Tilgungsleistungen als Altersvorsorgebeiträge nach Satz 1.

(2) $_1$Zu den Altersvorsorgebeiträgen gehören auch

a) die aus dem individuell versteuerten Arbeitslohn des Arbeitnehmers geleisteten Beiträge an einen Pensionsfonds, eine Pensionskasse oder eine Direktversicherung zum Aufbau einer kapitalgedeckten betrieblichen Altersversorgung und

b) Beiträge des Arbeitnehmers und des ausgeschiedenen Arbeitnehmers, die dieser im Fall der zunächst durch Entgeltumwandlung (§ 1a des Betriebsrentengesetzes) finanzierten und nach § 3 Nummer 63 oder § 10a und diesem Abschnitt geförderten kapitalgedeckten betrieblichen Altersversorgung nach Maßgabe des § 1a Absatz 4, des § 1b Absatz 5 Satz 1 Nummer 2 und des § 22 Absatz 3 Nummer 1 Buchstabe a des Betriebsrentengesetzes selbst erbringt.

$_2$Satz 1 gilt nur, wenn

1. a) vereinbart ist, dass die zugesagten Altersversorgungsleistungen als monatliche Leistungen in Form einer lebenslangen Leibrente oder als Ratenzahlungen im Rahmen eines Auszahlungsplans mit einer anschließenden Teilkapitalverrentung ab spätestens dem 85. Lebensjahr ausgezahlt werden und die Leistungen während der gesamten Auszahlungsphase gleich bleiben oder steigen; dabei können bis zu zwölf Monatsleistungen in einer Auszahlung zusammengefasst und bis zu 30 Prozent des zu Beginn der Auszahlungsphase zur Verfügung stehenden Kapitals außerhalb der monatlichen Leistungen ausgezahlt werden, und

   b) ein vereinbartes Kapitalwahlrecht nicht oder nicht außerhalb des letzten Jahres vor dem vertraglich vorgesehenen Beginn der Altersversorgungsleistung ausgeübt wurde, oder

2. bei einer reinen Beitragszusage nach § 1 Absatz 2 Nummer 2a des Betriebsrentengesetzes der Pensionsfonds, die Pensionskasse oder die Direktversicherung eine lebenslange Zahlung als Altersversorgungsleistung zu erbringen hat.

3Die §§ 3 und 4 des Betriebsrentengesetzes stehen dem vorbehaltlich des § 93 nicht entgegen.

(3) Zu den Altersvorsorgebeiträgen gehören auch die Beitragsanteile, die zur Absicherung der verminderten Erwerbsfähigkeit des Zulageberechtigten und zur Hinterbliebenenversorgung verwendet werden, wenn in der Leistungsphase die Auszahlung in Form einer Rente erfolgt.

(4) Nicht zu den Altersvorsorgebeiträgen zählen

1. Aufwendungen, die vermögenswirksame Leistungen nach dem Fünften Vermögensbildungsgesetz in der jeweils geltenden Fassung darstellen,
2. prämienbegünstigte Aufwendungen nach dem Wohnungsbau-Prämiengesetz in der Fassung der Bekanntmachung vom 30. Oktober 1997 (BGBl. I S. 2678), zuletzt geändert durch Artikel 5 des Gesetzes vom 29. Juli 2008 (BGBl. I S. 1509), in der jeweils geltenden Fassung,
3. Aufwendungen, die im Rahmen des § 10 als Sonderausgaben geltend gemacht werden,
4. Zahlungen nach § 92a Absatz 2 Satz 4 Nummer 1 und Absatz 3 Satz 9 Nummer 2 oder
5. Übertragungen im Sinne des § 3 Nummer 55 bis 55c.

(5) 1Der Zulageberechtigte kann für ein abgelaufenes Beitragsjahr bis zum Beitragsjahr 2011 Altersvorsorgebeiträge auf einen auf seinen Namen lautenden Altersvorsorgevertrag leisten, wenn

1. der Anbieter des Altersvorsorgevertrags davon Kenntnis erhält, in welcher Höhe und für welches Beitragsjahr die Altersvorsorgebeiträge berücksichtigt werden sollen,
2. in dem Beitragsjahr, für das die Altersvorsorgebeiträge berücksichtigt werden sollen, ein Altersvorsorgevertrag bestanden hat,
3. im fristgerechten Antrag auf Zulage für dieses Beitragsjahr eine Zulageberechtigung nach § 79 Satz 2 angegeben wurde, aber tatsächlich eine Zulageberechtigung nach § 79 Satz 1 vorliegt,
4. die Zahlung der Altersvorsorgebeiträge für abgelaufene Beitragsjahre bis zum Ablauf von zwei Jahren nach Erteilung der Bescheinigung nach § 92, mit der zuletzt Ermittlungsergebnisse für dieses Beitragsjahr bescheinigt wurden, längstens jedoch bis zum Beginn der Auszahlungsphase des Altersvorsorgevertrages erfolgt und
5. der Zulageberechtigte vom Anbieter in hervorgehobener Weise darüber informiert wurde oder dem Anbieter seine Kenntnis darüber versichert, dass die Leistungen aus diesen Altersvorsorgebeiträgen der vollen nachgelagerten Besteuerung nach § 22 Nummer 5 Satz 1 unterliegen.

2Wurden die Altersvorsorgebeiträge dem Altersvorsorgevertrag gutgeschrieben und sind die Voraussetzungen nach Satz 1 erfüllt, so hat der Anbieter der zentralen Stelle (§ 81) die entsprechenden Daten nach § 89 Absatz 2 Satz 1 für das zurückliegende Beitragsjahr nach einem mit der zentralen Stelle abgestimmten Verfahren mitzuteilen. 3Die Beträge nach Satz 1 gelten für die Ermittlung der zu zahlenden Altersvorsorgezulage nach § 83 als Altersvorsorgebeiträge für das Beitragsjahr, für das sie gezahlt wurden. 4Für die Anwendung des § 10a Absatz 1 Satz 1 sowie bei der Ermittlung der dem Steuerpflichtigen zustehenden Zulage im Rahmen des § 2 Absatz 6 und des § 10a sind die nach Satz 1 gezahlten Altersvorsorgebeiträge weder für das Beitragsjahr nach Satz 1 Nummer 2 noch für das Beitragsjahr der Zahlung zu berücksichtigen.

§ 83 Altersvorsorgezulage

In Abhängigkeit von den geleisteten Altersvorsorgebeiträgen wird eine Zulage gezahlt,

VIII

die sich aus einer Grundzulage (§ 84) und einer Kinderzulage (§ 85) zusammensetzt.

§ 84 Grundzulage

1Jeder Zulageberechtigte erhält eine Grundzulage; diese beträgt ab dem Beitragsjahr 2018 jährlich 175 Euro. 2Für Zulageberechtigte nach § 79 Satz 1, die zu Beginn des Beitragsjahres (§ 88) das 25. Lebensjahr noch nicht vollendet haben, erhöht sich die Grundzulage nach Satz 1 um einmalig 200 Euro. 3Die Erhöhung nach Satz 2 ist für das erste nach dem 31. Dezember 2007 beginnende Beitragsjahr zu gewähren, für das eine Altersvorsorgezulage beantragt wird.

§ 85 Kinderzulage

(1) 1Die Kinderzulage beträgt für jedes Kind, für das gegenüber dem Zulageberechtigten Kindergeld festgesetzt wird, jährlich 185 Euro. 2Für ein nach dem 31. Dezember 2007 geborenes Kind erhöht sich die Kinderzulage nach Satz 1 auf 300 Euro. 3Der Anspruch auf Kinderzulage entfällt für den Veranlagungszeitraum, für den das Kindergeld insgesamt zurückgefordert wird. 4Erhalten mehrere Zulageberechtigte für dasselbe Kind Kindergeld, steht die Kinderzulage demjenigen zu, dem gegenüber für den ersten Anspruchszeitraum (§ 66 Absatz 2) im Kalenderjahr Kindergeld festgesetzt worden ist.

VIII

(2) 1Bei Eltern verschiedenen Geschlechts, die miteinander verheiratet sind, nicht dauernd getrennt leben (§ 26 Absatz 1) und ihren Wohnsitz oder gewöhnlichen Aufenthalt in einem Mitgliedstaat der Europäischen Union oder einem Staat haben, auf den das Abkommen über den Europäischen Wirtschaftsraum (EWR-Abkommen) anwendbar ist, wird die Kinderzulage der Mutter zugeordnet, auf Antrag beider Eltern dem Vater. 2Bei Eltern gleichen Geschlechts, die miteinander verheiratet sind oder eine Lebenspartnerschaft führen, nicht dauernd getrennt leben (§ 26 Absatz 1) und ihren Wohnsitz oder gewöhnlichen Aufenthalt in einem Mitgliedstaat der Europäischen Union oder einem Staat haben, auf den das EWR-Abkommen anwendbar ist, ist die Kinderzulage dem Elternteil zuzuordnen, dem gegenüber das Kindergeld festgesetzt wird, auf Antrag beider Eltern dem anderen Elternteil. 3Der Antrag kann für ein abgelaufenes Beitragsjahr nicht zurückgenommen werden.

§ 86 Mindesteigenbeitrag

(1) 1Die Zulage nach den §§ 84 und 85 wird gekürzt, wenn der Zulageberechtigte nicht den Mindesteigenbeitrag leistet. 2Dieser beträgt jährlich 4 Prozent der Summe der in dem dem Kalenderjahr vorangegangenen Kalenderjahr

1. erzielten beitragspflichtigen Einnahmen im Sinne des Sechsten Buches Sozialgesetzbuch,
2. bezogenen Besoldung und Amtsbezüge,
3. in den Fällen des § 10a Absatz 1 Satz 1 Nummer 3 und Nummer 4 erzielten Einnahmen, die beitragspflichtig wären, wenn die Versicherungsfreiheit in der gesetzlichen Rentenversicherung nicht bestehen würde und
4. bezogenen Rente wegen voller Erwerbsminderung oder Erwerbsunfähigkeit oder bezogenen Versorgungsbezüge wegen Dienstunfähigkeit in den Fällen des § 10a Absatz 1 Satz 4,

jedoch nicht mehr als der in § 10a Absatz 1 Satz 1 genannte Höchstbetrag, vermindert um die Zulage nach den §§ 84 und 85; gehört der Ehegatte zum Personenkreis nach § 79 Satz 2, berechnet sich der Mindesteigenbeitrag des nach § 79 Satz 1 Begünstigten unter Berücksichtigung der den Ehegatten insgesamt zustehenden Zulagen. 3Auslandsbezogene Bestandteile nach den §§ 52 ff. des Bundesbesoldungsgesetzes oder entsprechender Regelungen eines Landesbesoldungsgesetzes bleiben unberücksichtigt. 4Als Sockelbetrag sind ab dem Jahr 2005 jährlich 60 Euro zu leisten. 5Ist der Sockelbetrag höher als der Mindesteigenbeitrag nach Satz 2, so ist der Sockelbetrag als Mindesteigenbeitrag zu leisten. 6Die Kürzung der Zulage ermittelt sich nach dem Verhältnis der Altersvorsorgebeiträge zum Mindesteigenbeitrag.

(2) 1Ein nach § 79 Satz 2 begünstigter Ehegatte hat Anspruch auf eine ungekürzte Zu-

lage, wenn der zum begünstigten Personenkreis nach § 79 Satz 1 gehörende Ehegatte seinen geförderten Mindesteigenbeitrag unter Berücksichtigung der den Ehegatten insgesamt zustehenden Zulagen erbracht hat. 2Werden bei einer in der gesetzlichen Rentenversicherung pflichtversicherten Person beitragspflichtige Einnahmen zu Grunde gelegt, die höher sind als das tatsächlich erzielte Entgelt oder die Entgeltersatzleistung, ist das tatsächlich erzielte Entgelt oder der Zahlbetrag der Entgeltersatzleistung für die Berechnung des Mindesteigenbeitrags zu berücksichtigen. 3Für die nicht erwerbsmäßig ausgeübte Pflegetätigkeit einer nach § 3 Satz 1 Nummer 1a des Sechsten Buches Sozialgesetzbuch rentenversicherungspflichtigen Person ist für die Berechnung des Mindesteigenbeitrags ein tatsächlich erzieltes Entgelt von 0 Euro zu berücksichtigen.

(3) 1Für Versicherungspflichtige nach dem Gesetz über die Alterssicherung der Landwirte ist Absatz 1 mit der Maßgabe anzuwenden, dass auch die Einkünfte aus Land- und Forstwirtschaft im Sinne des § 13 des zweiten dem Beitragsjahr vorangegangenen Veranlagungszeitraums als beitragspflichtige Einnahmen des vorangegangenen Kalenderjahres gelten. 2Negative Einkünfte im Sinne des Satzes 1 bleiben unberücksichtigt, wenn weitere nach Absatz 1 oder Absatz 2 zu berücksichtigende Einnahmen erzielt werden.

(4) Wird nach Ablauf des Beitragsjahres festgestellt, dass die Voraussetzungen für die Gewährung einer Kinderzulage nicht vorgelegen haben, ändert sich dadurch die Berechnung des Mindesteigenbeitrags für dieses Beitragsjahr nicht.

(5) Bei den in § 10a Absatz 6 Satz 1 und 2 genannten Personen ist der Summe nach Absatz 1 Satz 2 die Summe folgender Einnahmen und Leistungen aus dem dem Kalenderjahr vorangegangenen Kalenderjahr hinzuzurechnen:

1. die erzielten Einnahmen aus der Tätigkeit, die die Zugehörigkeit zum Personenkreis des § 10a Absatz 6 Satz 1 begründet, und
2. die bezogenen Leistungen im Sinne des § 10a Absatz 6 Satz 2 Nummer 1.

§ 87 Zusammentreffen mehrerer Verträge

(1) 1Zahlt der nach § 79 Satz 1 Zulageberechtigte Altersvorsorgebeiträge zugunsten mehrerer Verträge, so wird die Zulage nur für zwei dieser Verträge gewährt. 2Der insgesamt nach § 86 zu leistende Mindesteigenbeitrag muss zugunsten dieser Verträge geleistet worden sein. 3Die Zulage ist entsprechend dem Verhältnis der auf diese Verträge geleisteten Beiträge zu verteilen.

(2) 1Der nach § 79 Satz 2 Zulageberechtigte kann die Zulage für das jeweilige Beitragsjahr nicht auf mehrere Altersvorsorgeverträge verteilen. 2Es ist nur der Altersvorsorgevertrag begünstigt, für den zuerst die Zulage beantragt wird.

§ 88 Entstehung des Anspruchs auf Zulage

Der Anspruch auf die Zulage entsteht mit Ablauf des Kalenderjahres, in dem die Altersvorsorgebeiträge geleistet worden sind (Beitragsjahr).

§ 89 Antrag

(1) 1Der Zulageberechtigte hat den Antrag auf Zulage nach amtlich vorgeschriebenem Vordruck bis zum Ablauf des zweiten Kalenderjahres, das auf das Beitragsjahr (§ 88) folgt, bei dem Anbieter seines Vertrages einzureichen; dies kann auch elektronisch unter Angabe der erforderlichen Antragsdaten erfolgen, wenn sowohl der Anbieter als auch der Zulageberechtigte mit diesem Verfahren einverstanden sind. 2Hat der Zulageberechtigte im Beitragsjahr Altersvorsorgebeiträge für mehrere Verträge gezahlt, so hat er mit dem Zulageantrag zu bestimmen, auf welche Verträge die Zulage überwiesen werden soll. 3Beantragt der Zulageberechtigte die Zulage für mehr als zwei Verträge, so wird die Zulage nur für die zwei Verträge mit den höchsten Altersvorsorgebeiträgen gewährt. 4Sofern eine Zulagenummer (§ 90 Absatz 1 Satz 2) durch die zentrale Stelle (§ 81) oder eine Versicherungsnummer nach § 147 des Sechsten Buches Sozialgesetzbuch für den nach § 79 Satz 2 berechtigten Ehegatten noch nicht vergeben ist, hat dieser über seinen Anbieter

eine Zulagenummer bei der zentralen Stelle zu beantragen. 5Der Antragsteller ist verpflichtet, dem Anbieter unverzüglich eine Änderung der Verhältnisse mitzuteilen, die zu einer Minderung oder zum Wegfall des Zulageanspruchs führt; dies kann auch elektronisch erfolgen, wenn sowohl der Anbieter als auch der Zulageberechtigte mit diesem Verfahren einverstanden sind.

(1a) 1Der Zulageberechtigte kann den Anbieter seines Vertrages unter Angabe der erforderlichen Antragsdaten schriftlich bevollmächtigen, für ihn abweichend von Absatz 1 die Zulage für jedes Beitragsjahr zu beantragen; dies kann auch elektronisch erfolgen, wenn sowohl der Anbieter als auch der Zulageberechtigte mit diesem Verfahren einverstanden sind. 2Absatz 1 Satz 5 gilt mit Ausnahme der Mitteilung geänderter beitragspflichtiger Einnahmen im Sinne des Sechsten Buches Sozialgesetzbuch entsprechend; erlangt der Anbieter von einer Änderung der Verhältnisse Kenntnis, hat dieser die zentrale Stelle zu unterrichten. 3Ein Widerruf der Vollmacht ist bis zum Ablauf des Beitragsjahres, für das der Anbieter keinen Antrag auf Zulage stellen soll, gegenüber dem Anbieter zu erklären.

(2) 1Der Anbieter ist verpflichtet,

a) die Vertragsdaten,

b) die Identifikationsnummer, die Versicherungsnummer nach § 147 des Sechsten Buches Sozialgesetzbuch, die Zulagenummer des Zulageberechtigten und dessen Ehegatten oder einen Antrag auf Vergabe einer Zulagenummer eines nach § 79 Satz 2 berechtigten Ehegatten,

c) die vom Zulageberechtigten mitgeteilten Angaben zur Ermittlung des Mindesteigenbeitrags (§ 86),

d) die Identifikationsnummer des Kindes sowie die weiteren für die Gewährung der Kinderzulage erforderlichen Daten,

e) die Höhe der geleisteten Altersvorsorgebeiträge und

f) das Vorliegen einer nach Absatz 1a erteilten Vollmacht

als die für die Ermittlung und Überprüfung des Zulageanspruchs und Durchführung des Zulageverfahrens erforderlichen Daten zu erfassen. 2Er hat die Daten der bei ihm im Laufe eines Kalendervierteljahres eingegangenen Anträge bis zum Ende des folgenden Monats nach amtlich vorgeschriebenem Datensatz durch amtlich bestimmte Datenfernübertragung an die zentrale Stelle zu übermitteln. 3Dies gilt auch im Fall des Absatzes 1 Satz 5. 4§ 22a Absatz 2 gilt entsprechend.

(3) 1Ist der Anbieter nach Absatz 1a Satz 1 bevollmächtigt worden, hat er der zentralen Stelle die nach Absatz 2 Satz 1 erforderlichen Angaben für jedes Kalenderjahr bis zum Ablauf des auf das Beitragsjahr folgenden Kalenderjahres zu übermitteln. 2Liegt die Bevollmächtigung erst nach dem im Satz 1 genannten Meldetermin vor, hat der Anbieter die Angaben bis zum Ende des folgenden Kalendervierteljahres nach der Bevollmächtigung, spätestens jedoch bis zum Ablauf der in Absatz 1 Satz 1 genannten Antragsfrist, zu übermitteln. 3Absatz 2 Satz 2 und 3 gilt sinngemäß.

§ 90 Verfahren

(1) 1Die zentrale Stelle ermittelt auf Grund der von ihr erhobenen oder der ihr übermittelten Daten, ob und in welcher Höhe ein Zulageanspruch besteht. 2Soweit der zuständige Träger der Rentenversicherung keine Versicherungsnummer vergeben hat, vergibt die zentrale Stelle zur Erfüllung der ihr nach diesem Abschnitt zugewiesenen Aufgaben eine Zulagenummer. 3Die zentrale Stelle teilt im Fall eines Antrags nach § 10a Absatz 1b der zuständigen Stelle, im Fall eines Antrags nach § 89 Absatz 1 Satz 4 dem Anbieter die Zulagenummer mit; von dort wird sie an den Antragsteller weitergeleitet.

(2) 1Die zentrale Stelle veranlasst die Auszahlung an den Anbieter zugunsten der Zulageberechtigten durch die zuständige Kasse nach erfolgter Berechnung nach Absatz 1 und Überprüfung nach § 91. 2Ein gesonderter Bescheid ergeht vorbehaltlich des Absatzes 4 nicht. 3Der Anbieter hat die erhaltenen Zulagen unverzüglich den begünstigten Verträgen gutzuschreiben. 4Zulagen, die nach Beginn der

VIII

Auszahlungsphase für das Altersvorsorgevermögen von der zentralen Stelle an den Anbieter überwiesen werden, können vom Anbieter an den Anleger ausgezahlt werden. 5Besteht kein Zulageanspruch, so teilt die zentrale Stelle dies dem Anbieter durch Datensatz mit. 6Die zentrale Stelle teilt dem Anbieter die Altersvorsorgebeiträge im Sinne des § 82, auf die § 10a oder dieser Abschnitt angewendet wurde, durch Datensatz mit.

(3) 1Erkennt die zentrale Stelle bis zum Ende des zweiten auf die Ermittlung der Zulage folgenden Jahres nachträglich auf Grund neuer, berichtigter oder stornierter Daten, dass der Zulageanspruch ganz oder teilweise nicht besteht oder weggefallen ist, so hat sie zu Unrecht gutgeschriebene oder ausgezahlte Zulagen bis zum Ablauf eines Jahres nach der Erkenntnis zurückzufordern und dies dem Zulageberechtigten durch Bescheid nach Absatz 4 Satz 1 Nummer 2 und dem Anbieter durch Datensatz mitzuteilen. 2Bei bestehendem Vertragsverhältnis hat der Anbieter das Konto zu belasten. 3Die ihm im Kalendervierteljahr mitgeteilten Rückforderungsbeträge hat er bis zum zehnten Tag des dem Kalendervierteljahr folgenden Monats in einem Betrag bei der zentralen Stelle anzumelden und an diese abzuführen. 4Die Anmeldung nach Satz 3 ist nach amtlich vorgeschriebenem Vordruck abzugeben. 5Sie gilt als Steueranmeldung im Sinne der Abgabenordnung. 6Abweichend von Satz 1 gilt die Ausschlussfrist für den Personenkreis der Kindererziehenden nach § 10a Absatz 1a und deren nach § 79 Satz 2 förderberechtigten Ehegatten nicht; die zentrale Stelle hat die Zulage des Zulageberechtigten als auch des nach § 79 Satz 2 förderberechtigten Ehegatten bis zur Vollendung des fünften Lebensjahres des Kindes, das für die Anerkennung der Förderberechtigung nach § 10a Absatz 1a maßgebend war, zurückzufordern, wenn die Kindererziehungszeiten bis zu diesem Zeitpunkt in der gesetzlichen Rentenversicherung nicht angerechnet wurden. 7Hat der Zulageberechtigte die Kindererziehungszeiten innerhalb der in § 10a Absatz 1a genannten Frist beantragt, der zuständige Träger der gesetzlichen Rentenversicherung aber nicht innerhalb der Ausschlussfrist von Satz 6 darüber abschließend beschieden, verlängert sich die Ausschlussfrist um drei Monate nach Kenntniserlangung der zentralen Stelle vom Erlass des Bescheides.

(3a) 1Erfolgt nach der Durchführung einer versorgungsrechtlichen Teilung eine Rückforderung von zu Unrecht gezahlten Zulagen, setzt die zentrale Stelle den Rückforderungsbetrag nach Absatz 3 unter Anrechnung bereits vom Anbieter einbehaltener und abgeführter Beträge gegenüber dem Zulageberechtigten fest, soweit

1. das Guthaben auf dem Vertrag des Zulageberechtigten zur Zahlung des Rückforderungsbetrags nach § 90 Absatz 3 Satz 1 nicht ausreicht und
2. im Rückforderungsbetrag ein Zulagebetrag enthalten ist, der in der Ehe- oder Lebenspartnerschaftszeit ausgezahlt wurde.

2Erfolgt nach einer Inanspruchnahme eines Altersvorsorge-Eigenheimbetrags im Sinne des § 92a Absatz 1 oder während einer Darlehenstilgung bei Altersvorsorgeverträgen nach § 1 Absatz 1a des Altersvorsorgeverträge-Zertifizierungsgesetzes eine Rückforderung zu Unrecht gezahlter Zulagen, setzt die zentrale Stelle den Rückforderungsbetrag nach Absatz 3 unter Anrechnung bereits vom Anbieter einbehaltener und abgeführter Beträge gegenüber dem Zulageberechtigten fest, soweit das Guthaben auf dem Altersvorsorgevertrag des Zulageberechtigten zur Zahlung des Rückforderungsbetrags nicht ausreicht. 3Der Anbieter hat in diesen Fällen der zentralen Stelle die nach Absatz 3 einbehaltenen und abgeführten Beträge nach amtlich vorgeschriebenem Datensatz durch amtlich bestimmte Datenfernübertragung mitzuteilen.

(4) 1Eine Festsetzung der Zulage erfolgt

1. von Amts wegen, wenn die nach den vorliegenden Daten abschließend berechnete Zulage von der beantragten Zulage abweicht,
2. im Falle des Absatzes 3 von Amts wegen,
3. auf besonderen Antrag des Zulageberechtigten, sofern nicht bereits eine Festsetzung von Amts wegen erfolgt ist, oder

4. auf Anforderung des zuständigen Finanzamtes, wenn dessen Daten von den Daten der zentralen Stelle abweichen; eine gesonderte Festsetzung unterbleibt, wenn eine Festsetzung nach den Nummern 1 bis 3 bereits erfolgt ist, für das Beitragsjahr keine Zulage beantragt wurde oder die Frist nach Absatz 3 Satz 1 abgelaufen ist.

2Der Antrag nach Satz 1 Nummer 3 ist schriftlich oder elektronisch innerhalb eines Jahres vom Zulageberechtigten an die zentrale Stelle zu richten; die Frist beginnt mit der Erteilung der Bescheinigung nach § 92, die die Ermittlungsergebnisse für das Beitragsjahr enthält, für das eine Festsetzung der Zulage erfolgen soll. 3Der Anbieter teilt auf Anforderung der zentralen Stelle nach amtlich vorgeschriebenem Datensatz durch amtlich bestimmte Datenfernübertragung das Datum der Erteilung der nach Satz 2 maßgebenden Bescheinigung nach § 92 mit. 4Er hat auf Anforderung weitere ihm vorliegende, für die Festsetzung erforderliche Unterlagen beizufügen; eine ergänzende Stellungnahme kann beigefügt werden; dies kann auch elektronisch erfolgen, wenn sowohl der Anbieter als auch die zentrale Stelle mit diesem Verfahren einverstanden sind. 5Die zentrale Stelle teilt die Festsetzung auch dem Anbieter und die Festsetzung nach Satz 1 Nummer 4 auch dem Finanzamt mit; erfolgt keine Festsetzung nach Satz 1 Nummer 4, teilt dies die zentrale Stelle dem Finanzamt ebenfalls mit. 6Im Übrigen gilt Absatz 3 entsprechend. 7Satz 1 Nummer 1 gilt nicht, wenn der Datensatz nach § 89 Absatz 2 auf Grund von unzureichenden oder fehlerhaften Angaben des Zulageberechtigten abgewiesen sowie um eine Fehlermeldung ergänzt worden ist und die Angaben nicht innerhalb der Antragsfrist des § 89 Absatz 1 Satz 1 von dem Zulageberechtigten an den Anbieter nachgereicht werden.

(5) 1Im Rahmen des Festsetzungsverfahrens oder Einspruchsverfahrens kann der Zulageberechtigte bis zum rechtskräftigen Abschluss des Festsetzungsverfahrens oder Einspruchsverfahrens eine nicht fristgerecht abgegebene Einwilligung nach § 10a Absatz 1 Satz 1 Halbsatz 2 gegenüber der zuständigen Stelle nachholen. 2Über die Nachholung hat er die zentrale Stelle unter Angabe des Datums der Erteilung der Einwilligung unmittelbar zu informieren. 3Hat der Zulageberechtigte im Rahmen des Festsetzungsverfahrens oder Einspruchsverfahrens eine wirksame Einwilligung gegenüber der zuständigen Stelle erteilt, wird er so gestellt, als hätte er die Einwilligung innerhalb der Frist nach § 10a Absatz 1 Satz 1 Halbsatz 2 wirksam gestellt.

Gesetz zum Elterngeld und zur Elternzeit (Bundeselterngeld- und Elternzeitgesetz – BEEG)

in der Fassung der Bekanntmachung vom 27. Januar 2015 (BGBl. I S. 33)

Zuletzt geändert durch
Wehrdienst-Modernisierungsgesetz
vom 22. Dezember 2025 (BGBl. I Nr. 370)

Abschnitt 1
Elterngeld

§ 1 Berechtigte

(1) $_{1}$Anspruch auf Elterngeld hat, wer

1. einen Wohnsitz oder seinen gewöhnlichen Aufenthalt in Deutschland hat,
2. mit seinem Kind in einem Haushalt lebt,
3. dieses Kind selbst betreut und erzieht und
4. keine oder keine volle Erwerbstätigkeit ausübt.

$_{2}$Bei Mehrlingsgeburten besteht nur ein Anspruch auf Elterngeld.

(2) $_{1}$Anspruch auf Elterngeld hat auch, wer, ohne eine der Voraussetzungen des Absatzes 1 Satz 1 Nummer 1 zu erfüllen,

1. nach § 4 des Vierten Buches Sozialgesetzbuch dem deutschen Sozialversicherungsrecht unterliegt oder im Rahmen seines in Deutschland bestehenden öffentlich-rechtlichen Dienst- oder Amtsverhältnisses vorübergehend ins Ausland abgeordnet, versetzt oder kommandiert ist,
2. Entwicklungshelfer oder Entwicklungshelferin im Sinne des § 1 des Entwicklungshelfer-Gesetzes ist oder als Missionar oder Missionarin der Missionswerke und -gesellschaften, die Mitglieder oder Vereinbarungspartner des Evangelischen Missionswerkes Hamburg, der Arbeitsgemeinschaft Evangelikaler Missionen e. V. oder der Arbeitsgemeinschaft pfingstlich-charismatischer Missionen sind, tätig ist oder
3. die deutsche Staatsangehörigkeit besitzt und nur vorübergehend bei einer zwischen- oder überstaatlichen Einrichtung tätig ist, insbesondere nach den Entsenderichtlinien des Bundes beurlaubte Beamte und Beamtinnen, oder wer vorübergehend eine nach § 123a des Beamtenrechtsrahmengesetzes oder § 29 des Bundesbeamtengesetzes zugewiesene Tätigkeit im Ausland wahrnimmt.

$_{2}$Dies gilt auch für mit der nach Satz 1 berechtigten Person in einem Haushalt lebende Ehegatten oder Ehegattinnen.

(3) $_{1}$Anspruch auf Elterngeld hat abweichend von Absatz 1 Satz 1 Nummer 2 auch, wer

1. mit einem Kind in einem Haushalt lebt, das er mit dem Ziel der Annahme als Kind aufgenommen hat,
2. ein Kind des Ehegatten oder der Ehegattin in seinen Haushalt aufgenommen hat oder
3. mit einem Kind in einem Haushalt lebt und die von ihm erklärte Anerkennung der Vaterschaft nach § 1594 Absatz 2 des Bürgerlichen Gesetzbuchs noch nicht wirksam oder über die von ihm beantragte Vaterschaftsfeststellung nach § 1600d des Bürgerlichen Gesetzbuchs noch nicht entschieden ist.

$_{2}$Für angenommene Kinder und Kinder im Sinne des Satzes 1 Nummer 1 sind die Vorschriften dieses Gesetzes mit der Maßgabe anzuwenden, dass statt des Zeitpunktes der Geburt der Zeitpunkt der Aufnahme des Kindes bei der berechtigten Person maßgeblich ist.

(4) Können die Eltern wegen einer schweren Krankheit, Schwerbehinderung oder Todes der Eltern ihr Kind nicht betreuen, haben Verwandte bis zum dritten Grad und ihre Ehegatten oder Ehegattinnen Anspruch auf Elterngeld, wenn sie die übrigen Voraussetzungen nach Absatz 1 erfüllen und wenn von

anderen Berechtigten Elterngeld nicht in Anspruch genommen wird.

(5) Der Anspruch auf Elterngeld bleibt unberührt, wenn die Betreuung und Erziehung des Kindes aus einem wichtigen Grund nicht sofort aufgenommen werden kann oder wenn sie unterbrochen werden muss.

(6) Eine Person ist nicht voll erwerbstätig, wenn

1. ihre Arbeitszeit 32 Wochenstunden im Durchschnitt des Lebensmonats nicht übersteigt,
2. sie eine Beschäftigung zur Berufsbildung ausübt oder
3. sie als eine im Sinne der §§ 23 und 43 des Achten Buches Sozialgesetzbuch geeignete Kindertagespflegeperson tätig ist.

(6a) Als erwerbstätig im Sinne dieses Gesetzes gelten auch Personen, die vorübergehend nicht arbeiten, solange sie

1. sich in einem Arbeitsverhältnis befinden oder
2. selbständig erwerbstätig sind.

(7) 1Ein nicht freizügigkeitsberechtigter Ausländer oder eine nicht freizügigkeitsberechtigte Ausländerin ist nur anspruchsberechtigt, wenn diese Person

1. eine Niederlassungserlaubnis oder eine Erlaubnis zum Daueraufenthalt-EU besitzt,
2. eine Blaue Karte EU, eine ICT-Karte, eine Mobiler-ICT-Karte oder eine Aufenthaltserlaubnis besitzt, die für einen Zeitraum von mindestens sechs Monaten zur Ausübung einer Erwerbstätigkeit berechtigen oder berechtigt haben oder diese erlauben, es sei denn, die Aufenthaltserlaubnis wurde
   a) nach § 16e des Aufenthaltsgesetzes zu Ausbildungszwecken, nach § 19c Absatz 1 des Aufenthaltsgesetzes zum Zweck der Beschäftigung als Au-Pair oder zum Zweck der Saisonbeschäftigung, nach § 19e des Aufenthaltsgesetzes zum Zweck der Teilnahme an einem Europäischen Freiwilligendienst oder nach § 20a Absatz 5 Satz 1 des Aufenthaltsgesetzes zur Suche nach einer Erwerbstätigkeit oder nach Maßnahmen zur Anerkennung ausländischer Berufsqualifikationen erteilt,
   b) nach § 16b des Aufenthaltsgesetzes zum Zweck eines Studiums, nach § 16d des Aufenthaltsgesetzes für Maßnahmen zur Anerkennung ausländischer Berufsqualifikationen, nach § 20 des Aufenthaltsgesetzes zur Suche nach einer Erwerbstätigkeit oder nach § 20a Absatz 5 Satz 2 des Aufenthaltsgesetzes zur Suche nach einer Erwerbstätigkeit oder nach Maßnahmen zur Anerkennung ausländischer Berufsqualifikationen erteilt und die Person ist weder erwerbstätig noch nimmt sie Elternzeit nach § 15 dieses Gesetzes oder laufende Geldleistungen nach dem Dritten Buch Sozialgesetzbuch in Anspruch,
   c) nach § 23 Absatz 1 des Aufenthaltsgesetzes wegen eines Krieges im Heimatland dieser Person oder nach § 23a oder § 25 Absatz 3 bis 5 des Aufenthaltsgesetzes erteilt,
3. eine in Nummer 2 Buchstabe c genannte Aufenthaltserlaubnis besitzt und im Bundesgebiet berechtigt erwerbstätig ist oder Elternzeit nach § 15 dieses Gesetzes oder laufende Geldleistungen nach dem Dritten Buch Sozialgesetzbuch in Anspruch nimmt,
4. eine in Nummer 2 Buchstabe c genannte Aufenthaltserlaubnis besitzt und sich seit mindestens 15 Monaten erlaubt, gestattet oder geduldet im Bundesgebiet aufhält oder
5. eine Beschäftigungsduldung gemäß § 60d in Verbindung mit § 60a Absatz 2 Satz 3 des Aufenthaltsgesetzes besitzt.

2Abweichend von Satz 1 Nummer 3 erste Alternative ist ein minderjähriger nicht freizügigkeitsberechtigter Ausländer oder eine minderjährige nicht freizügigkeitsberechtigte Ausländerin unabhängig von einer Erwerbstätigkeit anspruchsberechtigt.

(8) 1Ein Anspruch entfällt, wenn die berechtigte Person im letzten abgeschlossenen Veranlagungszeitraum vor der Geburt des Kindes ein zu versteuerndes Einkommen nach § 2 Absatz 5 des Einkommensteuergesetzes in Höhe von mehr als 175 000 Euro erzielt hat. 2Erfüllt

VIII

auch eine andere Person die Voraussetzungen des Absatzes 1 Satz 1 Nummer 2 oder der Absätze 3 oder 4, entfällt abweichend von Satz 1 der Anspruch, wenn die Summe des zu versteuernden Einkommens beider Personen mehr als 175 000 Euro beträgt.

§ 2 Höhe des Elterngeldes

(1) 1Elterngeld wird in Höhe von 67 Prozent des Einkommens aus Erwerbstätigkeit vor der Geburt des Kindes gewährt. 2Es wird bis zu einem Höchstbetrag von 1800 Euro monatlich für volle Lebensmonate gezahlt, in denen die berechtigte Person kein Einkommen aus Erwerbstätigkeit hat. 3Das Einkommen aus Erwerbstätigkeit errechnet sich nach Maßgabe der §§ 2c bis 2f aus der um die Abzüge für Steuern und Sozialabgaben verminderten Summe der positiven Einkünfte aus

1. nichtselbständiger Arbeit nach § 2 Absatz 1 Satz 1 Nummer 4 des Einkommensteuergesetzes sowie
2. Land- und Forstwirtschaft, Gewerbebetrieb und selbständiger Arbeit nach § 2 Absatz 1 Satz 1 Nummer 1 bis 3 des Einkommensteuergesetzes,

die im Inland zu versteuern sind und die die berechtigte Person durchschnittlich monatlich im Bemessungszeitraum nach § 2b oder in Lebensmonaten der Bezugszeit nach § 2 Absatz 3 hat.

(2) 1In den Fällen, in denen das Einkommen aus Erwerbstätigkeit vor der Geburt geringer als 1000 Euro war, erhöht sich der Prozentsatz von 67 Prozent um 0,1 Prozentpunkte für je 2 Euro, um die dieses Einkommen den Betrag von 1000 Euro unterschreitet, auf bis zu 100 Prozent. 2In den Fällen, in denen das Einkommen aus Erwerbstätigkeit vor der Geburt höher als 1200 Euro war, sinkt der Prozentsatz von 67 Prozent um 0,1 Prozentpunkte für je 2 Euro, um die dieses Einkommen den Betrag von 1200 Euro überschreitet, auf bis zu 65 Prozent.

(3) 1Für Lebensmonate nach der Geburt des Kindes, in denen die berechtigte Person ein Einkommen aus Erwerbstätigkeit hat, das durchschnittlich geringer ist als das Einkommen aus Erwerbstätigkeit vor der Geburt, wird Elterngeld in Höhe des nach den Absätzen 1 oder 2 maßgeblichen Prozentsatzes des Unterschiedsbetrages dieser Einkommen aus Erwerbstätigkeit gezahlt. 2Als Einkommen aus Erwerbstätigkeit vor der Geburt ist dabei höchstens der Betrag von 2770 Euro anzusetzen. 3Der Unterschiedsbetrag nach Satz 1 ist für das Einkommen aus Erwerbstätigkeit in Lebensmonaten, in denen die berechtigte Person Basiselterngeld in Anspruch nimmt, und in Lebensmonaten, in denen sie Elterngeld Plus im Sinne des § 4a Absatz 2 in Anspruch nimmt, getrennt zu berechnen.

(4) 1Elterngeld wird mindestens in Höhe von 300 Euro gezahlt. 2Dies gilt auch, wenn die berechtigte Person vor der Geburt des Kindes kein Einkommen aus Erwerbstätigkeit hat.

§ 2a Geschwisterbonus und Mehrlingszuschlag

(1) 1Lebt die berechtigte Person in einem Haushalt mit

1. zwei Kindern, die noch nicht drei Jahre alt sind, oder
2. drei oder mehr Kindern, die noch nicht sechs Jahre alt sind,

wird das Elterngeld um 10 Prozent, mindestens jedoch um 75 Euro erhöht (Geschwisterbonus). 2Zu berücksichtigen sind alle Kinder, für die die berechtigte Person die Voraussetzungen des § 1 Absatz 1 und 3 erfüllt und für die sich das Elterngeld nicht nach Absatz 4 erhöht.

(2) 1Für angenommene Kinder, die noch nicht 14 Jahre alt sind, gilt als Alter des Kindes der Zeitraum seit der Aufnahme des Kindes in den Haushalt der berechtigten Person. 2Dies gilt auch für Kinder, die die berechtigte Person entsprechend § 1 Absatz 3 Satz 1 Nummer 1 mit dem Ziel der Annahme als Kind in ihren Haushalt aufgenommen hat. 3Für Kinder mit Behinderung im Sinne von § 2 Absatz 1 Satz 1 des Neunten Buches Sozialgesetzbuch liegt die Altersgrenze nach Absatz 1 Satz 1 bei 14 Jahren.

(3) Der Anspruch auf den Geschwisterbonus endet mit Ablauf des Monats, in dem eine der in Absatz 1 genannten Anspruchsvoraussetzungen entfällt.

VIII

(4) $_{1}$Bei Mehrlingsgeburten erhöht sich das Elterngeld um je 300 Euro für das zweite und jedes weitere Kind (Mehrlingszuschlag). $_{2}$Dies gilt auch, wenn ein Geschwisterbonus nach Absatz 1 gezahlt wird.

§ 2b Bemessungszeitraum

(1) $_{1}$Für die Ermittlung des Einkommens aus nichtselbstständiger Erwerbstätigkeit im Sinne von § 2c vor der Geburt sind die zwölf Kalendermonate vor dem Kalendermonat der Geburt des Kindes maßgeblich. $_{2}$Bei der Bestimmung des Bemessungszeitraums nach Satz 1 bleiben Kalendermonate unberücksichtigt, in denen die berechtigte Person

1. im Zeitraum nach § 4 Absatz 1 Satz 2 und 3 und Absatz 5 Satz 3 Nummer 1 Buchstabe b, Nummer 2 Buchstabe b, Nummer 3 Buchstabe b und Nummer 4 Buchstabe b Elterngeld für ein älteres Kind bezogen hat,
2. während der Schutzfristen nach § 3 des Mutterschutzgesetzes nicht beschäftigt werden durfte oder Mutterschaftsgeld nach dem Fünften Buch Sozialgesetzbuch oder nach dem Zweiten Gesetz über die Krankenversicherung der Landwirte oder Krankentagegeld nach § 192 Absatz 5 Satz 2 des Versicherungsvertragsgesetzes bezogen hat,
3. eine Krankheit hatte, die maßgeblich durch eine Schwangerschaft bedingt war, oder
4. Wehrdienst nach dem Wehrpflichtgesetz oder nach dem Vierten Abschnitt des Soldatengesetzes oder Zivildienst nach dem Zivildienstgesetz geleistet hat.

$_{3}$Abweichend von Satz 2 sind Kalendermonate im Sinne des Satzes 2 Nummer 1 bis 4 auf Antrag der berechtigten Person zu berücksichtigen. $_{4}$Abweichend von Satz 2 bleiben auf Antrag bei der Ermittlung des Einkommens für die Zeit vom 1. März 2020 bis zum Ablauf des 23. September 2022 auch solche Kalendermonate unberücksichtigt, in denen die berechtigte Person aufgrund der COVID-19-Pandemie ein geringeres Einkommen aus Erwerbstätigkeit hatte und dies glaubhaft machen kann. $_{5}$Satz 2 Nummer 1 gilt in den Fällen des § 27 Absatz 1 Satz 1 mit der Maßgabe, dass auf Antrag auch Kalendermonate mit Elterngeldbezug für ein älteres Kind nach Vollendung von dessen 14. Lebensmonat unberücksichtigt bleiben, soweit der Elterngeldbezug von der Zeit vor Vollendung des 14. Lebensmonats auf danach verschoben wurde.

(2) $_{1}$Für die Ermittlung des Einkommens aus selbstständiger Erwerbstätigkeit im Sinne von § 2d vor der Geburt sind die jeweiligen steuerlichen Gewinnermittlungszeiträume maßgeblich, die dem letzten abgeschlossenen steuerlichen Veranlagungszeitraum vor der Geburt des Kindes zugrunde liegen. $_{2}$Haben in einem Gewinnermittlungszeitraum die Voraussetzungen des Absatzes 1 Satz 2 oder Satz 4 vorgelegen, sind auf Antrag die Gewinnermittlungszeiträume maßgeblich, die dem diesen Ereignissen vorangegangenen abgeschlossenen steuerlichen Veranlagungszeitraum zugrunde liegen.

(3) $_{1}$Abweichend von Absatz 1 ist für die Ermittlung des Einkommens aus nichtselbstständiger Erwerbstätigkeit vor der Geburt der letzte abgeschlossene steuerliche Veranlagungszeitraum vor der Geburt maßgeblich, wenn die berechtigte Person in den Zeiträumen nach Absatz 1 oder Absatz 2 Einkommen aus selbstständiger Erwerbstätigkeit hatte. $_{2}$Haben im Bemessungszeitraum nach Satz 1 die Voraussetzungen des Absatzes 1 Satz 2 oder Satz 4 vorgelegen, ist Absatz 2 Satz 2 mit der zusätzlichen Maßgabe anzuwenden, dass für die Ermittlung des Einkommens aus nichtselbstständiger Erwerbstätigkeit vor der Geburt der vorangegangene steuerliche Veranlagungszeitraum maßgeblich ist.

(4) $_{1}$Abweichend von Absatz 3 ist auf Antrag der berechtigten Person für die Ermittlung des Einkommens aus nichtselbstständiger Erwerbstätigkeit allein der Bemessungszeitraum nach Absatz 1 maßgeblich, wenn die zu berücksichtigende Summe der Einkünfte aus Land- und Forstwirtschaft, Gewerbebetrieb und selbstständiger Arbeit nach § 2 Absatz 1 Satz 1 Nummer 1 bis 3 des Einkommensteuergesetzes

1. in den jeweiligen steuerlichen Gewinnermittlungszeiträumen, die dem letzten abgeschlossenen steuerlichen Veranlagungs-

zeitraum vor der Geburt des Kindes zugrunde liegen, durchschnittlich weniger als 35 Euro im Kalendermonat betrug und

2. in den jeweiligen steuerlichen Gewinnermittlungszeiträumen, die dem steuerlichen Veranlagungszeitraum der Geburt des Kindes zugrunde liegen, bis einschließlich zum Kalendermonat vor der Geburt des Kindes durchschnittlich weniger als 35 Euro im Kalendermonat betrug.

2Abweichend von § 2 Absatz 1 Satz 3 Nummer 2 ist für die Berechnung des Elterngeldes im Fall des Satzes 1 allein das Einkommen aus nichtselbstständiger Erwerbstätigkeit maßgeblich. 3Die für die Entscheidung über den Antrag notwendige Ermittlung der Höhe der Einkünfte aus Land- und Forstwirtschaft, Gewerbebetrieb und selbstständiger Arbeit erfolgt für die Zeiträume nach Satz 1 Nummer 1 entsprechend § 2d Absatz 2; in Fällen, in denen zum Zeitpunkt der Entscheidung kein Einkommensteuerbescheid vorliegt, und für den Zeitraum nach Satz 1 Nummer 2 erfolgt die Ermittlung der Höhe der Einkünfte entsprechend § 2d Absatz 3. 4Die Entscheidung über den Antrag erfolgt abschließend auf der Grundlage der Höhe der Einkünfte, wie sie sich aus den gemäß Satz 3 vorgelegten Nachweisen ergibt.

§ 2c Einkommen aus nichtselbstständiger Erwerbstätigkeit

(1) 1Der monatlich durchschnittlich zu berücksichtigende Überschuss der Einnahmen aus nichtselbstständiger Arbeit in Geld oder Geldeswert über ein Zwölftel des Arbeitnehmer-Pauschbetrags, vermindert um die Abzüge für Steuern und Sozialabgaben nach den §§ 2e und 2f, ergibt das Einkommen aus nichtselbstständiger Erwerbstätigkeit. 2Nicht berücksichtigt werden Einnahmen, die im Lohnsteuerabzugsverfahren nach den lohnsteuerlichen Vorgaben als sonstige Bezüge zu behandeln sind. 3Die zeitliche Zuordnung von Einnahmen erfolgt nach den lohnsteuerlichen Vorgaben für das Lohnsteuerabzugsverfahren. 4Maßgeblich ist der Arbeitnehmer-Pauschbetrag nach § 9a Satz 1 Nummer 1 Buchstabe a des Einkommensteuergesetzes in der am 1. Januar des Kalenderjahres vor der Geburt des Kindes für dieses Jahr geltenden Fassung.

(2) 1Grundlage der Ermittlung der Einnahmen sind die Angaben in den für die maßgeblichen Kalendermonate erstellten Lohn- und Gehaltsbescheinigungen des Arbeitgebers. 2Die Richtigkeit und Vollständigkeit der Angaben in den maßgeblichen Lohn- und Gehaltsbescheinigungen wird vermutet.

(3) 1Grundlage der Ermittlung der nach den §§ 2e und 2f erforderlichen Abzugsmerkmale für Steuern und Sozialabgaben sind die Angaben in der Lohn- und Gehaltsbescheinigung, die für den letzten Kalendermonat im Bemessungszeitraum mit Einnahmen nach Absatz 1 erstellt wurde. 2Soweit sich in den Lohn- und Gehaltsbescheinigungen des Bemessungszeitraums eine Angabe zu einem Abzugsmerkmal geändert hat, ist die von der Angabe nach Satz 1 abweichende Angabe maßgeblich, wenn sie in der überwiegenden Zahl der Kalendermonate des Bemessungszeitraums gegolten hat. 3§ 2c Absatz 2 Satz 2 gilt entsprechend.

(4) 1Der anteilige Arbeitnehmer-Pauschbetrag nach Absatz 1 Satz 1 ist nicht zu berücksichtigen, wenn dem Ansässigkeitsstaat der berechtigten Person nach einem Abkommen zur Vermeidung der Doppelbesteuerung das Besteuerungsrecht für das Elterngeld zusteht und wenn das aus Deutschland gezahlte Elterngeld nach den maßgebenden Vorschriften des Ansässigkeitsstaats der Steuer unterliegt. 2Unterliegt das Elterngeld im Ansässigkeitsstaat nach dessen maßgebenden Vorschriften nicht der Steuer, so ist der Arbeitnehmer-Pauschbetrag nach Absatz 1 entsprechend zu berücksichtigen.

§ 2d Einkommen aus selbstständiger Erwerbstätigkeit

(1) Die monatlich durchschnittlich zu berücksichtigende Summe der positiven Einkünfte aus Land- und Forstwirtschaft, Gewerbebetrieb und selbstständiger Arbeit (Gewinneinkünfte), vermindert um die Abzüge für Steuern und Sozialabgaben nach den §§ 2e

VIII

und 2f, ergibt das Einkommen aus selbstständiger Erwerbstätigkeit.

(2) $_1$Bei der Ermittlung der im Bemessungszeitraum zu berücksichtigenden Gewinneinkünfte sind die entsprechenden im Einkommensteuerbescheid ausgewiesenen Gewinne anzusetzen. $_2$Ist kein Einkommensteuerbescheid zu erstellen, werden die Gewinneinkünfte in entsprechender Anwendung des Absatzes 3 ermittelt.

(3) $_1$Grundlage der Ermittlung der in den Bezugsmonaten zu berücksichtigenden Gewinneinkünfte ist eine Gewinnermittlung, die mindestens den Anforderungen des § 4 Absatz 3 des Einkommensteuergesetzes entspricht. $_2$Als Betriebsausgaben sind 25 Prozent der zugrunde gelegten Einnahmen oder auf Antrag die damit zusammenhängenden tatsächlichen Betriebsausgaben anzusetzen.

(4) $_1$Soweit nicht in § 2c Absatz 3 etwas anderes bestimmt ist, sind bei der Ermittlung der nach § 2e erforderlichen Abzugsmerkmale für Steuern die Angaben im Einkommensteuerbescheid maßgeblich. $_2$§ 2c Absatz 3 Satz 2 gilt entsprechend.

(5) Die zeitliche Zuordnung von Einnahmen und Ausgaben erfolgt nach den einkommensteuerrechtlichen Grundsätzen.

§ 2e Abzüge für Steuern

(1) $_1$Als Abzüge für Steuern sind Beträge für die Einkommensteuer, den Solidaritätszuschlag und, wenn die berechtigte Person kirchensteuerpflichtig ist, die Kirchensteuer zu berücksichtigen. $_2$Die Abzüge für Steuern werden einheitlich für Einkommen aus nichtselbstständiger und selbstständiger Erwerbstätigkeit auf Grundlage einer Berechnung anhand des am 1. Januar des Kalenderjahres vor der Geburt des Kindes für dieses Jahr geltenden Programmablaufplans für die maschinelle Berechnung der vom Arbeitslohn einzubehaltenden Lohnsteuer, des Solidaritätszuschlags und der Maßstabsteuer für die Kirchenlohnsteuer im Sinne von § 39b Absatz 6 des Einkommensteuergesetzes nach den Maßgaben der Absätze 2 bis 5 ermittelt.

(2) $_1$Bemessungsgrundlage für die Ermittlung der Abzüge für Steuern ist die monatlich durchschnittlich zu berücksichtigende Summe der Einnahmen nach § 2c, soweit sie von der berechtigten Person zu versteuern sind, und der Gewinneinkünfte nach § 2d. $_2$Bei der Ermittlung der Abzüge für Steuern nach Absatz 1 werden folgende Pauschalen berücksichtigt:

1. der Arbeitnehmer-Pauschbetrag nach § 9a Satz 1 Nummer 1 Buchstabe a des Einkommensteuergesetzes, wenn die berechtigte Person von ihr zu versteuernde Einnahmen hat, die unter § 2c fallen, und
2. eine Vorsorgepauschale
   a) mit den Teilbeträgen nach § 39b Absatz 2 Satz 5 Nummer 3 Buchstabe b, c und e des Einkommensteuergesetzes, falls die berechtigte Person von ihr zu versteuernde Einnahmen nach § 2c hat, ohne in der gesetzlichen Rentenversicherung oder einer vergleichbaren Einrichtung versicherungspflichtig gewesen zu sein, oder
   b) mit den Teilbeträgen nach § 39b Absatz 2 Satz 5 Nummer 3 Buchstabe a bis c und e des Einkommensteuergesetzes in allen übrigen Fällen,

   wobei die Höhe der Teilbeträge ohne Berücksichtigung der besonderen Regelungen zur Berechnung der Beiträge nach § 55 Absatz 3 und § 58 Absatz 3 des Elften Buches Sozialgesetzbuch bestimmt wird.

(3) $_1$Als Abzug für die Einkommensteuer ist der Betrag anzusetzen, der sich unter Berücksichtigung der Steuerklasse und des Faktors nach § 39f des Einkommensteuergesetzes nach § 2c Absatz 3 ergibt; die Steuerklasse VI bleibt unberücksichtigt. $_2$War die berechtigte Person im Bemessungszeitraum nach § 2b in keine Steuerklasse eingereiht oder ist ihr nach § 2d zu berücksichtigender Gewinn höher als ihr nach § 2c zu berücksichtigender Überschuss der Einnahmen über ein Zwölftel des Arbeitnehmer-Pauschbetrags, ist als Abzug für die Einkommensteuer der Betrag anzusetzen, der sich unter Berücksichtigung der Steuerklasse IV ohne Berücksichtigung eines Faktors nach § 39f des Einkommensteuergesetzes ergibt.

(4) 1Als Abzug für den Solidaritätszuschlag ist der Betrag anzusetzen, der sich nach den Maßgaben des Solidaritätszuschlagsgesetzes 1995 für die Einkommensteuer nach Absatz 3 ergibt. 2Freibeträge für Kinder werden nach den Maßgaben des § 3 Absatz 2a des Solidaritätszuschlagsgesetzes 1995 berücksichtigt.

(5) 1Als Abzug für die Kirchensteuer ist der Betrag anzusetzen, der sich unter Anwendung eines Kirchensteuersatzes von 8 Prozent für die Einkommensteuer nach Absatz 3 ergibt. 2Freibeträge für Kinder werden nach den Maßgaben des § 51a Absatz 2a des Einkommensteuergesetzes berücksichtigt.

(6) Vorbehaltlich der Absätze 2 bis 5 werden Freibeträge und Pauschalen nur berücksichtigt, wenn sie ohne weitere Voraussetzung jeder berechtigten Person zustehen.

(7) 1Abzüge für Steuern nach Absatz 1 Satz 1 sind nicht zu berücksichtigen, wenn dem Ansässigkeitsstaat der berechtigten Person nach einem Abkommen zur Vermeidung der Doppelbesteuerung das Besteuerungsrecht für das Elterngeld zusteht und wenn das aus Deutschland gezahlte Elterngeld nach den maßgebenden Vorschriften des Ansässigkeitsstaats der Steuer unterliegt. 2Unterliegt das Elterngeld im Ansässigkeitsstaat nach dessen maßgebenden Vorschriften nicht der Steuer, so sind die Abzüge für Steuern nach den Absätzen 1 bis 6 entsprechend zu berücksichtigen.

§ 2f Abzüge für Sozialabgaben

(1) 1Als Abzüge für Sozialabgaben sind Beträge für die gesetzliche Sozialversicherung oder für eine vergleichbare Einrichtung sowie für die Arbeitsförderung zu berücksichtigen. 2Die Abzüge für Sozialabgaben werden einheitlich für Einkommen aus nichtselbstständiger und selbstständiger Erwerbstätigkeit anhand folgender Beitragssatzpauschalen ermittelt:

1. 9 Prozent für die Kranken- und Pflegeversicherung, falls die berechtigte Person in der gesetzlichen Krankenversicherung nach § 5 Absatz 1 Nummer 1 bis 12 des Fünften Buches Sozialgesetzbuch versicherungspflichtig gewesen ist,
2. 10 Prozent für die Rentenversicherung, falls die berechtigte Person in der gesetzlichen Rentenversicherung oder einer vergleichbaren Einrichtung versicherungspflichtig gewesen ist, und
3. 2 Prozent für die Arbeitsförderung, falls die berechtigte Person nach dem Dritten Buch Sozialgesetzbuch versicherungspflichtig gewesen ist.

(2) 1Bemessungsgrundlage für die Ermittlung der Abzüge für Sozialabgaben ist die monatlich durchschnittlich zu berücksichtigende Summe der Einnahmen nach § 2c und der Gewinneinkünfte nach § 2d. 2Einnahmen aus Beschäftigungen im Sinne des § 8, des § 8a oder des § 20 Absatz 3 Satz 1 des Vierten Buches Sozialgesetzbuch werden nicht berücksichtigt. 3Für Einnahmen aus Beschäftigungsverhältnissen im Sinne des § 20 Absatz 2 des Vierten Buches Sozialgesetzbuch ist der Betrag anzusetzen, der sich nach § 344 Absatz 4 des Dritten Buches Sozialgesetzbuch für diese Einnahmen ergibt, wobei der Faktor im Sinne des § 20 Absatz 2a Satz 2 des Vierten Buches Sozialgesetzbuch unter Zugrundelegung der Beitragssatzpauschalen nach Absatz 1 bestimmt wird.

(3) Andere Maßgaben zur Bestimmung der sozialversicherungsrechtlichen Beitragsbemessungsgrundlagen werden nicht berücksichtigt.

§ 3 Anrechnung von anderen Einnahmen

(1) 1Auf das der berechtigten Person nach § 2 oder nach § 2 in Verbindung mit § 2a zustehende Elterngeld werden folgende Einnahmen angerechnet:

1. Mutterschaftsleistungen
   a) in Form des Mutterschaftsgeldes nach dem Fünften Buch Sozialgesetzbuch oder nach dem Zweiten Gesetz über die Krankenversicherung der Landwirte mit Ausnahme des Mutterschaftsgeldes nach § 19 Absatz 2 des Mutterschutzgesetzes oder
   b) in Form des Zuschusses zum Mutterschaftsgeld nach § 20 des Mutterschutzgesetzes, die der berechtigten

Person für die Zeit ab dem Tag der Geburt des Kindes zustehen,

2. Dienst- und Anwärterbezüge sowie Zuschüsse, die der berechtigten Person nach beamten- oder soldatenrechtlichen Vorschriften für die Zeit eines Beschäftigungsverbots ab dem Tag der Geburt des Kindes zustehen,
3. dem Elterngeld oder den Mutterschaftsleistungen vergleichbare Leistungen, auf die eine nach § 1 berechtigte Person außerhalb Deutschlands oder gegenüber einer über- oder zwischenstaatlichen Einrichtung Anspruch hat,
4. Elterngeld, das der berechtigten Person für ein älteres Kind zusteht, oder dem Elterngeld oder den Mutterschaftsleistungen vergleichbare Leistungen für ein älteres Kind, auf die die berechtigte Person außerhalb Deutschlands oder gegenüber einer über- oder zwischenstaatlichen Einrichtung Anspruch hat,
5. Einnahmen, die der berechtigten Person als Ersatz für Erwerbseinkommen zustehen und
   a) die nicht bereits für die Berechnung des Elterngeldes nach § 2 berücksichtigt werden oder
   b) bei deren Berechnung das Elterngeld nicht berücksichtigt wird.

VIII

2Stehen der berechtigten Person die Einnahmen nur für einen Teil des Lebensmonats des Kindes zu, sind sie nur auf den entsprechenden Teil des Elterngeldes anzurechnen. 3Für jeden Kalendermonat, in dem Einnahmen nach Satz 1 Nummer 4 oder Nummer 5 im Bemessungszeitraum bezogen worden sind, wird der Anrechnungsbetrag um ein Zwölftel gemindert. 4Beginnt der Bezug von Einnahmen nach Satz 1 Nummer 5 nach der Geburt des Kindes und berechnen sich die anzurechnenden Einnahmen auf der Grundlage eines Einkommens, das geringer ist als das Einkommen aus Erwerbstätigkeit im Bemessungszeitraum, so ist der Teil des Elterngeldes in Höhe des nach § 2 Absatz 1 oder 2 maßgeblichen Prozentsatzes des Unterschiedsbetrages zwischen dem durchschnittlichen monatlichen Einkommen aus Erwerbstätigkeit im Bemessungszeitraum und dem durchschnittlichen monatlichen Bemessungseinkommen der anzurechnenden Einnahmen von der Anrechnung freigestellt.

(2) 1Bis zu einem Betrag von 300 Euro ist das Elterngeld von der Anrechnung nach Absatz 1 frei, soweit nicht Einnahmen nach Absatz 1 Satz 1 Nummer 1 bis 3 auf das Elterngeld anzurechnen sind. 2Dieser Betrag erhöht sich bei Mehrlingsgeburten um je 300 Euro für das zweite und jedes weitere Kind.

(3) Solange kein Antrag auf die in Absatz 1 Satz 1 Nummer 3 genannten vergleichbaren Leistungen gestellt wird, ruht der Anspruch auf Elterngeld bis zur möglichen Höhe der vergleichbaren Leistung.

§ 4 Bezugsdauer, Anspruchsumfang

(1) 1Elterngeld wird als Basiselterngeld oder als Elterngeld Plus gewährt. 2Es kann ab dem Tag der Geburt bezogen werden. 3Basiselterngeld kann bis zur Vollendung des 14. Lebensmonats des Kindes bezogen werden. 4Elterngeld Plus kann bis zur Vollendung des 32. Lebensmonats bezogen werden, solange es ab dem 15. Lebensmonat in aufeinander folgenden Lebensmonaten von zumindest einem Elternteil in Anspruch genommen wird. 5Für angenommene Kinder und Kinder im Sinne des § 1 Absatz 3 Satz 1 Nummer 1 kann Elterngeld ab Aufnahme bei der berechtigten Person längstens bis zur Vollendung des achten Lebensjahres des Kindes bezogen werden.

(2) 1Elterngeld wird in Monatsbeträgen für Lebensmonate des Kindes gezahlt. 2Der Anspruch endet mit dem Ablauf des Lebensmonats, in dem eine Anspruchsvoraussetzung entfallen ist.

(3) 1Die Eltern haben gemeinsam Anspruch auf zwölf Monatsbeträge Basiselterngeld. 2Ist das Einkommen aus Erwerbstätigkeit eines Elternteils in zwei Lebensmonaten gemindert, haben die Eltern gemeinsam Anspruch auf zwei weitere Monate Basiselterngeld (Partnermonate). 3Statt für einen Lebensmonat Basiselterngeld zu beanspruchen, kann die berechtigte Person jeweils zwei Lebensmonate Elterngeld Plus beziehen.

(4) $_1$Ein Elternteil hat Anspruch auf höchstens zwölf Monatsbeträge Basiselterngeld zuzüglich der höchstens vier zustehenden Monatsbeträge Partnerschaftsbonus nach § 4b. $_2$Ein Elternteil hat nur Anspruch auf Elterngeld, wenn er es mindestens für zwei Lebensmonate bezieht. $_3$Lebensmonate des Kindes, in denen einem Elternteil nach § 3 Absatz 1 Satz 1 Nummer 1 bis 3 anzurechnende Leistungen oder nach § 192 Absatz 5 Satz 2 des Versicherungsvertragsgesetzes Versicherungsleistungen zustehen, gelten als Monate, für die dieser Elternteil Basiselterngeld nach § 4a Absatz 1 bezieht.

(5) $_1$Abweichend von Absatz 3 Satz 1 beträgt der gemeinsame Anspruch der Eltern auf Basiselterngeld für ein Kind, das

1. mindestens sechs Wochen vor dem voraussichtlichen Tag der Entbindung geboren wurde: 13 Monatsbeträge Basiselterngeld;
2. mindestens acht Wochen vor dem voraussichtlichen Tag der Entbindung geboren wurde: 14 Monatsbeträge Basiselterngeld;
3. mindestens zwölf Wochen vor dem voraussichtlichen Tag der Entbindung geboren wurde: 15 Monatsbeträge Basiselterngeld;
4. mindestens 16 Wochen vor dem voraussichtlichen Tag der Entbindung geboren wurde: 16 Monatsbeträge Basiselterngeld.

$_2$Für die Berechnung des Zeitraums zwischen dem voraussichtlichen Tag der Entbindung und dem tatsächlichen Tag der Geburt ist der voraussichtliche Tag der Entbindung maßgeblich, wie er sich aus dem ärztlichen Zeugnis oder dem Zeugnis einer Hebamme oder eines Entbindungspflegers ergibt.

$_3$Im Fall von

1. Satz 1 Nummer 1
   a) hat ein Elternteil abweichend von Absatz 4 Satz 1 Anspruch auf höchstens 13 Monatsbeträge Basiselterngeld zuzüglich der höchstens vier zustehenden Monatsbeträge Partnerschaftsbonus nach § 4b,
   b) kann Basiselterngeld abweichend von Absatz 1 Satz 3 bis zur Vollendung des 15. Lebensmonats des Kindes bezogen werden und
   c) kann Elterngeld Plus abweichend von Absatz 1 Satz 4 bis zur Vollendung des 32. Lebensmonats des Kindes bezogen werden, solange es ab dem 16. Lebensmonat in aufeinander folgenden Lebensmonaten von zumindest einem Elternteil in Anspruch genommen wird;
2. Satz 1 Nummer 2
   a) hat ein Elternteil abweichend von Absatz 4 Satz 1 Anspruch auf höchstens 14 Monatsbeträge Basiselterngeld zuzüglich der höchstens vier zustehenden Monatsbeträge Partnerschaftsbonus nach § 4b,
   b) kann Basiselterngeld abweichend von Absatz 1 Satz 3 bis zur Vollendung des 16. Lebensmonats des Kindes bezogen werden und
   c) kann Elterngeld Plus abweichend von Absatz 1 Satz 4 bis zur Vollendung des 32. Lebensmonats des Kindes bezogen werden, solange es ab dem 17. Lebensmonat in aufeinander folgenden Lebensmonaten von zumindest einem Elternteil in Anspruch genommen wird;
3. Satz 1 Nummer 3
   a) hat ein Elternteil abweichend von Absatz 4 Satz 1 Anspruch auf höchstens 15 Monatsbeträge Basiselterngeld zuzüglich der höchstens vier zustehenden Monatsbeträge Partnerschaftsbonus nach § 4b,
   b) kann Basiselterngeld abweichend von Absatz 1 Satz 3 bis zur Vollendung des 17. Lebensmonats des Kindes bezogen werden und
   c) kann Elterngeld Plus abweichend von Absatz 1 Satz 4 bis zur Vollendung des 32. Lebensmonats des Kindes bezogen werden, solange es ab dem 18. Lebensmonat in aufeinander folgenden Lebensmonaten von zumindest einem Elternteil in Anspruch genommen wird;
4. Satz 1 Nummer 4
   a) hat ein Elternteil abweichend von Absatz 4 Satz 1 Anspruch auf höchstens

16 Monatsbeträge Basiselterngeld zuzüglich der höchstens vier zustehenden Monatsbeträge Partnerschaftsbonus nach § 4b,

b) kann Basiselterngeld abweichend von Absatz 1 Satz 3 bis zur Vollendung des 18. Lebensmonats des Kindes bezogen werden und

c) kann Elterngeld Plus abweichend von Absatz 1 Satz 4 bis zur Vollendung des 32. Lebensmonats des Kindes bezogen werden, solange es ab dem 19. Lebensmonat in aufeinander folgenden Lebensmonaten von zumindest einem Elternteil in Anspruch genommen wird.

(6) 1Ein gleichzeitiger Bezug von Basiselterngeld beider Elternteile ist nur in einem der ersten zwölf Lebensmonate des Kindes möglich. 2Bezieht einer der beiden Elternteile Elterngeld Plus, so kann dieser Elternteil das Elterngeld Plus gleichzeitig zum Bezug von Basiselterngeld oder von Elterngeld Plus des anderen Elternteils beziehen. 3§ 4b bleibt unberührt. 4Abweichend von Satz 1 können bei Mehrlingsgeburten und Frühgeburten im Sinne des Absatzes 5 sowie bei Kindern, bei denen eine Behinderung im Sinne von § 2 Absatz 1 Satz 1 des Neunten Buches Sozialgesetzbuch ärztlich festgestellt wird und bei Kindern, die einen Geschwisterbonus nach § 2a Absatz 1 in Verbindung mit Absatz 2 Satz 3 auslösen, beide Elternteile gleichzeitig Basiselterngeld beziehen.

VIII

§ 4a Berechnung von Basiselterngeld und Elterngeld Plus

(1) Basiselterngeld wird allein nach den Vorgaben der §§ 2 bis 3 ermittelt.

(2) 1Elterngeld Plus wird nach den Vorgaben der §§ 2 bis 3 und den zusätzlichen Vorgaben der Sätze 2 und 3 ermittelt. 2Das Elterngeld Plus beträgt monatlich höchstens die Hälfte des Basiselterngeldes, das der berechtigten Person zustünde, wenn sie während des Elterngeldbezugs keine Einnahmen im Sinne des § 2 oder des § 3 hätte oder hat. 3Für die Berechnung des Elterngeldes Plus halbieren sich:

1. der Mindestbetrag für das Elterngeld nach § 2 Absatz 4 Satz 1,
2. der Mindestbetrag des Geschwisterbonus nach § 2a Absatz 1 Satz 1,
3. der Mehrlingszuschlag nach § 2a Absatz 4 sowie
4. die von der Anrechnung freigestellten Elterngeldbeträge nach § 3 Absatz 2.

§ 4b Partnerschaftsbonus

(1) Wenn beide Elternteile

1. nicht weniger als 24 und nicht mehr als 32 Wochenstunden im Durchschnitt des Lebensmonats erwerbstätig sind und
2. die Voraussetzungen des § 1 erfüllen,

hat jeder Elternteil für diesen Lebensmonat Anspruch auf einen zusätzlichen Monatsbetrag Elterngeld Plus (Partnerschaftsbonus).

(2) 1Die Eltern haben je Elternteil Anspruch auf höchstens vier Monatsbeträge Partnerschaftsbonus. 2Sie können den Partnerschaftsbonus nur beziehen, wenn sie ihn jeweils für mindestens zwei Lebensmonate in Anspruch nehmen.

(3) Die Eltern können den Partnerschaftsbonus nur gleichzeitig und in aufeinander folgenden Lebensmonaten beziehen.

(4) Treten während des Bezugs des Partnerschaftsbonus die Voraussetzungen für einen alleinigen Bezug nach § 4c Absatz 1 Nummer 1 bis 3 ein, so kann der Bezug durch einen Elternteil nach § 4c Absatz 2 fortgeführt werden.

(5) Das Erfordernis des Bezugs in aufeinander folgenden Lebensmonaten nach Absatz 3 und § 4 Absatz 1 Satz 4 gilt auch dann als erfüllt, wenn sich während des Bezugs oder nach dem Ende des Bezugs herausstellt, dass die Voraussetzungen für den Partnerschaftsbonus nicht in allen Lebensmonaten, für die der Partnerschaftsbonus beantragt wurde, vorliegen oder vorlagen.

§ 4c Alleiniger Bezug durch einen Elternteil

(1) Ein Elternteil kann abweichend von § 4 Absatz 4 Satz 1 zusätzlich auch das Elterngeld für die Partnermonate nach § 4 Absatz 3 Satz 2 beziehen, wenn das Einkommen aus

Erwerbstätigkeit für zwei Lebensmonate gemindert ist und

1. bei diesem Elternteil die Voraussetzungen für den Entlastungsbetrag für Alleinerziehende nach § 24b Absatz 1 und 3 des Einkommensteuergesetzes vorliegen und der andere Elternteil weder mit ihm noch mit dem Kind in einer Wohnung lebt,
2. mit der Betreuung durch den anderen Elternteil eine Gefährdung des Kindeswohls im Sinne von § 1666 Absatz 1 und 2 des Bürgerlichen Gesetzbuchs verbunden wäre oder
3. die Betreuung durch den anderen Elternteil unmöglich ist, insbesondere, weil er wegen einer schweren Krankheit oder einer Schwerbehinderung sein Kind nicht betreuen kann; für die Feststellung der Unmöglichkeit der Betreuung bleiben wirtschaftliche Gründe und Gründe einer Verhinderung wegen anderweitiger Tätigkeiten außer Betracht.

(2) 1Liegt eine der Voraussetzungen des Absatzes 1 Nummer 1 bis 3 vor, so hat ein Elternteil, der in mindestens zwei bis höchstens vier aufeinander folgenden Lebensmonaten nicht weniger als 24 und nicht mehr als 32 Wochenstunden im Durchschnitt des Lebensmonats erwerbstätig ist, für diese Lebensmonate Anspruch auf zusätzliche Monatsbeträge Elterngeld Plus. 2§ 4b Absatz 5 gilt entsprechend.

§ 4d Weitere Berechtigte

1Die §§ 4 bis 4c gelten in den Fällen des § 1 Absatz 3 und 4 entsprechend. 2Der Bezug von Elterngeld durch nicht sorgeberechtigte Elternteile und durch Personen, die nach § 1 Absatz 3 Satz 1 Nummer 2 und 3 Anspruch auf Elterngeld haben, bedarf der Zustimmung des sorgeberechtigten Elternteils.

Abschnitt 2
Verfahren und Organisation

§ 5 Zusammentreffen von Ansprüchen

(1) Erfüllen beide Elternteile die Anspruchsvoraussetzungen, bestimmen sie, wer von ihnen die Monatsbeträge für welche Lebensmonate des Kindes in Anspruch nimmt.

(2) 1Beanspruchen beide Elternteile zusammen mehr als die ihnen nach § 4 Absatz 3 und § 4b oder nach § 4 Absatz 3 und § 4b in Verbindung mit § 4d zustehenden Monatsbeträge, so besteht der Anspruch eines Elternteils, der nicht über die Hälfte der zustehenden Monatsbeträge hinausgeht, ungekürzt; der Anspruch des anderen Elternteils wird gekürzt auf die vom Gesamtanspruch verbleibenden Monatsbeträge. 2Beansprucht jeder der beiden Elternteile mehr als die Hälfte der ihm zustehenden Monatsbeträge, steht jedem Elternteil die Hälfte des Gesamtanspruchs der Monatsbeträge zu.

(3) 1Die Absätze 1 und 2 gelten in den Fällen des § 1 Absatz 3 und 4 entsprechend. 2Wird eine Einigung mit einem nicht sorgeberechtigten Elternteil oder einer Person, die nach § 1 Absatz 3 Satz 1 Nummer 2 und 3 Anspruch auf Elterngeld hat, nicht erzielt, so kommt es abweichend von Absatz 2 allein auf die Entscheidung des sorgeberechtigten Elternteils an.

§ 6 Auszahlung

Elterngeld wird im Laufe des Lebensmonats gezahlt, für den es bestimmt ist.

§ 7 Antragstellung

(1) 1Elterngeld ist schriftlich zu beantragen. 2Es wird rückwirkend nur für die letzten drei Lebensmonate vor Beginn des Lebensmonats geleistet, in dem der Antrag auf Elterngeld eingegangen ist. 3Im Antrag ist anzugeben, für welche Lebensmonate Basiselterngeld, für welche Lebensmonate Elterngeld Plus oder für welche Lebensmonate Partnerschaftsbonus beantragt wird.

(2) 1Die im Antrag getroffenen Entscheidungen können bis zum Ende des Bezugszeitraums geändert werden. 2Eine Änderung kann rückwirkend nur für die letzten drei Lebensmonate vor Beginn des Lebensmonats verlangt werden, in dem der Änderungsantrag eingegangen ist. 3Sie ist außer in den Fällen besonderer Härte unzulässig, soweit Monatsbeträge bereits ausgezahlt sind. 4Abweichend

von den Sätzen 2 und 3 kann für einen Lebensmonat, in dem bereits Elterngeld Plus bezogen wurde, nachträglich Basiselterngeld beantragt werden. $_{5}$Im Übrigen finden die für die Antragstellung geltenden Vorschriften auch auf den Änderungsantrag Anwendung.

(3) $_{1}$Der Antrag ist, außer im Fall des § 4c und der Antragstellung durch eine allein sorgeberechtigte Person, zu unterschreiben von der Person, die ihn stellt, und zur Bestätigung der Kenntnisnahme auch von der anderen berechtigten Person. $_{2}$Die andere berechtigte Person kann gleichzeitig

1. einen Antrag auf Elterngeld stellen oder
2. der Behörde anzeigen, wie viele Monatsbeträge sie beansprucht, wenn mit ihrem Anspruch die Höchstgrenzen nach § 4 Absatz 3 in Verbindung mit § 4b überschritten würden.

$_{3}$Liegt der Behörde von der anderen berechtigten Person weder ein Antrag auf Elterngeld noch eine Anzeige nach Satz 2 vor, so werden sämtliche Monatsbeträge der berechtigten Person ausgezahlt, die den Antrag gestellt hat; die andere berechtigte Person kann bei einem späteren Antrag abweichend von § 5 Absatz 2 nur die unter Berücksichtigung von § 4 Absatz 3 in Verbindung mit § 4b vom Gesamtanspruch verbleibenden Monatsbeträge erhalten.

§ 8 Auskunftspflicht, Nebenbestimmungen

(1) Soweit im Antrag auf Elterngeld Angaben zum voraussichtlichen Einkommen aus Erwerbstätigkeit gemacht wurden, ist nach Ablauf des Bezugszeitraums für diese Zeit das tatsächliche Einkommen aus Erwerbstätigkeit nachzuweisen.

(1a) $_{1}$Die Mitwirkungspflichten nach § 60 des Ersten Buches Sozialgesetzbuch gelten

1. im Falle des § 1 Absatz 8 Satz 2 auch für die andere Person im Sinne des § 1 Absatz 8 Satz 2 und
2. im Falle des § 4b oder des § 4b in Verbindung mit § 4d Satz 1 für beide Personen, die den Partnerschaftsbonus beantragt haben.

$_{2}$§ 65 Absatz 1 und 3 des Ersten Buches Sozialgesetzbuch gilt entsprechend.

(2) $_{1}$Elterngeld wird in den Fällen, in denen die berechtigte Person nach ihren Angaben im Antrag im Bezugszeitraum voraussichtlich kein Einkommen aus Erwerbstätigkeit haben wird, unter dem Vorbehalt des Widerrufs für den Fall gezahlt, dass sie entgegen ihren Angaben im Antrag Einkommen aus Erwerbstätigkeit hat. $_{2}$In den Fällen, in denen zum Zeitpunkt der Antragstellung der Steuerbescheid für den letzten abgeschlossenen steuerlichen Veranlagungszeitraum vor der Geburt des Kindes nicht vorliegt und nach den Angaben im Antrag die Beträge nach § 1 Absatz 8 voraussichtlich nicht überschritten werden, wird das Elterngeld unter dem Vorbehalt des Widerrufs für den Fall gezahlt, dass entgegen den Angaben im Antrag die Beträge nach § 1 Absatz 8 überschritten werden.

(3) Über die Höhe des Elterngeldes wird bis zum Nachweis der jeweils erforderlichen Angaben vorläufig unter Berücksichtigung der glaubhaft gemachten Angaben entschieden, wenn

1. zum Zeitpunkt der Antragstellung der Steuerbescheid für den letzten abgeschlossenen Veranlagungszeitraum vor der Geburt des Kindes nicht vorliegt und noch nicht angegeben werden kann, ob die Beträge nach § 1 Absatz 8 überschritten werden,
2. das Einkommen aus Erwerbstätigkeit vor der Geburt nicht ermittelt werden kann oder
3. die berechtigte Person nach den Angaben im Antrag auf Elterngeld im Bezugszeitraum voraussichtlich Einkommen aus Erwerbstätigkeit hat.

§ 9 Einkommens- und Arbeitszeitnachweis, Auskunftspflicht des Arbeitgebers

(1) $_{1}$Soweit es zum Nachweis des Einkommens aus Erwerbstätigkeit oder der wöchentlichen Arbeitszeit erforderlich ist, hat der Arbeitgeber der nach § 12 zuständigen Behörde für bei ihm Beschäftigte das Arbeitsentgelt, die für die Ermittlung der nach den §§ 2e und 2f erforderlichen Abzugsmerkmale für Steuern und Sozialabgaben so-

wie die Arbeitszeit auf Verlangen zu bescheinigen; das Gleiche gilt für ehemalige Arbeitgeber. 2Für die in Heimarbeit Beschäftigten und die ihnen Gleichgestellten (§ 1 Absatz 1 und 2 des Heimarbeitsgesetzes) tritt an die Stelle des Arbeitgebers der Auftraggeber oder Zwischenmeister.

(2) 1Für den Nachweis des Einkommens aus Erwerbstätigkeit kann die nach § 12 Absatz 1 zuständige Behörde auch das in § 108a Absatz 1 des Vierten Buches Sozialgesetzbuch vorgesehene Verfahren zur elektronischen Abfrage und Übermittlung von Entgeltbescheinigungsdaten nutzen. 2Sie darf dieses Verfahren nur nutzen, wenn die betroffene Arbeitnehmerin oder der betroffene Arbeitnehmer zuvor in dessen Nutzung eingewilligt hat. 3Wenn der betroffene Arbeitgeber ein systemgeprüftes Entgeltabrechnungsprogramm nutzt, ist er verpflichtet, die jeweiligen Entgeltbescheinigungsdaten mit dem in § 108a Absatz 1 des Vierten Buches Sozialgesetzbuch vorgesehenen Verfahren zu übermitteln.

§ 10 Verhältnis zu anderen Sozialleistungen

(1) Das Elterngeld und vergleichbare Leistungen der Länder sowie die nach § 3 auf die Leistung angerechneten Einnahmen oder Leistungen bleiben bei Sozialleistungen, deren Zahlung von anderen Einkommen abhängig ist, bis zu einer Höhe von insgesamt 300 Euro im Monat als Einkommen unberücksichtigt.

(2) Das Elterngeld und vergleichbare Leistungen der Länder sowie die nach § 3 auf die Leistung angerechneten Einnahmen oder Leistungen dürfen bis zu einer Höhe von insgesamt 300 Euro nicht dafür herangezogen werden, um auf Rechtsvorschriften beruhende Leistungen anderer, auf die kein Anspruch besteht, zu versagen.

(3) Soweit die berechtigte Person Elterngeld Plus bezieht, bleibt das Elterngeld nur bis zur Hälfte des Anrechnungsfreibetrags, der nach Abzug der anderen nach Absatz 1 nicht zu berücksichtigenden Einnahmen für das Elterngeld verbleibt, als Einkommen unberücksichtigt und darf nur bis zu dieser Höhe nicht dafür herangezogen werden, um auf Rechtsvorschriften beruhende Leistungen anderer, auf die kein Anspruch besteht, zu versagen.

(4) Die nach den Absätzen 1 bis 3 nicht zu berücksichtigenden oder nicht heranzuziehenden Beträge vervielfachen sich bei Mehrlingsgeburten mit der Zahl der geborenen Kinder.

(5) 1Die Absätze 1 bis 4 gelten nicht bei Leistungen nach dem Zweiten Buch Sozialgesetzbuch, dem Zwölften Buch Sozialgesetzbuch, § 6a des Bundeskindergeldgesetzes und dem Asylbewerberleistungsgesetz. 2Bei den in Satz 1 bezeichneten Leistungen bleiben das Elterngeld und vergleichbare Leistungen der Länder sowie die nach § 3 auf das Elterngeld angerechneten Einnahmen in Höhe des nach § 2 Absatz 1 berücksichtigten Einkommens aus Erwerbstätigkeit vor der Geburt bis zu 300 Euro im Monat als Einkommen unberücksichtigt. 3Soweit die berechtigte Person Elterngeld Plus bezieht, verringern sich die Beträge nach Satz 2 um die Hälfte. 4Abweichend von Satz 2 bleibt Mutterschaftsgeld gemäß § 19 des Mutterschutzgesetzes in voller Höhe unberücksichtigt.

(6) Die Absätze 1 bis 4 gelten entsprechend, soweit für eine Sozialleistung ein Kostenbeitrag erhoben werden kann, der einkommensabhängig ist.

§ 11 Unterhaltspflichten

1Unterhaltsverpflichtungen werden durch die Zahlung des Elterngeldes und vergleichbarer Leistungen der Länder nur insoweit berührt, als die Zahlung 300 Euro monatlich übersteigt. 2Soweit die berechtigte Person Elterngeld Plus bezieht, werden die Unterhaltspflichten insoweit berührt, als die Zahlung 150 Euro übersteigt. 3Die in den Sätzen 1 und 2 genannten Beträge vervielfachen sich bei Mehrlingsgeburten mit der Zahl der geborenen Kinder. 4Die Sätze 1 bis 3 gelten nicht in den Fällen des § 1361 Absatz 3, der §§ 1579, 1603 Absatz 2 und des § 1611 Absatz 1 des Bürgerlichen Gesetzbuchs.

§ 12 Zuständigkeit; Bewirtschaftung der Mittel

(1) 1Die Landesregierungen oder die von ihnen beauftragten Stellen bestimmen die für

die Ausführung dieses Gesetzes zuständigen Behörden. 2Zuständig ist die von den Ländern für die Durchführung dieses Gesetzes bestimmte Behörde des Bezirks, in dem das Kind, für das Elterngeld beansprucht wird, zum Zeitpunkt der ersten Antragstellung seinen inländischen Wohnsitz hat. 3Hat das Kind, für das Elterngeld beansprucht wird, in den Fällen des § 1 Absatz 2 zum Zeitpunkt der ersten Antragstellung keinen inländischen Wohnsitz, so ist die von den Ländern für die Durchführung dieses Gesetzes bestimmte Behörde des Bezirks zuständig, in dem die berechtigte Person ihren letzten inländischen Wohnsitz hatte; hilfsweise ist die Behörde des Bezirks zuständig, in dem der entsendende Dienstherr oder Arbeitgeber der berechtigten Person oder der Arbeitgeber des Ehegatten oder der Ehegattin der berechtigten Person den inländischen Sitz hat.

(2) Den nach Absatz 1 zuständigen Behörden obliegt auch die Beratung zur Elternzeit.

(3) 1Der Bund trägt die Ausgaben für das Elterngeld. 2Die damit zusammenhängenden Einnahmen sind an den Bund abzuführen. 3Für die Ausgaben und die mit ihnen zusammenhängenden Einnahmen sind die Vorschriften über das Haushaltsrecht des Bundes einschließlich der Verwaltungsvorschriften anzuwenden.

VIII

§ 13 Rechtsweg

(1) 1Über öffentlich-rechtliche Streitigkeiten in Angelegenheiten der §§ 1 bis 12 entscheiden die Gerichte der Sozialgerichtsbarkeit. 2§ 85 Absatz 2 Nummer 2 des Sozialgerichtsgesetzes gilt mit der Maßgabe, dass die zuständige Stelle nach § 12 bestimmt wird.

(2) Widerspruch und Anfechtungsklage haben keine aufschiebende Wirkung.

§ 14 Bußgeldvorschriften

(1) Ordnungswidrig handelt, wer vorsätzlich oder fahrlässig

1. entgegen § 8 Absatz 1 einen Nachweis nicht, nicht richtig, nicht vollständig oder nicht rechtzeitig erbringt,
2. entgegen § 9 Absatz 1 eine dort genannte Angabe nicht, nicht richtig, nicht vollständig oder nicht rechtzeitig bescheinigt,
3. entgegen § 60 Absatz 1 Satz 1 Nummer 1 des Ersten Buches Sozialgesetzbuch, auch in Verbindung mit § 8 Absatz 1a Satz 1, eine Angabe nicht, nicht richtig, nicht vollständig oder nicht rechtzeitig macht,
4. entgegen § 60 Absatz 1 Satz 1 Nummer 2 des Ersten Buches Sozialgesetzbuch, auch in Verbindung mit § 8 Absatz 1a Satz 1, eine Mitteilung nicht, nicht richtig, nicht vollständig oder nicht rechtzeitig macht oder
5. entgegen § 60 Absatz 1 Satz 1 Nummer 3 des Ersten Buches Sozialgesetzbuch, auch in Verbindung mit § 8 Absatz 1a Satz 1, eine Beweisurkunde nicht, nicht richtig, nicht vollständig oder nicht rechtzeitig vorlegt.

(2) Die Ordnungswidrigkeit kann mit einer Geldbuße von bis zu zweitausend Euro geahndet werden.

(3) Verwaltungsbehörden im Sinne des § 36 Absatz 1 Nummer 1 des Gesetzes über Ordnungswidrigkeiten sind die in § 12 Absatz 1 genannten Behörden.

Abschnitt 3
Elternzeit für Arbeitnehmerinnen und Arbeitnehmer

§ 15 Anspruch auf Elternzeit

(1) 1Arbeitnehmerinnen und Arbeitnehmer haben Anspruch auf Elternzeit, wenn sie

1. a) mit ihrem Kind,
   b) mit einem Kind, für das sie die Anspruchsvoraussetzungen nach § 1 Absatz 3 oder 4 erfüllen, oder
   c) mit einem Kind, das sie in Vollzeitpflege nach § 33 des Achten Buches Sozialgesetzbuch aufgenommen haben,

   in einem Haushalt leben und
2. dieses Kind selbst betreuen und erziehen.

2Nicht sorgeberechtigte Elternteile und Personen, die nach Satz 1 Nummer 1 Buchstabe b und c Elternzeit nehmen können, bedürfen der Zustimmung des sorgeberechtigten Elternteils.

(1a) 1Anspruch auf Elternzeit haben Arbeitnehmerinnen und Arbeitnehmer auch, wenn sie mit ihrem Enkelkind in einem Haushalt leben und dieses Kind selbst betreuen und erziehen und

1. ein Elternteil des Kindes minderjährig ist oder
2. ein Elternteil des Kindes sich in einer Ausbildung befindet, die vor Vollendung des 18. Lebensjahres begonnen wurde und die Arbeitskraft des Elternteils im Allgemeinen voll in Anspruch nimmt.

2Der Anspruch besteht nur für Zeiten, in denen keiner der Elternteile des Kindes selbst Elternzeit beansprucht.

(2) 1Der Anspruch auf Elternzeit besteht bis zur Vollendung des dritten Lebensjahres eines Kindes. 2Ein Anteil von bis zu 24 Monaten kann zwischen dem dritten Geburtstag und dem vollendeten achten Lebensjahr des Kindes in Anspruch genommen werden. 3Die Zeit der Mutterschutzfrist nach § 3 Absatz 2 und 3 des Mutterschutzgesetzes wird für die Elternzeit der Mutter auf die Begrenzung nach den Sätzen 1 und 2 angerechnet. 4Bei mehreren Kindern besteht der Anspruch auf Elternzeit für jedes Kind, auch wenn sich die Zeiträume im Sinne der Sätze 1 und 2 überschneiden. 5Bei einem angenommenen Kind und bei einem Kind in Vollzeit- oder Adoptionspflege kann Elternzeit von insgesamt bis zu drei Jahren ab der Aufnahme bei der berechtigten Person, längstens bis zur Vollendung des achten Lebensjahres des Kindes genommen werden; die Sätze 2 und 4 sind entsprechend anwendbar, soweit sie die zeitliche Aufteilung regeln. 6Der Anspruch kann nicht durch Vertrag ausgeschlossen oder beschränkt werden.

(3) 1Die Elternzeit kann, auch anteilig, von jedem Elternteil allein oder von beiden Elternteilen gemeinsam genommen werden. 2Satz 1 gilt in den Fällen des Absatzes 1 Satz 1 Nummer 1 Buchstabe b und c entsprechend.

(4) 1Die Arbeitnehmerin oder der Arbeitnehmer darf während der Elternzeit nicht mehr als 32 Wochenstunden im Durchschnitt des Monats erwerbstätig sein. 2Die Beschränkung auf 32 Wochenstunden im Durchschnitt des Monats gilt nicht für die Tätigkeit einer im Sinne der §§ 23 und 43 des Achten Buches Sozialgesetzbuch geeigneten Kindertagespflegeperson. 3Die Ausübung einer Teilzeitarbeit bei einem anderen Arbeitgeber oder einer selbständigen Erwerbstätigkeit nach Satz 1 bedürfen der Zustimmung des Arbeitgebers. 4Dieser kann seine Zustimmung nur innerhalb von vier Wochen nach der Beantragung aus dringenden betrieblichen Gründen in Textform verweigern.

(5) 1Der Arbeitnehmer oder die Arbeitnehmerin kann eine Verringerung der Arbeitszeit und ihre Verteilung beantragen. 2Der Antrag kann mit der Mitteilung nach Absatz 7 Satz 1 Nummer 5 in Textform verbunden werden. 3Über den Antrag sollen sich der Arbeitgeber und der Arbeitnehmer oder die Arbeitnehmerin innerhalb von vier Wochen einigen. 4Lehnt der Arbeitgeber den Antrag ab, so hat er dies dem Arbeitnehmer oder der Arbeitnehmerin innerhalb der Frist nach Satz 3 mit einer Begründung mitzuteilen. 5Unberührt bleibt das Recht, sowohl die vor der Elternzeit bestehende Teilzeitarbeit unverändert während der Elternzeit fortzusetzen, soweit Absatz 4 beachtet ist, als auch nach der Elternzeit zu der Arbeitszeit zurückzukehren, die vor Beginn der Elternzeit vereinbart war.

(6) Der Arbeitnehmer oder die Arbeitnehmerin kann gegenüber dem Arbeitgeber, soweit eine Einigung nach Absatz 5 nicht möglich ist, unter den Voraussetzungen des Absatzes 7 während der Gesamtdauer der Elternzeit zweimal eine Verringerung seiner oder ihrer Arbeitszeit beanspruchen.

(7) 1Für den Anspruch auf Verringerung der Arbeitszeit gelten folgende Voraussetzungen:

1. Der Arbeitgeber beschäftigt, unabhängig von der Anzahl der Personen in Berufsbildung, in der Regel mehr als 15 Arbeitnehmer und Arbeitnehmerinnen,

2. das Arbeitsverhältnis in demselben Betrieb oder Unternehmen besteht ohne Unterbrechung länger als sechs Monate,
3. die vertraglich vereinbarte regelmäßige Arbeitszeit soll für mindestens zwei Monate auf einen Umfang von nicht weniger als 15 und nicht mehr als 32 Wochenstunden im Durchschnitt des Monats verringert werden,
4. dem Anspruch stehen keine dringenden betrieblichen Gründe entgegen und
5. der Anspruch auf Teilzeit wurde dem Arbeitgeber
   a) für den Zeitraum bis zum vollendeten dritten Lebensjahr des Kindes sieben Wochen und
   b) für den Zeitraum zwischen dem dritten Geburtstag und dem vollendeten achten Lebensjahr des Kindes 13 Wochen

vor Beginn der Teilzeittätigkeit in Textform mitgeteilt.

2Der Antrag muss den Beginn und den Umfang der verringerten Arbeitszeit enthalten. 3Die gewünschte Verteilung der verringerten Arbeitszeit soll im Antrag angegeben werden. 4Falls der Arbeitgeber die beanspruchte Verringerung oder Verteilung der Arbeitszeit ablehnt, muss die Ablehnung innerhalb der in Satz 5 genannten Frist und mit Begründung in Textform erfolgen. 5Hat ein Arbeitgeber die Verringerung der Arbeitszeit

1. in einer Elternzeit zwischen der Geburt und dem vollendeten dritten Lebensjahr des Kindes nicht spätestens vier Wochen nach Zugang des Antrags oder
2. in einer Elternzeit zwischen dem dritten Geburtstag und dem vollendeten achten Lebensjahr des Kindes nicht spätestens acht Wochen nach Zugang des Antrags

in Textform abgelehnt, gilt die Zustimmung als erteilt und die Verringerung der Arbeitszeit entsprechend den Wünschen der Arbeitnehmerin oder des Arbeitnehmers als festgelegt. 6Haben Arbeitgeber und Arbeitnehmerin oder Arbeitnehmer über die Verteilung der Arbeitszeit kein Einvernehmen nach Absatz 5 Satz 2 erzielt und hat der Arbeitgeber nicht innerhalb der in Satz 5 genannten Fristen die gewünschte Verteilung in Textform abgelehnt, gilt die Verteilung der Arbeitszeit entsprechend den Wünschen der Arbeitnehmerin oder des Arbeitnehmers als festgelegt. 7Soweit der Arbeitgeber den Antrag auf Verringerung oder Verteilung der Arbeitszeit rechtzeitig ablehnt, kann die Arbeitnehmerin oder der Arbeitnehmer Klage vor dem Gericht für Arbeitssachen erheben.

§ 16 Inanspruchnahme der Elternzeit

(1) 1Wer Elternzeit beanspruchen will, muss sie

1. für den Zeitraum bis zum vollendeten dritten Lebensjahr des Kindes spätestens sieben Wochen und
2. für den Zeitraum zwischen dem dritten Geburtstag und dem vollendeten achten Lebensjahr des Kindes spätestens 13 Wochen

vor Beginn der Elternzeit in Textform vom Arbeitgeber verlangen. 2Verlangt die Arbeitnehmerin oder der Arbeitnehmer Elternzeit nach Satz 1 Nummer 1, muss sie oder er gleichzeitig erklären, für welche Zeiten innerhalb von zwei Jahren Elternzeit genommen werden soll. 3Bei dringenden Gründen ist ausnahmsweise eine angemessene kürzere Frist möglich. 4Nimmt die Mutter die Elternzeit im Anschluss an die Mutterschutzfrist, wird die Zeit der Mutterschutzfrist nach § 3 Absatz 2 und 3 des Mutterschutzgesetzes auf den Zeitraum nach Satz 2 angerechnet. 5Nimmt die Mutter die Elternzeit im Anschluss an einen auf die Mutterschutzfrist folgenden Erholungsurlaub, werden die Zeit der Mutterschutzfrist nach § 3 Absatz 2 und 3 des Mutterschutzgesetzes und die Zeit des Erholungsurlaubs auf den Zweijahreszeitraum nach Satz 2 angerechnet. 6Jeder Elternteil kann seine Elternzeit auf drei Zeitabschnitte verteilen; eine Verteilung auf weitere Zeitabschnitte ist nur mit der Zustimmung des Arbeitgebers möglich. 7Der Arbeitgeber kann die Inanspruchnahme eines dritten Abschnitts einer Elternzeit innerhalb von acht Wochen nach Zugang des Antrags aus dringenden betrieblichen Gründen ablehnen, wenn dieser Abschnitt im Zeitraum zwischen dem dritten Geburtstag und dem vollendeten achten Lebensjahr des Kindes liegen soll. 8Der Arbeitgeber hat dem Arbeitnehmer oder der Arbeitnehmerin die Elternzeit zu bescheinigen. 9Bei einem Arbeitgeberwechsel ist bei der Anmeldung der Elternzeit auf Verlangen des neuen Arbeitgebers eine Bescheinigung des früheren Arbeitgebers über bereits genommene Elternzeit durch die Arbeitnehmerin oder den Arbeitnehmer vorzulegen.

(2) Können Arbeitnehmerinnen aus einem von ihnen nicht zu vertretenden Grund eine sich unmittelbar an die Mutterschutzfrist des § 3 Absatz 2 und 3 des Mutterschutzgesetzes anschließende Elternzeit nicht rechtzeitig verlangen, können sie dies innerhalb einer Woche nach Wegfall des Grundes nachholen.

(3) 1Die Elternzeit kann vorzeitig beendet oder im Rahmen des § 15 Absatz 2 verlängert werden, wenn der Arbeitgeber zustimmt. 2Die vorzeitige Beendigung wegen der Geburt eines weiteren Kindes oder in Fällen besonderer Härte, insbesondere bei Eintritt einer schweren Krankheit, Schwerbehinderung oder Tod eines Elternteils oder eines Kindes der berechtigten Person oder bei erheblich gefährdeter wirtschaftlicher Existenz der Eltern nach Inanspruchnahme der Elternzeit, kann der Arbeitgeber unbeschadet von Satz 3 nur innerhalb von vier Wochen aus dringenden betrieblichen Gründen schriftlich ablehnen. 3Die Elternzeit kann zur Inanspruchnahme der Schutzfristen des § 3 des Mutterschutzgesetzes auch ohne Zustimmung des Arbeitgebers vorzeitig beendet werden; in diesen Fällen soll die Arbeitnehmerin dem Arbeitgeber die Beendigung der Elternzeit rechtzeitig mitteilen. 4Eine Verlängerung der Elternzeit kann verlangt werden, wenn ein vorgesehener Wechsel der Anspruchsberechtigten aus einem wichtigen Grund nicht erfolgen kann.

(4) Stirbt das Kind während der Elternzeit, endet diese spätestens drei Wochen nach dem Tod des Kindes.

(5) Eine Änderung in der Anspruchsberechtigung hat der Arbeitnehmer oder die Arbeitnehmerin dem Arbeitgeber unverzüglich mitzuteilen.

§ 17 Urlaub

(1) 1Der Arbeitgeber kann den Erholungsurlaub, der dem Arbeitnehmer oder der Arbeitnehmerin für das Urlaubsjahr zusteht, für jeden vollen Kalendermonat der Elternzeit um ein Zwölftel kürzen. 2Dies gilt nicht, wenn der Arbeitnehmer oder die Arbeitnehmerin während der Elternzeit bei seinem oder ihrem Arbeitgeber Teilzeitarbeit leistet.

(2) Hat der Arbeitnehmer oder die Arbeitnehmerin den ihm oder ihr zustehenden Urlaub vor dem Beginn der Elternzeit nicht oder nicht vollständig erhalten, hat der Arbeitgeber den Resturlaub nach der Elternzeit im laufenden oder im nächsten Urlaubsjahr zu gewähren.

(3) Endet das Arbeitsverhältnis während der Elternzeit oder wird es im Anschluss an die Elternzeit nicht fortgesetzt, so hat der Arbeitgeber den noch nicht gewährten Urlaub abzugelten.

(4) Hat der Arbeitnehmer oder die Arbeitnehmerin vor Beginn der Elternzeit mehr Urlaub erhalten, als ihm oder ihr nach Absatz 1 zusteht, kann der Arbeitgeber den Urlaub, der dem Arbeitnehmer oder der Arbeitnehmerin nach dem Ende der Elternzeit zusteht, um die zu viel gewährten Urlaubstage kürzen.

§ 18 Kündigungsschutz

(1) 1Der Arbeitgeber darf das Arbeitsverhältnis ab dem Zeitpunkt, von dem an Elternzeit verlangt worden ist, nicht kündigen. 2Der Kündigungsschutz nach Satz 1 beginnt

1. frühestens acht Wochen vor Beginn einer Elternzeit bis zum vollendeten dritten Lebensjahr des Kindes und
2. frühestens 14 Wochen vor Beginn einer Elternzeit zwischen dem dritten Geburtstag und dem vollendeten achten Lebensjahr des Kindes.

3Während der Elternzeit darf der Arbeitgeber das Arbeitsverhältnis nicht kündigen. 4In besonderen Fällen kann ausnahmsweise eine Kündigung für zulässig erklärt werden. 5Die Zulässigkeitserklärung erfolgt durch die für den Arbeitsschutz zuständige oberste Landesbehörde oder die von ihr bestimmte Stelle. 6Die Bundesregierung kann mit Zustimmung des Bundesrates allgemeine Verwaltungsvorschriften zur Durchführung des Satzes 4 erlassen.

(2) Absatz 1 gilt entsprechend, wenn Arbeitnehmer oder Arbeitnehmerinnen

1. während der Elternzeit bei demselben Arbeitgeber Teilzeitarbeit leisten oder
2. ohne Elternzeit in Anspruch zu nehmen, Teilzeitarbeit leisten und Anspruch auf Elterngeld nach § 1 während des Zeitraums nach § 4 Absatz 1 Satz 2, 3 und 5 haben.

§ 19 Kündigung zum Ende der Elternzeit

Der Arbeitnehmer oder die Arbeitnehmerin kann das Arbeitsverhältnis zum Ende der Elternzeit nur unter Einhaltung einer Kündigungsfrist von drei Monaten kündigen.

§ 20 Zur Berufsbildung Beschäftigte, in Heimarbeit Beschäftigte

(1) 1Die zu ihrer Berufsbildung Beschäftigten gelten als Arbeitnehmer und Arbeitnehmerinnen im Sinne dieses Gesetzes. 2Die Elternzeit wird auf die Dauer einer Berufsausbildung nicht angerechnet, es sei denn, dass während der Elternzeit die Berufsausbildung nach § 7a des Berufsbildungsgesetzes oder § 27b der Handwerksordnung in Teilzeit durchgeführt wird. 3§ 15 Absatz 4 Satz 1 bleibt unberührt.

VIII

(2) 1Anspruch auf Elternzeit haben auch die in Heimarbeit Beschäftigten und die ihnen Gleichgestellten (§ 1 Absatz 1 und 2 des Heimarbeitsgesetzes), soweit sie am Stück mitarbeiten. 2Für sie tritt an die Stelle des Arbeitgebers der Auftraggeber oder Zwischenmeister und an die Stelle des Arbeitsverhältnisses das Beschäftigungsverhältnis.

§ 21 Befristete Arbeitsverträge

(1) Ein sachlicher Grund, der die Befristung eines Arbeitsverhältnisses rechtfertigt, liegt vor, wenn ein Arbeitnehmer oder eine Arbeitnehmerin zur Vertretung eines anderen Arbeitnehmers oder einer anderen Arbeitnehmerin für die Dauer eines Beschäftigungsverbotes nach dem Mutterschutzgesetz, einer Elternzeit, einer auf Tarifvertrag, Betriebsvereinbarung oder einzelvertraglichen Vereinbarung beruhenden Arbeitsfreistellung zur Betreuung eines Kindes oder für diese Zeiten zusammen oder für Teile davon eingestellt wird.

(2) Über die Dauer der Vertretung nach Absatz 1 hinaus ist die Befristung für notwendige Zeiten einer Einarbeitung zulässig.

(3) Die Dauer der Befristung des Arbeitsvertrags muss kalendermäßig bestimmt oder bestimmbar oder den in den Absätzen 1 und 2 genannten Zwecken zu entnehmen sein.

(4) 1Der Arbeitgeber kann den befristeten Arbeitsvertrag unter Einhaltung einer Frist von mindestens drei Wochen, jedoch frühestens zum Ende der Elternzeit, kündigen, wenn die Elternzeit ohne Zustimmung des Arbeitgebers vorzeitig endet und der Arbeitnehmer oder die Arbeitnehmerin die vorzeitige Beendigung der Elternzeit mitgeteilt hat. 2Satz 1 gilt entsprechend, wenn der Arbeitgeber die vorzeitige Beendigung der Elternzeit in den Fällen des § 16 Absatz 3 Satz 2 nicht ablehnen darf.

(5) Das Kündigungsschutzgesetz ist im Falle des Absatzes 4 nicht anzuwenden.

(6) Absatz 4 gilt nicht, soweit seine Anwendung vertraglich ausgeschlossen ist.

(7) 1Wird im Rahmen arbeitsrechtlicher Gesetze oder Verordnungen auf die Zahl der beschäftigten Arbeitnehmer und Arbeitnehmerinnen abgestellt, so sind bei der Ermittlung dieser Zahl Arbeitnehmer und Arbeitnehmerinnen, die sich in der Elternzeit befinden oder zur Betreuung eines Kindes freigestellt sind, nicht mitzuzählen, solange für sie aufgrund von Absatz 1 ein Vertreter oder eine Vertreterin eingestellt ist. 2Dies gilt nicht, wenn der Vertreter oder die Vertreterin nicht mitzuzählen ist. 3Die Sätze 1 und 2 gelten entsprechend, wenn im Rahmen arbeitsrechtlicher Gesetze oder Verordnungen auf die Zahl der Arbeitsplätze abgestellt wird.

Abschnitt 4
Statistik und Schlussvorschriften

§ 22 Bundesstatistik

(1) 1Zur Beurteilung der Auswirkungen dieses Gesetzes sowie zu seiner Fortentwicklung

sind laufende Erhebungen zum Bezug von Elterngeld als Bundesstatistiken durchzuführen. 2Die Erhebungen erfolgen zentral beim Statistischen Bundesamt.

(2) 1Die Statistik zum Bezug von Elterngeld erfasst vierteljährlich zum jeweils letzten Tag des aktuellen und der vorangegangenen zwei Kalendermonate für Personen, die in einem dieser Kalendermonate Elterngeld bezogen haben, für jedes den Anspruch auslösende Kind folgende Erhebungsmerkmale:

1. Art der Berechtigung nach § 1,
2. Grundlagen der Berechnung des zustehenden Monatsbetrags nach Art und Höhe (§ 2 Absatz 1, 2, 3 oder 4, § 2a Absatz 1 oder 4, § 2c, die §§ 2d, 2e oder § 2f),
3. Höhe und Art des zustehenden Monatsbetrags (§ 4a Absatz 1 und 2 Satz 1) ohne die Berücksichtigung der Einnahmen nach § 3,
4. Art und Höhe der Einnahmen nach § 3,
5. Inanspruchnahme der als Partnerschaftsbonus gewährten Monatsbeträge nach § 4b Absatz 1 und der weiteren Monatsbeträge Elterngeld Plus nach § 4c Absatz 2,
6. Höhe des monatlichen Auszahlungsbetrags,
7. Geburtstag des Kindes,
8. für die Elterngeld beziehende Person:
   a) Geschlecht, Geburtsjahr und -monat,
   b) Staatsangehörigkeit,
   c) Wohnsitz oder gewöhnlicher Aufenthalt,
   d) Familienstand und unverheiratetes Zusammenleben mit dem anderen Elternteil,
   e) Vorliegen der Voraussetzungen nach § 4c Absatz 1 Nummer 1 und
   f) Anzahl der im Haushalt lebenden Kinder.

2Die Angaben nach den Nummern 2, 3, 5 und 6 sind für jeden Lebensmonat des Kindes bezogen auf den nach § 4 Absatz 1 möglichen Zeitraum des Leistungsbezugs zu melden.

(3) Hilfsmerkmale sind:

1. Name und Anschrift der zuständigen Behörde,
2. Name und Telefonnummer sowie Adresse für elektronische Post der für eventuelle Rückfragen zur Verfügung stehenden Person und
3. Kennnummer des Antragstellers oder der Antragstellerin.

§ 23 Auskunftspflicht; Datenübermittlung an das Statistische Bundesamt

(1) 1Für die Erhebung nach § 22 besteht Auskunftspflicht. 2Die Angaben nach § 22 Absatz 3 Nummer 2 sind freiwillig. 3Auskunftspflichtig sind die nach § 12 Absatz 1 zuständigen Stellen.

(2) 1Die Antragstellerin oder der Antragsteller ist gegenüber den nach § 12 Absatz 1 zuständigen Stellen zu den Erhebungsmerkmalen nach § 22 Absatz 2 auskunftspflichtig. 2Die zuständigen Stellen nach § 12 Absatz 1 dürfen die Angaben nach § 22 Absatz 2 Satz 1 Nummer 8, soweit sie für den Vollzug dieses Gesetzes nicht erforderlich sind, nur durch technische und organisatorische Maßnahmen getrennt von den übrigen Daten nach § 22 Absatz 2 und nur für die Übermittlung an das Statistische Bundesamt verwenden und haben diese unverzüglich nach Übermittlung an das Statistische Bundesamt zu löschen.

(3) Die in sich schlüssigen Angaben sind als Einzeldatensätze elektronisch bis zum Ablauf von 30 Arbeitstagen nach Ablauf des Berichtszeitraums an das Statistische Bundesamt zu übermitteln.

§ 24 Übermittlung von Tabellen mit statistischen Ergebnissen durch das Statistische Bundesamt

1Zur Verwendung gegenüber den gesetzgebenden Körperschaften und zu Zwecken der Planung, jedoch nicht zur Regelung von Einzelfällen, übermittelt das Statistische Bundesamt Tabellen mit statistischen Ergebnissen, auch soweit Tabellenfelder nur einen einzigen Fall ausweisen, an die fachlich zuständigen obersten Bundes- oder Landesbehörden. 2Tabellen, deren Tabellenfelder nur einen einzigen Fall ausweisen, dürfen nur dann übermittelt werden, wenn sie nicht differenzierter als auf Regierungsbezirksebene, im Falle der Stadtstaaten auf Bezirksebene, aufbereitet sind.

§ 24a Übermittlung von Einzelangaben durch das Statistische Bundesamt

(1) 1Zur Abschätzung von Auswirkungen der Änderungen dieses Gesetzes im Rahmen der Zwecke nach § 24 übermittelt das Statistische Bundesamt auf Anforderung des fachlich zuständigen Bundesministeriums diesem oder von ihm beauftragten Forschungseinrichtungen Einzelangaben ab dem Jahr 2007 ohne Hilfsmerkmale mit Ausnahme des Merkmals nach § 22 Absatz 3 Nummer 3 für die Entwicklung und den Betrieb von Mikrosimulationsmodellen. 2Die Einzelangaben dürfen nur im hierfür erforderlichen Umfang und mittels eines sicheren Datentransfers übermittelt werden.

(2) 1Bei der Verarbeitung der Daten nach Absatz 1 ist das Statistikgeheimnis nach § 16 des Bundesstatistikgesetzes zu wahren. 2Dafür ist die Trennung von statistischen und nichtstatistischen Aufgaben durch Organisation und Verfahren zu gewährleisten. 3Die nach Absatz 1 übermittelten Daten dürfen nur für die Zwecke verwendet werden, für die sie übermittelt wurden. 4Die übermittelten Einzeldaten sind nach dem Erreichen des Zweckes zu löschen, zu dem sie übermittelt wurden.

(3) 1Personen, die Empfängerinnen und Empfänger von Einzelangaben nach Absatz 1 Satz 1 sind, unterliegen der Pflicht zur Geheimhaltung nach § 16 Absatz 1 und 10 des Bundesstatistikgesetzes. 2Personen, die Einzelangaben nach Absatz 1 Satz 1 erhalten sollen, müssen Amtsträger oder für den öffentlichen Dienst besonders Verpflichtete sein. 3Personen, die Einzelangaben erhalten sollen und die nicht Amtsträger oder für den öffentlichen Dienst besonders Verpflichtete sind, sind vor der Übermittlung zur Geheimhaltung zu verpflichten. 4§ 1 Absatz 2, 3 und 4 Nummer 2 des Verpflichtungsgesetzes vom 2. März 1974 (BGBl. I S. 469, 547), das durch § 1 Nummer 4 des Gesetzes vom 15. August 1974 (BGBl. I S. 1942) geändert worden ist, gilt in der jeweils geltenden Fassung entsprechend. 5Die Empfängerinnen und Empfänger von Einzelangaben dürfen aus ihrer Tätigkeit gewonnene Erkenntnisse nur für die in Absatz 1 genannten Zwecke verwenden.

§ 25 Automatisierter Datenabruf bei den Standesämtern

Beantragt eine Person Elterngeld, so ist die nach § 12 Absatz 1 zuständige Behörde berechtigt, zur Prüfung des Anspruchs nach § 1 die folgenden Daten über die Beurkundung der Geburt eines Kindes bei dem für die Entgegennahme der Anzeige der Geburt zuständigen Standesamt gemäß § 68 Absatz 3 des Personenstandsgesetzes automatisiert abzurufen, wenn die antragstellende Person zuvor in die elektronische Datenübermittlung eingewilligt hat:

1. Tag und Ort der Geburt des Kindes,
2. Geburtsname und Vornamen des Kindes,
3. Familiennamen, Geburtsnamen und Vornamen der Eltern des Kindes.

§ 26 Anwendung der Bücher des Sozialgesetzbuches

(1) Soweit dieses Gesetz zum Elterngeld keine ausdrückliche Regelung trifft, ist bei der Ausführung des Ersten und Zweiten Abschnitts das Erste Kapitel des Zehnten Buches Sozialgesetzbuch anzuwenden.

(2) § 328 Absatz 3 und § 331 des Dritten Buches Sozialgesetzbuch gelten entsprechend.

§ 27 Sonderregelung aus Anlass der COVID-19-Pandemie

(1) 1Übt ein Elternteil eine systemrelevante Tätigkeit aus, so kann sein Bezug von Elterngeld auf Antrag für die Zeit vom 1. März 2020 bis 31. Dezember 2020 aufgeschoben werden. 2Der Bezug der verschobenen Lebensmonate ist spätestens bis zum 30. Juni 2021 anzutreten. 3Wird von der Möglichkeit des Aufschubs Gebrauch gemacht, so kann das Basiselterngeld abweichend von § 4 Absatz 1 Satz 2 und 3 auch noch nach Vollendung des 14. Lebensmonats bezogen werden. 4In der Zeit vom 1. März 2020 bis 30. Juni 2021 entstehende Lücken im Elterngeldbezug sind abweichend von § 4 Absatz 1 Satz 4 unschädlich.

(2) 1Für ein Verschieben des Partnerschaftsbonus genügt es, wenn nur ein Elternteil einen systemrelevanten Beruf ausübt. 2Hat der Bezug des Partnerschaftsbonus bereits be-

VIII

gonnen, so gelten allein die Bestimmungen des Absatzes 3.

(3) Liegt der Bezug des Partnerschaftsbonus ganz oder teilweise vor dem Ablauf des 23. September 2022 und kann die berechtigte Person die Voraussetzungen des Bezugs aufgrund der COVID-19-Pandemie nicht einhalten, gelten die Angaben zur Höhe des Einkommens und zum Umfang der Arbeitszeit, die bei der Beantragung des Partnerschaftsbonus glaubhaft gemacht worden sind.

§ 28 Übergangsvorschrift

(1) Für die vor dem 1. September 2021 geborenen oder mit dem Ziel der Adoption aufgenommenen Kinder ist dieses Gesetz in der bis zum 31. August 2021 geltenden Fassung weiter anzuwenden.

(1a) Für die nach dem 31. August 2021 und vor dem 1. April 2024 geborenen oder mit dem Ziel der Adoption aufgenommenen Kinder ist dieses Gesetz in der bis zum 31. März 2024 geltenden Fassung weiter anzuwenden.

(1b) Für die nach dem 31. März 2024 und vor dem 1. Mai 2025 geborenen oder mit dem Ziel der Adoption aufgenommenen Kinder ist dieses Gesetz in der bis zum 30. April 2025 geltenden Fassung weiter anzuwenden.

(2) Für die dem Erziehungsgeld vergleichbaren Leistungen der Länder sind § 8 Absatz 1 und § 9 des Bundeserziehungsgeldgesetzes in der bis zum 31. Dezember 2006 geltenden Fassung weiter anzuwenden.

(3) $_{1}$§ 1 Absatz 7 Satz 1 Nummer 1 bis 4 in der Fassung des Artikels 36 des Gesetzes vom 12. Dezember 2019 (BGBl. I S. 2451) ist für Entscheidungen anzuwenden, die Zeiträume betreffen, die nach dem 29. Februar 2020 beginnen. $_{2}$§ 1 Absatz 7 Satz 1 Nummer 5 in der Fassung des Artikels 36 des Gesetzes vom 12. Dezember 2019 (BGBl. I S. 2451) ist für Entscheidungen anzuwenden, die Zeiträume betreffen, die nach dem 31. Dezember 2019 beginnen. $_{3}$§ 1 Absatz 7 Satz 1 Nummer 2 Buchstabe c in der Fassung des Artikels 12 Nummer 1 des Gesetzes vom 23. Mai 2022 (BGBl. I S. 760) ist für Entscheidungen anzuwenden, die Zeiträume betreffen, die nach dem 31. Mai 2022 beginnen. $_{4}$§ 1 Absatz 7 Satz 1 Nummer 2 Buchstabe a und b in der Fassung des Artikels 43 des Gesetzes vom 2. Dezember 2024 (BGBl. 2024 I Nr. 387) ist für Entscheidungen anzuwenden, die Zeiträume betreffen, die nach dem 31. Mai 2024 beginnen.

(4) $_{1}$§ 9 Absatz 2 ist auf Kinder anwendbar, die nach dem 31. Dezember 2021 geboren oder mit dem Ziel der Adoption aufgenommen worden sind. $_{2}$§ 25 ist auf Kinder anwendbar, die nach dem 31. Oktober 2024 geboren oder mit dem Ziel der Adoption aufgenommen worden sind. $_{3}$Für die nach dem 31. Dezember 2021 und vor dem 1. November 2024 geborenen oder mit dem Ziel der Adoption aufgenommenen Kinder ist § 25 in der bis zum 31. Oktober 2024 geltenden Fassung weiter anzuwenden. $_{4}$Zur Erprobung des Verfahrens können diese Regelungen in Pilotprojekten mit Zustimmung des Bundesministeriums für Familie, Senioren, Frauen und Jugend, des Bundesministeriums für Arbeit und Soziales und des Bundesministeriums des Innern und für Heimat auf Kinder, die vor dem 1. Januar 2022 geboren oder mit dem Ziel der Adoption aufgenommen worden sind, angewendet werden.

(5) $_{1}$§ 1 Absatz 8 ist auf Kinder anwendbar, die ab dem 1. April 2025 geboren oder mit dem Ziel der Adoption angenommen worden sind. $_{2}$Für die ab dem 1. April 2024 und vor dem 1. April 2025 geborenen oder mit dem Ziel der Adoption angenommenen Kinder gilt § 1 Absatz 8 mit der Maßgabe, dass ein Anspruch entfällt, wenn die berechtigte Person im letzten abgeschlossenen Veranlagungszeitraum vor der Geburt des Kindes ein zu versteuerndes Einkommen nach § 2 Absatz 5 des Einkommensteuergesetzes in Höhe von mehr als 200 000 Euro erzielt hat. $_{3}$Erfüllt auch eine andere Person die Voraussetzungen des § 1 Absatz 1 Satz 1 Nummer 2 oder des Absatzes 3 oder 4, entfällt in diesem Zeitraum abweichend von § 1 Absatz 8 Satz 1 der Anspruch, wenn die Summe des zu versteuernden Einkommens beider Personen mehr als 200 000 Euro beträgt.

Gesetz über vermögenswirksame Leistungen für Beamte, Richter, Berufssoldaten und Soldaten auf Zeit

in der Fassung der Bekanntmachung vom 16. Mai 2002 (BGBl. I S. 1778)

Zuletzt geändert durch
Gesetz zum Abbau verzichtbarer Anordnungen der Schriftform im Verwaltungsrecht des Bundes vom 29. März 2017 (BGBl. I S. 626)

§ 1

(1) Vermögenswirksame Leistungen nach dem Fünften Vermögensbildungsgesetz erhalten

1. Bundesbeamte, Beamte der Länder, der Gemeinden, der Gemeindeverbände sowie der sonstigen der Aufsicht eines Landes unterstehenden Körperschaften, Anstalten und Stiftungen des öffentlichen Rechts; ausgenommen sind die Ehrenbeamten und entpflichtete Hochschullehrer,
2. Richter des Bundes und der Länder; ausgenommen sind die ehrenamtlichen Richter,
3. Berufssoldaten und Soldaten auf Zeit mit Anspruch auf Besoldung oder Ausbildungsgeld (§ 30 Abs. 2 des Soldatengesetzes).

(2) Vermögenswirksame Leistungen werden für die Kalendermonate gewährt, in denen dem Berechtigten Dienstbezüge, Anwärterbezüge oder Ausbildungsgeld nach § 30 Abs. 2 des Soldatengesetzes zustehen und er diese Bezüge erhält.

(3) Der Anspruch auf die vermögenswirksamen Leistungen entsteht frühestens für den Kalendermonat, in dem der Berechtigte die nach § 4 Abs. 1 erforderlichen Angaben mitteilt, und für die beiden vorangegangenen Monate desselben Kalenderjahres.

§ 2

(1) Die vermögenswirksame Leistung beträgt 6,65 Euro. Teilzeitbeschäftigte erhalten den Betrag, der dem Verhältnis der ermäßigten zur regelmäßigen Arbeitszeit entspricht; bei begrenzter Dienstfähigkeit nach bundes- oder landesrechtlicher Regelung gilt Entsprechendes.

(2) Beamte auf Widerruf im Vorbereitungsdienst, deren Anwärterbezüge nebst Familienzuschlag der Stufe 1 971,45 Euro monatlich nicht erreichen, erhalten 13,29 Euro.

(3) Für die Höhe der vermögenswirksamen Leistung sind die Verhältnisse am Ersten des Kalendermonats maßgebend. Wird das Dienstverhältnis nach dem Ersten des Kalendermonats begründet, ist für diesen Monat der Tag des Beginns des Dienstverhältnisses maßgebend.

(4) Die vermögenswirksame Leistung ist bis zum Ablauf der auf den Monat der Mitteilung nach § 4 Abs. 1 folgenden drei Kalendermonate, danach monatlich im Voraus zu zahlen.

§ 3

(1) Die vermögenswirksame Leistung wird dem Berechtigten im Kalendermonat nur einmal gewährt.

(2) Bei mehreren Dienstverhältnissen ist das Dienstverhältnis maßgebend, aus dem der Berechtigte einen Anspruch auf vermögenswirksame Leistungen hat. Sind solche Leistungen für beide Dienstverhältnisse vorgesehen, sind sie aus dem zuerst begründeten Verhältnis zu zahlen.

(3) Erreicht die vermögenswirksame Leistung nach Absatz 2 nicht den Betrag nach § 2 dieses Gesetzes, ist der Unterschiedsbetrag aus dem anderen Dienstverhältnis zu zahlen.

(4) Die Absätze 1 bis 3 gelten entsprechend für vermögenswirksame Leistungen aus einem anderen Rechtsverhältnis, auch wenn die Regelungen im Einzelnen nicht übereinstimmen.

§ 4

(1) Der Berechtigte teilt seiner Dienststelle oder der nach Landesrecht bestimmten Stelle schriftlich oder elektronisch die Art der ge-

VIII

wählten Anlage mit und gibt hierbei, soweit dies nach der Art der Anlage erforderlich ist, das Unternehmen oder Institut mit der Nummer des Kontos an, auf das die Leistung eingezahlt werden soll.

(2) Für die vermögenswirksamen Leistungen nach diesem Gesetz und die vermögenswirksame Anlage von Teilen der Bezüge nach dem Fünften Vermögensbildungsgesetz soll der Berechtigte möglichst dieselbe Anlageart und dasselbe Unternehmen oder Institut wählen.

(3) Der Wechsel der Anlage bedarf im Falle des § 11 Abs. 3 Satz 2 des Fünften Vermögensbildungsgesetzes nicht der Zustimmung der zuständigen Stelle, wenn der Berechtigte diesen Wechsel aus Anlass der erstmaligen Gewährung der vermögenswirksamen Leistung verlangt.

§ 5 (weggefallen)

§ 6

Dieses Gesetz gilt nicht für die öffentlich-rechtlichen Religionsgemeinschaften und ihre Verbände.

Fünftes Gesetz zur Förderung der Vermögensbildung der Arbeitnehmer (Fünftes Vermögensbildungsgesetz – 5. VermBG)

in der Fassung der Bekanntmachung vom 4. März 1994 (BGBl. I S. 406)

Zuletzt geändert durch
Jahressteuergesetz 2024
vom 2. Dezember 2024 (BGBl. I Nr. 387)

§ 1 Persönlicher Geltungsbereich

(1) Die Vermögensbildung der Arbeitnehmer durch vereinbarte vermögenswirksame Leistungen der Arbeitgeber wird nach den Vorschriften dieses Gesetzes gefördert.

(2) Arbeitnehmer im Sinne dieses Gesetzes sind Arbeiter und Angestellte einschließlich der zu ihrer Berufsausbildung Beschäftigten. Als Arbeitnehmer gelten auch die in Heimarbeit Beschäftigten.

(3) Die Vorschriften dieses Gesetzes gelten nicht

1. für vermögenswirksame Leistungen juristischer Personen an Mitglieder des Organs, das zur gesetzlichen Vertretung der juristischen Person berufen ist,
2. für vermögenswirksame Leistungen von Personengesamtheiten an die durch Gesetz, Satzung oder Gesellschaftsvertrag zur Vertretung der Personengesamtheit berufenen Personen.

(4) Für Beamte, Richter, Berufssoldaten und Soldaten auf Zeit gelten die nachstehenden Vorschriften dieses Gesetzes entsprechend.

§ 2 Vermögenswirksame Leistungen, Anlageformen

(1) Vermögenswirksame Leistungen sind Geldleistungen, die der Arbeitgeber für den Arbeitnehmer anlegt

1. als Sparbeiträge des Arbeitnehmers auf Grund eines Sparvertrags über Wertpapiere oder andere Vermögensbeteiligungen (§ 4)
   a) zum Erwerb von Aktien, die vom Arbeitgeber ausgegeben werden oder an einer deutschen Börse zum regulierten Markt zugelassen oder in den Freiverkehr einbezogen sind,
   b) zum Erwerb von Wandelschuldverschreibungen, die vom Arbeitgeber ausgegeben werden oder an einer deutschen Börse zum regulierten Markt zugelassen oder in den Freiverkehr einbezogen sind, sowie von Gewinnschuldverschreibungen, die vom Arbeitgeber ausgegeben werden, zum Erwerb von Namensschuldverschreibungen des Arbeitgebers jedoch nur dann, wenn auf dessen Kosten die Ansprüche des Arbeitnehmers aus der Schuldverschreibung durch ein Kreditinstitut verbürgt oder durch ein Versicherungsunternehmen privatrechtlich gesichert sind und das Kreditinstitut oder Versicherungsunternehmen im Geltungsbereich dieses Gesetzes zum Geschäftsbetrieb befugt ist,
   c) zum Erwerb von Anteilen an OGAW-Sondervermögen sowie an als Sondervermögen aufgelegten offenen Publikums-AIF nach den §§ 218 und 219 des Kapitalanlagegesetzbuchs sowie von Anteilen an offenen EU-Investmentvermögen und offenen ausländischen AIF, die nach dem Kapitalanlagegesetzbuch vertrieben werden dürfen, wenn nach dem Jahresbericht für das vorletzte Geschäftsjahr, das dem Kalenderjahr des Abschlusses des Vertrags im Sinne des § 4 oder des § 5 vorausgeht, der Wert der Aktien in diesem Investmentvermögen 60 Prozent des Werts dieses Investmentvermögens nicht unterschreitet; für neu aufgelegte Invest-

VIII

mentvermögen ist für das erste und zweite Geschäftsjahr der erste Jahresbericht oder der erste Halbjahresbericht nach Auflegung des Investmentvermögens maßgebend,

d) (weggefallen)

e) (weggefallen)

f) zum Erwerb von Genußscheinen, die vom Arbeitgeber als Wertpapiere ausgegeben werden oder an einer deutschen Börse zum regulierten Markt zugelassen oder in den Freiverkehr einbezogen sind und von Unternehmen mit Sitz und Geschäftsleitung im Geltungsbereich dieses Gesetzes, die keine Kreditinstitute sind, ausgegeben werden, wenn mit den Genußscheinen das Recht am Gewinn eines Unternehmens verbunden ist und der Arbeitnehmer nicht als Mitunternehmer im Sinne des § 15 Abs. 1 Satz 1 Nr. 2 des Einkommensteuergesetzes anzusehen ist,

g) zur Begründung oder zum Erwerb eines Geschäftsguthabens bei einer Genossenschaft mit Sitz und Geschäftsleitung im Geltungsbereich dieses Gesetzes; ist die Genossenschaft nicht der Arbeitgeber, so setzt die Anlage vermögenswirksamer Leistungen voraus, daß die Genossenschaft entweder ein Kreditinstitut oder eine Bau- oder Wohnungsgenossenschaft im Sinne des § 2 Abs. 1 Nr. 2 des Wohnungsbau-Prämiengesetzes ist, die zum Zeitpunkt der Begründung oder des Erwerbs des Geschäftsguthabens seit mindestens drei Jahren im Genossenschaftsregister ohne wesentliche Änderung ihres Unternehmensgegenstandes eingetragen und nicht aufgelöst ist oder Sitz und Geschäftsleitung in dem in Artikel 3 des Einigungsvertrages genannten Gebiet hat und dort entweder am 1. Juli 1990 als Arbeiterwohnungsbaugenossenschaft, Gemeinnützige Wohnungsbaugenossenschaft oder sonstige Wohnungsbaugenossenschaft bestanden oder einen nicht unwesentlichen Teil von Wohnungen aus dem Bestand einer solchen Bau- oder Wohnungsgenossenschaft erworben hat,

h) zur Übernahme einer Stammeinlage oder zum Erwerb eines Geschäftsanteils an einer Gesellschaft mit beschränkter Haftung mit Sitz und Geschäftsleitung im Geltungsbereich dieses Gesetzes, wenn die Gesellschaft das Unternehmen des Arbeitgebers ist,

i) zur Begründung oder zum Erwerb einer Beteiligung als stiller Gesellschafter im Sinne des § 230 des Handelsgesetzbuchs am Unternehmen des Arbeitgebers mit Sitz und Geschäftsleitung im Geltungsbereich dieses Gesetzes, wenn der Arbeitnehmer nicht als Mitunternehmer im Sinne des § 15 Abs. 1 Nr. 2 des Einkommensteuergesetzes anzusehen ist,

k) zur Begründung oder zum Erwerb einer Darlehensforderung gegen den Arbeitgeber, wenn auf dessen Kosten die Ansprüche des Arbeitnehmers aus dem Darlehensvertrag durch ein Kreditinstitut verbürgt oder durch ein Versicherungsunternehmen privatrechtlich gesichert sind und das Kreditinstitut oder Versicherungsunternehmen im Geltungsbereich dieses Gesetzes zum Geschäftsbetrieb befugt ist,

l) zur Begründung oder zum Erwerb eines Genußrechts am Unternehmen des Arbeitgebers mit Sitz und Geschäftsleitung im Geltungsbereich dieses Gesetzes, wenn damit das Recht am Gewinn dieses Unternehmens verbunden ist, der Arbeitnehmer nicht als Mitunternehmer im Sinne des § 15 Abs. 1 Nr. 2 des Einkommensteuergesetzes anzusehen ist und über das Genußrecht kein Genußschein im Sinne des Buchstaben f ausgegeben wird,

2. als Aufwendungen des Arbeitnehmers auf Grund eines Wertpapier-Kaufvertrags (§ 5),

3. als Aufwendungen des Arbeitnehmers auf Grund eines Beteiligungs-Vertrags (§ 6) oder eines Beteiligungs-Kaufvertrags (§ 7),

4. als Aufwendungen des Arbeitnehmers nach den Vorschriften des Wohnungsbau-Prämiengesetzes; die Voraussetzungen für die Gewährung einer Prämie nach dem Wohnungsbau-Prämiengesetz brauchen nicht vorzuliegen; die Anlage vermögenswirksamer Leistungen als Aufwendungen nach § 2 Abs. 1 Nr. 2 des Wohnungsbau-Prämiengesetzes für den ersten Erwerb von Anteilen an Bau- und Wohnungsgenossenschaften setzt voraus, daß die Voraussetzungen der Nummer 1 Buchstabe g zweiter Halbsatz erfüllt sind,
5. als Aufwendungen des Arbeitnehmers
   a) zum Bau, zum Erwerb, zum Ausbau oder zur Erweiterung eines im Inland belegenen Wohngebäudes oder einer im Inland belegenen Eigentumswohnung,
   b) zum Erwerb eines Dauerwohnrechts im Sinne des Wohnungseigentumsgesetzes an einer im Inland belegenen Wohnung,
   c) zum Erwerb eines im Inland belegenen Grundstücks zum Zwecke des Wohnungsbaus oder
   d) zur Erfüllung von Verpflichtungen, die im Zusammenhang mit den in den Buchstaben a bis c bezeichneten Vorhaben eingegangen sind,

   sofern der Anlage nicht ein von einem Dritten vorgefertigtes Konzept zu Grunde liegt, bei dem der Arbeitnehmer vermögenswirksame Leistungen zusammen mit mehr als 15 anderen Arbeitnehmern anlegen kann; die Förderung der Aufwendungen nach den Buchstaben a bis c setzt voraus, daß sie unmittelbar für die dort bezeichneten Vorhaben verwendet werden,
6. als Sparbeiträge des Arbeitnehmers auf Grund eines Sparvertrags (§ 8),
7. als Beiträge des Arbeitnehmers auf Grund eines Kapitalversicherungsvertrags (§ 9),
8. als Aufwendungen des Arbeitnehmers, der nach § 18 Abs. 2 oder 3 die Mitgliedschaft in einer Genossenschaft oder Gesellschaft mit beschränkter Haftung gekündigt hat, zur Erfüllung von Verpflichtungen aus der Mitgliedschaft, die nach dem 31. Dezember 1994 fortbestehen oder entstehen.

(2) Aktien, Wandelschuldverschreibungen, Gewinnschuldverschreibungen oder Genußscheine eines Unternehmens, das im Sinne des § 18 Abs. 1 des Aktiengesetzes als herrschendes Unternehmen mit dem Unternehmen des Arbeitgebers verbunden ist, stehen Aktien, Wandelschuldverschreibungen, Gewinnschuldverschreibungen oder Genußscheinen im Sinne des Absatzes 1 Nr. 1 Buchstabe a, b oder f gleich, die vom Arbeitgeber ausgegeben werden. Ein Geschäftsguthaben bei einer Genossenschaft mit Sitz und Geschäftsleitung im Geltungsbereich dieses Gesetzes, die im Sinne des § 18 Abs. 1 des Aktiengesetzes als herrschendes Unternehmen mit dem Unternehmen des Arbeitgebers verbunden ist, steht einem Geschäftsguthaben im Sinne des Absatzes 1 Nr. 1 Buchstabe g bei einer Genossenschaft, die das Unternehmen des Arbeitgebers ist, gleich. Eine Stammeinlage oder ein Geschäftsanteil an einer Gesellschaft mit beschränkter Haftung mit Sitz und Geschäftsleitung im Geltungsbereich dieses Gesetzes, die im Sinne des § 18 Abs. 1 des Aktiengesetzes als herrschendes Unternehmen mit dem Unternehmen des Arbeitgebers verbunden ist, stehen einer Stammeinlage oder einem Geschäftsanteil im Sinne des Absatzes 1 Nr. 1 Buchstabe h an einer Gesellschaft, die das Unternehmen des Arbeitgebers ist, gleich. Eine Beteiligung als stiller Gesellschafter an einem Unternehmen mit Sitz und Geschäftsleitung im Geltungsbereich dieses Gesetzes, das im Sinne des § 18 Abs. 1 des Aktiengesetzes als herrschendes Unternehmen mit dem Unternehmen des Arbeitgebers verbunden ist oder das auf Grund eines Vertrags mit dem Arbeitgeber an dessen Unternehmen gesellschaftsrechtlich beteiligt ist, steht einer Beteiligung als stiller Gesellschafter im Sinne des Absatzes 1 Nr. 1 Buchstabe i gleich. Eine Darlehensforderung gegen ein Unternehmen mit Sitz und Geschäftsleitung im Geltungsbereich dieses Gesetzes, das im Sinne des § 18 Abs. 1 des Aktiengesetzes als

herrschendes Unternehmen mit dem Unternehmen des Arbeitgebers verbunden ist, oder ein Genußrecht an einem solchen Unternehmen stehen einer Darlehensforderung oder einem Genußrecht im Sinne des Absatzes 1 Nr. 1 Buchstabe k oder l gleich.

(3) Die Anlage vermögenswirksamer Leistungen in Gewinnschuldverschreibungen im Sinne des Absatzes 1 Nr. 1 Buchstabe b und des Absatzes 2 Satz 1, in denen neben der gewinnabhängigen Verzinsung eine gewinnunabhängige Mindestverzinsung zugesagt ist, setzt voraus, daß

1. die gewinnunabhängige Mindestverzinsung der Gewinnschuldverschreibung im Regelfall die Hälfte der Gesamtverzinsung nicht überschreitet oder
2. die gewinnunabhängige Mindestverzinsung zum Zeitpunkt der Ausgabe der Gewinnschuldverschreibung die Hälfte der Emissionsrendite festverzinslicher Wertpapiere nicht überschreitet, die in den Monatsberichten der Deutschen Bundesbank für den viertletzten Kalendermonat ausgewiesen wird, der dem Kalendermonat der Ausgabe vorausgeht.

(4) Die Anlage vermögenswirksamer Leistungen in Genußscheinen und Genußrechten im Sinne des Absatzes 1 Nr. 1 Buchstabe f und l und des Absatzes 2 Satz 1 und 5 setzt voraus, daß eine Rückzahlung zum Nennwert nicht zugesagt ist; ist neben dem Recht am Gewinn eine gewinnunabhängige Mindestverzinsung zugesagt, gilt Absatz 3 entsprechend.

(5) Der Anlage vermögenswirksamer Leistungen nach Absatz 1 Nr. 1 Buchstabe f, i bis l, Absatz 2 Satz 1, 4 und 5 sowie Absatz 4 in einer Genossenschaft mit Sitz und Geschäftsleitung im Geltungsbereich dieses Gesetzes stehen § 19 und eine Festsetzung durch Satzung gemäß § 20 des Genossenschaftsgesetzes nicht entgegen.

(5a) Der Arbeitgeber hat vor der Anlage vermögenswirksamer Leistungen im eigenen Unternehmen in Zusammenarbeit mit dem Arbeitnehmer Vorkehrungen zu treffen, die der Absicherung der angelegten vermögenswirksamen Leistungen bei einer während der Dauer der Sperrfrist eintretenden Zahlungsunfähigkeit des Arbeitgebers dienen. Das Bundesministerium für Arbeit und Sozialordnung berichtet den gesetzgebenden Körperschaften bis zum 30. Juni 2002 über die nach Satz 1 getroffenen Vorkehrungen.

(6) Vermögenswirksame Leistungen sind steuerpflichtige Einnahmen im Sinne des Einkommensteuergesetzes und Einkommen, Verdienst oder Entgelt (Arbeitsentgelt) im Sinne der Sozialversicherung und des Dritten Buches Sozialgesetzbuch. Reicht der nach Abzug der vermögenswirksamen Leistung verbleibende Arbeitslohn zur Deckung der einzubehaltenden Steuern, Sozialversicherungsbeiträge und Beiträge zur Bundesagentur für Arbeit nicht aus, so hat der Arbeitnehmer dem Arbeitgeber den zur Deckung erforderlichen Betrag zu zahlen.

(7) Vermögenswirksame Leistungen sind arbeitsrechtlich Bestandteil des Lohns oder Gehalts. Der Anspruch auf die vermögenswirksame Leistung ist nicht übertragbar.

§ 3 Vermögenswirksame Leistungen für Angehörige, Überweisung durch den Arbeitgeber, Kennzeichnungs-, Bestätigungs- und Mitteilungspflichten

(1) Vermögenswirksame Leistungen können auch angelegt werden

1. zugunsten des nicht dauernd getrennt lebenden Ehegatten oder Lebenspartners des Arbeitnehmers,
2. zugunsten der in § 32 Abs. 1 des Einkommensteuergesetzes bezeichneten Kinder, die zu Beginn des maßgebenden Kalenderjahrs das 17. Lebensjahr noch nicht vollendet hatten oder die in diesem Kalenderjahr lebend geboren wurden oder
3. zugunsten der Eltern oder eines Elternteils des Arbeitnehmers, wenn der Arbeitnehmer als Kind die Voraussetzungen der Nummer 2 erfüllt.

Dies gilt nicht für die Anlage vermögenswirksamer Leistungen auf Grund von Verträgen nach den §§ 5 bis 7.

(2) Der Arbeitgeber hat die vermögenswirksamen Leistungen für den Arbeitnehmer unmittelbar an das Unternehmen oder Institut zu überweisen, bei dem sie angelegt werden sollen. Er hat dabei gegenüber dem Unternehmen oder Institut die vermögenswirksamen Leistungen zu kennzeichnen. Das Unternehmen oder Institut hat die nach § 2 Abs. 1 Nr. 1 bis 5, Abs. 2 bis 4 angelegten vermögenswirksamen Leistungen und die Art ihrer Anlage zu kennzeichnen. Kann eine vermögenswirksame Leistung nicht oder nicht mehr die Voraussetzungen des § 2 Abs. 1 bis 4 erfüllen, so hat das Unternehmen oder Institut dies dem Arbeitgeber unverzüglich schriftlich mitzuteilen. Die Sätze 1 bis 4 gelten nicht für die Anlage vermögenswirksamer Leistungen auf Grund von Verträgen nach den §§ 5, 6 Abs. 1 und § 7 Abs. 1 mit dem Arbeitgeber.

(3) Für eine vom Arbeitnehmer gewählte Anlage nach § 2 Abs. 1 Nr. 5 hat der Arbeitgeber auf Verlangen des Arbeitnehmers die vermögenswirksamen Leistungen an den Arbeitnehmer zu überweisen, wenn dieser dem Arbeitgeber eine schriftliche Bestätigung seines Gläubigers vorgelegt hat, daß die Anlage bei ihm die Voraussetzungen des § 2 Abs. 1 Nr. 5 erfüllt; Absatz 2 gilt in diesem Falle nicht. Der Arbeitgeber hat die Richtigkeit der Bestätigung nicht zu prüfen.

§ 4 Sparvertrag über Wertpapiere oder andere Vermögensbeteiligungen

(1) Ein Sparvertrag über Wertpapiere oder andere Vermögensbeteiligungen im Sinne des § 2 Abs. 1 Nr. 1 ist ein Sparvertrag mit einem Kreditinstitut oder einer Kapitalverwaltungsgesellschaft, in dem sich der Arbeitnehmer verpflichtet, als Sparbeiträge zum Erwerb von Wertpapieren im Sinne des § 2 Abs. 1 Nr. 1 Buchstabe a bis f, Abs. 2 Satz 1, Abs. 3 und 4 oder zur Begründung oder zum Erwerb von Rechten im Sinne des § 2 Abs. 1 Nr. 1 Buchstabe g bis l, Abs. 2 Satz 2 bis 5 und Abs. 4 einmalig oder für die Dauer von sechs Jahren seit Vertragsabschluß laufend vermögenswirksame Leistungen einzahlen zu lassen oder andere Beträge einzuzahlen.

(2) Die Förderung der auf Grund eines Vertrags nach Absatz 1 angelegten vermögenswirksamen Leistungen setzt voraus, daß

1. die Leistungen eines Kalenderjahrs, vorbehaltlich des Absatzes 3, spätestens bis zum Ablauf des folgenden Kalenderjahrs zum Erwerb der Wertpapiere oder zur Begründung oder zum Erwerb der Rechte verwendet und bis zur Verwendung festgelegt werden und
2. die mit den Leistungen erworbenen Wertpapiere unverzüglich nach ihrem Erwerb bis zum Ablauf einer Frist von sieben Jahren (Sperrfrist) festgelegt werden und über die Wertpapiere oder die mit den Leistungen begründeten oder erworbenen Rechte bis zum Ablauf der Sperrfrist nicht durch Rückzahlung, Abtretung, Beleihung oder in anderer Weise verfügt wird.

Die Sperrfrist gilt für alle auf Grund des Vertrags angelegten vermögenswirksamen Leistungen und beginnt am 1. Januar des Kalenderjahrs, in dem der Vertrag abgeschlossen worden ist. Als Zeitpunkt des Vertragsabschlusses gilt der Tag, an dem die vermögenswirksame Leistung, bei Verträgen über laufende Einzahlungen die erste vermögenswirksame Leistung, beim Kreditinstitut oder bei der Kapitalverwaltungsgesellschaft eingeht.

(3) Vermögenswirksame Leistungen, die nicht bis zum Ablauf der Frist nach Absatz 2 Nr. 1 verwendet worden sind, gelten als rechtzeitig verwendet, wenn sie am Ende eines Kalenderjahrs insgesamt 150 Euro nicht übersteigen und bis zum Ablauf der Sperrfrist nach Absatz 2 verwendet oder festgelegt werden.

(4) Eine vorzeitige Verfügung ist abweichend von Absatz 2 unschädlich, wenn

1. der Arbeitnehmer oder sein von ihm nicht dauernd getrennt lebender Ehegatte oder Lebenspartner nach Vertragsabschluß gestorben oder völlig erwerbsunfähig geworden ist,
2. der Arbeitnehmer nach Vertragsabschluß, aber vor der vorzeitigen Verfügung geheiratet oder eine Lebenspartnerschaft be-

gründet hat und im Zeitpunkt der vorzeitigen Verfügung mindestens zwei Jahre seit Beginn der Sperrfrist vergangen sind,

3. der Arbeitnehmer nach Vertragsabschluß arbeitslos geworden ist und die Arbeitslosigkeit mindestens ein Jahr lang ununterbrochen bestanden hat und im Zeitpunkt der vorzeitigen Verfügung noch besteht,
4. der Arbeitnehmer den Erlös innerhalb der folgenden drei Monate unmittelbar für die eigene Weiterbildung oder für die seines von ihm nicht dauernd getrennt lebenden Ehegatten oder Lebenspartners einsetzt und die Maßnahme außerhalb des Betriebes, dem er oder der Ehegatte oder der Lebenspartner angehört, durchgeführt wird und Kenntnisse und Fertigkeiten vermittelt werden, die dem beruflichen Fortkommen dienen und über arbeitsplatzbezogene Anpassungsfortbildungen hinausgehen; für vermögenswirksame Leistungen, die der Arbeitgeber für den Arbeitnehmer nach § 2 Absatz 1 Nummer 1 Buchstabe a, b, f bis l angelegt hat und die Rechte am Unternehmen des Arbeitgebers begründen, gilt dies nur bei Zustimmung des Arbeitgebers; bei nach § 2 Abs. 2 gleichgestellten Anlagen gilt dies nur bei Zustimmung des Unternehmens, das im Sinne des § 18 Abs. 1 des Aktiengesetzes als herrschendes Unternehmen mit dem Unternehmen des Arbeitgebers verbunden ist,
5. der Arbeitnehmer nach Vertragsabschluß unter Aufgabe der nichtselbständigen Arbeit eine Erwerbstätigkeit, die nach § 138 Abs. 1 der Abgabenordnung der Gemeinde mitzuteilen ist, aufgenommen hat oder
6. festgelegte Wertpapiere veräußert werden und der Erlös bis zum Ablauf des Kalendermonats, der dem Kalendermonat der Veräußerung folgt, zum Erwerb von in Absatz 1 bezeichneten Wertpapieren wiederverwendet wird; der bis zum Ablauf des der Veräußerung folgenden Kalendermonats nicht wiederverwendete Erlös gilt als rechtzeitig wiederverwendet, wenn er am Ende eines Kalendermonats insgesamt 150 Euro nicht übersteigt.

(5) Unschädlich ist auch, wenn in die Rechte und Pflichten des Kreditinstituts oder der Kapitalverwaltungsgesellschaft aus dem Sparvertrag an seine Stelle ein anderes Kreditinstitut oder eine andere Kapitalverwaltungsgesellschaft während der Laufzeit des Vertrags durch Rechtsgeschäft eintritt.

(6) Werden auf einen Vertrag über laufend einzuzahlende vermögenswirksame Leistungen oder andere Beträge in einem Kalenderjahr, das dem Kalenderjahr des Vertragsabschlusses folgt, weder vermögenswirksame Leistungen noch andere Beträge eingezahlt, so ist der Vertrag unterbrochen und kann nicht fortgeführt werden. Das gleiche gilt, wenn mindestens alle Einzahlungen eines Kalenderjahrs zurückgezahlt oder die Rückzahlungsansprüche aus dem Vertrag abgetreten oder beliehen werden.

§ 5 Wertpapier-Kaufvertrag

(1) Ein Wertpapier-Kaufvertrag im Sinne des § 2 Abs. 1 Nr. 2 ist ein Kaufvertrag zwischen dem Arbeitnehmer und dem Arbeitgeber zum Erwerb von Wertpapieren im Sinne des § 2 Abs. 1 Nr. 1 Buchstabe a bis f, Abs. 2 Satz 1, Abs. 3 und 4 durch den Arbeitnehmer mit der Vereinbarung, den vom Arbeitnehmer geschuldeten Kaufpreis mit vermögenswirksamen Leistungen zu verrechnen oder mit anderen Beträgen zu zahlen.

(2) Die Förderung der auf Grund eines Vertrags nach Absatz 1 angelegten vermögenswirksamen Leistungen setzt voraus, daß

1. mit den Leistungen eines Kalenderjahrs spätestens bis zum Ablauf des folgenden Kalenderjahrs die Wertpapiere erworben werden und
2. die mit den Leistungen erworbenen Wertpapiere unverzüglich nach ihrem Erwerb bis zum Ablauf einer Frist von sechs Jahren (Sperrfrist) festgelegt werden und über die Wertpapiere bis zum Ablauf der Sperrfrist nicht durch Rückzahlung, Abtretung, Beleihung oder in anderer Weise verfügt wird; die Sperrfrist beginnt am 1. Januar des Kalenderjahrs, in dem das Wertpapier erworben worden ist; § 4 Abs. 4 Nr. 1 bis 5 gilt entsprechend.

VIII

§ 6 Beteiligungs-Vertrag

(1) Ein Beteiligungs-Vertrag im Sinne des § 2 Abs. 1 Nr. 3 ist ein Vertrag zwischen dem Arbeitnehmer und dem Arbeitgeber über die Begründung von Rechten im Sinne des § 2 Abs. 1 Nr. 1 Buchstabe g bis l und Abs. 4 für den Arbeitnehmer am Unternehmen des Arbeitgebers mit der Vereinbarung, die vom Arbeitnehmer für die Begründung geschuldete Geldsumme mit vermögenswirksamen Leistungen zu verrechnen oder mit anderen Beträgen zu zahlen.

(2) Ein Beteiligungs-Vertrag im Sinne des § 2 Abs. 1 Nr. 3 ist auch ein Vertrag zwischen dem Arbeitnehmer und

1. einem Unternehmen, das nach § 2 Abs. 2 Satz 2 bis 5 mit dem Unternehmen des Arbeitgebers verbunden oder nach § 2 Abs. 2 Satz 4 an diesem Unternehmen beteiligt ist, über die Begründung von Rechten im Sinne des § 2 Abs. 1 Nr. 1 Buchstabe g bis l, Abs. 2 Satz 2 bis 5 und Abs. 4 für den Arbeitnehmer an diesem Unternehmen oder
2. einer Genossenschaft mit Sitz und Geschäftsleitung im Geltungsbereich dieses Gesetzes, die ein Kreditinstitut oder eine Bau- oder Wohnungsgenossenschaft ist, die die Voraussetzungen des § 2 Abs. 1 Nr. 1 Buchstabe g zweiter Halbsatz erfüllt, über die Begründung eines Geschäftsguthabens für den Arbeitnehmer bei dieser Genossenschaft

mit der Vereinbarung, die vom Arbeitnehmer für die Begründung der Rechte oder des Geschäftsguthabens geschuldete Geldsumme mit vermögenswirksamen Leistungen zahlen zu lassen oder mit anderen Beträgen zu zahlen.

(3) Die Förderung der auf Grund eines Vertrags nach Absatz 1 oder 2 angelegten vermögenswirksamen Leistungen setzt voraus, daß

1. mit den Leistungen eines Kalenderjahrs spätestens bis zum Ablauf des folgenden Kalenderjahrs die Rechte begründet werden und
2. über die mit den Leistungen begründeten Rechte bis zum Ablauf einer Frist von sechs Jahren (Sperrfrist) nicht durch Rückzahlung, Abtretung, Beleihung oder in anderer Weise verfügt wird; die Sperrfrist beginnt am 1. Januar des Kalenderjahrs, in dem das Recht begründet worden ist; § 4 Abs. 4 Nr. 1 bis 5 gilt entsprechend.

§ 7 Beteiligungs-Kaufvertrag

(1) Ein Beteiligungs-Kaufvertrag im Sinne des § 2 Abs. 1 Nr. 3 ist ein Kaufvertrag zwischen dem Arbeitnehmer und dem Arbeitgeber zum Erwerb von Rechten im Sinne des § 2 Abs. 1 Nr. 1 Buchstabe g bis l, Abs. 2 Satz 2 bis 5 und Abs. 4 durch den Arbeitnehmer mit der Vereinbarung, den vom Arbeitnehmer geschuldeten Kaufpreis mit vermögenswirksamen Leistungen zu verrechnen oder mit anderen Beträgen zu zahlen.

(2) Ein Beteiligungs-Kaufvertrag im Sinne des § 2 Abs. 1 Nr. 3 ist auch ein Kaufvertrag zwischen dem Arbeitnehmer und einer Gesellschaft mit beschränkter Haftung, die nach § 2 Abs. 2 Satz 3 mit dem Unternehmen des Arbeitgebers verbunden ist, zum Erwerb eines Geschäftsanteils im Sinne des § 2 Abs. 1 Nr. 1 Buchstabe h an dieser Gesellschaft durch den Arbeitnehmer mit der Vereinbarung, den vom Arbeitnehmer geschuldeten Kaufpreis mit vermögenswirksamen Leistungen zahlen zu lassen oder mit anderen Beträgen zu zahlen.

(3) Für die Förderung der auf Grund eines Vertrags nach Absatz 1 oder 2 angelegten vermögenswirksamen Leistungen gilt § 6 Abs. 3 entsprechend.

§ 8 Sparvertrag

(1) Ein Sparvertrag im Sinne des § 2 Abs. 1 Nr. 6 ist ein Sparvertrag zwischen dem Arbeitnehmer und einem Kreditinstitut, in dem die in den Absätzen 2 bis 5 bezeichneten Vereinbarungen, mindestens aber die in den Absätzen 2 und 3 bezeichneten Vereinbarungen, getroffen sind.

(2) Der Arbeitnehmer ist verpflichtet,

1. einmalig oder für die Dauer von sechs Jahren seit Vertragsabschluß laufend, mindestens aber einmal im Kalenderjahr,

VIII

als Sparbeiträge vermögenswirksame Leistungen einzahlen zu lassen oder andere Beträge einzuzahlen und

2. bis zum Ablauf einer Frist von sieben Jahren (Sperrfrist) die eingezahlten vermögenswirksamen Leistungen bei dem Kreditinstitut festzulegen und die Rückzahlungsansprüche aus dem Vertrag weder abzutreten noch zu beleihen.

Der Zeitpunkt des Vertragsabschlusses und der Beginn der Sperrfrist bestimmen sich nach den Regelungen des § 4 Abs. 2 Satz 2 und 3.

(3) Der Arbeitnehmer ist abweichend von der in Absatz 2 Satz 1 Nr. 2 bezeichneten Vereinbarung zu vorzeitiger Verfügung berechtigt, wenn eine der in § 4 Abs. 4 Nr. 1 bis 5 bezeichneten Voraussetzungen erfüllt ist.

(4) Der Arbeitnehmer ist abweichend von der in Absatz 2 Satz 1 Nr. 2 bezeichneten Vereinbarung auch berechtigt, vor Ablauf der Sperrfrist mit eingezahlten vermögenswirksamen Leistungen zu erwerben

1. Wertpapiere im Sinne des § 2 Abs. 1 Nr. 1 Buchstabe a bis f, Abs. 2 Satz 1, Abs. 3 und 4,
2. Schuldverschreibungen, die vom Bund, von den Ländern, von den Gemeinden, von anderen Körperschaften des öffentlichen Rechts, vom Arbeitgeber, von einem im Sinne des § 18 Abs. 1 des Aktiengesetzes als herrschendes Unternehmen mit dem Unternehmen des Arbeitgebers verbundenen Unternehmen oder von einem Kreditinstitut mit Sitz und Geschäftsleitung im Geltungsbereich dieses Gesetzes ausgegeben werden, Namensschuldverschreibungen des Arbeitgebers jedoch nur dann, wenn auf dessen Kosten die Ansprüche des Arbeitnehmers aus der Schuldverschreibung durch ein Kreditinstitut verbürgt oder durch ein Versicherungsunternehmen privatrechtlich gesichert sind und das Kreditinstitut oder Versicherungsunternehmen im Geltungsbereich dieses Gesetzes zum Geschäftsbetrieb befugt ist,
3. Genußscheine, die von einem Kreditinstitut mit Sitz und Geschäftsleitung im Geltungsbereich dieses Gesetzes, das nicht der Arbeitgeber ist, als Wertpapiere ausgegeben werden, wenn mit den Genußscheinen das Recht am Gewinn des Kreditinstituts verbunden ist, der Arbeitnehmer nicht als Mitunternehmer im Sinne des § 15 Abs. 1 Nr. 2 des Einkommensteuergesetzes anzusehen ist und die Voraussetzungen des § 2 Abs. 4 erfüllt sind,
4. Anleiheforderungen, die in ein Schuldbuch des Bundes oder eines Landes eingetragen werden,
5. Anteile an einem Sondervermögen, die von Kapitalverwaltungsgesellschaften im Sinne des Kapitalanlagegesetzbuchs ausgegeben werden und nicht unter § 2 Abs. 1 Nr. 1 Buchstabe c fallen, oder
6. Anteile an offenen EU-Investmentvermögen und ausländischen AIF, die nach dem Kapitalanlagegesetzbuch vertrieben werden dürfen.

Der Arbeitnehmer ist verpflichtet, bis zum Ablauf der Sperrfrist die nach Satz 1 erworbenen Wertpapiere bei dem Kreditinstitut, mit dem der Sparvertrag abgeschlossen ist, festzulegen und über die Wertpapiere nicht zu verfügen; diese Verpflichtung besteht nicht, wenn eine der in § 4 Abs. 4 Nr. 1 bis 5 bezeichneten Voraussetzungen erfüllt ist.

(5) Der Arbeitnehmer ist abweichend von der in Absatz 2 Satz 1 Nummer 2 bezeichneten Vereinbarung auch berechtigt, vor Ablauf der Sperrfrist die Überweisung eingezahlter vermögenswirksamer Leistungen auf einen von ihm oder seinem nicht dauernd getrennt lebenden Ehegatten oder Lebenspartner abgeschlossenen Bausparvertrag zu verlangen, wenn weder mit der Auszahlung der Bausparsumme begonnen worden ist noch die überwiesenen Beträge vor Ablauf der Sperrfrist ganz oder zum Teil zurückgezahlt noch Ansprüche aus dem Bausparvertrag abgetreten oder beliehen werden oder wenn eine solche vorzeitige Verfügung nach § 2 Absatz 3 Satz 2 Nummer 1 und 2 des Wohnungsbau-Prämiengesetzes in der Fassung der Bekanntmachung vom 30. Oktober 1997 (BGBl. I S. 2678), das zuletzt durch Artikel 7

des Gesetzes vom 5. April 2011 (BGBl. I S. 554) geändert worden ist, in der jeweils geltenden Fassung unschädlich ist. Satz 1 gilt für vor dem 1. Januar 2009 und nach dem 31. Dezember 2008 abgeschlossene Bausparverträge.

§ 9 Kapitalversicherungsvertrag

(1) Ein Kapitalversicherungsvertrag im Sinne des § 2 Abs. 1 Nr. 7 ist ein Vertrag über eine Kapitalversicherung auf den Erlebens- und Todesfall gegen laufenden Beitrag, der für die Dauer von mindestens zwölf Jahren und mit den in den Absätzen 2 bis 5 bezeichneten Vereinbarungen zwischen dem Arbeitnehmer und einem Versicherungsunternehmen abgeschlossen ist, das im Geltungsbereich dieses Gesetzes zum Geschäftsbetrieb befugt ist.

(2) Der Arbeitnehmer ist verpflichtet, als Versicherungsbeiträge vermögenswirksame Leistungen einzahlen zu lassen oder andere Beträge einzuzahlen.

(3) Die Versicherungsbeiträge enthalten keine Anteile für Zusatzleistungen wie für Unfall, Invalidität oder Krankheit.

(4) Der Versicherungsvertrag sieht vor, daß bereits ab Vertragsbeginn ein nicht kürzbarer Anteil von mindestens 50 Prozent des gezahlten Beitrags als Rückkaufswert (§ 169 des Versicherungsvertragsgesetzes) erstattet oder der Berechnung der prämienfreien Versicherungsleistung (§ 165 des Versicherungsvertragsgesetzes) zugrunde gelegt wird.

VIII

(5) Die Gewinnanteile werden verwendet

1. zur Erhöhung der Versicherungsleistung oder
2. auf Verlangen des Arbeitnehmers zur Verrechnung mit fälligen Beiträgen, wenn er nach Vertragsabschluß arbeitslos geworden ist und die Arbeitslosigkeit mindestens ein Jahr lang ununterbrochen bestanden hat und im Zeitpunkt der Verrechnung noch besteht.

§ 10 Vereinbarung zusätzlicher vermögenswirksamer Leistungen

(1) Vermögenswirksame Leistungen können in Verträgen mit Arbeitnehmern, in Betriebsvereinbarungen, in Tarifverträgen oder in bindenden Festsetzungen (§ 19 des Heimarbeitsgesetzes) vereinbart werden.

(2) bis (4) (weggefallen)

(5) Der Arbeitgeber kann auf tarifvertraglich vereinbarte vermögenswirksame Leistungen die betrieblichen Sozialleistungen anrechnen, die dem Arbeitnehmer in dem Kalenderjahr bisher schon als vermögenswirksame Leistungen erbracht worden sind.

§ 11 Vermögenswirksame Anlage von Teilen des Arbeitslohns

(1) Der Arbeitgeber hat auf schriftliches Verlangen des Arbeitnehmers einen Vertrag über die vermögenswirksame Anlage von Teilen des Arbeitslohns abzuschließen.

(2) Auch vermögenswirksam angelegte Teile des Arbeitslohns sind vermögenswirksame Leistungen im Sinne dieses Gesetzes.

(3) Zum Abschluß eines Vertrags nach Absatz 1, wonach die Lohnteile nicht zusammen mit anderen vermögenswirksamen Leistungen für den Arbeitnehmer angelegt und überwiesen werden sollen, ist der Arbeitgeber nur dann verpflichtet, wenn der Arbeitnehmer die Anlage von Teilen des Arbeitslohns in monatlichen der Höhe nach gleichbleibenden Beträgen von mindestens 13 Euro oder in vierteljährlichen der Höhe nach gleichbleibenden Beträgen von mindestens 39 Euro oder nur einmal im Kalenderjahr in Höhe eines Betrags von mindestens 39 Euro verlangt. Der Arbeitnehmer kann bei der Anlage in monatlichen Beträgen während des Kalenderjahrs die Art der vermögenswirksamen Anlage und das Unternehmen oder Institut, bei dem sie erfolgen soll, nur mit Zustimmung des Arbeitgebers wechseln.

(4) Der Arbeitgeber kann einen Termin im Kalenderjahr bestimmen, zu dem die Arbeitnehmer des Betriebs oder Betriebsteils die einmalige Anlage von Teilen des Arbeitslohns nach Absatz 3 verlangen können. Die Bestimmung dieses Termins unterliegt der Mitbestimmung des Betriebsrats oder der zuständigen Personalvertretung; das für die Mitbestimmung in sozialen Angelegenheiten vorgeschriebene Verfahren ist einzuhalten. Der nach Satz 1 bestimmte Termin ist den

Arbeitnehmern in jedem Kalenderjahr erneut in geeigneter Form bekanntzugeben. Zu einem anderen als dem nach Satz 1 bestimmten Termin kann der Arbeitnehmer eine einmalige Anlage nach Absatz 3 nur verlangen

1. von Teilen des Arbeitslohns, den er im letzten Lohnzahlungszeitraum des Kalenderjahrs erzielt, oder
2. von Teilen besonderer Zuwendungen, die im Zusammenhang mit dem Weihnachtsfest oder Jahresende gezahlt werden.

(5) Der Arbeitnehmer kann jeweils einmal im Kalenderjahr von dem Arbeitgeber schriftlich verlangen, daß der Vertrag über die vermögenswirksame Anlage von Teilen des Arbeitslohns aufgehoben, eingeschränkt oder erweitert wird. Im Fall der Aufhebung ist der Arbeitgeber nicht verpflichtet, in demselben Kalenderjahr einen neuen Vertrag über die vermögenswirksame Anlage von Teilen des Arbeitslohns abzuschließen.

(6) In Tarifverträgen oder Betriebsvereinbarungen kann von den Absätzen 3 bis 5 abgewichen werden.

§ 12 Freie Wahl der Anlage

Vermögenswirksame Leistungen werden nur dann nach den Vorschriften dieses Gesetzes gefördert, wenn der Arbeitnehmer die Art der vermögenswirksamen Anlage und das Unternehmen oder Institut, bei dem sie erfolgen soll, frei wählen kann. Einer Förderung steht jedoch nicht entgegen, daß durch Tarifvertrag die Anlage auf die Formen des § 2 Abs. 1 Nr. 1 bis 5, Abs. 2 bis 4 beschränkt wird. Eine Anlage im Unternehmen des Arbeitgebers nach § 2 Abs. 1 Nr. 1 Buchstabe g bis l und Abs. 4 ist nur mit Zustimmung des Arbeitgebers zulässig.

§ 13 Anspruch auf Arbeitnehmer-Sparzulage

(1) Der Arbeitnehmer hat Anspruch auf eine Arbeitnehmer-Sparzulage nach Absatz 2, wenn er gegenüber dem Unternehmen, dem Institut oder dem in § 3 Absatz 3 genannten Gläubiger in die Datenübermittlung nach Maßgabe des § 15 Absatz 1 Satz 2 und 3 eingewilligt hat und sein Einkommen die Grenze von 40 000 Euro oder bei einer Zusammenveranlagung nach § 26b des Einkommensteuergesetzes von 80 000 Euro nicht übersteigt. Maßgeblich ist das zu versteuernde Einkommen nach § 2 Absatz 5 des Einkommensteuergesetzes in dem Kalenderjahr, in dem die vermögenswirksamen Leistungen angelegt worden sind.

(2) Die Arbeitnehmer-Sparzulage beträgt 20 Prozent der nach § 2 Absatz 1 Nummer 1 bis 3, Absatz 2 bis 4 angelegten vermögenswirksamen Leistungen, soweit sie 400 Euro im Kalenderjahr nicht übersteigen, und 9 Prozent der nach § 2 Absatz 1 Nummer 4 und 5 angelegten vermögenswirksamen Leistungen, soweit sie 470 Euro im Kalenderjahr nicht übersteigen.

(3) Die Arbeitnehmer-Sparzulage gilt weder als steuerpflichtige Einnahme im Sinne des Einkommensteuergesetzes noch als Einkommen, Verdienst oder Entgelt (Arbeitsentgelt) im Sinne der Sozialversicherung und des Dritten Buches Sozialgesetzbuch; sie gilt arbeitsrechtlich nicht als Bestandteil des Lohns oder Gehalts. Der Anspruch auf Arbeitnehmer-Sparzulage ist nicht übertragbar.

(4) Der Anspruch auf Arbeitnehmer-Sparzulage entsteht mit Ablauf des Kalenderjahrs, in dem die vermögenswirksamen Leistungen angelegt worden sind.

(5) Der Anspruch auf Arbeitnehmer-Sparzulage entfällt rückwirkend, soweit die in den §§ 4 bis 7 genannten Fristen oder bei einer Anlage nach § 2 Abs. 1 Nr. 4 die in § 2 Abs. 1 Nr. 3 und 4 und Abs. 3 Satz 1 des Wohnungsbau-Prämiengesetzes vorgesehenen Voraussetzungen nicht eingehalten werden. Satz 1 gilt für vor dem 1. Januar 2009 und nach dem 31. Dezember 2008 abgeschlossene Bausparverträge. Der Anspruch entfällt nicht, wenn die Sperrfrist nicht eingehalten wird, weil

1. der Arbeitnehmer das Umtausch- oder Abfindungsangebot eines Wertpapier-Emittenten angenommen hat oder Wertpapiere dem Aussteller nach Auslosung oder Kündigung durch den Aussteller zur Einlösung vorgelegt worden sind,

VIII

2. die mit den vermögenswirksamen Leistungen erworbenen oder begründeten Wertpapiere oder Rechte im Sinne des § 2 Abs. 1 Nr. 1, Abs. 2 bis 4 ohne Mitwirkung des Arbeitnehmers wertlos geworden sind oder
3. der Arbeitnehmer über nach § 2 Abs. 1 Nr. 4 angelegte vermögenswirksame Leistungen nach Maßgabe des § 4 Abs. 4 Nr. 4 in Höhe von mindestens 30 Euro verfügt.

§ 14 Festsetzung der Arbeitnehmer-Sparzulage, Anwendung der Abgabenordnung, Verordnungsermächtigung, Rechtsweg

(1) Die Verwaltung der Arbeitnehmer-Sparzulage obliegt den Finanzämtern. Die Arbeitnehmer-Sparzulage wird aus den Einnahmen an Lohnsteuer gezahlt.

(2) Auf die Arbeitnehmer-Sparzulage sind die für Steuervergütungen geltenden Vorschriften der Abgabenordnung entsprechend anzuwenden. Dies gilt nicht für § 163 der Abgabenordnung.

(3) Für die Arbeitnehmer-Sparzulage gelten die Strafvorschriften des § 370 Abs. 1 bis 4, der §§ 371, 375 Abs. 1 und des § 376 sowie die Bußgeldvorschriften der §§ 378, 379 Abs. 1 und 4 und der §§ 383 und 384 der Abgabenordnung entsprechend. Für das Strafverfahren wegen einer Straftat nach Satz 1 sowie der Begünstigung einer Person, die eine solche Tat begangen hat, gelten die §§ 385 bis 408, für das Bußgeldverfahren wegen einer Ordnungswidrigkeit nach Satz 1 die §§ 409 bis 412 der Abgabenordnung entsprechend.

VIII

(4) Die Arbeitnehmer-Sparzulage wird auf Antrag durch das für die Besteuerung des Arbeitnehmers nach dem Einkommen zuständige Finanzamt festgesetzt. Der Arbeitnehmer hat den Antrag nach amtlich vorgeschriebenem Vordruck zu stellen. Die Arbeitnehmer-Sparzulage wird fällig

a) mit Ablauf der für die Anlageform vorgeschriebenen Sperrfrist, nach diesem Gesetz,
b) mit Ablauf der im Wohnungsbau-Prämiengesetz oder in der Verordnung zur Durchführung des Wohnungsbau-Prämiengesetzes genannten Sperr- und Rückzahlungsfristen. Bei Bausparverträgen gelten die in § 2 Abs. 3 Satz 1 des Wohnungsbau-Prämiengesetzes genannten Sperr- und Rückzahlungsfristen und zwar unabhängig davon, ob der Vertrag vor dem 1. Januar 2009 oder nach dem 31. Dezember 2008 abgeschlossen worden ist,
c) mit Zuteilung des Bausparvertrags oder
d) in den Fällen unschädlicher Verfügung.

(5) Ein Bescheid über die Ablehnung der Festsetzung einer Arbeitnehmer-Sparzulage ist aufzuheben und die Arbeitnehmer-Sparzulage ist nachträglich festzusetzen, wenn der Einkommensteuerbescheid nach Ergehen des Ablehnungsbescheides geändert wird und dadurch erstmals festgestellt wird, dass die Einkommensgrenzen des § 13 Absatz 1 unterschritten sind. Die Frist für die Festsetzung der Arbeitnehmer-Sparzulage endet in diesem Fall nicht vor Ablauf eines Jahres nach Bekanntgabe des geänderten Steuerbescheides. Satz 2 gilt entsprechend, wenn der geänderten Einkommensteuerfestsetzung kein Bescheid über die Ablehnung der Festsetzung einer Arbeitnehmer-Sparzulage vorangegangen ist.

(6) Besteht für Aufwendungen, die vermögenswirksame Leistungen darstellen, ein Anspruch auf Arbeitnehmer-Sparzulage und hat der Arbeitnehmer hierfür abweichend von § 1 Satz 2 Nummer 1 des Wohnungsbau-Prämiengesetzes eine Wohnungsbauprämie beantragt, endet die Frist für die Festsetzung der Arbeitnehmer-Sparzulage nicht vor Ablauf eines Jahres nach Bekanntgabe der Mitteilung über die Änderung des Prämienanspruchs.

(7) Die Bundesregierung wird ermächtigt, durch Rechtsverordnung mit Zustimmung des Bundesrates das Verfahren bei der Festsetzung und der Auszahlung der Arbeitnehmer-Sparzulage näher zu regeln, soweit dies zur Vereinfachung des Verfahrens erforderlich ist. Dabei kann auch bestimmt werden, daß der Arbeitgeber, das Unternehmen, das Institut oder der in § 3 Abs. 3 genannte Gläubiger bei der Antragstellung mitwirkt und ihnen die

Arbeitnehmer-Sparzulage zugunsten des Arbeitnehmers überwiesen wird.

(8) In öffentlich-rechtlichen Streitigkeiten über die auf Grund dieses Gesetzes ergehenden Verwaltungsakte der Finanzbehörden ist der Finanzrechtsweg gegeben.

§ 15 Elektronische Vermögensbildungsbescheinigung, Verordnungsermächtigungen, Haftung, Anrufungsauskunft, Außenprüfung

(1) Das Unternehmen, das Institut oder der in § 3 Absatz 3 genannte Gläubiger hat der für die Besteuerung des Arbeitnehmers nach dem Einkommen zuständigen Finanzbehörde nach Maßgabe des § 93c der Abgabenordnung neben den in § 93c Absatz 1 der Abgabenordnung genannten Daten folgende Angaben zu übermitteln (elektronische Vermögensbildungsbescheinigung), wenn der Arbeitnehmer gegenüber der mitteilungspflichtigen Stelle in die Datenübermittlung eingewilligt hat:

1. den jeweiligen Jahresbetrag der nach § 2 Abs. 1 Nr. 1 bis 5, Abs. 2 bis 4 angelegten vermögenswirksamen Leistungen sowie die Art ihrer Anlage,
2. das Kalenderjahr, dem diese vermögenswirksamen Leistungen zuzuordnen sind, und
3. entweder das Ende der für die Anlageform vorgeschriebenen Sperrfrist nach diesem Gesetz oder bei einer Anlage nach § 2 Abs. 1 Nr. 4 das Ende der im Wohnungsbau-Prämiengesetz oder in der Verordnung zur Durchführung des Wohnungsbau-Prämiengesetzes genannten Sperr- und Rückzahlungsfristen, entweder das Ende der für die Anlageform vorgeschriebenen Sperrfrist nach diesem Gesetz oder bei einer Anlage nach § 2 Abs. 1 Nr. 4 das Ende der im Wohnungsbau-Prämiengesetz oder in der Verordnung zur Durchführung des Wohnungsbau-Prämiengesetzes genannten Sperr- und Rückzahlungsfristen. Bei Bausparverträgen sind die in § 2 Abs. 3 Satz 1 des Wohnungsbau-Prämiengesetzes genannten Sperr- und Rückzahlungsfristen zu bescheinigen unabhängig davon, ob der Vertrag vor dem 1. Januar 2009 oder nach dem 31. Dezember 2008 abgeschlossen worden ist.

Die Einwilligung nach Satz 1 ist spätestens bis zum Ablauf des zweiten Kalenderjahres, das auf das Kalenderjahr der Anlage der vermögenswirksamen Leistungen folgt, zu erteilen. Dabei hat der Arbeitnehmer dem Mitteilungspflichtigen die Identifikationsnummer mitzuteilen. Wird die Einwilligung nach Ablauf des Kalenderjahres der Anlage der vermögenswirksamen Leistungen abgegeben, sind die Daten bis zum Ende des folgenden Kalendervierteljahres zu übermitteln.

(1a) In den Fällen des Absatzes 1 ist für die Anwendung des § 72a Absatz 4 und des § 93c Absatz 4 Satz 1 der Abgabenordnung die für die Besteuerung der mitteilungspflichtigen Stelle nach dem Einkommen zuständige Finanzbehörde zuständig. Die nach Absatz 1 übermittelten Daten können durch die nach Satz 1 zuständige Finanzbehörde zum Zweck der Anwendung des § 93c Absatz 4 Satz 1 der Abgabenordnung bei den für die Besteuerung der Arbeitnehmer nach dem Einkommen zuständigen Finanzbehörden abgerufen und verwendet werden.

(2) Die Bundesregierung wird ermächtigt, durch Rechtsverordnung mit Zustimmung des Bundesrates weitere Vorschriften zu erlassen über

1. Aufzeichnungs- und Mitteilungspflichten des Arbeitgebers und des Unternehmens oder Instituts, bei dem die vermögenswirksamen Leistungen angelegt sind, und
2. die Festlegung von Wertpapieren und die Art der Festlegung, soweit dies erforderlich ist, damit nicht die Arbeitnehmer-Sparzulage zu Unrecht gezahlt, versagt, nicht zurückgefordert oder nicht einbehalten wird.

(3) Haben der Arbeitgeber, das Unternehmen, das Institut oder der in § 3 Abs. 3 genannte Gläubiger ihre Pflichten nach diesem Gesetz oder nach einer auf Grund dieses Gesetzes erlassenen Rechtsverordnung verletzt, so haften sie für die Arbeitnehmer-Sparzulage, die wegen ihrer Pflichtverletzung zu Unrecht

VIII

gezahlt, nicht zurückgefordert oder nicht einbehalten worden ist.

(4) Das Finanzamt, das für die Besteuerung nach dem Einkommen der in Absatz 3 Genannten zuständig ist, hat auf deren Anfrage Auskunft darüber zu erteilen, wie im einzelnen Fall die Vorschriften über vermögenswirksame Leistungen anzuwenden sind, die nach § 2 Absatz 1 Nummer 1 bis 5 und Absatz 2 bis 4 angelegt werden.

(5) Das für die Lohnsteuer-Außenprüfung zuständige Finanzamt kann bei den in Absatz 3 Genannten eine Außenprüfung durchführen, um festzustellen, ob sie ihre Pflichten nach diesem Gesetz oder nach einer auf Grund dieses Gesetzes erlassenen Rechtsverordnung, soweit diese mit der Anlage vermögenswirksamer Leistungen nach § 2 Abs. 1 Nr. 1 bis 5, Abs. 2 bis 4 zusammenhängen, erfüllt haben. Die §§ 195 bis 203a der Abgabenordnung gelten entsprechend.

§ 16 (gegenstandslos)

§ 16a Gleichstellung der Wertpapierinstitute

Für die Anwendung der vorstehenden Vorschriften dieses Gesetzes sind Wertpapierinstitute im Sinne des Wertpapierinstitutsgesetzes den Kreditinstituten sowie den Kapitalverwaltungsgesellschaften im Sinne des Kapitalanlagegesetzbuchs gleichgestellt.

VIII

§ 17 Anwendungsvorschriften

(1) Die vorstehenden Vorschriften dieses Gesetzes gelten vorbehaltlich der nachfolgenden Absätze für vermögenswirksame Leistungen, die nach dem 31. Dezember 1993 angelegt werden.

(2) Für vermögenswirksame Leistungen, die vor dem 1. Januar 1994 angelegt werden, gilt, soweit Absatz 5 nichts anderes bestimmt, § 17 des Fünften Vermögensbildungsgesetzes in der Fassung der Bekanntmachung vom 19. Januar 1989 (BGBl. I S. 137) – Fünftes Vermögensbildungsgesetz 1989 –, unter Berücksichtigung der Änderung durch Artikel 2 Nr. 1 des Gesetzes vom 13. Dezember 1990 (BGBl. I S. 2749).

(3) Für vermögenswirksame Leistungen, die im Jahr 1994 angelegt werden auf Grund eines vor dem 1. Januar 1994 abgeschlossenen Vertrags

1. nach § 4 Abs. 1 oder § 5 Abs. 1 des Fünften Vermögensbildungsgesetzes 1989 zum Erwerb von Aktien oder Wandelschuldverschreibungen, die keine Aktien oder Wandelschuldverschreibungen im Sinne des vorstehenden § 2 Abs. 1 Nr. 1 Buchstaben a oder b, Abs. 2 Satz 1 sind, oder
2. nach § 6 Abs. 2 des Fünften Vermögensbildungsgesetzes 1989 über die Begründung eines Geschäftsguthabens bei einer Genossenschaft, die keine Genossenschaft im Sinne des vorstehenden § 2 Abs. 1 Nr. 1 Buchstabe g, Abs. 2 Satz 2 ist, oder
3. nach § 6 Abs. 2 oder § 7 Abs. 2 des Fünften Vermögensbildungsgesetzes 1989 über die Übernahme einer Stammeinlage oder zum Erwerb eines Geschäftsanteils an einer Gesellschaft mit beschränkter Haftung, die keine Gesellschaft im Sinne des vorstehenden § 2 Abs. 1 Nr. 1 Buchstabe h, Abs. 2 Satz 3 ist,

gelten statt der vorstehenden §§ 2, 4, 6 und 7 die §§ 2, 4, 6 und 7 des Fünften Vermögensbildungsgesetzes 1989.

(4) Für vermögenswirksame Leistungen, die nach dem 31. Dezember 1993 auf Grund eines Vertrages im Sinne des § 17 Abs. 5 Satz 1 des Fünften Vermögensbildungsgesetzes 1989 angelegt werden, gilt § 17 Abs. 5 und 6 des Fünften Vermögensbildungsgesetzes 1989.

(5) Für vermögenswirksame Leistungen, die vor dem 1. Januar 1994 auf Grund eines Vertrags im Sinne des Absatzes 3 angelegt worden sind, gelten § 4 Abs. 2 bis 5, § 5 Abs. 2, § 6 Abs. 3 und § 7 Abs. 3 des Fünften Vermögensbildungsgesetzes 1989 über Fristen für die Verwendung vermögenswirksamer Leistungen und über Sperrfristen nach dem 31. Dezember 1993 nicht mehr. Für vermögenswirksame Leistungen, die vor dem 1. Januar 1990 auf Grund eines Vertrags im Sinne des § 17 Abs. 2 des Fünften Vermögensbildungsgesetzes 1989 über die Begründung einer oder

mehrerer Beteiligungen als stiller Gesellschafter angelegt worden sind, gilt § 7 Abs. 3 des Fünften Vermögensbildungsgesetzes in der Fassung der Bekanntmachung vom 19. Februar 1987 (BGBl. I S. 630) über die Sperrfrist nach dem 31. Dezember 1993 nicht mehr.

(6) Für vermögenswirksame Leistungen, die vor dem 1. Januar 1999 angelegt worden sind, gilt § 13 Abs. 1 und 2 dieses Gesetzes in der Fassung der Bekanntmachung vom 4. März 1994 (BGBl. I S. 406).

(7) § 13 Abs. 1 Satz 1 und Abs. 2 in der Fassung des Artikels 2 des Gesetzes vom 7. März 2009 (BGBl. I S. 451) ist erstmals für vermögenswirksame Leistungen anzuwenden, die nach dem 31. Dezember 2008 angelegt werden.

(8) § 8 Abs. 5, § 13 Abs. 5 Satz 1 und 2, § 14 Abs. 4 Satz 4 Buchstabe b und § 15 Abs. 1 Nr. 3 in der Fassung des Artikels 7 des Gesetzes vom 29. Juli 2008 (BGBl. I S. 1509) sind erstmals für vermögenswirksame Leistungen anzuwenden, die nach dem 31. Dezember 2008 angelegt werden.

(9) § 4 Abs. 4 Nr. 4 und § 13 Abs. 5 Satz 3 Nr. 3 in der Fassung des Artikels 1 des Gesetzes vom 8. Dezember 2008 (BGBl. I S. 2373) ist erstmals bei Verfügungen nach dem 31. Dezember 2008 anzuwenden.

(10) § 14 Absatz 4 Satz 2 in der Fassung des Artikels 12 des Gesetzes vom 16. Juli 2009 (BGBl. I S. 1959) ist erstmals für vermögenswirksame Leistungen anzuwenden, die nach dem 31. Dezember 2006 angelegt werden, und in Fällen, in denen am 22. Juli 2009 über einen Antrag auf Arbeitnehmer-Sparzulage noch nicht bestandskräftig entschieden ist.

(11) § 13 Absatz 1 Satz 2 in der Fassung des Artikels 10 des Gesetzes vom 8. Dezember 2010 (BGBl. I S. 1768) ist erstmals für vermögenswirksame Leistungen anzuwenden, die nach dem 31. Dezember 2008 angelegt werden.

(12) § 2 Absatz 1 Nummer 5 in der Fassung des Artikels 13 des Gesetzes vom 7. Dezember 2011 (BGBl. I S. 2592) ist erstmals für vermögenswirksame Leistungen anzuwenden, die nach dem 31. Dezember 2011 angelegt werden.

(13) § 3 Absatz 1 Satz 1 Nummer 1 in der Fassung des Artikels 18 des Gesetzes vom 26. Juni 2013 (BGBl. I S. 1809) ist erstmals für vermögenswirksame Leistungen anzuwenden, die nach dem 31. Dezember 2012 angelegt werden. § 4 Absatz 4 Nummer 1, 2 und 4 sowie § 8 Absatz 5 Satz 1 in der Fassung des Artikels 18 des Gesetzes vom 26. Juni 2013 (BGBl. I S. 1809) sind erstmals bei Verfügungen nach dem 31. Dezember 2012 anzuwenden.

(14) Das Bundesministerium der Finanzen teilt den Zeitpunkt der erstmaligen Anwendung der §§ 13 und 14 Absatz 4 sowie des § 15 in der Fassung des Artikels 18 des Gesetzes vom 26. Juni 2013 (BGBl. I S. 1809) durch ein im Bundessteuerblatt zu veröffentlichendes Schreiben mit. Bis zu diesem Zeitpunkt sind die §§ 13 und 14 Absatz 4 sowie der § 15 in der Fassung des Artikels 13 des Gesetzes vom 7. Dezember 2011 (BGBl. I S. 2592) weiter anzuwenden.

(15) § 2 Absatz 1 Nummer 1 in der Fassung des Artikels 5 des Gesetzes vom 18. Dezember 2013 (BGBl. I S. 4318) ist erstmals für vermögenswirksame Leistungen anzuwenden, die nach dem 31. Dezember 2013 angelegt werden. § 4 Absatz 4 Nummer 4 in der Fassung des Artikels 5 des Gesetzes vom 18. Dezember 2013 (BGBl. I S. 4318) ist erstmals bei Verfügungen nach dem 31. Dezember 2013 anzuwenden.

(16) Zur Abwicklung von Verträgen, die vor dem 25. Mai 2018 unter den Voraussetzungen des § 15 Absatz 1 Satz 4 in der am 30. Juni 2013 geltenden Fassung abgeschlossen wurden, sind das Unternehmen, das Institut oder der in § 3 Absatz 3 genannte Gläubiger verpflichtet, die Daten nach Maßgabe des § 15 Absatz 1 Satz 1 zu übermitteln, es sei denn, der Arbeitnehmer hat der Datenübermittlung schriftlich widersprochen.

(17) § 13 Absatz 1 Satz 1 in der Fassung des Artikels 34 des Gesetzes vom 11. Dezember 2023 (BGBl. 2023 I Nr. 354) ist erstmals für vermögenswirksame Leistungen anzuwenden, die nach dem 31. Dezember 2023 angelegt werden.

(18) § 16a ist rückwirkend ab Inkrafttreten des Wertpapierinstitutsgesetzes vom 12. Mai 2021 (BGBl. I S. 990) anzuwenden.

§ 18 Kündigung eines vor 1994 abgeschlossenen Anlagevertrages und der Mitgliedschaft in einer Genossenschaft oder Gesellschaft mit beschränkter Haftung

(1) Hat sich der Arbeitnehmer in einem Vertrag im Sinne des § 17 Abs. 3 verpflichtet, auch nach dem 31. Dezember 1994 vermögenswirksame Leistungen überweisen zu lassen oder andere Beträge zu zahlen, so kann er den Vertrag bis zum 30. September 1994 auf den 31. Dezember 1994 mit der Wirkung schriftlich kündigen, daß auf Grund dieses Vertrags vermögenswirksame Leistungen oder andere Beträge nach dem 31. Dezember 1994 nicht mehr zu zahlen sind.

(2) Ist der Arbeitnehmer im Zusammenhang mit dem Abschluß eines Vertrags im Sinne des § 17 Abs. 3 Nr. 2 Mitglied in einer Genossenschaft geworden, so kann er die Mitgliedschaft bis zum 30. September 1994 auf den 31. Dezember 1994 mit der Wirkung schriftlich kündigen, daß nach diesem Zeitpunkt die Verpflichtung, Einzahlungen auf einen Geschäftsanteil zu leisten und ein Eintrittsgeld zu zahlen, entfällt. Weitergehende Rechte des Arbeitnehmers nach dem Statut der Genossenschaft bleiben unberührt. Der ausgeschiedene Arbeitnehmer kann die Auszahlung des Auseinandersetzungsguthabens, die Genossenschaft kann die Zahlung eines den ausgeschiedenen Arbeitnehmer treffenden Anteils an einem Fehlbetrag zum 1. Januar 1998 verlangen.

(3) Ist der Arbeitnehmer im Zusammenhang mit dem Abschluß eines Vertrags im Sinne des § 17 Abs. 3 Nr. 3 Gesellschafter einer Gesellschaft mit beschränkter Haftung geworden, so kann er die Mitgliedschaft bis zum 30. September 1994 auf den 31. Dezember 1994 schriftlich kündigen. Weitergehende Rechte des Arbeitnehmers nach dem Gesellschaftsvertrag bleiben unberührt. Der zum Austritt berechtigte Arbeitnehmer kann von der Gesellschaft als Abfindung den Verkehrswert seines Geschäftsanteils verlangen; maßgebend ist der Verkehrswert im Zeitpunkt des Zugangs der Kündigungserklärung. Der Arbeitnehmer kann die Abfindung nur verlangen, wenn die Gesellschaft sie ohne Verstoß gegen § 30 Abs. 1 des Gesetzes betreffend die Gesellschaften mit beschränkter Haftung zahlen kann. Hat die Gesellschaft die Abfindung bezahlt, so stehen dem Arbeitnehmer aus seinem Geschäftsanteil keine Rechte mehr zu. Kann die Gesellschaft bis zum 31. Dezember 1996 die Abfindung nicht gemäß Satz 4 zahlen, so ist sie auf Antrag des zum Austritt berechtigten Arbeitnehmers aufzulösen. § 61 Abs. 1, Abs. 2 Satz 1 und Abs. 3 des Gesetzes betreffend die Gesellschaften mit beschränkter Haftung gilt im übrigen entsprechend.

(4) Werden auf Grund der Kündigung nach Absatz 1, 2 oder 3 Leistungen nicht erbracht, so hat der Arbeitnehmer dies nicht zu vertreten.

(5) Hat der Arbeitnehmer nach Absatz 1 einen Vertrag im Sinne des § 17 Abs. 3 Nr. 2 oder nach Absatz 2 die Mitgliedschaft in einer Genossenschaft gekündigt, so gelten beide Kündigungen als erklärt, wenn der Arbeitnehmer dies nicht ausdrücklich ausgeschlossen hat. Entsprechendes gilt, wenn der Arbeitnehmer nach Absatz 1 einen Vertrag im Sinne des § 17 Abs. 3 Nr. 3 oder nach Absatz 3 die Mitgliedschaft in einer Gesellschaft mit beschränkter Haftung gekündigt hat.

(6) Macht der Arbeitnehmer von seinem Kündigungsrecht nach Absatz 1 keinen Gebrauch, so gilt die Verpflichtung, vermögenswirksame Leistungen überweisen zu lassen, nach dem 31. Dezember 1994 als Verpflichtung, andere Beträge in entsprechender Höhe zu zahlen.

IX Verfassung/Verwaltung

Grundgesetz für die Bundesrepublik Deutschland

Vom 23. Mai 1949 (BGBl. S. 1)

Zuletzt geändert durch
Gesetz zur Änderung des Grundgesetzes
(Artikel 109, 115 und 143h)
vom 22. März 2025 (BGBl. I Nr. 94)

Inhaltsübersicht

IX

PRÄAMBEL

Im Bewußtsein seiner Verantwortung vor Gott und den Menschen, von dem Willen beseelt, als gleichberechtigtes Glied in einem vereinten Europa dem Frieden der Welt zu dienen, hat sich das Deutsche Volk kraft seiner verfassungsgebenden Gewalt dieses Grundgesetz gegeben.

Die Deutschen in den Ländern Baden-Württemberg, Bayern, Berlin, Brandenburg, Bremen, Hamburg, Hessen, Mecklenburg-Vorpommern, Niedersachsen, Nordrhein-Westfalen, Rheinland-Pfalz, Saarland, Sachsen, Sachsen-Anhalt, Schleswig-Holstein und Thüringen haben in freier Selbstbestimmung die Einheit und Freiheit Deutschlands vollendet. Damit gilt dieses Grundgesetz für das gesamte Deutsche Volk.

I. Die Grundrechte

Artikel 1 (Schutz der Menschenwürde)

(1) Die Würde des Menschen ist unantastbar. Sie zu achten und zu schützen ist Verpflichtung aller staatlichen Gewalt.

(2) Das Deutsche Volk bekennt sich darum zu unverletzlichen und unveräußerlichen Menschenrechten als Grundlage jeder menschlichen Gemeinschaft, des Friedens und der Gerechtigkeit in der Welt.

(3) Die nachfolgenden Grundrechte binden Gesetzgebung, vollziehende Gewalt und Rechtsprechung als unmittelbar geltendes Recht.

Artikel 2 (Persönliche Freiheit)

(1) Jeder hat das Recht auf die freie Entfaltung seiner Persönlichkeit, soweit er nicht die Rechte anderer verletzt und nicht gegen die verfassungsmäßige Ordnung oder das Sittengesetz verstößt.

(2) Jeder hat das Recht auf Leben und körperliche Unversehrtheit. Die Freiheit der Person ist unverletzlich. In diese Rechte darf nur auf Grund eines Gesetzes eingegriffen werden.

Artikel 3 (Gleichheit vor dem Gesetz)

(1) Alle Menschen sind vor dem Gesetz gleich.

(2) Männer und Frauen sind gleichberechtigt. Der Staat fördert die tatsächliche Durchsetzung der Gleichberechtigung von Frauen und Männern und wirkt auf die Beseitigung bestehender Nachteile hin.

(3) Niemand darf wegen seines Geschlechtes, seiner Abstammung, seiner Rasse, seiner Sprache, seiner Heimat und Herkunft, seines Glaubens, seiner religiösen oder politischen Anschauungen benachteiligt oder bevorzugt werden. Niemand darf wegen seiner Behinderung benachteiligt werden.

Artikel 4 (Glaubens- und Bekenntnisfreiheit)

(1) Die Freiheit des Glaubens, des Gewissens und die Freiheit des religiösen und weltanschaulichen Bekenntnisses sind unverletzlich.

(2) Die ungestörte Religionsausübung wird gewährleistet.

(3) Niemand darf gegen sein Gewissen zum Kriegsdienst mit der Waffe gezwungen werden. Das Nähere regelt ein Bundesgesetz.

Artikel 5 (Freie Meinungsäußerung)

(1) Jeder hat das Recht, seine Meinung in Wort, Schrift und Bild frei zu äußern und zu verbreiten und sich aus allgemein zugänglichen Quellen ungehindert zu unterrichten. Die Pressefreiheit und die Freiheit der Berichterstattung durch Rundfunk und Film werden gewährleistet. Eine Zensur findet nicht statt.

(2) Diese Rechte finden ihre Schranken in den Vorschriften der allgemeinen Gesetze, den gesetzlichen Bestimmungen zum Schutze der Jugend und in dem Recht der persönlichen Ehre.

(3) Kunst und Wissenschaft, Forschung und Lehre sind frei. Die Freiheit der Lehre entbindet nicht von der Treue zur Verfassung.

Artikel 6 (Ehe, Familie, uneheliche Kinder)

(1) Ehe und Familie stehen unter dem besonderen Schutze der staatlichen Ordnung.

(2) Pflege und Erziehung der Kinder sind das natürliche Recht der Eltern und die zuvörderst ihnen obliegende Pflicht. Über ihre Betätigung wacht die staatliche Gemeinschaft.

(3) Gegen den Willen der Erziehungsberechtigten dürfen Kinder nur auf Grund eines Gesetzes von der Familie getrennt werden, wenn die Erziehungsberechtigten versagen

oder wenn die Kinder aus anderen Gründen zu verwahrlosen drohen.

(4) Jede Mutter hat Anspruch auf den Schutz und die Fürsorge der Gemeinschaft.

(5) Den unehelichen Kindern sind durch die Gesetzgebung die gleichen Bedingungen für ihre leibliche und seelische Entwicklung und ihre Stellung in der Gesellschaft zu schaffen wie den ehelichen Kindern.

Artikel 7 (Schulwesen)

(1) Das gesamte Schulwesen steht unter der Aufsicht des Staates.

(2) Die Erziehungsberechtigten haben das Recht, über die Teilnahme des Kindes am Religionsunterricht zu bestimmen.

(3) Der Religionsunterricht ist in den öffentlichen Schulen mit Ausnahme der bekenntnisfreien Schulen ordentliches Lehrfach. Unbeschadet des staatlichen Aufsichtsrechtes wird der Religionsunterricht in Übereinstimmung mit den Grundsätzen der Religionsgemeinschaften erteilt. Kein Lehrer darf gegen seinen Willen verpflichtet werden, Religionsunterricht zu erteilen.

(4) Das Recht zur Errichtung von privaten Schulen wird gewährleistet. Private Schulen als Ersatz für öffentliche Schulen bedürfen der Genehmigung des Staates und unterstehen den Landesgesetzen. Die Genehmigung ist zu erteilen, wenn die privaten Schulen in ihren Lehrzielen und Einrichtungen sowie in der wissenschaftlichen Ausbildung ihrer Lehrkräfte nicht hinter den öffentlichen Schulen zurückstehen und eine Sonderung der Schüler nach den Besitzverhältnissen der Eltern nicht gefördert wird. Die Genehmigung ist zu versagen, wenn die wirtschaftliche und rechtliche Stellung der Lehrkräfte nicht genügend gesichert ist.

(5) Eine private Volksschule ist nur zuzulassen, wenn die Unterrichtsverwaltung ein besonderes pädagogisches Interesse anerkennt oder, auf Antrag von Erziehungsberechtigten, wenn sie als Gemeinschaftsschule, als Bekenntnis- oder Weltanschauungsschule errichtet werden soll und eine öffentliche Volksschule dieser Art in der Gemeinde nicht besteht.

(6) Vorschulen bleiben aufgehoben.

Artikel 8 (Versammlungsfreiheit)

(1) Alle Deutschen haben das Recht, sich ohne Anmeldung oder Erlaubnis friedlich und ohne Waffen zu versammeln.

(2) Für Versammlungen unter freiem Himmel kann dieses Recht durch Gesetz oder auf Grund eines Gesetzes beschränkt werden.

Artikel 9 (Vereinigungsfreiheit)

(1) Alle Deutschen haben das Recht, Vereine und Gesellschaften zu bilden.

(2) Vereinigungen, deren Zwecke oder deren Tätigkeit den Strafgesetzen zuwiderlaufen oder die sich gegen die verfassungsmäßige Ordnung oder gegen den Gedanken der Völkerverständigung richten, sind verboten.

(3) Das Recht, zur Wahrung und Förderung der Arbeits- und Wirtschaftsbedingungen Vereinigungen zu bilden, ist für jedermann und für alle Berufe gewährleistet. Abreden, die dieses Recht einschränken oder zu behindern suchen, sind nichtig, hierauf gerichtete Maßnahmen sind rechtswidrig. Maßnahmen nach den Artikeln 12a, 35 Abs. 2 und 3, Artikel 87a Abs. 4 und Artikel 91 dürfen sich nicht gegen Arbeitskämpfe richten, die zur Wahrung und Förderung der Arbeits- und Wirtschaftsbedingungen von Vereinigungen im Sinne des Satzes 1 geführt werden.

Artikel 10 (Brief- und Postgeheimnis)

(1) Das Briefgeheimnis sowie das Post- und Fernmeldegeheimnis sind unverletzlich.

(2) Beschränkungen dürfen nur auf Grund eines Gesetzes angeordnet werden. Dient die Beschränkung dem Schutze der freiheitlichen demokratischen Grundordnung oder des Bestandes oder der Sicherung des Bundes oder eines Landes, so kann das Gesetz bestimmen, daß sie dem Betroffenen nicht mitgeteilt wird und daß an die Stelle des Rechtsweges die Nachprüfung durch von der Volksvertretung bestellte Organe und Hilfsorgane tritt.

Artikel 11 (Freizügigkeit)

(1) Alle Deutschen genießen Freizügigkeit im ganzen Bundesgebiet.

(2) Dieses Recht darf nur durch Gesetz oder auf Grund eines Gesetzes und nur für die Fälle eingeschränkt werden, in denen eine ausrei-

chende Lebensgrundlage nicht vorhanden ist und der Allgemeinheit daraus besondere Lasten entstehen würden oder in denen es zur Abwehr einer drohenden Gefahr für den Bestand oder die freiheitliche demokratische Grundordnung des Bundes oder eines Landes, zur Bekämpfung von Seuchengefahr, Naturkatastrophen oder besonders schweren Unglücksfällen, zum Schutze der Jugend vor Verwahrlosung oder um strafbaren Handlungen vorzubeugen, erforderlich ist.

Artikel 12 (Freiheit des Berufes)

(1) Alle Deutschen haben das Recht, Beruf, Arbeitsplatz und Ausbildungsstätte frei zu wählen. Die Berufsausübung kann durch Gesetz oder auf Grund eines Gesetzes geregelt werden.

(2) Niemand darf zu einer bestimmten Arbeit gezwungen werden, außer im Rahmen einer herkömmlichen allgemeinen, für alle gleichen öffentlichen Dienstleistungspflicht.

(3) Zwangsarbeit ist nur bei einer gerichtlich angeordneten Freiheitsentziehung zulässig.

Artikel 12a (Wehrpflicht, Ersatzdienst)

(1) Männer können vom vollendeten achtzehnten Lebensjahr an zum Dienst in den Streitkräften, im Bundesgrenzschutz oder in einem Zivilschutzverband verpflichtet werden.

(2) Wer aus Gewissensgründen den Kriegsdienst mit der Waffe verweigert, kann zu einem Ersatzdienst verpflichtet werden. Die Dauer des Ersatzdienstes darf die Dauer des Wehrdienstes nicht übersteigen. Das Nähere regelt ein Gesetz, das die Freiheit der Gewissensentscheidung nicht beeinträchtigen darf und auch eine Möglichkeit des Ersatzdienstes vorsehen muß, die in keinem Zusammenhang mit den Verbänden der Streitkräfte und des Bundesgrenzschutzes steht.

(3) Wehrpflichtige, die nicht zu einem Dienst nach Absatz 1 oder 2 herangezogen sind, können im Verteidigungsfalle durch Gesetz oder auf Grund eines Gesetzes zu zivilen Dienstleistungen für Zwecke der Verteidigung einschließlich des Schutzes der Zivilbevölkerung in Arbeitsverhältnisse verpflichtet werden; Verpflichtungen in öffentlich-rechtliche Dienstverhältnisse sind nur zur Wahrnehmung polizeilicher Aufgaben oder solcher hoheitlichen Aufgaben der öffentlichen Verwaltung, die nur in einem öffentlich-rechtlichen Dienstverhältnis erfüllt werden können, zulässig. Arbeitsverhältnisse nach Satz 1 können bei den Streitkräften, im Bereich ihrer Versorgung sowie bei der öffentlichen Verwaltung begründet werden; Verpflichtungen in Arbeitsverhältnisse im Bereiche der Versorgung der Zivilbevölkerung sind nur zulässig, um ihren lebensnotwendigen Bedarf zu decken oder ihren Schutz sicherzustellen.

(4) Kann im Verteidigungsfalle der Bedarf an zivilen Dienstleistungen im zivilen Sanitäts- und Heilwesen sowie in der ortsfesten militärischen Lazarettorganisation nicht auf freiwilliger Grundlage gedeckt werden, so können Frauen vom vollendeten achtzehnten bis zum vollendeten fünfundfünfzigsten Lebensjahr durch Gesetz oder auf Grund eines Gesetzes zu derartigen Dienstleistungen herangezogen werden. Sie dürfen auf keinen Fall zum Dienst mit der Waffe verpflichtet werden.

(5) Für die Zeit vor dem Verteidigungsfalle können Verpflichtungen nach Absatz 3 nur nach Maßgabe des Artikels 80a Abs. 1 begründet werden. Zur Vorbereitung auf Dienstleistungen nach Absatz 3, für die besondere Kenntnisse oder Fertigkeiten erforderlich sind, kann durch Gesetz oder auf Grund eines Gesetzes die Teilnahme an Ausbildungsveranstaltungen zur Pflicht gemacht werden. Satz 1 findet insoweit keine Anwendung.

(6) Kann im Verteidigungsfalle der Bedarf an Arbeitskräften für die in Absatz 3 Satz 2 genannten Bereiche auf freiwilliger Grundlage nicht gedeckt werden, so kann zur Sicherung dieses Bedarfs die Freiheit der Deutschen, die Ausübung eines Berufs oder den Arbeitsplatz aufzugeben, durch Gesetz oder auf Grund eines Gesetzes eingeschränkt werden. Vor Eintritt des Verteidigungsfalles gilt Absatz 5 Satz 1 entsprechend.

Artikel 13 (Unverletzlichkeit der Wohnung)

(1) Die Wohnung ist unverletzlich.

(2) Durchsuchungen dürfen nur durch den Richter, bei Gefahr im Verzuge auch durch die

in den Gesetzen vorgesehenen anderen Organe angeordnet und nur in der dort vorgeschriebenen Form durchgeführt werden.

(3) Begründen bestimmte Tatsachen den Verdacht, daß jemand eine durch Gesetz einzeln bestimmte besonders schwere Straftat begangen hat, so dürfen zur Verfolgung der Tat auf Grund richterlicher Anordnung technische Mittel zur akustischen Überwachung von Wohnungen, in denen der Beschuldigte sich vermutlich aufhält, eingesetzt werden, wenn die Erforschung des Sachverhalts auf andere Weise unverhältnismäßig erschwert oder aussichtslos wäre. Die Maßnahme ist zu befristen. Die Anordnung erfolgt durch einen mit drei Richtern besetzten Spruchkörper. Bei Gefahr im Verzuge kann sie auch durch einen einzelnen Richter getroffen werden.

(4) Zur Abwehr dringender Gefahren für die öffentliche Sicherheit, insbesondere einer gemeinen Gefahr oder einer Lebensgefahr, dürfen technische Mittel zur Überwachung von Wohnungen nur auf Grund richterlicher Anordnung eingesetzt werden. Bei Gefahr im Verzuge kann die Maßnahme auch durch eine andere gesetzlich bestimmte Stelle angeordnet werden; eine richterliche Entscheidung ist unverzüglich nachzuholen.

(5) Sind technische Mittel ausschließlich zum Schutze der bei einem Einsatz in Wohnungen tätigen Personen vorgesehen, kann die Maßnahme durch eine gesetzlich bestimmte Stelle angeordnet werden. Eine anderweitige Verwertung der hierbei erlangten Erkenntnisse ist nur zum Zwecke der Strafverfolgung oder der Gefahrenabwehr und nur zulässig, wenn zuvor die Rechtmäßigkeit der Maßnahme richterlich festgestellt ist; bei Gefahr im Verzuge ist die richterliche Entscheidung unverzüglich nachzuholen.

(6) Die Bundesregierung unterrichtet den Bundestag jährlich über den nach Absatz 3 sowie über den im Zuständigkeitsbereich des Bundes nach Absatz 4 und, soweit richterlich überprüfungsbedürftig, nach Absatz 5 erfolgten Einsatz technischer Mittel. Ein vom Bundestag gewähltes Gremium übt auf der Grundlage dieses Berichts die parlamentarische Kontrolle aus. Die Länder gewährleisten eine gleichwertige parlamentarische Kontrolle.

(7) Eingriffe und Beschränkungen dürfen im übrigen nur zur Abwehr einer gemeinen Gefahr oder einer Lebensgefahr für einzelne Personen, auf Grund eines Gesetzes auch zur Verhütung dringender Gefahren für die öffentliche Sicherheit und Ordnung, insbesondere zur Behebung der Raumnot, zur Bekämpfung von Seuchengefahr oder zum Schutze gefährdeter Jugendlicher vorgenommen werden.

Artikel 14 (Eigentum, Erbrecht und Enteignung)

(1) Das Eigentum und das Erbrecht werden gewährleistet. Inhalt und Schranken werden durch die Gesetze bestimmt.

(2) Eigentum verpflichtet. Sein Gebrauch soll zugleich dem Wohle der Allgemeinheit dienen.

(3) Eine Enteignung ist nur zum Wohle der Allgemeinheit zulässig. Sie darf nur durch Gesetz oder auf Grund eines Gesetzes erfolgen, das Art und Ausmaß der Entschädigung regelt. Die Entschädigung ist unter gerechter Abwägung der Interessen der Allgemeinheit und der Beteiligten zu bestimmen. Wegen der Höhe der Entschädigung steht im Streitfalle der Rechtsweg vor den ordentlichen Gerichten offen.

Artikel 15 (Sozialisierung)

Grund und Boden, Naturschätze und Produktionsmittel können zum Zwecke der Vergesellschaftung durch ein Gesetz, das Art und Ausmaß der Entschädigung regelt, in Gemeineigentum oder in andere Formen der Gemeinwirtschaft überführt werden. Für die Entschädigung gilt Art. 14 Abs. 3 Satz 3 und 4 entsprechend.

Artikel 16 (Ausbürgerung, Auslieferung)

(1) Die Deutsche Staatsangehörigkeit darf nicht entzogen werden. Der Verlust der Staatsangehörigkeit darf nur auf Grund eines Gesetzes und gegen den Willen des Betroffenen nur dann eintreten, wenn der Betroffene dadurch nicht staatenlos wird.

(2) Kein Deutscher darf an das Ausland ausgeliefert werden. Durch Gesetz kann eine

abweichende Regelung für Auslieferungen an einen Mitgliedstaat der Europäischen Union oder an einen internationalen Gerichtshof getroffen werden, soweit rechtsstaatliche Grundsätze gewahrt sind.

Artikel 16a (Asylrecht)

(1) Politisch Verfolgte genießen Asylrecht.

(2) Auf Absatz 1 kann sich nicht berufen, wer aus einem Mitgliedstaat der Europäischen Gemeinschaften oder aus einem anderen Drittstaat einreist, in dem die Anwendung des Abkommens über die Rechtsstellung der Flüchtlinge und der Konvention zum Schutze der Menschenrechte und Grundfreiheiten sichergestellt ist. Die Staaten außerhalb der Europäischen Gemeinschaften, auf die die Voraussetzungen des Satzes 1 zutreffen, werden durch Gesetz, das der Zustimmung des Bundesrates bedarf, bestimmt. In den Fällen des Satzes 1 können aufenthaltsbeendende Maßnahmen unabhängig von einem hiergegen eingelegten Rechtsbehelf vollzogen werden.

(3) Durch Gesetz, das der Zustimmung des Bundesrates bedarf, können Staaten bestimmt werden, bei denen auf Grund der Rechtslage, der Rechtsanwendung und der allgemeinen politischen Verhältnisse gewährleistet erscheint, daß dort weder politische Verfolgung noch unmenschliche oder erniedrigende Bestrafung oder Behandlung stattfindet. Es wird vermutet, daß ein Ausländer aus einem solchen Staat nicht verfolgt wird, solange er nicht Tatsachen vorträgt, die die Annahme begründen, daß er entgegen dieser Vermutung politisch verfolgt wird.

(4) Die Vollziehung aufenthaltsbeendender Maßnahmen wird in den Fällen des Absatzes 3 und in anderen Fällen, die offensichtlich unbegründet sind oder als offensichtlich unbegründet gelten, durch das Gericht nur ausgesetzt, wenn ernstliche Zweifel an der Rechtmäßigkeit der Maßnahme bestehen; der Prüfungsumfang kann eingeschränkt werden und verspätetes Vorbringen unberücksichtigt bleiben. Das Nähere ist durch Gesetz zu bestimmen.

(5) Die Absätze 1 bis 4 stehen völkerrechtlichen Verträgen von Mitgliedstaaten der Europäischen Gemeinschaften untereinander und mit dritten Staaten nicht entgegen, die unter Beachtung der Verpflichtungen aus dem Abkommen über die Rechtsstellung der Flüchtlinge und der Konvention zum Schutze der Menschenrechte und Grundfreiheiten, deren Anwendung in den Vertragsstaaten sichergestellt sein muß, Zuständigkeitsregelungen für die Prüfung von Asylbegehren einschließlich der gegenseitigen Anerkennung von Asylentscheidungen treffen.

Artikel 17 (Petitionsrecht)

Jedermann hat das Recht, sich einzeln oder in Gemeinschaft mit anderen schriftlich mit Bitten oder Beschwerden an die zuständigen Stellen und an die Volksvertretung zu wenden.

Artikel 17a (Wehrdienst, Ersatzdienst)

(1) Gesetze über Wehrdienst und Ersatzdienst können bestimmen, daß für die Angehörigen der Streitkräfte und des Ersatzdienstes während der Zeit des Wehr- oder Ersatzdienstes das Grundrecht, seine Meinung in Wort, Schrift und Bild frei zu äußern und zu verbreiten (Artikel 5 Abs. 1 Satz 1 erster Halbsatz), das Grundrecht der Versammlungsfreiheit (Artikel 8) und das Petitionsrecht (Artikel 17), soweit es das Recht gewährt, Bitten oder Beschwerden in Gemeinschaft mit anderen vorzubringen, eingeschränkt werden.

(2) Gesetze, die der Verteidigung einschließlich des Schutzes der Zivilbevölkerung dienen, können bestimmen, daß die Grundrechte der Freizügigkeit (Artikel 11) und der Unverletzlichkeit der Wohnung (Artikel 13) eingeschränkt werden.

Artikel 18 (Verwirkung von Grundrechten)

Wer die Freiheit der Meinungsäußerung, insbesondere die Pressefreiheit (Artikel 5 Abs. 1), die Lehrfreiheit (Artikel 5 Abs. 3), die Versammlungsfreiheit (Artikel 8), die Vereinigungsfreiheit (Artikel 9), das Brief-, Post- und Fernmeldegeheimnis (Artikel 10), das Eigentum (Artikel 14) oder das Asylrecht (Artikel 16a) zum Kampfe gegen die freiheitliche demokratische Grundordnung mißbraucht, verwirkt diese Grundrechte. Die Verwirkung und ihr Ausmaß werden durch das Bundesverfassungsgericht ausgesprochen.

Artikel 19 (Einschränkung von Grundrechten)

(1) Soweit nach diesem Grundgesetz ein Grundrecht durch Gesetz oder auf Grund eines Gesetzes eingeschränkt werden kann, muß das Gesetz allgemein und nicht nur für den Einzelfall gelten. Außerdem muß das Gesetz das Grundrecht unter Angabe des Artikels nennen.

(2) In keinem Falle darf ein Grundrecht in seinem Wesensgehalt angetastet werden.

(3) Die Grundrechte gelten auch für inländische juristische Personen, soweit sie ihrem Wesen nach auf diese anwendbar sind.

(4) Wird jemand durch die öffentliche Gewalt in seinen Rechten verletzt, so steht ihm der Rechtsweg offen. Soweit eine andere Zuständigkeit nicht begründet ist, ist der ordentliche Rechtsweg gegeben. Artikel 10 Abs. 2 Satz 2 bleibt unberührt.

II. Der Bund und die Länder

Artikel 20 (Demokratische, rechtsstaatliche Verfassung)

(1) Die Bundesrepublik Deutschland ist ein demokratischer und sozialer Bundesstaat.

(2) Alle Staatsgewalt geht vom Volke aus. Sie wird vom Volke in Wahlen und Abstimmungen und durch besondere Organe der Gesetzgebung, der vollziehenden Gewalt und der Rechtsprechung ausgeübt.

(3) Die Gesetzgebung ist an die verfassungsmäßige Ordnung, die vollziehende Gewalt und die Rechtsprechung sind an Gesetz und Recht gebunden.

(4) Gegen jeden, der es unternimmt, diese Ordnung zu beseitigen, haben alle Deutschen das Recht zum Widerstand, wenn andere Abhilfe nicht möglich ist.

Artikel 20a (Schutz der natürlichen Lebensgrundlagen)

Der Staat schützt auch in Verantwortung für die künftigen Generationen die natürlichen Lebensgrundlagen und die Tiere im Rahmen der verfassungsmäßigen Ordnung durch die Gesetzgebung und nach Maßgabe von Gesetz und Recht durch die vollziehende Gewalt und die Rechtsprechung.

Artikel 21 (Parteien)

(1) Die Parteien wirken bei der politischen Willensbildung des Volkes mit. Ihre Gründung ist frei. Ihre innere Ordnung muß demokratischen Grundsätzen entsprechen. Sie müssen über die Herkunft und Verwendung ihrer Mittel sowie über ihr Vermögen öffentlich Rechenschaft geben.

(2) Parteien, die nach ihren Zielen oder nach dem Verhalten ihrer Anhänger darauf ausgehen, die freiheitliche demokratische Grundordnung zu beeinträchtigen oder zu beseitigen oder den Bestand der Bundesrepublik Deutschland zu gefährden, sind verfassungswidrig.

(3) Parteien, die nach ihren Zielen oder dem Verhalten ihrer Anhänger darauf ausgerichtet sind, die freiheitliche demokratische Grundordnung zu beeinträchtigen oder zu beseitigen oder den Bestand der Bundesrepublik Deutschland zu gefährden, sind von staatlicher Finanzierung ausgeschlossen. Wird der Ausschluss festgestellt, so entfällt auch eine steuerliche Begünstigung dieser Parteien und von Zuwendungen an diese Parteien.

(4) Über die Frage der Verfassungswidrigkeit nach Absatz 2 sowie über den Ausschluss von staatlicher Finanzierung nach Absatz 3 entscheidet das Bundesverfassungsgericht.

(5) Das Nähere regeln Bundesgesetze.

Artikel 22 (Hauptstadt Berlin, Bundesflagge)

(1) Die Hauptstadt der Bundesrepublik Deutschland ist Berlin. Die Repräsentation des Gesamtstaates in der Hauptstadt ist Aufgabe des Bundes. Das Nähere wird durch Bundesgesetz geregelt.

(2) Die Bundesflagge ist schwarz-rot-gold.

Artikel 23 (Europäische Union)

(1) Zur Verwirklichung eines vereinten Europas wirkt die Bundesrepublik Deutschland bei der Entwicklung der Europäischen Union mit,

die demokratischen, rechtsstaatlichen, sozialen und föderativen Grundsätzen und dem Grundsatz der Subsidiarität verpflichtet ist und einen diesem Grundgesetz im wesentlichen vergleichbaren Grundrechtsschutz gewährleistet. Der Bund kann hierzu durch Gesetz mit Zustimmung des Bundesrates Hoheitsrechte übertragen. Für die Begründung der Europäischen Union sowie für Änderungen ihrer vertraglichen Grundlagen und vergleichbare Regelungen, durch die dieses Grundgesetz seinem Inhalt nach geändert oder ergänzt wird oder solche Änderungen oder Ergänzungen ermöglicht werden, gilt Artikel 79 Abs. 2 und 3.

(1a) Der Bundestag und der Bundesrat haben das Recht, wegen Verstoßes eines Gesetzgebungsakts der Europäischen Union gegen das Subsidiaritätsprinzip vor dem Gerichtshof der Europäischen Union Klage zu erheben. Der Bundestag ist hierzu auf Antrag eines Viertels seiner Mitglieder verpflichtet. Durch Gesetz, das der Zustimmung des Bundesrates bedarf, können für die Wahrnehmung der Rechte, die dem Bundestag und dem Bundesrat in den vertraglichen Grundlagen der Europäischen Union eingeräumt sind, Ausnahmen von Artikel 42 Abs. 2 Satz 1 und Artikel 52 Abs. 3 Satz 1 zugelassen werden.

(2) In Angelegenheiten der Europäischen Union wirken der Bundestag und durch den Bundesrat die Länder mit. Die Bundesregierung hat den Bundestag und den Bundesrat umfassend und zum frühestmöglichen Zeitpunkt zu unterrichten.

(3) Die Bundesregierung gibt dem Bundestag Gelegenheit zur Stellungnahme vor ihrer Mitwirkung an Rechtsetzungsakten der Europäischen Union. Die Bundesregierung berücksichtigt die Stellungnahmen des Bundestages bei den Verhandlungen. Das Nähere regelt ein Gesetz.

(4) Der Bundesrat ist an der Willensbildung des Bundes zu beteiligen, soweit er an einer entsprechenden innerstaatlichen Maßnahme mitzuwirken hätte oder soweit die Länder innerstaatlich zuständig wären.

(5) Soweit in einem Bereich ausschließlicher Zuständigkeiten des Bundes Interessen der Länder berührt sind oder soweit im übrigen der Bund das Recht zur Gesetzgebung hat, berücksichtigt die Bundesregierung die Stellungnahme des Bundesrates. Wenn im Schwerpunkt Gesetzgebungsbefugnisse der Länder, die Einrichtung ihrer Behörden oder ihre Verwaltungsverfahren betroffen sind, ist bei der Willensbildung des Bundes insoweit die Auffassung des Bundesrates maßgeblich zu berücksichtigen; dabei ist die gesamtstaatliche Verantwortung des Bundes zu wahren. In Angelegenheiten, die zu Ausgabenerhöhungen oder Einnahmeminderungen für den Bund führen können, ist die Zustimmung der Bundesregierung erforderlich.

(6) Wenn im Schwerpunkt ausschließliche Gesetzgebungsbefugnisse der Länder auf den Gebieten der schulischen Bildung, der Kultur oder des Rundfunks betroffen sind, wird die Wahrnehmung der Rechte, die der Bundesrepublik Deutschland als Mitgliedstaat der Europäischen Union zustehen, vom Bund auf einen vom Bundesrat benannten Vertreter der Länder übertragen. Die Wahrnehmung der Rechte erfolgt unter Beteiligung und in Abstimmung mit der Bundesregierung; dabei ist die gesamtstaatliche Verantwortung des Bundes zu wahren.

(7) Das Nähere zu den Absätzen 4 bis 6 regelt ein Gesetz, das der Zustimmung des Bundesrates bedarf.

Artikel 24 (Supranationale Einrichtungen)

(1) Der Bund kann durch Gesetz Hoheitsrechte auf zwischenstaatliche Einrichtungen übertragen.

(1a) Soweit die Länder für die Ausübung der staatlichen Befugnisse und die Erfüllung der staatlichen Aufgaben zuständig sind, können sie mit Zustimmung der Bundesregierung Hoheitsrechte auf grenznachbarschaftliche Einrichtungen übertragen.

(2) Der Bund kann sich zur Wahrung des Friedens einem System gegenseitiger kollektiver Sicherheit einordnen; er wird hierbei in die Beschränkungen seiner Hoheitsrechte einwilligen, die eine friedliche und dauerhafte Ordnung in Europa und zwischen den Völkern der Welt herbeiführen und sichern.

(3) Zur Regelung zwischenstaatlicher Streitigkeiten wird der Bund Vereinbarungen über eine allgemeine, umfassende, obligatorische, internationale Schiedsgerichtsbarkeit beitreten.

Artikel 25 (Regeln des Völkerrechts)

Die allgemeinen Regeln des Völkerrechts sind Bestandteil des Bundesrechtes. Sie gehen den Gesetzen vor und erzeugen Rechte und Pflichten unmittelbar für die Bewohner des Bundesgebietes.

Entscheidung des Bundesverfassungsgerichts vom 6. Dezember 2006 (BGBl. I 2007 S. 33)

Aus dem Beschluss des Bundesverfassungsgerichts vom 6. Dezember 2006 – 2 BvM 9/03 – wird die Entscheidungsformel veröffentlicht:

Eine allgemeine Regel des Völkerrechts, nach der ein lediglich pauschaler Immunitätsverzicht zur Aufhebung des Schutzes der Immunität auch für solches Vermögen genügt, das dem Entsendestaat im Empfangsstaat zur Aufrechterhaltung der Funktionsfähigkeit seiner diplomatischen Mission dient, ist nicht feststellbar.

Die vorstehende Entscheidungsformel hat gemäß § 31 Abs. 2 des Bundesverfassungsgerichtsgesetzes Gesetzeskraft.

Artikel 26 (Angriffskrieg, Kriegswaffen)

(1) Handlungen, die geeignet sind und in der Absicht vorgenommen werden, das friedliche Zusammenleben der Völker zu stören, insbesondere die Führung eines Angriffskrieges vorzubereiten, sind verfassungswidrig. Sie sind unter Strafe zu stellen.

(2) Zur Kriegsführung bestimmte Waffen dürfen nur mit Genehmigung der Bundesregierung hergestellt, befördert und in Verkehr gebracht werden. Das Nähere regelt ein Bundesgesetz.

Artikel 27 (Handelsflotte)

Alle deutschen Kauffahrteischiffe bilden eine einheitliche Handelsflotte.

Artikel 28 (Länder und Gemeinden)

(1) Die verfassungsmäßige Ordnung in den Ländern muß den Grundsätzen des republikanischen, demokratischen und sozialen Rechtsstaates im Sinne dieses Grundgesetzes entsprechen. In den Ländern, Kreisen und Gemeinden muß das Volk eine Vertretung haben, die aus allgemeinen, unmittelbaren, freien, gleichen und geheimen Wahlen hervorgegangen ist. Bei Wahlen in Kreisen und Gemeinden sind auch Personen, die die Staatsangehörigkeit eines Mitgliedstaates der Europäischen Gemeinschaft besitzen, nach Maßgabe von Recht der Europäischen Gemeinschaft wahlberechtigt und wählbar. In Gemeinden kann an die Stelle einer gewählten Körperschaft die Gemeindeversammlung treten.

(2) Den Gemeinden muß das Recht gewährleistet sein, alle Angelegenheiten der örtlichen Gemeinschaft im Rahmen der Gesetze in eigener Verantwortung zu regeln. Auch die Gemeindeverbände haben im Rahmen ihres gesetzlichen Aufgabenbereiches nach Maßgabe der Gesetze das Recht der Selbstverwaltung. Die Gewährleistung der Selbstverwaltung umfaßt auch die Grundlagen der finanziellen Eigenverantwortung, zu diesen Grundlagen gehört eine den Gemeinden mit Hebesatzrecht zustehende wirtschaftskraftbezogene Steuerquelle.

(3) Der Bund gewährleistet, daß die verfassungsmäßige Ordnung der Länder den Grundrechten und den Bestimmungen der Absätze 1 und 2 entspricht.

Artikel 29 (Neugliederung des Bundesgebiets)

(1) Das Bundesgebiet kann neu gegliedert werden, um zu gewährleisten, daß die Länder nach Größe und Leistungsfähigkeit die ihnen obliegenden Aufgaben wirksam erfüllen können. Dabei sind die landsmannschaftliche Verbundenheit, die geschichtlichen und kulturellen Zusammenhänge, die wirtschaftliche Zweckmäßigkeit sowie die Erfordernisse der Raumordnung und der Landesplanung zu berücksichtigen.

(2) Maßnahmen zur Neugliederung des Bundesgebietes ergehen durch Bundesgesetz, das der Bestätigung durch Volksentscheid bedarf. Die betroffenen Länder sind zu hören.

(3) Der Volksentscheid findet in den Ländern statt, aus deren Gebieten oder Gebietsteilen ein neues oder neu umgrenztes Land gebildet werden soll (betroffene Länder). Abzustimmen ist über die Frage, ob die betroffenen

Länder wie bisher bestehenbleiben sollen oder ob das neue oder neu umgrenzte Land gebildet werden soll. Der Volksentscheid für die Bildung eines neuen oder neu umgrenzten Landes kommt zustande, wenn in dessen künftigem Gebiet und insgesamt in den Gebieten oder Gebietsteilen eines betroffenen Landes, deren Landeszugehörigkeit im gleichen Sinne geändert werden soll, jeweils eine Mehrheit der Änderung zustimmt. Er kommt nicht zustande, wenn im Gebiet eines der betroffenen Länder eine Mehrheit die Änderung ablehnt; die Ablehnung ist jedoch unbeachtlich, wenn in einem Gebietsteil, dessen Zugehörigkeit zu dem betroffenen Land geändert werden soll, eine Mehrheit von zwei Dritteln der Änderung zustimmt, es sei denn, daß im Gesamtgebiet des betroffenen Landes eine Mehrheit von zwei Dritteln die Änderung ablehnt.

(4) Wird in einem zusammenhängenden, abgegrenzten Siedlungs- und Wirtschaftsraum, dessen Teile in mehreren Ländern liegen und der mindestens eine Million Einwohner hat, von einem Zehntel der in ihm zum Bundestag Wahlberechtigten durch Volksbegehren gefordert, daß für diesen Raum eine einheitliche Landeszugehörigkeit herbeigeführt werde, so ist durch Bundesgesetz innerhalb von zwei Jahren entweder zu bestimmen, ob die Landeszugehörigkeit gemäß Absatz 2 geändert wird, oder daß in den betroffenen Ländern eine Volksbefragung stattfindet.

(5) Die Volksbefragung ist darauf gerichtet festzustellen, ob eine in dem Gesetz vorzuschlagende Änderung der Landeszugehörigkeit Zustimmung findet. Das Gesetz kann verschiedene, jedoch nicht mehr als zwei Vorschläge der Volksbefragung vorlegen. Stimmt eine Mehrheit einer vorgeschlagenen Änderung der Landeszugehörigkeit zu, so ist durch Bundesgesetz innerhalb von zwei Jahren zu bestimmen, ob die Landeszugehörigkeit gemäß Absatz 2 geändert wird. Findet ein der Volksbefragung vorgelegter Vorschlag eine den Maßgaben des Absatzes 3 Satz 3 und 4 entsprechende Zustimmung, so ist innerhalb von zwei Jahren nach der Durchführung der Volksbefragung ein Bundesgesetz zur Bildung des vorgeschlagenen Landes zu erlassen, das der Bestätigung durch Volksentscheid nicht mehr bedarf.

(6) Mehrheit im Volksentscheid und in der Volksbefragung ist die Mehrheit der abgegebenen Stimmen, wenn sie mindestens ein Viertel der zum Bundestag Wahlberechtigten umfaßt. Im übrigen wird das Nähere über Volksentscheid, Volksbegehren und Volksbefragung durch ein Bundesgesetz geregelt; dieses kann auch vorsehen, daß Volksbegehren innerhalb eines Zeitraumes von fünf Jahren nicht wiederholt werden können.

(7) Sonstige Änderungen des Gebietsbestandes der Länder können durch Staatsverträge der beteiligten Länder oder durch Bundesgesetz mit Zustimmung des Bundesrates erfolgen, wenn das Gebiet, dessen Landeszugehörigkeit geändert werden soll, nicht mehr als 50 000 Einwohner hat. Das Nähere regelt ein Bundesgesetz, das der Zustimmung des Bundesrates und der Mehrheit der Mitglieder des Bundestages bedarf. Es muß die Anhörung der betroffenen Gemeinden und Kreise vorsehen.

(8) Die Länder können eine Neugliederung für das jeweils von ihnen umfaßte Gebiet oder für Teilgebiete abweichend von den Vorschriften der Absätze 2 bis 7 durch Staatsvertrag regeln. Die betroffenen Gemeinden und Kreise sind zu hören. Der Staatsvertrag bedarf der Bestätigung durch Volksentscheid in jedem beteiligten Land. Betrifft der Staatsvertrag Teilgebiete der Länder, kann die Bestätigung auf Volksentscheide in diesen Teilgebieten beschränkt werden; Satz 5 zweiter Halbsatz findet keine Anwendung. Bei einem Volksentscheid entscheidet die Mehrheit der abgegebenen Stimmen, wenn sie mindestens ein Viertel der zum Bundestag Wahlberechtigten umfaßt; das Nähere regelt ein Bundesgesetz. Der Staatsvertrag bedarf der Zustimmung des Bundestages.

Artikel 30 (Funktionen der Länder)

Die Ausübung der staatlichen Befugnisse und die Erfüllung der staatlichen Aufgaben ist Sache der Länder, soweit dieses Grundgesetz keine andere Regelung trifft oder zuläßt.

Artikel 31 (Vorrang des Bundesrechts)

Bundesrecht bricht Landesrecht.

Artikel 32 (Auswärtige Beziehungen)

(1) Die Pflege der Beziehungen zu auswärtigen Staaten ist Sache des Bundes.

(2) Vor dem Abschlusse eines Vertrages, der die besonderen Verhältnisse eines Landes berührt, ist das Land rechtzeitig zu hören.

(3) Soweit die Länder für die Gesetzgebung zuständig sind, können sie mit Zustimmung der Bundesregierung mit auswärtigen Staaten Verträge abschließen.

Artikel 33 (Staatsbürger, öffentlicher Dienst)

(1) Jeder Deutsche hat in jedem Lande die gleichen staatsbürgerlichen Rechte und Pflichten.

(2) Jeder Deutsche hat nach seiner Eignung, Befähigung und fachlichen Leistung gleichen Zugang zu jedem öffentlichen Amte.

(3) Der Genuß bürgerlicher und staatsbürgerlicher Rechte, die Zulassung zu öffentlichen Ämtern sowie die im öffentlichen Dienste erworbenen Rechte sind unabhängig von dem religiösen Bekenntnis. Niemandem darf aus seiner Zugehörigkeit oder Nichtzugehörigkeit zu einem Bekenntnisse oder einer Weltanschauung ein Nachteil erwachsen.

(4) Die Ausübung hoheitsrechtlicher Befugnisse ist als ständige Aufgabe in der Regel Angehörigen des öffentlichen Dienstes zu übertragen, die in einem öffentlich-rechtlichen Dienst- und Treueverhältnis stehen.

(5) Das Recht des öffentlichen Dienstes ist unter Berücksichtigung der hergebrachten Grundsätze des Berufsbeamtentums zu regeln und fortzuentwickeln.

Artikel 34 (Amtshaftung bei Amtspflichtverletzungen)

Verletzt jemand in Ausübung eines ihm anvertrauten öffentlichen Amtes die ihm einem Dritten gegenüber obliegende Amtspflicht, so trifft die Verantwortlichkeit grundsätzlich den Staat oder die Körperschaft, in deren Dienst er steht. Bei Vorsatz oder grober Fahrlässigkeit bleibt der Rückgriff vorbehalten. Für den Anspruch auf Schadensersatz und für den Rückgriff darf der ordentliche Rechtsweg nicht ausgeschlossen werden.

Artikel 35 (Rechts- und Amtshilfe)

(1) Alle Behörden des Bundes und der Länder leisten sich gegenseitig Rechts- und Amtshilfe.

(2) Zur Aufrechterhaltung oder Wiederherstellung der öffentlichen Sicherheit oder Ordnung kann ein Land in Fällen von besonderer Bedeutung Kräfte und Einrichtungen des Bundesgrenzschutzes zur Unterstützung seiner Polizei anfordern, wenn die Polizei ohne diese Unterstützung eine Aufgabe nicht oder nur unter erheblichen Schwierigkeiten erfüllen könnte. Zur Hilfe bei einer Naturkatastrophe oder bei einem besonders schweren Unglücksfall kann ein Land Polizeikräfte anderer Länder, Kräfte und Einrichtungen anderer Verwaltungen sowie des Bundesgrenzschutzes und der Streitkräfte anfordern.

(3) Gefährdet die Naturkatastrophe oder der Unglücksfall das Gebiet mehr als eines Landes, so kann die Bundesregierung, soweit es zur wirksamen Bekämpfung erforderlich ist, den Landesregierungen die Weisung erteilen, Polizeikräfte anderen Ländern zur Verfügung zu stellen, sowie Einheiten des Bundesgrenzschutzes und der Streitkräfte zur Unterstützung der Polizeikräfte einsetzen. Maßnahmen der Bundesregierung nach Satz 1 sind jederzeit auf Verlangen des Bundesrates, im übrigen unverzüglich nach Beseitigung der Gefahr aufzuheben.

Artikel 36 (Landsmannschaftliche Gleichbehandlung)

(1) Bei den obersten Bundesbehörden sind Beamte aus allen Ländern in angemessenem Verhältnis zu verwenden. Die bei den übrigen Bundesbehörden beschäftigten Personen sollen in der Regel aus dem Lande genommen werden, in dem sie tätig sind.

(2) Die Wehrgesetze haben auch die Gliederung des Bundes in Länder und ihre besonderen landsmannschaftlichen Verhältnisse zu berücksichtigen.

Artikel 37 (Bundeszwang)

(1) Wenn ein Land die ihm nach dem Grundgesetze oder einem anderen Bundesgesetze

obliegenden Bundespflichten nicht erfüllt, kann die Bundesregierung mit Zustimmung des Bundesrates die notwendigen Maßnahmen treffen, um das Land im Wege des Bundeszwanges zur Erfüllung seiner Pflichten anzuhalten.

(2) Zur Durchführung des Bundeszwanges hat die Bundesregierung oder ihr Beauftragter das Weisungsrecht gegenüber allen Ländern und ihren Behörden.

III. Der Bundestag

Artikel 38 (Wahl)

(1) Die Abgeordneten des Deutschen Bundestages werden in allgemeiner, unmittelbarer, freier, gleicher und geheimer Wahl gewählt. Sie sind Vertreter des ganzen Volkes, an Aufträge und Weisungen nicht gebunden und nur ihrem Gewissen unterworfen.

(2) Wahlberechtigt ist, wer das achtzehnte Lebensjahr vollendet hat; wählbar ist, wer das Alter erreicht hat, mit dem die Volljährigkeit eintritt.

(3) Das Nähere bestimmt ein Bundesgesetz.

Artikel 39 (Wahlperiode, Zusammentritt)

(1) Der Bundestag wird vorbehaltlich der nachfolgenden Bestimmungen auf vier Jahre gewählt. Seine Wahlperiode endet mit dem Zusammentritt eines neuen Bundestages. Die Neuwahl findet frühestens sechsundvierzig, spätestens achtundvierzig Monate nach Beginn der Wahlperiode statt. Im Falle einer Auflösung des Bundestages findet die Neuwahl innerhalb von sechzig Tagen statt.

(2) Der Bundestag tritt spätestens am dreißigsten Tage nach der Wahl zusammen.

(3) Der Bundestag bestimmt den Schluß und den Wiederbeginn seiner Sitzungen. Der Präsident des Bundestages kann ihn früher einberufen. Er ist hierzu verpflichtet, wenn ein Drittel der Mitglieder, der Bundespräsident oder der Bundeskanzler es verlangen.

Artikel 40 (Präsidium, Geschäftsordnung)

(1) Der Bundestag wählt seinen Präsidenten, dessen Stellvertreter und die Schriftführer. Er gibt sich eine Geschäftsordnung.

(2) Der Präsident übt das Hausrecht und die Polizeigewalt im Gebäude des Bundestages aus. Ohne seine Genehmigung darf in den Räumen des Bundestages keine Durchsuchung oder Beschlagnahme stattfinden.

Artikel 41 (Wahlprüfung)

(1) Die Wahlprüfung ist Sache des Bundestages. Er entscheidet auch, ob ein Abgeordneter des Bundestages die Mitgliedschaft verloren hat.

(2) Gegen die Entscheidung des Bundestages ist die Beschwerde an das Bundesverfassungsgericht zulässig.

(3) Das Nähere regelt ein Bundesgesetz.

Artikel 42 (Öffentlichkeit, Beschlussfassung)

(1) Der Bundestag verhandelt öffentlich. Auf Antrag eines Zehntels seiner Mitglieder oder auf Antrag der Bundesregierung kann mit Zweidrittelmehrheit die Öffentlichkeit ausgeschlossen werden. Über den Antrag wird in nichtöffentlicher Sitzung entschieden.

(2) Zu einem Beschlusse des Bundestages ist die Mehrheit der abgegebenen Stimmen erforderlich, soweit dieses Grundgesetz nichts anderes bestimmt. Für die vom Bundestage vorzunehmenden Wahlen kann die Geschäftsordnung Ausnahmen zulassen.

(3) Wahrheitsgetreue Berichte über die öffentlichen Sitzungen des Bundestages und seiner Ausschüsse bleiben von jeder Verantwortlichkeit frei.

Artikel 43 (Anwesenheit der Bundesminister)

(1) Der Bundestag und seine Ausschüsse können die Anwesenheit jedes Mitgliedes der Bundesregierung verlangen.

(2) Die Mitglieder des Bundesrates und der Bundesregierung sowie ihre Beauftragten haben zu allen Sitzungen des Bundestages und seiner Ausschüsse Zutritt. Sie müssen jederzeit gehört werden.

Artikel 44 (Untersuchungsausschüsse)

(1) Der Bundestag hat das Recht und auf Antrag eines Viertels seiner Mitglieder die

Pflicht, einen Untersuchungsausschuß einzusetzen, der in öffentlicher Verhandlung die erforderlichen Beweise erhebt. Die Öffentlichkeit kann ausgeschlossen werden.

(2) Auf Beweiserhebungen finden die Vorschriften über den Strafprozeß sinngemäß Anwendung. Das Brief-, Post- und Fernmeldegeheimnis bleibt unberührt.

(3) Gerichte und Verwaltungsbehörden sind zur Rechts- und Amtshilfe verpflichtet.

(4) Die Beschlüsse der Untersuchungsausschüsse sind der richterlichen Erörterung entzogen. In der Würdigung und Beurteilung des der Untersuchung zugrunde liegenden Sachverhaltes sind die Gerichte frei.

Artikel 45 (Ausschuss für die Angelegenheiten der Europäischen Union)

Der Bundestag bestellt einen Ausschuß für die Angelegenheiten der Europäischen Union. Er kann ihn ermächtigen, die Rechte des Bundestages gemäß Artikel 23 gegenüber der Bundesregierung wahrzunehmen. Er kann ihn auch ermächtigen, die Rechte wahrzunehmen, die dem Bundestag in den vertraglichen Grundlagen der Europäischen Union eingeräumt sind.

Artikel 45a (Ausschüsse für Auswärtiges und Verteidigung)

(1) Der Bundestag bestellt einen Ausschuß für auswärtige Angelegenheiten und einen Ausschuß für Verteidigung.

(2) Der Ausschuß für Verteidigung hat auch die Rechte eines Untersuchungsausschusses. Auf Antrag eines Viertels seiner Mitglieder hat er die Pflicht, eine Angelegenheit zum Gegenstand seiner Untersuchung zu machen.

(3) Artikel 44 Abs. 1 findet auf dem Gebiet der Verteidigung keine Anwendung.

Artikel 45b (Wehrbeauftragter)

Zum Schutz der Grundrechte und als Hilfsorgan des Bundestages bei der Ausübung der parlamentarischen Kontrolle wird ein Wehrbeauftragter des Bundestages berufen. Das Nähere regelt ein Bundesgesetz.

Artikel 45c (Petitionsausschuss)

(1) Der Bundestag bestellt einen Petitionsausschuß, dem die Behandlung der nach Artikel 17 an den Bundestag gerichteten Bitten und Beschwerden obliegt.

(2) Die Befugnisse des Ausschusses zur Überprüfung von Beschwerden regelt ein Bundesgesetz.

Artikel 45d (Parlamentarisches Kontrollgremium)

(1) Der Bundestag bestellt ein Gremium zur Kontrolle der nachrichtendienstlichen Tätigkeit des Bundes.

(2) Das Nähere regelt ein Bundesgesetz.

Artikel 46 (Indemnität, Immunität)

(1) Ein Abgeordneter darf zu keiner Zeit wegen seiner Abstimmung oder wegen einer Äußerung, die er im Bundestage oder in einem seiner Ausschüsse getan hat, gerichtlich oder dienstlich verfolgt oder sonst außerhalb des Bundestages zur Verantwortung gezogen werden. Dies gilt nicht für verleumderische Beleidigungen.

(2) Wegen einer mit Strafe bedrohten Handlung darf ein Abgeordneter nur mit Genehmigung des Bundestages zur Verantwortung gezogen oder verhaftet werden, es sei denn, daß er bei Begehung der Tat oder im Laufe des folgenden Tages festgenommen wird.

(3) Die Genehmigung des Bundestages ist ferner bei jeder anderen Beschränkung der persönlichen Freiheit eines Abgeordneten oder zur Einleitung eines Verfahrens gegen einen Abgeordneten gemäß Artikel 18 erforderlich.

(4) Jedes Strafverfahren und jedes Verfahren gemäß Artikel 18 gegen einen Abgeordneten, jede Haft und jede sonstige Beschränkung seiner persönlichen Freiheit sind auf Verlangen des Bundestages auszusetzen.

Artikel 47 (Zeugnisverweigerungsrecht)

Die Abgeordneten sind berechtigt, über Personen, die ihnen in ihrer Eigenschaft als Abgeordnete oder denen sie in dieser Eigenschaft Tatsachen anvertraut haben, sowie über diese Tatsachen selbst das Zeugnis zu verweigern. Soweit dieses Zeugnisverweigerungsrecht reicht, ist die Beschlagnahme von Schriftstücken unzulässig.

Artikel 48 (Ansprüche der Abgeordneten)

(1) Wer sich um einen Sitz im Bundestage bewirbt, hat Anspruch auf den zur Vorbereitung seiner Wahl erforderlichen Urlaub.

(2) Niemand darf gehindert werden, das Amt eines Abgeordneten zu übernehmen und auszuüben. Eine Kündigung oder Entlassung aus diesem Grunde ist unzulässig.

(3) Die Abgeordneten haben Anspruch auf eine angemessene, ihre Unabhängigkeit sichernde Entschädigung. Sie haben das Recht der freien Benutzung aller staatlichen Verkehrsmittel. Das Nähere regelt ein Bundesgesetz.

Artikel 49 (weggefallen)

IV. Der Bundesrat

Artikel 50 (Funktion)

Durch den Bundesrat wirken die Länder bei der Gesetzgebung und Verwaltung des Bundes und in Angelegenheiten der Europäischen Union mit.

Artikel 51 (Zusammensetzung)

(1) Der Bundesrat besteht aus Mitgliedern der Regierungen der Länder, die sie bestellen und abberufen. Sie können durch andere Mitglieder ihrer Regierungen vertreten werden.

(2) Jedes Land hat mindestens drei Stimmen, Länder mit mehr als zwei Millionen Einwohnern haben vier, Länder mit mehr als sechs Millionen Einwohnern fünf, Länder mit mehr als sieben Millionen Einwohnern sechs Stimmen.

(3) Jedes Land kann so viele Mitglieder entsenden, wie es Stimmen hat. Die Stimmen eines Landes können nur einheitlich und nur durch anwesende Mitglieder oder deren Vertreter abgegeben werden.

Artikel 52 (Präsident, Geschäftsordnung)

(1) Der Bundesrat wählt seinen Präsidenten auf ein Jahr.

(2) Der Präsident beruft den Bundesrat ein. Er hat ihn einzuberufen, wenn die Vertreter von mindestens zwei Ländern oder die Bundesregierung es verlangen.

(3) Der Bundesrat faßt seine Beschlüsse mit mindestens der Mehrheit seiner Stimmen. Er gibt sich eine Geschäftsordnung. Er verhandelt öffentlich. Die Öffentlichkeit kann ausgeschlossen werden.

(3a) Für Angelegenheiten der Europäischen Union kann der Bundesrat eine Europakammer bilden, deren Beschlüsse als Beschlüsse des Bundesrates gelten; die Anzahl der einheitlich abzugebenden Stimmen der Länder bestimmt sich nach Artikel 51 Abs. 2.

(4) Den Ausschüssen des Bundesrates können andere Mitglieder oder Beauftragte der Regierungen der Länder angehören.

Artikel 53 (Anwesenheit der Bundesregierung)

Die Mitglieder der Bundesregierung haben das Recht und auf Verlangen die Pflicht, an den Verhandlungen des Bundesrates und seiner Ausschüsse teilzunehmen. Sie müssen jederzeit gehört werden. Der Bundesrat ist von der Bundesregierung über die Führung der Geschäfte auf dem laufenden zu halten.

IVa. Gemeinsamer Ausschuß

Artikel 53a (Zusammensetzung, Verfahren)

(1) Der Gemeinsame Ausschuß besteht zu zwei Dritteln aus Abgeordneten des Bundestages, zu einem Drittel aus Mitgliedern des Bundesrates. Die Abgeordneten werden vom Bundestage entsprechend dem Stärkeverhältnis der Fraktionen bestimmt; sie dürfen nicht der Bundesregierung angehören. Jedes Land wird durch ein von ihm bestelltes Mitglied des Bundesrates vertreten; diese Mitglieder sind nicht an Weisungen gebunden. Die Bildung des Gemeinsamen Ausschusses und sein Verfahren werden durch eine Geschäftsordnung geregelt, die vom Bundestage zu beschließen ist und der Zustimmung des Bundesrates bedarf.

(2) Die Bundesregierung hat den Gemeinsamen Ausschuß über ihre Planungen für den Verteidigungsfall zu unterrichten. Die Rechte des Bundestages und seiner Ausschüsse nach Artikel 43 Abs. 1 bleiben unberührt.

V. Der Bundespräsident

Artikel 54 (Bundesversammlung)

(1) Der Bundespräsident wird ohne Aussprache von der Bundesversammlung gewählt. Wählbar ist jeder Deutsche, der das Wahlrecht zum Bundestage besitzt und das vierzigste Lebensjahr vollendet hat.

(2) Das Amt des Bundespräsidenten dauert fünf Jahre. Anschließende Wiederwahl ist nur einmal zulässig.

(3) Die Bundesversammlung besteht aus den Mitgliedern des Bundestages und einer gleichen Anzahl von Mitgliedern, die von den Volksvertretungen der Länder nach den Grundsätzen der Verhältniswahl gewählt werden.

(4) Die Bundesversammlung tritt spätestens 30 Tage vor Ablauf der Amtszeit des Bundespräsidenten, bei vorzeitiger Beendigung spätestens 30 Tage nach diesem Zeitpunkt zusammen. Sie wird von dem Präsidenten des Bundestages einberufen.

(5) Nach Ablauf der Wahlperiode beginnt die Frist des Absatzes 4 Satz 1 mit dem ersten Zusammentritt des Bundestages.

(6) Gewählt ist, wer die Stimmen der Mehrheit der Mitglieder der Bundesversammlung erhält. Wird diese Mehrheit in zwei Wahlgängen von keinem Bewerber erreicht, so ist gewählt, wer in einem weiteren Wahlgang die meisten Stimmen auf sich vereinigt.

(7) Das Nähere regelt ein Bundesgesetz.

Artikel 55 (Unabhängigkeit des Bundespräsidenten)

(1) Der Bundespräsident darf weder der Regierung noch einer gesetzgebenden Körperschaft des Bundes oder eines Landes angehören.

(2) Der Bundespräsident darf kein anderes besoldetes Amt, kein Gewerbe und keinen Beruf ausüben und weder der Leitung noch dem Aufsichtsrat eines auf Erwerb gerichteten Unternehmens angehören.

Artikel 56 (Eidesleistung)

Der Bundespräsident leistet bei seinem Amtsantritt vor den versammelten Mitgliedern des Bundestages und des Bundesrates folgenden Eid: „Ich schwöre, daß ich meine Kraft dem Wohle des deutschen Volkes widmen, seinen Nutzen mehren, Schaden von ihm wenden, das Grundgesetz und die Gesetze des Bundes wahren und verteidigen, meine Pflichten gewissenhaft erfüllen und Gerechtigkeit gegen jedermann üben werde. So wahr mir Gott helfe." Der Eid kann auch ohne religiöse Beteuerung geleistet werden.

Artikel 57 (Vertretung)

Die Befugnisse des Bundespräsidenten werden im Falle seiner Verhinderung oder bei vorzeitiger Erledigung des Amtes durch den Präsidenten des Bundesrates wahrgenommen.

Artikel 58 (Gegenzeichnung)

Anordnungen und Verfügungen des Bundespräsidenten bedürfen zu ihrer Gültigkeit der Gegenzeichnung durch den Bundeskanzler oder durch den zuständigen Bundesminister. Dies gilt nicht für die Ernennung und Entlassung des Bundeskanzlers, die Auflösung des Bundestages gemäß Artikel 63 und das Ersuchen gemäß Artikel 69 Abs. 3.

Artikel 59 (Völkerrechtliche Vertretungsmacht)

(1) Der Bundespräsident vertritt den Bund völkerrechtlich. Er schließt im Namen des Bundes die Verträge mit auswärtigen Staaten. Er beglaubigt und empfängt die Gesandten.

(2) Verträge, welche die politischen Beziehungen des Bundes regeln oder sich auf Gegenstände der Bundesgesetzgebung beziehen, bedürfen der Zustimmung oder der Mitwirkung der jeweils für die Bundesgesetzgebung zuständigen Körperschaften in der Form eines Bundesgesetzes. Für Verwaltungsabkommen gelten die Vorschriften über die Bundesverwaltung entsprechend.

Artikel 60 (Ernennung der Bundesbeamten)

(1) Der Bundespräsident ernennt und entläßt die Bundesrichter, die Bundesbeamten, die

Offiziere und Unteroffiziere, soweit gesetzlich nichts anderes bestimmt ist.

(2) Er übt im Einzelfalle für den Bund das Begnadigungsrecht aus.

(3) Er kann diese Befugnisse auf andere Behörden übertragen.

(4) Die Absätze 2 bis 4 des Artikels 46 finden auf den Bundespräsidenten entsprechende Anwendung.

Artikel 61 (Anklage vor dem Bundesverfassungsgericht)

(1) Der Bundestag oder der Bundesrat können den Bundespräsidenten wegen vorsätzlicher Verletzung des Grundgesetzes oder eines anderen Bundesgesetzes vor dem Bundesverfassungsgericht anklagen. Der Antrag auf Erhebung der Anklage muß von mindestens einem Viertel der Mitglieder des Bundestages oder einem Viertel der Stimmen des Bundesrates gestellt werden. Der Beschluß auf Erhebung der Anklage bedarf der Mehrheit von zwei Dritteln der Mitglieder des Bundestages oder von zwei Dritteln der Stimmen des Bundesrates. Die Anklage wird von einem Beauftragten der anklagenden Körperschaft vertreten.

(2) Stellt das Bundesverfassungsgericht fest, daß der Bundespräsident einer vorsätzlichen Verletzung des Grundgesetzes oder eines anderen Bundesgesetzes schuldig ist, so kann es ihn des Amtes für verlustig erklären. Durch einstweilige Anordnung kann es nach der Erhebung der Anklage bestimmen, daß er an der Ausübung seines Amtes verhindert ist.

VI. Die Bundesregierung

Artikel 62 (Zusammensetzung)

Die Bundesregierung besteht aus dem Bundeskanzler und aus den Bundesministern.

Artikel 63 (Wahl des Bundeskanzlers; Bundestagsauflösung)

(1) Der Bundeskanzler wird auf Vorschlag des Bundespräsidenten vom Bundestage ohne Aussprache gewählt.

(2) Gewählt ist, wer die Stimmen der Mehrheit der Mitglieder des Bundestages auf sich vereinigt. Der Gewählte ist vom Bundespräsidenten zu ernennen.

(3) Wird der Vorgeschlagene nicht gewählt, so kann der Bundestag binnen vierzehn Tagen nach dem Wahlgange mit mehr als der Hälfte seiner Mitglieder einen Bundeskanzler wählen.

(4) Kommt eine Wahl innerhalb dieser Frist nicht zustande, so findet unverzüglich ein neuer Wahlgang statt, in dem gewählt ist, wer die meisten Stimmen erhält. Vereinigt der Gewählte die Stimmen der Mehrheit der Mitglieder des Bundestages auf sich, so muß der Bundespräsident ihn binnen sieben Tagen nach der Wahl ernennen. Erreicht der Gewählte diese Mehrheit nicht, so hat der Bundespräsident binnen sieben Tagen entweder ihn zu ernennen oder den Bundestag aufzulösen.

Artikel 64 (Ernennung der Bundesminister)

(1) Die Bundesminister werden auf Vorschlag des Bundeskanzlers vom Bundespräsidenten ernannt und entlassen.

(2) Der Bundeskanzler und die Bundesminister leisten bei der Amtsübernahme vor dem Bundestage den in Artikel 56 vorgesehenen Eid.

Artikel 65 (Verantwortung, Geschäftsordnung)

Der Bundeskanzler bestimmt die Richtlinien der Politik und trägt dafür die Verantwortung. Innerhalb dieser Richtlinien leitet jeder Bundesminister seinen Geschäftsbereich selbständig und unter eigener Verantwortung. Über Meinungsverschiedenheiten zwischen den Bundesministern entscheidet die Bundesregierung. Der Bundeskanzler leitet ihre Geschäfte nach einer von der Bundesregierung beschlossenen und vom Bundespräsidenten genehmigten Geschäftsordnung.

Artikel 65a (Befehls- und Kommandogewalt)

Der Bundesminister für Verteidigung hat die Befehls- und Kommandogewalt über die Streitkräfte.

Artikel 66 (Kein Nebenberuf)

Der Bundeskanzler und die Bundesminister dürfen kein anderes besoldetes Amt, kein Gewerbe und keinen Beruf ausüben und weder der Leitung noch ohne Zustimmung des

Bundestages dem Aufsichtsrate eines auf Erwerb gerichteten Unternehmens angehören.

Artikel 67 (Misstrauensvotum)

(1) Der Bundestag kann dem Bundeskanzler das Mißtrauen nur dadurch aussprechen, daß er mit der Mehrheit seiner Mitglieder einen Nachfolger wählt und den Bundespräsidenten ersucht, den Bundeskanzler zu entlassen. Der Bundespräsident muß dem Ersuchen entsprechen und den Gewählten ernennen.

(2) Zwischen dem Antrage und der Wahl müssen 48 Stunden liegen.

Artikel 68 (Vertrauensvotum – Bundestagsauflösung)

(1) Findet ein Antrag des Bundeskanzlers, ihm das Vertrauen auszusprechen, nicht die Zustimmung der Mehrheit der Mitglieder des Bundestages, so kann der Bundespräsident auf Vorschlag des Bundeskanzlers binnen 21 Tagen den Bundestag auflösen. Das Recht zur Auflösung erlischt, sobald der Bundestag mit der Mehrheit seiner Mitglieder einen anderen Bundeskanzler wählt.

(2) Zwischen dem Antrage und der Abstimmung müssen 48 Stunden liegen.

Artikel 69 (Stellvertreter des Bundeskanzlers)

(1) Der Bundeskanzler ernennt einen Bundesminister zu seinem Stellvertreter.

(2) Das Amt des Bundeskanzlers oder eines Bundesministers endigt in jedem Falle mit dem Zusammentritt eines neuen Bundestages, das Amt eines Bundesministers auch mit jeder anderen Erledigung des Amtes des Bundeskanzlers.

(3) Auf Ersuchen des Bundespräsidenten ist der Bundeskanzler, auf Ersuchen des Bundeskanzlers oder des Bundespräsidenten ein Bundesminister verpflichtet, die Geschäfte bis zur Ernennung seines Nachfolgers weiterzuführen.

VII. Die Gesetzgebung des Bundes

Artikel 70 (Gesetzgebung des Bundes und der Länder)

(1) Die Länder haben das Recht der Gesetzgebung, soweit dieses Grundgesetz nicht dem Bunde Gesetzgebungsbefugnisse verleiht.

(2) Die Abgrenzung der Zuständigkeit zwischen Bund und Ländern bemißt sich nach den Vorschriften dieses Grundgesetzes über die ausschließliche und die konkurrierende Gesetzgebung.

Artikel 71 (Ausschließliche Gesetzgebung)

Im Bereiche der ausschließlichen Gesetzgebung des Bundes haben die Länder die Befugnis zur Gesetzgebung nur, wenn und soweit sie hierzu in einem Bundesgesetze ausdrücklich ermächtigt werden.

Artikel 72 (Konkurrierende Gesetzgebung)

(1) Im Bereich der konkurrierenden Gesetzgebung haben die Länder die Befugnis zur Gesetzgebung, solange und soweit der Bund von seiner Gesetzgebungszuständigkeit nicht durch Gesetz Gebrauch gemacht hat.

(2) Auf den Gebieten des Artikels 74 Abs. 1 Nr. 4, 7, 11, 13, 15, 19a, 20, 22, 25 und 26 hat der Bund das Gesetzgebungsrecht, wenn und soweit die Herstellung gleichwertiger Lebensverhältnisse im Bundesgebiet oder die Wahrung der Rechts- oder Wirtschaftseinheit im gesamtstaatlichen Interesse eine bundesgesetzliche Regelung erforderlich macht.

(3) Hat der Bund von seiner Gesetzgebungszuständigkeit Gebrauch gemacht, können die Länder durch Gesetz hiervon abweichende Regelungen treffen über:

1. das Jagdwesen (ohne das Recht der Jagdscheine);
2. den Naturschutz und die Landschaftspflege (ohne die allgemeinen Grundsätze des Naturschutzes, das Recht des Artenschutzes oder des Meeresnaturschutzes);
3. die Bodenverteilung;
4. die Raumordnung;
5. den Wasserhaushalt (ohne stoff- oder anlagenbezogene Regelungen);
6. die Hochschulzulassung und die Hochschulabschlüsse;
7. die Grundsteuer.

Bundesgesetze auf diesen Gebieten treten frühestens sechs Monate nach ihrer Verkündung in Kraft, soweit nicht mit Zustimmung des Bundesrates anderes bestimmt ist. Auf den Gebieten des Satzes 1 geht im Verhältnis von Bundes- und Landesrecht das jeweils spätere Gesetz vor.

(4) Durch Bundesgesetz kann bestimmt werden, daß eine bundesgesetzliche Regelung, für die eine Erforderlichkeit im Sinne des Absatzes 2 nicht mehr besteht, durch Landesrecht ersetzt werden kann.

Artikel 73 (Sachgebiete der ausschließlichen Gesetzgebung)

(1) Der Bund hat die ausschließliche Gesetzgebung über:

1. die auswärtigen Angelegenheiten sowie die Verteidigung einschließlich des Schutzes der Zivilbevölkerung;
2. die Staatsangehörigkeit im Bunde;
3. die Freizügigkeit, das Passwesen, das Melde- und Ausweiswesen, die Ein- und Auswanderung und die Auslieferung;
4. das Währungs-, Geld- und Münzwesen, Maße und Gewichte sowie die Zeitbestimmung;
5. die Einheit des Zoll- und Handelsgebietes, die Handels- und Schiffahrtsverträge, die Freizügigkeit des Warenverkehrs und den Waren- und Zahlungsverkehr mit dem Auslande einschließlich des Zoll- und Grenzschutzes;

5a. den Schutz deutschen Kulturgutes gegen Abwanderung ins Ausland;

6. den Luftverkehr;

6a. den Verkehr von Eisenbahnen, die ganz oder mehrheitlich im Eigentum des Bundes stehen (Eisenbahnen des Bundes), den Bau, die Unterhaltung und das Betreiben von Schienenwegen der Eisenbahnen des Bundes sowie die Erhebung von Entgelten für die Benutzung dieser Schienenwege;

7. das Postwesen und die Telekommunikation;
8. die Rechtsverhältnisse der im Dienste des Bundes und der bundesunmittelbaren Körperschaften des öffentlichen Rechtes stehenden Personen;
9. den gewerblichen Rechtsschutz, das Urheberrecht und das Verlagsrecht;

9a. die Abwehr von Gefahren des internationalen Terrorismus durch das Bundeskriminalpolizeiamt in Fällen, in denen eine länderübergreifende Gefahr vorliegt, die Zuständigkeit einer Landespolizeibehörde nicht erkennbar ist oder die oberste Landesbehörde um eine Übernahme ersucht;

10. die Zusammenarbeit des Bundes und der Länder
    a) in der Kriminalpolizei,
    b) zum Schutze der freiheitlichen demokratischen Grundordnung, des Bestandes und der Sicherheit des Bundes oder eines Landes (Verfassungsschutz) und
    c) zum Schutze gegen Bestrebungen im Bundesgebiet, die durch Anwendung von Gewalt oder darauf gerichtete Vorbereitungshandlungen auswärtige Belange der Bundesrepublik Deutschland gefährden,

    sowie die Einrichtung eines Bundeskriminalpolizeiamtes und die internationale Verbrechensbekämpfung;
11. die Statistik für Bundeszwecke;
12. das Waffen- und das Sprengstoffrecht;
13. die Versorgung der Kriegsbeschädigten und Kriegshinterbliebenen und die Fürsorge für die ehemaligen Kriegsgefangenen;
14. die Erzeugung und Nutzung der Kernenergie zu friedlichen Zwecken, die Errichtung und den Betrieb von Anlagen, die diesen Zwecken dienen, den Schutz gegen Gefahren, die bei Freiwerden von Kernenergie oder durch ionisierende Strahlen entstehen, und die Beseitigung radioaktiver Stoffe.

(2) Gesetze nach Absatz 1 Nr. 9a bedürfen der Zustimmung des Bundesrates.

Artikel 74 (Sachgebiete der konkurrierenden Gesetzgebung)

(1) Die konkurrierende Gesetzgebung erstreckt sich auf folgende Gebiete:

1. das bürgerliche Recht, das Strafrecht, die Gerichtsverfassung, das gerichtliche Verfahren (ohne das Recht des Untersuchungshaftvollzugs), die Rechtsanwaltschaft, das Notariat und die Rechtsberatung;
2. das Personenstandswesen;
3. das Vereinsrecht;
4. das Aufenthalts- und Niederlassungsrecht der Ausländer;
5. (weggefallen)
6. die Angelegenheiten der Flüchtlinge und Vertriebenen;
7. die öffentliche Fürsorge (ohne das Heimrecht);
8. (weggefallen)
9. die Kriegsschäden und die Wiedergutmachung;
10. die Kriegsgräber und Gräber anderer Opfer des Krieges und Opfer von Gewaltherrschaft;
11. das Recht der Wirtschaft (Bergbau, Industrie, Energiewirtschaft, Handwerk, Gewerbe, Handel, Bank- und Börsenwesen, privatrechtliches Versicherungswesen) ohne das Recht des Ladenschlusses, der Gaststätten, der Spielhallen, der Schaustellung von Personen, der Messen, der Ausstellungen und der Märkte;
12. das Arbeitsrecht einschließlich der Betriebsverfassung, des Arbeitsschutzes und der Arbeitsvermittlung sowie die Sozialversicherung einschließlich der Arbeitslosenversicherung;
13. die Regelung der Ausbildungsbeihilfen und die Förderung der wissenschaftlichen Forschung;
14. das Recht der Enteignung, soweit sie auf den Sachgebieten der Artikel 73 und 74 in Betracht kommt;
15. die Überführung von Grund und Boden, von Naturschätzen und Produktionsmitteln in Gemeineigentum oder in andere Formen der Gemeinwirtschaft;
16. die Verhütung des Mißbrauchs wirtschaftlicher Machtstellung;
17. die Förderung der land- und forstwirtschaftlichen Erzeugung (ohne das Recht der Flurbereinigung), die Sicherung der Ernährung, die Ein- und Ausfuhr land- und forstwirtschaftlicher Erzeugnisse, die Hochsee- und Küstenfischerei und den Küstenschutz;
18. den städtebaulichen Grundstücksverkehr, das Bodenrecht (ohne das Recht der Erschließungsbeiträge) und das Wohngeldrecht, das Altschuldenhilferecht, das Wohnungsbauprämienrecht, das Bergarbeiterwohnungsbaurecht und das Bergmannssiedlungsrecht;
19. Maßnahmen gegen gemeingefährliche oder übertragbare Krankheiten bei Menschen und Tieren, Zulassung zu ärztlichen und anderen Heilberufen und zum Heilgewerbe, sowie das Recht des Apothekenwesens, der Arzneien, der Medizinprodukte, der Heilmittel, der Betäubungsmittel und der Gifte;

19a. die wirtschaftliche Sicherung der Krankenhäuser und die Regelung der Krankenhauspflegesätze;

20. das Recht der Lebensmittel einschließlich der ihrer Gewinnung dienenden Tiere, das Recht der Genussmittel, Bedarfsgegenstände und Futtermittel sowie den Schutz beim Verkehr mit land- und forstwirtschaftlichem Saat- und Pflanzgut, den Schutz der Pflanzen gegen Krankheiten und Schädlinge sowie den Tierschutz;
21. die Hochsee- und Küstenschiffahrt sowie die Seezeichen, die Binnenschiffahrt, den Wetterdienst, die Seewasserstraßen und die dem allgemeinen Verkehr dienenden Binnenwasserstraßen;
22. den Straßenverkehr, das Kraftfahrwesen, den Bau und die Unterhaltung von Landstraßen für den Fernverkehr sowie die Erhebung und Verteilung von Gebühren oder Entgelten für die Benutzung öffentlicher Straßen mit Fahrzeugen;
23. die Schienenbahnen, die nicht Eisenbahnen des Bundes sind, mit Ausnahme der Bergbahnen;

24. die Abfallwirtschaft, die Luftreinhaltung und die Lärmbekämpfung (ohne Schutz vor verhaltensbezogenem Lärm);
25. die Staatshaftung;
26. die medizinisch unterstützte Erzeugung menschlichen Lebens, die Untersuchung und die künstliche Veränderung von Erbinformationen sowie Regelungen zur Transplantation von Organen, Geweben und Zellen;
27. die Statusrechte und -pflichten der Beamten der Länder, Gemeinden und anderen Körperschaften des öffentlichen Rechts sowie der Richter in den Ländern mit Ausnahme der Laufbahnen, Besoldung und Versorgung;
28. das Jagdwesen;
29. den Naturschutz und die Landschaftspflege;
30. die Bodenverteilung;
31. die Raumordnung;
32. den Wasserhaushalt;
33. die Hochschulzulassung und die Hochschulabschlüsse.

(2) Gesetze nach Absatz 1 Nr. 25 und 27 bedürfen der Zustimmung des Bundesrates.

Artikel 75 (weggefallen)

Artikel 76 (Gesetzesvorlagen)

(1) Gesetzesvorlagen werden beim Bundestage durch die Bundesregierung, aus der Mitte des Bundestages oder durch den Bundesrat eingebracht.

(2) Vorlagen der Bundesregierung sind zunächst dem Bundesrat zuzuleiten. Der Bundesrat ist berechtigt, innerhalb von sechs Wochen zu diesen Vorlagen Stellung zu nehmen. Verlangt er aus wichtigem Grunde, insbesondere mit Rücksicht auf den Umfang einer Vorlage, eine Fristverlängerung, so beträgt die Frist neun Wochen. Die Bundesregierung kann eine Vorlage, die sie bei der Zuleitung an den Bundesrat ausnahmsweise als besonders eilbedürftig bezeichnet hat, nach drei Wochen oder, wenn der Bundesrat ein Verlangen nach Satz 3 geäußert hat, nach sechs Wochen dem Bundestag zuleiten, auch wenn die Stellungnahme des Bundesrates noch nicht bei ihr eingegangen ist; sie hat die Stellungnahme des Bundesrates unverzüglich nach Eingang dem Bundestag nachzureichen. Bei Vorlagen zur Änderung dieses Grundgesetzes und zur Übertragung von Hoheitsrechten nach Artikel 23 oder Artikel 24 beträgt die Frist zur Stellungnahme neun Wochen; Satz 4 findet keine Anwendung.

(3) Vorlagen des Bundesrates sind dem Bundestag durch die Bundesregierung innerhalb von sechs Wochen zuzuleiten. Sie soll hierbei ihre Auffassung darlegen. Verlangt sie aus wichtigem Grunde, insbesondere mit Rücksicht auf den Umfang einer Vorlage, eine Fristverlängerung, so beträgt die Frist neun Wochen. Wenn der Bundesrat eine Vorlage ausnahmsweise als besonders eilbedürftig bezeichnet hat, beträgt die Frist drei Wochen oder, wenn die Bundesregierung ein Verlangen nach Satz 3 geäußert hat, sechs Wochen. Bei Vorlagen zur Änderung dieses Grundgesetzes und zur Übertragung von Hoheitsrechten nach Artikel 23 oder Artikel 24 beträgt die Frist neun Wochen; Satz 4 findet keine Anwendung. Der Bundestag hat über die Vorlagen in angemessener Frist zu beraten und Beschluß zu fassen.

Artikel 77 (Gesetzgebungsverfahren)

(1) Die Bundesgesetze werden vom Bundestage beschlossen. Sie sind nach ihrer Annahme durch den Präsidenten des Bundestages unverzüglich dem Bundesrate zuzuleiten.

(2) Der Bundesrat kann binnen drei Wochen nach Eingang des Gesetzesbeschlusses verlangen, daß ein aus Mitgliedern des Bundestages und des Bundesrates für die gemeinsame Beratung von Vorlagen gebildeter Ausschuß einberufen wird. Die Zusammensetzung und das Verfahren dieses Ausschusses regelt eine Geschäftsordnung, die vom Bundestag beschlossen wird und der Zustimmung des Bundesrates bedarf. Die in diesen Ausschuß entsandten Mitglieder des Bundesrates sind nicht an Weisungen gebunden. Ist zu einem Gesetz die Zustimmung des Bundesrates erforderlich, so können auch der Bundestag und die Bundesregierung die Einberufung verlangen. Schlägt der Ausschuß eine Änderung des Gesetzesbeschlusses vor, so hat der Bundestag erneut Beschluß zu fassen.

(2a) Soweit zu einem Gesetz die Zustimmung des Bundesrates erforderlich ist, hat der Bundesrat, wenn ein Verlangen nach Absatz 2 Satz 1 nicht gestellt oder das Vermittlungsverfahren ohne einen Vorschlag zur Änderung des Gesetzesbeschlusses beendet ist, in angemessener Frist über die Zustimmung Beschluß zu fassen.

(3) Soweit zu einem Gesetze die Zustimmung des Bundesrates nicht erforderlich ist, kann der Bundesrat, wenn das Verfahren nach Abs. 2 beendigt ist, gegen ein vom Bundestage beschlossenes Gesetz binnen zwei Wochen Einspruch einlegen. Die Einspruchsfrist beginnt im Falle des Absatzes 2 letzter Satz mit dem Eingange des vom Bundestage erneut gefaßten Beschlusses, in allen anderen Fällen mit dem Eingange der Mitteilung des Vorsitzenden des in Absatz 2 vorgesehenen Ausschusses, daß das Verfahren vor dem Ausschusse abgeschlossen ist.

(4) Wird der Einspruch mit der Mehrheit der Stimmen des Bundesrates beschlossen, so kann er durch Beschluß der Mehrheit der Mitglieder des Bundestages zurückgewiesen werden. Hat der Bundesrat den Einspruch mit einer Mehrheit von mindestens zwei Dritteln seiner Stimmen beschlossen, so bedarf die Zurückweisung durch den Bundestag einer Mehrheit von zwei Dritteln, mindestens der Mehrheit der Mitglieder des Bundestages.

Artikel 78 (Zustandekommen der Gesetze)

Ein vom Bundestage beschlossenes Gesetz kommt zustande, wenn der Bundesrat zustimmt, den Antrag gemäß Artikel 77 Abs. 2 nicht stellt, innerhalb der Frist des Artikels 77 Abs. 3 keinen Einspruch einlegt oder ihn zurücknimmt oder wenn der Einspruch vom Bundestage überstimmt wird.

Artikel 79 (Änderung des Grundgesetzes)

(1) Das Grundgesetz kann nur durch ein Gesetz geändert werden, das den Wortlaut des Grundgesetzes ausdrücklich ändert oder ergänzt. Bei völkerrechtlichen Verträgen, die eine Friedensregelung, die Vorbereitung einer Friedensregelung oder den Abbau einer besatzungsrechtlichen Ordnung zum Gegenstand haben oder der Verteidigung der Bundesrepublik zu dienen bestimmt sind, genügt zur Klarstellung, daß die Bestimmungen des Grundgesetzes dem Abschluß und dem Inkraftsetzen der Verträge nicht entgegenstehen, eine Ergänzung des Wortlautes des Grundgesetzes, die sich auf diese Klarstellung beschränkt.

(2) Ein solches Gesetz bedarf der Zustimmung von zwei Dritteln der Mitglieder des Bundestages und zwei Dritteln der Stimmen des Bundesrates.

(3) Eine Änderung dieses Grundgesetzes, durch welche die Gliederung des Bundes in Länder, die grundsätzliche Mitwirkung der Länder bei der Gesetzgebung oder die in den Artikeln 1 und 20 niedergelegten Grundsätze berührt werden, ist unzulässig.

Artikel 80 (Erlass von Rechtsverordnungen)

(1) Durch Gesetz können die Bundesregierung, ein Bundesminister oder die Landesregierungen ermächtigt werden, Rechtsverordnungen zu erlassen. Dabei müssen Inhalt, Zweck und Ausmaß der erteilten Ermächtigung im Gesetze bestimmt werden. Die Rechtsgrundlage ist in der Verordnung anzugeben. Ist durch Gesetz vorgesehen, daß eine Ermächtigung weiter übertragen werden kann, so bedarf es zur Übertragung der Ermächtigung einer Rechtsverordnung.

(2) Der Zustimmung des Bundesrates bedürfen, vorbehaltlich anderweitiger bundesgesetzlicher Regelung, Rechtsverordnungen der Bundesregierung oder eines Bundesministers über Grundsätze und Gebühren für die Benutzung der Einrichtungen des Postwesens und der Telekommunikation, über die Grundsätze der Erhebung des Entgelts für die Benutzung der Einrichtungen der Eisenbahnen des Bundes, über den Bau und Betrieb der Eisenbahnen, sowie Rechtsverordnungen auf Grund von Bundesgesetzen, die der Zustimmung des Bundesrates bedürfen oder die von den Ländern im Auftrage des Bundes oder als eigene Angelegenheit ausgeführt werden.

(3) Der Bundesrat kann der Bundesregierung Vorlagen für den Erlaß von Rechtsverordnungen zuleiten, die seiner Zustimmung bedürfen.

(4) Soweit durch Bundesgesetz oder auf Grund von Bundesgesetzen Landesregierungen ermächtigt werden, Rechtsverordnungen zu erlassen, sind die Länder zu einer Regelung auch durch Gesetz befugt.

Artikel 80a (Verteidigungsfall, Spannungsfall)

(1) Ist in diesem Grundgesetz oder in einem Bundesgesetz über die Verteidigung einschließlich des Schutzes der Zivilbevölkerung bestimmt, daß Rechtsvorschriften nur nach Maßgabe dieses Artikels angewandt werden dürfen, so ist die Anwendung außer im Verteidigungsfalle nur zulässig, wenn der Bundestag den Eintritt des Spannungsfalles festgestellt oder wenn er der Anwendung besonders zugestimmt hat. Die Feststellung des Spannungsfalles und die besondere Zustimmung in den Fällen des Artikels 12a Abs. 5 Satz 1 und Abs. 6 Satz 2 bedürfen einer Mehrheit von zwei Dritteln der abgegebenen Stimmen.

(2) Maßnahmen auf Grund von Rechtsvorschriften nach Absatz 1 sind aufzuheben, wenn der Bundestag es verlangt.

(3) Abweichend von Absatz 1 ist die Anwendung solcher Rechtsvorschriften auch auf der Grundlage und nach Maßgabe eines Beschlusses zulässig, der von einem internationalen Organ im Rahmen eines Bündnisvertrages mit Zustimmung der Bundesregierung gefaßt wird. Maßnahmen nach diesem Absatz sind aufzuheben, wenn der Bundestag es mit der Mehrheit seiner Mitglieder verlangt.

IX

Artikel 81 (Gesetzgebungsnotstand)

(1) Wird im Falle des Artikels 68 der Bundestag nicht aufgelöst, so kann der Bundespräsident auf Antrag der Bundesregierung mit Zustimmung des Bundesrates für eine Gesetzesvorlage den Gesetzgebungsnotstand erklären, wenn der Bundestag sie ablehnt, obwohl die Bundesregierung sie als dringlich bezeichnet hat. Das gleiche gilt, wenn eine Gesetzesvorlage abgelehnt worden ist, obwohl der Bundeskanzler mit ihr den Antrag des Artikels 68 verbunden hatte.

(2) Lehnt der Bundestag die Gesetzesvorlage nach Erklärung des Gesetzgebungsnotstandes erneut ab oder nimmt er sie in einer für die Bundesregierung als unannehmbar bezeichneten Fassung an, so gilt das Gesetz als zustande gekommen, soweit der Bundesrat ihm zustimmt. Das gleiche gilt, wenn die Vorlage vom Bundestage nicht innerhalb von vier Wochen nach der erneuten Einbringung verabschiedet wird.

(3) Während der Amtszeit eines Bundeskanzlers kann auch jede andere vom Bundestage abgelehnte Gesetzesvorlage innerhalb einer Frist von sechs Monaten nach der ersten Erklärung des Gesetzgebungsnotstandes gemäß Absatz 1 und 2 verabschiedet werden. Nach Ablauf der Frist ist während der Amtszeit des gleichen Bundeskanzlers eine weitere Erklärung des Gesetzgebungsnotstandes unzulässig.

(4) Das Grundgesetz darf durch ein Gesetz, das nach Absatz 2 zustande kommt, weder geändert noch ganz oder teilweise außer Kraft oder außer Anwendung gesetzt werden.

Artikel 82 (Verkündung, In-Kraft-Treten)

(1) Die nach den Vorschriften dieses Grundgesetzes zustande gekommenen Gesetze werden vom Bundespräsidenten nach Gegenzeichnung ausgefertigt und im Bundesgesetzblatt verkündet. Das Bundesgesetzblatt kann in elektronischer Form geführt werden. Rechtsverordnungen werden von der Stelle, die sie erlässt, ausgefertigt. Das Nähere zur Verkündung und zur Form von Gegenzeichnung und Ausfertigung von Gesetzen und Rechtsverordnungen regelt ein Bundesgesetz.

(2) Jedes Gesetz und jede Rechtsverordnung soll den Tag des Inkrafttretens bestimmen. Fehlt eine solche Bestimmung, so treten sie mit dem 14. Tage nach Ablauf des Tages in Kraft, an dem das Bundesgesetzblatt ausgegeben worden ist.

VIII. Die Ausführung der Bundesgesetze und die Bundesverwaltung

Artikel 83 (Grundsatz: landeseigene Verwaltung)

Die Länder führen die Bundesgesetze als eigene Angelegenheit aus, soweit dieses Grundgesetz nichts anderes bestimmt oder zuläßt.

Artikel 84 (Bundesaufsicht bei landeseigener Verwaltung)

(1) Führen die Länder die Bundesgesetze als eigene Angelegenheit aus, so regeln sie die Einrichtung der Behörden und das Verwaltungsverfahren. Wenn Bundesgesetze etwas anderes bestimmen, können die Länder davon abweichende Regelungen treffen. Hat ein Land eine abweichende Regelung nach Satz 2 getroffen, treten in diesem Land hierauf bezogene spätere bundesgesetzliche Regelungen der Einrichtung der Behörden und des Verwaltungsverfahrens frühestens sechs Monate nach ihrer Verkündung in Kraft, soweit nicht mit Zustimmung des Bundesrates anderes bestimmt ist. Artikel 72 Abs. 3 Satz 3 gilt entsprechend. In Ausnahmefällen kann der Bund wegen eines besonderen Bedürfnisses nach bundeseinheitlicher Regelung das Verwaltungsverfahren ohne Abweichungsmöglichkeit für die Länder regeln. Diese Gesetze bedürfen der Zustimmung des Bundesrates. Durch Bundesgesetz dürfen Gemeinden und Gemeindeverbänden Aufgaben nicht übertragen werden.

(2) Die Bundesregierung kann mit Zustimmung des Bundesrates allgemeine Verwaltungsvorschriften erlassen.

(3) Die Bundesregierung übt die Aufsicht darüber aus, daß die Länder die Bundesgesetze dem geltenden Rechte gemäß ausführen. Die Bundesregierung kann zu diesem Zwecke Beauftragte zu den obersten Landesbehörden entsenden, mit deren Zustimmung und, falls diese Zustimmung versagt wird, mit Zustimmung des Bundesrates auch zu den nachgeordneten Behörden.

(4) Werden Mängel, die die Bundesregierung bei der Ausführung der Bundesgesetze in den Ländern festgestellt hat, nicht beseitigt, so beschließt auf Antrag der Bundesregierung oder des Landes der Bundesrat, ob das Land das Recht verletzt hat. Gegen den Beschluß des Bundesrates kann das Bundesverfassungsgericht angerufen werden.

(5) Der Bundesregierung kann durch Bundesgesetz, das der Zustimmung des Bundesrates bedarf, zur Ausführung von Bundesgesetzen die Befugnis verliehen werden, für besondere Fälle Einzelweisungen zu erteilen. Sie sind, außer wenn die Bundesregierung den Fall für dringlich erachtet, an die obersten Landesbehörden zu richten.

Artikel 85 (Landesverwaltung im Bundesauftrag)

(1) Führen die Länder die Bundesgesetze im Auftrage des Bundes aus, so bleibt die Einrichtung der Behörden Angelegenheit der Länder, soweit nicht Bundesgesetze mit Zustimmung des Bundesrates etwas anderes bestimmen. Durch Bundesgesetz dürfen Gemeinden und Gemeindeverbänden Aufgaben nicht übertragen werden.

(2) Die Bundesregierung kann mit Zustimmung des Bundesrates allgemeine Verwaltungsvorschriften erlassen. Sie kann die einheitliche Ausbildung der Beamten und Angestellten regeln. Die Leiter der Mittelbehörden sind mit ihrem Einvernehmen zu bestellen.

(3) Die Landesbehörden unterstehen den Weisungen der zuständigen obersten Bundesbehörden. Die Weisungen sind, außer wenn die Bundesregierung es für dringlich erachtet, an die obersten Landesbehörden zu richten. Der Vollzug der Weisung ist durch die obersten Landesbehörden sicherzustellen.

(4) Die Bundesaufsicht erstreckt sich auf Gesetzmäßigkeit und Zweckmäßigkeit der Ausführung. Die Bundesregierung kann zu diesem Zwecke Bericht und Vorlage der Akten verlangen und Beauftragte zu allen Behörden entsenden.

Artikel 86 (Bundeseigene Verwaltung)

Führt der Bund die Gesetze durch bundeseigene Verwaltung oder durch bundesunmittelbare Körperschaften oder Anstalten des öffentlichen Rechtes aus, so erläßt die Bundesregierung, soweit nicht das Gesetz Besonderes vorschreibt, die allgemeinen Verwaltungsvorschriften. Sie regelt, soweit das Gesetz nichts anderes bestimmt, die Einrichtung der Behörden.

Artikel 87 (Gegenstände der Bundeseigenverwaltung)

(1) In bundeseigener Verwaltung mit eigenem Verwaltungsunterbau werden geführt der Auswärtige Dienst, die Bundesfinanzverwal-

tung und nach Maßgabe des Artikels 89 die Verwaltung der Bundeswasserstraßen und der Schiffahrt. Durch Bundesgesetz können Bundesgrenzschutzbehörden, Zentralstellen für das polizeiliche Auskunfts- und Nachrichtenwesen, für die Kriminalpolizei und zur Sammlung von Unterlagen für Zwecke des Verfassungsschutzes und des Schutzes gegen Bestrebungen im Bundesgebiet, die durch Anwendung von Gewalt oder darauf gerichtete Vorbereitungshandlungen auswärtige Belange der Bundesrepublik Deutschland gefährden, eingerichtet werden.

(2) Als bundesunmittelbare Körperschaften des öffentlichen Rechtes werden diejenigen sozialen Versicherungsträger geführt, deren Zuständigkeitsbereich sich über das Gebiet eines Landes hinaus erstreckt. Soziale Versicherungsträger, deren Zuständigkeitsbereich sich über das Gebiet eines Landes, aber nicht über mehr als drei Länder hinaus erstreckt, werden abweichend von Satz 1 als landesunmittelbare Körperschaften des öffentlichen Rechtes geführt, wenn das aufsichtsführende Land durch die beteiligten Länder bestimmt ist.

(3) Außerdem können für Angelegenheiten, für die dem Bunde die Gesetzgebung zusteht, selbständige Bundesoberbehörden und neue bundesunmittelbare Körperschaften und Anstalten des öffentlichen Rechtes durch Bundesgesetz errichtet werden. Erwachsen dem Bunde auf Gebieten, für die ihm die Gesetzgebung zusteht, neue Aufgaben, so können bei dringendem Bedarf bundeseigene Mittel- und Unterbehörden mit Zustimmung des Bundesrates und der Mehrheit der Mitglieder des Bundestages errichtet werden.

IX

Artikel 87a (Streitkräfte und ihr Einsatz)

(1) Der Bund stellt Streitkräfte zur Verteidigung auf. Ihre zahlenmäßige Stärke und die Grundzüge ihrer Organisation müssen sich aus dem Haushaltsplan ergeben.

(1a) Zur Stärkung der Bündnis- und Verteidigungsfähigkeit kann der Bund ein Sondervermögen für die Bundeswehr mit eigener Kreditermächtigung in Höhe von einmalig bis zu 100 Milliarden Euro errichten. Auf die Kreditermächtigung sind Artikel 109 Absatz 3 und Artikel 115 Absatz 2 nicht anzuwenden. Das Nähere regelt ein Bundesgesetz.

(2) Außer zur Verteidigung dürfen die Streitkräfte nur eingesetzt werden, soweit dieses Grundgesetz es ausdrücklich zuläßt.

(3) Die Streitkräfte haben im Verteidigungsfalle und im Spannungsfalle die Befugnis, zivile Objekte zu schützen und Aufgaben der Verkehrsregelung wahrzunehmen, soweit dies zur Erfüllung ihres Verteidigungsauftrages erforderlich ist. Außerdem kann den Streitkräften im Verteidigungsfalle und im Spannungsfalle der Schutz ziviler Objekte auch zur Unterstützung polizeilicher Maßnahmen übertragen werden; die Streitkräfte wirken dabei mit den zuständigen Behörden zusammen.

(4) Zur Abwehr einer drohenden Gefahr für den Bestand oder die freiheitliche demokratische Grundordnung des Bundes oder eines Landes kann die Bundesregierung, wenn die Voraussetzungen des Artikels 91 Abs. 2 vorliegen und die Polizeikräfte sowie der Bundesgrenzschutz nicht ausreichen, Streitkräfte zur Unterstützung der Polizei und des Bundesgrenzschutzes beim Schutze von zivilen Objekten und bei der Bekämpfung organisierter und militärisch bewaffneter Aufständischer einsetzen. Der Einsatz von Streitkräften ist einzustellen, wenn der Bundestag oder der Bundesrat es verlangen.

Artikel 87b (Bundeswehrverwaltung)

(1) Die Bundeswehrverwaltung wird in bundeseigener Verwaltung mit eigenem Verwaltungsunterbau geführt. Sie dient den Aufgaben des Personalwesens und der unmittelbaren Deckung des Sachbedarfs der Streitkräfte. Aufgaben der Beschädigtenversorgung und des Bauwesens können der Bundeswehrverwaltung nur durch Bundesgesetz, das der Zustimmung des Bundesrates bedarf, übertragen werden. Der Zustimmung des Bundesrates bedürfen ferner Gesetze, soweit sie die Bundeswehrverwaltung zu Eingriffen in Rechte Dritter ermächtigen; das gilt nicht für Gesetze auf dem Gebiete des Personalwesens.

(2) Im übrigen können Bundesgesetze, die der Verteidigung einschließlich des Wehrersatzwesens und des Schutzes der Zivilbevöl-

kerung dienen, mit Zustimmung des Bundesrates bestimmen, daß sie ganz oder teilweise in bundeseigener Verwaltung mit eigenem Verwaltungsunterbau oder von den Ländern im Auftrage des Bundes ausgeführt werden. Werden solche Gesetze von den Ländern im Auftrage des Bundes ausgeführt, so können sie mit Zustimmung des Bundesrates bestimmen, daß die der Bundesregierung und den zuständigen obersten Bundesbehörden auf Grund des Artikels 85 zustehenden Befugnisse ganz oder teilweise Bundesoberbehörden übertragen werden; dabei kann bestimmt werden, daß diese Behörden beim Erlaß allgemeiner Verwaltungsvorschriften gemäß Artikel 85 Abs. 2 Satz 1 nicht der Zustimmung des Bundesrates bedürfen.

Artikel 87c (Auftragsverwaltung im Kernenergiebereich)

Gesetze, die auf Grund des Artikels 73 Abs. 1 Nr. 14 ergehen, können mit Zustimmung des Bundesrates bestimmen, daß sie von den Ländern im Auftrag des Bundes ausgeführt werden.

Artikel 87d (Luftverkehrsverwaltung)

(1) Die Luftverkehrsverwaltung wird in Bundesverwaltung geführt. Aufgaben der Flugsicherung können auch durch ausländische Flugsicherungsorganisationen wahrgenommen werden, die nach Recht der Europäischen Gemeinschaft zugelassen sind. Das Nähere regelt ein Bundesgesetz.

(2) Durch Bundesgesetz, das der Zustimmung des Bundesrates bedarf, können Aufgaben der Luftverkehrsverwaltung den Ländern als Auftragsverwaltung übertragen werden.

Artikel 87e (Eisenbahnverkehrsverwaltung)

(1) Die Eisenbahnverkehrsverwaltung für Eisenbahnen des Bundes wird in bundeseigener Verwaltung geführt. Durch Bundesgesetz können Aufgaben der Eisenbahnverkehrsverwaltung den Ländern als eigene Angelegenheit übertragen werden.

(2) Der Bund nimmt die über den Bereich der Eisenbahnen des Bundes hinausgehenden Aufgaben der Eisenbahnverkehrsverwaltung wahr, die ihm durch Bundesgesetz übertragen werden.

(3) Eisenbahnen des Bundes werden als Wirtschaftsunternehmen in privat-rechtlicher Form geführt. Diese stehen im Eigentum des Bundes, soweit die Tätigkeit des Wirtschaftsunternehmens den Bau, die Unterhaltung und das Betreiben von Schienenwegen umfaßt. Die Veräußerung von Anteilen des Bundes an den Unternehmen nach Satz 2 erfolgt auf Grund eines Gesetzes; die Mehrheit der Anteile an diesen Unternehmen verbleibt beim Bund. Das Nähere wird durch Bundesgesetz geregelt.

(4) Der Bund gewährleistet, daß dem Wohl der Allgemeinheit, insbesondere den Verkehrsbedürfnissen, beim Ausbau und Erhalt des Schienennetzes der Eisenbahnen des Bundes sowie bei deren Verkehrsangeboten auf diesem Schienennetz, soweit diese nicht den Schienenpersonennahverkehr betreffen, Rechnung getragen wird. Das Nähere wird durch Bundesgesetz geregelt.

(5) Gesetze auf Grund der Absätze 1 bis 4 bedürfen der Zustimmung des Bundesrates. Der Zustimmung des Bundesrates bedürfen ferner Gesetze, die die Auflösung, die Verschmelzung und die Aufspaltung von Eisenbahnunternehmen des Bundes, die Übertragung von Schienenwegen der Eisenbahnen des Bundes an Dritte sowie die Stillegung von Schienenwegen der Eisenbahnen des Bundes regeln oder Auswirkungen auf den Schienenpersonennahverkehr haben.

Artikel 87f (Postwesen, Telekommunikation)

(1) Nach Maßgabe eines Bundesgesetzes, das der Zustimmung des Bundesrates bedarf, gewährleistet der Bund im Bereich des Postwesens und der Telekommunikation flächendeckend angemessene und ausreichende Dienstleistungen.

(2) Dienstleistungen im Sinne des Absatzes 1 werden als privatwirtschaftliche Tätigkeiten durch die aus dem Sondervermögen Deutsche Bundespost hervorgegangenen Unternehmen und durch andere private Anbieter erbracht. Hoheitsaufgaben im Bereich des Postwesens

und der Telekommunikation werden in bundeseigener Verwaltung ausgeführt.

(3) Unbeschadet des Absatzes 2 Satz 2 führt der Bund in der Rechtsform einer bundesunmittelbaren Anstalt des öffentlichen Rechts einzelne Aufgaben in bezug auf die aus dem Sondervermögen Deutsche Bundespost hervorgegangenen Unternehmen nach Maßgabe eines Bundesgesetzes aus.

Artikel 88 (Bundesbank)

Der Bund errichtet eine Währungs- und Notenbank als Bundesbank. Ihre Aufgaben und Befugnisse können im Rahmen der Europäischen Union der Europäischen Zentralbank übertragen werden, die unabhängig ist und dem vorrangigen Ziel der Sicherung der Preisstabilität verpflichtet.

Artikel 89 (Bundeswasserstraßen)

(1) Der Bund ist Eigentümer der bisherigen Reichswasserstraßen.

(2) Der Bund verwaltet die Bundeswasserstraßen durch eigene Behörden. Er nimmt die über den Bereich eines Landes hinausgehenden staatlichen Aufgaben der Binnenschifffahrt und die Aufgaben der Seeschifffahrt wahr, die ihm durch Gesetz übertragen werden. Er kann die Verwaltung von Bundeswasserstraßen, soweit sie im Gebiete eines Landes liegen, diesem Lande auf Antrag als Auftragsverwaltung übertragen. Berührt eine Wasserstraße das Gebiet mehrerer Länder, so kann der Bund das Land beauftragen, für das die beteiligten Länder es beantragen.

(3) Bei der Verwaltung, dem Ausbau und dem Neubau von Wasserstraßen sind die Bedürfnisse der Landeskultur und der Wasserwirtschaft im Einvernehmen mit den Ländern zu wahren.

Artikel 90 (Bundesstraßen)

(1) Der Bund bleibt Eigentümer der Bundesautobahnen und sonstigen Bundesstraßen des Fernverkehrs. Das Eigentum ist unveräußerlich.

(2) Die Verwaltung der Bundesautobahnen wird in Bundesverwaltung geführt. Der Bund kann sich zur Erledigung seiner Aufgaben einer Gesellschaft privaten Rechts bedienen. Diese Gesellschaft steht im unveräußerlichen Eigentum des Bundes. Eine unmittelbare oder mittelbare Beteiligung Dritter an der Gesellschaft und deren Tochtergesellschaften ist ausgeschlossen. Eine Beteiligung Privater im Rahmen von Öffentlich-Privaten Partnerschaften ist ausgeschlossen für Streckennetze, die das gesamte Bundesautobahnnetz oder das gesamte Netz sonstiger Bundesfernstraßen in einem Land oder wesentliche Teile davon umfassen. Das Nähere regelt ein Bundesgesetz.

(3) Die Länder oder die nach Landesrecht zuständigen Selbstverwaltungskörperschaften verwalten die sonstigen Bundesstraßen des Fernverkehrs im Auftrage des Bundes.

(4) Auf Antrag eines Landes kann der Bund die sonstigen Bundesstraßen des Fernverkehrs, soweit sie im Gebiet dieses Landes liegen, in Bundesverwaltung übernehmen.

Artikel 91 (Abwehr drohender Gefahr)

(1) Zur Abwehr einer drohenden Gefahr für den Bestand oder die freiheitliche demokratische Grundordnung des Bundes oder eines Landes kann ein Land Polizeikräfte anderer Länder sowie Kräfte und Einrichtungen anderer Verwaltungen und des Bundesgrenzschutzes anfordern.

(2) Ist das Land, in dem die Gefahr droht, nicht selbst zur Bekämpfung der Gefahr bereit oder in der Lage, so kann die Bundesregierung die Polizei in diesem Lande und die Polizeikräfte anderer Länder ihren Weisungen unterstellen sowie Einheiten des Bundesgrenzschutzes einsetzen. Die Anordnung ist nach Beseitigung der Gefahr, im übrigen jederzeit auf Verlangen des Bundesrates aufzuheben. Erstreckt sich die Gefahr auf das Gebiet mehr als eines Landes, so kann die Bundesregierung, soweit es zur wirksamen Bekämpfung erforderlich ist, den Landesregierungen Weisungen erteilen; Satz 1 und Satz 2 bleiben unberührt.

VIIIa. Gemeinschaftsaufgaben, Verwaltungszusammenarbeit

Artikel 91a (Gemeinschaftsaufgaben)

(1) Der Bund wirkt auf folgenden Gebieten bei der Erfüllung von Aufgaben der Länder mit, wenn diese Aufgaben für die Gesamtheit be-

deutsam sind und die Mitwirkung des Bundes zur Verbesserung der Lebensverhältnisse erforderlich ist (Gemeinschaftsaufgaben):

1. Verbesserung der regionalen Wirtschaftsstruktur,
2. Verbesserung der Agrarstruktur und des Küstenschutzes.

(2) Durch Bundesgesetz mit Zustimmung des Bundesrates werden die Gemeinschaftsaufgaben sowie Einzelheiten der Koordinierung näher bestimmt.

(3) Der Bund trägt in den Fällen des Absatzes 1 Nr. 1 die Hälfte der Ausgaben in jedem Land. In den Fällen des Absatzes 1 Nr. 2 trägt der Bund mindestens die Hälfte; die Beteiligung ist für alle Länder einheitlich festzusetzen. Das Nähere regelt das Gesetz. Die Bereitstellung der Mittel bleibt der Feststellung in den Haushaltsplänen des Bundes und der Länder vorbehalten.

Artikel 91b (Zusammenwirken von Bund und Ländern)

(1) Bund und Länder können auf Grund von Vereinbarungen in Fällen überregionaler Bedeutung bei der Förderung von Wissenschaft, Forschung und Lehre zusammenwirken. Vereinbarungen, die im Schwerpunkt Hochschulen betreffen, bedürfen der Zustimmung aller Länder. Dies gilt nicht für Vereinbarungen über Forschungsbauten einschließlich Großgeräten.

(2) Bund und Länder können auf Grund von Vereinbarungen zur Feststellung der Leistungsfähigkeit des Bildungswesens im internationalen Vergleich und bei diesbezüglichen Berichten und Empfehlungen zusammenwirken.

(3) Die Kostentragung wird in der Vereinbarung geregelt.

Artikel 91c (Zusammenwirken bei informationstechnischen Systemen)

(1) Bund und Länder können bei der Planung, der Errichtung und dem Betrieb der für ihre Aufgabenerfüllung benötigten informationstechnischen Systeme zusammenwirken.

(2) Bund und Länder können auf Grund von Vereinbarungen die für die Kommunikation zwischen ihren informationstechnischen Systemen notwendigen Standards und Sicherheitsanforderungen festlegen. Vereinbarungen über die Grundlagen der Zusammenarbeit nach Satz 1 können für einzelne nach Inhalt und Ausmaß bestimmte Aufgaben vorsehen, dass nähere Regelungen bei Zustimmung einer in der Vereinbarung zu bestimmenden qualifizierten Mehrheit für Bund und Länder in Kraft treten. Sie bedürfen der Zustimmung des Bundestages und der Volksvertretungen der beteiligten Länder; das Recht zur Kündigung dieser Vereinbarungen kann nicht ausgeschlossen werden. Die Vereinbarungen regeln auch die Kostentragung.

(3) Die Länder können darüber hinaus den gemeinschaftlichen Betrieb informationstechnischer Systeme sowie die Errichtung von dazu bestimmten Einrichtungen vereinbaren.

(4) Der Bund errichtet zur Verbindung der informationstechnischen Netze des Bundes und der Länder ein Verbindungsnetz. Das Nähere zur Errichtung und zum Betrieb des Verbindungsnetzes regelt ein Bundesgesetz mit Zustimmung des Bundesrates.

(5) Der übergreifende informationstechnische Zugang zu den Verwaltungsleistungen von Bund und Ländern wird durch Bundesgesetz mit Zustimmung des Bundesrates geregelt.

Artikel 91d (Vergleichsstudien)

Bund und Länder können zur Feststellung und Förderung der Leistungsfähigkeit ihrer Verwaltungen Vergleichsstudien durchführen und die Ergebnisse veröffentlichen.

Artikel 91e (Zusammenwirken auf dem Gebiet der Grundsicherung für Arbeitsuchende)

(1) Bei der Ausführung von Bundesgesetzen auf dem Gebiet der Grundsicherung für Arbeitsuchende wirken Bund und Länder oder die nach Landesrecht zuständigen Gemeinden und Gemeindeverbände in der Regel in gemeinsamen Einrichtungen zusammen.

(2) Der Bund kann zulassen, dass eine begrenzte Anzahl von Gemeinden und Gemeindeverbänden auf ihren Antrag und mit Zustimmung der obersten Landesbehörde die Aufgaben nach Absatz 1 allein wahrnimmt. Die notwendigen Ausgaben einschließlich

der Verwaltungsausgaben trägt der Bund, soweit die Aufgaben bei einer Ausführung von Gesetzen nach Absatz 1 vom Bund wahrzunehmen sind.

(3) Das Nähere regelt ein Bundesgesetz, das der Zustimmung des Bundesrates bedarf.

IX. Die Rechtsprechung

Artikel 92 (Gerichtsorganisation)

Die rechtsprechende Gewalt ist den Richtern anvertraut; sie wird durch das Bundesverfassungsgericht, durch die in diesem Grundgesetze vorgesehenen Bundesgerichte und durch die Gerichte der Länder ausgeübt.

Artikel 93 (Bundesverfassungsgericht)

(1) Das Bundesverfassungsgericht ist ein allen übrigen Verfassungsorganen gegenüber selbständiger und unabhängiger Gerichtshof des Bundes.

(2) Das Bundesverfassungsgericht besteht aus Bundesrichtern und anderen Mitgliedern; es gliedert sich in zwei Senate. In jeden Senat werden je zur Hälfte vom Bundestag und vom Bundesrat acht Richter gewählt; sie dürfen weder dem Bundestag, dem Bundesrat, der Bundesregierung noch entsprechenden Organen eines Landes angehören. Durch Bundesgesetz nach Absatz 5 kann vorgesehen werden, dass das Wahlrecht vom anderen Wahlorgan ausgeübt werden kann, wenn innerhalb einer zu bestimmenden Frist nach dem Ende der Amtszeit oder dem vorzeitigen Ausscheiden eines Richters eine Wahl seines Nachfolgers nicht zustande kommt.

(3) Die Amtszeit der Mitglieder des Bundesverfassungsgerichts dauert zwölf Jahre, längstens bis zum Ende des Monats, in dem das Mitglied das 68. Lebensjahr vollendet. Nach Ablauf der Amtszeit führen die Richter ihre Amtsgeschäfte bis zur Ernennung des Nachfolgers fort. Eine anschließende oder spätere Wiederwahl ist ausgeschlossen.

(4) Das Bundesverfassungsgericht gibt sich eine Geschäftsordnung, die das Plenum beschließt.

(5) Ein Bundesgesetz regelt die Verfassung und das Verfahren des Bundesverfassungsgerichts. Es kann für Verfassungsbeschwerden die vorherige Erschöpfung des Rechtsweges zur Voraussetzung machen und ein besonderes Annahmeverfahren vorsehen.

Artikel 94 (Zuständigkeit des Bundesverfassungsgerichts)

(1) Das Bundesverfassungsgericht entscheidet:

1. über die Auslegung dieses Grundgesetzes aus Anlass von Streitigkeiten über den Umfang der Rechte und Pflichten eines obersten Bundesorgans oder anderer Beteiligter, die durch dieses Grundgesetz oder in der Geschäftsordnung eines obersten Bundesorgans mit eigenen Rechten ausgestattet sind;
2. bei Meinungsverschiedenheiten oder Zweifeln über die förmliche und sachliche Vereinbarkeit von Bundesrecht oder Landesrecht mit diesem Grundgesetz oder die Vereinbarkeit von Landesrecht mit sonstigem Bundesrecht auf Antrag der Bundesregierung, einer Landesregierung oder eines Viertels der Mitglieder des Bundestages;

2a. bei Meinungsverschiedenheiten, ob ein Gesetz den Voraussetzungen des Artikels 72 Absatz 2 entspricht, auf Antrag des Bundesrates, einer Landesregierung oder der Volksvertretung eines Landes;

3. bei Meinungsverschiedenheiten über Rechte und Pflichten des Bundes und der Länder, insbesondere bei der Ausführung von Bundesrecht durch die Länder und bei der Ausübung der Bundesaufsicht;
4. in anderen öffentlich-rechtlichen Streitigkeiten zwischen dem Bund und den Ländern, zwischen verschiedenen Ländern oder innerhalb eines Landes, soweit nicht ein anderer Rechtsweg gegeben ist;

4a. über Verfassungsbeschwerden, die von jedermann mit der Behauptung erhoben werden können, durch die öffentliche Gewalt in einem seiner Grundrechte oder in einem seiner in Artikel 20 Absatz 4, 33, 38, 101, 103 und 104 enthaltenen Rechte verletzt zu sein;

4b. über Verfassungsbeschwerden von Gemeinden und Gemeindeverbänden we-

IX

gen Verletzung des Rechts auf Selbstverwaltung nach Artikel 28 durch ein Gesetz, bei Landesgesetzen jedoch nur, soweit nicht Beschwerde beim Landesverfassungsgericht erhoben werden kann;

4c. über Beschwerden von Vereinigungen gegen ihre Nichtanerkennung als Partei für die Wahl zum Bundestag;

5. in den übrigen in diesem Grundgesetz vorgesehenen Fällen.

(2) Das Bundesverfassungsgericht entscheidet außerdem auf Antrag des Bundesrates, einer Landesregierung oder der Volksvertretung eines Landes, ob im Falle des Artikels 72 Absatz 4 die Erforderlichkeit für eine bundesgesetzliche Regelung nach Artikel 72 Absatz 2 nicht mehr besteht oder Bundesrecht in den Fällen des Artikels 125a Absatz 2 Satz 1 nicht mehr erlassen werden könnte. Die Feststellung, dass die Erforderlichkeit entfallen ist oder Bundesrecht nicht mehr erlassen werden könnte, ersetzt ein Bundesgesetz nach Artikel 72 Absatz 4 oder nach Artikel 125a Absatz 2 Satz 2. Der Antrag nach Satz 1 ist nur zulässig, wenn eine Gesetzesvorlage nach Artikel 72 Absatz 4 oder nach Artikel 125a Absatz 2 Satz 2 im Bundestag abgelehnt oder über sie nicht innerhalb eines Jahres beraten und Beschluss gefasst oder wenn eine entsprechende Gesetzesvorlage im Bundesrat abgelehnt worden ist.

(3) Das Bundesverfassungsgericht wird ferner in den ihm sonst durch Bundesgesetz zugewiesenen Fällen tätig.

(4) Die Entscheidungen des Bundesverfassungsgerichts binden die Verfassungsorgane des Bundes und der Länder sowie alle Gerichte und Behörden. Ein Bundesgesetz bestimmt, in welchen Fällen seine Entscheidungen Gesetzeskraft haben.

Artikel 95 (Oberste Gerichtshöfe)

(1) Für die Gebiete der ordentlichen, der Verwaltungs-, der Finanz-, der Arbeits- und der Sozialgerichtsbarkeit errichtet der Bund als oberste Gerichtshöfe den Bundesgerichtshof, das Bundesverwaltungsgericht, den Bundesfinanzhof, das Bundesarbeitsgericht und das Bundessozialgericht.

(2) Über die Berufung der Richter dieser Gerichte entscheidet der für das jeweilige Sachgebiet zuständige Bundesminister gemeinsam mit einem Richterwahlausschuß, der aus den für das jeweilige Sachgebiet zuständigen Ministern der Länder und einer gleichen Anzahl von Mitgliedern besteht, die vom Bundestage gewählt werden.

(3) Zur Wahrung der Einheitlichkeit der Rechtsprechung ist ein Gemeinsamer Senat der in Absatz 1 genannten Gerichte zu bilden. Das Nähere regelt ein Bundesgesetz.

Artikel 96 (Bundesgerichte)

(1) Der Bund kann für Angelegenheiten des gewerblichen Rechtsschutzes ein Bundesgericht errichten.

(2) Der Bund kann Wehrstrafgerichte für die Streitkräfte als Bundesgerichte errichten. Sie können die Strafgerichtsbarkeit nur im Verteidigungsfalle sowie über Angehörige der Streitkräfte ausüben, die in das Ausland entsandt oder an Bord von Kriegsschiffen eingeschifft sind. Das Nähere regelt ein Bundesgesetz. Diese Gerichte gehören zum Geschäftsbereich des Bundesjustizministers. Ihre hauptamtlichen Richter müssen die Befähigung zum Richteramt haben.

(3) Oberster Gerichtshof für die in Absatz 1 und 2 genannten Gerichte ist der Bundesgerichtshof.

(4) Der Bund kann für Personen, die zu ihm in einem öffentlich-rechtlichen Dienstverhältnis stehen, Bundesgerichte zur Entscheidung in Disziplinarverfahren und Beschwerdeverfahren errichten.

(5) Für Strafverfahren auf den folgenden Gebieten kann ein Bundesgesetz mit Zustimmung des Bundesrates vorsehen, dass Gerichte der Länder Gerichtsbarkeit des Bundes ausüben:

1. Völkermord;
2. völkerstrafrechtliche Verbrechen gegen die Menschlichkeit;
3. Kriegsverbrechen;
4. andere Handlungen, die geeignet sind und in der Absicht vorgenommen werden, das

friedliche Zusammenleben der Völker zu stören (Artikel 26 Abs. 1);

5. Staatsschutz.

Artikel 97 (Unabhängigkeit der Richter)

(1) Die Richter sind unabhängig und nur dem Gesetze unterworfen.

(2) Die hauptamtlich und planmäßig endgültig angestellten Richter können wider ihren Willen nur kraft richterlicher Entscheidung und nur aus Gründen und unter den Formen, welche die Gesetze bestimmen, vor Ablauf ihrer Amtszeit entlassen oder dauernd oder zeitweise ihres Amtes enthoben oder an eine andere Stelle oder in den Ruhestand versetzt werden. Die Gesetzgebung kann Altersgrenzen festsetzen, bei deren Erreichung auf Lebenszeit angestellte Richter in den Ruhestand treten. Bei Veränderung der Einrichtung der Gerichte oder ihrer Bezirke können Richter an ein anderes Gericht versetzt oder aus dem Amte entfernt werden, jedoch nur unter Belassung des vollen Gehaltes.

Artikel 98 (Rechtsstellung der Richter)

(1) Die Rechtsstellung der Bundesrichter ist durch besonderes Bundesgesetz zu regeln.

(2) Wenn ein Bundesrichter im Amte oder außerhalb des Amtes gegen die Grundsätze des Grundgesetzes oder gegen die verfassungsmäßige Ordnung eines Landes verstößt, so kann das Bundesverfassungsgericht mit Zweidrittelmehrheit auf Antrag des Bundestages anordnen, daß der Richter in ein anderes Amt oder in den Ruhestand zu versetzen ist. Im Falle eines vorsätzlichen Verstoßes kann auf Entlassung erkannt werden.

(3) Die Rechtsstellung der Richter in den Ländern ist durch besondere Landesgesetze zu regeln, soweit Artikel 74 Abs. 1 Nr. 27 nichts anderes bestimmt.

(4) Die Länder können bestimmen, daß über die Anstellung der Richter in den Ländern der Landesjustizminister gemeinsam mit einem Richterwahlausschuß entscheidet.

(5) Die Länder können für Landesrichter eine Absatz 2 entsprechende Regelung treffen. Geltendes Landesverfassungsrecht bleibt unberührt. Die Entscheidung über eine Richteranklage steht dem Bundesverfassungsgericht zu.

Artikel 99 (Verfassungsstreitigkeiten durch Landesgesetz zugewiesen)

Dem Bundesverfassungsgerichte kann durch Landesgesetz die Entscheidung von Verfassungsstreitigkeiten innerhalb eines Landes, den in Artikel 95 Abs. 1 genannten obersten Gerichtshöfen für den letzten Rechtszug die Entscheidung in solchen Sachen zugewiesen werden, bei denen es sich um die Anwendung von Landesrecht handelt.

Artikel 100 (Verfassungsrechtliche Vorentscheidung)

(1) Hält ein Gericht ein Gesetz, auf dessen Gültigkeit es bei der Entscheidung ankommt, für verfassungswidrig, so ist das Verfahren auszusetzen und, wenn es sich um die Verletzung der Verfassung eines Landes handelt, die Entscheidung des für Verfassungsstreitigkeiten zuständigen Gerichtes des Landes, wenn es sich um die Verletzung dieses Grundgesetzes handelt, die Entscheidung des Bundesverfassungsgerichtes einzuholen. Dies gilt auch, wenn es sich um die Verletzung dieses Grundgesetzes durch Landesrecht oder um die Unvereinbarkeit eines Landesgesetzes mit einem Bundesgesetze handelt.

(2) Ist in einem Rechtsstreite zweifelhaft, ob eine Regel des Völkerrechtes Bestandteil des Bundesrechts ist und ob sie unmittelbar Rechte und Pflichten für den einzelnen erzeugt (Artikel 25), so hat das Gericht die Entscheidung des Bundesverfassungsgerichtes einzuholen.

(3) Will das Verfassungsgericht eines Landes bei der Auslegung des Grundgesetzes von einer Entscheidung des Bundesverfassungsgerichtes oder des Verfassungsgerichtes eines anderen Landes abweichen, so hat das Verfassungsgericht die Entscheidung des Bundesverfassungsgerichtes einzuholen.

Entscheidung des Bundesverfassungsgerichts vom 6. Dezember 2006 (BGBl. I 2007 S. 33)

Aus dem Beschluss des Bundesverfassungsgerichts vom 6. Dezember 2006 – 2 BvM 9/03 – wird die Entscheidungsformel veröffentlicht:

IX

Eine allgemeine Regel des Völkerrechts, nach der ein lediglich pauschaler Immunitätsverzicht zur Aufhebung des Schutzes der Immunität auch für solches Vermögen genügt, das dem Entsendestaat im Empfangsstaat zur Aufrechterhaltung der Funktionsfähigkeit seiner diplomatischen Mission dient, ist nicht feststellbar.

Die vorstehende Entscheidungsformel hat gemäß § 31 Abs. 2 des Bundesverfassungsgerichtsgesetzes Gesetzeskraft.

Artikel 101 (Verbot von Ausnahmegerichten)

(1) Ausnahmegerichte sind unzulässig. Niemand darf seinem gesetzlichen Richter entzogen werden.

(2) Gerichte für besondere Sachgebiete können nur durch Gesetz errichtet werden.

Artikel 102 (Abschaffung der Todesstrafe)

Die Todesstrafe ist abgeschafft.

Artikel 103 (Grundrechtsgarantien für das Strafverfahren)

(1) Vor Gericht hat jedermann Anspruch auf rechtliches Gehör.

(2) Eine Tat kann nur bestraft werden, wenn die Strafbarkeit gesetzlich bestimmt war, bevor die Tat begangen wurde.

(3) Niemand darf wegen derselben Tat auf Grund der allgemeinen Strafgesetze mehrmals bestraft werden.

Artikel 104 (Rechtsgarantien bei Freiheitsentziehung)

(1) Die Freiheit der Person kann nur auf Grund eines förmlichen Gesetzes und nur unter Beachtung der darin vorgeschriebenen Formen beschränkt werden. Festgehaltene Personen dürfen weder seelisch noch körperlich mißhandelt werden.

(2) Über die Zulässigkeit und Fortdauer einer Freiheitsentziehung hat nur der Richter zu entscheiden. Bei jeder nicht auf richterlicher Anordnung beruhenden Freiheitsentziehung ist unverzüglich eine richterliche Entscheidung herbeizuführen. Die Polizei darf aus eigener Machtvollkommenheit niemanden länger als bis zum Ende des Tages nach dem Ergreifen in eigenem Gewahrsam halten. Das Nähere ist gesetzlich zu regeln.

(3) Jeder wegen des Verdachtes einer strafbaren Handlung vorläufig Festgenommene ist spätestens am Tage nach der Festnahme dem Richter vorzuführen, der ihm die Gründe der Festnahme mitzuteilen, ihn zu vernehmen und ihm Gelegenheit zu Einwendungen zu geben hat. Der Richter hat unverzüglich entweder einen mit Gründen versehenen schriftlichen Haftbefehl zu erlassen oder die Freilassung anzuordnen.

(4) Von jeder richterlichen Entscheidung über die Anordnung oder Fortdauer einer Freiheitsentziehung ist unverzüglich ein Angehöriger des Festgehaltenen oder eine Person seines Vertrauens zu benachrichtigen.

X. Das Finanzwesen

Artikel 104a (Tragung der Ausgaben)

(1) Der Bund und die Länder tragen gesondert die Ausgaben, die sich aus der Wahrnehmung ihrer Aufgaben ergeben, soweit dieses Grundgesetz nichts anderes bestimmt.

(2) Handeln die Länder im Auftrage des Bundes, trägt der Bund die sich daraus ergebenden Ausgaben.

(3) Bundesgesetze, die Geldleistungen gewähren und von den Ländern ausgeführt werden, können bestimmen, daß die Geldleistungen ganz oder zum Teil vom Bund getragen werden. Bestimmt das Gesetz, daß der Bund die Hälfte der Ausgaben oder mehr trägt, wird es im Auftrage des Bundes durchgeführt. Bei der Gewährung von Leistungen für Unterkunft und Heizung auf dem Gebiet der Grundsicherung für Arbeitsuchende wird das Gesetz im Auftrage des Bundes ausgeführt, wenn der Bund drei Viertel der Ausgaben oder mehr trägt.

(4) Bundesgesetze, die Pflichten der Länder zur Erbringung von Geldleistungen, geldwerten Sachleistungen oder vergleichbaren Dienstleistungen gegenüber Dritten begründen und von den Ländern als eigene Angelegenheit oder nach Absatz 3 Satz 2 im Auftrag des Bundes ausgeführt werden, bedürfen der Zustimmung des Bundesrates, wenn daraus entstehende Ausgaben von den Ländern zu tragen sind.

(5) Der Bund und die Länder tragen die bei ihren Behörden entstehenden Verwaltungsausgaben und haften im Verhältnis zueinander für eine ordnungsmäßige Verwaltung. Das Nähere bestimmt ein Bundesgesetz, das der Zustimmung des Bundesrates bedarf.

(6) Bund und Länder tragen nach der innerstaatlichen Zuständigkeits- und Aufgabenverteilung die Lasten einer Verletzung von supranationalen oder völkerrechtlichen Verpflichtungen Deutschlands. In Fällen länderübergreifender Finanzkorrekturen der Europäischen Union tragen Bund und Länder diese Lasten im Verhältnis 15 zu 85. Die Ländergesamtheit trägt in diesen Fällen solidarisch 35 vom Hundert der Gesamtlasten entsprechend einem allgemeinen Schlüssel; 50 vom Hundert der Gesamtlasten tragen die Länder, die die Lasten verursacht haben, anteilig entsprechend der Höhe der erhaltenen Mittel. Das Nähere regelt ein Bundesgesetz, das der Zustimmung des Bundesrates bedarf.

Artikel 104b (Finanzhilfen für besonders bedeutsame Investitionen)

(1) Der Bund kann, soweit dieses Grundgesetz ihm Gesetzgebungsbefugnisse verleiht, den Ländern Finanzhilfen für besonders bedeutsame Investitionen der Länder und der Gemeinden (Gemeindeverbände) gewähren, die

1. zur Abwehr einer Störung des gesamtwirtschaftlichen Gleichgewichts oder
2. zum Ausgleich unterschiedlicher Wirtschaftskraft im Bundesgebiet oder
3. zur Förderung des wirtschaftlichen Wachstums

erforderlich sind. Abweichend von Satz 1 kann der Bund im Falle von Naturkatastrophen oder außergewöhnlichen Notsituationen, die sich der Kontrolle des Staates entziehen und die staatliche Finanzlage erheblich beeinträchtigen, auch ohne Gesetzgebungsbefugnisse Finanzhilfen gewähren.

(2) Das Nähere, insbesondere die Arten der zu fördernden Investitionen, wird durch Bundesgesetz, das der Zustimmung des Bundesrates bedarf, oder auf Grund des Bundeshaushaltsgesetzes durch Verwaltungsvereinbarung geregelt. Das Bundesgesetz oder die Verwaltungsvereinbarung kann Bestimmungen über die Ausgestaltung der jeweiligen Länderprogramme zur Verwendung der Finanzhilfen vorsehen. Die Festlegung der Kriterien für die Ausgestaltung der Länderprogramme erfolgt im Einvernehmen mit den betroffenen Ländern. Zur Gewährleistung der zweckentsprechenden Mittelverwendung kann die Bundesregierung Bericht und Vorlage der Akten verlangen und Erhebungen bei allen Behörden durchführen. Die Mittel des Bundes werden zusätzlich zu eigenen Mitteln der Länder bereitgestellt. Sie sind befristet zu gewähren und hinsichtlich ihrer Verwendung in regelmäßigen Zeitabständen zu überprüfen. Die Finanzhilfen sind im Zeitablauf mit fallenden Jahresbeträgen zu gestalten.

(3) Bundestag, Bundesregierung und Bundesrat sind auf Verlangen über die Durchführung der Maßnahmen und die erzielten Verbesserungen zu unterrichten.

Artikel 104c (Finanzhilfen)

Der Bund kann den Ländern Finanzhilfen für gesamtstaatlich bedeutsame Investitionen sowie besondere, mit diesen unmittelbar verbundene, befristete Ausgaben der Länder und Gemeinden (Gemeindeverbände) zur Steigerung der Leistungsfähigkeit der kommunalen Bildungsinfrastruktur gewähren. Artikel 104b Absatz 2 Satz 1 bis 3, 5, 6 und Absatz 3 gilt entsprechend. Zur Gewährleistung der zweckentsprechenden Mittelverwendung kann die Bundesregierung Berichte und anlassbezogen die Vorlage von Akten verlangen.

Artikel 104d (Finanzhilfen für sozialen Wohnungsbau)

Der Bund kann den Ländern Finanzhilfen für gesamtstaatlich bedeutsame Investitionen der Länder und Gemeinden (Gemeindeverbände) im Bereich des sozialen Wohnungsbaus gewähren. Artikel 104b Absatz 2 Satz 1 bis 5 sowie Absatz 3 gilt entsprechend.

Artikel 105 (Gesetzgebungszuständigkeit)

(1) Der Bund hat die ausschließliche Gesetzgebung über die Zölle und Finanzmonopole.

(2) Der Bund hat die konkurrierende Gesetzgebung über die Grundsteuer. Er hat die konkur-

rierende Gesetzgebung über die übrigen Steuern, wenn ihm das Aufkommen dieser Steuern ganz oder zum Teil zusteht oder die Voraussetzungen des Artikels 72 Abs. 2 vorliegen.

(2a) Die Länder haben die Befugnis zur Gesetzgebung über die örtlichen Verbrauch- und Aufwandsteuern, solange und soweit sie nicht bundesgesetzlich geregelten Steuern gleichartig sind. Sie haben die Befugnis zur Bestimmung des Steuersatzes bei der Grunderwerbsteuer.

(3) Bundesgesetze über Steuern, deren Aufkommen den Ländern oder den Gemeinden (Gemeindeverbänden) ganz oder zum Teil zufließt, bedürfen der Zustimmung des Bundesrates.

Artikel 106 (Steuerverteilung)

(1) Der Ertrag der Finanzmonopole und das Aufkommen der folgenden Steuern stehen dem Bund zu:

1. die Zölle,
2. die Verbrauchsteuern, soweit sie nicht nach Absatz 2 den Ländern, nach Absatz 3 Bund und Ländern gemeinsam oder nach Absatz 6 den Gemeinden zustehen,
3. die Straßengüterverkehrsteuer, die Kraftfahrzeugsteuer und sonstige auf motorisierte Verkehrsmittel bezogene Verkehrsteuern,
4. die Kapitalverkehrsteuern, die Versicherungsteuer und die Wechselsteuer,
5. die einmaligen Vermögensabgaben und die zur Durchführung des Lastenausgleichs erhobenen Ausgleichsabgaben,
6. die Ergänzungsabgabe zur Einkommensteuer und zur Körperschaftsteuer,
7. Abgaben im Rahmen der Europäischen Gemeinschaften.

(2) Das Aufkommen der folgenden Steuern steht den Ländern zu:

1. die Vermögensteuer,
2. die Erbschaftsteuer,
3. die Verkehrsteuern, soweit sie nicht nach Absatz 1 dem Bund oder nach Absatz 3 Bund und Ländern gemeinsam zustehen,
4. die Biersteuer,
5. die Abgabe von Spielbanken.

(3) Das Aufkommen der Einkommensteuer, der Körperschaftsteuer und der Umsatzsteuer steht dem Bund und den Ländern gemeinsam zu (Gemeinschaftsteuern), soweit das Aufkommen der Einkommensteuer nicht nach Absatz 5 und das Aufkommen der Umsatzsteuer nicht nach Absatz 5a den Gemeinden zugewiesen wird. Am Aufkommen der Einkommensteuer und der Körperschaftsteuer sind der Bund und die Länder je zur Hälfte beteiligt. Die Anteile von Bund und Ländern an der Umsatzsteuer werden durch Bundesgesetz, das der Zustimmung des Bundesrates bedarf, festgesetzt. Bei der Festsetzung ist von folgenden Grundsätzen auszugehen:

1. Im Rahmen der laufenden Einnahmen haben der Bund und die Länder gleichmäßig Anspruch auf Deckung ihrer notwendigen Ausgaben. Dabei ist der Umfang der Ausgaben unter Berücksichtigung einer mehrjährigen Finanzplanung zu ermitteln.
2. Die Deckungsbedürfnisse des Bundes und der Länder sind so aufeinander abzustimmen, daß ein billiger Ausgleich erzielt, eine Überbelastung der Steuerpflichtigen vermieden und die Einheitlichkeit der Lebensverhältnisse im Bundesgebiet gewahrt wird.

Zusätzlich werden in die Festsetzung der Anteile von Bund und Ländern an der Umsatzsteuer Steuermindereinnahmen einbezogen, die den Ländern ab 1. Januar 1996 aus der Berücksichtigung von Kindern im Einkommensteuerrecht entstehen. Das Nähere bestimmt das Bundesgesetz nach Satz 3.

(4) Die Anteile von Bund und Ländern an der Umsatzsteuer sind neu festzusetzen, wenn sich das Verhältnis zwischen den Einnahmen und Ausgaben des Bundes und der Länder wesentlich anders entwickelt; Steuermindereinnahmen, die nach Absatz 3 Satz 5 in die Festsetzung der Umsatzsteueranteile zusätzlich einbezogen werden, bleiben hierbei unberücksichtigt. Werden den Ländern durch Bundesgesetz zusätzliche Ausgaben auferlegt oder Einnahmen entzogen, so kann die Mehrbelastung durch Bundesgesetz, das der Zustimmung des Bundesrates bedarf, auch mit Finanzzuweisungen des Bundes ausgeglichen werden, wenn sie auf einen kurzen Zeitraum begrenzt ist. In dem Gesetz sind die

Grundsätze für die Bemessung dieser Finanzzuweisungen und für ihre Verteilung auf die Länder zu bestimmen.

(5) Die Gemeinden erhalten einen Anteil an dem Aufkommen der Einkommensteuer, der von den Ländern an ihre Gemeinden auf der Grundlage der Einkommensteuerleistungen ihrer Einwohner weiterzuleiten ist. Das Nähere bestimmt ein Bundesgesetz, das der Zustimmung des Bundesrates bedarf. Es kann bestimmen, daß die Gemeinden Hebesätze für den Gemeindeanteil festsetzen.

(5a) Die Gemeinden erhalten ab dem 1. Januar 1998 einen Anteil an dem Aufkommen der Umsatzsteuer. Er wird von den Ländern auf der Grundlage eines orts- und wirtschaftsbezogenen Schlüssels an ihre Gemeinden weitergeleitet. Das Nähere wird durch Bundesgesetz, das der Zustimmung des Bundesrates bedarf, bestimmt.

(6) Das Aufkommen der Grundsteuer und Gewerbesteuer steht den Gemeinden, das Aufkommen der örtlichen Verbrauch- und Aufwandsteuern steht den Gemeinden oder nach Maßgabe der Landesgesetzgebung den Gemeindeverbänden zu. Den Gemeinden ist das Recht einzuräumen, die Hebesätze der Grundsteuer und Gewerbesteuer im Rahmen der Gesetze festzusetzen. Bestehen in einem Land keine Gemeinden, so steht das Aufkommen der Grundsteuer und Gewerbesteuer sowie der örtlichen Verbrauch- und Aufwandsteuern dem Land zu. Bund und Länder können durch eine Umlage an dem Aufkommen der Gewerbesteuer beteiligt werden. Das Nähere über die Umlage bestimmt ein Bundesgesetz, das der Zustimmung des Bundesrates bedarf. Nach Maßgabe der Landesgesetzgebung können die Grundsteuer und Gewerbesteuer sowie der Gemeindeanteil vom Aufkommen der Einkommensteuer und der Umsatzsteuer als Bemessungsgrundlagen für Umlagen zugrunde gelegt werden.

(7) Von dem Länderanteil am Gesamtaufkommen der Gemeinschaftsteuern fließt den Gemeinden und Gemeindeverbänden insgesamt ein von der Landesgesetzgebung zu bestimmender Hundertsatz zu. Im übrigen bestimmt die Landesgesetzgebung, ob und inwieweit das Aufkommen der Landessteuern den Gemeinden (Gemeindeverbänden) zufließt.

(8) Veranlaßt der Bund in einzelnen Ländern oder Gemeinden (Gemeindeverbänden) besondere Einrichtungen, die diesen Ländern oder Gemeinden (Gemeindeverbänden) unmittelbar Mehrausgaben oder Mindereinnahmen (Sonderbelastungen) verursachen, gewährt der Bund den erforderlichen Ausgleich, wenn und soweit den Ländern oder Gemeinden (Gemeindeverbänden) nicht zugemutet werden kann, die Sonderbelastungen zu tragen. Entschädigungsleistungen Dritter und finanzielle Vorteile, die diesen Ländern oder Gemeinden (Gemeindeverbänden) als Folge der Einrichtungen erwachsen, werden bei dem Ausgleich berücksichtigt.

(9) Als Einnahmen und Ausgaben der Länder im Sinne dieses Artikels gelten auch die Einnahmen und Ausgaben der Gemeinden (Gemeindeverbände).

Artikel 106a (Personennahverkehr)

Den Ländern steht ab 1. Januar 1996 für den öffentlichen Personennahverkehr ein Betrag aus dem Steueraufkommen des Bundes zu. Das Nähere regelt ein Bundesgesetz, das der Zustimmung des Bundesrates bedarf. Der Betrag nach Satz 1 bleibt bei der Bemessung der Finanzkraft nach Artikel 107 Abs. 2 unberücksichtigt.

Artikel 106b (Ausgleich infolge der Übertragung der Kfz-Steuer)

Den Ländern steht ab dem 1. Juli 2009 infolge der Übertragung der Kraftfahrzeugsteuer auf den Bund ein Betrag aus dem Steueraufkommen des Bundes zu. Das Nähere regelt ein Bundesgesetz, das der Zustimmung des Bundesrates bedarf.

Artikel 107 (Örtliches Aufkommen)

(1) Das Aufkommen der Landessteuern und der Länderanteil am Aufkommen der Einkommensteuer und der Körperschaftsteuer stehen den einzelnen Ländern insoweit zu, als die Steuern von den Finanzbehörden in ihrem Gebiet vereinnahmt werden (örtliches Aufkommen). Durch Bundesgesetz, das der Zustimmung des Bundesrates bedarf, sind für

die Körperschaftsteuer und die Lohnsteuer nähere Bestimmungen über die Abgrenzung sowie über Art und Umfang der Zerlegung des örtlichen Aufkommens zu treffen. Das Gesetz kann auch Bestimmungen über die Abgrenzung und Zerlegung des örtlichen Aufkommens anderer Steuern treffen. Der Länderanteil am Aufkommen der Umsatzsteuer steht den einzelnen Ländern, vorbehaltlich der Regelungen nach Absatz 2, nach Maßgabe ihrer Einwohnerzahl zu.

(2) Durch Bundesgesetz, das der Zustimmung des Bundesrates bedarf, ist sicherzustellen, dass die unterschiedliche Finanzkraft der Länder angemessen ausgeglichen wird; hierbei sind die Finanzkraft und der Finanzbedarf der Gemeinden (Gemeindeverbände) zu berücksichtigen. Zu diesem Zweck sind in dem Gesetz Zuschläge zu und Abschläge von der jeweiligen Finanzkraft bei der Verteilung der Länderanteile am Aufkommen der Umsatzsteuer zu regeln. Die Voraussetzungen für die Gewährung von Zuschlägen und für die Erhebung von Abschlägen sowie die Maßstäbe für die Höhe dieser Zuschläge und Abschläge sind in dem Gesetz zu bestimmen. Für Zwecke der Bemessung der Finanzkraft kann die bergrechtliche Förderabgabe mit nur einem Teil ihres Aufkommens berücksichtigt werden. Das Gesetz kann auch bestimmen, dass der Bund aus seinen Mitteln leistungsschwachen Ländern Zuweisungen zur ergänzenden Deckung ihres allgemeinen Finanzbedarfs (Ergänzungszuweisungen) gewährt. Zuweisungen können unabhängig von den Maßstäben nach den Sätzen 1 bis 3 auch solchen leistungsschwachen Ländern gewährt werden, deren Gemeinden (Gemeindeverbände) eine besonders geringe Steuerkraft aufweisen (Gemeindesteuerkraftzuweisungen), sowie außerdem solchen leistungsschwachen Ländern, deren Anteile an den Fördermitteln nach Artikel 91b ihre Einwohneranteile unterschreiten.

Artikel 108 (Finanzverwaltung)

(1) Zölle, Finanzmonopole, die bundesgesetzlich geregelten Verbrauchsteuern einschließlich der Einfuhrumsatzsteuer, die Kraftfahrzeugsteuer und sonstige auf motorisierte Verkehrsmittel bezogene Verkehrsteuern ab dem 1. Juli 2009 sowie die Abgaben im Rahmen der Europäischen Gemeinschaften werden durch Bundesfinanzbehörden verwaltet. Der Aufbau dieser Behörden wird durch Bundesgesetz geregelt. Soweit Mittelbehörden eingerichtet sind, werden deren Leiter im Benehmen mit den Landesregierungen bestellt.

(2) Die übrigen Steuern werden durch Landesfinanzbehörden verwaltet. Der Aufbau dieser Behörden und die einheitliche Ausbildung der Beamten können durch Bundesgesetz mit Zustimmung des Bundesrates geregelt werden. Soweit Mittelbehörden eingerichtet sind, werden deren Leiter im Einvernehmen mit der Bundesregierung bestellt.

(3) Verwalten die Landesfinanzbehörden Steuern, die ganz oder zum Teil dem Bund zufließen, so werden sie im Auftrage des Bundes tätig. Artikel 85 Abs. 3 und 4 gilt mit der Maßgabe, daß an die Stelle der Bundesregierung der Bundesminister der Finanzen tritt.

(4) Durch Bundesgesetz, das der Zustimmung des Bundesrates bedarf, kann bei der Verwaltung von Steuern ein Zusammenwirken von Bundes- und Landesfinanzbehörden sowie für Steuern, die unter Absatz 1 fallen, die Verwaltung durch Landesfinanzbehörden und für andere Steuern die Verwaltung durch Bundesfinanzbehörden vorgesehen werden, wenn und soweit dadurch der Vollzug der Steuergesetze erheblich verbessert oder erleichtert wird. Für die den Gemeinden (Gemeindeverbänden) allein zufließenden Steuern kann die den Landesfinanzbehörden zustehende Verwaltung durch die Länder ganz oder zum Teil den Gemeinden (Gemeindeverbänden) übertragen werden. Das Bundesgesetz nach Satz 1 kann für ein Zusammenwirken von Bund und Ländern bestimmen, dass bei Zustimmung einer im Gesetz genannten Mehrheit Regelungen für den Vollzug von Steuergesetzen für alle Länder verbindlich werden.

(4a) Durch Bundesgesetz, das der Zustimmung des Bundesrates bedarf, können bei der Verwaltung von Steuern, die unter Absatz 2 fallen, ein Zusammenwirken von Landesfinanzbehörden und eine länderübergreifende Übertragung von Zuständigkeiten auf Landesfinanzbehörden eines oder mehrerer Länder im Einvernehmen mit den betroffenen Ländern vorgesehen werden, wenn und soweit dadurch der Vollzug der Steuergesetze erheblich verbessert oder erleichtert wird. Die Kostentragung kann durch Bundesgesetz geregelt werden.

(5) Das von den Bundesfinanzbehörden anzuwendende Verfahren wird durch Bundesgesetz geregelt. Das von den Landesfinanzbehörden und in den Fällen des Absatzes 4 Satz 2 von den Gemeinden (Gemeindeverbänden) anzuwendende Verfahren kann durch Bundesgesetz mit Zustimmung des Bundesrates geregelt werden.

(6) Die Finanzgerichtsbarkeit wird durch Bundesgesetz einheitlich geregelt.

(7) Die Bundesregierung kann allgemeine Verwaltungsvorschriften erlassen, und zwar mit Zustimmung des Bundesrates, soweit die Verwaltung den Landesfinanzbehörden oder Gemeinden (Gemeindeverbänden) obliegt.

Artikel 109 (Haushaltswirtschaft)

(1) Bund und Länder sind in ihrer Haushaltswirtschaft selbständig und voneinander unabhängig.

(2) Bund und Länder erfüllen gemeinsam die Verpflichtungen der Bundesrepublik Deutschland aus Rechtsakten der Europäischen Gemeinschaft auf Grund des Artikels 104 des Vertrags zur Gründung der Europäischen Gemeinschaft zur Einhaltung der Haushaltsdisziplin und tragen in diesem Rahmen den Erfordernissen des gesamtwirtschaftlichen Gleichgewichts Rechnung.

(3) Die Haushalte von Bund und Ländern sind grundsätzlich ohne Einnahmen aus Krediten auszugleichen. Bund und Länder können Regelungen zur im Auf- und Abschwung symmetrischen Berücksichtigung der Auswirkungen einer von der Normallage abweichenden konjunkturellen Entwicklung sowie eine Ausnahmeregelung für Naturkatastrophen oder außergewöhnliche Notsituationen, die sich der Kontrolle des Staates entziehen und die staatliche Finanzlage erheblich beeinträchtigen, vorsehen. Für die Ausnahmeregelung ist eine entsprechende Tilgungsregelung vorzusehen. Die nähere Ausgestaltung regelt für den Haushalt des Bundes Artikel 115 mit der Maßgabe, dass Satz 1 entsprochen ist, wenn die Einnahmen aus Krediten 0,35 vom Hundert im Verhältnis zum nominalen Bruttoinlandsprodukt nicht überschreiten. Von den zu berücksichtigenden Einnahmen aus Krediten ist der Betrag abzuziehen, um den die Verteidigungsausgaben, die Ausgaben des Bundes für den Zivil- und Bevölkerungsschutz sowie für die Nachrichtendienste, für den Schutz der informationstechnischen Systeme und für die Hilfe für völkerrechtswidrig angegriffene Staaten 1 vom Hundert im Verhältnis zum nominalen Bruttoinlandsprodukt übersteigen. Die Gesamtheit der Länder entspricht Satz 1, wenn die durch sie erzielten Einnahmen aus Krediten 0,35 vom Hundert im Verhältnis zum nominalen Bruttoinlandsprodukt nicht überschreiten. Die Aufteilung der für die Gesamtheit der Länder zulässigen Kreditaufnahme nach Satz 6 auf die einzelnen Länder regelt ein Bundesgesetz mit Zustimmung des Bundesrates. Die nähere Ausgestaltung für die Haushalte der Länder regeln diese im Rahmen ihrer verfassungsrechtlichen Kompetenzen. Bestehende landesrechtliche Regelungen, die hinter der gemäß Satz 7 festgelegten Kreditobergrenze zurückbleiben, treten außer Kraft.

(4) Durch Bundesgesetz, das der Zustimmung des Bundesrates bedarf, können für Bund und Länder gemeinsam geltende Grundsätze für das Haushaltsrecht, für eine konjunkturgerechte Haushaltswirtschaft und für eine mehrjährige Finanzplanung aufgestellt werden.

(5) Sanktionsmaßnahmen der Europäischen Gemeinschaft im Zusammenhang mit den Bestimmungen in Artikel 104 des Vertrags zur Gründung der Europäischen Gemeinschaft zur Einhaltung der Haushaltsdisziplin tragen Bund und Länder im Verhältnis 65 zu 35. Die Ländergesamtheit trägt solidarisch 35 vom Hundert der auf die Länder entfallenden Lasten entsprechend ihrer Einwohnerzahl; 65 vom Hundert der auf die Länder entfallenden Lasten tragen die Länder entsprechend ihrem Verursachungsbeitrag. Das Nähere regelt ein Bundesgesetz, das der Zustimmung des Bundesrates bedarf.

Artikel 109a (Haushaltsnotlage, Stabilitätsrat)

(1) Zur Vermeidung von Haushaltsnotlagen regelt ein Bundesgesetz, das der Zustimmung des Bundesrates bedarf,

1. die fortlaufende Überwachung der Haushaltswirtschaft von Bund und Ländern durch ein gemeinsames Gremium (Stabilitätsrat),
2. die Voraussetzungen und das Verfahren zur Feststellung einer drohenden Haushaltsnotlage,
3. die Grundsätze zur Aufstellung und Durchführung von Sanierungsprogrammen zur Vermeidung von Haushaltsnotlagen.

(2) Dem Stabilitätsrat obliegt ab dem Jahr 2020 die Überwachung der Einhaltung der Vorgaben des Artikels 109 Absatz 3 durch Bund und Länder. Die Überwachung orientiert sich an den Vorgaben und Verfahren aus Rechtsakten auf Grund des Vertrages über die Arbeitsweise der Europäischen Union zur Einhaltung der Haushaltsdisziplin.

(3) Die Beschlüsse des Stabilitätsrats und die zugrunde liegenden Beratungsunterlagen sind zu veröffentlichen.

Artikel 110 (Haushaltsplan)

(1) Alle Einnahmen und Ausgaben des Bundes sind in den Haushaltsplan einzustellen; bei Bundesbetrieben und bei Sondervermögen brauchen nur die Zuführungen oder die Ablieferungen eingestellt zu werden. Der Haushaltsplan ist in Einnahme und Ausgabe auszugleichen.

(2) Der Haushaltsplan wird für ein oder mehrere Rechnungsjahre, nach Jahren getrennt, vor Beginn des ersten Rechnungsjahres durch das Haushaltsgesetz festgestellt. Für Teile des Haushaltsplanes kann vorgesehen werden, daß sie für unterschiedliche Zeiträume, nach Rechnungsjahren getrennt, gelten.

(3) Die Gesetzesvorlage nach Absatz 2 Satz 1 sowie Vorlagen zur Änderung des Haushaltsgesetzes und des Haushaltsplanes werden gleichzeitig mit der Zuleitung an den Bundesrat beim Bundestage eingebracht; der Bundesrat ist berechtigt, innerhalb von sechs Wochen, bei Änderungsvorlagen innerhalb von drei Wochen, zu den Vorlagen Stellung zu nehmen.

(4) In das Haushaltsgesetz dürfen nur Vorschriften aufgenommen werden, die sich auf die Einnahmen und Ausgaben des Bundes und auf den Zeitraum beziehen, für den das Haushaltsgesetz beschlossen wird. Das Haushaltsgesetz kann vorschreiben, daß die Vorschriften erst mit der Verkündung des nächsten Haushaltsgesetzes oder bei Ermächtigung nach Artikel 115 zu einem späteren Zeitpunkt außer Kraft treten.

Artikel 111 (Haushaltsvorgriff)

(1) Ist bis zum Schluß eines Rechnungsjahres der Haushaltsplan für das folgende Jahr nicht durch Gesetz festgestellt, so ist bis zu seinem Inkrafttreten die Bundesregierung ermächtigt, alle Ausgaben zu leisten, die nötig sind,

a) um gesetzlich bestehende Einrichtungen zu erhalten und gesetzlich beschlossene Maßnahmen durchzuführen,
b) um die rechtlich begründeten Verpflichtungen des Bundes zu erfüllen,
c) um Bauten, Beschaffungen und sonstige Leistungen fortzusetzen oder Beihilfen für diese Zwecke weiter zu gewähren, sofern durch den Haushaltsplan eines Vorjahres bereits Beträge bewilligt worden sind.

(2) Soweit nicht auf besonderem Gesetze beruhende Einnahmen aus Steuern, Abgaben und sonstigen Quellen oder die Betriebsmittelrücklage die Ausgaben unter Absatz 1 decken, darf die Bundesregierung die zur Aufrechterhaltung der Wirtschaftsführung erforderlichen Mittel bis zur Höhe eines Viertels der Endsumme des abgelaufenen Haushaltsplanes im Wege des Kredits flüssig machen.

Artikel 112 (Über- und außerplanmäßige Ausgaben)

Überplanmäßige und außerplanmäßige Ausgaben bedürfen der Zustimmung des Bundesministers der Finanzen. Sie darf nur im Falle eines unvorhergesehenen und unabweisbaren Bedürfnisses erteilt werden. Näheres kann durch Bundesgesetz bestimmt werden.

Artikel 113 (Ausgabenerhöhung, Einnahmeminderung)

(1) Gesetze, welche die von der Bundesregierung vorgeschlagenen Ausgaben des Haus-

haltsplanes erhöhen oder neue Ausgaben in sich schließen oder für die Zukunft mit sich bringen, bedürfen der Zustimmung der Bundesregierung. Das gleiche gilt für Gesetze, die Einnahmeminderungen in sich schließen oder für die Zukunft mit sich bringen. Die Bundesregierung kann verlangen, daß der Bundestag die Beschlußfassung über solche Gesetze aussetzt. In diesem Fall hat die Bundesregierung innerhalb von sechs Wochen dem Bundestage eine Stellungnahme zuzuleiten.

(2) Die Bundesregierung kann innerhalb von vier Wochen, nachdem der Bundestag das Gesetz beschlossen hat, verlangen, daß der Bundestag erneut Beschluß faßt.

(3) Ist das Gesetz nach Artikel 78 zustande gekommen, kann die Bundesregierung ihre Zustimmung nur innerhalb von sechs Wochen und nur dann versagen, wenn sie vorher das Verfahren nach Absatz 1 Satz 3 und 4 oder nach Absatz 2 eingeleitet hat. Nach Ablauf dieser Frist gilt die Zustimmung als erteilt.

Artikel 114 (Rechnungslegung, Bundesrechnungshof)

(1) Der Bundesminister der Finanzen hat dem Bundestage und dem Bundesrate über alle Einnahmen und Ausgaben sowie über das Vermögen und die Schulden im Laufe des nächsten Rechnungsjahres zur Entlastung der Bundesregierung Rechnung zu legen.

(2) Der Bundesrechnungshof, dessen Mitglieder richterliche Unabhängigkeit besitzen, prüft die Rechnung sowie die Wirtschaftlichkeit und Ordnungsmäßigkeit der Haushalts- und Wirtschaftsführung des Bundes. Zum Zweck der Prüfung nach Satz 1 kann der Bundesrechnungshof auch bei Stellen außerhalb der Bundesverwaltung Erhebungen vornehmen; dies gilt auch in den Fällen, in denen der Bund den Ländern zweckgebundene Finanzierungsmittel zur Erfüllung von Länderaufgaben zuweist. Er hat außer der Bundesregierung unmittelbar dem Bundestage und dem Bundesrate jährlich zu berichten. Im übrigen werden die Befugnisse des Bundesrechnungshofes durch Bundesgesetz geregelt.

Artikel 115 (Kreditaufnahme)

(1) Die Aufnahme von Krediten sowie die Übernahme von Bürgschaften, Garantien oder sonstigen Gewährleistungen, die zu Ausgaben in künftigen Rechnungsjahren führen können, bedürfen einer der Höhe nach bestimmten oder bestimmbaren Ermächtigung durch Bundesgesetz.

(2) Einnahmen und Ausgaben sind grundsätzlich ohne Einnahmen aus Krediten auszugleichen. Diesem Grundsatz ist entsprochen, wenn die Einnahmen aus Krediten 0,35 vom Hundert im Verhältnis zum nominalen Bruttoinlandsprodukt nicht überschreiten. Zusätzlich sind bei einer von der Normallage abweichenden konjunkturellen Entwicklung die Auswirkungen auf den Haushalt im Auf- und Abschwung symmetrisch zu berücksichtigen. Von den zu berücksichtigenden Einnahmen aus Krediten ist der Betrag abzuziehen, um den die Verteidigungsausgaben, die Ausgaben des Bundes für den Zivil- und Bevölkerungsschutz sowie für die Nachrichtendienste, für den Schutz der informationstechnischen Systeme und für die Hilfe für völkerrechtswidrig angegriffene Staaten 1 vom Hundert im Verhältnis zum nominalen Bruttoinlandsprodukt übersteigen. Abweichungen der tatsächlichen Kreditaufnahme von der nach den Sätzen 1 bis 4 zulässigen Kreditobergrenze werden auf einem Kontrollkonto erfasst; Belastungen, die den Schwellenwert von 1,5 vom Hundert im Verhältnis zum nominalen Bruttoinlandsprodukt überschreiten, sind konjunkturgerecht zurückzuführen. Näheres, insbesondere die Bereinigung der Einnahmen und Ausgaben um finanzielle Transaktionen und um Verteidigungsausgaben, die Ausgaben des Bundes für den Zivil- und Bevölkerungsschutz sowie für die Nachrichtendienste, für den Schutz der informationstechnischen Systeme und für die Hilfe für völkerrechtswidrig angegriffene Staaten oberhalb von 1 vom Hundert im Verhältnis zum nominalen Bruttoinlandsprodukt sowie das Verfahren zur Berechnung der Obergrenze der jährlichen Nettokreditaufnahme unter Berücksichtigung der konjunkturellen Entwicklung auf der Grundlage eines Konjunkturbereinigungsverfahrens sowie die Kontrolle und den Ausgleich von Abweichungen der tatsächlichen Kreditaufnahme von der Regelgrenze, regelt ein Bundesgesetz. Im Falle von

Naturkatastrophen oder außergewöhnlichen Notsituationen, die sich der Kontrolle des Staates entziehen und die staatliche Finanzlage erheblich beeinträchtigen, können diese Kreditobergrenzen auf Grund eines Beschlusses der Mehrheit der Mitglieder des Bundestages überschritten werden. Der Beschluss ist mit einem Tilgungsplan zu verbinden. Die Rückführung der nach Satz 7 aufgenommenen Kredite hat binnen eines angemessenen Zeitraumes zu erfolgen.

Xa. Verteidigungsfall

Artikel 115a (Feststellung des Verteidigungsfalles)

(1) Die Feststellung, daß das Bundesgebiet mit Waffengewalt angegriffen wird oder ein solcher Angriff unmittelbar droht (Verteidigungsfall), trifft der Bundestag mit Zustimmung des Bundesrates. Die Feststellung erfolgt auf Antrag der Bundesregierung und bedarf einer Mehrheit von zwei Dritteln der abgegebenen Stimmen, mindestens der Mehrheit der Mitglieder des Bundestages.

(2) Erfordert die Lage unabweisbar ein sofortiges Handeln und stehen einem rechtzeitigen Zusammentritt des Bundestages unüberwindliche Hindernisse entgegen oder ist er nicht beschlußfähig, so trifft der Gemeinsame Ausschuß diese Feststellung mit einer Mehrheit von zwei Dritteln der abgegebenen Stimmen, mindestens der Mehrheit seiner Mitglieder.

(3) Die Feststellung wird vom Bundespräsidenten gemäß Artikel 82 im Bundesgesetzblatt verkündet. Ist dies nicht rechtzeitig möglich, so erfolgt die Verkündung in anderer Weise; sie ist im Bundesgesetzblatt nachzuholen, sobald die Umstände es zulassen.

(4) Wird das Bundesgebiet mit Waffengewalt angegriffen und sind die zuständigen Bundesorgane außerstande, sofort die Feststellung nach Absatz 1 Satz 1 zu treffen, so gilt diese Feststellung als getroffen und als zu dem Zeitpunkt verkündet, in dem der Angriff begonnen hat. Der Bundespräsident gibt diesen Zeitpunkt bekannt, sobald die Umstände es zulassen.

(5) Ist die Feststellung des Verteidigungsfalles verkündet und wird das Bundesgebiet mit Waffengewalt angegriffen, so kann der Bundespräsident völkerrechtliche Erklärungen über das Bestehen des Verteidigungsfalles mit Zustimmung des Bundestages abgeben. Unter den Voraussetzungen des Absatzes 2 tritt an die Stelle des Bundestages der Gemeinsame Ausschuß.

Artikel 115b (Übergang der Befehls- und Kommandogewalt)

Mit der Verkündung des Verteidigungsfalles geht die Befehls- und Kommandogewalt über die Streitkräfte auf den Bundeskanzler über.

Artikel 115c (Konkurrierende Gesetzgebung im Verteidigungsfall)

(1) Der Bund hat für den Verteidigungsfall das Recht der konkurrierenden Gesetzgebung auch auf den Sachgebieten, die zur Gesetzgebungszuständigkeit der Länder gehören. Diese Gesetze bedürfen der Zustimmung des Bundesrates.

(2) Soweit es die Verhältnisse während des Verteidigungsfalles erfordern, kann durch Bundesgesetz für den Verteidigungsfall

1. bei Enteignungen abweichend von Artikel 14 Abs. 3 Satz 2 die Entschädigung vorläufig geregelt werden,
2. für Freiheitsentziehungen eine von Artikel 104 Abs. 2 Satz 3 und Abs. 3 Satz 1 abweichende Frist, höchstens jedoch eine solche von vier Tagen, für den Fall festgesetzt werden, daß ein Richter nicht innerhalb der für Normalzeiten geltenden Frist tätig werden konnte.

(3) Soweit es zur Abwehr eines gegenwärtigen oder unmittelbar drohenden Angriffs erforderlich ist, kann für den Verteidigungsfall durch Bundesgesetz mit Zustimmung des Bundesrates die Verwaltung und das Finanzwesen des Bundes und der Länder abweichend von den Abschnitten VIII, VIIIa und X geregelt werden, wobei die Lebensfähigkeit der Länder, Gemeinden und Gemeindeverbände, insbesondere auch in finanzieller Hinsicht, zu wahren ist.

(4) Bundesgesetze nach den Absätzen 1 und 2 Nr. 1 dürfen zur Vorbereitung ihres Vollzuges schon vor Eintritt des Verteidigungsfalles angewandt werden.

Artikel 115d (Gesetzgebungsverfahren im Verteidigungsfall)

(1) Für die Gesetzgebung des Bundes gilt im Verteidigungsfalle abweichend von Artikel 76 Abs. 2, Artikel 77 Abs. 1 Satz 2 und Abs. 2 bis 4, Artikel 78 und Artikel 82 Abs. 1 die Regelung der Absätze 2 und 3.

(2) Gesetzesvorlagen der Bundesregierung, die sie als dringlich bezeichnet, sind gleichzeitig mit der Einbringung beim Bundestage dem Bundesrate zuzuleiten. Bundestag und Bundesrat beraten diese Vorlagen unverzüglich gemeinsam. Soweit zu einem Gesetze die Zustimmung des Bundesrates erforderlich ist, bedarf es zum Zustandekommen des Gesetzes der Zustimmung der Mehrheit seiner Stimmen. Das Nähere regelt eine Geschäftsordnung, die vom Bundestage beschlossen wird und der Zustimmung des Bundesrates bedarf.

(3) Für die Verkündung der Gesetze gilt Artikel 115a Abs. 3 Satz 2 entsprechend.

Artikel 115e (Befugnisse des gemeinsamen Ausschusses)

(1) Stellt der Gemeinsame Ausschuß im Verteidigungsfalle mit einer Mehrheit von zwei Dritteln der abgegebenen Stimmen, mindestens mit der Mehrheit seiner Mitglieder fest, daß dem rechtzeitigen Zusammentritt des Bundestages unüberwindliche Hindernisse entgegenstehen oder daß dieser nicht beschlußfähig ist, so hat der Gemeinsame Ausschuß die Stellung von Bundestag und Bundesrat und nimmt deren Rechte einheitlich wahr.

(2) Durch ein Gesetz des Gemeinsamen Ausschusses darf das Grundgesetz weder geändert noch ganz oder teilweise außer Kraft oder außer Anwendung gesetzt werden. Zum Erlaß von Gesetzen nach Artikel 23 Abs. 1 Satz 2, Artikel 24 Abs. 1 oder Artikel 29 ist der Gemeinsame Ausschuß nicht befugt.

Artikel 115f (Einsatz des Bundesgrenzschutzes; Weisungen an Landesregierungen)

(1) Die Bundesregierung kann im Verteidigungsfalle, soweit es die Verhältnisse erfordern,

1. den Bundesgrenzschutz im gesamten Bundesgebiete einsetzen;
2. außer der Bundesverwaltung auch den Landesregierungen und, wenn sie es für dringlich erachtet, den Landesbehörden Weisungen erteilen und diese Befugnis auf von ihr zu bestimmende Mitglieder der Landesregierungen übertragen.

(2) Bundestag, Bundesrat und der Gemeinsame Ausschuß sind unverzüglich von den nach Absatz 1 getroffenen Maßnahmen zu unterrichten.

Artikel 115g (Bundesverfassungsgericht)

Die verfassungsmäßige Stellung und die Erfüllung der verfassungsmäßigen Aufgaben des Bundesverfassungsgerichtes und seiner Richter dürfen nicht beeinträchtigt werden. Das Gesetz über das Bundesverfassungsgericht darf durch ein Gesetz des Gemeinsamen Ausschusses nur insoweit geändert werden, als dies auch nach Auffassung des Bundesverfassungsgerichtes zur Aufrechterhaltung der Funktionsfähigkeit des Gerichtes erforderlich ist. Bis zum Erlaß eines solchen Gesetzes kann das Bundesverfassungsgericht die zur Erhaltung der Arbeitsfähigkeit des Gerichtes erforderlichen Maßnahmen treffen. Beschlüsse nach Satz 2 und Satz 3 faßt das Bundesverfassungsgericht mit der Mehrheit der anwesenden Richter.

Artikel 115h (Ablauf von Wahlperioden, Amtszeiten)

(1) Während des Verteidigungsfalles ablaufende Wahlperioden des Bundestages oder der Volksvertretungen der Länder enden sechs Monate nach Beendigung des Verteidigungsfalles. Die im Verteidigungsfalle ablaufende Amtszeit des Bundespräsidenten sowie bei vorzeitiger Erledigung seines Amtes die Wahrnehmung seiner Befugnisse durch den Präsidenten des Bundesrates enden neun Monate nach Beendigung des Verteidigungsfalles. Die im Verteidigungsfalle ablaufende Amtszeit eines Mitgliedes des Bundesverfassungsgerichtes endet sechs Monate nach Beendigung des Verteidigungsfalles.

(2) Wird eine Neuwahl des Bundeskanzlers durch den Gemeinsamen Ausschuß erforderlich, so wählt dieser einen neuen Bundes-

kanzler mit der Mehrheit seiner Mitglieder; der Bundespräsident macht dem Gemeinsamen Ausschuß einen Vorschlag. Der Gemeinsame Ausschuß kann dem Bundeskanzler das Mißtrauen nur dadurch aussprechen, daß er mit der Mehrheit von zwei Dritteln seiner Mitglieder einen Nachfolger wählt.

(3) Für die Dauer des Verteidigungsfalles ist die Auflösung des Bundestages ausgeschlossen.

Artikel 115i (Befugnisse der Landesregierungen)

(1) Sind die zuständigen Bundesorgane außerstande, die notwendigen Maßnahmen zur Abwehr der Gefahr zu treffen, und erfordert die Lage unabweisbar ein sofortiges selbständiges Handeln in einzelnen Teilen des Bundesgebietes, so sind die Landesregierungen oder die von ihnen bestimmten Behörden oder Beauftragten befugt, für ihren Zuständigkeitsbereich Maßnahmen im Sinne des Artikels 115f Abs. 1 zu treffen.

(2) Maßnahmen nach Absatz 1 können durch die Bundesregierung, im Verhältnis zu Landesbehörden und nachgeordneten Bundesbehörden auch durch die Ministerpräsidenten der Länder jederzeit aufgehoben werden.

Artikel 115k (Außer-Kraft-Treten von Gesetzen und Rechtsverordnungen)

(1) Für die Dauer ihrer Anwendbarkeit setzen Gesetze nach den Artikeln 115c, 115e und 115g und Rechtsverordnungen, die auf Grund solcher Gesetze ergehen, entgegenstehendes Recht außer Anwendung. Dies gilt nicht gegenüber früherem Recht, das auf Grund der Artikel 115c, 115e und 115g erlassen worden ist.

(2) Gesetze, die der Gemeinsame Ausschuß beschlossen hat, und Rechtsverordnungen, die auf Grund solcher Gesetze ergangen sind, treten spätestens sechs Monate nach Beendigung des Verteidigungsfalles außer Kraft.

(3) Gesetze, die von den Artikeln 91a, 91b, 104a, 106 und 107 abweichende Regelungen enthalten, gelten längstens bis zum Ende des zweiten Rechnungsjahres, das auf die Beendigung des Verteidigungsfalles folgt. Sie können nach Beendigung des Verteidigungsfalles durch Bundesgesetz mit Zustimmung des Bundesrates geändert werden, um zu der Regelung gemäß den Abschnitten VIIIa und X überzuleiten.

Artikel 115l (Beendigung des Verteidigungsfalles)

(1) Der Bundestag kann jederzeit mit Zustimmung des Bundesrates Gesetze des Gemeinsamen Ausschusses aufheben. Der Bundesrat kann verlangen, daß der Bundestag hierüber beschließt. Sonstige zur Abwehr der Gefahr getroffene Maßnahmen des Gemeinsamen Ausschusses oder der Bundesregierung sind aufzuheben, wenn der Bundestag und der Bundesrat es beschließen.

(2) Der Bundestag kann mit Zustimmung des Bundesrates jederzeit durch einen vom Bundespräsidenten zu verkündenden Beschluß den Verteidigungsfall für beendet erklären. Der Bundesrat kann verlangen, daß der Bundestag hierüber beschließt. Der Verteidigungsfall ist unverzüglich für beendet zu erklären, wenn die Voraussetzungen für seine Feststellung nicht mehr gegeben sind.

(3) Über den Friedensschluß wird durch Bundesgesetz entschieden.

XI. Übergangs- und Schlußbestimmungen

Artikel 116 (Begriff „Deutscher"; Wiedereinbürgerung)

(1) Deutscher im Sinne dieses Grundgesetzes ist vorbehaltlich anderweitiger gesetzlicher Regelung, wer die deutsche Staatsangehörigkeit besitzt oder als Flüchtling oder Vertriebener deutscher Volkszugehörigkeit oder als dessen Ehegatte oder Abkömmling in dem Gebiete des Deutschen Reiches nach dem Stande vom 31. Dezember 1937 Aufnahme gefunden hat.

(2) Frühere deutsche Staatsangehörige, denen zwischen dem 30. Januar 1933 und dem 8. Mai 1945 die Staatsangehörigkeit aus politischen, rassischen oder religiösen Gründen entzogen worden ist, und ihre Abkömmlinge sind auf Antrag wieder einzubürgern. Sie

gelten als nicht ausgebürgert, sofern sie nach dem 8. Mai 1945 ihren Wohnsitz in Deutschland genommen haben und nicht einen entgegengesetzten Willen zum Ausdruck gebracht haben.

Artikel 117 (Übergangsregelung für Artikel 3 und Artikel 11)

(1) Das dem Artikel 3 Abs. 2 entgegenstehende Recht bleibt bis zu seiner Anpassung an diese Bestimmung des Grundgesetzes in Kraft, jedoch nicht länger als bis zum 31. März 1953.

(2) Gesetze, die das Recht der Freizügigkeit mit Rücksicht auf die gegenwärtige Raumnot einschränken, bleiben bis zu ihrer Aufhebung durch Bundesgesetz in Kraft.

Artikel 118 (Neugliederung von Baden-Württemberg)

Die Neugliederung in dem die Länder Baden, Württemberg-Baden und Württemberg-Hohenzollern umfassenden Gebiete kann abweichend von den Vorschriften des Artikels 29 durch Vereinbarung der beteiligten Länder erfolgen. Kommt eine Vereinbarung nicht zustande, so wird die Neugliederung durch Bundesgesetz geregelt, das eine Volksbefragung vorsehen muß.

Artikel 118a (Neugliederung Berlin/Brandenburg)

Die Neugliederung in dem die Länder Berlin und Brandenburg umfassenden Gebiet kann abweichend von den Vorschriften des Artikels 29 unter Beteiligung ihrer Wahlberechtigten durch Vereinbarung beider Länder erfolgen.

Artikel 119 (Flüchtlinge und Vertriebene)

In Angelegenheiten der Flüchtlinge und Vertriebenen, insbesondere zu ihrer Verteilung auf die Länder, kann bis zu einer bundesgesetzlichen Regelung die Bundesregierung mit Zustimmung des Bundesrates Verordnungen mit Gesetzeskraft erlassen. Für besondere Fälle kann dabei die Bundesregierung ermächtigt werden, Einzelweisungen zu erteilen. Die Weisungen sind außer bei Gefahr im Verzuge an die obersten Landesbehörden zu richten.

Artikel 120 (Besatzungskosten, Kriegsfolgelasten, Soziallasten)

(1) Der Bund trägt die Aufwendungen für Besatzungskosten und die sonstigen inneren und äußeren Kriegsfolgelasten nach näherer Bestimmung von Bundesgesetzen. Soweit diese Kriegsfolgelasten bis zum 1. Oktober 1969 durch Bundesgesetze geregelt worden sind, tragen Bund und Länder im Verhältnis zueinander die Aufwendungen nach Maßgabe dieser Bundesgesetze. Soweit Aufwendungen für Kriegsfolgelasten, die in Bundesgesetzen weder geregelt worden sind noch geregelt werden, bis zum 1. Oktober 1965 von den Ländern, Gemeinden (Gemeindeverbänden) oder sonstigen Aufgabenträgern, die Aufgaben von Ländern oder Gemeinden erfüllen, erbracht worden sind, ist der Bund zur Übernahme von Aufwendungen dieser Art auch nach diesem Zeitpunkt nicht verpflichtet. Der Bund trägt die Zuschüsse zu den Lasten der Sozialversicherung mit Einschluß der Arbeitslosenversicherung und der Arbeitslosenhilfe. Die durch diesen Absatz geregelte Verteilung der Kriegsfolgelasten auf Bund und Länder läßt die gesetzliche Regelung von Entschädigungsansprüchen für Kriegsfolgen unberührt.

(2) Die Einnahmen gehen auf den Bund zu demselben Zeitpunkte über, an dem der Bund die Ausgaben übernimmt.

Artikel 120a (Lastenausgleich)

(1) Die Gesetze, die der Durchführung des Lastenausgleichs dienen, können mit Zustimmung des Bundesrates bestimmen, daß sie auf dem Gebiete der Ausgleichsleistungen teils durch den Bund, teils im Auftrage des Bundes durch die Länder ausgeführt werden und daß die der Bundesregierung und den zuständigen obersten Bundesbehörden auf Grund des Artikels 85 insoweit zustehenden Befugnisse ganz oder teilweise dem Bundesausgleichsamt übertragen werden. Das Bundesausgleichsamt bedarf bei Ausübung dieser Befugnisse nicht der Zustimmung des Bundesrates; seine Weisungen sind, abgesehen von den Fällen der Dringlichkeit, an die obersten Landesbehörden (Landesausgleichsämter) zu richten.

(2) Artikel 87 Abs. 3 Satz 2 bleibt unberührt.

Artikel 121 (Begriff „Mehrheit")

Mehrheit der Mitglieder des Bundestages und der Bundesversammlung im Sinne dieses Grundgesetzes ist die Mehrheit ihrer gesetzlichen Mitgliederzahl.

Artikel 122 (Aufhebung früherer Gesetzgebungszuständigkeiten)

(1) Vom Zusammentritt des Bundestages an werden die Gesetze ausschließlich von den in diesem Grundgesetze anerkannten gesetzgebenden Gewalten beschlossen.

(2) Gesetzgebende und bei der Gesetzgebung beratend mitwirkende Körperschaften, deren Zuständigkeit nach Absatz 1 endet, sind mit diesem Zeitpunkt aufgelöst.

Artikel 123 (Fortgelten bisherigen Rechts; Staatsverträge)

(1) Recht aus der Zeit vor dem Zusammentritt des Bundestages gilt fort, soweit es dem Grundgesetze nicht widerspricht.

(2) Die vom Deutschen Reich abgeschlossenen Staatsverträge, die sich auf Gegenstände beziehen, für die nach diesem Grundgesetze die Landesgesetzgebung zuständig ist, bleiben, wenn sie nach allgemeinen Rechtsgrundsätzen gültig sind und fortgelten, unter Vorbehalt aller Rechte und Einwendungen der Beteiligten in Kraft, bis neue Staatsverträge durch die nach diesem Grundgesetze zuständigen Stellen abgeschlossen werden oder ihre Beendigung auf Grund der in ihnen enthaltenen Bestimmungen anderweitig erfolgt.

Artikel 124 (Fortgelten bei ausschließlicher Gesetzgebung)

Recht, das Gegenstände der ausschließlichen Gesetzgebung des Bundes betrifft, wird innerhalb seines Geltungsbereiches Bundesrecht.

Artikel 125 (Fortgelten bei konkurrierender Gesetzgebung)

Recht, das Gegenstände der konkurrierenden Gesetzgebung des Bundes betrifft, wird innerhalb seines Geltungsbereiches Bundesrecht,

1. soweit es innerhalb einer oder mehrerer Besatzungszonen einheitlich gilt,
2. soweit es sich um Recht handelt, durch das nach dem 8. Mai 1945 früheres Reichsrecht abgeändert worden ist.

Artikel 125a (Übergangsregelung bei Kompetenzänderung)

(1) Recht, das als Bundesrecht erlassen worden ist, aber wegen der Änderung des Artikels 74 Abs. 1, der Einfügung des Artikels 84 Abs. 1 Satz 7, des Artikels 85 Abs. 1 Satz 2 oder des Artikels 105 Abs. 2a Satz 2 oder wegen der Aufhebung der Artikel 74a, 75 oder 98 Abs. 3 Satz 2 nicht mehr als Bundesrecht erlassen werden könnte, gilt als Bundesrecht fort. Es kann durch Landesrecht ersetzt werden.

(2) Recht, das auf Grund des Artikels 72 Abs. 2 in der bis zum 15. November 1994 geltenden Fassung erlassen worden ist, aber wegen Änderung des Artikels 72 Abs. 2 nicht mehr als Bundesrecht erlassen werden könnte, gilt als Bundesrecht fort. Durch Bundesgesetz kann bestimmt werden, dass es durch Landesrecht ersetzt werden kann.

(3) Recht, das als Landesrecht erlassen worden ist, aber wegen Änderung des Artikels 73 nicht mehr als Landesrecht erlassen werden könnte, gilt als Landesrecht fort. Es kann durch Bundesrecht ersetzt werden.

Artikel 125b (Überleitung Föderalismusreform)

(1) Recht, das auf Grund des Artikels 75 in der bis zum 1. September 2006 geltenden Fassung erlassen worden ist und das auch nach diesem Zeitpunkt als Bundesrecht erlassen werden könnte, gilt als Bundesrecht fort. Befugnisse und Verpflichtungen der Länder zur Gesetzgebung bleiben insoweit bestehen. Auf den in Artikel 72 Abs. 3 Satz 1 genannten Gebieten können die Länder von diesem Recht abweichende Regelungen treffen, auf den Gebieten des Artikels 72 Abs. 3 Satz 1 Nr. 2, 5 und 6 jedoch erst, wenn und soweit der Bund ab dem 1. September 2006 von seiner Gesetzgebungszuständigkeit Gebrauch gemacht hat, in den Fällen der Nummern 2 und 5 spätestens ab dem 1. Januar 2010, im Falle der Nummer 6 spätestens ab dem 1. August 2008.

(2) Von bundesgesetzlichen Regelungen, die auf Grund des Artikels 84 Abs. 1 in der vor dem 1. September 2006 geltenden Fassung erlassen worden sind, können die Länder abweichende Regelungen treffen, von Regelungen des Verwaltungsverfahrens bis zum 31. Dezember 2008 aber nur dann, wenn ab dem 1. September 2006 in dem jeweiligen Bundesgesetz Regelungen des Verwaltungsverfahrens geändert worden sind.

(3) Auf dem Gebiet des Artikels 72 Absatz 3 Satz 1 Nummer 7 darf abweichendes Landesrecht der Erhebung der Grundsteuer frühestens für Zeiträume ab dem 1. Januar 2025 zugrunde gelegt werden.

Artikel 125c (Überleitung Föderalismusreform)

(1) Recht, das auf Grund des Artikels 91a Abs. 2 in Verbindung mit Abs. 1 Nr. 1 in der bis zum 1. September 2006 geltenden Fassung erlassen worden ist, gilt bis zum 31. Dezember 2006 fort.

(2) Die nach Artikel 104a Abs. 4 in der bis zum 1. September 2006 geltenden Fassung in den Bereichen der Gemeindeverkehrsfinanzierung und der sozialen Wohnraumförderung geschaffenen Regelungen gelten bis zum 31. Dezember 2006 fort. Die im Bereich der Gemeindeverkehrsfinanzierung für die besonderen Programme nach §6 Absatz 1 des Gemeindeverkehrsfinanzierungsgesetzes sowie die mit dem Gesetz über Finanzhilfen des Bundes nach Artikel 104a Absatz 4 des Grundgesetzes an die Länder Bremen, Hamburg, Mecklenburg-Vorpommern, Niedersachsen sowie Schleswig-Holstein für Seehäfen vom 20. Dezember 2001 nach Artikel 104a Absatz 4 in der bis zum 1. September 2006 geltenden Fassung geschaffenen Regelungen gelten bis zu ihrer Aufhebung fort. Eine Änderung des Gemeindeverkehrsfinanzierungsgesetzes durch Bundesgesetz ist zulässig. Die sonstigen nach Artikel 104a Absatz 4 in der bis zum 1. September 2006 geltenden Fassung geschaffenen Regelungen gelten bis zum 31. Dezember 2019 fort, soweit nicht ein früherer Zeitpunkt für das Außerkrafttreten bestimmt ist oder wird. Artikel 104b Absatz 2 Satz 4 gilt entsprechend.

(3) Artikel 104b Absatz 2 Satz 5 ist erstmals auf nach dem 31. Dezember 2019 in Kraft getretene Regelungen anzuwenden.

Artikel 126 (Zweifel über Fortgelten von Recht)

Meinungsverschiedenheiten über das Fortgelten von Recht als Bundesrecht entscheidet das Bundesverfassungsgericht.

Artikel 127 (Recht des Vereinigten Wirtschaftsgebietes)

Die Bundesregierung kann mit Zustimmung der Regierungen der beteiligten Länder Recht der Verwaltung des Vereinigten Wirtschaftsgebietes, soweit es nach Artikel 124 oder 125 als Bundesrecht fortgilt, innerhalb eines Jahres nach Verkündung dieses Grundgesetzes in den Ländern Baden, Groß-Berlin, Rheinland-Pfalz und Württemberg-Hohenzollern in Kraft setzen.

Artikel 128 (Fortbestehen von Weisungsrechten)

Soweit fortgeltendes Recht Weisungsrechte im Sinne des Artikels 84 Abs. 5 vorsieht, bleiben sie bis zu einer anderweitigen gesetzlichen Regelung bestehen.

Artikel 129 (Fortgelten von Ermächtigungen)

(1) Soweit in Rechtsvorschriften, die als Bundesrecht fortgelten, eine Ermächtigung zum Erlasse von Rechtsverordnungen oder allgemeinen Verwaltungsvorschriften sowie zur Vornahme von Verwaltungsakten enthalten ist, geht sie auf die nunmehr sachlich zuständigen Stellen über. In Zweifelsfällen entscheidet die Bundesregierung im Einvernehmen mit dem Bundesrate; die Entscheidung ist zu veröffentlichen.

(2) Soweit in Rechtsvorschriften, die als Landesrecht fortgelten, eine solche Ermächtigung enthalten ist, wird sie von den nach Landesrecht zuständigen Stellen ausgeübt.

(3) Soweit Rechtsvorschriften im Sinne der Absätze 1 und 2 zu ihrer Änderung oder Ergänzung oder zum Erlaß von Rechtsvorschrif-

ten an Stelle von Gesetzen ermächtigen, sind diese Ermächtigungen erloschen.

(4) Die Vorschriften der Absätze 1 und 2 gelten entsprechend, soweit in Rechtsvorschriften auf nicht mehr geltende Vorschriften oder nicht mehr bestehende Einrichtungen verwiesen ist.

Artikel 130 (Körperschaften des öffentlichen Rechts)

(1) Verwaltungsorgane und sonstige der öffentlichen Verwaltung oder Rechtspflege dienende Einrichtungen, die nicht auf Landesrecht oder Staatsverträgen zwischen Ländern beruhen, sowie die Betriebsvereinigung der südwestdeutschen Eisenbahnen und der Verwaltungsrat für das Post- und Fernmeldewesen für das französische Besatzungsgebiet unterstehen der Bundesregierung. Diese regelt mit Zustimmung des Bundesrates die Überführung, Auflösung oder Abwicklung.

(2) Oberster Disziplinarvorgesetzter der Angehörigen dieser Verwaltungen und Einrichtungen ist der zuständige Bundesminister.

(3) Nicht landesunmittelbare und nicht auf Staatsverträgen zwischen den Ländern beruhende Körperschaften und Anstalten des öffentlichen Rechtes unterstehen der Aufsicht der zuständigen obersten Bundesbehörde.

Artikel 131 (Frühere Angehörige des öffentlichen Dienstes)

Die Rechtsverhältnisse von Personen einschließlich der Flüchtlinge und Vertriebenen, die am 8. Mai 1945 im öffentlichen Dienste standen, aus anderen als beamten- oder tarifrechtlichen Gründen ausgeschieden sind und bisher nicht oder nicht ihrer früheren Stellung entsprechend verwendet werden, sind durch Bundesgesetz zu regeln. Entsprechendes gilt für Personen einschließlich der Flüchtlinge und Vertriebenen, die am 8. Mai 1945 versorgungsberechtigt waren und aus anderen als beamten- oder tarifrechtlichen Gründen keine oder keine entsprechende Versorgung mehr erhalten. Bis zum Inkrafttreten des Bundesgesetzes können vorbehaltlich anderweitiger landesrechtlicher Regelung Rechtsansprüche nicht geltend gemacht werden.

Artikel 132 (gegenstandslos)

Artikel 133 (Vereinigtes Wirtschaftsgebiet, Rechtsnachfolge)

Der Bund tritt in die Rechte und Pflichten der Verwaltung des Vereinigten Wirtschaftsgebietes ein.

Artikel 134 (Reichsvermögen, Rechtsnachfolge)

(1) Das Vermögen des Reiches wird grundsätzlich Bundesvermögen.

(2) Soweit es nach seiner ursprünglichen Zweckbestimmung überwiegend für Verwaltungsaufgaben bestimmt war, die nach diesem Grundgesetze nicht Verwaltungsaufgaben des Bundes sind, ist es unentgeltlich auf die nunmehr zuständigen Aufgabenträger und, soweit es nach seiner gegenwärtigen, nicht nur vorübergehenden Benutzung Verwaltungsaufgaben dient, die nach diesem Grundgesetze nunmehr von den Ländern zu erfüllen sind, auf die Länder zu übertragen. Der Bund kann auch sonstiges Vermögen den Ländern übertragen.

(3) Vermögen, das dem Reich von den Ländern und Gemeinden (Gemeindeverbänden) unentgeltlich zur Verfügung gestellt wurde, wird wiederum Vermögen der Länder und Gemeinden (Gemeindeverbände), soweit es nicht der Bund für eigene Verwaltungsaufgaben benötigt.

(4) Das Nähere regelt ein Bundesgesetz, das der Zustimmung des Bundesrates bedarf.

Artikel 135 (Gebietsänderungen, Rechtsnachfolge)

(1) Hat sich nach dem 8. Mai 1945 bis zum Inkrafttreten dieses Grundgesetzes die Landeszugehörigkeit eines Gebietes geändert, so steht in diesem Gebiete das Vermögen des Landes, dem das Gebiet angehört hat, dem Lande zu, dem es jetzt angehört.

(2) Das Vermögen nicht mehr bestehender Länder und nicht mehr bestehender anderer Körperschaften und Anstalten des öffentlichen Rechtes geht, soweit es nach seiner ursprünglichen Zweckbestimmung überwiegend für Verwaltungsaufgaben bestimmt

war, oder nach seiner gegenwärtigen, nicht nur vorübergehenden Benutzung überwiegend Verwaltungsaufgaben dient, auf das Land oder die Körperschaft oder Anstalt des öffentlichen Rechtes über, die nunmehr diese Aufgaben erfüllen.

(3) Grundvermögen nicht mehr bestehender Länder geht einschließlich des Zubehörs, soweit es nicht bereits zu Vermögen im Sinne des Absatzes 1 gehört, auf das Land über, in dessen Gebiet es gelegen ist.

(4) Sofern ein überwiegendes Interesse des Bundes oder das besondere Interesse eines Gebietes es erfordert, kann durch Bundesgesetz eine von den Absätzen 1 bis 3 abweichende Regelung getroffen werden.

(5) Im übrigen wird die Rechtsnachfolge und die Auseinandersetzung, soweit sie nicht bis zum 1. Januar 1952 durch Vereinbarung zwischen den beteiligten Ländern oder Körperschaften oder Anstalten des öffentlichen Rechtes erfolgt, durch Bundesgesetz geregelt, das der Zustimmung des Bundesrates bedarf.

(6) Beteiligungen des ehemaligen Landes Preußen an Unternehmen des privaten Rechtes gehen auf den Bund über. Das Nähere regelt ein Bundesgesetz, das auch Abweichendes bestimmen kann.

(7) Soweit über Vermögen, das einem Lande oder einer Körperschaft oder Anstalt des öffentlichen Rechtes nach den Absätzen 1 bis 3 zufallen würde, von dem danach Berechtigten durch ein Landesgesetz, auf Grund eines Landesgesetzes oder in anderer Weise bei Inkrafttreten des Grundgesetzes verfügt worden war, gilt der Vermögensübergang als vor der Verfügung erfolgt.

IX

Artikel 135a (Erfüllung alter Verbindlichkeiten)

(1) Durch die in Artikel 134 Absatz 4 und Artikel 135 Absatz 5 vorbehaltene Gesetzgebung des Bundes kann auch bestimmt werden, daß nicht oder nicht in voller Höhe zu erfüllen sind

1. Verbindlichkeiten des Reiches sowie Verbindlichkeiten des ehemaligen Landes Preußen und sonstiger nicht mehr bestehender Körperschaften und Anstalten des öffentlichen Rechts,
2. Verbindlichkeiten des Bundes oder anderer Körperschaften und Anstalten des öffentlichen Rechts, welche mit dem Übergang von Vermögenswerten nach Artikel 89, 90, 134 und 135 im Zusammenhang stehen, und Verbindlichkeiten dieser Rechtsträger, die auf Maßnahmen der in Nummer 1 bezeichneten Rechtsträger beruhen,
3. Verbindlichkeiten der Länder und Gemeinden (Gemeindeverbände), die aus Maßnahmen entstanden sind, welche diese Rechtsträger vor dem 1. August 1945 zur Durchführung von Anordnungen der Besatzungsmächte oder zur Beseitigung eines kriegsbedingten Notstandes im Rahmen dem Reich obliegender oder vom Reich übertragener Verwaltungsaufgaben getroffen haben.

(2) Absatz 1 findet entsprechende Anwendung auf Verbindlichkeiten der Deutschen Demokratischen Republik oder ihrer Rechtsträger sowie auf Verbindlichkeiten des Bundes oder anderer Körperschaften und Anstalten des öffentlichen Rechts, die mit dem Übergang von Vermögenswerten der Deutschen Demokratischen Republik auf Bund, Länder und Gemeinden im Zusammenhang stehen, und auf Verbindlichkeiten, die auf Maßnahmen der Deutschen Demokratischen Republik oder ihrer Rechtsträger beruhen.

Artikel 136 (Erster Zusammentritt des Bundesrates)

(1) Der Bundesrat tritt erstmalig am Tage des ersten Zusammentritts des Bundestages zusammen.

(2) Bis zur Wahl des ersten Bundespräsidenten werden dessen Befugnisse von dem Präsidenten des Bundesrates ausgeübt. Das Recht der Auflösung des Bundestages steht ihm nicht zu.

Artikel 137 (Wählbarkeit von Beamten, Soldaten und Richtern)

(1) Die Wählbarkeit von Beamten, Angestellten des öffentlichen Dienstes, Berufssoldaten, freiwilligen Soldaten auf Zeit und Rich-

tern im Bund, in den Ländern und den Gemeinden kann gesetzlich beschränkt werden.

(2) und (3) (gegenstandslos)

Artikel 138 (Notariat)

Änderungen der Einrichtungen des jetzt bestehenden Notariats in den Ländern Baden, Bayern, Württemberg-Baden und Württemberg-Hohenzollern bedürfen der Zustimmung der Regierungen dieser Länder.

Statt Baden, Württemberg-Baden und Württemberg-Hohenzollern: Baden-Württemberg.

Artikel 139 (Befreiungsgesetze)

Die zur „Befreiung des deutschen Volkes vom Nationalsozialismus und Militarismus" erlassenen Rechtsvorschriften werden von den Bestimmungen dieses Grundgesetzes nicht berührt.

Artikel 140 (Religionsfreiheit, Religionsgesellschaften)

Die Bestimmungen der Artikel 136, 137, 138, 139 und 141 der Deutschen Verfassung vom 11. August 1919 sind Bestandteile dieses Grundgesetzes.

Die Bestimmungen der **Weimarer Reichsverfassung** lauten:

Artikel 136

(1) Die bürgerlichen und staatsbürgerlichen Rechte und Pflichten werden durch die Ausübung der Religionsfreiheit weder bedingt noch beschränkt.

(2) Der Genuß bürgerlicher und staatsbürgerlicher Rechte sowie die Zulassung zu öffentlichen Ämtern sind unabhängig von dem religiösen Bekenntnis.

(3) Niemand ist verpflichtet, seine religiöse Überzeugung zu offenbaren. Die Behörden haben nur soweit das Recht, nach der Zugehörigkeit zu einer Religionsgesellschaft zu fragen, als davon Rechte und Pflichten abhängen oder eine gesetzlich angeordnete statistische Erhebung dies erfordert.

(4) Niemand darf zu einer kirchlichen Handlung oder Feierlichkeit oder zur Teilnahme an religiösen Übungen oder zur Benutzung einer religiösen Eidesform gezwungen werden.

Artikel 137

(1) Es besteht keine Staatskirche.

(2) Die Freiheit der Vereinigung zur Religionsgesellschaften wird gewährleistet. Der Zusammenschluß von Religionsgesellschaften innerhalb des Reichsgebiets unterliegt keinen Beschränkungen.

(3) Jede Religionsgesellschaft ordnet und verwaltet ihre Angelegenheiten selbständig innerhalb der Schranken des für alle geltenden Gesetzes. Sie verleiht ihre Ämter ohne Mitwirkung des Staates oder der bürgerlichen Gemeinde.

(4) Religionsgesellschaften erwerben die Rechtsfähigkeit nach den allgemeinen Vorschriften des bürgerlichen Rechts.

(5) Die Religionsgesellschaften bleiben Körperschaften des öffentlichen Rechtes, soweit sie solche bisher waren. Anderen Religionsgesellschaften sind auf ihren Antrag gleiche Rechte zu gewähren, wenn sie durch ihre Verfassung und die Zahl ihrer Mitglieder die Gewähr der Dauer bieten. Schließen sich mehrere derartige öffentlich-rechtliche Religionsgesellschaften zu einem Verbande zusammen, so ist auch dieser Verband eine öffentlich-rechtliche Körperschaft.

(6) Die Religionsgesellschaften, welche Körperschaften des öffentlichen Rechtes sind, sind berechtigt, auf Grund der bürgerlichen Steuerlisten nach Maßgabe der landesrechtlichen Bestimmungen Steuern zu erheben.

(7) Den Religionsgesellschaften werden die Vereinigungen gleichgestellt, die sich die gemeinschaftliche Pflege einer Weltanschauung zur Aufgabe machen.

(8) Soweit die Durchführung dieser Bestimmungen eine weitere Regelung erfordert, liegt diese der Landesgesetzgebung ob.

Artikel 138

(1) Die auf Gesetz, Vertrag oder besonderen Rechtstiteln beruhenden Staatsleistungen an die Religionsgesellschaften werden durch die Landesgesetzgebung abgelöst. Die Grundsätze hierfür stellt das Reich auf.

(2) Das Eigentum und andere Rechte der Religionsgesellschaften und religiösen Vereine an ihren für Kultus-, Unterrichts- und Wohltätigkeitszwecke bestimmten Anstalten, Stiftungen und sonstigen Vermögen werden gewährleistet.

Artikel 139

Der Sonntag und die staatlich anerkannten Feiertage bleiben als Tage der Arbeitsruhe und der seelischen Erhebung gesetzlich geschützt.

Artikel 141

Soweit das Bedürfnis nach Gottesdienst und Seelsorge im Heer, in Krankenhäusern, Strafanstalten oder sonstigen öffentlichen Anstalten besteht, sind die Religionsgesellschaften zur Vornahme religiöser Handlungen zuzulassen, wobei jeder Zwang fernzuhalten ist.

Artikel 141 (Landesrechtliche Regelung des Religionsunterrichts)

Artikel 7 Abs. 3 Satz 1 findet keine Anwendung in einem Lande, in dem am 1. Januar 1949 eine andere landesrechtliche Regelung bestand.

Artikel 142 (Grundrechte in Landesverfassungen)

Ungeachtet der Vorschrift des Artikels 31 bleiben Bestimmungen der Landesverfassungen auch insoweit in Kraft, als sie in Übereinstimmung mit den Artikeln 1 bis 18 dieses Grundgesetzes Grundrechte gewährleisten.

Artikel 143 (Abweichungen vom Grundgesetz aufgrund Einigungsvertrag)

(1) Recht in dem in Artikel 3 des Einigungsvertrags genannten Gebiet kann längstens bis zum 31. Dezember 1992 von Bestimmungen dieses Grundgesetzes abweichen, soweit und solange infolge der unterschiedlichen Verhältnisse die völlige Anpassung an die grundgesetzliche Ordnung noch nicht erreicht werden kann. Abweichungen dürfen nicht gegen Artikel 19 Abs. 2 verstoßen und müssen mit den in Artikel 79 Abs. 3 genannten Grundsätzen vereinbar sein.

(2) Abweichungen von den Abschnitten II, VIII, VIIIa, IX, X und XI sind längstens bis zum 31. Dezember 1995 zulässig.

(3) Unabhängig von Absatz 1 und 2 haben Artikel 41 des Einigungsvertrags und Regelungen zu seiner Durchführung auch insoweit Bestand, als sie vorsehen, daß Eingriffe in das Eigentum auf dem in Artikel 3 dieses Vertrags genannten Gebiet nicht mehr rückgängig gemacht werden.

Artikel 143a (Umwandlung der Bundeseisenbahnen)

(1) Der Bund hat die ausschließliche Gesetzgebung über alle Angelegenheiten, die sich aus der Umwandlung der in bundeseigener Verwaltung geführten Bundeseisenbahnen in Wirtschaftsunternehmen ergeben. Artikel 87e Abs. 5 findet entsprechende Anwendung. Beamte der Bundeseisenbahnen können durch Gesetz unter Wahrung ihrer Rechtsstellung und der Verantwortung des Dienstherrn einer privat-rechtlich organisierten Eisenbahn des Bundes zur Dienstleistung zugewiesen werden.

(2) Gesetze nach Absatz 1 führt der Bund aus.

(3) Die Erfüllung der Aufgaben im Bereich des Schienenpersonennahverkehrs der bisherigen Bundeseisenbahnen ist bis zum 31. Dezember 1995 Sache des Bundes. Dies gilt auch für die entsprechenden Aufgaben der Eisenbahnverkehrsverwaltung. Das Nähere wird durch Bundesgesetz geregelt, das der Zustimmung des Bundesrates bedarf.

Artikel 143b (Umwandlung der Bundespost)

(1) Das Sondervermögen Deutsche Bundespost wird nach Maßgabe eines Bundesgesetzes in Unternehmen privater Rechtsform umgewandelt. Der Bund hat die ausschließliche Gesetzgebung über alle sich hieraus ergebenden Angelegenheiten.

(2) Die vor der Umwandlung bestehenden ausschließlichen Rechte des Bundes können durch Bundesgesetz für eine Übergangszeit den aus der Deutschen Bundespost POSTDIENST und der Deutschen Bundespost TELEKOM hervorgegangenen Unternehmen verliehen werden. Die Kapitalmehrheit am Nachfolgeunternehmen der Deutschen Bundespost POSTDIENST darf der Bund frühestens fünf Jahre nach Inkrafttreten des Gesetzes aufgeben. Dazu bedarf es eines Bundesgesetzes mit Zustimmung des Bundesrates.

(3) Die bei der Deutschen Bundespost tätigen Bundesbeamten werden unter Wahrung ihrer Rechtsstellung und der Verantwortung des Dienstherrn bei den privaten Unternehmen beschäftigt. Die Unternehmen üben Dienstherrnbefugnisse aus. Das Nähere bestimmt ein Bundesgesetz.

Artikel 143c (Beträge aus dem Bundeshaushalt)

(1) Den Ländern stehen ab dem 1. Januar 2007 bis zum 31. Dezember 2019 für den durch die Abschaffung der Gemeinschaftsaufgaben Ausbau und Neubau von Hochschulen einschließlich Hochschulkliniken und Bildungsplanung sowie für den durch die Abschaffung der Finanzhilfen zur Verbesserung der Ver-

kehrsverhältnisse der Gemeinden und zur sozialen Wohnraumförderung bedingten Wegfall der Finanzierungsanteile des Bundes jährlich Beträge aus dem Haushalt des Bundes zu. Bis zum 31. Dezember 2013 werden diese Beträge aus dem Durchschnitt der Finanzierungsanteile des Bundes im Referenzzeitraum 2000 bis 2008 ermittelt.

(2) Die Beträge nach Absatz 1 werden auf die Länder bis zum 31. Dezember 2013 wie folgt verteilt:

1. als jährliche Festbeträge, deren Höhe sich nach dem Durchschnittsanteil eines jeden Landes im Zeitraum 2000 bis 2003 errechnet;
2. jeweils zweckgebunden an den Aufgabenbereich der bisherigen Mischfinanzierungen.

(3) Bund und Länder überprüfen bis Ende 2013, in welcher Höhe die den Ländern nach Absatz 1 zugewiesenen Finanzierungsmittel zur Aufgabenerfüllung der Länder noch angemessen und erforderlich sind. Ab dem 1. Januar 2014 entfällt die nach Absatz 2 Nr. 2 vorgesehene Zweckbindung der nach Absatz 1 zugewiesenen Finanzierungsmittel; die investive Zweckbindung des Mittelvolumens bleibt bestehen. Die Vereinbarungen aus dem Solidarpakt II bleiben unberührt.

(4) Das Nähere regelt ein Bundesgesetz, das der Zustimmung des Bundesrates bedarf.

Artikel 143d (Haushaltswirtschaft, Schuldenbremse)

(1) Artikel 109 und 115 in der bis zum 31. Juli 2009 geltenden Fassung sind letztmals auf das Haushaltsjahr 2010 anzuwenden. Artikel 109 und 115 in der ab dem 1. August 2009 geltenden Fassung sind erstmals für das Haushaltsjahr 2011 anzuwenden; am 31. Dezember 2010 bestehende Kreditermächtigungen für bereits eingerichtete Sondervermögen bleiben unberührt. Die Länder dürfen im Zeitraum vom 1. Januar 2011 bis zum 31. Dezember 2019 nach Maßgabe der geltenden landesrechtlichen Regelungen von den Vorgaben des Artikels 109 Absatz 3 abweichen. Die Haushalte der Länder sind so aufzustellen, dass im Haushaltsjahr 2020 die Vorgabe aus Artikel 109 Absatz 3 Satz 5 erfüllt wird. Der Bund kann im Zeitraum vom 1. Januar 2011 bis zum 31. Dezember 2015 von der Vorgabe des Artikels 115 Absatz 2 Satz 2 abweichen. Mit dem Abbau des bestehenden Defizits soll im Haushaltsjahr 2011 begonnen werden. Die jährlichen Haushalte sind so aufzustellen, dass im Haushaltsjahr 2016 die Vorgabe aus Artikel 115 Absatz 2 Satz 2 erfüllt wird; das Nähere regelt ein Bundesgesetz.

(2) Als Hilfe zur Einhaltung der Vorgaben des Artikels 109 Absatz 3 ab dem 1. Januar 2020 können den Ländern Berlin, Bremen, Saarland, Sachsen-Anhalt und Schleswig-Holstein für den Zeitraum 2011 bis 2019 Konsolidierungshilfen aus dem Haushalt des Bundes in Höhe von insgesamt 800 Millionen Euro jährlich gewährt werden. Davon entfallen auf Bremen 300 Millionen Euro, auf das Saarland 260 Millionen Euro und auf Berlin, Sachsen-Anhalt und Schleswig-Holstein jeweils 80 Millionen Euro. Die Hilfen werden auf der Grundlage einer Verwaltungsvereinbarung nach Maßgabe eines Bundesgesetzes mit Zustimmung des Bundesrates geleistet. Die Gewährung der Hilfen setzt einen vollständigen Abbau der Finanzierungsdefizite bis zum Jahresende 2020 voraus. Das Nähere, insbesondere die jährlichen Abbauschritte der Finanzierungsdefizite, die Überwachung des Abbaus der Finanzierungsdefizite durch den Stabilitätsrat sowie die Konsequenzen im Falle der Nichteinhaltung der Abbauschritte, wird durch Bundesgesetz mit Zustimmung des Bundesrates und durch Verwaltungsvereinbarung geregelt. Die gleichzeitige Gewährung der Konsolidierungshilfen und Sanierungshilfen auf Grund einer extremen Haushaltsnotlage ist ausgeschlossen.

(3) Die sich aus der Gewährung der Konsolidierungshilfen ergebende Finanzierungslast wird hälftig von Bund und Ländern, von letzteren aus ihrem Umsatzsteueranteil, getragen. Das Nähere wird durch Bundesgesetz mit Zustimmung des Bundesrates geregelt.

(4) Als Hilfe zur künftig eigenständigen Einhaltung der Vorgaben des Artikels 109 Absatz 3 können den Ländern Bremen und Saarland ab dem 1. Januar 2020 Sanierungs-

hilfen in Höhe von jährlich insgesamt 800 Millionen Euro aus dem Haushalt des Bundes gewährt werden. Die Länder ergreifen hierzu Maßnahmen zum Abbau der übermäßigen Verschuldung sowie zur Stärkung der Wirtschafts- und Finanzkraft. Das Nähere regelt ein Bundesgesetz, das der Zustimmung des Bundesrates bedarf. Die gleichzeitige Gewährung der Sanierungshilfen und Sanierungshilfen auf Grund einer extremen Haushaltsnotlage ist ausgeschlossen.

Artikel 143e (Bundesautobahnen und sonstige Fernstraßen)

(1) Die Bundesautobahnen werden abweichend von Artikel 90 Absatz 2 längstens bis zum 31. Dezember 2020 in Auftragsverwaltung durch die Länder oder die nach Landesrecht zuständigen Selbstverwaltungskörperschaften geführt. Der Bund regelt die Umwandlung der Auftragsverwaltung in Bundesverwaltung nach Artikel 90 Absatz 2 und 4 durch Bundesgesetz mit Zustimmung des Bundesrates.

(2) Auf Antrag eines Landes, der bis zum 31. Dezember 2018 zu stellen ist, übernimmt der Bund abweichend von Artikel 90 Absatz 4 die sonstigen Bundesstraßen des Fernverkehrs, soweit sie im Gebiet dieses Landes liegen, mit Wirkung zum 1. Januar 2021 in Bundesverwaltung.

(3) Durch Bundesgesetz mit Zustimmung des Bundesrates kann geregelt werden, dass ein Land auf Antrag die Aufgabe der Planfeststellung und Plangenehmigung für den Bau und für die Änderung von Bundesautobahnen und von sonstigen Bundesstraßen des Fernverkehrs, die der Bund nach Artikel 90 Absatz 4 oder Artikel 143e Absatz 2 in Bundesverwaltung übernommen hat, im Auftrage des Bundes übernimmt und unter welchen Voraussetzungen eine Rückübertragung erfolgen kann.

Artikel 143f (Außerkrafttreten)

Artikel 143d, das Gesetz über den Finanzausgleich zwischen Bund und Ländern sowie sonstige auf der Grundlage von Artikel 107 Absatz 2 in seiner ab dem 1. Januar 2020 geltenden Fassung erlassene Gesetze treten außer Kraft, wenn nach dem 31. Dezember 2030 die Bundesregierung, der Bundestag oder gemeinsam mindestens drei Länder Verhandlungen über eine Neuordnung der bundesstaatlichen Finanzbeziehungen verlangt haben und mit Ablauf von fünf Jahren nach Notifikation des Verhandlungsverlangens der Bundesregierung, des Bundestages oder der Länder beim Bundespräsidenten keine gesetzliche Neuordnung der bundesstaatlichen Finanzbeziehungen in Kraft getreten ist. Der Tag des Außerkrafttretens ist im Bundesgesetzblatt bekannt zu geben.

Artikel 143g (Übergangsregelung)

Für die Regelung der Steuerertragsverteilung, des Länderfinanzausgleichs und der Bundesergänzungszuweisungen bis zum 31. Dezember 2019 ist Artikel 107 in seiner bis zum Inkrafttreten des Gesetzes zur Änderung des Grundgesetzes vom 13. Juli 2017 geltenden Fassung weiter anzuwenden.

Artikel 143h (Sondervermögen)

(1) Der Bund kann ein Sondervermögen mit eigener Kreditermächtigung für zusätzliche Investitionen in die Infrastruktur und für zusätzliche Investitionen zur Erreichung der Klimaneutralität bis zum Jahr 2045 mit einem Volumen von bis zu 500 Milliarden Euro errichten. Zusätzlichkeit liegt vor, wenn im jeweiligen Haushaltsjahr eine angemessene Investitionsquote im Bundeshaushalt erreicht wird. Auf die Kreditermächtigung sind Artikel 109 Absatz 3 und Artikel 115 Absatz 2 nicht anzuwenden. Investitionen aus dem Sondervermögen können innerhalb einer Laufzeit von zwölf Jahren bewilligt werden. Zuführungen aus dem Sondervermögen in den Klima- und Transformationsfonds werden in Höhe von 100 Milliarden Euro vorgenommen. Das Nähere regelt ein Bundesgesetz.

(2) Aus dem Sondervermögen nach Absatz 1 Satz 1 stehen den Ländern 100 Milliarden Euro auch für Investitionen der Länder in deren Infrastruktur zur Verfügung. Die Länder haben dem Bund über die Mittelverwendung Bericht zu erstatten. Der Bund ist zur Prüfung der zweckentsprechenden Mittelverwendung berechtigt. Das Nähere regelt ein Bundesgesetz mit Zustimmung des Bundesrates.

Artikel 144 (Ratifizierung des Grundgesetzes)

(1) Dieses Grundgesetz bedarf der Annahme durch die Volksvertretungen in zwei Dritteln der deutschen Länder, in denen es zunächst gelten soll.

(2) Soweit die Anwendung dieses Grundgesetzes in einem der in Artikel 23 aufgeführten Länder oder in einem Teile eines dieser Länder Beschränkungen unterliegt, hat das Land oder der Teil des Landes das Recht, gemäß Artikel 38 Vertreter in den Bundestag und gemäß Artikel 50 Vertreter in den Bundesrat zu entsenden.

Artikel 145 (Verkündung des Grundgesetzes)

(1) Der Parlamentarische Rat stellt in öffentlicher Sitzung unter Mitwirkung der Abgeordneten Groß-Berlins die Annahme dieses Grundgesetzes fest, fertigt es aus und verkündet es.

(2) Dieses Grundgesetz tritt mit Ablauf des Tages der Verkündung in Kraft.

(3) Es ist im Bundesgesetzblatt zu veröffentlichen.

Der Tag der Verkündung war der 23. Mai 1949.

Artikel 146 (Außer-Kraft-Treten des Grundgesetzes)

Dieses Grundgesetz, das nach Vollendung der Einheit und Freiheit Deutschlands für das gesamte deutsche Volk gilt, verliert seine Gültigkeit an dem Tage, an dem eine Verfassung in Kraft tritt, die von dem deutschen Volke in freier Entscheidung beschlossen worden ist.

Verfassung für Rheinland-Pfalz

Vom 18. Mai 1947 (VOBl. S. 209, S. 269)

Zuletzt geändert durch
Vierzigstes Landesgesetz zur Änderung der Verfassung für Rheinland-Pfalz
(Änderung des Artikels 113)
vom 19. Juni 2024 (GVBl. S. 253)

Inhaltsübersicht

IX

IX

IX

Vorspruch

Im Bewußtsein der Verantwortung vor Gott, dem Urgrund des Rechts und Schöpfer aller menschlichen Gemeinschaft,

von dem Willen beseelt,

die Freiheit und Würde des Menschen zu sichern, das Gemeinschaftsleben nach dem Grundsatz der sozialen Gerechtigkeit zu ordnen, den wirtschaftlichen Fortschritt aller zu fördern und ein neues demokratisches Deutschland als lebendiges Glied der Völkergemeinschaft zu formen,

hat sich das Volk von Rheinland-Pfalz

diese Verfassung gegeben:

Erster Hauptteil
Grundrechte und Grundpflichten

I. Abschnitt:
Die Einzelperson

1. Freiheitsrechte

Artikel 1

(1) Der Mensch ist frei. Er hat ein natürliches Recht auf die Entwicklung seiner körperlichen und geistigen Anlagen und auf die freie Entfaltung seiner Persönlichkeit innerhalb der durch das natürliche Sittengesetz gegebenen Schranken.

(2) Der Staat hat die Aufgabe, die persönliche Freiheit und Selbständigkeit des Menschen zu schützen sowie das Wohlergehen des Einzelnen und der innerstaatlichen Gemeinschaften durch die Verwirklichung des Gemeinwohls zu fördern.

(3) Die Rechte und Pflichten der öffentlichen Gewalt werden durch die naturrechtlich bestimmten Erfordernisse des Gemeinwohls begründet und begrenzt.

(4) Die Organe der Gesetzgebung, Rechtsprechung und Verwaltung sind zur Wahrung dieser Grundsätze verpflichtet.

Artikel 2

Niemand kann zu einer Handlung, Unterlassung oder Duldung gezwungen werden, zu der ihn nicht das Gesetz verpflichtet.

Artikel 3

(1) Das Leben des Menschen ist unantastbar.

(2) Für den Schutz des ungeborenen Lebens ist insbesondere durch umfassende Aufklärung, Beratung und soziale Hilfe zu sorgen.

(3) Eingriffe in die körperliche Unversehrtheit sind nur auf Grund eines Gesetzes statthaft.

Artikel 4

Die Ehre des Menschen steht unter dem Schutz des Staates. Beleidigungen, die sich gegen einzelne Personen oder Gruppen wegen ihrer Zugehörigkeit zu einer Rasse, einer religiösen, weltanschaulichen oder anerkannten politischen Gemeinschaft richten, sollen durch öffentliche Klage verfolgt werden.

Artikel 4a

(1) Jeder Mensch hat das Recht, über die Erhebung und weitere Verarbeitung seiner personenbezogenen Daten selbst zu bestimmen. Jeder Mensch hat das Recht auf Auskunft über ihn betreffende Daten und auf Einsicht in amtliche Unterlagen, soweit diese solche Daten enthalten.

(2) Diese Rechte dürfen nur durch Gesetz oder aufgrund eines Gesetzes eingeschränkt werden, soweit überwiegende Interessen der Allgemeinheit es erfordern.

Artikel 5

(1) Die Freiheit der Person ist unverletzlich. Eine Beeinträchtigung oder Entziehung der persönlichen Freiheit durch die öffentliche Gewalt ist nur auf Grund von Gesetzen und in den von diesen vorgeschriebenen Formen zulässig.

(2) Über die Zulässigkeit und Fortdauer einer Freiheitsentziehung hat nur der Richter zu entscheiden. Bei jeder nicht auf richterlicher Anordnung beruhenden Freiheitsentziehung ist unverzüglich eine richterliche Entscheidung herbeizuführen. Die Polizei darf aus eigener Machtvollkommenheit niemanden länger als bis zum Ende des Tages nach dem Ergreifen in eigenem Gewahrsam halten. Das Nähere ist gesetzlich zu regeln.

(3) Jeder wegen des Verdachts einer strafbaren Handlung vorläufig Festgenommene ist spätestens am Tage nach der Festnahme dem Richter vorzuführen, der ihm die Gründe der Festnahme mitzuteilen, ihn zu vernehmen und ihm Gelegenheit zu Einwendungen zu geben hat. Der Richter hat unverzüglich entweder einen mit Gründen versehenen schriftlichen Haftbefehl zu erlassen oder die Freilassung anzuordnen.

(4) Von jeder richterlichen Entscheidung über die Anordnung oder Fortdauer einer Freiheitsentziehung ist unverzüglich ein Angehöriger des Festgehaltenen oder eine Person seines Vertrauens zu benachrichtigen.

(5) Jede Mißhandlung eines Festgenommenen ist untersagt.

Artikel 6

(1) Jedermann hat Anspruch auf seinen gesetzlichen Richter. Ausnahmegerichte sind unstatthaft.

(2) Vor Gericht hat jedermann Anspruch auf rechtliches Gehör.

(3) Strafen können nur verhängt werden auf Grund von Gesetzen, die zur Zeit der Begehung der Tat in Geltung waren.

(4) Niemand darf zweimal für dieselbe Tat bestraft werden. Als schuldig gilt nur, wer rechtskräftig für schuldig erklärt ist.

Artikel 7

(1) Die Wohnung ist unverletzlich.

(2) Durchsuchungen dürfen nur durch den Richter, bei Gefahr im Verzuge auch durch die in den Gesetzen vorgesehenen anderen Organe angeordnet und nur in der dort vorgeschriebenen Form durchgeführt werden.

(3) Zur Behebung öffentlicher Notstände können die Behörden durch Gesetz zu Eingriffen und Einschränkungen ermächtigt werden.

Artikel 8

(1) Die Freiheit des Glaubens, des Gewissens und der Überzeugung ist gewährleistet.

(2) Die bürgerlichen und staatsbürgerlichen Rechte werden durch die Ausübung der Religionsfreiheit weder bedingt noch beschränkt.

(3) Die Teilnahme an Handlungen, Feierlichkeiten oder Übungen von Religions- und Weltanschauungsgemeinschaften darf weder erzwungen noch verhindert werden. Die Benutzung einer religiösen Eidesformel steht jedem frei.

Artikel 9

(1) Die Kunst, die Wissenschaft und ihre Lehre sind frei.

(2) Die Freiheit der Lehre entbindet nicht von der Treue zur Verfassung.

Artikel 10

(1) Jedermann hat das Recht, seine Meinung in Wort, Schrift und Bild frei zu äußern und zu verbreiten und sich aus allgemein zugänglichen Quellen ungehindert zu unterrichten. Niemand darf ihn deshalb benachteiligen. Die Pressefreiheit und die Freiheit der Berichterstattung durch Rundfunk und Film werden gewährleistet. Eine Zensur findet nicht statt.

(2) Diese Rechte finden ihre Schranken in den Vorschriften der allgemeinen Gesetze, den gesetzlichen Bestimmungen zum Schutze der Jugend und in dem Recht der persönlichen Ehre.

Artikel 11

Jedermann hat das Recht, sich mit Eingaben an die Behörden oder an die Volksvertretung zu wenden.

Artikel 12

(1) Alle Deutschen haben das Recht, sich ohne Anmeldung oder Erlaubnis friedlich und ohne Waffen zu versammeln.

(2) Für Versammlungen unter freiem Himmel kann dieses Recht durch Gesetz oder auf Grund eines Gesetzes beschränkt werden.

Artikel 13

(1) Jedermann hat das Recht, zu Zwecken, die der Verfassung oder den Gesetzen nicht zuwiderlaufen, Vereine oder Gesellschaften zu bilden.

(2) Der Erwerb der Rechtsfähigkeit darf einem Verein nicht deshalb versagt werden, weil er einen politischen, religiösen oder weltanschaulichen Zweck verfolgt.

Artikel 14

Das Brief-, Post-, Telegraphen- und Fernsprechgeheimnis ist gewährleistet. Ausnahmen bestimmt das Gesetz.

Artikel 15

Alle Deutschen genießen Freizügigkeit. Sie haben das Recht, sich an jedem Orte aufzuhalten und niederzulassen, Grundstücke zu erwerben und jeden Erwerbszweig zu betreiben. Einschränkungen bedürfen des Gesetzes.

Artikel 16

(1) Kein Deutscher darf an das Ausland ausgeliefert werden.

(2) Politisch Verfolgte genießen Asylrecht.

2. Gleichheitsrechte

Artikel 17

(1) Alle sind vor dem Gesetz gleich.

(2) Willkürliche Begünstigung oder Benachteiligung von Einzelpersonen oder Personengruppen sind den Organen der Gesetzgebung, Rechtsprechung und Verwaltung untersagt.

(3) Männer und Frauen sind gleichberechtigt. Der Staat ergreift Maßnahmen zur Gleichstellung von Frauen und Männern in Staat und Gesellschaft, insbesondere im Beruf, in Bildung und Ausbildung, in der Familie sowie im Bereich der sozialen Sicherung. Zum Ausgleich bestehender Ungleichheiten sind Maßnahmen, die der Gleichstellung dienen, zulässig.

(4) Der Staat achtet ethnische und sprachliche Minderheiten.

Artikel 18

(1) Alle öffentlich-rechtlichen Vorteile und Nachteile der Geburt oder des Standes sind aufgehoben. Adelsbezeichnungen gelten nur als Bestandteil des Namens und dürfen nicht mehr verliehen werden.

(2) Titel dürfen nur verliehen werden, wenn sie ein Amt oder einen Beruf bezeichnen. Akademische Grade fallen nicht unter dieses Verbot.

(3) Orden und Ehrenzeichen dürfen vom Staat nur nach Maßgabe der Gesetze verliehen werden.

Artikel 19

Alle Deutschen, ohne Unterschied der Rasse, des Religionsbekenntnisses, der Parteizugehörigkeit oder des Geschlechtes, sind nach Maßgabe der Gesetze und entsprechend ihrer Befähigung und ihrer Leistungen zu den öffentlichen Ämtern zugelassen, sofern sie die Gewähr dafür bieten, ihr Amt nach den Vorschriften und im Geiste der Verfassung zu führen.

Artikel 19a

Rechte, welche die Verfassung allen Deutschen gewährt, stehen auch Staatsangehörigen eines anderen Mitgliedstaates der Europäischen Union zu, soweit diese nach dem Recht der Europäischen Union Anspruch auf Gleichbehandlung haben.

3. Öffentliche Pflichten

Artikel 20

Jeder Staatsbürger hat seine Treupflicht gegenüber Staat und Verfassung zu erfüllen, die Gesetze zu befolgen und seine körperlichen und geistigen Kräfte so zu betätigen, wie es dem Gemeinwohl entspricht.

Artikel 21

(1) Jeder Staatsbürger hat nach Maßgabe der Gesetze die Pflicht zur Übernahme von Ehrenämtern.

(2) Jedermann ist verpflichtet, nach Maßgabe der Gesetze persönliche Dienste für Staat und Gemeinde zu leisten.

Artikel 22

Jedermann ist bei Unglücksfällen und besonderen Notständen nach Maßgabe der Gesetze zur Leistung von Nothilfe verpflichtet.

II. Abschnitt: Ehe und Familie

Artikel 23

(1) Ehe und Familie stehen unter dem besonderen Schutz der staatlichen Ordnung.

(2) Besondere Fürsorge wird Familien mit Kindern, Müttern und Alleinerziehenden sowie Familien mit zu pflegenden Angehörigen zuteil.

(3) Das Recht der Kirchen und Religionsgemeinschaften, die religiösen Verpflichtungen bezüglich der Ehe mit verbindlicher Wirkung für ihre Mitglieder selbstständig zu regeln, bleibt unberührt.

Artikel 24

Jedes Kind hat ein Recht auf Entwicklung und Entfaltung. Die staatliche Gemeinschaft schützt und fördert die Rechte des Kindes. Nicht eheliche Kinder haben den gleichen Anspruch auf Förderung wie eheliche Kinder. Kinder genießen besonderen Schutz insbesondere vor körperlicher und seelischer Misshandlung und Vernachlässigung.

Artikel 25

(1) Die Eltern haben das natürliche Recht und die oberste Pflicht, ihre Kinder zur leiblichen, sittlichen und gesellschaftlichen Tüchtigkeit zu erziehen. Staat und Gemeinden haben das Recht und die Pflicht, die Erziehungsarbeit der Eltern zu überwachen und zu unterstützen.

(2) Die Jugend ist gegen Ausbeutung sowie gegen sittliche, geistige und körperliche Verwahrlosung durch staatliche und gemeindliche Maßnahmen und Einrichtungen zu schützen.

(3) Fürsorgemaßnahmen im Wege des Zwanges können nur auf gesetzlicher Grundlage angeordnet werden, wenn durch ein Versagen des Erziehungsberechtigten oder aus anderen Gründen das Wohl des Kindes gefährdet wird.

Artikel 26

In den Angelegenheiten der Pflege und Förderung der Familie und der Erziehung der Jugend ist die Mitwirkung der Kirchen, Religions- und Weltanschauungsgemeinschaften und Verbände der freien Wohlfahrtspflege nach Maßgabe der Gesetze gewährleistet.

III. Abschnitt: Schule, Bildung und Kulturpflege

Artikel 27

(1) Das natürliche Recht der Eltern, über die Erziehung ihrer Kinder zu bestimmen, bildet die Grundlage für die Gestaltung des Schulwesens.

(2) Staat und Gemeinde haben das Recht und die Pflicht, unter Berücksichtigung des Elternwillens die öffentlichen Voraussetzungen und Einrichtungen zu schaffen, die eine geordnete Erziehung der Kinder sichern.

(3) Das gesamte Schulwesen untersteht der Aufsicht des Staates. Die Schulaufsicht wird durch hauptamtlich tätige fachlich vorgebildete Beamte ausgeübt.

Artikel 28

Der Ausbildung der Jugend dienen öffentliche und private Schulen. Bei Einrichtung öffentlicher Schulen wirken Land und Gemeinden zusammen. Auch die Kirchen und Religionsgemeinschaften werden als Bildungsträger anerkannt.

Artikel 29

Die öffentlichen Grund-, Haupt- und Sonderschulen sind christliche Gemeinschaftsschulen.

Artikel 30

(1) Privatschulen als Ersatz für öffentliche Schulen, einschließlich der Hochschulen, können mit staatlicher Genehmigung errichtet und betrieben werden. Die Genehmigung ist zu erteilen, wenn die Privatschulen in ihren Lehrzielen und Einrichtungen sowie in der wissenschaftlichen Ausbildung ihrer Lehrkräfte nicht hinter den öffentlichen Schulen zurückstehen und die wirtschaftliche und rechtliche Stellung der Lehrkräfte genügend gesichert ist. Lehrer an Privatschulen unterliegen auch der Bestimmung des Artikels 36.

(2) Eine Sonderung der Schüler nach den Besitzverhältnissen der Eltern ist untersagt.

(3) Privatschulen als Ersatz für öffentliche Schulen erhalten auf Antrag angemessene öffentliche Finanzhilfe. Das Nähere über Voraussetzungen und die Höhe der öffentlichen Finanzhilfe regelt ein Gesetz.

Artikel 31

Jedem jungen Menschen soll zu einer seiner Begabung entsprechenden Ausbildung verholfen werden. Begabten soll der Besuch von höheren und Hochschulen, nötigenfalls aus öffentlichen Mitteln, ermöglicht werden.

Artikel 32 (weggefallen)

Artikel 33

Die Schule hat die Jugend zur Gottesfurcht und Nächstenliebe, Achtung und Duldsamkeit, Rechtlichkeit und Wahrhaftigkeit, zur Liebe zu Volk und Heimat, zum Verantwortungsbewußtsein für Natur und Umwelt, zu sittlicher Haltung und beruflicher Tüchtigkeit und in freier, demokratischer Gesinnung im Geiste der Völkerversöhnung zu erziehen.

Artikel 34

Der Religionsunterricht ist an allen Schulen mit Ausnahme der bekenntnisfreien Privatschulen ordentliches Lehrfach. Er wird erteilt im Auftrag und in Übereinstimmung mit den Lehren und Satzungen der betreffenden Kirche oder Religionsgemeinschaft. Lehrplan und Lehrbücher für den Religionsunterricht sind im Einvernehmen mit der betreffenden Kirche oder Religionsgemeinschaft zu bestimmen. Kein Lehrer kann gezwungen oder daran gehindert werden, Religionsunterricht zu erteilen. Zur Erteilung des Religionsunterrichtes bedürfen die Lehrer der Bevollmächtigung durch die Kirchen oder Religionsgemeinschaften. Die Kirchen und Religionsgemeinschaften haben das Recht, im Benehmen mit der staatlichen Aufsichtsbehörde den Religionsunterricht zu beaufsichtigen und Einsicht in seine Erteilung zu nehmen.

Artikel 35

(1) Die Teilnahme am Religionsunterricht kann durch die Willenserklärung der Eltern oder der Jugendlichen nach Maßgabe des Gesetzes abgelehnt werden.

(2) Für Jugendliche, die nicht am Religionsunterricht teilnehmen, ist ein Unterricht über die allgemein anerkannten Grundsätze des natürlichen Sittengesetzes zu erteilen.

Artikel 36

Lehrer haben ihr Amt als Erzieher im Sinne der Grundsätze der Verfassung auszuüben.

Artikel 37

Das Volksbildungswesen einschließlich der Volksbüchereien und Volkshochschulen soll von Staat und Gemeinden gefördert werden. Die Errichtung privater oder kirchlicher Volksbildungseinrichtungen ist gestattet.

Artikel 38

Bei der Gestaltung des höheren Schulwesens ist das klassisch-humanistische Bildungsideal neben den anderen Bildungszielen gleichberechtigt zu berücksichtigen.

Artikel 39

(1) Die Hochschulen haben das Recht der Selbstverwaltung. Die Freiheit von Forschung und Lehre wird ihnen verbürgt. Die theologischen Fakultäten an den staatlichen Hochschulen bleiben erhalten.

(2) Die Studenten sind berufen, bei der Erledigung ihrer eigenen Angelegenheiten im Wege der Selbstverwaltung mitzuwirken.

(3) Jeder Student ist verpflichtet, neben seinem Fachstudium allgemeinbildende, insbesondere staatsbürgerkundliche Vorlesungen zu hören.

(4) Das Recht der Studenten, sich an den Hochschulen im Rahmen der für alle geltenden Gesetze zu Vereinigungen zusammenzuschließen, wird gewährleistet.

(5) Der Zugang zum Hochschulstudium steht jedermann offen. Werktätigen, die sich durch Begabung, Fleiß und Leistungen auszeichnen, ist auch ohne Reifezeugnis einer höheren Lehranstalt durch Einrichtung besonderer Vorbereitungskurse und Prüfungen die Möglichkeit des Hochschulstudiums zu geben. Jeder Erwachsene hat das Recht, sich als Gasthörer an den Hochschulen einschreiben zu lassen.

(6) Das Nähere wird durch Gesetz bestimmt.

Artikel 40

(1) Das künstlerische und kulturelle Schaffen ist durch das Land, die Gemeinden und Gemeindeverbände zu pflegen und zu fördern.

(2) Die Erzeugnisse der geistigen Arbeit, die Rechte der Urheber, Erfinder und Künstler genießen den Schutz und die Fürsorge des Staates.

(3) Der Staat nimmt die Denkmäler der Kunst, der Geschichte und der Natur sowie die Landschaft in seine Obhut und Pflege. Die Teilnahme an den Kulturgütern des Lebens ist dem gesamten Volke zu ermöglichen.

(4) Der Sport ist durch das Land, die Gemeinden und Gemeindeverbände zu pflegen und zu fördern.

IV. Abschnitt: Kirchen und Religionsgemeinschaften

Artikel 41

(1) Die Kirchen sind anerkannte Einrichtungen für die Wahrung und Festigung der religiösen und sittlichen Grundlagen des menschlichen Lebens. Die Freiheit, Religionsgemeinschaften zu bilden, Religionsgemeinschaften zusammenzuschließen und sich zu öffentlichen gottesdienstlichen Handlungen zu vereinigen, ist gewährleistet.

(2) Die Kirchen und Religionsgemeinschaften haben das Recht, sich ungehindert zu entfalten. Sie sind von staatlicher Bevormundung frei und ordnen und verwalten ihre Angelegenheiten selbständig. Sie verleihen ihre Ämter ohne Mitwirkung des Staates oder der bürgerlichen Gemeinden. Die Kirchen und Religionsgemeinschaften genießen in ihrem Verkehr mit den Gläubigen volle Freiheit. Hirtenbriefe, Verordnungen, Anweisungen, Amtsblätter und sonstige die geistliche Leitung der Gläubigen betreffende Verfügungen können ungehindert veröffentlicht und zur Kenntnis der Gläubigen gebracht werden.

(3) Die für alle geltenden verfassungsmäßigen Pflichten bleiben unberührt.

Artikel 42

Die Kirchen und Religionsgemeinschaften haben das Recht, zur Ausbildung ihrer Geistlichen und Religionsdiener eigene Hochschulen, Seminarien und Konvikte zu errichten und zu unterhalten. Die Leitung und Verwaltung, der Lehrbetrieb und die Beaufsichtigung dieser Lehranstalt ist selbständige Angelegenheit der Kirchen und Religionsgemeinschaften.

Artikel 43

(1) Die Kirchen und Religionsgemeinschaften erwerben die Rechtsfähigkeit nach den Vorschriften des allgemeinen Rechts.

(2) Die Kirchen und Religionsgemeinschaften sowie ihre Einrichtungen bleiben Körperschaften des öffentlichen Rechts, soweit sie es bisher waren; anderen Religionsgemeinschaften sowie künftigen Stiftungen sind auf ihren Antrag die gleichen Eigenschaften zu verleihen, wenn sie durch ihre Satzungen und die Zahl ihrer Mitglieder die Gewähr der Dauer bieten. Schließen sich mehrere öffentlich-rechtliche Religionsgemeinschaften zu einem Verband zusammen, so ist auch dieser Körperschaft des öffentlichen Rechts.

(3) Die Kirchen und Religionsgemeinschaften, die öffentlich-rechtliche Körperschaften sind, dürfen auf Grund der ordentlichen Steuerlisten Steuern erheben.

(4) Gesellschaften, die sich die Pflege einer Weltanschauung zur Aufgabe machen und deren Bestrebungen dem Gesetz nicht widersprechen, genießen die gleichen Rechte.

Artikel 44

Das Eigentum und andere Rechte der Kirchen, Religions- und Weltanschauungsgemeinschaften sowie ihrer Einrichtungen an ihrem für Kultus-, Unterrichts- und Wohltätigkeitszwecke bestimmten Vermögen werden gewährleistet.

Artikel 45

Die auf Gesetz, Vertrag oder besonderen Rechtstiteln beruhenden bisherigen Leistungen des Staates, der politischen Gemeinden und Gemeindeverbände an die Kirchen und sonstigen Religionsgemeinschaften sowie an ihre Anstalten, Stiftungen, Vermögensmassen und Vereinigungen bleiben aufrechterhalten.

Artikel 46

Die von den Kirchen-, Religions- und Weltanschauungsgemeinschaften oder ihren Organisationen unterhaltenen sozialen Einrichtungen und Schulen werden als gemeinnützig anerkannt.

Artikel 47

Der Sonntag und die staatlich anerkannten Feiertage sind als Tage der religiösen Erbauung, seelischen Erhebung und Arbeitsruhe gesetzlich geschützt.

Artikel 48

(1) In Krankenhäusern, Strafanstalten und sonstigen öffentlichen Anstalten und Einrichtungen ist den Kirchen- und Religionsgemeinschaften Gelegenheit zur Vornahme von Gottesdiensten und Ausübung der geordneten Seelsorge zu geben.

(2) Für die entsprechenden Voraussetzungen ist Sorge zu tragen.

V. Abschnitt: Selbstverwaltung der Gemeinden und Gemeindeverbände

Artikel 49

(1) Die Gemeinden sind in ihrem Gebiet unter eigener Verantwortung die ausschließlichen Träger der gesamten örtlichen öffentlichen Verwaltung. Sie können jede öffentliche Aufgabe übernehmen, soweit sie nicht durch ausdrückliche gesetzliche Vorschrift anderen Stellen im dringenden öffentlichen Interesse ausschließlich zugewiesen werden.

(2) Die Gemeindeverbände haben im Rahmen ihrer gesetzlichen Zuständigkeit die gleiche Stellung.

(3) Das Recht der Selbstverwaltung ihrer Angelegenheiten ist den Gemeinden und Gemeindeverbänden gewährleistet. Die Aufsicht des Staates beschränkt sich darauf, daß ihre Verwaltung im Einklang mit den Gesetzen geführt wird.

(4) Den Gemeinden und Gemeindeverbänden oder ihren Vorständen können durch Gesetz oder Rechtsverordnung staatliche Aufgaben zur Erfüllung nach Anweisung übertragen werden. Durch Gesetz oder Rechtsverordnung können den Gemeinden und Gemeindeverbänden auch Pflichtaufgaben der Selbstverwaltung übertragen werden.

(5) Überträgt das Land den Gemeinden oder Gemeindeverbänden nach Absatz 4 die Erfüllung öffentlicher Aufgaben oder stellt es besondere Anforderungen an die Erfüllung bestehender oder neuer Aufgaben, hat es gleichzeitig Bestimmungen über die Deckung der Kosten zu treffen; dies gilt auch bei der Auferlegung von Finanzierungspflichten. Führt die Erfüllung dieser Aufgaben und Pflichten zu einer Mehrbelastung der Gemeinden oder Gemeindeverbände, ist ein entsprechender finanzieller Ausgleich zu schaffen. Das Nähere regelt ein Gesetz.

(6) Das Land hat den Gemeinden und Gemeindeverbänden auch die zur Erfüllung ihrer eigenen und der übertragenen Aufgaben erforderlichen Mittel im Wege des Lasten- und Finanzausgleichs zu sichern. Es stellt ihnen für ihre freiwillige öffentliche Tätigkeit in eigener Verantwortung zu verwaltende Einnahmequellen zur Verfügung.

Artikel 50

(1) Die Bürger wählen in den Gemeinden und Gemeindeverbänden die Vertretungskörperschaften sowie die Bürgermeister und Landräte nach den Grundsätzen des Artikels 76. Auch Angehörige anderer Mitgliedstaaten der Europäischen Union sind nach Maßgabe des Rechts der Europäischen Union wahlberechtigt und wählbar. Die Vertretungskörperschaft wählt den Bürgermeister oder Landrat, wenn zu der Wahl durch die Bürger keine gültige Bewerbung eingereicht wird. Dies gilt auch, wenn zu der Wahl und einer Wiederholungswahl nach Satz 1 nur eine gültige Bewerbung eingereicht worden ist und der Bewerber in beiden Wahlen nicht gewählt wird.

(2) Das Nähere regelt das Gesetz.

VI. Abschnitt: Die Wirtschafts- und Sozialordnung

Artikel 51

Die soziale Marktwirtschaft ist die Grundlage der Wirtschaftsordnung. Sie trägt zur Sicherung und Verbesserung der Lebens- und Beschäftigungsbedingungen der Menschen bei, indem sie wirtschaftliche Freiheiten mit sozialem Ausgleich, sozialer Absicherung und dem Schutz der Umwelt verbindet. In diesem Rahmen ist auf eine ausgewogene Unternehmensstruktur hinzuwirken.

IX

Artikel 52

(1) Die Vertragsfreiheit, die Gewerbefreiheit, die Freiheit der Entwicklung persönlicher Entschlußkraft und die Freiheit selbständiger Betätigung des Einzelnen bleiben in der Wirtschaft erhalten.

(2) Die wirtschaftliche Freiheit des Einzelnen findet ihre Grenzen in der Rücksicht auf die Rechte des Nächsten und auf die Erfordernisse des Gemeinwohls. Jeder Mißbrauch wirtschaftlicher Freiheit oder Macht ist unzulässig.

Artikel 53

(1) Die menschliche Arbeitskraft ist als persönliche Leistung und grundlegender Wirtschaftsfaktor gegen Ausbeutung, Betriebsgefahren und sonstige Schädigungen zu schützen.

(2) Das Land, die Gemeinden und Gemeindeverbände wirken darauf hin, dass jeder seinen Lebensunterhalt durch frei gewählte Arbeit verdienen kann.

(3) Der Erhaltung der Gesundheit und Arbeitsfähigkeit, dem Schutze der Mutterschaft, der Vorsorge gegen die wirtschaftlichen Folgen von Alter, Schwächen, Wechselfällen des Lebens und dem Schutze gegen die Folgen unverschuldeter Arbeitslosigkeit, dient eine dem ganzen Volk zugängliche Sozial- und Arbeitslosenversicherung.

(4) Sozial- und Arbeitslosenversicherung unterstehen der Selbstverwaltung der Arbeitgeber und Arbeitnehmer. Die Aufgaben des Staates sind auf die Führung der Aufsicht und die Förderung ihrer Tätigkeit und Einrichtungen zu beschränken.

(5) Das Nähere regelt das Gesetz.

Artikel 54

(1) Für alle Arbeitnehmer ist ein einheitliches Arbeitsrecht zu schaffen. Im Rahmen dieses Arbeitsrechts können Gesamtvereinbarungen nur zwischen den Gewerkschaften und den Arbeitgebervertretungen abgeschlossen oder durch verbindlich erklärte Schiedssprüche ersetzt werden. Schiedssprüche schaffen verbindliches Recht, das durch private Vereinbarungen zu Ungunsten der Arbeitnehmer nicht abgedungen werden kann.

(2) Das Schlichtungswesen wird gesetzlich geregelt.

Artikel 55

(1) Die Arbeitsbedingungen sind so zu gestalten, daß sie die Gesundheit, die Würde, das Familienleben und die kulturellen Ansprüche der Arbeitnehmer sichern.

(2) Frauen und Jugendlichen ist ein besonderer Schutz zu gewähren, und die leibliche, sittliche und geistige Entwicklung der Jugend ist zu fördern.

(3) Gewerbsmäßige Kinderarbeit ist verboten. Ausnahmen regelt das Gesetz.

Artikel 56

(1) Das Arbeitsentgelt muß der Leistung entsprechen, zum Lebensbedarf für den Arbeitenden und seine Familie ausreichen und ihnen die Teilnahme an den allgemeinen Kulturgütern ermöglichen. Darüber hinaus soll dem Arbeitnehmer in geeigneter Weise ein gerechter Anteil am Reinertrag je nach Art und Leistungsfähigkeit der Unternehmungen durch Vereinbarung gesichert werden.

(2) Männer, Frauen und Jugendliche haben grundsätzlich für gleiche Tätigkeit und Leistung Anspruch auf den gleichen Lohn.

Artikel 57

(1) Der 8-Stunden-Tag ist die gesetzliche Regel. Sonntage und gesetzliche Feiertage sind arbeitsfrei. Ausnahmen sind zuzulassen, wenn es das Gemeinwohl erfordert.

(2) Der 1. Mai ist gesetzlicher Feiertag für alle arbeitenden Menschen.

(3) Das Arbeitsentgelt für die in die Arbeitszeit fallenden gesetzlichen Feiertage ist zu zahlen.

(4) Jeder Arbeitnehmer hat Anspruch auf einen bezahlten Urlaub nach Maßgabe des Gesetzes.

Artikel 58

Jeder Deutsche ist berechtigt, in Übereinstimmung mit den Erfordernissen des Gemeinwohls seinen Beruf frei zu wählen und

IX

ihn nach Maßgabe des Gesetzes in unbehinderter Freizügigkeit auszuüben.

Artikel 59

(1) Wer in einem Dienst- oder Arbeitsverhältnis steht, hat das Recht auf die Wahrnehmung staatsbürgerlicher Rechte und auf die zur Ausübung ihm übertragener öffentlicher Ehrenämter benötigte Freizeit.

(2) Er hat Anspruch auf angemessenen Ersatz seines Verdienstausfalls. Das Nähere regelt das Gesetz.

Artikel 60

(1) Das Eigentum ist ein Naturrecht und wird vom Staat gewährleistet. Jedermann darf auf Grund der Gesetze Eigentum erwerben und darüber verfügen. Das Recht der Verfügung über das Eigentum schließt das Recht der Vererbung und Schenkung ein.

(2) Eigentum verpflichtet gegenüber dem Volk. Sein Gebrauch darf nicht dem Gemeinwohl zuwiderlaufen.

(3) Einschränkung oder Entziehung des Eigentums sind nur auf gesetzlicher Grundlage zulässig, wenn es das Gemeinwohl verlangt. Dies gilt auch für Urheber- und Erfinderrechte.

(4) Enteignung darf nur gegen angemessene Entschädigung erfolgen. Angemessen ist jede Entschädigung, die die Belange der einzelnen Beteiligten sowie die Forderung des Gemeinwohls berücksichtigt. Wegen der Höhe der Entschädigung steht im Streitfalle der ordentliche Rechtsweg offen.

Artikel 61

(1) Grund und Boden, Naturschätze und Produktionsmittel können zum Zwecke der Vergesellschaftung durch ein Gesetz, das Art und Ausmaß der Entschädigung regelt, in Gemeineigentum oder in andere Formen der Gemeinwirtschaft überführt werden. Für die Entschädigung gilt Artikel 60 Abs. 4 entsprechend.

(2) Bei der Überführung der Unternehmen in Gemeineigentum oder in andere Formen der Gemeinwirtschaft ist eine übermäßige Zusammenballung wirtschaftlicher Macht in einer Hand durch Beteiligung der im Betrieb tätigen Arbeitnehmer, von Gemeinden und Gemeindeverbänden sowie Privatpersonen zu verhindern.

(3) Gemeinwirtschaftliche Unternehmen sollen, wenn es ihrem wirtschaftlichen Zweck entspricht, in einer privatwirtschaftlichen Unternehmungsform geführt werden.

Artikel 62

Die Banken, Versicherungen und sonstigen Geldinstitute unterliegen der Aufsicht des Staates. Der Staat hat unter Zuziehung der Kräfte der Wirtschaftsselbstverwaltung die Maßnahmen zu treffen, welche eine Lenkung der Geldinvestition in volkswirtschaftlich erwünschtem Sinne sicherstellen.

Artikel 63

Das Land, die Gemeinden und Gemeindeverbände wirken auf die Schaffung und Erhaltung von angemessenem Wohnraum hin.

Artikel 64

Das Land, die Gemeinden und Gemeindeverbände schützen behinderte Menschen vor Benachteiligung und wirken auf ihre Integration und die Gleichwertigkeit ihrer Lebensbedingungen hin.

Artikel 65

(1) Die selbständigen Betriebe der Landwirtschaft, der Industrie, des Gewerbes, Handwerks und Handels sind in der Erfüllung ihrer volkswirtschaftlichen Aufgabe mit geeigneten Mitteln zu fördern.

(2) Dies gilt auch für den Ausbau genossenschaftlicher Selbsthilfe.

(3) Das Genossenschaftswesen ist zu fördern.

Artikel 66

(1) Die Vereinigungsfreiheit zur Wahrung und Förderung der Arbeits- und Wirtschaftsbedingungen ist für jedermann und für alle Berufe gewährleistet. Abreden oder Maßnahmen, welche diese Freiheit ohne gesetzliche Grundlage einzuschränken oder zu behindern suchen, sind unzulässig.

(2) Das Streikrecht der Gewerkschaften im Rahmen der Gesetze wird anerkannt.

Artikel 67

(1) Alle in der Wirtschaft tätigen Menschen sollen in gemeinschaftlicher Verantwortung an der Lösung der wirtschafts- und sozialpolitischen Aufgaben mitwirken, um damit die wirtschaftlichen und gesellschaftlichen Gegensätze zu überbrücken.

(2) Zum Zwecke dieser Mitwirkung und Wahrung ihrer wirtschaftlichen und sozialen Interessen erhalten die Arbeitnehmer Vertretungen in Betriebsräten.

(3) Die Betriebsvertretungen sind insbesondere berechtigt, zu den Versammlungen der Gesellschaften, ihrer Aufsichtsräte usw. eine angemessene Zahl Vertreter mit Sitz und Stimme zu entsenden.

(4) Bei Beschlüssen des Unternehmers, welche die Belange der Belegschaft ernsthaft beeinträchtigen könnten, hat die Betriebsvertretung mitzuwirken.

(5) Das Nähere regelt das Gesetz.

Artikel 68

Den Vereinigungen von Arbeitnehmern und Arbeitgebern obliegt auf der Grundlage ihrer Gleichberechtigung die Wahrnehmung ihrer Interessen bei der Gestaltung der Arbeits- und Wirtschaftsbedingungen. Sie sind zu Gesetzentwürfen wirtschafts- und sozialpolitischen Inhalts und bei allen wirtschaftlichen und sozialen Maßnahmen der Landesregierung von grundsätzlicher Bedeutung zu hören.

Artikel 69

(1) Der Schutz von Natur und Umwelt als Grundlage gegenwärtigen und künftigen Lebens ist Pflicht des Landes, der Gemeinden und Gemeindeverbände sowie aller Menschen.

(2) Besonders zu schützen sind Boden, Luft und Wasser. Ihre Nutzung ist der Allgemeinheit und künftigen Generationen verpflichtet.

(3) Auf den sparsamen Gebrauch und die Wiederverwendung von Rohstoffen sowie auf die sparsame Nutzung von Energie ist hinzuwirken.

Artikel 70

Tiere werden als Mitgeschöpfe geachtet. Sie werden im Rahmen der Gesetze vor vermeidbaren Leiden und Schäden geschützt.

Artikel 71 bis 73 (weggefallen)

Zweiter Hauptteil
Aufbau und Aufgaben des Staates

I. Abschnitt:
Die Grundlagen des Staates

Artikel 74

(1) Rheinland-Pfalz ist ein demokratischer und sozialer Gliedstaat Deutschlands.

(2) Träger der Staatsgewalt ist das Volk.

(3) Landesfarben und Landeswappen bestimmen ein Gesetz.

Artikel 74a

Rheinland-Pfalz fördert die europäische Vereinigung und wirkt bei der Europäischen Union mit, die demokratischen, rechtsstaatlichen, sozialen und föderativen Grundsätzen und dem Grundsatz der Subsidiarität verpflichtet ist. Rheinland-Pfalz tritt für die Beteiligung eigenständiger Regionen an der Willensbildung der Europäischen Union und des vereinten Europa ein. Es arbeitet mit anderen europäischen Regionen zusammen und unterstützt grenzüberschreitende Beziehungen zwischen benachbarten Gebietskörperschaften und Einrichtungen.

Artikel 75

(1) Das Volk handelt nach den Bestimmungen dieser Verfassung durch seine Staatsbürger und die von ihnen bestellten Organe.

(2) Staatsbürger sind alle Deutschen, die in Rheinland-Pfalz wohnen oder sich sonst gewöhnlich dort aufhalten. Das Nähere regelt ein Gesetz.

Artikel 76

(1) Wahlen und Volksentscheide auf Grund dieser Verfassung sind allgemein, gleich, unmittelbar, geheim und frei.

(2) Zur Teilnahme berechtigt sind alle Staatsbürger, die das 18. Lebensjahr vollendet haben und nicht vom Stimmrecht ausgeschlossen sind.

(3) Die Teilnahmeberechtigung kann von einer bestimmten Dauer des Aufenthalts im Lande und, wenn der Staatsbürger mehrere Wohnungen innehat, auch davon abhängig gemacht werden, daß seine Hauptwohnung im Lande liegt.

(4) Das Nähere regelt das Gesetz.

Artikel 77

(1) Die verfassungsmäßige Trennung der gesetzgebenden, rechtsprechenden und vollziehenden Gewalt ist unantastbar.

(2) Die Gesetzgebung ist an die verfassungsmäßige Ordnung, die Rechtsprechung und die vollziehende Gewalt sind an Gesetz und Recht gebunden.

Artikel 78

(1) Das Land Rheinland-Pfalz umfaßt die Bezirke Koblenz, Montabaur, Rheinhessen und Trier und die Pfalz.

(2) Über Selbstverwaltungsrechte der einzelnen Landesteile, insbesondere der Pfalz, befindet das Gesetz.

II. Abschnitt: Organe des Volkswillens

1. Der Landtag

Artikel 79

(1) Der Landtag ist das vom Volk gewählte oberste Organ der politischen Willensbildung. Er vertritt das Volk, wählt den Ministerpräsidenten und bestätigt die Landesregierung, beschließt die Gesetze und den Landeshaushalt, kontrolliert die vollziehende Gewalt und wirkt an der Willensbildung des Landes mit in der Behandlung öffentlicher Angelegenheiten, in europapolitischen Fragen und nach Maßgabe von Vereinbarungen zwischen Landtag und Landesregierung.

(2) Der Landtag besteht aus vom Volk gewählten Abgeordneten. Sie sind Vertreter des ganzen Volkes, nur ihrem Gewissen unterworfen und an Aufträge nicht gebunden.

Artikel 80

(1) Die Abgeordneten werden nach den Grundsätzen einer mit der Personenwahl verbundenen Verhältniswahl gewählt.

(2) Wählbar ist jeder Stimmberechtigte, der das Alter erreicht hat, mit dem die Volljährigkeit eintritt.

(3) Der Wahltag muß ein Sonntag sein.

(4) Das Nähere regelt das Wahlgesetz. Es kann bestimmen, daß Landtagssitze nur solchen Wahlvorschlägen zugeteilt werden, die mindestens 5 vom Hundert der im Lande abgegebenen gültigen Stimmen erreicht haben.

Artikel 81

Der Abgeordnete kann auf die Mitgliedschaft im Landtag jederzeit verzichten. Der Verzicht ist persönlich gegenüber dem Präsidenten des Landtags zu erklären und ist unwiderruflich.

Artikel 82

Die Gültigkeit der Wahlen prüft ein vom Landtag gebildeter Wahlprüfungsausschuß. Dieser entscheidet auch darüber, ob ein Abgeordneter die Mitgliedschaft infolge nachträglicher Änderung des Wahlergebnisses, Verlusts der Wahlfähigkeit oder Verzichts verloren hat oder nachträglich zu Recht berufen worden ist. Gegen die Entscheidung des Wahlprüfungsausschusses ist die Beschwerde an den Verfassungsgerichtshof zulässig. Das Nähere, insbesondere über Einrichtung und Verfahren des Wahlprüfungsausschusses, wird durch Gesetz bestimmt. Durch Gesetz kann auch dem Verfassungsgerichtshof die Entscheidung über Beschwerden einer Partei oder Wählervereinigung gegen die Nichtanerkennung als Wahlvorschlagsberechtigte vor der Wahl zum Landtag übertragen werden.

Artikel 83

(1) Der Landtag wird vorbehaltlich der nachfolgenden Bestimmungen auf fünf Jahre gewählt. Seine Wahlperiode beginnt mit seinem Zusammentritt und endet mit dem Zusammentritt des nächsten Landtags. Der Landtag

versammelt sich in der Regel am Sitze der Landesregierung.

(2) Die Neuwahl findet frühestens 57 und spätestens 60 Monate nach Beginn der Wahlperiode statt. Der Landtag tritt spätestens am 75. Tag nach seiner Wahl zusammen.

(3) Der Präsident des Landtags muss ihn jeder Zeit berufen, wenn die Landesregierung oder ein Drittel der Mitglieder des Landtags es verlangt.

(4) Der Landtag bestimmt den Schluß und den Wiederbeginn seiner Sitzungen.

Artikel 84

(1) Der Landtag kann sich durch Beschluß der Mehrheit seiner Mitglieder selbst auflösen.

(2) Die Neuwahl eines aufgelösten Landtages findet spätestens am 6. Sonntag nach der Auflösung statt.

Artikel 85

(1) Der Landtag gibt sich seine Geschäftsordnung.

(2) Er wählt seinen Präsidenten und dessen Stellvertreter. Präsident und Stellvertreter führen ihre Geschäfte bis zum Zusammentritt eines neuen Landtags fort; sie genießen dabei die in den Artikeln 93 bis 97 festgelegten Rechte.

(3) Der Präsident verwaltet die gesamten wirtschaftlichen Angelegenheiten des Landtags nach Maßgabe des Landeshaushaltsgesetzes. Er ernennt und entläßt im Benehmen mit dem Vorstand alle Bediensteten des Landtags und führt über sie die Dienstaufsicht. Er vertritt das Land in allen Angelegenheiten seiner Verwaltung. Er übt das Hausrecht und die Polizeigewalt im Landtagsgebäude aus.

Artikel 85a

(1) Abgeordnete können sich zu Fraktionen zusammenschließen. Das Nähere regelt die Geschäftsordnung des Landtags.

(2) Die Fraktionen wirken insbesondere durch die Koordination der parlamentarischen Tätigkeit an der Erfüllung der Aufgaben des Landtags mit. Ihre innere Organisation und ihre Arbeitsweise müssen den Grundsätzen der parlamentarischen Demokratie entsprechen.

(3) Zur Wahrnehmung ihrer Aufgaben ist den Fraktionen eine angemessene Ausstattung zu gewährleisten. Das Nähere über die Ausstattung, die Rechnungslegung und die Prüfung der Rechnung durch den Rechnungshof regelt ein Gesetz.

Artikel 85b

(1) Parlamentarische Opposition ist ein grundlegender Bestandteil der parlamentarischen Demokratie.

(2) Die Fraktionen und die Mitglieder des Landtags, welche die Landesregierung nicht stützen, haben das Recht auf ihrer Stellung entsprechende Wirkungsmöglichkeiten in Parlament und Öffentlichkeit. Ihre besonderen Aufgaben sind im Rahmen der Ausstattung nach Artikel 85a Abs. 3 zu berücksichtigen.

Artikel 86

Der Landtag verhandelt öffentlich. Auf Antrag von 10 Abgeordneten, einer Fraktion oder der Landesregierung kann die Öffentlichkeit mit Zweidrittelmehrheit ausgeschlossen werden; über den Antrag wird in nichtöffentlicher Sitzung verhandelt.

Artikel 87

Wahrheitsgetreue Berichte über die Verhandlungen in den öffentlichen Sitzungen des Landtags oder seiner Ausschüsse bleiben von jeder Verantwortlichkeit frei.

Artikel 88

(1) Der Landtag ist beschlußfähig, wenn mehr als die Hälfte der Mitglieder anwesend ist.

(2) Zu einem Beschluß des Landtags ist die Mehrheit der abgegebenen Stimmen erforderlich, soweit die Verfassung nichts anderes bestimmt. Für die vom Landtag vorzunehmenden Wahlen können Gesetz oder Geschäftsordnung Ausnahmen vorsehen.

Artikel 89

(1) Der Landtag und seine Ausschüsse können die Anwesenheit jedes Mitglieds der Landesregierung verlangen.

(2) Die Mitglieder der Landesregierung und ihre Beauftragten haben zu den Sitzungen Zutritt.

(3) Auf Verlangen müssen sie auch außerhalb der Tagesordnung gehört werden.

(4) Sie unterstehen der Ordnungsgewalt des Vorsitzenden.

Artikel 89a

(1) Parlamentarische Anfragen hat die Landesregierung unverzüglich zu beantworten.

(2) Jedes Mitglied eines Landtagsausschusses kann verlangen, dass die Landesregierung dem Ausschuss zu Gegenständen seiner Beratung Auskünfte erteilt.

(3) Die Landesregierung kann die Beantwortung von parlamentarischen Anfragen und die Erteilung von Auskünften ablehnen, wenn

1. dem Bekanntwerden des Inhalts Staatsgeheimnisse oder schutzwürdige Interessen Einzelner entgegenstehen oder
2. die Funktionsfähigkeit oder Eigenverantwortung der Landesregierung beeinträchtigt werden.

Die Berufung auf Gründe des Satzes 1 Nr. 1 ist ausgeschlossen, wenn Vorkehrungen gegen das Bekanntwerden geheimhaltungsbedürftiger Tatsachen in der Öffentlichkeit getroffen sind und der unantastbare Bereich privater Lebensgestaltung nicht betroffen ist. Die Ablehnung ist zu begründen.

Artikel 89b

(1) Die Landesregierung unterrichtet den Landtag frühzeitig über

1. ihre Gesetzentwürfe,
2. den Gegenstand beabsichtigter Staatsverträge und, soweit es sich um Gegenstände von erheblicher landespolitischer Bedeutung handelt,

über

3. Angelegenheiten der Landesplanung,
4. Bundesratsangelegenheiten,
5. Entwürfe von Verwaltungsabkommen,
6. die Zusammenarbeit mit dem Bund, den Ländern, den Regionen, anderen Staaten und zwischenstaatlichen Einrichtungen,
7. Angelegenheiten der Europäischen Union.

(2) Die Landesregierung kann die Unterrichtung ablehnen, wenn diese ihre Funktionsfähigkeit oder Eigenverantwortung oder schutzwürdige Interessen Einzelner beeinträchtigen würde.

(3) Das Nähere regeln Landtag und Landesregierung durch Vereinbarung. Diese Vereinbarung bezieht auch die Unterrichtung über Entwürfe von Rechtsverordnungen ein.

Artikel 90

Der Landtag kann an ihn gerichtete Eingaben der Landesregierung überweisen und von ihr Auskunft über eingegangene Anträge und Beschwerden verlangen.

Artikel 90a

(1) Der Landtag bestellt einen Petitionsausschuß, dem die Entscheidung über die nach Artikel 11 an den Landtag gerichteten Eingaben obliegt. Der Landtag kann die Entscheidung des Petitionsausschusses aufheben.

(2) Die Landesregierung und alle Behörden des Landes sowie die Körperschaften, Anstalten und Stiftungen des öffentlichen Rechts, soweit sie der Aufsicht des Landes unterstehen, sind verpflichtet, dem Petitionsausschuß jederzeit Zutritt zu den von ihnen verwalteten öffentlichen Einrichtungen zu gestatten, die notwendigen Auskünfte zu erteilen und die erforderlichen Akten zugängig zu machen. Die gleichen Verpflichtungen treffen juristische Personen des Privatrechts, nichtrechtsfähige Vereinigungen und natürliche Personen, soweit sie unter der Aufsicht des Landes öffentlich-rechtliche Tätigkeit ausüben.

(3) Zutritt, Auskunft und Aktenvorlage dürfen nur verweigert werden, soweit zwingende Geheimhaltungsgründe entgegenstehen oder zu besorgen ist, daß dem Bund oder einem deutschen Land Nachteile bereitet würden oder einem Dritten ein erheblicher, nicht wiedergutzumachender Schaden entstehen würde. Die Entscheidung über die Verweigerung trifft der zuständige Minister; er hat sie vor dem Landtag zu vertreten.

(4) Das Nähere regelt die Geschäftsordnung des Landtags.

Artikel 91

(1) Der Landtag hat das Recht und auf Antrag von einem Fünftel seiner Mitglieder die Pflicht, Untersuchungsausschüsse einzusetzen. Die Zahl ihrer Mitglieder bestimmt der Landtag, doch muß jede Fraktion vertreten sein.

(2) Diese Ausschüsse erheben Beweis in öffentlicher Verhandlung.

(3) Die Öffentlichkeit kann mit Zweidrittelmehrheit ausgeschlossen werden. Gerichte und Verwaltungsbehörden sind verpflichtet, dem Ersuchen der Ausschüsse um Beweiserhebung Folge zu leisten. Die Akten der Behörden und öffentlich-rechtlichen Körperschaften sind ihnen auf Verlangen vorzulegen.

(4) Auf die Erhebungen der Ausschüsse und der von ihnen ersuchten Behörden finden die Vorschriften der Strafprozeßordnung sinngemäße Anwendung, doch bleibt das Brief-, Post-, Telegraphen- und Fernsprechgeheimnis unberührt.

Artikel 92

Der Landtag bestellt zur Wahrung der Rechte der Volksvertretung gegenüber der Landesregierung für die Zeit nach der Auflösung des Landtags bis zum Zusammentritt des neuen Landtags einen ständigen Ausschuß (Zwischenausschuß), der die Rechte eines Untersuchungsausschusses hat. Seine Mitglieder genießen den Schutz der Artikel 93 bis 97.

Artikel 93

Kein Abgeordneter darf zu irgendeiner Zeit wegen seiner Abstimmung oder wegen der in Ausübung seines Mandats getanen Äußerungen gerichtlich oder dienstlich verfolgt oder sonst außerhalb der Versammlung zur Verantwortung gezogen werden.

Artikel 94

(1) Kein Abgeordneter kann ohne Genehmigung des Landtages wegen einer mit Strafe bedrohten Handlung zur Untersuchung gezogen oder verhaftet werden, es sei denn, daß er bei Ausübung der Tat oder spätestens am folgenden Tage festgenommen wird.

(2) Die gleiche Genehmigung ist bei jeder anderen Beschränkung der persönlichen Freiheit erforderlich, welche die Ausübung des Mandats beeinträchtigt.

(3) Jedes Strafverfahren gegen einen Abgeordneten und jede Haft oder sonstige Beschränkung seiner persönlichen Freiheit wird auf Verlangen des Landtags aufgehoben.

(4) Der Landtag kann die Entscheidung einem Ausschuß übertragen, der mit Zweidrittelmehrheit beschließt. Er kann die Entscheidung des Ausschusses aufheben.

Artikel 95

(1) Abgeordnete sind berechtigt, über Personen, die ihnen oder denen sie in dieser Eigenschaft Tatsachen anvertraut haben, sowie über diese Tatsachen selbst das Zeugnis zu verweigern. Soweit dieses Zeugnisverweigerungsrecht reicht, ist die Beschlagnahme von Schriftstücken unzulässig.

(2) Eine Durchsuchung oder Beschlagnahme darf in den Räumen des Landtags nur mit Zustimmung des Präsidenten vorgenommen werden.

Artikel 96

(1) Wer sich um einen Sitz im Landtag bewirbt, hat Anspruch auf den zur Vorbereitung seiner Wahl erforderlichen Urlaub. Niemand darf gehindert werden, das Amt eines Abgeordneten zu übernehmen und auszuüben. Eine Kündigung oder Entlassung aus diesem Grunde ist unzulässig.

(2) Auf Geistliche und Ordensleute finden diese Bestimmungen keine Anwendung.

Artikel 97

(1) Die Abgeordneten haben Anspruch auf eine angemessene, ihre Unabhängigkeit sichernde Entschädigung und auf eine zur Ausübung des Mandats erforderliche Ausstattung nach Maßgabe eines Landesgesetzes.

(2) Ein Verzicht auf diese Entschädigung ist unstatthaft.

2. Die Landesregierung

Artikel 98

(1) Die Landesregierung besteht aus dem Ministerpräsidenten und den Ministern.

(2) Der Landtag wählt ohne Aussprache den Ministerpräsidenten mit der Mehrheit der

gesetzlichen Mitgliederzahl. Der Ministerpräsident ernennt und entläßt die Minister. Die Regierung bedarf zur Übernahme der Geschäfte der ausdrücklichen Bestätigung des Landtags. Zur Entlassung eines Ministers ist die Zustimmung des Landtags erforderlich.

(3) Treten der Ministerpräsident, die Landesregierung oder ein Minister zurück, so haben sie die Geschäfte so lange weiterzuführen, bis ein neuer Ministerpräsident gewählt, eine neue Regierung oder ein neuer Minister bestätigt worden ist.

Artikel 99

(1) Der Ministerpräsident, die Landesregierung und die Minister bedürfen zu ihrer Amtsführung des Vertrauens des Landtags.

(2) Sie müssen zurücktreten, wenn ihnen der Landtag mit der Mehrheit der gesetzlichen Mitgliederzahl das Vertrauen entzieht.

(3) Der Antrag auf Entziehung des Vertrauens darf frühestens am zweiten Tage nach Schluß der Aussprache und muß spätestens binnen einer Woche nach seiner Einbringung erledigt werden; über ihn wird namentlich abgestimmt.

(4) Wird dem Ministerpräsidenten, der Landesregierung oder einem Minister das Vertrauen entzogen, so haben sie die Geschäfte so lange weiterzuführen, bis ein neuer Ministerpräsident gewählt, eine neue Regierung oder ein neuer Minister bestätigt worden ist.

(5) Falls der Landtag nicht innerhalb von 4 Wochen nach dem Beschluß, der Landesregierung das Vertrauen zu entziehen, einer neuen Regierung das Vertrauen ausspricht, ist er aufgelöst.

Artikel 100

(1) Der Ministerpräsident und die Minister leisten bei ihrem Amtsantritt vor dem Landtag folgenden Eid:

„Ich schwöre bei Gott dem Allmächtigen und Allwissenden, daß ich mein Amt unparteiisch, getreu der Verfassung und den Gesetzen zum Wohl des Volkes führen werde,

so wahr mir Gott helfe."

(2) Die Vorschrift des Artikels 8 Abs. 3 Satz 2 bleibt unberührt.

Artikel 101

Der Ministerpräsident vertritt das Land Rheinland-Pfalz nach außen. Staatsverträge bedürfen der Zustimmung des Landtags durch Gesetz.

Artikel 102

Der Ministerpräsident ernennt und entläßt die Beamten und Richter des Landes, soweit nicht durch Gesetz etwas anderes bestimmt ist.

Artikel 103

(1) Der Ministerpräsident hat das Recht, im Wege der Gnade rechtskräftig erkannte Strafen zu erlassen oder zu mildern. Durch Gesetz kann dieses Recht bei Verurteilung durch die ordentlichen Gerichte dem Minister der Justiz, in den übrigen Fällen jedem Minister für seinen Geschäftsbereich übertragen werden.

(2) Amnestien bedürfen des Gesetzes.

Artikel 104

Der Ministerpräsident bestimmt die Richtlinien der Politik und ist dafür dem Landtag verantwortlich. Innerhalb dieser Richtlinien leitet jeder Minister seinen Geschäftsbereich selbständig und unter eigener Verantwortung gegenüber dem Landtag. Das Weitere regelt die Landesregierung durch ihre Geschäftsordnung.

Artikel 105

(1) Der Ministerpräsident führt den Vorsitz in der Landesregierung. Bei Stimmengleichheit gibt seine Stimme den Ausschlag.

(2) Die Landesregierung beschließt über die Zuständigkeit der einzelnen Minister, soweit darüber nicht gesetzliche Vorschriften getroffen sind. Die Beschlüsse sind unverzüglich dem Landtag vorzulegen und auf sein Verlangen zu ändern oder außer Kraft zu setzen. Der Ministerpräsident bestimmt seinen Stellvertreter mit Zustimmung des Landtags.

(3) Meinungsverschiedenheiten über Fragen, die den Geschäftsbereich mehrerer Minister berühren, sind der Landesregierung zur Beratung und Beschlußfassung zu unterbreiten.

Artikel 106

Die Mitglieder der Landesregierung haben Anspruch auf Besoldung.

III. Abschnitt: Die Gesetzgebung

Artikel 107

Die Gesetzgebung wird ausgeübt

1. durch das Volk im Wege des Volksentscheids,
2. durch den Landtag.

Artikel 108

Gesetzesvorlagen können im Wege des Volksbegehrens, aus der Mitte des Landtags oder durch die Landesregierung eingebracht werden.

Artikel 108a

(1) Staatsbürger haben das Recht, den Landtag im Rahmen seiner Entscheidungszuständigkeit mit bestimmten Gegenständen der politischen Willensbildung zu befassen (Volksinitiative). Einer Volksinitiative kann auch ein ausgearbeiteter Gesetzentwurf zu Grunde liegen, soweit er nicht Finanzfragen, Abgabengesetze und Besoldungsordnungen betrifft.

(2) Die Volksinitiative muss von mindestens 30 000 Stimmberechtigten unterzeichnet sein. Der Landtag beschließt innerhalb von drei Monaten nach dem Zustandekommen der Volksinitiative über deren Gegenstand. Stimmt er einer Volksinitiative, die einen Gesetzentwurf zum Gegenstand hat, in der in Satz 2 genannten Frist nicht zu, können die Vertreter der Volksinitiative die Durchführung eines Volksbegehrens beantragen.

(3) Das Nähere regelt das Wahlgesetz. Dabei kann auch vorgesehen werden, dass Unterschriften für die Volksinitiative binnen bestimmter Frist beizubringen sind.

IX

Artikel 109

(1) Volksbegehren können darauf gerichtet werden

1. Gesetze zu erlassen, zu ändern oder aufzuheben,
2. den Landtag aufzulösen.

(2) Sie sind an die Landesregierung zu richten und von ihr mit einer eigenen Stellungnahme unverzüglich dem Landtag zu unterbreiten. Dem Volksbegehren muß im Falle des Absatzes 1 Nr. 1 ein ausgearbeiteter Gesetzentwurf zugrunde liegen.

(3) Volksbegehren können von 300 000 Stimmberechtigten gestellt werden, es sei denn, dass die Verfassung etwas anderes vorschreibt. Die Eintragungsfrist für Volksbegehren beträgt zwei Monate und hat innerhalb von drei Monaten nach Bekanntgabe der Zulassung des Volksbegehrens zu beginnen. Volksbegehren über Finanzfragen, Abgabengesetze und Besoldungsordnungen sind unzulässig.

(4) Entspricht der Landtag einem Volksbegehren nicht innerhalb von drei Monaten, so findet innerhalb von weiteren drei Monaten ein Volksentscheid statt. Legt der Landtag dem Volk im Falle des Absatzes 1 Nr. 1 einen eigenen Gesetzentwurf vor, so verlängert sich die Frist zur Durchführung des Volksentscheids auf sechs Monate. Die Mehrheit der abgegebenen gültigen Stimmen entscheidet über Annahme oder Ablehnung; ein Gesetz kann jedoch nur beschlossen und der Landtag nur aufgelöst werden, wenn sich mindestens ein Viertel der Stimmberechtigten an der Abstimmung beteiligt.

(5) Das Nähere bestimmt das Wahlgesetz. Dabei kann auch vorgesehen werden, dass Unterschriften im Zulassungsverfahren binnen bestimmter Frist beizubringen sind.

Artikel 110

(1) Die Ermächtigung zum Erlaß einer Rechtsverordnung kann nur durch Gesetz erteilt werden. Das Gesetz muß Inhalt, Zweck und Ausmaß der erteilten Ermächtigung bestimmen. In der Verordnung ist die Rechtsgrundlage anzugeben. Ist durch Gesetz vorgesehen, daß eine Ermächtigung weiterübertragen werden kann, so bedarf es zu ihrer Übertragung einer Rechtsverordnung.

(2) Die zur Ausführung von Gesetzen erforderlichen Rechtsverordnungen und Verwaltungsvorschriften erläßt, soweit nicht anders bestimmt ist, die Landesregierung.

Artikel 111

Erfordert die Behebung eines ungewöhnlichen Notstandes, der durch Naturkatastrophen oder andere äußere Einwirkungen verursacht ist, dringliche Maßnahmen, so kann die Landesregierung Verordnungen mit Gesetzeskraft erlassen. Diese dürfen der Verfassung nicht zuwiderlaufen. Sie sind dem Landtag oder dem Zwischenausschuß sofort zur Genehmigung vorzulegen. Wird sie versagt, so tritt die Verordnung außer Kraft.

Artikel 112

Wird die öffentliche Sicherheit und Ordnung erheblich gestört und dadurch der verfassungsmäßige Bestand des Landes gefährdet, so kann die Landesregierung alle notwendigen Maßnahmen treffen, insbesondere Verordnungen mit Gesetzeskraft erlassen. Die Grundrechte dürfen nicht angetastet werden. Von allen hiernach getroffenen Maßnahmen hat die Landesregierung gleichzeitig dem Landtag oder dem Zwischenausschuß Kenntnis zu geben. Sie sind auf dessen Verlangen außer Kraft zu setzen.

Artikel 113

(1) Der Ministerpräsident hat die verfassungsgemäß zustande gekommenen Gesetze auszufertigen und innerhalb eines Monats im Gesetz- und Verordnungsblatt für das Land Rheinland-Pfalz zu verkünden. Das Gesetz- und Verordnungsblatt kann in elektronischer Form geführt werden.

(2) Jedes Gesetz soll den Tag seines Inkrafttretens bestimmen. Fehlt eine solche Bestimmung, so tritt es mit dem 14. Tag nach der Ausgabe des Gesetz- und Verordnungsblattes in Kraft.

(3) Das Nähere zur Form der Ausfertigung und zur Verkündung von Gesetzen sowie die Verkündung von Rechtsverordnungen regelt ein Gesetz.

Artikel 114

Die Verkündung eines Landesgesetzes ist zum Zwecke der Durchführung eines Volksentscheids auszusetzen, wenn es ein Drittel des Landtags verlangt. Erklärt der Landtag ein Gesetz für dringlich, so kann der Ministerpräsident es ungeachtet dieses Verlangens verkünden. Die Aussetzung von Gesetzen über Finanzfragen, von Abgabengesetzen und Besoldungsordnungen ist unzulässig.

Artikel 115

(1) Ein nach Artikel 114 ausgesetztes Gesetz ist dem Volksentscheid zu unterbreiten, wenn 150 000 Stimmberechtigte dies im Wege des Volksbegehrens verlangen. Die Eintragungsfrist für das Volksbegehren beträgt einen Monat und hat innerhalb von drei Monaten nach Bekanntgabe der Zulassung des Volksbegehrens zu beginnen.

(2) Wird der Antrag auf Zulassung des Volksbegehrens nicht innerhalb eines Monats nach dem Gesetzesbeschluss gestellt oder kommt das Volksbegehren nicht zu Stande, hat der Ministerpräsident das Gesetz zu verkünden.

IV. Abschnitt: Finanzwesen

Artikel 116

(1) Alle Einnahmen und Ausgaben des Landes sind in den Haushaltsplan einzustellen; bei Landesbetrieben und bei Sondervermögen brauchen nur die Zuführungen und die Ablieferungen eingestellt zu werden. Der Haushaltsplan ist in Einnahme und Ausgabe auszugleichen.

(2) Der Haushaltsplan wird für ein Haushaltsjahr oder für mehrere Haushaltsjahre, nach Jahren getrennt, vor Beginn des Haushaltsjahres, bei mehreren Haushaltsjahren vor Beginn des ersten Haushaltsjahres, durch das Haushaltsgesetz festgestellt. Für Teile des Haushaltsplans kann vorgesehen werden, daß sie für unterschiedliche Zeiträume, nach Haushaltsjahren getrennt, gelten.

(3) In das Haushaltsgesetz dürfen nur Vorschriften aufgenommen werden, die sich auf die Einnahmen und die Ausgaben des Landes und auf den Zeitraum beziehen, für den das Haushaltsgesetz beschlossen wird. Das Haushaltsgesetz kann vorschreiben, daß die Vorschriften erst mit der Verkündung des nächsten Haushaltsgesetzes oder bei Ermächtigung nach Artikel 117 Abs. 2 zu einem späteren Zeitpunkt außer Kraft treten.

(4) Ist bis zum Schluß eines Haushaltsjahres der Haushaltsplan für das folgende Jahr nicht durch Gesetz festgestellt, so führt die Lan-

desregierung den Haushalt zunächst nach dem Haushaltsplan des Vorjahres weiter.

(5) Soweit die Einnahmen aus Steuern, Abgaben und sonstigen Quellen nicht ausreichen, die nach Absatz 4 zulässigen Ausgaben zu decken, darf die Landesregierung die zur Aufrechterhaltung der Wirtschaftsführung erforderlichen Mittel bis zur Höhe eines Viertels der Endsumme des abgelaufenen Haushaltsplans im Wege des Kredits beschaffen.

Artikel 117

(1) Der Haushaltsplan ist grundsätzlich ohne Einnahmen aus Krediten auszugleichen. Abweichungen hiervon sind nur zulässig, soweit sie zum Ausgleich

1. konjunkturbedingter Defizite im Rahmen des nach Satz 5 näher zu bestimmenden Verfahrens oder
2. eines erheblichen vorübergehenden Finanzbedarfs infolge
   a) von Naturkatastrophen oder anderen außergewöhnlichen Notsituationen oder
   b) einer auf höchstens vier Jahre befristeten Anpassung an eine strukturelle, auf Rechtsvorschriften beruhende und dem Land nicht zurechenbare Änderung der Einnahme- oder Ausgabesituation

notwendig sind. Die Gründe der Abweichung sind gesondert darzulegen. Für die nach Satz 2 Nr. 2 zulässigen Kredite ist eine konjunkturgerechte Tilgung vorzusehen. Das Nähere bestimmt ein Gesetz; bei einer von der Normallage abweichenden konjunkturellen Entwicklung sind die Auswirkungen auf den Haushalt im Auf- und Abschwung symmetrisch zu berücksichtigen.

(2) Die Aufnahme von Krediten sowie die Übernahme von Bürgschaften, Garantien oder sonstigen Gewährleistungen, die zu Ausgaben in künftigen Haushaltsjahren führen können, bedürfen einer Ermächtigung durch Gesetz, die der Höhe nach bestimmbar ist.

(3) Einnahmen aus Krediten im Sinne von Absatz 1 Satz 1 entstehen dem Land auch dann, wenn Kredite von juristischen Personen, an denen das Land maßgeblich beteiligt ist, im Auftrag des Landes und zur Finanzierung staatlicher Aufgaben aufgenommen werden, und wenn die daraus folgenden Zinsen und Tilgungen aus dem Landeshaushalt zu erbringen sind.

Artikel 118

Der Landtag darf Mehrausgaben oder Mindereinnahmen gegenüber dem Entwurf der Landesregierung oder dem festgestellten Haushaltsplan nur beschließen, wenn Deckung gewährleistet ist. Der Beschluß bedarf der Zustimmung der Landesregierung.

Artikel 119

Überplanmäßige und außerplanmäßige Ausgaben bedürfen der Zustimmung des Ministers der Finanzen. Sie darf nur im Falle eines unvorhergesehenen und unabweisbaren Bedürfnisses erteilt werden.

Artikel 120

(1) Der Minister der Finanzen hat dem Landtag zur Entlastung der Landesregierung im Laufe des nächsten Haushaltsjahres über alle Einnahmen und Ausgaben Rechnung zu legen sowie eine Übersicht über das Vermögen und die Schulden vorzulegen.

(2) Der Rechnungshof prüft die Rechnung über die Einnahmen und Ausgaben, die Übersicht über das Vermögen und die Schulden sowie die Wirtschaftlichkeit und Ordnungsmäßigkeit der Haushalts- und Wirtschaftsführung. Seine Mitglieder besitzen richterliche Unabhängigkeit. Der Präsident und der Vizepräsident werden auf Vorschlag des Ministerpräsidenten ohne Aussprache vom Landtag gewählt und vom Ministerpräsidenten ernannt. Der Rechnungshof berichtet jährlich dem Landtag und der Landesregierung. Das Nähere über Stellung und Aufgaben des Rechnungshofs wird durch Gesetz geregelt.

V. Abschnitt: Die Rechtsprechung

Artikel 121

Die richterliche Gewalt üben im Namen des Volkes unabhängige, allein der Verfassung, dem Gesetz und ihrem Gewissen unterworfene Richter aus.

Artikel 122

(1) Die hauptamtlich und planmäßig endgültig angestellten Richter werden auf Lebenszeit berufen.

(2) Sie können gegen ihren Willen nur kraft richterlicher Entscheidung und nur aus Gründen und unter den Formen, welche die Gesetze bestimmen, vor Ablauf ihrer Amtszeit entlassen oder dauernd oder zeitweise ihres Amtes enthoben oder an eine andere Stelle oder in den Ruhestand versetzt werden. Die Gesetzgebung kann Altersgrenzen festsetzen, bei deren Erreichung auf Lebenszeit angestellte Richter in den Ruhestand treten. Bei Veränderung der Einrichtung der Gerichte oder ihrer Bezirke können Richter an ein anderes Gericht versetzt oder aus dem Amt entfernt werden, jedoch nur unter Belassung des vollen Gehalts.

Artikel 123

(1) In der Rechtspflege wirken Männer und Frauen aus dem Volke mit in den Fällen, die das Gesetz bestimmt.

(2) Die Vorschriften des Art. 122 finden auf diese Laienrichter keine Anwendung.

Artikel 124

Wird jemand durch die öffentliche Gewalt in seinen Rechten verletzt, so steht ihm der Rechtsweg offen.

VI. Abschnitt: Die Verwaltung

Artikel 125

Die Hoheitsrechte des Staates werden in der Regel von Berufs- oder Ehrenbeamten ausgeübt.

Artikel 126

(1) Berufsbeamte werden in der Regel auf Lebenszeit ernannt, nachdem sie sich fachlich bewährt und Treue zur demokratischen Verfassung bewiesen haben.

(2) Nach der Anstellung auf Lebenszeit kann ihre Entfernung aus dem Amt nur nach Maßgabe eines Gesetzes erfolgen.

Artikel 127

Alle Angehörigen des öffentlichen Dienstes sind Diener des ganzen Volkes, nicht einer Partei. Die Freiheit der politischen Betätigung und die Vereinigungsfreiheit werden ihnen gewährleistet.

Artikel 128

Verletzt jemand in Ausübung eines ihm anvertrauten öffentlichen Amtes die ihm einem Dritten gegenüber obliegende Amtspflicht, so trifft die Verantwortlichkeit grundsätzlich den Staat oder die Körperschaft, in deren Dienst er steht. Bei Vorsatz oder bei grober Fahrlässigkeit bleibt der Rückgriff vorbehalten.

VII. Abschnitt: Der Schutz der Verfassung und der Verfassungsgerichtshof

Artikel 129

(1) Ein verfassungsänderndes Gesetz kommt nur zustande, wenn das Gesetz den Wortlaut der Landesverfassung ausdrücklich ändert oder ergänzt und der Landtag es mit einer Mehrheit von zwei Dritteln der gesetzlichen Mitgliederzahl oder das Volk im Wege des Volksentscheides mit der Mehrheit der Stimmberechtigten beschließt.

(2) Unzulässig sind jedoch verfassungsändernde Gesetze, welche die im Vorspruch, in Art. 1 und Art. 74 niedergelegten Grundsätze verletzen.

(3) Die Vorschriften dieses Artikels sind unabänderlich.

Artikel 130

(1) Die Landesregierung, der Landtag und jede Landtagsfraktion können eine Entscheidung des Verfassungsgerichtshofs darüber beantragen, ob ein Gesetz oder die sonstige Handlung eines Verfassungsorgans, soweit es sich nicht um eine Gesetzesvorlage handelt, verfassungswidrig ist. Den Antrag können auch andere Beteiligte, die durch diese

Verfassung oder in der Geschäftsordnung eines Verfassungsorgans mit eigenen Rechten ausgestattet sind, sowie Körperschaften des öffentlichen Rechts stellen, soweit sie geltend machen, durch das Gesetz oder die sonstige Handlung eines Verfassungsorgans in eigenen Rechten verletzt zu sein.

(2) Das gleiche Recht steht jedem Betroffenen hinsichtlich der Frage zu, ob die verfassungsmäßigen Voraussetzungen einer Sozialisierung gem. Art. 61 gegeben sind.

(3) Hält ein Gericht ein Landesgesetz, auf dessen Gültigkeit es bei der Entscheidung ankommt, mit dieser Verfassung nicht für vereinbar, so ist das Verfahren auszusetzen und die Entscheidung des Verfassungsgerichtshofes einzuholen.

Artikel 130a

Jeder kann mit der Behauptung, durch die öffentliche Gewalt des Landes in einem seiner in dieser Verfassung enthaltenen Rechte verletzt zu sein, die Verfassungsbeschwerde zum Verfassungsgerichtshof erheben.

Artikel 131

(1) Jedes Mitglied der Landesregierung, das in oder bei seiner Amtsführung die Verfassung oder ein Gesetz vorsätzlich oder grob fahrlässig verletzt oder die öffentliche Sicherheit und Wohlfahrt des Landes schuldhaft schwer gefährdet hat, kann während seiner Amtszeit und innerhalb von 10 Jahren nach seinem Ausscheiden aus dem Amt vom Landtag angeklagt werden.

(2) Die Anklageerhebung muß von 30 Mitgliedern des Landtags schriftlich beantragt und mit verfassungsändernder Mehrheit beschlossen werden.

(3) Wird die Schuld des Angeklagten festgestellt, so ist auf seine Entlassung zu erkennen, wenn er sich noch im Amt befindet. Daneben können einzeln oder nebeneinander, auf Zeit oder für dauernd verhängt werden: teilweise oder völlige Vermögenseinziehung, Verlust öffentlich-rechtlicher Versorgungsansprüche, Unfähigkeit zur Bekleidung öffentlicher Ämter, Verlust des Wahlrechts, der Wählbarkeit und des Rechts zu politischer Tätigkeit jeder Art, Wohn- und Aufenthaltsbeschränkungen.

(4) Eine Strafverfolgung nach den allgemeinen Strafgesetzen wird durch dieses Verfahren nicht gehindert.

(5) Das Weitere bestimmt ein Gesetz.

Artikel 132

Verletzt ein Richter vorsätzlich seine Pflicht, das Recht zu finden, oder verstößt er im Amt oder außerhalb desselben gegen die Grundsätze der Verfassung, so kann der Ministerpräsident den Generalstaatsanwalt anweisen, Anklage vor dem Bundesverfassungsgericht zu erheben.

Artikel 133 (weggefallen)

Artikel 134

(1) Es wird ein Verfassungsgerichtshof gebildet.

(2) Er besteht aus dem Präsidenten des Oberverwaltungsgerichts als Vorsitzendem, aus drei weiteren Berufsrichtern und aus fünf weiteren Mitgliedern, die nicht die Befähigung zum Richteramt haben müssen (ordentliche Mitglieder). Ferner gehören ihm der Vizepräsident des Oberverwaltungsgerichts als Vertreter des Vorsitzenden, drei weitere Berufsrichter sowie fünf weitere Mitglieder, die nicht die Befähigung zum Richteramt haben müssen, als Vertreter der ordentlichen Mitglieder an (stellvertretende Mitglieder).

(3) Die ordentlichen und stellvertretenden Mitglieder, mit Ausnahme des Präsidenten und des Vizepräsidenten des Oberverwaltungsgerichts, werden vom Landtag mit Zweidrittelmehrheit auf die Dauer von sechs Jahren gewählt. Eine Wiederwahl ist nur einmal zulässig. Nach Ablauf ihrer Amtszeit führen sie ihre Amtsgeschäfte bis zur Wahl des Nachfolgers fort. Die Wahl soll frühestens drei Monate und spätestens einen Monat vor Ablauf der Amtszeit des bisherigen Amtsinhabers erfolgen.

(4) Die nach Absatz 3 zu wählenden berufsrichterlichen Mitglieder werden aus einer Liste gewählt, die mindestens die doppelte Zahl der zu Wählenden enthält und die der Präsi-

dent des Oberverwaltungsgerichts aufstellt. Die übrigen zu wählenden Mitglieder dürfen weder dem Landtag noch der Landesregierung angehören.

(5) Die Geschäfte des Verfassungsgerichtshofs werden beim Oberverwaltungsgericht geführt.

Artikel 135

(1) Der Verfassungsgerichtshof entscheidet darüber

1. ob ein Gesetz oder die sonstige Handlung eines Verwaltungsorgans verfassungswidrig ist (Art. 130 Abs. 1 und 3),
2. ob ein verfassungsänderndes Gesetz unzulässig ist Art. 129 und 130),
3. ob die Voraussetzungen für eine Sozialisierung vorliegen (Art. 130 Abs. 2),
4. über Verfassungsbeschwerden (Artikel 130a),
5. über Beschwerden gegen Entscheidungen des Wahlprüfungsausschusses des Landtags (Artikel 82),

ferner entscheidet er

6. über die Anklage gegen Mitglieder der Landesregierung (Art. 131),
7. über Beschwerden einer Partei oder Wählervereinigung gegen die Nichtanerkennung als Wahlvorschlagsberechtigte vor der Wahl zum Landtag (Artikel 82 Satz 5), sofern ihm dies durch Landesgesetz übertragen ist,
8. in den übrigen ihm durch Landesgesetz zugewiesenen Fällen.

(2) Das Nähere über Einrichtung und Verfahren des Verfassungsgerichtshofs wird durch Gesetz bestimmt. Es kann vorschreiben, dass Anträge von Körperschaften des öffentlichen Rechts nach Artikel 130 Abs. 1 Satz 2 und von Betroffenen nach Artikel 130 Abs. 2 sowie Verfassungsbeschwerden nach Artikel 130a erst nach der Erschöpfung des Rechtswegs und nur innerhalb bestimmter Fristen zulässig sind und dass Verfassungsbeschwerden unzulässig sind, soweit die öffentliche Gewalt des Landes Bundesrecht ausführt oder anwendet. Das Gesetz kann für Verfahren des einstweiligen Rechtsschutzes und für Verfassungsbeschwerden vorsehen, dass der Verfassungsgerichtshof abweichend von Artikel 134 Abs. 2 in kleinerer Besetzung entscheidet.

(3) Die Entscheidungen des Verfassungsgerichtshofs vollstreckt der Ministerpräsident. Richtet sich die Vollstreckung gegen die Landesregierung oder den Ministerpräsidenten, so erfolgt sie durch den Vorsitzenden des Verfassungsgerichtshofs.

Artikel 136

(1) Die Entscheidungen des Verfassungsgerichtshofs binden alle Verfassungsorgane, Gerichte und Behörden des Landes.

(2) Eine Entscheidung des Verfassungsgerichtshofs, welche die Verfassungswidrigkeit eines Gesetzes oder der sonstigen Handlungen eines Verfassungsorgans oder die Unzulässigkeit einer Verfassungsänderung ausspricht, hat Gesetzeskraft.

VIII. Abschnitt: Übergangs- und Schlußbestimmungen

Artikel 137

Das in Rheinland-Pfalz geltende Recht bleibt in Kraft, soweit diese Verfassung nicht entgegensteht.

Artikel 138

Soweit in Gesetzen oder Verordnungen auf Vorschriften und Einrichtungen verwiesen ist, die durch diese Verfassung aufgehoben sind, treten an ihre Stelle die entsprechenden Vorschriften und Einrichtungen dieser Verfassung.

Artikel 139

(1) Allen natürlichen und juristischen Personen einschließlich der Kirchen, Religionsgemeinschaften und Gewerkschaften sowie ihrer Anstalten, Stiftungen, Vermögensmassen und Vereinigungen sind auf Antrag jene Vermögensstücke zurückzugeben, die ihnen durch Maßnahmen des Staates oder der Nationalsozialistischen Partei oder ihrer Hilfsorganisationen in der Zeit vom 30. Januar 1933 bis 8. Mai 1945 aus politischen Gründen entzogen worden sind.

(2) Die Opfer des Faschismus, die Kriegsopfer und ihre Hinterbliebenen haben Anspruch auf eine angemessene Versorgung. Für Geld- und Sachwertverluste als Folgen nationalsozialistischer Kriegs- und Wirtschaftspolitik hat ein sozialer Lastenausgleich zu erfolgen.

Artikel 140

Die verfassungsmäßig anerkannten Freiheiten und Rechte können nicht den Bestimmungen entgegengehalten werden, die ergangen sind oder vor dem 1. Januar 1950 noch ergehen werden, um den Nationalsozialismus und den Militarismus zu überwinden und das von ihm verschuldete Unrecht wiedergutzumachen.

Artikel 141

Bestimmungen dieser Verfassung, die der künftigen Deutschen Verfassung widersprechen, treten außer Kraft, sobald diese rechtswirksam wird.

Artikel 142

(1) Die Wahlen zum ersten Landtag finden gleichzeitig mit der Volksabstimmung über diese Verfassung statt.

(2) Solange Wahlen aufgrund der Bezirkswahlordnung nicht stattgefunden haben, besteht der Bezirkstag aus den im Regierungsbezirk zum Landtag Rheinland-Pfalz gewählten Abgeordneten.

Artikel 143

IX

Die Regierung hat die zur Ausführung von Verfassungsbestimmungen erforderlichen Gesetze spätestens binnen drei Jahren nach dem Zusammentreten des Landtages den gesetzgebenden Körperschaften zur Beschlußfassung vorzulegen.

Artikel 143a

Das Wahlgesetz ist innerhalb eines Jahres nach dem In-Kraft-Treten dieses Artikels an die Bestimmungen der Artikel 108a, 109 und 115 anzupassen. Bis zu dieser Anpassung gelten für Volksbegehren und Volksentscheid die am Tage vor dem In-Kraft-Treten dieses Artikels geltenden Bestimmungen fort; eine Volksinitiative findet erst auf der Grundlage dieser Anpassung statt. Auf ein im Zeitpunkt des In-Kraft-Tretens der Anpassung des Wahlgesetzes bereits zugelassenes Volksbegehren einschließlich eines anschließenden Volksentscheids sind die am Tage vor dem In-Kraft-Treten dieses Artikels geltenden Bestimmungen weiterhin anzuwenden.

Artikel 143b

(1) Die Bestimmungen über Amtszeit und Wiederwahl der nach Artikel 134 zu wählenden Mitglieder des Verfassungsgerichtshofs gelten erstmals für die nach dem In-Kraft-Treten dieses Artikels zu wählenden Mitglieder. Eine bei In-Kraft-Treten dieses Artikels laufende Amtszeit gilt als Amtszeit im Sinne der Bestimmung über die Wiederwahl.

(2) Auf die im Zeitpunkt des In-Kraft-Tretens dieses Artikels bei dem Verfassungsgerichtshof anhängigen Verfahren findet Artikel 130 Abs. 1 keine Anwendung. Auf diese Verfahren ist Artikel 130 Abs. 1 in der am Tage vor dem In-Kraft-Treten dieses Artikels geltenden Fassung weiterhin anzuwenden.

Artikel 143c

Die bei Inkrafttreten dieses Artikels im Amt befindlichen staatlichen Landräte auf Zeit bleiben bis zum Ablauf ihrer Amtszeit im Amt, sofern das Beamtenverhältnis nicht aus sonstigen Gründen vorher endet.

Artikel 143d

Die bei Inkrafttreten dieses Artikels im Amt befindlichen Bürgermeister und Landräte bleiben bis zum Ablauf ihrer Amtszeit, längstens jedoch bis zum 31. Dezember 2001, im Amt, sofern das Beamtenverhältnis nicht aus sonstigen Gründen vorher endet. Entsprechendes gilt für Personen, die bei Inkrafttreten dieses Artikels zum Bürgermeister oder Landrat gewählt sind und ihr Amt noch nicht angetreten haben.

Artikel 143e

(1) Artikel 117 Absatz 4 in der ab dem 14. April 2022 geltenden Fassung tritt am 18. Mai 2026 außer Kraft.

(2) Die Pflicht zur Tilgung der nach Artikel 117 Absatz 4 übernommenen Schulden bleibt von Absatz 1 unberührt.

Artikel 144

(1) Diese Verfassung tritt mit ihrer Annahme durch das Volk in Kraft.

(2) Die vorläufige Landesregierung gilt bis zur Bildung einer neuen Regierung als geschäftsführende Regierung im Sinne des Art. 99 Abs. 4.

(3) Der Hauptausschuß der Beratenden Versammlung gilt als Ausschuß im Sinne des Art. 92.

(4) Die am Tage der Annahme dieser Verfassung durch das Volk gewählten Abgeordneten bilden den 1. Landtag im Sinne dieser Verfassung.

Verwaltungsgerichtsordnung (VwGO)

in der Fassung der Bekanntmachung vom 19. März 1991 (BGBl. I S. 686)

Zuletzt geändert durch
GEAS-Anpassungsgesetz
vom 23. April 2026 (BGBl. I Nr. 111)

Inhaltsübersicht

Teil I
Gerichtsverfassung

1. Abschnitt
Gerichte

§ 1 (Unabhängigkeit)

Die Verwaltungsgerichtsbarkeit wird durch unabhängige, von den Verwaltungsbehörden getrennte Gerichte ausgeübt.

§ 2 (Gliederung)

Gerichte der Verwaltungsgerichtsbarkeit sind in den Ländern die Verwaltungsgerichte und je ein Oberverwaltungsgericht, im Bund das Bundesverwaltungsgericht mit Sitz in Leipzig.

§ 3 (Gerichtsorganisation)

(1) Durch Gesetz werden angeordnet

1. die Errichtung und Aufhebung eines Verwaltungsgerichts oder eines Oberverwaltungsgerichts,
2. die Verlegung eines Gerichtssitzes,
3. Änderungen in der Abgrenzung der Gerichtsbezirke,
4. die Zuweisung einzelner Sachgebiete an ein Verwaltungsgericht für die Bezirke mehrerer Verwaltungsgerichte,

4a. die Zuweisung von Verfahren, bei denen sich die örtliche Zuständigkeit nach § 52 Nr. 2 Satz 1, 2 oder 5 bestimmt, an ein anderes Verwaltungsgericht oder an mehrere Verwaltungsgerichte des Landes,

5. die Errichtung einzelner Kammern des Verwaltungsgerichts oder einzelner Senate des Oberverwaltungsgerichts an anderen Orten,
6. der Übergang anhängiger Verfahren auf ein anderes Gericht bei Maßnahmen nach den Nummern 1, 3, 4 und 4a, wenn sich die Zuständigkeit nicht nach den bisher geltenden Vorschriften richten soll.

(2) Mehrere Länder können die Errichtung eines gemeinsamen Gerichts oder gemeinsamer Spruchkörper eines Gerichts oder die Ausdehnung von Gerichtsbezirken über die Landesgrenzen hinaus, auch für einzelne Sachgebiete, vereinbaren.

§ 4 (Präsidium, Geschäftsverteilung)

Für die Gerichte der Verwaltungsgerichtsbarkeit gelten die Vorschriften des Zweiten Titels des Gerichtsverfassungsgesetzes entsprechend. Die Mitglieder und drei Vertreter des für Entscheidungen nach § 99 Abs. 2 zuständigen Spruchkörpers bestimmt das Präsidium jeweils für die Dauer von vier Jahren. Die Mitglieder und ihre Vertreter müssen Richter auf Lebenszeit sein.

§ 5 (Besetzung, Kammern)

(1) Das Verwaltungsgericht besteht aus dem Präsidenten und aus den Vorsitzenden Richtern und weiteren Richtern in erforderlicher Anzahl.

(2) Bei dem Verwaltungsgericht werden Kammern gebildet.

(3) Die Kammer des Verwaltungsgerichts entscheidet in der Besetzung von drei Richtern und zwei ehrenamtlichen Richtern, soweit nicht ein Einzelrichter entscheidet. Bei Beschlüssen außerhalb der mündlichen Verhandlung und bei Gerichtsbescheiden (§ 84) wirken die ehrenamtlichen Richter nicht mit.

§ 6 (Einzelrichter)

(1) Die Kammer soll in der Regel den Rechtsstreit einem ihrer Mitglieder als Einzelrichter zur Entscheidung übertragen, wenn

1. die Sache keine besonderen Schwierigkeiten tatsächlicher oder rechtlicher Art aufweist und
2. die Rechtssache keine grundsätzliche Bedeutung hat.

Ein Richter auf Probe darf im ersten Jahr nach seiner Ernennung nicht Einzelrichter sein.

(2) Der Rechtsstreit darf dem Einzelrichter nicht übertragen werden, wenn bereits vor der Kammer mündlich verhandelt worden ist, es sei denn, daß inzwischen ein Vorbehalts-, Teil- oder Zwischenurteil ergangen ist.

(3) Der Einzelrichter kann nach Anhörung der Beteiligten den Rechtsstreit auf die Kammer zurückübertragen, wenn sich aus einer wesentlichen Änderung der Prozeßlage ergibt, daß die Rechtssache grundsätzliche Bedeutung hat oder die Sache besondere Schwie-

rigkeiten tatsächlicher oder rechtlicher Art aufweist. Eine erneute Übertragung auf den Einzelrichter ist ausgeschlossen.

(4) Beschlüsse nach den Absätzen 1 und 3 sind unanfechtbar. Auf eine unterlassene Übertragung kann ein Rechtsbehelf nicht gestützt werden.

§§ 7 und 8 (weggefallen)

§ 9 (Oberverwaltungsgericht)

(1) Das Oberverwaltungsgericht besteht aus dem Präsidenten und aus den Vorsitzenden Richtern und weiteren Richtern in erforderlicher Anzahl.

(2) Bei dem Oberverwaltungsgericht werden Senate gebildet.

(3) Die Senate des Oberverwaltungsgerichts entscheiden in der Besetzung von drei Richtern; die Landesgesetzgebung kann vorsehen, daß die Senate in der Besetzung von fünf Richtern entscheiden, von denen zwei auch ehrenamtliche Richter sein können. Für die Fälle des § 48 Abs. 1 kann auch vorgesehen werden, daß die Senate in der Besetzung von fünf Richtern und zwei ehrenamtlichen Richtern entscheiden. Satz 1 Halbsatz 2 und Satz 2 gelten nicht für die Fälle des § 99 Abs. 2.

(4) In Verfahren nach § 48 Absatz 1 Satz 1 Nummer 3 bis 15 kann der Senat den Rechtsstreit einem seiner Mitglieder als Einzelrichter zur Entscheidung übertragen, wenn

1. die Sache keine besonderen Schwierigkeiten tatsächlicher oder rechtlicher Art aufweist und
2. die Rechtssache keine grundsätzliche Bedeutung hat.

§ 6 Absatz 2 bis 4 gilt entsprechend.

§ 10 (Bundesverwaltungsgericht)

(1) Das Bundesverwaltungsgericht besteht aus dem Präsidenten und aus den Vorsitzenden Richtern und weiteren Richtern in erforderlicher Anzahl.

(2) Bei dem Bundesverwaltungsgericht werden Senate gebildet.

(3) Die Senate des Bundesverwaltungsgerichts entscheiden in der Besetzung von fünf Richtern, bei Beschlüssen außerhalb der mündlichen Verhandlung in der Besetzung von drei Richtern.

(4) In Verfahren nach § 50 Absatz 1 Nummer 6 kann der Senat in einer Besetzung mit drei Richtern entscheiden, wenn

1. die Sache keine besonderen Schwierigkeiten tatsächlicher oder rechtlicher Art aufweist und
2. die Rechtssache keine grundsätzliche Bedeutung hat.

§ 6 Absatz 2 bis 4 gilt entsprechend.

§ 11 (Großer Senat)

(1) Bei dem Bundesverwaltungsgericht wird ein Großer Senat gebildet.

(2) Der Große Senat entscheidet, wenn ein Senat in einer Rechtsfrage von der Entscheidung eines anderen Senats oder des Großen Senats abweichen will.

(3) Eine Vorlage an den Großen Senat ist nur zulässig, wenn der Senat, von dessen Entscheidung abgewichen werden soll, auf Anfrage des erkennenden Senats erklärt hat, daß er an seiner Rechtsauffassung festhält. Kann der Senat, von dessen Entscheidung abgewichen werden soll, wegen einer Änderung des Geschäftsverteilungsplanes mit der Rechtsfrage nicht mehr befaßt werden, tritt der Senat an seine Stelle, der nach dem Geschäftsverteilungsplan für den Fall, in dem abweichend entschieden wurde, nunmehr zuständig wäre. Über die Anfrage und die Antwort entscheidet der jeweilige Senat durch Beschluß in der für Urteile erforderlichen Besetzung.

(4) Der erkennende Senat kann eine Frage von grundsätzlicher Bedeutung dem Großen Senat zur Entscheidung vorlegen, wenn das nach seiner Auffassung zur Fortbildung des Rechts oder zur Sicherung einer einheitlichen Rechtsprechung erforderlich ist.

(5) Der Große Senat besteht aus dem Präsidenten und je einem Richter der Revisionssenate, in denen der Präsident nicht den Vorsitz führt. Legt ein anderer als ein Revisionssenat vor oder soll von dessen Entscheidung abgewichen werden, ist auch ein Mitglied dieses Senats im Großen Senat vertreten. Bei einer

Verhinderung des Präsidenten tritt ein Richter des Senats, dem er angehört, an seine Stelle.

(6) Die Mitglieder und die Vertreter werden durch das Präsidium für ein Geschäftsjahr bestellt. Das gilt auch für das Mitglied eines anderen Senats nach Absatz 5 Satz 2 und für seinen Vertreter. Den Vorsitz im Großen Senat führt der Präsident, bei Verhinderung das dienstälteste Mitglied. Bei Stimmengleichheit gibt die Stimme des Vorsitzenden den Ausschlag.

(7) Der Große Senat entscheidet nur über die Rechtsfrage. Er kann ohne mündliche Verhandlung entscheiden. Seine Entscheidung ist in der vorliegenden Sache für den erkennenden Senat bindend.

§ 12 (Großer Senat des OVG)

(1) Die Vorschriften des § 11 gelten für das Oberverwaltungsgericht entsprechend, soweit es über eine Frage des Landesrechts endgültig entscheidet. An die Stelle der Revisionssenate treten die nach diesem Gesetz gebildeten Berufungssenate.

(2) Besteht ein Oberverwaltungsgericht nur aus zwei Berufungssenaten, so treten an die Stelle des Großen Senats die Vereinigten Senate.

(3) Durch Landesgesetz kann eine abweichende Zusammensetzung des Großen Senats bestimmt werden.

§ 13 (Geschäftsstelle)

Bei jedem Gericht wird eine Geschäftsstelle eingerichtet. Sie wird mit der erforderlichen Anzahl von Urkundsbeamten besetzt.

§ 14 (Rechts- und Amtshilfe)

Alle Gerichte und Verwaltungsbehörden leisten den Gerichten der Verwaltungsgerichtsbarkeit Rechts- und Amtshilfe.

2. Abschnitt
Richter

§ 15 (Ernennung)

(1) Die Richter werden auf Lebenszeit ernannt, soweit nicht in §§ 16 und 17 Abweichendes bestimmt ist.

(2) (weggefallen)

(3) Die Richter des Bundesverwaltungsgerichts müssen das fünfunddreißigste Lebensjahr vollendet haben.

§ 16 (Richter im Nebenamt)

Bei dem Oberverwaltungsgericht und bei dem Verwaltungsgericht können auf Lebenszeit ernannte Richter anderer Gerichte und ordentliche Professoren des Rechts für eine bestimmte Zeit von mindestens zwei Jahren, längstens jedoch für die Dauer ihres Hauptamtes, zu Richtern im Nebenamt ernannt werden.

§ 17 (Richter auf Probe, Richter kraft Auftrags, Richter auf Zeit)

Bei den Verwaltungsgerichten können auch folgende Richter verwendet werden:

1. Richter auf Probe,
2. Richter kraft Auftrags und
3. Richter auf Zeit.

§ 18 (Deckung vorübergehenden Personalbedarfs)

Zur Deckung eines nur vorübergehenden Personalbedarfs kann ein Beamter auf Lebenszeit mit der Befähigung zum Richteramt für die Dauer von mindestens zwei Jahren, längstens jedoch für die Dauer seines Hauptamts, zum Richter auf Zeit ernannt werden. § 15 Absatz 1 Satz 1 und 3 sowie Absatz 2 des Deutschen Richtergesetzes ist entsprechend anzuwenden.

3. Abschnitt
Ehrenamtliche Richter

§ 19 (Gleiche Rechte)

Der ehrenamtliche Richter wirkt bei der mündlichen Verhandlung und der Urteilsfindung mit gleichen Rechten wie der Richter mit.

§ 20 (Persönliche Voraussetzungen)

Der ehrenamtliche Richter muß Deutscher sein. Er soll das 25. Lebensjahr vollendet und seinen Wohnsitz innerhalb des Gerichtsbezirks haben.

§ 21 (Ausschluss)

(1) Vom Amt des ehrenamtlichen Richters sind ausgeschlossen

1. Personen, die infolge Richterspruchs die Fähigkeit zur Bekleidung öffentlicher Ämter nicht besitzen oder wegen einer vorsätzlichen Tat zu einer Freiheitsstrafe von mehr als sechs Monaten verurteilt worden sind,
2. Personen, gegen die Anklage wegen einer Tat erhoben ist, die den Verlust der Fähigkeit zur Bekleidung öffentlicher Ämter zur Folge haben kann,
3. Personen, die nicht das Wahlrecht zu den gesetzgebenden Körperschaften des Landes besitzen.

(2) Personen, die in Vermögensverfall geraten sind, sollen nicht zu ehrenamtlichen Richtern berufen werden.

§ 22 (Ausgeschlossene Personengruppen)

Zu ehrenamtlichen Richtern können nicht berufen werden

1. Mitglieder des Bundestages, des Europäischen Parlaments, der gesetzgebenden Körperschaften eines Landes, der Bundesregierung oder einer Landesregierung,
2. Richter,
3. Beamte und Angestellte im öffentlichen Dienst, soweit sie nicht ehrenamtlich tätig sind,
4. Berufssoldaten und Soldaten auf Zeit,
5. Rechtsanwälte, Notare und Personen, die fremde Rechtsangelegenheiten geschäftsmäßig besorgen.

§ 23 (Ablehnungsberechtigte)

(1) Die Berufung zum Amt des ehrenamtlichen Richters dürfen ablehnen

1. Geistliche und Religionsdiener,
2. Schöffen und andere ehrenamtliche Richter,
3. Personen, die zwei Amtsperioden lang als ehrenamtliche Richter bei Gerichten der allgemeinen Verwaltungsgerichtsbarkeit tätig gewesen sind,
4. Ärzte, Krankenpfleger, Hebammen,
5. Apothekenleiter, die keinen weiteren Apotheker beschäftigen,
6. Personen, die die Regelaltersgrenze nach dem Sechsten Buch Sozialgesetzbuch erreicht haben.

(2) In besonderen Härtefällen kann außerdem auf Antrag von der Übernahme des Amtes befreit werden.

§ 24 (Entbindung vom Amt)

(1) Ein ehrenamtlicher Richter ist von seinem Amt zu entbinden, wenn er

1. nach §§ 20 bis 22 nicht berufen werden konnte oder nicht mehr berufen werden kann oder
2. seine Amtspflichten gröblich verletzt hat oder
3. einen Ablehnungsgrund nach § 23 Abs. 1 geltend macht oder
4. die zur Ausübung seines Amtes erforderlichen geistigen oder körperlichen Fähigkeiten nicht mehr besitzt oder
5. seinen Wohnsitz im Gerichtsbezirk aufgibt.

(2) In besonderen Härtefällen kann außerdem auf Antrag von der weiteren Ausübung des Amtes entbunden werden.

(3) Die Entscheidung trifft ein Senat des Oberverwaltungsgerichts in den Fällen des Absatzes 1 Nr. 1, 2 und 4 auf Antrag des Präsidenten des Verwaltungsgerichts, in den Fällen des Absatzes 1 Nr. 3 und 5 und des Absatzes 2 auf Antrag des ehrenamtlichen Richters. Die Entscheidung ergeht durch Beschluß nach Anhörung des ehrenamtlichen Richters. Sie ist unanfechtbar.

(4) Absatz 3 gilt entsprechend in den Fällen des § 23 Abs. 2.

(5) Auf Antrag des ehrenamtlichen Richters ist die Entscheidung nach Absatz 3 von dem Senat des Oberverwaltungsgerichts aufzuheben, wenn Anklage nach § 21 Nr. 2 erhoben war und der Angeschuldigte rechtskräftig außer Verfolgung gesetzt oder freigesprochen worden ist.

§ 25 (Amtszeit)

Die ehrenamtlichen Richter werden auf fünf Jahre gewählt.

§ 26 (Wahlausschuss)

(1) Bei jedem Verwaltungsgericht wird ein Ausschuß zur Wahl der ehrenamtlichen Richter bestellt.

(2) Der Ausschuß besteht aus dem Präsidenten des Verwaltungsgerichts als Vorsitzendem, einem von der Landesregierung bestimmten Verwaltungsbeamten und sieben Vertrauensleuten als Beisitzern. Die Vertrauensleute, ferner sieben Vertreter werden aus den Einwohnern des Verwaltungsgerichtsbezirks vom Landtag oder von einem durch ihn bestimmten Landtagsausschuß oder nach Maßgabe eines Landesgesetzes gewählt. Sie müssen die Voraussetzungen zur Berufung als ehrenamtliche Richter erfüllen. Die Landesregierungen werden ermächtigt, durch Rechtsverordnung die Zuständigkeit für die Bestimmung des Verwaltungsbeamten abweichend von Satz 1 zu regeln. Sie können diese Ermächtigung auf oberste Landesbehörden übertragen. In den Fällen des § 3 Abs. 2 richtet sich die Zuständigkeit für die Bestellung des Verwaltungsbeamten sowie des Landes für die Wahl der Vertrauensleute nach dem Sitz des Gerichts. Die Landesgesetzgebung kann in diesen Fällen vorsehen, dass jede beteiligte Landesregierung einen Verwaltungsbeamten in den Ausschuss entsendet und dass jedes beteiligte Land mindestens zwei Vertrauensleute bestellt.

(3) Der Ausschuß ist beschlußfähig, wenn wenigstens der Vorsitzende, ein Verwaltungsbeamter und drei Vertrauensleute anwesend sind.

§ 27 (Erforderliche Zahl)

Die für jedes Verwaltungsgericht erforderliche Zahl von ehrenamtlichen Richtern wird durch den Präsidenten so bestimmt, daß voraussichtlich jeder zu höchstens zwölf ordentlichen Sitzungstagen im Jahr herangezogen wird.

§ 28 (Vorschlagsliste)

Die Kreise und kreisfreien Städte stellen in jedem fünften Jahr eine Vorschlagsliste für ehrenamtliche Richter auf. Der Ausschuß bestimmt für jeden Kreis und für jede kreisfreie Stadt die Zahl der Personen, die in die Vorschlagsliste aufzunehmen sind. Hierbei ist die doppelte Anzahl der nach § 27 erforderlichen ehrenamtlichen Richter zugrunde zu legen. Für die Aufnahme in die Liste ist die Zustimmung von zwei Dritteln der anwesenden Mitglieder der Vertretungskörperschaft des Kreises oder der kreisfreien Stadt, mindestens jedoch die Hälfte der gesetzlichen Mitgliederzahl erforderlich. Die jeweiligen Regelungen zur Beschlussfassung der Vertretungskörperschaft bleiben unberührt. Die Vorschlagslisten sollen außer dem Namen auch den Geburtsort, den Geburtstag und Beruf des Vorgeschlagenen enthalten; sie sind dem Präsidenten des zuständigen Verwaltungsgerichts zu übermitteln.

§ 29 (Auswahl)

(1) Der Ausschuß wählt aus den Vorschlagslisten mit einer Mehrheit von mindestens zwei Dritteln der Stimmen die erforderliche Zahl von ehrenamtlichen Richtern.

(2) Bis zur Neuwahl bleiben die bisherigen ehrenamtlichen Richter im Amt.

§ 30 (Reihenfolge; Hilfsliste)

(1) Das Präsidium des Verwaltungsgerichts bestimmt vor Beginn des Geschäftsjahres die Reihenfolge, in der die ehrenamtlichen Richter zu den Sitzungen heranzuziehen sind.

(2) Für die Heranziehung von Vertretern bei unvorhergesehener Verhinderung kann eine Hilfsliste aus ehrenamtlichen Richtern aufgestellt werden, die am Gerichtssitz oder in seiner Nähe wohnen.

§ 31 (weggefallen)

§ 32 (Entschädigung)

Der ehrenamtliche Richter und der Vertrauensmann (§ 26) erhalten eine Entschädigung nach dem Justizvergütungs- und -entschädigungsgesetz.

§ 33 (Ordnungsgeld)

(1) Gegen einen ehrenamtlichen Richter, der sich ohne genügende Entschuldigung zu einer Sitzung nicht rechtzeitig einfindet oder der sich seinen Pflichten auf andere Weise entzieht, kann ein Ordnungsgeld festgesetzt werden. Zugleich können ihm die durch sein Verhalten verursachten Kosten auferlegt werden.

(2) Die Entscheidung trifft der Vorsitzende. Bei nachträglicher Entschuldigung kann er sie ganz oder zum Teil aufheben.

§ 34 (Oberverwaltungsgericht)

§§ 19 bis 33 gelten für die ehrenamtlichen Richter bei dem Oberverwaltungsgericht entsprechend, wenn die Landesgesetzgebung bestimmt hat, daß bei diesem Gericht ehrenamtliche Richter mitwirken.

4. Abschnitt
Vertreter des öffentlichen Interesses

§ 35 (Oberbundesanwalt)

(1) Die Bundesregierung bestellt einen Vertreter des Bundesinteresses beim Bundesverwaltungsgericht und richtet ihn im Bundesministerium des Innern, für Bau und Heimat ein. Der Vertreter des Bundesinteresses beim Bundesverwaltungsgericht kann sich an jedem Verfahren vor dem Bundesverwaltungsgericht beteiligen; dies gilt nicht für Verfahren vor den Wehrdienstsenaten. Er ist an die Weisungen der Bundesregierung gebunden.

(2) Das Bundesverwaltungsgericht gibt dem Vertreter des Bundesinteresses beim Bundesverwaltungsgericht Gelegenheit zur Äußerung.

§ 36 (Oberverwaltungsgericht, Verwaltungsgericht)

(1) Bei dem Oberverwaltungsgericht und bei dem Verwaltungsgericht kann nach Maßgabe einer Rechtsverordnung der Landesregierung ein Vertreter des öffentlichen Interesses bestimmt werden. Dabei kann ihm allgemein oder für bestimmte Fälle die Vertretung des Landes oder von Landesbehörden übertragen werden.

(2) § 35 Abs. 2 gilt entsprechend.

§ 37 (Befähigung zum Richteramt)

(1) Der Vertreter des Bundesinteresses beim Bundesverwaltungsgericht und seine hauptberuflichen Mitarbeiter des höheren Dienstes müssen die Befähigung zum Richteramt haben.

(2) Der Vertreter des öffentlichen Interesses bei dem Oberverwaltungsgericht und bei dem Verwaltungsgericht muß die Befähigung zum Richteramt nach dem Deutschen Richtergesetz haben; § 174 bleibt unberührt.

5. Abschnitt
Gerichtsverwaltung

§ 38 (Dienstaufsicht)

(1) Der Präsident des Gerichts übt die Dienstaufsicht über die Richter, Beamten, Angestellten und Arbeiter aus.

(2) Übergeordnete Dienstaufsichtsbehörde für das Verwaltungsgericht ist der Präsident des Oberverwaltungsgerichts.

§ 39 (Keine Verwaltungsgeschäfte)

Dem Gericht dürfen keine Verwaltungsgeschäfte außerhalb der Gerichtsverwaltung übertragen werden.

6. Abschnitt
Verwaltungsrechtsweg und Zuständigkeit

§ 40 (Öffentlich-rechtliche Streitigkeiten)

(1) Der Verwaltungsrechtsweg ist in allen öffentlich-rechtlichen Streitigkeiten nichtverfassungsrechtlicher Art gegeben, soweit die Streitigkeiten nicht durch Bundesgesetz einem anderen Gericht ausdrücklich zugewiesen sind. Öffentlich-rechtliche Streitigkeiten auf dem Gebiet des Landesrechts können einem anderen Gericht auch durch Landesgesetz zugewiesen werden.

(2) Für vermögensrechtliche Ansprüche aus Aufopferung für das gemeine Wohl und aus öffentlich-rechtlicher Verwahrung sowie für Schadensersatzansprüche aus der Verletzung öffentlich-rechtlicher Pflichten, die nicht auf einem öffentlich-rechtlichen Vertrag beruhen, ist der ordentliche Rechtsweg gegeben; dies gilt nicht für Streitigkeiten über das Bestehen und die Höhe eines Ausgleichsanspruchs im Rahmen des Artikels 14 Abs. 1 Satz 2 des Grundgesetzes. Die besonderen Vorschriften des Beamtenrechts sowie über den Rechtsweg bei Ausgleich von Vermögensnachteilen wegen Rücknahme rechtswidriger Verwaltungsakte bleiben unberührt.

§ 41 (weggefallen)

§ 42 (Anfechtungsklage; Verpflichtungsklage)

(1) Durch Klage kann die Aufhebung eines Verwaltungsakts (Anfechtungsklage) sowie die Verurteilung zum Erlaß eines abgelehnten oder unterlassenen Verwaltungsakts (Verpflichtungsklage) begehrt werden.

(2) Soweit gesetzlich nichts anderes bestimmt ist, ist die Klage nur zulässig, wenn der Kläger geltend macht, durch den Verwaltungsakt oder seine Ablehnung oder Unterlassung in seinen Rechten verletzt zu sein.

§ 43 (Feststellungsklage)

(1) Durch Klage kann die Feststellung des Bestehens oder Nichtbestehens eines Rechtsverhältnisses oder der Nichtigkeit eines Verwaltungsakts begehrt werden, wenn der Kläger ein berechtigtes Interesse an der baldigen Feststellung hat (Feststellungsklage).

(2) Die Feststellung kann nicht begehrt werden, soweit der Kläger seine Rechte durch Gestaltungs- oder Leistungsklage verfolgen kann oder hätte verfolgen können. Dies gilt nicht, wenn die Feststellung der Nichtigkeit eines Verwaltungsakts begehrt wird.

§ 44 (Mehrere Klagebegehren)

Mehrere Klagebegehren können vom Kläger in einer Klage zusammen verfolgt werden, wenn sie sich gegen denselben Beklagten richten, im Zusammenhang stehen und dasselbe Gericht zuständig ist.

§ 44a (Rechtsbehelfe gegen behördliche Verfahrenshandlungen)

Rechtsbehelfe gegen behördliche Verfahrenshandlungen können nur gleichzeitig mit den gegen die Sachentscheidung zulässigen Rechtsbehelfen geltend gemacht werden. Dies gilt nicht, wenn behördliche Verfahrenshandlungen vollstreckt werden können oder gegen einen Nichtbeteiligten ergehen.

§ 45 (Erster Rechtszug)

Das Verwaltungsgericht entscheidet im ersten Rechtszug über alle Streitigkeiten, für die der Verwaltungsrechtsweg offensteht.

§ 46 (Zweiter Rechtszug)

Das Oberverwaltungsgericht entscheidet über das Rechtsmittel

1. der Berufung gegen Urteile des Verwaltungsgerichts und
2. der Beschwerde gegen andere Entscheidungen des Verwaltungsgerichts.

§ 47 (Gültigkeit von Satzungen, von Rechtsvorschriften)

(1) Das Oberverwaltungsgericht entscheidet im Rahmen seiner Gerichtsbarkeit auf Antrag über die Gültigkeit

1. von Satzungen, die nach den Vorschriften des Baugesetzbuchs erlassen worden sind, sowie von Rechtsverordnungen auf Grund des § 246 Abs. 2 des Baugesetzbuchs,
2. von anderen im Rang unter dem Landesgesetz stehenden Rechtsvorschriften, sofern das Landesrecht dies bestimmt.

(2) Den Antrag kann jede natürliche oder juristische Person, die geltend macht, durch die Rechtsvorschrift oder deren Anwendung in ihren Rechten verletzt zu sein oder in absehbarer Zeit verletzt zu werden, sowie jede Behörde innerhalb eines Jahres nach Bekanntmachung der Rechtsvorschrift stellen. Er ist gegen die Körperschaft, Anstalt oder Stiftung zu richten, welche die Rechtsvorschrift erlassen hat. Das Oberverwaltungsgericht kann dem Land und anderen juristischen Personen des öffentlichen Rechts, deren Zuständigkeit durch die Rechtsvorschrift berührt wird, Gelegenheit zur Äußerung binnen einer zu bestimmenden Frist geben. § 65 Abs. 1 und 4 und § 66 sind entsprechend anzuwenden.

(3) Das Oberverwaltungsgericht prüft die Vereinbarkeit der Rechtsvorschrift mit Landesrecht nicht, soweit gesetzlich vorgesehen ist, daß die Rechtsvorschrift ausschließlich durch das Verfassungsgericht eines Landes nachprüfbar ist.

(4) Ist ein Verfahren zur Überprüfung der Gültigkeit der Rechtsvorschrift bei einem Verfassungsgericht anhängig, so kann das Oberverwaltungsgericht anordnen, daß die Verhandlung bis zur Erledigung des Verfahrens vor dem Verfassungsgericht auszusetzen sei.

(5) Das Oberverwaltungsgericht entscheidet durch Urteil oder, wenn es eine mündliche Verhandlung nicht für erforderlich hält, durch Beschluß. Kommt das Oberverwaltungsge-

richt zu der Überzeugung, daß die Rechtsvorschrift ungültig ist, so erklärt es sie für unwirksam; in diesem Fall ist die Entscheidung allgemein verbindlich und die Entscheidungsformel vom Antragsgegner ebenso zu veröffentlichen wie die Rechtsvorschrift bekanntzumachen wäre. Für die Wirkung der Entscheidung gilt § 183 entsprechend.

(6) Das Gericht kann auf Antrag eine einstweilige Anordnung erlassen, wenn dies zur Abwehr schwerer Nachteile oder aus anderen wichtigen Gründen dringend geboten ist.

§ 48 (Erster Rechtszug)

(1) Das Oberverwaltungsgericht entscheidet im ersten Rechtszug über sämtliche Streitigkeiten, die betreffen

1. die Errichtung, den Betrieb, die sonstige Innehabung, die Veränderung, die Stillegung, den sicheren Einschluß und den Abbau von Anlagen im Sinne der §§ 7 und 9a Abs. 3 des Atomgesetzes,

1a. das Bestehen und die Höhe von Ausgleichsansprüchen auf Grund der §§ 7e und 7f des Atomgesetzes,

2. die Bearbeitung, Verarbeitung und sonstige Verwendung von Kernbrennstoffen außerhalb von Anlagen der in § 7 des Atomgesetzes bezeichneten Art (§ 9 des Atomgesetzes) und die wesentliche Abweichung oder die wesentliche Veränderung im Sinne des § 9 Abs. 1 Satz 2 des Atomgesetzes sowie die Aufbewahrung von Kernbrennstoffen außerhalb der staatlichen Verwahrung (§ 6 des Atomgesetzes),

3. die Errichtung, den Betrieb und die Änderung von Kraftwerken mit Feuerungsanlagen für feste, flüssige und gasförmige Brennstoffe mit einer Feuerungswärmeleistung von mehr als dreihundert Megawatt,

3a. die Errichtung, den Betrieb und die Änderung von Anlagen zur Nutzung von Windenergie an Land mit einer Gesamthöhe von mehr als 50 Metern sowie Anlagen von Windenergie auf See im Küstenmeer,

3b. die Errichtung, den Betrieb und die Änderung von Kraft-Wärme-Kopplungsanlagen im Sinne des Kraft-Wärme-Kopplungsgesetzes ab einer Feuerungswärmeleistung von 50 Megawatt,

3c. die Errichtung, den Betrieb und die Änderung von
   a) Anlagen nach § 2 Nummer 1 des Geothermie-Beschleunigungsgesetzes vom 22. Dezember 2025 (BGBl. 2025 I Nr. 348, S. 2) in der jeweils geltenden Fassung einschließlich der Streitigkeiten nach § 10 Absatz 2 des Geothermie-Beschleunigungsgesetzes,
   b) Anlagen nach § 2 Nummer 3 des Geothermie-Beschleunigungsgesetzes mit einer thermischen Leistung von mindestens 500 Kilowatt einschließlich der Streitigkeiten nach § 10 Absatz 2 des Geothermie-Beschleunigungsgesetzes sowie
   c) Leitungen nach § 2 Nummer 5 des Geothermie-Beschleunigungsgesetzes einschließlich der Streitigkeiten nach § 10 Absatz 2 des Geothermie-Beschleunigungsgesetzes,

3d. die Errichtung, den Betrieb und die Änderung von
   a) Anlagen nach § 2 Absatz 1 Nummer 1 desWasserstoffbeschleunigungsgesetzes vom 29. März 2026 (BGBl. 2026 I Nr. 84, S. 2), in der jeweils geltenden Fassung, mit einer elektrischen Nennleistung von mindestens 30 Megawatt und den dazugehörigen Leitungen nach § 2 Absatz 1 Nummer 13 und 14 des Wasserstoffbeschleunigungsgesetzes und
   b) Anlagen nach § 2 Absatz 1 Nummer 3 des Wasserstoffbeschleunigungsgesetzes, sofern diese eine Speicherkapazität von 25 Tonnen Wasserstoff oder mehr haben, und der dazugehörigen Leitungen nach § 2 Absatz 1 Nummer 13 und 14 des Wasserstoffbeschleunigungsgesetzes,

4. Planfeststellungsverfahren gemäß § 43 des Energiewirtschaftsgesetzes, soweit nicht die Zuständigkeit des Bundesverwaltungsgerichts nach § 50 Absatz 1 Nummer 6 begründet ist,

4a. Planfeststellungs- oder Plangenehmigungsverfahren für die Errichtung, den Betrieb und die Änderung von Einrichtungen nach § 66 Absatz 1 des Windenergie-auf-See-Gesetzes, soweit nicht die Zuständigkeit des Bundesverwaltungsgerichts nach § 50 Absatz 1 Nummer 6 begründet ist,
5. Verfahren für die Errichtung, den Betrieb und die wesentliche Änderung von ortsfesten Anlagen zur Verbrennung oder thermischen Zersetzung von Abfällen mit einer jährlichen Durchsatzleistung (effektive Leistung) von mehr als einhunderttausend Tonnen und von ortsfesten Anlagen, in denen ganz oder teilweise Abfälle im Sinne des § 48 des Kreislaufwirtschaftsgesetzes gelagert oder abgelagert werden,
6. das Anlegen, die Erweiterung oder Änderung und den Betrieb von Verkehrsflughäfen und von Verkehrslandeplätzen mit beschränktem Bauschutzbereich,
7. Planfeststellungsverfahren für den Bau oder die Änderung der Strecken von Straßenbahnen, Magnetschwebebahnen und von öffentlichen Eisenbahnen sowie für den Bau oder die Änderung von Rangier- und Containerbahnhöfen,
8. Planfeststellungsverfahren für den Bau oder die Änderung von Bundesfernstraßen und Landesstraßen,
9. Planfeststellungsverfahren für den Neubau oder den Ausbau von Bundeswasserstraßen,
10. Planfeststellungsverfahren für Maßnahmen des öffentlichen Küsten- oder Hochwasserschutzes,
11. Planfeststellungsverfahren nach § 68 Absatz 1 des Wasserhaushaltsgesetzes oder nach landesrechtlichen Vorschriften für die Errichtung, die Erweiterung oder die Änderung von Häfen, die für Wasserfahrzeuge mit mehr als 1350 Tonnen Tragfähigkeit zugänglich sind, unbeschadet der Nummer 9,
12. Planfeststellungsverfahren nach § 68 Absatz 1 des Wasserhaushaltsgesetzes für die Errichtung, die Erweiterung oder die Änderung von Wasserkraftanlagen mit einer elektrischen Nettoleistung von mehr als 100 Megawatt,
12a. Gewässerbenutzungen im Zusammenhang mit der aufgrund des Kohleverstromungsbeendigungsgesetzes vorgesehenen Einstellung von Braunkohletagebauen,
12b. Planfeststellungsverfahren für Gewässerausbauten im Zusammenhang mit der aufgrund des Kohleverstromungsbeendigungsgesetzes vorgesehenen Einstellung von Braunkohletagebauen,
13. Planfeststellungsverfahren nach dem Bundesberggesetz,
14. Zulassungen von
    a) Rahmenbetriebsplänen,
    b) Hauptbetriebsplänen,
    c) Sonderbetriebsplänen und
    d) Abschlussbetriebsplänen

    sowie Grundabtretungsbeschlüsse, jeweils im Zusammenhang mit der aufgrund des Kohleverstromungsbeendigungsgesetzes vorgesehenen Einstellung von Braunkohletagebauen,
15. Planfeststellungsverfahren nach § 65 Absatz 1 in Verbindung mit Anlage 1 Nummer 19.7 des Gesetzes über die Umweltverträglichkeitsprüfung für die Errichtung und den Betrieb oder die Änderung von Dampf- oder Warmwasserpipelines und
16. Planfeststellungs- oder Plangenehmigungsverfahren sowie Genehmigungsverfahren nach dem Kohlendioxid-Speicherung-und-Transport-Gesetz.

Satz 1 gilt auch für Streitigkeiten über Genehmigungen, die anstelle einer Planfeststellung erteilt werden, sowie für Streitigkeiten über sämtliche für das Vorhaben erforderlichen Genehmigungen und Erlaubnisse, auch soweit sie Nebeneinrichtungen betreffen, die mit ihm in einem räumlichen und betrieblichen Zusammenhang stehen. Die Länder können durch Gesetz vorschreiben, daß über Streitigkeiten, die Besitzeinweisungen in den Fällen des Satzes 1 betreffen, das

Oberverwaltungsgericht im ersten Rechtszug entscheidet.

(2) Das Oberverwaltungsgericht entscheidet im ersten Rechtszug ferner über Klagen gegen die von einer obersten Landesbehörde nach § 3 Abs. 2 Nr. 1 des Vereinsgesetzes ausgesprochenen Vereinsverbote und nach § 8 Abs. 2 Satz 1 des Vereinsgesetzes erlassenen Verfügungen.

(3) Abweichend von § 21e Absatz 4 des Gerichtsverfassungsgesetzes soll das Präsidium des Oberverwaltungsgerichts anordnen, dass ein Spruchkörper, der in einem Verfahren nach Absatz 1 Satz 1 Nummer 3 bis 16 tätig geworden ist, für dieses nach einer Änderung der Geschäftsverteilung zuständig bleibt.

Entscheidung des Bundesverfassungsgerichts

vom 29. September 2020 (BGBl. I S. 2652)

Aus dem Beschluss des Bundesverfassungsgerichts vom 29. September 2020 – 1 BvR 1550/19 – wird folgende Entscheidungsformel veröffentlicht:

1. Die Beschwerdeführerinnen sind dadurch in ihrem Grundrecht aus Artikel 14 Absatz 1 des Grundgesetzes verletzt, dass der Gesetzgeber auch für den Zeitraum nach dem 30. Juni 2018 weder durch das Sechzehnte Gesetz zur Änderung des Atomgesetzes vom 10. Juli 2018 (Bundesgesetzblatt I Seite 1122) noch durch ein anderes Gesetz eine Neuregelung in Kraft gesetzt hat, die eine im Wesentlichen vollständige Verstromung der den Kernkraftwerken in Anlage 3 Spalte 2 zum Atomgesetz zugewiesenen Elektrizitätsmengen sicherstellt oder einen angemessenen Ausgleich für nicht mehr verstrombare Teile dieser Elektrizitätsmengen gewährt (vgl. BVerfGE 143, 246 <248, Nummer 1 der Entscheidungsformel>).

   (**Anmerkung der Redaktion:** Durch das oben genannte Sechzehnte Gesetz zur Änderung des Atomgesetzes wurde in § 48 VwGO Absatz 1 Satz 1 Nr. 1a eingefügt. Laut Urteilsbegründung ist das Änderungsgesetz nicht wirksam in Kraft getreten.)
2. Der Gesetzgeber bleibt zur Neuregelung verpflichtet.

Die vorstehende Entscheidungsformel hat gemäß § 31 Absatz 2 des Bundesverfassungsgerichtsgesetzes Gesetzeskraft.

§ 49 (Dritter Rechtszug)

Das Bundesverwaltungsgericht entscheidet über das Rechtsmittel

1. der Revision gegen Urteile des Oberverwaltungsgerichts nach § 132,
2. der Revision gegen Urteile des Verwaltungsgerichts nach §§ 134 und 135,
3. der Beschwerde nach § 99 Abs. 2 und § 133 Abs. 1 dieses Gesetzes sowie nach § 17a Abs. 4 Satz 4 des Gerichtsverfassungsgesetzes.

§ 50 (Bundesverwaltungsgericht im ersten Rechtszug)

(1) Das Bundesverwaltungsgericht entscheidet im ersten und letzten Rechtszug

1. über öffentlich-rechtliche Streitigkeiten nichtverfassungsrechtlicher Art zwischen dem Bund und den Ländern und zwischen verschiedenen Ländern,
2. über Klagen gegen die vom Bundesminister des Innern, für Bau und Heimat nach § 3 Abs. 2 Nr. 2 des Vereinsgesetzes ausgesprochenen Vereinsverbote und nach § 8 Abs. 2 Satz 1 des Vereinsgesetzes erlassenen Verfügungen,
3. über Streitigkeiten gegen Abschiebungsanordnungen nach § 58a des Aufenthaltsgesetzes und ihre Vollziehung, sowie den Erlass eines Einreise- und Aufenthaltsverbots auf dieser Grundlage,
4. über Klagen gegen den Bund, denen Vorgänge im Geschäftsbereich des Bundesnachrichtendienstes zugrunde liegen,
5. über Klagen gegen Maßnahmen und Entscheidungen nach § 12 Absatz 3a des Abgeordnetengesetzes, nach den Vorschriften des Elften Abschnitts des Abgeordnetengesetzes, nach § 6b des Bundesministergesetzes und nach § 7 des Gesetzes über die Rechtsverhältnisse der Parlamentarischen Staatssekretäre in Verbindung mit § 6b des Bundesministergesetzes,
6. über sämtliche Streitigkeiten, die Planfeststellungsverfahren und Plangenehmigungsverfahren für Vorhaben betreffen, die in dem Allgemeinen Eisenbahngesetz, dem Bundeswasserstraßengesetz, dem Energie-

IX

leitungsausbaugesetz, dem Bundesbedarfsplangesetz, dem § 43e Absatz 4 des Energiewirtschaftsgesetzes, dem § 76 Absatz 1 des Windenergie-auf-See-Gesetzes oder dem Magnetschwebebahnplanungsgesetz bezeichnet sind, über sämtliche Streitigkeiten zu Verfahren im Sinne des § 17e Absatz 1 des Bundesfernstraßengesetzes, über sämtliche Streitigkeiten, die in § 9 Absatz 2 des Wasserstoffbeschleunigungsgesetzes bezeichnet sind, sowie über die ihm nach dem LNG-Beschleunigungsgesetz zugewiesenen Verfahren,

7. über die ihm nach dem Energiesicherungsgesetz zugewiesenen Verfahren.

(2) In Verfahren nach Absatz 1 Nummer 6 ist § 48 Absatz 3 entsprechend anzuwenden.

(3) Hält das Bundesverwaltungsgericht nach Absatz 1 Nr. 1 eine Streitigkeit für verfassungsrechtlich, so legt es die Sache dem Bundesverfassungsgericht zur Entscheidung vor.

§ 51 (Verbot eines Teilvereins)

(1) Ist gemäß § 5 Abs. 2 des Vereinsgesetzes das Verbot des Gesamtvereins anstelle des Verbots eines Teilvereins zu vollziehen, so ist ein Verfahren über eine Klage dieses Teilvereins gegen das ihm gegenüber erlassene Verbot bis zum Erlaß der Entscheidung über eine Klage gegen das Verbot des Gesamtvereins auszusetzen.

(2) Eine Entscheidung des Bundesverwaltungsgerichts bindet im Falle des Absatzes 1 die Oberverwaltungsgerichte.

(3) Das Bundesverwaltungsgericht unterrichtet die Oberverwaltungsgerichte über die Klage eines Vereins nach § 50 Abs. 1 Nr. 2.

§ 52 (Örtliche Zuständigkeit)

Für die örtliche Zuständigkeit gilt folgendes:

1. In Streitigkeiten, die sich auf unbewegliches Vermögen oder ein ortsgebundenes Recht oder Rechtsverhältnis beziehen, ist nur das Verwaltungsgericht örtlich zuständig, in dessen Bezirk das Vermögen oder der Ort liegt.

2. Bei Anfechtungsklagen gegen den Verwaltungsakt einer Bundesbehörde, einer bundesunmittelbaren Körperschaft, Anstalt oder Stiftung des öffentlichen Rechts, ist das Verwaltungsgericht örtlich zuständig, in dessen Bezirk die Bundesbehörde, die Körperschaft, Anstalt oder Stiftung ihren Sitz hat, vorbehaltlich der Nummern 1 und 4. Dies gilt auch bei Verpflichtungsklagen in den Fällen des Satzes 1. In Streitigkeiten nach dem Asylgesetz ist jedoch das Verwaltungsgericht örtlich zuständig, bei dem bereits ein Verfahren von Familienangehörigen im Sinne des § 26 Absatz 1 bis 3 des Asylgesetzes anhängig ist, es sei denn, die Streitigkeit bezieht sich auf ein Verfahren nach § 18a des Asylgesetzes und der Ausländer ist noch verpflichtet, sich an einem Standort gemäß § 18a Absatz 6 oder Absatz 6a des Asylgesetzes aufzuhalten; dies gilt unabhängig davon, ob die Familie bereits vor der Ankunft des Ausländers im Hoheitsgebiet der Mitgliedstaaten bestanden hat; im Übrigen ist das Verwaltungsgericht örtlich zuständig, in dessen Bezirk der Ausländer nach dem Asylgesetz seinen Aufenthalt zu nehmen hat; ist eine örtliche Zuständigkeit danach nicht gegeben, bestimmt sie sich nach Nummer 3. Soweit ein Land, in dem der Ausländer seinen Aufenthalt zu nehmen hat, von der Möglichkeit nach § 83 Absatz 3 des Asylgesetzes Gebrauch gemacht hat, ist das Verwaltungsgericht örtlich zuständig, das nach dem Landesrecht für Streitigkeiten nach dem Asylgesetz betreffend den Herkunftsstaat des Ausländers zuständig ist. Für Klagen gegen den Bund auf Gebieten, die in die Zuständigkeit der diplomatischen und konsularischen Auslandsvertretungen der Bundesrepublik Deutschland fallen, auf dem Gebiet der Visumangelegenheiten auch, wenn diese in die Zuständigkeit des Bundesamts für Auswärtige Angelegenheiten fallen, ist das Verwaltungsgericht örtlich zuständig, in dessen Bezirk die Bundesregierung ihren Sitz hat.

3. Bei allen anderen Anfechtungsklagen vorbehaltlich der Nummern 1 und 4 ist das Verwaltungsgericht örtlich zuständig, in dessen Bezirk der Verwaltungsakt erlassen wurde. Ist er von einer Behörde, deren Zuständigkeit sich auf mehrere Verwaltungsgerichtsbezirke erstreckt, oder von einer ge-

meinsamen Behörde mehrerer oder aller Länder erlassen, so ist das Verwaltungsgericht zuständig, in dessen Bezirk der Beschwerte seinen Sitz oder Wohnsitz hat. Fehlt ein solcher innerhalb des Zuständigkeitsbereichs der Behörde, so bestimmt sich die Zuständigkeit nach Nummer 5. Bei Anfechtungsklagen gegen Verwaltungsakte einer von den Ländern mit der Vergabe von Studienplätzen beauftragten Behörde ist jedoch das Verwaltungsgericht örtlich zuständig, in dessen Bezirk die Behörde ihren Sitz hat. Dies gilt auch bei Verpflichtungsklagen in den Fällen der Sätze 1, 2 und 4.

4. Für alle Klagen aus einem gegenwärtigen oder früheren Beamten-, Richter-, Wehrpflicht-, Wehrdienst- oder Zivildienstverhältnis und für Streitigkeiten, die sich auf die Entstehung eines solchen Verhältnisses beziehen, ist das Verwaltungsgericht örtlich zuständig, in dessen Bezirk der Kläger oder Beklagte seinen dienstlichen Wohnsitz oder in Ermangelung dessen seinen Wohnsitz hat. Hat der Kläger oder Beklagte keinen dienstlichen Wohnsitz oder keinen Wohnsitz innerhalb des Zuständigkeitsbereichs der Behörde, die den ursprünglichen Verwaltungsakt erlassen hat, so ist das Gericht örtlich zuständig, in dessen Bezirk diese Behörde ihren Sitz hat. Die Sätze 1 und 2 gelten für Klagen nach § 79 des Gesetzes zur Regelung der Rechtsverhältnisse der unter Artikel 131 des Grundgesetzes fallenden Personen entsprechend.
5. In allen anderen Fällen ist das Verwaltungsgericht örtlich zuständig, in dessen Bezirk der Beklagte seinen Sitz, Wohnsitz oder in Ermangelung dessen seinen Aufenthalt hat oder seinen letzten Wohnsitz oder Aufenthalt hatte.

§ 53 (Bestimmung des zuständigen Gerichts)

(1) Das zuständige Gericht innerhalb der Verwaltungsgerichtsbarkeit wird durch das nächsthöhere Gericht bestimmt,

1. wenn das an sich zuständige Gericht in einem einzelnen Fall an der Ausübung der Gerichtsbarkeit rechtlich oder tatsächlich verhindert ist,
2. wenn es wegen der Grenzen verschiedener Gerichtsbezirke ungewiß ist, welches Gericht für den Rechtsstreit zuständig ist,
3. wenn der Gerichtsstand sich nach § 52 richtet und verschiedene Gerichte in Betracht kommen,
4. wenn verschiedene Gerichte sich rechtskräftig für zuständig erklärt haben,
5. wenn verschiedene Gerichte, von denen eines für den Rechtsstreit zuständig ist, sich rechtskräftig für unzuständig erklärt haben.

(2) Wenn eine örtliche Zuständigkeit nach § 52 nicht gegeben ist, bestimmt das Bundesverwaltungsgericht das zuständige Gericht.

(3) Jeder am Rechtsstreit Beteiligte und jedes mit dem Rechtsstreit befaßte Gericht kann das im Rechtszug höhere Gericht oder das Bundesverwaltungsgericht anrufen. Das angerufene Gericht kann ohne mündliche Verhandlung entscheiden.

Teil II
Verfahren

7. Abschnitt
Allgemeine Verfahrensvorschriften

§ 54 (Ausschließung, Ablehnung von Gerichtspersonen)

(1) Für die Ausschließung und Ablehnung der Gerichtspersonen gelten §§ 41 bis 49 der Zivilprozeßordnung entsprechend.

(2) Von der Ausübung des Amtes als Richter oder ehrenamtlicher Richter ist auch ausgeschlossen, wer bei dem vorausgegangenen Verwaltungsverfahren mitgewirkt hat.

(3) Besorgnis der Befangenheit nach § 42 der Zivilprozeßordnung ist stets dann begründet, wenn der Richter oder ehrenamtliche Richter der Vertretung einer Körperschaft angehört, deren Interessen durch das Verfahren berührt werden.

§ 55 (Öffentlichkeit, Sitzungspolizei, Gerichtssprache, Beratung, Abstimmung)

§§ 169, 171a bis 198 des Gerichtsverfassungsgesetzes über die Öffentlichkeit, Sitzungspolizei, Gerichtssprache, Beratung und Abstimmung finden entsprechende Anwendung.

§ 55a (Elektronische Dokumente)

(1) Vorbereitende Schriftsätze und deren Anlagen, schriftlich einzureichende Anträge und Erklärungen der Beteiligten sowie schriftlich einzureichende Auskünfte, Aussagen, Gutachten, Übersetzungen, Anträge und Erklärungen Dritter können nach Maßgabe der Absätze 2 bis 6 als elektronische Dokumente bei Gericht eingereicht werden.

(2) Das elektronische Dokument muss für die Bearbeitung durch das Gericht geeignet sein. Die Bundesregierung bestimmt durch Rechtsverordnung mit Zustimmung des Bundesrates technische Rahmenbedingungen für die Übermittlung und die Eignung zur Bearbeitung durch das Gericht sowie das Nähere zur Verarbeitung von Daten der Postfachinhaber nach Absatz 4 Satz 1 Nummer 3 und 4 in einem sicheren elektronischen Verzeichnis.

(3) Das elektronische Dokument muss mit einer qualifizierten elektronischen Signatur der verantwortenden Person versehen sein oder von der verantwortenden Person signiert und auf einem sicheren Übermittlungsweg eingereicht werden. Satz 1 gilt nicht für Anlagen, die vorbereitenden Schriftsätzen beigefügt sind. Soll ein schriftlich einzureichender Antrag oder eine schriftlich einzureichende Erklärung eines Beteiligten oder eines Dritten als elektronisches Dokument eingereicht werden, so kann der unterschriebene Antrag oder die unterschriebene Erklärung in ein elektronisches Dokument übertragen und durch den Bevollmächtigten, den Vertreter oder den Beistand nach Satz 1 übermittelt werden.

(4) Sichere Übermittlungswege sind

1. der Übermittlungsweg zwischen den besonderen elektronischen Anwaltspostfächern nach den §§ 31a und 31b der Bundesrechtsanwaltsordnung oder einem entsprechenden, auf gesetzlicher Grundlage errichteten elektronischen Postfach und der elektronischen Poststelle des Gerichts,
2. der Übermittlungsweg zwischen einem nach Durchführung eines Identifizierungsverfahrens eingerichteten Postfach einer Behörde oder einer juristischen Person des öffentlichen Rechts und der elektronischen Poststelle des Gerichts,
3. der Übermittlungsweg zwischen einem nach Durchführung eines Identifizierungsverfahrens eingerichteten elektronischen Postfach einer natürlichen oder juristischen Person oder einer sonstigen Vereinigung und der elektronischen Poststelle des Gerichts,
4. der Übermittlungsweg zwischen einem nach Durchführung eines Identifizierungsverfahrens genutzten Postfach- und Versanddienst eines Nutzerkontos im Sinne des § 2 Absatz 5 des Onlinezugangsgesetzes und der elektronischen Poststelle des Gerichts,
5. sonstige bundeseinheitliche Übermittlungswege, die durch Rechtsverordnung der Bundesregierung mit Zustimmung des Bundesrates festgelegt werden, bei denen die Authentizität und Integrität der Daten sowie die Barrierefreiheit gewährleistet sind.

Das Nähere zu den Übermittlungswegen gemäß Satz 1 Nummer 2 bis 4 regelt die Rechtsverordnung nach Absatz 2 Satz 2.

(5) Ein elektronisches Dokument ist eingegangen, sobald es auf der für den Empfang bestimmten Einrichtung des Gerichts gespeichert ist. Dem Absender ist eine automatisierte Bestätigung über den Zeitpunkt des Eingangs zu erteilen. Die Vorschriften dieses Gesetzes über die Beifügung von Abschriften für die übrigen Beteiligten finden keine Anwendung.

(6) Ist ein elektronisches Dokument für das Gericht zur Bearbeitung nicht geeignet, ist dies dem Absender unter Hinweis auf die Unwirksamkeit des Eingangs unverzüglich mitzuteilen. Das Dokument gilt als zum Zeitpunkt der früheren Einreichung eingegangen, sofern der Absender es unverzüglich in einer für das Gericht zur Bearbeitung geeigneten Form nachreicht und glaubhaft macht, dass es mit dem zuerst eingereichten Dokument inhaltlich übereinstimmt.

(7) Soweit eine handschriftliche Unterzeichnung durch den Richter oder den Urkundsbeamten der Geschäftsstelle vorgeschrieben ist,

genügt dieser Form die Aufzeichnung als elektronisches Dokument, wenn die verantwortenden Personen am Ende des Dokuments ihren Namen hinzufügen und das Dokument mit einer qualifizierten elektronischen Signatur versehen. Der in Satz 1 genannten Form genügt auch ein elektronisches Dokument, in welches das handschriftlich unterzeichnete Schriftstück gemäß § 55b Absatz 6 Satz 4 übertragen worden ist.

§ 55b (Elektronische Prozessakten)

(1) Die Prozessakten werden elektronisch geführt. Die Bundesregierung und die Landesregierungen bestimmen jeweils für ihren Bereich durch Rechtsverordnung die organisatorischen und dem Stand der Technik entsprechenden technischen Rahmenbedingungen für die Bildung, Führung und Aufbewahrung der elektronischen Akten einschließlich der einzuhaltenden Anforderungen der Barrierefreiheit. Die Landesregierungen können die Ermächtigung nach Satz 2 auf die für die Verwaltungsgerichtsbarkeit zuständigen obersten Landesbehörden übertragen. Die Rechtsverordnung der Bundesregierung bedarf nicht der Zustimmung des Bundesrates.

(2) Akten, die in Papierform angelegt wurden, können in Papierform weitergeführt werden. Sie können ab einem bestimmten Stichtag oder Ereignis in elektronischer Form weitergeführt werden. Der Beginn der Weiterführung der Akten in elektronischer Form ist aktenkundig zu machen. Werden die Akten in Papierform geführt, ist von einem elektronischen Dokument ein Ausdruck für die Akten zu fertigen. Kann dies bei Anlagen zu vorbereitenden Schriftsätzen nicht oder nur mit unverhältnismäßigem Aufwand erfolgen, so kann ein Ausdruck unterbleiben. Die Daten sind in diesem Fall dauerhaft zu speichern; der Speicherort ist aktenkundig zu machen.

(3) Wird das elektronische Dokument auf einem sicheren Übermittlungsweg eingereicht, so ist dies aktenkundig zu machen.

(4) Ist das elektronische Dokument mit einer qualifizierten elektronischen Signatur versehen und nicht auf einem sicheren Übermittlungsweg eingereicht, muss der Ausdruck einen Vermerk darüber enthalten,

1. welches Ergebnis die Integritätsprüfung des Dokumentes ausweist,
2. wen die Signaturprüfung als Inhaber der Signatur ausweist,
3. welchen Zeitpunkt die Signaturprüfung für die Anbringung der Signatur ausweist.

(5) Ein eingereichtes elektronisches Dokument kann im Falle von Absatz 2 nach Ablauf von sechs Monaten gelöscht werden.

(6) Werden die Prozessakten elektronisch geführt, sind in Papierform vorliegende Schriftstücke und sonstige Unterlagen nach dem Stand der Technik zur Ersetzung der Urschrift in ein elektronisches Dokument zu übertragen. Es ist sicherzustellen, dass das elektronische Dokument mit den vorliegenden Schriftstücken und sonstigen Unterlagen bildlich und inhaltlich übereinstimmt. Das elektronische Dokument ist mit einem Übertragungsnachweis zu versehen, der das bei der Übertragung angewandte Verfahren und die bildliche und inhaltliche Übereinstimmung dokumentiert. Wird ein von den verantwortenden Personen handschriftlich unterzeichnetes gerichtliches Schriftstück übertragen, ist der Übertragungsnachweis mit einer qualifizierten elektronischen Signatur des Urkundsbeamten der Geschäftsstelle zu versehen. Die in Papierform vorliegenden Schriftstücke und sonstigen Unterlagen können sechs Monate nach der Übertragung vernichtet werden, sofern sie nicht rückgabepflichtig sind.

(7) Die Bundesregierung kann durch Rechtsverordnung mit Zustimmung des Bundesrates die für die Übermittlung elektronischer Akten zwischen Behörden und Gerichten geltenden Standards bestimmen.

§ 55c Formulare; Verordnungsermächtigung

Das Bundesministerium der Justiz und für Verbraucherschutz kann durch Rechtsverordnung mit Zustimmung des Bundesrates elektronische Formulare einführen. Die Rechtsverordnung kann bestimmen, dass die in den Formularen enthaltenen Angaben ganz oder teilweise in strukturierter maschinenlesbarer

Form zu übermitteln sind. Die Formulare sind auf einer in der Rechtsverordnung zu bestimmenden Kommunikationsplattform im Internet zur Nutzung bereitzustellen. Die Rechtsverordnung kann bestimmen, dass eine Identifikation des Formularverwenders abweichend von § 55a Absatz 3 auch durch Nutzung des elektronischen Identitätsnachweises nach § 18 des Personalausweisgesetzes, § 12 des eID-Karte-Gesetzes oder § 78 Absatz 5 des Aufenthaltsgesetzes erfolgen kann.

§ 55d Nutzungspflicht für Rechtsanwälte, Behörden und vertretungsberechtigte Bevollmächtigte

Vorbereitende Schriftsätze und deren Anlagen sowie schriftlich einzureichende Anträge und Erklärungen, die durch einen Rechtsanwalt, durch eine Behörde oder durch eine juristische Person des öffentlichen Rechts einschließlich der von ihr zur Erfüllung ihrer öffentlichen Aufgaben gebildeten Zusammenschlüsse eingereicht werden, sind als elektronisches Dokument zu übermitteln. Gleiches gilt für die nach diesem Gesetz vertretungsberechtigten Personen und Bevollmächtigten, für die ein sicherer Übermittlungsweg nach § 55a Absatz 4 Satz 1 Nummer 1 oder 3 zur Verfügung steht; ausgenommen sind nach § 67 Absatz 2 Satz 2 Nummer 1 Halbsatz 1 oder Nummer 2 vertretungsbefugte Personen. Ist eine Übermittlung aus technischen Gründen vorübergehend nicht möglich, bleibt die Übermittlung nach den allgemeinen Vorschriften zulässig. Die vorübergehende Unmöglichkeit ist bei der Ersatzeinreichung oder unverzüglich danach glaubhaft zu machen; auf Anforderung ist ein elektronisches Dokument nachzureichen.

§ 56 (Zustellung)

(1) Anordnungen und Entscheidungen, durch die eine Frist in Lauf gesetzt wird, sowie Terminbestimmungen und Ladungen sind zuzustellen, bei Verkündung jedoch nur, wenn es ausdrücklich vorgeschrieben ist.

(2) Zugestellt wird von Amts wegen nach den Vorschriften der Zivilprozessordnung.

(3) Wer nicht im Inland wohnt, hat auf Verlangen einen Zustellungsbevollmächtigten zu bestellen.

§ 56a (Öffentliche Bekanntmachung)

(1) Sind gleiche Bekanntgaben an mehr als fünfzig Personen erforderlich, kann das Gericht für das weitere Verfahren die Bekanntgabe durch öffentliche Bekanntmachung anordnen. In dem Beschluß muß bestimmt werden, in welchen Tageszeitungen die Bekanntmachungen veröffentlicht werden; dabei sind Tageszeitungen vorzusehen, die in dem Bereich verbreitet sind, in dem sich die Entscheidung voraussichtlich auswirken wird. Der Beschluß ist den Beteiligten zuzustellen. Die Beteiligten sind darauf hinzuweisen, auf welche Weise die weiteren Bekanntgaben bewirkt werden und wann das Dokument als zugestellt gilt. Der Beschluß ist unanfechtbar. Das Gericht kann den Beschluß jederzeit aufheben; es muß ihn aufheben, wenn die Voraussetzungen des Satzes 1 nicht vorlagen oder nicht mehr vorliegen.

(2) Die öffentliche Bekanntmachung erfolgt durch Aushang an der Gerichtstafel oder durch Veröffentlichung in einem elektronischen Informations- und Kommunikationssystem, das im Gericht öffentlich zugänglich ist und durch Veröffentlichung im Bundesanzeiger sowie in den im Beschluss nach Absatz 1 Satz 2 bestimmten Tageszeitungen. Bei einer Entscheidung genügt die öffentliche Bekanntmachung der Entscheidungsformel und der Rechtsbehelfsbelehrung. Statt des bekannt zu machenden Dokuments kann eine Benachrichtigung öffentlich bekannt gemacht werden, in der angegeben ist, wo das Dokument eingesehen werden kann. Eine Terminbestimmung oder Ladung muss im vollständigen Wortlaut öffentlich bekannt gemacht werden.

(3) Das Dokument gilt als an dem Tage zugestellt, an dem seit dem Tage der Veröffentlichung im Bundesanzeiger zwei Wochen verstrichen sind; darauf ist in jeder Veröffentlichung hinzuweisen. Nach der öffentlichen Bekanntmachung einer Entscheidung können die Beteiligten eine Ausfertigung schriftlich anfordern; darauf ist in der Veröffentlichung gleichfalls hinzuweisen.

§ 57 (Fristen)

(1) Der Lauf einer Frist beginnt, soweit nichts anderes bestimmt ist, mit der Zustellung oder,

wenn diese nicht vorgeschrieben ist, mit der Eröffnung oder Verkündung.

(2) Für die Fristen gelten die Vorschriften der §§ 222, 224 Abs. 2 und 3, §§ 225 und 226 der Zivilprozeßordnung.

§ 58 (Belehrung über Rechtsbehelf)

(1) Die Frist für ein Rechtsmittel oder einen anderen Rechtsbehelf beginnt nur zu laufen, wenn der Beteiligte über den Rechtsbehelf, die Verwaltungsbehörde oder das Gericht, bei denen der Rechtsbehelf anzubringen ist, den Sitz und die einzuhaltende Frist schriftlich oder elektronisch belehrt worden ist.

(2) Ist die Belehrung unterblieben oder unrichtig erteilt, so ist die Einlegung des Rechtsbehelfs nur innerhalb eines Jahres seit Zustellung, Eröffnung oder Verkündung zulässig, außer wenn die Einlegung vor Ablauf der Jahresfrist infolge höherer Gewalt unmöglich war oder eine schriftliche oder elektronische Belehrung dahin erfolgt ist, daß ein Rechtsbehelf nicht gegeben sei. § 60 Abs. 2 gilt für den Fall höherer Gewalt entsprechend.

§ 59 (weggefallen)

§ 60 (Wiedereinsetzung in den vorigen Stand)

(1) Wenn jemand ohne Verschulden verhindert war, eine gesetzliche Frist einzuhalten, so ist ihm auf Antrag Wiedereinsetzung in den vorigen Stand zu gewähren.

(2) Der Antrag ist binnen zwei Wochen nach Wegfall des Hindernisses zu stellen; bei Versäumung der Frist zur Begründung der Berufung, des Antrags auf Zulassung der Berufung, der Revision, der Nichtzulassungsbeschwerde oder der Beschwerde beträgt die Frist einen Monat. Die Tatsachen zur Begründung des Antrags sind bei der Antragstellung oder im Verfahren über den Antrag glaubhaft zu machen. Innerhalb der Antragsfrist ist die versäumte Rechtshandlung nachzuholen. Ist dies geschehen, so kann die Wiedereinsetzung auch ohne Antrag gewährt werden.

(3) Nach einem Jahr seit dem Ende der versäumten Frist ist der Antrag unzulässig, außer wenn der Antrag vor Ablauf der Jahresfrist infolge höherer Gewalt unmöglich war.

(4) Über den Wiedereinsetzungsantrag entscheidet das Gericht, das über die versäumte Rechtshandlung zu befinden hat.

(5) Die Wiedereinsetzung ist unanfechtbar.

§ 61 (Beteiligungsfähigkeit)

Fähig, am Verfahren beteiligt zu sein, sind

1. natürliche und juristische Personen,
2. Vereinigungen, soweit ihnen ein Recht zustehen kann,
3. Behörden, sofern das Landesrecht dies bestimmt.

§ 62 (Prozessfähigkeit)

(1) Fähig zur Vornahme von Verfahrenshandlungen sind

1. die nach bürgerlichem Recht Geschäftsfähigen,
2. die nach bürgerlichem Recht in der Geschäftsfähigkeit Beschränkten, soweit sie durch Vorschriften des bürgerlichen oder öffentlichen Rechts für den Gegenstand des Verfahrens als geschäftsfähig anerkannt sind.

(2) Betrifft ein Einwilligungsvorbehalt nach § 1825 des Bürgerlichen Gesetzbuchs den Gegenstand des Verfahrens, so ist ein geschäftsfähiger Betreuter nur insoweit zur Vornahme von Verfahrenshandlungen fähig, als er nach den Vorschriften des bürgerlichen Rechts ohne Einwilligung des Betreuers handeln kann oder durch Vorschriften des öffentlichen Rechts als handlungsfähig anerkannt ist.

(3) Für Vereinigungen sowie für Behörden handeln ihre gesetzlichen Vertreter und Vorstände.

(4) §§ 53 bis 58 der Zivilprozeßordnung gelten entsprechend.

§ 63 (Beteiligte)

Beteiligte am Verfahren sind

1. der Kläger,
2. der Beklagte,
3. der Beigeladene (§ 65),

4. der Vertreter des Bundesinteresses beim Bundesverwaltungsgericht oder der Vertreter des öffentlichen Interesses, falls er von seiner Beteiligungsbefugnis Gebrauch macht.

§ 64 (Streitgenossenschaft)

Die Vorschriften der §§ 59 bis 63 der Zivilprozeßordnung über die Streitgenossenschaft sind entsprechend anzuwenden.

§ 65 (Beiladung)

(1) Das Gericht kann, solange das Verfahren noch nicht rechtskräftig abgeschlossen oder in höherer Instanz anhängig ist, von Amts wegen oder auf Antrag andere, deren rechtliche Interessen durch die Entscheidung berührt werden, beiladen.

(2) Sind an dem streitigen Rechtsverhältnis Dritte derart beteiligt, daß die Entscheidung auch ihnen gegenüber nur einheitlich ergehen kann, so sind sie beizuladen (notwendige Beiladung).

(3) Kommt nach Absatz 2 die Beiladung von mehr als fünfzig Personen in Betracht, kann das Gericht durch Beschluß anordnen, daß nur solche Personen beigeladen werden, die dies innerhalb einer bestimmten Frist beantragen. Der Beschluß ist unanfechtbar. Er ist im Bundesanzeiger bekanntzumachen. Er muß außerdem in Tageszeitungen veröffentlicht werden, die in dem Bereich verbreitet sind, in dem sich die Entscheidung voraussichtlich auswirken wird. Die Bekanntmachung kann zusätzlich in einem von dem Gericht für Bekanntmachungen bestimmten Informations- und Kommunikationssystem erfolgen. Die Frist muß mindestens drei Monate seit Veröffentlichung im Bundesanzeiger betragen. In der Veröffentlichung in Tageszeitungen ist mitzuteilen, an welchem Tage die Frist abläuft. Für die Wiedereinsetzung in den vorigen Stand bei Versäumung der Frist gilt § 60 entsprechend. Das Gericht soll Personen, die von der Entscheidung erkennbar in besonderem Maße betroffen werden, auch ohne Antrag beiladen.

(4) Der Beiladungsbeschluß ist allen Beteiligten zuzustellen. Dabei sollen der Stand der Sache und der Grund der Beiladung angegeben werden. Die Beiladung ist unanfechtbar.

§ 66 (Stellung des Beigeladenen)

Der Beigeladene kann innerhalb der Anträge eines Beteiligten selbständig Angriffs- und Verteidigungsmittel geltend machen und alle Verfahrenshandlungen wirksam vornehmen. Abweichende Sachanträge kann er nur stellen, wenn eine notwendige Beiladung vorliegt.

§ 67 (Bevollmächtigte Vertreter)

(1) Die Beteiligten können vor dem Verwaltungsgericht den Rechtsstreit selbst führen.

(2) Die Beteiligten können sich durch einen Rechtsanwalt oder einen Rechtslehrer an einer staatlichen oder staatlich anerkannten Hochschule eines Mitgliedstaates der Europäischen Union, eines anderen Vertragsstaates des Abkommens über den Europäischen Wirtschaftsraum oder der Schweiz, der die Befähigung zum Richteramt besitzt, als Bevollmächtigten vertreten lassen. Darüber hinaus sind als Bevollmächtigte vor dem Verwaltungsgericht vertretungsbefugt nur

1. Beschäftigte des Beteiligten oder eines mit ihm verbundenen Unternehmens (§ 15 des Aktiengesetzes); Behörden und juristische Personen des öffentlichen Rechts einschließlich der von ihnen zur Erfüllung ihrer öffentlichen Aufgaben gebildeten Zusammenschlüsse können sich auch durch Beschäftigte anderer Behörden oder juristischer Personen des öffentlichen Rechts einschließlich der von ihnen zur Erfüllung ihrer öffentlichen Aufgaben gebildeten Zusammenschlüsse vertreten lassen,
2. volljährige Familienangehörige (§ 15 der Abgabenordnung, § 11 des Lebenspartnerschaftsgesetzes), Personen mit Befähigung zum Richteramt und Streitgenossen, wenn die Vertretung nicht im Zusammenhang mit einer entgeltlichen Tätigkeit steht,
3. Steuerberater, Steuerbevollmächtigte, Wirtschaftsprüfer und vereidigte Buchprüfer, Personen und Vereinigungen im

Sinne der §§ 3a und 3c des Steuerberatungsgesetzes im Rahmen ihrer Befugnisse nach § 3a des Steuerberatungsgesetzes, zu beschränkter geschäftsmäßiger Hilfeleistung in Steuersachen nach den §§ 3d und 3e des Steuerberatungsgesetzes berechtigte Personen im Rahmen dieser Befugnisse sowie Gesellschaften im Sinne des § 3 Satz 1 Nummer 2 und 3 des Steuerberatungsgesetzes, die durch Personen im Sinne des § 3 Satz 2 des Steuerberatungsgesetzes handeln, in Abgabenangelegenheiten,

3a. Steuerberater, Steuerbevollmächtigte, Wirtschaftsprüfer und vereidigte Buchprüfer, Personen und Vereinigungen im Sinne der §§ 3a und 3c des Steuerberatungsgesetzes im Rahmen ihrer Befugnisse nach § 3a des Steuerberatungsgesetzes, zu beschränkter geschäftsmäßiger Hilfeleistung in Steuersachen nach den §§ 3d und 3e des Steuerberatungsgesetzes berechtigte Personen im Rahmen dieser Befugnisse sowie Gesellschaften im Sinne des § 3 Satz 1 Nummer 2 und 3 des Steuerberatungsgesetzes, die durch Personen im Sinne des § 3 Satz 2 des Steuerberatungsgesetzes handeln, in Angelegenheiten finanzieller Hilfeleistungen im Rahmen staatlicher Hilfsprogramme zur Abmilderung der Folgen der COVID-19-Pandemie, wenn und soweit diese Hilfsprogramme eine Einbeziehung der Genannten als prüfende Dritte vorsehen,

4. berufsständische Vereinigungen der Landwirtschaft für ihre Mitglieder,

5. Gewerkschaften und Vereinigungen von Arbeitgebern sowie Zusammenschlüsse solcher Verbände für ihre Mitglieder oder für andere Verbände oder Zusammenschlüsse mit vergleichbarer Ausrichtung und deren Mitglieder,

6. Vereinigungen, deren satzungsgemäße Aufgaben die gemeinschaftliche Interessenvertretung, die Beratung und Vertretung von Menschen mit Behinderungen wesentlich umfassen und die unter Berücksichtigung von Art und Umfang ihrer Tätigkeit sowie ihres Mitgliederkreises die Gewähr für eine sachkundige Prozessvertretung bieten, für ihre Mitglieder in Angelegenheiten des Schwerbehindertenrechts sowie der damit im Zusammenhang stehenden Angelegenheiten,

7. juristische Personen, deren Anteile sämtlich im wirtschaftlichen Eigentum einer der in den Nummern 5 und 6 bezeichneten Organisationen stehen, wenn die juristische Person ausschließlich die Rechtsberatung und Prozessvertretung dieser Organisation und ihrer Mitglieder oder anderer Verbände oder Zusammenschlüsse mit vergleichbarer Ausrichtung und deren Mitglieder entsprechend deren Satzung durchführt, und wenn die Organisation für die Tätigkeit der Bevollmächtigten haftet,

8. Patentanwälte in den in § 39 Absatz 1 Satz 1 des Agrargeoschutz-Durchführungsgesetzes genannten Angelegenheiten.

Bevollmächtigte, die keine natürlichen Personen sind, handeln durch ihre Organe und mit der Prozessvertretung beauftragten Vertreter.

(3) Das Gericht weist Bevollmächtigte, die nicht nach Maßgabe des Absatzes 2 vertretungsbefugt sind, durch unanfechtbaren Beschluss zurück. Prozesshandlungen eines nicht vertretungsbefugten Bevollmächtigten und Zustellungen oder Mitteilungen an diesen Bevollmächtigten sind bis zu seiner Zurückweisung wirksam. Das Gericht kann den in Absatz 2 Satz 2 Nr. 1 und 2 bezeichneten Bevollmächtigten durch unanfechtbaren Beschluss die weitere Vertretung untersagen, wenn sie nicht in der Lage sind, das Sach- und Streitverhältnis sachgerecht darzustellen.

(4) Vor dem Bundesverwaltungsgericht und dem Oberverwaltungsgericht müssen sich die Beteiligten, außer im Prozesskostenhilfeverfahren, durch Prozessbevollmächtigte vertreten lassen. Dies gilt auch für Prozesshandlungen, durch die ein Verfahren vor dem Bundesverwaltungsgericht oder einem Oberverwaltungsgericht eingeleitet wird. Als Bevollmächtigte sind nur die in Absatz 2 Satz 1 bezeichneten Personen zugelassen. Behörden und juristische Personen des öffentlichen Rechts einschließlich der von ihnen zur Erfüllung ihrer

öffentlichen Aufgaben gebildeten Zusammenschlüsse können sich durch eigene Beschäftigte mit Befähigung zum Richteramt oder durch Beschäftigte mit Befähigung zum Richteramt anderer Behörden oder juristischer Personen des öffentlichen Rechts einschließlich der von ihnen zur Erfüllung ihrer öffentlichen Aufgaben gebildeten Zusammenschlüsse vertreten lassen. Vor dem Bundesverwaltungsgericht sind auch die in Absatz 2 Satz 2 Nr. 5 bezeichneten Organisationen einschließlich der von ihnen gebildeten juristischen Personen gemäß Absatz 2 Satz 7 Nr. 7 als Bevollmächtigte zugelassen, jedoch nur in Angelegenheiten, die Rechtsverhältnisse im Sinne des § 52 Nr. 4 betreffen, in Personalvertretungsangelegenheiten und in Angelegenheiten, die in einem Zusammenhang mit einem gegenwärtigen oder früheren Arbeitsverhältnis von Arbeitnehmern im Sinne des § 5 des Arbeitsgerichtsgesetzes stehen, einschließlich Prüfungsangelegenheiten. Die in Satz 5 genannten Bevollmächtigten müssen durch Personen mit der Befähigung zum Richteramt handeln. Vor dem Oberverwaltungsgericht sind auch die in Absatz 2 Satz 2 Nr. 3 bis 7 bezeichneten Personen und Organisationen als Bevollmächtigte zugelassen. Ein Beteiligter, der nach Maßgabe der Sätze 3, 5 und 7 zur Vertretung berechtigt ist, kann sich selbst vertreten.

(5) Richter dürfen nicht als Bevollmächtigte vor dem Gericht auftreten, dem sie angehören. Ehrenamtliche Richter dürfen, außer in den Fällen des Absatzes 2 Satz 2 Nr. 1, nicht vor einem Spruchkörper auftreten, dem sie angehören. Absatz 3 Satz 1 und 2 gilt entsprechend.

(6) Die Vollmacht ist schriftlich zu den Gerichtsakten einzureichen. Sie kann nachgereicht werden; hierfür kann das Gericht eine Frist bestimmen. Der Mangel der Vollmacht kann in jeder Lage des Verfahrens geltend gemacht werden. Das Gericht hat den Mangel der Vollmacht von Amts wegen zu berücksichtigen, wenn nicht als Bevollmächtigter ein Rechtsanwalt auftritt. Ist ein Bevollmächtigter bestellt, sind die Zustellungen oder Mitteilungen des Gerichts an ihn zu richten.

(7) In der Verhandlung können die Beteiligten mit Beiständen erscheinen. Beistand kann sein, wer in Verfahren, in denen die Beteiligten den Rechtsstreit selbst führen können, als Bevollmächtigter zur Vertretung in der Verhandlung befugt ist. Das Gericht kann andere Personen als Beistand zulassen, wenn dies sachdienlich ist und hierfür nach den Umständen des Einzelfalls ein Bedürfnis besteht. Absatz 3 Satz 1 und 3 und Absatz 5 gelten entsprechend. Das von dem Beistand Vorgetragene gilt als von dem Beteiligten vorgebracht, soweit es nicht von diesem sofort widerrufen oder berichtigt wird.

§ 67a (Gemeinsamer Bevollmächtigter)

(1) Sind an einem Rechtsstreit mehr als zwanzig Personen im gleichen Interesse beteiligt, ohne durch einen Prozeßbevollmächtigten vertreten zu sein, kann das Gericht ihnen durch Beschluß aufgeben, innerhalb einer angemessenen Frist einen gemeinsamen Bevollmächtigten zu bestellen, wenn sonst die ordnungsgemäße Durchführung des Rechtsstreits beeinträchtigt wäre. Bestellen die Beteiligten einen gemeinsamen Bevollmächtigten nicht innerhalb der ihnen gesetzten Frist, kann das Gericht einen Rechtsanwalt als gemeinsamen Vertreter durch Beschluß bestellen. Die Beteiligten können Verfahrenshandlungen nur durch den gemeinsamen Bevollmächtigten oder Vertreter vornehmen. Beschlüsse nach den Sätzen 1 und 2 sind unanfechtbar.

(2) Die Vertretungsmacht erlischt, sobald der Vertreter oder der Vertretene dies dem Gericht schriftlich oder zu Protokoll des Urkundsbeamten der Geschäftsstelle erklärt; der Vertreter kann die Erklärung nur hinsichtlich aller Vertretenen abgeben. Gibt der Vertretene eine solche Erklärung ab, so erlischt die Vertretungsmacht nur, wenn zugleich die Bestellung eines anderen Bevollmächtigten angezeigt wird.

8. Abschnitt
Besondere Vorschriften für Anfechtungs- und Verpflichtungsklagen

§ 68 (Nachprüfung im Vorverfahren)

(1) Vor Erhebung der Anfechtungsklage sind Rechtmäßigkeit und Zweckmäßigkeit des Verwaltungsakts in einem Vorverfahren

nachzuprüfen. Einer solchen Nachprüfung bedarf es nicht, wenn ein Gesetz dies bestimmt oder wenn

1. der Verwaltungsakt von einer obersten Bundesbehörde oder von einer obersten Landesbehörde erlassen worden ist, außer wenn ein Gesetz die Nachprüfung vorschreibt, oder
2. der Abhilfebescheid oder der Widerspruchsbescheid erstmalig eine Beschwer enthält.

(2) Für die Verpflichtungsklage gilt Absatz 1 entsprechend, wenn der Antrag auf Vornahme des Verwaltungsakts abgelehnt worden ist.

§ 69 (Widerspruch)

Das Vorverfahren beginnt mit der Erhebung des Widerspruchs.

§ 70 (Frist)

(1) Der Widerspruch ist innerhalb eines Monats, nachdem der Verwaltungsakt dem Beschwerten bekanntgegeben worden ist, schriftlich, in elektronischer Form nach § 3a Absatz 2 des Verwaltungsverfahrensgesetzes, schriftformersetzend nach § 3a Absatz 3 des Verwaltungsverfahrensgesetzes und § 9a Absatz 5 des Onlinezugangsgesetzes oder zur Niederschrift bei der Behörde zu erheben, die den Verwaltungsakt erlassen hat. Die Frist wird auch durch Einlegung bei der Behörde, die den Widerspruchsbescheid zu erlassen hat, gewahrt.

(2) §§ 58 und 60 Abs. 1 bis 4 gelten entsprechend.

§ 71 (Anhörung)

Ist die Aufhebung oder Änderung eines Verwaltungsakts im Widerspruchsverfahren erstmalig mit einer Beschwer verbunden, soll der Betroffene vor Erlaß des Abhilfebescheids oder des Widerspruchsbescheids gehört werden.

§ 72 (Abhilfe)

Hält die Behörde den Widerspruch für begründet, so hilft sie ihm ab und entscheidet über die Kosten.

§ 73 (Widerspruchsbescheid)

(1) Hilft die Behörde dem Widerspruch nicht ab, so ergeht ein Widerspruchsbescheid. Diesen erläßt

1. die nächsthöhere Behörde, soweit nicht durch Gesetz eine andere höhere Behörde bestimmt wird,
2. wenn die nächsthöhere Behörde eine oberste Bundes- oder oberste Landesbehörde ist, die Behörde, die den Verwaltungsakt erlassen hat,
3. in Selbstverwaltungsangelegenheiten die Selbstverwaltungsbehörde, soweit nicht durch Gesetz anderes bestimmt wird.

Abweichend von Satz 2 Nr. 1 kann durch Gesetz bestimmt werden, dass die Behörde, die den Verwaltungsakt erlassen hat, auch für die Entscheidung über den Widerspruch zuständig ist.

(2) Vorschriften, nach denen im Vorverfahren des Absatzes 1 Ausschüsse oder Beiräte an die Stelle einer Behörde treten, bleiben unberührt. Die Ausschüsse oder Beiräte können abweichend von Absatz 1 Nr. 1 auch bei der Behörde gebildet werden, die den Verwaltungsakt erlassen hat.

(3) Der Widerspruchsbescheid ist zu begründen, mit einer Rechtsmittelbelehrung zu versehen und zuzustellen. Zugestellt wird von Amts wegen nach den Vorschriften des Verwaltungszustellungsgesetzes. Der Widerspruchsbescheid bestimmt auch, wer die Kosten trägt.

§ 74 (Frist zur Klageerhebung)

(1) Die Anfechtungsklage muß innerhalb eines Monats nach Zustellung des Widerspruchsbescheids erhoben werden. Ist nach § 68 ein Widerspruchsbescheid nicht erforderlich, so muß die Klage innerhalb eines Monats nach Bekanntgabe des Verwaltungsakts erhoben werden.

(2) Für die Verpflichtungsklage gilt Absatz 1 entsprechend, wenn der Antrag auf Vornahme des Verwaltungsakts abgelehnt worden ist.

§ 75 (Verzögerung der Sachentscheidung)

Ist über einen Widerspruch oder über einen Antrag auf Vornahme eines Verwaltungsakts ohne zureichenden Grund in angemessener Frist sachlich nicht entschieden worden, so ist die Klage abweichend von § 68 zulässig. Die Klage kann nicht vor Ablauf von drei Monaten seit der Einlegung des Widerspruchs oder seit dem Antrag auf Vornahme des Verwaltungsakts erhoben werden, außer wenn wegen besonderer Umstände des Falles eine kürzere Frist geboten ist. Liegt ein zureichender Grund dafür vor, daß über den Widerspruch noch nicht entschieden oder der beantragte Verwaltungsakt noch nicht erlassen ist, so setzt das Gericht das Verfahren bis zum Ablauf einer von ihm bestimmten Frist, die verlängert werden kann, aus. Wird dem Widerspruch innerhalb der vom Gericht gesetzten Frist stattgegeben oder der Verwaltungsakt innerhalb dieser Frist erlassen, so ist die Hauptsache für erledigt zu erklären.

§ 76 (weggefallen)

§ 77 (Ersetzung von Einspruchs- und Beschwerdeverfahren)

(1) Alle bundesrechtlichen Vorschriften in anderen Gesetzen über Einspruchs- oder Beschwerdeverfahren sind durch die Vorschriften dieses Abschnitts ersetzt.

(2) Das gleiche gilt für landesrechtliche Vorschriften über Einspruchs- oder Beschwerdeverfahren als Voraussetzung der verwaltungsgerichtlichen Klage.

§ 78 (Klagegegner)

(1) Die Klage ist zu richten

1. gegen den Bund, das Land oder die Körperschaft, deren Behörde den angefochtenen Verwaltungsakt erlassen oder den beantragten Verwaltungsakt unterlassen hat; zur Bezeichnung des Beklagten genügt die Angabe der Behörde,
2. sofern das Landesrecht dies bestimmt, gegen die Behörde selbst, die den angefochtenen Verwaltungsakt erlassen oder den beantragten Verwaltungsakt unterlassen hat.

(2) Wenn ein Widerspruchsbescheid erlassen ist, der erstmalig eine Beschwer enthält (§ 68 Abs. 1 Satz 2 Nr. 2), ist Behörde im Sinne des Absatzes 1 die Widerspruchsbehörde.

§ 79 (Gegenstand der Anfechtungsklage)

(1) Gegenstand der Anfechtungsklage ist

1. der ursprüngliche Verwaltungsakt in der Gestalt, die er durch den Widerspruchsbescheid gefunden hat,
2. der Abhilfebescheid oder Widerspruchsbescheid, wenn dieser erstmalig eine Beschwer enthält.

(2) Der Widerspruchsbescheid kann auch dann alleiniger Gegenstand der Anfechtungsklage sein, wenn und soweit er gegenüber dem ursprünglichen Verwaltungsakt eine zusätzliche selbständige Beschwer enthält. Als eine zusätzliche Beschwer gilt auch die Verletzung einer wesentlichen Verfahrensvorschrift, sofern der Widerspruchsbescheid auf dieser Verletzung beruht. § 78 Abs. 2 gilt entsprechend.

§ 80 (Aufschiebende Wirkung; sofortige Vollziehung; Aussetzung der Vollziehung)

(1) Widerspruch und Anfechtungsklage haben aufschiebende Wirkung. Das gilt auch bei rechtsgestaltenden und feststellenden Verwaltungsakten sowie bei Verwaltungsakten mit Doppelwirkung (§ 80a).

(2) Die aufschiebende Wirkung entfällt nur

1. bei der Anforderung von öffentlichen Abgaben und Kosten,
2. bei unaufschiebbaren Anordnungen und Maßnahmen von Polizeivollzugsbeamten,
3. in anderen durch Bundesgesetz oder für Landesrecht durch Landesgesetz vorgeschriebenen Fällen, insbesondere für Widersprüche und Klagen Dritter gegen Verwaltungsakte, die Investitionen oder die Schaffung von Arbeitsplätzen betreffen,

3a. für Widersprüche und Klagen Dritter gegen Verwaltungsakte, die die Zulassung von Vorhaben betreffend Bundesverkehrswege und Mobilfunknetze zum Gegenstand haben und die nicht unter Nummer 3 fallen,

4. in den Fällen, in denen die sofortige Vollziehung im öffentlichen Interesse oder im überwiegenden Interesse eines Beteiligten von der Behörde, die den Verwaltungsakt erlassen oder über den Widerspruch zu entscheiden hat, besonders angeordnet wird.

Die Länder können auch bestimmen, daß Rechtsbehelfe keine aufschiebende Wirkung haben, soweit sie sich gegen Maßnahmen

IX

richten, die in der Verwaltungsvollstreckung durch die Länder nach Bundesrecht getroffen werden.

(3) In den Fällen des Absatzes 2 Satz 1 Nummer 4 ist das besondere Interesse an der sofortigen Vollziehung des Verwaltungsakts schriftlich zu begründen. Einer besonderen Begründung bedarf es nicht, wenn die Behörde bei Gefahr im Verzug, insbesondere bei drohenden Nachteilen für Leben, Gesundheit oder Eigentum vorsorglich eine als solche bezeichnete Notstandsmaßnahme im öffentlichen Interesse trifft.

(4) Die Behörde, die den Verwaltungsakt erlassen oder über den Widerspruch zu entscheiden hat, kann in den Fällen des Absatzes 2 die Vollziehung aussetzen, soweit nicht bundesgesetzlich etwas anderes bestimmt ist. Bei der Anforderung von öffentlichen Abgaben und Kosten kann sie die Vollziehung auch gegen Sicherheit aussetzen. Die Aussetzung soll bei öffentlichen Abgaben und Kosten erfolgen, wenn ernstliche Zweifel an der Rechtmäßigkeit des angegriffenen Verwaltungsakts bestehen oder wenn die Vollziehung für den Abgaben- oder Kostenpflichtigen eine unbillige, nicht durch überwiegende öffentliche Interessen gebotene Härte zur Folge hätte.

(5) Auf Antrag kann das Gericht der Hauptsache die aufschiebende Wirkung in den Fällen des Absatzes 2 Satz 1 Nummer 1 bis 3a ganz oder teilweise anordnen, im Falle des Absatzes 2 Satz 1 Nummer 4 ganz oder teilweise wiederherstellen. Der Antrag ist schon vor Erhebung der Anfechtungsklage zulässig. Ist der Verwaltungsakt im Zeitpunkt der Entscheidung schon vollzogen, so kann das Gericht die Aufhebung der Vollziehung anordnen. Die Wiederherstellung der aufschiebenden Wirkung kann von der Leistung einer Sicherheit oder von anderen Auflagen abhängig gemacht werden. Sie kann auch befristet werden.

(6) In den Fällen des Absatzes 2 Satz 1 Nummer 1 ist der Antrag nach Absatz 5 nur zulässig, wenn die Behörde einen Antrag auf Aussetzung der Vollziehung ganz oder zum Teil abgelehnt hat. Das gilt nicht, wenn

1. die Behörde über den Antrag ohne Mitteilung eines zureichenden Grundes in angemessener Frist sachlich nicht entschieden hat oder
2. eine Vollstreckung droht.

(7) Das Gericht der Hauptsache kann Beschlüsse über Anträge nach Absatz 5 jederzeit ändern oder aufheben. Jeder Beteiligte kann die Änderung oder Aufhebung wegen veränderter oder im ursprünglichen Verfahren ohne Verschulden nicht geltend gemachter Umstände beantragen.

(8) In dringenden Fällen kann der Vorsitzende entscheiden.

§ 80a (Rechtsbehelf eines Dritten)

(1) Legt ein Dritter einen Rechtsbehelf gegen den an einen anderen gerichteten, diesen begünstigenden Verwaltungsakt ein, kann die Behörde

1. auf Antrag des Begünstigten nach § 80 Absatz 2 Satz 1 Nummer 4 die sofortige Vollziehung anordnen,
2. auf Antrag des Dritten nach § 80 Abs. 4 die Vollziehung aussetzen und einstweilige Maßnahmen zur Sicherung der Rechte des Dritten treffen.

(2) Legt ein Betroffener gegen einen an ihn gerichteten belastenden Verwaltungsakt, der einen Dritten begünstigt, einen Rechtsbehelf ein, kann die Behörde auf Antrag des Dritten nach § 80 Absatz 2 Satz 1 Nummer 4 die sofortige Vollziehung anordnen.

(3) Das Gericht kann auf Antrag Maßnahmen nach den Absätzen 1 und 2 ändern oder aufheben oder solche Maßnahmen treffen. § 80 Abs. 5 bis 8 gilt entsprechend.

§ 80b (Aufschiebende Wirkung)

(1) Die aufschiebende Wirkung des Widerspruchs und der Anfechtungsklage endet mit der Unanfechtbarkeit oder, wenn die Anfechtungsklage im ersten Rechtszug abgewiesen worden ist, drei Monate nach Ablauf der gesetzlichen Begründungsfrist des gegen die abweisende Entscheidung gegebenen Rechtsmittels. Dies gilt auch, wenn die Vollziehung durch die Behörde ausgesetzt oder die aufschiebende Wirkung durch das Gericht wie-

IX

derhergestellt oder angeordnet worden ist, es sei denn, die Behörde hat die Vollziehung bis zur Unanfechtbarkeit ausgesetzt.

(2) Das Rechtsmittelgericht kann auf Antrag anordnen, daß die aufschiebende Wirkung fortdauert.

(3) § 80 Abs. 5 bis 8 und die §§ 80a und 80c gelten entsprechend.

§ 80c (Aufschiebende Wirkung im ersten Rechtszug)

(1) In Verfahren nach § 48 Absatz 1 Satz 1 Nummer 3 bis 15 und § 50 Absatz 1 Nummer 6 gelten für die Anordnung oder Wiederherstellung der aufschiebenden Wirkung (§§ 80 und 80a) ergänzend die Absätze 2 bis 4. Von Satz 1 ausgenommen sind in § 48 Absatz 1 Satz 1 Nummer 6 das Anlegen von Verkehrsflughäfen und von Verkehrslandeplätzen mit beschränktem Bauschutzbereich sowie in § 48 Absatz 1 Satz 1 Nummer 13 Planfeststellungsverfahren für Braunkohletagebaue.

(2) Das Gericht kann einen Mangel des angefochtenen Verwaltungsaktes außer Acht lassen, wenn offensichtlich ist, dass dieser in absehbarer Zeit behoben sein wird. Ein solcher Mangel kann insbesondere sein

1. eine Verletzung von Verfahrens- oder Formvorschriften oder
2. ein Mangel bei der Abwägung im Rahmen der Planfeststellung oder der Plangenehmigung.

Das Gericht soll eine Frist zur Behebung des Mangels setzen. Verstreicht die Frist, ohne dass der Mangel behoben worden ist, gilt § 80 Absatz 7 entsprechend. Satz 1 gilt grundsätzlich nicht für Verfahrensfehler gemäß § 4 Absatz 1 des Umwelt-Rechtsbehelfsgesetzes.

(3) Entscheidet das Gericht im Rahmen einer Vollzugsfolgenabwägung, soll es die Anordnung oder Wiederherstellung der aufschiebenden Wirkung in der Regel auf diejenigen Maßnahmen des angefochtenen Verwaltungsaktes beschränken, bei denen dies erforderlich ist, um anderenfalls drohende irreversible Nachteile zu verhindern. Es kann die beschränkte Anordnung oder Wiederherstellung der aufschiebenden Wirkung von der Leistung einer Sicherheit durch den Begünstigten des angefochtenen Verwaltungsaktes abhängig machen.

(4) Das Gericht hat im Rahmen einer Vollzugsfolgenabwägung die Bedeutung von Vorhaben besonders zu berücksichtigen, wenn ein Bundesgesetz feststellt, dass diese im überragenden öffentlichen Interesse liegen.

9. Abschnitt
Verfahren im ersten Rechtszug

§ 81 (Erhebung der Klage)

(1) Die Klage ist bei dem Gericht schriftlich zu erheben. Bei dem Verwaltungsgericht kann sie auch zu Protokoll des Urkundsbeamten der Geschäftsstelle erhoben werden. § 129a Absatz 2 der Zivilprozessordnung gilt entsprechend.

(2) Der Klage und allen Schriftsätzen sollen vorbehaltlich des § 55a Absatz 5 Satz 3 Abschriften für die übrigen Beteiligten beigefügt werden.

§ 82 (Inhalt der Klageschrift)

(1) Die Klage muß den Kläger, den Beklagten und den Gegenstand des Klagebegehrens bezeichnen. Sie soll einen bestimmten Antrag enthalten. Die zur Begründung dienenden Tatsachen und Beweismittel sollen angegeben, die angefochtene Verfügung und der Widerspruchsbescheid sollen in Abschrift beigefügt werden.

(2) Entspricht die Klage diesen Anforderungen nicht, hat der Vorsitzende oder der nach § 21g des Gerichtsverfassungsgesetzes zuständige Berufsrichter (Berichterstatter) den Kläger zu der erforderlichen Ergänzung innerhalb einer bestimmten Frist aufzufordern. Er kann dem Kläger für die Ergänzung eine Frist mit ausschließender Wirkung setzen, wenn es an einem der in Absatz 1 Satz 1 genannten Erfordernisse fehlt. Für die Wiedereinsetzung in den vorigen Stand gilt § 60 entsprechend.

§ 83 (Verweisung)

Für die sachliche und örtliche Zuständigkeit gelten die §§ 17 bis 17b des Gerichtsverfassungsgesetzes entsprechend. Beschlüsse entsprechend § 17a Abs. 2 und 3 des Gerichtsverfassungsgesetzes sind unanfechtbar.

§ 84 (Gerichtsbescheid)

(1) Das Gericht kann ohne mündliche Verhandlung durch Gerichtsbescheid entscheiden, wenn die Sache keine besonderen Schwierigkeiten tatsächlicher oder rechtlicher Art aufweist und der Sachverhalt geklärt ist. Die Beteiligten sind vorher zu hören. Die Vorschriften über Urteile gelten entsprechend.

(2) Die Beteiligten können innerhalb eines Monats nach Zustellung des Gerichtsbescheids

1. Berufung einlegen, wenn sie zugelassen worden ist (§ 124a),
2. Zulassung der Berufung oder mündliche Verhandlung beantragen; wird von beiden Rechtsbehelfen Gebrauch gemacht, findet mündliche Verhandlung statt,
3. Revision einlegen, wenn sie zugelassen worden ist,
4. Nichtzulassungsbeschwerde einlegen oder mündliche Verhandlung beantragen, wenn die Revision nicht zugelassen worden ist; wird von beiden Rechtsbehelfen Gebrauch gemacht, findet mündliche Verhandlung statt,
5. mündliche Verhandlung beantragen, wenn ein Rechtsmittel nicht gegeben ist.

(3) Der Gerichtsbescheid wirkt als Urteil; wird rechtzeitig mündliche Verhandlung beantragt, gilt er als nicht ergangen.

(4) Wird mündliche Verhandlung beantragt, kann das Gericht in dem Urteil von einer weiteren Darstellung des Tatbestandes und der Entscheidungsgründe absehen, soweit es der Begründung des Gerichtsbescheides folgt und dies in seiner Entscheidung feststellt.

§ 85 (Zustellung der Klage)

Der Vorsitzende verfügt die Zustellung der Klage an den Beklagten. Zugleich mit der Zustellung ist der Beklagte aufzufordern, sich schriftlich zu äußern; § 81 Abs. 1 Satz 2 gilt entsprechend. Hierfür kann eine Frist gesetzt werden.

§ 86 (Erforschung des Sachverhalts)

(1) Das Gericht erforscht den Sachverhalt von Amts wegen; die Beteiligten sind dabei heranzuziehen. Es ist an das Vorbringen und an die Beweisanträge der Beteiligten nicht gebunden.

(2) Ein in der mündlichen Verhandlung gestellter Beweisantrag kann nur durch einen Gerichtsbeschluß, der zu begründen ist, abgelehnt werden.

(3) Der Vorsitzende hat darauf hinzuwirken, daß Formfehler beseitigt, unklare Anträge erläutert, sachdienliche Anträge gestellt, ungenügende tatsächliche Angaben ergänzt, ferner alle für die Feststellung und Beurteilung des Sachverhalts wesentlichen Erklärungen abgegeben werden.

(4) Die Beteiligten sollen zur Vorbereitung der mündlichen Verhandlung Schriftsätze einreichen. Hierzu kann sie der Vorsitzende unter Fristsetzung auffordern. Die Schriftsätze sind den Beteiligten von Amts wegen zu übermitteln.

(5) Den Schriftsätzen sind die Urkunden oder elektronischen Dokumente, auf die Bezug genommen wird, in Abschrift ganz oder im Auszug beizufügen. Sind die Urkunden dem Gegner bereits bekannt oder sehr umfangreich, so genügt die genaue Bezeichnung mit dem Anerbieten, Einsicht bei Gericht zu gewähren.

§ 87 (Vorbereitende richterliche Anordnungen)

(1) Der Vorsitzende oder der Berichterstatter hat schon vor der mündlichen Verhandlung alle Anordnungen zu treffen, die notwendig sind, um den Rechtsstreit möglichst in einer mündlichen Verhandlung zu erledigen. Er kann insbesondere

1. die Beteiligten zur Erörterung des Sach- und Streitstandes und zur gütlichen Beilegung des Rechtsstreits laden und einen Vergleich entgegennehmen;
2. den Beteiligten die Ergänzung oder Erläuterung ihrer vorbereitenden Schriftsätze, die Vorlegung von Urkunden, die Übermittlung von elektronischen Dokumenten und die Vorlegung von anderen zur Niederlegung bei Gericht geeigneten Gegenständen aufgeben, insbesondere eine Frist

zur Erklärung über bestimmte klärungsbedürftige Punkte setzen;
3. Auskünfte einholen;
4. die Vorlage von Urkunden oder die Übermittlung von elektronischen Dokumenten anordnen;
5. das persönliche Erscheinen der Beteiligten anordnen; § 95 gilt entsprechend;
6. Zeugen und Sachverständige zur mündlichen Verhandlung laden.

(2) Die Beteiligten sind von jeder Anordnung zu benachrichtigen.

(3) Der Vorsitzende oder der Berichterstatter kann einzelne Beweise erheben. Dies darf nur insoweit geschehen, als es zur Vereinfachung der Verhandlung vor dem Gericht sachdienlich und von vornherein anzunehmen ist, daß das Gericht das Beweisergebnis auch ohne unmittelbaren Eindruck von dem Verlauf der Beweisaufnahme sachgemäß zu würdigen vermag.

§ 87a (Entscheidung des Vorsitzenden)

(1) Der Vorsitzende entscheidet, wenn die Entscheidung im vorbereitenden Verfahren ergeht,
1. über die Aussetzung und das Ruhen des Verfahrens;
2. bei Zurücknahme der Klage, Verzicht auf den geltend gemachten Anspruch oder Anerkenntnis des Anspruchs, auch über einen Antrag auf Prozesskostenhilfe;
3. bei Erledigung des Rechtsstreits in der Hauptsache, auch über einen Antrag auf Prozesskostenhilfe;
4. über den Streitwert;
5. über Kosten;
6. über die Beiladung.

(2) Im Einverständnis der Beteiligten kann der Vorsitzende auch sonst anstelle der Kammer oder des Senats entscheiden.

(3) Ist ein Berichterstatter bestellt, so entscheidet dieser anstelle des Vorsitzenden.

§ 87b (Fristsetzung)

(1) Der Vorsitzende oder der Berichterstatter kann dem Kläger eine Frist setzen zur Angabe der Tatsachen, durch deren Berücksichtigung oder Nichtberücksichtigung im Verwaltungsverfahren er sich beschwert fühlt. Die Fristsetzung nach Satz 1 kann mit der Fristsetzung nach § 82 Abs. 2 Satz 2 verbunden werden.

(2) Der Vorsitzende oder der Berichterstatter kann einem Beteiligten unter Fristsetzung aufgeben, zu bestimmten Vorgängen
1. Tatsachen anzugeben oder Beweismittel zu bezeichnen,
2. Urkunden oder andere bewegliche Sachen vorzulegen sowie elektronische Dokumente zu übermitteln, soweit der Beteiligte dazu verpflichtet ist.

(3) Das Gericht kann Erklärungen und Beweismittel, die erst nach Ablauf einer nach den Absätzen 1 und 2 gesetzten Frist vorgebracht werden, zurückweisen und ohne weitere Ermittlungen entscheiden, wenn
1. ihre Zulassung nach der freien Überzeugung des Gerichts die Erledigung des Rechtsstreits verzögern würde und
2. der Beteiligte die Verspätung nicht genügend entschuldigt und
3. der Beteiligte über die Folgen einer Fristversäumung belehrt worden ist.

Der Entschuldigungsgrund ist auf Verlangen des Gerichts glaubhaft zu machen. Satz 1 gilt nicht, wenn es mit geringem Aufwand möglich ist, den Sachverhalt auch ohne Mitwirkung des Beteiligten zu ermitteln.

(4) Abweichend von Absatz 3 hat das Gericht in Verfahren nach § 48 Absatz 1 Satz 1 Nummer 3 bis 15 und § 50 Absatz 1 Nummer 6 Erklärungen und Beweismittel, die erst nach Ablauf einer nach den Absätzen 1 und 2 gesetzten Frist vorgebracht werden, zurückzuweisen und ohne weitere Ermittlungen zu entscheiden, wenn der Beteiligte
1. die Verspätung nicht genügend entschuldigt und
2. über die Folgen einer Fristversäumung belehrt worden ist.

Absatz 3 Satz 2 und 3 gilt entsprechend.

§ 87c (Vorrang und Beschleunigung)

(1) Verfahren nach § 48 Absatz 1 Satz 1 Nummer 3 bis 15 und § 50 Absatz 1 Num-

mer 6 sollen vorrangig und beschleunigt durchgeführt werden. Dies gilt auch

1. für Verfahren nach § 47 Absatz 1 Nummer 1, wenn sie Bauleitpläne mit Darstellungen oder Festsetzungen von Flächen für die in § 48 Absatz 1 Satz 1 Nummer 3, 3a, 3b oder 5 genannten Vorhaben zum Gegenstand haben und
2. für Verfahren nach § 47 Absatz 1 Nummer 2, wenn sie Raumordnungspläne mit Festlegungen von Gebieten zur Nutzung von Windenergie zum Gegenstand haben.

Besonders zu priorisieren sind Verfahren über Vorhaben, wenn ein Bundesgesetz feststellt, dass diese im überragenden öffentlichen Interesse liegen. Von Satz 1 ausgenommen sind in § 48 Absatz 1 Satz 1 Nummer 6 das Anlegen von Verkehrsflughäfen und von Verkehrslandeplätzen mit beschränktem Bauschutzbereich sowie in § 48 Absatz 1 Satz 1 Nummer 13 Planfeststellungsverfahren für Braunkohletagebaue.

(2) In den in Absatz 1 genannten Verfahren soll der Vorsitzende oder der Berichterstatter in geeigneten Fällen die Beteiligten zu einem frühen ersten Termin zur Erörterung des Sach- und Streitstandes und zur gütlichen Beilegung des Rechtsstreits laden. Kommt es in diesem Termin nicht zu einer gütlichen Beilegung des Rechtsstreits, erörtert der Vorsitzende oder der Berichterstatter mit den Beteiligten den weiteren Ablauf des Verfahrens und die mögliche Terminierung der mündlichen Verhandlung.

§ 88 (Bindung an das Klagebegehren)

Das Gericht darf über das Klagebegehren nicht hinausgehen, ist aber an die Fassung der Anträge nicht gebunden.

§ 89 (Widerklage)

(1) Bei dem Gericht der Klage kann eine Widerklage erhoben werden, wenn der Gegenanspruch mit dem in der Klage geltend gemachten Anspruch oder mit den gegen ihn vorgebrachten Verteidigungsmitteln zusammenhängt. Dies gilt nicht, wenn in den Fällen des § 52 Nr. 1 für die Klage wegen des Gegenanspruchs ein anderes Gericht zuständig ist.

(2) Bei Anfechtungs- und Verpflichtungsklagen ist die Widerklage ausgeschlossen.

§ 90 (Rechtshängigkeit)

Durch Erhebung der Klage wird die Streitsache rechtshängig. In Verfahren nach dem Siebzehnten Titel des Gerichtsverfassungsgesetzes wegen eines überlangen Gerichtsverfahrens wird die Streitsache erst mit Zustellung der Klage rechtshängig.

§ 91 (Änderung der Klage)

(1) Eine Änderung der Klage ist zulässig, wenn die übrigen Beteiligten einwilligen oder das Gericht die Änderung für sachdienlich hält.

(2) Die Einwilligung des Beklagten in die Änderung der Klage ist anzunehmen, wenn er sich, ohne ihr zu widersprechen, in einem Schriftsatz oder in einer mündlichen Verhandlung auf die geänderte Klage eingelassen hat.

(3) Die Entscheidung, daß eine Änderung der Klage nicht vorliegt oder zuzulassen sei, ist nicht selbständig anfechtbar.

§ 92 (Zurücknahme der Klage)

(1) Der Kläger kann bis zur Rechtskraft des Urteils seine Klage zurücknehmen. Die Zurücknahme nach Stellung der Anträge in der mündlichen Verhandlung setzt die Einwilligung des Beklagten und, wenn ein Vertreter des öffentlichen Interesses an der mündlichen Verhandlung teilgenommen hat, auch seine Einwilligung voraus. Die Einwilligung gilt als erteilt, wenn der Klagerücknahme nicht innerhalb von zwei Wochen seit Zustellung des die Rücknahme enthaltenden Schriftsatzes widersprochen wird; das Gericht hat auf diese Folge hinzuweisen.

(2) Die Klage gilt als zurückgenommen, wenn der Kläger das Verfahren trotz Aufforderung des Gerichts länger als zwei Monate nicht betreibt. Absatz 1 Satz 2 und 3 gilt entsprechend. Der Kläger ist in der Aufforderung auf die sich aus Satz 1 und § 155 Abs. 2 ergebenden Rechtsfolgen hinzuweisen. Das Gericht stellt durch Beschluß fest, daß die Klage als zurückgenommen gilt.

(3) Ist die Klage zurückgenommen oder gilt sie als zurückgenommen, so stellt das Gericht das Verfahren durch Beschluß ein und spricht

die sich nach diesem Gesetz ergebenden Rechtsfolgen der Zurücknahme aus. Der Beschluß ist unanfechtbar.

§ 93 (Gemeinsame Verhandlung; Trennung)

Das Gericht kann durch Beschluß mehrere bei ihm anhängige Verfahren über den gleichen Gegenstand zu gemeinsamer Verhandlung und Entscheidung verbinden und wieder trennen. Es kann anordnen, daß mehrere in einem Verfahren erhobene Ansprüche in getrennten Verfahren verhandelt und entschieden werden.

§ 93a (Musterverfahren)

(1) Ist die Rechtmäßigkeit einer behördlichen Maßnahme Gegenstand von mehr als zwanzig Verfahren, kann das Gericht eines oder mehrere geeignete Verfahren vorab durchführen (Musterverfahren) und die übrigen Verfahren aussetzen. Die Beteiligten sind vorher zu hören. Der Beschluß ist unanfechtbar.

(2) Ist über die durchgeführten Verfahren rechtskräftig entschieden worden, kann das Gericht nach Anhörung der Beteiligten über die ausgesetzten Verfahren durch Beschluß entscheiden, wenn es einstimmig der Auffassung ist, daß die Sachen gegenüber rechtskräftig entschiedenen Musterverfahren keine wesentlichen Besonderheiten tatsächlicher oder rechtlicher Art aufweisen und der Sachverhalt geklärt ist. Das Gericht kann in einem Musterverfahren erhobene Beweise einführen; es kann nach seinem Ermessen die wiederholte Vernehmung eines Zeugen oder eine neue Begutachtung durch denselben oder andere Sachverständige anordnen. Beweisanträge zu Tatsachen, über die bereits im Musterverfahren Beweis erhoben wurde, kann das Gericht ablehnen, wenn ihre Zulassung nach seiner freien Überzeugung nicht zum Nachweis neuer entscheidungserheblicher Tatsachen beitragen und die Erledigung des Rechtsstreits verzögern würde. Die Ablehnung kann in der Entscheidung nach Satz 1 erfolgen. Den Beteiligten steht gegen den Beschluß nach Satz 1 das Rechtsmittel zu, das zulässig wäre, wenn das Gericht durch Urteil entschieden hätte. Die Beteiligten sind über dieses Rechtsmittel zu belehren.

§ 94 (Aussetzung der Verhandlung)

Das Gericht kann, wenn die Entscheidung des Rechtsstreits ganz oder zum Teil von dem Bestehen oder Nichtbestehen eines Rechtsverhältnisses abhängt, das den Gegenstand eines anderen anhängigen Rechtsstreits bildet oder von einer Verwaltungsbehörde festzustellen ist, anordnen, daß die Verhandlung bis zur Erledigung des anderen Rechtsstreits oder bis zur Entscheidung der Verwaltungsbehörde auszusetzen sei.

§ 95 (Persönliches Erscheinen)

(1) Das Gericht kann das persönliche Erscheinen eines Beteiligten anordnen. Als persönliches Erscheinen gilt auch die nach § 102a Absatz 2 Satz 1 gestattete Teilnahme per Bild- und Tonübertragung. Für den Fall des Ausbleibens kann es Ordnungsgeld wie gegen einen im Vernehmungstermin nicht erschienenen Zeugen androhen. Bei schuldhaftem Ausbleiben setzt das Gericht durch Beschluß das angedrohte Ordnungsgeld fest. Androhung und Festsetzung des Ordnungsgeldes können wiederholt werden.

(2) Ist Beteiligter eine juristische Person oder eine Vereinigung, so ist das Ordnungsgeld dem nach Gesetz oder Satzung Vertretungsberechtigten anzudrohen und gegen ihn festzusetzen.

(3) Das Gericht kann einer beteiligten öffentlich-rechtlichen Körperschaft oder Behörde aufgeben, zur mündlichen Verhandlung einen Beamten oder Angestellten zu entsenden, der mit einem schriftlichen Nachweis über die Vertretungsbefugnis versehen und über die Sach- und Rechtslage ausreichend unterrichtet ist.

§ 96 (Beweiserhebung)

(1) Das Gericht erhebt Beweis in der mündlichen Verhandlung. Es kann insbesondere Augenschein einnehmen, Zeugen, Sachverständige und Beteiligte vernehmen und Urkunden heranziehen.

(2) Das Gericht kann in geeigneten Fällen schon vor der mündlichen Verhandlung durch eines seiner Mitglieder als beauftragten Richter

Beweis erheben lassen oder durch Bezeichnung der einzelnen Beweisfragen ein anderes Gericht um die Beweisaufnahme ersuchen.

§ 97 (Beweistermin)

Die Beteiligten werden von allen Beweisterminen benachrichtigt und können der Beweisaufnahme beiwohnen. Sie können an Zeugen und Sachverständige sachdienliche Fragen richten. Wird eine Frage beanstandet, so entscheidet das Gericht.

§ 98 (Anwendbare Vorschriften)

Soweit dieses Gesetz nicht abweichende Vorschriften enthält, sind auf die Beweisaufnahme §§ 358 bis 444 und 450 bis 494 der Zivilprozeßordnung entsprechend anzuwenden.

§ 99 (Urkunden-, Aktenvorlage; Auskunftspflicht)

(1) Behörden sind zur Vorlage von Urkunden oder Akten, zur Übermittlung elektronischer Dokumente und zu Auskünften verpflichtet. Führen Behörden die Akten elektronisch, sind diese als digital durchsuchbare Dokumente vorzulegen, soweit dies technisch möglich ist. Wenn das Bekanntwerden des Inhalts dieser Urkunden, Akten, elektronischen Dokumente oder dieser Auskünfte dem Wohl des Bundes oder eines Landes Nachteile bereiten würde oder wenn die Vorgänge nach einem Gesetz oder ihrem Wesen nach geheim gehalten werden müssen, kann die zuständige oberste Aufsichtsbehörde die Vorlage von Urkunden oder Akten, die Übermittlung der elektronischen Dokumente und die Erteilung der Auskünfte verweigern.

(2) Auf Antrag eines Beteiligten stellt das Oberverwaltungsgericht ohne mündliche Verhandlung durch Beschluss fest, ob die Verweigerung der Vorlage der Urkunden oder Akten, der Übermittlung der elektronischen Dokumente oder der Erteilung von Auskünften rechtmäßig ist. Verweigert eine oberste Bundesbehörde die Vorlage, Übermittlung oder Auskunft mit der Begründung, das Bekanntwerden des Inhalts der Urkunden, der Akten, der elektronischen Dokumente oder der Auskünfte würde dem Wohl des Bundes Nachteile bereiten, entscheidet das Bundesverwaltungsgericht; Gleiches gilt, wenn das Bundesverwaltungsgericht nach § 50 für die Hauptsache zuständig ist. Der Antrag ist bei dem für die Hauptsache zuständigen Gericht zu stellen. Dieses gibt den Antrag und die Hauptsacheakten an den nach § 189 zuständigen Spruchkörper ab. Die oberste Aufsichtsbehörde hat die nach Absatz 1 Satz 2 verweigerten Urkunden oder Akten auf Aufforderung dieses Spruchkörpers vorzulegen, die elektronischen Dokumente zu übermitteln oder die verweigerten Auskünfte zu erteilen. Sie ist zu diesem Verfahren beizuladen. Das Verfahren unterliegt den Vorschriften des materiellen Geheimschutzes. Können diese nicht eingehalten werden oder macht die zuständige Aufsichtsbehörde geltend, dass besondere Gründe der Geheimhaltung oder des Geheimschutzes der Übergabe der Urkunden oder Akten oder der Übermittlung der elektronischen Dokumente an das Gericht entgegenstehen, wird die Vorlage oder Übermittlung nach Satz 5 dadurch bewirkt, dass die Urkunden, Akten oder elektronischen Dokumente dem Gericht in von der obersten Aufsichtsbehörde bestimmten Räumlichkeiten zur Verfügung gestellt werden. Für die nach Satz 5 vorgelegten Akten, elektronischen Dokumente und für die gemäß Satz 8 geltend gemachten besonderen Gründe gilt § 100 nicht. Die Mitglieder des Gerichts sind zur Geheimhaltung verpflichtet; die Entscheidungsgründe dürfen Art und Inhalt der geheim gehaltenen Urkunden, Akten, elektronischen Dokumente und Auskünfte nicht erkennen lassen. Für das nichtrichterliche Personal gelten die Regelungen des personellen Geheimschutzes. Soweit nicht das Bundesverwaltungsgericht entschieden hat, kann der Beschluss selbständig mit der Beschwerde angefochten werden. Über die Beschwerde gegen den Beschluss eines Oberverwaltungsgerichts entscheidet das Bundesverwaltungsgericht. Für das Beschwerdeverfahren gelten die Sätze 4 bis 11 sinngemäß.

§ 100 (Akteneinsicht)

(1) Die Beteiligten können die Gerichtsakten und die dem Gericht vorgelegten Akten einsehen. Beteiligte können sich auf ihre Kosten durch die Geschäftsstelle Ausfertigungen, Auszüge, Ausdrucke und Abschriften erteilen lassen.

IX

(2) Werden die Prozessakten elektronisch geführt, wird Akteneinsicht durch Bereitstellung des Inhalts der Akten zum Abruf oder durch Übermittlung des Inhalts der Akten auf einem sicheren Übermittlungsweg gewährt. Auf besonderen Antrag wird Akteneinsicht durch Einsichtnahme in die Akten in Diensträumen gewährt. Ein Aktenausdruck oder ein Datenträger mit dem Inhalt der Akten wird auf besonders zu begründenden Antrag nur übermittelt, wenn der Antragsteller hieran ein berechtigtes Interesse darlegt. Stehen der Akteneinsicht in der nach Satz 1 vorgesehenen Form wichtige Gründe entgegen, kann die Akteneinsicht in der nach den Sätzen 2 und 3 vorgesehenen Form auch ohne Antrag gewährt werden. Über einen Antrag nach Satz 3 entscheidet der Vorsitzende; die Entscheidung ist unanfechtbar. § 87a Absatz 3 gilt entsprechend.

(3) Werden die Prozessakten in Papierform geführt, wird Akteneinsicht durch Einsichtnahme in die Akten in Diensträumen gewährt. Die Akteneinsicht kann, soweit nicht wichtige Gründe entgegenstehen, auch durch Bereitstellung des Inhalts der Akten zum Abruf oder durch Übermittlung des Inhalts der Akten auf einem sicheren Übermittlungsweg gewährt werden. Nach dem Ermessen des Vorsitzenden kann der nach § 67 Absatz 2 Satz 1 und 2 Nummer 3 bis 6 bevollmächtigten Person die Mitnahme der Akten in die Wohnung oder Geschäftsräume gestattet werden. § 87a Absatz 3 gilt entsprechend.

(4) In die Entwürfe zu Urteilen, Beschlüssen und Verfügungen, die Arbeiten zu ihrer Vorbereitung und die Dokumente, die Abstimmungen betreffen, wird Akteneinsicht nach den Absätzen 1 bis 3 nicht gewährt.

§ 101 (Mündliche Verhandlung)

(1) Das Gericht entscheidet, soweit nichts anderes bestimmt ist, auf Grund mündlicher Verhandlung. Die mündliche Verhandlung soll so früh wie möglich stattfinden.

(2) Mit Einverständnis der Beteiligten kann das Gericht ohne mündliche Verhandlung entscheiden.

(3) Entscheidungen des Gerichts, die nicht Urteile sind, können ohne mündliche Verhandlung ergehen, soweit nichts anderes bestimmt ist.

§ 102 (Ladung der Beteiligten)

(1) Sobald der Termin zur mündlichen Verhandlung bestimmt ist, sind die Beteiligten mit einer Ladungsfrist von mindestens zwei Wochen, bei dem Bundesverwaltungsgericht von mindestens vier Wochen, zu laden. In dringenden Fällen kann der Vorsitzende die Frist abkürzen.

(2) Bei der Ladung ist darauf hinzuweisen, daß beim Ausbleiben eines Beteiligten auch ohne ihn verhandelt und entschieden werden kann.

(3) Die Gerichte der Verwaltungsgerichtsbarkeit können Sitzungen auch außerhalb des Gerichtssitzes abhalten, wenn dies zur sachdienlichen Erledigung notwendig ist.

(4) § 227 Abs. 3 Satz 1 der Zivilprozeßordnung ist nicht anzuwenden.

§ 102a (Videoübertragung)

(1) Die mündliche Verhandlung kann in geeigneten Fällen und soweit ausreichende Kapazitäten zur Verfügung stehen als Videoverhandlung stattfinden. Eine mündliche Verhandlung findet als Videoverhandlung statt, wenn an ihr mindestens ein Verfahrensbeteiligter per Bild- und Tonübertragung teilnimmt. Verfahrensbeteiligte nach dieser Vorschrift sind die Beteiligten, ihre Bevollmächtigten und Beistände.

(2) Das Gericht kann unter den Voraussetzungen des Absatzes 1 Satz 1 auf Antrag eines Verfahrensbeteiligten oder von Amts wegen die Teilnahme per Bild- und Tonübertragung für einen Verfahrensbeteiligten, mehrere oder alle Verfahrensbeteiligte gestatten. Die Ablehnung eines Antrags auf Teilnahme per Bild- und Tonübertragung ist kurz zu begründen.

(3) Das Gericht kann auf Antrag oder von Amts wegen die Vernehmung eines Zeugen, Sachverständigen oder Beteiligten per Bild- und Tonübertragung gestatten. Das Antragsrecht steht den Verfahrensbeteiligten, Zeugen und Sachverständigen zu. Absatz 1 gilt entsprechend.

(4) Den Verfahrensbeteiligten und Dritten ist es untersagt, die Übertragung aufzuzeichnen. Hierauf sind sie zu Beginn der Verhandlung hinzuweisen. Das Gericht kann die Videover-

handlung oder die Bild- und Tonübertragung nach Absatz 3 für die Zwecke des § 160a der Zivilprozessordnung ganz oder teilweise aufzeichnen. Über Beginn und Ende der Aufzeichnung hat das Gericht die Verfahrensbeteiligten und im Falle von Absatz 3 auch die Zeugen und Sachverständigen zu informieren.

(5) Entscheidungen nach dieser Vorschrift sind unanfechtbar.

(6) Die Absätze 1 bis 5 gelten entsprechend für Erörterungstermine (§ 87 Absatz 1 Satz 2 Nummer 1 und § 87c Absatz 2 Satz 1).

§ 103 (Ablauf der Verhandlung)

(1) Der Vorsitzende eröffnet und leitet die mündliche Verhandlung.

(2) Nach Aufruf der Sache trägt der Vorsitzende oder der Berichterstatter den wesentlichen Inhalt der Akten vor.

(3) Hierauf erhalten die Beteiligten das Wort, um ihre Anträge zu stellen und zu begründen.

§ 104 (Erörterung der Streitsache)

(1) Der Vorsitzende hat die Streitsache mit den Beteiligten tatsächlich und rechtlich zu erörtern.

(2) Der Vorsitzende hat jedem Mitglied des Gerichts auf Verlangen zu gestatten, Fragen zu stellen. Wird eine Frage beanstandet, so entscheidet das Gericht.

(3) Nach Erörterung der Streitsache erklärt der Vorsitzende die mündliche Verhandlung für geschlossen. Das Gericht kann die Wiedereröffnung beschließen.

§ 105 (Niederschrift)

Für das Protokoll gelten die §§ 159 bis 165 der Zivilprozeßordnung entsprechend.

§ 106 (Vergleich)

Um den Rechtsstreit vollständig oder zum Teil zu erledigen, können die Beteiligten zu Protokoll des Gerichts oder des beauftragten oder ersuchten Richters einen Vergleich schließen, soweit sie über den Gegenstand des Vergleichs verfügen können. Ein gerichtlicher Vergleich kann auch dadurch geschlossen werden, daß die Beteiligten einen in der Form eines Beschlusses ergangenen Vorschlag des Gerichts, des Vorsitzenden oder des Berichterstatters schriftlich oder durch Erklärung zu Protokoll in der mündlichen Verhandlung gegenüber dem Gericht annehmen.

10. Abschnitt
Urteile und andere Entscheidungen

§ 107 (Entscheidung durch Urteil)

Über die Klage wird, soweit nichts anderes bestimmt ist, durch Urteil entschieden.

§ 108 (Richterliche Überzeugung)

(1) Das Gericht entscheidet nach seiner freien, aus dem Gesamtergebnis des Verfahrens gewonnenen Überzeugung. In dem Urteil sind die Gründe anzugeben, die für die richterliche Überzeugung leitend gewesen sind.

(2) Das Urteil darf nur auf Tatsachen und Beweisergebnisse gestützt werden, zu denen die Beteiligten sich äußern konnten.

§ 109 (Zwischenurteil)

Über die Zulässigkeit der Klage kann durch Zwischenurteil vorab entschieden werden.

§ 110 (Teilurteil)

Ist nur ein Teil des Streitgegenstands zur Entscheidung reif, so kann das Gericht ein Teilurteil erlassen.

§ 111 (Zwischenurteil über den Grund)

Ist bei einer Leistungsklage ein Anspruch nach Grund und Betrag streitig, so kann das Gericht durch Zwischenurteil über den Grund vorab entscheiden. Das Gericht kann, wenn der Anspruch für begründet erklärt ist, anordnen, daß über den Betrag zu verhandeln ist.

§ 112 (Mitwirkende Richter)

Das Urteil kann nur von den Richtern und ehrenamtlichen Richtern gefällt werden, die an der dem Urteil zugrunde liegenden Verhandlung teilgenommen haben.

§ 113 (Ausspruch)

(1) Soweit der Verwaltungsakt rechtswidrig und der Kläger dadurch in seinen Rechten verletzt ist, hebt das Gericht den Verwaltungsakt und den etwaigen Widerspruchsbescheid auf. Ist der Verwaltungsakt schon vollzogen, so kann das Gericht auf Antrag auch aussprechen, daß und wie die Verwaltungsbehörde die Voll-

ziehung rückgängig zu machen hat. Dieser Ausspruch ist nur zulässig, wenn die Behörde dazu in der Lage und diese Frage spruchreif ist. Hat sich der Verwaltungsakt vorher durch Zurücknahme oder anders erledigt, so spricht das Gericht auf Antrag durch Urteil aus, daß der Verwaltungsakt rechtswidrig gewesen ist, wenn der Kläger ein berechtigtes Interesse an dieser Feststellung hat.

(2) Begehrt der Kläger die Änderung eines Verwaltungsaktes, der einen Geldbetrag festsetzt oder eine darauf bezogene Feststellung trifft, kann das Gericht den Betrag in anderer Höhe festsetzen oder die Feststellung durch eine andere ersetzen. Erfordert die Ermittlung des festzusetzenden oder festzustellenden Betrags einen nicht unerheblichen Aufwand, kann das Gericht die Änderung des Verwaltungsaktes durch Angabe der zu Unrecht berücksichtigten oder nicht berücksichtigten tatsächlichen oder rechtlichen Verhältnisse so bestimmen, daß die Behörde den Betrag auf Grund der Entscheidung errechnen kann. Die Behörde teilt den Beteiligten das Ergebnis der Neuberechnung unverzüglich formlos mit; nach Rechtskraft der Entscheidung ist der Verwaltungsakt mit dem geänderten Inhalt neu bekanntzugeben.

(3) Hält das Gericht eine weitere Sachaufklärung für erforderlich, kann es, ohne in der Sache selbst zu entscheiden, den Verwaltungsakt und den Widerspruchsbescheid aufheben, soweit nach Art oder Umfang die noch erforderlichen Ermittlungen erheblich sind und die Aufhebung auch unter Berücksichtigung der Belange der Beteiligten sachdienlich ist. Auf Antrag kann das Gericht bis zum Erlaß des neuen Verwaltungsakts eine einstweilige Regelung treffen, insbesondere bestimmen, daß Sicherheiten geleistet werden oder ganz oder zum Teil bestehen bleiben und Leistungen zunächst nicht zurückgewährt werden müssen. Der Beschluß kann jederzeit geändert oder aufgehoben werden. Eine Entscheidung nach Satz 1 kann nur binnen sechs Monaten seit Eingang der Akten der Behörde bei Gericht ergehen.

(4) Kann neben der Aufhebung eines Verwaltungsaktes eine Leistung verlangt werden, so ist im gleichen Verfahren auch die Verurteilung zur Leistung zulässig.

(5) Soweit die Ablehnung oder Unterlassung des Verwaltungsaktes rechtswidrig und der Kläger dadurch in seinen Rechten verletzt ist, spricht das Gericht die Verpflichtung der Verwaltungsbehörde aus, die beantragte Amtshandlung vorzunehmen, wenn die Sache spruchreif ist. Andernfalls spricht es die Verpflichtung aus, den Kläger unter Beachtung der Rechtsauffassung des Gerichts zu bescheiden.

§ 114 (Ermessensentscheidungen)

Soweit die Verwaltungsbehörde ermächtigt ist, nach ihrem Ermessen zu handeln, prüft das Gericht auch, ob der Verwaltungsakt oder die Ablehnung oder Unterlassung des Verwaltungsakts rechtswidrig ist, weil die gesetzlichen Grenzen des Ermessens überschritten sind oder von dem Ermessen in einer dem Zweck der Ermächtigung nicht entsprechenden Weise Gebrauch gemacht ist. Die Verwaltungsbehörde kann ihre Ermessenserwägungen hinsichtlich des Verwaltungsaktes auch noch im verwaltungsgerichtlichen Verfahren ergänzen.

§ 115 (Anfechtungsklage)

§§ 113 und 114 gelten entsprechend, wenn nach § 79 Abs. 1 Nr. 2 und Abs. 2 der Widerspruchsbescheid Gegenstand der Anfechtungsklage ist.

§ 116 (Verkündung, Zustellung)

(1) Das Urteil wird, wenn eine mündliche Verhandlung stattgefunden hat, in der Regel in dem Termin, in dem die mündliche Verhandlung geschlossen wird, verkündet, in besonderen Fällen in einem sofort anzuberaumenden Termin, der nicht über zwei Wochen hinaus angesetzt werden soll. Das Urteil ist den Beteiligten zuzustellen. Der Vorsitzende kann den Beteiligten, ihren Bevollmächtigten und Beiständen gestatten, an der Urteilsverkündung per Bild- und Tonübertragung teilzunehmen.

(2) Statt der Verkündung ist die Zustellung des Urteils zulässig; dann ist das Urteil binnen zwei Wochen nach der mündlichen Verhandlung der Geschäftsstelle zu übermitteln.

(3) Entscheidet das Gericht ohne mündliche Verhandlung, so wird die Verkündung durch Zustellung an die Beteiligten ersetzt.

§ 117 (Inhalt des Urteils)

(1) Das Urteil ergeht „Im Namen des Volkes". Es ist schriftlich abzufassen und von den Richtern, die bei der Entscheidung mitgewirkt haben, zu unterzeichnen. Ist ein Richter verhindert, seine Unterschrift beizufügen, so wird dies mit dem Hinderungsgrund vom Vorsitzenden oder, wenn er verhindert ist, vom dienstältesten beisitzenden Richter unter dem Urteil vermerkt. Der Unterschrift der ehrenamtlichen Richter bedarf es nicht.

(2) Das Urteil enthält

1. die Bezeichnung der Beteiligten, ihrer gesetzlichen Vertreter und der Bevollmächtigten nach Namen, Beruf, Wohnort und ihrer Stellung im Verfahren,
2. die Bezeichnung des Gerichts und die Namen der Mitglieder, die bei der Entscheidung mitgewirkt haben,
3. die Urteilsformel,
4. den Tatbestand,
5. die Entscheidungsgründe,
6. die Rechtsmittelbelehrung.

(3) Im Tatbestand ist der Sach- und Streitstand unter Hervorhebung der gestellten Anträge seinem wesentlichen Inhalt nach gedrängt darzustellen. Wegen der Einzelheiten soll auf Schriftsätze, Protokolle und andere Unterlagen verwiesen werden, soweit sich aus ihnen der Sach- und Streitstand ausreichend ergibt.

(4) Ein Urteil, das bei der Verkündung noch nicht vollständig abgefaßt war, ist vor Ablauf von zwei Wochen, vom Tage der Verkündung an gerechnet, vollständig abgefaßt der Geschäftsstelle zu übermitteln. Kann dies ausnahmsweise nicht geschehen, so ist innerhalb dieser zwei Wochen das von den Richtern unterschriebene Urteil ohne Tatbestand, Entscheidungsgründe und Rechtsmittelbelehrung der Geschäftsstelle zu übermitteln; Tatbestand, Entscheidungsgründe und Rechtsmittelbelehrung sind alsbald nachträglich niederzulegen, von den Richtern besonders zu unterschreiben und der Geschäftsstelle zu übermitteln.

(5) Das Gericht kann von einer weiteren Darstellung der Entscheidungsgründe absehen, soweit es der Begründung des Verwaltungsakts oder des Widerspruchsbescheids folgt und dies in seiner Entscheidung feststellt.

(6) Der Urkundsbeamte der Geschäftsstelle hat auf dem Urteil den Tag der Zustellung und im Falle des § 116 Abs. 1 Satz 1 den Tag der Verkündung zu vermerken und diesen Vermerk zu unterschreiben. Werden die Akten elektronisch geführt, hat der Urkundsbeamte der Geschäftsstelle den Vermerk in einem gesonderten Dokument festzuhalten. Das Dokument ist mit dem Urteil untrennbar zu verbinden.

§ 118 (Berichtigung)

(1) Schreibfehler, Rechenfehler und ähnliche offenbare Unrichtigkeiten im Urteil sind jederzeit vom Gericht zu berichtigen.

(2) Über die Berichtigung kann ohne vorgängige mündliche Verhandlung entschieden werden. Der Berichtigungsbeschluß wird auf dem Urteil und den Ausfertigungen vermerkt. Ist das Urteil elektronisch abgefasst, ist auch der Beschluss elektronisch abzufassen und mit dem Urteil untrennbar zu verbinden.

§ 119 (Antrag auf Berichtigung)

(1) Enthält der Tatbestand des Urteils andere Unrichtigkeiten oder Unklarheiten, so kann die Berichtigung binnen zwei Wochen nach Zustellung des Urteils beantragt werden.

(2) Das Gericht entscheidet ohne Beweisaufnahme durch Beschluß. Der Beschluß ist unanfechtbar. Bei der Entscheidung wirken nur die Richter mit, die beim Urteil mitgewirkt haben. Ist ein Richter verhindert, so entscheidet bei Stimmengleichheit die Stimme des Vorsitzenden. Der Berichtigungsbeschluß wird auf dem Urteil und den Ausfertigungen vermerkt. Ist das Urteil elektronisch abgefasst, ist auch der Beschluss elektronisch abzufassen und mit dem Urteil untrennbar zu verbinden.

§ 120 (Urteilsergänzung)

(1) Wenn ein nach dem Tatbestand von einem Beteiligten gestellter Antrag oder die Kosten-

IX

folge bei der Entscheidung ganz oder zum Teil übergangen ist, so ist auf Antrag das Urteil durch nachträgliche Entscheidung zu ergänzen.

(2) Die Entscheidung muß binnen zwei Wochen nach Zustellung des Urteils beantragt werden.

(3) Die mündliche Verhandlung hat nur den nicht erledigten Teil des Rechtsstreits zum Gegenstand. Von der Durchführung einer mündlichen Verhandlung kann abgesehen werden, wenn mit der Ergänzung des Urteils nur über einen Nebenanspruch oder über die Kosten entschieden werden soll und wenn die Bedeutung der Sache keine mündliche Verhandlung erfordert.

§ 121 (Wirkung rechtskräftiger Urteile)

Rechtskräftige Urteile binden, soweit über den Streitgegenstand entschieden worden ist,

1. die Beteiligten und ihre Rechtsnachfolger und
2. im Falle des § 65 Abs. 3 die Personen, die einen Antrag auf Beiladung nicht oder nicht fristgemäß gestellt haben.

§ 122 (Beschlüsse, Begründung)

(1) §§ 88, 108 Abs. 1 Satz 1, §§ 118, 119 und 120 gelten entsprechend für Beschlüsse.

(2) Beschlüsse sind zu begründen, wenn sie durch Rechtsmittel angefochten werden können oder über einen Rechtsbehelf entscheiden. Beschlüsse über die Aussetzung der Vollziehung (§§ 80, 80a) und über einstweilige Anordnungen (§ 123) sowie Beschlüsse nach Erledigung des Rechtsstreits in der Hauptsache (§ 161 Abs. 2) sind stets zu begründen. Beschlüsse, die über ein Rechtsmittel entscheiden, bedürfen keiner weiteren Begründung, soweit das Gericht das Rechtsmittel aus den Gründen der angefochtenen Entscheidung als unbegründet zurückweist.

11. Abschnitt
Einstweilige Anordnung

§ 123 (Einstweilige Anordnung bezüglich Streitgegenstand)

(1) Auf Antrag kann das Gericht, auch schon vor Klageerhebung, eine einstweilige Anordnung in bezug auf den Streitgegenstand treffen, wenn die Gefahr besteht, daß durch eine Veränderung des bestehenden Zustandes die Verwirklichung eines Rechts des Antragstellers vereitelt oder wesentlich erschwert werden könnte. Einstweilige Anordnungen sind auch zur Regelung eines vorläufigen Zustands in bezug auf ein streitiges Rechtsverhältnis zulässig, wenn diese Regelung, vor allem bei dauernden Rechtsverhältnissen, um wesentliche Nachteile abzuwenden oder drohende Gewalt zu verhindern oder aus anderen Gründen nötig erscheint.

(2) Für den Erlaß einstweiliger Anordnungen ist das Gericht der Hauptsache zuständig. Dies ist das Gericht des ersten Rechtszugs und, wenn die Hauptsache im Berufungsverfahren anhängig ist, das Berufungsgericht. § 80 Abs. 8 ist entsprechend anzuwenden.

(3) Für den Erlaß einstweiliger Anordnungen gelten §§ 920, 921, 923, 926, 928 bis 932, 938, 939, 941 und 945 der Zivilprozeßordnung entsprechend.

(4) Das Gericht entscheidet durch Beschluß.

(5) Die Vorschriften der Absätze 1 bis 3 gelten nicht für die Fälle der §§ 80 und 80a.

Teil III
Rechtsmittel und Wiederaufnahme des Verfahrens

12. Abschnitt
Berufung

§ 124 (Berufung gegen Endurteile)

(1) Gegen Endurteile einschließlich der Teilurteile nach § 110 und gegen Zwischenurteile nach den §§ 109 und 111 steht den Beteiligten die Berufung zu, wenn sie von dem Verwaltungsgericht oder dem Oberverwaltungsgericht zugelassen wird.

(2) Die Berufung ist nur zuzulassen,

1. wenn ernstliche Zweifel an der Richtigkeit des Urteils bestehen,
2. wenn die Rechtssache besondere tatsächliche oder rechtliche Schwierigkeiten aufweist,
3. wenn die Rechtssache grundsätzliche Bedeutung hat,

4. wenn das Urteil von einer Entscheidung des Oberverwaltungsgerichts, des Bundesverwaltungsgerichts, des Gemeinsamen Senats der obersten Gerichtshöfe des Bundes oder des Bundesverfassungsgerichts abweicht und auf dieser Abweichung beruht oder
5. wenn ein der Beurteilung des Berufungsgerichts unterliegender Verfahrensmangel geltend gemacht wird und vorliegt, auf dem die Entscheidung beruhen kann.

§ 124a (Zulassung der Berufung)

(1) Das Verwaltungsgericht lässt die Berufung in dem Urteil zu, wenn die Gründe des § 124 Abs. 2 Nr. 3 oder Nr. 4 vorliegen. Das Oberverwaltungsgericht ist an die Zulassung gebunden. Zu einer Nichtzulassung der Berufung ist das Verwaltungsgericht nicht befugt.

(2) Die Berufung ist, wenn sie von dem Verwaltungsgericht zugelassen worden ist, innerhalb eines Monats nach Zustellung des vollständigen Urteils bei dem Verwaltungsgericht einzulegen. Die Berufung muss das angefochtene Urteil bezeichnen.

(3) Die Berufung ist in den Fällen des Absatzes 2 innerhalb von zwei Monaten nach Zustellung des vollständigen Urteils zu begründen. Die Begründung ist, sofern sie nicht zugleich mit der Einlegung der Berufung erfolgt, bei dem Oberverwaltungsgericht einzureichen. Die Begründungsfrist kann auf einen vor ihrem Ablauf gestellten Antrag von dem Vorsitzenden des Senats verlängert werden. Die Begründung muss einen bestimmten Antrag enthalten sowie die im Einzelnen anzuführenden Gründe der Anfechtung (Berufungsgründe). Mangelt es an einem dieser Erfordernisse, so ist die Berufung unzulässig.

(4) Wird die Berufung nicht in dem Urteil des Verwaltungsgerichts zugelassen, so ist die Zulassung innerhalb eines Monats nach Zustellung des vollständigen Urteils zu beantragen. Der Antrag ist bei dem Verwaltungsgericht zu stellen. Er muss das angefochtene Urteil bezeichnen. Innerhalb von zwei Monaten nach Zustellung des vollständigen Urteils sind die Gründe darzulegen, aus denen die Berufung zuzulassen ist. Die Begründung ist, soweit sie nicht bereits mit dem Antrag vorgelegt worden ist, bei dem Oberverwaltungsgericht einzureichen. Die Stellung des Antrags hemmt die Rechtskraft des Urteils.

(5) Über den Antrag entscheidet das Oberverwaltungsgericht durch Beschluss. Die Berufung ist zuzulassen, wenn einer der Gründe des § 124 Abs. 2 dargelegt ist und vorliegt. Der Beschluss soll kurz begründet werden. Mit der Ablehnung des Antrags wird das Urteil rechtskräftig. Lässt das Oberverwaltungsgericht die Berufung zu, wird das Antragsverfahren als Berufungsverfahren fortgesetzt; der Einlegung einer Berufung bedarf es nicht.

(6) Die Berufung ist in den Fällen des Absatzes 5 innerhalb eines Monats nach Zustellung des Beschlusses über die Zulassung der Berufung zu begründen. Die Begründung ist bei dem Oberverwaltungsgericht einzureichen. Absatz 3 Satz 3 bis 5 gilt entsprechend.

§ 125 (Anwendbare Vorschriften)

(1) Für das Berufungsverfahren gelten die Vorschriften des Teils II entsprechend, soweit sich aus diesem Abschnitt nichts anderes ergibt. § 84 findet keine Anwendung.

(2) Ist die Berufung unzulässig, so ist sie zu verwerfen. Die Entscheidung kann durch Beschluß ergehen. Die Beteiligten sind vorher zu hören. Gegen den Beschluß steht den Beteiligten das Rechtsmittel zu, das zulässig wäre, wenn das Gericht durch Urteil entschieden hätte. Die Beteiligten sind über dieses Rechtsmittel zu belehren.

§ 126 (Zurücknahme)

(1) Die Berufung kann bis zur Rechtskraft des Urteils zurückgenommen werden. Die Zurücknahme nach Stellung der Anträge in der mündlichen Verhandlung setzt die Einwilligung des Beklagten und, wenn ein Vertreter des öffentlichen Interesses an der mündlichen Verhandlung teilgenommen hat, auch seine Einwilligung voraus.

(2) Die Berufung gilt als zurückgenommen, wenn der Berufungskläger das Verfahren trotz Aufforderung des Gerichts länger als drei Monate nicht betreibt. Absatz 1 Satz 2 gilt entsprechend. Der Berufungskläger ist in der Aufforderung auf die sich aus Satz 1 und § 155 Abs. 2 ergebenden Rechtsfolgen hinzu-

weisen. Das Gericht stellt durch Beschluß fest, daß die Berufung als zurückgenommen gilt.

(3) Die Zurücknahme bewirkt den Verlust des eingelegten Rechtsmittels. Das Gericht entscheidet durch Beschluß über die Kostenfolge.

§ 127 (Anschlussberufung)

(1) Der Berufungsbeklagte und die anderen Beteiligten können sich der Berufung anschließen. Die Anschlussberufung ist bei dem Oberverwaltungsgericht einzulegen.

(2) Die Anschließung ist auch statthaft, wenn der Beteiligte auf die Berufung verzichtet hat oder die Frist für die Berufung oder den Antrag auf Zulassung der Berufung verstrichen ist. Sie ist zulässig bis zum Ablauf eines Monats nach der Zustellung der Berufungsbegründungsschrift.

(3) Die Anschlussberufung muss in der Anschlussschrift begründet werden. § 124a Abs. 3 Satz 2, 4 und 5 gilt entsprechend.

(4) Die Anschlussberufung bedarf keiner Zulassung.

(5) Die Anschließung verliert ihre Wirkung, wenn die Berufung zurückgenommen oder als unzulässig verworfen wird.

§ 128 (Umfang der Prüfung)

Das Oberverwaltungsgericht prüft den Streitfall innerhalb des Berufungsantrags im gleichen Umfange wie das Verwaltungsgericht. Es berücksichtigt auch neu vorgebrachte Tatsachen und Beweismittel.

IX

§ 128a (Neue Erklärungen, Beweismittel)

(1) Neue Erklärungen und Beweismittel, die im ersten Rechtszug entgegen einer hierfür gesetzten Frist (§ 87b Abs. 1 und 2) nicht vorgebracht worden sind, sind nur zuzulassen, wenn nach der freien Überzeugung des Gerichts ihre Zulassung die Erledigung des Rechtsstreits nicht verzögern würde oder wenn der Beteiligte die Verspätung genügend entschuldigt. Der Entschuldigungsgrund ist auf Verlangen des Gerichts glaubhaft zu machen. Satz 1 gilt nicht, wenn der Beteiligte im ersten Rechtszug über die Folgen einer Fristversäumung nicht nach § 87b Abs. 3 Nr. 3 belehrt worden ist oder wenn es mit geringem Aufwand möglich ist, den Sachverhalt auch ohne Mitwirkung des Beteiligten zu ermitteln.

(2) Erklärungen und Beweismittel, die das Verwaltungsgericht zu Recht zurückgewiesen hat, bleiben auch im Berufungsverfahren ausgeschlossen.

§ 129 (Bindung an Anträge)

Das Urteil des Verwaltungsgerichts darf nur soweit geändert werden, als eine Änderung beantragt ist.

§ 130 (Aufhebung, Zurückverweisung)

(1) Das Oberverwaltungsgericht hat die notwendigen Beweise zu erheben und in der Sache selbst zu entscheiden.

(2) Das Oberverwaltungsgericht darf die Sache, soweit ihre weitere Verhandlung erforderlich ist, unter Aufhebung des Urteils und des Verfahrens an das Verwaltungsgericht nur zurückverweisen,

1. soweit das Verfahren vor dem Verwaltungsgericht an einem wesentlichen Mangel leidet und aufgrund dieses Mangels eine umfangreiche oder aufwändige Beweisaufnahme notwendig ist oder
2. wenn das Verwaltungsgericht noch nicht in der Sache selbst entschieden hat

und ein Beteiligter die Zurückverweisung beantragt.

(3) Das Verwaltungsgericht ist an die rechtliche Beurteilung der Berufungsentscheidung gebunden.

§ 130a (Berufung unbegründet)

Das Oberverwaltungsgericht kann über die Berufung durch Beschluß entscheiden, wenn es sie einstimmig für begründet oder einstimmig für unbegründet hält und eine mündliche Verhandlung nicht für erforderlich hält. § 125 Abs. 2 Satz 3 bis 5 gilt entsprechend.

§ 130b (Begründung)

Das Oberverwaltungsgericht kann in dem Urteil über die Berufung auf den Tatbestand der angefochtenen Entscheidung Bezug nehmen, wenn es sich die Feststellungen des Verwaltungsgerichts in vollem Umfange zu eigen macht. Von einer weiteren Darstellung der Entscheidungsgründe kann es absehen, soweit es die Berufung aus den Gründen der angefochtenen Entscheidung als unbegründet zurückweist.

§ 131 (weggefallen)

13. Abschnitt
Revision

§ 132 (Revision gegen Entscheidung des Oberverwaltungsgerichts)

(1) Gegen das Urteil des Oberverwaltungsgerichts (§ 49 Nr. 1) und gegen Beschlüsse nach § 47 Abs. 5 Satz 1 steht den Beteiligten die Revision an das Bundesverwaltungsgericht zu, wenn das Oberverwaltungsgericht oder auf Beschwerde gegen die Nichtzulassung das Bundesverwaltungsgericht sie zugelassen hat.

(2) Die Revision ist nur zuzulassen, wenn

1. die Rechtssache grundsätzliche Bedeutung hat,
2. das Urteil von einer Entscheidung des Bundesverwaltungsgerichts, des Gemeinsamen Senats der obersten Gerichtshöfe des Bundes oder des Bundesverfassungsgerichts abweicht und auf dieser Abweichung beruht oder
3. ein Verfahrensmangel geltend gemacht wird und vorliegt, auf dem die Entscheidung beruhen kann.

(3) Das Bundesverwaltungsgericht ist an die Zulassung gebunden.

§ 133 (Beschwerde gegen Nichtzulassung)

(1) Die Nichtzulassung der Revision kann durch Beschwerde angefochten werden.

(2) Die Beschwerde ist bei dem Gericht, gegen dessen Urteil Revision eingelegt werden soll, innerhalb eines Monats nach Zustellung des vollständigen Urteils einzulegen. Die Beschwerde muß das angefochtene Urteil bezeichnen.

(3) Die Beschwerde ist innerhalb von zwei Monaten nach der Zustellung des vollständigen Urteils zu begründen. Die Begründung ist bei dem Gericht, gegen dessen Urteil Revision eingelegt werden soll, einzureichen. In der Begründung muß die grundsätzliche Bedeutung der Rechtssache dargelegt oder die Entscheidung, von der das Urteil abweicht, oder der Verfahrensmangel bezeichnet werden.

(4) Die Einlegung der Beschwerde hemmt die Rechtskraft des Urteils.

(5) Wird der Beschwerde nicht abgeholfen, entscheidet das Bundesverwaltungsgericht durch Beschluß. Der Beschluß soll kurz begründet werden; von einer Begründung kann abgesehen werden, wenn sie nicht geeignet ist, zur Klärung der Voraussetzungen beizutragen, unter denen eine Revision zuzulassen ist. Mit der Ablehnung der Beschwerde durch das Bundesverwaltungsgericht wird das Urteil rechtskräftig.

(6) Liegen die Voraussetzungen des § 132 Abs. 2 Nr. 3 vor, kann das Bundesverwaltungsgericht in dem Beschluß das angefochtene Urteil aufheben und den Rechtsstreit zur anderweitigen Verhandlung und Entscheidung zurückverweisen.

§ 134 (Sprungrevision)

(1) Gegen das Urteil eines Verwaltungsgerichts (§ 49 Nr. 2) steht den Beteiligten die Revision unter Übergehung der Berufungsinstanz zu, wenn der Kläger und der Beklagte der Einlegung der Sprungrevision schriftlich zustimmen und wenn sie von dem Verwaltungsgericht im Urteil oder auf Antrag durch Beschluß zugelassen wird. Der Antrag ist innerhalb eines Monats nach Zustellung des vollständigen Urteils schriftlich zu stellen. Die Zustimmung zu der Einlegung der Sprungrevision ist dem Antrag oder, wenn die Revision im Urteil zugelassen ist, der Revisionsschrift beizufügen.

(2) Die Revision ist nur zuzulassen, wenn die Voraussetzungen des § 132 Abs. 2 Nr. 1 oder 2 vorliegen. Das Bundesverwaltungsgericht ist an die Zulassung gebunden. Die Ablehnung der Zulassung ist unanfechtbar.

(3) Lehnt das Verwaltungsgericht den Antrag auf Zulassung der Revision durch Beschluß ab, beginnt mit der Zustellung dieser Entscheidung der Lauf der Frist für den Antrag auf Zulassung der Berufung von neuem, sofern der Antrag in der gesetzlichen Frist und Form gestellt und die Zustimmungserklärung

beigefügt war. Läßt das Verwaltungsgericht die Revision durch Beschluß zu, beginnt der Lauf der Revisionsfrist mit der Zustellung dieser Entscheidung.

(4) Die Revision kann nicht auf Mängel des Verfahrens gestützt werden.

(5) Die Einlegung der Revision und die Zustimmung gelten als Verzicht auf die Berufung, wenn das Verwaltungsgericht die Revision zugelassen hat.

§ 135 (Ausschluss der Berufung)

Gegen das Urteil eines Verwaltungsgerichts (§ 49 Nr. 2) steht den Beteiligten die Revision an das Bundesverwaltungsgericht zu, wenn durch Bundesgesetz die Berufung ausgeschlossen ist. Die Revision kann nur eingelegt werden, wenn das Verwaltungsgericht oder auf Beschwerde gegen die Nichtzulassung das Bundesverwaltungsgericht sie zugelassen hat. Für die Zulassung gelten die §§ 132 und 133 entsprechend.

§ 136 (weggefallen)

§ 137 (Verletzung von Bundesrecht)

(1) Die Revision kann nur darauf gestützt werden, daß das angefochtene Urteil auf der Verletzung

1. von Bundesrecht oder
2. einer Vorschrift des Verwaltungsverfahrensgesetzes eines Landes, die ihrem Wortlaut nach mit dem Verwaltungsverfahrensgesetz des Bundes übereinstimmt,

beruht.

(2) Das Bundesverwaltungsgericht ist an die in dem angefochtenen Urteil getroffenen tatsächlichen Feststellungen gebunden, außer wenn in bezug auf diese Feststellungen zulässige und begründete Revisionsgründe vorgebracht sind.

(3) Wird die Revision auf Verfahrensmängel gestützt und liegt nicht zugleich eine der Voraussetzungen des § 132 Abs. 2 Nr. 1 und 2 vor, so ist nur über die geltend gemachten Verfahrensmängel zu entscheiden. Im übrigen ist das Bundesverwaltungsgericht an die geltend gemachten Revisionsgründe nicht gebunden.

§ 138 (Revisionsgründe)

Ein Urteil ist stets als auf der Verletzung von Bundesrecht beruhend anzusehen, wenn

1. das erkennende Gericht nicht vorschriftsmäßig besetzt war,
2. bei der Entscheidung ein Richter mitgewirkt hat, der von der Ausübung des Richteramts kraft Gesetzes ausgeschlossen oder wegen Besorgnis der Befangenheit mit Erfolg abgelehnt war,
3. einem Beteiligten das rechtliche Gehör versagt war,
4. ein Beteiligter im Verfahren nicht nach Vorschrift des Gesetzes vertreten war, außer wenn er der Prozeßführung ausdrücklich oder stillschweigend zugestimmt hat,
5. das Urteil auf eine mündliche Verhandlung ergangen ist, bei der die Vorschriften über die Öffentlichkeit des Verfahrens verletzt worden sind, oder
6. die Entscheidung nicht mit Gründen versehen ist.

§ 139 (Einlegung der Revision)

(1) Die Revision ist bei dem Gericht, dessen Urteil angefochten wird, innerhalb eines Monats nach Zustellung des vollständigen Urteils oder des Beschlusses über die Zulassung der Revision nach § 134 Abs. 3 Satz 2 schriftlich einzulegen. Die Revisionsfrist ist auch gewahrt, wenn die Revision innerhalb der Frist bei dem Bundesverwaltungsgericht eingelegt wird. Die Revision muß das angefochtene Urteil bezeichnen.

(2) Wird der Beschwerde gegen die Nichtzulassung der Revision abgeholfen oder läßt das Bundesverwaltungsgericht die Revision zu, so wird das Beschwerdeverfahren als Revisionsverfahren fortgesetzt, wenn nicht das Bundesverwaltungsgericht das angefochtene Urteil nach § 133 Abs. 6 aufhebt; der Einlegung einer Revision durch den Beschwerdeführer bedarf es nicht. Darauf ist in dem Beschluß hinzuweisen.

(3) Die Revision ist innerhalb von zwei Monaten nach Zustellung des vollständigen Urteils oder des Beschlusses über die Zulassung der Revision nach § 134 Abs. 3 Satz 2 zu be-

IX

gründen; im Falle des Absatzes 2 beträgt die Begründungsfrist einen Monat nach Zustellung des Beschlusses über die Zulassung der Revision. Die Begründung ist bei dem Bundesverwaltungsgericht einzureichen. Die Begründungsfrist kann auf einen vor ihrem Ablauf gestellten Antrag von dem Vorsitzenden verlängert werden. Die Begründung muß einen bestimmten Antrag enthalten, die verletzte Rechtsnorm und, soweit Verfahrensmängel gerügt werden, die Tatsachen angeben, die den Mangel ergeben.

§ 140 (Zurücknahme)

(1) Die Revision kann bis zur Rechtskraft des Urteils zurückgenommen werden. Die Zurücknahme nach Stellung der Anträge in der mündlichen Verhandlung setzt die Einwilligung des Revisionsbeklagten und, wenn der Vertreter des Bundesinteresses beim Bundesverwaltungsgericht an der mündlichen Verhandlung teilgenommen hat, auch seine Einwilligung voraus.

(2) Die Zurücknahme bewirkt den Verlust des eingelegten Rechtsmittels. Das Gericht entscheidet durch Beschluß über die Kostenfolge.

§ 141 (Anwendbare Vorschriften)

Für die Revision gelten die Vorschriften über die Berufung entsprechend, soweit sich aus diesem Abschnitt nichts anderes ergibt. Die §§ 87a, 130a und 130b finden keine Anwendung.

§ 142 (Keine Klageänderung, Beiladung)

(1) Klageänderungen und Beiladungen sind im Revisionsverfahren unzulässig. Das gilt nicht für Beiladungen nach § 65 Abs. 2.

(2) Ein im Revisionsverfahren nach § 65 Abs. 2 Beigeladener kann Verfahrensmängel nur innerhalb von zwei Monaten nach Zustellung des Beiladungsbeschlusses rügen. Die Frist kann auf einen vor ihrem Ablauf gestellten Antrag von dem Vorsitzenden verlängert werden.

§ 143 (Unzulässige Revision)

Das Bundesverwaltungsgericht prüft, ob die Revision statthaft und ob sie in der gesetzlichen Form und Frist eingelegt und begründet worden ist. Mangelt es an einem dieser Erfordernisse, so ist die Revision unzulässig.

§ 144 (Revisionsentscheidung)

(1) Ist die Revision unzulässig, so verwirft sie das Bundesverwaltungsgericht durch Beschluß.

(2) Ist die Revision unbegründet, so weist das Bundesverwaltungsgericht die Revision zurück.

(3) Ist die Revision begründet, so kann das Bundesverwaltungsgericht

1. in der Sache selbst entscheiden,
2. das angefochtene Urteil aufheben und die Sache zur anderweitigen Verhandlung und Entscheidung zurückverweisen.

Das Bundesverwaltungsgericht verweist den Rechtsstreit zurück, wenn der im Revisionsverfahren nach § 142 Abs. 1 Satz 2 Beigeladene ein berechtigtes Interesse daran hat.

(4) Ergeben die Entscheidungsgründe zwar eine Verletzung des bestehenden Rechts, stellt sich die Entscheidung selbst aber aus anderen Gründen als richtig dar, so ist die Revision zurückzuweisen.

(5) Verweist das Bundesverwaltungsgericht die Sache bei der Sprungrevision nach § 49 Nr. 2 und nach § 134 zur anderweitigen Verhandlung und Entscheidung zurück, so kann es nach seinem Ermessen auch an das Oberverwaltungsgericht zurückverweisen, das für die Berufung zuständig gewesen wäre. Für das Verfahren vor dem Oberverwaltungsgericht gelten dann die gleichen Grundsätze, wie wenn der Rechtsstreit auf eine ordnungsgemäß eingelegte Berufung bei dem Oberverwaltungsgericht anhängig geworden wäre.

(6) Das Gericht, an das die Sache zur anderweitigen Verhandlung und Entscheidung zurückverwiesen ist, hat seiner Entscheidung die rechtliche Beurteilung des Revisionsgerichts zugrunde zu legen.

(7) Die Entscheidung über die Revision bedarf keiner Begründung, soweit das Bundesverwaltungsgericht Rügen von Verfahrensmängeln nicht für durchgreifend hält. Das gilt nicht für Rügen nach § 138 und, wenn mit der Revision ausschließlich Verfahrensmängel geltend gemacht werden, für Rügen, auf denen die Zulassung der Revision beruht.

§ 145 (weggefallen)

14. Abschnitt
Beschwerde, Erinnerung, Anhörungsrüge

§ 146 (Beschwerde gegen Entscheidungen des Verwaltungsgerichts)

(1) Gegen die Entscheidungen des Verwaltungsgerichts, des Vorsitzenden oder des Berichterstatters, die nicht Urteile oder Gerichtsbescheide sind, steht den Beteiligten und den sonst von der Entscheidung Betroffenen die Beschwerde an das Oberverwaltungsgericht zu, soweit nicht in diesem Gesetz etwas anderes bestimmt ist.

(2) Prozeßleitende Verfügungen, Aufklärungsanordnungen, Beschlüsse über eine Vertagung oder die Bestimmung einer Frist, Beweisbeschlüsse, Beschlüsse über Ablehnung von Beweisanträgen, über Verbindung und Trennung von Verfahren und Ansprüchen und über die Ablehnung von Gerichtspersonen sowie Beschlüsse über die Ablehnung der Prozesskostenhilfe, wenn das Gericht ausschließlich die persönlichen oder wirtschaftlichen Voraussetzungen der Prozesskostenhilfe verneint, können nicht mit der Beschwerde angefochten werden.

(3) Außerdem ist vorbehaltlich einer gesetzlich vorgesehenen Beschwerde gegen die Nichtzulassung der Revision die Beschwerde nicht gegeben in Streitigkeiten über Kosten, Gebühren und Auslagen, wenn der Wert des Beschwerdegegenstandes zweihundert Euro nicht übersteigt.

IX

(4) Die Beschwerde gegen Beschlüsse des Verwaltungsgerichts in Verfahren des vorläufigen Rechtsschutzes (§§ 80, 80a und 123) ist innerhalb eines Monats nach Bekanntgabe der Entscheidung zu begründen. Die Begründung ist, sofern sie nicht bereits mit der Beschwerde vorgelegt worden ist, bei dem Oberverwaltungsgericht einzureichen. Sie muss einen bestimmten Antrag enthalten, die Gründe darlegen, aus denen die Entscheidung abzuändern oder aufzuheben ist, und sich mit der angefochtenen Entscheidung auseinander setzen. Mangelt es an einem dieser Erfordernisse, ist die Beschwerde als unzulässig zu verwerfen. Das Verwaltungsgericht legt die Beschwerde unverzüglich vor; § 148 Abs. 1 findet keine Anwendung. Das Oberverwaltungsgericht prüft nur die dargelegten Gründe.

§ 147 (Einlegung der Beschwerde)

(1) Die Beschwerde ist bei dem Gericht, dessen Entscheidung angefochten wird, schriftlich oder zu Protokoll des Urkundsbeamten der Geschäftsstelle innerhalb von zwei Wochen nach Bekanntgabe der Entscheidung einzulegen. § 67 Abs. 4 bleibt unberührt.

(2) Die Beschwerdefrist ist auch gewahrt, wenn die Beschwerde innerhalb der Frist bei dem Beschwerdegericht eingeht.

§ 148 (Abhilfe; Vorlage)

(1) Hält das Verwaltungsgericht, der Vorsitzende oder der Berichterstatter, dessen Entscheidung angefochten wird, die Beschwerde für begründet, so ist ihr abzuhelfen; sonst ist sie unverzüglich dem Oberverwaltungsgericht vorzulegen.

(2) Das Verwaltungsgericht soll die Beteiligten von der Vorlage der Beschwerde an das Oberverwaltungsgericht in Kenntnis setzen.

§ 149 (Aufschiebende Wirkung; Aussetzung der Vollziehung)

(1) Die Beschwerde hat nur dann aufschiebende Wirkung, wenn sie die Festsetzung eines Ordnungs- oder Zwangsmittels zum Gegenstand hat. Das Gericht, der Vorsitzende oder der Berichterstatter, dessen Entscheidung angefochten wird, kann auch sonst bestimmen, daß die Vollziehung der angefochtenen Entscheidung einstweilen auszusetzen ist.

(2) §§ 178 und 181 Abs. 2 des Gerichtsverfassungsgesetzes bleiben unberührt.

§ 150 (Entscheidung durch Beschluss)

Über die Beschwerde entscheidet das Oberverwaltungsgericht durch Beschluß.

§ 151 (Beauftragter, ersuchter Richter; Urkundsbeamter)

Gegen die Entscheidungen des beauftragten oder ersuchten Richters oder des Urkundsbeamten kann innerhalb von zwei Wochen nach Bekanntgabe die Entscheidung des Gerichts beantragt werden. Der Antrag ist schriftlich oder zu Protokoll des Urkundsbeamten der

Geschäftsstelle des Gerichts zu stellen. §§ 147 bis 149 gelten entsprechend.

§ 152 (Beschwerden an das Bundesverwaltungsgericht)

(1) Entscheidungen des Oberverwaltungsgerichts können vorbehaltlich des § 99 Abs. 2 und des § 133 Abs. 1 dieses Gesetzes sowie des § 17a Abs. 4 Satz 4 des Gerichtsverfassungsgesetzes nicht mit der Beschwerde an das Bundesverwaltungsgericht angefochten werden.

(2) Im Verfahren vor dem Bundesverwaltungsgericht gilt für Entscheidungen des beauftragten oder ersuchten Richters oder des Urkundsbeamten der Geschäftsstelle § 151 entsprechend.

§ 152a (Rüge eines beschwerten Beteiligten)

(1) Auf die Rüge eines durch eine gerichtliche Entscheidung beschwerten Beteiligten ist das Verfahren fortzuführen, wenn

1. ein Rechtsmittel oder ein anderer Rechtsbehelf gegen die Entscheidung nicht gegeben ist und
2. das Gericht den Anspruch dieses Beteiligten auf rechtliches Gehör in entscheidungserheblicher Weise verletzt hat.

Gegen eine der Endentscheidung vorausgehende Entscheidung findet die Rüge nicht statt.

(2) Die Rüge ist innerhalb von zwei Wochen nach Kenntnis von der Verletzung des rechtlichen Gehörs zu erheben; der Zeitpunkt der Kenntniserlangung ist glaubhaft zu machen. Nach Ablauf eines Jahres seit Bekanntgabe der angegriffenen Entscheidung kann die Rüge nicht mehr erhoben werden. Formlos mitgeteilte Entscheidungen gelten mit dem vierten Tag nach Aufgabe zur Post als bekannt gegeben. Die Rüge ist schriftlich oder zu Protokoll des Urkundsbeamten der Geschäftsstelle bei dem Gericht zu erheben, dessen Entscheidung angegriffen wird. § 67 Abs. 4 bleibt unberührt. Die Rüge muss die angegriffene Entscheidung bezeichnen und das Vorliegen der in Absatz 1 Satz 1 Nr. 2 genannten Voraussetzungen darlegen.

(3) Den übrigen Beteiligten ist, soweit erforderlich, Gelegenheit zur Stellungnahme zu geben.

(4) Ist die Rüge nicht statthaft oder nicht in der gesetzlichen Form oder Frist erhoben, so ist sie als unzulässig zu verwerfen. Ist die Rüge unbegründet, weist das Gericht sie zurück. Die Entscheidung ergeht durch unanfechtbaren Beschluss. Der Beschluss soll kurz begründet werden.

(5) Ist die Rüge begründet, so hilft ihr das Gericht ab, indem es das Verfahren fortführt, soweit dies aufgrund der Rüge geboten ist. Das Verfahren wird in die Lage zurückversetzt, in der es sich vor dem Schluss der mündlichen Verhandlung befand. In schriftlichen Verfahren tritt an die Stelle des Schlusses der mündlichen Verhandlung der Zeitpunkt, bis zu dem Schriftsätze eingereicht werden können. Für den Ausspruch des Gerichts ist § 343 der Zivilprozessordnung entsprechend anzuwenden.

(6) § 149 Abs. 1 Satz 2 ist entsprechend anzuwenden.

15. Abschnitt Wiederaufnahme des Verfahrens

§ 153 (Wiederaufnahme rechtskräftig beendeter Verfahren)

(1) Ein rechtskräftig beendetes Verfahren kann nach den Vorschriften des Vierten Buchs der Zivilprozeßordnung wiederaufgenommen werden.

(2) Die Befugnis zur Erhebung der Nichtigkeitsklage und der Restitutionsklage steht auch dem Vertreter des öffentlichen Interesses, im Verfahren vor dem Bundesverwaltungsgericht im ersten und letzten Rechtszug auch dem Vertreter des Bundesinteresses beim Bundesverwaltungsgericht zu.

Teil IV Kosten und Vollstreckung

16. Abschnitt Kosten

§ 154 (Kostenpflichtige)

(1) Der unterliegende Teil trägt die Kosten des Verfahrens.

(2) Die Kosten eines ohne Erfolg eingelegten Rechtsmittels fallen demjenigen zur Last, der das Rechtsmittel eingelegt hat.

(3) Dem Beigeladenen können Kosten nur auferlegt werden, wenn er Anträge gestellt oder Rechtsmittel eingelegt hat; § 155 Abs. 4 bleibt unberührt.

(4) Die Kosten des erfolgreichen Wiederaufnahmeverfahrens können der Staatskasse auferlegt werden, soweit sie nicht durch das Verschulden eines Beteiligten entstanden sind.

(5) Soweit der Antragsteller allein auf Grund von § 80c Absatz 2 unterliegt, fallen die Gerichtskosten dem obsiegenden Teil zur Last. Absatz 3 bleibt unberührt.

§ 155 (Verteilung auf mehrere Beteiligte)

(1) Wenn ein Beteiligter teils obsiegt, teils unterliegt, so sind die Kosten gegeneinander aufzuheben oder verhältnismäßig zu teilen. Sind die Kosten gegeneinander aufgehoben, so fallen die Gerichtskosten jedem Teil zur Hälfte zur Last. Einem Beteiligten können die Kosten ganz auferlegt werden, wenn der andere nur zu einem geringen Teil unterlegen ist.

(2) Wer einen Antrag, eine Klage, ein Rechtsmittel oder einen anderen Rechtsbehelf zurücknimmt, hat die Kosten zu tragen.

(3) Kosten, die durch einen Antrag auf Wiedereinsetzung in den vorigen Stand entstehen, fallen dem Antragsteller zur Last.

(4) Kosten, die durch Verschulden eines Beteiligten entstanden sind, können diesem auferlegt werden.

§ 156 (Anerkenntnis)

Hat der Beklagte durch sein Verhalten keine Veranlassung zur Erhebung der Klage gegeben, so fallen dem Kläger die Prozeßkosten zur Last, wenn der Beklagte den Anspruch sofort anerkennt.

§ 157 (weggefallen)

§ 158 (Anfechtung)

(1) Die Anfechtung der Entscheidung über die Kosten ist unzulässig, wenn nicht gegen die Entscheidung in der Hauptsache ein Rechtsmittel eingelegt wird.

(2) Ist eine Entscheidung in der Hauptsache nicht ergangen, so ist die Entscheidung über die Kosten unanfechtbar.

§ 159 (Gesamtschuldner)

Besteht der kostenpflichtige Teil aus mehreren Personen, so gilt § 100 der Zivilprozeßordnung entsprechend. Kann das streitige Rechtsverhältnis dem kostenpflichtigen Teil gegenüber nur einheitlich entschieden werden, so können die Kosten den mehreren Personen als Gesamtschuldnern auferlegt werden.

§ 160 (Vergleich)

Wird der Rechtsstreit durch Vergleich erledigt und haben die Beteiligten keine Bestimmung über die Kosten getroffen, so fallen die Gerichtskosten jedem Teil zur Hälfte zur Last. Die außergerichtlichen Kosten trägt jeder Beteiligte selbst.

§ 161 (Kostenentscheidung)

(1) Das Gericht hat im Urteil oder, wenn das Verfahren in anderer Weise beendet worden ist, durch Beschluß über die Kosten zu entscheiden.

(2) Ist der Rechtsstreit in der Hauptsache erledigt, so entscheidet das Gericht außer in den Fällen des § 113 Abs. 1 Satz 4 nach billigem Ermessen über die Kosten des Verfahrens durch Beschluß; der bisherige Sach- und Streitstand ist zu berücksichtigen. Der Rechtsstreit ist auch in der Hauptsache erledigt, wenn der Beklagte der Erledigungserklärung des Klägers nicht innerhalb von zwei Wochen seit Zustellung des die Erledigungserklärung enthaltenden Schriftsatzes widerspricht und er vom Gericht auf diese Folge hingewiesen worden ist.

(3) In den Fällen des § 75 fallen die Kosten stets dem Beklagten zur Last, wenn der Kläger mit seiner Bescheidung vor Klageerhebung rechnen durfte.

§ 162 (Zu erstattende Kosten)

(1) Kosten sind die Gerichtskosten (Gebühren und Auslagen) und die zur zweckentsprechenden Rechtsverfolgung oder Rechtsverteidigung notwendigen Aufwendungen der Beteiligten einschließlich der Kosten des Vorverfahrens.

(2) Die Gebühren und Auslagen eines Rechtsanwalts oder eines Rechtsbeistands, in den in § 67 Absatz 2 Satz 2 Nummer 3 und 3a genannten Angelegenheiten auch einer der dort genannten Personen, sind stets erstattungsfähig. Soweit ein Vorverfahren geschwebt hat, sind Gebühren und Auslagen erstattungsfähig, wenn das Gericht die Zuziehung eines Bevollmächtigten für das Vorverfahren für notwendig erklärt. Juristische Personen des öffentlichen Rechts und Behörden können an Stelle ihrer tatsächlichen notwendigen Aufwendungen für Post- und Telekommunikationsdienstleistungen den in Nummer 7002 der Anlage 1 zum Rechtsanwaltsvergütungsgesetz bestimmten Höchstsatz der Pauschale fordern.

(3) Die außergerichtlichen Kosten des Beigeladenen sind nur erstattungsfähig, wenn sie das Gericht aus Billigkeit der unterliegenden Partei oder der Staatskasse auferlegt.

§ 163 (Wertfestsetzung)

(1) Wird die Wertfestsetzung für die Gerichtsgebühren

1. nach § 63 Absatz 3 des Gerichtskostengesetzes oder
2. infolge einer Beschwerde gegen die Festsetzung des Streitwerts nach § 68 des Gerichtskostengesetzes

geändert, so kann das Gericht seine getroffene Kostenentscheidung von Amts wegen ändern. Wird die Kostenentscheidung nach Satz 1 geändert, ist auch eine bereits erfolgte Kostenfestsetzung von Amts wegen zu ändern.

(2) Für die Entscheidung nach Absatz 1 Satz 1 gilt § 118 Absatz 2 entsprechend. Vor der Entscheidung sind die Beteiligten zu hören. Die Änderung der Kostenentscheidung ist nur innerhalb von sechs Monaten zulässig, nachdem die Änderung der Wertfestsetzung Rechtskraft erlangt hat. Die Änderung der Kostenentscheidung hat keine Änderung der übrigen Teile des Urteils oder des Beschlusses zur Folge.

(3) Entscheidungen nach Absatz 1 Satz 1 sind unanfechtbar. Auf Entscheidungen nach Absatz 1 Satz 2 ist § 165 anzuwenden.

§ 164 (Kostenfestsetzung)

Der Urkundsbeamte des Gerichts des ersten Rechtszugs setzt auf Antrag den Betrag der zu erstattenden Kosten fest.

§ 165 (Anfechtung)

Die Beteiligten können die Festsetzung der zu erstattenden Kosten anfechten. § 151 gilt entsprechend.

§ 165a (Anwendbarkeit der ZPO)

§ 110 der Zivilprozessordnung gilt entsprechend.

§ 166 (Prozesskostenhilfe)

(1) Die Vorschriften der Zivilprozeßordnung über die Prozesskostenhilfe sowie § 569 Abs. 3 Nr. 2 der Zivilprozessordnung gelten entsprechend. Einem Beteiligten, dem Prozesskostenhilfe bewilligt worden ist, kann auch ein Steuerberater, Steuerbevollmächtigter, Wirtschaftsprüfer oder vereidigter Buchprüfer beigeordnet werden. Die Vergütung richtet sich nach den für den beigeordneten Rechtsanwalt geltenden Vorschriften des Rechtsanwaltsvergütungsgesetzes.

(2) Die Prüfung der persönlichen und wirtschaftlichen Verhältnisse nach den §§ 114 bis 116 der Zivilprozessordnung einschließlich der in § 118 Absatz 2 der Zivilprozessordnung bezeichneten Maßnahmen, der Beurkundung von Vergleichen nach § 118 Absatz 1 Satz 3 der Zivilprozessordnung und der Entscheidungen nach § 118 Absatz 2 Satz 4 der Zivilprozessordnung obliegt dem Urkundsbeamten der Geschäftsstelle des jeweiligen Rechtszugs, wenn der Vorsitzende ihm das Verfahren insoweit überträgt. Liegen die Voraussetzungen für die Bewilligung der Prozesskostenhilfe hiernach nicht vor, erlässt der Urkundsbeamte die den Antrag ablehnende Entscheidung; anderenfalls vermerkt der Urkundsbeamte in den Prozessakten, dass dem Antragsteller nach seinen persönlichen und wirtschaftlichen Verhältnissen Prozesskostenhilfe gewährt werden kann und in welcher Höhe gegebenenfalls Monatsraten oder Beträge aus dem Vermögen zu zahlen sind.

(3) Dem Urkundsbeamten obliegen im Verfahren über die Prozesskostenhilfe ferner die Bestimmung des Zeitpunkts für die Einstellung und eine Wiederaufnahme der Zahlungen nach § 120 Absatz 3 der Zivilprozessordnung sowie die Änderung und die Aufhebung der Bewilligung der Prozesskostenhilfe nach den §§ 120a und 124 Absatz 1 Nummer 2 bis 5 der Zivilprozessordnung.

(4) Der Vorsitzende kann Aufgaben nach den Absätzen 2 und 3 zu jedem Zeitpunkt an sich ziehen. § 5 Absatz 1 Nummer 1, die §§ 6, 7, 8 Absatz 1 bis 4 und § 9 des Rechtspflegergesetzes gelten entsprechend mit der Maßgabe, dass an die Stelle des Rechtspflegers der Urkundsbeamte der Geschäftsstelle tritt.

(5) § 87a Absatz 3 gilt entsprechend.

(6) Gegen Entscheidungen des Urkundsbeamten nach den Absätzen 2 und 3 kann innerhalb von zwei Wochen nach Bekanntgabe die Entscheidung des Gerichts beantragt werden.

(7) Durch Landesgesetz kann bestimmt werden, dass die Absätze 2 bis 6 für die Gerichte des jeweiligen Landes nicht anzuwenden sind.

17. Abschnitt Vollstreckung

§ 167 (Anwendbare Vorschriften)

(1) Soweit sich aus diesem Gesetz nichts anderes ergibt, gilt für die Vollstreckung das Achte Buch der Zivilprozeßordnung entsprechend. Vollstreckungsgericht ist das Gericht des ersten Rechtszugs.

(2) Urteile auf Anfechtungs- und Verpflichtungsklagen können nur wegen der Kosten für vorläufig vollstreckbar erklärt werden.

§ 168 (Vollstreckungstitel)

(1) Vollstreckt wird

1. aus rechtskräftigen und aus vorläufig vollstreckbaren gerichtlichen Entscheidungen,
2. aus einstweiligen Anordnungen,
3. aus gerichtlichen Vergleichen,
4. aus Kostenfestsetzungsbeschlüssen,
5. aus den für vollstreckbar erklärten Schiedssprüchen öffentlich-rechtlicher Schiedsgerichte, sofern die Entscheidung über die Vollstreckbarkeit rechtskräftig oder für vorläufig vollstreckbar erklärt ist.

(2) Für die Vollstreckung können den Beteiligten auf ihren Antrag Ausfertigungen des Urteils ohne Tatbestand und ohne Entscheidungsgründe erteilt werden, deren Zustellung in den Wirkungen der Zustellung eines vollständigen Urteils gleichsteht.

§ 169 (Vollstreckung zu Gunsten von Gebietskörperschaften u. ä.)

(1) Soll zugunsten des Bundes, eines Landes, eines Gemeindeverbandes, einer Gemeinde oder einer Körperschaft, Anstalt oder Stiftung des öffentlichen Rechts vollstreckt werden, so richtet sich die Vollstreckung nach dem Verwaltungsvollstreckungsgesetz. Vollstreckungsbehörde im Sinne des Verwaltungsvollstreckungsgesetzes ist der Vorsitzende des Gerichts des ersten Rechtszugs; er kann für die Ausführung der Vollstreckung eine andere Vollstreckungsbehörde oder einen Gerichtsvollzieher in Anspruch nehmen.

(2) Wird die Vollstreckung zur Erzwingung von Handlungen, Duldungen und Unterlassungen im Wege der Amtshilfe von Organen der Länder vorgenommen, so ist sie nach landesrechtlichen Bestimmungen durchzuführen.

§ 170 (Vollstreckung gegen Gebietskörperschaften u. ä.)

(1) Soll gegen den Bund, ein Land, einen Gemeindeverband, eine Gemeinde, eine Körperschaft, eine Anstalt oder Stiftung des öffentlichen Rechts wegen einer Geldforderung vollstreckt werden, so verfügt auf Antrag des Gläubigers das Gericht des ersten Rechtszugs die Vollstreckung. Es bestimmt die vorzunehmenden Vollstreckungsmaßnahmen und ersucht die zuständige Stelle um deren Vornahme. Die ersuchte Stelle ist verpflichtet, dem Ersuchen nach den für sie geltenden Vollstreckungsvorschriften nachzukommen.

(2) Das Gericht hat vor Erlaß der Vollstreckungsverfügung die Behörde oder bei Körperschaften, Anstalten und Stiftungen des

öffentlichen Rechts, gegen die vollstreckt werden soll, die gesetzlichen Vertreter von der beabsichtigten Vollstreckung zu benachrichtigen mit der Aufforderung, die Vollstreckung innerhalb einer vom Gericht zu bemessenden Frist abzuwenden. Die Frist darf einen Monat nicht übersteigen.

(3) Die Vollstreckung ist unzulässig in Sachen, die für die Erfüllung öffentlicher Aufgaben unentbehrlich sind oder deren Veräußerung ein öffentliches Interesse entgegensteht. Über Einwendungen entscheidet das Gericht nach Anhörung der zuständigen Aufsichtsbehörde oder bei obersten Bundes- oder Landesbehörden des zuständigen Ministers.

(4) Für öffentlich-rechtliche Kreditinstitute gelten die Absätze 1 bis 3 nicht.

(5) Der Ankündigung der Vollstreckung und der Einhaltung einer Wartefrist bedarf es nicht, wenn es sich um den Vollzug einer einstweiligen Anordnung handelt.

§ 171 (Keine Vollstreckungsklausel)

In den Fällen der §§ 169, 170 Abs. 1 bis 3 bedarf es einer Vollstreckungsklausel nicht.

§ 172 (Zwangsgeld)

Kommt die Behörde in den Fällen des § 113 Abs. 1 Satz 2 und Abs. 5 und des § 123 der ihr im Urteil oder in der einstweiligen Anordnung auferlegten Verpflichtung nicht nach, so kann das Gericht des ersten Rechtszugs auf Antrag unter Fristsetzung gegen sie ein Zwangsgeld bis zehntausend Euro durch Beschluß androhen, nach fruchtlosem Fristablauf festsetzen und von Amts wegen vollstrecken. Das Zwangsgeld kann wiederholt angedroht, festgesetzt und vollstreckt werden.

Teil V
Schluß- und Übergangsbestimmungen

§ 173 (Grundsätzliche Anwendbarkeit von GVG und ZPO)

Soweit dieses Gesetz keine Bestimmungen über das Verfahren enthält, sind das Gerichtsverfassungsgesetz und die Zivilprozeßordnung einschließlich § 278 Absatz 5 und § 278a entsprechend anzuwenden, wenn die grundsätzlichen Unterschiede der beiden Verfahrensarten dies nicht ausschließen; das Leitentscheidungsverfahren nach den §§ 552b und 565 der Zivilprozessordnung ist nicht anzuwenden. Die Vorschriften des Siebzehnten Titels des Gerichtsverfassungsgesetzes sind mit der Maßgabe entsprechend anzuwenden, dass an die Stelle des Oberlandesgerichts das Oberverwaltungsgericht, an die Stelle des Bundesgerichtshofs das Bundesverwaltungsgericht und an die Stelle der Zivilprozessordnung die Verwaltungsgerichtsordnung tritt. Gericht im Sinne des § 1062 der Zivilprozeßordnung ist das zuständige Verwaltungsgericht, Gericht im Sinne des § 1065 der Zivilprozeßordnung das zuständige Oberverwaltungsgericht.

§ 174 (Befähigung zum höheren Verwaltungsdienst)

(1) Für den Vertreter des öffentlichen Interesses bei dem Oberverwaltungsgericht und bei dem Verwaltungsgericht steht der Befähigung zum Richteramt nach dem Deutschen Richtergesetz die Befähigung zum höheren Verwaltungsdienst gleich, wenn sie nach mindestens dreijährigem Studium der Rechtswissenschaft an einer Universität und dreijähriger Ausbildung im öffentlichen Dienst durch Ablegen der gesetzlich vorgeschriebenen Prüfungen erlangt worden ist.

(2) Bei Kriegsteilnehmern gilt die Voraussetzung des Absatzes 1 als erfüllt, wenn sie den für sie geltenden besonderen Vorschriften genügt haben.

§ 175 (Verfahren vor 18. April 2018)

§ 43 des Einführungsgesetzes zum Gerichtsverfassungsgesetz gilt entsprechend.

§ 176 (Besetzung des Gerichts)

Bei den Verwaltungsgerichten dürfen bis zum Ablauf des 31. Dezember 2025 abweichend von § 29 Absatz 1 des Deutschen Richtergesetzes bei einer gerichtlichen Entscheidung auch mitwirken:

1. zwei abgeordnete Richter auf Lebenszeit oder

IX

2. ein abgeordneter Richter auf Lebenszeit und entweder ein Richter auf Probe oder ein Richter kraft Auftrags.

§ 177 (Papierform)

Dokumente und Aktenteile, die nach den Verschlusssachenanweisungen des Bundes oder der Länder als Verschlusssache höher als VS-NUR FÜR DEN DIENSTGEBRAUCH eingestuft sind, dürfen bis zum 31. Dezember 2035 abweichend von den §§ 55a bis 55d in Papierform erstellt, geführt und übermittelt werden. Dokumente und Aktenteile, die nach den Verschlusssachenanweisungen des Bundes oder der Länder als Verschlusssache VS-NUR FÜR DEN DIENSTGEBRAUCH eingestuft sind, dürfen bis zum 31. Dezember 2035 abweichend von den §§ 55a bis 55d in Papierform übermittelt werden. Die für die Handhabung von Verschlusssachen geltenden Geheimschutzvorschriften bleiben unberührt.

§§ 178 und 179 (Änderungsvorschriften)

§ 180 (Vernehmung, Vereidigung nach VwVfG und SGB X)

Erfolgt die Vernehmung oder die Vereidigung von Zeugen und Sachverständigen nach dem Verwaltungsverfahrensgesetz oder nach dem Zehnten Buch Sozialgesetzbuch durch das Verwaltungsgericht, so findet sie vor dem dafür im Geschäftsverteilungsplan bestimmten Richter statt. Über die Rechtmäßigkeit einer Verweigerung des Zeugnisses, des Gutachtens oder der Eidesleistung nach dem Verwaltungsverfahrensgesetz oder nach dem Zehnten Buch Sozialgesetzbuch entscheidet das Verwaltungsgericht durch Beschluß.

§§ 181 und 182 (Änderungsvorschriften)

§ 183 (Nichtigkeit von Landesrecht)

Hat das Verfassungsgericht eines Landes die Nichtigkeit von Landesrecht festgestellt oder Vorschriften des Landesrechts für nichtig erklärt, so bleiben vorbehaltlich einer besonderen gesetzlichen Regelung durch das Land die nicht mehr anfechtbaren Entscheidungen der Gerichte der Verwaltungsgerichtsbarkeit, die auf der für nichtig erklärten Norm beruhen, unberührt. Die Vollstreckung aus einer solchen Entscheidung ist unzulässig. § 767 der Zivilprozeßordnung gilt entsprechend.

§ 184 (Verwaltungsgerichtshof)

Das Land kann bestimmen, daß das Oberverwaltungsgericht die bisherige Bezeichnung „Verwaltungsgerichtshof" weiterführt.

§ 185 (Besonderheiten für bestimmte Bundesländer)

(1) In den Ländern Berlin und Hamburg treten an die Stelle der Kreise im Sinne des § 28 die Bezirke.

(2) Die Länder Berlin, Brandenburg, Bremen, Hamburg, Mecklenburg-Vorpommern, Saarland und Schleswig-Holstein können Abweichungen von den Vorschriften des § 73 Abs. 1 Satz 2 zulassen.

(3) In den Ländern Berlin und Bremen treten an die Stelle der Landesstraßen im Sinne des § 48 Absatz 1 Satz 1 Nummer 8 die Straßen I. Ordnung nach § 20 Nummer 1 des Berliner Straßengesetzes und die Straßen der Gruppe A nach § 3 Absatz 1 Nummer 1 des Bremischen Landesstraßengesetzes.

§ 186 (Besonderheiten für Stadtstaaten)

§ 22 Nr. 3 findet in den Ländern Berlin, Bremen und Hamburg auch mit der Maßgabe Anwendung, daß in der öffentlichen Verwaltung ehrenamtlich tätige Personen nicht zu ehrenamtlichen Richtern berufen werden können. § 6 des Einführungsgesetzes zum Gerichtsverfassungsgesetz gilt entsprechend.

§ 187 (Ermächtigungen für Länder)

(1) Die Länder können den Gerichten der Verwaltungsgerichtsbarkeit Aufgaben der Disziplinargerichtsbarkeit und der Schiedsgerichtsbarkeit bei Vermögensauseinandersetzungen öffentlich-rechtlicher Verbände übertragen, diesen Gerichten Berufsgerichte angliedern sowie dabei die Besetzung und das Verfahren regeln.

(2) Die Länder können ferner für das Gebiet des Personalvertretungsrechts von diesem Gesetz abweichende Vorschriften über die Besetzung und das Verfahren der Verwaltungsgerichte und des Oberverwaltungsgerichts erlassen.

§ 188 (Zusammenfassung von Sachgebieten)

Die Sachgebiete in Angelegenheiten der Fürsorge mit Ausnahme der Angelegenheiten der Sozialhilfe und des Asylbewerberleistungsgesetzes, der Jugendhilfe, der Schwerbehindertenfürsorge sowie der Ausbildungsförderung sollen in einer Kammer oder in einem Senat zusammengefaßt werden. Gerichtskosten (Gebühren und Auslagen) werden in den Verfahren dieser Art nicht erhoben; dies gilt nicht für Erstattungsstreitigkeiten zwischen Sozialleistungsträgern.

§ 188a (Wirtschaftsrecht)

Für Angelegenheiten des Wirtschaftsrechts können besondere Kammern oder Senate gebildet werden (Wirtschaftskammern, Wirtschaftssenate). Die Sachgebiete der Wirtschaftsverfassung, Wirtschaftslenkung, Marktordnung und Außenwirtschaft, des Gewerberechts sowie des Post-, Fernmelde- und Telekommunikationsrechts sollen in den Wirtschaftskammern oder Wirtschaftssenaten zusammengefasst werden. Darüber hinaus können den Wirtschaftskammern oder Wirtschaftssenaten weitere Streitigkeiten mit einem Bezug zum Wirtschaftsrecht zugewiesen werden.

§ 188b (Planungsrecht)

Für Angelegenheiten des Planungsrechts sollen besondere Kammern oder Senate gebildet werden (Planungskammern, Planungssenate). Ihnen können insbesondere auch Sachgebiete zugewiesen werden, die mit den Angelegenheiten des Planungsrechts im Zusammenhang stehen.

§ 189 (Bildung von Fachsenaten)

Für die nach § 99 Abs. 2 zu treffenden Entscheidungen sind bei den Oberverwaltungsgerichten und dem Bundesverwaltungsgericht Fachsenate zu bilden.

§ 190 (Unberührtes Bundesrecht)

Die folgenden Gesetze, die von diesem Gesetz abweichen, bleiben unberührt:

1. das Lastenausgleichsgesetz vom 14. August 1952 (Bundesgesetzbl. I S. 446) in der Fassung der dazu ergangenen Änderungsgesetze,
2. das Gesetz über die Errichtung eines Bundesaufsichtsamtes für das Versicherungs- und Bausparwesen vom 31. Juli 1951 (Bundesgesetzbl. I S. 480) in der Fassung des Gesetzes zur Ergänzung des Gesetzes über die Errichtung eines Bundesaufsichtsamtes für das Versicherungs- und Bausparwesen vom 22. Dezember 1954 (Bundesgesetzbl. I S. 501),
3. (weggefallen)
4. das Flurbereinigungsgesetz vom 14. Juli 1953 (Bundesgesetzbl. I S. 591),
5. das Personalvertretungsgesetz vom 5. August 1955 (Bundesgesetzbl. I S. 477),
6. die Wehrbeschwerdeordnung (WBO) vom 23. Dezember 1956 (Bundesgesetzbl. I S. 1066),
7. das Kriegsgefangenenentschädigungsgesetz (KgfEG) in der Fassung vom 8. Dezember 1956 (Bundesgesetzbl. I S. 908),
8. § 13 Abs. 2 des Patentgesetzes und die Vorschriften über das Verfahren vor dem Deutschen Patentamt.

§ 191 (Änderungsvorschrift)

(1) (Änderungsvorschrift)

(2) § 127 des Beamtenrechtsrahmengesetzes und § 54 des Beamtenstatusgesetzes bleiben unberührt.

§ 192 (Änderungsvorschrift)

§ 193 (Verfassungsstreitigkeiten)

In einem Land, in dem kein Verfassungsgericht besteht, bleibt eine dem Oberverwaltungsgericht übertragene Zuständigkeit zur Entscheidung von Verfassungsstreitigkeiten innerhalb des Landes bis zur Errichtung eines Verfassungsgerichts unberührt.

§ 194 (Übergangsvorschrift)

(1) Die Zulässigkeit der Berufungen richtet sich nach dem bis zum 31. Dezember 2001 geltenden Recht, wenn vor dem 1. Januar 2002

1. die mündliche Verhandlung, auf die das anzufechtende Urteil ergeht, geschlossen worden ist,

2. in Verfahren ohne mündliche Verhandlung die Geschäftsstelle die anzufechtende Entscheidung zum Zwecke der Zustellung an die Parteien herausgegeben hat.

(2) Im Übrigen richtet sich die Zulässigkeit eines Rechtsmittels gegen eine gerichtliche Entscheidung nach dem bis zum 31. Dezember 2001 geltenden Recht, wenn vor dem 1. Januar 2002 die gerichtliche Entscheidung bekannt gegeben oder verkündet oder von Amts wegen an Stelle einer Verkündung zugestellt worden ist.

(3) Fristgerecht vor dem 1. Januar 2002 eingelegte Rechtsmittel gegen Beschlüsse in Verfahren der Prozesskostenhilfe gelten als durch das Oberverwaltungsgericht zugelassen.

(4) In Verfahren, die vor dem 1. Januar 2002 anhängig geworden sind oder für die die Klagefrist vor diesem Tage begonnen hat, sowie in Verfahren über Rechtsmittel gegen gerichtliche Entscheidungen, die vor dem 1. Januar 2002 bekannt gegeben oder verkündet oder von Amts wegen an Stelle einer Verkündung zugestellt worden sind, gelten für die Prozessvertretung der Beteiligten die bis zu diesem Zeitpunkt geltenden Vorschriften.

(5) § 40 Abs. 2 Satz 1, § 154 Abs. 3, § 162 Abs. 2 Satz 3 und § 188 Satz 2 sind für die ab 1. Januar 2002 bei Gericht anhängig werdenden Verfahren in der zu diesem Zeitpunkt geltenden Fassung anzuwenden.

(6) Für am 1. Januar 2024 noch anhängige Verfahren aus dem Sachgebiet der Kriegsopferfürsorge gilt § 67 Absatz 2 Satz 2 Nummer 6 in der am 31. Dezember 2023 geltenden Fassung weiter.

§ 195 (In-Kraft-Treten)

(1) (Inkrafttreten)

(2) bis (6) (weggefallen)

(7) Für Rechtsvorschriften im Sinne des § 47, die vor dem 1. Januar 2007 bekannt gemacht worden sind, gilt die Frist des § 47 Abs. 2 in der bis zum Ablauf des 31. Dezember 2006 geltenden Fassung.

Landesgesetz zur Ausführung der Verwaltungsgerichtsordnung (AGVwGO)

in der Fassung der Bekanntmachung vom 5. Dezember 1977 (GVBl. S. 451)

Zuletzt geändert durch
Zweites Landesgesetz zur Änderung des Landesgesetzes zur Ausführung der Verwaltungsgerichtsordnung
vom 19. August 2014 (GVBl. S. 187)

Erster Abschnitt Gerichte der allgemeinen Verwaltungsgerichtsbarkeit

§ 1 (weggefallen)

§ 2 Besetzung der Senate

(1) Die Senate des Oberverwaltungsgerichts entscheiden in der Besetzung von drei Richtern und zwei ehrenamtlichen Richtern. Bei Beschlüssen außerhalb der mündlichen Verhandlung wirken die ehrenamtlichen Richter nicht mit.

(2) In Normenkontrollverfahren nach § 47 der Verwaltungsgerichtsordnung (VwGO) und in Verfahren nach § 48 Abs. 1 VwGO entscheidet das Oberverwaltungsgericht in der Besetzung von drei Richtern.

§ 3 Amtszeit der Vertrauensleute

(1) Die Vertrauensleute des Ausschusses zur Wahl der ehrenamtlichen Richter (§ 26 VwGO) und ihre Vertreter werden auf die Dauer von vier Jahren gewählt.

(2) Die Vertrauensleute und ihre Vertreter bleiben auch nach Ablauf ihrer Amtszeit bis zur Neuwahl ihrer Nachfolger im Amt.

§ 4 Erstinstanzliche Zuständigkeit des Oberverwaltungsgerichts

(1) Das Oberverwaltungsgericht entscheidet nach Maßgabe des § 47 VwGO über die Gültigkeit einer im Range unter dem Landesgesetz stehenden Rechtsvorschrift. Dies gilt nicht für Rechtsverordnungen, die Handlungen eines Verfassungsorgans im Sinne des Artikels 130 Abs. 1 der Verfassung für Rheinland-Pfalz sind.

(2) Das Oberverwaltungsgericht entscheidet im ersten Rechtszug auch über Streitigkeiten, die Besitzeinweisungen in den Fällen des § 48 Abs. 1 Satz 1 VwGO betreffen.

§ 5 Veröffentlichung von Entscheidungen

Das Oberverwaltungsgericht veröffentlicht seine Entscheidungen, soweit sie von grundsätzlicher Bedeutung sind. Die Auswahl trifft das Präsidium.

Zweiter Abschnitt Vorverfahren vor den Rechtsausschüssen

§ 6 Zuständigkeit

(1) An Stelle der in § 73 Abs. 1 Satz 2 Nr. 1 und 3 VwGO genannten Behörden erläßt, soweit gesetzlich nichts anderes bestimmt ist, den Widerspruchsbescheid

1. der Kreisrechtsausschuß, wenn sich der Widerspruch gegen einen Verwaltungsakt
   a) der Kreisverwaltung,
   b) einer der Kreisverwaltung nachgeordneten Behörde,
   c) einer Verbandsgemeindeverwaltung,
   d) der Gemeindeverwaltung einer kreisangehörigen Gemeinde oder
   e) der Behörde einer sonstigen der Aufsicht der Kreisverwaltung unterstehenden Körperschaft, Anstalt oder Stiftung des öffentlichen Rechts

   richtet,
2. der Stadtrechtsausschuß, wenn sich der Widerspruch gegen einen Verwaltungsakt der Stadtverwaltung einer kreisfreien oder

IX

großen kreisangehörigen Stadt oder der Behörde einer ihrer Aufsicht unterstehenden Körperschaft, Anstalt oder Stiftung des öffentlichen Rechts richtet.

(2) Verwaltungsakte, die von einer Verbandsgemeindeverwaltung, der Gemeindeverwaltung einer kreisangehörigen Gemeinde oder der Behörde einer sonstigen der Aufsicht der Kreisverwaltung unterstehenden Körperschaft, Anstalt oder Stiftung des öffentlichen Rechts in Selbstverwaltungsangelegenheiten erlassen worden sind, können vom Rechtsausschuß nur auf ihre Rechtmäßigkeit nachgeprüft werden. Das gleiche gilt für Verwaltungsakte, die von der Behörde einer der Aufsicht der Stadtverwaltung nach Absatz 1 Nr. 2 unterstehenden Körperschaft, Anstalt oder Stiftung des öffentlichen Rechts erlassen worden sind.

(3) Richtet sich der Widerspruch gegen eine Entscheidung der Kreisverwaltung, die diese im Rahmen der ihr übertragenen Aufgaben der höheren Verwaltungsbehörde nach § 6 Abs. 1, 3 oder 4 Satz 1 Halbsatz 2, § 10 Abs. 2, § 17 Abs. 3, § 34 Abs. 5 Satz 2, § 35 Abs. 6 Satz 6 oder § 204 Abs. 3 Satz 3 des Baugesetzbuches getroffen hat, so erläßt die Struktur- und Genehmigungsdirektion den Widerspruchsbescheid.

§ 6a Vorlagepflicht

Hilft die Behörde, die den Verwaltungsakt erlassen hat, dem Widerspruch nicht ab, ist er mit den einschlägigen Verwaltungsvorgängen innerhalb von sechs Wochen nach dem Eingang bei der Behörde dem nach § 6 Abs. 1 zuständigen Rechtsausschuss vorzulegen. Der Vorsitzende (§ 8) kann die Frist aus wichtigem Grund verlängern.

§ 7 Bildung der Rechtsausschüsse

(1) Bei jeder Kreisverwaltung wird ein Kreisrechtsausschuß, bei jeder Stadtverwaltung einer kreisfreien oder großen kreisangehörigen Stadt ein Stadtrechtsausschuß gebildet. Die Rechtsausschüsse sind Ausschüsse des Landkreises (der kreisfreien oder großen kreisangehörigen Stadt); sie unterliegen jedoch nicht den Weisungen der Organe dieser Gebietskörperschaften.

(2) Der Rechtsausschuß entscheidet in der Besetzung von einem Vorsitzenden und zwei Beisitzern. Alle Mitglieder haben gleiches Stimmrecht. § 1 Abs. 1 des Landesverwaltungsverfahrensgesetzes (LVwVfG) in Verbindung mit den §§ 90 und 91 des Verwaltungsverfahrensgesetzes (VwVfG) findet keine Anwendung.

§ 8 Vorsitzender

Der Landrat (Oberbürgermeister) führt den Vorsitz im Rechtsausschuß. Er kann Beamten mit der Befähigung zum Richteramt oder höheren Verwaltungsdienst (§ 174 VwGO) den Vorsitz im Rechtsausschuß übertragen; Ausnahmen sind nur mit Genehmigung der Aufsichts- und Dienstleistungsdirektion zulässig.

§ 9 Beisitzer

(1) Der Kreistag (Stadtrat) wählt für die Dauer seiner Wahlzeit mindestens sechs Beisitzer. Sie müssen wählbar nach den Vorschriften des Kommunalwahlgesetzes sein.

(2) Die Beisitzer bleiben bis zur Neuwahl ihrer Nachfolger im Amt, jedoch nicht länger als sechs Monate nach Ablauf der Wahlzeit des Kreistages (Stadtrates).

(3) Das Amt des Beisitzers ist ein Ehrenamt im Sinne der §§ 12 bis 15 der Landkreisordnung (§§ 18 bis 21 der Gemeindeordnung).

§ 10 Ausschluß vom Beisitzeramt

Vom Amt eines Beisitzers sind ausgeschlossen

1. Personen, die wegen einer vorsätzlichen Straftat zu einer Freiheitsstrafe von mehr als sechs Monaten verurteilt worden sind,
2. Personen, gegen die öffentliche Klage wegen einer Straftat erhoben ist, die die Aberkennung der Fähigkeit zur Bekleidung öffentlicher Ämter oder zur Erlangung von Rechten aus öffentlichen Wahlen zur Folge haben kann,
3. Personen, die durch gerichtliche Anordnung in der Verfügung über ihr Vermögen beschränkt sind.

§ 11 Abberufung von Beisitzern

(1) Ein Beisitzer ist von seinem Amt abzuberufen,

1. wenn seine Wahl nach § 9 Abs. 1 Satz 2 und § 10 nicht zulässig war oder nicht mehr zulässig wäre, oder
2. wenn er seine Amtspflichten gröblich verletzt hat, oder
3. wenn er die zur Ausübung seines Amtes erforderlichen geistigen oder körperlichen Fähigkeiten nicht mehr besitzt, oder
4. wenn er einen wichtigen Grund im Sinne des § 13 Abs. 1 und 2 der Landkreisordnung (§ 19 Abs. 1 und 2 der Gemeindeordnung) geltend macht.

(2) Die Entscheidung trifft der Kreistag (Stadtrat) nach Anhörung des Beisitzers. In dringenden Fällen kann der Landrat (Oberbürgermeister) dem Beisitzer vorläufig die Ausübung seines Amtes untersagen (Absatz 1 Nr. 1 bis 3) oder ihn vorläufig von seinen Amtspflichten entbinden (Absatz 1 Nr. 4).

(3) War die öffentliche Klage erhoben, so ist die Entscheidung vom Kreistag (Stadtrat) auf Antrag des Beisitzers aufzuheben, wenn dieser rechtskräftig außer Verfolgung gesetzt oder freigesprochen worden ist.

§ 12 Ausschluß von der Mitwirkung im Verfahren

(1) Hält sich ein Mitglied des Rechtsausschusses nach § 1 Abs. 1 LVwVfG in Verbindung mit § 20 Abs. 1 VwVfG für ausgeschlossen oder bestehen Zweifel ob die Voraussetzungen für einen Ausschluß gegeben sind, so entscheidet über den Ausschluß

1. des Vorsitzenden im Falle des § 8 Satz 1 die Aufsichts- und Dienstleistungsdirektion, in den Fällen des § 8 Satz 2 der Landrat (Oberbürgermeister),
2. eines Beisitzers der Vorsitzende.

(2) In den Fällen des § 1 Abs. 1 LVwVfG in Verbindung mit § 21 Abs. 1 VwVfG gilt Absatz 1 entsprechend.

(3) Ein Mitglied des Rechtsausschusses ist nicht nach § 20 Abs. 1 Satz 1 Nr. 3 VwVfG ausgeschlossen, wenn es die Gebietskörperschaft, bei der der Rechtsausschuß gebildet ist, kraft Gesetzes vertritt.

§ 13 Reihenfolge der Mitwirkung

(1) Die Beisitzer sind zu den Sitzungen des Rechtsausschusses gleichmäßig heranzuziehen; die Reihenfolge wird vom Landrat (Oberbürgermeister) vor Beginn des Kalenderjahres bestimmt.

(2) Bei unvorhergesehener Verhinderung eines Beisitzers kann der Landrat (Oberbürgermeister) von der Reihenfolge (Absatz 1) abweichen.

§ 14 Verpflichtung

Der Beisitzer ist bei Antritt seines Amtes in öffentlicher Sitzung von dem Vorsitzenden des Rechtsausschusses durch Handschlag zur gewissenhaften und gerechten Ausübung seines Amtes zu verpflichten. Über die Verpflichtung wird eine Niederschrift aufgenommen.

§ 15 Entschädigung der Beisitzer

Die Beisitzer erhalten vom Landkreis (der kreisfreien oder großen kreisangehörigen Stadt) eine Sitzungsvergütung, deren Höhe durch Rechtsverordnung festgesetzt wird.

§ 16 Verfahren

(1) Der Vorsitzende trifft, soweit gesetzlich nichts anderes bestimmt ist, alle zur Vorbereitung der Entscheidung erforderlichen Maßnahmen.

(2) Vor Erlaß des Widerspruchsbescheides ist der Widerspruch mit den Beteiligten mündlich zu erörtern. Wenn bei der Ladung darauf hingewiesen wurde, kann beim Ausbleiben eines Beteiligten auch ohne ihn verhandelt und entschieden werden. Die Verhandlung ist öffentlich; der Rechtsausschuß kann die Öffentlichkeit aus wichtigem Grund ausschließen. Mit Einverständnis aller Beteiligten kann von der mündlichen Erörterung abgesehen werden.

(3) Bei der Beratung und Abstimmung dürfen außer den Mitgliedern des Rechtsausschusses nur die bei der Kreisverwaltung (der Stadtverwaltung) zu ihrer Ausbildung beschäftigten Personen zugegen sein, soweit der Vorsitzende ihre Anwesenheit gestattet. Das gleiche gilt für die Anwesenheit des Schriftführers. Die Teil-

nehmer sind verpflichtet, über die Beratung und Abstimmung Stillschweigen zu bewahren.

(4) Die Beteiligten können zur Erledigung des Vorverfahrens einen Vergleich auch zur Aufnahme in die über die Sitzung zu fertigende Niederschrift schließen. Der Text des Vergleiches ist den Beteiligten vorzulesen oder zur Durchsicht vorzulegen. Ist der Inhalt der Niederschrift auf einem Tonträger vorläufig aufgezeichnet worden, so genügt es, wenn der Wortlaut des Vergleiches abgespielt wird. Die Zustimmung der Beteiligten zu dem Vergleich ist in der Niederschrift zu vermerken.

(5) Der Rechtsausschuss entscheidet durch den Vorsitzenden,

1. wenn der Widerspruchsführer das Verfahren trotz schriftlicher Aufforderung durch den Vorsitzenden länger als drei Monate nicht betreibt,
2. über die Anordnung und die Aussetzung der sofortigen Vollziehung in den Fällen des § 80 Abs. 2 Satz 1 Nr. 4 und Abs. 4 und des § 80a Abs. 1 und 2 VwGO,
3. über den Antrag nach § 19 Abs. 1 Satz 5, sofern der Widerspruch beim Rechtsausschuss anhängig war.

Der Rechtsausschuss kann auch durch den Vorsitzenden entscheiden, wenn der Widerspruch offensichtlich unzulässig ist oder alle Beteiligten damit einverstanden sind. In den Fällen der Sätze 1 und 2 bedarf es keiner mündlichen Erörterung mit den Beteiligten.

(6) Wird ein Beteiligter durch einen Rechtsanwalt vertreten, können die Akten dem bevollmächtigten Rechtsanwalt vorübergehend zur Einsicht in seiner Wohnung oder in seinen Geschäftsräumen übergeben werden. Im Übrigen bleibt § 1 Abs. 1 LVwVfG in Verbindung mit § 29 VwVfG unberührt.

(7) Hat der Widerspruch ganz oder teilweise Erfolg, so ist der Widerspruchsbescheid außer den Beteiligten unverzüglich auch der Aufsichts- und Dienstleistungsdirektion zuzustellen; betrifft der Widerspruchsbescheid eine Angelegenheit im Aufgabenbereich einer anderen oberen Aufsichtsbehörde, so ist auch dieser der Widerspruchsbescheid unverzüglich zuzustellen.

§ 17 Aufsicht

(1) Die Aufsichts- und Dienstleistungsdirektion, im Falle des § 16 Abs. 7 Halbsatz 2 die andere obere Aufsichtsbehörde, kann gegen einen Widerspruchsbescheid gemäß § 16 Abs. 7, dessen Rechtswidrigkeit sie geltend macht, Klage bei dem Verwaltungsgericht erheben, wenn sie es im öffentlichen Interesse für geboten hält. Der Widerspruchsführer ist unverzüglich von der Klageerhebung zu benachrichtigen.

(2) Für dieses Verfahren ist die Aufsichts- und Dienstleistungsdirektion, im Falle des § 16 Abs. 7 Halbsatz 2 die andere obere Aufsichtsbehörde, beteiligungsfähig im Sinne des § 61 Nr. 3 VwGO.

§ 18 Anderweitige Regelung des Vorverfahrens

Gesetze, die für bestimmte Fälle die Mitwirkung der Rechtsausschüsse im Vorverfahren ausschließen, bleiben unberührt.

Dritter Abschnitt
Ausschluss des Vorverfahrens bei den Rechtsanwaltskammern

§ 18a

(1) Vor Erhebung der Anfechtungsklage gegen Verwaltungsakte der Rechtsanwaltskammern bedarf es abweichend von § 68 Abs. 1 Satz 1 VwGO keiner Nachprüfung in einem Vorverfahren.

(2) Für die Verpflichtungsklage gilt Absatz 1 entsprechend.

Vierter Abschnitt
Erstattung von Kosten im Vorverfahren

§ 19

(1) Soweit der Widerspruch erfolgreich ist, hat der Rechtsträger, dessen Behörde den angefochtenen Verwaltungsakt erlassen hat, demjenigen, der den Widerspruch erhoben hat, die zur zweckentsprechenden Rechtsverfolgung oder Rechtsverteidigung notwendigen Aufwendungen zu erstatten. Dies gilt auch, wenn

der Widerspruch nur deshalb keinen Erfolg hat, weil die Verletzung einer Verfahrens- oder Formvorschrift unbeachtlich ist. Soweit der Widerspruch erfolglos geblieben ist, hat derjenige, der den Widerspruch eingelegt hat, die zur zweckentsprechenden Rechtsverfolgung oder Rechtsverteidigung notwendigen Aufwendungen der Behörde, die den angefochtenen Verwaltungsakt erlassen hat, zu erstatten; dies gilt nicht, wenn der Widerspruch gegen einen Verwaltungsakt eingelegt wird, der im Rahmen

1. eines bestehenden oder früheren öffentlich-rechtlichen Dienst- oder Amtsverhältnisses oder
2. einer bestehenden oder früheren gesetzlichen Dienstpflicht oder einer Tätigkeit, die an Stelle der gesetzlichen Dienstpflicht geleistet werden kann, oder
3. einer Angelegenheit, für die auf Grund einer Rechtsverordnung nach § 7 Abs. 2 Nr. 1 oder 2 des Landesgebührengesetzes Gebührenfreiheit besteht,

erlassen wurde. Aufwendungen, die durch das Verschulden eines Erstattungsberechtigten entstanden sind, hat dieser selbst zu tragen; das Verschulden eines Vertreters ist dem Vertretenen zuzurechnen. Erledigt sich der Widerspruch auf andere Weise, so wird auf Antrag von der Behörde, bei der der Widerspruch anhängig war, über die Kosten nach billigem Ermessen entschieden; der bisherige Sachstand ist zu berücksichtigen.

(2) Die Gebühren und Auslagen eines Rechtsanwaltes oder eines sonstigen Bevollmächtigten im Vorverfahren sind erstattungsfähig, wenn die Zuziehung eines Bevollmächtigten in der Kostenentscheidung für notwendig erklärt wird.

(3) Die Behörde, die die Kostenentscheidung getroffen hat, setzt auf Antrag den Betrag der zu erstattenden Aufwendungen fest; an Stelle eines Rechtsausschusses trifft die Festsetzung die Kreisverwaltung als Verwaltungsbehörde des Landkreises oder die Stadtverwaltung.

Fünfter Abschnitt Rechtsbehelfe gegen Vollstreckungsmaßnahmen

§ 20

Rechtsbehelfe, die sich gegen Maßnahmen in der Verwaltungsvollstreckung richten, haben keine aufschiebende Wirkung.

Sechster Abschnitt Gerichtliches Disziplinarverfahren nach dem Bundesdisziplinargesetz

§ 21 Wahl der Beamtenbeisitzer

(1) Die Beamtenbeisitzer der Kammer für Disziplinarsachen (§ 47 des Bundesdisziplinargesetzes) werden von dem zur Wahl der ehrenamtlichen Richter bestellten Ausschuss (§ 26 VwGO) auf vier Jahre gewählt. Wird eine Nachwahl erforderlich, ist sie nur für den Rest der Amtszeit vorzunehmen.

(2) Das für die Angelegenheiten der Rechtspflege zuständige Ministerium stellt in jedem vierten Jahr eine Vorschlagsliste von Beamtenbeisitzern auf. Hierbei ist die doppelte Anzahl der durch den Präsidenten des Verwaltungsgerichts als erforderlich bezeichneten Beamtenbeisitzer zugrunde zu legen. Die obersten Bundesbehörden und die Spitzenorganisationen der Gewerkschaften der Beamten können Bundesbeamte für die Aufnahme in die Liste vorschlagen. In der Liste sind die Beamten nach Laufbahngruppen und Verwaltungsbereichen gegliedert aufzuführen. Die Liste ist dem Präsidenten des Verwaltungsgerichts zuzusenden.

(3) Für die Beamtenbeisitzer des Senats für Disziplinarsachen (§ 51 Abs. 1 in Verbindung mit § 47 des Bundesdisziplinargesetzes) gelten die Absätze 1 und 2 entsprechend.

Siebter Abschnitt
Schlußbestimmungen

§ 22 Ermächtigung

Die zur Durchführung des Zweiten Abschnittes dieses Gesetzes erforderlichen Rechtsvorschriften erläßt die Landesregierung.

§ 23* Inkrafttreten

Dieses Gesetz tritt am 1. August 1960 in Kraft.

* Die Bestimmung betrifft das Inkrafttreten des Gesetzes in der ursprünglichen Fassung vom 26. Juli 1960. Das Landesgesetz zur Ausführung der Verwaltungsgerichtsordnung (AGVwGO) in der Fassung vom 5. Dezember 1977 gilt ab 1. Januar 1978.

Landesverwaltungsverfahrensgesetz (LVwVfG)

Vom 23. Dezember 1976 (GVBl. S. 308)

Zuletzt geändert durch
Maßregelvollzugsgesetz
vom 22. Dezember 2015 (GVBl. S. 487)

Der Landtag Rheinland-Pfalz hat das folgende Gesetz beschlossen:

§ 1 Anwendungsbereich

(1) Für die öffentlich-rechtliche Verwaltungstätigkeit der Behörden des Landes, der Gemeinden und Gemeindeverbände sowie der sonstigen der Aufsicht des Landes unterstehenden juristischen Personen des öffentlichen Rechts gelten die §§ 2 bis 5 sowie die Bestimmungen des Verwaltungsverfahrensgesetzes (VwVfG) in der Fassung vom 23. Januar 2003 (BGBl. I S. 102) in der jeweils geltenden Fassung mit Ausnahme der §§ 1, 2 und 61 Abs. 2 Satz 1, der §§ 78, 80, 94 und 96 Abs. 4 sowie der §§ 100, 101 und 103, soweit nicht Rechtsvorschriften inhaltsgleiche oder entgegenstehende Bestimmungen enthalten.

(2) Dieses Gesetz gilt nicht für die Tätigkeit

1. der Kirchen, der Religionsgesellschaften und Weltanschauungsgemeinschaften sowie ihrer Verbände und Einrichtungen,
2. der Anstalt des öffentlichen Rechts „Zweites Deutsches Fernsehen".

(3) Dieses Gesetz gilt ferner nicht für

1. Verfahren nach der Abgabenordnung,
2. die Strafverfolgung, die Verfolgung und Ahndung von Ordnungswidrigkeiten, den Rechtshilfeverkehr mit dem Ausland in Straf- und Zivilsachen und für Maßnahmen des Richterdienstrechts,
3. Verfahren nach dem Sozialgesetzbuch,
4. das Recht des Lastenausgleichs,
5. das Recht der Wiedergutmachung,
6. Verfahren nach dem Landeswahlgesetz und dem Kommunalwahlgesetz,
7. Verfahren nach dem Maßregelvollzugsgesetz.

(4) Für die Tätigkeit

1. der Gerichtsverwaltungen und der Behörden der Justizverwaltung einschließlich der ihrer Aufsicht unterstehenden Körperschaften des öffentlichen Rechts gilt dieses Gesetz nur, soweit die Tätigkeit der Nachprüfung durch die Gerichte der Verwaltungsgerichtsbarkeit oder durch die in verwaltungsrechtlichen Anwalts- und Notarsachen zuständigen Gerichte unterliegt;
2. der Behörden bei Leistungs-, Eignungs- und ähnlichen Prüfungen von Personen gelten von den Bestimmungen des Verwaltungsverfahrensgesetzes nur die §§ 3a bis 13, 20 bis 27, 29 bis 38, 40 bis 52, 79 und 96 Abs. 1 bis 3.

§ 2 Behördenbegriff

Behörde im Sinne dieses Gesetzes ist jede Stelle, die Aufgaben der öffentlichen Verwaltung wahrnimmt.

§ 3 Anpassungsbestimmung

(1) § 15 Satz 1, § 16 Abs. 1 Nr. 3 und § 41 Abs. 2 Satz 1 VwVfG sind mit der Maßgabe anzuwenden, daß an die Stelle der Worte „im Inland" jeweils die Worte „in der Bundesrepublik Deutschland" treten.

(2) § 61 Abs. 2 Satz 3 VwVfG ist ohne die Worte „im Sinne des § 1 Abs. 1 Nr. 1" anzuwenden.

§ 4 Rechtswirkungen der Planfeststellung

Die Rechtswirkungen des § 75 Abs. 1 Satz 1 VwVfG gelten auch gegenüber nach Bundesrecht notwendigen Entscheidungen.

§ 5 Zusammentreffen mehrerer Planfeststellungsverfahren erfordernder Vorhaben

(1) Treffen mehrere selbständige Vorhaben, für deren Durchführung Planfeststellungsverfahren vorgeschrieben sind, derart zusammen, daß für diese Vorhaben oder für Teile von ihnen nur eine einheitliche Entscheidung möglich ist, so findet für diese Vorhaben oder für deren Teile nur ein Planfeststellungsverfahren statt.

(2) Zuständigkeiten und Verfahren richten sich nach den Rechtsvorschriften über das Planfeststellungsverfahren, das für diejenige Anlage vorgeschrieben ist, die einen größeren Kreis öffentlich-rechtlicher Beziehungen berührt. Bestehen Zweifel, welche Rechtsvorschrift anzuwenden ist, so entscheidet, falls nach den in Betracht kommenden Rechtsvorschriften mehrere Landesbehörden in den Geschäftsbereichen mehrerer oberster Landesbehörden zuständig sind, die Landesregierung, sonst die zuständige oberste Landesbehörde. Bestehen Zweifel, welche Rechtsvorschrift anzuwenden ist, und sind nach den in Betracht kommenden Rechtsvorschriften eine Bundesbehörde und eine Landesbehörde zuständig, so führt, falls sich die obersten Bundes- und Landesbehörden nicht einigen, die Landesregierung mit der Bundesregierung das Einvernehmen darüber herbei, welche Rechtsvorschrift anzuwenden ist.

§ 6 Rechtsverordnungen

Vorbehaltlich anderweitiger gesetzlicher Regelungen bestimmt die Landesregierung durch Rechtsverordnung

1. auf welche Verwaltungsverfahren die Bestimmungen über die Genehmigungsfiktion nach § 42a VwVfG Anwendung finden; hierbei können von § 42a Abs. 2 Satz 1 VwVfG abweichende Fristen bestimmt werden,
2. die nach Artikel 13 Abs. 3 Satz 1 der Richtlinie 2006/123/EG des Europäischen Parlaments und des Rates vom 12. Dezember 2006 über Dienstleistungen im Binnenmarkt (ABl. EU Nr. L 376 S. 36) festzulegenden Bearbeitungsfristen.

Die Landesregierung kann diese Ermächtigung durch Rechtsverordnung auf das jeweils fachlich zuständige Ministerium für seinen Geschäftsbereich übertragen.

§ 7 Verwaltungsvorschriften

Die zur Durchführung dieses Gesetzes erforderlichen Verwaltungsvorschriften erläßt das für das allgemeine Verwaltungsverfahrensrecht zuständige Ministerium im Einvernehmen mit den Ministerien, deren Geschäftsbereich berührt wird. Verwaltungsvorschriften, die nur den Geschäftsbereich eines Ministeriums betreffen, erläßt dieses im Einvernehmen mit dem für das allgemeine Verwaltungsverfahrensrecht zuständigen Ministerium.

§ 8 Inkrafttreten

Dieses Gesetz tritt am 1. Januar 1977 in Kraft.

Verwaltungsverfahrensgesetz (VwVfG)

in der Fassung der Bekanntmachung vom 23. Januar 2003 (BGBl. I S. 102)

Zuletzt geändert durch
Postrechtsmodernisierungsgesetz
vom 15. Juli 2024 (BGBl. I Nr. 236)

Inhaltsübersicht

Teil I
Anwendungsbereich, örtliche Zuständigkeit, elektronische Kommunikation, Amtshilfe, europäische Verwaltungszusammenarbeit

Abschnitt 1
Anwendungsbereich, örtliche Zuständigkeit, elektronische Kommunikation

§ 1 Anwendungsbereich

(1) Dieses Gesetz gilt für die öffentlich-rechtliche Verwaltungstätigkeit der Behörden

1. des Bundes, der bundesunmittelbaren Körperschaften, Anstalten und Stiftungen des öffentlichen Rechts,
2. der Länder, der Gemeinden und Gemeindeverbände, der sonstigen der Aufsicht des Landes unterstehenden juristischen Personen des öffentlichen Rechts, wenn sie Bundesrecht im Auftrag des Bundes ausführen,

soweit nicht Rechtsvorschriften des Bundes inhaltsgleiche oder entgegenstehende Bestimmungen enthalten.

(2) Dieses Gesetz gilt auch für die öffentlich-rechtliche Verwaltungstätigkeit der in Absatz 1 Nr. 2 bezeichneten Behörden, wenn die Länder Bundesrecht, das Gegenstände der ausschließlichen oder konkurrierenden Gesetzgebung des Bundes betrifft, als eigene Angelegenheit ausführen, soweit nicht Rechtsvorschriften des Bundes inhaltsgleiche oder entgegenstehende Bestimmungen enthalten. Für die Ausführung von Bundesgesetzen, die nach Inkrafttreten dieses Gesetzes erlassen werden, gilt dies nur, soweit die Bundesgesetze mit Zustimmung des Bundesrates dieses Gesetz für anwendbar erklären.

(3) Für die Ausführung von Bundesrecht durch die Länder gilt dieses Gesetz nicht, soweit die öffentlich-rechtliche Verwaltungstätigkeit der Behörden landesrechtlich durch ein Verwaltungsverfahrensgesetz geregelt ist.

(4) Behörde im Sinne dieses Gesetzes ist jede Stelle, die Aufgaben der öffentlichen Verwaltung wahrnimmt.

§ 2 Ausnahmen vom Anwendungsbereich

(1) Dieses Gesetz gilt nicht für die Tätigkeit der Kirchen, der Religionsgesellschaften und Weltanschauungsgemeinschaften sowie ihrer Verbände und Einrichtungen.

(2) Dieses Gesetz gilt ferner nicht für

1. Verfahren der Bundes- oder Landesfinanzbehörden nach der Abgabenordnung,
2. die Strafverfolgung, die Verfolgung und Ahndung von Ordnungswidrigkeiten, die Rechtshilfe für das Ausland in Straf- und Zivilsachen und, unbeschadet des § 80 Abs. 4, für Maßnahmen des Richterdienstrechts,
3. Verfahren vor dem Deutschen Patent- und Markenamt und den bei diesem errichteten Schiedsstellen,
4. Verfahren nach dem Sozialgesetzbuch,
5. das Recht des Lastenausgleichs,
6. das Recht der Wiedergutmachung.

(3) Für die Tätigkeit

1. der Gerichtsverwaltungen und der Behörden der Justizverwaltung einschließlich der ihrer Aufsicht unterliegenden Körperschaften des öffentlichen Rechts gilt dieses Gesetz nur, soweit die Tätigkeit der Nachprüfung durch die Gerichte der Verwaltungsgerichtsbarkeit oder durch die in verwaltungsrechtlichen Anwalts-, Patentanwalts- und Notarsachen zuständigen Gerichte unterliegt;
2. der Behörden bei Leistungs-, Eignungs- und ähnlichen Prüfungen von Personen gelten nur die §§ 3a bis 13, 20 bis 27, 29 bis 38, 40 bis 52, 79, 80 und 96;
3. der Vertretungen des Bundes im Ausland gilt dieses Gesetz nicht.

§ 3 Örtliche Zuständigkeit

(1) Örtlich zuständig ist

1. in Angelegenheiten, die sich auf unbewegliches Vermögen oder ein ortsgebundenes Recht oder Rechtsverhältnis beziehen, die Behörde, in deren Bezirk das Vermögen oder der Ort liegt;
2. in Angelegenheiten, die sich auf den Betrieb eines Unternehmens oder einer seiner Betriebsstätten, auf die Ausübung eines

Berufes oder auf eine andere dauernde Tätigkeit beziehen, die Behörde, in deren Bezirk das Unternehmen oder die Betriebsstätte betrieben oder der Beruf oder die Tätigkeit ausgeübt wird oder werden soll;

3. in anderen Angelegenheiten, die
   a) eine natürliche Person betreffen, die Behörde, in deren Bezirk die natürliche Person ihren gewöhnlichen Aufenthalt hat oder zuletzt hatte,
   b) eine juristische Person oder eine Vereinigung betreffen, die Behörde, in deren Bezirk die juristische Person oder die Vereinigung ihren Sitz hat oder zuletzt hatte;

4. in Angelegenheiten, bei denen sich die Zuständigkeit nicht aus den Nummern 1 bis 3 ergibt, die Behörde, in deren Bezirk der Anlass für die Amtshandlung hervortritt.

(2) Sind nach Absatz 1 mehrere Behörden zuständig, so entscheidet die Behörde, die zuerst mit der Sache befasst worden ist, es sei denn, die gemeinsame fachlich zuständige Aufsichtsbehörde bestimmt, dass eine andere örtlich zuständige Behörde zu entscheiden hat. Sie kann in den Fällen, in denen eine gleiche Angelegenheit sich auf mehrere Betriebsstätten eines Betriebs oder Unternehmens bezieht, eine der nach Absatz 1 Nr. 2 zuständigen Behörden als gemeinsame zuständige Behörde bestimmen, wenn dies unter Wahrung der Interessen der Beteiligten zur einheitlichen Entscheidung geboten ist. Diese Aufsichtsbehörde entscheidet ferner über die örtliche Zuständigkeit, wenn sich mehrere Behörden für zuständig oder für unzuständig halten oder wenn die Zuständigkeit aus anderen Gründen zweifelhaft ist. Fehlt eine gemeinsame Aufsichtsbehörde, so treffen die fachlich zuständigen Aufsichtsbehörden die Entscheidung gemeinsam.

(3) Ändern sich im Lauf des Verwaltungsverfahrens die die Zuständigkeit begründenden Umstände, so kann die bisher zuständige Behörde das Verwaltungsverfahren fortführen, wenn dies unter Wahrung der Interessen der Beteiligten der einfachen und zweckmäßigen Durchführung des Verfahrens dient und die nunmehr zuständige Behörde zustimmt.

(4) Bei Gefahr im Verzug ist für unaufschiebbare Maßnahmen jede Behörde örtlich zuständig, in deren Bezirk der Anlass für die Amtshandlung hervortritt. Die nach Absatz 1 Nr. 1 bis 3 örtlich zuständige Behörde ist unverzüglich zu unterrichten.

§ 3a Elektronische Kommunikation

(1) Die Übermittlung elektronischer Dokumente ist zulässig, soweit der Empfänger hierfür einen Zugang eröffnet.

(2) Eine durch Rechtsvorschrift angeordnete Schriftform kann, soweit nicht durch Rechtsvorschrift etwas anderes bestimmt ist, durch die elektronische Form ersetzt werden. Der elektronischen Form genügt ein elektronisches Dokument, das mit einer qualifizierten elektronischen Signatur versehen ist. Die Signierung mit einem Pseudonym, das die Identifizierung der Person des Signaturschlüsselinhabers nicht unmittelbar durch die Behörde ermöglicht, ist nicht zulässig.

(3) Die Schriftform kann auch ersetzt werden

1. durch unmittelbare Abgabe der Erklärung in einem elektronischen Formular, das von der Behörde in einem Eingabegerät oder über öffentlich zugängliche Netze zur Verfügung gestellt wird; bei einer Eingabe über öffentlich zugängliche Netze muss ein elektronischer Identitätsnachweis nach § 18 des Personalausweisgesetzes, nach § 12 des eID-Karte-Gesetzes oder nach § 78 Absatz 5 des Aufenthaltsgesetzes erfolgen;
2. durch Übermittlung einer von dem Erklärenden elektronisch signierten Erklärung an die Behörde
   a) aus einem besonderen elektronischen Anwaltspostfach nach den §§ 31a und 31b der Bundesrechtsanwaltsordnung oder aus einem entsprechenden, auf gesetzlicher Grundlage errichteten elektronischen Postfach;
   b) aus einem elektronischen Postfach einer Behörde oder einer juristischen Person des öffentlichen Rechts, das nach Durchführung eines Identifizierungsver-

IX

fahrens nach den Regelungen der auf Grund des § 130a Absatz 2 Satz 2 der Zivilprozessordnung erlassenen Rechtsverordnung eingerichtet wurde;

c) aus einem elektronischen Postfach einer natürlichen oder juristischen Person oder einer sonstigen Vereinigung, das nach Durchführung eines Identifizierungsverfahrens nach den Regelungen der auf Grund des § 130a Absatz 2 Satz 2 der Zivilprozessordnung erlassenen Rechtsverordnung eingerichtet wurde;

d) mit der Versandart nach § 5 Absatz 5 des De-Mail-Gesetzes;

3. bei elektronischen Verwaltungsakten oder sonstigen elektronischen Dokumenten der Behörde,

   a) indem diese mit dem qualifizierten elektronischen Siegel der Behörde versehen werden;

   b) durch Versendung einer De-Mail-Nachricht nach § 5 Absatz 5 des De-Mail-Gesetzes, bei der die Bestätigung des akkreditierten Diensteanbieters die erlassende Behörde als Nutzer des De-Mail-Kontos erkennen lässt.

(4) Ist ein der Behörde übermitteltes elektronisches Dokument für sie zur Bearbeitung nicht geeignet, teilt sie dies dem Absender unter Angabe der für sie geltenden technischen Rahmenbedingungen unverzüglich mit. Macht ein Empfänger geltend, er könne das von der Behörde übermittelte elektronische Dokument nicht bearbeiten, hat sie es ihm erneut in einem geeigneten elektronischen Format oder als Schriftstück zu übermitteln.

(5) Ermöglicht die Behörde die unmittelbare Abgabe einer Erklärung in einem elektronischen Formular, das von der Behörde in einem Eingabegerät oder über öffentlich zugängliche Netze zur Verfügung gestellt wird, so hat sie dem Erklärenden vor Abgabe der Erklärung Gelegenheit zu geben, die gesamte Erklärung auf Vollständigkeit und Richtigkeit zu prüfen. Nach der Abgabe ist dem Erklärenden eine Kopie der Erklärung zur Verfügung zu stellen.

Abschnitt 2
Amtshilfe

§ 4 Amtshilfepflicht

(1) Jede Behörde leistet anderen Behörden auf Ersuchen ergänzende Hilfe (Amtshilfe).

(2) Amtshilfe liegt nicht vor, wenn

1. Behörden einander innerhalb eines bestehenden Weisungsverhältnisses Hilfe leisten;
2. die Hilfeleistung in Handlungen besteht, die der ersuchten Behörde als eigene Aufgabe obliegen.

§ 5 Voraussetzungen und Grenzen der Amtshilfe

(1) Eine Behörde kann um Amtshilfe insbesondere dann ersuchen, wenn sie

1. aus rechtlichen Gründen die Amtshandlung nicht selbst vornehmen kann;
2. aus tatsächlichen Gründen, besonders weil die zur Vornahme der Amtshandlung erforderlichen Dienstkräfte oder Einrichtungen fehlen, die Amtshandlung nicht selbst vornehmen kann;
3. zur Durchführung ihrer Aufgaben auf die Kenntnis von Tatsachen angewiesen ist, die ihr unbekannt sind und die sie selbst nicht ermitteln kann;
4. zur Durchführung ihrer Aufgaben Urkunden oder sonstige Beweismittel benötigt, die sich im Besitz der ersuchten Behörde befinden;
5. die Amtshandlung nur mit wesentlich größerem Aufwand vornehmen könnte als die ersuchte Behörde.

(2) Die ersuchte Behörde darf Hilfe nicht leisten, wenn

1. sie hierzu aus rechtlichen Gründen nicht in der Lage ist;
2. durch die Hilfeleistung dem Wohl des Bundes oder eines Landes erhebliche Nachteile bereitet würden.

Die ersuchte Behörde ist insbesondere zur Vorlage von Urkunden oder Akten sowie zur Erteilung von Auskünften nicht verpflichtet, wenn die Vorgänge nach einem Gesetz oder ihrem Wesen nach geheim gehalten werden müssen.

IX

(3) Die ersuchte Behörde braucht Hilfe nicht zu leisten, wenn

1. eine andere Behörde die Hilfe wesentlich einfacher oder mit wesentlich geringerem Aufwand leisten kann;
2. sie die Hilfe nur mit unverhältnismäßig großem Aufwand leisten könnte;
3. sie unter Berücksichtigung der Aufgaben der ersuchenden Behörde durch die Hilfeleistung die Erfüllung ihrer eigenen Aufgaben ernstlich gefährden würde.

(4) Die ersuchte Behörde darf die Hilfe nicht deshalb verweigern, weil sie das Ersuchen aus anderen als den in Absatz 3 genannten Gründen oder weil sie die mit der Amtshilfe zu verwirklichende Maßnahme für unzweckmäßig hält.

(5) Hält die ersuchte Behörde sich zur Hilfe nicht für verpflichtet, so teilt sie der ersuchenden Behörde ihre Auffassung mit. Besteht diese auf der Amtshilfe, so entscheidet über die Verpflichtung zur Amtshilfe die gemeinsame fachlich zuständige Aufsichtsbehörde oder, sofern eine solche nicht besteht, die für die ersuchte Behörde fachlich zuständige Aufsichtsbehörde.

§ 6 Auswahl der Behörde

Kommen für die Amtshilfe mehrere Behörden in Betracht, so soll nach Möglichkeit eine Behörde der untersten Verwaltungsstufe des Verwaltungszweigs ersucht werden, dem die ersuchende Behörde angehört.

§ 7 Durchführung der Amtshilfe

(1) Die Zulässigkeit der Maßnahme, die durch die Amtshilfe verwirklicht werden soll, richtet sich nach dem für die ersuchende Behörde, die Durchführung der Amtshilfe nach dem für die ersuchte Behörde geltenden Recht.

(2) Die ersuchende Behörde trägt gegenüber der ersuchten Behörde die Verantwortung für die Rechtmäßigkeit der zu treffenden Maßnahme. Die ersuchte Behörde ist für die Durchführung der Amtshilfe verantwortlich.

§ 8 Kosten der Amtshilfe

(1) Die ersuchende Behörde hat der ersuchten Behörde für die Amtshilfe keine Verwaltungsgebühr zu entrichten. Auslagen hat sie der ersuchten Behörde auf Anforderung zu erstatten, wenn sie im Einzelfall 35 Euro übersteigen. Leisten Behörden desselben Rechtsträgers einander Amtshilfe, so werden die Auslagen nicht erstattet.

(2) Nimmt die ersuchte Behörde zur Durchführung der Amtshilfe eine kostenpflichtige Amtshandlung vor, so stehen ihr die von einem Dritten hierfür geschuldeten Kosten (Verwaltungsgebühren, Benutzungsgebühren und Auslagen) zu.

Abschnitt 3
Europäische Verwaltungszusammenarbeit

§ 8a Grundsätze der Hilfeleistung

(1) Jede Behörde leistet Behörden anderer Mitgliedstaaten der Europäischen Union auf Ersuchen Hilfe, soweit dies nach Maßgabe von Rechtsakten der Europäischen Gemeinschaft geboten ist.

(2) Behörden anderer Mitgliedstaaten der Europäischen Union können um Hilfe ersucht werden, soweit dies nach Maßgabe von Rechtsakten der Europäischen Gemeinschaft zugelassen ist. Um Hilfe ist zu ersuchen, soweit dies nach Maßgabe von Rechtsakten der Europäischen Gemeinschaft geboten ist.

(3) Die §§ 5, 7 und 8 Absatz 2 sind entsprechend anzuwenden, soweit Rechtsakte der Europäischen Gemeinschaft nicht entgegenstehen.

§ 8b Form und Behandlung der Ersuchen

(1) Ersuchen sind in deutscher Sprache an Behörden anderer Mitgliedstaaten der Europäischen Union zu richten; soweit erforderlich, ist eine Übersetzung beizufügen. Die Ersuchen sind gemäß den gemeinschaftsrechtlichen Vorgaben und unter Angabe des maßgeblichen Rechtsakts zu begründen.

(2) Ersuchen von Behörden anderer Mitgliedstaaten der Europäischen Union dürfen nur erledigt werden, wenn sich ihr Inhalt in deutscher Sprache aus den Akten ergibt. Soweit erforderlich, soll bei Ersuchen in einer

anderen Sprache von der ersuchenden Behörde eine Übersetzung verlangt werden.

(3) Ersuchen von Behörden anderer Mitgliedstaaten der Europäischen Union können abgelehnt werden, wenn sie nicht ordnungsgemäß und unter Angabe des maßgeblichen Rechtsakts begründet sind und die erforderliche Begründung nach Aufforderung nicht nachgereicht wird.

(4) Einrichtungen und Hilfsmittel der Kommission zur Behandlung von Ersuchen sollen genutzt werden. Informationen sollen elektronisch übermittelt werden.

§ 8c Kosten der Hilfeleistung

Ersuchende Behörden anderer Mitgliedstaaten der Europäischen Union haben Verwaltungsgebühren oder Auslagen nur zu erstatten, soweit dies nach Maßgabe von Rechtsakten der Europäischen Gemeinschaft verlangt werden kann.

§ 8d Mitteilungen von Amts wegen

(1) Die zuständige Behörde teilt den Behörden anderer Mitgliedstaaten der Europäischen Union und der Kommission Angaben über Sachverhalte und Personen mit, soweit dies nach Maßgabe von Rechtsakten der Europäischen Gemeinschaft geboten ist. Dabei sollen die hierzu eingerichteten Informationsnetze genutzt werden.

(2) Übermittelt eine Behörde Angaben nach Absatz 1 an die Behörde eines anderen Mitgliedstaats der Europäischen Union, unterrichtet sie den Betroffenen über die Tatsache der Übermittlung, soweit Rechtsakte der Europäischen Gemeinschaft dies vorsehen; dabei ist auf die Art der Angaben sowie auf die Zweckbestimmung und die Rechtsgrundlage der Übermittlung hinzuweisen.

§ 8e Anwendbarkeit

Die Regelungen dieses Abschnitts sind mit Inkrafttreten des jeweiligen Rechtsaktes der Europäischen Gemeinschaft, wenn dieser unmittelbare Wirkung entfaltet, im Übrigen mit Ablauf der jeweiligen Umsetzungsfrist anzuwenden. Sie gelten auch im Verhältnis zu den anderen Vertragsstaaten des Abkommens über den Europäischen Wirtschaftsraum, soweit Rechtsakte der Europäischen Gemeinschaft auch auf diese Staaten anzuwenden sind.

Teil II
Allgemeine Vorschriften über das Verwaltungsverfahren

Abschnitt 1
Verfahrensgrundsätze

§ 9 Begriff des Verwaltungsverfahrens

Das Verwaltungsverfahren im Sinne dieses Gesetzes ist die nach außen wirkende Tätigkeit der Behörden, die auf die Prüfung der Voraussetzungen, die Vorbereitung und den Erlass eines Verwaltungsaktes oder auf den Abschluss eines öffentlich-rechtlichen Vertrags gerichtet ist; es schließt den Erlass des Verwaltungsaktes oder den Abschluss des öffentlich-rechtlichen Vertrags ein.

§ 10 Nichtförmlichkeit des Verwaltungsverfahrens

Das Verwaltungsverfahren ist an bestimmte Formen nicht gebunden, soweit keine besonderen Rechtsvorschriften für die Form des Verfahrens bestehen. Es ist einfach, zweckmäßig und zügig durchzuführen.

§ 11 Beteiligungsfähigkeit

Fähig, am Verfahren beteiligt zu sein, sind

1. natürliche und juristische Personen,
2. Vereinigungen, soweit ihnen ein Recht zustehen kann,
3. Behörden.

§ 12 Handlungsfähigkeit

(1) Fähig zur Vornahme von Verfahrenshandlungen sind

1. natürliche Personen, die nach bürgerlichem Recht geschäftsfähig sind,
2. natürliche Personen, die nach bürgerlichem Recht in der Geschäftsfähigkeit beschränkt sind, soweit sie für den Gegenstand des Verfahrens durch Vorschriften des bürgerlichen Rechts als geschäftsfähig

IX

oder durch Vorschriften des öffentlichen Rechts als handlungsfähig anerkannt sind,
3. juristische Personen und Vereinigungen (§ 11 Nr. 2) durch ihre gesetzlichen Vertreter oder durch besonders Beauftragte,
4. Behörden durch ihre Leiter, deren Vertreter oder Beauftragte.

(2) Betrifft ein Einwilligungsvorbehalt nach § 1825 des Bürgerlichen Gesetzbuchs den Gegenstand des Verfahrens, so ist ein geschäftsfähiger Betreuter nur insoweit zur Vornahme von Verfahrenshandlungen fähig, als er nach den Vorschriften des bürgerlichen Rechts ohne Einwilligung des Betreuers handeln kann oder durch Vorschriften des öffentlichen Rechts als handlungsfähig anerkannt ist.

(3) Die §§ 53 und 55 der Zivilprozessordnung gelten entsprechend.

§ 13 Beteiligte

(1) Beteiligte sind
1. Antragsteller und Antragsgegner,
2. diejenigen, an die die Behörde den Verwaltungsakt richten will oder gerichtet hat,
3. diejenigen, mit denen die Behörde einen öffentlich-rechtlichen Vertrag schließen will oder geschlossen hat,
4. diejenigen, die nach Absatz 2 von der Behörde zu dem Verfahren hinzugezogen worden sind.

(2) Die Behörde kann von Amts wegen oder auf Antrag diejenigen, deren rechtliche Interessen durch den Ausgang des Verfahrens berührt werden können, als Beteiligte hinzuziehen. Hat der Ausgang des Verfahrens rechtsgestaltende Wirkung für einen Dritten, so ist dieser auf Antrag als Beteiligter zu dem Verfahren hinzuzuziehen; soweit er der Behörde bekannt ist, hat diese ihn von der Einleitung des Verfahrens zu benachrichtigen.

(3) Wer anzuhören ist, ohne dass die Voraussetzungen des Absatzes 1 vorliegen, wird dadurch nicht Beteiligter.

§ 14 Bevollmächtigte und Beistände

(1) Ein Beteiligter kann sich durch einen Bevollmächtigten vertreten lassen. Die Vollmacht ermächtigt zu allen das Verwaltungsverfahren betreffenden Verfahrenshandlungen, sofern sich aus ihrem Inhalt nicht etwas anderes ergibt. Der Bevollmächtigte hat auf Verlangen seine Vollmacht schriftlich nachzuweisen. Ein Widerruf der Vollmacht wird der Behörde gegenüber erst wirksam, wenn er ihr zugeht.

(2) Die Vollmacht wird weder durch den Tod des Vollmachtgebers noch durch eine Veränderung in seiner Handlungsfähigkeit oder seiner gesetzlichen Vertretung aufgehoben; der Bevollmächtigte hat jedoch, wenn er für den Rechtsnachfolger im Verwaltungsverfahren auftritt, dessen Vollmacht auf Verlangen schriftlich beizubringen.

(3) Ist für das Verfahren ein Bevollmächtigter bestellt, so soll sich die Behörde an ihn wenden. Sie kann sich an den Beteiligten selbst wenden, soweit er zur Mitwirkung verpflichtet ist. Wendet sich die Behörde an den Beteiligten, so soll der Bevollmächtigte verständigt werden. Vorschriften über die Zustellung an Bevollmächtigte bleiben unberührt.

(4) Ein Beteiligter kann zu Verhandlungen und Besprechungen mit einem Beistand erscheinen. Das von dem Beistand Vorgetragene gilt als von dem Beteiligten vorgebracht, soweit dieser nicht unverzüglich widerspricht.

(5) Bevollmächtigte und Beistände sind zurückzuweisen, wenn sie entgegen § 3 des Rechtsdienstleistungsgesetzes Rechtsdienstleistungen erbringen.

(6) Bevollmächtigte und Beistände können vom Vortrag zurückgewiesen werden, wenn sie hierzu ungeeignet sind; vom mündlichen Vortrag können sie nur zurückgewiesen werden, wenn sie zum sachgemäßen Vortrag nicht fähig sind. Nicht zurückgewiesen werden können Personen, die nach § 67 Abs. 2 Satz 1 und 2 Nr. 3 bis 7 der Verwaltungsgerichtsordnung zur Vertretung im verwaltungsgerichtlichen Verfahren befugt sind.

(7) Die Zurückweisung nach den Absätzen 5 und 6 ist auch dem Beteiligten, dessen Bevollmächtigter oder Beistand zurückgewiesen wird, mitzuteilen. Verfahrenshandlungen des zurückgewiesenen Bevollmächtigten

oder Beistands, die dieser nach der Zurückweisung vornimmt, sind unwirksam.

§ 15 Bestellung eines Empfangsbevollmächtigten

Ein Beteiligter ohne Wohnsitz oder gewöhnlichen Aufenthalt, Sitz oder Geschäftsleitung im Inland hat der Behörde auf Verlangen innerhalb einer angemessenen Frist einen Empfangsbevollmächtigten im Inland zu benennen. Unterlässt er dies, gilt ein an ihn gerichtetes Schriftstück am siebenten Tage nach der Aufgabe zur Post und ein elektronisch übermitteltes Dokument am vierten Tage nach der Absendung als zugegangen. Dies gilt nicht, wenn feststeht, dass das Dokument den Empfänger nicht oder zu einem späteren Zeitpunkt erreicht hat. Auf die Rechtsfolgen der Unterlassung ist der Beteiligte hinzuweisen.

§ 16 Bestellung eines Vertreters von Amts wegen

(1) Ist ein Vertreter nicht vorhanden, so hat das Betreuungsgericht, für einen minderjährigen Beteiligten das Familiengericht auf Ersuchen der Behörde einen geeigneten Vertreter zu bestellen

1. für einen Beteiligten, dessen Person unbekannt ist;
2. für einen abwesenden Beteiligten, dessen Aufenthalt unbekannt ist oder der an der Besorgung seiner Angelegenheiten verhindert ist;
3. für einen Beteiligten ohne Aufenthalt im Inland, wenn er der Aufforderung der Behörde, einen Vertreter zu bestellen, innerhalb der ihm gesetzten Frist nicht nachgekommen ist;
4. für einen Beteiligten, der infolge einer psychischen Krankheit oder körperlichen, geistigen oder seelischen Behinderung nicht in der Lage ist, in dem Verwaltungsverfahren selbst tätig zu werden;
5. bei herrenlosen Sachen, auf die sich das Verfahren bezieht, zur Wahrung der sich in Bezug auf die Sache ergebenden Rechte und Pflichten.

(2) Für die Bestellung des Vertreters ist in den Fällen des Absatzes 1 Nr. 4 das Gericht zuständig, in dessen Bezirk der Beteiligte seinen gewöhnlichen Aufenthalt hat; im Übrigen ist das Gericht zuständig, in dessen Bezirk die ersuchende Behörde ihren Sitz hat.

(3) Der Vertreter hat gegen den Rechtsträger der Behörde, die um seine Bestellung ersucht hat, Anspruch auf eine angemessene Vergütung und auf die Erstattung seiner baren Auslagen. Die Behörde kann von dem Vertretenen Ersatz ihrer Aufwendungen verlangen. Sie bestimmt die Vergütung und stellt die Auslagen und Aufwendungen fest.

(4) Im Übrigen gelten für die Bestellung und für das Amt des Vertreters in den Fällen des Absatzes 1 Nr. 4 die Vorschriften über die Betreuung, in den übrigen Fällen die Vorschriften über die Pflegschaft entsprechend.

§ 17 Vertreter bei gleichförmigen Eingaben

(1) Bei Anträgen und Eingaben, die in einem Verwaltungsverfahren von mehr als 50 Personen auf Unterschriftslisten unterzeichnet oder in Form vervielfältigter gleich lautender Texte eingereicht worden sind (gleichförmige Eingaben), gilt für das Verfahren derjenige Unterzeichner als Vertreter der übrigen Unterzeichner, der darin mit seinem Namen, seinem Beruf und seiner Anschrift als Vertreter bezeichnet ist, soweit er nicht von ihnen als Bevollmächtigter bestellt worden ist. Vertreter kann nur eine natürliche Person sein.

(2) Die Behörde kann gleichförmige Eingaben, die die Angaben nach Absatz 1 Satz 1 nicht deutlich sichtbar auf jeder mit einer Unterschrift versehenen Seite enthalten oder dem Erfordernis des Absatzes 1 Satz 2 nicht entsprechen, unberücksichtigt lassen. Will die Behörde so verfahren, so hat sie dies durch ortsübliche Bekanntmachung mitzuteilen. Die Behörde kann ferner gleichförmige Eingaben insoweit unberücksichtigt lassen, als Unterzeichner ihren Namen oder ihre Anschrift nicht oder unleserlich angegeben haben.

(3) Die Vertretungsmacht erlischt, sobald der Vertreter oder der Vertretene dies der Behörde schriftlich erklärt; der Vertreter kann eine solche Erklärung nur hinsichtlich aller Vertretenen abgeben. Gibt der Vertretene eine sol-

che Erklärung ab, so soll er der Behörde zugleich mitteilen, ob er seine Eingabe aufrechterhält und ob er einen Bevollmächtigten bestellt hat.

(4) Endet die Vertretungsmacht des Vertreters, so kann die Behörde die nicht mehr Vertretenen auffordern, innerhalb einer angemessenen Frist einen gemeinsamen Vertreter zu bestellen. Sind mehr als 50 Personen aufzufordern, so kann die Behörde die Aufforderung ortsüblich bekannt machen. Wird der Aufforderung nicht fristgemäß entsprochen, so kann die Behörde von Amts wegen einen gemeinsamen Vertreter bestellen.

§ 18 Vertreter für Beteiligte bei gleichem Interesse

(1) Sind an einem Verwaltungsverfahren mehr als 50 Personen im gleichen Interesse beteiligt, ohne vertreten zu sein, so kann die Behörde sie auffordern, innerhalb einer angemessenen Frist einen gemeinsamen Vertreter zu bestellen, wenn sonst die ordnungsmäßige Durchführung des Verwaltungsverfahrens beeinträchtigt wäre. Kommen sie der Aufforderung nicht fristgemäß nach, so kann die Behörde von Amts wegen einen gemeinsamen Vertreter bestellen. Vertreter kann nur eine natürliche Person sein.

(2) Die Vertretungsmacht erlischt, sobald der Vertreter oder der Vertretene dies der Behörde schriftlich erklärt; der Vertreter kann eine solche Erklärung nur hinsichtlich aller Vertretenen abgeben. Gibt der Vertretene eine solche Erklärung ab, so soll er der Behörde zugleich mitteilen, ob er seine Eingabe aufrechterhält und ob er einen Bevollmächtigten bestellt hat.

§ 19 Gemeinsame Vorschriften für Vertreter bei gleichförmigen Eingaben und bei gleichem Interesse

(1) Der Vertreter hat die Interessen der Vertretenen sorgfältig wahrzunehmen. Er kann alle das Verwaltungsverfahren betreffenden Verfahrenshandlungen vornehmen. An Weisungen ist er nicht gebunden.

(2) § 14 Abs. 5 bis 7 gilt entsprechend.

(3) Der von der Behörde bestellte Vertreter hat gegen deren Rechtsträger Anspruch auf angemessene Vergütung und auf Erstattung seiner baren Auslagen. Die Behörde kann von den Vertretenen zu gleichen Anteilen Ersatz ihrer Aufwendungen verlangen. Sie bestimmt die Vergütung und stellt die Auslagen und Aufwendungen fest.

§ 20 Ausgeschlossene Personen

(1) In einem Verwaltungsverfahren darf für eine Behörde nicht tätig werden,

1. wer selbst Beteiligter ist;
2. wer Angehöriger eines Beteiligten ist;
3. wer einen Beteiligten kraft Gesetzes oder Vollmacht allgemein oder in diesem Verwaltungsverfahren vertritt;
4. wer Angehöriger einer Person ist, die einen Beteiligten in diesem Verfahren vertritt;
5. wer bei einem Beteiligten gegen Entgelt beschäftigt ist oder bei ihm als Mitglied des Vorstands, des Aufsichtsrates oder eines gleichartigen Organs tätig ist; dies gilt nicht für den, dessen Anstellungskörperschaft Beteiligte ist;
6. wer außerhalb seiner amtlichen Eigenschaft in der Angelegenheit ein Gutachten abgegeben hat oder sonst tätig geworden ist.

Dem Beteiligten steht gleich, wer durch die Tätigkeit oder durch die Entscheidung einen unmittelbaren Vorteil oder Nachteil erlangen kann. Dies gilt nicht, wenn der Vor- oder Nachteil nur darauf beruht, dass jemand einer Berufs- oder Bevölkerungsgruppe angehört, deren gemeinsame Interessen durch die Angelegenheit berührt werden.

(2) Absatz 1 gilt nicht für Wahlen zu einer ehrenamtlichen Tätigkeit und für die Abberufung von ehrenamtlich Tätigen.

(3) Wer nach Absatz 1 ausgeschlossen ist, darf bei Gefahr im Verzug unaufschiebbare Maßnahmen treffen.

(4) Hält sich ein Mitglied eines Ausschusses (§ 88) für ausgeschlossen oder bestehen Zweifel, ob die Voraussetzungen des Absatzes 1 gegeben sind, ist dies dem Vorsitzenden des Ausschusses mitzuteilen. Der Ausschuss entscheidet über den Ausschluss. Der Betroffene darf an dieser Entscheidung nicht mitwirken. Das ausgeschlossene Mitglied

darf bei der weiteren Beratung und Beschlussfassung nicht zugegen sein.

(5) Angehörige im Sinne des Absatzes 1 Nr. 2 und 4 sind:

1. der Verlobte,
2. der Ehegatte,
2a. der Lebenspartner,
3. Verwandte und Verschwägerte gerader Linie,
4. Geschwister,
5. Kinder der Geschwister,
6. Ehegatten der Geschwister und Geschwister der Ehegatten,
6a. Lebenspartner der Geschwister und Geschwister der Lebenspartner,
7. Geschwister der Eltern,
8. Personen, die durch ein auf längere Dauer angelegtes Pflegeverhältnis mit häuslicher Gemeinschaft wie Eltern und Kind miteinander verbunden sind (Pflegeeltern und Pflegekinder).

Angehörige sind die in Satz 1 aufgeführten Personen auch dann, wenn

1. in den Fällen der Nummern 2, 3 und 6 die die Beziehung begründende Ehe nicht mehr besteht;
1a. in den Fällen der Nummern 2a, 3 und 6a die die Beziehung begründende Lebenspartnerschaft nicht mehr besteht;
2. in den Fällen der Nummern 3 bis 7 die Verwandtschaft oder Schwägerschaft durch Annahme als Kind erloschen ist;
3. im Falle der Nummer 8 die häusliche Gemeinschaft nicht mehr besteht, sofern die Personen weiterhin wie Eltern und Kind miteinander verbunden sind.

§ 21 Besorgnis der Befangenheit

(1) Liegt ein Grund vor, der geeignet ist, Misstrauen gegen eine unparteiische Amtsausübung zu rechtfertigen, oder wird von einem Beteiligten das Vorliegen eines solchen Grundes behauptet, so hat, wer in einem Verwaltungsverfahren für eine Behörde tätig werden soll, den Leiter der Behörde oder den von diesem Beauftragten zu unterrichten und sich auf dessen Anordnung der Mitwirkung zu enthalten. Betrifft die Besorgnis der Befangenheit den Leiter der Behörde, so trifft diese Anordnung die Aufsichtsbehörde, sofern sich der Behördenleiter nicht selbst einer Mitwirkung enthält.

(2) Für Mitglieder eines Ausschusses (§ 88) gilt § 20 Abs. 4 entsprechend.

§ 22 Beginn des Verfahrens

Die Behörde entscheidet nach pflichtgemäßem Ermessen, ob und wann sie ein Verwaltungsverfahren durchführt. Dies gilt nicht, wenn die Behörde auf Grund von Rechtsvorschriften

1. von Amts wegen oder auf Antrag tätig werden muss;
2. nur auf Antrag tätig werden darf und ein Antrag nicht vorliegt.

§ 23 Amtssprache

(1) Die Amtssprache ist deutsch.

(2) Werden bei einer Behörde in einer fremden Sprache Anträge gestellt oder Eingaben, Belege, Urkunden oder sonstige Dokumente vorgelegt, soll die Behörde unverzüglich die Vorlage einer Übersetzung verlangen. In begründeten Fällen kann die Vorlage einer beglaubigten oder von einem öffentlich bestellten oder beeidigten Dolmetscher oder Übersetzer angefertigten Übersetzung verlangt werden. Wird die verlangte Übersetzung nicht unverzüglich vorgelegt, so kann die Behörde auf Kosten des Beteiligten selbst eine Übersetzung beschaffen. Hat die Behörde Dolmetscher oder Übersetzer herangezogen, erhalten diese in entsprechender Anwendung des Justizvergütungs- und -entschädigungsgesetzes eine Vergütung.

(3) Soll durch eine Anzeige, einen Antrag oder die Abgabe einer Willenserklärung eine Frist in Lauf gesetzt werden, innerhalb deren die Behörde in einer bestimmten Weise tätig werden muss, und gehen diese in einer fremden Sprache ein, so beginnt der Lauf der Frist erst mit dem Zeitpunkt, in dem der Behörde eine Übersetzung vorliegt.

(4) Soll durch eine Anzeige, einen Antrag oder eine Willenserklärung, die in fremder Sprache eingehen, zugunsten eines Beteiligten eine

Frist gegenüber der Behörde gewahrt, ein öffentlich-rechtlicher Anspruch geltend gemacht oder eine Leistung begehrt werden, so gelten die Anzeige, der Antrag oder die Willenserklärung als zum Zeitpunkt des Eingangs bei der Behörde abgegeben, wenn auf Verlangen der Behörde innerhalb einer von dieser zu setzenden angemessenen Frist eine Übersetzung vorgelegt wird. Andernfalls ist der Zeitpunkt des Eingangs der Übersetzung maßgebend, soweit sich nicht aus zwischenstaatlichen Vereinbarungen etwas anderes ergibt. Auf diese Rechtsfolge ist bei der Fristsetzung hinzuweisen.

§ 24 Untersuchungsgrundsatz

(1) Die Behörde ermittelt den Sachverhalt von Amts wegen. Sie bestimmt Art und Umfang der Ermittlungen; an das Vorbringen und an die Beweisanträge der Beteiligten ist sie nicht gebunden. Setzt die Behörde automatische Einrichtungen zum Erlass von Verwaltungsakten ein, muss sie für den Einzelfall bedeutsame tatsächliche Angaben des Beteiligten berücksichtigen, die im automatischen Verfahren nicht ermittelt würden.

(2) Die Behörde hat alle für den Einzelfall bedeutsamen, auch die für die Beteiligten günstigen Umstände zu berücksichtigen.

(3) Die Behörde darf die Entgegennahme von Erklärungen oder Anträgen, die in ihren Zuständigkeitsbereich fallen, nicht deshalb verweigern, weil sie die Erklärung oder den Antrag in der Sache für unzulässig oder unbegründet hält.

§ 25 Beratung, Auskunft, frühe Öffentlichkeitsbeteiligung

(1) Die Behörde soll die Abgabe von Erklärungen, die Stellung von Anträgen oder die Berichtigung von Erklärungen oder Anträgen anregen, wenn diese offensichtlich nur versehentlich oder aus Unkenntnis unterblieben oder unrichtig abgegeben oder gestellt worden sind. Sie erteilt, soweit erforderlich, Auskunft über die den Beteiligten im Verwaltungsverfahren zustehenden Rechte und die ihnen obliegenden Pflichten.

(2) Die Behörde erörtert, soweit erforderlich, bereits vor Stellung eines Antrags mit dem zukünftigen Antragsteller, welche Nachweise und Unterlagen von ihm zu erbringen sind und in welcher Weise das Verfahren beschleunigt werden kann. Soweit es der Verfahrensbeschleunigung dient, soll sie dem Antragsteller nach Eingang des Antrags unverzüglich Auskunft über die voraussichtliche Verfahrensdauer und die Vollständigkeit der Antragsunterlagen geben.

(3) Die Behörde wirkt darauf hin, dass der Träger bei der Planung von Vorhaben, die nicht nur unwesentliche Auswirkungen auf die Belange einer größeren Zahl von Dritten haben können, die betroffene Öffentlichkeit frühzeitig über die Ziele des Vorhabens, die Mittel, es zu verwirklichen, und die voraussichtlichen Auswirkungen des Vorhabens unterrichtet (frühe Öffentlichkeitsbeteiligung). Die frühe Öffentlichkeitsbeteiligung soll möglichst bereits vor Stellung eines Antrags stattfinden. Der betroffenen Öffentlichkeit soll Gelegenheit zur Äußerung und zur Erörterung gegeben werden. Das Ergebnis der vor Antragstellung durchgeführten frühen Öffentlichkeitsbeteiligung soll der betroffenen Öffentlichkeit und der Behörde spätestens mit der Antragstellung, im Übrigen unverzüglich mitgeteilt werden. Satz 1 gilt nicht, soweit die betroffene Öffentlichkeit bereits nach anderen Rechtsvorschriften vor der Antragstellung zu beteiligen ist. Beteiligungsrechte nach anderen Rechtsvorschriften bleiben unberührt.

§ 26 Beweismittel

(1) Die Behörde bedient sich der Beweismittel, die sie nach pflichtgemäßem Ermessen zur Ermittlung des Sachverhalts für erforderlich hält. Sie kann insbesondere

1. Auskünfte jeder Art einholen,
2. Beteiligte anhören, Zeugen und Sachverständige vernehmen oder die schriftliche oder elektronische Äußerung von Beteiligten, Sachverständigen und Zeugen einholen,
3. Urkunden und Akten beiziehen,
4. den Augenschein einnehmen.

(2) Die Beteiligten sollen bei der Ermittlung des Sachverhalts mitwirken. Sie sollen insbe-

IX

sondere ihnen bekannte Tatsachen und Beweismittel angeben. Eine weitergehende Pflicht, bei der Ermittlung des Sachverhalts mitzuwirken, insbesondere eine Pflicht zum persönlichen Erscheinen oder zur Aussage, besteht nur, soweit sie durch Rechtsvorschrift besonders vorgesehen ist.

(3) Für Zeugen und Sachverständige besteht eine Pflicht zur Aussage oder zur Erstattung von Gutachten, wenn sie durch Rechtsvorschrift vorgesehen ist. Falls die Behörde Zeugen und Sachverständige herangezogen hat, erhalten sie auf Antrag in entsprechender Anwendung des Justizvergütungs- und -entschädigungsgesetzes eine Entschädigung oder Vergütung.

§ 27 Versicherung an Eides statt

(1) Die Behörde darf bei der Ermittlung des Sachverhalts eine Versicherung an Eides statt nur verlangen und abnehmen, wenn die Abnahme der Versicherung über den betreffenden Gegenstand und in dem betreffenden Verfahren durch Gesetz oder Rechtsverordnung vorgesehen und die Behörde durch Rechtsvorschrift für zuständig erklärt worden ist. Eine Versicherung an Eides statt soll nur gefordert werden, wenn andere Mittel zur Erforschung der Wahrheit nicht vorhanden sind, zu keinem Ergebnis geführt haben oder einen unverhältnismäßigen Aufwand erfordern. Von eidesunfähigen Personen im Sinne des § 393 der Zivilprozessordnung darf eine eidesstattliche Versicherung nicht verlangt werden.

IX

(2) Wird die Versicherung an Eides statt von einer Behörde zur Niederschrift aufgenommen, so sind zur Aufnahme nur der Behördenleiter, sein allgemeiner Vertreter sowie Angehörige des öffentlichen Dienstes befugt, welche die Befähigung zum Richteramt haben. Andere Angehörige des öffentlichen Dienstes kann der Behördenleiter oder sein allgemeiner Vertreter hierzu allgemein oder im Einzelfall schriftlich ermächtigen.

(3) Die Versicherung besteht darin, dass der Versichernde die Richtigkeit seiner Erklärung über den betreffenden Gegenstand bestätigt und erklärt: „Ich versichere an Eides statt, dass ich nach bestem Wissen die reine Wahrheit gesagt und nichts verschwiegen habe." Bevollmächtigte und Beistände sind berechtigt, an der Aufnahme der Versicherung an Eides statt teilzunehmen.

(4) Vor der Aufnahme der Versicherung an Eides statt ist der Versichernde über die Bedeutung der eidesstattlichen Versicherung und die strafrechtlichen Folgen einer unrichtigen oder unvollständigen eidesstattlichen Versicherung zu belehren. Die Belehrung ist in der Niederschrift zu vermerken.

(5) Die Niederschrift hat ferner die Namen der anwesenden Personen sowie den Ort und den Tag der Niederschrift zu enthalten. Die Niederschrift ist demjenigen, der die eidesstattliche Versicherung abgibt, zur Genehmigung vorzulesen oder auf Verlangen zur Durchsicht vorzulegen. Die erteilte Genehmigung ist zu vermerken und von dem Versichernden zu unterschreiben. Die Niederschrift ist sodann von demjenigen, der die Versicherung an Eides statt aufgenommen hat, sowie von dem Schriftführer zu unterschreiben.

§ 27a Bekanntmachung im Internet

(1) Ist durch Rechtsvorschrift eine öffentliche oder ortsübliche Bekanntmachung angeordnet, so ist diese dadurch zu bewirken, dass der Inhalt der Bekanntmachung auch auf einer Internetseite der Behörde oder ihres Verwaltungsträgers zugänglich gemacht wird. Soweit durch Rechtsvorschrift nichts anderes bestimmt ist, ist für die Einhaltung einer vorgeschriebenen Frist die Zugänglichmachung im Internet nach Satz 1 maßgeblich.

(2) Absatz 1 gilt nicht, wenn eine Zugänglichmachung im Internet, insbesondere aus technischen Gründen, nicht möglich ist.

§ 27b Zugänglichmachung auszulegender Dokumente

(1) Ist durch Rechtsvorschrift die Auslegung von Dokumenten zur Einsicht angeordnet, so ist sie dadurch zu bewirken, dass die Dokumente zugänglich gemacht werden

1. auf einer Internetseite der für die Auslegung zuständigen Behörde oder ihres Verwaltungsträgers und
2. auf mindestens eine andere Weise.

Ist eine Veröffentlichung der auszulegenden Unterlagen im Internet, insbesondere aus technischen Gründen, nicht möglich, so wird die angeordnete Auslegung zur Einsicht durch die andere Zugangsmöglichkeit nach Satz 1 Nummer 2 bewirkt.

(2) In der Bekanntmachung der Auslegung sind anzugeben

1. der Zeitraum der Auslegung,
2. die Internetseite, auf der die Zugänglichmachung erfolgt, sowie
3. Art und Ort der anderen Zugangsmöglichkeit.

(3) Die Behörde kann verlangen, dass die Dokumente, die für die Auslegung einzureichen sind, in einem verkehrsüblichen elektronischen Format eingereicht werden.

(4) Sind in den auszulegenden Dokumenten Geheimnisse nach § 30 enthalten, so ist derjenige, der diese Dokumente einreichen muss, verpflichtet,

1. diese Geheimnisse zu kennzeichnen und
2. der Behörde zum Zwecke der Auslegung zusätzlich eine Darstellung vorzulegen, die den Inhalt der betreffenden Teile der Dokumente ohne Preisgabe der Geheimnisse beschreibt.

§ 27c Erörterung mit Verfahrensbeteiligten oder der Öffentlichkeit

(1) Ist durch Rechtsvorschrift eine Erörterung, insbesondere ein Erörterungstermin, eine mündliche Verhandlung oder eine Antragskonferenz angeordnet, kann sie ersetzt werden

1. durch eine Onlinekonsultation oder
2. mit Einwilligung der zur Teilnahme Berechtigten durch eine Video- oder Telefonkonferenz.

(2) Bei einer Onlinekonsultation ist den zur Teilnahme Berechtigten innerhalb einer vorher bekannt zu machenden Frist Gelegenheit zu geben, sich schriftlich oder elektronisch zu äußern. Die Frist soll mindestens eine Woche betragen. Werden für die Onlinekonsultation Informationen zur Verfügung gestellt, so gilt § 27b Absatz 4 entsprechend.

(3) Sonstige Regelungen, die die Durchführung einer Erörterung nach Absatz 1 betreffen, bleiben unberührt.

§ 28 Anhörung Beteiligter

(1) Bevor ein Verwaltungsakt erlassen wird, der in Rechte eines Beteiligten eingreift, ist diesem Gelegenheit zu geben, sich zu den für die Entscheidung erheblichen Tatsachen zu äußern.

(2) Von der Anhörung kann abgesehen werden, wenn sie nach den Umständen des Einzelfalls nicht geboten ist, insbesondere wenn

1. eine sofortige Entscheidung wegen Gefahr im Verzug oder im öffentlichen Interesse notwendig erscheint;
2. durch die Anhörung die Einhaltung einer für die Entscheidung maßgeblichen Frist in Frage gestellt würde;
3. von den tatsächlichen Angaben eines Beteiligten, die dieser in einem Antrag oder einer Erklärung gemacht hat, nicht zu seinen Ungunsten abgewichen werden soll;
4. die Behörde eine Allgemeinverfügung oder gleichartige Verwaltungsakte in größerer Zahl oder Verwaltungsakte mit Hilfe automatischer Einrichtungen erlassen will;
5. Maßnahmen in der Verwaltungsvollstreckung getroffen werden sollen.

(3) Eine Anhörung unterbleibt, wenn ihr ein zwingendes öffentliches Interesse entgegensteht.

§ 29 Akteneinsicht durch Beteiligte

(1) Die Behörde hat den Beteiligten Einsicht in die das Verfahren betreffenden Akten zu gestatten, soweit deren Kenntnis zur Geltendmachung oder Verteidigung ihrer rechtlichen Interessen erforderlich ist. Satz 1 gilt bis zum Abschluss des Verwaltungsverfahrens nicht für Entwürfe zu Entscheidungen sowie die Arbeiten zu ihrer unmittelbaren Vorbereitung. Soweit nach den §§ 17 und 18 eine Vertretung stattfindet, haben nur die Vertreter Anspruch auf Akteneinsicht.

(2) Die Behörde ist zur Gestattung der Akteneinsicht nicht verpflichtet, soweit durch sie die ordnungsgemäße Erfüllung der Auf-

gaben der Behörde beeinträchtigt, das Bekanntwerden des Inhalts der Akten dem Wohl des Bundes oder eines Landes Nachteile bereiten würde oder soweit die Vorgänge nach einem Gesetz oder ihrem Wesen nach, namentlich wegen der berechtigten Interessen der Beteiligten oder dritter Personen, geheim gehalten werden müssen.

(3) Die Akteneinsicht erfolgt bei der Behörde, die die Akten führt. Im Einzelfall kann die Einsicht auch bei einer anderen Behörde oder bei einer diplomatischen oder berufskonsularischen Vertretung der Bundesrepublik Deutschland im Ausland erfolgen; weitere Ausnahmen kann die Behörde, die die Akten führt, gestatten.

§ 30 Geheimhaltung

Die Beteiligten haben Anspruch darauf, dass ihre Geheimnisse, insbesondere die zum persönlichen Lebensbereich gehörenden Geheimnisse sowie die Betriebs- und Geschäftsgeheimnisse, von der Behörde nicht unbefugt offenbart werden.

Abschnitt 2
Fristen, Termine, Wiedereinsetzung

§ 31 Fristen und Termine

(1) Für die Berechnung von Fristen und für die Bestimmung von Terminen gelten die §§ 187 bis 193 des Bürgerlichen Gesetzbuchs entsprechend, soweit nicht durch die Absätze 2 bis 5 etwas anderes bestimmt ist.

(2) Der Lauf einer Frist, die von einer Behörde gesetzt wird, beginnt mit dem Tag, der auf die Bekanntgabe der Frist folgt, außer wenn dem Betroffenen etwas anderes mitgeteilt wird.

(3) Fällt das Ende einer Frist auf einen Sonntag, einen gesetzlichen Feiertag oder einen Sonnabend, so endet die Frist mit dem Ablauf des nächstfolgenden Werktages. Dies gilt nicht, wenn dem Betroffenen unter Hinweis auf diese Vorschrift ein bestimmter Tag als Ende der Frist mitgeteilt worden ist.

(4) Hat eine Behörde Leistungen nur für einen bestimmten Zeitraum zu erbringen, so endet dieser Zeitraum auch dann mit dem Ablauf seines letzten Tages, wenn dieser auf einen Sonntag, einen gesetzlichen Feiertag oder einen Sonnabend fällt.

(5) Der von einer Behörde gesetzte Termin ist auch dann einzuhalten, wenn er auf einen Sonntag, gesetzlichen Feiertag oder Sonnabend fällt.

(6) Ist eine Frist nach Stunden bestimmt, so werden Sonntage, gesetzliche Feiertage oder Sonnabende mitgerechnet.

(7) Fristen, die von einer Behörde gesetzt sind, können verlängert werden. Sind solche Fristen bereits abgelaufen, so können sie rückwirkend verlängert werden, insbesondere wenn es unbillig wäre, die durch den Fristablauf eingetretenen Rechtsfolgen bestehen zu lassen. Die Behörde kann die Verlängerung der Frist nach § 36 mit einer Nebenbestimmung verbinden.

§ 32 Wiedereinsetzung in den vorigen Stand

(1) War jemand ohne Verschulden verhindert, eine gesetzliche Frist einzuhalten, so ist ihm auf Antrag Wiedereinsetzung in den vorigen Stand zu gewähren. Das Verschulden eines Vertreters ist dem Vertretenen zuzurechnen.

(2) Der Antrag ist innerhalb von zwei Wochen nach Wegfall des Hindernisses zu stellen. Die Tatsachen zur Begründung des Antrags sind bei der Antragstellung oder im Verfahren über den Antrag glaubhaft zu machen. Innerhalb der Antragsfrist ist die versäumte Handlung nachzuholen. Ist dies geschehen, so kann Wiedereinsetzung auch ohne Antrag gewährt werden.

(3) Nach einem Jahr seit dem Ende der versäumten Frist kann die Wiedereinsetzung nicht mehr beantragt oder die versäumte Handlung nicht mehr nachgeholt werden, außer wenn dies vor Ablauf der Jahresfrist infolge höherer Gewalt unmöglich war.

(4) Über den Antrag auf Wiedereinsetzung entscheidet die Behörde, die über die versäumte Handlung zu befinden hat.

(5) Die Wiedereinsetzung ist unzulässig, wenn sich aus einer Rechtsvorschrift ergibt, dass sie ausgeschlossen ist.

Abschnitt 3
Amtliche Beglaubigung

§ 33 Beglaubigung von Dokumenten

(1) Jede Behörde ist befugt, Abschriften von Urkunden, die sie selbst ausgestellt hat, zu beglaubigen. Darüber hinaus sind die von der Bundesregierung durch Rechtsverordnung bestimmten Behörden im Sinne des § 1 Abs. 1 Nr. 1 und die nach Landesrecht zuständigen Behörden befugt, Abschriften zu beglaubigen, wenn die Urschrift von einer Behörde ausgestellt ist oder die Abschrift zur Vorlage bei einer Behörde benötigt wird, sofern nicht durch Rechtsvorschrift die Erteilung beglaubigter Abschriften aus amtlichen Registern und Archiven anderen Behörden ausschließlich vorbehalten ist; die Rechtsverordnung bedarf nicht der Zustimmung des Bundesrates.

(2) Abschriften dürfen nicht beglaubigt werden, wenn Umstände zu der Annahme berechtigen, dass der ursprüngliche Inhalt des Schriftstücks, dessen Abschrift beglaubigt werden soll, geändert worden ist, insbesondere wenn dieses Schriftstück Lücken, Durchstreichungen, Einschaltungen, Änderungen, unleserliche Wörter, Zahlen oder Zeichen, Spuren der Beseitigung von Wörtern, Zahlen und Zeichen enthält oder wenn der Zusammenhang eines aus mehreren Blättern bestehenden Schriftstücks aufgehoben ist.

(3) Eine Abschrift wird beglaubigt durch einen Beglaubigungsvermerk, der unter die Abschrift zu setzen ist. Der Vermerk muss enthalten

1. die genaue Bezeichnung des Schriftstücks, dessen Abschrift beglaubigt wird,
2. die Feststellung, dass die beglaubigte Abschrift mit dem vorgelegten Schriftstück übereinstimmt,
3. den Hinweis, dass die beglaubigte Abschrift nur zur Vorlage bei der angegebenen Behörde erteilt wird, wenn die Urschrift nicht von einer Behörde ausgestellt worden ist,
4. den Ort und den Tag der Beglaubigung, die Unterschrift des für die Beglaubigung zuständigen Bediensteten und das Dienstsiegel.

(4) Die Absätze 1 bis 3 gelten entsprechend für die Beglaubigung von

1. Ablichtungen, Lichtdrucken und ähnlichen in technischen Verfahren hergestellten Vervielfältigungen,
2. auf fototechnischem Wege von Schriftstücken hergestellten Negativen, die bei einer Behörde aufbewahrt werden,
3. Ausdrucken elektronischer Dokumente,
4. elektronischen Dokumenten,
   a) die zur Abbildung eines Schriftstücks hergestellt wurden,
   b) die ein anderes technisches Format als das Ausgangsdokument, das verbunden ist mit einer qualifizierten elektronischen Signatur oder einem qualifizierten elektronischen Siegel einer Behörde, erhalten haben.

(5) Der Beglaubigungsvermerk muss zusätzlich zu den Angaben nach Absatz 3 Satz 2 bei der Beglaubigung

1. des Ausdrucks eines elektronischen Dokuments, das mit einer qualifizierten elektronischen Signatur oder einem qualifizierten elektronischen Siegel einer Behörde verbunden ist, die Feststellungen enthalten,
   a) wen die Signaturprüfung als Inhaber der Signatur ausweist oder welche Behörde die Signaturprüfung als Inhaber des Siegels ausweist,
   b) welchen Zeitpunkt die Signaturprüfung für die Anbringung der Signatur oder des Siegels ausweist und
   c) welche Zertifikate mit welchen Daten dieser Signatur oder diesem Siegel zu Grunde lagen;
2. eines elektronischen Dokuments den Namen des für die Beglaubigung zuständigen Bediensteten und die Bezeichnung der Behörde, die die Beglaubigung vornimmt, enthalten; die Unterschrift des für die Beglaubigung zuständigen Bediensteten und das Dienstsiegel nach Absatz 3 Satz 2 Nummer 4 werden durch eine dauerhaft

IX

überprüfbare qualifizierte elektronische Signatur oder durch ein dauerhaft überprüfbares qualifiziertes elektronisches Siegel der Behörde ersetzt.

Wird ein elektronisches Dokument, das ein anderes technisches Format erhalten hat als das Ausgangsdokument, das mit einer qualifizierten elektronischen Signatur oder mit einem qualifizierten elektronischen Siegel einer Behörde verbunden ist, nach Satz 1 Nummer 2 beglaubigt, so muss der Beglaubigungsvermerk zusätzlich die Feststellungen nach Satz 1 Nummer 1 für das Ausgangsdokument enthalten.

(6) Die nach Absatz 4 hergestellten Dokumente stehen, sofern sie beglaubigt sind, beglaubigten Abschriften gleich.

(7) Jede Behörde soll von Urkunden, die sie selbst ausgestellt hat, auf Verlangen ein elektronisches Dokument nach Absatz 4 Nummer 4 Buchstabe a oder eine elektronische Abschrift fertigen und beglaubigen.

§ 34 Beglaubigung von Unterschriften

(1) Die von der Bundesregierung durch Rechtsverordnung bestimmten Behörden im Sinne des § 1 Abs. 1 Nr. 1 und die nach Landesrecht zuständigen Behörden sind befugt, Unterschriften zu beglaubigen, wenn das unterzeichnete Schriftstück zur Vorlage bei einer Behörde oder bei einer sonstigen Stelle, der auf Grund einer Rechtsvorschrift das unterzeichnete Schriftstück vorzulegen ist, benötigt wird. Dies gilt nicht für

IX

1. Unterschriften ohne zugehörigen Text,
2. Unterschriften, die der öffentlichen Beglaubigung (§ 129 des Bürgerlichen Gesetzbuches) bedürfen.

(2) Eine Unterschrift soll nur beglaubigt werden, wenn sie in Gegenwart des beglaubigenden Bediensteten vollzogen oder anerkannt wird.

(3) Der Beglaubigungsvermerk ist unmittelbar bei der Unterschrift, die beglaubigt werden soll, anzubringen. Er muss enthalten

1. die Bestätigung, dass die Unterschrift echt ist,
2. die genaue Bezeichnung desjenigen, dessen Unterschrift beglaubigt wird, sowie die Angabe, ob sich der für die Beglaubigung zuständige Bedienstete Gewissheit über diese Person verschafft hat und ob die Unterschrift in seiner Gegenwart vollzogen oder anerkannt worden ist,
3. den Hinweis, dass die Beglaubigung nur zur Vorlage bei der angegebenen Behörde oder Stelle bestimmt ist,
4. den Ort und den Tag der Beglaubigung, die Unterschrift des für die Beglaubigung zuständigen Bediensteten und das Dienstsiegel.

(4) Die Absätze 1 bis 3 gelten für die Beglaubigung von Handzeichen entsprechend.

(5) Die Rechtsverordnungen nach Absatz 1 und 4 bedürfen nicht der Zustimmung des Bundesrates.

Teil III
Verwaltungsakt

Abschnitt 1
Zustandekommen des Verwaltungsaktes

§ 35 Begriff des Verwaltungsaktes

Verwaltungsakt ist jede Verfügung, Entscheidung oder andere hoheitliche Maßnahme, die eine Behörde zur Regelung eines Einzelfalls auf dem Gebiet des öffentlichen Rechts trifft und die auf unmittelbare Rechtswirkung nach außen gerichtet ist. Allgemeinverfügung ist ein Verwaltungsakt, der sich an einen nach allgemeinen Merkmalen bestimmten oder bestimmbaren Personenkreis richtet oder die öffentlich-rechtliche Eigenschaft einer Sache oder ihre Benutzung durch die Allgemeinheit betrifft.

§ 35a Vollständig automatisierter Erlass eines Verwaltungsaktes

Ein Verwaltungsakt kann vollständig durch automatische Einrichtungen erlassen werden, sofern dies durch Rechtsvorschrift zugelassen ist und weder ein Ermessen noch ein Beurteilungsspielraum besteht.

§ 36 Nebenbestimmungen zum Verwaltungsakt

(1) Ein Verwaltungsakt, auf den ein Anspruch besteht, darf mit einer Nebenbestimmung nur versehen werden, wenn sie durch Rechtsvorschrift zugelassen ist oder wenn sie sicherstellen soll, dass die gesetzlichen Voraussetzungen des Verwaltungsaktes erfüllt werden.

(2) Unbeschadet des Absatzes 1 darf ein Verwaltungsakt nach pflichtgemäßem Ermessen erlassen werden mit

1. einer Bestimmung, nach der eine Vergünstigung oder Belastung zu einem bestimmten Zeitpunkt beginnt, endet oder für einen bestimmten Zeitraum gilt (Befristung);
2. einer Bestimmung, nach der der Eintritt oder der Wegfall einer Vergünstigung oder einer Belastung von dem ungewissen Eintritt eines zukünftigen Ereignisses abhängt (Bedingung);
3. einem Vorbehalt des Widerrufs

oder verbunden werden mit

4. einer Bestimmung, durch die dem Begünstigten ein Tun, Dulden oder Unterlassen vorgeschrieben wird (Auflage);
5. einem Vorbehalt der nachträglichen Aufnahme, Änderung oder Ergänzung einer Auflage.

(3) Eine Nebenbestimmung darf dem Zweck des Verwaltungsaktes nicht zuwiderlaufen.

§ 37 Bestimmtheit und Form des Verwaltungsaktes; Rechtsbehelfsbelehrung

(1) Ein Verwaltungsakt muss inhaltlich hinreichend bestimmt sein.

(2) Ein Verwaltungsakt kann schriftlich, elektronisch, mündlich oder in anderer Weise erlassen werden. Ein mündlicher Verwaltungsakt ist schriftlich oder elektronisch zu bestätigen, wenn hieran ein berechtigtes Interesse besteht und der Betroffene dies unverzüglich verlangt. Ein elektronischer Verwaltungsakt ist unter denselben Voraussetzungen schriftlich zu bestätigen; § 3a Absatz 2 und 3 findet insoweit keine Anwendung.

(3) Ein schriftlicher oder elektronischer Verwaltungsakt muss die erlassende Behörde erkennen lassen und die Unterschrift oder die Namenswiedergabe des Behördenleiters, seines Vertreters oder seines Beauftragten enthalten. Wird für einen Verwaltungsakt, für den durch Rechtsvorschrift die Schriftform angeordnet ist, die elektronische Form verwendet, muss auch das der Signatur zugrunde liegende qualifizierte Zertifikat oder ein zugehöriges qualifiziertes Attributzertifikat die erlassende Behörde erkennen lassen. Im Fall des § 3a Absatz 3 Nummer 3 Buchstabe b muss die Bestätigung nach § 5 Absatz 5 des De-Mail-Gesetzes die erlassende Behörde als Nutzer des De-Mail-Kontos erkennen lassen.

(4) Für einen Verwaltungsakt kann für die nach § 3a Absatz 2 erforderliche Signatur oder für das nach § 3a Absatz 3 Nummer 3 Buchstabe a erforderliche Siegel durch Rechtsvorschrift die dauerhafte Überprüfbarkeit vorgeschrieben werden.

(5) Bei einem schriftlichen Verwaltungsakt, der mit Hilfe automatischer Einrichtungen erlassen wird, können abweichend von Absatz 3 Unterschrift und Namenswiedergabe fehlen. Zur Inhaltsangabe können Schlüsselzeichen verwendet werden, wenn derjenige, für den der Verwaltungsakt bestimmt ist oder der von ihm betroffen wird, auf Grund der dazu gegebenen Erläuterungen den Inhalt des Verwaltungsaktes eindeutig erkennen kann.

(6) Einem schriftlichen oder elektronischen Verwaltungsakt, der der Anfechtung unterliegt, ist eine Erklärung beizufügen, durch die der Beteiligte über den Rechtsbehelf, der gegen den Verwaltungsakt gegeben ist, über die Behörde oder das Gericht, bei denen der Rechtsbehelf einzulegen ist, den Sitz und über die einzuhaltende Frist belehrt wird (Rechtsbehelfsbelehrung). Die Rechtsbehelfsbelehrung ist auch der schriftlichen oder elektronischen Bestätigung eines Verwaltungsaktes und der Bescheinigung nach § 42a Absatz 3 beizufügen.

§ 38 Zusicherung

(1) Eine von der zuständigen Behörde erteilte Zusage, einen bestimmten Verwaltungsakt später zu erlassen oder zu unterlassen (Zusicherung), bedarf zu ihrer Wirksamkeit der schriftlichen Form. Ist vor dem Erlass des zugesicherten Verwaltungsaktes die Anhörung Beteiligter oder die Mitwirkung einer anderen Behörde oder eines Ausschusses auf Grund einer Rechtsvorschrift erforderlich, so darf die Zusicherung erst nach Anhörung der Beteiligten oder nach Mitwirkung dieser Behörde oder des Ausschusses gegeben werden.

(2) Auf die Unwirksamkeit der Zusicherung finden, unbeschadet des Absatzes 1 Satz 1, § 44, auf die Heilung von Mängeln bei der Anhörung Beteiligter und der Mitwirkung anderer Behörden oder Ausschüsse § 45 Abs. 1 Nr. 3 bis 5 sowie Abs. 2, auf die Rücknahme § 48, auf den Widerruf, unbeschadet des Absatzes 3, § 49 entsprechende Anwendung.

(3) Ändert sich nach Abgabe der Zusicherung die Sach- oder Rechtslage derart, dass die Behörde bei Kenntnis der nachträglich eingetretenen Änderung die Zusicherung nicht gegeben hätte oder aus rechtlichen Gründen nicht hätte geben dürfen, ist die Behörde an die Zusicherung nicht mehr gebunden.

§ 39 Begründung des Verwaltungsaktes

(1) Ein schriftlicher oder elektronischer sowie ein schriftlich oder elektronisch bestätigter Verwaltungsakt ist mit einer Begründung zu versehen. In der Begründung sind die wesentlichen tatsächlichen und rechtlichen Gründe mitzuteilen, die die Behörde zu ihrer Entscheidung bewogen haben. Die Begründung von Ermessensentscheidungen soll auch die Gesichtspunkte erkennen lassen, von denen die Behörde bei der Ausübung ihres Ermessens ausgegangen ist.

(2) Einer Begründung bedarf es nicht,

1. soweit die Behörde einem Antrag entspricht oder einer Erklärung folgt und der Verwaltungsakt nicht in Rechte eines anderen eingreift;
2. soweit demjenigen, für den der Verwaltungsakt bestimmt ist oder der von ihm betroffen wird, die Auffassung der Behörde über die Sach- und Rechtslage bereits bekannt oder auch ohne Begründung für ihn ohne weiteres erkennbar ist;
3. wenn die Behörde gleichartige Verwaltungsakte in größerer Zahl oder Verwaltungsakte mit Hilfe automatischer Einrichtungen erlässt und die Begründung nach den Umständen des Einzelfalls nicht geboten ist;
4. wenn sich dies aus einer Rechtsvorschrift ergibt;
5. wenn eine Allgemeinverfügung öffentlich bekannt gegeben wird.

§ 40 Ermessen

Ist die Behörde ermächtigt, nach ihrem Ermessen zu handeln, hat sie ihr Ermessen entsprechend dem Zweck der Ermächtigung auszuüben und die gesetzlichen Grenzen des Ermessens einzuhalten.

§ 41 Bekanntgabe des Verwaltungsaktes

(1) Ein Verwaltungsakt ist demjenigen Beteiligten bekannt zu geben, für den er bestimmt ist oder der von ihm betroffen wird. Ist ein Bevollmächtigter bestellt, so kann die Bekanntgabe ihm gegenüber vorgenommen werden.

(2) Ein schriftlicher Verwaltungsakt, der im Inland durch die Post übermittelt wird, gilt am vierten Tag nach der Aufgabe zur Post als bekannt gegeben. Ein Verwaltungsakt, der im Inland oder in das Ausland elektronisch übermittelt wird, gilt am vierten Tag nach der Absendung als bekannt gegeben. Dies gilt nicht, wenn der Verwaltungsakt nicht oder zu einem späteren Zeitpunkt zugegangen ist; im Zweifel hat die Behörde den Zugang des Verwaltungsaktes und den Zeitpunkt des Zugangs nachzuweisen.

(2a) Mit Einwilligung des Beteiligten kann ein elektronischer Verwaltungsakt dadurch bekannt gegeben werden, dass er vom Beteiligten oder von seinem Bevollmächtigten über öffentlich zugängliche Netze abgerufen wird. Die Behörde hat zu gewährleisten, dass der Abruf nur nach Authentifizierung der berechtigten Person möglich ist und der elektronische Verwaltungsakt von ihr gespeichert werden kann. Der Verwaltungsakt gilt am Tag nach dem Abruf als bekannt gegeben. Wird der Verwaltungsakt nicht innerhalb von zehn Tagen nach Absendung einer Benachrichtigung über die Bereitstellung abgerufen, wird diese beendet. In diesem Fall ist die Bekanntgabe nicht bewirkt; die Möglichkeit einer erneuten Bereitstellung zum Abruf oder der Bekanntgabe auf andere Weise bleibt unberührt.

(3) Ein Verwaltungsakt darf öffentlich bekannt gegeben werden, wenn dies durch Rechtsvorschrift zugelassen ist. Eine Allgemeinverfügung darf auch dann öffentlich bekannt gegeben werden, wenn eine Bekanntgabe an die Beteiligten untunlich ist.

(4) Die öffentliche Bekanntgabe eines schriftlichen oder elektronischen Verwaltungsaktes wird dadurch bewirkt, dass sein verfügender Teil ortsüblich bekannt gemacht wird. In der ortsüblichen Bekanntmachung ist anzugeben, wo der Verwaltungsakt und seine Begründung eingesehen werden können. Der Verwaltungsakt gilt zwei Wochen nach der ortsüblichen Bekanntmachung als bekannt gegeben. In einer Allgemeinverfügung kann ein hiervon abweichender Tag, jedoch frühestens der auf die Bekanntmachung folgende Tag bestimmt werden.

(5) Vorschriften über die Bekanntgabe eines Verwaltungsaktes mittels Zustellung bleiben unberührt.

§ 42 Offenbare Unrichtigkeiten im Verwaltungsakt

Die Behörde kann Schreibfehler, Rechenfehler und ähnliche offenbare Unrichtigkeiten in einem Verwaltungsakt jederzeit berichtigen. Bei berechtigtem Interesse des Beteiligten ist zu berichtigen. Die Behörde ist berechtigt, die Vorlage des Dokuments zu verlangen, das berichtigt werden soll.

§ 42a Genehmigungsfiktion

(1) Eine beantragte Genehmigung gilt nach Ablauf einer für die Entscheidung festgelegten Frist als erteilt (Genehmigungsfiktion), wenn dies durch Rechtsvorschrift angeordnet und der Antrag hinreichend bestimmt ist. Die Vorschriften über die Bestandskraft von Verwaltungsakten und über das Rechtsbehelfsverfahren gelten entsprechend.

(2) Die Frist nach Absatz 1 Satz 1 beträgt drei Monate, soweit durch Rechtsvorschrift nichts Abweichendes bestimmt ist. Die Frist beginnt mit Eingang der vollständigen Unterlagen. Sie kann einmal angemessen verlängert werden, wenn dies wegen der Schwierigkeit der Angelegenheit gerechtfertigt ist. Die Fristverlängerung ist zu begründen und rechtzeitig mitzuteilen.

(3) Auf Verlangen ist demjenigen, dem der Verwaltungsakt nach § 41 Abs. 1 hätte bekannt gegeben werden müssen, der Eintritt der Genehmigungsfiktion schriftlich zu bescheinigen.

Abschnitt 2
Bestandskraft des Verwaltungsaktes

§ 43 Wirksamkeit des Verwaltungsaktes

(1) Ein Verwaltungsakt wird gegenüber demjenigen, für den er bestimmt ist oder der von ihm betroffen wird, in dem Zeitpunkt wirksam, in dem er ihm bekannt gegeben wird. Der Verwaltungsakt wird mit dem Inhalt wirksam, mit dem er bekannt gegeben wird.

(2) Ein Verwaltungsakt bleibt wirksam, solange und soweit er nicht zurückgenommen, widerrufen, anderweitig aufgehoben oder durch Zeitablauf oder auf andere Weise erledigt ist.

(3) Ein nichtiger Verwaltungsakt ist unwirksam.

§ 44 Nichtigkeit des Verwaltungsaktes

(1) Ein Verwaltungsakt ist nichtig, soweit er an einem besonders schwerwiegenden Fehler leidet und dies bei verständiger Würdigung aller in Betracht kommenden Umstände offensichtlich ist.

(2) Ohne Rücksicht auf das Vorliegen der Voraussetzungen des Absatzes 1 ist ein Verwaltungsakt nichtig,

1. der schriftlich oder elektronisch erlassen worden ist, die erlassende Behörde aber nicht erkennen lässt;

2. der nach einer Rechtsvorschrift nur durch die Aushändigung einer Urkunde erlassen werden kann, aber dieser Form nicht genügt;
3. den eine Behörde außerhalb ihrer durch § 3 Abs. 1 Nr. 1 begründeten Zuständigkeit erlassen hat, ohne dazu ermächtigt zu sein;
4. den aus tatsächlichen Gründen niemand ausführen kann;
5. der die Begehung einer rechtswidrigen Tat verlangt, die einen Straf- oder Bußgeldtatbestand verwirklicht;
6. der gegen die guten Sitten verstößt.

(3) Ein Verwaltungsakt ist nicht schon deshalb nichtig, weil

1. Vorschriften über die örtliche Zuständigkeit nicht eingehalten worden sind, außer wenn ein Fall des Absatzes 2 Nr. 3 vorliegt;
2. eine nach § 20 Abs. 1 Satz 1 Nr. 2 bis 6 ausgeschlossene Person mitgewirkt hat;
3. ein durch Rechtsvorschrift zur Mitwirkung berufener Ausschuss den für den Erlass des Verwaltungsaktes vorgeschriebenen Beschluss nicht gefasst hat oder nicht beschlussfähig war;
4. die nach einer Rechtsvorschrift erforderliche Mitwirkung einer anderen Behörde unterblieben ist.

(4) Betrifft die Nichtigkeit nur einen Teil des Verwaltungsaktes, so ist er im Ganzen nichtig, wenn der nichtige Teil so wesentlich ist, dass die Behörde den Verwaltungsakt ohne den nichtigen Teil nicht erlassen hätte.

IX

(5) Die Behörde kann die Nichtigkeit jederzeit von Amts wegen feststellen; auf Antrag ist sie festzustellen, wenn der Antragsteller hieran ein berechtigtes Interesse hat.

§ 45 Heilung von Verfahrens- und Formfehlern

(1) Eine Verletzung von Verfahrens- oder Formvorschriften, die nicht den Verwaltungsakt nach § 44 nichtig macht, ist unbeachtlich, wenn

1. der für den Erlass des Verwaltungsaktes erforderliche Antrag nachträglich gestellt wird;
2. die erforderliche Begründung nachträglich gegeben wird;
3. die erforderliche Anhörung eines Beteiligten nachgeholt wird;
4. der Beschluss eines Ausschusses, dessen Mitwirkung für den Erlass des Verwaltungsaktes erforderlich ist, nachträglich gefasst wird;
5. die erforderliche Mitwirkung einer anderen Behörde nachgeholt wird.

(2) Handlungen nach Absatz 1 können bis zum Abschluss der letzten Tatsacheninstanz eines verwaltungsgerichtlichen Verfahrens nachgeholt werden.

(3) Fehlt einem Verwaltungsakt die erforderliche Begründung oder ist die erforderliche Anhörung eines Beteiligten vor Erlass des Verwaltungsaktes unterblieben und ist dadurch die rechtzeitige Anfechtung des Verwaltungsaktes versäumt worden, so gilt die Versäumung der Rechtsbehelfsfrist als nicht verschuldet. Das für die Wiedereinsetzungsfrist nach § 32 Abs. 2 maßgebende Ereignis tritt im Zeitpunkt der Nachholung der unterlassenen Verfahrenshandlung ein.

§ 46 Folgen von Verfahrens- und Formfehlern

Die Aufhebung eines Verwaltungsaktes, der nicht nach § 44 nichtig ist, kann nicht allein deshalb beansprucht werden, weil er unter Verletzung von Vorschriften über das Verfahren, die Form oder die örtliche Zuständigkeit zustande gekommen ist, wenn offensichtlich ist, dass die Verletzung die Entscheidung in der Sache nicht beeinflusst hat.

§ 47 Umdeutung eines fehlerhaften Verwaltungsaktes

(1) Ein fehlerhafter Verwaltungsakt kann in einen anderen Verwaltungsakt umgedeutet werden, wenn er auf das gleiche Ziel gerichtet ist, von der erlassenden Behörde in der geschehenen Verfahrensweise und Form rechtmäßig hätte erlassen werden können und wenn die Voraussetzungen für dessen Erlass erfüllt sind.

(2) Absatz 1 gilt nicht, wenn der Verwaltungsakt, in den der fehlerhafte Verwal-

tungsakt umzudeuten wäre, der erkennbaren Absicht der erlassenden Behörde widerspräche oder seine Rechtsfolgen für den Betroffenen ungünstiger wären als die des fehlerhaften Verwaltungsaktes. Eine Umdeutung ist ferner unzulässig, wenn der fehlerhafte Verwaltungsakt nicht zurückgenommen werden dürfte.

(3) Eine Entscheidung, die nur als gesetzlich gebundene Entscheidung ergehen kann, kann nicht in eine Ermessensentscheidung umgedeutet werden.

(4) § 28 ist entsprechend anzuwenden.

§ 48 Rücknahme eines rechtswidrigen Verwaltungsaktes

(1) Ein rechtswidriger Verwaltungsakt kann, auch nachdem er unanfechtbar geworden ist, ganz oder teilweise mit Wirkung für die Zukunft oder für die Vergangenheit zurückgenommen werden. Ein Verwaltungsakt, der ein Recht oder einen rechtlich erheblichen Vorteil begründet oder bestätigt hat (begünstigender Verwaltungsakt), darf nur unter den Einschränkungen der Absätze 2 bis 4 zurückgenommen werden.

(2) Ein rechtswidriger Verwaltungsakt, der eine einmalige oder laufende Geldleistung oder teilbare Sachleistung gewährt oder hierfür Voraussetzung ist, darf nicht zurückgenommen werden, soweit der Begünstigte auf den Bestand des Verwaltungsaktes vertraut hat und sein Vertrauen unter Abwägung mit dem öffentlichen Interesse an einer Rücknahme schutzwürdig ist. Das Vertrauen ist in der Regel schutzwürdig, wenn der Begünstigte gewährte Leistungen verbraucht oder eine Vermögensdisposition getroffen hat, die er nicht mehr oder nur unter unzumutbaren Nachteilen rückgängig machen kann. Auf Vertrauen kann sich der Begünstigte nicht berufen, wenn er

1. den Verwaltungsakt durch arglistige Täuschung, Drohung oder Bestechung erwirkt hat;
2. den Verwaltungsakt durch Angaben erwirkt hat, die in wesentlicher Beziehung unrichtig oder unvollständig waren;
3. die Rechtswidrigkeit des Verwaltungsaktes kannte oder infolge grober Fahrlässigkeit nicht kannte.

In den Fällen des Satzes 3 wird der Verwaltungsakt in der Regel mit Wirkung für die Vergangenheit zurückgenommen.

(3) Wird ein rechtswidriger Verwaltungsakt, der nicht unter Absatz 2 fällt, zurückgenommen, so hat die Behörde dem Betroffenen auf Antrag den Vermögensnachteil auszugleichen, den dieser dadurch erleidet, dass er auf den Bestand des Verwaltungsaktes vertraut hat, soweit sein Vertrauen unter Abwägung mit dem öffentlichen Interesse schutzwürdig ist. Absatz 2 Satz 3 ist anzuwenden. Der Vermögensnachteil ist jedoch nicht über den Betrag des Interesses hinaus zu ersetzen, das der Betroffene an dem Bestand des Verwaltungsaktes hat. Der auszugleichende Vermögensnachteil wird durch die Behörde festgesetzt. Der Anspruch kann nur innerhalb eines Jahres geltend gemacht werden; die Frist beginnt, sobald die Behörde den Betroffenen auf sie hingewiesen hat.

(4) Erhält die Behörde von Tatsachen Kenntnis, welche die Rücknahme eines rechtswidrigen Verwaltungsaktes rechtfertigen, so ist die Rücknahme nur innerhalb eines Jahres seit dem Zeitpunkt der Kenntnisnahme zulässig. Dies gilt nicht im Falle des Absatzes 2 Satz 3 Nr. 1.

(5) Über die Rücknahme entscheidet nach Unanfechtbarkeit des Verwaltungsaktes die nach § 3 zuständige Behörde; dies gilt auch dann, wenn der zurückzunehmende Verwaltungsakt von einer anderen Behörde erlassen worden ist.

§ 49 Widerruf eines rechtmäßigen Verwaltungsaktes

(1) Ein rechtmäßiger nicht begünstigender Verwaltungsakt kann, auch nachdem er unanfechtbar geworden ist, ganz oder teilweise mit Wirkung für die Zukunft widerrufen werden, außer wenn ein Verwaltungsakt gleichen Inhalts erneut erlassen werden müsste oder aus anderen Gründen ein Widerruf unzulässig ist.

(2) Ein rechtmäßiger begünstigender Verwaltungsakt darf, auch nachdem er unanfechtbar geworden ist, ganz oder teilweise mit Wirkung für die Zukunft nur widerrufen werden,

1. wenn der Widerruf durch Rechtsvorschrift zugelassen oder im Verwaltungsakt vorbehalten ist;
2. wenn mit dem Verwaltungsakt eine Auflage verbunden ist und der Begünstigte diese nicht oder nicht innerhalb einer ihm gesetzten Frist erfüllt hat;
3. wenn die Behörde auf Grund nachträglich eingetretener Tatsachen berechtigt wäre, den Verwaltungsakt nicht zu erlassen, und wenn ohne den Widerruf das öffentliche Interesse gefährdet würde;
4. wenn die Behörde auf Grund einer geänderten Rechtsvorschrift berechtigt wäre, den Verwaltungsakt nicht zu erlassen, soweit der Begünstigte von der Vergünstigung noch keinen Gebrauch gemacht oder auf Grund des Verwaltungsaktes noch keine Leistungen empfangen hat, und wenn ohne den Widerruf das öffentliche Interesse gefährdet würde;
5. um schwere Nachteile für das Gemeinwohl zu verhüten oder zu beseitigen.

§ 48 Abs. 4 gilt entsprechend.

(3) Ein rechtmäßiger Verwaltungsakt, der eine einmalige oder laufende Geldleistung oder teilbare Sachleistung zur Erfüllung eines bestimmten Zwecks gewährt oder hierfür Voraussetzung ist, kann, auch nachdem er unanfechtbar geworden ist, ganz oder teilweise auch mit Wirkung für die Vergangenheit widerrufen werden,

1. wenn die Leistung nicht, nicht alsbald nach der Erbringung oder nicht mehr für den in dem Verwaltungsakt bestimmten Zweck verwendet wird;
2. wenn mit dem Verwaltungsakt eine Auflage verbunden ist und der Begünstigte diese nicht oder nicht innerhalb einer ihm gesetzten Frist erfüllt hat.

§ 48 Abs. 4 gilt entsprechend.

(4) Der widerrufene Verwaltungsakt wird mit dem Wirksamwerden des Widerrufs unwirksam, wenn die Behörde keinen anderen Zeitpunkt bestimmt.

(5) Über den Widerruf entscheidet nach Unanfechtbarkeit des Verwaltungsaktes die nach § 3 zuständige Behörde; dies gilt auch dann, wenn der zu widerrufende Verwaltungsakt von einer anderen Behörde erlassen worden ist.

(6) Wird ein begünstigender Verwaltungsakt in den Fällen des Absatzes 2 Nr. 3 bis 5 widerrufen, so hat die Behörde den Betroffenen auf Antrag für den Vermögensnachteil zu entschädigen, den dieser dadurch erleidet, dass er auf den Bestand des Verwaltungsaktes vertraut hat, soweit sein Vertrauen schutzwürdig ist. § 48 Abs. 3 Satz 3 bis 5 gilt entsprechend. Für Streitigkeiten über die Entschädigung ist der ordentliche Rechtsweg gegeben.

§ 49a Erstattung, Verzinsung

(1) Soweit ein Verwaltungsakt mit Wirkung für die Vergangenheit zurückgenommen oder widerrufen worden oder infolge Eintritts einer auflösenden Bedingung unwirksam geworden ist, sind bereits erbrachte Leistungen zu erstatten. Die zu erstattende Leistung ist durch schriftlichen Verwaltungsakt festzusetzen.

(2) Für den Umfang der Erstattung mit Ausnahme der Verzinsung gelten die Vorschriften des Bürgerlichen Gesetzbuchs über die Herausgabe einer ungerechtfertigten Bereicherung entsprechend. Auf den Wegfall der Bereicherung kann sich der Begünstigte nicht berufen, soweit er die Umstände kannte oder infolge grober Fahrlässigkeit nicht kannte, die zur Rücknahme, zum Widerruf oder zur Unwirksamkeit des Verwaltungsaktes geführt haben.

(3) Der zu erstattende Betrag ist vom Eintritt der Unwirksamkeit des Verwaltungsaktes an mit fünf Prozentpunkten über dem Basiszinssatz jährlich zu verzinsen. Von der Geltendmachung des Zinsanspruchs kann insbesondere dann abgesehen werden, wenn der Begünstigte die Umstände, die zur Rücknahme, zum Widerruf oder zur Unwirksamkeit des Verwaltungsaktes geführt haben, nicht zu vertreten hat und den zu erstattenden Betrag innerhalb der von der Behörde festgesetzten Frist leistet.

(4) Wird eine Leistung nicht alsbald nach der Auszahlung für den bestimmten Zweck verwendet, so können für die Zeit bis zur zweckentsprechenden Verwendung Zinsen nach Absatz 3 Satz 1 verlangt werden. Entsprechendes gilt, soweit eine Leistung in Anspruch genommen wird, obwohl andere Mittel anteilig oder vorrangig einzusetzen sind. § 49 Abs. 3 Satz 1 Nr. 1 bleibt unberührt.

§ 50 Rücknahme und Widerruf im Rechtsbehelfsverfahren

§ 48 Abs. 1 Satz 2 und Abs. 2 bis 4 sowie § 49 Abs. 2 bis 4 und 6 gelten nicht, wenn ein begünstigender Verwaltungsakt, der von einem Dritten angefochten worden ist, während des Vorverfahrens oder während des verwaltungsgerichtlichen Verfahrens aufgehoben wird, soweit dadurch dem Widerspruch oder der Klage abgeholfen wird.

§ 51 Wiederaufgreifen des Verfahrens

(1) Die Behörde hat auf Antrag des Betroffenen über die Aufhebung oder Änderung eines unanfechtbaren Verwaltungsaktes zu entscheiden, wenn

1. sich die dem Verwaltungsakt zugrunde liegende Sach- oder Rechtslage nachträglich zugunsten des Betroffenen geändert hat;
2. neue Beweismittel vorliegen, die eine dem Betroffenen günstigere Entscheidung herbeigeführt haben würden;
3. Wiederaufnahmegründe entsprechend § 580 der Zivilprozessordnung gegeben sind.

(2) Der Antrag ist nur zulässig, wenn der Betroffene ohne grobes Verschulden außerstande war, den Grund für das Wiederaufgreifen in dem früheren Verfahren, insbesondere durch Rechtsbehelf, geltend zu machen.

(3) Der Antrag muss binnen drei Monaten gestellt werden. Die Frist beginnt mit dem Tage, an dem der Betroffene von dem Grund für das Wiederaufgreifen Kenntnis erhalten hat.

(4) Über den Antrag entscheidet die nach § 3 zuständige Behörde; dies gilt auch dann, wenn der Verwaltungsakt, dessen Aufhebung oder Änderung begehrt wird, von einer anderen Behörde erlassen worden ist.

(5) Die Vorschriften des § 48 Abs. 1 Satz 1 und des § 49 Abs. 1 bleiben unberührt.

§ 52 Rückgabe von Urkunden und Sachen

Ist ein Verwaltungsakt unanfechtbar widerrufen oder zurückgenommen oder ist seine Wirksamkeit aus einem anderen Grund nicht oder nicht mehr gegeben, so kann die Behörde die auf Grund dieses Verwaltungsaktes erteilten Urkunden oder Sachen, die zum Nachweis der Rechte aus dem Verwaltungsakt oder zu deren Ausübung bestimmt sind, zurückfordern. Der Inhaber und, sofern er nicht der Besitzer ist, auch der Besitzer dieser Urkunden oder Sachen sind zu ihrer Herausgabe verpflichtet. Der Inhaber oder der Besitzer kann jedoch verlangen, dass ihm die Urkunden oder Sachen wieder ausgehändigt werden, nachdem sie von der Behörde als ungültig gekennzeichnet sind; dies gilt nicht bei Sachen, bei denen eine solche Kennzeichnung nicht oder nicht mit der erforderlichen Offensichtlichkeit oder Dauerhaftigkeit möglich ist.

Abschnitt 3
Verjährungsrechtliche Wirkungen des Verwaltungsaktes

§ 53 Hemmung der Verjährung durch Verwaltungsakt

(1) Ein Verwaltungsakt, der zur Feststellung oder Durchsetzung des Anspruchs eines öffentlich-rechtlichen Rechtsträgers erlassen wird, hemmt die Verjährung dieses Anspruchs. Die Hemmung endet mit Eintritt der Unanfechtbarkeit des Verwaltungsaktes oder sechs Monate nach seiner anderweitigen Erledigung.

(2) Ist ein Verwaltungsakt im Sinne des Absatzes 1 unanfechtbar geworden, beträgt die Verjährungsfrist 30 Jahre. Soweit der Verwaltungsakt einen Anspruch auf künftig fällig werdende regelmäßig wiederkehrende Leistungen zum Inhalt hat, bleibt es bei der für diesen Anspruch geltenden Verjährungsfrist.

Teil IV
Öffentlich-rechtlicher Vertrag

§ 54 Zulässigkeit des öffentlich-rechtlichen Vertrags

Ein Rechtsverhältnis auf dem Gebiet des öffentlichen Rechts kann durch Vertrag begründet, geändert oder aufgehoben werden (öffentlich-rechtlicher Vertrag), soweit Rechtsvorschriften nicht entgegenstehen. Insbesondere kann die Behörde, anstatt einen Verwaltungsakt zu erlassen, einen öffentlich-rechtlichen Vertrag mit demjenigen schließen, an den sie sonst den Verwaltungsakt richten würde.

§ 55 Vergleichsvertrag

Ein öffentlich-rechtlicher Vertrag im Sinne des § 54 Satz 2, durch den eine bei verständiger Würdigung des Sachverhalts oder der Rechtslage bestehende Ungewissheit durch gegenseitiges Nachgeben beseitigt wird (Vergleich), kann geschlossen werden, wenn die Behörde den Abschluss des Vergleichs zur Beseitigung der Ungewissheit nach pflichtgemäßem Ermessen für zweckmäßig hält.

§ 56 Austauschvertrag

(1) Ein öffentlich-rechtlicher Vertrag im Sinne des § 54 Satz 2, in dem sich der Vertragspartner der Behörde zu einer Gegenleistung verpflichtet, kann geschlossen werden, wenn die Gegenleistung für einen bestimmten Zweck im Vertrag vereinbart wird und der Behörde zur Erfüllung ihrer öffentlichen Aufgaben dient. Die Gegenleistung muss den gesamten Umständen nach angemessen sein und im sachlichen Zusammenhang mit der vertraglichen Leistung der Behörde stehen.

IX

(2) Besteht auf die Leistung der Behörde ein Anspruch, so kann nur eine solche Gegenleistung vereinbart werden, die bei Erlass eines Verwaltungsaktes Inhalt einer Nebenbestimmung nach § 36 sein könnte.

§ 57 Schriftform

Ein öffentlich-rechtlicher Vertrag ist schriftlich zu schließen, soweit nicht durch Rechtsvorschrift eine andere Form vorgeschrieben ist.

§ 58 Zustimmung von Dritten und Behörden

(1) Ein öffentlich-rechtlicher Vertrag, der in Rechte eines Dritten eingreift, wird erst wirksam, wenn der Dritte schriftlich zustimmt.

(2) Wird anstatt eines Verwaltungsaktes, bei dessen Erlass nach einer Rechtsvorschrift die Genehmigung, die Zustimmung oder das Einvernehmen einer anderen Behörde erforderlich ist, ein Vertrag geschlossen, so wird dieser erst wirksam, nachdem die andere Behörde in der vorgeschriebenen Form mitgewirkt hat.

§ 59 Nichtigkeit des öffentlich-rechtlichen Vertrags

(1) Ein öffentlich-rechtlicher Vertrag ist nichtig, wenn sich die Nichtigkeit aus der entsprechenden Anwendung von Vorschriften des Bürgerlichen Gesetzbuchs ergibt.

(2) Ein Vertrag im Sinne des § 54 Satz 2 ist ferner nichtig, wenn

1. ein Verwaltungsakt mit entsprechendem Inhalt nichtig wäre;
2. ein Verwaltungsakt mit entsprechendem Inhalt nicht nur wegen eines Verfahrens- oder Formfehlers im Sinne des § 46 rechtswidrig wäre und dies den Vertragschließenden bekannt war;
3. die Voraussetzungen zum Abschluss eines Vergleichsvertrags nicht vorlagen und ein Verwaltungsakt mit entsprechendem Inhalt nicht nur wegen eines Verfahrens- oder Formfehlers im Sinne des § 46 rechtswidrig wäre;
4. sich die Behörde eine nach § 56 unzulässige Gegenleistung versprechen lässt.

(3) Betrifft die Nichtigkeit nur einen Teil des Vertrags, so ist er im Ganzen nichtig, wenn nicht anzunehmen ist, dass er auch ohne den nichtigen Teil geschlossen worden wäre.

§ 60 Anpassung und Kündigung in besonderen Fällen

(1) Haben die Verhältnisse, die für die Festsetzung des Vertragsinhalts maßgebend gewesen sind, sich seit Abschluss des Vertrags so wesentlich geändert, dass einer Vertrags-

partei das Festhalten an der ursprünglichen vertraglichen Regelung nicht zuzumuten ist, so kann diese Vertragspartei eine Anpassung des Vertragsinhalts an die geänderten Verhältnisse verlangen oder, sofern eine Anpassung nicht möglich oder einer Vertragspartei nicht zuzumuten ist, den Vertrag kündigen. Die Behörde kann den Vertrag auch kündigen, um schwere Nachteile für das Gemeinwohl zu verhüten oder zu beseitigen.

(2) Die Kündigung bedarf der Schriftform, soweit nicht durch Rechtsvorschrift eine andere Form vorgeschrieben ist. Sie soll begründet werden.

§ 61 Unterwerfung unter die sofortige Vollstreckung

(1) Jeder Vertragschließende kann sich der sofortigen Vollstreckung aus einem öffentlich-rechtlichen Vertrag im Sinne des § 54 Satz 2 unterwerfen. Die Behörde muss hierbei von dem Behördenleiter, seinem allgemeinen Vertreter oder einem Angehörigen des öffentlichen Dienstes, der die Befähigung zum Richteramt hat, vertreten werden.

(2) Auf öffentlich-rechtliche Verträge im Sinne des Absatzes 1 Satz 1 ist das Verwaltungs-Vollstreckungsgesetz des Bundes entsprechend anzuwenden, wenn Vertragschließender eine Behörde im Sinne des § 1 Abs. 1 Nr. 1 ist. Will eine natürliche oder juristische Person des Privatrechts oder eine nichtrechtsfähige Vereinigung die Vollstreckung wegen einer Geldforderung betreiben, so ist § 170 Abs. 1 bis 3 der Verwaltungsgerichtsordnung entsprechend anzuwenden. Richtet sich die Vollstreckung wegen der Erzwingung einer Handlung, Duldung oder Unterlassung gegen eine Behörde im Sinne des § 1 Abs. 1 Nr. 2, so ist § 172 der Verwaltungsgerichtsordnung entsprechend anzuwenden.

§ 62 Ergänzende Anwendung von Vorschriften

Soweit sich aus den §§ 54 bis 61 nichts Abweichendes ergibt, gelten die übrigen Vorschriften dieses Gesetzes. Ergänzend gelten die Vorschriften des Bürgerlichen Gesetzbuchs entsprechend.

Teil V
Besondere Verfahrensarten

Abschnitt 1
Förmliches Verwaltungsverfahren

§ 63 Anwendung der Vorschriften über das förmliche Verwaltungsverfahren

(1) Das förmliche Verwaltungsverfahren nach diesem Gesetz findet statt, wenn es durch Rechtsvorschrift angeordnet ist.

(2) Für das förmliche Verwaltungsverfahren gelten die §§ 64 bis 71 und, soweit sich aus ihnen nichts Abweichendes ergibt, die übrigen Vorschriften dieses Gesetzes.

(3) Die Mitteilung nach § 17 Abs. 2 Satz 2 und die Aufforderung nach § 17 Abs. 4 Satz 2 sind im förmlichen Verwaltungsverfahren öffentlich bekannt zu machen. Die öffentliche Bekanntmachung wird dadurch bewirkt, dass die Behörde die Mitteilung oder die Aufforderung in ihrem amtlichen Veröffentlichungsblatt und außerdem in örtlichen Tageszeitungen, die in dem Bereich verbreitet sind, in dem sich die Entscheidung voraussichtlich auswirken wird, bekannt macht.

§ 64 Form des Antrags

Setzt das förmliche Verwaltungsverfahren einen Antrag voraus, so ist er schriftlich oder zur Niederschrift bei der Behörde zu stellen.

§ 65 Mitwirkung von Zeugen und Sachverständigen

(1) Im förmlichen Verwaltungsverfahren sind Zeugen zur Aussage und Sachverständige zur Erstattung von Gutachten verpflichtet. Die Vorschriften der Zivilprozessordnung über die Pflicht, als Zeuge auszusagen oder als Sachverständiger ein Gutachten zu erstatten, über die Ablehnung von Sachverständigen sowie über die Vernehmung von Angehörigen des öffentlichen Dienstes als Zeugen oder Sachverständige gelten entsprechend.

(2) Verweigern Zeugen oder Sachverständige ohne Vorliegen eines der in den §§ 376, 383 bis 385 und 408 der Zivilprozessordnung bezeichneten Gründe die Aussage oder die Erstattung des Gutachtens, so kann die Behör-

de das für den Wohnsitz oder den Aufenthaltsort des Zeugen oder des Sachverständigen zuständige Verwaltungsgericht um die Vernehmung ersuchen. Befindet sich der Wohnsitz oder der Aufenthaltsort des Zeugen oder des Sachverständigen nicht am Sitz eines Verwaltungsgerichts oder einer besonders errichteten Kammer, so kann auch das zuständige Amtsgericht um die Vernehmung ersucht werden. In dem Ersuchen hat die Behörde den Gegenstand der Vernehmung darzulegen sowie die Namen und Anschriften der Beteiligten anzugeben. Das Gericht hat die Beteiligten von den Beweisterminen zu benachrichtigen.

(3) Hält die Behörde mit Rücksicht auf die Bedeutung der Aussage eines Zeugen oder des Gutachtens eines Sachverständigen oder zur Herbeiführung einer wahrheitsgemäßen Aussage die Beeidigung für geboten, so kann sie das nach Absatz 2 zuständige Gericht um die eidliche Vernehmung ersuchen.

(4) Das Gericht entscheidet über die Rechtmäßigkeit einer Verweigerung des Zeugnisses, des Gutachtens oder der Eidesleistung.

(5) Ein Ersuchen nach Absatz 2 oder 3 an das Gericht darf nur von dem Behördenleiter, seinem allgemeinen Vertreter oder einem Angehörigen des öffentlichen Dienstes gestellt werden, der die Befähigung zum Richteramt hat.

§ 66 Verpflichtung zur Anhörung von Beteiligten

(1) Im förmlichen Verwaltungsverfahren ist den Beteiligten Gelegenheit zu geben, sich vor der Entscheidung zu äußern.

(2) Den Beteiligten ist Gelegenheit zu geben, der Vernehmung von Zeugen und Sachverständigen und der Einnahme des Augenscheins beizuwohnen und hierbei sachdienliche Fragen zu stellen; ein schriftlich oder elektronisch vorliegendes Gutachten soll ihnen zugänglich gemacht werden.

§ 67 Erfordernis der mündlichen Verhandlung

(1) Die Behörde entscheidet nach mündlicher Verhandlung. Hierzu sind die Beteiligten mit angemessener Frist schriftlich zu laden. Bei der Ladung ist darauf hinzuweisen, dass bei Ausbleiben eines Beteiligten auch ohne ihn verhandelt und entschieden werden kann. Sind mehr als 50 Ladungen vorzunehmen, so können sie durch öffentliche Bekanntmachung ersetzt werden. Die öffentliche Bekanntmachung wird dadurch bewirkt, dass der Verhandlungstermin mindestens zwei Wochen vorher im amtlichen Veröffentlichungsblatt der Behörde und außerdem in örtlichen Tageszeitungen, die in dem Bereich verbreitet sind, in dem sich die Entscheidung voraussichtlich auswirken wird, mit dem Hinweis nach Satz 3 bekannt gemacht wird. Maßgebend für die Frist nach Satz 5 ist die Bekanntgabe im amtlichen Veröffentlichungsblatt.

(2) Die Behörde kann ohne mündliche Verhandlung entscheiden, wenn

1. einem Antrag im Einvernehmen mit allen Beteiligten in vollem Umfang entsprochen wird;
2. kein Beteiligter innerhalb einer hierfür gesetzten Frist Einwendungen gegen die vorgesehene Maßnahme erhoben hat;
3. die Behörde den Beteiligten mitgeteilt hat, dass sie beabsichtige, ohne mündliche Verhandlung zu entscheiden, und kein Beteiligter innerhalb einer hierfür gesetzten Frist Einwendungen dagegen erhoben hat;
4. alle Beteiligten auf sie verzichtet haben;
5. wegen Gefahr im Verzug eine sofortige Entscheidung notwendig ist.

(3) Die Behörde soll das Verfahren so fördern, dass es möglichst in einem Verhandlungstermin erledigt werden kann.

§ 68 Verlauf der mündlichen Verhandlung

(1) Die mündliche Verhandlung ist nicht öffentlich. An ihr können Vertreter der Aufsichtsbehörden und Personen, die bei der Behörde zur Ausbildung beschäftigt sind, teilnehmen. Anderen Personen kann der Verhandlungsleiter die Anwesenheit gestatten, wenn kein Beteiligter widerspricht.

(2) Der Verhandlungsleiter hat die Sache mit den Beteiligten zu erörtern. Er hat darauf hinzuwirken, dass unklare Anträge erläutert, sachdienliche Anträge gestellt, ungenügende Angaben ergänzt sowie alle für die Feststellung des Sachverhalts wesentlichen Erklärungen abgegeben werden.

(3) Der Verhandlungsleiter ist für die Ordnung verantwortlich. Er kann Personen, die seine Anordnungen nicht befolgen, entfernen lassen. Die Verhandlung kann ohne diese Personen fortgesetzt werden.

(4) Über die mündliche Verhandlung ist eine Niederschrift zu fertigen. Die Niederschrift muss Angaben enthalten über

1. den Ort und den Tag der Verhandlung,
2. die Namen des Verhandlungsleiters, der erschienenen Beteiligten, Zeugen und Sachverständigen,
3. den behandelten Verfahrensgegenstand und die gestellten Anträge,
4. den wesentlichen Inhalt der Aussagen der Zeugen und Sachverständigen,
5. das Ergebnis eines Augenscheines.

Die Niederschrift ist von dem Verhandlungsleiter und, soweit ein Schriftführer hinzugezogen worden ist, auch von diesem zu unterzeichnen. Der Aufnahme in die Verhandlungsniederschrift steht die Aufnahme in eine Schrift gleich, die ihr als Anlage beigefügt und als solche bezeichnet ist; auf die Anlage ist in der Verhandlungsniederschrift hinzuweisen.

§ 69 Entscheidung

(1) Die Behörde entscheidet unter Würdigung des Gesamtergebnisses des Verfahrens.

(2) Verwaltungsakte, die das förmliche Verfahren abschließen, sind schriftlich zu erlassen, schriftlich zu begründen und den Beteiligten zuzustellen; in den Fällen des § 39 Abs. 2 Nr. 1 und 3 bedarf es einer Begründung nicht. Ein elektronischer Verwaltungsakt nach Satz 1 ist mit einer dauerhaft überprüfbaren qualifizierten elektronischen Signatur zu versehen. Sind mehr als 50 Zustellungen vorzunehmen, so können sie durch öffentliche Bekanntmachung ersetzt werden. Die öffentliche Bekanntmachung wird dadurch bewirkt, dass der verfügende Teil des Verwaltungsaktes und die Rechtsbehelfsbelehrung im amtlichen Veröffentlichungsblatt der Behörde und außerdem in örtlichen Tageszeitungen bekannt gemacht werden, die in dem Bereich verbreitet sind, in dem sich die Entscheidung voraussichtlich auswirken wird. Der Verwaltungsakt gilt mit dem Tage als zugestellt, an dem seit dem Tage der Bekanntmachung in dem amtlichen Veröffentlichungsblatt zwei Wochen verstrichen sind; hierauf ist in der Bekanntmachung hinzuweisen. Nach der öffentlichen Bekanntmachung kann der Verwaltungsakt bis zum Ablauf der Rechtsbehelfsfrist von den Beteiligten schriftlich oder elektronisch angefordert werden; hierauf ist in der Bekanntmachung gleichfalls hinzuweisen.

(3) Wird das förmliche Verwaltungsverfahren auf andere Weise abgeschlossen, so sind die Beteiligten hiervon zu benachrichtigen. Sind mehr als 50 Benachrichtigungen vorzunehmen, so können sie durch öffentliche Bekanntmachung ersetzt werden; Absatz 2 Satz 4 gilt entsprechend.

§ 70 Anfechtung der Entscheidung

Vor Erhebung einer verwaltungsgerichtlichen Klage, die einen im förmlichen Verwaltungsverfahren erlassenen Verwaltungsakt zum Gegenstand hat, bedarf es keiner Nachprüfung in einem Vorverfahren.

§ 71 Besondere Vorschriften für das förmliche Verfahren vor Ausschüssen

(1) Findet das förmliche Verwaltungsverfahren vor einem Ausschuss (§ 88) statt, so hat jedes Mitglied das Recht, sachdienliche Fragen zu stellen. Wird eine Frage von einem Beteiligten beanstandet, so entscheidet der Ausschuss über ihre Zulässigkeit.

(2) Bei der Beratung und Abstimmung dürfen nur Ausschussmitglieder zugegen sein, die an der mündlichen Verhandlung teilgenommen haben. Ferner dürfen Personen zugegen sein, die bei der Behörde, bei der der Ausschuss gebildet ist, zur Ausbildung beschäftigt sind, soweit der Vorsitzende ihre Anwesenheit gestattet. Die Abstimmungsergebnisse sind festzuhalten.

(3) Jeder Beteiligte kann ein Mitglied des Ausschusses ablehnen, das in diesem Verwaltungsverfahren nicht tätig werden darf (§ 20) oder bei dem die Besorgnis der Befangenheit besteht (§ 21). Eine Ablehnung vor der mündlichen Verhandlung ist schriftlich oder zur Niederschrift zu erklären. Die Erklärung ist unzulässig, wenn sich der Beteiligte, ohne den ihm bekannten Ablehnungsgrund geltend zu machen, in die mündliche Verhandlung eingelassen hat. Für die Entscheidung über die Ablehnung gilt § 20 Abs. 4 Satz 2 bis 4.

Abschnitt 1a
Verfahren über eine einheitliche Stelle

§ 71a Anwendbarkeit

(1) Ist durch Rechtsvorschrift angeordnet, dass ein Verwaltungsverfahren über eine einheitliche Stelle abgewickelt werden kann, so gelten die Vorschriften dieses Abschnitts und, soweit sich aus ihnen nichts Abweichendes ergibt, die übrigen Vorschriften dieses Gesetzes.

(2) Der zuständigen Behörde obliegen die Pflichten aus § 71b Abs. 3, 4 und 6, § 71c Abs. 2 und § 71e auch dann, wenn sich der Antragsteller oder Anzeigepflichtige unmittelbar an die zuständige Behörde wendet.

§ 71b Verfahren

(1) Die einheitliche Stelle nimmt Anzeigen, Anträge, Willenserklärungen und Unterlagen entgegen und leitet sie unverzüglich an die zuständigen Behörden weiter.

(2) Anzeigen, Anträge, Willenserklärungen und Unterlagen gelten am dritten Tag nach Eingang bei der einheitlichen Stelle als bei der zuständigen Behörde eingegangen. Fristen werden mit Eingang bei der einheitlichen Stelle gewahrt.

(3) Soll durch die Anzeige, den Antrag oder die Abgabe einer Willenserklärung eine Frist in Lauf gesetzt werden, innerhalb deren die zuständige Behörde tätig werden muss, stellt die zuständige Behörde eine Empfangsbestätigung aus. In der Empfangsbestätigung ist das Datum des Eingangs bei der einheitlichen Stelle mitzuteilen und auf die Frist, die Voraussetzungen für den Beginn des Fristlaufs und auf eine an den Fristablauf geknüpfte Rechtsfolge sowie auf die verfügbaren Rechtsbehelfe hinzuweisen.

(4) Ist die Anzeige oder der Antrag unvollständig, teilt die zuständige Behörde unverzüglich mit, welche Unterlagen nachzureichen sind. Die Mitteilung enthält den Hinweis, dass der Lauf der Frist nach Absatz 3 erst mit Eingang der vollständigen Unterlagen beginnt. Das Datum des Eingangs der nachgereichten Unterlagen bei der einheitlichen Stelle ist mitzuteilen.

(5) Soweit die einheitliche Stelle zur Verfahrensabwicklung in Anspruch genommen wird, sollen Mitteilungen der zuständigen Behörde an den Antragsteller oder Anzeigepflichtigen über sie weitergegeben werden. Verwaltungsakte werden auf Verlangen desjenigen, an den sich der Verwaltungsakt richtet, von der zuständigen Behörde unmittelbar bekannt gegeben.

(6) Ein schriftlicher Verwaltungsakt, der durch die Post in das Ausland übermittelt wird, gilt einen Monat nach Aufgabe zur Post als bekannt gegeben. § 41 Abs. 2 Satz 3 gilt entsprechend. Von dem Antragsteller oder Anzeigepflichtigen kann nicht nach § 15 verlangt werden, einen Empfangsbevollmächtigten zu bestellen.

§ 71c Informationspflichten

(1) Die einheitliche Stelle erteilt auf Anfrage unverzüglich Auskunft über die maßgeblichen Vorschriften, die zuständigen Behörden, den Zugang zu den öffentlichen Registern und Datenbanken, die zustehenden Verfahrensrechte und die Einrichtungen, die den Antragsteller oder Anzeigepflichtigen bei der Aufnahme oder Ausübung seiner Tätigkeit unterstützen. Sie teilt unverzüglich mit, wenn eine Anfrage zu unbestimmt ist.

(2) Die zuständigen Behörden erteilen auf Anfrage unverzüglich Auskunft über die maßgeblichen Vorschriften und deren gewöhnliche Auslegung. Nach § 25 erforderliche Anregungen und Auskünfte werden unverzüglich gegeben.

§ 71d Gegenseitige Unterstützung

Die einheitliche Stelle und die zuständigen Behörden wirken gemeinsam auf eine ordnungsgemäße und zügige Verfahrensabwicklung hin; alle einheitlichen Stellen und zuständigen Behörden sind hierbei zu unterstützen. Die zuständigen Behörden stellen der einheitlichen Stelle insbesondere die erforderlichen Informationen zum Verfahrensstand zur Verfügung.

§ 71e Elektronisches Verfahren

Das Verfahren nach diesem Abschnitt wird auf Verlangen in elektronischer Form abgewickelt. § 3a Abs. 2 Satz 2 und 3 und Abs. 3 bleibt unberührt.

Abschnitt 2
Planfeststellungsverfahren

§ 72 Anwendung der Vorschriften über das Planfeststellungsverfahren

(1) Ist ein Planfeststellungsverfahren durch Rechtsvorschrift angeordnet, so gelten hierfür die §§ 73 bis 78 und, soweit sich aus ihnen nichts Abweichendes ergibt, die übrigen Vorschriften dieses Gesetzes; die §§ 51 und 71a bis 71e sind nicht anzuwenden, § 29 ist mit der Maßgabe anzuwenden, dass Akteneinsicht nach pflichtgemäßem Ermessen zu gewähren ist.

(2) Die Mitteilung nach § 17 Abs. 2 Satz 2 und die Aufforderung nach § 17 Abs. 4 Satz 2 sind im Planfeststellungsverfahren öffentlich bekannt zu machen. Die öffentliche Bekanntmachung wird dadurch bewirkt, dass die Behörde die Mitteilung oder die Aufforderung in ihrem amtlichen Veröffentlichungsblatt und außerdem in örtlichen Tageszeitungen, die in dem Bereich verbreitet sind, in dem sich das Vorhaben voraussichtlich auswirken wird, bekannt macht.

§ 73 Anhörungsverfahren

(1) Der Träger des Vorhabens hat den Plan der Anhörungsbehörde zur Durchführung des Anhörungsverfahrens einzureichen. Der Plan besteht aus den Zeichnungen und Erläuterungen, die das Vorhaben, seinen Anlass und die von dem Vorhaben betroffenen Grundstücke und Anlagen erkennen lassen.

(2) Innerhalb eines Monats nach Zugang des vollständigen Plans fordert die Anhörungsbehörde die Behörden, deren Aufgabenbereich durch das Vorhaben berührt wird, zur Stellungnahme auf und veranlasst, dass der Plan in den Gemeinden, in denen sich das Vorhaben voraussichtlich auswirken wird, nach § 27b ausgelegt wird.

(3) Die Gemeinden nach Absatz 2 haben den Plan innerhalb von drei Wochen nach Zugang für die Dauer eines Monats zur Einsicht auszulegen. Die Anhörungsbehörde bestimmt, in welcher der Gemeinden nach Absatz 2 eine andere Zugangsmöglichkeit nach § 27b Absatz 1 Satz 1 Nummer 2 zur Verfügung zu stellen ist und legt im Benehmen mit der jeweiligen Gemeinde die Zugangsmöglichkeit fest. Auf eine Auslegung kann verzichtet werden, wenn der Kreis der Betroffenen und die Vereinigungen nach Absatz 4 Satz 5 bekannt sind und ihnen innerhalb angemessener Frist Gelegenheit gegeben wird, den Plan einzusehen.

(3a) Die Behörden nach Absatz 2 haben ihre Stellungnahme innerhalb einer von der Anhörungsbehörde zu setzenden Frist abzugeben, die drei Monate nicht überschreiten darf. Stellungnahmen, die nach Ablauf der Frist nach Satz 1 eingehen, sind zu berücksichtigen, wenn der Planfeststellungsbehörde die vorgebrachten Belange bekannt sind oder hätten bekannt sein müssen oder für die Rechtmäßigkeit der Entscheidung von Bedeutung sind; im Übrigen können sie berücksichtigt werden.

(4) Jeder, dessen Belange durch das Vorhaben berührt werden, kann bis zwei Wochen nach Ablauf der Auslegungsfrist schriftlich oder zur Niederschrift bei der Anhörungsbehörde oder bei einer Gemeinde nach Absatz 2 Einwendungen gegen den Plan erheben. Im Falle des Absatzes 3 Satz 3 bestimmt die Anhörungsbehörde die Einwendungsfrist. Mit Ablauf der Einwendungsfrist sind alle Einwendungen ausgeschlossen, die nicht auf besonderen privatrechtlichen Titeln beruhen. Hierauf ist in der Bekanntmachung der Auslegung oder bei

der Bekanntgabe der Einwendungsfrist hinzuweisen. Vereinigungen, die auf Grund einer Anerkennung nach anderen Rechtsvorschriften befugt sind, Rechtsbehelfe nach der Verwaltungsgerichtsordnung gegen die Entscheidung nach § 74 einzulegen, können innerhalb der Frist nach Satz 1 Stellungnahmen zu dem Plan abgeben. Die Sätze 2 bis 4 gelten entsprechend.

(5) Die Gemeinden nach Absatz 2, in denen der Plan auszulegen ist, haben die Auslegung vorher ortsüblich bekannt zu machen. In der Bekanntmachung ist darauf hinzuweisen,

1. wo und in welchem Zeitraum der Plan zur Einsicht ausgelegt ist;
2. dass etwaige Einwendungen oder Stellungnahmen von Vereinigungen nach Absatz 4 Satz 5 bei den in der Bekanntmachung zu bezeichnenden Stellen innerhalb der Einwendungsfrist vorzubringen sind;
3. dass bei Ausbleiben eines Beteiligten in dem Erörterungstermin auch ohne ihn verhandelt werden kann;
4. dass
   a) die Personen, die Einwendungen erhoben haben, oder die Vereinigungen, die Stellungnahmen abgegeben haben, von dem Erörterungstermin durch öffentliche Bekanntmachung benachrichtigt werden können,
   b) die Zustellung der Entscheidung über die Einwendungen durch öffentliche Bekanntmachung ersetzt werden kann,

   wenn mehr als 50 Benachrichtigungen oder Zustellungen vorzunehmen sind.

Nicht ortsansässige Betroffene, deren Person und Aufenthalt bekannt sind oder sich innerhalb angemessener Frist ermitteln lassen, sollen auf Veranlassung der Anhörungsbehörde von der Auslegung mit dem Hinweis nach Satz 2 benachrichtigt werden.

(6) Nach Ablauf der Einwendungsfrist hat die Anhörungsbehörde die rechtzeitig gegen den Plan erhobenen Einwendungen, die rechtzeitig abgegebenen Stellungnahmen von Vereinigungen nach Absatz 4 Satz 5 sowie die Stellungnahmen der Behörden zu dem Plan mit dem Träger des Vorhabens, den Behörden, den Betroffenen sowie denjenigen, die Einwendungen erhoben oder Stellungnahmen abgegeben haben, zu erörtern. Der Erörterungstermin ist mindestens eine Woche vorher ortsüblich bekannt zu machen. Die Behörden, der Träger des Vorhabens und diejenigen, die Einwendungen erhoben oder Stellungnahmen abgegeben haben, sind von dem Erörterungstermin zu benachrichtigen. Sind außer der Benachrichtigung der Behörden und des Trägers des Vorhabens mehr als 50 Benachrichtigungen vorzunehmen, so können diese Benachrichtigungen durch öffentliche Bekanntmachung ersetzt werden. Die öffentliche Bekanntmachung wird dadurch bewirkt, dass abweichend von Satz 2 der Erörterungstermin im amtlichen Veröffentlichungsblatt der Anhörungsbehörde und außerdem in örtlichen Tageszeitungen bekannt gemacht wird, die in dem Bereich verbreitet sind, in dem sich das Vorhaben voraussichtlich auswirken wird; maßgebend für die Frist nach Satz 2 ist die Bekanntgabe im amtlichen Veröffentlichungsblatt. Im Übrigen gelten für die Erörterung die Vorschriften über die mündliche Verhandlung im förmlichen Verwaltungsverfahren (§ 67 Abs. 1 Satz 3, Abs. 2 Nr. 1 und 4 und Abs. 3, § 68) entsprechend. Die Anhörungsbehörde schließt die Erörterung innerhalb von drei Monaten nach Ablauf der Einwendungsfrist ab.

(7) Abweichend von den Vorschriften des Absatzes 6 Satz 2 bis 5 kann der Erörterungstermin bereits in der Bekanntmachung nach Absatz 5 Satz 2 bestimmt werden.

(8) Soll ein ausgelegter Plan geändert werden und werden dadurch der Aufgabenbereich einer Behörde oder einer Vereinigung nach Absatz 4 Satz 5 oder Belange Dritter erstmals oder stärker als bisher berührt, so ist diesen die Änderung mitzuteilen und ihnen Gelegenheit zu Stellungnahmen und Einwendungen innerhalb von zwei Wochen zu geben; Absatz 4 Satz 3 bis 6 gilt entsprechend. Wird sich die Änderung voraussichtlich auf das Gebiet einer anderen Gemeinde auswirken, so ist der geänderte Plan in dieser Gemeinde

auszulegen; die Absätze 2 bis 6 gelten entsprechend.

(9) Die Anhörungsbehörde gibt zum Ergebnis des Anhörungsverfahrens eine Stellungnahme ab und leitet diese der Planfeststellungsbehörde innerhalb eines Monats nach Abschluss der Erörterung mit dem Plan, den Stellungnahmen der Behörden und der Vereinigungen nach Absatz 4 Satz 5 sowie den nicht erledigten Einwendungen zu.

§ 74 Planfeststellungsbeschluss, Plangenehmigung

(1) Die Planfeststellungsbehörde stellt den Plan fest (Planfeststellungsbeschluss). Die Vorschriften über die Entscheidung und die Anfechtung der Entscheidung im förmlichen Verwaltungsverfahren (§§ 69 und 70) sind anzuwenden.

(2) Im Planfeststellungsbeschluss entscheidet die Planfeststellungsbehörde über die Einwendungen, über die bei der Erörterung vor der Anhörungsbehörde keine Einigung erzielt worden ist. Sie hat dem Träger des Vorhabens Vorkehrungen oder die Errichtung und Unterhaltung von Anlagen aufzuerlegen, die zum Wohl der Allgemeinheit oder zur Vermeidung nachteiliger Wirkungen auf Rechte anderer erforderlich sind. Sind solche Vorkehrungen oder Anlagen untunlich oder mit dem Vorhaben unvereinbar, so hat der Betroffene Anspruch auf angemessene Entschädigung in Geld.

(3) Soweit eine abschließende Entscheidung noch nicht möglich ist, ist diese im Planfeststellungsbeschluss vorzubehalten; dem Träger des Vorhabens ist dabei aufzugeben, noch fehlende oder von der Planfeststellungsbehörde bestimmte Unterlagen rechtzeitig vorzulegen.

(4) Der Planfeststellungsbeschluss ist dem Träger des Vorhabens, denjenigen, über deren Einwendungen entschieden worden ist, und den Vereinigungen, über deren Stellungnahmen entschieden worden ist, zuzustellen. Eine Ausfertigung des Beschlusses ist mit einer Rechtsbehelfsbelehrung und einer Ausfertigung des festgestellten Plans in den Gemeinden zwei Wochen zur Einsicht auszulegen; die Auslegung ist ortsüblich bekannt zu machen. Die Planfeststellungsbehörde bestimmt, in welcher Gemeinde eine andere Zugangsmöglichkeit nach § 27b Absatz 1 Satz 1 Nummer 2 zur Verfügung zu stellen ist und legt im Benehmen mit der jeweiligen Gemeinde die Zugangsmöglichkeit fest. Mit dem Ende der Auslegungsfrist gilt der Beschluss gegenüber den übrigen Betroffenen als zugestellt; darauf ist in der Bekanntmachung hinzuweisen.

(5) Sind außer an den Träger des Vorhabens mehr als 50 Zustellungen nach Absatz 4 vorzunehmen, so können diese Zustellungen durch öffentliche Bekanntmachung ersetzt werden. Die öffentliche Bekanntmachung wird dadurch bewirkt, dass der verfügende Teil des Planfeststellungsbeschlusses, die Rechtsbehelfsbelehrung und ein Hinweis auf die Auslegung nach Absatz 4 Satz 2 im amtlichen Veröffentlichungsblatt der zuständigen Behörde und außerdem in örtlichen Tageszeitungen bekannt gemacht werden, die in dem Bereich verbreitet sind, in dem sich das Vorhaben voraussichtlich auswirken wird; auf Auflagen ist hinzuweisen. Mit dem Ende der Auslegungsfrist gilt der Beschluss den Betroffenen und denjenigen gegenüber, die Einwendungen erhoben haben, als zugestellt; hierauf ist in der Bekanntmachung hinzuweisen. Nach der öffentlichen Bekanntmachung kann der Planfeststellungsbeschluss bis zum Ablauf der Rechtsbehelfsfrist von den Betroffenen und von denjenigen, die Einwendungen erhoben haben, schriftlich oder elektronisch angefordert werden; hierauf ist in der Bekanntmachung gleichfalls hinzuweisen.

(6) An Stelle eines Planfeststellungsbeschlusses kann eine Plangenehmigung erteilt werden, wenn

1. Rechte anderer nicht oder nur unwesentlich beeinträchtigt werden oder die Betroffenen sich mit der Inanspruchnahme ihres Eigentums oder eines anderen Rechts schriftlich einverstanden erklärt haben,

2. mit den Trägern öffentlicher Belange, deren Aufgabenbereich berührt wird, das Benehmen hergestellt worden ist und
3. nicht andere Rechtsvorschriften eine Öffentlichkeitsbeteiligung vorschreiben, die den Anforderungen des § 73 Absatz 3 Satz 1 und Absatz 4 bis 7 entsprechen muss.

Die Plangenehmigung hat die Rechtswirkungen der Planfeststellung; auf ihre Erteilung sind die Vorschriften über das Planfeststellungsverfahren nicht anzuwenden; davon ausgenommen sind Absatz 4 Satz 1 und Absatz 5, die entsprechend anzuwenden sind. Vor Erhebung einer verwaltungsgerichtlichen Klage bedarf es keiner Nachprüfung in einem Vorverfahren. § 75 Abs. 4 gilt entsprechend.

(7) Planfeststellung und Plangenehmigung entfallen in Fällen von unwesentlicher Bedeutung. Diese liegen vor, wenn

1. andere öffentliche Belange nicht berührt sind oder die erforderlichen behördlichen Entscheidungen vorliegen und sie dem Plan nicht entgegenstehen,
2. Rechte anderer nicht beeinflusst werden oder mit den vom Plan Betroffenen entsprechende Vereinbarungen getroffen worden sind und
3. nicht andere Rechtsvorschriften eine Öffentlichkeitsbeteiligung vorschreiben, die den Anforderungen des § 73 Absatz 3 Satz 1 und Absatz 4 bis 7 entsprechen muss.

IX

§ 75 Rechtswirkungen der Planfeststellung

(1) Durch die Planfeststellung wird die Zulässigkeit des Vorhabens einschließlich der notwendigen Folgemaßnahmen an anderen Anlagen im Hinblick auf alle von ihm berührten öffentlichen Belange festgestellt; neben der Planfeststellung sind andere behördliche Entscheidungen, insbesondere öffentlich-rechtliche Genehmigungen, Verleihungen, Erlaubnisse, Bewilligungen, Zustimmungen und Planfeststellungen nicht erforderlich. Durch die Planfeststellung werden alle öffentlich-rechtlichen Beziehungen zwischen dem Träger des Vorhabens und den durch den Plan Betroffenen rechtsgestaltend geregelt.

(1a) Mängel bei der Abwägung der von dem Vorhaben berührten öffentlichen und privaten Belange sind nur erheblich, wenn sie offensichtlich und auf das Abwägungsergebnis von Einfluss gewesen sind. Erhebliche Mängel bei der Abwägung oder eine Verletzung von Verfahrens- oder Formvorschriften führen nur dann zur Aufhebung des Planfeststellungsbeschlusses oder der Plangenehmigung, wenn sie nicht durch Planergänzung oder durch ein ergänzendes Verfahren behoben werden können; die §§ 45 und 46 bleiben unberührt.

(2) Ist der Planfeststellungsbeschluss unanfechtbar geworden, so sind Ansprüche auf Unterlassung des Vorhabens, auf Beseitigung oder Änderung der Anlagen oder auf Unterlassung ihrer Benutzung ausgeschlossen. Treten nicht voraussehbare Wirkungen des Vorhabens oder der dem festgestellten Plan entsprechenden Anlagen auf das Recht eines anderen erst nach Unanfechtbarkeit des Plans auf, so kann der Betroffene Vorkehrungen oder die Errichtung und Unterhaltung von Anlagen verlangen, welche die nachteiligen Wirkungen ausschließen. Sie sind dem Träger des Vorhabens durch Beschluss der Planfeststellungsbehörde aufzuerlegen. Sind solche Vorkehrungen oder Anlagen untunlich oder mit dem Vorhaben unvereinbar, so richtet sich der Anspruch auf angemessene Entschädigung in Geld. Werden Vorkehrungen oder Anlagen im Sinne des Satzes 2 notwendig, weil nach Abschluss des Planfeststellungsverfahrens auf einem benachbarten Grundstück Veränderungen eingetreten sind, so hat die hierdurch entstehenden Kosten der Eigentümer des benachbarten Grundstücks zu tragen, es sei denn, dass die Veränderungen durch natürliche Ereignisse oder höhere Gewalt verursacht worden sind; Satz 4 ist nicht anzuwenden.

(3) Anträge, mit denen Ansprüche auf Herstellung von Einrichtungen oder auf angemessene Entschädigung nach Absatz 2 Satz 2 und 4 geltend gemacht werden, sind schriftlich an die Planfeststellungsbehörde zu rich-

ten. Sie sind nur innerhalb von drei Jahren nach dem Zeitpunkt zulässig, zu dem der Betroffene von den nachteiligen Wirkungen des dem unanfechtbar festgestellten Plan entsprechenden Vorhabens oder der Anlage Kenntnis erhalten hat; sie sind ausgeschlossen, wenn nach Herstellung des dem Plan entsprechenden Zustands 30 Jahre verstrichen sind.

(4) Wird mit der Durchführung des Plans nicht innerhalb von fünf Jahren nach Eintritt der Unanfechtbarkeit begonnen, so tritt er außer Kraft. Als Beginn der Durchführung des Plans gilt jede erstmals nach außen erkennbare Tätigkeit von mehr als nur geringfügiger Bedeutung zur plangemäßen Verwirklichung des Vorhabens; eine spätere Unterbrechung der Verwirklichung des Vorhabens berührt den Beginn der Durchführung nicht.

§ 76 Planänderungen vor Fertigstellung des Vorhabens

(1) Soll vor Fertigstellung des Vorhabens der festgestellte Plan geändert werden, bedarf es eines neuen Planfeststellungsverfahrens.

(2) Bei Planänderungen von unwesentlicher Bedeutung kann die Planfeststellungsbehörde von einem neuen Planfeststellungsverfahren absehen, wenn die Belange anderer nicht berührt werden oder wenn die Betroffenen der Änderung zugestimmt haben.

(3) Führt die Planfeststellungsbehörde in den Fällen des Absatzes 2 oder in anderen Fällen einer Planänderung von unwesentlicher Bedeutung ein Planfeststellungsverfahren durch, so bedarf es keines Anhörungsverfahrens und keiner öffentlichen Bekanntgabe des Planfeststellungsbeschlusses.

§ 77 Aufhebung des Planfeststellungsbeschlusses

Wird ein Vorhaben, mit dessen Durchführung begonnen worden ist, endgültig aufgegeben, so hat die Planfeststellungsbehörde den Planfeststellungsbeschluss aufzuheben. In dem Aufhebungsbeschluss sind dem Träger des Vorhabens die Wiederherstellung des früheren Zustands oder geeignete andere Maßnahmen aufzuerlegen, soweit dies zum Wohl der Allgemeinheit oder zur Vermeidung nachteiliger Wirkungen auf Rechte anderer erforderlich ist. Werden solche Maßnahmen notwendig, weil nach Abschluss des Planfeststellungsverfahrens auf einem benachbarten Grundstück Veränderungen eingetreten sind, so kann der Träger des Vorhabens durch Beschluss der Planfeststellungsbehörde zu geeigneten Vorkehrungen verpflichtet werden; die hierdurch entstehenden Kosten hat jedoch der Eigentümer des benachbarten Grundstücks zu tragen, es sei denn, dass die Veränderungen durch natürliche Ereignisse oder höhere Gewalt verursacht worden sind.

§ 78 Zusammentreffen mehrerer Vorhaben

(1) Treffen mehrere selbständige Vorhaben, für deren Durchführung Planfeststellungsverfahren vorgeschrieben sind, derart zusammen, dass für diese Vorhaben oder für Teile von ihnen nur eine einheitliche Entscheidung möglich ist, und ist mindestens eines der Planfeststellungsverfahren bundesrechtlich geregelt, so findet für diese Vorhaben oder für deren Teile nur ein Planfeststellungsverfahren statt.

(2) Zuständigkeiten und Verfahren richten sich nach den Rechtsvorschriften über das Planfeststellungsverfahren, das für diejenige Anlage vorgeschrieben ist, die einen größeren Kreis öffentlich-rechtlicher Beziehungen berührt. Bestehen Zweifel, welche Rechtsvorschrift anzuwenden ist, so entscheidet, falls nach den in Betracht kommenden Rechtsvorschriften mehrere Bundesbehörden in den Geschäftsbereichen mehrerer oberster Bundesbehörden zuständig sind, die Bundesregierung, sonst die zuständige oberste Bundesbehörde. Bestehen Zweifel, welche Rechtsvorschrift anzuwenden ist, und sind nach den in Betracht kommenden Rechtsvorschriften eine Bundesbehörde und eine Landesbehörde zuständig, so führen, falls sich die obersten Bundes- und Landesbehörden nicht einigen, die Bundesregierung und die Landesregierung das Einvernehmen darüber herbei, welche Rechtsvorschrift anzuwenden ist.

Teil VI Rechtsbehelfsverfahren

§ 79 Rechtsbehelfe gegen Verwaltungsakte

Für förmliche Rechtsbehelfe gegen Verwaltungsakte gelten die Verwaltungsgerichtsordnung und die zu ihrer Ausführung ergangenen Rechtsvorschriften, soweit nicht durch Gesetz etwas anderes bestimmt ist; im Übrigen gelten die Vorschriften dieses Gesetzes.

§ 80 Erstattung von Kosten im Vorverfahren

(1) Soweit der Widerspruch erfolgreich ist, hat der Rechtsträger, dessen Behörde den angefochtenen Verwaltungsakt erlassen hat, demjenigen, der Widerspruch erhoben hat, die zur zweckentsprechenden Rechtsverfolgung oder Rechtsverteidigung notwendigen Aufwendungen zu erstatten. Dies gilt auch, wenn der Widerspruch nur deshalb keinen Erfolg hat, weil die Verletzung einer Verfahrens- oder Formvorschrift nach § 45 unbeachtlich ist. Soweit der Widerspruch erfolglos geblieben ist, hat derjenige, der den Widerspruch eingelegt hat, die zur zweckentsprechenden Rechtsverfolgung oder Rechtsverteidigung notwendigen Aufwendungen der Behörde, die den angefochtenen Verwaltungsakt erlassen hat, zu erstatten; dies gilt nicht, wenn der Widerspruch gegen einen Verwaltungsakt eingelegt wird, der im Rahmen

1. eines bestehenden oder früheren öffentlich-rechtlichen Dienst- oder Amtsverhältnisses oder
2. einer bestehenden oder früheren gesetzlichen Dienstpflicht oder einer Tätigkeit, die an Stelle der gesetzlichen Dienstpflicht geleistet werden kann,

erlassen wurde. Aufwendungen, die durch das Verschulden eines Erstattungsberechtigten entstanden sind, hat dieser selbst zu tragen; das Verschulden eines Vertreters ist dem Vertretenen zuzurechnen.

(2) Die Gebühren und Auslagen eines Rechtsanwalts oder eines sonstigen Bevollmächtigten im Vorverfahren sind erstattungsfähig, wenn die Zuziehung eines Bevollmächtigten notwendig war.

(3) Die Behörde, die die Kostenentscheidung getroffen hat, setzt auf Antrag den Betrag der zu erstattenden Aufwendungen fest; hat ein Ausschuss oder Beirat (§ 73 Abs. 2 der Verwaltungsgerichtsordnung) die Kostenentscheidung getroffen, so obliegt die Kostenfestsetzung der Behörde, bei der der Ausschuss oder Beirat gebildet ist. Die Kostenentscheidung bestimmt auch, ob die Zuziehung eines Rechtsanwalts oder eines sonstigen Bevollmächtigten notwendig war.

(4) Die Absätze 1 bis 3 gelten auch für Vorverfahren bei Maßnahmen des Richterdienstrechts.

Teil VII Ehrenamtliche Tätigkeit, Ausschüsse

Abschnitt 1 Ehrenamtliche Tätigkeit

§ 81 Anwendung der Vorschriften über die ehrenamtliche Tätigkeit

Für die ehrenamtliche Tätigkeit im Verwaltungsverfahren gelten die §§ 82 bis 87, soweit Rechtsvorschriften nichts Abweichendes bestimmen.

§ 82 Pflicht zu ehrenamtlicher Tätigkeit

Eine Pflicht zur Übernahme ehrenamtlicher Tätigkeit besteht nur, wenn sie durch Rechtsvorschrift vorgesehen ist.

§ 83 Ausübung ehrenamtlicher Tätigkeit

(1) Der ehrenamtlich Tätige hat seine Tätigkeit gewissenhaft und unparteiisch auszuüben.

(2) Bei Übernahme seiner Aufgaben ist er zur gewissenhaften und unparteiischen Tätigkeit und zur Verschwiegenheit besonders zu verpflichten. Die Verpflichtung ist aktenkundig zu machen.

§ 84 Verschwiegenheitspflicht

(1) Der ehrenamtlich Tätige hat, auch nach Beendigung seiner ehrenamtlichen Tätigkeit,

über die ihm dabei bekannt gewordenen Angelegenheiten Verschwiegenheit zu wahren. Dies gilt nicht für Mitteilungen im dienstlichen Verkehr oder über Tatsachen, die offenkundig sind oder ihrer Bedeutung nach keiner Geheimhaltung bedürfen.

(2) Der ehrenamtlich Tätige darf ohne Genehmigung über Angelegenheiten, über die er Verschwiegenheit zu wahren hat, weder vor Gericht noch außergerichtlich aussagen oder Erklärungen abgeben.

(3) Die Genehmigung, als Zeuge auszusagen, darf nur versagt werden, wenn die Aussage dem Wohl des Bundes oder eines Landes Nachteile bereiten oder die Erfüllung öffentlicher Aufgaben ernstlich gefährden oder erheblich erschweren würde.

(4) Ist der ehrenamtlich Tätige Beteiligter in einem gerichtlichen Verfahren oder soll sein Vorbringen der Wahrnehmung seiner berechtigten Interessen dienen, so darf die Genehmigung auch dann, wenn die Voraussetzungen des Absatzes 3 erfüllt sind, nur versagt werden, wenn ein zwingendes öffentliches Interesse dies erfordert. Wird sie versagt, so ist dem ehrenamtlich Tätigen der Schutz zu gewähren, den die öffentlichen Interessen zulassen.

(5) Die Genehmigung nach den Absätzen 2 bis 4 erteilt die fachlich zuständige Aufsichtsbehörde der Stelle, die den ehrenamtlich Tätigen berufen hat.

§ 85 Entschädigung

Der ehrenamtlich Tätige hat Anspruch auf Ersatz seiner notwendigen Auslagen und seines Verdienstausfalls.

§ 86 Abberufung

Personen, die zu ehrenamtlicher Tätigkeit herangezogen worden sind, können von der Stelle, die sie berufen hat, abberufen werden, wenn ein wichtiger Grund vorliegt. Ein wichtiger Grund liegt insbesondere vor, wenn der ehrenamtlich Tätige

1. seine Pflicht gröblich verletzt oder sich als unwürdig erwiesen hat,
2. seine Tätigkeit nicht mehr ordnungsgemäß ausüben kann.

§ 87 Ordnungswidrigkeiten

(1) Ordnungswidrig handelt, wer

1. eine ehrenamtliche Tätigkeit nicht übernimmt, obwohl er zur Übernahme verpflichtet ist,
2. eine ehrenamtliche Tätigkeit, zu deren Übernahme er verpflichtet war, ohne anerkennenswerten Grund niederlegt.

(2) Die Ordnungswidrigkeit kann mit einer Geldbuße geahndet werden.

Abschnitt 2
Ausschüsse

§ 88 Anwendung der Vorschriften über Ausschüsse

Für Ausschüsse, Beiräte und andere kollegiale Einrichtungen (Ausschüsse) gelten, wenn sie in einem Verwaltungsverfahren tätig werden, die §§ 89 bis 93, soweit Rechtsvorschriften nichts Abweichendes bestimmen.

§ 89 Ordnung in den Sitzungen

Der Vorsitzende eröffnet, leitet und schließt die Sitzungen; er ist für die Ordnung verantwortlich.

§ 90 Beschlussfähigkeit

(1) Ausschüsse sind beschlussfähig, wenn alle Mitglieder geladen und mehr als die Hälfte, mindestens aber drei der stimmberechtigten Mitglieder anwesend sind. Beschlüsse können auch im schriftlichen Verfahren gefasst werden, wenn kein Mitglied widerspricht.

(2) Ist eine Angelegenheit wegen Beschlussunfähigkeit zurückgestellt worden und wird der Ausschuss zur Behandlung desselben Gegenstands erneut geladen, so ist er ohne Rücksicht auf die Zahl der Erschienenen beschlussfähig, wenn darauf in dieser Ladung hingewiesen worden ist.

§ 91 Beschlussfassung

Beschlüsse werden mit Stimmenmehrheit gefasst. Bei Stimmengleichheit entscheidet die Stimme des Vorsitzenden, wenn er stimmberechtigt ist; sonst gilt Stimmengleichheit als Ablehnung.

§ 92 Wahlen durch Ausschüsse

(1) Gewählt wird, wenn kein Mitglied des Ausschusses widerspricht, durch Zuruf oder Zeichen, sonst durch Stimmzettel. Auf Verlangen eines Mitgliedes ist geheim zu wählen.

(2) Gewählt ist, wer von den abgegebenen Stimmen die meisten erhalten hat. Bei Stimmengleichheit entscheidet das vom Leiter der Wahl zu ziehende Los.

(3) Sind mehrere gleichartige Wahlstellen zu besetzen, so ist nach dem Höchstzahlverfahren d'Hondt zu wählen, außer wenn einstimmig etwas anderes beschlossen worden ist. Über die Zuteilung der letzten Wahlstelle entscheidet bei gleicher Höchstzahl das vom Leiter der Wahl zu ziehende Los.

§ 93 Niederschrift

Über die Sitzung ist eine Niederschrift zu fertigen. Die Niederschrift muss Angaben enthalten über

1. den Ort und den Tag der Sitzung,
2. die Namen des Vorsitzenden und der anwesenden Ausschussmitglieder,
3. den behandelten Gegenstand und die gestellten Anträge,
4. die gefassten Beschlüsse,
5. das Ergebnis von Wahlen.

Die Niederschrift ist von dem Vorsitzenden und, soweit ein Schriftführer hinzugezogen worden ist, auch von diesem zu unterzeichnen.

IX

Teil VIII Schlussvorschriften

§ 94 Übertragung gemeindlicher Aufgaben

Die Landesregierungen können durch Rechtsverordnung die nach den §§ 73 und 74 dieses Gesetzes den Gemeinden obliegenden Aufgaben auf eine andere kommunale Gebietskörperschaft oder eine Verwaltungsgemeinschaft übertragen. Rechtsvorschriften der Länder, die entsprechende Regelungen bereits enthalten, bleiben unberührt.

§ 95 Sonderregelung für Verteidigungsangelegenheiten

Nach Feststellung des Verteidigungsfalles oder des Spannungsfalles kann in Verteidigungsangelegenheiten von der Anhörung Beteiligter (§ 28 Abs. 1), von der schriftlichen Bestätigung (§ 37 Abs. 2 Satz 2) und von der schriftlichen Begründung eines Verwaltungsaktes (§ 39 Abs. 1) abgesehen werden; in diesen Fällen gilt ein Verwaltungsakt abweichend von § 41 Abs. 4 Satz 3 mit dem auf die Bekanntmachung folgenden Tag als bekannt gegeben. Dasselbe gilt für die sonstigen gemäß Artikel 80a des Grundgesetzes anzuwendenden Rechtsvorschriften.

§ 96 Überleitung von Verfahren

(1) Bereits begonnene Verfahren sind nach den Vorschriften dieses Gesetzes zu Ende zu führen.

(2) Die Zulässigkeit eines Rechtsbehelfs gegen die vor Inkrafttreten dieses Gesetzes ergangenen Entscheidungen richtet sich nach den bisher geltenden Vorschriften.

(3) Fristen, deren Lauf vor Inkrafttreten dieses Gesetzes begonnen hat, werden nach den bisher geltenden Rechtsvorschriften berechnet.

(4) Für die Erstattung von Kosten im Vorverfahren gelten die Vorschriften dieses Gesetzes, wenn das Vorverfahren vor Inkrafttreten dieses Gesetzes noch nicht abgeschlossen worden ist.

§§ 97 bis 99 (weggefallen)

§ 100 Landesgesetzliche Regelungen

Die Länder können durch Gesetz

1. eine dem § 16 entsprechende Regelung treffen;
2. bestimmen, dass für Planfeststellungen, die auf Grund landesrechtlicher Vorschriften durchgeführt werden, die Rechtswirkungen des § 75 Abs. 1 Satz 1 auch gegenüber nach Bundesrecht notwendigen Entscheidungen gelten.

§ 101 Stadtstaatenklausel

Die Senate der Länder Berlin, Bremen und Hamburg werden ermächtigt, die örtliche Zuständigkeit abweichend von § 3 dem besonderen Verwaltungsaufbau ihrer Länder entsprechend zu regeln.

§ 102 Übergangsvorschrift zu § 53

Artikel 229 § 6 Abs. 1 bis 4 des Einführungsgesetzes zum Bürgerlichen Gesetzbuche gilt entsprechend bei der Anwendung des § 53 in der seit dem 1. Januar 2002 geltenden Fassung.

§ 102a Übergangsregelung für die Durchführung von Verwaltungsverfahren

Auf alle vor dem 1. Januar 2024 begonnenen, aber nicht abgeschlossenen Verwaltungsverfahren sind dieses Gesetz in der bis zum 31. Dezember 2023 geltenden Fassung und das Planungssicherstellungsgesetz weiter anzuwenden. Dies gilt nicht für § 3a.

§ 103 (Inkrafttreten)

X Allgemeine Schutzvorschriften

Allgemeines Gleichbehandlungsgesetz (AGG)

Vom 14. August 2006 (BGBl. I S. 1897)

Zuletzt geändert durch
Gesetz zur Anpassung der Bundesbesoldung und -versorgung für die Jahre 2023 und 2024 sowie zur Änderung weiterer dienstrechtlicher Vorschriften
vom 22. Dezember 2023 (BGBl. I Nr. 414)

Abschnitt 1
Allgemeiner Teil

§ 1 Ziel des Gesetzes

Ziel des Gesetzes ist, Benachteiligungen aus Gründen der Rasse oder wegen der ethnischen Herkunft, des Geschlechts, der Religion oder Weltanschauung, einer Behinderung, des Alters oder der sexuellen Identität zu verhindern oder zu beseitigen.

§ 2 Anwendungsbereich

(1) Benachteiligungen aus einem in § 1 genannten Grund sind nach Maßgabe dieses Gesetzes unzulässig in Bezug auf:

1. die Bedingungen, einschließlich Auswahlkriterien und Einstellungsbedingungen, für den Zugang zu unselbstständiger und selbstständiger Erwerbstätigkeit, unabhängig von Tätigkeitsfeld und beruflicher Position, sowie für den beruflichen Aufstieg,
2. die Beschäftigungs- und Arbeitsbedingungen einschließlich Arbeitsentgelt und Entlassungsbedingungen, insbesondere in individual- und kollektivrechtlichen Vereinbarungen und Maßnahmen bei der Durchführung und Beendigung eines Beschäftigungsverhältnisses sowie beim beruflichen Aufstieg,
3. den Zugang zu allen Formen und allen Ebenen der Berufsberatung, der Berufsbildung einschließlich der Berufsausbildung, der beruflichen Weiterbildung und der Umschulung sowie der praktischen Berufserfahrung,
4. die Mitgliedschaft und Mitwirkung in einer Beschäftigten- oder Arbeitgebervereinigung oder einer Vereinigung, deren Mitglieder einer bestimmten Berufsgruppe angehören, einschließlich der Inanspruchnahme der Leistungen solcher Vereinigungen,
5. den Sozialschutz, einschließlich der sozialen Sicherheit und der Gesundheitsdienste,
6. die sozialen Vergünstigungen,
7. die Bildung,
8. den Zugang zu und die Versorgung mit Gütern und Dienstleistungen, die der Öffentlichkeit zur Verfügung stehen, einschließlich von Wohnraum.

(2) $_1$Für Leistungen nach dem Sozialgesetzbuch gelten § 33c des Ersten Buches Sozialgesetzbuch und § 19a des Vierten Buches Sozialgesetzbuch. $_2$Für die betriebliche Altersvorsorge gilt das Betriebsrentengesetz.

(3) $_1$Die Geltung sonstiger Benachteiligungsverbote oder Gebote der Gleichbehandlung wird durch dieses Gesetz nicht berührt. $_2$Dies gilt auch für öffentlich-rechtliche Vorschriften, die dem Schutz bestimmter Personengruppen dienen.

(4) Für Kündigungen gelten ausschließlich die Bestimmungen zum allgemeinen und besonderen Kündigungsschutz.

§ 3 Begriffsbestimmungen

(1) $_1$Eine unmittelbare Benachteiligung liegt vor, wenn eine Person wegen eines in § 1 genannten Grundes eine weniger günstige Behandlung erfährt, als eine andere Person in einer vergleichbaren Situation erfährt, erfahren hat oder erfahren würde. $_2$Eine unmittelbare Benachteiligung wegen des Geschlechts liegt in Bezug auf § 2 Abs. 1 Nr. 1 bis 4 auch im Falle einer ungünstigeren Behandlung einer Frau wegen Schwangerschaft oder Mutterschaft vor.

(2) Eine mittelbare Benachteiligung liegt vor, wenn dem Anschein nach neutrale Vorschrif-

ten, Kriterien oder Verfahren Personen wegen eines in § 1 genannten Grundes gegenüber anderen Personen in besonderer Weise benachteiligen können, es sei denn, die betreffenden Vorschriften, Kriterien oder Verfahren sind durch ein rechtmäßiges Ziel sachlich gerechtfertigt und die Mittel sind zur Erreichung dieses Ziels angemessen und erforderlich.

(3) Eine Belästigung ist eine Benachteiligung, wenn unerwünschte Verhaltensweisen, die mit einem in § 1 genannten Grund in Zusammenhang stehen, bezwecken oder bewirken, dass die Würde der betreffenden Person verletzt und ein von Einschüchterungen, Anfeindungen, Erniedrigungen, Entwürdigungen oder Beleidigungen gekennzeichnetes Umfeld geschaffen wird.

(4) Eine sexuelle Belästigung ist eine Benachteiligung in Bezug auf § 2 Abs. 1 Nr. 1 bis 4, wenn ein unerwünschtes, sexuell bestimmtes Verhalten, wozu auch unerwünschte sexuelle Handlungen und Aufforderungen zu diesen, sexuell bestimmte körperliche Berührungen, Bemerkungen sexuellen Inhalts sowie unerwünschtes Zeigen und sichtbares Anbringen von pornographischen Darstellungen gehören, bezweckt oder bewirkt, dass die Würde der betreffenden Person verletzt wird, insbesondere wenn ein von Einschüchterungen, Anfeindungen, Erniedrigungen, Entwürdigungen oder Beleidigungen gekennzeichnetes Umfeld geschaffen wird.

(5) $_1$Die Anweisung zur Benachteiligung einer Person aus einem in § 1 genannten Grund gilt als Benachteiligung. $_2$Eine solche Anweisung liegt in Bezug auf § 2 Abs. 1 Nr. 1 bis 4 insbesondere vor, wenn jemand eine Person zu einem Verhalten bestimmt, das einen Beschäftigten oder eine Beschäftigte wegen eines in § 1 genannten Grundes benachteiligt oder benachteiligen kann.

§ 4 Unterschiedliche Behandlung wegen mehrerer Gründe

Erfolgt eine unterschiedliche Behandlung wegen mehrerer der in § 1 genannten Gründe, so kann diese unterschiedliche Behandlung nach den §§ 8 bis 10 und 20 nur gerechtfertigt werden, wenn sich die Rechtfertigung auf alle diese Gründe erstreckt, derentwegen die unterschiedliche Behandlung erfolgt.

§ 5 Positive Maßnahmen

Ungeachtet der in den §§ 8 bis 10 sowie in § 20 benannten Gründe ist eine unterschiedliche Behandlung auch zulässig, wenn durch geeignete und angemessene Maßnahmen bestehende Nachteile wegen eines in § 1 genannten Grundes verhindert oder ausgeglichen werden sollen.

Abschnitt 2
Schutz der Beschäftigten vor Benachteiligung

Unterabschnitt 1
Verbot der Benachteiligung

§ 6 Persönlicher Anwendungsbereich

(1) $_1$Beschäftigte im Sinne dieses Gesetzes sind

1. Arbeitnehmerinnen und Arbeitnehmer,
2. die zu ihrer Berufsbildung Beschäftigten,
3. Personen, die wegen ihrer wirtschaftlichen Unselbstständigkeit als arbeitnehmerähnliche Personen anzusehen sind; zu diesen gehören auch die in Heimarbeit Beschäftigten und die ihnen Gleichgestellten.

$_2$Als Beschäftigte gelten auch die Bewerberinnen und Bewerber für ein Beschäftigungsverhältnis sowie die Personen, deren Beschäftigungsverhältnis beendet ist.

(2) $_1$Arbeitgeber (Arbeitgeber und Arbeitgeberinnen) im Sinne dieses Abschnitts sind natürliche und juristische Personen sowie rechtsfähige Personengesellschaften, die Personen nach Absatz 1 beschäftigen. $_2$Werden Beschäftigte einem Dritten zur Arbeitsleistung überlassen, so gilt auch dieser als Arbeitgeber im Sinne dieses Abschnitts. $_3$Für die in Heimarbeit Beschäftigten und die ihnen Gleichgestellten tritt an die Stelle des Arbeitgebers der Auftraggeber oder Zwischenmeister.

(3) Soweit es die Bedingungen für den Zugang zur Erwerbstätigkeit sowie den beruflichen Aufstieg betrifft, gelten die Vorschriften dieses Abschnitts für Selbstständige und Organ-

mitglieder, insbesondere Geschäftsführer oder Geschäftsführerinnen und Vorstände, entsprechend.

§ 7 Benachteiligungsverbot

(1) Beschäftigte dürfen nicht wegen eines in § 1 genannten Grundes benachteiligt werden; dies gilt auch, wenn die Person, die die Benachteiligung begeht, das Vorliegen eines in § 1 genannten Grundes bei der Benachteiligung nur annimmt.

(2) Bestimmungen in Vereinbarungen, die gegen das Benachteiligungsverbot des Absatzes 1 verstoßen, sind unwirksam.

(3) Eine Benachteiligung nach Absatz 1 durch Arbeitgeber oder Beschäftigte ist eine Verletzung vertraglicher Pflichten.

§ 8 Zulässige unterschiedliche Behandlung wegen beruflicher Anforderungen

(1) Eine unterschiedliche Behandlung wegen eines in § 1 genannten Grundes ist zulässig, wenn dieser Grund wegen der Art der auszuübenden Tätigkeit oder der Bedingungen ihrer Ausübung eine wesentliche und entscheidende berufliche Anforderung darstellt, sofern der Zweck rechtmäßig und die Anforderung angemessen ist.

(2) Die Vereinbarung einer geringeren Vergütung für gleiche oder gleichwertige Arbeit wegen eines in § 1 genannten Grundes wird nicht dadurch gerechtfertigt, dass wegen eines in § 1 genannten Grundes besondere Schutzvorschriften gelten.

§ 9 Zulässige unterschiedliche Behandlung wegen der Religion oder Weltanschauung

(1) Ungeachtet des § 8 ist eine unterschiedliche Behandlung wegen der Religion oder der Weltanschauung bei der Beschäftigung durch Religionsgemeinschaften, die ihnen zugeordneten Einrichtungen ohne Rücksicht auf ihre Rechtsform oder durch Vereinigungen, die sich die gemeinschaftliche Pflege einer Religion oder Weltanschauung zur Aufgabe machen, auch zulässig, wenn eine bestimmte Religion oder Weltanschauung unter Beachtung des Selbstverständnisses der jeweiligen Religionsgemeinschaft oder Vereinigung im Hinblick auf ihr Selbstbestimmungsrecht oder nach der Art der Tätigkeit eine gerechtfertigte berufliche Anforderung darstellt.

(2) Das Verbot unterschiedlicher Behandlung wegen der Religion oder der Weltanschauung berührt nicht das Recht der in Absatz 1 genannten Religionsgemeinschaften, der ihnen zugeordneten Einrichtungen ohne Rücksicht auf ihre Rechtsform oder der Vereinigungen, die sich die gemeinschaftliche Pflege einer Religion oder Weltanschauung zur Aufgabe machen, von ihren Beschäftigten ein loyales und aufrichtiges Verhalten im Sinne ihres jeweiligen Selbstverständnisses verlangen zu können.

§ 10 Zulässige unterschiedliche Behandlung wegen des Alters

$_1$Ungeachtet des § 8 ist eine unterschiedliche Behandlung wegen des Alters auch zulässig, wenn sie objektiv und angemessen und durch ein legitimes Ziel gerechtfertigt ist. $_2$Die Mittel zur Erreichung dieses Ziels müssen angemessen und erforderlich sein. $_3$Derartige unterschiedliche Behandlungen können insbesondere Folgendes einschließen:

1. die Festlegung besonderer Bedingungen für den Zugang zur Beschäftigung und zur beruflichen Bildung sowie besonderer Beschäftigungs- und Arbeitsbedingungen, einschließlich der Bedingungen für Entlohnung und Beendigung des Beschäftigungsverhältnisses, um die berufliche Eingliederung von Jugendlichen, älteren Beschäftigten und Personen mit Fürsorgepflichten zu fördern oder ihren Schutz sicherzustellen,
2. die Festlegung von Mindestanforderungen an das Alter, die Berufserfahrung oder das Dienstalter für den Zugang zur Beschäftigung oder für bestimmte mit der Beschäftigung verbundene Vorteile,
3. die Festsetzung eines Höchstalters für die Einstellung auf Grund der spezifischen Ausbildungsanforderungen eines bestimmten Arbeitsplatzes oder auf Grund der Notwendigkeit einer angemessenen Be-

schäftigungszeit vor dem Eintritt in den Ruhestand,

4. die Festsetzung von Altersgrenzen bei den betrieblichen Systemen der sozialen Sicherheit als Voraussetzung für die Mitgliedschaft oder den Bezug von Altersrente oder von Leistungen bei Invalidität einschließlich der Festsetzung unterschiedlicher Altersgrenzen im Rahmen dieser Systeme für bestimmte Beschäftigte oder Gruppen von Beschäftigten und die Verwendung von Alterskriterien im Rahmen dieser Systeme für versicherungsmathematische Berechnungen,
5. eine Vereinbarung, die die Beendigung des Beschäftigungsverhältnisses ohne Kündigung zu einem Zeitpunkt vorsieht, zu dem der oder die Beschäftigte eine Rente wegen Alters beantragen kann; § 41 des Sechsten Buches Sozialgesetzbuch bleibt unberührt,
6. Differenzierungen von Leistungen in Sozialplänen im Sinne des Betriebsverfassungsgesetzes, wenn die Parteien eine nach Alter oder Betriebszugehörigkeit gestaffelte Abfindungsregelung geschaffen haben, in der die wesentlich vom Alter abhängenden Chancen auf dem Arbeitsmarkt durch eine verhältnismäßig starke Betonung des Lebensalters erkennbar berücksichtigt worden sind, oder Beschäftigte von den Leistungen des Sozialplans ausgeschlossen haben, die wirtschaftlich abgesichert sind, weil sie, gegebenenfalls nach Bezug von Arbeitslosengeld, rentenberechtigt sind.

Unterabschnitt 2
Organisationspflichten des Arbeitgebers

§ 11 Ausschreibung

Ein Arbeitsplatz darf nicht unter Verstoß gegen § 7 Abs. 1 ausgeschrieben werden.

§ 12 Maßnahmen und Pflichten des Arbeitgebers

(1) 1Der Arbeitgeber ist verpflichtet, die erforderlichen Maßnahmen zum Schutz vor Benachteiligungen wegen eines in § 1 genannten Grundes zu treffen. 2Dieser Schutz umfasst auch vorbeugende Maßnahmen.

(2) 1Der Arbeitgeber soll in geeigneter Art und Weise, insbesondere im Rahmen der beruflichen Aus- und Fortbildung, auf die Unzulässigkeit solcher Benachteiligungen hinweisen und darauf hinwirken, dass diese unterbleiben. 2Hat der Arbeitgeber seine Beschäftigten in geeigneter Weise zum Zwecke der Verhinderung von Benachteiligung geschult, gilt dies als Erfüllung seiner Pflichten nach Absatz 1.

(3) Verstoßen Beschäftigte gegen das Benachteiligungsverbot des § 7 Abs. 1, so hat der Arbeitgeber die im Einzelfall geeigneten, erforderlichen und angemessenen Maßnahmen zur Unterbindung der Benachteiligung wie Abmahnung, Umsetzung, Versetzung oder Kündigung zu ergreifen.

(4) Werden Beschäftigte bei der Ausübung ihrer Tätigkeit durch Dritte nach § 7 Abs. 1 benachteiligt, so hat der Arbeitgeber die im Einzelfall geeigneten, erforderlichen und angemessenen Maßnahmen zum Schutz der Beschäftigten zu ergreifen.

(5) 1Dieses Gesetz und § 61b des Arbeitsgerichtsgesetzes sowie Informationen über die für die Behandlung von Beschwerden nach § 13 zuständigen Stellen sind im Betrieb oder in der Dienststelle bekannt zu machen. 2Die Bekanntmachung kann durch Aushang oder Auslegung an geeigneter Stelle oder den Einsatz der im Betrieb oder der Dienststelle üblichen Informations- und Kommunikationstechnik erfolgen.

Unterabschnitt 3
Rechte der Beschäftigten

§ 13 Beschwerderecht

(1) 1Die Beschäftigten haben das Recht, sich bei den zuständigen Stellen des Betriebs, des Unternehmens oder der Dienststelle zu beschweren, wenn sie sich im Zusammenhang mit ihrem Beschäftigungsverhältnis vom Arbeitgeber, von Vorgesetzten, anderen Beschäftigten oder Dritten wegen eines in § 1 genannten Grundes benachteiligt fühlen. 2Die Beschwerde ist zu prüfen und das Ergebnis

X

der oder dem beschwerdeführenden Beschäftigten mitzuteilen.

(2) Die Rechte der Arbeitnehmervertretungen bleiben unberührt.

§ 14 Leistungsverweigerungsrecht

1Ergreift der Arbeitgeber keine oder offensichtlich ungeeignete Maßnahmen zur Unterbindung einer Belästigung oder sexuellen Belästigung am Arbeitsplatz, sind die betroffenen Beschäftigten berechtigt, ihre Tätigkeit ohne Verlust des Arbeitsentgelts einzustellen, soweit dies zu ihrem Schutz erforderlich ist. 2§ 273 des Bürgerlichen Gesetzbuchs bleibt unberührt.

§ 15 Entschädigung und Schadensersatz

(1) 1Bei einem Verstoß gegen das Benachteiligungsverbot ist der Arbeitgeber verpflichtet, den hierdurch entstandenen Schaden zu ersetzen. 2Dies gilt nicht, wenn der Arbeitgeber die Pflichtverletzung nicht zu vertreten hat.

(2) 1Wegen eines Schadens, der nicht Vermögensschaden ist, kann der oder die Beschäftigte eine angemessene Entschädigung in Geld verlangen. 2Die Entschädigung darf bei einer Nichteinstellung drei Monatsgehälter nicht übersteigen, wenn der oder die Beschäftigte auch bei benachteiligungsfreier Auswahl nicht eingestellt worden wäre.

(3) Der Arbeitgeber ist bei der Anwendung kollektiv-rechtlicher Vereinbarungen nur dann zur Entschädigung verpflichtet, wenn er vorsätzlich oder grob fahrlässig handelt.

(4) 1Ein Anspruch nach Absatz 1 oder 2 muss innerhalb einer Frist von zwei Monaten schriftlich geltend gemacht werden, es sei denn, die Tarifvertragsparteien haben etwas anderes vereinbart. 2Die Frist beginnt im Falle einer Bewerbung oder eines beruflichen Aufstiegs mit dem Zugang der Ablehnung und in den sonstigen Fällen einer Benachteiligung zu dem Zeitpunkt, in dem der oder die Beschäftigte von der Benachteiligung Kenntnis erlangt.

(5) Im Übrigen bleiben Ansprüche gegen den Arbeitgeber, die sich aus anderen Rechtsvorschriften ergeben, unberührt.

(6) Ein Verstoß des Arbeitgebers gegen das Benachteiligungsverbot des § 7 Abs. 1 begründet keinen Anspruch auf Begründung eines Beschäftigungsverhältnisses, Berufsausbildungsverhältnisses oder einen beruflichen Aufstieg, es sei denn, ein solcher ergibt sich aus einem anderen Rechtsgrund.

§ 16 Maßregelungsverbot

(1) 1Der Arbeitgeber darf Beschäftigte nicht wegen der Inanspruchnahme von Rechten nach diesem Abschnitt oder wegen der Weigerung, eine gegen diesen Abschnitt verstoßende Anweisung auszuführen, benachteiligen. 2Gleiches gilt für Personen, die den Beschäftigten hierbei unterstützen oder als Zeuginnen oder Zeugen aussagen.

(2) 1Die Zurückweisung oder Duldung benachteiligender Verhaltensweisen durch betroffene Beschäftigte darf nicht als Grundlage für eine Entscheidung herangezogen werden, die diese Beschäftigten berührt. 2Absatz 1 Satz 2 gilt entsprechend.

(3) § 22 gilt entsprechend.

Unterabschnitt 4
Ergänzende Vorschriften

§ 17 Soziale Verantwortung der Beteiligten

(1) Tarifvertragsparteien, Arbeitgeber, Beschäftigte und deren Vertretungen sind aufgefordert, im Rahmen ihrer Aufgaben und Handlungsmöglichkeiten an der Verwirklichung des in § 1 genannten Ziels mitzuwirken.

(2) 1In Betrieben, in denen die Voraussetzungen des § 1 Abs. 1 Satz 1 des Betriebsverfassungsgesetzes vorliegen, können bei einem groben Verstoß des Arbeitgebers gegen Vorschriften aus diesem Abschnitt der Betriebsrat oder eine im Betrieb vertretene Gewerkschaft unter der Voraussetzung des § 23 Abs. 3 Satz 1 des Betriebsverfassungsgesetzes die dort genannten Rechte gerichtlich geltend machen; § 23 Abs. 3 Satz 2 bis 5 des Betriebsverfassungsgesetzes gilt entsprechend. 2Mit dem Antrag dürfen nicht Ansprüche des Benachteiligten geltend gemacht werden.

§ 18 Mitgliedschaft in Vereinigungen

(1) Die Vorschriften dieses Abschnitts gelten entsprechend für die Mitgliedschaft oder die Mitwirkung in einer

1. Tarifvertragspartei,
2. Vereinigung, deren Mitglieder einer bestimmten Berufsgruppe angehören oder die eine überragende Machtstellung im wirtschaftlichen oder sozialen Bereich innehat, wenn ein grundlegendes Interesse am Erwerb der Mitgliedschaft besteht,

sowie deren jeweiligen Zusammenschlüssen.

(2) Wenn die Ablehnung einen Verstoß gegen das Benachteiligungsverbot des § 7 Abs. 1 darstellt, besteht ein Anspruch auf Mitgliedschaft oder Mitwirkung in den in Absatz 1 genannten Vereinigungen.

Abschnitt 3 Schutz vor Benachteiligung im Zivilrechtsverkehr

§ 19 Zivilrechtliches Benachteiligungsverbot

(1) Eine Benachteiligung aus Gründen der Rasse oder wegen der ethnischen Herkunft, wegen des Geschlechts, der Religion, einer Behinderung, des Alters oder der sexuellen Identität bei der Begründung, Durchführung und Beendigung zivilrechtlicher Schuldverhältnisse, die

1. typischerweise ohne Ansehen der Person zu vergleichbaren Bedingungen in einer Vielzahl von Fällen zustande kommen (Massengeschäfte) oder bei denen das Ansehen der Person nach der Art des Schuldverhältnisses eine nachrangige Bedeutung hat und die zu vergleichbaren Bedingungen in einer Vielzahl von Fällen zustande kommen oder
2. eine privatrechtliche Versicherung zum Gegenstand haben,

ist unzulässig.

(2) Eine Benachteiligung aus Gründen der Rasse oder wegen der ethnischen Herkunft ist darüber hinaus auch bei der Begründung, Durchführung und Beendigung sonstiger zivilrechtlicher Schuldverhältnisse im Sinne des § 2 Abs. 1 Nr. 5 bis 8 unzulässig.

(3) Bei der Vermietung von Wohnraum ist eine unterschiedliche Behandlung im Hinblick auf die Schaffung und Erhaltung sozial stabiler Bewohnerstrukturen und ausgewogener Siedlungsstrukturen sowie ausgeglichener wirtschaftlicher, sozialer und kultureller Verhältnisse zulässig.

(4) Die Vorschriften dieses Abschnitts finden keine Anwendung auf familien- und erbrechtliche Schuldverhältnisse.

(5) ₁Die Vorschriften dieses Abschnitts finden keine Anwendung auf zivilrechtliche Schuldverhältnisse, bei denen ein besonderes Nähe- oder Vertrauensverhältnis der Parteien oder ihrer Angehörigen begründet wird. ₂Bei Mietverhältnissen kann dies insbesondere der Fall sein, wenn die Parteien oder ihre Angehörigen Wohnraum auf demselben Grundstück nutzen. ₃Die Vermietung von Wohnraum zum nicht nur vorübergehenden Gebrauch ist in der Regel kein Geschäft im Sinne des Absatzes 1 Nr. 1, wenn der Vermieter insgesamt nicht mehr als 50 Wohnungen vermietet.

§ 20 Zulässige unterschiedliche Behandlung

(1) ₁Eine Verletzung des Benachteiligungsverbots ist nicht gegeben, wenn für eine unterschiedliche Behandlung wegen der Religion, einer Behinderung, des Alters, der sexuellen Identität oder des Geschlechts ein sachlicher Grund vorliegt. ₂Das kann insbesondere der Fall sein, wenn die unterschiedliche Behandlung

1. der Vermeidung von Gefahren, der Verhütung von Schäden oder anderen Zwecken vergleichbarer Art dient,
2. dem Bedürfnis nach Schutz der Intimsphäre oder der persönlichen Sicherheit Rechnung trägt,
3. besondere Vorteile gewährt und ein Interesse an der Durchsetzung der Gleichbehandlung fehlt,
4. an die Religion eines Menschen anknüpft und im Hinblick auf die Ausübung der Religionsfreiheit oder auf das Selbstbestim-

mungsrecht der Religionsgemeinschaften, der ihnen zugeordneten Einrichtungen ohne Rücksicht auf ihre Rechtsform sowie der Vereinigungen, die sich die gemeinschaftliche Pflege einer Religion zur Aufgabe machen, unter Beachtung des jeweiligen Selbstverständnisses gerechtfertigt ist.

(2) 1Kosten im Zusammenhang mit Schwangerschaft und Mutterschaft dürfen auf keinen Fall zu unterschiedlichen Prämien oder Leistungen führen. 2Eine unterschiedliche Behandlung wegen der Religion, einer Behinderung, des Alters oder der sexuellen Identität ist im Falle des § 19 Abs. 1 Nr. 2 nur zulässig, wenn diese auf anerkannten Prinzipien risikoadäquater Kalkulation beruht, insbesondere auf einer versicherungsmathematisch ermittelten Risikobewertung unter Heranziehung statistischer Erhebungen.

§ 21 Ansprüche

(1) 1Der Benachteiligte kann bei einem Verstoß gegen das Benachteiligungsverbot unbeschadet weiterer Ansprüche die Beseitigung der Beeinträchtigung verlangen. 2Sind weitere Beeinträchtigungen zu besorgen, so kann er auf Unterlassung klagen.

(2) 1Bei einer Verletzung des Benachteiligungsverbots ist der Benachteiligende verpflichtet, den hierdurch entstandenen Schaden zu ersetzen. 2Dies gilt nicht, wenn der Benachteiligende die Pflichtverletzung nicht zu vertreten hat. 3Wegen eines Schadens, der nicht Vermögensschaden ist, kann der Benachteiligte eine angemessene Entschädigung in Geld verlangen.

(3) Ansprüche aus unerlaubter Handlung bleiben unberührt.

(4) Auf eine Vereinbarung, die von dem Benachteiligungsverbot abweicht, kann sich der Benachteiligende nicht berufen.

(5) 1Ein Anspruch nach den Absätzen 1 und 2 muss innerhalb einer Frist von zwei Monaten geltend gemacht werden. 2Nach Ablauf der Frist kann der Anspruch nur geltend gemacht werden, wenn der Benachteiligte ohne Verschulden an der Einhaltung der Frist verhindert war.

Abschnitt 4
Rechtsschutz

§ 22 Beweislast

Wenn im Streitfall die eine Partei Indizien beweist, die eine Benachteiligung wegen eines in § 1 genannten Grundes vermuten lassen, trägt die andere Partei die Beweislast dafür, dass kein Verstoß gegen die Bestimmungen zum Schutz vor Benachteiligung vorgelegen hat.

§ 23 Unterstützung durch Antidiskriminierungsverbände

(1) 1Antidiskriminierungsverbände sind Personenzusammenschlüsse, die nicht gewerbsmäßig und nicht nur vorübergehend entsprechend ihrer Satzung die besonderen Interessen von benachteiligten Personen oder Personengruppen nach Maßgabe von § 1 wahrnehmen. 2Die Befugnisse nach den Absätzen 2 bis 4 stehen ihnen zu, wenn sie mindestens 75 Mitglieder haben oder einen Zusammenschluss aus mindestens sieben Verbänden bilden.

(2) 1Antidiskriminierungsverbände sind befugt, im Rahmen ihres Satzungszwecks in gerichtlichen Verfahren als Beistände Benachteiligter in der Verhandlung aufzutreten. 2Im Übrigen bleiben die Vorschriften der Verfahrensordnungen, insbesondere diejenigen, nach denen Beiständen weiterer Vortrag untersagt werden kann, unberührt.

(3) Antidiskriminierungsverbänden ist im Rahmen ihres Satzungszwecks die Besorgung von Rechtsangelegenheiten Benachteiligter gestattet.

(4) Besondere Klagerechte und Vertretungsbefugnisse von Verbänden zu Gunsten von behinderten Menschen bleiben unberührt.

Abschnitt 5
Sonderregelungen für öffentlich-rechtliche Dienstverhältnisse

§ 24 Sonderregelung für öffentlich-rechtliche Dienstverhältnisse

Die Vorschriften dieses Gesetzes gelten unter Berücksichtigung ihrer besonderen Rechtsstellung entsprechend für

1. Beamtinnen und Beamte des Bundes, der Länder, der Gemeinden, der Gemeindeverbände sowie der sonstigen der Aufsicht des Bundes oder eines Landes unterstehenden Körperschaften, Anstalten und Stiftungen des öffentlichen Rechts,
2. Richterinnen und Richter des Bundes und der Länder,
3. Zivildienstleistende sowie anerkannte Kriegsdienstverweigerer, soweit ihre Heranziehung zum Zivildienst betroffen ist.

Abschnitt 6 Antidiskriminierungsstelle des Bundes und Unabhängige Bundesbeauftragte oder Unabhängiger Bundesbeauftragter für Antidiskriminierung

§ 25 Antidiskriminierungsstelle des Bundes

(1) Beim Bundesministerium für Familie, Senioren, Frauen und Jugend wird unbeschadet der Zuständigkeit der Beauftragten des Deutschen Bundestages oder der Bundesregierung die Stelle des Bundes zum Schutz vor Benachteiligungen wegen eines in § 1 genannten Grundes (Antidiskriminierungsstelle des Bundes) errichtet.

(2) 1Der Antidiskriminierungsstelle des Bundes ist die für die Erfüllung ihrer Aufgaben notwendige Personal- und Sachausstattung zur Verfügung zu stellen. 2Sie ist im Einzelplan des Bundesministeriums für Familie, Senioren, Frauen und Jugend in einem eigenen Kapitel auszuweisen.

(3) Die Antidiskriminierungsstelle des Bundes wird von der oder dem Unabhängigen Bundesbeauftragten für Antidiskriminierung geleitet.

§ 26 Wahl der oder des Unabhängigen Bundesbeauftragten für Antidiskriminierung; Anforderungen

(1) Die oder der Unabhängige Bundesbeauftragte für Antidiskriminierung wird auf Vorschlag der Bundesregierung vom Deutschen Bundestag gewählt.

(2) Über den Vorschlag stimmt der Deutsche Bundestag ohne Aussprache ab.

(3) Die vorgeschlagene Person ist gewählt, wenn für sie mehr als die Hälfte der gesetzlichen Zahl der Mitglieder des Deutschen Bundestages gestimmt hat.

(4) 1Die oder der Unabhängige Bundesbeauftragte für Antidiskriminierung muss zur Erfüllung ihrer oder seiner Aufgaben und zur Ausübung ihrer oder seiner Befugnisse über die erforderliche Qualifikation, Erfahrung und Sachkunde insbesondere im Bereich der Antidiskriminierung verfügen. 2Insbesondere muss sie oder er über durch einschlägige Berufserfahrung erworbene Kenntnisse des Antidiskriminierungsrechts verfügen und die Befähigung für die Laufbahn des höheren nichttechnischen Verwaltungsdienstes des Bundes haben.

§ 26a Rechtsstellung der oder des Unabhängigen Bundesbeauftragten für Antidiskriminierung

(1) 1Die oder der Unabhängige Bundesbeauftragte für Antidiskriminierung steht nach Maßgabe dieses Gesetzes in einem öffentlich-rechtlichen Amtsverhältnis zum Bund. 2Sie oder er ist bei der Ausübung ihres oder seines Amtes unabhängig und nur dem Gesetz unterworfen.

(2) Die oder der Unabhängige Bundesbeauftragte für Antidiskriminierung untersteht der Rechtsaufsicht der Bundesregierung.

§ 26b Amtszeit der oder des Unabhängigen Bundesbeauftragten für Antidiskriminierung

(1) Die Amtszeit der oder des Unabhängigen Bundesbeauftragten für Antidiskriminierung beträgt fünf Jahre.

(2) Eine einmalige Wiederwahl ist zulässig.

(3) Kommt vor Ende des Amtsverhältnisses eine Neuwahl nicht zustande, so führt die oder der bisherige Unabhängige Bundesbeauftragte für Antidiskriminierung auf Ersuchen der Bundespräsidentin oder des Bundespräsidenten die Geschäfte bis zur Neuwahl fort.

§ 26c Beginn und Ende des Amtsverhältnisses der oder des Unabhängigen Bundesbeauftragten für Antidiskriminierung; Amtseid

(1) 1Die oder der nach § 26 Gewählte ist von der Bundespräsidentin oder dem Bundespräsidenten zu ernennen. 2Das Amtsverhältnis der oder des Unabhängigen Bundesbeauftragten für Antidiskriminierung beginnt mit der Aushändigung der Ernennungsurkunde.

(2) 1Die oder der Unabhängige Bundesbeauftragte für Antidiskriminierung leistet vor der Bundespräsidentin oder dem Bundespräsidenten folgenden Eid: „Ich schwöre, dass ich meine Kraft dem Wohl des deutschen Volkes widmen, seinen Nutzen mehren, Schaden von ihm wenden, das Grundgesetz und die Gesetze des Bundes wahren und verteidigen, meine Pflichten gewissenhaft erfüllen und Gerechtigkeit gegen jedermann üben werde. So wahr mir Gott helfe." 2Der Eid kann auch ohne religiöse Beteuerung geleistet werden.

(3) Das Amtsverhältnis endet

1. regulär mit dem Ablauf der Amtszeit oder
2. wenn die oder der Unabhängige Bundesbeauftragte für Antidiskriminierung vorzeitig aus dem Amt entlassen wird.

(4) 1Entlassen wird die oder der Unabhängige Bundesbeauftragte für Antidiskriminierung

1. auf eigenes Verlangen oder
2. auf Vorschlag der Bundesregierung, wenn die oder der Unabhängige Bundesbeauftragte für Antidiskriminierung eine schwere Verfehlung begangen hat oder die Voraussetzungen für die Wahrnehmung ihrer oder seiner Aufgaben nicht mehr erfüllt.

2Die Entlassung erfolgt durch die Bundespräsidentin oder den Bundespräsidenten.

(5) 1Im Fall der Beendigung des Amtsverhältnisses vollzieht die Bundespräsidentin oder der Bundespräsident eine Urkunde. 2Die Entlassung wird mit der Aushändigung der Urkunde wirksam.

§ 26d Unerlaubte Handlungen und Tätigkeiten der oder des Unabhängigen Bundesbeauftragten für Antidiskriminierung

(1) Die oder der Unabhängige Bundesbeauftragte für Antidiskriminierung darf keine Handlungen vornehmen, die mit den Aufgaben des Amtes nicht zu vereinbaren sind.

(2) 1Die oder der Unabhängige Bundesbeauftragte für Antidiskriminierung darf während der Amtszeit und während einer anschließenden Geschäftsführung keine anderen Tätigkeiten ausüben, die mit dem Amt nicht zu vereinbaren sind, unabhängig davon, ob es entgeltliche oder unentgeltliche Tätigkeiten sind. 2Insbesondere darf sie oder er

1. kein besoldetes Amt, kein Gewerbe und keinen Beruf ausüben,
2. nicht dem Vorstand, Aufsichtsrat oder Verwaltungsrat eines auf Erwerb gerichteten Unternehmens, nicht einer Regierung oder einer gesetzgebenden Körperschaft des Bundes oder eines Landes angehören und
3. nicht gegen Entgelt außergerichtliche Gutachten abgeben.

§ 26e Verschwiegenheitspflicht der oder des Unabhängigen Bundesbeauftragten für Antidiskriminierung

(1) 1Die oder der Unabhängige Bundesbeauftragte für Antidiskriminierung ist verpflichtet, über die Angelegenheiten, die ihr oder ihm im Amt oder während einer anschließenden Geschäftsführung bekannt werden, Verschwiegenheit zu bewahren. 2Dies gilt nicht für Mitteilungen im dienstlichen Verkehr oder für Tatsachen, die offenkundig sind oder ihrer Bedeutung nach keiner Geheimhaltung bedürfen. 3Die oder der Unabhängige Bundesbeauftragte für Antidiskriminierung entscheidet nach pflichtgemäßem Ermessen, ob und inwieweit sie oder er über solche Angelegenheiten vor Gericht oder außergerichtlich aussagt oder Erklärungen abgibt.

(2) 1Die Pflicht zur Verschwiegenheit gilt auch nach Beendigung des Amtsverhältnisses oder nach Beendigung einer anschließenden Geschäftsführung. 2In Angelegenheiten, für die die Pflicht zur Verschwiegenheit gilt, darf vor

Gericht oder außergerichtlich nur ausgesagt werden und dürfen Erklärungen nur abgegeben werden, wenn dies die oder der amtierende Unabhängige Bundesbeauftragte für Antidiskriminierung genehmigt hat.

(3) Unberührt bleibt die Pflicht, bei einer Gefährdung der freiheitlichen demokratischen Grundordnung für deren Erhaltung einzutreten und die gesetzlich begründete Pflicht, Straftaten anzuzeigen.

§ 26f Zeugnisverweigerungsrecht der oder des Unabhängigen Bundesbeauftragten für Antidiskriminierung

(1) 1Die oder der Unabhängige Bundesbeauftragte für Antidiskriminierung ist berechtigt, über Personen, die ihr oder ihm in ihrer oder seiner Eigenschaft als Leitung der Antidiskriminierungsstelle des Bundes Tatsachen anvertraut haben, sowie über diese Tatsachen selbst das Zeugnis zu verweigern. 2Soweit das Zeugnisverweigerungsrecht der oder des Unabhängigen Bundesbeauftragten für Antidiskriminierung reicht, darf von ihr oder ihm nicht gefordert werden, Akten oder andere Dokumente vorzulegen oder herauszugeben.

(2) Das Zeugnisverweigerungsrecht gilt auch für die der oder dem Unabhängigen Bundesbeauftragten für Antidiskriminierung zugewiesenen Beschäftigten mit der Maßgabe, dass über die Ausübung dieses Rechts die oder der Unabhängige Bundesbeauftragte für Antidiskriminierung entscheidet.

§ 26g Anspruch der oder des Unabhängigen Bundesbeauftragten für Antidiskriminierung auf Amtsbezüge, Versorgung und auf andere Leistungen

(1) Die oder der Unabhängige Bundesbeauftragte für Antidiskriminierung erhält Amtsbezüge entsprechend dem Grundgehalt der Besoldungsgruppe B 6 und den Familienzuschlag entsprechend den §§ 39 bis 41 des Bundesbesoldungsgesetzes.

(2) 1Der Anspruch auf die Amtsbezüge besteht für die Zeit vom ersten Tag des Monats, in dem das Amtsverhältnis beginnt, bis zum letzten Tag des Monats, in dem das Amtsverhältnis endet. 2Werden die Geschäfte über das Ende des Amtsverhältnisses hinaus noch bis zur Neuwahl weitergeführt, so besteht der Anspruch für die Zeit bis zum letzten Tag des Monats, in dem die Geschäftsführung endet. 3Bezieht die oder der Unabhängige Bundesbeauftragte für Antidiskriminierung für einen Zeitraum, für den sie oder er Amtsbezüge erhält, ein Einkommen aus einer Verwendung im öffentlichen Dienst, so ruht der Anspruch auf dieses Einkommen bis zur Höhe der Amtsbezüge. 4Die Amtsbezüge werden monatlich im Voraus gezahlt.

(3) 1Für Ansprüche auf Beihilfe und Versorgung gelten § 12 Absatz 6, die §§ 13 bis 18 und 20 des Bundesministergesetzes entsprechend mit der Maßgabe, dass an die Stelle der vierjährigen Amtszeit in § 15 Absatz 1 des Bundesministergesetzes eine Amtszeit als Unabhängige Bundesbeauftragte oder Unabhängiger Bundesbeauftragter für Antidiskriminierung von fünf Jahren tritt. 2Ein Anspruch auf Übergangsgeld besteht längstens bis zum Ablauf des Monats, in dem die für Bundesbeamtinnen und Bundesbeamte geltende Regelaltersgrenze nach § 51 Absatz 1 und 2 des Bundesbeamtengesetzes vollendet wird. 3Ist § 18 Absatz 2 des Bundesministergesetzes nicht anzuwenden, weil das Beamtenverhältnis einer Bundesbeamtin oder eines Bundesbeamten nach Beendigung des Amtsverhältnisses als Unabhängige Bundesbeauftragte oder Unabhängiger Bundesbeauftragter für Antidiskriminierung fortgesetzt wird, dann ist die Amtszeit als Unabhängige Bundesbeauftragte oder Unabhängiger Bundesbeauftragter für Antidiskriminierung bei der wegen Eintritt oder Versetzung der Bundesbeamtin oder des Bundesbeamten in den Ruhestand durchzuführenden Festsetzung des Ruhegehalts als ruhegehaltfähige Dienstzeit zu berücksichtigen.

(4) Die oder der Unabhängige Bundesbeauftragte für Antidiskriminierung erhält Reisekostenvergütung und Umzugskostenvergütung entsprechend den für Bundesbeamtinnen und Bundesbeamte geltenden Vorschriften.

§ 26h Verwendung der Geschenke an die Unabhängige Bundesbeauftragte oder den Unabhängigen Bundesbeauftragten für Antidiskriminierung

(1) Erhält die oder der Unabhängige Bundesbeauftragte für Antidiskriminierung ein Geschenk in Bezug auf das Amt, so muss sie oder er dies der Präsidentin oder dem Präsidenten des Deutschen Bundestages mitteilen.

(2) 1Die Präsidentin oder der Präsident des Deutschen Bundestages entscheidet über die Verwendung des Geschenks. 2Sie oder er kann Verfahrensvorschriften erlassen.

§ 26i Berufsbeschränkung

1Die oder der Unabhängige Bundesbeauftragte für Antidiskriminierung ist verpflichtet, eine beabsichtigte Erwerbstätigkeit oder sonstige entgeltliche Beschäftigung außerhalb des öffentlichen Dienstes, die innerhalb der ersten 18 Monate nach dem Ende der Amtszeit oder einer anschließenden Geschäftsführung aufgenommen werden soll, schriftlich oder elektronisch gegenüber der Präsidentin oder dem Präsidenten des Deutschen Bundestages anzuzeigen. 2Die Präsidentin oder der Präsident des Deutschen Bundestages kann der oder dem Unabhängigen Bundesbeauftragten für Antidiskriminierung die beabsichtigte Erwerbstätigkeit oder sonstige entgeltliche Beschäftigung untersagen, soweit zu besorgen ist, dass öffentliche Interessen beeinträchtigt werden. 3Von einer Beeinträchtigung ist insbesondere dann auszugehen, wenn die beabsichtigte Erwerbstätigkeit oder sonstige entgeltliche Beschäftigung in Angelegenheiten oder Bereichen ausgeführt werden soll, in denen die oder der Unabhängige Bundesbeauftragte für Antidiskriminierung während der Amtszeit oder einer anschließenden Geschäftsführung tätig war. 4Eine Untersagung soll in der Regel die Dauer von einem Jahr nach dem Ende der Amtszeit oder einer anschließenden Geschäftsführung nicht überschreiten. 5In Fällen der schweren Beeinträchtigung öffentlicher Interessen kann eine Untersagung auch für die Dauer von bis zu 18 Monaten ausgesprochen werden.

X

§ 27 Aufgaben der Antidiskriminierungsstelle des Bundes

(1) 1Wer der Ansicht ist, wegen eines in § 1 genannten Grundes benachteiligt worden zu sein, kann sich an die Antidiskriminierungsstelle des Bundes wenden. 2An die Antidiskriminierungsstelle des Bundes können sich auch Beschäftigte wenden, die der Ansicht sind, benachteiligt worden zu sein auf Grund

1. der Beantragung oder Inanspruchnahme einer Freistellung von der Arbeitsleistung oder der Anpassung der Arbeitszeit als Eltern oder pflegende Angehörige nach dem Bundeselterngeld- und Elternzeitgesetz, dem Pflegezeitgesetz oder dem Familienpflegezeitgesetz,
2. des Fernbleibens von der Arbeit nach § 2 des Pflegezeitgesetzes oder
3. der Verweigerung ihrer persönlich zu erbringenden Arbeitsleistung aus dringenden familiären Gründen nach § 275 Absatz 3 des Bürgerlichen Gesetzbuchs, wenn eine Erkrankung oder ein Unfall ihre unmittelbare Anwesenheit erforderten.

(2) 1Die Antidiskriminierungsstelle des Bundes unterstützt auf unabhängige Weise Personen, die sich nach Absatz 1 an sie wenden, bei der Durchsetzung ihrer Rechte zum Schutz vor Benachteiligungen. 2Hierbei kann sie insbesondere

1. über Ansprüche und die Möglichkeiten des rechtlichen Vorgehens im Rahmen gesetzlicher Regelungen zum Schutz vor Benachteiligungen informieren,
2. Beratung durch andere Stellen vermitteln,
3. eine gütliche Beilegung zwischen den Beteiligten anstreben.

3Soweit Beauftragte des Deutschen Bundestages oder der Bundesregierung zuständig sind, leitet die Antidiskriminierungsstelle des Bundes die Anliegen der in Absatz 1 genannten Personen mit deren Einverständnis unverzüglich an diese weiter.

(3) Die Antidiskriminierungsstelle des Bundes nimmt auf unabhängige Weise folgende Aufgaben wahr, soweit nicht die Zuständigkeit der Beauftragten der Bundesregierung oder des Deutschen Bundestages berührt ist:

1. Öffentlichkeitsarbeit,
2. Maßnahmen zur Verhinderung von Benachteiligungen aus den in § 1 genannten Gründen sowie von Benachteiligungen von Beschäftigten gemäß Absatz 1 Satz 2,
3. Durchführung wissenschaftlicher Untersuchungen zu diesen Benachteiligungen.

(4) 1Die Antidiskriminierungsstelle des Bundes und die in ihrem Zuständigkeitsbereich betroffenen Beauftragten der Bundesregierung und des Deutschen Bundestages legen gemeinsam dem Deutschen Bundestag alle vier Jahre Berichte über Benachteiligungen aus den in § 1 genannten Gründen sowie über Benachteiligungen von Beschäftigten gemäß Absatz 1 Satz 2 vor und geben Empfehlungen zur Beseitigung und Vermeidung dieser Benachteiligungen. 2Sie können gemeinsam wissenschaftliche Untersuchungen zu Benachteiligungen durchführen.

(5) Die Antidiskriminierungsstelle des Bundes und die in ihrem Zuständigkeitsbereich betroffenen Beauftragten der Bundesregierung und des Deutschen Bundestages sollen bei Benachteiligungen aus mehreren der in § 1 genannten Gründe zusammenarbeiten.

§ 28 Amtsbefugnisse der oder des Unabhängigen Bundesbeauftragten für Antidiskriminierung und Pflicht zur Unterstützung durch Bundesbehörden und öffentliche Stellen des Bundes

(1) 1Die oder der Unabhängige Bundesbeauftragte für Antidiskriminierung ist bei allen Vorhaben, die ihre oder seine Aufgaben berühren, zu beteiligen. 2Die Beteiligung soll möglichst frühzeitig erfolgen. 3Sie oder er kann der Bundesregierung Vorschläge machen und Stellungnahmen zuleiten.

(2) Die oder der Unabhängige Bundesbeauftragte für Antidiskriminierung informiert die Bundesministerien – vorbehaltlich anderweitiger gesetzlicher Bestimmungen – frühzeitig in Angelegenheiten von grundsätzlicher politischer Bedeutung, soweit Aufgaben der Bundesministerien betroffen sind.

(3) In den Fällen, in denen sich eine Person wegen einer Benachteiligung an die Antidiskriminierungsstelle des Bundes gewandt hat und die Antidiskriminierungsstelle des Bundes die gütliche Beilegung zwischen den Beteiligten anstrebt, kann die oder der Unabhängige Bundesbeauftragte für Antidiskriminierung Beteiligte um Stellungnahmen ersuchen, soweit die Person, die sich an die Antidiskriminierungsstelle des Bundes gewandt hat, hierzu ihr Einverständnis erklärt.

(4) Alle Bundesministerien, sonstigen Bundesbehörden und öffentlichen Stellen im Bereich des Bundes sind verpflichtet, die Unabhängige Bundesbeauftragte oder den Unabhängigen Bundesbeauftragten für Antidiskriminierung bei der Erfüllung der Aufgaben zu unterstützen, insbesondere die erforderlichen Auskünfte zu erteilen.

§ 29 Zusammenarbeit der Antidiskriminierungsstelle des Bundes mit Nichtregierungsorganisationen und anderen Einrichtungen

Die Antidiskriminierungsstelle des Bundes soll bei ihrer Tätigkeit Nichtregierungsorganisationen sowie Einrichtungen, die auf europäischer, Bundes-, Landes- oder regionaler Ebene zum Schutz vor Benachteiligungen wegen eines in § 1 genannten Grundes tätig sind, in geeigneter Form einbeziehen.

§ 30 Beirat der Antidiskriminierungsstelle des Bundes

(1) 1Zur Förderung des Dialogs mit gesellschaftlichen Gruppen und Organisationen, die sich den Schutz vor Benachteiligungen wegen eines in § 1 genannten Grundes zum Ziel gesetzt haben, wird der Antidiskriminierungsstelle des Bundes ein Beirat beigeordnet. 2Der Beirat berät die Antidiskriminierungsstelle des Bundes bei der Vorlage von Berichten und Empfehlungen an den Deutschen Bundestag nach § 27 Abs. 4 und kann hierzu sowie zu wissenschaftlichen Untersuchungen nach § 27 Abs. 3 Nr. 3 eigene Vorschläge unterbreiten.

(2) 1Das Bundesministerium für Familie, Senioren, Frauen und Jugend beruft im Einvernehmen mit der oder dem Unabhängigen Bundesbeauftragten für Antidiskriminierung

sowie den entsprechend zuständigen Beauftragten der Bundesregierung oder des Deutschen Bundestages die Mitglieder dieses Beirats und für jedes Mitglied eine Stellvertretung. 2In den Beirat sollen Vertreterinnen und Vertreter gesellschaftlicher Gruppen und Organisationen sowie Expertinnen und Experten in Benachteiligungsfragen berufen werden. 3Die Gesamtzahl der Mitglieder des Beirats soll 16 Personen nicht überschreiten. 4Der Beirat soll zu gleichen Teilen mit Frauen und Männern besetzt sein.

(3) Der Beirat gibt sich eine Geschäftsordnung, die der Zustimmung des Bundesministeriums für Familie, Senioren, Frauen und Jugend bedarf.

(4) 1Die Mitglieder des Beirats üben die Tätigkeit nach diesem Gesetz ehrenamtlich aus. 2Sie haben Anspruch auf Aufwandsentschädigung sowie Reisekostenvergütung, Tagegelder und Übernachtungsgelder. 3Näheres regelt die Geschäftsordnung.

Abschnitt 7 Schlussvorschriften

§ 31 Unabdingbarkeit

Von den Vorschriften dieses Gesetzes kann nicht zu Ungunsten der geschützten Personen abgewichen werden.

§ 32 Schlussbestimmung

Soweit in diesem Gesetz nicht Abweichendes bestimmt ist, gelten die allgemeinen Bestimmungen.

§ 33 Übergangsbestimmungen

(1) Bei Benachteiligungen nach den §§ 611a, 611b und 612 Abs. 3 des Bürgerlichen Gesetzbuchs oder sexuellen Belästigungen nach dem Beschäftigtenschutzgesetz ist das vor dem 18. August 2006 maßgebliche Recht anzuwenden.

(2) 1Bei Benachteiligungen aus Gründen der Rasse oder wegen der ethnischen Herkunft sind die §§ 19 bis 21 nicht auf Schuldverhältnisse anzuwenden, die vor dem 18. August 2006 begründet worden sind. 2Satz 1 gilt nicht für spätere Änderungen von Dauerschuldverhältnissen.

(3) 1Bei Benachteiligungen wegen des Geschlechts, der Religion, einer Behinderung, des Alters oder der sexuellen Identität sind die §§ 19 bis 21 nicht auf Schuldverhältnisse anzuwenden, die vor dem 1. Dezember 2006 begründet worden sind. 2Satz 1 gilt nicht für spätere Änderungen von Dauerschuldverhältnissen.

(4) 1Auf Schuldverhältnisse, die eine privatrechtliche Versicherung zum Gegenstand haben, ist § 19 Abs. 1 nicht anzuwenden, wenn diese vor dem 22. Dezember 2007 begründet worden sind. 2Satz 1 gilt nicht für spätere Änderungen solcher Schuldverhältnisse.

(5) 1Bei Versicherungsverhältnissen, die vor dem 21. Dezember 2012 begründet werden, ist eine unterschiedliche Behandlung wegen des Geschlechts im Falle des § 19 Absatz 1 Nummer 2 bei den Prämien oder Leistungen nur zulässig, wenn dessen Berücksichtigung bei einer auf relevanten und genauen versicherungsmathematischen und statistischen Daten beruhenden Risikobewertung ein bestimmender Faktor ist. 2Kosten im Zusammenhang mit Schwangerschaft und Mutterschaft dürfen auf keinen Fall zu unterschiedlichen Prämien oder Leistungen führen.

Gesetz über die Durchführung von Maßnahmen des Arbeitsschutzes zur Verbesserung der Sicherheit und des Gesundheitsschutzes der Beschäftigten bei der Arbeit (Arbeitsschutzgesetz – ArbSchG)

Vom 7. August 1996 (BGBl. I S. 1246)

Zuletzt geändert durch
Gesetz zur Modernisierung und Digitalisierung der Schwarzarbeitsbekämpfung
vom 22. Dezember 2025 (BGBl. I Nr. 369)

Erster Abschnitt
Allgemeine Vorschriften

§ 1 Zielsetzung und Anwendungsbereich

(1) $_{1}$Dieses Gesetz dient dazu, Sicherheit und Gesundheitsschutz der Beschäftigten bei der Arbeit durch Maßnahmen des Arbeitsschutzes zu sichern und zu verbessern. $_{2}$Es gilt in allen Tätigkeitsbereichen und findet im Rahmen der Vorgaben des Seerechtsübereinkommens der Vereinten Nationen vom 10. Dezember 1982 (BGBl. 1994 II S. 1799) auch in der ausschließlichen Wirtschaftszone Anwendung.

(2) $_{1}$Dieses Gesetz gilt nicht für den Arbeitsschutz von Hausangestellten in privaten Haushalten. $_{2}$Es gilt nicht für den Arbeitsschutz von Beschäftigten auf Seeschiffen und in Betrieben, die dem Bundesberggesetz unterliegen, soweit dafür entsprechende Rechtsvorschriften bestehen.

(3) $_{1}$Pflichten, die die Arbeitgeber zur Gewährleistung von Sicherheit und Gesundheitsschutz der Beschäftigten bei der Arbeit nach sonstigen Rechtsvorschriften haben, bleiben unberührt. $_{2}$Satz 1 gilt entsprechend für Pflichten und Rechte der Beschäftigten. $_{3}$Unberührt bleiben Gesetze, die andere Personen als Arbeitgeber zu Maßnahmen des Arbeitsschutzes verpflichten.

(4) Bei öffentlich-rechtlichen Religionsgemeinschaften treten an die Stelle der Betriebs- oder Personalräte die Mitarbeitervertretungen entsprechend dem kirchlichen Recht.

§ 2 Begriffsbestimmungen

(1) Maßnahmen des Arbeitsschutzes im Sinne dieses Gesetzes sind Maßnahmen zur Verhütung von Unfällen bei der Arbeit und arbeitsbedingten Gesundheitsgefahren einschließlich Maßnahmen der menschengerechten Gestaltung der Arbeit.

(2) Beschäftigte im Sinne dieses Gesetzes sind:

1. Arbeitnehmerinnen und Arbeitnehmer,
2. die zu ihrer Berufsbildung Beschäftigten,
3. arbeitnehmerähnliche Personen im Sinne des § 5 Abs. 1 des Arbeitsgerichtsgesetzes, ausgenommen die in Heimarbeit Beschäftigten und die ihnen Gleichgestellten,
4. Beamtinnen und Beamte,
5. Richterinnen und Richter,
6. Soldatinnen und Soldaten,
7. die in Werkstätten für Behinderte Beschäftigten.

(3) Arbeitgeber im Sinne dieses Gesetzes sind natürliche und juristische Personen und rechtsfähige Personengesellschaften, die Personen nach Absatz 2 beschäftigen.

(4) Sonstige Rechtsvorschriften im Sinne dieses Gesetzes sind Regelungen über Maßnahmen des Arbeitsschutzes in anderen Gesetzen, in Rechtsverordnungen und Unfallverhütungsvorschriften.

(5) $_{1}$Als Betriebe im Sinne dieses Gesetzes gelten für den Bereich des öffentlichen Dienstes die Dienststellen. $_{2}$Dienststellen sind die einzelnen Behörden, Verwaltungsstellen und Betriebe der Verwaltungen des Bundes, der Länder, der Gemeinden und der sonstigen Körperschaften, Anstalten und Stiftungen des öffentlichen Rechts, die Gerichte des Bundes und der Länder sowie die entsprechenden Einrichtungen der Streitkräfte.

Zweiter Abschnitt
Pflichten des Arbeitgebers

§ 3 Grundpflichten des Arbeitgebers

(1) 1Der Arbeitgeber ist verpflichtet, die erforderlichen Maßnahmen des Arbeitsschutzes unter Berücksichtigung der Umstände zu treffen, die Sicherheit und Gesundheit der Beschäftigten bei der Arbeit beeinflussen. 2Er hat die Maßnahmen auf ihre Wirksamkeit zu überprüfen und erforderlichenfalls sich ändernden Gegebenheiten anzupassen. 3Dabei hat er eine Verbesserung von Sicherheit und Gesundheitsschutz der Beschäftigten anzustreben.

(2) Zur Planung und Durchführung der Maßnahmen nach Absatz 1 hat der Arbeitgeber unter Berücksichtigung der Art der Tätigkeiten und der Zahl der Beschäftigten

1. für eine geeignete Organisation zu sorgen und die erforderlichen Mittel bereitzustellen sowie
2. Vorkehrungen zu treffen, daß die Maßnahmen erforderlichenfalls bei allen Tätigkeiten und eingebunden in die betrieblichen Führungsstrukturen beachtet werden und die Beschäftigten ihren Mitwirkungspflichten nachkommen können.

(3) Kosten für Maßnahmen nach diesem Gesetz darf der Arbeitgeber nicht den Beschäftigten auferlegen.

§ 4 Allgemeine Grundsätze

Der Arbeitgeber hat bei Maßnahmen des Arbeitsschutzes von folgenden allgemeinen Grundsätzen auszugehen:

1. Die Arbeit ist so zu gestalten, daß eine Gefährdung für das Leben sowie die physische und die psychische Gesundheit möglichst vermieden und die verbleibende Gefährdung möglichst gering gehalten wird;
2. Gefahren sind an ihrer Quelle zu bekämpfen;
3. bei den Maßnahmen sind der Stand von Technik, Arbeitsmedizin und Hygiene sowie sonstige gesicherte arbeitswissenschaftliche Erkenntnisse zu berücksichtigen;
4. Maßnahmen sind mit dem Ziel zu planen, Technik, Arbeitsorganisation, sonstige Arbeitsbedingungen, soziale Beziehungen und Einfluß der Umwelt auf den Arbeitsplatz sachgerecht zu verknüpfen;
5. individuelle Schutzmaßnahmen sind nachrangig zu anderen Maßnahmen;
6. spezielle Gefahren für besonders schutzbedürftige Beschäftigtengruppen sind zu berücksichtigen;
7. den Beschäftigten sind geeignete Anweisungen zu erteilen;
8. mittelbar oder unmittelbar geschlechtsspezifisch wirkende Regelungen sind nur zulässig, wenn dies aus biologischen Gründen zwingend geboten ist.

§ 5 Beurteilung der Arbeitsbedingungen

(1) Der Arbeitgeber hat durch eine Beurteilung der für die Beschäftigten mit ihrer Arbeit verbundenen Gefährdung zu ermitteln, welche Maßnahmen des Arbeitsschutzes erforderlich sind.

(2) 1Der Arbeitgeber hat die Beurteilung je nach Art der Tätigkeiten vorzunehmen. 2Bei gleichartigen Arbeitsbedingungen ist die Beurteilung eines Arbeitsplatzes oder einer Tätigkeit ausreichend.

(3) Eine Gefährdung kann sich insbesondere ergeben durch

1. die Gestaltung und die Einrichtung der Arbeitsstätte und des Arbeitsplatzes,
2. physikalische, chemische und biologische Einwirkungen,
3. die Gestaltung, die Auswahl und den Einsatz von Arbeitsmitteln, insbesondere von Arbeitsstoffen, Maschinen, Geräten und Anlagen sowie den Umgang damit,
4. die Gestaltung von Arbeits- und Fertigungsverfahren, Arbeitsabläufen und Arbeitszeit und deren Zusammenwirken,
5. unzureichende Qualifikation und Unterweisung der Beschäftigten,
6. psychische Belastungen bei der Arbeit.

§ 6 Dokumentation

(1) 1Der Arbeitgeber muß über die je nach Art der Tätigkeiten und der Zahl der Beschäftigten erforderlichen Unterlagen verfügen, aus denen das Ergebnis der Gefährdungsbeurtei-

X

lung, die von ihm festgelegten Maßnahmen des Arbeitsschutzes und das Ergebnis ihrer Überprüfung ersichtlich sind. ₂Bei gleichartiger Gefährdungssituation ist es ausreichend, wenn die Unterlagen zusammengefaßte Angaben enthalten.

(2) Unfälle in seinem Betrieb, bei denen ein Beschäftigter getötet oder so verletzt wird, daß er stirbt oder für mehr als drei Tage völlig oder teilweise arbeits- oder dienstunfähig wird, hat der Arbeitgeber zu erfassen.

§ 7 Übertragung von Aufgaben

Bei der Übertragung von Aufgaben auf Beschäftigte hat der Arbeitgeber je nach Art der Tätigkeiten zu berücksichtigen, ob die Beschäftigten befähigt sind, die für die Sicherheit und den Gesundheitsschutz bei der Aufgabenerfüllung zu beachtenden Bestimmungen und Maßnahmen einzuhalten.

§ 8 Zusammenarbeit mehrerer Arbeitgeber

(1) ₁Werden Beschäftigte mehrerer Arbeitgeber an einem Arbeitsplatz tätig, sind die Arbeitgeber verpflichtet, bei der Durchführung der Sicherheits- und Gesundheitsschutzbestimmungen zusammenzuarbeiten. ₂Soweit dies für die Sicherheit und den Gesundheitsschutz der Beschäftigten bei der Arbeit erforderlich ist, haben die Arbeitgeber je nach Art der Tätigkeiten insbesondere sich gegenseitig und ihre Beschäftigten über die mit den Arbeiten verbundenen Gefahren für Sicherheit und Gesundheit der Beschäftigten zu unterrichten und Maßnahmen zur Verhütung dieser Gefahren abzustimmen.

(2) Der Arbeitgeber muß sich je nach Art der Tätigkeit vergewissern, daß die Beschäftigten anderer Arbeitgeber, die in seinem Betrieb tätig werden, hinsichtlich der Gefahren für ihre Sicherheit und Gesundheit während ihrer Tätigkeit in seinem Betrieb angemessene Anweisungen erhalten haben.

§ 9 Besondere Gefahren

(1) Der Arbeitgeber hat Maßnahmen zu treffen, damit nur Beschäftigte Zugang zu besonders gefährlichen Arbeitsbereichen haben, die zuvor geeignete Anweisungen erhalten haben.

(2) ₁Der Arbeitgeber hat Vorkehrungen zu treffen, daß alle Beschäftigten, die einer unmittelbaren erheblichen Gefahr ausgesetzt sind oder sein können, möglichst frühzeitig über diese Gefahr und die getroffenen oder zu treffenden Schutzmaßnahmen unterrichtet sind. ₂Bei unmittelbarer erheblicher Gefahr für die eigene Sicherheit oder die Sicherheit anderer Personen müssen die Beschäftigten die geeigneten Maßnahmen zur Gefahrenabwehr und Schadensbegrenzung selbst treffen können, wenn der zuständige Vorgesetzte nicht erreichbar ist; dabei sind die Kenntnisse der Beschäftigten und die vorhandenen technischen Mittel zu berücksichtigen. ₃Den Beschäftigten dürfen aus ihrem Handeln keine Nachteile entstehen, es sei denn, sie haben vorsätzlich oder grob fahrlässig ungeeignete Maßnahmen getroffen.

(3) ₁Der Arbeitgeber hat Maßnahmen zu treffen, die es den Beschäftigten bei unmittelbarer erheblicher Gefahr ermöglichen, sich durch sofortiges Verlassen der Arbeitsplätze in Sicherheit zu bringen. ₂Den Beschäftigten dürfen hierdurch keine Nachteile entstehen. ₃Hält die unmittelbare erhebliche Gefahr an, darf der Arbeitgeber die Beschäftigten nur in besonders begründeten Ausnahmefällen auffordern, ihre Tätigkeit wieder aufzunehmen. ₄Gesetzliche Pflichten der Beschäftigten zur Abwehr von Gefahren für die öffentliche Sicherheit sowie die §§ 7 und 11 des Soldatengesetzes bleiben unberührt.

§ 10 Erste Hilfe und sonstige Notfallmaßnahmen

(1) ₁Der Arbeitgeber hat entsprechend der Art der Arbeitsstätte und der Tätigkeiten sowie der Zahl der Beschäftigten die Maßnahmen zu treffen, die zur Ersten Hilfe, Brandbekämpfung und Evakuierung der Beschäftigten erforderlich sind. ₂Dabei hat er der Anwesenheit anderer Personen Rechnung zu tragen. ₃Er hat auch dafür zu sorgen, daß im Notfall die erforderlichen Verbindungen zu außerbetrieblichen Stellen, insbesondere in den Bereichen der Ersten Hilfe, der medizinischen Notversorgung, der Bergung und der Brandbekämpfung eingerichtet sind.

(2) 1Der Arbeitgeber hat diejenigen Beschäftigten zu benennen, die Aufgaben der Ersten Hilfe, Brandbekämpfung und Evakuierung der Beschäftigten übernehmen. 2Anzahl, Ausbildung und Ausrüstung der nach Satz 1 benannten Beschäftigten müssen in einem angemessenen Verhältnis zur Zahl der Beschäftigten und zu den bestehenden besonderen Gefahren stehen. 3Vor der Benennung hat der Arbeitgeber den Betriebs- oder Personalrat zu hören. 4Weitergehende Beteiligungsrechte bleiben unberührt. 5Der Arbeitgeber kann die in Satz 1 genannten Aufgaben auch selbst wahrnehmen, wenn er über die nach Satz 2 erforderliche Ausbildung und Ausrüstung verfügt.

§ 11 Arbeitsmedizinische Vorsorge

Der Arbeitgeber hat den Beschäftigten auf ihren Wunsch unbeschadet der Pflichten aus anderen Rechtsvorschriften zu ermöglichen, sich je nach den Gefahren für ihre Sicherheit und Gesundheit bei der Arbeit regelmäßig arbeitsmedizinisch untersuchen zu lassen, es sei denn, auf Grund der Beurteilung der Arbeitsbedingungen und der getroffenen Schutzmaßnahmen ist nicht mit einem Gesundheitsschaden zu rechnen.

§ 12 Unterweisung

(1) 1Der Arbeitgeber hat die Beschäftigten über Sicherheit und Gesundheitsschutz bei der Arbeit während ihrer Arbeitszeit ausreichend und angemessen zu unterweisen. 2Die Unterweisung umfaßt Anweisungen und Erläuterungen, die eigens auf den Arbeitsplatz oder den Aufgabenbereich der Beschäftigten ausgerichtet sind. 3Die Unterweisung muß bei der Einstellung, bei Veränderungen im Aufgabenbereich, der Einführung neuer Arbeitsmittel oder einer neuen Technologie vor Aufnahme der Tätigkeit der Beschäftigten erfolgen. 4Die Unterweisung muß an die Gefährdungsentwicklung angepaßt sein und erforderlichenfalls regelmäßig wiederholt werden.

(2) 1Bei einer Arbeitnehmerüberlassung trifft die Pflicht zur Unterweisung nach Absatz 1 den Entleiher. 2Er hat die Unterweisung unter Berücksichtigung der Qualifikation und der Erfahrung der Personen, die ihm zur Arbeitsleistung überlassen werden, vorzunehmen. 3Die sonstigen Arbeitsschutzpflichten des Verleihers bleiben unberührt.

§ 13 Verantwortliche Personen

(1) Verantwortlich für die Erfüllung der sich aus diesem Abschnitt ergebenden Pflichten sind neben dem Arbeitgeber

1. sein gesetzlicher Vertreter,
2. das vertretungsberechtigte Organ einer juristischen Person,
3. der vertretungsberechtigte Gesellschafter einer Personenhandelsgesellschaft,
4. Personen, die mit der Leitung eines Unternehmens oder eines Betriebes beauftragt sind, im Rahmen der ihnen übertragenen Aufgaben und Befugnisse,
5. sonstige nach Absatz 2 oder nach einer auf Grund dieses Gesetzes erlassenen Rechtsverordnung oder nach einer Unfallverhütungsvorschrift verpflichtete Personen im Rahmen ihrer Aufgaben und Befugnisse.

(2) Der Arbeitgeber kann zuverlässige und fachkundige Personen schriftlich damit beauftragen ihm obliegende Aufgaben nach diesem Gesetz in eigener Verantwortung wahrzunehmen.

§ 14 Unterrichtung und Anhörung der Beschäftigten des öffentlichen Dienstes

(1) Die Beschäftigten des öffentlichen Dienstes sind vor Beginn der Beschäftigung und bei Veränderungen in ihren Arbeitsbereichen über Gefahren für Sicherheit und Gesundheit, denen sie bei der Arbeit ausgesetzt sein können, sowie über die Maßnahmen und Einrichtungen zur Verhütung dieser Gefahren und die nach § 10 Abs. 2 getroffenen Maßnahmen zu unterrichten.

(2) Soweit in Betrieben des öffentlichen Dienstes keine Vertretung der Beschäftigten besteht, hat der Arbeitgeber die Beschäftigten zu allen Maßnahmen zu hören, die Auswirkungen auf Sicherheit und Gesundheit der Beschäftigten haben können.

Dritter Abschnitt
Pflichten und Rechte der Beschäftigten

§ 15 Pflichten der Beschäftigten

(1) $_1$Die Beschäftigten sind verpflichtet, nach ihren Möglichkeiten sowie gemäß der Unterweisung und Weisung des Arbeitgebers für ihre Sicherheit und Gesundheit bei der Arbeit Sorge zu tragen. $_2$Entsprechend Satz 1 haben die Beschäftigten auch für die Sicherheit und Gesundheit der Personen zu sorgen, die von ihren Handlungen oder Unterlassungen bei der Arbeit betroffen sind.

(2) Im Rahmen des Absatzes 1 haben die Beschäftigten insbesondere Maschinen, Geräte, Werkzeuge, Arbeitsstoffe, Transportmittel und sonstige Arbeitsmittel sowie Schutzvorrichtungen und die ihnen zur Verfügung gestellte persönliche Schutzausrüstung bestimmungsgemäß zu verwenden.

§ 16 Besondere Unterstützungspflichten

(1) Die Beschäftigten haben dem Arbeitgeber oder dem zuständigen Vorgesetzten jede von ihnen festgestellte unmittelbare erhebliche Gefahr für die Sicherheit und Gesundheit sowie jeden an den Schutzsystemen festgestellten Defekt unverzüglich zu melden.

(2) $_1$Die Beschäftigten haben gemeinsam mit dem Betriebsarzt und der Fachkraft für Arbeitssicherheit den Arbeitgeber darin zu unterstützen, die Sicherheit und den Gesundheitsschutz der Beschäftigten bei der Arbeit zu gewährleisten und seine Pflichten entsprechend den behördlichen Aufgaben zu erfüllen. $_2$Unbeschadet ihrer Pflicht nach Absatz 1 sollen die Beschäftigten von ihnen festgestellte Gefahren für Sicherheit und Gesundheit und Mängel an den Schutzsystemen auch der Fachkraft für Arbeitssicherheit, dem Betriebsarzt oder dem Sicherheitsbeauftragten nach § 22 des Siebten Buches Sozialgesetzbuch mitteilen.

§ 17 Rechte der Beschäftigten

(1) $_1$Die Beschäftigten sind berechtigt, dem Arbeitgeber Vorschläge zu allen Fragen der Sicherheit und des Gesundheitsschutzes bei der Arbeit zu machen. $_2$Für Beamtinnen und Beamte des Bundes ist § 125 des Bundesbeamtengesetzes anzuwenden. $_3$Entsprechendes Landesrecht bleibt unberührt.

(2) $_1$Sind Beschäftigte auf Grund konkreter Anhaltspunkte der Auffassung, daß die vom Arbeitgeber getroffenen Maßnahmen und bereitgestellten Mittel nicht ausreichen, um die Sicherheit und den Gesundheitsschutz bei der Arbeit zu gewährleisten, und hilft der Arbeitgeber darauf gerichteten Beschwerden von Beschäftigten nicht ab, können sich diese an die zuständige Behörde wenden. $_2$Hierdurch dürfen den Beschäftigten keine Nachteile entstehen. $_3$Die in Absatz 1 Satz 2 und 3 genannten Vorschriften sowie die Vorschriften des Hinweisgeberschutzgesetzes, der Wehrbeschwerdeordnung und des Gesetzes über den Wehrbeauftragten des Deutschen Bundestages bleiben unberührt.

Vierter Abschnitt
Verordnungsermächtigungen

§ 18 Verordnungsermächtigungen

(1) $_1$Die Bundesregierung wird ermächtigt, durch Rechtsverordnung mit Zustimmung des Bundesrates vorzuschreiben, welche Maßnahmen der Arbeitgeber und die sonstigen verantwortlichen Personen zu treffen haben und wie sich die Beschäftigten zu verhalten haben, um ihre jeweiligen Pflichten, die sich aus diesem Gesetz ergeben, zu erfüllen. $_2$In diesen Rechtsverordnungen kann auch bestimmt werden, daß bestimmte Vorschriften des Gesetzes zum Schutz anderer als in § 2 Abs. 2 genannter Personen anzuwenden sind.

(2) Durch Rechtsverordnungen nach Absatz 1 kann insbesondere bestimmt werden,

1. daß und wie zur Abwehr bestimmter Gefahren Dauer oder Lage der Beschäftigung oder die Zahl der Beschäftigten begrenzt werden muß,
2. daß der Einsatz bestimmter Arbeitsmittel oder -verfahren mit besonderen Gefahren für die Beschäftigten verboten ist oder der zuständigen Behörde angezeigt oder von ihr erlaubt sein muß oder besonders gefährdete Personen dabei nicht beschäftigt werden dürfen,

3. daß bestimmte, besonders gefährliche Betriebsanlagen einschließlich der Arbeits- und Fertigungsverfahren vor Inbetriebnahme, in regelmäßigen Abständen oder auf behördliche Anordnung fachkundig geprüft werden müssen,

3a. dass für bestimmte Beschäftigte angemessene Unterkünfte bereitzustellen sind, wenn dies aus Gründen der Sicherheit, zum Schutz der Gesundheit oder aus Gründen der menschengerechten Gestaltung der Arbeit erforderlich ist und welche Anforderungen dabei zu erfüllen sind,

4. daß Beschäftigte, bevor sie eine bestimmte gefährdende Tätigkeit aufnehmen oder fortsetzen oder nachdem sie sie beendet haben, arbeitsmedizinisch zu untersuchen sind, und welche besonderen Pflichten der Arzt dabei zu beachten hat,

5. dass Ausschüsse zu bilden sind, denen die Aufgabe übertragen wird, die Bundesregierung oder das zuständige Bundesministerium zur Anwendung der Rechtsverordnungen zu beraten, dem Stand der Technik, Arbeitsmedizin und Hygiene entsprechende Regeln und sonstige gesicherte arbeitswissenschaftliche Erkenntnisse zu ermitteln sowie Regeln zu ermitteln, wie die in den Rechtsverordnungen gestellten Anforderungen erfüllt werden können. Das Bundesministerium für Arbeit und Soziales kann die Regeln und Erkenntnisse amtlich bekannt machen.

(3) 1In epidemischen Lagen von nationaler Tragweite nach § 5 Absatz 1 des Infektionsschutzgesetzes kann das Bundesministerium für Arbeit und Soziales ohne Zustimmung des Bundesrates spezielle Rechtsverordnungen nach Absatz 1 für einen befristeten Zeitraum erlassen. 2Das Bundesministerium für Arbeit und Soziales kann ohne Zustimmung des Bundesrates durch Rechtsverordnung für einen befristeten Zeitraum, der spätestens mit Ablauf des 7. April 2023 endet,

1. bestimmen, dass spezielle Rechtsverordnungen nach Satz 1 nach Aufhebung der Feststellung der epidemischen Lage von nationaler Tragweite nach § 5 Absatz 1 des Infektionsschutzgesetzes fortgelten, und diese ändern sowie
2. spezielle Rechtsverordnungen nach Absatz 1 erlassen.

§ 19 Rechtsakte der Europäischen Gemeinschaften und zwischenstaatliche Vereinbarungen

Rechtsverordnungen nach § 18 können auch erlassen werden, soweit dies zur Durchführung von Rechtsakten des Rates oder der Kommission der Europäischen Gemeinschaften oder von Beschlüssen internationaler Organisationen oder von zwischenstaatlichen Vereinbarungen, die Sachbereiche dieses Gesetzes betreffen, erforderlich ist, insbesondere um Arbeitsschutzpflichten für andere als in § 2 Abs. 3 genannte Personen zu regeln.

§ 20 Regelungen für den öffentlichen Dienst

(1) Für die Beamten der Länder, Gemeinden und sonstigen Körperschaften, Anstalten und Stiftungen des öffentlichen Rechts regelt das Landesrecht, ob und inwieweit die nach § 18 erlassenen Rechtsverordnungen gelten.

(2) 1Für bestimmte Tätigkeiten im öffentlichen Dienst des Bundes, insbesondere bei der Bundeswehr, der Polizei, den Zivil- und Katastrophenschutzdiensten, dem Zoll oder den Nachrichtendiensten, können das Bundeskanzleramt, das Bundesministerium des Innern, für Bau und Heimat, das Bundesministerium für Verkehr und digitale Infrastruktur, das Bundesministerium der Verteidigung oder das Bundesministerium der Finanzen, soweit sie hierfür jeweils zuständig sind, durch Rechtsverordnung ohne Zustimmung des Bundesrates bestimmen, daß Vorschriften dieses Gesetzes ganz oder zum Teil nicht anzuwenden sind, soweit öffentliche Belange dies zwingend erfordern, insbesondere zur Aufrechterhaltung oder Wiederherstellung der öffentlichen Sicherheit. 2Rechtsverordnungen nach Satz 1 werden im Einvernehmen mit dem Bundesministerium für Arbeit und Soziales und, soweit nicht das Bundesministerium des Innern, für Bau und Heimat selbst ermächtigt ist, im Einvernehmen mit

diesem Ministerium erlassen. 3In den Rechtsverordnungen ist gleichzeitig festzulegen, wie die Sicherheit und der Gesundheitsschutz bei der Arbeit unter Berücksichtigung der Ziele dieses Gesetzes auf andere Weise gewährleistet werden. 4Für Tätigkeiten im öffentlichen Dienst der Länder, Gemeinden und sonstigen landesunmittelbaren Körperschaften, Anstalten und Stiftungen des öffentlichen Rechts können den Sätzen 1 und 3 entsprechende Regelungen durch Landesrecht getroffen werden.

Fünfter Abschnitt Gemeinsame deutsche Arbeitsschutzstrategie

§ 20a Gemeinsame deutsche Arbeitsschutzstrategie

(1) 1Nach den Bestimmungen dieses Abschnitts entwickeln Bund, Länder und Unfallversicherungsträger im Interesse eines wirksamen Arbeitsschutzes eine gemeinsame deutsche Arbeitsschutzstrategie und gewährleisten ihre Umsetzung und Fortschreibung. 2Mit der Wahrnehmung der ihnen gesetzlich zugewiesenen Aufgaben zur Verhütung von Arbeitsunfällen, Berufskrankheiten und arbeitsbedingten Gesundheitsgefahren sowie zur menschengerechten Gestaltung der Arbeit tragen Bund, Länder und Unfallversicherungsträger dazu bei, die Ziele der gemeinsamen deutschen Arbeitsschutzstrategie zu erreichen.

(2) Die gemeinsame deutsche Arbeitsschutzstrategie umfasst

1. die Entwicklung gemeinsamer Arbeitsschutzziele,
2. die Festlegung vorrangiger Handlungsfelder und von Eckpunkten für Arbeitsprogramme sowie deren Ausführung nach einheitlichen Grundsätzen,
3. die Evaluierung der Arbeitsschutzziele, Handlungsfelder und Arbeitsprogramme mit geeigneten Kennziffern,
4. die Festlegung eines abgestimmten Vorgehens der für den Arbeitsschutz zuständigen Landesbehörden und der Unfallversicherungsträger bei der Beratung und Überwachung der Betriebe,
5. die Herstellung eines verständlichen, überschaubaren und abgestimmten Vorschriften- und Regelwerks.

§ 20b Nationale Arbeitsschutzkonferenz

(1) 1Die Aufgabe der Entwicklung, Steuerung und Fortschreibung der gemeinsamen deutschen Arbeitsschutzstrategie nach § 20a Abs. 1 Satz 1 wird von der Nationalen Arbeitsschutzkonferenz wahrgenommen. 2Sie setzt sich aus jeweils drei stimmberechtigten Vertretern von Bund, Ländern und den Unfallversicherungsträgern zusammen und bestimmt für jede Gruppe drei Stellvertreter. 3Außerdem entsenden die Spitzenorganisationen der Arbeitgeber und Arbeitnehmer für die Behandlung von Angelegenheiten nach § 20a Abs. 2 Nr. 1 bis 3 und 5 jeweils bis zu drei Vertreter in die Nationale Arbeitsschutzkonferenz; sie nehmen mit beratender Stimme an den Sitzungen teil. 4Die Nationale Arbeitsschutzkonferenz gibt sich eine Geschäftsordnung; darin werden insbesondere die Arbeitsweise und das Beschlussverfahren festgelegt. 5Die Geschäftsordnung muss einstimmig angenommen werden.

(2) Alle Einrichtungen, die mit Sicherheit und Gesundheit bei der Arbeit befasst sind, können der Nationalen Arbeitsschutzkonferenz Vorschläge für Arbeitsschutzziele, Handlungsfelder und Arbeitsprogramme unterbreiten.

(3) 1Die Nationale Arbeitsschutzkonferenz wird durch ein Arbeitsschutzforum unterstützt, das in der Regel einmal jährlich stattfindet. 2Am Arbeitsschutzforum sollen sachverständige Vertreter der Spitzenorganisationen der Arbeitgeber und Arbeitnehmer, der Berufs- und Wirtschaftsverbände, der Wissenschaft, der Kranken- und Rentenversicherungsträger, von Einrichtungen im Bereich Sicherheit und Gesundheit bei der Arbeit sowie von Einrichtungen, die der Förderung der Beschäftigungsfähigkeit dienen, teilnehmen. 3Das Arbeitsschutzforum hat die Aufgabe, eine frühzeitige und aktive Teilhabe der sachverständigen Fachöffentlichkeit an der Entwicklung und Fortschreibung der gemeinsamen deutschen Arbeitsschutzstrategie sicherzustellen und die Nationale Arbeitsschutzkonferenz entsprechend zu beraten.

(4) Einzelheiten zum Verfahren der Einreichung von Vorschlägen nach Absatz 2 und zur Durchführung des Arbeitsschutzforums nach Absatz 3 werden in der Geschäftsordnung der Nationalen Arbeitsschutzkonferenz geregelt.

(5) $_1$Die Geschäfte der Nationalen Arbeitsschutzkonferenz und des Arbeitsschutzforums führt die Bundesanstalt für Arbeitsschutz und Arbeitsmedizin. $_2$Einzelheiten zu Arbeitsweise und Verfahren werden in der Geschäftsordnung der Nationalen Arbeitsschutzkonferenz festgelegt.

Sechster Abschnitt Schlußvorschriften

§ 21 Zuständige Behörden; Zusammenwirken mit den Trägern der gesetzlichen Unfallversicherung

(1) $_1$Die Überwachung des Arbeitsschutzes nach diesem Gesetz ist staatliche Aufgabe. $_2$Die zuständigen Behörden haben die Einhaltung dieses Gesetzes und der auf Grund dieses Gesetzes erlassenen Rechtsverordnungen zu überwachen und die Arbeitgeber bei der Erfüllung ihrer Pflichten zu beraten. $_3$Bei der Überwachung haben die zuständigen Behörden bei der Auswahl von Betrieben Art und Umfang des betrieblichen Gefährdungspotenzials zu berücksichtigen.

(1a) $_1$Die zuständigen Landesbehörden haben bei der Überwachung nach Absatz 1 sicherzustellen, dass im Laufe eines Kalenderjahres eine Mindestanzahl an Betrieben besichtigt wird. $_2$Beginnend mit dem Kalenderjahr 2026 sind im Laufe eines Kalenderjahres mindestens 5 Prozent der im Land vorhandenen Betriebe zu besichtigen (Mindestbesichtigungsquote). $_3$Von der Mindestbesichtigungsquote kann durch Landesrecht nicht abgewichen werden. $_4$Erreicht eine Landesbehörde die Mindestbesichtigungsquote nicht, so hat sie die Zahl der besichtigten Betriebe bis zum Kalenderjahr 2026 schrittweise mindestens so weit zu erhöhen, dass sie die Mindestbesichtigungsquote erreicht. $_5$Maßgeblich für die Anzahl der im Land vorhandenen Betriebe ist die amtliche Statistik der Bundesagentur für Arbeit des Vorjahres.

(2) $_1$Die Aufgaben und Befugnisse der Träger der gesetzlichen Unfallversicherung richten sich, soweit nichts anderes bestimmt ist, nach den Vorschriften des Sozialgesetzbuchs. $_2$Soweit die Träger der gesetzlichen Unfallversicherung nach dem Sozialgesetzbuch im Rahmen ihres Präventionsauftrags auch Aufgaben zur Gewährleistung von Sicherheit und Gesundheitsschutz der Beschäftigten wahrnehmen, werden sie ausschließlich im Rahmen ihrer autonomen Befugnisse tätig.

(3) $_1$Die zuständigen Landesbehörden und die Unfallversicherungsträger wirken auf der Grundlage einer gemeinsamen Beratungs- und Überwachungsstrategie nach § 20a Abs. 2 Nr. 4 eng zusammen und stellen den Erfahrungsaustausch sicher. $_2$Diese Strategie umfasst die Abstimmung allgemeiner Grundsätze zur methodischen Vorgehensweise bei

1. der Beratung und Überwachung der Betriebe,
2. der Festlegung inhaltlicher Beratungs- und Überwachungsschwerpunkte, aufeinander abgestimmter oder gemeinsamer Schwerpunktaktionen und Arbeitsprogramme und
3. der Förderung eines Daten- und sonstigen Informationsaustausches, insbesondere über Betriebsbesichtigungen und deren wesentliche Ergebnisse.

$_3$Die zuständigen Landesbehörden vereinbaren mit den Unfallversicherungsträgern nach § 20 Abs. 2 Satz 3 des Siebten Buches Sozialgesetzbuch die Maßnahmen, die zur Umsetzung der gemeinsamen Arbeitsprogramme nach § 20a Abs. 2 Nr. 2 und der gemeinsamen Beratungs- und Überwachungsstrategie notwendig sind; sie evaluieren deren Zielerreichung mit den von der Nationalen Arbeitsschutzkonferenz nach § 20a Abs. 2 Nr. 3 bestimmten Kennziffern.

(3a) $_1$Zu nach dem 1. Januar 2023 durchgeführten Betriebsbesichtigungen und deren Ergebnissen übermitteln die für den Arbeitsschutz zuständigen Landesbehörden an den für die besichtigte Betriebsstätte zuständigen Unfallversicherungsträger im Wege elektronischer Datenübertragung folgende Informationen:

1. Name und Anschrift des Betriebs,
2. Anschrift der besichtigten Betriebsstätte, soweit nicht mit Nummer 1 identisch,
3. Kennnummer zur Identifizierung,
4. Wirtschaftszweig des Betriebs,
5. Datum der Besichtigung,
6. Anzahl der Beschäftigten zum Zeitpunkt der Besichtigung,
7. Vorhandensein einer betrieblichen Interessenvertretung,
8. Art der sicherheitstechnischen Betreuung,
9. Art der betriebsärztlichen Betreuung,
10. Bewertung der Arbeitsschutzorganisation einschließlich
    a) der Unterweisung,
    b) der arbeitsmedizinischen Vorsorge und
    c) der Ersten Hilfe und sonstiger Notfallmaßnahmen,
11. Bewertung der Gefährdungsbeurteilung einschließlich
    a) der Ermittlung von Gefährdungen und Festlegung von Maßnahmen,
    b) der Prüfung der Umsetzung der Maßnahmen und ihrer Wirksamkeit und
    c) der Dokumentation der Gefährdungen und Maßnahmen,
12. Verwaltungshandeln in Form von Feststellungen, Anordnungen oder Bußgeldern.

$_2$Die übertragenen Daten dürfen von den Unfallversicherungsträgern nur zur Erfüllung der in ihrer Zuständigkeit nach § 17 Absatz 1 des Siebten Buches Sozialgesetzbuch liegenden Aufgaben verarbeitet werden.

(4) $_1$Die für den Arbeitsschutz zuständige oberste Landesbehörde kann mit Trägern der gesetzlichen Unfallversicherung vereinbaren, daß diese in näher zu bestimmenden Tätigkeitsbereichen die Einhaltung dieses Gesetzes, bestimmter Vorschriften dieses Gesetzes oder der auf Grund dieses Gesetzes erlassenen Rechtsverordnungen überwachen. $_2$In der Vereinbarung sind Art und Umfang der Überwachung sowie die Zusammenarbeit mit den staatlichen Arbeitsschutzbehörden festzulegen.

(5) $_1$Soweit nachfolgend nichts anderes bestimmt ist, ist zuständige Behörde für die Durchführung dieses Gesetzes und der auf dieses Gesetz gestützten Rechtsverordnungen in den Betrieben und Verwaltungen des Bundes die Zentralstelle für Arbeitsschutz beim Bundesministerium des Innern, für Bau und Heimat. $_2$Im Auftrag der Zentralstelle handelt, soweit nichts anderes bestimmt ist, die Unfallversicherung Bund und Bahn, die insoweit der Aufsicht des Bundesministeriums des Innern, für Bau und Heimat unterliegt; Aufwendungen werden nicht erstattet. $_3$Im öffentlichen Dienst im Geschäftsbereich des Bundesministeriums für Verkehr und digitale Infrastruktur führt die Unfallversicherung Bund und Bahn, soweit die Eisenbahn-Unfallkasse bis zum 31. Dezember 2014 Träger der Unfallversicherung war, dieses Gesetz durch. $_4$Für Betriebe und Verwaltungen in den Geschäftsbereichen des Bundesministeriums der Verteidigung und des Auswärtigen Amtes hinsichtlich seiner Auslandsvertretungen führt das jeweilige Bundesministerium, soweit es jeweils zuständig ist, oder die von ihm jeweils bestimmte Stelle dieses Gesetz durch. $_5$Im Geschäftsbereich des Bundesministeriums der Finanzen führt die Berufsgenossenschaft Verkehrswirtschaft Post-Logistik Telekommunikation dieses Gesetz durch, soweit der Geschäftsbereich des ehemaligen Bundesministeriums für Post und Telekommunikation betroffen ist. $_6$Die Sätze 1 bis 4 gelten auch für Betriebe und Verwaltungen, die zur Bundesverwaltung gehören, für die aber eine Berufsgenossenschaft Träger der Unfallversicherung ist. $_7$Die zuständigen Bundesministerien können mit den Berufsgenossenschaften für diese Betriebe und Verwaltungen vereinbaren, daß das Gesetz von den Berufsgenossenschaften durchgeführt wird; Aufwendungen werden nicht erstattet.

§ 22 Befugnisse der zuständigen Behörden

(1) $_1$Die zuständige Behörde kann vom Arbeitgeber oder von den verantwortlichen Personen die zur Durchführung ihrer Überwachungsaufgabe erforderlichen Auskünfte und die Überlassung von entsprechenden Unterlagen verlangen. $_2$Werden Beschäftigte mehrerer Arbeitgeber an einem Arbeitsplatz

tätig, kann die zuständige Behörde von den Arbeitgebern oder von den verantwortlichen Personen verlangen, dass das Ergebnis der Abstimmung über die zu treffenden Maßnahmen nach § 8 Absatz 1 schriftlich vorgelegt wird. $_{3}$Die auskunftspflichtige Person kann die Auskunft auf solche Fragen oder die Vorlage derjenigen Unterlagen verweigern, deren Beantwortung oder Vorlage sie selbst oder einen ihrer in § 383 Abs. 1 Nr. 1 bis 3 der Zivilprozeßordnung bezeichneten Angehörigen der Gefahr der Verfolgung wegen einer Straftat oder Ordnungswidrigkeit aussetzen würde. $_{4}$Die auskunftspflichtige Person ist darauf hinzuweisen.

(2) $_{1}$Die mit der Überwachung beauftragten Personen sind befugt, zu den Betriebs- und Arbeitszeiten Betriebsstätten, Geschäfts- und Betriebsräume zu betreten, zu besichtigen und zu prüfen sowie in die geschäftlichen Unterlagen der auskunftspflichtigen Person Einsicht zu nehmen, soweit dies zur Erfüllung ihrer Aufgaben erforderlich ist. $_{2}$Außerdem sind sie befugt, Betriebsanlagen, Arbeitsmittel und persönliche Schutzausrüstungen zu prüfen, Arbeitsverfahren und Arbeitsabläufe zu untersuchen, Messungen vorzunehmen und insbesondere arbeitsbedingte Gesundheitsgefahren festzustellen und zu untersuchen, auf welche Ursachen ein Arbeitsunfall, eine arbeitsbedingte Erkrankung oder ein Schadensfall zurückzuführen ist. $_{3}$Sie sind berechtigt, die Begleitung durch den Arbeitgeber oder eine von ihm beauftragte Person zu verlangen. $_{4}$Der Arbeitgeber oder die verantwortlichen Personen haben die mit der Überwachung beauftragten Personen bei der Wahrnehmung ihrer Befugnisse nach den Sätzen 1 und 2 zu unterstützen. $_{5}$Außerhalb der in Satz 1 genannten Zeiten dürfen die mit der Überwachung beauftragten Personen ohne Einverständnis des Arbeitgebers die Maßnahmen nach den Sätzen 1 und 2 nur treffen, soweit sie zur Verhütung dringender Gefahren für die öffentliche Sicherheit und Ordnung erforderlich sind. $_{6}$Wenn sich die Arbeitsstätte in einer Wohnung befindet, dürfen die mit der Überwachung beauftragten Personen die Maßnahmen nach den Sätzen 1 und 2 ohne Einverständnis der Bewohner oder Nutzungsberechtigten nur treffen, soweit sie zur Verhütung dringender Gefahren für die öffentliche Sicherheit und Ordnung erforderlich sind. $_{7}$Die auskunftspflichtige Person hat die Maßnahmen nach den Sätzen 1, 2, 5 und 6 zu dulden. $_{8}$Die Sätze 1 und 5 gelten entsprechend, wenn nicht feststeht, ob in der Arbeitsstätte Personen beschäftigt werden, jedoch Tatsachen gegeben sind, die diese Annahme rechtfertigen. $_{9}$Das Grundrecht der Unverletzlichkeit der Wohnung (Artikel 13 des Grundgesetzes) wird insoweit eingeschränkt.

(3) $_{1}$Die zuständige Behörde kann im Einzelfall anordnen,

1. welche Maßnahmen der Arbeitgeber und die verantwortlichen Personen oder die Beschäftigten zur Erfüllung der Pflichten zu treffen haben, die sich aus diesem Gesetz und den auf Grund dieses Gesetzes erlassenen Rechtsverordnungen ergeben,
2. welche Maßnahmen der Arbeitgeber und die verantwortlichen Personen zur Abwendung einer besonderen Gefahr für Leben und Gesundheit der Beschäftigten zu treffen haben.

$_{2}$Die zuständige Behörde hat, wenn nicht Gefahr im Verzug ist, zur Ausführung der Anordnung eine angemessene Frist zu setzen. $_{3}$Wird eine Anordnung nach Satz 1 nicht innerhalb einer gesetzten Frist oder eine für sofort vollziehbar erklärte Anordnung nicht sofort ausgeführt, kann die zuständige Behörde die von der Anordnung betroffene Arbeit oder die Verwendung oder den Betrieb der von der Anordnung betroffenen Arbeitsmittel untersagen. $_{4}$Maßnahmen der zuständigen Behörde im Bereich des öffentlichen Dienstes, die den Dienstbetrieb wesentlich beeinträchtigen, sollen im Einvernehmen mit der obersten Bundes- oder Landesbehörde oder dem Hauptverwaltungsbeamten der Gemeinde getroffen werden.

§ 23 Betriebliche Daten; Zusammenarbeit mit anderen Behörden; Jahresbericht, Bundesfachstelle

(1) $_{1}$Der Arbeitgeber hat der zuständigen Behörde zu einem von ihr bestimmten Zeitpunkt Mitteilungen über

1. die Zahl der Beschäftigten und derer, an die er Heimarbeit vergibt, aufgegliedert nach Geschlecht, Alter und Staatsangehörigkeit,
2. den Namen oder die Bezeichnung und Anschrift des Betriebes, in dem er sie beschäftigt,
3. seinen Namen, seine Firma und seine Anschrift sowie
4. den Wirtschaftszweig, dem sein Betrieb angehört,

zu machen. 2Das Bundesministerium für Arbeit und Soziales wird ermächtigt, durch Rechtsverordnung mit Zustimmung des Bundesrates zu bestimmen, daß die Stellen der Bundesverwaltung, denen der Arbeitgeber die in Satz 1 genannten Mitteilungen bereits auf Grund einer Rechtsvorschrift mitgeteilt hat, diese Angaben an die für die Behörden nach Absatz 1 zuständigen obersten Landesbehörden als Schreiben oder auf maschinell verwertbaren Datenträgern oder durch Datenübertragung weiterzuleiten haben. 3In der Rechtsverordnung können das Nähere über die Form der weiterzuleitenden Angaben sowie die Frist für die Weiterleitung bestimmt werden. 4Die weitergeleiteten Angaben dürfen nur zur Erfüllung der in der Zuständigkeit der Behörden nach § 21 Abs. 1 liegenden Arbeitsschutzaufgaben verarbeitet werden.

(2) 1Die mit der Überwachung beauftragten Personen dürfen die ihnen bei ihrer Überwachungstätigkeit zur Kenntnis gelangenden Geschäfts- und Betriebsgeheimnisse nur in den gesetzlich geregelten Fällen oder zur Verfolgung von Gesetzwidrigkeiten oder zur Erfüllung von gesetzlich geregelten Aufgaben zum Schutz der Versicherten dem Träger der gesetzlichen Unfallversicherung oder zum Schutz der Umwelt den dafür zuständigen Behörden offenbaren. 2Soweit es sich bei Geschäfts- und Betriebsgeheimnissen um Informationen über die Umwelt im Sinne des Umweltinformationsgesetzes handelt, richtet sich die Befugnis zu ihrer Offenbarung nach dem Umweltinformationsgesetz.

(3) 1Ergeben sich im Einzelfall für die zuständigen Behörden konkrete Anhaltspunkte für

1. eine Beschäftigung oder Tätigkeit von Ausländern ohne den erforderlichen Aufenthaltstitel nach § 4a Absatz 5 Satz 1 des Aufenthaltsgesetzes, eine Erlaubnis oder Berechtigung nach § 4a Absatz 5 Satz 2 in Verbindung mit Absatz 4 des Aufenthaltsgesetzes, eine Aufenthaltsgestattung oder eine Duldung, die zur Ausübung der Beschäftigung berechtigen, oder eine Genehmigung nach § 284 Absatz1 des Dritten Buches Sozialgesetzbuch,
2. Verstöße gegen die Mitwirkungspflicht nach § 60 Abs. 1 Satz 1 Nr. 2 des Ersten Buches Sozialgesetzbuch gegenüber einer Dienststelle der Bundesagentur für Arbeit, einem Träger der gesetzlichen Kranken-, Pflege-, Unfall- oder Rentenversicherung oder einem Träger der Sozialhilfe oder gegen die Meldepflicht nach § 8a des Asylbewerberleistungsgesetzes,
3. Verstöße gegen das Schwarzarbeitsbekämpfungsgesetz,
4. Verstöße gegen das Arbeitnehmerüberlassungsgesetz,
5. Verstöße gegen die Vorschriften des Vierten und des Siebten Buches Sozialgesetzbuch über die Verpflichtung zur Zahlung von Sozialversicherungsbeiträgen,
6. Verstöße gegen das Aufenthaltsgesetz,
7. Verstöße gegen die Steuergesetze,
8. Verstöße gegen das Gesetz zur Sicherung von Arbeitnehmerrechten in der Fleischwirtschaft,
9. Verstöße gegen Vorgaben für Pakete mit erhöhtem Gewicht nach dem Postgesetz,
10. Verstöße gegen das Mindestlohngesetz,
11. Verstöße gegen das Arbeitnehmer-Entsendegesetz,

unterrichten sie die für die Verfolgung und Ahndung zuständigen Behörden, die Träger der Sozialhilfe sowie die Behörden nach § 71 des Aufenthaltsgesetzes. 2In den Fällen des Satzes 1 arbeiten die zuständigen Behörden insbesondere mit den Agenturen für Arbeit, den Hauptzollämtern, den Rentenversicherungsträgern, den Krankenkassen als Einzugsstellen für die Sozialversicherungsbeiträge, den Trägern der gesetzlichen Unfallversicherung, den nach Landesrecht für die Verfolgung und Ahndung von Verstößen gegen das Gesetz zur Bekämpfung der Schwarzarbeit zuständigen Behörden, den Trägern der Sozialhilfe, den in § 71 des Aufenthaltsgesetzes genannten Behörden, den Finanzbehörden und der Bundesnetzagentur für Elektrizität, Gas, Telekommunikation, Post und Eisenbahnen zusammen.

(3a) Leitet die Generalzolldirektion im Rahmen ihrer Funktion als Verbindungsbüro im Sinne des Artikels 4 Absatz 1 der Richtlinie 96/71/EG in der Fassung vom 28. Juni 2018 ein über das Binnenmarkt-Informationssystem eingehendes Ersuchen, das die Mindestarbeitsbedingungen nach Artikel 3 Absatz 1 Buchstabe e der Richtlinie 96/71/EG in der Fassung vom 28. Juni 2018 betrifft, an die zuständigen Behörden weiter, so können diese die zur Beantwortung erforderlichen Informationen an die Generalzolldirektion zur Weiterleitung an die ersuchenden Behörden übermitteln.

(4) $_1$Die zuständigen obersten Landesbehörden haben über die Überwachungstätigkeit der ihnen unterstellten Behörden einen Jahresbericht zu veröffentlichen. $_2$Der Jahresbericht umfaßt auch Angaben zur Erfüllung von Unterrichtungspflichten aus internationalen Übereinkommen oder Rechtsakten der Europäischen Gemeinschaften, soweit sie den Arbeitsschutz betreffen.

(5) $_1$Bei der Bundesanstalt für Arbeitsschutz und Arbeitsmedizin wird eine Bundesfachstelle für Sicherheit und Gesundheit bei der Arbeit eingerichtet. $_2$Sie hat die Aufgabe, die Jahresberichte der Länder einschließlich der Besichtigungsquote nach § 21 Absatz 1a auszuwerten und die Ergebnisse für den statistischen Bericht über den Stand von Sicherheit und Gesundheit bei der Arbeit und über das Unfall- und Berufskrankheitengeschehen in der Bundesrepublik Deutschland nach § 25 Absatz 1 des Siebten Buches Sozialgesetzbuch zusammenzufassen. $_3$Das Bundesministerium für Arbeit und Soziales kann die Arbeitsweise und das Verfahren der Bundesfachstelle für Sicherheit und Gesundheit bei der Arbeit im Errichtungserlass der Bundesanstalt für Arbeitsschutz und Arbeitsmedizin festlegen.

§ 24 Ermächtigung zum Erlaß von allgemeinen Verwaltungsvorschriften

Die Bundesregierung kann mit Zustimmung des Bundesrates allgemeine Verwaltungsvorschriften erlassen insbesondere

1. zur Durchführung dieses Gesetzes und der auf Grund dieses Gesetzes erlassenen Rechtsverordnungen, insbesondere dazu, welche Kriterien zur Auswahl von Betrieben bei der Überwachung anzuwenden, welche Sachverhalte im Rahmen einer Betriebsbesichtigung mindestens zu prüfen und welche Ergebnisse aus der Überwachung für die Berichterstattung zu erfassen sind,
2. über die Gestaltung der Jahresberichte nach § 23 Abs. 4 und
3. über die Angaben, die die zuständigen obersten Landesbehörden dem Bundesministerium für Arbeit und Soziales für den Unfallverhütungsbericht nach § 25 Abs. 2 des Siebten Buches Sozialgesetzbuch bis zu einem bestimmten Zeitpunkt mitzuteilen haben.

§ 24a Ausschuss für Sicherheit und Gesundheit bei der Arbeit

(1) $_1$Beim Bundesministerium für Arbeit und Soziales wird ein Ausschuss für Sicherheit und Gesundheit bei der Arbeit gebildet, in dem geeignete Personen vonseiten der öffentlichen und privaten Arbeitgeber, der Gewerkschaften, der Landesbehörden, der gesetzlichen Unfallversicherung und weitere geeignete Personen, insbesondere aus der Wissenschaft, vertreten sein sollen. $_2$Dem Ausschuss sollen nicht mehr als 15 Mitglieder angehören. $_3$Für jedes Mitglied ist ein stellvertretendes Mitglied zu benennen. $_4$Die Mitgliedschaft im Ausschuss ist ehrenamtlich. $_5$Ein Mitglied oder ein stellvertretendes Mitglied aus den anderen Ausschüssen beim Bundesministerium für Arbeit und Soziales nach § 18 Absatz 2 Nummer 5 soll dauerhaft als Gast im Ausschuss für Sicherheit und Gesundheit bei der Arbeit vertreten sein.

(2) 1Das Bundesministerium für Arbeit und Soziales beruft die Mitglieder des Ausschusses für Sicherheit und Gesundheit bei der Arbeit und die stellvertretenden Mitglieder. 2Der Ausschuss gibt sich eine Geschäftsordnung und wählt die Vorsitzende oder den Vorsitzenden aus seiner Mitte. 3Die Geschäftsordnung und die Wahl der oder des Vorsitzenden bedürfen der Zustimmung des Bundesministeriums für Arbeit und Soziales.

(3) 1Zu den Aufgaben des Ausschusses für Sicherheit und Gesundheit bei der Arbeit gehört es, soweit hierfür kein anderer Ausschuss beim Bundesministerium für Arbeit und Soziales nach § 18 Absatz 2 Nummer 5 zuständig ist,

1. den Stand von Technik, Arbeitsmedizin und Hygiene sowie sonstige gesicherte arbeitswissenschaftliche Erkenntnisse für die Sicherheit und Gesundheit der Beschäftigten zu ermitteln,
2. Regeln und Erkenntnisse zu ermitteln, wie die in diesem Gesetz gestellten Anforderungen erfüllt werden können,
3. Empfehlungen zu Sicherheit und Gesundheit bei der Arbeit aufzustellen,
4. das Bundesministerium für Arbeit und Soziales in allen Fragen des Arbeitsschutzes zu beraten.

2Das Arbeitsprogramm des Ausschusses für Sicherheit und Gesundheit bei der Arbeit wird mit dem Bundesministerium für Arbeit und Soziales abgestimmt. 3Der Ausschuss arbeitet eng mit den anderen Ausschüssen beim Bundesministerium für Arbeit und Soziales nach § 18 Absatz 2 Nummer 5 zusammen.

(4) 1Das Bundesministerium für Arbeit und Soziales kann die vom Ausschuss für Sicherheit und Gesundheit bei der Arbeit ermittelten Regeln und Erkenntnisse im Gemeinsamen Ministerialblatt bekannt geben und die Empfehlungen veröffentlichen. 2Der Arbeitgeber hat die bekannt gegebenen Regeln und Erkenntnisse zu berücksichtigen. 3Bei Einhaltung dieser Regeln und bei Beachtung dieser Erkenntnisse ist davon auszugehen, dass die in diesem Gesetz gestellten Anforderungen erfüllt sind, soweit diese von der betreffenden Regel abgedeckt sind. 4Die Anforderungen aus Rechtsverordnungen nach § 18 und dazu bekannt gegebene Regeln und Erkenntnisse bleiben unberührt.

(5) 1Die Bundesministerien sowie die obersten Landesbehörden können zu den Sitzungen des Ausschusses für Sicherheit und Gesundheit bei der Arbeit Vertreterinnen oder Vertreter entsenden. 2Auf Verlangen ist ihnen in der Sitzung das Wort zu erteilen.

(6) Die Geschäfte des Ausschusses für Sicherheit und Gesundheit bei der Arbeit führt die Bundesanstalt für Arbeitsschutz und Arbeitsmedizin.

§ 25 Bußgeldvorschriften

(1) Ordnungswidrig handelt, wer vorsätzlich oder fahrlässig

1. einer Rechtsverordnung nach § 18 Abs. 1 oder § 19 zuwiderhandelt, soweit sie für einen bestimmten Tatbestand auf diese Bußgeldvorschrift verweist oder
2. a) als Arbeitgeber oder als verantwortliche Person einer vollziehbaren Anordnung nach § 22 Abs. 3 oder
   b) als Beschäftigter einer vollziehbaren Anordnung nach § 22 Abs. 3 Satz 1 Nr. 1 zuwiderhandelt.

(2) Die Ordnungswidrigkeit kann in den Fällen des Absatzes 1 Nr. 1 und 2 Buchstabe b mit einer Geldbuße bis zu fünftausend Euro, in den Fällen des Absatzes 1 Nr. 2 Buchstabe a mit einer Geldbuße bis zu dreißigtausend Euro geahndet werden.

§ 26 Strafvorschriften

Mit Freiheitsstrafe bis zu einem Jahr oder mit Geldstrafe wird bestraft, wer

1. eine in § 25 Abs. 1 Nr. 2 Buchstabe a bezeichnete Handlung beharrlich wiederholt oder
2. durch eine in § 25 Abs. 1 Nr. 1 oder Nr. 2 Buchstabe a bezeichnete vorsätzliche Handlung Leben oder Gesundheit eines Beschäftigten gefährdet.

Landesdatenschutzgesetz (LDSG)

Vom 8. Mai 2018 (GVBl. S. 93)

Zuletzt geändert durch
Landesgesetz für Chancengleichheit, Demokratie und Vielfalt
vom 11. Februar 2026 (GVBl. S. 40)

Inhaltsübersicht

Teil 1
Allgemeine Bestimmungen

§ 1 Zweck

(1) Zweck dieses Gesetzes ist es, ergänzende Regelungen zur Durchführung der Verordnung (EU) 2016/679 des Europäischen Parlaments und des Rates vom 27. April 2016 zum Schutz natürlicher Personen bei der Verarbeitung personenbezogener Daten, zum freien Datenverkehr und zur Aufhebung der Richtlinie 95/46/EG (Datenschutz-Grundverordnung – ABl. EU Nr. L 119 S. 1 –) in der jeweils geltenden Fassung zu treffen.

(2) Dieses Gesetz dient neben den zur Umsetzung der Richtlinie (EU) 2016/680 des Europäischen Parlaments und des Rates vom 27. April 2016 zum Schutz natürlicher Personen bei der Verarbeitung personenbezogener Daten durch die zuständigen Behörden zum Zwecke der Verhütung, Ermittlung, Aufdeckung oder Verfolgung von Straftaten oder der Strafvollstreckung sowie zum freien Datenverkehr und zur Aufhebung des Rahmenbeschlusses 2008/977/JI des Rates (ABl. EU Nr. 119 S. 89) in der jeweils geltenden Fassung erlassenen Rechtsvorschriften auch der Umsetzung dieser Richtlinie.

§ 2 Anwendungsbereich

(1) Dieses Gesetz gilt für

1. die Behörden,
2. die Organe der Rechtspflege,
3. die Einrichtungen und sonstigen öffentlichen Stellen des Landes,
4. die kommunalen Gebietskörperschaften,
5. die sonstigen der Aufsicht des Landes oder der kommunalen Gebietskörperschaften unterstehenden juristischen Personen des öffentlichen Rechts und
6. die Vereinigungen der vorgenannten Stellen ungeachtet ihrer Rechtsform

(öffentliche Stellen), soweit diese personenbezogene Daten verarbeiten. Als öffentliche Stellen gelten auch juristische Personen und sonstige Vereinigungen des privaten Rechts der in Satz 1 genannten öffentlichen Stellen, soweit diesen die absolute Mehrheit der Anteile gehört oder die absolute Mehrheit der Stimmen zusteht, ungeachtet der Beteiligung nicht-öffentlicher Stellen. Nimmt eine nicht-öffentliche Stelle hoheitliche Aufgaben einer öffentlichen Stelle des Landes wahr, ist sie insoweit öffentliche Stelle im Sinne des Gesetzes.

(2) Für Gerichte und Staatsanwaltschaften sowie für die Polizeibehörden und Ordnungsbehörden gilt Teil 2 dieses Gesetzes nur, soweit sie personenbezogene Daten zu anderen als den in § 26 Abs. 1 genannten Zwecken verarbeiten; im Übrigen gilt Teil 3 dieses Gesetzes.

(3) Der Landtag, seine Gremien, seine Mitglieder, die Fraktionen sowie deren Verwaltungen und deren Beschäftigte unterliegen nicht den Bestimmungen dieses Gesetzes, soweit sie in Wahrnehmung parlamentarischer Aufgaben personenbezogene Daten verarbeiten. Der Landtag erlässt insoweit unter Berücksichtigung seiner verfassungsrechtlichen Stellung, der Datenschutz-Grundverordnung und der Grundsätze dieses Gesetzes eine Datenschutzordnung.

(4) Soweit öffentliche Stellen als Unternehmen am Wettbewerb teilnehmen, sind auf diese § 20 und, unbeschadet anderer Rechtsgrundlagen, die Vorschriften des Bundesdatenschutzgesetzes (BDSG) für nicht-öffentliche Stellen anzuwenden.

(5) Auf öffentlich-rechtliche Kreditinstitute und öffentlich-rechtliche Versicherungsanstalten sowie deren Vereinigungen finden § 26 BDSG und im Übrigen die Vorschriften des Bundesdatenschutzgesetzes über nicht-öffentliche Stellen Anwendung. Die Aufgaben der Aufsichtsbehörde werden von der oder dem Landesbeauftragten für den Datenschutz und die Informationsfreiheit wahrgenommen.

(6) Für die Verarbeitung personenbezogener Daten beim Südwestrundfunk (SWR) sowie beim Zweiten Deutschen Fernsehen (ZDF) finden die Bestimmungen dieses Gesetzes keine Anwendung. Dies gilt nicht für die Aufsicht über Hilfsunternehmen sowie Unternehmen, an denen der SWR oder das ZDF weder unmittelbar noch mittelbar, auch nicht

zusammen mit anderen Anstalten oder Körperschaften des öffentlichen Rechts, mit Mehrheit beteiligt sind.

(7) Die Verpflichtung zur Wahrung gesetzlicher Geheimhaltungspflichten oder von Berufs- oder besonderen Amtsgeheimnissen, die nicht auf gesetzlichen Vorschriften beruhen, bleibt unberührt.

(8) Die Bestimmungen dieses Gesetzes gehen denen des Landesverwaltungsverfahrensgesetzes vor, soweit bei der Ermittlung des Sachverhalts personenbezogene Daten verarbeitet werden.

(9) Soweit besondere Rechtsvorschriften über den Datenschutz oder über Verfahren der Rechtspflege auf personenbezogene Daten anzuwenden sind, gehen diese den Bestimmungen dieses Gesetzes vor.

Teil 2 Verarbeitung personenbezogener Daten nach Maßgabe der Datenschutz-Grundverordnung

Abschnitt 1 Grundsätze der Verarbeitung personenbezogener Daten

§ 3 Zulässigkeit

Unbeschadet anderer Rechtsgrundlagen ist die Verarbeitung personenbezogener Daten durch eine öffentliche Stelle zulässig, wenn sie zur Erfüllung einer im öffentlichen Interesse liegenden Aufgabe oder in Ausübung öffentlicher Gewalt, die dem Verantwortlichen übertragen wurde, erforderlich ist.

X

§ 4 Erhebung bei Dritten

Werden personenbezogene Daten bei einer dritten Person oder einer Stelle außerhalb des öffentlichen Bereichs erhoben, so ist diese auf Verlangen auf den Erhebungszweck hinzuweisen, soweit dadurch schutzwürdige Interessen der betroffenen Person nicht beeinträchtigt werden. Werden die Daten aufgrund einer Rechtsvorschrift erhoben, die zur Auskunft verpflichtet, so ist auf die Auskunftspflicht, im Übrigen auf die Freiwilligkeit der Angaben hinzuweisen.

§ 5 Übermittlung an öffentliche Stellen

(1) Die Verantwortung für die Zulässigkeit der Übermittlung personenbezogener Daten trägt die übermittelnde Stelle. Erfolgt die Übermittlung aufgrund eines Ersuchens einer öffentlichen Stelle, trägt diese die Verantwortung. Die übermittelnde Stelle hat dann lediglich zu prüfen, ob sich das Übermittlungsersuchen im Rahmen der Aufgaben der ersuchenden Stelle hält. Die Rechtmäßigkeit des Ersuchens prüft sie nur, wenn im Einzelfall hierzu Anlass besteht; die ersuchende Stelle hat in dem Ersuchen der übermittelnden Stelle die für diese Prüfung erforderlichen Angaben zu machen. Erfolgt die Übermittlung durch automatisierten Abruf, so trägt die Verantwortung für die Rechtmäßigkeit des Abrufs die empfangende Stelle.

(2) Sind mit personenbezogenen Daten weitere personenbezogene Daten der betroffenen Person oder Dritter so verbunden, dass eine Trennung nicht oder nur mit unvertretbarem Aufwand möglich ist, so ist die Übermittlung auch dieser Daten an öffentliche Stellen zulässig, soweit nicht berechtigte Interessen der betroffenen Person oder Dritter an deren Geheimhaltung entgegenstehen; eine weitere Verarbeitung dieser Daten ist unzulässig.

§ 6 Löschung

Soweit öffentliche Stellen verpflichtet sind, Unterlagen einem öffentlichen Archiv zur Übernahme anzubieten, ist eine Löschung personenbezogener Daten erst zulässig, nachdem die Unterlagen dem öffentlichen Archiv angeboten worden sind und von diesem die Feststellung erfolgt ist, dass es sich nicht um Archivgut handelt.

§ 7 Verarbeitung zu anderen Zwecken

(1) Eine Verarbeitung zu einem anderen Zweck als zu demjenigen, zu dem die personenbezogenen Daten erhoben wurden, ist zulässig, wenn

1. es zur Abwehr einer sonst unmittelbar drohenden Gefahr für die öffentliche Sicherheit oder von erheblichen Nachteilen für das Gemeinwohl erforderlich ist,

2. es zur Abwehr einer schwerwiegenden Beeinträchtigung der Rechte einer anderen Person erforderlich ist,
3. es erforderlich ist, Angaben der betroffenen Person zu überprüfen, weil tatsächliche Anhaltspunkte für deren Unrichtigkeit bestehen,
4. sich bei der rechtmäßigen Aufgabenerfüllung Anhaltspunkte für Straftaten oder Ordnungswidrigkeiten ergeben und die Unterrichtung der für die Verfolgung oder Vollstreckung zuständigen Behörden geboten erscheint,
5. es zur Entscheidung über die Verleihung staatlicher Orden oder Ehrenzeichen oder von sonstigen staatlichen Ehrungen erforderlich ist oder
6. sie der Wahrnehmung von Aufsichts- und Kontrollbefugnissen, zur Rechnungsprüfung und zur Durchführung von Organisationsuntersuchungen des Verantwortlichen dient; das gilt auch für die Verarbeitung personenbezogener Daten zu Aus- und Fortbildungszwecken durch den Verantwortlichen, soweit nicht berechtigte Interessen der betroffenen Person an der Geheimhaltung der Daten entgegenstehen.

(2) Eine Information der betroffenen Person über die Datenverarbeitung nach Absatz 1 erfolgt nicht, soweit und solange hierdurch der Zweck der Verarbeitung gefährdet würde.

(3) Ferner ist eine Zweckänderung zulässig, wenn

1. die Einholung der Einwilligung der betroffenen Person nicht möglich ist oder mit unverhältnismäßig hohem Aufwand verbunden wäre, aber offensichtlich ist, dass die Datenverarbeitung zu ihrem Schutz erfolgt und sie in Kenntnis des anderen Zwecks ihre Einwilligung erteilen würde oder
2. die Daten aus allgemein zugänglichen Quellen entnommen werden können oder die datenverarbeitende Stelle sie veröffentlichen dürfte, soweit nicht schutzwürdige Interessen der betroffenen Person offensichtlich entgegenstehen.

(4) Unterliegen die personenbezogenen Daten einem Berufsgeheimnis oder einem besonderen Amtsgeheimnis und sind sie der datenverarbeitenden Stelle von der zur Verschwiegenheit verpflichteten Person in Ausübung ihrer Berufs- oder Amtspflicht übermittelt worden, finden die Absätze 1 und 3 keine Anwendung.

(5) Personenbezogene Daten, die ausschließlich zu Zwecken der Datenschutzkontrolle, der Datensicherung oder zur Sicherstellung des ordnungsgemäßen Betriebs einer Datenverarbeitungsanlage gespeichert werden, dürfen für andere Zwecke nur insoweit verarbeitet werden, als dies zur Abwehr erheblicher Gefahren für die öffentliche Sicherheit, insbesondere für Leben, Gesundheit oder Freiheit, erforderlich ist.

§ 8 Datengeheimnis

(1) Den bei dem Verantwortlichen oder in dessen Auftrag beschäftigten Personen, die dienstlichen Zugang zu personenbezogenen Daten haben, ist es untersagt, diese Daten zu einem anderen als dem zur jeweiligen Aufgabenerfüllung gehörenden Zweck zu verarbeiten oder unbefugt zu offenbaren (Datengeheimnis). Das Datengeheimnis besteht auch nach Beendigung der Tätigkeit fort.

(2) Die in Absatz 1 Satz 1 genannten Personen sind bei der Aufnahme ihrer Tätigkeit über ihre Pflichten nach Absatz 1 sowie die sonstigen bei ihrer Tätigkeit zu beachtenden Vorschriften über den Datenschutz zu unterrichten und auf deren Einhaltung zu verpflichten.

§ 9 Datenschutz-Folgenabschätzung

(1) Eine Datenschutz-Folgenabschätzung gemäß Artikel 35 der Datenschutz-Grundverordnung durch den Verantwortlichen kann unterbleiben, soweit

1. eine solche für den Verarbeitungsvorgang bereits vom fachlich zuständigen Ministerium oder einer von diesem ermächtigten öffentlichen Stelle durchgeführt wurde und dieser Verarbeitungsvorgang im Wesentlichen unverändert übernommen wird oder
2. der konkrete Verarbeitungsvorgang in einer Rechtsvorschrift geregelt ist und im Rechtsetzungsverfahren bereits eine Da-

tenschutz-Folgenabschätzung erfolgt ist, es sei denn, dass in der Rechtsvorschrift etwas anderes bestimmt ist.

Die Ministerien stellen den öffentlichen Stellen die Ergebnisse der von ihnen und der von ihnen ermächtigten öffentlichen Stellen durchgeführten Datenschutz-Folgenabschätzungen zur Verfügung.

(2) Entwickelt eine öffentliche Stelle ein automatisiertes Verfahren, das zum Einsatz durch öffentliche Stellen bestimmt ist, so kann sie, sofern die Voraussetzungen des Artikels 35 Abs. 1 der Datenschutz-Grundverordnung bei diesem Verfahren vorliegen, die Datenschutz-Folgenabschätzung nach den Artikeln 35 und 36 der Datenschutz-Grundverordnung durchführen. Soweit das Verfahren von öffentlichen Stellen im Wesentlichen unverändert übernommen wird, kann eine weitere Datenschutz-Folgenabschätzung durch die übernehmenden öffentlichen Stellen unterbleiben.

§ 10 Entsprechende Anwendung der Datenschutz-Grundverordnung

Fällt die Verarbeitung personenbezogener Daten nicht in den Anwendungsbereich der Datenschutz-Grundverordnung, sind ihre Bestimmungen entsprechend anzuwenden, es sei denn, dieses Gesetz oder andere Rechtsvorschriften enthalten spezielle Regelungen.

Abschnitt 2
Recht der betroffenen Person

§ 11 Beschränkung der Informationspflicht nach den Artikeln 13 und 14 der Datenschutz-Grundverordnung

X

(1) Der Verantwortliche kann von der Erteilung der Information über personenbezogene Daten absehen, soweit und solange

1. die Information die öffentliche Sicherheit gefährden oder sonst dem Wohle des Bundes oder eines Landes Nachteile bereiten würde oder
2. dies zur Verfolgung von Straftaten und Ordnungswidrigkeiten erforderlich ist oder die Information dazu führen würde, dass Sachverhalte aufgedeckt werden,
3. die aufgrund einer Rechtsvorschrift oder wegen der Rechte und Freiheiten anderer Personen geheim zu halten sind.

Die Gründe für ein Absehen von der Information sind zu dokumentieren. Die Information ist nachzuholen, wenn die Gründe nach Satz 1 nicht mehr bestehen. Die betroffene Person ist über die Beschränkung der Informationspflicht zu informieren, soweit dies nicht dem Zweck der Beschränkung abträglich ist.

(2) Der Rechnungshof Rheinland-Pfalz kann von der Erteilung der Information absehen, soweit und solange hierdurch der Zweck oder die Durchführung der Prüfungstätigkeit des Rechnungshofs gefährdet oder wesentlich erschwert würde. Absatz 1 Satz 2 bis 4 gilt entsprechend.

§ 12 Auskunftsrecht der betroffenen Person nach Artikel 15 der Datenschutz-Grundverordnung

(1) Bezieht sich eine nach Artikel 15 der Datenschutz-Grundverordnung verlangte Auskunft auf personenbezogene Daten, die an

1. eine Behörde der Staatsanwaltschaft, eine Polizeidienststelle oder eine andere zur Verfolgung von Straftaten zuständige Stelle,
2. eine Verfassungsschutzbehörde, den Bundesnachrichtendienst oder den Militärischen Abschirmdienst oder
3. das Bundesministerium der Verteidigung oder eine Behörde seines nachgeordneten Bereichs

übermittelt wurden, so ist mit dieser Behörde vor der Erteilung der Auskunft das Einvernehmen herzustellen. Im Falle des Satzes 1 Nr. 3 ist dies nur erforderlich, wenn die Erteilung der Auskunft die Sicherheit des Bundes berühren könnte. Die Sätze 1 und 2 gelten entsprechend für personenbezogene Daten, die von einer Behörde nach Satz 1 übermittelt wurden.

(2) Der Verantwortliche kann die Erteilung einer Auskunft ablehnen, soweit und solange

1. die Auskunft die öffentliche Sicherheit gefährden oder sonst dem Wohle des Bundes oder eines Landes Nachteile bereiten würde,

2. die Auskunft die Verfolgung von Straftaten oder Ordnungswidrigkeiten gefährden würde oder
3. die Auskunft dazu führen würde, dass Sachverhalte, die aufgrund einer Rechtsvorschrift oder wegen der Rechte und Freiheiten einer anderen Person geheim zu halten sind, aufgedeckt werden.

Abgelehnt werden kann auch eine Auskunft über personenbezogene Daten, die ausschließlich zu Zwecken der Gewährleistung der Datensicherheit oder der Datenschutzkontrolle verarbeitet werden und durch geeignete technische und organisatorische Maßnahmen gegen eine Verarbeitung zu anderen Zwecken geschützt sind, wenn die Erteilung der Auskunft einen unverhältnismäßigen Aufwand erfordern würde.

(3) Die Ablehnung der Auskunft ist zu begründen, soweit nicht durch die Mitteilung der Gründe der mit der Auskunftsverweigerung verfolgte Zweck gefährdet würde. Soweit die Ablehnung der Auskunft nicht nach Satz 1 begründet wird, sind die Gründe dafür aktenkundig zu machen. Die betroffene Person ist darauf hinzuweisen, dass sie sich an die Landesbeauftragte oder den Landesbeauftragten für den Datenschutz und die Informationsfreiheit wenden kann.

(4) Wird der betroffenen Person eine Auskunft nicht erteilt, so ist die Auskunft auf Verlangen der betroffenen Person der oder dem Landesbeauftragten für den Datenschutz und die Informationsfreiheit zu erteilen, es sei denn, dass die zuständige oberste Landesbehörde im Einzelfall feststellt, dass durch die Auskunft die Sicherheit des Bundes oder eines Landes gefährdet würde. Wird der oder dem Landesbeauftragten für den Datenschutz und die Informationsfreiheit eine Auskunft nicht erteilt, so sind die Gründe dafür aktenkundig zu machen. Die Mitteilung der oder des Landesbeauftragten für den Datenschutz und die Informationsfreiheit an die betroffene Person darf keine Rückschlüsse auf den Erkenntnisstand des Verantwortlichen zulassen, sofern dieser keiner weitergehenden Auskunft zustimmt.

§ 13 Beschränkung der Benachrichtigung nach Artikel 34 der Datenschutz-Grundverordnung

Der Verantwortliche kann von der Benachrichtigung der von einer Verletzung des Schutzes personenbezogener Daten betroffenen Person absehen, soweit und solange die Benachrichtigung

1. die öffentliche Sicherheit gefährden oder sonst dem Wohle des Bundes oder eines Landes Nachteile bereiten würde,
2. die Benachrichtigung die Verfolgung von Straftaten oder Ordnungswidrigkeiten gefährden würde,
3. dazu führen würde, dass Sachverhalte, die nach einer Rechtsvorschrift oder wegen der Rechte und Freiheiten anderer Personen geheim zu halten sind, aufgedeckt werden, oder
4. die Funktionsfähigkeit von Datenverarbeitungssystemen einer öffentlichen Stelle gefährden würde.

Abschnitt 3
Landesbeauftragte oder Landesbeauftragter für den Datenschutz und die Informationsfreiheit

§ 14 Rechtsstellung

(1) Die oder der Landesbeauftragte für den Datenschutz und die Informationsfreiheit steht in einem öffentlich-rechtlichen Amtsverhältnis und ist in Ausübung ihres oder seines Amtes unabhängig und nur dem Gesetz unterworfen. Sie oder er untersteht der Dienstaufsicht der Präsidentin oder des Präsidenten des Landtags, soweit nicht ihre oder seine Unabhängigkeit beeinträchtigt wird.

(2) Die oder der Landesbeauftragte für den Datenschutz und die Informationsfreiheit soll neben der erforderlichen Erfahrung und Sachkunde nach Artikel 53 Abs. 2 der Datenschutz-Grundverordnung, insbesondere im Bereich des Schutzes personenbezogener Daten, die Befähigung zum Richteramt oder für das vierte Einstiegsamt haben. Der Landtag wählt die Landesbeauftragte oder den Landesbeauftragten für den Datenschutz und

die Informationsfreiheit in geheimer Wahl mit der Mehrheit seiner Mitglieder auf Vorschlag einer Fraktion; eine Aussprache findet nicht statt. Sie oder er wird nach der Wahl durch den Landtag auf die Dauer von acht Jahren in ein öffentlich-rechtliches Amtsverhältnis berufen. Die Wiederwahl und die Berufung für eine weitere Amtszeit sind zulässig. Das Amt ist im Übrigen bis zum Eintritt der Nachfolge weiterzuführen.

(3) Die oder der Landesbeauftragte für den Datenschutz und die Informationsfreiheit kann außer im Falle der Amtsenthebung nach Artikel 53 Abs. 4 der Datenschutz-Grundverordnung nur auf Antrag entlassen werden. Für die Amtsenthebung ist der Landtag zuständig. Das Verfahren der Amtsenthebung richtet sich nach der vom Landtag erlassenen Datenschutzordnung nach § 2 Abs. 3 Satz 2.

(4) Die Vergütung der oder des Landesbeauftragten für den Datenschutz und die Informationsfreiheit ist durch Vertrag zu regeln. Das Amt kann auch einer beurlaubten Beamtin oder einem beurlaubten Beamten oder einer Beamtin oder einem Beamten im Ruhestand übertragen werden.

(5) Die oder der Landesbeauftragte für den Datenschutz und die Informationsfreiheit ist, auch nach Beendigung des Amtsverhältnisses, verpflichtet, über amtlich bekannt gewordene Angelegenheiten Verschwiegenheit zu wahren. Dies gilt nicht für Mitteilungen im dienstlichen Verkehr oder über Tatsachen, die offenkundig sind oder ihrer Bedeutung nach keiner Geheimhaltung bedürfen.

(6) Die oder der Landesbeauftragte für den Datenschutz und die Informationsfreiheit bestellt eine Stellvertreterin oder einen Stellvertreter für die Führung der Geschäfte im Falle ihrer oder seiner Verhinderung.

(7) Die oder der Landesbeauftragte für den Datenschutz und die Informationsfreiheit kann an den Sitzungen des Landtags und seiner Ausschüsse nach Maßgabe der Geschäftsordnung des Landtags teilnehmen. Der Landtag und seine Ausschüsse können ihre oder seine Anwesenheit verlangen. Die oder der Landesbeauftragte für den Datenschutz und die Informationsfreiheit kann sich in Ausschusssitzungen zu Fragen äußern, die für den Datenschutz von Bedeutung sind.

§ 15 Zuständigkeit und Organisation

(1) Die oder der Landesbeauftragte für den Datenschutz und die Informationsfreiheit ist Aufsichtsbehörde im Sinne des Artikels 51 der Datenschutz-Grundverordnung, soweit der Anwendungsbereich dieses Gesetzes eröffnet ist.

(2) Die oder der Landesbeauftragte für den Datenschutz und die Informationsfreiheit ist ferner Aufsichtsbehörde im Sinne des § 40 BDSG für die Kontrolle der Durchführung des Datenschutzes bei der Datenverarbeitung nicht-öffentlicher Stellen und öffentlich-rechtlicher Wettbewerbsunternehmen.

(3) Die oder der Landesbeauftragte für den Datenschutz und die Informationsfreiheit darf neben ihrem oder seinem Amt kein anderes besoldetes Amt und keinen Beruf ausüben und weder der Leitung oder dem Aufsichtsrat oder Verwaltungsrat eines auf Erwerb gerichteten Unternehmens noch einer Regierung oder einer gesetzgebenden Körperschaft des Bundes oder eines Landes angehören. In Ergänzung zu der Regelung in Artikel 52 Abs. 3 der Datenschutz-Grundverordnung hat die oder der Landesbeauftragte für den Datenschutz und die Informationsfreiheit auch für die Dauer von fünf Jahren nach ihrer oder seiner Amtszeit von allen mit den Aufgaben ihres früheren Amtes nicht zu vereinbarenden Handlungen und nicht zu vereinbarenden entgeltlichen oder unentgeltlichen Tätigkeiten abzusehen.

(4) Die oder der Landesbeauftragte für den Datenschutz und die Informationsfreiheit wird bei der Präsidentin oder dem Präsidenten des Landtags eingerichtet und hat die Stellung einer obersten Landesbehörde mit Sitz in Mainz. Zur Erfüllung der Aufgaben ist die notwendige Personal- und Sachausstattung zur Verfügung zu stellen. Die Mittel sind im Einzelplan des Landtags in einem gesonderten Kapitel auszuweisen.

(5) Das Personal untersteht der Dienstaufsicht der oder des Landesbeauftragten für den Datenschutz und die Informationsfreiheit. Das Recht der Ernennung, Versetzung, Abordnung, Ruhestandsversetzung und Ent-

lassung der Beamtinnen und Beamten des ersten, zweiten und dritten Einstiegsamtes, unabhängig von ihrer besoldungsrechtlichen Einstufung, sowie des vierten Einstiegsamtes bis einschließlich der Besoldungsgruppe A 15 übt die oder der Landesbeauftragte für den Datenschutz und die Informationsfreiheit aus. Für Beamtinnen und Beamte des vierten Einstiegsamtes ab der Besoldungsgruppe A 16 übt die Präsidentin oder der Präsident des Landtags dieses Recht auf Vorschlag und im Einvernehmen mit der oder dem Landesbeauftragten für den Datenschutz und die Informationsfreiheit aus. Beamtinnen und Beamte können nur im Einvernehmen mit der oder dem Landesbeauftragten für den Datenschutz und die Informationsfreiheit zu dieser oder diesem versetzt oder abgeordnet werden. Für die sonstigen Bediensteten gelten die Sätze 2 und 4 entsprechend.

§ 16 Aufgaben, Mitwirkungspflichten

(1) Die oder der Landesbeauftragte für den Datenschutz und die Informationsfreiheit nimmt die Aufgaben nach den Artikeln 57 und 59 der Datenschutz-Grundverordnung wahr. Dabei kontrolliert sie oder er die Einhaltung der Vorschriften der Datenschutz-Grundverordnung, dieses Gesetzes und anderer datenschutzrechtlicher Bestimmungen.

(2) Die Aufsicht durch die Landesbeauftragte oder den Landesbeauftragten für den Datenschutz und die Informationsfreiheit erstreckt sich nicht auf die Mitglieder des Rechnungshofs Rheinland-Pfalz, soweit diese bei ihrer Prüfungs- und Beratungstätigkeit im Rahmen ihrer richterlichen Unabhängigkeit handeln.

(3) Die Landesregierung nimmt zu dem Tätigkeitsbericht der oder des Landesbeauftragten für den Datenschutz und die Informationsfreiheit nach Artikel 59 der Datenschutz-Grundverordnung innerhalb von sechs Monaten gegenüber dem Landtag Stellung.

(4) Die öffentlichen Stellen sind verpflichtet, die Landesbeauftragte oder den Landesbeauftragten für den Datenschutz und die Informationsfreiheit bei der Erfüllung der Aufgaben zu unterstützen.

§ 17 Befugnisse nach Artikel 58 der Datenschutz-Grundverordnung

(1) Die Befugnisse der oder des Landesbeauftragten für den Datenschutz und die Informationsfreiheit nach Artikel 58 der Datenschutz-Grundverordnung beziehen sich auf Verstöße gegen Bestimmungen der Datenschutz-Grundverordnung, dieses Gesetzes oder anderer Datenschutzbestimmungen. Die Befugnisse nach Artikel 58 der Datenschutz-Grundverordnung übt die oder der Landesbeauftragte für den Datenschutz und die Informationsfreiheit

1. gegenüber den Verantwortlichen,
2. bei den Gemeinden, Gemeindeverbänden und Landkreisen und den sonstigen der Aufsicht des Landes oder der Gemeinden, Gemeindeverbände und Landkreisen unterstehenden Körperschaften, Anstalten und Stiftungen des öffentlichen Rechts sowie bei Vereinigungen solcher Körperschaften, Anstalten und Stiftungen gegenüber dem vertretungsberechtigten Organ

aus. Zusätzlich zu den Befugnissen nach Artikel 58 der Datenschutz-Grundverordnung kann die oder der Landesbeauftragte für den Datenschutz und die Informationsfreiheit Verstöße gemäß Satz 1 beanstanden. Die oder der Landesbeauftragte für den Datenschutz und die Informationsfreiheit kann von der öffentlichen Stelle eine Stellungnahme innerhalb einer angemessenen Frist fordern. In den Fällen des Satzes 2 Nr. 2 ist gleichzeitig auch die zuständige Aufsichtsbehörde zu unterrichten.

(2) Die Stellungnahme nach Absatz 1 Satz 4 soll auch die Maßnahmen darstellen, die die Verstöße beseitigen sollen. Die in Absatz 1 Satz 2 Nr. 2 genannten Stellen leiten der zuständigen Aufsichtsbehörde eine Abschrift ihrer Stellungnahme zu.

(3) Im Rahmen der Befugnisse der oder des Landesbeauftragten für den Datenschutz und die Informationsfreiheit haben die öffentlichen Stellen Zugang zu den Diensträumen, einschließlich aller Datenverarbeitungsanlagen und -geräte sowie zu allen personenbezogenen Daten und Informationen, die zur Erfüllung ihrer oder seiner Aufgaben notwendig sind, zu gewähren.

(4) Für die Kontrolle durch die Landesbeauftragte oder den Landesbeauftragten für den Datenschutz und die Informationsfreiheit hinsichtlich personenbezogener Daten, die einem Berufs- oder besonderem Amtsgeheimnis unterliegen, gilt § 29 Abs. 3 BDSG entsprechend.

(5) Die Befugnis, Geldbußen zu verhängen, richtet sich nach § 24. Für Amtshandlungen nach diesem Gesetz und nach der Datenschutz-Grundverordnung kann die oder der Landesbeauftragte für den Datenschutz und die Informationsfreiheit Kosten (Gebühren und Auslagen) erheben; § 24 Abs. 3 gilt entsprechend. Das für den Datenschutz zuständige Ministerium wird ermächtigt, im Benehmen mit der oder dem Landesbeauftragten für den Datenschutz und die Informationsfreiheit die Gebührentatbestände und Gebührensätze durch Rechtsverordnung zu bestimmen.

§ 18 Datenschutzkommission

(1) Bei der oder dem Landesbeauftragten für den Datenschutz und die Informationsfreiheit wird eine Datenschutzkommission gebildet, die aus acht Mitgliedern besteht. In die Datenschutzkommission entsenden der Landtag sieben Mitglieder und die Landesregierung ein Mitglied. Die vom Landtag zu entsendenden Mitglieder verteilen sich auf die Fraktionen nach dem d'Hondtschen Höchstzahlverfahren, jedoch stellt jede Fraktion mindestens ein Mitglied.

(2) Die Mitglieder der Datenschutzkommission werden vom Landtag aus seiner Mitte für die Dauer der Wahlperiode des Landtags, von der Landesregierung für die Dauer von fünf Jahren entsandt.

X

(3) Die Datenschutzkommission unterstützt die Landesbeauftragte oder den Landesbeauftragten für den Datenschutz und die Informationsfreiheit bei der Wahrnehmung ihrer oder seiner Aufgaben nach diesem Gesetz. Die oder der Landesbeauftragte für den Datenschutz und die Informationsfreiheit nimmt an den Sitzungen der Datenschutzkommission teil. Die oder der Landesbeauftragte für den Datenschutz und die Informationsfreiheit unterrichtet die Datenschutzkommission über Maßnahmen nach § 17. Der Tätigkeitsbericht der oder des Landesbeauftragten für den Datenschutz und die Informationsfreiheit ist in der Datenschutzkommission eine angemessene Zeit vor Übermittlung an den Landtag und die Landesregierung zu beraten.

(4) Die Datenschutzkommission tritt auf Antrag eines ihrer Mitglieder oder der oder des Landesbeauftragten für den Datenschutz und die Informationsfreiheit zusammen.

(5) Die Datenschutzkommission wählt aus dem Kreis der vom Landtag entsandten Mitglieder eine oder einen Vorsitzenden und eine Stellvertreterin oder einen Stellvertreter. Sie gibt sich eine Geschäftsordnung.

(6) Die Mitglieder der Datenschutzkommission sind verpflichtet, auch nach ihrem Ausscheiden über die ihnen bei ihrer amtlichen Tätigkeit bekannt gewordenen Angelegenheiten Verschwiegenheit zu wahren. Dies gilt nicht für Mitteilungen im dienstlichen Verkehr oder für Tatsachen, die offenkundig sind oder ihrer Bedeutung nach keiner Geheimhaltung bedürfen.

(7) Die oder der Vorsitzende der Datenschutzkommission erhält eine monatliche Aufwandsentschädigung in gleicher Höhe wie die oder der Vorsitzende eines Ausschusses des Landtags.

(8) Die Mitglieder der Datenschutzkommission erhalten Reisekostenvergütung nach den Bestimmungen des Landesreisekostengesetzes.

Abschnitt 4
Besonderer Datenschutz

§ 19 Verarbeitung besonderer Kategorien personenbezogener Daten

(1) Die Verarbeitung besonderer Kategorien personenbezogener Daten im Sinne des Artikels 9 Abs. 1 der Datenschutz-Grundverordnung ist auf der Basis einer ausdrücklichen Einwilligung der betroffenen Person zulässig. Die Einwilligung in die Verarbeitung genetischer oder biometrischer Daten oder Gesundheitsdaten bedarf der Schriftform. Die Übermittlung derartiger Daten auf der Grundlage einer Einwilligung ist nur wirksam, wenn die

empfangende Stelle Kenntnis von Inhalt und Reichweite der Einwilligung hat.

(2) Die Verarbeitung besonderer Kategorien personenbezogener Daten im Sinne des Artikels 9 Abs. 1 der Datenschutz-Grundverordnung durch öffentliche Stellen ist zulässig, wenn sie aus Gründen eines erheblichen öffentlichen Interesses zwingend erforderlich ist und soweit die Interessen des Verantwortlichen an der Datenverarbeitung die schutzwürdigen Interessen der betroffenen Person überwiegen. Ein erhebliches öffentliches Interesse im Sinne des Satzes 1 ist insbesondere anzunehmen bei

1. der Abwehr einer Gefahr für die öffentliche Sicherheit,
2. der Verfolgung von Straftaten von Bedeutung,
3. der Verteidigung oder der Erfüllung über- oder zwischenstaatlicher Verpflichtungen einer öffentlichen Stelle des Bundes auf dem Gebiet der Krisenbewältigung oder Konfliktverhinderung oder für humanitäre Maßnahmen oder
4. der Abwehr von Nachteilen für das Gemeinwohl oder zur Wahrung von Belangen des Gemeinwohls.

(3) Bei der Verarbeitung genetischer oder biometrischer Daten oder Gesundheitsdaten haben die Verantwortlichen angemessene und spezifische Maßnahmen, insbesondere technische und organisatorische Maßnahmen, zur Wahrung der Grundrechte und Interessen der betroffenen Person vorzusehen. Mindestens haben die Verantwortlichen

1. zu gewährleisten, dass nachträglich überprüft und festgestellt werden kann, ob und von wem die Daten eingegeben, verändert oder entfernt worden sind,
2. die an den Verarbeitungsvorgängen Beteiligten zu sensibilisieren,
3. den Zugang zu den Daten beim Verantwortlichen und von Auftragsverarbeitern zu beschränken,
4. die Grundsätze der Datenminimierung und Speicherbegrenzung sowie die Notwendigkeit einer Datenschutz-Folgenabschätzung zu berücksichtigen,
5. die Daten im Fall der Übermittlung zu verschlüsseln,
6. die Fähigkeit, Vertraulichkeit, Integrität, Verfügbarkeit und Belastbarkeit der Systeme und Dienste im Zusammenhang mit der Verarbeitung der Daten sicherzustellen,
7. die Fähigkeit, die Verfügbarkeit und den Zugang bei einem physischen oder technischen Zwischenfall rasch wiederherzustellen,
8. ein Verfahren zur regelmäßigen Überprüfung, Bewertung und Evaluierung der Wirksamkeit der technischen und organisatorischen Maßnahmen zur Gewährleistung der Sicherheit der Verarbeitung einzurichten und
9. im Fall einer Übermittlung oder Verarbeitung für andere Zwecke, die Einhaltung der Vorgaben dieses Gesetzes sowie der Datenschutz-Grundverordnung durch spezifische Verfahrensregelungen sicherzustellen.

Artikel 32 der Datenschutz-Grundverordnung bleibt unberührt.

(4) Die Verarbeitung von genetischen oder biometrischen Daten oder Gesundheitsdaten im Auftrag ist nur zulässig, wenn der Auftragsverarbeiter entsprechend dem Schutzbedarf der Daten angemessene Vorkehrungen zum Datenschutz im Sinne des Absatzes 3 getroffen hat und keine überwiegenden schutzwürdigen Interessen der betroffenen Person einer Auslagerung der Datenverarbeitung entgegenstehen. Die Beauftragung von Stellen außerhalb des Geltungsbereichs der Datenschutz-Grundverordnung ist unzulässig.

(5) Sofern an einer gemeinsamen Verarbeitung personenbezogener Daten im Sinne von Artikel 26 der Datenschutz-Grundverordnung, die zumindest auch genetische oder biometrische Daten oder Gesundheitsdaten umfasst, Stellen beteiligt sind, die dem Geltungsbereich dieses Gesetzes unterliegen, ist diese nur zulässig, wenn die Erfüllung der in der Datenschutz-Grundverordnung enthaltenen Anforderungen vor Beginn der Datenverarbeitung gegenüber der oder dem Landesbeauftragten für den Datenschutz und die Informationsfreiheit nachgewiesen worden ist.

§ 20 Datenverarbeitung bei Dienst- und Beschäftigungsverhältnissen

(1) Personenbezogene Daten von Bewerberinnen und Bewerbern für ein Dienst- oder Beschäftigungsverhältnis sowie personenbezogene Daten von Personen in einem Dienst- oder Beschäftigungsverhältnis dürfen nur verarbeitet werden, wenn dies zur Eingehung, Durchführung, Beendigung oder Abwicklung des Dienst- oder Beschäftigungsverhältnisses oder zur Durchführung innerdienstlicher, planerischer, organisatorischer, personeller, sozialer oder haushalts- und kostenrechnerischer Maßnahmen, insbesondere zu Zwecken der Personalplanung und des Personaleinsatzes, erforderlich ist oder in einer Rechtsvorschrift, einem Tarifvertrag oder einer Dienst- oder Betriebsvereinbarung (Kollektivvereinbarung) vorgesehen ist. Eine Übermittlung der Daten von Personen in einem Dienst- oder Beschäftigungsverhältnis an Personen und Stellen außerhalb des öffentlichen Bereichs ist nur zulässig, wenn die Empfängerin oder der Empfänger ein rechtliches Interesse darlegt, der Dienstverkehr es erfordert oder die betroffene Person eingewilligt hat. Die Datenübermittlung an einen künftigen oder neuen Dienstherrn oder Arbeitgeber ist nur mit Einwilligung der betroffenen Person zulässig oder wenn es in einer Rechtsvorschrift vorgesehen ist.

(2) Erfolgt die Verarbeitung personenbezogener Daten von Personen in einem Dienst- oder Beschäftigungsverhältnis auf der Grundlage einer Einwilligung, so sind für die Beurteilung der Freiwilligkeit der Einwilligung insbesondere die im Dienst- oder Beschäftigungsverhältnis bestehende Abhängigkeit der beschäftigten Person sowie die Umstände, unter denen die Einwilligung erteilt worden ist, zu berücksichtigen. Freiwilligkeit kann insbesondere vorliegen, wenn für die beschäftigte Person ein rechtlicher oder wirtschaftlicher Vorteil erreicht wird oder der Dienstherr oder der Arbeitgeber und die beschäftigte Person gleichgelagerte Interessen verfolgen. Die Einwilligung bedarf der Schriftform, soweit nicht wegen besonderer Umstände eine andere Form angemessen ist. Die beschäftigte Person ist über den Zweck der Datenverarbeitung und über ihr Widerrufsrecht nach Artikel 7 Abs. 3 der Datenschutz-Grundverordnung aufzuklären.

(3) Abweichend von Artikel 9 Abs. 1 der Datenschutz-Grundverordnung ist die Verarbeitung besonderer Kategorien personenbezogener Daten für Zwecke des Dienst- und Beschäftigungsverhältnisses im Sinne des Absatzes 1 zulässig, wenn sie zur Ausübung von Rechten oder zur Erfüllung rechtlicher Pflichten aus dem Arbeitsrecht, dem Beamtenrecht, dem Recht der sozialen Sicherheit und des Sozialschutzes, der Gesundheitsvorsorge oder der Arbeitsmedizin erforderlich ist und kein Grund zu der Annahme besteht, dass das schutzwürdige Interesse der betroffenen Person an dem Ausschluss der Verarbeitung überwiegt. Erfolgt die Verarbeitung auf der Grundlage einer Einwilligung, muss sich die Einwilligung ausdrücklich auf diese Daten beziehen.

(4) Auf die Verarbeitung von Personalaktendaten der Beschäftigten sowie der Auszubildenden finden die für Beamtinnen und Beamte geltenden Bestimmungen des Beamtenstatusgesetzes und des Landesbeamtengesetzes entsprechend Anwendung, es sei denn, besondere Rechtsvorschriften oder tarifliche Vereinbarungen gehen vor.

(5) Die Speicherung, Veränderung oder Nutzung der bei medizinischen oder psychologischen Untersuchungen und Tests zum Zweck der Feststellung der Eignung erhobenen Daten ist nur zulässig, wenn dies für Zwecke der Eingehung oder Durchführung eines Dienst- oder Beschäftigungsverhältnisses erforderlich ist. Eine Verarbeitung dieser Daten zu anderen Zwecken ist nur mit Einwilligung der betroffenen Person zulässig. Die Beschäftigungsbehörde darf von der untersuchenden Ärztin oder dem untersuchenden Arzt nur die Übermittlung des Ergebnisses der Eignungsuntersuchung und dabei festgestellter Risikofaktoren verlangen. § 47 Abs. 2 des Landesbeamtengesetzes bleibt unberührt.

(6) Personenbezogene Daten, die vor der Eingehung eines Dienst- oder Beschäftigungsverhältnisses erhoben wurden, sind unverzüglich zu löschen, sobald feststeht, dass ein Dienst-

X

oder Beschäftigungsverhältnis nicht zustande kommt, es sei denn, dass die betroffene Person in die weitere Speicherung eingewilligt hat oder dies wegen eines bereits anhängigen oder wahrscheinlich zu erwartenden Rechtsstreits erforderlich ist. Nach Beendigung eines Dienst- oder Beschäftigungsverhältnisses sind personenbezogene Daten zu löschen, wenn diese Daten nicht mehr benötigt werden, es sei denn, es stehen Rechtsvorschriften der Löschung entgegen.

(7) Soweit Daten der Personen in einem Dienst- oder Beschäftigungsverhältnis im Rahmen der Durchführung der technischen und organisatorischen Maßnahmen nach Artikel 32 der Datenschutz-Grundverordnung gespeichert werden, dürfen sie nicht zu Zwecken der Verhaltens- oder Leistungskontrolle genutzt werden.

§ 21 Videoüberwachung

(1) Die Verarbeitung personenbezogener Daten mit Hilfe von optisch-elektronischen Einrichtungen (Videoüberwachung) ist zulässig, wenn dies

1. zur Wahrnehmung einer Aufgabe im öffentlichen Interesse oder in Ausübung öffentlicher Gewalt,
2. zur Wahrnehmung des Hausrechts oder
3. sonst zum Schutz des Eigentums oder Besitzes oder zur Kontrolle von Zugangsberechtigungen

erforderlich ist und keine Anhaltspunkte bestehen, dass überwiegende schutzwürdige Interessen der betroffenen Personen entgegenstehen. Bei der Videoüberwachung von Fahrzeugen und öffentlich zugänglichen Einrichtungen des öffentlichen Schienen-, Schiffs-, Bus- und Seilbahnverkehrs gilt der Schutz von Leben, Gesundheit oder Freiheit von sich dort aufhaltenden Personen als ein besonders wichtiges Interesse.

(2) Der Umstand der Videoüberwachung, die Angaben nach Artikel 13 Abs. 1 Buchst. a bis c der Datenschutz-Grundverordnung sowie die Möglichkeit, beim Verantwortlichen die weiteren Informationen nach Artikel 13 der Datenschutz-Grundverordnung zu erhalten, sind durch geeignete Maßnahmen erkennbar zu machen.

(3) Eine Verarbeitung zu anderen Zwecken ist nur zulässig, soweit dies zur Abwehr von Gefahren für die öffentliche Sicherheit oder zur Verfolgung von Straftaten erforderlich oder dies gesetzlich geregelt ist.

(4) Werden durch eine Videoüberwachung erhobene Daten einer bestimmten Person zugeordnet, ist die betroffene Person über eine Verarbeitung entsprechend Artikel 13 Abs. 1 der Datenschutz-Grundverordnung zu informieren, soweit und solange der Zweck der Verarbeitung hierdurch nicht gefährdet wird. § 12 gilt entsprechend.

(5) Das nach Absatz 1 gewonnene Bildmaterial und daraus gefertigte Unterlagen sind spätestens nach zwei Monaten zu löschen oder zu vernichten, soweit diese nicht zur Verfolgung von Straftaten, zur Geltendmachung von Rechtsansprüchen oder wegen entgegenstehender schutzwürdiger Interessen betroffener Personen, insbesondere zur Behebung einer bestehenden Beweisnot, erforderlich sind. Bis zur Aussonderung der Daten ist die Verarbeitung der personenbezogenen Daten im Sinne von Artikel 18 der Datenschutz-Grundverordnung einzuschränken.

(6) Überwacht ein Verantwortlicher zur Wahrnehmung einer Aufgabe systematisch, dauerhaft oder in einem eine Vielzahl von Personen betreffenden Umfang öffentlich zugängliche Bereiche und besteht ein hohes Risiko für die Rechte und Freiheiten der betroffenen Personen, ist eine Datenschutz-Folgenabschätzung nach Artikel 35 Abs. 3 Buchst. c der Datenschutz-Grundverordnung durchzuführen.

(7) Der Einsatz von Attrappen ist unter den Voraussetzungen der Absätze 1 und 2 zulässig.

§ 22 Datenverarbeitung zu wissenschaftlichen oder historischen Forschungszwecken und zu statistischen Zwecken

(1) Der wissenschaftliche und historische Forschung betreibende Verantwortliche darf personenbezogene Daten im Sinne von Artikel 9 Abs. 1 der Datenschutz-Grundverordnung auch ohne Einwilligung der betroffenen

Person für wissenschaftliche und historische Forschungszwecke verarbeiten, wenn das öffentliche Interesse an der Durchführung des Forschungsvorhabens das Interesse der betroffenen Person an dem Ausschluss der Erhebung erheblich überwiegt und der Zweck der Forschung auf andere Weise nicht oder nur mit unverhältnismäßigem Aufwand erreicht werden kann.

(2) Für Zwecke der wissenschaftlichen oder historischen Forschung erhobene oder gespeicherte personenbezogene Daten dürfen nach Maßgabe des Absatzes 1 für weitere, mit dem ursprünglichen Zweck vereinbare Zwecke der Forschung verarbeitet werden.

(3) Eine wirksame Einwilligung der betroffenen Person zur Verarbeitung von genetischen oder biometrischen Daten oder Gesundheitsdaten bedarf der Schriftform.

(4) Die personenbezogenen Daten sind zu anonymisieren, sobald dies nach dem Forschungszweck möglich ist. Es muss sichergestellt sein, dass die Merkmale, mit denen Einzelangaben über persönliche oder sachliche Verhältnisse einer bestimmten oder bestimmbaren Person zugeordnet werden können, von einer Stelle verwaltet werden, die räumlich, organisatorisch und personell getrennt von der forschenden Stelle ist, wenn dem nicht zwingende wissenschaftliche Gründe entgegenstehen. Die Merkmale dürfen mit den Einzelangaben nur zusammengeführt werden, soweit der Forschungszweck dies erfordert.

(5) Der wissenschaftliche und historische Forschung betreibende Verantwortliche darf personenbezogene Daten nur veröffentlichen, wenn

1. die betroffene Person eingewilligt hat oder
2. dies für die Darstellung von Forschungsergebnissen über Ereignisse der Zeitgeschichte unerlässlich ist und überwiegende schutzwürdige Interessen der betroffenen Person nicht entgegenstehen.

(6) Die Absätze 1 bis 5 gelten entsprechend für die Datenverarbeitung zu statistischen Zwecken.

§ 23 Verarbeitung zu Zwecken der parlamentarischen Kontrolle

Die Landesregierung darf personenbezogene Daten einschließlich Daten im Sinne von Artikel 9 Abs. 1 der Datenschutz-Grundverordnung zur Beantwortung parlamentarischer Anfragen sowie zur Vorlage von Unterlagen und Berichten an den Landtag in dem dafür erforderlichen Umfang verarbeiten. Eine Übermittlung der personenbezogenen Daten zu einem der in Satz 1 genannten Zwecke ist nicht zulässig, wenn dies wegen des streng persönlichen Charakters der Daten für die betroffene Person unzumutbar ist oder wenn der Eingriff in ihr informationelles Selbstbestimmungsrecht unverhältnismäßig ist. Satz 2 gilt nicht, wenn durch die Datenschutzordnung im Sinne des § 2 Abs. 3 Satz 2 oder sonstige geeignete Maßnahmen sichergestellt ist, dass schutzwürdige Interessen der betroffenen Person nicht beeinträchtigt werden. Besondere gesetzliche Übermittlungsverbote bleiben unberührt.

Abschnitt 5
Ordnungswidrigkeiten und Strafbestimmungen

§ 24 Ordnungswidrigkeiten

(1) Ordnungswidrig handelt, wer entgegen den Bestimmungen der Datenschutz-Grundverordnung, dieses Gesetzes oder einer anderen Rechtsvorschrift über den Schutz personenbezogener Daten, personenbezogene Daten, die nicht offenkundig sind,

1. erhebt, speichert, unbefugt verwendet, verändert, übermittelt, weitergibt, zum Abruf bereithält, den Personenbezug herstellt oder löscht oder
2. abruft, einsieht, sich verschafft oder durch Vortäuschung falscher Tatsachen ihre Übermittlung oder Weitergabe an sich oder andere veranlasst.

Ordnungswidrig handelt auch, wer unter den in Satz 1 genannten Voraussetzungen Einzelangaben über persönliche oder sachliche Verhältnisse einer nicht mehr bestimmbaren Person mit anderen Informationen zusammenführt und dadurch die betroffene Person wieder bestimmbar macht.

(2) Die Ordnungswidrigkeit kann mit einer Geldbuße bis zu fünfzigtausend Euro geahndet werden.

(3) Gegen öffentliche Stellen werden keine Geldbußen verhängt. Dies gilt nicht für öffentliche Stellen nach § 2 Abs. 4, soweit die Verarbeitung im Rahmen einer Tätigkeit erfolgt, hinsichtlich derer die öffentliche Stelle mit anderen Verarbeitern im Wettbewerb steht.

§ 25 Strafbestimmung

(1) Wer gegen Entgelt oder in der Absicht, sich oder einen anderen zu bereichern oder einen anderen zu schädigen, eine der in § 24 Abs. 1 genannten Handlungen begeht, wird mit Freiheitsstrafe bis zu zwei Jahren oder mit Geldstrafe bestraft.

(2) Die Tat wird nur auf Antrag verfolgt.

(3) Antragsberechtigt sind die betroffene Person, der Verantwortliche, der Auftragsverarbeiter und die oder der Landesbeauftragte für den Datenschutz und die Informationsfreiheit.

Teil 3
Verarbeitung personenbezogener Daten nach Maßgabe der Richtlinie (EU) 2016/680

Abschnitt 1
Anwendungsbereich, Begriffsbestimmungen

§ 26 Anwendungsbereich

(1) Die Bestimmungen dieses Teils gelten für Gerichte und Staatsanwaltschaften sowie für die Polizeibehörden und Ordnungsbehörden, soweit diese personenbezogene Daten zum Zwecke der Verhütung, Ermittlung, Aufdeckung, Verfolgung oder Ahndung von Straftaten oder Ordnungswidrigkeiten oder der Strafvollstreckung, einschließlich des Schutzes vor und der Abwehr von Gefahren für die öffentliche Sicherheit, verarbeiten. Die in Satz 1 benannten Stellen gelten dabei als Verantwortliche. Soweit dieser Teil Bestimmungen für Auftragsverarbeiter enthält, gilt er auch für diese.

(2) Als eine Verarbeitung personenbezogener Daten im Sinne des Absatzes 1 gilt die ganz oder teilweise automatisierte oder nicht automatisierte Verarbeitung personenbezogener Daten, die in einem Dateisystem gespeichert sind oder gespeichert werden sollen.

§ 27 Begriffsbestimmungen

Es bezeichnen die Begriffe:

1. „personenbezogene Daten" alle Informationen, die sich auf eine identifizierte oder identifizierbare natürliche Person (betroffene Person) beziehen; als identifizierbar wird eine natürliche Person angesehen, die direkt oder indirekt, insbesondere mittels Zuordnung zu einer Kennung wie einem Namen, zu einer Kennnummer, zu Standortdaten, zu einer Online-Kennung oder zu einem oder mehreren besonderen Merkmalen, die Ausdruck der physischen, physiologischen, genetischen, psychischen, wirtschaftlichen, kulturellen oder sozialen Identität dieser Person sind, identifiziert werden kann;
2. „Verarbeitung" jeden mit oder ohne Hilfe automatisierter Verfahren ausgeführten Vorgang oder jede solche Vorgangsreihe im Zusammenhang mit personenbezogenen Daten wie das Erheben, das Erfassen, die Organisation, das Ordnen, die Speicherung, die Anpassung, die Veränderung, das Auslesen, das Abfragen, die Verwendung, die Offenlegung durch Übermittlung, Verbreitung oder eine andere Form der Bereitstellung, den Abgleich, die Verknüpfung, die Einschränkung, das Löschen oder die Vernichtung;
3. „Einschränkung der Verarbeitung" die Markierung gespeicherter personenbezogener Daten mit dem Ziel, ihre künftige Verarbeitung einzuschränken;
4. „Profiling" jede Art der automatisierten Verarbeitung personenbezogener Daten, bei der diese Daten verwendet werden, um bestimmte persönliche Aspekte, die sich auf eine natürliche Person beziehen, zu bewerten, insbesondere um Aspekte der Arbeitsleistung, der wirtschaftlichen Lage, der Gesundheit, der persönlichen Vorlieben, der Interessen, der Zuverlässigkeit, des Verhaltens, der Aufenthaltsorte oder der Ortswechsel dieser natürlichen Person zu analysieren oder vorherzusagen;

5. „Pseudonymisierung" die Verarbeitung personenbezogener Daten in einer Weise, in der die Daten ohne Hinzuziehung zusätzlicher Informationen nicht mehr einer spezifischen betroffenen Person zugeordnet werden können, sofern diese zusätzlichen Informationen gesondert aufbewahrt werden und technischen und organisatorischen Maßnahmen unterliegen, die gewährleisten, dass die Daten keiner betroffenen Person zugewiesen werden können;
6. „Dateisystem" jede strukturierte Sammlung personenbezogener Daten, die nach bestimmten Kriterien zugänglich sind, unabhängig davon, ob diese Sammlung zentral, dezentral oder nach funktionalen oder geografischen Gesichtspunkten geordnet geführt wird;
7. „zuständige Behörde"
   a) eine staatliche Stelle, die für die Verhütung, Ermittlung, Aufdeckung, Verfolgung oder Ahndung von Straftaten oder Ordnungswidrigkeiten oder die Strafvollstreckung, einschließlich des Schutzes vor und der Abwehr von Gefahren für die öffentliche Sicherheit, zuständig ist, oder
   b) eine andere Stelle oder Einrichtung, der durch eine Rechtsvorschrift die Ausübung öffentlicher Gewalt und hoheitlicher Befugnisse zur Verhütung, Ermittlung, Aufdeckung, Verfolgung oder Ahndung von Straftaten oder Ordnungswidrigkeiten oder zur Strafvollstreckung, einschließlich des Schutzes vor und der Abwehr von Gefahren für die öffentliche Sicherheit, übertragen wurde;
8. „Verantwortlicher" die natürliche oder juristische Person, Behörde, Einrichtung oder andere Stelle, die allein oder gemeinsam mit anderen über die Zwecke und Mittel der Verarbeitung von personenbezogenen Daten entscheidet;
9. „Auftragsverarbeiter" eine natürliche oder juristische Person, Behörde, Einrichtung oder andere Stelle, die personenbezogene Daten im Auftrag des Verantwortlichen verarbeitet;
10. „Empfänger" eine natürliche oder juristische Person, Behörde, Einrichtung oder andere Stelle, der personenbezogene Daten offengelegt werden, unabhängig davon, ob es sich bei ihr um einen Dritten handelt oder nicht; Behörden, die im Rahmen eines bestimmten Untersuchungsauftrags nach dem Unionsrecht oder anderen Rechtsvorschriften personenbezogene Daten erhalten, gelten jedoch nicht als Empfänger; die Verarbeitung dieser Daten durch die genannten Behörden erfolgt im Einklang mit den geltenden Datenschutzvorschriften gemäß den Zwecken der Verarbeitung;
11. „Verletzung des Schutzes personenbezogener Daten" eine Verletzung der Sicherheit, die zur unbeabsichtigten oder unrechtmäßigen Vernichtung, zum Verlust, zur Veränderung oder zur unbefugten Offenlegung von oder zum unbefugten Zugang zu personenbezogenen Daten, die verarbeitet wurden, geführt hat;
12. „genetische Daten" personenbezogene Daten zu den ererbten oder erworbenen genetischen Eigenschaften einer natürlichen Person, die eindeutige Informationen über die Physiologie oder die Gesundheit dieser natürlichen Person liefern, insbesondere solche, die aus der Analyse einer biologischen Probe der betreffenden Person gewonnen wurden;
13. „biometrische Daten" mit speziellen technischen Verfahren gewonnene personenbezogene Daten zu den physischen, physiologischen oder verhaltenstypischen Merkmalen einer natürlichen Person, die die eindeutige Identifizierung dieser natürlichen Person ermöglichen oder bestätigen, insbesondere Gesichtsbilder oder daktyloskopische Daten;
14. „Gesundheitsdaten" personenbezogene Daten, die sich auf die körperliche oder geistige Gesundheit einer natürlichen Person, einschließlich der Erbringung von Gesundheitsdienstleistungen, beziehen

und aus denen Informationen über deren Gesundheitszustand hervorgehen;

15. „besondere Kategorien personenbezogener Daten"
    a) Daten, aus denen die rassische oder ethnische Herkunft, politische Meinungen, religiöse oder weltanschauliche Überzeugungen oder die Gewerkschaftszugehörigkeit hervorgehen,
    b) genetische Daten,
    c) biometrische Daten zur eindeutigen Identifizierung einer natürlichen Person,
    d) Gesundheitsdaten und
    e) Daten zum Sexualleben, zur geschlechtlichen Identität oder zur sexuellen Orientierung;
16. „Aufsichtsbehörde" eine von einem Mitgliedsstaat gemäß Artikel 41 der Richtlinie (EU) 2016/680 eingerichtete unabhängige staatliche Stelle;
17. „internationale Organisation" eine völkerrechtliche Organisation und ihre nachgeordneten Stellen sowie jede sonstige Einrichtung, die durch eine von zwei oder mehr Staaten geschlossene Übereinkunft oder auf der Grundlage einer solchen Übereinkunft geschaffen wurde;
18. „Einwilligung" jede freiwillig für den bestimmten Fall, in informierter Weise und unmissverständlich abgegebene Willensbekundung in Form einer Erklärung oder einer sonstigen eindeutigen bestätigenden Handlung, mit der die betroffene Person zu verstehen gibt, dass sie mit der Verarbeitung der sie betreffenden Daten einverstanden ist.

Abschnitt 2 Rechtsgrundlagen der Verarbeitung personenbezogener Daten

§ 28 Allgemeine Grundsätze

(1) Die Verarbeitung personenbezogener Daten durch eine nach § 26 Abs. 1 zuständige Stelle zu den dort genannten Zwecken ist zulässig, wenn und soweit sie zur Erfüllung einer im öffentlichen Interesse liegenden Aufgabe erforderlich ist.

(2) Personenbezogene Daten

1. müssen auf rechtmäßige Weise verarbeitet werden,
2. müssen für festgelegte, eindeutige und rechtmäßige Zwecke erhoben und nicht in einer mit diesen Zwecken nicht zu vereinbarenden Weise verarbeitet werden,
3. müssen dem Verarbeitungszweck entsprechen, maßgeblich und in Bezug auf die Zwecke, für die sie verarbeitet sind, nicht übermäßig sein,
4. müssen sachlich richtig und erforderlichenfalls auf dem neuesten Stand sein; dabei sind alle angemessenen Maßnahmen zu treffen, damit personenbezogene Daten, die im Hinblick auf die Zwecke ihrer Verarbeitung unrichtig sind, unverzüglich gelöscht oder berichtigt werden,
5. dürfen nicht länger, als es für die Zwecke, für die sie verarbeitet werden, erforderlich ist, in einer Form gespeichert werden, die die Identifizierung der betroffenen Person ermöglicht, und
6. müssen in einer Weise verarbeitet werden, die eine angemessene Sicherheit der personenbezogenen Daten gewährleistet; hierzu gehört auch ein durch geeignete technische und organisatorische Maßnahmen zu gewährleistender Schutz vor unbefugter oder unrechtmäßiger Verarbeitung, unbeabsichtigtem Verlust, unbeabsichtigter Zerstörung oder unbeabsichtigter Schädigung.

§ 29 Verarbeitung besonderer Kategorien personenbezogener Daten

(1) Die Verarbeitung besonderer Kategorien personenbezogener Daten ist nur zulässig, wenn sie zur Aufgabenerfüllung unbedingt erforderlich ist, geeignete Garantien für die Rechtsgüter der betroffenen Personen bestehen und

1. wenn sie nach geltendem Recht zulässig ist oder
2. die Verarbeitung der Wahrung lebenswichtiger Interessen der betroffenen oder einer anderen natürlichen Person dient oder
3. wenn sie sich auf Daten bezieht, die die betroffene Person offensichtlich öffentlich gemacht hat.

(2) Geeignete Garantien im Sinne des Absatzes 1 können insbesondere sein

1. spezifische Anforderungen an die Datensicherheit oder die Datenschutzkontrolle,
2. die Festlegung von besonderen Aussonderungsprüffristen,
3. die Sensibilisierung der an Verarbeitungsvorgängen Beteiligten,
4. die Beschränkung des Zugangs zu den personenbezogenen Daten innerhalb des Verantwortlichen,
5. die von anderen Daten getrennte Verarbeitung,
6. die Pseudonymisierung personenbezogener Daten,
7. die Verschlüsselung personenbezogener Daten oder
8. spezifische Verfahrensregelungen, die im Falle einer Übermittlung oder Verarbeitung für andere Zwecke die Rechtmäßigkeit der Verarbeitung sicherstellen.

§ 30 Verarbeitung zu anderen Zwecken

(1) Eine Verarbeitung personenbezogener Daten zu einem anderen Zweck als zu demjenigen, zu dem sie erhoben wurden, ist zulässig, wenn es sich bei dem anderen Zweck um einen in § 26 Abs. 1 genannten Zweck handelt, der Verantwortliche befugt ist, Daten zu diesem Zweck zu verarbeiten und die Verarbeitung zu diesem Zweck erforderlich und verhältnismäßig ist.

(2) Absatz 1 gilt nicht für die Verarbeitung personenbezogener Daten, die einem Berufsgeheimnis oder einem besonderen Amtsgeheimnis unterliegen und der datenverarbeitenden Stelle von der zur Verschwiegenheit verpflichteten Person in Ausübung ihrer Berufs- oder Amtspflicht übermittelt worden sind.

(3) Die Verarbeitung personenbezogener Daten zu einem anderen, in § 26 Abs. 1 nicht genannten Zweck ist zulässig, wenn sie in einer Rechtsvorschrift vorgesehen ist.

(4) § 7 Abs. 5 gilt entsprechend.

§ 31 Verarbeitung zu archivarischen, wissenschaftlichen und statistischen Zwecken

(1) Die Verarbeitung durch denselben oder einen anderen Verantwortlichen kann die Archivierung im öffentlichen Interesse und die wissenschaftliche, statistische oder historische Verwendung für die in § 26 Abs. 1 genannten Zwecke umfassen, sofern geeignete Garantien für die Rechtsgüter der betroffenen Personen vorgesehen werden.

(2) Geeignete Garantien im Sinne des Absatzes 1 können in einer Anonymisierung der personenbezogenen Daten, in Vorkehrungen gegen ihre unbefugte Kenntnisnahme durch Dritte oder in ihrer räumlich und organisatorisch von den sonstigen Fachaufgaben getrennten Verarbeitung bestehen.

§ 32 Nachweis der Einhaltung durch den Verantwortlichen

Der Verantwortliche ist für die Einhaltung der in den §§ 28, 30 und 31 geregelten Bestimmungen verantwortlich und hat deren Einhaltung nachzuweisen.

§ 33 Einwilligung

(1) Soweit die Verarbeitung personenbezogener Daten nach einer Rechtsvorschrift auf der Grundlage einer Einwilligung erfolgen kann, muss der Verantwortliche die Einwilligung der betroffenen Person nachweisen können.

(2) Erfolgt die Einwilligung der betroffenen Person durch eine schriftliche Erklärung, die noch andere Sachverhalte betrifft, muss das Ersuchen um Einwilligung in verständlicher und leicht zugänglicher Form in einer klaren und einfachen Sprache so erfolgen, dass es von anderen Sachverhalten klar zu unterscheiden ist.

(3) Die betroffene Person hat das Recht, ihre Einwilligung jederzeit zu widerrufen. Durch den Widerruf der Einwilligung wird die Rechtmäßigkeit der aufgrund der Einwilligung bis zum Widerruf erfolgten Verarbeitung nicht berührt. Die betroffene Person ist vor Abgabe der Einwilligung durch den Verantwortlichen hiervon in Kenntnis zu setzen.

(4) Die Einwilligung ist nur wirksam, wenn sie auf der freien Entscheidung der betroffenen Person beruht. Bei der Beurteilung, ob die Einwilligung freiwillig erteilt wurde, müssen die Umstände der Erteilung berücksichtigt werden. Die betroffene Person ist auf den vorgesehenen Zweck der Verarbeitung hinzuweisen. Ist dies nach den Umständen des Einzelfalls erforderlich oder verlangt die betroffene Person dies, ist sie auch über die Folgen der Verweigerung der Einwilligung zu belehren.

(5) Soweit besondere Kategorien personenbezogener Daten verarbeitet werden, muss sich die Einwilligung ausdrücklich auf diese Daten beziehen.

§ 34 Verarbeitung auf Weisung des Verantwortlichen

Jede einem Verantwortlichen oder einem Auftragsverarbeiter unterstellte Person, die Zugang zu personenbezogenen Daten hat, darf diese Daten ausschließlich auf Weisung des Verantwortlichen verarbeiten, es sei denn, dass sie nach einer Rechtsvorschrift zur Verarbeitung verpflichtet ist.

§ 35 Datengeheimnis

(1) Den bei dem Verantwortlichen oder in dessen Auftrag beschäftigten Personen, die dienstlichen Zugang zu personenbezogenen Daten haben, ist es untersagt, diese Daten zu einem anderen als dem zur jeweiligen Aufgabenerfüllung gehörenden Zweck zu verarbeiten oder unbefugt zu offenbaren (Datengeheimnis). Das Datengeheimnis besteht auch nach Beendigung der Tätigkeit fort.

(2) Die in Absatz 1 Satz 1 genannten Personen sind bei der Aufnahme ihrer Tätigkeit über ihre Pflichten nach Absatz 1 sowie die sonstigen bei ihrer Tätigkeit zu beachtenden Vorschriften über den Datenschutz zu unterrichten und auf deren Einhaltung zu verpflichten.

§ 36 Automatisierte Einzelentscheidung

(1) Eine ausschließlich auf einer automatischen Verarbeitung beruhende Entscheidung, die mit einer nachteiligen Rechtsfolge für die betroffene Person verbunden ist oder sie erheblich beeinträchtigt, ist nur zulässig, wenn sie in einer Rechtsvorschrift vorgesehen ist, die geeignete Garantien für die Rechtsgüter der betroffenen Person bietet, zumindest aber das Recht auf persönliches Eingreifen seitens des Verantwortlichen.

(2) Entscheidungen nach Absatz 1 dürfen nicht auf besonderen Kategorien personenbezogener Daten beruhen, sofern nicht geeignete Maßnahmen zum Schutz der Rechtsgüter sowie berechtigter Interessen der betroffenen Person getroffen wurden.

(3) Profiling, das zur Folge hat, dass betroffene Personen auf der Grundlage von besonderen Kategorien personenbezogener Daten diskriminiert werden, ist verboten.

Abschnitt 3
Datenschutzbeauftragte öffentlicher Stellen

§ 37 Benennung

(1) Öffentliche Stellen benennen eine Datenschutzbeauftragte oder einen Datenschutzbeauftragten.

(2) Für mehrere öffentliche Stellen kann unter Berücksichtigung ihrer Organisationsstruktur und Größe eine gemeinsame Datenschutzbeauftragte oder ein gemeinsamer Datenschutzbeauftragter benannt werden.

(3) Die oder der Datenschutzbeauftragte wird auf der Grundlage ihrer oder seiner beruflichen Qualifikation und insbesondere ihres oder seines Fachwissens benannt, das sie oder er auf dem Gebiet des Datenschutzrechts und der Datenschutzpraxis besitzt, sowie auf der Grundlage ihrer oder seiner Fähigkeit zur Erfüllung der in § 39 genannten Aufgaben.

(4) Die oder der Datenschutzbeauftragte kann in einem Dienst- oder Beschäftigungsverhältnis mit der öffentlichen Stelle stehen oder ihre oder seine Aufgaben auf der Grundlage eines Dienstleistungsvertrags erfüllen.

(5) Die öffentliche Stelle veröffentlicht die Kontaktdaten der oder des Datenschutzbeauftragten und teilt diese Daten der oder dem Landesbeauftragten für den Datenschutz und die Informationsfreiheit mit.

§ 38 Stellung

(1) Die öffentliche Stelle stellt sicher, dass die oder der Datenschutzbeauftragte ordnungsgemäß und frühzeitig in alle mit dem Schutz personenbezogener Daten zusammenhängenden Fragen eingebunden wird.

(2) Die öffentliche Stelle unterstützt die Datenschutzbeauftragte oder den Datenschutzbeauftragten bei der Erfüllung ihrer oder seiner Aufgaben gemäß § 39, indem sie die für die Erfüllung dieser Aufgaben erforderlichen Ressourcen und den Zugang zu personenbezogenen Daten und Verarbeitungsvorgängen sowie die zur Erhaltung ihres oder seines Fachwissens erforderlichen Ressourcen zur Verfügung stellt.

(3) Die öffentliche Stelle stellt sicher, dass die oder der Datenschutzbeauftragte bei der Erfüllung ihrer oder seiner Aufgaben keine Anweisungen bezüglich der Ausübung dieser Aufgaben erhält. Die oder der Datenschutzbeauftragte berichtet unmittelbar der höchsten Leitungsebene der öffentlichen Stelle. Die oder der Datenschutzbeauftragte darf von der öffentlichen Stelle wegen der Erfüllung ihrer oder seiner Aufgaben nicht abberufen oder benachteiligt werden.

(4) Die Abberufung der oder des Datenschutzbeauftragten ist nur in entsprechender Anwendung des § 626 des Bürgerlichen Gesetzbuchs zulässig. Die Kündigung des Arbeitsverhältnisses ist unzulässig, es sei denn, dass die öffentliche Stelle zur Kündigung aus wichtigem Grund ohne Einhaltung einer Kündigungsfrist berechtigt ist.

(5) Betroffene Personen können die Datenschutzbeauftragte oder den Datenschutzbeauftragten zu allen Fragen in Zusammenhang mit der Verarbeitung ihrer personenbezogenen Daten und mit der Wahrnehmung ihrer Rechte nach Teil 3 dieses Gesetzes zu Rate ziehen. Die oder der Datenschutzbeauftragte ist zur Verschwiegenheit über die Identität der betroffenen Personen sowie über Umstände, die Rückschlüsse auf die betroffenen Personen zulassen, verpflichtet, soweit sie oder er nicht davon durch die betroffenen Personen befreit wird.

(6) Wenn die oder der Datenschutzbeauftragte bei ihrer oder seiner Tätigkeit Kenntnis von Daten erhält, für die der Leitung oder einer bei der öffentlichen Stelle beschäftigten Person aus beruflichen Gründen ein Zeugnisverweigerungsrecht zusteht, steht dieses Recht auch der oder dem Datenschutzbeauftragten und den ihr oder ihm unterstellten, in einem Dienst- oder Beschäftigungsverhältnis mit der öffentlichen Stelle stehenden Personen zu. Über die Ausübung dieses Rechts entscheidet die Person, der das Zeugnisverweigerungsrecht aus beruflichen Gründen zusteht, es sei denn, dass diese Entscheidung in absehbarer Zeit nicht herbeigeführt werden kann. Soweit das Zeugnisverweigerungsrecht der oder des Datenschutzbeauftragten reicht, unterliegen ihre oder seine Akten und andere Schriftstücke einem Beschlagnahmeverbot.

§ 39 Aufgaben

(1) Der oder dem Datenschutzbeauftragten obliegen im Anwendungsbereich des Teils 3 dieses Gesetzes folgende Aufgaben:

1. Unterrichtung und Beratung der öffentlichen Stelle und der mit ihr in einem Dienst- oder Beschäftigungsverhältnis stehenden Personen, die Verarbeitungen durchführen, hinsichtlich ihrer Pflichten nach diesem Gesetz und sonstigen Vorschriften über den Datenschutz, einschließlich der zur Umsetzung der Richtlinie (EU) 2016/680 erlassenen Rechtsvorschriften,
2. Überwachung der Einhaltung dieses Gesetzes oder sonstiger Vorschriften über den Datenschutz, einschließlich der zur Umsetzung der Richtlinie (EU) 2016/680 erlassenen Rechtsvorschriften, sowie der Strategien der öffentlichen Stelle für den Schutz personenbezogener Daten, einschließlich der Zuweisung von Zuständigkeiten, der Sensibilisierung und der Schulung der an den Verarbeitungsvorgängen beteiligten, in einem Dienst- oder Beschäftigungsverhältnis mit ihr stehenden Personen und der diesbezüglichen Überprüfungen,
3. Beratung im Zusammenhang mit der Datenschutz-Folgenabschätzung und Überwachung ihrer Durchführung gemäß § 56,

4. Zusammenarbeit mit der oder dem Landesbeauftragten für den Datenschutz und die Informationsfreiheit,
5. Tätigkeit als Anlaufstelle für die Landesbeauftragte oder den Landesbeauftragten für den Datenschutz und die Informationsfreiheit in mit der Verarbeitung zusammenhängenden Fragen, einschließlich der vorherigen Konsultation gemäß § 57, und gegebenenfalls Beratung zu allen sonstigen Fragen.

Im Falle einer oder eines bei einem Gericht bestellten Datenschutzbeauftragten beziehen sich diese Aufgaben nicht auf das Handeln des Gerichts im Rahmen seiner justiziellen Tätigkeit.

(2) Die oder der Datenschutzbeauftragte kann andere Aufgaben und Pflichten wahrnehmen. Die öffentliche Stelle stellt sicher, dass derartige Aufgaben nicht zu einem Interessenkonflikt führen.

(3) Die oder der Datenschutzbeauftragte trägt bei der Erfüllung ihrer oder seiner Aufgaben dem mit den Verarbeitungsvorgängen verbundenen Risiko gebührend Rechnung, wobei sie oder er die Art, den Umfang, die Umstände und die Zwecke der Verarbeitung berücksichtigt.

Abschnitt 4
Landesbeauftragte oder Landesbeauftragter für den Datenschutz und die Informationsfreiheit

§ 40 Rechtsstellung und Organisation

Die oder der Landesbeauftragte für den Datenschutz und die Informationsfreiheit ist Aufsichtsbehörde im Sinne des Artikels 41 der Richtlinie (EU) 2016/680 im Falle der Verarbeitung von Daten nach Teil 3 dieses Gesetzes. Die §§ 14, 15 und 18 finden hinsichtlich der Rechtsstellung und Organisation der oder des Landesbeauftragten für den Datenschutz und die Informationsfreiheit entsprechende Anwendung.

§ 41 Aufgaben

(1) Die oder der Landesbeauftragte für den Datenschutz und die Informationsfreiheit hat die folgenden Aufgaben:

1. die Anwendung dieses Gesetzes und die zur Umsetzung der Richtlinie (EU) 2016/680 erlassenen Rechtsvorschriften zu überwachen und durchzusetzen,
2. die Öffentlichkeit für die Risiken, Vorschriften, Garantien und Rechte im Zusammenhang mit der Verarbeitung personenbezogener Daten zu sensibilisieren und aufzuklären,
3. den Landtag, die im Landtag vertretenen Fraktionen, die Landesregierung, die Kommunen und andere Einrichtungen und Gremien über legislative und administrative Maßnahmen zum Schutz der Rechte und Freiheiten natürlicher Personen in Bezug auf die Verarbeitung personenbezogener Daten zu beraten,
4. die Verantwortlichen und die Auftragsverarbeiter für die ihnen nach diesem Gesetz sowie aus den zur Umsetzung der Richtlinie (EU) 2016/680 erlassenen Rechtsvorschriften bestehenden Pflichten zu sensibilisieren,
5. auf Anfrage jeder betroffenen Person Informationen über die Ausübung ihrer nach Maßgabe dieses Gesetzes und der zur Umsetzung der Richtlinie (EU) 2016/680 erlassenen Rechtsvorschriften zur Verfügung zu stellen und gegebenenfalls zu diesem Zweck mit den Aufsichtsbehörden in anderen Mitgliedstaaten zusammenzuarbeiten,
6. sich mit Beschwerden einer betroffenen Person oder einer Stelle, einer Organisation oder eines Verbands gemäß § 50 zu befassen, den Gegenstand der Beschwerde in angemessenem Umfang zu untersuchen und den Beschwerdeführer innerhalb einer angemessenen Frist über den Fortgang und das Ergebnis der Untersuchung zu unterrichten, insbesondere, wenn eine weitere Untersuchung oder Koordinierung mit einer anderen Aufsichtsbehörde notwendig ist,
7. mit anderen Aufsichtsbehörden zusammenzuarbeiten, auch durch Informationsaustausch, und ihnen Amtshilfe zu leisten, um die einheitliche Anwendung

X

und Durchsetzung der Richtlinie (EU) 2016/680 zu gewährleisten,
8. Untersuchungen über die Anwendung dieses Gesetzes und der zur Umsetzung der Richtlinie (EU) 2016/680 erlassenen Rechtsvorschriften durchzuführen, auch auf der Grundlage von Informationen einer anderen Aufsichtsbehörde oder einer anderen Behörde,
9. maßgebliche Entwicklungen zu verfolgen, soweit sie sich auf den Schutz personenbezogener Daten auswirken, insbesondere die Entwicklung der Informations- und Kommunikationstechnologie,
10. Beratung in Bezug auf die in § 57 genannten Verarbeitungsvorgänge zu leisten,
11. die Aufgaben nach § 45 Abs. 7 und § 48 wahrzunehmen.

(2) Die oder der Landesbeauftragte für den Datenschutz und die Informationsfreiheit ist nicht zuständig für die Aufsicht über die von den Gerichten im Rahmen ihrer justiziellen Tätigkeit vorgenommenen Verarbeitungen.

(3) Die oder der Landesbeauftragte für den Datenschutz und die Informationsfreiheit erleichtert das Einreichen der in Absatz 1 Nr. 6 genannten Beschwerden durch Maßnahmen wie etwa die Bereitstellung eines Beschwerdeformulars, das auch elektronisch ausgefüllt werden kann, ohne dass andere Kommunikationsmittel ausgeschlossen werden.

(4) Die Erfüllung der Aufgaben erfolgt für die betroffene Person und für die Datenschutzbeauftragte oder den Datenschutzbeauftragten unentgeltlich. Bei offenkundig unbegründeten oder besonders wegen häufiger Wiederholung exzessiven Anträgen kann die oder der Landesbeauftragte für den Datenschutz und die Informationsfreiheit eine angemessene Gebühr verlangen oder sich weigern, aufgrund des Antrags tätig zu werden. In diesem Fall trägt die oder der Landesbeauftragte für den Datenschutz und die Informationsfreiheit die Beweislast dafür, dass der Antrag offenkundig unbegründet oder exzessiv ist.

(5) Die oder der Landesbeauftragte für den Datenschutz und die Informationsfreiheit erstellt einen Jahresbericht über ihre oder seine Tätigkeit, der eine Liste der Arten der gemeldeten Verstöße und der Arten der verhängten Sanktionen enthalten kann. Die oder der Landesbeauftragte für den Datenschutz und die Informationsfreiheit übermittelt den Bericht dem Landtag sowie der Landesregierung und macht ihn der Öffentlichkeit, der Europäischen Kommission und dem Europäischen Datenschutzausschuss zugänglich. § 16 Abs. 3 findet entsprechende Anwendung.

§ 42 Befugnisse

(1) Stellt die oder der Landesbeauftragte für den Datenschutz und die Informationsfreiheit bei Datenverarbeitungen Verstöße gegen die Vorschriften dieses Gesetzes oder gegen andere Vorschriften über den Datenschutz oder sonstige Mängel bei der Verarbeitung oder Nutzung personenbezogener Daten zu Zwecken des § 26 Abs. 1 fest, so beanstandet sie oder er dies im Falle einer öffentlichen Stelle

1. des Landes gegenüber der zuständigen obersten Landesbehörde,
2. einer Gemeinde, eines Gemeindeverbands, eines Landkreises oder einer sonstigen der Aufsicht des Landes oder einer Gemeinde, eines Gemeindeverbands oder eines Landkreises unterstehenden Körperschaft, Anstalt oder Stiftung des öffentlichen Rechts sowie einer Vereinigung einer solchen Körperschaft, Anstalt oder Stiftung gegenüber dem vertretungsberechtigten Organ

und fordert eine Stellungnahme innerhalb einer angemessenen Frist ein. In den Fällen des Satzes 1 Nr. 2 unterrichtet die oder der Landesbeauftragte für den Datenschutz und die Informationsfreiheit gleichzeitig die zuständige Aufsichtsbehörde. Die Stellungnahme soll auch eine Darstellung der Maßnahmen enthalten, die aufgrund der Beanstandung der oder des Landesbeauftragten für den Datenschutz und die Informationsfreiheit getroffen worden sind. Die oder der Landesbeauftragte für den Datenschutz und die Informationsfreiheit kann von einer Beanstandung absehen oder auf eine Stellungnahme verzichten, insbesondere wenn es sich um unerhebliche oder inzwischen beseitigte Mängel handelt. Die oder der Landesbeauftragte für den Datenschutz und die Informationsfreiheit kann den Verantwortlichen auch davor warnen, dass beabsichtigte Verarbeitungsvorgänge voraussichtlich gegen in diesem Gesetz enthaltene und andere auf die jeweilige Datenverarbeitung anzuwendende Vorschriften über den Datenschutz verstoßen.

(2) Die oder der Landesbeauftragte für den Datenschutz und die Informationsfreiheit kann bei Verstößen nach Absatz 1 Satz 1 darüber hinaus anordnen,

1. Verarbeitungsvorgänge, gegebenenfalls auf bestimmte Weise oder innerhalb eines bestimmten Zeitraums, mit den Bestimmungen dieses Gesetzes oder anderen Vorschriften über den Datenschutz in Einklang zu bringen,
2. personenbezogene Daten zu berichtigen,
3. personenbezogene Daten in der Verarbeitung einzuschränken,
4. personenbezogene Daten zu löschen,

wenn dies zur Beseitigung eines erheblichen Verstoßes gegen datenschutzrechtliche Vorschriften erforderlich ist.

(3) Die öffentlichen Stellen sind verpflichtet, die Landesbeauftragte oder den Landesbeauftragten für den Datenschutz und die Informationsfreiheit bei der Erfüllung ihrer oder seiner Aufgaben zu unterstützen. Ihr oder ihm sind insbesondere

1. Auskunft zu allen Fragen zu erteilen und alle Dokumente vorzulegen, die im Zusammenhang mit der Verarbeitung personenbezogener Daten stehen,
2. Zugang zu allen personenbezogenen Daten, die verarbeitet werden, zu gewähren, und
3. Zugang zu den Grundstücken und Diensträumen einschließlich aller Datenverarbeitungsanlagen und -geräte zu gewähren, soweit dies zur Erfüllung ihrer oder seiner Aufgaben erforderlich ist.

(4) Die Verpflichtung nach Absatz 3 entfällt, soweit eine oberste Landesbehörde im Einzelfall feststellt, dass die Sicherheit des Bundes oder eines Landes dies gebietet. Die oder der Landesbeauftragte für den Datenschutz und die Informationsfreiheit ist hierüber schriftlich oder elektronisch zu informieren. Die Gründe hierfür sind aktenkundig zu machen.

Abschnitt 5
Rechte der betroffenen Person

§ 43 Allgemeine Informationen zu Datenverarbeitungen

Der Verantwortliche hat in allgemeiner Form und für jedermann zugänglich folgende Informationen zur Verfügung zu stellen:

1. die Zwecke der von ihm vorgenommenen Verarbeitungen,
2. die im Hinblick auf die Verarbeitung ihrer personenbezogenen Daten bestehenden Rechte der betroffenen Personen auf Auskunft, Berichtigung, Löschung und Einschränkung der Verarbeitung,
3. den Namen und die Kontaktdaten des Verantwortlichen und der oder des Datenschutzbeauftragten,
4. Hinweis auf die Befugnis, die Landesbeauftragte oder den Landesbeauftragten für den Datenschutz und die Informationsfreiheit anzurufen und
5. Angaben zur Erreichbarkeit der oder des Landesbeauftragten für den Datenschutz und die Informationsfreiheit.

§ 44 Benachrichtigung betroffener Personen

(1) Ist die Benachrichtigung betroffener Personen über die Verarbeitung sie betreffender personenbezogener Daten in speziellen Rechtsvorschriften, insbesondere bei verdeckten Maßnahmen, vorgesehen oder angeordnet, so hat diese Benachrichtigung zumindest die folgenden Angaben zu enthalten:

1. die in § 43 genannten Angaben,
2. die Rechtsgrundlage der Verarbeitung,
3. die Dauer, für die die personenbezogenen Daten gespeichert werden oder, falls dies nicht möglich ist, die Kriterien für die Festlegung dieser Fristen,

4. gegebenenfalls die Kategorien von Empfängern der personenbezogenen Daten sowie
5. erforderlichenfalls weitere Informationen, insbesondere, wenn die personenbezogenen Daten ohne Wissen der betroffenen Person erhoben wurden.

(2) In den Fällen des Absatzes 1 kann der Verantwortliche die Benachrichtigung insoweit und solange aufschieben, einschränken und unterlassen, wie andernfalls

1. die Erfüllung der in § 26 Abs. 1 genannten Aufgaben,
2. die öffentliche Sicherheit oder
3. Rechtsgüter Dritter

gefährdet würden, wenn das Interesse an der Vermeidung dieser Gefahren das Informationsinteresse der betroffenen Person überwiegt.

(3) Bezieht sich die Benachrichtigung auf die Übermittlung personenbezogener Daten an Verfassungsschutzbehörden des Bundes und der Länder, den Bundesnachrichtendienst oder den Militärischen Abschirmdienst, ist sie nur mit Zustimmung dieser Stellen zulässig.

(4) Im Falle der Einschränkung nach Absatz 2 gilt § 45 Abs. 7 entsprechend.

§ 45 Auskunftsrecht

(1) Der Verantwortliche hat betroffenen Personen auf Antrag Auskunft darüber zu erteilen, ob er sie betreffende Daten verarbeitet. Betroffene Personen haben darüber hinaus das Recht, Informationen zu erhalten über

1. die personenbezogenen Daten, die Gegenstand der Verarbeitung sind, und die Kategorie, zu der sie gehören,
2. die verfügbaren Informationen über die Herkunft der Daten,
3. die Zwecke der Verarbeitung und deren Rechtsgrundlage,
4. die Empfänger oder die Kategorien von Empfängern, gegenüber denen die Daten offengelegt worden sind, insbesondere bei Empfängern in Drittstaaten oder bei internationalen Organisationen,
5. die für die Daten geltende Speicherdauer oder, falls dies nicht möglich ist, die Kriterien für die Festlegung dieser Dauer,
6. das Bestehen eines Rechts auf Berichtigung, Löschung oder Einschränkung der Verarbeitung der Daten durch den Verantwortlichen,
7. das Recht, nach § 48 die Landesbeauftragte oder den Landesbeauftragten für den Datenschutz und die Informationsfreiheit anzurufen sowie
8. Angaben zur Erreichbarkeit der oder des Landesbeauftragten für den Datenschutz und die Informationsfreiheit.

(2) Absatz 1 gilt nicht für personenbezogene Daten, die nur deshalb verarbeitet werden, weil sie aufgrund gesetzlicher Aufbewahrungsvorschriften nicht gelöscht werden dürfen, oder die ausschließlich Zwecken der Datensicherung oder der Datenschutzkontrolle dienen, wenn die Auskunftserteilung einen unverhältnismäßigen Aufwand erfordern würde und eine Verarbeitung zu anderen Zwecken durch geeignete technische und organisatorische Maßnahmen ausgeschlossen ist.

(3) Von der Auskunftserteilung ist abzusehen, soweit die betroffene Person keine Angaben macht, die das Auffinden der Daten ermöglichen, und der für die Erteilung der Auskunft erforderliche Aufwand außer Verhältnis zu dem von der betroffenen Person geltend gemachten Informationsinteresse steht. Der betroffenen Person ist vor dem Absehen der Auskunftserteilung Gelegenheit zur Präzisierung des Auskunftsersuchens zu geben.

(4) Der Verantwortliche kann unter den Voraussetzungen des § 44 Abs. 2 von der Auskunft nach Absatz 1 Satz 1 absehen oder die Auskunftserteilung nach Absatz 1 Satz 2 teilweise oder vollständig einschränken.

(5) § 44 Abs. 3 gilt entsprechend.

(6) Der Verantwortliche hat die betroffene Person über das Absehen von oder die Einschränkung einer Auskunft unverzüglich schriftlich zu unterrichten. Dies gilt nicht, wenn bereits die Erteilung dieser Informationen eine Gefährdung im Sinne des § 44 Abs. 2 mit sich bringen würde. Die Unterrichtung

nach Satz 1 ist zu begründen, es sei denn, dass die Mitteilung der Gründe den mit dem Absehen von oder der Einschränkung der Auskunft verfolgten Zweck gefährden würde.

(7) Wird die betroffene Person nach Absatz 6 über das Absehen von oder die Einschränkung der Auskunft unterrichtet, kann sie ihr Auskunftsrecht auch über die Landesbeauftragte oder den Landesbeauftragten für den Datenschutz und die Informationsfreiheit ausüben. Der Verantwortliche hat die betroffene Person über diese Möglichkeit sowie darüber zu unterrichten, dass sie gemäß § 48 die Landesbeauftragte oder den Landesbeauftragten für den Datenschutz und die Informationsfreiheit anrufen oder gerichtlichen Rechtsschutz suchen kann. Macht die betroffene Person von ihrem Recht nach Satz 1 Gebrauch, ist die Auskunft auf ihr Verlangen der oder dem Landesbeauftragten für den Datenschutz und die Informationsfreiheit zu erteilen, soweit nicht die zuständige oberste Landesbehörde im Einzelfall feststellt, dass dadurch die Sicherheit des Bundes oder eines Landes gefährdet würde. Wird der oder dem Landesbeauftragten für den Datenschutz und die Informationsfreiheit eine Auskunft nicht erteilt, so sind die Gründe dafür aktenkundig zu machen. Die oder der Landesbeauftragte für den Datenschutz und die Informationsfreiheit hat die betroffene Person zumindest darüber zu unterrichten, dass eine Überprüfung durch sie oder ihn stattgefunden hat. Diese Mitteilung kann die Information enthalten, ob datenschutzrechtliche Verstöße festgestellt wurden. Die Mitteilung der oder des Landesbeauftragten für den Datenschutz und die Informationsfreiheit an die betroffene Person darf keine Rückschlüsse auf den Erkenntnisstand des Verantwortlichen zulassen, sofern dieser keiner weitergehenden Auskunft zustimmt. Der Verantwortliche darf die Zustimmung nur insoweit und solange verweigern, wie er nach Absatz 4 von einer Auskunft absehen oder sie einschränken könnte. Die oder der Landesbeauftragte für den Datenschutz und die Informationsfreiheit hat zudem die betroffene Person über ihr Recht auf gerichtlichen Rechtsschutz zu unterrichten.

(8) Der Verantwortliche hat die sachlichen oder rechtlichen Gründe für die Entscheidung zu dokumentieren.

§ 46 Rechte auf Berichtigung und Löschung sowie Einschränkung der Verarbeitung

(1) Die betroffene Person hat das Recht, von dem Verantwortlichen unverzüglich die Berichtigung sie betreffender unrichtiger Daten zu verlangen. Insbesondere im Fall von Aussagen oder Beurteilungen betrifft die Frage der Richtigkeit nicht den Inhalt der Aussage oder der Beurteilung, sondern die Tatsache, dass die Aussage oder Beurteilung so erfolgt ist. Wenn die Richtigkeit oder Unrichtigkeit der Daten nicht festgestellt werden kann, tritt an die Stelle der Berichtigung eine Einschränkung der Verarbeitung. In diesem Fall hat der Verantwortliche die betroffene Person zu unterrichten, bevor er die Einschränkung wieder aufhebt. Die betroffene Person kann zudem unter Berücksichtigung der Verarbeitungszwecke die Vervollständigung unvollständiger personenbezogener Daten verlangen, wenn dies angemessen ist.

(2) Die betroffene Person hat das Recht, von dem Verantwortlichen unverzüglich die Löschung sie betreffender Daten zu verlangen, wenn deren Verarbeitung unzulässig ist, deren Kenntnis für die Aufgabenerfüllung nicht mehr erforderlich ist oder diese zur Erfüllung einer rechtlichen Verpflichtung gelöscht werden müssen.

(3) Anstatt die personenbezogenen Daten zu löschen, kann der Verantwortliche deren Verarbeitung einschränken, wenn

1. Grund zu der Annahme besteht, dass eine Löschung schutzwürdige Interessen einer betroffenen Person beeinträchtigen würde,
2. die Daten zu Beweiszwecken in Verfahren, die den in § 26 Abs. 1 genannten Zwecken dienen, weiter aufbewahrt werden müssen oder
3. eine Löschung wegen der besonderen Art der Speicherung nicht oder nur mit unverhältnismäßigem Aufwand möglich ist.

In ihrer Verarbeitung nach Satz 1 eingeschränkte Daten dürfen nur zu dem Zweck verarbeitet werden, der ihrer Löschung entgegenstand.

(4) Bei automatisierten Dateisystemen ist technisch sicherzustellen, dass eine Einschränkung der Verarbeitung eindeutig erkennbar ist und eine Verarbeitung für andere Zwecke nicht ohne weitere Prüfung möglich ist.

(5) Hat der Verantwortliche eine Berichtigung vorgenommen, hat er einer Stelle, die ihm die personenbezogenen Daten übermittelt hat, die Berichtigung mitzuteilen. Der Empfänger hat die Daten zu berichtigen, zu löschen oder ihre Verarbeitung einzuschränken. In Fällen der Berichtigung, Löschung oder Einschränkung der Verarbeitung nach den Absätzen 1 bis 3 hat der Verantwortliche anderen Empfängern, denen die Daten übermittelt wurden, diese Maßnahmen mitzuteilen.

(6) Der Verantwortliche hat die betroffene Person über ein Absehen von der Berichtigung oder Löschung personenbezogener Daten oder über die an deren Stelle tretende Einschränkung der Verarbeitung schriftlich zu unterrichten. Dies gilt nicht, wenn bereits die Erteilung dieser Informationen eine Gefährdung im Sinne des § 44 Abs. 2 mit sich bringen würde. Die Unterrichtung nach Satz 1 ist zu begründen, es sei denn, dass die Mitteilung der Gründe den mit dem Absehen von der Unterrichtung verfolgten Zweck gefährden würde.

(7) § 45 Abs. 7 und 8 findet entsprechende Anwendung.

§ 47 Verfahren für die Ausübung der Rechte der betroffenen Person

(1) Der Verantwortliche hat mit betroffenen Personen unter Verwendung einer klaren und einfachen Sprache in präziser, verständlicher und leicht zugänglicher Form zu kommunizieren.

(2) Bei Anträgen hat der Verantwortliche die betroffene Person unbeschadet des § 45 Abs. 6 und des § 46 Abs. 6 unverzüglich schriftlich darüber in Kenntnis zu setzen, wie verfahren wurde.

(3) Die Erteilung von Informationen nach § 43, Benachrichtigungen nach den §§ 44 und 55 sowie die Bearbeitung von Anträgen nach den §§ 45 und 46 erfolgen unentgeltlich. Bei offenkundig unbegründeten oder exzessiven Anträgen nach den §§ 45 und 46 kann der Verantwortliche entweder eine angemessene Gebühr auf der Grundlage von Verwaltungskosten verlangen oder sich weigern, aufgrund des Antrags tätig zu werden. In diesem Fall muss der Verantwortliche den offenkundig unbegründeten oder exzessiven Charakter des Antrags belegen können.

(4) Hat der Verantwortliche begründete Zweifel an der Identität einer betroffenen Person, die einen Antrag nach § 45 oder § 46 gestellt hat, kann er von ihr zusätzliche Informationen anfordern, die zur Bestätigung ihrer Identität erforderlich sind.

§ 48 Anrufung der oder des Landesbeauftragten für den Datenschutz und die Informationsfreiheit

(1) Jede betroffene Person kann sich unbeschadet anderweitiger Rechtsbehelfe mit einer Beschwerde an die Landesbeauftragte oder den Landesbeauftragten für den Datenschutz und die Informationsfreiheit wenden, wenn sie der Auffassung ist, bei der Verarbeitung ihrer personenbezogenen Daten durch öffentliche Stellen zu den in § 26 Abs. 1 genannten Zwecken in ihren Rechten verletzt worden zu sein. Dies gilt nicht für die Verarbeitung von personenbezogenen Daten durch Gerichte, soweit diese die Daten im Rahmen ihrer justiziellen Tätigkeit verarbeitet haben. Die oder der Landesbeauftragte für den Datenschutz und die Informationsfreiheit hat die betroffene Person über den Stand und das Ergebnis der Beschwerde zu unterrichten und sie hierbei auf die Möglichkeit gerichtlichen Rechtsschutzes nach § 49 hinzuweisen.

(2) Die oder der Landesbeauftragte für den Datenschutz und die Informationsfreiheit hat eine bei ihr oder ihm eingelegte Beschwerde über eine Verarbeitung, die in die Zuständigkeit einer Aufsichtsbehörde in einem anderen Mitgliedstaat der Europäischen Union fällt, unverzüglich an die zuständige Aufsichtsbehörde des anderen Staates weiterzuleiten. Sie oder er hat in diesem Fall die betroffene Person über die Weiterleitung zu unterrichten und ihr auf deren Ersuchen weitere Unterstützung zu leisten.

§ 49 Rechtsschutz gegen Entscheidungen der oder des Landesbeauftragten für den Datenschutz und die Informationsfreiheit oder bei deren oder dessen Untätigkeit

(1) Jede natürliche oder juristische Person kann unbeschadet anderer Rechtsbehelfe gerichtlich gegen eine verbindliche Entscheidung der oder des Landesbeauftragten für den Datenschutz und die Informationsfreiheit vorgehen.

(2) Absatz 1 gilt entsprechend zugunsten betroffener Personen, wenn sich die oder der Landesbeauftragte für den Datenschutz und die Informationsfreiheit mit einer Beschwerde nach § 48 nicht befasst oder die betroffene Person nicht innerhalb von drei Monaten nach Einlegung der Beschwerde über den Stand oder das Ergebnis der Beschwerde in Kenntnis gesetzt hat.

§ 50 Vertretung von betroffenen Personen

Die betroffene Person kann eine rechtmäßig gegründete Einrichtung, Organisation oder Vereinigung ohne Gewinnerzielungsabsicht, deren satzungsmäßige Ziele im öffentlichen Interesse liegen und die im Bereich des Schutzes der Rechtsgüter betroffener Personen in Bezug auf den Schutz personenbezogener Daten tätig ist, beauftragen, im Namen der betroffenen Person eine Beschwerde einzureichen oder die Rechte nach § 45 Abs. 1 Satz 2 Nr. 7 sowie nach den §§ 48 und 49 wahrzunehmen.

Abschnitt 6
Pflichten der Verantwortlichen und Auftragsverarbeiter

§ 51 Auftragsverarbeitung

(1) Werden personenbezogene Daten im Auftrag eines Verantwortlichen durch andere Personen oder Stellen verarbeitet, hat der Verantwortliche für die Einhaltung der Bestimmungen dieses Gesetzes und anderer Vorschriften über den Datenschutz zu sorgen. Die Rechte der betroffenen Personen auf Auskunft, Berichtigung, Löschung, Einschränkung der Verarbeitung und Schadensersatz sind in diesem Fall gegenüber dem Verantwortlichen geltend zu machen.

(2) Ein Verantwortlicher darf nur solche Auftragsverarbeiter mit der Verarbeitung personenbezogener Daten beauftragen, die mit geeigneten technischen und organisatorischen Maßnahmen sicherstellen, dass die Verarbeitung im Einklang mit den gesetzlichen Anforderungen erfolgt und der Schutz der Rechte der betroffenen Personen gewährleistet wird.

(3) Auftragsverarbeiter dürfen ohne vorherige schriftliche Genehmigung des Verantwortlichen keinen weiteren Auftragsverarbeiter hinzuziehen. Hat der Verantwortliche dem Auftragsverarbeiter eine allgemeine Genehmigung zur Hinzuziehung weiterer Auftragsverarbeiter erteilt, hat der Auftragsverarbeiter den Verantwortlichen über jede beabsichtigte Hinzuziehung oder Ersetzung zu informieren. Der Verantwortliche kann in diesem Fall die Hinzuziehung oder Ersetzung untersagen.

(4) Zieht ein Auftragsverarbeiter einen weiteren Auftragsverarbeiter hinzu, so hat er diesem dieselben Verpflichtungen aus seinem Vertrag mit dem Verantwortlichen nach Absatz 5 aufzuerlegen, die auch für ihn gelten, soweit diese Pflichten für den weiteren Auftragsverarbeiter nicht schon aufgrund anderer Vorschriften verbindlich sind. Erfüllt ein weiterer Auftragsverarbeiter diese Verpflichtungen nicht, so haftet der ihn beauftragende Auftragsverarbeiter gegenüber dem Verantwortlichen für die Einhaltung der Pflichten des weiteren Auftragsverarbeiters.

(5) Die Verarbeitung durch einen Auftragsverarbeiter hat auf der Grundlage eines Vertrags oder eines anderen Rechtsinstruments zu erfolgen, der oder das den Auftragsverarbeiter an den Verantwortlichen bindet und der oder das den Gegenstand, die Dauer, die Art und den Zweck der Verarbeitung, die Art der personenbezogenen Daten, die Kategorien betroffener Personen und die Rechte und Pflichten des Verantwortlichen festlegt. Der Vertrag oder das andere Rechtsinstrument haben insbesondere vorzusehen, dass der Auftragsverarbeiter

1. nur auf dokumentierte Weisung des Verantwortlichen handelt; ist der Auftragsverarbeiter der Auffassung, dass eine Weisung rechtswidrig ist, hat er den Verantwortlichen unverzüglich zu informieren;
2. gewährleistet, dass die zur Verarbeitung der personenbezogenen Daten befugten Personen zur Vertraulichkeit verpflichtet werden, soweit sie keiner angemessenen gesetzlichen Verschwiegenheitspflicht unterliegen;
3. den Verantwortlichen mit geeigneten Mitteln dabei unterstützt, die Einhaltung der Bestimmungen über die Rechte der betroffenen Person zu gewährleisten;
4. alle personenbezogenen Daten nach Abschluss der Erbringung der Verarbeitungsleistungen nach Wahl des Verantwortlichen zurückgibt oder löscht und bestehende Kopien vernichtet, wenn nicht nach einer Rechtsvorschrift eine Verpflichtung zur Speicherung der Daten besteht;
5. dem Verantwortlichen alle erforderlichen Informationen, insbesondere die gemäß § 64 erstellten Protokolle, zum Nachweis der Einhaltung seiner Pflichten zur Verfügung stellt;
6. Überprüfungen, die von dem Verantwortlichen oder einem anderen, von diesem beauftragten Prüfer durchgeführt werden, ermöglicht und dazu beiträgt;
7. die in den Absätzen 3 und 4 aufgeführten Bedingungen für die Inanspruchnahme der Dienste eines weiteren Auftragsverarbeiters einhält;
8. alle gemäß § 53 erforderlichen Maßnahmen ergreift und
9. unter Berücksichtigung der Art der Verarbeitung und der ihm zur Verfügung stehenden Informationen den Verantwortlichen bei der Einhaltung der in den §§ 53 bis 57 genannten Pflichten unterstützt.

(6) Der Vertrag im Sinne des Absatzes 5 ist schriftlich oder elektronisch abzufassen.

(7) Ein Auftragsverarbeiter, der die Zwecke und Mittel der Verarbeitung unter Verstoß gegen diese Bestimmung festlegt, gilt in Bezug auf diese Verarbeitung als Verantwortlicher.

§ 52 Gemeinsam Verantwortliche

Legen zwei oder mehr Verantwortliche gemeinsam die Zwecke und die Mittel der Verarbeitung fest, gelten sie als gemeinsam Verantwortliche. Gemeinsam Verantwortliche haben ihre jeweiligen Aufgaben und datenschutzrechtlichen Verantwortlichkeiten in transparenter Form in einer Vereinbarung festzulegen, soweit diese nicht bereits in Rechtsvorschriften festgelegt sind. Aus der Vereinbarung muss insbesondere hervorgehen, wer welchen Informationspflichten nachzukommen hat und wie und gegenüber wem betroffene Personen ihre Rechte wahrnehmen können. Eine entsprechende Vereinbarung hindert die betroffene Person nicht, ihre Rechte gegenüber jedem der gemeinsam Verantwortlichen geltend zu machen.

§ 53 Anforderungen an die Sicherheit der Datenverarbeitung

(1) Der Verantwortliche und der Auftragsverarbeiter haben unter Berücksichtigung des Stands der Technik, der Implementierungskosten, der Art, des Umfangs, der Umstände und der Zwecke der Verarbeitung sowie der Eintrittswahrscheinlichkeit und der Schwere der mit der Verarbeitung verbundenen Gefahren für die Rechtsgüter der betroffenen Personen die erforderlichen technischen und organisatorischen Maßnahmen zu treffen, um bei der Verarbeitung personenbezogener Daten ein dem Risiko angemessenes Schutzniveau zu gewährleisten, insbesondere im Hinblick auf die Verarbeitung besonderer Kategorien personenbezogener Daten. Der Verantwortliche hat hierbei die einschlägigen Technischen Richtlinien und Empfehlungen des Bundesamtes für Sicherheit in der Informationstechnik zu berücksichtigen.

(2) Die in Absatz 1 genannten Maßnahmen können unter anderem die Pseudonymisierung und Verschlüsselung personenbezogener Daten umfassen, soweit solche Mittel in Anbetracht der Verarbeitungszwecke möglich sind. Die Maßnahmen nach Absatz 1 sollen dazu führen, dass

1. die Vertraulichkeit, Integrität, Verfügbarkeit und Belastbarkeit der Systeme und

Dienste im Zusammenhang mit der Verarbeitung auf Dauer sichergestellt werden und

2. die Verfügbarkeit der personenbezogenen Daten und der Zugang zu ihnen bei einem physischen oder technischen Zwischenfall rasch wiederhergestellt werden können.

(3) Im Fall einer automatisierten Verarbeitung haben der Verantwortliche und der Auftragsverarbeiter nach einer Risikobewertung Maßnahmen zu ergreifen, die Folgendes bezwecken:

1. Verwehrung des Zugangs zu Verarbeitungsanlagen, mit denen die Verarbeitung durchgeführt wird, für Unbefugte (Zugangskontrolle),
2. Verhinderung des unbefugten Lesens, Kopierens, Veränderns oder Löschens von Datenträgern (Datenträgerkontrolle),
3. Verhinderung der unbefugten Eingabe von personenbezogenen Daten sowie der unbefugten Kenntnisnahme, Veränderung und Löschung von gespeicherten personenbezogenen Daten (Speicherkontrolle),
4. Verhinderung der Nutzung automatisierter Verarbeitungssysteme mit Hilfe von Einrichtungen zur Datenübertragung durch Unbefugte (Benutzerkontrolle),
5. Gewährleistung, dass die zur Benutzung eines automatisierten Verarbeitungssystems Berechtigten ausschließlich zu den von ihrer Zugangsberechtigung umfassten personenbezogenen Daten Zugang haben (Zugriffskontrolle),
6. Gewährleistung, dass überprüft und festgestellt werden kann, an welchen Stellen personenbezogene Daten mit Hilfe von Einrichtungen zur Datenübertragung übermittelt oder zur Verfügung gestellt wurden oder werden können (Übertragungskontrolle),
7. Gewährleistung, dass nachträglich überprüft und festgestellt werden kann, welche personenbezogenen Daten zu welcher Zeit und von wem in automatisierte Verarbeitungssysteme eingegeben oder verändert worden sind (Eingabekontrolle),
8. Gewährleistung, dass bei der Übermittlung personenbezogener Daten sowie beim Transport von Datenträgern die Vertraulichkeit und Integrität der Daten geschützt werden (Transportkontrolle),
9. Gewährleistung, dass eingesetzte Systeme im Störungsfall wiederhergestellt werden können (Wiederherstellbarkeit),
10. Gewährleistung, dass alle Funktionen des Systems zur Verfügung stehen und auftretende Fehlfunktionen gemeldet werden (Zuverlässigkeit),
11. Gewährleistung, dass gespeicherte personenbezogene Daten nicht durch Fehlfunktionen des Systems beschädigt werden können (Datenintegrität),
12. Gewährleistung, dass personenbezogene Daten, die im Auftrag verarbeitet werden, nur entsprechend den Weisungen des Auftraggebers verarbeitet werden können (Auftragskontrolle),
13. Gewährleistung, dass personenbezogene Daten gegen Zerstörung oder Verlust geschützt sind (Verfügbarkeitskontrolle),
14. Gewährleistung, dass zu unterschiedlichen Zwecken erhobene personenbezogene Daten getrennt verarbeitet werden können (Trennbarkeit).

Ein Zweck nach Satz 1 Nr. 2 bis 5 kann insbesondere durch die Verwendung von dem Stand der Technik entsprechenden Verschlüsselungsverfahren erreicht werden.

§ 54 Meldung von Verletzungen des Schutzes personenbezogener Daten

(1) Der Verantwortliche hat eine Verletzung des Schutzes personenbezogener Daten unverzüglich und möglichst innerhalb von 72 Stunden, nachdem sie ihm bekannt geworden ist, der oder dem Landesbeauftragten für den Datenschutz und die Informationsfreiheit zu melden, es sei denn, dass die Verletzung voraussichtlich kein Risiko für die Rechtsgüter natürlicher Personen mit sich gebracht hat. Erfolgt die Meldung an die Landesbeauftragte oder den Landesbeauftragten für den Datenschutz und die Informationsfreiheit nicht innerhalb von 72 Stunden, so ist die Verzögerung zu begründen.

(2) Ein Auftragsverarbeiter hat eine Verletzung des Schutzes personenbezogener Daten unverzüglich dem Verantwortlichen zu melden.

(3) Die Meldung nach Absatz 1 hat zumindest folgende Informationen zu enthalten:

1. eine Beschreibung der Art der Verletzung des Schutzes personenbezogener Daten, die, soweit möglich, Angaben zu den Kategorien und der ungefähren Anzahl der betroffenen personenbezogenen Datensätze zu enthalten hat,
2. den Namen und die Kontaktdaten der oder des Datenschutzbeauftragten oder einer sonstigen Person oder Stelle, die weitere Informationen erteilen kann,
3. eine Beschreibung der wahrscheinlichen Folgen der Verletzung und
4. eine Beschreibung der von dem Verantwortlichen ergriffenen oder vorgeschlagenen Maßnahmen zur Behandlung der Verletzung und der getroffenen Maßnahmen zur Abmilderung ihrer möglichen nachteiligen Auswirkungen.

(4) Wenn die Informationen nach Absatz 3 nicht zusammen mit der Meldung übermittelt werden können, hat der Verantwortliche sie unverzüglich nachzureichen, sobald sie ihm vorliegen.

(5) Der Verantwortliche hat die Verletzungen des Schutzes personenbezogener Daten zu dokumentieren. Die Dokumentation hat alle mit den Vorfällen zusammenhängenden Tatsachen, deren Auswirkungen und die ergriffenen Abhilfemaßnahmen zu umfassen.

(6) Soweit von einer Verletzung des Schutzes personenbezogener Daten personenbezogene Daten betroffen sind, die von einem oder an einen Verantwortlichen in einem anderen Mitgliedstaat der Europäischen Union übermittelt wurden, sind die in Absatz 3 genannten Informationen dem dortigen Verantwortlichen unverzüglich zu übermitteln.

(7) § 42 Abs. 4 BDSG findet entsprechende Anwendung.

(8) Weitere Pflichten des Verantwortlichen zu Benachrichtigungen über Verletzungen des Schutzes personenbezogener Daten bleiben unberührt.

§ 55 Benachrichtigung betroffener Personen bei Verletzungen des Schutzes personenbezogener Daten

(1) Hat eine Verletzung des Schutzes personenbezogener Daten voraussichtlich ein hohes Risiko für Rechtsgüter betroffener Personen zur Folge, so hat der Verantwortliche die betroffenen Personen unverzüglich über den Vorfall zu benachrichtigen.

(2) Die Benachrichtigung nach Absatz 1 hat in klarer und einfacher Sprache die Art der Verletzung des Schutzes personenbezogener Daten zu beschreiben und zumindest die in § 54 Abs. 3 Nr. 2 bis 4 genannten Informationen und Maßnahmen zu enthalten.

(3) Von einer Benachrichtigung nach Absatz 1 kann abgesehen werden, wenn

1. der Verantwortliche geeignete technische und organisatorische Sicherheitsvorkehrungen getroffen hat und diese Vorkehrungen auf die von der Verletzung betroffenen personenbezogenen Daten angewandt wurden; dies gilt insbesondere für Vorkehrungen wie Verschlüsselungen, durch die die Daten für unbefugte Personen unzugänglich gemacht wurden,
2. der Verantwortliche durch im Anschluss an die Verletzung getroffene Maßnahmen sichergestellt hat, dass aller Wahrscheinlichkeit nach kein hohes Risiko im Sinne des Absatzes 1 mehr besteht, oder
3. dies mit einem unverhältnismäßigen Aufwand verbunden wäre; in diesem Fall hat stattdessen eine öffentliche Bekanntmachung oder eine ähnliche Maßnahme zu erfolgen, durch die die betroffenen Personen vergleichbar wirksam informiert werden.

(4) Wenn der Verantwortliche die betroffenen Personen über eine Verletzung des Schutzes personenbezogener Daten nicht benachrichtigt hat, kann die oder der Landesbeauftragte für den Datenschutz und die Informationsfreiheit förmlich feststellen, dass ihrer oder seiner Auffassung nach die in Absatz 3 genannten Voraussetzungen nicht erfüllt sind. Hierbei hat sie oder er die Wahrscheinlichkeit zu berücksichtigen, dass die Verletzung ein hohes Risiko zur Folge hat.

(5) Die Benachrichtigung der betroffenen Person nach Absatz 1 kann unter den in § 44 Abs. 2 genannten Voraussetzungen aufgeschoben, eingeschränkt oder unterlassen werden, soweit nicht die Interessen der betroffenen Person aufgrund der von der Verletzung ausgehenden hohen Risiken überwiegen. Bezieht sich die Benachrichtigung auf die Übermittlung personenbezogener Daten an Verfassungsschutzbehörden des Bundes und der Länder, den Bundesnachrichtendienst oder den Militärischen Abschirmdienst, ist sie nur mit Zustimmung dieser Stellen zulässig.

(6) § 42 Abs. 4 BDSG findet entsprechende Anwendung.

§ 56 Durchführung einer Datenschutz-Folgenabschätzung

(1) Hat eine Form der Verarbeitung, insbesondere bei Verwendung neuer Technologien, aufgrund der Art, des Umfangs, der Umstände und der Zwecke der Verarbeitung voraussichtlich ein hohes Risiko für die Rechtsgüter betroffener Personen zur Folge, so hat der Verantwortliche vorab eine Abschätzung der Folgen der vorgesehenen Verarbeitungsvorgänge für die betroffenen Personen durchzuführen (Datenschutz-Folgenabschätzung).

(2) Für die Untersuchung mehrerer ähnlicher Verarbeitungsvorgänge mit ähnlich hohen Risiken kann eine gemeinsame Datenschutz-Folgenabschätzung vorgenommen werden.

(3) Der Verantwortliche hat die Datenschutzbeauftragte oder den Datenschutzbeauftragten an der Durchführung der Datenschutz-Folgenabschätzung zu beteiligen.

(4) Die Datenschutz-Folgenabschätzung hat den Rechten der von der Datenverarbeitung betroffenen Personen und sonstiger Betroffener Rechnung zu tragen und zumindest Folgendes zu enthalten:

1. eine systematische Beschreibung der geplanten Verarbeitungsvorgänge und den Zweck der Verarbeitung,
2. eine Bewertung der Notwendigkeit und Verhältnismäßigkeit der Verarbeitungsvorgänge in Bezug auf den Zweck,
3. eine Bewertung der Risiken für die Rechtsgüter der betroffenen Personen und
4. die Maßnahmen, mit denen bestehenden Risiken abgeholfen werden soll, einschließlich der Garantien, der Sicherheitsvorkehrungen und der Verfahren, durch die der Schutz personenbezogener Daten sichergestellt und die Einhaltung der gesetzlichen Vorgaben nachgewiesen werden sollen.

(5) Soweit erforderlich hat der Verantwortliche eine Überprüfung durchzuführen, ob die Verarbeitung den Maßgaben folgt, die sich aus der Datenschutz-Folgenabschätzung ergeben haben.

§ 57 Konsultation der oder des Landesbeauftragten für den Datenschutz und die Informationsfreiheit

(1) Der Verantwortliche hat vor der Inbetriebnahme von neu anzulegenden Dateisystemen die Landesbeauftragte oder den Landesbeauftragten für den Datenschutz und die Informationsfreiheit zu konsultieren, wenn

1. aus der Datenschutz-Folgenabschätzung nach § 56 hervorgeht, dass die Verarbeitung ein hohes Risiko für die Rechtsgüter der betroffenen Personen zur Folge hätte, wenn der Verantwortliche keine Abhilfemaßnahmen treffen würde oder
2. die Form der Verarbeitung, insbesondere bei der Verwendung neuer Technologien, Mechanismen oder Verfahren ein hohes Risiko für die Rechtsgüter der betroffenen Personen zur Folge hat.

Die oder der Landesbeauftragte für den Datenschutz und die Informationsfreiheit kann eine Liste der Verarbeitungsvorgänge erstellen, die der Pflicht zur Anhörung nach Satz 1 unterliegen.

(2) Bei der Ausarbeitung eines Vorschlags für die Datenverarbeitung betreffende Gesetzes- und Verordnungsentwürfe ist zuvor die oder der Landesbeauftragte für den Datenschutz und die Informationsfreiheit zu konsultieren.

(3) Der oder dem Landesbeauftragten für den Datenschutz und die Informationsfreiheit sind im Falle des Absatzes 1 vorzulegen:

1. die nach § 56 durchgeführte Datenschutz-Folgenabschätzung,
2. gegebenenfalls Angaben zu den jeweiligen Zuständigkeiten des Verantwortlichen, der gemeinsam Verantwortlichen und der an der Verarbeitung beteiligten Auftragsverarbeiter,
3. Angaben zu den Zwecken und Mitteln der beabsichtigten Verarbeitung,
4. Angaben zu den zum Schutz der Rechtsgüter der betroffenen Person vorgesehenen Maßnahmen und Garantien,
5. Name und Kontaktdaten der oder des Datenschutzbeauftragten.

Auf Anforderung sind ihr oder ihm zudem alle sonstigen Informationen zu übermitteln, die sie oder er benötigt, um die Rechtmäßigkeit der Verarbeitung sowie insbesondere die in Bezug auf den Schutz der personenbezogenen Daten der betroffenen Person bestehenden Gefahren und die diesbezüglichen Garantien bewerten zu können.

(4) Falls die oder der Landesbeauftragte für den Datenschutz und die Informationsfreiheit der Auffassung ist, dass die geplante Verarbeitung gegen gesetzliche Vorgaben verstoßen würde, insbesondere weil der Verantwortliche das Risiko nicht ausreichend ermittelt oder keine ausreichenden Abhilfemaßnahmen getroffen hat, kann sie oder er dem Verantwortlichen und gegebenenfalls dem Auftragsverarbeiter innerhalb eines Zeitraums von sechs Wochen nach Einleitung der Anhörung schriftliche Empfehlungen unterbreiten, welche Maßnahmen noch ergriffen werden sollten. Die oder der Landesbeauftragte für den Datenschutz und die Informationsfreiheit kann diese Frist um einen Monat verlängern, wenn die geplante Verarbeitung besonders komplex ist. Sie oder er hat in diesem Fall innerhalb eines Monats nach Einleitung der Anhörung den Verantwortlichen und gegebenenfalls den Auftragsverarbeiter über die Fristverlängerung zu informieren.

(5) Hat die beabsichtigte Verarbeitung erhebliche Bedeutung für die Aufgabenerfüllung des Verantwortlichen und ist sie daher besonders dringlich, kann er mit der Verarbeitung nach Beginn der Anhörung, aber vor Ablauf der in Absatz 4 Satz 1 genannten Frist beginnen. In diesem Fall sind die Empfehlungen der oder des Landesbeauftragten für den Datenschutz und die Informationsfreiheit im Nachhinein zu berücksichtigen und sind die Art und Weise der Verarbeitung daraufhin gegebenenfalls anzupassen.

§ 58 Verzeichnis von Verarbeitungstätigkeiten

(1) Der Verantwortliche hat ein Verzeichnis aller Kategorien von Verarbeitungstätigkeiten zu führen, die in seine Zuständigkeit fallen. Dieses Verzeichnis hat folgende Angaben zu enthalten:

1. den Namen und die Kontaktdaten des Verantwortlichen und gegebenenfalls die gemeinsam mit ihm Verantwortlichen sowie den Namen und die Kontaktdaten der oder des Datenschutzbeauftragten,
2. die Zwecke der Verarbeitung,
3. die Kategorien von Empfängern, gegenüber denen die personenbezogenen Daten offengelegt worden sind oder noch offengelegt werden,
4. eine Beschreibung der Kategorien betroffener Personen und der Kategorien personenbezogener Daten,
5. gegebenenfalls die Verwendung von Profiling,
6. gegebenenfalls die Kategorien von Übermittlungen personenbezogener Daten an Stellen in einem Drittstaat oder an eine internationale Organisation,
7. Angaben über die Rechtsgrundlage der Verarbeitung einschließlich der Übermittlungen, für die die personenbezogenen Daten bestimmt sind,
8. wenn möglich die vorgesehenen Fristen für die Löschung der verschiedenen Kategorien personenbezogener Daten,
9. wenn möglich eine allgemeine Beschreibung der technischen und organisatorischen Maßnahmen gemäß § 53.

(2) Der Auftragsverarbeiter hat ein Verzeichnis aller Kategorien von Verarbeitungen zu füh-

ren, die er im Auftrag eines Verantwortlichen durchführt, das Folgendes zu enthalten hat:

1. den Namen und die Kontaktdaten des Auftragsverarbeiters, jedes Verantwortlichen, in dessen Auftrag der Auftragsverarbeiter tätig ist sowie gegebenenfalls der oder des Datenschutzbeauftragten,
2. die Kategorien von Verarbeitungen, die im Auftrag jedes Verantwortlichen durchgeführt werden,
3. gegebenenfalls Übermittlungen von personenbezogenen Daten an Stellen in einem Drittstaat oder an eine internationale Organisation,
4. wenn möglich eine allgemeine Beschreibung der technischen und organisatorischen Maßnahmen gemäß § 53.

(3) Die in den Absätzen 1 und 2 genannten Verzeichnisse sind schriftlich oder elektronisch zu führen.

(4) Verantwortliche und Auftragsverarbeiter haben auf Anforderung ihre Verzeichnisse der oder dem Landesbeauftragten für den Datenschutz und die Informationsfreiheit zur Verfügung zu stellen.

§ 59 Datenschutz durch Technikgestaltung und datenschutzfreundliche Voreinstellungen

(1) Der Verantwortliche hat sowohl zum Zeitpunkt der Festlegung der Mittel für die Verarbeitung als auch zum Zeitpunkt der Verarbeitung selbst angemessene Vorkehrungen zu treffen, die geeignet sind, die Datenschutzgrundsätze wie etwa die Datensparsamkeit wirksam umzusetzen, und die sicherstellen, dass die gesetzlichen Anforderungen eingehalten und die Rechte der betroffenen Personen geschützt werden. Er hat hierbei den Stand der Technik, die Implementierungskosten und die Art, den Umfang, die Umstände und die Zwecke der Verarbeitung sowie die unterschiedliche Eintrittswahrscheinlichkeit und Schwere der mit der Verarbeitung verbundenen Gefahren für die Rechtsgüter der betroffenen Personen zu berücksichtigen. Insbesondere sind die Verarbeitung personenbezogener Daten und die Auswahl und Gestaltung von Datenverarbeitungssystemen an dem Ziel auszurichten, so wenig personenbezogene Daten wie möglich zu verarbeiten. Personenbezogene Daten sind zum frühestmöglichen Zeitpunkt zu anonymisieren oder zu pseudonymisieren, soweit dies nach dem Verarbeitungszweck möglich ist.

(2) Der Verantwortliche hat geeignete technische und organisatorische Maßnahmen zu treffen, die sicherstellen, dass durch Voreinstellungen grundsätzlich nur solche personenbezogenen Daten verarbeitet werden können, deren Verarbeitung für den jeweiligen bestimmten Verarbeitungszweck erforderlich ist. Dies betrifft die Menge der erhobenen Daten, den Umfang ihrer Verarbeitung, ihre Speicherfrist und ihre Zugänglichkeit. Die Maßnahmen müssen insbesondere gewährleisten, dass die Daten durch Voreinstellungen nicht automatisiert einer unbestimmten Anzahl von Personen zugänglich gemacht werden können.

§ 60 Unterscheidung zwischen verschiedenen Kategorien betroffener Personen

Der Verantwortliche hat bei der Verarbeitung personenbezogener Daten so weit wie möglich zwischen den verschiedenen Kategorien betroffener Personen zu unterscheiden. Dies betrifft insbesondere folgende Kategorien:

1. Personen, gegen die ein begründeter Verdacht besteht, dass sie eine Straftat begangen haben,
2. Personen, gegen die ein begründeter Verdacht besteht, dass sie in naher Zukunft eine Straftat begehen werden,
3. verurteilte Straftäterinnen und Straftäter,
4. Opfer einer Straftat oder Personen, bei denen bestimmte Tatsachen darauf hindeuten, dass sie Opfer einer Straftat sein könnten, und
5. andere Personen wie insbesondere Zeugen, Hinweisgeber oder Personen, die mit den in den Nummern 1 bis 4 genannten Personen in Kontakt oder Verbindung stehen.

§ 61 Unterscheidung zwischen Tatsachen und persönlichen Einschätzungen

Der Verantwortliche hat bei der Verarbeitung so weit wie möglich danach zu unterscheiden, ob personenbezogene Daten auf Tatsachen oder auf persönlichen Einschätzungen beruhen. Zu diesem Zweck soll er, soweit dies im Rahmen der jeweiligen Verarbeitung möglich ist, Beurteilungen, die auf persönlichen Einschätzungen beruhen, als solche kenntlich machen. Es muss außerdem feststellbar sein, welche Stelle die Unterlagen führt, die der auf einer persönlichen Einschätzung beruhenden Beurteilung zugrunde liegen.

§ 62 Verfahren bei Übermittlungen

(1) Der Verantwortliche hat angemessene Maßnahmen zu ergreifen, um zu gewährleisten, dass personenbezogene Daten, die unrichtig oder nicht mehr aktuell sind, nicht mehr übermittelt oder sonst zur Verfügung gestellt werden. Zu diesem Zweck hat er, soweit dies mit angemessenem Aufwand möglich ist, die Qualität der Daten vor ihrer Übermittlung oder Bereitstellung zu überprüfen. Bei jeder Übermittlung personenbezogener Daten hat er zudem, soweit dies möglich und angemessen ist, Informationen beizufügen, die es dem Empfänger gestatten, die Richtigkeit, die Vollständigkeit und die Zuverlässigkeit der Daten sowie deren Aktualität zu beurteilen.

(2) Gelten für die Verarbeitung von personenbezogenen Daten besondere Bedingungen, so hat bei Datenübermittlungen die übermittelnde Stelle den Empfänger auf diese Bedingungen hinzuweisen. Die Hinweispflicht kann dadurch erfüllt werden, dass die Daten entsprechend markiert werden.

(3) Die übermittelnde Stelle darf auf Empfänger in anderen Mitgliedstaaten der Europäischen Union auf Einrichtungen und sonstige Stellen, die nach den Kapiteln 4 und 5 des Titels V des Dritten Teils des Vertrags über die Arbeitsweise der Europäischen Union errichtet wurden, keine Bedingungen anwenden, die nicht auch für entsprechende innerstaatliche Datenübermittlungen gelten.

(4) § 5 Abs. 2 gilt entsprechend.

§ 63 Berichtigung und Löschung sowie Einschränkung der Verarbeitung

(1) Der Verantwortliche hat personenbezogene Daten zu berichtigen, wenn sie unrichtig sind. Eine Berichtigung ist der Stelle, die die Daten zuvor übermittelt hat, mitzuteilen.

(2) Der Verantwortliche hat personenbezogene Daten unverzüglich zu löschen, wenn ihre Verarbeitung unzulässig ist, sie zur Erfüllung einer rechtlichen Verpflichtung gelöscht werden müssen oder ihre Kenntnis für seine Aufgabenerfüllung nicht mehr erforderlich ist.

(3) § 46 Abs. 1 Satz 3 und Abs. 3 bis 5 ist entsprechend anzuwenden. Sind personenbezogene Daten unrechtmäßig übermittelt worden, ist dies auch dem Empfänger mitzuteilen.

(4) Unbeschadet in Rechtsvorschriften festgesetzter Höchstspeicher- oder Löschfristen hat der Verantwortliche für die Löschung von personenbezogenen Daten oder eine regelmäßige Überprüfung der Notwendigkeit ihrer Speicherung angemessene Fristen vorzusehen und durch verfahrensrechtliche Vorkehrungen sicherzustellen, dass diese Fristen eingehalten werden.

§ 64 Protokollierung

(1) In automatisierten Verarbeitungssystemen haben Verantwortliche und Auftragsverarbeiter mindestens die folgenden Verarbeitungsvorgänge zu protokollieren:

1. Erhebung,
2. Veränderung,
3. Abfrage,
4. Offenlegung einschließlich Übermittlung,
5. Kombination und
6. Löschung.

(2) Die Protokolle über Abfragen und Offenlegungen müssen es ermöglichen, die Begründung, das Datum, die Uhrzeit dieser Vorgänge, so weit wie möglich die Identität der Person, die die personenbezogenen Daten abgefragt oder offengelegt hat, und die Identität des Empfängers der Daten festzustellen. Der Verantwortliche und der Auftragsverarbeiter haben die Protokolle der oder dem Landesbeauftragten für den Datenschutz und die Informationsfreiheit auf Anforderung zur Verfügung zu stellen.

(3) Die Protokolle dürfen ausschließlich für die Überprüfung der Rechtmäßigkeit der Datenverarbeitung, die Eigenüberwachung, die

X

Sicherstellung der Integrität und Sicherheit der personenbezogenen Daten sowie für Strafverfahren verwendet werden.

(4) Die Protokolldaten sind am Ende des auf deren Generierung folgenden Jahres zu löschen.

(5) Für vor dem 6. Mai 2016 eingerichtete automatisierte Verarbeitungssysteme kann die Umsetzung der Vorgaben der Absätze 1 bis 4 in Ausnahmefällen bis längstens zum 6. Mai 2023 aufgeschoben werden, wenn die technische Umsetzung mit einem unverhältnismäßigen Aufwand verbunden ist.

§ 65 Vertrauliche Meldung von Verstößen

Der Verantwortliche hat wirksame Vorkehrungen zu treffen, um vertrauliche Meldungen über Verstöße gegen das geltende Recht zu fördern.

Abschnitt 7
Datenübermittlung an Drittstaaten und an internationale Organisationen

§ 66 Allgemeine Voraussetzungen

(1) Die Übermittlung personenbezogener Daten an Stellen in Drittstaaten oder an internationale Organisationen ist bei Vorliegen der übrigen für Datenübermittlungen geltenden Voraussetzungen zulässig, wenn

1. die Übermittlung für die in § 26 Abs. 1 genannten Zwecke erforderlich ist,
2. die Stelle oder Organisation für die in § 26 Abs. 1 genannten Zwecke zuständig ist und
3. die Europäische Kommission gemäß Artikel 36 Abs. 1 der Richtlinie (EU) 2016/680 einen Angemessenheitsbeschluss gefasst hat oder, wenn kein solcher Beschluss vorliegt, geeignete Garantien im Sinne des § 67 erbracht wurden oder bestehen, oder, wenn weder ein solcher Beschluss noch geeignete Garantien vorliegen, Ausnahmen für bestimmte Fälle gemäß § 68 anwendbar sind.

(2) Die Übermittlung personenbezogener Daten hat trotz des Vorliegens eines Angemessenheitsbeschlusses im Sinne des Absatzes 1 Nr. 3 und des zu berücksichtigenden öffentlichen Interesses an der Datenübermittlung zu unterbleiben, wenn im Einzelfall ein datenschutzrechtlich angemessener und die elementaren Menschenrechte wahrender Umgang mit den Daten beim Empfänger nicht hinreichend gesichert ist oder sonst überwiegende schutzwürdige Interessen einer betroffenen Person entgegenstehen. Bei seiner Beurteilung hat der Verantwortliche maßgeblich zu berücksichtigen, ob der Empfänger im Einzelfall einen angemessenen Schutz der übermittelten Daten garantiert.

(3) Wenn personenbezogene Daten, die aus einem anderen Mitgliedstaat der Europäischen Union übermittelt oder zur Verfügung gestellt wurden, nach Absatz 1 übermittelt werden sollen, muss diese Übermittlung zuvor von der zuständigen Stelle des anderen Mitgliedstaats genehmigt werden. Übermittlungen ohne vorherige Genehmigung sind nur dann zulässig, wenn die Übermittlung erforderlich ist, um eine unmittelbare und ernsthafte Gefahr für die öffentliche Sicherheit eines Staates oder für die wesentlichen Interessen eines Mitgliedstaats abzuwehren, und die vorherige Genehmigung nicht rechtzeitig eingeholt werden kann. Im Falle des Satzes 2 ist die Stelle des anderen Mitgliedstaats, die für die Erteilung der Genehmigung zuständig gewesen wäre, unverzüglich über die Übermittlung zu unterrichten.

(4) Der Verantwortliche, der Daten nach Absatz 1 übermittelt, hat durch geeignete Maßnahmen sicherzustellen, dass der Empfänger die übermittelten Daten nur dann an andere Drittstaaten oder andere internationale Organisationen weiterübermittelt, wenn der Verantwortliche diese Übermittlung zuvor genehmigt hat. Bei der Entscheidung über die Erteilung der Genehmigung hat der Verantwortliche alle maßgeblichen Faktoren zu berücksichtigen, insbesondere die Schwere der Straftat, den Zweck der ursprünglichen Übermittlung und das in dem Drittstaat oder der internationalen Organisation, an den oder an die die Daten weiterübermittelt werden sollen, bestehende Schutzniveau für personenbezogene Daten. Eine Genehmigung darf nur

dann erfolgen, wenn auch eine direkte Übermittlung an den anderen Drittstaat oder die andere internationale Organisation zulässig wäre. Die Zuständigkeit für die Erteilung der Genehmigung kann auch abweichend geregelt werden.

§ 67 Datenübermittlung bei geeigneten Garantien

(1) Liegt entgegen § 66 Abs. 1 Nr. 3 kein Beschluss nach Artikel 36 Abs. 3 der Richtlinie (EU) 2016/680 vor, ist eine Übermittlung bei Vorliegen der übrigen Voraussetzungen des § 66 auch dann zulässig, wenn

1. in einem rechtsverbindlichen Instrument geeignete Garantien für den Schutz personenbezogener Daten vorgesehen sind oder
2. der Verantwortliche nach Beurteilung aller Umstände, die bei der Übermittlung eine Rolle spielen, zu der Auffassung gelangt ist, dass geeignete Garantien für den Schutz personenbezogener Daten bestehen.

(2) Der Verantwortliche hat Übermittlungen nach Absatz 1 Nr. 2 zu dokumentieren. Die Dokumentation hat den Zeitpunkt der Übermittlung, die Identität des Empfängers, den Grund der Übermittlung und die übermittelten personenbezogenen Daten zu enthalten. Sie ist der oder dem Landesbeauftragten für den Datenschutz und die Informationsfreiheit auf Anforderung zur Verfügung zu stellen.

(3) Der Verantwortliche hat die Landesbeauftragte oder den Landesbeauftragten für den Datenschutz und die Informationsfreiheit zumindest jährlich über Übermittlungen zu unterrichten, die aufgrund einer Beurteilung nach Absatz 1 Nr. 2 erfolgt sind. In der Unterrichtung kann er die Empfänger und die Übermittlungszwecke angemessen kategorisieren.

§ 68 Datenübermittlung ohne geeignete Garantien

(1) Liegt entgegen § 66 Abs. 1 Nr. 3 kein Beschluss nach Artikel 36 Abs. 3 der Richtlinie (EU) 2016/680 vor und liegen auch keine geeigneten Garantien im Sinne des § 67 Abs. 1 vor, ist eine Übermittlung bei Vorliegen der übrigen Voraussetzungen des § 66 auch dann zulässig, wenn die Übermittlung erforderlich ist

1. zum Schutz lebenswichtiger Interessen einer natürlichen Person,
2. zur Wahrung berechtigter Interessen der betroffenen Person, wenn dies nach dem geltenden Recht des Mitgliedstaats, aus dem die personenbezogenen Daten übermittelt werden, vorgesehen ist,
3. zur Abwehr einer gegenwärtigen und erheblichen Gefahr für die öffentliche Sicherheit des Staates,
4. im Einzelfall für die in § 26 Abs. 1 genannten Zwecke oder
5. im Einzelfall zur Geltendmachung, Ausübung oder Verteidigung von Rechtsansprüchen im Zusammenhang mit den in § 26 Abs. 1 genannten Zwecken.

(2) Der Verantwortliche hat von einer Übermittlung nach Absatz 1 abzusehen, wenn die Grundrechte der betroffenen Person das öffentliche Interesse an der Übermittlung im Sinne des Absatzes 1 Nr. 4 und 5 überwiegen.

(3) Für Übermittlungen nach Absatz 1 gilt § 67 Abs. 2 und 3 entsprechend.

§ 69 Sonstige Datenübermittlungen an Empfänger in Drittstaaten

(1) Verantwortliche können bei Vorliegen der übrigen für die Datenübermittlung in Drittstaaten geltenden Voraussetzungen im besonderen Einzelfall personenbezogene Daten unmittelbar an nicht in § 66 Abs. 1 Nr. 2 genannte Stellen in Drittstaaten übermitteln, wenn die Übermittlung für die Erfüllung ihrer Aufgaben unbedingt erforderlich ist und

1. im konkreten Fall keine Grundrechte der betroffenen Person das öffentliche Interesse an einer Übermittlung überwiegen,
2. die Übermittlung an die in § 66 Abs. 1 Nr. 2 genannten Stellen wirkungslos oder ungeeignet wäre, insbesondere weil sie nicht rechtzeitig durchgeführt werden kann, und
3. der Verantwortliche dem Empfänger die Zwecke der Verarbeitung mitteilt und ihn darauf hinweist, dass die übermittelten Daten nur in dem Umfang verarbeitet werden dürfen, in dem ihre Verarbeitung für diese Zwecke erforderlich ist.

(2) Im Fall des Absatzes 1 hat der Verantwortliche die in § 66 Abs. 1 Nr. 2 genannten Stellen unverzüglich über die Übermittlung zu unterrichten, sofern dies nicht wirkungslos oder ungeeignet ist.

(3) Für Übermittlungen nach Absatz 1 gilt § 67 Abs. 2 und 3 entsprechend.

(4) Bei Übermittlungen nach Absatz 1 hat der Verantwortliche den Empfänger zu verpflichten, die übermittelten personenbezogenen Daten ohne seine Zustimmung nur für den Zweck zu verarbeiten, für den sie übermittelt worden sind.

(5) Abkommen im Bereich der justiziellen Zusammenarbeit in Strafsachen und der polizeilichen Zusammenarbeit bleiben unberührt.

Abschnitt 8
Zusammenarbeit der Aufsichtsbehörden

§ 70 Gegenseitige Amtshilfe

(1) Die oder der Landesbeauftragte für den Datenschutz und die Informationsfreiheit hat den Datenschutzaufsichtsbehörden in anderen Mitgliedstaaten der Europäischen Union Informationen zu übermitteln und Amtshilfe zu leisten, soweit dies für eine einheitliche Umsetzung und Anwendung der Richtlinie (EU) 2016/680 erforderlich ist. Die Amtshilfe betrifft insbesondere Auskunftsersuchen und aufsichtsbezogene Maßnahmen, beispielsweise Ersuchen um Konsultation oder um Vornahme von Nachprüfungen und Untersuchungen.

(2) Die oder der Landesbeauftragte für den Datenschutz und die Informationsfreiheit hat alle geeigneten Maßnahmen zu ergreifen, um Amtshilfeersuchen unverzüglich und spätestens innerhalb eines Monats nach deren Eingang nachzukommen. Dazu kann insbesondere auch die Übermittlung maßgeblicher Informationen über die Durchführung einer Untersuchung gehören.

(3) Die oder der Landesbeauftragte für den Datenschutz und die Informationsfreiheit darf Amtshilfeersuchen nur ablehnen, wenn

1. sie oder er für den Gegenstand des Ersuchens oder für die Maßnahmen, die sie oder er durchführen soll, nicht zuständig ist oder
2. ein Eingehen auf das Ersuchen gegen Rechtsvorschriften verstoßen würde.

(4) Die oder der Landesbeauftragte für den Datenschutz und die Informationsfreiheit hat die ersuchende Aufsichtsbehörde des anderen Staates über die Ergebnisse oder gegebenenfalls über den Fortgang der Maßnahmen zu informieren, die getroffen wurden, um dem Amtshilfeersuchen nachzukommen. Sie oder er hat im Falle des Absatzes 3 die Gründe für die Ablehnung des Ersuchens zu erläutern.

(5) Die oder der Landesbeauftragte für den Datenschutz und die Informationsfreiheit hat die Informationen, um die von einer anderen Aufsichtsbehörde ersucht wurde, in der Regel auf elektronischem Weg unter Verwendung eines standardisierten Formulars zu übermitteln.

(6) Die oder der Landesbeauftragte für den Datenschutz und die Informationsfreiheit hat Amtshilfeersuchen kostenfrei zu erledigen, soweit sie oder er nicht im Einzelfall mit der Aufsichtsbehörde des anderen Staates die Erstattung entstandener Ausgaben vereinbart hat.

(7) Ein Amtshilfeersuchen der oder des Landesbeauftragten für den Datenschutz und die Informationsfreiheit hat alle erforderlichen Informationen zu enthalten; hierzu gehören insbesondere der Zweck und die Begründung des Ersuchens. Die auf das Ersuchen übermittelten Informationen dürfen ausschließlich zu dem Zweck verwendet werden, zu dem sie angefordert wurden.

Abschnitt 9
Haftung und Sanktionen

§ 71 Schadensersatz

(1) Hat ein Verantwortlicher einer betroffenen Person durch eine Verarbeitung personenbezogener Daten, die nach diesem Gesetz oder anderen auf ihre Verarbeitung anwendbaren Vorschriften rechtswidrig war, einen Schaden zugefügt, ist er oder sein Rechtsträger der betroffenen Person zum Schadenser-

satz verpflichtet. Die Ersatzpflicht entfällt, soweit bei einer nicht automatisierten Verarbeitung der Schaden nicht auf ein Verschulden des Verantwortlichen zurückzuführen ist.

(2) Wegen eines Schadens, der nicht Vermögensschaden ist, kann die betroffene Person eine angemessene Entschädigung in Geld verlangen.

(3) Lässt sich bei einer automatisierten Verarbeitung personenbezogener Daten nicht ermitteln, welcher von mehreren beteiligten Verantwortlichen den Schaden verursacht hat, so haftet jeder Verantwortliche beziehungsweise sein Rechtsträger.

(4) Mehrere Ersatzpflichtige haften gesamtschuldnerisch.

(5) Hat bei der Entstehung des Schadens ein Verschulden der betroffenen Person mitgewirkt, ist § 254 des Bürgerlichen Gesetzbuchs entsprechend anzuwenden.

(6) Auf die Verjährung finden die für unerlaubte Handlungen geltenden Verjährungsvorschriften des Bürgerlichen Gesetzbuchs entsprechende Anwendung.

(7) Die Geltendmachung weitergehender Schadensersatzansprüche aufgrund anderer Rechtsvorschriften bleibt unberührt.

(8) Der Rechtsweg vor den ordentlichen Gerichten steht offen.

§ 72 Ordnungswidrigkeiten und Strafbestimmungen

Für Verarbeitungen personenbezogener Daten durch öffentliche Stellen im Rahmen von Tätigkeiten nach § 26 Abs. 1 Satz 1 finden die §§ 24 und 25 entsprechende Anwendung.

Teil 4
Übergangs- und Schlussbestimmungen

§ 73 Verweisungen und Bezeichnungen in anderen Vorschriften

Soweit in anderen Vorschriften auf Bestimmungen verwiesen wird, die durch dieses Gesetz außer Kraft gesetzt werden, oder Bezeichnungen verwendet werden, die durch dieses Gesetz aufgehoben oder geändert werden, treten an deren Stelle die entsprechenden Bestimmungen und Bezeichnungen dieses Gesetzes.

§ 74 Inkrafttreten

(1) Dieses Gesetz tritt am 25. Mai 2018 in Kraft.

(2) Gleichzeitig tritt das Landesdatenschutzgesetz vom 5. Juli 1994 (GVBl. S. 293), zuletzt geändert durch Artikel 2 des Gesetzes vom 20. Dezember 2011 (GVBl. S. 427), BS 204-1, außer Kraft.

Nichtraucherschutzgesetz Rheinland-Pfalz

Vom 5. Oktober 2007 (GVBl. S. 188)

Zuletzt geändert durch
Landesgesetz zur Änderung des Nichtraucherschutzgesetzes Rheinland-Pfalz
vom 26. Mai 2009 (GVBl. S. 205)

§ 1 Zweck des Gesetzes, rauchfreie Einrichtungen

(1) Zweck dieses Gesetzes ist der Schutz der Bevölkerung vor Belastungen sowie gesundheitlichen Beeinträchtigungen durch Tabakrauch (Passivrauchbelastung) in den in den nachfolgenden Bestimmungen genannten Einrichtungen.

(2) Für Einrichtungen, die nach den Bestimmungen dieses Gesetzes rauchfrei sind, besteht ein Rauchverbot für alle Personen, die sich dort aufhalten, soweit in den nachfolgenden Bestimmungen keine abweichenden Regelungen getroffen sind.

§ 2 Rauchfreie öffentliche Gebäude

(1) Der Landtag, seine Gebäude und Gebäudeteile und alle Gebäude oder Gebäudeteile, in denen Behörden, Gerichte, Betriebe oder sonstige Einrichtungen des Landes, der kommunalen Gebietskörperschaften oder der sonstigen der Aufsicht des Landes unterstehenden juristischen Personen des öffentlichen Rechts untergebracht sind, sowie Gebäude oder Gebäudeteile, die von Gesellschaften des privaten Rechts genutzt werden, an denen das Land oder kommunale Gebietskörperschaften oder sonstige der Aufsicht des Landes unterstehende juristische Personen des öffentlichen Rechts beteiligt sind und die der Erfüllung öffentlicher Aufgaben dienen, sind rauchfrei, soweit in den nachfolgenden Bestimmungen für bestimmte Einrichtungsarten keine abweichenden Regelungen getroffen sind. Satz 1 gilt nicht für in den betreffenden Gebäuden oder Gebäudeteilen als Wohnung, Wohnraum oder Hotelzimmer privat genutzte Räumlichkeiten.

(2) Abweichend von Absatz 1 Satz 1 kann in Einrichtungen des Erwachsenen- und des Jugendstrafvollzugs sowie in Gewahrsamseinrichtungen und vergleichbaren Einrichtungen in Gewahrsam genommenen Personen das Rauchen in entsprechend gekennzeichneten Räumen sowie in Haft- oder Unterbringungsräumen erlaubt werden; eine gemeinsame Unterbringung von in Gewahrsam genommenen Personen in einem Haft- oder Unterbringungsraum, in dem das Rauchen erlaubt ist, ist nur mit Zustimmung aller davon betroffenen in Gewahrsam genommenen Personen zulässig. Die Leitung der Einrichtung hat dabei Vorkehrungen zu treffen, die eine Passivrauchbelastung dritter Personen so weit wie möglich ausschließen.

(3) Abweichend von Absatz 1 Satz 1 kann in Einrichtungen, die der gemeinschaftlichen Unterbringung von Migrantinnen und Migranten dienen, das Rauchen in entsprechend gekennzeichneten Räumen sowie in Unterbringungsräumen erlaubt werden. Absatz 2 Satz 2 findet entsprechende Anwendung.

(4) Abweichend von Absatz 1 Satz 1 gilt das Rauchverbot nicht für die Darstellerinnen und Darsteller bei künstlerischen Darbietungen, bei denen das Rauchen als Bestandteil der Darbietung Ausdruck der Kunstfreiheit ist.

§ 3 Rauchfreie Krankenhäuser, Vorsorge- und Rehabilitationseinrichtungen

(1) Krankenhäuser, Vorsorge- und Rehabilitationseinrichtungen im Sinne des § 107 des Fünften Buches Sozialgesetzbuch sind rauchfrei. Dies gilt für alle Gebäude oder Gebäudeteile einschließlich der den Einrichtungen angeschlossenen Schulen, Werkstätten, Institute, Kantinen und Cafeterien, auch wenn diese durch Dritte betrieben werden; § 2 Abs. 1 Satz 2 findet entsprechende Anwendung.

(2) Abweichend von Absatz 1 kann Patientinnen und Patienten das Rauchen erlaubt werden, wenn sich diese aufgrund einer gerichtlich angeordneten Unterbringung oder zu einer psychiatrischen Behandlung in der Einrichtung befinden, eine Behandlung im Bereich der Palliativmedizin erfolgt oder bei denen ein Rauchverbot dem Therapieziel entgegenstehen würde; die Entscheidung trifft die behandelnde Ärztin oder der behandelnde Arzt im Einzelfall. § 2 Abs. 2 Satz 2 findet entsprechende Anwendung.

(3) Die Absätze 1 und 2 finden auch für alle sonstigen Einrichtungen, in denen Patientinnen und Patienten nach den Bestimmungen des Landesgesetzes für psychisch kranke Personen, des Maßregelvollzugsgesetzes oder des Infektionsschutzgesetzes zwangsweise untergebracht sind, Anwendung.

§ 4 Rauchfreie Einrichtungen der Jugendhilfe

(1) Alle Gebäude oder Gebäudeteile, in denen im Rahmen der freien oder der öffentlichen Jugendhilfe Tageseinrichtungen für Kinder oder sonstige Einrichtungen für junge Menschen im Sinne des Achten Buches Sozialgesetzbuch untergebracht sind, sowie zu diesen Einrichtungen gehörende Freiflächen sind rauchfrei. Satz 1 gilt für in den betreffenden Gebäuden oder Gebäudeteilen als Wohnung oder Wohnraum genutzte Räumlichkeiten nur, wenn dort Kinder oder Jugendliche im Rahmen von Maßnahmen der Jugendhilfe wohnen.

(2) Die Leitung der Einrichtung kann Nutzerinnen und Nutzern der Einrichtung das Rauchen erlauben, wenn aufgrund der Aufgabenstellung der Einrichtung ein Rauchverbot konzeptionell nicht vertretbar ist; § 2 Abs. 2 Satz 2 findet entsprechende Anwendung.

X

§ 5 Rauchfreie Schulen

(1) Alle Gebäude oder Gebäudeteile, in denen

1. Schulen im Sinne des § 6 des Schulgesetzes einschließlich der in § 6 Abs. 2 des Schulgesetzes genannten Schulen,
2. Ersatz- oder Ergänzungsschulen in freier Trägerschaft im Sinne des § 1 des Privatschulgesetzes einschließlich der in § 1 Abs. 2 des Privatschulgesetzes genannten Schulen oder
3. mit den in den Nummern 1 oder 2 genannten Schulen verbundene Schülerheime

untergebracht sind, sowie das zu den Schulen oder Schülerheimen gehörende Schulgelände und schulische Veranstaltungen sind rauchfrei. Satz 1 gilt für in den betreffenden Gebäuden oder Gebäudeteilen als Wohnung oder Wohnraum genutzte Räumlichkeiten nur, wenn dort Schülerinnen oder Schüler wohnen.

(2) Die Leitung der Einrichtung kann volljährigen Schülerinnen und Schülern, die in Schülerheimen im Sinne des Absatzes 1 Satz 1 Nr. 3 wohnen, das Rauchen in besonderen Räumen oder sonstigen abgegrenzten Bereichen erlauben; § 2 Abs. 2 Satz 2 findet entsprechende Anwendung.

§ 6 Rauchfreie Heime der Altenhilfe, Pflegeheime und Einrichtungen nach dem Zwölften Buch Sozialgesetzbuch

Gebäude oder Gebäudeteile, in denen

1. Heime der Altenhilfe im Sinne des § 71 des Zwölften Buches Sozialgesetzbuch,
2. Pflegeheime im Sinne des § 71 Abs. 2 des Elften Buches Sozialgesetzbuch oder
3. teilstationäre oder stationäre Einrichtungen im Sinne des § 75 Abs. 1 Satz 1 des Zwölften Buches Sozialgesetzbuch, in denen Menschen Leistungen der Eingliederungshilfe, der Hilfe zur Pflege oder der Hilfe zur Überwindung besonderer sozialer Schwierigkeiten erhalten,

untergebracht sind, sind rauchfrei; dies gilt auch für den Einrichtungen angeschlossene Kantinen und Cafeterien, auch wenn diese durch Dritte betrieben werden. Satz 1 gilt nicht für von den jeweiligen Bewohnerinnen oder Bewohnern oder von dritten Personen als Wohnung, Wohnraum oder Hotelzimmer privat genutzte Räumlichkeiten. Weiterhin kann das Rauchen in gesondert ausgewiesenen Räumen erlaubt werden, soweit andernfalls der betreuerische Auftrag der Einrichtung gefährdet ist oder aus Gründen des Brandschutzes den Bewohnerinnen und Bewohnern das Rauchen in den privat genutzten Räumlichkeiten nicht gestattet ist.

§ 7 Rauchfreie Gaststätten

(1) Gaststätten im Sinne des Gaststättengesetzes sind rauchfrei. Dies gilt für alle Schank- oder Speiseräume sowie für alle anderen zum Aufenthalt der Gäste dienenden Räume einschließlich der Tanzflächen in Diskotheken und sonstigen Tanzlokalen in Gebäuden oder Gebäudeteilen.

(2) Die Betreiberin oder der Betreiber einer Gaststätte mit nur einem Gastraum mit einer Grundfläche von weniger als 75 m^2 kann das Rauchen erlauben. Voraussetzungen für eine Raucherlaubnis sind, dass

1. in der Gaststätte keine oder nur einfach zubereitete Speisen zum Verzehr an Ort und Stelle als untergeordnete Nebenleistung verabreicht werden und
2. über die Raucherlaubnis durch deutlich wahrnehmbare Hinweise insbesondere im Eingangsbereich der Gaststätte informiert wird.

(3) Die Betreiberin oder der Betreiber einer Gaststätte mit mehreren, durch ortsfeste Trennwände voneinander getrennten Räumen kann das Rauchen in einzelnen Nebenräumen erlauben; dies gilt nicht für Räume mit Tanzflächen. Voraussetzungen für eine Raucherlaubnis sind, dass

1. die Grundfläche und die Anzahl der Sitzplätze in den Nebenräumen mit Raucherlaubnis nicht größer sind als in den übrigen rauchfreien Gasträumen und
2. über die Raucherlaubnis durch deutlich wahrnehmbare Hinweise insbesondere im Eingangsbereich der Nebenräume informiert wird.

(3) Unbeschadet der Bestimmungen der Absätze 2 und 3 kann die Betreiberin oder der Betreiber einer Gaststätte das Rauchen in Gasträumen in der Zeit, in der dort ausschließlich geschlossene Gesellschaften nicht kommerzieller Art in privater Trägerschaft stattfinden, erlauben, wenn dies von den Veranstalterinnen und Veranstaltern gewünscht wird; dies gilt nicht für Veranstaltungen von Vereinen oder sonstigen Vereinigungen.

(4) Die Absätze 1 bis 4 gelten auch für Wein-, Bier- und sonstige Festzelte. Werden diese nur vorübergehend, höchstens an 21 aufeinander folgenden Tagen an einem Standort betrieben, kann die Betreiberin oder der Betreiber das Rauchen unabhängig vom Vorliegen der Voraussetzungen des Absatzes 2, des Absatzes 3 oder des Absatzes 4 erlauben. Voraussetzung für eine Raucherlaubnis nach Satz 2 ist, dass über die Raucherlaubnis durch deutlich wahrnehmbare Hinweise insbesondere im Eingangsbereich des Wein-, Bier- oder sonstigen Festzelts informiert wird.

Entscheidung des Verfassungsgerichtshofs Rheinland-Pfalz vom 30. September 2008 (GVBl. S. 283)

In den Verfassungsbeschwerdeverfahren

VGH B 31/07, VGH B 2/08, VGH B 3/08, VGH B 6/08, VGH B 9/08, VGH B 11/08, VGH B 13/08, VGH B 15/08, VGH B 16/08 und VGH B 23/08

gegen § 7 des Nichtraucherschutzgesetzes Rheinland-Pfalz – NRSG – vom 5. Oktober 2007 (GVBl. S. 188)

hat der Verfassungsgerichtshof Rheinland-Pfalz in Koblenz aufgrund der mündlichen Verhandlung vom 30. September 2008 folgende Entscheidung verkündet, deren Urteilsformel hiermit gemäß § 49 Abs. 4 Satz 3 in Verbindung mit § 26 Abs. 1 des Landesgesetzes über den Verfassungsgerichtshof vom 23. Juli 1949 (GVBl. S. 285), zuletzt geändert durch Gesetz vom 22. Dezember 2003 (GVBl. 2004, S. 1), BS 1104-1, veröffentlicht wird:

1. § 7 Abs. 1 Satz 1 des Nichtraucherschutzgesetzes Rheinland-Pfalz vom 5. Oktober 2007 (GVBl. S. 188) ist nach Maßgabe der Gründe mit Artikel 58 in Verbindung mit Artikel 52 Abs. 1 der Landesverfassung unvereinbar.

   Bis zu einer Neuregelung, die der Gesetzgeber bis zum 31. Dezember 2009 zu treffen hat, gilt die Vorschrift mit der Maßgabe fort, dass in ausschließlich inhabergeführten Ein-Raum-Gaststätten im Sinne der einstweiligen Anordnung vom 11. Februar 2008 – VGH A 32/07 u. a. – und in nicht ausschließlich inhabergeführten Ein-Raum-Gaststätten mit weniger als 75 qm Gastfläche der Gaststättenbetreiber das Rauchen gestatten darf, wenn den Gästen lediglich als untergeordnete Nebenleistung einfach zubereitete Speisen verabreicht werden und Personen mit nicht vollendetem 18. Lebensjahr der Zutritt verwehrt wird. Diese Gaststätten müssen am Eingangsbereich in deutlich erkennbarer Weise als Rauchergaststätte, zu der Personen mit nicht vollendetem 18. Lebensjahr keinen Zutritt haben, gekennzeichnet sein.

2. Den Beschwerdeführern zu 1) bis 10) sind die durch das Verfassungsbeschwerdeverfahren verursachten notwendigen Auslagen aus der Staatskasse zu erstatten.

§ 8 Sonstige rauchfreie Einrichtungen

In Gebäuden oder Gebäudeteilen, in denen

1. Universitäten oder Fachhochschulen,
2. Einrichtungen der Erwachsenenbildung,
3. Theater oder Kinos,
4. Museen oder
5. Sportstätten

in privater Trägerschaft untergebracht sind, sind die für die Besucherinnen und Besucher und sonstigen Nutzerinnen und Nutzer allgemein zugänglichen Räume rauchfrei; § 2 Abs. 1 Satz 2 findet entsprechende Anwendung. Für mit einer der in Satz 1 genannten Einrichtungen verbundene Gaststätten findet § 7 Anwendung. Abweichend von Satz 1 gilt das Rauchverbot nicht für die Darstellerinnen und Darsteller bei künstlerischen Darbietungen, bei denen das Rauchen als Bestandteil der Darbietung Ausdruck der Kunstfreiheit ist.

§ 9 Hinweise

Über ein nach diesem Gesetz bestehendes Rauchverbot ist durch deutlich wahrnehmbare Hinweise insbesondere im Eingangsbereich der jeweiligen Einrichtung zu informieren.

§ 10 Durchführung des Nichtraucherschutzes

(1) Die Leitung oder die Betreiberin oder der Betreiber einer Einrichtung nach den §§ 2 bis 8 ist verantwortlich für die Umsetzung und Einhaltung der Bestimmungen dieses Gesetzes. Für den Landtag und seine Gebäude und Gebäudeteile obliegt diese Verpflichtung der Präsidentin oder dem Präsidenten des Landtags; für die den Fraktionen gemäß § 2 Abs. 6 Satz 1 Fraktionsgesetz Rheinland-Pfalz überlassenen Räume obliegt diese Verpflichtung den Fraktionsvorsitzenden.

(2) Kommt die Leitung oder die Betreiberin oder der Betreiber der Einrichtung der Verantwortung nach Absatz 1 Satz 1 nicht nach, können

1. bei Einrichtungen des Landes, der kommunalen Gebietskörperschaften oder der sonstigen der Aufsicht des Landes unterstehenden juristischen Personen des öffentlichen Rechts die für die Einrichtung jeweils zuständige Aufsichtsbehörde im Rahmen ihrer Aufsichtsbefugnisse und
2. bei den sonstigen Einrichtungen die Gemeindeverwaltungen der verbandsfreien Gemeinden, die Verbandsgemeindeverwaltungen sowie die Stadtverwaltungen der kreisfreien und großen kreisangehörigen Städte als örtliche Ordnungsbehörden

die zur Umsetzung und Einhaltung der Bestimmungen dieses Gesetzes erforderlichen Anordnungen treffen; § 11 bleibt unberührt. Die verbandsfreien Gemeinden, die Verbandsgemeinden sowie die kreisfreien und großen kreisangehörigen Städte nehmen die Aufgaben als Auftragsangelegenheit wahr.

§ 11 Ordnungswidrigkeiten

(1) Ordnungswidrig handelt, wer seiner Verpflichtung aus § 1 Abs. 2 zuwiderhandelt. Ordnungswidrig handelt auch, wer als Leiterin, Leiter, Betreiberin oder Betreiber einer Einrichtung nach den §§ 3 bis 8 in privater Trägerschaft vorsätzlich oder fahrlässig

1. der Hinweispflicht nach § 7 Abs. 2 Satz 2 Nr. 2 oder Abs. 3 Satz 2 Nr. 2, jeweils auch in Verbindung mit § 7 Abs. 5 Satz 1, oder nach § 7 Abs. 5 Satz 3 über die Raucherlaubnis nicht nachkommt,
2. der Hinweispflicht nach § 9 über ein bestehendes Rauchverbot nicht nachkommt,

3. seiner Verantwortung nach § 10 Abs. 1 nicht nachkommt oder
4. einer Anordnung nach § 10 Abs. 2 Satz 1 Nr. 2 zur Durchführung des Nichtraucherschutzes nicht nachkommt.

(2) Ordnungswidrigkeiten nach Absatz 1 Satz 1 oder Satz 2 Nr. 1 oder 2 können mit einer Geldbuße bis zu fünfhundert Euro und Ordnungswidrigkeiten nach Absatz 1 Satz 2 Nr. 3 oder Nr. 4 mit einer Geldbuße bis zu eintausend Euro geahndet werden.

(3) Verwaltungsbehörde im Sinne des § 36 Abs. 1 Nr. 1 des Gesetzes über Ordnungswidrigkeiten sind die in § 10 Abs. 2 Satz 1 Nr. 2 genannten Behörden; § 10 Abs. 2 Satz 2 findet entsprechende Anwendung.

§ 12 Verordnungsermächtigung

Die Landesregierung wird ermächtigt, durch Rechtsverordnung die zur Durchführung dieses Gesetzes erforderlichen Bestimmungen zu treffen.

§ 13 Inkrafttreten

Dieses Gesetz tritt am 15. Februar 2008 in Kraft.

X

Stichwortverzeichnis

Sie finden das jeweilige Stichwort über die fettgedruckte Angabe der Leitziffer, gefolgt durch die Vorschriftenabkürzung.
Beispiel: I.2/LBG weist auf die Leitziffer I.2; hier im Kapitel I in der Ordnungsziffer 2 wurde das Landesbeamtengesetz eingeordnet. Im angegebenen Paragraphen bzw. Artikel finden Sie den gesuchten Begriff.

XI

XI

XI

2026	JANUAR	FEBRUAR	MÄRZ
Montag	5 12 19 26	2 9 16 23	2 9 16 23 30
Dienstag	**6** 13 20 27	3 10 17 24	3 10 17 24 31
Mittwoch	7 14 21 28	4 11 18 25	4 11 18 25
Donnerstag	**1** 8 15 22 29	5 12 19 26	5 12 19 26
Freitag	2 9 16 23 30	6 13 20 27	6 13 20 27
Samstag	3 10 17 24 31	7 14 21 28	7 14 21 28
Sonntag	**4 11 18 25**	**1 8 15 22**	**1 8 15 22 29**

	APRIL	MAI	JUNI
Montag	**6** 13 20 27	4 11 18 **25**	1 8 15 22 29
Dienstag	7 14 21 28	5 12 19 26	2 9 16 23 30
Mittwoch	1 8 15 22 29	6 13 20 27	3 10 17 24
Donnerstag	2 9 16 23 30	7 **14** 21 28	**4** 11 18 25
Freitag	**3** 10 17 24	**1** 8 15 22 29	5 12 19 26
Samstag	4 11 18 25	2 9 16 23 30	6 13 20 27
Sonntag	**5 12 19 26**	**3 10 17 24 31**	**7 14 21 28**

	JULI	AUGUST	SEPTEMBER
Montag	6 13 20 27	3 10 17 24 31	7 14 21 28
Dienstag	7 14 21 28	4 11 18 25	1 8 15 22 29
Mittwoch	1 8 15 22 29	5 12 19 26	2 9 16 23 30
Donnerstag	2 9 16 23 30	6 13 20 27	3 10 17 24
Freitag	3 10 17 24 31	7 14 21 28	4 11 18 25
Samstag	4 11 18 25	1 **8** **15** 22 29	5 12 19 26
Sonntag	**5 12 19 26**	**2 9 16 23 30**	**6 13 20 27**

	OKTOBER	NOVEMBER	DEZEMBER
Montag	5 12 19 26	2 9 16 23 30	7 14 21 28
Dienstag	6 13 20 27	3 10 17 24	1 8 15 22 29
Mittwoch	7 14 21 28	4 11 **18** 25	2 9 16 23 30
Donnerstag	1 8 15 22 29	5 12 19 26	3 10 17 24 31
Freitag	2 9 16 23 30	6 13 20 27	4 11 18 **25**
Samstag	**3** 10 17 24 **31**	7 14 21 28	5 12 19 **26**
Sonntag	**4 11 18 25**	**1 8 15 22 29**	**6 13 20 27**

Neujahr 1. Januar, Hl. Drei Könige 6. Januar, Weltfrauentag 8. März, Karfreitag 3. April, Ostern 5. und 6. April, Tag der Arbeit 1. Mai, Christi Himmelfahrt 14. Mai, Pfingsten 24. und 25. Mai, Fronleichnam 4. Juni, Friedensfest Augsburg 8. August, Mariä Himmelfahrt 15. August, Weltkindertag 20. September, Tag der Dt. Einheit 3. Oktober, Reformationstag 31. Oktober, Allerheiligen 1. November, Buß- und Bettag 18. November, Weihnachten 25. und 26. Dezember

2027	JANUAR	FEBRUAR	MÄRZ
Montag	4 11 18 25	1 8 15 22	1 **8** 15 22 **29**
Dienstag	5 12 19 26	2 9 16 23	2 9 16 23 30
Mittwoch	**6** 13 20 27	3 10 17 24	3 10 17 24 31
Donnerstag	7 14 21 28	4 11 18 25	4 11 18 25
Freitag	**1** 8 15 22 29	5 12 19 26	5 12 19 **26**
Samstag	2 9 16 23 30	6 13 20 27	6 13 20 27
Sonntag	**3 10 17 24 31**	**7 14 21 28**	**7 14 21 28**

	APRIL	MAI	JUNI
Montag	5 12 19 26	3 10 **17** 24 31	7 14 21 28
Dienstag	6 13 20 27	4 11 18 25	1 8 15 22 29
Mittwoch	7 14 21 28	5 12 19 26	2 9 16 23 30
Donnerstag	1 8 15 22 29	**6** 13 20 **27**	3 10 17 24
Freitag	2 9 16 23 30	7 14 21 28	4 11 18 25
Samstag	3 10 17 24	**1** 8 15 22 29	5 12 19 26
Sonntag	**4 11 18 25**	**2 9 16 23 30**	**6 13 20 27**

	JULI	AUGUST	SEPTEMBER
Montag	5 12 19 26	2 9 16 23 30	6 13 **20** 27
Dienstag	6 13 20 27	3 10 17 24 31	7 14 21 28
Mittwoch	7 14 21 28	4 11 18 25	1 8 15 22 29
Donnerstag	1 8 15 22 29	5 12 19 26	2 9 16 23 30
Freitag	2 9 16 23 30	6 13 20 27	3 10 17 24
Samstag	3 10 17 24 31	7 14 21 28	4 11 18 25
Sonntag	**4 11 18 25**	**1 8 15 22 29**	**5 12 19 26**

	OKTOBER	NOVEMBER	DEZEMBER
Montag	4 11 18 25	**1** 8 15 22 29	6 13 20 27
Dienstag	5 12 19 26	2 9 16 23 30	7 14 21 28
Mittwoch	6 13 20 27	3 10 **17** 24	1 8 15 22 29
Donnerstag	7 14 21 28	4 11 18 25	2 9 16 23 30
Freitag	1 8 15 22 29	5 12 19 26	3 10 17 24 31
Samstag	2 9 16 23 30	6 13 20 27	4 11 18 **25**
Sonntag	**3 10 17 24 31**	**7 14 21 28**	**5 12 19 26**

Neujahr 1. Januar, Hl. Drei Könige 6. Januar, Weltfrauentag 8. März, Karfreitag 26. März, Ostern 28. und 29. März, Tag der Arbeit 1. Mai, Christi Himmelfahrt 6. Mai, Pfingsten 16. und 17. Mai, Fronleichnam 27. Mai, Friedensfest Augsburg 8. August, Mariä Himmelfahrt 15. August, Weltkindertag 20. September, Tag der Dt. Einheit 3. Oktober, Reformationstag 31. Oktober, Allerheiligen 1. November, Buß- und Bettag 17. November, Weihnachten 25. und 26. Dezember

JANUAR

1	**Do**	**Neujahr**		**1**
2	Fr			
3	Sa		○	
4	**So**			
5	Mo			**2**
6	**Di**	**Heilige Drei Könige[1]**		
7	Mi			
8	Do			
9	Fr			
10	Sa		◑	
11	**So**			
12	Mo			**3**
13	Di			
14	Mi			
15	Do			
16	Fr			
17	Sa			
18	**So**		●	
19	Mo			**4**
20	Di			
21	Mi			
22	Do			
23	Fr			
24	Sa			
25	**So**			
26	Mo		◐	**5**
27	Di			
28	Mi			
29	Do			
30	Fr			
31	Sa			

1 Gesetzlicher Feiertag in Baden-Württemberg, Bayern und Sachsen-Anhalt

FEBRUAR

1	**So**		○	
2	Mo			**6**
3	Di			
4	Mi			
5	Do			
6	Fr			
7	Sa			
8	**So**			
9	Mo		◑	**7**
10	Di			
11	Mi			
12	Do			
13	Fr			
14	Sa	Valentinstag		
15	**So**			
16	Mo	Rosenmontag		**8**
17	Di	Fastnacht	●	
18	Mi	Aschermittwoch		
19	Do			
20	Fr			
21	Sa			
22	**So**			
23	Mo			**9**
24	Di		◐	
25	Mi			
26	Do			
27	Fr			
28	Sa			

● = Neumond, ○ = Vollmond, ◑ = Halbmond, abnehmend, ◐ = Halbmond, zunnehmend, ⊗ = Mondfinsternis, Vollmond

MÄRZ

1	**So**			
2	Mo			10
3	Di		○	
4	Mi			
5	Do			
6	Fr			
7	Sa			
8	**So**	**Weltfrauentag**[1]		
9	Mo			11
10	Di			
11	Mi		◑	
12	Do			
13	Fr			
14	Sa			
15	**So**			
16	Mo			12
17	Di			
18	Mi			
19	Do		●	
20	Fr	Frühlingsanfang		
21	Sa			
22	**So**			
23	Mo			13
24	Di			
25	Mi		◐	
26	Do			
27	Fr			
28	Sa			
29	**So**	Beginn der Sommerzeit		
30	Mo			14
31	Di			

1 Gesetzlicher Feiertag in Berlin und Mecklenburg-Vorpommern

APRIL

1	Mi			
2	Do		○	
3	**Fr**	**Karfreitag**		
4	Sa			
5	**So**	**Ostersonntag**		
6	**Mo**	**Ostermontag**		15
7	Di			
8	Mi			
9	Do			
10	Fr		◑	
11	Sa			
12	**So**			
13	Mo			16
14	Di			
15	Mi			
16	Do			
17	Fr		●	
18	Sa			
19	**So**			
20	Mo			17
21	Di			
22	Mo			
23	Do			
24	Fr		◐	
25	Sa			
26	**So**			
27	Mo			18
28	Di			
29	Mi			
30	Do			

MAI

1	**Fr**	**Tag der Arbeit**	○	
2	Sa			
3	**So**			
4	Mo			**19**
5	Di			
6	Mi			
7	Do			
8	Fr			
9	Sa		◑	
10	**So**	Muttertag		
11	Mo			**20**
12	Di			
13	Mi			
14	**Do**	**Christi Himmelfahrt**		
15	Fr			
16	Sa		●	
17	**So**			
18	Mo			**21**
19	Di			
20	Mi			
21	Do			
22	Fr			
23	Sa		◐	
24	**So**	**Pfingstsonntag**		
25	**Mo**	**Pfingstmontag**		**22**
26	Di			
27	Mi			
28	Do			
29	Fr			
30	Sa			
31	**So**		○	

JUNI

1	Mo			**23**
2	Di			
3	Mi			
4	**Do**	**Fronleichnam**[1]		
5	Fr			
6	Sa			
7	**So**			
8	Mo		◑	**24**
9	Di			
10	Mi			
11	Do			
12	Fr			
13	Sa			
14	**So**			
15	Mo		●	**25**
16	Di			
17	Mi			
18	Do			
19	Fr			
20	Sa			
21	**So**	Sommeranfang		
22	Mo		◐	**26**
23	Di			
24	Mi			
25	Do			
26	Fr			
27	Sa			
28	**So**			
29	Mo			**27**
30	Di		○	

1 Gesetzlicher Feiertag in Baden-Württemberg, Bayern, Hessen, Nordrhein-Westfalen, Rheinland-Pfalz, Saarland und teilweise in Sachsen und Thüringen

JULI

1	Mi		
2	Do		
3	Fr		
4	Sa		
5	**So**		
6	Mo		**28**
7	Di	◑	
8	Mi		
9	Do		
10	Fr		
11	Sa		
12	**So**		
13	Mo		**29**
14	Di	●	
15	Mi		
16	Do		
17	Fr		
18	Sa		
19	**So**		
20	Mo		**30**
21	Di	◐	
22	Mi		
23	Do		
24	Fr		
25	Sa		
26	**So**		
27	Mo		**31**
28	Di		
29	Mi	○	
30	Do		
31	Fr		

AUGUST

1	Sa			
2	**So**			
3	Mo			**32**
4	Di			
5	Mi			
6	Do		◑	
7	Fr			
8	**Sa**	**Friedensfest**[1]		
9	**So**			
10	Mo			**33**
11	Di			
12	Mi		●	
13	Do			
14	Fr			
15	**Sa**	**Mariä Himmelfahrt**[2]		
16	**So**			
17	Mo			**34**
18	Di			
19	Mi			
20	Do		◐	
21	Fr			
22	Sa			
23	**So**			
24	Mo			**35**
25	Di			
26	Mi			
27	Do			
28	Fr		⊗	
29	Sa			
30	**So**			
31	Mo			**36**

1 Gesetzlicher Feiertag im Stadtkreis Augsburg
2 Gesetzlicher Feiertag teilweise in Bayern und im Saarland

SEPTEMBER

1	Di			
2	Mi			
3	Do			
4	Fr		◑	
5	Sa			
6	**So**			
7	Mo			**37**
8	Di			
9	Mi			
10	Do			
11	Fr		●	
12	Sa			
13	**So**			
14	Mo			**38**
15	Di			
16	Mi			
17	Do			
18	Fr		◐	
19	Sa			
20	**So**	**Weltkindertag**[1]		
21	Mo			**39**
22	Di			
23	Mi	Herbstanfang		
24	Do			
25	Fr			
26	Sa		○	
27	**So**			
28	Mo			**40**
29	Di			
30	Mi			

1 Gesetzlicher Feiertag in Thüringen

OKTOBER

1	Do			
2	Fr			
3	**Sa**	**Tag der Deutschen Einheit**	◑	
4	**So**	Erntedankfest		
5	Mo			**41**
6	Di			
7	Mi			
8	Do			
9	Fr			
10	Sa		●	
11	**So**			
12	Mo			**42**
13	Di			
14	Mi			
15	Do			
16	Fr			
17	Sa			
18	**So**		◐	
19	Mo			**43**
20	Di			
21	Mi			
22	Do			
23	Fr			
24	Sa			
25	**So**	Ende der Sommerzeit		
26	Mo		○	**44**
27	Di			
28	Mi			
29	Do			
30	Fr			
31	**Sa**	**Reformationstag**[2]		

1 Gesetzlicher Feiertag in Brandenburg, Bremen, Hamburg, Mecklenburg-Vorpommern, Niedersachsen, Sachsen, Schleswig-Holstein, Sachsen-Anhalt und Thüringen

NOVEMBER

1	**So**	**Allerheiligen**[1]	◑	
2	Mo			**45**
3	Di			
4	Mi			
5	Do			
6	Fr			
7	Sa			
8	**So**			
9	Mo		●	**46**
10	Di			
11	Mi			
12	Do			
13	Fr			
14	Sa			
15	**So**	Volkstrauertag		
16	Mo			**47**
17	Di		◐	
18	**Mi**	**Buß- und Bettag**[2]		
19	Do			
20	Fr			
21	Sa			
22	**So**	Totensonntag		
23	Mo			**48**
24	Di		○	
25	Mi			
26	Do			
27	Fr			
28	Sa			
29	**So**	1. Advent		
30	Mo			**49**

DEZEMBER

1	Di		◑	
2	Mi			
3	Do			
4	Fr			
5	Sa			
6	**So**	2. Advent/Nikolaus		
7	Mo			**50**
8	Di			
9	Mi		●	
10	Do			
11	Fr			
12	Sa			
13	**So**	3. Advent		
14	Mo			**51**
15	Di			
16	Mi			
17	Do		◐	
18	Fr			
19	Sa			
20	**So**	4. Advent		
21	Mo			**52**
22	Di	Winteranfang		
23	Mi			
24	Do	Heiligabend	○	
25	**Fr**	**2. Weihnachtstag**		
26	**Sa**	**2. Weihnachtstag**		
27	**So**			
28	Mo			**53**
29	Di			
30	Mi		◑	
31	Do	Silvester		

1 Gesetzlicher Feiertag in Baden-Württemberg, Bayern, Nordrhein-Westfalen, Rheinland-Pfalz und im Saarland
2 Gesetzlicher Feiertag in Sachsen

Schulferien 2026 Bundesrepublik Deutschland

	Winter/ Halbjahresferien	Ostern/ Frühjahr	Himmelfahrt/ Pfingsten	Sommer	Herbst	Weihnachten
Baden-Württemberg	–	30.03.–11.04.	26.05.–05.06.	30.07.–12.09.	26.10.–30.10./31.10.	23.12.–09.01.
Bayern	16.02.–20.02.	30.03.–10.04.	26.05.–05.06.	03.08.–14.09.	02.11.–06.11./18.11.	24.12.–08.01.
Berlin	02.02.–07.02.	30.03.–10.04.	15.05./26.05.	09.07.–22.08.	19.10.–31.10.	23.12.–02.01
Brandenburg	02.02.–07.02.	30.03.–10.04.	15.05./26.05.	09.07.–22.08.	19.10.–30.10.	23.12.–02.01.
Bremen	02.02.–03.02.	23.03.–07.04.	15.05./26.05.	02.07.–12.08.	12.10.–24.10.	23.12.–09.01
Hamburg	30.01.	02.03.–13.03.	11.05.–15.05.	09.07.–19.08.	19.10.–30.10.	21.12.–01.01.
Hessen	–	30.03.–10.04.	–	29.06.–07.08.	05.10.–17.10.	23.12.–12.01.
Mecklenburg-Vorp.	09.02.–20.02.	30.03.–08.04.	15.05./22.05.–26.05.	13.07.–22.08.	19.10.–24.10./26.11.–27.11.	19.12.–02.01.
Niedersachsen[1]	02.02.–03.02.	23.03.–07.04.	15.05./26.05.	02.07.–12.08.	12.10.–24.10.	23.12.–09.01.
Nordrhein-Westfalen	–	30.03.–11.04.	26.05.	20.07.–01.09.	17.10.–31.10.	23.12.–06.01.
Rheinland-Pfalz	–	30.03.–10.04.	–	29.06.–07.08.	05.10.–16.10.	23.12.–08.01.
Saarland	16.02.–20.02.	07.04.–17.04.	–	29.06.–07.08.	05.10.–16.10.	21.12.–31.12.
Sachsen	09.02.–21.02.	03.04.–10.04.	15.05.	04.07.–14.08.	12.10.–24.10.	23.12.–02.01.
Sachsen-Anhalt	31.01.–06.02.	30.03.–04.04.	26.05.–29.05.	04.07.–14.08.	19.10.–30.10.	21.12.–02.01.
Schleswig-Holstein[2]	02.02.–03.02.	26.03.–10.04.	15.05.	04.07.–15.08.	12.10.–24.10.	21.12.–06.01.
Thüringen	16.02.–21.02.	07.04.–17.04.	15.05.	04.07.–14.08.	12.10.–24.10.	23.12.–02.01.

1 Auf den Ostfriesischen Inseln gelten Sonderregelungen.

2 Auf den Inseln Sylt, Föhr, Helgoland und Amrum sowie auf den Halligen enden die Sommerferien eine Woche früher, die Herbstferien beginnen eine Woche früher.

Alle Angaben ohne Gewähr.

XII

Schulferien 2027 Bundesrepublik Deutschland

	Winter Halbjahresferien	Ostern/ Frühjahr	Himmelfahrt/ Pfingsten	Sommer	Herbst	Weihnachten
Baden-Württemberg	–	25.03./30.03.–03.04.	18.05.–29.05.	29.07.–11.09.	02.11.–06.11.	23.12.–08.01.
Bayern	08.02.–12.02.	22.03.–02.04.	18.05.–28.05.	02.08.–13.09.	02.11.–05.11.	24.12.–07.01.
Berlin	01.02.–06.02.	22.03.–02.04.	07.05./18.05.–19.05.	01.07.–14.08.	11.10.–23.10.	22.12.–31.12.
Brandenburg	01.02.–06.02.	22.03.–03.04.	07.05./18.05.	01.07.–14.08.	11.10.–23.10.	23.12.–31.12.
Bremen	01.02.–02.02.	22.03.–03.04.	07.05./18.05.	08.07.–18.08.	18.10.–30.10.	23.12. - 08.01.
Hamburg	29.01.	01.03.–12.03.	07.05.–14.05.	01.07.–11.08.	11.10.–22.10.	20.12.–31.12.
Hessen	–	22.03.–02.04.	–	28.06.–06.08.	04.10.–16.10.	23.12.–11.01.
Mecklenburg-Vorp.	08.02.–19.02.	22.03.–31.03.	07.05./14.05.–18.05.	05.07.–14.08.	16.10.–23.10./25.11.–26.11.	23.12.–04.01.
Niedersachsen[1]	01.02.–02.02.	22.03.–03.04.	07.05./18.05.	08.07.–18.08.	16.10.–30.10.	23.12.–08.01.
Nordrhein-Westfalen	–	22.03.–03.04.	18.05.	19.07.–31.08.	23.10.–06.11.	24.12.–08.01.
Rheinland-Pfalz	–	22.03.–02.04.	–	28.06.–06.08.	04.10.–15.10.	23.12.–07.01.
Saarland	08.02.–12.02.	30.03.–09.04.	–	28.06.–06.08.	04.10.–15.10.	20.12.–31.12.
Sachsen	08.02.–19.02.	26.03.–02.04.	07.05./15.05.–18.05.	10.07.–20.08.	11.10.–23.10.	23.12.–01.01.
Sachsen-Anhalt	01.02.–06.02.	22.03.–27.03.	15.05.–22.05.	10.07.–20.08.	18.10.–23.10.	20.12.–31.12.
Schleswig-Holstein[2]	01.02.–02.02.	30.03.–10.04.	07.05.	03.07.–14.08.	11.10.–23.10.	23.12.–08.01.
Thüringen	01.02.–06.02.	22.03.–03.04.	07.05.	10.07.–20.08.	09.10.–23.10.	23.12.–31.12.

1 Auf den Ostfriesischen Inseln gelten Sonderregelungen.
2 Auf den Inseln Sylt, Föhr, Helgoland und Amrum sowie auf den Halligen enden die Sommerferien eine Woche früher, die Herbstferien beginnen eine Woche früher.

Alle Angaben ohne Gewähr.